百衲本

魏書

北齊·魏收撰

1

國家圖書館出版社

圖書在版編目（CIP）數據

百衲本魏書：全三册／（北齊）魏收撰．—北京：國家圖書館出版社，2014.9（2020.11 重印）

ISBN 978-7-5013-5404-7

Ⅰ.①百… Ⅱ.①魏… Ⅲ.①中國歷史—北魏—紀傳體 Ⅳ.①K239.210.42

中國版本圖書館 CIP 數據核字（2014）第 148390 號

書　　名	百衲本魏書（全三册）
著　　者	（北齊）魏收撰
責任編輯	陳　卓
重印編輯	張珂卿
叢 書 名	百衲本二十四史
出版發行	國家圖書館出版社（北京市西城區文津街 7 號　100034） （原書目文獻出版社　北京圖書館出版社） 010-66114536　63802249　nlcpress@nlc.cn（郵購）
網　　址	http://www.nlcpress.com
印　　裝	北京華藝齋古籍印務有限公司
版次印次	2014 年 9 月第 1 版　2020 年 11 月第 2 次印刷
開　　本	710×1000 毫米　1/16
印　　張	107
書　　號	ISBN 978-7-5013-5404-7
定　　價	350.00 圓

百衲本二十四史影印出版說明

『二十四史』是中國古代各朝被政府納爲正統的二十四部史書的總稱，其上起《史記》，下迄《明史》，記載了從傳説中的五帝時代到清朝初年約四千餘年中政治、經濟、文化等諸多方面的歷史，是我國古代最權威、最詳細的史學著作。

清代最通行的『二十四史』，是乾隆年間刊行的『欽定武英殿本二十四史』，即『殿本』。殿本版式疏朗，刻印精良，但是校勘不夠審慎，存在誤字、衍字、缺字甚至整段文字脱失的情況。而且，由於殿本的編纂官皆屬御用史官，不得不爲帝王所左右，史實記録上存在竄改等原因造成的缺憾。晚清時，又出現了由各省官書局刊刻的局本，廣爲流傳，但仍以殿本爲依據，存在不少問題。

二十世紀二十年代起，張元濟先生耗費巨資搜訪宋元善本，通過採用當時最先進的攝影製版技術，歷經多年努力，至一九三六年，終於出齊了整套影印版的『二十四史』。因各書底本多殘缺不全，不得不通過許多版本相互參校、補綴而成，猶如僧侶之『百衲衣』，故名之曰『百衲本二十四史』。其中除《舊五代史》《元史》《明史》以明清時的版本作爲底本外，均以宋元版爲主要底本。百衲本對殿本、局本中的謬誤多有匡正，其對歷史研究的功績有目共睹，影響深巨，被史學界一致公認爲『中國最佳全本正史』，是中國史學史上的一座豐碑，具有極高的版本價值、研究價值和收藏價值。

百衲本二十四史自問世以來，曾數次被影印出版，其中的宣紙綫裝本，因價格不菲，不便學者購藏利用。而縮印本則多存在質量問題，其中質量較好的，當數二十世紀五十年代北京商務印書館的精裝二十四冊本。但年代既久，流傳亦少，已屬罕見。爲滿足文史工作者的研究需求，也讓更多的文史愛好者接觸到百衲本二十四史，我社決定將之再度影印出版。

本次影印，將每部正史單獨製作，採取每頁分上下雙欄的形式印製，並爲每部正史編製了分卷目録。需要説明的是，此次我社在編製目録時，爲更好地反映百衲本原貌，充分體現其與殿本、局本等其他系統傳本的差異，原則上均依原書卷端著録，部分保留了原書中使用的簡體字、俗體字及異體字等。對原書中有目無傳或有傳無目等情況，不予變動，僅對極個別處出現的明顯衍、漏、誤字等情況進行了修改。不當之處，請讀者批評指正。

國家圖書館出版社

二〇一四年七月

百衲本魏書目録

魏書目録

魏收撰

帝紀十二　十四卷

第九　魏書九

肅宗孝明帝 詡

第十　魏書十

敬宗孝莊帝 子攸

第十一　魏書十一

前廢帝廣陵王 恭　後廢帝安定王 朗

出帝平陽王 脩

第十二　魏書十二 闕

孝靜帝 善見

列傳九十二 九十六巻

第一后妃　魏書十三 闕

神元皇后竇氏　文帝皇后封氏 次妃蘭氏

桓帝皇后祁氏　平文皇后王氏

昭成皇后慕容氏

獻明皇后賀氏　道武皇后慕容氏

道武宣穆皇后劉氏

明元昭哀皇后姚氏

明元密皇后杜氏 太武惠太后竇氏

太武皇后赫連氏　太武敬哀皇后賀氏

景穆恭皇后郁久閭氏 文成昭太后常氏

文成文明皇后馮氏

文成元皇后李氏　獻文思皇后李氏

孝文貞皇后林氏　孝文廢皇后馮氏

孝文幽皇后馮氏　孝文昭皇后高氏

宣武順皇后于氏　宣武皇后高氏

宣武靈皇后胡氏　孝明皇后胡氏

孝靜皇后高氏

第二神元平文諸帝子孫　魏書十四 闕

上谷公紇羅 子襄城王題　建德公嬰文

眞定侯陸 曾孫軌　武陵侯因

長樂王壽樂　望都公頹

曲陽侯素延　順陽公郁

宜都王目辰　穆帝長子六脩

吉陽男比干　江夏公呂

高涼王孤 六世孫華山王鷙 萇 萇子子華 子華弟子思 孤六世孫上黨王天穆

西河公敦　司徒石

武衛將軍謂 子烏真 烏真子興都 興都子東陽王丕

淮陵侯大頭 河間公齊 孫志

扶風公處真 文安公泥 子屈 屈子磨渾

第三昭成子孫 魏書十五 闕

寔君 秦王翰 子衛王儀 儀子中山王纂

幹 幹子禎 禎子端 儀弟陰平王烈 秦王觚 常山王遵 子素 素子可悉陵

可悉陵弟子昭 昭子玄 紹一可悉陵弟忠 忠子壽興 忠弟孫嵓疑 忠子暉

陳留王虔 子朱提王悅 崇 虔兄顗 顗子崘

毗陵王順 遼西公意烈 子拔干 拔干曾孫

洪超 意烈弟子粟 渾 渾子庫汗 窟咄

第四道武七王 魏書十六

清河王紹 陽平王熙 子臨淮王他 他曾孫世遵

世遵弟子術之 世遵弟禹 他孫法壽 法僧

河南王曜 子潁川王提 提子平原 平原子鑒 和

河間王脩 略陽王羯兒 長樂王處文

廣平王連 南平王渾 渾子霄 霄曾孫仲冏

京兆王黎 江陽王繼 繼子乂 羅 叉 繼弟羅侯

第五明元六王 魏書十七 闕

樂平王丕 安定王彌

樂安王範 子良 永昌王健 子仁

建寧王崇 新興王俊

第六太武五王 魏書十八 闕

晉王伏羅 東平王翰

臨淮王譚 子提 提子昌 昌子彧 孝友 昌弟孚

廣陽王建閭 子嘉 嘉子深 深子湛 南安王余

第七上景穆十二王上 魏書十九 闕

陽平王新成 子頤 衍 衍子融 衍弟欽 欽子子孝

京兆王子推 子太興 太興孫悰 太興子仲景 暹 太興弟遙 恒

濟陰王小新成 孫弼 弼子暉業 昭業 鬱弟子誕 鬱弟麗 麗子顯和

汝陰王天賜 孫慶和 天賜子汎 脩義

樂良王萬壽 曾孫 忠 廣平王洛侯 濟南王匡

第七中景穆十二王中 魏書十九

任城王雲 子澄 澄子彝 順 順子朗 澄弟嵩 嵩子世儁 嵩弟贍

第七下景穆十二王下 魏書十九

南安王楨 子中山王英 英子熙 熙弟東平王略 略弟纂 熙弟 義興 英弟怡

怡子魯郡王肅 東海王曄 城陽王長壽 子鸞 鸞子徽

章武王太洛 嗣王彬 東安王凝 彬子融
樂陵王胡兒 嗣王思譽 安定王休 子燮 貴平 願平
第八文成五王 魏書二十 闕
安樂王長樂 子詮 斌之 詮子鑒
廣川王略 子諧 齊郡王簡 子祐
河間王若 嗣王琛 安豐王猛 子延明
第九上獻文六王上 魏書二十一
咸陽王禧 子翼 樹 曄 趙郡王幹 子謐 諶 譚
廣陵王羽 子欣 高陽王雍 子端 叡 昌樂王誕

北海王詳 子顥 頊
第九下獻文六王下 魏書二十一
彭城王勰 子劭 子直 子正
第十孝文五王 魏書二十二 闕
廢太子恂 京兆王愉 子寶炬
清河王懌 廣平王懷
汝南王悅
第十一 魏書二十三
衛操 衛雄 姬澹 莫含 孫題 雲

劉庫仁 弟眷 庫仁子顯 族人奴真 奴真兄犍
第十二 魏書二十四
燕鳳 許謙 子洛陽
張衮 孫誕 衮子度 度曾孫白澤 白澤子倫
崔玄伯 弟徽 崔寬 寬父剖 寬子衡 衡子敞 鍾 眦 崔模 高陵 崔道固 道固兄子 僧祐 僧淵 僧淵子伯鳳 祖螭 祖虬 僧淵從弟和 和子軌 董謐 謐父京
鄧淵 子穎 穎 孫述 穎子宗慶 穎弟孫羨 羨子疇
第十三 魏書二十五 闕
長孫嵩 子頹 頹子敦 長孫道生 孫觀 觀子稚 稚子子彥

第十四 魏書二十六
長孫肥 子翰 陳蘭 肥弟孫真 尉古真 弟諾 諾子眷 眷子多侯 多侯弟子慶賓 眷弟地干 古真族玄孫瑾
第十五 魏書二十七
穆崇 孫真 真子泰 崇子觀 觀子壽 壽孫羆 羆子建 羆弟亮 亮子紹 壽弟多侯 觀弟曾孫弼 觀弟顗 崇宗人醜善 醜善孫鐵 鐵孫子琳 良
第十六 魏書二十八
和跋 子歸 奚牧
莫題 庾業延

第四十五　魏書五十七
高祐 孫顥 諒　崔挺 子孝芬 孝芬子勉 孝芬弟孝暐
孝演 孝直 孝政 挺弟振 振子朗 挺從父 弟元珍 從祖弟敬邕 敬邕從弟接 挺族子纂
纂從祖弟遊
第四十六　魏書五十八
楊播 子侃 播弟椿 椿子昱 昱子孝邕 椿弟津 津子遁 逸
第四十七　魏書五十九
劉昶 子輝 劉武英　蕭寶夤 兄子贊
蕭正表

第四十八　魏書六十
韓麒麟 孫子熙 麒麟子顯宗　程駿 從祖弟子靈虬
第四十九　魏書六十一
薛安都 孫巒 安都從弟真度 真度子懷吉 懷儁
畢衆敬 子元賓 元賓子祖栝 祖暉 衆敬弟子聞慰 申纂 常珍奇
沈文秀 房天樂 文秀族子陵　張讜
田益宗 董巒 陳伯之　孟表
第五十　魏書六十二
李彪 子志　高道悅

第五十一　魏書六十三
王肅 兄子誦 衍 翊　宋弁 子維 紀
第五十二　魏書六十四
郭祚　張彝 子始均
第五十三　魏書六十五
邢巒 子遜 巒弟晏 巒從叔虬　李平 子獎 諧
第五十四　魏書六十六
李崇 子世哲 神軌　崔亮 從弟光韶 光伯
第五十五　魏書六十七

崔光 子勵 光弟敬友 敬友子鴻 鴻子子元 光從弟長文 長文從弟庠
第五十六　魏書六十八
甄琛 子侃 楷 琛從弟密 張纂 纂從弟宣軌　高聰
第五十七　魏書六十九
崔休　裴延儁 從叔子夙 從弟良
良從兄子慶孫 延儁從弟仲規 仲規弟子景融 景顏 延儁族兄聿 族人瑗
袁翻
第五十八　魏書七十
劉藻 子紹珍　傅永

傅豎眼 祖父融 子敬和 伯父靈慶 從子文驥 父靈越

李神

第五十九 魏書七十一

裴叔業 孫譚 彥先子約 子芬之 譪之 彥先弟絢 兄子彥先 叔業兄子植

颺 弟子諧 粲 楊令寶 衍 尹挺 柳玄達 韋伯昕 玄達子遠 魏承祖

皇甫瑒 閻慶胄 梁祐 柳僧習 夏侯道遷 子夬

李元護 子會 席法友

王世弼 子由 江悅之 子文遙 龐樹 文遙子果 李忻榮

張元亮 姜永 士孫天與 永弟漾 羅道珍 庾導 王安世 皇甫徽 辛諶

淳于誕 李苗

第六十 魏書七十二

陽尼 從孫藻 藻從弟固 藻子弼 賈思伯 弟思同

李叔虎 從子長仁 長仁從子象 路恃慶 弟思令 雄從弟法常 從叔雄

房亮 曹世表

潘永基 朱元旭

第六十一 魏書七十三

奚康生 子難 楊大眼

崔延伯

第六十二 魏書七十四

尒朱榮

第六十三 魏書七十五

尒朱兆 尒朱彥伯 弟仲遠 世承 世隆 弼

尒朱度律 尒朱天光

第六十四 魏書七十六

盧同 張烈 弟僧皓

第六十五 魏書七十七

宋翻 弟道璵 辛雄 從兄纂 琛子悠 族祖琛

琛族子珍之 羊深

楊機 高崇 子謙之 謙之子子儒

緒 崇子道穆

第六十六 魏書七十八

孫紹 張普惠

第六十七 魏書七十九

成淹 子霄 范紹

劉桃符 劉道斌

董紹 馮元興 曹道 曹昂 曹昇

第七十四孝感　魏書八十六　闕
趙琰　長孫慮
乞伏保　孫益德
董洛生　楊引
閻元明 令狐仕 董吐渾 皇甫奴 兄養
吴悉達 山崔承宗　王續生
李顯達　張昇
倉跋　王崇
郭文恭

第七十五節義　魏書八十七　闕
于什門　段進
石文德 趙令安 孟蘭強　汲固
王玄威　婁提 蛭拔寅
劉渴侯　朱長生
于提　馬八龍
門文愛　晁清
劉侯仁　石祖興
邵洪哲　王榮

胡小虎　孫道登
李几　張安祖
王閭 劉業興 盖儁
第七十六良吏　魏書八十八
張恂　鹿生
張應　宋世景 子季儒
路邕　閻慶胤
明亮　杜纂
裴佗　竇瑗

羊敦　蘇淑
第七十七酷吏　魏書八十九　闕
于洛侯　胡泥
李洪之　高遵
張赦提 趙霸　羊祉
崔暹　酈道元
谷楷
第七十八逸士　魏書九十
眭夸　馮亮

李謐　鄭脩

第七十九術藝　魏書九十一不全

晁崇　張淵 徐路 高崇祖 孫僧化 信都芳

殷紹　王早

耿玄　劉靈助

江式　周澹

李脩　徐謇

王顯　崔彧

蔣少遊 侯文和 范寧兒

第八十列女　魏書九十二不全

崔覽妻封氏　封卓妻劉氏

魏溥妻房氏　胡長命妻張氏

平原女子孫氏　房愛親妻崔氏

涇州貞女兕先氏　姚氏婦楊氏

張洪初妻劉氏　董景起妻張氏

陽尼妻高氏　史映周妻耿氏

任城國太妃孟氏　苟金龍妻劉氏

盧元禮妻李氏　河東孝女姚氏

刁思遵妻魯氏

第八十一恩倖　魏書九十三

王叡 子襲 椿 椿妻魏氏 叡弟子翔 静

王仲興　寇猛

趙脩　茹皓 劉胄 常季賢 陳掃静 徐義恭

趙邕　侯剛

鄭儼　徐紇

第八十二閹官　魏書九十四

宗愛　仇洛齊 子儼

段霸　王琚

趙黑 子熾　孫小

張宗之 妻凡子蕭秀　劇鵬 兄買奴 李豐

張祐 子慶　抱嶷 從弟老壽 石榮

王遇　苻承祖

王質　李堅

秦松　白整

劉騰　賈粲

楊範　成軌

王溫　孟鸞

平季　封津 兄懸

劉思逸 張景嵩 毛暢

第八十三　魏書九十五

匈奴劉聰 父淵 子粲 淵族子曜　羯胡石勒 子大雅 從子虎

虎子世 遵 鑒 冉閔　鐵弗劉虎 子務桓 閼陋頭

務桓子悉勿祈 衛辰 衛辰子屈子 屈子子昌 定　徒河慕容廆 子元真 元真子儁

儁子暐 泓 沖 廆弟孫永 元真子垂 垂子寶 蘭汗 寶子盛 垂子熙 高雲 元真子德 德兄子超

臨渭氐苻健 父洪 子生 健弟子堅 堅子丕 丕族子登 登子崇

小口九十 大九十七　魏書目錄　二十五　勝慶

羌姚萇 父弋仲 兄襄 子興 興子泓　略陽氐呂光 子紹 纂 纂從弟隆

第八十四　魏書九十六

僭晉司馬叡 子紹 紹子衍 岳 岳子聃 奕 叡子昱 昱子昌明 昌明子德宗　賨李雄 父特 叔父流 兄班 雄子期

德文

特弟子壽 壽子勢

第八十五　魏書九十七

島夷桓玄　海夷馮跋 弟文通

島夷劉裕 子義符 義隆 義隆子劭 駿 駿子子業 義隆子彧 彧子昱 準

第八十六　魏書九十八

島夷蕭道成 子賾 賾孫昭業 道成兄子鸞 鸞子寶卷 寶融

島夷蕭衍

第八十七　魏書九十九

私署涼州牧張寔 父軌 寔弟茂 寔子駿 駿子重華 重華子曜靈

駿子祚 重華子玄靚 駿子天錫　鮮卑乞伏國仁 子熾磐 熾磐子

暮末　鮮卑禿髮烏孤 弟利鹿孤

傉檀　私署涼王李暠 子歆 恂

盧水胡沮渠蒙遜 子牧犍 秉 牧犍兄子萬年 祖 蒙遜子安周 無諱

大音 壽二小九十三　魏書目錄　二十六　胡慶十四

第八十八　魏書一百

高句麗　百濟

勿吉　失韋

豆莫婁　地豆于

庫莫奚　契丹

烏洛侯

第八十九　魏書一百一 闕

氐楊難敵　吐谷渾 乙弗勿敵國 阿蘭國 女王國

宕昌羌　高昌

鄧至　蠻

魏書目録

魏書十二紀九十二列傳十志凡一百一十四篇舊分爲一百三十卷北齊尚書右僕射魏收撰初魏史官鄧淵崔浩高允皆作編年書遺落時事三不存一太和中李彪崔光始分紀傳表志之目宣武時邢巒撰高祖起居注崔鴻王遵業補續下逮明帝其後溫子昇作莊帝紀三卷濟陰王暉業撰辨宗室録三十卷魏末山偉以代人諂附元天穆尒朱世隆與綦儁更主國書二十餘年事迹蕩然萬不記一北齊文宣天保

二年詔魏收修魏史博訪百家譜狀搜采遺軼包舉一代始終頗爲詳悉收所取史官本欲才不逮已故房延祐辛元植眭仲刀柔裴昂之高孝幹皆不工纂述其三十五例二十五序九十四論前後二表一啓咸出於收五年表上之悉焚崔李舊書收黨齊毀魏褒貶肆情時論以爲不平文宣命收於尚書省與諸家子孫詶訟者百餘人評論收始亦辨荅後不能抗范陽盧斐頓丘李庶太原王松年並坐謗史受鞭配甲坊

有致死者衆口沸騰號爲穢史時僕射楊愔高正德用事收皆爲其家作傳二人深黨助之抑塞訴辭不復重論亦未頒行孝昭皇建中命收更加審覈收請寫二本一送并省一付鄴下欲傳録者聽之群臣競攻其失武成復敕收更易刊正收既以魏史招衆怨咎齊亡之歲盜發其冢棄骨于外隋文帝以收書不實平繪中興書叙事不倫命魏澹顔之推辛德源更撰魏書九十二卷以西魏爲正東魏爲僞義例簡要大矯

收繪之失文帝善之煬帝以澹書猶未盡善更敕楊素及潘徽褚亮歐陽詢別修魏書未成而素卒唐高祖武德五年詔侍中陳叔達等十七人分撰後魏北齊周隋梁陳六代史歷年不成太宗初從祕書奏罷修魏書止撰五代史高宗時魏澹孫同州刺史克己續十志十五卷魏之本系附焉唐書藝文志又有張大素後魏書一百卷裴安時元魏書三十卷今皆不傳稱魏史者惟以魏收書爲主焉孔子稱質勝文則野文

勝質則史三代文章莫盛於周東周秦漢雖戰爭喪亂前古遺風餘烈流而未絕賢君忠臣蹈道之徒功業行誼彰灼顯布高才秀士詞章論議諫諍辯說嘉謀奇策皆可以驚聽動俗爲後世軌範而左丘明司馬遷班固以良史之才博學善叙事不虛美隱惡故傳之簡牘千餘年而不磨滅東漢魏晉去聖人稍遠史官才益淺薄永興失政戎狄亂華先王之澤掃地盡矣拓跋氏乘後燕之衰蠶食幷冀暴師喋血三十餘年

而中國略定其始也公卿方鎭皆故部落酋大雖參用趙魏舊族往往以猜忌夷滅爵而無祿故吏多貪墨刑法峻急故人相殘賊不貴禮義故士無風節貨賂大行故俗尚傾奪遷洛之後稍用夏禮宣武柔弱孝明沖幼政刑弛緩風俗媮惡上下相蒙紀綱大壞母后亂於內群盜撓其外禍始於六鎭釁成於尒朱國分爲二而亡矣雖享國百餘年典章制度內外風俗大抵與劉石慕容苻姚略同道武太武暴戾甚於聰虎

孝文之彊不及苻堅其文章儒學之流既無足紀述謀臣辯士將帥功名又不可希望前世而修史者言詞質俚取捨失衷其文不直其事不核終篇累卷皆官爵州郡名號雜以冗委瑣曲之事覽之厭而遺忘學者陋而不習故數百年間其書亡逸不完者無慮三十卷今各疏于逐篇之末然上繼魏晉下傳周齊隋唐六十年廢興大略不可闕也臣攽臣恕臣燾臣祖禹謹敘目錄昧死上

序紀第一　　魏書一

昔黄帝有子二十五人或内列諸華或外分荒服昌意少子受封北土國有大鮮卑山因以爲號其後世爲君長統幽都之北廣漠之野畜牧遷徙射獵爲業淳樸爲俗簡易爲化不爲文字刻木紀契而已世事遠近人相傳授如史官之紀録焉黄帝以土德王北俗謂土爲托謂后爲跋故以爲氏其裔始均入仕堯世逐女魃於弱水之北民賴其勤帝舜嘉之命爲田祖爰歷三

代以及秦漢獯鬻獫狁山戎匈奴之屬累代殘暴作害中州而始均之裔不交南夏是以載籍無聞焉積六十七世至成皇帝諱毛立聰明武略遠近所推統國三十六大姓九十九威振北方莫不率服崩

節皇帝諱貸立崩

莊皇帝諱觀立崩

明皇帝諱樓立崩

安皇帝諱越立崩

宣皇帝諱推寅立南遷大澤方千餘里厥土昏冥沮洳謀更南徙未行而崩

景皇帝諱利立崩

元皇帝諱俟立崩

和皇帝諱肆立崩

定皇帝諱機立崩

僖皇帝諱蓋立崩

威皇帝諱儈立崩

獻皇帝諱鄰立時有神人言於國曰此土荒遐

未足以建都邑宜復徙居帝時年衰老乃以位授子

聖武皇帝諱詰汾獻帝命南移山谷高深九難八阻於是欲止有神獸其形似馬其聲類牛先行導引歷年乃出始居匈奴之故地其遷徙策略多出宣獻二帝故人並號曰推寅蓋俗云鑽研之義初聖武帝嘗率數萬騎田於山澤欻見輜軿自天而下既至見美婦人侍衛甚盛帝異而問之對曰我天女也受命相偶遂同寢宿旦

請還曰明年周時復會此處言終而別去如風雨及朞帝至先所田處果復相見天女以所生男授帝曰此君之子也善養視之子孫相承當世爲帝王語訖而去子即始祖也故時人諺曰詰汾皇帝無婦家力微皇帝無舅家帝崩

始祖神元皇帝諱力微立生而英叡

元年歲在庚子先是西部内侵國民離散依於没鹿回部大人竇賓始祖有雄傑之度時人莫測後與賓攻西部軍敗失馬步走始祖使人以所乘駿馬給之賓歸令其部内求與馬之人當加重賞始祖隱而不言久之賓乃知大驚將分國之半以奉始祖始祖不受乃進其愛女賓猶思報恩固問所欲始祖請率所部北居長川賓乃敬從積十數歲德化大洽諸舊部民咸來歸附

二十九年賓臨終戒其二子使謹奉始祖其子不從乃陰謀爲逆始祖召殺之盡幷其衆諸部大人悉皆欵服控弦上馬二十餘万

三十九年遷於定襄之盛樂夏四月祭天諸部君長皆來助祭唯白部大人觀望不至於是徵而戮之遠近肅然莫不震懾始祖乃告諸大人曰我歷觀前世匈奴蹋頓之徒苟貪財利抄掠邊民雖有所得而其死傷不足相補更招寇讎百姓塗炭非長計也於是與魏和親

四十二年遣子文帝如魏且觀風土魏景元二年也文皇帝諱沙漠汗以國太子留洛陽爲魏賓之冠聘問交市往來不絶魏人奉遺金帛繒絮歲以万計始祖與隣國交接篤信推誠不爲倚伏以要一時之利寛恕任眞而遐邇歸仰魏晉禪代和好仍密始祖春秋已邁帝以父老求歸晉武帝具禮護送

四十八年帝至自晉

五十六年帝復如晉其年冬還國晉遺帝錦罽繒綵綿絹諸物咸出豐厚車牛百乘行達幷州晉征北將軍衛瓘以帝爲人雄異恐爲後患乃密啓晉帝請留不遣晉帝難於失信不許瓘復

請以金錦賂國之大人令致閒隙使相危害晉帝從之遂留帝於是國之執事及外部大人皆受瓘貨

五十八年方遣帝始祖聞帝歸大悅使諸部大人詣陰館迎之酒酣帝仰視飛鳥謂諸大人曰我爲汝曹取之援彈飛丸應弦而落時國俗無彈衆咸大驚乃相謂曰太子風彩被服同於南夏兼奇術絕世若繼國統變易舊俗吾等必不得志不若在國諸子習本淳樸咸以爲然且離

間素行乃謀危害並先馳還始祖問曰我子既歷他國進德何如皆對曰太子才藝非常引空弓而落飛鳥是似得晉人異法怪術亂國害民之兆惟願察之自帝在晉之後諸子愛寵日進始祖年踰期頤頗有所惑聞諸大人之語意乃有疑因曰不可容者便當除之於是諸大人乃馳詣塞南矯害帝既而始祖甚悔之帝身長八尺英姿瓌偉在晉之日朝士英俊多與親善雅爲人物歸仰後乃追謚焉其年始祖不豫烏丸王庫賢親近任勢先受衛瓘之貨故欲沮動諸部因在庭中礪鉞斧諸大人問欲何爲荅曰上恨汝曹讒殺太子今欲盡收諸大人長子殺之大人皆信各各散走始祖尋崩凡饗國五十八年年一百四歲太祖即位尊爲始祖

章皇帝諱悉鹿立始祖之子也諸部離叛國內紛擾饗國九年而崩

平皇帝諱綽立章帝之少弟也雄武有智略威德復舉

七年匈奴宇文部大人莫槐爲其下所殺更立莫槐弟普撥爲大人帝以女妻撥子丘不懃帝饗國七年而崩

思皇帝諱弗立文帝之少子也聰哲有大度爲諸父兄所重政崇寬簡百姓懷服饗國一年而崩

昭皇帝諱祿官立始祖之子也分國爲三部帝自以一部居東在上谷北濡源之西東接宇文部以文帝之長子桓皇帝諱猗㐌統一部居代

郡之參合陂北以桓帝之弟穆皇帝諱猗盧統一部居定襄之盛樂故城自始祖以来與晉和好百姓乂安財畜富實控弦騎士四十餘萬是歲穆帝始出并州遷雜胡北徙雲中五原朔方又西渡河擊匈奴烏桓諸部自杏城以北八十里迄長城原夾道立碣與晉分界

二年葬文帝及皇后封氏初思帝欲改葬未果而崩至是述成前意焉晉成都王司馬頴遣從事中郎田思河間王司馬顒遣司馬靳利并州刺史司馬騰遣主薄梁天並来會葬遠近赴者二十万人

二年桓帝度漠北巡因西略諸國

四年東部末耐婁大人倍斤入居遼東

五年宇文莫廆之子遜昵延朝貢帝嘉其誠欵以長女妻焉

七年桓帝至自西略諸降附者二十餘國凡積五歲今始東還

十年晉惠帝爲成都王頴逼留在鄴匈奴别種劉淵反於離石自號漢王并州刺史司馬騰來乞師桓帝率十餘万騎帝亦同時大舉以助之大破淵衆於西河上黨會惠帝還洛騰乃辭師桓帝與騰盟於汾東而還乃使輔相衛雄叚繁於參合陂西累石爲亭樹碑以記行焉

十一年劉淵攻司馬騰騰復乞師桓帝以輕騎數千救之斬淵將綦毋豚淵南走蒲子晉假桓帝大單于金印紫綬是歲桓帝崩帝英傑魁岸馬不能勝常乘安車駕大牛牛角容一石帝曾中蠱歐吐之地仍生榆木參合陂土無榆樹故世人異之至今傳記帝統部凡十一年後定襄侯衛操樹碑於大邗城以頌功德子普根代立

十二年賓人李雄僭帝號於蜀自稱大成

十三年昭帝崩徒何大單于慕容廆遣使朝貢是歲羯胡石勒與晉馬牧帥汲桑反

穆皇帝天姿英特勇略過人昭帝崩後遂揔攝三部以爲一統

元年劉淵僭帝號自稱大漢

三年晉幷州刺史劉琨遣使以子遵爲質帝嘉
其意厚報饋之白部大人叛入西河鐵弗劉虎
舉衆於鴈門以應之攻琨新興鴈門二郡琨來
乞師帝使弟子平文皇帝將騎二万助琨擊之
大破白部次攻劉虎屠其營落虎收其餘燼西
走度河竄居朔方晉懷帝進帝大單于封代公
帝以封邑去國懸遠民不相接乃從琨求句注
陘北之地琨自以託附聞之大喜乃徙馬邑陰
館樓煩繁畤崞五縣之民於陘南更立城邑盡

別　魏書紀一　九　蔣容

獻其地東接代郡南連西河朔方方數百里帝
乃徙十万家以充之劉琨又遣使乞師救洛陽
帝遣步騎二万助之晉太傅東海王司馬越辭
以洛中飢饉師乃還是年劉淵死子聰僭立

四年劉琨牙門將邢延據新興叛招引劉聰帝
遣軍討之聰退走

五年劉琨遣使乞師以討劉聰石勒帝以琨忠
義矜而許之會聰遣其子粲襲晉陽害琨父母
而據其城琨來告難帝大怒遣長子六脩桓帝
子普根及衞雄范班姬澹等爲前鋒帝躬統大
衆二十万爲後繼粲懼焚輜重突圍遁走縱騎
追之斬其將劉儒劉豐簡令張平邢延伏尸數
百里琨來拜謝帝以禮待之琨固請進軍帝曰
吾不早來致卿父母見害誠以相愧今卿已復
州境然吾遠來士馬疲弊且待終舉賊矣可盡
乎饋琨馬牛羊各千餘車令百乘又面動銳戍
之而還是年晉雍州刺史賈匹京兆太守閻鼎
以晉懷帝爲劉聰所執共立懷帝兄子秦王業

三ノ廿五　魏書紀一　宿　十　宋通

爲太子於長安稱行臺帝復戒嚴與琨更剋大
舉命琨自列晉行臺部分諸軍帝將遣十万騎
從西河鑒谷南出晉軍從蒲坂東度會於平陽
就食聰粟迎復晉帝事不果待

六年城盛樂以爲北都脩故平城以爲南都帝
登平城西山觀望地勢乃更南百里於灅水之
陽黃瓜堆築新平城晉人謂之小平城使長子
六脩鎮之統領南部

七年帝復與劉琨約期會於平陽會石勒擒王

淩國有匈奴雜胡万餘家多勒種類聞勒破幽州乃謀爲亂欲以應勒發覺伏誅討聰之計於是中止

八年晉愍帝進帝爲代王置官屬食代常山二郡帝忿聰勒之亂志欲平之先是國俗寬簡民未知禁至是明刑峻法諸部民多以違命得罪凡後期者皆舉部戮之或有室家相攜而赴死所人問何之荅曰當往就誅其威嚴伏物皆此類也

九年帝召六脩六脩不至帝怒討之失利乃微服民間遂崩普根先守外境聞難來赴攻六脩滅之衛雄姬澹率晉人及烏丸三百餘家隨劉遵南奔幷州普根立月餘而薨普根子始生桓帝后立之其冬普根子又薨是年李雄遣使朝貢

平文皇帝諱鬱律立惠帝之子也姿質雄壯甚有威略

元年歲在丁丑

二年劉虎據朔方來侵西部帝逆擊大破之虎單騎迸走其從弟路孤率部落内附帝以女妻之西兼烏孫故地東吞勿吉以西控弦上馬將有百万劉聰死子粲僭立爲其將靳準所殺淵族子曜僭立帝聞晉愍帝爲曜所害顧謂大臣曰今中原無主天其資我乎劉曜遣使請和帝不納是年司馬叡僭稱大位於江南

三年石勒自稱趙王遣使乞和請爲兄弟帝斬其使以絶之

四年私署涼州刺史張茂遣使朝貢

五年僭晉司馬叡遣使韓暢加崇爵服帝絶之治兵講武有平南夏之意桓帝后以帝得衆心恐不利於己子害帝遂崩大人死者數十人天興初尊曰太祖

惠皇帝諱賀傉立桓帝之中子也以五年爲元年未親政事太后臨朝遣使與石勒通和時人謂之女國使

二年司馬叡死子紹僭立

四年帝始臨朝以諸部人情未悉款順乃築城於東木根山徙都之是年張茂死兄寔子駿立遣使朝貢

五年帝崩是年司馬紹死子衍僭立

煬皇帝諱紇那立惠帝之弟也以五年爲元年

三年石勒遣石虎率騎五千來寇邊部帝禦之於句注陘北不利遷於大寧時烈帝居於舅賀蘭部帝遣使求之賀蘭部帥藹頭擁護不遣帝怒召宇文部并勢擊藹頭宇文衆敗帝還大寧

四年石勒擒劉曜

五年帝出居於宇文部賀蘭及諸部大人共立烈帝

烈皇帝諱翳槐立平文之長子也以五年爲元年石勒遣使求和帝遣弟昭成皇帝如襄國從者五千餘家

二年石勒僭立自稱大趙王

五年勒死子大雅僭立慕容廆死子元眞代立

六年石虎廢大雅僭立李雄死兄子班立雄子期殺班自立

七年藹頭不修臣職召而戮之國人復貳煬帝自宇文部還入諸部大人復奉之

煬皇帝復立以七年爲後元年烈帝出居於鄴石虎奉第宅伎妾奴婢什物

三年石虎遣將李穆率騎五千納烈帝於大寧國人六千餘落叛煬帝煬帝出居於慕容部

烈皇帝復立以三年爲後元年城新盛樂城在故城東南十里一年而崩

昭成皇帝諱什翼犍立平文之次子也生而奇偉寬仁大度喜怒不形于色身長八尺隆準龍顏立髮委地卧則乳垂至席烈帝臨崩顧命曰必迎立諱社稷可安烈帝崩帝弟孤乃自詣鄴奉迎與帝俱還事在孤傳十一月帝即位於繁時之北時年十九稱建國元年是歲李雄從弟壽殺期僭立自號曰漢

二年春始置百官分掌衆職東自濊貊西及破洛那莫不款附夏五月朝諸大人於參合陂議

欲定都㶟源川連日不決乃從太后計而止語
在皇后傳娉慕容元真妹爲皇后
三年春移都於雲中之盛樂宮
四年秋九月築盛樂城於故城南八里皇后慕
容氏崩冬十月劉虎寇西境帝遣軍逆討大破
之虎僅以身免虎死子務桓立始來歸順帝以
女妻之十二月慕容元真遣使朝貢幷薦其宗
女
五年夏五月幸參合陂秋七月七日諸部畢集

設壇埓講武馳射因以爲常八月還雲中是年
秋司馬衍死弟岳僭立
六年秋八月慕容元真遣使請薦女是年李壽
死子勢僭立遣使朝貢
七年春二月遣大人長孫秩迎后慕容氏元真
之女於境夏六月皇后至自和龍秋七月慕容
元真遣使奉聘求交婚帝許之九月以烈帝女
妻之其年司馬岳死子聃僭立
八年慕容元真遣使朝貢是年張駿私署假涼

九年石虎遣使朝貢是年張駿死子重華代立
十年遣使詣鄴觀釁是年司馬聃擒李勢張重
華遣使朝貢
十一年慕容元真死子儁代立
十二年西巡至河而還是年石虎死子世立世
兄遵殺世自立遵兄鑒殺遵自立
十三年魏郡人冉閔殺石鑒僭立
十四年帝曰石胡衰滅冉閔肆禍中州紛梗莫
有匡救吾將親率六軍廓定四海乃勑諸部各

率所統以俟大期諸大人諫曰今中州大亂誠
宜進取如聞豪彊並起不可一舉而定若或留
連經歷歲稔恐無永逸之利或有虧損之憂帝
乃止是歲氐苻健僭稱大位自號大秦
十五年慕容儁滅冉閔僭尊號
十六年慕容儁遣使朝貢是年張重華死子曜
靈立重華庶兄祚殺曜靈而自立稱涼公
十七年遣使於慕容儁張祚復稱涼王置百官
遣使朝貢

十八年太后王氏崩是年苻健死子生僭立羌
姚襄自稱大將軍大單于張瓘宋混殺張祚立
重華少子玄靖稱涼王
十九年春正月劉務桓死其弟閼頭立潛謀反
叛二月帝西巡因而臨河使人招喻閼頭從命
冬慕容儁來請婚許之
二十年夏五月慕容儁奉納禮幣是年苻堅殺
苻生而僭立姚襄爲苻眉所殺

二十一年閼頭部民多叛懼而東走渡河半濟
而冰陷後衆盡歸閼頭兄子悉勿祈初閼頭之
叛悉勿祈兄弟十二人在帝左右盡遣歸欲其
自相猜離至是悉勿祈奪其衆閼頭窮而歸命
帝待之如初
二十二年春帝東巡至於桑乾川三月慕容儁
遣使朝貢夏四月帝還雲中悉勿祈死弟衛辰
立秋八月衛辰遣子朝貢
二十三年夏六月皇后慕容氏崩秋七月衛辰
來會葬因而求婚許之是歲慕容儁死子暐立
遣使致賻
二十四年春衛辰遣使朝聘是年司馬聃死衍
子千齡僭立
二十五年帝南巡至君子津冬十月行幸代十
一月慕容暐薦女備後宮
二十六年冬十月帝討高車大破之獲万口馬
牛羊百餘万頭是年張重華弟天錫殺玄靖而
自立

二十七年春車駕還雲中冬十一月討沒歌部
破之獲牛馬羊數百万頭
二十八年春正月衛辰謀反東渡河帝討之衛
辰懼而遁走冬十二月苻堅遣使朝貢是歲司
馬千齡死弟奕僭立
二十九年夏五月遣燕鳳使苻堅
三十年冬十月帝征衛辰時河冰未成帝乃以
葦絙約澌俄然冰合猶未能堅乃散葦於上冰
草相結如浮橋焉衆軍利涉出其不意衛辰與
宗族西走收其部落而還俘獲生口及馬牛羊

數十万頭

三十一年春帝至自西伐班賞各有差

三十二年正月帝南幸君子津冬十月幸代

三十三年冬十一月征高車大破之是年苻堅擒慕容暐

三十四年春長孫斤謀反伏誅斤之反也拔刃向御座太子獻明皇帝諱寔格之傷脇夏五月薨後追謚焉秋七月皇孫諱生大赦是年司馬奕臣桓温廢奕爲海西公立叡子昱

三十五年司馬昱死子昌明僭立

三十六年夏五月遣燕鳳使苻堅

三十七年帝征衞辰衞辰南走

三十八年衞辰求援於苻堅

三十九年苻堅遣其大司馬苻洛率衆二十万及朱彤張蚝鄧羌等諸道來寇侵逼南境冬十一月白部獨孤部禦之敗績南部大人劉庫仁走雲中帝復遣庫仁率騎十万逆戰於石子嶺王師不利帝時不豫羣臣莫可任者乃率國人避於陰山之北高車雜種盡叛四面寇鈔不得芻牧復度漠南堅軍稍退乃還十二月至雲中旬有二日帝崩時年五十七太祖即位尊曰高祖帝雅性寛厚智勇仁恕時國中少繒帛代人許謙盜絹二匹守者以告帝匿之謂燕鳳曰吾不忍視謙之面卿勿泄言謙或慙而自殺爲財辱士非也帝嘗擊西部叛賊流矢中目賊破之後諸大臣執射者各持錐刀欲屠割之帝曰彼各爲其主何罪也乃釋之是歲苻堅滅張天錫

史臣曰帝王之興也必有積德累功博利道協幽顯方契神祇之心有魏奄迹幽方世居君長淳化育民與時無競神元生自天女桓穆勤於晉室靈心人事夫豈徒然昭成以雄傑之姿包君子之量征伐四克威被荒遐乃立號改都恢隆大業終於百六十載光宅區中其原固有由矣

序紀第一　　魏書一

太祖紀第二　　魏書二

太祖道武皇帝諱珪昭成皇帝之嫡孫獻明皇帝之子也母曰獻明賀皇后初因遷徙遊于雲澤既而寢息夢日出室内寤而見光自牖屬天欻然有感以建國三十四年七月七日生太祖於參合陂北其夜復有光明昭成大悦羣臣稱慶大赦告於祖宗保者以帝體重倍於常兒竊獨奇怪明年有榆生於埋胞之坎後遂成林弱而能言目有光曜廣顙大耳衆咸異之年六歲

昭成崩苻堅遣將内侮將遷帝於長安既而獲免語在燕鳳傳堅軍既還國衆離散堅使劉庫仁劉衛辰分攝國事南部大人長孫嵩及元他等盡將故民南依庫仁帝於是轉幸獨孤部

元年葬昭成皇帝於金陵宫梓宫木柳盡生成林帝雖冲幼而嶷然不羣庫仁常謂其子曰帝有高天下之志興復洪業光揚祖宗者必此主也

二年冬十月苻堅敗于淮南是月慕容文等殺庫仁庫仁弟眷攝國部

八年慕容暐弟冲僭立姚萇自稱大單于萬年秦王慕容垂僭稱燕王

九年庫仁子顯殺眷而代之乃將謀逆商人王霸知之履帝足於衆中帝乃馳還是時故大人梁蓋盆子六眷爲顯謀主盡知其計密使部人穆崇馳告帝乃陰結舊臣長孫犍元他等秋八月乃幸賀蘭部其日顯果使人求帝不及語在獻明太后傳是歲鮮卑乞伏國仁私署大單于

苻堅爲姚萇所殺子丕僭立

登國元年春正月戊申帝即代王位郊天建元大會於牛川復以長孫嵩爲南部大人以叔孫普洛爲北部大人班爵敘勳各有差二月幸定襄之盛樂息衆課農三月劉顯自善無南走馬邑其族奴眞率所部來降夏四月改稱魏王五月車駕東幸陵石護佛侯部帥侯辰乙弗部帥代題叛走諸將追之帝曰侯辰等世脩職役雖有小愆宜且忍之當今草創人情未一愚近者

固應赵超不足追也秋七月己酉車駕還盛樂代題復以部落來降旬有數日亡奔劉顯帝使其孫倍斤代領部落是月劉顯弟肺泥率騎掠奴眞部落既而率以來降初帝叔父窟咄爲苻堅徙于長安因隨慕容永永以爲新興太守八月劉顯遣弟亢泥迎窟咄以兵隨之來逼南境於是諸部騷動人心顧望帝左右于桓等與諸部人謀爲逆以應之事泄誅造謀者五人餘悉不問帝慮內難乃北踰陰山幸賀蘭部阻山爲

固遣行人安同長孫賀使于慕容垂以徵師垂遣使朝貢幷令其子賀驎帥步騎以隨同等冬十月賀驎軍未至而寇已前逼於是北部大人叔孫普洛等十三人及諸烏丸亡奔衛辰帝自弩山遷幸牛川屯于延水南出代谷會賀驎於高柳大破窟咄窟咄奔衛辰衛辰殺之帝悉收其衆十二月慕容垂遣使朝貢奉帝西單于印綬封上谷王帝不納是歲慕容垂僭稱皇帝於中山自號大燕苻丕死苻登自立於隴東姚萇

稱皇帝於長安自號大秦慕容沖爲部下所殺慕容永僭立

二年春正月班賜功臣長孫嵩等七十三人各有差二月帝幸寗川夏五月遣行人安同徵兵於慕容垂垂使子賀驎率衆來會六月帝親征劉顯於馬邑南追至彌澤大破之顯南奔慕容永盡收其部落秋八月帝至自伐顯冬十月癸卯幸濡源遣外朝大人王建使於慕容垂十一月遂幸赤城十有二月巡松漠還幸牛川

三年春二月帝東巡夏四月幸東赤城五月癸亥北征庫莫奚六月大破之獲其四部雜畜十餘万渡弱落水班賞將士各有差秋七月庚申庫莫奚部帥鳩集遺散夜犯行宮縱騎撲討盡殺之其月帝還赤城八月使九原公元儀使於慕容垂冬十月慕容垂遣使朝貢十有二月辛卯車駕西征至女水討解如部大破之獲男女雜畜十數万是歲乞伏國仁死弟乾歸立私署河南王

四年春正月甲寅襲高車諸部落大破之二月癸巳至女水討叱突隣部大破之戊戌賀染干兄弟率諸部來救與大軍相遇逆擊走之夏四月行還赤城五月陳留公元虔使於慕容垂冬十月垂遣使朝貢是歲氐呂光自稱三河王遣使朝貢

五年春三月甲申帝西征次鹿渾海襲高車袁紇部大破之虜獲生口馬牛羊二十餘万慕容垂遣子賀驎率衆來會夏四月丙寅行幸意辛

山與賀驎討賀蘭紇突隣紇奚諸部落大破之六月還幸牛川衛辰遣子直力鞮寇賀蘭部圍之賀訥等請降告困秋七月丙子帝引兵救之至羊山直力鞮退走八月還幸牛川遣秦王觚使於慕容垂九月壬申討叱奴部於囊曲河大破之冬十月遷雲中討高車豆陳部於狼山破之十有一月紇奚部大人庫寒舉部内屬十有二月紇突隣大人屈地鞬舉部内屬帝還次白漢

六年春二月幸紐垤川三月遣九原公元儀陳留公元虔等西討黜弗部大破之夏四月祠天六月慕容賀驎破賀訥於赤城帝引兵救之驎退走秋七月壬申講武於牛川行還紐垤川慕容垂止元觚而求名馬帝絶之乃遣使於慕容永永使其大鴻臚慕容鈞奉表勸進尊號其月衛辰遣子直力鞮出棝陽塞侵及黑城九月帝襲五原屠之收其積穀還紐垤川於棝陽塞北樹碑記功冬十月戊戌北征蠕蠕追之及於大

磧南牀山下大破之班賜從臣各有差其東西二部主匹候跋及縕紇提斬別帥屋擊于事具蠕蠕傳十有一月戊辰還幸紐垤川戊寅衛辰遣子直力鞮寇南部己卯車駕出討壬午大破直力鞮軍於鐵岐山南獲其器械輜重牛羊二十餘万戊子自五原金津南渡河辛卯次其所居悅跋城衛辰父子奔遁壬辰詔諸將追之擒直力鞮十有二月獲衛辰尸斬以徇遂滅之語在衛辰傳衛辰少子屈丐亡奔薛干部車駕次

于鹽池自河已南諸部悉平簿其珍寶畜産名馬三十餘万匹牛羊四百餘万頭班賜大臣各有差收衛辰子弟宗黨無少長五千餘人盡殺之山胡酋大幡頹業易干等率三千餘家降附出居于馬邑是歲起河南宮

七年春正月幸木根山遂次黑鹽池饗宴羣臣覲諸國貢使北之美水三月甲子宴羣臣於水濵還幸河南宮西部泣黎大人茂鮮叛走遣南部大人長孫嵩追討大破之夏五月班賜諸官馬牛羊各有差秋八月行幸漠南仍築巡臺冬十有二月慕容永遣使朝貢是歲皇子諱生

八年春正月帝南巡二月幸羖羊原赴白樓三月車駕西征侯吕隣部夏四月至苦水大破之五月還幸白樓慕容垂討慕容永於長子六月車駕北巡永來告急遣陳留公元虔將軍庾岳率騎五万東度河救之破類拔部帥劉曜等徙其部落元虔等因屯秀容慕容垂遂圍長子秋七月車駕臨幸新壇庚寅宴羣臣仍講武先是

衛辰子屈丐奔薛干部徵之不送八月帝南征薛干部帥太悉佛於三城會其先出擊曹覆帝乘虛屠其城獲太悉佛子珍寶徙其民而還太悉佛聞之來赴不及遂奔姚興九月還幸河南宮是歲姚萇死

九年春三月帝北巡使東平公元儀屯田於河北五原至於棝楊塞外夏五月田於河東秋七月還幸河南宮冬十月蠕蠕社崘等率部落西走事具蠕蠕傳是歲姚萇子興僭立殺苻登慕容垂滅永

十年春正月太悉佛自長安還嶺北上郡以西皆應之夏五月幸鹽池六月還幸河南宮秋七月慕容垂遣其子寳來寇五原造舟收穀帝遣右司馬許謙徵兵於姚興東平公元儀徙據朔方八月帝親治兵於河南九月進師臨河築臺告津連旌沿河東西千里有餘是時陳留公元虔五万騎在東以絶其左元儀五万騎在河北以承其後略陽公元遵七万騎塞其中山之路

冬十月辛未寶燒船夜遁十一月己卯帝進軍濟河乙酉夕至參合陂丙戌大破之語在寶傳生擒其陳留王紹魯陽王倭奴桂林王道成濟陰公尹國北地王世子鍾葵安定王世子羊兒以下文武將吏數千人器甲輜重軍資雜財十餘万計於俘虜之中擢其才識者賈彝賈閏晁崇等與參謀議憲章故實班賞大臣將校各有差十有二月還幸雲中之盛樂

皇始元年春正月大蒐于定襄之虎山因東幸

善無北陂三月慕容垂來寇桑乾川陳留公元虔先鎮平城時徵兵未集虔率麾下邀擊失利死之垂遂至平城西北踰山結營聞帝將至乃築城自守疾甚遂遁走死於上谷子寶匿喪而還至中山乃僭立夏六月癸酉遣將軍王建等三軍討寶廣甯太守劉亢泥斬之徙其部落寶上谷太守慕容普隣捐郡奔走丁亥皇太后賀氏崩是月葬獻明太后秋七月左司馬許謙上書勸進尊號帝始建天子旌旗出入警蹕於是

改元八月庚寅治兵于東郊己亥大舉討慕容寶帝親勒六軍四十餘万南出馬邑踰于句注旌旗駱驛二千餘里鼓行而前民屋皆震別詔將軍封眞等三軍從東道出襲幽州圍薊九月戊午次陽曲乘西山臨觀晉陽命諸將引騎圍脅已而罷還寶并州牧遼西王農大懼將妻子棄城夜出東遁并州平初建臺省置百官封公侯將軍刺史太守尚書郎已下悉用文人帝初拓中原留心慰納諸士大夫詣軍門者無少長

皆引入賜見存問周悉人得自盡苟有微能咸蒙叙用己未詔輔國將軍奚牧略地晉川獲慕容寶丹陽王買得等於平陶城冬十月乙酉車駕出井陘使冠軍將軍王建左軍將軍李栗五万騎先驅啓行十有一月庚子朔帝至眞定自常山以東守宰或捐城奔竄或稽顙軍門唯中山鄴信都三城不下別詔征東大將軍東平公儀五万騎南攻鄴冠軍將軍王建左軍將軍李栗等攻信都軍之所行不得傷民桑棗戊午進

軍中山己未引騎圍之帝謂諸將曰朕量寶不
能出戰必當憑城自守偷延日月急攻則傷士
久守則費糧不如先平鄴信都然後還取中山
於計爲便若移軍遠去寶必散衆求食民間如
此則人心離阻攻之易克諸將稱善丁卯車駕
幸魯口城是歲司馬昌明死子德宗僭立遣使
朝貢呂光僭稱天王號大涼遣使朝貢
二年春正月己亥朔大饗羣臣於魯口慕容寶
遣其左衛將軍慕容騰寇博陵殺中山太守及

高陽諸縣令長抄掠租運是時信都未下庚申
乃進軍壬戌引騎圍之其夜寶冀州刺史宜都
王慕容鳳踰城奔走歸于中山癸亥寶輔國將
軍張驤護軍將軍徐超率將吏已下舉城降寶
聞帝幸信都乃趣博陵之深澤屯滹沲水遣弟
賀麟寇楊城殺常山守兵三百餘人寶悉出珍
寶及宮人招募郡縣羣盜無賴者多應之二月
己巳帝進幸楊城丁丑軍于鉅鹿之栢肆塢臨
滹沲水其夜寶悉衆犯營燎及行宮兵人駭散

帝驚起不及衣冠跣出擊鼓俄而左右及中軍
將士稍稍來集帝設奇陳列烽營外縱騎衝之
寶衆大敗斬首万餘級擒其將軍高長等四千
餘人戊寅寶走中山獲其器仗輜重數十万計
寶尚書閔亮秘書監崔逞太常孫沂殿中侍御
史孟輔等並降降者相屬賜拜職爵各有差辛
原徐超聚衆反於畔城詔將軍奚牢捕斬之并
州守將封眞率其種族與徒何爲逆將攻刺史
元延延討平之是時栢肆之役遠近流言賀蘭

部帥附力眷紇突隣部帥匿物尼紇奚部帥叱
奴根聚黨反於陰館南安公元順率軍討之不
克死者數千詔安遠將軍庾岳揔万騎還討叱
奴根等滅之三月己酉車駕次于盧奴寶遣使
求和請送元觚割常山以西奉國乞守中山以
東帝許之已而寶背約辛亥車駕次中山命諸
將圍之是夜寶弟賀麟將妻子出走西山寶見
賀麟走恐先據和龍壬子夜遂將其妻子及兄
弟宗族數千騎北遁寶將李沈王次多張超賈

歸等來降遣將軍長孫肥追之至范陽不及受
還城内共立慕容普隣爲主夏四月帝以軍糧
未繼乃詔征東大將軍東平公元儀罷鄴圍徙
屯鉅鹿積租楊城普隣出步卒六千餘人伺間
犯諸屯兵詔將軍長孫肥等輕騎挑之帝以虎
隊五千橫截其後斬首五千生虜七百人宥而
遣之夏五月庚子大賞功臣帝以中山城内爲
普隣所脅而大軍迫之欲降無路乃密招諭之
甲辰曜兵揚威以示城内命諸軍罷圍南徙以

待其變甲寅以東平公元儀爲驃騎大將軍都
督中外諸軍事兗豫雍荆徐揚六州牧左丞相
封衛王襄城公元題進封爲王秋七月普隣遣
烏丸張驤率五千餘人出城求食寇常山之靈
壽殺害吏民賀麟自丁零中入于驤軍因其衆
復入中山殺普隣而自立帝還幸魯口遣將軍
長孫肥一千騎襲中山入其郛而還八月丙寅
朔帝自魯口進軍常山之九門時大疫人馬牛
多死帝問疫於諸將對曰在者纔十四五是時

中山猶拒守而饑疫竝臻羣下咸思還北帝知
其意因謂之曰斯固天命將若之何四海之人
皆可與爲國在吾所以撫之耳何恤乎無民羣
臣乃不敢復言遣撫軍大將軍略陽公元遵襲
中山芟其禾菜入郛而還九月賀麟飢窮率三
万餘人出寇新市甲子晦帝進軍討之太史令
鼂崇奏曰不吉帝曰其義云何對曰昔紂以甲
子亡兵家忌之帝曰紂以甲子亡周武不以甲
子勝乎崇無以對冬十月丙寅帝進軍新市賀

麟退阻泒水依漸洳澤以自固甲戌帝臨其營
戰於義臺塢大破之斬首九千餘級賀麟單馬
走西山遂奔鄴慕容德殺之甲申其所署公卿
尚書將吏士卒降者二万餘人其將張驤李沈
慕容文等先來降尋皆亡還是日復獲之皆赦
而不問獲其所傳皇帝璽綬圖書府庫珍寶簿
列數万班賜功臣及將士各有差中山平乙酉
襄城王題薨丁亥遣三万騎赴衛王儀將以攻
鄴是歲鮮卑禿髮烏孤私署大單于西平王

天興元年春正月慕容德走保滑臺儀克鄴收其倉庫詔賞將士各有差儀追德至於河不及而還庚子車駕自中山行幸常山之真定次趙郡之高邑遂幸于鄴民有老不能自存者詔郡縣賑恤之帝至鄴巡登臺榭遍覽宮城將有定都之意乃置行臺以龍驤將軍日南公和跋爲尚書與左丞賈彝率郎吏及兵五千人鎮鄴車駕自鄴還中山所過存問百姓詔大軍所經州郡復貲租一年除山東民租賦之半車駕將北

還發卒万人治直道自望都鐵關鑿恒嶺至代五百餘里帝慮還後山東有變乃置行臺於中山詔左丞相守尚書令衛王儀鎮中山撫軍大將軍略陽公元遵鎮勃海之合口右軍將軍尹國先督租于冀州聞帝將還謀反欲襲信都安南將軍長孫嵩執送斬之辛酉車駕發自中山至于望都堯山徙山東六州民吏及徒何高麗雜夷三十六万百工伎巧十万餘口以充京師車駕次于恒山之陽博陵勃海章武羣盜並起

略陽公元遵等討平之廣川太守賀盧殺冀州刺史王輔驅勒守兵抄掠陽平頓丘諸郡遂南渡河奔慕容德二月車駕自中山幸繁畤宮更選屯衛詔給內徙新民耕牛計口受田三月離石胡帥呼延鐵西河胡帥張崇等聚黨數千人叛詔安遠將軍庾岳討平之漁陽羣盜庫傉官韜聚衆反詔中堅將軍伊謂討之徵左丞相衛王儀還京師詔略陽公遵代鎮中山夏四月壬戌進遵封常山王南安公元順進封毗陵王征

虜將軍歷陽公穆崇爲太尉安南將軍鉅鹿公長孫嵩爲司徒帝祠天於西郊麾幟有加焉廣平太守遼西公元意烈謀反於郡賜死原其妻子鄜城屠各董羌杏城盧水郝奴河東蜀薛榆氐帥苻興各率其種內附六月丙子詔有司議定國號羣臣曰昔周秦以前世居所生之土有國有家及王天下即承爲號自漢以來罷侯置守時無世繼其應運而起者皆不由尺土之資今國家万世相承啓基雲代臣等以爲若取長

遠應以代爲號詔曰昔朕遠祖揔御幽都控制
遐國雖踐王位未定九州逮于朕躬處百代之
季天下分裂諸華之主民俗雖殊撫之在德故
躬率六軍掃平中土凶逆蕩除遐邇率服宜仍
先號以爲魏焉布告天下咸知朕意秋七月遷
都平城始營宮室建宗廟立社稷漁陽烏丸庫
傉官韜復聚黨爲寇詔冠軍將軍王建討平之
八月詔有司正封畿制郊甸端徑術標道里平
五權較五量定五度遣使循行郡國舉奏守宰

不法者親覽察黜陟之九月烏丸張驤子超收
合亡命聚黨三千餘家據勃海之南皮自號征
東大將軍烏丸王抄掠諸郡詔將軍庾岳討之
冬十月起天文殿十有一月辛亥詔尚書吏部
郎中鄧淵典官制立爵品定律呂協音樂儀曹
郎中董謐撰郊廟社稷朝覲饗宴之儀三公郎
中王德定律令申科禁太史令晁崇造渾儀考
天象吏部尚書崔玄伯揔而裁之閏月左丞相
驃騎大將軍衛王儀及諸王公卿士詣闕上書

曰臣等聞宸極居中則列宿齊其晷帝王順天
則羣后仰其度伏惟陛下德協二儀道隆三五
仁風被於四海盛化塞于大區澤及昆蟲恩霑
行葦謳歌所屬八表歸心軍威所及如風靡草
万姓顒顒咸思係命而躬履謙虛退身後已宸
儀未彰衮服未御非所以上允皇天之意下副樂
推之心宜光崇聖烈示軌憲於万世臣等謹昧
死以聞帝三讓乃許之十有二月己丑帝臨天
文殿太尉司徒進璽綬百官咸稱万歲大赦改

年追尊成帝已下及后號謚樂用皇始之舞詔
百司議定行次尚書崔玄伯等奏從土德服色
尚黃數用五未祖辰臘犧牲用白五郊立氣宣
贊時令敬授民時行夏之正徙六州二十二郡
守宰豪傑吏民二千家于代都是歲蘭汗殺慕
容寶而自立寶子盛殺汗僭立慕容德自稱燕
王
二年春正月甲子初祠上帝于南郊以始祖神
元皇帝配降壇視燎成禮而反乙丑曲赦京師始

制三駕之法庚午車駕北巡分命諸將大襲高車大將軍常山王遵等三軍從東道出長川鎮北將軍高涼王樂眞等七軍從西道出牛川車駕親勒六軍從中道自駮髯水西北二月丁亥朔諸軍同會破高車雜種三十餘部獲七萬餘口馬三十餘萬匹牛羊百四十餘萬驃騎大將軍衞王儀督三萬騎別從西北絶漠千餘里破其遺迸七部獲二萬餘口馬五萬餘匹牛羊二十餘萬頭高車二十餘萬乘幷服玩諸物還次

牛川及薄山並刻石記功班賜從臣各有差庚戌征虜將軍庾岳破張超於勃海超走平原爲其黨所殺以所獲高車衆起鹿苑南因臺陰北距長城東包白登屬之西山廣輪數十里鑿渠引武川水注之苑中疏爲三溝分流宮城内外又穿鴻鴈池三月己未車駕至自北伐甲子初令五經羣書各置博士增國子太學生員三千人是月氐人李辯叛慕容德求援於鄴行臺尚書和跋跋輕騎往應之克滑臺收德宮人府藏

又破德桂林王鎮及郎吏將士千餘人丙子遣建義將軍庾眞越騎校尉奚斤討庫狄部帥葉亦干宥連部帥竇羽泥於太渾川破之庫狄勲支子沓亦干率其部落内附眞等進破侯莫陳部獲馬牛羊十餘萬頭追殄遺迸入大峨谷中山太守仇儒亡匿趙郡推羣盜趙准爲主號使持節征西大將軍冀青二州牧鉅鹿公仇儒爲准長史聚黨扇惑詔中領軍長孫肥討平之夏四月前清河太守傅世聚黨千餘家自號撫軍

將軍五月癸亥征虜將軍庾岳討破之秋七月起天華殿辛酉大閲于鹿苑饗賜各有差陳郡河南流民萬餘口内徙遣使者存勞之姚興遣衆圍洛陽司馬德宗將辛恭靖請救八月遣太尉穆崇率騎六千往赴之增啓京師十二門作西武庫除州郡民租賦之半辛亥詔禮官備撰衆儀著于新令范陽人盧溥聚衆海濱稱使持節征北大將軍幽州刺史攻掠郡縣殺幽州刺史封沓干慕容盛遼西太守李朗舉郡内屬西

河胡帥護諾于丁零帥翟同蜀帥韓龍釜相率
內附冬十月太廟成遷神元平文昭成獻明皇
帝神主于太廟十有二月甲午慕容盛征虜將
軍燕郡太守高湖率戶三千內屬辛亥詔材官
將軍和突討盧溥天華殿成是歲呂光立其子
紹為天王自稱太上皇光死太子纂殺紹僭立
禿髮烏孤死弟鹿孤代立遣使朝貢
三年春正月戊午和突破盧溥於遼西生獲溥
及其子煥傳送京師轘之癸亥有事於北郊分
命諸官循行州郡觀民風俗察舉不法賜羣臣
布帛各有差二月丁亥詔有司祀日于東郊始
耕籍田壬寅皇子聰薨三月戊午立皇后慕容
氏是月穿城南渠通於城內作東西魚池夏四
月姚興遣使朝貢五月戊辰詔謁者僕射張濟
使於姚興己巳車駕東巡遂幸涿鹿遣使者以
太牢祠帝堯帝舜廟西幸馬邑觀灅源秋七月
壬子車駕還宮起中天殿及雲母堂金華室十
有一月高車別帥敕力犍率九百餘落內屬十

有二月乙未詔曰世俗謂漢高起於布衣而有
天下此未達其故也夫劉承堯統曠世繼德有
蛇龍之徵致雲彩之應五緯上聚天人俱協明
革命之主大運所鍾不可以非望求也然狂狡
之徒所以顛蹶而不已者誠惑於逐鹿之說而
迷於天命也故有踵覆車之軌蹈釁逆之蹤毒
甚者傾州郡害微者敗邑里至乃身死名頹殃
及九族從亂隨流死而不悔豈不痛哉春秋之
義大一統之美吳楚僭號久加誅絕君子賤其
偽名比之塵垢自非繼聖載德天人合會帝王
之業夫豈虛應歷觀古今不義而求非望者徒
喪其保家之道而伏刀鋸之誅有國有家者誠
能推廢興之有期審天命之不易察徵應之潛
授杜競逐之邪言絕姦雄之僭肆思多福於止
足則幾於神智矣如此則可以保榮祿於天年
流餘慶於後世夫然故禍悖無緣而生兵甲何
因而起凡厥來世勗哉戒之可不慎歟時太史
屢奏天文錯亂帝親覽經占多云改王易政故

數革官號一欲防塞凶狡二欲消災應變已而慮羣下疑惑心謗腹非丙申復詔曰上古之治尚德下名有任而無爵易治而事序故邪謀息而不起姦慝絕而不作周姬之末下凌上替以號自定以位制祿卿世其官大夫遂事陽德不暢議發家陪故釁由此起兵由此作秦漢之弊捨德崇侈能否混雜賢愚相亂庶官失序任非其人於是忠義之道寢廉恥之節廢退讓之風絕毀譽之議興莫不由乎貴尚名位而禍敗及之矣古置三公職大憂重故曰待罪宰相將委

任責成非虛寵祿也而今世俗僉以台輔爲榮貴企慕而求之夫此職司在人主之所任耳用之則重捨之則輕然則官無常名而任有定分是則所貴者至矣何取於鼎司之虛稱也夫桀紂之南面雖高而可薄姬旦之爲下雖卑而可尊一官可以効智蓽門可以垂範苟以道德爲實賢於覆餗蔀家矣故量已者令終而義全昧利者身陷而名滅利之與名毀譽之疵競道之

與德神識之家寶是故道義治之本名爵治之末名不本於道不可以爲宜爵無補於時不可以爲用用而不禁爲病深矣能通其變不失其正者其惟聖人乎來者誠思成敗之理察治亂之由鑒殷周之失革秦漢之弊則幾於治矣是歲乞伏乾歸爲姚興所破李暠私署涼州牧涼公

四年春正月高　別帥率其部三千餘落內附二月丁亥命樂師入學習舞釋菜于先聖先師丁酉分命使者循行州郡聽察辭訟糾劾不法三月帝親漁薦于寢廟夏四月辛卯罷鄴行臺

詔有司明揚隱逸五月起紫極殿玄武樓涼風觀石池鹿苑臺秋七月詔鎮遠將軍兗州刺史長孫肥步騎二萬南徇許昌彭城詔賜天下鎮戍將士布帛各有差冬十二月辛亥詔征西大將軍常山王遵等率衆五萬討破多蘭部帥木易干材官將軍和突率騎六千襲黜弗素古延等諸部集博士儒生比衆經文字義類相從凡

四万餘字號曰衆文經是歲慕容盛死寶弟熙僭立呂光弟子隆殺篡自立盧水胡沮渠蒙遜私署涼州牧張掖公蒙遜及李暠並遣使朝貢

五年春正月丁丑慕容熙遣將寇遼西虎威將軍宿沓干等拒戰不利棄令支而還帝聞姚興將寇邊庚寅大簡輿徒詔并州諸軍積穀于平陽之乾壁戊子材官將軍和突破黜弗素古延等諸部獲馬三千餘匹牛羊七万餘頭辛卯蠕蠕社崘遣騎救素古延等和突逆擊破之于山

南河曲獲鎧馬二千餘匹班師賞賜將士各有差二月癸丑征西大將軍常山王遵等至安定之高平木易于率數千騎與衛辰屈丐棄國遁走追至隴西瓦亭不及而還獲其輜重庫藏馬四万餘匹駱駝犛牛三千餘頭牛羊九万餘口班賜將士各有差徙其民於京師沙門張翹自號無上王與丁零鮮于次保聚黨常山之行唐夏四月太守樓伏連討斬之五月姚興遣其弟安北將軍義陽公平率衆四万來侵平陽乾壁

爲平所陷六月治兵于東郊部分衆軍詔鎮西大將軍毗陵王順長孫肥等三將六万騎爲前鋒秋七月戊辰朔車駕西討八月乙巳至於柴壁平固守進軍圍之姚興悉舉其衆來救甲子帝渡蒙坈逆擊興軍大破之冬十月平赴水而死俘其餘衆三万餘人語在興傳獲興征虜將軍尚書右僕射狄伯支越騎校尉唐小方積弩將軍姚梁國建忠將軍雷星康官北中郎將康猥平從弟伯禽已下四品將軍已上四十餘人

獲先亡臣王次多靳勤悉並斬以徇興頻使請和帝不許羣臣勸進平蒲坂帝慮蠕蠕爲難戊申班師十有一月車駕次晉陽徵相州刺史庾岳爲司空遣左將軍莫題討上黨羣盜秦頗丁零翟都於壺關丁丑上黨太守捕頗斬之都走林慮十有二月辛亥至自西征蠕蠕社崘犯塞詔常山王遵追之不及而還越勤莫弗率其部万餘家内屬居五原之北是歲禿髮鹿孤病死弟傉檀統任遣使朝貢

六年春正月辛未朔方尉遲部別帥率万餘家内屬入居雲中夏五月大簡輿徒將略江淮平荆揚之亂秋七月鎮西大將軍司隸校尉毗陵王順有罪以王還第戊子車駕北巡築離宫于犲山縱士校獵東北踰罽嶺出叄合代谷九月行幸南平城規度灅南面夏屋山背黄瓜堆將建新邑辛未車駕還宫冬十月起西昭陽殿乙卯立皇子諱爲齊王加車騎大將軍位相國紹爲清河王加征南大將軍熙爲陽平王曜爲河

南王封故秦愍王子夔爲豫章王陳留王子右將軍悅爲朱提王丁巳詔將軍伊謂率騎二万北襲高車司馬德宗遣使朝貢十有一月庚午伊謂大破高車是年島夷桓玄廢其主司馬德宗而自立僭稱大楚

天賜元年春正月遣離石護軍劉託率騎三千襲蒲子三月丙寅擒姚興寧北將軍泰平太守衡譚獲三千餘口初限縣戸不滿百罷之夏四月詔尚書郎中公孫表使於江南以觀桓玄之

釁也值玄敗而還蠕蠕社崘從弟悅伐大那等謀殺社崘而立大那發覺來奔五月置山東諸冶發州郡徒謫造兵甲秋九月帝臨昭陽殿分置衆職引朝臣文武親自簡擇量能敘用制爵四等曰王公侯子除伯男之號追録舊臣加以封爵各有差是秋江南大亂流民繈負而奔淮北行道相尋冬十月辛巳大赦改元築西宫十有一月上幸西宫大選朝臣令各辨宗黨保舉才行諸部子孫失業賜爵者二千餘人十有二月戊辰車駕幸犲山宫是歲島夷劉裕起兵誅

桓玄

二年春二月癸亥車駕還宫夏四月車駕有事于西郊車旗盡黒是歲司馬德宗復僭立慕容德死兄子超僭立

三年春正月甲申車駕北巡幸犲山宫校獵至屋孤山二月乙亥幸代園山建五石亭三月庚子車駕還宫夏四月庚申復幸犲山宫占授著作郎王宜弟造兵法孤虛立成圖三百六十時

遂登定襄角史山又幸馬城甲午車駕還宮是月蠕蠕寇邊夜召兵將旦賊走乃罷六月發八部五百里内男丁築灅南宮門闕高十餘丈引溝穿池廣苑囿規立外城方二十里分置市里經塗洞達三十日罷秋七月太尉穆崇薨八月甲辰行幸豺山宮遂至青牛山丙辰西登武要北原觀九十九泉造石亭遂之石漠九月甲戌朔幸漠南鹽池壬午至漠中觀天鹽池度漠北之吐鹽池癸巳南還長川丙申臨觀長陂冬十

月庚申車駕還宮

四年春二月封皇子脩爲河間王處文爲長樂王連爲廣平王黎爲京兆王夏五月北巡自參合陂東過蟠羊山大雨暴水流輜重數百乘殺百餘人遂東北踰石漠至長川幸濡源常山王遵有罪賜死秋七月車駕自濡源西幸參合陂築北宮垣三旬而罷乃還宮八月幸豺山宮是月誅司空庾岳冬十有一月車駕還宮是歲慕容寶養子高雲殺熙自立赫連屈丐自稱大單于大夏天王

五年春正月行幸豺山宮遂如參合陂觀漁於延水至寧川三月姚興遣使朝貢是歲皇孫諱生

六年夏帝不豫初帝服寒食散自太醫令陰羌死後藥數動發至此逾甚而災變屢見憂懣不安或數日不食或不寢達旦歸咎羣下喜怒乖常謂百寮左右人不可信慮如天文之占或有肘腋之虞追思既往成敗得失終日竟夜獨語

不止若傍有鬼物對揚者朝臣至前追其舊惡皆見殺害其餘或以顏色變動或以喘息不調或以行步乖節或以言辭失措帝皆以爲懷惡在心變見於外乃手自毆擊死者皆陳天安殿前於是朝野人情各懷危懼有司懈怠莫相督攝百工偷劫盜賊公行巷里之間人爲希少帝亦聞之曰朕縱之使然待過災年當更清治之爾秋七月慕容支屬百餘家謀欲外奔發覺伏誅死者三百餘人八月衛王儀謀叛賜死冬十

月戊辰帝崩於天安殿時年三十九永興二年九月甲寅上謚宣武皇帝葬於盛樂金陵廟號太祖泰常五年改謚曰道武

史臣曰晉氏崩離戎羯乘釁僭僞紛糺犲狼競馳太祖顯晦安危之中屈伸潛躍之際驅率遺黎奮其靈武克翦方難遂啓中原朝拱人神顯登皇極雖冠履不暇棲遑外土而制作經謨咸存長世所謂大人利見百姓與能抑不世之神武也而屯厄有期禍生非慮將人事不足豈天實爲之嗚呼

太祖紀第二 魏書二

太宗紀第三 魏書三

太宗明元皇帝諱嗣太祖長子也母曰劉貴人登國七年生於雲中宮太祖晚有子聞而大悅乃大赦天下帝明叡寬毅非禮不動太祖甚奇之天興六年封齊王拜相國加車騎大將軍初帝母劉貴人賜死太祖告帝曰昔漢武帝將立其子而殺其母不令婦人後與國政使外家爲亂汝當繼統故吾遠同漢武爲長久之計帝素純孝哀泣不能自勝太祖怒之帝還宮哀不自

止日夜號泣太祖知而又召之帝欲入左右曰孝子事父小杖則受大杖避之今陛下怒盛入或不測陷帝於不義不如且出待怒解而進不晚也帝懼從之乃遊行逃於外天賜六年冬十月清河王紹作逆太祖崩帝入誅紹壬申即皇帝位大赦改年爲永興元年追尊皇妣爲宣穆皇后公卿大臣先罷歸第不與朝政者悉復登用之詔南平公長孫嵩北新侯安同對理民訟簡賢任能彝倫攸敘閏十月丁亥朱提王悅謀

反賜死詔都兵將軍山陽侯奚斤巡行諸州問民疾苦撫恤窮乏十有二月戊戌封衛王儀子良爲南陽王陰平公元烈進爵爲王高涼王樂眞改封平陽王己亥帝始居西宮御天文殿蠕蠕犯塞是歲乞伏乾歸據金城自稱秦王高雲爲海夷馮跋所滅跋僭號自稱大燕天王

二年春正月甲寅朔詔南平公長孫嵩等北伐蠕蠕平陽民黃苗等依汾自固受姚興官號并州刺史元六頭討平之二月癸未朔詔將軍于

栗磾領步騎一萬鎭平陽夏五月長孫嵩等自大漠還蠕蠕追圍之於牛川壬申帝北伐蠕蠕聞而遁走車駕還幸參合陂秋七月丁巳立馬射臺於陂西仍講武教戰乙丑車駕至自北伐八月章武民劉牙聚衆反山陽侯奚斤討平之九月甲寅葬太祖宣武皇帝於盛樂金陵冬十有二月辛巳詔將軍周觀率衆詣西河離石鎭撫山胡是歲司馬德宗將劉裕滅慕容超於廣固

三年春二月戊戌詔曰衣食足知榮辱夫人飢寒切已唯恐朝夕不濟所急者溫飽而已何暇及於仁義之事乎王教之多違蓋由於此也非夫耕婦織內外相成何以家給人足矣其簡宮人非所當御及執作伎巧自餘悉出以配鰥民己亥詔北新侯安同等持節循行并定二州及諸山居雜胡丁零問其疾苦察舉守宰不法其寃窮失職彊弱相陵孤寒不能自存者各以事聞昌黎遼東民二千餘家內屬三月己未詔侍

臣常帶劍夏四月戊寅河東蜀民黃思郭綜等率營部七百餘家內屬五月丁卯車駕謁金陵於盛樂己巳昌黎王慕容伯兒謀反伏誅六月姚興遣使來聘西河胡張賢等率營部內附秋七月戊申賜衞士酺三日布帛各有差辛酉賜附國大人錦罽衣服各有差八月戊寅詔將軍東州侯尉古真統兵五千鎭西境大洛城冬十二月甲戌蠕蠕斛律宗黨吐觝于等百餘人內屬甲午詔南平公長孫嵩任城公嵇拔白馬侯

崔玄伯等坐朝堂録決囚徒務在平當
四年春二月癸未登虎圈射虎賜南平公長孫
嵩等布帛各有差夏四月乙未宴羣臣於西宮
使各獻直言秋七月己巳朔東巡置四廂大將
又放十二時置十二小將以山陽侯奚斤元城
侯元屈行左右丞相己卯大獮于石會山戊子
臨去畿陂觀漁庚寅至于濡源西巡幸北部諸
落賜以繒帛八月庚戌車駕還宮壬子幸西宮
臨板殿大饗羣臣將吏以田獵所獲賜之命民

大酺三日乙卯賜王公以下至宿衛將士布帛
各有差冬十有一月乙丑賜宗室近屬南陽王
良已下至於緦麻之親布帛各有差十有二月
丁巳車駕北巡至長城而還是年乞伏乾歸爲
兄子公府所殺子熾盤立沮渠蒙遜自稱河西
王
五年春正月己巳大閱畿内男子十二以上悉
集己卯幸西宮頻拔大渠帥四十餘人詣闕奉
貢賜以繒帛錦罽各有差乙酉詔諸州六十戶

出戎馬一匹庚寅大閱於東郊部署將帥以山
陽侯奚斤爲前軍衆三萬陽平王熙等十二將
各一萬騎帝臨白登躬自校覽焉二月戊申賜
陽平王熙及諸王公侯將士布帛各有差庚戌
幸高柳川甲寅車駕還宮癸亥穿魚池於北苑庚
午姚興遣使來聘詔分遣使者巡求儁逸其豪
門彊族爲州閭所推者及有文武才幹臨疑能
決或有先賢世冑德行清美學優義博可爲人
師者各令詣京師當隨才敘用以贊庶政夏四

月河東民薛相率部内屬乙巳上黨民勞聰士
臻擁羣聚爲盜殺太守令長相率外奔乙卯車駕
西巡詔前軍奚斤等先行討越勤部於跋那山
夏五月乙亥行幸雲中舊宮丙子大赦
天下西河張外建興王紹自以所犯罪重不敢
解散庚戌遣元城侯元屈等率衆三千鎮并州
乙卯詔會稽公劉潔永安侯魏勤等率衆三千
鎮西河六月丙辛五原校獵于骨羅山獲獸十
萬漢澤劉逸自號征東將軍三巴王王紹爲署

置官屬攻逼建興郡元屈等討平之秋七月己巳還幸薄山帝登觀太祖遊幸刻石頌德之處乃於其旁起石壇而薦饗焉賜從者大酺於山下奚斤等破越勤倍泥部落於跋那山西獲馬五萬匹牛二十萬頭徙二萬餘家於大寧計口受田河西胡曹龍張大頭等各領部擁衆二萬人來入蒲子逼脅張外於研子壘外懼給以牛酒殺馬盟誓推龍爲大單于奉美女良馬於龍丙戌車駕自大室西南巡諸部落賜其渠帥繒

帛各有差遂南次定襄大落城東踰十嶺山田於善無川八月癸卯車駕還宮癸丑奚斤等班師甲寅帝臨白登觀降民數軍實曹龍降執送張外斬之辛未賜征還將士牛馬奴婢各有差置新民於大寧川給農器計口受田丁丑幸犲山宮癸未車駕還宮冬十月丁巳將軍元屈會稽公劉潔永安侯魏勤等擊吐京叛胡失利潔被傷勤死之十一月癸酉大饗于西宮姚興遣使朝貢來請進女帝許之

神瑞元年春正月辛酉以禎瑞頻集大赦改元辛巳幸繁畤賜王公已下至於士卒百工布帛各有差二月戊戌車駕還宮是月赫連屈子入寇河東蒲子殺掠吏民三城護軍張昌等要擊走之庚戌幸犲山宮西河胡曹成吐京民劉初原攻殺屈子所置吐京護軍及其守三百餘人乙卯起豐宮於平城東北夏五月辛酉車駕還宮六月司馬德宗冠軍將軍太山太守劉研弟輔國將軍領東平太守陽平趙鸞廣威將軍

平昌太守羅卓斗城屠各帥張文興等率流民七千餘家內屬河西胡酋劉遮劉退孤率部落等萬餘家渡河內屬戊申幸犲山宮丁亥車駕還宮秋八月戊子詔馬邑侯元陋孫使於姚興辛丑遣謁者悅力延撫慰蠕蠕于什門招諭馮跋詔平南將軍相州刺史尉古眞與司馬德宗太尉劉裕相聞使博士王諒假平南參軍將命焉姚興遣使來聘冬十一月壬午詔使者巡行諸州校閱守宰資財非自家所齎悉簿爲贓詔

守宰不如法聽民詣闕告言之十二月丙戌朔蠕蠕犯塞丙申帝北伐蠕蠕河內人司馬順宰自號晉王太守討捕不獲是歲禿髮傉檀爲乞伏熾磐所滅

二年春正月丙辰車駕至自北伐賜從征將士布帛各有差三月丁亥大饗于西宮賜附國大渠帥朝歲首者繒帛金罽各有差司馬德宗琅邪太守劉朗率二千餘家內屬庚子河西胡劉雲等率數萬戶內附甲辰立太祖廟於白登之

西三月詔曰刺史守宰率多逋慢前後怠惰數加督罰猶不悛改今年貲調懸違者謫出家財充之不聽徵發於民河西飢胡屯聚上黨推白亞栗斯爲盟主號大將軍反於上黨自號單于稱建平元年以司馬順宰爲之謀主夏四月詔將軍公孫表等五將討之河南流民二千餘家內屬衆廢栗斯而立劉虎號率善王司馬德宗遣使朝貢己卯車駕北巡五月丁亥次於參合東幸大寧丁未田于西岬山六月戊午幸去畿

陂觀漁辛酉次于濡源築立蜂臺射白熊於頹牛山獲之丁卯幸赤城親見長老問民疾苦復租一年南次石亭幸上谷問百年訪賢俊復田租之半壬申幸涿鹿登橋山觀温泉使使者以太牢祠黃帝廟至廣寧登歷山祭舜廟秋七月還宮復所過田租之半九月闕有差河南流民前後三千餘家內屬京師民飢聽出山東就食冬十月壬子姚興使散騎常侍東武侯姚敞尚書姚泰送其西平公主來帝以后禮納之辛酉

行幸沮洳城癸亥車駕還宮丙寅詔曰古人有言百姓足則君有餘未有民富而國貧者也頃者以來頻遇霜旱年穀不登百姓飢寒不能自存者甚衆其出布帛倉穀以賑貧窮十有一月丁亥幸犲山宮庚子車駕還宮

泰常元年春正月甲申行幸犲山宮戊子車駕還宮三月己丑長樂王處文薨常山民霍季自言名載圖讖持一黑石以爲天賜玉印誑惑聚黨入山爲盜州郡捕斬之夏四月壬子大赦改

元庚申河間王脩薨六月丁巳車駕北巡秋七
月甲申帝自白鹿陂西行大獮于牛川登釡山
臨殷繁水而南觀于九十九泉戊戌車駕還宮
九月戊午前并州刺史叔孫建等大破山胡劉
虎渡河東走至陳留爲從人所殺司馬順宰等
皆死司馬德宗相劉裕泝河伐姚泓遣其部將
王仲德爲前鋒從陸道至梁城兖州刺史尉建
畏懦棄州北渡王仲德遂入滑臺詔將軍叔孫
建等渡河曜威滑臺斬尉建於城下冬十月壬

戌幸犲山宮徒何部落庫傉官斌先降後復叛
歸馮跋驍騎將軍延普渡濡水討擊大破之斬
斌及馮跋幽州刺史漁陽公庫傉官昌征北將
軍關內侯庫傉官提等首生擒庫傉官女生縛
送京師幽州平十一月甲戌車駕還宮築蓬臺
於北苑十二月南陽王良薨是歲姚興卒子泓
立
二年春二月丙午詔曰九州之民隔遠京邑時
有壅滯守宰至不以聞今東作方興或有貧窮

失農務者其遣使者巡行天下省諸州觀民風
俗問民疾苦察守宰治行諸有不能自申皆因
以聞辛酉司馬德宗滎陽守將傅洪遣使詣叔
孫建請以虎牢降求軍赴接德宗譙王司馬文
思遣使王良詣闕上書請軍討劉裕詔司徒長
孫嵩率諸軍邀擊劉裕戰於畔城更有負捷帝
詔止諸軍不克夏四月丁未榆山丁零翟蜀率
營部遣使通劉裕馮跋使人王特兒等通於司
馬德宗章武太守捕特兒等囚送京師丁巳幸

高柳壬戌車駕還宮五月汝南民胡譁等萬餘
家相率內屬乙未司馬德宗齊郡太守王懿來
降車駕西巡至于雲中遂濟河田于大漠秋七
月作白臺於城南高二十丈司馬順之入常山
流言惑衆稱受天帝命年二十五應爲人君遂
聚黨於封龍山趙郡大盜趙德執送京師斬之
八月劉裕滅姚泓九月癸酉司馬德宗平西將
軍荊州刺史司馬休之息譙王文思章武王子
司馬國璠司馬道賜輔國將軍溫楷竟陵內史

魯軌荆州治中韓延之殷約平西參軍桓謐桓璲及桓溫孫道子勃海刁雍陳郡袁式等數百人來降姚泓匈奴鎮將姚成都與弟和都舉鎮來降冬十月己酉詔司徒長孫嵩等還京師遣叔孫建鎮鄴癸丑豫章王夔薨十有一月司徒長孫嵩等諸軍至樂平詔嵩遣娥清周幾等與叔孫建討西山丁零翟蜀洛支等悉滅餘黨而還復[illegible]州租稅十有二月己酉詔河東河內有姚泓子弟播越民間能有送致京師者賞之庚

申田于西山癸亥車駕還宮氐豪徐駭奴齊元子等擁部落三萬於雍遣使內附詔將軍王洛生及河內太守楊聲等西行以應之壬申幸大寧長川姚泓尚書東武侯姚敞敞弟鎮遠將軍僧光右將軍姚定世自洛來奔是年李暠卒子歆立遣使朝貢

三年春正月丁酉朔帝自長川詔護高車中郎將薛繁率高車丁零十二部大人衆北略至弱水降者二千餘人獲牛馬二萬餘頭河東胡蜀五千餘家相率內屬三月司馬德宗遣使來貢庚戌幸西宮以范陽去年水復其租稅夏四月己巳徙冀定幽三州徒何於京師五月丙午詔叔孫建鎮廣阿壬子車駕東巡至于濡源及甘松遣征東將軍長孫道生給事黃門侍郎奚觀率精騎二万襲馮跋又命驍騎將軍延普自幽州北趨遼西爲聲勢帝自突門嶺待之道生至龍城徙其民万餘家而還六月乙酉車駕西返秋七月戊午至於京師八月鴈門河內大雨水

復其租稅九月甲寅詔諸州調民租户五十石積於定相冀三州冬十月戊辰築宮於西苑是歲司馬德宗弟德文僭位赫連屈丐僭稱
皇帝

四年正月壬辰朔車駕臨河大蒐于犢渚癸卯車駕還宮三月癸丑築宮於蓬臺北司馬德文寧朔將軍平陽太守匈奴護軍薛辯及司馬楚之司馬順明司馬道恭並遣使請降夏四月庚辰車駕有事於東廟遠藩助祭者數百國辛巳

南巡幸鴈門賜所過無出今年租賦五月庚寅朔觀漁于灅水巳亥車駕還宫復所過一年租賦六月司馬德文建威將軍河西太守馮翊羌酋党道子遣使内屬秋八月辛未東巡遣使祭恒岳甲申車駕還宫所過復一年田租九月築宫於白登山冬十有二月癸亥西巡至雲中踰白道北獵野馬於辱孤山至于黄河從君子津西渡大狩於薛林山

五年春正月丙戌朔自薛林東還至于屋竇城

饗勞將士大酺二日班禽獸以賜之巳亥車駕還宫三月丙戌南陽王意文薨夏四月河西屠各帥黄大虎羌酋不蒙娥等遣使内附丙寅起灅南宫五月乙酉詔曰宣武皇帝體道得一天縱自然大行大名未盡美非所以光揚洪烈垂之無窮也今因啓緯圖始覩尊號天人之意焕然著明其改宣曰道更上尊謚曰道武皇帝以彰靈命之先啓聖德之玄同告杞郊廟宣于八表庚戌淮南侯司馬國璠池陽侯司馬道賜等謀反伏誅六月丙寅行幸翳犢山秋七月丁酉西至于五原丁未幸雲中大室賜從者大酺八月癸亥車駕還宫閏月甲午陰平王烈薨冬十有一月詔驍騎將軍延普城乾城十有二月丁亥杏城羌酋狄温子率三千餘家内附是歲劉裕廢殺其主司馬德文僭自稱皇帝號宋李歆爲沮渠蒙遜所滅歆弟恂自立於敦煌

六年春正月辛未行幸公陽二月調民二十戸輸戎馬一匹大牛一頭三月甲子陽平王熙薨

乙亥制六部民羊滿百口輸戎馬一匹發京師六千人築苑起自舊苑東包白登周回三十餘里夏六月乙酉北巡至蟠羊山秋七月西巡獵于柞山親射虎獲之遂至于河八月庚子大獮于犢渚九月庚戌車駕還宫壬申劉裕遣使朝貢冬十月巳亥行幸代十有二月丙申西巡狩至于雲中是歲沮渠蒙遜滅李恂

七年春正月甲辰朔自雲中西行幸屋竇城賜從者大酺三日蕃渠帥繒帛各有差二月丙戌

車駕還宮賜從者布帛各有差大饗食于西宮三
月乙丑河南王曜薨夏四月甲戌封皇子壽爲
泰平王壽字佛釐拜相國加大將軍丕爲樂平
王加車騎大將軍彌爲安定王加衛大將軍範
爲樂安王加中軍大將軍健爲永昌王加撫軍
大將軍崇爲建寧王加輔國大將軍俊爲新興
王加鎮軍大將軍獻懷長公主子嵇敬封長樂
王拜大司馬大將軍初帝素服寒食散頻年動
發不堪万機五月詔皇太子臨朝聽政是月泰

平王攝政劉裕卒子義符僭立秋九月詔假司
空奚斤節都督前鋒諸軍事爲晉兵大將軍行
揚州刺史交阯侯周幾爲宋兵將軍交州刺史
安固子公孫表爲吳兵將軍廣州刺史前鋒伐
劉義符乙巳幸灅南宮遂如廣甯已酉詔泰平
王率百國以法駕田于東苑車乘服物皆以乘
輿之副辛亥築平城外郭周回三十二里辛酉
幸橋山遣使者祠黃帝唐堯廟因東幸幽州見
耆年問其所苦賜爵號分遣使者循行州郡觀

察風俗冬十月甲戌車駕還宮復所過田租之
半奚斤伐滑臺不克帝怒議親南討爲其聲援
壬辰車駕南巡出自天門關踰恒嶺四方蕃附
大人各率所部從者五万餘人十有一月泰平
王親統六軍出鎮塞上安定王彌與北新公安
同居守丙午曲赦司州殊死已下劉義符東郡
太守王景度棄滑臺走詔成皋侯元苟兒爲兗
州刺史鎮滑臺十有二月遣壽光侯叔孫建等
率衆自平原東渡徇下青兗諸郡劉義符兗州

刺史徐琰聞渡河棄守走叔孫建遂東入青州
司馬愛之秀之先聚黨濟東皆率衆來降
八年正月丙辰行幸鄴存恤民俗司空奚斤既
平兗豫還圍虎牢劉義符守將毛德祖距守不
下河東蜀薛定薛輔率五千餘家內屬蠕蠕犯
塞二月戊辰築長城於長川之南起自赤城西
至五原延袤二千餘里備置戍衛三月乙巳帝
田於鄴南韓陵山幸汲郡至于枋頭乙卯濟自
靈昌津幸陳留東郡乙丑濟河而北西之河內

造浮橋於冶坂津夏四月丁卯幸成皋城觀虎牢而城内乏水懸綆汲河帝令連艦上施轒轀絶其汲路又穿地道以奪其井遂至洛陽觀石經蠻王梅安率渠帥數千人來貢方物閏月己未還幸河内北登太行幸高都虎牢潰獲劉義符冠軍將軍司州刺史觀陽伯毛德祖冠軍司馬滎陽太守翟廣建威將軍竇霸振武將軍姚勇錯振威將軍吳寶之司州別駕姜元興治中竇溫士衆大疫死者十二三辛酉帝還至晉陽

班賜從官王公已下逮於廝賤無不霑給五月庚寅還次鴈門皇太子率留臺王公迎于句注之北庚寅車駕至自北巡六月己亥太尉宜都公穆觀薨丙辰北巡至於參合陂遊于蟠羊山秋七月幸三會屋侯泉詔皇太子率百官以從八月幸馬邑觀于灅源九月乙亥車駕還宫詔司空奚斤還京師昌平侯娥清交阯侯周幾等鎮枋頭劉義符潁川太守李元德竊入許昌詔周幾擊之元德遁走幾平許昌還軍枋頭冬十月

癸卯廣西宫起外垣牆周回二十里十有一月己巳帝崩於西宫時年三十二遺詔以司空奚斤所獲軍實賜大臣自司徒長孫嵩已下至士卒各有差十有二月庚子上謚曰明元皇帝葬于雲中金陵廟稱太宗帝禮愛儒生好覽史傳以劉向所撰新序說苑於經典正義多有所闕乃撰新集三十篇採諸經史該洽古義兼資文武焉

史臣曰太祖英雄北驅朔漠末年内多釁隙明

元抱純孝之心逢梟鏡之禍權以濟事危而獲安隆基固本内和外輯以德見宗良無愧也

太宗紀第三　　魏書三

魏收書太宗紀亡史館舊本帝紀第三卷上有白簽云此卷是魏澹史案隋書魏澹傳澹之義例多與魏收不同其一曰諱皇帝名書太子字四曰諸國君皆書曰卒今此卷書封

皇子壽爲泰平王壽字佛貍姚興李暠司馬
德宗劉裕皆書卒故疑爲澹史又案北史高
氏小史脩文殿御覽見皇王部皆鈔略魏收書
其間事及日有此紀所不載者北史本紀遂
卷後論全用魏收史臣語而微加增損惟論
明元即與此紀史臣語全不同故知非魏收
史明矣崇文總目有魏澹書一卷今亦亡矣
豈此篇乎
泰常七年四月封皇子壽爲泰平王五月詔

皇太子臨朝聽政是月泰平王攝政重複不
成文其年九月十月再書泰平王明年五月
七月再書皇太子前後乖戾今據此紀無立
泰平王爲皇太子事世祖紀云四月封泰平王
五月爲監國亦不言曾立爲皇太子此紀初
詔聽政便云皇太子後更稱泰平王惟北史
泰常七年五月立泰平王壽爲皇太子臨朝
聽政小史御覽亦無立皇太子事而自臨朝
聽政後悉稱皇太子彼蓋出魏收史故與此
不同隋書稱魏澹書甚簡要不應如此重復
乖戾疑此卷雖存亦殘缺脫誤

世祖紀第四上　　魏書四上

世祖太武皇帝諱燾太宗明元皇帝之長子也母曰杜貴嬪天賜五年生於東宮體貌瓌異太祖奇而悅之曰成吾業者必此子也泰常七年四月封泰平王五月爲監國太宗有疾命帝總攝百揆聰明大度意豁如也八年十月壬申即皇帝位大赦天下十有二月追尊皇妣爲密皇后進司徒長孫嵩爵爲北平王司空奚斤爲宜城王藍田公長孫翰爲平陽王其餘普增爵位各有差於是除禁錮釋嫌怨開倉庫賑窮乏河南流民相率內屬者甚衆

始光元年春正月丙寅安定王彌薨夏四月甲辰東巡幸大甯秋七月車駕還宮八月蠕蠕率六万騎入雲中殺掠吏民攻陷盛樂宮赭陽子尉普文率輕騎討之虜乃退走詔平陽王長孫翰等擊蠕蠕別帥破之殺數千人獲馬万餘匹語在蠕蠕傳九月大簡輿徒治兵於東郊部分諸軍五万騎將北討冬十有二月遣平陽王長

孫翰等討蠕蠕車駕次祚山蠕蠕北遁諸軍追之大獲而還是年劉義符爲其臣徐羨之等所廢殺立義符弟義隆

二年春正月己卯車駕至自北伐以其雜畜班賜將士各有差二月慕容渴悉隣反於北平攻破郡治太守與守將擊敗之三月丙辰尊保母竇氏曰保太后丁巳以北平王長孫嵩爲太尉平陽王長孫翰爲司徒宜城王奚斤爲司空庚申營故東宮爲萬壽宮起永安安樂二殿臨望觀九華堂初造新字千餘詔曰在昔帝軒刱制造物乃命倉頡因鳥獸之跡以立文字自兹以降隨時改作故篆隸草楷並行於世然經歷久遠傳習多失其真故令文體錯謬會義不愜非所以示軌則於來世也孔子曰名不正則事不成此之謂矣今制定文字世所用者頒下遠近永爲楷式夏四月詔龍驤將軍步堆謁者僕射胡覲使於劉義隆五月詔天下十家發大牛一頭運粟塞上秋九月永安安樂二殿成丁卯大饗以

落之冬十月治兵於西郊癸卯車駕北伐平陽王長孫翰等絶漠追之蠕蠕北走事具蠕蠕傳

是年赫連屈丐死子昌僭立

三年春正月壬申車駕至自北伐班軍實以賜將士行留各有差乞伏熾磐遣使朝貢請討赫連昌二月起太學於城東祀孔子以顏淵配夏五月辛卯中山公元纂進爵爲王南安公元素復先爵常山王六月幸雲中舊宮謁陵廟西至五原田於陰山東至和兜山秋七月築馬射臺

于長川帝親登臺觀走馬王公諸國君長馳射中者賜金錦繒絮各有差八月車駕還宮劉義隆遣使朝貢帝以屈丐既死諸子相攻九月遣司空奚斤率義兵將軍封禮雍州刺史延普襲蒲坂宋兵將軍周幾率洛州刺史于栗磾襲陜城冬十月丁巳車駕西伐幸雲中臨君子津會天暴寒數日冰結十有一月戊寅帝率輕騎二万襲赫連昌壬午至其城下徙万餘家而還語在昌傳至祚山班所虜獲以賜將士各有差奚斤未至蒲坂昌守將赫連乙升棄城西走昌弟助興守長安乙升復與助興自長安西走安定奚斤遂入蒲坂十有二月詔斤西據長安秦雍氐羌皆叛昌詣斤降武都氐王楊玄及沮渠蒙遜等皆遣使內附

四年春正月乙酉車駕至自西伐賜留臺文武生口繒帛馬牛各有差從人在道多死其能到都者纔十六七已亥行幸幽州赫連昌遣其弟平原公定率衆二万向長安帝聞之乃遣就陰

山伐木大造攻具二月車駕還宮三月丙子遣高涼王禮鎮長安詔執金吾桓貸造橋於君子津丁丑廣平王連薨夏四月丁未詔員外散騎常侍步堆謁者僕射胡覲等使於劉義隆是月治兵講武分諸軍司徒長孫翰廷尉長孫道生宗正娥清三万騎爲前驅常山王素太僕丘堆將軍元太毗步兵三万爲後繼南陽王伏真執金吾桓貸將軍姚黄眉步兵三万部攻城器械將軍賀多羅精騎三千爲前候五月車駕西討

赫連昌辛巳濟君子津三城胡酋鵲子相率内附帝次拔隣山築城舍輜重以輕騎三万先行戊戌至于黑水帝親祈天告祖宗之靈而誓衆焉六月甲辰昌引衆出城大破之事在昌傳昌將麾下數百騎西南走奔上邽諸軍乘勝追至城北死者万餘人臨陣殺昌弟河南公滿及其兄子蒙遜會日暮昌尚書僕射問至拔城夜將昌母出走乙巳車駕入城虜昌羣弟及其諸母姊妹妻妾宮人万數府庫珍寶車旗器物不可勝計擒昌尚書王買薛超等及司馬德宗將毛脩之秦雍人士數千人獲馬三十餘万匹牛羊數千万以昌宮人及生口金銀珍翫布帛班賚將士各有差昌弟平原公定拒司空奚斤於長安城娥清率騎五千討之西走上邽辛酉班師留常山王素執金吾桓貸鎮統万秋七月己卯築壇於祚嶺戲馬馳射賜射中者金錦繒絮各有差蠕蠕寇雲中聞破赫連昌懼而還走八月壬子車駕至自西伐飲至策勳告於宗廟班軍

實以賜留臺百寮各有差九月丁酉安定民舉城歸降冬十有一月以氐王楊玄爲都督荆梁益寧四州諸軍事假征南大將軍梁州刺史南秦王十有二月行幸中山守宰貪汚免者十數人癸卯車駕還宮復所過田租之半

神䴥元年春正月以天下守令多行非法精選忠良悉代之辛未京兆王黎薨二月改元赫連昌退屯平涼司空奚斤進軍安定將軍丘堆爲昌所敗監軍侍御史安頡出戰擒昌昌餘衆立昌弟定爲王走還平涼三月癸酉詔侍中古弼迎赫連昌辛巳弼等以昌至于京師司空奚斤追定於平涼馬髦嶺爲定所擒丘堆先守輜重在安定聞斤敗棄甲東走蒲坂帝聞大怒詔安頡斬堆夏四月赫連定遣使朝貢帝詔諭之壬子西巡戊午田于河西大赦天下南秦王楊玄遣使朝貢六月丁酉并州胡酋卜田謀反伏誅餘衆不安詔淮南公王倍斤鎮虙虎撫慰之甲寅行幸長川秋七月車駕還宮八月東幸廣甯

臨觀温泉以太牢祭黄帝堯舜廟蠕蠕大檀遣子將万餘騎入塞事具蠕蠕傳上郡休屠胡酋金崖率部内屬九月車駕還宫上洛巴渠泉午觸等万餘家内附冬十月甲辰北巡王子田于牛川劉義隆淮北鎮將王仲德遣步騎二千餘入寇濟陽陳留是月車駕還宫閏月辛巳義隆又遣將王玄謨兖州刺史竺靈秀步騎二千人寇滎陽將襲虎牢豫州遣軍逆擊走之上郡屠各隗詰歸率万餘家内屬定州丁零鮮于臺陽翟喬高等二千餘家叛入西山劫掠郡縣州軍討之失利詔鎮南將軍壽光侯叔孫建擊之十有一月行幸河西大校獵十有二月甲申車駕還宫是歲皇子諱生乞伏熾盤死子暮末僭立沮渠蒙遜遣使朝貢

二年春正月赫連定弟酒泉公儁自平涼來奔丁零鮮于臺陽等歸罪詔赦之二月上黨李禹聚衆殺太守自稱無上王署置將帥河内守將擊破之禹亡走入山爲人執送斬之夏四月治兵于南郊劉義隆遣使朝貢庚寅車駕北伐以太尉北平王長孫嵩衛尉廣陵公樓伏連留守京師從東道與長孫翰等期會於賊庭五月丁未次于沙漠舍輜重輕騎兼馬至栗水蠕蠕震怖焚燒廬舍絶跡西走事具蠕蠕傳是月赫連定來侵統万東至侯尼城而還秋七月車駕東轅至黑山校數軍實班賜王公將士各有差八月帝以東部高車屯已尼陂詔左僕射安原率騎万餘討之事具蠕蠕傳冬十月振旅凱旋于京師告於宗廟列置新民於漢南東至濡源西暨五原陰山竟三千里詔司徒平陽王長孫翰尚書令劉絜左僕射安原侍中古弼鎮撫之十有一月西巡狩田于河西至祚山而還

三年春正月庚子車駕還宫壬寅大赦天下癸卯行幸廣甯臨温泉作温泉之歌二月丁卯司徒平陽王長孫翰薨戊辰車駕還宫三月壬寅進會稽公赫連昌爲秦王癸卯雲中河西敕勒千餘家叛尚書令劉絜追滅之帝聞劉義隆將

寇邊乃詔冀定相三州造船三千艘簡幽州以南戍兵集于河上以備之夏四月甲子行幸雲中敕勒万餘落叛走詔尚書封鐵追討滅之五月戊戌詔曰夫士之爲行在家必孝處朝必忠然後身榮於時名揚後世矣近遣尚書封鐵翦除亡命其所部將士有盡忠竭節以殞軀命者今皆追贈爵號或有蹈鋒履難以自效者以功次進位或有故違軍法私離幢校者以軍法行戮夫有功蒙賞有罪受誅國之常典不可暫廢

自今後以不善者可以自改其宣敕内外咸使聞知六月詔平南大將軍假丹陽王太毗屯于河上以司馬楚之爲安南大將軍琅邪王屯潁川秋七月己亥詔曰昔太祖撥亂制度草刱太宗因循未遑改作軍國官屬至乃闕然今諸征鎮將軍王公仗節邊遠者聽開府辟召其次增置吏員庚子詔大鴻臚卿杜超假節都督冀定相三州諸軍事行征南大將軍太宰進爵爲王鎮鄴爲諸軍節度八月清河羣盜殺太守劉義

隆將到彦之自清水入河泝流西行帝以河南兵少詔攝四鎮乃治兵將西討丙寅到彦之遣將渡河攻冶坂冠軍將軍安頡督諸軍擊破之斬首五千餘級投水死者甚衆甲戌行幸南宫獵于南山戊寅詔征西大將軍長孫道生屯于河上九月己丑赫連定遣弟謂以代寇鄜城平西將軍始平公隗歸等率諸軍討之擒賊將王卑殺萬餘人謂以代遁走癸卯立密皇太后廟于鄴甲辰行幸統萬遂征平涼冬十月庚申到彦

之王仲德沿河置守還保東平乙亥冠軍將軍安頡濟河攻洛陽丙子拔之擒義隆將二十人斬首五千級時河北諸軍會于七女津彦之恐軍南度遣將王蟠龍泝流欲盜官舡征南大將軍杜超等擊破斬之辛巳安頡平虎牢義隆司州刺史尹沖墜城死十有一月乙酉車駕至平涼先是赫連定將數萬人東禦於鄜城留其弟上谷公社干廣陽公度洛孤城守帝至平涼登北原使赫連昌招諭之社干不降詔安西將軍

古弼等擊安定攻平涼定聞之棄鄜城入于安
定自率步騎三万從鶉觚原將救平涼與弼相
遇弼擊之殺數千人乃還走詔諸軍四面圍之
甲午壽光侯叔孫建汝陰公長孫道生濟河到
彥之王仲德從清入濟東走青州義隆兗州刺
史竺靈秀棄須昌南奔湖陸丁酉定之水引衆
下原詔武衛將軍丘眷擊之定衆大潰死者万
餘人定中重創單騎遁走獲定弟丹陽公烏視
拔武陵公禿骨及公侯百餘人是日諸將乘勝

三〇三十 魏書紀四上 十一 趙秀

進軍遂取安定定從兄東平公乙斗棄城奔長
安劫掠數千家西奔上邽戊戌叔孫建大破竺
靈秀於湖陸殺獲五千餘人己亥帝幸安定獲乞
伏熾磐質子及定車旗簿其生口財畜班賜將
士各有差庚子帝自安定還臨平涼遂掘塹圍
守之行幸紐城安慰初附赦秦雍之民賜復七
年定隴西守及將士數千人來降辛丑冠軍將
軍安頡率諸軍攻滑臺琅邪王司馬楚之破劉
義隆將於長社沮渠蒙遜遣使朝貢壬寅封壽

光侯叔孫建爲丹陽王十有二月丁卯定弟社于
度洛孤面縛出降平涼平收其珍寶定長安臨
晉武功守將皆奔走關中平壬申車駕東還留巴
東公延普等鎮安定是歲馮跋死弟文通僭立
四年春正月壬午車駕次于木根山大饗羣臣
賜布帛各有差丙申劉義隆將檀道濟王仲
德從清水救滑臺丹陽王叔孫建汝陰公長孫
道生拒之道濟等不敢進是月乞伏慕末爲赫
連定所滅二月辛酉安頡司馬楚之平滑臺擒

三〇三十一 魏書紀四上 十二 趙秀

義隆將朱脩之李元德及東郡太守申謨癸酉
車駕還宮飲至策勳告於宗廟賜留臺百官
各有差戰士賜復十年丁丑行幸南宮定州民
飢詔啓倉以賑之義隆將檀道濟王仲德東走
諸將追之至歷城而還三月庚戌冠軍將軍安
頡獻義隆俘万餘人甲兵三万夏五月庚寅行
幸雲中六月赫連定北襲沮渠蒙遜爲吐谷渾
慕璝所執閏月乙未蠕蠕國遣使朝獻詔散
騎侍郎周紹使于劉義隆秋七月己酉行幸河

西起承華宮八月乙酉沮渠蒙遜遣子安周入
侍吐谷渾慕璝遣使奉表請送赫連定己丑以
慕璝爲大將軍西秦王九月癸丑車駕還宮庚
申加太尉長孫嵩柱國大將軍特進左光祿大
夫崔浩爲司徒征西大將軍長孫道生爲司空
癸亥詔兼太常李順持節拜河西王沮渠蒙遜
爲假節加侍中都督涼州及西域羌戎諸軍事
行征西大將軍太傅涼州牧涼王壬申詔曰頃
逆命縱逸方夏未寧戎車屢駕不遑休息今二

寇摧殄士馬無爲方將偃武修文遵太平之化
理廢職舉逸民拔起幽窮延登儁乂昧旦思求
想遇師輔雖殷宗之夢板築罔以知也訪諸有
司咸稱范陽盧玄博陵崔綽趙郡李靈河間邢
潁勃海高允廣平游雅太原張偉等皆賢儁
之胄冠冕州邦有羽儀之用詩不云乎鶴鳴九
皋聲聞于天庶得其人任之政事共臻邕熙之
美易曰我有好爵吾與爾縻之如玄之比隱跡
衡門不耀名譽者盡敕州郡以禮發遣遂徵玄

等及州郡所遣至者數百人皆差次敘用冬十
月戊寅詔司徒崔浩改定律令行幸漠南十一
月丙辰北部敕勤莫弗庫若于率其部數万騎
驅鹿數百万詣行在所帝因而大狩以賜從者
勒石漠南以記功德宜城王奚斤坐事降爵爲
公十二月丁丑車駕還宮
延和元年春正月丙午尊保太后爲皇太后立
皇后赫連氏立皇子諱爲皇太子謁于太廟大
赦改年己巳詔曰朕以眇身獲奉宗廟思闡洪

基廓清九服遭值季運天下分崩是用屢征罔
或寧息自始光至今九年之間戎車十舉羣帥
文武荷戈被甲櫛風沐雨蹈履鋒刃與朕均勞
賴神祇之助將士宣力用能摧折彊豎克翦大
憝兵不極武而二寇俱滅師不違律而遐方以
寧加以時氣和洽嘉瑞並降遍於郡國不可勝
紀豈朕一人獨應此祐斯亦羣后協同之所致
也公卿因茲稽諸天人之會請建副貳夫慶賞
之行所以褒崇勳舊旌顯賢能以永無疆之休

其王公將軍以下普增爵秩啓國承家修廢官
舉儁逸蠲除煩苛更定科制務從輕約除故革
新以正一統羣司當深思效績直道正身立功
立事無或懈怠稱朕意焉二月丙子行幸南宮
三月丁未追贈夫人賀氏爲皇后壬申西秦王
吐谷渾慕璝送赫連定於京師夏五月大簡輿
徒于南郊將討馮文通劉義隆遣使朝貢六月
庚寅車駕伐和龍詔尚書左僕射安原等屯于
漠南以備蠕蠕辛卯兼散騎常侍鄧穎使於劉

義隆秋七月己未車駕至濡水庚申遣安東將
軍宜城公奚斤發幽州民及密雲丁零万餘人
運攻具出南道俱會和龍帝至遼西文通遣其
侍御史崔聘奉獻牛酒己巳車駕至和龍臨其
城文通石城太守李崇建德太守王融十餘郡
來降發其民三万人穿圍壍以守之是月築東
宮八月甲戌文通使數万人出城挑戰昌黎公
元丘與河間公元齊擊破之死者万餘人文通
尚書高紹率万餘家保羌胡固己卯車駕討紹

辛巳斬之詔平東將軍賀多羅攻文通帶方太
守慕容玄於猴固撫軍大將軍永昌王健攻建
德驃騎大將軍樂平王丕攻冀陽皆拔之虜獲
生口班賜將士各有差九月乙卯車駕西還徙
營丘成周遼東樂浪帶方玄菟六郡民三万家
于幽州開倉以賑之冬十月癸酉車駕至濡水
吐谷渾慕璝遣使朝貢十有一月乙巳車駕至
自伐和龍十有二月己丑馮文通長樂公崇及
其母弟朗朗弟邈以遼西内屬文通遣將封羽

圍遼西先是辟召賢良而州郡多逼遣之詔曰
朕除僞平暴征討累年思得英賢緝熙治道故
詔州郡搜揚隱逸進舉賢俊古之君子養志衡
門德成業就才爲世使或雍容雅步三命而後
至或棲棲遑遑負鼎而自達雖徇尚不同濟時
一也諸召人皆當以禮申諭任其進退何逼遣
之有也此刺史守宰宣揚失旨豈復光益乃所
以彰朕不德自今以後各令鄉閭推舉守宰但
宣朕虛心求賢之意既至當待以不次之舉隨

才文武任之政事其明宣赦咸使聞知是年禿髮傉檀子保周棄沮渠蒙遜來奔以保周爲張掖公

二年春正月乙卯撫軍大將軍永昌王健督諸軍救遼西丙寅以樂安王範爲假節加侍中都督秦雍涇梁益五州諸軍事衛大將軍儀同三司鎮長安二月庚午詔兼鴻臚卿李繼持節假馮崇車騎大將軍遼西王承制聽置尚書已下賜崇功臣爵秩各有差征西將軍金崖與安定

鎮將延普及涇州刺史狄子玉爭權構隙舉兵攻普不克退保胡空谷驅掠平民據險自固詔散騎常侍平西將軍安定鎮將陸俟討獲之壬午行幸河西詔兼散騎常侍宋宣使於劉義隆丙申馮崇母弟朗來朝三月司馬德宗驃騎將軍司馬元顯子天助來降壬子車駕還宮夏五月己亥行幸山北六月遣撫軍大將軍永昌王健尚書左僕射安原督諸軍討和龍將軍樓勃別將五千騎圍凡城文通守將封羽以城降收其民三千餘家辛巳詔樂安王範發秦雍兵一万人築小城於長安城内秋八月遼西王馮崇上表求說降其父帝不聽九月劉義隆遣使朝貢奉馴象一戊午詔兼大鴻臚卿崔賾持節拜征虜將軍楊難當爲征南大將軍儀同三司封南秦王冬十月南秦王楊難當率衆圍漢中十有一月甲寅車駕自山北還宮十有二月己巳大赦天下辛未幸陰山之北隴西休屠王弘祖率衆内屬金崖既死部人立崖從弟當川領其

衆詔兼散騎常侍盧玄使於劉義隆是歲沮渠蒙遜死以其子牧犍爲車騎將軍改封河西王

三年春正月乙未車駕次于女水大饗羣臣班賜各有差戊戌馮文通遣其給事黄門侍郎伊臣乞和帝不許丙辰金當川反楊難當克漢中送雍州流民七千家于長安二月丁卯蠕蠕吴提奉其妹并遣其異母兄禿鹿傀及左右數百人朝貢獻馬二千匹戊寅詔曰朕承統之始羣凶縱逸四方未賓所在逆僭蠕蠕陸梁於漠北

鐵弗肆虐於三秦是以旰食忘寢抵掌扼腕期在埽清逋殘寧濟万寓故頻年屢征有事西北運輸之役百姓勤勞廢失農業遭離水旱致使生民貧富不均未得家給人足或有寒窮不能自贍者朕甚愍焉今四方順軌兵革漸寧宜寬徭賦與民休息其令州郡縣隱括貧富以為三級其富者租賦如常中者復二年下窮者復三年刺史守宰當務盡平當不得阿容以罔政治明相宣約咸使聞知辛卯車駕還宮三月甲寅

行幸河西閏月甲戌秦王赫連昌叛走丙子河西侯將格殺之驗其謀反羣弟皆伏誅己卯車駕還宮彭城公元粟進爵為王辛巳馮文通遣尚書高顒上表稱蕃詔徵其侍子戊子金當川率其衆圍西川侯彭文暉於陰密夏四月乙未詔征西大將軍常山王素討當川丁未行幸河西壬戌獲當川斬之于長安以徇六月甲辰車駕還宮辛亥撫軍大將軍永昌王健司空汝陰公長孫道生侍中古弼督諸軍討和龍芟其禾

稼徙民而還秋七月辛巳東宮成備置屯衛三分西宮之一壬午行幸美稷遂至隰城命諸軍討山胡白龍于西河九月戊子克之斬白龍及其將帥屠其城冬十月癸巳蠕蠕國遣使朝貢甲午破白龍餘黨于五原詔山胡為白龍所逼及歸降者聽為平民諸與白龍同惡斬數千人虜其妻子班賜將士各有差十有一月車駕還宮十有二月甲辰行幸雲中

太延元年春正月壬午降死刑已下各一等癸未出太祖太宗宮人令得嫁甲申大赦改年二

月庚子蠕蠕焉耆車師諸國各遣使朝獻詔長安及平涼民徙在京師其孤老不能自存者聽還鄉里丁未車駕還宮三月癸亥馮文通遣大將渴燭通朝獻辭以子疾夏五月庚申進宜都公穆壽爵為宜都王汝陰公長孫道生為上黨王宜城公奚斤為恒農王廣陵公樓伏連為廣陵王本官各如故遣使者二十輩使西域甲戌行幸雲中六月甲午詔曰頃者寇逆消除方表漸

晏思崇政化敷洪治道是以屢詔有司班宣恩
惠綏理百揆羣公卿士師尹牧守或未盡導揚
之美致令陰陽失序和氣不平去春小旱東作
不茂憂勤克己祈請靈祇上下咸秩豈朕精誠有
感何報應之速雲雨震灑流澤霑渥有鄙婦人
持方寸玉印詣潞縣侯孫家既而亡去莫知所
在玉色鮮白光照內映印有三字爲龍鳥之形
要妙奇巧不類人迹文曰旱疫平推尋其理蓋
神靈之報應也朕用嘉焉比者已來禎瑞仍臻

所在甘露流液降於殿內嘉瓜合蔕生于中山
野木連理殖於魏郡在先后載誕之鄉白鸞集
于盛樂舊都玄鳥隨之蓋有千數嘉禾頻歲合
秀於恒農白雉白兔竝見於勃海白雉三隻又
集於平陽太祖之廟天降嘉貺將何德以酬之
所以內省驚震欣懼交懷其令天下大酺五日
禮報百神守宰祭界內名山大川上荅天意以
求福祿丙午高麗鄯善國並遣使朝獻戊申詔
驃騎大將軍樂平王丕等五將率騎四萬東伐

文通秋七月田於棝楊己卯丕等至於和龍徙
男女六千口而還八月丙戌遂幸河西粟特國
遣使朝獻九月甲戌車駕還宮冬十月癸卯尚
書左僕射安原謀反伏誅甲辰行幸定州次于
新城宮十有一月乙丑行幸冀州己巳校獵于
廣川丙子行幸鄴祀密太后廟諸所過對問高
年褒禮賢俊十有二月甲申詔曰操持六柄王
者所以統攝平政理訟公卿之所司存勸農平
賦宰民之所專急盡力三時黔首之所克濟各

修其分謂之有序今更不然何以爲治越職侵
局有紊綱紀上無定令民知何從自今以後亡
匿避難羈旅他鄉皆當歸還舊居不問前罪民
相殺害牧守依法平決不聽私輒報者誅及宗
族鄰伍相助與同罪州郡縣不得妄遣吏卒煩
擾民庶若有發調縣宰集鄉邑三老計貲定課
裒多益寡九品混通不得縱富督貧避強侵弱太
守覆檢能否覈其殿最列言屬州刺史明考優
劣抑退姦吏升進貞良歲盡舉課上臺牧守荷

治民之任當宣揚恩化奉順憲典與國同憂直道正身肅居官次不亦善乎癸卯遣使者以太牢祀北岳

二年春正月甲寅車駕還宮二月戊子馮文通遣使朝貢求送侍子帝不許壬辰遣使者十餘輩詣高麗東夷諸國詔諭之三月丙辰劉義隆遣使朝貢辛未平東將軍娥清安西將軍古弼率精騎一万討馮文通平州刺史元嬰又率遼西將軍會之文通迫急求救於高麗高麗使其

魏書紀四上　二十二　將容

大將葛蔓盧以步騎二万人迎文通甲戌以 闕 鎮虎牢夏四月甲申皇子小兒苗兒並薨五月乙卯馮文通奔高麗戊午詔散騎常侍封撥使高麗徵送文通丁夘行幸河西赫連定之西也楊難當竊據上邽秋七月庚戌詔驃騎大將軍樂平王丕等督河西高平諸軍討之詔散騎侍郎廣平子游雅等使於劉義隆八月丁亥遣使六輩使西域帝校獵于河西詔廣平公張黎發定州七郡一万二千人通莎泉道甲辰高車國

遣使朝獻九月庚戌驃騎大將軍樂平王丕等至略陽難當奉詔攝上邽守高麗不送文通遣使奉表稱當與文通俱奉王化帝以高麗違詔議將擊之納樂平王丕計而止冬十有一月己酉行幸棝陽驅野馬於雲中置野馬苑閏月壬子車駕還宮乙丑頴川王提改封武昌王河西王沮渠牧犍遣使朝貢是歲吐谷渾慕璝死

三年春正月癸未征東大將軍中山王纂薨戊子太尉北平王長孫嵩薨乙巳鎮南大將軍丹

三百二十四字　魏書紀四上　二十四　中

陽王叔孫建薨二月乙卯行幸幽州存恤孤老問民疾苦還幸上谷遂至代所過復田租之半高麗契丹國並遣使朝獻三月丁丑以南平王渾為鎮東大將軍儀同三司鎮和龍己卯輿駕還宮癸巳龜茲悅般焉耆車師粟特疏勒烏孫渴槃陁鄯善諸國各遣使朝獻丁酉劉義隆遣使朝貢夏五月己丑詔曰方今寇逆消殄天下漸晏比年以來屢詔有司班宣惠政與民寧息而內外羣官及牧守令長不能憂勤所司糾察

非法廢公帶私更相隱置濁貨為官政存苟且
夫法之不用自上犯之其令天下吏民得舉告
守令不如法者丙申行幸雲中秋七月戊子使
撫軍大將軍永昌王健司空上黨王長孫道生
討山胡白龍餘黨於西河滅之八月甲辰行幸
河西九月甲申車駕還宮丁酉遣使者拜西秦
王慕璝弟慕利延為鎮西大將軍儀同三司改
封西平王冬十月癸卯行幸雲中十有一月壬
申車駕還宮甲申破洛那者舌國各遣使朝獻

奉汗血馬是歲河西王沮渠牧犍出子封壇來
朝
四年春三月庚辰鄯善王弟素延耆來朝癸未
罷沙門年五十已下江陽王根薨是月高麗殺
馮文通夏五月戊寅大赦天下丙申行幸五原
秋七月壬午車駕北伐事具蠕蠕傳冬十月乙
丑大饗六軍十二月丁巳車駕至自北伐上洛巴
泉蕇等相率內附詔兼散騎常侍高雅使劉義
隆

五年春正月庚寅行幸定州三月丁卯詔衛大
將軍樂安王範遣雍州刺史葛那取上洛劉義
隆上洛太守鐔長生棄郡走辛未車駕還宮庚
寅以故南秦王世子楊保宗為征南大將軍秦
州牧武都王鎮上邽夏四月丁酉鄯善龜茲疏
勒焉耆諸國遣使朝獻五月丁丑治兵於西郊
癸未遮逸國獻汗血馬六月甲辰車駕西討沮
渠牧犍侍中宜都王穆壽輔皇太子決留臺事
大將軍長樂王嵇敬輔國大將軍建寧王崇二

万人屯漠南以備蠕蠕秋七月己巳車駕至上
郡屬國城大饗群臣講武馬射壬午留輜重分
部諸軍撫軍大將軍永昌王健尚書令鉅鹿公
劉絜諸軍與常山王素二道並進為前鋒驃騎
大將軍樂平王丕太宰陽平王杜超督平涼鄜
城諸軍為後繼八月甲午永昌王健獲牧犍牛
馬畜產二十餘万牧犍遣弟董來率万餘人拒
戰於城南望塵退走丙申車駕至姑臧牧犍兄
子祖踰城來降乃分軍圍之九月丙戌牧犍兄

子万年率麾下來降是日牧犍與左右文武五千人面縛軍門帝解其縛待以藩臣之禮收其城内戶口二十餘万倉庫珍寶不可稱計進張掖公禿髮保周爵為王與龍驤將軍穆羆安遠將軍源賀分略諸郡雜人降者亦數十万牧犍弟張掖太守宜得燒倉庫西奔酒泉樂都太守安周南奔吐谷渾遣鎮南將軍奚眷討張掖遂至酒泉牧犍弟酒泉太守無諱及宜得復奔晉昌使弋陽公元潔守酒泉鎮北將軍封沓討樂

都掠數千家而還班賜將士各有差戊子蠕蠕犯塞遂至七介山京師大駭皇太子命上黨王長孫道生等拒之事具蠕蠕傳冬十月辛酉車駕東還徙涼州民三万餘家于京師留驃騎大將軍樂平王丕征西將軍賀多羅鎮涼州癸亥遣張掖王禿髮保周諭諸部鮮卑保周因率諸部叛於張掖十有一月乙巳劉義隆遣使朝獻并獻馴象一是月高麗及粟特渴盤陁破落那悉居半諸國各遣使朝獻十有二月壬午車駕至自

西伐飲至策勲告於宗廟楊難當寇上邽鎮將元勿頭擊走之是歲鄯善龜茲疏勒焉耆高麗粟特渴盤陁破洛那悉居半等國並遣使朝貢

世祖紀第四上　　魏書四上

世祖紀第四下　　魏書四下

太平眞君元年春正月己酉沮渠無諱圍酒泉辛亥分遣侍臣巡行州郡觀察風俗問民疾苦壬子無諱誘執弋陽公元潔二月己巳詔假通直常侍邢穎使於劉義隆發長安五千人浚昆明池三月酒泉陷夏四月庚辰無諱寇張掖禿髮保周屯于删丹丙戌詔撫軍大將軍永昌王健等督諸軍討保周五月辛夘行幸北部乙巳無諱復圍張掖不克退還丙辰車駕還宫六月丁丑皇孫諱生大赦改年秋七月行幸陰山己丑永昌王健至番禾破保周保周遁走丙申皇太后竇氏崩于行宫癸丑保周自殺傳首京師八月甲申無諱降送弋陽公元潔及諸將士九月壬寅車駕還宫冬十有一月丁亥行幸山北十二月車駕還宫是歲州鎮十五民飢開倉賑恤以河南王曜子羯兒爲河間王後改封略陽王

二年春正月癸夘拜沮渠無諱爲征西大將軍涼州牧酒泉王甲辰行幸温泉二月壬戌車駕還宫三月辛夘葬惠太后於崞山庚戌新興王俊略陽王羯兒有罪並黜爲公辛亥封蠕蠕郁久閭乞列歸爲朔方王沮渠万年爲張掖王夏四月丁巳劉義隆遣使朝貢庚辰詔鎮南將軍南陽公奚眷征酒泉五月辛夘行幸山北秋八月辛亥詔散騎侍郎張偉等使劉義隆行幸河西九月戊戌撫軍大將軍永昌王健薨冬十有一月庚子鎮南將軍奚眷平酒泉獲沮渠天周臧嗟屈德男女四千口十有二月甲戌車駕還宫丙午劉義隆遣使朝貢

三年春正月甲申帝至道壇親受符籙備法駕旗幟盡青語在釋老志三月壬寅北平王長孫頽有罪削爵爲侯夏四月無諱走渡流沙據鄯善李暠孫寶據敦煌遣使内附三月行幸陰山之北閏月劉義隆龍驤將軍裴方明梁州刺史劉康祖寇南秦南秦王楊難當敗奔於上邽六月丙戌難當朝於行宫先是起殿於陰山之北

殿始成而難當至因名曰廣德焉秋七月丙寅詔安西將軍建興公古弼督隴右諸軍及殿中虎賁與武都王楊保宗等從祁山南入征西將軍淮陽公皮豹子與琅邪王司馬楚之等督關中諸軍從散關西入俱會仇池鬱林公司馬文思爲征南大將軍進爵譙王督洛豫諸軍事南趣襄陽征南將軍東安公刁雍東趣廣陵邀方明歸路冬十月己卯封皇子伏羅爲晉王翰爲秦王譚爲燕王建爲楚王余爲吳王十有二月

辛巳侍中太保襄城公盧魯元薨丁酉車駕還宮李寶遣使朝貢以寶爲鎮西大將軍開府儀同三司沙州牧封敦煌公

四年春正月己巳征西將軍皮豹子等大破劉義隆將於樂鄉擒其將王奐之王長卿等強玄明辛伯奮棄下辨遁走追斬之盡虜其衆庚午行幸中山二月丙子車駕至于恒山之陽詔有司刊石勒銘是月克仇池三月庚申車駕還宮壬戌烏洛侯國遣使朝貢夏四月武都王楊保宗謀反諸將擒送京師諸氐羌復推保宗弟文德爲主圍仇池丁酉大赦天下己亥行幸陰山五月將軍古弼大破諸氐解仇池圍六月庚寅詔曰朕承天子民憂理萬國欲令百姓家給人足興於禮義而牧守令宰不能助朕宣揚恩德勤恤民隱至乃侵奪其產加以殘虐非所以爲治也今復民貲賦三年其田租歲輸如常牧守之徒各厲精爲治勸課農桑不聽妄有徵發有司彈糾勿有所縱癸巳大閱于西郊秋九月辛

丑行幸漠南甲辰捨輜重以輕騎襲蠕蠕分軍爲四道事具蠕蠕傳鎮北將軍封沓亡入蠕蠕冬十一月將軍皮豹子等追破劉義隆將於濁水甲子車駕至於朔方詔曰朕承祖宗重光之緒思闡洪基恢隆萬世自經營天下平暴除亂埽清不順二十年矣夫陰陽有往復四時有代謝授子任賢所以休息優隆功臣式圖長久蓋古今不易之令典也其令皇太子副理萬機總統百揆諸朕功臣勤勞日久皆當以爵歸第隨

時朝請饗宴朕前論道陳謨而已不宜復煩以劇職更舉賢俊以備百官主者明爲科制以稱朕心十二月辛卯車駕至自北伐

五年春正月壬寅皇太子始總百揆侍中中書監宜都王穆壽司徒東郡公崔浩侍中廣平公張黎侍中建興公古弼輔太子以決庶政諸上書者皆稱臣上疏儀與表同戊申詔曰愚民無識信惑妖邪私養師巫挾藏讖記陰陽圖緯方伎之書又沙門之徒假西戎虛誕生致妖孽非所以壹齊政化布淳德於天下也自王公已下至於庶人有私養沙門師巫及金銀工巧之人在其家者皆遣詣官曹不得容匿限今年二月十五日過期不出師巫沙門身死主人門誅明相宣告咸使聞知庚戌詔曰自頃以來軍國多事未宣文教非所以整齊風俗示軌則於天下也今制自王公已下至於卿士其子息皆詣太學其百工伎巧騶卒子息當習其父兄所業不聽私立學校違者師身死主人門誅二月辛未

中山王辰等八將以北伐後期斬于都南癸酉驃騎大將軍樂平王丕薨庚辰行幸廬闕三月戊戌大會于那南池遣使者四輩使西域甲辰車駕還宮癸丑詔征西大將軍司空上黨王長孫道生鎮統萬夏四月乙亥侍中太宰陽平王杜超爲帳下所殺五月丁酉行幸陰山之北六月北部民殺立義將軍衡陽公莫孤率五千餘落北走追擊于漠南殺其渠帥餘徙居冀相定三州爲營戶西平王吐谷渾慕利延殺其兄子緯代是月緯代弟叱力延等來奔乞師以叱力延爲歸義王秋七月癸卯東雍州刺史沮渠秉謀叛伏誅八月乙丑田于河西壬午詔員外散騎常侍高濟使於劉義隆晉王伏羅督高平涼州諸軍討吐谷渾慕利延九月帝自河西至馬邑觀于崞川己亥車駕還宮丁未行幸漠南冬十月癸未晉王伏羅大破慕利延慕利延走奔白蘭慕利延從弟伏念長史鵝鳩梨部大崇娥等率其部一万三千落內附十一月劉義隆遣

使朝貢十二月粟特國遣使朝貢丙戌車駕還宫

六年春正月辛亥車駕行幸定州引見長老存問之詔兼員外散騎常侍宋愔使劉義隆二月遂西幸上黨觀連理樹於泫氏西至吐京討徙叛胡出配郡縣三月庚申車駕還宫詔諸有疑獄皆付中書以經義量决是月酒泉公郝温反於杏城殺守將王幡縣吏蓋鮮率宗族討温温棄城走自殺家屬伏誅夏四月庚戌征西大將軍高涼王那等討吐谷渾慕利延於陰平白蘭詔秦州刺史天水公封敕文擊慕利延兄子什歸於枹罕散騎常侍成周公萬度歸乘傳發涼州以西兵襲鄯善六月壬辰車駕北巡什歸聞軍將至棄城夜遁秋八月丁亥封敕文入枹罕分徙千家還上邽壬辰度歸以輕騎至鄯善執其王真達以詣京師帝大悦厚待之車駕幸陰山之北次于廣德宫詔發天下兵三分取一各當戒嚴以須後命徙諸種雜人五千餘家於北邊

令民北徙畜牧至廣漠以餌蠕蠕壬寅高涼王那軍到曼頭城慕利延驅其部落西渡流沙那急追故西秦王慕璝世子被囊逆軍拒戰那擊破之被囊輕騎遁走中山公杜豐精騎追之度三危至雪山生擒被囊什歸及熾磐子成龍送于京師慕利延遂西入于闐國九月盧水胡蓋吳聚衆反於杏城冬十月戊子長安鎮副將元紇率衆討之爲吳所殺吳黨遂盛民皆渡渭奔南山於是詔發高平敕勒騎赴長安詔將軍叔孫拔乘傳領攝并秦雍兵屯渭北十有一月高涼王那振旅還京師己未遣那及殿中尚書安定公韓茂率騎屯相州之陽平郡發冀州民造浮橋於碻磝津蓋吳遣其部落帥白廣平西掠新平安定諸夷酋皆聚衆應之殺汧城守將吳遂進軍李閏堡分兵掠臨晉巴東將軍章直與戰大敗之兵溺死於河者三万餘人吳又遣兵西掠至長安將軍叔孫拔與戰於渭北大破之斬首三万餘級庚申遼東王竇漏頭薨河東蜀

薛永宗聚黨盜官馬數千匹驅三千餘人入汾曲西通蓋吳受其位號秦州刺史金城公周鹿觀率衆討之不克而還庚午詔殿中尚書扶風公元處眞尚書平陽公慕容嵩二万騎討薛永宗詔殿中尚書乙拔率五將三万騎討蓋吳西平公寇提三將一万騎討吳黨白廣平蓋吳自號天台王署置百官辛未車駕還宮選六州兵勇猛者二万人使永昌王仁高涼王那分領爲二道各一万騎南略淮泗以北徙靑徐之民以實河

北癸未車駕西巡

七年春正月戊辰車駕次東雍州庚午圍薛永宗營壘永宗出戰大敗六軍乘之永宗衆潰永宗男女無少長赴汾水死辛未車駕南幸汾陰庚辰帝臨戲水蓋吳退走北地二月丙戌幸長安存問父老丁亥幸昆明池丙申幸盩厔誅叛民耿靑孫溫二壘與蓋吳通謀者軍次陳倉誅散關氐害守將者還幸雍城田於岐山之陽北道諸軍乙拔等大破蓋吳於杏城吳棄馬遁走

永昌王仁至高平擒劉義隆將王章略金鄉方與遷其民五千家於河北高涼王那至濟南東平陵遷其民六千餘家於河北三月詔諸州坑沙門毀諸佛像徙長安城工巧二千家於京師車駕旋軫幸洛水分軍誅李閏叛羌是月金城邊冏天水梁會反據上邽東城秦州刺史封敕文擊之斬冏衆復推會爲帥夏四月甲申車駕至自長安戊子鄴城毀五層佛圖於泥像中得玉璽二其文皆曰受命於天既壽永昌其一刻其

旁曰魏所受漢傳國璽五月癸亥安豐公閭根率騎詣上邽與敕文討梁會會走漢中蓋吳復聚杏城自號秦地王假署山民衆旅複振於是遣永昌王仁高涼王那督北道諸軍同討之六月甲申發定冀相三州兵二万人屯長安南山諸谷以防越逸丙戌發司幽定冀四州十万人築畿上塞圍起上谷西至于河廣袤皆千里秋八月蓋吳爲其下人所殺傳首京師永昌王仁平其遺燼高涼王那破蓋吳黨白廣平生擒屠

各路那羅於安定斬于京師復略陽公羯兒王
爵
八年春正月吐京胡阻險爲盜詔征東將軍武
昌王提征南將軍淮南王他討之不下山胡曹
僕渾等渡河西保山以自固招引朔方諸胡提
等引軍討僕渾二月巳卯高涼王那等自安定
討平朔方胡因與提等合軍共攻僕渾斬之其
衆赴險死者以万數癸未行幸中山須賜從官
文武各有差高陽易縣民不從官命討平之徙

二九三 魏紀四下 十一 李諒

其餘燼於北地三月河西王沮渠牧犍謀反伏
誅徙定州丁零三千家於京師夏五月車駕還
宮六月西征諸將扶風公元處眞等八將坐盜
沒軍資所在虜掠贓各千万計並斬之八月衛
大將軍樂安王範薨冬十月侍中中書監宜都
王穆壽薨十二月鄯善遮逸國並遣子朝獻晉
王伏羅薨
九年春正月劉義隆遣使朝貢氐楊文德受義
隆官號守葭蘆城招誘武都陰平五部氐民詔

仇池鎮將皮豹子討之文德棄城南走擒其妻
子寮屬義隆白水太守郎啓玄率衆救文德豹
子逆擊大破之啓玄文德走還漢中宕昌羌酋
梁瑾慈遣使内附并貢方物二月癸卯行幸定
州山東民飢啓倉賑之罷塞圍作遂西幸上黨
誅潞叛民二千餘家徙西河離石民五千餘家
于京師詔於壺關東北大王山累石爲三封又
斬其北鳳皇山南足以斷之三月車駕還宮夏
五月甲戌以交趾公韓拔爲假節征西將軍領

三千卅 魏書紀四下 十二 徐文山

護西戎校尉鄯善王鎮鄯善賦役其民比之郡
縣六月辛酉行南廣德宮丁卯悅般國遣使求
與王師俱討蠕蠕帝許之秋八月詔中外諸軍
戒嚴九月乙酉治兵于西郊丙戌上幸陰山是
月成周公万度歸千里驛上大破焉耆國其王
鳩尸卑那奔龜茲冬十月辛丑恒農王奚斤薨
癸卯以婚姻奢靡喪葬過度詔有司更爲科限
癸亥大赦天下十有二月詔成周公萬度歸自
焉耆西討龜茲皇太子朝于行宮遂從北討至

于受降城不見蠕蠕因積糧城內留守而還北
平王長孫敦坐事降爵為公
十年春正月戊辰朔帝在漠南大饗百寮班賜
有差甲戌北伐二月蠕蠕渠帥尒綿他拔等率
其部落千餘家來降蠕蠕吐賀眞恐懼遠遁事
具蠕蠕傳三月遂蒐于河西庚寅車駕還宮夏
五月庚寅行幸陰山秋七月浮圖沙國遣使貢
獻九月闕武積且遂北伐事具蠕蠕傳冬十月
庚子皇太子及羣官奉迎於行宮壬午大饗班

賜所獲及布帛各有差十有一月龜兹疏勒破
洛那貟闊諸國各遣使朝獻十有二月戊申車
駕至自北伐己酉以平昌公元託眞為中山王
十一年春正月乙酉行幸洛陽所過郡國皆親
對高年存恤孤寡以高涼王那為儀同三司二
月甲午大蒐於梁川皇子眞薨是月大治宮室
皇太子居于北宮車駕遂征懸瓠益遣使者安
慰境外之民其不服者誅之永昌王仁大破劉
義隆將劉坦之程天祚於汝東斬坦之擒天祚

夏四月癸卯車駕還宮賜從者及留臺郎吏已
上生口各有差六月己亥誅司徒崔浩辛丑北
巡陰山秋七月義隆遣其輔國將軍蕭斌之率
衆六万寇濟州刺史王買得棄州走斌之遂入
城仍使寧朔將軍王玄謨西攻滑臺詔枋頭鎮
將平南將軍南康公杜道儁助守兗州八月癸
亥田於河西癸未治兵於西郊九月辛卯車駕
南伐癸巳皇太子北伐屯于漠南吳王余留守
京都庚子曲赦定冀相三州死罪已發州郡兵
五万分給諸軍冬十月癸亥車駕止枋頭詔殿

中尚書長孫眞率騎五千自石濟渡備玄謨遁
走乙丑車駕濟河玄謨大懼棄軍而走衆各潰
散追躡斬首万餘級器械山積帝遂至東平蕭
斌之棄濟州退保歷城乃命諸將分道並進使
征西大將軍永昌王仁自洛陽出壽春尚書長
孫眞趣馬頭楚王建趣鍾離高涼王那自青州
趣下邳車駕自印道十有一月辛卯至于鄒山
劉義隆魯郡太守崔邪利率屬城降使使者以

太牢祀孔子壬子次于彭城遂趣盱眙頓看國
獻師子十有二月丁卯車駕至淮詔刈雚葦
汎筏數万而濟義隆盱眙守將臧質閉門拒守
將軍胡崇之等率衆二万援盱眙燕王譚大破
之梟崇之等斬首万餘級淮南皆降是月永昌
王仁攻懸瓠拔之獲義隆守將趙淮送京師斬
之過定項城及淮西大破義隆將劉康祖斬之
并虜將軍胡盛之王羅漢等傳致行宮癸未車
駕臨江起行宮於瓜步山永昌王仁自歷陽至

於江西高涼王那自山陽至於廣陵諸軍皆同
日臨江所過城邑莫不望塵奔潰其降者不可
勝數甲申義隆使獻百牢貢其方物又請進女
於皇孫以求和好帝以師婚非禮許和而不許
婚使散騎侍郎夏侯野報之詔皇孫為書致
馬通問焉

正平元年春正月丙戌朔大會羣臣於江上班
賞各有差文武受爵者二百餘人丁亥輿駕北
旋是月破洛那罽賓迷密諸國各遣使朝獻二
月戊寅車駕濟河癸未次于魯口皇太子朝於
行宮三月己亥車駕至自南伐飲至策勳告於
宗廟以降民五万餘家分置近畿賜留臺文武
所獲軍資生口各有差夏五月壬寅大赦六月
壬戌改年車師國王遣子入侍詔曰夫刑網太
密犯者更衆朕甚愍之有司其案律令務求
厥中自餘有不便於民者依比增損詔太子少
傅游雅中書侍郎胡方回等改定律制略陽王
羯兒儀同三司高涼王那有罪賜死戊辰皇太

子晃薨壬申葬景穆太子於金陵秋七月丁亥行
幸陰山省諸曹吏員三分之一九月癸巳車駕
還宮冬十月庚申行幸陰山劉義隆遣使朝貢
詔殿中將軍郎法祐使於義隆己巳司空上黨
王長孫道生薨十有二月丁丑車駕還宮封皇
孫諱為高陽王尋以皇孫世嫡不宜在蕃乃止
封秦王翰為東平王燕王譚為臨淮王楚王建為
廣陽王吳王余為南安王

二年春正月庚辰朔南來降民五千餘家於中

山謀叛州軍討平之冀州刺史張掖王沮渠萬年與降民通謀賜死三月甲寅帝崩於永安宮時年四十五祕不發喪中常侍宗愛矯皇后令殺東平王翰迎南安王余入而立之大赦改元為永平尊皇后赫連氏為皇太后三月辛卯上尊諡曰太武皇帝葬於雲中金陵廟號世祖夏六月劉義隆將檀和之寇濟州梁坦及魯安生軍于京索龐萌薛安都寇弘農秋七月征南將軍安定公韓元興討之和之退梁坦安生亦走

八月冠軍將軍封禮率騎二千從洹津南渡赴弘農九月司空高平公兒烏干屯潼關平南將軍昌黎公元遼屯河內冬十月丙午朔余為宗愛所賊殿中尚書長孫渴侯與尚書陸麗迎立皇孫是為高宗焉帝生不逮密太后及有所識言則悲慟哀感傍人太宗聞而嘉歎暨太宗不豫衣不釋帶性清儉率素服御飲膳取給而已不好珍麗食不二味所幸昭儀貴人衣無兼綵羣臣白帝更峻京邑城隍以從周易設險之義又陳

蕭何壯麗之說帝曰古人有言在德不在險屈丐蒸土築城而朕滅之豈在城也今天下未平方須民力土功之事朕所未為蕭何之對非雅言也每以財者軍國之本無所輕費至賞賜皆是死事勳績之家親戚愛寵未曾橫有所及臨敵常與士卒同在矢石之間左右死傷者相繼而帝神色自若是以人思效命所向無前命將出師指授節度從命者無不制勝違爽者率多敗失性又知人拔士於卒伍之中惟其才效所

長不論本末兼甚嚴斷明於刑賞功者賞不遺賤罪者刑不避親雖寵愛之終不虧法常曰法者朕與天下共之何敢輕也故大臣犯法無所寬假雅長聽察瞬息之間下人無以措其姦隱然果於誅戮後多悔之司徒崔浩既死之後帝北伐時宣城公李孝伯疾篤傳者以為卒也帝聞而悼之謂左右曰李宣城可惜又曰朕向失言崔司徒可惜李宣城可哀褒貶雅意皆此類也恭宗景穆皇帝諱晃太武皇帝之長子也毋賀

夫人延和元年春正月丙午立爲皇太子時年五歲明慧彊識聞則不忘及長好讀經史皆通大義世祖甚奇之世祖東征和龍詔恭宗録尚書事西征涼州詔恭宗監國初世祖之伐河西也李順等咸言姑臧無水草不可行師恭宗有疑色及車駕至姑臧乃詔恭宗曰姑臧城東西門外涌泉合於城北其大如河自餘溝渠流入澤中其間乃無燥地澤草茂盛可供大軍數年人之多言亦可惡也故有此敕以釋汝疑恭宗

謂宮臣曰爲人臣不實若此豈是忠乎吾初聞有疑但帝決行耳幾誤人大事言者復何面見帝也眞君四年恭宗從世祖討蠕蠕至鹿渾谷與賊相遇虜惶怖部落擾亂恭宗言於世祖曰今大軍卒至宜速進擊奄其不備破之必矣尚書令劉潔固諫以爲塵盛賊多出至平地恐爲所圍須軍大集然後擊之可也恭宗謂潔曰此塵之盛由賊恇擾軍人亂故何有營上而有地塵世祖疑之遂不急擊蠕蠕遠遁旣而獲虜候

騎世祖問之對曰蠕蠕不覺官軍卒至上下惶懼引衆北走經六七日知無追者始乃徐行世祖深恨之自是恭宗所言軍國大事多見納用遂知万機初恭宗監國曾令曰周書言任農以耕事貢九穀任圃以樹事貢草木任工以餘材事貢器物任商以市事貢貨賄任牧以畜事貢鳥獸任嬪以女事貢布帛任衡以山事貢其材任虞以澤事貢其物其制有司課畿內之民使無牛家以人牛力相貿墾殖鋤耨其有牛家與

無牛家一人種田二十二畝償以私鋤功七畝如是爲差至與小老無牛家種田七畝小老者償以鋤功二畝皆以五口下貧家爲率各列家別口數所勸種頃畝明立簿目所種者於地首標題姓名以辨播殖之功又禁飲酒雜戲棄本沽販者墾田大爲增闢正平元年六月戊辰薨於東宮時年二十四庚午冊曰嗚呼惟爾誕資明叡岐嶷夙成正位少陽克荷基構賓于四門百揆時叙允釐庶績風雨不迷宜享無疆隆

我皇祚如何不幸奄焉殂殞朕用悲慟于厥心
令使使持節兼太尉張黎兼司徒竇瑾奉策即
柩賜謚曰景穆以顯昭令德魂而有靈其尚嘉
之高宗即位追尊爲景穆皇帝廟號恭宗
史臣曰世祖聰明雄斷威靈傑立藉二世之資
奮征伐之氣遂戎軒四出周旋險夷埽統萬平
秦隴翦遼海盪河源南夷荷擔北蠕削跡廓定
四表混一戎華其爲功也大矣遂使有魏之業
光邁百王豈非神叡經綸事當命世至於初則

東儲不終末乃釁成所忽固本貽防殆弗思乎
恭宗明德令聞夙世殂夭其戾園之悼歟

世祖紀第四下　　魏書四下

高宗紀第五　　魏書五

高宗文成皇帝諱濬恭宗景穆皇帝之長子也
母曰閭氏真君元年六月生於東宮帝少聰達
世祖愛之常置左右號世嫡皇孫年五歲世祖
北巡帝從在後逢虜帥桎一奴欲加其罰帝謂
之曰奴今遭我汝宜釋之帥奉命解縛世祖聞
之曰此兒雖小欲以天子自處意奇之既長風
格異常每有大政常參決可否正平二年十月
戊申即皇帝位於永安前殿大赦改年

興安元年冬十月以驃騎大將軍元壽樂爲太
宰都督中外諸軍事錄尚書事尚書長孫渴侯
爲尚書令加儀同三司十有一月丙子二人爭
權並賜死癸未廣陽王建薨臨淮王譚薨甲申
皇妣薨太尉張黎司徒古弼以議不合旨黜爲
外都大官平南將軍宋子侯周忸進爵樂陵王
南部尚書章安子陸麗爲平原王文武各加位
一等壬寅追尊景穆太子爲景穆皇帝皇妣爲
恭皇后尊保母常氏爲保太后隴西屠各王景

文叛詔統萬鎮將南陽王惠壽討平之十有二月戊申祔葬恭皇后於金陵乙卯初復佛法丁巳以樂陵王周忸爲太尉平原王陸麗爲司徒鎮西將軍杜元寶爲司空保達沙獵國各遣使朝獻戊寅建業公陸俟進爵東平王廣平公杜遺進爵爲王癸亥詔以營州蝗開倉賑恤甲子太尉樂陵王周忸有罪賜死濮陽公閭若文進爵爲王

二年春正月辛巳司空杜元寶進爵京兆王廣平王杜遺薨尚書僕射東安公劉尼進爵爲王封建寧王崇子麗爲濟南王癸未詔與民雜調十五丙戌尚書西平公源賀進爵爲王二月巳未司空京兆王杜元寶謀反伏誅建寧王崇崇子濟南王麗爲元寶所引各賜死乙丑發京師五千人穿天淵池是月劉義隆子劭殺其父而自立三月壬午尊保太后爲皇太后安豐公閭虎皮進爵爲河間王乙未疏勒國遣使朝獻夏五月乙酉行幸崞山辛卯還宮是月劉劭弟駿殺劭而自

立閏月乙亥太皇太后赫連氏崩秋七月辛亥行幸陰山濮陽王閭若文征西大將軍永昌王仁謀反乙丑賜仁死於長安若文伏誅己巳車駕還宮是月築馬射臺於南郊八月辛未渴槃陁國遣使朝貢戊戌詔曰朕以眇身纂承大業懼不能宣慈惠和寧濟万㝢夙夜兢兢若臨淵谷然即位以來百姓晏安風雨順序邊方無事衆瑞兼呈不可稱數又於苑內獲方寸玉印其文曰子孫長壽羣公卿士咸曰休哉豈朕一人克臻斯應實由天地祖宗降祐之所致也思與兆庶共茲嘉慶其令民大酺三日諸殊死已下各降罪一等九月壬子閱武於南郊冬十有一月辛酉行幸信都中山觀察風俗十有二月誅河間鄚民爲賊盜者男年十五以下爲生口班賜從臣各有差甲午車駕還宮庫莫奚契丹罽賓等十餘國各遣使朝貢復北平公長孫敦王爵

興光元年春正月乙丑以侍中河南公伊䝿爲

司空二月甲午帝至道壇登受圖籙禮畢曲赦京師班賞各有差夏六月丙寅行幸陰山秋七月庚子皇子諱生辛丑大赦改年八月甲戌趙王深薨乙亥車駕還宮乙丑皇叔虎頭龍頭薨九月庚申庫莫奚國獻名馬有一角狀如麟是月閉都城門大索三日獲姦人亡命數百人冬十有一月北鎮將房杖擊蠕蠕虜其將豆渾與句等獲馬千餘匹戊戌行幸中山遂幸信都十有二月丙子還幸靈丘至温泉宮庚辰車駕還

宮出于叱万單國各遣使朝獻

太安元年春正月辛酉奉世祖恭宗神主于太廟車騎大將軍樂平王拔有罪賜死二月癸未武昌王提薨三月己亥詔曰今始奉世祖恭宗神主于太廟又於西苑遍秩羣神朕以大慶饗賜百寮而犯罪之人獨即刑戮非所以子育羣生矜及衆庶夫聖人之教自近及遠是以周文刑於寡妻至于兄弟以御家邦化苟從近恩亦宜然其曲赦京師死囚已下夏六月壬戌詔名

皇子曰諱曲赦京城改年癸酉詔曰夫為治者因宜以設官舉賢以任職故上下和平民無怨謗若官非其人姦邪在位則政教陵遲至於凋薄思明黜陟以隆治道今遣尚書穆伏眞等三十人巡行州郡觀察風俗入其境農不墾殖田畝多荒則徭役不時廢於力也耆老飯蔬食少壯無衣褐則聚斂煩數匱於財也閭里空虛民多流散則綏導無方疎於恩也盜賊公行劫奪不息則威禁不設失於刑也衆謗並興大小嗟

怨善人隱伏佞邪當途則為法混淆昏於政也諸如此比黜而戮之善於政者褒而賞之其有阿枉不能自申聽詣使告狀使者檢治若信清能衆所稱美誣告以求直反其罪使者受財斷察不平聽詣公車上訴其不孝父母不順尊長為吏姦暴及為盜賊各具以名上其容隱者以所匿之罪罪之是月遮逸國遣使朝貢戊寅帝畋於犢倪山甲申還宮秋七月丙辰行幸河西八月丁亥車駕還宮冬十月波斯疏勒國並遣使

朝貢庚午以遼西公常英爲太宰進爵爲王
二年春正月乙卯立皇后馮氏二月丁巳立皇
子諱爲皇太子大赦天下丁零數千家亡匿井
陘山聚爲寇盜詔定州刺史許宗之并州刺史
乞佛成龍討平之夏六月羽林郎于判元提等
謀逆伏誅秋八月甲申畋於河西是月平西將
軍漁陽公尉眷北擊伊吾克其城大獲而還九
月辛巳河東公閭毗零陵公閭紇並進爵爲王
冬十月甲申車駕還宮甲午曲赦京師十有一

月尚書西平王源賀改封隴西王㕎噠普嵐國
並遣使朝獻劉駿濮陽太守姜龍駒新平太守
楊伯倫各棄郡率吏民來降
三年春正月壬戌畋於崞山戊辰還宮粟特于
闐國各遣使朝貢衛漁陽公尉眷拜太尉進爵
爲王錄尚書事夏五月庚申畋於松山己巳還
宮封皇弟新成爲陽平王六月癸卯行幸陰山
八月畋於陰山之北己亥還宮冬十月將東巡
詔太宰常英起行宮於遼西黃山十有一月鑾

王文虎龍率千餘家內附十有二月以州鎮五
蝗民飢使使者開倉以賑之是月于闐扶餘等
五十餘國各遣使朝獻
四年春正月丙午朔初設酒禁乙卯行幸廣甯
溫泉宮遂東巡平州庚午至於遼西黃山宮遊
宴數日親對高年勞問疾苦二月丙子登碣石
山觀滄海大饗羣臣於山下班賞進爵各有差
改碣石山爲樂遊山築壇記行於海濱戊寅南
幸信都畋遊於廣川三月丁未觀馬射於中山

所過郡國賜復一年丙辰車駕還宮起太華殿
乙丑東平王陸俟薨夏五月壬戌詔曰朕即阼
至今屢下寬大之旨蠲除煩苛去諸不急欲令
物獲其所人安其業而牧守百里不能宣揚恩
意求欲無厭斷截官物以入於己使課調懸少
而深文極墨委罪於民苟求免咎曾不改懼國
家之制賦役乃輕比年已來雜調減省而所在
州郡咸有逋懸非在職之官綏導失所貪穢過
度誰使之致自今常調不充民不安業宰民之

徒加以死罪申告天下稱朕意焉六月丙申畋於松山秋七月庚午行幸河西九月乙巳還宮辛亥太華殿成丙寅饗羣臣大赦天下冬十月甲戌北巡至陰山有故塚毀廢詔曰昔姬文葬枯骨天下歸仁自今有穿毀墳隴者斬之劉駿將殷孝祖脩兩城於清水東詔鎮西將軍天水公封敕文等擊之辛卯車駕次于車輪山累石記行征西將軍皮豹子等三將三万騎助擊孝祖車駕度漠蠕蠕絶跡遠遁其別部烏朱賀頹庫世頹率衆來降十有二月征東將軍中山王託眞薨

五年春正月己巳朔征西將軍皮豹子略地至高平大破孝祖斬獲五千餘級二月己酉侍中司空河南公伊馛薨三月庚寅曲赦京師死罪已下夏四月乙巳封皇弟子推爲京兆王五月居常國遣使朝獻六月戊申行幸陰山秋八月庚戌遂幸雲中壬戌還宮九月戊辰詔曰夫褒賞必於有功刑罰審於有罪此古今之所同由來之常式牧守莅民侵食百姓以營家業王賦不充雖歲滿去職應計前逋正其刑罪而主者失於督察不加彈正使有罪者優游獲免無罪者妄受其辜是啓姦邪之路長貪暴之心豈所謂原情處罪以正天下自今諸遷代者仰列在職殿最案制治罪克舉者加之爵寵有愆者肆之刑戮使能否殊貫刑賞不差主者明爲條制以爲常楷儀同三司敦煌公李寶薨冬十有二月戊申詔曰朕承洪業統御羣有思恢政化以濟兆民故薄賦斂以實其財輕徭役以紓其力欲令百姓脩業人不匱乏而六鎮雲中高平二雍秦州徧遇災旱年穀不收其遣開倉廩以賑之有流徙者諭還桑梓欲市糴他界爲關傍郡通其交易之路若典司之官分職不均使上恩不達於下下民不贍於時加以重罪無有攸縱

和平元年春正月甲子朔大赦改元庚午詔散騎常侍馮闡使於劉駿二月衛將軍樂安王良督東雍吐京六壁諸軍西趣河西征西將軍皮

豹子等督河西諸軍南趣石樓以討河西叛胡夏四月戊戌皇太后常氏崩於壽安宮五月癸酉葬昭太后於廣寧鳴鷄山六月甲午詔征西大將軍陽平王新成等督統萬高平諸軍出南道南郡公李惠等督涼州諸軍出北道討吐谷渾什寅崔浩之誅也史官遂廢至是復置河西叛胡詣長安首罪遣使者安慰之秋七月乙丑劉駮遣使朝貢壬午行幸河西八月西征諸軍至西平什寅走保南山九月諸軍濟河追之

遇瘴氣多有疫疾乃引軍還獲畜二十餘万庚午輿駕還宮冬十月居常王獻馴象三十有一月詔散騎侍郎盧度世員外郎朱安興使於劉駮

二年春正月乙酉詔曰刺史牧民爲万里之表自頃每因發調逼民假貸大商富賈要射時利旬日之間增贏十倍上下通同分以潤屋故編戶之家困於凍餒豪富之門日有兼積爲政之弊莫過於此其一切禁絕犯者十疋以上皆死

布告天下咸令知禁二月辛卯行幸中山丙午至于鄴遂幸信都三月劉駮遣使朝貢輿駕所過皆親對高年問民疾苦詔民年八十以上一子不從役靈丘南有山高四百餘丈乃詔羣官仰射山峯無能踰者帝彎弧發矢出山三十餘丈過山南二百二十步遂刊石勒銘是月發并肆州五千人治河西獵道辛巳輿駕還宮夏四月乙未侍中征東大將軍河東王閭毗薨五月癸未詔南部尚書黃盧頭李敷等考課諸州秋

七月戊寅封皇弟小新成爲濟陰王加征東大將軍鎮平原天賜爲汝陰王加征南大將軍鎮虎牢万壽爲樂浪王加征北大將軍鎮和龍洛侯爲廣平王壬午行巡山北八月戊辰波斯國遣使朝獻丁丑輿駕還宮冬十月詔假員外散騎常侍游明根員外郎昌邑侯和天德使于劉駮博陵之深澤章武之東州盜殺縣令州軍討平之廣平王洛侯薨

三年春正月壬午以車騎大將軍東郡公乙渾

爲太原王癸未樂浪王万壽薨二月癸酉畋于
崞山遂觀漁于旋鴻池三月甲申劉駿遣使朝
貢高麗莊王契嚙思厭於師跋勤石郝悉居半
渴槃陁諸國各遣使朝獻夏六月庚申行幸陰
山詔將軍陸眞討雍州叛氐仇傉檀等平之秋
七月壬寅幸河西九月壬辰征西大將軍常山
王素薨冬十月丙辰詔曰朕承洪緒統御万國
垂拱南面委政羣司欲緝熙治道以致寧一夫
三代之隆莫不崇尚年齒今選舉之官多不以

次令班白處後晚進居先豈所謂彜倫攸叙者
也諸曹選補宜各先盡勞舊才能是月詔員外
散騎常侍游明根員外郎昌邑侯和天德使于
劉駿十有一月壬寅輿駕還宮十有二月乙卯
制戰陳之法十有餘條因大儺耀兵有飛龍騰
虵魚麗之變以示威武戊午零陵王閭拔薨
四年春三月乙未賜京師民年七十以上太官
厨食以終其年皇子胡仁薨追封樂陵王乙巳
詔曰朕憲章舊典分職設官欲令敷揚治化緝

熙庶績然在職之人皆蒙顯擢委以事任當厲
已竭誠務省徭役使兵民優逸家給人贍今內
外諸司州鎮守宰侵使兵民勞役非一自今擅
有召役逼雇不程皆論同枉法夏四月癸亥上
幸西苑親射虎三頭五月壬辰侍中漁陽王尉
眷薨壬寅行幸陰山秋七月壬午詔曰朕每歲
以秋日閑月命羣官講武平壤所幸之處必立
宮壇糜費之功勞損非一宜仍舊貫何必改作
也八月丙寅遂畋于河西詔曰朕順時畋獵而

從官殺獲過度既殫禽獸乖不合圍之義其敕
從官及典圍將校自今已後不聽濫殺其畋獲
皮肉別自頒賚壬申詔曰前以民遭飢寒不自
存濟有賣鬻男女者盡仰還其家或因緣勢力
或私行請託共相通容不時檢校令良家子息
仍爲奴婢今仰精究不聽取贖有犯加罪若仍
不檢還聽其父兄上訴以掠人論九月辛巳車
駕還宮冬十月以定相二州霣霜殺稼免民田
租是月詔員外散騎常侍游明根驍騎將軍昌

邑子婁內近寧朔將軍襄平子李五鱗使于劉駿十有二月辛丑詔曰名位不同禮亦異數所以殊等級示軌儀今喪葬嫁娶大禮未備貴勢豪富越度奢靡非所謂式昭典憲者也有司爲之條格使貴賤有章上下咸序著之于令壬寅詔曰夫婚姻者人道之始是以夫婦之義三綱之首禮之重者莫過於斯尊卑高下宜令區別然中代以來貴族之門多不率法或貪利財賄或因緣私好在於苟合無所選擇令貴賤不

分臣細同貫塵穢清化虧損人倫將何以宣示典謨垂之來裔今制皇族師傅王公侯伯及士民之家不得與百工伎巧卑姓爲婚犯者加罪

五年春正月丁亥封皇弟雲爲任城王二月詔以州鎮十四去歲蟲水開倉賑恤夏四月癸卯頓丘公李峻進爵爲王閏月戊子帝以旱故減膳責躬是夜澍雨大降五月庚申劉駿死子子業僭立六月丁亥行幸陰山秋七月辛丑北鎮游軍大破蠕蠕壬寅行幸河西九月辛丑車駕還宮冬十月琅邪王司馬楚之薨十有二月南秦王楊難當薨吐呼羅國遣使朝獻

六年春正月丙申大赦天下二月丁丑行幸樓煩宮高麗蓰王對曼諸國各遣使朝獻三月戊戌相州刺史西平郡王吐谷渾權薨乙巳車駕還宮夏四月破洛那國獻汗血馬普嵐國獻寶劍五月癸卯帝崩于太華殿時年二十六六月丙寅上尊謚曰文成皇帝廟號高宗八月葬雲中之金陵

史臣曰世祖經略四方內頗虛耗既而國釁時艱朝野楚楚高宗與時消息靜以鎮之養威布德懷緝中外自非機悟深裕矜濟爲心亦何能若此可謂有君人之度矣

高宗紀第五　　魏書五

顯祖紀第六　魏書六

顯祖獻文皇帝諱弘高宗文成皇帝之長子也母曰李貴人興光元年秋七月生於陰山之北太安二年二月立爲皇太子聰叡機悟幼而有濟民神武之規仁孝純至禮敬師友和平六年夏五月甲辰即皇帝位大赦天下尊皇后曰皇太后車騎大將軍乙渾矯詔殺尚書楊保年平陽公賈愛仁南陽公張天度于禁中戊申侍中司徒平原王陸麗自湯泉入朝渾又殺之己酉

以侍中車騎大將軍乙渾爲太尉録尚書事東安王劉尼爲司徒尚書左僕射和其奴爲司空壬子以淮南王他爲鎮西大將軍儀同三司鎮涼州六月封繁陽侯李嶷爲丹陽王征東大將軍馮熙爲昌黎王乙丑詔曰夫賦斂煩則民財匱課調輕則用不足是以十一而稅頌聲作矣先朝權其輕重以惠百姓朕承洪業上惟祖宗之休命夙興待旦惟民之恤欲令天下同於逸豫而徭賦不息將何以塞煩去苛拯濟黎元者哉今兵革不起畜積有餘諸有雜調一以與民秋七月癸巳太尉乙渾爲丞相位居諸王上事無大小皆決於渾九月庚子曲赦京師丙午詔曰先朝以州牧親民宜置良佐故敕有司班九條之制使前政選吏以待俊乂必謂銓衡允衷朝綱應叙然牧司寬惰不祗憲旨舉非其人愆于典度今制刺史守宰到官之日仰自舉民望忠信以爲選官不聽前政共相干冒若簡任失所以罔上論是月劉子業征北大將軍義陽王

劉昶自彭城來降冬十月徵陽平王新成京兆王子推濟陰王小新成汝陰王天賜任城王雲入朝是歲劉子業叔父彧殺子業僭立

天安元年春正月乙丑朔大赦改年二月庚申丞相太原王乙渾謀反伏誅乙亥以侍中元孔雀爲濮陽王侍中陸定國爲東郡王三月庚子以隴西王源賀爲太尉辛丑高宗文成皇帝神主祔于太廟辛亥帝幸道壇親受符籙曲赦京師高麗波斯于闐阿襲諸國遣使朝獻秋七月

辛亥詔諸有詐取爵位罪特原之削其爵職其
有祖父假爵號貨賕以正名者不聽繼襲諸非
勞進超遷者亦各還初不以實聞者以大不敬
論九月劉彧司州刺史常珍奇以懸瓠內屬己
酉初立鄉學郡置博士二人助教二人學生六
十人劉彧徐州刺史薛安都以彭城內屬彧將
張永沈攸之擊安都詔北部尚書尉元為鎮南
大將軍都督諸軍事鎮東將軍城陽公孔伯恭
為副出東道救彭城殿中尚書鎮西大將軍西

河公元石都督荊豫南雍州諸軍事給事中京
兆侯張窮奇為副出西道救懸瓠冬十月曹利
形高麗國各遣使朝獻十有一月壬子劉彧兗州
刺史畢衆敬遣使內屬十有二月己未尉元軍
次于秺彧將周凱張永沈攸之相繼退走皇弟
安平薨是歲州鎮十一旱民饑開倉賑恤
皇興元年春正月癸巳尉元大破張永沈攸之
於呂梁東斬首數萬級凍死者甚衆獲劉彧秦
州刺史垣恭祖羽林監沈承伯永攸之單騎走

免獲軍資器械不可勝數劉彧遣使朝貢庚子
東平王道符謀反於長安殺副將駙馬都尉萬
古真鉅鹿公李恢雍州刺史魚玄明丙午詔司
空平昌公和其奴東陽公元丕等討道符丁未
道符司馬段太陽攻道符斬之傳首京師道符
兄弟皆伏誅閏月以頓丘王李峻為太宰劉彧
青州刺史沈文秀冀州刺史崔道固並遣使請
舉州內屬詔平東將軍長孫陵平南將軍廣陵
公侯窮奇赴援之二月詔使持節都督諸軍事

征南大將軍慕容白曜督騎五万次於碻磝為
東道後援濟陰王小新成薨高麗庫莫奚具伏
弗郁羽陵日連匹黎尒于闐諸國各遣使朝貢
劉彧東平太守申纂戍無鹽遏絕王使詔征南
大將軍慕容白曜督諸軍以討之三月甲寅剋
之沈文秀崔道固復叛歸劉彧白曜回師討之
拔彧肥城垣苗麋溝三戍夏四月白曜攻升城
戍主房崇吉遁走秋八月白曜攻歷城丁酉行
幸武州山石窟寺戊申皇子諱生大赦改年九

月壬子高麗于闐普嵐粟特國各遣使朝獻丁巳進馮翊公李白爵梁郡王是月詔賜六鎮貧人布人三匹冬十月癸卯田於那男池濮陽王孔雀坐怠慢降爵爲公

二年春二月癸未田于西山親射虎豹崔道固及劉或梁鄒戍主平原太守劉休賓舉城降是月徐州羣盜司馬休符自稱晉王將軍尉元討平之三月白曜進圍東陽戊午劉彧遣使朝貢夏四月辛丑以南郡公李惠爲征南大將軍儀同三司都督關右諸軍事雍州刺史進爵爲王高麗庫莫奚契丹具伏弗郁羽陵日連匹黎尒叱六手悉萬丹阿大何羽眞侯于闐波斯國各遣使朝獻五月乙卯田于崞山遂幸繁畤辛酉還宮六月庚辰以河南關地曲赦京師殊死以下以昌黎王馮熙爲太傅秋九月辛亥封皇叔楨爲南安王長壽爲城陽王太洛爲章武王休爲安定王冬十月辛丑上田於冷泉十有一月以州鎮二十七水旱開倉賑恤十有二月甲午

詔曰頃張永迷擾敢拒王威暴骨原隰殘廢不少死生冤痛朕甚愍焉天下民一也可敕郡縣永軍殘廢之士聽還江南露骸草莽者收瘞之是月悉萬丹等十餘國各遣使朝貢

三年春正月乙丑東陽潰虜沈文秀戊辰司空平昌公和其奴薨二月蠕蠕高麗庫莫奚契丹國各遣使朝獻己卯以上黨公慕容白曜爲都督青齊東徐三州諸軍事征南大將軍開府儀同三司青州刺史進爵濟南王夏四月壬辰劉彧遣使朝貢丙申名皇子曰諱大赦天下丁酉田于崞山五月徙青州民於京師六月辛未立皇子諱爲皇太子秋七月蠕蠕國遣使朝貢冬十月侍中太宰頓丘王李峻薨十有一月吐谷渾別帥白楊提度汗率戶內附襄城公韓頹進爵爲王

四年春正月詔州鎮十一民飢開倉賑恤二月以東郡王陸定國爲司空高麗庫莫奚契丹各遣使朝獻吐谷渾拾寅不供職貢詔使持節征

西大將軍上黨王長孫觀討之廣陽王石侯薨

三月丙戌詔曰朕思百姓病苦民多非命明發不寐疚心疾首是以廣集良醫遠採名藥欲以救護兆民可宣告天下民有病者所在官司遣醫就家診視所須藥物任醫量給之夏四月辛丑大赦天下戊申長孫觀軍至曼頭山大破拾寅拾寅與麾下數百騎宵遁拾寅從弟豆勿來及其渠帥匹婁拔累等率所領降附五月封皇弟長樂爲建昌王六月劉彧遣使朝貢秋八月

羣盜入彭城殺鎮將元解愁長史勤兵滅之蠕蠕犯塞九月丙寅輿駕北伐諸將俱會于女水大破虜衆事具蠕蠕傳司徒東安王劉尼坐事免壬申車駕至自北伐飲至策勳告於宗廟冬十月誅濟南王慕容白曜高平王李敷十有一月詔弛山澤之禁十有二月甲辰幸鹿野苑石窟寺陽平王新成薨

五年春三月乙亥詔曰天安以來軍國多務南定徐方北掃遺虜征戍之人亡竄非一雖罪合

刑書毋加哀宥然寬政猶水逋逃遂多宜申明典刑以肅姦僞自今諸有逃亡之兵及下代守宰浮游不赴者限六月三十日悉聽歸首不首者論如律詔假員外散騎常侍邢祐使於劉彧夏四月西部敕勒叛詔汝陰王天賜給事中羅雲討之雲爲敕勒所襲殺死者十五六北平王長孫敦薨六月丁未行幸河西秋七月丙寅遂至陰山八月丁亥車駕還宮帝雅薄時務常有遺世之心欲禪位於叔父京兆王子推語在任

城王雲傳羣臣固請帝乃止丙午冊命太子曰昔堯舜之禪天下也皆由其子不肖若丹朱商均能負荷者豈捜揚仄陋而授之哉爾雖沖弱有君人之表必能恢隆王道以濟兆民今使太保建安王陸馛太尉源賀持節奉皇帝璽綬致位於爾躬其踐昇帝位克廣洪業以光祖宗之烈使朕優遊履道頤神養性可不善歟丁未詔曰朕承洪業運屬太平淮岱率從四海清晏是以希心玄古志存澹泊躬覽萬務則損頤神

之和一日或曠政有淹滯之失但子有天下歸尊於父父有天下傳之於子今稽協靈運考會羣心爰命儲宮踐昇大位朕方優遊恭已栖心浩然社稷乂安克廣其業不亦善乎百官有司其祗奉胥子以荅天休宣布寓內咸使聞悉於是羣公奏曰昔三皇之世澹泊無爲故稱皇是以漢高祖既稱皇帝尊其父爲太上皇明不統天下今皇帝幼沖萬機大政猶宜陛下揔之謹上尊號太上皇帝乃從之己酉太上皇帝徙御

崇光宮採椽不斲土階而已國之大事咸以聞承明元年年二十三崩於永安殿上尊謚曰獻文皇帝廟號顯祖葬雲中金陵

史臣曰聰叡夙成兼資能斷其顯祖之謂乎故能更清漠野大啓南服而早懷厭世之心終致宮闈之變將天意哉

顯祖紀第六　　魏書六

高祖紀第七上　　魏書七上

高祖孝文皇帝諱宏顯祖獻文皇帝之長子母曰李夫人皇興元年八月戊申生於平城紫宮神光照於室內天地氛氳和氣充塞帝生而潔白有異姿襁褓岐嶷長而淵裕仁孝綽然有君人之表顯祖尤愛異之三年夏六月辛未立爲皇太子五年秋八月丙午即皇帝位於太華前殿大赦改元延興元年丁未劉彧遣使朝貢九月壬戌詔在位及民庶直言極諫有利民益治

損政傷化悉心以聞壬午青州高陽民封辯自號齊王聚黨千餘人州軍討滅之高麗民奴久等相率來降各賜田宅冬十月丁亥沃野統萬二鎮敕勒叛詔太尉隴西王源賀追擊至枹罕滅之斬首三萬餘級徙其遺迸於冀定相三州爲營戶庚寅以征東大將軍南安王楨爲假節都督涼州及西戎諸軍事領護西域校尉儀同三司鎮涼州朔方民曹平原招集不逞破石樓堡殺軍將劉彧將垣崇祖率衆二萬自郁洲寇東

兗州屯于南城固十有一月刺史于洛侯討破
之崇祖還鄁洲妖賊司馬小君聚衆反於平陵
齊州刺史武昌王平原討擒之十有二月乙酉
以駙馬都尉穆亮爲趙郡王壬辰詔訪舜後獲
東萊郡民媯苟之復其家畢世以彰盛德之不
朽復前濮陽王孔雀本封辛丑趙郡王穆亮徙
封長樂王

二年春正月乙卯統萬鎮胡民相率北叛詔寧
南將軍交阯公韓拔等追滅之大陽蠻酋桓誕

率戶內屬拜征南將軍封襄陽王曲赦京師及
河西南至秦涇西至枹罕北至涼州諸鎮詔假
員外散騎常侍邢祐使於劉彧二月乙巳詔曰
尼父稟達聖之姿體生知之量窮理盡性道光
四海頃者淮徐未賓廟隔非所致令祠典寢頓
禮章殄滅遂使女巫妖覡淫進非禮殺生鼓舞
倡優媟狎豈所以尊明神敬聖道者也自今已
後有祭孔子廟制用酒脯而已不聽婦女合雜
以祈非望之福犯者以違制論其公家有事自

如常禮犧牲粢盛務盡豐潔臨事致敬令肅如
也牧司之官明糾不法使禁令必行蠕蠕犯塞
太上皇帝次於北郊詔諸將討之虜遁走其別
帥阿大干率千餘落來降東部敕勒叛奔蠕蠕
太上皇帝追之至石磧不及而還壬子高麗國
遣使朝貢三月太上皇帝至自北討戊辰以散
騎常侍駙馬都尉萬安國爲大司馬大將軍封
安城王庚午車駕耕於藉田石城郡獲曹平原
送京師斬之連川敕勒謀叛徙配青徐齊兗四

州爲營戶夏四月庚子詔工商雜伎盡聽赴農
諸州郡課民益種菜果辛亥劉彧遣使朝貢癸
酉詔沙門不得去寺浮遊民間行者仰以公文
是月劉彧死子昱僭立五月丁巳詔軍警給璽
印傳符次給馬印六月安州民遇水雹丐租賑
恤丙申詔曰頃者州郡選貢多不以實碩人所
以窮處幽仄鄙夫所以超分妄進豈所謂旌賢
樹德者也今年貢舉尤爲猥濫自今所遣皆門
盡州郡之高才極鄉閭之選閏月壬子蠕蠕寇

敦煌鎮將尉多侯擊走之又寇晉昌守將薛奴擊走之戊午行幸陰山秋七月光州民孫晏等聚黨千餘人叛通劉昱刺史叔孫瓚討平之辛丑高麗國遣使朝貢壬寅詔州郡縣各遣二人才堪專對者赴九月講武當親問風俗八月丙辰百濟國遣使奉表請師伐高麗辛酉地豆于庫莫奚國遣使朝貢吕昌國遣使獻蜀馬河西費也頭反薄骨律鎮將擊走之九月辛巳車駕還宮戊申統萬鎮將河間王閭虎皮坐貪殘賜死

己酉詔以州鎮十一水旱民田租開倉賑恤又詔流迸之民皆令還本違者配徙邊鎮冬十月蠕蠕犯塞及於五原十有一月太上皇帝親討之將度漠襲擊蠕蠕聞軍至大懼北走數千里以窮寇遠遁不可追乃止丁亥封皇叔略為廣川王壬辰分遣使者巡省風俗問民疾苦帝每月一朝崇光宮十有二月庚戌詔曰書云三載一考三考黜陟幽明頃者已來官以勞升未久而代牧守無恤民之心競為聚斂送故迎新相屬於路非所以固民志隆治道也自今牧守温仁清儉克己奉公者可久於其任歲積有成遷位一級其有貪殘非道侵削黎庶者雖在官甫尒必加黜罰著之於令永為彝準詔以代郡事同豐沛代民先配邊戍者皆免之

三年春正月庚辰詔員外散騎常侍崔演使於劉昱丁亥改崇光宮為寧光宮戊戌太上皇帝還至雲中是月相州執送妖人荣永安於京師斬之詔赦其支黨二月戊申高麗契丹國並遣

使朝貢癸丑詔牧守令長勤率百姓無令失時同部之内貧富相通家有兼牛通借無者若不從詔一門之内終身不仕守宰不督察免所居官戊午太上皇帝至自北討飲至策勳告於宗廟死王事者復其家詔畿内民從役死事者郡縣為迎喪給以葬費甲戌詔縣令能靜一縣劫盜者兼治二縣即食其禄能靜二縣者兼治三縣三年遷為郡守二千石能靜二郡上至三郡亦如之三年遷為刺史三月壬午詔諸倉囷穀

麥充積者出賜貧民夏四月戊申詔假司空上黨王長孫觀等討吐谷渾拾寅壬子契丹國遣使朝貢詔以孔子二十八世孫魯郡孔乘爲崇聖大夫給十戶以供洒埽六月甲子詔曰往年縣召民秀二人問以守宰治狀善惡具聞將加賞罰而賞者未幾罪者衆多肆法傷生情所未忍今特垂寬恕之恩申以解網之惠諸爲民所列者特原其罪盡可代之秋七月詔河南六州之民戶收絹一匹綿一斤租三十石乙亥行幸

陰山蠕蠕寇敦煌鎮將樂洛生擊破之事具蠕蠕傳劉昱遣將寇緣淮諸鎮徐州刺史淮陽公尉元擊走之八月己酉高麗庫莫奚國並遣使朝獻庚申帝從太上皇帝幸河西拾寅謝罪請降許之九月辛巳車駕篤並還宮乙亥劉昱遣使朝貢己亥詔曰自今京師及天下之囚罪未分判在獄致死無近親者公給衣衾棺櫝葬埋之不得曝露辛丑詔遣使者十人循行州郡檢括戶口其有仍隱不出者州郡縣戶主並論如

律庫莫奚國遣使朝獻冬十月太上皇帝親將南討詔州郡之民十丁取一以充行戶收租五十石以備軍糧悉萬斤國遣使朝獻武都王反攻仇池詔長孫觀仍回師討之十有一月戊寅詔以河南七州牧守多不奉法致新邦之民莫能上達遣使者觀風察獄黜陟幽明其有鰥寡孤獨貧不自存者復其雜徭年八十已上一子不從役力田孝悌才器有益於時信義著於鄉閭者具以名聞癸巳太上皇帝南巡至於懷州

所過問民疾苦賜高年孝悌力田布帛十有二月庚戌詔關外苑囿聽民樵採壬子蠕蠕犯邊柔玄鎮二部敕勒叛應之癸丑沙門慧隱謀反伏誅是歲州鎮十一水旱丐民田租開倉賑恤相州民餓死者二千八百四十五人吐谷渾部內羌民鍾豈渴干等二千三百戶內附是年妖人劉舉自稱天子齊州刺史武昌王平原捕斬之

四年春正月丁丑侍中太尉隴西王源賀以病

辭位辛巳栗特國遣使朝獻二月甲辰太上皇帝至自南巡辛亥吐谷渾拾寅遣子費斗斤入侍并獻方物辛未禁斷寒食三月丁亥詔員外散騎常侍許赤虎使於劉昱高麗吐谷渾曹利諸國各遣使朝貢夏五月甲戌蠕蠕國遣使朝貢六月乙卯詔曰朕應歷數開一之期屬千載光熙之運雖仰嚴誨猶懼德化不寬至有門房之誅然下民兇戾不顧親戚一人爲惡殃及合門朕爲民父母深所愍悼自今已後非謀反大逆干紀外奔罪止其身而已令德被殊方文軌將一宥刑寬禁不亦善乎闊悉國遣使朝貢秋七月庚午高麗國遣使朝獻己卯曲赦仇池癸巳蠕蠕寇敦煌鎮將尉多侯大破之八月庚子吐谷渾國遣使朝獻戊申大閱於北郊九月以劉昱內相攻戰詔將軍元蘭等五將三万騎及假東陽王丕爲後繼伐蜀漢丙子契丹庫莫奚地豆于諸國各遣使朝獻冬十月庚子劉昱遣使朝貢十有一月分遣侍臣循河南七州觀察

風俗撫慰初附戊寅吐谷渾國遣使朝獻是歲州鎮十三大飢丐民田租開倉賑之十有二月詔西征吐谷渾兵在句律城初叛軍者斬次分配柔玄武川二鎮斬者千餘人

五年春二月庚子高麗國遣使朝獻癸丑詔定考課明黜陟閏月戊午吐谷渾國遣使朝獻夏四月丁丑名邏茲國遣使朝獻癸未詔天下賦調縣專督集牧守對檢送京師違者免所居官詔禁畜鷹鷂開相告之制五月丁酉契丹庫莫奚國各遣使獻名馬丙午詔員外散騎常侍許赤虎使於劉昱丁未幸武州山辛酉幸車輪山六月庚午禁殺牛馬壬申曲赦京師死罪遣備蠕蠕秋八月丁卯高麗吐谷渾地豆于諸國遣使朝獻九月癸卯洛州人賈伯奴豫州人田智度聚黨千餘人伯奴稱恒農王智度稱上洛王夜攻洛州州郡擊斬之斬伯奴於緱氏執智度送京師冬十月蠕蠕國遣使朝獻太上皇帝大閱於北郊十有二月丙寅建昌王長樂改封安樂王

己丑城陽王長壽薨庚寅劉昱遣使朝貢承明元年春二月蠕蠕高麗庫莫奚波斯諸國並遣使朝貢是月司空東郡王陸定國坐事免官爵爲兵夏五月冀州武邑民宋伏龍聚衆自稱南平王郡縣捕斬之蠕蠕國遣使朝貢六月甲子詔中外戒嚴分京師見兵爲三等第一軍出遣第一兵二等兵亦如之辛未太上皇帝崩壬申大赦改年大司馬大將軍安城王萬安國坐矯詔殺神部長奚買奴於苑中賜死戊寅征

西大將軍安樂王長樂爲太尉尚書左僕射南平公目辰爲司徒進封宜都王南部尚書李訢爲司空尊皇太后爲太皇太后臨朝稱制秋七月甲辰追尊皇妣李貴人爲思皇后以汝陰王天賜爲征西大將軍儀同三司高麗庫莫奚國並遣使朝貢濮陽王孔雀有罪賜死八月甲子詔曰朕猥承前緒纂戎洪烈思隆先志緝熙政道群公卿士其各勉厥心匡朕不逮諸有便民利國者具狀以聞壬午蠕蠕國遣使朝貢甲申

以長安二蠶多死丏民歲賦之半九月丁亥曲赦京師高麗庫莫奚契丹諸國並遣使朝獻癸丑宕昌悉萬斤國並遣使朝貢冬十月丁巳起七寶永安行殿乙丑進征西大將軍假東陽王元丕爵爲正王己未詔曰朕纂承皇極照臨万方思闡遐風光被兆庶使朝有不諱之音野無自蔽之響疇咨帝載詢及芻蕘自今已後群官卿士下及吏民各聽上書直言極諫勿有所隱諸有便宜益治利民可以正風俗者有司以聞

朕將親覽與三事大夫論其可否裁而用之辛未輿駕幸建明佛寺大宥罪人濟南公羅拔進爵爲王十有一月蠕蠕國遣使朝貢戊子以太尉安樂王長樂爲定州刺史京兆王子推爲青州刺史司空李訢爲徐州刺史並開府儀同三司

太和元年春正月乙酉朔詔曰朕夙承寶業懼不堪荷而天貺具臻地瑞並應風和氣晛天人交協豈朕沖昧所能致哉實賴神祇七廟降福

之助今三正告初祗感交切宜因陽始協典華
元其改今號爲太和元年辛亥詔曰今牧民者
與朕共治天下也宜簡以徭役先之勸獎相其
水陸務盡地利使農夫外布桑婦內勤若輕有
徵發致奪民時以侵擅論民有不從長教惰於
農桑者加以罪刑起太和安昌二殿己酉秦州
略陽民王元壽聚衆五千餘家自號爲衝天王
雲中飢開倉賑恤二月丙寅漢川民泉會譚酉
等相率內屬處之并州辛未秦益二州刺史武

都公尉洛侯討破元壽獲其妻子送京師癸未
高麗契丹庫莫奚國各遣使朝獻三月庚子徵
征西大將軍雍州刺史東陽王丕爲司徒丙午
詔曰朕政治多闕災眚屢興去年生疫死傷太
半耕墾之利當有虧損今東作既興人須[illegible]業
其敕在所督課田農有牛者加勤於常歲無牛
者倍庸於餘年一夫制治田四十畝[illegible]男二十
畝無令人有餘力地有遺利庫莫奚契丹國各
遣使朝獻夏四月丙寅蠕蠕國遣使朝貢丁卯

幸白登山壬申幸崞山樂安王良薨詔復前東
郡王陸定國官爵五月乙酉車駕祈雨於武州
山俄而澍雨大洽蠕蠕國遣使朝貢秋七月壬
辰侍中開府儀同三司青州刺史京兆王子推
薨庚子定三等死刑己酉太和安昌二殿成起
朱明思賢門是月劉昱死弟準僭立八月壬子
大赦天下丙子詔曰工商皂隸各有厥分而有
司縱濫或染清流自今戶內有工役者推上本
部丞已下準次而授若階藉元勳以勞定國者

不從此制戊寅劉準遣使朝貢九月癸未蠕蠕
國遣使朝貢乙酉詔群臣定律令於太華殿辛
卯高麗國遣使朝貢庚子起永樂遊觀殿於北
苑穿神淵池車多羅西天竺舍衛疊伏羅諸國
各遣使朝貢冬十月癸酉宴京邑耆老年七十
已上於太華殿賜以衣服是月庫莫奚契丹國
各遣使朝獻又詔七十已上一子不從役龜茲
國遣使朝獻劉準葭蘆戍主楊文度遣弟鼠襲
陷仇池丙子誅徐州刺史李訢庫莫奚契丹國

各遣使朝貢十有一月癸未詔征西將軍廣川公皮懽喜鎮西將軍梁醜奴平西將軍楊靈珍等率衆四万討楊鼠乙酉吐谷渾國遣使獻丁亥懷州民伊祁苟初自稱堯後應王聚衆於重山洛州刺史馮熙討滅之閏月懽喜等軍到建安楊鼠棄城南走癸亥粟提婆國遣使朝獻庚子詔員外散騎常侍李長仁使於劉準十有二月壬寅懽喜攻陷葭蘆斬文度傳首京師甲辰負闕吐谷渾國並遣使朝貢丁未詔以州郡八水旱蝗民飢開倉賑恤以安定王休爲儀同三司

二年春正月丁巳封昌黎王馮熙第二子始興爲北平王戊午吐谷渾遣使朝獻二月丁亥行幸代之湯泉所過問民疾苦以宮人賜貧民無妻者戊戌蠕蠕國遣使朝獻癸卯車駕還宮三月丙子以河南公梁彌機爲宕昌王夏四月甲申幸鴻山丁亥還宮己丑劉準遣使朝貢京師甲辰祈天災於北苑親自禮禱焉減膳避正殿

丙午澍雨大洽曲赦京師五月詔曰婚娉過禮則嫁娶有失時之弊厚葬送終則生者有糜費之苦聖王知其如此故申之以禮數約之以法禁迺者民漸奢尚婚葬越軌致貧富相高貴賤無別又皇族貴戚及士民之家不惟氏族下與非類婚偶先帝親發明詔爲之科禁而百姓習常仍不肅改朕今憲章舊典袛案先制著之律令永爲定準犯者以違制論六月己丑幸鹿野苑庚子皇叔若薨秋七月戊辰龜茲國遣使獻名駝七十頭劉準遣將寇仇池陰平太守楊廣香擊走之八月分遣使者考察守宰問民疾苦丙戌詔罷諸州禽獸之貢丁亥勿吉國遣使朝獻九月丙辰曲赦京師龜茲國遣使獻大馬名駝珍寶甚衆冬十月壬辰詔員外散騎常侍鄭羲使於劉準十有一月庚戌詔曰懸爵於朝而有功者必縻其賞懸刑於市而有罪者必罹其辜斯乃古今之成典治道之實要諸州刺史牧民之官自頃以來遂各怠慢縱姦納賂背公緣私

致令賊盜並興侵劫茲甚姦宄之聲屢聞朕聽
朕承太平之運屬千載之期思光洪緒惟新庶
績亦望蕃翰群司敷德宣惠以助沖人共成斯
美幸克己復禮思愆改過使寡昧無愧於祖宗
百姓見德於當世有司明為條禁稱朕意焉十
有二月癸巳誅南郡王李惠是歲州鎮二十餘
水旱民飢開倉賑恤
三年春正月癸丑坤德六合殿成庚申詔罷行
察官二月辛巳帝太皇太后幸代郡溫泉問民

三〃十　魏紀七上　十六　王與

疾苦鰥貧者以宮女妻之己亥還宮壬寅乾象
六合殿成三月甲辰曲赦京師戊午吐谷渾高
麗國各遣使朝獻夏四月壬申劉準遣使朝獻
癸未樂良王樂平薨辛卯蠕蠕國遣使朝獻丙
申幸崞山己亥還宮庚子淮陽公尉元進爵為
王吐谷渾國遣使獻犛牛五十頭雍州刺史宜
都王目辰有罪賜死五月丁巳帝祈雨於北苑
閉陽門是日澍雨大洽辛酉詔曰昔四代養老
問道乞言朕雖沖昧每尚其美今賜國老各衣

一襲綿五斤絹布各五匹六月辛未以雍州民
飢開倉賑恤起文石室靈泉殿於方山秋七月
壬寅詔宮人年老及疾病者免之八月壬申詔
群臣直言盡規靡有所隱乙亥幸方山起思遠
佛寺丁丑還宮九月壬子以侍中司徒東陽王
丕為太尉侍中尚書右僕射趙郡公陳建為司
徒進爵魏郡王侍中尚書河南公苟頹為司空
進爵河東王侍中尚書太原公王叡進爵中山
王侍中尚書隴西公張祐進爵新平王己未定

次　魏紀七上　十七　范元

州刺史安樂王長樂有罪徵詣京師賜死庚申
隴西王源賀薨高麗吐谷渾地豆于契丹庫莫
奚龜茲諸國各遣使朝獻冬十月己巳朔大赦
天下十有一月癸卯賜京師貧窮高年疾患不
能自存者衣服布帛各有差癸丑進假梁郡公
元嘉爵為假王督二將出淮陰隴西公元琛三
將出廣陵河東公薛虎子三將出壽春蠕蠕率
騎十餘万南寇至塞而還十有二月粟特州逸
河龔與疊伏羅員闊悉万斤諸國各遣使朝貢是

年島夷蕭道成廢其主劉準而僭立自號曰齊
四年春正月癸卯乾象六合殿成洮陽羌叛枹
罕鎮將討平之隴西公元琛等攻剋蕭道成馬
頭戍乙卯廣川王略薨雍州氐齊男王反殺美
陽令州郡捕斬之丁巳罷畜鷹鷂之所以其地
爲報德佛寺戊午襄城王韓頹有罪削爵徙邊
蕭道成徐州刺史崔文仲寇淮北陷茬眉戍二
月遣尚書游明根率騎二千南討癸巳詔曰朕
承乾緒君臨海内夙興昧旦如履薄冰今東作

方興庶類萌動品物資生膏雨不降歲一不登
百姓飢乏朕甚懼焉其敕天下祀山川群神及
能興雲雨者修飾祠堂薦以牲璧民有疾苦所
在存問三月丙午詔車騎大將軍馮熙督衆迎
還假梁郡王嘉等諸軍乙卯蠕蠕國遣使朝貢
四月乙卯幸廷尉籍坊二獄引見諸囚詔曰廷
尉者天下之平民命之所懸也朕得惟刑之恤
者仗獄官之稱其任也一夫不耕將或受其餒
一婦不織將或受其寒今農時要月百姓肆力

之秋而愚民陷罪者甚衆宜隨輕重決遣以赴
耕耘之業辛巳幸白登山甲申賜天下貧人一
戶之内無雜財穀帛者廩一年五月丙申朔幸
火山壬寅還宮六月丁卯以澍雨大洽曲赦京
師以紬綾絹布百萬匹及南伐所俘賜王公已
下秋七月辛亥行幸火山壬子改作東明觀詔
會京師耆老賜錦綵衣服几杖稻米蜜麪復家
人不傜役悉萬斤國遣使朝貢閏月丁亥幸虎
圈親錄囚徒輕者皆免之壬辰頓丘王李鍾葵

有罪賜死蕭道成角城戍主請舉城内屬八月
丁酉詔徐州刺史假梁郡王嘉赴接之又遣平
南將軍郎大檀三將出朐城將軍白吐頭二將
出海西將軍元泰二將出連口將軍封匹三將
出角城鎮南將軍賀羅出下蔡甲辰幸方山戊
申幸武州山石窟寺庚戌還宮乙卯詔諸州置
冰室蕭道成梁州刺史崔慧景遣長史裴叔保
率衆寇武興關城氐帥楊鼠擊破之叔保還南
鄭九月蕭道成汝南太守常元眞龍驤將軍胡

青苟率戶內屬乙亥思義殿成壬午東明觀成戊子詔曰隆寒雪降諸在徽纆及轉輸在都或有凍餒朕用愍焉可遣侍臣詣廷尉獄及有囚之所周巡省察飢寒者給以衣食桎梏者代以輕鏁假梁郡王嘉破蕭道成將盧紹之玄元度於朐山其下蔡戍主棄城遁走冬十月丁未詔昌黎王馮熙爲西道都督與征南將軍桓誕出義陽鎮南將軍賀羅自下蔡東出鍾離蘭陵民桓富殺其縣令與昌慮桓和北連太山群盜張

和顏等聚黨保五固推司馬朗之爲主詔淮陽王尉元等討之是歲詔以州鎮十八水旱民飢開倉賑恤

五年春正月己卯車駕南巡丁亥至中山親見高年問民疾苦二月辛卯朔大赦天下賜孝悌力田孤貧不能自存者穀帛有差免宮人年老者還其所親丁酉車駕幸信都存問如中山癸卯還中山己酉講武于唐水之陽庚戌車駕還都沙門法秀謀反伏誅南征諸將擊破蕭道成

游擊將軍桓康於淮陽道成豫州刺史垣崇祖寇下蔡昌黎王馮熙擊破之假梁郡王嘉大破道成將俘獲三万餘口送京師三月辛酉朔車駕幸肆州癸亥講武于雲水之陽所經考察守宰加以黜陟己巳車駕還宮詔曰法秀妖詐亂常妄說符瑞蘭臺御史張求等一百餘人招結奴隸謀爲大逆有司科以族誅誠合刑憲且矜愚重命猶所弗忍其五族者降止同祖三族止一門門誅止身夏四月己亥行幸方山建永固

石室於山上立碑於石室之庭又銘太皇太后終制于金冊又起鑒玄殿壬子以南俘万餘口班賜群臣甲寅詔曰時雨不霑春苗萎悴諸有骸骨之處皆敕埋藏勿令露見有神祇之所悉可禱祈任城王雲薨五月庚申朔詔曰迺者邊兵屢動勞役未息百姓因之輕陷刑網獄訟煩興四民失業朕每念之用傷懷抱農時要月民須肆力其敕天下勿使有留獄久囚壬戌鄧至國遣使朝貢庚午青州主簿崔次恩聚衆謀叛

州軍擊之次恩走郁洲六月甲辰中山王叡薨戊午封皇叔簡爲齊郡王猛爲安豐王秋七月甲子蕭道成遣使朝貢辛酉蠕蠕别帥他稽率衆内附甲戌班乞養雜戸及戸籍之制五條九月庚子閲武於南郊大饗羣臣蕭道成使車僧朗以班在劉準使殷靈誕之後辭不就席劉準降人解奉君刃僧朗於會中詔誅奉君等乙亥封昌黎王馮熙世子誕爲南平王兖州斬司馬朗之傳首京師冬十月癸卯蠕蠕國遣使朝貢

十有二月癸巳詔以州鎮十二民飢開倉賑恤

六年春正月甲戌大赦天下二月辛卯詔曰靈丘郡土旣褊塉又諸州路衝官私所經供費非一往年巡行見其勞瘁可復民租調十五年癸巳白蘭王吐谷渾翼世以誣罔伏誅乙未詔曰蕭道成逆亂江淮戎旗頻舉七州之民旣有征運之勞深乖輕傜之義朕甚愍之其復常調三年戊申地豆于國遣使朝貢癸丑賜王公已下清勤著稱者穀帛有差三月庚辰行幸虎圈詔曰虎狼猛暴食肉殘生取捕之日每多傷害旣無所益損費良多從今勿復捕貢辛巳幸武州山石窟寺賜貧老者衣服壬午幸方山是月蕭道成死子賾僭立夏四月甲辰賜畿内鰥寡孤獨不能自存者粟帛有差六月蠕蠕國遣使朝貢秋七月發州郡五万人治靈丘道八月癸未朔分遣大使巡行天下遭水之處丐民租賦貧儉不自存者賜以粟帛庚子罷山澤之禁九月辛酉以氐楊後起爲武都王冬十有一月乙卯

吐谷渾國遣使朝貢十有二月丁亥詔曰朕以寡薄政缺平和不能仰緝緯象蠲兹六沴去秋淫雨洪水爲災百姓嗷然朕用嗟愍故遣使者循方賑恤而牧守不思利民之道其於取辦愛毛反裘甚無謂也今課督未入及將來租筭一以丐之有司勉加勸課以要來穰稱朕意焉

七年春正月庚申詔曰朕每思知百姓之所疾苦以增修寬政而明不燭遠寔有缺焉故具問守宰苛虐之狀於州郡使者秀孝計掾而對多

不實甚乖朕虛求之意宜案以大辟明罔上必誅然情猶未忍可恕罪聽歸申下天下使知後犯無恕丁卯詔青齊光東徐四州之民戶運倉粟二十石送瑕丘琅邪復租筭一年三月甲戌以冀定二州民飢詔郡縣爲粥於路以食之又弛關津之禁任其去來夏四月庚子幸崞山賜所過鰥寡不能自存者衣服粟帛壬寅車駕還宮閏月癸丑皇子生大赦天下五月戊寅朔幸武州山石窟佛寺六月定州上言爲粥給飢人所活九十四万七千餘口秋七月丁丑帝太皇太后幸神淵池甲申幸方山詔假員外散騎常侍李彪員外郎蘭英使於蕭賾濟南王羅拔改封趙郡王九月壬寅詔曰朕承祖宗夙夜惟懼然聽政之際猶慮未周至於案文審獄思聞己過自今群官奏事當獻可替否無或面從俾朕之過彰於遠近冀州上言爲粥給飢民所活七十五万一千七百餘口冬十月戊午皇信堂成十有一月辛丑蕭賾遣使朝貢十有二月癸丑

詔曰淳風行於上古禮化用乎近葉是以夏殷不嫌一族之婚周世始絕同姓之娶斯皆教隨時設治因事改者也皇運初基中原未混撥亂經綸日不暇給古風遺樸未遑釐改後遂因循迄茲莫變朕屬百年之期當後仁之政思易質舊式昭惟新自今悉禁絕之有犯以不道論庚午開林慮山禁與民共之詔以州鎮十三民飢開倉賑恤

八年春正月詔隴西公元琛尚書陸叡爲東西二道大使褒善罰惡二月蠕蠕國遣使朝獻夏四月甲寅幸方山戊午車駕還宮庚申行幸旋鴻池遂幸崞山丁卯還宮五月己卯詔賑賜河南七州戍兵甲申詔員外散騎常侍李彪員外郎蘭英使於蕭賾六月丁卯詔曰置官班祿行之尚矣周禮有食祿之典二漢著受俸之秩逮于魏晉莫不聿稽往憲以經綸治道自中原喪亂茲制中絕先朝因循未遑釐改朕永鑒四方求民之瘼夙興昧旦至於憂勤故憲章舊典始

班俸祿罷諸商人以簡民事戶增調三匹穀二
斛九斗以為官司之祿均預調為二匹之賦即
兼商用雖有一時之煩終克永逸之益祿行之
後贓滿一匹者死變法改度宜為更始其大赦
天下與之惟新戊辰武州水泛濫壞民居舍秋
七月乙未行幸方山石窟寺八月甲辰詔曰帝
業至重非廣詢無以致治王務至繁非博採無
以興功先王知其如此故虛己以求過明恕以
思咎是以諫鼓置於堯世謗木立於舜庭用能

耳目四達庶類咸熙朕承累聖之洪基屬千載
之昌運每布遐風景行前式承明之初班下內
外聽人各盡規以補其闕中旨雖宣允稱者少
故變時法遠遵古典班制俸祿改更刑書寬猛
未允人或異議思言者莫由申情求諫者無因
自達故令上明不周下情壅塞今制百辟卿士
工商吏民各上便宜利民益治損化傷政直言
極諫勿有所隱務令辭無煩華理從簡實朕將
親覽以知世事之要使言之者無罪聞之者足

以為戒九月甲午蕭賾遣使朝貢戊戌詔曰俸
制已立宜時班行其以十月為首每季一請於
是內外百官受祿有差冬十月高麗國遣使朝
貢蕭賾雙城戍主王繼宗內屬十有一月乙未
詔員外散騎常侍李彪員外郎蘭英使於蕭賾
十有二月詔以州鎮十五水旱民飢遣使者循
行問所疾苦開倉賑恤
九年春正月戊寅詔曰圖讖之興起於三季既
非經國之典徒為妖邪所憑自今圖讖祕緯及

名為孔子閉房記者一皆焚之留者以大辟論
又諸巫覡假稱神鬼妄說吉凶及委巷諸卜非
墳典所載者嚴加禁斷癸未大饗群臣于太華
殿班賜皇誥二月己亥制皇子封王者皇孫及
曾孫紹封者皇女封者歲祿各有差以廣陽王
建第二子嘉紹建後為廣陽王乙巳詔曰昔之
哲王莫不博採下情勤求箴諫建設旌鼓詢納
芻蕘朕班祿刪刑慮不周允虛懷讜直思顯洪
猷百司卿士及工商吏民其各上書極諫靡有

所隱三月丙申宕昌國遣使朝貢封皇弟禧爲咸陽王幹爲河南王羽爲廣陵王雍爲潁川王勰爲始平王詳爲北海王夏四月癸丑幸方山甲寅還宮五月高麗國及蕭賾並遣使朝貢六月辛亥幸方山遂幸靈泉池丁巳還宮秋七月丙寅朔新作諸門癸未遣使拜宕昌王梁彌機兄子彌承爲其國王戊子幸魚池登青原岡甲午還宮八月己亥行幸彌澤甲寅登牛頭山庚申詔曰數州災水飢饉薦臻致有賣鬻男女者

天之所譴在予一人而百姓無辜橫罹艱毒朕用殷憂夕惕忘食與寢今自太和六年已來買定冀幽相四州飢民良口者盡還所親雖娉爲妻妾遇之非理情不樂者亦離之甲子還宮冬十月丁未詔曰朕承乾在位十有五年每覽先王之典經綸百氏儲畜既積黎元永安爰暨季葉斯道陵替富強者并兼山澤貧弱者望絕一廛致令地有遺利民無餘財或爭畝畔以亡身或因飢饉以棄業而欲天下太平百姓豐足安可得哉今遣使者循行州郡與牧守均給天下之田還受以生死爲斷勸課農桑興富民之本戊申高麗吐谷渾國並遣使朝貢辛酉侍中司徒魏郡王陳建薨詔員外散騎常侍李彪尚書郎公孫阿六頭使蕭賾十有二月乙卯侍中淮南王他爲司徒蠕蠕犯塞詔任城王澄率衆討之是年京師及州鎮十三水旱傷稼宕昌高麗吐谷渾等國並遣使朝貢

高祖紀第七上 魏書七上

高祖紀第七下　　魏書七下

十年春正月癸亥朔帝始服袞冕朝饗萬國壬午蠕蠕犯塞二月甲戌初立黨里隣三長定民戶籍三月丙申蠕蠕國遣使朝貢庚申蕭賾遣使朝貢夏四月辛酉朔始制五等公服甲子帝初以法服御輦祀於西郊癸酉幸靈泉池戊寅車駕還宮是月高麗吐谷渾國並遣使朝貢六月辛酉幸方山己卯名皇子曰恂大赦天下秋七月戊戌幸方山八月乙亥給尚書五等品爵

已上朱衣玉珮大小組綬九月辛卯詔起明堂辟雍冬十月癸酉有司議依故事配始祖於南郊十有一月議定州郡縣官依戶給俸十有二月壬申蠕蠕犯塞癸未勿吉國遣使朝貢乙酉詔以汝南潁川大飢丐民田租開倉賑恤

十有一年春正月丁亥朔詔定樂章非雅者除之二月甲子詔以肆州之鴈門及代郡民飢開倉賑恤夏四月己未吐谷渾國遣使朝貢五月壬辰幸靈泉池遂幸方山癸巳南平王渾薨甲午車駕還宮詔復七廟子孫及外戚緦服已上賦役無所與詔南部尚書公孫文慶上谷張伏千率衆南討舞陰山闕高麗吐谷渾國遣使朝貢六月辛巳秦州民飢開倉賑恤癸未詔曰春旱至今野無青草上天致譴實由匪德百姓無辜將罹飢饉寤寐思求罔知所益公卿內外股肱之臣謀猷所寄其極言無隱以救民瘼秋七月己丑詔曰今年穀不登聽民出關就食遣使者造籍分遣去留所在開倉賑恤八月壬申蠕

蠕犯塞遣平原王陸叡討之事具蠕蠕傳庚辰大議北伐進策者百有餘人辛巳罷山北苑以其地賜貧民悉萬斤國遣使朝獻九月庚戌詔曰去夏以歲旱民飢須遣就食舊籍雜亂難可分簡故依局割民閱戶造籍欲令去留得實賑貸平均然迺者以來猶有餓死衢路無人收識良由本部不明籍貫未實廩恤不周以至於此朕猥居民上聞用慨然可重遣精檢勿令遺漏冬十月辛未詔罷起部無益之作出宮人不執

機杼者甲戌詔曰鄉飲禮廢則長幼之叙亂孟冬十月民閑歲隙宜於此時導以德義可下諸州黨里之內推賢而長者敎其里人父慈子孝兄友弟順夫和妻柔不率長敎者具以名聞十有一月丁未詔罷尚方錦繡綾羅之工四民欲造任之無禁其御府衣服金銀珠玉綾羅錦繡太官雜器太僕乘具內庫弓矢出其太半班賚百官及京師士庶下至工商皁隸逮於六鎮戍士各有差戊申詔曰朕惟上政不明令民陷身

罪戾今寒氣勁切杖捶難任自今月至來年孟夏不聽拷問罪人又歲既不登民多飢窘輕繫之囚宜速決了無令薄罪久留獄犴十有二月詔祕書丞李彪著作郎崔光改析國記依紀傳之體是歲大飢詔所在開倉賑恤

十有三年春正月辛巳朔初建五牛旌旗乙未詔曰鎮戍流徙之人年滿七十孤單窮獨雖有妻妾而無子孫諸如此等聽解名還本諸犯死刑者父母祖父母年老更無成人子孫旁無朞

親者具狀以聞二月壬戌高麗國遣使朝貢三月丁亥宕昌國遣使朝獻中散梁衆保等謀反伏誅夏四月高麗吐谷渾國並遣使朝貢蕭賾將陳顯達等寇邊甲寅詔豫州刺史元斤率衆禦之甲子大赦天下乙丑幸靈泉池丁卯遂幸方山己巳還宮陳顯達攻陷醴陽左僕射長樂王穆亮率騎一万討之五月丁酉詔六鎮雲中河西及關內六郡各修水田通渠溉灌壬寅增置彝器於太廟六月甲寅宕昌國遣使朝貢秋

七月己丑幸靈泉池遂幸方山己亥還宮八月甲子勿吉國貢楛矢石砮九月吐谷渾宕昌國遣使朝貢甲午詔曰日月薄蝕陰陽之恒度耳聖人懼人君之放怠因之以設誡故稱日蝕修德月蝕修刑迺癸巳夜月蝕盡公卿已下宜慎刑罰以答天意丁酉起宣文堂經武殿癸卯侍中司徒淮南王他薨吐谷渾宕昌武興諸國各遣使朝貢閏月甲子帝觀築圓丘於南郊乙丑高麗國遣使朝貢辛未幸靈泉池癸酉還宮十

有一月詔以二雍豫三州民飢開倉賑恤梁州刺史臨淮王提坐貪縱徙配北鎮十有二月蠕蠕伊吾戍主高羔子率衆三千以城内附以侍中安豐王猛爲開府儀同三司

十有三年春正月辛亥車駕有事於圜丘於是初備大駕乙丑兗州民王伯恭聚衆勞山自稱齊王東萊鎮將孔伯孫討斬之戊辰蕭賾遣衆寇邊淮陽太守王僧儁擊走之二月壬午高麗國遣使朝獻庚子引群臣訪政道得失損益之

宜三月甲子吐谷渾國遣使朝獻夏州刺史章武王彬以貪賕削封夏四月丁丑詔曰昇樓散物以賚百姓至使人馬騰踐多有毀傷今可斷之以本所費之物賜窮老貧獨者丁亥幸靈泉池遂幸方山己丑還宮吐谷渾國遣使朝貢州鎮十五大飢詔所在開倉賑恤五月庚戌車駕有事於方澤六月汝陰王天賜南安王楨並坐贓賄免爲庶人高麗國遣使朝貢秋七月甲辰陰平國遣使朝貢丙寅幸靈泉池與羣臣御龍舟賦詩而罷立孔子廟於京師八月乙亥詔兼員外散騎常侍邢産兼員外散騎侍郎侯靈紹使於蕭賾戊子詔諸州鎮有水田之處各通溉灌遣匠者所在指授中尺國遣使朝貢九月丁未吐谷渾武興宕昌諸國各遣使朝獻出宮人以賜北鎮人貧鰥無妻者冬十月甲申高麗國遣使朝貢十有一月己未安豐王猛薨十有二月丙子侍中司空河東王苟頹薨甲午蕭賾遣使朝貢己亥以尚書令尉元爲司徒左僕射穆

亮爲司空是歲蠕蠕別帥叱呂勤率衆内附

十有四年春正月乙丑行幸方山二月辛未行幸靈泉池壬申還宮戊寅初詔定起居注制己卯詔遣侍臣循行州郡問民疾苦三月壬申吐谷渾宕昌武興陰平諸國並遣使朝貢夏四月地豆干頻犯塞甲戌征西大將軍陽平王頤擊走之甲午詔兼員外散騎常侍邢産兼員外散騎侍郎蘇季連使於蕭賾五月己酉庫莫奚犯塞安州都將樓龍兒擊走之沙門司馬惠御自

言聖王謀破平原郡擒獲伏誅秋七月甲辰詔罷都牧　雜制丙午行幸方山丙辰遂幸靈泉池高麗國遣使朝貢八月丙寅朔車駕還宮辛卯宕昌國遣使朝貢詔議國之行次九月癸丑太皇太后馮氏崩壬戌高麗國遣使朝貢詔聽蕃鎮曾經內侍者前後奔赴冬十月戊辰詔曰自丁荼苦奄踰晦朔仰遵遺旨祖奠有期朕將親侍龍輿奉訣陵隧諸常從之具悉可停之其武衛之官防侍如法癸酉葬文明太皇太后於

三下廿三　魏書紀七下　七　王榮

永固陵甲戌車駕謁永固陵羣臣固請公除帝不許己卯車駕謁永固陵庚辰帝居廬引見群寮於太和殿太尉東陽王丕等據權制固請帝引古禮往復群臣乃止詔在禮志京兆王太興有罪免官削爵詔曰公卿屢依金冊遺旨中代權式請過葬即吉朕思遵遠古終三年之制依禮既虞卒哭此月二十一日授服以葛易麻既衰服在上公卿不得獨釋於下故於朕之授服變從練禮已下復爲節降斟酌今古以制厥衷

且取遺旨速除之一端粗申臣子罔極之巨痛癸未詔曰朕遠遵古式欲終三年之禮百辟群官據金冊顧命將奪朕心從先朝之制朕仰惟金冊俯自推省取諸二衷不許衆議以衰服過朞終四節之慕又奉聖訓聿脩誥旨不敢闇嘿自居以曠機政庶不愆遺令之意差展哀慕之情普下州鎮長至三元絶告慶之禮甲申車駕謁永固陵辛卯詔曰群官以萬機事重請求聽政朕仰祇遺命亦思無怠但哀慕纏綿心神迷

魏書紀七下　八　朱玉文

塞未堪自力以親政事近侍先掌機衡者皆謀猷所寄且可任之如有疑事當時與論決十有一月甲寅詔曰垂及至節感慕崩摧凡在臣列誰不哽切內外職人先朝班次及諸方雜客冬至之日盡聽入臨三品已上衰服者至夕復臨其餘唯旦臨而已其拜哭之節一依別儀丁巳蕭賾遣使朝貢十有二月壬午詔依準丘井之式遣使與州郡宣行條制隱口漏丁即聽附實若朋附豪勢陵抑孤弱罪有常刑

十五年春正月丁卯帝始聽政於皇信東室初
分置左右史官吐谷渾國遣使朝貢二月乙亥
枹罕鎮將長孫百年請討吐谷渾所置洮陽泥
和二戍許之己丑蕭賾遣使朝貢三月甲辰車
駕謁永固陵己酉悉万斤等五國遣使朝貢夏
四月癸亥帝始進蔬食乙丑謁永固陵自正月
不雨至于癸酉有司奏祈百神詔曰昔成湯遇
旱齊景逢災並不由祈山川而致雨皆至誠發
中澍潤千里万方有罪在予一人今普天喪恃

幽顯同哀神若有靈猶應未忍安饗何宜四氣
未周便欲祀事唯當考躬責己以待天譴甲戌
詔員外散騎常侍李彪尚書郎公孫阿六頭使
於蕭賾己卯經始明堂改太廟五月己亥議改
律令於東明觀折疑獄乙卯百年攻洮陽泥和
二戍克之俘獲三千餘人詔悉免歸高麗國遣
使朝獻丙辰詔造五輅六月丁未濟陰王鬱以
貪殘賜死秋七月乙丑謁永固陵規建壽陵戊
寅吐谷渾國遣使朝貢己卯詔議祖宗以道武

爲太祖乙酉車駕巡省京邑聽訟而還八月壬
辰議養老又議肆類上帝禋于六宗之禮帝親
臨決詔郡國有時物可以薦宗廟者貢之戊戌
移道壇於桑乾之陰改曰崇虛寺己亥詔諸州
舉秀才先盡才學乙巳親定禘祫之禮丁巳議
律令事仍省雜祀九月辛巳蕭賾遣使朝貢壬
午吐谷渾高麗宕昌鄧至諸國並遣使朝獻冬
十月庚寅車駕謁永固陵是月明堂太廟成十
有一月丁卯遷七廟神主於新廟乙亥大定官

品戊寅考諸牧守詔假通直散騎常侍李彪假
散騎侍郎蔣少遊使蕭賾丙戌初罷小歲賀丁
亥詔二千石考在上上者假四品將軍賜乘黃
馬一匹上中者五品將軍上下者賜衣一襲十
有二月壬辰遷社於內城之西癸巳頒賜刺史
已下衣冠以安定王休爲太傅齊郡王簡爲太
保帝爲高麗王璉舉哀於城東行宮己酉車駕
迎春於東郊辛亥詔簡選樂官
十有六年春正月戊午朔饗群臣於太華殿帝

始爲王公興懸而不樂己未宗祀顯祖獻文皇
帝於明堂以配上帝遂升靈臺以觀雲物降居
青陽左个布政事每朔依以爲常辛酉始以太
祖配南郊壬戌詔定行次以水承金甲子詔罷
祖裸 疑 乙丑制諸遠屬非太祖子孫及異姓爲
王皆降爲公公爲侯侯爲伯子男仍舊皆除將
軍之號戊辰帝臨思義殿策問秀孝丙子始以
孟月祭廟二月戊子帝移御永樂宮庚寅壞太
華殿經始太極辛卯罷寒食饗壬辰幸北部曹

歷觀諸省巡省京邑聽理寃訟甲午初朝日于
東郊遂以爲常丁酉詔祀唐堯於平陽虞舜於
廣寧夏禹於安邑周文於洛陽丁未改謚宣尼
曰文聖尼父告謚孔廟三月丁卯巡省京邑癸
酉省西郊郊天雜事乙亥車駕初迎氣南郊自
此爲常辛巳以高麗王璉孫雲爲其國王蕭賾
遣使朝貢是月高麗鄧至國並遣使朝貢四月
丁亥朔班新律令大赦天下癸巳契囓國遣使
朝貢甲寅幸皇宗學親問博士經義五月癸未

詔群臣於皇信堂更定律條流徒限制帝親臨
決之六月己丑高麗國遣使朝貢甲辰詔曰務
農重穀王政所先勸率田疇君人常事今四氣
休序時澤滂潤宜用天分地悉力東畝然京師
之民遊食者衆不加督勸或芸耨失時可遣明
使檢察勤惰以聞秋七月庚申吐谷渾世子賀
虜頭來朝壬戌詔曰王者設官分職垂拱責成
振綱舉綱衆目斯理朕德謝知人豈能一見鑒
識徒乖爲君委授之義自今選舉每以季月本

曹與吏部銓簡甲戌詔兼員外散騎常侍宋弁
兼員外散騎侍郎房亮使於蕭賾八月庚寅車
駕初夕月於西郊遂以爲常辛卯高麗國遣使
朝貢乙未詔陽平王頤左僕射陸叡督十二將
七万騎北討蠕蠕丙午宕昌王梁彌承來朝司
徒尉元以老遜位己酉以尉元爲三老游明根
爲五更又養國老庶老將行大射之禮雨不克
成癸丑詔曰文武之道自古並行威福之施必
也相藉故三五至仁尚有征伐之事夏殷明叡

未捨兵甲之行然則天下雖平忘戰者殆不教
民戰可謂棄之是以周立司馬之官漢置將軍
之職皆所以輔文強武威肅四方者矣國家雖
崇文以懷九服修武以寧八荒然於習武之方
猶爲未盡今則訓文有典教武闕然將於馬射
之前先行講武之式可敕有司豫修場埒其列
陣之儀五戎之數別俟後敕九月甲寅朔大序
昭穆於明堂祀文明太皇太后於玄室辛未帝
以文明太皇太后再周忌日哭於陵左絕膳二

日哭不輟聲辛巳武興王楊集始來朝冬十月
乙酉鄧至國遣使朝獻己亥以太傅安定王休
爲大司馬特進馮誕爲司徒甲辰詔以功臣配
饗太廟丙午高麗國遣使朝獻庚戌太極殿成
大饗羣臣十有一月乙卯依古六寢權制三室
以安昌殿爲內寢皇信堂爲中寢四下疑爲外寢
十有二月賜京邑老人鳩杖是月蕭賾遣使朝
貢
十有七年春正月壬子朔帝饗百寮於太極殿

乙丑詔曰夫駿奔入覲臣下之常式錫馬賜車
君人之恒惠今諸邊君蕃胤皆虔集象魏趨鏘
紫庭貢饗既畢言旋無遠各可依秩賜車旗衣
馬務令優厚其武興宕昌各賜錦纈纊一千吐
谷渾世子八百鄧至世子雖因緣至都亦宜賚
及可賜三百命數之差皆依別牒詔兼員外散
騎侍郎劉承叔使於蕭賾乙亥勿吉國遣使朝
獻丙子以吐谷渾伏連籌爲其國王庚辰録大
司馬安定王休太保齊郡王簡朔望之朝二月

乙酉詔賜議律令之官各有差己丑車駕始籍
田於都南三月戊辰改作後宮帝幸永興園徙
御宣文堂吐谷渾國遣使朝獻夏四月戊戌立
皇后馮氏是月蕭賾征虜將軍直閤將軍蠻酋
田益宗率部落四千餘戶內屬五月乙卯宕昌
陰平契丹庫莫奚諸國並遣使朝獻壬戌宴四
廟子孫於宣文堂帝親與之齒行家人之禮甲
子帝臨朝堂引見公卿已下決疑政録囚徒丁
丑以旱撤膳襄陽蠻酋雷婆思等率一千三百

餘戶內徙居於太和川六月丙戌帝將南伐詔造河橋己丑詔免徐南豫陝岐東徐洛豫七州軍糧丁未講武乙巳詔曰六職備于周經九列炳於漢晉務必有恒人守其職比百秩雖陳事典未叙自八元樹位躬加省覽遠依往籍近採時宜作職員令二十一卷事迫戎期未善周悉雖不足綱範万度永垂不朽且可釋滯目前釐整時務須待軍回更論所闕權可付外施行其有當局所疑而令文不載者隨事以聞當更附

之立皇子恂爲皇太子戊申高麗國遣使朝獻秋七月癸丑以皇太子立詔賜民爲人後者爵一級爲公士曾爲吏屬者爵二級爲上造鰥寡孤獨不能自存者人粟五斛戊午中外戒嚴是月蕭賾死孫昭業僭立八月乙酉三老山陽郡公尉元薨丙戌車駕類於上帝遂臨尉元喪丁亥帝辭永固陵己丑車駕發京師南伐步騎百餘万太尉丕奏請以宮人從詔曰臨戎不語內事宜停來請壬寅車駕至肆州民年七十已上

賜爵一級路見眇跛者停駕親問賜衣食終身戊申幸并州親見高年問所疾苦九月壬子詔兼員外散騎常侍高聰兼員外散騎侍郎賈禎使於蕭昭業丁巳詔以車駕所經傷民秋稼者畝給穀五斛戊辰濟河詔洛懷并肆所過四州之民百年以上假縣令九十以上賜爵三級八十以上賜爵二級七十以上賜爵一級鰥寡孤獨不能自存者粟人五斛帛二匹孝悌廉義文武應求者皆以名聞又詔厮養之戶不得與士

民婚有文武之才積勞應進者同庶族例聽之庚午幸洛陽周巡故宮基趾帝顧謂侍臣曰晉德不修早傾宗祀荒毀至此用傷朕懷遂詠黍離之詩爲之流涕壬申觀洛橋幸太學觀石經乙亥鄧至王像舒彭遣子舊詣闕朝貢并奉表求以位授舊詔許之丙子詔六軍發軫丁丑戎服執鞭御馬而出群臣稽顙於馬前請停南伐帝乃止仍定遷都之計冬十月戊寅朔幸金墉城詔徵司空穆亮與尚書李沖將作大匠董爵

經始洛京己卯幸河南城乙酉幸豫州癸巳次
於石濟乙未解嚴設壇於滑臺城東告行廟以
遷都之意大赦天下起滑臺宮又詔京師及諸
州從戎者賜爵一級應募者加二級主將加三
級癸卯幸鄴城乙巳詔安定王休率從官迎家
於代京車駕送於漳水上初帝之南伐也起宮
殿於鄴西十有一月癸亥宮成從御焉十有二
月戊寅巡省六軍庚寅陰平國遣使朝貢乙未
詔隱恤軍士死亡疾病務令優給

魏書紀七下　移　十七　呈天祐

十有八年春正月丁未朔朝群臣於鄴宮澄鸞
殿丁巳高麗國遣使朝獻癸亥車駕南巡詔相
兗豫三州百年以上假縣令九十以上賜爵二
級七十以上賜爵一級孤老鰥寡不能自存者
賜粟五石帛二匹孝悌廉義文武應求者皆以
名聞戊辰經殷比干之墓祭以太牢乙亥幸洛
陽西宮二月乙丑行幸河陰規建方澤之所丙
申河南王幹徙封趙郡潁川王雍徙封高陽壬
寅車駕北巡癸卯濟河蕭昭業遣使朝貢甲辰

詔天下喻以遷都之意閏月癸亥次句注陘南
皇太子朝于蒲池壬申至平城宮癸酉臨朝堂
部分遷留甲戌謁永固陵三月壬辰罷西郊祭
天壬辰帝臨太極殿諭在代羣臣以遷移之略
夏五月乙亥詔罷五月五日七月七日饗六月
己巳詔兼員外散騎常侍盧昶兼員外散騎侍
郎王清石使於蕭昭業秋七月乙亥以宋王劉
昶為大將軍壬午侍中大司馬安定王休薨辛
卯高麗國遣使朝貢壬辰車駕北巡戊戌謁金

魏書紀七下　十八　趙明

陵辛丑幸朔州是月島夷蕭鸞殺其主蕭昭業
立昭業弟昭文八月癸卯皇太子朝於行宮甲
辰行幸陰山觀雲川丁未幸閱武臺臨觀講武
癸丑幸懷朔鎮己未幸武川鎮辛酉幸撫冥鎮
甲子幸柔玄鎮乙丑南還所過皆親見高年問
民疾苦貧窘孤老賜以粟帛丙寅詔六鎮及禦
夷城人年八十以上而無子孫兄弟終身給其
廩粟七十以上家貧者各賜粟十斛又詔諸北
城人年滿七十以上及癃疾之徒校其元犯以

準新律事當從坐者聽一身還鄉又令一子扶養終命之後乃遣歸邊自餘之處如此之犯年八十以上皆聽還戊辰車駕次旋鴻池庚午詔永固陵辛未還平城宮九月壬申朔詔曰三載考績自古通經三考黜陟以彰能否今若待三考然後黜陟可黜者不足爲遲可進者大成賒緩是以朕今三載一考考即黜陟欲令愚滯無妨於賢者才能不壅於下位各令當曹考其優劣爲三等六品以下尚書重問五品以上朕將

親與公卿論其善惡上上者遷之下下者黜之中中者守其本任壬午帝臨朝堂親加黜陟壬辰陰平王楊炅來朝冬十月甲辰以太尉東陽王丕爲太傅戊申親告太廟奉遷神主辛亥車駕發平城宮壬戌次於中山之唐湖乙丑分遣侍臣巡問民所疾苦己巳幸信都庚午詔曰比聞緣邊之蠻多有竊掠致有父子乖離室家分絕既虧和氣有傷仁厚方一區宇子育万姓若苟如此南人豈知朝德哉可詔荆郢東荆三州

勤敕蠻民勿有侵暴是月蕭鸞廢殺其主蕭昭文而僭立十有一月辛未朔詔冀定二州民百年以上假以縣令九十以上賜爵三級八十以上賜爵二級七十以上賜爵一級鰥寡孤獨不能自存者賜以穀帛孝義廉貞文武應求者具以名聞丁丑車駕幸鄴甲申經比干之墓傷其忠而獲戾親爲弔文樹碑而刊之己丑車駕至洛陽蕭鸞雍州刺史曹虎據襄陽請降十有二月辛丑朔遣行征南將軍薛眞度督四將出襄

陽大將軍劉昶出義陽徐州刺史元衍出鍾離平南將軍劉藻出南鄭壬寅革衣服之制癸卯詔中外戒嚴戊申優復代遷之户租賦三歲己酉詔王公侯伯子男開國食邑者王食半公三分食一侯伯四分食一子男五分食一辛亥車駕南伐丁卯詔郢豫二州之民百齡以上假縣令九十以上賜爵三級八十以上賜爵二級七十以上賜爵一級孤寡鰥老不能自存者賜以穀帛緣路之民復田租一歲孝悌廉義文武應

求具以名聞戊辰車駕至懸瓠己巳詔壽陽鍾
離馬頭之師所獲男女之口皆放還南
十有九年春正月辛未朔朝饗群臣於懸瓠癸
酉詔禁淮北之民不得侵掠犯者以大辟論甲
戌檄喻蕭鸞丙子鸞龍陽縣開國侯王朗自渦
陽來降壬午講武於汝水之西大賚六軍丙申
平南將軍王肅頻破蕭鸞將擒其寧州刺史董
巒己亥車駕濟淮二月甲辰幸八公山路中雨
甚詔去蓋見軍士病者親隱恤之戊申車駕巡

淮而東民皆安堵租運屬路壬子高麗國遣使
朝獻丙辰車駕至鍾離戊午軍士擒蕭鸞三千
卒帝曰在君爲君其民何罪於是免歸辛酉車
駕發鍾離將臨江水司徒馮誕薨壬戌乃詔班
師丁卯遣使臨江數蕭鸞殺主自立之罪惡三
月戊寅幸邵陽戊子太師馮熙薨乙未幸下邳
鄧至國遣使朝貢夏四月庚子車駕幸彭城辛
丑帝爲太師馮熙舉哀於行在所丁未曲赦徐
豫二州其運漕之士復租賦三年辛亥詔賜百

歲以上假縣令九十以上賜爵三級八十以上
賜爵二級七十以上賜爵一級孤寡老疾不能
自存者賜以穀帛德著丘園者具以名聞蕭鸞
民降者給復十五年癸丑幸小沛遣使以太牢
祭漢高祖廟己未行幸瑕丘遣使以太牢祠岱
岳詔宿衛武官增位一級庚申行幸魯城親祠
孔子廟辛酉詔拜孔氏四人顏氏二人爲官詔
兗州刺史舉部内士人才堪軍國及守宰治行
具以名聞又詔賜兗州民爵及粟帛如徐州又

詔選諸孔宗子一人封崇聖侯邑一百戶以奉
孔子之祀又詔兗州爲孔子起園栢修飾墳壠
更建碑銘褒揚聖德戊辰行幸碻磝太和廟成
五月己巳城陽王鸞赭陽失利降爲定襄縣王
廣川王諧薨庚午遷文成皇后馮氏神主于太
和廟甲戌行幸滑臺丙子次于石濟庚辰皇太
子朝於平桃城高麗吐谷渾國並遣使朝貢癸
未車駕至自南伐告于太廟甲申減閑官祿以
裨軍國之用乙酉行飲至之禮班賜有差甲午

皇太子冠於廟六月己亥詔不得以北俗之語
言於朝廷若有違者免所居官辛丑詔復軍士
從駕渡淮者租賦三年癸卯詔皇太子赴平城
宮壬子詔濟州東郡滎陽及河南諸縣車駕所
經者百年以上賜假縣令九十以上賜爵三級
八十以上賜爵二級七十以上賜爵一級孤老
鰥寡不能自存賜以穀帛孝悌廉義文武應求
者具以名聞癸丑詔求天下遺書秘閣所無有
裨益時用者加以優賞乙卯曲赦梁州復民田

租三歲丙辰詔遷洛之民死葬河南不得還北
於是代人南遷者悉為河南洛陽人戊午詔改
長尺大斗依周禮制度班之天下八月甲辰幸
西宮路見壞冢露棺駐輦殣之乙巳詔選天下
武勇之士十五万人為羽林虎賁以充宿衛丁
巳詔諸從兵從征被傷者皆聽還本金墉宮成
甲子引群臣歷宴殿堂九月庚午六宮及文武
盡遷洛陽丙戌行幸鄴丁亥詔曰諸有舊墓銘
記見存昭然為時人所知者三公及位從公者

去墓三十步尚書令僕九列十五步黃門五校
十步各不聽墾殖壬辰遣黃門郎以太牢祭比
干之墓乙未車駕還宮冬十月甲辰曲赦相州
民百年以上假郡守九十以上假縣令八十以
上賜爵三級七十以上賜爵二級孤老痼疾不
能自存者賜以穀帛丙辰車駕至自鄴辛酉詔
州郡諸有士庶經行脩敏文思遒逸才長吏治
堪幹政事者以時發遣壬戌詔諸州牧精品屬
官考其得失為三等之科以聞將親覽而升降

焉詔徐兗光南青荊洛六州纂嚴戎備應須赴
集十有一月行幸委粟山議定圓丘甲申有事
於圓丘丙戌大赦天下十有二月乙未朔引見
群臣於光極堂宣示品令為大選之始辛酉驃
騎大將軍司州牧咸陽王禧為長兼太尉前南
安王楨復本封以特進廣陵王羽為征東大將
軍開府儀同三司青州刺史甲子引見群臣於
光極堂班賜冠服
二十年春正月丁卯詔改姓為元氏壬辰改封

始平王勰爲彭城王以定襄縣王鸞復封城陽王二月辛丑帝幸華林聽訟於都亭壬寅詔自非金革聽終三年喪丙午詔畿內七十以上暮春赴京師將行養老之禮庚戌幸華林聽訟於都亭癸丑詔介山之邑聽爲寒食自餘禁斷三月丙寅宴群臣及國老庶老於華林園詔曰國老黃耇以上假中散大夫郡守耆年以上假給事中縣令庶老直假郡縣各賜鳩杖衣裳丁丑詔諸州中正各舉其鄉之民望年五十以上守

素衛門者授以令長夏四月甲辰廣州刺史薛法護南叛五月丙子詔曰農惟政首稷實民先澍雨豐洽所宜敦勵其令畿內嚴加課督墮業者申以楚撻力田者具以名聞丙戌初營方澤於河陰遣使者以太牢祭漢光武及明章三帝陵又詔漢魏晉諸帝陵各禁方百步不得樵蘇踐蹋丁亥車駕有事於方澤七月廢皇后馮氏戊寅帝以久旱咸秩群神自癸未不食至于乙酉是夜澍雨大洽丁亥詔曰炎陽爽節秋零卷

澍在予之責實深悚慄故輟膳三晨以命上訴靈鑒誠款曲流雲液雖休勿休寧敢忘怠將有賢人湛德高士凝棲雖加銓採未能招致其精訪幽谷舉茲賢彥直言極諫匡予不及又邪佞毀朝固唯治蠹貪夫竊位大政以虧主者彈劾不肖明黜盜祿又法爲治要民命尤重在京之囚悉命條奏朕將親案以時議決又疾苦六極人神所矜宜時訪恤以拯窮廢鰥寡困乏不能自存者明加矜恤令得存濟又輕徭薄賦君人

常理歲中恒役具以狀聞又夫婦之道生民所先仲春奔會禮有達式男女失時者以禮會之又京民始業農桑爲本田稼多少課督不具以狀言八月壬辰朔幸華林園親錄囚徒咸降本罪二等決遣之戊戌車駕幸嵩高甲寅還宮丁巳南安王楨薨幸華林園聽訟九月戊辰車駕閱武於小平津癸酉還宮丁亥將通洛水入穀帝親臨觀冬十月戊戌以代遷之士皆爲羽林虎賁司州之民十二夫調一吏爲四年更卒

歲闕番假以供公私力役己酉曲赦京師十有
一月乙酉復封前汝陰王天賜孫景和爲汝陰
王前京兆王太興爲西河王閏月丙辰右將軍
元隆大破汾州叛胡十有二月甲子以西北州
郡旱儉遣侍臣循察開倉賑恤乙丑開鹽池之
禁與民共之丙寅廢皇太子恂爲庶人丁卯告
太廟戊辰置常平倉恒州刺史穆泰等在州謀
反遣行吏部尚書任城王澄案治之樂陵王思
譽坐知泰陰謀不告削爵爲庶人

三百二十 魏書紀七下 二十七 王恭

二十有一年春正月丙申立皇子諱爲皇太子
賜天下爲父後者爵一級己亥遣兼侍中張彝
崔光兼散騎常侍劉藻巡方省察問民疾苦黜
陟守宰宣揚風化乙巳車駕北巡二月壬戌次
於太原親見高年問所不便乙丑詔并州士人
年六十已上假以郡守先是定州民王金鈎訛
言惑衆自稱應王丙寅州郡捕斬之癸酉車駕
至平城甲戌謁永固陵癸未行幸雲中三月庚
寅車駕至自雲中辛卯謁金陵乙未車駕南巡

己酉次離石叛胡歸罪宥之甲寅詔汾州民百
年以上假縣令九十以上賜爵三級八十以上
賜爵二級七十以上賜爵一級丙辰車駕次平
陽遣使者以太牢祭唐堯夏四月庚申幸龍門
遣使者以太牢祭夏禹癸亥行幸蒲坂遣使者
以太牢祭虞舜戊辰詔脩堯舜夏禹廟辛未行
幸長安壬申武興王楊集始來朝乙亥親見高
年問所疾苦丙子遣侍臣分省縣邑賑賜穀帛
戊寅幸未央殿阿房宮遂幸昆明池癸未大將

魏書紀七下 二十八 陳壽

軍宋王劉昶薨丙戌遣使者以太牢祀漢帝諸
陵五月丁亥朔衛大國遣使朝貢己丑車駕東
旋汎渭入河庚寅詔雍州士人百年以上假華
郡太守九十以上假荒郡八十以上假華縣令
七十以上假荒縣庶老以年各減一等七十以
上賜爵三級其營船之夫賜爵一級孤寡鰥貧
窮疴瘵疾各賜帛二匹穀五斛其孝友德義文
學才幹悉仰貢舉壬辰遣使者以太牢祭周文
王於豐祭武王於鎬癸卯遣使祭華嶽六月庚

申車駕至自長安壬戌詔冀定瀛相濟五州發
卒二十万將以南討癸亥司空穆亮遜位丁卯
部分六師以定行留秋七月甲午立昭儀馮氏
爲皇后戊辰以前司空穆亮爲征北大將軍開
府儀同三司冀州刺史甲寅帝親爲群臣講喪
服於清徽堂八月丙辰詔中外戒嚴壬戌立皇
子愉爲京兆王懌爲清河王懷爲廣平王壬申
行幸河南城甲戌講武於華林園庚辰車駕南
討九月丙申詔曰哀貧恤老王者所先鰥寡六

疾尤宜矜愍可敕司州洛陽之民年七十已上
無子孫六十以上無朞親貧不自存者給以衣
食及不滿六十而有廢痼之疾無大功之親窮
困無以自療者皆於別坊遣醫救護給醫師四
人豫請藥物以療之丁酉詔河南尹李崇討梁
州叛羌受征西源懷節度辛丑帝留諸將攻赭
陽引師而南癸卯至宛城夜襲其郛克之丁未
車駕發南陽留太尉咸陽王禧前將軍元英攻
之己酉車駕至新野冬十月丁巳四面進攻不

克詔左右軍築長圍以守之乙亥追廢貞皇后
林氏爲庶人十有一月甲午蕭鸞前軍將軍韓
秀方弋陽太守王副之後軍將軍趙祖悅等十
五將來降丁酉大破賊軍於沔北獲其將軍王
伏保等於是民皆復業九十以上假以郡守六
十五以上假以縣令新野民張睹柵万餘家拒
守不下十有二月庚申破之俘斬万餘丁卯詔
流徒之内皆勿決遣有登城之際令其先鋒自
效庚午車駕臨沔遂巡沔東還戊寅車駕還新

野己卯親行營壘隱恤六軍蕭鸞將王曇紛等
万餘人寇南青州黄郭戍戍主崔僧淵擊破之
悉虜其衆以齊郡王子瑹紹河間王若後高昌
國遣使朝貢
二十有二年春正月癸未朔朝饗羣臣於新野
行宮丁亥拔新野獲蕭鸞輔國將軍新野太守
劉忌斬之於宛戊子蕭鸞湖陽戍主蔡道福棄城
遁走辛卯蕭鸞赭陽戍主成公期軍主胡松棄城
遁走壬辰蕭鸞輔國將軍舞陰戍主黄瑶起及直

閤將軍臺軍主鮑舉南鄉太守席謙相尋遁走
瑶起鮑舉爲軍人所獲送庚戌行幸南陽二月
乙卯進攻宛北城甲子拔之鸞冠軍將軍南陽
太守房伯玉面縛出降庚午車駕幸新野辛未
詔以穰民首歸大順終始若一者給復三十年
標其所居曰歸義鄉次降者給復十五年三月
壬午朔大破鸞平北將軍崔惠景黄門郎蕭衍
軍於鄧城斬獲首虜二万有餘庚寅行幸樊城
觀兵襄沔耀武而還遂曲赦二荆魯陽郡鎮南將

軍王肅攻鸞義陽鸞遣將裴叔業寇渦陽乙未
詔將軍鄭思明嚴虛敬宇文福等三軍繼援辛
丑行幸湖陽乙未次比陽戊申詔荆州諸郡之
民初降次附復同穰縣辛亥行幸懸瓠夏四月
甲寅從征武直之官進位三階文官二級外官
一階庚午發州郡兵二十万人限八月中旬集
懸瓠趙郡王幹薨五月丙午詔在征身喪者四
品已下及甲兼之職給帛有差六月庚申詔諸
王將士戰沒皆加優贈秋七月壬午詔曰朕以

寡德屬茲靖亂實賴羣英凱清南夏宜約躬賞
效以勸茂績后之私府便可損半六宮嬪御五
服男女常恤恒供亦令減半在戎之親三分省
一是月蕭鸞死子寶卷僭立八月辛亥皇太子
自京師來朝壬子蕭寶卷奉朝請鄧學擁其齊
興郡内屬敕勒樹者相率反叛詔平北將軍江
陽王繼都督北討諸軍事以討之壬午高麗國
遣使朝獻九月己亥帝以蕭鸞死禮不伐喪乃
詔反旆庚子仍將北伐叛虜丙午車駕發懸瓠

冬十月己酉朔曲赦二豫殊死已下復民田租
一歲十有一月辛巳幸鄴十有二月甲寅以江
陽王繼定敕勒乃詔班師
二十有三年春正月戊寅朔朝羣臣以帝疾瘳
上壽大饗於澄鸞殿壬午幸西門豹祠遂歷漳
水而還蕭寶卷遣太尉陳顯達寇荆州癸未詔
前將軍元英討之乙酉車駕發鄴戊戌至自鄴
庚子告於廟社癸卯行飲至策勳之禮甲辰大
赦天下太保齊郡王簡薨二月辛亥以長兼太

尉咸陽王禧爲正太尉癸亥以中軍大將軍彭
城王勰爲司徒復樂陵王思譽本封癸酉顯達
攻陷馬圈戍三月庚辰車駕南伐癸未次梁城
甲申以順陽被圍危急詔振武將軍慕容平城
率騎五千赴之丙戌帝不豫司徒彭城王勰侍
疾禁中且攝百揆丁酉車駕至馬圈詔鎮南大
將軍廣陽王嘉斷均口邀顯達歸路戊戌頻戰
破之其夜顯達及崔惠景曹虎等宵遁己亥收
其戎資億計班賜六軍諸將追奔及於漢水斬

魏書紀七下　三十三　趙旦

獲及赴水而死者十八九斬寶卷左軍將軍張
千達等賊將蔡道福成公期率數万人棄順陽
遁走庚子帝疾甚車駕北次穀塘原甲辰詔賜
皇后馮氏死詔司徒勰徵太子於魯陽踐阼詔
以侍中護軍將軍北海王詳爲司空公鎮南將
軍王肅爲尚書令鎮南大將軍廣陽王嘉爲尚
書左僕射尚書宋弁爲吏部尚書與侍中太尉
公禧尚書右僕射任城王澄等六人輔政顧命
宰輔曰粵介太尉司空尚書令左右僕射吏部

尚書惟我太祖丕丕之業與四象齊茂累聖重
明屬鴻曆於寡昧兢兢業業思纂乃聖之遺蹤
遷都嵩極定鼎河瀍庶南蕩甌吳復禮万國以
仰光七廟俯濟蒼生困窮早滅不永乃志公卿
其善毗繼子隆我魏室不亦善歟可不勉之夏
四月丙午朔帝崩于穀塘原之行宮時年三十
三祕諱至魯陽發哀還京師上謚曰孝文皇帝
廟曰高祖五月丙申葬長陵帝幼有至性年四
歲顯祖曾患癰帝親自吮膿五歲受禪悲泣不

三百三十　魏書紀七下　三十四　朱大存

能自勝顯祖問帝帝曰代親之感內切於心顯
祖甚歎異之文明太后以帝聰聖後或不利於
馮氏將謀廢帝乃於寒月單衣閉室絕食三朝
召咸陽王禧將立之元丕穆泰李冲固諫乃止
帝初不有憾唯深德丕等撫念諸弟始終曾無
纖介惇睦九族禮敬俱深雖於大臣持法不縱
然性寬慈每垂矜捨進食者曾以熱羹傷帝手
又曾於食中得蟲穢之物並笑而恕之宦者先
有譖帝於太后太后大怒杖帝數十帝默然而

受不自申明太后崩後亦不以介意聽覽政事莫不從善如流哀矜百姓恒思所以濟益天地五郊宗廟二分之禮常必躬親不以寒暑爲倦尚書奏案多自尋省百官大小無不留心務於周洽每言凡爲人君患於不均不能推誠御物苟能均誠胡越之人亦可親如兄弟常從容謂史官曰直書時事無諱國惡人君威福自已史復不書將何所懼南北征巡有司奏請治道帝曰粗脩橋梁通輿馬便止不須去草剗令平也

凡所修造不得已而爲之不爲不急之事損民力也巡幸淮南如在内地軍事須伐民樹者必留絹以酬其直民稻粟無所傷踐諸有禁忌禳厭之方非典籍所載者一皆除罷雅好讀書手不釋卷五經之義覽之便講學不師受探其精奧史傳百家無不該涉善談莊老尤精釋義才藻富贍好爲文章詩賦銘頌有興而作有大文筆馬上口授及其成也不改一字自太和十年已後詔冊皆帝之文也自餘文章百有餘篇愛奇好士情如飢渴待納朝賢隨才輕重常寄以布素之意悠然玄邁不以世務嬰心又少而善射有膂力年十餘歲能以指彈碎羊髆骨及射禽獸莫不隨所志斃之至年十五便不復殺生射獵之事悉止性儉素常服澣濯之衣鞍勒鐵木而已帝之雅志皆此類也

史臣曰有魏始基代朔廓平南夏闢壤經世咸以威武爲業文教之事所未遑也高祖幼承洪緒早著叡聖之風時以文明攝事優游恭己玄

覽獨得著自不言神契所標固以符於冥化及躬總大政一日萬機十許年間曾不暇給殊途同歸百慮一致至夫生民所難行人倫之高迹雖尊居黃屋盡蹈之矣若乃欽明稽古協御天人帝王制作朝野軌度斟酌用捨煥乎其有文章海内生民咸受耳目之賜加以雄才大略愛奇好士視下如傷役已利物亦無得而稱之其經緯天地豈虛謚也

高祖紀第七下　魏書七下

世宗紀第八　　魏書八

世宗宣武皇帝諱恪高祖孝文皇帝第二子母曰高夫人初夢爲日所逐避於牀下日化爲龍繞巳數帀寤而驚悸既而有娠太和七年閏四月生帝於平城宫二十一年正月甲午立爲皇太子二十三年夏四月丁巳即皇帝位于魯陽大赦天下帝居諒闇委政宰輔五月丙子朔高麗國遣使朝貢六月乙卯分遣侍臣巡行郡國問民疾苦考察守令黜陟幽明文武應求道著丘園者皆加褒禮戊辰追尊皇妣曰文昭皇后秋八月戊申遵遺詔高祖三夫人巳下悉歸家癸丑宫臣增位一級癸亥南徐州刺史沈陵南叛冬十月辛未鄧至國王象舒彭來朝丙戌車駕謁長陵丁酉有事於太廟十有一月幽州民王惠定聚衆反自稱明法皇帝刺史李肅捕斬之是歲州鎮十八水民飢分遣使者開倉賑恤

高麗國遣使朝獻

景明元年春正月壬寅車駕謁長陵乙巳大赦改年丁未蕭寶卷豫州刺史裴叔業以壽春內屬驃騎大將軍彭城王勰帥車騎十万赴之二月戊戌復以彭城王勰爲司徒寶卷將胡松李居士率衆万餘屯宛陳伯之水軍泝淮而上以逼壽春夏四月丙申彭城王勰車騎將軍王肅大破之斬首万數巳亥皇弟恌薨五月甲寅以北鎮大飢遣兼侍中楊播巡撫賑恤六月丙子司徒彭城王勰進位大司馬車騎將軍王肅加開府儀同三司癸未大陽蠻酋田育丘等率戶內附秋七月寶卷又遣陳伯之寇淮南庚子吐谷渾國遣使朝獻八月乙酉彭城王勰破伯之於肥口乙未高麗國遣使朝貢九月乙丑東豫州刺史田益宗破寶卷將吴子陽鄧元起於長風齊州民柳世明聚衆反冬十月丁卯朔車駕謁長陵庚寅齊兗二州討世明平之丁亥改授彭城王勰爲司徒録尚書事甲午詔壽春置兵四万人十有一月巳亥荆州刺史桓道進攻寶卷下笮戍拔之降者二千餘戶丁巳陽平王頤

薨是歲十七州大飢分遣使者開倉賑恤是冬
島夷蕭衍起兵東下伐其主蕭寶卷
二年春正月丙申朔車駕謁長陵庚戌帝始親
政遵遺詔聽司徒彭城王勰以王歸第太尉咸
陽王禧進位太保司空北海王詳爲大將軍錄
尚書事丁巳引見羣臣於太極前殿告以覽政
之意辛酉高麗國遣使朝獻壬戌以太保咸陽
王禧領太尉大將軍廣陵王羽爲司徒詔曰朕
幼承寶曆鞠憂在疚庶事不親風化未洽今始
覽政務義恊惟新思使四方風從率善可分遣

大使黜陟幽明二月庚午宿衛之官進位一級
甲戌大赦天下三月乙未朔詔曰比年以來連
有軍旅役務既多百姓彫弊宜時矜量以拯民
瘼正調之外諸妨害損民一時蠲罷辛亥詔曰
諸州刺史不親民事緩於督察郡縣稽違旬月
之間纔一覽決淹獄久訟動延時序百姓怨嗟
方成困弊尚書可明條制申下四方令日親庶
事嚴勒守宰不得因循寬怠虧政壬戌詔曰治

尚簡靜任貴應事州府佐史除板稍多方成損
弊無益政道又京師百司寮局散雜官有闕長
者亦同此例苟非稱要悉從蠲省青齊徐兗四
州大飢民死者萬餘口是月蕭衍立寶卷弟南
康王寶融爲主年號中興東赴建業夏五月壬
子廣陵王羽薨壬戌太保咸陽王禧謀反賜死
六月丁亥考諸州刺史加以黜陟秋七月乙巳
蠕蠕犯塞乙未東豫州刺史田益宗破蕭寶卷
將黃天賜於赤亭辛酉大赦天下壬戌車騎將

軍儀同三司王肅薨九月丁酉發畿內夫五萬
人築京師三百二十三坊四旬而罷己亥立皇
后于氏乙卯免壽春營戶爲揚州民冬十月丁
卯吐谷渾國遣使朝獻辛未蕭寶卷零陵戍主
華候率戶內屬十有一月丙申以驃騎大將軍
穆亮爲司空丁酉大將軍北海王詳爲太傅領
司徒壬寅改築圓丘於伊水之陽乙卯仍有事
焉十二月高麗國遣使朝貢是月寶卷直後張
齊殺其主寶卷降蕭衍衍克建業

三年春二月戊寅詔曰自比陽旱積時農民廢
殖寤言增愧在予良多申下州郡有骸骨暴露
者悉可埋瘞三月魯陽蠻反蕭寶卷弟建安王
寶夤來降夏四月詔撫軍將軍李崇討魯陽反
蠻是月蕭衍又廢其主寶融而僭立自稱曰梁
閏月丁巳司空穆亮薨五月揚州小峴戍主党
法宗襲蕭衍大峴戍破之擒其龍驤將軍邾菩
薩送之京師秋七月癸酉于闐國遣使朝獻詔
加文官從征顯達宿衛者二階閑散者一階八

月癸卯蕭寶融鎮南大將軍江州刺史陳伯之
遣使請降乙卯以前太傅平陽公丕為三老九
月丁巳車駕行幸鄴丁卯詔使者弔殷比干墓
戊寅閱武於鄴南庚辰武興國世子楊紹先遣
使朝獻冬十月庚子帝親射遠及一里五十步
羣臣勒銘於射所甲辰車駕還宮十有一月己
卯詔京洛兵蕪歲踰十紀先皇定鼎舊都惟新
魏曆翦埽榛荒創茲雲構鴻功茂績規模長遠
今廟社乃建宮極斯崇便當以來月中旬蠲吉

徙御仰尋遺意感慶交衷既禮盛周宣斯干之
制事高漢祖壯麗之儀可依典故備茲考告以
稱遐邇人臣之望十有二月戊子詔曰民本農
桑國重蠶籍粢盛所憑冕織攸寄比京邑初基
耕桑暫缺遺規往旨宜必祗修今寢殿顯成移
御維始春郊無遠拂羽有辰便可表營千畝開
設宮壇秉耒援筐躬勸億兆壬寅饗羣臣于太
極前殿賜布帛有差以初成也甲辰揚州破蕭
衍將張囂之斬級二千是歲疏勒罽賓婆羅捺

烏萇阿喻陁羅婆不崘陁拔羅弗波女提斯羅
噠舍伏耆奚那太羅槃烏稽悉萬斤朱居槃訶
盤陁撥斤厭味朱沴洛南天竺持沙那斯頭諸
國並遣使朝貢河州大飢死者二千餘口
四年春正月乙亥車駕籍田於千畝梁州氐楊
會反詔行梁州事楊椿左將軍羊祉討之三月
己巳皇后先蠶於北郊庚辰揚州破蕭衍將於
陰山斬其龍驤將軍吳道爽等數千級夏四月
癸未朔以蕭寶寅為鎮東將軍東揚州刺史封

丹陽郡開國公齊王庚寅南天竺國獻辟支佛
牙戊戌詔曰酷吏爲禍綿古同患孝婦淫刑東
海燋壤今不雨十旬意者其有寃獄乎尚書鞫
京師見囚務盡聽察之理己亥帝以旱減膳徹
懸辛丑澍雨大洽五月甲戌楊椿羊祉大破反
氏斬首數千級六月壬午朔封皇弟悅爲汝南
王丙戌發冀定■相并濟六州二萬人馬千疋
增配壽春秋七月乙卯三老平陽■丕薨庚午
詔還收鹽池利以入公辛未以彭城王勰爲太

魏書紀八　七　余敏

師八月庚子以吏部尚書元英假鎮南將軍攻
蕭衍義陽勿吉國貢楛矢辛丑行幸河南城離
宫冬十有一月壬子揚州大破蕭衍軍斬其徐
州刺史潘伯憐擒司馬明素己未以武興國世
子楊紹先爲其國王癸亥詔尚書左僕射源懷
撫勞代都北鎮隨方拯恤乙亥鎮南將軍元英
大破蕭衍將吳子陽於白沙擒斬千數十有二
月庚寅詔鎮南將軍李崇討東荆反蠻丙申詔
曰先朝制立軌式庶事惟允但歲積人移物情

乖惰比或擅有增損廢墜不行或守舊遺宜時
有舛妨或職分錯亂互相推委其下百司列其
疑闕速以奏聞癸卯蕭衍梁州刺史平陽縣開
國侯翟遠徐州刺史永昌縣開國侯陳虎牙降
正始元年春正月庚戌江州刺史曲江公陳伯
之破蕭衍將趙祖悅於東關丙辰東荆州刺史
楊大眼大破羣蠻樊季安等丙寅大赦改年二
月戊子蕭衍將姜慶眞襲陷壽春外郭州軍擊
走之丁酉揚州統軍劉思祖大破衍衆於邵陽

魏書紀八　八　方中

擒其冠軍將軍邵陽縣開國侯張惠紹驍騎將
軍祁陽縣開國男趙景悅等十將斬獲數千級
三月壬申元英破衍將王僧炳於樊城夏四月
辛卯高麗國遣使朝獻五月丁未朔太傅北海
王詳以罪廢爲庶人六月以旱徹樂減膳癸巳
詔曰朕以匪德政刑多舛陽旱歷旬京甸枯瘁
在予之責夙宵疚懷有司可循案舊典祗行六
事囹圄寃滯平處決之庶尹廢職量加修舉鰥
寡困窮在所存恤役賦殷煩咸加蠲省賢良讜

直以禮進之貪殘佞諛時加昇黜男女怨曠務
令嬿會稱朕意焉甲午帝以旱親薦享於太廟
戊戌詔立周旦夷齊廟於首陽山庚子以旱見
公卿已下引咎責躬又録京師見囚殊死已下
皆減一等鞭杖之坐悉皆原之秋七月癸丑蕭
衍角城戍主柴慶宗以城來降李崇大破諸蠻
帥樊素安八月丙子元英破蕭衍將馬仙琕於
義陽詔洛陽令有大事聽面敷奏乙酉元英攻
義陽拔之擒送蕭衍冠軍將軍蔡靈恩等十餘

將辛卯英又大破衍將仍清三關丁酉封元英
爲中山王戊戌西羌宋萬率戶四千內附九月
丙午詔緣淮南北所在鎮戍皆令及秋播麥春
種粟稻隨其土宜水陸兼用必使地無遺利兵
無餘力比及來稔令公私俱濟也又詔諸州蠲
停徭役不得横有徵發甲子詔中山王英所執
蕭衍冠軍將軍監司州事蔡靈恩等隨才擢叙
乙丑蕭衍霍州刺史田道龍義州刺史張宗之
遣使内附蠕蠕犯塞詔左僕射源懷討之冬十

月乙未詔斷羣官白衣募吏十有二月戊午詔
曰古之哲王刱業垂統安民立化莫不崇建膠
序開訓國胄昭宣三禮崇明四術使道暢羣邦
風流万宇自皇基徙搆光宅中區軍國務殷未
遑經建靖言思之有慙古烈可勑有司依漢魏
舊章營繕國學十有二月丙子以苑牧公田分
賜代遷之戶己卯詔羣臣議定律令己亥行幸
伊闕閏月癸卯朔蕭衍行梁州事夏侯道遷據
漢中來降假尚書邢巒鎮西將軍率衆以赴之

乙丑驃騎大將軍高陽王雍爲司空尚書令廣
陽王嘉加儀同三司
二年春正月丙子以宕昌國世子梁彌博爲其
國王鄧至國遣使朝貢二月梁州氐反絶漢中
運路刺史邢巒頻大破之夏四月己未城陽王
鸞薨乙丑詔曰任賢明治自昔通規宣風賛務
實惟多士而中正所銓但存門第吏部彝倫仍
不才舉遂使英德罕昇司務多滯不精厥選將
何考陟八座可審議往代貢士之方擢賢之體

必令才學並申資望兼致丙寅以仇池氐叛詔
光祿大夫楊椿假平西將軍率衆以討之邢巒
遣統軍王足西伐頻破蕭衍諸軍遂入劒閣執
衍輔國將軍范始男送京師五月辛巳氐賊
虎率衆降六月己丑詔曰先朝勳臣或身罹譴
黜子孫沉滯或宦途失次有替舊流因而弗採
何以奬勸言念前績情有親踈宗及庶族祖曾功
績可紀而無朝官有官而才堪優引者隨才銓
授甲寅蕭衍冠軍將軍李畋等置營始平郡東

涪水之北王足逆擊敗之斬衍冠軍將軍張湯
輔國將軍馬市寧朔將軍李當妻見祖輔國將
軍馮文豪龍驤將軍何營之等甲子詔尚書李
崇太府卿于忠散騎常侍游肇諫議大夫鄧羡
崇忠使持節並兼侍中羡兼黃門俱爲大使糾
斷外州畿內其守令之徒各失彰露者即便施
決州鎮重職聽爲表聞乙丑蕭衍冠軍將軍王
景胤輔國將軍魯方達等攻竹亭王足大破之
斬其輔國將軍王明達龍驤將軍張方熾丁卯

揚州刺史薛眞度大破蕭衍將王超宗俘斬三
千級戊辰蕭衍將魯方達屯戍新城足又遣統軍
盧祖遷等擊敗之斬衍冠軍將軍楊伯仁寧朔
將軍任安定秋七月甲戌詔曰朕纂馭寶曆於
今七載德澤未敷鑒不燭遠人之寃瘼所在猶
滋而糾察之獄未暢于下賢愚靡分皂白均貫
非所以革民耳目使善惡勵心今分遣大使省
方巡檢隨其愆負與風響相符者即加糾黜以
明雷霆之威以申旌軒之舉因以觀風辨俗採

訪功過褒賞賢者糾罰淫慝理窮恤弊以稱朕
心戊子王足擊破蕭衍軍斬其龍驤將軍喻增
暉寧朔將軍庫保壽輔國將軍魯天惠建武將
軍王文摽王足逼涪城壬辰蕭衍巴西太守龐
域冠軍將軍統軍主李畋等逆戰足擊破之俘
斬千數八月壬寅詔中山王英南討襄沔庚戌
王足遣統軍紀洪雅盧祖遷等攻破衍軍斬其
秦梁二州刺史魯方達等十五人壬子王足又
遣統軍盧祖遷等擊破衍軍斬其都督冠軍將

軍梓潼縣開國子王景胤劉逵等二十四將軍
甲寅揚州擊衍將妻慶眞於羊石破之是月衍
沔東太守田青喜率郡七縣三十一戶万九十
內附九月己巳揚州刺史元嵩擊破衍湘州刺
史楊公則等斬獲數千冬十有一月戊辰朔武
興國王楊紹先叔父集起謀反詔光祿大夫楊
椿討之王足圍涪城益州諸郡戍降者十二三
民送編籍者五万餘戶既而足引軍而退十有
二月庚申又詔驃騎大將軍源懷愼令討武興

反氐

三年春正月丁卯朔皇子生大赦天下壬申梁
秦二州刺史邢巒連破氐賊克武興蕭衍冀州
刺史桓和入寇南青州州軍擊走之秦州民王
智等聚衆二千自號王公尋推秦州主簿呂苟
兒爲主年號建明己卯楊集起兄弟相率降二
月丙辰詔曰昔虞戒面從昌言屢進周任諫輔
王闕必箴朕仰纘鴻基伏膺寶曆思康庶績一
日万幾是以側望忠言虛求讜直而良策弗進

規畫無聞豈所謂弼諧元首匡救不逮者乎可
詔王公已下其有嘉謀深圖直言忠諫利國便
民矯時厲俗者咸令指事陳奏無或依違戊午
詔右衛將軍元麗等討呂苟兒乙丑平南將軍
陳伯之破蕭衍徐州刺史昌義之於梁城是月
衍將蕭昞率衆五萬寇淮陽三月己巳以戎旅
大興詔罷諸作己卯詔荊州刺史趙怡平南將
軍奚康生赴淮陽樂良王長命坐殺人賜死國
除戊子名皇子曰昌庚寅平南將軍曲江縣開

國公陳伯之自梁城南奔夏四月乙未詔罷鹽
池禁甲辰詔遣使者巡慰北邊酋庶庚戌以中
山王英爲征南將軍都督揚徐二道諸軍事指
授邊將蕭衍江州刺史王茂先寇荊州屯於河
南城詔平南將軍楊大眼討之辛酉大破之斬
其輔國將軍王花首虜二千餘進攻河南城茂
先逃潰追奔至於漢水拔其五城將軍宇文福
略衍司州俘獲千餘口而還五月乙丑朔詔尚
書拯義陽初附之戶丙寅詔曰掩骼埋胔古之

今典順辰脩令朝之恒式今時澤未降春稼已
旱或有孤老餧疾無人贍救因以致死暴露溝
塹者洛陽部尉依法棺埋壬申蕭衍將張惠紹
入寇陷宿豫乙亥衍將蕭容陷梁城辛巳衍將
韋叡陷合肥城壬午詔尚書元遥率衆南討癸
未以秦隴未平詔征西將軍于勁節度諸軍己
丑衍將又陷羊石霍丘二城六月辛丑又陷小
峴戊乙巳安西將軍元麗大破秦賊斬賊帥王
智五人梟首六千丁未假平南將軍奚康生破

蕭衍將張惠紹斬其徐州刺史宋黒丁巳詔尚
書邢巒出討徐兖秋七月丙寅衍將桓和寇孤
山陷固城庚辰元麗大破秦賊降呂苟兒及其
王公三十餘人秦涇二州平戊子中山王英大
破衍徐州刺史王伯敖於陰陵斬其將二十五
人首虜五千有餘己丑詔發定冀瀛相并肆六
州十万人以濟南軍八月壬寅安東將軍邢巒
破蕭衍將桓和於孤山斬首万餘級將軍元恒
別克固城斬衍冠軍將軍桓方慶統軍畢祖朽

別克蒙山斬衍龍驤將軍矯道儀等斬賊及赴
沂死者四千餘人兖州平己酉詔平南將軍安
樂王詮督後發諸軍以赴淮南壬戌曲赦涇秦
岐涼河五州九月癸酉邢巒大破衍軍於宿豫
斬其大將藍懷恭等四十餘人張惠紹棄宿豫
蕭昞棄淮陽南走追斬數万級徐州平己丑中
山王英大破衍軍於淮南衍中軍大將軍臨川
王蕭宏尚書右僕射柳惔徐州刺史昌義之等
棄梁城沿淮東走追奔次於馬頭衍冠軍將軍

戍主朱思遠棄城宵遁擒送衍將四十餘人斬
獲士卒五万有餘英遂攻鍾離高麗國遣使朝
貢蕭衍遣將士卒三万寇義陽丁酉夜遁走郢
州刺史婁悦追擊破之戊申蠕蠕國遣使朝貢
己未征虜將軍趙遐大破衍衆於瀔城桑坪十
有一月甲子帝爲京兆王愉清河王懌廣平王
懷汝南王悅講孝經於式乾殿庚寅詔曰往歲
隴右扇逆合境不民其中猶有卒能自守無豫
釁亂疾風知勁良在可嘉尚書可甄量報賞以

表誠義是月梁州再破反獠
四年春二月丙午吐谷渾宕昌國並遣使朝獻
己未勿吉國貢楛矢三月丙子疊伏羅國遣使
朝貢夏四月戊戌鍾離大水中山王英敗績而
還壬寅吐谷渾鳩磨羅阿拔磨拔切磨勒悉萬
斤諸國並遣使朝獻夏六月己丑朔詔曰高祖
德格兩儀明並日月播文教以懷遠人調禮學
以旌儁造從縣中區光宅天邑揔霜露之所均
一姬卜於洛涘戎繕兼興未遑儒教朕纂承鴻

緒君臨寶曆思模聖規述遵先志今天平地寧
方隅無事可勑有司準訪前式置國子立太學
樹小學於四門丙午蕭衍龍驤將軍馮翊太守
宇文子生等七郡相率內附丁未社蘭達那羅
舍彌比羅直諸國並遣使朝獻秋八月辛卯契
丹國遣使朝獻己亥中山王英齊王蕭寶夤坐
鍾離敗退並除名爲民庚子庫莫奚宕昌吐谷
渾諸國遣使朝獻辛丑敦煌民飢開倉賑恤九
月己未詔曰朕秉曆承天屢年將紀徙正宮極

歲浹歸餘合懿茂親祗勤已久列司英彥庸績
未酬非所謂有功見知賞以時及其以司空高
陽王雍爲太尉尚書令廣陽王嘉爲司空百官
悉進位一級庚申夏州長史曹明謀反伏誅甲
子開斜谷舊道疏勒車勒阿駒南天竺婆羅等
諸國遣使朝獻丙戌司州民飢開倉賑恤閏月
甲午禁大司馬門不得車馬出入冬十月丁巳
高麗半社悉万斤可流伽比沙疏勒于闐等諸
國並遣使朝獻丁卯皇后于氏崩戊辰疏勒國

遣使朝貢庚午淮陽太守安樂以城南叛辛未
𡁻噠波斯渴槃陁渴文提不那杖忸杖提等諸
國並遣使朝獻乙酉葬順皇后於永泰陵十有
一月丁未禁河南畜牧馬自碣石至於劍閣東
西七千里置二十二都尉己酉阿與陁呵羅槃
陁跋吐羅諸國並遣使朝獻十有二月戊午詔
兵士鍾離沒落者復一房田租三年辛酉特那
杖提莎鉢離阿失勒摩致鉢諸國遣使朝貢甲
子蠕蠕高車民他莫孤率部來降丁丑鉢崘波

利伏佛曹善乾達諸國遣使朝貢
永平元年春正月戊戌潁川太守王神念奔於
蕭衍二月辛未勿吉南天竺國並遣使朝獻三
月戊子皇子昌薨己亥斯羅阿陁比羅阿夷义
多婆那伽伽師達于闐諸國並遣使朝獻丙午
以去年旱儉遣使者所在賙恤夏四月阿伏至
羅國遣使朝貢五月癸未高麗國遣使朝獻辛
卯帝以旱故減膳撤懸六月壬申詔曰慎獄重
刑著於往誥朕御茲寶曆明鑒未遠斷決煩疑

寔有攸愧可依洛陽舊圖脩聽訟觀農隙起功
及冬令就當與王公卿士親臨錄問癸酉高車
國遣使朝貢秋七月辛卯高車契丹汗畔罽賓
諸國並遣使朝獻甲午以夫人高氏爲皇后乙
未詔曰察獄以情審之五聽枷杖小大各宜定
準然比廷尉司州河南洛陽河陰及諸獄官鞫
訊之理未盡矜恕掠拷之苦每多切酷非所以
祗憲量衷慎刑重命者也推濫究枉良軫於懷
可付尚書精檢枷杖違制之由斷罪聞奏八月

癸亥冀州刺史京兆王愉據州反乙丑假尚書
李平鎮北將軍行冀州事以討之丁卯大赦改
年庚午吐谷渾庫莫奚國並遣使朝貢九月辛
巳朔李平大破元愉於草橋丙戌復前中山王
英本封壬辰蠕蠕國遣使朝貢定州刺史安樂
王詮大破元愉於信都北戊戌殺侍中太師彭
城王勰辛丑詔赦冀州民雜工役爲元愉所詿
誤者其能斬獲逆黨別加優賞癸卯李平克信
都元愉北走斬其所署冀州牧韋超右衛將軍

睦雅尚書僕射劉子直吏部尚書崔朏等統軍
叔孫頭執愉送信都羣臣請誅愉帝弗許詔送
京師冀州平庚子郢州司馬彭珍治中督榮祖
等謀叛潛引蕭衍衆入義陽郢州刺史婁悅擊
走之詔將軍胡季智屈祖等南赴義陽三關戍
主侯登陽鳳省等以城南叛婁悅嬰城固守遣
中山王英督步騎三万以赴之冬十月丁巳詔
復故北海王詳本封葬以王禮豫州彭城人白早
生殺刺史司馬悅據城南叛蕭衍遣將齊苟仁

等四將以助之詔尚書邢巒行豫州事督將軍崔暹率騎討之丙子邢巒大破早生及苟仁軍於鮑口丁丑前宿豫戍主成安樂子景儁殺宿豫戍主嚴仲賢以城南叛十有一月庚寅詔安東將軍楊椿率衆四万攻宿豫十有二月己未邢巒克懸瓠斬白早生擒齊苟仁等俘蕭衍卒三千餘人分賜王公已下癸亥中山王英破衍將於楚城擒衍寧朔將軍張疑等郢州刺史婁悅破衍將馬仙琕於金山壬申漢東蠻民一万七千戶相率內附丙子高麗國遣使朝獻是歲高昌國王麴嘉遣其兄子私署左衛將軍孝亮奉表來朝因求內徙乞師迎接

二年春正月蕭衍遣王神念寇南兗詔輔國將軍長孫稚假平南將軍爲都督率統軍邴虬等五軍以討之丁亥胡密步就磨忸密槃是悉万斤辛豆那越拔忸諸國並遣使朝獻壬辰嚈噠薄知國遣使來朝貢白象一乙未高昌國遣使朝貢丙申中山王英進逼蕭衍長薄戍戊戌宵

潰殺傷千數丁酉拔武陽關擒衍雲騎將軍松滋縣開國侯馬廣冠軍將軍遷陵縣開國子彭瓮生驍騎將軍當陽縣開國伯徐元季等二十六將俘獲七千餘人進攻黃峴西關衍將馬仙琕棄西關李元履棄黃峴遁走是月涇州沙門劉慧汪聚衆反詔華州刺史奚康生討之二月乙卯詔曰比軍役頻興仗多毀敗在庫戎器見有無幾安不忘危古人所戒五兵之器事須充積經造既殷非衆莫舉今可量造四万人雜仗三月癸未磨豆羅阿曜社蘇突闍地伏羅諸國並遣使朝獻夏四月己酉詔以武川鎮飢開倉賑恤甲子詔曰聖人濟世隨物汙隆或正或權理無恒在先朝以雲駕甫遷嵩基始構河洛民庶徙舊未安代來新宅尚不能就伊闕西南羣蠻填聚沔陽賊城連邑作戍蠢爾愚巴心未純款故暫抑造育之仁權緩肅姦之法今京師天固與昔不同揚郢荊益皆悉我有保險諸蠻罔不歸附商洛民情誠倍往日唯樊襄已南仁乖道

政被拘隔化非民之咎而無賴之徒輕相刼掠屠害良善離人父兄衍之爲酷實亦深矣便可放彼掠民示其大惠捨此殘賊未令之愆并勑緣邊州鎮自今已後不聽境外寇盜犯者罪同境內若州鎮主將知容不糾坐之如律五月高麗國遣使朝獻辛丑帝以旱故減膳徹懸禁斷屠殺甲辰幸華林都亭親録囚徒犯死罪已下降一等六月高昌國遣使朝獻辛亥詔曰江海方同車書宜一諸州軌轍南北不等今可申勑

四方使遠近無二秋七月癸未契丹國遣使朝獻八月丁未鄧至國遣使朝獻戊申以鄧至國世子像覽蹄爲其國王高昌勿吉庫莫奚諸國並遣使朝獻九月辛巳封故北海王子顥爲北海王壬午詔定諸門闥名冬十月癸丑以司空廣陽王嘉爲司徒庚午郢州獻七寶牀詔不納十有一月甲申詔禁屠殺含孕以爲永制己丑帝於式乾殿爲諸僧朝臣講維摩詰經十有二月詔曰五等諸侯比無選式其同姓者出身公

正六下侯從六上伯從六下子正七上男正七下異族出身公從七上侯從七下伯正八上子正八下男從八上清脩出身公從八下侯正九上伯正九下子從九上男從九下可依此叙之疊伏羅弗菩提朝陁咤波羅諸國並遣使朝獻三年春二月丙午高昌鄧至國並遣使朝獻壬子秦州沙門劉光秀謀反州郡捕斬之癸亥秦州隴西羌殺鎮將趙儁阻兵反叛州軍討平之三月丙戌皇子生大赦天下高麗吐谷渾宕昌

諸國並遣使朝獻夏四月平陽郡之禽昌襄陵二縣大疫自正月至此月死者二千七百三十人五月丁亥詔以冀定二州旱儉開倉賑恤六月壬寅詔重求遺書於天下丁卯名皇子曰詡閏月己亥吐谷渾高麗契丹諸國各遣使朝貢秋七月己未吐谷渾國遣使朝貢八月己卯勿吉國遣使朝貢九月壬寅烏萇伽秀沙尼諸國並遣使朝獻丙辰高車別帥可略汗等率衆一千七百內屬冬十月辛卯中山王英薨丙申詔

曰朕乘乾御曆年周一紀而道謝擊壤教慙刑
厝至於下民之熒鰥疾苦心常愍之此而不恤
豈爲民父母之意也可勑太常於閑敞之處別
立一館使京畿内外疾病之徒咸令居處嚴勑
醫署分師療治考其能否而行賞罰雖齡數有
期脩短分定然三疾不同或賴針石庶秦扁之
言理驗今日又經方浩博流傳處廣應病投藥
卒難窮究更令有司集諸醫工尋篇推簡務存
精要取三十餘卷以班九服郡縣備寫布下鄉

邑使知救患之術耳戊戌高車龜茲難地那竭
庫莫奚等諸國並遣使朝獻十有二月己卯高
麗比沙杖國遣使朝獻辛巳江陽王繼坐事除
名甲申詔於青州立高祖廟殿中侍御史王敞
謀反伏誅

四年春正月丁巳汾州劉龍駒聚衆反詔諫議
大夫薛和率衆討之甲子阿悅陁不數羅國並
遣使朝獻二月壬午青齊徐兖四州民飢甚遣
使賑恤三月癸卯婆比幡弥烏萇比地乾達諸

國並遣使朝獻壬戌司徒廣陽王嘉薨夏四月
琅邪民王萬壽斬蕭衍輔國將軍琅邪東莞二
郡太守劉晣首以朐山來降徐州刺史盧昶遣
琅邪戍主傅文驥率衆據之甲戌薛和大破山
胡蕭衍遣其鎮北將軍張稷及馬仙琕寇朐山
詔盧昶率衆赴之五月己亥遷代京銅龍置天
淵池丙辰詔禁天文之學六月乙亥乾達阿婆
羅達舍越伽使密不流沙諸國並遣使朝獻秋
七月辛酉吐谷渾契丹國並遣使朝獻八月辛

未阿婆羅達舍越伽使密不流沙等諸國並遣
使朝獻癸巳勿吉國獻楛矢九月甲寅蕭衍九
山戍主苟　以戍來降嚈噠朱居槃波羅莫伽
陁移婆僕羅俱薩羅舍彌羅樂陁等諸國並遣
使朝獻冬十月丁丑婆比幡彌烏萇比地乾達
等諸國並遣使朝獻十有一月甲午宕昌國遣
使朝獻己亥詔李崇奚康生等治兵壽春以分
朐山之寇戊申難地伏羅國並遣使朝獻朐城
陷盧昶大敗而還十有二月壬申詔曰進善退

惡治之通規三載考察政之明典正始二年以來于今未考功過難齊寧無昇降從景明二年至永平四年通考以聞戊子大羅汗婆來伽國遣使朝獻

延昌元年春正月乙巳以頻水旱百姓饑弊分遣使者開倉賑恤戊申蹤勤國遣使朝獻丙辰以車騎大將軍尚書令高肇爲司徒公光祿大夫清河王懌爲司空司州牧廣平王懷進號驃騎大將軍儀同三司二月辛卯朔渴槃陁國遣使朝獻甲午州郡十一大水詔開倉賑恤以京師穀貴出倉粟八十万石以賑貧者己未安樂王詮薨夏四月詔以旱故食粟之畜皆斷之丁卯詔曰遷京嵩縣年將二紀虎闈闕唱演之音四門絶講誦之業博士端然虛禄歲祀貴遊之冑歎同子衿靖言念之有兼愧慨可嚴勑有司國子學孟冬使成太學四門明年暮春令就戊辰以旱詔尚書與羣司鞫理獄訟詔河北民就穀燕恒二州辛未詔饑民就穀六鎮丁丑帝以

旱故減膳撤懸癸未詔曰肆州地震陥裂死傷甚多言念毀没有酸懷抱亡者不可復追生病之徒宜加療救可遣太醫折傷醫并給所須之藥就治之乙酉大赦改年詔立理訴殿申訟車以盡冤窮之理五月辛卯蹤勤及高麗國並遣使朝獻丙午詔天下有粟之家供年之外悉貸饑民自二月不雨至於是晦六月壬申澍雨大洽戊寅通河南牝馬之禁己卯詔曰去歲水災今春炎旱百姓饑餒救命靡寄雖經蠲貸月不能養績今秋輸將及郡縣期於責辦尚書可嚴勒諸州量民資產明加檢校以救艱弊庚辰詔出太倉粟五十万石以賑京師及州郡饑民秋七月吐谷渾契丹國並遣朝獻八月壬戌吐谷渾國遣使朝貢丁亥勿吉國貢楛矢冬十月乙亥立皇子詡爲皇太子是月嚈噠于闐高昌及庫莫奚諸國並遣使朝獻十有二月丙申詔曰朕運承天休統御宸宇太子體藉靈明纂建宮華明兩既孚三善方洽宜澤均率壤榮汎庶肖其

賜天下爲父後者爵一級孝子順孫廉夫節婦旌表門閭量給粟帛十有二月己巳詔守宰爲御史所彈遇赦免者及考在中第皆代之

二年春正月戊戌帝御申訟車親理寃訟高麗國遣使朝獻二月丙辰朔賑恤京師貧民甲戌以六鎮大饑開倉賑贍己卯太尉高陽王雍進位太保庚辰蕭衍郁州民徐玄明等斬送衍鎮北將軍青冀二州刺史張稷首以州内附詔前南兗州刺史樊魯率衆赴之閏二月辛丑以苑

牧之地賜代遷民無田者癸卯定奴良之制以景明爲斷三月丙寅高昌國遣使朝獻是春民饑餓死者數万口夏四月庚子以絹十五万匹賑恤河南郡饑民五月壽春大水遣平東將軍奚康生等步騎數千赴之高麗國遣使朝獻六月乙酉青州民饑詔使者開倉賑恤甲午曲赦揚州辛亥帝御申訟車親理寃訟是夏州郡十三大水秋八月辛卯詔曰頃水旱互侵頻年饑儉百姓窘弊多陷罪辜煩刑之愧朕用懼矣其

殺人掠賣人羣強盜首及雖非首而殺傷財主曾經再犯公斷道路劫奪行人者依法行決自餘恕死徒流已下各準減降庚戌嚈噠于闐槃陁及契丹庫莫奚諸國並遣使朝獻九月丙辰以貴族豪門崇習奢侈詔尚書嚴立限級節其流宕是月勿吉吐谷渾鄧至國並遣使朝貢冬十月詔以恒肆地震民多死傷蠲兩河一年租賦十有二月丙戌丐洛陽河陰二縣租賦乙巳詔以恒肆地震民多離災其有課丁没盡老幼

單辛家無受復者各賜廩以接來稔高麗國遣使朝獻

三年春二月乙未詔曰肆州秀容郡敷城縣鴈門郡原平縣並自去年四月以來山鳴地震于今不已告譴彰咎朕甚懼焉祗畏兢兢若臨淵谷可恤瘼寬刑以答災譴三月三關别將李世哲大破羣蠻斬蕭衍龍驤將軍文思之文天生夏四月青州民饑辛巳開倉賑恤乙巳上御申訟車親理寃訟六月南荆州刺史桓叔興大破

蕭衍軍於九山斬其虎旅將軍新豐縣開國子蔡令孫冠軍將軍席世興貞義將軍藍次孫秋七月丙子勿吉國遣使朝貢八月甲申帝臨朝堂考百司而加黜陟九月吐谷渾契丹勿吉諸國並遣使朝貢冬十月庚辰詔驃騎將軍馬義舒慰諭蠕蠕庫莫奚國遣使朝貢十有一月庚戌南天竺佐越費實諸國並遣使朝獻辛亥詔司徒高肇為大將軍平蜀大都督步騎十万西伐益州刺史傅豎眼出巴北平南將軍羊祉出

涪城安西將軍奚康生出綿竹撫軍將軍甄琛出劍閣乙卯以中護軍元遥為征南將軍東道都督鎮遏梁楚丁巳幽州沙門劉僧紹聚衆反自號淨居國明法王州郡捕斬之甲戌高麗國遣使朝獻十有二月庚寅詔立明堂

四年春正月甲寅帝不豫丁巳崩于式乾殿時年三十三二月甲戌朔上尊謚曰宣武皇帝廟號世宗甲午葬景陵帝幼有大度喜怒不形於色雅性儉素初高祖欲觀諸子志尚乃大陳寶物任其所取京兆王愉等皆競取珍玩帝唯取骨如意而已高祖大奇之庶人恂失德高祖謂彭城王勰曰吾固疑此兒有非常志相今果然矣乃立為儲貳雅愛經史尤長釋氏之義每至講論連夜忘疲善風儀美容貌臨朝淵嘿端嚴若神有人君之量矣

史臣曰世宗承聖考德業天下想望風化垂拱無為邊徼稽服而寬以攝下從容不斷太和之風替矣比夫漢世元成安順之儔歟

世宗紀第八 魏書八

肅宗紀第九　　魏書九

肅宗孝明皇帝諱詡世宗宣武皇帝之第二子母曰胡充華永平三年三月丙戌帝生于宣光殿之東北有光照于庭中延昌元年十月乙亥立爲皇太子四年春正月丁巳夜即皇帝位戊午大赦天下己未徵下西討東防諸軍庚申詔太保高陽王雍入居西栢堂决庶政又詔任城王澄爲尚書令百官揔己以聽於二王己巳勿吉達槃地豆于尼步伽拔但佐越費實等諸國

遣使朝獻二月庚辰尊皇后高氏爲皇太后辛巳司徒高肇至京師以罪賜死蕭衍寧州刺史任太洪率衆寇關城益州長史成興孫擊破之癸未太保高陽王雍進位太傅領太尉司空清河王懌爲司徒驃騎大將軍廣平王懷爲司空己亥尊胡充華爲皇太妃高昌國遣使朝獻三月甲辰朔皇太后出俗爲尼徙御金墉丙辰詔進宦臣位一級先是蕭衍於浮山堰淮規爲揚徐之害詔平南將軍楊大眼討之乙丑進文武羣官位一級夏四月梁州刺史薛懷吉破叛氐於沮水五月甲寅南秦州刺史崔暹擊破氐賊解武興圍六月沙門法慶聚衆反於冀州殺阜城令自稱大乘秋七月癸卯蠕蠕國遣使朝獻丁未詔假右光祿大夫元遥征北大將軍攻討法慶宕昌國遣使朝獻八月乙亥領軍于忠矯詔殺左僕射郭祚尚書裴植免太傅領太尉高陽王雍官以王還第丙子尊皇太妃爲皇太后己卯吐谷渾國遣使朝獻庚辰蕭衍定州刺史

田超秀率衆三千請降戊子帝朝皇太后於宣光殿大赦天下己丑司徒清河王懌進位太尉司空廣平王懷爲太保領司徒驃騎大將軍任城王澄爲司空庚寅車騎大將軍于忠爲尚書令特進崔光爲車騎大將軍並儀同三司壬辰復前江陽王繼本國以濟南王或復先封爲臨淮王羣臣奏請皇太后臨朝稱制九月乙巳皇太后親覽萬機詔曰高祖革禮成治遺澤在民世宗纂承丕業聖德昭遠朕以沖孺屬當寶圖

洪基至重若履冰薄王公百辟群牧庶官皆受遇先朝寵榮自昔宜各勉崇共康世道勠力竭誠以匡輔不逮其有懷道丘園昧跡板築山栖谷飲舒卷從時者宜廣戔帛緝和鼎飪有能讜言直諫濟世益時者在所以聞當待以不次之位孝子順孫義夫節婦表其門閭以彰厥美高年孤獨不能自存者賑以粟帛若因飢失業夭屬流離或賣鬻男女以爲僕隸者各聽歸還比冀方未肅徐城寇擾將統久勞士卒疲弊並遣

撫慰賜以衣馬緣邊州鎮固捍之勞朔方酋庶北面所委亦令勞賚以副其心其有先朝舊事寢而不舉頃來便習不依軌式者並可疏聞當加覽裁若益時利治不拘常制者自依別例其明相申約稱朕意焉甲寅征北元遥破斬法慶及渠帥百餘人傳首京師安定王燮薨庚申高昌庫莫奚契丹諸國並遣使朝獻蕭衍將趙祖悦襲據硤石癸亥詔定州刺史崔亮假鎮南將軍率諸將討之冀州刺史蕭寶夤爲鎮東將軍

次淮堰戊辰鄧至國遣使朝貢冬十月庚午朔勿吉國貢楛矢壬午高麗吐谷渾國並遣使朝獻乙酉以安定公胡國珍爲中書監儀同三司甲午蕭衍弘化太守杜桂舉郡内屬十有二月辛丑以高陽王雍爲太師己酉鎮南崔亮破祖悦遂圍硤石丁卯帝皇太后謁景陵高車國遣使朝獻

熙平元年春正月戊辰朔大赦改年荆沔都督元志大破蕭衍軍斬其恒農太守王世定等以

吏部尚書李平爲鎮軍大將軍兼尚書右僕射爲行臺節度討硤石諸軍二月乙巳鎮東蕭寶夤大破衍將於淮北癸亥初聽秀才對策第居中上已上敍之乙丑鎮南崔亮鎮軍李平等克硤石斬衍豫州刺史趙祖悦傳首京師盡俘其衆是月吐谷渾宕昌鄧至諸國並遣朝貢三月辛未以揚州刺史李崇爲驃騎將軍儀同三司壬辰以硤石俘虜分賜百寮夏四月戊戌以瀛州民饑開倉賑恤高昌陰平國並遣使朝獻五

月丁卯朔詔曰炎旱頻辰苗稼萎悴比雖微澍猶未霑洽晚種不納企望憂勞在予之責思自兢厲尚書可釐恤獄訟察其淹枉簡量輕重隨事以聞無使一人怨嗟增傷和氣土木作役權皆休罷勸農省務肆力田疇庶嘉澤近降豐年可必蕭衍衡州刺史張齊寇益州復以傅豎眼爲刺史以討之頻破賊軍斬其將任太洪首庚午詔放華林野獸於山澤丙戌吐谷渾遣使朝獻秋七月庚午重申殺牛之禁丙子詔兵士征

硤石者復租賦一年傅豎眼大破張齊齊遁走乙酉高昌國遣使朝獻八月乙巳以侍中中書監儀同三司安定郡開國公胡國珍爲都督雍涇岐華東秦豳六州諸軍事驃騎大將軍開府儀同三司雍州刺史丙午詔曰先賢列聖道冠生民仁風盛德煥乎圖史暨曆數永終迹隨物變陵隧杳藹鞠爲茂草古帝諸陵多見踐藉可明勑所在諸有帝王墳陵四面各五十步勿聽耕稼宕昌國遣使朝貢九月丁丑淮堰破蕭衍

緣淮城戍村落十餘万口皆漂入于海十有二月癸巳詔洛陽河陰及諸曹雜人年七十已上鰥寡貧困不能自存及年雖少而痼疾長廢窮苦不濟者研實具列以聞

二年春正月大乘餘賊復相聚結攻瀛州刺史宇文福討平之甲戌大赦天下戊子勿吉國遣使朝貢庚寅詔遣大使巡行四方問疾苦恤孤寡黜陟幽明又詔選曹　在得才廣求栖遁共康治道州鎮城隍各令嚴固齊會聚集糺

執妖諠囹圄皆令造屋桎梏務存輕小工巧浮进不得隱藏絹布繒綵長短合式偷竊軍階亦悉沙汰籍貫不實普使糾案聽自歸首逋遠加罪詔中尉元匡考定權衡癸丑地伏羅罽賓國並遣使朝獻二月庚子契丹鄧至宕昌諸國並遣使朝獻丁未封御史中尉元匡爲東平王三月甲戌吐谷渾國遣使朝獻丁亥太保領司徒廣平王懷薨夏四月甲午高麗波斯疏勒嚈噠諸國並遣使朝獻丁酉詔京尹所統百年以上

賜大郡板九十以上賜小郡板戊申以中書監開府儀同三司胡國珍爲司徒公特進汝南王悅爲中書監儀同三司乙卯皇太后幸伊闕石窟寺即日還宮安定王超改封北平王五月辛酉詔曰揚州硤石荆山新淮鄭城兵士戰没者追給斂財復一房五年若無妻子復其家一人二年身被三瘡賞一階雖一瘡而四體廢落者亦同此賞庚辰重申天文之禁犯者以大辟論乙酉鄧至國遣使朝貢秋七月乙丑地伏羅蜀

賓國並遣使朝獻乙亥中書監儀同三司汝南王悅坐殺人免官以王還第己巳車駕有事於太廟八月戊戌宴太祖以來宗室年十五以上於顯陽殿申家人之禮己亥詔庶族子弟年未十五不聽入仕詔曰皇魏開基道邁周漢蟬連二都德盛百祀雖帝衛藩衍親賢並茂而猶沉屈素履巾褐衡門非所謂廣命戚族翼屏王室者也今可依世近遠敘之列位庚子詔咸陽京兆二王子女還附屬籍壬寅吐谷渾國遣使朝

獻丁未詔侍中太師高陽王雍入居門下參決尚書奏事己酉契丹國遣使朝貢九月辛酉吐谷渾國遣使朝貢丙寅詔曰察訟理冤實維政首躬親聽覽民信所由比日諒闇之中治綱未振獄犴繁廣嗟訴驟聞雖曰司存每多誣壅留是寡德寔深矜慨自今月望當暫出城闉親納滯枉主者可宣諸近遠咸使聞知是月城青齊兖涇平營肆七州所治東陽歷城瑕丘平凉肥如和龍九原七城冬十月庚寅以幽冀滄瀛四

州大饑遣尚書長孫稚兼尚書邸羨元纂等巡撫百姓開倉賑恤丁酉勿吉國貢楛矢戊戌以光州饑弊遣使賑恤乙卯詔曰北京根舊帝業所基南遷二紀猶有留住懷本樂故未能自遣若未遷者悉可聽其仍停安堵永業門才術藝應於時求者自別徵引不在斯例周之子孫漢之劉族遍於海內咸致蕃衍豈揭南北千里而已哉十有一月甲子蕭衍平西將軍巴州刺史牟漢寵遣使請降十有二月丁未蠕蠕國遣使

朝貢
神龜元年春正月甲子詔以氐酋楊定爲陰平
王丙寅以特進江陽王繼爲驃騎大將軍儀同
三司壬申詔曰朕沖昧撫運政道未康民之疾
苦弗遑紀恤夙宵矜慨鑒寐深懷眷彼百齡悼
兹六極京畿百年以上給大郡板九十以上給
小郡板八十以上給大縣板七十以上給小縣
板諸州百姓百歲以上給小郡板九十以上給
上縣板八十以上給中縣板鰥寡孤獨不能自

存者賜粟五斛帛二匹庚辰詔以雜役之戶或
冒入清流所在職人皆五人相保無人任保者
奪官還役乙酉加特進汝南王悅儀同三司秦
州羌反幽州大饑民死者三千七百九十九人
詔刺史趙邕開倉賑恤二月戊申𡽳噠高麗勿
吉吐谷渾宕昌疏勒久末陁末久半諸國並遣
使朝獻己酉詔以神龜表瑞大赦改年東益州
氐反蠕蠕國遣使朝貢三月辛酉以尚書右僕
射于忠爲儀同三司辛巳儀同三司尚書右僕

射于忠薨南秦州氐反遣龍驤將軍崔龔持節
喻之吐谷渾國遣使朝貢夏四月丁酉司徒胡
國珍薨甲辰江陽王繼改封京兆王 辛亥舍摩
國遣使朝獻五月高麗高車高昌諸國並遣使
朝貢自正月不雨至于六月辛卯澍雨乃降秋
七月河州民却鐵忽聚衆反自稱水池王詔行
臺源子恭討之閏月戊戌吐谷渾國遣使朝貢
甲辰開恒州銀山之禁與民共之丁未波斯疏
勒烏萇龜兹諸國並遣使朝獻八月癸丑朔詔

曰朕沖昧纂曆未開政道皇太后躬憂在疚始
覽万幾故獄犴淹枉百姓冤弊言念繫刑思存
降省京師見囚殊死以下可悉減一等丁巳詔
曰頃年以來戎車頻動服制未終奪哀從役罔
極之痛弗申鞠育之恩靡報非所謂敦崇至道
者也自今雖金革之事皆不得請起居喪甲子
勿吉國遣使朝貢鐵忽相率降於行臺源子恭
九月癸未朔以右光祿大夫劉騰爲衛將軍儀
同三司戊申皇太后高氏崩于瑤光寺冬十月

丁卯以尼禮葬於北邙十有二月辛未詔曰民生有終下歸兆域京邑隱賑口盈億萬貴賤攸憑未有定所爲民父母尤宜存恤今制乾脯山以西擬爲九原

二年春正月丁亥詔曰朕以沖眇纂承寶位夙夜惟寅若涉淵海賴皇太后慈仁被以夙訓自臨朝踐極歲將半紀天平地成四海寧乂天道高遠巍巍難名猶以撝挹自居稱號弗備非所以崇奉坤元允協億兆者也宜遵舊典稱詔字

内以副黎蒸元元之望是月改葬文昭皇太后高氏二月乙丑齊郡王祐薨庚午羽林千餘人焚征西將軍張彝第毆傷彝燒殺其子始均吐谷渾宕昌國並遣使朝貢乙亥大赦天下丁丑詔求直言諸有上書者聽密封通奏壬寅詔曰農要之月時澤弗應嘉穀未納三麥枯悴德之無感歎懼兼懷可勑内外依舊雩祈率從祀典察獄理冤掩胔埋骼冀瀛之境往經寇暴死者既多白骨橫道可遣專令收葬賑窮恤寡救疾

存老準訪前式務令周備三月甲辰澍雨大洽夏四月乙丑嚈噠國遣使朝貢五月戊戌以司空任城王澄爲司徒驃騎大將軍儀同三司京兆王繼爲司空秋八月己未御史中尉東平王匡坐事削除官爵辛未以左光祿大夫皇甫集爲征西將軍儀同三司九月庚寅皇太后幸嵩高山癸巳還宮瀛州民劉宣明謀反事覺伏誅冬十有一月乙酉蠕蠕莫緣梁賀侯豆率男女七百人來降十有二月癸丑司徒任城王澄薨

庚申大赦天下詔除淫祀焚諸雜神是歲高麗王雲死以世子安爲其國王

正光元年春正月乙酉詔曰建國緯民立教爲本尊師崇道茲典自昔來歲仲陽節和氣潤釋奠孔顏乃其時也有司可豫繕國學圖飾聖賢置官簡牲擇吉備禮夏四月丙辰詔尚書長孫稚巡撫北藩觀察風俗五月辛巳詔曰朕以寡薄運膺寶圖雖未明求衣惕懼終日而闇昧多闕炎旱爲災在予之愧無忘寢食今刑獄繁多

囹圄尚積宜敷仁惠以濟斯民八座可推鞫見
囚務申枉濫癸未詔曰攘災招應脩政爲本民
乃神主宜率先刺史守令與朕共治天下宜
哀矜勿喜視民如傷況今炎旱歷時万姓彫弊
而不撫恤窮宽理決庶獄可嚴勑州郡善加綏
隱務盡聰明加之祗肅必使事允人神特致靈
應其賦役不便於民者具以狀聞便當蠲罷秋
七月丙子侍中元乂侍中劉騰奉帝幸前殿矯

皇太后詔曰魏有天下弈葉重光高祖孝文皇
帝以英聖馭天徙京定鼎世宗宣武皇帝以睿
明承業廓寧區夏而鴻勳未半早已登遐乃令
車書弗同鯨寇尚熾幼主稚弱夙纂寶曆曾是
宗祏莫克祗奉朕所以敬順羣請臨朝揔政帝
年以長久思退身所以往歲殷勤具陳情旨百
官內外已照此懷而僉爾衆意苦見勤奪僶俛
從事以迄于茲自此春來先疾屢發藥石攝療
莫能善瘳夏首及今數加動劇便不堪且釐万
務巨細兼省帝齒周星紀識學逾躋日就月將

人君道茂足以撫緝万邦諧決百揆朕當率前
志敬遜別宮遠惟復子明辟之義以自綏養寔
望羣公逮于黎庶深鑒斯理如此則上下休嘉
天地清晏魏道熙隆人神慶悅不其善歟乃幽
皇太后於北宮殺太傅領太尉清河王懌揔勤
禁旅決事殿中辛卯帝加元服大赦改年內外
百官進位一等八月甲寅相州刺史中山王熙
舉兵欲誅乂騰不果見殺九月壬辰蠕蠕主阿
那瓌來奔戊戌以太師高陽王雍爲丞相加後

部羽葆鼓吹班劍四十人冬十月乙卯以驃騎
大將軍儀同三司汝南王悅爲太尉公十有一
月己亥詔曰蠕蠕世雄朔方擅制漠裔隣通上
國百有餘載自神鼎南底畀紀于茲虔貢雖違
邊燧靜息馮心象魏潛款彌純今其主阿那瓌
屬離時難邦分親析万里遠馳庇命有道悲同
申伍忠孝足矜方存興滅之師以隆繼絕之舉
宜且優以賓禮期之立功疏爵胙土大啓河岳
可封朔方郡開國公蠕蠕王食邑一千戶錫以

衣冕加以軺車祿恤儀衛同乎戚蕃十有二月
壬子詔曰蠕蠕王阿那瓌遭離寇禍遠來投庇
邦分衆析猶無定主而永懷北風思還綏集啓
訴情切良用愍然夫存亡恤敗自古通典可差
國使及彼前後三介與阿那瓌相隨并勅懷朔
都督簡銳騎二千躬自率護送達境首令觀機
招納若彼候迎宜錫筐篚車馬之屬務使優隆
禮餞而返如不容受任聽還闕其行裝資遣付
尚書量給辛酉以司空京兆王繼爲司徒公

二年春正月南秦州氐反二月庚戌假光祿大
夫邴虬撫軍將軍以討之癸亥車駕幸國子學
講孝經三月庚午帝幸國子學祠孔子以顏淵
配甲午右衛將軍奚康生於禁內將殺元乂不
果爲乂矯害以儀同三司劉騰爲司空公夏四
月庚子司徒京兆王繼進位太保壬寅車騎大
將軍儀同三司崔光爲司徒公蕭衍義州刺史
文僧明率衆內屬五月辛巳南荆州刺史桓叔
興自安昌南叛乙酉烏萇國遣使朝貢閏月丁

巳居密波斯國並遣使朝貢六月己巳高昌國
遣使朝貢癸巳勿吉國遣使朝貢秋七月癸丑
詔曰時澤弗降禾稼形損在予之責夙宵震懼
雖克躬撤降仍無招感有司可脩案舊典祗行
六事囹圄犴淹枉隨速鞫決庶尹廢職量加脩厲
鰥獨困窮在所存恤役賦煩民咸加蠲省賢良
讜直以時升進貪殘邪佞即就屏黜男女怨曠
務令會偶廢華止懲違有彌災沴八月己巳伏
羅國遣使朝貢蠕蠕後主郁久閭俟匿伐來奔

懷朔鎮十有一月乙未朔高昌國遣使朝貢戊
申衛大將軍儀同三司皇甫集薨癸丑侍中車
騎大將軍侯剛加儀同三司十有二月甲戌詔
司徒崔光安豐王延明等議定服章庚辰以東
益南秦氐反詔中軍將軍河間王琛討之失利
三年春正月辛亥帝耕籍田夏四月庚辰以高
車國主覆羅伊匐爲鎮西將軍西海郡開國公
高車王六月己巳詔曰朕以沖昧夙纂寶歷不
能祗奉上靈感延和氣致令炎旱頻歲嘉雨弗

洽百稼燋萎晚種未下將成災年秋稔莫覬在
予之責夏憂懼震懷今可依舊分遣有司馳祈嶽
瀆及諸山川百神能興雲雨者盡其虔肅必令
感降玉帛牲牢隨應薦享上下群官側躬自厲
理寃獄止土功減膳撤懸禁止屠殺秋七月壬
子波斯不漢龜茲諸國遣使朝貢冬十月己巳
吐谷渾國遣使朝貢十有一月乙巳車駕有事
於圜丘丙午詔曰治歷明時前王茂軌考辰正
律弈代通規是以北平革定於漢年楊偉草算

於魏世自皇運肇基典章猶鈌推步晷曜未盡
厥理先朝仍世每所慨然至神龜中始命儒官
改朔疎蹐回度易憲始會璇衡今天正斯始陽
煦將開品物初萌宜變耳目所謂魏雖舊邦其
曆維新者也便可班宣內外號曰正光曆又首
節嘉辰獲展丘禘神人交和理契幽顯思與億
兆共此維新可大赦天下十有二月癸酉以左
光祿大夫皇甫度為儀同三司乙酉以車騎大
將軍尚書右僕射元欽為儀同三司太保京兆

王繼為太傅司徒崔光為太保丁亥以牧守妄
立碑頌輒興寺塔第宅豐侈店肆商販詔中尉
端衡肅厲威風以見事糾劾七品六品祿足代
耕亦不聽錮貼店肆爭利城市
四年春二月壬辰追封故咸陽王禧為敷城王
京兆王愉為臨洮王清河王懌為范陽王以禮
加葬丁丑河間王琛章武王融並以貪汙削爵
除名己卯以蠕蠕主阿那瓌率衆犯塞遣尚書
左丞元孚兼尚書為北道行臺持節諭之蠕蠕

後主俟匿代來朝京師宕昌國遣使朝貢司空
劉騰薨夏四月阿那瓌執元孚驅掠畜牧北遁
甲申詔驃騎大將軍尚書令李崇中軍將軍兼
尚書右僕射元纂率騎十萬討蠕蠕出塞三千
餘里不及而還秋七月辛亥詔曰達尊斯在齒
預一焉崇敬黃耇先代通訓故方叔以元老尅
位充國緣自彊見留雖七十致仕明乎典故然
以德尚壯許其繫維今庶寮之中或年迫懸車
循禮宜退但少收其力老弃其身言念勤舊睠

然未忍或戴白在朝未當外任或停私歷紀甫受考級如此之徒雖滿七十聽其莅民以終常限或新解郡縣或外佐始停已滿七十方求更叙者吏部可依令不奏其有高名俊德老成髦士灼然顯達爲時所知者不拘斯例若才非秀異見在朝官依令合解者可給本官半禄以終其身使辭朝之叟不恨歸於閭巷矣八月己巳詔曰狂蠢肆暴陵竊北垂雖軍威時接賊徒懾遁然獷虐所過多離其禍言念斯弊有軫深懷

可勑北道行臺遣使巡檢遭寇之處飢餒不粒者厚加賑恤務令存濟戊寅詔曰朕以眇闇忝承鴻緒因祖宗之基託王公之上每鑒寐屬慮思康億兆比雨旱愆時星運舛錯政理闕和靈祇表異永尋夕惕載恧于懷宜詔百司各勤厥職諸有鰥寡窮疾寃滯不申者並加釐恤若孝子順孫廉貞義節才學超異獨行高時者具以言上朕將親覽加以旌命癸未追復故范陽王懌爲清河王九月丁酉庫莫奚國遣使朝獻詔

侍中太尉汝南王悅入居門下與丞相高陽王雍參決尚書奏事冬十有一月丙申趙郡王謐薨丁酉太保崔光薨十有二月蕭衍遣將寇邊詔假征南將軍崔延伯討之以太尉汝南王悅爲太保徐州刺史北海王顥坐貪汙削除官爵五年春正月辛丑車駕有事於南郊閏二月癸巳嚈噠國遣使朝貢三月沃野鎮人破落汗拔陵聚衆反殺鎮將號眞王元年詔臨淮王彧爲鎮軍將軍假征北將軍都督北征諸軍事以討

之夏四月高平酋長胡琛反自稱高平王攻鎮以應拔陵別將盧祖遷擊破之琛北遁五月臨淮王彧敗於五原削除官爵壬申詔尚書令李崇爲大都督率廣陽王淵等北討六月秦州城人莫折太提據城反自稱秦王殺刺史李彦詔雍州刺史元志討之南秦州城人孫掩張長命韓祖香據城反殺刺史崔遊以應太提太提遣城人卜朝襲克高平殺鎮將赫連略行臺高元榮太提尋死子念生代立僭稱天子號年天建

置立百官丁酉大赦秋七月甲寅詔吏部尚書
元脩義兼尚書僕射爲西道行臺率諸將西討
戊午復河間王琛臨淮王彧本封都督崔暹失
利于白道大都督李崇率衆還平城坐長史祖
瑩截沒軍資免除官爵丁丑念生遣其都督楊
伯年樊元張朗等攻仇鳩河池二戍東益州刺
史魏子建遣將尹祥黎叔和擊破之斬樊元首
殺賊千餘人是月涼州幢帥于菩提呼延雄執
刺史宋穎據州反念生遣其兄高陽王天生下

隴東寇八月甲午元志大敗於隴東退守岐州
丙申詔曰賞貴宿勞明主恒德恩沾舊績哲后
常範太祖道武皇帝應期撥亂大造區夏世祖
太武皇帝纂戎丕緒光闡王業躬率六師埽清
逋穢諸州鎮城人本充牙爪服勤征旅契闊行
間備嘗勞劇逮顯祖獻文皇帝自北被南淮海
思乂便差割彊族分衞方鎮高祖孝文皇帝遠
遵盤庚將遷嵩洛規遏北疆蕩闢南境選良家
酋腑增戍朔垂戎捍所寄寔惟斯等先帝以其

誠効既亮方加酬錫會宛郢馳烽朐泗告警軍
旗頻動兵連積歲茲恩仍寢用迄于今怨叛之
興頗由於此朕叨承乾曆撫馭宇宙調風布政
思廣惠液宜追述前恩敷茲後施諸州鎮軍貫
元非犯配者悉免爲民鎮改爲州依舊立稱此
等世習干戈率多勁勇今既甄拔應思報効可
三五簡發討彼沙隴當使人齊其力奮擊先驅
妖黨狂醜必可蕩滌衝鋒斬級自依恒賞丁酉
南秀容牧子于乞真反殺太僕卿陸延別將介

朱榮討平之戊戌莫折念生遣都督竇雙攻盤
頭郡東益州刺史魏子建遣將竇念祖討之斬
雙擒斬千餘人九月壬申詔尚書左僕射齊王
蕭寶夤爲西道行臺大都督率征西將軍都督
崔延伯又詔復撫軍將軍北海王顥官爵爲都
督並率諸將西討乙亥帝幸明堂餞寶夤等是
月蕭衍遣將裴邃虞鴻襲據壽春外城刺史長
孫稚擊走之邃退屯黎漿詔河間王琛總衆援
之衍又遣將寇淮陽詔祕書監安樂王鑒率衆

討之吐谷渾主伏連籌率兵討涼州于菩提棄城走追斬之城民趙天安復推宋穎爲刺史冬十月營州城人劉安定就德興據城反執刺史李仲遵城人王惡兒斬安定以降德興東走自號燕王胡琛遣其將宿勤明達寇豳夏北華三州壬午詔都督北海王顥率諸將討之十有一月戊申莫折天生攻陷岐州執都督元志及刺史裴芬之高平人攻殺卜朝共迎胡琛十有二月壬辰詔太傅京兆王繼爲太師大將軍率諸將

討之嚈噠契丹地豆于庫莫奚諸國並遣使朝貢汾州正平平陽山胡叛逆詔復征東將軍章武王融封爵爲大都督率衆討之山南行臺東益州刺史魏子建招降南秦氐民復六郡十二戍又斬賊王韓祖香南秦賊王張長命畏逼乃告降於蕭寶寅是月莫折念生遣兵攻涼州城人趙天安復執刺史以應之

孝昌元年春正月庚申徐州刺史元法僧據城反害行臺高諒自稱宋王號年天啓遣其子景

仲歸於蕭衍衍遣其將胡龍牙成景雋元略等率衆赴彭城詔祕書監安樂王鑒回師以討之鑒於彭城南擊元略大破之盡俘其衆旣而不備爲法僧所敗衍遣其豫章王綜入守彭城法僧擁其僚屬守令兵戍及郭邑士女万餘口南入詔鎮軍將軍臨淮王彧尚書李憲爲都督衛將軍國子祭酒安豐王延明爲東道行臺復儀同三司李崇官爵爲東道大都督俱討徐州崇以疾不行癸亥蕭寶寅崔延伯大破秦賊於黒

水斬獲數万天生退走入隴西涇岐及隴東悉平以太師大將軍京兆王繼爲太尉餘官如故二月以領軍將軍元乂爲驃騎大將軍儀同三司詔追復樂良王長命本爵以其子忠紹之侍中特進衛大將軍穆紹爲儀同三司戊戌大赦壬辰莫折念生遣都督楊鮓梁下辯姜齊等攻仇池郡城行臺東益州刺史魏子建遣將盛遷擊破之斬下辯齊等首壬寅詔曰勸善黜惡經國茂典其令每歲一終郡守列令長刺史列守

相以定考課辯其能否若有濫謬以考功失衷論是月齊州魏郡民房伯和聚衆反會赦乃散三月己巳詔太尉西道都督京兆王繼班師壬申詔曰丞相高陽王道德淵廣明允篤誠儀形太階垂風下國寔所以予違汝弼致治責成宜班新制宣之遐邇其州郡先上司徒公文悉可改上相府施行符告皆亦如之甲戌詔曰選衆而舉其來自昔朕纘承大業綜理万幾求賢致治必焉若渴知人則哲振古所難宜博訪公卿

採茲聲實可令第一品以下五品以上人各薦其所知不限素身居職必使精辯器藝具注所能然後依牒簡擢隨才收叙庶濟濟之美無替往時謇謇之直有申茲歲蕭衍遣其北梁州長史錫休儒司馬魚和上庸太守姜平洛等入寇直城梁州刺史傅豎眼遣息敬紹率衆拒擊大破之擒斬三千餘人休儒等走還魏興是月齊州清河民崔畜殺太守董遵廣川民傅堆執太守劉莽反青州刺史安樂王監討平之是月破

落汗拔陵別帥王也不盧等攻陷懷朔鎮夏四月蕭衍益州刺史蕭淵猷遣將樊文熾蕭世澄等率衆圍小劍戍益州刺史邴虬遣子子達行臺魏子建遣別將淳于誕拒擊之辛卯皇太后復臨朝攝政引羣臣面陳得失詔曰朕以寡昧夙承天歷茫若涉海罔知所濟寔憑宗社降祐之靈庶勉幼志以康世道而神龜之末權臣擅命元乂劉騰陰相影響遂使皇太后幽隔後宮太傅清河王無辜致害相州刺史中山王熙橫

被夷滅右衛將軍奚康生仍見誅翦從此已後無所畏忌恣諸侵求任所與奪無君之心積習稍久不臣之迹緣事彌彰蔽耳目之明專生殺之柄天下爲之不康四郊由茲多壘此而可忍孰不可懷雖屢經赦宥未容致之于法猶宜辨正以謝朝野騰身既往可追削爵位乂之　罪狀誠合徽纆但以宗枝舅戚特加全貸可除　名爲民壬辰征西將軍都督崔延伯大敗於涇川戰歿五月戊辰淳于誕等大破蕭衍軍俘斬万計

擒蕭世澄等十一將文熾僅以身免走成都戊子驃騎大將軍儀同三司李崇薨六月癸未大赦改年詔文武之官從軍二百日文官優一級武官優二級蠕蠕主阿那瓌率衆大破拔陵斬其將孔雀等諸將逼彭城蕭綜夜潛出降蕭衍諸將奔退衆軍追躡免者十一二秋八月癸酉詔斷遠近貢獻珍麗違者免官柔玄鎮人杜洛周率衆反於上谷號年眞王攻沒郡縣南圍燕州戊子莫折念生遣都督杜黑兒杜光等攻仇

池郡行臺魏子建遣將成遷擊破之斬杜光首九月乙卯詔減天下諸調之半丙辰詔左將軍幽州刺史常景爲行臺征虜將軍元譚爲都督以討洛周辛酉詔曰追功表德爲善者勸祖宗功臣勒銘王府而子孫廢替淪於凡民爵位無聞遷流有失潁川名守重泉令宰惠風美政結於民心而猶同常品未蒙褒陟非所謂愛及甘棠彝倫攸叙者也其功臣名將爲先朝所知子孫屈塞不見齒叙牧守令長聲稱卓然者皆仰

有司具以名聞朕將振彼幽滯用闡治風壬戌詔百官五品已上各舉所知辛未曲赦南北兩秦州冬十月蠕蠕國主阿那瓌遣使朝貢是月吐谷渾國復討趙天安降之河州長史元永平治中孟賓等推囐噠使主高徽行州事而前刺史梁釗子景進攻殺之景進又自行州事冬十有一月辛亥詔曰大孝榮親著之昔典故安平耄耋諸子滿朝自今諸有父母年八十以上者皆聽居官祿養溫凊朝夕時四方多事諸蠻復

反十有二月壬午詔曰高祖以大明定功世宗以下武寧亂聲溢朔南化清中宇業盛隆周祚延七百朕幼齡纂曆夙馭鴻基戰戰兢兢若臨淵谷闇於治道政刑未孚權臣擅命亂我朝式致使西秦跋扈朔漠構妖蠢尒荊蠻氛埃不息孔熾甚於涇陽出軍切於細柳而師旅盤桓留滯不進北濟懸危南陽告急將虧荊沔之地以致慼國之憂今茅轂扼腕爪牙歎憤並欲摧挫封豕勦截長蛇使人神兩泰幽明獻吉朕將躬

馭六師掃蕩逋穢其配衣六軍分隸熊虎前驅
後隊左翼右師必令將帥雄果軍吏明濟粮仗
車馬速度時須其有失律亡軍兵戍逃叛盜賊
劫掠伏竄山澤者免其往咎録其後効别立募
格聽其自新廣下州郡令赴軍所今先討荆蠻
疆理南服戈旗東指埽平淮外然後奮七萃於
西戎騰五牛於北狄躬撫亂離之苦面恤饑寒
之患尒乃還蹕嵩宇飲至廟庭沉璧河洛告成
泰岱豈不盛歟百官内外牧守軍宰宜各肅勤

用明尒職山胡劉蠡升反自稱天子置百官寮是
月以臨淮王彧爲征南大將軍率衆討魯陽蠻
二年春正月庚戌封廣平王懷庶長子太常少
卿誨爲范陽王壬子以太保汝南王悦領太尉
是月都督元譚次於軍都爲洛周所敗五原降
戶鮮于脩禮反於定州號魯興元年詔左光禄
大夫長孫稚爲使持節假驃騎將軍大都督北
討諸軍事與都督河間王琛率將討之二月甲
申帝皇太后臨大夏門親覽寃訟是月疊伏羅

國遣使朝貢三月庚子以驃騎大將軍徐州刺
史安豐王延明爲儀同三司追復中山王熙本
爵子叔仁紹之甲寅西部勑勒斛律洛陽反於
桑乾西與河西牧子通連别將尒朱榮擊破之
夏四月大赦天下癸巳以侍中車騎大將軍城
陽王徽爲儀同三司朔州城人鮮于阿胡庫狄
豐樂據城反丁未都督李琚次於薊城之北又
爲洛周所敗琚戰没戊申以驃騎大將軍開府
齊王寶夤爲儀同三司北討都督河間王琛長

孫稚失利奔還詔免琛稚官爵庫莫奚國遣使
朝貢五月丁未車駕將北討内外戒嚴前給事
黄門侍郎元略自蕭衍還朝封義陽王以丞相
高陽王雍爲大司馬吏部尚書廣陽王淵爲驃
騎大將軍儀同三司尋爲大都督率都督章武
王融北討脩禮戊申燕州刺史崔秉率衆棄城
南走中山乙丑以安西將軍光禄大夫宗正珍
孫爲都督討汾州反胡六月己巳曲赦齊州絳
蜀陳雙熾聚衆反自號始建王曲赦平陽建興

正平三郡詔假鎮西將軍都督長孫稚討雙熾
平之丙子義陽王略改封東平王衛大將軍西
道都督元恒芝爲車騎大將軍儀同三司戊寅
詔復京兆王繼本封江陽王戊子詔曰自運屬
艱棘歷載於茲烽驛交馳旌鼓不息祖宗盛業
危若綴旒社稷鴻基殆將淪墜朕威德不能遐
被經略無以及遠俾令蒼生罹此塗炭何以苟
安黃屋無愧黔黎今便避居正殿蔬餐素服當
親自招募收集忠勇其有直言正諫之士敢決

徇義之夫二十五日悉集華林東門人別引見
共論得失班告內外咸使聞知乙未以衛將軍
東平王略爲左光祿大夫儀同三司秋七月丙
午杜洛周遣其別帥曹紇真寇掠幽州行臺常
景遣都督于榮邀于粟園大破之斬紇真獲三
十餘級牛驢二萬餘頭戊申恒州陷行臺元纂
奔冀州甲子蕭衍將元樹湛僧珍等寇壽春八
月丙子進封廣川縣開國公元邵爲常山王以
驃騎大將軍東道行臺臨淮王彧爲儀同三司

戊寅帝幸南石窟寺即日還宮戊子進散騎常
侍御史中尉武城縣開國公諱爲長樂王都督
伊瓮生討已失利戰歿癸巳賊帥元洪業斬鮮
于脩禮請降爲賊黨葛榮所殺都督介朱榮於
肆州執刺史尉慶賓令其從叔羽生統州事九
月辛亥葛榮敗都督廣陽王淵章武王融於博
野白牛邏融歿於陣榮自稱天子號曰齊國年
稱廣安甲申常景又破洛周斬其武川王賀拔
文興別帥侯莫陳升生擒男女四百口牛驢五

千餘頭就德興攻陷平州殺刺史王買奴是月
莫折天生請降蕭寶夤使行臺左丞崔士和入
據秦州天生復叛送士和於胡琛殺之冬十有
一月戊戌杜洛周攻陷幽州執刺史王延年及
行臺常景丙午税京師田租畝五升借賃公田
者畝一升閏月税市人出入者各一錢店舍爲
五等齊州平原民劉樹劉蒼生聚衆反州軍破
走之劉樹奔蕭衍衍將原樹逼壽春揚州刺史
李憲力屈以城降之初留州郡縣及長史司馬

戍主副質子於京師衍又遣將攻逼新野詔都督魏承祖討之詔曰頃舊京淪覆中原喪亂宗室子女屬籍在七廟之内爲雜戶濫門所拘辱者悉聽離絶

三年春正月甲戌以司空公皇甫度爲司徒儀同三司蕭寶夤爲司空車騎將軍北海王顥爲車騎大將軍儀同三司徐州民任道棱聚衆反襲據蕭城以叛州軍討平之辛巳葛榮陷殷州刺史崔楷固節死之遂東圍冀州甲申詔峻鑄

錢之制蕭寶夤元恒芝大敗于涇州大隴都督南平王仲冏小隴都督高聿並相尋退散東秦州刺史潘義淵以汧城降賊高平虜賊逼岐州城人執刺史魏蘭根以城應之豳州刺史畢祖暉行臺辛深並奔退祖暉於陣歿北海王顥尋亦敗走賊帥胡引祖據北華州以應之賊帥北干騏驎入據豳州曲赦關西及正平平陽建興戊子以司徒皇甫度爲太尉己丑以四方未平詔内外戒嚴將親出討辛卯蕭衍將湛僧珍圍

東豫州詔散騎常侍元暐爲都督以討之是月衍又遣將彭羣王辯等率衆數万逼琅邪詔青州南青二州討之二月丁酉詔曰關隴遭罹寇難燕趙賊逆憑陵蒼生波流耕農靡業加諸轉運勞役已甚州倉儲實無宜懸匱自非開輸賞之格何以息漕運之煩凡有能輸粟入瀛定岐雍四州者官斗二百斛賞一階入二華州者五百石賞一階不限多少粟畢授官虜賊據潼關丁未追復故東平王匡爵改封濟南王庚申東

郡民趙顯德反殺太守裴烟自號都督立其兄子爲太守詔都督李叔仁討之是月蕭衍將成景儁寇彭城詔員外常侍崔孝芬爲行臺率將擊走之三月甲子詔將西討中外戒嚴虜賊走復潼關戊辰詔將回駕北討詔金紫光祿大夫源子邕爲大都督討葛榮辛未齊州廣川民劉鈞執清河太守邵懷聚衆反自署大行臺清河民房須自署大都督屯據昌國城夏四月別將元斌之討東郡斬顯德己酉蠕蠕國遣使朝貢

六月蠕蠕國遣使朝貢是月詔都督李叔仁討
劉鈞平之秋七月陳郡民劉獲鄭辯反於西華
號年天授州軍討平之相州刺史安樂王鑒據
州反己丑大赦天下是月青州刺史彭城王劭
南青州刺史胡平遣將斬蕭衍將彭羣首俘獲
二千餘人八月都督源子邕李軌裴衍攻鄴丁
未斬鑒相州平仍令子邕等討葛榮九月辛卯
東豫州刺史元慶和以城南叛戊子蠕蠕國遣
使朝貢秦州城民杜粲殺莫折念生自行州事

南秦州城民辛琛自行州事遣使歸罪冬十月
戊申曲赦恒農已西河北正平平陽邵郡及關
西諸州辛亥以衛將軍討虜大都督尒朱榮為
車騎將軍儀同三司甲寅雍州刺史蕭寶夤據
州反自號曰齊年稱隆緒詔尚書右僕射長孫
稚討之十有一月己丑葛榮攻陷冀州執刺史
元孚逐出居民凍死者十六七十有二月戊申
都督源子邕裴衍與葛榮戰敗於陽平東北漳
水曲並戰歿是月杜粲為駱超所殺超遣使歸

罪
武泰元年春正月癸亥以北海王顥為驃騎大
將軍開府儀同三司相州刺史乙丑定州為杜
洛周所陷執刺史楊津瀛州刺史元寧以城降
於洛周皇女生祕言皇子丙寅大赦改元丙子
長孫稚平潼關丁丑雍州城人侯終德相率攻
寶夤寶夤攜南陽公主及子與百餘騎渡渭而
走雍州平二月以長孫稚為車騎大將軍開府
儀同三司雍州刺史兼尚書僕射西道行臺群

盜燒劫鞏縣以西關口以東公路澗以南詔武
衛將軍李神軌為都督討平之癸丑帝崩於顯
陽殿時年十九甲寅皇子即位大赦天下皇太
后詔曰皇家握曆受圖年將二百祖宗累聖社
稷載安高祖以文思先天世宗以下武經世股
肱惟良元首穆穆及大行在御重以寬仁奉養
率由溫明恭順朕以寡昧親臨万國識謝塗山
德慚文母屬妖逆遞興四郊多故實望穹靈降
祐麟趾衆繁自潘充華有孕椒宮冀誕儲兩而

能羆熊無兆維陋遂彰于時直以國步未康假稱
統胤欲以底定物情係仰宸極何圖一旦弓劒
莫追國道中微大行絕祀皇曾孫故臨洮王寶
暉世子釗體自高祖天表卓異大行平日養愛
特深義齊若子事符當璧及翊日弗悆大漸彌
留乃延入青蒲受命玉几暨陳衣在庭登策靡
及允膺大寶即日踐阼朕是用惶懼忸怩心焉
靡泊今喪君有君宗祐惟固宜崇賞卿士爰及
百辟凡厥在位並加陟叙內外百官文武督將

征人遭艱解府普加軍功二階其禁衛武官直
閤以下直從以上及主帥可軍功三階其亡官
失爵聽復封位謀反大逆削除者不在斯限清
議禁錮亦悉蠲除若二品以上不能自受者任
授兒弟可班宣遠邇咸使知之乙卯幼主即位
儀同三司大都督尒朱榮抗表請入奔赴勤兵
而南是月杜洛周爲葛榮所并三月癸未葛榮
攻陷滄州執刺史薛慶之居民死者十八九甲
申上尊謚曰孝明皇帝乙酉葬於定陵廟號肅
宗夏四月戊戌尒朱榮濟河庚子皇太后幼主
崩

史臣曰魏自宣武已後政綱不張肅宗沖齡統
業靈后婦人專制委用非人賞罰乖舛於是釁
起四方禍延畿甸卒於享國不長抑亦淪胥之
始也嗚呼

肅宗紀第九　　魏書九

孝莊紀第十

孝莊皇帝諱子攸彭城王勰之第三子母曰李妃肅宗初以勰有魯陽翼衞之勳封武城縣開國公幼侍肅宗書於禁內及長風神秀慧姿皃甚美拜中書侍郎城門校尉兼給事黃門侍郎雅爲肅宗所親待長直禁中遷散騎常侍御史中尉孝昌二年八月進封長樂王轉侍中中軍將軍三年十月以兄彭城王劭事轉爲衞將軍左光祿大夫中書監實見出也及武泰元年春

二月肅宗崩大都督尒朱榮將向京師謀欲廢立以帝家有忠勳且兼民望陰與帝通榮乃率衆來赴夏四月丙申帝與兄弟夜北渡河丁酉會榮於河陽戊戌南濟河即帝位以兄彭城王劭爲無上王弟霸城公子正爲始平王以榮爲使持節侍中都督中外諸軍事大將軍尚書令領軍將軍領左右封太原王已亥百寮相率有司奉璽紱備法駕奉迎於河梁庚子車駕巡河西至陶渚榮以兵權在已遂有異志乃害靈太

后及幼主次害無上王劭始平王子正又害丞相高陽王雍司空公元欽儀同三司元恒芝儀同三司東平王略廣平王悌常山王邵北平王超任城王彝趙郡王毓中山王叔仁齊郡王溫公卿已下二千餘人列騎衞帝遷於便幕既而榮悔稽顙謝罪語在榮傳辛丑車駕入宮御太極殿詔曰太祖誕命應期龍飛燕代累世重光載隆帝緒冀欲闡茲洪業永在無窮豈圖多難遘茲百六致使妖悖四起內外競侵朝無恤政

之臣野多怨酷之士寔由女主專朝致茲顛覆孝明皇帝大情沖順深存隱忍奄棄萬國衆用疑焉苟求胡出入守神器凡厥有心莫不解體太原王榮世抱忠孝功格古今赴義晉陽大會河洛乃推翼朕躬應茲大命德謝少康道愧前緒猥以眇身君臨萬國如涉淵海罔知所濟可大赦天下改武泰爲建義元年從太原王督將軍士普加五階在京文官兩階武官三級復天下租役三年壬寅太原王尒朱榮上表請追謚

無上王爲皇帝餘死於河陰者諸王刺史贈三
司三品者令僕五品者刺史七品以下及民郡
鎮諸死者子孫聽立後授封爵詔從之癸卯以
前太尉公江陽王繼爲太師司州牧驃騎大將
軍開府儀同三司相州刺史北海王顥爲太傅
開府仍刺史平東將軍光祿大夫清淵縣開國
侯李延寔爲太保進封陽平王尋轉太傅安南
將軍幷州刺史元天穆爲太尉公封上黨王侍
中車騎大將軍儀同三司楊椿爲司徒公車騎

大將軍儀同三司頓丘郡開國公穆紹爲司空
公領尚書令進爵爲王使侍節車騎大將軍雍
州刺史上黨公長孫稚爲驃騎大將軍開府儀
同三司進爵爲王尋改封馮翊王中軍將軍殿
中尚書元諶爲儀同三司尚書左僕射封魏郡
王中軍將軍給事黃門侍郎元瑱爲東海王金
紫光祿大夫廣陵王恭爲儀同三司甲辰追復
故廣陽王淵故樂安王鑒爵通直散騎常侍敷
城王坦爲咸陽王諫議大夫元貴平爲東萊王

直閤將軍元肅爲魯郡王秘書郎中元曄爲長
廣王馮翊郡開國公源紹景復先爵隴西王扶
風郡開國公馮冏東郡公陸子彰北平公長孫
悅並復其先王爵以北平王超還復爲安定王
丁未詔內外解嚴庚戌封大將軍尒朱榮次子
义羅爲梁郡王詔蠕蠕主阿那瓌贊拜不名上
書不稱臣是月汝南王悅北海王顥臨淮王彧
前後奔蕭衍郢州刺史元願達據城南叛五月
丁巳朔加大將軍尒朱榮北道大行臺以尚書

右僕射元羅爲東道大使征東將軍光祿勳元
欣副之巡方黜陟先行後聞辛酉大將軍尒朱
榮還晉陽帝餞於邙陰丙寅詔曰自孝昌之季
法令昏泯懷忠守素擁隔莫申深怨宿憾控告
靡所其有事在通途橫被疑異名例無爽枉見
排抑或選舉不平或賦役煩苛諸如此者不可
具說其有訴人經公車注不合者悉集華林東
門朕當親理寃獄以申積滯己巳齊州郡民賈
皓聚衆反夜襲州城會明退走乙亥晉州刺史

樊子鵠克唐州斬刺史崔元珍行臺酈惲傳首京師壬午詔求德行文藝政事強直者縣令太守刺史皆敍其志業具以表聞得三人以上縣令太守刺史賞一階舉非其人亦黜一階又以舊敍軍勳不過征虜自今以後宜依前式以上餘階積而爲品其從輿駕北來之徒不在此例悉不聽破品受階破階請帛先是蕭衍遣其將曹義宗寇荆州癸未以中軍將軍吏部尚書費穆爲使持節都督南征諸軍事節度荆州刺史王羆以討之六月丁亥朔追封兄眞定縣開國公子眞爲陳留王庚寅以鎮軍將軍金紫光祿大夫李虔爲車騎大將軍儀同三司特進辛卯南荆州刺史李志據城南叛通直散騎常侍高乾邕及弟等率合流民起兵於齊州之平原頻破州軍詔東道大使元欣喻旨乃降是月葛榮飢使其僕射任褒率車三萬餘乘南寇至沁水癸卯以高昌王世子光爲平西將軍瓜州刺史襲爵泰臨縣開國伯高昌王太尉公上黨王天

穆爲大都督東北道諸軍事率都督宗正珍孫奚毅賀拔勝尒朱陽都等討任褒帝以寇難未夷避正殿責躬撤膳又班募格收集忠勇其有直言正諫之士敢決徇義之夫陳國家利害之謀赴君親危難之節者集華林園面論事幽州平北府主簿河間邢杲率河北流民十餘萬戶反於青州之北海自署漢王號年天統戊申以征東將軍金紫光祿大夫李叔仁爲車騎大將軍儀同三司率衆討之詔直寢紀業持節募新免牧戶有投名効力者授九品官己酉詔諸有私馬仗從戎者職人優兩大階亦授實官白民出身外優兩階亦授實官若武藝超倫者雖無私馬亦依前條雖不超倫但射槊翹關一藝而膽略有施者依第出身外特優一大階授實官若無姓第者從八品出身階依前加特授實官辛亥詔曰朕當親御六戎埽靜燕代大將軍太原王尒朱榮率精甲十萬爲左軍上黨王天穆摠衆八萬爲前軍司徒公楊椿勒兵十萬爲右

軍司空公穆紹統卒八萬人爲後軍是月葛榮衆退屯相州之北秋七月丁巳詔從四品以上從征者不得優階正四品者優一階軍級從三品以上從征四品者優一大階正五品以下還依前格若有征階十餘計入四品三品限授五階巳未詔前試守　郡太守唐宣爲持節都督於東郡召募僑　民二千人渡河隨便爲柵準望臺軍是月齊獻武王於鄴西北慰喻葛榮別帥稱王者七人衆萬餘降之乙丑加大將軍

尒朱榮柱國大將軍錄尚書事辛巳尚書奏斷百官公給衣冠劒佩綬舄壬子光州人劉舉聚衆數千反於濮陽自稱皇武大將軍是月高平鎭人万俟醜奴僭稱大位署置百官是月臨淮王彧自江南還朝八月太山太守羊侃據郡引蕭衍將軍王僧辯攻兗州甲辰詔大都督宗正珍孫率南廣州刺史都督鄭先護討劉舉於濮陽破平之以侍中驃騎大將軍臨淮王彧爲儀同三司是月葛榮率衆圍相州九月乙丑詔太

尉公上黨王天穆討葛榮次於朝歌之南己巳以征東將軍齊州刺史元欣爲沛郡王壬申柱國大將軍尒朱榮率騎七萬討葛榮於滏口破擒之餘衆悉降冀定滄瀛殷五州平乙亥以平葛榮大赦天下改爲永安元年辛巳以柱國大將軍太原王尒朱榮爲大丞相都督河北畿外諸軍事以榮子平昌郡開國公文殊昌樂郡公文暢並進爵爲王以司徒公楊椿爲太保城陽王徽爲司徒冬十月丁亥尒朱榮檻送葛榮於

京師帝臨閶闔門榮稽顙謝罪斬於都市丙申以撫軍將軍太常卿太原王世子菩提爲使持節驃騎大將軍開府儀同三司丁酉以冀州之長樂相州之南趙定州之博陵滄州之浮陽平州之遼西燕州之上谷幽州之漁陽七郡各萬戶增封太原王尒朱榮爲太原國戊戌又加榮太師庚戌以侍中鎭南將軍太原郡開國公于暉兼尚書左僕射爲行臺與齊獻武王討羊侃壬子太師江陽王繼薨癸丑以膠東縣開國侯

李侃希復其祖爵南郡王是月車騎大將軍儀同三司李叔仁討邢杲於濰水失利而還大都督費穆大破蕭衍軍擒其將曹義宗檻送京師蕭衍以北海王顥爲魏主號年孝基入據南兖之銍城十有一月戊午以無上王世子韶爲彭城王陳留王子寬爲陳留王寬弟剛爲浮陽王剛弟質爲林慮王癸亥齊獻武王行臺于暉與徐兖行臺崔孝芬大都督刁宣大破羊侃於瑕丘侃奔蕭衍兖州平戊寅以上黨王天穆爲大將軍開府世襲并州刺史封前將軍太中大夫元凝爲東安王十有二月庚子詔行臺于暉回師討邢杲次於歷下是歲葛榮餘黨韓樓復據幽州反

二年春正月甲寅于暉所部都督彭樂率二千餘騎北走於韓樓乃班師二月癸未朔詔諸禁衛之官從戎有功及傷夷者赴選先叙甲午尊皇考爲文穆皇帝廟號肅祖皇妣爲文穆皇后燕州民王慶祖聚衆於上黨自稱爲王柱國大將軍尒朱榮討擒之壬寅詔散騎常侍濟陰王暉業兼行臺尚書督都督李德龍丘大千鎮梁國三月壬戌詔大將軍上黨王天穆與齊獻武王討邢杲夏四月癸未遷肅祖文穆皇帝及文穆皇后神主于太廟內外百寮普汎加一級曲赦畿內死罪至流人減一等徒刑以下悉免庚子詔太原王尒朱榮下將士並汎加二級辛丑上黨王天穆齊獻武王大破邢杲於濟州之濟南杲降送京師斬於都市元顥攻陷考城執行臺元暉業都督丘大千五月壬寅朔元顥克梁國丁巳以撫軍將軍前徐州刺史楊昱爲使持節鎮東將軍東南道大都督率衆鎮滎陽尚書僕射尒朱世隆鎮虎牢侍中尒朱世承鎮崿岅辛酉詔私馬仗從戎優階授官壬戌又詔募士一依征葛榮甲子又詔職人及民出馬優階各有差乙丑內外戒嚴癸酉元顥陷滎陽執楊昱尒朱世隆棄虎牢遁還甲戌車駕北巡乙亥幸河內丙子元顥入洛丁丑進封城陽縣開國公

元祉爲平原王安昌縣開國侯元鷙爲華山王並加儀同三司戊寅行臺崔孝芬大都督刁宣破元顥後軍都督侯暄於梁國斬之擒其卒三千人以侍中車騎將軍尚書右僕射尒朱世隆爲使持節行臺僕射本將軍相州刺史鎮鄴城以便宜從事又詔上黨百年以下九十以上板三品郡八十以上四品郡七十以上五品郡太原王尒朱榮會車駕於長子即日反旆上黨王天穆北渡會車駕於河內六月己丑儀同三司

費穆爲顥所害壬寅克河內斬太守元襲都督宗正珍孫秋七月戊辰都督尒朱兆賀拔勝從硤石夜濟破顥子冠受及安豐王延明軍元顥敗走庚午車駕入居華林園昇大夏門大赦天下以使持節車騎將軍都督潁川郡開國公尒朱兆爲車騎大將軍儀同三司詔以前朝勳書多竊冒宜一切焚棄之若立效灼然爲時所知者別加科賞蕃客及邊會翻城降有勳未叙者不在焚斷之限北來軍士及隨駕文武諸立義加汎五

級河北執事之官二級河南立義及迎駕之官并中途扈從亦二級壬申以柱國大將軍太原王尒朱榮爲天柱大將軍加前後部羽葆鼓吹癸酉臨潁縣卒江豐斬元顥傳首京師甲戌以大將軍上黨王天穆爲太宰司徒公城陽王徽爲大司馬太尉公乙亥宴勞天柱大將軍尒朱榮上黨王天穆及北來督將於都亭出宮人三百繒錦雜綵數萬匹班賜有差又諸州郡遣使奉表行宮者並加一大階丁丑獲元顥弟　斬

於都市詔受元顥爵賞階級悉追奪之己卯以鎮東將軍南青州刺史元旭爲襄城王平南將軍南兗州刺史元暹爲汝陽王閏月辛巳帝始居宮內辛卯以車騎將軍兼吏部尚書楊津爲司空巴州刺史嚴始欣據州南叛蕭衍遣其將蕭玩張鴻江茂達等率衆赴援八月庚戌朔詔諸有公私債負一錢以上巨萬以還悉皆禁斷不得徵責己未以侍中大傅李延寔爲司徒公丁卯封瓜州刺史元太榮爲東陽王甲戌侍中

太保楊椿致仕乙亥詔車騎將軍右光祿大夫奚毅板授天柱大將軍尒朱榮太宰天穆下勳及祖父叔伯耆年者牧守有差九月大都督侯淵討韓樓於薊破斬之幽州平万俟醜奴攻東秦城陷之殺刺史高子朗冬十月丁丑以前司空公丹陽王蕭贊爲司徒公十有一月己卯就德興自營州遣使請降丁亥詔羣官休停在外者皆令赴闕程會有差丙午以大司馬太尉公城陽王徽爲太保司徒公丹陽王蕭贊爲太尉

公開府儀同三司雍州刺史長孫稚爲司徒公十有二月辛亥蕭衍兗州刺史張景邕荆州刺史李靈起雄信將軍蕭進明來降

三年春正月己丑益州刺史長孫壽梁州刺史元儁等遣將與征巴州都督元景夏討嚴始欣斬之蕭衍都督蕭玩何難尉陳愁敗走斬玩首俘獲万餘人辛丑東徐州城民吕文欣王赦等殺刺史元大賓據城反以撫軍將軍都官尚書樊子鵠兼右僕射爲行臺督征南將軍都督賈

顯智征東將軍徐州刺史嚴思達以討之二月甲寅克之東徐平三月醜奴大行臺尉遲菩薩寇岐州大都督賀拔岳可朱渾道元大破之夏四月丁巳以侍中太尉公丹陽王蕭贊爲使持節都督齊濟兗三州諸軍事驃騎大將軍開府儀同三司齊州刺史丁卯雍州刺史尒朱天光討醜奴蕭寶夤於安定破擒之囚送京師甲戌以關中平大赦天下醜奴斬於都市寶夤賜死於駝牛署六月戊午詔胡民親屬受爵於朝者

黜附編民嚈達國獻師子一是月白馬龍涸胡王慶雲僭稱大位於永洛城署置百官秋七月丙子天光平永洛城擒慶雲坑其城民一万七千癸巳蕭衍民革虬卜湯世率保聚內附庚子車騎大將軍儀同三司李叔仁坐事除名爲民九月辛卯天柱大將軍尒朱榮上黨王天穆自晉陽來朝戊戌帝殺榮天穆於明光殿及榮子儀同三司菩提乃昇閶闔門詔曰蓋天道忌盈人倫嫉惡疎而不漏刑之無捨是以吕霍之門

禍譴所伏梁董之家咎徵斯在頃孝昌之末天步孔艱女主亂政監國無主尒朱榮爰自晉陽同憂王室義旗之建大會盟津與世樂推共成鴻業論其始圖非無勞效但致遠恐泥終之實難曾未崇朝豺聲已露河陰之役安忍無親王公卿士一朝塗地宗戚靡遺內外俱盡假弄天威殆危神器時事倉卒未遑問罪尋以葛賊橫行馬首南向捨過責成用平醜虜及元顥問鼎大駕北巡復致勤王展力行所以此論功且可

補過既位極宰衡地踰齊魯容養之至豈復是過但心如猛火山林無以供其暴意等漏卮江河無以充其溢既見金革稍寧方隅漸泰不推天功專爲己力與奪任情臧否肆意無君之跡日月以甚拔髮數罪蓋不足稱斬竹書愆豈云能盡方復託名朝宗陰圖釁逆睥睨天居窺覦聖曆乃有裂冠毀冕之心將爲拔本塞源之事天既厭亂人亦悔禍同惡之臣密來投告將而必誅罪無容捨又元天穆宗室末屬名望素微

遭逢際會頗參義舉不能竭其忠誠以奉家國乃復棄本逐末背同即異爲之謀主成彼禍心是而可忍孰不可恕並以伏辜自貽伊戚元惡既除人神慶泰便可大赦天下遣武衛將軍奚毅前燕州刺史崔淵率兵鎮北中是夜僕射尒朱世隆榮妻鄉郡長公主率榮部曲焚西陽門出屯河陰己亥攻河橋擒毅等於途害之據北中城南逼京邑詔以驃騎大將軍雍州刺史廣宗郡開國公尒朱天光爲侍中儀同三司以侍

中司空公楊津爲使持節督幷肆燕恒雲朔顯汾蔚九州諸軍事驃騎大將軍幷州刺史兼尚書令北道大行臺經略幷肆庚子詔諸舊代人赴華林園帝將親簡叙以撫軍將軍金紫光祿大夫高乾邕爲侍中河北大使招集驍勇冬十月癸卯朔封安南將軍大鴻臚卿元寶炬爲南陽王大宗正卿汝陽縣開國公元脩爲平陽王通直散騎常侍龍驤將軍新陽縣開國伯元誕爲昌樂王復通直散騎常侍琅邪縣開國公李

叔仁官爵仍爲使持節大都督以討世隆以魏郡王諶徙封趙郡王諶弟子趙郡王亶改封平昌王儀同三司李虔薨丁未班募攻河橋格賞帛授官各有差戊申皇子生大赦天下文武百寮汎二級以平南將軍中書令魏蘭根兼尚書左僕射爲河北行臺定相殷三州稟蘭根節度乙卯通直散騎常侍假平西將軍都督李苗以火船焚河橋尒朱世隆退走丙辰詔大都督兼尚書僕射行臺源子恭率步騎一万出自西道

行臺楊昱領都督李侃希等部募勇士八千往從東路防討之子恭仍鎮太行丹谷世隆至建州刺史陸希質拒守城陷盡屠之唯希質獲免以中軍將軍前東荆州刺史元顯恭爲使持節都督晉建南汾三州諸軍事鎮西將軍晉州刺史兼尚書左僕射爲征西道行臺節度都督薛善樂薛修義裴元儁薛崇禮薛憘族等丁卯詔以世隆北叛河內固守其在城督將文武普加二級兵士給復三年壬申尒朱世隆停建興之

高都尒朱兆自晉陽來會之共推太原太守行并州刺史長廣王曄爲主大赦所部號年建明普汎四級徐州刺史尒朱仲遠反率衆向京師十有一月癸酉朔詔車騎將軍左衛將軍鄭先護爲使持節大將軍大都督與都督李侃希赴行臺楊昱以討之乙亥以使持節兼尚書令西道大行臺司徒公長孫稚爲太尉公侍中尚書令驃騎大將軍開府儀同三司臨淮王彧爲司徒公丙子以驃騎大將軍儀同三司雍州刺史

廣宗郡開國公尒朱天光開府進爵爲王丁丑尒朱仲遠陷西兗州執刺史王衍癸未以右衛將軍賀拔勝爲東征都督壬辰又以左衛將軍大都督鄭先護兼尚書左僕射爲行臺與勝並討仲遠戊戌詔罷魏蘭根行臺以後將軍定州刺史薛曇尚爲使持節兼尚書爲北道行臺隨機召發行豫州刺史元崇禮殺後行州事陰導和擅攝豫州庚子賀拔勝與仲遠戰於滑臺東失利仍奔之十有二月壬寅朔尒朱兆寇丹谷

都督崔伯鳳戰歿都督羊文義史五龍降兆大都督源子恭奔退甲辰尒朱兆尒朱度律自富平津上率騎涉渡以襲京城事出倉卒禁衞不守帝出雲龍門兆逼帝幸永寧佛寺殺皇子并殺司徒公臨淮王彧左僕射范陽王誨戊申元曄大赦天下尒朱度律自鎮京師甲寅尒朱兆遷帝於晉陽甲子崩於城內三級佛寺時年二十四并害陳留王寬是月河西人紇豆陵步蕃破落韓常大敗尒朱兆於秀容齊州城人趙洛

周據西城反應尒朱兆刺史丹陽王蕭贊棄城走南陽太守趙脩延執荊州刺史李琰之自行州事中興二年謚為武懷皇帝太昌元年又謚孝莊皇帝廟號敬宗十一月葬於靜陵

史臣曰魏自孝昌之末天下淆然外侮內亂神器固將無主莊帝潛思變化招納勤王雖時事孔棘而卒有四海猾逆既翦權強擅命抑是兆謀運智之秋勞謙夕惕之日也未聞長轡之策遠深負刺之恐謀謨罕術授任乖方猜嫌行戮禍不旋踵嗚呼胡醜之爲釁也豈周襄晉末而已哉至於高祖不祀武宣享廟三后降鑒福祿固不永矣

孝莊紀第十　　魏書十

廢出三帝紀第十一　　魏書十一

前廢帝廣陵王

後廢帝安定王

出帝平陽王

前廢帝諱恭字脩業廣陵惠王羽之子也母曰王氏少端謹有志度長而好學事祖母嫡母以孝聞正始中襲爵延昌中拜通直散騎常侍神龜中進兼散騎常侍正光二年正常侍領給事黃門侍郎帝以元乂擅權遂稱疾不起久之因託瘖病五年執除金紫光祿大夫加散騎常侍建義元年除儀同三司王既絕言垂將一紀居於龍花寺無所交通永安末有白莊帝者言王不語將有異圖民間遊聲又云有天子之氣王懼禍逃匿上洛尋見追躡執送京師拘禁多日以無狀獲免及莊帝崩尒朱世隆等以元曄疎遠又非人望所推以王潛嘿晦身有過人之量將謀廢立恐實不語乃令王所親申其意且兼迫脅王遂荅曰天何言哉世隆等大悅春二月

己巳曄進至邙南世隆等奉王東郭之外行禪讓之禮羣臣上表曰否泰沿時殷憂啓聖故六飛在御三石興符伏惟陛下運屬千齡智周万物獨昭繫象妙極天人寶曆有歸光宅攸屬而將安獨善不務兼濟靈命徘徊幽明載佇伏願時順謳謠念茲宗祐用捨勞疾允荅人神王荅曰自量眇身是以讓執然王公勤至不可拒違今敬承所陳惟愧弗堪負荷耳太尉公尒朱度律奉進璽綬衮冕之服乃就輅車百官侍衛入自建春雲龍門昇太極前殿羣臣拜賀禮畢登閶闔門詔曰朕以寡薄撫臨万邦思與億兆同茲慶泰可大赦天下以魏為大魏改建明二年為普泰元年其稅市及稅鹽之官可悉廢之百雜之戶貸賜民名官任仍舊天下調絹四百一匹內外文武普汎四階合敘未定第者亦沾級除名免官者特復本資品封依舊潁川王尒朱兆彭城王尒朱仲遠隴西王尒朱天光樂平王尒朱世隆常山王尒朱度律車騎大將軍儀

同三司齊獻武王都督斛斯椿下軍士普汎六
級庚午詔曰朕以眇身臨王公之上夕惕祗懷
若履冰谷賴七廟之靈百辟忠誠之舉庶免隆
殞夫三皇稱皇五帝云帝三代稱王迭沖挹也
自秦之末競爲皇帝忘負乘之深殃垂貪鄙於
万葉予今稱帝已爲褒矣可普告令知是月鎮
遠將軍清河崔祖螭聚青州七郡之衆十餘万
人圍東陽幽州刺史劉靈助起兵於薊撫軍將
軍金紫光祿大夫兼侍中河北大使高乾邕及

弟平北將軍通直散騎常侍敖曹率衆夜襲冀
州執刺史元嶷殺監軍孫白鷂共推前河內太
守封隆之行州事三月癸酉封長廣王曄爲東
海王詔太師驃騎大將軍青州刺史魯郡王肅
還爲太師特進車騎大將軍沛郡王欣爲太傅
司州牧改封淮陽王驃騎大將軍開府儀同三
司徐州刺史彭城王尒朱仲遠驃騎大將軍儀
同三司雍州刺史隴西王尒朱天光並爲大將
軍柱國大將軍并州刺史潁川王尒朱兆爲天

柱大將軍驃騎大將軍儀同三司左衛將軍大
都督晉州刺史平陽郡開國公齊獻武王封渤
海王增邑五百戶特進車騎大將軍清河王亶
爲儀同三司侍中太傅驃騎大將軍開府儀同
三司尚書令樂平王尒朱世隆爲太保開府前
司徒公長孫稚爲太尉公錄尚書事侍中驃騎
大將軍開府儀同三司趙郡王諶爲司空公稚
固辭尋除驃騎大將軍開府儀同三司丙子帝
引見尚書右僕射元羅及皇宗於顯陽殿勞勉

之丁丑加驃騎大將軍北華州刺史公孫略儀
同三司己卯詔右衛將軍賀拔勝弁尚書一人
募伎作及雜戶從征者正入出身皆授實官私
馬者優一大階庚辰以侍中衛將軍咸陽王坦
衛將軍尚書左僕射南陽王寶炬侍中征東將
軍平陽王脩並儀同三司乙酉詔簡北來及在
京二官員外剩冗者己丑以持節驃騎將軍涇
州刺史賀拔岳爲儀同三司岐州刺史使持節
車騎大將軍渭州刺史侯莫陳悅爲儀同三司

秦州刺史庚寅詔天下有德孝仁賢忠義志信者可以禮召赴闕不應召者以不敬論丙申劉靈助率衆次於安國城定州刺史侯淵破斬之傳首京師戊戌以使持節侍中車騎大將軍斛斯椿侍中衛將軍元受並特進儀同三司詔曰頃官方失序仍令沙汰定員簡剩已有判決退下之徒微亦可愍諸在簡下可特優一級皆授將軍預參選限隨能補用是春冠軍將軍南青州刺史茹懷朗使其部將何寶率步騎三千擊

蕭衍守將於琅邪擒其尚書左僕射儀同三司雲麾將軍徐兗二州刺史劉相如夏四月癸卯幸華林都亭燕射班錫有差太樂奏伎有倡優爲愚癡者帝以非雅戲詔罷之壬子有事於太廟癸丑詔以齊獻武王爲使持節侍中都督冀州諸軍事驃騎大將軍開府儀同三司大都督東道大行臺冀州刺史驃騎大將軍安定王尒朱智虎爲開府儀同三司肆州刺史乙卯以右衛將軍賀拔勝武衛將軍大野拔並爲儀同三

司己未帝於顯陽殿簡試通直散騎常侍散騎侍郎通直郎剩員非才他轉之癸亥隴西王尒朱天光大破宿勤明達擒送京師斬之丙寅以侍中驃騎大將軍尒朱彥伯爲司徒公詔有司不得復租僞梁罷細作之條無禁鄰國往還詔員外諫議大夫步兵校尉奉車都尉羽林監給事中積射將軍奉朝請殿中將軍宮門僕射殿中司馬督治禮郎十一官得俸而不給力老合外選者依常格其未老欲外選者聽解其七品

以上朔望入朝若正員有闕隨才進補前員外簡退優階者追之稱事簡下者仍優一級先是南陽太守趙脩延執刺史李琰之五月丙子荆州城民斬脩延送首還推琰之爲刺史尒朱仲遠使其都督魏僧勗等討崔祖螭於東陽擒斬之六月庚申齊獻武王以尒朱逆亂始興義兵於信都西定殷州斬其刺史尒朱羽生命南趙郡太守李元忠爲刺史鎭廣阿癸亥帝臨顯陽殿　寃訟戊辰以使持節驃騎大將軍開府

尒朱弼爲儀同三司秋七月壬申尒朱世隆等害前太保楊椿前司空公楊津及其家丙戌司徒公尒朱彥伯以旱遜位戊子除彥伯侍中開府儀同三司庚寅以侍中太保開府尚書令樂平王尒朱世隆爲儀同三司位次上公八月庚子詔隴西王尒朱天光下文武討宿勤明達者汎三級潁川王尒朱兆率步騎二万出井陘趣殷州李元忠棄城還信都丙午常山王尒朱度律彭城王尒朱仲遠等率衆出抗義旗九月丁

丑以侍中驃騎將軍盧同驃騎大將軍杜德車騎大將軍橋寧並爲儀同三司己卯以使持節都督東道諸軍事兼尚書令東道大行臺彭城王尒朱仲遠爲太宰庚辰加使持節大將軍都督關中諸軍事兼尚書令西道大行臺隴西王尒朱天光爲大司馬驃騎大將軍青州刺史開府儀同三司穆紹薨癸巳追尊皇考爲先帝皇妣王氏爲先太妃封皇弟永業爲高密王皇子子恕爲勃海王冬十月壬寅齊獻武王推勃海

太守元朗即皇帝位於信都

二年春三月齊獻武王敗尒朱天光等於韓陵夏四月辛巳齊獻武王與廢帝至邙山使魏蘭根慰諭洛邑且觀帝之爲人蘭根忌帝雅德還致毀謗竟從崔㥄議廢帝於崇訓佛寺而立平陽王脩爲帝帝既失位乃賦詩曰朱門久可患紫極非情翫顛覆立可待一年三易換時運正如此唯有修眞觀太昌初帝殂於門下外省時年三十五出帝詔百司赴會大鴻臚監護喪事

葬用王禮加以九旒鑾輅黃屋左纛班劒百二十人二衛羽林備儀衛

後廢帝諱朗字仲哲章武王融第三子也母曰程氏少稱明悟永安二年爲肆州魯郡王後軍府錄事參軍儀同開府司馬元曄之建明二年正月戊子爲冀州勃海太守及齊獻武王起義兵將誅暴逆乃推戴之冬十月壬寅即皇帝位於信都城西昇壇焚燎大赦稱中興元年文武百官普汎四級以齊獻武王爲侍中丞相都督

中外諸軍事大將軍録尚書事大行臺增邑三万戶以兼侍中撫軍將軍河北大使高乾邕爲侍中司空公前平北將軍通直散騎常侍高敖曹爲驃騎大將軍儀同三司兾州刺史以終其身以前刺史元嶷爲儀同三司己酉尒朱度律尒朱仲遠斛斯椿賀拔勝賈顯智次於陽平將抗義師齊獻武王縱反間構之遂與尒朱兆相疑敗散而還辛亥齊獻武王大破尒朱兆於廣阿虜其卒五千餘人詔將士汎五級留守者二

級詔征東將軍吏部尚書封隆之爲使持節北道大使隨方處分十有一月己巳詔曰王度刱開彝倫方始所班官秩不改舊章而無識之徒因玆僥倖謬增軍級虛名顯位皆言前朝所授理難推抑自非嚴爲條制無以防其僞竊諸有虛增官號爲人發糺罪從軍法若入格檢覈無名者退爲平民終身禁錮庚辰齊獻武王率師攻鄴城是年南兖城民王乞德逼前刺史劉世明以州降蕭衍衍使其將元樹入據譙城

二年春正月壬午拔鄴擒刺史劉誕詔諸將士汎四級封侯增邑九十七人各有差等癸未詔曰自中興草昧典制權輿郡縣之官率多行督假有正者風化未均眷彼周餘専爲漁獵朕所以夙興夜寐有惕於懷有司明加糺罰稱朕意焉二月辛亥上孝莊皇帝謚曰武懷皇帝甲子以齊獻武王爲大丞相柱國大將軍太師增封三万戶并前爲六万戶三月丙寅以齊文襄王起家爲驃騎大將軍儀同三司丙子以侍中車

騎大將軍尚書左僕射孫騰爲驃騎大將軍儀同三司丁丑車駕幸鄴乙酉詔文武家屬自信都赴鄴城閏月乙未爲安北將軍光禄大夫博野縣開國伯尉景爲驃騎大將軍儀同三司丙申以衛將軍金紫光禄大夫庫狄干爲車騎大將軍儀同三司壬寅尒朱天光兆度律仲遠等屯於洹水之南癸丑齊獻武王出頓紫陌庚申尒朱兆率輕騎三千夜襲鄴城叩西門不尅退走壬戌齊獻武王大破尒朱天光等四胡於韓

陵前廢帝鎮軍將軍賀拔勝徐州刺史杜德於陳降尒朱兆走趣并州仲遠奔東郡天光度律將赴洛陽大都督斛斯椿賈顯智倍道先還夏四月甲子朔椿等據河橋擺罪自効尋擒天光度律於河橋西北大行臺長孫稚都督賈顯智等率騎入京師執尒朱世隆彦伯斬於都街囚送天光度律於齊獻武王辛未前廢帝驃騎大將軍行濟州事侯景據城降仍除儀同三司兼尚書僕射南道大行臺濟州刺史甲戌以車騎

將軍尚書右僕射魏蘭根為驃騎大將軍儀同三司乙亥以車騎大將軍儀同三司中軍大都督高盛兼尚書僕射北道行臺隨機處分尒朱仲遠奔蕭衍青州刺史尒朱弼為其部下馮紹隆所殺傳首京師丙子前廢帝安東將軍辛永右將軍建州大都督張悅舉城降辛巳車駕至河陽遜位於別邸太昌元年五月封安定郡王邑一万户後以罪殂於門下外省時年二十永熙二年葬於鄴西南野馬岡

出帝諱脩字孝則廣平武穆王懷之第三子也母李氏性沉厚少言好武事始封汝陽縣開國公拜通直散騎侍郎轉中書侍郎建義初除散騎常侍尋遷平東將軍兼大常卿又為鎮東將軍宗正卿永安三年封平陽王普泰初轉侍中鎮東將軍儀同三司兼尚書右僕射又加侍中尚書左僕射中興二年夏四月安定王自以踈遠未允四海之心請遜大位齊獻武王與百寮會議僉謂高祖不可無後乃共奉王戊子即帝

位於東郭之外入自東陽雲龍門御太極前殿羣臣朝賀禮畢昇閶闔門詔曰否泰相沿廢興迭有玄天無所隱精靈弗能諭大魏統乾德漸區寓率籠九服旁礴三光而上天降禍運鍾多難禮樂崩淪憲章漂没赫赫宗周翦為戎寇肅肅清廟將成茂草胡羯乘機肆其昬虐殺君害王劉剔海內競其吞噬之意不識醉飽之心自書契以來未有若斯者也大丞相勃海王忠存本朝精貫白日爰舉義旗志雪國恥故廣阿之

軍貔虎奮氣鄴下之師金湯失險近者四胡相率寔繁有徒驅天下之兵盡華戎之銳桴鼓暫交一朝盪滅元兇授首大憝斯擒揚旆濟河掃清伊洛士民安堵不失舊章社稷危而復安洪基毀而還構朕以託體宸極猥當樂推祗握寶圖承茲大業得以眇身託於王公之上若陟淵水罔識攸津思與兆民同茲嘉慶可大赦天下改中興二年爲太昌元年詔前御史中尉樊子鵠起復本官兼尚書左僕射東南道大行臺都督儀同三司徐州刺史杜德討元樹齊獻武王上言建義之家枉爲尒朱氏籍沒者悉皆蠲免帝以世易復除齊獻武王爲大丞相天柱大將軍太師世襲定州刺史增封九万并前十五万戶庚寅加齊文襄王侍中開府儀同餘如故壬辰齊獻武王還鄴車駕餞別於乾脯山五月丙申前廢帝廣陵王殂以太傅淮陽王欣爲太師封沛郡王司徒公趙郡王諶爲太保侍中驃騎大將軍開府儀同三司淸河王亶儀同三司使

持節侍中驃騎大將軍開府儀同三司司州牧南陽王寶炬爲太尉公侍中太保錄尚書事長孫稚爲太傅侍中驃騎大將軍尚書左僕射元羅儀同三司尚書令驃騎大將軍吏部尚書元世儁儀同三司戊戌以齊獻武王固讓聽解天柱大將軍減封五万戶餘悉如故辛丑以前司空高乾邕復爲司空公乙巳帝幸華林都亭宴羣臣班賚有差羽林隊主唐猛突入稱慶帝以猛犯禁衛杖之猛辭色有忤斬之階下丁未詔曰無侮惸獨事炳前經惠此鰥寡聲留往冊朕以薄德作民父母乃眷元元寤言增歎今理運惟新哀矜伊始如有孤老疾病無所依歸者有司明加隱括依格賑贍又詔曰理有一準則民無覬覦法啓二門則吏多威福前主爲律後主爲令歷世永久寔用滋章非所以準的庶品隄防万物可令執事之官四品以上集於都省取諸條格議定一途其不可施用者當局停記新定之格勿與舊制相連務在約通無致冗滯已

酉以侍中驃騎大將軍儀同三司清河王亶爲司徒公庚戌詔曰頃西土年飢百姓流徙或身倚溝渠或命懸道路皆見棄草土取厭烏鳶言念於此有懿夜寐掩骼之禮誠所庶幾行墐之義冀亦可勉其諸有露屍今所在埋覆可宣告天下乙卯詔外內解嚴六月癸亥朔帝於華林園納訟丙寅蠕蠕嚈噠高麗契丹庫莫奚國並遣使朝貢丁卯太尉公司州牧南陽王寶炬坐事降爲驃騎大將軍開府王如故歸第令羽林

乃 魏書紀十一 十五

衛守改謚武懷皇帝曰孝莊癸酉蠕蠕嚈噠國遣使朝貢戊寅詔內外百司普汎六級在京百寮加中興四級義師將士並加軍汎六級在鄴百官三級河北同義之州兩級河橋建義者加五級關西二級諸受建明普泰封爵汎級優特之階悉追己卯帝臨顯陽殿納訟乙酉高麗契丹庫莫奚國遣使朝貢丙戌以前驃騎大將軍開府儀同三司斛斯椿還爲前官詔曰聞者凶權誕恣法令變常遂立夷貊輕賦冀收天下之

意隨以箕斂之重終納十倍之征掩目捕雀何能過此朕屬念蒸黎無忘寢食加田桑始事生業未滋若頓依常格或不周展今歲租調且兩收一丐來年復舊辛卯以使持節衛大將軍儀同三司尚書左僕射賈顯度爲驃騎大將軍開府儀同三司秋七月乙未詔曰頃永安馭運載育皇儲遂錫汎階以申國慶近經普泰便爾中追今罪人既殄舊章斯復宜述往旨用卒前恩皇子汎二級悉可還授文穆廟汎故宜停寢若

三〇卌 魏書紀十一 十六

已受者依例追之庚子以驃騎大將軍開府南陽王寶炬爲太尉公壬寅齊獻武王率衆入自滏口大都督庫狄干入自井陘討尒朱兆乙巳齊獻武王以尒朱天光尒朱度律送之京師斬於都市己酉以兼尚書左僕射東南道大行臺樊子鵠爲儀同三司庚戌詔侍中驃騎將軍左光祿大夫高隆之爲使持節驃騎大將軍儀同三司兼尚書左僕射北道行臺率步騎十万趨太行會齊獻武王隆之留州行臺仍爲大丞相軍

司齊獻武王次於武鄉尒朱兆大掠晉陽北走秀容并州平乙卯帝臨顯陽殿親理冤獄丙辰以宗師東萊王貴平爲車騎大將軍儀同三司是月夏州徙民郭遷據青州反刺史元嶷棄城走詔行臺侯景率齊州刺史尉景濟州刺史蔡儁等攻討之城陷遷奔蕭衍東南道大行臺樊子鵠大破蕭衍軍於譙城擒其鄴王元樹及譙州刺史朱文開八月壬戌朔齊文襄王來朝燕射班賚部下各有差丁卯以西中郎將元寧爲

高平王甲戌以車騎大將軍左光祿大夫李琰之爲儀同三司庚寅以車騎將軍左光祿大夫崔秉爲驃騎大將軍儀同三司辛卯以車騎將軍右光祿大夫高岳爲驃騎大將軍儀同三司九月癸未以侍中驃騎大將軍左光祿大夫封津爲儀同三司庚子帝幸華林都亭引見元樹及公卿百寮蕃使督將等宴射班賚各有差癸卯燕郡開國公賀拔允進爵爲王乙巳帝幸都水南過洛汭遂至瀍澗己酉復田于北原癸丑

以太師沛王欣爲廣陵王前廢帝子勃海王子恕改封沛郡王甲寅以侍中驃騎大將軍封隆之任祥並爲儀同三司以車騎大將軍河南尹元仲景爲驃騎大將軍儀同三司乙卯車駕謁山陵丙辰蠕蠕高昌國遣使朝貢庚申以衛將軍前吏部尚書李神儁撫軍將軍右衛將軍婁昭並爲驃騎大將軍儀同三司冬十月甲子以使持節衛將軍光州刺史高仲密爲車騎大將軍儀同三司丁卯以車騎大將軍左光祿大夫

潘鑾爲儀同三司己卯以車騎大將軍左光祿大夫高琛爲特進驃騎開府儀同三司庚寅以使持節驃騎將軍肆州刺史劉貴爲驃騎大將軍儀同三司十有一月甲午以車騎將軍楊州刺史斛斯敦爲驃騎大將軍儀同三司丁酉日南至車駕有事於圓丘戊戌朝會百官於太極前殿甲辰安定王朗及東海王曄坐事死乙巳蠕蠕國遣使朝貢己酉以前太尉公汝南王悅爲侍中大司馬開府葬靈太后胡氏十有二月

丙寅以驃騎大將軍領御史中尉綦儁爲儀同三司乙亥以侍中廣平王贊爲驃騎大將軍開府儀同三司丁亥殺大司馬汝南王悅大赦天下改太昌爲永興以太宗號尋改爲永熙元年二年春正月庚寅朔朝饗羣臣于太極前殿甲午齊獻武王自晉陽出討尒朱兆丁酉大破之於赤洪嶺兆遁走自殺己亥車駕幸嵩高石窟靈巖寺庚子又幸散施各有差庚戌儀同三司李琰之薨丁巳追尊皇考爲武穆帝皇太妃馮

氏爲武穆后皇妣李氏爲皇太妃以驃騎將軍前滄州刺史高聿爲驃騎大將軍儀同三司蕭衍勞州刺史曹鳳東荆州刺史雷能勝等舉城内屬二月庚申以使節鎮東將軍行汾州事張瓊爲驃騎大將軍儀同三司辛酉以司空公高乾邕爲使持節驃騎大將軍開府儀同三司咸陽王坦爲司空公三月己丑朔加驃騎大將軍滄州刺史賈顯智開府儀同三司辛卯詔以前普解諸行臺今阿至羅相率降款復以齊獻

武王爲大行臺隨機裁處甲午以車騎將軍蔚州刺史竇泰爲使持節車騎大將軍開府儀同三司相州刺史使持節驃騎大將軍開府儀同三司徐州刺史高乾邕坐事賜死太師魯郡王肅薨戊申以使持節都督河渭鄯三州諸軍事驃騎大將軍世襲河州刺史梁景叡爲儀同三司丁巳以侍中太保司州牧趙郡王諶爲太尉公加羽葆鼓吹侍中太尉公南陽王寶炬爲太尉開府尚書令夏四月戊辰詔諸㕘佐自三府

以下爰及外州皆不得復加常侍及兼兩員雖已授者亦悉追之是月青州人耿翔襲據膠州殺刺史裴粲通於蕭衍五月庚寅詔諸幽枉未申事經一周已上悉集華林將親覽察脫事已經年有司不列者聽其人各自陳訴若事連州郡由緣淹歲者亦仰尚書摠集以聞壬寅以使持節驃騎大將軍儀同三司齊州刺史侯淵復爲開府儀同三司乙巳詔曰大夫之職位秩貴顯負外之官亦爲匪賤而下及胥吏帶領非一

高車渾雜有損彝章自今已後京官樂為稱事
小職者直加散號將軍願罷卑官者聽為大夫
及員外之職不宜仍前散實參領其中旨特加
者不在此例東徐州城民王早簡實等殺刺史
崔庠據州入蕭衍六月壬申以驃騎大將軍開
府儀同三司尚書右僕射樊子鵠為青膠大使
督濟州刺史大都督蔡儁討耿翔丁丑以驃騎
大將軍前行南兗州事念賢為儀同三司秋七
月辛卯以使持節鎮北將軍大都督泰州刺史

万俟普撥為驃騎大將軍儀同三司壬辰以太
師司州牧廣陵王欣為大司馬侍中以太尉公
趙郡王諶為太師並開府庚戌以前司徒公燕
郡王賀拔允為太尉公八月乙丑齊文襄王來
朝帝燕於華林都亭班賚部下各有差以驃騎
大將軍前南岐州刺史司馬子如為儀同三司
戊辰車駕餞文襄王於河梁仍濟河而返癸酉
齊獻武王上表固讓王爵不許請分邑十万戶
節降為品回授勳義從之九月壬子以散騎常

侍車騎大將軍左光祿大夫崔孝芬為儀同三
司冬十月癸未以衞將軍瓜州刺史泰臨縣開
國伯高昌王麴子堅為儀同三司進爵郡王十
有一月癸巳持節征北將軍殷州刺史邸珍為
徐州大都督東道行臺僕射率將討東徐州十
有二月丁巳車駕狩於嵩陽己巳遂幸溫湯丁
丑車駕還宮

三年春正月壬辰齊獻武王討費也頭於河西
苦洩河大破之獲其帥紇豆陵伊利遷其部落

於內地二月東梁州為夷民侵逼詔使持節車
騎大將軍行東雍州事泉企為東梁州行臺都
督以討之己未蕭衍假節豫州刺史南昌王毛
香舉城內附授以持節安南將軍信州刺史義
昌王壬戌大赦天下丙子帝親釋奠禮先師辛
巳幸洪池陂遂遊田壬午以衞將軍前徐州刺
史元祐為衞大將軍儀同三司以驃騎將軍左
衞將軍元斌之為潁昌王三月壬寅以前侍中
車騎大將軍李彧為驃騎大將軍儀同三司夏

四月戊午契丹國遣使朝貢辛未高平王寧坐
事降爵爲公丙子高麗國遣使朝貢五月丙戌
增置勳府庶子廂别六百人又增騎官廂别二
百人依第出身騎官秩比直齋辛卯詔曰大魏
得一居宸乘六馭寓考風雲之所會宅日月之
所中自北而南東征西怨后來其蘇無思不偃
而句吴負險久遺度外世祖太武皇帝握金鏡
以照耀擊王鼓以鏗鏘神武之所牢籠威風之
所轥轢莫不雲徹霧卷瓦解冰消長江已北盡

爲魏土頃天步中圮國綱時屯凶竪因機乎窺
上國疆埸侵噬州郡淪胥乃眷東顧無忘寢食
自非五牛警旆七萃按部何以復文武之舊業
拯塗炭於遺黎朕將親揔六軍徑臨彭汴一勞
永逸庶保無疆内外百寮便可嚴備出頓之期
更聽後勑時帝爲斛斯椿元毗王思政魏光等
諂佞間阻貳於齊獻武王託討蕭衍盛暑徵發
河南諸州之兵天下怪惡之語在斛斯椿傳丙
申以使持節侍中大司馬開府司州牧廣陵王

欣爲左軍大都督太傅録尚書事長孫稚爲中
軍四面大都督丁酉帝幸華林都亭集京畿都
督及軍士三千餘人慰勉之庚子又幸華林都
亭納訟壬寅又以長孫稚爲後軍大都督六月
丁卯大都督源子恭鎮胡陽汝陽王暹守石濟
儀同三司賈顯智率豫州刺史斛斯壽東趣濟
州庚午吐谷渾國遣使朝貢丙子詔曰頃年以
來天步時阻干戈不戢荆棘斯生或徇節感恩
奮不顧命或臨戎對敵赴難如歸身首横分骸

骨不斂勳誠靡録榮贈莫加寤寐矜之良有嗟
悼可普告内外所在言列若無親近聽故友陳
之尚書檢實隨狀科贈庶粗慰寃魂少申惻隱
庚辰以使持節車騎大將軍中軍大都督斛律
沙門爲開府儀同三司秋七月辛巳朔以鎮東
將軍前大鴻臚卿太原王昶特爲車騎大將軍
儀同三司己丑帝親揔六軍十餘万衆次於河
橋以斛斯椿爲前軍大都督尋詔椿鎮虎牢又
詔荆州刺史賀拔勝赴於行所勝率所部次於

汝水庚子以使持節征西將軍歧州刺史越肱
特爲儀同三司丁未帝爲椿等逼脅遂出於長
安己酉齊獻武王入洛賀拔勝走還荆州八月
甲寅推司徒公清河王亶爲大司馬承制揔万
幾居尚書省辛酉齊獻武王西迎車駕戊辰制
曰晦爲明始亂實治基爰著天道又符人事故
姬祚中微踐土有勤王之役劉氏將傾北軍致
左袒之舉用能隆此遠年克兹卜世永熙之季
權倖擅朝羣小是崇勳賢見害官緣價買賤

獄因貨而死生宗祏飄若綴旒民命棄如草莽
大丞相位居晉鄭任屬桓文興甲汾川問罪伊
洛羣姦畏威擁迫人主以自蔽衛遠出秦方雖
車駕流移未即返御然權倖將除天下延頸魏
邦雖舊其化惟新思與兆民同兹更始可大赦
天下行臺侯景討荆州賀拔勝戰敗走奔蕭衍
九月癸巳以衛大將軍河南尹元子思爲使持
節行臺僕射使持節驃騎大將軍開府儀同三
司領軍將軍婁昭爲西道大都督并率左右侍

官西迎車駕己酉椿黨毛鴻賓守潼關齊獻武
王破擒之是日齊獻武王東還於洛是月東清
河人傅晶殺太守韓子撓據郡反會赦乃降冬
十月戊辰使持節驃騎大將軍開府儀同三司
行青州事侯淵克東楊州斬刺史東萊王貴平
傳首京師閏十二月癸巳帝爲宇文黑獺所害
時年二十五

史臣曰廣陵廢於前中興廢於後平陽猜惑自
絕宗廟晉泰雅道居多永熙悖德爲甚是俱

亡滅天下所棄歟

廢出三帝紀第十一　魏書十一

孝靜紀第十二　　魏書十二

孝靜皇帝諱善見清河文宣王亶之世子也母曰胡妃永熙三年拜通直散騎侍郎八月爲驃騎大將軍開府儀同三司出帝既入關齊獻武王奉迎不克乃與百寮會議推帝以奉肅宗之後時年十一冬十月丙寅即位于城東北大赦天下改永熙三年爲天平元年庚午以太師趙郡王諶爲大司馬以司空咸陽王坦爲太尉以開府儀同三司高盛爲司徒以開府儀同三司高昂爲司空壬申有事于太廟詔曰安安能遷自古之明典所居靡定往昔之成規是以殷遷八城周卜三地吉凶有數隆替無恒事由於變通理出於不得已故也高祖孝文皇帝式觀乾象俯協人謀發自武州來幸嵩縣魏雖舊國其命惟新及正光之季國步孔棘喪亂不已寇賊交侵俾我生民無所措手今遠遵古式深驗時事考龜襲吉遷宅漳滏庶克隆洪基再昌寶曆主者明爲條格及時發邁丙子車駕北遷于鄴

詔齊獻武王留後部分改司州爲洛州以衛大將軍尚書令元弼爲驃騎大將軍儀同三司洛州刺史鎮洛陽詔從遷之戶百官給復三年安居人五年十有一月兗州刺史樊子鵠南青州刺史大野拔據瑕丘反庚寅車駕至鄴居北城相州之廨改相州刺史爲司州牧魏郡太守爲魏尹徙鄴舊人西徑百里以居新遷之人分鄴置臨漳縣以魏郡林慮廣平陽丘汲郡黎陽東濮陽清河廣宗等郡爲皇畿十有二月丁卯燕郡王賀拔允薨庚午詔内外解嚴百司悉依舊章從容雅服不得以矛釤從事丙子遣侍中封隆之等五人爲大使巡諭天下丁丑赦畿内閏月蕭衍以元慶和爲鎮北將軍魏王入據平瀨鄉宇文黑獺既害出帝乃以南陽王寶炬僭尊號初置四中郎將於礓石橋置東中蒲泉置西中濟北置南中洺水置北中

二年春正月寶炬渭州刺史可朱渾道元擁部來降齊獻武王迎納之賑其廩食己巳詔以齊

獻武王為相國假黃鉞劍履上殿入朝不趨餘悉如故王固讓不受乙亥兼尚書右僕射東南道行臺元晏討元慶和破走之二月壬午以太尉咸陽王坦為太傅以司州牧西河王悰為太尉己丑前南青州刺史大野拔斬樊子鵠以降兗州平戊戌蕭衍司州刺史陳慶之寇豫州刺史堯雄擊走之三月辛酉以司徒高盛為太尉以司空高昂為司徒濟陰王暉業為司空齊獻武王討平山胡劉蠡升斬之其子南海王復僭帝

號獻武王進擊破擒之及其弟西海王皇后夫人已下四百人并逋逃之人二万餘户辛未以旱故詔京邑及諸州郡縣收瘞骸骨是春高麗契丹並遣使朝貢夏四月前青州刺史侯淵反攻掠青齊癸未濟州刺史蔡儁討平之壬辰降京師見囚五月大旱勒城門殿門及省府寺署坊門澆人不簡王公無限日得雨乃止六月元慶和寇南豫州刺史堯雄大破之秋七月甲戌封汝南王悅孫綽為琅邪王八月辛卯司空濟

陰王暉業坐事免甲午發衆七万六千人營新宮九月齊獻武王以治民之官多不奉法請選朝士清正者州別遣一人問疾苦丁巳以開府儀同三司襄城王旭為司空冬十有一月丁未蕭衍將柳仲禮寇荊州刺史王元軌破之癸丑祀圓丘甲寅閶闔門災龍見并州人家井中丙寅詔齊文襄王起家為散騎常侍驃騎大將軍左光祿大夫儀同三司太原郡開國公食邑三千戸十有二月壬午車駕狩于鄴東甲午文武

百官量事各給祿

三年春正月癸卯朔饗羣臣於前殿戊申詔百官舉士舉不稱才者兩免之齊獻武王襲寶炬西夏州克之詔加齊獻武王九錫之禮侍中元子思敦諭固讓乃止二月丁未蕭衍光州刺史郝樹以州內附丁酉詔加齊文襄王使持節尚書令大行臺大都督以鮮卑高車酋庶皆隸之三月甲寅以開府儀同三司華山王鷙為大司馬丁卯陽夏太守盧公纂據郡南叛大都督元

整破之夏四月丁酉昌樂王誕薨五月癸卯賜
鰥寡孤獨貧窮者衣物各有差丙辰以錄尚書
事西河王悰爲司州牧戊辰太尉高盛薨六月
辛巳趙郡王諶薨秋七月庚子大赦天下蕭衍
夏州刺史田獨鞞潁川防城都督劉鸞慶並以
州內附八月幷肆涿建四州隕霜大飢九月壬
寅以定州刺史侯景兼尚書右僕射南道行臺
節度諸軍南討丙辰陽平人路季禮聚衆反辛
酉御史中尉竇泰討平之冬十有一月戊申詔

三字卅　魏紀十二　五　王兵

尚書可遣使巡檢河北流移飢人邢陘滏口所
經之處若有死屍即爲藏掩勿使露骸枯骨有
感於通夢廣漢露骸時聞於夜哭侯景攻克蕭
衍楚州獲刺史桓和十有二月以幷州刺史尉
景爲太保辛未遣使者板假老人官百歲已下
各有差壬申大司馬清河王亶薨丁丑齊獻武
王自晉陽西討次於蒲津司徒公大都督高敖
曹趨上洛車騎大將軍竇泰入自潼關癸未以
太傅咸陽王坦爲太師乙酉勿吉國遣使朝貢

是歲高麗國遣使朝貢
四年春正月禁十五日相偷戲竇泰失利自殺
丁巳高敖曹攻上洛克之擒竇炬驃騎大將軍
洛州刺史泉企以汝陽王暹爲錄尚書事夏四
月辛未遷七帝神主入新廟大赦天下內外百官
普進一階先是滎陽人張儉等聚衆反於大䲕
山通寶炬壬辰武衛將軍高元盛討破之六月
己巳幸華林園理訟辛未詔尚書掩骼埋胔推
錄囚徒壬午閶闔門災先是蕭衍因益州刺史

三十七　魏書紀十二　六　方至

傅和請通好秋七月甲辰遣兼散騎常侍李諧
兼吏部郎中盧元明兼通直散騎常侍李鄴使
于蕭衍八月寶炬宇文黑獺寇陝州城陷刺史
史李徽伯爲黑獺所殺九月侍中元子思與其
弟子華謀西入並賜死閏月乙丑衛將軍右光
祿大夫蔣天樂謀反伏誅禁京酤酒冬十月以
咸陽王坦爲錄尚書事壬辰齊獻武王西討至
沙苑不克而還己酉寶炬行臺宮景壽都督楊
白駒寇洛州大都督韓延大破之寶炬又遣其

子大行臺元季海大都督獨孤如願逼洛州刺史廣陽王湛棄城退還季海如願遂據金墉潁州長史賀若徽執刺史田迅西叛引寶炬都督梁回據城寶炬又遣其都督趙繼宗右丞韋孝寬等攻陷豫州十有一月丙子以驃騎大將軍儀同三司万俟普爲太尉十有二月甲寅蕭衍遣使朝貢河間人邢摩納范陽人盧仲禮等各聚衆反是歲高麗蠕蠕國並遣使朝貢

元象元年春正月有巨象自至碭郡陂中南兗州獲送于鄴丁卯大赦改元大都督賀拔仁攻

寶炬南汾州己卯拔之擒其刺史韋子粲行臺任祥率豫州刺史堯雄等與大行臺侯景司徒高敖曹大都督万俟受洛干等於北豫相會俱討潁州梁回等棄城遁走潁州平二月豫州刺史堯雄攻楊州拔之擒寶炬義州刺史韓顯楊州長史丘岳送京師丙辰遣兼散騎常侍鄭伯猷使于蕭衍三月齊獻武王固請解大丞相詔從之夏四月庚寅曲赦畿內壬辰齊獻武王還晉陽請開酒禁六月壬辰帝幸華林都堂聽訟是夏山東大水蝦蟇鳴于樹上秋七月己亥高麗國遣使朝貢行臺侯景司徒公高敖曹圍寶炬將獨孤如願於金墉寶炬宇文黑獺並來赴救大都督庫狄干率諸將前驅齊獻武王總衆繼進八月辛卯戰于河陰大破之斬其大都督儀同三司寇洛生等二十餘人俘獲數万司徒公高敖曹大都督李猛宋顯並戰沒寶炬留其將長孫子彥守金墉壬辰齊獻武王濟河子彥棄

城走九月大都督賀拔仁擊邢摩納盧仲禮等破平之冬十月蕭衍遣使朝貢十有一月庚寅遣陸操使于蕭衍齊獻武王來朝十有二月甲辰還晉陽

興和元年春正月辛酉以尚書令孫騰爲司徒三月甲寅朔封常山郡王劭第二子暉爲陳郡王夏五月齊文襄王來朝甲戌立皇后高氏乙亥大赦天下是月高麗國遣使朝貢六月乙酉以尚書左僕射司馬子如爲山東黜陟大使尋

爲東北道大行臺差選勇士庚寅前潁州刺史
奚思業爲河南大使簡發勇士丁酉蕭衍遣使
朝貢戊申開府儀同三司汝陽王暹薨秋七月
丁丑詔以齊獻武王爲相國録尚書事大行臺
固辭相國八月壬辰兼散騎常侍王元景兼通
直散騎常侍魏收使于蕭衍九月甲子發畿内
民夫十万人城鄴城四十日罷辛未曲赦畿内
死罪以下各有差冬十有一月癸亥以新宮成
大赦天下改元八十以上賜綾帽及杖七十以

上賜帛及有疾廢者賜粟帛築城之夫給復一
年
二年春正月壬申以太保尉景爲太傅以驃騎
大將軍開府儀同三司庫狄干爲太保丁丑徙
御新宮大赦内外百官普進一階營構主將別
優一階三月己卯蕭衍遣使朝貢夏五月己酉
西魏行臺宮延和陜州刺史宮元慶率户内屬
置之河北新附賑廩各有差壬子遣兼散騎常
侍李象使于蕭衍閏月己丑封皇子景植爲宜

陽王皇弟威爲清河王謙爲潁川王六月壬子
大司馬華山王鷙薨冬十月丁未蕭衍遣使朝
貢十有二月乙卯遣兼散騎常侍崔長謙使於
蕭衍是歲蠕蠕高麗勿吉國並遣使朝貢
三年春二月甲辰阿至羅出吐拔那渾大率部
來降三月己酉梁州人公孫貴賓聚衆反自號
天王陽夏鎮將討擒之夏四月戊申阿至羅國
主副伏羅越居子去賓來降封爲高車王六月
乙丑蕭衍遣使朝貢秋七月齊文襄王如晉陽

己卯宜陽王景植薨八月甲子遣兼散騎常侍
李騫使于蕭衍冬十月癸卯齊文襄王自晉陽
來朝先是詔文襄王與羣臣於麟趾閣議定新
制甲寅班於天下己巳發夫五万人築漳濱堰
三十五日罷癸亥車駕狩于西山十有一月戊
寅還宮丙戌以開府儀同三司彭城王韶爲太
尉以度支尚書胡僧敬爲司空是歲蠕蠕高麗
勿吉國並遣使朝貢
四年春正月丙辰蕭衍遣使朝貢夏四月丙寅

遣兼散騎常侍李繪使于蕭衍乙酉以侍中廣陽王湛爲太尉以尚書右僕射高隆之爲司徒以太尉彭城王韶爲録尚書事丁亥太傅尉景坐事降爲驃騎大將軍開府儀同三司辛卯以太保庫狄干爲太傅以領軍將軍婁昭爲大司馬封祖裔爲尚書右僕射五月辛巳齊獻武王來朝請令百官月一面敷政事明揚仄陋納諫屛邪親理獄訟褒黜勤怠牧守有愆節級相坐椒掖之内進御以序後園鷹犬悉皆放弃六月還晉陽丙申復前侍中樂浪王忠爵丁酉復陳留王景皓常山王紹宗高密王永業爵秋八月庚戌以開府儀同三司吏部尚書侯景爲兼尚書僕射河南行臺隨機討防冬十月甲寅蕭衍遣使朝貢齊獻武王圍寶炬玉壁十有一月壬午班師驃騎大將軍開府儀同三司青州刺史西河王悰薨十有二月辛亥遣兼散騎常侍楊斐使于蕭衍是歲蠕蠕高麗吐谷渾國並遣使朝貢

武定元年春正月壬戌朔大赦天下改元己巳車駕蒐于邯鄲之西山癸酉還宮二月壬申北豫州刺史高仲密據虎牢西叛三月寶炬遣其子突與宇文黑獺率衆來援仲密庚子圍河橋南城丙午帝親納訟戊申齊獻武王討黑獺戰於邙山大破之擒寶炬兄子臨洮王森蜀郡王榮宗江夏王昇鉅鹿王闡譙郡王亮驃騎大將軍儀同三司太子詹事趙善督將參寮等四百餘人俘斬六萬餘甲仗牛馬不可勝數豫洛二州平齊獻武王追奔至恒農而還夏四月封彭城王韶弟襲爲武安王五月壬辰以克復虎牢降天下死罪以下囚乙未以吏部尚書侯景爲司空六月乙亥蕭衍遣使朝貢戊寅封前員外散騎侍郎元長春爲南郡王秋八月乙未以汾州刺史斛律金爲大司馬壬午遣兼散騎常侍李渾使于蕭衍是月齊獻武王召夫五萬於肆州北山築城西自馬陵戍東至土隥四十日罷冬十有一月甲午車駕狩于西山乙巳還宮是

歲吐谷渾高麗蠕蠕國並遣使朝貢

二年春正月地豆于國遣使朝貢二月丁卯徐州人劉烏黑聚衆反遣行臺慕容紹宗討平之三月蕭衍遣使朝貢以旱故宥死罪以下囚丙午以開府儀同三司孫騰爲太保壬子以齊文襄王爲大將軍領侍中其文武職事賞罰衆典詢稟之中書監元弼爲録尚書左僕射司馬子如爲尚書令以令上爲右僕射夏四月室韋國遣使朝貢五月甲午遣散騎常侍魏季景使于

蕭衍丁酉太尉廣陽王湛薨秋八月癸酉尚書令司馬子如坐事免九月甲申以開府儀同三司濟陰王暉業爲太尉太師咸陽王坦坐事免以王還第冬十月丁巳太保孫騰大司馬高隆之各爲括戶大使凡獲逃戶六十餘万十有一月西河地陷有火出甲申以司徒高隆之爲尚書令以前大司馬婁昭爲司徒齊文襄王如晉陽庚子車駕有事於圜丘辛丑蕭衍遣使朝貢壬寅齊文襄王從獻武王討山胡破之俘獲一万餘戶分配諸州是歲吐谷渾高麗蠕蠕勿吉國並遣使朝貢

三年春正月丙申遣兼散騎常侍李獎使于蕭衍丁未齊獻武王請於并州置晉陽宮以處配沒之口二月庚申吐谷渾國奉其從妹以備後庭納爲容華嬪夏五月甲辰大赦天下秋七月庚子蕭衍遣使朝貢冬十月遣中書舍人尉瑾使于蕭衍乙未齊獻武王請邙山之俘釋其桎梏配以人間寡婦十有二月以司空侯景爲司徒以中書令韓軌爲司空戊子以太保孫騰爲

録尚書事是歲高麗吐谷渾蠕蠕國並遣使朝貢

四年夏五月壬寅蕭衍遣使朝貢六月庚子以司徒侯景爲河南大行臺應機討防秋七月壬寅遣兼散騎常侍元廓使于蕭衍八月移洛陽漢魏石經于鄴齊獻武王自鄴帥衆西伐文襄王會于晉州九月圍玉壁以挑之寶炬黑獺不敢應冬十有一月齊獻武王有疾班師文襄王

如晉陽是歲室韋勿吉地豆于高麗蠕蠕國並
遣使朝貢
五年春正月丙午齊獻武王薨於晉陽秘不發
喪辛亥司徒侯景反潁州刺史司馬世雲以城
應之景入據潁城誘執豫州刺史高元成襄州
刺史李密廣州刺史暴顯等遣司空韓軌驃騎
大將軍儀同三司賀拔勝可朱渾道元左衛將
軍劉豐生等帥衆討之景乃遣使降於寶炬請師
救援寶炬遣其將李景和王思政帥騎赴之思

政等入據潁川景乃出走豫州乙丑蕭衍遣使
朝貢二月侯景復背寶炬歸於蕭衍衍署景河
南大將軍承制夏四月壬申大將軍齊文襄王
來朝甲午遣兼散騎常侍李緯使于蕭衍五月
丁酉朔大赦天下戊戌以尚書右僕射襄城王
旭爲太尉甲辰以太原公今上爲尚書令領中
書監餘如故詢以政事以青州刺史尉景爲大
司馬以開府儀同三司庫狄干爲太師以録尚
書事孫騰爲太傅以汾州刺史賀拔仁爲太保以

司空韓軌爲司徒以領軍將軍可朱渾道元爲
司空以司徒高隆之録尚書事以徐州刺史慕
容紹宗爲尚書左僕射高陽王斌爲右僕射戊
午大司馬尉景薨六月司徒韓軌司空可朱渾
道元等自潁州班師乙酉帝爲齊獻武王舉哀
於東堂服緦縗詔尚書右僕射高陽王斌兼大
鴻臚卿赴晉陽監護喪事太尉襄城王旭兼尚
書令奉詔宣慰秋七月戊戌詔贈王假黄鉞使
持節相國都督中外諸軍事齊王璽紱轀輬車

黄屋左纛前後羽葆鼓吹輕車介士兼備九錫
之禮謚曰獻武王以齊文襄王爲使持節大丞
相都督中外諸軍事録尚書事大行臺勃海王
壬寅詔王攝理軍國遣中使敦諭八月齊文襄
王入朝固辭丞相詔復授大將軍餘如故甲申
葬齊獻武王於鄴城西北車駕祖於漳濱九月
齊文襄王還晉陽辛酉蕭衍遣其兄子貞陽侯
淵明帥衆寇徐州堰泗水於寒山灌彭城以應
侯景冬十月乙酉以尚書左僕射慕容紹宗爲

東南道行臺與驃騎大將軍儀同三司大都督高岳潘相樂討淵明十有一月大破之擒淵明及其二子瑀道將帥二百餘人俘斬五万級凍乏赴水死者不可勝數十有二月乙亥蕭淵明至闕帝御閶闔門讓而宥之岳等回師討侯景是歲高麗勿吉國並遣使朝貢

六年春正月己亥大都督高岳等於渦陽大破侯景俘斬五万餘人其餘溺死於渦水水爲之不流景走淮南己未齊文襄王來朝請以寒山

獲士賜百官及督將等各有差二月己卯蕭衍遣使欵關乞和并修書弔齊文襄王文襄王還晉陽三月癸巳以太尉襄城王旭爲大司馬以開府儀同三司高岳爲太尉辛亥以冬春亢旱赦罪人各有差夏四月甲子吏部令史張永和青州人崔闊等僞假人官事覺糺檢首者六万餘人秋八月甲戌以尚書左僕射慕容紹宗爲大行臺與太尉高岳司徒韓軌大都督劉豐等討王思政於潁川引洧水灌其城九月乙酉

蕭衍遣使朝貢冬十月戊申侯景濟江推蕭衍弟子臨賀王正德爲主以攻建業是歲高麗室韋蠕蠕吐谷渾國並遣使朝貢

七年春正月戊辰蕭衍弟子北徐州刺史中山侯蕭正表以鍾離內屬封蘭陵郡開國公吳郡王三月丁卯侯景尅建業還以蕭衍爲主衍弟子北兗州刺史定襄侯蕭祗相譚侯蕭退來降衍江北郡國皆內屬夏四月大行臺慕容紹宗大都督劉豐遇暴風溺水死甲辰詔以齊文襄

王爲相國齊王緑綟綬讚拜不名入朝不趨劍履上殿食冀州之勃海長樂安德武邑瀛州之河間五郡邑十五万戶餘如故王固讓是月侯景殺蕭衍立子綱爲主五月齊文襄王帥衆自鄴赴潁川六月丙申克潁州擒寶炬大將軍尚書左僕射東道大行臺太原郡開國公王思政潁州刺史皇甫僧顯等及戰士二万餘人男女數万口齊文襄王遂如洛州秋七月齊文襄王至自南討請宥思政之罪八月辛卯詔立皇子

長仁爲皇太子齊文襄王薨於第祕不發喪癸
巳大赦天下內外百官竝加二級甲午齊王如
晉陽冬十月癸未以開府儀同三司咸陽王坦
爲太傅甲午以開府儀同三司潘相樂爲司空
十有二月甲辰吳郡王蕭正表薨己酉以并州
刺史彭樂爲司徒是歲蠕蠕地豆于室韋高麗
吐谷渾國竝遣使朝貢
八年春正月辛酉帝爲齊文襄王舉哀於東堂
丁卯詔贈齊文襄王假黃鉞使持節相國都督

中外諸軍事齊王璽綬轀輬車黃屋左纛縣前後
部羽葆鼓吹輕車介士備九錫之禮謚曰文襄
王戊辰詔齊王爲使持節丞相都督中外諸軍
事錄尚書事大行臺齊郡王食邑一万戶甲戌
地豆于契丹國竝遣使朝貢二月甲申葬齊文
襄王車駕祖於漳濱庚寅以尚書令高隆之爲
太保三月庚申進齊郡王爵爲齊王夏四月乙
巳蠕蠕遣使朝貢五月甲寅詔齊王爲相國總
百揆封冀州之勃海長樂安德武邑瀛州之河

閒高陽章武定州之中山常山博陵十郡二十
万戶備九錫之禮以齊國太妃爲王太后王妃
爲王后丙辰詔歸帝位於齊國即日遜於別宮
齊天保元年五月己未封帝爲中山王邑一万
戶上書不稱臣荅不稱詔載天子旌旗行魏正
朔乘五時副車封王諸子爲縣公邑各一千戶
奉絹三万匹錢一千万粟二万石奴婢三百人
水碾一具田百頃園一所於中山國立魏宗廟
二年十二月己酉中山王殂時年二十八三年

二月奉謚曰孝靜皇帝葬于漳西山崗其後發
之陵崩死者六十人帝好文學美容儀力能挾
石師子以踰牆射無不中嘉辰宴會多命羣臣
賦詩從容沉雅有孝文風齊文襄王嗣事甚忌
焉以大將軍中兵參軍崔季舒爲中書黃門侍
郎令監察動靜小大皆令季舒知文襄與季舒
書曰癡人復何似癡勢小差未帝嘗與獵於鄴
東馳逐如飛監衛都督烏那羅受工伐從後呼
帝曰天子莫走馬大將軍怒文襄嘗侍飲大舉

觴曰臣詳勸陛下酒帝不悅曰自古無不亡之國朕亦何用此活文襄怒曰朕朕狗脚朕文襄使季舒歐帝三拳奮衣而出明日文襄使季舒勞帝帝亦謝焉賜絹季舒未敢受以啟文襄文襄使取一段帝束百匹以與之曰亦一段耳帝不堪憂辱詠謝靈運詩曰韓亡子房奮秦帝魯連恥本自江海人忠義動君子常侍侍講荀濟知帝意乃與華山王大器元瑾密謀於宮內爲山而作地道向北城至千秋門門者覺地下響

動以告文襄文襄勒兵入宮曰陛下何意反邪臣父子功存社稷何負陛下邪將殺諸妃嬪帝正色曰王自欲反何關於我我尚不惜身何況妃嬪文襄下牀叩頭大啼謝罪於是酣飲夜久乃出居三日幽帝於含章堂大器瑾等皆見烹於市及將禪位於文宣襄城王旭及司徒潘相樂侍中張亮黃門郎趙彥深等求入奏事帝在昭陽殿見之旭曰五行遞運有始有終齊王聖德欽明萬姓歸仰臣等昧死聞奏願陛下則堯

禪舜帝便斂容答曰此事推挹已久謹當遜避又云若爾須作詔書侍郎崔劼裴讓之奏云詔已作訖即付楊愔進於帝凡十條書訖帝曰將安朕何所復若爲而去楊愔對曰在北城別有館宇還備法駕依常仗衛而去帝乃下御座步就東廊口詠范蔚宗後漢書贊云獻生不辰身播國屯終我四百永作虞賓所司奏請發帝曰古人念遺簪敝履欲與六宮別可乎高隆之曰今天下猶陛下之天下況在後宮乃與夫人妃

嬪已下訣莫不歔欷掩涕嬪趙國李氏誦陳思王詩云王其愛玉體俱享黃髮期皇后已下皆哭直長趙德以故犢車一乘候於東上閤帝上車德超上車持帝帝肘之曰朕畏天順人授位相國何物奴敢逼人趙德尚不下及出雲龍門王公百寮衣冠拜辭帝曰今日不減常道鄉公漢獻帝衆皆悲愴高隆之泣灑遂入北城下司馬子如南宅及文宣行幸常以帝自隨帝后封太原公主常爲帝嘗食以護視焉

孝靜紀第十二　　魏書十二

魏收書孝靜紀亡後人補以北史又取高氏小史脩文殿御覽附益之

皇后列傳第一　　魏書十三

漢因秦制帝之祖母曰太皇太后母曰皇太后妃曰皇后餘則多稱夫人隨世增損非如周禮有夫人嬪婦御妻之定數焉魏晉相因時有昇降前史言之具矣魏氏王業之兆雖始於神元至於昭成之前世崇儉質妃嬙嬪御率多闕焉惟以次第爲稱而章平思昭穆惠煬烈八帝妃后無聞太祖追尊祖妣皆從帝謚爲皇后始立中宮餘妾或稱夫人多少無限然皆有品次世祖稍增左右昭儀及貴人椒房中式數等後庭漸已多矣又魏故事將立皇后必令手鑄金人以成者爲吉不成則不得立也又世祖高宗緣保母劬勞之恩並極尊崇之義雖事乖典禮而觀過知仁高祖改定內官左右昭儀位視大司馬三夫人視三公三嬪視三卿六嬪視六卿世婦視中大夫御女視元士後置女職以典內事內司視尚書令僕作司大監女侍中三官視二品監女尚書美人女史女賢人書史書女小書

女五官視三品中才人供人中使女生才人恭使宮人視四品春衣女酒女饗女食奚官女奴視五品

神元皇后竇氏沒鹿回部大人賓之女也賓臨終誡其二子速侯回題令善事帝及賓卒速侯等欲因帝會喪爲變語頗漏泄帝聞之知其終不奉順乃先圖之於是伏勇士於宮中晨起以佩刀殺后馳使告速侯等言后暴崩速侯等驚走來赴因執而殺之

文帝皇后封氏生桓穆二帝早崩和帝立乃葬焉高宗初穿天淵池獲一石銘稱桓帝葬母封氏遠近赴會二十餘万人有司以聞命藏之太廟

次妃蘭氏生二子長子曰藍早卒次子思帝也

桓帝皇后祁氏生三子長曰普根次惠帝次煬帝平文崩后攝國事時人謂之女國后性猛忌平文之崩后所爲也

平文皇后王氏廣甯人也年十三因事入宮得幸於平文生昭成帝平文崩昭成在襁褓時國有內難將害諸皇子后匿帝於袴中懼人知呪曰若天祚未終者汝便無聲遂良久不啼得免於難昭成初欲定都於灅源川築城郭起宮室議不決后聞之曰國自上世遷徙爲業今事難之後基業未固若城郭而居一旦寇來難卒遷動乃止烈帝之崩國祚殆危興復大業后之力也十八年崩葬雲中金陵太祖即位配饗太廟

昭成皇后慕容氏元眞之女也初帝納元眞妹

爲妃未幾而崩元眞復請繼好遣大人長孫秩逆后元眞送于境上后至有寵生獻明帝及秦明王后性聰敏多知沈厚善決斷專理內事每事多從初昭成遣衛辰兄悉勿祈還部落也后戒之曰汝還必深防衛辰辰姦猾終當滅汝悉勿祈死其子果爲衛辰所殺卒如后言建國二十三年崩太祖即位配饗太廟

獻明皇后賀氏父野干東部大人后少以容儀選入東宮生太祖符洛之內侮也后與太祖及

故臣吏避難北徙俄而高車奄來抄掠后乘車與太祖避賊而南中路失轄后懼仰天而告曰國家胤冑豈止尒絶滅也惟神靈扶助遂馳輪正不傾行百餘里至七介山南而得免難後劉顯使人將害太祖帝姑爲顯弟亢泥妻知之密以告后梁眷亦來告難后乃令太祖去之后夜飮顯使醉向晨故驚廐中羣馬顯使起視馬后泣而謂曰吾諸子始皆在此今盡亡失汝等誰殺之故顯不使急追太祖得至賀蘭部羣情未

甚歸附后從弟外朝大人悅舉部隨從供奉盡禮顯怒將害后后夜奔亢泥家匿神車中三日亢泥舉室請救乃得免會劉顯部亂始得亡歸後后弟染干忌太祖之得人心舉兵圍逼行宮后出謂染干曰汝等今安所置我而欲殺吾子也染干慙而去後后少子秦王觚使于燕慕容垂止之后以觚不返憂念寢疾皇始元年崩時年四十六祔葬于盛樂金陵後追加尊謚配饗焉

道武皇后慕容氏寶之季女也中山平入充掖庭得幸左丞相衞王儀等奏請立皇后帝從羣臣議令后鑄金人成乃立之告於郊廟封后母孟爲漂陽君後崩

道武宣穆皇后劉氏劉眷女也登國初納爲夫人生華陰公主後生太宗后專理內事寵待有加以鑄金人不成故不得登后位魏故事後宮產子將爲儲貳其母皆賜死太祖末年后以舊法薨太宗即位追尊謚號配饗太廟自此後宮

人爲帝母皆正位配饗焉

明元昭哀皇后姚氏姚興女也興封西平長公主太宗以后禮納之後爲夫人后以鑄金人不成未昇尊位然帝寵幸之出入居處禮秩如后焉是後猶欲正位而后謙讓不當泰常五年薨帝追恨之贈皇后璽綬而後加謚焉葬雲中金陵

明元密皇后杜氏魏郡鄴人陽平王超之妹也初以良家子選入太子宮有寵生世祖及太宗

即位拜貴嬪泰常五年薨謚曰密貴嬪葬雲中金陵世祖即位追尊號謚配饗太廟又立后廟于鄴刺史四時薦祀以魏郡太后所生之邑復其調役後甘露降于廟庭高宗時相州刺史高閭表脩后廟詔曰婦人外成理無獨祀陰必配陽以成天地未聞有莘之國立大姒之饗此乃先皇所立一時之至感非經世之遠制便可罷祀先是世祖保母竇氏初以夫家坐事誅與二女俱入宮操行純備進退以禮太宗命為世祖

保母性仁慈勤撫導世祖感其恩訓奉養不異所生及即位尊為保太后後尊為皇太后封其弟漏頭為遼東王太后訓釐內外甚有聲稱性恬素寡欲喜怒不形於色好揚人之善隱人之過世祖征涼州蠕蠕吳提入寇太后命諸將擊走之真君元年崩時年六十三詔天下大臨三日太保盧魯元監護喪事謚曰惠葬崞山從后意也初后嘗登崞山顧謂左右曰吾母養帝躬敬神而愛人若死而不滅必不為賤鬼然於先

朝本無位次不可違禮以從園陵此山之上可以終託故葬焉別立后寢廟於崞山建碑頌德

太武皇后赫連氏赫連屈丐女也世祖平統萬納后及二妹俱為貴人後立為皇后高宗初崩祔葬金陵

太武敬哀皇后賀氏代人也初為夫人生恭宗神䴥元年薨追贈貴嬪葬雲中金陵後追加號謚配饗太廟

景穆恭皇后郁久閭氏河東王毗妹也少以選入東宮有寵真君元年生高宗世祖末年薨高宗即位追尊號謚葬雲中金陵配饗太廟

高宗乳母常氏本遼西人太延中以事入宮世祖選乳高宗慈和履順有劬勞保護之功高宗即位尊為保太后尋為皇太后謁於郊廟和平元年崩詔天下大臨三日謚曰昭葬於廣寧磨笄山俗謂之鳴雞山太后遺志也依惠太后故事別立寢廟置守陵二百家樹碑頌德

文成文明皇后馮氏長樂信都人也父朗秦雍二州刺史西城郡公母樂浪王氏后生於長安有神光之異朗坐事誅后遂入宮世祖左昭儀后之姑也雅有母德撫養教訓年十四高宗踐極以選爲貴人後立爲皇后高宗崩故事國有大喪三日之後御服器物一以燒焚百官及中宮皆號泣而臨之后悲叫自投火中左右救之良久乃蘇顯宗即位尊爲皇太后丞相乙渾謀逆顯祖年十三居于諒闇太后密定大策誅渾

遂臨朝聽政及高祖生太后躬親撫養是後罷令不聽政事太后行不正內寵李弈顯祖因事誅之太后不得意顯祖暴崩時言太后爲之也承明元年尊曰太皇太后復臨朝聽政太后性聰達自入宮掖粗學書計及登尊極省決萬機高祖詔曰朕以虛寡幼纂寶歷仰恃慈明緝寧四海欲報之德正覺是憑諸鷙鳥傷生之類宜放之山林其以此地爲太皇太后經始靈塔於是罷鷹師曹以其地爲報德佛寺太后與高祖

遊于方山顧瞻川阜有終焉之志因謂羣臣曰舜葬蒼梧二妃不從豈必遠祔山陵然後爲貴哉吾百年之後神其安此高祖乃詔有司營建壽陵於方山又起永固石室將終爲清廟焉太和五年起作八年而成刊石立碑頌太后功德太后以高祖富於春秋乃作勸戒歌三百餘章又作皇誥十八篇文多不載太后立文宣王廟於長安又立思燕佛圖於龍城皆刊石立碑太后又制內屬五廟之孫外戚六親緦麻皆受復

除性儉素不好華飾躬御縵繒而已宰人上膳案裁徑尺羞膳滋味減於故事十分之八太后嘗以體不安服菴藺子宰人昬而進粥有蝘蜓在焉后舉匕得之高祖侍側大怒將加極罰太后笑而釋之自太后臨朝專政高祖雅性孝謹不欲參決事無巨細一稟於太后太后多智略猜忍能行大事生殺賞罰決之俄頃多有不關高祖者是以威福兼作震動內外故杞道德王遇張祐苻承祖等拔自微閹歲中而至王公王

𡨮出入臥內數年便爲宰輔賞賚財帛以千萬億計金書鐵券許以不死之詔李沖雖以器能受任亦由見寵帷幄密加錫賚不可勝數后性嚴明假有寵待亦無所縱左右纖介之愆動加捶楚多至一百餘少亦數十然性不宿憾尋亦待之如初或因此更加富貴是以人人懷於利欲至死而不思退太后曾與高祖幸靈泉池燕羣臣及藩國使人諸方渠帥各令爲其方舞高祖帥羣臣上壽太后忻然作歌帝亦和歌遂命羣

臣各言其志於是和歌者九十人太后外禮民望元丕游明根等頒賜金帛輿馬每至褒美叡等皆引丕等參之以示無私又自以過失懼人議已小有疑忌便見誅戮迄后之崩高祖不知所生至如李訢李惠之徒猜嫌覆滅者十餘家死者數百人率多枉濫天下寃之十四年崩於太和殿時年四十九其日有雄雉集于太華殿高祖酌飲不入口五日毀慕過禮謚曰文明太皇太后葬于永固陵日中而反虞於鑒玄殿詔曰尊旨從儉不申罔極之痛稱情允禮仰損儉訓之德進退思惟倍用崩感又山陵之節亦有成命內則方丈外裁揜坎脫於孝子之心有所不盡者室中可二丈墳不得過三十餘步今以山陵萬世所仰復廣爲六十步孤負遺旨益以痛絕其幽房大小棺椁質約不設明器至於素帳縵茵瓷瓦之物亦皆不置此則遵先志從冊令俱奉遺事而有從有違未逹者或以致怪梓宮之裏玄堂之內聖靈所憑是以一奉遵仰

昭儉德其餘外事有所不從以盡痛慕之情其宣示遠近著告羣司上明儉誨之善下彰違命之失及卒哭孝文服衰近臣從服三司已下外臣衰服者變服就練七品已下盡除即吉設祔祭於太和殿公卿已下始親公事高祖毀瘠絕酒肉不內御者三年初高祖孝於太后乃於永固陵東北里餘豫營壽宮有終焉瞻望之志及遷洛陽乃自表瀍西以爲山園之所而方山虛宮至今猶存號曰萬年堂云

文成元皇后李氏梁國蒙縣人母頓丘王峻之妹也后之生也有異於常父方叔恒言此女當大貴及長姿質美麗世祖南征永昌王仁出壽春軍至后宅因得后及仁鎮長安遇事誅后與其家人送平城宮高宗登白樓望見美之謂左右曰此婦人佳乎左右咸曰然乃下臺后得幸於齋庫中遂有娠常太后後問后后云爲帝所幸仍有娠時守庫者亦私書壁記之別加驗問皆相符同及生顯祖拜貴人太安二年太后令依故事令后具條記在南兄弟及引所結宗兄洪之悉以付託臨訣每一稱兄弟輒拊胸慟泣遂薨後謚曰元皇后葬金陵配饗太廟

魏書傳一　十二

獻文思皇后李氏中山安喜人南郡王惠之女也姿德婉淑年十八以選入東宮顯祖即位爲夫人生高祖皇興三年薨上下莫不悼惜葬金陵承明元年追崇號謚配饗太廟

孝文貞皇后林氏平原人也叔父金閭起自閹官有寵於常太后官至尚書平涼公金閭兄勝爲平涼太守金閭顯祖初爲定州刺史未幾爲乙渾所誅兄弟皆死勝無子有二女入掖庭后容色美麗得幸於高祖生皇子恂以恂將爲儲貳太和七年后依舊制薨高祖仁恕不欲襲前事而稟文明太后意故不果行謚曰貞皇后葬金陵及恂以罪賜死有司奏追廢后爲庶人

孝文廢皇后馮氏太師熙之女也太和十七年高祖既終喪太尉元丕等表以長秋未建六宮無主請正內位高祖從之立后爲皇后高祖每遵典禮后及夫嬪以下接淑皆以次進車駕南伐后留京師高祖又南征后率六宮還洛陽及后父熙兄誕薨高祖爲書慰以叙哀情及車駕還洛恩遇甚厚高祖後重引后姊昭儀至洛稍有寵后禮愛漸衰昭儀自以年長且前入宮掖素見待念輕后而不率妾禮后雖性不妬忌時有愧恨之色昭儀規爲內主譖構百端尋廢后爲庶人后貞謹有德操遂爲練行尼後終於瑤光佛寺

魏書傳一　十三

孝文幽皇后亦馮熙女母曰常氏本微賤得幸
於熙熙元妃公主薨後遂主家事生后與北平
公夙文明太皇太后欲家世貴寵乃簡熙二女
俱入掖庭時年十四其一早卒后有姿媚偏見
愛幸未幾疾病文明太后乃遣還家為尼高祖
猶留念焉歲餘而太后崩高祖服終頗存訪之
又聞后素疹痊除遣閹官雙三念璽書勞問遂
迎赴洛陽及至寵愛過初專寢當夕宮人稀復
進見拜為左昭儀後立為皇后始以疾歸頗有

失德之聞高祖頻歲南征后遂與中官高菩薩
私亂及高祖在汝南不豫后便公然醜恣中常
侍雙蒙等為其心腹中常侍劇鵬諫而不從憤
懼致死是時彭城公主宋王劉昶子婦也年少
嫠居北平公馮夙后之同母弟也后求婚於高
祖高祖許之公主志不願后欲強之婚有日矣
公主密與侍婢及家僮十餘人乘輕車冒霖雨
赴懸瓠奉謁高祖自陳本意因言后與菩薩亂
狀高祖聞而駭愕未之全信而祕匿之惟彭城

王侍疾左右具知其事此後后漸憂懼與母常
氏求託女巫禱厭無所不至願高祖疾不起一
旦得如文明太后輔少主稱命者賞報不貲又
取三牲宮中妖祠假言祈福專為左道母常或
自詣宮中或遣侍婢與相報答高祖自豫州北
幸鄴后慮還見治檢彌懷危怖驟令閹人託參
起居皆賜之衣裳殷勤託寄勿使漏洩亦令雙
蒙充行皆其信不然惟小黃門蘇興壽密陳委
曲高祖問其本末敕以勿洩至洛執問菩薩雙

蒙等六人迭相證舉具得情狀高祖以疾臥含
溫室夜引后并列菩薩等於戶外后臨入令閹
人搜衣中稍有寸刃便斬后頓首泣謝乃賜坐
東楹去御筵二丈餘高祖令菩薩等陳狀又讓
后曰汝母有妖術可具言之后乞屏左右有所
密啟高祖敕中侍悉出唯令長秋卿白整在側
取衛直刀柱之后猶不言高祖乃以綿堅塞整
耳自小語呼整再三無所應乃令后言事隱人
莫知之高祖乃喚彭城北海二王令入坐言昔

是汝嫂令乃他人但入勿避二王固辭不獲命及入高祖云此老嫗乃欲白刃揷我肋上可窮問本末勿有所難高祖深自引過致愧二王又云馮家女不能復相廢逐且使在宮中空坐有心乃能自死汝等勿謂吾猶有情也高祖素至孝猶以文明太后故未便行廢良久二王出乃賜后辭死訣再拜稽首涕泣歔欷令入東房及入宮後帝命閹人有所問於后后罵曰天子婦親面對豈令汝傳也高祖怒勑后母常入

與后杖常撻之百餘乃止高祖尋南伐后留京師雖以罪失寵而夫人嬪妾奉之如法惟令世宗在東宮無朝謁之事高祖疾甚謂彭城王勰曰後宮久乖陰德自絕於天若不早爲之所恐成漢末故事吾死之後可賜自盡別宮葬以后禮庶掩馮門之大過高祖崩梓宮達魯陽乃行遺詔北海王詳奉宣遺旨長秋卿白整等入授后藥后走呼不肯引決曰官豈有此也是諸王輩殺我耳整等執持強之乃含椒而盡殯以后

禮梓宮次洛南咸陽王禧等知審死相視曰若無遺詔我兄弟亦當作計去之豈可令失行婦人宰制天下殺我輩也諡曰幽皇后葬長陵塋內

孝文昭皇后高氏司徒公肇之妹也父颺母蓋氏凡四男三女皆生於東裔高祖初乃舉室西歸達龍城鎭鎭表后德色婉豔任充宮掖及至文明太后親幸北部曹見后姿貌奇之遂入掖庭時年十三初后幼曾夢在堂內立而日光自

窗中照之灼灼而熱后東西避之光猶斜照不已如是數夕后自怪之以白其父颺颺以問遼東人閔宗宗曰此奇徵也貴不可言颺曰何以知之宗曰夫日者君人之德帝王之象也光照女身必有恩命及之女避猶照者主上來求女不獲已也昔有夢月入懷猶生天子況日照之徵此女必將被帝命誕育人君之象也遂生世宗後生廣平王懷次長樂公主及馮昭儀寵盛密有母養世宗之意后自代如洛陽暴薨於汲

郡之共縣或云昭儀遣人賊后也世宗之爲皇太子三日一朝幽后后拊念慈愛有加高祖出征世宗入朝必久留后宮親視櫛沐母道隆備其後有司奏請加昭儀號謚曰文昭貴人高祖從之世宗踐阼追尊配饗后先葬城西長陵東南陵制卑局因就起山陵號終寧陵置邑戶五百家肅宗詔曰文昭皇太后德協坤儀美符文姒作合高祖實誕英聖而夙世淪暉孤塋弗祔先帝孝感自衷遷奉未遂永言哀恨義結幽明

魏書傳一　十八

廢呂尊薄禮伸漢代又詔曰文昭皇太后尊配高祖祔廟定號促令遷奉自終及始太后當主可更上尊號稱太皇太后以同漢晉之典正姑婦之禮廟號如舊文昭遷靈櫬於長陵兆西北六十步初開終寧陵數丈於梓宮上獲大蛇長丈餘黑色頭有王字蟄而不動靈櫬既遷置蛇舊處

宣武順皇后于氏太尉烈弟勁之女也世宗始親政事烈時爲領軍揔心膂之任以嬪御未備因左右諷諭稱后有容德世宗乃迎入爲貴人時年十四甚見寵愛立爲皇后謁于太廟后靜默寬容性不妬忌生皇子昌三歲夭歿其後暴崩宮禁事祕莫能知悉而世議歸咎于高夫人葬永泰陵謚曰順皇后

宣武皇后高氏文昭皇后弟偃之女也世宗納爲貴人生皇子早夭又生建德公主後拜爲皇后甚見禮重性妬忌宮人希得進御及肅宗即位上尊號曰皇太后尋爲尼居瑶光寺非大節

魏書傳二　十九

慶不入宮中建德公主始五六歲靈太后恒置左右撫愛之神龜元年太后出覲母武邑君時天文有變靈太后欲以后當禍是夜暴崩天下冤之喪還瑶光佛寺殯葬皆以尼禮初高祖幽后之寵也欲專其愛後宮接御多見阻遏高祖時言于近臣稱婦人妬防雖王者亦不能免況士庶乎世宗暮年高后悍忌夫人嬪御有至帝崩不蒙侍接者由是在洛二世二十餘年皇子全育者惟肅宗而已

宣武靈皇后胡氏安定臨涇人司徒國珍女也母皇甫氏產后之日赤光四照京兆山北縣有趙胡者善於卜相國珍問之胡云賢女有大貴之表方為天地母生天地主勿過三人知也后姑為尼頗能講道世宗初入講禁中積數歲諷左右稱后姿行世宗聞之乃召入掖庭為承華世婦而椒掖之中以國舊制相與祈祝皆願生諸王公主不願生太子唯后每謂夫人等言天子豈可獨無兒子何緣畏一身之死而令皇家

不育冢嫡乎及肅宗在孕同列猶以故事相恐勸為諸計后固意確然幽夜獨誓云但使所懷是男次第當長子子生身死所不辭也既誕肅宗進為充華嬪先是世宗頻喪皇子自以春秋長矣深加慎護為擇乳保皆取良家宜子者養於別宮皇后及充華嬪皆莫得而撫視焉及肅宗踐阼尊后為皇太妃後尊為皇太后臨朝聽政猶稱殿下下令行事後改令稱詔羣臣上書曰陛下自稱曰朕太后以肅宗沖幼未堪親祭

欲傍周禮夫人與君交獻之義代行祭禮訪尋故式門下召禮官博士議以為不可而太后欲以幃幔自鄣觀三公行事重問侍中崔光光便據漢和熹鄧后薦祭故事太后大悅遂攝行初祀太后性聰悟多才藝姑既為尼幼相依託略得佛經大義親覽万機手筆斷決幸西林園法流堂命侍臣射不能者罰之又自射針孔中之大悅賜左右布帛有差先是太后勑造申訟車時御焉出自雲龍大司馬門從宮西北入自千

秋門以納寃訟又親策孝秀州郡計吏於朝堂太后與肅宗幸華林園宴羣臣于都亭曲水令王公已下賦七言詩太后詩曰化光造物含氣貞帝詩曰恭己無為賴慈英王公已下賜帛有差太后父薨百寮表請公除太后不許尋幸永寧寺親建刹於九級之基僧尼士女赴者數万人及改葬文昭高后太后不欲令肅宗主事乃自為喪主出至終寧陵親奠遣事還哭於太極殿至於訖事皆自主焉後幸嵩高山夫人九

嬪公主已下從者數百人昇于頂中廢諸淫祀而胡天神不在其列後幸左藏王公嬪主已下從者百餘人皆令任力負布絹即以賜之多者過二百匹少者百餘匹唯長樂公主手持絹二十匹而出示不異衆而無勞也世稱其廉儀同陳留公李崇章武王融並以所負過多顛仆於地崇乃傷腰融至損腳時人爲之語曰陳留章武傷腰折股貪人敗類穢我明主尋幸闕口溫水登雞頭山自射象牙簪一發中之勑示文武

時太后得志逼幸清河王懌淫亂肆情爲天下所惡領軍元乂長秋卿劉騰等奉肅宗於顯陽殿幽太后於北宮於禁中殺懌其後太后從子都統僧敬與備身左右張車渠等數十人謀殺乂復奉太后臨朝事不克僧敬坐徙邊車渠等死胡氏多免黜後肅宗朝太后於西林園讌文武侍臣飲至日夕乂乃起至太后前自陳外云太后欲害已及騰太后答云無此語遂至于極昏太后乃起執肅宗手下堂言母子不聚久今暮共一宿諸大臣送我入太后與肅宗向東北小閤左衛將軍奚康生謀欲殺乂不果自劉騰死乂又寬怠太后與肅宗及高陽王雍爲計解乂領軍太后復臨朝大赦改元自是朝政踈緩威恩不立天下牧守所在貪惏鄭儼汙亂宮掖勢傾海內李神軌徐紇並見親侍一二年中位總禁要手握王爵輕重在心宣淫於朝爲四方之所厭穢文武解體所在亂逆土崩魚爛由於此矣僧敬又因聚集親族遂涕泣諫曰陛下母

儀海內豈宜輕脫如此后大怒自是不召僧敬太后自以行不脩懼宗室所嫌於是內爲朋黨防蔽耳目肅宗所親幸者太后多以事害焉有蜜多道人能胡語肅宗置於左右太后慮其傳致消息三月三日於城南大巷中殺之方懸賞募賊又於禁中殺領左右鴻臚少卿谷會紹達並帝所親也母子之間嫌隙屢起鄭儼慮禍乃與太后計因潘充華生女太后詐以爲男便大赦改年肅宗之崩事出倉卒時論咸言鄭儼徐

紇之計於是朝野憤歎太后乃奉潘嬪女言太子即位經數日見人心已安始言潘嬪本實生女今宜更擇嗣君遂立臨洮王子釗爲主年始三歲天下愕然及武泰元年尒朱榮稱兵渡河太后盡召肅宗六宮皆令入道太后亦自落髮榮遣騎拘送太后及幼主於河陰太后對榮多所陳說榮拂衣而起太后及幼主並沉於河太后妹馮翊君收瘗於雙靈佛寺出帝時始葬以后禮而追加謚

三百卅九　魏書傳一　二十四　曹柴

孝明皇后胡氏靈太后從兄冀州刺史盛之女靈太后欲榮重門族故立爲皇后肅宗頗有酒德專嬖充華潘氏后及嬪御並無過寵太后爲肅宗選納抑屈人流時博陵崔孝芬范陽盧道約隴西李瓚等女但爲世婦諸人訴訟咸見忿責武泰初后既入道遂居於瑤光寺

孝靜皇后高氏齊獻武王之第二女也天平四年詔娉以爲皇后王前後固辭帝不許興和初詔侍中司徒公孫騰司空公襄城王旭兼尚書令司州牧西河王悰兼太常卿及宗正卿元孝友等奉詔致禮并備宮官侍衞以后駕迎於晉陽之丞相第五月立爲皇后大赦天下齊受禪降爲中山王妃後降于尚書左僕射楊遵彥

史臣曰始祖生自天女克昌後葉靈后婬恣卒亡天下傾城之戒其在茲乎鈎弋年稚子幼漢武所以行權魏世遂爲常制子貴母死矯枉之義不亦過哉高祖終華其失良有以也

三冊一十　魏書傳一　二十五　桂

皇后列傳第一　　魏書十三

魏收書皇后傳亡後人補以北史又取高氏小史及脩文殿御覽附益之

神元平文諸帝子孫列傳第二

上谷公紇羅神元皇帝之曾孫也初從太祖自獨孤如賀蘭部招集舊戶得三百家與弟建議勸賀訥推太祖爲主及太祖登王位紇羅常翼衛左右又從征伐有大功紇羅有援立謀特見優賞及即帝位與弟建同日賜爵爲公卒

子題少以雄武知名賜爵襄城公從征中山受詔徇下諸郡撫慰新城皆安化樂業進爵爲王擊慕容驎於義臺中流矢薨帝以太醫令陰光

爲視療不盡術伏法

子悉襲降爵爲襄城公卒贈襄城王

建德公嬰文神元皇帝之後也少明辯有決斷太宗器之典出納詔命常執機要世祖踐阼拜護東夷校尉進爵建德公鎮遼西卒

眞定侯陸神元皇帝之後也世祖時以武功頗蒙恩遇拜散騎常侍賜爵眞定侯卒

陸曾孫軌字法寄稍遷洛陽令時天下多事軌惟以深刻遇下死多酷濫識者非之孝靜時鄴宮創制以軌爲營構使除徐州刺史軌風望既陋又無學術雖歷名位時人輕之卒於州

武陵侯因章帝之後也從太祖平中原以功封曲逆侯世祖時改爵武陵

長樂王壽樂章帝之後也位選部尚書南安王改封長樂王高宗即位壽樂有援立功拜太宰大都督中外諸軍錄尚書事矜功與尚書令長孫渴侯爭權並伏法

望都公頹昭帝之後也隨太祖平中原賜爵望

都侯世祖以頹美儀容進止可觀使迎左昭儀於蠕蠕進爵爲公卒

曲陽侯素延桓帝之後也以小統從太祖征討諸部初定并州爲刺史太祖之驚於柏肆也并州守將封寶眞爲逆素延斬之時太祖意欲撫悅新附悔參合之誅而素延殺戮過多坐免官中山平拜幽州刺史豪奢放逸左遷上谷太守後賜爵曲陽侯時太祖留心黃老欲以純風化俗雖乘輿服御皆去彫飾咸尚質儉而素延奢

後過度太祖深銜之積其過因徵坐賜死

順陽公郁桓帝之後也少忠正亢直初以羽林中郎內侍勤幹有稱高宗時位殿中尚書從高宗東巡臨海以勞賜爵順陽公高宗崩乙渾專權隔絕內外百官震恐計無所出郁率殿中衛士數百人從順德門入欲誅渾渾懼逆出問郁曰君入何意郁曰不見天子羣臣憂懼求見主上渾窘怖謂郁曰今大行在殯天子諒闇故未接百官諸君何疑遂奉顯祖臨朝後渾心規為亂朝臣側目郁復謀殺渾為渾所誅顯祖錄郁忠正追贈順陽王謚曰簡

姬　魏書傳二　三　徐仁

宜都王目辰桓帝之後也初以羽林郎從太祖南伐至江高宗即位以勞累遷侍中尚書左僕射封南平公乙渾之謀亂也目辰與兄郁議欲殺渾事泄被誅目辰逃隱得免顯祖傳位有定策勳高祖即位遷司徒封宜都王除雍州刺史鎮長安目辰性亢直耿介不為朋黨朝臣咸憚之然好財利在州政以賄成有罪伏法爵除

穆帝長子六脩少而凶悖穆帝五年遣六脩為前鋒與輔相衛雄范班及姬澹等救劉琨帝躬統大兵為後繼劉粲懼焚燒輜重突圍遁走縱騎追之殺傷甚衆帝因大獵於壽陽山陳閱皮肉山為變赤及晉懷帝為劉聰所執穆帝遣六脩與桓帝子普根率精騎助劉琨初穆帝少子比延有寵欲以為後六脩出居新平城而黜其母六脩有驊騮駿馬日行五百里穆帝欲取以給比延後六脩來朝穆帝又命拜比延六脩不

魏傳二　四　方中

從穆帝乃坐比延於己所乘步輦使人導從出遊六脩望見以為穆帝謁伏路左及至乃是比延慚怒而去召之不還穆帝怒率衆伐之帝軍不利六脩殺比延帝改服微行民間有賤婦人識帝遂暴崩普根先守于外聞難率衆來赴攻六脩滅之

吉陽男比干太祖族弟也以司衞監討白澗丁零有功賜爵吉陽男後為南道都將戰沒

江夏公呂太祖族弟也從世祖平涼州有功封

江夏公位外都大官委以朝政大見尊重卒贈
江夏王陪葬金陵
高涼王孤平文皇帝之第四子也多才藝有志略烈帝之前元年國有内難昭成如襄國後烈帝臨崩顧命迎昭成立之社稷可安及崩羣臣咸以新有大故内外未安昭成在南來未可果比至之間恐生變詐宜立長君以鎮衆望次弟屈剛猛多變不如孤之寛和柔順於是大人梁蓋等殺屈共推孤孤曰吾兄居長自應繼位我

安可越次而處大業乃自詣鄴奉迎請身留爲質石虎義而從之昭成即位乃分國半部以與之薨
子斤失職懷怨構寔君爲逆死於長安太祖時以孤勳高追封高涼王謚曰神武
斤子真樂頻有戰功後襲祖封太宗初改封平陽王薨
子禮襲本爵高涼王薨謚懿王
子那襲爵拜中都大官驍猛善攻戰和平初坐事伏法顯祖即位追那功命子紇紹封薨
子大曹性愿直高祖時諸王非太祖子孫者例降爵爲公以大曹先世讓國功重曾祖樂真勳著前朝改封太原郡公卒無子國除世宗又以大曹從兄子洪威紹恭謙好學爲潁川太守有政績孝静初在潁川聚衆應關西齊獻武王遣將討平之
禮弟陵世祖賜爵襄邑男進爵爲子卒
子瓌位柔玄鎮司馬

瓌子鷙字孔雀容皃魁壯腰帶十圍爲羽林隊仗副高祖末以征討有功賜爵晋陽男累遷領軍鐵部都督武泰元年尒朱榮至河陰殺戮朝士鷙與榮共登高冢俯而觀之自此後與榮合元顥之逼也鷙從駕北迎既到河内欲入城鷙奏曰河内晝則閉門夜引駕入此之意趣難以測量本圖有在願便發邁帝從之前至長子以尒朱榮赴援除鷙車騎將軍封華山王莊帝既殺尒朱榮榮從子兆爲亂帝欲率諸軍親討鷙

與兆陰通乃勸帝曰黃河萬仞寧可卒渡帝遂
自安及兆入殿鷙又約止衛兵帝見逼京邑破
皆由鷙之謀孝靜初入為大司馬加侍中鷙有
武藝木訥少言性方厚每息直省閨雖暑月不
解衣冠曾於侍中高岳之席咸陽王坦恃力使
酒陵侮一坐衆皆下之不敢應荅坦謂鷙曰孔
雀老武官何因得王鷙即荅曰斬反人元禧首
是以得之衆皆失色鷙怡然如故興和三年薨
贈假黃鉞尚書令司徒公

子大器襲爵後與元瑾謀害齊文襄王見害
孤孫度太祖初賜爵松滋侯位比部尚書卒
子乙斤襲爵襄陽侯顯祖崇舊齒拜外都大官
甚見優重卒
子平字楚國襲世爵松滋侯以軍功賜艾陵男
卒
子萇高祖時襲爵松滋侯例降侯賜艾陵伯萇
性剛毅雖有吉慶事未嘗開口而笑高祖遷都
萇以代尹留鎮除懷朔鎮都大將因別賜萇酒

雖拜飲而顏色不泰高祖曰聞公一生不笑今
方隔山當為朕笑竟不能得高祖曰五行之氣
偏有所不入六合之間亦何事不有左右見者
無不扼腕大笑世宗時為北中郎將帶河內太
守萇以河橋船絙路狹不便行旅又秋水汎漲
年常破壞乃為船路遂廣疑 空車從京出者率
令輸石一雙累以為岸橋闊來往便利近橋諸
郡無復勞擾公私賴之歷位度支尚書侍中雍
州刺史卒諡曰成萇中年以後官位微達乃自

尊倨閨門無禮昆季不穆性又貪虐論者鄙之
萇子子華字伏榮襲爵孝莊初除齊州刺史先
是州境數經反逆邢杲之亂人不自保而子華
撫集豪右委之管籥衆皆感悅境內帖然而性
甚褊急當其急也口不擇言手自捶擊長史鄭
子湛子華親友也見侮罵遂即去之子華雖自
悔厲終不能改在官不為矯潔之行凡有餽贈
者辭多受少故人不厭其取鞠獄訊囚務加仁
恕齊人樹碑頌德後除濟州刺史尒朱兆之入

洛也齊州城人趙洛周逐刺史丹陽王蕭贊表
濟南太守房士達攝行州事洛周子元顯先隨
子華在濟州邀路改表請子華復爲齊州刺史
子華母房氏曾就親人飲食夜還大吐人以爲
中毒甚憂懼子華遂掬吐盡噉之其母乃安尋
以母憂還都孝靜初除南兗州刺史弟子思通
使關西朝廷使右衛將軍郭瓊收之子思謂瓊
僕曰速可見殺何爲久執國士子華謂子思曰
由汝麤疏令我如此以頭叩床涕泣不自勝子

思以手捋鬚顧謂子華曰君惡體氣尋與子思
俱死於門下外省

子思字衆念性剛暴恒以忠烈自許元天穆當
朝權以親從薦爲御史中尉先是兼尚書僕射
元順奏以尚書百揆之本至於公事不應送御
史至子思奏曰案御史令云中尉督司百寮治
書侍御史糺察禁内又云中尉出行車輻前驅
除道一里王公百辟避路時經四帝前後中尉
二十許人奉以周旋未曾暫廢府寺臺省並從

此令唯肅宗之世爲臨洮舉哀故兼尚書左僕
射臣順不肯與名又不送簿故中尉臣酈道元
舉而奏之而順復啓云尚書百揆之本令僕納
言之貴不宜下隸中尉送名御史尋亦蒙敕聽
如其奏從此迄今使無準一臣初上臺具見其
事意欲申請決議但以權兼未宜便尓日復一
日遂歷炎涼去月朔旦臺移尚書索應朝名帳
而省稽留不送尋復移催并主吏忽爲尚書郎
中裴獻伯後注云案舊事御史中尉逢臺郎於

複道中尉下車執板郎中車上舉手禮之以此
而言明非敵體臣既見此深爲怪愕旋省二三
未解所以正謂都省別被新式改易高祖舊命
即遣移問事何所依又獲尚書郎中王元旭報
出蔡氏漢官似非穿鑿始知裴王亦規壞典謨
兩人心欲自矯臣案漢書宣秉傳云詔徵秉爲
御史中丞與司隸校尉尚書令俱會殿庭並專
席而坐京師號之爲三獨坐又尋魏書崔琰傳
晉文陽　傳嘏傳皆云既爲中丞百寮震悚以

此而言則中丞不揖省郎蓋已久矣憲臺不屬
都堂亦非今日又尋職令云朝會失時即加彈
糾則百官簿帳應送上臺灼然明矣又皇太子
以下違犯憲制皆得糾察則令僕朝名宜付御
史又亦彰矣不付名至否臧何驗臣順專執未
爲平通先朝曲遂豈是正法謹案尚書郎中臣
裴獻伯王元旭等望班士流早參清宦輕弄短
札斐然若斯苟執異端忽焉至此此而不綱將
隳朝令請以見事免獻伯等所居官付法科處

尚書納言之本令僕百揆之要同彼浮虛助之
乖失宜明首從節級其罪詔曰國異政不可據
之古事付司檢高祖舊格推處得失以聞尋從
子思奏仍爲元天穆所忿遂停元顥之敗封安
定縣子孝靜時位侍中而死
萇弟珍字金省襲爵艾陵男世宗時曲事高肇
遂爲帝寵昵彭城王勰之死珍率壯士害之後
卒於尚書左僕射
平弟長生位游騎擊將軍卒孝莊時以子天穆

貴盛贈司空
天穆性和厚美形皃善射有能名年二十起家
員外郎六鎮之亂尚書令李崇廣陽王深北討
天穆奉使慰勞諸軍路出秀容尒朱榮見其法
令齊整有將領氣深相結託約爲兄弟未幾榮
請天穆爲行臺朝廷不許改授別將令赴秀容
是時北鎮紛亂所在蜂起六鎮蕩然無復蕃捍
惟榮當職路衝招聚散亡天穆爲榮腹心除并
州刺史及榮赴洛天穆參其始謀乃令天穆留

後爲之繼援莊帝踐阼天穆以榮之眷昵特除
太尉封上黨王徵赴京師榮之討葛榮詔天穆
爲前軍都督率京師之衆以赴之榮擒葛榮天
穆增封通前三万户尋監國史録尚書事開府
世襲并州刺史初杜洛周鮮于脩禮爲寇瀛冀
諸州人多避亂南向幽州前北平府主簿河間
邢杲擁率部曲屯據鄚城以拒洛周葛榮垂將
三載及廣陽王深等敗後杲南度居青州北海
界靈太后詔流人所在皆置命屬郡縣選豪右

爲守令以撫鎮之時青州刺史元世儁表置新
安郡以杲爲太守未報會臺軍申休疑簡授郡縣
以杲從子子瑤資蔭居前乃授河間太守杲深
耻恨於是遂反所在流人先爲土人凌忽聞杲
起逆率來從之旬朔之間衆踰十万劫掠村塢
毒害民人齊人號之爲䑛榆賊先是河南人常
笑河北人好食榆葉故因以號之杲東掠光州
盡海而還又破都督李叔仁軍詔天穆與齊獻
武王討大破之杲乃請降傳送京師斬之增天

穆邑万戶時元顥乘虛陷滎陽天穆聞莊帝北
巡自畢公壘北渡會車駕於河內尒朱榮以天
時炎熱欲還師天穆苦執不可榮乃從之莊帝
還宮加太宰羽葆鼓吹增邑通前七万戶天穆
以疎屬本無德望憑藉尒朱爵位隆極當時熏
灼朝野傾悚王公已下每旦盈門受納財貨珍
寶充積而寬柔容物不甚見疾於時莊帝以其
榮黨外示寵敬詔天穆乘車馬出入大司馬門
天穆與榮相倚情寄特甚榮常以兄禮事之而

尒朱世隆等雖榮子姪位遇已重畏憚天穆俯
仰承迎天穆曾言世隆之失榮即加杖其相親
任如此莊帝內畏惡之與榮同時見殺前廢帝
初贈丞相柱國大將軍雍州刺史假黃鉞謚曰
武昭
子儼龍發美才皃位都官尚書及齊受禪聞敕召
假病遂怖而卒
西河公敦平文帝之曾孫也太祖初從征被堅
執銳名冠諸將後從征中山所向無前太宗時

拜中都大官世祖時進爵西河公寵遇彌篤卒
子撥襲
司徒石平文帝之玄孫也忠勇有膽略尤善騎
射從世祖南討至瓜步位尚書令雍州刺史歷
比部侍郎華州刺史累遷征南大將軍卒贈司
徒公
武衛將軍謂烈帝之第四子也寬雅有將略常
從太祖征討有功除武衛將軍後謝老歸家顯
祖善禮遇之賜几杖服物致膳於第卒賜祕器

子烏具膂力絕人隨太祖征伐屢有戰功官至
鉅鹿太守
子興都聰敏剛毅高宗時爲河間太守賜爵樂
城子爲政嚴猛百姓憚之顯祖初以丕貴重
進爵樂城侯謝老歸家顯祖益禮之賜几杖服
物致膳於第其妻婁氏爲東陽王太妃卒追贈
定州刺史河間公謚曰宣
子提襲父侯爵
提弟丕世祖擢拜羽林中郎從駕臨江賜爵興
平子顯祖即位累遷侍中丞相乙渾謀反丕以

奏聞詔丕帥元賀牛益得收渾誅之遷尚書令
改封東陽公高祖時封東陽王拜侍中司徒公
時有諸疑事三百餘條勑丕制決率皆平允丕
子超生車駕親幸其第特加賞賜以執心不二
詔賜丕入八議傳示子孫犯至百聽責數恕之
放其同籍丁口雜使役調求受復除若有姦邪
人方便讒毀者即加斬戮尋遷太尉錄尚書事
時淮南王他淮陽王尉元河東王苟頹並以舊

老見禮每有大事引入禁中乘步挽杖于朝進
退相隨丕他元三人皆容皃壯偉腰帶十圍大
耳秀眉鬚鬢斑白百寮觀瞻莫不祗聳唯苟頹
小爲短劣姿望亦不逮之高祖文明太后重年
敬舊存問周渥賜以珍寶丕聲氣高朗博記國
事饗讌之際恒居坐端必抗音大言敘列既往
成敗帝后敬納焉然諂事要人驕侮輕賤每見
王叡苻承祖常傾身下之時文明太后爲王叡
造宅故亦爲丕造甲第第成帝后親幸之率百

官文武饗落焉使尚書令王叡宣詔賜丕金印
一紐太后親造勸戒歌辭以賜羣官丕上跡贊
謝太后令曰臣哉隣哉隣哉臣哉君則亡逸於
上臣則履冰於下若能如此太平豈難致乎及
丕妻段氏卒謚曰恭妃又特賜丕金券高祖文
明太后引見公卿於皇信堂太后曰今京師旱
儉欲聽飢貧之人出關逐食如欲給過所恐稽
延時日不救災窘若任其外出復慮姦良難辨
卿等可議其所宜丕議諸曹下大夫以上人各

將二吏別掌給過所州郡亦然不過三日給之便訖有何難也高祖從之四日而訖丕請立東宮詔曰年尚幼小有何急之丕曰臣年在西夕思觀盛禮於臣實急不許後例降王爵封平陽郡公求致仕詔不許及車駕南伐丕與廣陵王羽留守京師並加使持節詔丕羽曰留守非賢莫可太尉年尊德重位總阿衡羽朕之懿弟溫柔明斷故使二人留守京邑授以二節賞罰在手其祗允成憲以稱朕心丕對曰謹以死奉詔

羽對曰太尉宜專節度臣但可副貳而已高祖曰老者之智少者之決何得辭也及高祖還代丕請作歌詔許之歌訖高祖曰公傾朕還車故親歌述志今經構既有次第故暫還舊京願後時亦同茲適及高祖欲遷都臨太極殿引見留守之官大議乃詔丕等如有所懷各陳其志燕州刺史穆羆進曰移都事大如臣愚見謂為未可高祖曰卿便言不可之理羆曰北有獫狁之寇南有荊楊未賓西有吐谷渾之阻東有高句

麗之難四方未平九區未定以此推之謂為不可征伐之舉要須戎馬如其無馬事不可克高祖曰卿言無馬此理粗可馬常出北方廐在此置卿何慮無馬今代在恒山之北為九州之外以是之故遷于中原羆曰臣聞黃帝都涿鹿以此言之古昔聖王不必悉居中原高祖曰黃帝以天下未定居于涿鹿既定之後亦遷于河南尚書于杲曰臣誠不識古事如聞百姓之言先皇建都於此無何欲移以為不可中原其如是

所由擬數有篡奪自建邑平城以來與天地並固日月齊明臣雖管見膚淺性不昭達終不以恒代之地而擬伊洛之美但以安土重遷物之常性一旦南移懼不樂也丕曰陛下去歲親御六軍討蕭氏至洛遣任城王澄宣旨勑臣等議都洛初奉恩旨心情惶越凡欲遷移當訊之卜筮審定吉否然後可高祖謂丕曰往在鄴中司徒公誕咸陽王禧尚書李沖等皆欲請龜占移洛吉凶之事朕時謂誕等曰昔周邵卜宅伊洛

乃識至兆今無若斯之人卜亦無益然卜者所以決疑此既不疑何須卜也昔軒轅卜兆龜焦卜者請訪諸賢哲軒轅乃問天老天老謂爲善遂從其言終致昌吉然則至人之量未然審於龜矣朕既以四海爲家或南或北遲速無常南移之民朕自多積倉儲不令窘乏丕曰臣仰奉慈詔不勝喜舞高祖詔羣官曰卿等或以朕無爲移徙也昔平文皇帝棄背率土昭成營居盛樂太祖道武皇帝神武應天遷居平城朕雖虛

寡幸屬勝殘之運故移宅中原肇成皇宇卿等當奉先君令德光迹洪規前懷州刺史青龍前秦州刺史呂受恩等仍守愚固帝皆撫而答之辭屈而退帝又將北巡丕還太傅錄尚書事頻表固讓詔斷表啓就家拜授及車駕發代丕留守詔曰中原始構須朕營視在代之事一委太傅賜上所乘車馬往來府省丕雅愛本風不達新式至於變俗遷洛改官制服禁絕舊言皆所不願高祖知其如此亦不逼之但誘示大理令

其不生同異至於衣冕已行朱服列位而丕猶常服列在坐隅晚乃稍加弁帶而不能脩飾容儀高祖以丕年衰體重亦不強責及罷降非太祖子孫及異姓王者雖較於公爵而利享封邑亦不快疑高祖南征丕表乞少留思更圖後舉會司徒馮誕薨詔六軍反旆丕又以熙薨于代都表求鑾駕親臨詔曰今洛邑肇構跂望成勞開闢暨今豈有以天子之重遠赴舅國之喪朕縱欲爲孝其如大孝何縱欲爲義其如大義何

天下至重君臣道懸豈宜苟相誘引陷君不德令僕已下可付法官貶之又詔以丕爲都督領并州刺史後詔以平陽畿甸改封新興公初李沖又德望所屬既當時貴要有杖情疑遂與子超娶沖兄女即伯尚妹也丕前妻子隆同產數人皆與別居後得宮人所生同宅共產父子情因此偏丕父子大意不樂遷洛高祖之發平城太子恂留於舊京及將還洛隆與超等密謀留恂因舉兵斷關規據陘北時丕以老居并州雖

不預其始計而隆超咸以告丕丕外慮不成口
雖致難心頗然之及高祖幸平城推穆泰等首
謀隆兄弟並是黨丕亦隨駕至平城每於測問
令丕坐觀隆超與元業等兄弟並以謀逆伏誅
有司奏處孥戮詔以丕應連坐但以先許不死
之詔躬非染逆之身聽免死仍爲太原百姓其
後妻二子聽隨隆超母弟及餘庶兄弟皆徙敦
煌丕時年垂八十猶自平城力載隨駕至洛陽
高祖每遣左右慰勉之乃還晉陽高祖崩丕自

并州來赴世宗引見之以丕舊老禮有加焉尋
勑留洛陽後宴于華林都亭特令二子扶侍坐
起丕仕歷六世垂七十年位極公輔而還爲民
庶然猶心戀京邑不能自絕人事尋詔以丕爲
三老景明四年薨年八十二詔贈左光禄大夫
冀州刺史謚曰平

長子隆先以反誅

隆弟乙升超亦同誅

超弟雋邑並有軍功雋封新安縣男邑封涇縣
男

淮陵侯大頭烈帝之曾孫也善騎射擢爲內三
郎從世祖有戰功賜爵高宗初封淮陵性謹審
帝甚重之位寧北將軍遷右將軍卒贈高平公
謚曰烈

河間公齊烈帝之玄孫也少雄傑魁岸世祖愛
其勇壯引侍左右從征赫連昌世祖馬蹶賊衆
逼帝齊以身蔽捍決死擊賊賊乃退世祖得上
馬是日微齊世祖幾至危殆世祖以微服入其

城齊固諫不許乃與數人從世祖入城內既覺
諸門悉閉世祖及齊等因入其宮中得婦人裙
繫之槊上世祖乘而上因此得拔齊有力焉賜
爵浮陽侯從征和龍以功拜尚書進爵爲公後
與新興王俊討禿髮保周坐事免官爵劉義隆
將裴方明陷仇池世祖復授齊前將軍與建興
公古弼討之遂剋仇池威振羌氐復賜爵河間
公與武都王楊保宗對鎮駱谷時保宗弟文德
說保宗閉險自固有期矣秦州主簿邊因知之

密告齊齊晨詣保宗呼曰古弼王欲宣詔保宗出齊叱左右扶保宗上馬馳驛送臺諸氏遂推文德爲主求援於劉義隆義隆遣將房亮之苻昭啖龍等率衆助文德齊擊斬殺龍擒亮之氏遂平以功拜内都大官卒謚曰敬

長子陵襲爵陵性抗直天安初爲乙渾所害

陵弟蘭以忠謹見寵高祖初賜爵建陽子卒於武川鎮將

子志字猛略少清辯强幹歷覽書傳頗有文才

爲洛陽令不避强禦與御史中尉李彪爭路俱入見面陳得失彪言御史中尉避承華車蓋駐論道劍鼓安有洛陽縣令與臣抗衡志言神鄉縣主普天之下誰不編戶豈有俯同衆官避中尉高祖曰洛陽我之豐沛自應分路揚鑣自今以後可分路而行及出與彪折尺量道各取其半高祖謂邢巒曰此兒竟可所謂王孫公子不鏤自彫巒曰露枝霜條故多勁節非鸞則鳳其在本枝也員外郎馮俊昭儀之弟恃勢恣撾所部里正志令主吏收繫處刑除官由此忤旨左遷太尉主簿俄爲從事中郎車駕南征高祖微服觀戰所有箭欲犯帝志以身障之高祖便得免矢中志目因此一目喪明以志行恒州事世宗時除荆州刺史還朝御史中尉王顯奏志在州日抑買良人爲婢兼剩請供會赦免肅宗初兼廷尉卿後除揚州刺史賜爵建忠伯志在州威名雖減李崇亦爲荆楚所憚尋爲雍州刺史晚年耽好聲伎在揚州日侍側將百人器服珍

麗冠於一時及在雍州逾尚華侈聚斂無極聲名遂損及莫折念生反詔志爲西征都督討之念生遣其弟天生屯龍口與志相持爲賊所乘遂棄大衆奔還岐州賊遂攻城刺史裴芬之疑城人與賊潛通將盡出之志不聽城人果開門引賊鏁志及芬之送念生見害前廢帝初贈尚書僕射太保

扶風公處眞烈帝之後也少以壯烈聞位殿中尚書賜爵扶風公委以大政甚見尊禮吐京胡

曹僕渾等叛招引朔方胡爲援慰真與高涼王那等討滅之性貪婪在軍烈暴坐事伏法

文安公泥國之踈族也性忠直壯烈有智畫太祖厚遇之賜爵文安公拜安東將軍卒

子屈襲爵太宗時居門下出納詔命性明敏善奏事每合上旨賜爵元城侯加功勞將軍與南平公長孫嵩白馬侯崔玄伯等並決獄訟太宗東巡命屈行右丞相山陽侯奚斤行左丞相命掌軍國甚有聲譽後吐京胡與離石胡出以兵

等叛置主將校外引赫連屈丐屈督會稽公劉潔永安侯魏勤捍之勤沒於陳潔墜馬胡執送屈丐唯屈衆猶存太宗以屈沒失二將欲斬之時并州刺史元六頭荒淫怠事乃赦屈令攝州事屈縱酒頹廢政事太宗積其前後失檻車徵還斬於市

子磨渾少爲太宗所知元紹之逆也太宗潛隱於外磨渾與叔孫俊詐云太宗所在紹使帳下二人隨磨渾往規爲逆磨渾既得出便縛帳下詣太宗斬之太宗得磨渾大喜因爲羽翼以勳賜爵長沙公拜尚書出爲定州刺史卒

神元平文諸帝子孫列傳第二　魏書十四

魏收書神元平文諸帝子孫列傳亡後人補以北史又取高氏小史附益之後卷魏收舊史亡者皆放此

昭成子孫列傳第三　　魏書十五

寔君者昭成皇帝之庶長子也性愚戇安忍不仁昭成季年苻堅遣其行唐公苻洛等來寇南境昭成遣劉庫仁逆戰於石子嶺昭成時不勝不能親勒衆軍乃率諸部避難陰山度漠北高車四面寇抄復度漠南苻洛軍退乃還雲中初昭成以弟孤讓國乃以半部授孤孤卒子斤失職懷怨欲伺隙爲亂是時獻明皇帝及秦明王翰皆先終太祖年六歲昭成不豫慕容后子閼

婆等雖長而國統未定斤因是說寔君曰帝將立慕容所生而懼汝爲變欲先殺汝是以頃日以來諸子戎服夜持兵仗遶汝廬舍伺便將發吾愍而相告時苻洛等軍猶在君子津夜常警備諸皇子挾仗傍徨廬舍之間寔君視察以斤言爲信乃率其屬盡害諸皇子昭成亦暴崩其夜諸皇子婦及宮人奔告苻洛軍堅將李柔張蚝勒兵內逼部衆離散苻堅聞之召燕鳳問其故以狀對堅曰天下之惡一也乃執寔君及斤轘之於長安西市

寔君孫勿期位定州刺史賜爵林慮侯卒子六狀真定侯

秦明王翰昭成皇帝第三子少有高氣年十五便請率騎征討帝壯之使領二千騎及長統兵號令嚴信周旋征討多有剋捷建國十年卒太祖即位追贈秦王謚曰明

子儀長七尺五寸容貌甚偉美鬚髯有筭略少能舞劍騎射絕人太祖幸賀蘭部侍從出入登

國初賜爵九原公從破諸部有謀戰功及太祖將圖慕容垂遣儀觀釁垂問儀太祖不自來之意儀曰先人以來世據北土子孫相承不失其舊乃祖受晉正朔爵稱代王東與燕世爲兄弟儀之奉命理謂非失垂壯其對因戲曰吾威加四海卿主不自見吾云何非失儀曰燕若不脩文德欲以兵威自強此乃本朝將帥之事非儀所知也及還報曰垂死乃可圖今則未可太祖作色問之儀曰垂年已暮其子寶弱而無威謀

不能決慕容德自負才氣非弱主之臣釁將內起是可計之太祖以爲然後改封平原公太祖征衞辰儀出別道獲衞辰尸傳首行宮太祖大喜徙封東平公命督屯田於河北自五原至椆陽塞外分農稼大得人心慕容寶之寇五原儀攝據朔方要其還路及幷州平儀功多遷尚書令從圍中山慕容德之敗也太祖以普驎妻周氏賜儀幷其僮僕財物尋遷都督中外諸軍事左丞相進封衞王中山平復遣儀討鄴平之太

祖將還代都置中山行臺詔儀守尚書令以鎮之遠近懷附尋徵儀以丞相入輔又從征高車儀別從西北破其別部又從討姚平有功賜以絹布綿牛馬羊等儀膂力過人弓力將十石陳留公虔矟大稱異時人云衞王弓桓王矟世祖之初育也太祖喜夜召儀入太祖曰卿聞夜喚乃不怪懼乎儀曰臣推誠以事陛下陛下明察臣輒自安忽奉夜詔怪有之懼實無也太祖告以世祖生儀起拜而歌舞遂對飲申旦召羣臣入賜儀御馬御帶縑錦等先是上谷侯岳及張袞代郡許謙等有名于時學博今古初來入國聞儀待士先就儀儀並禮之共談當世之務指畫山河分別城邑成敗要害造次備舉謙等歎服相謂曰平原公有大才不世之略吾等當附其尾太祖以儀器望待之尤重數幸其第如家人禮儀矜功恃寵遂與宜都公穆崇謀爲亂伏武士伺太祖欲爲逆崇子遂留在伏士中太祖召之將有所使遂留聞召恐發踰牆告狀太祖祕

而恕之天賜六年天文多變占者云當有逆臣伏尸流血太祖惡之頗殺公卿欲以厭當天災儀內不自安單騎遁走太祖使人追執之遂賜死葬以庶人禮儀十五子

子纂五歲太祖命養於宮中少明敏動止有禮太祖愛之恩與諸皇子同世祖踐阼除定州刺史封中山公進爵爲王賜步挽几以優異之纂好酒愛佞政以賄成世祖殺其親嬖人後悔過脩謹拜內大將軍居官清約簡慎更稱廉平纂

於宗屬最長宗室有事咸就諮焉薨謚曰簡
纂弟良性忠篤太宗追録儀功封南陽王以紹
儀後
良弟幹機晤沈勇善弓馬少有父風太宗即位
拜內將軍都將入備禁中太宗出遊於白登之
東北幹以騎從有雙鵰飛鳴於上太宗命左右
射之莫能中鵰旋飛稍高幹自請射之以二箭
下雙鵰太宗嘉之賜御馬弓矢金帶一以旌其
能軍中於是號曰射鵰都將從世祖南巡進爵

新蔡公高宗即位拜都官尚書卒謚曰昭
子禎通解諸方之語便騎射世祖時為司衛監
從征蠕蠕忽遇賊別部多少不敵禎乃就山解
鞌放馬以示有伏賊果疑而避之高祖初賜爵
沛郡公後拜南豫州刺史大胡山蠻時時鈔掠
前後守牧多羈縻而已禎乃設畫召新蔡襄城
蠻魁三十餘人禎盛武裝於州西為置酒使之
觀射先選左右能射者二十餘人禎自發數箭
皆中然後命左右以次而射並中先出一囚犯

死罪者使服軍衣亦參射限命射不中禎即責
而斬之蠻魁等伏伎畏威相視股慄又預敎左
右取死囚十人皆著蠻衣云是鈔賊禎乃臨坐
偽舉目瞻天微有風動禎謂蠻曰風氣少暴似
有鈔賊入境不過十人當在西南五十里許即
命騎追捕果縛送十人禎告諸蠻曰尔鄉里作
賊如此合死以不蠻等皆叩頭曰合万死禎即
斬之乃遣蠻還并加慰諭諸蠻大服自是境無
暴掠淮南之人相率投附者三千餘家置之城

東汝水之側名曰歸義坊初豫州城豪胡丘生
數與外交通及禎為刺史丘生嘗有犯懷恨圖
為不軌詐以婚進城人告云刺史欲遷城中大
家送之向代共謀翻城城人石道起以事密告
禎速掩丘生并諸預謀者禎曰吾不負人人何
以叛但丘生誑誤若即收掩衆必大懼吾靜以
待之不久自當悔服語未訖而城中三百人自
縛詣州門陳丘生譎誑之罪丘生單騎逃走禎
恕而不問後徵為都牧尚書薨贈侍中儀同三

司論簡公有八子
第五子瑞初瑞母尹氏有娠致傷後晝寢夢一老翁具衣冠告之曰吾賜汝一子汝勿憂之寤而私喜又問筮者筮者曰大吉未幾而生瑞禎以爲協夢故名瑞字天賜位太中大夫卒贈太常卿

儀弟烈剛武有智略元紹之逆百寮莫敢有聲惟烈行出外詐附紹募執太宗紹信之自延秋門出遂迎立太宗以功進爵陰平王薨謚曰熹

子裒襲

烈弟觚勇略有膽氣少與兄儀從太祖侍衛左右使於慕容垂垂末年政在羣下遂止觚以求賂太祖絶之觚率左右數十騎殺其衛將走歸爲慕容寶所執歸中山垂待之逾厚觚因留心學業誦讀經書數十万言垂之國人咸稱重之太祖之討中山慕容普驎既自立遂害觚以固衆心太祖聞之哀慟及平中山發普驎柩斬其尸收議害觚者高霸程同等皆夷五族以大刃剉殺之乃改葬觚追謚秦愍王封子夔爲豫章王以紹觚

常山王遵昭成子壽鳩之子也少而壯勇不拘小節太祖初有佐命勳賜爵略陽公慕容寶之敗也别率騎七百邀其歸路由是有參合之捷及平中山拜尚書左僕射加侍中領勃海之合口及博陵勃海羣盜起遵討平之遷州牧封常山王遵好酒天賜四年坐醉亂失禮於太原公主賜死葬以庶人禮

子素太宗從母所生特見親寵少引內侍頻歷顯官賜爵尚安公拜外都大官世祖初復襲爵休屠郁原等叛素討之斬渠率徙千餘家於涿鹿之陽立平源郡以處之及平統萬以素有威懷之略拜假節征西大將軍以鎮之後拜內都大官高宗即位務崇寬征罷諸雜調有司奏國用不足固請復之惟素曰臣聞百姓不足君孰與足帝善而從之詔羣臣議定皇子名素及司徒陸麗議曰古帝王之制名其體有五有信有

義有象有假有類伏惟陛下當盛明之運應昌發之期誕生皇子宜以德命高宗從之素宗屬之懿又年老帝每引入訪以治國政事固辭疾歸第雅性方正居官五十載終始如一時論賢之薨謚曰康陪葬金陵配饗廟庭

長子可悉陵年十七從世祖獵遇一猛虎陵遂空手搏之以獻世祖曰汝才力絶人當爲國立事勿如此也即拜内行阿干又從平涼州沮渠茂虔令一驍將與陵相擊兩槊皆折陵抽箭射之墜馬陵恐其救至未及拔劍以刀子戾其頸使身首異處世祖壯之即日拜都幢將封暨陽子卒于中軍都將

弟陪斤襲爵坐事國除

陪斤子昭小字阿倪尚書張彝引兼殿中郎高祖將爲齊郡王簡舉哀而昭乃作宮懸高祖大怒詔曰阿倪愚騃誰引爲郎於是黜彝白衣守尚書昭遂停廢世宗時昭從弟暉親寵用事稍遷左丞世宗崩于忠執政昭爲黄門郎又曲事

之忠專權擅威枉陷忠賢多昭所指導也靈太后臨朝爲尚書河南尹聾而佷戾理務峭急所在患之尋出爲雍州刺史在州貪虐大爲人害後入爲尚書諂事劉騰進號征西將軍卒贈尚書左僕射納貨元乂所以贈禮優越

昭子玄字彦道以節儉知名莊帝時爲洛陽令及前廢帝即位玄上表乞葬莊帝時議善之後除尚書左丞出帝即位以孫騰爲左僕射騰即齊獻武王心膂仗入省玄依法舉劾當時咸爲玄懼出帝重其強正封臨淄縣子後從帝入關

昭弟紹字醜倫少聰慧遷尚書右丞紹斷決不避強禦世宗詔令檢趙脩獄以脩佞幸因此遂加杖罰令其致死帝責紹不重聞紹曰脩姦佞甚於董賢臣若不因釁翦除之恐陛下復被哀帝之名以其言正遂不罪焉及出廣平王懷拜紹賀曰阿翁乃皇家之正直雖朱雲汲黯何以仰過紹曰但恨戮之稍晚以爲愧耳卒於涼州刺史

陪斤弟忠字仙德少沈厚以忠謹聞高祖時累遷右僕射賜爵城陽公加侍中鎮西將軍有翼賛之勤百寮咸敬之太和四年病篤辭退養疾於高柳輿駕親送都門之外賜雜綵二百匹羣寮侍臣執別者莫不涕泣及卒皆悼惜之謚曰宣命有司爲立碑銘有十七子

子盛字始興襲爵位謁者僕射卒

盛弟壽興少聰慧好學世宗初爲徐州刺史在官貪虐失於人心其從兄侍中暉深害其能因

魏書傳三　十一　梓

譖之於帝詔尚書崔亮馳騮檢覆亮發日受暉旨遂鞭撻三寡婦令其自誣稱壽興壓己爲婢壽興終恐不免乃令其外弟中兵參軍薛脩義將車十乘運小麥經其禁之旁壽興因踰墻出脩義以大木函盛壽興其上加麥載之而出遂至河東匿脩義家逢赦乃出見世宗自陳爲暉所譖世宗亦更無所責初壽興爲中庶子時王顯在東宮賤因公事壽興杖之三十及顯有寵爲御史中尉奏壽興在家每有怨言誹謗朝廷因帝極飲無所覺悟遂奏其事命帝注可直付壽興賜死帝書半不成字當時見者亦知非本心但懼暉等威不敢申拔及行刑日顯自往看之壽興命筆自作墓誌銘曰洛陽男子姓元名景有道無時其年不永餘文多不載顧謂其子曰我棺中可著百張紙筆兩枚吾欲訟顯於地下若高祖之靈有知百日内必取顯如遂無知亦何足戀及世宗崩顯尋被殺壽興之死時論亦以爲前任中尉彈高（闕）讒諷所致靈太后臨

三年小　魏書傳三　十二　文

朝三公郎中崔鴻上疏理壽興詔追雪贈豫州刺史謚曰莊

壽興弟益生少亡

忠弟德封河間公卒於鎮南將軍贈曹州刺史

德子悝潁川太守卒於光州刺史謚曰恭

子崇字子仲出帝初授兗州刺史于時城人王奉伯等相扇謀逆棄城出走懸門發斷崇要（闕）而出詔齊州刺史尉景本州刺史蔡儁各部在尉士往討之崇返復任封濮陽縣伯孝靜時轉

尚書令攝選部嶷雖居重任隨時而已薨於瀛州刺史贈司徒公謚曰靖懿

忠子暉字景襲少沉敏頗涉文史世宗即位拜尚書主客郎巡省風俗還奏事稱旨爲給事黃門侍郎初高祖遷洛而在位舊貴皆難於移徙時欲和合衆情遂許冬則居南夏便居北世宗頗惑左右之言外人遂有還北之問至乃牓賣田宅不安其居暉乃請間言事世宗曰先皇遷都之日本期冬南夏北朕欲聿遵成詔故有外

人之論暉曰先皇移都爲百姓戀土故發冬夏二居之詔權寧物意耳乃是當時之言實非先皇深意且北來遷人安居歲久公私計立無復還情陛下終高祖定鼎之業勿信邪臣不然之說世宗從之再遷侍中領右衛將軍雖無補益深被親寵凡在禁中要密之事暉別奉旨藏之於櫃唯暉入乃開其餘侍中黃門莫有知者侍中盧昶亦蒙恩眄故時人號曰餓虎將軍飢鷹侍中遷吏部尚書納貨用官皆有定價大郡二

千匹次郡一千匹下郡五百匹其餘受職各有差天下號曰市曹出爲冀州刺史下州之日連車載物發信都至湯陰間首尾相繼道路不斷其車少脂角即於道上所逢之牛生截取角以充其用暉檢括丁戶聽其歸首出調絹五萬匹然聚斂無極百姓患之肅宗初徵拜尚書左僕射詔攝吏部選事上疏曰臣聞治人之本寔委牧守之官得其才則政平物理失其人則訟興怨結自非察訪善惡明加貶賞將何以黜彼貪

怠陟此清勤也竊以大使巡省必廣迎送之費御史馳糾頗回威濫之刑且暫爾往還理不委悉縱有簡舉良未平當愚謂宜令三司八座侍中黃門各布耳目外訪州鎮牧將治人守令能不若德教有方清白獨著宜以名聞即加躐陟若治績無効貪暴遠聞亦便示牒登加貶退如此則不出庭戶坐知四方端委垂拱明賞審罰矣又表以御史之職鷹鸇是任必逞爪牙有所噬搏若選後生年少血氣方剛者恐其輕肆勁

直傷物㲉廣愚謂宜簡宿官經事忠良平慎者爲之詔付外依此施行後詔暉與任城王澄京兆王愉東平王匡共決門下大事暉又上書論政要其一曰御史之職務使得賢必得其人不拘階秩久於其事責其成功其二曰安人寧邊觀時而動頃來邊將亡遠大之略貪萬一之功楚梁之好未聞而蠶婦之怨屢結斯乃庸人所爲銳於姦利之所致也平吳之計自有良圖不在於一城一戍也又河北數州國之基本飢荒

多年戶口流散方今境上兵復徼發即如此日何易舉動愚謂數年以來唯宜靜邊以息占役安人勸農惠此中夏請嚴勅邊將自今有賊戍求內附者不聽輒遣援接皆須表聞違者雖有功請以違詔書論三曰國之資儲唯藉河北飢饉積年戶口逃散生長姦詐因生隱藏出縮老小妄注死失收人租調割入於己人困於下官損於上自非更立權制善加檢括損耗之來方在未已請求其議明宣條格帝納之暉頗愛文

學招集儒士崔鴻等撰錄百家要事以類相從名爲科錄凡二百七十卷上起伏羲迄於晉宋凡十四代暉疾篤表上之神龜元年卒賜東園祕器贈使持節都督中外諸軍事司空公謚曰文憲將葬給羽葆班劒鼓吹二十人羽林百二十人

陳留王虔昭成子紇根之子也少以壯勇知名登國初賜爵陳留公與衛王儀破黜弗部從攻衛辰慕容寶來寇虔絕其左翼寶敗垂恚憤來

桑乾虔勇而輕敵於陳戰沒虔姿皃魁傑武力絕倫每以常矟細短大作之猶患其輕復綴鈴於刃下其弓力倍加常人以其殊異於世代京武庫常存而志之虔常臨陣以矟刺人遂貫而高舉又嘗以一手頓矟於地馳馬偽退敵人爭取引不能出虔引弓射之一箭殺二三人搖矟之徒亡魂而散徐乃令人取矟而去每從征討常先登陷陳勇冠當時敵無衆寡莫敢抗其前者及薨舉國悲歎爲之流涕太祖追惜傷慟者數

焉追謚陳留桓王配饗廟庭封其子悅爲朱提王
悅外和内佷太祖常以桓王死王事特加親寵
爲左將軍襲封後爲宗師悅恃寵驕矜每謂所
親王洛生之徒言曰一旦宮車晏駕吾止避衛
公除此誰在吾前衛王儀美鬚爲内外所重悅
故云初姚興之贖狄伯支悅送之路由鴈門悅
因背誘姦豪以取其意後遇事譴逃亡投鴈門
規收豪傑欲爲不軌爲土人執送太祖恕而不
罪太宗即位引悅入侍仍懷姦計説帝云京師

雜人不可保信宜誅其非類者又鴈門人多詐
并可誅之欲以雪其私忿太宗不從悅内自疑
懼懷刀入侍謀爲大逆叔孫俊疑之竊視其懷
有刀執而賜死
弟崇世祖詔令襲桓王爵崇性沈厚初衛王死
後太祖欲敦宗親之義詔引諸王子弟入宴常
山王素等三十餘人咸謂與衛王相坐疑懼皆
出逃遁將奔蠕蠕唯崇獨至太祖見之甚悅厚
加禮賜遂寵敬之素等於是亦安之拜并州

刺史有政績從征蠕蠕別督諸軍出大澤越涿
邪山威懾漠北薨謚曰景王
子建襲降爵爲公位鎭北將軍懷荒鎭大將卒
建子琛位恒朔二州刺史
琛子昱尚書左僕射
虔兄顗性嚴重少言太祖常敬之雅有謀策從
平中山以功賜爵蒲城侯平盧太守特見寵厚
給鼓吹羽儀禮同岳牧莅政以威信著稱居官
七年乃以元易干代顗爲郡時易干子万言得

寵於太祖易干恃其子輕忽於顗不告其狀輕
騎卒至排顗墜牀而據顗坐顗不知代已謂以
罪見捕既而知之恥其侮慢謂易干曰我更滿
被代常也汝無禮見辱豈可容哉遂搏而殺之
以狀具聞太祖壯之万言累以訴請乃詔顗輸
贖顗乃自請罪太祖赦之復免其贖病卒
子崘世祖時襲父爵以功除統萬鎭將後從永
昌王仁南征別出汝陰濟淮劉義隆將劉康祖
屯於慰武亭以邀軍路師人患之崘曰今大風

旣勁若令推草車方軌並進乘風縱煙火以精兵自後乘之破之必矣從之斬康祖傳首行宮高宗即位除秦州刺史進爵隴西公卒謚定公

子琛襲爵

毗陵王順昭成子地干之子也性踈佷登國初賜爵南安公及太祖討中山留順守京師栢肆之敗軍人有亡歸者言大軍奔散不知太祖所在順聞之欲自立納莫題諫乃止時賀力眷等聚衆作亂於陰館順討之不剋乃從留宮自白

登南入繁時故城阻漯水爲固以寧人心太祖善之進封爲王位司隸校尉太祖好黃老數召諸王及朝臣親爲說之在坐莫不祇肅順獨坐寐欠伸不顧而唾太祖怒廢之以王薨於家

遼西公意烈昭成子力眞之子也先沒於慕容垂太祖征中山棄妻子迎於井陘及平中原有戰獲勳賜爵遼西公除廣平太守時和跋爲鄴行臺意烈性雄耿自以帝屬耻居跋下遂陰結徒黨將襲鄴發覺賜死

子拔干博知古今父雖有罪太祖以拔干宗親委之心腹有計略屢效忠勤太宗踐阼除敦海太守吏人樂之賜爵武遂子轉平原鎭將得將士心卒謚曰靈公

子受洛襲進爵武邑公卒

子叱奴武川鎭將

叱奴子洪超頗有學涉大乘賊亂之後詔洪超持節兼黃門侍郎綏慰冀部還上言冀土寬廣界去州六七百里負海險遠宜分置一州鎭遏

海曲朝議從之後遂立滄州卒於北軍將光祿大夫

意烈弟勃善射御以勳賜爵彭城公卒陪葬金陵

長子粟襲世祖時督諸軍屯漠南蠕蠕闕表聞粟亮直善馭衆撫恤將士必與之同勞逸征和龍以功進封爲王薨陪葬金陵

粟弟渾少善弓馬世祖嘉之會有諸方使命渾射獸三頭發皆中之擧坐咸以爲善及爲宰官

尚書頗以驕縱爲失坐事免徙長社爲人所害
子庫汗爲羽林中郎將從北巡有兔起乘輿前
命庫汗射之應絃而斃世祖悅賜一金兔以旌
其能高宗起恭宗廟賜爵陽豐侯顯祖即位復
造高宗廟拜殿中給事進爵爲公庫汗明於斷
決每奉使察行州鎮折獄以情所歷皆稱之秦
州父老詣闕乞庫汗爲刺史者前後千餘人朝
廷許之未及遣遇病卒
子古辰襲

昭成子窟咄昭成崩後符洛以其年長逼徙長
安苻堅禮之教以書學因亂隨慕容永東遷永
以爲新興太守劉顯之敗遣弟亢泥等迎窟咄
遂逼南界於是諸部騷動太祖左右于桓等謀
應之同謀人單烏干以告太祖慮駭人心沉吟
未發後三日桓以謀白其舅穆崇崇又告之太
祖乃誅桓等五人餘莫題等七姓悉原不問太
祖慮內難乃北踰陰山幸賀蘭部遣安同及長
孫賀徵兵於慕容垂賀亡奔窟咄安同間行遂
達中山慕容垂遣子賀驎步騎六千以隨之安
同與垂使人蘭紇俱還達牛川窟咄兄子意烈
捍之安同乃隱藏於商賈囊中至暮乃入空井
得免仍奔賀驎軍既不至而稍前逼賀染干陰
懷異端乃爲窟咄來侵北部人皆驚駭莫有固
志於是北部大人叔孫普洛節及諸烏丸亡奔
衛辰賀驎聞之遽遣安同朱譚等來既知賀驎
軍近衆乃小定太祖自弩山幸牛川窟咄進屯
高柳太祖復使安同詣賀驎因剋會期安同還

太祖踰參合出代北與賀驎會於高柳窟咄困
迫望旗奔走遂爲衛辰殺之帝悉收其衆賀驎
別帝歸於中山

昭成子孫列傳第三　　魏書十五

魏收書昭成子孫列傳亡

道武七王列傳第四　魏書十六

清河王　陽平王
河南王　河間王
長樂王　廣平王
京兆王

道武皇帝十男宣穆劉皇后生明元皇帝賀夫人生清河王紹大王夫人生陽平王熙王夫人生河南王曜河間王脩長樂王處文二王母氏闕段夫人生廣平王連京兆王黎皇子渾及聰母氏並闕皆早薨無後

清河王紹天興六年封兇很險悖不遵教訓好輕遊里巷劫剝行人斫射犬豕以為戲樂太祖嘗怒之倒懸井中垂死乃出太宗常以義方責之遂與不協恒懼其為變而紹母夫人賀氏有譴太祖幽之於宮將殺之會日暮未決賀氏密告紹曰汝將何以救吾紹乃夜與帳下及宦者數人踰宮犯禁左右侍御呼曰賊至太祖驚起求弓刀不獲遂暴崩明日宮門至日中不開紹稱詔召百寮於西宮端門前北面而立紹從門扇間謂羣臣曰我有父亦有兄公卿欲從誰也王公已下皆驚愕失色莫有對者良久南平公長孫嵩曰從王羣臣乃知宮車晏駕而不審登遐之狀唯陰平公元烈哭泣而去於是朝野兇兇人懷異志肥如侯賀護舉烽於安陽城北故賀蘭部人皆往赴之其餘舊部亦率子弟招集族人往往相聚紹聞人情不安乃出布帛班賜王公以下上者數百匹下者十匹先是太宗在

外聞變乃還潛于山中使人夜告北新侯安同衆皆響應太宗至城西衞士執送紹於是賜紹母子死誅帳下閹官宮人為內應者十數人其先犯乘輿者羣臣於城南都街生臠割而食之紹時年十六紹母即獻明皇后妹也美而麗初太祖如賀蘭部見而悅之告獻明后請納焉后曰不可此過美不善且已有夫太祖密令人殺其夫而納之生紹終致大逆焉

陽平王熙天興六年封聰達有雅操為宗屬所

欽重太宗治兵於東部詔熙督十二軍校閱甚得軍儀太宗嘉之賞賜隆厚後討西部越勤有功泰常六年薨時年二十三太宗哀慟不已賜溫明祕器禮物備焉熙有七子

長子他襲爵身長八尺美姿貌性謹厚武藝過人從世祖討山胡白龍於西河屠其城別破餘黨斬首數千級改封臨淮王拜鎮東將軍尋改封淮南王除使持節都督豫洛河南諸軍事鎮南大將軍開府儀同三司鎮虎牢威名甚著後

與武昌王提率并州諸軍討吐京叛胡曹僕渾於河西平之拜使持節前鋒大將軍都督諸軍事北討蠕蠕破之運軍儲於比干城劉義隆遣將寇邊他從征於懸瓠破之拜使持節都督雍秦二州諸軍事鎮西大將軍開府儀同三司雍州刺史鎮長安綏撫秦土得民夷之心時義隆寇南鄙以他威信素著復爲虎牢鎮都大將高宗時轉使持節都督涼州諸軍事鎮西大將軍儀同如故高祖初入爲中都大官拜侍中轉征西大將軍遷司徒賜安車几杖入朝不趨太和十二年薨年七十三時高祖有事宗廟始薦聞薨爲之廢祭輿駕親臨哀慟詔有司監護喪事禮賵有加追贈平東大將軍定州牧司徒如故謚曰靖王他三子

世子吐万早卒贈冠軍并州刺史晉陽順侯

子顯襲祖爵薨謚曰僖王

子世遵襲世宗時拜前軍將軍行幽州事兼西中郎將又行青州事尋遷驍騎將軍出爲征虜

將軍幽州刺史世遵性清和推誠化導百姓樂之肅宗時以本將軍爲荊州刺史尋加前將軍初在漢陽復有聲迹後頗行貨賄散費邊儲由是聲望有損沔南蠻首及襄陽民望入密信引世遵請以襄陽內附世遵表求赴應朝議從之詔加世遵持節都督荊州及沔南諸軍事平南將軍加散騎常侍餘如故遣洛州刺史伊瓮生冠軍將軍魯陽太守崔模爲別將率步騎二万受世遵節度軍至漢水模等皆疑不渡世遵怒臨

之以兵模乃濟而內應者謀泄爲蕭衍雍州刺史所殺欽門以自固模焚襄陽邑郭燒殺數万口會是夜大風雨雪模等班師士卒凍死十二三世遵及兗生模並坐免官後除散騎常侍平北將軍定州刺史百姓安之孝昌元年薨於州贈散騎常侍征西將軍雍州刺史謚曰康王子敬先襲歷諫議大夫散騎常侍領主衣都統元顥入洛莊帝北巡敬先與叔父均等於河梁起義爲顥所害追贈侍中車騎大將軍太尉公定州刺史

子宣洪襲歷諫議大夫光祿少卿武定中與元瑾謀反誅國除

世遵弟均字世平累遷通直常侍征虜將軍以河梁立義之功封安康縣開國伯食邑五百戶除散騎常侍平東將軍卒贈使持節征東將軍青州刺史出帝時復贈驃騎大將軍儀同三司冀州刺史均六子

長子忻之性麤武幼有氣力釋褐定州平北府中兵參軍稍遷尚書右中兵郎以河渚起義之勳賜爵東阿侯初孝莊之圖介朱榮元天穆也忻之密啓臨事之日乞得侍立手斬二人及榮之死百寮入賀忻之獨蒙勞問莊帝崩於晉陽忻之內懼及齊獻武王起義河北忻之奔赴後廢帝時除散騎常侍大丞相右長史出帝初襲先封安康縣開國伯除撫軍將軍北徐州刺史便道之州屬樊子鵠據瑕丘反遂於中途遇害以死王事追贈使持節都督定殷二州諸軍事驃騎大將軍司空公定州刺史謚曰文貞

忻之弟慶鸞武定末司徒諮議參軍

慶鸞弟慶哲終於司農少卿贈中軍將軍濟州刺史

均弟禹容貌魁偉起家司空參軍轉符璽郎太常丞鎮遠將軍東海太守帶峒峿戍主禹頗好內學每云晉地有福孝昌末遂詣介朱榮建義元年與榮同入洛除中軍將軍金紫光祿大夫封鄄城縣開國伯邑五百戶爲并州東面大都

督鎮樂平榮死之後爲土民王惡毗起義殺之
後贈征西將軍雍州刺史
子長淵襲武定中南青州長史齊受禪爵例降
禹弟菩薩給事中卒贈濟南太守
吐萬弟鍾葵早卒
長子法壽侍御中散累遷中散大夫出除龍驤
將軍安州刺史法壽先令所親微服入境觀察
風俗下車便大行賞罰於是境內肅然更滿還
朝吏人詣闕訴乞肅宗嘉之詔復州任後徵爲

太中大夫加左將軍遷平東將軍光祿大夫建
義初於河陰遇害贈車騎將軍相州刺史
子慶始大司農丞與父同時見害贈前將軍廣
州刺史
慶始弟慶遵武定末瀛州騎府司馬
慶遵弟慶智美容貌有几案才著作佐郎司徒
中兵參軍卒於太尉主簿
法壽弟法僧自太尉行參軍稍轉通直郎寧遠
將軍司徒司馬掾龍驤將軍益州刺史素無治

幹加以貪虐殺戮自任威怒無恒王賈諸姓州
內人士法僧皆召爲卒伍無所假縱於是合境
皆反招引外寇蕭衍遣將張齊率衆攻逼州門
晝閉行旅不通法僧上表曰臣忝守遐方寶生
慮表賊衆倘張所在彌盛統內城戍悉已陷沒
近州之民亦皆擾叛唯獨州治僅存而已亡滅
之期非旦則夕臣自思忖必是死人但恐不得
謝罪闕庭既忝宗枝累辱不淺若死爲鬼永曠
天顏九泉之下實深重恨今募使間行偷路奔
告若臺軍速至猶希全保哭送使者不知所言

肅宗詔曰比勑傅豎眼倍道兼行而猶未達可
更遣尚書郎堪幹者一人馳馹催遣庶令拔彼
倒懸救茲危急豎眼頻破張齊於是獲全徵拜
光祿大夫出爲平東將軍兗州刺史轉安東將
軍徐州刺史孝昌元年法僧殺行臺高諠反於
彭城自稱尊號號年天啓大軍致討法僧攜諸
子擁掠城內及文武南奔蕭衍
鍾葵弟篤字阿成太子右率北中郎將撫宜鎮

將光祿卿出除平北將軍幽州刺史卒謚曰貞
長子浩字洪達太尉長史
他弟渾繼叔父廣平王連
渾弟比陵太延五年爲司空賜爵牂牁公除安
遠將軍懷荒鎮大將卒
子天琚襲高祖時征虜將軍青州刺史從駕南
征拜後將軍尋降公爲侯除西中郎將世祖時
征虜將軍夏州刺史卒贈本將軍濟州刺史
子延伯襲卒

河南王曜天興六年封五歲嘗射雀於太祖前
中之太祖驚歎焉及長武藝絕人與陽平王熙
等並督諸軍講武衆咸服其勇泰常七年薨時
年二十二有七子
長子提驍烈有父風世祖時襲爵改封潁川王
迎昭儀于塞北時年十六有夙成之量殊域敬
焉後改封武昌拜使持節鎮東大將軍平原鎮
都大將在任十年大著威名後與淮南王他討
平吐京叛胡還使持節車騎大將軍統萬鎮都
大將賜馬百匹羊千口甚見寵待太安元年薨
年四十七謚曰成王
長子平原襲爵忠果有智略顯祖時蠕蠕犯塞
從駕擊之平原戰功居多拜假節都督齊兗二
州諸軍事鎮南將軍齊州刺史善於懷撫邊民
歸附者千有餘家高祖時妖賊司馬小君自稱
晉後聚黨三千餘人屯聚平陵號年聖君攻破
郡縣殺害長吏平原身自討擊殺七人擒小君
送京師斬之又有妖人劉舉自稱天子扇惑百

姓復討斬之時歲穀不登齊民飢饉平原以私
米三千餘斛爲粥以全民命北州戍卒一千餘
人還者皆給路粮百姓咸稱詠之州民韓疑之
等千餘人詣闕頌之高祖覽而嘉歎及還京師
每歲率諸軍屯於漠南以備蠕蠕遷都督雍秦
梁益四州諸軍事征南大將軍開府雍州刺史
鎮長安太和十一年薨贈以本官加羽葆鼓吹
謚曰簡王有五子長子和爲沙門捨其子顯以
爵讓其次弟鑒鑒固辭詔許鑒身終之後令顯

襲爵鑒乃受之
鑒字紹達少有父風頗覽書傳沉重少言寛和好士拜通直散騎常侍尋加冠軍將軍守河南尹車駕南伐以鑒爲平南將軍還除左衛將軍出爲征虜將軍齊州刺史時革變之始百度惟新鑒上遵高祖之旨下采齊之舊風軌制粲然皆合規矩高祖覽其所上嗟美者久之顧謂侍臣曰諸州刺史皆能如此變風易俗更有何難下詔襃美班之天下一如鑒所上齊人愛詠咸

曰耳目更新高祖崩後和罷沙門歸俗棄其妻子納一寡婦曹氏爲妻曹氏年齒已長攜男女五人隨鑒至歷城干亂政事和與曹及五子七處受納鑒皆順其意言無不從於是獄以賄成取受狼籍齊人苦之鑒治名大損世宗初以本將軍轉徐州刺史屬徐兖大水民多飢饉鑒表加賑恤民賴以濟先是京兆王愉爲徐州王既年少長史盧淵寛以馭下郡縣多不奉法鑒表曰梁郡太守程靈虬唯酒是耽貪財爲事虐政

殘民寇盜並起黷音悖嚻音盈於道路部境呼嗟僉焉怨酷梁郡密邇偽畿醜聲易布非直有黷清風臣恐取嗤荒遠請免所居官以明刑憲詔免靈虬郡徵還京師於是徐境肅然蕭衍角城戍主柴慶宗以城內附鑒遣淮陽太守吳秦生率兵千餘赴之衍淮陰援軍已來斷路秦生屢戰破之乘勝而進遂尅角城世宗詔鑒曰知摧角城威謀展稱良以欣然此城襟帶淮涓川路衝要自昔經算未能尅之蟻固積紀毎成邊害將

軍淵規潛運妙略克宣闢境尅城功著不日據要扼喉津徑勢阻可謂勳高三捷朕甚嘉焉守御諸宜善以量度矜慰之使尋當別遣年四十二薨贈衛大將軍齊州刺史王如故謚曰悼王

長子伯宗員外郎

次仲淵蘭陵太守並早卒

仲淵弟季偉武定中太尉中兵參軍

和字善意鑒薨之後與鑒子伯宗競求承襲尚書令肇奏和太和中出爲沙門讓爵於鑒鑒後

以和子顯年在弱冠宜承基緒求遜王爵以歸正胤先朝詔終鑒身聽如其請鑒既薨晰和求襲封謹尋詔旨聽傳子顯不許其身和先讓後求有乖道素請令伯宗承襲世宗詔曰和初以讓鑒而鑒還讓其子交讓之道於是乎著其子早終可聽和襲尋拜諫議大夫兼太子率更令轉通直散騎常侍兼東中郎將肅宗時出爲輔國將軍涼州刺史坐事免久之除東郡太守正光四年薨贈安東將軍相州刺史

子謙字思義襲爵後拜前軍將軍征蠻都督莊帝初於河陰遇害贈散騎常侍征東大將軍儀同三司相州刺史

子棽襲齊受禪爵例降

鑒弟榮字兖生高祖時直寢從駕征新野終於羽林監

榮弟亮字辟邪威遠將軍羽林監卒贈河間太守

亮弟馗字道明太尉府行參軍司徒掾鎮遠將軍太僕少卿出除安西將軍東秦州刺史建義初卒於州贈征東將軍青州刺史

河間王脩天賜四年封泰常元年薨無子世祖繼絕世詔河南王曜之子羯兒襲脩爵改封略陽後與永昌王健督諸軍討禿髮保周於番和徙張掖民數百家於武威遂與諸將私自沒入坐貪暴降爵爲公後統河西諸軍襲蠕蠕至於漠南仍復王爵加征西大將軍正平初有罪賜死爵除

長樂王處文天賜四年封聰辯夙成年十四泰常元年薨太宗悼傷之自小斂至葬常親臨哀慟陪葬金陵無子爵除

廣平王連天賜四年封始光四年薨無子世祖繼絕世以陽平王熙之第二子渾爲南平王以繼連後加平西將軍渾好弓馬射鳥輒歷飛而殺之時皆歎異焉世祖嘗命左右分射勝者中的籌滿詔渾解之三發皆中世祖大悅器其藝能常引侍左右賜馬百匹僮僕數十人後

拜假節都督平州諸軍事領護東夷校尉鎮東大將軍儀同三司平州刺史鎮和龍在州綏導有方民夷悅之徙涼州鎮將都督西戎諸軍事領護西域校尉賜御馬二疋臨鎮清慎恩著涼土更滿還京父老皆涕泣追送若違所親太和十一年從駕巡方山道薨

子飛龍襲後賜名霄身長九尺腰帶十圍容貌魁偉雅有風則貞白卓然好直言正諫朝臣憚之高祖特垂欽重除宗正卿右光祿大夫詔曰自今奏事諸臣相稱可云姓名惟南平王一人可直言其封還左光祿大夫太和十七年薨賜朝服一具衣一襲東園第一祕器絹千匹高祖緦衰臨霄喪哀慟左右黜不舉樂贈衛將軍定州刺史賜帛五百匹謚曰安王子篡襲

篡亦有譽於時除恢武將軍進平西將軍領西中郎將出為安北將軍平州刺史景明元年薨於平城

子伯和襲永平三年薨贈散騎侍郎謚曰哀王

原闕

統卒贈涼州刺史
子思略武定末瀛州治中
思略弟叔略武定中太尉主簿
京兆王黎天賜四年封神䴥元年薨
子根襲改封江陽王加平北將軍薨無子顯祖
以南平王霄第二子繼爲根後
繼字世仁襲封江陽王加平北將軍高祖時除
使持節安北將軍撫冥鎮都大將轉都督柔玄
撫冥懷荒三鎮諸軍事鎮北將軍柔玄鎮大將

入爲左衛將軍兼侍中又兼中領軍留守洛京
尋除持節平北將軍鎮攝舊都高車酋帥樹者
擁部民反叛詔繼都督北討諸軍事自懷朔已
東悉稟繼節度繼表高車頑黨不識威憲輕相
合集背役逃歸計其兇戾事合窮極若悉追戮
恐遂擾亂請遣使鎮別推檢斬愆首一人自餘
加以慰喻若悔悟從役者即令赴軍詔從之於
是叛徒往往歸順高祖善之顧謂侍臣曰江陽
良足大任也車駕北巡至鄴而高車悉降恒朔

清定繼以高車擾叛頻表請罪高祖優詔喻之
世宗時除征虜將軍青州刺史轉平北將軍恒
州刺史入爲度支尚書繼在青州之日民飢餒
爲家僮取民女爲婦妾又以良人爲婢爲御史
所彈坐免官爵後大將軍高肇伐蜀世宗以繼
爲平東將軍鎮遏徐楊世宗崩班師及靈太后
臨朝繼子乂先納太后妹復繼尚書本封尋除
侍中領軍將軍又除特進驃騎將軍侍中領軍
如故繼頻表固讓許之又詔還依前授太師高

陽王雍太傅清河王懌太保廣平王懷及門下
八座奏追論繼太和中慰喻高車安輯四鎮之
勳增邑一千五百戶繼又上表陳讓詔聽減戶
五百靈太后以子乂姻戚數與肅宗幸繼宅置
酒高會班賜有加尋加侍中驃騎大將軍儀同
三司特進領軍如故徙封京兆王繼疾患積年
枕養于家每至靈太后與肅宗遊幸於外時令
扶入居守禁內及節慶宴饗皆力疾參焉遷司
空公侍中如故寬和容裕號爲長者神龜末子

乂得志轉司徒公仍加侍中繼以蕃王宿官舊貴高祖時歷内外顯任意遇已隆靈太后臨朝入居心膂兼處門下歷轉台司乂又居權重榮赫一世繼頻表遜位乞以司徒授崔光詔遣侍中安豐王延明給事黃門侍郎盧同敦勸繼又啓固讓轉太保侍中如故加後部鼓吹頻表陳辭不許詔曰至節嘉辰禮有朝慶親尊戚老理宜優異王位高年宿可依齊郡王簡故事朝訖引坐免其拜伏轉太傅侍中如故頻讓不許又

遣使敦勸乃受之時乂執殺生之柄威福自己門生故吏遍於省闥拜受之日送者傾朝當世以爲榮有識者爲之致懼太官給酒膳供賓客又詔令乘步挽至殿庭兩人扶侍禮秩與丞相高陽王相埒後除使持節侍中太師大將軍録尚書事大都督節度西道諸軍及出師之日車駕臨餞傾朝祖送賞賜万計轉太尉公侍中太師録尚書都督並如故尋詔班師繼啓求還復江陽詔從之繼晚更貪婪聚斂無已牧守令長

新除赴官無不受納貨賄以相託付妻子各別請屬至乃郡縣微吏亦不得平心選舉憑乂威勢法官不敢糾摘天下患之乂黜繼廢於家初介朱榮之爲直寢也數以名馬奉乂乂接以恩意榮甚德之建義初復以繼爲太師司州牧永安二年薨贈假黃鉞都督雍華涇邠秦岐河梁益九州諸軍事大將軍録尚書大丞相雍州刺史王如故謚曰武烈

乂繼長子字伯儁小字夜乂世宗時拜員外郎

靈太后臨朝以乂妹夫除通直散騎侍郎乂妻封新平郡君後遷馮翊郡君拜女侍中乂以此意勢日盛尋遷散騎常侍光禄少卿領嘗食典御轉光禄卿乂女夭靈太后詔曰乂長女年垂弱笄奄致夭喪悼念兼懷可贈鄉主尋遷侍中餘官如故加領軍將軍既在門下兼揔禁兵深爲靈太后所信委太傅清河王懌以親賢輔政參決機事以乂恃寵驕盈志欲無限懌裁之以法乂輕其爲人每欲斥黜之乂遂令通直郎宋

維告司染都尉韓文殊欲謀逆立懌懌坐禁止後窮治無實懌雖得免猶以兵衛守於宮西別館久之乂恐懌終爲巳害乃與侍中劉騰密謀靈太后時在嘉福未御前殿騰詐取主食中黄門胡玄度胡定列誣懌云許度等金帛令以毒藥置御食中以害帝自望爲帝許度兄弟以富貴騰以具奏肅宗聞而信之乃御顯陽殿騰閉永巷門靈太后不得出懌入遇乂於含章殿後欲入徽章東閤乂厲聲不聽懌曰汝欲反邪乂

曰元乂不反正欲縛反人乂命宗士及直齋等三十人執懌衣袂將入含章東省使數十人防守之騰稱詔召集公卿議以大逆論咸畏憚乂無敢異者唯僕射游肇執意不同語在其傳乂騰持公卿議入奏俄而事可夜中殺懌於是假爲靈太后辭遜之詔乂遂與太師高陽王雍等輔政常直禁中肅宗呼爲姨父自後專綜機要巨細決之威振於內外百寮重跡相州刺史中山王熙抗表起義以討乂爲名不果見誅乂尋

遷衛將軍餘如故後靈太后與肅宗醼於西林園日暮還宮右衛將軍奚康生復欲圖乂不克而誅語在其傳是後肅宗徙御徽音殿乂亦入居殿右既在密近曲盡佞媚以承上旨遂蒙寵信出入禁中恒令勇士持刀劒以自先後公私行止彌加威防乂於千秋門外廠下施木闌檻有時出入止息其中腹心防守以備竊發人物求見者遥對之而已乃封其子亮平原郡開國公食邑一千戶及拜肅宗御南門臨觀并賜御

馬帛千匹初乂之專政矯情自飾勞謙待士時事得失頗以關懷而才術空淺終無遠致得志之後便驕愎耽酒好色與奪任情乃於禁中自作別庫掌握之寶充牣其中又曾卧婦人於食輿以帊覆之令人舉入禁內出亦如之直衛雖知莫敢言者輕薄趣勢之徒以酒色事之姑姊婦女朋淫無別政事怠惰綱紀不舉州鎮守宰多非其人於是天下遂亂矣從劉騰死後防衛微緩乂頗亦自寬時宿於外每日出遊留連他

邑靈太后微察知之乂積習生常無復虞慮其
所親諫乂乂不納正光五年秋靈太后對肅
宗謂群臣曰隔絶我母子不聽我往來兒間復
何用我爲放我出家我當永絶人間脩道於嵩
高閑居寺先帝聖鑒鑒於未然本營此寺者正
爲我今日欲自下髮肅宗與群臣大懼叩頭泣
涕殷勤苦請靈太后聲色甚厲意殊不回肅宗
乃宿於嘉福殿積數日遂與太后密謀圖乂肅
宗内雖圖之外形彌密靈太后瞋忿之言欲得

往來顯陽之意皆以告乂又對乂流涕叙太后
欲出家憂怖之心如此密言日有數四乂殊不
爲疑乃勸肅宗從太后意於是太后數御顯陽
二宮無復禁礙乂舉其親元法僧爲徐州刺史
法僧據州反叛靈太后數以爲言乂深愧悔丞
相高陽王雍雖位重於乂而甚畏憚欲進言於
肅宗而事無因會太后與肅宗南遊洛水雍邀
請車駕遂幸雍第日晏肅宗及太后至雍内室
從者莫得而入遂定圖乂之計後雍從肅宗朝

太后乃進言曰臣不慮天下諸賊唯慮元乂何
者乂揔握禁旅兵皆屬之父率百万之衆虎視
京西弟爲都督揔三齊之衆元乂無心則已若
其有心聖朝將何以抗乂雖曰不反誰見其心
而不可不懼太后曰然元郎若忠於朝廷而無
反心何故不去此領軍以餘官輔政乂聞之甚
懼免冠求解乃以乂爲驃騎大將軍儀同三司
尚書令侍中領左右乂雖去兵權然揔任内外
殊不慮有黜廢之理也後乂出宿遂解其侍中

旦欲入宮門者不納尋除名爲民初咸陽王禧
以逆見誅其子樹奔蕭衍衍封爲鄴王及法僧
反叛後樹遺公卿百寮書曰魏室不造姦豎擅
朝社稷阽危綴旒非譬元乂險慝狼戾人倫不
齒屬籍疎遠素無問望特以太后姻婭早蒙寵
擢曾不懷音公行反噬肆茲悖逆人神同憤自
頃境土所傳皆云乂狼心蠆毒藉權位而日滋
含忍諂詐與日月而彌甚無君之心非復一日
篡逼之事旦暮必行抑又聞之夫名以出信信

以制義山川隱疾且猶不以名成師兆亂巨君不臣求之史籍有自來矣元乂本名夜乂弟羅實名羅刹夜乂羅刹此鬼食人非遇黑風事同飄墮嗚呼魏境離此二災惡木盜泉不息不飲勝名梟稱不入不爲況昆季此名表能噬物日露久矣始信斯言況乃母后幽辱繼主蒙塵釋位揮戈言謀王室不在今日何謂人臣諸賢或弈世載德或將相繼踵或受任累朝或職居機要或姻戚匪他或忠義是秉俛眉逆手見制凶

威臣節未申徒有勤悴又聞自乂專政億兆離德重以歲時災厲年年水旱牛馬殪踣桑柘焦枯飢饉相仍菜色滿道妖災告譴人皆歎息瀍澗西北羌戎陸梁泗汴左右戍漕流離加以剖斮忠賢殲殄宗室哀彼本邦一朝橫潰今既率師將除君側區區之懷庶令冠屨得所大慭同必誅之戮魏祀無忽諸之非乂爲遠近所惡如此其後靈太后顧謂侍臣曰劉騰元乂昔邀朕索鐵券望得不死朕賴不與中書舍人韓子熙

曰事關殺活豈計與否陛下昔雖不與何解今日不殺靈太后憮然未幾有人告乂及其弟爪謀反欲令其黨攻近京諸縣破市燒邑郭以驚動內外先遣其從弟洪業率六鎮降戶反於定州又令人勾魯陽諸蠻侵擾伊闕乂兄弟爲內應起事有日得其手書靈太后以妹壻之故未忍便決黃門侍郎李琰之曰元乂之罪具騰遐邇豈容復停以惑視聽黃門徐紇趣前欲諫逡巡未敢群臣固執不已肅宗又以爲言太后乃

從之於是乂及弟爪並賜死於家太后猶以妹故復追贈乂侍中驃騎大將軍儀同三司尚書令冀州刺史

乂子亮襲祖爵齊受禪例降

乂庶長子稚秘書郎中乂死之後遂亡奔蕭衍

乂弟羅字仲綱以儉素著稱起家司空參軍事轉司徒主簿領嘗食典御散騎侍郎散騎常侍雖父兄貴盛而虛已謙退恂恂接物遷平東將軍青州刺史乂當朝專政羅望傾四海于時才

名之士王元景邢子才李獎等咸爲其賓客從遊青土時蕭衍遣將寇邊以羅行撫軍將軍都督青光南青三州諸軍事罷州入爲宗正卿孝莊初除尚書右僕射東道大使出帝時遷尚書令尋除使持節驃騎大將軍開府儀同三司梁州刺史羅既懦怯孝靜初蕭衍遣將圍逼羅以州降义死之後羅逼义妻時人穢之或云其救命之計也

羅弟爽字景喆少而機警尤爲父所寵愛解褐祕書郎稍遷給事黃門侍郎金紫光祿大夫永熙二年卒贈使持節都督涇岐秦三州諸軍事衞將軍尚書左僕射秦州刺史謚曰懿

爽子德隆武定末太子中庶子

爽弟蠻武定末光祿卿

爪字景邕給事中與兄义同以罪誅

繼弟羅侯遷洛之際以墳陵在北遂家於燕州之昌平郡內豐資產唯以意得爲適不入京師有賓客往來者必厚相禮遺豪據北方甚有聲

稱义權重以羅侯不樂入仕就拜昌平太守正光末逆賊大俄佛保陷郡見害

子景遵直寢太常丞

史臣曰梟鏡爲物天實生之知母忘父蓋亦禽獸元紹其人比之不若平陽平以下降年夭促英才武略未顯於時靜簡二王爲時稱首鑒旣有聲渾亦見器皆遇高祖繼受任太和苟無其才名位豈徒及也义階緣寵私智小謀大任重才弱遂亂天下殺身全祀不亦幸哉

道武七王列傳第四　魏書十六

明元六王列傳第五　魏書十七

樂平王　安定王

樂安王　永昌王

建寧王　新興王

明元皇帝七男杜密皇后生世祖太武皇帝大慕容夫人生樂平戾王丕安定殤王彌闕母氏慕容夫人生樂安宣王範尹夫人生永昌莊王健建寧王崇新興王俊二王並闕母氏

樂平王丕少有才幹為世所稱太宗以丕長愛其器度特優異之泰常七年封拜車騎大將軍後督河西高平諸軍討南秦王楊難當軍至略陽禁令齊肅所過無私百姓爭致牛酒難當懼還仇池而諸將議曰若不誅豪帥軍還之後必聚而為寇又以大衆遠出不有所掠則無以充軍實賞將士將從之時中書侍郎高允參丕軍事諫曰今若誅之是傷其向化之心恐大軍一還為亂必速丕以為然於是綏懷初附秋毫無犯初馮弘之奔高麗世祖詔遣送之高麗不遣

世祖怒將討之丕上疏以為和龍新定宜優復之使廣修農殖以饒軍實然後進圖可一舉而滅帝納之乃止後坐劉絜事以憂薨事在絜傳謚曰戾王子拔襲爵後坐事賜死國除丕之薨及日者董道秀之死也高允遂著筮論曰昔明元末起白臺其高二十餘丈樂平王嘗夢登其上四望無所見王以問日者董道秀筮之曰大吉王默而有喜色後事發王遂憂死而道秀棄市道秀若推六爻以對王曰易稱亢龍有悔窮高曰亢高而無民不為善也夫如是則上寧於王下保於己福祿方至豈有禍哉今舍於本而從其末咎釁之至不亦宜乎

安定王彌泰常七年封太宗討滑臺留守京師薨謚殤王無子國除

樂安王範泰常七年封雅性沉厚寬和仁恕世祖以長安形勝之地非範莫可任者乃拜範都督五州諸軍事衛大將軍開府儀同三司長安鎮都大將高選才能以為僚佐範謙恭惠下推

心撫納百姓稱之時秦土新罹寇賊流亡者相繼範請崇易簡之治帝納之於是遂寬徭與人休息後劉潔之謀範聞而不告事發因疾暴薨長子良世祖未有子嘗曰兄弟之子猶子也親撫養之長而壯勇多知常參軍國大計高宗時襲王拜長安鎮都大將雍州刺史爲内都大官薨謚曰簡王

永昌王健太常七年封健姿貌魁壯善弓馬達兵法所在征戰常有大功才藝比陳留桓王而

智略過之從世祖破赫連昌遂西略至木根山討和龍健別攻拔建德後平叛胡白龍餘黨于西河世祖襲蠕蠕越涿邪山車駕還詔健殿後蠕蠕萬騎追之健與數十騎擊之矢不虛發所中皆應弦而斃遂退威震漠北尋從平涼州健功居多又討破禿髮保周自殺傳首京師復降沮渠無諱無疾薨謚曰莊王

子仁襲仁亦驍勇有父風世祖奇之後與濮陽王閭若文謀爲不軌發覺賜死國除

建寧王崇泰常七年封拜輔國將軍從討北虜有功高宗時封崇子麗濟南王後與京兆王杜元寶謀逆父子並賜死

新興王俊泰常七年封拜鎮東大將軍少善騎射多才藝坐法削爵爲公俊好酒色多越法度又以母先遇罪死而已被貶削恒懷怨望頗有悖心後事發賜死國除

明元六王列傳第五　魏書十七

魏收書明元六王列傳亡

太武五王列傳第六　　魏書十八

晉王　　東平王

臨淮王　　廣陽王

南安王

太武皇帝十一男賀皇后生景穆皇帝越椒房生晉王伏羅舒椒房生東平王翰弗椒房生臨淮王譚伏椒房生楚王建閭石昭儀生南安王余其小兒猫兒虎頭龍頭並闕母氏皆早薨無傳

晉王伏羅眞君三年封加車騎大將軍後督高平涼州諸軍討吐谷渾慕利延軍至樂都謂諸將曰若從正道恐軍聲先振必當遠遁若潛軍出其非意此鄧艾擒蜀之計也諸將咸難之伏羅曰夫將軍制勝万里擇利專之可也遂間道行至大母橋慕利延衆驚奔白蘭慕利延子拾寅走河曲斬首五千餘級降其一万餘落八年薨無子國除

東平王翰眞君三年封秦王拜侍中中軍大將軍參典都曹事忠貞雅正百僚憚之太傅高允以翰年少作諸侯箴以遺之翰覽之大悅後鎮枹罕以信惠撫衆羌戎敬服改封東平王世祖崩諸大臣等議欲立翰而中常侍宗愛與翰不協矯太后令立南安王余遂殺翰

子道符襲爵中軍大將軍顯祖踐阼拜長安鎮都大將皇興元年謀反司馬段太陽討斬之傳首京師

臨淮王譚眞君三年封燕王拜侍中參都曹事後改封臨淮王世祖南討授中軍大將軍先是劉義隆以鄒山險固有榮胡家乃積粮爲守禦之備譚率衆攻之獲米三十万以供軍儲義隆恃淮之阻素不設備譚造筏數十潛軍而濟賊衆驚潰遂斬其將胡崇賊首万餘級薨謚宣王

子提襲爵爲梁州刺史以貪縱削除加罰徙配北鎮久之提子員外郎穎免冠請解所居官代父邊戍高祖不許後詔提從駕南伐至洛陽參定遷都之議尋卒以預參遷都功追封長鄉縣侯

世宗時贈雍州刺史謚曰懿
提子昌字法顯好文學居父母喪哀號孺慕悲慼行人世宗時復封臨淮王未拜而薨贈齊州刺史謚曰康王追封濟南
子彧字文若紹封彧少有才學時譽甚美侍中崔光見彧退而謂人曰黑頭三公當此人也少與從兄安豐王延明中山王熙並以宗室博古文學齊名時人莫能定其優劣尚書郎范陽盧思道謂吏部清河崔休曰三人才學雖無優劣

然安豐少於造次中山皂白太多未若濟南風流沉雅時人爲之語曰三王楚琳琅未若濟南備貞方彧姿制閑裕吐發流靡琅邪王誦有名人也見之未嘗不心醉忘疲拜前軍將軍中書侍郎奏郊廟歌辭時稱其美除給事黃門侍郎彧本名亮字仕明時侍中穆紹與彧同署避紹父諱啓求改名詔曰仕明風神運吐常自以比荀文若可名彧以取定體相倫之美彧求復本封詔許復封臨淮寄食相州魏郡又長兼御史中尉彧以爲倫叙得之不謝領軍于忠忿言之朝廷曰臨淮雖復風流可觀而無骨鯁之操中尉之任恐非所堪遂去威儀單車而還朝流爲之歎息累遷侍中衛將軍左光祿大夫兼尚書左僕射攝選是時蕭衍遣將圍逼溫湯進彧以本官爲東道行臺會尒朱榮入洛殺害元氏彧撫膺慟哭遂奔蕭衍衍遣其舍人陳建孫迎接并觀彧爲人建孫還報稱彧風神閑儁衍亦先聞名深相器待見彧於樂遊園因設宴樂彧聞

樂聲歔欷涕淚交下悲感傍人衍爲之不樂自前後奔叛皆希旨稱魏爲僞唯彧上表啓常云魏臨淮王衍體彧雅性不以爲責及知莊帝踐阼彧以母老請還辭旨懇切衍惜其人才又難違其意遣其僕射徐勉私勸彧曰昔王陵在漢姜維相蜀在所成名何必本土彧曰死猶願北況於生也衍乃以禮遣彧性至孝事父母盡禮自經違離不進酒肉容貌憔悴見者傷之累除位尚書令大司馬兼録尚書莊帝追崇武宣王

爲文穆皇帝廟號肅祖母李妃爲文穆皇后將
遷神主於太廟以高祖爲伯考或表諫曰漢祖
創業香街有太上之廟光武中興南頓立舂陵
之寢元帝之於光武踈爲絶服猶尚身奉子道
入繼大宗高祖之於聖躬親實猶子陛下旣纂
洪緒豈宜加伯考之名且漢宣之繼孝昭斯乃
上後叔祖豈忘宗承考妣蓋以大義斯奪及金
德將興宣王受寄自茲而降世秉威權景王意
存毀冕文王心規裂冠雖祭則魏主而權歸晉

室昆之與季實傾曹氏且子元宣王冢嫡文王
成其大業故晉武繼文祖宣景王有伯考之稱
以今類古恐或非儔又臣子一例義彰舊典禘
祫失序著譏前經高祖德溢寰中道超無外肅
祖雖勳格宇宙猶曾奉贄稱臣穆皇后稟德坤
元復將配享乾位此乃君臣並筵嫂叔同室歷
觀墳籍未有其事時莊帝意鋭朝臣無敢言者
唯彧與吏部尚書李神儁並有表聞詔報曰文
穆皇帝勳格四表道邁百王是用考循舊軌恭

上尊號王表云漢太上於香街南頓於舂陵漢
高不因瓜瓞之緒光武又無世及之德皆身受
符命不由父祖別廟異寢於理何差文穆皇帝
天睠人宅歷數有歸朕忝承下武遂主神器旣
帝業有統漢氏非倫若以昔況今不當移寢則
魏太祖晉景帝雖王跡已顯皆以人臣而終豈
得與餘帝別廟有闕餘序疑漢郡國立廟者欲
尊高祖之德使饗遍天下非關太廟神主獨在
外祠薦漢宣之父亦非勳德所出雖不追尊不

亦可乎伯考之名自是尊卑之稱何必準古而
言非類也復云君臣同列嫂叔共室當以文穆
皇帝昔遂臣道以此爲疑禮天子元子猶士禘
祫豈不得同室乎且晉文景共爲一代議者云
世限七主無定數昭穆旣同明有共室之理禮
旣有祔嫂叔何嫌禮士祖禰一廟豈無婦舅共
室也若專以共室爲疑容可更議遷毀莊帝旣
逼諸妹之請此辭意黃門侍郎常景中書侍郎
邢子才所替成也又追尊兄彭城王爲孝宣皇

帝彧又面諫曰陛下中興意欲憲章前古作而不法後世何觀歷尋書籍未有其事願割友于之情使名器無爽帝不從及神主入廟復勑百官悉陪從一依乘輿之式彧上表以爲爰自中古迄於下葉崇尚君親褒明功懿乃有皇號終無帝名今若去帝直留皇名求之古義少有依準又不納尒朱榮死除彧司徒公尒朱世隆率部北叛詔彧防河陰及尒朱兆率衆奄至彧出東掖門爲賊所獲見兆辭色不屈爲羣胡所毆

薨出帝贈太師太尉公雍州刺史彧美風韻善進止衣冠之下雅有容則博覽羣書不爲章句所著文藻雖多亡失猶有傳於世者然居官不能清白所進舉止於親婭爲識者所譏無子

弟孝友少有時譽襲爵淮陽王累遷滄州刺史爲政溫和好行小惠不能清白而無所侵犯百姓亦以此便之孝靜帝宴齊文襄王於華林園孝友因醉自譽又云陛下許賜臣能帝笑曰朕恒聞王自道清文襄曰臨淮王雅旨舍罪於是君臣俱笑而不罪孝友明於政理嘗奏表曰令制百家爲黨族二十家爲閭五家爲比隣百家之內有帥二十五徵發皆免苦樂不均羊少狼多復有蠶食此之爲弊久矣京邑諸坊或七八百家唯一里正二史庶事無闕而況外州乎請依舊置三正之名不改而百家爲四閭閭二比計族省十二丁得十二匹貲絹略計見管之戶應二万餘族一歲出貲絹二十四万匹十五丁出一番兵計得一万六千兵此富國安人之道

也古諸侯娶九女士有一妻二妾晉令諸王置妾八人郡公侯妾六人官品令第一第二品有四妾第三第四有三妾第五第六有二妾第七第八有一妾所以陰教聿脩繼嗣有廣廣繼嗣孝也脩陰教禮也而聖朝忽棄此數由來漸久將相多尚公主王侯亦娶后族故無妾媵習以爲常婦人多幸生逢今世舉朝略是無妾天下殆皆一妻設令人彊志廣娶則家道離索身事迍邅內外親知共相嗤怪凡今之人通無準節

父母嫁女則教之以妒姑姊逢迎必相勸以忌
持制夫爲婦德以能妬爲女工自云受人欺畏
他笑我王公猶自一心已下何敢二意夫妬忌
之心生則妻妾之禮廢妻妾之禮廢則姦淫之
兆興斯臣之所以毒恨者也請以王公第一品
娶八通妻以備九女稱事二品備七三品四品
備五五品六品則一妻二妾限以一周悉令充
數若不充數及侍妾非禮使妻妒加捶撻免所
居官其妻無子而不娶妾斯非自絶無以血食

祖父請科不孝之罪離遣其妻臣之赤心義唯
家國欲使吉凶無不合禮貴賤各有其宜省人
帥以出兵丁立倉儲以豐穀食設賞格以擒姦
盜行典令以示朝章庶使足食足兵人信之矣
又冒申妻妾之數正欲使王侯將相功臣子弟
苗胤滿朝傳祚無窮此臣之志也詔付有司議
奏不同孝友又言今人生爲皁隸葬擬王侯存
没異途無復節制崇壯丘壠盛飾祭儀隣里相
榮稱爲至孝又夫婦之始王化所先共食合瓢

足以成禮而今之富者彌奢同牢之設甚於祭
槃累魚成山山有林木林木之上鸞鳳斯存徒
有煩勞終成委棄仰惟天意其或不然請自兹
以後若婚葬過者以違旨論官司不加糾劾即
與同罪孝友在郡積年以法自守甚著聲稱然
性無骨鯁善事權勢爲正直者所譏齊受禪爵
例降
昌弟孚字秀和少有令譽侍中游肇并州刺史
高聰司徒崔光等見孚咸曰此子當準的人物

恨吾徒衰暮不及見耳累遷兼尚書右丞靈太
后臨朝宦者干政孚乃揔括古今名妃賢后凡
爲四卷奏之遷左丞蠕蠕王阿那瓌既得返國
其人大飢相率入塞阿那瓌上表請臺賑給詔
孚爲北道行臺詣彼賑恤孚陳便宜表曰皮服
之人未甞粒食宜從俗因利拯其所無昔漢建
武中單于款塞時轉河東米糒二万五千斛牛
羊三万六千頭以給之斯即前代和戎撫新柔
遠之長策也乞以牸牛產羊餬其口命且畜牧

繫息是其所便毛血之利惠兼衣食又尚書奏云如其仍住七州隨寬置之臣謂人情戀本寧肯徙内若依臣請給賑雜畜愛本重鄉必還舊土如其不然禁留益損假令逼徙事非久計何者人面獸心去留難測既易水草痾恙將多憂愁致困死亡必甚兼其餘類尚在沙磧脫出狂勃翻歸舊巢必殘掠邑里遺毒百姓亂而方塞未若杜其未萌又貿遷起於上古交易行於中世漢與胡通亦立關市今北人阻飢命懸溝壑

公給之外必求市易彼若願求宜見聽許又云營大者不計小名圖遠者弗拘近利雖戎狄衰盛歷代不同叛服之情略可論討周之北伐僅獲中規漢氏外攘裁收下策昔在代京恒爲重備將帥勞止甲士疲力前世苦之計未能致今天祚大魏亂亡在彼朝廷垂天覆之恩廓大造之德鳩其散亡禮送令返宜因此時善思遠策竊以理雖万變可以一觀來事雖懸易以往卜昔漢宣之世呼韓款塞漢遣董忠韓昌領邊郡

士馬送出朔方因留衛助又光武時亦令中郎將段彬置安集掾史隨單于所在參察動靜斯皆守吉之元龜安邊之勝策計今朝廷成功不減曩時蠕蠕國弊亦同疇日宜準昔成謨略依舊事借其所閑地聽使田牧粗置官屬示相慰撫嚴戒邊兵以見保衛馭以寬仁縻以久策使親不至矯詐疎不容叛反今北鎮諸將舊常云一人代外邏因令防察所謂天子有道守在四夷者也又云先人有奪人之心待降如受彊敵

武非專外亦以防内若從處分割配諸州鎮遼遠非轉輸可到悔叛之情變起難測又居人畜業布在原野戎夷性貪見則思盜防彼肅此少兵不堪渾流之際易相干犯驅之還本未必樂去配州内徙復不肯從既其如此爲費必大朝廷不許孚持白虎幡勞阿那瓌於柔玄懷荒二鎮間阿那瓌衆號三十万陰有異意遂拘留孚載以轀車日給酪一升肉一段毎集其衆坐孚東廂稱爲行臺甚加禮敬阿那瓌遂南過至舊

京後遣孚等還因上表謝罪有司以孚事下廷
尉丞高謙之云孚辱命虧孚流罪後拜冀州刺
史孚勸課農桑境內稱為慈父鄰州號曰神君
先是州人張孟都張洪建馬潘崔獨憐張叔緒
崔醜張天宜崔思哲等八家皆屯保林野不臣
王命州郡號曰八王孚至皆請入城願致死効
力後為葛榮所陷為榮所執兄祐為防城都督
兄子子禮為錄事參軍榮欲先害子禮孚請先
死以贖子禮叩頭流血榮乃捨之又大集將士

議其死事孚兄弟各誣已引過爭相為死又孟
都潘紹等數百人皆叩頭就法請活使君榮曰
此魏之誠臣義士也凡同禁五百人皆得免榮
卒還除冀州刺史元顥入洛授孚東道行臺彭
城郡王孚封顥逆書送朝廷天子嘉之顥平封
孚萬年鄉男永安末樂器殘缺莊帝命孚監儀
注孚上表曰昔太和中中書監高閭太樂令公
孫崇修造金石數十年間乃奏成功時大集儒
生考其得失太常卿劉芳請別營造久而方就

復召公卿量校合否論者沸騰莫有適從登被
旨勑並見施用往歲大軍入洛戎馬交馳所有
樂器亡失垂盡臣至太樂署問太樂令張乾龜
等云承前以來置宮懸四箱簨簴六架東北架
編黃鍾之磬十四雖器名黃鍾而聲實夷則考
之音制不甚諧韻姑洗懸於東北太蔟編於西
北蕤賓列於西南並皆器象差位調律不和又
有儀鍾十四虛懸架首初不叩擊今便刪廢以
從正則臣今據周禮鳧氏脩廣之規磬氏倨句

之法吹律求聲叩鍾求音損除繁雜討論實錄
依十二月為十二宮各準辰次當位懸設月聲
既備隨用擊奏則會還相為宮之義又得律呂
相生之體今量鍾磬之數各以十二架為定奏
可于時搢紳之士咸往觀聽靡不咨嗟歎服而
返太傅錄尚書長孫承業妙解聲律特復稱善
後從出帝入關
廣陽王建閭邑君三年封楚王後改封廣陽王
薨謚曰簡王

子石侯龍衆薨謚曰哀王
子遺興龍衆薨謚曰定王無子
石侯弟嘉少沉敏喜愠不形於色兼有武略高
祖初拜徐州刺史甚有威惠後封廣陽王以紹
建閭後高祖南伐詔嘉斷均口嘉違失指授令
賊得免帝怒責之曰叔祖定非世孫何太不上
類也及將大漸遺詔以嘉爲尚書左僕射與咸
陽王禧等輔政遷司州牧嘉表請於京四面築
坊三百二十各周一千二百步乞發三正復丁

以充茲役雖有暫勞姦盜永止詔從之拜衞大
將軍尚書令除儀同三司嘉好飲酒或沉醉在
世宗前言笑自得無所顧忌帝以其屬尊年老
常優容之與彭城北海高陽諸王每入宴集極
懽彌夜數加賞賜帝亦時幸其第性好儀飾車
服鮮華既居儀同又任端首出入容衞道路榮
之後遷司空轉司徒嘉好立功名有益公私多
所敷奏帝雅委付之愛敬人物後來才俊未爲
時知者侍坐之次轉加談引時人以此稱之薨

遺命薄葬世宗悼惜之贈侍中太保謚曰懿烈
嘉後妃宜都王穆壽孫女司空從妹也聰明婦
人及爲嘉妃多所匡贊光益家道
子深字智遠襲爵肅宗初拜肆州刺史預行恩
信胡人便之刼盗止息後爲恒州刺史在州多
所受納政以賄成私家有馬千匹者必取百匹
以此爲恒累遷殿中尚書未拜坐淫城陽王徽
妃于氏爲徽表訟詔付丞相高陽王雍等宗室
議決其罪以王還第及沃野鎮人破六韓拔陵

反叛臨淮王彧討之失利詔深爲北道大都督
受尚書令李崇節度時東道都督崔暹敗於白
道深上書曰邊豎構逆以成紛梗其所由來非
一朝也昔皇始以移防爲重盛簡親賢擁麾作
鎮配以高門子弟以死防遏不但不廢仕官至
乃偏得復除當時人物忻慕爲之及太和在歷
僕射李沖當官任事涼州土人悉免廝役豐沛
舊門仍防邊戍自非得罪當世莫肯與之爲伍
征鎮驅使但爲虞候白直一生推遷不過軍主

然其往世房分留居京者得上品通官在鎮者便爲清途所隔或投彼有北以御魑魅多復逃胡鄉乃峻邊兵之格鎮人浮遊在外皆聽流兵捉之於是少年不得從師長者不得遊宦獨爲匪人言者流涕自定鼎伊洛邊任益輕唯底滯凡才出爲鎮將轉相模習專事聚斂或有諸方姦吏犯罪配邊爲之指蹤過弄官府政以賄立莫能自改咸言姦吏爲此無不切齒增怒及阿那瓌背恩縱掠竊奔命師追之十五万衆度沙

漠不日而還邊人見此援師便自意輕中國尚書令臣崇時節申聞求改鎮爲州將允其願抑亦先覺朝廷未許而高闕戍主率下失和拔陵殺之爲逆命攻城掠地所見必誅王師屢北賊黨日盛此段之舉指望銷平其崔暹隻輪不反臣崇與臣逡巡復路今者相與還次雲中馬首是瞻未便西邁將士之情莫不解體今日所慮非止西北將恐諸鎮尋亦如此天下之事何易可量時不納其策東西部勑勒之叛朝議更思

深言遣兼黃門侍郎酈道元爲大使欲復鎮爲州以順人望會六鎮盡叛不得施行深後上言今六鎮俱叛二部高車亦同惡黨以疲兵討之不必制敵請簡選兵或留守恒州要處更爲後圖及李崇徵還深專摠戎政拔陵避蠕蠕南移渡河先是別將李叔仁以拔陵來逼請求迎援深赴之前後降附二十萬人深與行臺元纂表求恒州北別立郡縣安置降戶隨宜賑賚息其亂心不從詔遣黃門郎楊昱分散之於冀定瀛

三州就食深謂纂曰此輩復爲乞活矣禍亂當由此作既而鮮于脩禮叛於定州杜洛周反於幽州其餘降戶猶在恒州遂欲推深爲主深乃上書乞還京師令左衛將軍楊津代深爲都督以深爲侍中右衛將軍定州刺史時中山太守趙叔隆別駕崔融討賊失利臺使劉審考覈未訖會賊逼中山深乃令叔隆防境審馳驛還京云深擅相放縱城陽王徽與深有隙因此構之乃徵深爲吏部尚書兼中領軍及深至都肅宗

不欲使徽深相憾勑因宴會令相和解徽銜不
已後河間王琛等爲鮮于脩禮所敗乃除深儀
同三司大都督章武王融爲左都督裴衍爲右
都督並受深節度徽因奏靈太后構深曰廣陽
以愛子握兵在外不可測也乃勑章武王等潛
相防備融遂以勑示深深懼事無大小不敢自
決靈太后聞之乃使問深意狀乃具言曰往者
元乂執權移天徙日而徽託附無翼而飛令大
明反政任寄唯重以徽褊心銜臣切骨臣以疎

滯遠離京輦被其構阻無所不爲然臣昔不在
其後自此以來飜成陵谷徽遂一歲八遷位居
宰相臣乃積年淹滯有功不録自徽執政以來
非但抑臣而已北征之勳皆被擁塞將士告捷
終無片賞雖爲表請多不蒙遂前留元標據于
盛樂後被重圍析骸易子倒懸一隅嬰城二載
賊散之後依階乞官徽乃盤退不允所請而徐
州下邳戍主賈勳法僧叛後暫被圍逼固守之
勳比之未重乃立得州即授開國天下之事其

流一也功同賞異不平謂何又驃騎李崇北征
之日啓募八州之人聽用關西之格及臣在後
依此科賞復言北道征者不得同於關西定襄
陵廟之至重平城守國之要鎮若計此而論功
亦何負於秦楚但以嫉臣之故便欲望風排抑
然其當途以來何直退勳而已但是隨臣征者
即便爲所嫉統軍袁叔和曾經省訴徽初言有
理又聞北征隸臣爲統應時變色復令臣兄子
仲顯異端訟臣緝緝翩翩謀相誹謗言臣惡者

接以恩顔稱臣善者即被嫌責甄琛曾理臣屈
乃視之若仇讎徐紇頗言臣短即待之如親戚
又驃騎長史祖瑩昔在軍中妄增首級矯亂戎
行蠹害軍府獲罪有司避命山澤直以謗臣之
故徽乃還雪其罪臣府司馬劉敬比送降人既
到定州飜然背叛賊如決河豈其能擁且以臣
府參寮不免身首異處徽既怒遷捨其元惡及
胥徒從臣行者莫不悚懼頃恒州之人乞臣爲
刺史徽乃斐然言不可測及降戶結謀臣頻表

啓徽乃因執言此事及向定州遠彼姦惡又復論臣將有異志飜覆如此欲相陷没致令國朝遽賜遷代賊起之由誰使然也徽既優幸任隆一世慕勢之徒於臣何有是故餘人攝選車馬塡門及臣居邊賔遊罕至臣近比爲慮其爲梗是以孜孜乞赴京闕屬流人舉斧元戎垂翅復從後命自安無所僶俛先驅不敢辭事及臣出都行塵未滅已聞在後復生異議言臣將兒自隨證爲可疑之兆忽稱此以構亂悠悠之人復

傳音響言左軍臣融右軍臣衍皆受密勑伺察臣事徽既用心如此臣將何以自安竊以天步未夷國難猶梗方伯之任於斯爲急徽昔臨藩乃有人譽及居端右蔑爾無聞今求出之爲州使得申其利用徽若外從所長臣無內慮之切脱蒙闕公私幸甚深以兵士頻經退散人無闘情連營轉柵日行十里行達交津隔水而陳賊脩禮常與葛榮謀後稍信朔州人毛普賢榮常銜之普賢昔爲深統軍及在交津深使人諭之

普賢乃有降意又使錄事參軍元晏説賊程殺鬼果相猜貳葛榮遂殺普賢脩禮而自立榮以新得大衆上下未安遂北度瀛州深便率衆北轉榮東攻章武王融戰敗於白牛邏深遂退走趨定州聞刺史楊津疑其有異志乃止於州南佛寺停三日夜乃召都督毛謚等六七人臂肩爲約危難之際期相拯恤謚疑深意異乃密告津云深謀不軌津遣謚討深深走出謚叫噪追躡深與左右行至博陵郡界逢賊遊騎乃引詣

葛榮賊徒見深頗有喜者榮新自立内惡之乃害深莊帝追復王爵贈司徒公謚曰忠武

子湛字士淵少有風尚莊帝初襲封孝靜初累遷冀州刺史所在聚斂風政不立入爲侍中後行司州牧時齊獻武王作相以湛頗有器望啓超拜太尉公薨贈假黃鉞大司馬尚書令謚曰文獻初湛名位漸重留連聲色始以婢紫光遺尚書郎中宋遊道後乃私躭出爲冀州竊而攜去遊道大致紛紛乃云紫光湛父所寵湛毋遺

巳將致公文乂乃停息論者兩非之
湛弟瑾尚書祠部郎後謀殺齊文襄事泄合門伏法
湛子法輪紫光所生也齊王矜湛覆滅乃啓原之復其爵土
南安王余眞君三年封吳王後改封南安王世祖暴崩中常侍宗愛矯皇太后令迎余而立之然後發喪大赦改年爲承平余自以非次而立厚賞羣下取悅於衆爲長夜之飮聲樂不絕旬

月之間帑藏空罄尤好弋獵出入無度邊方告難余不恤之百姓憤惋而余晏如也宗愛權恣日甚內外憚之余疑愛將謀變奪其權愛怒因余祭廟夜殺余高宗葬以王禮謚曰隱

太武五王列傳第六　魏書十八

魏收書太武五王列傳亡

景穆十二王列傳第七上　魏書十九

陽平王　京兆王
濟陰王　汝陰王
樂浪王　廣平王

景穆皇帝十四男恭皇后生文成皇帝袁椒房生陽平幽王新成尉椒房生京兆康王子推濟陰王小新成陽椒房生汝陰靈王天賜樂良厲王萬壽廣平殤王洛侯毋並闕孟椒房生任城康王雲劉椒房生南安惠王楨城陽康王長壽

慕容椒房生章武敬王太洛尉椒房生樂陵康王胡兒孟椒房生安定靖王休趙王深早薨無傳毋闕魏舊太子後庭未有位號高宗即位恭宗宮人有子者並號爲椒房
陽平王新成太安三年封拜征西大將軍後爲內都大官薨謚曰幽
長子安壽襲爵高祖賜名頤累遷懷朔鎮大將都督三道諸軍事北討詔徵赴京勖以戰伐之事對曰當仰仗廟筭使呼韓同渭橋之禮帝嘆

曰壯哉王言朕所望也未發遭母憂詔遣侍臣以金華敦喻既殯而發與陸叡集三道諸將議軍途所詣於是中道出黑山東道趨士盧河西道向侯延河軍過大磧大破蠕蠕頤入朝詔曰王之前言果不虛也後除朔州刺史及恒州刺史穆泰謀反遣使推頤爲主頤密以狀聞泰等伏誅帝甚嘉之世宗景明六年薨於青州刺史謚曰莊王傳國至孫宗胤肅宗時坐殺叔父賜死爵除

頤弟衍字安樂賜爵廣陵侯位梁州刺史表請假王以崇威重詔曰可謂無厭求也所請不合轉徐州刺史至州病重帝勅徐成伯乘傳療疾差成伯還帝曰卿定名醫賚絹三千匹成伯辭請受一千帝曰詩云人之云亡邦國殄瘁以是而言豈惟三千匹乎其爲帝所重如此後所生母雷氏卒表請解州詔曰先君餘尊之所厭禮之明文季末陵遲斯典或廢侯既親王之子宜從餘尊之義便可大功後卒於雍州刺史謚曰康侯衍性清慎所在廉潔又不營產業歷牧四州皆有稱績亡日無斂屍具子暢

暢弟融字叔融貌甚短陋驍武過人莊帝謀殺尒朱榮以融爲直閤將軍及尒朱兆入洛融逃人間

衍弟欽字思若位中書監尚書右僕射儀同三司欽色尤黑故時人號爲黑面僕射欽淫從兄麗妻崔氏爲御史中尉封回劾奏遇赦免尋除司州牧欽少好學早有令譽時人語曰皇宗略

略壽安思若及晚年貴重不能有所匡益識者輕之欽曾託青州人高僧壽爲子求師師至未幾逃去欽以讓僧壽僧壽性滑稽反謂欽曰凡人絕粒七日乃死始經五朝便爾逃遁去食就信實有所闕欽乃大慙於是待客稍厚後除司空公封鉅平縣公於河陰遇害贈假黃鉞太師太尉公

子子孝字季業早有令譽年八歲司徒崔光見而異之曰後生領袖必此人也

京兆王子推太安五年封位侍中征南大將軍長安鎮都大將子推性沈雅善於綏接秦雍之人服其威惠入爲中都大官察獄有稱顯祖將禪位於子推以大臣固諫乃傳高祖高祖即位拜侍中本將軍開府儀同三司青州刺史未至道薨

子太興襲拜長安鎮都大將以黷貨削除官爵後除祕書監還復前爵拜統萬鎮將改封西河後改鎮爲夏州仍以太興爲刺史除守衛尉卿初太興遇患請諸沙門行道所有資財一時布施乞求病愈名曰散生齋及齋後僧皆四散有一沙門方云乞齋餘食太興戲之曰齋食既盡唯有酒肉沙門曰亦能食之因出酒一斗羊腳一隻食盡猶言不飽及辭出後酒肉俱在出門追之無所見太興遂佛前乞願向者之師當非俗人若此病得差即捨王爵入道未幾便愈遂請爲沙門表十餘上乃見許時高祖南討在軍詔皇太子於四月八日爲之下髮施帛二千匹

既爲沙門更名僧懿居嵩山太和二十二年終

子昴字伯暉襲薨

子悰字魏慶襲孝靜時累遷太尉錄尚書事司州牧青州刺史薨於州贈假黃鉞太傅司徒公諡曰文悰寬和有度量美容貌風望儼然得喪之間不見於色性清儉不營產業身死之日家無餘財

昴弟仲景性嚴峭莊帝時兼御史中尉京師肅然每向臺恒駕赤牛時人號赤牛中尉太昌初爲河南尹奉法無私時吏部尚書樊子鵠部下縱橫又爲盜竊仲景密加收捕悉獲之咸即行決於是豪貴寒心出帝將西行授仲景中軍大都督留京師齊獻武王欲至洛陽仲景遂棄妻子而遁

仲景弟暹字叔照莊帝初除南兗州刺史在州猛暴多所殺害元顥入洛暹據州不屈莊帝還宮封汝陽王遷秦州刺史先時秦州城人屢爲反覆暹盡誅之存者十一二普泰元年除涼州

刺史貪暴無極欲規府人及商胡富人財物詐
一臺符誑諸豪等云欲加賞一時屠戮所有資
財生口悉没自入孝静時位侍中録尚書事薨
贈太師録尚書
子沖襲無子國絶
太興弟遥字太原有器望以左衛將軍從高祖
南征賜爵饒陽男世宗初遭所生母憂表請解
任詔以餘尊所厭不許肅宗初累遷左光禄大
夫仍領護軍遷冀州刺史遥以諸胡先無籍貫

姦良莫辨悉令造籍又以諸胡設籍當欲稅之
以充軍用胡人不願乃共構遥云取納金馬御
史按驗事與胡同遥坐除名遥陳枉不已敕有
司重究乃披雪遷右光禄大夫時冀州沙門法
慶既爲祆幻遂說勃海人李歸伯歸伯合家從
之招率鄉人推法慶爲主法慶以歸伯爲十住
菩薩平魔軍司定漢王自號大乘殺一人者爲
一住菩薩殺十人爲十住菩薩又合狂藥令
人服之父子兄弟不相知識唯以殺害爲事於

是聚衆殺阜城令破勃海郡殺害吏人刺史蕭
寶夤遣兼長史崔伯驎討之敗於煑棗城伯驎
戰没以衆遂盛所在屠滅寺舍斬戮僧尼焚燒
經像云新佛出世除去舊魔詔以遥爲使持節
都督北征諸軍事帥步騎十萬以討之法慶相
率攻遥遥並擊破之遥遣輔國將軍張虯等率
騎追掩討破擒法慶并其妻尼惠暉等斬之傳
首京師後擒歸伯戮於都市初遥大功昆弟皆
是恭宗之孫至肅宗而本服絶故除遥等屬籍

遥表曰竊聞聖人所以南面而聽天下其不可
得變革者則親也尊也四世而緦服窮五世而
袒免六世而親屬竭矣去兹以往猶繫之以姓
而弗別綴之以食而弗殊又律云議親者非唯
當世之屬親歷謂先帝之五世謹尋斯旨將以
廣帝宗重盤石先皇所以變兹事條爲此別制
者太和之季方有意於吴蜀經始之費慮深在
初割減之起暫出當時也且臨淮王提分屬籍
之始高祖賜帛三千匹所以重分離樂良王長

命亦賜縑二千匹所以存慈睠此皆先朝殷勤克念不得已而然者也古人有言百足之蟲至死不僵者以其輔己者衆臣誠不欲妄親太階苟求潤屋但傷大宗一分則天子屬籍不過十數人而已在漢諸王之子不限多少皆列土而封謂之曰侯至于魏晉莫不廣胙河山稱之曰公者蓋惡其大宗之不固骨肉之恩踈矣臣去皇上雖是五世之遠於先帝便是天子之孫高祖所以國秩祿賦復給衣食后族唯給其賦不

與衣食者欲以別外內限異同也今諸廟之感在心未忘行道之悲儵然已及其諸封者身亡之日三年服終然後改奪今朝廷猶在遏密之中便議此事實用未安詔付尚書博議以聞尚書令任城王澄尚書左僕射元暉奏同遥表靈太后不從卒謚曰宣公

遥弟恒字景安粗涉書史恒以春秋之義爲名不以山川表求改名芝歷位太常卿中書監侍中後於河陰遇害贈太傅司徒公謚曰宣穆公

濟陰王小新成和平二年封頗有武略庫莫奚侵擾詔新成率衆討之新成乃多爲毒酒賊既漸逼便棄營而去賊至喜而競飲聊無所備遂簡輕騎因醉縱擊俘馘甚多後位外都大官薨贈大將軍謚曰惠公

子鬱字伏生襲位開府爲徐州刺史以黷貨賜死國除

長子弼字邕明剛正有文學位中散大夫以世嫡應襲先爵爲季父尚書僕射麗因于氏親寵

遂奪弼王爵横授同母兄子誕於是弼絶棄人事託疾還私第世宗徵爲侍中弼上表固讓入嵩山以穴爲室布衣蔬食卒建義元年子暉業訴復王爵永安三年追贈尚書令司徒公謚曰文獻初弼嘗夢人謂之曰君身不得傳世封其紹先爵者君長子紹遠也弼覺即語暉業終如其言

暉業少險薄多與寇盗交通長乃變節涉子史亦頗屬文而慷慨有志節歷位司空太尉加特

進領中書監録尚書事齊文襄嘗問之曰比何所披覽對曰數尋伊霍之傳不讀曹馬之書暉業以時運漸謝不復圖全唯事飲啗一日三羊三日一犢又嘗賦詩云昔居王道泰濟濟富羣英今逢世路阻狐兔鬱縱横齊初降封美陽縣公開府儀同三司特進暉業之在晉陽也無所交通居常閑暇乃撰魏藩王家世號爲辨宗室録四十卷行於世

暉業弟昭業頗有學尚位諫議大夫莊帝將幸

洛南昭業立於閶闔門外扣馬諫帝避之而過後勞勉之位給事黄門侍郎衛將軍右光禄大夫卒謚曰文侯

鬱弟偃字仲琁位太中大夫卒

子誕字曇首初誕伯父鬱以貪汙賜死爵除景明三年誕訴云伯鬱前朝之封正以年長襲封以罪除爵爵由謬襲襲應歸正詔以偃正元妃息曇首濟陰王嫡孫可聽紹封以纂先緒誕既襲爵除齊州刺史在州貪暴大爲人患牛馬騾驢無不逼奪家之奴隸悉迫取良人爲婦有沙門爲誕採藥還而見之誕曰師從外來有何消息對曰唯聞王貪願王早代誕曰齊州七萬戸吾至來一家未得三十錢何得言貪後爲御史中尉元纂所糺會赦免薨謚曰静王

子撫字伯懿襲莊帝初爲從兄暉業訴奪王爵

偃弟麗字寶掌位兼宗正卿右衛將軍遷光禄勳宗正右衛如故時秦州屠各王法智推州主簿吕苟兒爲主號建明元年置立百官攻逼州

郡涇州人陳瞻亦聚衆自稱王號聖明元年詔以麗爲使持節都督秦州刺史與別駕楊椿討之苟兒率衆十餘萬屯孤山列據諸險圍逼州城麗出擊大破之便進軍永洛賊徒逆戰麗夜擊走之行秦州事李韶破苟兒于孤山乘勝追奔三十里獲其父母妻子斬賊王五人其餘相繼歸降諸城之圍亦悉奔散苟兒率其王公三十餘人詣麗請罪椿又斬瞻麗因平賊之勢枉掠良善七百餘人世宗嘉其功詔有司不聽追

檢拜雍州刺史爲政嚴酷吏人患之其妻崔氏誕一男麗遂出州獄囚死及徒流案未申臺者一時放免遷冀州刺史入爲尚書左僕射帝問曰聞公在州殺戮無理枉濫非一又大殺道人對曰臣在冀州可殺道人二百許人亦復何多帝曰一物不得其所若納諸隍況殺道人二百而言不多麗脫冠謝賜坐卒諡曰威

子顯和少有節操歷司徒記室參軍司徒崔光每見之曰元參軍風流清秀容止閑雅乃宰相

之器除徐州安東府長史刺史元法僧叛顯和與戰被擒執手命與連坐顯和曰顯和與阿翁同源別派皆是盤石之宗一朝以地外叛若遇董狐能無慚德遂不肯坐法僧猶欲慰喻顯和曰乃可死作惡鬼不能坐爲叛臣及將殺之神色自若建義初贈秦州刺史

汝陰王天賜和平三年封拜鎮南大將軍虎牢鎮都大將後爲內都大官高祖初殿中尚書胡莫寒簡西部敕勒豪富兼丁者爲殿中武士而大納財貨簡選不平衆怒殺莫寒及高平假鎮將奚陵於是諸部敕勒悉叛詔天賜與給事中羅雲督諸軍討之前鋒敕勒詐降雲信之副將元伏曰敕勒色動恐將有變今不設備將爲所圖雲不從敕勒輕騎數千襲殺雲天賜僅得自全後除征北大將軍護匈奴中郎將累遷懷朔鎮大將坐貪殘恕死削除官爵卒高祖哭於思政觀贈本爵葬從王禮諡曰靈王

子逞字万安卒於齊州刺史諡曰威

逞子慶和東豫州刺史爲蕭衍將所攻舉城降之衍以爲北道總督魏王至項城朝廷出師討之望風退走衍責之曰言同百舌膽若䶂鼠遂徙合浦

逞弟汎字普安自元士稍遷營州刺史性貪殘人不堪命相率逐之汎走平州後除光祿大夫宗正卿封東燕縣男於河陰遇害

天賜第五子脩義字壽安涉獵書傳頗有文才爲高祖所知自元士稍遷左將軍齊州刺史脩

義以齊州頻喪刺史累表固辭詔曰脩短有命
吉凶由人何得過致憂憚以乖維城之寄違凶
就吉時亦有之可聽更立館宇於是移理東城
脩義為政寬和愛人在州四歲不殺一人百姓
以是追思之遷秦州刺史肅宗初表陳庶人禧
庶人愉等請宥前愆賜葬陵域靈太后詔曰收
葬之恩事由上旨藩岳何得越職干陳在州多
受納累遷吏部尚書及在銓衡唯專貨賄授官
大小皆有定價時中散大夫高居者有旨先叙

時上黨郡缺居遂求之脩義私已許人抑居不
與居大言不遜脩義命左右牽曳之居對大衆
呼天唱賊人問居曰白日公庭安得有賊居指
脩義曰此座上者違天子明詔物多者得官京
師白劫此非大賊乎脩義失色居行罵而出後
欲邀車駕論脩義罪狀左僕射蕭寶夤諭之乃
止二秦反假脩義兼尚書右僕射西道行臺行
秦州事為諸軍節度脩義性好酒每飲連日遂
遇風病神明昏喪雖至長安竟無部分之益元

志敗沒賊東至黑水更遣蕭寶夤討之以脩義
為雍州刺史卒於州贈司空謚曰文
子均位給事黃門侍郎
樂浪王万壽和平三年封拜征東大將軍鎮和
龍性貪暴徵還道憂薨謚曰厲王
子康王樂平襲薨
子長命襲坐殺人賜死國除
子忠肅宗時復前爵位太常少卿出帝汎舟天
淵池命宗室諸王陪宴忠愚而無智性好衣服

遂著紅羅襦繡作領碧紬袴錦為緣帝謂曰朝
廷衣冠應有常式何為著百戲衣忠曰臣少來
所愛情存綺羅歌衣舞服是臣所願帝曰人之
無良乃至此乎
廣平王洛侯和平二年封薨謚曰殤無子後以
陽平幽王第五子匡後之
匡字建扶性耿介有氣節高宗器之謂曰叔父
必能儀形社稷匡輔朕躬今可改名為匡以成
克終之美世宗即位累遷給事黃門侍郎茹皓

始有寵百寮微憚之世宗曾於山陵還詔臣陪乘又命皓登車皓褰裳將上臣諫止世宗推之令下皓恨臣失色當時壯其忠謇世宗親政除肆州刺史臣既忤皓懼爲所害廉慎自修甚有聲績遷恒州刺史徵爲大宗正卿河南邑中正臣奏親王及始蕃二蕃王妻悉有妃號而三蕃已下皆謂之妻上不得同爲妃名而下不及五品已上有命婦之號竊爲疑詔曰夫貴於朝妻榮於室婦女無定升從其夫三蕃既啓王封妃名

亦宜同等妻者齊也理與己齊可從妃例自是三蕃王妻名號始定後除度支尚書臣表引樂陵章武之例求紹洛侯封詔付尚書議尚書奏聽襲封以明興絕之義臣與尚書令高肇不平常無降下之色時世宗委政於肇朝廷傾憚唯臣與肇抗衡先自造棺置於廳事意欲輿棺詣闕論肇罪惡自殺切諫肇聞而惡之後因與太常劉芳議爭權量遂與肇聲色御史中尉王顯奏臣曰自金行失御羣僞競興禮壞樂崩彝倫

攸斁大魏應期奄有四海高祖孝文皇帝以睿聖統天克復舊典乃命故中書監高閭廣旌儒林推尋樂府依據六經參諸國志以黍裁寸將均周漢舊章屬雲構中遷尚未云就高祖睿思玄深參考經記以一黍之大用成分體準之爲尺宣布施行暨正始中故太樂令公孫崇輒自立意以黍十二爲寸別造尺度定律刊鍾皆向成訖表求觀試時敕太常卿臣芳以崇造既成請集朝英議其得否芳疑崇尺度與先朝不同

察其作者於經史復異推造勘據非所宜行時尚書令臣肇清河王懌等以崇造乖謬與周禮不同遂奏臣芳依周禮更造成訖量校從其善者而芳以先朝尺度事合古典乃依前詔書以黍刊寸並呈朝廷用裁金石于時議者多云芳是唯黃門侍郎臣孫惠蔚與崇扶同二途參差頻經考議而尚書令臣肇以芳造崇物故之後而惠蔚亦造一尺仍云扶以比崇尺自相乖背量省二三謂芳爲得而尚書臣臣表云劉孫二

尺長短相傾稽考兩律所庸殊異言取中黍校
彼二家云並參差抑中無所自立一途請求議
判當時議者或是於臣兩途舛駁未即時定肇
又云權斛斗尺班行已久今者所論豈喻先旨
宜仰依先朝故尺爲定自爾以後而臣與肇厲
言都座聲色相加高下失其常倫噂競無復彝
序臣更表列據已十是云芳十非又云肇前被
敕旨共芳營督規立鍾石之名希播製作之譽
乃憑樞衡之尊藉舅氏之勢與奪任心臧否自

己阿黨劉芳遏絶臣事望勢雷同者接以恩言
依經按古者即被怒責雖未指鹿化馬移天徙
日實使蘊藉之士聳氣坐端懷道之夫結舌筵
次又言芳昔與崇競恒言自作今共臣論忽稱
先朝豈不前謂可行輒欲自取後知錯謬便推
先朝殊非大臣之體深失爲下之義復考校勢
臣之前量度偏頗之手臣必刖足內朝抱璞人
外囂言肆意彰於朝野然臣職當出納獻替所
在斗尺權度正是所司若已有所見能練臧否

宜應首唱義端早辨諸惑何故嘿心隨從不關
一言見芳成事方有此語計芳才學與臣殊懸
所見淺深不應相匹今乃始發恐此由心借智
於人規成虛譽況臣表云所據銅權形如古誌
明是漢作非莽别造及案權銘云黃帝始祖德
布於虞虞帝始祖德布於新若莽佐漢時事寧
有銘僞新之號哉又尋莽傳云莽居攝即變漢
制度考校二證非漢權明矣復云芳之所造又
短先朝之尺臣既比之權然相合更云芳尺與

千金堰不同臣復量比因見其異二三浮濫難
可據準又云共構虛端妄爲疑似託以先朝云
非己製臣按此欺詐乃在於臣不在於芳何以
言之芳先被勑專造鍾律管籥優劣是其所裁
權斛尺度本非其事比前門下索芳尺度而芳
牒報云依先朝所班新尺復應下黍更不增損
爲造鍾律調正分寸而已檢臣造時在牒後一
歲芳於爾日臣未共爭已有此牒豈爲詐也計
崇造寸積黍十二羣情共知而芳造寸唯止十

黍亦俱先朝詔書以黍成寸首尾歷然寧有輒
欲自取之理肇任居端右百寮是望言行動靜
必副具瞻若恃權阿黨詐託先詔將指鹿化馬
徙日移天即是魏之趙高何以宰物肇若無此
臣既誣毀宰相訕謗明時豈應談議之閒便有
指鹿之事可否之際輕生刖足之言趙高矯惑
事屬衰秦卞和抱璞時遇暴楚何宜以濟濟之朝
而有斯謗者哉阻惑朝聽不敬至甚請以肇臣
並禁尚書推窮其原付廷尉定罪詔曰可有司

奏臣誣肇處臣死刑世宗恕死降爲光祿大夫
又兼宗正卿出爲兗州刺史臣臨發帝引見於
東堂勞勉之臣猶以尺度金石之事國之大經
前雖爲南臺所彈然猶許更議若議之日顧聽
臣暫赴世宗曰劉芳學高一時深明典故其所
據者與先朝尺乃寸過一黍何得復云先朝之
意也兗州既所執不經後議之日何待赴都也
肅宗初入爲御史中尉臣昭嚴於彈糾始奏于忠
次彈高聰等免官靈太后並不許以[illegible]

之心又慮臣辭解欲奬之安之進號安南將軍後
加鎮東將軍臣屢請更權衡不已於是詔曰謹
權審度自昔令典定章革歷往代良規臣宗室
賢亮留心既久可令更集儒貴以時驗決必務
權衡得衷令寸籥不舛又詔曰故廣平殤王洛
侯體自恭宗茂年薨殞國除祀廢不祀忽諸臣
親同若子私繼歲久宜樹維城永茲盤石可特
襲王爵封東平郡王臣所制尺度訖請集朝士
議定是非詔付門下尚書三府九列議定以聞

太師高陽王雍等議曰伏惟高祖創改權量已
定臣今新造微有參差且臣云所造尺度與漢
志王莽權斛不殊又晉中書監荀勗云後漢至
魏尺長於古四分有餘於是依周禮積黍以起
度量惟古玉律及鍾遂改正之尋勗所造之尺
與高祖所定毫釐略同又侍中崔光得古象尺
于時亦準議令施用仰惟孝文皇帝德邁前王
睿明下燭不刊之式事難變改臣等參論請停
臣議永遵先皇之制詔從之臣每有奏請尚書

令任城王澄時致執奪臣剛隘內遂不平先所造棺猶在僧寺乃復修事將與澄相攻澄頗知之後將赴省與臣逢遇騶卒相撾朝野駭愕澄因是奏臣罪狀三十餘條廷尉處以死刑詔付八座議特加原宥削爵除官三公郎中辛雄奏理之後特除平州刺史徙青州刺史尋爲關右都督兼尚書行臺遇疾還京孝昌初卒謚曰文貞後追復本爵改封濟南王

第四子猷襲齊受禪爵例降

景穆十二王列傳第七上　魏書十九

魏收書景穆十二王列傳卷上亡

景穆十二王列傳第七中　魏書十九

任城王

任城王雲年五歲恭宗崩號哭不絕聲世祖聞之而呼抱之泣曰汝何知而有成人之意也和平五年封拜使持節侍中征東大將軍和龍鎮都大將顯祖時拜都督中外諸軍事中都坐大官聽理民訟甚收時譽延興中顯祖集羣寮欲禪位於京兆王子推王公卿士莫敢先言雲進曰陛下方隆太平臨覆四海豈得上違宗廟下棄兆民父子相傳其來久矣皇魏之興未之有革皇儲正統聖德夙章陛下必欲割捐塵務頤神清曠者冢副之寄宜紹寶曆若欲捨儲輕移宸極恐非先聖之意駭動人情又天下是祖宗之天下而陛下輒改神器上乘七廟之靈下長姦亂之道此是禍福所由願深思慎之太尉源賀又進曰陛下今欲外選諸王而禪位于皇叔者臣恐春秋蒸嘗昭穆有亂脫万世之後必有逆饗之譏深願思任城之言東陽公元丕等進

曰皇太子雖聖德夙彰然實沖幼陛下富於春秋始覽機政普天景仰率土傒心欲隆獨善不以万物爲意其若宗廟何其若億兆何顯祖曰儲宮正統受終文祖羣公相之有何不可於是傳位於高祖後蠕蠕犯塞雲爲中軍大都督從顯祖討之遇於大磧事具蠕蠕傳後仇池氐反以雲爲征西大將軍討平之除都督徐兗二州緣淮諸軍事征東大將軍開府徐州刺史雲以太妃蓋氏薨表求解任顯祖不許雲悲號動疾

乃許之性善撫綏得徐方之心爲百姓所追戀送遺錢貨一無所受顯祖聞而嘉之復拜侍中中都大官賜帛千匹羊千口出爲冀州刺史仍本將軍雲留心政事甚得下情於是合州請戶輸絹五尺粟五升以報雲恩高祖嘉之遷使持節都督陝西諸軍事征南大將軍長安鎮都大將雍州刺史雲廉謹自脩留心庶獄挫抑豪彊羣盜息止州民頌之者千有餘人文明太后嘉之賜帛千匹太和五年薨於州遺令薄葬勿受

賵襚諸子奉遵其旨喪至京師車駕親臨哭之哀慟贈以本官謚曰康陪葬雲中之金陵

雲長子澄字道鎮少而好學及康王薨澄居喪以孝聞襲封加征北大將軍高祖時蠕蠕犯塞加澄使持節都督北討諸軍事以討之蠕蠕遁走又以氐羌反叛除都督梁益荊三州諸軍事征南大將軍梁州刺史文明太后引見澄誡厲之顧謂中書令李沖曰此兒風神吐發德音閑婉當爲宗室領袖是行使之必稱我意卿但記

之我不妄談人物也梁州氐帥楊仲顯婆羅楊卜兄弟及符叱盤等自以居邊地險世爲山狡澄至州量彼風俗誘導懷附表送婆羅授仲顯循城鎮副將楊卜廣業太守叱槃固道鎮副將自餘首帥各隨才而用之款附者賞違命加誅於是仇池帖然西南款順加侍中賜衣一襲乘馬一匹以旌其能後轉征東大將軍開府徐州刺史甚有聲績朝於京師引見於皇信堂高祖詔澄曰昔鄭子產鑄刑書而晉叔向非之此二

人皆是賢士得失竟誰對曰鄭國寡弱攝於彊鄰民情去就非刑莫制故鑄刑書以示威雖乖古式合今權道隨時濟世子產爲得而叔向譏議示不忘古可與論道未可語權高祖曰任城當欲爲魏之子產也澄曰子產道合當時聲流竹素臣既庸近何敢庶幾今陛下以四海爲家宣文德以懷天下但江外尚阻車書未一季世之民易以威伏難以禮治愚謂子產之法猶應暫用大同之後便以道化之高祖心方革變深

善其對笑曰非任城無以識變化之體朕方剏改朝制當與任城共萬世之功耳後徵爲中書令改授尚書令蕭賾使庾蓽來朝蓽見澄音韻遒雅風儀秀逸謂主客郎張彝曰往魏任城以武著稱今魏任城乃以文見美也時詔延四廟之子下逮玄孫之冑申宗宴於皇信堂不以爵秩爲列悉序昭穆爲次用家人之禮高祖曰行禮已畢欲令宗室各言其志可率賦詩特令澄爲七言連韻與高祖往復賭賽遂至極懽際夜

乃罷後高祖外示南討意在謀遷齋於明堂左个詔太常卿王諶親令龜卜易筮南伐之事其兆遇革高祖曰此是湯武革命順天應人之卦也羣臣莫敢言澄進曰易言革者更也將欲應天順人革君臣之命湯武得之爲吉陛下帝有天下重光累葉今日卜征乃可伐叛不得云革命此非君人之卦未可全爲吉也高祖厲聲曰象云大人虎變何言不吉也澄曰陛下龍興既久豈可方同虎變高祖勃然作色曰社稷我社

稷任城而欲沮衆也澄曰社稷誠知陛下之社稷然臣是社稷之臣子豫參顧問敢盡愚衷高祖既銳意必行惡澄此對久之乃解曰各言其志亦復何傷車駕還宮便召澄未及昇階遥謂曰向者之革卦今更欲論之明堂之忿懼衆人競言阻我大計故厲色怖文武耳想解朕意也乃獨謂澄曰今日之行誠知不易但國家興自北土徙居平城雖富有四海文軌未一此間用武之地非可文治移風易俗信爲甚難崤函帝

宅河洛王里因茲大舉光宅中原任城意以爲何如澄曰伊洛中區均天下所據陛下制御華夏輯平九服蒼生聞此應當大慶高祖曰北人戀本忽聞將移不能不驚擾也澄曰此既非常之事當非常人所知唯須決之聖懷此輩亦何能爲也高祖曰任城便是我之子房加撫軍大將軍太子少保又兼尚書左僕射及駕幸洛陽定遷都之策高祖詔曰遷移之旨必須訪衆當遣任城馳駟向代問彼百司論擇可否近日論

革今真所謂革也王其勉之既至代都衆聞遷詔莫不驚駭澄援引今古徐以曉之衆乃開伏澄遂南馳還報會車駕於滑臺高祖大悅曰若非任城朕事業不得就也從幸鄴宮除吏部尚書及幸代車駕北巡留澄銓簡舊臣初魏自公侯以下迄于選臣動有萬數冗散無事澄品爲三等量其優劣盡其能否之用咸無怨者駕還洛京復兼右僕射高祖至北邙遂幸洪池命澄侍昇龍舟因賦詩以序懷高祖曰朕昨夜夢一

老公頭鬢皓白正理冠服拜立路左朕怪而問之自云晉侍中嵇紹故此奉迎神爽卑懼似有求焉澄對曰晉世之亂嵇紹以身衛主殞命御側亦是晉之忠臣比干遭紂兇虐忠諫剖心可謂殷之良士二人俱死於王事墳塋並在於道周然陛下徙御殷洛經纏墟而弔比干至洛陽而遺嵇紹當是希恩而感夢高祖曰朕何德能幽感達士也然實思追禮先賢標揚忠懿比干嵇紹皆是古之誠烈而朕務濃於比干禮略於

嵇紹情有愧然既有此夢或如任城所言於是求其兆域遣使弔祭焉蕭鸞既殺蕭昭業而自立昭業雍州刺史曹虎請以襄陽內附分遣諸將車駕將自赴之豫州又表虎奉誠之使不復重來高祖引澄及咸陽王禧彭城王勰司徒馮誕司空穆亮鎮南李沖等議之高祖曰比得邊州表云襄陽慕化朕將鳴鑾江沔爲彼聲勢今復表稱更無後信於行留之計竟欲如何禧等或云宜行或言宜止高祖曰衆人紛紜意見不等

朕莫知所從必欲盡行留之勢使言理俱暢者宜有客主共相起發任城與鎮南爲應留之議朕當爲宜行之論諸公俱坐聽得失長者從之於是高祖曰二賢試言留計也沖對曰臣等正以徙御草刱人甚樂安內而應者未審不宜輕爾動發高祖曰襄陽款問似當是虛亦知初遷之民無宜勞役脫歸誠有實即當乘其悅附遠則有會稽之會近則略平江北如其送款是虛且可遊巡淮楚問民之瘼使彼土蒼生知君德

之所在復何所損而惜此一舉脫降問是實而停不撫接不亦稽阻款誠毀朕大略也澄曰降問若審應有表質而使人一返靜無音問其詐也可見今代遷之衆人懷戀本細累相攜始就洛邑居無一椽之室家闕檐石之粮而使怨苦即戎泣當白刃恐非歌儛之師也今茲區宇初構又東作方興正是子來百堵之日農夫肆力之秋宜寬彼逋誅惠此民庶且三軍已援無稽赴接苟其款實力足納撫待尅平襄沔然後動

駕今無故勞涉空爲往返恐挫損天威更成賊膽願上覽盤庚始遷之艱難下矜詩人由庚之至詠輯寧新邑惠康億兆而司空亮以爲宜行公卿皆同之澄謂亮曰公在外見旌鉞既張而有憂色每聞談論不願此行何得對聖顔更如斯之語也面背不同事涉欺佞非所謂論道之德更失國士之體或有傾側當由公輩佞臣李沖曰任城王可謂忠於社稷願陛下深察其言臣等在外皆憚征行唯貴與賤不謀同辭仰願

聖心裁其可否高祖曰任城適以公等從朕有如此論不從朕者何必皆忠而通識安危也小忠是大忠之賊無乃似諸澄曰臣既愚闇不識大理所可言者雖涉小忠要是竭盡微款不知大忠者竟何據高祖曰任城脫居台鼎之任欲令大忠在己也澄曰臣誠才非台弼智闕和鼎脫得濫居公鉉庶當官而行不負愚志高祖大笑澄又謂亮曰昔汲黯於漢武前面折公孫食脫粟飯臥布被云其詐也于時公孫謙讓下之

武帝歎汲黯至忠公孫長者二人稱賢公既道均昔士願思長者之言高祖笑曰任城欲自比汲黯也且所言是公未知得失所在何便謝司空也駕遂南伐五等開建食邑一千戶後從征至懸瓠以篤疾還京駕餞之汝濆賦詩而別車駕還洛引見王公侍臣於清徽堂高祖曰此堂成來未與王公行宴樂之禮後東閤廡堂粗復始就故今與諸賢欲無高而不昇無小而不入因之流化渠高祖曰此曲水者亦有其義取乾道

曲成万物無滯次之洗煩池高祖曰此池中亦有嘉魚澄曰此所謂魚在在藻有頒其首高祖曰且取王在靈沼於牣魚躍次之觀德殿高祖曰射以觀德故遂命之次之凝閑堂高祖曰名目要有其義此蓋取夫子閑居之義不可縱奢以忘儉自安以忘危故此堂後作茅茨堂謂李沖曰此東曰步元廡西曰遊凱廡此堂雖無唐堯之君卿等當無愧於元凱沖對曰臣既遭唐堯之君不敢辭元凱之譽高祖曰光景垂落朕

同宗則有載考之義卿等將出無遠何得默爾不示德音即命黃門侍郎崔光郭祚通直郎邢巒崔休等賦詩言志燭至公卿辭退李沖再拜上千万歲壽高祖曰卿向以燭至致辭復獻千万之壽朕報卿以南山之詩高祖曰燭至辭退庶姓之禮在夜載考宗族之義卿等且還朕與諸王宗室欲成此夜飲又從幸鄴還洛以出納之勞增邑五百戶坐公事免官尋兼吏部尚書恒州刺史穆泰在州謀反推朔州刺史陽平王

頤為主頤表其狀高祖召澄入見凝閑堂曰適得陽平表曰穆泰謀為不軌招誘宗室脫或必然遷京甫爾北人戀舊南北紛擾朕洛陽不立也此事非任城不辦可為我力疾向北如其弱也直往擒翦若其勢彊可承制發并肆兵以殄之雖知王患既是國家大事不容辭也澄曰泰等愚惑正戀本為此非有遠圖臣誠怯弱不憚是輩雖復患惙豈敢有辭謹當罄盡心力繼之以死願陛下勿憂高祖笑曰得任城此行朕復

何憂也遂授節銅虎竹使符御仗左右仍行恒州事行達鴈門太守夜告泰已握衆西就陽平城下聚結唯見弓仗澄聞便速進時右丞孟斌曰事不可量須依勑召并肆兵然後徐動澄曰泰既構逆應據堅城而更迎陽平度其所爲似當勢弱泰既不相拒無故發兵非宜也但速往鎮之民心自定遂倍道兼行出其不意又遣治書侍御史李煥先赴至即擒泰民情怡然窮其黨與罪人皆得鉅鹿公陸叡安樂侯元隆等百餘

人皆獄禁具狀表聞高祖覽表大悅召集公卿以下以表示之曰我任城可謂社稷臣也尋其罪案正復皐陶斷獄豈能過之顧謂咸陽王等曰汝等脫當其處不能辦此車駕尋幸平城勞澄曰任城此行深副遠寄對曰陛下威靈遠被罪人無所逃刑臣何勞之有引見逆徒無一人稱枉時人莫不歎之高祖顧謂左右曰昔仲尼云聽訟吾猶人也必也使無訟乎然聖人之聽訟殆非常人所匹必也無訟今日見之矣以澄

正尚書車駕南伐留澄居守復兼右僕射澄表請以國秩一歲租布帛助供軍資詔受其半高祖幸鄴值高車樹者反叛車駕將親討之澄表諫不宜親行會江陽王繼平之乃止高祖還洛引見公卿高祖曰營國之本禮教爲先朕離京邑以來禮教爲日新以不澄對曰臣謂日新高祖曰朕昨入城見車上婦人冠帽而著小襦襖者若爲如此尚書何爲不察澄曰著猶少於不著者高祖曰深可怪也任城意欲令全著乎

一言可以喪邦者斯之謂歟可命史官書之又曰王者不降佐於蒼昊皆拔才而用之朕失於舉人任許一羣婦人輩奇事當更銓簡耳任城在省爲舉天下綱維爲當署事而已澄曰臣實署事而已高祖曰如此便一令史足矣何待任城又曰我遣舍人宣詔何爲使小人聞之澄曰時雖有幹吏去榜亦遠高祖曰遠則不聞聞則不遠既得聞詔理故可知於是留守羣臣遂免冠謝罪尋除尚書右僕射蕭寶卷遣其太尉陳

顯達入寇漢陽是時高祖不豫引澄入見清徽
堂詔曰顯達侵亂沔陽不安朕不親行莫攘此
賊朕疾患淹年氣力惙弊如有非常委任城大
事是段任城必須從朕澄涕泣對曰臣謹當竭
股肱之力以命上報遂從駕南伐高祖崩澄受
顧命世宗初有降人嚴叔懋告尚書令王肅遣
孔思達潛通寶卷圖為叛逆寶卷遣俞公喜送
勑於肅公喜還南肅與裴叔業馬為信澄信之
乃表肅將叛輒下禁止咸陽北海二王奏澄擅

禁宰輔免官歸第尋出為平西將軍梁州刺史
辭以母老除安東將軍相州刺史復固辭改授
安西將軍雍州刺史尋徵赴季秋講武除都督
淮南諸軍事鎮南大將軍開府揚州刺史下車
封孫叔敖之墓毀蔣子文之廟頻表南伐世宗
不許又辭母老乞解州任寢而不報加散騎常
侍澄表曰臣參訓先朝藉規有日前言舊軌頗
亦聞之又昔在恒代親習皇宗熟秘序疑庭無
闕日臣每於侍坐先帝未常不以書典在懷禮

經為事周旋之則不輟於時自鳳舉中京方隆
禮教宗室之範每蒙委及四門之選負荷銓量
自先皇升遐未遑修述學宮虛荷四門之名宗
人有闕四時之業青衿之緒於茲將廢臣每惟
其事竊所傷懷伏惟聖略宏遠四方罕務宴安
之辰於是乎在何為太平之世而令子衿之歎
興焉聖明之日而使宗人之訓闕焉愚謂可勑
有司脩復皇宗之學開闢四門之教使將落之
族日就月將詔曰胄子崇業自古盛典國均之

訓無應久廢尚書更可量宜脩立澄又表母疾
解州任不聽蕭衍將張囂之寇陷夷陵戍澄遣
輔國將軍成興步騎赴討大破之復夷陵囂之
遁走又遣長風戍主奇道顯攻蕭衍陰山戍破
之斬其戍主龍驤將軍都亭侯梅興祖仍引攻
白槀戍又破之斬其寧朔將軍關內侯吳道爽
澄表曰蕭衍頻斷東關欲令巢湖汎溢湖周回
四百餘里東關合江之際廣不過數十步若賊
計得成大湖傾注者則淮南諸戍必同晉陽之

事矣又吳楚便水且灌且掠淮南之地將非國有壽陽去江五百餘里衆庶惶惶並懼水害脫乘民之願攻敵之虛豫勒諸州纂集士馬首秋大集則南瀆可爲飲馬之津霍嶺必成徙倚之觀事貴應機經略須早縱混一不可必果江西自是無虞若猶豫緩圖不加除討關塞既成襄陵方及平原民戍定爲魚矣詔發冀定瀛相并濟六州二万人馬一千五百匹令仲秋之中畢會淮南并壽陽先兵三万委澄經略先是朝議

有南伐之意以蕭寶夤爲東揚州刺史據東城陳伯之爲江州刺史戍陽石以澄揔督二鎮授之節度至是勒兵進討以東關水衝大峴險要東關綴水陽石合肥有急懸之切不圖大峴則歷陽有乘險之援淮陵陸道九山水路並宜經略於是遣統軍傅豎眼王神念等進次大峴東關九山淮陵皆分部諸將倍道據之揔勒大衆絡繹相接而神念尅其關要頴川二城斬衍軍主費尼而寧朔將軍韋惠龍驤將軍李伯由仍

固大峴澄遣統軍党法宗傅豎眼等進軍尅之遂圍白塔牽城數日之間便即逃潰衍清溪戍望風散走衍徐州刺史司馬明素率衆三千欲援九山徐州長史潘伯隣規固淮陵寧朔將軍王燮負險焦城法宗進克焦城破淮陵擒明素斬伯隣其濟陰太守王厚彊廬江太守裴邃即亦奔退詔澄曰將軍文德內昭武功外暢奮揚大略將蕩江吳長旌始舒賊徒懾氣銳旅方馳東關席卷想江湖弭波在旦夕耳所送首虜並

已聞之初澄出討之後衍將姜慶真襲據壽春外郭齊王蕭寶夤擊走之長史韋纘坐免官澄以在外無坐遂攻鍾離又詔鍾離若食盡三月已前固有可尅如至四月淮水泛長舟行無礙宜善量之前事捷也此實將軍經略勳有常焉如或以水盛難圖亦可爲萬全之計不宜昧利無成以貽後悔也蕭衍冠軍將軍張惠紹游擊將軍殷還驍騎將軍趙景悅龍驤將軍張景仁等率衆五千送糧鍾離澄遣統軍王足劉思祖

等邀擊惠紹等大破之獲惠紹殷暹景仁及其
屯騎校尉史文淵等軍主以上二十七人既而
遇兩淮水暴長引歸壽春還既狼狽失兵四千
餘人頻表解州世宗不許有司奏軍還失路奪
其開府又降三階時蕭衍有移求換張惠紹澄
表請不許詔付八座會議尚書令廣陽王嘉等
奏宜還之詔乃聽還後果復寇邊轉澄鎭北大
將軍定州刺史初民中每有橫調百姓煩苦前
後牧守未能蠲除澄多所省減民以忻賴又明

黜陟賞罰之法表減公園之地以給無業貧口
禁造布絹不任衣者母孟太妃薨居喪毀瘠當
世稱之服闋除太子太保於時高肇當朝猜忌
賢戚澄爲肇間構常恐不全乃終日昏飲以示
荒敗所作詭越時謂爲狂世宗夜崩時事倉卒
高肇擁兵於外肅宗沖幼朝野不安澄疏斥不
預機要而朝望所屬領軍于忠侍中崔光等奏
澄爲尚書令於是衆心忻服又加散騎常侍驃
騎大將軍尋遷司空加侍中俄詔領尚書令初

正始之末詔百司普昇一級而執事者不達旨
意刺史守令限而不及澄奏曰竊惟雲構鬱起
澤及百司企春望榮內外同慶至於賞陟不及
守宰爾來十年冤訟不絕封回自鎭遠安州入
爲太尉長史元匡自征虜恒州入作宗卿二人
遷授並在先詔應蒙之理備在於斯兼州佐停
私之徒陪臣郡丞之例尚蒙天澤下降榮及當
時然參佐之來皆因府主今府主不霑佐官獨
預棄本賞末愚謂未允今計刺史守宰之官請

準封回悉同汎限上允初旨百司之章下覆訟
者元元之心詔曰自今已後內外之事嘗經先
朝者不得重聞澄奏曰臣聞堯懸諫諍之鼓舜
置誹謗之木皆所以廣耳目於芻蕘達四聰於
天下伏惟太祖開基化隆自遠累聖相承於今
九帝重光疊照汚隆必同與奪隨時道無恒體
思過如渴言重千金故稱無諱之朝邁蹤三五
高祖沖年纂曆文明協統變官易律未爲違典
及慈聖臨朝母儀寓縣爰發慈令垂心滯獄深

枉者仰日月於九泉微屈者希曲照於盆下今乃格以先朝限以一例斯誠奉遵之本心實乖元元之至望在于謙挹有乖舊典謹尋抱枉求直或經累朝毫釐之差正之宜速謬若千里駟馬弗追故禮有損益事有可否父有諍子君有諫臣琴瑟不調理宜改作是以防川之論小決則通鄉校之言擁則敗國矧伊陳屈而可抑以先朝且先朝屈者非故屈之或有司愛憎或執事濁僻空文致法以誤視聽如此冤塞彌在可

哀矜之與濫寧失不經乞收今旨還依前詔詔曰省奏深體毗贊之情三皇異軌五代殊風一時之制何必詮改必謂虛文設旨理在可申者何容不同來執可依往制澄表上皇誥宗制并訓詁各一卷意欲皇太后臨覽之思勸戒之益又奏利國濟民所宜振舉者十條一曰律度量衡公私不同所宜一之二曰宜興學校以明黜陟之法三曰宜興滅繼絕各舉所知四曰五調之外一不煩民任民之力不過三日五曰臨民之

官皆須黜陟以旌賞罰六曰逃亡代輸去來年久者若非伎作任聽即住七曰邊兵逃走或實陷沒皆須精檢三長及近親若實隱之徵其代輸不隱勿論八曰工商世業之戶復徵租調無以堪濟今請免之使專其業九曰三長禁姦不得隔越相領戶不滿者隨近并合十曰羽林虎賁邊方有事暫可赴戰常戍宜遣蕃兵代之靈太后下其奏百寮議之事有同否時四中郎將兵數寡弱不足以襟帶京師澄奏宜以東中帶

滎陽郡南中帶魯陽郡西中帶恒農郡北中帶河內郡選二品三品親賢兼稱者居之省非急之作配以彊兵如此則深根固本彊幹弱枝之義也靈太后初將從之後議者不同乃止澄又重奏曰固本宜彊防微在豫故雖有文事不忘武功況今南蠻仍獷北妖頻結來事難圖勢同往變脫暴勃忽起振動關畿四府羸卒何以防擬平康之世可以寄安遺之久長恐非善策如臣愚見郎將領兵兼總民職省官實祿於是乎

在求還依前增兵益號將位既重則念報亦深軍郡相依則表裏俱濟朝廷無四顧之憂姦宄絶窺覦之望矣卒不納又以流人初至遠鎮衣食無資多有死者奏并其妻子給粮一歲從之尋以疾患求解任不許蕭衍於浮山斷淮爲堰以灌壽春乃除使持節大將軍大都督南討諸軍事勒衆十萬將出彭宋尋淮堰自壞不行澄以北邊鎮將選舉彌輕恐賊虜闚邊山陵危迫奏求重鎮將之選修警備之嚴詔不從賊虜入

冦至於舊都鎮將多非其人所在叛亂犯逼山陵如澄所慮澄奏都城府寺猶未周悉今軍旅初寧無宜發衆請取諸職人及司州郡縣犯十杖已上百鞭已下收贖之物絹一匹輸塼二百以漸脩造詔從之太傅清河王懌表奏其事遂寢不行澄又奏曰臣聞賞必以道用防淫人之姦罰不濫及以戒良士之困刑者侀也每垂三宥秉律執請不得已而用之是故小大之獄察之以情一人呼嗟或虧王道刑罰得失乃興廢

之所由也竊聞司州牧高陽王臣雍栲殺奉朝請韓元昭前門下録事姚敬賢雖因公事理實未盡何者太平之世草不横伐行葦之感事驗隆周若昭等狀彰死罪以定應刑於都市與衆棄之如其疑似不分情理未究不宜以三清九流之官杖下便死輕絶民命傷理敗法往年州於大市鞭殺五人及檢贓狀全無寸尺今復酷害一至於此朝野云云咸懷驚愕若殺生在下虐專於臣人君之權安所復用自開古以來明

明之世未聞斯比也武王曰吾不以一人之命而易天下蓋重民命也請以見事付廷尉推究驗其爲劫之狀察其栲殺之理使是非分明幽魂獲雪詔從之澄當官而行無所回避又奏墾田授受之制八條甚有綱貫大便於時前來尚書文簿諸曹須則出借時公車署以理寃事重奏請真案澄執奏以尚書政本特宜遠慎故凡所奏事閣道通之蓋以秘要之切防其宣露寧有古制所重今反輕之内猶設禁示外更寬也宜

繕寫事意以付公車詔從之西域嚈噠波斯諸
國各因公使並遺澄駿馬一匹澄請付太僕以
充國閑詔曰王廉貞之德有過楚相可勑付廐
以成君子大哉之美御史中尉東平王匡奏請
取景明元年以來內外考簿吏部除書中兵勳
案并諸殿最欲以案校竊階盜官之人靈太后
許之澄表曰臣聞三季之弊由於煩刑火德之
興在於三約是以老聃云法令滋彰盜賊多有
又曰其政察察其民缺缺又曰天網恢恢疎而

不漏是故欲求治本莫若省事清心昔漢文斷
獄四百幾致刑措省事所致也蕭曹爲相載其
清靜畫一之歌清心之本也今欲求之於本宜
以省事爲先使在位羣官纂蕭曹之心以毗聖
化如此則上下相安遠近相信百司不怠事無
愆失豈宜擾世教以深文烹小鮮以煩手哉臣
竊惟景明之初暨永平之末內外羣官三經考
課逮延昌之始方加黜陟五品以上引之朝堂
親決聖目六品以下例由勑判自世宗晏駕大

宥三行所以蕩除故意與物更始革世之事方
相窮覈以臣愚見謂爲不可又尚書職分樞機
出納昔魏明帝卒至尚書門陳矯亢辭帝慙而
返夫以万乘之重非所宜行猶屈一言慙而回
駕羣官百司而可相亂乎故陳平不知錢穀之
數邴吉不問僵道之死當時以爲達治歷代用
爲美談但宜各守其職思不出位潔已以勵時
請恭以致節又尋御史之體風聞是司至於冒
勳妄考皆有處別若一處有風謠即應攝其一

簿研檢虛實若差殊不同僞情自露然後繩以
典刑人孰不服豈有移一省之案取天下之簿
尋兩紀之事窮革世之尤如此求過誰堪其罪
斯實聖朝所宜重慎也靈太后納之乃止後遷
司徒公侍中尚書令如故澄又表曰伏惟世宗
宣武皇帝命將授旗隨陸啓顙運籌制勝淮漢
自賓節用勞心志清六合是故纘武修文仍世
彌盛陛下當周康靖治之時豈得晏安於玄默
然取外之理要由內彊圖人之本先在自備蕭

衍雖虐使其民而窺覦不已若遇我虛疲士民凋窘賊衍年老志張思播虺毒此之弗圖恐受其病伏惟陛下妙齡在位聖德方昇皇太后揔御天機乾乾夕惕若留意於負荷忿車書之未一進賢拔能重官人之舉標賞忠清旌養人之器修干戈之用畜熊虎之士愛時鄙財輕寶重穀七八年閒陛下聖略方剛親王德幹壯茂將相贊力未衰愚臣猶堪戎伍荷戈帶甲之衆蓄銳於今燕趙冀馬之盛充牣在昔又賊衍惡積

禍盈勢不能久子弟闇悖釁逆已彰亂亡之兆灼然可見兼弱有徵天與不遠大同之機宜須蓄備昔漢帝力疾討滅英布高皇臥病親除顯達夫以万乘之主豈忘宴安實以侵名亂正計不得已今宜慕二帝之遠圖以肅寧爲大任然頃年以來東西難寇艱虞之興首尾連接雖尋得翦除亦大損財力且飢饉之氓散亡莫保收入之賦不增出用之費彌衆不愛力以悅民無豐資以待敵此臣所以夙夜懷憂悚息不寧者

也易曰何以守位曰仁何以聚人曰財故曰財者非天不生非地不長非時不成非人不聚生聚之由如此其難集人守位若此之重興替之道焉可不慮又古者使民歲不過三日食壯者之粮任老者之智此雖太平之法難卒而因然妨民害財不亦宜戒今墉雉素脩廐庫崇列雖府寺膠塾少有未周大抵省府粗得庇憩理務諸寺靈塔俱足致虔講道唯明堂辟雍國禮之大來冬司徒兵至請籌量減徹專力經營務令

早就其廣濟數施之財酬商互市之弊凡所營造自非供御切須戎仗急要亦宜微減以務阜積庶府無橫損民有全力夫食土簋而媯德昭寢卑室而禹功盛章臺麗而楚力衰阿宮壯而秦財竭存亡之由灼然可覩願思前王一同之功畜力聚財以待時會靈太后銳於繕興在京師則起永寧太上公等佛寺功費不少外州各造五級佛圖又數爲一切齋會施物動至万計百姓疲於土木之功金銀之價爲之踊上削奪

百官事力費損庫藏兼曲賚左右日有數千澄故有此表雖卒不從常優荅禮之政無大小皆引參決澄亦盡心匡輔事有不便於民者必於諫諍雖不見用殷勤不已內外咸敬憚之神龜二年薨年五十三賻布一千二百匹錢六十万蠟四百斤給東園溫明祕器朝服一具衣一襲大鴻臚監護喪事詔百寮會喪贈假黃鉞使持節都督中外諸軍事太傅領太尉公加以殊禮備九錫依晉大司馬齊王攸故事謚曰文宣王

澄之葬也凶飾甚盛靈太后親送郊外停輿悲哭哀動左右百官會赴千餘人莫不歔欷當時以爲哀榮之極第四子彝襲

彝字子倫繼室馮氏所生頗有父風拜通直散騎常侍及元乂專權而彝恥於託附故不得顯職莊帝初河陰遇害贈車騎將軍儀同三司青州刺史謚曰文

子度世襲武定中金紫光祿大夫齊受禪爵例降

彝兄順字子和九歲師事樂安陳豐初書王羲之小學篇數千言晝夜誦之旬有五日一皆通徹豐奇之白澄曰豐十五從師迄于白首耳目所經未見此比江夏黃童不得無雙也澄笑曰藍田生玉何容不爾十六通杜氏春秋恒集門生討論同異于時四方無事國富民康豪貴子弟率以朋遊爲樂而順下帷讀書篤志愛古性謇諤淡於榮利好飲酒解鼓琴能長吟永歎吒詠虛室世宗時上魏頌文多不載起家爲給事

中時尚書令高肇帝舅權重天下人士望塵拜伏順曾懷刺詣肇門門者以其年少荅云在坐大有貴客不肯爲通順叱之曰任城王兒可是賤也及見直往登牀捧手抗禮王公先達莫不怪慴而順辭吐傲然若無所覩肇謂衆賓曰此兒豪氣尚爾況其父乎及出肇加敬送之澄聞之大怒杖之數十後超轉中書侍郎俄遷太常少卿以父憂去職哭泣嘔血身自負土時年二十五便有白髮免喪抽去不復更生世人以爲

孝思所致尋除給事黃門侍郎時領軍元乂威勢尤盛凡有遷授莫不造門謝謁順拜表而已曾不詣乂乂謂順曰卿何謂聊不見我順正色曰天子富於春秋委政宗輔叔父宜以至公爲心舉士報國如何賣恩責人私謝豈所望也至於朝論得失順常鯁言正議曾不阿旨由此見憚出除平北將軍恒州刺史順謂乂曰北鎮紛紜方爲國梗桑乾舊都根本所繫請假都督爲國捍屏乂心疑難不欲授以兵官謂順曰此朝

廷之事非我所裁順曰叔父既握國柄殺生由己自言天之歷數應在我躬何得復有朝廷也乂彌忿憚之轉爲安東將軍齊州刺史順自負有才不得居內每懷鬱快形於言色遂縱酒歡娛不親政事乂解領軍徵爲給事黃門侍郎親友郊迎賀其得入順曰不患不入正恐入而復出耳俄兼殿中尚書轉侍中初中山王熙起兵討元乂不果而誅及靈太后反政方得改葬順侍坐西遊園因奏太后曰臣昨往看中山家葬

非唯宗親哀其冤酷行路士女見其一家七喪皆爲潛然莫不酸泣乂妻時在太后側順指之曰陛下柰何以一妹之故不伏元乂之罪使天下懷冤太后嘿然不語就德興反於營州使尚書盧同往討之大敗而返屬侍中穆紹與順侍坐因論同之罪同先有近宅借紹紹頗欲爲言順勃然曰盧同終將無罪太后曰何得如侍中之言順曰同有好宅與要勢侍中豈慮罪也紹慙不敢復言靈太后頗事粧飾數出遊幸順面

諍曰禮婦人夫喪自稱未亡人首去珠玉衣不被綵陛下母臨天下年垂不惑過甚修飾何以示後世靈太后慙而不出還入宮責順曰千里相徵豈欲衆中見辱也順曰陛下盛服袨容不畏天下所笑何恥臣之一言乎初城陽王徽慕順才名偏相結納而廣陽王淵姦徽妻于氏大爲嫌隙及淵自定州被徵入爲吏部尚書兼中領軍順爲詔書辭頗優美徽疑順爲淵左右由是與徐紇間順於靈太后出順爲護軍將軍太

常卿順奉辭於西遊園徽紇侍側順指之謂靈
太后曰此人魏之宰嚭魏國不滅終不死亡紇
脅肩而出順遂抗聲叱之曰爾刀筆小人正堪
爲机案之吏寧應忝茲執戟虧我彝倫遂振衣
而起靈太后嘿而不言時追論順父顧託之功
增任城王彝邑二千戶又析彝邑五百戶以封
順爲東阿縣開國公順疾徽等間之遂爲蠅賦
曰余以仲秋休沐端坐衡門寄想琴書託情紙
翰而蒼蠅小蟲往來牀几疾其變白聊爲賦云

遐哉大道廓矣洪氛肇立秋夏妥啓冬春既含
育於万性又芻狗而不仁隨因緣以授體齊美
惡而無分生茲穢類靡益於人名備群品聲損
衆倫歊膣纖翼紫首蒼身飛不能迥聲若遠聞
點緇成素變白爲黑寡愛蘭芳偏貪穢食集桓
公之屍居平叔之側亂雞鳴之響毀皇宮之飾
習習戶庭營營榛棘反覆往還譬彼讒賊儥受
飫通譖潤罔極緝緝幡幡交亂四國於是妖姬
進邪士來聖賢擁忠孝摧周昌拘於牖里天乙囚

於夏臺伯奇爲之痛結申生爲之蒙災鴟鴞悲
其室採葛懼其懷小弁隕其涕靈均表其哀自
古明哲猶如此何況中庸與凡才若夫天生地
養各有所親獸必依地鳥亦憑雲或來儀以呈
祉或自擾而見文或負圖而歸德或銜書以告
眞或夭胎而奉味或殘軀以獻珍或主皮而興
禮或牢豢以供神雖死生之異質俱有益於國
人非如蒼蠅之無用唯構亂於蒸民遂屬疾在
家杜絕慶弔後除吏部尚書兼右僕射及上省

登階向榻見榻甚故問都令史徐仵起仵起曰
此榻曾經先王坐順即哽塞涕泗交流久而不
能言遂令換之時三公曹令史朱暉素事錄尚
書高陽王雍雍欲以爲廷尉評頻請託順順不
爲用雍遂下命用之順投之於地雍聞之大怒
昧爽坐都聽召尚書及丞郎畢集欲待順至於
衆挫之順日高方至雍攘袂撫几而言曰身天
子之子天子之弟天子之叔天子之相四海之
內親尊莫二元順何人以身成命投棄於地順

鬚鬢俱張仰面看屋憤氣奔涌長歔而不言又之搖一白羽扇徐而謂雍曰高祖遷宅中土剏定九流官方清濁軌儀萬古而朱暉小子身爲省吏何合爲廷尉清官殿下既先皇同氣宜遵成旨自有短垣而復踰之也雍曰身爲丞相録尚書如何不得用一人爲官順曰庖人雖不治庖尸祝不得越樽俎而代之未聞有別旨令殿下參選事順又厲聲曰殿下必如是順當依事奏聞雍遂笑而言曰豈可以朱暉小人便相忿

恨遂起呼順入室與之極飲順之亢毅不撓皆此類也後除征南將軍右光祿大夫轉兼左僕射尒朱榮之奉莊帝召百官悉至河陰素聞順數諫諍惜其亮直謂朱瑞曰可語元僕射但在省不須來順不達其旨聞害衣冠遂便出走爲陵戶鮮于康奴所害家徒四壁無物斂屍止有書數千卷而已門下通事令史王才達裂衣裳覆之莊帝還宮遣黃門侍郎山偉巡喻京邑偉臨順喪悲慟無已既還莊帝怪而問曰黃門何爲

聲散偉以狀對莊帝勑侍中元祉曰宗室喪亡非一不可周贍元僕射清苦之節死乃益彰特贈絹百匹餘不得例贈驃騎大將軍尚書令司徒公定州刺史謚曰文烈順撰帝録二十卷詩賦表頌數十篇今多亡失

長子朗時年十七枕戈潛伏積年乃手刃康奴以首祭於順墓然後詣闕請罪朝廷嘉而不問朗涉歷書記爲司徒屬天平中爲奴所害贈都督瀛冀二州諸軍事　將軍尚書右僕射冀

州刺史

順弟淑淑弟悲並早卒

悲弟紀字子綱永熙中給事黃門侍郎隨出帝没於關中

澄弟嵩字道岳高祖時自中大夫遷員外常侍轉步兵校尉大司馬安定王休薨未及卒哭嵩便遊田高祖聞而大怒詔曰嵩不能克己復禮企心典憲大司馬薨俎甫爾便以鷹鴞自娛有如父之痛無猶子之情捐心棄禮何其太速便

可免官後從平沔北累有戰功除左中郎將兼
武衛將軍高祖南伐蕭寶卷將陳顯達率衆拒
戰嵩身備三仗免冑直前將士從之顯達奔潰
斬獲万計嵩於爾日勇冠三軍高祖大悅而言
曰任城康王大有福德文武頓出其門以功賜
爵高平縣侯賚帛二千五百匹初高祖之發洛
也馮皇后以罪幽於宮內既平顯達回次穀唐
原高祖疾甚將賜后死曰使人不易可得顧謂
任城王澄曰任城必不負我嵩亦當不負任城

可使嵩也於是引嵩入內親詔遣之世宗即位
以武衛將軍兼侍中出為平南將軍荊州刺史
嵩表曰蕭寶卷骨肉相殘忠良先戮臣下嚻然
莫不離背君臣攜貳干戈日尋流聞寶卷雍州
刺史蕭衍兄懿於建業阻兵與寶卷相持荊郢
二州刺史並是寶卷之弟必有圖衍之志臣若
遣書相聞迎其本謀異獲同心并力除衍一衍
之後彼必旋師赴救丹陽當不能復經營疆陲
全固襄沔臣之軍威已得臨據則沔南之地可

一舉而收緣漢曜兵示以威德思歸有道者則
引而納之受疑告危者則援而接之揔兵佇鋭
觀釁伺隙若其零落之形已彰怠懈之勢已著
便可順流摧鋒長驅席卷詔曰所陳嘉謀深是
良計如當機形可進任將軍裁之既而蕭衍尋
克建業乃止除平北將軍恒州刺史轉平東將
軍徐州刺史又轉安南將軍揚州刺史蕭衍湘
州刺史楊公則率衆二万屯軍洛口姜慶真領
卒五千據於首陂又遣其左軍將軍騫小眼軍

主何天祚張俊興等率衆七千攻圍陸城嵩乃
遣統軍封邁王會等步騎八千討之邁達陸城
賊皆夜遁追擊破之斬獲數千公則慶真退還
馬頭衍徐州刺史昌義之屯據高皇遣三軍潛
寇陰陵以淮水淺竭不通船艦屯於馬頭衍將
田道龍何景先等領卒三千已至衡山規寇陸
城寇並充逼嵩遣兼統軍李叔仁等援合肥小
峴楊石頻戰破之衍征虜將軍趙草屯於黃口
嵩遣軍司趙熾等往討之先遣統軍安伯醜潛

師夜渡伏兵下蔡華率卒四千逆來拒戰衍醜
與下蔡戍主王虎等前後夾擊大敗之俘斬溺
死四千餘人統軍李叔仁等夜襲硤石之賊又
破之衍將姜慶眞專據肥汭冠軍將軍曹天寶
屯於雞口軍主尹明世屯東硤石嵩遣別將羊
引次于淮西去賊營十里司馬趙熾率兵一万
爲表裏聲勢衆軍旣會分擊賊之四壘四壘之
賊戰敗奔走斬獲數千溺死万數統軍牛敬賓
攻硤石明世宵遁慶眞合餘燼浮淮下下蔡戍

魏書七中　三十八

主王略截流擊之俘斬太半於是威名大振後
爲碁頭李太伯等同謀害嵩并妻穆氏及子世
賢世宗爲嵩舉哀於東堂賻絹一千匹贈車騎
將軍領軍謚曰剛侯
弟二子世儁頗有幹用而無行業襲爵除給事
中東宮舍人伯父澄表求轉階授之於是除員
外散騎常侍肅宗時追論嵩勳封世儁衛縣開
國男食邑二百戶遷冠軍將軍宗正少卿又爲
散騎常侍安南將軍武衞將軍河南尹尋除鎮

東將軍青州刺史轉征東將軍加散騎常侍邢
杲之亂圍逼州城世儁憑城拒守遂得保全孝
莊時除衞將軍吏部尚書尒朱兆寇京師詔世
儁以本官爲都督防守河橋及兆至河世儁初
無拒守意便隔岸遙拜時論疾之前廢帝世爲
驃騎將軍仍加尚書尤爲尒朱世隆所昵出帝
初加儀同三司改封武陽縣開國子食邑五百
戶世儁居選曹不能厲心多所受納爲中尉彈
糾坐免官尋復本職孝靜初加侍中尚書右僕

魏書傳七中　三十九　李冊

射遷尚書令世儁輕薄好去就詔送晉陽興和
中薨贈侍中都督冀定瀛殷四州諸軍事驃騎
大將軍太傅定州刺史尚書令開國公如故謚
曰躁戾
子景遠襲散騎侍郎
世賢弟世哲武定中吏部郎
嵩弟贍字道周高祖時自 大夫稍遷宗正少
卿龍驤將軍光州刺史加散騎常侍左將軍遷平
東將軍兗州刺史頗愛書史而貪暴好殺澄深

恥忿之絶其往來有四子
長子遠尚書郎
史臣曰顯祖之將禪讓可謂國之大節康王毅
然庭諍德音孔昭一言興邦其斯之謂歟文宣
貞固俊遠鬱爲宗傑身因累朝寧濟夷險既社
稷是任其梁棟之望也順謇諤儆儻有汲黯之
風不用於時横招非命惜矣嵩有行陳之氣雋
則裂冠之徒歟

景穆十二王列傳第七中　魏書十九

景穆十二王列傳第七下　魏書十九

南安王　城陽王
章武王　樂陵王
安定王

南安王楨皇興二年封加征南大將軍中都大
官尋遷内都大官高祖即位除涼州鎮都大將
尋以綏撫有能加都督西戎諸軍事征西大將
軍領護西域校尉儀同三司涼州刺史徵爲内
都大官出爲使持節侍中本將軍開府長安鎮

都大將雍州刺史楨性忠謹事母以孝聞賜帛
千匹以褒之徵赴講武高祖引見於皇信堂戒
之曰翁孝行著於私庭令問彰於邦國每欽忠
懿思一言展故因講武遠徵赴闕仰戀仁慈情
在未已但長安鎮年飢民儉理須綏撫不容久
留翁今還州其勤隱恤無令境内有飢餒之民
翁既國之懿親終無貧賤之慮所宜慎者略有
三事一者恃親驕矜違禮僭度二者傲慢貪奢
不恤政事三者飲酒遊逸不擇交友三者不去

患禍將生但能慎此是以全身遠害光國榮家終始之德成矣而楨不能遵奉後乃聚斂肆情文明太后高祖並臨皇信堂引見王公太后令曰汝陰王天賜南安王楨不順法度黷貨聚斂依犯論坐將至不測卿等爲當存親以毀令爲欲滅親以明法羣臣咸以二王託體先皇宜蒙矜恕太后不荅高祖乃詔曰南安王楨以懿戚之貴作鎮關右不能潔已奉公助宣皇度方肆貪欲殖貨私庭放縱姦囚壅絶訴訟貨遺諸使

邀求虛稱二三之狀皆犯刑書昔魏武翦髮以齊衆叔向戮弟以明法克已忍親以率天下夫豈不懷有爲而然耳今者所犯事重曩日循古推刑實在難恕皇太后天慈寬篤恩矜國屬毎一尋惟高宗孔懷之近發言哽塞悲慟于懷且以南安王孝養之名聞於内外特一原恕削除封爵以庶人歸第禁錮終身後高祖南伐楨從至洛及議遷都首從大計高祖甚悅楨母劉太妃薨高祖親幸臨慰及葬贈布帛綵五百段又

以楨議定遷都復封南安王食邑一千戸出爲鎮北大將軍相州刺史高祖餞楨於華林都亭詔曰從祖南安既之蕃任將曠違千里豫懷惘戀然今者之集雖曰分岐實爲曲宴並可賦詩申意射者可以觀德不能賦詩者可聽射也當使武士彎弓文人下筆高祖送楨於階下流涕而別太和二十年五月至鄴入治日暴風大雨凍死者十數人楨又以旱祈雨于羣神鄴城有石虎廟人奉祀之楨告虎神像云三日不雨當

加鞭罰請雨不驗遂鞭像一百是月疽發背薨謚曰惠贈帛一千匹及葬又賜帛千匹遣黃門郎監護喪事及恒州刺史穆泰謀反楨知而不告雖薨猶追奪爵封國除有五子

子英字虎兒性識聰敏博聞彊記便弓馬解吹笛微曉醫術高祖時爲平北將軍武川鎮都大將假魏公未幾遷都督梁益寧三州諸軍事安南將軍領護西戎校尉仇池鎮都大將梁州刺史高祖南伐爲梁漢別道都將後大駕臨鍾離

詔英率衆備寇境上英以大駕親動勢傾東南漢中有可乘之會表求進討高祖許之師次沮水蕭鸞將蕭懿遣將尹紹祖梁季羣等領衆二萬徼山立柵分爲數處居高視下隔水爲營英乃謀曰彼帥賤民慢莫能相服衆而無上罔知適從若選精卒并攻一營彼不相救我克必矣若克一軍四營自拔於是簡兵三面騰上果不相救既破一處四營俱潰生擒梁季羣斬三千餘級俘七百人鸞白馬戍將其夜逃潰乘勝長

驅將逼南鄭漢川之民以爲神也相率歸附梁州民李天幹等詣英降待以國士之禮天幹等家在南鄭之西請師迎接英遣迎之蕭懿聞而遣將姜脩率衆追襲逮夜交戰頗有殺傷脩後屢敗復更請軍懿遣衆赴之迎者告急英率騎一千倍道赴救未至賊以退還英恐其入城別遣統軍元拔以隨其後英徼其前合擊之盡俘其衆懿續遣軍英不虞賊至且衆力已疲軍少人懼咸欲奔走英乃緩騎徐行神色自若登高

望賊東西指麾狀似處分然後整列而前賊謂有伏兵俄然賊退乘勢追殄遂圍南鄭禁止三軍一無所犯遠近皆供租運先是英未至也蕭懿遣軍主范潔領三千餘人伐獠潔聞大軍圍城欲還救援英遣統軍李平敵李鐵騎等收合巴西晉壽土人以斷其路潔以死決戰遂敗平敵之軍英候其稍近以奇兵掩之盡皆擒獲攻圍九十餘日戰無不克被勑班師英於是先遣老弱身勒精卒留後遣使與懿告別懿以爲詐

也英還一日猶閉門不開二日之後懿乃遣將追英英親自殿後與士卒下馬交戰賊衆莫敢逼之四日四夜然後賊退全軍而還會山氐並反斷英歸路英勒衆奮擊且戰且行爲流矢所中軍人莫有知者以功遷安南大將軍賜爵廣武伯在仇池六載甚有威惠之稱父憂解任高祖討漢陽起英爲左衛將軍加前將軍尋遷大宗正又轉尚書仍本將軍鎮荊州蕭寶卷將陳顯達等寇荊州英連戰失利車駕至南陽免英

官爵世宗即位行徐州還復尚書廣武伯蕭寳卷遣將軍陳伯之寇淮南司徒彭城王勰鎮壽春以英爲鎮南將軍率衆討之英未至賊已引退勰還詔英行揚州後英還京師上表曰臣聞取亂侮亡有國之常道陳師鞠旅因機而致發竊以區區寳卷罔顧天常憑恃山河敢抗中國今妖逆數亡驕縱日甚威侮五行怠棄三正淫刑以逞虐害無辜其雍州刺史蕭衍東伐秣陵埽土興兵順流而下唯有孤城更無重衞此則皇天授我之日曠載一逢之秋事易走丸理同拾芥此而不乘將欲何待臣乞躬率步騎三萬直指沔陰據襄陽之城斷黑水之路昏虐君臣自相魚肉我居上流威震遐邇長驅南出進拔江陵其路既近不盈五百則三楚之地一朝可收岷蜀之道自成斷絶又命揚徐二州聲言俱舉緣江焚毀靡使所遺建業窮蹙魚遊釜内士治之師再興孫皓之縛重至齊文軌而大同混天地而爲一伏惟陛下暫闢旒纊少垂聽覽獨

決聖心無取疑議此期脫爽并吞未日事寢不報英又奏曰臣聞乘虛討弱事在速舉因危攻昧微捷可期今寳卷亂常骨肉相賊蕃戍鼎立莫知所歸義陽孤絶密邇天境外靡粮援之期内無兵儲之固此乃臨焚之鳥不可去薪授首之寇何容緩斧若此行有果則江右之地斯爲經略之基如脫否也非直後舉難圖亦或居要生疾今豫州刺史司馬悅已戒嚴垂邁而東豫州刺史田益宗方擬守三關請遣軍司爲之節度世宗遣直寢羊靈引爲軍司以軍功拜吏部尚書以前後軍功進爵常山侯英奏謹案學令諸州郡學生三年一校所通經數因正使列之然後遣使就郡練考臣伏惟聖明崇道顯成均之風蘊義光膠序之美是以太學之館久置於下國四門之教方構於京纏計習訓淹年聽受累紀然儁造之流應問於魏闕不革之輩宜返於齊民使就郡練考覈其最殿頃以皇都遷構江揚未一故鄉校之訓弗遑正試致使薰蕕之

賀均論學庭蘭蕭之體等教文肆今外宰京官
銓考向訖求遺四門博士明通五經者道別校
練依令黜陟詔曰學業墮廢爲日已久非一使
能勸比當別勑尋詔英使持節假鎮南將軍都
督征義陽諸軍事率衆南討蕭衍司州刺史蔡
道恭聞英將至遣其驍騎將軍楊由率城外居
民三千餘家於城西南十里賢首山即嶺爲三
柵作表裏之勢英勒諸軍圍賢首壘焚其柵門
楊由乃驅水牛從營而出繼之以兵軍人避牛

師遂退下尋分兵圍守其夜柵民任馬駒斬由
以降三軍館穀降民安堵蕭衍遣其平西將軍
曹景宗後將軍王僧炳等率步騎三万來救義
陽僧炳統衆二萬據鑿峴景宗率一万繼後英
遣冠軍將軍元逞揚烈將軍曹文敬進據樊城
以抗之英部勒將士掎角討之大破僧炳軍俘
斬四千餘人英又於士雅山結壘與景宗相抗
分遣諸統伏於四山示之以弱衍將馬仙琕率
衆万餘來掩英營英命諸軍僞北誘之既至平

地統軍傅永等三軍擊之賊便奔退進擊潰之
斬首二千三百級斬賊羽林監軍鄧終年仙琕
又率一万餘人重來決戰英勒諸將隨便分擊
又破之復斬賊將陳秀之統軍王買奴別破東
嶺之陣斬首五百道恭憂死驍騎將軍行州事
蔡靈恩復憑窮城短兵日接景宗仙琕知城將
拔盡銳決戰一日三交皆大敗而返靈恩勢窘
遂降三關戍聞之亦棄城而走詔曰知賊城已
下復克三關展威闢境聲略宣振公私稱泰良

以欣然將軍淵規內斷忠謨外舉受律揚旌克
申廟筭雖方叔之制蠻荆邵虎之掃淮浦匹茲
蔑如也新州初附宜廣經略想善加檢督必令
周固有所委付然後凱旋耳初高祖之平漢陽
英有戰功許復其封及爲顯達所敗遂寢是役
也世宗大悅乃復之改封中山王食邑一千戶
遣大使鴻臚少卿睦延吉持節就拜英送蔡靈
恩及衍尚書郎蔡僧勰前軍將軍義陽太守馮
道要游擊將軍鮑懷慎天門太守王承伯平北

府司馬宗象平北府諮議參軍伏槃給事中寧
朔將軍蔡道基中兵參軍龐脩等數十人詔曰
會平江南此等便可放歸也英既還世宗引見
深嘉勞之後增封一千戶蕭衍遣將軍寇肥梁
詔英使持節加散騎常侍征南將軍都督揚徐
二道諸軍事率衆十万討之所在皆以便宜從
事詔英曰賊勢滋甚圍逼肥梁邊將後規以至
於此故有斯舉必期勝捷而出軍淹滯肥梁已
陷闓之惋懣實乖本圖今衆軍雲集十有五万

進取之方其筭安在克殄之期復當遠近竟以
幾日可至賊所必勝之規何者爲先故遣步兵
校尉領中書舍人王雲指取機要英表陳事機
乃擊破陰陵斬衍將二十五人及虜首五千餘
級又頻破賊軍於梁城斬其支將四十二人殺
獲及溺死者將五万衍中軍大將軍臨川王蕭
宏尚書左僕射柳惔等大將五人㳂淮南走凡
收米三十萬石詔勞英曰知大摧鯨寇威振南
海江浦無塵三楚卷壒聲被荒隅同軌斯始公

私慶慰良副朕懷便當乘威藉響長驅吳會翦
拉遺燼截彼東南也英追至于馬頭衍馬頭戍
主委城遁走遂圍鍾離詔曰師行已久士馬疲
瘠賊城險固卒難攻屠冬春之交稍非勝便十
萬之衆日費無貲方圖後舉不待今事且可密
裝徐嚴爲振旅之意整疆完土開示威略左右
蠻楚素應逃亡或竄山湖或難制掠若凶渠黠
黨有須翦除者便可撲掃以清疆界如其彊狡
憑阻未易致力者亦不煩肆兵凱旋遲近不復

委曲英表曰臣奉辭伐罪志殄逋寇想敵量攻
期至二月將末三月之初理在必克但自此月
一日以來霖雨連併可謂天違人願然王者行
師舉動不易不可以少致睽淹便生異議臣亦
諦思若入三月已後天晴地燥憑陵是當如其
連雨仍接不得進攻者臣已更高邵陽之橋防
其汎突意外洪長慮其破橋臣亦部分造船復
於鍾離城隨水狹處營造浮橋至三月中旬橋
必克成晴則攻騰雨則圍守水陸二圖以得爲

限實願朝廷特開遠略少復賜寬假以日月無使爲山之功中途而廢詔曰大軍野次已成勞久攻守之方理可豫見比頻得啓制勝不過暮春及省後表復期孟夏之末彼土蒸濕無宜久淹勢雖必取乃將軍之深計兵久力殆亦朝廷之所憂故遣主書曹道往觀軍勢使還三具聞及道還英猶表云可克四月水盛破橋英及諸將狼狽奔走士衆没者十有五六英至揚州遣使送節及衣冠貂蟬章綬詔以付典有司奏

魏書傳七下　十二　龐智

英經筭失圖案劾處死詔恕死爲民後京兆王愉反英復王封邑一千戶除使持節假征東將軍都督冀州諸軍事英未發而冀州已平時郢州治中督榮祖潛引蕭衍軍以義陽應之三關之戍並據城降衍郢州刺史婁悅嬰城自守懸瓠城民白早生等殺豫州刺史司馬悅據城南叛衍將齊苟仁率衆守懸瓠悅子尚華陽公主主并爲所刼詔英使持節都督南征諸軍事假征南將軍出自汝南世宗引英謂之曰婁悅綏

御失和銓衡闇於簡授故使郢民引寇關戍外奔義陽孤窘有倒懸之切王國之卲虎威名宿震故屈王親揔元戎掃清氛穢昔衛霍以匈奴之故居無寧歲今南疆不靖王不得以屢勞爲辭也英對曰臣才非韓白識闇孫吴徒以宗室之長頻荷推轂之寄規略淺短失律喪師宜章子反之戮以謝天下陛下慈深念屨愛等鍾牛使臣得同荀伯再生明世誓言追孟氏以報復爲期關郢微寇何足平殄滅賊方略已在臣目中

魏傳七下　十三　徐高

願陛下勿勞聖慮也世宗曰截彼東南再清隨楚所望於將軍鍾離一眚豈足以損大德今王董彼三軍朕無憂矣世宗以邢巒頻破早生詔英南赴義陽英以衆少累表請軍世宗弗許而英輒與邢巒分兵共攻懸瓠克之乃引軍而進初苟仁之據懸瓠衍寧朔將軍張道凝等率衆據楚城聞英將至棄城南走英追擊斬道凝及衍虎賁中郎曹苦生盡俘其衆既次義陽將取三關英筴之曰三關相須如左右手若克一關

兩關不待攻而定攻難不如攻易東關易攻宜須先取即黃石公所謂戰如風發攻如河決英恐其并力於東乃使長史李華率五統向西關分其兵勢身督諸軍向東關先是馬仙琕使雲騎將軍馬廣率衆拒屯於長薄軍主胡文超別屯松峴英至長薄馬廣夜遁入於武陽英進師攻之聞衍遣其冠軍將軍彭甕生驃騎將軍徐超秀援武陽英乃緩軍曰縱之使入此城吾先曾觀其形勢易攻耳吾取之如拾遺也諸將未

之信甕生等既入武陽英促圍攻之六日而廣等降於是進擊黃峴衍太子左衛率李元履棄城奔竄又討西關衍司州刺史馬仙琕亦即退走果如英筞凡擒其大將六人支將二十人卒七千米四十萬石軍資稱是還朝除尚書僕射永平三年英薨給東園祕器朝服一具帛七百匹贈司徒公謚曰獻武王英五子

攸字玄興東宮洗馬早卒贈散騎侍郎

攸弟熙字眞興好學俊爽有文才聲著於世然輕躁浮動英深慮非保家之主常欲廢之立第四子略爲世子宗議不聽略又固請乃止起家祕書郎延昌二年襲封累遷兼將作大匠拜太常少卿給事黃門侍郎尋轉光祿勳時領軍于忠執政熙忠之壻也故歲中驟遷尋除平西將軍東秦州刺史進號安西將軍祕書監尋以本將軍授相州刺史熙以七月入治其日大風寒雨凍死者二十餘人驢馬數十匹熙聞其祖父前事心惡之又有蛆生其庭初熙兄弟並爲清

河王懌所昵及劉騰元乂隔絕二宮矯詔殺懌熙乃起兵上表曰臣聞安危無常時有休否臣早屬休明晩逢多難自皇基綿茂九葉承光高祖世宗徽明相襲皇太后聖敬自天德同馬鄧至尊神叡纂御神鑒燭遠四海晏如八表歸化而領軍將軍元乂寵藉外親叨榮左右豺狼爲心飽便反噬遂使二宮阻隔溫凊闕禮又太傅清河王橫被屠害致使忠臣烈士喪氣闕庭親賢宗戚憤恨內外妄指鹿馬孰能踰之王董權

逼方此非譬臣仰瞻雲闕泣血而生以細草不除將爲爛漫況乂敦逆如此孰可忍之臣忝籍枝萼思盡力命碎首屠肝甘之若薺今輒起義兵實甲八萬大徒既進文武爭先與并州刺史城陽王徽恒州刺史廣陽王淵徐州刺史齊王蕭寶夤等同以今月十四日俱發庶仰憑祖宗之靈俯罄義夫之命掃翦兇醜更清京邑臣親揔三軍星邁赴難罝兵温城伏聽天旨王公宰輔或世著忠烈或宿佩恩顧如能同力翦除元

乂使太后至尊忻然奉對者臣即解甲散兵赴謝朝闕臣雖才乖昔人位居蕃屏寧容坐觀姦醜虛受榮禄哉熙兵起甫十日爲其長史柳元章別駕游荆魏郡太守李孝怡率諸城人鼓譟而入殺熙左右四十餘人執熙罝之高樓并其子弟乂遣尚書左丞盧同斬之於鄴街傳首京師始熙妃于氏知熙必敗不從其謀自初哭泣不絶至於熙死熙臨刑爲五言詩示其寮吏曰義實動君子主辱死忠臣何以明是節將解七

尺身與知友別曰平生方寸心殷勤屬知己從令一銷化悲傷無極已熙既蕃王之貴加有文學好奇愛異交結偉俊風氣甚高名美當世先達後進多造其門始熙之鎮鄴也知友才學之士袁飜李琰李神儁王誦兄弟裴敬憲等咸餞於河梁賦詩告別及熙將死復與知故書曰吾與弟並蒙皇太后知遇兄據大州弟則入侍殷勤言色恩同慈母今皇太后見廢北宮太傅清河王横受屠酷主上幼年獨在前殿君親如此

無以自安故率兵民建大義於天下但智力淺短旋見囚執上慚朝廷下愧相知本以名義干心不得不爾流腸碎首復何言哉昔李斯憶上蔡黃犬陸機想華亭鶴唳豈不以恍惚無際一去不還者乎今欲對秋月臨春風藉芳草蔭花樹廣召名勝賦詩洛濱其可得乎凡百君子各敬爾宜爲國爲身善勗名節立功立事爲身而已吾何言哉時人憐之又熙於任城王澄薨前夢有人告之曰任城當死死後二百日外君亦

不免若其不信試看任城家熙夢中顧瞻任城第舍四面牆崩無遺堵焉熙惡之覺而以告所親及熙之死也果如所夢兄弟三人每從英征伐在軍貪暴或因迎降逐北至有斬殺無辜多增首級以爲功狀又于忠之誣郭祚裴植也忠意未決害之由熙勸獎遂至極法世以爲冤及熙之禍議者以爲有報應焉靈太后反政贈使持節都督冀定瀛相幽五州諸軍事大將軍太尉公冀州刺史增本封一千戶謚曰文莊王

長子景獻次仲獻次叔獻並與熙同被害後贈景獻中軍將軍青州刺史葬以王禮仲獻左將軍兗州刺史叔獻右將軍齊州刺史

叔獻弟叔仁以年幼獲全與母于氏徙朔州孝昌初靈太后詔叔仁歸京師還其財宅襲先爵除征虜將軍通直散騎常侍孝莊初遇害於河陰贈衛大將軍儀同三司幷州刺史

子琳襲齊受禪爵例降

熙弟誘字惠興自員外郎稍遷通直郎太子中庶子征虜將軍衛尉少卿出爲右將軍南秦州刺史乂斬之於岐州妻子得不坐追贈車騎大將軍雍州刺史後贈儀同三司追封都昌縣開國伯食邑八百戶謚曰恭

子始伯襲給事中齊受禪爵例降

誘弟略字儁興才氣劣於熙而有和遼之譽自員外郎稍遷羽林監通直散騎常侍冠軍將軍給事黃門侍郎清河王懌死後乂黜略爲懷朔鎮副將未及赴任會熙起兵與略書來去尋值

熙敗略遂潛行自託舊識河內司馬始賓始賓便爲荻筏夜與略俱渡盟津詣上黨屯留縣栗法光法光素敦信義忻而納之略舊識刁雙時爲西河太守略復歸之停止經年雙乃令從子昌送略潛遁江左蕭衍甚禮敬之封略爲中山王邑一千戶宣城太守俄而徐州刺史元法僧據城南叛州內士庶皆爲法僧擁逼衍乃以略爲大都督令詣彭城接誘初附略至屯於河南爲安樂王鑒所破略唯數十騎入城衍尋遣其

豫章王綜鎮徐州徵略與法僧同還略雖在江南自以家禍晨夜哭泣身若居喪又惡法僧爲人與法僧言未甞一笑衍復除略衡州刺史未行會綜以城歸國綜長史江革司馬祖暅將士五千人悉見擒虜肅宗勑有司悉遣革等還南因以徵略衍乃備禮遣之略之將還也衍爲置酒餞別賜金銀百斤衍之百官悉送別江上遣其右衛徐確率百餘人送至京師肅宗詔光祿大夫刁雙境首勞問又勑徐州賜絹布各一千

匹除略侍中義陽王食邑一千戶還達石人驛亭詔宗室親黨內外百官先相識者聽迎之近郊賜帛三千匹宅一區粟五千石奴婢三十人其司馬始賔除給事中領直後粟法光本縣令刁昌東平太守刁雙西兖州刺史其略所至一餐一宿之處無不霑賞尋改封東平王又拜車騎大將軍左光祿大夫儀同三司領左衛將軍侍中如故又本官領國子祭酒遷大將軍尚書令靈太后甚寵任之其見委信始與元徽相埒

於時天下多事軍國万端略守常自保無他裨益唯唯具臣而已介朱榮略之姑夫略素所輕忽略又黨於鄭儼徐紇榮兼銜之榮入洛也見害於河陰贈以本官加太保司空徐州刺史謚曰文貞

子景式襲武定中北廣平太守齊受禪爵例降

略弟纂字紹興頗有將略爲司徒祭酒聞熙舉兵因逃奔於鄴至即見擒與熙俱死追封北平縣公贈安北將軍恒州刺史改封髙唐縣開國

侯食邑八百戶

子子獻襲卒於涇州司馬

熈異母弟義興出後叔父並洛肅宗初除員外散騎侍郎及熙之遇害也義興以別後故得不坐稍遷輔國將軍通直散騎常侍孝莊初於河陰遇害贈中軍將軍瀛州刺史後贈散騎常侍征東將軍餘如故義興妻趙郡李氏李頗有婦工爲介朱榮妻所親昵永安中追封義興燕郡王邑五百戶尋改封鉅鹿王又改封武邑王

子述襲天平中通直郎齊受禪爵例降
英弟怡起家步兵校尉轉城門校尉遷鄴善鎮
將所在貪暴爲有司所糾逃竄得免延昌中卒
莊帝初以介朱榮婦兄超贈驃騎大將軍太尉
公雍州刺史扶風王
長子肅起家員外散騎侍郎轉直寢莊帝初封
肅魯郡王邑千戶除散騎常侍出爲後將軍廣
州刺史後除衛將軍肆州刺史其弟曄僭立拜
肅侍中太師録尚書事尋改除使持節都督青

膠光齊南青五州諸軍事驃騎大將軍東南道
大行臺青州刺史不行永熙二年薨贈使持節
侍中都督并恒二州諸軍事本將軍司徒公并
州刺史
子道與襲除前將軍齊受禪爵例降
曄字華興小字盆子性輕躁有膂力起家秘書
郎稍遷通直散騎常侍莊帝初封長廣王邑一
千戶出爲太原太守行并州事介朱榮之死也
世隆等奔還并州與介朱兆會於建興乃推曄

爲主大赦所部號年建明尋爲世隆等所廢前
廢帝立封曄爲東海王邑萬戶出帝初坐事賜
死於第無子爵除
城陽王長壽皇興二年封拜征西大將軍外都
大官出爲沃野鎮都大將性聰惠善撫接在鎮
甚有威名延興五年薨謚康王
長子多侯早卒
次子鸞字宣明始繼叔章武敬王及兄卒還襲
父爵身長八尺腰帶十圍以武藝著稱頻爲北

都大將高祖時拜外都大官又出爲持節都督
河西諸軍事征西大將軍領護西戎校尉涼州
鎮都大將改鎮立州以鸞爲涼州刺史姑臧鎮
都大將餘如故後朝于京師會車駕南討領鎮
軍將軍定都洛陽高祖幸鄴詔鸞留守及開建
五等食邑一千戶除使持節征南大將軍都督
豫荊郢三州河內山陽東郡諸軍事與安南將
軍盧淵李佐攻赭陽不克敗退而還時高祖幸
瑕丘鸞請罪行宮高祖引見鸞等責之曰卿等

摠率戎徒義應奮節而進不能夷拔賊城退不能殄茲小寇虧損王威罪應大辟朕革變之始事從寬貸今捨卿等死罪城陽降爲定襄縣王削戶五百古者軍行必載廟社之主所以示其威惠各有攸歸今徽卿等敗軍之罪於社主之前以彰厥咎後以留守之功還復本封增邑二百戶除冠軍將軍河內太守轉并州刺史世宗初除平東將軍青州刺史後轉安北將軍定州刺史鸞愛樂佛道脩持五戒不飲酒食肉積歲

長齋繕起佛寺勸率百姓共爲土木之勞公私費擾頗爲民患世宗聞而詔曰鸞親唯宗懿作牧大州民物殷繁綏寧所屬宜克己厲誠崇清樹惠而乃驟相徵發專爲煩擾編戶嗷嗷家懷嗟怨北州土廣姦亂是由準法尋愆應加肅黜以鸞戚屬情有未忍可遣使者以義督責奪祿一周微示威罰也正始二年薨時年三十八贈帛六百匹詔中書舍人王雲宣旨臨弔贈鎮北將軍冀州刺史謚懷王

子徽字顯順粗涉書史頗有吏才世宗時襲封除游擊將軍出爲河內太守在郡清整有民譽徵拜長兼散騎常侍肅宗時除右將軍涼州刺史徽以徑途阻遠固請不行除散騎常侍其年除後將軍并州刺史先是州界夏霜禾稼不熟民庶逃散安業者少徽輒開倉賑之文武咸共諫止徽曰昔汲長孺郡守耳尚輒開倉救民災弊況我皇家親近受委大藩豈可拘法而不救民困也先給後表肅宗嘉之加安北將軍後拜

安西將軍秦州刺史詔書旦至夕發徽以將之秦部請詣闕恭授仍表啓固陳請不之職改授輔國將軍加度支尚書進號鎮軍將軍于時戎馬在郊王師屢敗徽以軍旅之費上國封絹二千匹粟一万石以助軍用肅宗不納又以本官兼吏部尚書加侍中征東將軍遷衛將軍右光祿大夫拜尚書左僕射轉車騎將軍儀同三司固辭不拜聽解侍中然後受詔尋除尚書令加開府西道行臺不行時靈太后專制朝綱頹褫

徽既居寵任無所匡弼與鄭儼之徒更相阿黨外似柔謹内多猜忌睚眦之忿必思報復識者嫉之又不能防閑其妻于氏遂與廣陽王淵姦通及淵受任軍府每有表啓論徽罪過雖涉誣毀頗亦實焉莊帝踐阼拜司州牧尋除司徒仍領牧元顥入洛徽從莊帝北巡及車駕還宮以與謀之功除侍中大司馬太尉公加羽葆鼓吹增邑通前二萬戸餘官如故徽表辭官封前後屢上又啓云河上之功將士之力求回所封加諸

勳義徽爲莊帝親待内懼榮寵故有此辭以防外議莊帝識其意聽其辭封不許讓官徽後妻莊帝舅女侍中李彧帝之姊婿徽性佞媚善自取容挾内外之意宗室親戚莫與比焉遂與彧等勸帝圖榮莊帝亦先有意榮死世隆等屯據不解除徽太保仍大司馬宗師録尚書事惣統内外徽本意謂榮死後枝葉自應散亡及尒朱宗族聚結謀難徽筭略無出憂怖而已性多嫉妬不欲人居其前每入參謀議獨與帝決朝

臣有上軍國籌策者並勸帝不納乃云小賊何慮不除又悋惜財用自家及國於是有所賞錫咸出薄少或多而中減與而復追徒有糜費恩不感物莊帝雅自約狹尤亦徽所贊成太府少卿李苗徽司徒時司馬也徽待之頗厚苗每致忠言徽自得志多不採納苗謂人曰城陽本自蜂目而豺聲復將露也及尒朱兆之入禁衛奔散莊帝步出雲龍門徽乘馬奔度帝頻呼之徽不顧而去遂走山南至故吏寇彌宅彌外雖容

納内不自安乃怖徽云官捕將至令其避他所使人於路邀害送屍於尒朱兆出帝初贈使持節侍中太師大司馬録尚書事司州牧謚曰文獻

子延襲爵武定末官至太子中庶子齊受禪爵例降

徽兄顯魏給事中司徒掾卒贈輔國將軍東豫州刺史

徽次兄顯恭字懷忠揚州别駕以軍功封平陽

縣開國子邑三百戶孝莊初除北中郎將遷左將軍東徐州刺史入為安東將軍大司農卿尋除中軍將軍荆州刺史莊帝既殺尒朱榮乃除顯恭使持節都督晉建南汾三州諸軍事鎮西將軍兼尚書左僕射西北道行臺晉州刺史尒朱兆入洛後死於晉陽出帝初贈衞大將軍并州刺史重贈車騎大將軍儀同三司

子彥昭襲武定中漁陽太守齊受禪爵例降

顯恭弟旭字顯和莊帝時封襄城郡王邑一千戶

武定末位至大司馬齊受禪爵例降

章武王太洛皇興二年薨追贈征北大將軍章武郡王謚曰敬無子高祖初以南安惠王第二子彬為後

彬字豹兒襲爵勇健有武用出為使持節都督東秦豳夏三州諸軍事鎮西大將軍西戎校尉統萬鎮都大將朔州刺史以貪惏削封是時吐京胡反詔彬持節假平北將軍行汾州事率并肆之衆往討之胡平仍除征虜將軍汾州刺史胡民去居等六百餘人保險謀反扇動徒類彬請兵二万有司奏許之高祖大怒曰何有動兵馬理也可隨宜肅治若不能權方靜帖必須大衆者則先斬刺史然後發兵彬奉詔大懼而率州兵身先將士討胡平之太和二十三年卒賜錢十万絹二百匹贈以本官加散騎常侍彬有五子

長子融字永興儀皃壯麗衣冠甚偉性通率有豪氣高祖時拜秘書郎世宗初復先爵除驍騎

將軍蕭衍遣將寇逼淮陽梁城陷沒詔融假節征虜將軍別將南討大摧賊衆還復梁城于時揚州刺史元嵩為奴所害勑融行揚州事尋除假節征虜將軍并州刺史及世宗崩兼司空營陪景陵拜宗正卿以本官行瀛州事遇疾不行未幾除散騎常侍平東將軍青州刺史還為秘書監遷中護軍進號撫軍將軍領河南尹加征東將軍性尤貪殘恣情聚斂為中尉糾彈削除官爵汾夏山胡叛逆連結正平平陽詔復融前

封征東將軍持節都督以討之融寡於經略爲胡所敗久之加散騎常侍衛將軍左光祿大夫後賊帥鮮于脩禮寇暴瀛定二州長孫稚等討之失利除融車騎將軍爲前驅左軍都督與廣陽王淵等共討脩禮師渡交津葛榮殺脩禮而自立轉營至白牛邏輕騎擊融融苦戰終日更無外援遂大奔敗於陳見殺肅宗爲舉哀於東堂賜東園秘器朝服一具綵二千八百段贈侍中都督雍華歧三州諸軍事本將軍司空雍州刺史

尋以融死王事進贈司徒加前後部鼓吹謚曰莊武

子景哲襲武定中開府儀同三司齊受禪爵例降

景哲弟朗即後廢帝語在帝紀

子黃頭襲封安定王改封安平王齊受禪爵例降

融弟凝字定興起家恒州征虜録事參軍累遷護軍長史凝姑尒朱榮妻莊帝初封東安王食邑五百戶除持節安東將軍兖州刺史轉濟州刺史仍本將軍永熙二年薨贈持節都督滄瀛冀三州諸軍事驃騎大將軍冀州刺史

子彥友襲武定中光祿大夫齊受禪爵例降

凝弟湛字鎮興起家秘書郎轉尚書左司郎中遷廷尉少卿莊帝初遇害河陰贈征東將軍青州刺史追封漁陽王食邑五百戶

子俊襲齊受禪爵例降

湛弟晏字俊興卒於秘書丞贈平東將軍秘書

監豫州刺史

樂陵王胡兒和平四年薨追封樂陵王贈征北大將軍謚曰康無子顯祖詔胡兒兄汝陰王天賜之第二子永全後之襲封後改名思譽高祖初蠕蠕犯塞以思譽爲鎮北大將軍北征大都將後除使持節本將軍領護匈奴校尉都督中軍都將出爲使持節鎮東大將軍和龍鎮都大將營州刺史加領護東夷校尉轉爲鎮北將軍行鎮北大將軍高祖引見

百官於光極堂謂思譽曰恒代路懸舊都意
重故屈叔父遠臨此任不可不敬慎所臨以
副朕望及穆泰陰謀不軌思譽知而不告恕死
削封爲庶人太和末還復其王封正始四年薨
贈光州刺史謚曰密王
子景略字世彥世宗時襲封拜驍騎將軍除持
節冠軍將軍幽州刺史熙平元年薨贈本將軍
豫州刺史賜帛四百匹謚曰惠王
子霸字休邦襲武定中鉅鹿太守齊受禪爵例

降
景略弟慶略散騎侍郎
子子政通直散騎常侍
慶略弟洪略恒農太守中軍將軍行東雍州刺
史
洪略弟子業平原太守
安定王休皇興二年封拜征南大將軍外都大
官休少而聰慧治斷有稱高祖初庫莫奚寇邊
以休爲使持節侍中都督諸軍事征東大將軍

領護東夷校尉儀同三司和龍鎮將休撫防有
方賊乃款附入爲中都大官蠕蠕犯塞出爲使
持節征北大將軍撫冥鎮大將休身先將士擊
虜退之入爲內都大官遷太傅及開建五等食
邑二千戶車駕南伐領大司馬高祖親行諸軍
遇休以三盜人徇於六軍將斬之有詔赦之休
執曰陛下將遠清衡霍故親御六師跋涉野次
軍行始爾已有姦竊如其不斬何以息盜請必
行刑以肅姦慝詔曰大司馬執憲誠應如是但

因緣會朕聞王者之體亦時有非常之澤雖違
軍法可特原之休乃奉詔高祖謂司徒馮誕曰
大司馬嚴而秉法諸軍不可不慎於是六軍肅
然定都洛邑休從駕幸鄴命休率從駕文武迎
家于平城高祖親餞休於漳水之北十八年休寢
疾高祖幸其第流涕問疾中使醫藥相望於
路薨賵帛三千匹自薨至殯車駕三臨高祖至
其門改服錫衰素弁加絰皇太子百官皆從行
弔禮及將葬又賜布帛二千匹謚曰靖王詔假

黃鉞加羽葆鼓吹虎賁班劍六十三人悉準三老尉元之儀高祖親送出郊慟哭而返諸王恩禮莫比焉世宗世配饗廟庭

長子安幼年早卒

次子燮除下大夫世宗初襲拜太中大夫除征虜將軍華州刺史燮表曰謹惟州治李潤堡雖是少梁舊地晉芮錫壤然胡夷內附遂為戎落城非舊邑先代之名爰自國初護羌小戍及改鎮立郡依岳立州因籍倉府未刊名實竊見馮

翊古城羌魏兩民之交許洛水陸之際先漢之左輔皇魏之右翼形勝名都實惟西蕃奧府今州之所在豈唯非舊至乃居岡飲潤井谷穢雜昇降劬勞往還數里譙詣明昬有虧禮教未若馮翊面華渭包原澤井淺池平樵牧饒廣採材華陰陸運七十伐木龍門順流而下陪削舊雉功省力易人各為已不以為勞昔宋民無井穿井而忻得人況合城無水得水而不家慶竊聞前政刺史非是無意或值兵舉或遇年災緣此

契闊稽延至此去歲已熟秋方大登四境晏安京師無事丁不十錢之費人無八旬之勤損輕益重乞垂昭鑒遂詔曰一勞永逸便可聽移後除征虜將軍幽州刺史延昌四年薨贈本將軍朔州刺史

子超字化生肅宗初襲時以胡國珍封安定公改封北平王拜城門校尉通直散騎常侍東中郎將尋除光祿大夫領將作大匠後復本封介朱榮之入洛超避難洛南遇寇見害莊帝初贈

車騎大將軍儀同三司岐州刺史

子孝景襲武定中通直郎齊受禪爵例降

燮弟願平清狂無行高祖末拜員外郎世宗初遷給事中悖惡日甚殺人劫盜公私成患世宗以其戚近未忍致之於法乃免官禁之別館館名愁思堂冀其克念世宗崩願平乃得出靈太后臨朝以其暴亂不悛詔曰願平志行輕踈每乖憲典可還於別館依前禁錮久之解禁還家付師嚴加誨獎後拜通直散騎常侍前將軍坐

裸其妻王氏於其男女之前又彊姦妻妹於妻母之側御史中丞侯剛案以不道處死絞刑會赦免黜為員外常侍孝昌中卒

子緒幽州安西府功曹參軍莊帝初直閤將軍尋為持節兼武衛將軍關右慰勞十二州大使遂没吐谷渾

子長春員外散騎侍郎武定初封南郡王邑五百戶齊受禪爵例降

顯平弟永平征虜將軍南州刺史為城民華

延明所害太昌初追贈使持節侍中都督定瀛幽三州諸軍事衛將軍定州刺史

永平弟珍平司州治中

子叔遵員外散騎常侍

珍平弟貴平羽林監轉射聲校尉莊帝初除散騎常侍宗正少卿封東萊王邑百戶除平北將軍南相州刺史莊帝既殺尒朱榮加武衛將軍兼侍中為河北山東慰勞大使至定州東北為幽州大都督侯淵所執送於晉陽後還洛前廢帝時以本官行青州事屬土民崔祖螭作逆賊徒甚盛圍逼東陽一百餘日貴平率城民固守又令將士開門交戰大軍救至遂擒祖螭等斬之還除車騎將軍加散騎常侍遷左衛將軍宗師又遷車騎大將軍左光禄大夫儀同三司貴平人才險薄為出帝所信出為青州刺史又加驃騎大將軍開府儀同三司為幽州大都督侯淵所害

史臣曰南安原始要終善不掩惡英將帥之用

有聲於時熙略兄弟早播民譽或才疏志大或器狹任廣咸不能就其功名俱至非命惜也康王不求鸞起家聲徽飾智矯情外諂內忌永安之禍誰任其責究其死也固其宜哉章武樂陵蓋不足數靜王聰斷威重見稱太和美矣

景穆十二王列傳第七下　魏書十九

文成五王列傳第八　魏書二十

安樂王　廣川王

齊郡王　河間王

安豐王

文成皇帝七男孝元皇后生獻文皇帝李夫人生安樂厲王長樂曹夫人生廣川莊王略沮渠夫人生齊郡順王簡乙夫人生河間孝王若悅夫人生安豐匡王猛玄夫人生韓哀王若安平王早薨無傳

安樂王長樂皇興四年封建昌王後改封安樂王長樂性凝重顯祖器愛之承明元年拜太尉出爲定州刺史鞭撻豪右頓辱衣冠多不奉法爲人所患百姓詣闕訟其過高祖罰杖三十貪暴彌甚以罪徵詣京師後與内行長乙肆虎謀爲不軌事發賜死於家葬以王禮謚曰厲

子詮字搜賢襲世宗初爲涼州刺史在州貪穢政以賄成後除定州刺史及京兆王愉之反詐言國變在北州鎮咸疑朝廷有釁遣使觀詮動靜詮具以狀告州鎮帖然愉奔信都詮與李平高殖等四面攻燒愉突門而出尋除侍中兼以首告之功除尚書左僕射薨謚曰武康

子鑒字長文襲後除相州刺史北討大都督討葛榮仍兼尚書右僕射北道行臺尚書令與都督裴衍共救信都鑒既庸才諸弟麤暴見天下多事遂謀反降附葛榮都督源子邕與裴衍合圍鑒斬首傳洛詔改其元氏莊帝初許復本族又特復鑒王爵贈司空

鑒弟斌之字子爽性險無行及與鑒反敗遂奔葛榮榮滅得還出帝時封潁川郡王委以腹心之任帝入關斌之奔蕭衍後還長安

廣川王略延興二年封位中都大官性明敏鞫獄稱平太和四年薨謚曰莊

子諧字仲和襲十九年薨詔曰朕宗室多故從弟諧喪逝悲痛摧割不能已已古者大臣之喪有三臨之禮此蓋三公已上至於卿司已下故應(闕)自漢已降多無此禮朕欲遵古典哀感從情

雖以尊等降伏私痛寧㚒欲令諸王有朞親者爲之三臨大功之親者爲之再臨小功緦麻爲之一臨廣川王於朕大功必欲再臨再臨者欲於大殮之日親臨盡哀成服之後緦衰而弔既殯之緦麻理在無疑大殮之臨當否如何爲須撫柩於始喪爲應盡哀於闔棺早晚之宜擇其厥中黄門侍郎崔光宋弁通直常侍劉芳典命下大夫李元凱中書侍郎高敏等議曰三臨之事乃自古禮爰及漢魏行之者稀陛下至聖慈仁

方遵前軌志必哀喪慮同寧戚臣等以爲若朞親三臨大功宜再始喪之初哀之至極既以情降宜從始喪大殮之臨伏如聖旨詔曰魏晉已來親臨多闕至於戚臣必於東堂哭之頃大司馬安定王薨朕既臨之後復更受慰於東堂今日之事應更哭否光等議曰東堂之哭蓋以不臨之故今陛下躬親撫視群臣從駕臣等參議以爲不宜復哭詔曰若大司馬戚尊位重必哭於東堂而廣川既是諸王之子又年位尚幼卿

等議之朕無異焉諧將大殮高祖素服深衣哭之入室哀慟撫尸而出有司奏廣川王妃薨於代京未審以新尊從於卑舊爲宜卑舊來就新尊詔曰遷洛之人自茲厥後悉可歸骸邙嶺皆不得就塋恒代其有夫先葬在北婦今喪在南婦人從夫宜還代葬若欲移父就母亦得任之其有妻墳於恒代夫死於洛不得以尊就卑欲移母就父宜亦從之若異葬亦從之若不在葬限身在代喪葬之彼此皆得任之其戶屬恒燕

身官京洛去留之宜亦從所擇其屬諸州者各得任意詔贈諧武衛將軍謚曰剛及葬高祖親臨送之

子靈道襲卒謚悼王

齊郡王簡字叔亮太和五年封位中都大官簡母沮渠牧犍女也簡性貞特類外祖後爲內都大官高祖嘗與簡俱朝文明太后於皇信堂簡居帝之右行家人禮遷太保高祖仁孝以諸父零落存者唯簡每見立以待之俟坐致敬問起

居停簡拜伏簡性好酒不能理公私之事妻常
氏燕郡公常喜女也文明太后以賜簡性幹綜
家事頗節斷簡酒乃至盜竊求乞婢侍卒不能
禁二十三年薨時高祖不豫詔曰叔父薨背痛
慕摧絶不自勝任但虛頓床枕未堪奉赴當力
疾發哀謚曰靈王世宗時改謚曰順
子祐字伯授襲母常氏高祖以納不以禮不許
其爲妃世宗以母從子貴詔特拜爲齊國太妃
祐位涇州刺史薨謚曰敬

河間王若字叔儒年十六未封而薨追封河間
謚曰孝詔京兆康王子太安爲後太安於若爲
從弟非相後之義廢之以齊郡王子琛繼
琛字曇寶幼而敏慧高祖愛之世宗時拜定州
刺史琛妃世宗舅女高皇后妹琛憑恃内外多
所受納貪惏之極及還朝靈太后詔曰琛在定
州惟不將中山宮來自餘無所不致何可更復
敘用由是遂廢于家琛以肅宗始學獻金字孝
經又無方自達乃與劉騰爲養息賂騰金寶巨

万計騰屢爲之言乃得兼都官尚書出爲秦州
刺史在州聚斂百姓吁嗟屬東益南秦二州氐
反詔琛爲行臺仍充都督還攝州事琛性貪暴
既總軍省求欲無厭百姓患害有甚狼虎進討
氐羌大被摧破士卒死者千數率衆走還内恃
劉騰無所畏憚爲中尉糾彈會赦除名爲民尋
復王爵後討鮮于脩禮敗免官爵後討汾晉胡
蜀卒於軍追復王爵
安豐王猛字季烈太和五年封加侍中出爲和

龍鎮都大將營州刺史猛寛仁雄毅甚有威略
戎夷畏愛之薨于州贈太尉謚曰匡
子延明襲世宗時授太中大夫延昌初歲大飢
延明乃減家財以拯賓客數十人并贍其家至
肅宗初爲豫州刺史甚有政績累遷給事黄門
侍郎延明既博極群書兼有文藻鳩集圖籍万
有餘卷性清儉不營産業與中山王熙及弟臨
淮王彧等並以才學令望有名於世雖風流造
次不及熙彧而稽古淳篤過之尋遷侍中詔與

侍中崔光撰定服制後兼尚書右僕射以延明博識多聞勑監金石事及元法僧反詔爲東道行臺徐州大都督節度諸軍事與都督臨淮王彧尚書李憲等討法僧蕭衍遣其豫章王綜鎮徐州延明先牧徐方甚得民譽招懷舊土遠近歸之綜既降延明因以軍乘之復東南之境至宿豫而還遷都督徐州刺史頻經師旅人物凋弊延明招攜新故人悉安業百姓咸附莊帝時兼尚書令大司馬及元顥入洛延明受顥委寄

率衆守河橋顥敗遂將妻子奔蕭衍死於江南莊帝末喪還出帝初贈太保王如故謚曰文宣所著詩賦讚頌銘誄三百餘篇又撰五經宗略詩禮別義注帝王世紀及列仙傳又以河間人信都芳工算術引之在館其撰古今樂事九章十二圖又集器準九篇芳别爲之注皆行於世

文成五王列傳第八　魏書二十

獻文六王列傳第九上　魏書二十一上

咸陽王　趙郡王

高陽王　廣陵王

北海王

獻文皇帝七男李思皇后生孝文皇帝封昭儀生咸陽王禧韓貴人生趙郡靈王幹高陽文穆王雍孟椒房生廣陵惠王羽潘貴人生彭城武宣王勰高椒房生北海平王詳勰別有傳

咸陽王禧字永壽太和九年封加侍中驃騎大

將軍中都大官文明太后令曰自非生知皆由學誨皇子皇孫訓教不立溫故求新蓋有闕矣可於閑靜之所別置學館選忠信博聞之士爲之師傅以匠成之高祖以諸弟典三都詠禧等曰汝等國之至親皆幼年任重三都折獄特宜用心夫未能操刀而使割錦非傷錦之尤寔授刀之責皆可修身愼行勿有乖爽文明太后亦誡禧等曰汝兄繼承先業統御萬機戰戰兢兢恒恐不稱汝所治雖小亦宜克念高祖又曰周

文王小心翼翼聿懷多福如有周公之才使驕且吝其餘不足觀汝等宜小心畏慎勿自驕怠出爲使持節開府冀州刺史高祖餞於南郊又以濟陰王鬱枉法賜死之事遣使告禧因而誡之後禧朝京師高祖謂王公曰皇太后平日以朝儀闕然遂命百官更欲撰緝令將畢修遺志卿等謂可行不當各盡對無以面從禧對曰儀制之事用捨各隨其時而人可使由之不可使知之且謂宜述元志備行朝式高祖然之詔曰

三十四 魏傳九上 二 陸永

仲尼在鄉黨猶尚恂恂周文王爲世子卑躬求道禧等雖連萼宸暉得不尊尚師傅也故爲置之以加令德廷尉卿李沖可咸陽王師禧將還州高祖親餞之賦詩敍意加禧都督冀相兗東兗南豫東荆六州諸軍事於時王國舍人應取八族及清修之門禧取任城王隸戶爲之深爲高祖所責詔曰夫婚姻之義曩葉攸崇求賢擇偶緜代斯慎故剛柔著於易經鵲巢載于詩典所以重夫婦之道美鳲鳩之德作配君子流芳

後昆者也然則婚者合二姓之好結他族之親上以事宗廟下以繼後世必敬慎重正而後親之夫婦既親然後父子君臣禮義忠孝於斯備矣太祖龍飛九五始稽遠則而撥亂創業日昃不暇至於諸王娉合之儀宗室婚姻之戒或得賢淑或乖好逑自茲以後其風漸缺皆人乏窈窕族非百兩擬匹卑濫舅氏輕微違典滯俗深用爲歎以皇子茂年宜簡令正前者所納可爲妾媵將以此年爲六弟娉室長弟咸陽王禧可

三十二 魏書傳九上 三 毛端

娉故潁川太守隴西李輔女次弟河南王幹可娉故中散代郡穆明樂女次弟廣陵王羽可娉驃騎諮議參軍滎陽鄭平城女次弟潁川王雍可娉故中書博士范陽盧神寶女次弟始平王勰可娉廷尉卿隴西李沖女季弟北海王詳可娉吏部郎中滎陽鄭懿女有司奏冀州人蘇僧瓘等三千人稱禧清明有惠政請世胙冀州詔曰利建雖古未必今宜經野由君理非下請邑采之封自有別式入除司州牧都督司豫荆郢

洛東荆六州諸軍事開府如故賜帛二千匹粟五千斛詔以禧元弟之重食邑三千戶自餘五王皆食邑二千戶高祖引見朝臣詔之曰卿等欲令魏朝齊美於殷周爲令漢晉獨擅於上代禧曰陛下聖明御運實願邁迹前王高祖曰若然將以何事致之爲欲修身改俗爲欲仍染前事禧對曰宜應改舊以成日新之美高祖曰爲欲止在一身爲欲傳之子孫禧對曰既卜世靈長願欲傳之來業高祖曰若然必須改作卿等

當各從之不得違也禧對曰上命下從如風靡草高祖曰自上古以來及諸經籍焉有不先正名而得行禮乎今欲斷諸北語一從正音年三十以上習性已久容或不可卒革三十以下見在朝廷之人語音不聽仍舊若有故爲當降爵黜官各宜深戒如此漸習風化可新若仍舊俗恐數世之後伊洛之下復成被髮之人王公卿士咸以然不禧對曰實如聖旨宜應改易高祖曰朕嘗與李沖論此沖言四方之語音知誰是

帝者言之即爲正矣何必改舊從新沖之此言應合死罪乃謂沖曰卿實負社稷合令御史牽下沖免冠陳謝又引見王公卿士責留京之官曰昨望見婦女之服仍爲夾領小袖我徂東山雖不三年既離寒暑卿等何爲而違前詔禧對曰陛下聖過堯舜光化中原臣雖仰稟明規每事乖互將何以宣布皇經敷贊帝則舛違之罪實合刑憲高祖曰若朕言非卿等當須庭論如何入則順旨退有不從昔舜語禹汝無面從退

有後言其卿等之謂乎尋以禧長兼太尉公後高祖幸禧第謂司空穆亮僕射李沖曰既有天地又有君臣太尉位居台鉉在冢宰之上三槐九棘不可久空元弟禧雖在事不長而戚連皇極且長兼太尉以和飪鼎朕常恐君有空授之名臣貽彼己之刺今幸其宅徒屈二賓良以爲愧高祖有事於方澤質明群臣問起居高祖曰昨日方澤殊自大暑遇天雲蔭密行人差得無弊禧對曰陛下德感天地故雲物凝彩雖復雨

師灑埽風伯清塵豈過於此高祖曰伊洛南北之中此乃天地氤氳陰陽風雨之所交會自然之應非寡德所能致此高祖篤於兄弟以禧次長禮遇優隆然亦知其性貪每加切誡雖當時遵奉而終不改操禧表曰國朝偃武崇文偏捨來久州鎮兵人或有雄勇不閑武藝今取歲暮之暇番上之日訓其兵法弓矢干矟三分並教使人閑其能臨事無闕詔曰雖云教武未練其方既遏北行臣聞教武脫生群惑且可停之後

從平漢陽以剋南陽之勳加侍中正太尉及高祖崩禧受遺輔政雖爲宰輔之首而從容推委無所是非而潛受賄賂陰爲威惠者禧特甚焉是年八座奏增邑千戶世宗從之固辭不受禧性驕奢貪淫財色姬妾數十意尚不已衣被繡綺車乘鮮麗猶遠有簡娉以恣其情由是昧求貨賄奴婢千數田業鹽鐵徧於遠近臣吏僮隸相繼經營世宗頗惡之景明二年春禧等爲將礿祭入齋世宗詔領軍于烈率左右召禧等入

於光極殿詔曰諱雖寡昧忝承寶曆比纏尪疹實憑諸父苟延視息奄涉三齡父等歸遜殷勤今便親攝百揆且還府司當別處分尋詔曰朕以寡昧夙罹閔凶夏癸在疚罔知攸濟寔賴先帝聖德遺澤所覃宰輔忠賢劬勞王室用能撫和上下肅清內外乃式遵復子歸政告遜辭理懇至邈然難奪便當勵茲空乏之親覽機務王尊惟元叔道性淵凝可進位太保領太尉司空北海王季父英明睿略茂舉可大將軍錄尚書事

世宗既覽政禧意不安而其國齋帥劉小苟毎稱左右言欲誅禧禧聞而歎曰我不負心天家豈應如此由是常懷憂懼加以趙脩專寵王公罕得進見禧遂與其妃兄兼給事黃門侍郎李伯尚謀反時世宗幸小平津禧在城西小宅初欲勒兵直入金墉衆懷沮異禧心因緩自旦達晡計不能決遂約不洩而散武興王楊集始出便馳告而禧意不疑乃與臣妾向洪池別墅遣小苟奉啓云檢行田牧小苟至邙嶺已逢軍人

恠小苟赤衣將欲殺害小苟困迫言欲告反乃緩之禧是夜宿於洪池大風暴雨拔樹折木禧不知事露其夜或説禧曰殿下集衆圖事見意而停恐必漏洩今夕何宜自寬恐危禍將至禧曰有此軀命應知自惜豈待人言又説曰殿下兒婦已渡河兩頭不相知今傀眉自安不其危乎禧曰初遣去日令如行人渡河聽我動靜我久已遣人追之計今應還而尹仵期與禧長子通已入河内郡列兵仗放囚徒而將士所在追

禧禧自洪池東南走僮僕不過數人左右從禧者唯兼防閤尹龍虎禧憂迫不知所爲謂龍虎曰吾憒憒不能堪試作一謎當思解之以釋毒悶龍虎欻憶舊謎去眠則俱眠起則俱起貪如豺狼贓不入已都不有心於規刺也禧亦不以爲諷已因解之曰此是眼也而龍虎謂之是箸渡洛水至栢谷塢從者唯禧二舅及龍虎而已顧謂龍虎曰凡夫尚有節義相爲取死汝可勉心作與太尉公同死計龍虎曰龍虎東野常人

遭殿下寬明接侍左右今屬危難恨無遠計匡濟聖躬若與殿下同命雖死猶生俄而禧被擒獲送華林都亭世宗親問事源著千斤鏁格龍虎羽林掌衛之初高祖閑宴從容言於禧等我後子孫邂逅不逮汝等觀望輔取之理無令他人有也禧臨盡雖言不次第猶尚泣涕追述先旨然畏迫喪志不能慷慨有所感激也及與諸妹公主等訣言及一二愛妾公主哭且罵之云坐多取此婢輩貪逐財物畏罪作反致今日之

事何復囑問此等禧愧而無言遂賜死私第其宮人歌曰可憐咸陽王柰何作事悞金床玉几不能眠夜蹋霜與露洛水湛湛弥岸長行人那得度其歌遂流至江表北人在南者雖富貴絃管奏之莫不灑泣同謀誅斬者數十人潛瘞禧於北邙絶其諸子屬籍禧之諸女微給資產奴婢自餘家財悉以分賚高肇趙脩二家其餘賜内外百官逮于流外多者百餘匹下至十匹於後禧諸子乏衣食獨彭城王勰歲中再三賑

給之禧有子八人
長子通字曇和竊入河內太守陸琇初與通情
旣聞禧敗乃殺之
通弟翼字仲和後會赦詣闕上書求葬其父頻
年泣請世宗不許翼乃與弟昌曄奔於蕭衍翼
與昌申屠氏出曄李妃所生也翼容貌魁壯風
制可觀衍甚重之封爲咸陽王翼讓其嫡弟曄
衍不許後以爲信武將軍青冀二州刺史鎮郁
州翼謀舉州入國爲衍所移昌爲衍直閤將軍

翼弟顯和昌弟樹後亦奔於衍顯和卒於江南
樹字秀和美姿貌善吐納兼有將略衍尤器之
封爲魏郡王後改封鄴王數爲將領窺覦邊服
時楊州降衍兵武旣衆衍將湛僧珍慮其難異
盡欲殺之樹以家國遂皆聽還衍以樹爲鎮西
將軍郢州刺史介朱榮之害百官也樹聞之乃
請衍討榮衍乃資其士馬侵擾境上前廢帝時
竊據譙城出帝初詔御史中尉樊子鵠爲行臺
率徐州刺史大都督杜德以討之樹城守不下

子鵠使金紫光祿大夫張安期往說之樹乃請
委城還南子鵠許之樹恃誓約不爲戰備杜德
襲擊之擒樹送京師禁於永寧佛寺未幾賜死
孝靜時其子貞自建業赴鄴啓求葬樹許之詔
贈樹侍中都督青徐兗楊豫五州諸軍事太師
司徒公尚書令楊州刺史貞旣葬還於江南
曄字世茂衍封爲桑乾王拜散騎常侍卒於秣
陵初正光中詔曰周德崇厚蔡仲享國漢道仁
恕淮南畢王皆所以申恩懿戚蠲盪舊釁義彰

昱襲業詠流前史頃者咸陽京兆王自貽禍敗事
由間惑猶有可矜兩門諸子並可聽附屬籍後
復禧王爵葬以王禮詔曄弟坦襲改封敷城王
邑八百戶坦傲佷凶兇麤從叔安豐王延明責之
曰汝凶悖性與身而長昔有宋東海王禕志性
凡劣時人號曰驢王我熟觀汝所作亦恐不免
驢號莊帝初還復本封武定中爲太師齊受禪
爵例降
坦弟昶起家通直散騎常侍琅邪縣開國公邑

五百戶莊帝初特封太原王累遷鴻臚卿超拜車騎大將軍儀同三司天平二年薨贈太尉公子善慧襲齊受禪爵例降

趙郡王幹字思直太和九年封河南王加衛大將軍除侍中中都大官尋授車騎將軍左光祿大夫領吏部尚書所生母薨高祖詔曰太妃韓氏薨逝情以傷慟太妃先朝之世位擬九嬪豫班上族誕我同氣念此孤稚但用感惻明當暫往臨哭可勅外備辦遣侍御史假節監護喪事

贈綵八百匹詔曰季世多務情緣理奪幹既居要任銓衡是尚豈容遂其私志致曠所司可遣黃門郎敦諭令勉從王事朕尋當與之相見拜使持節都督南豫郢東荊三州諸軍事征南大將軍開府豫州刺史及車駕南伐以幹為使持節車騎大將軍都督關右諸軍事給銅虎符十別賜詩書高祖篤愛諸弟以幹摠戎別道誡之曰司空穆亮元年器可師散騎常侍盧淵才堪詢訪汝其師之尋以蕭賾死班師還洛改封趙郡

王除都督冀定瀛三州諸軍事征東大將軍冀州刺史開府如故賜雜物五百段又密賜黃金十斤高祖親餞於近郊詔幹曰夫刑獄之理先哲所難然既有邦國得不自勵也汝我之懿弟當聿修厥德光崇有魏深思遠圖如臨深履薄若恃親重不務世政國有常憲方增悲感高祖詔以李憑為長史唐茂為司馬盧尚之為諮議參軍以匡弼之而憑等諫諍幹殊不納州表斬盜馬人於律過重而尚書以幹初臨縱而不劾

詔曰夫刑以節人罪必無濫故刑罰不中民無措足若必以威殺為良則應況通衆牧苟須有禁何得不稽之正典又律令條憲無聽新君加戮之文典禮舊章不著始臨專威之美尚書曲阿朕意實傷皇度幹闇於治理律外重刑並可推聞後轉特進司州牧車駕南討詔幹都督中外諸軍事給鼓吹一部甲士三百人出入殿門幹貪淫不遵典法御史中尉李彪將糾劾之會遇幹於尚書下舍因屏左右而謂幹曰殿下比

有風聞即欲起彈恐損聖明委託之旨若改往
修來彪當不言脫不悛改夕聞旦發而幹悠然
不以爲意彪乃表彈之高祖省之忿惋詔幹與
北海王詳俱隨太子詣行在所既至詳獨得朝
見幹不蒙引接密令左右察其意色知無憂悔
乃親數其過杖之一百免所居官以王還第二
十三年薨年三十一給東園祕器斂服十五稱
賵帛三千匹諡曰靈王陪葬長陵
子謐世宗初襲封幹妃穆氏表謐母趙等悖禮

愆常不遜日甚尊卑義阻母子道絕詔曰妾之
於女君猶婦人事舅姑君臣之禮義無乖二妾
子之於君母禮加如子之恭何得黷我風政可
付宗正依禮治罪謐在母喪聽音聲飲戲爲御
史中尉李平所彈遇赦復封除通直散騎常侍
加龍驤將軍遷太子中庶子出爲冠軍將軍岐
州刺史謐性嚴暴虐下人肅宗初臺使元延到
其州界以驛邏無兵攝帥檢覈隊主高保願列
言所有之兵王皆私役謐聞而大怒鞭保願等

五人各二百數日之間謐召近州夫閉城四門
內外嚴固搜掩城中楚掠備至又無事而斬六
人合城兇懼衆遂大呼屯門謐怖登樓毀梯以
自固土人散走城人分守四門靈太后遣游擊
將軍王靖馳驛諭之城人既見靖至開門謝罪
奉送管籥乃罷謐州還除大司農卿又除散騎
常侍平北將軍幽州刺史謐妃胡氏靈太后從
女也未發坐毆其妃免官後除都官尚書加安
南將軍正光四年薨給東園祕器朝服一具衣

一襲賵帛五百匹高陽王雍幹之母弟啓論謐
故超贈假侍中征南將軍司州牧謚曰貞景
子毓字子春襲莊帝初河陰遇害贈衞大將軍
儀同三司青州刺史謚曰宣恭無子詔以謐弟
讞子寘字景融爲後襲爵及寘伯諶復封趙郡
改封平昌王齊受禪爵例降
謐兄諶字興伯性平和自通直正員郎遷太子
庶子司空司馬鴻臚少卿遷後將軍肆州刺史
固辭不拜改授平南將軍光祿少卿轉黃門侍

郎進號安南將軍光祿大夫出爲散騎常侍中
軍將軍相州刺史罷州除宗正卿都官尚書以
親例封上蔡縣開國公食邑四百戶讓而不受
莊帝初拜車騎將軍儀同三司尚書左僕射封
魏郡王食邑一千戶又加侍中諶本年長應襲
王封其父靈王寵愛其弟謐以爲世子莊帝詔
復諶封趙郡王進號驃騎大將軍加開府遷司
空公出帝時轉太保司州牧太尉公又遷太師
録尚書事孝靜初爲大司馬三年薨贈假黃鉞

侍中都督冀州刺史謚曰孝懿諶無他才識歷
位雖重時人忽之

子偉襲齊受禪爵例降

謐弟譚頗強立少爲宗室所推敬自羽林監出
爲高陽太守爲政嚴斷豪右畏之肅宗初入爲
直閤將軍歷太僕宗正少卿加冠軍將軍元法
僧外叛詔譚爲持節假左將軍別將以討之徐
州平遷光祿少卿行南兗州事征虜將軍涇州
刺史入爲武衛將軍尋詔譚爲都督以討杜洛
周次於軍都爲洛周所敗還除安西將軍秦州
刺史卒贈撫軍將軍儀同三司青州刺史

諶弟讞爲人貪暴無禮自羽林監遷司徒主簿
肅宗時除正員郎稍遷左將軍太中大夫封平
鄉縣開國男邑二百戶莊帝初河陰遇害贈車
騎大將軍儀同三司定州刺史

子景暄直閤將軍從出帝沒於關西

讞弟讜羽林監直閤將軍早卒賵帛五百匹贈
鎮遠將軍恒州刺史

廣陵王羽字叔翻太和九年封加侍中征東大
將軍爲外都大官羽少而聰慧有斷獄之稱後
罷三都羽爲大理加衛將軍典決京師獄訟微
有聲譽遷特進尚書左僕射又爲太子太保録
尚書事高祖將南討遣羽持節安撫六鎮發其
突騎夷人寧悅還領廷尉卿車駕既發羽與太
尉丕留守加使持節語在丕傳高祖友愛諸弟
及將別不忍早分詔羽從至鴈門乃令羽歸望
其稱効故賜如意以表心遷都議定詔羽兼太

尉告于廟社遷京之後北蕃人夷多有未悟羽鎮撫代京內外肅然高祖嘉之十八年春羽表辭廷尉不許羽奏外考令文每歲終州鎮列牧守治狀及至再考隨其品第以彰黜陟去十五年中在京百寮盡已經考為三等此年便是三載雖外有成令而內令未班內外考察理應同等臣輒推準外考以定京官治行詔曰雖內考未宣績已久著故明堂月令載公卿大夫論考屬官之治職區分著三公疑尚書三載殿最之

義此之考內已為明矣但論考之事理在不輕問績之方應關朕聽輒尔輕發殊為躁也每考之義應在年終既云此年何得春初也今始維夏且待至秋後高祖臨朝堂議政事謂羽曰遷都洛陽事格天地但汝之迷徙未開沈鄙耳朕家有四海往來何難朕初發洛陽教示永壽皆謂分別比自來後諸處分之事已差前勑今舉大功寧為虛費且朕無周邵之弟豈容晏安曰逸今便北巡遷留之事當稱朕懷後高祖臨朝

堂謂群臣曰兩儀既闢人生其間故上天不言樹君以代是以書稱三考之績禮云考成之章自皇王以降斯道靡易朕以寡德猥荷洪基思與百辟允釐庶務然朕識乏知人不能使朝絕素餐之譏野無考槃之刺夙宵寤寐載懷怵惕卿等皆是朝賢國彥匡弼是寄各率乃心以旌考績之義如乖忠正國有常刑賢者雖疎必進不肖者雖親必黜顧謂羽曰上下二等可為三品中等但為一品所以然者上下是黜陟之科

故旌絲髮之美中等守本事可大通羽先呈廷尉五局司直高祖曰夫刑獄之難實惟自古必也斷訟夫子所稱然五局所司專主刑獄比聞諸風聽多論五局不精知人之難朕豈獨決當與群臣同之卿等各陳所聞高祖謂羽及少卿鄧述曰五局司直卿等以何為品羽對曰諸司直並簡聖心往者百官初置擢為獄官聽訟察辭無大差越所以為二等者或以視事甫尔或以見機遲速朝廷既有九品之制故計其絲髮

之差以爲品第統論所得大都相似高祖曰朕頃年以其人識見可取故簡司獄官小優劣不足爲差然廷尉所司人命之本事須心平性正抑彊哀弱不避貴勢直情折獄者可爲上等今正欲聽採風謡虛實難悉正欲不採事無所據然人言惡者未必是惡言善者不必是善所以然者或斷訟不避豪貴故人以爲惡或將勢抑賤貴人以爲好然關朕之聽皆貴者言是以遲迴三復良由於此局事須冰清玉潔明揚褒貶

卿等既是親典邪正得失悉所具之可精辦以聞鄧述對曰陛下行賞得人餘者甘心若實不盡能無以勸勵如臣愚見願不行賞高祖曰朕昔置此官許三年考績必行賞罰既經今考若無黜陟恐正直者莫肯用心邪曲者無以改肅自非釋之于公何能盡其至理雖不可精其微致且望粗有殿最諸尚書更與群官善量所以

高祖謂尚書等曰朕仰纂乾構君臨萬宇往者稽古典章樹茲百職然尚書之任樞機是司豈惟總括百揆緝和人務而已朕之得失寔在於斯自卿等在任年垂三周未嘗言朕之一失獻可否之片規又不嘗進一賢而退一不肖此二事罪之大者高祖又謂羽曰汝之淺薄固不足以況晉之巨源考之今世民斯下矣汝始爲廷尉及初作尚書內外瞻望以吾有弟自往秋南旆之後近小人遠君子在公阿黨虧我皇憲出入無章動乖禮則計汝所行應在下下之第高祖又謂羽曰汝既是宸極之弟而居樞端之任

汝自在職以來功勤之績不聞於朝阿黨之音頻于朕聽汝之過失已備積於前不復能別叙今黜汝錄尚書廷尉但居特進太保又謂尚書令陸叡曰叔翻在省之初甚有善稱自近以來偏頗懈怠豈不由卿等隨其邪僞之心不能相導以義雖不成大責已致小罰今奪卿尚書令祿一周謂左僕射元贊曰卿夙德老成久居機要不能光贊物務獎勵同寮賊人之謂豈不在卿計叔翻之黜卿應大辟但以咎歸一人不復

相罪又爲少師未允所授今解卿少師之任削祿一周詔吏部尚書澄曰叔父既非端右又非座元豈宜濫歸衆過也然觀叔父神志驕傲少保之任似不能存意可解少保謂長兼尚書于杲曰卿履歷卑淺超昇名任不能勤謹夙夜數辭以疾長兼之職位亞正員今解卿長兼可光祿大夫守尚書削祿一周又謂守尚書尉羽曰卿在集書殊無憂存左史之事今降爲長兼常侍亦削祿一周又謂守尚書盧淵曰卿始爲守

尚書未合考績然卿在集書雖非高功爲一省文學之士嘗不以左史在意如此之咎罪無所歸今降卿長兼王師守常侍尚書如故奪常侍祿一周謂左丞公孫良右丞乞伏義受曰二丞之任所以協贊尚書光宣出納而卿等不能正心直言規佐尚書論卿之罪應合大辟但以尚書之失事鍾叔繼故不能别致貶責二丞可以白衣守本官冠服祿恤盡皆削奪若三年有成還復本任如其無成則永歸南畝又謂散騎常

侍元景曰卿等自任集書合省逋墮致使王言遺滯起居不修如此之咎責在於卿今降爲中大夫守常侍奪祿一周謂諫議大夫李彦曰卿雖處諫議之官實不稱職可去諫議退爲元士又謂中庶子游肇等曰自建承華已經一稔然東宮之官無直言之士雖未經三載事須考黜肇及中舍人李平識學可觀可爲中安樂王詮可爲下中解東華之任退爲員外散騎常侍馮夙可爲下下免中庶子免爵兩任員外常

侍如故中舍人閭賢保可爲下下退爲武騎常侍又謂公孫良曰頃年用人多乖觀才之授實是武人而授以文官黜同大例於理未均諸如此比黜官如初高祖引陸叡元贊等於前曰北人每言北人何用知書朕聞此深用憮然今知書者甚衆豈皆聖人朕自行禮九年置官三載正欲開導兆人致之禮教朕爲天子何假中原欲令卿等子孫博見多知若永居恒北值不好文主卿等子孫不免面墻也陸叡對曰實如明

詔金氏若不入仕漢朝七世知名亦不可得也
高祖大悅及五等開建羽食渤海之東光二千
戶車駕南伐羽進號衛將軍除使持節都督青
齊光南青四州諸軍事征東大將軍開府青州
刺史以留守代京之功增邑五百戶高祖幸羽
第與諸弟言曰朕昨親受人訟始知廣陵之明
了咸陽王禧對曰臣年爲廣陵兄明爲廣陵弟
高祖曰我爲汝兄汝爲羽昆汝復何恨又曰叔
翻沈痾綿惙遂有辰歲我每爲深憂恐其不振

三七三 魏書傳九上 二十四 高丈

今得痊愈晚成婚嬿且喜其吉慶故命駕耳高
祖親餞之華林園後詔羽曰吾因天歷運乘時
樹功開荊拓沔威振楚越時暨三炎息駕汝潁
勢臨荊徐聲過江外未容解甲凱入三川纂兵
修律俟秋方舉海服之寄故惟宗良善開經策
寧我東夏敬慎汝儀勿墜吉嘉問唯酒唯田可不
戒歟加散騎常侍進號車騎大將軍餘如故世
宗即位遷司州牧常侍如故羽頻表辭牧至于
三四詔不許世宗覽政引羽入內面授司徒羽

辭曰彥和本自不願而陛下彊與今新去此官
而以臣代之必招物議季豫既轉取之無嫌請
爲司空世宗猶彊焉固辭乃許之羽先婬員外
郎馮俊興妻夜因私遊爲俊興所擊積日秘匿
薨於府年三十二世宗親臨哀慟詔給東園溫
明祕器朝服一具衣一襲錢六十万布一千匹
蠟三百斤大鴻臚護喪事大殮帝親臨之舉哀
都亭贈使持節侍中驃騎大將軍司徒公冀州
刺史給羽葆鼓吹班劍四十人謚曰惠及葬帝

二九九 魏書傳九上 廿五 何垕

親臨送子恭襲語在紀
恭兄欣字慶樂性麤率好鷹犬肅宗初除通直
散騎常侍北中郎將出爲冠軍將軍荊州刺史
轉征虜將軍齊州刺史欣在二州頗得人和又
爲征東將軍太僕卿孝莊初封沛郡王邑一千
戶後改封淮陽王出帝時加太師開府復封廣
陵王除太傅司州牧尋除大司馬隨出帝没於
關中
欣弟永業普泰元年特封高密郡王食邑二千

戶武定末金紫光祿大夫齊受禪爵例降
高陽王雍字思穆少而倜儻不恒高祖曰吾亦
未能測此兒之深淺然觀其任真率素或年器
晚成也太和九年封潁川王加侍中征南大將
軍或謂雍曰諸王皆待士以營聲譽王何以獨
否雍曰吾天子之子位為諸王用聲名何為文
之拜中護軍領鎮北大將軍改封高陽奉遷七
廟神主於洛陽五等開建食邑二千戶車駕南
伐雍行鎮軍大將軍摠攝留事遷衛尉加散騎

常侍除使持節鎮北將軍相州刺史常侍如故
高祖誡雍曰相州乃是舊都自非朝賢德望無
由居此是以使汝作牧為牧之道非難亦易其
身正不令而行故便是易其身不正雖令不從
故便是難又當愛賢士存信約無用人言而輕
與奪也進號征北將軍世宗初遷使持節都督
冀相瀛三州諸軍事征北大將軍開府冀州刺
史常侍如故雍在二州微有聲稱入拜驃騎大
將軍司州牧世宗時幸雍第皆盡家人之禮遷

司空公議定律令雍常入參大議轉太尉公加
侍中時雍以旱故再表遜位優詔不許除太保
領太尉侍中如故世宗行考陟之法雍表曰竊
惟三載考績百王通典今任事上中者三年昇
一階散官上第者四載登一級閑冗之官本非
虛置或以賢能而進或因累勤而舉如其無能
不應忝茲高選既其以能進之朝伍或任官外
戍遠使絕域催督逋懸察檢州鎮皆是散官以
充劇使及於考陟排同閑伍檢散官之人非才

皆劣稱事之輩未必悉賢而考閑以多年課煩
以少歲上乖天澤之均下生不等之苦又尋景
明之格無折考之文正始之奏有與奪之級明
參差之考非聖慈之心改典易常乃有司之意
又尋考級之奏委於任事之手涉議科勤絕於
散官之筆遂使在事者得展自勤之能散輩者
獨絕披衿之所抑以上下之閑限以旨格之判
致使近侍禁職抱槃屈之辭禁衛武夫懷不申
之恨欲剋平四海何以獲諸又散官在直一玷

成尤銜使愆失差毫毛即坐徽纆所逮未以事聞
優之節慶之賚不以祿微加賞罪殿之犯未殊
任事考陟之機推年不等臣聞君舉必書書而
不法後代何觀詩云王事靡盬不遑啓處又曰
豈不懷歸畏此簡書依依楊柳以叙治兵之役
霏霏雨雪又申振旅之勤若折往來日月便是
採薇之詩廢杕杜之歌罷又任事之官吉凶請
假定省掃拜動歷十旬或因患重請動輒經歲
征役在途勤泰百倍苦樂之勢非任事之倫在

家私閑非理務之日論優語劇先宜折之武人
本挽上格者爲羽林次格者爲虎賁下格者爲
直從或累紀征戍靡所不涉或帶甲連年負重
千里或經戰損傷或年老衰竭今試以本格責
其如初有爽於先退階奪級此便責以不衰理
未通也又蕃使之人必抽朝彥或歷嶮千餘或
履危萬里登有死亡之憂咸懷不返之感魂骨
奉忠以尸將命先朝賞格酬以爵品今朝改式
止及階勞折以代考有乖使望非所以獎勵皇

華而敦崇四牡者也復尋正始之格汎後任事
上中者三年升一階汎前任事上中者六年進
一級三年一考自古通經今以汎前六年昇一
階檢無愆犯倍年成級以此推之明以汎代考
新除一日同霑階榮下第之人因汎上陟上第
之士由汎而退臣又見部尉資品本居流外刊
諸明令行之已久然近爲里巷多盜以其威輕
不肅欲進品清流以壓姦宄甄深啓云爲法者
施而觀之不便則改竊謂斯言有可採用聖慈

昭覽更高宰尉之秩今考格始宣懷怨者衆臣
竊觀之亦謂不可有光國典改之何難世宗乃
引雍共論時務肅宗初詔雍入居太極西栢堂
諮決大政給親信二十人又詔雍爲宗師進太
傅侍中領太尉公王如故別勑將作營國子學
寺給雍居之領軍于忠擅權專恣僕射郭祚勸
雍出之忠怒矯詔殺祚及尚書裴植廢雍以王
歸第朝有大事使黃門郎就諮訪之忠尋復矯
詔將欲殺雍以問侍中崔光光拒之乃止未幾

靈太后臨朝出忠爲冀州刺史雍表曰臣初入栢堂見詔旨之行一由門下而臣出君行不以悛意每覽傷矜視之慘目深知不可不能禁制臣之罪一也臣近忝內樞兼尸師傅宜保護聖躬溫清晨夕而于忠身居武司禁勒自在限以內外朝謁簡絕皇居寢食所在不知社稷安危又亦不預出入栢堂尸立而已臣之罪二也忠規欲殺臣賴在事執拒又令僕卿相任情進黜遷官授職多不經旬斥退賢良專納心腹威振

百寮勢傾朝野臣見其如此欲出忠爲雍州刺史鎮撫關右在心未行反爲忠廢忝官尸祿孤負恩私臣之罪三也先帝昇遐儲宮纂統斯乃君父之恒謨臣子之永則加賞之義自古無之忠既人臣受恩先帝衷禍之際竭節是常迎陛下於東宮臣下之恒事如其不爾更欲何爲而忠意氣凌雲坐要封爵爾日抑之交恐爲禍臣以權臣所欲不敢輒違即集王公卿士議其多少清河王臣懌先帝懿弟識度寬明臨衆唱議

非以勤而賞之憚違權臣之旨靦顏而授臣知不可因而從之臣之罪四也忠秉權門下且居宰執又揔禁旅爲崇訓衞尉身兼內外橫干宮掖臣之罪五也古者重罪必令三公會期至旬日所以重死刑也先帝登極十有七年細人犯刑猶寬憲墨朝廷貴仕不戮一人今陛下踐阼年未半周殺僕射尚書如夭一草是忠秉權矯旨擅行誅戮臣知不能救臣之罪六也臣位荷師相年未及終難恕之罪顯露非一何情以處

何顏以生雖經恩宥猶有餘責謹反私門伏聽司敗靈太后感忠保護之勳不問其罪增雍封一千戶除侍中太師又加使持節以本官領司州牧雍表請王公以下賤妾悉不聽用織成錦繡金玉珠璣違者以違旨論奴婢悉不得衣綾綺纈止於縵繒而已奴則布服並不得以金銀爲釵帶犯者鞭一百太后從之而不能久行也詔雍乘步挽出入掖門又以本官錄尚書事雍頻表辭遜優荅不許詔侍中敦諭詔雍朝夕侍

講肅宗覽政除使持節司州牧侍中太師録尚書如故肅宗加元服雍兼太保與兼太尉崔光攝行冠禮詔雍乘車出入大司馬門進位丞相給羽葆鼓吹倍加班劒餘悉如故又賜帛八百匹與一千人供具催令速拜詔雍依齊郡順王簡太和故事朝訖引坐特優拜伏之禮摠攝內外與元乂同决庶政歲禄万餘粟至四万伎侍盈房諸子璔冕榮貴之盛昆弟莫及焉元妃盧氏薨後更納博陵崔顯妹甚有色寵欲以爲妃

三百　魏書傳九上　三十二　王良

世宗初以崔氏世號東崔地寒望劣難之久乃聽許延昌已後多幸妓侍近百許人而疎弃崔氏別房幽禁不得關豫內政僅給衣食而已至乃左右無復婢使子女欲省其母必啓聞許乃得見未幾崔暴薨多云雍敺殺之也靈太后許賜其女妓未及送之雍遣其閹豎丁鵞自至宮內料簡四口置以還第太后責其專擅追停之孝昌初詔曰比相府弗開陰陽未爕王秉哲居宗勳望隆重道庇蒼生威被華裔體國猶家匪躬在節可開府置佐史尋罷司徒以爲丞相府孝莊初介朱榮欲害朝士遂云雍將謀逆於河陰遇害贈假黃鉞相國謚文穆王雍識懷短淺又無學業雖位居朝首不爲時情所推既以親尊地當宰輔自熙平以後朝政褫落不能守正匡弼唯唯而已及清河王懌之死元乂專政天下大責歸焉

嫡子泰字昌顔有時譽爲中書侍郎尋遷通直散騎常侍鎮東將軍太常卿與雍同時遇害追

三百廿六　魏書傳九上　三十三　王良

贈侍中特進驃騎大將軍太尉公武州刺史高陽王謚曰文孝

子斌襲武定中官至尚書右僕射齊受禪爵例降

泰兄端字宣雅美容貌頗涉書史起家散騎侍郎累遷通直常侍鴻臚太常少卿散騎常侍出爲安東將軍青州刺史是時蕭衍遣將寇邊徐揚除端撫軍將軍金紫光禄大夫使持節東南道大使慰分軍機賊平拜鎮軍將軍兖州刺史

俄而衍將復寇徐兗圍逼州城端率在州文武
拒守得全以功封安得縣開國公食邑五百戶
還除都官尚書與雍俱遇害贈車騎大將軍儀
同三司相州刺史子峻襲爵齊受禪例降
泰弟叡字子哲輕忽榮利愛翫琴書起家拜通
直散騎侍郎遷衛尉少卿轉光祿少卿封濟北
郡王與雍俱遇害贈車騎大將軍司空公雍州
刺史
子徽普泰中襲爵起家通直郎武定五年坐與
魏書傳九上　三十四　魏与道
元瑾等謀反伏法
叡弟誕字文發少聰惠有風儀起家通直郎遷
中書侍郎通直散騎常侍封新陽縣開國伯食
邑三百戶加龍驤將軍進封昌樂王食邑七百
戶遷平南將軍散騎常侍黃門侍郎孝靜初拜
侍中車騎大將軍儀同三司司州牧天平三年
薨贈使持節侍中太保司徒公尚書令將軍牧
如故謚曰文獻無子以斌第二子子亮爲後
誕弟勤乂勤乂弟亘亘弟伏陁伏陁弟弥陁弥

陁弟僧育僧育弟居羅出帝初勤乂封陽平縣
亘封濮陽縣伏陁封武陽縣弥陁封新陽縣僧
育封頓丘縣居羅封衛縣並開國伯食邑四百
戶天平中並除鎮遠將軍散騎侍郎僧育走關
西國除其餘齊受禪爵例降
北海王詳字季豫美姿容善舉止太和九年封
加侍中征北大將軍後拜光祿大夫解侍中將
軍又兼侍中從高祖南伐爲散騎常侍高祖自
洛北巡詳常與侍中彭城王勰並在輿輦陪侍
魏傳九上　卅五
左右至高宗射銘之所高祖停駕詔諸弟及侍
臣皆試射遠近唯詳箭不及高宗箭所十餘步
高祖嘉之拊掌欣笑遂詔勒銘親自爲制五等
開建食邑二千戶遷侍中轉秘書監車駕南伐
詳行中領軍留守給鼓吹一部甲仗三百人兼
督營構之務高祖賜詳璽書曰比遊神何業也
丘墳六籍何事非娛善正風猷肅是禁旅詳後
朝於行宮高祖引見之詳慶平沔北高祖曰朕
以鐵南未清神麾暫動沔北數城並皆柔服此

乃將士之効非朕之功詳對曰陛下德邁唐虞功微周漢自南之風於是乎始詳還洛高祖餞之詔詳曰昔者淮夷叛命故有三年之褰鬼方不令乃致淹載之師況江吳竊命于今十紀朕必欲蕩滌南海然後言歸今夏停此故與汝相見善守京邑副我所懷趙郡王幹薨以詳行司州牧除護軍將軍兼尚書左僕射高祖臨崩顧命詳爲司空輔政世宗即位以詳有營構之勤增邑一千戶詳以帝居諒闇不受世宗覽政還

侍中大將軍錄尚書事咸陽王禧之謀反也詳表求解任詔曰一人之身愆不累德形乖性別忠逆固殊是以父殛子興義高唐世弟戮兄登迹顯周魯禧之與國異體同氣既肆無君之逆安顧弟友之親叔父忠顯二朝誠貫廟社寔勗賛沖昧保乂鴻猷豈容以微介之慮忘阿衡之重貂章即已勑還願不再述祚屬眇躬言及斯事臨紙慙恨惋慨兼深詳重表陳解詔復不許除太傅領司徒侍中錄尚書事如故詳固辭詔

遣敦勸乃受詳與八座奏曰竊惟姦劫難除爲害日久群盜作患有國攸病故五刑爲用猶陷綱網之誅道幾勝殘寧息狗竊之響是以班制垂式名爲治本整綱提目政之大要謹尋奪祿事條班已周歲然京邑尹令善惡易聞邊州遠守或難聽審皆上下同情迭相掩設有賊發隱而不言或以劫爲偷或過掠成盜更令賊發難知攘竊惟甚臣等參議若依制削奪則縣無朞月之宰附條貶黜郡靡歲稔之守此制必行

所謂法令滋章盜賊多有昔黃龔變風不由削祿張趙稱美豈憚貶退然綏導之體得失在人乃可重選慎官依律劾禁不宜輕改法令削黜群司今請改制條還附律處其勵已公清賞有常典風謠黷貨案爲考第世宗從之詳之拜命其夜暴風震電拔其庭中桐樹大十圍倒立本處初世宗之覽政也詳聞彭城王勰有震主之慮而欲奪其司徒大懼物議故爲大將軍至是乃居之天威如此識者知其不終世宗講武於

鄴詳與右僕射高肇領軍于勁留守京師初太和末詳以少弟延愛景明初復以季父崇寵位望兼極百寮憚之而貪冒無厭多所取納公私營販侵剥遠近嬖狎群小所在請託珍麗充盈聲色侈縱建飾第宇開起山池所費巨萬矣又於東掖門外大路之南驅逼細人規占第宅至有喪柩在堂請延至葬而不見許乃令輿櫬巷次行路哀嗟詳母高太妃頗亦助爲威虐親命毆擊怨響嗷嗷妃宋王劉昶女不見荅禮寵妾

范氏愛等伉儷及其死也痛不自勝乃至葬訖猶毀遂視之表請贈平昌縣君詳又蒸於安定王燮妃高氏高氏即茹皓妻姊嚴禁左右閉密始末詳既素附於皓又緣婭好往來綢密皓之取妻也詳親至其家忻飲極醉詳雖貪侈聚斂朝野所聞而世宗禮敬尚隆憑寄無替軍國大事摠而裁決每所敷奏事皆協允詳常别住華林園之西隅與都亭宮館密邇相接亦通後門世宗每潛幸其所肆飲終日其寵如此又詳拜

受因其私慶啓請世宗世宗頻幸南第御其後堂與高太妃相見呼爲阿母伏而上酒禮若家人臨出高每拜送舉觴祝言願官家千萬歲壽歲歲一至妾母子舍也初世宗之親政也詳與咸陽王禧彭城王勰並被召入共乘犢車防衛嚴固高時惶迫以爲詳必死亦乘車傍路哭而送至金墉及詳得免高云自今而後不願富貴但令母子相保共汝掃市作活也至此貴寵崇盛不復言有禍敗之理後爲高肇所譖云詳與

皓等謀爲逆亂于時詳在南第世宗召中尉崔亮入禁勑糺詳貪婬及茹皓劉冑常季賢陳掃靜等專恣之狀亮乃奏詳貪害公私婬亂典禮朝廷比以軍國費廣禁斷諸蕃雜獻而詳擅作威令命寺署酬直驅奪人業崇侈私第蒸穢無道失尊卑之節塵敗憲章虧風教之紀請以見事免所居官爵付鴻臚削奪輒下禁止付廷尉治罪并劾皓等夜即收禁南臺又虎賁百人圍守詳第慮其驚懼奔越遣左右郭翼開金墉門

馳出諭之示以中尉彈狀詳母高見冀頓首號
泣不自勝詳言審如中尉所糾何憂也正恐更
有大罪橫至耳人奉我珍異貨物我實愛之果
爲取受吾何憂乎私以自寬至明皓等皆賜死
引高陽王雍等五王入議詳罪單車防守還華
林之館母妻相與哭入所居小奴弱婢數人隨
從官防甚嚴終夜擊柝列坐圍守外內不通世
宗爲此不幸園十餘日徙詳就太府寺圍禁彌
切詔曰王位兼台輔親懿莫二朝野屬賴具瞻

所歸不能勵德存道宣融軌訓方乃肆茲貪醜
職暴顯聞遠負先朝友愛之寄近乖家國推敬
所期理官執憲寔合刑典天下爲公豈容私抑
但朕諸父傾落存者無幾便極逮坐情有未安
可免爲庶人別營坊館如法禁衛限以終身邦
家不造言尋感慨遂別營館於洛陽縣東北隅
二旬而成將徙詳居之會其家奴數人陰結黨
輩欲以劫出詳密抄名字潛託侍婢通於詳詳
始得執省而門防主司遙見突入就詳手中攬

得呈奏至夜守者以聞詳哭數聲而暴死詳自
至太府令其母妻還居南宅五日一來與其相
見此夜母妻不在死於婢手中至明告其凶問
詔曰北海叔奄至傾背痛慕抽慟情不自任明
便舉哀可勑備辦喪還南宅諸王皇宗悉令奔
赴給東園祕器賵物之數一依廣陵故事詳之
初禁也乃以蒸高事告母母大怒詈之苦切曰
汝自有妻妾侍婢少盛如花何忽共許高麗婢
姦通令致此罪我得高麗當噉其肉乃杖詳背

及兩脚百餘下自行杖力疲乃令奴代高氏素
嚴詳每有微罪常加責罰以絮裹杖至是去絮
皆至瘡膿詳苦杖十餘日乃能立又杖其妃劉
氏數十云新婦大家女門戶匹敵何所畏也而
不檢校夫婿婦人皆妬獨不妬也劉笑而受罰
卒無所言詳貪淫之失雖聞遠近而死之日罪
無定名遠近歎怪之停殯五載永平元年十月
詔曰故太傅北海王體自先皇特鍾友愛受遺
訓輔沖昧仮記不圖暮節晦德終缺哀榮便可

追復王封剋日營厝少慰幽魂以旌陰德戚諡曰平王

子顥字子明襲少慷慨有壯氣除龍驤將軍通直散騎常侍轉宗正卿光祿大夫長兼宗正卿散騎常侍平東將軍轉都官尚書加安南將軍出除散騎常侍撫軍將軍徐州刺史尋爲御史彈劾除名其後賊帥宿勤明達叱干騏驎等寇亂豳華諸州乃復顥王爵以本將軍加使持節假征西將軍都督華豳東秦諸軍事兼左僕射

西道行臺以討明達顥轉戰而前頻破賊衆解豳華之圍以功增封八百戶進號征西將軍又除尚書右僕射持節行臺都督如故尋遷車騎大將軍儀同三司餘如故值蕭寶夤等大敗於平涼顥亦奔還京師於時葛榮南進稍逼鄴城武泰初以顥爲侍中驃騎大將軍開府儀同三司相州刺史以禦榮顥至汲郡屬尒朱榮入洛推奉莊帝詔授顥太傅開府侍中刺史王並如故顥以葛榮南侵尒朱縱害遂盤桓顧望圖自

安之策先是顥啓其舅范遵爲殷州刺史遵以葛榮充逼未得行顥令遵權停於鄴顥既懷異謀乃遣遵行相州事代前刺史李神爲己表裏之援相州行臺甄先受朝旨委其守鄴知顥異圖恐遵爲變遂相率廢遵還推李神攝理州事然後遣軍候顥逆順之勢顥以事意不諧遂與子冠受率左右奔於蕭衍顥見衍泣涕自陳言辭壯烈衍奇之遂以顥爲魏主假之兵將令其北入永安二年四月於梁國城南登壇燔燎號

孝基元年莊帝詔濟陰王暉業爲都督於考城拒之爲顥所擒又剋行臺楊昱於滎陽尒朱世隆自虎牢走退莊帝北幸顥遂入洛改稱建武元年顥以數千之衆轉戰輒剋據有都邑號令自己天下人情想其風政而自謂天之所授頗懷驕怠宿昔賓客近習之徒咸見寵待干擾政事又日夜縱酒不恤軍國所統南兵凌竊市里朝野莫不失望時又酷斂公私不安莊帝與尒朱榮還師討顥自於河梁拒戰王師渡於馬渚

冠受戰敗被擒因相繼而敗顥率帳下數百騎及南兵勇健者自轘轅而出至臨潁顥部騎分散爲臨潁縣卒所斬出帝初贈使持節侍中都督冀定相殷四州諸軍事驃騎大將軍大司馬冀州刺史武定中子娑羅襲齊受禪爵例降

顥弟頊字寶意起家爲通直郎轉中書郎歷武衛將軍光祿少卿黃門郎出除平北將軍相州刺史爲大宗正卿封平樂縣開國公食邑八百戶莊帝初拜侍中車騎將軍封東海王食邑

千戶俄還中書監左光祿大夫兼尚書右僕射又拜車騎大將軍加侍中頊無他才幹以親屬早居重任兄顥入洛成敗未分便以意氣自得爲時人所笑顥敗潛竄爲人執送斬於都市出帝初贈侍中都督雍華岐三州諸軍事驃騎大將軍太尉公尚書令雍州刺史

子衍襲爵武定中通直散騎侍郎齊受禪爵例降

史臣曰顥祖諸子俱聞道於太和之日咸陽望重位隆自猜謀亂趙郡慾於王度終諡曰靈廣陵夙稱明察不幸中夭惜矣高陽器術鈌然終荷棟幹孝昌之叛蓋不足以責之北海義昧鶺鴒奢淫自喪雖禍由間言亦自貽伊戚顥取若拾遺亡不旋踵豈守之無術其天將覆之

獻文六王列傳第九上　魏書二十一上

彭城王

彭城王勰字彥和少而岐嶷姿性不群太和九年封始平王加侍中征西大將軍勰生而母潘氏卒其年顯祖崩及有所知啓求追服文明太后不許乃毀瘠三年弗參吉慶高祖大奇之敏而耽學不捨晝夜博綜經史雅好屬文高祖革創解侍中將軍拜光祿大夫復除侍中長直禁內參決軍國大政万機之事無不預焉及車駕

南伐以勰行撫軍將軍領宗子軍宿衛左右開建五等食邑二千戶轉中書令侍中如故改封彭城王高祖與侍臣升金墉城顧見堂後梧桐竹曰鳳皇非梧桐不棲非竹實不食今梧桐竹並茂詎能降鳳乎勰對曰鳳皇應德而來豈竹梧桐能降高祖曰何以言之勰曰昔在虞舜鳳皇來儀周之興也鸑鷟鳴於岐山未聞降桐食竹高祖笑曰朕亦未望降之也後宴侍臣於清徽堂日晏移於流化池芳林之下高祖曰向宴之始君臣肅然及將末也觴情始暢而流景將頹竟不盡適戀戀餘光故重引卿等因仰觀桐葉之茂曰其桐其椅其實離離愷悌君子莫不令儀今林下諸賢足敷歌詠遂令黃門侍郎崔光讀暮春羣臣應詔詩至勰詩高祖仍爲之改一字曰昔祁奚舉子天下謂之至公今見勰詩始知中令之舉非私也勰對曰臣露此拙方見聖朝之私賴蒙神筆賜刊得有令譽高祖曰雖琢一字猶是玉之本體勰曰臣聞詩三百一言

可蔽今陛下賜刊一字足以價等連城勰表解侍中詔曰蟬貂之美待汝而光人之之秋何容方退也克念作聖庶必有資耳後幸代都次于上黨之銅鞮山路旁有大松樹十數根時高祖進繖遂行而賦詩令人示勰曰吾始作此詩雖不七步亦不言遠汝可作之比至吾所令就之也時勰去帝十餘步遂且行且作未至帝所而就詩曰問松林松林經幾冬山川何如昔風雲與古同高祖大笑曰汝此詩亦調責吾耳詔曰

弟勰所生母潘早齡謝世顯號未加勰禍與身
具痛隨形起今因其展思有足悲矜可贈彭城
國太妃以慰存亡又除中書監侍中如故高祖
南討漢陽假勰中軍大將軍加鼓吹一部勰以
寵受頻煩乃面陳曰臣聞兼親疏而兩並異同
而建此既成丈於昔臣願誦之於後陳思求而
不允愚臣不請而得豈但今古云殊遇否大異
非獨曹植遠羨於臣是亦陛下踐魏文而不顧
高祖大笑執勰手曰二曹才名相忌吾與汝以

道德相親緣此而言無慙前烈汝但克己復禮
更何多及高祖親講喪服於清徽堂從容謂群
臣曰彦和季豫等年在蒙稚早登纓紱失過庭
之訓並未習禮每欲令我一解喪服自審義解
浮踈抑而不許頃因酒醉坐脫爾言從故屈朝
彦遂親傳說將臨講坐慙戰交情御史中尉李
彪對曰自古及今未有天子講禮陛下聖叡淵
明事超百代臣得親承音旨千載一時從征沔
北賜帛三千匹除使持節都督南征諸軍事中

軍大將軍開府又詔曰明便交敵可勑將士肅
爾軍儀勰於是親勤大衆須臾有二大鳥從南
而來一向行宮一向府幕各爲人所獲勰言於
高祖曰始有一鳥望旗顛仆臣謂大吉高祖戲
之曰鳥之畏威豈獨中軍之略也吾亦分其一
爾此乃大善兵法咸說至明便大破崔慧景蕭
衍其夜大雨高祖曰昔聞國軍獲勝每逢雲雨
今破新野南陽及摧此賊果降時澍誠哉斯言
勰對曰水德之應遠稱天心高祖令勰爲露布

勰辭曰臣聞露布者布於四海露之耳目必須
宣揚威略以示天下臣小才豈足大用高祖曰
汝豈獨親詔亦爲才達但可爲之及就尤類帝
文有人見者咸謂御筆高祖曰汝所爲者人謂
吾製非兄則弟誰能辨之勰對曰子夏被蚩於
先聖臣又荷責於來今及至豫州高祖爲家人
書於勰曰教風密微禮政嚴嚴若不深心日勸
何以敬諸每欲立一宗師肅我元族汝親則宸
極位乃中監風標才器實足師範屢有口勑仍

執沖遜難違清挹荏苒至今宗制之重捨汝誰寄便委以宗儀責成汝躬有不遵教典隨事以聞吾別肅治之若宗室有愆隱而不舉鍾罰汝躬綱維相厲庶有勸改吾朝聞夕逝不爲恨也勰翌日面陳曰奉詔令專主宗制糾舉非違臣聞其身正不令而行其身不正雖令不從臣處宗乏長幼之順接物無國士之禮每因啓請已蒙哀借不謂今詔終不矜免猶願聖慈賜垂蠲遂高祖曰汝諧往欽哉勰表以一歲國秩職俸

親恤以裨軍國詔曰割身存國理爲遠矣但汝亦我乃減已助國職俸便停親國二事聽三分受一高祖不豫勰內侍醫藥外摠軍國之務遐邇肅然人無異議徐謇當世之上醫也先是假還洛陽及召至勰引之別所泣涕執手而謂之曰君今世元化至尊氣力危惙願君竭心專思方治若聖體日康令四海有賴當獲意外之賞不然便有不測之誅非但榮辱乃存亡由此君其勉之左右見者莫不嗚咽及引入謇便欲進

治勰以高祖神力虛弱唯令以食味消息勰乃密爲壇於汝水之濱依周公故事告天地顯祖請命乞以身代高祖翊日有瘳損自懸瓠幸鄴勰常侍坐輿輦晝夜不離於側飲食必先嘗之而後手自進御車駕還京會百寮於宣極堂行飲至策勳之禮命舍人宣旨勰翼弼六師慕戎荆楚沔北之勳每毗廟筭從討新野有克城之謀受命鄧城致大捷之効功爲羣將之最也別當授賞不替厥庸高祖謂勰曰吾與汝等早羅

艱苦中逢契闊每謂情義隨事而踈比纏患經歲危如寒葉非汝孔懷情敦忠孝孰能動止躬親必先藥膳每尋此事感思殊遠勰悲泣對曰臣等宿遭不天酷恨長世賴陛下撫育得叅人伍豈謂上靈無鑒復使聖躬違和萬國所懸蒼生繫氣寢興之勞豈足荼蓼以破慧景等勳增邑五百戶又詔曰朕形疲稚年心勞長歲積思成痾頓發汝潁第六弟勰孝均周弟感侔姬旦遺食捨寐動止必親敦醫勸膳誠力俱竭致茲

保康寔賴同氣又秉務緝政百司是憑綱維折
衷萬揆獲濟撫師於霖浩之辰處戎於荐逼之
日安外靜內功臣大道侍省之績可以孔懷無
褒翼亮之勤實乃勳存社稷宜有酬賞以旌國
功可增邑一千戶勰辭曰臣受遇緣親榮枯事
等以此獲賞殊乖情願乞追成旨用息謗言詔
曰汝在私能孝處公必忠比來勤憂足布朝野
但可祗膺尋以勰爲司徒太子太傅侍中如故
俄而蕭寶卷將陳顯達內寇高祖復親討之詔

勰使持節都督中外諸軍事總攝六師是時高
祖不豫勰辭曰臣侍疾無暇六軍須有所託事
不兩興情力又竭更請一王總當軍要高祖曰
戎務侍疾皆憑於汝牽痾如此吾深慮不濟安
六軍保社稷者捨汝而誰何容方便請人以違
心寄宗祏所賴唯在於汝諸葛孔明霍子孟異
姓受託而況汝乎行次淯陽高祖謂勰曰吾患
轉惡汝其努力車駕至馬圈去賊營數里顯達
等出戰諸將大破之勰部分諸軍將攻賊壘其

夜奔退高祖疾甚謂勰曰脩短命也死生大分
今吾氣力危惙當成不濟矣雖敗顯達國家安
危在此一舉社稷所仗唯在汝身霍子孟以異
姓受付況汝親賢可不勉也勰泣曰士於布衣
猶爲知己盡命況臣託靈先皇聯暉陛下誠應
竭股肱之力加之以忠貞但臣出入喉膂每跨
時要及於寵靈輝赫聞之遐邇復參宰匠機政
畢歸震主之聲見忌必矣此乃周旦遁逃成王
疑惑陛下愛臣便爲未盡始終之美臣非所以

惡華捐勢非所以辭勤請逸正希仰成陛下日
鏡之明下念愚臣忘退之禍高祖久之曰吾尋
思汝言理實難奪乃手詔世宗曰汝第六叔父
勰清規懋賞與白雲俱潔厭榮捨紱以松竹爲
心吾少與綢繆提攜道趣每請解朝纓恬眞丘
壑吾以長兄之重未忍離遠何容仍屈素業長
嬰世網吾百年之後其聽勰辭蟬捨冕遂其沖
挹之性無使成王之朝翻疑姬旦之聖不亦善乎
汝爲孝子勿違吾勑及高祖崩于行宮遏秘喪

事獨與右僕射任城王澄及左右數人爲計奉遷高祖於安車中勰等出入如平常視疾進膳可決外奏累日達宛城乃夜進安車於郡廳事得加斂櫬還載臥輿六軍內外莫有知者遣中書舍人張儒奉詔徵世宗會駕梓宮至魯陽乃發喪行服世宗即位勰跪授高祖遺勅數紙咸陽王禧疑勰爲變停在魯陽郡外久之乃入謂勰曰汝非但辛勤亦危險至極勰恨之對曰兄識高年長故知有夷險彥和握蛇騎虎不覺艱

難禧曰汝恨吾後至耳自高祖不豫勰常居中親侍醫藥夙夜不離左右至於衣帶罕解亂首垢面帝患久多忿因之以遷怒勰每被誚詈言至厲切威責近侍動將誅斬勰承顏悉心多所匡濟及高祖昇遐陳顯達奔遁始爾慮凶問洩漏致有逼迫勰內雖悲慟外示吉容出入俯仰神貌無異及至魯陽也東宮官屬多疑勰有異志竊懷防懼而勰推誠盡禮卒無纖介勰上高祖謚議謹案謚法協時肇享曰孝五宗安之曰孝道德博聞曰文經緯天地曰文仰惟大行皇帝義實該之宜上尊號爲孝文皇帝廟曰高祖陵曰長陵世宗從之旣葬世宗固以勰爲宰輔勰頻口陳遺旨請遂素懷世宗對勰悲慟每不許之勰頻煩表聞辭義懇切世宗難違遺勅遂其雅情猶逼以外任乃以勰爲使持節侍中都督冀定幽瀛營安平七州諸軍事驃騎大將軍開府定州刺史勰仍陳讓又面申前意世宗固執不許乃述職尚書令王肅等奏臣等聞旌功

表德道貴前王庸勳親親義高盛典是故姬旦翼周光宅曲阜東平定漢寵絕列蕃彭城王勰景思內昭英風外發協廓乾規埽氛漢沔屬先帝在天鳳旌旆靜一六師肅寧南服登聖皇於天衢開有魏之靈祐論道中鉉王猷以穆七德丕宣九功在詠臣等參詳宜增邑一千五百戶詔曰覽奏倍增崩絕未足以上酬勳德且可如奏勰頻表固讓世宗許之世宗與勰書曰諱奉辭暨今悲戀哽咽歲月易遠便迫暮冬每思

聞道奉承風教父既辭榮關外無容蹔違至德出蕃累朝荒馳寔深今遣主書劉道斌奉宣悲戀顧父來望必當届京展泄哀窮指不云遠勰乃朝於京師景明初蕭寶卷豫州刺史裴叔業以壽春內屬詔勰都督南征諸軍事餘官如故與尚書令王肅迎接壽春詔曰五教治樞古難其選自非親賢兼切莫應斯舉王以明德懋親任屬保傅出居蕃陝入御袞章內外克諧民神攸屬今董率戎麾威號宜重可復授司徒以光望實又詔勰以本官領揚州刺史勰簡刑道禮與民休息州境無虞遐邇安靜揚州所統建安戍主胡景略猶為寶卷拒守不下勰水陸討之景略面縛出降自勰之至壽春東定城戍至於陽石西降建安山蠻順命斬首獲生以數万計進位大司馬領司徒餘如故增邑八百戶又寶卷遣將陳伯之屯於肥口胡松又據梁城水軍相繼二百餘里勰部分將士分攻諸營伯之胡松率衆出戰諸將擊之斬首九千俘獲一万伯

之等僅以身免卒於烽火勰又分命諸將頻戰伯之計窮宵遁淮南平詔曰王威摯上輔德勲莫二孤心昧識訓保攸憑比以壽春初開鎮壓任重故令王親董元戎遠撫淮外冒茲炎蒸衡蓋飄颻經略踰時必有虧損淹違詔覲夙夜係情兼制勝宣規威効兼著公私允稱義所欽嘉雖凱旋有期無申延屬可遣給事黃門侍郎鄭道昭就彼袛勞徵勰還朝勰政崇寬裕絲毫不犯淮南士庶追其餘惠至今思之初勰之定壽春也獲蕭寶卷汝陰太守王果豫州治中庾稷等數人勰傾衿禮之常參坐席果承閒進曰果等契闊生平皓首播越頷瞻西夕餘光幾何今遭聖化正應力茲愚老申展尺寸但在南百口生死分張乞還江外以申德澤勰矜而許之果又謝曰殿下賜處有過國士果等今還仰負慈澤請聽仁駕振旅反跡江外至此乃還其為遠人所懷如此勰至京師世宗臨東堂引見詔勰曰比鳳皇未一疑蒼黎二化故仰屈摯謨綏懷

邊附而寇豎昬迷敢闚淮楚叔父英略高明應
機殄定凱旋今辰伏慰悲佇勰謝曰臣忝充戎
帥撫安新故而不能宣武導恩威懷遐邇致小
豎陌之驅率蟻徒侵擾邊堡非唯仰慙天顏實
亦俯愧朝列春秋責帥臣實當之賴陛下慈深
捨過故使愚臣獲免罪責勰頻表辭大司馬領
司徒及所增邑乞還中山有詔不許乃除録尚
書侍中司徒如故固辭不免勰雅好恬素不以
勢利嬰心高祖重其事幹敦維不許雖臨崩遺

詔復世宗留連每乖情願常悽然歎息以詔旨
殷勤僶俛應命時咸陽王禧漸以憍矜頗有不
法北海王詳陰言於世宗世宗深忌之又言勰
大得人情不宜久在宰輔勸世宗遵高祖遺勑
禧等又出領軍于烈爲恒州非烈情願固彊之
烈深以爲忿烈子忠嘗在左右密令忠言於世
宗云諸王等意不可測宜廢之早自覽政時將
礿祭王公並齋於廟東坊世宗遣于烈將宿衛
壯士六十餘人召禧勰詳等列入見之於光極

殿世宗謂勰曰頃來南北務殷不容仰遂沖操
諱是何人而敢久違先勑今遂叔父高蹈之意
勰謝曰先帝不以臣虛薄曲垂罔已之澤出入
綢繆公私無捨自陛下龍飛九五屢求解落既
爲宰輔所抑亦不爲陛下所許先歲夏中重塵
天聽時蒙優借出爲定州往年還洛陽勑總戎
淮肥雖無功効幸免罪戾云歸未幾復委臣以
非據之任臣頻煩干請具簡聖聽陛下孝深無
改仰遵先詔上成睿明之美下遂微臣之志感

惟今往悲喜交深乃詔曰王宿尚閑靜志捐世
務先帝愛亮之至弗奪此情遺勑炳然許遂沖
退雅操不移朕亦未敢違奪今乃釋位歸第丘
園是營高尚之節確爾貞固賁履之操邈焉難
追而王宅初構財力多闕成立之期歲月莫就
可量遣工役分給材瓦稟王所好速令制辦務
從簡素以稱王心勰因是作蠅賦以諭懷惡讒
構也又以勰爲太師勰遂固辭詔曰蓋二儀分
象君臣之位形焉上下既位唱和之義生焉自

古統天位主曷常不賴明師仗賢輔而後爕和陰陽彝倫民物者哉往而不返者先民誠有之斯所謂獨善其身而亂大倫山林之士耳賢人君子則不然也屈巳以安民艱身以濟物所謂以先知覺後知同塵而與天下俱潔者也朕猥以沖年纂臨寶曆實賴叔父匡濟之功誠宜永兼將相以綱維内外但逼奪先旨憚違沖挹俛志割心以遂高素自比水旱乖和陰陽失序是以屈王論道庶爕茲玉燭且師宰從容無廢清

尚故周旦復辟而居之尚父期頤以終位王義兼家國理絶獨高可遣侍中敦諭世宗又修家人書於勰曰諱言奉還告承猶執沖遜諱實闇寡政術多秕匡弼之寄仰屬親尊父德望兼重師訓所歸豈得近遺家國遠崇清尚也便頗紆降時副傾注之心勰不得巳而應命世宗後頻幸勰第及京兆廣平暴虐不法詔宿衛隊主率羽林虎賁幽守諸王於其第勰上表切諌世宗不納勰既無山水之適又絶知巳之遊唯對妻

子鬱鬱不樂議定律令勰與高陽王雍八座朝士有才學者每旦集參論軌制應否之宜而勰夙侍高祖兼聰達博聞凡所裁決時彦歸仰加以美容皃善風儀端嚴若神折旋合度出入言笑觀者忘疲又加侍中勰敦尚文史物務之暇披覽不輟撰自古帝王賢達至於魏世子孫三十卷名曰要略小心謹慎初無過失雖閑居宴處亦無慢色惰容愛敬儒彦傾心禮待清正儉素門無私謁性仁孝言於朝廷以其舅潘僧固

為冀州樂陵太守京兆王愉構逆僧固見逼從之尚書令高肇性既兇愎賊害賢俊又肇之兄女入為夫人順皇后崩世宗欲以為后勰固執以為不可肇於是屢譖勰於世宗世宗不納因僧固之同愉逆肇誣勰北與愉通南招蠻賊勰國郎中令魏偃前防閤高祖珍希肇提攜構成其事肇初令侍中元暉以奏世宗暉不從令左衛元珍言之世宗訪之於暉暉明勰無此世宗更以問肇肇以魏偃祖珍為證世宗乃信之永

平元年九月召勰及高陽王雍廣陽王嘉清河王懌廣平王懷及高肇等入時勰妃方産勰乃固辭不赴中使相繼不得已乃令命駕意甚憂懼與妃訣而登車入東掖門度一小橋牛不肯進遂擊之良久更有使者責勰來遲乃令去牛人挽而進宴於禁中至夜皆醉各就別所消息俄而元珍將武士齎毒酒而至勰曰吾忠於朝廷何罪見殺一見至尊死無恨也珍曰至尊何可復見王但飲酒勰曰至尊聖明不應無事殺

我求與告我罪者一對曲直武士以刀鐶築勰二下勰大言曰皇天忠而見殺武士又以刀鐶築勰勰乃飲毒酒武士就殺之向晨以褥裹屍轝從屏門而出載屍歸第云王因飲而薨勰妃李氏司空沖之女也號哭大言曰高肇枉理殺人天道有靈汝還當惡死及肇以罪見殺論者知有報應焉世宗爲舉哀於東堂給東園第一祕器朝服一襲賻錢八十萬布二千匹蠟五百斤大鴻臚護喪事勰既有大功於國無罪見害

百姓冤之行路士女流涕而言曰高令公枉殺如此賢王在朝貴賤莫不喪氣追崇假黃鉞使持節都督中外諸軍事司徒公侍中太師王如故給鑾輅九旒虎賁班劍百人前後部羽葆鼓吹轀輬車有司奏太常卿劉芳議勰謚曰王挺德弱齡誕資至孝睿性過人學不師授卓爾之操發自天然不群之美幼而獨出及入參政務綸綍有光爰登中鉉敷明五教漢北告危皇赫問罪王內親藥膳外揔六師及宮車晏駕上下

哀慘奮猛銜戚英略潛通翼衛靈輿整戎振旆歷次宛謝迄于魯陽送往奉居無慙周霍稟遺作輔遠至邇安分陝恒方流詠燕趙廓靖江西威懾南越入釐百揆庶績咸熙履勤不憚在功愈挹溫恭愷悌忠雅寬仁與居有度善終篤始高尚厥心功成身退義亮聖衷美光世典依謚法保大定功曰武善問周達曰宣謚曰武宣王及莊帝即位追號文穆皇帝妃李氏爲文穆皇后遷神主於太廟廟稱肅祖語在臨淮王彧傳

前廢帝時去其神主
嫡子劭字子訥襲封善武藝少有氣節肅宗初蕭衍遣將犯邊劭上表曰僞竪遊魂闚覦邊境勞兵兼時日有千金之費臣仰籍先資紹饗厚秩思以埃塵用裨山海臣國封徐州去軍差近謹奉粟九千斛絹六百匹國吏二百人以充軍用靈太后嘉其至意而不許之起家宗正少卿又除使持節假散騎常侍平東將軍青州刺史于時齊州民劉均房頃等扇動三齊蕭衍遣將

魏書九下　十九　王湊

彭城郡王辯等擾邊陲劭頻有防拒之効孝昌末靈太后失德四方紛擾劭遂有異志爲安豐王延明所啓乃徵入爲御史中尉莊帝即位尊爲無上王尋遇害河陰追謚曰孝宣皇帝妻李氏爲文恭皇后有二子
韶字世胄襲武定末司州牧齊受禪爵例降
韶弟襲字世紹武定初封武安王邑一千戶武定末中書侍郎齊受禪爵例降
劭兄子直字方言少知名爲清河文獻王所賞愛起家除散騎侍郎轉中書侍郎後除通直散騎常侍遷給事黃門侍郎靈太后詔曰故太師彭城武宣王道隆德盛功高微管協契先朝導揚末命扶痾濟難効漢北之誠送往奉居盡魯南之節宗社賴之以安皇基由之永固而謙光守約屢撝增邑之賞辭多受少終保初錫之封非所謂追舊報恩念動酬德者也可以前後所封戶別封三子爲縣公食邑各一千戶庶以少慰仁魂微申朝典

三·五　魏書九下　廿　施昌

子直封眞定縣開國公出爲冠軍將軍梁州刺史未幾遇患優遊南鄭無他政績徵還京師病卒贈散騎常侍安南將軍都官尚書冀州刺史孝莊踐阼追封陳留王邑二千戶贈假黃鉞太師大司馬太尉加前後部羽葆鼓吹
子寬字思猛襲王爵除散騎常侍平南將軍尋除侍中撫軍將軍永安三年爾朱兆害之於晉陽無後國除出帝初追贈使持節散騎常侍都督青齊濟三州諸軍事衛大將軍青州刺史重

贈司徒公

弟剛字金明莊帝初封浮陽王邑千戶武定末宗正少卿齊受禪爵例降

剛弟質莊帝初林慮王邑千戶永安三年薨出帝時贈車騎大將軍左光祿大夫儀同三司

劭弟子正美貌性寬和肅宗初封霸城縣公邑一千戶歷散騎侍郎太常少卿莊帝即位除尚書令封始平王與兄劭俱遇害贈假黃鉞侍中都督中外諸軍事大將軍錄尚書事相王如故

鑾輅九旒黃屋左纛前後部羽葆鼓吹虎賁班劍一百人謚曰貞

子欽字世道襲武定中散騎侍郎齊受禪爵例降

史臣曰武宣王孝以為質忠而樹行文謀武略自得懷抱綢繆太和之世豈徒然哉至夫在安處危之操送往事居之節周旦匪他之義霍光異姓之誠事兼之矣功高震主德隆動俗間言一入卒不全志烏呼周成漢昭亦未易遇也

獻文六王列傳第九下　魏書二十一下

孝文五王列傳第十　魏書二十二

廢太子　京兆王

清河王　廣平王

汝南王

孝文皇帝七男林皇后生廢太子恂文昭皇后生宣武皇帝廣平文穆王懷袁貴人生京兆王愉羅夫人生清河文獻王懌汝南文宣王悅鄭充華生皇子恌未封早夭

廢太子庶人恂字元道生而母死文明太后撫

視之常置左右年四歲太皇太后親爲立名恂字元道於是大赦太和十七年七月癸丑立恂爲皇太子及冠恂於廟高祖臨光極東堂引恂入見誡以冠義曰夫冠禮表之百代所以正容體齊顏色順辭令容體正顏色齊辭令順故能正君臣親父子和長幼然母見必拜兄弟必敬責以成人之禮字汝元道所寄不輕汝當尋名求義以順吾旨二十年改字宣道遷洛詔恂詣代都其進止儀禮高祖皆爲定及恂入辭高祖

曰今汝不應向代但太師薨於恒壤朕既居皇極之重不容輕赴舅氏之喪欲使汝展哀舅氏拜汝母墓一寫爲子之情汝至彼太師事畢後日宜一拜山陵拜訖汝族祖南安可一就問訊在途當溫讀經籍今日親見吾也後高祖每歲征幸恂常留守主執廟祀恂不好書學體貌肥大深忌河洛暑熱意每追樂北方中庶子高道悅數苦言致諫恂甚銜之高祖幸崧岳恂留守金墉於西掖門內與左右謀欲召牧馬輕騎奔

代手刃道悅於禁中領軍元儼勒門防遏夜得寧靜厥明尚書陸琇馳啓高祖於南高祖聞之駭惋外寢其事仍至汴口而還引恂數罪與咸陽王禧等親杖恂又令禧等更代百餘下扶曳出外不起者月餘拘於城西別館引見群臣於清徽堂議廢之司空太子太傅穆亮尚書僕射少保李沖並免冠稽首而謝高祖曰卿所謝者私也我所議者國也古人有言大義滅親今恂欲違父背尊跨據恒朔天下未有無父國何其

包藏心與身俱此小兒今日不滅乃是國家之大禍脫待我無後恐有永嘉之亂乃廢爲庶人置之河陽以兵守之服食所供粗免飢寒而已恂在困躓頗知咎悔恒讀佛經禮拜歸心於善高祖幸代遂如長安中尉李彪承間密表告恂復與左右謀逆高祖在長安使中書侍郎邢巒與咸陽王禧奉詔齎椒酒詣河陽賜恂死時年十五殮以麤棺常服瘞於河陽城二十二年冬御史臺令史龍文觀坐法當死告廷尉稱恂前

被攝左右之日有手書自理不知狀而中尉李彪侍御史賈尚寢不爲聞賈坐繫廷尉時彪免歸高祖在鄴尚書表收彪赴洛會赦遂不窮其本末賈尚出繫暴病數日死初高祖將爲恂娶司徒馮誕長女以女幼待年長先爲娉彭城劉長文滎陽鄭懿女爲左右孺子時恂年十三四高祖泛舟天淵池謂郭祚崔光宋弁曰人生須自放不可終朝讀書我欲使恂旦出省經傳食後還內晡時復出日夕而罷卿等以爲何如光

曰孔子稱血氣未定戒之在色傳曰書以訪事夜以安身太子以幼年涉學之日不宜於正晝之時捨書御內又非所以安柔弱之體固永年之命高祖以光言爲然乃不令恂晝入內無子

京兆王愉字宣德太和二十一年封拜都督徐州刺史以彭城王中軍府長史盧陽烏兼長史州事巨細委之陽烏世宗初爲護軍將軍世宗留愛諸弟愉等常出入宮掖晨昏寢處若家人焉世宗每日華林戲射衣衫騎從往來無間遷

中書監世宗爲納順皇后妹爲妃而不見禮荅愉在徐州納妾李氏本姓楊東郡人夜聞其歌悅之遂被寵嬖罷州還京欲進貴之託右中郎將趙郡李恃顯爲之養父就之禮逆產子寶月順皇后召李入宮毀擊之彊令爲尼於內以子付妃養之歲餘后父于勁以后久無所誕乃上表勸廣嬪侍因令后歸李於愉舊愛更甚愉好文章頗著詩賦時引才人宋世景李神儁祖瑩邢晏王遵業張始均等共申宴喜招四方儒學

賓客嚴懷眞等數十人館而禮之所得穀帛率
多散施又崇信佛道用度常至不接與弟廣平
王懷頗相夸尚競慕奢麗貪縱不法於是世宗
攝愉禁中推案杖愉五十出爲冀州刺史始愉
自以職求侍要既勢劣二弟潛懷愧恨頗見言
色又以幸妾屢被頓辱内外離抑及在州謀逆
愉遂殺長史羊靈引及司馬李遵稱得清河王
密疏云高肇謀殺害主上於是遂爲壇於信都
之南柴燎告天即皇帝位赦天下號建平元年

立李氏爲皇后世宗詔尚書李平討愉愉出拒
王師頻敗遂嬰城自守愉知事窮攜李及四子
數十騎出門諸軍追之見執以送詔徵赴京師
申以家人之訓愉每止宿亭傳必攜李手盡其
私情雖鏁縶之中飲食自若略無愧懼之色至
野王愉語人曰雖主上慈深不忍殺我吾亦何
面目見於至尊於是歔欷流涕絶氣而死年二
十一或云高肇令人殺之斂以小棺瘗之諸子
至洛皆赦之後靈太后令愉之四子皆附屬籍

追封愉臨洮王子寶月襲乃改葬父母追服三
年

寶月弟寶炬輕躁薄行耽淫酒色孝莊時特封
南陽王從出帝没於關西宇文黑獺害出帝寶
炬乃僭大號

清河王懌字宣仁幼而敏惠美姿貌高祖愛之
彭城王勰甚器異之並曰此兒風神外偉黄中
内潤若天假之年比二南矣博涉經史兼綜羣
言有文才善談理寛仁容裕喜怒不形於色太

和二十一年封世宗初拜侍中轉尚書僕射懌
才長從政明於斷決割判衆務甚有聲名司空
高肇以帝舅寵任既擅威權謀去良宗屢譖懌
及愉等愉不勝其忿怒遂舉逆冀州因愉之逆
又搆殺勰懌恐不免肇又録囚徒以立私惠懌
因侍宴酒酣乃謂肇曰天子兄弟詎有幾人而
炎炎不息昔王莽頭禿亦藉渭陽之資遂篡漢
室今君曲形見矣恐復終成亂階又言於世宗
曰臣聞唯器與名不可以假人是故季氏旅泰

宣尼以爲深譏仲叔軒懸丘明以爲至誠諒以天尊地卑君臣道别宜杜漸防萌無相僭越至於減膳録囚人君之事今乃司徒行之詎是人臣之義且陛下修政教解獄訟則時雨可降玉燭知和何使明君失之於上姦臣竊之於下長亂之基於此在矣世宗笑而不應肅宗初遷太尉侍中如故詔懌裁門下之事又典經義注時有沙門惠憐者自云呪水飲人能差諸病病人就之者日有千數靈太后詔給衣食事力優重

使於城西之南治療百姓病懌表諫曰臣聞律深惑衆之科禮絶妖淫之禁皆所以大明居正防遏姦邪昔在漢末有張角者亦以此術熒惑當時論其所行與今不異遂能誑誘生人致黄巾之禍天下塗炭數十年間角之由也昔新垣姦不登於明堂五利僥終嬰於顯戮靈太后以懌肅宗懿叔德先具瞻委以朝政事擬周霍懌竭力匡輔以天下爲己任領軍元义太后之妹夫也侍寵驕盈懌裁之以法每抑黜之爲义所

疾义黨人通直郎宗準爰希义旨告懌謀反禁懌門下訊問左右及朝貴貴人分明乃得雪釋焉懌以忠而獲謗乃鳩集昔忠烈之士爲顯忠録二十卷以見意焉正光元年七月义與劉騰逼肅宗於顯陽殿閉靈太后於後宮囚懌於門下省誣懌罪狀遂害之時年三十四朝野貴賤知與不知含悲喪氣驚振遠近夷人在京及歸聞懌之喪爲之劈面者數百人

廣平王懷闕有魏諸王召入華林别館禁其出

入令四門博士董徵授以經傳世宗崩乃得歸

汝南王悦好讀佛經覽書史爲性不倫俶儻難測悦妃閭氏即東海公之女也生一子不見禮荅有崔延夏者以左道與悦遊合服仙藥松术之屬時輕與出採芝宿於城外小人之所遂斷酒肉粟稻唯食麥飯又絶房中而更好男色輕忿妃妾至加捶撻同之婢使悦之出也妃住於别第靈太后勑檢問之引入窮悦事故妃病杖伏床蓐瘡尚未愈太后因悦之杖妃乃下令禁

斷令諸親王及三蕃其有正妃疾患百日已上皆遣奏聞若有猶行捶撻就削封位及清河王懌爲元乂所害悦了無讎恨之意乃以桑落酒候伺之盡其私佞乂大喜以悦爲侍中太尉臨拜日就懌子亶求懌服翫之物不時稱旨乃召亶杖之百下亶居廬未葬形氣羸弱暴加威撻殆至不濟闕仍呼阿兒親自循撫闕悦爲大剉碓置於州門盜者便欲斬其手時人懼其無常能行異事姦偷畏之而慚息及尒朱榮舉兵向

洛既憶入間疑俄而聞榮肆毒於河陰遂南奔蕭衍衍立爲魏主号年更興衍遣其將軍王僧辯送置於境上以覬侵逼及齊獻武王既誅榮以悦高祖子宜承大業乃令人示意悦既至清狂如故動爲罪失不可扶持乃止出帝初除大司馬卒

孝文五王列傳第十　魏書二十二

列傳第十一　魏書二十三

衞操

劉庫仁　莫含

衞操字德元代人也少通俠有才略晉征北將軍衞瓘以操爲牙門將數使於國頗自結附始祖崩後與從子雄及其宗室鄉親姬澹等十數人同來歸國說桓穆二帝招納晉人於是晉人附者稍衆桓帝嘉之以爲輔相任以國事及劉淵石勒之亂勸桓帝匡助晉氏東瀛公司馬騰

聞而善之表加將號稍遷至右將軍封定襄侯桓帝崩後操立碑於大邗城南以頌功德云魏軒轅之苗裔言桓穆二帝馳名域外九譯宗焉治國御衆威禁大行聲著華裔齊光純靈智深謀遠窮幽極明治則清斷沉浮得情仁如春陽威若秋零彊不淩弱隱恤孤煢道教仁行化而不刑國無姦盜路有頌聲自西訖東變化無形威武所向下無交兵南壹王室北服丁零招諭六狄咸來歸誠超前絶後致此有成奉承晉

皇扞禦邊疆王室多難天網弛綱豪心遠濟靡
離其殃歲翦逆命姦盜豺狼永安元年歲次甲
子姦黨猶逆東西狼跱敢逼天王兵甲屢起怙
衆肆暴虐用將士鄴洛遘隙棄親求疏乃招暴
類屠各匈奴劉淵姦賊結黨同呼敢擊并土殺
害無辜殘破狼籍城邑丘墟交刃千里長蛇塞
塗晉道應天言展良謨使持節平北將軍并州
刺史護匈奴中郎將東嬴公司馬騰才神絕世
規略超遠時逢多難懼損皇祀欲引兵馬獫狁
孔熾造設權策濟難奇思欲招外救朝臣莫應
高算獨斷決謀盟意爰命外國引軍内備簡賢
選士命茲良使遣參軍壺倫牙門中行嘉義陽
亭侯衛謨恊義亭侯衛鞬等馳奉檄書至晉陽
城又稱桓穆二帝心在宸極輔相二衛對揚毗
翼操展文謀雄奮武烈承命會議諮論奮發
昔桓文匡佐功著周室顯名載籍列賞備物大
衆迴動熙同靈集興軍百萬期不經日兄弟齊
契決勝廟算鼓譟南征平夷險難又云二帝到

鎮言若合符引接款密信義不渝會盟汾東銘
篆丹書永世奉承慎終如初契誓命將精銳先
驅南救涅縣東解壽陽窘迫之邑幽而復光太
原西河樂平上黨遂遭寇暴白骨交橫羯賊肆
虐六郡凋傷群惡相應圖及華堂旌旗輕指羯
黨破喪遣騎十萬前臨淇漳鄴遂振潰凶逆奔
亡軍據州南曜鋒太行翼衛内外鎮靜四方志
在竭力奉戴天王忠恕用暉外動亦攘於是曜
武振旅而旋長路匪夷出入經年毫毛不犯百
姓稱傳周覽載籍自古及今未聞外域奔救内
患棄家憂國以危易安惟公遠略臨難能權應
天順人恩德素宣和戎靜朔危邦復存又云非
桓天挺忠孝自然孰能超常不爲異端回動大
衆感公之言功濟方州勳烈光延升平之日納
貢充蕃憑瞻鑾蓋步趾三川有德無禄大命不
延年三十有九以永興二年六月二十四日寢疾
薨殂背棄華殿雲中名都國失惠主哀感歔欷
悲痛煩冤載號載呼舉國崩絕攀援靡訴遠

近齊軌奔赴梓盧人百其身盈塞門塗高山其頹茂林凋枯仰訴造化痛延悲夫又云桓帝忠於晉室駿奔長衢隆冬凄凄四出行誅蒙犯霜雪疹入脉膚用致薨殞不永桑榆以死勤事經勳同模垂名金石載美晉書平北哀悼祭以豐厨考行論勳謚曰義烈功施於人祀典所說又云桓帝經濟存亡繼絶荒服是賴祚存不輟金龜箫鼓軺蓋殊制反及二代莫與同列并域嘉歎北國感榮各竭其心思揚休名刊石紀功圖像存形靡輟享祀饗以犧牲永垂于後没有餘靈長存不朽延於億齡其頌又稱桓帝金堅玉剛應期順會王有北方行能濟國武平四荒無思不服區域大康世路紛糾運遭播揚羯胡因釁敢害并土哀痛下民死亡失所率衆百萬平東險阻存亡繼絶一州蒙祐功烈桓桓龍文虎武朱邑小善遺愛桐鄉勳攘大患六郡無闕悉之來由功而存刊石勤銘垂示後昆時晉光熙元年秋也皇興初雍州别駕鴈門段榮於大

邗掘得此碑文雖非麗事宜載焉故録於傳桓穆二帝並禮重操穆帝三年卒始操所與宗室鄉親入國者衞勤安樂亭侯衞崇衞清並都亭侯衞泥段繁並信義將軍都亭侯王發建武將軍都亭侯范班折衝將軍廣武亭侯賈慶建武將軍上洛亭侯賈循都亭侯李壹關中侯郭乳關内侯皆爲桓帝所表授也六脩之難存者多隨劉琨任子遵南奔衞雄姬澹莫含等名皆見碑

雄字世遠澹字世雅並勇健多計畫晉世州從事既與衞操俱入國桓帝壯其膂力並以爲將常隨征伐大著威名桓帝之赴難也表晉列其勳效皆拜將軍雄連有戰功稍遷至左將軍雲中侯澹亦以勇績著名桓帝末至信義將軍樓煩侯穆帝初並見委任衞操卒後俱爲左右輔相六脩之逆國内大亂新舊猜嫌迭相誅戮雄澹並爲羣情所附謀欲南歸言於衆曰聞諸舊人忌新人悍戰欲盡殺之吾等不早爲計恐無

種矣晉人及烏丸驚懼皆曰死生隨二將軍於是雄澹與劉琨任子遵率烏丸晉人數萬衆而叛琨聞之大悅率數百騎馳如平城撫納之會石勒攻琨樂平太守韓據請救於琨琨以得雄澹之衆欲因其銳以滅石勒雄澹諫曰亂民飢疲未可便用宜休息觀釁而動琨不從使雄澹率衆討勒琨屯廣牧爲之聲援勒率輕騎與雄澹戰澹大敗率騎千餘奔于代郡勒遣孔萇追滅之

莫含鴈門繁時人也家世貨殖貲累巨万劉琨爲并州辟含從事含居近塞下常往來國中穆帝愛其才器善待之及爲代王備置官屬求含於琨琨遣入國含心不願琨諭之曰當今胡寇滔天泯滅諸夏百姓流離死亡塗地主上幽執沉溺醜虜唯此一州介在群胡之間以吾薄德能自存立者賴代王之力是以傾身竭寶長子遠質覬滅殘賊報雪大耻卿爲忠節亦是奮義之時何得苟惜共事之小誠以忘出身之大益入爲代王腹心非但吾願亦一州所賴含乃入代參國官後琨徙五縣之民於陘南含家獨留含甚爲穆帝所重常參軍國大謀卒於左將軍關中侯其故宅在桑乾川南世稱莫含壁或音訛謂之莫回城云

子顯知名於時昭成世爲左常侍

顯子題亦有策謀太祖使題與將軍王建等三軍討慕容寶廣甯太守劉亢泥斬之徙亢泥部落于平城寶上谷太守驎捐郡逃走太祖追討

題爲大將別出東道以功賜爵東宛侯及還京師常與李栗侍宴栗坐不敬獲罪題亦被黜爲濟陽太守後太祖欲廣宮室規度平城四方數十里將模鄴洛長安之制運材數百萬根以題機巧徵令監之召入與論興造之宜題久侍頗怠賜死

題弟雲好學善射太祖時常典選曹轉給事中以功賜爵安德侯遷執金吾常參軍國謀議世祖之剋赫連昌詔雲與常山王素留鎮統萬進

爵安定公加平西將軍後遷鎮西大將軍時初并河西人心未一雲撫慰新舊皆得其所神䴥中卒謚曰敬公

劉庫仁本字沒根劉虎之宗也一名洛垂少豪爽有智略母平文皇帝之女昭成皇帝復以宗女妻之爲南部大人建國三十九年昭成暴崩太祖未立苻堅以庫仁爲陵江將軍關內侯令與衛辰分國部衆而統之自河以西屬衛辰自河以東屬庫仁於是獻明皇后攜太祖及衛秦二王自賀蘭部來居焉庫仁盡忠奉事不以興廢易節撫納離散恩信甚彰苻堅進庫仁廣武將軍給幢麾鼓蓋儀比諸侯處衛辰在庫仁之下衛辰怒殺堅五原太守而叛攻庫仁西部庫仁又伐衛辰破之追至陰山西北千餘里獲其妻子盡收其衆庫仁西征庫狄部大獲畜産徙其部落置之桑乾川苻堅賜庫仁妻公孫氏厚其資送庫仁又詣堅加庫仁振威將軍後慕容垂圍苻丕于鄴又遣將平規攻堅幽州刺史王

永于薊庫仁自以受堅爵命遣妻兄公孫希率騎三千助永擊規大破之阬規降卒五千餘人乘勝長驅進據唐城與垂子麟相持庫仁聞希破規復將大舉以救丕發鴈門上谷代郡兵次於繁畤先是慕容文等當徙長安遁依庫仁部常思東歸其計無由至是役也知人不樂文等乃夜率三郡人攻庫仁庫仁匿於馬廐文執殺之乘其駿馬奔慕容垂公孫希聞亂自唐城走於丁零

庫仁弟眷繼攝國事白部大人絜佛叛眷力不能討乃引苻堅并州刺史張蚝擊佛破之眷又破賀蘭部于善無又擊蠕蠕別帥肺渥于意親山破之獲牛羊數十万頭眷第二子羅辰性機警有智謀謂眷曰比來行兵所向無敵心腹之疾願早圖之眷曰誰也曰從兄顯忍人也爲亂非旦則夕耳眷不以爲意其後從牧于牛川庫仁子顯果殺眷而代立羅辰奔太祖事在外戚傳

顯本名醜伐既殺眷代立又欲謀逆語在太祖紀太祖即位顯自善無南走馬邑族人奴眞領部來附奴眞兄犍先居賀蘭部至是奴眞請召犍而讓部焉太祖義而許之犍既領部自以父託賀訥德之乃使弟去斤遺之金馬訥弟染干因謂之曰我待汝兄弟厚汝今領部宜來從我去斤請之奴真奴眞曰父爲國家附臣世効忠貞我志全名節是故推讓今汝等無狀乃欲叛主懷貳於是殺犍及去斤染干聞其殺兄率騎討之奴眞懼徙部來奔太祖太祖自迎之遣使責止染干奴眞感恩請奉妹充後宮太祖納之後太祖討顯于馬邑追至弥澤大破之衛辰與慕容垂通好送馬三千疋於垂垂遣慕容良迎之顯擊敗良軍掠馬而去垂怒遣子麟兄子楷討之顯奔馬邑西山麟輕騎追之遂奔慕容永於長子部衆悉降於麟麟徙之中山顯弟亢泥事在皇后傳

史臣曰始祖及桓穆之世也王迹初基風德未

展操含託身馳驟之秋自立功之地可謂志識之士矣劉庫仁兄弟忠以爲心感衰不二純節所存其意蓋遠而並貽非命惜乎

列傳第十一　魏書二十三

列傳第十二　魏書二十四

燕鳳　許謙

張袞　崔玄伯

鄧淵

燕鳳字子章代人也好學博綜經史明習陰陽
讖緯昭成素聞其名使人以禮迎致之鳳不應
聘乃命諸軍圍代城謂城人曰燕鳳不來吾將
屠汝代人懼送鳳昭成與語大悅待以賓禮後
拜代王左長史參決國事又以經授獻明帝苻

堅遣使牛恬朝貢令鳳報之堅問鳳代王何如
人鳳對曰寛和仁愛經略高遠一時之雄主常
有并吞天下之志堅曰卿輩北人無鋼甲利器
敵弱則進彊即退走安能并兼鳳曰北人壯悍上
馬持三仗驅馳若飛主上雄雋率服北土控弦
百万號令若一軍無輜重樵爨之苦輕行速捷
因敵取資此南方所以疲弊而北方之所常勝
也堅曰彼國人馬實為多少鳳曰控弦之士數
十万馬百万疋堅曰卿言人衆可爾說馬太多

是虛辭耳鳳曰雲中川自東山至西河二百里
北山至南山百有餘里每歲孟秋馬常大集略
為滿川以此推之使人之言猶當未盡鳳還堅
厚加贈遺及昭成崩太祖將遷長安鳳以太祖
幼弱固請於苻堅曰代主初崩臣子亡叛遺孫
沖幼莫相輔立其別部大人劉庫仁勇而有智
鐵弗衛辰狡猾多變皆不可獨任宜分諸部為
二令此兩人統之兩人素有深讎其勢莫敢先
發此禦邊之良策待其孫長乃存而立之是陛

下施大惠於亡國也堅從之鳳尋東還太祖即
位歷吏部郎給事黃門侍郎行臺尚書甚見禮
重太宗世與崔玄伯封懿梁越等入講經傳出
議朝政世祖初以舊勳賜爵平舒侯加鎮遠將
軍神䴥元年卒

子才襲散騎常侍平遠將軍卒

子元孫襲官至博陵太守卒

子世宗襲

許謙字元遜代人也少有文才善天文圖讖之

學子建國時將家歸附昭成嘉之擢爲代王郎中令兼掌文記與燕鳳俱授獻明帝經從征衛辰以功賜僮隸三十戶昭成崩後謙徙長安苻堅從弟行唐公洛鎮和龍請謙之鎮未幾以繼母老辭還登國初遂歸太祖太祖悅以爲右司馬與張袞等參贊初基慕容寶來寇也太祖使謙告難於姚興興遣將楊佛嵩率衆來援而佛嵩稽緩太祖命謙爲書以遺佛嵩曰夫杖順以翦遺乘義而攻昧未有非其運而顯功無其時而著

業慕容無道侵我疆埸師老兵疲天亡期至是以遣追使命軍必望克赴將軍據方邵之任摠熊虎之師事與機會今其時也因此而舉役不再駕千載之勳一朝可立然後高會雲中進師三魏舉觴稱壽不亦綽乎佛嵩乃倍道兼行太祖大悅賜謙爵關內侯重遣謙與佛嵩盟曰昔殷湯有鳴條之誓周武有河陽之盟所以藉神靈昭忠信夫親仁善隣古之令軌歃血割牲以敦永穆今既盟之後言歸其好分災恤患休戚是

同有違此盟神祇斯殛寶敗佛嵩乃還明年慕容垂復來寇太祖謂謙曰今事急矣非卿豈能復致姚師卿其行也謙未發而垂退乃止及聞垂死謙上書勸進太祖善之并州平以謙爲陽曲護軍賜爵平舒侯安遠將軍皇始元年卒官時年六十三贈平東將軍左光祿大夫幽州刺史高陽公謚曰文

子洛陽襲從征慕容寶爲冠軍司馬後爲祁令太宗追錄謙功以洛陽爲鴈門太守洛陽家田三

生嘉禾皆異壟合穎世祖善之進爵北地公加鎮南將軍出爲明壘鎮將居八年卒謚曰恭

子寄生襲爵降爲侯皇興元年卒

洛陽弟安国中山太守

安国弟安都廣甯滄水二郡太守加揚威將軍賜爵東光子天安初卒贈平遠將軍冀州刺史東光侯謚曰烈

子白虎襲爵爲侍御中散後以罪免官奪爵

張袞字洪龍上谷沮陽人也祖翼遼東太守父

卓昌黎太守袞初爲郡五官掾純厚篤實好學
有文才太祖爲代王選爲左長史從太祖征蠕
蠕蠕蠕遁走追之五六百里諸部帥因袞言於
太祖曰今賊遠糧盡不宜深入請速還軍太祖
令袞問諸部帥若殺副馬足三日食否皆言足
也太祖乃倍道追之及於廣漠赤地南床山下
大破之既而太祖問袞卿曹外人知我前問三
日糧意乎對曰皆莫知也太祖曰此易知耳蠕
蠕奔走數日畜産之餘至水必留計其道程三

日足及輕騎卒至出其不意彼必驚散其勢然
矣袞以太祖言出告部帥咸曰聖策長遠非愚
近所及也袞常參大謀決策幃幄太祖器之禮
遇優厚袞每告人曰昔樂毅杖策於燕昭公遠
委身於魏武蓋命世難可期千載不易遇主上
天姿傑邁逸志凌霄必能囊括六合混一四海
夫遭風雲之會不建騰躍之功者非人豪也遂
策名委質竭誠伏事時劉顯地廣兵彊跨有朔
裔會其兄弟乖離共相疑阻袞言於太祖曰顯

志大意高希冀非望乃有參天貳地籠罩宇宙
之規吴不并越將爲後患今因其内釁宜速乘
之若輕師獨進或恐越逸可遣使告慕容垂共
相聲援東西俱舉勢必擒之然後總括英雄撫
懷遐邇此千載一時不可失也太祖從之遂破
走顯又從破賀訥遂命羣官登勿居山遊宴終
日從官及諸部大人請聚石爲峰以記功德命
袞爲文慕容寶之來寇也袞言於太祖曰寶乘
滑臺之功因長子之捷傾資竭力難與爭鋒愚

以爲宜羸師卷甲以侈其心太祖從之果破之
參合皇始初遷給事黄門侍郎太祖南伐師次
中山袞言於太祖曰寶憑三世之資城池之固
雖皇威震赫勢必擒殄然窮兵極武非王者所
宜昔酈生一說田橫委質魯連飛書聊將授首
臣誠德非古人略無奇策仰憑靈威庶必有感
太祖從之袞遺寶書喻以成敗寶見書大懼遂
奔和龍既尅中山聽入八議拜袞奮武將軍幽
州刺史賜爵臨渭侯袞清儉寡欲勸課農桑百

姓安之天興初徵還京師後與崔逞答司馬德宗將郗恢書失旨黜袞爲尚書令史袞遇創業之始以有才謨見任率心奉上不顧嫌疑太祖曾問南州人於袞袞與盧溥州里數談薦之又袞未嘗與崔逞相見聞風稱美及中山平盧溥聚黨爲逆崔逞答書不允並乖本言故忿之袞年過七十闔門守靜手執經書刊定乖失愛好人物善誘無倦士類以此高之永興二年疾篤上疏曰臣既庸人志無殊操值太祖誕膺期運天

地始開參戎氛霧之初馳驅革命之會託翼鄧林寄鱗溟海遂荷恩寵榮兼出內陛下龍飛九五仍參顧問曾無微誠塵山露海今舊疾彌留氣力虛頓天罰有罪將塡溝壑然犬馬戀主敢不盡言方今中夏雖平九域未一西有不賓之羌南有逆命之虜岷蜀殊風遼海異教雖天挺明聖撥亂乘時而因幾撫會寔須經略介焉易失功在人謀伏願恢崇睿道克廣德心使揖讓與干戈並陳文德與武功俱運則太平之化康

哉之美復隆於今不獨前世昔子囊將終寄言城郢荀偃辭唅遺恨在齊臣雖闇劣敢忘前志魂而有靈結草泉壤後數日卒年七十二後世祖追錄舊勳遣大鴻臚即墓策贈太保謚曰文康公

子溫外都大官廣甯太守卒

子貳興昌黎太守

溫弟楷州主簿

子誕有學尚性尤雅直初與高允同時被徵後

除中書侍郎通直散騎常侍建威將軍賜爵容城子

袞次子度少有志尚襲爵臨渭侯上谷太守入爲武昌王師加散騎常侍除使持節都督幽州廣陽安樂二郡諸軍事平東將軍崎城鎮都大將又轉和龍鎮都大將所在著稱還朝爲中都大官卒贈征東大將軍冀州刺史謚康侯

子陵襲爵後爲赤城典作都將卒

子狀襲爵爲中散卒

子法襲太和中例降爲伯世宗時除懷荒鎮金城戍將

陵弟延散騎常侍左將軍庫部尚書賜爵永寧侯

延弟孫白澤年十一遭母憂居喪以孝聞世祖聞而嘉之長而好學博通敏於當世高宗初除中散遷殿中曹給事中甚見寵任參預幾密後蠕蠕犯塞顯祖引見群臣議之尚書僕射元目辰進曰若車駕親行恐京師危懼不如持重固

守自安虜懸軍深入粮無繼運以臣量之自退不久遣將追擊破之必矣白澤曰陛下欽明則天比蹤前聖而蠢爾荒愚輕犯王略寇乃顛沛於遠圖我將宴安於近毒仰惟神略則不然矣今若鑾輿親動賊必望塵崩散寧容仰挫神兵坐而縱敵萬乘之尊嬰城自守進失可乘之機退非無前之義惟陛下留神顯祖從之遂大破虜衆白澤本字鍾葵顯祖賜名白澤納其女爲嬪出行雍州刺史清心少欲吏民安之顯祖詔諸監臨之官所監治受羊一口酒一斛者罪至大辟與者以從坐論糾告得尚書已下罪狀者各隨所糾官輕重而授之白澤上表諫曰伏見詔書禁尚書以下受禮者刑身糾之者代職伏惟三載考績黜陟幽明斯乃不易之令軌百王之通式今之都曹古之公卿也皆翊扶萬幾讚徽百揆風化藉此而平治道由茲而穆且周之下士尚有代耕況皇朝貴仕而服勤無報豈所謂祖襲堯舜憲章文武者乎羊酒之罰若行不

已臣恐姦人闚望忠臣懈節而欲使事靜民安治清務簡至於委任責成下民難辯如臣愚量請依律令舊法稽同前典班祿酬廉首去亂群常刑無赦苟能如此則升平之軌期月可望刑措之風三年必致矣顯祖納之太和初懷州民伊祁苟初三十餘人謀反將殺刺史文明太后欲盡誅一城之民白澤諫曰臣聞上天愛物之生明王重民之命故殺一人而取天下仁者不爲且周書父子兄弟罪不相及今群凶肆虐輾

裂誅盡合城無辜柰何極辟不誣十室而況一州或有忠焉或有仁者若淫刑濫及殺忠與仁斯乃西伯所以歎息於九侯孔子所以回輪於河上伏惟聖德昭明殷鑒水鏡前禮止迅烈之怒抑雷霆之威則溥天知幸矣昔厲防民口卒滅宗姬文聽輿頌終摧彊楚願不以人廢言留神省察太后從之轉散騎常侍遷殿中尚書太和五年卒詔賜帛一千疋粟三千石遺侍御史營護喪事冊贈鎮南將軍相州刺史廣平公謚

曰簡

長子倫字天念年十餘歲入侍左右稍遷護軍長史員外常侍轉大司農少卿燕州大中正熙平中蠕蠕主醜奴遣使來朝抗敵國之書不修臣敬朝議將依漢荅匈奴故事遣使報之倫表曰臣聞古之聖王疆理物土辨章要甸荒遐之俗政所不及故禮有壹見之文書著羈縻之事太祖以神武之姿聖明之略經略帝圖日有不暇遂令豎子遊魂一方亦由中國多虞急諸華

而緩夷狄也高祖光宅土中業隆卜世赫雷霆之威振熊羆之旅方役南轅未遑北伐昔舊京烽起虜使在郊主上按劔璽書不出世宗運籌帷幄開境揚旌衣裳所及舟車萬里于時醜類款關上亦述尊遺志今大明臨朝澤及行葦國富兵彊能言率職何憚而爲之何求而行此往日蕭衍通敬求和以誠肅未純抑而不許先帝棄戎於前陛下交夷於後無乃上乖高祖之心下違世宗之意且魯雖慕德亦來觀我懼之以

彊儻即歸附示之以弱窺覦或起春秋所謂以我卜也又小人難近夷狄無親踈之則怨狎之則侮其所由來久矣是以高祖世宗知其若此來既莫逆去又不追不一之義於是乎在必其委贄玉帛之辰屈膝蕃方之禮則可豐其勞賄籍以珍物至於王人遠役銜命虜庭優以匹敵之尊加之相望之寵恐徒生虜慢無益聖朝假令選衆而舉使乎稱職資酈生之辯騁終軍之辭憑軾下齊長纓繫越苟異曩時猶爲不願

而況極之以隆崇申之以宴好臣雖下愚輒敢固執若事不獲已應須制詔示其上下之儀宰臣致書諷以歸順之道若聽受忠誨明我話言則萬乘之盛不失位於域中天子之聲必籠罩於無外脫或未從焉能損益徐舞干戚以招之敷文德而懷遠如迷心不已或肆犬羊則當命辛李之將勒衞霍之師蕩定雲沙埽清逋孽飲馬瀚海之濱鏤石燕然之上開都護置戊己斯亦陛下之高功不世之盛事如思按甲養民務

農安邊之術經國之防豈可以戎夷兼并而遽虧典制將取笑於當時貽醜於來葉昔文公請隧襄后有言荆莊問鼎王孫是抑以古方今竊爲陛下不取又陛下方欲禮神岷瀆致禮衡山登稽嶺窺蒼梧而反與夷虜之君酋渠之長結昆弟之忻抗分庭之義將何以瞰文命之遐景迹重華之高風者哉臣以爲報使甚失如彼不報甚得如此願留須臾之聽察愚臣之言不從出爲後將軍肆州刺史還朝除燕州大中正孝莊初遷太常少卿不拜轉大司農卿卒官

倫弟恩奉朝請員外郎

白澤仲弟庫瀛州刺史宜陽侯

庫長子蘭累遷龍驤將軍行光州事

蘭弟修虎都牧駕部二曹給事中上谷公司農少卿奉使柔玄察民疾苦遷平北將軍燕州刺史

度弟太平西將軍荆州刺史沮陽侯

太弟那寧遠將軍雍城鎮將

崔玄伯清河東武城人也名宏高祖廟諱魏司空林六世孫也祖悅仕石虎官至司徒左長史關內侯父潛仕慕容暐爲黃門侍郎並有才學之稱玄伯少有雋才號曰冀州神童苻融牧冀州虛心禮敬拜陽平公侍郎領冀州從事管征東記室出揔庶事入爲賓友衆務修理處斷無滯苻堅聞而奇之徵爲太子舍人辭以母疾不就左遷著作佐郎符丕牧冀州爲征東功曹太原郝軒世名知人稱玄伯有王佐之才近代所

未有也堅亡避難於齊魯之間爲丁零翟釗及司馬昌明叛將張願所留縶郝軒歎曰斯人而遇斯時不因扶摇之勢而與鷃雀飛沉豈不惜哉慕容垂以爲吏部郎尚書左丞高陽内史所歷著稱立身雅正與世不群雖在兵亂猶勵志篤學不以資産爲意妻子不免飢寒太祖征慕容寶次於常山玄伯棄郡東走海濱太祖素聞其名遣騎追求執送於軍門引見與語悦之以爲黄門侍郎與張衮對揔機要草創制度時司

馬德宗遣使來朝太祖將報之詔有司博議國號玄伯議曰三皇五帝之立號也或因所生之土或即封國之名故虞夏商周始皆諸侯及聖德既隆萬國宗戴稱號隨本不復更立唯商人屢徙改號曰殷然猶兼行不廢始基之稱故詩云殷商之旅又云天命玄鳥降而生商宅殷土芒芒此其義也昔漢高祖以漢王定三秦滅彊楚故遂以漢爲號國家雖統北方廣漠之土逮于陛下應運龍飛雖曰舊邦受命惟新是以登

國之初改代曰魏又慕容永亦奉進魏土夫魏者大名神州之上國斯乃革命之徵驗利見之玄符也臣愚以爲宜號爲魏太祖從之於是四方賓王之貢咸稱大魏矣太祖幸鄴歷問故事於玄伯應對若流太祖善之及車駕還京師次於恒嶺太祖親登山頂撫慰新民適遇玄伯扶老母登嶺太祖嘉之賜以牛米因詔諸從人不能自進者給以車牛遷吏部尚書命有司制官爵撰朝儀協音樂定律令申科禁玄伯揔而裁

之以爲永式及置八部大夫以擬八坐玄伯通署三十六曹如令僕統事深爲太祖所任勢傾朝廷而儉約自居不營産業家徒四壁出無車乘朝晡步上母年七十供養無重膳太祖嘗使人密察聞而益重之厚加饋賜時人亦或譏其過約而玄伯爲之踰甚太祖常引問古今舊事王者制度治世之則玄伯陳古人制作之體及明君賢臣往代廢興之由甚合上意未嘗謇諤忤旨亦不謟諛苟容及太祖季年大臣多犯威

怒玄伯獨無譴者由於此也太祖曾引玄伯講漢書至婁敬說漢祖欲以魯元公主妻匈奴善之嗟歎者良久是以諸公主皆釐降于賓附之國朝臣子弟雖名族美彥不得尚焉尚書職罷賜玄伯爵白馬侯加周兵將軍與舊功臣庾岳奚斤等同班而信寵過之太祖崩太宗未即位清河王紹聞人心不安大出財帛班賜朝士玄伯獨不受太宗即位命玄伯居門下虛己訪問以不受紹財帛特賜帛二百匹長孫嵩已下咸

愧焉詔遣使者巡行郡國糾察守宰不如法者令玄伯與宜都公穆觀等按之太宗稱其平當又詔玄伯與長孫嵩等坐朝堂決刑獄太宗以郡國豪右大為民蠹乃優詔徵之民多戀本而長吏逼遣於是輕薄少年因相扇動所在聚結西河建興盜賊並起守宰討之不能禁太宗乃引玄伯及北新侯安同壽光侯叔孫建元城侯元屈等問曰前以兇俠亂民故徵之京師而守宰失於綏撫令有逃竄今犯者已多不可悉誅

朕欲大赦以紓之卿等以為何如屈對曰民逃不罪而反赦之似若有求於下不如先誅首惡赦其黨類玄伯曰王者治天下以安民為本何能顧小曲直也譬琴瑟不調必改而更張法度不平亦須蕩而更制夫赦雖非正道而可以權行自秦漢以來莫不相踵屈言先誅後赦會於不能兩去孰與一行便定若其赦而不改者誅之不晚太宗從之神瑞初詔玄伯與南平公嵩等坐止車門右聽理万機事并州胡數万家南

掠河內遣將軍公孫表等率師討之敗績太宗問羣臣曰胡寇縱暴人衆不少表等已不能制若不早誅則良民大受其禍今既盛秋不可為此小盜而復興衆以廢民業將若之何玄伯對曰表等諸軍不為不足但失於處分故使小盜假息耳胡衆雖盛而無猛健主將所謂千奴共一膽也宜得大將軍為胡所服信者將數百騎就攝表軍以討之賊聞之必望風震怖壽光侯建前在并州號為威猛胡醜畏服諸將莫及太

宗從之遂平胡寇果拜天部大人進爵爲公太常三年夏玄伯病篤太宗遣侍中宜都公穆觀就受遺言更遣侍臣問疾一夜數返及卒下詔痛惜贈司空謚文貞公喪禮一依安城王叔孫俊故事詔群臣及附國渠帥皆會葬自親王以外盡令拜送太和中高祖追録先朝功臣以玄伯配饗廟庭玄伯自非朝廷文誥四方書檄初不染翰故世無遺文尤善草隷行押之書爲世摹楷玄伯祖悦與范陽盧諶並以博藝著名諶

法鍾繇悦法衞瓘而俱習索靖之草皆盡其妙諶傳子偃偃傳子邈悦傳子潛潛傳玄伯世不替業故魏初重崔盧之書又玄伯之行押特盡精巧而不見遺迹子浩襲爵別有傳

次子簡字沖亮一名覽好學少以善書知名太祖初歷位中書侍郎征虜將軍爵五等侯參著作事卒

簡弟恬字叔玄小名白歷給事中賜爵繹幕子出爲上黨太守平南將軍豫州刺史進爵陽武侯坐浩伏誅始玄伯因苻堅亂欲避地江南於泰山爲張願所獲本圖不遂乃作詩以自傷而不行於時蓋懼罪也及浩誅中書侍郎高允受勑收浩家始見此詩允知其意允孫綽録於允集始玄伯父潛爲兄渾誄手筆草本延昌初著作佐郎王遵業買書於市而遇得之計誄至今將二百載寶其書迹深藏祕之武定中遵業子松年以遺黃門郎崔季舒人多摹搨之左光禄大夫姚元標以工書知名於時見潛書謂爲

過於己也

玄伯弟徽字玄猷少有文才與渤海高演俱知名初徽相州別駕中書侍郎稍遷祕書監賜爵貝丘侯加龍驤將軍樂安王範鎮長安世祖以範年少而三秦民夷恃險多變乃選忠清舊德之士與範俱鎮以徽爲散騎常侍督雍涇梁秦四州諸軍事平西將軍副將行樂安王傅進爵濟南公徽爲政務存大體不親小事性好人倫引接賓客或談及平生或講論道義誨誘後進終

日不止以疾徵還京師眞君四年卒謚曰元
公士類無不歎惜時清河崔寬字景仁祖彤
隨晉南陽王保避地隴右遂仕於沮渠李暠父
剖字伯宗每慷慨有懷東土常歎曰風雨如晦
鷄鳴不已吾所庶幾及世祖西巡剖乃總率
同義使寬送款世祖嘉之拜寬威遠將軍岐
陽令賜爵沂水男遣使與寬俱西撫慰初附
徵剖詣京師未至病卒高宗以剖誠著先朝
贈散騎常侍鎮西將軍涼州刺史武陵公謚

曰元寬還京拜散騎侍郎寧朔將軍安國子
未幾出爲弘農太守初寬之通款也見司徒浩
浩與相齒次厚存撫之及浩誅以遠來疎族
獨得不坐遂家于武城居司空林舊墟以一子
繼浩弟覽妻封氏相奉如親寬後襲爵武
陵公鎮西將軍拜陝城鎮西將嶠地嶮民多寇
刧寬性滑稽誘接豪右宿盜魁帥與相交結
傾衿待遇不逆微細是以能得民庶忻心莫不
感其意氣時官無祿力唯取給於民寬善撫納

招致禮遺大有受取而與之者無恨又弘農出
漆蠟竹木之饒路與南通販貿來往家產豐富
而百姓樂之諸鎮之中號爲能政及解鎮還京
民多追戀詣闕上章者三百餘人書奏高祖嘉
之延興二年卒年六十三遺命薄葬斂以時服
長子衡字伯玉少以孝行著稱學崔浩書頗亦
類焉天安元年擢爲內祕書中散班下詔命及
御所覽書多其迹也衡舉李沖李元愷程駿等
終爲名器世以是稱之承明元年遷內都坐令

善折獄高祖嘉之太和二年襲爵武陵公鎮西
將軍遷給事中車駕巡狩以衡爲大都督長史
衡涉獵書史陳備禦之方便國利民之策凡五
十餘條以本將軍除秦州刺史徙爵齊郡公先
是河東年饑劫盜大起衡至脩龔遂之法勸課
農桑周年之間寇盜止息十二年卒年五十四
贈散騎常侍左光祿大夫本將軍冀州刺史帛
一千匹穀一千斛謚曰惠公衡有五子
長子敞字公世襲爵例降爲侯自謁者僕射出

爲平原相敞性狷急與刺史楊椿迭相表列敞
坐免官世宗初爲鉅鹿太守弟朏之逆敞爲黄
木軍主韓文殊所藏其家悉見籍没唯敞妻李
氏以公主之甥自隨奴婢田宅二百餘口得免
正光中普釋禁錮敞復爵齊郡侯拜龍驤將
軍中散大夫孝昌中趙郡太守卒
敞弟鍾字公禄奉朝請弟朏之逆以出後被原
歷尚書郎國子博士司徒右長史征北將軍金
紫光禄大夫冀州大中正敞亡後鍾貪其財物

誣敞息子積等三人非兄之胤辭訴累歲人士
嫉之尒朱世隆爲尚書令奏除其官終身不齒
朏好學有文才歷治書侍御史京兆王愉録事
參軍與愉同逆伏法
衡弟恕尚書郎又有崔模字思範魏中尉崔
琰兄霸後也父遵慕容垂少府卿叔父整
廣川太守模慕容熙末南渡河外爲劉裕
滎陽太守戍虎牢神䴥中平滑臺模歸
降後賜爵武陵男加寧遠將軍始模在

南妻張氏有二子沖智季柔模至京師賜妻
金氏生子幼度沖智等以父隔遠乃聚貨物間
託開境規贖模歸其母張氏每謂之曰汝父性
懷本自無決必不能來也行人遂以財賄至都
當竊模還模果顧念幼度等指幼度謂行人
曰吾何忍捨此輩令坐致刑辱當爲尒取一人
使名位不減於我乃授以申謨謨劉義隆東郡
太守與朱脩之守滑臺神䴥中被執入國俱得
賜妻生子靈度申謨聞此乃棄妻子走還

江外靈度刑爲閹人模長者篤厚不營榮利
頗爲崔浩輕侮而守志確然不爲浩屈與崔
頤相親往來如家和平中卒皇興初幼度隨
慕容白曜爲將時季柔爲崔道固長史帶
濟南太守城將降先馳馬赴白曜軍幼度亦
豫令左右覘迎之而差互不相值爲亂兵所害
初真君末車駕南克鄒山模兄協子邪利爲劉
義隆魯郡太守以郡降賜爵臨淄子拜廣寧太
守卒於郡邪利二子懷順以父入國故不出仕

及國家克青州懷順迎邪利喪還葬青州次恩
累政州主簿至刺史陸龍成時謀叛聚城北高
柳村將攻州城龍成討斬之懷順與沖智子徽
伯等俱奔江外始邪利與二女俱入國一女爲
張氏婦一女爲劉休賓妻生子文華邪利後生
庶子法始邪利亡後妄侮法始庶孽常欲令
文華襲外祖爵臨淄子法始恨忿無所不爲後
懷順歸化迎喪始與法始相見未幾法始得襲
爵傳至孫延族正光中爲冠軍將軍中散大夫

季柔孫睦正光三年自郁州歸降
模孫景茂冀州別駕青州長史隨郡太守武城
男
景茂子彥遜襲武定中北徐州司馬始陸來降
也與高陵張炅郭組俱至陵蕭寶夤西討開府
西閣祭酒寶夤反陵其黄門侍郎關中平還
洛歷尚書郎定州別駕齊文襄王作相以陵頗
有文學引參賓客終於征南將軍司空長史贈
驃騎大將軍大司農卿顯祖時有崔道固字

季堅琰八世孫也祖瓊慕容垂車騎屬父輯
南徙青州爲泰山太守道固賤出適母兄攸
之目連等輕侮之輯謂攸之曰此兒姿識如此或
能興人門戶汝等何以輕之攸之等遇之彌薄略
無兄弟之禮時劉義隆子駿爲徐兗二州刺
史得辟他州民爲從事輯乃資給道固令其
南仕既至彭城駿以爲從事道固美形容善
舉止便弓馬好武事駿稍嘉之會青州刺史新
除過彭城駿謂之曰崔道固人身如此豈可爲

寒士至老乎而世人以其偏庶便相陵侮可爲
歎息青州刺史至州辟爲主簿轉治中後爲
義隆諸子參軍事被遣向青州募人長史已
下皆詣道固道固諸兄等逼道固所生母自
致酒炙於客前道固驚起接取謂客曰家無
人力老親自執劬勞諸客皆知其兄弟所作咸
起拜謝其母母謂道固曰我賤不足以報貴賓
汝宜答拜諸客皆歎美道固母子賤其諸兄後
爲寧朔將軍冀州刺史移鎮歷城劉彧既殺子

業自立徐州刺史薛安都與道固等舉兵推立子業弟子勛子勛敗乃遣表歸誠顯祖以爲安南將軍南冀州刺史清河公劉彧遣說道固以爲前將軍徐州刺史復叛受彧命皇興初顯祖詔征南大將軍慕容白曜圍築長圍以守之及白曜攻其城東郭道固面縛請罪表曰臣資生南境限隔大化本朝不以卑末委授藩任而劉氏蕭牆內侮懼貽大戮前遣崔啓之奉表歸誠幸蒙陛下過垂矜納并賜爵寵慶佩罔極應奉

闕庭但劉彧尋續遣使恕臣百死愚以世奉劉氏深愆蒙宥若猶違背則是不忠於本朝而欲求忠於大魏雖曰希生懼大魏之所不許是用迷回孤負天日冒萬死之艱固執拒守僕臣白曜振曜威靈漸經二載大將臨城以今月十四日臣東郭失守於臣款彧之誠庶可以彰於大魏矣臣勢窮力屈以十七日面縛請罪白曜奉宣皇恩恕臣生命斯實陛下起臣死尸肉臣朽骨天地造物所不能行而陛下育之雖虞舜之貸有苗姬文之宥崇墉方之聖澤未足以喻既未奉朝旨無由親馳道路謹遣大息景徽束骸歸闕伏聽刑斧既而白曜送道固赴都有司案劾奏聞詔恕其死乃徙青齊士望共道固守城者數百家於桑乾立平齊郡於平城西北北新城以道固爲太守賜爵臨淄子加寧朔將軍尋徙治京城西南二百餘里舊陰館之西是時頻歲不登郡內飢弊道固雖在任積年撫慰未能周盡是以多有怨叛延興中卒年五十初道固之

在客邸與薛安都畢衆敬鄰館時以朝集相見本既同由武達頗結僚舊時安都志已衰朽於道固情乃疎略而衆敬每盡殷勤道固謂劉休賓房法壽曰古人云非我族類其心必異信不虛也安都視人殊自蕭索畢捺固依依也

子景徽字文叡襲父爵臨淄子加寧朔將軍出爲青州廣陵王羽征東府司馬大鴻臚少卿出除龍驤將軍平州刺史卒贈本將軍南青州刺史謚曰定

子休纂襲爵
景徽弟景業字文季別有功太和中賜爵昌國
子加建威將軍卒
子休緒襲爵員外郎
景業弟景淵亦有別功賜爵武城男鷹揚將軍
平齊太守卒於郡
道固兄目連子僧祐白曜之圍歷城也僧祐母
明氏弟僧淵並在城內劉彧授僧祐輔國將軍
領衆數千與青齊人家口在歷城梁鄒者明同

慶明菩薩等爲將佐從淮海揚聲救援將至不
其聞道固已敗母弟入國徘徊不進白曜圍東
陽時表請景徽往喻僧祐乃歸降白曜送之在
客數載賜爵層城侯與房法壽畢薩諸人皆不
穆法壽等訟其歸國無誠拘之歲餘因赦乃釋
後坐與沙門法秀謀反伏法
子道寧給事中
僧淵入國坐兄弟徙於薄骨律鎮太和初得還
高祖聞其有文學又問佛經善談論勑以白衣

賜構幘入聽于永樂經武殿後以僧淵爲尚書
儀曹郎遷洛之後爲青州中正尋出爲征東大
將軍廣陵王羽諮議參軍加顯武將軍討海戒
於黃郭大破之蕭鸞乃遣其族兄惠景遺僧淵
書說以入國之屈規令改圖僧淵復書曰主上
之爲人也無幽不照無細不存仁則無遠不及
博則無典不究殫三墳之微盡九丘之極至於小
文章錯綜煥然蔚炳猶夫子之牆矣遂乃開獨
悟之明尋先王之迹安遷靈荒兆變帝基惟新

中壤宅臨伊域三光起重輝之照庶物蒙再化
之始分氏定族料甲乙之科班官命爵清九流
之貫禮俗之敘粲然復興河洛之間重隆周道
巷歌邑頌朝熙門穆濟濟之盛非可備陳矣加
以累葉重光地兼四岳士馬彊富人神欣仰道
德仁義民不能名且大人出本無所在況從上
聖至天子天孫者乎聖上諸弟風度相類咸陽
王已下莫不英越枝葉扶踈遍在天下所稱稍
蝎殊爲未然文士競謀於廟堂武夫效節於彊

塲若論事勢此爲實矣計彼主簒殺之迹人鬼
同知疑親猜貴早㬥遐邇兄投心逆節千載何
名物患無施器非時用生不振世没無令聲先
師以爲鄙君子以爲恥此則事困伇殫自免無
益故其宜矣以兄之才夙超鄉土如弟之徒誰
不瞻仰每尋昔念未敢忘懷雖復途遥三千心
想若對敬遵軌範以資一生今名可揚矣而不
能顧親事可變矣而不能離辱故世之所未解
也且君子在家也不過孝於其親入朝也不過

忠於其君主上之於兄恩則不可酬義則不可
背身可殺也故非其酬功不逮也故非其報今
可以效矣而又弗爲非孝也即實而言兄之不
變得爲忠乎至於講武争彊不敵者久矣論安
與危不同者驗矣羣情背去獨留者謬矣願深
察之王晏道絶外交器非雄朗專華保望便就
屠割方之於兄其全百倍且淮蕃海捍本出北
豪壽春之任兄何由免以是而言猜嫌已決又
宗門未幾南北莫寄先構之重非兄何託受杜

之榮鄙心之相望矣今執志不寤忠孝兩忘王
晏之辜安能自保見機而作其在茲乎國家西
至長安東盡即墨營造器甲必盡堅精晝夜不
息者於茲數載今秋中月雲羅必舉賈不及時
雖貴不用若不早圖況枉連城矣杖乘有言欲
出不出間不容髮精哉斯談弟中於北京身羅
事譴大造之及有獲爲幸比蒙清舉起崖疑非
一犬馬之心誠有在矣雖復彼此爲異猶昔情
不移也況於今日哉如兄之誨如弟之規改張

易調易於反掌萬一乖情此將運也出除龍驤
將軍南青州刺史父之坐擅出師無據檢覈幽
禁後乃獲免僧淵元妻房氏生二子伯驎伯驥
後薄房氏更納平原杜氏僧淵之徙也與杜俱
去生四子伯鳳祖龍祖螭祖虬得還之後棄絶
房氏遂與杜氏及四子家于青州伯驥與母房
氏居于冀州雖往來父間而心存母氏孝慈之
道頓阻一門僧淵卒年七十餘伯驎雖往奔赴
不敢入家哭沙門寺

伯驎自奉朝請稍遷步兵校尉樂陵太守加中
堅將軍後兼冀州長史大乘賊起伯驎率州軍
討之於煮棗城爲賊所殺贈龍驤將軍洛州刺
史
伯驥爲京兆王愉法曹參軍愉反伯驥不從見
害詔贈東海太守
伯鳳少便弓馬壯勇有膂力自奉朝請員外郎
稍遷鎮遠將軍前將軍數爲將帥永安末與都
督源子恭守丹谷父戰歿

祖龍司空行臺參軍性剛躁父亡後與兄伯驎訟
競嫡庶竝以刀劔自衛若怨讎焉
祖螭小字社安麤武有氣力刺史元羅板爲兼
統軍率衆討海賊普泰初與張僧皓俱反圍青
州介朱仲遠遣將討平之傳首京師
祖虯少而好學下帷誦書不驅競當世舉秀才
不就
僧淵從弟和平昌太守家巨富而性吝嗇埋錢
數百斛其母李春思菫惜錢不買

子軌字啓則盜錢百万背和亡走後爲儀同開
府鎧曹參軍坐貪汙死於晉陽
玄伯同郡董謐謐父京與同郡崔康時廣陽霍
原等俱以碩學播名遼海謐好學傳父業中山
平入朝拜儀曹郎撰朝覲饗宴郊廟社稷之儀
鄧淵字彥海安定人也祖羌苻堅車騎將軍父
翼河間相慕容垂之圍鄴以翼爲後將軍冀州
刺史眞定侯翼泣對使者曰先君忠于秦室翼
豈可先叛乎忠臣不事二主自古通義未敢聞

命垂遣使喻之曰吾與車騎結異姓兄弟卿亦
猶吾之子弟安得辭乎翼曰冀州宜任親賢翼
請他役效命垂乃用爲建武將軍河間太守尚
書左丞皆有聲稱卒於趙郡內史淵性貞素言
行可復博覽經書長於易筮太祖定中原擢爲
著作郎出爲蒲丘令誅剪姦猾盜賊肅清入爲
尚書吏部郎淵明解制度多識舊事與尚書崔
玄伯參定朝儀律令音樂及軍國文記詔策多
淵所爲從征平陽以功賜爵漢昌子改下博子

加中壘將軍太祖詔淵撰國記淵造十餘卷惟
次年月起居行事而已未有體例淵謹於朝事
未嘗忤旨其從父弟暉爲尚書郎兇俠好奇與
定陵侯和跋厚善跋有罪誅其子弟奔長安或
告暉將送出之由是太祖疑淵知情遂賜淵死
旣而恨之時人咸愍惜焉
子穎襲爵爲太學生稍遷中書侍郎世祖詔太
常崔浩集諸文學撰述國書穎與浩弟覽等俱
參著作事駕幸漠南高車莫弗庫若干率騎數

万餘驅鹿百餘万詣行在所詔穎爲文銘于漠
南以紀功德兼散騎常侍使於劉義隆進爵爲
侯加龍驤將軍延和三年從征胡賊白龍還卒
於路謚曰文恭
子貽襲爵官至荆州刺史假寧南將軍賜爵南
陽公和平中卒
長子良奴襲爵良奴弟侍高祖賜名述歷吏職
以貞謹見稱遷中大夫守廷尉少卿出爲建忠
將軍齊州刺史初改置百官始重公府元佐時

太傅元丕出爲并州刺史以述爲太傅長史帶
太原太守尋徵爲司空長史卒官詔賜錢十萬
布五十匹謚曰貞
長子纂奉朝請累遷中散大夫
纂弟獻奉朝請司空西閤祭酒員外常侍河陰
令尋遷鎮遠將軍諫議大夫肅宗末除冠軍將
軍潁州刺史建義初聞尒朱榮入洛朝士見害
遂奔蕭衍
怡弟宗慶以中書學生入爲中散稍遷尚書加

散騎常侍賜爵定安侯轉典南部宗慶在南部
積年多所敷奏州鎮憚之號爲稱職進爵南陽
公除安南將軍涇州刺史徙趙郡公宗慶在州
爲民所訟雖訊鞫獲情上下大不相得轉徐州
刺史仍本將軍未幾坐妻韓巫蠱伏誅
宗慶子伯忻與父俱死
伯忻子儼逃越得免後歷尚書郎除常山太守
轉安南將軍光祿大夫持節兼尚書左丞鄴州
行臺又加撫軍將軍卒贈鎮南將軍荆州刺史

穎弟權從世祖征伐官至龍驤將軍豫州刺史賜爵新野侯從征蠕蠕坐法死

弟顥卒於中書侍郎

顥長子靈珍中學生秘書中散卒贈員外散騎常侍

子羨歷中書學生侍御史以明謹見知出爲齊州武昌王征虜長史後李元護之爲齊州仍爲長史帶東魏郡太守在治十年經三刺史以清勤著稱齊人懷其恩德號曰良二千石及代還大受民故送遺頗以此爲損中山王英攻義陽羨爲軍司罷除諫議大夫兼給事黃門侍郎副侍中游肇爲畿内大使後行貨於録尚書北海王詳轉大司農少卿出行荊州事轉征虜將軍郢州刺史鎮義陽在州銳於聚斂又納賄於于忠徵爲給事黃門侍郎尋加後將軍河南尹黃門如故未拜而靈太后臨朝以元昭爲河南尹羨仍黃門加平南將軍羨以義陽軍司之勳封安陽縣開國子邑三百戶羨曲附左右故獲封焉

時幽瀛滄冀大水頻經寇難民飢詔羨兼尚書假散騎常侍持節詣州隨方賑恤多有所濟神龜初發疽卒年五十四詔賻帛三百匹朝服一襲贈鎮東將軍青州刺史謚曰恭

長子躋字伯昇頗有意尚秘書郎朝議以羨本不合山河之賞故不許躋襲躋訴訟久之始聽紹封稍遷前將軍太中大夫梁州開府長史與刺史元羅同陷蕭衍卒於江南

子孝緒元象中以躋柩還國興和中襲爵齊受禪例降

靈珍弟靈奇立忠將軍齊州刺史進號冠軍將軍賜爵昌國侯爲政清簡有威惠

子恭伯右光祿大夫

史臣曰爲國馭民莫不文武兼運燕鳳以博識多聞昭成致禮和隣存國賢之効歟許謙才術俱美馳騁艱難之日觀幾獨勸事契冥符張袞以才策見知早蒙恩遇時無寬政斯言貽咎玄伯世家儁偉仍屬權輿揔機任重守正成務禮

從清廟不亦宜乎寬模俱能見幾而動道固窮
而委質鄧淵貞白幹事才業秉筆禍非其罪
悲哉

列傳第十二　　魏書二十四

列傳第十三　　魏書二十五

長孫嵩　長孫道生

長孫嵩代人也太祖賜名焉父仁昭成時爲
南部大人嵩寬雅有器度年十四代父統軍
昭成末年諸部乖亂苻堅使劉庫仁攝國
事嵩與元他等率部衆歸之劉顯之謀難也
嵩率舊人及鄉邑七百餘家叛顯走將至五
原時寔君之子亦聚衆自立嵩欲歸之見于
烏渥稱逆父之子勸嵩歸太祖嵩未決烏渥

回其牛首嵩僶俛從之見太祖于三漢亭太
祖承大統復以爲南部大人累著軍功後從
征中山除冀州刺史賜爵鉅鹿公歷侍中司
徒相州刺史封南平公所在著稱太宗即位
與山陽侯奚斤北新侯安同白馬侯崔宏等八
人坐止車門右聽理萬幾故世號八公晉將
劉裕之伐姚泓太宗假嵩節督山東諸軍
事傳詣平原緣河北岸列軍次於畔城軍頗
失利詔假裕道裕於舟中望嵩麾蓋遺以

鄴酒及江南食物嵩皆送京師詔嵩厚荅之又勑簡精兵爲戰備若裕西過者便率精鋭南出彭沛如不時過但引軍隨之彼至崤陝間必與姚泓相持一死一傷衆力疲弊比及秋月徐乃乘之則裕首可不戰而懸於是叔孫建等尋河趣洛遂入關嵩與建等自成皐南濟晉諸屯戍皆望塵奔潰裕剋長安嵩乃班師太宗寢疾問後事於嵩嵩曰立長則順以德則人服今長皇子賢而世嫡天所命也請立乃定策禁中於是

詔世祖臨朝監國嵩爲左輔世祖即位進爵北平王司州中正詔問公卿赫連蠕蠕征討何先嵩與平陽王長孫翰司空奚斤等曰赫連居土未能爲患蠕蠕世爲邊害宜先討大檀及則收其畜産足以富國不及則校獵陰山多殺禽獸皮肉筋角以充軍實亦愈於破一小國太常崔浩曰大檀遷徙鳥逝疾追則不足經久大衆則不能及之赫連屈丐土宇不過千里其刑政殘虐人神所弃宜先討之尚書劉絜武京侯安原請先平馮跋帝默然遂西巡狩後聞屈丐死關中大亂議欲征之嵩等曰彼若城守以逸代勞大檀聞之乘虚而寇危道也帝乃問幽微於天師寇謙之謙之勸行杜超之贊成之崔浩又言西伐利嵩等固諫不可帝大怒責嵩在官貪汚使武士頓辱尋遷太尉久之加柱國大將軍自是輿駕征伐嵩以元老多留鎮京師坐朝堂平斷刑獄薨年八十謚曰宣王後高祖追録先朝功臣以嵩配饗廟庭

子頽善騎射彎弓三百斤襲爵加侍中征南大將軍有罪黜爲戍兵後復爵薨謚曰安王

子敦字孝友位北鎮都將坐贓貨降爲公高祖時自頌先世勳重復其王爵薨謚簡王

子道字念僧襲爵久之隨例降爲公位右衛將軍卒謚慎

子悦襲爵建義初復本王爵尋降爲公位光禄少卿卒贈司空

長孫道生嵩從子也忠厚廉謹太祖愛其慎重

使掌幾密與賀毗等四人內侍左右出入詔命太宗即位除南統將軍冀州刺史後取人美女以獻太宗切責之以舊臣不加罪黜世祖即位進爵汝陰公遷廷尉卿從征蠕蠕與尉眷等率衆出白黑兩漠間大捷而還世祖征赫連昌道生與司徒長孫翰宗正娥青爲前驅遂平其國昌弟定走保平涼劉義隆遣將到彥之王仲德寇河南以救定詔道生與丹陽王太之屯河上以禦之遂誘義隆將檀道濟邀其前後追至歷

城而還除司空加侍中進封上黨王薨年八十二贈太尉謚曰靖道生廉約身爲三司而衣不華飾食不兼味一熊皮鄣泥數十年不易時人比之晏嬰第宅卑陋出鎮後其子弟頗更修繕起堂廡道生還歎曰昔霍去病以匈奴未滅無用家爲今彊寇尚遊魂漠北吾豈可安坐華美也乃切責子弟令毀宅其恭慎如此世祖世所在著績每建大議多合時機爲將有權略善待士衆帝命歌工歷頌群臣曰智如崔浩廉如道

生及年老頗惑其妻孟氏以此見譏與從父嵩俱爲三公當世以爲榮

子抗位少卿早卒

抗子觀少以壯勇知名後襲祖爵上黨王時異姓諸王襲爵多降爲公帝以其祖道生佐命先朝故特不降以征西大將軍假司空督河西七鎮諸軍討吐谷渾部帥拾寅遁藏焚其所居城邑而還高祖初拜殿中尚書侍中吐谷渾又侵逼復假觀司空討降之後爲征南大將軍薨謚

曰定葬禮依其祖靖王故事陪葬雲中金陵

子冀歸六歲襲爵降爲公高祖以其幼承家業賜名稚字承業稚聰敏有才藝虛心愛士爲前將軍從高祖南討授七兵尚書太常卿右將軍世宗時侯剛子淵稚之女婿剛爲元乂所厚故稚驟得轉進出爲撫軍大將軍領揚州刺史假鎮南大將軍都督淮南諸軍事蕭衍將裴邃虞鴻襲據壽春稚諸子驍果邃頗難之号曰鐵小兒詔河間王琛揔衆援之琛欲決戰稚以雨久

更須持重琛弗從遂戰為賊所乘稚後殿初稚
既總彊兵久不決戰議者疑有異圖朝廷重遣
河間王琛及臨淮王彧尚書李憲等三都督外
聲助稚內實防之會鮮于脩禮反於中山以稚
為大都督北討尋以本使達鄴城詔稚解行臺
罷大使遣河間王琛為大都督酈道元為行臺
稚遣子子裕奉表稱與琛同在淮南俱當國難
琛敗臣全遂生私隙且臨機奪帥非筭所長書
奏不納琛與稚前到呼沱稚未欲戰而琛不從

行達五鹿為脩禮邀擊琛不赴之賊總至遂大
敗稚與琛並除名尋而正平郡蜀反復假稚鎮
西將軍討蜀都督頻戰有功除平東將軍復本
爵後除尚書右僕射未幾雍州刺史蕭寶夤據
州反復以稚為行臺討之稚時背疽未愈靈太
后勞之曰卿疹源如此朕欲相停更無可寄如
何稚荅曰死而後已敢不自力時子彥亦患脚
痺扶杖入辭尚書僕射元順顧相謂曰吾等備位
大臣各居寵位危難之日病者先行無　乃不

可平莫有對者時薛鳳賢反於正平薛脩義屯
聚河東分據鹽池攻圍蒲坂東西連結以應寶
夤稚乃據河東時有詔廢鹽池稅稚上表曰鹽
池天資賄貨密邇京畿唯須寶而護之均贍以
理今四境多虞府藏罄竭然冀定二州且亡且
亂常調之絹不復可收仰惟府庫有出無入必
須經綸出入相補略論鹽稅一年之中準絹而
言猶不應減三十萬匹也便是移冀定二州置
於畿甸今若廢之事同再失臣前仰違嚴旨不

先討關賊而解河東者非是閑長安而急蒲坂
蒲坂一陷沒失鹽池三軍口命濟贍理絕天助
大魏茲計不爽昔高祖昇平之年無所之少猶
創置鹽官而加典護非為物而競利恐由利而
亂俗也況今王公素餐百官尸祿租徵六年之
粟調折來歲之資此皆出人私財奪人膂力豈
是願言事不獲已臣輒符司監將尉還率所部
依常收稅更聽後敕稚克寶夤將侯終德寶夤
出走雍州平除雍州刺史莊帝初封上黨王尋

改馮翊王後降爲郡公遷司徒公加侍中兼尚書令大行臺仍鎮長安前廢帝立遷太尉公録尚書事及韓陵之敗斛斯椿先據河橋謀誅介朱使稚入洛啓帝誅世隆兄弟之意出帝初轉太傅録尚書事以定策功更封開國子稚表請回授其姨兄廷尉卿元洪超次子暉初稚生而母亡爲洪超母所撫養是以求讓許之出帝入關稚時鎮虎牢亦隨赴長安稚妻張氏生二子子彦子裕後與羅氏私通遂殺其夫棄張納羅

羅年大稚十餘歲妒忌防限稚雅相愛敬旁無姻妾僮侍之中嫌疑致死者乃有數四羅生三子紹遠士亮季亮兄弟皆廉武稚少輕俠鬬雞走馬力爭殺人因亡抵龍門將陳興德家會赦乃免因以後妻羅前夫女呂氏妻興德兄興恩以報之

子彦本名儁有膂力以累從父征討功封槐里縣子出帝與齊獻武王搆隙加子彦中軍大都督行臺僕射鎮弘農以爲心膂後從帝入關子彦少常墜馬折臂肘上骨起寸餘乃命開肉鋸骨流血數升言戲自若時以爲踰於關羽

子裕位衛尉少卿

列傳第十三　魏書二十五

魏收書列傳第十三

列傳第十四　　魏書卷二十六

長孫肥　　尉古真

長孫肥代人也昭成時年十三以選內侍少有雅度果毅少言太祖之在獨孤及賀蘭部肥常侍從御侮左右太祖深信仗之登國初與莫題等俱爲大將從征劉顯自濡源擊庫莫奚討賀蘭部並有戰功太祖征蠕蠕大破之肥降其主匹候跋事具蠕蠕傳又從征衛辰及薛干部破滅之蠕蠕別主縕紇提子曷多汗等率部落棄

父西走肥以輕騎追至上郡斬之後從征中山拜中領軍將軍車駕次晉陽慕容寶并州刺史遼西王農棄城宵遁肥追之至蒲泉獲其妻子太祖將圍中山慕容寶棄城奔和龍肥與左將軍李栗三千騎追之至范陽不及而還遂破其研城戍俘千餘人中山城內人立慕容普驎爲主太祖圍之普驎乃出步卒千餘人欲伺間犯圍太祖命肥挑戰僞退普驎衆追肥太祖截其後盡擒斬之時以士馬少糧遂罷中山之圍就穀河間慕容賀驎殺普驎而自立車駕次魯口遣肥帥七千騎襲中山入其郛而還賀驎以步騎四千追肥至泒水肥自魏昌擊之獲鎧騎二百肥中流矢瘡重乃還中山平以功賜爵琅邪公遷衛尉卿改爵盧鄉時中山太守仇儒不樂內徙亡匿趙郡推羣盜趙准爲主妄造妖言云燕東傾趙當續欲知其名淮水不足准喜而從之自號使持節征西大將軍青冀二州牧鉅鹿公儒爲長史聚黨二千餘人據關城連引丁零

殺害長吏扇動常山鉅鹿廣平諸郡遣肥率三千騎討之破准於九門斬仇儒生擒准詔以儒肉食准傳送京師轘之於市夷其族除肥鎮遠將軍兗州刺史給步騎二萬南徇許昌略地至彭城司馬德宗將劉該遣使詣肥請降貢其方物姚平之寇平陽太祖將討之選諸將無加肥者乃徵還京師遣肥與毗陵王順等六萬騎爲前鋒車駕次永安平募遣勇將率精騎二百闚軍肥逆擊擒之匹馬不返平退保柴壁太祖進

攻屠之遺肥還鎭兗州肥撫慰河南得吏民心威信著於淮泗善策謀勇冠諸將每戰常爲士卒先前後征討未嘗失敗故每有大難令肥當之南平中原西摧羌寇肥功居多賞賜奴婢數百口畜物以千計後降爵爲藍田侯天賜五年卒謚曰武陪葬金陵子翰襲爵

翰少有父風太祖時以善騎射爲獵郎太宗之在外翰與元磨渾等潛謀奉迎太宗即位遷散騎常侍與磨渾等拾遺左右以功遷平南將軍

率衆鎭北境威名甚著蠕蠕憚之後爲都督北部諸軍事平北將軍眞定侯給殿中細拾隊加旌旗鼓吹蠕蠕每犯塞翰拒擊有功進爵爲公世祖即位徵還京師進封平陽王加安集將軍蠕蠕大檀之入寇雲中世祖親征之遣翰率北部諸將尉眷自參合以北擊大檀別帥阿伏干於柞山斬首數千級獲馬萬餘匹又與東平公娥清出長川以討大檀大檀衆北遁追擊克獲而還尋遷司徒襲赫連昌破之世祖復征昌翰

與廷尉道生宗正娥清率騎三万爲前驅昌戰敗奔上邽翰以八千騎追之至高平不及而還從襲蠕蠕車駕度漠大檀奔走其弟匹黎率衆赴之遇翰交戰匹黎衆潰走斬其渠帥數百人翰清正嚴明善撫將士太祖甚重之神䴥三年薨深見悼惜爲之流涕親臨其喪禮依安城王叔孫俊故事賻賜有加謚曰威陪葬金陵

子平成襲爵降爲公

平成少以父任爲中散累遷南部尚書卒陪葬

金陵

子渾襲爵

渾初爲中散久之爲彭城鎭將太和中卒子盛襲爵

翰弟受興世祖時從征平涼以功賜爵長進子除河間太守卒

子安都襲爵顯祖時爲典馬令

受興弟陳世祖時爲羽林郎征和龍賊自西門出將犯外圍陳擊退之追斬至長城下以功賜

爵五等男又從征涼州爲都將領入官遷殿中給事中進爵爲子遷駕部尚書復出爲北鎮都將陳性寬厚好學愛士所歷輒爲人追思之高宗即位進爵吴郡公加安東將軍興光二年卒贈散騎常侍吴郡王謚曰恭陪葬金陵

子頭襲爵高宗時爲中散遷内行長典龍牧曹天安初卒

子拔襲爵

陳弟蘭世祖初爲中散常從征伐典御兵器賞

賜甚厚後以破平涼功賜爵睢陽子加奮武將軍遷散騎常侍北部尚書後除豫州刺史卒

子烏孤襲爵高祖初出爲武都鎮將入爲散令

子樂孝靜時金紫光禄大夫

肥弟亦干太祖初爲羽林郎從平中原除廣平太守卒

子石洛世祖初爲羽林郎稍遷散騎常侍從征赫連昌爲都將以功拜樂部尚書賜爵臨淮公加寧西將軍神䴥中卒謚曰簡

子眞少以父任爲中散從征平涼以功賜爵臨城子拜員外散騎侍郎廣武將軍襲父爵降爲建義將軍臨淮侯遷司衛監征蓋吴遷殿中尚書加散騎常侍從駕征劉義隆至江進爵南康公加冠軍將軍卒於軍

子吴兒襲爵高祖初爲中散武川鎮將太和初卒贈恒州刺史

子長樂襲坐事爵除後歷陵江將軍羽林監

子榮族武定中征西將軍繁昌男

吴兒弟突朔州長史

子元慶平州倉曹參軍

尉古眞代人也太祖之在賀蘭部賀染干遣侯引乙突等詣行宫將肆逆古眞知之密以馳告侯引等不敢發染干疑古眞泄其謀乃執拷之以兩車軸押其頭傷一目不伏乃免之登國初從征庫莫奚及叱突隣並有功又從救賀蘭破衛辰子直力鞮復擊慕容寶於參合陂又從平中原以功賜爵束州侯加建節將軍太宗初爲

鴻飛將軍率衆五千鎮大洛城太宗西巡古眞
與奚斤等率前軍討越勒部大破之獲馬五萬
疋牛羊二十萬頭掠二萬餘家西還泰常三年
除定州刺史卒
子億萬襲卒
子盛襲
古眞弟太眞太宗初爲平南將軍相州刺史
太眞弟諾少侍太祖以忠謹著稱從圍中山諾
先登傷一目太祖歎曰諾兄弟並毀其目以建

魏書傳十四　七　陳浩

功效誠可嘉也寵待遂隆除平東將軍賜爵安
樂子從討姚平還拜國部大人太宗初爲幽州
刺史加東統將軍進爵爲侯長孫道生之討馮
跋也諾與驍騎將軍延普率師次遼西轉寧東
將軍進爵武陵公諾之在州有惠政民吏追思
之世祖時薊人張廣達等二百餘人詣闕請之
復除安東將軍幽州刺史改邑遼西公兄弟並
爲方伯當世榮之燕土亂久民戶凋散諾在州
前後十數年還業者萬餘家延和中卒

第八子觀襲爵卒
子崘襲
諾長子眷忠謹有父風太宗時執事左右爲大
官令時侍臣受斤亡入蠕蠕詔眷追之遂至虜
庭大檀問其故眷曰受斤負罪天子逃刑在此
不時執送是以來取眷遂擒受斤於大檀前左
右救之乃免由是以驍烈聞遷司衛監太宗幸
幽州詔眷輔世祖居守後征河南督高車騎臨
陣衝突所向無前賊憚之世祖即位命眷與散

魏書傳十四　八　史

騎常侍劉庫仁等八人分典四部綰奏機要賜
爵山桑侯加陳兵將軍又爲安北將軍出鎮北
境與平陽王長孫翰擊蠕蠕別帥阿伏干於祚
山率師至歌删山擊蠕蠕別帥便度弟庫仁直
引師而北蠕蠕部帥莫孤率高車騎五千乘來
逆眷擊破之斬首千餘級又從征蠕蠕眷出白
黑兩漢之間擊其東部大獲而還又從赫連昌
眷出南道擊昌於上邽士衆乏糧臨淮公丘堆
等督租於郡縣爲昌所敗昌乘勝抄掠諸將患

之眷與侍御史安頡陰謀設伏邀擊擒昌以功拜寧北將軍加散騎常侍進爵源陽公後從征和龍眷督萬騎前驅慰喻降二千餘戶尋爲假節加侍中都督豫洛二州及河内諸軍事安南將軍開府鎮虎牢張掖王禿髮保周之反也衛眷與永昌王健等率師討之破保周於番禾保周遁走眷率騎追之保周窮迫自殺詔眷留鎮涼州加都督涼沙河三州諸軍事安西將軍領護羌戎校尉轉敦煌鎮將又擊破吐谷渾俘三

千餘口眷歷鎮四蕃威名並著高宗時率師北擊伊吾克其城大獲而還尋拜侍中太尉進爵爲王與太宰常英等評尚書事高宗北巡狩以寒雪方降議還眷諫曰今動大衆以威北敵去都不遠而便旋駕虜必疑我有内難雖方寒雪兵人勞苦以經略大體宜便前進高宗從之遂渡漠而還以眷元老賜杖履上殿和平四年薨高宗悼惜之贈大將軍謚曰莊

子多侯襲爵多侯少有武幹顯祖時爲假節征西將軍領護羌戎校尉敦煌鎮將至鎮上表求率輕騎五千西入于闐兼平諸國因敵取資平定爲效弗許高祖初蠕蠕部帥无盧真率三万騎入塞圍鎮多侯擊之走以功進號征西大將軍後多侯獵于南山蠕蠕遣部帥度拔入圍敦煌斷其還路多侯且前且戰遂衝圍而入率衆出戰大破之追北數十里斬首千餘級因上疏求北取伊吾斷蠕蠕通西域之路高祖善其計以東作方興難之太和元年爲妻元氏所害

子建襲爵歷位給事中卒無子

建弟郁襲爵卒

子範襲

範弟顯業散騎常侍與太原公主姦通生子彦

武定中衛將軍南營州刺史

多侯弟子慶賓善騎射有將略高祖時釋褐員外散騎侍郎稍遷左將軍太中大夫肅宗時議欲送蠕蠕主阿那瓌還國慶賓上表固爭不從後蠕蠕遂執行臺元孚大掠北境詔尚書令李

崇討之慶賓別將隸崇出塞而返元法僧之外叛蕭衍遣其豫章王蕭綜鎮徐州又詔慶賓爲別將隸安豐王延明討之尋除後將軍肆州刺史時爾朱榮兵威漸盛曾經肆州慶賓畏惡之據城不出榮恨慶賓舉兵襲之慶賓別駕姚和內應榮遂害慶賓僚屬拘慶賓還秀容呼爲假父後以母憂還都尋起爲平東將軍光祿大夫都督鎮汝陰還朝永安二年卒贈車騎將軍雍州刺史又追加侍中司空公

慶賓子豹起家員外郎肅宗時行頴州事與蕭衍將裴之禮戰歿

豹弟瑾武定中東平太守

眷弟地干機悟有才藝馳馬立射五的時人莫能及太宗時爲左機令世祖少而善之即位擢爲庫部尚書加散騎常侍左光祿大夫領侍輦郎地干奉上忠謹尤善嘲笑世祖見其效人舉措忻悅不能自勝甚見親愛參軍國大謀世祖將征平涼試衝車以攻冢地干爲索所罥折脅而卒世祖親往臨撫哭之甚慟贈中領軍將軍燕郡公謚曰惠贈賜豐厚

子長壽幼拜散騎常侍遷殿中右曹尚書仍加散騎常侍從征劉義隆至江賜爵會稽公加冠軍將軍高宗時除涇州刺史和平五年卒

子弥眞襲爵弥眞卒無子

弟狀德襲爵

地干弟侯頭襲地干職爲庫部尚書

侯頭弟力斤亦以忠謹聞歷位御史中尉并州刺史有政績加冠軍將軍賜爵晉陽侯卒贈平

南將軍

力斤弟焉陳尚書安樂侯

古眞族玄孫聿字成興性耿介肅宗時爲武衛將軍是時領軍元乂秉權百寮莫不致敬而聿獨長揖不拜尋出爲平西將軍東涼州刺史涼州緋色天下之最乂送白綾二千疋令聿染拒而不許乂諷御史劾之驛徵至京覆驗無狀還復任尋卒於州時年五十贈安北將軍朔州刺

史

子儉武定中開府祭酒

史臣曰長孫肥結髮內侍雄烈知名軍鋒所指罔不奔散關張萬人之敵未足多也翰有父風不隕先構臨喪加禮抑有由哉尉古眞兄弟忠勇奮發義以忘生眷威略著時增隆家業書是麾旄亦其宜矣

列傳第十四　魏書二十六

魏傳十四　十三

列傳第十五　魏書二十七

穆崇

穆崇代人也其先世效節於神元桓穆之時崇機捷便辟少以盜竊爲事太祖之居獨孤部崇常往來奉給時人無及者後劉顯之謀逆也平文皇帝外孫梁眷知之密遣崇告太祖眷謂崇曰顯若知之問汝者丈夫當死節雖刀劍別割勿泄也因以寵妻及所乘良馬付崇曰事覺吾當以此自明崇來告難太祖馳如賀蘭部顯果疑眷泄其謀將囚之崇乃唱言曰梁眷不顧恩義將與顯爲逆今我掠得其妻馬足以雪忿顯聞而信之窟咄之難崇外甥于植等謀執太祖以應之崇曰今窟咄已立衆咸歸附富貴不可失願舅圖之崇乃夜告太祖太祖誅植等北踰陰山復幸賀蘭部崇甚見寵待太祖爲魏王拜崇征虜將軍從平中原賜爵歷陽公散騎常侍後遷太尉加侍中徙爲安邑公又從征高車大勝而還姚興圍洛陽司馬德宗將辛恭靖請救

三十　魏書傳十五

太祖遣崇六千騎赴之未至恭晴敗詔崇即鎮野王除豫州刺史仍本將軍徵爲太尉又徙宜都公天賜三年薨先是衞王儀謀逆崇豫焉太祖惜其功而祕之及有司奏謚太祖親覽謚法至述義不克曰丁太祖曰此當矣乃謚曰丁公

初太祖避窟咄之難遣崇還察人心崇夜至民中留馬與從者乃微服入其營會有火光爲春妾所識賊皆驚起崇求從者不得因匿於坑中徐乃竊馬奔走宿於大澤有白狼向崇而號崇乃覺悟馳馬隨狼而走適去賊黨追者已至遂得免難太祖異之命崇立祀子孫世奉焉太和中追錄功臣以崇配饗

崇長子遂留歷顯官討蠕蠕有功賜爵零陵侯後以罪廢

子乙九内行長者以功賜爵富城公加建忠將軍遷散騎常侍内乘黃令侍中卒謚曰靜

子眞起家中散轉侍東宮尚長城公主拜駙馬都尉後勑離婚納文明太后姊尋除南部尚書侍中卒謚曰宣高祖追思崇勳令著作郎韓顯宗與眞撰定碑文建於白登山

眞子泰本名石洛高祖賜名焉以功臣子孫尚章武長公主拜駙馬都尉典羽獵四曹事賜爵馮翊侯遷殿中尚書加散騎常侍安西將軍進爵爲公出爲鎮南將軍洛州刺史例降爲侯尋徵爲右光祿大夫尚書右僕射又出爲使持節鎮北將軍定州刺史改封馮翊縣開國侯食邑五百户進征北將軍初文明太后幽高祖於別室將謀黜廢泰切諫乃止高祖德之錫以山河寵待隆至泰自陳病乞爲恒州遂轉陸叡爲定州以泰代焉泰不願遷都叡未及發而泰已至遂潛相扇誘圖爲叛乃與叡及安樂侯元隆撫冥鎮將魯郡侯元業驍騎將軍元超陽平侯賀頭射聲校尉元樂平前彭城鎮將元拔代郡太守元珍鎮北將軍樂陵王思譽等謀推朔州刺史陽平王頤爲主頤不從僞許以安之密表其事高祖乃遣任城王澄率并肆兵以討之澄

先遣治書侍御史李煥單車入代出其不意泰
等驚駭計無所出煥曉諭逆徒示以禍福於是
凶黨離心莫爲之用泰自度必敗乃率麾下數
百人攻煥郭門冀以一捷不克單馬走出城西
爲人擒送澄亦尋到窮治黨與高祖幸代親見
罪人問其反狀泰等伏誅
子伯智八歲侍學東宮十歲拜太子洗馬散騎
侍郎尚饒陽公主拜駙馬都尉早卒子瞻
伯智弟士儒字叔賢從涼州後乃得還爲太尉

參軍事
子容武定中汲郡太守
乙九弟丑頭侍中北部尚書卒贈司空公謚曰
敬
子蒲坂虞曹尚書征虜將軍涇州刺史贈征西
將軍雍州刺史謚曰昭
子部字伏興公員外散騎侍郎代郡太守征東將
軍金紫光祿大夫卒贈使持節都督冀相殷三
州諸軍事驃騎大將軍冀州刺史謚曰文

子遂留幽州司馬
遂留弟觀字闍拔襲崇爵少以文藝知名選充
内侍太祖器之太宗即位爲左衛將軍綰門下
中書出納詔命及訪舊事未嘗有所遺漏太宗
奇之尚宜陽公主拜駙馬都尉稍遷太尉世祖
之監國觀爲右弼出則統攝朝政入則應對左
右事無巨細皆關决焉終日怡怡無愠喜之色
勞謙善誘不以富貴驕人泰常八年暴疾薨於
苑内時年三十五太宗親臨其喪悲慟左右賜

以通身隱起金飾棺喪禮一依安城王叔孫俊
故事贈宜都王謚曰文成世祖即位每與群臣
談宴未嘗不歎惜殷勤以爲自泰常以來佐命
勳臣文武兼濟無及之者見稱如此
子壽襲爵少以父任選侍東宮尚樂陵公主拜
駙馬都尉明敏有父風世祖愛重之擢爲下大夫
敷奏機辯有聲内外遷侍中中書監領南部尚
書進爵宜都王加征東大將軍壽辭曰臣祖宗
先皇之世屬值艱危幸天贊梁眷誠心密告故

得效功前朝流福於後昔陳平受賞歸功無知今眷元勳未録而臣獨弈世受榮豈惟仰愧古賢抑亦有虧國典世祖嘉之乃求眷後得其孫賜爵郡公輿駕征涼州命壽輔恭宗摠録要機內外聽焉行次雲中將濟河宴諸將於宮世祖別御靜室召壽及司徒崔浩尚書李順世祖謂壽曰蠕蠕吳提與牧犍連和今聞朕征涼州必來犯塞若伏兵漠南殄之爲易朕故留壯兵肥馬使卿輔佐太子收田既訖便可分伏要害以

待虜至引使深入然後擊之擒之必矣涼州路遠朕不得救卿若違朕指授爲虜侵害朕還斬卿崔浩李順爲證非虛言也壽頓首受詔壽信上筮之言謂賊不來竟不設備而吳提果至侵及善無京師大駭壽不知所爲欲築西郭門請恭宗避保南山惠太后不聽乃止遣司空長孫道生等擊走之世祖還以無大損傷故不追咎恭宗監國壽與崔浩等輔政人皆敬浩壽獨凌之又自恃位任以爲人莫已及謂其子師曰但

令吾兒及我亦足勝人不須苦教之遇諸父兄弟有如僕隸夫妻並坐共食而令諸父餕餘其自矜無禮如此爲時人所鄙笑眞君八年薨贈太尉謚曰文宣

子平國襲爵尚城陽長公主拜駙馬都尉侍中中書監爲太子四輔正平元年卒

子伏干襲爵尚濟北公主拜駙馬都尉和平二年卒謚曰康無子

伏干弟羆襲爵尚新平長公主拜駙馬都尉又

除虎牢鎮將頻以不法致罪高祖以其勳德之胄讓而赦之轉征東將軍吐京鎮將羆賞善罰惡深自克勵時西河胡叛羆欲討之而離石都將郭洛頭拒違不從羆遂上表自劾以威不攝下請就刑戮高祖乃免洛頭官山胡劉什婆寇掠郡縣羆討滅之自是部內肅然莫不敬憚後改吐京鎮爲汾州仍以羆爲刺史前吐京太守劉升在郡甚有威惠限滿還都胡民八百餘人詣羆請之前定陽令吳平仁亦有恩信戶增數

倍羆以吏民懷之並爲表請高祖皆從焉羆既
頻薦升等所部守令咸自砥礪威化大行百姓
安之州民李軌郭及祖等七百餘人詣闕頌羆
恩德高祖以羆政和民悅增秩延限後徵爲光
祿勳隨例降王爲魏郡開國公邑五百戶又除
鎮北將軍燕州刺史鎮廣寧尋遷都督夏州高
平鎮諸軍事本將軍夏州刺史鎮統萬又除侍
中中書監穆泰之反羆與潛通赦後事發削封
爲民卒于家世宗時追贈鎮北將軍恒州刺史

子建字晚興性通率頗好文史起家祕書郎稍
遷直閤將軍兼武衛建妻介朱榮之妹建常依
附榮榮入洛之後除鎮東將軍金紫光祿大夫
征北將軍封濟北郡開國公後遷散騎常侍車
騎大將軍左光祿大夫兼尚書北道行臺并州
事元曄之立建兼尚書右僕射儀轉侍中驃騎
大將軍出帝未本將軍儀同三司洛州刺史天
平中坐事自殺於五原城北

子千牙武定中開府祭酒

建弟行字進興解褐員外郎封新興縣開國子
稍遷通直常侍行雲州事

羆弟亮字幼輔初字老生早有風度顯祖時起
家爲侍御中散尚中山長公主拜駙馬都尉封
趙郡王加侍中征南大將軍徙封長樂王高祖
初除使持節秦州刺史在州未朞大著聲稱徵
爲殿中尚書又遷使持節征西大將軍西戎校
尉敦煌鎮都大將政尚寬簡賑恤窮乏被徵還
朝百姓追思之除都督秦梁益三州諸軍事征

南大將軍領護西戎校尉仇池鎮將時宕昌王
梁彌機死子彌博立爲吐谷渾所逼來奔仇池
亮以彌機蕃款素著矜其亡滅彌博凶悖氐羌
所棄彌機兄子彌承戎民歸樂表請納之高祖
從焉於是率騎三万次于龍鵠擊走吐谷渾立
彌承而還是時階陵比谷羌董耕奴斯卑等率
衆數千人寇仇池屯于陽遐嶺亮副將楊靈珍
率騎擊走之氐豪楊卜自延興以來從軍征伐
二十一戰前後鎮將抑而不聞亮表卜爲廣業

太守高家右咸悅境內大安徵爲侍中尚書右僕射于時復置司州高祖曰司州始立未有寮吏須立中正以定選舉然中正之任必須德望兼資者世祖時崔浩爲冀州中正長孫嵩爲司州中正可謂得人公卿等宜自相推舉必令稱允尚書陸叡舉亮爲司州大中正時蕭賾遣將陳顯達攻陷醴陽加亮使持節征南大將軍都督懷洛南北豫徐兗六州諸軍事以討之顯達遁走乃還尋遷司空參議律令例降爵爲公時文

明太后崩已過朞月高祖毀瘠猶甚亮表曰王者居極至尊至重父天母地懷柔百靈是以古先哲王制禮成務施政立治必順天而後動宣憲垂範必依典而後行用能四時不忒陰陽和暢若有過舉咎徵必集故大舜至慕事在納麓之前孔子至聖喪無過瘠之紀是書稽古之美不録在服之痛禮備諸侯之喪而無天子之式雖有上達之言未見居喪之典然則位重者爲世以屈己居聖者達命以忘情伏惟陛下至德

參二儀惠澤覃河海宣禮明刑動遵古式以至孝之痛服朞年之喪練事既闋號慕如始統重極之尊同衆庶之制廢越紼之大敬闕宗祀之舊軌誠由文明太皇太后聖略超古惠訓深至欲報之德昊天罔極比之前代感爲過甚豈所謂順帝之則約躬隨衆者也陛下既爲天地所子又爲萬民父母子過哀父則爲之慘悴父過慼子則爲之憂傷近蒙接見咫尺旒冕聖容哀毀駭感無止況神祇至靈而不久虧和氣微致

風旱者哉書稱一人有慶兆民賴之今一人過哀黎元焉繫羣官所以顛殞震懼率土所以危惶悚慄百姓何仰而不憂嘉禾何由而播殖願陛下上承金冊遺訓下稱億兆之心時襲輕服數御常膳脩崇郊祠垂惠咸秩輿駕時動以釋憂煩博採廣諮以導性氣息無益之戀行利見之德則休徵可致嘉應必臻禮教並宣孝慈兼備普天蒙賴含生幸甚詔曰苟孝悌之至無所不通今飄風亢旱時雨不降寔由誠慕未濃幽

顯無慼也所言過哀之咎詠爲未衷省啓以增悲愧尋領太子太傅時將建太極殿引見羣臣於太華殿高祖曰朕仰遵先意將營殿宇役夫旣至興功有日今欲徙居永樂以避囂埃土木雖復無心毁之能不悽愴今故臨對卿等與之取別此殿乃高宗所制爰歷顯祖逮朕沖年受位於此但事來奪情將有改制仰惟疇昔惟深悲感亮稽首對曰臣聞稽之卜筮載自典經占以決疑古今攸尚興建之功事在不易願陛下

訊之蓍龜以定可否又去歲役作爲功甚多太廟明堂一年便就若仍歲頻興恐民力凋弊且材幹新伐爲功不固願得逾年小康百姓高祖曰若終不爲可如卿言後必爲之逾年何益朕遠覽前王無不興造故有周創業經建靈臺洪漢受終未央是作草創之初猶尚若此況朕承累聖之運屬太平之基且今八表清晏年穀又登爰及此時以就大功人生定分脩短命也蓍蔡雖智其如之何當委之大分豈假卜筮遂移

御永樂宮後高祖臨朝堂謂亮曰三代之禮日出視朝自漢魏已降禮儀漸殺晉令有朔望集公卿於朝堂而論政事亦無天子親臨之文今因卿等日中之集中前則卿等自論政事中後與卿等共議可否遂命讀奏案高祖親自決之又謂亮曰徐州表給歸化人稟王者民之父母誠宜許之但今荆揚不賓書軌未一方欲親御六師問罪江介計萬戸投化歲食百萬若聽其給也則蓄儲虚竭雖得戸千萬猶未成一同且欲隨貧賑恤卿意何如亮對曰所存遠大實如

聖旨及車駕南遷遷武衛大將軍以本官董攝中軍事高祖南伐以亮録尚書事留鎭洛陽後高祖將自小平汎舟幸石濟亮諫曰臣聞垂堂之誨振古成規於安思危著於周易是以憑險弗防没而不弔匹夫之賤猶不自輕況萬乘之尊含生所仰而可忽乎是故處則深宮廣廈行則萬騎千乘昔漢帝欲乘舟渡渭廣德將以首血汙車輪帝乃感而就橋夫一渡小水猶尚若

斯況洪河浩汗有不測之慮且車乘由人猶有奔逸致敗之害況水之緩急非人所制脫難出慮表其如宗廟何高祖曰司空言是也及亮兄羆預穆泰反事亮以府事付司馬慕容契上表自劾高祖優詔不許還令攝事亮頻煩固請久乃許之尋除使持節征北大將軍開府儀同三司冀州刺史徙封頓丘郡開國公食邑五百戶以紹崇爵世宗即位遷定州刺史尋除驃騎大將軍尚書令俄轉司空公景明三年薨時年五

十二給東園溫明祕器朝服一具衣一襲錢四十萬布七百匹蠟二百斤世宗親臨小斂贈太尉公領司州牧謚曰匡

子紹字永業高祖以其貴臣世胄顧念之九歲除員外郎侍學東宮轉太子舍人十一尚琅琊長公主拜駙馬都尉散騎侍郎領京兆王愉文學世宗初通直散騎常侍高陽王雍友遭父憂詔起襲爵散騎常侍領主衣都統遷祕書監侍中金紫光祿大夫光祿卿又遷衛將軍太常卿

尋除使持節都督冀瀛二州諸軍事本將軍冀州刺史以母老固辭忤旨免官除中書令轉七兵尚書徙殿中尚書遭所生憂免居喪以孝聞又除衛大將軍左光祿大夫中書監復為侍中領本邑中正紹無他才能而資性方重罕接賓客希造人門領軍元叉當權熏灼曾往候紹紹迎送下階而已時人歎尚之及靈太后欲黜叉猶豫未決紹贊成之以功加特進又拜其次子巖為給事中尋加儀同三司領左右時侍中元

順與紹同直順嘗因醉入其寢所紹擁被而起正色讓順曰身二十年侍中與卿先君亟連職事縱卿後進何宜相排突也遂謝事還家詔喻久乃起除車騎大將軍開府定州刺史固辭不拜又除侍中託疾未起河陰之役故得免害莊帝立尒朱榮遣人徵之紹以為必死哭辭家廟及往見榮於邙山捧手不拜榮亦矯意禮之顧謂人曰穆紹不虛大家兒車駕入宮尋授尚書令司空公進爵為王給班劍四十人仍加侍中

時河南尹李奬往詣紹奬以紹郡民謂必加敬紹又恃封邑是奬國主待之不爲動膝奬憚其位望致拜而還議者兩譏焉尒朱榮之討葛榮也詔上黨王天穆爲前鋒次於懷縣司徒公楊椿爲右軍紹爲後繼未發會擒葛榮乃止未幾降王復本爵元顥入洛以紹爲兖州刺史行達東郡顥敗而反普泰元年除都督青齊兖光四州諸軍事驃騎大將軍開府青州刺史未行其年九月薨時年五十二贈侍中都督冀相殷三州諸軍事大將軍尚書令太保冀州刺史謚曰

文獻

子長高字子岳起家通直郎再遷散騎常侍襲爵轉鎮東將軍光禄少卿興和中卒贈都督冀滄二州諸軍事征東將軍冀州刺史

子嵩巖武定中司徒諮議參軍

平國弟相國官至安東將軍濟州刺史上洛公

相國弟正國尚長樂公主拜駙馬都尉

子平城早卒高祖時尚平公主薨於宮追贈平城駙馬都尉與公主合葬

平城弟長城司徒左長史

子世恭武定中朱衣直閣

長城弟彧符璽郎中卒

子永延尚書騎兵郎青州征東司馬

正國弟應國征西將軍張掖公

子度孤襲爵平南將軍梁城鎮將

子清休頗有將略司農少卿武衛將軍左光禄大夫出爲驃騎大將軍夏州刺史

子鐵槌秘書郎

應國弟安國歷金部長殿中尚書加右衛將軍賜爵新平子爲乙渾所殺追贈征虜將軍

子吐万襲爵襄城鎮將

子金寶秘書郎

壽弟伏眞高宗世稍遷尚書賜爵任城侯出爲兖州刺史假寧東將軍濮陽公

子常貴南陽太守

伏眞弟多侯歷位殿中給事左將軍賜爵長寧

子遷司衛監高宗崩乙渾專權時司徒陸麗在代郡温湯療病渾忌之遣多侯追麗多侯謂麗曰渾有無君之心大王衆所望也去必危宜徐歸而圖之麗不從遂爲渾所害多侯亦見殺謚曰烈

子胡兒襲爵

覲弟翰平原鎮將西海王薨

子龍仁襲爵降爲公卒

子豐國襲爵

豐國弟子弼有風格善自位置涉獵經史與長孫稚陸希道等齊名於世矜已陵物頗以損焉高祖初定氏族欲以弼爲國子助教弼辭曰先目以來蒙恩累世比校徒流實用慙屈高祖曰朕欲敦厲冑子故屈卿光之白玉投泥豈能相汚弼曰既遇明時恥沉泥滓會司州牧咸陽王禧入高祖謂禧曰朕與卿作州都舉一主簿即命弼謁之因爲高祖所知輿駕南征特勑隨從世宗初除尚書郎以選爲高平王懷國郎中令數有匡諫之益世宗善之除中書舍人轉司州治中別駕歷任有稱肅宗時河州羌却鐵忽反勑兼黃門慰喻忽以功加前將軍賜以錢帛尋以本將軍行揚州事追拜平西將軍華州刺史卒於州時年五十一贈使持節征北將軍定州刺史謚曰懿

子季齊釋褐司徒參軍事開府騎兵參軍

翰弟顗忠謹有材力太宗時爲中散轉侍御郎從世祖征赫連昌勇冠一時世祖嘉之遷侍輦

郎殿中將軍賜爵泥陽子從征和龍功超諸將拜司衛監加龍驤將軍進爵長樂侯曾從世祖田於崞山有虎突出顗搏而獲之世祖歎曰詩所謂有力如虎顗乃過之後從駕西征白龍北討蠕蠕以功加散騎常侍鎮北將軍進爵建安公出爲北鎮都將徵拜殿中尚書出鎮涼州所在著稱還加散騎常侍領太倉尚書高宗時爲征西大將軍督諸軍東西征吐谷渾出南道坐擊賊不進免官爵從邊高祖又以顗著勳前朝

衛爲內都大官天安元年卒贈征西大將軍建
安王謚曰康
子寄生襲
寄生弟栗涼州鎮將安南公
子祁字願德通直常侍上谷河內二郡太守司
州治中太子右衛率卒贈齊州刺史
子景相字覇都中書舍人上黨太守
栗弟泥乾爲羽林中郎賜爵臨安男後稍歷顯
職除冀州刺史假安南將軍鉅鹿公卒

子渾襲爵祕書中散
子令宣通直常侍
崇宗人醜善太祖初率部歸附與崇同心勠力
禦侮左右從征窟咄劉顯破平之又從擊賀蘭
部平庫莫奚拜天部大人居於東蕃卒
子莫提從平中原爲中山太守除寧南將軍相
州刺史假陽陵侯卒
子吐太宗世散騎常侍卒於侍中鎮東將軍
子敦輔國將軍西部都將賜爵富平子卒

子純襲爵歷散騎常侍光祿勳高祖時右衛將
軍尋除右將軍河州刺史卒贈鎮北將軍并州
刺史
子盛襲爵直閤將軍
盛弟裕輔國將軍中散大夫
裕子禮東牟太守
禮弟略武定末魏尹丞
純弟鐵歷東宮庶子汲郡太守世宗時爲懷朔
鎮將東北中郎將瀛幽涼三州刺史肅宗世除

平北將軍并州刺史金紫光祿大夫在公以威
猛見稱卒時年七十四贈散騎常侍征東將軍
相州刺史謚曰安
子顯壽長水校尉
顯壽弟顯業卒於散騎侍郎
子子琳舉秀才爲安戎令頗有吏幹隨長孫稚
征蜀有功除尚書屯田郎中出帝即位以攝儀
曹事封高唐縣開國男邑二百戶孝靜初鎮東
將軍司州別駕以占奪民田免官爵久之河至

羅國主副羅越居爲蠕蠕所破其子去賓來奔齊獻武王奏去賓爲安北將軍肆州刺史封高車王招慰夷虜表子琳爲去賓長史復其前封尋遷儀同開府長史齊獻武王丞相司馬卒時年五十三贈驃騎大將軍都官尚書瀛州刺史

子伯昱

弟朏武定中開府中兵參軍

子琳弟良字先德司空行參軍將作丞司徒祭酒安東將軍南鉅鹿太守頗有民譽入爲司徒

司馬大將軍從事中郎中書舍人武定六年卒贈征東將軍徐州刺史

史臣曰穆崇夙奉龍顏早著誠節遂膺寵眷位極台鼎至乃身豫逆謀卒蒙全護明主之於勞臣不亦厚矣從享廟庭抑亦尚功之義觀少當公輔之任業器其優乎顗壯烈顯達亮寬厚致位紹立虛簡之操弼有風格之名世載不隕青紫兼列盛矣至於壽以貴終羆止前廢人之無禮爲幸甚多醜之子孫不乏名位亦有人哉

列傳第十五　　魏書二十七

列傳第十六　　魏書三十八

和跋　奚牧
莫題　庾業延
賀狄干　李栗
劉潔　古弼
張黎

和跋代人也世領部落爲國附臣跋以才辯知名太祖擢爲外朝大人參軍國大謀雅有智算頻使稱旨拜龍驤將軍未幾賜爵日南公從

平中原以功進爲尚書鎮鄴慕容德使兄子和守滑臺和長史李辨殺和求援於跋跋率輕騎赴之既至辨悔閉門拒守跋使尚書郎鄧暉說之辨乃開門跋入收其府藏德聞之遣將率二千騎擊跋跋逆擊大破之擒其將士千餘人而還於是陳潁之民多來向化改封定陵公與常山王遵率衆五万討賀蘭部別帥木易于破之出爲平原太守太祖寵遇跋冠於諸將時群臣皆敦尚恭儉而跋好脩虛譽眩曜於時性尤奢淫太祖戒之弗革後車駕北狩豺山收跋刑之路側妻劉氏自殺以從初將刑跋太祖命其諸弟毗等視訣跋謂毗曰灅北地瘠可居水南就耕良田廣爲產業各相勉勵務自纂修令之背己曰汝曹何忍視吾之死也毗等解其微意詐稱使者亡奔長安追之不及太祖怒遂誅其家後世祖西巡五原回幸豺山校獵忽遇暴風雲霧四塞世祖怪而問之羣下僉言跋世居此土祠冢猶存其或者能致斯變帝遣建興公古弼祭

以三牲霧即除散後世祖蒐狩之日每先祭之少子歸從征赫連昌有功拜統萬將軍賜爵成皋男與西平公安頡攻虎牢拔之進爵高陽侯後以罪徙配涼州爲民蓋吳作亂於關中復拜歸龍驤將軍往討之還拜使持節冠軍將軍雍城鎮都大將高陽侯卒

子度襲爵尚書都官郎昌平太守卒

度子延穆司州部郡從事早卒

子安武定末給事黃門侍郎

奚牧代人也重厚有智謀太祖寵遇之稱之曰仲兄初劉顯謀害太祖梁眷知其謀潛使牧與穆崇至七介山以告語在崇傳太祖錄先帝舊臣又以牧告顯之功拜爲治民長敷奏政事參與計謀太祖征慕容寶加輔國將軍略地晉川獲寶丹陽王買得及離石護軍高秀和於平陶以軍功拜并州刺史賜爵任城公州與姚興接界興頗寇邊牧乃與興書稱頓首鈞禮抗之責興侵邊不直之意興以與國通和恨之有言於

太祖太祖戮之

莫題代人也多智有才用初爲幢將領禁兵太祖之征慕容寶也寶夜來犯營軍人驚駭遂有亡還京師者言官軍敗於栢肆京師不安南安公元順因之欲攝國事題謂順曰此大事不可輕尒宜審待後要不然禍將及矣順乃止以功拜平遠將軍賜爵扶柳公進號左將軍改爲高邑公出除中山太守督司州之山東七郡事車駕征姚興次於晉陽而上黨羣盜秦頗丁零翟都等聚衆於壺關詔題帥衆三千以討之上黨太守捕頗斬之都走林慮詔題搜山窮討盡平之初昭成末太祖季父窟咄徙于長安苻堅敗從慕容永東遷及永自立以窟咄爲新興太守登國初劉顯遣弟亢泥等迎窟咄寇南鄙題時貳於太祖遺箭於窟咄謂之曰三歲犢豈勝重載言窟咄長而太祖少也太祖既銜之天賜五年有告題居處倨傲擬則人主太祖乃使人示之箭告之曰三歲犢能勝重載不題奉詔父子

對泣詰朝乃刑之

庾業延代人也後賜名岳其父及兄和辰世典畜牧稍轉中部大人昭成崩氏寇內侮事難之間收斂畜產富擬國君劉顯謀逆太祖外幸和辰奉獻明太后歸太祖又得其資用以和辰爲內侍長和辰分別公私舊畜頗不會旨太祖由是恨之岳獨恭慎脩謹善處危難之間太祖喜之與王建等俱爲外朝大人參預軍國太祖既絕慕容垂以岳爲大人使詣慕容永永服其辭

義並圍永於長子永生急求援岳與陳留王虔以五万騎東渡河救之岳於秀容破山胡部高車門等徙其部落會永滅乃班師從平中原拜安遠將軍官軍之驚於栢肆也賀蘭部帥附力眷紇突隣部帥匿物尼紇奚部帥叱奴根等聞之聚黨反於陰館南安公元順討之不克死者數千人太祖聞之詔岳率萬騎還討叱奴根等殄之百姓乃安離石胡帥呼延鐵西河胡帥張崇等不樂內徙聚黨反叛岳率騎三千討破之

斬鐵擒崇搜山窮討散其餘黨以功賜爵西昌公進號征虜將軍又討反人張超清河太守傅世並破平以岳爲鄴行臺岳爲將有謀略治軍清整常以少擊多士衆服其智勇名冠諸將及罷鄴行臺以所統六郡置相州即拜岳爲刺史公廉平當百姓稱之舊有園池時果初熟丞吏送之岳不受曰果未進御吾何得先食其謹如此後遷司空岳兄子路有罪諸父兄弟悉誅特赦岳父子天賜四年詔賜岳舍地於南宮岳將

家僮治之候官告岳衣服鮮麗行止風采擬儀人君太祖時既不豫多所猜惡遂誅之時人咸寃惜焉岳葬在代西善無之界後世祖討赫連氏經其墓宅愴然動容遂下詔爲立廟令一州之民四時致祭求其子孫任爲將帥者得其子陵從征有功襲爵

路皇始初從征慕容寶爲城門校尉遷司隸校尉爵高平公而誅

賀狄干代人也家本小族世忠厚爲將以平當

稱稍遷北部大人登國初與長孫嵩爲對明於聽察爲人愛敬太祖遣狄干致馬千匹結婚於姚萇會萇死興立因止狄干而絕婚興弟平率衆寇平陽太祖討平之擒其將狄伯支唐小方等三十餘人天賜中詔北新侯安同送唐小方於長安後蠕蠕社崘與興和親送馬八千匹始濟河赫連屈丐留與國交好乃叛興邀留社崘馬興乃遣使請以駿馬千匹贖伯支而遣狄干還太祖意在離間二寇於是許之狄干在長

安幽閑因習讀書史通論語尚書諸經舉止風流有似儒者初太祖普封功臣狄干雖爲姚興所留遥賜爵襄武侯加秦兵將軍及狄干至太祖見其言語衣服有類羌俗以爲慕而習之故忿焉既而殺之

弟歸亦剛直方雅與狄干俱死

李栗鴈門人也昭成時父祖入國少辯捷有才能兼有將略初隨太祖幸賀蘭部在元從二十一人中太祖愛其藝能時王業草創爪牙心腹

魏傳十六　七

多任親近唯栗一介遠寄兼非戚舊當世榮之數有戰功拜左軍將軍太祖征慕容寶栗督五万騎爲前驅軍之所至莫不降下遷左將軍慕容寶棄中山東走也栗以輕騎追之不及而還栗性簡慢矜寵不率禮度每在太祖前舒放倨傲不自檢肅咳唾任情太祖積其宿過天興三年遂誅之於是威嚴始厲制勤羣下盡卑謙之禮自栗始也

劉潔長樂信都人也祖父生頗解卜筮昭成時慕容氏來獻女爲公主家臣仍隨入朝賜以妻生子父提太祖時官至樂陵太守賜爵信都男卒潔性彊力多智數從征討有功進爵會稽公河西胡張外建興王紹等聚黨爲逆潔與永安侯魏勤率衆三千人屯于西河以鎮撫之又與勤及功勞將軍元屈等擊吐京叛胡時離石胡出以眷引屈丐騎斷截山嶺邀潔潔失馬登山力戰矢刃俱盡爲胡所執送詣屈丐潔聲氣不撓呼其字而與之言神色自若屈丐壯而釋之

魏傳十六　八

後得還國典東部事太宗寢疾世祖監國潔與古弼等選侍東宮對綜機要敷奏百揆世祖即位以告反者又獻直言所在合旨奇其有柱石之用委以大任及議軍國朝臣咸推其能於是超遷尚書令改爲鉅鹿公世祖破蠕蠕大檀于雲中潔言於世祖曰大檀恃衆雖破膽奔北恐不懼往敗將復送死請收田訖復一大舉東西並進爲二道討之世祖然其言後大議征討潔言宜先平馮跋世祖不從敕勒新民以將吏侵

奪咸出怨言期牛馬飽草當赴漠北潔與左僕射安原奏欲及河冰未解徙之河西冰解之後不得北遁世祖曰不然此等習俗放散日久有似園中之鹿急則衝突緩之則定吾自處之有道不煩徙也潔等固執乃聽分徙三万餘落於河西西至白鹽池新民驚駭皆曰圈我於河西之中是將殺我也欲西走涼州潔與侍中古弼屯五原河北左僕射安原屯悅拔城北備之既而新民數千騎北走潔追討之走者糧絕相枕

而死時南州大水百姓阻飢潔奏曰臣聞天地至公故万物咸育帝王無私而黎民戴賴伏惟陛下以神武之姿紹重光之緒恢隆大業育濟羣生威之所振無思不服澤之所洽無遠不懷太平之治於是而在自頃邊寇內侵戎車屢駕天資聖明所在克殄方難既平皆蒙酬錫勳高者受爵功卑者獲賞寵賜優崇有過古義而郡國之民雖不征討服勤農桑以供軍國實經世之大本府庫之所資自山以東偏遇水害頻年

不收就食他所臣聞率土之濱莫非王臣應加哀矜以鴻覆育今南摧彊寇西敗醜虜四海晏如人神協暢若與兆民共饗其福則惠感和氣蒼生悅樂矣世祖從之於是復天下一歲租賦潔與樂平王丕督諸軍取上邽軍至略陽百姓爭致牛酒潔至上邽諸將咸欲斬其豪帥以示王威潔不聽撫慰秦隴秋毫無犯人皆安業世祖將發隴右騎卒東伐高麗潔進曰隴土新民始染大化宜賜優復以饒實之兵馬足食然後

可用世祖深納之車駕西伐潔為前鋒沮渠牧犍弟董來率万餘人拒戰於城南潔信卜者之言日辰不協擊鼓卻陳故後軍不進董來得入城世祖微嫌之後潔與建寧王崇督諸軍於三城胡部中簡兵六千將以戍姑臧胡不從命千餘人叛走潔與崇擊誅之虜男女數千人潔朝夕在樞密深見委任性既剛直恃寵自專世祖心稍不平時議伐蠕蠕潔意不欲言於世祖曰虜非有邑居遷徙無常前來出軍無所擒獲不

如廣曲辰積穀以待其來羣臣皆從其議世祖決行乃問於崔浩浩固言可伐世祖從浩議既出與諸將期會鹿渾谷而潔恨其計不用欲沮諸將乃矯詔更期故諸將不至時虜眾大亂恭宗欲擊之潔執不可語在帝紀停鹿渾谷六日諸將猶不進賊已遠遁追至石水不及而還師次漠中糧盡士卒多死潔陰使人驚軍勸世祖棄軍輕還世祖不從潔以軍行無功奏歸罪於崔浩世祖曰諸將後期及賊不擊罪在諸將豈在

於浩浩又言潔矯詔事遂發輿駕至五原收潔幽之世祖之征也潔私謂親人曰若軍出無功車駕不返者吾當立樂平王潔又使右丞張嵩求圖讖問劉氏應王繼國家後我審有名姓否嵩對曰有姓而無名窮治款引搜嵩家果得讖書潔與南康公狄隣及嵩等皆夷三族死者百餘人潔既居勢要擅作威福諸阿附者登長悖恨者黜免內外憚之側目而視拔城破國者聚斂財貨與潔分之籍其家產財盈巨万世祖追

忿言則切齒

古弼代人也少忠謹好讀書又善騎射初爲獵郎使長安稱旨轉門下奏事以敏正著稱太宗嘉之賜名曰筆取其直而有用後改名弼言其輔佐材也令弼典西部與劉潔等分綰機要敷奏百揆世祖即位以功拜立節將軍賜爵靈壽侯征并州叛胡還進爲侍中吏部尚書典南部奏事與安原降東部高車於已尼陂又與劉潔屯五原河北以備叛民拜安西將軍從征赫連

定駕至平涼次于涇南遣弼與侍中張黎擊平涼赫連定自安定率步騎二万來救與弼等相遇弼僞退以誘之世祖使高車勑勤馳擊定斬首數千級弼乘勝取安定又與永昌王健等討馮文通文通嬰城固守弼芟其禾而還後又征文通文通求救於高麗高麗救至文通將東奔民多難之其大臣古泥因民心之不欲遂率眾攻文通開城門以引官軍弼疑古泥譎詐不入城高麗軍至文通乃隨之文通之奔也令婦人

被甲居中其精卒及高麗陳兵於外弼部將高
苟子率騎衝擊賊軍弼酒醉拔刀止之故文通
得東奔將士皆怨弼不擊世祖大怒徵還黜爲
廣夏門卒尋復爲侍中與尚書李順使于涼州
拜安西將軍賜爵建興公鎮長安甚著威名及
議征涼州弼與順咸言涼州乏水草不宜行師
世祖不從既克姑臧微嫌之以其有將略故弗
之責也劉義隆遣將裴方明等擊南秦王楊難
當難當遣使請救兵未至難當奔上邽方明克

仇池立楊玄庶子保熾於是假弼節督隴右諸
軍義隆遣其秦州刺史胡崇之屯仇池弼與平
西將軍元齊邀崇之於濁水臨陣擒之其衆走
還漢中弼等從祥郊山南入與東道將皮豹子
等討仇池遣永安侯賀純攻義隆塞狹道守將
姜道祖退守狹亭諸將以山道嶮峻時又雪深
用馬不便皆遲留不進弼獨進軍使元齊賀純
等擊狹亭道祖南走仇池平未幾諸氐復推楊
文德爲主圍仇池弼發上邽高平汧城諸軍討

之仇池圍解文德走漢川時豹子督關中諸軍
次於下辨聞仇池圍解議欲還軍弼使謂豹子
曰比連破賊軍恐彼君臣未體大分恥其負敗
或來報復若其班師寇衆復至後舉爲難不如
繕兵練甲蓄力待之不出秋冬南寇必來以逸
待勞百勝之策豹子乃止世祖聞之曰弼之言
長策也制南秦弼謀多矣恭宗摠攝萬幾徵爲
東宮四輔與宜都王穆壽等並參政事詔以弼
保傅東宮有老成之勤賜帛千匹綿千斤遷尚

書令弼雖事務殷湊而讀書不輟端謹慎密口
不言禁中之事功名等於張黎而廉不及也上
谷民上書言苑囿過度民無田業乞減太半以
賜貧人弼覽見之入欲陳奏遇世祖與給事中
劉樹碁志不聽事弼侍坐良久不獲申聞乃起
於世祖前捽樹頭掣下床以手搏其耳以拳毆
其背曰朝廷不治實爾之罪世祖失容放碁曰
不聽奏事實在朕躬樹何罪置之弼具狀以聞
世祖奇弼公直皆可其所奏以丐百姓弼曰爲

臣而逞其志於君前者非無罪也乃詣公車免冠徒跣自劾請罪世祖遣使者召之及至世祖曰卿其冠履吾聞築社之役蹇蹇而築之端冕而事之神與之福然則卿有何罪自今以後苟利社稷益國便民者雖復顛沛造次卿則為之無所顧也世祖大閱將校獵於河西弼留守詔以肥馬給騎人弼命給弱者世祖大怒曰尖頭奴敢裁量朕也朕還臺先斬此奴弼頭尖世祖常名之曰筆頭是以時人呼為筆公弼屬官惶

怖懼誅弼告之曰吾以為事君使畋獵不適盤遊其罪小也不備不虞使戎寇恣逸其罪大也今北狄孔熾南虜未滅狡焉之志闚伺邊境是吾憂也故選肥馬備軍實為不虞之遠慮苟使國家有利吾何避死乎明主可以理干此自吾罪非卿等之咎世祖聞而歎曰有臣如此國之寶也賜衣一襲馬二匹鹿十頭後車駕畋於山北大獲麋鹿數千頭詔尚書發車牛五百乘以運之世祖尋謂從者曰筆公必不與我汝輩不

如馬運之速遂還行百餘里而弼表至曰今秋穀懸黃麻菽布野猪鹿竊食鳥鴈侵費風波所耗朝夕參倍乞賜矜緩使得收載世祖謂左右曰筆公果如朕所卜可謂社稷之臣初楊難當之來也詔弼悉送其子弟於京師楊玄小子文德以黃金四十斤賂弼弼受金留文德而遇之無禮文德亡入劉義隆世祖以其正直有戰功弗加罪責也世祖崩吳王立以弼為司徒高宗即位與張黎並坐議不合旨俱免有怨謗之言其

家人告巫蠱俱伏法時人冤之

張黎鴈門平原人也善書計太祖知待之太宗器其忠亮賜爵廣平公管綜機要世祖以其功舊任以輔弼除大司農卿軍國大議黎常與焉加鎮北將軍以征赫連定功進號征北大將軍與樂安王範濟南公崔徽鎮長安清約公平甚著聲稱代下之日家無餘財世祖詔黎領兵一萬二千人通莎泉道車駕征涼州蠕蠕吳提乘虛入寇黎與司空道生拒擊之恭宗初總百揆

黎與東郡公崔浩等輔政忠於奉上非公事不言詔曰侍中廣平公黎東郡公浩等保傅東宮有老成之勤朕甚嘉焉其賜布帛各千匹以褒舊勳恭宗薨於東宮黎兼太尉持節奉策謚焉吳王余立以黎爲太尉後以議不合旨免仍與古弼並誅

史臣曰和跋奚牧莫題賀狄干李栗劉潔等並有忠勤征伐之効任遇仍優俱至誅滅亦見妃危難之中受事草創之際智勇既申功名尤舉

乃良將之材弼謀軍輔國遠略正情有柱石之量張黎誠謹兼方功舊見重纖介之間一朝殞覆宥及十世乃徒言爾惜乎

列傳第十六　魏書二十六

列傳第十七　魏書二十九

奚斤　叔孫建

奚斤代人也世典馬牧父箪有寵於昭成皇帝時國有良馬曰騧騮一夜忽失求之不得後知南部大人劉庫仁所盜養於窟室箪聞而馳往取馬庫仁以國甥恃寵慙而逆擊箪箪捽其鬚落傷其一乳及苻堅使庫仁與衛辰分領國部箪懼將家竄於民間庫仁求之急箪遂西奔衛辰及太祖滅衛辰箪晚乃得歸故名位後於舊

臣斤機敏有識度登國初與長孫肥等俱統禁兵後以斤爲侍郎親近左右從破慕容寶於參合皇始初從征中原以斤爲征東長史拜越騎校尉典宿衛禁旅車駕還京師博陵勃海章武諸郡羣盜並起所在屯聚拒害長吏斤與略陽公元遵等率山東諸軍討平之從征高車諸部大破之又破庫狄宥連部徙其別部諸落於塞南又進擊侯莫陳部俘虜獲雜畜十餘万至大峨谷置戍而還遷都水使者出爲晉兵將軍幽

州刺史賜爵山陽侯太宗即位爲鄭兵將軍循行州郡問民疾苦章武民劉牙聚黨爲亂斤討平之詔以斤世忠孝贈其父篹爲長寧子太宗幸雲中斤留守京師昌黎王慕容伯兒收合輕俠失志之徒李沈等三百餘人謀反斤聞而召伯兒入天文殿東廡下窮問款引悉收其黨誅之詔與南平公長孫嵩等俱坐朝堂録決囚徒太宗大閲于東郊治兵講武以斤行左丞相大蒐於石會山車駕西巡詔斤爲先驅討越勤部

於鹿那山大破之獲馬五萬匹牛羊二十萬頭徙二萬餘家而還又詔斤與長孫嵩等八人坐止車門右聽理萬機蠕蠕犯塞令斤等追之事具蠕蠕傳拜天部大人進爵爲公命斤出入乘軺軒備威儀導從世祖之爲皇太子臨朝聽政以斤爲左輔劉義符立其大臣不附國內離阻乃遣斤收劉裕前侵河南地假斤節都督前鋒諸軍事司空公晉兵大將軍行揚州刺史率吳兵將軍公孫表等南征用表計攻滑臺不拔求

濟師太宗怒其不先略地切責之乃親南巡次中山義符東郡太守王景度捐城遁走司馬楚之等並遣使詣斤降斤自滑臺趣洛陽義符虎牢守將毛德祖遣其司馬翟廣將軍姚勇錯竇霸等率五千人據土樓以拒斤斤進擊破之廣等單馬走免盡殪其衆斤長驅至虎牢軍於氾東留表守輜重自率輕兵徇下河南頴川陳郡以南百姓無不歸附義符陳留太守嚴稜以郡降斤遂平兖豫諸郡還圍虎牢德祖拒守不下

及虎牢潰斤置守宰以撫之自魏初大將行師唯長孫嵩距劉裕斤征河南獨給漏刻及十二牙旗太宗崩斤乃班師世祖即位進爵宜城王仍爲司空世祖征赫連昌遣斤率義兵將軍封禮等督四万五千人襲蒲坂昌守將赫連乙升聞斤將至遣使告昌使至統萬見大軍已圍其城還告乙升曰昌已敗矣乙升懼棄蒲坂西走斤追敗之乙升遂奔長安斤入蒲坂收其資器百姓安業昌弟助興先守長安乙升至復與助

興棄長安西走安定斤又西據長安於是秦雍
氐羌皆來歸附與赫連定相持累戰破定定聞
昌敗遂走上邽斤追之至雍不及而還詔斤班
師斤上疏曰赫連昌亡保上邽鳩合餘燼未有
盤據之資今因其危滅之為易請益鎧馬平昌
而還世祖曰昌亡國叛夫擊之勞傷將士且可
息兵取之不晚斤抗表固執乃許之給斤万人
遣將軍劉拔送馬三千匹與斤斤進討安定昌
退保平涼斤屯軍安定以糧竭馬死遂深壘自

固監軍侍御史安頡擊昌擒之語在頡傳昌衆
復立昌弟定為主守平涼斤自以元帥而擒昌
之功更不在已深耻之乃舍輜重輕齎三日糧
追定於平涼娥清欲尋水而往斤不從自北道
邀其走路定衆將出會一小將有罪亡入賊具
告其實定知斤軍無糧乏水乃邀斤前後斤衆
大潰斤及娥清劉拔為定所擒士卒死者六七
千人後世祖克平涼斤等得歸免為宰人使負
酒食從駕還京師以辱之尋拜安東將軍降爵

為公車駕將討馮文通詔斤發幽州民及密雲
丁零万餘人運攻具出南道太延初為衛尉改
為弘農王加征南大將軍後為万騎大將軍世
祖大集羣臣於西堂議伐涼州斤等三十餘人
議曰河西王牧犍西垂下國雖內不純臣而外
脩職貢宜加寬宥恕其微愆去歲新征士馬疲
弊未可大舉宜且羈縻其地鹵薄略無水草大
軍既到不得久停彼聞軍來必嬰城固守攻則
難拔野無所掠終無克獲世祖不從征之涼州

平以戰功賜僮隸七十戶以斤元老賜安車平
決刑獄諮訪朝政斤聰辯彊識善於談論遠說
先朝故事雖未皆是時有所得聽者歎美之每
議大政多見從用朝廷稱焉具君九年薨時年
八十世祖親臨哀慟謚曰昭王斤有數十婦子
男二十餘人
長子他觀襲爵世祖曰斤關西之敗國有常刑
以其佐命先朝故復其爵秩將收孟明之効今
斤終其天年君臣之分全矣於是降他觀爵為

公除廣平太守後爲都將征懸瓠卒於軍
子延龍襲爵出爲瓦城鎮將卒
子緒襲爵初爲散令後爲太中大夫加左將軍開建五等封弘農郡開國侯食邑三百戶後例降爲縣改封澄城縣開國侯增邑九百戶卒
子遵襲封卒贈鎮遠將軍洛州刺史謚曰哀侯無子國除太和中高祖追錄先朝功臣以斤配食廟庭世宗繼絕世詔以緒弟子鑒特紹其後以承封邑鑒卒於中堅將軍司徒從事中郎贈

龍驤將軍肆州刺史
子紹宗武定中開府田曹參軍
他觀弟和觀太祖時內侍左右太宗以其世典戎御遂拜典御都尉賜爵廣興子建威將軍尋進爲宜陽侯加龍驤將軍領牧官中郎將出爲冀青二州刺史卒
子冀州襲爵
冀州弟受具爲中散高宗即位拜龍驤將軍賜爵成都侯遷給事中出爲離石鎮將

和觀弟拔太宗時內侍左右世祖即位稍遷侍中選部尚書鎮南將軍賜爵樂陵公後以罪徙邊徼爲散騎常侍從征蠕蠕戰沒
子買奴有寵於顯祖官至神部長與安成王万安國不平安國矯詔殺買奴於苑內高祖賜安國死追贈買奴爲并州刺史新興公
斤弟普回陽曲護軍
普回子烏侯世祖時拜治書御史建義將軍賜爵夷餘侯從征蠕蠕及赫連昌以功進爵城陽

公加員外散騎常侍出爲虎牢鎮將興光中卒喪禮依其伯父弘農王故事陪葬金陵
烏侯子兜世祖時親侍左右隨從征討常持御劍後以罪徙龍城尋徵爲知臣監出爲薄骨律鎮將假鎮遠將軍賜爵富城侯時高車叛圍鎮城兜擊破之斬首千餘級延興中卒
叔孫建代人也父骨爲昭成母王太后所養與皇子同列建少以智勇著稱太祖之幸賀蘭部建常從左右登國初以建爲外朝大人與安同

等十三人迭典庶事參軍國之謀隨秦王觚使慕容垂歷六載乃還拜後將軍頃之爲都水使者中領軍賜爵安平公加龍驤將軍出爲并州刺史後以公事免守鄴城園太宗即位念建前功乃以建爲正直將軍相州刺史飢胡劉虎等聚黨反叛公孫表等爲虎所敗太宗假建前號安平公督表等以討虎斬首萬餘級餘衆奔走投沁而死水爲不流虜其衆十萬餘口司馬德宗將劉裕伐姚泓令其部將王仲德爲前鋒將

逼滑臺兗州刺史尉建率所部棄城濟河仲德遂入滑臺乃宣言曰晉本意欲以布帛七萬匹假道於魏不謂魏之守將便爾棄城太宗聞之詔建自河內向枋頭以觀其勢仲德入滑臺月餘又詔建渡河曜威斬尉建投其屍於河呼仲德軍人與語詰其侵境之意仲德遣司馬竺和之建命公孫表與言和之曰王征虜爲劉太尉所遣入河西行將取洛城掃山陵之寇非敢侵犯魏境太尉自遣使請魏帝陳將假道而魏兗

州刺史不相體解望風捐去因空城而入非戰攻相逼也魏晉和好之義不廢於前表曰尉建失守之罪自有常刑將更遣良牧彼軍宜西不然將以小致大乖和好之體和之曰王征虜權住於此以待衆軍之集比當西過滑臺還爲魏有何必建旗鼓以耀威武乎仲德畢辭常自言不敢與大魏抗衡建不能制之太宗令建與劉裕相聞以觀其意裕荅言洛是晉之舊京而羌姚據之晉欲脩復山陵之計久矣而內難屢興

不暇經營司馬休之魯宗之父子司馬國璠兄弟諸桓宗屬皆晉之蠹也而姚氏收集此等欲以圖晉是以伐之道由於魏軍之初舉將以重幣假途會彼邊鎮棄守而去故晉前軍得以西進非敢憑陵魏境裕以官軍在河南恐斷其前路乃命引軍北寇及班師乃止語在帝紀建與南平公長孫嵩各簡精兵二千觀劉裕事勢語在嵩傳遷廣阿鎮將羣盜斂跡威名甚震久之除使持節都督前鋒諸軍事楚兵將軍徐州刺

史率衆自平原濟河徇下青兖諸郡建濟河劉裕兖州刺史徐琰奔彭城建遂東入青州司馬愛之秀之先聚黨於濟東皆率衆降建入臨淄劉義符前東牟太守清河張幸先匿孤山聞建至率二千人迎建於女水遂圍義符青州刺史竺夔於東陽城義符遣將檀道濟王仲德救夔建不克而還建以功賜爵壽光侯加鎮南將軍建表曰臣前遣沙門僧護詣彭城僧護還稱賊發軍向北前鋒將徐卓之已至彭城大將軍到

彥之軍在泗口發馬戒嚴必有舉斧之志臣聞爲國之道存不忘亡宜繕甲兵增益屯戍先爲之備以待其來若不豫設卒難擒殄且吳越之衆便於舟檝今至北土舍其所長逆順既殊勞逸不等平寇定功在於此日臣雖衰弊謀略寡淺過蒙殊寵忝荷重任討除寇暴臣之志也是以秣馬枕戈思效微節願陛下不以南境爲憂世祖優詔答之賜以衣馬建與汝陰公長孫道生濟河而南彥之仲德等自清入濟東走青州

劉義隆兖州刺史竺靈秀棄須昌南奔湖陸建追擊大破之斬首五千餘級遂至鄒魯還屯范城世祖以建威名南震爲義隆所憚除平原鎮大將封丹陽王加征南大將軍都督冀青徐濟四州諸軍事先是簡幽州以南戍兵集于河上一道討洛陽一道攻滑臺至義隆將檀道濟王仲德救滑臺建與汝陰公道生拒擊之建分軍挾戰縱輕騎邀其前後焚燒穀草以絕其糧道道濟兵飢叛者相繼由是安頡等得拔滑臺建沉

敏多智東西征伐常爲謀主治軍清整號令嚴明又雅尚人倫禮賢愛士在平原十餘年綏懷内外甚得邊稱魏初名將鮮有及之南方憚其威略青兖輒不爲寇太延三年薨時年七十三世祖悼惜之謚曰襄王賜葬金陵

長子俊字醜歸少聰敏年十五内侍左右性謹密初無過行以便弓馬轉爲獵郎太祖崩清河王紹閉宮門太宗在外紹逼俊以爲己援俊外雖從紹内實忠款仍與元磨渾等說紹得歸太

宗事在磨渾傳是時太宗左右唯車路頭王洛兒等及得俊等大悦以爲爪牙太宗即位命俊與磨渾等拾遺左右遷衛將軍賜爵安城公朱提王悦懷刃入禁中將爲大逆俊覺悦舉動有異便引手掣之乃於悦懷中得兩刃匕首遂殺之太宗以俊前後功重軍國大計一以委之群官上事先由俊銓校然後奏聞性平正柔和未嘗有喜怒之色忠篤愛厚不諂上抑下每奉詔宣外必告示殷勤受事

者皆飽之而退事密者倍至蒸仍是以上下嘉歎泰常元年卒時年二十八太宗甚痛悼之親臨哀慟朝野無不追惜贈侍中司空安城王謚孝元賜溫明祕器載以輼輬車衛士導從陪葬金陵子蒲襲爵後有大功及寵幸貴臣薨賻送終禮皆依俊故事無得踰之者初俊既卒太宗命其妻桓氏曰夫生既共榮沒宜同穴能殉葬者可任意桓氏乃縊而死遂合葬焉俊既爲安城王俊弟鄰襲父爵降爲丹陽公少聰慧知名稍遷

北部尚書有當官之稱轉尚書令出爲涼州鎮大將加鎮西將軍鄰與鎮副將奚牧並以貴戚子弟競貪財貨專作威福遂相糾發坐伏誅

史臣曰奚斤世稱忠孝征伐有克平涼之役師殲身虜雖敗衄之責已赦封尸之効靡立而恩禮隆渥沒祀廟庭叔孫建少展誠勤終著庸伐治邊有術威震夷楚俊委節太宗義彰顛察朱提之變有日磾之風加以柔而有正見美朝野可謂世不乏賢矣

列傳第十七　魏書二十九

王建廣寧人也祖姑爲平文后生昭成皇帝伯祖豐以帝舅貴重豐子支尚昭成女甚見親待建少尚公主登國初爲外朝大人與和跋等十三人迭典庶事參與計謀太祖幸濡源遣建使慕容垂辭色高亢垂壯之還爲左右大夫建兄回諸子多不順法建具以狀聞回父子伏誅其謹直如此從征伐諸國破二十餘部以功賜奴婢數十口雜畜數千從征衛辰破之賜僮隸五十戶爲中部大人從破慕容寶於參合陂太祖乘勝將席卷南夏於是簡擇俘衆有才能者留之其餘欲悉給衣糧遣歸令中州之民咸知恩德乃召羣臣議之建曰慕容寶覆敗於此國內虛空圖之爲易今獲而歸之無乃不可乎且縱敵生患不如殺之太祖謂諸將曰若從建言吾恐後南人創乂絕其向化之心非伐罪弔民之義諸將咸以建言爲然建又固執乃坑之太祖既而悔焉後從征慕容寶拜冠軍將軍幷州既

平車駕東出井陘命建率五萬騎先驅啓路車駕次常山諸郡皆降惟中山鄴信都三城不下乃遣衞王儀南攻鄴建攻信都衆各五万建等攻城六十餘日不能尅士卒多傷太祖乃自中山幸信都慕容寶冀州刺史慕容鳳夜踰城走信都降車駕幸鉅鹿破慕容寶於柏肆塢遂進圍中山寶棄城走和龍城內無主百姓惶惑東門不閉太祖將夜入乘城據守其門建貪而無謀意在虜獲恐士卒肆掠盜亂府庫請俟天明

太祖乃止是夜徙河人共立慕容普驎爲主遂閉門固守太祖乃悉衆攻之連日不拔使人登巢車臨城招其衆曰慕容寶捐城奔走汝曹百姓將爲誰守何不識天命取死亡也皆曰羣小無知但復恐如參合之衆故求全月日之命耳太祖聞之顧視建而唾其面中山平賜建爵濮陽公烏丸庫傉官鳴聚黨爲寇詔建討平之遷太僕徙爲真定公加散騎常侍冀青二州刺史卒陪葬金陵初建兄豆居以建功賜爵即丘侯無子建以子斤襲兄爵太宗初給事中任職用事轉大長秋世祖征赫連昌遣斤部造攻具進爵淮南公加平北將軍時并州胡酋田卜謀反誅餘衆不安遣斤鎮虎慮以撫慰之斤綏靜胡魏甚收聲稱劉義隆遣將到彥之寇河南世祖西征赫連定以斤爲衛將軍鎮蒲坂關隴平斤徙鎮長安假節鎮西將軍斤遂驕矜不順法度信用左右調役百姓民不堪之南奔漢川者數千家而委罪於雍州刺史陽文祖秦州刺史

任延明世祖召問二人各以狀對世祖知爲斤所誣遣宜陽公伏樹覆按虛實得數十事遂斬斤以徇

建孫度太宗時爲虎牢鎮監軍世祖即位徵拜殿中給事遷尚書從征赫連昌討蠕蠕並有功賜爵濟陽公加散騎常侍平南將軍詔度率五千騎與叔孫建合擊劉義隆兗州刺史竺靈秀於湖陸大破之後出鎮長安假節都督秦涇梁益雍五州諸軍事開府卒謚曰莊

子安都襲降爵爲侯世祖拜爲太子庶子出爲鄯善鎮將高宗時爲內都大官卒

子買得襲

建曾孫樹以善射有寵於顯祖爲內侍長稍遷尚書賜爵歷陽侯加龍驤將軍員外常侍出爲平西將軍涇州刺史卒

安同遼東胡人也其先祖曰世高漢時以安息王侍子入洛歷魏至晉避亂遼東遂家焉父屈仕慕容暐爲殿中郎將苻堅滅暐屈友人公孫

眷之妹没入苻氏宫出賜劉庫仁爲妻庫仁貴寵之同因隨眷商販見太祖有濟世之才遂留奉侍性端嚴明惠好長者之言登國初太祖徵兵於慕容垂事在窟咄傳同頻使稱旨遂見寵異以爲外朝大人與和跋等出入禁中迭典庶事太祖班賜功臣同以使功居多賜以妻妾及隷戶三十馬二匹羊五十口加廣武將軍從征姚平於柴壁姚興悉衆救平太祖乃增築重圍以拒興同進計曰臣受遣詣絳督租見汾東有

蒙坑東西三百餘里徑路不通姚興來必從汾西乘高臨下直至柴壁如此則寇内外勢接重圍難固不可制也宜截汾曲爲南北浮橋乘西岸築圍西圍既固賊至無所施其智力矣從之興果視平屠滅而不能救以謀功賜爵北新侯加安遠將軍詔同送姚興將越騎校尉唐小方等於長安清河王紹之亂太宗在外使夜告同令收合百工伎巧衆皆響應奉迎太宗即位命同與南平公長孫嵩並理民訟又詔與肥如侯

賀護持節循察并定二州及諸山居雜胡丁零宣詔撫慰問其疾苦糾舉守宰不法同至并州表曰竊見并州所部守宰多不奉法又刺史擅用御府鍼工古彤爲晉陽令交通財賄共爲姦利請案律治罪太宗從之於是郡國肅然同東出井陘至鉅鹿發衆四戶一人欲治大嶺山通天門關又築塢於宋子以鎮靜郡縣護疾同得衆心因此使人告同築城聚衆欲圖大事太宗以同擅徵發於外檻車徵還召羣官議其罪皆

曰同擅興事役勞擾百姓宜應窮治以肅來犯太宗以同雖專命而本在爲公意無不善釋之世祖監國臨朝聽政以同爲左輔太宗征河南拜同右光祿大夫世祖出鎮北境同與安定王彌留鎮京師世祖即位進爵高陽公拜光祿勳尋除征東大將軍冀青二州刺史同長子屈太宗時典太倉事盜官粳米數石欲以養親同大怒奏求戮屈自劾不能訓子請罪太宗嘉而恕之遂詔長給同粳米其公清奉法皆此類也同

在官明察長於校練家法脩整為世所稱及在
冀州年老頗殖財貨大興寺塔為百姓所苦神
䴥二年卒追贈高陽王謚曰恭惠
屈子陽烈散騎侍郎賜爵北新子
屈弟原雅性矜嚴沉勇多智略太宗時為獵郎
出監雲中軍事時赫連屈丐犯河西原以數十
騎擊之殺十餘人太宗以原輕敵違節度加其
罪責然知原驍勇遂任以為將鎮守雲中寬和
愛下甚得衆心蠕蠕屢犯塞原輒摧破之以功

賜爵武原侯加魯兵將軍世祖即位徵拜駕部
尚書車駕征蠕蠕大檀分軍五道並進大檀驚
駭北遁還尚書左僕射河間公加侍中征南大
將軍從征赫連昌入其城而還車駕北伐蠕蠕
遁走世祖聞東部高車在巳尼陂人畜甚衆將
遣襲之諸將皆以為難世祖不從遣原與侍中
古弼率万騎討之大獲而還車駕征昌黎原與
建寧王崇屯于漠南以備蠕蠕原在朝無所比
周然恃寵驕恣多所排抑為子求襄城公盧魯

元女魯元不許原告其罪狀事相連逮歷時不
決原懼不勝遂謀為逆事洩伏誅臨刑上䟽曰
臣聞聖不獨明而治鼎不單足而立是以熒火
之光猶增日月之曜先臣同往因聖運歸身太
祖竭誠勠力立効於險難之中臣以頑闇忝備
股肱陛下恩育委以朝政思展微誠仰報恩澤
而魯元姦佞構成貝錦天威遂加合門俱戮此
乃命也非臣之枉但魯元外類忠貞內懷姦詐
而陛下任以腹心恐釁暴發肘腋臣與魯元生為

怨人死為讎鬼非以私故謗毀魯元不復眷眷
披露誠款原弟頡頡弟聰為內侍聰弟薩為龍
驤將軍給事黃門侍郎賜爵廣宗侯原兄弟外
節儉而內實積聚及誅後籍其財至數萬
頡辯慧多策略最有父風太宗初為內侍長令
察舉百寮糾刺姦慝無所回避嘗告其父陰事
太宗以為忠特親寵之宜城王奚斤自長安追
擊赫連昌至于安定頡為監軍侍御史斤以馬
多疫死士衆乏糧乃深壘自固遣太僕丘堆等

督祖於民間爲昌所敗昌遂驕矜日來侵掠芻牧者不得出士卒患之頡進計曰本奉詔誅賊今乃退守窮城若不爲賊殺當以法誅進退安有生路而王公諸將晏然無謀將何以報恩塞責斤曰今若出戰則馬力不足以步擊騎終無捷理當須京師救騎至然後步陳擊於內騎兵襲其外所謂万全之計也頡曰今猛寇遊逸於外而吾等兵疲力屈士有飢色不一決戰則死在旦夕何救兵之可待也等死當戰死寧可坐受困乎斤猶以馬爲辭頡曰今兵雖無馬但將帥所乘足得二百騎頡請募壯勇出擊之就不能破可以折其銳且昌狷而無謀每好挑戰衆皆識之若伏兵奄擊昌可擒也斤猶難之頡乃陰與尉眷等謀選騎待焉昌來攻壘頡出應之昌於陳前自接戰軍士識昌爭往赴之會天大風揚塵晝昏衆亂昌退頡等追擊昌馬蹶而墜頡擒昌送於京師世祖大悅拜頡建節將軍賜爵西平公代堆統攝諸軍斤恥功不在已輕追

昌弟定於平涼敗績定將復入長安詔頡鎮蒲坂以距之劉義隆遣將到彥之率衆寇河南以援赫連定世祖以兵少乃攝河南三鎮北渡彥之遂列守南岸至于潼關世祖西征赫連定以頡爲冠軍將軍督諸軍擊彥之彥之遣將姚縱夫渡河攻冶坂頡督諸軍擊之斬首三千餘級投水者甚衆遂濟河攻洛陽拔之擒義隆將二十餘人斬首五千級進攻虎牢虎牢潰義隆司州刺史尹沖墜城死又與琅邪王司馬楚之平滑臺擒義隆將朱脩之李元德及東郡太守申謨俘獲万餘人乃振旅還京師神䴥四年卒贈征南大將軍儀同三司進爵爲王謚曰襄頡爲將善綏士衆及卒義隆士卒降者無不歎惜

同弟腊太宗時爲樂陵太守卒

長子國位至冠軍將軍賜爵北平侯杏城鎮將

國弟難有巧思陽平王杜超督諸將擊劉義隆難參征南軍事以功表爲清河太守世祖時諸將頻征和龍皆以難爲長史鑿山堙谷省力兼

功遷給事中從駕南征造浮橋於河以功賜爵清河子卒

子平城襲爵官至虞曹令為乙渾所殺

樓伏連代人也世為酋帥伏連忠厚有器量年十三襲父位領部落太祖初從破賀蘭部又從平中山為太守斬逆賊張翹從征姚平於柴壁以功賜爵安邑侯太祖時為晉兵將軍并州刺史伏連招誘西河胡曹成等七十餘人襲殺赫連屈子吐京護軍及其守士三百餘人并擒叛胡阿度支等二百餘家太宗嘉之拜成等將軍賜爵列侯徵伏連為內都大官世祖即位進為廣陵公轉衛尉徙光祿勳世祖征蠕蠕伏連留鎮京師進爵為王加平南大將軍又除假節督河西諸軍鎮西大將軍出鎮統萬真君十年薨謚曰恭王

子真襲降爵為公從世祖征伐有功官至散騎常侍尚書安北將軍徙為湘東公從征涼州還卒於路謚曰莊公

子干襲降爵為侯

真次弟大拔歷位尚書散騎常侍征西將軍賜爵永平侯高祖初為中都大官卒贈平東將軍定州刺史謚曰康

子亶字法生襲拜太子宮門大夫稍遷趙郡太守更滿還京除冠軍將軍城門校尉出為征虜將軍平城鎮將遷朔州刺史仍本將軍入為衛尉少卿卒年五十八贈撫軍將軍恒州刺史

子貴宗武定中伏波將軍開府水曹參軍

伏連兄孫安文從征平涼有功賜爵覇城男加虎威將軍後遷三郎幢將卒高祖初以其子毅貴追贈安東將軍冀州刺史陽平公謚曰定

毅歷位內外稍遷殿中尚書散騎常侍賜爵常山公加安南將軍遷尚書右僕射以擒反人梁衆保加侍中本官如故後例降為侯出除使持節鎮東將軍定州刺史時太極殿成將行考室之禮引集羣臣而雪不克饗高祖曰朕經始正殿功構初成將集百寮考行大禮然同雲仍結

霏雪驟零將由寡昧未能仰荅天心此之不德咎竟焉在卿等宜各陳所懷以匡不逮毅稽首對曰雪霜風雨天地之常夏霖冬霰四時恒節今隆冬雪降固是其時又禮云雨沾服失容則廢禮自古而然不足爲異高祖曰昔劉秀將濟呼沱爲之冰合但朕德謝古人不能仰感天意故也後轉都督涼河二州鄯善鎮諸軍事涼州刺史車駕南伐毅表諫曰伏承六軍雲動問罪荆楊弔民淮表一同歐越但臣愚見私竊未安

何者京邑新遷百姓易業公私草刱生途索然兼往歲弗稔民多飢饉二三之際嗟惋易興天道悠長宜遵養時晦願抑赫斯以待後日詔曰時不自來因人則合今年人事殊非昔歲守株之唱便可停也陽九利涉豈卿所知也太和二十一年卒賜錢二十万布二百匹

丘堆代人也美容儀以忠謹親侍太宗即位拾遺左右稍遷散騎常侍與叔孫建等討滅山胡劉裕泝河西伐詔堆與建自河内次枋頭以備冦盗姚泓既滅堆留鎮并州赫連屈孑遣三千騎冦河西堆自并州與游擊將軍王洛生擊走之以功賜爵爲侯世祖監國臨朝堆與太尉穆觀等爲右弼世祖即位進爵臨淮公加鎮西將軍從爲太僕世祖征赫連昌堆與常山王素督步兵三萬人爲後繼昌戰敗南奔世祖遣堆與宗正娥清率五千騎略地關右昌貳城守將堅守不下堆與清攻拔之詔堆班師宜城王奚斤表留堆等進平昌許之堆斤合軍與昌相拒擊

士馬乏粮堆與義兵將軍封禮督租於民間士卒暴掠爲昌所襲敗績堆將數百騎還城斤追擊赫連定留堆守輜重斤爲定所擒堆聞而棄甲走長安復將高涼王禮棄守東走蒲坂世祖大怒遣西平公安頡斬堆延和初詔曰堆國之肺腑勳著先朝西征喪師遂從軍法國除祀絶朕甚愍之可賜其子跋爵淮陵侯加安遠將軍後征蓋吳戰没

子麟襲爵歷位駕部令出爲瑕丘鎮將假平南

將軍東海公遷東兗州刺史卒官

娥清代人也少有將略累著戰功稍遷振威將軍劉裕遣將朱超石寇平原至畔城遁還清與長孫道生追之至河獲其將楊豐還拜給事黃門侍郎先是徙河民散居三州頗爲民害詔清徙之平城清善綏撫徙者如歸太宗南巡幸鄴以清爲中領軍將軍與宋兵將軍周幾等渡河略地至湖陸高平民屯聚林藪拒射官軍清等因誅數千家虜獲萬餘口賜爵須昌侯清與幾

等遂鎮枋頭世祖初清自枋頭還京師假征南將軍進爲東平公蠕蠕大檀徙居漠南清與平陽王長孫翰從東道出長川討之大獲而還轉宗正卿尋從征蠕蠕又從平統萬遂與奚斤追赫連昌至安定與昌相持及安頡擒昌昌弟定西走斤追之清欲尋水而往斤不從遂與斤俱爲定所擒世祖克平涼乃得還後詔清鎮井州討山胡白龍於西河斬白龍父及其將帥遂屠其城遷平東將軍與古弼等東討馮文通以不急戰文通奔高麗檻車徵黜爲門卒遂卒於家子延官至員外散騎常侍賜爵南平公

劉尼代人也本姓獨孤氏曾祖敦有功於太祖爲方面大人父婁冠軍將軍卒贈井州刺史尼少壯健有膂力勇果善射世祖見而善之拜羽林中郎賜爵昌國子加振威將軍宗愛既殺南安王余於東廟秘之惟尼知狀尼勸愛立高宗愛自以負罪於景穆聞而驚曰君大癡人皇孫若立豈忘正平時事乎尼曰若爾今欲立誰愛

曰待還宮擢諸王子賢者而立之尼懼其有變密以狀告殿中尚書源賀賀時與尼俱典兵宿衞仍共南部尚書陸麗謀曰宗愛既立南安還復殺之今不能奉戴皇孫以順民望社稷危矣將欲如何麗曰唯有密奉皇孫耳於是賀與尚書長孫渴侯嚴兵守衞尼與麗迎高宗於苑中麗抱高宗於馬上入京城尼馳還東廟大呼曰宗愛殺南安王大逆不道皇孫已登大位有詔宿衞之士皆可還宮衆咸唱万歲賀及渴侯登

執宗愛賈周等勒兵而入奉高宗於宮門外入登永安殿以尼爲内行長進爵建昌侯遷散騎常侍安南將軍又進爵東安公尋遷尚書右僕射加侍中進封爲王出爲征南將軍定州刺史在州清慎然率多酒醉治日甚少徵爲殿中尚書加侍中特進高宗末遷司徒顯祖即位以尼有大功於先朝彌加尊重賜别戶三十皇興四年車駕北征帝親誓衆而尼昏醉兵陳不整顯祖以其功重特恕之免官而已延興四年薨

子社生襲爵世宗時寧朔將軍步兵校尉熙平初卒贈龍驤將軍朔州刺史謚曰克

奚眷代人也少有將略太祖時有戰功太宗時爲尚書假安南將軍虎牢鎮將爲寇所憚世祖初爲中軍都曹尚書復鎮虎牢賜爵南陽公加使持節侍中都督豫洛二州河内諸軍事鎮南將軍開府尋徙鎮長安世祖幸美稷眷受詔督諸軍共討山胡白龍于西河破之屠其城斬首數千級虜其妻子而還世祖平姑臧遣眷討沮渠牧犍弟私署張掖太守宜得宜得奔酒泉酒泉太守無諱與宜得奔高昌獲其二城後沮渠天周復據酒泉眷討平之虜男女四千餘人世祖征蠕蠕以眷爲尚書督偏將出别道詔會鹿渾海眷與中山王辰等諸大將俱後期斬于都南爵除

車伊洛焉耆胡也世爲東境部落帥恒脩職貢世祖録其誠款延和中授伊洛平西將軍封前部王賜絹一百匹綿一百斤繡衣一具金帶鞾

帽伊洛大悦規欲歸闕沮渠無諱斷路伊洛與無諱連戰破之時無諱卒其弟天周奪無諱子乾壽兵規領部曲伊洛前後遣使招喻乾壽等率戶五百餘家來奔伊洛送之京師又招喻李寶弟欽等五十餘人送詣敦煌伊洛又率部衆二千餘人伐高昌討破焉耆東關七城虜獲男女二百人駝千頭馬千匹以金一百斤奉獻先是伊洛征焉耆留其子歇守城而安周乘虛引蠕蠕三道圍歇并遣使謂歇曰爾父已投大魏

爾連歸首當賜爾爵號歇固守連戰久之外無救援爲安周所陷走奔伊洛伊洛收集遺散一千餘家歸焉耆鎮世祖嘉之正平元年詔伊洛曰歇年尚幼能固守城邑忠節顯著朕甚嘉之可遣歇詣闕伊洛令歇將弟波利等十餘人赴都正平二年伊洛朝京師賜以妻妾奴婢田宅牛羊拜上將軍王如故興安二年卒贈鎮西大將軍秦州刺史諡曰康王賜綿絹雜綵五百匹衣二十七襲葬禮依盧魯元故事

歇襲爵皇興末拜使持節平西將軍豫州刺史延興三年卒

子伯主襲爵

波利天安二年拜立節將軍樂官侯皇興三年卒

兄子洛都襲爵

宿石朔方人也赫連屈孑弟文陳之曾孫也天興二年文陳父子歸闕太祖嘉之以宗女妻焉賜奴婢數十口拜爲上將軍祖若豆根太宗時

賜姓宿氏襲上將軍父沓干世祖時虎賁幢將從征平涼有功拜虎威將軍侍御郎賜爵漢安男轉中散遷給事兼領工曹從駕討和龍以功賜奴婢十七戶眞君四年從駕討蠕蠕戰沒世祖悼惜之詔求沓干子時石年甫十一引見以幼聽歸年十三襲爵擢爲中散從駕至江拜宣威將軍興光中遷侍御史拜中壘將軍進爵蔡陽子典宜官曹遷內行令從幸苑內遊獵石於高宗前走馬道峻馬倒殞絕久之乃蘇由是御

馬得制高宗嘉之賜綿一百斤帛五十匹駿馬一匹改爵義陽子嘗從獵高宗親欲射虎石叩馬而諫引高宗至高原上後虎騰躍殺人詔曰石爲忠臣鞚馬切諫免虎之害後有犯罪宥而勿坐賜駿馬一匹尚上谷公主拜駙馬都尉天安初遷散騎常侍吏部尚書進爵太山公爲北中道都大將延興元年卒追贈太原王諡曰康葬禮依盧魯元故事太和初子倪襲爵比部侍御

來大千代人也父初眞從太祖避難叱候山參創業之功官至後將軍武原侯與在八議大千驍果善騎射爲騎都尉永興初襲爵遷中散至於朝賀之日大千常著御鎧盤馬殿前朝臣莫不嗟歎遷內幢將典宿衛禁旅大千用法嚴明上下齊肅嘗從太宗校獵見虎在高巖上大千持矟直前刺之應手而死太宗嘉其勇壯又爲殿中給事世祖踐祚與襄城公盧魯元等七人俱爲常侍持仗侍衛晝夜不離左右從討赫連

昌共長孫道生與賊交戰道生馬倒爲賊所擊大千馳救賊衆散走大千扶道生上馬遂得免從討蠕蠕戰功居多遷征北大將軍賜爵廬陵公鎮雲中兼統白道軍事　賊北叛大千前後追擊莫不平殄延和初車駕北伐大千爲前鋒大破虜軍世祖以其壯勇數有戰功兼悉北境險要詔大千巡撫六鎮以防寇虜經略布置甚得事宜後吐京胡反以大千爲都將討平之在吐京卒喪還停於平城南世祖出還見而問之左右以對世祖悼歎者良久詔曰大千忠勇盡節功在可嘉今聽喪入殯城內贈司空謚曰莊公

子丘頽襲爵降爲晉興侯拜安遠將軍從駕劉江進右將軍和平中遷中散轉相曹都典奉事皇興四年卒贈寧南將軍陳留公謚曰簡

子蕈襲爵

丘頽弟提官至監御曹給事冠軍將軍兖州刺史濮陽侯太和十年卒

周幾代人也父千有功太祖之世賜爵順陽侯坐事死幾少以善騎射爲獵郎太祖即位爲殿中侍御史掌宿衛禁兵斷決稱職遷左民尚書神瑞中并州飢民遊食山東詔幾領衆鎮博陵之魯口以安集之泰常初白澗行唐民數千家負嶮不供輸稅幾與安康子長孫道生宣示禍福逃民遂還于時郡縣斬叛胡翟猛雀於林慮山猛雀遺種竄於行唐及襄國幾追討盡誅之後爲寧朔將軍拒司馬德宗將劉裕於南破毛

德祖於土樓以功賜爵交阯侯世祖以幾有智勇遣鎮河南威信著于外境幾常嫌奚斤等綏撫關中失和百姓不附每至言論形於聲色斤等憚焉進號宋兵將軍率洛州刺史于栗磾以万人襲陝城卒于軍軍人無不歎惜之歸葬京師追贈交阯公謚曰桓

子步龍襲爵卒

子安國襲爵太和中討蠕蠕失利伏法爵除

豆代田代人也太宗時以善騎射爲内細射從

攻虎牢詔代田登樓射賊矢不虛發與奚斤前鋒先入擒劉義隆將毛德祖井長史司馬三人以功遷内三郎從討赫連昌乘勝追賊入其宮門門閉代田踰宮而出世祖壯之拜勇武將軍後從駕平昌以戰功賜奴婢十五口黃金百斤銀百斤神䴥中討蠕蠕賜爵關中侯從討平涼擊破赫連定得奚斤等世祖以定妻賜之詔斤膝行授酒於代田敕斤曰全爾身命者代田功也改爵井陘侯加散騎常侍右衞將軍領内都幢將從討和龍戰功居多遷殿中尚書賜奴婢六十口以前後軍功進爵長廣公加平東將軍從駕南討轉太子太保出爲統萬鎮大將興安中卒贈侍中安東大將軍長廣王謚曰恭

子求周爲内三郎從駕到江賜爵五等子又進爵爲侯後襲父爵爲吏部尚書皇興二年卒贈征北大將軍長廣王謚曰簡

子多侯襲爵

周觀代人也驍勇有膂力每在軍陳必應募先

登以功進爲軍將長史尋轉軍將擊赫連屈丐有功賜爵安川子遷北鎮軍將世祖即位從討蠕蠕以軍功進爲都副將鎮雲中神䴥中又討蠕蠕大獲增爵爲侯從征平涼進爵金城公遷爲都將從破離石胡加散騎常侍轉高平鎮將觀善撫士卒號有威名眞君初詔觀統五軍西討禿髮保周於張掖徙其民數百家將置於京師至武威輒與諸將私分之世祖大怒黜觀爲金城侯改授内都大官出除平南將軍秦州刺

史復爵金城公撫馭失和民薛永宗聚衆於汾曲以叛觀討永宗爲流矢所中世祖幸蒲坂觀聞帝至驚怖而起瘡重遂卒世祖怒絶其爵

子豆初爲三郎遷軍將卒于長樂太守

閭大肥蠕蠕人也太祖時與其弟大埿倍頤率宗族歸國太祖善之尚華陰公主賜爵其思子與其弟並爲上賓入八議太宗即位進大肥爲内都大官增爵爲侯神瑞中爲都將討越勤部於跋那山大破之泰常初復爲都將領禁兵討

蠕蠕獲其大將莫孤渾宜城王奚斤之攻虎牢也大肥與娥清領十二軍出中道略地高平金鄉東至泰山假大肥使持節安陽公鎮撫陳汝世祖初復與奚斤出雲中白道討大檀破之還爲内都大官出除使持節冀青二州刺史假滎陽公尋徵還位特進復出爲冀青二州刺史尋入爲内都大官從討赫連昌以功授滎陽公公主薨復尚濩澤公主又爲都將擊大檀大破之還至渴侯山遂討東部高車於已尼陂又征平涼並有功世祖將拜大肥爲王遇疾卒追贈中山王

子賀早卒

大肥弟鱗襲爵出爲仇池鎮將卒無子

弟鳳襲爵高宗時爲内都大官出爲鎮南將軍肆州刺史卒無子爵除

尉撥代人也父那濮陽太守撥爲太學生募從兖州刺史羅忸擊賊於陳汝有功賜爵介休男從討和龍遷虎賁帥轉千人軍將又從樂平王

丕討和龍除涼州軍將擊吐谷渾獲其人一千餘落後吐谷渾小將率三百餘落來降尋復亡叛撥率騎追之盡獲而還以功進爲子遷晉昌鎮將綏懷邊民甚著稱績入爲知臣監出爲杏城鎮將在任九年大收民和山民一千餘家上郡徒各盧水胡八百餘落盡附爲民高宗以撥清平有惠績賜以衣服顯祖即位爲北征都將復爲都將南攻懸瓠破劉彧將朱湛之水軍三千人拜懸瓠鎮將加員外散騎常侍進爵安城

侯顯祖嘉其聲效復賜衣服轉平南將軍北豫
州刺史後洛州民田智度聚黨謀逆詔撥乘傳
發豫州兵與洛州刺史丘頹擊之獲智度送京
師撥卒贈冠軍將軍謚敬侯
陸眞代人也父洛侯秦州長史眞少善騎射世
祖初以眞膂力過人拜內三郎數從征伐所在
摧鋒陷陳前後以功屢受賞賜眞君中從討蠕
蠕以功賜爵關內侯後攻懸瓠登樓臨射城中
弦不虛發劉義隆將王玄謨衆數万人寇滑臺

大三一二十八　魏傳十八　二十七　張珍

眞從世祖討之夜與數人乘小船突玄謨軍入
城撫慰登城巡行賊營中乃還渡河至明玄謨
敗走從駕至江眞再破賊軍拜建武將軍石城
子還攻盱眙眞功居多遷給事中典太倉事高
宗即位拜冠軍將軍進爵都昌侯遷散騎常侍
選部尚書時丁零數千家寇竊井陘眞與并州
刺史乞伏成龍自樂平東入與定州刺史許宗
之併力討滅從駕巡東海以眞爲寧西將軍尋
遷安西將軍長安鎭將假建平公胡賊帥賀略

孫聚衆千餘人叛于石樓眞擊破之殺五百餘
人是時初置長虵鎭眞率衆築城未訖而氐豪
仇傉檀等反叛氐民咸應其衆甚盛眞擊平之
殺四千餘人卒城長虵而還東平王道符反于
長安殺雍州刺史魚玄明關中草草以眞爲長
安鎭將賜爵河南公長安兵民素伏威信眞到
撫慰之皆怡然安靜咸陽民趙昌受劉彧署龍
驤將軍扇動鄠盩厔三縣聚黨數百人據赤谷
以叛眞與雍州刺史劉邈討平之昌單騎走免

三一二十九　魏傳十八　二十八　珍

後鄠縣民王稚兄弟聚二千餘人招引趙昌始
平石安池陽靈武四縣人皆應之衆至五千據
治谷堡時詔南郡王李惠等領步騎六千討昌
眞以大軍未至慮昌滋蔓與雍州刺史劉邈討
昌昌出營拒戰眞擊破之斬昌及賊首三千餘
級傳首京師幷誅其黨與七百餘人獲男女一
千餘口雍州民夷莫不震伏在鎭數年甚著威
稱延興二年卒歸葬京師謚曰烈
子延字契胡提頗有氣幹襲爵河南公累遷歷

長安鎮將拜安南將軍濟州刺史例降叚封汝陽侯京兆王愉爲徐州刺史以延爲愉府司馬帶彭城内史正始初除武川鎮將入除太僕卿都督沃野武川懷朔三鎮諸軍事安北將軍懷朔鎮大將加散騎常侍正光初拜金紫光禄大夫復除太僕卿受使綏慰秀容爲牧子所害
弟什寅太府卿平東將軍光禄大夫建義初拜都官尚書卒於平南將軍光禄大夫

呂洛拔代人也曾祖渴侯昭成時率戶五千歸

國祖肥濮陽太守父匹知世祖時爲西部長策陽公洛拔以壯勇知名高宗末爲平原鎮都將劉彧徐州刺史薛安都歸誠請援詔遣尉元率衆救之洛拔隨元入彭城彧將張永遣將王茂之領兵五千向武原援其運車元遣洛拔率騎詣武原擊之格戰二日手殺九人奪賊運車二百餘乘牛二百五十頭仍共擊張永大敗之賜爵成武侯加建義將軍年五十六卒
長子文祖顯祖以其勳臣子補龍牧曹奏事中散以牧產不滋坐徙於武川鎮後文祖以舊語譯注皇誥辭義通辯超授陽平太守未拜轉爲外都曹奏事中散後坐事伏法

史臣曰仁人之言必有博利參合之役威罰實行蓋王建之罪歟安同異類之人智識入用任等時俊當有由哉頡擒赫連昌摧義隆衆遂爲名將未易輕也樓伏連丘堆娥清俱以壯勇征伐四克劉尼忠國翼主豈徒驍猛之用乎奚眷將略致位不能以功名自終車伊洛自遠宅心異凡戎矣宿石等並忠勤勇略有將帥之才自致青雲豈徒然也

列傳第十八　　魏書三十

安同傳同父名屈同長子又名屈同難明矣
祖孫不應共名

列傳第十九　　魏書三十一

于栗磾

于栗磾代人也能左右馳射武藝過人登國中拜冠軍將軍假新安子後與寧朔將軍公孫蘭領步騎二万潛自太原從韓信故道開井陘路襲慕容寶於中山既而車駕後至見道路脩理大悅即賜其名馬及趙魏平定太祖置酒高會謂栗磾曰卿即吾之黥彭大賜金帛進假新安公太祖田於白登山見熊將數子顧謂栗磾曰

卿勇幹如此寧能搏之乎對曰天地之性人為貴若搏之不勝豈不虛斃一壯士自可驅致御前坐而制之尋皆擒獲太祖顧而謝之永興中關東羣盜大起西河反叛栗磾受命征伐所向皆平即以本號留鎮平陽轉鎮遠將軍河內鎮將賜爵新城男栗磾撫導新邦甚有威惠劉裕之伐姚泓也栗磾慮其北擾遂築壘於河上親自守焉禁防嚴密斥候不通裕甚憚之不敢前進裕遺栗磾書遠引孫權求討關羽之事假道

西上題書曰黑矟公麾下栗磾以狀表聞太宗許之因授黑矟將軍栗磾好持黑矟以自標裕望而異之故有是語奚斤之征虎牢也栗磾別率所部攻德宗河南太守王涓之於金墉涓之棄城遁走遷豫州刺史將軍如故進爵新安侯洛陽雖歷代所都久為邊裔城闕蕭條野無煙火栗磾刊闢榛荒勞來安集德刑既設甚得百姓之心太宗南幸盟津謂栗磾曰河可橋乎栗磾曰杜預造橋遺事可想乃編次大船構橋於

冶坂六軍既濟太宗深歎美之世祖之征赫連昌敕栗磾與宋兵將軍交趾侯周幾襲陝城昌弘農太守曹達不戰而走乘勝長驅仍至三輔進爵為公加安南將軍平統萬遷蒲坂鎮將時弘農河內上黨三郡賊起栗磾討之轉虎牢鎮大將加督河內軍尋遷使持節都督兗相二州諸軍事鎮南將軍枋頭都將又為外都大官平刑折獄甚有聲稱卒年七十五賜東園祕器朝服一具衣一襲贈太尉公栗磾自少治戎迄于

白首臨事善斷所向無前加以謙虚下士刑罰不濫世祖甚悼惜之

子洛拔襲爵少以功臣子拜侍御中散有姿容善應對恭慎小心世祖甚加愛寵因賜名焉車駕征討恒在侍衛擢領監御曹事從征涼州既平賜奴婢四十口轉監御曹令恭宗之在東宮厚加禮遇洛拔以恭宗雖則儲君不宜逆自結納恒畏避屏退左轉領候官曹事頃之襲爵出爲使持節散騎常侍寧東將軍和龍鎮都大將

營州刺史以治有能名進號安東將軍又爲外都大官會隴西屠各王景文等恃險竊命私署王侯高宗詔洛拔與南陽王惠壽督四州之衆討平之徙其惡黨三千餘家於趙魏轉拜侍中殿中尚書遷尚書令侍中如故在朝祗肅百寮憚之太安四年卒時年四十四洛拔有六子

長子烈善射少言有不可犯之色少拜羽林中郎遷羽林中郎將延興初敕領寧光宮宿衛事遷屯田給納太和初秦州刺史尉洛侯雍州刺史宜都王目辰長安鎮將陳提等貪殘不法烈受詔案驗咸獲贓罪洛侯目辰等皆致大辟提坐徙邊仍以本官行秦雍二州事遷司衛監揔督禁旅從幸中山車駕還次肆州司空苟頹表沙門法秀詃惑百姓潛謀不軌詔烈與吏部尚書闕丞祖馳馹討之會秀已平轉左衛將軍賜爵昌國子遷殿中尚書賜帛三千匹于時高祖幼冲文明太后稱制烈與元丕陸叡李沖等各賜金策許以有罪不死加散騎常侍遷前將軍

進爵洛陽侯尋轉衛尉卿從駕南征加鎮南將軍及遷洛陽人情戀本多有異議高祖問烈曰卿意云何烈曰陛下聖略淵遠非愚管所測若隱心而言樂遷之與戀舊唯中半耳高祖曰卿既不唱異即是同深感不言之益宜且還舊都以鎮代邑敕留臺庶政一相參委車駕幸代執烈手曰宗廟至重翼衛不輕卿當祗奉靈駕時遷洛邑朕以此事相託頗非不重也烈與高陽王雍奉遷神主於洛陽高祖嘉其勳誠遷光祿

卿十九年大選百僚烈子登引例求進烈表曰臣上或近臣下不決引一人疑而恩出分外冀荷榮禄當今聖明之朝理應謙讓而臣子登引人求進是臣素無教訓請乞黜落高祖曰此乃有識之言不謂烈能辨此乃引見登詔曰朕今創禮新邑明揚天下卿父乃行謙讓之表而有直士之風故進卿爲太子翊軍校尉又加烈散騎常侍封聊城縣開國子食邑二百户及穆泰陸叡謀反舊京高祖幸代泰等伏法賜烈及李

冲璽書述金策之意語在陸叡傳是逆也代鄉舊族同惡者多唯烈一宗無所染預高祖嘉其忠操益器重之歎曰元儼決斷威恩深自不惡然而爲臣盡忠猛決不如烈也爾日烈在代都必即斬其五三元首耳烈之節槩不謝金日磾也詔除領軍將軍以本官從征荆沔加鼓吹一部高祖謂彭城王勰曰烈先朝舊德智勇兼有軍之大計宜共參決宛鄧既平車駕還洛論功加散騎常侍金紫光禄大夫二十三年蕭寶卷

遣其太尉陳顯達入寇馬圈高祖輿疾赴之執烈手曰都邑空虛維捍宜重可鎮衛二宮以輯遠近之望顯達破走高祖崩於行宫彭城王勰摠一六軍祕諱而返稱詔召世宗會駕魯陽以烈留守之重密報凶問烈處分行留神色無變世宗即位寵任如前咸陽王禧爲宰輔權重當時曾遣家僮傳言於烈曰須舊羽林虎賁執仗出入領軍可爲差遣烈曰天子諒闇事歸宰輔領軍但知典掌宿衛有詔不敢違理無私給奴

憫然而返傳烈言報禧禧復遣謂烈曰我是天子兒天子叔元輔之命與詔何異烈厲色而荅曰向者亦不道王非是天子兒叔若是詔應遣官人所由遣私奴索官家羽林烈頭可得羽林不可得禧惡烈剛直遂議出之乃授使持節散騎常侍征北將軍恒州刺史烈不願藩授頻表乞停輒優荅弗許烈乃謂彭城王勰曰殿下忘先帝南陽之詔乎而逼老夫乃至於此遂以疾固辭世宗以禧等專擅潛謀廢之會二年正月

初祭三公並致齋於廟世宗夜召烈子忠謂曰卿父忠允貞固社稷之臣明可早入當有處分忠奉詔而出質明烈至世宗詔曰諸父慢怠漸不可任今欲使卿以兵召之卿其行乎烈對曰老臣歷奉累朝頗以幹勇賜識今日之事所不敢辭乃將直閤已下六十餘人宣旨召咸陽王禧彭城王勰北海王詳衛送至于帝前諸公各稽首歸政以烈爲散騎常侍車騎大將軍領軍進爵爲侯增邑三百戶并前五百戶自是長直

禁中機密大事皆所參焉太尉咸陽王禧謀反也武興王楊集始馳於北邙以告時世宗從禽於野左右分散直衛無幾倉卒之際莫知計之所出乃敕烈子忠馳覘虛實烈時留守已處分有備因忠奏曰臣雖朽邁心力猶可此等猖狂不足爲慮願緩蹕徐還以安物望世宗聞之甚以慰悅及駕還宮禧已遁逃詔烈遣直閤叔孫侯將虎賁三百人追執之順后既立以世父之重彌見優禮八月暴疾卒時年六十五世宗舉哀於朝堂給東園第一祕器朝服一具衣一襲賜錢二百万布五百匹贈使持節侍中大將軍太尉公雍州刺史追封鉅鹿郡開國公增邑五百戶并前千戶烈有五子

長子祚字万年太和中爲中散稍遷恒州別駕襲父爵除假節振威將軍沃野鎮將貪殘多所受納坐免官以公還第卒贈平州刺史

祚子若襲爵多酒過爲叔父景所撾殺

子順襲卒子馥襲

祚弟忠字思賢本字千年弱冠拜侍御中散文明太后臨朝刑政頗峻侍臣左右多以微譴得罪忠朴直少言終無過誤太和中授武騎侍郎因賜名登轉太子翊軍校尉世宗即位遷長水校尉尋除左右郎將領直寢元禧之謀亂也車駕在外變起倉卒未知所之忠進曰臣世蒙殊寵乃心王室臣父領軍付留守之重計防遏有在必無所慮世宗即遣忠馳騎觀之而烈分兵嚴備果如所量世宗還宮撫背曰卿差強人意

賜帛五百匹又曰先帝賜卿名登誠爲美稱朕嘉卿忠款今改卿名忠既表貞固之誠亦所以名實相副也父憂去職未幾起復本官遷司空長史于時太傅録尚書北海王詳親尊權重將作大匠王遇多隨詳所欲而給之後因公事忠於詳前謂遇曰殿下國之周公阿衡王室所須材用自應關旨何至阿諛附勢損公惠私也遇既不寧詳亦慙謝遷征虜將軍餘如故以平元禧功封魏郡開國公食邑九百戸尋遷散騎常

侍兼武衛將軍每以鯁氣正辭爲北海王詳所忿面責忠曰我憂在前見爾死不憂爾見我死時也忠曰人生於世自有定分若應死於王手避亦不免若其不爾王不能殺詳因忠表讓之際密勸世宗以忠爲列卿令解左右聽其讓爵於是詔停其封優進太府卿正始二年秋詔忠以本官使持節兼侍中爲西道大使刺史鎮將贓罪顯暴者以狀申聞守令已下便即行決與撫軍將軍尚書李崇分使二道忠劾并州刺史

高聰贓罪二百餘條論以大辟還除平西將軍華州刺史遭繼母憂不行服闋授安北將軍相州刺史又爲衛尉卿河南邑中正詔忠與吏部尚書元暉度支尚書元匡河南尹元萇等推定代方姓族高肇忌其爲人欲密出之乃言於世宗稱中山要鎮作捍須才以忠器能宜居其位於是出授安北將軍定州刺史世宗既而悔之復授衛尉卿領左衛將軍恒州大中正密遣中使詔曰自比股肱褫落心膂無寄方任雖重比

此爲輕故輟茲外任委以内務當勤夙無怠稱朕所寄也延昌初除都官尚書加平南將軍領左衛中正如故又加散騎常侍嘗因侍宴賜之劒杖舉酒屬忠曰卿世秉貞節故恒以禁衛相委昔以卿行忠賜名曰忠今以卿才堪禦侮以所御劒杖相賜循名取義意在不輕其出入周旋恒以自防也忠頓首陳謝遷侍中領軍將軍忠面陳讓云臣無學識不堪兼文武之任世宗曰當今學識有文者不少但心直不如卿欲使

御劬勞於下我當無憂於上及世宗崩夜中與
侍中崔光遣右衛將軍侯剛迎肅宗於東宮而
即位忠與門下議以肅宗幼年未親機政太尉
高陽王雍屬尊望重宜入居西柏堂省決庶政
任城王澄明德茂親可爲尚書令惣攝百揆奏
中宮請即敕授御史中尉王顯欲逞姦計與中
常侍給事中孫伏連等厲色不聽寢門下之奏
密欲矯太后令以高肇錄尚書事顯與高猛爲

侍中忠即於殿中收顯殺之忠既居門下又惣
禁衛遂秉朝政權傾一時初太和中軍國多事
高祖以用度不足百官之祿四分減一忠既擅
權欲以惠澤自固乃悉歸所減之祿職人進位
一級舊制天下之民絹布一匹之外各輸綿麻
八兩忠悉以與之忠白高陽王雍自云世宗本
許優轉雍憚忠威權便順其意加忠車騎大將
軍忠自謂新故之際有安社稷之功諷動百寮
令加已賞於是太尉雍清河王懌廣平王懷難

違其意議封忠常山郡開國公食邑二千戶百
寮咸以爲然忠又難於獨受乃諷朝廷同在門
下者皆加封邑尚書左僕射郭祚尚書裴植以
忠權勢日盛勸雍出忠忠聞之逼有司誣奏其
罪郭祚有師傅舊恩裴植擁地入國忠並矯詔
殺之朝野憤怨莫不切齒王公已下畏之累跡
又欲殺高陽王雍侍中崔光固執乃止遂免雍
太尉以王還第自此之後詔命生殺皆出於忠
既尊靈太后爲皇太后居崇訓宮忠爲儀同三

司尚書令領崇訓衛尉侍中領軍如故靈太后
臨朝解忠侍中領軍崇訓衛尉止爲儀同尚書
令加侍中忠爲令旬餘靈太后引門下侍官于
崇訓宮問曰忠在端右聲聽何如咸曰不稱厥
位乃出忠使持節都督冀定瀛三州諸軍事征
北大將軍冀州刺史太傅清河王等奏曰竊惟
先帝升遐之初皇上登極之始四海謐然宇內
晏清至於奉迎乘輿侍衛省闥斯乃臣子之常
節職司之恒理不容以此爲功妄開井邑臣等

前議所以廣建茅土者正以畏迫威權苟免暴戾故也是以中議之際以十三日夜入爲無勳唯以拒違矯令抑黜姦回微可褒敘以前侍中臣忠揔攝文武侍中臣光久在樞密讚同其意故唯賞二人今尚書臣昭等無涯上訴奉敕重議案王顯陰結姦徒志爲不逞高肇遠同凶逆遂搆禍端無將之罪事合孥戮而忠等徵罪唯以厥身不至孥戮又出罪人窮治不盡案律準憲事在不輕暨皇上纂曆聖后別宮母子隔異

溫凊道絕皆忠等之咎過方厥勳功微罪重又忠專權之後擅殺樞納輒廢宰輔令朝野駭心遠近怪愕功過相除悉不合賞請悉追奪靈太后從之熙平元年春御史中尉元匡奏曰臣聞事主不以幽貞革心奉上不以趣捨虧節是以倚秦宮而慟哭復楚之功已多陟盧龍而樹勳廣魏之勳不淺而申包避賞君子於是義之田疇拒命良史所以稱美竊唯宮車晏駕天人位易正是忠臣孝子致節之秋前領軍將軍臣忠

不能砥礪名行自求多福方因矯制擅相除假清官顯職歲月隆崇臣等在蕃之時乃心家國書謂往來憤氣成疚傷禮敗德臣忠即主謹案臣忠世以鴻勳盛德受遇累朝出入承明左右機近幸國大災肆其愚戇專擅朝命無人臣之心裴郭受冤於既往宰輔黜辱於明世又自矯爲儀同三司尚書令領崇訓衛尉原其此意便欲無上自處既事在恩後宜加顯戮請御史一人令史一人就州行決崔光與忠雖同受召而

謂光旣儒望朝之禮宗攝心虛遠不關世務但忠以光意望崇重逼光光若不同又有危禍伏度二聖欽明深垂昭恕而自去歲正月十三日世宗晏駕以後八月一日皇太后未親覽以前諸有不由階級而權臣用命或發門下詔書或由中書宣敕擅相拜授者已經恩宥正可免其叨竊之罪既非時望朝野所知冒階而進者並求追奪靈太后令曰直繩所糺實允朝憲但忠事經肆宥又蒙特原無宜追罪餘如奏又詔曰

忠以往年大諱之際開崇邑土然酬庸理乖有
司執奪豈宜一謬棄其餘勳也但忠厥任禁要
誠節皎然宜褒錫山河以安厥望可靈壽縣開
國公邑五百戶初世宗崩後高太后將害靈太
后劉騰以告侯剛剛以告忠忠請計於崔光光
曰宜置胡嬪於別所嚴加守衛理必万全計之
上者忠等從之具以此意啓靈太后太后意乃
安故太后深德騰等四人並有寵授忠以毀之
者夕懼不免禍願還京師欲自營救靈太后不

許二年四月除尚書右僕射加侍中將軍如故
神龜元年三月復儀同三司疾病未拜見裴郭
爲祟忠自知必死表曰先帝録臣父子一介之
誠昭臣家世奉公之節故申之以婚姻重之以
爵禄至乃位亞三槐秩班九命自大明利見之
始百官揔已之初臣復得猥攝禁戎綰寧內外
斯誠社稷之靈兆民之福臣何力之有焉但陛
下以叡明御㝢皇太后以聖善臨朝衽席不遺
簪屨弗棄復乃寵窮出內榮遍宮闈外牧兩河

入參百揆顧服知妖省躬識戾而臣將慎靡方
致茲痾疢自去秋苦痢纏綿迄今藥石備嘗日
增無損又今年已來力候轉惡微喘緒息振復
良難鴻慈未酬伏枕湮咽臣薄福無男遺體莫
嗣貪及餘生謹陳宿抱臣先養亡第四弟第二
子司徒掾永超爲子猶子之念實切於心乞立
爲嫡傳此山河靈太后令曰于忠表如此既誠
勳宜録又無子可矜臨危所祈不容致奪可特
聽如請以彰殊效忠薨年五十七給東園秘器

朝服一具衣一襲錢二十万布七百匹蠟三百
斤贈侍中司空公有司奏太常少卿元端議忠
剛直猛暴專戇好殺案謚法剛彊理直曰武怙
威肆行曰醜宜謚武醜公太常卿元脩義議忠
盡心奉上剪除凶逆依謚法除僞寧真曰武夙
夜恭事曰敬謚武敬公二卿不同事奏靈太后
令曰可依正卿議于氏自曾祖四世貴盛一皇
后四贈三公領軍尚書令三開國公忠性多猜
忌不交勝己唯與直閤將軍章初瓌之牛備身

楊保元爲斷金之交李世哲求寵於忠私以金
帛寶貨事初瓌保元初瓌保元談之遂被賞愛
引爲腹心忠擅權昧進遂爲崇訓之由皆世哲計
也忠後妻中山王尼須女微解詩書靈太后臨
朝引爲女侍中賜號范陽郡君

永超名雛襲爵尋卒

子世衡襲齊受禪例降

忠弟景字百年自司州從事稍遷步兵校尉寧
朔將軍高平鎮將坐貪殘受納爲御史中尉王

顯所彈會赦免忠薨後景爲武衛將軍謀廢元
乂乂黜爲征虜將軍懷荒鎮將及蠕蠕主阿那
瓌叛亂鎮民固請糧廩而景不給鎮民不勝其
忿遂反叛執縛景及其妻拘守別室皆去其衣
服令景著皮裘妻著故絳襖其被毀辱如此月
餘乃殺之

烈弟敦自中散遷驍騎將軍景明中假節行并
州事除征虜將軍恒州刺史卒官贈使持節平
北將軍恒州刺史

子昕員外郎直後主衣都統揚烈將軍懷朔武
川鎮將中散大夫孝昌中使蠕蠕與阿那瓌擒
逆賊破洛汗聽明出六斤等轉輔國將軍北中
郎將恒州大中正又遷撫軍將軍衛尉卿出爲
鎮東將軍殷恒州刺史還拜征東將軍領左右
天平中卒贈都督冀定州諸軍事衛將軍尚書
僕射儀同三司謚曰文恭

長子揚仁武定中勃海太守

揚仁弟乂羅字仲綱中軍將軍光州刺史

乂羅弟子榮魯郡太守

敦弟果嚴毅直亮有父兄之風自中散稍遷光
祿大夫守尚書賜爵武城子太和中歷朔華并
恒四州刺史

子礫襲太子舍人通直散騎常侍卒贈右將軍
洛州刺史謚曰哀

子暉征東將軍金紫光祿大夫

暉弟道揚儀同開府諮議參軍

礫弟祇卒於司徒掾贈鎮遠將軍朔州刺史謚

曰悼
祗子元伯中散大夫
果弟勁事在外戚傳
勁弟須中散遷長水校尉稍遷武衛將軍太府
卿鎮南將軍肆州刺史卒贈侍中車騎大將軍
尚書右僕射儀同三司　冀州長史卒贈征南
將軍燕州刺史謚曰武
子翊太尉從事中郎燕州刺史
子長文字士端武定中尚書考功郎

須弟文仁太中大夫
史臣曰魏定中原于栗磾有武功於三世兼以
虛巳下物罰不濫加斯亦諸將所希矣拔任參
內外以著能名烈氣槩沉遠受任艱危之際有
柱石之質殆禦侮之臣忠以骾朴見親秉非其
據遂擅威權生殺自己苟非女主之世何以全
其門族其不誅滅抑天幸也

列傳第十九　魏書三十一

列傳第二十　魏書三十二

高湖　崔逞
封懿

高湖字大淵渤海蓨人也漢太傅裒之後祖慶
慕容垂司空父泰吏部尚書湖少機敏有器度
與兄韜俱知名於時雅爲鄉人崔逞所敬異少
歷顯職爲散騎常侍登國十年垂遣其太子寶
來伐也湖言於垂曰魏燕之與國彼有內難此
遣赴之此有所求彼無違者和好多年行人相

繼往求馬不得遂留其弟曲在於此非彼之失
政當躬修舊好乂寧國家而復令太子率衆遠
伐且魏主雄略兵馬精彊險阻艱難備嘗之矣
太子富於春秋意果心銳輕敵好勝難可獨行
兵凶戰危願以深慮言頗切厲垂怒免湖官既
而寶果敗於參合寶立乃起湖爲征虜將軍燕
郡太守寶走和龍兄弟交爭湖見其衰亂遂率
戶三千歸國太祖賜爵東阿侯加右將軍摠代
東諸部世祖時除寧西將軍凉州鎮都大將鎮

姑臧甚有惠政年七十卒贈鎮西將軍秦州刺
史謚曰敬有四子
第三子謚字安平有文武才度天安中以功臣
子召入禁中除中散專典秘閣肅勤不倦高宗
深重之拜秘書郎謚以墳典殘缺奏請廣訪羣
書大加繕寫由是代京圖籍莫不審正顯祖之
御寧光宮也謚恒侍講讀拜蘭臺御史尋轉治
書掌攝內外彈糾非法當官而行無所 避甚
見稱賞延興二年九月卒時年四十五太昌初

追贈使持節侍中都督壽徐齊濟兗五州諸軍
事驃騎大將軍太尉公青州刺史謚武貞公妻
叔孫氏陳留郡君
長子樹生性通達重節義交結英雄不事生產
有識者並宗奇之蠕蠕侵掠高祖詔懷朔鎮將
陽平王頤率衆討之頤假樹生鎮遠將軍都將
先驅有功樹生尚氣俠意在浮沈自適不願職
位辭不受賞論者高之居宅數有赤光紫氣之
異鄰伍驚恐僉謂怪變宅不可居樹生曰何往
非善安之自若雅好音律常以絲竹自娛孝昌
初北州大亂詔發衆軍廣開募賞以樹生有威
略授以大都督令率勁勇鎮捍舊蕃二年卒時
年五十五太昌初追贈使持節都督冀相滄瀛
殷定六州諸軍事大將軍太師錄尚書事冀州
刺史追封渤海王謚曰文穆妻韓氏爲渤海王
國太妃永熙中後贈假黃鉞侍中都督中外諸
軍事加後部羽葆鼓吹餘如故長子即齊獻武
王也

王弟琛字永寶天平中驃騎大將軍開府儀同
三司御史中尉南趙郡開國公
子叡襲武定末太子庶子
樹生弟翻字飛雀亦以器度知名卒於侍御中
散元象中贈假黃鉞使持節侍中都督冀定洛
瀛并肆燕恒雲朔十州諸軍事大將軍太傅太
尉公錄尚書事冀州刺史謚曰孝宣
子嶽武定末侍中太傅公清河郡開國公
謚長兄眞有志行兄弟俱至孝父亡治喪墓次

甘露白雉降集焉有司以聞詔𢡟閭里自涇州別駕稍遷安定太守甚著聲績卒贈龍驤將軍涇州刺史帶金城太守神龜初卒太昌元年贈使持節侍中都督定相殷三州諸軍事驃騎大將軍儀同三司定州刺史謚曰武康

子仁正光中卒於河州別駕太昌初贈使持節侍中都督青齊濟三州諸軍事儀同三司青州刺史謚曰明穆

子貫字小胡永興末通直散騎常侍金紫光祿大夫尚食典御

拔弟賭兒美容皃膂力過人尤善弓馬顯祖時羽林幢將皇興中主仗令高祖初給事中累遷散騎常侍內侍長坐事死（傳無拔事而載拔弟賭兒不知拔何人也）

子春字明珍有器尚初除侍御史拜奉朝請員外散騎侍郎與叔徽俱使西域還至河州遇賊攻圍城陷見害太昌初贈使持節都督冀滄二州諸軍事征東將軍冀州刺史永熙中重贈侍中都督青徐光三州諸軍事驃騎大將軍儀同三司青州刺史謚曰文景

子永樂興和中驃騎大將軍儀同三司濟州刺史陽川縣開國公

永樂弟弼武定中安西將軍營州刺史安陵縣開國男

賭兒弟徽字榮顯小字苟兒聰敏有氣幹爲任城王澄所知賞景明中起家奉朝請延昌中假員外散騎常侍使於嚈噠西域諸國莫不敬憚之破洛侯烏孫並因之以獻名馬還拜冗從僕

射神龜中遷射聲校尉左中郎將游擊將軍又假平西將軍員外散騎常侍使嚈噠還至枹罕屬莫折念生反於秦隴時河州刺史元祚爲前刺史梁釗息景進等招引念生攻河州祚以憂死長史元永平治中孟賓臺使元湛共推徽行河州事綏接有方兵士用命別駕乞伏世則潛通景進徽殺之徽兵於吐谷渾吐谷渾率衆救之景進敗退走奔秦州景進尋率羌夷復來攻逼徽遣統軍六景相馳表請師詔徽仍行河州

事久無援救力屈城陷爲賊所害永熈中喪還洛陽贈使持節侍中都督冀定相瀛滄五州諸軍事司徒公冀州刺史謚曰文宣

子歸義有志烈初除奉朝請加威烈將軍與父徽俱使西域還都稍遷龍驤將軍中散大夫西征都督每有戰功後沒於陳太昌初贈侍中驃騎大將軍儀同三司雍州刺史謚曰孝貞

子普武定末安南將軍太子左衛率

歸義弟歸彦武定末驃騎大將軍開府儀同三

司徐州刺史安喜縣開國男

眞弟各拔廣昌鎮將卒贈燕州刺史

子猛虎鄯善鎮録事及居喪以至性稱遂絕宦情

子元國早卒

次顯國武定末撫軍將軍汝陽男

顯國弟達武定中驃騎將軍行滄州事

達弟永國征虜將軍中散大夫

永國弟子國武衛將軍

各拔少子盛天平中侍中太尉公廣平郡開國公

子子瑗武定末兼武衛將軍

謚弟稚字幼寧薄骨律鎮將營州刺史

子陁字難陁沃野鎮長卒贈琅邪太守

子雍字景雲司徒從事後與少子思義俱奔蕭衍卒於江南元象初喪還特贈使持節散騎常侍都督冀定瀛滄幽五州諸軍事驃騎大將軍尚書令司徒公冀州刺史

子思宗武定末中軍將軍儀同三司兗州刺史上洛郡開國男思義特贈使持節散騎常侍都督青兗齊三州諸軍事車騎大將軍尚書僕射儀同三司青州刺史

陁弟興早卒

興子貴孫晉州刺史

湖弟恒字叔宗慕容垂鉅鹿太守太祖時率郡降賜爵涇縣侯加龍驤將軍仍守鉅鹿卒贈安東將軍幽州刺史謚曰惠

子道字始悟龍襲爵拜都牧令遷鎮南將軍相州刺史未及之職卒仍以爲贈謚曰莊

子幹字千奴好學寬厚有雅度龍襲爵涇縣侯後例降爲伯歷南青州征虜府司馬威遠將軍鄯善鎮遠府長史仍轉汾州後軍府長史白水太守所在以廉平著稱太昌初卒贈使持節都督秦雍二州諸軍事車騎大將軍司空公雍州刺史謚曰孝穆

子侶字伯欣龍襲除南秦州長史卒贈輔國將軍涼州刺史謚曰宣

子紹字廣祖龍襲爵興和初征虜將軍滄州刺史

侶弟騰字伏興卒於安東將軍光州刺史襄城縣開國公

子陟字祖遷司空中郎太尉主簿

陟弟惸通直郎

惸弟飆龍襲父爵

騰弟隆之武定末太保尚書令平原郡開國公

崔逞字叔祖清河東武城人也魏中尉琰之六世孫曾祖諒晉中書令祖遇仕石虎爲特進父瑜黃門郎逞少好學有文才遭亂孤貧躬耕于野而講誦不廢慕容暐時郡舉上計掾補著作郎撰燕記遷黃門侍郎及苻堅并慕容暐以爲齊郡太守堅敗司馬昌明以逞爲河清平原二郡太守爲翟遼所虜授以中書令慕容垂滅翟釗以爲祕書監慕容寶東走和龍爲留臺吏部尚書及慕容驎立逞攜妻子亡歸太祖張袞先稱美逞及見禮遇甚重拜爲尚書任以政事錄

三十六曹別給吏屬居門下省尋除御史中丞太祖攻中山未克六軍乏粮民多匿穀問羣臣以取粟方略逞曰取椹可以助粮故飛鴞食椹而改音詩稱其事太祖雖銜其侮慢然兵既須食乃聽以椹當租逞又曰可使軍人及時自取過時則落盡太祖怒曰內賊未平兵人安可解甲仗入林野而收椹乎是何言歟以中山未拔故不加罪天興初姚興侵司馬德宗襄陽戍將郗恢馳使乞師於常山王遵遵以聞太祖詔

逞與張袞爲遵書以招初恢與遵書云賢兄虎步中原太祖以言悖君臣之體勑逞袞亦貶其主號以報之逞袞乃云貴主太祖怒曰使汝貶其主以答乃稱貴主何若賢兄也遂賜死後司馬德宗荆州刺史司馬休之等數十人爲桓玄所逐皆將來奔至陳留南分爲二輩一奔長安一歸廣固太祖初聞休之等降大悅後怪其不至詔兖州尋訪獲其從者問故皆曰國家威聲遠被是以休之等咸欲歸闕及聞崔逞被殺故

奔二處太祖深悔之自是士人有過者多見優容逞七子二子早亡第三子義義弟諲諲弟禕禕弟嚴嚴弟賾逞之內徙也終慮不免乃使其妻張氏與四子留冀州令歸慕容德遂奔廣固逞獨與小子賾在平城及逞之死亦以此爲譴

賾字泰沖初爲太子洗馬後稍遷散騎常侍賜爵清河侯後世祖聞劉義隆以諲爲冀州刺史乃曰義隆知用其兄我豈無冀州也乃以賾爲平東將軍冀州刺史又爲大鴻臚持節策拜楊難當爲南秦王秦仕從數返光揚朝命世祖善之及驃騎大將軍樂平王丕等督諸軍取上邽使賾齎詔於丕前喻難當奉詔後與方士韋文秀詣王屋山造金丹不就眞君初卒賾五子

長子秉字公禮早終無子

秉弟廣字公淵襲爵拜平東將軍

子法度早終

廣弟軌字公則太子中舍人鎮南司馬

軌弟穆字公和早終

穆弟叡字哲小字男季高祖初以交通境外伏誅從兄景眞以子思叔繼叡

思叔少爲中書學生遷中書博士世宗時歷上黨鉅鹿太守自逞之死至叡之誅三世積五十餘年而在北一門盡矣初三齊平禕孫相如入國以才學知名舉冀州秀才早卒

相如弟彧在術藝傳

逞兄遹字寧祖亦有名於時慕容垂尚書左丞范陽昌黎二郡太守

適曾孫延壽冀州主簿輕財好施甚收鄉曲之
譽
延壽子隆宗簡率愛友居喪以孝聞歷位冀州
別駕蘭陵燕郡二郡太守司空諮議參軍冀州
中正中軍大將軍府長史仁信待物出於至誠
故見重於世卒贈前將軍齊州刺史謚曰孝
子敬保員外散騎侍郎冀州儀同府從事中郎
卒贈冀州刺史
子子恒官至征虜將軍魯郡太守早卒

子恒弟子安冠軍將軍西兗州司馬
子安弟子昇開府參軍武定中坐連元瑾事兄
弟並伏法
封懿字處德勃海蓨人也曾祖釋晉東夷校尉
父放慕容暐吏部尚書兄孚慕容超太尉懿雋
偉有才氣能屬文與孚雖器行有長短然名位
略齊仕慕容寶位至中書令民部尚書寶敗歸
闕除給事黃門侍郎都坐大官寧朔將軍章安
子太祖數引見問以慕容舊事懿應對疏慢廢

還家太宗初復徵拜都坐大官進爵爲侯泰常
三年卒懿撰燕書頗行於世
子玄之坐與司馬國璠溫楷等謀亂伏誅臨刑
太宗謂之曰終不令絕汝種也將宥爾一子玄
之請曰弟虔之子磨奴字君明早孤乞全其命
乃殺玄之四子而赦磨奴
磨奴被刑爲宦人崔浩之誅也世祖謂磨奴曰
汝本應全所以致刑者事由浩之故後爲中曹
監西使張掖賜爵富城子加建威將軍給事中

久之出爲冠軍將軍懷州刺史太和七年卒贈
平東將軍冀州刺史勃海公謚曰定以族子叔
念爲後高祖賜名回
回父鑒即慕容暐太尉弈之後也回皇興初爲
中書學生襲爵富城子累遷太子家令世宗即
位以回行華州事回在州鞭中散大夫党智孫
爲尚書左丞韋續糾奏免尋除鎮遠將軍安州
刺史山民愿朴父子賓旅同寢一室回下車勒
令別處其俗遂改徵爲太尉長史頻行定州徐

州事尋除後將軍汾州刺史肅宗初轉涼州刺
史加右將軍固辭不拜仍授平北將軍瀛州刺
史時大乘寇亂之後加以水潦百姓困乏回表
求賑恤免其兵調州內甚賴之又爲度支尚書
尋轉都官尚書冀州大中正滎陽鄭雲諂事
長秋卿劉騰貨騰紫纈四百匹得爲安州刺史
除書旦出暮往詣回坐未定謂回曰我爲安州
卿知之否彼土治生何事爲便回答之曰卿荷
國寵靈位至方伯雖不能拔園葵去織婦宜思

方略以濟百姓如何見造而問治生乎封回不
爲商賈何以相示雲慙媿失色靈太后臨朝召
百官問得失羣臣莫敢言回對曰昔孔丘爲司
寇十日而誅少正卯魯國肅然欺巧自息姬旦
行戮不避兄弟周道用隆徐偃專行仁義其國
乃滅自古及今未有不厲威刑而能治者頃來
頗由長吏寬怠侵剝百姓盜賊羣起請肅刑書
以懲未犯太后意納之而不能用轉爲七兵尚
書領御史中尉尚書右僕射元欽與從父兄麗

妻崔氏姦通回乃劾奏時人稱之除鎮東將軍
冀州刺史肅宗末徵爲殿中尚書頻表遜職以
爲右光祿大夫莊帝初遇害於河陰時年七十
七贈侍中車騎大將軍司空公定州刺史謚曰
孝宣
長子隆之武定中開府儀同三司齊州刺史安
德郡開國公
子子繪武定中勃海太守
隆之弟興之字祖胄經明行脩恬素清靜起家
太學博士員外郎出爲瀛冀二州平北府長史

所歷有當官之譽孝昌中卒天平中追贈散騎
常侍撫軍將軍雍州刺史尋重贈殿中尚書謚
曰孝
子琬字子倩武定末開府中郎
子琬弟孝琰秘書郎
興之弟延之字祖業天平中驃騎大將軍青州
刺史剡縣開國子磨奴既以回爲後請於顯祖
贈鑒寧遠將軍滄水太守

鑒長子琳字彥寶顯祖末本州表貢拜中書博士高祖初大軍南討琳參鎮南軍事後爲河南七州大使還拜中書侍郎與侍中南平王馮誕等議定律令賜布帛六百疋粟六百石馬牛各一遷太尉長史轉司宗下大夫有長者之稱行東兗州事及改定百官除司空長史出爲立忠將軍南青州刺史兼散騎常侍持節西道大使還爲長兼太中大夫轉廣平內史又爲光祿大夫世宗末除後將軍夏州刺史徵爲安東將軍光祿大夫神龜二年卒贈使持節撫軍將軍相州刺史

子元稱

元稱弟子盛並早卒

子盛弟子施武定末沛郡太守

琳子肅在文苑傳

懿從兄子愷字思悌弈之孫也父勸慕容垂侍中太常卿愷給事黃門侍郎散騎常侍後入代都名出懿子玄之右俱坐司馬氏事死愷妻盧玄姊也愷子伯達棄母及妻李氏南奔河表改婚房氏顯祖末伯達子休傑內入祖母盧猶存垂百歲矣而李已死休傑高祖時以歸國勳爲河間太守兼冀州咸陽王府諮議參軍

休傑從弟靈祐仕劉義隆爲青州治中渤海太守慕容白曜平三齊靈祐率二百人詣白曜降賜爵下密子後除建威將軍渤海太守卒

子進壽襲爵肅宗時爲楊州治中以失義州爲刺史元志所殺事具志傳

子子游武定中開府中兵參軍

進壽弟軒卒於冀州別駕

軒弟粲起家荊州長流參軍司空水曹參軍殿中侍御史累遷征東將軍廣州長史還除光祿大夫卒贈衛將軍冀州刺史

回族叔軌字廣度沉謹好學博通經傳與光祿大夫武邑孫惠蔚同志友善惠蔚每推軌曰封生之於經義非但章句可奇其標明綱格統括大歸吾所弗如者多矣善自脩潔儀容甚偉或

曰學士不事脩飾此賢何獨如此軌聞笑曰君
子整其衣冠尊其瞻視何必蓬頭垢面然後爲
賢言者慙退太和中拜著作佐郎稍遷尚書儀
曹郎中兼員外散騎常侍銜命高麗高麗王雲
恃其偏遠稱疾不親受詔軌正色詰之喻以大
義雲乃北面受詔先是契丹虜掠邊民六十餘
口又爲高麗擁掠東歸軌具聞其狀移書徵之
雲悉資給遣還有司奏軌遠使絕域不辱朝命
權宜曉慰邊民來蘇宜加爵賞世宗詔曰權宜

徵口使人常體但光揚有稱宜賞一階轉考功
郎中除本郡中正勃海太守崔休入爲吏部郎
以兄考事干軌軌曰法者天下之平不可以舊
君故虧之也休歎其守正軌在臺中稱爲儒雅
奏請遣四門博士明經學者檢試諸州學生詔
從之尋除國子博士加揚武將軍假通直散騎
常侍慰勞汾州山胡司空清河王懌表脩明堂
辟雍詔百寮集議軌議曰明堂者布政之宮在
國之陽所以嚴父配天聽朔設教其經構之式

蓋已尚矣故周官匠人職云夏后氏世室殷人
重屋周人明堂五室九階四戶八窻鄭玄曰或
舉宗廟或舉王寢或舉明堂互之以見同制然
則三代明堂其制一也案周與夏殷損益不同
至於明堂因而弗革明五室之義得天數矣是
以鄭玄又曰五室者象五行也然則九階者法
九土四戶者達四時八窻者通八風誠不易之
大範有國之恒式若其上圓下方以則天地通
水環宮以節觀者茅蓋白盛爲之質飾赤綴白

綴爲之戶牖皆典籍所具載制度之明義也在
秦之世焚滅五典毀黜三代變更先聖不依舊
憲故呂氏月令見九室之義大戴之禮著十二
堂之論漢承秦法亦未能改東西二京俱爲九
室是以黃圖白虎通蔡邕應劭等咸稱九室以
象九州十二堂以象十二辰夫室以祭天堂以
布政依天而祭故室不過五依時布政故堂不
踰四州之與辰非所可法九與十二其用安在
今聖朝欲尊道訓民備禮化物宜則五室以爲

求制至如廟學之嫌臺沼之雜表準之徒已論
正矣遺論具在不復須載尋以本官行東郡太
守遷前軍將軍行夏州事好立條教所在有績
轉太子僕遷廷尉少卿加征虜將軍卒贈右將
軍濟州刺史初軌深爲郭祚所知祚常謂子景
尚曰封軌高綽二人並幹國之才必應遠至吾
平生不妄進舉而每薦此二公非直爲國進賢
亦爲汝等將來之津梁也其見重如此軌既以
方直自業高綽亦以風槩立名尚書令高肇拜

司徒綽送迎往來軌竟不詣綽顧不見軌乃遽
歸曰吾一生自謂無愆規矩今日舉措不如封
生遠矣軌以務德慎言修身之本姦回讒佞世
之巨害乃爲務德慎言遠佞防姦四戒文多不
載

軌長子偉伯字君良博學有才思弱冠除太學
博士每朝廷大議偉伯皆預焉雅爲太保崔光
僕射游肇所知賞太尉清河王懌辟參軍事懌
親爲孝經解詁命偉伯爲難例九條皆發起隱

漏偉伯又討論禮傳詩易疑事數十條儒者咸
稱之尋將經始明堂廣集儒學議其制度九五
之論久而不定偉伯乃搜檢經緯上明堂圖說
六卷正光末尚書僕射蕭寶夤以爲關西行臺
郎及寶夤爲逆偉伯乃與南平王冏潛結關中
豪右韋子粲等謀舉義兵事發見殺年三十六
時人惜之永安中追贈散騎常侍征虜將軍瀛
州刺史聽一子出身偉伯無子轉授第三弟翼
偉伯撰封氏本錄六卷幷詩賦碑誄雜文數十

篇

偉伯弟業字君脩奉朝請領殿中侍御史早卒
業弟翼字君贊美容皃腰帶十圍以兄偉伯立
節之勳除給事中後加揚烈將軍武定初卒
翼弟述字君義武定末廷尉少卿
述弟詢字景文尚書起部郎

史臣曰高敬侯才鑒明遠見機而作身名俱劭
世載人英天所贊也崔逞文學器識當年之俊
慮遠忽微俱以爲禍贖有玆休烈厥世不延封

懿獲全爲幸回乃克光家世不乏人矣

列傳第二十　　魏書三十二

列傳第二十一　　魏書三十三

宋隱　王憲

屈遵　張蒲

谷渾　公孫表

張濟　李先

賈彝　薛提

宋隱字處默西河介休人也曾祖奭晉昌黎太守後爲慕容廆長史祖活中書監父恭尚書徐州刺史慕容儁徙鄴恭始家於廣平列人焉隱性至孝年十三便有成人之志專精好學不以兵難易操仕慕容垂歷尚書郎太子中舍人本州別駕太祖平中山拜隱尚書吏部郎車駕還北詔隱以本官輔衛王儀鎮中山尋轉行臺右丞領選如故屢以老病乞骸骨太祖不許尋以母喪歸列人既葬被徵固辭以病而州郡切以期會隱乃棄妻子閒行避焉後匿於長樂之經縣數年而卒臨終謂其子姪等曰苟能入順父兄出悌鄉黨仕郡幸而至功曹史以

忠清奉之則足矣不勞遠詣臺閣恐汝不能富
貴而徒延門戶之累耳若忘吾言是爲無若父
也使鬼而有知吾不歸食矣有五子
第三子溫世祖時徵拜中書博士卒追贈建威
將軍豫州刺史列人定侯
溫弟演顯祖初從征彭城有功拜明威將軍
濟北太守
演子鮒字伯魚州別駕
隱弟輔字處仁少慷慨有大操博覽羣書州
三〇七十　魏傳二十一　二　蘇
辟別駕早卒
隱叔父洽爲慕容垂尚書太祖之圍中山也洽
率所領專守北圍當洽所統官軍多被傷殺太
祖特深忿恨及城平遂殺之子順訓並下腐刑
洽弟四子宜字道茂時年數歲親人竊逃以免
後與范陽盧玄勃海高允及從子愔俱被徵拜
中書博士尋兼散騎常侍使劉義隆加冠軍
將軍賜爵中都侯領中書侍郎行司隸校尉眞
君七年卒贈司隸謚簡侯

子謨字乾仁襲爵卒於遼西太守
子鸞字珍和襲爵東莞太守
鸞弟瓊字普賢少以孝行稱母曾病季秋之月
思瓜不已瓊夢想見之求而遂獲時人稱異焉
終州郡屢辟皆不就卒於家
子仲美武定末尚書水部郎
王憲字顯則北海劇人也祖猛苻堅丞相父休
河東太守憲幼孤隨伯父永在鄴苻丕稱尊號
復以永爲丞相永爲慕容永所殺憲奔清河匿
三〇　魏書傳二十一　三　蘇
於民家皇始中輿駕次趙郡之高邑憲乃歸誠太
祖見之曰此王猛孫也厚禮待之以爲本州中正領
選曹事兼掌門下世祖即位行廷尉卿出爲上谷
太守加中壘將軍賜爵高唐子清身率下風化
大行尋拜外都大官後爲中都歷任二曹斷獄
稱旨進爵劇縣侯加龍驤將軍出爲并州刺
史加安南將軍進爵北海公境內清肅及還京師
以憲元老特賜錦繡布帛緜絲珍羞禮膳天安
初卒年八十九贈鎮南將軍青州刺史謚曰康

子崇龍襲早卒

子仲智襲歷中書侍郎安西將軍幽州刺史有清平之稱

崇弟嶷字道長少以父任爲中書學生稍遷南部大夫高祖初出使巡察青徐兗豫撫慰新附觀省風俗還遷南部尚書在任十四年時南州多事文奏盈几訟者塡門嶷性儒緩委隨不斷終日在坐昏睡而已李訢鄧宗慶等號爲明察勤理時務而二人終見誅戮餘十數人或黜或

免唯嶷卒得自保時人爲之語曰實癡實昏終得保存加散騎常侍右將軍賜爵東平侯未幾拜安東將軍進爵樂安公出爲持節鎮西將軍秦州刺史改爲華山公散騎常侍如故後入爲內都大官卒

子祖念襲爵官至東平太守例降爵爲侯卒贈寧朔將軍光州刺史

子慶鍾襲爵給事中貪穢無行坐事爵除

祖念弟雲字羅漢頗有風尚自尚書郎入爲中書舍人轉司州別駕光祿少卿改授衞尉少卿出爲冠軍將軍尚書兗州刺史尋進號征虜將軍在州坐受所部荊山戍主杜虞財貨又取官絹因染割易御史糺劾付廷尉遇赦免熙平二年卒官贈平南將軍豫州刺史謚曰文昭有九子

長子昕字元景武定末太子詹事

昕弟暉字元旭早稱機悟歷尚書儀曹郎中書舍人贈散騎常侍鎮軍將軍兗州刺史

暉弟盺字仲明祕書郎司徒主簿天平中爲盜所害

屈遵字子皮昌黎徒河人也博學多藝名著當時爲慕容永尚書僕射武垣公永滅垂以爲博陵令太祖南伐車駕幸魯口博陵太守申永南奔河外高陽太守崔玄伯東走海濱屬城長吏率多逃竄遵獨告其吏民曰往年寶師大敗今茲垂征不還天之棄燕人弗支也魏帝神武命世寬仁善納御衆百萬號令若一此湯

武之師吾欲歸命爾等勉之勿遇嘉運而爲禍
先遂歸太祖太祖素聞其名厚加禮焉拜中書
令出納王言兼揔文誥中原旣平賜爵下蔡子
從駕還京師卒時年七十
子須襲除長樂太守加鎮遠將軍進爵信都
侯卒贈寧北將軍昌黎公謚曰恭
少子處珍襲爵處珍卒
子車渠襲爵高祖初出爲東陽鎮將卒贈青
州刺史謚曰莊

須長子垣字長生沈深有局量少纂家業
尤善書計太祖初給事諸曹太宗世遷將作
監統京師諸署世祖即位稍遷尚書右僕射加侍
中以破平涼功賜爵濟北公加平南將軍後轉
中領軍恭宗在東宮垣領太子少傅後督諸
軍東伐進號鎮東大將軍師次和龍馮文通致
牛酒以犒軍獻甲三千垣責其不送侍子數之
以王命遂掠男女六千口而還垣在官公正內
外稱其平當世祖信任之委以大政車駕出征

常居中留鎮與襄城公盧魯元俱賜甲第世祖
數臨幸賞賜隆厚眞君四年墜馬卒時年五十
五時世祖幸陰山恭宗遣使乘傳奏狀世祖甚
悼惜之謂使人曰汝等殺朕良臣何用乘馬
遂令步歸贈征西大將軍謚曰成公
長子觀早卒世祖愍之賜其子男爵觀弟道賜
襲祖爵
道賜少以父任內侍左右稍遷主客進爲尚書
加散騎常侍善騎射機辯有辭氣世祖甚器之

從征蓋吳遷尚書右僕射加侍中還至鴈門暴
疾卒謚曰哀公子拔襲爵
拔少好陰陽學世祖追思其父祖年十四以爲
南部大夫時世祖南伐擒劉義隆將胡盛之以
付拔拔酒醉不覺盛之逃去世祖大怒命斬之
將伏鑕世祖愴然曰若鬼而有知長生問其子
孫朕何以應之乃赦拔免爲散大夫後顯祖以
其功臣子拜營州刺史卒
子永興襲爵

張蒲字玄則河内脩武人本名謨後改爲蒲漢
太尉延之後父攀慕容垂御史中丞兵部尚書
以清方稱蒲少有父風頗涉文史以端謹見知
爲慕容寶陽平河間二郡太守尚書左丞太祖
定中山寶之官司敘用者多降品秩既素聞蒲
名仍拜爲尚書左丞天興中以蒲清謹方正遷
東部大人後拜太中大夫太宗即位爲内都大
官賜爵泰昌子參決庶獄私謁不行號爲公正
太常初丁零翟猛雀驅逼吏民入白𡵓山謀爲

大逆詔蒲與冀州刺史長孫道生等往討道生
等欲徑以大兵擊之蒲曰良民所以從猛雀者
非樂亂而爲皆逼凶威彊服之耳今若直以大
軍臨之吏民雖欲返善其道無由又懼誅夷必
并勢而距官軍然後入山恃阻誑惑愚民其變
未易圖也不如先遣使喻之使民不與猛雀同
謀者無坐則民必喜而俱降矣道生甚以爲然
具以奏聞太宗詔蒲軍前慰喻乃下數千家還
其本屬蒲皆安集之猛雀與親黨百餘人奔逃

蒲與道生等追斬猛雀首送京師後劉裕寇
竊河表以蒲爲南中郎將南蠻校尉隷平南大
將軍長孫嵩往禦之裕入長安乃還後改爲壽
張子與安平公叔建將兵自平原東渡徇下劉
義符青兖諸郡詔加陳兵將軍濟州刺史又與
建攻青州不尅而還世祖即位以蒲清貧妻子
衣食不給乃出爲相州刺史扶弱抑彊進善黜
惡教化大行始光三年卒於州年七十二吏民
痛惜之蒲在謀臣之列屢出爲將朝廷清論常

爲稱首贈平東將軍廣平公謚曰文恭
子昭有志操天興中以功臣子爲太學生太宗
即位爲内主書後襲父爵神䴥中從征蠕蠕以
功進爵脩武侯加平遠將軍延和二年出爲幽
州刺史開府加寧東將軍時幽州年穀不登州
廪虚罄民多菜色昭謂民吏曰何我之不德而
遇其時乎乃使富人通濟貧乏車馬之家糴運
外境貧弱者勸以農桑歲乃大熟士女稱頌之
在任三年卒

子昶襲爵早卒
昶弟靈符眞君八年補中書博士和平中咸陽郡民趙昌聚黨作逆百姓騷動詔靈符宣旨慰喩民乃復業天安初遷中書侍郎賜爵昌國子延興中使南豫州觀察風俗太和四年除建威將軍廣平太守還爲尚書左丞司州大中正後除鎭遠將軍齊州刺史十六年轉光州刺史加立忠將軍卒
谷渾字元沖昌黎人也父袞膂力兼人彎弓三

百斤勇冠一時仕慕容垂至廣武將軍渾少有父風任俠好氣以父母在常自退抑晚乃折節受經業遂覽群籍被服類儒者太祖時以善隷書爲内侍左右太宗世遷前鋒將軍從幸河南還以選給事東宮世祖即位爲中書侍郎加振威將軍從征赫連昌爲驍騎將軍遷侍中安南將軍領儀曹尚書賜爵濮陽公渾正直有操行性不苟合趣舍不與己同者視之蔑如也然反重舊故不以富貴驕人時人以此稱之在官廉直爲世祖所器重詔以渾子孫十五以上悉補中書學生延和二年春卒世祖悼惜之親臨其喪贈賜豐厚謚曰文宣
子闡字崇基小字長命襲爵少侍東宮稍遷平南將軍相州刺史入爲外都大官延興四年卒謚曰簡公
闡弟季孫襲爵中書學生入爲秘書中散遷中部大夫出爲吐京鎭將
闡子洪字元孫少受學中書世祖以洪機敏有

祖風令入授高宗經高宗即位以舊恩爲散騎常侍南部長遷尚書賜爵榮陽公洪性貪奢僕妾衣服錦綺貲累千金而求欲滋劇時顯祖舅李峻等初至京師官給衣服洪輒截没爲有司所糾并窮其前後贓罪坐以伏法
子穎青州征東大將軍廣陵王羽田曹參軍員外散騎侍郎給事中尚書郎加威遠將軍除員外散騎常侍尋轉中散大夫大軍伐蜀時益州刺史傅豎眼出爲别將以穎權行州事後除假

節鎮遠將軍涼州刺史不行改授太府少卿又加前將軍神龜二年卒贈平東將軍營州刺史謚曰貞

長子篡字靈紹頗有學涉解褐太學博士領侍御史稍遷著作郎司州治中黄門郎散騎常侍又爲侍中兼殿中尚書遷驃騎大將軍左光禄大夫營州大中正篡前爲著作又監國史不能有所緝綴

篡弟士恢字紹達少好琴書初爲世宗挽郎除奉朝請正光中入侍甚爲肅宗寵待元乂之出靈太后反政紹達預有力焉遷諫議大夫俄轉通直散騎常侍直閤將軍鴻臚少卿封元城縣開國侯邑七百户太后嬖幸鄭儼懼紹達間構於帝每因言次導紹達爲州紹達䀿寵不願出外太后誣其罪而殺之

公孫表字玄元燕郡廣陽人也遊學爲諸生慕容沖以爲尚書郎慕容垂破長子從入中山慕容寶走乃歸闕以使江南稱旨拜尚書郎後爲博士初太祖以慕容垂諸子分據勢要權柄推移遂至亡滅且國俗敦樸嗜欲寡少不可啓其機心而導其巧利深非之表承指上韓非書二十卷太祖稱善太宗初表參功勞將軍元屈軍事討吐京叛胡爲胡所敗表以先諫止屈太宗善之賜爵固安子河西飢胡劉虎聚結流民反於上黨南寇河内詔表討虎又令表與姚興洛陽戍將結期使備河南岸然後進軍討之時胡内自疑阻更相殺害表以其有解散之勢遂不與戍將相聞率衆討之法令不整爲胡所敗軍人大被傷殺太宗深銜之及劉裕征姚興兖州刺史尉建聞寇至棄滑臺北走詔表隨壽光侯叔孫建屯枋頭泰常七年劉裕死議取河南侵地太宗以爲掠地至淮滑臺等三城自然面縛表固執宜先攻城太宗從之於是以奚斤爲都督以表爲吳兵將軍廣州刺史斤等濟河表攻滑臺歷時不拔太宗乃南巡爲之聲援表等既剋滑臺引師西伐大破劉義隆將翟廣等於

王樓遂圍虎牢車駕次汲郡始昌子蘇坦太史令王亮奏表置軍虎牢東不得利便之地故令賊不時滅太宗雅好術數又積前忿及攻虎牢士卒多傷乃使人夜就帳中縊而殺之時年六十四太宗以賊未退祕而不宣初表與勃海封愷友善後爲子求愷從女愷不許表甚銜之及封氏爲司馬國璠所逮太宗以舊族欲原之表固證其罪乃誅封氏表爲人外和内忌時人以此薄之表本與王亮同營署及其出也輕侮亮故

至於死

第二子軌字元慶少以文學知名太宗時爲中書郎出從征討補諸軍司馬世祖平赫連昌引諸將帥入其府藏各令任意取金玉諸將取之盈懷軌獨不探把世祖乃親探金賜之謂軌曰卿可謂臨財不苟得朕所以增賜者欲顯廉於衆人後兼大鴻臚持節拜氐王楊玄爲南秦王及境玄不郊迎軌數玄曰昔尉他跨據及陸賈至匍匐奉順故能垂名竹帛今君王無肅恭之禮非蕃臣也玄使其屬趙客子對曰天子以六合爲家孰非王庭是以敢請入國然後受謁軌荅曰大夫入境尚有郊勞而況王命者乎請奉策以還玄懼詣郊受命軌使還稱旨拜尚書賜爵燕郡公加平南將軍及劉義隆將到彥之遣其部將姚縱夫濟河攻冶坂世祖慮更北入遣軌屯壺關會上黨丁零叛軌討平之出爲虎牢鎮將初世祖將北征發民驢以運糧使軌部詣雍州軌令驢主皆加絹一疋乃與受之百姓爲

之語曰驢無彊弱輔脊自壯衆共嗤之坐徵還真君二年卒時年五十一軌既死世祖謂崔浩曰吾行過上黨父老皆曰公孫軌爲受貨縱賊使至今餘姦不除軌之咎也其初來單馬執鞭返去從車百兩載物而南丁零渠帥乘山罵軌軌怒取罵者之母以矛刺其陰而殺之曰何以生此逆子從下到擘分磔四支於山樹上以肆其忿是忍行不忍之事軌幸而早死至今在者吾必族而誅之軌終得娶于封氏生二子斌

叡
斌龍襲爵拜內都大官正光二年卒贈幽州刺史
叡字文叔初爲東宫吏稍遷儀曹長賜爵陽平
公時顯祖於苑內立殿勑中秘羣官制名叡曰
臣聞至尊至貴莫崇於帝王天人挹損莫大於
謙光伏惟陛下躬唐虞之德存道順神道遥物
外宫居之名當協叡旨臣愚以爲宜曰崇光奏
可後卒於南部尚書贈安東將軍幽州刺史謚
曰宣叡妻崔浩弟女也生子良字遵伯聰明好

學爲尚書左丞雅有幹用爲高祖所知遇
良弟衡字道津良推爵讓之仕至司直良以別
功賜爵昌平子
子崇基襲
執弟質字元直有經義頗屬文初爲中書學生
稍遷博士世祖征涼州留宜都王穆壽輔恭宗
時蠕蠕乘虛犯塞候騎至於京師京師大震壽
雅信任質以爲謀主質性好卜筮卜筮者咸云
寇必不來故不謀備由質幾致敗國後深自督

厲屢進讜言超遷尚書具君九年卒追贈中護
軍將軍光祿勲幽州刺史廣陽侯謚曰恭
第二子遼字文慶初爲選部吏以積勤稍遷南
部長數奏有稱遷南部尚書賜爵范陽侯加左
將軍高祖詔遼與內都幢將上谷公張儵率衆
討蕭賾舞陰戍後高祖與文明太后引見王公
以下高祖曰比年方割畿內及京城三部於百
姓頗有益否遼對曰先者人民離散主司猥多
至於督察實難齊整自方割以來衆賦易辦實

有大益太后曰諸人多言無益卿言可謂識治
機矣詔醴陽被掠之兵有得還者賜絹二十匹
遼奏爲貴賤等級高祖稱善依例降侯改爲襄
平伯出爲使持節安東將軍青州刺史以遼在
公遺迹可紀下詔褒述加鎭東將軍領東夷校
尉刺史如故太和十九年卒於官高祖在鄴宫
爲之舉哀時百度唯新青州佐吏疑爲所服詔曰
今古時殊禮或隆殺專古也理與今違專今也
大乖曩義當斟酌兩途商量得失吏民之情亦

不可苟順也主簿近代相承服斬過葬便除可如故事自餘無服大成寥落可準諸境內之民爲齊衰三月

子同始襲爵卒於給事中

同始弟同慶篤厚廉慎爲司徒田曹參軍李崇驃騎府外兵參軍隨崇北征有方直之稱邃叡爲從父兄弟而叡才器小優又封氏之生崔氏之壻邃母鴈門李氏地望縣隔鉅鹿太守祖季眞多識北方人物每云士大夫當須好婚親二公孫同堂兄弟耳吉凶會集便有士庶之異

張濟字士度西河人也父千秋慕容永驍騎將軍永滅來奔太祖善之拜建節將軍賜爵成紀侯隨從征伐累著功績登國末卒濟涉獵書傳清辯美儀容太祖愛之引侍左右與公孫表等俱爲行人拜散騎侍郎襲爵先是姚興遣將攻洛陽司馬德宗雍州刺史楊佺期遣使乞師於常山王遵遵以狀聞太祖遣濟爲遵從事中郎報之濟自襄陽還太祖問濟江南之事濟對曰

司馬昌明死子德宗代立所部州鎮迭相攻擊今雖小定君弱臣彊全無綱紀臣等既至襄陽佺期問臣魏初伐中山幾十萬衆臣答三十餘萬佺期曰魏國被甲戎馬可有幾匹臣答中軍精騎十有餘萬外軍無數佺期曰以此討羌豈足滅也又曰魏定中山徙幾戶於北臣答七萬餘家佺期曰治在何城臣答定都平城佺期曰有如許大衆亦何用城爲又曰魏帝爲欲久都平城將復遷乎臣答非所知也佺期聞朝廷不都山東皃有喜色曰晉魏通和乃在往昔非唯今日羌寇狡猾頻侵河洛夙夜憂危今此寡弱倉庫空竭與君便爲一家義所無諱洛城救援仰恃於魏若獲保全當必厚報如其爲羌所乘寧使魏取臣等欲分向楊州佺期曰蠻賊互起水行甚難魏之軍馬已據滑臺於此而還從北道東下乃更便直晉之法制有異於魏今都督襄陽委以外事有欲征討輒便興發然後表聞令朝廷知之而已如其事勢不舉亦不承臺命

太祖嘉其辭順乃厚賞其使許救洛陽後還謁者僕射報使姚興以累使稱旨拜勝兵將軍頻從車駕北伐濟謀功居多賞賜奴婢百口馬牛數百羊二千餘口天賜五年卒

子多羅襲爵坐事除

李先字容仁中山盧奴人也本字犯高祖廟諱少好學善占相之術師事清河張御御奇之仕符堅尚書郎後慕容永聞其名迎爲謀主先勸永據長子城永遂稱制以先爲黃門郎祕書監

垂滅永徙於中山皇始初先於井陘歸順太祖問先曰卿何國人先曰臣本趙郡平棘人太祖曰朕聞中山土廣民殷信爾以不先曰臣少官長安仍事長子後乃還鄉觀望民士實自殷廣又問先曰朕聞長子中有李先者卿其是乎先曰小臣是也太祖曰卿識朕不先曰陛下聖德膺符澤被八表龍顏挺特臣安敢不識太祖又問曰卿祖父及身官悉歷何官先對曰臣大父重晉平陽太守大將軍右司馬父樊石虎樂安太守左中郎將臣符丕尚書右主客郎慕容永祕書監高密侯太祖曰卿既宿士屢歷名官經學所通何典爲長先對曰臣才識愚闇少習經史年荒廢忘十猶通六又問兵法風角卿悉通不先曰亦曾習讀不能明解太祖曰慕容永時卿用兵不先曰臣時蒙顯任實參兵事太祖後以先爲丞相衛王府左長史從儀平鄴到義臺破慕容驎軍回定中山先每一進策所向尅平車駕還代以先爲尚書右中兵郎太祖謂先曰

今蠕蠕屢來犯塞朕欲討之卿以爲何如先曰蠕蠕不識天命竄鼠伏荒朔屢來偷竊驚動邊民陛下神武威德遐振舉兵征之必將摧殄車駕於是北伐大破蠕蠕賞先奴婢三口馬牛羊五十頭轉七兵郎遷博士定州大中正太祖問先曰天下何書最善可以益人神智先對曰唯有經書三皇五帝治化之典可以補王者神智又問曰天下書籍凡有幾何朕欲集之如何可備對曰伏羲創制帝王相承以至於今世傳國

記天文秘緯不可計數陛下誠欲集之嚴制天下諸州郡縣搜索備送主之所好集亦不難太祖於是班制天下經籍稍集太祖之討姚興於柴壁也問先曰興屯天渡平據柴壁相爲表裏今欲殄之計將安出先對曰臣聞兵以正合戰以奇勝如聞姚興欲屯兵天渡利其糧道及其未到之前遣奇兵先邀天渡柴壁左右嚴設伏兵備其表裏以陛下神策觀時而動興欲進不得退又乏糧夫高者爲敵所棲深者爲敵所因

兵法所忌而興居之可不戰而取太祖從其計興果敗歸太宗即位問左右舊臣之中爲先帝所親信者有誰時新息公王洛兒對曰有李先者最爲先帝所知太宗召先引見問曰卿有何功行而蒙先帝所識先對曰臣愚細才行無聞適以忠直奉上更無異能太宗曰卿試言舊事先對曰臣聞堯舜之教化民如子三王任賢天下懷服今陛下躬秉勞謙六合歸德士女能言莫不慶抃俄而召先讀韓子連珠二十二篇太

公兵法十一事詔有司曰先所知者皆軍國大事自今常宿於內賜先絹五十匹絲五十斤雜綵五十匹御馬一匹拜安東將軍壽春侯賜隷戶二十二詔先與上黨王長孫道生率師襲馮跋乙連城克之悉虜其衆乃進討和龍先言於道生曰宜密使兵人人備青草一束各五尺圍用塡城塹攻其西南絶其外援勤兵急攻賊必可擒道生不從遂掠民而還後出爲武邑太守有治名世祖即位徵爲內都大官神䴥二年卒年九十五詔賜金縷命服一襲贈定州刺史中

山公謚曰文懿

子問襲爵爲京兆濟陰二郡太守卒

子鍾葵襲爵降爲子

鍾葵弟鳳子鳳子弟虬子並中書博士

鳳子子預字元愷少爲中書學生聰敏彊識涉獵經史太和初歷秘書令齊郡王友出爲征西大將軍長史帶馮翊太守積數年府解罷郡遂居長安每羨古人餐玉之法乃採訪藍田躬往

攻掘得若環璧雜器形者大小百餘稍得麤黑
者亦簉盛以還而王家觀之皆光潤可玩預乃
椎七十枚爲屑日服食之餘多惠人後預及聞
者更求於故處皆無所見馮翊公源懷等得其
玉琢爲器佩皆鮮明可寶預服經年云有效驗
而世事寢食不禁節又加之好酒損志及疾篤
謂妻子曰服玉屏居山林排棄嗜欲或當大有
神力而吾酒色不絕自致於死非藥過也然吾
尸體必當有異勿便速殯令後人知餐服之妙

時七月中旬長安毒熱預停尸四宿而體色不
變其妻常氏以玉珠二枚唅之口閉常謂之曰
君自云餐玉有神驗何故不受唅也言訖齒啓
納珠因嘘屬其口都無穢氣舉斂於棺堅直不
傾委死時猶有遺玉屑數斗橐盛納諸棺中初
天興中先子密問於先曰子孫永爲魏臣將復
事他主也先告曰未也國家政化長遠不可卒
窮自皇始至齊受禪實百五十餘歲矣
賈彝字彥倫本武威姑臧人也六世祖敷魏幽

州刺史廣川都亭侯子孫因家焉父爲苻堅鉅
鹿太守坐訕謗繫獄彝年十歲詣長安訟父獲
申遠近歎之僉曰此子英俊賈誼之後莫之與
京弱冠爲慕容垂驃騎大將軍遼西王農記室
參軍太祖先聞其名嘗遣使者求彝於垂垂彌
增器敬更加寵秩遷驃騎長史帶昌黎太守垂
遣其太子寶來寇大敗於參合陂執彝及其從
兄代郡太守潤等太祖即位拜尚書左丞參預
國政加給事中於鄴置行臺與尚書和跋鎮鄴

招攜初附父乃召還天賜末彝請詣溫湯療病
爲叛胡所拘執送於姚興積數年遁歸又爲屈
丐所執與語悅之拜秘書監年六十一卒世祖
平赫連昌子秀迎其尸柩葬于代南
秀歷中書博士還中書侍郎太子中庶子揚烈
將軍賜爵陽都男本州大中正恭宗崩以爵還
第既而掌吏曹事高宗以秀東宮舊臣進爵
陽都子加振威將軍時丞相乙渾擅作威福多
所殺害渾妻庶姓而求公主之號屢言於秀秀

默然渾曰公事無所不從我請公主不應何意秀慷慨大言對曰公主之稱王姬之號尊寵之極非庶族所宜若假竊此號當必自咎秀寧死於今朝不取笑於後日渾左右莫不失色爲之震懼而秀神色自若渾夫妻默然含忿他日乃書太醫給事楊惠富臂作老奴官慳字令以示秀渾每欲伺隙陷之會渾伏誅遂得免難秀執正守志皆此類也時秀與中書令勃海高允俱以儒舊見重於時皆選擬方岳以詢訪見留各

聽長子出爲郡守秀辭曰爰自愚微承乏累紀少而受恩老無成效恐先草露無報殊私豈直無功之子超齊先達雖仰感聖慈而俯深驚懼乞收成命以安微臣遂固讓不受自始及終歷奉五帝雖不至大官常掌機要而廉清儉約不營資產年七十三遇疾給醫藥賜机杖時朝廷舉動及大事不決每遣尚書高平公李敷就第訪決皇興三年卒贈本將軍冀州刺史武邑公謚曰簡

子儁字異隣襲爵拜祕書中散軍曹令出爲顯武將軍荊州刺史依例降爵爲伯先是上洛置荊州後改爲洛州在重山中民不知學儁乃表置學官選聰悟者以教之在州五載清靖寡事吏民亦安還洛後儁朝京師賞以素帛景明初卒贈本將軍光州刺史

子叔休襲爵除給事中卒

子興襲爵

興弟賔歷尚書郎以清素稱出爲黎陽太守卒

官

潤曾孫禎字叔願學涉經史居喪以孝聞太和中爲中書博士副中書侍郎高聰使於江左還以母老患輒過家定省坐免官久之徵爲京兆王愉郎中令行洛陽令轉治書侍御史國子博士加威遠將軍行魯陽太守清素善撫接得百姓情稍遷司徒諮議參軍通直散騎常侍加冠軍將軍正光中卒贈平北將軍齊州刺史

子子儒司空田曹參軍

禎兄子景儁亦以學識知名奉朝請遷京兆王愉府外兵參軍愉起逆於冀州將授其官景儁不受愉殺之永平中贈東清河太守謚曰貞

景儁弟景興淸峻鯁正少爲州主簿遂栖遲不仕後葛榮陷冀州爲榮所虜稱疾不拜景興每捫膝而言曰吾不負汝以不拜葛榮故也

薛提太原人也皇始中補太學生拜侍御史累遷散騎常侍太子太保賜爵歷陽侯加晉兵將軍出爲鎭東大將軍冀州刺史進爵太原公所

在有聲績徵爲侍中治都曹事世祖崩秘不發喪尚書左僕射蘭延侍中和匹等議以爲皇孫幼冲宜立長君徵秦王翰置之祕室提曰皇孫有世嫡之重民望所係春秋雖少令問聞於天下成王孝昭所以隆周漢廢所宜立而更求君必不可延等猶豫未決中常侍宗愛知其謀矯皇后令徵提等入遂殺之

提弟浮子高宗即位以提有謀立之誠詔襲兄爵太原公有司奏降爲侯皇興元年卒

提孫令保太和中襲爵歷陽侯

史臣曰宋隱操行貞白遺略榮利王憲名祖之孫老見優禮屈遵學藝知機垣乃局量受遇張蒲谷渾文武爲用人世仍顯公孫表初則一介見知終以輕薄致戾軌始受授金之賞末陷財利之徵鮮克有終固不虛也張濟使於四方有延譽之美李先學術嘉謀荀遇三世賈彝早播時學秀則不畏彊禦薛提正議忠謀見害姦閹悲夫

列傳第二十一　魏書三十三

此傳全寫高氏小史疑收書亡而後人補之史臣語亦悉出北史諸論合而成文然頗詳備與本史它卷略同豈非小史全載本史乎

列傳第二十二　　魏書三十四

王洛兒　車路頭

盧魯元　陳建

萬安國

王洛兒京兆人也少善騎射太宗在東宮給事帳下侍從遊獵夙夜無怠性謹愿未嘗有過太宗嘗獵于灅南乘冰而濟冰陷没馬洛兒投水奉太宗出岸水没洛兒殆將凍死太宗解衣以賜之自是恩寵日隆天賜末太宗出居于外洛

兒晨夜侍衛無須臾違離恭勤發於至誠元紹之逆太宗左右唯洛兒與車路頭而已晝居山嶺夜還洛兒家洛兒隣人李道潛相奉給晨昏往復衆庶頗知喜而相告紹聞收道斬之洛兒猶冒難往返京都通問於大臣大臣遂出奉迎百姓奔赴太宗還宮社稷獲乂洛兒有功焉太宗即位拜散騎常侍詔曰士處家必以孝敬爲本在朝則以忠節爲先不然何以立身於當世揚名於後代也散騎常侍王洛兒車路頭等服勤左右十有餘年忠謹恭肅久而彌至未嘗須臾之頃有廢替之心及在艱難人皆易志而洛兒等授命不移貞操踰厲雖漢之樊灌魏之許典無以加焉勤而不賞何以獎勸將來爲臣之節其賜洛兒爵新息公加直意將軍又追贈其父爲列侯賜僮隷五十戶永興五年卒贈太尉建平王賜温明祕器載以輼輬車使殿中衛士爲之導從太宗親臨哀慟者數四焉乃鴆其妻周氏與洛兒合葬

子長成襲爵卒無子

弟德成襲爵徙爲建城公加鎮遠將軍官至散騎常侍典作長安員君十一年卒

子定州襲爵降爲建陽侯安遠將軍後定州弟升爲侍御中散有寵於顯祖以祖父洛兒著勳先朝詔復定州爵爲公高祖初爲長安鎮將卒

子陵襲升爵承明初遷監御長賜爵始新子加寧朔將軍員外散騎常侍卒

車路頭代人也少以忠厚選給東宮爲太宗帳

下帥善自脩立謹愼無過天賜末太宗出於外路頭隨侍竭力及太宗即位拜爲散騎常侍賜爵金鄉公加忠意將軍後改爲宣城公太宗性明察羣臣多以職事遇譴至有杖罰故路頭優遊不任事侍宿左右從容談笑而已路頭性無害每至評獄處理常獻寛恕之議以此見重於朝太宗亦敬納之寵待隆厚賞賜無數當時功臣親幸莫及泰常六年卒太宗親臨哀慟贈侍中左衛大將軍太師宣城王謚曰忠貞喪

禮一依安成王叔孫俊故事陪葬金陵

子眷襲爵

盧魯元昌黎徒河人也曾祖副鳩仕慕容垂爲尚書令臨澤公祖父並至大官魯元敏而好學寛和有雅度太宗時選爲直郎以忠謹給侍東宮恭勤盡節世祖親愛之及即位以爲中書侍郎拾遺左右寵待彌深而魯元益加謹肅世祖逾親信之内外大臣莫不敬憚焉性多容納善與人交好掩人之過揚人之美由是公卿咸

親附之魯元以工書有文才累遷中書監領秘書事賜爵襄城公加散騎常侍右將軍賜其父爲信都侯從征赫連昌世祖親追擊之入其城門魯元隨世祖出入是日微魯元幾至危殆從征平涼以功拜征北大將軍加侍中後遷太保録尚書事世祖貴異之常從征伐出入卧内每有平殄輒以功賞賜僮隸前後數百人布帛以萬計世祖臨幸其第不出旬日欲其居近易於往來乃賜甲第於宮門南衣食車馬皆乘輿之

副眞君三年冬車駕幸陰山魯元以疾不從侍臣問疾送醫藥傳驛相屬於路及薨世祖甚悼惜之還臨其喪哭之哀慟東西二宮命太官日送奠晨昏哭臨訖則備奏鍾鼓伎樂輿駕比葬三臨之喪禮依安成王故事而贈送有加贈襄城王謚曰孝葬於崞山爲建碑闕自魏興貴臣恩寵無與爲比子統襲爵

少子内給侍東宮恭宗深昵之常與卧起同衣父子有寵兩宮勢傾天下内性寛厚有父風而

恭順不及正平初宮臣伏誅世祖以曾元故唯
殺内而厚撫其兄弟
統以父任侍東宮世祖以元舅陽平王杜超女
南安長公主所生妻之車駕親自臨送太官設
供具賜賚以千計高宗即位典選部主客二曹
興安二年卒贈襄城王謚曰景無子
弟彌娥襲爵拜北鎮都將卒贈襄城王謚曰恭
子興仁襲爵
陳建代人也祖渾太祖末爲右衛將軍父陽尚
書建以善騎射擢爲三郎稍遷下大夫内行長
世祖討山胡白龍意甚輕之單將數十騎登山
臨崄每日如此白龍乃伏壯士十餘處出於不
意世祖墮馬幾至不測建以身捍賊大呼奮擊
殺賊數人身被十餘創世祖壯之賜戶二十高
宗初賜爵阜城侯加冠軍將軍出爲幽州刺史
假秦郡公高宗以建貪暴懦弱遣使就州罰杖
五十高祖初徵爲尚書右僕射加侍中進爵趙
郡公建與侍中尚書晉陽侯元仙德殿中尚書

長樂王穆亮比部尚書平原王陸叡啓表曰皇
天輔德命集大魏臣等祖父翼贊初興勤過蜀
漢誓固山河享茲景福寵辱休戚與國均焉臣
以凡近識無遠達階藉先寵遂荷今任彼已之
譏播於羣口仰感生成俯自策厲顧省駑鈍終
於無益然飲冰驚寐實懷慙懼至於願天高地
厚何日忘之自永嘉之末封豕橫噬馬叡南據
奄有荆楚及桓劉跋扈禍難相繼岱宗隔望秩
之敬青徐限見德之風獻文皇帝髫齓龍飛道
光率土干戚暫舞淮海從風車書既同華裔將
一昊天不弔奄背万邦竊聞劉昱天亡權臣殺
害思正之民翹想罔極愚謂時不再來機宜易
失毫分之差致悔千里天與不取反受其咎所
謂見而不作過在介石者也宜簡雄將號令八
方義陽王臣昶深悟存亡遠同孫氏苟歷運響
從則吳會可定脫事有難成則振旅而返進可
以揚義聲於四海退可以通德信於遐裔宜乘
之會運鍾今日如合聖聽乞速施行脫忤天心

願存臣表徐觀後驗賞罰隨焉高祖嘉之遷司徒征西大將軍進爵魏郡王高祖與文明太后頻幸建第賜建妻宴於後庭太和九年薨

子念襲爵爲中山守坐掠良人爲御史中尉王顯所彈遇赦免爵除

萬安國代人也祖真世爲酋帥恒率部民從世祖征伐以功除平西將軍敦煌公轉驃騎大將軍儀同三司父振尚高陽長公主拜駙馬都尉遷散騎常侍寧西將軍長安鎮將賜爵馮翊公安國少明敏有姿兒以國甥復尚河南公主拜駙馬都尉遷散騎常侍顯祖特親寵之與同臥起爲立第宅賞賜至巨萬超拜大司馬大將軍封安城王安國先與神部長奚買奴不平承明初矯詔殺買奴於苑中高祖聞之大怒遂賜安國死年二十三

子翼襲王爵太和十五年薨死高祖以其父受寵先朝特贈并州刺史

子纂字輔興襲依例降爲公世宗時起家司徒倉曹參軍遷南秦平西府司馬護軍長史加右軍將軍正光二年卒贈假節征虜將軍荊州刺史

子金剛襲武定末開府祭酒齊受禪爵例降

有奚拔者世爲紇奚部帥其父根皇始初率衆歸魏太祖嘉之尚昭成女生子拔卒於尚書令拔尚華陰公主生子敬元紹之逆也主有功超授敬大司馬大將軍封長樂王薨

子護襲爵拜外都大官太和中詔以護年邁既

未致仕令依舊養老之例卒子彥嗣根事迹遺落故略附云

史臣曰王洛兒車路頭盧魯元陳建咸以誠至發衷竭節危難苟非志烈過人亦何能以若此宜其生受恩遇歿盡哀榮至如安國貴寵異於數子哉

列傳第二十二　　魏書三十四

崔浩

崔浩字伯淵清河人也白馬公玄伯之長子少好文學博覽經史玄象陰陽百家之言無不關綜研精義理時人莫及弱冠爲直郎天興中給事祕書轉著作郎太祖以其工書常置左右太祖季年威嚴頗峻宫省左右多以微過得罪莫不逃隱避目下之變浩獨恭勤不怠或終日不歸太祖知之輒命賜以御粥其砥直任時不爲窮通改節皆此類也太宗初拜博士祭酒賜爵武城子常授太宗經書每至郊祠父子並乘軒軺時人榮之太宗好陰陽術數聞浩說易及洪範五行善之因命浩筮吉凶參觀天文考定疑惑浩綜覈天人之際舉其綱紀諸所處決多有應驗恒與軍國大謀甚爲寵密是時有兔在後宫驗問門官無從得入太宗恠之命浩推其咎徵浩以爲當有隣國貢嬪嬙者善應也明年姚興果獻女神瑞二年秋穀不登太史令王亮蘇

垣因華陰公主等言讖書國家當治鄴應大樂五十年勸太宗遷都浩與特進周澹言於太宗曰今國家遷都於鄴可救今年之飢非長久之策也東州之人常謂國家居廣漠之地民畜無筭號稱牛毛之衆今留守舊都分家南徙恐不滿諸州之地參居郡縣處榛林之間不便水土疾疫死傷情見事露則百姓意沮四方聞之有輕侮之意屈丐蠕蠕必提挈而來雲中平城則有危殆之慮阻隔恒代千里之險雖欲救援赴之甚難如此則聲實俱損矣今居北方假令山東有變輕騎南出燿威桑梓之中誰知多少百姓見之望塵震服此是國家威制諸夏之長策也至春草生乳酪將出兼有菜果足接來秋若得中熟事則濟矣太宗深然之曰唯此二人與朕意同復使中貴人問浩澹曰今既糊口無以至來秋來秋或復不熟將如之何浩等對曰可簡窮下之戶諸州就穀若來秋無年願更圖也但不可遷都太宗從之於是分民詣山東三州

食出倉穀以稟之來年遂大熟賜浩澹妾各人御衣一襲絹五十疋綿五十斤初姚興死之前歲也太史奏熒惑在匏瓜星中一夜忽然亡失不知所在或謂下入危亡之國將爲童謠妖言而後行其災禍太宗聞之大驚乃召諸碩儒十數人令與史官求其所詣浩對曰案春秋左氏傳說神降于莘其至之日各以其物祭也請以日辰推之庚午之夕辛未之朝天有陰雲熒惑之亡當在此二日之內庚之與未皆主於

秦辛爲西夷今姚興據咸陽是熒惑入秦矣諸人皆作色曰天上失星人安能知其所詣而妄說無徵之言浩笑而不應後八十餘日熒惑果出於東井留守盤遊秦中大旱赤地昆明池水竭童謠訛言國內諠擾明年姚興死二子交兵三年國滅於是諸人皆服曰非所及也泰常元年司馬德宗將劉裕伐姚泓舟師自淮泗入清欲泝河西上假道於國詔群臣議之外朝公卿咸曰函谷關號曰天險一人荷戈萬夫不得進

裕舟船步兵何能西入脫我乘其後還路甚難若北上河岸其行爲易揚言伐姚意或難測假其水道寇不可縱宜先發軍斷河上流勿令西過又議之內朝咸同外計太宗將從之浩曰此非上策司馬休之之徒擾其荊州劉裕切齒來久今興死子劣乘其危亡而伐之臣觀其意必欲入關勁躁之人不顧後患今若塞其西路裕必上岸北侵如此則姚無事而我受敵今蠕蠕內寇民食又乏不可發軍發軍赴南則北寇進

擊若其救北則東州復危未若假之水道縱裕西入然後興兵塞其東歸之路所謂卞莊刺虎兩得之勢也使裕勝也必德我假道之惠令姚氏勝也亦不失救隣之名縱使裕得關中縣遠難守彼不能守終爲我物今不勞兵馬坐觀成敗鬬兩虎而收長久之利上策也夫爲國之計擇利而爲之豈顧婚姻酬一女子之惠哉假令國家棄恒山以南裕必不能發吳越之兵與官軍爭守河北也居然可知議者猶曰裕西入函

谷則進退路窮腹背受敵北上岸則姚軍必不出關助我揚聲西行意在北進其勢然也太宗遂從群議遣長孫嵩發兵拒之戰於畔城爲裕將朱超石所敗師人多傷太宗聞之恨不用浩計二年司馬德宗齊郡太守王懿來降上書陳計稱劉裕在洛勸國家以軍絶其後路則裕軍可不戰而克書奏太宗善之會浩在前進講書傳太宗問浩曰劉裕西伐前軍已至潼關其事如何以卿觀之事得濟不浩對曰昔姚興好養虛名而無實用子泓又病衆叛親離裕乘其危兵精將勇以臣觀之克之必矣太宗曰劉裕武能何如慕容垂浩曰裕勝太宗曰試言其狀浩曰慕容垂乘父祖世君之資生便尊貴同類歸之若夜蛾之赴火少加倚仗便足立功劉裕挺出寒微不階尺土之資不因一卒之用奮臂大呼而夷滅桓玄北擒慕容超南摧盧循等僭晋陵遲遂執國命裕若平姚而還必篡其主其勢然也秦地戎夷混并虎狼之國裕亦不能守之

風俗不同人情難變欲行荆揚之化於三秦之地譬無翼而欲飛無足而欲走不可得也若留衆守之必資於寇孔子曰善人爲邦百年可以勝殘去殺今以秦之難制一二年間豈裕所能哉且可治戎束甲息民備境以待其歸秦地亦當終爲國有可坐而守也太宗曰裕已入關不能進退我遣精騎南襲彭城壽春裕亦何能自立浩曰今西北二寇未殄陛下不可親御六師兵衆雖盛而將無韓白長孫嵩有治國之用無進取之能非劉裕敵也臣謂待之不晚太宗笑曰卿量之已審矣浩曰臣嘗私論近世人物不敢不上聞若王猛之治國苻堅之管仲也慕容玄恭之輔少主慕容暐之霍光也劉裕之平逆亂司馬德宗之曹操也太宗曰卿謂先帝如何浩曰小人管窺懸象何能見玄穹之廣大雖然太祖用漠北醇樸之人南入中地變風易俗化洽四海自與羲農齊列臣豈能仰名太宗曰屈丐何如浩曰屈丐家國夷滅一身孤寄爲姚氏

封殖不思樹黨彊隣報讎雪恥乃結忿於蠕蠕背德於姚興撅竪小人無大經略正可殘暴終爲人所滅耳太宗大悅語至中夜賜浩御縹醪酒十觚水精戎鹽一兩曰朕味卿言若此鹽酒故與卿同其旨也三年彗星出天津入太微經北斗絡紫微犯天棓八十餘日至漢而滅太宗復召諸儒術士問之曰今天下未一四方岳峙災咎之應將在何國朕甚畏之盡情以言勿有所隱咸共推浩令對浩曰古人有言夫災異之

生由人而起人無釁焉妖不自作故人失於下則變見於上天事恒象百代不易漢書載王莽篡位之前彗星出入正與今同國家主尊臣卑上下有序民無異望唯僭晉卑削主弱臣彊累世陵遲故桓玄逼奪劉裕秉權彗孛者惡氣之所生是爲僭晉將滅劉裕篡之之應也諸人莫能易浩言太宗深然之五年裕果廢其主司馬德文而自立南鎮上裕改元赦書時太宗幸東南潟滷池射鳥聞之驛召浩謂之曰往年卿言

彗星之占驗矣朕於今日始信天道初浩父疾篤浩乃翦爪截髮夜在庭中仰禱斗極爲父請命求以身代叩頭流血歲餘不息家人罕有知者及父終居喪盡禮時人稱之襲爵白馬公朝廷禮儀優文策詔軍國書記盡關於浩浩能爲雜說不長屬文而留心於制度科律及經術之言作家祭法次序五宗烝嘗之禮豐儉之節義理可觀性不好老莊之書每讀不過數十行輒棄之曰此矯誣之說不近人情必非老子所作

老聃習禮仲尼所師豈設敗法文書以亂先王之教袁生所謂家人筐篋中物不可揚於王庭也太宗恒有微疾怪異屢見乃使中貴人密問於浩曰春秋星孛北斗七國之君皆將有咎今茲日蝕於胃昴盡光趙代之分野朕疾彌年療治無損恐一旦奄忽諸子並少將如之何其爲我設圖後之計浩曰陛下春秋富盛聖業方融德以除災幸就平愈且天道懸遠或消或應昔宋景見災脩德熒惑退舍願陛下遣諸憂虞恬

神保和納御嘉福無以闇昧之說致損聖思必不得已請陳瞽言自聖化龍興不崇儲貳是以永興之始社稷幾危今宜早建東宮選公卿忠賢陛下素所委仗者使爲師傅左右信臣簡在聖心者以充賓友入揔萬機出統戎政監國撫軍六柄在手若此則陛下可以優遊無爲頤神養壽進御醫藥萬歲之後國有成主民有所歸則姦宄息望旁無覬覦此乃萬世之令典塞禍之大備也今長皇子諱年漸一周明叡溫和衆

情所繫時登儲副則天下幸甚立子以長禮之大經若須並待成人而擇倒錯天倫則生履霜堅冰之禍自古以來載籍所記興衰存亡鮮不由此太宗納之於是使浩奉策告宗廟命世祖爲國副主居正殿臨朝司徒長孫嵩山陽公奚斤北新公安同爲左輔坐東廂西面浩與太尉穆觀散騎常侍丘堆爲右弼坐西廂東面百寮揔己以聽焉太宗避居西宮時隱而窺之聽其決斷大悅謂左右侍臣曰長孫嵩宿德舊臣歷

事四世功存社稷奚斤辯捷智謀名聞遐邇安同曉解俗情明練於事穆觀達於政要識吾旨趣崔浩博聞彊識精於天人之會丘堆雖無大用然在公專謹以此六人輔相吾與汝曹遊行四境伐叛柔服可得志於天下矣群臣時奏所疑太宗曰此非我所知當決之汝曹國主也會聞劉裕死太宗欲取洛陽虎牢滑臺浩曰陛下不以劉裕歘起納其使貢裕亦敬事陛下不幸今死乘喪伐之雖得之不令春秋晉士丐帥師

侵齊聞齊侯卒乃還君子大其不伐喪以爲恩足以感孝子義足以動諸侯今國家亦未能一舉而定江南宜遣人弔祭存其孤弱恤其凶災布義風於天下令德之事也若此則化被荆揚南金象齒羽毛之珍可不求而自至裕新死黨與未離兵臨其境必相率拒戰功不可必不如緩之待其惡稔如其彊臣爭權變難必起然後命將揚威可不勞士卒而收淮北之地太宗銳意南伐詰浩曰劉裕因姚興死而滅其國裕死

我伐之何為不可浩固執曰興死二子交爭裕
乃伐之太宗大怒不從浩言遂遣奚斤南伐議
於監國之前曰先攻城也先略地也斤曰請先
攻城浩曰南人長於守城苻氏攻襄陽經年不
拔今以大國之力攻其小城若不時克挫損軍
勢敵得徐嚴而來我怠彼銳危道也不如分軍
略地至淮為限列置守宰收斂租穀滑臺虎牢
反在軍北絕望南救必沿河東走若或不然即
是囿中之物公孫表請先圖其城斤等濟河先

攻滑臺經時不拔表請濟師太宗怒乃親南巡
拜浩相州刺史加左光祿大夫隨軍為謀主及
車駕之還也浩從太宗幸西河太原登憇高陵
之上下臨河流傍覽川域慨然有感遂與同寮
論五等郡縣之是非考秦始皇漢武帝之違失
好古識治時伏其言天師寇謙之每與浩言聞
其論古治亂之迹常自夜達旦竦意斂容無有
懈倦既而歎美之曰斯言也惠皆可底行亦當
今之皐繇也但世人貴遠賤近不能深察之耳

因謂浩曰吾行道隱居不營世務忽受神中之
訣當兼脩儒教輔助泰平真君繼千載之絕統
而學不稽古臨事闇昧卿為吾撰列王者治典
并論其大要浩乃著書二十餘篇上推太初下
盡秦漢變弊之迹大旨先以復五等為本世祖
即位左右忌浩正直共排毀之世祖雖知其能
不免群議故出浩以公歸第及有疑議召而問
焉浩纖妍潔白如美婦人而性敏達長於謀計
常自比張良謂己稽古過之既得歸第因欲脩

服食養性之術而寇謙之有神中錄圖新經浩
因師之始光中進爵東郡公拜太常卿時議討
赫連昌群臣皆以為難唯浩曰往年以來熒惑
再守羽林皆成鉤己其占秦亡又今年五星併
出東方利以西伐天應人和時會並集不可失
也世祖乃使奚斤等擊蒲坂而親率輕騎襲其
都城大獲而還及世祖復討昌次其城下收衆
偽退昌鼓譟而前舒陣為兩翼會有風雨從東
南來揚沙晝昏宦者趙倪進曰今風雨從賊後

來我向彼背天不助人又將士飢渴願陛下攝騎避之更待後日浩叱之曰是何言歟千里制勝一日之中豈得變易賊前行不止後已離絕宜分軍隱出奄擊不意風道在人豈有常也世祖曰善分騎奮擊昌軍大潰初太祖詔尚書郎鄧淵著國記十餘卷編年次事體例未成逮于太宗廢而不述神䴥二年詔集諸文人撰錄國書浩及弟覽高讜鄧穎晁繼范亨黃輔等共參著作敘成國書三十卷是年議擊蠕蠕朝臣內

外盡不欲行保太后固止世祖世祖皆不聽唯浩讚成策略尚書令劉絜左僕射安原等乃使黃門侍郎仇齊推赫連昌太史張淵徐辯說世祖曰今年己巳三陰之歲歲星襲月太白在西方不可舉兵北伐必敗雖尅不利於上又群臣共贊和淵等云淵少時嘗諫苻堅不可南征堅不從而敗今天時人事都不和協何可舉動世祖意不決乃召浩令與淵等辯之浩難淵曰陽者德也陰者刑也故日蝕脩德月蝕脩刑夫王

者之用刑大則陳諸原野小則肆之市朝戰伐者用刑之大者也以此言之三陰用兵蓋得其類脩刑之義也歲星襲月年飢民流應在他國遠期十二年太白行倉龍宿於天文為東不妨北伐淵等俗生志意淺近牽於小數不達大體難與遠圖臣觀天文比年以來月行奄昴至今猶然其占三年天子大破旄頭之國蠕蠕高車旄頭之眾也夫聖明御時能行非常之事古人語曰非常之原黎民懼焉及其成功天下晏然

願陛下勿疑也淵等慚而言曰蠕蠕荒外無用之物得其地不可耕而食得其民不可臣而使輕疾無常難得而制有何汲汲而苦勞士馬也浩曰淵言天時是其所職若論形勢非彼所知斯乃漢世舊說常談施之於今不合事宜也何以言之夫蠕蠕者舊是國家北邊叛隷今誅其元惡收其善民令復舊役非無用也漠北高涼不生蚊蚋水草美善夏則北遷田牧其地非不可耕而食也蠕蠕子弟來降貴者尚公主賤者

將軍大夫居滿朝列又高車號爲名騎非不可臣而畜也夫以南人追之則患其輕疾於國兵則不然何者彼能遠逐與之進退非難制也且蠕蠕往數入國民吏震驚今夏不乘虛掩進破滅其國至秋復來不得安卧自太宗之世迄於今日無歲不驚豈不汲汲乎哉世人皆謂淵辯通解數術明決成敗臣請試之問其西國未滅之前有何亡徵知而不言是其不忠若實不知是其無術時赫連昌在座淵等自以無先言慙

赧而不能對世祖大悅謂公卿曰吾意決矣亡國之師不可與謀信矣哉而保太后猶難之復令群臣於保太后前評議世祖謂浩曰此等意猶不伏卿善曉之令悟既罷朝或有尤浩者曰今吳賊南寇而舍之北伐行師千里其誰不知若蠕蠕遠遁前無所獲後有南賊之患危之道也浩曰不然今年不摧蠕蠕則無以禦南賊自國家并西國以來南人恐懼揚聲動衆以衛淮北彼北我南彼勞我息其勢然矣比破蠕蠕往

還之間故不見其至也何以言之劉裕得關中留其愛子精兵數萬良將勁卒猶不能固守舉軍盡沒號哭之聲至今未已如何正當國家休明之世士馬彊盛之時而欲以駒犢齒虎口也設令國家與之河南彼必不能守之自量不能守是以必不來若或有衆備邊之軍耳夫見瓶水之凍知天下之寒嘗肉一臠識鑊中之味物有其類可推而得也且蠕蠕恃其絶遠謂國家力不能至自寬來久故夏則散衆放畜秋肥乃

聚背寒向溫南來寇抄今出其慮表攻其不備大軍卒至必驚駭星分望塵奔走牡馬護羣牝馬戀駒驅馳難制不得水草未過數日則聚而困敝可一舉而滅暫勞永逸長久之利時不可失也唯患上無此意今聖慮已決發曠世之謀如何止之陋矣哉公卿也諸軍遂行天師謂浩曰是行也如之何果可克乎浩對曰天時形勢必克無疑但恐諸將瑣瑣前後顧慮不能乘勝深入使不全舉耳及軍入其境蠕蠕先不設備

民畜布野驚怖四奔莫相收攝於是分軍搜討
東西五千里南北三千里凡所俘虜及獲畜產
車廬彌漫山澤蓋數百万高車殺蠕蠕種類歸
降者三十餘萬落虜遂散亂矣世祖沿弱水西
行至涿邪山諸大將果疑深入有伏兵勸世祖
停止不追天師以浩曩日之言固勸世祖窮討
不聽後有降人言蠕蠕大檀先被疾不知所爲
乃焚燒穹廬科車自載將數百人入山南走民
畜窘聚方六十里中無人領統相去百八十里

追軍不至乃徐徐西遁唯此得免後聞涼州賈
胡言若復前行二日則盡滅之矣世祖深恨之
大軍既還南賊竟不能動如浩所量浩明識天
文好觀星變常置金銀銅鋌於酢器中令青夜
有所見即以鋌畫紙作字以記其異世祖每幸
浩第多問以異事或倉卒不及束帶奉進疏食
不暇精美世祖爲舉匕箸或立嘗而旋其見寵
愛如此於是引浩出入卧内加侍中特進撫軍
大將軍左光祿大夫賞謀謨之功世祖從容謂

浩曰卿才智淵博事朕祖考忠著三世朕故延
卿自近其思盡規諫匡予弼予勿有隱懷朕雖
當時遷怒若或不用久久可不深思卿言也因
令歌工歷頌群臣事在長孫道生傳又召新降
高車渠帥數百人賜酒食於前世祖指浩以示
之曰汝曹視此人尫纖懦弱手不能彎弓持矛
其胷中所懷乃踰於甲兵朕始時雖有征討之
意而慮不自決前後克捷皆此人導吾令至此
也乃勑諸尚書曰凡軍國大計卿等所不能決

皆先諮浩然後施行俄而南藩諸將表劉義隆
大嚴欲犯河南請兵三万先其未發逆擊之因
誅河北流民在界上者絕其鄉導足以挫其鋭
氣使不敢深入詔公卿議之咸言宜許浩曰此
不可從也往年國家大破蠕蠕馬力有餘南賊
震懼常恐輕兵奄至卧不安席故先聲動衆以
備不虞非敢先發又南土下濕夏月蒸暑水潦
方多草木深邃疾疫必起非行師之時且彼先
嚴有備必堅城固守屯軍攻之則糧食不給分

兵肆討則無以應敵未見其利就使能來待其
勞倦秋涼馬肥因敵取食徐往擊之万全之計
勝必可克在朝群臣及西北守將從陛下征討
西滅赫連北破蠕蠕多獲美女珍寶馬畜成群
南鎮諸將聞而生羨亦欲南抄以取資財是以
披毛求瑕妄張賊勢冀得肆心既不獲聽故數
稱賊動以恐朝廷背公存私為國生事非忠臣
也世祖從浩議南鎮諸將復表賊至而自陳兵
少簡幽州以南戍兵佐守就漳水造船嚴以為

備公卿議者僉然欲遣騎五千并假署司馬楚
之魯軌韓延之等令誘引邊民浩曰非上策也
彼聞幽州已南精兵悉發大造舟船輕騎在後
欲存立司馬誅除劉族必舉國駭擾懼於滅亡
當悉發精銳來備北境後審知官軍有聲無實
恃其先聚必喜而前行徑來至河肆其侵暴則
我守將無以禦之若彼有見機之人善設權譎
乘間深入虞我國虛生變不難非制敵之良計
今公卿欲以威力攘賊乃所以招令速至也夫

張虛聲而召實害此之謂矣不可不思後悔無
及我使在彼期四月前還可待使至審而後發
猶未晚也且楚之之徒是彼所忌將奪其國彼
安得端坐視之故楚之往則彼來止則彼息其
勢然也且楚之等瑣才能招合輕薄無賴而不
能成就大功為國生事使兵連禍結必此之群
矣臣嘗聞魯軌說姚興求入荊州至則散敗乃
不免蠻賊掠賣為奴使禍及姚泓已然之效浩
復陳天時不利於彼曰今茲害氣在揚州不宜

先舉兵一也午歲自刑先發者傷二也日蝕滅
光晝昏星見飛鳥墮落宿值斗牛憂在危亡三
也熒惑伏匿於翼軫戒亂及喪四也太白未出
進兵者敗五也夫興國之君先脩人事次盡地
利後觀天時故万舉而万全國安而身盛今義
隆新國是人事未周也災變屢見是天時不協
也舟行水涸是地利不盡也三事無一成自守
猶或不安何得先發而攻人哉彼必聽我虛聲
而嚴我亦承彼嚴而動兩推其咎皆自以為應

敵兵法當分災迎受害氣未可舉動也世祖不能違衆乃從公卿議浩復固爭不從遂遣陽平王杜超鎭鄴琅邪王司馬楚之等屯潁川於是賊來遂疾到彥之自清水入河泝流西行分兵列守南岸西至潼關世祖聞赫連定與劉義隆懸分河北乃治兵欲先討赫連群臣曰義隆猶在河中舍之西行前寇未可必剋而義隆乘虛則失東州矣世祖疑焉問計於浩浩曰義隆與赫連定同惡相招連結馮跋牽引蠕蠕規肆逆

心虛相唱和義隆望定進定待義隆前皆莫敢先入以臣觀之有似連雞不得俱飛無能爲害也臣始謂義隆軍來當屯住河中兩道北上東道向冀州西道衝鄴如此則陛下當自致討不得徐行今則不然東西列兵徑二千里一處不過數千形分勢弱以此觀之儜兒情見止望固河自守免死爲幸無北度意也赫連定殘根易摧擬之必仆剋定之後東出潼關席卷而前則威震南極江淮以北無立草矣聖策獨發非愚

近所及願陛下西行勿疑平涼既平其日宴會世祖執浩手以示蒙遜使曰所云崔公此是也才略之美當今無比朕行止必問成敗決焉若合符契初無失矣後冠軍將軍安頡軍還獻南俘因說南賊之言云義隆勑其諸將若北國兵動先其未至徑前入河若其不動住彭城勿進如浩所量世祖謂公卿曰卿輩前謂我用浩計爲謬驚怖固諫常勝之家始皆自謂踰人遠矣至於歸終乃不能及還浩司徒時方士祁纖奏

立四王以日東西南北爲名欲以致禎吉除災異詔浩與學士議之浩對曰先王建國以作蕃屏不應假名以爲其福夫日月運轉周歷四方京都所居在於其內四王之稱實奄邦畿名之則逆不可承用先是纖奏改代爲万年浩曰昔太祖道武皇帝應天受命開拓洪業諸所制置無不循古以始封代土後稱爲魏故代魏兼用猶彼殷商國家積德著在圖史當享万億不待假名以爲益也纖之所聞皆非正義世祖從之

是時河西王沮渠牧犍內有貳意世祖將討焉
先問於浩浩對曰牧犍惡心已露不可不誅官
軍往年北伐雖不剋獲實無所損于時行者內
外軍馬三十萬匹計在道死傷不滿八千歲常
羸死恒不減萬乃不少於此而遠方承虛便謂
大損不能復振今出其不意不圖大軍卒至必
驚駭騷擾不知所出擒之必矣且牧犍劣弱諸
弟驕恣爭權從橫民心離解加比年以來天災
地變都在秦涼成滅之國也世祖曰善吾意亦
以爲然命公卿議之弘農王奚斤等三十餘人
皆曰牧犍西垂下國雖心不純臣然繼父職貢
朝廷接以蕃禮又王姬釐降罪未甚彰謂宜羈
縻而已今士馬勞止宜可小息又其地鹵斥略
無水草大軍既到不得久停彼聞軍來必完聚
城守攻則難拔野無所掠於是尚書古弼李順
之徒皆曰自溫圉河以西至於姑臧城南天梯
山上冬有積雪深一丈餘至春夏消液下流成
川引以溉灌彼聞軍至決此渠口水不通流則

致渴乏去城百里之內赤地無草又不任久停
軍馬斤等議是也世祖乃命浩以其前言與斤
共相難抑諸人不復餘言唯曰彼無水草浩曰
漢書地理志稱涼州之畜爲天下饒若無水草
何以畜牧又漢人爲居終不於無水草之地築
城郭立郡縣也又雪之消液纔不斂塵何得通
渠引漕溉灌數百万頃乎此言大詆誣於人矣
李順等復曰耳聞不如目見吾曹目見何可共
辨浩曰汝曹受人金錢欲爲之辭謂我目不見
便可欺也世祖隱聽聞之乃出親見斤等辭旨
嚴厲形於神色群臣乃不敢復言唯唯而已於
是遂討涼州而平之多饒水草如浩所言乃詔
浩曰昔皇祚之興世隆北土積德累仁多歷年
載澤流蒼生義聞四海我太祖道武皇帝協順
天人以征不服應期撥亂奄有區夏太宗承統
光隆前緒釐正刑典大業惟新然荒域之外猶
未賓服此祖宗之遺志而貽功於後也朕以眇
身獲奉宗廟戰戰兢兢如臨淵海懼不能負荷

至重繼名丕烈故即位之初不遑寧處揚威朔
裔掃定赫連逮於神䴥始命史職注集前功以
成一代之典自爾已來戎旗仍舉秦隴克定徐
兖無塵平逋寇於龍川討孽豎於涼域豈朕一
人獲濟於此賴宗廟之靈群公卿士宣力之効
也而史闕其職篇籍不著每懼斯事之墜焉公
德冠朝列言爲世範小大之任望君存之命公
留臺綜理史務述成此書務從實錄浩於是監
祕書事以中書侍郎高允散騎侍郎張偉參著

作續成前紀至於損益褒貶折中潤色浩所揔
焉及恭宗始揔百揆浩復與宜都王穆壽輔政
事時又將討蠕蠕劉絜復致異議世祖逾欲討
之乃召問浩浩對曰往擊蠕蠕師不多日潔等
各欲回還後獲其生口云軍還之時去賊三十
里是潔等之計過矣夫北土多積雪至冬時常
避寒南徙若因其時潛軍而出必與之遇則可
擒獲世祖以爲然乃分軍爲四道詔諸將俱會
鹿渾海期日有定而潔恨計不用沮誤諸將無

功而還事在潔傳世祖西巡詔浩與尚書順陽
公蘭延都督行臺中外諸軍事世祖至東雍親
臨汾曲觀叛賊薛永宗壘進軍圍之永宗出兵
欲戰世祖問浩曰今日可擊不浩曰永宗未知
陛下自來人心安閑北風迅疾宜急擊之須臾
必碎若待明日恐其見官軍盛大必夜遁走世
祖從之永宗潰滅車駕濟河前驅告賊在渭北
世祖至洛水橋賊已夜遁詔問浩曰蓋吳在長
安北九十里渭北地空穀草不備欲渡渭南西

行何如浩對曰蓋吳營去此六十里賊魁所在
擊蛇之法當須破頭頭破則尾豈能復動宜乘
勢先擊吳今軍往一日便到平吳之後回向長
安亦一日而至一日之內未便損傷愚謂宜從
北道若從南道則蓋吳徐入北山卒未可平世
祖不從乃渡渭南吳聞世祖至盡散入北山果
如浩言軍無所克世祖悔之後以浩輔東宮之
勤賜繒絮布帛各千段著作令史太原閔湛趙
郡郄標素諂事浩乃請立石銘刊載國書并勒

所注五經浩贊成之恭宗善焉遂營於天郊東三里方百三十步用功三百万乃訖世祖蒐于河西詔浩詣行在所議軍事浩表曰昔漢武帝患匈奴彊盛故開涼州五郡通西域勸農積穀爲滅賊之資東西迭擊故漢未疲而匈奴已斃後遂入朝昔平涼州臣愚以爲北賊未平征役不息可不徙其民案前世故事計之長者若遷民人則土地空虛雖有鎮戍適可禦邊而已至於大舉軍資必乏陛下以此事闊遠竟不施用

如臣愚意猶如前議募徙豪彊大家充實涼土軍舉之日東西齊勢此計之得者浩又上五寅元曆表曰太宗即位元年勑臣解急就章孝經論語詩尚書春秋禮記周易三年成訖復詔臣學天文星曆易式九宮無不盡看至今三十九年晝夜無廢臣稟性弱劣力不及健婦人更無餘能是以專心思書忘寢與食至乃夢共鬼爭義遂得周公孔子之要術始知古人有虛有實妄語者多真正者少自秦始皇燒書之後經典

絕滅漢高祖以來世人妄造曆術者有十餘家皆不得天道之正大誤四千小誤甚多不可言盡臣愍其如此今遭陛下太平之世除僞從眞宜改誤曆以從天道是以臣前奏造曆今始成訖謹以奏呈唯恩省察以臣曆術宣示中書博士然後施用非但時人天地鬼神知臣得正可以益國家萬世之名過於三皇五帝矣事在律曆志眞君十一年六月誅浩清河崔氏無遠近范陽盧氏太原郭氏河東柳氏皆浩之姻親盡

夷其族初郄標等立石銘刊國記浩盡述國事備而不典而石銘顯在衢路往來行者咸以爲言事遂聞發有司按驗浩取秘書郎吏及長曆生數百人意狀浩伏受賕其秘書郎吏已下盡死浩始弱冠太原郭逸以女妻之浩晚成不曜華采故時人未知逸妻王氏劉義隆鎮北將軍王仲德姊也每奇浩才能自以爲得壻俄而女亡王深以傷恨復以少女繼婚逸及親屬以爲不可王固執與之逸不能違遂重結好浩非毀

佛法而妻郭氏敬好釋典時時讀誦浩怒取而
焚之捐灰於廁中及浩幽執置之檻內送於城
南使衛士數十人溲其上呼聲嗷嗷聞于行路
自宰司之被戮辱未有如浩者世皆以為報應
之驗也初浩構害李順基萌已成夜夢秉火爇
順寢室火作而順死浩與室家羣立而觀之俄
而順弟息號哭而出曰此輩吾賊也以戈擊之
悉投於河寤而惡之以告館客馮景仁景仁曰
此真不善也非復虛事夫以火爇人暴之極也

三百三十四　魏傳二十三　二十九　沈思忠

階亂兆禍復己招也商書曰惡之易也如火之
燎於原不可向邇其猶可撲滅乎且兆始惡者
有終殃積不善者無餘慶厲階成矣公其圖之
浩曰吾方思之而不能悛至是而族浩既工書
人多託寫急就章從少至老初不憚勞所書蓋
以百數必稱馮代彊疑以示不敢犯國其謹也
如此浩書體勢及其先人而妙巧不如也世寶
其迹多裁割綴連以為模楷浩母盧氏諶孫也
浩著食經敘曰余自少及長耳目聞見諸母諸

姑所脩婦功無不蘊習酒食朝夕養舅姑四時
祭祀雖有功力不任僮使常手自親焉昔遭喪
亂飢饉仍臻饘蔬餬口不能具其物用十餘年
間不復備設先妣慮久廢忘後生無知見而少
不習業書乃占授為九篇文辭約舉婉而成章
聰辯彊記皆此類也親沒之後值國龍興之會
平暴除亂拓定四方余備位台鉉與參大謀賞
獲豐厚牛羊蓋澤貲累巨万衣則重錦食則梁
肉遠惟平生思季路負米之時不可復得故序

魏傳二十三　三十　李昌

遺文垂示來世始浩與冀州刺史頤滎陽太守
模等年皆相次浩為長次模次頤三人別祖而
模頤為親浩恃其家世魏晉公卿常侮模頤模
謂人曰桃簡正可欺我何合輕我家周兒也浩
小名桃簡頤小名周兒世祖頗聞之故誅浩時
二家獲免浩既不信佛道模深所歸向每雖糞
土之中禮拜形像浩大笑之云持此頭顱不淨
處跪是胡神也
史臣曰崔浩才藝通博究覽天人政事籌策時

莫之二此其所以自比於子房也屬太宗爲
政之秋值世祖經營之日言聽計從寧廓區
夏遇既隆也勤亦茂哉謀雖蓋世威未震
主末途邂逅遂不自全豈鳥盡弓藏民
惡其上將器盈必槩陰害貽禍何斯人而
遭斯酷悲夫

列傳第二十三　魏書三十五

百六　魏書傳二十三　三十一　黃四崇

列傳第二十四　魏書三十六

李順

李順字德正趙郡平棘人也父系慕容垂散騎
侍郎東武城令治有能名太祖定中原以系爲
平棘令年老卒於家贈寧朔將軍趙郡太守平
棘男順博涉經史有才策知名於世神瑞中中
書博士轉中書侍郎始光初從征蠕蠕以籌略
之功拜後軍將軍仍賜爵平棘子加奮威將軍
世祖將討赫連昌謂崔浩曰朕前北征李順獻

大三一　魏書列二十四　一　陳允升

策數事實合經略大謀今欲使揔攝前驅之事
卿以爲何如浩對曰順智足周務實如聖旨但
臣與之婚姻深知其行然性果於去就不可專
委世祖乃止初浩弟娶順妹又以弟子娶順女
雖二門婚媾而浩頗輕順順又弗之伏也由是
潛相猜忌故浩毀之至統萬大破昌軍順謀功
居右轉拜左軍將軍後征統萬遷前將軍授之
以兵昌出逆戰順督勒士衆破其左軍及克統
萬世祖賜諸將珍寶雜物順固辭唯取書數千

卷卌祖善之至京論功以順爲給事黃門侍郎
賜奴婢十五戶帛千匹又從擊赫連定於平涼
三秦平遷散騎常侍進爵爲侯加征虜將軍遷
四部尚書甚見寵待沮渠蒙遜以河西内附世
祖欲精簡行人崔浩曰蒙遜稱蕃款著河右若
俾遐域流通殊荒畢至宜令清德重臣奉詔褒
慰尚書李順即其人也世祖曰順納言大臣固
不宜先爲此使若蒙遜身執玉帛而朝於朕復
何以加之浩曰邢貞使吳亦魏之太常苟事是

宜無嫌於重兩日之行豈吳王入覲也世祖從
之以順爲太常策拜蒙遜爲太傅涼王使還拜
使持節都督秦雍梁益四州諸軍事寧西將軍
開府長安鎮都大將進爵高平公未幾復徵爲
四部尚書加散騎常侍延和初復使涼州蒙遜
遣中兵校郎楊定歸白順曰年衰多疹舊患發
動腰脚不隨不堪拜伏比三五日消息小差當
相見順曰王之年老朝廷所知以王祗執臣禮
別有詔旨豈得自安不見上使也蒙遜翌日延

順入至庭中而蒙遜箕坐隱几無動起之狀順
正色大言曰不謂此叟無禮乃至於是今則覆
亡之不恤而敢陵侮天地魂神逝矣何用見之
將握節而出蒙遜使定歸追順於庭曰太常既
雅恕衰疾傳云朝廷有不拜之詔是以敢自安
耳若太常曰爾拜爾跽而不祗命斯乃小臣之
罪矣順益怒曰齊桓公九合諸侯一匡天下周
王賜胙命曰伯舅無下拜而桓公奉遵臣節降
而拜受今君雖功高勳厚未若小白之勤朝廷

雖相崇重未有不拜之詔如便偃蹇自大此乃
速過之道非圖久安之計若朝廷震怒遂相吞
滅悔何及哉蒙遜曰太常規之以古烈懼之以
天威敢不翹悚敬聽休命遂拜伏盡禮禮畢蒙
遜曰夫恃德者昌恃力者亡朝廷須來征伐屢
克境宇已博但當循理此民亦足與治然事務
討擊恐不可常勝順曰昔太祖廓定洪基造有
區夏太宗承統王業惟新自聖上臨御志寧四
海是以戎車屢駕親冒風霜滅赫連於三秦走

蠕蠕於漠北闢土開邊隸首不紀僵屍截馘所
在成觀除蕩暴虐存卹黎庶威震八荒聲被九
域自古以來用兵之美未有今日之盛是以遐
方荒俗之氓莫不翹足抗手斂衽屈膝天兵四
臨昭德罰罪何云恃力夫聖王之用兵也征南
蠻則北狄怨討西戎則東夷恨天子安得已哉
蒙遜曰誠如來言則涼土之民亦願魏帝遠至
何爲復遽驛告敬言不舍晝夜意君之所言殆爲
虛事順曰苗民叛帝舜而親暴君有扈違后啓

而從逆主咸懾逼於近地牽制於凶威自古而
然豈獨涼民也順既使還世祖問與蒙遜往復
之辭及蒙遜政教得失順曰蒙遜專威河右三
十許年經涉艱難粗識機變又綏集荒陬遠人
頗亦畏服雖不能貽厥孫謀猶足以終其一世
前歲表許十月送曇無讖及臣往迎便乖本意
不忠不信於是而甚禮者身之輿敬者行之本
未有無禮不敬而能久享福祿以臣觀之不復
周矣世祖曰若如卿言則效在無遠其子必復

襲世襲世之後早晚當滅順對曰臣略見其子
並非才俊能保一隅如聞敦煌太守牧犍器性
粗立若繼蒙遜者必此人也然比之於父僉云
不逮殆天所用資聖明也世祖曰朕今方事于
東未暇營西如卿所言三五年間不足爲晚且
停前計以爲後圖既而蒙遜死問至世祖謂順
曰卿言蒙遜死今則驗矣又言牧犍立其何妙
哉朕剋涼州亦當不遠於是賜絹千疋廐馬一
乘進號安西將軍寵待彌厚政之巨細無所不

參崔浩惡之順凡使涼州十有二返世祖稱其
能而蒙遜數與順遊宴頗有悖慢之言恐順東
還泄之朝廷尋以金寶納順懷中故蒙遜罪釁
得不聞徹浩知之密言於世祖世祖未之信太
延三年順復使涼州及還世祖曰昔與卿密圖
期之無遠但以頃年東伐未遑西顧荏苒之間
遂及于此今和龍既平三方無事比繕甲治兵
指營河右掃蕩万里今其時也卿往復積歲洞
鑒廢興若朕此年行師當剋以不順對曰臣疇

日所啓私謂如然但民勞既久未獲寧息不可頻動以增勞悴願待他年世祖從之五年議征涼州順議以涼州乏水草不宜遠征與崔浩庭諍浩固執以爲宜征世祖從浩議及至姑臧甚豐水草世祖與恭宗書以言其事頗銜順後謂浩曰卿昔所言今果驗矣浩曰臣之所言虛實皆如此類初蒙遜有西域沙門曇無讖微有方術世祖詔順令蒙遜送之京邑順受蒙遜金聽其殺之世祖克涼州後聞而嫌順涼土既平詔

順差次群臣賜以爵位順頗受納品第不平涼州人徐桀發其事浩又毀之云順昔受牧犍父子重賂每言涼州無水草不可行師及陛下至姑臧水草豐足其詐如此幾誤國事不忠若是反言臣讒之於陛下世祖大怒眞君三年遂刑順於城西順死後數年其從父弟孝伯爲世祖知重居中用事及浩之誅世祖怒甚謂孝伯曰卿從兄往雖誤國朕意亦未便至此由浩譖毀朕忿遂盛殺卿從兄者浩也皇興初順子敷等貴寵顯祖追贈順侍中鎮西大將軍太尉公高平王謚曰宣王妻邢氏曰孝妃順四子

長子敷字景文眞君二年選入中書教學以忠謹給侍東宮又爲中散與李訢盧遐度世等並以聰敏內參機密出入詔命敷性謙恭加有文學高宗寵遇之遷祕書下大夫典掌要切加前軍將軍賜爵平棘子後兼錄南部遷散騎常侍南部尚書中書監領內外祕書襲爵高平公朝政大議事無不關及劉彧徐州刺史薛安都司

州刺史常珍奇以彭城懸瓠降附于時朝議謂彼誠僞未可信保敷乃固執必然曰劉氏喪亂釁起蕭墻骨肉內離藩屏外叛今以皇朝之靈兵馬之力兼并之會宜在於今況安都珍奇識機歸命奉誠萬里小民元元企仰皇化今之事機安可復失於是衆議乃同遣師接援淮海寧輯敷有力焉敷既見待二世兄弟親戚在朝者十有餘人弟弈又有寵於文明太后李訢列其隱罪二十餘條顯祖大怒皇興四年冬誅敷兄

弟削順位號爲庶人敷從弟顯德妹夫廣平宋叔珍等皆坐闕亂公私同時伏法敷兄弟敦崇孝義家門有禮至於居喪法度吉凶書記皆合典則爲北州所稱美既致斯禍時人歎惜之

敷長子伯和次仲良與父俱死伯和走竄歲餘爲人執送殺之伯和有庶子孝祖年小藏免後敷妻崔氏得出宮養之至平涼太守

敷弟式字景則學業知名歷散騎常侍平東將軍西兗州刺史濮陽侯式自以家據權要心慮

危禍常勑津吏臺有使者必先啓告然後渡之既而使人平曉卒至津吏欲先告式使者紿云我須南過不停此州不煩令刺史知也津人信之與使俱渡使者既濟突入執式赴都與兄俱死

式子憲字仲軌清粹善風儀好學有器度太和初襲爵又降爲伯拜祕書中散雅爲高祖所賞稍遷散騎侍郎接對蕭衍使蕭琛范雲以母老乞歸養拜趙郡太守趙脩與其州里脩歸葬父

毋也牧守以下畏之累跡推憲不爲之屈時人高之轉授驍騎將軍尚書左丞長兼吏部郎中遷長兼司徒左長史定州大中正尋遷河南尹參議新令於尚書上省永平三年出爲左將軍兗州刺史四年坐事除名後以黨附高肇爲御史所劾事具高聰傳正光二年二月肅宗講於國子堂召憲預聽又以子騫爲國子生四年拜光祿大夫復本爵濮陽伯五年除持節安西將軍行雍州刺史尋除七兵尚書加撫軍將軍孝

昌初元法僧據徐州反叛詔憲爲使持節假鎮東將軍徐州都督與安豐王延明臨淮王彧等討之會蕭衍遣其豫章王綜據彭城俄而綜降徐州既平詔遣兼黃門侍郎常景詣軍慰勞賜憲驊騮馬一疋仍除征東將軍揚州刺史淮南大都督二年蕭衍遣其平北將軍元樹右衛將軍胡龍牙護軍將軍夏侯亶等來寇壽陽樹等從下蔡軍於城之東北亶從黎漿而屯於城南憲謂不先破元樹等則夏侯亶無由可剋乃遣

子長鈞率衆逆戰軍敗長鈞見執樹等乘之憲
力屈以城降因求還國行聽歸既至勑付廷尉
三年秋憲女壻安樂王鑒據相州反靈太后謂
鑒心懷刼脅遂詔賜憲死時年五十八永熙中
贈使持節侍中都督定冀相殷四州諸軍事驃
騎大將軍儀同三司尚書令定州刺史謚曰文
靜

子希遠字景冲早卒

子祖悛襲祖爵齊受禪例降

希遠兄長鈞興和中梁州驃騎府長史

希遠第二弟希宗字景玄出後憲兄性寬和儀
皃雅麗涉獵書傳有文才起家太尉參軍事轉
直後領侍御史遷通直散騎常侍尋爲東南道
行臺邸珍右丞與諸軍討賊於彭沛克之轉齊
獻武王大行臺郎中遷散騎常侍中軍大將軍
金紫光祿大夫獻武王擢爲中外府長史爲齊
王納其第二女希宗以人望兼美深見禮遇出
上黨太守尋而遘疾興和二年四月卒於郡
年四十贈使持節都督定冀滄瀛殷五州諸軍
事驃騎大將軍司空公殷州刺史謚曰文簡

長子祖昇武定末太子洗馬

希宗弟希仁字景山武定末國子祭酒兼給事
黃門侍郎

希仁弟騫字希義博涉經史文藻富盛年十四
國子學生以聰達見知歷大將軍府法曹參軍
太宰府主簿轉中散大夫還中書舍人加通直
散騎常侍曾爲釋情賦曰單閼之年無射之月

余承乏攝官直於本省對九重之清切望八襲
之崢嶸感代序以長懷覩爽氣而軫慮籠樊之
念既多寥廓之想彌切含毫有思斐然成賦猶
潘生之秋興王子之登閣也同鄭璞於周寶編
魚目於隨珠未敢自同作者蓋亦各言爾志云
荷峻極之層構道積石之洪流有馬形而謨舜
亦龍德而史周爰相趙之鴻烈逮藩魏之優遊
爲衢樽於上葉號木鐸於前脩若拳龍之不隕
似窮葉之世濟故抱玉而懷珠且滋蘭而樹蕙

或舟楫以匡時或棲遲以卒歲尚無忝於先人
諒貽厥於來裔書金冊以葳蕤布銀繩而昭晰
清風忽其緬邈啓白玉祖於庚寅李伯仁上東門銘曰上東少陽厥位在寅
條風動物月值孟春王武子詩曰於顯我王緡秉斯民俊明有德嚴恭惟寅逢軒教之方洽遇
周命之惟新譬龍虎其有合信山川而降神若
勝庭之五傑似不速之三人協嗜欲於將至豈
物色而方臻荷天寵以來儀步康衢而騁力如
乾元之利貞若坤四之方直內弼諧於本朝外
闢土於殊域秉紫氛以厲羽負青天而皷翼旣

公侯之必復亦慶緒之所融績並樹於八凱道
俱升於二宮遂遵流以至海且因岳而為嵩同
羽儀於班氏均載德於楊公何日月之逾邁引
寒暑而相終委晉會於弱齒遺堂構於微躬嗟
蒙昧之無取故告舍而不及已濩落而少成又
擁腫而無立愧精堅於百鍊慙忠信於十邑非
珪璋之特達詎芳菲之易襲秉砥礪以自進寧
琢磨而成章乖宋子之万字異應生之五行不
請觀於石室豈借書於晉皇求班莊而不遂況

蔡文之可望參四科其未獲入三選而誰許本
無聲於梁魏故未聞於陳汝居玉石以多迷宅
顯晦而乖所旣無懷於四至安有情於冉舉雖
衣冠之末胄而世祿之緒餘等渤澥之乘鴈類
九罭之逃魚處江淮而不變對朝市而閑居空
闔門以靖軌非論道而脩書少賓客於李彥謝
朋交於太初在正光之御曆實明皇之拱已曾
問政於上學著為君而我齒叶闇人以望子遂
陟降於庭止同崔駰之謁帝若謝兼之來仕逮

孝莊之入統乃道喪而時昏水群飛於溟海火
載燎於中原延膠船而越水若朽索而乘奔玉
羊失而無御金雞亡而不存天步忽其多難橫
流且其云始旣雲擾而海沸亦岳立而碁峙睇
三綱之日紊見四維之不理顧茂草以傷懷視
匪車而思起雖風雨之如晦亮膠喈而不已自
牽役於宰朝實有懷於脊恥在下僚而栖屑願
奮迅於泥滓睠故鄉以臨睨悵有動於思歸越
來流以鼓枻遡北風而結駟入成都之舊宅反

觀津之故扉乃曲肱而不悶信抱甕而無機且耕而食且蠶而衣恒一日以自省亦三月而無違遊仁義之有數採墳素之精微誠因閑而養拙亦有樂於嘉肥及勾芒御節沽洗之首散遅遅於麗日發依依於弱柳鳥閒關以呼庭花芬披而落牖聽乃越於笙簧望有踰於新婦襲成服以逍遥願良辰而聊厚乃席壠而踞石遂嘯儔而命偶同浴沂之五六似禊洛之八九或促膝以持肩或援笙而鼓缶賓奉万年之觴主報

千金之壽各笑語而卒獲傳禮儀於不朽斯蓋先民之所樂而余心之所守也至於少昊為帝庚辛勲躔視墟里之蕭蕭過寒夜之綿綿積霜露於近援起沈寥於遠天思多端以類長若臨水而登山幸出遊之或寫冀觀濤之可韜遂杖策緩步或漁或田弋鳬鴈於清溪釣魴鯉於深泉張廣幕布長筵酌濁酒割芳鮮起白雪於促柱奏綠水於危弦賦湛露而不已歌驪駒而未旋跌蕩世俗之外疎散造化之間人生行樂聊

用永年悟柱下之稱工聞首陽之為拙既有惜於苽懸且自悲於井渫訪鄭詹之格言求季主之高説去衡門以策駟望象魏而投轍服毳衣以從務乘大車而就列比汗海而無紀喻江河而有鈌睠重地而懼深念索米而懃結運有折於王斗時忽亡於金鏡始蒙塵以播蕩卒流彘而居鄭彼上天之降鑒實下民之請命因艱難以隆基據殷憂而啓聖調南風以負扆居北辰而為政創彝倫於九疇班平章於百姓喻繩契

以論蹤援成昭而比盛酌徙鎬之故典究遷亳之遺令奄四海以為家開七百而增慶覩禮樂之方隆信光華之始映百揆欝以時序四門穆其惟清如得人於漢世比多士於周庭有一匡以作相或十亂而為楨各秉文而經武故天平而地成伊余身之忝穢得再入於承明執綸言之猶紼戴會弁之如星非巡瀆以窺井信夕惕而懷驚承周任之有言攬老子之知足奉炯誡以周旋抱徽猷而與屬每有偃於唯塵恒與言

於窮寵辱思散髮以抽簪願全真而守朴睠踈傅以徘徊望中公而躑躅冀鄙志之獲展庶微願之逢時歌致命而可卜詠歸田而有期揖帝城以高逝與人事而長辭擊壤而頌結草而嬉援巢父以戲穎追許子而升箕供暮餐於沆瀣給朝餌於瓊芝同糟醨而無別混名實而不治放言肆欲無慮無思何鷦鷯之可賦鴻鵠之爲詩哉尋加散騎常侍殷州大中正鎮南將軍尚書左丞仍以本官兼散騎常侍使蕭衍後坐事免

三〇卅二　魏列傳二十四　十六　匋

論者以爲非罪騫嘗贈親友盧元明魏收詩曰幽棲多暇日總駕萃荒坰南瞻帶宮雉北睇拒畦瀛流火時將末懸炭漸云輕寒風率已厲秋水寂無聲層陰蔽長野凍雨暗窮汀侶浴浮還没孤飛息且驚三褫俄終歲一丸曾未營閑居同洛涘歸身款武城稍旅原思藿坐夢尹懃荆監河受斗水蘇子惜餘明益州達友趣廷尉辯交情豈若忻蓬蓽收志偶沉冥後詔兼太府少卿尋除征南將軍給事黃門侍郎死於晉陽所著詩賦碑誄別有集錄贈本將軍太常殷州刺史齊受禪重贈使持節侍中都督殷滄二州諸軍事車騎大將軍儀同三司仍殷州刺史謚曰文惠

騫弟希禮字景節武定末通直散騎常侍

希遠庶長兄長釗興和中梁州驃騎府長史

式弟奕字景世美容兒有才藝早歷顯職散騎常侍宿衛監都官尚書安平侯與兄敷同死太和初文明太后追念奕兄弟乃誅李訢存問憲

二百五九　魏書傳二十四　十七　全

等一二家歲時賜以布帛

奕別生弟冏字道度少爲中散逃避得免太和中拜下大夫南部給事出爲龍驤將軍南豫州刺史還拜冠軍將軍尋除光祿大夫守度支尚書二十一年高祖幸長安冏以咸陽山河險固秦漢舊都古稱陸海勸高祖去洛陽而都之後高祖引見笑而謂之曰卿一昨有啓欲朕都此昔婁敬一說漢祖即日西駕尚書今以西京說朕仍使朕不廢東轅當是獻可理殊所以今古

相反耳𦍒對曰昔漢祖起於布衣欲藉險以自
固婁敬之言合於本旨今陛下百世重光德洽
四海事同隆周均其職貢是以愚臣獻說不能
上動高祖大悅其年𦍒卒賜錢二十萬布百匹
朝服一具衣一襲𦍒性鯁烈敢直言常面折高
祖彈駮公卿無所回避百寮皆憚之高祖常加
優禮故車駕巡幸恒兼尚書右僕射雖才學不
及諸兄然公彊當世堪濟過之
子祐字長禧篤穆友于見稱於世歷位給事中

尚書祠部郎相州撫軍府長史司空從事中郎
博陵太守所在亦以清幹著稱
祐弟太字季寧涉歷書傳太尉行軍貟外郎
順弟脩基陳留太守卒
子探幽
探幽兄子洪鷰河閒太守
洪鷰孫悕傑樂陵太守武定中以貪汙賜死
脩基季弟惲字善祖小字藥囊少有高名爲中
書侍郎從世祖征涼州戰没時人咸惜焉初順

與從兄靈從弟孝伯並以學識器業見重於時
故能砥礪宗族競各脩尚靈與族叔詵族弟熙
等俱被徵事在高允高士頌
詵字令孫京兆太守詵後繼闕
秀林小名桂性彊直太和中自中書博士爲頓
丘相豪右畏之景明初試守博陵郡抑彊扶弱
政以威嚴爲名以母憂去職後爲太尉諮議參
軍假節行荆州事拜司徒司馬加冠軍將軍定
州大中正太中大夫正光中卒年六十三贈左

將軍齊州刺史
子裔字徽伯出後秀林兄鳳林裔初除汝南王
悅常侍稍遷定州別駕孝昌中爲定州鎮軍長
史加輔國將軍帶博陵太守于時逆賊杜洛周
侵亂州界尋假平北將軍防城都督賊既圍城
裔潛引洛周州遂陷没洛周僭竊特無綱紀至
於市令驛帥咸以爲王呼曰市王驛王乃封裔
爲定州王洛周尋爲葛榮所滅裔仍事榮永安
初爾朱榮既擒葛榮遂縶裔及高敖曹薛脩義

李無爲等於晉陽從榮至洛榮死乃免普泰初以裔爲持節散騎常侍安北將軍兼給事黃門侍郎慰勞山東大使永熙中除鎮東將軍金紫光祿大夫齊獻武王大丞相諮議參軍天平初以預定策之功封固安縣開國伯食邑四百戶加征東將軍車駕遷鄴爲大行臺右丞留在洛陽監修宮殿尋除使持節大將軍陝州刺史四年八月宇文黑獺攻陷州城被執見害年五十詔贈使持節都督定冀瀛殷四州諸軍事驃騎

大將軍尚書令司徒公定州刺史

子直襲武定末司徒屬齊受禪例降

裔弟景義大司馬諮議參軍殷州大中正

景義弟伯穆武定末合州刺史

秀林從弟煥字仲文小字醜瓌有幹用少與酈道元俱爲李彪所知自給事中轉治書侍御史恒州刺史穆泰據代都謀反高祖詔煥與任城王澄推治之煥先驅至州宣旨曉喻仍誅泰等景明初遷司空從事中郎蕭寶卷豫州刺史裴

叔業以壽春歸附詔煥以本官爲軍司與楊大眼奚康生等率衆迎接煥至淮西叔業兄子植遣使送質煥等濟師入城撫慰民咸忻悅仍行揚州事賜爵容城伯軍還行河內郡事拜司徒右長史以荆蠻擾動勑煥兼散騎常侍慰勞之降者万餘家除輔國將軍梁州刺史時武興氐楊集起擧兵作逆令弟集義邀斷白馬戍勑假煥平西將軍督別將石長樂統軍王祐等與軍司苟金養俱討之大破集起軍會秦州民呂苟

兒反煥仍令長樂等由麥積崖赴援屬都督元麗至遂共平之時氐王楊定進猶據方山與苟兒影響煥密募氐趙芒路斬定進還朝遇患卒時年四十四贈征虜將軍幽州刺史謚曰昭

子密武定中襄州刺史

秀林族子肅字彦邕歷奉朝請清河王懌郎中令稍遷洛陽令步兵校尉員外常侍初諂附侍中元暉後以左道事侍中穆紹常裸身被髮畫腹銜刀於隱屏之處爲紹求福故紹愛之延昌

四年薦肅爲黄門郎加光禄大夫肅爲性酒狂熙平初從靈太后幸江陽王繼第肅時侍飲頗醉言辭不遜抗辱太傅清河王懌爲有司彈劾靈太后怒之出爲章武内史歲餘遷右將軍夏州刺史卒贈左將軍齊州刺史

肅從弟曒字景林有學識初除奉朝請太學博士司空主簿以毋憂去職服闋拜左軍將軍正光中元乂以其弟羅爲青州刺史曒爲羅平東府長史遷廷尉少卿殷州大中正孝昌二年冬

卒年五十七贈平東將軍齊州刺史謚曰宣

子愼武定中東平太守

曒從弟仲琁奉朝請定雍二州長史太尉諮議中散太中大夫東郡汲郡二郡太守司徒左長史弘農太守先是宫牛二姓阻嶮爲害仲琁示以威恵並即歸伏還除衞將軍金紫光禄大夫仍除北雍州刺史將軍如故轉車騎將軍左光禄大夫天平初遷都於鄴以仲琁爲營構將作進號衞大將軍出除車騎大將軍兖州刺史仲琁以孔子廟牆宇頗有頽毁遂脩改焉還除將作大匠所歴並清勤有聲年六十六卒贈驃騎大將軍儀同三司青州刺史

子希良侍御史

誂從子善犯孝靜諱趙郡太守

子顯進州主簿

顯進子映字輝道南安王國常侍光州征虜府主簿相州治中寧朔將軍歩兵校尉孝昌三年冬卒年四十二天平中贈通直散騎常侍輔國

將軍殷州刺史

子普濟武定中北海太守

映弟肓字仲遠奉朝請稍遷揚烈將軍奉車都尉都督相州防城别將以拒葛榮之勳賜爵趙郡公後除征東將軍金紫光禄大夫天平四年夏卒年五十七贈驃騎大將軍都官尚書定州刺史謚曰貞

子惜襲武定末齊文襄王大將軍府記室參軍齊受禪 爵例降

顯進弟侍顯位至左中郎將卒贈中壘將軍安
州刺史侍顯養京兆王愉妾楊氏爲女愉改楊
姓爲李而親念侍顯侍顯子道舒與愉同逆愉
敗走免

第三子道璩武定末范陽太守

道璩弟道瓘少以父譴被刑位至中常侍

侍顯弟曄字季顯涉歷書史司徒行參軍稍遷
濟州輔國府長史坐兄事免後除尚書中兵郎
遷冠軍中散大夫正光二年南荆州刺史桓叔

興驅掠城民叛入蕭衍衍資以兵糧令築谷陂
城以立洛州逼土山戍詔曄持節兼尚書左丞
爲行臺督諸軍討叔興大破之乘勝拔谷陂叔
興退走軍還仍除尚書左丞出除洛州刺史將
軍如故未拜卒贈左將軍齊州刺史

子暉賓美容貌寬和沉雅太學博士

暉賓弟山儒少而清立學涉群書山儒少弟大
蓋並早卒

曄族弟孝怡字悦宗中書學生相州高陽王雍

主簿廣陵王羽掾新蔡太守別將蕭寶夤長史
從中山王英破蕭衍臨川王蕭宏於梁城除朔
州安北府長史又爲中堅將軍相州鎮北府長
史遷冠軍將軍魏郡太守相州刺史中山王熙
據鄴起兵也孝怡陰結募城民與熙長史柳元
章別駕馮游判之等率衆擒熙賞爵昌樂伯靈太
后反政以孝怡义黨除名爲民後安樂王鑒鎮
鄴起孝怡爲別將永安初除左將軍太中大夫
仍爲防城都督以拒葛榮之勳賜爵趙郡公拜

撫軍將軍光禄大夫永安三年行殷州事遷驃
騎大將軍左光禄大夫武定六年卒八十

子思道儀同開府中兵參軍武城縣公

熙字仲熙神䴥中與高允等俱被徵拜中書博
士轉侍郎以使沮渠有功賜爵元氏子加中壘
將軍卒贈鎮東將軍豫州刺史謚曰莊

子季主襲卒贈青州刺史謚曰貞

子遺元襲初除冀州趙郡王幹東閤祭酒累轉
尚書左民郎中冀州京兆王愉功曹參軍帶扶

柳令爲愉所親逼與同反愉敗遺元逃竄會赦
乃雪復除兗州平東府長史後拜中堅將軍殷
州征北將軍長史卒年六十三贈征北將軍定
州刺史
子侍寧以父事被刑武定末官至中尹
侍寧弟子寧襲爵開府默曹參軍齊受禪
爵例降
熙族孫蘭和自右軍將軍歷平陽勃海二郡太
守

蘭和弟蘭集平昌太守
熙族孫同軌體貌魁岸腰帶十圍學綜諸經
多所治誦兼讀釋氏又好醫術年二十二舉秀
才射策除奉朝請領國子助教轉著作郎典儀
注脩國史遷國子博士加征虜將軍永熙二年出
帝幸平等寺僧徒講說勑同軌論難音韻閒
朗往復可觀出帝善之三年春釋菜詔延公
卿學官於顯陽殿勑祭酒劉廞講孝經黃門
李郁講禮記中書舍人盧景宣解大戴禮夏

小正篇時廣招儒學引令預聽同軌經義素優
辯析兼美而不得執經深爲慨恨太平中轉中
書侍郎興和中兼通直散騎常侍使蕭衍衍
深躭釋學遂集名僧於其愛敬同泰二寺講
涅槃大品經引同軌預席衍兼遣其臣並共
觀聽同軌論難久之道俗咸以爲善盧景裕
卒齊獻武王引同軌在館教諸公子甚嘉禮
之每旦入授日暮始歸緇素請業者同軌夜
爲解說四時恒爾不以爲倦武定四年夏卒年

四十七時人傷惜之齊獻武王亦殊嗟悼賻遺
甚厚贈驃騎大將軍瀛州刺史謚曰康
同軌兄義深武定中齊州刺史
同軌弟幼舉安德太守武定中以在郡貪汙輒
召部曲還京師棄市
幼舉弟之良有幹用前將軍尚書金部郎卒
之良弟稚廉武定末并州儀同開府長史
史臣曰李順器宇才識一時推重謀宣中國氣
折外蕃所以世祖垂心而崔浩側目敷式兄弟

位望並高寔風度恢雅夙重朝列而遭隨有命報施俱爽嗚呼以茲盛德克廣其猷宗緒扶疎人位盛顯可謂李雖舊族其世唯新矣

列傳第二十四　魏書三十六

列傳第二十五　魏書三十七

司馬休之　司馬楚之

司馬景之　司馬叔璠

司馬天助

司馬休之字季豫本河内温人晉宣帝季弟譙王遜之後也司馬叡僭立江南又以遜子孫襲封至休之父恬爲司馬昌明鎮北將軍青兗二州刺史天興五年休之爲司馬德宗平西將軍荊州刺史爲桓玄逼逐遂奔慕容德劉裕誅玄

後還建鄴裕復以休之爲荊州刺史休之頗得江漢人心劉裕疑其有異志而休之子文思繼休之兄尚之爲譙王謀圖裕裕執送休之令自爲其所休之表廢文思并與裕書陳謝神瑞中裕收休之子文寶兄子文祖並殺之乃率衆討休之休之上表自陳於德宗與德宗鎮北將軍魯宗之宗之子竟陵太守軌等起兵討裕裕軍至江陵休之不能敵遂與軌奔襄陽裕復進軍討之太宗遣長孫嵩屯河東將爲之援時姚興

征虜將軍姚成王冠軍將軍司馬國璠亦將兵救之不及而還休之遂與子文思及宗之等奔於姚興裕滅姚泓休之與文思及德宗河間王子道賜輔國將軍溫楷竟陵內史魯軌荊州治中韓延之殷約平西參軍桓謐桓璲及桓溫孫道度道子勃海刁雍陳郡袁式等數百人皆將妻子詣嵩降月餘休之卒于嵩軍詔曰司馬休之率其同義萬里歸誠雅操不遂中年殞喪朕甚愍焉其追贈征西大將軍右光祿大夫謚始

平聲公

文思與淮南公國璠池陽子道賜不平而僞親之引與飲宴國璠性疏直因酒醉遂語文思言己將與溫楷及三城胡酋王珍曹栗等外叛因說京師豪彊可與爲謀數十人文思告之皆坐誅以文思爲廷尉卿賜爵鬱林公善於其職聽訟斷獄百姓不復匿其情劉義隆遣將裴方明擊楊難當於仇池世祖以文思爲假節征南大將軍進爵譙王督洛豫諸軍南趣襄陽邀其歸路還京爲懷朔鎮將與安初薨

子彌陀襲爵以選尚臨涇公主而辭以先取毗陵公竇瑾女與瑾並坐祝詛伏誅

司馬楚之字德秀晉宣帝弟太常馗之八世孫父榮期司馬德宗梁益二州刺史爲其參軍楊承祖所殺楚之時年十七送父喪還丹楊值劉裕誅夷司馬戚屬叔父宣期兄貞之並爲所殺楚之乃亡匿諸沙門中濟江自歷陽西入義陽竟陵蠻中及從祖荊州刺史休之爲裕所敗乃

亡於汝潁之間楚之少有英氣能折節待士與司馬順明道恭等所在聚黨及劉裕自立楚之規欲報復收衆據長社歸之者常萬餘人劉裕深憚之遣刺客沐謙害楚之楚之待謙甚厚謙夜詐疾知楚之必自來因欲殺之楚之聞謙病果自齎湯藥往省之謙感其意乃出匕首於席下以狀告之曰將軍爲裕所忌憚願不輕率以保全爲先楚之歎曰若如來言雖有所防恐有所失謙遂委身以事之其推誠信物得士之心

皆此類也太宗末山陽公奚斤略地河南楚之遣使請降因表曰江淮以北聞王師南首無不抃舞思奉德化而逼於寇逆無由自致臣因民之欲請率慕義爲國前驅今皆白衣無以制服人望若蒙偏裨之號假王威以唱義則莫不率從於是假楚之使持節征南將軍荆州刺史奚斤既平河南以楚之所率户民分置汝南南陽南頓新蔡四郡以益豫州世祖初楚之遣妻子内居於鄴尋徵入朝時南藩諸將表劉義隆欲

入爲寇以楚之爲使持節安南大將軍封琅邪王屯潁川以距之其長史臨邑子步還表曰楚之渡河百姓思舊義衆雲集汝潁以南望風翕然回首革面斯誠陛下應天順民聖德廣被之所致也世祖大悦璽書勞勉賜前後部鼓吹義隆將到彦之泝河而西列守南岸至於潼關及彦之等退走楚之破其别軍於長社又與冠軍將軍安頡攻滑臺拔之擒義隆將朱脩之李元德及東郡太守申謨浮萬餘人上疏曰臣奉命

南伐受任一方而智力浅短誠節未効所以夙夜憂惶忘寢與食臣屢遣人至荆揚所在陳説具論天朝盛化之美莫不忻承聖德傾首北望而義隆兄弟知人情摇動遣臣私讎順爲司州刺史統淮北七郡代垣苗守懸瓠自鞏洛滑臺敗散已來義隆恥其敗北多加罪罰到彦之削位退同卒伍殺姚縱夫於壽春斬竺靈秀於彭城王休元託疾檀道濟斥放凡在腹心悉懷疑阻民怨臣猜可謂今日臣聞平殄寇逆必乗戰

勝之威建立功勲亦因離貳之勢伏惟陛下聖德膺符道光四海神旌所指莫不摧服其未賔者義隆而已今天網遐舉殊方仰德固宜掃清東南齊一區宇使濟濟之風被於江漢世祖以兵久勞不從以散騎常侍徵還從征涼州以功賜隷户一百義隆遣將裴方明胡崇之寇仇池以楚之爲假節與淮陽公皮豹子等督關中諸軍從散關西入擊走方明擒崇之仇池平而還車駕伐蠕蠕詔楚之與濟陰公盧中山等督運

以繼大軍時鎭北將軍封沓亡入蠕蠕說令擊楚之等以絶粮運蠕蠕乃遣姧覘入楚之軍截驢耳而去有告失驢耳者諸將莫能察楚之曰必是覘賊截之以爲驗耳賊將至矣即使軍人伐柳爲城水灌之令凍城立而賊至冰峻城固不可攻逼賊乃走散世祖聞而嘉之尋拜假節侍中鎭西大將軍開府儀同三司雲中鎭大將朔州刺史王如故在邊二十餘年以清儉著聞和平五年薨時年七十五高宗悼惜之贈都督

梁益秦寧四州諸軍事征南大將軍領護西戎校尉揚州刺史謚貞王陪葬金陵

長子寶眞與楚之同入國拜中書博士鴈門太守卒

楚之後尚諸王女河内公主生子金龍字榮則少有父風初爲中書學生入爲中散顯祖在東宮擢爲太子侍講後襲爵拜侍中鎭西大將軍開府雲中鎭大將朔州刺史徵爲吏部尚書太和八年薨贈大將軍司空公冀州刺史謚康王

贈絹一千疋金龍初納太尉隴西王源賀女生子延宗次纂次悅後娶沮渠氏生徽亮即河西王沮渠牧犍女世祖妹武威公主所生也有寵於文明太后故以徽亮襲例降爲公坐連穆泰罪失爵延宗父亡後數年卒

子裔字承業世宗時悅等爲裔理嫡還襲祖爵位至後軍將軍卒贈征虜將軍洛州刺史

子藏襲齊受禪例降

纂字茂宗中書博士歷司州治中別駕河内邑

中正永平元年卒贈鎭遠將軍南靑州刺史謚曰肅

子溍字元鏡司州秀才司空功曹參軍給事中卒贈龍驤將軍夏州刺史

溍弟仲粲武定中尚書左丞

悅字慶宗自司空司馬出爲立節將軍建興太守轉寧朔將軍司州別駕遷太子左衞率河北太守世宗初除鎭遠將軍豫州刺史時有汝南上蔡董毛奴者齎錢五千死在道路郡縣疑民

張堤爲刼又於堤家得錢五千堤懼拷掠自誣
言殺獄既至州悅觀色察言疑其不實引見毛
奴兄靈之謂曰殺人取錢當時狼狽應有所遺
此賊竟遺何物靈之云唯得一刀鞘而已悅取
鞘視之曰此非里巷所爲也乃召州城刀匠示
之有郭門者前曰此刀鞘門手所作去歲賣與
郭民董及祖悅收及祖詰之曰汝何故殺人取
錢而遺刀鞘及祖款引靈之又於及祖身上得
毛奴所著皂襦及祖伏法悅之察獄多此類也

豫州于今稱之悅與鎮南將軍元英攻義陽克
之詔改蕭衍司州爲郢州以悅爲征虜將軍郢
州刺史蕭衍遣其豫州刺史馬仙琕左軍將軍
永陽戍主陳可等率衆一萬於三關南六十里
因山起城名爲竹敦遣其輔國將軍濟陰太守
蒯沛精卒二千以戍之後於關南四十里麻陽
舊柵起城仙琕輕騎東西爲之節度關南之民
多懷兩望悅令西關統軍諸靈鳳奄擊敗之盡
燔其城樓儲積擒蒯沛及其輔國將軍軍主劉

靈秀詔曰司馬悅首謀義陽征略有捷且違京
既久屢請入朝可遂此志聽其赴闕尋詔以本
將軍爲豫州刺史論義陽之勳封漁陽縣開國
子食邑三百戶永元元年城人白早生謀爲叛
逆遂斬悅首送蕭衍既而邢巒復懸瓠詔曰司
馬悅暴罹橫酷身首異所國戚舊勳特可悼念
主書董紹銜命公行囚漂殊域事可矜愍尚書
可量賊將齊苟兒等四人之中分遣二人勑揚
州爲移以易悅首及紹迎接還本用慰亡存贈

平東將軍青州刺史賜帛三百疋謚曰莊子朏
襲爵
朏尚世宗妹華陽公主拜駙馬都尉特除員外
散騎常侍加鎮遠將軍正光五年公主薨月餘
朏卒贈左將軍滄州刺史
子鴻字慶雲性麤武襲爵位至都水使者坐與
西賊交通賜死
子孝政襲齊受禪爵例降
金龍弟躍字寶龍尚趙郡公主拜駙馬都尉代

兄爲雲中鎮將朔州刺史假安北將軍河內公躍表罷河西苑封與民墾殖有司執奏此麋鹿所聚太官取給今若與民至於奉獻時禽懼有所闕詔曰此地若任稼穡雖有獸利事須廢封若是山澗虞禁何損尋先朝置此豈苟藉斯禽亮亦以俟軍行薪蒸之用其更論之躍固請宜以與民高祖從之還爲祠部尚書大鴻臚卿頻川王師以疾表求解任太和十九年卒贈金紫光祿大夫賜朝服一具衣一襲絹一千匹楚之

父子相繼鎮雲中朔土服其威德

司馬景之字洪略晉汝南王亮之後太宗時歸闕爵蒼梧公加征南大將軍清直有節操太宗甚重之卒贈汝南王

子師子襲爵

景之兄準字巨之以太常末率三千餘家歸國時太宗在虎牢授寧遠將軍新蔡公假相州刺史隨駕至京出除廣甯太守悅近來遠清儉有稱世祖嘉之賜布六百疋後降號爲平遠將軍敗爲寧陵侯興光初卒

子安國襲爵

司馬叔璠晉安平獻王孚之後也父曇之司馬德宗河閒王桓玄劉裕之際叔璠與兄國璠北奔慕容超後西投姚興劉裕滅姚泓北奔屈丐世祖平統萬兄弟俱入國國璠賜爵淮南公卒無子爵除叔璠安遠將軍丹楊侯卒

長子靈壽神䴥中與弟道壽俱來歸國靈壽冠軍將軍溫縣侯道壽寧朔將軍宜陽子靈壽出

除陳郡太守劉義隆侵境詔靈壽招引義士得二千餘人從西平公安頡破虎牢滑臺洛陽三城徙五百餘家入河內又從討蠕蠕西征涼州所在著功出爲遼西太守治有清儉之稱太和九年卒贈懷州刺史謚曰靖靈壽取女太宰頓丘王李峻女與婦父雅不相善每見抑退故位不大至

子惠安高祖時襲爵歷恒州別駕桑乾太守太尉諮議參軍事卒

子祖珍年十五舉司州秀才解褐員外散騎侍郎年十八先父卒

祖珍弟宗龐世宗時父惠安以久病啓以爵轉授解褐安定王府騎兵參軍洛州龍驤府司馬善射未曾自伐性閑淡少所交遊識者云其淳至永安中卒

子嵩亮襲

惠安弟直安歷位尚書郎濟北濟南二郡太守員外散騎常侍蕭寶夤征鍾離引爲長史坐軍

退免官加刑以疾得免尋除東平原太守還京爲中散大夫加征虜將軍太中大夫遷左將軍正光四年卒贈大將軍濟州刺史

子龍泉滄州開府長史

道壽長子元興龍襲父爵

子景和給事中稍遷揚州驃騎府長史清河內史正光元年卒贈左將軍平州刺史

元興弟仲明侍御史中書舍人以謹敏著稱稍遷衛尉少卿仍領舍人出爲征虜將軍涼州刺史坐貪殘爲御史所彈遇赦免積年不敘後娶靈太后從姊爲繼室除武衛將軍征虜將軍轉光祿大夫武衛如故遷大司農卿加安東將軍散騎常侍出爲安北將軍恒州刺史常侍如故正光五年卒

子彥邕有風望正員郎稍遷相州刺史驃騎大將軍左光祿大夫天平四年卒贈散騎常侍都督懷洛二州諸軍事驃騎大將軍儀同三司懷州刺史

司馬天助自云司馬德宗驃騎將軍元顯之子劉裕自立乃來歸闕除平東將軍青徐二州刺史東海公天助招率義士欲襲裕東平濟北二郡及城戍又破裕將閭萬齡軍前後多所虜獲拜侍中都督青徐兗三州諸軍事征東將軍青兗二州刺史公如故眞君三年與司馬文思等南討還又從駕北征在陣歿

子元伯字歸都襲爵後降溫縣子太和中爲建威將軍泰山太守

史臣曰諸司馬以亂亡歸命楚之風槩器略最可稱乎其餘未足論也而以往代遺緒並當位遇可謂幸矣

列傳第二十五　魏書三十七

列傳第二十六　魏書三十八

刁雍　王慧龍

韓延之　袁式

刁雍字淑和勃海饒安人也高祖攸晉御史中丞曾祖協從司馬叡渡江居于京口位至尚書令父暢司馬德宗右衛將軍初暢兄逵以劉裕輕狡薄行負社錢三万違時不還執而徵焉及裕誅桓玄以嫌故先誅刁氏雍爲暢故吏所匿奔姚興豫州牧姚紹於洛陽後至長安雍博覽書傳姚興以雍爲太子中庶子泰常二年姚泓滅與司馬休之等歸國上表陳誠於南境自効太宗許之假雍建義將軍雍遂於河濟之間招集流散得五千餘人南阻大峴擾動徐兖建牙誓言衆傳檄邊境劉裕遣將李嵩等討雍雍斬之於蒙山於是衆至二万進屯固山七年三月雍從弟彌亦率衆入京口規共討裕裕遣兵破之六月雍又侵裕青州雍敗乃收散卒保於馬耳山又爲裕青州軍所逼遂入大鄉山八年太宗

南辛鄴朝於行觀問先聞卿家縛劉裕於卿親踈雍曰是臣伯父太宗笑曰劉裕父子當應憚卿又謂之曰朕先遣叔孫建等攻青州民盡藏避城猶未下彼既素憚卿威士民又相信服今欲遣卿助建等卿宜勉之於是假雍鎮東將軍青州刺史東光侯給五万騎使别立義軍建先攻東陽雍至招集義衆得五千人遣撫慰郡縣士人盡下送租供軍是時攻東陽平其北城三十許步劉義符青州刺史竺蘷於城内鑿地道

南下入澠水澗以爲退路雍謂建曰此城已平宜時入取不者走盡建懼傷兵士難之雍曰若懼傷官兵者雍今請將義兵先入建不聽蘷欲東走會義符遣其將檀道濟等救青州雍謂建曰賊畏官軍突騎以鎖連車爲函陣大峴已南處處狹隘不得方軌雍求將義兵五千要嶮破之建不聽曰兵人不宜水土疫病過半若相持不休兵自死盡何須復戰今不損大軍安全而返計之上也建乃引還雍遂鎮尹卯固又詔令

南入以亂賊境雍攻克項城會有勑追令隨機立効雍於是招集譙梁彭沛民五千餘家置二十七營遷鎮濟陰延和二年立徐州於外黄城置譙梁彭沛四郡九縣以雍爲平南將軍徐州刺史賜爵東安侯在鎮七年大延四年徵還京師頻歳爲邊民所請世祖嘉之真君二年復授使持節侍中都督揚豫兗徐四州諸軍事征南將軍徐豫二州刺史三年劉義隆將裴方明寇陷仇池詔雍與建興公古弼等十餘將討平之

五年以本將軍爲薄骨律鎮將至鎮表曰臣蒙寵出鎮奉辭西藩揔統諸軍戶口殷廣又揔勒戎馬以防不虞督課諸屯以爲儲積夙夜惟憂不遑寧處以今年四月末到鎮時以夏中不及東作念彼農夫雖復布野官渠乏水不得廣殖乘前以來功不充課兵人口累率皆飢儉略加檢行知此土稼穡艱難夫欲育民豐國事須大田此土乏雨正以引河爲用觀舊渠堰乃是上古所制非近代也富平西南三十里有艾山南

北二十六里東西四十五里鑿以通河似禹舊迹其兩岸作漑田大渠廣十餘步山南引水入此渠中計昔爲之高於水不過一丈河水激急沙土漂流今日此渠高於河水二丈三尺又河水浸射往往崩頹渠漑高懸水不得上雖復諸處按舊引水水亦難求今艾山北河中有洲渚水分爲二西河小狹水廣百四十步臣今求入來年正月於河西高渠之北八里分河之下五里平地鑿渠廣十五步深五尺築其兩岸令高

一丈北行四十里還入古高渠即循高渠而北復八十里合百二十里大有良田計用四千人四十日功渠得成訖所欲鑿新渠口河下五尺水不得入今求從小河東南岸斜斷到西北岸計長二百七十步廣十步高二丈絕斷小河二十日功計得成畢合計用功六十日小河之水盡入新渠水則充足漑官私田四萬餘頃一旬之間則水一遍水凡四漑穀得成實官課常充民亦豐贍詔曰卿憂國愛民知欲更引河水勸

課大田宜便興立以克就爲功何必限其日數也有可以便國利民者動靜以聞七年雍表曰奉詔高平安定統萬及臣所守四鎮出車五千乘運屯穀五十萬斛付沃野鎮以供軍糧臣鎮去沃野八百里道多深沙輕車來往猶以爲難設令載穀不過二十石每涉深沙必致滯陷又穀在河西轉至沃野越度大河計車五千乘運十萬斛百餘日乃得一返大廢生民耕墾之業車牛艱阻難可全至一歲不過二運五十萬斛

乃經三年臣前被詔有可以便國利民者動靜以聞臣聞鄭白之渠遠引淮海之粟泝流數千周年乃得一至猶稱國有儲粮民用安樂今求於牽屯山河水之次造船二百艘二船爲一舫一船勝穀二千斛一舫十人計須千人臣鎮內之兵率皆習水一運二十萬斛方舟順流五日而至自沃野牽上十日還到合六十日得一返從三月至九月三返運送六十萬斛計用人功輕於車運十倍有餘不費牛力又不廢田詔曰

知欲造船運穀一冬即成大省民力既不費牛
又不廢田甚善非但一運自可永以爲式今別
下統萬鎮出兵以供運穀鄉鎮可出百兵爲船
工豈可專廢千人雖遣船匠猶須鄉指授未可
專任也諸有益國利民如此者續復以聞九年
雍表曰臣聞安不忘亂先聖之政也況綏服之
外帶接邊城防守不備無以禦敵者也臣鎮所
綰河西爰在邊表常懼不虞平地積穀實難守
護兵人散居無所依恃脫有妖姧必致狼狽雖

欲自固無以得全今求造城儲穀置兵備守鎮
自建立更不煩官又於三時之隙不令廢農一
歲二歲不訖三歲必成立城之所必在水陸之
次大小高下量力取辦詔許之至十年三月城
訖詔曰卿深思遠慮憂勤盡思知城已周訖邊
境無不虞之憂千載有永安之固朕甚嘉焉即
名此城爲刁公城以旌爾功也興光二年詔雍
還都拜特進將軍如故和平六年表曰臣聞有
國有家者莫不禮樂爲先故樂記云禮所以制

外樂所以脩內和氣中釋恭敬溫文是以安上
治民莫善於禮易俗移風莫善於樂且於一民
一俗尚須崇而用之況統御八方陶鈞六合者
哉故帝堯脩五禮以明典章作咸池以諧万類
顯皇軌於云岱揚鴻化於介丘令木石華心鳥
獸率舞包天地之情達神明之德夫感天動神
莫近於禮樂故大樂與天地同和大禮與天地
同節和故百物皁生節故報天祭地禮行於郊
則上下和肅肅者禮之情和者樂之致樂至則

無怨禮至則不違揖讓而治天下者禮樂之謂
歟唯聖人知禮樂之不可以已故作樂以應天
制禮以配地所以承天之道治人之情故王者
治定制禮功成作樂虞夏殷周易代而起及周
之末王政陵遲仲尼傷禮樂之崩亡痛文武之
將墜自衛返魯各得其中逮乎秦皇翦棄道術
灰滅典籍坑燼儒士盲天下之目絕象魏之章
簫韶來儀不可復矣賴大漢之興改正朔易服
色協音樂制禮儀正聲古禮粗欲周備至於孝

章每以三代損益優劣殊軌歎其薄德無以易民視聽博士曹褒覩斯詔也知上有制作之意乃上疏求定諸儀以爲漢禮終於休廢寢而不行及魏晉之日脩而不備伏惟陛下無爲以恭已使賢以御世方鳴和鑾以陟岱宗陪群后以昇中岳而三禮闕於唐辰象舞替於周日夫君舉必書古之典也柴望之禮帝王盛事臣今以爲有其時而無其禮有其德而無其樂史闕封石之文工絶清頌之饗良由禮樂不興王政有

缺致也臣聞樂由禮所以象德禮由樂所以防淫五帝殊時不相沿三王異世不相襲事與時並名與功偕故也臣識昧儒先管窺不遠謂宜修禮正樂以光大聖之治詔令公卿集議會高宗崩遂寢皇興中雍與隴西王源賀及中書監高允等並以耆年特見優禮錫雍几杖劒履上殿月致珍羞焉雍性寬柔好尚文典手不釋書明敏多智凡所爲詩賦頌論并雜文百有餘篇又汎施愛士怡靜寡欲篤信佛道著教誡二十餘篇以訓導子孫太和八年冬卒年九十五賜命服一襲贈帛五百疋贈儀同三司冀州刺史將軍如故謚曰簡

雍長子纂纂字奉宗中書侍郎早卒

纂弟遵字奉國襲爵

遵弟紹字奉世武騎侍郎汝陰王天賜涼州征西府司馬

紹弟獻字奉章祕書郎

獻弟融字奉業汝陰太守

融弟肅字奉誠中書博士遵少不拘小節長更脩改太和中例降爲侯景明中除相州魏郡太守還爲太尉諮議參軍年七十志力不衰嘗經篤疾幾死見神明救免言是福門之子當享長年延昌三年遷司農少卿尋拜龍驤將軍洛州刺史遵招誘有方蕭衍新化太守杜性新化令杜龍振平陽令杜臺定等率戶三千據地內附熙平元年七月卒年七十六贈平東將軍兗州刺史謚曰惠侯有子十三人

長子楷字景伯州舉秀才早卒

子沖字文助在儒林傳

楷弟尚字景勝本州治中早卒

尚弟整字景智少有大度頗涉書史郡功曹太和十五年奉朝請高祖都洛親自臨選除司空法曹參軍高祖南討以廣陽王嘉鎮荆州整爲嘉外兵參軍事尋轉太尉咸陽王禧外兵參軍景明中除給事中領本州中正尋除尚書左中兵郎中正始中蕭衍江州刺史王茂先來寇南

境平南將軍楊大眼討之詔整持節爲大眼軍司大破茂先斬衍輔國將軍王花等永平初以軍功除員外散騎常侍仍除郎中延昌三年秋世宗親選百官於朝堂拜右軍將軍仍除郎中尋轉驍騎將軍未幾丁父憂相州刺史山陽王熙在鄴起兵將誅元义等事敗傳首京師熙之親故莫敢視整弟婦即熙姊遂收其屍藏之後乃還熙所親义聞而致憾因以熙弟略南走蕭衍誣整將叛送整與弟宜及子恭等幽繫之賴

御史王基前軍將檢事使魏子建理雪獲免後自征虜將軍出除范陽太守時已兵亂整郡獲全去郡之後尋被陷沒靈太后反政除安南將軍光祿大夫元略曾於整坐泣謂黃門王誦尚書袁翻曰刁公收斂我家卿等宜知整以母老河北喪亂時整族弟雙爲西兖州刺史整遂攜家依焉永安初拜金紫光祿大夫二年兼黃門元顥入洛用爲滄州刺史莊帝還朝坐免官後歸鄉里及莊帝殺尒朱榮就除鎮東將軍行滄州事普泰初假征東大將軍滄冀瀛三州刺史

大都督將軍如前尋加車騎將軍右光祿大夫逢本鄉賊亂奉母客於齊州加衞大將軍天平四年卒於鄴贈司空公謚曰文獻整解音律輕財好施交結名勝聲酒自娛然貪而好色爲議者所貶初雍與從弟寶惠俱入國

寶惠字道明太祖以爲上客卒有六子

子連城爲冀州開府掾刁氏世有榮禄而門風不甚脩潔爲時所鄙

雍族孫雙字子山高祖敷晉齊郡太守敷因晉
亂居青州之樂安父道賜皇興初除平原太守
至雙始還本鄉雙少好學兼涉文史雅為中山
王英所知賞拜西河太守正光初中山王熙之
誅也熙弟略投命於雙雙護之周年時購略甚
切略乃謂雙曰我兄弟屠滅已盡唯我一身漏
刃相託卿雖厚恩义見容藏但事留變生終恐
難保脫万一發覺我死分也無事相累卿若送
吾出境便是再生之惠如其不爾輒欲自裁雙

曰人生會有一死死所難遇耳今遭知己視死
如歸願不以為慮略後苦求南轉雙乃遣從子
昌送達江左靈太后返政知略因雙獲免徵拜
光祿大夫時略姊饒安公主刁宣妻也頻訴靈
太后乞徵略還朝廷乃以徐州所獲俘江革祖
暅二人易之以雙與略有舊乃令至境迎接略
肅宗末除西兗州刺史時賊盜蜂起州人張桃
弓等招聚亡命公行劫掠雙至境先遣使諭桃
弓陳示禍福桃弓即隨使歸罪雙捨而不問後

有盜發之處令桃弓追捕咸悉擒獲於是州境
清肅莊帝初行濟州刺史以功封曲城鄉男出
帝初遷驃騎大將軍左光祿大夫興和三年卒
贈車騎大將軍儀同三司齊州刺史謚曰清穆
王慧龍自云太原晉陽人司馬德宗尚書僕射
愉之孫散騎侍郎緝之子也幼聰慧愉以為諸
孫之龍故名焉初劉裕微時愉不為禮及得志
愉合家見誅慧龍年十四為沙門僧彬所匿百
餘日將慧龍過江為津人所疑曰行意怱怱彷

徨得非王氏諸子乎僧彬曰貧道從師有年止
西岸今暫欲定省還期無遠此隨吾受業者何
至如君言既濟遂西上江陵依叔祖忱故吏荊
州前治中習辟彊時刺史魏詠之卒辟彊與江
陵令羅脩前別駕劉期公土人王騰等謀舉兵
推慧龍為盟主剋日襲州城而劉裕聞詠之卒
亦懼江陵有變遣其弟道規為荊州衆遂不果
羅脩將慧龍又與僧彬北詣襄陽司馬德宗雍
州刺史魯宗之資給慧龍送渡江遂自虎牢奔

于姚興其自言也如此泰常二年姚泓滅慧龍歸國太宗引見與言慧龍請効力南討言終俛而流涕天子爲之動容謂曰朕方混一車書席卷吳會卿情計如此豈不能相資以衆乎然亦未之用後拜洛城鎮將配兵三千人鎮金墉既拜十餘日太宗崩世祖初即位咸謂南人不宜委以師旅之任遂停前授初崔浩弟恬聞慧龍王氏子以女妻之浩既婚姻及見慧龍曰信王家兒也王氏世齇鼻江東謂之齇王慧龍鼻大

浩曰眞貴種矣數向諸公稱其美司徒長孫嵩聞之不悅言於世祖以其嘆服南人則有訕鄙國化之意世祖怒召浩責之浩免冠陳謝得釋及魯宗之子軌奔姚興後歸國云慧龍是王愉家豎僧彬所通生也浩雖聞之以女之故成贊其族慧龍由是不調久之除樂安王範傅領并荊揚三州大中正慧龍抗表願得南垂自効崔浩固言之乃授南蠻校尉安南大將軍左長史及劉義隆荊州刺史謝晦起兵江陵引慧龍爲

援慧龍督司馬盧壽等一萬人拔其思陵戍進圍項城晦敗乃班師後劉義隆將王玄謨寇滑臺詔假慧龍楚兵將軍與安頡等同討之相持五十餘日諸將以賊盛莫敢先慧龍設奇兵大破之世祖賜以劍馬錢帛授龍驤將軍賜爵長社侯拜榮陽太守仍領長史在任十年農戰並脩大著聲績招攜邊遠歸附者萬餘家號爲善政其後劉義隆將到彥之檀道濟等頻頓淮潁大相侵掠慧龍力戰屢摧其鋒彥之與友人蕭

斌書曰魯軌頑鈍馬楚麁狂亡人之中唯王慧龍及韓延之可爲深憚不意儒生懦夫乃令老子訏之劉義隆縱反間云慧龍自以功高而位不至欲引寇入邊因執安南大將軍司馬楚之以叛世祖聞曰此必不然是齊人忌樂毅耳乃賜慧龍璽書曰義隆畏將軍如虎欲相中害朕自知之風塵之言想不足介意也劉義隆計既不行復遣刺客呂玄伯購慧龍首二百戶男絹一千疋玄伯僞爲反間來求屏人有所論慧龍

疑之使人探其懷有尺刀玄伯叩頭請死慧龍曰各爲其主也吾不忍害此人左右皆言義隆賊心未已不殺玄伯無以制將來慧龍曰死生有命彼亦安能害我且吾方以仁義爲干櫓又何憂乎刺客遂捨之時人服其寬恕慧龍自以遭難流離常懷憂悴乃作祭伍子胥文以寄意焉生一男一女遂絶房室布衣蔬食不參吉事舉動必以禮太子少傅游雅言於朝曰慧龍古之遺孝也撰帝王制度十八篇號曰國典具君

元年拜使持節寧南將軍虎牢鎮都副將未至鎮而卒臨没謂功曹鄭曄曰吾羈旅南人恩非舊結蒙聖朝殊特之慈得在疆埸効命誓願鞭屍吳市戮墳江陰不謂嬰此重疾有心莫遂非唯仰愧國靈實亦俯慙后土脩短命也夫復何言身殁後乞葬河内州縣之東鄉依古墓而不墳足藏髮齒而已庶魂而有知猶希結草之報時制南人入國者皆葬桑乾曄等申遺意詔許之贈安南將軍荆州刺史謚穆侯吏人及將士

共於墓所起佛寺圖慧龍及僧彬象讚之呂玄伯感全宥之恩留守墓側終身不去子寶興襲爵

寶興少孤事母至孝尚書盧遐妻崔浩女也初寶興母及遐妻俱孕浩謂曰汝等將來所生皆我之自出可指腹爲親及婚浩爲撰儀躬自監視謂諸客曰此家禮事宜盡其美及浩被誅盧遐後妻寶興從母也緣坐没官寶興亦逃避未幾得出盧遐妻時官賜度河鎮高車滑骨寶興

盡賣貨産自出塞贖之以歸州辟治中從事別駕舉秀才皆不就閉門不交人事襲爵長社侯龍驤將軍卒子瓊襲爵

瓊字世珍高祖賜名焉太和九年爲典寺令十六年降侯爲伯高祖納其長女爲嬪拜前軍將軍并州大中正正始中爲光州刺史有受納之響爲中尉王顯所劾終得雪免神龜中除左將軍兖州刺史去州歸京多年沉滯所居在司空劉騰宅西騰雖勢傾朝野初不候之騰既權重

吞并隣宅增廣舊居唯瓊終不肯與以此父見
抑屈瓊女適范陽盧道亮不聽歸其夫家及女
卒哀慟無已瓊仍葬之別所冢不即塞常於壙
内哭泣久之乃掩當時深怪疑其穢行加以聾
疾每見道俗乞丐無已造次見之令人笑愕道
逢太保廣平王懷據鞍抗禮自言馬瘦懷即以
誕馬并乘具與之嘗詣尚書令李崇騎馬至其
黃閤見崇子世哲直問繼伯在不崇趨出瓊乃
下崇儉而好以紙帖衣領瓊哂而掣去之崇小

子青肫嘗盛服闕寵勢亦不足恨領軍元乂使
奴遺瓊馬并留奴王誦聞之笑曰東海之風於
茲墜矣孝昌三年除鎮東將軍金紫光禄大夫
中書令時瓊子遵業爲黃門郎故有此授卒年
七十四贈征北將軍中書監并州刺史自慧龍
入國三世一身至瓊始有四子
長子遵業風儀清秀涉歷經史位著作佐郎與
司徒左長史崔鴻同撰起居注遷右軍將軍兼
散騎常侍慰勞蠕蠕乃詣代京採拾遺文以補

起居所闕與崔光安豐王延明等參定服章及
光爲肅宗講孝經遵業預講延明録義並應詔
作釋奠侍宴詩時人語曰英英濟濟王家兄弟
轉司徒左長史黃門郎監典儀注遵業有譽當
時與中書令陳郡袁翻尚書瑯琊王誦並領黃
門郎號曰三哲時政歸門下世謂侍中黃門爲
小宰相而遵業從容恬素若處丘園嘗著穿角
履好事者多毀新履以學之以胡太后臨朝天
下方亂謀避地自求徐州太后曰王誦罷幽州

始作黃門卿何乃欲徐州更待一二年當有好
處分遵業兄弟並交遊時俊乃爲當時所美及
介朱榮入洛兄弟在父喪中以於莊帝有從姨
兄弟之親相率奉迎俱見害河陰議者惜其人
才而譏其躁競贈并州刺史著三晉記十卷
遵業子松年尚書庫部郎
韓延之字顯宗南陽赭陽人魏司徒暨之後也
司馬德宗平西府録事參軍劉裕率伐司馬休
之未至江陵密使與延之書招之延之報曰聞

親率戎馬遠履西畿闔境士庶莫不惶駭何者莫知師出之名故也司馬平西體國忠貞歎愛待物當於古人中求耳劉裕足下海內之人誰不見足下此心而復欲欺誑國士天地所不容在彼不在此矣今伐人之君啗人以利真可謂處懷期物自有由來者矣以平西之至德寧無授命之臣乎假令天長喪亂九流渾濁當與臧洪遊於地下不復多言裕得書歎息以示諸佐曰事人當應如此劉裕父名翹字顯宗於是延

之字顯宗名子爲翹蓋示不臣劉氏也後奔姚興太常二年與司馬文思來入國以延之爲虎牢鎮將爵魯陽侯初延之曾來往栢谷塢省魯宗之墓有終焉之志因謂子孫云河洛三代所都必有治於此者我死不勞向北代葬也即可就此及卒子從其言遂葬於宗之墓次延之死後五十餘年而高祖徙都其孫即居於墓北栢谷塢延之前妻羅氏生子措措隨父入國又以淮南王女妻延之生道仁措推道仁爲嫡襲父

爵位至殿中尚書進爵西平公

袁式字季祖陳郡陽夏人漢司徒滂之後父淵司馬昌明侍中式在南歷武陵王遵諮議參軍與司馬文思等歸姚興太常二年歸國爲上客賜爵陽夏子與司徒崔浩一面便盡國士之交是時朝儀典章悉出於浩浩以式博於古事每所草創恒顧訪之性長者雖羈旅飄泊而清貧守度不失士節時人甚敬重之皆呼曰袁諮議延和三年衛大將軍樂安王範爲雍州刺史詔

式與中書侍郎高允俱爲從事郎中辭而獲免式沉靖樂道周覽書傳至於詁訓倉雅偏所留懷作字釋未就以天安二年卒贈豫州刺史諡肅侯

子濟襲位魏郡太守政有清稱加寧遠將軍子婭遂居潁川之陽夏

史臣曰刁雍才識恢遠著聲立事禮遇優隆世有人爵堂構之義也王慧龍拔難自歸頗歷夷險撫人督衆見憚嚴敵世珍寶有令子克播家

聲韓延之報書劉裕國體在焉袁式贊禮崔
浩時稱長者一時有稱信為美哉

列傳第二十六　魏書三十八

列傳第二十七　魏書三十九

李寶

李寶字懷素小字衍孫隴西狄道人私署涼王暠之孫也父翻字士舉小字武彊私署驍騎將軍祁連酒泉晉昌三郡太守寶沉雅有度量驍勇善撫接伯父歆為沮渠蒙遜所滅寶徙於姑臧歲餘隨舅唐契北奔伊吾臣於蠕蠕其遺民歸附者稍至二千寶傾身禮接甚得其心衆皆樂為用每希報雪屬世祖遣將討沮渠無諱於敦煌無諱捐城遁走寶自伊吾南歸敦煌遂修繕城府規復先業遣弟懷達奉表歸誠世祖嘉其忠款拜懷達散騎常侍敦煌太守別遣使授寶使持節侍中都督西垂諸軍事鎮西大將軍開府儀同三司領護西戎校尉沙州牧敦煌公仍鎮敦煌四品以下聽承制假授真君五年因入朝遂留京師拜外都大官轉鎮南將軍并州刺史還除內都大官高宗初代司馬文思鎮懷荒改授鎮北將軍太安五年薨年五十三詔賜

命服一襲贈以本官謚曰宣有六子承茂輔佐公業沖公業早卒沖别有傳

承字伯業少有策略初寶欲謀歸款民僚多有異議承時年十三勸寶速定大計於是遂決仍令承隨表入質世祖深相器異禮遇甚優賜爵姑臧侯後遭父憂居喪以孝聞承應傳先封以自有爵乃讓弟茂時論多之承方裕有鑒裁爲時所重高宗末以姑臧侯出爲龍驤將軍滎陽太守爲政嚴明甚著聲稱延興五年卒時年四

十五贈使持節本將軍雍州刺史謚曰穆

長子韶字元伯學涉有器量與弟彦處夔並爲高祖賜名焉韶又爲季父沖所知重延興中補中書學生襲爵姑臧侯除儀曹令時脩改車服及羽儀制度皆令韶典焉遷給事黄門侍郎後例降侯爲伯兼大鴻臚卿黄門如故高祖將創遷都之計詔引侍臣訪以古事韶對洛陽九鼎舊所七百攸基地則土中實均朝貢惟王建國莫尚於此高祖稱善遷太子右詹事尋罷左右仍爲詹事秦州大中正出爲安東將軍兖州刺史高祖自鄴還洛詔朝於路言及庶人恂事高祖曰卿若不出東宫或未至此世宗初徵拜侍中領七兵尚書尋除撫軍將軍并州刺史以從弟伯尚同元禧之逆在州禁止徵還京師雖不知謀猶坐功親免除官爵久之起兼將作大匠勑參定朝儀律令呂苟兒反於秦州除撫軍將軍西道都督行秦州事與右衛將軍元麗率衆討之事平即眞璽書勞勉復其先爵時隴右新

經師旅之後百姓多不安業韶善撫納甚得夷夏之心徵還行定州事尋轉相州刺史將軍如故肅宗初入爲殿中尚書行雍州事後除中軍大將軍吏部尚書加散騎常侍韶在選曹不能平心守正通容而已議者鄙之出爲冀州刺史清簡愛民甚收名譽政績之美聲冠當時肅宗嘉之就加散騎常侍遷車騎大將軍賜劒佩貂蟬各一具驊騮馬一匹并衣服寢具韶以年及懸車抗表遜位優旨不許轉定州刺史常侍如

故及赴中山冀州父老皆送出西境相聚而泣二州境既連接百姓素聞風德州内大治正光五年四月卒於官年七十二詔賵帛七百疋贈侍中持節散騎常侍車騎大將軍司空公雍州刺史謚曰文恭既葬之後有冀州兵千餘人戍於荆州還經韶墓相率培冢數日方歸其遺愛如此初韶克定秦隴永安中追封安城縣開國伯邑四百戶

長子璵字道璠襲武定中驃騎大將軍東徐州刺史

璵弟瑾字道瑜美容皃頗有才學特爲韶所鍾愛清河王懌知賞之懌爲司徒辟參軍轉著作佐郎加龍驤將軍稍遷通直散騎侍郎與給事黃門侍郎王遵業尚書郎盧觀典領儀注臨淮王彧謂瑾等曰卿等三儁共掌帝儀可謂舅甥之國士盧即瑾之外兄也肅宗崩上謚策文瑾所制也莊帝初於河陰遇害年四十九贈冠軍將軍齊州刺史

長子産之字孫僑容皃短陋而撫訓諸弟愛友篤至年四十九亡

産之弟蒨之武定末司空主簿

瑾弟璝字道瓌少有風尚辟司徒參軍事神龜中卒贈漢陽太守

子脩年大將軍開府士曹參軍早亡

韶弟彥字次仲頗有學業高祖初舉司州秀才除中書博士轉諫議大夫後因考課降爲元士尋行主客曹事從郊廟下大夫時朝儀典章咸未周備彥留心考定號爲稱職高祖南伐彥以蕞介江閩不足親勞鑾駕頻有表諫雖不從納然亦嘉其至誠及六軍次於淮南徵爲廣陵王羽長史加恢武將軍西翼副將軍還除冀州趙郡王幹長史轉青州廣陵王羽長史帶齊郡太守徵爲龍驤將軍司徒右長史轉左長史秦州大中正出行揚州事尋徵拜河南尹還至汝陰復勑行徐州事轉平北將軍平州刺史還平東將軍徐州刺史延昌二年夏大霖雨川瀆皆溢

彦相水陸形勢隨便疏通得無淹漬之害朝廷嘉之頻詔勞勉入為河南尹遷金紫光祿大夫光祿勳卿轉度支尚書出為撫軍將軍秦州刺史是時破落汗拔陵等反於北鎮二夏豳凉所在蜂起而彦刑政過猛為下所怨城民薛珍劉慶杜超等因四方離叛遂潛結逆謀正光五年六月突入州門擒彦於內齋囚於西府推其黨莫折大提為帥遂害彦永安中追贈侍中驃騎大將軍司徒公雍州刺史謚曰孝貞

子燮字德諧少有風望解褐司徒參軍著作佐郎司徒祭酒轉主簿卒贈輔國將軍太常少卿

燮弟德廣終於中散大夫

德廣弟德顯太尉行參軍稍遷散騎侍郎卒贈征虜將軍東秦州刺史

德顯弟德明祕書郎

彦弟虔字叔恭太和初為中書學生遷祕書中散轉冀州驃騎府長史太子中舍人世宗初遷太尉從事中郎出為清河太守屬京兆王愉反虔棄郡奔闕世宗聞虔至謂左右曰李虔在冀州日久恩信著物今拔難而來衆情自解矣乃授虔別領軍前慰勞事事平轉長樂太守延昌初冀州大乘賊起令虔以本官為別將與都督元遥討平之遷後將軍燕州刺史還為光祿大夫加平西將軍兼大司農卿出為散騎常侍安東將軍兗州刺史追論平冀州之功賜爵高平男還京除河南邑中正遷鎮軍將軍金紫光祿大夫孝莊初授特進車騎大將軍儀同三司加

散騎常侍又進號驃騎大將軍開府儀同三司永安三年冬薨年七十四贈侍中都督冀定瀛三州諸軍事驃騎大將軍太尉公冀州刺史男如故謚曰宣景

長子曖字仁明解褐司空行參軍稍遷尚書左外兵郎孝莊初於河陰遇害年四十贈安東將軍度支尚書青州刺史

子褒武定中太師法曹參軍

曖弟昞字仁曜起家高陽王雍常侍員外散騎

侍郎太尉録事參軍孝莊初與兄曖同時遇害
年四十八贈散騎常侍左將軍兖州刺史
子爲武定中司空長流參軍
昞弟昭字仁照卒於散騎侍郎贈征虜將軍涼
州刺史
子士元操武定中並儀同開府參軍事
昭弟曉字仁略武定末太尉諮議參軍
虔弟甤字延賓歷步兵校尉東郡太守司農少
卿卒贈龍驤將軍豫州刺史
長子詠字義興有幹局起家太學博士領殿中
侍御史稍遷東郡太守莊帝初遷安東將軍濟
州刺史轉廣州刺史加散騎常侍前廢帝時與
第三弟通直散騎常侍義眞第七弟中書侍郎
太常少卿義邕同時爲尒朱仲遠所害義邕莊
帝居蕃之日以外親甚見親暱及有天下特蒙
信任尒朱榮之誅義邕與其事由是並及於禍
出帝初贈詠侍中驍騎將軍吏部尚書冀州刺
史義眞贈前將軍齊州刺史義邕贈安東將軍

青州刺史
詠次弟義愼司空屬第四弟義遠國子博士莊
帝初並於河陰遇害義愼贈散騎常侍征東將
軍雍州刺史
承弟茂字仲宗高宗末襲父爵鎮西將軍敦煌
公高祖初除長安鎮都將轉西兖州刺史將軍
如故入爲光禄大夫例降爲侯茂性謙慎以弟
沖寵盛懼於盈遂託以老疾固請遜位高祖不
奪其志聽食大夫禄還私第因居定州之中山
自是優遊早舍不入京師景明三年卒時年七
十一謚曰恭侯
子靜字紹安襲解褐太尉參軍事定州別駕東
平原太守神龜三年卒年五十五
子遐字智遠有几案才起家司空行參軍襲爵
稍遷右將軍尚書駕部郎中出爲河內太守尒
朱榮稱兵向洛次其郡境莊帝潛濟河北相會
遐既聞榮推奉莊帝遂開門謁候仍從駕南渡
及河陰爲亂兵所害時年四十二事寧追贈散

騎常侍車騎大將軍尚書右僕射秦州刺史以
佐駕之功封盧鄉縣開國伯邑三百户
子孝儒襲齊受禪爵例降
静弟平字仲安恭順篤厚起家鎮北府功曹參
軍定州别駕汝陽汝南中山三郡太守孝莊初
以外親超授撫軍將軍金紫光禄大夫出除鎮
東將軍滄州刺史加散騎常侍普泰元年卒年
六十二有五子
長子惠昭太傅開府城局參軍

惠昭弟惠諶武定中齊州别駕
平弟敬安奉朝請早亡
敬安弟季安粗涉書史解褐彭城王行參軍稍
遷寧朔將軍步兵校尉出爲徐州北海王顥撫
軍府長史正光末顥爲關西都督復引爲長史
委以戎政尋加驍騎將軍孝昌三年卒於軍時
年五十三贈征虜將軍凉州刺史
子處默少清惠起家青州彭城王府主簿稍遷
通直散騎常侍安東將軍光禄大夫撫軍將軍

廣州開府長史天平初卒年三十九
茂弟輔字督眞亦有人望解褐中書博士遷司
徒議曹掾太和初高祖爲咸陽王禧納其女爲
妃除鎮遠將軍潁川太守帶長社戍輔綏懷招
集甚得邊和六年卒於郡年四十七贈征虜將
軍秦州刺史襄武侯謚曰惠
長子伯尚少有重名弱冠除祕書郎高祖每云
此李氏之千里駒稍遷通直散騎侍郎勑撰太
和起居注尋遷祕書丞世宗初兼給事黃門侍
郎景明二年坐與咸陽王禧謀反誅時年二十

九
伯尚弟仲尚儀皃甚美少以文學知名二十著
前漢功臣序讃及季父司空沖誄時兼侍中高
聰尚書邢巒見而歎曰後生可畏非虚言也起
家京兆王愉行參軍景明中坐兄事賜死年二
十五
仲尚弟季凱沈敏有識量坐兄事與母弟俱徙
邊久之會赦免遂寓居於晉陽沈廢積年孝昌

中解褐太尉參軍事加威遠將軍尋除并州安北府長史肅宗崩尒朱榮陰圖義舉季凱豫謀莊帝踐阼徵拜給事黃門侍郎封博平縣開國侯邑七百戶尋加散騎常侍平東將軍轉祕書監進號中軍將軍普泰元年七月尒朱世隆以榮之死謂季凱通知於是見害年五十五出帝初追贈侍中驃騎將軍吏部尚書定州刺史

子統字基伯襲武定末太尉刑獄參軍齊受禪爵例降

季凱弟延慶孝昌中解褐定州鎮北城局參軍稍遷奉車都尉陳留太守遷鎮東將軍金紫光祿大夫永熙二年卒年五十二贈本將軍雍州刺史

子惠矩武定中儀同開府參軍事

延慶弟延度武定中衛將軍安德太守

輔弟佐字季翼有文武才幹高祖初兼散騎常侍衛命使高麗以奉使稱旨還拜常山太守賜爵真定子遷冠軍將軍懷州刺史賜爵山陽侯尋加安南將軍河內公轉安東將軍相州刺史所在有稱績車駕南討拜安南將軍副大司馬咸陽王禧爲殿中將軍尋被勑與征南將軍城陽王鸞安南將軍盧淵等軍攻赭陽各不相節度諸軍皆坐甲城下欲以不戰降賊佐獨勒所部晨夜攻擊屬蕭鸞遣其太子右衛率垣歷生率衆來援咸以勢弱不敵規欲班師佐乃簡騎二千逆賊爲賊所敗坐徙瀛州爲民車駕征宛鄧復起佐假平遠將軍統軍蕭鸞新野太守劉

忌憑城固守佐率所領攻拔之以功封涇陽縣開國子邑三百戶沔北既平廣陽王嘉爲荊州刺史仍以佐爲嘉鎮南府長史加輔國將軍別鎮新野及大軍凱旋高祖執佐手曰沔北洛陽南門卿既爲朕平之亦當爲朕善守高祖崩遺勑以佐行荊州事仍本將軍佐在州威信大行邊民悅附前後歸之者二万許家尋正刺史世宗初徵兼都官尚書景明二年卒年七十一贈征虜將軍秦州刺史謚曰莊子遵襲

遵爽儁有父風歷相州治中轉別駕冀州征北府長史司空司馬卒贈龍驤將軍洛州刺史孝莊初以外戚超贈車騎大將軍儀同三司定州刺史

子果襲司空諮議參軍武定中坐通西賊伏誅

遵弟東字休賢郡辟功曹以父憂去職遂終身不食酒肉因屛居鄉里肅宗初司空任城王澄嘉其操尚以爲參軍事尋轉司徒外兵參軍歷任城濟北二郡太守孝莊初遷鎮遠將軍濟州

刺史卒贈安北將軍殿中尚書相州刺史

子經司徒諮議參軍行豫州事興和初坐妖言賜死

東弟神儁小名提少以才學知名爲太常劉芳所賞釋褐奉朝請轉司徒祭酒從事中郎頃之拜驍騎將軍中書侍郎太常少卿出爲前將軍荆州刺史時四方多事所在連兵蕭衍遣將曹敬宗來寇攻圍積時又引水灌城城不沒者數萬神儁循撫兵民戮力固守詔遣都督崔暹別將王罷裴衍等赴援敬宗退走時寇賊之後城外多有露骸神儁教令收葬之徵拜大司農卿肅宗末除鎮軍將軍行相州事於時葛榮南逼神儁憂懼乃故墜馬傷腳仍停汲郡有詔追還莊帝纂統以神儁外戚之望拜散騎常侍殿中尚書追論固守荆州之功封千乘縣開國侯邑一千戶轉中書監吏部尚書神儁意尚風流情在推引人物而不能守正奉公無多聲譽有鉅鹿人李炎上書言神儁之失天柱將軍尒朱榮

曾補人爲曲陽縣令神儁以階縣不用榮聞大怒謂神儁自樹親黨排抑勳人神儁懼啓求解官乃除衛將軍左光祿大夫尋屬尒朱兆入京乘輿幽執神儁遂逃竄民間出帝初始來歸闕拜散騎常侍驃騎大將軍左光祿大夫儀同三司孝靜初行并州事尋除驃騎大將軍肆州刺史入爲侍中興和二年薨年六十四贈都督雍秦涇三州諸軍事驃騎大將軍尚書左僕射司徒公雍州刺史侍中開國公如故神儁風韻秀

舉博學多聞朝廷舊章及人倫氏族多所諳記篤好文雅老而不輟凡所交遊皆一時名士汲引後生爲其光價四方才子咸宗附之而性通率不持檢度至於少年之徒皆與褻狎不能清正方重識者以此爲譏神儁喪二妻又欲娶鄭嚴祖妹神儁之從甥也盧元明亦將爲婚遂至紛競二家閱於嚴祖之門鄭卒歸元明神儁惆悵不已時人謂神儁鳳德之衰神儁無子從弟延度以第三子容兒後之

韶從弟元珍小名大墨起家奉朝請太尉錄事參軍卒於步兵校尉

元珍弟仲遵有業尚彭城王勰爲定州請爲開府參軍累轉員外散騎常侍游擊將軍太中大夫出爲京兆內史大將軍京兆王繼西伐請而諮議參軍尋除左將軍營州刺史時四方州鎮謀逆叛亂相續營州城內咸有異心仲遵單車赴州既至與大使盧同以恩信懷誘率皆怡悅後肅宗又詔盧同爲行臺北出慰勞同疑彼人情難信發兵將往城民劉安定等先有異志謂欲圖己還相恐動遂執仲遵二子清石阿四尋亦見殺唯兄子徽仁得免

韶從叔思穆字叔仁父抗自涼州渡江左仕劉駿歷晉壽安東東萊三郡太守思穆有度量善談論工草隸爲當時所稱太和十七年攜家累自漢中歸國除步兵校尉遭母憂解任起爲都水使者及車駕南伐以本官兼直閤將軍從平南陽以功賜爵爲伯尋除司徒司馬彭城王勰

爲定州請爲司馬帶鉅鹿太守勰徙鎮揚州仍請爲司馬府解除征虜將軍太中大夫出爲京兆內史在郡八年頗有政績徵拜光祿大夫肅宗初除平北將軍中山太守未拜遷安北將軍營州刺史卒於位時年六十一贈安西將軍華州刺史永安中子獎爲莊帝所親待復超贈思穆衛將軍中書監左光祿大夫謚曰宣惠有子十四人

嫡子斌襲官至散騎侍郎早卒

斌兄獎武定末司徒左長史李氏自初入魏人
位兼舉因沖寵遇遂爲當世盛門而仁義吉凶
情禮淺薄朞功之服殆無慘容相視窘之不加
拯濟識者以此貶之

史臣曰李寶家難流離晚獲歸正大享名器世
業不殞諸子承基俱有位望韶清身履度聲績
洽美矣神儁才尚風流殆民望也貞粹之地君
子或未許焉

魏列傳二十七　魏書三十九

列傳第二十八　魏書四十

陸俟

陸俟代人也曾祖幹祖引世領部落父突太祖
時率部民隨從征伐數有戰功拜厲威將軍離
石鎮將天興中爲上黨太守關内侯俟少聰慧
有策略太宗踐阼拜侍郎遷内侍襲爵關内侯
轉龍驤將軍給事中典選部蘭臺事當官而行
無所屈橈世祖親征赫連昌詔俟督諸軍鎮大
磧以備蠕蠕車駕還復典選部蘭臺事與西平
公安頡督諸軍攻虎牢尅之賜爵建業公拜冀

州刺史仍本將軍時考州郡治功唯俟與河内
太守丘陳爲天下第一轉都督洛豫二州諸軍
事本將軍虎牢鎮大將平涼休屠金崖羌狄子
玉等叛復轉爲使持節散騎常侍平西將軍安
定鎮大將既至懷柔羌戎莫不歸附追討崖等
皆獲之徵還拜散騎常侍出爲平東將軍懷荒
鎮大將未朞諸高車莫弗訟俟嚴急待下無恩
還請前鎮將郎孤世祖詔許之徵俟還京既至

朝見言於世祖曰陛下今以郎孤復鎮以臣愚量不過周年孤身必敗高車必叛世祖疑謂不實切責之以公歸第明年諸莫弗果殺郎孤而叛世祖聞之大驚即召侯問其知敗之意侯曰夫高車上下無禮無禮之人難爲其上臣所以莅之以威嚴節之以憲網欲漸加訓導使知分限而惡直醜正實繁有徒故訟臣無恩稱孤之美孤獲還鎮欣其名譽必加恩於百姓譏臣爲失專欲以寬惠治之仁恕待之無禮之人易生

陵傲不過朞年無復上下然後收之以威則人懷怨懟怨懟既多敗亂彰矣世祖笑曰卿身乃短慮何長也即日復除散騎常侍世祖征蠕蠕破涼州常隨駕別督輜重又與高涼王那渡河南略地至濟南東平陵徙其民六千家於河北又以侯都督秦雍二州諸軍事平西將軍長安鎮大將與高涼王那擊蓋吳於杏城大破之獲吳二叔諸將欲送京師侯獨不許曰夫長安一都險絕之土民多剛獷類乃非一清平之時仍多叛動今雖良民猶以爲懼況其黨與乎若不斬吳恐長安之變未已吳一身藏竄非其親信誰能獲之若停十万之衆以追一人非上策也不如私許吳叔免其妻子使自追吳擒之必也諸將咸曰今來討賊既破之獲其二叔唯吳一人何所復至侯曰吳之悖逆本自天性今若獲免必誑惑愚民稱王者不死妄相扇動爲患必大諸君不見毒蛇乎斷其頭猶能爲害況除腹心疾而曰必遺其類其可乎諸將曰公言是也

但得賊不殺更有所求遂去不返其如罪何侯曰此罪我與諸君當之高涼王那亦從侯計遂遣吳二叔與之期及吳叔不至諸將各咎於侯侯曰此未得其便耳必不背也後數日果斬吳以至皆如其言侯之明略獨決皆此類也遷內都大官安定盧水劉超等聚黨万餘以叛世祖以侯威恩被於關中詔以本官加都督秦雍諸軍事鎮長安世祖曰秦川險絕奉化日近吏民未被恩德故頃年已來頻有叛動今超等恃險

不順王命朕若以重兵與卿則超等必合而爲一據險拒戰未易攻也若以輕兵與卿則不制矣今使卿以方略定之於是俟單馬之鎮超等聞之大欣以爲無能爲也既至申揚威信示以成敗誘納超女外若姻親超猶自警初無降意俟乃率其帳下往見超觀其舉措設掩襲之計超使人逆曰三百人以外適當以弓馬相待三百人以內當以酒食相供俟乃將二百騎詣超超設備甚嚴俟遂縱酒盡醉而還後謂將士曰

超可取也乃密選精兵五百人陳國恩德激厲將士言至懇切士卒奮勇各曰以死從公必無二也遂僞獵而詣超與士卒約曰今會發機當以醉爲限俟於是詐醉上馬大呼手斬超首士卒應聲縱擊殺傷千數遂平之世祖大悅徵俟還京師轉外都大官散騎常侍如故高宗踐阼以子麗有策立之勳拜俟征西大將軍進爵東平王太安四年薨年六十七謚曰成有子二人長子馛多智有父風高宗見馛而悅之謂朝臣

曰吾常歎其父智過其軀是復踰於父矣少爲內都下大夫奉上接下行止取與每能逆曉人意與其從事者無不愛之興安初賜爵聊城侯出爲散騎常侍安南將軍相州刺史假長廣公爲政清平抑彊扶弱州中有德宿老名望重者以友禮待之詢之政事責以方略如此者十人號曰十善又簡取諸縣彊門百餘人以爲假子誘接殷勤賜以衣服令各歸家爲耳目於外於是發姦擿伏事無不驗

百姓以爲神明無敢劫盜者在州七年家至貧約徵爲散騎常侍民乞留馛者千餘人顯祖不許謂羣臣曰馛之善政雖復古人何以加之賜絹五百疋奴婢十口馛之還也吏民大斂布帛以遺之馛一皆不受民亦不取於是以物造佛寺焉名長廣公寺後襲父爵改封建安王時劉彧司州刺史常珍奇以懸瓠內附而新民猶懷去就馛銜旨撫慰諸有陷軍爲奴婢者馛皆免之百姓忻悅民情乃定蠕蠕

犯塞車駕親討詔馛為選部尚書錄留臺事督兵運粮一委馛分顯祖將禪位於京兆王子推任城王雲隴西王源賀等並皆固諫馛抗言曰皇太子聖德承基四海屬望不可橫議干國之紀臣請刎頸殿庭有死無貳久之帝意乃解詔曰馛直臣也其能保吾子乎遂以馛為太保與太尉源賀持節奉皇帝璽紱傳位于高祖延興四年薨贈以本官謚曰貞王馛有六子琇凱知名

前半葉第一行下十二字原脫據明南監本補

琇字伯琳馛第五子母赫連氏身長七尺九寸甚有婦德馛有以爵傳琇之意琇年九歲馛謂之曰汝祖東平王有十二子我為嫡長承襲家業今已年老屬汝幼沖詎堪為陸氏宗首乎琇對曰苟非鬪力何患童稚馛奇之遂立琇為世子馛薨襲爵琇沉毅少言雅好讀書以功臣子孫為侍御長給事中遷黃門侍郎轉太常少卿散騎常侍太子左詹事領北海王師光祿大夫轉祠部尚書司州大中正會從兄叡事免官

景明初試守河內郡咸陽王禧謀反令子曇和與尹仵期薛繼祖等先據河內琇聞禧敗斬曇和首時以琇不先送曇和禧敗始斬首責其通情徵詣廷尉廷尉少卿崔振窮治罪狀按琇大逆陸宗大小咸見收捕會將赦先斃於獄琇弟凱仍上書訴冤世宗詔復琇爵

子景祚襲

凱字智君謹重好學年十五為中書學生拜侍御中散轉通直散騎侍郎遷太子庶子給事黃門侍郎凱在樞要十餘年以忠厚見稱希言屢中高祖嘉之後遇患頻上書乞骸骨詔不許勅太醫給湯藥除正平太守在郡七年號為良吏初高祖將議革變舊風大臣並有難色又每引劉芳郭祚等密與規謨共論時政而國戚謂遂疎己怏怏有不平之色乃令凱私喻之曰至尊但欲廣知前事直當問其古式耳終無親彼而相疏也國戚舊人意乃稍解咸陽王禧謀逆凱兄琇陷罪凱亦被收遇赦乃免凱痛兄之死哭

無時節目幾失明許寬不已備盡人事至正始初世宗復琇官爵凱太喜置酒集諸親曰吾所以數年之中抱病忍死者顧門戶計耳逝者不追今願畢矣遂以其年卒贈龍驤將軍南青州刺史謚曰惠

長子暐字道暉與弟恭之並有時譽洛陽令賈禎見其兄弟歎曰僕以老年更覩雙璧又嘗兄弟共候黃門郎孫惠蔚惠蔚謂諸賓曰不意二陸復在座隅吾德謝張公無以延譽暐起家司

徒行參軍太尉西閤祭酒兼尚書右民三公郎坐事免後除伏波將軍正光中卒贈司州治中孝昌中重贈冠軍將軍恒州刺史暐擬急就篇爲悟蒙章及七誘十醉章表數十篇暐與恭之晚不睦爲時所鄙

子元規武定中尚書郎

恭之字季順有操尚釋褐侍御史著作佐郎建義初除中書侍郎領著作郎尋除河北太守轉征虜將軍郟州刺史前廢帝初拜廷尉卿加鎮西將軍所歷並有聲績後坐事免孝靜初還復本任出除征南將軍東荊州刺史天平四年卒贈散騎常侍衛將軍吏部尚書定州刺史謚曰懿恭之所著文章詩賦凡千餘篇

子驊開府中兵參軍

敵弟石跋涇州刺史

石跋弟歸東宮舍人駕部校尉

歸弟尼內侍校尉東陽鎮都將

尼弟麗少以忠謹入侍左右太武特親昵之舉

動審慎而無愆失賜爵章安子稍遷南部尚書太武崩南安王余立既而爲中常侍宗愛等所殺百寮憂惶莫知所立麗以高宗世嫡之重民望所係乃首建大義與殿中尚書長孫渴侯尚書源賀羽林郎劉尼奉迎高宗於苑中立之社稷獲安麗之謀矣由是受心膂之任在朝者無出其右興安初封平原王加撫軍將軍麗辭曰陛下以正統之重承基繼業至於奉迎守順臣職之常豈敢昧冒以干大典頻讓再三詔不聽

麗乃啓曰臣父歷奉先朝忠勤著稱今年至西
夕未登王爵臣幼荷寵榮於分已過愚款之情
未申犬馬之効未展願裁過恩聽遂所請高宗
曰朕爲天下主豈不能得二王封卿父子也乃
以其父俟爲東平王麗尋遷侍中撫軍大將軍
司徒公復其子孫賜妻妃號麗以優寵既頻固
辭不受高宗益重之領太子太傅麗好學愛士
常以講習爲業其所待者皆篤行之流士多稱
之性又至孝遭父憂毁瘠過禮和平六年高宗

崩先是麗療疾於代郡温泉聞諱欲赴左右止
之曰宫車晏駕王德望素重姧臣若疾民譽慮
有不測之禍願少遲回朝廷寧靜然後奔赴猶
爲未晚麗曰安有聞君父之喪方慮禍難不即
奔波者遂便馳赴乙渾尋擅朝政忌而害之初
渾悖傲每爲不法麗數諍之由是見忌顯祖甚
追惜麗謚曰簡王陪葬金陵高祖追録先朝功
臣以麗配饗廟庭麗二妻長曰杜氏次張氏長
子定國杜氏所生次叡張氏所生

定國在襁抱高宗幸其第詔養宫内至於游止
常與顯祖同處年六歲爲中庶子及顯祖踐祚
拜散騎常侍特賜封東郡王加鎮南將軍定國
以承父爵頻辭不許又求以父爵讓弟叡乃聽
之俄遷侍中儀曹尚書轉殿中尚書前後大駕
征巡每擢爲行臺録都曹事超遷司空定國恃
恩不脩法度延興五年坐事免官爵爲兵太和
初復除侍中鎮南將軍秦益二州刺史復王爵
八年薨於州贈以本官謚曰莊王賜命服一襲

子昕之字慶始風望端雅襲爵例降爲公尚顯
祖女常山公主拜駙馬都尉歷通直郎景明中
以從叔琇罪免官尋以主壻除通直散騎常侍
未幾遷司徒司馬加輔國將軍出爲兖州刺史
尋進號安東將軍治有名績仍除青州刺史在
州著寛平之稱轉安北將軍相州刺史永平四
年夏卒贈鎮東將軍冀州刺史謚曰惠初定國
娶河東柳氏生子安保後納范陽盧度世女生
昕之二室俱爲舊族而嫡妾不分定國亡後兩

子爭襲父爵僕射李沖有寵於時與度世子泉婚親相好沖遂左右申助昕之由是承爵尚主職位赫弈安保沈廢貧賤不免飢寒

昕之容貌柔謹高祖以其主壻特垂昵眷世宗時年未四十頻撫三蕃當世以此榮之昕之卒後毋盧悼念過哀未幾而亡公主奉姑有孝稱神龜初與穆氏頓丘長公主並爲女侍中又性不妬忌以昕之無子爲納妾媵而皆育女公主有三女無男以昕之從兄道第四子子彰爲後

子彰字明遠本名士沈年十六出後事公主盡禮丞相高陽王雍嘗言曰常山妹雖無男以子彰爲兒乃過自生矣正光中襲爵東郡公尋除散騎侍郎拜山陽太守莊帝即位徵拜給事黃門侍郎子彰妻即咸陽王禧女禧誅養於彭城王第莊帝親之略同諸姊建義初尒朱榮欲脩舊事庶姓封王由是封子彰濮陽王食邑七百戶尋而詔罷仍復先爵除安西將軍洛州刺史還拜征東將軍金紫光祿大夫領廣平王贊開府諮議參軍事太平中拜衛將軍潁州刺史以母憂去職元象中以本將軍除齊州刺史又加驃騎將軍行懷州事轉北豫州刺史仍除徐州刺史將軍並如故一年歷三州當世榮之還朝除衛大將軍左光祿大夫又行瀛州事尋拜侍中復行滄州事進號驃騎大將軍行冀州事除侍讀兼七兵尚書行青州事子彰之爲州以聚斂爲事晚節修改自行青冀滄瀛甚有時譽加以虛巳納物人敬愛之武定八年二月除中

書監三月卒年五十四賻帛一百疋追贈都督青光齊三州諸軍事驃騎大將軍開府儀同三司青州刺史公如故謚曰文宣子彰崇好道術曾嬰重疾藥中須桑螵蛸子彰不忍害物遂不服焉其仁恕如此教訓六子雅有法度

子昂武定中中書舍人

昂弟駿太子洗馬

駿弟杳尚書倉部郎

獻字思弼其母張氏字黃龍本恭宗宮人以賜

麗生叡麗之亡也叡始十餘歲襲爵撫軍大將
軍平原王沉雅好學折節下士年未二十時人
便以宰輔許之娶徐州刺史博陵崔鑒女鑒謂
所親云平原王才度不惡但恨其姓名殊爲重
複時高祖未改其姓叡婚自東徐還經於鄴見
李彪甚歡悅之仍與俱趣京師以爲館客資給
衣馬僮使待之甚厚爲北征都督拜北部長轉
尚書加散騎常侍太和八年正月叡與隴西公
元琛並持節爲東西二道大使褒善罰惡聲稱

聞於京師五月詔賜叡夏服一具後以叡爲北
征都督擊蠕蠕大破之遷侍中都曹尚書時蠕
蠕又犯塞詔叡率騎五千以討之蠕蠕遁走追
至石磧擒其帥赤河突等數百人而還加散騎
常侍遷尚書左僕射領北部尚書十六年降五
等之爵以麗勳著前朝封叡鉅鹿郡開國公食
邑三百戶尋爲使持節鎮北大將軍與陽平王
頤並爲都督督領軍將軍斛律桓等北征三道
諸軍事步騎十万以討蠕蠕叡以下各賜衣物

布帛高祖親幸城北訓誓羣帥除尚書令衛將
軍叡大破蠕蠕而還尋以母憂解令高祖將有
南伐之事以本官起之改授征北將軍叡固辭
請終情禮詔曰叡猶執私痛致違往旨金華方
馳何宜曲遂也加領衛尉可重勑有司速令敦
諭後除使持節都督恒肆朔三州諸軍事本將
軍恒州刺史行尚書令高祖大考百官奪叡尚
書令祿一周十九年叡表曰臣聞先天有弗違
之略後天有順時之規今蕭鸞盜有名目竊據

江左惡盈罪稔天人棄之取亂攻昧誠在茲日
愚以長江浩蕩彼之巨防可以德招難以力屈
又南土昬霧暑氣鬱蒸師人經夏必多疾病而
鼎遷草創庶事甫爾臺省無論政之館府寺靡
聽治之所百寮居止事等行路沉雨炎陽自成
癘疫且兵儲並舉聖王所難今介胄之士外攻
鮮寇羸弱之夫內勤土木運給之費日損千金
驅罷弊之兵討堅城之虜將何以取勝乎陛下
往冬之舉政欲曜武江漢示威衡湘自春幾夏

理宜釋甲願褰旌卷旆爲持久之方崇成帝居
深重本之固聖懷無內念之虞兆庶休斤柝之
役脩禮華區諷風洛浦然簡英略之將任猛毅
之雄南取荆湘據其要府則梁秦以西覩機自
服撫附振威回麾東指則義陽以左馳聲可制
然後布仁化以綏近播恩施以懷遠凡在有情
孰不思奮還遣慕德之人効其餘力乘流而下
勢勝万倍蕞爾閩甌敢不稽顙豈必茲年競斯
寸尺惟願顧存近勑納降而旋不紆鑾輿久臨

炎暑高祖從之叡表請車駕還代親臨太師馮
熙之葬坐削奪都督三州諸軍事尋除都督恒
朔二州諸軍事進號征北大將軍以有順遷之
表加邑四百戶時穆泰爲定州刺史辭以疾病
土温則甚請恒州自効高祖許之乃以叡爲散
騎常侍定州刺史將軍如故叡未發遂與泰等
同謀構逆賜死獄中聽免孥戮徙其妻子爲遼
西郡民詔僕射李沖領軍于烈曰陸叡元丕早
蒙寵祿位極人臣自與卿等同受非常之詔朕

許以不死之旨思得上下齊信以保大義朕於
卿等常志短棄瑕務相含養豈謂陸叡無心之
甚一至於斯乃與穆泰結禍數圖反噬以朕遷
洛內懷不可擬舉諸王議引子恂若斯之論前
後非一始欲推故南安王次推陽平王若不肯
從欲逼樂陵王誣謗朝廷書信炳然事既垂就
叡以洛都休明勸令小緩於是之後兩人復競
然猶隱而弗聞賴陽平王忠貞奮發獲泰之言
便爾馳表得使王人糾應恒岳無塵是以叡之

愆失處入門誅朕諦尋前旨許不盡法反逆之
志自負幽冥違誓在彼不關朕也反心逆意既
異餘犯雖欲矜恕末如之何然猶憶先言兼以
未頗異議聽自死別府免厥孥戮其門子孫永
世不齒元丕二子一弟首爲賊端其父無人明
證理在可覩但以言無炳灼隱而弗窮以連坐
應死特恕爲民朕本期有終而彼自棄卿等之
聞忽及今日違心乖念一何可悲故此別示想
無致怪也謀反之外皎如白日耳沖烈表曰臣

等邀逢幸會生遇昌辰才非利用坐班位列功
無汗馬猥受山河叨忝之寵終古無比莫大之
施万殞靡酬而叡丕識乖犬馬心同梟獍潛引
童稚構兹妖逆違悖天常罪踰万殞叡結釁在
心陰構不息間諜戚藩擬窺乾象雖覩休平未
懷疑惑何嘗片辭披露宿志原心語跡實爲賊
首丕之二子從惡累年交扇東西規擾并夏測
觀此狀無容不知雖聖慈含育恕其生命其若
天地何其若神祇何夫効誠盡節爲下之恒分

刑兹無捨在上之常法況曲蒙莫大之恩將以
忠貞之義而更違天背道包藏姧逆求情推理
罪乃常誅而慈造寬渥更流恩貸續叡三斷之
骸還丕已絕之魄二三縱宥實虧憲典猶復上
延天眷言念疇日不以臣等背負餘黨別垂明
詔冊申齊信之恩重喻皎日之旨伏讀悲慙惟
深愧惕

叡長子希道字洪度有風皃美鬚髯歷覽經史
頗有文致初拜中散遷通直郎坐父事徙於遼
西於後得還從征自效以軍功拜給事中遷司
徒記室司空主簿征南將軍元英攻蕭衍司州
以希道爲副及克義陽以功賜爵淮陽男拜諫
議大夫以學關今古參議新令轉廷尉少卿加
龍驤將軍南青州刺史以本將軍轉梁州刺史
希道頻表辭免又除東夏州刺史不拜轉北中
郎將還前將軍郢州刺史希道善於馭邊甚有
威略轉平西將軍涇州刺史正光四年卒官贈
撫軍將軍定州刺史希道有六子

士懋字元偉天平中以其曾祖麗有翼戴之勳
詔特復鉅鹿郡開國公邑三百戶令士懋襲武
定中平東將軍營州刺史

士懋弟士宗字仲產尚書左外兵郎中

士宗弟士述字幼文符璽郎中士宗士述建義
初並於河陰遇害

士述弟士沈出繼從叔昕之

士沈弟士廉字季脩建州平北府長史永安末
爲尒朱世隆攻陷州城見害

士廉弟士佩字季偉武定中安東將軍司州治中

希道弟希悦尚書外兵郎中驃騎諮議參軍通直散騎常侍平南將軍光禄大夫遇害於河陰贈散騎常侍衛將軍相州刺史

希悦弟希謐太尉參軍早卒

希謐弟希靜字季默司徒默曹稍遷𢕉郡太守

希靜弟希質字幼成起家貟外郎領侍御史稍遷散騎侍郎陽城太守孝莊初除龍驤將軍膠

州刺史蕭衍遣將率衆數万從郁洲浮海據島山來侵州界希質討破之轉建州刺史將軍如故尒朱榮之死也世隆率衆北還晉陽希質固守拒之城陷兄子被害希質妻元氏榮妻之兄孫由是獲免天平初給事黄門侍郎遷魏尹轉太常卿衛大將軍都官尚書武定七年夏卒年五十八贈驃騎大將軍中書監青州刺史謚曰文

希質名家子位宦又通不能平心於物唯與山偉宇文忠之等共為朋黨排毀朝俊有識者薄之

子珣字子琰開府參軍

次瑾字子瑜性並麁險乃為劫盜珣瑾俱死

瑾弟璀字子璧次悉達武定中並儀同開府參軍

麗弟頹早卒子□字清都性機巧歷位長水校尉賜爵廣牧子遷龍驤將軍游擊將軍北中郎將轉南中郎將帶魯陽太守進號前將軍卒贈本將軍夏州刺史謚曰順

頹弟陵成中校尉河間太守祕書中散新城子

陵成弟龍成有父兄之風少以功臣子為中散稍遷散騎常侍賜爵永安子加平遠將軍出為安南將軍青州刺史假樂安公愛民恤下百姓稱之卒

子昶字細文襲爵正始中為太尉屬加寧遠將軍以本官行滎陽郡事被劾會赦免久之進號廣武將軍遷司空司馬尋拜光禄大夫昶無他

才能唯飲酒爲事出爲平西將軍京兆内史固
辭不拜轉平北將軍肆州刺史入爲衛將軍大
鴻臚卿仍除車騎將軍左光禄大夫天平中進
號驃騎大將軍加散騎常侍領左右兼給事黄
門侍郎仍兼太僕卿復以本將軍爲東徐州刺
史尋卒贈本將軍衛尉卿青州刺史

龍成季弟騏驎侍郎中散轉侍御長太和初新
平太守銀青光禄大夫以彭城勳除夏州刺史

子高貴孝昌中兖州鎮東府法曹參軍

二百六十九字　魏書傳卅八　二十二　陸永

子操武定末度支尚書

操弟楚

高貴弟順宗貟外郎秘書中散

子槃之武定末東莞太守

俟族弟宜雲中鎮將

子雋高宗世歷侍中給事顯祖初侍御長以謀
誅乙渾拜侍中樂部尚書遷散騎常侍吏部尚
書賜爵安樂公甚見委任尋拜尚書令後除安
東將軍定州刺史轉征東大將軍相州刺史政
尚寬恵民吏安定卒謚貞公

子登澄城太守

子匡司空倉曹參軍

登弟子景元元象初衛將軍儀同三司南青州
刺史

史臣曰陸俟威略智器有過人者馛識幹明厲
不替家風麗忠國奉主爲時梁棟叡忠履義制
於一豎惜哉叡琇以沈雅顯達而釁逆陷禍深
山大澤實有龍蛇希道風度有聲子彰令終之
美也

一百三十八　魏書列傳二十八　二十三

列傳二十八

魏書四十

列傳第二十九

源賀

源賀自署河西王禿髮傉檀之子也傉檀爲乞
伏熾磐所滅賀自樂都來奔賀偉容皃善風儀
世祖素聞其名及見器其機辯賜爵西平侯加
龍驤將軍謂賀曰卿與朕源同因事分姓今可
爲源氏從擊叛胡白龍又討吐京胡皆先登陷
陳進號平西將軍世祖征涼州以賀爲鄉導詔
問攻戰之計賀對曰姑臧城外有四部鮮卑各

爲之援然皆是臣祖父舊民臣願軍前宣國威
信示其福禍必相率歸降外援既服然後攻其
孤城拔之如反掌耳世祖曰善於是遣賀率精
騎歷諸部招慰下三万餘落獲雜畜十餘万頭
及圍姑臧由是無外慮故得專力攻之涼州平
遷征西將軍進號西平公又從征蠕蠕擊五城
吐京胡討蓋吳諸賊皆有功拜散騎常侍從駕
臨江爲前鋒大將賀爲人雄果每遇彊寇輒自
奮擊世祖誡之曰兵凶戰危不宜輕犯卿可運

籌處分勿恃身力也賀本名破羌是役也世祖
曰人之立名宜其得實何可濫也賜名賀焉拜
殿中尚書南安王余爲宗愛所殺也賀部勒禁
兵靜遏外內與南部尚書陸麗決議定策翼戴
高宗令麗與劉尼馳詣苑中奉迎高宗賀守禁
中爲之內應俄而麗抱高宗單騎而至賀乃開
門高宗即位社稷大安賀有力焉轉征北將軍
加給事中以定策之勲進爵西平王高宗即位
班賜百僚謂賀曰朕大賚善人卿其任意取之

勿謙退也賀辭固使取之賀唯取戎馬一疋而
已是時斷獄多濫賀上書曰案律謀反之家其
子孫雖養他族追還就戮所以絕罪人之類彰
大逆之辜其爲劫賊應誅者兄弟子姪在遠道
隔關津皆不坐竊惟先朝制律之意以不同謀
非絕類之罪故特垂不死之詔若年十三已下
家人首惡計謀所不及愚以爲可原其命沒入
縣官高宗納之出爲征南將軍冀州刺史改封
隴西王賀上書曰臣聞人之所寶莫寶於生全

德之厚者莫厚於宥死然犯死之罪難以盡恕權其輕重有可矜恤今勍寇遊魂於北狡賊負險於南其在疆埸猶須防戍臣愚以爲自非大逆赤手殺人之罪其坐贓及盜與過誤之愆應入死者皆可原命謫守邊境是則已斷之體更受全生之恩徭役之家漸蒙休息之惠刑措之化庶幾在茲虞書曰流宥五刑此其義也臣受恩深重無以仰荅將違闕庭豫增係戀敢上瞽言唯加裁察高宗納之已後入死者皆恕死徙

邊久之高宗謂羣臣曰源賀勸朕宥諸死刑徙充北蕃諸戍自爾至今一歲所活殊爲不少生濟之理既多邊戍之兵有益卿等事朕致何善意也若人人如賀朕治天下復何憂哉顧憶誠言利實廣矣羣臣咸曰非忠臣不能進此計非聖明不能納此言賀之臨州鞫獄以情徭役簡省武邑郡姦人石華告沙門道可與賀謀反有司以聞高宗謂羣臣曰賀誠心事國朕爲卿等保之無此明矣乃精加訊檢華果引誣於是遣

使者詔賀曰卿以忠誠款至著自先朝以丹青之潔而受蒼蠅之汙朕登時研檢已加極法故遣宣意其善綏所莅勿以讒說之言致損慮也賀上書謝書奏高宗顧謂左右曰以賀之忠誠尚致其誣不若是者可無慎乎時考殿最賀治爲第一賜衣馬器物班宣天下賀上表請代朝議以賀得民情不許在州七年乃徵拜太尉蠕蠕寇邊賀從駕追討破之顯祖將傳位于京兆王子推時賀都督諸軍屯漠南乃馳傳徵賀賀

既至乃命公卿議之賀正色固執不可即詔賀持節奉皇帝璽綬以授高祖是歲河西勑勤叛遣賀率衆討之降二千餘落倍道兼行追賊黨郁朱于等至枹罕大破之斬首五千餘級虜男女万餘口雜畜三万餘頭復追統萬高平上邽三鎮叛勑勤至于金城斬首三千級賀依古今兵法及先儒者舊之說略採至要爲十二陳圖以上之顯祖覽而嘉焉賀以年老辭位詔不許又詔都督三道諸軍屯于漠南是時每歲秋冬

遣軍三道並出以備北寇至春中乃班師賀以勞役京都又非禦邊之長計乃上言請募諸州鎭有武健者三萬人復其徭賦厚加賑恤分爲三部二鎭之間築城城置萬人給彊弩十二床武衞三百乘弩一床給牛六頭武衞一乘給牛二頭多造馬槍及諸器械使武略大將二人以鎭撫之冬則講武春則種殖並戍並耕則兵未勞而有盈畜矣又於白道南三處立倉運近州鎭租粟以充之足食足兵以備不虞於宜爲便不

可歲常舉衆連動京師令朝庭恒有北顧之慮也事寢不報又上書稱病篤乞骸骨至于再三乃許之朝有大議皆就詢訪又給衣藥珍羞太和元年二月療疾於溫湯高祖文明太后遣使者屢問消息太醫視疾患篤還京師賀乃遺令勑諸子曰吾頃以老患辭事不悟天慈降恩爵逮於汝汝其毋傲吝毋荒怠毋奢越毋嫉妬疑思問言思審行思恭服思度遏惡揚善親賢遠佞目觀必真耳屬必正誠勤以事君清約以行己吾終之後所葬時服單櫝足申孝心芻靈明器一無用也三年秋薨年七十三贈侍中太尉隴西王印綬謚曰宣賻雜綵五百疋賜轀輬車及命服溫明祕器陪葬于金陵

長子延性謹厚好學初以功臣子拜侍御中散賜爵武城子西台都將卒贈涼州刺史廣武侯謚曰簡

子鱗襲

延弟思禮後賜名懷謙恭寬雅有大度高宗末

爲侍御中散父賀辭老詔懷受父爵拜征南將軍尋爲持節督諸軍屯於漠南還除殿中尚書出爲長安鎭將雍州刺史清儉有惠政善於撫恤劫盜息止流民皆相率來還歲餘復拜殿中尚書加侍中參都曹事又督諸軍征蠕蠕六道大將咸受節度遷尚書令參議律令後例降爲公除司州刺史從駕南征加衞大將軍領中軍事以母憂去職賜帛三百疋穀千石十九年除征北大將軍夏州刺史轉都督雍岐東秦諸軍

事征西大將軍雍州刺史景明二年徵爲尚書左僕射加特進時有詔以姦吏犯罪每多逃遁因眚乃出並皆釋然自今已後犯罪不問輕重而藏竄者悉遠流若永避不出兄弟代徙懷乃奏曰謹按條制逃吏不在赦限竊惟聖朝之恩事異前宥諸流徙在路尚蒙旋反況有未發而仍遣邊戍按守宰犯罪逃走者衆祿潤既優尚有茲失及蒙恩宥卒然得還今獨苦此等恐非均一之法如臣管執謂宜免之書奏門下以成

式既班駁奏不許懷重奏曰臣以爲法貴經通治尚簡要刑憲之設所以網羅罪人苟理之所備不在繁典行之可通豈容峻制此乃古今之達政救世之恒規伏尋條制勳品已下罪發逃亡遇恩不宥仍流妻子雖欲抑絶姦途匪爲通式謹按事條侵官敗法專據流外豈九品已上人皆貞白也其諸州守宰職任清流至有貪濁事發逃竄而遇恩免罪勳品已下獨乖斯例如此則寬縱上流法切下吏育物有差惠罰不等

又謀逆滔天輕恩尚免吏犯微罪獨不蒙赦使大宥之經不通開生之路致壅進違古典退乖今律輒率愚見以爲宜停書奏世宗納之其年除車騎大將軍涼州大中正懷奏曰南賊遊魂江揚職爲亂逆肆厥淫昏月滋日甚貴臣重將靡有孑遺崇信姦回昵比閹豎內外離心骨肉猜叛蕭寶融僭號於荊郢其雍州刺史蕭衍勒兵而東襲上流之衆已逼其郊廣陵京口各持兵而懷兩望鍾離淮陰並鼎峙而觀得失秣陵

孤危制不出門君子小人並罹災禍延首北望朝不及夕斯實天啓之期吞并之會乘厥蕭墻之釁藉其分崩之隙東據歷陽兼指瓜步緣江鎮戍達於荊郢然後奮雷電之威布山河之信則江西之地不刃自來吳會之鄉指期可舉昔士治有言皓若暴死更立賢主文武之官各得其任則勍敵也若蕭衍克就上下同心非直後圖之難實亦揚境危逼何則壽春之去建鄴七百而已山川水陸彼所諳利脫江湘無波君臣

效職藉水憑舟倐忽而至壽春容不自保江南將若之何今寶卷邑居有土崩之形邊城無繼援之兆清蕩江區寔在今日臣受恩既重不敢不言詔曰不君不臣江南常數卅有要不食其在斯矣上天將欲亡之諸蕃又願取之人事天道孰云匪會但以養害仁者不爲且十月五日衍軍已達大航其大傷小亡之勢久應有決假令天罰寶卷衍兵獲進則衍之主佐又是亂亡遺孽皇靈其能久祐之乎今之所矜者正以南黔

企德邊書繼至殄悴之氓理須救接若爾者揚州兵力配積不少但可速遣任城委以處分別加慰勉令妙盡邊筭也以衍事克遂停懷又表曰昔世祖昇遐南安在位出拜東廟爲賊臣宗愛所弑時高宗避難龍潛苑中宗愛異圖神位未定臣亡父先臣賀與長孫渴侯陸麗等表迎高宗纂徽寶命麗以扶負聖躬親所見識蒙授撫軍大將軍司徒公平原王興安二年追論定策之勳進先臣爵西平王皇興季年顯祖將傳

大位於京兆王先臣時都督諸將屯於武川被徵詣京特見顧問先臣固執不可顯祖久乃許之遂命先臣持節授皇帝璽綬於高祖至太和十六年麗息叡狀私書稱其亡父與先臣援立高宗朝廷追錄封叡鉅鹿郡開國公臣時丁艱草土不容及例至二十年除臣雍州刺史臨發奉辭面奏先帝申先臣舊勳時勑旨但赴所臨尋當別判至二十一年車駕幸雍臣復陳聞時蒙勑旨征還當授自宮車晏駕遂爾不白竊惟

先臣遠則援立高宗寶曆不墜近則陳力顯祖神器有歸如斯之勳超世之事麗以文功而獲河山之賞臣有家勳不霑茅社之賜得否相懸請垂裁處詔曰宿老元丕云如所訴訪之史官頗亦言此可依比授馮翊郡開國公邑百戸又詔爲使持節加侍中行臺巡行北邊六鎮恒燕朔三州賑給貧乏兼採風俗考論殿最事之得失皆先決後聞自京師遷洛邊朔遥遠加連年旱儉百姓困弊懷銜命巡撫存恤有方便宜運

轉有無通濟時后父于勁勢傾朝野勁兄于祚
與懷宿昔通婚時爲沃野鎮將頗有受納懷將
入鎮祚郊迎道左懷不與語即劾祚免官懷朔
鎮將元尼須與懷少舊亦貪穢狼籍置酒請懷
謂懷曰命之長短由卿之口豈可不相寬貸懷
曰今日之集乃是源懷與故人飲酒之坐非鞫
獄之所也明日公庭始爲使人撿鎮將罪狀之
處尼須揮淚而已無以對之懷既而表劾尼須
其奉公不撓皆此類也懷又表曰景明以來北

蕃連年災旱高原陸野不任營殖唯有水田少
可菑畝然主將參僚專擅腴美瘠土荒疇給
百姓因此困弊日月滋甚諸鎮水田請依地令
分給細民先貧後富若分付不平令一人怨訟
者鎮將已下連署之官各奪一時之祿四人已
上奪祿一周北鎮邊蕃事異諸夏往日置官全
不差別沃野一鎮自將已下八百餘人黎庶怨
嗟僉曰煩猥邊隅事尠實少畿服請主帥吏佐
五分減二詔曰省表具恤民之懷已勑有司一

依所上下爲永準如斯之比不便於民損化害
政者其備列以聞時細民爲豪彊陵壓積年枉
滯一朝見申者日有百數所上事宜便於北邊
者凡四十餘條皆見嘉納正始元年九月有告
蠕蠕率十二万騎六道並進欲直趨沃野懷朔
南寇恒代詔懷以本官加使持節侍中出據北
蕃指授規略隨須徵發諸所處分皆以便宜從
事又詔懷子直寢徽隨懷北行詔賜馬一疋細
鎧一具御矟一枚懷拜受訖乃於其庭跨鞍執

矟躍馬大呼顧謂賓客曰氣力雖衰尚得如此
蠕蠕雖畏壯輕老我亦未便可欺今奉廟勝之
規總驍捍之衆足以擒其酋帥獻俘闕下耳時
年六十一懷至雲中蠕蠕亡遁懷旋至恒代案
視諸鎮左右要害之地可以築城置戍之處皆
量其高下揣其厚薄及儲糧積仗之宜犬牙相
救之勢凡表五十八條表曰蠕蠕不羈自古而
爾遊魂鳥集水草爲家中國患者皆斯類耳歷
代驅逐莫之能制雖北拓榆中遠臨瀚海而智

臣勇將力算俱竭胡人頗遁中國以疲于時賢
哲思造化之至理推生民之習業量夫中夏粒
食邑居之民蠶衣儒步之士荒表茹毛飲血之
類鳥宿禽居之徒親校短長因宜防制知城郭
之固暫勞永逸自皇魏統極都於平城威震天
下德籠宇宙今定鼎成周去北遥遠代表諸蕃
北固高車外叛尋遭旱儉戎馬甲兵十分闕八
去歲復鎮陰山庶事蕩盡遣尚書郎中韓貞宋
世量等檢行要險防遏形便謂準舊鎮東西相

望令形勢相接築城置戍分兵要害勸農積粟
警急之日隨便翦討如此則威形增廣兵勢亦
盛且北方沙漠夏乏水草時有小泉不濟大衆
脫有非意要待秋冬因雲而動若至冬日冰沙
凝厲遊騎之寇終不敢攻城亦不敢越城南出
如此北方無憂矣世宗從之今北鎮諸戍東西
九城是也遷驃騎大將軍時武興氐王楊紹先
叔集起反叛詔懷使持節侍中都督平氐諸軍
事以討之須有興廢任從權計其邢巒李煥並

稟節度三年六月卒年六十三詔給東園祕器
朝服一具衣一襲錢二十万布七百疋蠟三百
斤贈司徒冀州刺史兼吏部尚書盧昶奏太常
寺議謚曰懷體尚寬柔器操平正依謚法柔直
考終曰靖宜謚靖公司徒府議懷作牧陝西民
餘惠化入抱端貳朝列歸仁依謚法布德執義
曰穆宜謚穆公二謚不同詔曰府寺所執並不
克允愛民好與曰惠可謚惠公懷性寬容簡約
不好煩碎恒語人曰爲貴人理世務當舉綱維

何必須太子細也譬如爲屋但外望高顯楹棟
平正基壁完牢風雨不入足矣斧斤不平斲削
不密非屋之病也又性不飲酒而喜以飲人好
接賓友雅善音律雖在白首至宴居之暇常自
操絲竹懷有七子
長子規字靈度中書學生羽林監襲爵年三十
三卒
子肅襲卒
子紹襲景明初詔復王爵尋除隴西郡開國公

卒於光祿大夫贈度支尚書冀州刺史謚曰文子文遠襲齊受禪例降

規弟榮字靈並年三十二卒於司徒掾贈光州刺史

榮弟徽字靈祚年二十八卒於直閤將軍特贈洛州刺史謚曰質

徽弟玄諒出後懷弟奐卒贈代郡太守

玄諒弟子雍字靈和少好文雅篤志於學推誠待士士多歸之自秘書郎除太子舍人涼州中

正肅宗踐阼以宮臣例轉奉車都尉遷司徒屬轉太中大夫司徒司馬除恒農太守遷夏州刺史時沃野鎮人破落汗拔陵首爲反亂所在蜂起統萬逆胡與相應接子雍嬰城自守城中糧盡煮馬皮而食之子雍善綏撫得士心人人戮力無有離貳以飢饉轉切欲自出求糧留子延伯據守寮屬僉云今天下分析寇賊万重四方音信莫不斷絕俄頃之間變在不意何宜父子如此分張未若棄城俱去更展規略子雍泣而謂衆曰吾世荷國恩早受藩寄此是吾死地更欲何求然守禦以來歲月不淺所患乏粮不得制勝吾今向東州得數月之食還與諸人保全必矣遂自率羸弱向東夏運糧延伯與將士送出城外哭而拜辭三軍莫不嗚咽子雍行數日爲朔方胡帥曹阿各拔所邀力屈見執子雍乃密遣人齎書間行與城中文武云大軍在近努力固守必令諸人福流苗裔又勑延伯令共固守子雍雖被囚執雅爲胡人所敬常以民禮事

之子雍爲陳安危禍福之理勸阿各拔令降阿各拔將從之未果而死拔弟桑生代總部衆竟隨子雍降時北海王顥爲大行臺子雍具陳賊可滅之狀顥給子雍兵馬令其先行時東夏合境反叛所在屯結子雍轉鬬而前九旬之中凡數十戰仍平東夏徵稅租粟運於統万於是二夏漸寧及蕭寶夤等爲賊所敗賊帥宿勤明達遣息阿非率衆邀路華州白水被圍逼関右騷擾咫尺不通時子雍新平黑城遂率士馬并夏

州慕義之民攜家席卷鼓行南出賊帥康維摩擁率羌胡守鋸谷斷甕棠橋子雍與交戰大破之生禽維摩又攻賊帥契官斤於楊氏堡破之子雍出自西夏漸至於東轉戰千里至是朝廷始得其委問除散騎常侍使持節假撫軍將軍都督兼行臺尚書復破賊帥紇單步胡提於曲沃堡肅宗璽書勞勉之子雍在白水郡復破阿非軍多所斬獲詔遣侍中尚書令城陽王徽於潼關宣旨慰勞除中軍將軍金紫光祿大夫給

事黃門侍郎封樂平縣開國公邑一千戶還洛以葛榮久逼信都詔假子雍征北將軍爲北討都督時相州刺史安樂王鑒據鄴反勑子雍與都督李神軌先討之子雍行達湯陰鑒遣弟斌之夜襲子雍軍不克奔敗而返子雍乘機繼進徑圍鄴城與裴衍神軌等攻鑒平之改封陽平縣開國公增邑千五百戶進號鎮東將軍遂與裴衍發鄴以討葛榮而信都城陷除子雍冀州刺史餘官如故子雍以冀州不守上書曰賊中

甚飢專仰野掠今朝廷足食兵卒飽暖高壁深壘勿與爭鋒彼求戰則不得野掠無所獲不盈數旬可坐制凶醜時裴衍復表求行詔子雍與衍速進子雍重表固請如謂不可乞令裴衍獨行若不賜解求停裴衍苟逼固行取敗旦夕詔不聽遂與衍俱進至陽平郡東北漳曲榮率賊十万來逼官軍子雍戰敗被害年四十朝野痛惜之贈車騎大將軍儀同三司雍州刺史公如故永安中重贈司空謚曰莊穆

長子延伯出後從伯

次子士則早亡

士則弟士正士規並坐事死

次揩字士質小字郝延襲武定中齊文襄王府參軍齊受禪例降

延伯初爲司空參軍事時南秦民吳富反叛詔以河間王琛爲都督延伯叔父子恭爲軍司延伯爲統軍隨子恭西討戰必先鋒子恭見其年幼常訶制之而不能禁子雍在夏州表乞兵援

詔延伯率羽林一千人赴之城鬬野戰勇冠三
軍子雍之向東夏留延伯城守付以後事延伯
與兵士共分湯菜防固城隍及子雍爲胡所執
合城憂懼延伯乃人人曉喻曰吾父吉凶不測
方寸焦爛實難裁割但奉命守城所爲處重若
以私害公誠孝並闕諸君幸得此心無虧所寄
於是衆感其義莫不勵憤朝廷聞而嘉之除龍
驤將軍行夏州事封五城縣開國子食邑三百
戶卒能固守及後刺史至延伯率領義衆還赴

子雍共平黑城在黲崇橋戰先鋒陷陳身擒維
摩及至白水首摧阿非隨子雍至都進爵浮陽
伯增封百戶爲諫議大夫假冠軍將軍別將隨
子雍北討與葛榮戰歿時年二十四贈持節平
北將軍涼州刺史開國如故
子孝孫襲齊受禪爵例降
子雍弟子恭字靈順聰惠好學初辟司空參軍
事司徒祭酒尚書北主客郎中攝南主客事蕭
衍亡人許周自稱爲衍給事黃門侍郎朝士翕

然咸共信待子恭奏曰徐州表投化人許團并
其弟周等究其牒狀周列云已蕭衍黃門侍郎
又稱心存山水不好榮官屢曾辭讓貽彼赫怒
遂被出爲齊康郡因爾歸國願畢志嵩嶺比加
採訪略無證明尋其表狀又復莫落案牒推理
實有所疑何者昔夷齊獨往周王不屈其志伯
況辭祿漢帝因成其美斯實古先喆王必有不
臣之人者也蕭衍雖復崎嶇江左竊號一隅至
於處物未甚悖禮豈有士辭榮祿而苟不聽之

哉推察情理此則孟浪假蕭衍皆狂不存雅道
逼士出郡未爲死急何宜輕去生養之土長辭
父母之邦乎若言不好榮官志願嵩嶺者初届
之日即應杖策尋山負帙汾水而乃廣尋知已
遍造執事希榮之心已見逃宦之志安在昔梁
鴻去鄉終傭吳會逢萌浮海遠客遼東並全志
養性逍遙而已考之事實何其懸哉又其履歷
清華名位高達計其家累應在不輕今者歸化
何其孤迥設使當時忽遽不得攜將及其來後

家貲產業應見簿斂尊卑口累亦當從法而周兄弟怡然曾無憂慼若無種族理或可通如有不坐便應是衍故遣非周按化推究二三真僞難辨請下徐揚二州密訪必令獲實不盈數旬玉石可覩於是詔推訪周果以罪歸闕假稱職位如子恭所疑河州羌卻鐵忽反殺害長吏詔子恭持節爲行臺率諸將討之子恭嚴勒州郡及諸軍不得犯民一物輕與賊戰然後示以威恩兩旬間悉皆降款朝廷嘉之正光元年爲行臺左丞巡行北邊轉爲起部郎明堂辟雍並未建就子恭上書曰臣聞辟臺望氣軌物之德既高方堂布政範世之道斯遠是以書契之重理冠於造化推尊之美事絕於生民至如郊天饗帝蓋以對越上靈宗祀配天是用酬膺下土大孝莫之能加嚴父以慈爲大乃皇王之休業有國之盛典竊惟皇魏居震統極總宙馭宇革制土中垂式無外自北徂南同卜維於洛食定鼎遷民均氣候於寒暑高祖所以始基世宗於是

恢構按功成作樂治定制禮乃訪遺文脩廢典建明堂立學校興一代之茂矩標千載之英規永平之中始創雉構基趾草昧迄無成功故尚書令任城王臣澄按故司空臣沖所造明堂樣并連表詔荅兩京模式奏求營起緣期發旨即加葺繕侍中領軍臣乂物動作官宣贊授令自茲厥後方配兵人或給一千或與數百進退節縮曾無定準欲望速了理在難克若使專役此功長得營造委成責辦容有就期但所給之夫本自寡少諸處競借動即千計雖有繕作之名終無就功之實爽塏荒茫淹積年載結架崇構指就無兆仍令肄胄之禮掩仰而不進養老之儀寂寥而不返構厦止於尺土爲山頓於一匱良可惜歟愚謂召民經始必有子來之歌興造勿亟將致不日之美況本兵不多兼之牽役廢此與彼循環無極便是輟創禮之重資不急之費廢經國之功供寺館之役求之遠圖不亦闕矣今諸寺大作稍以粗舉並可徹減專事經綜

嚴勤工匠務令克成使祖宗有薦配之期蒼生
覩禮樂之富書奏從之除冠軍將軍中散大夫
又領治書侍御史秦益氐反詔子恭持節爲都
督河間王琛軍司以討之事平仍行南秦州事
及六鎮反以子恭兼給事黃門郎持節慰勞還
拜河內太守加後將軍平絳蜀反丹谷清廉二
路險澁不通以子恭爲當 郡別將俄而建興
蜀復反相與連勢進子恭爲持節散騎常侍假
平北將軍征建興都督仍兼尚書行臺與正平

都督長孫稚合勢進討大破之正平賊帥范明
遠與賊帥劉牙奴並面縛請降事平除平南將
軍豫州刺史尋加散騎常侍撫軍將軍武泰初
郢州刺史元願達以城降蕭衍詔徵都督尉慶
賓還京師回衆隸子恭以討之衍將夏侯夔率
衆數萬來寇遠近不安夔乘勢分兵遂逼新蔡
自攻毛城子恭隨方應援賊並破走蕭衍豫州
刺史夏侯亶復遣四將率衆三万入圍南頓北
攻陳項子恭遣軍禦之賊復奔退加鎮南將軍

又兼尚書行臺子恭勒衆渡淮徙民於淮北立
郡縣置戍而還蕭衍直閤將軍軍主胡智達等
八將與其監軍閻次洪入寇屯於州城東北四
十餘里子恭擊破之斬智達生擒次洪元顥之
入洛也加子恭車騎將軍子恭不敢拒之而頻
遣間使參莊帝動靜未幾顥敗車駕還洛進征
南將軍兼右僕射假車騎將軍後加散騎常侍
板橋蠻文石活石忌廬受蕭衍印節扇誘黨類
據險寇竊子恭躬率將士徑襲其柵數日之中

殲殪略盡諸蠻款服咸求輸稅徵拜右光祿大
夫給事黃門侍郎仍本將軍錄其前後征討功
封臨潁縣開國侯食邑六百戶加散騎常侍俄
遷侍中尒朱榮之死也世隆度律據斷河橋詔
子恭爲都督以討之出頓於大夏門北尋而太
府卿李苗夜燒河橋世隆退走仍以子恭兼尚
書僕射爲大行臺大都督尋遷衛將軍假車騎
將軍率諸將於太行築壘以防之既而尒朱兆
率衆南出子恭所部都督史仵龍羊文義開柵

降兆子恭退走爲兆所破衆既退散兆因入洛
子恭竄于緱氏仍被執送俄而見釋前廢帝初
除驃騎將軍左光祿大夫侍中如故尋授散騎
侍郎都督三州諸軍事本將軍假車騎大將軍
行臺僕射荆州刺史以與定策之勳封臨汝縣
開國子食邑三百戶時叛蠻雷亂清受蕭衍兖
州刺史章綬入爲寇掠諸蠻從之置立郡縣子
恭討平之永熙中入爲吏部尚書加驃騎大將
軍以子恭前在豫州戰功追賞襄城縣開國男

食邑二百戶又論子恭餘効封新城縣開國子
食邑四百戶子恭尋表請轉授第五子文盛許
之天平初除中書監三年拜魏尹又爲齊獻武
王軍司元象元年興和二年贈都督徐兖二
州諸軍事驃騎大將軍尚書左僕射司空公兖
州刺史謚曰文獻
子彪字文宗子恭存日轉授臨頴縣開國侯武
定末太子洗馬
彪弟文瑶武定中襲襄城縣開國男齊受禪爵
並降
子恭弟篡字靈秀員外散騎侍郎累遷征虜將
軍通直散騎常侍涼州大中正轉太府少卿建
義初遇害河陰年三十七贈散騎常侍征北將
軍定州刺史
懷弟奐字思周少而謹密初爲中書學生隨父
討勅勒有斬獲之功遷中散前後使檢察州鎮
十餘所皆有功績除長樂太守以母老解官歸
養卒無子

史臣曰源賀堂堂非徒武節而已其翼戴高宗
庭抑禪讓殆社稷之臣也懷幹略兼舉出內有
聲繼迹賢考不隆先業子雍劾立夏方身亡莫
野惜乎

列傳第二十九　魏書四

列傳第三十　　魏書四十二

薛辯　寇讚

酈範　韓秀

堯暄

薛辯字允白其先自蜀徙於河東之汾陰因家焉祖陶與薛祖薛落等分統部衆故世號三薛父彊復代領部落而祖落子孫微劣彊遂總攝三營善綏撫爲民所歸歷石虎苻堅常憑河自固仕姚興爲鎮東將軍入爲尚書彊卒辯復襲

統其營爲興尚書郎建威將軍河北太守辯稍憍傲頗失民心劉裕平姚泓辯舉營降裕司馬德宗拜爲寧朔將軍平陽太守及裕失長安辯來歸國仍立功於河際太宗授平西將軍雍州刺史賜爵汾陰侯泰常七年卒於位年四十四

子謹字法順容皃魁偉頗覽史傳劉裕擒泓辟相府行參軍隨裕渡江尋轉記室參軍辯將歸國密使報謹遂自彭城來奔朝廷嘉之授河東太守後襲爵平西將軍汾陰侯謹所治與屈丐連接結士抗敵甚有威惠始光中世宗詔奚斤討赫連昌勑謹領偏師前鋒鄉導既剋蒲坂世祖以新舊之民并爲一郡謹仍爲太守遷秦州刺史將軍如故山胡白龍憑險作逆世祖詔鎮南將軍奚眷與謹自太平北入討平之除安西將軍涪陵公刺史如故太延初征吐沒骨平之謹自郡遷州威惠兼備風化大行時兵荒之後儒雅道息謹命立庠教以詩書三農之暇悉令受業躬巡邑里親加考試於是河汾之地儒道

興焉真君元年徵還京師除內都坐大官五年爲都將從駕北討以後期與中山王辰等斬於都南時年四十四尋贈鎮西將軍秦雍二州刺史謚曰元公

長子初古拔一曰車轂拔本名洪祚世祖賜名沉毅有器識年始弱冠司徒崔浩見而奇之真君中蓋吳擾動關右薛永宗屯據河側世祖親討之乃詔拔糾合宗鄉壁於河際二寇往來之路事平除中散賜爵永康侯世祖南討以拔爲

都將從駕臨江而還又共陸真討反氐仇傉檀彊免生平之皇興三年除散騎常侍尚西河長公主拜駙馬都尉其年拔族叔劉彧徐州刺史安都據城歸順勅拔詣彭城勞迎除冠軍將軍南豫州刺史延興二年除鎮西大將軍開府進爵平陽公三年拔與南兗州刺史游明根南陽平太守許含等以治民著稱徵詣京師顯祖親自勞勉復令還州太和六年改爵爲河東公八年三月詔拔入朝暴病卒年五十八贈左光祿

大夫謚曰康

長子徽字寧宗少有父風弱冠拜中散襲爵鎮西大將軍河東公除懸瓠鎮將蕭賾遣將寇邊詔徽爲都將與穆亮等拒於淮上尋授持節義陽道都將十四年文明太后公除高祖詔諸刺史鎮將曾經近侍者皆聽赴闕徽隨例入朝屬開革五等降公爲侯十七年高祖南討詔趙郡王幹司空穆亮爲西道都將時幹年少未涉軍旅高祖乃除徽假節假平南將軍爲幹副軍行

達艮父以蕭賾死班師又爲都將共討秦州反敗支酉魏生擒斬之除立忠將軍河北太守郡帶山河路多盜賊有韓馬兩姓各二千餘家恃彊憑險最爲狡害刼掠道路侵暴鄉閭徽至郡之日即收其魁二十餘人一時戮之於是羣盜懾氣郡中清肅二十三年秋遇疾卒於郡時年四十四謚曰敬

子斎字豫孫襲爵性豪爽盛營園宅賔客聲伎以恣嬉遊歷尚書左外兵郎左軍將軍遷征虜

將軍中散大夫出爲洛州刺史卒贈平西將軍岐州刺史

子孝紳襲爵稍遷前將軍太中大夫孝紳立行險薄坐事爲河南尹元世儁所劾死後贈征西將軍華州刺史

徽弟 字崇業廣平王懷 令汝陰太守

子修仁司空行參軍

修仁弟玄景陳留太守

拔弟洪隆字菩提解褐陽平王國常侍稍遷河

東太守
長子驎駒好讀書舉秀才除中書博士太和九
年蕭賾使至乃詔驎駒兼主客郎以接之十年
秋遇疾卒時年三十五贈寧朔將軍河東太守
謚曰宣
長子慶之字慶集頗以學業聞解褐奉朝請領
侍御史遷廷尉丞廷尉寺隣接北城曾夏日於
寺傍執得一狐慶之與廷尉正博陵崔纂或以
城狐狡害宜速殺之或以長育之月宜待秋分

二卿裴延儁袁翻互有同異雖曰戲謔詞義可
觀事傳於世轉尚書郎兼尚書左丞爲并肆行
臺賜爵龍丘子行并州事遷征虜將軍滄州刺
史爲葛榮攻圍城陷尋患卒後贈右將軍華州
刺史
慶之弟英集性通率隨舅李崇在揚州積年以
軍功歷司徒鎧曹參軍稍遷治書侍御史通直
散騎常侍卒
驎駒弟鳳子自徙都洛邑鳳子兄弟移屬華州

河西郡焉太和二年爲太子詹事丞本州中正
世宗登阼轉太尉府鎧曹參軍稍遷治書侍御
史正始初爲持節征義陽軍司還京其年秋卒
時年四十九贈陵江將軍光城太守
鳳子弟驥奴州主簿
洪隆弟破胡州治中別駕稍遷河東太守征仇
池都將有六子
長子聰字延智有世譽累遷治書侍御史直閤
將軍爲高祖所知世宗踐阼除輔國將軍齊州

刺史卒於州贈征虜將軍華州刺史
長子景茂司州記室從事猗氏令早卒
景茂弟孝通頗有文學永安中中尉高道穆引
爲御史歷中書舍人中書侍郎常山太守遇惡
疾而卒
聰弟道智尚書郎卒
子長瑜天平中爲征東將軍洛州刺史擊賊潼
關沒於陳贈都督冀定太三州諸軍事車騎將
軍冀州刺史

道智弟仙智郡功曹
仙智弟曇賢卒於國子博士
小子景淵尚書左民郎
曇賢弟和字導穆解褐大將軍劉昶府行參軍轉司空長流參軍除太尉府主簿遷諫議大夫永平四年正月山賊劉龍駒擾亂夏州詔和發汾華東秦夏四州之衆討龍駒平之和因表立東夏州世宗從之又行正平潁川二郡事除通直散騎常侍蕭衍遣將張齊寇晉壽詔和兼尚書左丞爲西道行臺節度都督傅豎眼諸軍大破齊軍正光初除左將軍南青州刺史卒於州年五十五贈安北將軍瀛州刺史
長子元信武定末中軍將軍儀同開府長史
和弟季令奉朝請
破胡弟破氐爲本州別駕早卒四子
長子敬賢爲鉅鹿太守
破氐弟積善爲中書博士臨淮王提友
子隆宗太原太守

寇讚字奉國上谷人因難徙馮翊万年父脩之字延期苻堅東萊太守讚弟謙之有道術世祖敬重之故追贈脩之安西將軍秦州刺史馮翊公賜命服謚曰哀公詔秦雍二州爲立碑於墓又贈脩之母爲馮翊夫人及宗從追贈太守縣令侯子男者十六人其臨民者七郡五縣讚少以清素知名身長八尺姿容嚴嶷非禮不動苻堅僕射韋華州里高達雖年時有異恒以風味相待華爲馮翊太守召爲功曹後除襄邑令姚泓滅秦雍人千有餘家推讚爲主歸順拜綏遠將軍魏郡太守其後秦雍之民來奔河南滎陽河内者户至万數拜讚安遠將軍南雍州刺史軹縣侯治于洛陽立雍州之郡縣以撫之由是流民繈負自遠而至叅倍於前賜讚爵河南公加安南將軍領護南蠻校尉仍刺史分洛豫二州之僑郡以益之雖位高爵重而接待不倦初讚之未貴也嘗從相者唐文相文曰君額上黑子入幘位當至方伯封公及貴也文以民禮拜

諱仍曰明公憶民疇昔之言乎爾日但知公當貴然不能自知得爲州民也讚曰往時卿言杜瓊不得官長人咸謂不然及瓊被選爲盩厔令卿猶言相中不見而瓊果以暴疾未拜而終昔魏舒見主人兒死自知已必至公吾常以卿言瓊之驗亦復不息此望也乃賜文衣服良馬讚在州十七年甚獲公私之譽年老表求致仕真君九年卒年八十六遺令薄葬斂以時服世祖悼惜之謚曰宣穆

長子元寶襲爵爲豫州別駕興安二年卒贈安南將軍豫州刺史

子祖襲爵高祖時爲安南將軍東徐州刺史卒

子靈孫襲赭陽太守

元寶弟虎皮有才器本縣令

虎皮弟臻字仙勝年十二遭父憂居喪以孝稱輕財好士顯祖末爲中川太守時馮熙爲洛州刺史政號貪虐仙勝微能附之甚得其意轉弘農太守後以母老屢求解任久乃從之高祖初母憂未闋以恒農大盜張煩等賊害良善徵爲都將與荊州刺史公孫初頭等追捕之拜振武將軍北陽鎮將有威惠之稱遷建威將軍郢州刺史及高祖南遷郢州地爲王畿除弘農太守坐受納爲御史所彈遂廢卒於家

長子祖訓順陽太守

祖訓弟治字祖禮自洛陽令稍遷鎮遠將軍東荊州刺史代下之後蠻民以刺史酈道元峻刻請治爲刺史朝議以邊民宜悅乃以治代道元

進號征虜將軍坐遣戍兵送道元免官治兄弟並孝友敦穆白首同居父亡雖久而猶於平生所處堂宇備設幃帳几杖以時節開堂列拜垂淚陳薦若宗廟然吉凶之事必先啓告遠出行反亦如之治世宗末遷前將軍河州刺史在任數年遇却鐵怱反又爲城民詣都列其貪狀十六條會赦免父之兼廷尉卿又兼尚書畏避勢家承顔候色不能有所執據尋遷金紫光祿大夫是時蠻反於三鵶治爲都督追討戰沒贈持

節都督雍華岐三州諸軍事衛大將軍七兵尚書雍州刺史昌平男

治弟彌兼尚書郎爲城陽王徽所親待永安末徽避尒朱兆脫身南走歸命於彌彌不納遣人加害時論深責之後沒關西

治長子翊之字長明自直後奉朝請冊遷鎮遠將軍諫議大夫仍直後建義中出除冠軍將軍東荊州刺史兼尚書爲荊郢行臺代遷除征虜將軍普泰中襲爵又爲東荊州刺史永熙中鎮

大三之七 魏傳三十 十一 金文

東將軍金紫光祿大夫武定四年卒年五十八

酈範字世則小名記祖范陽涿鹿人祖紹慕容寶濮陽太守太祖定中山以郡迎降授兗州監軍父嵩天水太守範世祖時給事東宮高宗踐祚追錄先朝舊勳賜爵永寧男加寧遠將軍以治禮郎奉遷世祖恭宗神主於太廟進爵爲子征南大將軍慕容白曜南征範爲左司馬師次無鹽劉彧戍主申纂憑城拒守識者僉以攻具未周不宜便進範曰今輕軍遠襲深入敵境無宜淹留久稽機候且纂必以我軍來速不去攻守謂方城可憑弱卒可恃此天亡之時也今若外潛威形內整戎旅密厲將士出其非意可一攻而剋之白曜曰一日縱敵數世之患今若舒遲民心固矣司馬之策是也遂潛軍僞退示以不攻纂果不設備於是即夜部分旦便騰城崇朝而剋白曜將盡以其人爲軍實範曰齊四履之地世號東秦不遠爲經略恐未可定也今皇威始被民未霑澤連城有懷貳之將比邑有拒

大三之二十四 魏傳三十 十二 金

守之夫宜先信義示之軌物然後民心可懷二州可定白曜曰此良策也乃免之進次肥城白曜將攻之範曰肥城雖小攻則淹日得之無益軍聲失之有損威勢且見無鹽之卒死者塗炭成敗之機足爲鑒矣若飛書告喻可不攻自伏縱其不降亦當逃散白曜乃以書曉之肥城果潰白曜目範於衆曰此行也得卿三齊不足定矣軍達升城劉彧太原太守房崇吉棄母妻東走彧青州刺史沈文秀遣其寧朔將軍張元孫

奉牋歸款請軍援於白曜將遣偏師赴之範曰桑梓之戀有懷同從文秀家在江南青土無墳栢之累擁衆數万勁甲堅城彊則拒戰勢屈則走師未逼之朝夕無患竟何所畏已求援軍且觀其使詞煩而顏愧視下而志怯幣厚言甘誘我也若不遠圖懼虧軍勢既進無所取退逼彊敵羝羊觸藩羸角之謂未若先守歷城平盤陽下梁鄒剋樂陵然後方軌連鑣揚旌直進何患不壹舉路左以迎明公者哉白曜曰卿前後納

策皆不失衷今日之筭吾所不取何者道固孤城裁能自守盤陽諸戍勢不野戰文秀必剋殄意在先誠天與不取後悔何及範曰短見猶謂不虛歷城足食足兵非一朝可拔文秀既據東陽為諸城根本多遣軍則歷城之固不立少遣衆則無以懼敵心脫文秀還叛閉門拒守偏師在前為其所挫梁鄒諸城追擊其後文秀身率大軍必相乘迫腹背受敵進退無途雖有韓白恐無全理願更思審勿入賊計中白曜乃止遂

表範為青州刺史以撫新民後進爵為侯加冠軍將軍遷尚書右丞後除平東將軍青州刺史假范陽公範前解州還京也夜夢陰毛拂踝他日說之時齊人有占夢者曰史武進云豈家盛於齊下矣使君臨撫東秦道光海岱必當重牧全齊再祿營丘矣範笑而荅曰吾將為卿必驗此夢果如其言是時鎮將元伊利表範與外賊交通高祖詔範曰卿身非功舊位無重班所以超遷顯爵任居方夏者正以勤能致遠雖外無殊

效亦未有負時之愆而鎮將伊利妄生姦撓表卿造船市玉與外賊交通規陷卿罪窺覦州任有司推驗虛實自顯有罪者今伏其辜矣卿其明為算略勿復懷疑待卿別犯處刑及鞭令恕刑罷鞭止罰五十卿宜克循綏輯邊服稱朕意也還朝年六十二卒於京師謚曰穆範五子道元在酷吏傳

道元第四弟道慎字善季涉歷史傳有幹略自奉朝請遷尚書二千石郎中加威遠將軍為漢

川行臺迎接降款以功除員外常侍領郎中轉輔國將軍驍騎將軍出爲正平太守治有能名遷長樂相正光五年卒年三十八贈後將軍平州刺史

子中字伯偉武定初司徒刑獄參軍

道愼弟約字善禮起家奉朝請再遷冠軍將軍司徒諮議參軍樸質遲鈍頗愛琴書性多造請好以榮利干謁乞丐不已多爲人所笑弄坎壈於世不免飢寒晚歷東萊魯郡二郡太守爲政清靜吏民安之年六十三武定七年卒

範弟神虎尚書左民郎中

神虎弟夔子惲字幼和好學有文才尤長吏幹正光中刺史裴延儁用爲主簿令其修起學校又舉秀才射策高第爲奉朝請後延儁爲討胡行臺尚書引爲行臺郎以招撫有稱除尚書外兵郎仍行臺郎及延儁解還行臺長孫稚又引爲行臺郎加征虜將軍惲頗兼武用常以功名自許每進計於雅多見納用以功賞魏昌縣開國子邑三百戶惲在軍啓求減身官爵爲父請贈詔贈夔征虜將軍安州刺史惲後與唐州刺史崔元珍固守平陽武泰中尒朱榮稱兵赴洛惲與元珍不從其命爲榮行臺郎中樊子鵠所攻城陷被害時年三十六世咸痛惜之所作文章頗行於世撰慕容氏書不成

子懷則武定末司空長流參軍

夔弟神期中書博士

神期弟顯度司州秀才尚書庫部郎

韓秀字白虎昌黎人也祖宰慕容儁謁者僕射

父昞皇始初歸國拜宣威將軍騎都尉秀歷吏任稍遷尚書郎賜爵遂昌子拜廣武將軍高宗稱秀聰敏清辨才任喉舌遂命出納王言并掌機密行幸遊獵隨侍左右顯祖踐阼轉給事中參征南慕容白曜軍事延興中尚書奏以敦煌一鎮介遠西北寇賊路衝慮或不固欲移就涼州羣官會議僉以爲然秀獨謂非便曰此處國之事非關土之宜愚謂敦煌之立其來已久雖土隣彊寇而兵人素習縱有姦竊不能爲害循

常置戍足以自全進斷北狄之覘途退塞西夷之闚路若徙就姑臧慮人懷異意或貪留重遷情不願徙脫引寇内侵深爲國患且敦煌去涼州及千餘里捨遠就近遥防有闕一旦廢罷是啓戎心則夷狄交構互相來往恐醜徒協契侵竊涼土及近諸戍則關右荒擾烽警不息邊役煩興艱難方甚乃從秀議太和初遷内侍長後爲平東將軍青州刺史假漁陽公在州數年卒子務襲爵

務字道世性端謹有治幹初爲中散稍遷太子翊軍校尉時高祖南征行梁州刺史楊靈珍謀叛以務爲統軍受都督李崇節度以討靈珍有戰功授後軍長史徵赴行在所還遷長水校尉景明初假節行肆州事轉左中郎將寧朔將軍試守常山郡又爲征蠻都督李崇司馬崇擒蕩羣蠻除近畿之患務有力焉後除鎭北府司馬初試守常山府解復爲平北長史務頗有受納爲御史中尉李平所劾付廷尉會赦免後除龍驤將軍郢州刺史務獻七寶牀象牙席詔曰晉武帝焚雉頭裘朕常嘉之今務所獻亦此之流也奇麗之物有乖風素可付其家人邊人李旻馬道進等詐殺蕭衍黃坂戍主率戶來降務信之遣兵千餘人迎接戶既不至而詐表破賊坐以免官久之拜冠軍將軍太中大夫進號左將軍神龜初卒

堯暄字辟邪上黨長子人也本名鍾葵後賜爲暄祖僧賴太祖平中山與趙郡呂舍首來歸國

暄聰了美容貌爲千人軍將東宮吏高宗以其恭謹擢爲中散奉使齊州檢平原鎭將及長史貪暴事推情診理皆得其實除太尉中給事兼北部曹事後轉南部太和中遷南部尚書于時始立三長暄爲東道十三州使更比戶籍賜獨車一乘廐馬四匹時蕭賾遣其將陳顯達寇邊以暄爲使持節假中護軍都督南征諸軍事平陽公軍次許昌會陳顯達遁走暄乃班師暄前後從征及出使檢察三十餘許度皆有克己奉公

之稱賞賜衣服二十具綵絹十匹細絹千餘段
奴婢十口賜爵平陽伯及改置百官授太僕卿
車駕南征加安南將軍轉大司農卿太和十九
年卒於平城高祖爲之舉哀贈安北將軍相州
刺史賻帛七百匹初暄使徐州見州城樓觀嫌
其華盛乃令往往毀撤由是後更損落及高祖
幸彭城聞之曰暄猶可追斬
暄長子洪襲爵鎮北府錄事參軍
子桀字永壽元象中開府儀同三司樂城縣開

國公
洪弟遵伏波將軍河州冠軍府長史臨洮太守
卒贈龍驤將軍謚曰恩
遵弟榮員外散騎侍郎
子雄字休武元象中儀同三司豫州刺史城平
縣開國公
雄弟奮字彥舉興和中驃騎將軍潁州刺史
奮弟難宗武定中征西將軍南岐州刺史征羌
縣開國伯

呂舍既歸國從至京師給賜田宅
子方生機識明辯卒於主書郎贈建武將軍定
州刺史高邑子謚曰敬
子愛恩爲侍御中散典官曹累遷外都曹令
轉北部給事秦州刺史卒於官
史臣曰薛辯寇讚歸身有道並以款効見嘉議
敦煌得馭遠之筭務武夫鄙詐貢琳飾寶棄而
不御斯乃人主之盛德堯暄聰察奉公以致名
位禮加存歿有餘榮矣

列傳第三十　魏書四十二

百衲本

魏書

北齊・魏收撰

2

國家圖書館出版社

列傳第三十一　魏書四十三

嚴稜　毛脩之
唐和　劉休賓
房法壽

嚴稜馮翊臨晉人遇亂避地河南劉裕以爲廣威將軍陳留太守戍倉垣泰常中山陽公奚斤南討軍至潁川稜率文武五百人詣斤降驛送稜朝太宗於冀州嘉其誠款拜平遠將軍賜爵部陽侯假荊州刺史隨駕南討還爲上客及世祖踐祚以稜歸化之功除中山太守有清廉之稱年九十卒於家

子雅玉襲爵眞君中詔雅玉副長安鎮將元蘭率衆一万迎漢川附化之民入自斜谷至甘亭劉義隆梁州刺史王玄載遣將拒嶮路不得通班師太和二年太倉令五年出爲平南將軍東兖州刺史假馮翊公卒

子曇龍襲爵

毛脩之字敬文滎陽陽武人也父瑾司馬德宗梁秦二州刺史劉裕之擒姚泓留子義眞鎮長安以脩之爲司馬及赫連屈丐破義眞於青泥脩之被俘遂没統萬世祖平赫連昌獲脩之神䴥中以脩之領吳兵討蠕蠕大檀以功拜吳兵將軍領步兵校尉後從世祖征平涼有功遷散騎常侍前將軍光祿大夫脩之能爲南人飲食手自煎調多所適意世祖親待之進太官尚書賜爵南郡公加冠軍將軍常在太官主進御膳從討和龍別破三堡賜奴婢牛羊是時諸軍攻城宿衛之士多在戰陳行宮人少雲中鎮將朱脩之劉義隆故將也時從在軍欲率吳兵謀爲大逆因入和龍冀浮海南歸以告脩之脩之不聽乃止是日無脩之大變幾作朱脩之遂亡奔馮文通又以脩之收三堡功多遷特進撫軍大將軍金紫光祿大夫位次崔浩之下浩以其中國舊門雖學不博洽而猶涉獵書傳每推重之與共論說言次遂及陳壽三國志有古良史之風其所著述文義典正皆揚于王廷之言微而

顯婉而成章班史以來無及壽所者脩之曰昔在
蜀中聞長老言壽曾爲諸葛亮門下書佐被撻
百下故其論武侯云應變將略非其所長浩乃
與論曰承祚之評亮乃有故義過美之譽案其
迹也不爲負之非挾恨之矣何以云然夫亮之
相劉備當九州鼎沸之會英雄奮發之時君臣
相得魚水爲喻而不能與曹氏爭天下委弃荊
州退入巴蜀誘奪劉璋僞連孫氏守窮踦嶇之
地僭號邊夷之間此策之下者可與趙他爲偶

魏傳三十一　三　圭

而以爲管蕭之亞匹不亦過乎謂壽貶亮非爲
失實且亮既據蜀恃山嶮之固不達時宜弗量
勢力嚴威切法控勒蜀人矜才負能高自矯舉
欲以邊夷之衆抗衡上國出兵隴右再攻祁山一
攻陳倉踈遲失會摧衄而反後入秦川不復
攻城更求野戰魏人知其意閉壘堅守以不戰
屈之知窮勢盡憤結攻中發病而死由是言之
豈合古之善將見可而進知難而退者乎脩之
謂浩言爲然太延三年爲外都大官卒謚曰恭

公脩之在南有四子唯子法仁入國高宗初
爲金部尚書襲爵後轉殿中尚書加散騎
常侍法仁言聲壯大至於軍旅田狩唱呼
處分振於山谷和平六年卒贈征東大將
軍南郡王謚曰威
長子猛虎太安中爲東宮主書轉中舍人又遷
中散大夫初襲爵爲散騎常侍皇興中蠕蠕犯
塞從顯祖討之有勇決之稱太和初卒贈豫州
刺史謚曰康公
子泰襲爵征虜長史例降爲侯卒
子乾祐襲

魏傳三十一　四

朱脩之者劉義隆司徒從事中郎守滑臺安頡
圍之其母在家乳汁忽出母號慟告家人曰我
年老非復有乳汁之時今忽如此兒必殁矣果
以其日爲頡所擒世祖善其固守授以內職以
宗室女妻之而佞巧輕薄爲人士所賤爲雲中
鎮將及入馮文通文通送之江南
唐和字稚起晉昌宜安人也父繇以涼土喪亂

民無所歸推隴西李暠於敦煌以寧一州李氏爲沮渠蒙遜所滅和與兄契攜外甥李寶避難伊吾招集民衆二千餘家臣於蠕蠕蠕蠕以契爲伊吾王經二十年和與契遣使來降爲蠕蠕所逼遂擁部落至于高昌蠕蠕遣部帥阿若率騎討和至白力城和率騎五百先攻高昌契與阿若戰歿和收餘衆奔前部王國時沮渠安周屯橫截城和攻拔之斬安周兄子樹又剋高寧白力二城斬其戍主遣使表狀世祖嘉其誠款

屢賜和和後與前部王車伊洛擊破安周斬首三百世祖遣成周公萬度歸討焉耆詔和與伊洛率所領赴度歸和奉詔會度歸喻下柳驢以東六城因共擊波居羅城拔之後同征龜兹度歸令和鎮焉耆時柳驢戍主乙眞伽率諸胡將據城而叛和領輕騎一百匹入其城擒乙眞伽斬之由是諸胡款附西域剋平和有力也正平元年和詣闕世祖優寵之待以上客高宗以和歸誠先朝拜鎮南將軍酒泉公太安中出爲濟州刺史甚有稱績徵爲內都大官評決獄訟不加捶楚察疑獲實者甚多世以是稱之皇興中卒年六十七贈征西大將軍太常卿酒泉王謚曰宣

子欽字孟直中書學生襲爵太和中拜鎮南將軍長安鎮副將轉陝州刺史將軍如故後降爵爲侯二十年卒

子景宣襲爵歷幷州城陽王徽後軍府長史加中堅將軍遷東郡太守普泰中卒贈撫軍將軍

秦州刺史

景宣弟季弼武定中滄州別駕

契子玄達性果毅有父風與叔父和歸闕俱爲上客拜安西將軍西昌公顯祖時出爲華州刺史將軍如故杏城民蓋平定聚衆爲逆顯祖遣給事楊鍾葵擊平定不剋而還詔玄達討平之杏城民成赤李文聚黨自號爲王逼掠郡縣殘害百姓玄達率騎二百邀其狹路擊破之叛民曹平原復聚爲亂玄達追擊悉平之延興三年

有罪免官太和十六年降爵爲侯卒
子崇字繼祖襲爵盛樂太守
崇弟興業定陽蘭熙二郡太守
劉休賓字處幹本平原人祖昶從慕容德度河
家于北海之都昌縣父奉伯劉裕時北海太守
休賓少好學有文才兄弟六人乘民延和等皆
有時譽休賓爲劉彧虎賁中郎將稍遷幽州刺
史鎮梁鄒及慕容白曜軍至升城遣人說之令
降休賓不從劉彧龍驤將軍崔靈延行勃海郡

魏書傳三十一卷　七

房靈建等數十家皆入梁鄒同舉休賓爲征虜
兗州會劉彧遣使授休賓輔國將軍兗州刺史
休賓妻崔邪利女也生一男字文曄崔氏先歸
寧在魯郡邪利之降也文曄母子遂與俱入國
至是白曜表請崔與文曄既至白曜以報休賓又
於北海執延和妻子送至梁鄒巡視城下休賓
答白曜許歷城降當即歸順密遣兼主簿尹文
達向歷城觀國軍形勢文達詣白曜詐言聞王
臨境故來祇候私謂白曜曰劉休賓父子兄弟

累郡連州今若識運知機束手歸化不審明王
加何賞敘白曜曰休賓仕南爵寵如此今若不
勞兵甲望風自降者非直處卿富貴兼還其
婦兒休賓縱令不畏攻圍豈不憐其妻子也今
升城卿自往見文達乃至升城見休賓妻子文
曄攀援文達哭泣號咷以爪髮爲信文達回還
復經白曜誓約而去白曜曰卿是休賓耳目腹
心親見其妻子又知我衆旅少多善共量議自
求多福文達還見休賓出其妻兒爪髮兼宣白

三〇三二　魏列傳三十一　八　陳

曜所言及國軍形勢謂休賓曰升城已敗歷城
非朝則夕公可早圖之休賓撫爪髮泣涕曰妻
子幽隔誰不愍乎吾荷南朝厚恩受寄邊任今
顧妻子而降於臣節足乎然而密與其兄子聞
慰議爲降計聞慰曰此故當文達詐耳年常
抄掠豈有多軍也但可撫彊兵勤肅衛方城狹
嶮何爲便生憂怯示人以弱也休賓又謂文達
曰卿勿憚危苦更爲吾作一返善觀形勢於是
遣文達偷道而出令與白曜爲期剋日許送降

款文達既至白曜喜曰非直休賓父子荷榮城
内賢豪亦隨人補授卿便即爲梁鄒城主以酒
灌地啓告山河曰若負休賓使我三軍覆没初
白曜之表取休賓妻子也顯祖以道固既叛詔
授休賓持節平南將軍冀州刺史平原公至是
付文達詔策文達還謂休賓曰白曜信誓如此
公可早爲決計恐攻逼之後降悔無由休賓於
是告兄子聞慰曰事勢可知汝早作降書聞慰
沈疑因執不作遂差本契白曜尋遣著作佐郎

許赤虎夜至梁鄒南門下告城上人曰汝語劉
休賓何由遣文達頻造僕射許送降文歸誠大
化何得無信違期不來於是門人唱告城内悉
知遂相維持欲降不得皆云劉休賓父子欲以
我城内人易榮位也尋被攻逼經冬至春歷城
降白曜遣道固子景業與文曄至城下休賓知
道固降乃出請命白曜送休賓及宿有名望者
十餘人俱入代都爲客及立平齊郡乃以梁鄒
民爲懷寧縣休賓爲縣令延興二年卒

文曄有志尚綜覽群書輕財重義太和中坐從
兄聞慰南叛與二弟文顥季友被徙北邊高祖
特聽還代高祖曾幸方山文曄大言於路側曰
求見聖明申宣父屈高祖遣尚書李沖宣詔問
曰卿欲何言聽卿面自申盡於是引見文曄對
曰臣之陋族出自平原往因燕亂流離河表居
齊以來八九十載眞君十一年世祖太武皇帝
巡江之日時年二歲隨外祖魏郡太守崔邪利
於鄒山歸國邪利蒙賜四品除廣寧太守以臣

年小不及齒録至天安之初皇威遠被臣亡父
休賓劉氏持節兗州刺史戍梁鄒時慕容白曜
以臣父居全齊之要水陸道衝青冀二城往來
要路三城岳跱並拒王師白曜知臣母子先在
代京表請臣母子慰勞臣即被先帝詔遣乘傳
詣軍又賜亡父官爵白曜遣右司馬盧河内等
送臣母子至鄒臣既見亡父備申皇澤亡吾蒙
本朝寵遇捍禦藩屏尊卑百口並在二城吾若
先降百口必被誅滅既不固誠於本朝又令尊

卑塗炭豈堪爲人臣以奉大魏乎少三字吾意
白僕射降意已判平歷城即率亡衆送款軍前
既剋歷城白曜遣赤虎送臣并崔道固子景業
等向梁鄒亡父既見赤虎之信仰感聖朝遠遣
妻子又知天命有歸擁衆一万以城降款乗驛
赴臺蒙爲客例臣私釁深重亡父以延興二年
孤背明世血誠微心未獲申展如臣等比並蒙
榮爵爲在事孤抑以人廢勳高祖曰卿訴父賞
而卿父無勳歷城齊之西關歸命請順梁鄒小

三百卅二　魏列傳三十一　十一　高显

戍豈能獲全何足以爲功也文曄對曰誠如聖旨
愚臣所見猶有未申何者昔樂毅破齊七十餘
城唯有即墨獨在此豈非根亡而條立且夫降
順之人驗之古今未有不由危逼者故黄權無
路歸款列地封侯且薛安都畢衆敬危急投命
並受茅土之爵論古則如彼語今則如此明明
之世不及比流竊惟梁鄒嚴固地據中齊西粟支
十載控弦數千万方之升城不可同日而語升
城猶能抗兵累旬傷殺甚衆若臣亡父固守孤

城則非一朝可剋高祖曰歷城既陷梁鄒便是
掌中何煩亡六力對曰若如聖旨白曜便應窮兵
極意取勝俯仰何爲上假赤虎之信下衒知變
之民高祖曰卿父此勳本自至少以卿才地豈
假殺勤對曰臣庭愚六蔽文武無施響絶九皐
聞天無曰遭逢聖運万死猶生但臣竊見徐兖
是賊藩要徐兖既降諸戍皆應國有而東徐州
刺史張讜所戍團城領二郡而已徐兖降後猶
閉門拒命授以方岳始乃歸降父子二人並蒙

三百卅四　魏書傳三十一　十二　韋文

侯爵論功比勳不先臣父高祖曰卿引張讜讜
事小異對曰臣未識異狀高祖曰張讜始來送
款終不差信卿父進非先覺退又拒守何得不
異對曰張讜父子始有歸順之名後有閉門之
罪以功補過免罪爲幸臣又見崔僧祐母弟隨
其叔父道固在歷城僧祐遥聞王威遠及恐母
弟淪亡督率鄉閭來欲救援既至郁洲歷城已
没束手歸誠救母弟之命聖朝嘉其附化賞以
三品亡父之誠豈後僧祐高祖曰僧祐身居東

海去留任意來則有位去則他人是故賞之卿父被圍孤城已是已物所以不賞對曰亡父據城歸國至公也僧祐意計而來爲私也爲私蒙賞至公不酬臣未見其可高祖笑而不言比部尚書陸叡叱文曄曰假令先朝謬賞僧祐豈可謬相賞也文曄曰先帝中代聖主與日月等曜比隆堯舜宰相則十亂五臣今言謬賞豈不仰誣先朝乎尚書高閭曰卿謂母弟與妻子何者爲重文曄曰母弟爲重閭曰卿知母弟爲重朝

廷賞僧祐是也卿父爲妻子而來事何相反對曰僧祐若無母弟來歸以不問曰不來文曄曰若僧祐赴母弟之難此是其私而亡父本爲大丈夫立身處世豈可顧妻子而虧高節世讚樂羊食子有顧以不亡父本心實不垂顧所以歸化者自知商周不敵天命有所歸高祖謂文曄曰卿之所許頗亦有途賞從重罰從輕尋勑酬叙文曄泣曰臣愚頓理極再見無期陛下既垂慈澤願勑有司特賜矜理高祖曰王者無戲何

待勲勲既而賜文曄爵都昌子深見待遇拜協律郎中改授羽林監世宗世除高陽太守延昌中卒贈平遠將軍光州刺史謚曰貞

子元龑拜員外郎襄威將軍青州別駕卒

文顥性仁孝篤厚徐州安豐王府騎兵參軍

季友南青州左軍府録事參軍

聞慰憚識有才思至延興中南叛

休賓叔父旋之其妻許氏二子法鳳法武而旋之早亡東陽平許氏攜二子入國孤貧不自立

並疎薄不倫爲時人所棄母子皆出家爲尼既而反俗太和中高祖選盡物望河南人士才學之徒咸見申擢法鳳兄弟無可收用不蒙選授後俱奔南法武後改名孝標云

房法壽小名烏頭清河繹幕人也幼孤少好射獵輕率勇果結群小而爲劫盜從叔元慶範鎮等坐法壽被州郡切責時月相繼宗族甚患之弱冠州迎主簿後以母老不復應州郡之命常盜殺豬牛以共其母招集壯士常有百數母亡

歲餘遇沈文秀崔道固起兵應劉子勛明僧暠
劉乘民起兵應劉彧攻討文秀法壽亦與清河
太守王玄邈起兵西屯合討道固玄邈以法壽
爲司馬累破道固軍甚爲歷城所憚加法壽綏
邊將軍魏郡太守子勛死道固文秀悉復歸彧
乃罷兵道固慮其扇亂百姓遂切遣之而法壽
外託装辦而内不欲行會從弟崇吉在升城爲
慕容白曜所破母妻没於白曜軍崇吉奔還舊
宅法壽與崇吉年志粗相諧協而親則從祖兄

魏傳三十卷　十五

弟也崇吉以母妻見獲託法壽爲計法壽既不
欲南行恨道固逼切又矜崇吉情理時道固以
兼治中房靈賓督清河廣川郡事戍盤陽法壽
遂與崇吉潛謀襲靈賓克之仍歸款於白曜以
贖母妻白曜遣將軍長孫觀等自大山南入馬
耳關以赴盤陽還崇吉母妻切道固遣軍圍盤
陽法壽等拒守二十餘日觀軍至賊乃散走觀
軍入城詔以法壽爲平遠將軍與韓騏驎對爲
冀州刺史督上租粮以法壽從父弟靈民爲清

河太守思順爲濟南太守靈悦爲平原太守伯
憐爲廣川太守叔玉爲高陽太守叔玉兄伯玉
爲河間太守伯玉從父弟思安爲樂陵太守思
安弟幼安爲高密太守以安初附及歷城梁鄒
降法壽崇吉等與崔道固劉休賓俱至京師以
法壽爲上客崇吉爲次客崔劉爲下客法壽供
給亞於安都等以功賜爵壯武侯加平遠將軍
給以田宅奴婢性好酒愛施親舊賓客率同飢
飽坎壈常不豊足畢衆敬等皆尚其通愛太和

魏傳三十一卷　十六　毛扆斠

中卒贈平東將軍青州刺史謚敬侯
子伯祖襲例降爲伯歷齊郡内史伯祖闇弱委
事於功曹張僧皓僧皓大有受納伯祖衣食不
充後廣陵王羽爲青州伯祖爲從事中郎平原
相轉幽州輔國長史坐公事免官卒
子翼襲宣威將軍大城戍主永安中青州太傅
開府從事中郎
伯祖弟叔祖别以功賜爵魏昌子歷廣陵王國
郎中令長廣東萊二郡太守龍驤將軍中散大

夫永安中安東將軍郢州刺史
叔祖弟幼愍安豐新蔡二郡太守坐事奪官居
家忽聞有客聲出無所見還至庭中爲家群犬
所噬遂卒初長孫觀之將至盤陽也城中稍以
震懼時劉彧給事中崔平仲欲歸江南自歷下
至圍城軍中與十餘騎遥共法壽語靈賓密遣
人捕執之始法壽克盤陽之後常禁靈賓於别
齋既得平仲引與同室致酒食叙國軍明將入
意夜中北城上縋出平仲靈賓等十餘人厥明

魏傳三十一　十七　王恭

官軍至城靈賓遂歸梁鄒
靈賓文藻不如兄靈建而辯悟過之靈建在南
官至州治中敎海太守以才名見稱兄弟俱入
國爲平齊民雖流漂屯圮操尚卓然並卒於平
齊
靈建子宣明亦文學著稱雅有父風高祖擢爲
中書博士遷洛轉議郎試守東清河郡正始中
京兆王愉出除征東冀州以宣明爲記室參軍
愉反逼宣明爲太守

靈賓從父弟堅字千秋少有才名亦内徙爲平
齊民太和初高祖擢爲祕書郎遷司空諮議齊
州大中正高祖臨朝令諸州中正各舉所知千
秋與幽州中正陽尼各舉其子高祖曰昔有一
祁名垂往史今有二奚當聞來牒出爲濮陽太
守世宗時復爲司空諮議加立忠將軍卒贈南
青州刺史謚曰懿
長子祖淵羽林監從章武王融討葛榮没於陳
贈安東將軍濟州刺史

魏傳三十一　十八　佑

祖淵弟祖皓長水校尉後討蕭衍將於九山戰
歿贈撫軍將軍兖州刺史
崔平仲自東陽南奔妻子於歷城入國太和中
高祖聽其還南
思安有勇力伯玉果敢有將略思安賜爵西安
子建威將軍北平太守遷大司馬司馬齊州武
昌王府司馬高祖南伐徵爲步兵校尉直閤將
軍中統軍善撫士衆高祖嘉之漢陽既平復爲
武昌王司馬帶東魏郡太守加寧朔將軍改爵

清河子卒官子敬寶襲爵
敬寶亦壯健奉朝請征北中兵參軍北征統軍
寧遠將軍每有戰功早卒
子去病襲
伯玉坐弟叔玉南奔徙於北邊後亦南叛爲蕭鸞南陽太守高祖南伐剋宛外城命舍人公孫延景宣詔於伯玉曰天無二日土無兩王是以躬揔六師蕩一四海宛城小戍豈足以禦抗王威深可三思封侯胙土事在俯仰伯玉對曰外臣荷國厚恩奉任疆埸爲臣之道未敢聽命伏惟遊鑾遠涉願不損神高祖又遣謂曰朕親率麾斾遠清江沔此之小戍豈足徘徊王師但戎輅所經纖介須殄宜量力三思自求多福且卿早蒙蕭賾殊常之眷曾不懷恩報以塵露蕭鸞妄言入繼道成賾子無孑遺卿不能建忠於前君方立節於逆豎卿之罪一又頃年傷我偏師卿之罪二今鑾斾親戎清一南服不先面縛待罪麾下卿之罪三卿之此戍多則一年中則百日少則三旬剋殄豈遠宜善思之後悔無及伯玉對曰昔蒙武帝愷悌之恩忝侍左右此之厚遇無忘夙夜但繼主失德民望有歸主上龍飛踐極光紹大宗非直副億兆之深望實兼武皇之遺勅是以懃懃懇懇不敢失墜往者北師深入寇擾邊民輒厲將士以救蒼生此乃邊戍常事陛下不得垂責及剋宛伯玉面縛而降高祖引見伯玉并其參佐二百人詔伯玉曰朕承天馭宇方欲清一寰域卿蕞尒小戍敢拒六師卿之愆罪理在不赦伯玉對曰臣既小人備荷驅使緣百口在南致拒皇略罪合萬死高祖曰凡立忠抱節皆應有所至若奉逆君守迷節古人所不爲卿何得事逆賊蕭鸞自貽伊譴伯玉對曰臣愚癡晚悟罪合萬斬今遭陛下願乞生命高祖曰凡人惟有兩途知機獲福背機受禍勞我王師彌歷歲月如此爲降何人有罪且朕前遣舍人公孫延景城西共卿語云天無二日土無二王卿荅云在此不在彼天道攸遠變化無

方卿寧知今日在此不在彼乎伯玉乞命而已
更無所言高祖以思安頻爲伯玉泣請故特宥
之伯玉在南之日放妾楊氏爲尼入國遂令還
俗復愛幸焉爲有司所奏高宗聽之世宗即位
拜長史兼游擊將軍出爲馮翊相卒官
崇吉少驍勇爲沈文秀中兵參軍及太原戍守
傅靈越率衆棄郡南赴子勛文秀以崇吉督郡
事既而背文秀同於劉彧母叔在歷城爲崔道
固所拘繫又將致刑於市以恐之而崇吉卒無

三子廿二 魏列傳三十一 二十二 施宝

所顧會道固歸彧乃出其母彧以崇吉爲龍驤
將軍并州刺史領太原太守戍升城崇吉以其
從兄靈獻爲長史姨兄賈延年爲司馬未幾而
白曜軍至白曜遣人招之崇吉不降遂閉門固
守升城至小人力不多勝仗者不過七百人而
白曜侮之乃遣衆陵城崇吉設士葦方梁下相
舂擊不時剋殄白曜遂築長城圍三重更造攻
具日夜攻擊自二月至四月粮矢俱盡崇吉突
圍出走遁藏民舍母妻見獲道固遣治中房靈

賓慰引之崇吉不肯見道固遂東歸舊村陰募
壯士欲以偷母還奔河南白曜慮其如此守備
嚴固後與法壽取盤陽俱降及立平齊郡以歷
城民爲歸安縣崇吉爲縣令頗懷昔憾與道固
接事意甚不平後委縣出臺訟道固罪狀數條
會赦不問崇吉乞解縣許之停京師半歲乃南
奔崇吉夫婦異路剃髮爲沙門改名僧達投其
族叔法延住歲餘清河張略之亦豪俠士也崇
吉遺其金帛得以自遣妻從幽州南出亦得相

魏傳三十一 二十二 宋璆

會崇吉至江東尋病死
崇吉從父弟三益字敬安於南陽內附高祖與
語善之曰三益了了殊不惡拜員外散騎侍郎
尋出爲太山太守轉兗州左軍府司馬所在以
清和著稱還除左將軍正光中卒年六十三九
子
長子士隆興和中東清河太守帶盤陽鎮將
士隆弟士達少有才氣其族兄景先有鑒識每
曰此兒俶儻終當大其門戶起家濟州左將軍

府倉曹參軍時京兆王繼爲大將軍出鎮關右
聞其名徵補騎兵參軍領帳内統軍孝昌中其
鄉人劉蒼生劉鈞房須等作亂攻陷郡縣頻敗
州軍時士達父憂在家刺史元欣欲逼其爲將
士達以禮固辭欣乃命其友人馮元興謂之曰
今合境從逆賊徒轉熾若萬一陷州君家豈得
獨全既急病如此安得顧名教也士達不得已
而起率州郭之人二千餘人東西討擊悉破平
之武泰初就家拜平原太守抑挫豪彊境内肅

魏傳三十一　二十三　吳春

然時邢杲寇亂憚其威名越郡城西度不敢攻
逼永安末轉濟南太守士達不入京師而頻爲
本州郡時人榮之永安末尒朱兆入洛刺史蕭
贊爲城民趙洛周所逐城内無主洛周等以士
達鄉情所歸乃就郡請之命攝州事永熙二年
卒年三十八時人傷惜之贈平東將軍齊州刺
史謚曰武

士達弟士素武定末太尉諮議參軍

士素弟士章尚書郎

法壽族子景伯字長暉高祖諶避地渡河居於
齊州之東清河繹幕焉祖元慶仕劉駿歷七郡
太守後爲沈文秀青州建威府司馬劉彧之殺
子業自立也子業弟子勛起兵攻之文秀遣其
將劉珍之率兵助彧後背彧歸于子勛元慶不
同爲文秀所害父愛親率勒鄉部攻文秀劉彧
嘉之起家授龍驤將軍尋會文秀降彧乃止顯
祖時三齊平隨例内徙爲平齊民以父非命疏
服終身景伯生於桑乾少喪父以孝聞家貧傭
書自給養母甚謹尚書盧淵稱之於李沖沖時

魏傳三十一　二十四　徐義

典選拔爲奉朝請司空祭酒給事中尚書儀曹
郎除齊州輔國長史值刺史死敕行州事政存
寛簡百姓安之後値清河太守杜昶外叛郡居
山險盜賊群起除清河太守郡民劉簡虎曾失
禮於景伯聞其臨郡闔家逃亡景伯督切屬縣
捕擒之即署其子爲西曹掾命喻山賊賊以景
伯不念舊惡一時俱下論者稱之舊守令六年
爲限限滿將代郡民韓靈和等三百餘人表訴

乞留復加二載後遷太尉中郎司徒諮議參軍
輔國將軍司空長史以母疾去官景伯性淳和
涉獵經史諸弟宗之如事嚴親及弟妹亡蔬食
終喪朞不內御憂毀之容有如居重其次弟景
先亡其幼弟景遠朞年哭臨亦不內寢鄉里為
之語曰有義有禮房家兄弟廷尉卿崔光韶好
標榜人物無所推尚每云景伯有士大夫之行
業及母亡景伯居喪不食鹽菜因此遂為水病
積年不愈孝昌三年卒于家時年五十贈左將

軍齊州刺史
子文烈武定中尚書三公郎中
景先字光冑幼孤貧無資從師其母自授毛詩
曲禮年十二請其母曰豈可使兄傭賃以供景
先也請自求衣然後就學母哀其小不許苦請
從之遂得一羊裘忻然自足晝則樵蘇夜誦經
史自是精勤遂大通贍太和中例得還鄉郡辟
功曹州舉秀才值州將卒不得對策解褐太學
博士時太常劉芳侍中崔光當世儒宗歎其精

博光遂奏兼著作佐郎修國史尋除司徒祭酒
員外郎侍中穆紹又啓景先撰世宗起居注累
遷步兵校尉領尚書郎齊州中正所歷皆有當
官之稱景先沈敏方正事兄恭謹出告反面晨
昏參省側立移時兄亦危坐相敬如對賓客兄
曾寢疾景先侍湯藥衣冠不解形容毀瘁親友
見者莫不哀之神龜元年蕭衍龍驤將軍田申
能據東益陽城內屬勅景先為行臺發二荊兵
以援之在軍遇疾而還其年卒於家時年四十

三贈持節冠軍將軍洛州刺史諡曰文景先作
五經疑問百餘篇其言該典今行於時文多略
舉其切於世教者
問王者受命木火相生曰五精代感熛靈者興
金德方隆禎發華渚水運告昌瑤光啓祚人道
承天天理應實受謝既彰玄命若契相生之義
有允不違至如湯武革命殺伐是用水火為次
遭而不改既事乖代終而數同納麓逆順且殊
禎運宜異而兆徵不差有疑符應

問禹以鮌配天舜不尊父曰明明上天下土是
冒道高者負扆四方神積者郊原斯主是以則
天不能私其子紹堯不敢尊其父鮌既罪彰於
山川受殛於羽裔化質與鱗甲爲羣銘精不能
上乘箕尾而厚尊配於國陽當升煙之大禮苟
存及躬以亂祀典降上帝爲罪鬼之賓奏夾鍾
爲介蟲之樂奉天之道不乃有淪乎
問湯尊稷廢柱曰神積道存異世同尊列山見
享綿紀前代成湯革命承天當慾陽之運不思

理數之有時黜元功於百世且畢箕其感應風雨
異徵尊播殖之靈而邀滂澍之潤升廢之道無
乃謬與若柱不合薦虞夏應失之於前如以歲
久宜遷百神可計日而代求之二三未究往旨
問湯克桀欲遷夏社爲不可武王滅紂以亳社
爲亡國之誠曰神無定方唯人爲主道協無爲
天地是依棄德弗崇百靈更祀周武承天禮存
咸秩升后稷當四圭之尊黜土祇隔牲幣之享
就如言之稷亶宗靈威誠允聿追之宜社非商祖

孝子乃考之咎殷鑒致誡何獨在斯
問易著革命之爻而無揖讓之象曰玄黃剖別
人道爲尊含靈一竹化故義始元首是以飛龍啓
徵大人載就及理莅運相推帝圖異序虞賓以爲
善終順守有慚未盡不顯揖讓之象而著已日
之美豈可兆昌實爲貽厥之謀訓万世而開安
忍之闕求之反表衆未識理惣
問周禮秋官司烜氏邦若屋誅爲明竁焉曰王
道貴産法理尚恩舊德見食八象載其美五宥

三刺禮經實其仁是以祿父巨釁殷禮不輟三
監亂德蔡胥猶存罪莫極於無上逆莫甚於違
天行大辟禍不及族理正刑慾止於身何惡當
參夷之禍何辰受淪殄之辜
問儀禮繼母出嫁從爲之服傳云貴終其恩曰
繼母配父本非天屬與尊合德名義以興兼鞠
育有加禮服是重既體違義盡棄節毀慈作嬪
異門爲鬼他族神道不全何終恩之有方齊服
是追哭於野次苟存降重無乃過猶不及乎

問禮記生不及祖父母父母稅喪已則否曰服
以恩制禮由義立慈母三年孫無緦葛者以成
非天屬報養止身祖雖異域恩不及已但正體
於下可無服乎且縞冠玄武子姓之服縓練之
後纔經已除猶懷慘素未忍從吉況斬焉初之
創巨方始復弔之賓尚改緇襲奉哀苫次而無
追變孝子孝孫豈天理是與
問左氏傳齊人殺哀姜君子以爲不可曰受醮
從天人倫所重保育異宗承奉郊奠而乃肆極

昬淫禍傾合巹之尊怙亂無終殄滅誕鞠之愛
齊桓匡翼四方正存刑矩割不忍之恩行至公
之法方生貶違以殺爲甚而神道幽默禍降未
期雖窮勍履朝臣不宜糾既事反人靈咎將有
所施之取東孰爲優允
問公羊傳王者之後郊天曰神不謬享帝無妄
等介丘偏祀猶不歆季氏之旅昊天至重豈可
納廢饗之虔唐虞已往事無斯典三后已降始
見其文揖讓之冑禮不上通昬癘後燼四圭是
主此便至道相承乾無二統純風既詖玄牡肆
尊禮不虛華廡昭異聞
問穀梁傳魯僖三十一年夏四月卜郊不從乃
免牲傳曰乃者亡乎人之辭也曰樂以觀風禮
爲教本其細已甚民不堪命齊不加兵屈於周
典僖公曾之盛君告誡虔祀穆卜迎吉而休徵
不至若推咎於天則神不棄鑒歸愆於人則頌
聲宜替既命龜失辰靈威弗眷郊享不從配天
斯鈌即傳所言殆非虛美何承而制

問尚書胤征義和諸其罪乃季秋月朔辰弗合
於房曰衛紀不移日月有度炎涼啓辰次舍無
代履端屢臻歸餘成閏是以爰命義和升準徂
節使晷數應時火流協運致望舒後律耀靈爽
次郎官缺永容可爲愆玄象一差未成巨戾且
杪秋豈回星之辰授衣非合璧之月叙食弗當
積失加誅律度暫差便遘殄絶仁者之兵義不
妄興王赫斯舉將有異說
問毛詩十月之交朔日辛卯日有食之亦孔之

醜曰日月次周行舍有常分至之候不爲愆咎令同之辰而爲深疾者專以金木相殘指日成釁推步不一容可如之若適見正陽日維戊午生育相因猶子歸母但以陰陽得無深忌乎若爲忌也朔亦應爲災如不忌也辛卯豈獨成醜且舉凡之始以屬月時繫之在日有爽明例義不妄構理用何依

問論語河不出圖泣麟自傷曰聖人稟靈天地資識未形齊生死於一同等榮辱於彼我孔子

自生不辰從心告齒樂正既脩素王斯著方興吾已之歎結反袂之悲進涉無上之心退深忍杖之懼聖達之理無乃鈌如符璽郎王神貴荅之名爲辯疑合成十卷亦有可觀前廢帝時奏上之帝親自執卷與神貴往復嘉其用心特除

神貴子鴻彥爲奉朝請

景先子延祐武定末太子家令

景遠字叔遐重然諾好施與頻歲凶儉分贍宗親又於通衢以食餓者存濟甚衆平原劉郁行經齊兗之境忽遇刼賊已殺十餘人次至郁郁呼曰與君鄉近何忍見殺賊曰若言鄉里親親是誰郁曰齊州主簿房陽是我姨兄陽是景遠小字賊曰我食其粥得活何得殺其親遂還衣服蒙活者二十餘人景遠好史傳不爲章句天性小急不類家風然事二兄至謹撫養兄孤恩訓甚篤益州刺史傅豎眼慕其名義啓爲昭武府功曹參軍以母老不應豎眼頗恨之卒於家

子敬道永熈中開府參軍事

史臣曰嚴稜夙欵可嘉脩之晚有誠効唐和万里慕義歸身著績休賓窮而委質法壽伯王末能投命景伯兄弟儒風雅業良可稱焉

列傳第三十一　魏書四十三

列傳第三十二　魏書四十四

羅結　伊馛

乙瓌　和其奴

苟頹　薛野䐗

宇文福　費于

孟威

羅結代人也其先世領部落爲國附臣劉顯之謀逆也太祖去之結翼衛鑾輿從幸賀蘭部後以功賜爵屈虵侯太宗時除持節散騎常侍寧

南將軍河内鎭將世祖初遷侍中外都大官摠三十六曹事年一百七歲精爽不衰世祖以其忠慤甚見信待監典後宫出入卧内因除長信卿年一百一十詔聽歸老賜大寗東川以爲居業并爲築城即號曰羅侯城至今猶存朝廷每有大事驛馬詢訪焉年一百二十歲卒贈寧東將軍幽州刺史謚曰貞

子斤太宗時爲侍御中散後從世祖討赫連昌世祖追奔入城昌邀擊左右多死斤力戰有功世祖嘉之後録勲除散騎常侍侍中四部尚書又加平西將軍後平凉州攻城野戰多有克捷以功賜爵帶方公除長安鎭都大將會蠕蠕侵境馳駟徵還除柔玄鎭都大將後以斤機辯勑與王俊使蠕蠕迎女備後宫又以本將軍開府爲長安鎭都大將卒贈本將軍雍州刺史謚曰靜陪葬金陵

子敦襲爵有姿皃善舉止自太子洗馬稍遷散騎常侍庫部尚書卒贈安東將軍幽州刺史謚

曰恭

子伊利高宗時襲爵除内行長以沉密小心恭勤不怠領御食羽獵諸曹事伊利曾病顯祖幸其宅自視醫藥其見待如此稍遷散騎常侍儀曹尚書出爲安東將軍兗州刺史善撫導在州數年邊民歸之五千餘戶高祖時蠕蠕來寇詔伊利追擊之不及而反後依例降爲侯除司農卿光禄大夫卒世宗初贈征北將軍燕州刺史謚曰靜

子阿奴亦忠實寡言有智度以勳臣之子除侍
御中散襲爵稍遷中散大夫卒
子毅襲爵武泰中驃騎將軍南青州刺史
教弟拔歷殿中尚書賜爵濟南公高祖時進爵
爲王除征西將軍吏部尚書改封趙郡王後例
降爲公卒贈寧東將軍定州刺史謚曰康陪葬
金陵
子道生肆州安北府外兵參軍卒
子延天興中驃騎將軍左光祿大夫

魏傳三十二　三　外

結從子渥渥子提並歷通顯提從世祖討赫連
昌有功賜昌女爲妻
子雲早有名位顯祖時給事中西征勑勤爲賊
所襲殺
子蓋世宗時右將軍直閤將軍轉龍驤將軍濟
州刺史卒贈本將軍兗州刺史
長子鑒襲爵遷冠軍將軍岐州刺史入除散騎常
侍金紫光祿大夫主衣都統卒贈侍中都督冀
定瀛三州諸軍事尚書右僕射司空公衛將軍

冀州刺史以孝靜外戚故也
鑒弟衡累遷天水樂陵二郡太守輔國將軍光
州刺史
結宗人彌善射有膂力世祖時爲軍將數從征
伐有功官至范陽太守卒贈幽州刺史
彌孫念字子懷武定中驃騎將軍膠州刺史
伊馛代人也少而勇健走及奔馬善射多力曳
牛却行神䴥初擢爲侍郎轉三郎賜爵汾陽子
加振威將軍世祖之將討涼州也議者咸諫唯
司徒崔浩勸世祖決行羣臣出後馛言於世祖

魏傳三十二　四　外

曰若涼州無水草何得爲國議者不可用也宜
從浩言世祖善之既剋涼州世祖大會於姑臧
謂羣臣曰崔公智計有餘吾亦不復奇之吾正
奇馛弓馬之士而所見能與崔同此深自可奇
顧謂浩曰馛智力如此終至公相浩曰何必讀
書然後爲學衛青霍去病亦不讀書而能大建
勳名致位公輔世祖笑曰誠如公言馛性忠謹
世祖愛之親侍日殊賞賜優厚真君初世祖欲

拜馛爲尚書封郡公馛辭曰尚書務殷公爵至
重非臣年少愚近所宜荷任請收過恩世祖問
其欲馛曰中祕二省多諸文士若恩矜不已請
參其次世祖賢之遂拜爲中護將軍祕書監以
功賜爵魏安侯加冠軍將軍後出爲東雍州刺
史恩化大行百姓思之轉殿中尚書常典宿衛
世祖親任之從幸瓜步頻有戰功進號鎮軍將
軍興安二年遷征北大將軍都曹尚書加侍中
進爵河南公興光元年拜司空又爲三公清約
自守爲政舉大綱而已不爲苛碎太安二年領
太子太保三年與司徒陸麗等並平尚書事五
年薨

子蘭襲散騎常侍庫部尚書卒

子盆生驍勇有膽氣初爲統軍累有戰功遂爲
名將以勳賜爵平城子神龜二年自驍騎將軍
直閤將軍爲持節右將軍洛州刺史與荊州刺
史淮南王世遵會陽太守崔模俱討襄陽不剋
而還坐免官後除安西將軍光祿大夫又爲撫

軍將軍太僕卿假鎮西將軍西道別將每戰頻
捷自崔延伯之後盆生亦爲次焉進號征西將軍
行岐州刺史復爲西道都督戰歿贈車騎將軍
雍州刺史永熙中重贈驃騎大將軍儀同三司
定州刺史

子武平司徒祭酒

武平弟武榮直閤將軍

馛族孫豹子武衛將軍

豹子從子琳亦武衛將軍

乙瓌代人也其先世統部落世祖時瓌父匹知
慕國威化遣瓌入貢世祖因留之瓌便弓馬善
射手格猛獸膂力過人數從征伐甚見信待尚
上谷公主世祖之女也除鎮南將軍駙馬都尉
賜爵西平公從駕南征除使持節都督前鋒諸
軍事每戰身先士卒勇冠三軍後除侍中征東
將軍儀同三司定州刺史進爵爲西道都將和
平中薨時年二十九贈太尉公謚曰恭
子乾歸襲爵年十二爲侍御中散及長身長八尺有

氣幹頗習書疏尤好兵法復尚恭宗女安樂公
主除駙馬都尉侍中顯祖初除征西將軍秦州
刺史有惠政高祖初即位爲征西道都將又爲
中道都將延興五年卒時年三十一贈左光祿
大夫開府儀同謚曰康
子海字懷仁少歷侍御中散散騎侍郎卒時年
四十一贈散騎常侍衛將軍濟州刺史謚曰孝
子瑗字雅珍尚淮陽公主高祖之女也除駙馬
都尉汝南王友固辭不拜歷濟南太守時爲逆

魏傳三十二　七　潘用

賊劉桃攻郡瑗踰城獲免後都督李叔仁討桃
平之瑗乃還郡後除司農少卿銀青金紫左右
光祿大夫中軍將軍西兗州刺史天平元年舉
兵應樊子鵠與行臺左丞宗顯戰敗死時年四
十六
瑗弟諧字遵和武定中司馬
諧弟琛字仲珍解褐司空參軍事稍遷東平濟
陰二郡太守散騎常侍卒時年四十九
和其奴代人也少有操行善射御初爲三郎轉

羽林中郎以恭勤致稱賜爵東陽子除奮武將
軍高祖初遷尚書加散騎常侍進爵平昌公拜
安南將軍遷尚書左僕射太安元年詔羣臣議
立皇太子名其奴與司徒麗等以爲宜以德命
名帝從之又與河東王閭毗太宰常英等並平
尚書事在官慎法不受私請時以西征吐谷渾
諸將淹停不進久因未決其奴與尚書毛法仁
等窮問其狀連日見伏和平六年遷司空加侍
中高宗崩乙渾與林金閭擅殺尚書楊保平等

魏傳三十二　一八　一元

殿中尚書元郁率殿中宿衛士欲加兵於渾渾
懼歸咎於金閭執金閭以付郁時其奴以金閭
罪惡未分乃出之爲定州刺史皇興元年長安
鎮將東平王道符反詔其奴領征西大將軍率
殿中精甲万騎以討之未至而道符敗軍還三
年薨內外咸歎惜之贈平昌王謚曰宣
子天受襲爵初爲內行令太和六年遷弩庫曹
下大夫卒
苟頹代人也曾祖烏提登國初有私款於太祖賜

昊寧子父洛跋內行長頹性厚重少言嚴毅清
直武力過人擢爲中散小心謹敬世祖南討以
頹爲前鋒都將每臨敵對戰常先登陷陳世祖
至江賜爵建德男加寧遠將軍還遷奏事中散
典涼州作曹遷內行令轉給事中遷司衛監以
本將軍拜洛州刺史爲政剛嚴抑彊扶弱山蠻
畏威不敢爲寇承明元年文明太后令百官舉
才堪幹事人足委此者於是公卿咸以頹應選
徵拜散騎常侍殿中尚書進爵成德侯加後將

生 魏傳三十二 九 何澄

軍太和元年加散騎常侍尋遷侍中安東將軍
都曹尚書進爵河南公頹方正好直言雖文明
太后生殺不允頹亦言至懇切未曾 諛李訢
李敷之誅也頹並致諫太后不從三年 遷征北
大將軍司空公進爵河東王以舊老聽乘步挽
杖於朝大駕行幸三川頹留守京師沙門法秀
謀反頹率禁衛收掩畢獲內外晏然駕還飲至
文明太后曰當爾之日卿若持疑不即收捕處
分失所則事成不測矣今京畿不擾宗社獲安

者實卿之功也七年詔曰頹爲台鼎論道是寄
歷奉四朝庸績彌遠宜加崇異以彰厥功自茲
已後可永受復除十三年冬薨高祖痛悼者久
之贈賵有加謚僖王

長子愷累遷冠軍將軍柔玄懷荒武川鎮大將
襲爵河東王例降爲公正光二年卒贈平北將
軍恒州刺史

子寶武定中北梁太守

愷弟養步兵校尉早卒

百六十一 魏傳 三十二 十 郁仁

養弟資武騎侍郎河間太守太僕少卿汲郡太
守遷龍驤將軍肆州刺史還除武衛將軍加後
將軍延昌末卒贈平北將軍并州刺史并給帛
二百匹布一百匹謚曰愍

子景鑾莊帝時撫軍將軍金紫光祿大夫

頹弟若周散騎常侍尚書太和中安南將軍豫
州刺史潁川侯卒贈光祿大夫

若周弟壽樂太和中北部尚書安南將軍懷州
刺史假山陽公未拜尋除散騎常侍殿中尚書

晉安侯卒贈安東將軍冀州刺史
穎從叔孤少以忠直稱太宗即位以定策功拜
車騎將軍後除鎮軍大將軍并州刺史博陵公
不治産業死之日家無餘財百姓追思之
薛野賭代人也父達頭自姚萇率部落歸國太
祖嘉其忠款賜爵聊城侯散員大夫待以上客
之禮賜妻鄭氏達頭閑雅恭慎太祖深器之卒
贈平南將軍冀州刺史謚曰悼野賭少失父母
養於宗人利家及長好學善射其宗初召補羽
林遷給事中典民籍事校計戸口號爲稱職賜
爵順陽子野賭少孤父侯不襲至是錫爵和平
中除平南將軍并州刺史進爵河東公轉太州
刺史在治有聲卒年六十一贈散騎常侍大將
軍并州刺史謚曰簡
子虎子姿皃壯偉明斷有父風年十三入侍高
宗太安中遷内行長典奏諸曹事當官正直内
外憚之及文明太后臨朝出虎子爲枋頭鎮將
虎子素剛簡爲近臣所疾因小過黜爲鎮門士

及顯祖南巡次於山陽虎子拜訴於路曰臣昔
事先帝過露重恩陛下在諒闇之日臣横罹非
罪自擯黜此蓄已經多載不悟今日得奉聖顔
遂流涕嗚咽顯祖曰卿先帝舊臣久屈非所良
用憮然詔虎子侍行訪以政事數十里中占對
不絶時山東飢饉盗賊競起相州民孫誨等五
百餘人稱虎子在鎮之日土境清晏詐乞虎子
乃復除枋頭鎮將即日之任至鎮數州之地藪
徒屏跡顯祖璽書慰喻後除平南將軍相州刺
史顯祖崩不行太和二年襲爵三年詔虎子督
三將出壽春與劉昶南討四年徐州民桓和等
叛逆屯於五固詔虎子爲南征都副將與尉元
等討平之以本將軍爲彭城鎮將至鎮雅得民
和除開府徐州刺史時州鎮戍兵資絹自隨不
入公庫任其私用常苦飢寒虎子上表曰臣聞
金湯之固非粟不守韓白之勇非糧不戰故自
用兵以來莫不先積聚然後圖兼并者也今江
左未賓鯨鯢待戮自不委粟彭城以彊豊沛將

何以拓定江關掃一衡霍竊惟在鎮之兵不減
數万資粮之絹人十二匹即自隨身用度無準
未及代下不免飢寒論之於公無毫釐之潤語
其利私則横費不足非所謂納民軌度公私相
益也徐州左右水陸壤沃清汴通流足盈激灌
其中良田十萬餘頃若以兵絹市牛分減戍卒
計其牛數足得萬頭興力公田必當大獲粟稻
一歲之中且給官食半兵頼植餘兵尚衆且耕
且守不妨捍邊一年之收過於十倍之絹蹔時　付書可

三百二十四　魏書列傳三十二卷　十三

之耕足充數載之食於後兵資唯須内庫五稔
之後穀帛俱溢匪直戍士有豐飽之資於國有
吞敵之勢昔杜預田宛葉以平呉充國耕西零
以彊漢臣雖識謝古人任當邊守庶竭塵露有
增山海高祖納之又上疏曰臣聞先王建不易
之軌万代承之聖主垂不刊之制千載共仰伏
惟陛下道洽羣生恩齊造化仁德所覃迹超前
哲遠崇古典留意治方革前王之弊法申當今
之宜用定貢賦之輕重均品秩之厚薄庶令百

辟足以代耕編戸享其餘蓄則魏乎煥焉不可量
也臣竊尋居邊之民蒙化日淺戎馬之所資計
素微小戸者一丁而已計其徵調之費然歲乃
有七縑去年徵責不備或有貨易田宅質妻賣
子呻吟道路不可忍聞今淮南之人思慕聖化
延頸企足十室而九恐聞賦重更懷進退非惟
損皇風之盛慮傷慕義之心且臣所居與南連
接民情去就實所諳知特宜寛省以招未至其
小郡太守數戸而已一請止六尺絹歲不滿匹

魏書列三十二　十四

既委邊捍取其必死邀之士重何吝君輕今班
制已行布之天下不宜忤冒以亂朝章但猥藉
恩私備位蕃岳憂責之地敢不盡言書奏文明
太皇太后令曰俸制已行不可以小有不平便
虧通式在州戍兵每歲交代虎子必親自勞送
喪者給其斂帛州内遭水二麥不收上表請貸
民粟民有車牛者求詣東兗給之並如所奏民
得安堵高祖曾從容問秘書丞李彪曰卿頻使
江南徐州刺史政績何如彪曰綏邊布化甚得

其和高祖曰朕亦知之沛郡太守邵安下邳太守張攀咸以贓汚虎子案之於法安等遣子弟上書誣虎子南通賊虜高祖曰此其妄矣朕度虎子必不然也推案果虛乃下詔曰夫君臣體合則功業可興上下猜懼則治道替矣沛郡太守邵安下邳太守張攀咸以貪惏獲罪各遣子弟詣闕告刺史虎子縱民通賊妄稱無端安宜賜死攀及子僧保鞭一百配敦煌安息他生鞭一百可集州官兵民等宣告行決塞彼輕狡之

源開此陳力之效在州十一載太和十五年卒年五十一贈散騎常侍鎮南將軍相州刺史謚曰文有六子

長子世遵襲爵例降爲侯景明中爲秦州刺史稍遷左將軍卒年四十二

長子恍字安民正光中襲爵稍遷鎮南將軍鉅鹿太守定州儀同開府諮議參軍齊獻武王大行臺左丞中外府司馬出爲殷州驃騎府長史武定五年除鎮北將軍北廣平太守爲治暴虐

曾因公事一家之内併殺數人爲民所訟將致之罪遇患卒於郡贈征西將軍西兗州刺史

恍弟安顥武定末東豫州征西府長史

世遵弟曇慶少有度量永平中員外散騎常侍遷尚書郎年五十一卒

子衍字元孫輕財慕義熙平中爲侍御史奉朝請永安中尚書駕部郎中行河陰縣事卒於正平太守贈征東將軍徐州刺史

曇慶弟曇寶初補散騎高祖詔曇寶採遺書於

天下歷侍御中散直閤將軍太子步兵校尉世宗時遣使巡行四方以曇寶持節兼散騎常侍龍驤將軍南道大使曇寶達豫州卒年二十九

曇寶弟曇尚有容貌性寬和初辟御史加奉朝請熙平二年除徐州穀陽戍主行南陽平郡事母憂去職正光中詔以陽平隣接蕭衍綏捍須人仰尚書舉才而遣左僕射蕭寶夤舉曇尚應選馳馹之郡孝昌初徐州刺史元法僧叛入蕭衍曇尚斬其使人送首於都督安樂王鑒鑒不

能援遂爲蕭衍將王希聃所陷拘曇尚送蕭衍
衍以禮遇之曇尚乞歸衍乃聽還肅宗復其本
秩武泰初尒朱榮擅彊并肆朝廷欲揣其情除
曇尚員外常侍使於榮託以慰喻密以觀之建
義初除司徒左長史兼吏部尚書授太原王尒
朱榮官還賜爵永安侯尋除後將軍定州刺史
尒朱榮之死授持節兼尚書北道行臺代魏蘭
根後爲鎮東將軍金紫光祿大夫太昌初加征
東將軍行兗州事天平中除驃騎大將軍齊州

刺史曇尚凡歷三州俱稱貪虐還除將作大匠
卒於官年六十一贈都督瀛滄二州諸軍事本
將軍儀同三司瀛州刺史
子仲芬武定中齊文襄王中外府中兵參軍
曇尚弟琡字曇珍武定末儀同三司尚書右僕
射
宇文福河南洛陽人其先南單于之遠屬世爲
擁部大人祖活撥仕慕容垂爲唐郡內史遼東
公太祖之平慕容寶活撥入國爲第一客福少

驍果有膂力太和初拜羽林郎將遷建節將軍
賜爵新昌侯南征都將擊蕭賾有功授顯武將
軍尋除恢武將軍北征都將特賜衣服破蠕蠕
別部獲万餘還除都牧給事十七年車駕南討
假冠軍將軍後軍將軍時仍遷洛勑福檢行牧
馬之所福規石濟以西河內以東拒黃河南北
千里爲牧地事尋施行今之馬場是也及從代
移雜畜於牧所福善於將養並無損耗高祖嘉
之尋補司衞監從駕豫州加冠軍將軍西道都

將假節征虜將軍領精騎一千專殿駕後未幾
轉驍騎將軍仍領太僕典牧令從駕征南陽兼
武衞將軍二十二年車駕南討遣福與右衞將
軍楊播爲前軍至鄧城福選兵簡將爲攻圍之
勢高祖望福軍法齊整將士閑習大被褒歎蕭
鸞遣其尚書崔慧景黃門郎蕭衍率衆十万來
救高祖指麾將士勑福領高車羽林五百騎出
賊南面奪其橋道遏絕歸路賊衆大恐六道來
戰福據鞍誓衆身先士卒賊不得前遂大奔潰

賜爵昌黎伯正武衛加征虜將軍尋以高車叛
命加征北將軍北征都將追討之軍敗被黜景
明初乃起拜平遠將軍南征統軍進討於都督
彭城王勰曰建安是淮南重鎮彼此要衝得之
則義陽易圖不獲則壽春難保勰然之及勰爲
州遂令福攻建安建安降以勳封襄樂縣開國
男邑二百戶除太僕少卿尋以衍將寇邊假節
征虜將軍領兵出三關討之又詔福行豫州事
與東豫州刺史田益宗共相影援綏邊蠻楚還

魏書傳三十二　十九　三千

爲光祿大夫轉太僕卿延昌中以本官領左衛
將軍除散騎常侍都官尚書加安東將軍營州
大中正熙平初除鎮北將軍瀛州刺史福性忠
清在公嚴毅以信御民甚得聲譽解任復除太
僕卿又爲金紫光祿大夫出除散騎常侍都督
懷朔沃野武川三鎮諸軍事征北將軍懷朔鎮
將至鎮遇病卒詔遣主書樂安嘉赴弔贈車騎
大將軍定州刺史開國如故謚曰貞惠
長子善字慶孫襲爵自司空掾稍遷平南將軍
光祿大夫孝昌末北征戰歿贈車騎將軍冀州
刺史
善弟延字慶壽體貌魁岸眉目疏朗永平中釋
褐奉朝請直後員外散騎常侍以父老詔聽隨
侍在瀛州屬大乘妖黨突入州城延率奴客戰
死者數人身被重瘡賊乃小退而縱火燒齋閣
福時在內延突火而入抱福出外支體灼爛鬚
盡爲燼於是勒衆與賊苦戰賊乃散走以此見
稱孝昌中授假節建威將軍西道別將赴援關

魏書傳三十二　二十　三千

隴有戰功除員外散騎常侍轉直寢與万俟醜
奴戰沒贈冠軍將軍豫州刺史
子仲鸞武定末齊王丞相府長流參軍
慶壽弟慶安歷給事中尚書殿中郎中後加平
北將軍武衛將軍河陰遇害贈征東將軍兖州
刺史
長子仲融
融弟仲衍
賁于代人也祖峻仕赫連昌爲寧東將軍泰常

末率衆來降拜龍驤將軍賜爵犍爲公後還征
南將軍廣阿鎮大將從爵下邳公父郁以隨父
歸誠勳賜五等男除燕郡太守卒贈幽州刺史
于少有節操起家内三郎世祖南伐從駕至江
以宿衛之勤除寧遠將軍賜爵松楊男遷商賈
部二曹令除平南將軍懷州刺史卒
子萬龍襲太和初除平南將軍梁國鎮將後高祖
南伐萬從駕渡淮戰歿贈鎮東將軍冀州刺史
子穆字朗興性剛烈有壯氣頗涉書史好尚功
〔魏書傳三十二〕 二十二 王志
名世宗初襲男爵後除夏州別駕尋加寧遠將
軍轉涇州平西府長史時刺史皇甫集靈太后
之元舅恃外戚之親多爲非法穆正色匡諫集
亦憚之轉安定太守仍爲長史還朝拜左軍將
軍轉河陰令有嚴明之稱時蠕蠕主婆羅門自
涼州歸降其部衆因飢侵掠邊邑詔穆銜命宣
慰便皆款附明年復叛入寇涼州除穆輔國將
軍假征虜將軍兼尚書左丞西北道行臺仍爲
別將往討之穆至涼州蠕蠕遁走穆謂其所部

曰夷狄獸心唯利是視見敵便走乘虛復出今
王師來討雖畏威逃跡然軍還之後必來侵暴
今欲羸師誘致冀獲一戰若不令其破膽終恐
疲於奔命衆咸然之穆乃簡練精騎伏於山谷
使羸步之衆爲外營以誘之賊騎覘見謂爲信
弱俄而競至穆伏兵奔擊大破之斬其帥郁厥
烏尒俟斤十代等獲生口雜畜甚衆及六鎮反
叛詔穆爲別將隸都督李崇北伐都督崔暹失
利崇將班師會諸將議曰朔州是白道之衝賊
〔魏書傳三十二〕 二十三 王志
之咽喉若此處不全則并肆危矣今欲選諸將
一人留以鎮捍不知誰堪此任衆曰無過穆者
崇乃請爲朔州刺史仍本將軍尋改除雲州刺
史穆招離聚散頗得人心時北境州鎮悉皆淪
没唯穆獨據一城四面抗拒久之援軍不至兼
行路阻塞糧仗俱盡穆知勢窮乃棄城南走投
尒朱榮於秀容既而詣闕請罪詔原之孝昌中
二絳蜀反以穆爲都督討平之拜前將軍散騎
常侍遷平南將軍光禄大夫破賊帥李洪於陽城

起逆連結蠻左詔穆兼武衛將軍率衆討擊破
於關口之南遷金紫光祿大夫正武衛將軍尒
朱榮向洛靈太后徵穆令屯小平及榮推奉莊
帝河梁不守穆遂棄衆先降穆素爲榮所知見
之甚悅穆潛說榮曰公士馬不出万人今長驅
向洛前無橫陳者正以推奉主上順民心故耳
既無戰勝之威羣情素不厭伏今以京師之衆
百官之盛一知公之虛實必有輕侮之心若不
大行誅罰更樹親黨公還北之日恐不得度太

魏書傳三十二　二十三　王志

行而內難作矣榮心然之於是遂有河陰之事
天下聞之莫不切齒榮入洛穆遷中軍將軍吏
部尚書魚縣開國侯食邑八百戶又領夏州大
中正蕭衍遣將軍曹義宗逼荆州詔穆爲使持
節南征將軍都督南征諸軍事大都督以援之
穆潛軍徑進出其不意至即大破之生擒義宗
送闕以功遷衛將軍進封趙平郡開國公增邑
一千戶遷使持節加侍中車騎將軍假儀同三
司前鋒大都督與大將軍元天穆東討邢杲破

平之時元顥內逼莊帝北幸顥入京師穆與天
穆既平齊地回師將擊顥穆先驅圍虎牢盡銳
攻之將拔屬天穆北渡既無後繼人情離沮穆
遂降顥以河陰酷濫事起於穆引人詰讓出而
殺之時年五十三莊帝還宮追贈侍中司徒公
謚曰武宣
長子慶遠永安中龍驤將軍青州開府司馬
第二子孝遠襲天平中叛入關西
孟威字能重河南洛陽人頗有氣尚尤曉北土

魏傳三十二　二十四　王志

風俗歷東宮齊帥羽林監時四鎮高車叛投蠕
蠕高祖詔威曉喻禍福追還逃散分配爲民後
以明解北人之語勑在著作以備推訪永平中
自鎮遠將軍前軍將軍左右直長加龍驤將軍
出使高昌還遷城門校尉直閤將軍沃野鎮將
正光初蠕蠕主阿那瓌歸國詔遣前郢州刺史
陸希道兼侍中爲使主以威兼散騎常侍爲副
遠繼迎接阿那瓌之還國也復以威爲平北將
軍光祿大夫假員外常侍爲使主護送之前後

頻使遠蕃粗皆稱旨復加撫軍將軍普泰中除
大鴻臚卿尋加驃騎大將軍左光祿大夫天平
三年卒贈使持節侍中本將軍都督冀瀛滄三
州諸軍事司空公冀州刺史子恂嗣
威弟季稚遷鎮遠將軍左中郎將廷尉監以本
將軍除廣州刺史預尒朱榮義舉封鉅鹿縣開
國公食邑一千戶除撫軍將軍廷尉卿轉司農
卿出爲平西將軍華州刺史卒贈車騎大將軍
雍州刺史

史臣曰羅結枝附葉從當舊之眷子孫顯祿俱
至公王伊馛以勇力見擢而能賛伐姑臧之策
請參中秘之官世祖嘉之於前良有以也乙瓌
之驍猛和奴之貞正苟頹之剛直虎子之威彊
宇文之氣幹咸亦有用之士費穆出身致力遂
有功名而末路一言禍被簪帶校之文和異世
同咎其死也幸哉孟威致力荒裔其勤可錄矣

列傳第三十二　魏書四十四

羅結孫拔高祖時進爵濟南王拔孫延天興
中驃騎將軍案太祖初即位年號天興拔仕
高祖其孫必非太祖時蓋年號誤

韋閬
裴駿
柳崇

韋閬字友觀京兆杜陵人世爲三輔冠族祖楷晉建威將軍長樂清河二郡太守父逵慕容垂吏部郎大長秋卿閬少有器望值慕容氏政亂避地於薊城世祖徵拜咸陽太守轉武都太守屬杏城鎮將郝溫及蓋吳反關中擾亂閬盡心撫納所部獨全在郡十六年卒

子範歷鎮西大將軍府司馬試守華山郡高宗時賜爵興平男卒

子儁字穎超早有學識少孤事祖母以孝聞性溫和廉讓爲州里所稱太和中襲爵除荊州治中轉梁州寧朔府長史還爲太尉外兵參軍本州中正遷都水使者所在有聲世宗崩領軍于忠矯擅威刑與左僕射郭祚尚書裴植同時遇害語在植傳時年五十七儁與祚婚家爲忠所惡故及於難臨終儁許枉於尚書元欽欽知而不敢申理儁歎曰吾一生爲善未蒙善報常不爲惡今爲惡終悠悠蒼天抱直無訴時人咸怨傷焉熙平元年追贈中壘將軍洛州刺史謚曰貞有子十三人

長子榮緒字子光頗涉文史襲爵除員外散騎侍郎齊王蕭寶夤儀同開府屬因戰敗殁

榮緒弟榮茂字子曄以幹局知名歷侍御史尚書考功郎中出爲征虜將軍東秦州刺史永熙末兄弟並殁關西

榮茂弟子粲爲寶炬南汾州刺史

子粲少弟道諧爲南汾州鎮城都督齊獻武王命將出討陷城克之武定末子粲官至南兗州刺史

閬兄子眞喜起家中書博士遷中書侍郎馮翊太守

子祉卒於太府少卿

祉子義遠出帝時爲岐州刺史没關西

祉弟禎有識幹起家奉朝請尚書郎中司徒主簿太子中舍人廷尉少卿給事黄門侍郎光禄大夫卒贈安西將軍秦州刺史

子文殊員外散騎侍郎早卒

閭從叔道福父羆爲苻堅丞相王猛所器重以女妻焉爲堅東海太守堅滅奔江左仕劉裕爲輔國將軍秦州刺史道福有志略歷劉駿盱眙南沛二郡太守領鎮北府録事參軍時徐州刺史薛安都謀欲擁州内附道福參賛其事以功

除安遠將軍賜爵高密侯因此仍家於彭城卒贈征虜將軍兗州刺史謚曰簡

子欣宗以歸國勳别賜爵杜縣侯高祖初拜彭城内史遷大將軍宋王劉昶諮議參軍廣陵侯元衍爲徐州刺史又請爲長史帶彭城内史撫綏内外甚得民和世宗初除通直散騎常侍出爲河北太守不行尋轉太中大夫行幽州事卒贈龍驤將軍南兗州刺史謚曰簡

子元歆武定中潁州驃騎府長史

欣宗從父弟合宗卒於東海太守

子元恢有氣幹孝昌初值刺史元法僧據州外叛元恢招聚同志潛規克復事泄爲法僧所害時人傷惜之

閭從子崇字洪基父肅字道壽劉義真鎮關中辟爲主簿仍隨義真度江歷魏郡弋陽二郡太安豫州刺史崇年十歲父卒母鄭氏以入國因寓居河洛少爲舅兗州刺史鄭義所器賞解褐中書博士轉司徒從事中郎高祖納其女爲充

華嬪除南潁川太守不好發擿細事常云何用小察以傷大道吏民感之郡中大治高祖聞而嘉賞賜帛二百匹遷洛以崇爲司州中正尋除右將軍咸陽王禧開府從事中郎復爲河南邑中正崇頻居衡品以平直見稱出爲鄴郡太守吏滿應代吏民詣闕乞留復延三年在郡九年轉司徒諮議久之除華山太守卒

子猷之釋褐奉朝請轉給事中步兵校尉稍遷前將軍太中大夫卒

猷之弟休之起家安州左將軍府城局參軍轉
給事中河南邑中正稍遷安西將軍光祿大夫
休之貞和自守未嘗以言行忤物卒
子道建武定末定州儀同開府長史帶中山太
守
道建弟道儒齊文襄王大將軍府東閤祭酒
閭族弟珍字靈智高祖賜名焉父尚字文叔樂
安王良安西府從事中郎卒贈安遠將軍雍州
刺史珍少有志操解褐京兆王子推常侍轉尚

書南部郎高祖初蠻首桓誕歸款朝廷思安邊
之略以誕爲東荆州刺史令珍爲使與誕招慰
蠻左珍自懸瓠西入三百餘里至桐栢山窮淮
源宣揚恩澤莫不降附淮源舊有祠堂蠻俗恒
用人祭之珍乃曉告曰天地明靈即是民之父
母豈有父母甘子肉味自今已後悉宜以酒脯
代用羣蠻從約至今行之凡所招降七万餘戶
置郡縣而還以奉使稱旨除左將軍樂陵鎮將
賜爵霸城子蕭賾道成司州民謝天蓋自署司州

刺史規欲以州內附事泄爲道成將崔慧景攻
圍詔珍率在鎮士馬渡淮援接時道成聞珍將
至遣將苟元賓據淮逆拒珍乃分遣鐵馬於上
流潛渡親率步士與賊對接旗鼓始交甲騎奄
至腹背奮擊破之天蓋尋爲左右所殺降於慧
景珍乘勝馳進又破慧景擁降民七千餘戶內
徙表置城陽剛陵義陽三郡以處之高祖詔珍
移鎮北陽蕭賾遣其雍州刺史陳顯達率衆來
寇城中將士咸欲出戰珍曰彼初至氣銳未可

便挫且共堅守待其攻我疲弊擊之未晚於是
憑城拒戰殺傷甚衆相持旬有二日夜開城門
掩擊之賊遂奔潰以功進爵爲侯車駕南討珍
上便宜并自陳在邊歲久悉其要害願爲前驅
詔珍爲隴西公源懷衛大將軍府長史轉太保
齊郡王長史遷顯武將軍郢州刺史在州有聲
績朝庭嘉之遷龍驤將軍賜驊騮二匹帛五十
匹穀三百斛珍乃召集州內孤貧者謂曰天子
以我能綏撫卿等故賜以穀帛吾何敢獨當遂

以所賜悉分與之尋加平南將軍荆州刺史與尚書盧淵征赭陽爲蕭鸞將垣歷生蔡道貴所敗免歸鄉里臨別謂淵曰主上聖明志呑吳會用兵機要在於上流若有事荆楚恐老夫復不得停耳後車駕征樊鄧復起珍爲中軍大將軍彭城王勰長史沔北既平以珍爲建威將軍試守魯陽郡高祖復南伐路經珍郡加中壘將軍正太守珍從至濟水高祖曰朕頃戎車再駕卿常翼務中軍今日之舉亦欲與卿同行但三鵶險惡非卿無以守也因勑珍辭還及高祖崩於行宮秘匿而還至珍郡始發大諱還除中散大夫尋加鎮遠將軍太尉諮議參軍永平元年卒時年七十四贈本將軍南青州刺史謚曰懿

長子續字遵彥年十三補中書學生聰敏明辯爲博士李彪所稱除秘書中散遷侍御中散高祖每與名德沙門談論往復續掌綴錄無所遺漏頗見知賞轉散騎侍郎徙太子中舍人仍兼黃門又兼司徒右長史尋轉長兼尚書左丞壽春內附尚書令王肅出鎮揚州請續爲長史加平遠將軍帶梁郡太守肅薨勑續行州事任城王澄代肅爲州復啓續爲長史澄出征之後蕭衍將姜慶真乘虛攻襲遂據外郭雖尋克復續坐免官永平二年卒年四十五

續弟彧字遵慶亦有學識解褐奉朝請遷太尉騎兵參軍出爲雍州治中轉別駕入爲司徒掾尋轉散騎侍郎稍遷平遠將軍東豫州刺史彧綏懷蠻左頗得其心蠻首田益宗子魯生魯賢先叛父南入數爲寇掠自彧至州魯生等咸欣啓修敬不復爲害彧以蠻俗荒梗不識禮儀乃表立太學選諸郡生徒於州總敎又於城北置宗武館以習武焉境內清肅還遇大將軍京兆王繼西征請爲長史拜通直散騎常侍尋以本官兼尚書爲幽夏行臺以功封陰盤縣開國男邑二百戶孝昌元年秋卒於長安贈撫軍將軍雍州刺史謚曰文

子彪襲歷本州治中轉別駕孝莊末監田太守

沒於關西

彪弟融解褐員外散騎侍郎以軍功賜爵長安伯稍遷大司馬開府司馬融娶司農卿趙郡李瑾女天平中疑其妻與章武王景哲姦通乃刺殺之懼不免仍亦自害

彧弟朏字遵顯少有志業年十八辟州主簿時屬歲儉朏以家粟造粥以飼飢人所活甚衆解褐太學博士遷祕書郎中稍遷左軍將軍爲荆郢和羅大使南郢州刺史田夷啓稱朏父珍任

二○八六 【魏書傳三十三 九

荆州恩洽夷夏乞朏充南道別將領荆州驍勇共爲腹背詔從之未幾行南荆州事蕭宗末除征虜將軍東徐州刺史尋遷安東將軍加散騎常侍蕭衍遣其郢州刺史田龘愭率衆來寇朏於石羊崗破斬之以功封杜縣開國子邑二百戶永安三年卒於州贈侍中車騎將軍雍州刺史謚曰宣

長子鴻字道衍頗有幹用解褐奉朝請遷尚書令吏部郎中中書舍人天平三年坐漏泄賜死於家時年三十二

鴻弟道植武定末儀同開府中兵參軍

太祖時有安定梁穎先仕慕容寶歷黃門郎入國拜建德太守賜爵朝那男

孫景儁起家趙郡王幹行參軍稍遷治書侍御史司徒中兵參軍卒

子師禮早卒

師禮族弟嵩遵少有氣俠起家奉朝請歷司空外兵參軍後蕭寶夤爲雍州刺史引爲中兵參

三○七十 魏書傳三十三 十

軍深見信任寶夤反令嵩遵率衆出征嵩遵僞受其署既行之後遂與侯終德等還來襲城以功封烏氏縣開國伯邑五百戶後除光州平東府長史轉荆州驃騎府司馬卒官年四十四

嵩遵弟嵩景武定中燕郡太守又有武功

蘇湛字景儁魏侍中則之後也晉亂避地河右世祖平涼州還鄉里父擁字天祐秦州撫軍府司馬湛少有器行頗涉群書年二十餘舉秀才除奉朝請領侍御史轉員外散騎侍

郎蕭寶夤之討關西以湛爲行臺郎中深見委
任孝昌中寶夤大敗東還朝廷以爲雍州刺史
後自猜懼害中尉酈道元乃稱兵反時湛卧疾
於家寶夤令姜儉報湛云元略受蕭衍意旨乃
欲見除酈道元之來事不可測吾不能坐受死
亡今便爲身計不復作魏臣也與卿契闊故以
相報死生榮辱與君共之湛聞之舉聲大哭儉
遽止之曰何得便爾湛曰百口居家即時屠滅
云何不哭哭數十聲徐謂儉曰爲我白齊王王
本以窮鳥投人賴朝廷假王羽翼榮寵至此屬
國步多虞不能竭忠報德乃欲乘人間隙有不
臧之心信惑行路無識之語欲以羸敗之兵守
關問鼎今魏德雖衰天命未改且王之恩義未
洽於民但見其敗未見有成蘇湛不能以百口
居家爲王族滅寶夤復報曰此自救命之計不
得不爾所以不先相白者恐沮吾計故爾湛復
曰凡爲大事當得天下奇士今但共長安博徒
小兒輩計校辦有成理不湛恐荆棘必生庭閤

願乞骸骨還鄉里脫得因此病死可以下見先
人寶夤素重之以湛病且知不爲己用聽還武
功寶夤敗莊帝即位徵補尚書郎既至莊帝曰
前聞卿答蕭寶夤甚有美辭爲我說也湛頓首
謝曰臣雖言辭不如伍被始終不易自謂過之
然臣與寶夤周遊契闊言得盡心而不能令其
不反臣之罪也莊帝悅拜散騎都尉仍領郎尋
遷中書侍郎出帝初病還鄉里終於家贈散騎
常侍鎮西將軍雍州刺史
湛從母弟天水姜儉字文簡父昭自平寇司直
出爲兖州安東長史帶高平太守卒於營構都
將儉少有幹用勤濟過人起家徐州車騎府田
曹參軍轉太尉外兵參軍蕭寶夤出討關西引
爲開府屬軍機謀略多所參預儉亦自謂遭逢
知己遂竭誠委託寶夤爲雍州仍請爲開府從
事中郎帶長安令及寶夤反以爲左丞尤見信
任爲羣下所讎疾寶夤敗城人殺之時年三十
九蘇湛每謂人曰以姜儉才志堪致富貴惜其

不遇命也如何
儉弟素武定末中散大夫
杜銓字士衡京兆人晉征南將軍預五世孫也
祖曾苻堅太尉長史父嶷慕容垂秘書監仍僑
居趙郡銓學涉有長者風與盧玄高允等同被
徵爲中書博士初密太后父豹喪在濮陽世祖
欲命迎葬於鄴謂司徒崔浩曰天下諸杜何處
望高浩對京兆爲美世祖曰朕今方改葬外祖
意欲取京兆中長老一人以爲宗正令營護凶
大十九十　魏書傳三十三　十三　何建
事浩曰中書博士杜銓其家今在趙郡是杜預
之後於今爲諸杜之最即可取之詔召見銓器
貌瓌雅世祖感悅謂浩曰此真吾所欲也以爲
宗正令與杜超子道生迎豹喪柩致葬鄴南銓
遂與超如親超謂銓曰既是宗近何緣復僑居
趙郡乃迎引同屬魏郡焉遷散騎侍郎轉中書
侍郎賜爵新豐侯卒贈平南將軍相州刺史魏
縣侯謚曰宣
子振字季元太和初舉秀才卒於中書博士

子遇字慶期起家奉朝請轉員外散騎侍郎尚
書起部郎中竊官材瓦起立私宅清論鄙之遷
龍驤將軍中散大夫出爲河東太守卒贈中軍
將軍都官尚書豫州刺史謚曰惠
子鴻永熙中司徒倉曹參軍
銓族子洪太字道廓延興中爲中書博士後使
高麗除安遠將軍下邳太守轉梁郡太守太和
中除鷹揚將軍絳城鎮將帶新昌陽平二郡太
守卒年五十二
大三七十八　魏書傳三十三　十四　建
子祖悅字士豁頗有識尚大將軍劉昶參軍事
稍遷天水仇池二郡太守行南秦州事正光中
入爲太尉汝南王悅諮議參軍出除高陽太守
卒於郡
子長文字子儒肅宗挽郎員外散騎侍郎稍遷
尚書郎以隨叔顒守岐州勳賜爵始平伯加平
東將軍天平末卒於安西將軍光祿大夫贈中
軍將軍度支尚書雍州刺史
長文第四弟子達武定中齊文襄王大都督府

戸曹參軍

祖悅弟顥字思顔頗有幹用解褐北中府録事參軍正光中稍遷厲威將軍盱眙太守帶大徐戍主元法僧之叛也顥逃竄覓獲免後爲諫議大夫孝昌二年爲西征軍司行岐州事蕭寶寅起逆顥據州不從還除征虜將軍東荊州刺史以守岐州勳封平陽縣開國伯邑五百戸武泰中轉授岐州刺史永安中除涇州刺史時万俟醜奴充斥關石不行乃爲都督防守岐州醜奴攻之不尅事寧除鎮西將軍光祿大夫以勳又賞安平縣開國伯食邑五百戸以平陽伯轉授弟二子景仲後爲征西將軍金紫光祿大夫沒於關西

裴駿字神駒小名皮河東聞喜人父雙碩本縣令假建威將軍恒農太守安邑子卒贈平南將軍東雍州刺史聞喜侯駿幼而聰慧親表異之稱爲神駒因以爲字弱冠通涉經史好屬文性方檢有禮度鄉里宗敬焉蓋吳作亂於關中汾陰人薛永宗聚衆應之屢殘破諸縣來襲聞喜縣中先無兵仗人情駭動縣令憂惶計無所出駿在家聞之便率厲鄉豪曰在禮君父有危臣子致命府縣今爲賊所逼是吾等徇節之秋諸君可不勉乎諸豪皆奮激請行駿乃簡騎驍勇數百人奔赴賊聞救至引兵退走刺史嘉之以狀表聞會世祖親討蓋吳引見駿駿陳叙事宜甚會機理世祖大悅顧謂崔浩曰裴駿有當世才具且忠義可嘉補中書博士浩亦深器駿目爲三河領袖轉中書侍郎劉駿遣使明僧暠朝貢以駿有才學乃假給事中散騎常侍於境上勞接皇興二年卒贈平南將軍秦州刺史聞喜侯謚曰康

子修字元寄清辯好學年十三補中書學生遷祕書中散轉主客令以婦父李訢事出爲張掖子都大將張掖境接胡夷前後數致寇掠修明設烽候以方略禦之在邊六年關塞清靜高祖嘉之徵爲中部令轉中大夫兼祠部曹事職主

禮樂每有疑議修斟酌故實咸有條貫太和十六年卒時年五十一高祖悼惜之賻帛一百匹謚曰恭伯世宗時追贈輔國將軍東秦州刺史修早孤居喪以孝聞二弟三妹並在幼弱撫養訓誨甚有義方次弟務早喪修哀傷之感於行路愛育孤姪同於己子及將異居奴婢田宅悉推與之時人以此稱焉

子詢字敬叔美儀皃多藝能音律博弈咸所關解起家奉朝請太尉集曹參軍轉長流尚書起

魏傳三十三 十七 葉挪

部郎中平昌太守時太原長公主寡居與詢私姦肅宗仍詔詢尚焉尋以主壻特除散騎常侍時本邑中正闕司徒召詢爲之詢族叔昞自陳情願此官詢遂讓焉時論善之尋監起居事遷祕書監出爲平南將軍郢州刺史詢以凡司戍主蠻酋田朴特地居要險衆踰數萬足爲邊捍遂表朴特爲西郢州刺史朝議許之蕭衍遣將李國興寇邊時四方多事朝廷未遑外略緣境城戍多爲國興所陷賊既乘勝遂向州城詢率厲固守垂將百日援軍既至賊乃退走加散騎常侍安南將軍朴特自國興來寇便與詢掎角爲表裏聲援郢州獲全朴特頗有力焉徵爲七兵尚書至都未幾除豫州刺史尋進號撫軍將軍加散騎常侍未之州還爲七兵尚書常侍如故武泰初詔詢以本官兼侍中爲關右大使賞權慕義之徒未及發會尒朱榮入洛於河陰遇害年五十一贈侍中車騎大將軍司空公雍州刺史謚曰貞烈無子

修弟務字陽仁少而聰慧舉秀才州辟主簿早

魏書傳三十三 十八 張廣祖

卒

子羨字師伯少有美名舉秀才州主簿太尉咸陽王雅相賞愛欲以女妻之羨拒而不納除奉朝請亦早卒無子

務弟宣字叔令通辯博物早有聲譽少孤事母兄以孝友稱舉秀才至都見司空李訢與言自旦及夕訢嗟善不已司空李沖有人倫鑒識見而重之高祖初徵爲尚書主客郎與蕭賾使顔

幼明劉思效蕭琛范雲等對接轉都官郎邊負
外散騎侍郎舊令與吏部郎同班 闕 高祖曾集
沙門講佛經因命宣論難甚有理詣高祖稱善
遷都洛陽以宣爲採材副將奉使稱旨遥除司
空諮議參軍府解轉司州治中兼司徒右長史
又轉別駕仍長史宣明敏有器幹摠攝州府事
無凝滯遠近稱之世宗初除太中大夫領本郡
中正仍別駕又爲司州都督遷太尉長史宣上
言曰自遷都已來凡戰陳之處及軍罷兵還之

三卅三　魏書傳三十三　十九　李忠

道所有骸骼無人覆藏者請悉令州郡戍邏檢
行埋掩并符出兵之鄉其家有死於戎役者使
皆招魂復魄祔祭先靈復其年租調身被傷痍
者免其兵役朝廷從之出爲征虜將軍益州刺
史宣善於綏撫甚得羌戎之心復晉壽更置益
州改宣所莅爲南秦州先是有陰平氏酋楊孟
孫擁戶數萬自立爲王通引蕭衍數爲邊患宣
乃遣使招喻曉以逆順孟孫感恩即遣子詣闕
武興氏姜謨等千餘人上書乞延更限世宗嘉

焉宣家世以儒學爲業常慕廉退每歎曰當賈
誼之才仕漢文之世不歷公卿將非運也乃謂
親賓曰吾本閭閻之士素無當世之志直隨牒
推移遂至於此祿後養親道不光國瞻言往哲
可以言歸矣因表求解世宗不許乃作懷田賦
以叙心焉永平四年患篤世宗遣太醫令馳馹
就視并賜御藥宣素明陰陽之書自始患便知
不起因自剋亡日果如其言時年五十八世宗
悼惜之贈左將軍豫州刺史謚曰定尋改爲穆

三〻十　魏書傳三十三　二十　章遇

子敬憲莊伯並在文苑傳
第四子獻伯武定末廷尉卿
駿從弟安祖少而聰慧年八九歲就師講詩至
鹿鳴篇語諸兄云鹿雖禽獸得食相呼而況人
也自此之後未曾獨食弱冠州辟主簿民有兄
弟爭財詣州相訟安祖召其兄弟以禮義責讓
之此人兄弟明日相率謝罪內外欽服之復有
人勸其入仕安祖曰高尚之事非敢庶幾且京
師遼遠實憚於栖屑耳於是閑居養志不出城

邑安祖曾行值天熱舍於樹下見鷹逐雉雉急
投之遂觸樹而死安祖愍之乃取置陰地徐徐
護視良久得蘇安祖喜而放之後夜忽夢一丈
夫衣冠甚偉著繡衣曲領向安祖再拜安祖怪
而問之此人云感君前日見放故來謝德聞者
異焉後高祖幸長安至河東存訪故老安祖朝
於蒲坂高祖與語甚悅仍拜安邑令安祖以老
病固辭詔給一時俸以供湯藥焉年八十三卒
於家

子思濟亦有志操早卒
子宗賢
思濟弟幼儁卒於猗氏令
辛紹先隴西狄道人五世祖怡晉幽州刺史父
淵私署涼王李暠驍騎將軍暠子歆亦厚遇之
歆與沮渠蒙遜戰於蓼泉軍敗失馬淵以所乘
馬援歆而身死於難以義烈見稱西土世祖之
平涼州紹先內徙家於晉陽明敏有識量與廣
平游明根范陽盧度世趙郡李承等甚相友善

有至性丁父憂三年口不甘味頭不櫛沐髮遂
落盡故常著垂裙皂帽自中書博士轉神部令
皇興中薛安都以彭城歸國時朝廷欲綏安初
附以紹先為下邳太守加寧朔將軍為政不苟
激察舉其大綱而已唯教民治產禦賊之備及
劉彧將陳顯達蕭道成蕭順之來寇道成謂順
之曰辛紹先未易侵也宜共慎之於是不歷郡
境遂徑屯呂梁太和十三年卒贈冠軍將軍并
州刺史晉陽公謚曰惠

子鳳達耽道樂古有長者之名卒於京兆王子
推國常侍
鳳達子祥字万福舉司州秀才司空行參軍遷
主簿大傅元丕為并州刺史祥為丕府屬勑行
建興郡咸陽王禧妃即祥妻妹及禧構逆親知
多罹塵謗祥獨蕭然不預轉并州平北府司馬
會刺史喪朝廷以其公清遂越長史勑行州事
祥初在司馬有白壁還兵藥道顯被誣為賊官
屬推處咸以為然祥曰道顯面有悲色察獄以

色其此之謂乎苦執申之月餘别獲眞賊後除
郢州龍驤府長史帶義陽太守白早生之反也
蕭衍遣衆來援因此緣淮鎮戍相繼降没唯祥
堅城獨守蕭衍遣將胡武城陶平虜於州南金
山之上連營侵逼衆情大懼祥從容曉喻人心
遂安時出挑戰僞退以驕賊賊果日來攻逼不
復自備乃夜出襲其營將曉矢刃交下賊大崩
散遺擒平虜斬武城以送京師州境獲全論功
方有賞授而刺史婁悦耻勳出其下間之執政

事竟不行胡賊劉龍駒作逆華州勅除祥華州
安定王爕征虜府長史仍爲别將與討胡使薛
和討臧之神龜元年卒時年五十五永安二年
贈冠軍將軍南青州刺史
長子琨字懷玉少聰敏解褐相州倉曹參軍稍
遷陳郡太守輕車將軍濟州征虜府長史卒年
四十六
琨弟懷仁武定末長樂太守
懷仁弟貴字叔文少有文學識度沈雅起家北

中府中兵參軍員外散騎侍郎建義初脩起居
注除濟州撫軍府長史出帝時轉膠州車騎府
長史遷平東將軍太師咸陽王坦開府長史武
定中中尉崔暹表薦貴除　太守吏民懷其恩
惠還卒於鄴時年五十八
貴弟烈字季武歷太傅東閤祭酒卒於梁州鎮
南府長史
烈弟匡字季政頗有文學永安初釋褐封丘令
加威烈將軍時經河陰之役朝士多求出外故
匡爲之後除平遠將軍符璽郎中卒於龍驤將

軍通直散騎侍郎時年三十五贈散騎常侍前
將軍雍州刺史
祥弟少雍字季仲少聰潁有孝行尤爲祖父紹
先所愛紹先性嗜羊肝常呼少雍共食及紹先
卒少雍終身不食肝性仁厚有禮義門內之法
爲時所重釋褐奉朝請太學博士員外散騎侍
郎司空高陽王雍引爲田曹參軍少雍性清正
不憚彊禦積年久訟造次決之請託路絶時稱

賢明正始中詔百官各舉所知高陽王雍及吏部郎中李憲俱以少雍爲舉首遷給事中侍中游肇後亦薦之會卒年四十二少雍妻王氏有德義與其從子懷仁兄弟同居懷仁等事之甚謹閨門禮讓人無比焉士大夫以此稱美

子元植武定中儀同府司馬

元植弟士遜太師開府功曹參軍

鳳達弟穆字叔宗舉茂才東雍州別駕初隨父

魏列傳三十三　二十五

在下邳與彭城陳敬文友善敬文弟敬武少爲沙門從師遠學經久不反敬文病臨卒以雜綾二十匹託穆與敬武穆久訪不得經二十餘年始於洛陽見敬武以物還之封題如故世稱其廉信歷東荊州司馬轉長史帶義陽太守領戍雅有恤民之稱轉汝陽太守值水澇民飢上表請輕租賦帝從之遂勑汝陽一郡聽以小絹爲調遷中散大夫加龍驤將軍正光四年以老啓求致仕詔引見謂穆志力尚可除平原相穆善撫導民吏懷之孝昌二年徵爲征虜將軍太中大夫未發卒於郡年七十七贈後將軍幽州刺史謚曰貞

長子子馥字元穎早有學行孝昌初釋褐南司州龍驤府録事參軍丁父艱居喪有禮後除給事中南冀州防城都督素爲莊帝所知識及即位除宣威將軍尚書右主客郎中持節爲南濟冀濟青四州慰勞使尋除寧朔將軍員外散騎常侍仍領郎中太宰元天穆征邢杲引爲行臺郎中尋除平原相子馥父子並爲此郡吏民懷

魏書傳三十三　二十六　齊明

安之元顥入洛子馥不受其赦刺史元仲景附顥拘子馥并禁家口莊帝反政詔封三門縣開國男食邑二百戶天平中爲東南道行臺左丞徐州開府長史入除太尉府司馬長白山連接三齊瑕丘數州之界多有盜賊子馥受使檢覆因辨山谷要害宜立鎮戍之所又諸州豪右在山鼓鑄姦黨多依之又得密造兵仗亦請破罷諸治朝廷善而從之還除尚書右丞出爲清河太守武定八年卒於郡子馥以三傳經同說異

遂摠爲一部傳注竝出校比短長會亡未就

子德維武定末司徒行參軍

子馥弟子華字仲夷天平中右光禄大夫

柳崇字僧生河東解人也七世祖軌晉廷尉卿崇方雅有器量身長八尺美鬚明目兼有學行舉秀才射策高第解褐太尉主簿尚書右外兵郎中于時河東河北二郡爭境其間有鹽池之饒虞坂之便守宰及民皆恐外割公私朋競紛競臺府高祖乃遣崇檢斷民官息訟屬荆郢新

魏書列三十三　二十七

附南寇竊擾又詔崇持節與州郡經略兼加慰喻還遷太子洗馬本郡邑中正轉中壘將軍散騎侍郎遷司空司馬兼衛尉少卿又領邑中正出爲河北太守崇初屆郡郡民張明失馬疑十餘人崇見之不問賊事人人別借以溫顏更問其親老存不農桑多少而微察其辭色即獲真賊呂穆等二人餘皆放遣郡中畏服境内怗然卒於官年五十六贈輔國將軍岐州刺史謚曰穆崇所製文章寇亂遺失

長子慶和性沈靜不競於時起家奉朝請稍遷輕車將軍給事中本郡邑中正卒

子德逸武定末齊王丞相府主簿

慶和弟楷字孝則身長八尺善草書頗涉文史解褐員外散騎侍郎蕭[illegible]西征引爲車騎主簿仍爲行臺郎中征還以員外郎領殿中侍御史轉太尉記室參軍遷寧遠將軍通直散騎侍郎本郡邑中正普泰初簡定集書省官出除征虜將軍司徒從事中書郎轉儀同開府長史天平

魏書列三十三　二十八

中爲肆州驃騎府長史頗有聲譽又加中軍將軍興和中撫軍司馬遇病卒

崇從父弟元章姿皃魁偉歷太尉中兵參軍司空録事司徒從事中郎遷相州平東府長史屬刺史元熙起兵欲除元乂元章與魏郡太守李孝怡等執熙賜爵猗氏伯除正平太守後靈太后反政削除官爵卒於家

崇族弟敬起字華之起家中書博士轉城陽王文學除寧遠將軍尚書儀曹郎中龍驤將軍卒

陽太守卒有五子

長子永字神護性麤率解褐奉朝請轉員外散騎侍郎除太尉記室參軍遷諫議大夫又轉征虜將軍太中大夫本郡邑中正以母老解官歸養卒於家贈征西將軍秦州刺史

永弟暢字叔智自奉朝請三遷伏波將軍岐州征虜府長史遷征虜將軍魯陽太守還除左將軍太中大夫轉安東將軍光祿大夫卒贈衛大將軍雍州刺史謚曰穆

魏書傳三十三　二十九　方堅

暢弟範字洪禮卒於前將軍給事中本州大中正

範弟粹字季義出後叔仲起武定末平東將軍遷西太守

仲起弟仲起字紹隆舉秀才咸陽王禧爲牧辟西曹書佐無子兄子粹繼之

宗族子儁起少有志尚解褐奉朝請轉太尉默曹參軍伏波將軍司徒倉曹參軍卒

長子達摩武定末陽城太守

儁起從父弟援字乾護身長八尺儀望甚偉解褐太尉鎧曹參軍轉護軍司馬稍遷冠軍將軍司空長史轉廷尉少卿出除安西將軍南秦州刺史尋爲散騎常侍鎮軍將軍轉征西將軍金紫光祿大夫遷車騎將軍右光祿大夫卒贈本將軍秦州刺史

子長粲武定末青州驃騎府中兵參軍

援從父弟仲景汝南王悅常侍

史臣曰韋杜舊族門風名亦不殞裴辛柳氏素業有資器行仍　所以布於列位不替其美

魏書傳三十三　三十　張廣洲

列傳第三十三　魏書四十五

列傳第三十四　魏書四十六

竇瑾　許彥

李訢

竇瑾字道瑜頓丘衛國人也自云漢司空融之後高祖成爲頓丘太守因家焉瑾少以文學知名自中書博士爲中書侍郎賜爵繁陽子加寧遠將軍參與軍國之謀屢有軍功遷秘書監進爵衛國侯加冠軍將軍轉西部尚書初定三秦人猶去就拜使持節散騎常侍都督秦雍二州

魏書傳三十四　一

諸軍事寧西將軍長安鎮將毗陵公在鎮八年甚著威惠徵爲殿中都官尚書仍散騎常侍世祖親待之賞賜甚厚從征蓋吳先驅慰諭因平巴西氐羌酋領降下數千家不下者誅之又降蠻酋仇天尒等三千家於五將山蓋吳平瑾留鎮長安還京復爲殿中都官典左右執法世祖歎曰古者右賢左戚國之良翰毗陵公之謂矣恭宗薨於東宮瑾兼司徒奉詔冊謚出爲鎮南將軍冀州刺史清約沖素憂勤王事著稱當時還爲內都大官興光初瑾女壻鬱林公司馬彌陁以選尚臨涇公主瑾教彌陁辭託有誹謗呪詛之言與彌陁同誅瑾有四子秉持依並爲中書學生與父同時伏法唯少子遵逃匿得免遵善楷篆北京諸碑及臺殿樓觀宮門題署多遵書也官至尚書郎濮陽太守多所受納其子僧演姦通民婦爲民賈邈所告免官後以善書拜庫部令卒官

許彥字道謨小字嘉屯高陽新城人也祖茂慕

魏書傳三十四　二　任臤

容氏高陽太守彥少孤貧好讀書後從沙門法叡受易世祖初被徵以卜筮頻驗遂在左右參與謀議拜散騎常侍賜爵博陵侯彥質厚慎密與人言不及內事世祖以此益親待之進爵武昌公拜安東將軍相州刺史在州受納多違法度詔書切讓之然以彥腹心近臣弗之罪也眞君二年卒謚曰宣公

子宗之初入爲中散領內祕書世祖臨江賜爵高鄉侯高宗踐祚遷殿中尚書出爲鎮東將軍

定州刺史潁川公受勑討丁零丁零既平宗之因循郡縣求取不節深澤人馬超毀謗宗之宗之怒遂毆殺超懼超家人告狀上超謗訕朝政高宗聞之曰此必妄也朕為天下主何惡於超而超有此言必是宗之懼罪誣超按驗果然事下有司司空伊馛等以宗之腹心近臣出居方伯不能宣揚本朝盡心綏導而侵損齊民枉殺良善妄列無辜上塵朝廷誣詐不道理合極刑太安二年冬遂斬於都南

宗之孫亮字元規正光中盪寇將軍稍遷冀州驃騎長史司徒諮議參軍年五十二卒

宗之長兄熙字德融襲爵武昌公中書郎早卒

子安仁襲除中書郎卒贈安東將軍冀州刺史謚曰簡

子元康襲爵後降為侯拜冠軍將軍長安鎮副將遷監河州諸軍事河州刺史將軍如故入為廷尉少卿除魏郡太守固辭不拜尋卒贈征虜將軍營州刺史謚曰肅

子廓字崇遠襲爵除奉朝請累遷頓丘東太原二郡太守卒年二十八子子躬襲

子躬武定末中外府水曹參軍齊受禪爵例降

子躬弟子憲太尉中兵參軍

元康弟護州主簿

子瑞字徵　亦州主簿卒

瑞弟絢字伯禮頗有業尚閨門雍睦三世同居吏部尚書李神儁常稱其家風自侍御史累遷尚書左民郎司徒諮議參軍修起居注後拜太中大夫興和初卒年四十七贈使持節都督冀瀛二州諸軍事征東將軍吏部尚書冀州刺史

絢弟遜武定末東陽平太守

遜弟瞱字叔明性開率州治中別駕西高陽太守太中大夫興和三年卒年四十一贈鎮東將軍瀛州刺史

瞱弟惇字季良武定末兼大司農卿

熙弟龍官至趙郡太守

孫琰字長琳有幹用初除太學博士累遷尚書

南主客郎瀛州中正孝昌中卒年四十七贈平
東將軍滄州刺史永熙中重贈散騎常侍衞將
軍尚書右僕射瀛州刺史
琰弟璣字仲衡有識尚廣平王常侍員外散騎
侍郎諫議大夫遷通直散騎常侍瀛州大中正
散騎常侍滎陽太守行南青州事卒年五十五
琰兄弟並通率多與勝流交遊又有傅陵
許赤虎涉獵經史善嘲謔延興中著作佐
郎與慕容白曜南討後使江南應對敏捷雖
言不典故而南人頗稱機辯滑稽焉使還爲東

郡太守卒官
子陁定州長史
李訢字元盛小名真奴范陽人也曾祖產產子
績二世知名於慕容氏父崇馮跋吏部尚書石
城太守延和初車駕至和龍崇率十餘郡歸降
世祖甚禮之呼曰李公以崇爲平西將軍北幽
州刺史固安侯卒年八十一謚曰襄侯訢母賤
爲諸兄所輕崇曰此子之生相者言貴吾每觀

察或未可知遂使入都爲中書學生世祖幸中
書學見而異之指謂從者曰此小兒終效用於
朕之子孫矣因識眄之世祖舅陽平王杜超有
女將許貴戚世祖聞之謂超曰李訢後必官達
益人門戶可以女妻之勿許他貴也遂勸成婚
南人李哲嘗言訢必當貴達杜超之死也世祖
親哭三日訢以超婿得在喪位出入帝目而指
之謂左右曰觀此人舉動豈不有異於衆必爲
朕家幹事之臣訢聰敏機辯彊記明察初李靈

爲高宗傅士諮議詔崔浩選中書學生器業優
者爲助教浩舉其弟子箱子與盧度世李敷三
人應之給事高讜子祐尚書段霸兒姪等以爲
浩阿其親戚言於恭宗恭宗以浩爲不平聞之
於世祖世祖意在於訢曰云何不取幽州刺史
李崇老翁兒也浩對曰前亦言訢合選但以其
先行在外故不取之世祖曰可待訢還箱子等
罷之訢爲世祖所識如此遂除中書助教博士
稍見任用入授高宗經高宗即位訢以舊恩親

寵還儀曹尚書領中祕書賜爵扶風公加安東將軍贈其母孫氏爲容城君高宗顧謂羣臣曰朕始學之歲情未能專旣揔万機溫習靡暇是故儒道實有闕焉豈惟予咎抑亦師傅之不勤所以爵賞仍隆者蓋不遺舊也訢免冠拜謝出爲使持節安南將軍相州刺史爲政清簡明於折獄姦盜止息百姓稱之訢上疏求立學校曰臣聞至治之隆非文德無以經綸王道太平之美非良才無以光贊皇化是以昔之明主建庠

魏書傳三十四　七

序於京畿立學官於郡邑教國子弟習其道藝然後選其俊異以爲造士今聖治欽明道隆三五九服之民咸仰德化而所在州土學校未立臣雖不敏誠願備之使後生聞雅頌之音童幼覩經教之本臣昔蒙恩寵長管中祕時課修學有成立之人髦俊之士已蒙進用臣今重荷榮遇顯任方岳思闡帝猷光宣於外自到以來訪諸文學舊德已老後生未進歲首所貢雖依制遣對問之日懼不克堪臣愚欲仰依先典於州

郡治所各立學官使士望之流冠冕之胄就而受業庶必有成其經藝通明者貢之王府則郁郁之文於是不墜書奏顯祖從之以訢治爲諸州之最加賜衣服自是遂有驕矜自得之志乃受納民財及商胡珍寶兵民告言尚書李敷與訢少長相好每左右之或有勸以奏聞敷不許顯祖聞訢罪狀檻車徵訢拷劾抵罪時敷兄弟將見踈斥有司諷訢以中旨嫌敷兄弟之意令訢告列敷等隱罪可得自全訢深所不欲且弗

魏書傳三十四　八

之知也乃謂其女壻裴攸曰吾宗與李敷族世雖遠情如一家在事既有此勸意如何也昨來每欲爲此取死引簪自刺以帶自絞而不能致絕且亦不知其事攸曰何爲爲他死也敷兄弟事釁可知有馮闡者先爲敷所敗其家切恨之但呼闡弟問之足知委曲訢從其言又趙郡范攄具條列敷兄弟事狀有司以聞敷坐得罪詔列訢貪冒罪應死以糾李敷兄弟故得降免百鞭髡刑配爲廝役訢之廢也平壽侯張讜見訢

與語奇之謂人曰此佳士也終不久屈未幾而復爲太倉尚書攝南部事用范摽陳端等計令千里之外戶別轉運詣倉輸之所在委滯停延歲月百姓競以貨賂各求在前於是遠近大爲困弊道路羣議曰畜聚斂之臣未若盜臣訢弟左將軍璞謂訢曰范摽善能降人以色假人以辭未聞德義之言但有勢利之說聽其言也甘察其行也賊所謂諂諛讒慝貪冒姦佞不早絕之後悔無及訢不從彌信之腹心之事皆以告

摽訢既寵於顯祖參決軍國大議兼典選舉權傾內外百寮莫不曲節以事之摽以無功起家拜盧奴令延興末詔曰尚書李訢著勳先朝弼諧皇極讜言嘉謀旬日屢進實國家之楨幹當今之老成也是以擢授南部綜理煩務自在厥位夙夜惟夤乃心匪懈克己復禮退食自公利上之事知無不爲賞罰所加不避疏戚雖孝子之思慈母鷹鸇之逐鳥雀何以方之若鄭之子產晉之季文亦未加也然惡直醜正盜憎主人自往年以來羣姦不息劫訢宗人李英等四家焚燒舍宅傷害良善此而可忍孰不可恕有司可明加購募必令擒殄六月顯祖崩訢遷司空進爵范陽公七月以訢爲侍中鎮南大將軍開府儀同三司徐州刺史范摽知文明太后忿訢也又知內外疾之太和元年二月希旨告訢外叛文明太后徵訢至京師言其叛狀訢曰無之引摽證訢訢言爾妄云知我吾又何言雖然爾不顧余之厚德而忍爲此不仁甚矣摽曰公德

於摽何若李敷之德於公公昔忍於敷摽今敢不忍於公乎訢慨然曰吾不用璞言自貽伊戚万悔於心何嗟及矣遂見誅訢有三子

長子遼起家拜侍御中散東宮門大夫遷散騎常侍加平東將軍先訢卒

子晴字誨明逃竄遇赦免

晴子衡字伯琳武定中中堅將軍齊獻武王丞相府水曹參軍

遼弟令和令度與訢同時死

訢長兄恭字元順成周太守卒贈幽州刺史容
成侯謚曰簡侯
恭弟瓘字元衡營丘太守襲父爵固安侯平西
將軍卒贈兗州刺史謚曰康侯
子長生襲長生卒
子元宗襲廣平郡丞陳郡太守
璞字季真性惇厚多識人物歷中書博士侍郎
漁陽王尉眷傳左將軍長安副將賜爵宜陽侯
太常卿承明元年年五十一先訢卒贈安西將

軍雍州刺史謚曰穆
子暉中書議郎
暉弟固太學博士高密太守
固弟欽州主簿
欽子奭字元熾武定末鎮西將軍南營州別駕
奭弟盛字仲炎安東將軍開府諮議參軍
盛弟叔樊平西將軍太中大夫
欽弟蘊字宗令有器幹中書學生祕書中散侍
御中散出爲燕郡范陽二郡太守入爲員外散

騎常侍尚書右丞中堅將軍遷左丞延昌三年
卒贈平遠將軍南青州刺史謚曰敬初崇之歸
魏也與州里北平田彪俱降而彪子孫遂微劣
焉
史臣曰魏氏之有天下百餘年中任刑爲治蹉
跌之間便至夷滅竇瑾李訢器識既美時曰良
幹瑾以片言疑似訢以夙故猜嫌而嬰合門之
戮悲夫宗之不全自貽伊戚矣

列傳第三十四 魏書四十六

列傳第三十五　　　　魏書四十七

盧玄

盧玄字子眞范陽涿人也曾祖諶晉司空劉琨從事中郎祖偃父邈並仕慕容氏爲郡太守皆以儒雅稱神䴥四年辟召儒儁以玄爲首授中書博士司徒崔浩玄之外兄每與玄言輒歎曰對子眞使我懷古之情更深浩大欲齊整人倫分明姓族玄勸之曰夫𠜂制立事各有其時樂爲此者詎幾人也宜其三思浩當時雖無異言竟不納浩敗頗亦由此後轉寧朔將軍兼散騎常侍使劉義隆義隆見之與語良久歎曰中郎卿曾祖也旣還病卒

子度世字子遷幼而聰達有計數爲中書學生應選東宮弱冠與從兄遐俱以學行爲時流所重度世後以崔浩事棄官逃於高陽鄭羆家羆匿之使者因羆長子將加捶楚羆戒之曰君子殺身以成人汝雖死勿言子奉父命遂被考掠至乃火爇其體因以物故卒無所言度世後令弟娶羆妹以報其恩世祖臨江劉義隆使其殿中將軍黃延年朝貢世祖問延年曰范陽盧度世坐與崔浩親通逃命江表應已至彼延對曰都下無聞當必不至世祖詔東宮赦度世宗族逃亡及籍没者度世乃出赴京拜中書侍郎襲爵興安中兼太常卿立保太后父遼西獻王廟加鎮遠將軍進爵爲侯後除散騎侍郎使劉駿遣其侍中柳元景與度世對接度世應對失衷還被禁劾經年乃釋除假節鎮遠將軍齊州刺史州接邊境將士數相侵掠度世乃禁勤所統還其俘虜二境以寧後坐事因繫久之還鄉里尋徵赴京除平東將軍青州刺史未拜遇患延興元年卒年五十三謚曰惠侯四子淵敏昶尚

初玄有五子嫡唯度世餘皆別生崔浩事難其庶兄弟常欲危害之度世常深忿恨及度世有子每誡約令絶妾孽不得使長以防後患至淵兄弟婢賤生子雖形貌相類皆不舉接爲識者所非

淵字伯源小名陽烏性温雅寡欲有祖父之風敦尚學業閨門和睦襲侯爵拜主客令典屬國遷祕書令始平王師以例降爵爲伯給事黃門侍郎遷兼散騎常侍祕書監本州大中正是時高祖將立馮后方集朝臣議之高祖先謂淵曰卿意以爲何如對曰此自古所慎如臣愚意宜更簡卜高祖曰以先后之姪朕意已定淵曰雖奉勅如此然於臣心實有未盡及朝臣集議執意如前馮誕有盛寵深以爲恨淵不以介懷及

高祖議伐蕭賾淵表曰臣誠識不周覽頗尋篇籍自魏晉以前承平之世未有皇輿親御六軍決勝行陳之間者勝不足爲武弗勝有虧威德明千鈞之弩不爲鼷鼠發機故也昔魏武以弊卒一万而袁紹土崩謝玄以步兵三千而苻堅瓦解勝負不由衆寡成敗在於須臾若用田豐之謀則坐制孟德矣魏既并蜀迄于晉世吳介有江水居其上流大小勢殊德政理絕然猶君臣協謀垂數十載逮孫皓暴戾上下攜爽水陸

俱進一舉始克今蕭氏以篡殺之燼政虐役繁又支屬相屠人神同棄吳會之民延踵皇澤正是齊軌之期一同之會若大駕南巡必左衽革面閩越倒戈其猶運山壓卵有征無戰然愚謂万乘親戎轉漕難繼千里饋粮士有飢色大軍之後必有凶年不若命將簡銳盪滌江右然後鳴鑾巡省告成東岳則天下幸甚率土戴賴臣又聞流言關右之民自比年以來競設齋會假稱豪貴以相扇惑顯然於衆坐之中以謗朝廷

無上之心莫此之甚愚謂宜速懲絕戮其魁帥不爾懼成黃巾赤眉之禍育其微萌不芟之毫末斧斤一加恐蹈害者衆臣世奉皇家義均休戚誠知干忤之愆實深然不忠之罪莫大詔曰至德雖一樹功多途三聖殊文五帝異律或張或弛豈必相因遠惟承平之主所以不親旆五戎者蓋有由矣英明之主或以同軌無征守庸之君或緣志劣寢伐今若喻之英皇時非昔類比之庸后意有忝焉朕元極之尊本不宜駕三

公之徒革轄之戎寧非謬歟尋夫昔人君必須巳而濟世豈不克廣先業也定火之雄未聞不武世祖之行匪皆疑懾且曹操勝袁蓋由德義內舉苻堅瓦解當緣立政未至定非弊卒之力彊十万之衆寡劣也今則驅馳先天之術駕用仁義之師審觀成敗庶免斯咎長江之阻未足可憚蹻紀之略何必可師洞庭彭蠡竟非殷固奮臂一呼或成漢業經略之義當付之臨機足食之籌望寄之蕭相將希混一豈好輕動利見之

魏書傳三十五　五

事何得委人也又水旱之運未必由兵堯湯之難詎因興旅頗豐之後雖靜有之關左小紛已勑禁勤流言之細昌足以紆天功深録誠心勿恨不相遂耳及車駕南伐趙郡王幹督關右諸軍事詔加淵使持節安南將軍爲副勒衆七万將出子午尋以蕭賾死停師是時涇州羌叛殘破城邑淵以步騎六千衆號三萬徐行而進未經三旬賊衆逃散降者數萬口唯梟首惡餘悉不問詔兼侍中初淵年十四嘗詣長安將還諸

相餞送者五十餘人別於渭北有相者扶風人王伯達曰諸君皆不如此盧郎雖位不副實然德聲甚盛望踰公輔後二十餘年當制命關右願不相忘此行也相者年過八十詣軍門請見言叙平生未幾拜儀曹尚書高祖考課在位降淵以王師守常侍尚書奪常侍祿一周尋除豫州刺史以母老固辭會蕭昭業雍州刺史曹虎遣使請降乃以淵爲使持節安南將軍督前鋒諸軍徑赴樊鄧淵面辭曰臣本儒生頗聞俎豆

魏書傳三十五　六

軍旅之事未之學也惟陛下裁之軍期已逼高祖不許淵曰但恐曹虎爲周魴耳陛下宜審之虎果僞降淵至葉具曹虎譎詐之問兼陳其利害詔淵進取南陽淵以兵少糧乏表求先攻赭陽以近葉倉故也高祖許焉乃進攻赭陽蕭鸞遣將垣歷生來救淵素無將略爲賊所敗坐免官爵爲民尋遭母憂高祖遣謁者詣宅宣慰服闋兼太尉長史高祖南討又兼彭城王中軍府長史尋爲徐州京兆王愉兼長史賜絹百匹愉

既年少事無巨細多決於淵淵以誠信御物甚得東南民和南徐州刺史沈陵密謀外叛淵覺其萌漸潛勑諸戍微爲之備屢有表聞朝廷不納陵果殺將佐勒宿豫之衆逃叛濱淮諸戍由備得全陵在邊歷年陰結旣廣二州人情咸相扇惑陵之餘黨頗見執送淵皆撫而赦之惟歸罪於陵由是衆心乃安景明初除秘書監二年卒官年四十八贈安北將軍幽州刺史復本爵固安伯謚曰懿初諶父志法鍾繇書傳業累世

世有能名至邈以上兼善草迹淵習家法代京宮殿多淵所題白馬公崔玄伯亦善書世傳衞瓘體魏初工書者崔盧二門淵與僕射李沖特相友善沖重淵門風而淵祗沖才官故結爲婚姻往來親密至於淵荷高祖意遇頗亦由沖淵有八子

長子道將字祖業應襲父爵而讓其第八弟道舒有司奏聞詔曰長嫡承重禮之大經何得輒授也而道將引清河國工常侍韓子熙讓弟仲穆魯陽男之例尚書李平重申奏詔乃聽許道將涉獵經史風氣謇諤頗有文才爲一家後來之冠諸父並敬憚之彭城王勰任城王澄皆虛襟相待勰爲中軍大將軍辟行參軍遷司徒東閤祭酒尚書左外兵郎中轉秘書丞出爲燕郡太守道將下車表樂毅霍原之墓而爲之立祠優禮儒生勵勸學業敦課農桑墾田歲倍入爲司徒司馬卒贈龍驤將軍太常少卿謚曰獻所爲文筆數十篇

子懷祖太學博士員外散騎侍郎卒

懷祖弟懷仁武定中太尉鎧曹參軍

道將弟亮字仁業不仕而終

子思道

亮弟道裕字寧祖少以學尚知名風儀兼美尚顯祖女樂浪長公主拜駙馬都尉太子舍人尋轉洗馬遷散騎侍郎轉安遠將軍中書侍郎兼秘書丞尋以母憂去官服終復拜中書侍郎遷龍驤將軍太子中庶子幽州大中正轉長兼散

騎侍郎加左將軍神龜二年除左將軍涇州刺
史其年七月卒官年四十四贈撫軍將軍青州
刺史賜帛三百匹謚曰文侯
子景緒武定中儀同開府録事參軍
道裕弟道虔字慶祖粗閑經史兼通筭術尚高
祖女濟南長公主公主驕淫聲穢遐邇先無疹
患倉卒暴薨時云道虔所害世宗秘其醜惡不
苦窮治尚書奏道虔爲國子博士靈太后追
主薨事乃黜道虔爲民終身不仕孝昌末臨淮

王彧因將出征啓除道虔奉車都尉道虔外生
李彧尚莊帝姊豐亭公主因相藉託永安中除
輔國將軍通直常侍尋加征虜將軍以議歷勳
賜爵臨淄伯遷散騎常侍天平初征南將軍轉
都官尚書本州大中正出除驃騎將軍幽州刺
史尋加衛大將軍卒於官贈都督幽瀛二州諸
軍事驃騎大將軍尚書右僕射司空公瀛州刺
史謚曰恭文公主二子昌寓昌仁昌寓不慧昌
仁早卒道虔又娶司馬氏有子昌裕及司馬見

出之後更娉元氏生二子昌期昌衡兄弟競父
爵至今未襲
道虔弟道侃字希祖州主簿沉雅有學尚
孝昌末卒二子早夭以弟道約子正達爲後
武定中征虜將軍太尉記室參軍
道侃弟道和字叔維兄弟之中人望最下襲
州中軍府中兵參軍卒
子景豫
景豫弟景熙武定中儀同開府諮議

道和弟道字季恭起家員外郎累遷司空
録事參軍司徒屬幽州大中正輔國將軍
光禄大夫轉司徒右長史太傅李延寔出
除青州延寔負先被病道約延寔之妻弟詔
以道約爲延寔長史加散騎常侍尋以匪
維也永熙中車騎將軍左光禄大夫領廣平
王贊負儀同開府長史天平中開府儀同高
岳請爲長史岳轉除青冀二州道約仍爲
長史隨岳兩藩有毗佐之稱興和末除

衛大將軍兖州刺史在州頗得民和武定元年
卒年五十八贈使持節驃騎大將軍儀同三司
幽州刺史
子正通開府諮議少有令譽徵赴晉陽遇患卒
妻鄭氏與正通弟正思淫亂武定中爲御史所
劾人士疾之
道約弟道舒字幼安襲父爵自尚書左主客郎
中爲冠軍將軍中書侍郎卒
淵弟敏字仲通小字紅崖少有大量太和初拜

魏書傳三十五　十一

議郎早卒贈威遠將軍范陽太守謚曰靖高祖
納其女爲嬪敏五子
義僖字遠慶早有學尚識度沈雅年九歲喪父
便有至性少爲僕射李沖所歎美起家祕書郎
歷太子舍人司徒中郎神龜初任城王澄奏舉
義僖除散騎侍郎轉冠軍將軍中散大夫以母
憂去職幽州刺史王誦與義僖交款每與舊故
李神儁等書曰盧冠軍在此時復惠好輒留連
數日得諮詢政道其見重若此齊王蕭寶夤啓

爲開府諮議參軍辭疾不赴尋兼司空長史拜
征虜將軍太中大夫散秩多年澹然自得李神
儁勸其干謁當途義僖曰學先王之道貴行先
王之志何能苟求富貴也孝昌中除散騎常侍
時靈太后臨朝黄門侍郎李神軌勢傾朝野求
結婚姻義僖慮其必敗拒而不許王誦謂義僖
曰昔人不以一女易五男卿豈易之也義僖曰
所以不從正爲此耳從之恐禍大而速誦乃堅
握義僖之手曰我聞有命不敢以告人遂適他

魏書傳三十五　十二

族臨婚之夕靈太后遣中常侍服景就家勑停
內外惶怖義僖夷然自若建義初兼都官尚書
尋除安東將軍衛尉卿普泰中除都官尚書加
驃騎大將軍左光禄大夫義僖少時幽州頻遭
水旱先有穀數万石貸民義僖以年穀不熟乃
燔其契州閭悦其恩德性寬和畏愼不妄交款
與魏子建情好尤篤言無所隱義僖性清儉不
營財利雖居顯位每至困乏麥飯蔬食忻然甘
之永熈中風疾頗發興和中卒年六十四贈本

將軍儀同三司瀛州刺史謚孝簡

子遜之武定中太尉記室參軍

遜之弟世猷齊王開府集曹參軍

義僖弟義悰字叔預司空行參軍本州治中散騎侍郎司徒諮議參軍

子孝章儀同開府行參軍早亡

義悰弟義敦字季和征北府默曹參軍

子景開字子達武定中儀同開府屬

義敦弟義安字幼仁不仕義僖諸弟並遠不逮兄也

敏弟昶字叔達小字師顏學涉經史早有時譽太和初爲太子中舍人兼員外散騎常侍使於蕭昭業高祖詔昶曰卿便至彼勿存彼我密邇江揚不早當晚會是朕物卿等欲言便無相疑難又勅副使王清石曰卿莫以本是南人言語致慮若彼先有所知所識欲見便見須論即論盧昶正是寬柔君子無多文才或主客命卿作詩可率卿所知莫以昶不作便復罷也凡使人之體以和爲貴勿遞相矜誇見於色貌失將命之體卿等各率所知以相規誨及昶至彼值蕭鸞僭立於是高祖南討之昶兄淵爲別道將而蕭鸞以朝廷加兵遂酷遇昶等昶本非骨鯁聞南人云兄既作將弟爲使者乃大恐怖淚汗交橫鸞以腐米臭魚莝豆供之而謁者張思寧辭氣寒諤曾不屈撓遂以壯烈死於館中昶還高祖責之曰銜命之禮有死無辱雖流放海隅猶宜抱節致殞卿不能長纓羈首已是可恨何乃

俛眉飲啄自同犬馬有生必死脩短幾何卿若殺身成名貽之竹素何如甘彼芻菽以辱君父乎縱不遠慙蘇武寧不近愧思寧昶對曰臣器之陸隨忝使閩越屬蕭鸞昏狂誅戮無道恐不得仰奉明時歸養老母苟存尺蠖屈以求伸負辱朝命罪宜万死乞歸司寇伏聽斧鉞遂見罷黜久之復除彭城王友轉祕書丞景明初除中書侍郎遷給事黃門侍郎本州大中正昶請外祿世宗不許遷散騎常侍兼尚書時洛陽縣獲

白鼠神奏曰謹案瑞典外鎮刺史二千石令長不祗上命刻暴百姓人民怨嗟則白鼠至臣聞禎不虛見德合必符妖不妄出咎彰則至是以古之人君或怠瑞以失德或祗變而立功斯乃万古之殷鑒千齡之炯誡比者災氣作沴恒陽虧度陛下流如傷之慈降納隍之旨哀百姓之無辜引在予之深責舉賢黜佞之詔道映於堯先進思納諫之言事光於舜右伏讀明旨俯覩徵讜敢布庸瞽以陳万一竊惟一夫之耕食裁充口一婦之織衣止蔽形年租歲調則惟常理此外徵求於何取足然自比年以來兵革屢動荊揚二州屯戍不息鍾離義陽師旅相繼兼荊蠻凶狡王師薄伐暴露原野經秋淹夏汝潁之地率戶從戎河冀之境連丁轉運又戰不必勝加之退負死喪離曠十室而九細役煩徭日月滋甚苛兵酷吏因逞威福至使通原遙畛田蕪罕耘連村接閈蠶飢莫食而監司因公以貪求豪強恃私而逼掠遂令鬻裋褐以益千金之資

制口腹而充一朝之急此皆由牧守令長多失其人郡闕黃霸之君縣無魯恭之宰不思所以安民正思所以潤屋故士女呼嗟相望於道路守宰暴貪風聞於魏闕往歲法官案驗多挂刑網謂必顯戮以明勸誡然後遣使覆訊公違憲典或承風俠請輕樹私恩或容情受賄輒施己惠御史所劾皆言誣枉申雪罪人更云清白長侮上之源滋陵下之路忠清之人見之而自怠犯暴之夫聞之以益快白鼠之至信而有徵矣伏願陛下垂叡喆之鑒察妖災之起延對公卿廣詢庶政引見樞納博求民隱存問孤寡去其苛碎輕徭省賦與民休息貞良忠讜置之於朝姦回貪佞棄之於市則九官勿戒而恒勤百縣不嚴而自肅士女欣欣人有望矣詔曰朕纂承鴻緒伏膺寶曆思靖八方惠康四海當必世之期麟鳳不降屬勝殘之會白鼠告咎萬邦有罪實唯朕躬尚書敷納機猷獻替是寄讜言有聞朕實嘉美轉侍中又兼吏部尚書尋即正仍侍

中昶守職而已無所激揚也與侍中元暉等更
相朋附爲世宗所寵時論鄙之出除鎮東將軍
徐州刺史永平四年夏昶表曰蕭衍琅邪郡民
王万壽等款誠内結潛來詣臣云朐山戍今將
交換有可圖之機臣即許以旌賞遣其還入至
三月二十四夜万壽等獎率同盟攻掩朐城斬
衍輔國將軍琅邪東莞二郡太守帶朐山戍主
劉晣并將士四十餘人傳首至州臣即遣兼郯
城戍副張天惠率驍勇二百徑往赴之琅邪諸
三百卅　魏傳三十五　十七　胡虔十四
戍絡繹繼援而衍郁洲已遣二軍以拒天惠天
惠與万壽等内外齊擊俘斬數百便即據城詔
昶曰彭宋地接邊疆勢連淮海威禦之術功在
不易朐山險塞寇之要防水陸交湊揚郁路衝
畜聚凶徒虔劉邊鄙青光齊兖每罹其患卿妙
筭既敷克城殄衆展疆闢土何善如之庸勳之
懋朕用嘉止故遣左右直長閻遵業具宣往懷
此戍郁洲之本存亡所繫今既失守有不存之
心彼見扼喉將圖救援之計今水雨盛行宜須

防守卿可深思擬捍之規攘敵之略使還具聞
昶又表蕭衍將張稷馬仙琕陰虔和等各領精
兵分屯諸堰呂義之張惠紹王神念王茂光承
彼傳信續發建鄴自存之計并歸於此量力準
寇事恐不輕何者此兵九千賊衆四万名將健
士遠近畢集邀憑兩勢決死來戰藉衆乘凶希
固巢穴所以傾國而舉非爲朐山將恐王師固
六里據湖衝南截淮浦勢崩難測海利鹽物交
關常貢所慮在大有必爭之心若皇家經略方
三百二十四　魏傳三十五　十八　沈
有所討必須簡將增兵加益粮仗與之亢擬相
持至秋天麾一動開拓爲易圖南之計事本在
今請增兵六千米十万石如其不也伏聽朝議
昶又表賊徒大集衆旅彌盛置柵朐山屯守門
井井圍固城晝夜連戰恐狡勢既彌後難除揃
輒欲令征虜將軍趙遐率勒見兵與之決勝遐
慮衆少不敢若一舉失利則衆心挫怯求待大
衆俱至奮銳擊之竊謂此謀非爲孟浪且臣本
奉朝規令相拒可以待涼月今歲已云秋高風

漸舉經筭大圖時事既至且鮑口以東陸運無
閡朐固之間本無停潦宜時擣擊邊堰而賊自
夏以來貫甲不歇從六里以北城柵相連役使
兵人便已疲殆若大衆臨之必可禽捷一城退
潰衆壘土崩乘勝圖之易於振朽脫兵不速至
長彼熾心軍士憂惶自生異議請速簡配以及
事機詔曰克獲朐山計本於昶乘勝之規終宜
有寄是以起兵之始即委處分前機經略一以
任之今既請兵理宜速遂可遣冀定瀛相四州

中品羽林虎賁四千人赴之又詔昶曰朐山之
克寔由於卿開疆拓土實爲長策然經討未服
非卿而誰而蟻徒送死規侵王略天亡小賊數
在無遠故前者命卿親臨指授尋以卿疾未瘳
且待消息今既痊復宜遵前旨秉戈揮銳殄寇
爲懷已發虎旅五万應機電赴指辰而至遂卿
本請截彼東南亮委高筭又詔昶曰取朐罝戍
並是卿計始終成敗悉歸於卿卿以兵少請益
今已遂卿本意如聞東唐陸道甚狹一軌之外

皆是大水彼必據之以斷軍路若已如此更設
何策其軍奇兵變遽以表聞又聞衍軍將帥每
有流言云魏博淮陽宿豫乃是兩冝若實有此
卿可量朐山薪水得支幾時脫事容往返馳驛
速聞如薪水少急即可量計若理不可爾亦將
軍裁決昶既儒生本少將略又羊祉子燮爲昶
司馬專任戎事掩昶耳目將士怨之朐山戍主
傅文驥粮樵俱罄以城降衍昶見城降於是先
走退諸軍相尋奔遁遇大寒雪軍人凍死及落

手足者三分而二自國家經略江左唯有中山
王英敗於鍾離昶於朐山失利最爲甚焉世宗
遣黃門甄琛馳駟鏁昶窮其敗狀詔曰朐山之
敗傷損實深推始究末罪鍾元帥雖經大宥輕
重宜別昶一人可以免官論坐自餘將統以下
悉聽依赦復任未幾拜太常卿仍除安西將軍
雍州刺史又進號鎮西將軍加散騎常侍熙平
元年卒於官贈征北將軍冀州刺史謚曰穆昶
寬和矜恕善於綏撫其在徐州戍兵疾親自撿

恤至番兵年滿不歸容充後役終袒一政然後
始還人庶稱之
子元聿字仲訓無他才能尚高祖女義陽長公
主拜駙馬都尉位太尉司馬光祿大夫卒贈中
書監
子士晟儀同開府掾
元聿第五弟元明字幼章涉歷羣書兼有文義
風彩閑潤進退可觀永安初長兼尚書令臨淮
王彧欽愛之及彧開府引爲兼屬仍領部曲出

帝登祚以郎任行禮封城陽縣子遷中書侍郎
永熙末居洛東緱山乃作幽居賦焉於時元明
友人王由居潁川忽夢由攜酒就之言別賦詩
爲贈及明憶其詩十字云自茲一去後市朝不
復遊元明歎曰由性不狎俗旅寄人間乃今有
夢又復如此必有他故經三日果聞由爲亂兵
所害尋其亡日乃是得夢之夜天平中兼吏部
郎中副李諧使蕭衍南人稱之還拜尚書右丞
轉散騎常侍監起居積年在史館了不厝意又

兼黃門郎本州大中正元明善自標置不妄交
遊飲酒賦詩遇興忘返性好玄理作史子新論
數十篇文筆別有集録少時常從鄉還洛途遇
相州刺史中山王熙熙博識之士見而歎曰盧
郎有如此風神唯須誦離騷飲美酒自爲佳器
遂留之數日贈帛及馬而別元明凡三娶次妻
鄭氏與元明兄子士啓淫汙元明不能離絶又
好以世地自矜時論以此貶之
元明弟元緝字幼緒凶率好酒曾於婦氏飲宴
小有不平手刃其客起家祕書郎轉司徒祭酒

稍遷輔國將軍司徒司馬卒於官贈散騎常侍
都督幽瀛二州諸軍事驃騎大將軍吏部尚書
幽州刺史謚曰宣
子士深開府行參軍
袒弟尚之字季儒小字羨夏亦以儒素見重太
和中拜議郎轉趙郡王征東諮議參軍母憂去
官後爲太尉主簿司徒屬范陽太守章武內史
兼司徒右長史加冠軍將軍轉左長史出爲前

將軍濟州刺史入除光祿大夫正光五年卒年六十二贈散騎常侍安東將軍青州刺史

長子文甫字元祐少有器尚涉歷文史有譽於時位司空參軍年四十九卒

子敬舒有文學早亡

文甫弟文翼字仲祐少甚輕躁晚頗改節爲員外郎因歸鄉里永安中爲都督守范陽三城拒賊帥韓婁有功賜爵范陽子永熙中除右將軍太中大夫棲遲桑井而卒年六十

子士偉興和中中散大夫

子翼弟文符字叔信性通率位員外郎羽林監尚書主客郎中遷通直散騎侍郎永安中卒年四十

子子潛武定中齊文襄王中外府中兵參軍度世季氏之甥其爲濟州也國家初平升城無鹽房崇吉母傅氏度世繼外祖母兄之子婦也兖州刺史申纂妻賈氏崇吉之姑女也皆亡破軍途老病憔悴而度世推計中表致其恭恤每覲見傅氏跪問起居隨時奉送衣被食物亦存賑賈氏供其服膳青州既陷諸崔墜落多所收贖及淵昶等並循父風遠親疎屬叙爲尊行長者莫不畢拜致敬閨門之禮爲世所推謙退簡約不與世競父母亡然同居共財自祖至孫家内百口在洛時有飢年無以自贍然尊卑怡穆豐儉同之親從昆弟常旦省謁諸父出坐別室至暮乃入朝府之外不妄交遊其相勗以禮如此又一門三主當世以爲榮淵兄弟亡及道將卒後家風衰損子孫多非法帷薄混穢爲論者所鄙

度世從祖弟神寶中書博士太和中高祖爲高陽王雍納其女爲妃初玄從祖兄溥慕容寶之末摠攝鄉部屯於海濱遂殺其鄉姻諸祖十餘人稱征北大將軍幽州刺史攻掠郡縣天興中討禽之事在帝紀

溥玄孫洪字曾孫太和中歷中書博士稍遷高陽王雍鎮北府諮議參軍幽州中正樂陵陽平

二郡太守洪三子

長子崇字元禮少立美名有識者許之以遠大

景明中驃騎府法曹參軍早卒

子子剛司空行參軍荆州驃騎府主簿没於關

中

崇弟仲義小名黒知名於世高陽王雍司空行

參軍員外散騎侍郎幽州别駕

弟三子叔矩字子規武定中尚書郎

子規弟子正司徒法曹參軍崇兄弟官雖不達

至於婚姻常與玄家齊等

仲義弟幹字幼禎州主簿

子讓儀同開府參軍

洪弟光宗子觀觀弟仲宣事在文苑傳

仲宣弟叔虔武定初司徒諮議參軍

洪從弟附伯附伯弟侍伯並有學識附伯位至

滄州平東府長史侍伯永熙中衛大將軍南岐

州刺史

侍伯從弟文偉興和中驃騎大將軍青州刺史

大夏縣開國男

史臣曰盧玄緒業著聞首應旌命子孫繼迹為

世盛門其文武功烈殆無足紀而見重於時聲

高冠帶蓋德業儒素有過人者淵之兄弟亦有

二方之風流雅道家聲諸子不逮餘烈所被弗

及盈乎

列傳第三十五

列傳第三十六　　魏書四十八

高允

高允字伯恭勃海人也祖泰在叔父湖傳父韜少以英朗知名同郡封懿雅相敬慕爲慕容垂太尉從事中郎太祖平中山以韜爲丞相參軍早卒允少孤夙成有奇度清河崔玄伯見而異之歎曰高子黃中內潤文明外照必爲一代偉器但恐吾不見耳年十餘奉祖父喪還本郡推財與二弟而爲沙門名法淨未久而罷性好文學擔笈負書千里就業博通經史天文術數尤好春秋公羊郡召功曹神䴥三年世祖舅陽平王杜超行征南大將軍鎮鄴以允爲從事中郎年四十餘矣超以方春而諸州囚多不決乃表允與中郎呂熙等分詣諸州共評獄事熙等皆以貪穢得罪唯允以清平獲賞府解還家教授受業者千餘人四年與盧玄等俱被徵拜中書博士遷侍郎與太原張偉並以本官領衞大將軍樂安王範從事中郎範世祖之寵弟西鎮長

安允甚有匡益秦人稱之尋被徵還允曾作塞上翁詩有混欣戚遺得喪之致驃騎大將軍樂平王丕西討上邽復以本官參丕軍事語在丕傳涼州平以參謀之勳賜爵汶陽子加建武將軍後詔允與司徒崔浩述成國記以本官領著作郎時浩集諸術士考校漢元以來日月薄蝕五星行度并識前史之失別爲魏曆以示允允曰天文曆數不可空論夫善言遠者必先驗於近且漢元年冬十月五星聚於東井此乃曆術之淺今譏漢史而不覺此謬恐後人譏今猶今之譏古浩曰所謬云何允曰案星傳金水二星常附日而行冬十月日在尾箕昏沒於申南而東井方出於寅北二星何因背日而行是史官欲神其事不復推之於理浩曰欲爲變者何所不可君獨不疑三星之聚而怪二星之來允曰此不可以空言爭宜更審之時坐者咸怪唯東宮少傅游雅曰高君長於曆數當不虛也後歲餘浩謂允曰先所論者本不注心及更考究果

如君語以前三月聚於東井非十月也又謂雅
曰高允之術陽元之射也衆乃歎服允雖明於
曆數初不推步有所論說唯游雅數以災異問
允允曰昔人有言知之甚難既知復恐漏泄不
如不知也天下妙理至多何遽問此雅乃止尋
以本官爲秦王翰傅後勑以經授恭宗甚見禮
待又詔允與侍郎公孫質李虛胡方回共定律
令世祖引允與論刑政言甚稱旨因問允曰萬
機之務何者爲先是時多禁封良田又京師遊

魏列三十六 三 馬祖

食者衆允因言曰臣少也賤所知唯田請言農
事古人云方一里則爲田三頃七十畝百里則
田三万七千頃若勤之則畝益三升不勤則畝
損三升方百里損益之率爲粟二百二十二萬
斛況以天下之廣乎若公私有儲雖遇飢年復
何憂哉世祖善之遂除田禁悉以授民初崔浩
薦冀定相幽并五州之士數十人各起家郡守
恭宗謂浩曰先召之人亦州郡選也在職已久
勤勞未答今可先補前召外任郡縣以新召者

代爲郎吏又守令宰民宜使更事者浩固爭而
遣之允聞之謂東宮博士管恬曰崔公其不免
乎苟逞其非而校勝於上何以勝濟遼東公翟
黑子有寵於世祖奉使并州受布千匹事尋發
覺黑子請計於允曰主上問我爲首爲諱乎允
曰公帷幄寵臣答詔宜實又自告忠誠罪必無
慮中書侍郎崔覽公孫質等咸言首實罪不可
測宜諱之黑子以覽等爲親己而反怒允曰如
君言誘我死何其不直遂與允絕黑子以不實

魏列三十六 四 徐珣

對竟爲世祖所疏終獲罪戮是時著作令史閔
湛郄標性巧佞爲浩信待見浩所注詩論語尚
書易遂上疏言馬鄭王賈雖注述六經並多疏
謬不如浩之精微乞收境內諸書藏之祕府班
浩所注命天下習業并求勑浩注禮傳令後生
得觀正義浩亦表薦湛有著述之才既而勸浩
刊所撰國史于石用垂不朽欲以彰浩直筆之
跡允聞之謂著作郎宗欽曰閔湛所營分寸之
間恐爲崔門萬世之禍吾徒無類矣未幾而難

作初浩之被收也允直中書省恭宗使東宮侍郎吳延召允仍留宿宮內翌日恭宗入奏世祖命允驂乘至宮門謂曰入當見至尊吾自導卿脫至尊有問但依吾語允請曰爲何等事也恭宗曰入自知之既入見帝恭宗曰中書侍郎高允自在臣宮同處累年小心密慎臣所委悉雖與浩同事然允微賤制由於浩請赦其命世祖召允謂曰國書皆崔浩作不允對曰太祖記前著作郎鄧淵所撰先帝記及今記臣與浩同作

然浩綜務處多揔裁而已至於注疏臣多於浩世祖大怒曰此甚於浩安有生路恭宗曰天威嚴重允是小臣迷亂失次耳臣向備問皆云浩作世祖問如東宮言不允曰臣以下才謬參著作犯逆天威罪應滅族今已分死不敢虛妄殿下以臣侍講日久哀臣乞命耳實不問臣臣無此言臣以實對不敢迷亂世祖謂恭宗曰直哉此亦人情所難而能臨死不移不亦難乎且對君以實貞臣也如此言寧失一有罪宜宥之允

竟得免於是召浩前使人詰浩浩惶惑不能對允事事申明皆有條理時世祖怒甚勑允爲詔自浩已下僮吏已上百二十八人皆夷五族允持疑不爲頻詔催切允乞更一見然後爲詔詔引前允曰浩之所坐若更有餘釁非臣敢知直以犯觸罪不至死世祖怒命介士執允恭宗拜請世祖曰無此人忿朕當有數千口死矣浩竟族滅餘皆身死宗欽臨刑歎曰高允其殆聖乎恭宗後讓允曰人當知機不知機學復何益當

爾之時吾導卿端緒何故不從人言怒帝如此每一念之使人心悸允曰臣東野凡生本無宦意屬休延之會應旌弓之舉釋褐鳳池仍參麟閣尸素官榮妨賢已久夫史籍者帝王之實錄將來之烱戒今之所以觀往後之所以知今是以言行舉動莫不備載故人君慎焉然浩世受殊遇榮曜當時孤負聖恩自貽灰滅即浩之跡時有可論浩以蓬蒿之才荷棟梁之重在朝無謇諤之節退私無委蛇之稱私欲沒其公廉愛

憎蔽其直理此浩之責也至於書朝廷起居之
跡言國家得失之事此亦為史之大體未為多
違然臣與浩實同其事死生榮辱義無獨殊誠
荷殿下大造之慈違心苟免非臣之意恭宗動
容稱歎允後與人言我不奉東宮導旨者恐負
翟黑子恭宗季年頗親近左右營立田園以取
其利允諫曰天地無私故能覆載王者無私故
能包養昔之明王以至公宰物故藏金於山藏
珠於淵示天下以無私訓天下以至儉故美聲

魏書傳三十六　七

盈溢千載不衰今殿下國之儲貳四海屬心言
行舉動万方所則而營立私田畜養雞犬乃至
販酤市鄽與民爭利議聲流布不可追掩夫天
下者殿下之天下富有四海何求而不獲何欲
而弗從而與販夫販婦競此尺寸昔虢之將亡
神乃下降賜之土田卒喪其國漢之靈帝不修
人君之重好與宮人列肆販賣私立府藏以營
小利卒有顛覆傾亂之禍前鑒若此甚可畏懼
夫為人君者必審於擇人故稱知人則哲惟帝

難之商書云無邇小人孔父有云小人近之則
不遜遠之則怨矣武王愛周邵齊畢所以王天
下殷紂愛飛廉惡來所以喪其國歷觀古今存
亡之際莫不由之今東宮誠曰乏人儁乂不少
頃來侍御左右者恐非在朝之選故願殿下少
察愚言斥出佞邪親近忠良所在田園分給貧
下畜產販賣以時收散如此則休聲日至謗議
可除恭宗不納恭宗之崩也允久不進見後世
祖召允升階歔欷悲不能止世祖流淚命允使

魏書傳三十六　八

出左右莫知其故相謂曰高允無何悲泣令至
尊哀傷何也世祖聞之召而謂曰汝不知高允
悲乎左右曰臣等見允無言而泣陛下為之悲
傷是以竊言耳世祖曰崔浩誅時允亦應死東
宮苦諫是以得免今無東宮允見朕因悲耳允
表曰往年被勑令臣集天文災異使事類相從
約而可觀臣聞箕子陳謨而洪範作宣尼述史
而春秋著皆所以章明列辟景測皇天者也故
先其善惡而驗以災異隨其失得而效以禍福

天人誠遠而報速如響甚可懼也自古帝王莫不尊崇其道而稽其法數以自脩飭厥後史官並載其事以爲鑒誡漢成帝時光祿大夫劉向見漢祚將危權歸外戚屢陳妖眚而不見納遂因洪範春秋災異報應者而爲其傳覬以感悟人主而終不聽察卒以危亡豈不哀哉伏惟陛下神武則天叡鑒自遠欽若稽古率由舊章前言往行靡不究鑒前皇所不逮也臣學不洽聞識見寡薄懼無以裨廣聖聽仰酬明旨今謹依

洪範傳天文志撮其事要略其文辭凡爲八篇世祖覽而善之曰高允之明災異亦豈減崔浩乎及高宗即位允頗有謀焉司徒陸麗等皆受重賞允既不蒙褒異又終身不言其忠而不伐皆此類也給事中郭善明性多機巧欲逞其能勸高宗大起宮室允諫曰臣聞太祖道武皇帝既定天下始建都邑其所營立非因農隙不有所興今建國已久宮室已備永安前殿足以朝會萬國西堂溫室足以安御聖躬紫樓臨望可

以觀望遠近若廣修壯麗爲異觀者宜漸致之不可倉卒計斫材運土及諸雜役須二万人丁夫充作老小供餉合四万人半年可訖古人有言一夫不耕或受其飢一婦不織或受其寒況數万之衆其所損廢亦以多矣推之於古驗之於今必然之效也誠聖主所宜思量高宗納之允以高宗纂承平之業而風俗仍舊婚娶喪葬不依古式允乃諫曰前朝之世屢發明詔禁諸婚娶不得作樂及葬送之日歌謠鼓舞殺牲燒

葬一切禁斷雖條旨久頒而俗不革變將由居上者未能悛改爲下者習以成俗教化陵遲一至於斯昔周文以百里之地脩德布政先於寡妻及於兄弟以至家邦三分天下而有其二明爲政者先自近始詩云爾之教矣民胥效矣人君舉動不可不慎禮云嫁女之家三日不息燭娶婦之家三日不舉樂今諸王納室皆樂部給伎以爲嬉戲而獨禁細民不得作樂此一異也古之婚者皆揀擇德義之門妙選貞閑之女先

之以媒娉繼之以禮物集寮友以重其別親御
輪以崇其敬婚姻之際如此之難今諸王十五
便賜妻別居然所配者或長少差舛或罪入掖
庭而作合宗王妃嬪藩懿失禮之甚無復此過
往年及今頻有檢劾誡是諸王過酒致責跡其
元起亦由色衰相棄致此紛紜今皇子娶妻多
出宮掖令天下小民必依禮限此二異也万物
之生靡不有死古先哲王作爲禮制所以養生
送死折諸人情若毀生以奉死則聖人所禁也

然葬者藏也死者不可再見故深藏之昔堯葬
穀林農不易畝舜葬蒼梧市不改肆秦始皇作
爲地市下固三泉金玉寶貨不可計數死不旋
踵尸焚墓掘由此推之堯舜之儉始皇之奢是
非可見今國家營葬費損巨億一旦焚之以爲
灰燼苟靡費有益於亡者古之臣奚獨不然今
上爲之不輟而禁下民之必止此三異也古者
祭必立尸序其昭穆使亡者有憑致食饗之禮
今已葬之魂人直求貌類者事之如父母燕好

如夫妻損敗風化瀆亂情禮莫此之甚上未禁
之下不改絕此四異也夫饗者所以定禮儀訓
万國故聖王重之至乃爵盈而不飲肴乾而不
食樂非雅聲則不奏物非正色則不列今之大
會內外相混酒醉喧譊罔有儀式又俳優鄙藝
汙辱視聽朝庭積習以爲美而責風俗之清純
此五異也今陛下當百王之末踵晉亂之弊而
不矯然釐改以厲頹俗臣恐天下蒼生永不聞
見禮教矣允言如此非一高宗從容聽之或有

觸迕帝所不忍聞者命左右扶出事有不便允
輒求見高宗知允意逆屏左右以待之禮敬甚
重晨入暮出或積日居中朝臣莫知所論或有
上事陳得失者高宗省而謂羣臣曰君父一也
父有是非子何爲不作書於人中諫之使人知
惡而於家內隱處也豈不以父親恐惡彰於外
也今國家善惡不能面陳而上表顯諫此豈不
彰君之短明己之美至如高允者真忠臣矣朕
有是非常正言面論至朕所不樂聞者皆侃侃

言說無所避就朕聞其過而天下不知其諫豈不忠乎汝等在左右曾不聞一正言但伺朕喜時求官乞職汝等把弓刀侍朕左右徒立勞耳皆至公王此人把筆匡我國家不過作郎汝等不自愧乎於是拜允中書令著作如故司徒陸麗曰高允雖蒙寵待而家貧布衣妻子不立高宗怒曰何不先言今見朕用之方言其貧是日幸允第惟草屋數間布被緼袍廚中鹽菜而已高宗歎息曰古人之清貧豈有此乎即賜帛五

百匹粟千斛拜長子悅爲綏遠將軍長樂太守允頻表固讓高宗不許初與允同徵游雅等多至通官封侯及允部下吏百數十人亦至刺史二千石而允爲郎二十七年不徙官時百官無祿允常使諸子樵采自給初尚書竇瑾坐事誅瑾子遵亡在山澤遵母焦沒入縣官後焦以老得免瑾之親故莫有恤者允愍焦年老保護在家積六年遵始蒙赦其篤行如此轉太常卿本官如故允上代都賦因以規諷亦二京之流也

文多不載時中書博士索敞與侍郎傅默梁祚論名字貴賤著議紛紜允遂著名字論以釋其惑甚有典證復以本官領祕書監解太常卿進爵梁城侯加左將軍初允與游雅及太原張偉同業相友雅嘗論允曰夫喜怒者有生所不能無也而前史載卓公寬中文饒洪量褊心者或之弗信余與高子遊處四十年矣未嘗見其是非慍喜之色不亦信哉高子內文明而外柔弱其言吶吶不能出口余常呼爲文子崔公謂余

云高生豐才博學一代佳士所乏者矯矯風節耳余亦然之司徒之譴起於纖微及於詔責崔公聲嘶股戰不能言宗欽已下伏地流汗都無人色高子敷陳事理申釋是非辭義清辯音韻高亮明主爲之動容聽者無不稱善仁及寮友保茲元吉向之所謂矯矯者更在斯乎宗愛之任勢也威振四海嘗召百司於都坐王公以下望庭畢拜高子獨昇階長揖由此觀之汲長孺可卧見衛青何抗禮之有向之所謂風節者得

不謂此乎知人固不易人亦不易知吾既失之於心内崔亦漏之於形外鍾期上聽於伯牙夷吾見明於鮑叔良有以也其爲人物所推如此高宗重允常不名之恒呼爲令公令公之號播於四遠矣高宗崩顯祖居諒闇乙渾專擅朝命謀危社稷文明太后誅之引允禁中參決大政又詔允曰自頃以來庠序不建爲日久矣道肆陵遲學業遂廢子衿之歎復見于今朕既纂統大業八表晏寧稽之舊典欲置學官於郡國使進脩之業有所津寄卿儒宗元老朝望舊德宜與中秘二省參議以聞允表曰臣聞經綸大業必以教養爲先咸秩九疇亦由文德成務故辟雍光於周詩泮宮顯於魯頌自永嘉以來舊章殄滅鄉閭無没雅頌之聲京邑杜絶釋奠之禮道業陵夷百五十載仰惟先朝每欲憲章昔典經闡素風方事尚殷弗遑克復陛下欽明文思纂成洪烈萬國咸寧百揆時叙申祖宗之遺志興周禮之絶業爰發德音惟新文教搢紳黎獻

莫不幸甚臣承旨勑並集二省披覽史籍備究典紀靡不敦儒以勸其業貴學以篤其道伏思明詔玄同古義宜如聖旨崇建學校以厲風俗使先王之道光演於明時郁郁之音流聞於四海請制大郡立博士二人助教二人學生一百人次郡立博士二人助教二人學生八十人中郡立博士一人助教二人學生六十人下郡立博士一人助教一人學生四十人其博士取博關經典世履忠清堪爲人師者年限四十以上助教亦與博士同年限三十以上若道業夙成才任教授不拘年齒學生取郡中清望人行修謹堪循名教者先盡高門次及中第顯祖從之郡國立學自此始也後允以老疾頻上表乞骸骨詔不許於是乃著告老詩又以昔歲同徵零落將盡感逝懷人作徵士頌蓋止於應命者其有命而不至則闕焉羣賢之行舉其梗槩矣今著之於左

中書侍郎固安伯范陽盧玄子真

郡功曹史博陵崔綽茂祖

河内太守下樂侯廣甯燕崇玄略
上黨太守高邑侯廣甯常陟公山
征南大將軍從事中郎勃海高毗子翼
征南大將軍從事中郎勃海李欽道賜
河西太守饒陽子博陵許堪祖根
中書郎新豐侯京兆杜銓士衡
征西大將軍從事中郎京兆韋閬友規
京兆太守趙郡李詵令孫
太常博士鉅鹿公趙郡李靈虎符

中書郎中即丘子趙郡李遐仲熙
營州刺史建安公太原張偉仲業
輔國大將軍從事中郎范陽祖邁
征東大將軍從事中郎范陽祖侃士倫
東郡太守蒲縣子中山劉策
濮陽太守真定子常山許琛
行司隸校尉中都侯西河宋宣道茂
中書郎燕郡劉遐彥鑒
中書郎武恒子河間邢穎宗敬

滄水太守浮陽侯勃海高濟叔民
太平太守平原子鴈門李熙士元
秘書監梁郡公廣平游雅伯度
廷尉正安平子博陵崔建興祖
廣平太守列人侯西河宋愔
州主簿長樂潘天符
郡功曹長樂杜熙
征東大將軍從事中郎中山張綱
中書郎上谷張誕叔術

秘書郎鴈門王道雅
秘書郎鴈門閔弼
衛大將軍從事中郎中山郎苗
大司馬從事中郎上谷侯辯
陳留郡太守高邑子趙郡呂季才

夫百王之御士也莫不資伏羣才以隆治道故周文以多士克寧漢武以得賢為盛此載籍之所記由來之常義魏自神䴥已後宇内平定誅赫連積世之僭掃窮髮不羈之寇南摧江楚西

盪涼域殊方之外慕義而至於是偃兵息甲修
立文學登延儁造酬諮政事夢想賢哲思遇其
人訪諸有司以求名士咸稱范陽盧玄等四十
二人皆冠冕之冑箸問州邦有羽儀之用親發
明詔以徵玄等乃曠官以待之懸爵以縻之其
就命三十五人自餘依例州郡所遣者不可稱
記爾乃髦士盈朝而濟濟之美興焉昔與之俱
蒙斯舉或從容廊廟或游集私門上談公務下
盡忻娛以爲千載一時始於此矣日月推移吉

凶代謝同徵之人凋殲殆盡在者數子然復分
張往昔之忻變爲悲慼張仲業東臨營州遲其
還返一敘于懷齊衿于垂殁之年寫情於桑榆
之末其人不幸復至殞殁在朝者皆後進之士
居里者非疇昔之人進涉無寄心之所出入無
解顔之地顧省形骸所以永歎而不已夫頌者
美盛德之形容亦可以長言寄意不爲文二十
年矣然事切於心豈可默乎遂爲之頌詞曰紫
氣干霄羣雄亂夏王襲徂征戎車屢駕掃盪遊

氛克剪妖霸四海從風八垠漸化政教無外旣
寧且一偃武櫜兵唯文是恤帝乃旁求搜賢舉
逸巖隱投竿異人並出疊疊盧生量遠思純鑽
道據德遊藝依仁旌弓既招釋褐投巾攝齊升
堂嘉謀日陳自東徂南躍馬馳輪僭僞影附劉
以和親茂祖發單夙離不造克己勉躬聿隆家
道敦心六經遊思文藻終辭寵命以之自保燕
常篤信百行靡遺位不苟進任理栖遲居沖守
約好讓善推思賢樂古如渴如飢子翼致遠道

賜悟深相期以義相和若琴並參幕府俱發德
音優遊卒歲聊以寄心祖根運會克光厥猷仰
緣朝恩俯因德友功雖後建祿實先受班同舊
臣位並群后士衡孤立内省靡疚言不崇華交
不遺舊以産則貧論道則富所謂伊人實邦之
秀卓矣友規稟兹淑亮存彼大方擯此細讓神
與理冥形隨流浪雖屈王侯莫廢其尚趙實名
區世多奇士山岳所鍾挺生三李矯矯清風抑
抑容止初九而潛望雲而起誂尹西都靈帷作

傳垂訓皇宮載理雲霧熙雖中夭迹階郎署餘
塵可挹終亦顯著仲業淵長雅性清到憲章古
式綢繆典誥時值險難常一其操納衆以仁訓
下以孝化被龍川民歸其敎邁則英賢侃亦稱
選聞達邦家名行素顯志在兼濟豈伊獨善繩
匠弗顧功不獲展劉許履忠竭力致躬出能騁
訛入獻其功輶軒一舉撓燕下崇名彰魏世享
業亦隆道茂夙成弱冠播名與朋以信行物以
誠怡怡昆弟穆穆家庭發響九皐翰飛紫冥頻

大三·卌 魏書傳三十六 二十一 何通

在省闥亦司于京刑之以中政之以平猗歟彦
鑒思參文雅率性任眞器成非假靡矜于高莫
耻于下乃謝朱門歸迹林野宗敬延譽號爲四
雋華藻雲飛金聲夙振中遇沈痾賦詩以訊忠
顯于辭理出于韻高滄朗達默識淵通領新悟
異發自心胄質侔和璧文炳雕龍燿姿天邑衣
錦舊邦士元先覺介焉不惑振袂來庭始賓王
國蹈方履正好是繩墨淑人君子其儀不忒孔
稱游夏漢美淵雲越哉伯度出類踰羣司言祕

閣作牧河汾移風易俗理亂解紛融彼滯義渙
此潛文儒道以析九流以分崔宋二賢誕性英
偉權籟閒閻聞名象魏謇謇儀形邈邈風氣達
而不矜素而能貫潘符標尚杜熙好和清不潔
流渾不同波絶希龍津止分常科幽而逾顯損
而逾多張綱柔謙叔術正直道雅洽聞鄉爲兼
識拔萃衡門俱漸鴻翼發憤忘餐豈要斗食率
禮從仁罔愆于式失不繫心得不形色郎苗始
舉用均已試智足周身言足爲治性協於時情

三ㄗ卌四 魏書傳三十六 二十二 陳

斂於事與仝而同與古曷異物以利移人以酒
昬侯生潔己唯義是敦日縱醇醪逾敬逾溫其
在私室如涉公門季才之性柔而執競屆彼南
秦申威致命誘之以權矯之以政帝道用光邊
土納慶羣賢遭世顯名有代志竭其忠才盡其
槩體襲朱裳腰紐雙佩榮曜當時風高千載君
臣相遇理實難偕昔因朝命舉之克諧披衿散
想解帶舒懷此忻如昨存亡奄乖靜言思之中
心九摧揮毫頌德灌爾增哀皇興中詔允兼太

常至兖州祭孔子廟謂允曰此簡德而行勿有
辭也後允從顯祖北伐大捷而還至武川鎮上
北伐頌其詞曰皇矣上天降鑒惟德眷命有魏
照臨万國禮化丕融王猷允塞靜亂以威穆民
以則北虜舊隸禀政在蕃往因時逃命北轅
世襲凶軌背忠食言招亡聚盜醜類實繁敢率
犬羊圖縱猖蹶乃詔訓師興戈北伐躍馬裹粮
星馳電發撲討虔劉肆陳斧鉞斧鉞暫陳馘剪
厥旅積骸塡谷流血成浦元凶狐奔假息窮壄

爪牙既摧腹心亦阻周之忠厚存及行葦翼翼
聖明有兼斯美澤被京觀垂此仁曰封尸野獲
惠加生死生死蒙惠人欣覆育理貫幽冥澤漸
殊域物歸其誠神獻其福遐邇斯懷無思不服
古稱善兵歷時始捷今也用師辰不及浹六軍
克合万邦以協義著春秋功銘玉牒載興頌聲
播之來葉顯祖覽而善之又顯祖時有不豫以
高祖沖幼欲立京兆王子推集諸大臣以次召
問允進跪上前涕泣曰臣不敢多言以勞神聽

願陛下上思宗廟託付之重追念周公抱成王
之事顯祖於是傳位於高祖賜帛千匹以標忠
亮又遷中書監加散騎常侍雖久典史事然而
不能專勤屬述時與校書郎劉模有所緝綴大
較續崔浩故事準春秋之體而時有刊正自高
宗迄于顯祖軍國書檄多允文也末年乃薦高
閭以自代以定議之勳進爵咸陽公加鎮東將
軍尋授使持節散騎常侍征西將軍懷州刺史
允秋月巡境問民疾苦至邵縣見邵公廟廢毀

不立乃曰邵公之德闕而不禮爲善者何望乃
表聞修葺之允於時年將九十矣勸民學業風
化頗行然儒者優遊不以斷決爲事後正光中
中散大夫中書舍人河內常景追思允帥郡中
故老爲允立祠於野王之南樹碑紀德焉太和
二年又以老乞還鄉里十餘章上卒不聽許遂
以疾告歸其年詔以安車徵允勑州郡發遣至
都拜鎮軍大將軍領中書監固辭不許又扶引
就內改定皇誥允上酒訓曰臣被勑論集往世

酒之敗德以爲酒訓臣以朽邁人倫所棄而殊恩過隆録臣於將殁之年勗臣於已墜之地奉命驚惶喜懼兼甚不知何事可以上荅伏惟陛下以叡哲之姿撫臨萬國太皇太后以聖德之廣濟育群生普天之下罔不稱賴然日旲憂勤虚求不已思監往事以爲警戒此之至誠悟通百靈而況於百官士民不勝踴躍謹竭其所見作酒訓一篇但臣愚短加以荒廢辭義鄙拙不足觀採伏願聖慈體臣悾悾之情恕臣狂瞽之

意其詞曰自古聖王其爲饗也玄酒在堂而醲酒在下所以崇本重原降於滋味雖汎爵旅行不及於亂故能禮章而敬不虧事畢而儀不忒非由斯致是失其道將何以範時軌物垂之於世歷覽往代成敗之效吉凶由人不在數也商辛耽酒殷道以之亡公旦陳誥周德以之昌子反昏酣而致斃穆生不飲而身光或長世而爲戒或百代而流芳酒之爲狀變惑情性雖曰哲人孰能自競在官者殆於政也爲下者慢於令也聰達之士荒於聽也柔順之倫興於諍也久而不悛致於病也豈止於病乃損其命諺亦有云其益如毫其損如刀言所益者止於一味之益不亦寡乎言所損者夭年亂志夭亂之損不亦夥乎無以酒荒而陷其身無以酒狂而喪其倫迷邦失道流浪漂津不師不遵反將何因詩不言乎如切如瑳如琢如磨朋友之義也作官以箴之申謨以禁之君臣之道也其言也善則三覆而佩之言之不善則哀矜而貸之此實先

王納規之意往者有晉士多失度肆散誕以爲不羈縱長酣以爲高達調酒之頌以相眩曜稱堯舜有千鍾百觚之飲著非法之言引大聖爲譬以則天之明豈其然乎且子思有云夫子之飲不能一升以此推之千鍾百觚皆爲妄也今大魏應圖重明御世化之所曁無思不服仁風敦洽於四海太皇太后以至德之隆誨而不倦憂勤備於皇情誥訓行於無外故能道協兩儀功同覆載仁恩下逮罔有不遵普天率土

靡不蒙賴在朝之士有志之人宜克己從善履正存貞節酒以爲度順德以爲經悟昏飲之美疾審敬慎之彌榮遵孝道以致養顯父母而揚名蹈閔曾之前軌遺仁風於後生仰以荅所授俯以保其成可不勉歟可不勉歟高祖悦之常置左右詔允乘車入殿朝賀不拜明年詔允議定律令雖年漸期頤而志識無損猶心存舊職披考史書又詔曰允年涉危境而家貧養薄可令樂部絲竹十人五日一詣允以娛其志特賜

魏傳三十六　二十七　張廣祖

允蜀牛一頭四望蜀車一乘素几杖各一蜀刀一口又賜珍味每春秋常致之尋詔朝晡給膳朔望致牛酒衣服綿絹每月送給允皆分之親故是時貴臣之門皆羅列顯官而允子弟皆無官爵其廉退若此遷尚書散騎常侍時延入備几杖問以政治十年加光禄大夫金章紫綬朝之大議皆咨訪焉魏初法嚴朝士多見杖罰允歷事五帝出入三省五十餘年初無譴咎初眞君中以獄訟留滯始令中書以經義斷諸疑事

允據律評刑三十餘載内外稱平允以獄者民之命也常歎曰臯陶至德也其後英蓼先亡劉項之際英布黥而王經世雖久猶有刑之餘釁況凡人能無咎乎其年四月有事西郊詔以御馬車迎允就郊所板殿觀矚馬忽驚奔車覆傷眉三處高祖文明太后遣醫藥護治存問相望司駕將處重坐允啓陳無恙乞免其罪先是命中黄門蘇興壽扶持允曾雪中遇犬驚倒扶者大懼允慰勉之不令聞徹興壽稱共允接事三

魏書傳三十六　二十八　張廣祖

年未嘗見其忿色恂恂善誘誨人不倦晝夜手常執書吟詠尋覽篤親念故虚己存納雖處貴重志同貧素性好音樂每至伶人弦歌皷舞常擊節稱善又雅信佛道時設齋講好生惡殺性又簡至不妄交遊顯祖平青齊徙其族望於代時諸士人流移遠至率皆飢寒徒人之中多允姻媾皆徒步造門允散財竭産以相贍賑慰問周至無不感其仁厚收其才能表奏申用時議者皆以新附致異允謂取材任能無宜抑屈先

是允被召在方山作頌志氣猶不多損談說舊事了無所遺十一年正月卒年九十八初允每謂人曰吾在中書時有陰德濟救民命若陽報不差吾壽應享百年矣先卒旬外微有不適猶不寢卧呼醫請藥出入行止吟詠如常高祖文明太后聞而遣醫李脩往脉視之告以無恙脩入密陳允榮衛有異懼其不久於是遣使備賜御膳珍羞自酒米至於鹽醯百有餘品皆盡時味及牀帳衣服茵被几杖羅列於庭王官往還

慰問相屬允喜形於色語人曰天恩以我篤老大有所賚得以贈客矣表謝而已不有他慮如是數日夜中卒家人莫覺詔給絹一千匹布二千匹綿五百斤錦五十匹雜綵百匹穀千斛以周喪用魏初以來存亡蒙賚者莫及焉朝廷榮之將葬贈侍中司空公冀州刺史將軍公如故謚曰文賜命服一襲允所製詩賦誄頌箴論表讚左氏公羊釋毛詩拾遺論雜解議何鄭膏肓事凡百餘篇別有集行於世允明筭法爲筭術

三卷子忱襲

忱字士和以父任除綏遠將軍長樂太守爲政寬惠民庶安之後例降爵爲侯尋卒

孫貴賓襲除州治中卒官

忱弟懷字士仁任城王雲郎中令大將軍從事中郎授中散恬淡退靜不競世利在散輩十八年不易官太和中除太尉東陽王諮議參軍而卒

子綽字僧裕少孤恭敏自立身長八尺腰帶十

圍沈雅有度量博涉經史太和十五年拜奉朝請太尉法曹行參軍尋兼尚書祠部郎以母憂去職久之除治書侍御史轉洛陽令綽爲政強直不避豪貴邑人憚之又詔參議律令遷長兼國子博士行潁川郡事詔假節行涇州刺史延昌初遷尚書右丞參議壬子歷肅宗初司徒清河王懌司馬冠軍又隨懌遷太尉司馬其年秋大乘賊起於冀州都督元遥率衆討之詔綽兼散騎常侍持節以白虎幡軍前招慰綽信著州

里降者相尋軍還除汲郡太守固辭不拜御史
中尉元匡奏高聰及綽等朋附高肇詔並原罪
俄行滎陽郡事以本將軍出除豫州刺史爲政
清平抑強扶弱百姓愛之流民歸附者二千餘
戶還後將軍并州刺史正光三年冬暴疾卒年
四十八四年九月詔贈安東將軍冀州刺史謚
曰簡

子炳字仲彰太尉行參軍稍遷征虜將軍開府
掾早卒

允弟推字仲讓小名檀越早有名譽太延中以
前後南使不稱妙簡行人游雅薦推應選詔兼
散騎常侍使劉義隆南人稱其才辯遇疾卒於
建業朝廷悼惜之喪還贈輔國將軍臨邑子謚
曰恭賜命服衣冠允爲之作誄

推弟燮字季和小字淳于亦有文才世祖每詔
徵辭疾不應恒譏笑允屈折久宦栖泊京邑常
從容於家州辟主簿卒

孫市賓奉朝請冀州京兆王愉城局參軍愉構
逆市賓逃歸京後除青州安南府司馬永熙中
冠軍將軍開府從事中郎始神䴥中允與從叔
濟族兄毗及同郡李金俱被徵

濟字叔民初補中書博士又爲楚王傅眞君中
假員外常侍賜爵浮陽子使於劉義隆世祖臨
江於行所除盱眙太守後超授游擊將軍尋出
除滄水太守卒年六十七贈鎮遠將軍冀州刺
史謚曰宣

子矯襲卒子師襲

師字孝則有學識歷詹事丞太子舍人尚書主
客郎轉通直散騎侍郎從事正員郎累遷光祿
少卿行涇州事卒贈龍驤將軍河州刺史

子和仁字德舒襲釋褐員外散騎侍郎領殿中
御史少清簡有文才嘗爲五言詩贈太尉屬盧
仲宣仲宣甚歎重之常有高尚之志後爲洛州
録事參軍不赴服餌於汲郡白鹿山未幾卒時
人悼惜之

和仁弟德偉武定末東宮齋帥

矯弟導自有傳

毗字子翼鄉邑稱爲長者官至從事中郎

孫當尚書郎卒贈樂陵太守謚曰恭初允所引劉模者長樂信都人也少時竊遊河表遂至河南尋復潛歸頗涉經籍微有注疏之用允領祕書典著作選爲校書郎允修撰國記與俱緝著常令模持管籥每日同入史閣接膝對筵屬述時事允年已九十目手稍衰多遣模執筆而指授裁斷之如此者五六歲允所成篇卷著論上下模預有功焉太和初模遷中書博士與李彪爲寮友並相愛好至於訓導國胄勤明風範遠不及彪也出除穎州刺史王肅之歸闕路經懸瓠覊旅窮悴時人莫識模獨給所須弔待以禮肅深感其意及肅臨豫州模猶在郡徵報復之由是爲新蔡太守在二郡積十年寬猛相濟頗有治稱正始元年復出爲陳留太守時年七十餘矣而飾老隱年昧禁自效遂家於南穎川不復歸其舊鄉矣

子懷恕聰率多　甚收穎川情和至襄威將軍本州冠軍府功曹參軍

懷恕弟懷遜頗解醫術歷位給事中卒於左軍將軍鎮遠將軍

史臣曰依仁遊藝執義守誥其司空高允乎蹈危禍之機抗雷電之氣處死夷然忘身濟物卒悟明主保已全身自非體鄰知命鑒照窮達亦何能以若此宜其光寵四世終享百齡有魏以來斯人而已僧裕學洽有聞韋脩之義也

列傳第三十六　　魏書四十八

列傳第三十七　魏書四十九

李靈　崔鑒

李靈字虎符趙郡人高平公順從父兄也父勰字小同恬靜好學有聲趙魏太祖平中原聞勰已亡哀惜之贈宣威將軍蘭陵太守神䴥中世祖徵天下才儁靈至拜中書博士轉侍郎從駕臨江除淮陽太守靈以學優温謹選授高宗經後加建威將軍中散内博士賜爵高邑子高宗踐阼除平南將軍洛州刺史而卒時年六十三帝追悼之贈散騎常侍平東將軍定州刺史鉅鹿公謚曰簡

子恢襲子爵高宗以恢師傅之子拜員外散騎常侍安西將軍長安鎮副將進爵爲侯假鉅鹿公皇興元年鎮軍大將軍東平王道符謀反殺恢及雍州刺史魚玄明雍州別駕李允等恢時年四十八顯祖愍之追贈恢散騎常侍鎮西將軍定州刺史鉅鹿公謚曰貞

恢長子悅祖襲爵高邑侯例降爲伯卒

子瑾字伯瓊太和中拜奉朝請後襲爵轉司徒廣陽王嘉集曹參軍太尉高陽王雍長流參軍太尉清河王懌記室參軍後除中堅將軍步兵校尉葛榮反於河北所在殘害詔瑾持節兼吏部郎中東北道弔慰大使至冀州值葛榮圍逼勑授瑾防城都督時瑾以二子自隨次子戰死瑾恐動人情忍哀輟哭城陷没賊既而走免永安初拜左將軍太中大夫殷州大中正累遷衛將軍右光禄大夫太尉諮議參軍天平初除車騎將軍大司農卿中正如故瑾淳謹好學老而不倦元象元年秋卒年六十五贈使持節都督定瀛殷三州諸軍事驃騎大將軍司徒公定州刺史

子景威襲武定末西汝陰太守齊受禪爵例降

悅祖弟顯甫本州别駕遷步兵校尉從駕南討以功賜爵平棘子行并州事尋除河北太守卒贈顯武將軍安州刺史謚曰威

子元忠武定中驃騎大將軍儀同三司晉陽縣

開國伯

子攀武定末河內太守

顯甫次弟華字寧夏初爲羽林中郎武騎侍郎步兵校尉轉直閤將軍武衛將軍華膂力過人頗有將略每從征伐頻著軍功賜爵藥城子定州驃騎長史輔國將軍中山太守卒贈前將軍幽州刺史有八子

長子搆襲爵至通直散騎常侍卒贈殷州刺史

次敬義司徒長流參軍兼光祿少卿平北將軍

光祿大夫卒贈本將軍殷州刺史

次叔向爲徐州鎧曹參軍帶郭浦戍主值刺史元法僧叛逼入蕭衍

次幼緒早亡

次季脩博陵常山二郡太守

次世幹次稚明兄弟並不脩名行險暴無禮爲時所賤

華弟憑字青龍祕書主文中散累遷冀州征東長史太子中舍人阿附趙脩超遷司空長史給事黃門侍郎武衛將軍定州大中正坐脩黨免官後除趙郡太守卒

子道嘉字同吉豫州外兵參軍汝陽太守

同吉弟文衡開府行參軍

恢弟綜行河間郡早卒

綜子道字良軌有業尚初拜奉朝請尚書度支郎還洛爲營構將高祖南伐爲行臺郎車駕還拜太子步兵校尉世宗初轉步兵校尉兼散騎侍郎副盧昶東北道使拜司空諮議加中壘將

軍京兆王愉以征東將軍爲冀州刺史道爲愉府司馬愉反召集州府以告之道不從爲愉所害時年四十四事平詔賜帛二百匹贈征虜將軍幽州刺史謚曰簡拜子渾給事中

渾字季初武定末大司農卿

渾弟繪字敬文齊王丞相府司馬

繪弟系字乾經少聰惠有才學與舅子河間邢昕少相倫輩晚不逮之初爲征東法曹參軍後除奉車都尉加寧遠將軍尋拜大司馬廣陵王

録事參軍府解還鄉里徵拜冠軍將軍中散大夫齊獻武王從子永樂爲濟州刺史聞而請與相見待以賓交之禮及永樂薨糸送葬還都蕭衍遣使朝貢侍中李神儁舉糸爲尚書南主客郎糸前後接對凡十六人頗爲稱職齊文襄王攝選以糸爲司徒諮議參軍因謂之曰自郎署至此所謂不次以卿人才故有此舉耳尋加征虜將軍武定五年兼散騎常侍使蕭衍與其兄前後將命時人稱之太尉高岳出討以糸爲大都督司馬師還拜太子家令七年八月卒時年四十六時人傷惜之齊初贈平東將軍北徐州刺史諡曰文

靈之弟均趙郡太守

均子璨字世顯身長八尺五寸衣貌魁偉受學於梁祚興安中爲秘書中散本州別駕轉趙郡常山二郡太守遷中書郎雅爲高允所知天安初劉彧徐州刺史薛安都舉彭城降詔鎮南大將軍博陵公尉元鎮東將軍陽城公孔伯恭等率衆迎之顯祖復以璨參三府軍事軍達九里山安都率文武出迎元不加禮接安都還城使遂不至時劉彧將張永沈攸之等率衆先屯下磕元令璨與中書郎高閭入彭城説安都安都即與俱載赴軍元等入城收管籥其夜永攻南門不剋退還時永輜重在武原璨勸元乘永之失據攻永米船大破之斬首數千級時大雪寒永軍凍死者万計於是遂定淮北加璨寧朔將軍與張讜對爲兖州刺史綏安初附以參定徐

州之功賜爵始豐侯加建武將軍延興元年年四十卒諡曰懿

子元茂太和八年襲爵加建武將軍以寛雅著稱閑又例降拜司徒司馬尋除振威將軍南征別將彭城鎮副將民吏安之賞帛百匹穀二百斛太和二十年年四十四卒贈顯武將軍徐州刺史諡曰順

子季之字鳳起初除京兆王參軍轉員外散騎侍郎襲爵拜尚書都官郎

秀之弟子雲字鳳昇司空參軍轉外兵參軍本州治中

子雲弟子羽字鳳降征南法曹參軍

子羽弟子岳字鳳跱員外郎大司馬祭酒季之等早孤事母孝謹兄弟並容皃魁偉風度審正而皆早卒

鳳昇子道宗武定末直閤將軍

道宗弟道林司徒中兵參軍

元茂弟宣茂太和初拜中書博士稍遷司空諮議轉司馬監營構事出除寧朔將軍試守正平郡不拜兼定州大中正坐受鄉人財貨爲御史所劾除名爲民從駕征新野又從討樊鄧持節兼散騎常侍東南二道使景明中除平陽太守以罪左遷步兵校尉正始初除太中大夫遷光祿大夫宣茂議明堂之制以五室爲長與游肇徃復肇善之遷平東將軍幽州刺史延昌二年卒年五十九遺言薄葬贈本將軍齊州刺史謚曰齊

子藉之字脩遠性謹正粗涉書史歷員外郎給事中司徒諮議參軍前將軍太中大夫著忠誥一篇文多不載永熙初卒年五十四贈中軍將軍定州刺史

子徹字伯倫武定末司空主簿

藉之弟志字敬遠有氣尚州主簿

子長瑜郡功曹

敬遠弟幼遠性麤暴每爲刼盜刺史録殺之

宣茂弟叔儁舉秀才著作佐郎歷廣陵王諮議南趙郡太守在位九載有政績景明三年卒年三十六謚曰惠

子豴字延軌位至相州録事參軍

豴弟巽字景業初爲盪寇將軍齋帥又除員外郎遷尚書郎仍齋帥建義初遇害河陰贈平北將軍定州刺史

叔儁弟仲儁自中書學生歷公府主簿從事中郎諫議大夫尚書左丞卒賜帛一百疋布五十疋綿五十斤贈鎮遠將軍光州刺史謚曰恭

少子子仁尚書主客郎
崔鑒字神具博陵安平人父綽少孤學行修
明有名於世與盧玄高允李靈等俱被徵語
在允傳鑒以母老固辭後爲郡功曹而卒鑒頗
有文學自中書博士轉侍郎延興中受詔使齊
州觀省風俗行兗州事以功賜爵桐廬縣子出
爲奮威將軍東徐州刺史鑒欲安悅新附民
有年老者表求假以守令詔從之又於州内冶
銅以爲農具兵民獲利卒贈冠軍將軍青州

魏傳三十七　九

刺史安平侯謚曰康
子合字貴和少有時譽襲爵桐廬子爲中書
學生主文中散太尉諮議參軍本州大中正出
爲常山太守卒於郡時年二十七
長子脩義有風望襲爵自司徒默曹參軍再
遷寧遠將軍新野太守還除太尉掾出爲冀
州征東府長史卒年四十五
長子放寬襲爵齊受禪例降
合弟秉少有志氣太和中爲中書學生拜奉朝

請轉徐州安東府録事參軍陽平王顯之爲定
州秉復爲衞軍府録事參軍帶毋極令時甄琛
爲長史因公事言競之間秉以拳擊琛墜於牀
下琛以本縣長笑而不論其豪率若此彭城王
勰征壽春秉從行招致壯使以爲部卒勰目之
謂左右曰吾當寄膽氣於此人後爲司空主簿
轉掾城門校尉長兼司空司馬遷長史加輔國
將軍出除左將軍廣平内史大納財貨爲清論
所鄙入爲司徒左長史未幾除平東將軍光禄

三百六十四　魏書傳三十七　十　胡庚

大夫尋加安西將軍出除燕州刺史時天下多
事遂爲杜洛周攻圍秉堅守歷年朝廷遣都督
元譚與秉弟二子仲哲赴救譚敗仲哲死之秉
遂率城民奔定州坐免官尋除撫軍將軍行相
州事轉征東將軍金紫光禄大夫孝昌末冀州
流民聚於河外因立東冀州除秉爲刺史加征
東將軍不之任永安二年遷衞將軍右光禄大
夫秉年老被疾上表辭事詔不許元顥入洛秉
避居陽武二年除散騎常侍車騎將軍左光禄

大夫太昌中除驍騎大將軍儀同三司常侍左
光祿如故頻以老病乞解永熙三年去職天平
四年薨年七十八贈使持節侍中都督定瀛滄
三州諸軍事本將軍尚書令司徒公定州刺史
謚曰靖穆
長子忻字伯悅有世幹爲荊州平南府外兵參
軍北道行臺常景引爲行臺郎又啓除員外郎
復爲安遠將軍尚書左中兵郎中以鄭儼之甥
兼尚書左丞莊帝初遇害於河陰年四十二贈

鎮軍將軍殿中尚書冀州刺史
忻弟仲哲生爲祖母宋氏所養早有知識六歲
宋亡啼慕不止見者悲之性慷達常以將略自
許辟司徒行參軍假寧朔將軍統軍從廣陽王
淵北討擊柔玄賊破之賜爵安平縣男及父秉
於燕州被圍泣訴朝廷遂除別將與都督元譚
赴援到下口遇賊仲哲戰歿時年三十五
長子長瑜武定中儀同開府中兵參軍
長瑜弟叔瓚司徒田曹參軍

仲哲弟叔彥撫軍將軍
叔彥弟季通武定中兼司農少卿
季通小弟季良風望閑雅自太學博士從都督
李神軌征討有功賜爵蒲陰縣男尋除著作佐
郎通直散騎侍郎轉征虜將軍員外散騎常侍
太尉長史及秉還鄉季良亦去職歸養後除中軍
將軍光祿大夫先秉卒於家時年三十六贈車
騎將軍尚書右僕射定州刺史謚曰簡
秉弟習字貴禮有世譽歷司徒主簿彭城王勰

開府屬遷幽州長史博陵太守吏民愛敬之在
郡九年轉河東太守卒於郡年五十一贈中山
太守孝昌三年重贈後將軍并州刺史
長子世儒字希業卒於大司馬從事中郎
世儒第三弟叔業武定中南兗州別駕
秉從父弟廣字仲慶有議幹初爲中書學生高
祖時殿中郎中歷通直散騎侍郎太子步兵校
尉詔守尚書左丞父憂去職後任城王澄爲揚
州引廣爲鎮南府長史以母老辭景明末卒於

家贈安遠將軍光州刺史
子元猷字世儁頗有學識舉秀才不行後卒於
鄉里
廣弟文業爲中書博士轉司徒主簿城陽王鸞
爲定州刺史引爲治中年四十九卒子伯謙武
定末司空諮議參軍
史臣曰李以儒俊之風當旌帛之舉崔以文雅
之烈應利用之科世家有業餘慶不已人位繼
軌亦爲盛哉

百卅六　魏書傳三十七　十三　章耆

列傳第三十七　魏書四十九

列傳第三十八　魏書五十

尉元　慕容白曜

尉元字苟仁代人也世爲豪宗父目斤勇略聞
於當時泰常中爲前將軍從平虎牢頗有軍功
拜中山太守元年十九以善射稱神䴥中爲虎
賁中郎將轉羽林中郎小心恭肅以匪懈見知
世祖嘉其寬雅有風貌稍遷駕部給事中從幸
海隅賜爵富城男加寧遠將軍和平中遷北部
尚書加散騎常侍進爵太昌侯拜冠軍將軍天
安元年薛安都以徐州內附請師救援顯祖以
元爲使持節都督東道諸軍事鎮南大將軍博
陵公與城陽公孔伯恭赴之劉彧東平太守無
鹽戍主申纂詐降元知非誠款外示容納而密
備焉劉彧兗州刺史畢衆敬遣東平太守章仇
摽詣軍歸款元並納之遂長驅而進賊將周凱
望聲遁走彧遣將張永沈攸之等率衆討安都
屯于下磕永乃分遣羽林監王穆之領卒五千
守輜重於武原龍驤將軍謝善居領卒二千據

一　魏書傳三十八　一　許忠

呂梁散騎侍郎張引領卒二千守茱萸督上租粮供其軍實安都出城見元元依朝旨授其徐州刺史遣中書侍郎高閭李璨等與安都俱還入城別令孔伯恭精甲二千撫安內外然後元入彭城元以張永仍據險要攻守勢倍懼傷士卒乃命安都與璨等固身率精銳揚兵於外分擊呂梁絕其粮運善居遁奔茱萸仍與張引東走武原馳騎追擊斬首八百餘級武原窮寇八千餘人拒戰不下元親擐甲冑四面攻之破穆

魏書傳三十八　二

之外營殺傷太半獲其輜重五百餘乘以給彭城諸軍然後收師緩戰開其走路穆之率餘燼奔于永軍永勢挫力屈元乘勝圍之攻其南門永遂捐城夜遁伯恭安都乘勢追擊時大雨雪泗水冰合永棄舡而走元豫測永必將奔亡身率衆軍邀其走路南北奮擊大破於呂梁之東斬首數万級追北六十餘里死者相枕手足凍斷者十八九生擒劉彧使持節都督梁南北秦三州諸軍事梁秦二州刺史寧朔將軍益陽縣

開國侯垣恭祖龍驤將軍羽林監沈承伯等永收之輕騎走免收其舡車軍資器械不可勝數劉彧東徐州刺史張讜據團城徐州刺史王玄載守下邳輔國將軍兗州刺史樊昌侯王整龍驤將軍蘭陵太守桓忻驅掠近民保險自固元遣慰喻張讜及青州刺史沈文秀等皆遣使通誠王整桓忻相與歸命元表曰彭城倉廩虛罄人有飢色求運冀相濟兗四州粟取張永所棄舡九百艘沿清運致可以濟救新民顯祖從之

魏書傳三十八　三

又表分兵置戍進定青冀復表曰彭城賊之要蕃不有積粟彊守不可以固若儲粮廣戍雖劉彧師徒悉動不敢窺闚淮北之地此自然之勢也詔曰待後軍到量宜守防其青冀已遣軍援須待剋定更運軍糧元又表曰臣受命出疆再離寒暑進無鄧艾一舉之功退無羊祜保境之略雖淮代獲振而民情未安臣以愚智屬當偏任苟事宜宣徹敢不以聞臣前表以下邳水陸所湊先規殄滅遣兵屢討猶未擒定然彭城下

邳信命未斷而此城之人元居賊界心尚戀土
輙相誑惑希幸非望南來息耗壅塞不達雖至
窮迫仍不肯降彭城民任玄朗從淮南到鎮稱
劉彧將任農夫陳顯達領兵三千來循宿豫臣
即以其日密遣覘使驗其虛實如朗所言臣欲
自出擊之以運粮未接又恐新民生變遣子都
將于省于劉龍駒等步騎五千將往赴擊但征
人淹久逃亡者多迭相扇動莫有固志器仗敗
毀無一可用臣聞伐國事重古人所難功雖可立必

須經略而舉若賊向彭城必由清泗過宿豫歷
下邳趨青州路亦由下邳入沂水經東安即為
賊用師之要今若先定下邳平宿豫鎮淮陽戍
東安則青冀諸鎮可不攻而尅若四處不服青
冀雖拔百姓狼顧猶懷僥倖之心臣愚以為宜
釋青冀之師先定東南之地斷劉彧北顧之意
絕愚民南望之心夏水雖盛無津途可因冬路
雖通無高城可固如此則淮北自舉暫勞永逸
今雖向熱猶可行師兵尚神速久則生變若天

雨既降彧因水通運粮益眾規為進取恐近淮
民庶翻然改圖青冀二州卒未可拔臣輒與叡
佐共議咸謂可然若隱而不陳懼有損敗之責
陳而無驗恐成誣罔之罪惟天鑒懸量照臣愚
款彧復遣沈攸之吳憘公領卒數万從沂清而
進欲援下邳元遣孔伯恭率步騎一万以拒之
并以攸之前敗軍人傷殘手足瘃凍膝行者盡
送令還以沮其眾又表求濟師詔遣征南大將
軍慕容白曜赴之白曜到瑕丘遇患會泗水暴

竭賊軍不得前進白曜遂不行伯恭大破賊軍
攸之憘公等輕騎遁走元書與劉彧徐州刺史
王玄載示其禍福玄載狼狽夜走宿豫淮陽皆
弃城而遁於是遣南中郎將中書侍郎高閭領
騎一千與張讜對為東徐州刺史中書侍郎李
璨與畢眾敬對為東兗州刺史以安初附拜元
都督徐南北兗州諸軍事鎮東大將軍開府徐
州刺史淮陽公持節散騎常侍尚書如故詔元
曰賊將沈攸之吳憘公等驅率蟻眾進寇下邳

卿戎昭果毅智勇奮發水陸邀絶應時摧殄自淮以北蕩然清定皆是元帥經略將士效力之所致也朕用嘉焉所獲諸城要害之處分兵置戍以帖民情今方欲清蕩吴會懸旌秣陵至於用兵所宜形勢進止善加量度動靜以聞是時徐州妖人假姓司馬字休符自稱晉王扇惑百姓元遣將追斬之四年詔徵元還京赴西郊尋還所鎮延興元年五月假元淮陽王三年劉昱將蕭順之王勑勤等領衆三萬入寇淮北諸城

元分遣諸將逆擊走之元表淮陽郡上黨令韓念祖始臨之初舊民南叛全無一人令撫綏招集愛民如子南來民費係先等前後歸附戶至二百有餘南濟陰郡睢陵縣人趙憐等辭稱念祖善於綏撫清身潔己請乞念祖爲睢陵令若得其人必能招集離叛成立一縣顯祖詔曰樹君爲民民情如此可聽如請元好申下人之善皆此類也太和初徵爲內都大官既而出爲使持節鎮西大將軍開府統萬鎮都將甚得夷民之心三年進爵淮陽王以舊老見禮聽乘步挽杖於朝蕭道成既自立多遣間諜扇動新民不逞之徒所在蜂起以元威名夙振徵爲使持節侍中都督南征諸軍事征西大將軍大都將餘官如故揔率諸軍以討之元討五固賊桓和等皆平之東南清晏遠近帖然入爲侍中都曹尚書遷尚書令十三年進位司徒十六年例降庶姓王爵封山陽郡開國公食邑六百戶元表曰臣以天安之初奉律揔戎廓寧淮右海內既平

仍忝徐岳素餐尸祿積有年歲彼土安危竊所具悉每惟彭城水陸之要江南用兵莫不因之威陵諸夏夫國之大計豫備爲先且臣初剋徐方青齊未定從河以南猶懷彼此時劉彧遣張永沈攸之陳顯達蕭順之等前後數度規取彭城勢連青兗唯以彭城既固而永等摧屈今計彼戍兵多是胡人臣前鎮徐州之日胡人子都將呼延籠達因於負罪便尒叛亂鳩引胡類一時扇動賴威靈遐被罪人斯戮又團城子都將

胡人王敕懃負釁南叛每懼薪圖狡誘同黨
誠所見宜以彭城胡軍換取南豫州徙民之兵
轉戍彭城又以中州鮮卑增實兵數於事爲宜
詔曰公之所陳甚合事機其年頻表以老乞身
八月詔曰元年尊識遠屢表告退朕以公秉德
清挹體懷平隱仁雅淵廣謀猷是仗方委之民
政用康億兆故頻文累札仍違沖志而謙光逾
固三請彌切若不屈從高謨復何以成其美德
也已許其致仕主者可出表付外如禮申遂元

詣闕謝老引見於庭命昇殿勞宴賜玄冠素服
又詔曰夫大道凝虛至德沖挹故尹王法玄猷
以御世聖人崇謙光而降美是以天子父事三
老兄事五更所以明孝悌於万國垂教本于天
下自非道高識博孰能處之是故五帝憲德三
王乞言若求備一人同之古哲叔世之老孰能
克堪師上聖則難爲其舉傳中庸則易爲其選
朕既虛寡德謝曩喆更老之選差可有之前司
從山陽郡開國公尉元前大鴻臚卿新泰伯游

明根並元亨利貞明允誠素少著英風老敷雅
迹位顯台宿歸終私第可謂知始知卒希世之
賢也公以八十之年宜處三老之重卿以七十
之齡可充五更之選於是養三老五更於明堂
國老庶老於階下高祖再拜三老親袒割牲執
爵而饋於五更行肅拜之禮賜國老庶老衣服
有差既而元言曰自天地分判五行施則人之
所崇莫重於孝順然五孝六順天下之所先願
陛下重之以化四方臣既衰老不究遠趣心耳

所及敢不盡誠高祖曰孝順之道天地之經今
承三老明言銘之于懷明根言曰夫至孝通靈
至順感幽故詩云孝悌之至通於神明光於四
海如此則孝順之道無所不格願陛下念之以
濟黎庶臣年志朽弊識見昧然在於心慮不敢
不盡高祖曰五更助三老以言至範敷展德音
當克己復禮以行來授禮畢乃賜步挽一乘詔
曰夫尊老尚更列聖同致欽年敬德綿哲齊軌
朕雖道謝玄風識昧叡則仰禀先誨企遵猷旨

故推老以德立更以元父馬斯彰兄焉斯顯矣
前司徒公元前鴻臚卿明根並以沖德懸車懿
量歸老故尊公以三事更以五雖更老非官耄
耋罔祿然況事既高宜加殊養三老可給上公
之祿五更可食元卿之俸供食之味亦同其例
十七年七月元疾篤高祖親幸省疾八月元薨
時年八十一詔曰元至行寬純仁風美富內秉
越群之武外挺溫懿之容自少暨長勳勤備至
歷奉五朝美隆四葉南曜河淮之功北光燕然

三ノ十三　魏書傳三十八　十　郭巠

之效魯宋懷仁中鉉載德所謂立身備於本末
行道著於終始勳書玉牒惠結民志者也爰及
五福攸集懸車歸老謙損既彰遠近流詠陟茲
父事儀我万方謂極眉壽彌賛王業天不遺
老奄尒薨逝念功惟善抽怛于懷但我事致奪
恨不盡禮耳可賜布帛綵物二千匹溫明祕器
朝衣一襲并爲營造墳域謚曰景桓公葬以殊
禮給羽葆鼓吹假黃鉞班劍四十人賜帛一千
匹

子羽名犯肅宗廟諱頗有器望起家祕書中散
駕部令轉主客給事加通直散騎常侍守殿中
尚書兼侍中以父憂去職又起復本官詔襲爵
加平南將軍高祖親考百司以羽怠墮降常侍
爲長兼仍守尚書奪祿一周遷洛以山陽在畿
內改爲博陵郡開國公後爲征虜將軍恒州刺
史卒仍以爲贈謚曰順
子景興襲正始元年卒贈兖州刺史無子
景興弟景儁襲爵員外散騎常侍延昌中坐杖

二十四　魏書傳三十八　十一　吳春

國吏死降封深澤縣開國公
子伯永襲無子爵除
羽弟靜寬雅有才識世宗時爲尚書左民郎中
卒贈博陵太守重贈鎮軍將軍洛州刺史謚曰
敬
子祐之通直散騎常侍護軍長史卒
慕容白曜慕容元真之玄孫父琚歷官以廉清
著稱賜爵高都侯卒於冠軍將軍尚書左丞贈
安南將軍并州刺史高都公謚曰簡白曜少爲

中書吏以敦直給事東宮高宗即位拜北部下
大夫襲爵遷北部尚書在職執法無所阿縱高
宗厚待之高宗崩與乙渾共秉朝政遷尚書右
僕射進爵南鄉公加安南將軍劉彧徐州刺史
薛安都兗州刺史畢衆敬並以城內附詔鎮南
大將軍尉元鎮東將軍孔伯恭率師赴之而彧
東平太守申纂屯無鹽并州刺史房崇吉屯升
城遏絶王使皇興初加白曜使持節都督諸軍
事征南大將軍上黨公屯於碻磝以爲諸軍後

繼白曜攻纂於無鹽城拔其東郭其夜纂遁遣
兵追執之獲其男女數千口先是劉彧青州刺
史沈文秀冀州刺史崔道固並遣使內附既而
彧遣招慰復歸於彧白曜既拔無鹽回攻升城
肥城戍主聞軍至弃城遁走獲粟三十万斛既
至升城垣苗麋溝二戍拒守不下白曜以千餘
騎襲麋溝麋溝潰自投濟水死者千餘人擊垣
苗又破之得粟十餘万斛由是軍粮充足先是
淮陽公皮豹子等再征垣苗不剋白曜以一旬

之內頻拔四城威震齊土顯祖嘉焉詔曰卿揔
率戎旅討除不賓霜戈所向無不摧靡旬日之
內剋拔四城韓白之功何以加此雖升城戍將
房崇吉守遠不順危亡已形潰在旦夕宜勉崇
威略務存長轡不必窮兵極武以爲勞頓且伐
罪弔民國之令典當招懷以德使來蘇之澤加
於百姓升城不降白曜忿之縱兵陵城殺數百
人崇吉夜遁白曜撫慰其民無所殺戮百姓懷
之獲崇吉母妻待之以禮劉彧遣其將吳憘公

率衆數万欲寇彭城鎮南大將軍尉元表請濟
師顯祖詔白曜赴之白曜到瑕丘遇患時泗水
暴竭船不得進憘公退白曜因停瑕丘會崇吉
與從弟法壽盜彧盤陽城以贖母妻白曜自瑕
丘遣將軍長孫觀等率騎入自馬耳關赴之觀
至盤陽諸縣悉降平東將軍長孫陵寧東將軍
尉眷東討青州白曜自瑕丘進攻歷城白曜乃
爲書以喻之曰天弃劉彧禍難滋興骨肉兄弟
自相誅戮君臣上下靡復紀綱徐州刺史薛安

都豫州刺史常珍奇兖州刺史畢衆敬等深覩存亡飜然歸義故朝廷納其誠歎委以南蕃皆目前之見事東西所備聞也彼無監戒圭申纂敢縱姧慝刼奪行人官軍始臨一時授首房崇吉固守外城尋即潰散自襄陽以東至于淮海莫不風靡服從正化謂東陽歷城有識之士上思安都之榮顯下念申纂之死亡追悔前惑改圖後悟然執守愚迷不能自革猥摠戎旅掃定北方濟黄河知十二之虚說臨齊境想一變之清風踟躕周覽依然何極故先馳書以喻成敗夫見機而動周易所稱去危就安人事常理若以一介爲高不悛爲美則微子負嫌於時紀季受譏於世我皇魏重光累葉德懷無外軍威所拂無不披靡固非三吳弱卒所能擬抗況於今者勢已土崩劉彧威不制秣陵政不出闈外豈復能浮江越海赴危救急恃此爲援何異於蹄涔之魚冀拯江海夫蝮蛇螫手則斷手螫足則斷足誠忍肌體以救性命若推義而行之無割

身之痛也而可以保家寧宗長守安樂此智士所宜深思重慮自求多福道固固守不降白曜築長圍以攻之長孫陵等既至青州沈文秀遣使請降軍人入其西郛頗有採掠文秀悔之遂嬰城拒守二年崔道固及兖州刺史梁鄒守將劉休賓並面縛而降白曜皆釋而禮之送道固休賓及其寮屬于京師後乃徙二城民望於下館朝廷置平齊郡懷寧歸安二縣以居之自餘悉爲奴婢分賜百官白曜雖在軍旅而接待人物寛和有禮獲崇吉母妻申纂婦女皆別營安置不令士卒諠雜乃進討東陽冬入其西郭三年春剋東陽擒沈文秀凡獲倉粟八十五万斛米三千斛弓九千張箭十八万八千刀二万二千四百甲冑各三千三百銅五千斤錢十五万城内戶八千六百口四万一千吳蠻戶三百餘始末三年築圍攻擊日日交兵雖士卒死傷無多怨叛督上土人租絹以爲軍資不至侵苦三齊欣然安堵樂業剋城之日以沈文秀抗倨不

爲之拜忿而箠撻唯以此見譏以功拜使持節都督青齊東徐州諸軍事開府儀同三司青州刺史濟南王將軍如故四年冬見誅初乙渾專權白曜頗所俠附緣此追以爲責及將誅也云謀反叛時論冤之

白曜少子真安年十一聞父被執將自殺家人止之曰輕重未可知真安曰王位高功重若有小罪終不至此我何忍見父之死遂自縊焉

白曜弟如意亦從白曜平歷下與白曜同誅太

三ㄋ廿五 魏書傳三十八 十六 郭華

和中著作佐郎成淹上表理白曜曰臣聞經疆啓宇賓良將之功褒德酬庸乃聖王之務昔姜公杖鉞開隆周之基韓生秉旄興漢之業故能賞超當時名垂前史若閫外功成而流言內作人主猜疑良將懷懼樂毅所以背燕章邯所以奔楚至如鄧艾懷忠矯命寧國赤心皎然幽顯同見而橫受屠戮良可悲哀及士治伐吳奮不顧命万里浮江應機直指使孫皓君臣輿櫬入洛大功亦舉讒書驟至內外唱和貝錦將成

微晉武之鑒亦幾於顛沛矣每覽其事常爲痛心聖主明王固宜深察臣伏見故征南大將軍開府儀同三司青州刺史濟南王慕容白曜祖父相資世酋東裔值皇運廓被委節臣妾白曜生長王國飲服道教爵列上階位登帝伯去天安初江陰夷楚敢拒王命三方阻兵連城岳峙海岱蒼生翹首拯援聖朝乃眷南顧思救荒黎大議廟堂顯舉元將百寮同音僉曰惟允遂推轂委誠授以專征之任握兵十万杖鉞一方威

三ㄋ廿四 魏傳三十八 十七 范忠華

陵河濟則淮徐震懼師出無鹽而申纂授首濟北太原同時消潰麋溝垣苗相尋奔走及回麾東掃道固銜璧盤陽梁鄒肉袒請命于時東陽未平人懷去就沈文靜高崇仁擁衆不朝扇擾邊服崔僧祐蓋次陽陳顯達連兵淮海水陸鋒起揚旌而至規援青齊士民忷忷莫不南顧時兵役既久咸有歸心而白曜外宣皇風內盡方略身擐甲冑與士卒同安撫初附示以恩厚三軍懷挾纊之溫新民欣來蘇之澤遂使僧祐擁

徒弨旆効順軍門文静崇仁棄城竄海次陽顯
逵望塵南奔聲震江吳風偃荆漢及青州剋平
文秀面縛海陂清静三齊克定逖彼東南永爲
國有使天府納六州之貢濟泗息烽警之虞開
岱宗封禪之略闢山川望秩之序斯誠宗廟之
靈神算所授然抑亦白曜與有力矣及氛翳既
静爵命亦隆榮燭當時聲譽日遠而民惡其上
安生九隙因其功高流言惑聽巧偽亂真朱紫
難辨傷夷未瘳合門屠戮鴻勳盛德蔑爾無聞

三十四　魏傳　三十八　十八　花

有識之徒能不悽愴臣謂白曜策名王庭累荷
榮授歷司出内世載忠美秉鉞啓蕃折衝敵國
開疆千里拔城十二辛勤於戎旅之際契闊於
矢石之間登鋒履危志存静亂及方難既夷身
膺高賞受胙河山與國昇降六十之年寵靈已
極觀其立功足明機運豈容僥倖更邀非望者
乎且於時國家士馬屯積京南跨州連鎮勢侔
雲岳主將驍雄按鉀在所莫不殉忠死難効節
奉時此之不可生心白曜足知之矣況潛逆阻

兵營岱厭亂加以王師仍舉州郡屠裂黎民勞
止神膽俱喪亡燼之衆不可與圖存離敗之民
不可與語勇哉白曜果毅習戎體閑兵勢寧不
知士民之不可藉將士之不同已據彊兵之勢
因塗炭之民而欲立非常之事此愚夫之所弗
爲也料此推之事可知矣伏惟陛下聖鑒自天
仁孝宰世風冠宇宙道超百王開國以來諸有
罪犯極刑不得骸骨者悉聽收葬大造之恩振
古未有而白曜人舊功高嬰禍淪覆名滅國除

魏書三十八傳　十九　吳六

爵命無紹天下衆庶咸共哀憐方之餘流應有
差異願陛下揚日月之光明勳臣之績垂天地
之施慰僵屍之魂使合棺定謚殁有餘稱選其
宗近才堪驅策錫以微爵繼其絶世進可以獎
勸將來退可以顯國恩澤使存者荷莫大之恩
死者受骨肉之惠豈不美哉仰惟聖明霈然昭
覽狂瞽之言伏待刑憲高祖覽表嘉愍之
白曜弟子契輕薄無檢太和初以名家子擢爲
中散遷宰官南安王楨有貪暴之響遣中散閭

文祖詣長安察之文祖受楨金寶之賂爲楨隱而不言事發坐之文明太后引見群臣謂之曰前論貪清皆云克脩文祖時亦在中後竟犯法以此言之人心信不可知高祖曰古有待放之臣亦有離俗之士卿等自審不勝貪心者聽辭位歸第契進曰臣卑微小人闇識不遠過蒙曲照濫忝令職小人之心無定帝王之法有常以無恒之心奉有常之法非所克堪乞垂退免高祖曰昔鄭相嗜魚人有獻魚者相曰若取此魚

恐削名祿遂不肯受契若知心不可常即知貪之惡矣何爲求退遷宰官令微好碎事頗曉工作主司廚宰稍以見知及營洛陽基構征新野南陽起諸攻具契皆參典太和末以功遷太中大夫光祿少卿營州大中正賜爵定陶男正始初除征虜將軍營州刺史徙都督沃野薄骨律二鎮諸軍事沃野鎮將轉都督禦夷懷荒二鎮諸軍事平城鎮將將軍並如故轉都督朔州沃野懷朔武川三鎮三道諸軍事後將軍朔州刺史熙平元年卒贈鎮北將軍并州刺史謚曰克

初慕容破後種族仍繁天賜末頗忌而誅之時有遺免不敢復姓皆以輿爲氏延昌末詔復舊姓而其子女先入掖庭者猶號慕容特多於他族

契長子昇字僧度建興太守遷鎮遠將軍沃野鎮將進號征虜將軍甚得邊民情

和第二子僧濟自奉朝請稍轉至五校躭淫酒色不事名行

契弟暉歷涇州長史新平太守有惠政景明中大使于忠賞粟二百石卒贈幽州刺史

孫善儀同開府主簿

史臣曰魏之諸將罕立方面之功尉元以寬雅之風受將帥之任取瑕丘如覆掌剋彭城猶拾遺擒將馘醜威名遠被位極公老聖主乞言無乃近世之一人歟白曜有敦正之風出當薄伐席卷三齊如風靡草接物有禮海垂欣慰其勞固不細矣功名難處追猜嬰戮宥賢議勤未聞

於斯日也

列傳第三十八　　魏書五十

列傳第三十九　　魏書五十一

韓茂　皮豹子

封勑文　呂羅漢

孔伯恭

韓茂字元興安定武安人也父耆字黃老永興中自赫連屈丐來降拜綏遠將軍遷龍驤將軍常山太守假安武侯仍居常山之九門卒贈齊州刺史謚曰成侯茂年十七膂力過人尤善騎射太宗曾親征丁零翟猛茂爲中軍執幢時有

風諸軍旌旗皆偃仆茂於馬上持幢初不傾倒太宗異而問之徵茂所屬具以狀對太宗謂左右曰記之尋徵詣行在所試以騎射太宗深奇之以茂爲虎賁中郎將後從世祖討赫連昌大破之世祖謂諸將曰今若窮兵極武非弔民之道明年當共卿等取之徙其民而還以軍功賜茂爵蒲陰子加彊弩將軍遷侍輦郎又從征統萬大破之從平平涼當茂所衝莫不應弦而殪由是世祖壯之拜內侍長進爵九門侯加冠軍

將軍後從征蠕蠕頻戰大捷與樂平王丕等伐和龍從其居民從平涼州茂爲前鋒都將戰功居多遷司衛監錄前後功拜散騎常侍殿中尚書進爵安定公加平南將軍從破薛永宗伐蓋吳轉都官尚書從征懸瓠頻破賊軍車駕南征分爲六道茂與高涼王那出青州諸軍渡淮降者相繼拜茂徐州刺史以撫之車駕還以茂爲侍中尚書左僕射加征南將軍世祖崩劉義隆遣將檀和之寇濟州南安王余令茂討之至濟

州和之遁走高宗踐祚拜尚書令加侍中征南大將軍茂沉毅篤實雖無文學每論議合理爲將善於撫衆勇冠當世爲朝廷所稱太安二年夏領太子少師冬卒贈涇州刺史安定王謚曰桓王

長子備字延德初爲中散賜爵江陽男加揚烈將軍又進爵行唐侯拜冠軍將軍太子庶子遷寧西將軍典遊獵曹加散騎常侍襲爵安定公征南大將軍卒贈雍州刺史謚曰簡公

備弟均字天德少而善射有將略初爲中散賜爵范陽子加寧朔將軍遷金部尚書加散騎常侍兄備卒無子均襲爵安定公征南大將軍出爲使持節散騎常侍本將軍定州刺史轉青冀二州刺史餘如故恤民廉謹甚有治稱廣阿澤在定冀相三州之界土廣民稀多有寇盜乃置鎮以靜之以均在冀州劫盜止息除本將軍廣阿鎮大將加都督三州諸軍事均清身率下明爲耳目廣設方略禁斷姦邪於是趙郡屠各西

山丁零聚黨山澤以劫害爲業者均皆誘慰追捕遠近震跼先是河外未賓民多去就故權立東青州爲招懷之本新附之民咸受優復然舊人姦逃者多往投焉均表陳非便朝議罷之後均所統劫盜頗起顯祖詔書誚讓之又以五州民戶殷多編籍不實以均忠直不阿詔均檢括出十餘萬戶復授定州刺史輕徭寬賦百姓安之延興五年卒謚曰康公

子寶石襲爵

均弟天生爲內廐令後典龍牧曹出爲持節平北將軍沃野鎮將

皮豹子漁陽人少有武略泰常中爲中散稍遷內侍左右世祖時爲散騎常侍賜爵新安侯加冠軍將軍又拜選部尚書餘如故出除使持節侍中都督秦雍荊梁四州諸軍事安西將軍開府儀同三司進爵淮陽公鎮長安尋加征西將軍後坐盜官財徙於統萬眞君三年劉義隆遣將裴方明等侵南秦王楊難當遂陷仇池世祖

徵豹子復其爵位尋拜使持節仇池鎮將督關中諸軍與建興公古弼等分命諸將十道並進四年正月豹子進擊樂鄉大破之擒義隆將王奐之王長卿等六人斬首三千餘級俘獲二千人豹子進軍下辨義隆將強玄明辛伯奮棄城遁走追斬之悉獲其衆義隆使其秦州刺史胡崇之鎮仇池至漢中聞官軍已西懼不敢進方明益其兵而遣之豹子與司馬楚之至於濁水擊擒崇之盡虜其衆進至髙平義隆將姜道祖降仇池平未幾諸氐復反推楊文德爲主以圍仇池古弼率諸軍討平之時豹子次于下辨聞圍解欲還弼遣使謂豹子曰賊恥其負敗必求報復後舉爲難不如陳兵以待之豹子以爲然尋除都督秦雍荊梁益五州諸軍事進號征西大將軍開府仇池鎮將持節公如故十一月義隆復遣楊文德姜道盛率衆二萬人寇濁水別遣將青陽顯伯守斧山以拒豹子濁水城兵射殺道盛豹子至斧山斬顯伯悉俘其衆豹子又與河間公元齊俱會于濁水賊衆震恐棄其兵

甲夜遁初南秦王楊難當歸命詔送楊氏子弟詣京師文德以行賂得留亡奔漢中義隆以文德爲武都王給兵二千人守葭蘆城招誘氐羌於是武都陰平五部氐民叛應文德詔豹子率諸軍討之文德阻兵固險拒豹子文德將楊高來降引諸軍向其城文德棄城南走收其妻子寮屬軍資及故武都王保宗妻公主送京師義隆白水太守郭啓玄率衆救文德豹子分軍逆

擊大破之啓玄文德走還漢中興安二年正月義隆遣其將蕭道成王虬馬光等入漢中別令楊文德楊頭等率諸氐羌圍武都城中拒之殺賊二百餘人豹子分兵將救之至女磊聞賊停軍豹子遣人於祁山取馬欲往赴援文德謂豹子欲斷其粮運回軍還入覆津據險自固義隆恐其輒回又增兵益將令晉壽白水送粮覆津漢川武興運粟甘泉皆置倉儲豹子表曰義隆增兵運粮剋必送死臣所領之衆本自不多唯

仰民兵專恃防固其統萬安定二鎮之衆從戎以來經三四歲長安之兵役過朞月未有代期衣粮俱盡形顏枯悴窘切戀家逃亡不已既臨寇難不任攻戰士民姧通知臣兵弱南引文德共爲脣齒計文德去年八月與義隆梁州刺史劉秀之同征長安聞臺遣大軍勢援雲集長安地平用馬爲便畏國騎軍不敢北出但承仇池局（本或作句或作句皆疑）人稱臺軍不多戍兵尠少諸州雜人各有還思軍勢若及必自奔逃進軍取城有

易返掌承信其語回趣長安之兵遣文德蕭道成王虬等將領來攻武都仇池望連秦隴進圖武都已經積日畏臣截後斷其粮路開鎮少兵未有大損今外寇兵彊臣力寡弱拒賊備敵非兵不擬乞選壯兵增戍武都牢城自守可以無患今事已切急若不馳聞損失城鎮恐招深責願遣高平突騎二千賚粮一月速赴仇池且可抑折逆民支對賊虜須長（闕）上邽安定戍兵至可得自全粮者民之命也雖有金城湯池無粮

不守仇池本無儲積今歲不收苦高平騎至不知云何以得供援請遣秦州之民送軍祁山臣隨迎致詔高平鎮將苟莫于率突騎二千以赴之道成等乃退徵豹子爲尚書出爲内都大官劉駿遣其將殷孝祖修兩當城於清東以逼南境天水公封勑文擊之不剋詔豹子與給事中周丘等助擊之豹子以南寇城守攻圍費日遂略地至高平劉駿瑕丘鎮遣步卒五千助戍兩當去城八里與豹子前鋒候騎相遇即便交戰

豹子軍繼至大破之縱騎追擊殺之至於城下其免者十餘人而已城內恐懼不敢出救既而班師先是河西諸胡亡匿避命豹子及前涇州刺史封阿君督河西諸軍南趣石樓與衛大將軍樂安王良以討羣胡豹子等與賊相對不覺胡走無捷而還又坐免官尋以前後戰功復擢爲內都大官和平五年六月卒高宗追惜之贈淮陽王謚曰襄賜命服一襲

子道明襲爵

道明第八弟喜高宗以其名臣子擢爲侍御中散遷侍御長高祖初吐谷渾拾寅部落飢窘侵涼澆（一爲洮）河大爲民患詔假喜平西將軍廣川公領涼州枹罕高平諸軍與上黨王長孫觀討拾寅又拜爲使持節侍中都督秦雍荆梁益五州諸軍事本將軍開府仇池鎮將假公如故以其父豹子昔鎮仇池有威信故也喜至申恩布惠夷民大悅酋帥強奴子等各率戶歸附於是置廣業固道二郡以居之徵爲南部尚書賜爵南康侯加左將軍太和元年劉準葭蘆戍主楊文度遣弟鼠竊據仇池詔喜率衆四萬討鼠軍到建安鼠棄城南走進次濁水遣平西將軍楊靈珍擊文度所置仇池太守楊眞眞衆潰僅而得免喜遂軍於覆津文度將強大黑固守津道懸崖險絕偏閣單行喜部分將士攀崖涉水衝擊大黑大黑潰走追奔西入攻葭蘆城拔之斬文度傳首京師殺一千餘人詔曰夫忠臣生於德義之門智勇出於將相之族往年氐羌放命侵竊邊

戍都將皮喜梁醜奴等或資父舊勳或身建殊效威名著於庸漢公義列於天府故授以節鉞委閫外之任並罄力盡銳克荷所司霜戈始動蟻賊奔散仇池旋復民夷晏安及討葭蘆又梟凶醜元惡俱殲闚覦永息朕甚嘉之其所陳計略商校利害料其應否寧邊益國事之可也今軍威既振羣愚慴服革弊崇新有易因之勢覽猛之宜任其量處應立郡縣者亦聽銓置其楊文度楊鼠親屬家累部送赴臺仇池南秦之根

本守禦資儲特須豐積險阻之要尤宜守防令
奸覘之徒絶其僥倖勉勤戎務綏靜新俗懷民
安土稱朕意焉又詔喜等曰卿受命專征薄伐
邊寇軍威所及即皆平蕩復仇池之舊鎮破茛
蘆之新邦梟擒首逆剋翦凶黨勳庸之美朕無
間然仇池國之要蕃防守事宜尤須完實從前
以來駱谷置鎮是以奸賊息闚闟之心邊城無
危敗之禍近由從就建安致有往年之役前勅
卿等部率兵將駱谷築城雖有一時之勤終致

三八三　魏書傳三十九　十　鋭

永延之固而卿等不祗詔命至于今日徒使兵
人稽頓無事閑停方復曲辭表求罷下豈是良
將忘身憂國盡忠之謂也諸州之兵已復一歲
宜暫戮力成此要功卿等表求來年築城豈不
更勞兵將孰若因今兵勢即令就之一勞永逸
事不再舉也今更給軍粮一月速於駱谷築城
使四月盡必令成就訖若不時營築乃築而不
成成而不固以軍法從事南天水郡民柳旍據
險不順喜率衆討滅之轉散騎常侍安南將軍

豫州刺史詔讓其在州寛怠以飲酒廢事威不
禁下遣使者就州决以杖罰七年卒贈以本官
謚曰恭公

子承宗襲爵

喜弟雙仁冠軍將軍仇池鎮將

封勑文代人也祖豆𥚃始初領衆三万東征幽
州平定三郡拜幽州刺史後爲使持節都督冀
青二州諸軍事前將軍開府冀青二州刺史關
内侯父涅太宗時爲侍御長卒贈龍驤將軍定

三八四　魏書傳三十九　十二　德孫

州刺史章武侯謚曰隱勑文始光初爲中散稍
遷西部尚書出爲使持節散騎常侍鎮西將軍
開府領護西夷校尉秦益二州刺史賜爵天水
公鎮上邽詔勑文率步騎七千征吐谷渾慕利
延兄子拾歸於枹罕衆少不能制詔遣安遠將
軍廣川公乙烏頭等二軍與勑文會隴右軍次
武始拾歸夜遁勑文引軍入枹罕虜拾歸妻子
及其民戶分徙千家於上邽留烏頭守枹罕金
城邊冏天水梁會謀反扇動秦益二州雜人万

餘戶據上邽東城攻逼西城勑文先已設備殺賊百餘人被傷者衆賊乃引退冏會復率衆四千攻城氐羌一万屯於南嶺休官屠各及諸雜戶二万餘人屯於北嶺爲冏等形援勑文遣二將領騎二百設備門內別令騎出擊之既而僞退冏率衆騰逐勑文輕騎橫衝大破之斬冏而北嶺之賊從高射勑文軍人飛矢如雨梁會得奔北嶺騎乃引還復推會爲主勑文分兵二百人突入南城燒其門樓賊見火起衆皆驚亂又遣步卒攻門剋之便率騎士馳入賊餘衆開門出走奔入東城乘背追擊殺千餘人安豐公閭根率軍助勑文勑文表曰安定逆賊帥路那羅遣使齎書與逆帥梁會會以那羅書射於城中那羅稱纂集衆旅剋期助會又仇池城民李洪自稱應王天授玉璽擅作符書誑惑百姓梁會遣使招引楊文德而文德遣權壽胡將兵二十人來到會間扇動州土云李洪自稱應王兩雄不並若欲須我先殺李洪我當自往梁會欲引

致文德誘說李洪來入東城即斬洪首送與文德仇池鎮將淮陽公臣豹子遣使潛行以今月二十四日來達臣鎮稱楊文德受劉義隆職爵領兵聚衆在仇池境中沮動民人規竊城鎮且梁會反逆以來南勾文德援勢相連武都氐羌盡相脣齒爲文德起軍所在屯結兵衆已集剋來不遠臣備邊鎮與賊相持賊在東城隔塹而已但以腹背有敵攻城有疑討度文德剋來助會若文德既至百姓響應賊黨遂甚用功益難今文德未到麥復未熟事宜速擊於時爲便伏願天鑒時遣大軍助臣誅翦表未及報梁會謀欲逃遁先是敕文掘重塹於東城之外斷賊走路夜中會乃車陳飛梯騰塹而走勑文先嚴兵於塹外拒鬪從夜至旦勑文謀於衆曰困獸猶鬪而況於人賊衆知無生路人自致死必傷士衆未易可平若開其生路賊必上下離心剋之易矣衆咸以爲然初勑文以白虎幡宣告賊衆曰若能歸降原其生命應時降者六百餘人會

知人心沮壞於是分遣勑文縱騎躡之死者太半俘獲四千五百餘口略陽王元達因梁會之亂聚衆攻城招引休官屠各之衆推天水休官王官興爲秦地王勑文與臨淮公莫眞討之軍次略陽勑文遣使慰喻而元達等三千餘人屯於松多川乃部分諸軍三道並攻賊出營拒戰大破之俘三千人高宗時與新平公周盆擊劉駮將殷孝祖於清東不剋天安元年五月卒長子萬護讓爵於弟翰於時讓者惟萬護及元

氐侯趙辟惡子元伯讓其弟次興朝廷義而許之

翰族孫靜世宗時歷位征虜將軍武衛將軍太子左衛率以幹用稱延昌中遷平北將軍恒州刺史臨朐子後坐事免卒

子熙奉朝請遷員外散騎侍郎給事中與薛曇尚迎蠕蠕王婆羅門於涼州又除鎮遠將軍河陰令卒贈輔國將軍朔州刺史

子纘武定末潁川太守

呂羅漢本東平壽張人其先石勒時徙居幽州祖顯字子明少好學性廉直鄉人有分爭者皆就而質焉慕容垂以爲河間太守皇始初以郡來降太祖嘉之賜爵魏昌男拜鉅鹿太守清身奉公務存贍卹妻子不免飢寒民頌之曰時惟府君剋己清明緝我荒土民胥樂生願壽無疆以享長齡卒官父溫字晞陽善書好施有文武才略世祖伐赫連昌以溫爲幢將先登陷陳每戰必捷以功拜宣威將軍奉車都尉出爲秦州

司馬遷上黨太守善勸課有治名卒贈平遠將軍豫州刺史野王侯謚曰敬羅漢仁篤愼密弱冠以武幹知名父溫之佐秦州羅漢隨侍隴右氐楊難當率衆數萬寇上邽秦民多應之鎭將元意頭知羅漢善射共登西城樓令羅漢射難當隊將及兵二十三人應弦而殪賊衆轉盛羅漢進計曰今若不出戰示敵以弱衆情攜貳大事去矣意頭善之即簡千餘騎令羅漢出戰羅漢與諸騎策馬大呼直衝難當軍衆皆披靡殺

難當左右隊騎八人難當大驚會世祖賜難當璽書責其跋扈難當乃引還仇池意頭具以狀聞世祖嘉之徵爲羽林中郎上邽休官呂豐屠各王飛廉等八千餘家據險爲逆詔羅漢率騎一千討擒之從征懸瓠羅漢與琅邪王司馬楚之駕前招慰降者九千餘戶比至盱眙頻破賊軍擒其將顧儼李觀之等以功遷羽林中郎幢將賜爵烏程子加建威將軍及南安王余立羅漢猶典宿衛高宗之立羅漢有力焉遷少卿仍

幢將進爵野王侯加龍驤將軍拜司衛監遷散騎常侍殿中尚書進爵山陽公加鎮西將軍及蠕蠕犯塞顯祖討之羅漢與右僕射南平公元目振都督中外軍事出爲鎮西將軍秦益二州刺史時池仇氐羌反攻逼駱谷鎮將吳保元走登百頃請援於羅漢羅漢帥步騎隨長孫觀掩擊羊氏羌大破之斬其渠帥賊衆退散詔羅漢曰卿以勞勤獲叙才能致用內摠禁旅外臨方岳褒寵之隆可謂備矣自非盡節竭誠將何以垂

名竹帛仇池接近邊境兵革屢興既勞士卒亦動民庶皆由鎮將不明綏禁不理之所致也卿應機赴擊殄此凶醜隴右土險民亦剛悍若不導之以德齊之以刑寇賊莫由可息百姓無以得靜朕垂心治道欲使遠近清穆卿可召集豪右擇其事宜以利民爲先益國爲本隨其風俗以施威惠其有安土樂業奉公勤私者善加勸督無奪時利明相宣告稱朕意焉涇州民張羌郎扇惑隴東聚衆千餘人州軍討之不能制羅

漢率步騎一千擊羌郎擒之仇池氐羌叛逆遂甚所在蜂起道路斷絕其賊帥蛩廉苻祈等皆受劉昱官爵鐵券略陽公伏阿奴爲都將與羅漢赴討所在破之生擒廉祈等秦益阻遠南連仇池西接赤水諸羌恃險數爲叛逆自羅漢莅州撫以威惠西戎懷德土境怗然高祖詔羅漢曰朕總攝萬幾統臨四海思隆古道光顯風教故內委羣司外任方牧正是志士建節之秋忠臣立功之會然赤水羌民遠居邊土非卿善誘

何以招輯卿所得口馬表求貢奉朕嘉乃誠便
勑領納其馬印付都牧口以賜卿徵拜内都大
官聽訟察獄多得其情太和六年卒於官高祖
深悼惜之賜命服一襲贈以本官謚曰莊公
長子興祖襲爵山陽公後例降爲侯景明元年
卒
興祖弟伯慶爲中散咸陽王禧郎中令
伯慶弟世興校書郎
羅漢弟大檀爲中散恒農太守
大檀弟豹子東萊鎮將後改鎮爲州行光州事
豹子弟七寶侍御中散遷少卿出爲假節龍驤
將軍東雍州刺史
孔伯恭魏郡鄴人也父昭始光初以密皇后親
賜爵汝陰侯加安東將軍徙爵魏縣侯遷安南
將軍昭性柔曠有才用出爲趙郡太守治有能
名徵拜光祿大夫轉中都大官善察獄訟明於
政刑遷侍中鎮東將軍幽州刺史進爵魯郡公
和平二年卒謚曰康公長子羅漢東宮洗馬次

三〇八五 魏書傳三十九 十八

伯恭以父任拜給事中後賜爵濟陽男加鷹揚
將軍出爲安南將軍濟州刺史進爵城陽公入
爲散騎常侍顯祖初劉彧徐州刺史薛安都以
彭城内附彧遣將張永沈攸之等擊安都安都
上表請援顯祖進伯恭號鎮東將軍副尚書尉
元救之軍次于秺賊將周凱聞伯恭等軍至棄
衆遁走張永仍屯下磕永輜重在武原伯恭等
攻而剋之永計無所出引師而退時皇興元年
正月天大寒雪泗水冰合永與攸之棄船而走
伯恭等進擊首虜及凍死甚衆八月伯恭以書
喻下邳宿豫城内曰劉彧肆逆滔天弗臨靈命
猶謂絕而復興長江可恃敢遣張永周凱等率
此蟻衆送死彭城大軍未臨逆首奔潰今乘機
電舉當屠此城遂平吳會弔民伐罪幸時歸款
自求多福時攸之吳憘公等率衆數万來援下
邳屯軍焦墟曲去下邳五十餘里伯恭遣子都
將侯汾等率騎五百在水南奚升等五百餘騎
在水北南北邀之伯恭密造火車攻具欲水陸

三〇八六 魏書傳三十九 十九

俱進攸之等旣聞將戰引軍退保樊階城伯恭又令子都將孫天慶等步騎六千向零中峽斫木斷清水路劉彧寧朔將軍陳顯達領衆二千泝清而上以迎攸之屯于睢清合口伯恭率衆渡水大破顯達軍俘斬十九攸之聞顯達軍敗順流退下伯恭部分諸將俠清南北尋攸之軍後伯恭從睢陵城東向零中峽分軍爲二道遣司馬范師子等在清南伯恭從清西與攸之合戰遂大破之斬其將姜產之高遵世及丘幼弼

丘隆先沈榮宗陸道景等首攸之憘公等輕騎遁走乘勝追奔八十餘里軍資器械虜獲万計進攻宿豫劉彧戍將魯僧遵棄城夜遁又遣將孔太恒等領募騎一千南討淮陽彧太守崔武仲焚城南走遂據淮陽二年以伯恭爲散騎常侍都督徐南兗州諸軍事鎮東將軍彭城鎮將東海公三年十月卒贈鎮東大將軍東海王諡曰桓

伯恭弟伯孫爲中書士襲父爵魯郡公拜鎮東將軍東萊鎮將轉本將軍東徐州刺史坐事免官卒于家

史臣曰韓茂皮豹子封敕文呂羅漢孔伯恭之爲將也皆以沈勇篤實仁厚撫衆功成事立不徒然矣與夫苟要一戰之利僥幸暫勝之名豈同年而語也

列傳第三十九

列傳第四十　　魏書五十二

趙逸　胡方回
胡叟　宋繇
張湛　宗欽
段承根　闞駰
劉昞　趙柔
索敞　陰仲達

趙逸字思群天水人也十世祖融漢光祿大夫父昌石勒黄門郎逸好學夙成仕姚興歷中書侍郎爲興將齊難軍司征赫連屈丐難敗爲屈丐所虜拜著作郎世祖平統萬見逸所著曰此豎無道安得爲此言乎作者誰也其速推之司徒崔浩進曰彼之謬述亦猶子雲之美新皇王之道固宜容之世祖乃止拜中書侍郎神䴥三年三月上巳帝幸白虎殿命百寮賦詩逸製詩序時稱爲善久之拜寧朔將軍赤城鎮將綏和荒服十有餘年百姓安之頻表乞免久乃見許性好墳素白首彌勤年踰七十手不釋卷凡所著述詩賦銘頌五十餘篇

逸兄温字思恭博學有高名姚泓天水太守劉裕滅泓遂没於氐氐王楊盛盛子難當既有漢中以温爲輔國將軍秦梁二州刺史及難當稱蕃世祖以温爲難當府司馬卒于仇池長子廣夏中書博士

第三子琰語在孝感傳初姚萇以逸伯父遷爲尚書左僕射卒于長安劉裕滅姚泓從遷子孫於建業遷玄孫翼翼從子超宗令勝遐叔隆穆等太和景明中相尋歸降

翼粗涉書傳通率有器藝初爲平昌太守甚有治稱入歷軍校加鎮遠將軍長史深爲領軍元叉所知侍遷光祿大夫卒贈左將軍齊州刺史

超宗身長八尺頗有將略太和末爲豫州平南府長史帶汝南太守加建威將軍賜爵尋陽伯入爲驍騎將軍超宗在汝南多所受納貨賂太傅北海王詳詳言之於世宗除持節征

虜將軍岐州刺史從河東太守卒官超宗在
河東吏自修厲清靖愛民百姓追思之贈本
將軍華州刺史謚曰成伯
子懿襲爵歷員外常侍尚書郎
超宗弟令勝亦長八尺踈狂有膂力歷河北
恒農二郡太守並坐貪暴爲御史所彈
遇赦免神龜末自後將軍太中大夫出爲
恒農太守卒官令勝寵惑妾潘離棄其
妻羊氏夫妻相訟迭發陰私醜穢之事彰於
朝野

遐初爲軍主從高祖征南陽景明初爲梁城戍
主被蕭衍將攻圍以固守及戰功封牟平縣開
國子食邑二百戶後以左軍將軍假征虜將軍
督巴東諸軍事鎮南鄭時蕭衍冠軍將軍軍
主姜脩衆二万屯羊口輔國將軍姜白龍據南城
龍驤將軍泉建率土民北入桑坪姜脩又分軍
據興勢龍驤將軍譚思文據夾石司州刺史王
僧炳頓南安並扇動夷獠規翻南鄭遐率甲士

九千所在衝擊數百里中莫不摧靡前後斬首
五千餘級還以輔國將軍出爲滎陽太守時蕭
衍將馬仙琕率衆攻圍朐城戍主傅文驥嬰城
固守以遐持節假平東將軍爲別將與劉思祖
等救之次於艶口去朐城五十里夏雨頻降厲
涉長驅將至朐城仙琕見遐營壘未就徑來逆
戰思祖率彭沛之衆望陳奔退遐孤軍奮擊獨
破仙琕斬其直閤將軍軍主李魯生直後軍主
葛景羽等仙琕先分軍於朐城之西阻水列柵

以圍固城遐身自潛行觀水深淺結草爲筏銜
枚夜進破其六柵遂解固城之圍進救朐城都
督盧昶率大軍繼之未幾而文驥力竭以城降
賊衆軍大崩昶棄其節傳輕騎而走惟遐獨握
節而還時仲冬寒盛兵士凍死者朐山至於郯
城二百里間僵尸相屬昶儀衛失盡於郯城借
假節以爲軍威遐坐失利免官延昌中起爲光
祿大夫使持節假前將軍爲別將防捍西荊又
爲別將隸蕭寶夤東征淮堰熙平初出爲平西

將軍汾州刺史在州貪濁聞於遠近卒贈安南
將軍豫州刺史謚曰襄
子子獻襲爵
子獻弟四弟子素司空長流參軍
叔隆步兵校尉永平初同懸瓠城民白早生之
逆鎮南邢巒平豫州獲而宥之後以貨自通得
爲秦州 闕 西府長史加鎮遠將軍秦州殷富去
京懸遠叔隆與敕使元脩義同心聚斂納貨巨
万拜冠軍將軍中散大夫尋遷左軍將軍太中
二九五　魏書傳四十　五　户
大夫賂司空劉騰出爲中山内史在郡無德政
專以貨賄爲事叔隆姦詐無行忘背恩義懸瓠
之免是其族人前軍將軍趙文相之力後無報
德之意更與文相斷絶文相長者不以爲恨及
文相爲汝南内史猶經紀其家後文相卒叔隆
了不恤其子弟時論賤薄之
穆善書記有刀筆之用爲汾州平西府司馬翼
臨亡以穆託領軍元乂以穆爲汝南内史
胡方回安定臨涇人父義周姚泓黃門侍郎

方回赫連屈丐中書侍郎涉獵史籍辭彩可觀
爲屈丐統萬城銘蛇祠碑諸文頗行於世世祖
破赫連昌方回入國雅有才尚未爲時所知也
後爲北鎮司馬爲鎮脩表有所稱慶世祖覽之
嗟美問誰所作既知方回召爲中書博士賜爵
臨涇子遷侍郎與太子少傅游雅等改定律制
司徒崔浩及當時朝賢並愛重之清貧守道以
壽終
子始昌亦長者有父風歷位至南部主書
三五　魏書傳四十　六　户
子䤈孫中書學生祕書郎中散世不治產業家
甚貧約兄弟並早亡
胡叟字倫許安定臨涇人也世有冠冕爲西夏
著姓叟少聰敏年十三辨疑釋理知名鄉國其
意之所悟與成人交論鮮有屈焉學不師受友
人勸之叟曰先聖之言精義入神者其唯易乎
猶謂可思而過半末世腐儒粗別剛柔之位寧
有探賾未兆者哉就道之義非在今矣及披讀
群籍再閱於目皆誦於口好屬文既善爲典雅

之詞又工爲鄙俗之句以姚政將衰遂入長安觀風化隱匿名行懼人見知時京兆韋祖思少閱典墳多蔑時輩知叟至召而見之祖思習常待叟不足叟聊與叙溫涼拂衣而出祖思固留之曰當與君論天人之際何遽而反乎叟對曰論天人者其亡久矣與君相知何夸言若是也遂不坐而去至主人家賦韋杜二族一宿而成時年十有八矣其述前載無違舊美叙中世有協時事而末及鄙黷人皆奇其才畏其筆世猶

三ノ卅二 魏書傳四十 七 申佑

傳誦之以爲笑狎叟孤飄坎壈未有仕路遂入漢中劉義隆梁秦二州刺史馮翊吉翰以叟才士頗相禮接授叟末佐不稱其懷未幾翰遷益州叟隨入蜀多爲豪儁所尚時蜀沙門法成鳩率僧旅幾于千人鑄丈六金像劉義隆惡其聚衆將加大辟叟聞之即赴丹陽啓申其美遂得免焉復還於蜀法成感之遺其珍物價直千餘匹叟謂法成曰緯蕭何人能棄明珠吾爲德請財何爲也一無所受在益土五六載北至楊難

當乃西入沮渠牧犍遇之不重叟亦本無附之之誠乃爲詩示所知廣平程伯達其略曰羣犬吠新客佞闇排疎賓直途旣以塞曲路非所遵望衞惋祝鮀眄楚悼靈均何用宣憂懷託翰寄輔仁伯達見詩謂叟曰涼州雖地居戎域然自張氏以來號有華風今則憲章無虧曷祝鮀之有也叟曰古人有言君子聞鞞鼓之聲則思戰爭之士貴主奉正朔而弗淳慕仁義而未允地陋僻而僭徽號居小事大寧若茲乎徐偃之轍

三ノ三十 魏書傳四十 八 申佑

故不旋踵矣吾之擇木夙在大魏與子暫違非久闊也歲餘牧犍破降叟旣先歸國朝廷以其識機拜虎威將軍賜爵始復男家於密雲蓬室草筵惟以酒自適謂友人金城宗舒曰我此生活似勝焦先志意所栖謝其高矣後叟被徵至謝恩并獻詩一篇高宗時召叟及舒並使作檄劉駿蠕蠕文舒文劣於叟舒尋歸家叟不治產業常苦飢貧然不以爲耻養子字螟蛉以自給養每至貴勝之門恒乘一牸牛弊韋袴褶而已

作布囊容三四斗飲噉醉飽便盛餘肉餅以付螟蛉見車馬榮華者視之蔑如也尚書李敷嘗遺之以財都無所取初叟一見高允曰吳鄭之交以紵縞為美談吾之於子以弦韋為幽贄以此言之彼可無愧也於允館見中書侍郎趙郡李璨璨被服華靡叟貧老衣褐璨頗忽之叟謂之曰老子今若相許脫體上袴褶衣帽君欲作何計也譏其惟假盛服璨惕然失色叟少孤每言及父母則淚下若孺子之號春秋當祭之前則先求旨酒美膳將其所知廣寧常順陽馮翊田文宗上谷侯法儁攜壺執榼至郭外空靜處設坐奠拜盡孝思之敬時敦煌汜潛家善釀酒每節送一壺與叟著作佐郎博陵許赤虎江東裴定宗等謂潛曰再三之惠以為過厚子惠於叟何其恒也潛曰我恒給祭者以其恒於孝思也論者以潛為君子矣酒陽等數子稟叟獎示頗涉文流高閭曾造其家值叟短褐曳柴從田歸舍為閭設濁酒蔬食皆手自辦集其館宇卑陋園疇褊局而飯菜精潔醯醬調美見其二妾並年衰跛眇衣布穿弊閭見其貧約以物直十餘匹贈之亦無辭愧閭作宣命賦叟為之序密雲左右皆祇仰其德歲時奉以麻布穀麥叟隨分散之家無餘財年八十而卒叟元妻敦煌宋氏先亡無子後庶養者亦皆早夭竟以絕後叟死無有家人營主凶事胡始昌迎而殯之于家葬於墓次即令一弟繼之襲其爵始復男虎威將軍叟與始昌雖為宗室而性氣殊詭不相好附於其存也往來乃簡及亡而收恤至厚議者以為非必敦哀疏宗或緣求利品秩也

宋繇字體業敦煌人也曾祖配祖悌世仕張軌子孫父僚張玄靚龍驤將軍武興太守繇生而僚為張邕所誅五歲喪母事伯母張氏以孝聞八歲而張氏卒居喪過禮繇少而有志尚喟然謂妹夫張彥曰門戶傾覆負荷在繇不銜膽自厲何以繼承先業遂隨彥至酒泉追師就學閉室誦書晝夜不倦博通經史諸子羣言靡不覽

綜呂光時舉秀才除郎中後奔段業業拜繇中
散常侍繇以業無經濟遠略西奔李暠歷位通
顯家無餘財雅好儒學雖在兵難之間講誦不
廢每聞儒士在門常倒屣出迎停寢政事引談
經籍尤明斷決時事亦無滯也沮渠蒙遜平酒
泉於繇室得書數千卷鹽米數十斛而已蒙遜
歎曰孤不喜剋李歆欣得宋繇耳拜尚書吏部
郎中委以銓衡之任蒙遜之將死也以子牧犍
委託之牧犍以繇爲左丞送其妹興平公主於

三十七　魏書傳四十　十一　王睿

京師世祖拜繇爲河西王右丞相賜爵清水公
加安遠將軍世祖并涼州從牧犍至京師卒謚
曰恭
長子巖襲爵改爲西平侯
巖子蔭中書議郎樂安王範從事中郎卒贈輔
國將軍咸陽太守
子超尚書度支郎
超弟稚字季預師事安邑李紹伯受諸經傳性
清嚴治家如官府太和中拜司徒屬又以例降

除西中府戶曹參軍轉并州城陽王鸞城局參
軍景明二年拜白水縣令在縣十一年頗得民
和遷青州敦海太守正光三年卒
子遊道武定末太尉長史
張湛字子然一字仲玄敦煌人魏執金吾恭九
世孫也湛弱冠知名涼土好學能屬文沖素有
大志仕沮渠蒙遜黃門侍郎兵部尚書涼州平
入國年五十餘矣賜爵南浦男加寧遠將軍司
徒崔浩識而禮之浩注易叙曰國家西平河右

魏書傳四十　十二

敦煌張湛金城宗欽武威段承根三人皆儒者
並有儁才見稱於西州每與余論易余以左氏
傳卦解之遂相勸爲注故因退朝之餘暇而爲
之解焉其見稱如此湛至京師家貧不粒操尚
無虧浩常給其衣食每歲贈浩詩頌浩常報荅
及浩被誅湛懼悉燒之
兄懷義閑粹有才幹遭母憂哀毀過人服制雖
除而蔬糲弗改卒于征西參軍
長子廣平高平令

宗欽字景若金城人也父爕字文友呂光太常卿欽少而好學有儒者之風博綜羣言聲著河右仕沮渠蒙遜爲中書郎世子洗馬欽上東宮侍臣箴曰悏悏玄古悠悠生民五才迭用經叙彝倫匡父維子弼君伊臣覲而能扶屈而能申昔在上聖妙鑒厥趣不曰我明而乖其度不曰我新而忽其故如彼在泉臨深是懼如彼覆車望途改步是以令問宣流英風遠布及於三季道喪純遷桀起瓊臺紂醫糟山周滅妖姒羿喪以

魏傳四十　十二　曹鼎

田險誅蔽其耳目鄭衛陳於其前怙才肆虐異端是纏豈伊害身厥角殲焉芒芒禹跡畫爲九區昆蟲鳥獸各有巢居雲歌唐后垂橫美虞疎網改祝邪道攸敷龍盤應德隨虵銜珠勿謂無心識命不殊勿謂理絶千載同符爰在子桓靈數攸臻儀形徐阮左右劉陳披文採友叩典問津用能重離襲曜魏鼎維新於昭儲后運應玄籙夕惕乾乾虛衿遠屬外撫幽荒內懷兇猶懼思不逮遠明不遐燭君有諍臣庭立謗木本

枝克昌永符天祿微臣作箴敢告在僕世祖平涼州入國賜爵卧樹男加鷹揚將軍拜著作郎欽與高允書曰昔皇綱未振華裔殊風九服分隔金蘭莫遂希懷寄契延想積久天遂其願爰邁京師才非季札而眷深孫喬德乖程子而義均傾蓋曠齡罕遇會之一朝比公私理異訓諮路塞端拱逢宇歎慨如何不量鄙拙貢詩數韻若夫泉江相忘之談遺言存意之美雖莊生之所尚非淺識所宜循愛敬既深情期往返思遲

魏書傳四十　十四　沈

德音以袪鄙吝若能紆鳳彩以燿榛薈迴連城以映瓦礫者是所望也詩曰崑峩恒嶺滉瀁滄溟山挺其和水燿其精啓兹令族應期誕生華冠衆彥偉邁羣英其一於穆吾子含貞藉茂如彼松竹陵霜擢秀味老思沖翫易體復戢翼允皇聲溢宇宙其二我皇龍興重離疊映剛德外彰柔明內鏡乾象奄氣坤厚山競風無殊音俗無異徑其三經緯曰文著述曰史斟酌九流錯綜幽旨帝用訓諮明發虛擬廣闢四門披延髦士其四爾

應其求翰飛東觀口吐瓊音手揮霄翰彈毫珠
零落紙錦粲墳無疑誾典無滯泮其五山降則謙
含柔爲信林崇日漸明升斯進有邈夫子兼茲
四慎弱而難勝通而不峻其六南董邈矣史功不
申固傾侫寶雄箴美新遷以陵腐邕由阜泯時
無逸勤路盈摧輪其七尹佚謨周孔明述魯抑揚
羣致憲章三五昂昂高生寡我遐武勿謂古今
建規易矩其八自昔索居沉淪西藩風馬既殊標
榜莫緣開通有運闇遇當年披衿暫面定交一

魏書傳四十　十五　馬

言其九諮疑祕省訪滯京都水鏡叔度洗吞田蘇
望儀神婉即象心虛悟言禮樂採研詩書其十履
霜悼遷撫節感變嗟我年邁迅踰激電進之由
賜退非回愆素絲攏玄枯顏落倩其十一文以會友
友由知己詩以明言言以通理盼坎迷流覿良
闇止伊尒虬光四鱗曲水其十二允荅書曰項因行
李承足下高問延佇之勞爲日久矣王途一啓
得叙其懷欣於相遇情無有已足下兼愛爲心
每能存顧養之以風味惠之以德音執翫反覆

銘於心抱吾少乏尋常之操長無老成之致憑
賴賢勝以自克勉而來諭褒飾有過其分既承
雅贈即應有荅但唱高則難和理深則難訓所
以留連日月以至於今今往詩一篇誠不足標
明來旨且表以心幸恕其鄙滯領其至意詩曰
湯湯流漢藹藹南都載稱多士載擢靈珠邈矣
高族世記丹圖啓基郢城振彩涼區其一吾生朗
到誕發英風紹熙前緒奕世克隆方圓備體淑
德斯融望傾羣儁響暨駿華戎其二響暨駿伊何金聲

魏書傳四十　十六

允著匡贊西藩拯厥時務肅志琴書恬心初素
潛思淵渟秀藻雲布其三上天降命祚鍾有代協
燿紫宸與乾作配仁邁春陽功隆覆載招延隱
叟永貽大賚其四伊余櫟散才至庸微遭緣幸會
忝與樞機竊名華省厠足丹墀愧無螢燭少益
天暉其五明外非諭信漸難兼體卑處下豈曰能
謙進不弘道退失淵潛既慙朱闕亦愧閭閻其六
史班稱達楊蔡致深負荷典策載蹈於心四轍
同軌覆車相尋敬承嘉誨永佩明箴其七遠思古

賢内尋諸已仰謝丘明長揖南史遐武雖存高蹤難擬夙興夕惕豈獲恬止其八世之圮矣靈運未通風馬殊隅區域異封有懷西望路險莫從王澤遠灑九服來同其九在昔平吳二陸稱寶今也兙涼五生獨矯道映儒林義爲羣表我思與之均於紵縞其十仁之田蘇豈非叔度韓生屬降林宗仍顧千載曠遊蕭茲一遇藻詠風流鄙心已悟其十一年時迅邁物我俱逝任之斯通擁之則滯結駟貽塵屢空亦弊兩間可守安有回賜其十二

詩以言志志以表丹慨哉刎頸義已中殘雖曰不敏請事金蘭爾其勵之無忘歲寒崔浩之誅也欽亦賜死欽在河西撰蒙遜記十卷無足可稱

弟舒字景太蒙遜庫部郎中與兄同歸國賜爵句町男加威遠將軍名亞於兄子孫皆衰替

段承根武威姑臧人自云漢太尉熲九世孫也父暉字長祚身長八尺餘師事歐陽湯湯甚器愛之有一童子與暉同志後二年童子辭歸從暉請馬暉戲作木馬與之童子甚悅謝暉曰吾太山府君子奉敕遊學今將欲歸煩子厚贈無以報德子後位至常伯封侯非報也且以爲好言終乘木馬騰空而去暉乃自知必將貴也乞伏熾磐以暉爲輔國大將軍涼州刺史御史大夫西海侯磐子暮末襲位國政衰亂暉父子奔吐谷渾慕璝慕璝內附暉與承根歸國世祖素聞其名頗重之以爲上客後暉從世祖至長安有人告暉欲南奔世祖問曰何以知之告者曰

暉置金於馬韉中不欲逃走何由爾也世祖密遣視之果如告者之言斬之於市暴尸數日時有儒生京兆林白奴欽暉德音夜竊其尸置之枯井女爲敦煌張氏婦久而聞之乃向長安收葬承根好學機辯有文思而性行疏薄有始無終司徒崔浩見而奇之以爲才堪注述言之世祖請爲著作郎引與同事世咸重其文而薄其行甚爲敦煌公李寶所敬待承根贈寶詩曰世道衰陵淳風殆緬衢交問鼎路盈訪還徇競爭

馳天機莫踐不有眞宰榛棘誰揃其一於皇我后
重明襲煥文以息煩武以靜亂剖蚌求珍搜巖
采幹野無投綸朝盈逸翰其二自昔凉季林焚淵
涸矯矯公子鱗羽靡託靈慧雖奮祅氛未廓鳳
戢崐丘龍潛玄漠其三數不常擾艱極則泰奮翼
幽裔翰飛京師珥蟬紫闥杖節方畿弼我王度
庶績緝熙其四自余幽淪眷參舊契庶庇餘光優
游卒歲忻路未淹離轡已際顧難分歧載張載
繼其五聞諸父舊累聖疊曜淳源雖灕民懷餘劭

魏書四十　十九

思樂哲人靜以鎮躁藹彼繁音和此清調其六詢
下曰文辨訐曰明化由禮洽政以寬成勉崇仁
敎播德簡刑傾首景風遲聞休聲其七浩誅承根
與宗欽等俱死承根外孫長水校尉南陽張令
言美鬚髯言談舉止有異武令李琰之李神儁
一時名士並稱美之

闞駰字玄陰敦煌人也祖倞有名於西土父玟
爲一時秀士官至會稽令駰博通經傳聰敏過
人三史羣言經目則誦時人謂之宿讀注王朗
易傳學者藉以通經撰十三州志行於世蒙遜
甚重之常侍左右訪以政治損益拜秘書考課
郎中給文吏三十人典校經籍刊定諸子三千
餘卷加奉車都尉牧犍待之彌重拜大行遷尚
書姑臧平樂平王丕鎮涼州引爲從事中郎王
薨之後還京師家甚貧弊不免飢寒性能多食
一飯至三升乃飽卒無後

劉昞字延明敦煌人也父寶字子玉以儒學稱
昞年十四就博士郭瑀學時瑀弟子五百餘人

三百十六字　魏書傳四十　二十　宋璟

通經業者八十餘人瑀有女始笄妙選良偶有
心於昞遂別設一席於坐前謂諸弟子曰吾有
一女年向成長欲覓一快女壻誰坐此席者吾
當婚焉昞遂奮衣來坐神志肅然曰向聞先生
欲求快女壻昞其人也瑀遂以女妻之昞後隱
居酒泉不應州郡之命弟子受業者五百餘人
李暠私署徵爲儒林祭酒從事中郎暠好尚文
典書史穿落者親自補治昞時侍側前請代暠
暠曰躬自執者欲人重此典籍吾與卿相值何

異孔明之會玄德遷撫夷護軍雖有政務手不
釋卷暠曰卿注記篇籍以燭繼晝白日且然夜
可休息昞曰朝聞道夕死可矣不知老之將至
孔聖稱焉昞何人斯敢不如此昞以三史文繁
著略記百三十篇八十四卷涼書十卷敦煌實
錄二十卷方言三卷靖恭堂銘一卷注周易韓
子人物志黃石公三略並行於世蒙遜平酒泉
拜祕書郎專管注記築陸沉觀於西苑躬往禮
焉號玄處先生學徒數百月致羊酒牧犍尊為
國師親自致拜命官屬以下皆北面受業焉時
同郡索敞陰興為助教並以文學見舉每巾衣
而入世祖平涼州士民東遷夙聞其名拜樂平
王從事中郎世祖詔諸年七十以上聽留本鄉
一子扶養昞時老矣在姑臧歲餘思鄉而返至
涼州西四百里韭（本或作悲亦作匪）谷窟遇疾而卒昞六子
長子僧衍早亡
次仲禮留鄉里
次字仲次貳歸少歸仁並遷代京後分屬諸州

三十三　魏書傳四十　二十一　戶

為城民歸仁有二子
長買奴
次顯宗太和十四年尚書李沖奏昞河右碩儒
今子孫沉屈未有祿潤賢者子孫宜蒙顯異於
是除其一子為郢州雲陽令正光三年太保崔
光奏曰臣聞太上立德其次立功立言死而不
朽前哲所尚思人愛樹自古稱美故樂平王從
事中郎敦煌劉昞著業涼城遺文茲在篇籍之
美頗足可觀如或愆釁當蒙數世之宥況乃維
祖逮孫相去未遠而令久淪皁隸不獲收異儒
學之士所為竊歎臣忝職史教冒以聞奏乞敕
尚書推檢所屬甄免碎役用廣聖朝旌善繼絕
敦化厲俗於是乎在四年六月詔曰昞德冠前
世蔚為儒宗太保啓陳深合勸善其孫等三家
特可聽免河西人以為榮
趙柔字元順金城人也少以德行才學知名河
右沮渠牧犍時為金部郎世祖平涼州內徙京
師高宗踐阼拜為著作郎後以歷効有績出為

三十七　魏書傳四十　二十二

河内太守甚著仁惠柔甞在路得人所遺金珠
一貫價直數百縑柔呼主還之後有人與柔鏵
數百枚者柔與子善明鬻之於市有從柔買索
絹二十匹有商人知其賤與柔三十匹善明欲
取之柔曰與人交易一言便定豈可以利動心
也遂與之搢紳之流聞而敬服焉其推誠秉信
皆此類也隴西王源賀採佛經幽旨作祗洹精
舍圖偈六卷柔爲之注解咸得理衷爲當時儁
僧所欽味焉又憑立銘讃頗行于世

三ㄱ卅三　魏書傳四十　二十三

子黙字沖明武威太守
索敞字巨振敦煌人爲劉昞助教專心經籍盡
能傳昞之業涼州平入國以儒學見拔爲中書
博士篤勤訓授肅而有禮京師大族貴遊之子
皆敬憚威嚴多所成益前後顯達位至尚書牧
守者數十人皆受業於敞敞遂講授十餘年敞
以喪服散在衆篇遂撰比爲喪服要記其名字
論文多不載後出補扶風太守在位清貧未幾
卒官時舊同學生等爲請詔贈平南將軍涼州

刺史謚曰獻
敞子僧養中書議郎京兆太守
僧養子演貴征東府參軍
演貴子懷眞字公道武定末侍御史初敞在州
之日與鄉人陰世隆文才相友世隆至京師被
罪徙和龍屆上谷困不前達土人陰能抑掠爲
奴五年敞因行至上谷遇見世隆語其由狀對
泣而別敞爲訴理得免世隆子孟貴性至孝每
向田耘耨早朝拜父來亦如之鄉人欽其篤於

三八九　魏書傳四十　二十四

事親
陰仲達武威姑臧人祖訓字處道仕李暠爲武
威太守父華字季文姑臧令仲達少以文學知
名世祖平涼州内徙代都司徒崔浩啓仲達與
段承根云二人俱涼土才華同修國史除祕書
著作郎卒
華次子周達徐州平南司馬太山太守
周達子遵和小名虎頭好音律尚武事初爲高
祖挽郎拜奉朝請後廣平王懷取爲國常侍遵

和便辟善事人深爲懷所親愛轉司空法曹太尉中兵參軍又爲汝南王悦郎中令復被愛信稍遷龍驤將軍驍騎將軍豫州都督鎮懸瓠孝莊末除左將軍行豫州刺史時前行州事元崇禮被徵將還既聞尒朱兆入洛遂矯殺遵和擅攝州任後追贈平南將軍涼州刺史

遵和兄子道方性和雅頗涉書傳深爲李神儁所知賞神儁爲前將軍荆州刺史請道方爲其府長流參軍神儁尋使道方詣蕭衍雍州刺史

蕭綱論邊事道方風神沉正爲綱所稱正光末蕭綱遣其軍主曹義宗等擾動邊蠻神儁令道方馳傳向新野處分軍事於路爲土因村蠻所掠送於義宗義宗又傳致襄陽仍送於蕭衍因之尚方孝昌中始得還國既至拜奉朝請轉員外散騎侍郎孝莊初還尚書左民郎中修起居注永安二年詔道方與儀曹郎中王元旭使於蕭衍至南兗州有詔追還轉安東將軍光祿大夫領右民郎中太昌初卒年四十二人士咸嗟惜之贈撫軍將軍荆州刺史

史臣曰趙逸等皆通涉經史才志不羣價重西州有聞東國故於流播之中拔泥滓之上人之不可以無能信也胡叟顯晦之間優遊無悶亦一世之異人乎

列傳第四十　魏書五十二

列傳第四十一　魏書五十三

李孝伯　李沖

李孝伯趙郡人也高平公順從父弟父曾少治鄭氏禮左氏春秋以教授爲業郡三辟功曹不就門人勸之曾曰功曹之職雖曰鄉選高第猶是郡吏耳北面事人亦何容易州辟主簿到官月餘乃歎曰梁叔敬有云州郡之職徒勞人耳道之不行身之憂也遂還家講授太祖時徵拜博士出爲趙郡太守令行禁止刼盜奔竄太宗

嘉之并州丁零數爲山東之害知曾能得百姓死力憚不入境賊於常山界得一死鹿謂趙郡地也賊長責之還令送鹿故處隣郡爲之謠曰詐作趙郡鹿猶勝常山粟其見憚如此卒贈平南將軍荊州刺史栢仁子諡曰懿孝伯少傳父業博綜羣言美風儀動有法度從兄順言之於世祖徵爲中散世祖見而異之謂順曰真卿家千里駒也遷祕書奏事中散轉侍郎光祿大夫賜爵南昌子加建威將軍委以軍國機密甚見親寵謀謨切祕時人莫能知也遷北部尚書以頻從征伐規略之功進爵壽光侯加建義將軍真君末車駕南伐將出彭城劉義隆子安北將軍徐州刺史武陵王駿遣將馬文恭率步騎万餘至蕭城前軍擊破之文恭走免執其隊主蒯應義隆聞大駕南巡又遣其弟太尉江夏王義恭率衆赴彭城世祖至彭城登亞父冢以望城內遣送蒯應至小市門宣世祖詔勞問義恭率幷遣自陳蕭城之敗義恭等問應魏帝自來以

不應曰自來又問今在何處應曰在城西南又問士馬多少應曰中軍四十餘万駿遣人獻酒二器甘蔗百梃幷請駱駝世祖明旦復登亞父冢遣孝伯至小市駿亦遣其長史張暢對孝伯孝伯遥問暢姓暢曰姓張孝伯曰是張長史也暢曰君何得見識孝伯曰既涉此境何容不悉暢問孝伯曰君復何姓居何官也孝伯曰我戎行一夫何足致問然足與君相敵孝伯曰主上有詔太尉安北可暫出門欲與相見朕亦不攻

彭城何爲勞苦將士城上嚴備今遣賜駱駝及
貂裘雜物暢曰有詔之言政可施於彼國何得
稱之於此孝伯曰卿家太尉安北是人臣不暢
曰是也孝伯曰我朝廷奄有万國率土之濱莫
敢不臣縱爲隣國之君何爲不稱詔於隣國之
臣孝伯又問暢曰何至忽遽杜門絶橋暢曰二
王以魏帝壁壘未立將士疲勞此精甲十万人
思致命恐輕相凌踐故且閉城耳待休息士馬
然後共治戰場剋日交戲孝伯曰令行禁止主

將常事宜當以法裁物何用發橋杜門窮城之
中復何以十万誇大我亦有良馬百万復可以
此相矜暢曰王侯設險何但法令而已也我若
誇君當言百万所以言十万者正是二王左右
素所畜養者耳此城内有數州士庶工徒營伍
猶所未論我本鬭人不鬭馬足且冀之北土馬
之所生君復何以逸足見誇也孝伯曰王侯設
險誠如來言開閉有常何爲杜塞絶橋之意義
在何也此城守君之所習野戰我之所長我之

恃馬猶如君之恃城耳城内有貝思者嘗至京師
義恭遣視之思識是孝伯思前問孝伯曰李尚書
行途有勞孝伯曰此事應相與共知思荅曰緣共
知所以仰勞孝伯曰感君至意旣開門暢屏人却
仗出受賜物孝伯曰詔以貂裘賜太尉駱駝騾馬
賜安北蒲萄酒及諸食味當相與同進暢曰二王
敬白魏帝知欲垂見常願面接但受命本朝忝居
藩任人臣無境外之交故無容私覿義恭獻皮袴
褶一具駿奉酒二器甘蔗百挺孝伯曰又有詔太

尉安北久絶南信殊當憂悒若欲遣信者當爲
護送脫須騎者亦當以馬送之暢曰此方閒路甚多
使命日夕往復不復以此勞魏帝也孝伯曰亦知
有水路似爲白賊所斷暢曰君著白衣稱白賊也
孝伯大笑曰今之白賊似異黄巾赤眉暢曰黄巾
赤眉不在江南孝伯曰雖不在江南亦不離徐方
也孝伯曰向與安北相聞何以久而不報暢曰二
王貴遠啓聞爲難孝伯曰周公握髮吐餔二王何
獨貴遠暢曰握髮吐餐不謂隣國之人也孝伯曰

本邦尚爾隣國彌應盡恭且賓至有禮主人宜
以禮接暢曰昨見衆賓至門未爲有禮孝伯曰
非是賓至無禮直是主人怱怱無待賓調度耳
孝伯又言有詔程天祚一介常人誠知非江南
之選近於汝陽身被九搶落在溵水我使牽而
出之凡人骨肉分張並思集聚聞其弟在此如
何不遣暫出尋自令反豈復苟留一人暢曰知
欲程天祚兄弟集聚已勒遣之但其固辭不往
孝伯曰豈有子弟聞其父兄而反不肯相見此

便禽獸之不若貴土風俗何至如此世祖又遣
賜義恭駿等氈各一領鹽各九種并胡豉孝伯
曰有後詔凡此諸鹽各有所宜白鹽食鹽主上
自食黑鹽治腹脹氣滿末之六銖以酒而服胡
鹽治目痛戎鹽治諸瘡赤鹽駮鹽臭鹽馬齒鹽
四種並非食鹽太尉安北何不遣人來至朕聞
彼此之情雖不可盡要復見朕小大知朕老少
觀朕爲人暢曰魏帝久爲往來所具李尚書親
自銜命不患彼此不盡故不復遣信義恭獻蠟

燭十梃駿獻錦一匹孝伯曰君南土士人何爲
著屩君而著此將士云何暢曰士人之言誠爲
多愧但以不武受命統軍戎陳之間不容緩服
孝伯曰永昌王自頃恒鎮長安今領精騎八万
直造淮南壽春亦閉門自固不敢相禦向送劉
康祖首彼之所見王玄謨甚是所悉亦是常才
耳何意作如此任使以致奔敗自入境七百餘
里主人竟不能一相拒抗鄒山之險彼之所憑
前鋒始得接手崔邪利便爾入穴將士倒曳出

之主上丐其生命今從在此復何以輕脫遣馬
文恭至蕭縣使望風退撓也彼之民人甚相忿
怨言清平之時賦我租帛至有急難不能相拯
暢曰知永昌已過淮南康祖爲其所破比有信
使無此消息王玄謨南土偏將不謂爲才但以
其北人故爲前驅引導耳大軍未至而河冰向
合玄謨量宜反旆未爲失筭但因夜回歸致戎
馬驚亂耳我家懸瓠小城陳憲小將魏帝傾國
攻圍累旬不剋胡盛之偏裨小帥衆無三旅始

濟翻水魏國君臣奔散僅得免脫滑臺之師無所多愧鄒山小戍雖有微險河畔之民多是新附始慕政化姦盜未息示使崔邪利撫之而已今雖陷没何損於國魏帝自以十万之師而制一崔邪利乃復足言也近聞蕭縣百姓並依山險聊遣馬文恭以十隊迎之耳文恭前以三隊出還走彼大營嵆玄敬以百舸至留城魏軍奔敗輕敵致此亦非所卹王境人民列居河畔二國交兵當互加撫養而魏師入境事生意外官

不負民民亦何怨知入境七百里無相捍拒此自上由太尉神筭次在武陵聖略軍國之要雖不預聞然用兵有機間亦不容相語孝伯曰君藉此虛談支離相對可謂遁辭知其所窮且主上當不圍此城自率衆軍直造瓜步南事若辦城故不待攻圍南行不捷彭城亦非所欲也我今當南欲飲馬江湖耳暢曰去留之事自適彼懷若魏帝遂得飲馬長江便爲無復天道孝伯曰自北而南實惟人化飲馬長江豈獨天道暢將還城謂孝伯曰冀蕩定有期相見無遠君若得還宋朝今爲相識之始孝伯曰今當先至建業以待君耳恐爾日君與二王面縛請罪不暇爲容孝伯風容閑雅應答如流暢及左右甚相嗟歎世祖大喜進爵宣城公興安二年出爲使持節散騎常侍平西將軍秦州刺史太安五年卒高宗甚悼惜之贈鎮南大將軍定州刺史謚曰文昭公孝伯體度恢雅明達政事朝野貴賤咸推重之恭宗曾啓世祖廣徵俊秀世祖曰朕

有一孝伯足治天下何用多爲假復求訪此人輩亦何可得其見賞如此性方慎忠厚每朝廷大事有不足必手自書表切言陳諫或不從者至於再三削滅藁草家人不見公庭論議常引綱紀或有言事者孝伯恣其所陳假有是非終不抑折及見世祖言其所長初不隱人姓名以爲已善故衣冠之士服其雅正自崔浩誅後軍國之謀咸出孝伯世祖寵眷有亞於浩亦以宰輔遇之獻替補闕其迹不見時人莫得而知也

卒之日遠近哀傷焉孝伯美名聞於遐邇李彪使於江南蕭賾謂之曰孝伯於卿遠近其爲遠人所知若此孝伯妻崔賾女高明婦人生一子元顯崔氏卒後納翟氏不以爲妻也憎忌元顯後遇劫元顯見害世云翟氏所爲也元顯志氣甚高爲時人所傷惜翟氏二子安民安上並有風度

安民襲爵壽光侯司徒司馬卒贈鄴州刺史無子爵除

安上鉅鹿太守亦早卒

安民弟豹子正光三年上書曰竊惟庸勳賞勞有國恒典興滅繼絕哲后所先是以積德累忠春秋許宥十世立功著節河山誓其永久伏惟世祖太武皇帝英叡自天籠罩日域東清遼海西定玉門凌滅漠北飲馬江水臣亡父故尚書宣城公先臣孝伯冥基感會邀幸昌辰綢繆幃幄繾綣侍從廟筭嘉謀每蒙顧採于時儲后監國奏請徵賢詔報曰朕有一孝伯足以治天下何用多爲其見委遇乃至於此是用寵以元凱爵以公侯詔冊曰江陽之巡奇謀屢進六師大捷亦有勳焉出內勤王寵遇隆厚方開大賞而世祖登遐梓宮始遷外任名岳高宗沖年纂運未及追叙臣行舛百靈先臣棄世微績未甄誠志長奪搢紳僉傷早世朝野咸哀不永臣亡兄襲無子封除永惟宗構五情崩圮先臣榮寵前朝勳書王府同之常倫爵封堙墜準古量今實深荼苦竊惟朝例廣川王遵太原公元大曹等

並以勳重先朝世絕繼祀或以傍親或聽弟襲皆傳河山之功垂不世之賞況先臣在蒙委任運籌幃帟勳著於中聲傳於外事等功均今古無易是以漢賞信布裁重良平魏酬張徐不棄荀郭今數族追賞於先朝之世先臣絕封於聖明之時瞻流顧侶存亡永恨竊見正始中爰發存亡之詔褒賢報功之旨熙平元年故任城王澄所請十事復新前澤成一時之盛事垂曠代之茂典凡在纓紱誰不感慶葢以獎勸來今垂

範万古且劉氏僞書翻流上國尋其訕謗百無一實前後使人不書姓字亦無名爵至於張暢傳中略叙先臣對問雖臤脫略盡自欲矜高然逸韻難虧猶見稱載非直存益於時没亦有彰國美乞覽此書昭然可見則微微衰構重起一朝先臣潛魂結草於千載矣卒不得襲

孝伯兄祥字元善學傳家業鄉黨宗之世祖詔州郡舉賢良祥應貢對策合旨除中書博士時南土未賓世祖親駕遣尚書韓元興率衆出青

州以祥爲軍司略地至于陳汝淮北之民詣軍降者七千餘戶遷之於兗豫之南置淮陽郡以撫之拜祥爲太守加綏遠將軍流民歸之者万餘家勸課農桑百姓安業世祖嘉之賜以衣馬還河間太守有威恩之稱太安中徵拜中書侍郎民有千餘上書乞留數年高宗不許卒官追贈定州刺史平棘子謚曰憲

子安世幼而聰悟興安二年高宗引見侍郎博士之子簡其秀儁者欲爲中書學生安世年十一高宗見其尚小引問之安世陳說父祖甚有次第即以爲學生高宗每幸國學恒獨被引問詔曰汝但守此至大不慮不富貴居父憂以孝聞天安初拜中散以温敏敬慎顯祖親愛之累遷主客令蕭賾使劉纘朝貢安世美容貌善舉止纘等自相謂曰不有君子其能國乎纘等呼安世爲典客安世曰三代不共禮五帝各異樂安足以亡秦之官稱於上國纘曰世異之號凡有幾也安世曰周謂掌客秦改典客漢名鴻臚

今曰主客君等不欲影響文武而殷勤亡秦纘又指方山曰此山去燕然遠近安世曰亦由石頭之於番禺耳國家有江南使至多出藏内珍物令都下富室好容服者貨之令使任情交易使至金玉肆問價纘曰北方金玉大賤當是山川所出安世曰聖朝不貴金玉所以賤同瓦礫又皇上德通神明山不愛寶故無川無金無山無玉纘初將大市得安世言慙而罷遷主客給事中時民困飢流散豪右多有占奪安世乃上

疏曰臣聞量地畫野經國大式邑地相參致治
之本井稅之興其來日久田萊之數制之以限
蓋欲使土不曠功民罔游力雄擅之家不獨膏
腴之美單陋之夫亦有頃畝之分所以恤彼貧
微抑玆貪欲同富約之不均一齊民於編戶竊
見州郡之民或因年儉流移棄賣田宅漂居異
鄉事涉數世三長既立始返舊墟廬井荒毀桑
榆改植事已歷遠易生假冒彊宗豪族肆其侵
凌遠認魏晉之家近引親舊之驗又年載稍久
鄉老所惑郡證雖多莫可取據各附親知互有
長短兩證徒具聽者猶疑爭訟遷延連紀不判
良疇委而不開柔桑枯而不採僥倖之徒興繁
多之獄作欲令家豐歲儲人給資用其可得乎
愚謂今雖桑井難復宜更均量審其徑術令分
藝有準力業相稱細民獲資生之利豪右靡餘
地之盈則無私之澤乃播均於兆庶如阜如山
可有積於比戶矣又所爭之田宜限年斷事久
難明悉屬今主然後虛妄之民絕望於覬覦守

分之士永免於凌奪矣高祖深納之後均田之
制起於此矣出爲安平將軍相州刺史假節趙
郡公敦勸農桑禁斷淫祀西門豹史起有功於
民者爲之修飾廟堂表薦廣平宋翻陽平路恃
慶皆爲朝廷善士初廣平人李波宗族彊盛殘
掠生民前刺史薛道𢷋親往討之波率其宗族
拒戰大破𢷋軍遂爲逋逃之藪公私成患百姓
爲之語曰李波小妹字雍容褰裙逐馬如卷蓬
左射右射必疊雙婦女尚如此男子那可逢安
世設方略誘波及諸子姪三十餘人斬于鄴市
境內肅然以病免太和十七年卒于家安世妻
博陵崔氏生一子瑒崔氏以妬悍見出又尚滄
水公主生二子謐郁

瑒字琚羅涉歷史傳頗有文才氣尚豪爽公彊
當世延昌末司徒行參軍遷司徒長兼主簿太
師高陽王雍表薦瑒爲其友正主簿于時民多
絕戶而爲沙門瑒上言禮以教世法導將來跡
用既殊區流亦別故三千之罪莫大不孝不孝

之大無過於絶祀然則絶祀之罪重莫甚焉安得輕縱背禮之情而肆其向法之意也正使佛道亦不應然假令聽然猶須裁之以禮一身親老棄家絶養既非人理尤乖禮情堙滅大倫且闕王貫交錢當世之禮而求將來之益孔子云未知生焉知死斯言之至亦爲備矣安有棄堂堂之政而從鬼教乎又今南服未靜衆役仍煩百姓之情方多避役若復聽之恐捐棄孝慈比屋而是沙門都統僧暹等忿瑒鬼教之言以瑒

三十四 魏書傳四十一 十五 胡

爲謗毀佛法泣訴靈太后太后責之瑒自理曰竊欲清明佛法使道俗兼通非敢排棄真學妄爲訾毀且鬼神之名皆通靈達稱自百代正典敘三皇五帝皆號爲鬼天地曰神祇人死曰鬼易曰知鬼神之情狀周公自美亦云能事鬼神禮曰明則有禮樂幽則有鬼神是以明者爲堂堂幽者爲鬼教佛非天非地本出於人應世導俗其道幽隱名之爲鬼愚謂非謗且心無不善以佛道爲教者正可未達衆妙之門耳靈太后

雖知瑒言爲允然不免暹等之意猶罰瑒金一兩轉尚書郎加伏波將軍隨蕭寶夤西征以瑒爲統軍假寧遠將軍瑒德洽鄉閭招募雄勇其樂從者數百騎瑒傾家賑恤率之西討寶夤見瑒至乃拊瑒肩曰子遠來吾事辦矣故其下每有戰功軍中號曰李公騎寶夤又啓瑒爲左丞仍爲別將軍機戎政皆與參決寶夤又啓爲中書侍郎還朝除鎮遠將軍岐州刺史坐辭不赴任免官建義初於河陰遇害時年四十五初贈

魏書傳四十一 十六 楊柔

鎮東將軍尚書右僕射殷州刺史太昌中重贈散騎常侍驃騎大將軍儀同三司冀州刺史瑒倜儻有大志好飲酒篤於親知每謂弟郁曰士大夫學問稽博古今而罷何用專經爲老博士也與弟謐特相友愛謐在鄉物故瑒慟哭絶氣久而方蘇不食數日朞年之中形骸毀悴人倫哀歎之瑒三子

長子義盛武定中司徒倉曹參軍

瑒弟謐字永和在逸士傳

謐弟郁字永穆好學沈靜博通經史自著作佐郎爲廣平王懷友懷深相禮遇時學士徐遵明教授山東生徒甚盛懷徵遵明在館令郁問其五經義例十餘條遵明所荅數條而已稍遷國子博士自國學之建諸博士率不講說朝夕教授惟郁而已謙虛雅寬甚有儒者之風遷廷尉少卿加冠軍將軍轉通直散騎常侍建義中以兄瑒卒遂撫育孤姪歸於鄉里永熙初除散騎常侍大將軍左光祿大夫兼都官尚書尋領給

魏傳四十一　　十七

事黃門侍郎三年春於顯陽殿講禮詔郁執經解說不窮羣難鋒起無廢談笑出帝及諸王公凡預聽者莫不嗟善尋病卒贈散騎常侍都督定冀相滄殷五州軍事驃騎大將軍尚書左僕射儀同三司定州刺史

子士謙儀同開府參軍事

李沖字思順隴西人敦煌公寶少子也少孤爲長兄滎陽太守承所攜訓承常言此兒器量非恒方爲門戶所寄沖沈雅有大量隨兄至官是時牧守子弟多侵亂民庶輕有乞奪沖與承長子韶獨清簡皎然無所求取時人美焉顯祖末爲中書學生沖善交遊不妄戲雜流輩重之高祖初以例遷秘書中散典禁中文事以脩整敏惠漸見寵待遷內秘書令南部給事中舊無三長惟立宗主督護所以民多隱冒五十三十家方爲一戶沖以三正治民所由來遠於是創三長之制而上之文明太后覽而稱善引見公卿議之中書令鄭羲秘書令高祐等曰沖求立三

魏傳四十一　　十八

長者乃欲混天下一法言似可用事實難行羲又曰不信臣言但試行之事敗之後當知愚言之不謬太尉元丕曰臣謂此法若行於公私有益咸稱方今有事之月校比民戶新舊未分民必勞怨請過今秋至冬閑月徐乃遣使於事爲宜沖曰民者冥也可使由之不可使知之若不因調時百姓徒知立長校戶之勤未見均徭省賦之益心必生怨宜及課調之月令知賦稅之均既識其事又得其利因民之欲爲之易行著

作郎傳思益進曰民俗既異險易不同九品差
調爲日已久一旦改法恐成擾亂太后曰立三
長則課有常准賦有恒分苞蔭之戶可出僥倖
之人可止何爲而不可羣議雖有乖異然惟以
變法爲難更無異義遂立三長公私便之遷中
書令加散騎常侍給事中如故尋轉南部尚書
賜爵順陽侯沖爲文明太后所幸恩寵日盛賞
賜月至數千万進爵隴西公密致珍寶御物以
充其第外人莫得而知焉沖家素清貧於是始

爲富室而謙以自牧積而能散近自姻族逮于
鄉閭莫不分及虛已接物垂念羇寒衰舊淪屈
由之躋叙者亦以多矣時以此稱之初沖兄佐
與河南太守來崇同自涼州入國素有微嫌佐
因緣成崇罪餓死獄中後崇子護又糺佐贓罪
佐及沖等悉坐幽繫會赦乃免佐甚銜之至沖
寵貴綜攝內外護爲南部郎深慮爲沖所陷常
求退避而沖每慰撫之護後坐贓罪懼必不濟
沖乃具奏與護本末嫌隙乞原恕之遂得不坐

沖從甥陰始孫孤貧往來沖家至如子姪有人
求官因其納馬於沖始孫輒受而不爲言後假
方便借沖此馬馬主見沖乘馬而不得官後乃
自陳始末沖聞之大驚執始孫以狀款奏始孫
坐死其處要自厲不念愛惡皆此類也是時循
舊王公重臣皆呼其名高祖常謂沖爲中書而
不名之文明太后崩高祖居喪引見待接有
加及議禮儀律令潤飾辭旨刊定輕重高祖雖
自下筆無不訪決焉沖竭忠奉上知無不盡出

入憂勤形於顏色雖舊臣戚輔莫能逮之無不
服其明斷慎密而歸心焉於是天下翕然及殊
方聽望咸宗奇之高祖亦深相杖信親敬彌甚
君臣之間情義莫二及改置百司開建五等以
沖參定典式封滎陽郡開國侯食邑八百戶拜
廷尉卿尋遷侍中吏部尚書咸陽王師東宮既
建拜太子少傅高祖初依周禮置夫嬪之列以
沖女爲夫人詔曰昔軒皇誕御垂棟宇之構爰
歷三代興宮觀之式然茅茨土堦昭德於上代

層臺廣厦崇威於中葉良由文質異宜華朴殊禮故也是以周成繼業營明堂於東都漢祖聿興建未央於咸鎬蓋所以尊嚴皇威崇重帝德豈好奢惡儉苟弊民力者哉我皇運統天協纂乾曆銳意四方未遑建制宮室之度頗爲未允太祖初基雖粗有經式自茲厥後復多營改至於三元慶饗萬國充庭觀光之使具瞻有闕朕以寡德猥承洪緒運屬休期事鍾昌運宜遵遠度式茲宮宇指訓規模事昭於平日明堂太廟

已成於昔年又因往歲之豐資藉民情之安逸將以今春營改正殿違犯時令行之惕然但朔土多寒事殊南夏自非裁度當春興役徂暑則廣制崇基莫由克就成功立事非委賢莫可改制規模非任能莫濟尚書沖器懷淵博經度明遠可領將作大匠司空長樂公亮可與大匠共監興繕其去故崇新之宜脩復太極之制朕當別加指授車駕南伐加沖輔國大將軍統衆翼從自發都至於洛陽霖雨不霽仍詔六軍發軫

高祖戎服執鞭御馬而出羣臣啓顙於馬首之前高祖曰長驅之謀廟筭已定今大軍將進公等更欲何云沖進曰臣等不能折衝帷幄坐制四海而令南有竊號之渠寔臣等之咎陛下以文軌未一親勞聖駕臣等誠思亡軀盡命效死戎行然自離都淫雨士馬困弊前路尚遙水潦方甚且伊洛境內小水猶尚致難況長江浩汗越在南境若營舟楫必須停滯師老糧乏進退爲難矜喪反旆於義爲允高祖曰一同之意前

已具論卿等正以水雨爲難然天時頗亦可知何者夏既炎旱秋故雨多玄冬之初必當開爽比後月十間若雨猶不已此乃天也脫於此而晴行則無害古不伐喪謂諸侯同軌之國非王者統一之文已至於此何容停駕沖又進曰今者之舉天下所不願唯陛下欲之漢文言吾獨乘千里馬竟何至也臣有意而無其辭敢以死請高祖大怒曰方欲經營宇宙一同區域而卿等儒生屢疑大計斧鉞有常卿勿復言策馬將

出於是大司馬安定王休兼左僕射任城王澄等並殷勤泣諫高祖乃諭羣臣曰今者興動不小動而無成何以示後苟欲班師無以垂之千載朕仰惟遠祖世居幽漠違衆南遷以享無窮之美豈其無心輕遺陵壤今之君子寧獨有懷當由天工人代王業須成故也若不南鑾即當移都於此光宅土中機亦時矣王公等以為何如議之所決不得旋踵欲遷者左不欲者右安定王休等相率如右南安王楨進曰夫愚者闇

於成事智者見於未萌行至德者不議於俗成大功者不謀於衆非常之人乃能非常之事廓神都以延王業度土中以制帝京周公啓之於前陛下行之於後故其宜也且天下至重莫若皇居人之所貴寧如遺體請上安聖躬下慰民望光宅中原輟彼南伐此臣等願言蒼生幸甚羣臣咸唱万歲高祖初謀南遷恐衆心戀舊乃示為大舉因以脅定羣情外名南伐其實遷也舊人懷土多所不願內憚南征無敢言者於是

定都洛陽沖言於高祖曰陛下方修周公之制定鼎成周然營建六寢不可遊駕待就與築城郛難以馬上營訖願暫還北都令臣下經造功成事訖然後備文物之章和玉鑾之響巡時南徙軌儀土中高祖曰朕將巡省方岳至鄴小停春始便還未宜遂不歸北尋以沖為鎮南將軍侍中少傅如故委以營構之任改封陽平郡開國侯邑戶如先車駕南伐以沖兼左僕射留守洛陽車駕渡淮別詔安南大將軍元英平南將

軍劉藻討漢中召雍涇岐三州兵六千人擬戍南鄭剋城則遣沖表諫曰秦州險阨地接羌夷自西師出後餉援連續加氐胡叛逆所在奔命運糧擐甲迄茲未已今復豫差戍卒懸擬山外雖加優復恐猶驚駭脫終攻不剋徒動民情連胡結夷事或難測輒依旨密下刺史待軍剋鄭城然後差遣如臣愚見猶謂未足何者西道險阨單徑千里今欲深戍絕界之外孤據羣賊之口敵攻不可卒援食盡不可運糧古人有言雖

鞭之長不及馬腹南鄭於國實爲馬腹也且昔
人攻伐或城降而不取仁君用師或撫民而遺
地且王者之舉情在拯民夷寇所守意在惜地
校之二義德有淺深惠聲已遠何遽於一城哉
且魏境所掩九州過八民人所臣十分而九所
未民者惟漢北之與江外耳羈之在近豈急急
於今日也宜待大開疆宇廣拔城聚多積資粮
食足支敵然後置邦樹將爲吞并之舉今鍾離
壽陽密邇未拔諸城新野跬步弗降所剋者舍

三冊五 魏書傳四十一 二十五

之而不取所降者撫之而旋戮東道既未可以
近力守西蕃寧可以遠兵固若果欲置者臣恐
終以資敵也又今建都土中地接寇壤方須大
收死士平蕩江會輕遣單寡棄令陷没恐後舉
之日衆以留守致懼求其死効未易可獲推此
而論不戍爲上高祖從之車駕還都引見沖等
謂之曰本所以多置官者慮有令僕闇弱百事
稽壅若明獨聰專則權勢大併今朕雖不得爲
聰明又不爲劣闇卿等不爲大賢亦不爲大惡

且可一兩年許少置官司高祖自鄴還京汎舟
洪池乃從容謂沖曰朕欲從此通渠於洛南伐
之日何容不從此入洛從洛入河從河入汴從
汴入清以至於淮下船而戰猶出户而鬬此乃
軍國之大計今溝渠若須二万人以下六十日
有成者宜以漸修之沖對曰若爾便是士無遠
涉之勞戰有兼人之力遷尚書僕射仍領少傅
改封清淵縣開國侯邑户如前及太子恂廢沖
罷少傅高祖引見公卿於清徽堂高祖曰聖人

三二十四 魏傳四十一 二十六 刘昭

之大寶惟位與功是以功成作樂治定制禮今
徙極中天創居嵩洛雖大搆未成要自條紀略
舉但南有未賓之豎兼凶蠻密邇朕夙夜帳惋
良在於茲取南之計決矣朕行之謀必矣若依
近代也則天子下帷深宮之内準上古也則有
親行祚延七百魏晉不征旋踵而殞祚之脩短
在德不在征今但以行期未知早晚知幾其神
乎朕既非神焉能知也而頃來陰陽卜術之士
咸勸朕今征必剋此既家國大事宜共君臣各

盡所見不得以朕先言便致依違退有同異沖
對曰夫征戰之法先之人事然後卜筮今卜筮
雖吉猶恐人事未備今年秋稔有損常實又京
師始遷衆業未定加之征戰以爲未可宜至來
秋高祖曰僕射之言非爲不合朕意之所慮乃
有社稷之憂然咫尺寇戎無宜自安理須如此
僕射言人事未從亦不必如此朕去十七年擁
二十万衆行不出畿甸此人事之盛而非天時
往年乘機天時乃可而闕人事又致不捷若待

三百三十四 魏書傳四十一 二十七 孫

人事備復非天時若之何如僕射之言便終無
征理朕若秋行無剋捷三君子並付司寇不可
不人盡其心罷議而出後世宗爲太子高祖讌
於清徽堂高祖曰皇儲所以纂歷三才光昭七
祖斯乃億兆咸悅天人同泰故延卿就此一讌
以暢忻情高祖又曰天地之道一盈一虛豈有
常泰天道猶爾況人事乎故有升有黜自古而
然悼往欣今良用深歎沖對曰東暉承儲蒼生
咸幸但臣前忝師傅弗能弼諧仰慙天日慈造

寬含得預此讌慶愧交深高祖曰朕尚弗能革
其昬師傅何勞愧謝也後尚書疑元拔穆泰罪
事沖奏曰前彭城鎮將元拔與穆泰同逆養子
降壽宜從拔罪而太尉咸陽王禧等以爲律文
養子而爲罪父及兄弟不知情者不坐謹審律
意以養子於父非天性於兄弟非同氣敦薄既
差故刑典有降是以養子雖爲罪而父兄不預
然父兄爲罪養子不知謀易地均情豈獨從戮
平理固不然臣以爲依據律文追戮於所生則

魏書傳四十 二十八 徐杞

從坐於所養明矣又律惟言父不從子稱子不
不從父當是優尊厲卑之義臣禧等以爲律雖
不正見互文起制於乞也舉父之罪於養也見
子坐是爲互起互起兩明無罪必矣若以嫡繼
養與生同則父子宜均秖明不坐且繼養之注
云若有別制不同此律又令文云諸有封爵若
無親子及其身卒雖有養繼國除不襲是爲有
福不及已有罪便預坐均事等情律令之意便
相矛楯伏度律旨必不然也臣沖以爲指例條

尋罪在無疑準令語情頗亦同式詔曰僕射之議據律明矣太尉等論於曲矯也養所以從戮者緣其已免所生故不得復甄於所養此獨何福長處呑舟于國所以不襲者重列爵特立制因天之所絕推而除之耳豈復報對刑賞于斯則應死可特原之沖機敏有巧思北京明堂圓丘太廟及洛都初基安處郊兆新起堂寢皆資於沖勤志彊力孜孜無怠旦理文薄兼營匠制几案盈積剞劂在手終不勞厭也然顯貴門族

三ㄙ卌二 魏書傳四十一 二十九

務益六姻兄弟子姪皆有爵官一家歲祿万匹有餘是其親者雖復癡聾無不超越官次時論亦以此少之年纔四十而鬚鬢斑白姿皃豐美未有衰狀李彪之入京也孤微寡援而自立不羣以沖好士傾心宗附沖亦重其器學禮而納焉每言之於高祖公私共相援益及彪爲中尉兼尚書爲高祖知待便謂非復藉沖而更相輕背惟公坐斂袂而已無復宗敬之意也沖頗銜之後高祖南征沖與吏部尚書任城王澄並以

彪倨傲無禮遂禁止之奏其罪狀沖手自作家人不知辭甚激切因以自劾高祖覽其表歎悵者久之既而曰道固可謂溢也僕射亦爲滿矣沖時震恐數數責彪前後愆悖瞋目大呼投折几案盡收御史皆泥首面縛詈辱肆口沖素性温柔而一旦暴恚遂發病荒悖言語亂錯猶扼腕叫詈稱李彪小人醫藥所不能療或謂肝藏傷裂旬有餘日而卒時年四十九高祖爲舉哀於懸瓠發聲悲泣不能自勝詔曰沖貞和資性

三九四 魏書傳四十二 三十

德義樹身訓業自家道素形國太和之始朕在弱齡早委機密實康時務鴻漸瀍洛朝選開清升冠端右惟允出納忠肅柔明足敷睿範仁恭信惠有結民心可謂國之賢也朝之望也方昇寵秩以旌功舊奄致喪逝悲痛于懷既留勤應陟兼良宿宜褒可贈司空公給東園秘器朝服一具衣一襲贈錢三十万布五百匹蠟二百斤有司奏謚曰文穆葬於覆舟山近杜預冢高祖之意也後車駕自鄴還洛路經沖墓左右以聞

高祖卧疾望墳掩泣久之詔曰司空文穆公德
爲時宗勳簡朕心不幸徂逝託墳邙嶺旋鑾覆
冊躬睇塋域悲仁惻舊有慟朕衷可遣太牢之
祭以申吾懷及與留京百官相見皆叙沖亡没
之故言及流涕高祖得留臺啓知沖患狀謂右
衛宋弁曰僕射執我樞衡揔釐朝務清儉居躬
知寵已久朕以仁明忠雅委以台司之寄使我
出境無後顧之憂一朝忽有此患朕甚懷愴慨
其相痛惜如此沖兄弟六人四母所出頗相忿

鬩及沖之貴封禄恩賜皆以共之內外輯睦父
亡後同居二十餘年至洛乃別第宅更相友愛
久無閒然皆沖之德也始沖之見私寵也兄子
韶恒有憂色慮致傾敗後榮名日顯稍乃自安
而沖明目當官圖爲己任自始迄終無所避屈
其體時推運皆此類也

子延寔等語在外戚傳

史臣曰燕趙信多奇士李孝伯風範鑒略蓋亦
過人遠甚世祖雄猜嚴斷崔浩已見誅夷而入
參心膂出幹政事獻可替否無際可尋故能從
容任遇以功名始卒其智器固以優乎安世識
具通雅時幹之良瑒以豪俊達郁則儒博顯李
沖早延寵眷入幹腹心風流識業固乃一時之
秀終協契聖主佐命太和位當端揆身任梁棟
德洽家門功著王室蓋有魏之亂臣也

列傳第四十一　魏書五十三

高氏小史魏書列傳第四十五高祐崔挺李
安世三人其傳云李安世趙郡人也宣城公
孝伯之兄子父祥中書博士今魏書諸本祥
及安世事皆附此卷孝伯傳後按李鼜經史
釋題楊九齡經史目録第四十五卷高祐崔
挺李安世三人宗諫史目殺藏用十三代史
目惟高祐崔挺而無李安世此卷史臣論安
世及瑒郁與北史同疑李延壽用魏收舊語
或後人移安世傳附孝伯因取北史論安世

父子事於此篇亦不可考證故載諸目
錄同異以備傳疑

魏傳 四十一　三十三

列傳第四十二　　魏書五十四

高閭　游雅

游雅字伯度小名黃頭廣平任人也少好學有高才世祖時與勃海高允等俱知名徵拜中書博士東宮内侍長遷著作郎使劉義隆授散騎侍郎賜爵廣平子加建威將軍稍遷太子少傅領禁兵進爵爲侯加建義將軍受詔與中書侍郎胡方回等改定律制出爲散騎常侍平南將軍東雍州刺史假梁郡公在任廉白甚有惠政

魏書傳四十二　一

徵爲祕書監委以國史之任不勤著述竟無所成詔雅爲太華殿賦文多不載雅性剛戇好自矜誕陵獵人物高允重雅文學而雅輕薄允才允性柔寬不以爲恨允將婚于邢氏雅勸允娶于其族允不從雅曰人貴河間邢不勝廣平游人自棄伯度我自敬黃頭貴己賤人皆此類也允著徵士頌殊爲重雅事在允傳雅因論議長短忿儒者陳奇遂陷奇至族議者深責之和平二年卒贈相州刺史謚曰宣侯

子僧奴襲爵卒
子雙鳳襲
雅弟恬字壽護太和中爲中散遷典寺令後慰
勞仇池爲賊所害贈肆州刺史
高閭字閻士漁陽雍奴人五世祖原晉安北軍
司上谷太守關中侯有碑在薊中祖雅少有令
名州別駕父洪字季願陳留王從事中郎閭貴
乃贈寧朔將軍幽州刺史固安貞子閭早孤少
好學博綜經史文才儁偉下筆成章本名驢司

魏書傳四十二　二　吳

徒崔浩見而奇之乃改爲閭而字焉真君九年
徵拜中書博士和平末遷中書侍郎高宗崩乙
渾擅權内外危懼文明太后臨朝誅渾引閭與
中書令高允入於禁内參決大政賜爵安樂子
加南中郎將與鎮南大將軍尉元南赴徐州閭
先入彭城收管籥元表閭以本官領東徐州刺
史與張讜對鎮團城後還京城以功進爵爲侯
加昭武將軍顯祖傳位從御崇光宮閭上表頌
曰臣聞刑制改物者應天之聖君纂承順常者
守文之庸主故五帝異規而化興三王殊禮而
致治用能憲章万祀垂範百王歷葉所以挹其
遺風後君所以酌其軌度伏惟太上皇帝道光
二儀明齊日月至德潛通武功四暢霜威南被
則淮徐來同齊斧北斷則獫狁覆斃西摧三危
之酋東引肅慎之貢荒遐款塞九有宅心於是
從容閑覽希心玄古尚鼎湖之奇風崇杲由之
高潔恭睿欽明熙載亮采羣后爰挹大位傳祚聖人
開古之高範爰萃於一朝曠葉之希事載見於

魏書傳四十二　三　朱

今日昔唐堯禪舜前典大其成功太伯讓季孔
子稱其至德苟位以聖傳臣子一也謹上至德
頌一篇其詞曰茫茫太極悠悠遐古三皇刑
制五帝垂祜仰察璿璣俯鑒后土雍容端拱惟
德是與夏殷世傳周漢纂烈道風雖遐仍誕明
哲爰暨三季下凌上替九服三分禮樂四缺上
靈降鑒思皇反正乃眷有魏配天承命功冠前
王德侔往聖移風革俗天保載定於穆太皇克
廣聖度玄化外暢惠鑒内悟遺此崇高挹彼沖

索道映當今慶流後祚明明我皇承乾紹煥比
誦熈周方文隆漢重光麗天日辰暉疊旦府孔
修三辰貞觀功均乾造雲覆雨潤養之以仁敦
之以信綏之斯和動之斯震自東徂西無思不
順禎候並應福禄來格嘉穀秀町素文表石玄
鳥呈皓醴泉流液黃龍蜿蜿遊鱗弈弈沖訓既
布率土咸寧穆穆四門灼灼典刑勝殘豈遠朞
月有成翹翹東岳庶見翠旌先民有言千載一
泰昔難其運今易其會沐浴淳澤被服冠帶

飲和陶潤載欣載穎文以寫意功由頌宣吉甫作
歌式昭永年唐政緝熙康哉垂篇仰述徽烈被
之管絃高允以閭文章富逸舉以自代遂為顯
祖所知數見引接參論政治命造慶死頌北伐
碑顯祖善之承明初為中書令加給事中委以
機密文明太后甚重閭詔令書檄碑銘贊頌皆
其文也太和三年出師討淮北閭表曰伏見廟
筭有事淮海雖成事不說猶可思量臣以愚劣
本非武用至於軍旅尤所不學直以無諱之朝

敢肆狂瞽區區短見竊有所疑臣聞兵者凶器
不得已而用之今天下開泰四方無虞豈宜盛
世干戈妄動疑一也淮北之城凡有五處難易
相兼皆須攻擊然攻守難圖力懸百倍反覆思
量未見其利疑二也縱使如心於國無用發兵
遠入費損轉多若不置城是謂空爭疑三也脫
不如意當延日月屯衆聚費于何不有疑四也
伏願思此四疑時速返旆文明太后令曰六軍
電發有若摧朽何慮四難也遷尚書中書監淮

南王他奏求依舊斷禄文明太后令召羣臣議
之閭表曰天生烝民樹之以君明君不能獨理
必須臣以作輔君使臣以禮臣事君以忠故車
服有等差爵命有分秩德高者則位尊任廣者
則禄重下者禄足以代耕上者俸足以行義庶
民均其賦以展奉上之心君王聚其材以供事
業之用君班其俸垂惠則厚臣受其禄感恩則
深於是貪殘之心止竭効之誠篤兆庶無侵削
之煩百辟備禮容之美斯則經世之明典為治

之至術自堯舜以來逮于三季雖優劣不同而斯道弗改自中原崩否天下幅裂海內未一民戶耗減國用不充俸祿遂廢此則事出臨時之宜良非長久之道大魏應期紹祚照臨萬方九服既和八表咸謐二聖欽明文思道冠百代動遵禮式稽考舊章準百王不易之勝法述前聖利世之高軌置立鄰黨班宣俸祿事設令行於今已久苛慝不生上下無怨姦巧革慮闚覦絕心利潤之厚同於天地以斯觀之如何可改又

魏書傳四十二　六　毛京敬

洪波奔激則隄防宜厚姦悖充斥則禁網須嚴且飢寒切身慈母不保其子家給人足禮讓可得而生但廉清之人不必皆富豐財之士未必悉賢今給其俸則清者足以息其濫竊貪者足以感而勸善若不班祿則貪者肆其姦情清者不能自保難易之驗灼然可知如何一朝便欲去俸淮南之議不亦謬乎詔從閭議高祖又引見王公已下於皇信堂高祖曰政雖多途治歸一體朕每蒙慈訓猶自昧然誠知忠佞有損益

而未識其異同恒懼忠貞見毀佞人便進寤寐思此如有隱憂國彥朝賢休戚所共宜辨斯眞僞以釋朕懷尚書游明根對曰忠佞之士實亦難知依古爵人先試之以官官定然後祿之三載考績然後忠佞可明閭曰竊謂袁盎獻愼夫人席是其忠譖殺晁錯是其佞若以異人言之望之爲忠石顯是佞高祖曰自非聖人忠佞之行時或互有但忠功顯即謂之忠佞迹成斯謂之佞史官據成事而書於今觀之有別明矣朕

魏書傳四十二　七　朱玉文

所問者未然之前卿之所對已然之後閭曰佞者飾智以行事忠者發心以附道譬如玉石皦然可知高祖曰玉石同體而異名忠佞異名而同理求之於同則得其所以異尋之於異則失其所以同出處同異之間交換忠佞之境豈是皦然易明哉或有託佞以成忠或有假忠以飾佞如楚子綦後事顯忠初非佞也閭曰子綦諫楚初雖隨述終致忠言此適欲譏諫非爲佞也子綦若不設初權後忠無由得顯高祖善閭

對閭後上表曰臣聞爲國之道其要有五一曰文德二曰武功三曰法度四曰防固五曰刑賞故遠人不服則修文德以來之荒狡放命則播武功以威之民未知戰則制法度以齊之暴敵輕侵則設防固以禦之臨事制勝則明刑賞以勸之用能闢國寧方征伐四剋北狄悍愚同於禽獸所長者野戰所短者攻城若以狄之所短奪其所長則雖衆不能成患雖來不能內逼又狄散居野澤隨逐水草戰則與家產並至奔則

與畜牧俱逃不齎資糧而飲食足是以古人伐北方攘其侵掠而已歷代爲邊患者良以倏忽無常故也六鎮勢分倍衆不鬬互相圍逼難以制之昔周命南仲城彼朔方趙靈秦始長城是築漢之孝武踵其前事此四代之君皆帝王之雄傑所以同此役者非智術之不長兵衆之不足乃防狄之要事其理宜然故也易稱天險不升地險山川丘陵王公設險以守其國長城之謂歟今宜依故於六鎮之北築長城以禦北虜

雖有暫勞之勤乃有永逸之益如其一成惠及百世即於要害往往開門造小城於其側因地却敵多有弓弩狄來有城可守其兵可捍既不攻城野掠無獲草盡則走終必懲艾宜發近州武勇四万人及京師二万人合六万人爲武士於苑內立征北大將軍府選忠勇有志幹者以充其選下置官屬分爲三軍二万人專習弓射二万人專習戈楯二万人專習騎矟脩立戰場十日一習採諸葛亮八陣之法爲平地禦寇

之方使其解兵革之宜識旌旗之節器械精堅必堪禦寇使將有定兵兵有常主上下相信晝夜如一七月發六部兵六万人各備戎作之具敕臺北諸屯倉庫隨近作米俱送北鎮至八月征北部率所領與六鎮之兵直至磧南揚威漠北狄若來拒與之決戰若其不來然後散分其地以築長城計六鎮東西不過千里若一夫一月之功當三步之地三百人三里三千人三十里三万人三百里則千里之地彊弱相兼計十万

人一月必就運粮一月不足爲多人懷永逸勞
而無怨計築長城其利有五罷遊防之苦其利
一也北部放牧無抄掠之患其利二也登城觀
敵以逸待勞其利三也省境防之虞息無時之
備其利四也歲常遊運永得不匱其利五也又
任將之道特須委信遣之以禮恕之以情閫外
之事有利輒決赦其小過要其大功足其兵力
資其給用君臣相體若身之使臂然後忠勇可
立制勝可果是以忠臣盡其心征將竭其力雖

魏書傳四十二　十

三敗而逾榮雖三背而彌寵詔曰覽見表具卿安
邊之策比當與卿面論 二 高祖又引見群臣
議伐蠕蠕帝曰蠕蠕前後再擾朔邊近有投化
人云敕勒渠帥興兵叛之蠕蠕主身率徒衆追
至西漠今爲應乘弊致討爲應休兵息民左僕
射穆亮對曰自古以來有國有家莫不以戎事
爲首蠕蠕子孫襲其凶業頻爲寇擾爲惡不悛
自相違叛如臣愚見宜興軍討之雖不頓除巢
穴且以挫其醜勢閭曰昔漢時天下一統故得

窮追北狄今南有吳寇不宜懸軍深入高祖曰
先朝屢興征伐者以有未賓之虜朕承太平之
基何爲摇動兵革夫兵者凶器聖王不得已而
用之便可停也高祖又曰今欲遣蠕蠕使還應
有書問以不群臣以爲宜有乃詔閭爲書于時
蠕蠕國有喪而書不叙凶事高祖曰卿爲中書
監職典文詞所造旨書不論彼之凶事若知而
不作罪在灼然若情思不至應謝所任閭對曰
昔蠕蠕主敦崇和親其子不遵父志屢犯邊境

魏書傳四十二　十一　邦春

如臣愚見謂不宜弔高祖曰敬其父則子悦敬
其君則臣悦卿云不合弔慰是何言歟閭遂引
愆免冠謝罪高祖謂閭曰蠕蠕使牟提小心恭
愼甚有使人之禮同行疾其敦厚每至陵辱恐
其還北必被謗誣昔劉準使殷靈誕每禁下人
不爲非禮之事及其還國果被譖愬以致極刑
今爲旨書可明牟提忠於其國使蠕蠕主知之
是年冬至高祖文明太后大饗群官高祖親舞
於太后前群臣皆舞高祖乃歌仍率群臣再拜

上壽詩聞進曰臣聞大夫行孝行合一家諸侯行孝聲著一國天子行孝德被四海今陛下聖性自天敦行孝道稱觴上壽靈應無差臣等不勝慶踊謹上千万歲壽詩高祖大悅賜羣臣帛人三十匹又議政於皇信堂高祖曰百揆多途万機事猥未周之闕卿等宜有所陳閭對曰臣伏思太皇太后十八條之令及仰尋聖朝所行事周於百揆理兼於庶務孔子至聖三年有成子產治鄭歷載乃就今聖化方宣風政驟改行之積

魏書傳四十二　十二

久自然致治理之必明不患事闕又為政之道終始若一民可使由之不可使知之政令既宣若有不合於民者因民之心而改之願終成其事使至教必行自反覆三思理畢於此不知其他但使今之法度必理必明必行必久勝殘去殺可不遠而致高祖曰刑法者王道之所用何者為法何者為刑施行之日何先何後閭對曰臣聞刑制立會軌物齊衆謂之法犯違制約致之於憲謂之刑然則法必先施刑必後著自鞭

杖已上至於死罪皆謂之刑刑者成也成而不可改高祖曰論語稱冉子退朝孔子問曰何晏也對曰有政子曰其事也如有政雖不吾以吾其與聞之何者是政何者為事閭對曰臣聞政者君上之所施行合於法度經國治民之屬皆謂之政臣下奉教承旨作而行之謂之事然則天下大同風軌齊一則政出於天子王道衰則政出於諸侯君道缺則政出於大夫故詩敘曰王道衰政教失則國異政家殊俗政者上之所

魏書傳四十二　十三

行事者下之所奉高祖曰若君命為政子夏為莒父宰問政此應奉命而已何得稱政尚書游明根曰子夏宰民故得稱政帝善之十四年秋閭上表曰奉癸未詔書以春夏少雨憂飢饉之方臻愍黎元之傷瘁同禹湯罪己之誠齊堯舜引咎之德虞災致懼詢及卿士令各上書極陳損益深恩被於蒼生厚惠流于后土伏惟陛下天啓聖姿利見篡極欽若昊天光格宇宙太皇太后以叡哲贊世稽合三才高明柔克道被無

外七政昭宣於上九功咸序於下君人之量逾
高謙光之旨彌篤修復祭儀宗廟所以致敬飾
正器服禮樂所以宜和增儒官以重文德簡勇
士以昭武功慮獄訟之未息定刑書以理之懼
烝民之姦宄置鄰黨以穆之究庶官之勤劇班俸
祿以優之知勞逸之難均分民土以齊之甄忠
明孝矜貧恤獨開納讜言抑絕讒佞明訓以體
率土移風雖未勝殘去殺成無爲之化足以仰
答三靈者矣臣聞皇天無私降監在下休咎之

徵咸由人召故帝道昌則九疇叙君德衰而彝
倫斁休瑞並應享以五福則康于其邦咎徵屢
臻罰以六極則害于其國斯乃洪範之實徵神
祇之明驗及其厄運所纏世鍾陽九數乖於天
理事違於人謀時則有之矣故堯湯逢歷年之
災周漢遭水旱之患然立功脩行終能弭息今
考治則有如此之風計運未有如彼之害而陛
下殷勤引過事邁前王從星迴雨之徵指辰可
必消災滅禍之符灼然自見雖王畿之內頗爲

少雨關外諸方禾稼仍茂苟動之以禮綏之以
和一歲不收未爲大損但豫備不虞古之善政
安不忘危有國常典竊以北鎮新徙家業未就
思親戀本人有愁心一朝有事難以禦敵可寬
其往來頗使欣慰開雲中馬城之食以賑恤之
足以感德致力邊境矣明察畿甸之民飢甚者
出靈丘下館之粟以救其乏可以安慰孤貧樂
業保土使幽定安并四州之租隨運以溢其處
開關弛禁薄賦賤糴以消其費清道路恣其東

西隨豐逐食貧富相贍可以免度凶年不爲患
苦又聞常士困則濫竊生匹婦餒則慈心薄凶
儉之年民輕違犯可緩其使役急其禁令宜於
未然之前申敕外牧又一夫幽枉王道爲虧京
師之獄或恐未盡可集見囚於都曹使明折庶
獄者重加究察輕者即可決遣重者定狀以
罷非急之作放無用之獸此乃救凶之常法且
以見憂於百姓論語曰不患貧而患不安苟安
而樂生雖遭凶年何傷於民庶也愚臣所見如此

而已詔曰省表聞之當敕有司依此施行後詔閭與太常採雅樂以營金石又領廣陵王師出除鎮南將軍相州刺史以參定律令之勤賜布帛千匹粟一千斛牛馬各三閭上疏陳伐吴之策高祖納之遷都洛陽閭表諫言遷有十損必不獲已請遷於鄴高祖頗嫌之蕭鸞雍州刺史曹虎據襄陽請降詔劉昶薛眞度等四道南伐車駕親幸懸瓠閭表諫曰洛陽草創虎既不遣質任必非誠心無宜輕舉高祖不納虎果虛詐

魏書傳四十二　十六

諸將皆無功而還高祖攻鍾離未剋將於淮南脩故城而置鎮戍以撫新附之民賜閭璽書具論其狀閭表曰南土亂亡僭主屢易陛下命將親征威陵江左望風慕化剋拔數城施恩布德攜民襁負可謂澤流邊方威惠普著矣然元非大舉軍興後時本爲迎降戎卒實少兵法十則圍之倍則攻之所率既寡東西懸闊難以並稱伏承欲留戍淮南招撫新附昔世祖以回山倒海之威步騎數十萬南臨瓜步諸郡盡降而盱

眙小城攻而弗剋班師之日兵不戍一郡土不闢一廛夫豈無人以大鎮未平不可守小故也堰水先塞其源伐木必拔其本源不塞本不拔雖翦枝竭流終不可絶矣壽陽盱眙淮陰淮南之源本也三鎮不剋其一而留兵守郡不可自全明矣既逼敵之大鎮隔深淮之險少置兵不足以自固多留衆粮運難可充又欲脩渠通漕路必由于泗口泝淮而上須經角城淮陰大鎮舟船素畜敵因先積之資以拒始行之路若

三二十四　魏書傳四十二　十七

元戎旋旆兵士挫怯夏雨水長救援實難忠勇雖奮事不可濟淮陰東接山陽南通江表兼近江都海西之資西有盱眙壽陽之鎮且安土樂本人之常情若必留戍軍還之後恐爲敵擒何者鎮戍新立懸在異境以勞禦逸以新擊舊而能自固者未之有也昔彭城之役既剋其城戍鎮已定而思叛外向者猶過數方角城蕞爾處在淮北去淮陽十八里五固之役攻圍歷時卒不能剋以今比昔事兼數倍今以向熱水雨方

降兵刃既交難以恩恤降附之民及諸守令亦可徙置淮北如其不然進兵臨淮速度士卒班師還京踵太武之成規營皇居於伊洛畜力以待敵釁布德以懷遠人使中國清穆化被遐裔淮南之鎮自効可期天安之捷指辰不遠車駕還幸石濟閭朝於行宮高祖謂閭曰朕往年之意不欲決征但兵士已集恐爲幽王之失不容中止發洛之日正欲至於懸瓠以觀形勢然機不可失遂至淮南而彼諸將並列州鎮至無所

魏書傳四十二　八

獲定由晚一月日故也閭對曰人皆是其所事而非其所不事猶犬之吠非其主且古者攻戰之法倍則攻之十則圍之聖駕親戎誠應大捷所以無大獲者良由兵少故也且徙都者天下之大事今京邑甫介庶事造創臣聞詩云惠此中國以綏四方臣願陛下從容伊瀍優遊京洛使德被四海中國緝寧然後向化之徒自然樂附高祖曰願從容伊瀍實亦不少但未獲耳閭曰司馬相如臨終恨不見封禪今雖江介不賓

小賊未殄然中州之地略亦盡平豈可於聖明之辰而闕盛禮齊桓公霸諸侯猶欲封禪而況万乘高祖曰由此桓公屈於管仲荆揚未一豈得如卿言也閭曰漢之名臣皆不以江南爲中國且三代之境亦不能遠高祖曰淮海惟揚州荆及衡陽惟荆州此非近中國乎及車駕至鄴高祖頻幸其州館詔曰閭昔在中禁有定禮正樂之勳作藩於州有廉清公幹之美自大軍停軫庶事咸豐可謂國之老成善始令終者也每

魏書傳四十二　九

惟厥德朕甚嘉焉可賜帛五百匹粟一千斛馬一匹衣一襲以襃厥勤閭每請本州以自効詔曰閭以懸車之年方求衣錦知進忘退有塵謙德可降號平北將軍朝之老成宜遂情願徙授幽州刺史令存勸兩修恩法並舉閭以諸州罷從事依府置叅軍於治體不便表宜復舊高祖不悅歲餘表求致仕優荅不許徵爲太常卿頻表陳遜不聽又車駕南討漢陽閭上表諫求回師高祖不納漢陽平賜閭璽書閭上表陳謝世

宗踐祚閭累表遜位詔曰閭貞幹早聞儒雅素
著出內清華朝之儀尚老以年及致仕固求辭任
宜聽解宗伯遂安車之禮特加優授崇老成之
秩可光祿大夫金印紫綬使散騎常侍兼吏部
尚書邢巒就家拜授及辭引見於東堂賜以餚
羞訪之大政以其先朝儒舊告老永歸世宗爲
之流涕詔曰閭歷官六朝著勳五紀年禮致辭
義光進退歸軒首路感悵兼懷安駟蒲輪漢世
榮貺可賜安車几杖輿馬繒綵衣服布帛事從
豐厚百寮餞之猶昔羣公之祖二疏也閭進陟
北邙上望闕表以示戀慕之誠景明三年十月
卒于家世宗遣使弔慰賵帛四百匹四年三月
贈鎮北將軍幽州刺史謚曰文侯閭好爲文章
軍國書檄詔令碑頌銘讚百有餘篇集爲三十
卷其文亦高允之流後稱二高爲當時所服閭
彊果敢直諫其在私室言裁聞耳及於朝廷廣
衆之中則談論鋒起人莫能敵高祖以其文雅
之美每優禮之然貪褊矜慢初在中書好罵辱

諸博士博士學生百有餘人有所干求者無不
受其財貨及老爲二州乃更廉儉自謹有良牧
之譽有三子

長子元昌襲爵位至遼西博陵二郡太守

子欽字希叔頗有文學莫折念生之反也欽隨
元志西討志敗爲賊所擒念生以爲黃門郎死
於秦州

子穆宗襲祖爵興和中定州開府祭酒

欽弟石頭小石皆早卒

元昌弟定般中壘將軍漁陽太守卒贈征虜將
軍安州刺史

子洪景少有名譽早卒

次子宣景武定中開府司馬

定般弟幼成員外郎頗有文才性清狂爲奴所
害

閭弟悅篤志好學有美於閭早卒

史臣曰游雅才業亦高允之亞歟至於陷族陳
奇斯所以絕世而莫祀也高閭發言有章句下

筆富文彩亦一代之偉人故能受遠累朝見重
高祖挂冠謝事禮備懸輿美矣

列傳第四十二　魏書五十四

列傳第四十三　魏書五十五

游明根　劉芳

游明根字志遠廣平任人也祖鱓慕容熙樂浪
太守父幼馮跋假廣平太守和龍平明根乃得
歸鄉里游雅稱薦之世祖擢為中書學生性貞
慎寡欲綜習經典及恭宗監國與公孫叡俱為
主書高祖踐阼遷都曹主書賜爵安樂男寧遠
將軍高祖以其小心敬慎每嗟美之假員外散
騎常侍冠軍將軍安樂侯使於劉駿直使明僧
暠相對前後三返駿稱其長者迎送之禮有加

常使顯祖初以本將軍出為東青州刺史加員
外常侍遷散騎常侍平東將軍都督兗州諸軍
事瑕丘鎮將尋就拜東兗州刺史改爵新泰侯
為政清平新民樂附高祖初入為給事中遷儀
曹長加散騎常侍清約恭謹號為稱職後王師
南討詔假安南將軍儀曹尚書廣平公與梁郡
王嘉參謀軍計後兗州民叛詔明根慰喻敕南
征沔西仇城連口三道諸軍稟明根節度還都

正尚書仍加散騎常侍詔以與蕭賾絶使多年
今宜通否羣臣會議尚書陸叡曰先以三吳不
靖荆梁有難故權停之將觀釁而動今彼方既
築醴陽侵彼境土二三之理直在蕭賾我今遣
使於理爲長高祖從之文明太后崩羣臣固請
公除高祖與明根往復事在禮志遷大鴻臚卿
河南王幹師尚書如故隨例降侯爲伯又參定
律令屢進讜言明根以年踰七十表求致仕詔

不許頻表固請乃詔曰明根風度清幹志尚貞
敏温恭靜密乞言是寄故抑其高蹈之操至于
再三表請殷勤不容違奪便已許其告辭可出
前後表付外依禮施行引明根入見高祖曰卿
年耆德茂服勤累朝歷職內外並著顯績逮于
耆老履道不渝是以釐革之始委以禮任遲能
迂德匡賛於朕然高尚悠邈便尒言歸君臣之
禮於斯而畢眷德思仁情何可已夫七十致仕
典禮所稱位隆固辭賢者達節但季俗陵遲斯

道弗繼卿獨秉沖操居今行古有魏以來首振
頹俗進可以光我朝化退可以榮慰私門明根
對曰臣桑榆之年鍾鳴漏盡蒙陛下之澤首領
獲全侍盡私庭下奉先帝陛下大恩臣之願也
但犬馬之戀不勝悲塞因泣不自勝高祖命之
令進言別殷勤仍爲流涕賜青紗單衣委貌冠
被褥錦袍等物其年以司徒尉元爲三老明根
爲五更行禮辟雍語在元傳賜步挽一乘給上
卿之祿供食之味太官就第月送之以定律令

之勤賜布帛一千匹穀一千斛後明根歸廣平
賜絹五百匹安車一乘馬二匹幄帳被褥車駕
幸鄴明根朝于行宮詔曰游五更光素蓬簷歸
終衡里可謂朝之舊德國之老成可賜帛五百
匹穀五百斛敕太官備送珍羞後車駕幸鄴又
朝行宮賜穀帛如前爲造甲第國有大事恒璽
書訪之舊疾發動手詔問疾太醫送藥太和二
十三年卒於家年八十一世宗遣使弔祭賻錢一
十万絹三百匹布二百匹贈光祿大夫加金章

紫綬諡靖侯明根歷官內外五十餘年處身以仁和接物以禮讓時論貴之高祖初明根與高閭以儒老學業特被禮遇公私出入每相追隨而閭以才筆時侮明根世號高游焉子肇襲爵

肇字伯始高祖賜名焉幼爲中書學生博通經史及蒼雅林說高祖初爲內祕書侍御中散司州初建爲都官從事轉通直郎祕閣令遷散騎侍郎典命中大夫車駕南伐肇上表諫止高祖不納尋遷太子中庶子肇謙素敦重文雅見任

魏列傳四十三　四

以父老求解官扶侍高祖欲令遂祿養乃出爲本州南安王楨鎮北府長史帶魏郡太守王薨復爲高陽王雍鎮北府長史太守如故爲政清簡加以匡贊歷佐二王甚有聲迹數年以父憂解任景明末徵爲廷尉少卿固辭乃授黃門侍郎遷散騎常侍黃門如故兼侍中爲畿內大使黜陟善惡賞罰分明轉太府卿從廷尉卿兼御史中尉黃門如故肇儒者動存名教直繩所舉莫非傷風敗俗持法仁平斷獄務於矜恕尚書

令高肇世宗之舅爲百寮懾憚以肇名與已同欲令改易肇以高祖所賜秉志不許高肇甚銜之世宗嘉其剛梗盧昶之在朐山也肇諫曰朐山蕞尒僻在海濱山湖下墊民無居者於我非急於賊爲利爲利故必致死而爭之非急故不得已而戰以不得已之衆擊必死之師恐稽延歲月所費遂甚假令必得朐山徒致交爭終難全守所謂無益之田也知賊將屢以宿豫求易朐山臣愚謂此言可許朐山乂捍危弊宜速審

魏書傳四十三　五　朱

之若必如此宿豫不征而自伏持此無用之地復彼舊有之疆兵役時解其利爲大世宗將從之尋而昶敗遷侍中蕭衍軍主徐玄明斬其青冀二州刺史張稷首以郁洲內附朝議遣兵赴援肇表曰玄明之款雖奔救是當然事有損益或憚舉而功多或因小而生患不可必也今六里朐山地實接海陂湖下濕人不可居郁洲又在海中所謂雖獲石田終無所用若不得連口六里雖尅尚不可守況方事連兵而爭非要也

且六里於賊逾要去此閑遠若以閑遠之兵攻
逼近之衆其勢既殊不可敵也災儉之年百姓
飢弊餓死者亦復不少何以得宜靜之辰興干
戈之役軍粮資運取濟無所唯見其損未覩其
益且新附之民服化猶近特須安帖不宜勞之
勞則怨生怨生則思叛思叛則不自安不安則
擾動脫尒則連兵難解事不可輕宜損茲小利
不使大損世宗並不納大將軍高肇伐蜀肇諫
曰臣聞遠人不服則修文德以來之兵者凶器

魏書傳四三　六　中

不得已而後用當今治雖太平論征未可何者
山東關右殘傷未復頻年水旱百姓空虛宜在
安靜不宜勞役然往昔開拓皆因城主歸款故
有征無戰今之據者雖假官號眞僞難分或有
怨於彼不可全信且蜀地險隘稱之自古鎮戍
晏然更無異趣豈得虛承浮說而動大軍舉不
愼始悔將何及討蜀之略願俟後圖世宗又不
納肅宗即位遷中書令光祿大夫加金章紫綬
相州大中正出爲使持節加散騎常侍鎮東將

軍相州刺史有惠政徵爲太常卿遷尚書右僕
射固辭詔不許肇於吏事斷決不速主者諮呈
反覆論叙有時不曉至於再三必窮其理然後
下筆雖寵勢干請終無回撓方正之操時人服
之及領軍元乂之廢靈太后將害太傅清河王
懌乃集公卿會議其事於時羣官莫不失色順
旨肇獨抗言以爲不可終不下署正光元年八
月卒年六十九詔給東園祕器朝服一襲賵帛
七百匹肅宗舉哀於朝堂贈使持節散騎常侍

三了六四　魏書傳四三　七　洪補

驃騎大將軍儀同三司冀州刺史謚文貞公肇
外寬柔內剛直耽好經傳手不釋書治周易毛
詩尤精三禮爲易集解撰冠婚儀白珪論詩賦
表啓凡七十五篇皆傳於世謙廉不競曾撰儒碁
以表其志焉清貧寡欲資仰俸祿而已肇之爲
廷尉也世宗嘗私敕肇有所降恕肇執而不從
曰陛下自能恕之豈足令臣曲筆也其執意如
此及肅宗初近侍羣官豫在奉迎者自侍中崔
光已下並加封邑時封肇文安縣開國侯邑八百

戸肇獨曰子襲父位今古之常因此獲封何以
自處固辭不應論者高之
子祥字宗良頗有學歷祕書郎襲爵新泰伯遷
通直郎國子博士領尚書郎中肅宗以肇昔辭
文安之封復欲封祥祥守其父意卒亦不受又
追論肇前議清河守正不屈乃封祥高邑縣開
國侯邑七百戸孝昌元年卒年三十六贈征虜
將軍給事黃門侍郎幽州刺史謚曰文
子皓字實多襲侍御史早卒

皓弟安居襲爵新泰伯武定中司空墨曹參
軍齊受禪爵例降
明根叔父矯中書博士濮陽鉅鹿二郡太守卒
贈冠軍將軍相州刺史
矯孫馥國子博士
馥弟思進尚書郎中
劉芳字伯文彭城人也漢楚元王之後也六世
祖訥晉司隸校尉祖該劉義隆征虜將軍青徐
二州刺史父邕劉駿兗州長史芳出後伯父遜

之遜之劉駿東平太守也邕同劉義宣之事身
死彭城芳隨伯母房逃竄青州會赦免舅元慶
爲劉子業青州刺史沈文秀建威府司馬爲文
秀所殺芳母子入梁鄒城慕容白曜南討青齊
梁鄒降芳北徙爲平齊民時年十六南部尚書
李敷妻司徒崔浩之弟女芳祖母浩之姑也芳
至京師詣敷門崔恥芳流播拒不見之芳雖處
窮窘之中而業尚貞固聰敏過人篤志墳典晝
則傭書以自資給夜則讀誦終夕不寢至有易

衣併日之弊而澹然自守不汲汲於榮利不慼
慼於賤貧乃著窮通論以自慰焉芳常爲諸僧
傭寫經論筆迹稱善卷直以一縑歲中能入百餘
匹如此數十年賴以頗振由是與德學大僧多
有還往時有南方沙門惠度以事被責未幾暴
亡芳因緣聞知文明太后召入禁中鞭之一百
時中官李豐主其始末知芳篤學有志行言之
於太后太后微愧於心會蕭賾使劉纘至芳之
族兄也擢芳兼主客郎與纘相接尋拜中書博

士後與崔光宋弁邢產等俱為中書侍郎俄而詔芳與產入授皇太子經遷太子庶子兼員外散騎常侍從駕洛陽自在路及旋京師恒侍坐講讀芳才思深敏特精經義博聞強記兼覽蒼雅尤長音訓辨析無疑於是禮遇日隆賞賚豐渥正除員外散騎常侍俄兼通直常侍從駕南巡撰述行事尋而除正王肅之來奔也高祖雅相器重朝野屬目芳未及相見高祖宴羣臣於華林肅語次云古者唯婦人有笄男子則無芳

曰推經禮正文古者男子婦人俱有笄書曰喪服稱男子免而婦人髽男子冠而婦人笄如此則男子不應有笄芳曰此專謂凶事也禮初遭喪男子免時則婦人髽男子冠時則婦人笄言俱則變而男子婦人免髽冠笄之不同也又冠尊故奪其笄稱且互言也非謂男子無笄又禮內則稱子事父母雞初鳴櫛纚笄總以茲而言男子有笄明矣高祖稱善者久之肅亦以芳言為然曰此非劉石經邪昔漢世造三字石經於

太學學者文字不正多往質焉芳音義明辨疑者皆往詢訪故時人號為劉石經酒闌芳與肅俱出肅執芳手曰吾少來留意三禮在南諸儒亟共討論皆謂此義如吾向言今聞往釋頓祛平生之惑芳理義精通類皆如是高祖遷洛路由朝歌見殷比干墓愴然悼懷為文以弔之芳為注解表上之詔曰覽卿注殊為富博但文非屈宋理慚張賈既有雅致便可付之集書詔以芳經學精洽超遷國子祭酒以母憂去官高祖

南征宛鄧起為輔國將軍太尉長史從太尉咸陽王禧攻南陽蕭鸞將裴叔業入寇徐州疆場之民頗懷去就高祖憂之以芳為散騎常侍國子祭酒徐州大中正行徐州事徙兼侍中從征馬圈高祖崩於行宮及世宗即位芳手加袞冕高祖自襲斂暨于啓祖山陵練除始末喪事皆芳撰定咸陽王禧等奉申遺旨令芳入授世宗經及南徐州刺史沈陵外叛徐州大水遣芳撫慰賑恤之尋正侍中祭酒中正並如故芳表曰

夫爲國家者罔不崇儒尊道學斆爲先誠復政
有質文茲範不易諒由万端資始衆務稟法故
也唐虞巳往典籍無據隆周以降任居虎門周
禮大司樂云師氏掌以媺詔王居虎門之左司
王朝掌國中之事以教國子弟蔡氏勸學篇云
周之師氏居虎門左敷陳六藝以教國子今之
祭酒即周師氏洛陽記國子學官與天子對太
學在開陽門外案學記云古之王者建國親民
教學爲先鄭氏注云內則設師保以教使國子

學焉外則有太學庠序之官由斯而言國學在
內太學在外明矣案如洛陽記猶有彷像臣愚
謂今既徙縣崧瀍皇居伊洛宮闕府寺僉復故
趾至於國學豈可舛替校量舊事應在宮門之
左至如太學基所炳在仍舊營構又云太和二
十年發敕立四門博士於四門置學臣案自周
巳上學惟以二或尚西或尚東或貴在國或貴
在郊爰暨周室學蓋有六師氏居內太學在國
四小在郊禮記云周人養庶老於虞庠虞庠在

國之西郊禮又云天子設四學當入學而太子
齒注云四學周四郊之虞庠也案大戴保傳篇
云帝入東學尚親而貴仁帝入南學尚齒而貴
信帝入西學尚賢而貴德帝入北學尚貴而尊
爵帝入太學承師而問道周之五學於此彌彰
案鄭注學記周則六學所以然者注云內則設
師保以教使國子學焉外則有太學庠序之官
此其證也漢魏巳降無復四郊謹尋先旨宜在
四門案王肅注云天子四郊有學去王都五十

里考之鄭氏不云遠近今太學故坊基趾寬曠
四郊別置相去遼闊檢督難周計太學坊并作
四門猶爲太廣以臣愚量同處無嫌且今時制
置多循中代未審四學應從古不求集名儒禮
官議其定所從之遷中書令祭酒如故出除安
東將軍青州刺史爲政儒緩不能禁止姦盜廉
清寡欲無犯公私還朝議定律令芳斟酌古今
爲大議之主其中損益多芳意也世宗以朝儀
多闕其一切諸議悉委芳修正於是朝廷吉凶

大事皆就諮訪焉轉太常卿芳以所置五郊及日月之位去城里數於禮有違又靈星周公之祀不應隷太常乃上疏曰臣聞國之大事莫先郊祀郊祀之本實在審位是以列聖格言彪炳緜籍先儒正論昭著經史臣學謝全經業乖通古豈可輕薦瞽言妄陳管說竊見所置壇祠遠近之宜考之典制或未允衷既曰職司請陳膚淺孟春令云其數八又云迎春於東郊盧植云東郊八里之郊也賈逵云東郊木帝太昊八里

許慎云東郊八里郊也鄭玄孟春令注云王居明堂禮曰王出十五里迎歲蓋殷禮也周禮近郊五十里鄭玄別注云東郊去都城八里高誘云迎春氣於東方八里郊也王肅云東郊八里因木數也此皆同謂春郊八里之明據也孟夏令云其數七又云迎夏於南郊盧植云南郊七里郊也賈逵云南郊火帝炎帝七里許慎云南郊七里郊也鄭玄云南郊去都城七里高誘云南郊七里之郊也王肅云南郊七里因火數也

此又南郊七里之審據也中央令云其數五盧植云中郊五里之郊也賈逵云中兆黃帝之位并南郊之季故云兆五帝於四郊也鄭玄云中郊西南未地去都城五里此又中郊五里之審據也孟秋令云其數九又曰迎秋於西郊盧植云西郊九里郊賈逵云西郊金帝少皞九里許慎云西郊九里郊也鄭玄云西郊去都城九里高誘云西郊九里之郊也王肅云西郊九里因金數也此又西郊九里之審據也孟冬令云其

數六又云迎冬於北郊盧植云北郊六里郊也賈逵云北郊水帝顓頊六里許慎云北郊六里郊也鄭玄云北郊去都城六里高誘云北郊六里之郊也王肅云北郊六里因水數也此又北郊六里之審據也宋氏含文嘉注云周禮王畿千里二十分其一以爲近郊近郊五十里倍之爲遠郊迎王氣蓋於近郊漢不設王畿則以其方數爲郊處故東郊八里南郊七里西郊九里北郊六里中郊在西南未地五里祭祀志云建武

二年正月初制郊兆於雒陽城南七里依採元
始中故事北郊在雒陽城北四里此又漢世南
北郊之明據也今地祇準此至如三十里之郊
進乖鄭玄所引殷周二代之據退違漢魏所
行故事凡邑外曰郊今計四郊各以郭門爲限
里數依上禮朝拜日月皆於東西門外今日月
之位去城東西路各三十竊又未審禮又云祭
日於壇祭月於坎今計造如上禮儀志云立高
禖祠于城南不云里數故今仍舊靈星本非禮

二千九四 魏書傳四十三 十六 李十六

事兆自漢初專爲祈田恒隷郡縣郊祀志云高
祖五年制詔御史其令天下立靈星祠牲用太
牢縣邑令長得祠晉祠令云郡縣國祠稷社先
農縣又祠靈星此靈星在天下諸縣之明據也
周公廟所以別在洛陽者蓋姬旦創成洛邑故
傳世洛陽崇祠不絶以彰厥庸夷齊廟者亦世
爲洛陽界內神祠今並移太常恐乖其本天下
此類甚衆皆當部郡縣脩理公私於之禱請竊
惟太常所司郊廟神祇自有常限無宜臨時斟

酌以意若遂爾妄營則不免淫祀二祠在太常
之在洛陽於國一也然貴在審本臣以庸蔽謬
忝今職考括墳籍博採群議既無異端謂粗可
依據今玄冬務隙野罄人閑遷易郊壇二三爲
便詔曰所上乃有明據但先朝置立已久且可
從舊先是高祖於代都詔中書監高閭太常少
卿陸琇并公孫崇等十餘人修理金石及八音
之器後崇爲太樂令乃上請尚書僕射高肇更
共營理世宗詔芳共主之芳表以禮樂事大不

三百三十三 魏書傳四十三 十七 許成

容輒決自非博延公卿廣集儒彥討論得失研
窮是非則無以垂之萬葉爲不朽之式被報聽
許數旬之間頻煩三議于時朝士頗以崇專綜
既久不應乖謬各嘿然無發論者芳乃探引經
誥搜括舊文共相難質皆有明據以爲盈縮有
差不合典式崇雖示相酬荅而不會問意卒無
以自通尚書述奏仍詔委芳別更考制於是學
者彌歸宗焉芳以社稷無樹又上疏曰依合朝
儀注曰有變以朱絲爲繩以繞係社樹三匝而

今無樹又周禮司徒職云設其社稷之壝而樹之田主各以其社之所宜木鄭玄注云所宜木謂若松柏栗也此其一證也又小司徒封人職云掌設王之社壝爲畿封而樹之鄭玄注云不言稷者王主於社稷社之細也此其二證也又論語曰哀公問社於宰我宰我對曰夏后氏以松殷人以柏周人以栗是乃土地之所宜也此其三證也又白虎通云社稷所以有樹何也尊而識之也使民望即見敬之又所以表功也案

此正解所以有樹之義了不論有之與無也此其四證也此云社稷所以有樹何然則稷亦有樹明矣也又五經通義云天子太社王社諸侯國社侯社制度柰何曰社皆有垣無屋樹其中以木有木者土主生万物万物莫善於木故樹木也此其五證也此最其丁寧備解有樹之意也又五經要義云社必樹之以木周禮司徒職曰班社而樹之各以土地所生尚書逸篇曰太社惟松東社惟柏南社惟梓西社惟栗北社惟

槐此其六證也此又太社及四方皆有樹別之明據也又見諸家禮圖社稷圖皆畫爲樹唯誠社誠稷無樹此其七證也雖辨有樹之據猶未正所植之木案論語稱夏后氏以松殷人以柏周人以栗便是世代不同而尚書逸篇則云太社惟松東社惟柏南社惟梓西社惟栗北社惟槐如此便以一代之中而五社各異也愚以爲宜植以松何以言之逸書云太社惟松今者植松不慮失禮惟稷無成證乃社之細蓋亦不離

松也世宗從之芳沈雅方正槩尚甚高經傳多通高祖尤器敬之動相顧訪太子恂之在東宮高祖欲爲納芳女芳辭以年貌非宜高祖歎其謙慎更勑芳舉其宗女芳乃稱其族子長文之女高祖乃爲恂娉之與鄭懿女對爲左右孺子焉崔光於芳有中表之敬每事詢仰芳撰鄭玄所注周官儀禮音干寶所注周官音王肅所注尚書音何休所注公羊音范甯所注穀梁音韋昭所注國語音范曄後漢書音各一卷辨類三

卷徐州人地録四十卷急就篇續注音義證三
卷毛詩箋音義證十卷禮記義證十卷周官儀
禮義證各五卷崔光表求以中書監讓芳世宗
不許延昌三年卒年六十一詔賜帛四百匹贈
鎮東將軍徐州刺史謚文貞
長子懌字祖欣雅有父風頗好文翰歷徐州別
駕兗州左軍府長史司空諮議參軍屢爲行
臺出使所歷皆有當官之稱轉通直散騎常侍
徐州大中正行郢州事尋遷安南將軍大司農
卿卒贈鎮東將軍徐州刺史謚曰簡無子弟歆

以第三子珍爲後
珍天平中走江南武定末歸國賜爵臨潁縣子
懌弟歆字景與好學彊立善事當世高肇之盛
及清河王懌爲宰輔歆皆與其子姪交遊往來
靈太后臨朝又與太后兄弟往還相好太后令
歆以詩賦授弟元吉歷尚書郎太尉屬中書侍
郎冠軍將軍行南青州事尋徵安南將軍光祿
大夫孝莊初除國子祭酒復以本官行徐州事

前廢帝時除驃騎將軍左光祿大夫出帝初除
散騎常侍遷驃騎大將軍復領國子祭酒出帝
於顯陽殿講孝經歆爲執經雖訓答論難未能
精盡而風彩音制足有可觀尋兼都官尚書又
兼殿中尚書及出帝入關齊獻武王至洛責歆
而誅之時年五十二
子儁字子昇少有風氣頗涉文史弱冠州辟主
簿奉使詣闕見莊帝於顯陽殿問以邊事儁應
對閑敏帝善之遂勑除員外散騎侍郎出補徐

州開府從事中郎父歆之死儁率勒鄉部赴兗
州與刺史樊子鵠抗禦王師每戰流涕突陳城
陷擒送晉陽齊獻武王矜而赦之文襄王之爲
儀同開府以儁爲屬本州大中正武定初轉中
書舍人加安東將軍於時與蕭衍和通儁前後
受勑接對其使十六人出爲司徒右長史未幾
遷左長史六年受使兗州行達東郡暴疾卒時
人嗟惜之追贈本將軍南青州刺史
歆弟悦永安中開府記室

悅弟韍，武定中，鎮南將軍、金紫光祿大夫。
韍弟粹，徐州別駕、朱衣直閤。粹少尚氣俠，兄歐死，粹招合部曲，就兗州刺史樊子鵠謀應關西，大將軍攻討，城陷，殺之。
芳叔撫之孫思祖，勇健有將略。高祖末入朝，歷羽林監、梁沛二郡太守、員外常侍，屢為統軍南征，累著功捷。任城王之圍鍾離也，蕭衍遣其冠軍將軍張惠紹及彭瓮、張豹子等率衆一万送粮鍾離。時思祖為平遠將軍，領兵數千邀衍餉

魏傳四十三　二十二　朱祖　珠

軍於邵陽，遣其長史元龜少騎一千於鍾離之北過其前鋒，錄事參軍繆琰掩其後，思祖身率精銳橫衝其陳，三軍合擊，大破之，擒惠紹及衍驍騎將軍、祁陽縣開國男趙景悅，悅弟寧遠將軍呂僧，寧遠將軍梅世和，屯騎校尉任景攸，長水校尉邊欣，越騎校尉賈慶真，龍驤將軍徐敞等，俘斬數千人。尚書論功，擬封千户侯。思祖有二婢，美姿容，善歌舞，侍中元暉求之不得，事遂停寢。後除揚烈將軍、遼西太守。思祖於路叛奔蕭衍，衍以思祖為輔國將軍、北徐州刺史，頻寇淮北，數年而死。
纘子晣，歷蕭衍琅邪、東莞二郡太守，戍朐山。朐山人王万壽斬晣送首，以朐山内附，并晣子朕於京師。數年後，以朕為給事中、汝陽太守。正光初，自郡南叛。
芳從子懋，字仲華。祖泰之，父承伯，仕於劉彧，並有名位。懋聰敏好學，博綜經史，善草隸書，多識奇字。世宗初，入朝，拜員外郎，遷尚書外兵郎中，

魏傳四十三　二十三　沈

加輕車將軍。芳甚重之，凡所撰制朝廷軌儀，皆與參量。尚書博議，懋與殿中郎袁翻常為議主。達於從政，臺中疑事，咸所訪決。受詔參議新令。性沈雅厚重，善與人交，器宇淵曠，風流甚美，時論高之。尚書李平與之結莫逆之友。遷步兵校尉，領郎中，兼東宮中舍人，轉員外常侍、鎮遠將軍，領考功郎中。立考課之科，明黜陟之法，甚有條貫。肅宗初，大軍攻硤石，懋為李平行臺郎中，城拔，懋頗有功。太傅、清河王懌愛其風雅，常目

而送之曰劉生堂堂搢紳領袖若天假之年必爲魏朝宰輔詔懋與諸才學之士撰成儀令懌爲宰相積年禮懋尤重令諸子師之遷太尉司馬熙平二年冬暴病卒家甚清貧亡之日徒四壁而已太傅懌及當時才儁莫不痛惜之贈持節前將軍南秦州刺史謚曰宣簡懋詩誄賦頌及諸文筆見稱於時又撰諸器物造作之始十五卷名曰物祖

子筠字士貞自員外散騎侍郎歷河南郡丞中散大夫徐州大中正祕書丞天平初卒贈前將軍徐州刺史

子規早卒

筠弟箏字士文少而聰惠年十二詣尚書王衍衍與語大奇之遂與太傅李延寔祕書李凱上踈薦之拜祕書郎箏亦善士興和元年卒年二十八無子兄子矩繼

懋從叔元孫養志丘園不求聞達高祖幸彭城起家拜蘭陵太守治以清靜爲名卒官

子長文高祖擢爲南兗州冠軍府長史帶譙郡太守被圍粮竭固節全城以功賜爵下邑子遷魯郡太守高祖爲太子恂納其女爲孺子卒

子敬先襲爵

敬先弟徽奉朝請徐州治中

長文弟永字履南頗有將略累著征戰之勤歷位中散大夫龍驤將軍神龜中兼大鴻臚卿持節拜高麗王安還除范陽太守

芳族兄僧利輕財通俠甚得鄉情高祖幸徐州引見善之拜徐州別駕遷沛郡太守後遂從容鄉里不樂臺官積十餘年朝議慮其有二志徵拜輕車將軍羽林監卒官

長子世雄至太山太守

世雄弟世明字伯楚頗涉書傳自奉朝請稍遷蘭陵太守彭城内史屬刺史元法僧以城外叛遂送蕭衍衍欲加封爵世明固辭不受頻請衍乞還衍聽之肅宗時徵爲諫議大夫孝莊末除征虜將軍南兗州刺史時尒朱世隆等威權

自己四方怨叛城民王乞得逼劫世明據州歸蕭衍衍封世明開國縣侯食邑千戶征西大將軍郢州刺史又加儀同三司世明復辭不受固請北歸衍不奪其意乃躬餞之於樂遊苑世明既還奉送所持節身歸鄉里自是不復入朝常以射獵爲適興和三年卒於家贈驃騎大將軍儀同三司徐州刺史

子禕字彥英武定末冠軍將軍中散大夫

初蘭陵繆儼靈奇與彭城劉氏才望略等及彭

城內附靈奇弟子承先隨薛安都至京師賜爵襄賁子尋還徐州數十年間了無從官者世宗末承先子彥植襲爵見叙稍遷伏波將軍羽林監彥植恭慎長厚爲時所稱

時滎陽鄭演仕劉彧爲琅邪太守屬徐州刺史薛安都將謀內附演贊成其事顯祖初入朝以功除冠軍將軍彭城太守洛陽侯後拜太中大夫改爵雲陽伯卒贈幽州刺史謚曰懿其子孫因此遂家彭泗

子長猷以父勳起家拜寧遠將軍東平太守尋轉沛郡入爲南主客郎中太尉屬襲爵雲陽伯車駕南伐既剋宛城拜長猷南陽太守及鑾輿將反詔長猷曰昔曹公剋荊州留滿寵於後朕今委卿此郡兼統戎馬非直綏初附以扞城相託特賜縑二百匹高祖崩於南陽斂於其郡尋徵護軍長史世宗初壽春歸款兼給事黃門侍郎持節宣慰及任城王爲揚州刺史詔長猷爲諮議參軍帶安豐太守轉徐州武

昌王府長史帶彭城內史徵拜諫議大夫轉司徒諮議遷通直散騎常侍永平五年卒謚曰貞侯

子廓襲卒

子元休襲興和中雎州刺史齊受禪爵例降

元休弟憑字元祐武定中司徒從事中郎

史臣曰游明根雅道儒風終受非常之遇以太和之盛當乞言之重抑亦曠世一時肇既聿修克隆堂構正情梗氣顛沛不渝辭爵主幼

年亢節臣權之日顧視羣公其風固以遠矣劉芳矯然特立沈深好古博通洽識爲世儒宗亦當年之師表也懋才流識學有名士之風見重於世不虛然矣

列傳第四十三

列傳第四十四

鄭羲 崔辯

鄭羲字幼驎滎陽開封人魏將作大匠渾之八世孫也曾祖豁慕容垂太常卿父曄不仕娶于長樂潘氏生六子粗有志氣而羲第六文學爲優弱冠舉秀才尚書李孝伯以女妻之高宗末拜中書博士天安初劉彧司州刺史常珍奇據汝南來降顯祖詔殿中尚書元石爲都將赴之并招慰淮汝遣羲參石軍事到上蔡珍奇率文武三百人來迎既相見議欲頓軍於汝北未即入城羲謂石曰機事尚速今珍奇雖來意未可量不如直入其城奪其管籥據有府庫雖出其非意要以全制爲勝石從羲言遂策馬徑入其城城中尚有珍奇親兵數百人在珍奇宅內石既剋城意益驕怠置酒嬉戲無警防之虞羲謂石曰觀珍奇甚有不平之色可嚴兵設備以待非常其夜珍奇果使人燒府廂屋欲因救火作難以石有備乃止明旦羲齎白虎幡

慰郭邑衆心乃定明年春又引軍東討汝陰劉
或汝陰太守張超城守不下石率精銳攻之不
克遂退至陳項義欲還軍長社待秋擊之諸將
心懼早還咸稱善計義曰今張超樞市負檐
右蟻聚窮城命不延月宜安心守之超食已盡
不降當走可翹足而待成擒物也而欲棄還長
社道塗懸遠超必修城深塹多積薪穀將來
恐難圖矣石不納遂旋師長社至冬復往攻超超
果設備無功而還歷年超死楊文長代戍食盡

魏書傳四十四　二　求裕

城潰乃尅之竟如義策淮北平遷中書侍郎延
興初陽武人田智度年十五妖惑動衆擾亂京
索以義河南民望爲州郡所信遣義乘傳慰
諭義到宣示禍福重加募賞旬日之間衆皆歸
散智度奔頴川尋見擒斬以功賜爵平昌男加
鷹揚將軍高祖初兼員外散騎常侍假寧朔
將軍陽武子使於劉準中山王叡寵幸當世
並置王官義爲其傅是後歷年不轉資産亦
乏因請假歸遂盤桓不返及李沖貴寵與義姻

好乃就家徵爲中書令文明太后爲父燕宣王
立廟於長安初成以義兼太常卿假滎陽侯
具官屬詣長安拜廟刊石建碑於廟門還以使
功仍賜侯爵加給事中出爲安東將軍西兖州
刺史假南陽公義多所受納政以賄成性又嗇
吝民有禮餉者皆不與杯酒臠肉西門受羊酒
東門酤賣之以李沖之親法官不之糾也酸棗
令鄭伯孫鄄城令童騰別駕賈德治中申靈
度並在任廉貞勤恤百姓義皆申表稱薦時

魏書四十四　三

論多之文明太后爲高祖納其女爲嬪徵爲祕
書監太和十六年卒贈帛五百匹尚書奏諡曰
宣詔曰盖棺定諡先典成式激揚清濁治道明
範故何曾幼孝良史不改繆醜之名賈充寵晉
直士猶立荒公之稱義雖宿有文業而治闕廉
清稽古之效未光於朝策昧貨之談已彤於民
聽諡以善問殊乖其衷又前歲之選匪由備行
充舉自荷後任勳績未昭尚書何乃情遺至
公愆違明典依諡法博聞多見曰文不勤成名

曰靈可贈以本官加謚文靈
長子懿字景伯涉歷經史善當世事解褐中散
尚書郎稍遷驃騎長史尚書吏部郎太子中庶
子襲爵滎陽伯懿閑雅有治才爲高祖所器
遇拜長兼給事黄門侍郎司徒左長史世宗初
以從弟思和同咸陽王禧之逆與弟通直常侍道
昭俱坐緦親出禁拜太常少卿加冠軍將軍出
爲征虜將軍齊州刺史尋進號平東將軍懿
好勸課善斷決雖不潔清義然後取百姓猶思

魏傳四十四　　四

之永平三年卒贈本將軍兖州刺史謚曰穆
子恭業襲爵武定三年坐與房子遠謀逆伏誅
懿弟道昭字僖伯少而好學綜覽羣言初爲中
書學生遷祕書郎拜主文中散徙員外散騎侍
郎祕書丞兼中書侍郎從征沔漢高祖饗侍臣
於懸瓠方丈竹堂道昭與兄懿俱侍坐焉樂作
酒酣高祖乃歌曰白日光天無不曜江左一
隅獨未照彭城王勰續歌曰願從聖明兮登衡
會萬國馳誠混江外鄭懿歌曰雲雷大振兮天
門闢率土來賓一正歷那戀歌曰舜舞干戚兮
天下歸文德遠被莫不思道昭歌曰皇風一鼓兮
九地匝戴日依天清六合高祖又歌曰遵彼汝
墳兮昔化貞未若今日道風明宋弁歌曰文
王政教兮暉江沼寧如大化光四表高祖謂道
昭曰自比遷務雖猥與諸才儁不廢詠綴遂命
邢巒總集敘記當尒之年卿頻丁艱禍毎眷文
席常用慨然尋正除中書郎轉通直散騎常
侍北海王詳爲司徒以道昭與琅邪王秉爲諮

魏書四十四　　五

議參軍遷國子祭酒道昭表曰臣竊以爲崇治
之道必也須才養才之要莫先於學今國子學
堂房粗置弦誦闕尒城南大學漢魏石經丘墟
殘毀藜藿蕪穢遊兒牧豎爲之歎息有情之
輩實亦悼心況臣親司而不言露伏願天慈回
神紆盻賜垂鑒察若臣微意万一合允求重勑
尚書門下考論營制之模則五雍可翹立而興
毀銘可不日而就樹舊經於帝京播茂範於不
朽斯有天下者之美業也不從廣平王懷爲司

州牧以道昭與宗正卿元匡爲州都道昭又表曰
臣聞唐虞啓運以文德爲本殷周致治以道藝
爲先然則禮樂者爲國之基不可斯須廢也
是故周敷文教四海宅心魯秉周禮彊齊歸義
及至戰國紛紜干戈遞用五籍灰焚羣儒坑殄
賊仁義之經貴戰爭之術遂使天下分崩黔黎
荼炭數十年間民無聊生者斯之由矣爰暨漢
祖於行陳之中尚優引叔孫通等光武中興於
撥亂之際乃使鄭衆范升校書東觀降逮魏晉

魏書四十四　六

何嘗不殷勤於篇籍篤學於戎伍伏惟大魏之
興也雖羣凶未殄戎馬在郊然猶招集英儒廣
開學校用能闡道義於八荒布盛德於万國敎
靡不懷風無不偃今者乘休平之基開無疆之
祚定鼎伊瀍惟新寶曆九服感至德之和四垠
懷擊壤之慶而蠢尒閩吳阻化江湫先帝爰
震武怒戎車不息而停鑾佇蹕留心典墳命
故御史中尉臣李彪與吏部尚書任城王澄等妙
選英儒以崇文敎澄等依旨置四門博士四十人其國

子博士太學博士及國子助敎宿已簡置伏尋
先旨意在速就但軍國多事未遑營立自尒迄
今垂將一紀學官凋落四術寢廢遂使碩儒耆
德卷經而不談俗學後生遺本而逐末進競之
風寔由於此矣伏惟陛下欽明文思玄鑒洞遠
越會未款務修道以來之遐方後服敷文敎而
懷之垂心經素優柔墳籍將使化越軒唐德隆
虞夏是故屢發中旨敦營學館房宇既修生
徒未立臣學陋全經識蔽篆素然往年刪定
律令謬預議筵謹依準前修尋訪舊事參定

魏傳四十四　七　陳壽

學令事訖封呈自尒迄今未蒙報判但廢學
歷年經術淹滯請學令并制早勑施行使選授
有依生徒可準詔曰具卿崇儒敦學之意良不
可言新令尋班施行無遠可謂職思其憂無曠
官矣道昭又表曰竊惟鼎遷中縣年將一紀縉
紳褫業俎豆闕聞遂使濟濟明朝無觀風之美
非所以光國宣風納民軌義臣自往年以來頻
請學令並置生員前後累上未蒙一報故當以

臣識淺濫官無能有所感悟者也館宇既修生
房粗構博士見員足可講習雖新令未班請依舊
權置國子學生漸開訓業使播教有章儒風不
墜後生覩徙義之機學徒崇知新之益至若孔廟
既成釋奠告始揖讓之容請俟令出不報遷祕
書監滎陽邑中正出爲平東將軍光州刺史轉
青州刺史將軍如故復入爲祕書監加平南將軍
熙平元年卒贈鎮北將軍相州刺史謚曰文恭
道昭好爲詩賦凡數十篇其在二州政務寬厚

不任威刑爲吏民所愛
子嚴祖頗有禮儀粗覲文史歷通直郎通直常
侍輕躁薄行不修士業傾側勢家乾沒榮利閨
門穢亂聲滿天下出帝時御史中尉綦儁劾嚴
祖與宗氏從姉姦通人士咸恥言之而嚴祖聊
無愧色孝靜初除驃騎將軍左光祿大夫鴻臚
卿出爲北豫州刺史仍本將軍罷州還除鴻臚
卿卒贈都督豫兗潁三州諸軍事　將軍司
空公豫州刺史

嚴祖弟敬祖性亦麤疎起家著作佐郎鄭儼之
敗也爲鄉人所害
敬祖弟述祖武定中尚書
述祖弟遵祖祕書郎卒贈輔國將軍兗州刺史遵
祖弟順祖卒於太常丞自靈太后預政婬風稍行及
元乂擅權公爲姦穢自此素族名家遂多亂雜
法官不加糾治婚宦無貶於世有識咸以歎息矣
羲五兄長白驎次小白次洞林次叔夜次連山
並恃豪門多行無禮鄉黨之內疾之若讎

白驎孫道慓隨郡太守
小白中書博士
子胤伯有當世器幹自中書博士遷侍郎轉司
空長史高祖納其女爲嬪出爲建威將軍東徐
州刺史轉廣陵王征東府長史帶齊郡内史卒
於鴻臚少卿謚曰簡
子希儁未官而亡
子道育武定中開封太守
希儁弟幼儒好學修謹時望甚優丞相高陽王

雍以女妻之歷尚書郎通直郎司州別駕有當官之稱卒贈散騎常侍安東將軍兗州刺史謚景幼儒亡後妻姪蕩兒悖肆行無禮子敬道敬德並亦不才俱走於關右幼儒從兄伯猷每謂所親曰從弟人才足爲令德不幸得如此婦令死復重死可爲悲嘆

伯猷弟平城太尉諮議廣陵王羽納其女爲妃出爲東平原太守性清狂使酒爲政貪殘卒贈征虜將軍南青州刺史

長子伯猷博學有文才早知名舉司州秀才以射策高第除幽州平北府外兵參軍轉太學博士領殿中御史與當時名勝咸申遊款肅宗釋奠詔伯猷錄義安豐王延明之征徐州也引爲行臺郎中事寧還都遷尚書外兵郎中典起居注以軍功賜爵陽武子稍遷散騎常侍平東將軍前廢帝初以舅氏超授征東將軍金紫光祿大夫領國子祭酒久之爲車騎將軍右光祿大夫轉護軍將軍元象初以本官兼散騎常侍使於蕭衍前後使人蕭衍令其侯王於馬射之日宴對申禮伯猷之行衍令其領軍將軍臧盾與之相接議者以此貶之使還除驃騎將軍南青州刺史在州貪惏妻安豐王元延明女專爲聚斂貨賄公行潤及親戚戶口逃散邑落空虛乃誣良民云欲反叛籍其資財盡以入己誅其丈夫婦女配沒百姓怨苦聲聞四方爲御史糾劾死罪數十條遇赦免因以頓廢齊文襄王作相每誡厲朝士常以伯猷及崔叔仁爲諭武定七

年除太常卿其年卒年六十四贈驃騎大將軍中書監兗州刺史

伯猷弟仲衡武定中儀同開府中郎

仲衡弟輯之解褐奉朝請領侍御史以軍功賜爵城皋男稍遷黎陽太守屬元顥入洛令其舅范遵鎮守滑臺與輯之隔岸相對遵潛軍夜渡規欲掩襲輯之率厲城民拒河擊之遵遂遁走朝廷嘉之除司州別駕尋轉司空長史遷鎮南將軍金紫光祿大夫孝靜初除征南將

軍東濟北太守帶肥城戍主男如故天平四年
卒時年四十九贈都督北豫梁二州諸軍事驃
騎將軍度支尚書北豫州刺史
輯之弟懷孝武定中司徒諮議
洞林字敬叔司州都官從事滎陽邑中正濮陽
太守坐貪穢除名
子籍字承宗徐州平東府長史
籍弟瓊字祖珍有彊幹之稱自太尉諮議爲范
陽太守治頗有聲卒贈太常少卿孝昌中弟儼

寵要重贈安東將軍青州刺史瓊兄弟雍睦其
諸娣姒亦咸相親愛閨門之內有無相通爲時
人所稱美
子道邕歿關西儼事在恩倖傳
敬叔弟士恭燕郡太守孝昌中因儼之勢除衛
尉少卿尋遷左將軍瀛州刺史時葛榮寇竊河
北州城淪陷不獲之鎮尋除征北將軍金紫光
祿大夫又遷衛將軍右光祿大夫永熙中卒贈
驃騎將軍冀州刺史重贈尚書左僕射謚曰貞

長子二貞司空掾遷從事中郎南兗州開府司
馬
子貞弟子湛齊濟二州長史光祿大夫
子湛弟昭伯武定中東平太守
昭伯弟子嘉早卒
子大護武定中司空戶曹參軍
叔夜子伯夏司徒諮議東萊太守卒贈冠軍將
軍太常少卿青州刺史
子忠字周子右軍將軍鎮遠將軍卒贈平東將

軍徐州刺史
弟豪長水校尉東平原太守
伯夏弟謹字仲恭瑯邪太守
子嵩賓歷尚書郎員外常侍稍遷至左光祿大
夫卒
連山性嚴暴撾撻僮僕酷過人理父子一時爲
奴所害斷首投馬槽下乘馬北逝其第二子思
明驍勇善騎射披髮率村義馳騎追之及於河
奴乘馬投水思明止將從不聽放矢乃自射之

一發而中落馬隨流衆人擒執至家臠而殺之
思明及弟思和並以武功自效思明至驍騎將
軍直閤將軍坐弟思和同元僖逆從邊會赦卒
於家後贈冠軍將軍濟州刺史
子先護少有武幹解褐員外郎轉通直郎莊帝
之居藩也先護深自結託及尒朱榮稱兵向洛
靈太后令先護與鄭季明等固守河梁先護聞
莊帝即位於河北遂開門納榮以功封平昌縣
開國侯邑七百戶轉通常侍加鎮北將軍尋除

前將軍廣州刺史假平南將軍當州都督時妖
賊劉舉於濮陽起逆詔先護以本官爲東道都
督討舉平之還鎮後元顥入洛莊帝北巡先護
據州起義兵不受顥命顥遣上書令臨淮王彧
率衆討之先護出城拒戰莊帝還京嘉其誠節
除使持節散騎常侍都督襄廣二州諸軍事鎮
南將軍刺史如故進爵郡公增邑一千三百戶
尋轉征西將軍東雍州刺史假車騎將軍當州
都督常侍如故未之任又轉都督二豫

三州諸軍事征東將軍豫州刺史餘官如故又兼
尚書右僕射二豫郢潁四州行臺尋除車騎將
軍左衞將軍及尒朱榮死徐州刺史尒朱仲遠
擁兵向洛前至東郡諸軍出討不能制之乃詔
先護以本官假驃騎將軍大都督領所部與行
臺楊昱同討之莊帝又遣都督賀拔勝討仲
遠勝於陳降賊戰士離心尋聞京師不守先護
部衆逃散遂竄伏於南境前廢帝初仲遠遣人
招誘之既出而害焉出帝時贈持節都督青齊
濟兗四州諸軍事驃騎大將軍儀同三司青州

刺史開國如故
思和歷太尉中兵參軍同元禧之逆伏法
子康業通直郎出帝時坐事賜死
子彬武定末齊王相國中兵參軍
思和弟季長太學博士卒
子喬歷司州治中驃騎將軍左光祿大夫
羲叔父簡簡孫尚壯健有將略屢爲統軍東
西征討以軍功賜爵汝陽男歷位尚書郎步兵

校尉驍騎將軍遷輔國將軍太尉司馬出爲濟州刺史將軍如故爲政寬簡百姓安之卒贈本將軍豫州刺史謚曰惠

子貴賓襲解褐北海王國常侍員外散騎侍郎稍遷尚書金部郎以公坐免官父之兼太尉屬卒贈征虜將軍荊州刺史

子景裕襲武定末儀同開府行參軍

貴賓弟次珍卒於員外常侍贈安東將軍光州刺史

魏書傳四十四　十六

貴賓異母弟大倪小倪皆麤險薄行好爲劫盜侵暴鄉里百姓毒患之普泰中並爲尒朱仲遠所殺

尚從父兄雲字道漢歷鴈門濮陽二郡貪穢狼籍肅宗時納賄劉騰得爲龍驤將軍安州刺史坐選舉受財爲御史所糾因暴病卒

雲從父兄子敬賓自祕書郎稍遷輔國將軍中散大夫魏郡太守金紫光祿大夫

子士淵司空行參軍

義從父兄德玄顯祖初自淮南內附拜滎陽太守

子顥考太和中復爲滎陽太守卒贈冠軍將軍豫州刺史開封侯謚曰惠

子洪建太尉祭酒同元禧之逆與弟祖育同伏法永安中特追贈平東將軍齊州刺史

子士機性識不周多有短失歷散騎侍郎司空從事中郎中書郎卒

子道蔭武定末開府行參軍

魏書四十四　十七

祖育太尉祭酒亦特贈平東將軍豫州刺史

祖育弟仲明奉朝請稍遷太尉屬以公彊當世爲從弟儼所昵除滎陽太守儼慮世難欲以東道託之建義初仲明弟季明遇害河陰儼後歸之欲與起兵尋爲城民所殺

仲明兄洪健李沖女壻建義初莊帝以仲明舅氏之親其弟與謀扶戴仲明之死也且有奉國之意乃追封安平縣開國侯邑七百戶贈侍中車騎大將軍儀同三司尚書左僕射雍州刺史

長子道門仲明初謀起義令道門説大都督
李叔仁於大梁叔仁始欲同舉後聞莊帝已立
叔仁子拔江乃斬道門建義中特贈立節將軍
瓜州刺史
道門弟孝邕襲天保初爵隨例降
仲明弟季亮司徒城局參軍員外常侍卒贈
散騎常侍撫軍將軍青州刺史
季亮弟季明釋褐太學博士正光中譙郡太守
帶渦陽戍主頻爲蕭衍遣將攻圍兵粮寡少外

援不接季明孤城自守卒得保全朝廷嘉之封
安德縣開國伯邑七百戶累遷平東將軍光祿
少卿武泰中潛通尒朱榮謀奉莊帝及在河
陽遂爲亂兵所害事寧追封南穎川郡開國
公食邑千五百戶贈驃騎大將軍尚書左僕射
司空公定州刺史
子昌襲武定末司徒城局參軍天保初爵隨
例降
崔辯字神通博陵安平人學涉經史風儀整

峻顯祖徵拜中書博士散騎侍郎平遠將軍武
邑太守政事之餘專以勸學爲務年六十二卒贈
安南將軍定州刺史謚曰恭
長子景儁梗正有高風好古博涉以經明行修
徵拜中書博士歷侍御史主文中散受勑接蕭
賾使蕭琛范雲高祖賜名爲逸後爲員外散騎
侍郎與著作郎韓興宗參定朝儀雅爲高祖所
知重遷國子博士每有公事逸常被詔獨進博
士特命自逸始轉通直散騎常侍廷尉少卿卒

朝廷悼惜之贈以本官
子巨倫字孝宗幼孤及長歷涉經史有文學武
藝以世宗挽郎除冀州鎮北府墨曹參軍太尉
記室參軍叔楷爲殷州巨倫仍爲長史北道別
將在州陷賊愍恤亡存爲賊所義葛榮聞其
名欲用爲黃門侍郎巨倫心惡之至五月五日
會集官寮令巨倫賦詩巨倫乃曰五月五日時
天氣已大熱狗便呀欲死牛復吐出舌以此自
晦獲免未幾潛結死士數人夜中南走逢賊遊

騎數百俱恐不濟巨倫曰寧南死一寸豈北生一
尺也便欺賊曰吾受敕而行賊不信共藝火
觀敕火未然巨倫手刃賊帥餘人因與奮擊
殺傷數十人賊乃四潰得馬數匹而去夜陰失
道惟看佛塔户而行到洛朝廷嘉之授持節
別將北討初楷喪之始巨倫收殯倉卒事不
周固至是遂偷路改殯并竊家口以歸尋授國
子博士莊帝即位假節中堅將軍東濮陽太
守假征虜將軍別將時河北紛梗人士避賊多
住郡界歲儉飢乏巨倫傾資贍恤務相全濟時

三十五 魏傳四十四 二十 王才

類高之元顥入洛據郡不從莊帝還宮行西兗
州事封漁陽縣開國男邑二百户尋除光祿大
夫三年卒時年四十四
子武襲武定中懷州衛軍府録事參軍齊受
禪爵例降初巨倫有姊明惠有才行因患眇一
目內外親類莫有求者其家議欲下嫁之巨倫
姑趙國李叔胤之妻高明慈篤聞而悲感曰
吾兄盛德不幸早世豈令此女屈事卑族乃為

子翼納之時人歎其義崔氏與翼書詩數十
首辭理可觀
逸弟模字叔軌身長八尺圍亦如之出後其叔
雅有志度起家奉朝請歷太尉祭酒尚書金
部郎中太尉主簿轉中郎遷太子家令以公事
免神龜中詔復本資除冠軍將軍中散大夫出
除魯陽太守正光二年襄陽民密求款附詔模
為別將隸淮南王世遵率衆赴之事覺模焚
襄陽邑郭而還坐不剋免官及蕭寶夤討關

三一五 魏書傳四十四 二十一 宋通

隴引模為西征別將屢有戰功除持節光祿大
夫都督別道諸軍事加安東將軍万俟醜奴遣
將郝虎南侵模攻破其營擒虎以功封槐里縣
開國伯邑五百户於時將督敗沒者多模控敵
持重號為名將後假征東將軍行岐州事未幾
擊賊入深沒於陳贈撫軍將軍相州刺史永熙中
追録前勳又贈都督定相冀三州諸軍事驃騎
大將軍儀同三司相州刺史子士護
模弟楷字季則美風望性剛梗有當世幹具

釋褐奉朝請員外散騎侍郎廣平王懷文學正始中以王國官非其人多被刑戮惟楷與楊昱以數諫獲免後爲尚書左主客郎中伏波將軍太子中舍人左中郎將以黨附高肇爲中尉所劾事在高聰傳楷性嚴烈能摧挫豪彊故時人語曰莫賷都買反獬孤楷反付崔楷於時冀定數州頻遭水害楷上疏曰臣聞有國有家者莫不以萬姓爲心故矜傷軫於造次求瘼結於寢興黎民阻飢唐堯致歎衆庶斯饉帝乙罰己良以爲政與農實繫民命水旱緣茲以得濟夷險用此而獲安頃東北數州頻年淫雨長河激浪洪波汨流川陸連濤原隰通望彌漫不已汎濫爲災戶無擔石之儲家有藜藿之色華壤膏腴變爲舄鹵菽麥禾黍化作雚蒲斯用痛心徘徊潸然佇立也昔洪水爲害四載流於夏書九土既平攸同紀自虞誥亮由君之勤恤臣用劬勞日昃忘餐宵分廢寢伏惟皇魏握圖臨宇揔契裁極道敷九有德被八荒槐階棘路

實維英哲虎門麟閣寔曰賢明天地函和日月光曜自比定冀水潦無歲不飢幽瀛川河頻年汎溢豈是陽九厄會百六鍾期故以人事而然非爲運極昔魏國鹹鹵史起晒之茲地荒蕪官實爲取不挼愚瞽輒敢陳之計水之湊下浸潤無間九河通塞屢有變改不可一準古法皆循舊隄何者河決瓠子梁楚幾危宣防既建水還舊迹十數年間戶口豐衍又決屯氏兩川分流東北數郡之地僅得支存及下通靈鳴水田一路往昔膏腴十分病九邑居凋雜墳井毀滅良由水大渠狹更不開瀉衆流壅塞曲直乘之所致也至若量其逶迤穿鑿涓澮分立隄堨所在疏通預決其路令無停蹙隨其高下必得地形土木參功務從便省使地有金隄之堅水有非常之備鉤連相注多置水口從河入海遠邇逕過瀉其境瀉泄此陂澤九月農罷量役計功十月昏正立匠表度縣遣能工麾畫形勢郡發明使筭察可否審地推岸辨其脉流樹

板分崖練厥從往別使案檢分部是非瞰睇川
原明審通塞當境修治不勞役遠終春自罷未
須久功即以高下營田因於水陸水種秔稻陸
藝桑麻必使室有久儲門豐餘積其實上葉
禦災之方亦為中古井田之利即之近事有可
比倫江淮之南地勢洿下雲雨陰霖動彌旬月
遥途遠運惟用舟艫南畝畬菑微事耒耜而衆
庶未為饉色黔首罕有飢顔豈天德不均致地
偏罰故是地勢異圖有茲豐餒且既鄉居水際

魏書傳四十四　二十四

目覩荒殘每思鄭白屢相心王李夙宵不寐言
念皇家思誠丹款實希效力有心蠶爝乞暫施
行使數州士女無廢耕桑之業聖世洪恩有賑
飢荒之士鄰窣深笑息自一朝臣之至誠申於
今日詔曰頻年水旱為患黎民阻飢靜言念
之昊不遑食鑒此事條深協在慮但計畫功廣
非朝夕可合宜付外量聞事遂施行楷用功未
就詔還追罷久之京兆王繼為大將軍西討引
楷為司馬還轉後將軍廣平太守後葛榮轉盛

諸將拒擊並皆失利孝昌初加楷持節散騎常
侍光祿大夫兼尚書北道行臺尋轉軍司未幾
分定相二州四郡置殷州以楷為刺史加後將
軍楷至州表曰竊惟殷州地實四衝居當五裂
西通長山東漸巨野頃國路康寧四方有截仍
聚茲宂桴鼓時鳴況今天長喪亂妖災間起定
州逆虜趑趄北界鄴下兇爐肆噬腹心兩處大
羊勢足并合城下之戰匪暮斯朝臣以不武屬
此屏捍實思効力以弱敵彊析骸煮弩固此忠

魏書傳四十四　二十五　許成

節但基趾造創庶事茫然升儲尺刃聊自未有
雖欲竭誠莫知攸濟謹列所須兵仗請垂矜許
必當虎視一方遏其侵軼肅清境内保全所委
詔付外量竟無所給葛榮自破章武廣陽二王
之後鋒不可當初楷將之州人咸勸留家口單
身述職楷曰貪人之祿憂人之事如一身獨往
朝廷謂吾有進退之計將士又誰肯為人固志
也遂合家赴州三年春賊勢已逼或勸減小弱
以避之乃遣第四女第三兒夜出既而召寮屬

共論之咸曰女郎出嫁之女郎君小未勝兵留之無益去復何損且使君在城家口尚多足固將士之意竊不足爲疑楷曰國家豈不知城小力弱也置吾死地令吾死耳一朝送免兒女將謂吾心不固虧忠全愛臧獲恥之況吾荷國重寄也遂命追還州既新立了無禦備之具及賊來攻楷率力抗拒彊弱勢懸每勸兵士撫厲之莫不爭奮咸稱崔公尚不惜百口吾等何愛身遂戰半旬死者相枕力竭城陷楷執節不屈

賊遂害之時年五十一長子士元舉茂才平州録事參軍假征虜將軍防城都督隨楷之州州陷亦戰歿楷兄弟父子並死王事朝野傷歎焉贈使持節散騎常侍鎮軍將軍定州刺史永熙中又特贈侍中都督冀定相三州諸軍事驃騎大將軍儀同三司冀州刺史

士元弟士謙士約並歿關西

士約弟士順儀同開府行參軍

士元息勵德武定中司徒城局參軍

史臣曰鄭羲機識明悟爲時所許懿兄弟風尚俱有可觀故能並當榮遇其濟美矣嚴祖穢薄忝其家世幼儒令問促年伯猷賄以敗業惜乎崔辯器業著聞位不遂到逸經明行高籍甚太和之日德優官薄仍世恨之模雄壯之烈楷忠貞之操殺身成義臨難如歸非大丈夫亦何能以若此

列傳四十四　魏書五十六

列傳第四十五　　魏書五十七

高祐　崔挺

高祐字子集小名次奴勃海人也本名禧以與咸陽王同名高祖賜名祐司空允從祖弟也祖展慕容寶黃門郎太祖平中山内徙京師卒於三都大官父讜從世祖滅赫連昌以功拜游擊將軍賜爵南皮子與崔浩共參著作遷中書侍郎轉給事中冀青二州中正假散騎常侍平東將軍蓨縣侯使高麗卒贈安南將軍冀州刺史

魏傳四十五　一

假滄水公謚曰康祐兄祚襲爵東青州刺史祐博涉書史好文字雜說材性通放不拘小節初拜中書學生轉博士侍郎以祐招下邵郡羣賊之功賜爵建康子高宗末兖州東郡吏獲一異獸獻之京師時人咸無識者詔以問祐祐曰此是三吴所出厥名鮻鯉餘域率無今我獲之吴楚之地其有歸國者乎又有人於零丘得玉印一以獻詔以示祐祐曰印上有籀書二字文曰宋壽壽者命也我獲其命亦是歸我之徵顯祖初劉義隆子義陽王昶來奔薛安都等以五州降附時謂祐言有驗高祖拜祕書令後與丞李彪等奏曰臣等聞典謨興話言所以光著載籍作成事所以昭揚然則尚書者記言之體春秋者録事之辭尋覽前志斯皆言動之實録也夏殷以前其文弗具自周以降典章備舉史官之體文質不同立書之旨隨時有異至若左氏屬詞比事兩致並書可謂存史意而非全史體逮司馬遷班固皆博識大才論叙今古曲有條

魏傳四十五　二

章雖周達未兼斯宜前史之可言者也至於後漢魏晉咸以放焉惟聖朝創制上古開基長發自始均以後至於成帝其間世數久遠是以史弗能傳臣等疎陋忝當史職披覽國記竊有志焉愚謂自王業始基庶事草創皇始以降光宅中土宜依遷固大體令事類相從紀傳區別表志殊貫如此脩綴事可備盡伏惟陛下先天開物洪宣帝命太皇太后淳曜二儀惠和王度聲教之所漸洽風譯之所覃加固已義振前王矣

加太和以降年未一紀然嘉符禎瑞備臻於往
時洪功茂德事萃於曩世會稽佇玉牒之章岱
宗想石記之列而祕府策勳述美未盡將令皇
風大猷或闕而不載功臣懿績或遺而弗傳著
作郎巳下請取有才用者參造國書如得其人
三年有成矣然後大明之德功光于帝篇聖后
之勳業顯于皇策佐命忠貞之倫納言司直之
士咸以備著載籍矣高祖從之高祖從容問祐
曰比水旱不調五穀不熟何以止災而致豐稔

魏傳四十五　三

祐對曰昔堯湯之運不能去陽九之會陛下道
同前聖其如小旱何但當旌賢佐政敬授民時
則災消穰至矣又問止盜之方祐曰昔宋均樹
德害獸不過其鄉卓茂善教蝗蟲不入其境彼
盜賊者人也苟訓之有方寧不易息當須宰守
貞良則盜止矣祐又上疏云今之選舉不採識治
之優劣專簡年勞之多少斯非盡才之謂宜停
此薄藝棄彼朽勞唯才是舉則官方斯穆又勳
舊之臣雖年勤可錄而才非撫人者則可加之

以爵賞不宜委之以方任所謂王者可私人以
財不私人以官者也高祖皆善之加給事中冀
州大中正餘如故時李彪專統著作祐爲令時
相關豫而已出爲持節輔國將軍西兗州刺史
假東光侯鎮滑臺祐以郡國雖有太學縣黨宜
有黌序乃縣立講學黨立小學又令一家之中
自立一碓五家之外共造一井以供行客不聽
婦人寄舂取水又設禁賊之方令五五相保若
盜發則連其坐初雖似煩碎後風化大行寇盜

魏傳四十五　四　閻

止息轉宋王劉昶傅以昔參定律令之勤賜帛
五百匹粟五百石馬一匹昶以其官舊年耆雅
相秖重妓妾之屬多以遺之拜光祿大夫傅如
故昶薨後徵爲宗正卿而祐留連彭城久而不
赴於是尚書僕射李沖奏祐散逸淮徐無事稽
命處刑三歲以贖論詔免卿任還復光祿太和
二十三年卒太常議謚曰煬侯詔曰不遵上命
曰靈可謚爲靈
子和璧字僧壽有學問中書博士早卒

和璧子顥字門賢學涉有時譽自司空參軍轉
員外郎襲爵建康子遷符璽郎中出爲冀州別
駕未之任屬刺史元愉據州反世宗遣尚書李
平爲都督率衆討之平以顥彼州領袖乃引爲
録事參軍仍領統軍軍機取捨多與參決擒愉
之後別黨千餘人皆將伏法顥以爲攝逼之徒
前許原免宜爲表陳請平從之於是咸蒙全濟
事定顥仍述職時軍旅之後因之飢饉顥爲綱
紀務存寬靜甚收時譽尋加陵江將軍坐事免

久之除鎮遠將軍遷輔國將軍中散大夫轉征
虜將軍仍中散卒時年四十九贈平東將軍滄
州刺史謚曰惠

子德正襲武定中黄門侍郎

顥弟雅字興賢有風度自給事中稍遷司徒府
録事參軍定州撫軍府長史卒年三十四天平
中追贈散騎常侍平北將軍冀州刺史

子德乾早有令問任城太守卒

雅弟諒字脩賢少好學多識強記居喪以孝聞
太和末京兆王愉開府辟召高祖妙簡行佐諒
與隴西李仲尚趙郡李鳳起等同時應選稍遷
太尉主簿國子博士正光中加驍騎將軍爲徐
州行臺至彭城屬元法僧反叛逼諒同之諒不
許爲法僧所害時年四十一朝廷痛惜之贈左
將軍滄州刺史又下詔以諒臨危授命誠節可
重復贈使持節平北將軍幽州刺史贈帛二百
匹優一子出身謚曰忠侯三子長惠勝武定中
司徒外兵參軍諒造親表譜録四十許卷自五

世已下内外曲盡覽者服其博記

祐弟欽幼隨從叔濟使於劉義隆還爲中書學
生遷秘書中散年四十餘卒

子法永諸王從事中郎亦早亡

祐從父弟次同永安末撫軍將軍定州刺史

子乾邑永熙中司空公長樂郡開國公

乾邑弟敫曹天平中司徒公京兆郡開國公

崔挺字雙根博陵安平人也六世祖贊魏尚書
僕射五世祖洪晉吏部尚書父鬱濮陽太守挺

幼居喪盡禮少敦學業多所臨覽究推人愛士州閭親附焉每四時與鄉人父老書相存慰辭旨款備得者榮之三世同居門有禮讓於後頻值飢年家始分析挺與弟振推讓田宅舊資惟守墓田而已家徒壁立兄弟怡然手不釋卷時穀糴踊貴鄉人或有贍者遺挺辭讓而受仍亦散之貧困不爲畜積故鄉邑更欽歎焉舉秀才射策高第拜中書博士轉中書侍郎以工書受勑於長安書文明太后父燕宣王碑賜爵泰昌子

轉登聞令遷典屬國下大夫以參議律令賜布帛八百匹穀八百石馬牛各二尚書李沖甚重之高祖以挺女爲嬪太和十八年大將軍宋王劉昶南鎮彭城詔假立義將軍爲昶府長史以疾辭免乃以王肅爲長史其被寄遇如此後除昭武將軍光州刺史威恩並著風化大行十九年車駕幸兗州召挺赴行在所及見引諭優厚又問挺治邊之略因及文章高祖甚悅謂挺曰別卿已來倏焉二載吾所綴文已成一集今當

給卿副本時可觀之又顧謂侍臣曰擁旄者悉皆如此吾何憂哉復還州及散騎常侍張彝兼侍中巡行風俗見挺政化之美謂挺曰彝受使省方採察謠訟入境觀政實愧清使之名州治舊掖城西北數里有斧山峯嶺高峻北臨滄海南望岱嶽一邦遊觀之地也挺於頂上欲營觀宇故老曰此嶺秋夏之際常有暴雨迅風巖石盡落相傳云是龍道恐此觀不可久立挺曰人神相去何遠之有虬龍倏忽豈唯一路乎遂營之數年間果無風雨之異

挺既代即爲風雹所毀於後作復尋壞遂莫能立衆以爲善化所感時以犯罪配邊者多有逃越遂立重制一人犯罪逋亡合門充役挺上書以爲周書父子罪不相及天下善人少惡人多以一人犯罪延及合門司馬牛受桓魋之罰柳下惠嬰盜跖之誅豈不哀哉辭甚雅切高祖納之先是州內少鐵器用皆求之他境挺表復鐵官公私有賴諸州中正本在論人高祖將辨天下氏族仍亦訪定乃遥授挺本州大中正掖縣有人年逾九十板輿

造州自稱少曾充使林邑得一美玉方尺四寸
甚有光彩藏之海島垂六十歲忻逢明治今願
奉之挺曰吾雖德謝古人未能以玉爲寶遣舩
隨取光潤果然竟不肯受仍表送京都世宗即
位累表乞還京明初見代老幼泣涕追隨縑帛
贈送挺悉不納散騎常侍趙脩得幸世宗挺雖
同州壤未嘗詣門北海王詳爲司徒錄尚書事
以挺爲司馬挺固辭不免世人皆歎其屈而挺
處之夷然於後詳攝選衆人競稱考第以求遷

敘挺終獨無言詳曰崔光州考級並未加授宜
投一牒當爲申請遼伯王耽獨爲君子亦何故
嘿然挺對曰階級是聖朝大例考課亦國之恒
典下官雖慙古賢不伐之美至於自衒求進竊
以羞之詳大相稱歎自爲司馬詳未曾呼名常
稱州號以示優禮四年卒時年五十九其年冬
贈輔國將軍幽州刺史謚曰景光州故吏聞凶
問莫不悲感共鑄八尺銅像於城東廣因寺起
八關齋追奉冥福其遺愛若此初崔光之在貧

賤也挺贍遺衣食常親敬焉又識邢巒宋弁於
童稚之中並謂終當遠致世稱其知人歷官二
十餘年家資不益食不重味室無綺羅閨門之
內雍雍如也舊故多有贈賵諸子推挺素心一
無所受有子六人
長子孝芬字恭梓早有才識博學好文章高祖
召見甚嗟賞之李彪謂挺曰比見賢子謁帝旨
諭殊優今當爲羣拜紀挺曰卿自欲善處人父
子之間然斯言吾所不敢聞也司徒彭城王勰

板爲行參軍後除著作郎襲父爵尚書令高肇
親寵權盛子植除青州刺史啓孝芬爲司馬後
除司徒記室參軍司空屬定州大中正長於剖
判甚有能名府主任城王澄雅重之熙平中澄
奏地制八條孝芬所參定也在府久之除龍驤
將軍廷尉少卿孝昌初蕭衍遣將裴邃等寇淮南
詔行臺酈道元都督河間王琛討之停師城父
累月不進勑孝芬持節齎齊庫刀催令赴接賊
退而還荆州刺史李神儁爲蕭衍遣將攻圍詔

加孝芬通直散騎常侍以將軍爲荊州刺史兼尚書南道行臺領軍司率諸將以援神儁因代焉於時州郡內戍悉已陷没且路由三鵶賊已先據孝芬所統既少不得徑進遂從弘農堰渠山道南入遣弟孝直輕兵在前出賊不意賊便奔散人還安堵肅宗嘉勞之并賚馬及綿絹等物後以元乂之黨與盧同李獎等並除名徵還又孝芬爲廷尉之日章武王融以贓貨被劾孝芬按以重法及融爲都督北討鮮于脩禮於時

孝芬弟孝演率勒宗從避賊於博陵郡城爲賊攻陷尋爲賊所害融乃密啓云孝演入賊爲王遂見收捕合家逃竄遇赦乃出孝昌三年蕭衍將成景儁率衆逼彭城除孝芬寧朔將軍員外常侍兼尚書右丞爲徐州行臺孝芬將發入辭靈太后謂孝芬曰卿女今事我兒與卿便是親舊曾何相負而內頭元乂車中稱此老嫗會須卻之孝芬曰臣蒙國厚恩義無斯語假實有此誰能得聞若有聞知此於元乂親密過臣遠矣

乞對言者足辨虛實靈太后悵然意解乃有媿色景儁築柵造堰謀斷泗水以灌彭城孝芬率大都督李叔仁柴集等起戰景儁等力屈退走除孝芬安南將軍光祿大夫兼尚書爲徐兗行臺建義初太山太守羊侃據郡反遠引南賊圍逼兗州除孝芬散騎常侍鎮東將軍金紫光祿大夫仍兼尚書東道行臺大都督乃宣馳往救援與行臺于暉接至便圍之侃突圍奔蕭衍餘悉平定永安二年莊帝聞元顥有內侵之計

敕孝芬南赴徐州顥遂潛師向考城擒大都督濟陰王暉業乘勝徑進遣其後軍都督侯暄守梁國城以爲後援孝芬勒諸將馳往圍暄恐顥遣援乃急攻之晝夜不息五日暄遂突出擒斬之俘其卒三千餘人莊帝還宮授西兗州刺史將軍如故孝芬久倦外役固辭不行乃除太常卿普泰元年南陽太守趙脩延襲據荊州城囚刺史李琰之招引南寇除孝芬衛將軍荊州刺史兼尚書南道行臺又除都督三荊諸軍事車

騎將軍假驃騎將軍孝芬已出次改授散騎常侍驃騎將軍西兗州刺史太昌初兼殿中尚書尋除車騎大將軍左光祿大夫仍尚書後加儀同三司兼吏部尚書出帝入關齊獻武王至洛與尚書辛雄劉廞等並誅時年五十没其家口天平中乃免之孝芬博文口辯善談論愛好後進終日忻然商擢古今間以嘲謔聽者忘疲所有文章數十篇有子八人

長子勉字宣祖頗涉史傳有几案才正光初除

太學博士莊帝之爲御史中尉啓除侍御史永安初除建節將軍尚書右中兵郎中後太尉豫章王蕭贊啓爲諮議參軍郎中如故以舉人失東爲中尉高道穆奏免其官普泰中兼尚書左丞勉善附會世論以浮競譏之爲尚書令尒朱世隆所親待而尚書郎魏季景尤爲世隆知任勉與季景内頗不穆季景除求右丞奪勉所兼世隆啓用季景勉遂悵怏自失尋除安南將軍光祿大夫兼國子祭酒典儀注太昌初除散騎常侍征東將軍金紫光祿大夫定州大中正勑左右廂出入其家被收之際在外逃免於後乃出見齊獻武王於晉陽王勞撫之天平末王遣勉從動貫妻子赴定州因得還家屬母李氏喪亡勉哀號過性遇病卒時年四十七無子弟宣度以子龍後之

勉弟宣猷司徒中郎没於關西

宣猷弟宣度齊王儀同開府司馬

宣度弟宣軌頗有才學尚書考功郎中與弟宣

質宣靜宣略並死於晉陽

孝芬弟孝暐字敬業少寛雅早著長者之風彭城王勰之臨定州辟爲主簿釋褐冀州安東府外兵參軍歷員外散騎侍郎寧朔將軍員外散騎常侍武泰初蠻首李洪扇動諸蠻詔孝暐持節爲別將隸都督李神軌討平之尒朱榮之害朝士孝暐與弟孝直攜家避難定陶孝莊初徵拜通直散騎常侍加征虜將軍尋除趙郡太守郡經葛榮離亂之後民户喪亡六畜無遺斗粟

乃至數縑民皆賣鬻兒女夏椹大熟孝暐勸民
多收之郡内無牛教其人種招撫遺散先恩後
威一周之後流民大至興立學校親加勸篤百
姓賴之卒於郡時年四十九贈通直散騎常侍
平東將軍瀛州刺史謚曰簡朝議謂爲未申復
贈安北將軍定州刺史
子昂武定中尚書左丞兼度支尚書
孝暐弟孝演字則伯出繼伯父性通率美鬚髯
姿貌魁傑少無宦情沉浮鄉里河間王琛爲定

州刺史以爲治中晚除瀛州安西府外兵參軍
因罷歸及鮮于脩禮起逆孝演率宗屬保郡
城爲賊攻陷賊以孝演民望恐移衆心乃害之
時年四十無子弟孝直以子士遊爲後
士遊儀同開府倉曹參軍
孝演弟孝直字叔廉身八尺眉目疎朗早有志
尚起家司空行參軍尋爲員外散騎侍郎宣威
將仍以本官入領直後轉寧遠將軍汝南王開
府掾領直寢兄孝芬除荆州詔孝直假征虜將
軍別將摠羽林二千騎與孝芬俱行孝直潛師
徑進賊遂破走孝芬入城後蕭衍將曹義宗仍
在馬圈鼓動順陽蠻夷緣邊寇竊孝直率衆禦
之賊皆退散還轉直閤將軍通直散騎常侍尒
朱兆入洛孝直以天下未寧去職歸鄉里勸督
宗人務行禮義後除安東將軍光祿大夫太昌
中又除衛將軍右光祿大夫並辭不赴宗親勸
孝直曰榮華人之所願何故陸沉孝直不荅年
五十八卒於鄉里顧命諸子曰吾才疎效薄於

國無功若朝廷復加贈謚宜循吾意不得祇受
若致干求則非吾子斂以時服祭勿殺生其子
皆遵行之有四子
長子士順儀同開府行參軍
孝直弟孝政字季讓十歲挺亡號哭不絶見者
爲之悲傷操尚貞立博洽經史雅好辭賦喪紀
之禮特所留情衣服制度手能執造太尉汝南
王悅辟行參軍年四十九卒
子巖武定中員外常侍孝芬兄弟孝義慈厚弟

孝演孝政先亡孝芬等哭泣哀慟絶内蔬食容貌損瘠見者傷之孝暐等奉孝芬盡恭順之禮坐食進退孝芬不命則不敢也鷄鳴而起旦參顔色一錢尺帛不入私房吉凶有須聚對分給諸婦亦相親愛有無共之始挺兄弟同居孝芬叔振既亡之後孝芬等奉承叔母李氏若事所生旦夕温凊出入啓覲家事巨細一以諮決每兄弟出行有獲財物尺寸已上皆内李氏之庫四時分賚李自裁之如此者二十餘歲撫從弟

魏傳四十五　十七　孫琦

宣伯子朗如同氣焉

挺弟振字延根少有學行居家孝友爲宗族所稱自中書學生爲祕書中散在内謹敕爲高祖所知出爲冀州咸陽王禧驃騎府司馬在任久之太和二十年遷建威將軍平陽太守不拜轉高陽内史高祖南討徵兼尚書左丞留京振既才幹被擢當世以爲榮後改定職令振本資惟擬五品詔曰振在郡著績宜有褒外除太子庶子景明初除長兼廷尉少卿振有公斷以明察稱河内太守陸琇與咸陽王禧同謀爲逆禧敗事發振窮治之時琇内外親黨及當朝貴要咸爲之言振研覈切至終無縱緩遂斃之於獄其奉法如此正始初除龍驤將軍肆州刺史在任有政績還朝除河東太守永平中卒於郡時年五十九贈本將軍南兗州刺史謚曰定振歷官四十餘載考課恒爲稱職議者善之

長子宣伯早喪

子勁字仲括驃騎參軍

二〇八十三　魏書傳四十五　十八　黄田崇

宣伯弟子朗美容貌涉獵經史少温厚有風尚以軍功起家襄威將軍員外散騎侍郎普泰中從兄孝芬爲荆州請爲車騎府司馬孝芬轉西兗州爲驃騎府司馬太昌初冠軍將軍北徐州撫軍府長史固辭不獲免興和二年中尉高仲密引爲侍御史尋加平西將軍武定中卒子道綱

挺從父弟元珍釋褐司徒行參軍稍遷司徒主簿趙郡王幹開府屬景明中荆州長史久之爲

司徒從事中郎有公平稱後遷中散大夫加征虜將軍正光末山胡作逆除平陽太守假右將軍爲別將以討之頻破胡賊郡内以安武泰初改郡爲唐州仍除元珍爲刺史加右將軍以破胡勳賜爵涼城侯尒朱榮之趣洛也遣其都督樊子鵠取唐州元珍與行臺酈惲拒守不從爲子鵠所陷被害世咸痛之

子叔恭

挻從父弟瑜之字仲璉少孤有學業太和中釋

褐奉朝請廣陵王羽常侍累歷蕃佐入爲司空功曹參軍事太尉主簿遷冀州撫軍府長史後爲揚州平東府長史帶南梁太守蕭衍義州刺史文僧明來降瑜之迎接有勳賜爵高邑男孝昌初除鴻臚少卿三年卒年五十六贈平北將軍瀛州刺史有三子

長子孟舒字長才襲父爵累遷平東將軍太中大夫興和中除廣平太守卒贈中軍將軍殷州刺史贈平東將軍謚曰康

孟舒弟仲舒武定末鄴縣令

仲舒弟季舒給事黃門侍郎

挺從祖弟脩和州主簿

子儉字元恭雅有器度歷太學博士終於符璽郎中

儉弟緒字仲穆定州撫軍府法曹參軍

緒小弟孝忠侍御史祕書郎並有容貌無他才識

緒子子謙尚書郎

子謙弟子讓與侯景同反子謙坐以因執遇病死於晉陽

子讓弟子廉等並伏法

脩和弟敬邕性長者有幹用高祖時自司徒主簿轉尚書都官郎中所在稱職遷太子步兵校尉景明初母憂去職後中山王英南討引爲都督府長史加左中郎將以功賜爵臨淄男遷龍驤將軍太府少卿以本將軍出除營州刺史庫莫奚國有馬百匹因風入境敬邕悉令送還於

是夷人感附熙平二年拜征虜將軍太中大夫神龜中卒年五十七贈左將軍濟州刺史謚曰恭

子子盛襲爵除奉朝請

脩和從弟摟字顯賓容貌魁偉放邁自高不拘常檢爲中書博士樂陵內史雅爲任城王澄所禮待及澄爲定州刺史接之無民敬王忻然容下之後爲冀州安東府司馬轉樂陵太守還鄉而卒

魏書傳四十五　二十一　許成

挺族子篡字叔則博學有文才景明中太學博士轉員外散騎侍郎襄威將軍既不爲時知乃著無談子論後爲給事中延昌中除梁州征虜府長史熙平初爲寧遠將軍廷尉正每於大獄多所據明有當官之譽時太原王靜自廷尉監遷少卿篡亚居其下乃與靜書辭氣抑揚無上下之體又啓求解任乃除左中郎將領尚書三公郎中未幾以公事免後爲洛陽令正光中卒年四十五贈司徒左長史凡所製文多行於世

長子史武定末儀同府長流參軍

篡兄穆寬雅有度冀州辟主簿卒

子暹武定末度支尚書兼右僕射

篡弟勵字脩業奉朝請尚書令高肇出討巴蜀引爲統軍還除員外散騎侍郎正光中定州別駕年四十二卒

子鴻翾郡功曹

篡從祖弟遊字延叔少有風概釋褐奉朝請稍遷太尉主簿江州刺史陳伯之啓爲司馬還除

魏書傳四十五　二十二　蔣七

奉車都尉大都督中山王英征義陽引爲録事參軍尋轉司馬及英敗於鍾離遊坐徙秦州久而得還大將軍高肇西征引爲統軍除步兵校尉遷豫州征虜府長史未幾除征虜將軍北趙郡太守並有政績熙平末轉河東太守郡有鹽戶常供州郡爲兵子孫見丁從役遊矜其勞苦乃表聞請聽更代郡內感之太學舊在城內遊乃移置城南閑敞之處親自說經當時學者莫不勸慕號爲良守以本將軍遷涼州刺史以母

憂解任正光中起除右將軍南秦州刺史固辭
不免先是州人楊松柏楊洛德兄弟數爲反叛
遊至州深加招慰松柏歸款引爲主簿稍以辭
色誘之兄弟俱至松柏既州之豪帥感遊恩遇
奬諭羣氐咸來歸款且以過在前政不復自疑
遊乃因宴會一時俱斬於是外人以其不信合
境皆反正光五年夏秦州城人殺刺史李彦據
州爲逆數日之後遊知必不安謀欲出外尋爲
城人韓祖香孫掩攻於州館遊事窘登樓慷慨

悲歎乃推下小女而殺之義不爲羣小所辱也
尋爲祖香等所執害時年五十二永安中贈散
騎侍郎鎮北將軍定州刺史

子伏護開府參軍

史臣曰高祐學業優通知名前世儒俊之風門
舊不隕諸子經傳之器加有捨生之節崔挺兄
第風操高亮懷文抱質歷事著稱見重於朝
野繼世承家門族並著蓋所謂彼有人焉

列傳第四十五卷　魏書五十七

列傳第四十六　魏書五十八

楊播

楊播字延慶自云恒農華陰人也高祖結仕慕
容氏卒於中山相曾祖珍太祖時歸國卒於上
谷太守祖眞河内清河二郡太守父懿延興末
爲廣平太守有稱績高祖南巡吏人頌之加寧
遠將軍賜帛三百匹徵爲選部給事中有公平
之譽除安南將軍洛州刺史未之任而卒贈以
本官加弘農公謚曰簡播本字元休太和中高

祖賜改焉母王氏文明太后之外姑播少脩整奉
養盡禮擢爲中散累遷給事領中起部曹以外
親優賜亟加前後万計進北部給事中詔播巡
行北邊高祖親送及户戒以軍略未幾除龍驤
將軍員外常侍轉衛尉少卿常侍如故與陽平
王頤等出漠北擊蠕蠕大獲而還高祖嘉其勳
賜奴婢十口遷武衛將軍復擊蠕蠕至居然山而
還除左將軍尋假前將軍隨車駕南討至鍾離
師回詔播領步卒三千騎五百爲衆軍殿時春

水初長賊衆大至舟艦塞川播以諸軍渡淮未
訖嚴陳南岸身自居後諸軍渡盡賊衆遂集於
是圍播乃爲圓陳以禦之身自搏擊斬殺甚多
相拒再宿軍人食盡賊圍更急高祖在北而望
之既無舟舡不得救援水勢稍減播領精騎三
百歷其舟舡大呼曰今我欲渡能戰者來賊莫
敢動遂擁衆而濟高祖甚壯之賜爵華陰子尋
除右衛將軍後從駕討崔慧景蕭衍於鄧城破
之進號平東將軍時車駕耀威沔水上已設宴

高祖與中軍彭城王勰賭射左衛元遥在勰朋
内而播居帝曹遥射侯正中籌限已滿高祖曰
左衛籌足右衛不得不解播對曰仰恃聖恩庶
幾必爭於是彎弓而發其箭正中高祖笑曰養
由基之妙何復過是遂舉巵酒以賜播曰古人
酒以養病朕今賞卿之能可謂今古之殊也從
到懸瓠除太府卿進爵爲伯景明初兼侍中使
恒州贍恤寒乏轉左衛將軍出除安北將軍并
州刺史固辭乃授安西將軍華州刺史至州借

民田爲御史王基所劾削除官爵延昌二年卒
于家子侃等停柩不葬披訴積年至熈平中乃
贈鎮西將軍雍州刺史并復其爵謚曰壯
侃字士業頗愛琴書尤好計畫時播一門貴滿
朝廷兒姪早通而侃獨不交遊公卿罕有識者
親朋勸其出仕侃曰苟有良田何憂晚歲但恨
無才具耳年三十一襲爵華陰伯釋褐太尉汝
南王悦騎兵參軍揚州刺史長孫稚請爲録事
參軍蕭衍豫州刺史裴邃治合肥城規相掩襲

密購壽春郭人李瓜花袁建等令爲内應邃已
纂勒兵士有期日矣而慮壽春疑覺遂謬移云
魏始於馬頭置戍如聞復欲修白捺舊城若爾
便稍相侵逼此亦須營歐陽設交境之備令板
卒已集唯聽信還佐寮咸欲以實答之云無修
白捺意而侃曰白捺小城本非形勝邃好小黠
今集兵遣移虚構是言得無有別圖也稚深悟
之乃云録事可造移報侃移曰彼之纂兵想別
有意何爲妄構白捺也他人有心予忖度之勿

謂秦無人也遂得移謂已知覺便爾散兵瓜花
等以期契不會便相告發伏辜者十數家遂後
竟襲壽春入羅城而退遂列營於黎漿梁城日
夕鈔掠稚乃奏保為統軍保叔椿為雍州刺史
又請為其府録事參軍帶長安令府州之務多
所委決及蕭寶夤等軍敗北地功曹毛洪賓據
郡引寇抄掠渭北保啓椿自出討之遂購募戰
士信宿之間得三千餘人銜枚夜進至馮翊郡
西賊見大軍卒至衆情離解洪賓遂通書送質

魏列傳四十六 四

乞求自效於是擒送宿勤明達兄子賊署南平
王烏過仁後雍州刺史蕭寶夤據州反尚書僕
射長孫稚討之除保鎮遠將軍諫議大夫為稚
行臺左丞尋轉通直散騎常侍軍次弘農保白
稚曰昔魏武與韓遂馬超挾關為壘勝負之理
久而無決豈才雄相類筭略抗行當以河山險
阻難用智力今賊守潼關全據形勝縱曹操更
出亦無所騁奇必須北取蒲坂飛棹西岸置兵
死地人有關心華州之圍可不戰而解潼關之

賊必望風潰散諸處既平長安自克愚計可録
請為明公前驅稚曰薛脩義已圍河東薛鳳賢
又保安邑都督宗正珍孫停師虞坂久不能進
雖有此計猶用為疑保曰珍孫本行陳一夫因
緣進達可為人使未可使人一旦受元帥之任
處分三軍精神亂矣寧堪圖賊河東治在蒲坂
西帶河湄所部之民多在東境脩義驅率壯勇
西圍郡邑父老妻弱尚保舊村若率衆一臨方
寸各亂人人思歸則郡圍自解不戰而勝昭然

魏書傳四十六 五

在目稚從之令其子彥等領騎與保於弘農北
渡所領悉是騎士習於野戰未可攻城便據石
錐壁保乃班告曰今且停軍於此以待步卒兼
觀民情向背然後可行若送降名者各自還村
候臺軍舉烽火各亦應之以明降款其無應烽
者即是不降之村理須殄戮賞賚軍士民遂轉
相告報未實降者亦詐舉烽一宿之間火光遍
數百里內圍城之寇不測所以各自散歸脩義
亦即逃遁長安平保頗有力建義初除冠軍將

軍東雍州刺史其年州罷除中散大夫爲都督
鎮潼關還朝除右將軍岐州刺史屬元顥內逼
詔以本官假撫軍將軍爲都督率衆鎮大梁未
發詔行北中郎將孝莊徙御河北執侃手曰朕
停卿蕃寄移任此者正爲今日但卿尊卑百口
若隨朕行所累處大卿可還洛寄之後圖侃曰
此誠陛下曲恩寧可以臣微族頓廢君臣之義
固求陪從至建州敘行從功臣自城陽王徽已
下凡十人並增三階以侃河梁之誠特加四階

魏傳四十六　六　佑

侃固辭乞同諸人久乃見許於是除鎮軍將軍
度支尚書兼給事黃門侍郎敷西縣開國公食
邑一千戶及車駕南還顥令蕭衍將陳慶之守
北中城自據南岸有夏州義士爲顥守河中渚
乃密信通款求破橋立效尒朱榮率軍赴之及
橋破應接不果皆爲顥所屠滅榮因悵然將爲
還計欲更圖後舉侃曰未審明大王發并州之
日已知有夏州義士指來相應爲欲廣申經略
寧復帝基乎夫兵散而更合瘡愈而更戰持此

收功自古不少豈可以一圖不全而衆慮頓廢今
事不果乃是兩賊相殺則大王之利矣若今即還
民情失望去就之心何由可保未若召發民材惟
多縛筏閒以舟檝沿河廣布令數百里中皆爲
渡勢首尾既遠顥復知防何處一旦得渡必立大
功榮大笑曰黃門即奏行此計於是尒朱兆與侃
等遂於馬渚楊南渡破顥子領軍將軍冠受擒
之顥便南走車駕入都侃解尚書正黃門加征東將
軍金紫光祿大夫以濟河之功進爵濟北郡開國公

三百卅四　魏傳四十六　七　方

增邑五百戶復除其長子師沖爲祕書郎時所用
錢人多私鑄稍就薄小乃至風飄水浮米斗幾直
一千侃奏曰昔馬援至隴西嘗上書求復五銖錢
事下三府不許及援徵入爲虎賁中郎親對光武
申釋其趣事始施行臣頃在雍州亦表陳其事聽人
與官並鑄五銖錢使人樂爲而俗弊得改旨下尚
書八座不許以今況昔即理不殊求取臣前表經
御披析侃乃隨事剖辨孝莊從之乃鑄五銖錢如
侃所奏乃侯醜奴陷東秦遂圍岐州扇誘巴蜀

大都督尒朱天光率衆西伐詔侃以本官使持
節兼尚書僕射爲關右慰勞大使還朝除侍中
加衛將軍右光禄大夫莊帝將圖尒朱榮也侃
與其内弟李晞城陽王徽侍中李彧等咸預密
謀尒朱兆之入洛也侃時休沐遂得潛竄歸於
華陰普泰初天光在關西遣侃子婦父韋義遠
招慰之立盟許恕其罪侃從兄昱恐爲家禍令
侃出應假其食言不過一人身歿冀全百口侃
往赴之秋七月爲天光所害太昌初贈車騎將
軍儀同三司幽州刺史
子純陁襲
播弟椿字延壽本字仲考太和中與播俱蒙高
祖賜改性寛謹初拜中散典御廐曹以端慎小
心專司醫藥遷内給事與兄播並侍禁闈又領
蘭臺行職改授中部曹析訟公正高祖嘉之及
文明太后崩高祖五日不食椿進諫曰陛下至
性孝過有虞居哀五朝水漿不御羣下惶灼莫
知所言陛下荷祖宗之業臨万國之重豈可同

匹夫之節以取僵仆且聖人之禮毁不滅性縱
陛下欲自賢於万代其若宗廟何高祖感其言
乃一進粥轉授宫輿曹少卿加給事中出爲安
遠將軍豫州刺史高祖自洛向豫幸其州館信
宿賜馬十匹縑千匹遷冠軍將軍濟州刺史高
祖自鍾離趣鄴至碻磝幸其州館又賜馬二匹
縑千五百匹坐爲平原太守崔敞所訟廷尉論
輒收市利費用官炭免官後降爲寧朔將軍梁
州刺史初武興王楊集始爲楊靈珍所破降於
蕭鸞至是率賊万餘自漢中而北規復舊土椿
領步騎五千出頓下辨貽書集始開以利害集
始執書對使者曰楊使君此書除我心腹之疾
遂領其部曲千餘人來降尋以母老解還後武
都氏楊會反假椿節冠軍將軍都督西征諸軍
事行梁州刺史與軍司羊祉討破之於後梁州
運糧爲羣氏劫奪詔椿兼征虜將軍持節招
慰尋以氐叛拜光禄大夫假平西將軍督征討
諸軍事以討之還兼太僕卿秦州羌呂苟兒涇

州屠各陳瞻等聚衆反詔椿爲別將隸安西將軍元麗討之賊入隴守蹊自固或謀伏兵山徑斷其出入待糧盡而攻之或云斬除山木縱火焚之然後進討椿曰並非計也此本規盜非有經略自王師一至無戰不摧所以深竄者正避死耳今宜勒三軍勿更侵掠賊必謂我見險不前心輕我軍然後掩其不備可一舉而平矣乃緩師不進賊果出掠乃以軍中驢馬餌之不加討逐如是多日陰簡精卒銜枚夜襲斬瞻傳首

入正太僕卿加安東將軍初顯祖世有蠕蠕万餘戶降附居於高平薄骨律二鎮太和之末叛走略盡唯有一千餘家太中大夫王通高平鎮將郎育等求徙置淮北防其叛走詔許之慮不從命乃使椿持節往徙焉椿以爲徙之無益上書曰臣以古人有言裔不謀夏夷不亂華荒忽之人羈縻而已是以先朝居之於荒服之間者正欲悦近來遠招附殊俗亦以別華戎異內外也今新附者衆若舊者見徙新者必不安不安

必思土思土則走叛狐死首丘其害方甚又此族類衣毛食肉樂冬便寒南土濕熱往必將盡進失歸伏之心退非藩衛之益徙在中夏而生後患愚心所見謂爲不可時八座議不從遂徙於濟州緣河居之冀州元愉之難果悉浮河赴賊所在鈔掠如椿所策永平初徐州城人成景雋以宿預叛詔椿率衆四万討之不剋而返久之除都督朔州撫冥武川懷朔三鎮三道諸軍事平北將軍朔州刺史在州爲廷尉奏椿前爲

太僕卿日招引細人盜種牧田三百四十頃依律處刑五歲尚書邢巒據正始別格奏椿罪應除名爲庶人注籍盜門同籍合門不仕世宗以新律既班不宜雜用舊制詔依寺斷聽以贖論尋加撫軍將軍入除都官尚書監修白溝堤堰復以本將軍除定州刺史自太祖平中山多置軍府以相威攝凡有八軍軍各配兵五千食祿主帥軍各四十六人自中原稍定八軍之兵漸割南戍一軍兵統千餘然主帥如故費祿不少

椿表罷四軍減其帥百八十四人州有宗子稻田屯兵八百戶年常發夫三千草三百車修補畦堰椿以屯兵惟輸此田課更無徭役及至閑月即應修治不容復勞百姓椿亦表罷朝廷從之椿在州因治黑山道餘功伐木私造佛寺役使兵力爲御史所劾除名爲庶人正光五年除輔國將軍南秦州刺史時南秦州反叛路又阻塞仍停長安轉授岐州復除撫軍將軍衛尉卿轉左衛將軍又兼尚書右僕射馳驛詣并肆齎

絹三万匹募召恒朔流民揀充軍士不行尋加衛將軍出除都督雍南豳二州諸軍事本將軍雍州刺史又進號車騎大將軍儀同三司蕭寶夤元恒芝諸軍爲賊所敗恒芝從渭北東渡椿使追之不止寶夤後至留於逍遥園內收集將士猶得万餘由是三輔人心頗得安帖于時涇岐及豳悉已陷賊扶風以西非復國有椿乃鳩募內外得七千餘人遣兄子録事參軍侃率以防禦詔椿以本官加侍中兼尚書右僕射爲行

臺節度關西諸將行其統內五品已下郡縣須有補用者任即擬授椿遇暴疾頻啓乞解詔許之以蕭寶夤代椿爲刺史行臺椿還鄉里遇子昱將還京師因謂曰當今雍州刺史亦不賢於蕭寶夤但其上佐朝廷應遣心膂重人何得任其牒用此乃聖朝百慮之一失且寶夤不藉刺史爲榮吾觀其得州喜悅不少至於賞罰云爲不依常憲恐有異心關中可惜汝今赴京稱吾此意以啓二聖并白宰輔更遣長史司馬防城都

督欲安關中正須三人耳如其不遣必成深憂昱還面啓肅宗及靈太后並不信納及寶夤邀害御史中尉酈道元猶上表自理稱爲椿父子所謗詔復除椿都督雍岐南豳三州諸軍事本將軍開府儀同三司雍州刺史討蜀大都督椿辭以老病不行建義元年遷司徒公介朱榮東封葛榮詔椿統衆爲後軍榮擒葛榮乃止永安初進位太保侍中給後部鼓吹元顥入洛椿子征東將軍昱出鎮滎陽爲顥所擒又椿弟順爲

冀州刺史順子仲宣正平太守兄子侃弟子遒
並從駕河北爲顥嫌疑以椿家世顯重恐失人
望未及加罪時人助其憂怖或有勸椿攜家避
禍椿曰吾内外百口何處逃竄正當坐任運耳
莊帝還宮椿毋辭遜不許上書頻乞歸老詔曰
椿國之老成方所尊尚遽以高年願言致仕顧
懷舊德是以未從但告謁頻煩辭理彌固以茲
難奪又所重違今便允其雅志可服侍中朝服
賜服一具衣一襲八尺床帳几杖不朝乘安車

駕駟馬給扶傳詔二人仰所在郡縣時以禮存
問安否方乖詢訪良用憮然椿奉詔於華林園
帝下御座執椿手流淚曰公先帝舊臣實爲元
老今四方未寧理須諮訪但高尚其志決意不
留既難相違深用悽愴椿亦歔欷欲拜莊帝親
執不聽於是賜以絹布給羽林衛送羣公百寮
餞於城西張方橋行路觀者莫不稱歎椿臨行
誡子孫曰我家入魏之始即爲上客給田宅賜
奴婢馬牛羊遂成富室自爾至今二十年二千

石方伯不絕祿恤甚多至於親姻知故吉凶之
際必厚加贈襚來往賓寮必以酒肉飲食是故
親姻朋友無憾焉國家初丈夫好服綵色吾雖
不記上谷翁時事然記清河翁時服飾恒見翁
著布衣韋帶常約敕諸父曰汝等後世脫若富
貴於今日者慎勿積金一斤綵帛百匹已上用
爲富也又不聽治生求利又不聽與勢家作婚
姻至吾兄弟不能遵奉今汝等服乘以漸華好
吾是以知恭儉之德漸不如上世也又吾兄弟

若在家必同盤而食若有近行不至必待其還
亦有過中不食忍飢相待吾兄弟八人今存者
有三是故不忍別食也又願畢吾兄弟世不異
居異財汝等眼見非爲虛假如聞汝等兄弟時
有別齋獨食者此又不如吾等一世也吾今日
不爲貧賤然居住舍宅不作壯麗華飾者正慮
汝等後世不賢不能保守之方爲勢家所奪北
都時朝法嚴急太和初吾兄弟三人並居內職
兄在高祖左右吾與津在文明太后左右于時

口敕責諸內官十日仰密得一事不列便大瞋
嫌諸人多有依敕密列者亦有太后高祖中間
傳言構間者吾兄弟自相誡曰今忝二聖近臣
毋子間甚難宜深慎之又列人事亦何容易縱
被瞋責慎勿輕言十餘年中不嘗言一人罪過
當時大被嫌責答曰臣等非不聞人言正恐不
審仰誤聖聽是以不敢言於後終以不言蒙賞
及二聖間言語終不敢輒爾傳通太和二十一
年吾從濟州來朝在清徽堂豫讌高祖謂諸王

諸貴曰北京之日太后嚴明吾每得杖左右因
此有是非言語和朕毋子者唯楊椿兄弟遂舉
賜四兄及我酒汝等脫若万一蒙時主知遇宜
深慎言語不可輕論人惡也吾自惟文武才藝
門望姻援不勝他人一旦位登侍中尚書四歷
九卿十爲刺史光祿大夫儀同開府司徒太保
津今復爲司空者正由忠貞小心謹慎口不嘗
論人過無貴無賤待之以禮以是故至此耳聞
汝等學時俗人乃有坐而待客者有驅馳勢門

者有輕論人惡者及見貴勝則敬重之見貧賤
則慢易之此人行之大失立身之大病也汝家
仕皇魏以來高祖以下乃有七郡太守三十二
州刺史內外顯職時流少比汝等若能存禮節
不爲奢淫憍慢假不勝人足免尤誚足成名家
吾今年始七十五自惟氣力尚堪朝覲天子所
以孜孜求退者正欲使汝等知天下滿足之義
爲一門法耳非是苟求千載之名也汝等能記
吾言百年之後終無恨矣椿還華陰踰年普泰

元年七月爲尒朱天光所害年七十七時人莫
不冤痛之太昌初贈都督冀定殷相四州諸軍
事太師丞相冀州刺史
子昱字元晷起家廣平王懷左常侍懷好武事
數出遊獵昱每規諫正始中以京兆廣平二王
國臣多有縱恣公行屬請於是詔御史中尉崔
亮窮治之伏法於都市者三十餘人其不死者
悉除名爲民唯昱與博陵崔楷以忠諫得免後
除太學博士員外散騎侍郎初尚書令王肅除

揚州刺史出頓於洛陽東亭朝貴畢集詔令諸
王送別昱伯父播同在餞席酒酣之後廣陽王
嘉北海王詳等與播論議競理播不爲之屈北
海顧謂昱曰尊伯性剛不伏理大不如尊使君
也昱前對曰昱父道隆則從其隆道洿則從其
洿伯父剛則不吐柔亦不茹一坐歎其能言肅
曰非此郎何得申二公之美也延昌三年以本
官帶詹事丞于時肅宗在懷抱之中至於出入
左右乳母而已不令宮寮聞知昱諫曰陛下不

三百二十四　魏傳四十六　十八　王成

以臣等凡淺備位宮臣太子動止宜令翼從然
自此以來輕爾出入進無二傅輔導之美退闕
羣寮佳侍之式非所謂示民軌儀著君臣之義
陛下若召太子必降手勑令臣下咸知爲後世
法於是詔曰自今已後若非朕手敕勿令兒輒
出宮臣在直者從至万歲門夂之轉太尉掾兼
中書舍人靈太后甞從容謂昱曰今帝年幼朕
親万機然自薄德化不能感親姻在外不稱人
心卿有所聞慎勿諱隱昱於是奏揚州刺史李

崇五車載貨恒州刺史楊鈞造銀食器十具並
餉領軍元乂靈太后召乂夫妻泣而責之乂深
恨之昱第六叔舒妻武昌王和之妹和即乂之
從祖父舒早喪有一男六女及終喪而元氏頻
請別居昱父椿乃集親姻泣而謂曰我弟不幸
早終今男未婚女未嫁何忽忽便求離居不聽
遂懷憾焉神龜二年瀛州民劉宣明謀反事覺
逃竄乂乃使和及元氏誣告昱藏隱宣明云父
定州刺史椿叔華州刺史津並送甲仗三百具

三百三十四　魏書傳四十六　十九　徐柚祖

謀圖不逞乂又構成其事乃遣左右御仗五百
人夜圍昱宅而收之並無所獲靈太后問其狀
昱具對元氏講釁之端言至哀切太后乃解昱
縛和及元氏並處死刑而乂相左右和直免官
元氏卒亦不坐及元乂之廢太后乃出昱爲濟
陰內史中山王熙起兵於鄴乂遣黃門盧同詣
鄴刑熙并窮黨與同希乂旨就郡鏁昱赴鄴訊
百日後乃還任孝昌初除征虜將軍中書侍郎
遷給事黃門侍郎時北鎮降民二十餘万詔昱

爲使分散於冀定瀛三州就食後賊圍豳州詔
昱兼侍中持節催西北道大都督北海王顥仍
隨軍監察豳州圍解雍州蜀賊張映龍姜神達
知州內空虛謀欲攻掩刺史元脩義懼而請援
一日一夜書移九通都督李叔仁遲疑不赴昱
曰長安關中基本今大軍頓在涇豳與賊相對
若使長安不守大軍自然瓦散此軍雖往有何
益也遂與叔仁等俱進於陳斬神達及諸賊四
百許人餘悉奔散詔以昱受旨催督而顥軍稽

緩遂免昱官乃兼侍中催軍尋除征虜將軍涇
州刺史未幾昱父椿出爲雍州刺史徵昱還除
吏部郎中武衛將軍轉北中郎將加安東將軍
及蕭寶夤等敗於關中以昱兼七兵尚書持節
假撫軍將軍都督防守雍州昱遇賊失利而返
除度支尚書轉撫軍徐州刺史尋除鎮東將軍
假車騎將軍東南道都督又加散騎常侍後太
山太守羊侃據郡南叛蕭衍遣將軍王辯率衆
侵冦徐州番郡人續靈珍受衍平北將軍番郡

刺史擁衆一萬攻逼番城昱遣別將劉馘擊破
之臨陳斬靈珍首王辯退走侃兄深時爲徐州
行臺府州咸欲禁深昱曰昔叔向不以鮒也見
廢春秋貴之柰何以侃罪深也宜聽朝旨不許
羣議還朝未幾屬元顥侵逼大梁除昱征東將
軍右光禄大夫加散騎常侍使持節假車騎將
軍爲南道大都督鎮榮陽顥旣擒濟陰王暉業
乘虛徑進大兵集於城下遣其左衞劉業王道
安等招昱令降昱不從顥遂攻之城陷都督元

恭太守西河王悰並踰城而走俱被擒縶昱與
弟息五人在門樓上須臾顥至執昱下城面責
昱曰楊昱卿今死甘心否卿自負我非我負卿
也昱荅曰分不望生向所以不下樓者正慮亂
兵耳但恨八十老父無人供養負病黃泉求乞
小弟一命便死不朽也顥乃拘之明旦顥將陳
慶之胡光等三百餘人伏顥帳前請曰陛下渡
江三千里無遺鏃之費昨日一朝殺傷五百餘
人求乞楊昱以快意顥曰我在江東嘗聞梁主

言初下都日袁昆爲吳郡不降稱其忠節奈何
殺楊昱自此之外任卿等所請於是斬昱下統
帥三十七人皆令蜀兵刳腹取心食之顥既入
洛除昱名爲民孝莊還宮還復前官及父椿辭
老請解官從養詔不許尒朱榮之死也昱爲東
道行臺率衆拒尒朱仲遠會尒朱兆入洛昱還
京師後歸鄉里亦爲天光所害太昌初贈都督
瀛定二州諸軍事驃騎大將軍司空公定州刺
史

子孝邕員外郎走免匿於蠻中潛結渠帥謀應
齊獻武王以誅尒朱氏微服入洛參伺機會爲
人所告世隆收付廷尉掠殺之

椿弟穎字惠哲本州別駕

子叔良武定中新安太守

穎弟順字延和寬裕謹厚太和中起家奉朝請
累遷直閤將軍北中郎將兼武衛將軍太僕卿
預立莊帝之功封三門縣開國公食邑七百戶
出爲平北將軍冀州刺史尋進號撫軍將軍罷

州還遇害年六十五太昌初贈都督相殷二州
諸軍事太尉公錄尚書事相州刺史

子辯字僧達歷通直常侍平東將軍東雍州刺
史

辯弟仲宣有風度才學自奉朝請稍遷太尉掾
中書舍人通直散騎侍郎加鎮遠將軍賜爵弘
農男建義初遷通直常侍出爲平西將軍正平
太守進爵爲伯在郡有能名就加安西將軍還
京之日兄弟與父同遇害辯太昌初贈使持節

都督燕恒二州諸軍事車騎大將軍儀同三司
恒州刺史仲宣贈都督青光二州諸軍事車騎
大將軍尚書右僕射青州刺史

仲宣子玄就幼而俊拔收捕時年九歲牽挽兵
人謂曰欲害諸尊乞先就死兵人以刀斫斷其
臂猶請死不止遂先殺之永熙初贈汝陰太守

仲宣弟測朱衣直閤亦同時見害太昌中贈都
督平營二州諸軍事鎮北將軍吏部尚書平州
刺史

測弟稚卿太官中爲尚書右丞坐事死
順弟津字羅漢本名延祚高祖賜名焉少端謹
以器度見稱年十一除侍御中散于時高祖沖
幼文明太后臨朝津曾久侍左右忽咳逆失聲
遂吐數升藏衣袖太后聞聲閱而不見問其故
具以實言遂以敬慎見知賜縑百匹遷符璽郎
中津以身在禁密不外交遊至於宗族姻表罕
相祗候司徒馮誕與津少結交遊而津見其貴
寵每恒退避及相招命多辭疾不往誕以爲恨

三十二　魏傳四十六　二十四　周明

而津逾遠焉人或謂之曰司徒君之少舊宜蒙
進達何遽自外也津曰爲勢家所厚復何容易
但全吾今日亦以足矣轉振威將軍領監曹奏
事令又爲直寢遷太子步兵校尉高祖南征以
津爲都督征南府長史至懸瓠徵加直閤將軍
後從駕濟淮司徒誕薨高祖以津送柩還都遷
長水校尉仍直閤景明中世宗遊於北邙津時
陪從太尉咸陽王禧謀反世宗馳入華林時直
閤中有同禧謀皆在從限及禧平帝顧謂朝臣

曰直閤半爲逆黨非至忠者安能不預此謀因
拜津左中郎將遷驍騎將軍仍直閤出除征虜
將軍岐州刺史津巨細躬親孜孜不倦有武功
民齎絹三匹去城十里爲賊所劫時有使者馳
騎而至被劫人因以告之使者到州以狀白津
津乃下教云有人著某色衣乘某色馬在城東
十里被劫不知姓名若有家人可速收視有一
老母行出而哭云是己子於是遣騎追收并絹
俱獲自是闔境畏服至於守令僚佐有瀆貨者

三十四　魏傳四十六　二十五

未曾公言其罪常以私書切責之於是官屬感
厲莫有犯法以母憂去職延昌末起爲右將軍
華州刺史與兄播前後皆牧本州當世榮之先
是受調絹疋度尺特長在事因緣共相進退百
姓苦之津乃令依公尺度其輸物尤好者賜以
杯酒而出所輸少劣亦爲受之但無酒以示其
恥於是人競相勸官調更勝舊日還除北中郎
將帶河內太守太后疑津貳己不欲使其處河
山之要轉平北將軍肆州刺史仍轉并州刺史

將軍如故徵拜右衛將軍孝昌初加散騎常侍尋以本官行定州事既而近鎮擾亂侵逼舊京乃加津安北將軍假撫軍將軍北道大都督右衛尋轉左衛加撫軍將軍始津受命出據靈丘而賊帥鮮于脩禮起於博陵定州危急遂回師南赴始至城下營壘未立而州軍新敗津以賊旣乘勝士衆勞疲柵壘未安不可擬敵賊必夜至則万無一全欲移軍入城更圖後舉刺史元固稱賊旣逼城不可示弱閉門不內津揮刀欲

魏傳四十六　廿六　柱

斬門者軍乃得入城賊果夜至見柵空而去其後賊攻州城東面已入羅城刺史閉小城東門城中恇擾不敢出戰津欲禦賊長史許被守門不聽津手劒擊被不中被乃走津開門出戰斬賊帥一人殺賊數百賊退人心少安詔除衛尉卿征官如故以津兄衛尉卿椿代爲左衛尋加鎮軍將軍討虜都督兼吏部尚書北道行臺初津兄椿得罪此州由鉅鹿人趙略投書所致及津之至略舉家逃走津乃下教慰喻令其還業於

是闔州愧服遠近稱之時賊帥薛脩禮杜洛周殘掠州境孤城獨立在兩寇之間津貯積柴粟脩理戰具更營雉堞賊每來攻機械競起又於城中去城十步掘地至泉廣作地道潛兵涌出置爐鑄鐵持以灌賊賊遂相語曰不畏利槊堅城唯畏楊公鐵星津與賊帥元洪業及與賊中督將尉靈根程殺鬼潘法顯等書曉喻之并授鐵券許以爵位令圖賊帥毛普賢洪業等感悟復書云今與諸人密議欲殺普賢願公聽之又

魏傳四十六　二十七

賊欲圍城正爲取北人耳城中所有北人必須盡殺公若置之恐縱敵爲患矣願公察之津以城內北人雖是惡黨然掌握中物未忍便殺但收內子城防禁而已將吏無不感其仁恕朝廷初以鐵券二十枚委津分給津隨賊中首領間行送之脩禮普賢頗亦由此而死既而杜洛周圍州城津盡力捍守詔加衛將軍封開國縣侯邑一千戶將士有功者任津科賞兵民給復八年葛榮以司徒說津津大怒斬其使以絕之自

受攻圍經涉三稔朝廷不能拯赴乃遣長子遁
突圍而出詣蠕蠕主阿那瓌令其討賊遁日夜
泣論阿那瓌遣其從祖吐豆發率精騎一万南
出前鋒已達廣昌賊防塞隘口蠕蠕持疑遂還
津長史李裔引賊踰城賊入轉衆津苦戰不敵
遂見拘執洛周脫津衣服置地牢下數日欲將
亨之諸賊還相諫止遂得免害津曾與裔相見
對諸賊帥以大義責之辭淚俱發裔大慙典守
者以相告洛周弗之責也及葛榮吞洛周復爲

魏書四十六　二十八　陳榮

榮所拘守榮破始得還洛永安初詔除津本將
軍荆州刺史加散騎常侍當州都督津以前在
中山陷寇詣闕固辭竟不之任二年兼吏部尚
書又除車騎將軍左光禄大夫仍除吏部元顥
内逼莊帝將親出討以津爲中軍大都督兼領
軍將軍未行顥入及顥敗津乃入宿殿中掃灑
宫掖遣第二子逸封閉府庫各令防守及帝入
也津迎於北邙流涕謝罪帝深嘉慰之尋以津
爲司空加侍中尒朱榮死也以津爲都督幷肆

燕恒雲朔顯汾蔚九州諸軍事驃騎大將軍兼
尚書令北道大行臺幷州刺史侍中司空如故
委津以討胡經略津馳至鄴手下唯羽林五百
人士馬寡弱始加招募將從滏口而入值尒朱
兆等便已剋洛相州刺史李神等議欲與津舉
城通款津不從以子逸既爲光州刺史兄子昱
時爲東道行臺鳩率部曲在於梁沛津規欲東
轉更爲方略乃率輕騎望於濟州渡河而尒朱
仲遠已陷東郡所圖不遂乃還京師普泰元年

三十六　魏書傳四十六　二十九　王壽

亦遇害於洛時年六十三太昌初贈都督秦華
雍三州諸軍事大將軍太傅雍州刺史謚曰孝
穆將葬本鄉詔大鴻臚持節監護喪事津有六
子
長子遁字山才其家貴顯諸子弱冠咸縻王爵
而遁性澹退年近三十方爲鎮西府主簿累遷
尚書郎莊帝北巡奉詔慰勞山東車駕入洛除
尚書左丞又爲光禄大夫仍左丞永安末父津
受委河北兼黄門郎詣鄴參行省事尋遷征

東將軍金紫光祿大夫亦被害於洛時年四十
二太昌初贈車騎大將軍儀同三司幽州刺史
謚曰恭定
遹弟逸字遵道有當世才度起家員外散騎侍
郎以功賜爵華陰男轉給事中父津在中山爲
賊攻逼逸請使於尒朱榮徵師赴救詔許之建
義初莊帝猶在河陽逸獨往謁帝特除給事黃
門侍郎領中書舍人及朝士濫禍帝益憂怖詔
逸晝夜陪侍數日之內常寢宿於御床前帝曾

夜中謂逸曰昨來舉目唯見異人賴得卿差以
自慰尋除吏部郎中出爲平西將軍南秦州刺
史加散騎常侍時年二十九於時方伯之少未
有先之者仍以路阻不行改除平東將軍光州
刺史逸折節綏撫乃心民務或日昃不食夜分
不寢至於兵人從役必親自送之或風日之中
雨雪之下人不堪其勞逸曾無倦色又法令嚴
明寬猛相濟於是合境肅然莫敢干犯時災儉
連歲人多餓死逸欲以倉粟賑給而所司懼罪

不敢逸曰國以人爲本人以食爲命百姓不足
君孰與足假令以此獲戾吾所甘心遂出粟然
後申表右僕射元羅以下謂公儲難闕並執不
許尚書令臨淮王彧以爲宜貸二万詔聽二万
逸既出粟之後其老小殘疾不能自存活者又
於州門煑粥飯之將死而得濟者以万數帝聞
而善之逸爲政愛人尤憎豪猾廣設耳目其兵
吏出使下邑皆自持粮人或爲設食者雖在闇
室終不進咸言楊使君有千里眼那可欺之在

州政績尤美及其家禍尒朱仲遠遣使於州害
之時年三十二吏人如喪親戚城邑村落爲營
齋供一月之中所在不絕太昌初贈都督豫郢
二州諸軍事衞將軍尚書僕射豫州刺史謚曰
貞
逸弟謐字遵智辟太尉行參軍歷員外散騎常
侍以功賜爵弘農伯鎮軍將軍金紫光祿大夫
衞將軍在晉陽爲尒朱兆所害太昌初贈驃騎
將軍兖州刺史

謚弟遵彦武定中吏部尚書華陰縣開國侯
津弟暐字延季性雅厚頗有文學起家奉朝請稍遷散騎侍郎直閤將軍本州大中正兼武衞將軍尚食典御孝昌初正武衞將軍加散騎常侍安南將軍莊帝初遇害於河陰贈衞將軍儀同三司雍州刺史
子元讓武定末尚書祠部郎中播家世純厚並敦義讓昆季相事有如父子播剛毅椿津恭謙與人言自稱名字兄弟旦則聚於廳堂終日相

對未曾入內有一美味不集不食廳堂間往往幃幔隔障爲寢息之所時就休偃還共談笑椿年老曾他處醉歸津扶侍還室仍假寐閤前承候安否椿津年過六十並登台鼎而津常旦暮參問子姪羅列階下椿不命坐津不敢坐椿每近出或日斜不至津不先飯椿還然後共食食則津親授匙箸味皆先嘗椿命食然後食津爲司空於時府主皆引寮佐人就津求官津曰此事須家兄裁之何爲見問初津爲肆州椿在京宅每有四時嘉味輒因使次附之若或未寄不先入口椿每得所寄輒對之下泣兄弟皆有孫唯椿有曾孫年十五六矣椿常欲爲之早娶望見玄孫自昱已下率多學尚時人莫不欽羨焉一家之內男女百口緦服同爨庭無間言魏世以來唯有盧淵兄弟及播昆季當世莫逮焉世隆等將害椿家誣其爲逆奏請收治前廢帝不許世隆復苦執不得已下詔付有司檢聞世隆遂遣步騎夜圍其宅天光亦同日收椿於華陰

東西兩家無少長皆遇禍籍其家世隆後乃奏云楊家實反夜拒軍人遂盡格殺廢帝悵悵久之不言而已知世隆縱擅無如之何永熙中椿合家歸葬華陰衆咸觀而悲傷焉
播族弟鈞祖暉庫部給事稍遷洛州刺史卒贈弘農公謚曰簡父恩河間太守鈞頗有幹用自廷尉正爲長水校尉中壘將軍洛陽令出除中山太守入爲司徒左長史又除徐州東荆州刺史還爲廷尉卿拜恒州刺史轉懷朔鎮將所居

以彊濟稱後爲撫軍將軍七兵尚書北道行臺
卒贈使持節散騎常侍車騎大將軍左光祿大
夫華州刺史
長子暄卒於尚書郎
暄弟穆華州別駕
穆弟儉寧遠將軍頓丘太守建義初除太府少
卿壽爲華州中正加左將軍儉與元顥有舊及
顥入洛受其位任莊帝還宫坐免後以本將軍
潁州刺史尋加散騎常侍平南將軍州罷不行

普泰初除征南將軍金紫光祿大夫永熙中以
本將軍除北雍州刺史仍陷關西
儉弟寬自宗正丞建義初爲通直散騎侍郎領
河南尹丞稍遷散騎常侍安東將軍永安三年
除中軍將軍太府卿後爲散騎常侍驃騎將軍
右光祿大夫澄城縣開國伯太昌初除給事黄
門侍郎尋加驃騎大將軍除華州大中正監内
典書事坐事去官永熙三年兼武衛將軍又除
黄門郎隨出帝入關西儉寬皆輕薄無行爲人
流所鄙

史臣曰楊播兄弟俱以忠毅謙謹荷内外之任
公卿牧守榮赫累朝所謂門生故吏遍於天下
而言色恂恂出於誠至恭德慎行爲世師範漢
之万石家風陳紀門法所不過也諸子秀立青
紫盈庭其積善之慶歟及胡逆擅朝淫刑肆毒
以斯族而遇斯禍報施之理何相反哉

列傳第四十六

列傳第四十七　　魏書五十九

劉昶

蕭正表

劉昶字休道義隆第九子也義隆時封義陽王兄駿以爲征北將軍徐州刺史開府及駿子子業立昏狂肆暴害其親屬疑昶有異志昶聞甚懼遣典籤虞法生表求入朝以觀其意子業曰義陽與太宰謀反我欲討之今知求還甚善又屢詰法生義陽謀事汝何故不啓法生懼禍走歸彭城昶欲襲建康諸郡並不受命和平六年遂委母妻攜妾吴氏作丈夫服結義從六十餘人間行來降在路多叛隨昶至者二十許人昶雖學不淵洽略覽子史前後表啓皆其自製朝廷嘉重之尚武邑公主拜侍中征南將軍駙馬都尉封丹陽王歲餘而公主薨更尚建興長公主皇興中劉彧遣其員外郎李豐來朝顯祖詔昶與彧書爲兄弟之戒彧不荅責昶以母爲其國妾宜如春秋荀罃對楚稱外臣之禮尋敕昶

魏書傳四十七　一

更與彧書昶表曰臣殖根南偽託體不殊秉旄作牧職班台位天厭子業夷戮同體背本歸朝事捨簪笏臣弟彧廢姪自立彰于遐邇孔懷之義難奪爲臣之典靡經棠棣之詠可脩越敬之事未允臣若改書事爲二敬猶脩往文彼所不納伏願聖慈停臣今荅朝廷從之拜外都坐大官公主復薨更尚平陽長公主昶好犬馬愛武事入國歷紀猶布衣皂冠同凶素之服然呵詈童僕音雜夷夏雖在公坐諸王每侮弄之或戾手齧臂至於痛傷笑呼之聲聞于御聽高祖每優假之不以怪問至於陳奏本國事故語及征役則能斂容涕泗悲動左右而天性褊躁喜怒不恒每至威忿楚朴特苦引待南士禮多不足緣此人懷畏避太和初轉内都坐大官及蕭道成殺劉準時遣諸將南伐詔昶曰卿識機體運先覺而來卿宗廟不復血食朕聞斯問矜忿兼懷今遣大將軍率南州甲卒以伐逆豎苑蕩凶醜翦除民害氛穢既清即胙卿江南之土以興

魏書傳四十七　二

蕃業乃以本將軍與諸將同行路經徐州哭拜其母舊堂哀感從者乃遍循故居處處隕涕左右亦莫不辛酸及至軍所將欲臨陳四面拜諸將士自陳家國滅亡蒙朝廷慈覆辭理切至聲氣激揚涕泗橫流三軍咸爲感歎後昶恐兩水方降表請還師從之又加儀同三司領儀曹尚書於時改革朝儀詔昶與蔣少遊專主其事昶條上舊式略不遺忘高祖引見於宣文堂昶啓曰臣本國不造私有虐政不能廢昏立德扶定

傾危万里奔波投蔭皇闕仰賴天慈以存首領然大恥未雪痛愧纏心屬逢陛下釐校之始願垂曲恩處臣邊戍招集遺人以雪私恥雖死之日猶若生年悲泣良久高祖曰卿投誠累紀本邦湮滅王者未能恤難矜災良以爲愧出蕃之日請別當處分後以昶女爲鄉君高祖臨宣文堂見武興王楊集始既而引集始入宴詔昶曰集始邊方之酋不足以當諸侯之禮但王者不遺小國之臣況此蕃垂之主故勞公卿於此昶

對曰陛下道化光被自北而南故巴漢之雄遠覲天闕臣猥瞻盛禮實忻嘉遇高祖曰武興宕昌於禮容並不閑備向見集始觀其舉動有賢於彌承昶對曰陛下惠洽普天澤流無外武興蕞爾豈不食椹懷音又爲中書監開建五等封昶齊郡開國公加宋王之號十七年春高祖臨經武殿大議南伐語及劉蕭篡奪之事昶每悲泣不已因奏曰臣本朝淪喪艱毒備罹冀恃國靈釋臣私恥頓首拜謝高祖亦爲之流涕禮之

彌崇蕭賾雍州刺史曹虎之詐降也詔昶以兵出義陽無功而還十八年除使持節都督吳越楚彭城諸軍事大將軍固辭詔不許又賜布千匹及發高祖親餞之命百寮賦詩贈昶又以其文集一部賜昶高祖因以所製文筆示之謂昶曰時契勝殘事鍾文業雖則不學欲罷不能脫思一見故以相示雖無足味聊復爲笑耳其重昶如是自昶之背彭城至是久矣其昔齋宇山池並尚存立昶更脩繕還處其中不能綏邊懷

物撫接義故而闔門喧猥內外姦雜前民舊吏莫不慨歎焉豫營墓於彭城西南與三公主同塋而異穴發石累之墳崩壓殺十餘人後復移改爲公私費害高祖南討昶候駕於行宮高祖遣侍中迎勞之昶討蕭昭業司州雖屢破賊軍而義陽拒守不剋昶乃班師十九年高祖在彭城昶至入見昶曰臣奉敕專征剋殄兇醜徒勞士馬久淹歲時有損威靈伏聽斧鉞高祖曰朕之此行本無攻守之意正欲伐罪弔民宣威布

德二事既暢不失本圖朕亦無剋而還豈但卿也十月昶朝于京師高祖臨光極堂大選高祖曰朝因月旦欲評魏典夫典者爲國大綱治民之柄君能好典則國治不能則國亂我國家昔在恒代隨時制作非通世之長典故自夏及秋親議條制或言唯能是寄不必拘門朕以爲不爾何者當今之世仰祖質朴清濁同流混齊一等君子小人名品無別此殊爲不可我今八族以上士人品第有九九品之外小人之官復有

七等若苟有其人可起家爲三公正恐賢才難得不可止爲一人渾我典制故令班鏡九流清一朝軌使千載之後我得髣像唐虞卿等依俙元凱昶對曰陛下光宅中區惟新朝典刊正九流爲不朽之法豈唯髣像唐虞固以有高三代高祖曰國家本來有一事可慨可慨者何怕無公言得失今卿等各盡其心人君患不能納羣下之諫爲臣患不能盡忠於主朕今舉一人如有不可卿等盡言其失若有才能而朕所不識

者宜各舉所知朕當虛已延納若能如此能舉則受賞不言則有罪及論大將軍高祖曰劉昶即其人也後給班劒二十人二十一年四月薨於彭城年六十二高祖爲之舉哀給溫明祕器錢百万布五百匹蠟三百斤朝服一具衣一襲贈假黃鉞太傅領揚州刺史加以殊禮備九錫給前後部羽葆鼓吹依晉琅邪武王伷故事謚曰明

昶適子承緒主所生也少而尫疾尚高祖妹彭

城長公主爲駙馬都尉先昶卒贈員外常侍
長子文遠次輝字重昌並皆疎狂昶深慮不能
守其爵封然輝猶小未多罪過乃以爲世子襲
封正始初尚蘭陵長公主世宗第二姊也拜員
外常侍公主頗嚴妬輝嘗私幸主侍婢有身主
笞殺之剖其孕子節解以草裝實婢腹裸以示
輝輝遂忿憾疎薄公主公主姊因入聽講言其
故於靈太后太后勑清河王懌窮其事懌與高
陽王雍廣平王懷奏其不和之狀無可爲夫婦

之理請離婚削除封位太后從之公主在宮周
歲高陽王及劉騰等皆爲言於太后太后慮其
不改未許之雍等屢請不已聽復舊義太后流
涕送公主誡令謹護正光初輝又私婬張陳二
氏女公主更不檢惡主姑陳留公主共相扇奬
遂與輝復致忿爭輝推主墮床手脚毆蹈主遂
傷胎輝懼罪逃逸靈太后召清河王懌決其事
二家女髡笞付宮兄弟皆坐鞭刑徙配敦煌爲
兵公主因傷致薨太后親臨慟哭舉哀太極東

堂出葬城西太后親送數里盡哀而還謂侍中
崔光曰向哭所以過哀者追念公主爲輝頓辱
非一乃不關言能爲隱忍古今寧有此此所以
痛之後執輝於河內之溫縣幽于司州將加死
刑會赦得免三年復其官爵遷征虜將軍中散
大夫四年輝卒家遂衰頓無復可紀

文遠歷步兵校尉前將軍景明初爲統軍在壽
春坐謀殺刺史王肅以壽春叛事發伏法有通
直郎劉武英者太和十九年從淮南內附自云

劉裕弟長沙景王道憐之曾孫賜爵建寧子司
徒外兵參軍稍轉步兵校尉游擊將軍卒于河
內太守而昶不以爲族親也

蕭寶夤字智亮蕭鸞第六子寶卷母弟也鸞之
竊位封寶夤建安王寶卷立以爲車騎將軍開
府領石頭戍軍事寶卷惛狂其直後劉靈運等
謀奉寶夤密遣報寶夤寶夤許之遂迎寶夤率
石頭文武向其臺城稱警蹕百姓隨從者數百
人會日暮城門閉乃燒三尚及建業城城上射

殺數人衆乃奔散寶夤棄車步走部尉執送之
自列爲人所逼寶卷亦不罪責也寶卷弟寶融
僭立以寶夤爲衞將軍南徐州刺史改封鄱陽
王蕭衍既克建業殺其兄弟將害寶夤以兵守
之未至嚴急其家閹人顏文智與左右麻拱黄
神密計穿牆夜出寶夤具小舡於江岸脱本衣
服著烏布襦腰繫千許錢潛赴江畔躡屩徒步
脚無全皮防守者至明追之寶夤假爲釣者隨
流上下十餘里追者不疑待散乃度西岸遂委

魏書傳四十七　九

命投華文榮文榮與其從子天龍惠連等三人
棄家將寶夤遁匿山澗賃驢乘之晝伏宵行景
明二年至壽春之東城戍戍主杜元倫推檢知
實蕭氏子也以禮延待馳告揚州刺史任城王
澄澄以車馬侍衞迎之時年十六徒步憔悴見
者以爲掠賣生口也澄待以客禮乃請喪居斬
衰之服澄遣人曉示情禮以喪兄之制給其齊
衰寶夤從命澄率官寮赴弔寶夤居處有禮不
飲酒食肉輟笑簡言一同極哀之節壽春多其

故義皆受慰唁唯不見夏侯一族以夏侯同蕭
衍故也改日造澄澄深器重之景明三年閏四
月詔曰蕭寶夤深識機運歸誠有道冒嶮履屯
投命絳闕微子陳韓亦曷以過也可遣羽林監
領主書劉桃符詣彼迎接其資生所須之物及
衣冠車馬在京邸館付尚書悉令豫備及至京
師世宗禮之甚重伏訴闕下請兵南伐雖遇暴
風大雨終不暫廢是年冬蕭衍江州刺史陳伯
之與其長史褚胄等自壽春歸降請軍立効世

三·九　魏書傳四十七　十　徐中

宗以寶夤誠懇及伯之所陳時不可失四年二
月乃引入座門下入議部分之方四月除使持
節都督東揚南徐兖三州諸軍事鎮東將軍揚
州刺史丹陽郡開國公齊王配兵一萬令且據
東城待秋冬大舉寶夤明當拜命其夜慟哭至
晨備禮策授賜車馬什物給虎賁五百人事從
豐厚猶不及劉昶之優隆也又任其募天下壯
勇得數千人以文智三人等爲積弩將軍文榮
等三人爲彊弩將軍並爲軍主寶夤雖少羈流

而志性雅重過朞猶絶酒肉慘形悴色蔬食麤
衣未嘗嬉笑及被命當南伐貴要多相憑託門
庭賓客若市書記相尋寶夤接對報復不失其
理正始元年三月寶夤行達汝陰東城已陷遂
停壽春之栖賢寺值賊將姜慶真內侵士民響
附圍逼壽春遂據外郭寶夤躬貫甲冑率下擊
之自四更交戰至明日申時賊旅彌盛寶夤以
衆寡無援退入金城又出相國東門率衆力戰
始破走之當寶夤壽春之戰勇冠諸軍聞見者

莫不壯之七月還京師改封梁郡開國公食邑
八百户及中山王英南伐寶夤又表求征乃爲
使持節鎮東將軍別將以繼英配羽林虎賁五
百人與英頻破衍軍乘勝遂攻鍾離淮水汎溢
寶夤與英狼狽引退士卒死没者十四五有司
奏寶夤守東橋不固軍敗由之處以極法詔曰
寶夤因難投誠宜加矜貸可恕死免官削爵還
第尋尚南陽長公主賜帛一千匹并給禮具公
主有婦德事寶夤盡肅雍之禮雖好合積年而

敬事不替寶夤每入室公主必立以待之相遇
如賓自非太妃疾篤未曾歸休寶夤器性溫順
自處以禮奉敬公主內外諧穆清河王懌親而
重之永平四年盧昶克蕭衍朐山戍以琅邪戍
主傅文驥守之衍遣師攻文驥盧昶督衆軍救
之詔寶夤爲使持節假安南將軍別將長驅往
赴受盧昶節度賜帛三百匹世宗於東堂餞之
詔曰蕭衍送死連兵再離寒暑卿忠規內挺孝
誠外亮必欲鞭尸吳墓戮衍江陰故授卿以總

統之任仗卿以克捷之規宜其勉歟寶夤對曰
讎耻未復枕戈俟旦雖無申包之志敢忘伍胥
之心今仰仗神謀俯厲將帥誓必拉彼姦勍以
清王略聖澤下臨不勝悲荷因泣涕橫流哽咽
良久於後盧昶軍敗唯寶夤全師而歸延昌初
除安東將軍瀛州刺史復其齊王四年遷撫軍
將軍冀州刺史及大乘賊起寶夤遣軍討之頻
爲賊破臺軍至乃滅之靈太后臨朝還京師蕭
衍遣其將康絢於浮山堰淮以灌揚徐除寶夤

使持節都督東討諸軍事鎮東將軍以討之尋復
封梁郡開國公寄食濟州之濮陽熙平初賊堰
既成淮水濫溢將為揚徐之患寶夤於堰上流
更鑿新渠引注淮澤水乃小減乃遣輕車將軍
劉智文虎威將軍劉延宗率壯士千餘夜渡淮
燒其竹木營聚破賊三壘殺獲數千人斬其直
閤將軍王升明而還火數日不滅衍將垣孟孫
張僧副等水軍三千渡淮北攻統軍呂巨寶夤
遣府司馬元達統軍魏續年等赴擊破之孟孫

等奔退乃授左光祿大夫殿中尚書寶夤又遣
軍王周恭叔率壯士數百夜渡淮南焚賊徐州
刺史張豹子等十一營賊衆驚擾自殺害者甚
衆寶夤還京師又除使持節散騎常侍都督荊
東洛三州諸軍事衛將軍荊州刺史不行復
為殿中尚書寶夤之在淮堰蕭衍手書與寶夤
曰謝齊建安王寶夤亡兄長沙宣武王昔投漢
中值北寇華陽地絕一隅內無素畜外絕繼援
守危疏勤計踰田單卒能全土破敵以弱為彊

使至之日君臣動色左右相賀齊明帝每念此
功未嘗不輟箸咨嗟及至張永崔慧景事大將
覆軍於外小將懷貳於內事危累卵勢過綴旒
亡兄忠勇奮發旋師大峴重圍累日一鼓魚潰
克定慧景功踰桓文亡弟衛尉兄弟勠力盡心
內外大勳不報翻罹茶酷百口幽執禍害相尋
朕於齊明帝外有龕敵之力內盡帷幄之誠日
自三省曾無寸咎遠身邊外亦復不免遂遣劉
山陽輕舟西上來見掩襲時危事迫勢不得已

所以誓衆樊鄧會蹋孟津本欲翦除梅蟲兒茹
法珍等以雪冤酷拯濟親屬反身素里屬張稷
王珍國已建大事寶晊子晉屢動危機迫樂推
之心應上天之命事不獲已豈其始願所以自
有天下絕棄房室斷除滋味正欲使四海見其
本心耳勿謂今日之位是為可重朕之視此曾
不如一芥雖復崆峒之蹤難追汾陽之志何遠
而今立此堰卿當未達本意朕於昆蟲猶不欲
殺亦何急爭無用之地戰蒼生之命也正為李

繼伯在壽陽侵犯邊境歲月滋甚或攻小城小
戍或掠一村一里若小相酬答終無寧日邊邑
爭桑吳楚連禍所以每抑鎮戍不與校計繼伯
既得如此濫竊彌多今修此堰上欲以報繼伯
侵盜之役既非大舉所以不復文移北土卿幼
有倜儻之心早懷縱橫之氣往日卿於石頭舉
事雖不克捷亦丈夫也今止河洛眞其時矣雖
然爲卿計者莫若行率此衆襲據彭城別當遣
軍以相影援得捷之後便遣卿兄子屏侍送卿

國廟并卿室家及諸姪從若方欲還北更設奇
計恐機事一差難重復集勿爲韓信受困野雞
寶夤表送其書陳其忿毒之意朝廷爲之報答
寶夤志存雪復屢請居邊神龜中出爲都督徐
南兗二州諸軍事車騎將軍徐州刺史乃起學
館於清東朔望引見土姓子弟接以恩顔與論
經義勤於政治吏民愛之凡在三州皆著名稱
正光二年徵爲車騎大將軍尚書左僕射善於
吏職甚有聲名四年上表曰臣聞堯典有黜陟

之文周書有考績之法雖其源難得而尋然條
流抑亦可知矣大較在于官人用才審於所莅
練迹校名驗於虛實豈不以臧否得之餘論優
劣著於歷試者乎既聲窮於月旦品定於黃紙
用效於名輩事彰於臺閣則賞罰之途差有商
準用捨之宜非無依據雖復勇進忘退之儔奔
競於市里過分亡涯之請馳騖於多門猶且顧
其聲第慎其與奪器分定於下爵位懸於上不
可妄叨故也今竊見考功之典所懷未喻敢竭

無隱試陳万一何者竊惟文武之名在人之極
地德行之稱爲生之最首忠貞之美立朝之譽
仁義之號處身之端自非職惟九官任當四岳
授曰俞諧讓稱僉往將何以克厭大名允茲令
問自比已來官罔高卑人無貴賤皆飾辭假說
用相褒舉涇渭同波薰猶共器求者不能量其
多少與者不復覈其是非遂使冠履相貿名與
實爽謂之考功事同汎陟紛紛漫漫焉可勝言
又在京之官積年一考其中或所事之主遷移

數四或所奉之君身名廢絕或具寮離索或同
事凋零雖當時文簿記其殿最日久月深駁落
都盡人有去留誰復掌其勤墮或停休積稔或
分隔數千累年之後方求追訪聲迹立其考第
無不苟相悅附共爲脣齒飾垢掩疵妄加丹素
趣令得階而已無所顧惜賢達君子未免斯患
中庸已降夫復何論官以求成身以請立上下
相蒙莫斯爲甚又勤恤人隱咸歸守令厥任非
輕所責實重然及其考課悉以六載爲程既而

限滿代還復經六年而叙是則歲周十二始得
一階於東西兩省文武閑職公府散佐無事冗
官或數旬方應一直或朔望止於暫朝及其考
日更得四年爲限是則一紀之中便登三級彼
以實勞劇任而遷貴之路至難此以散位虛名
而升陟之方甚易何內外之相懸令厚薄之如
是又聞之聖人大寶曰位何以守位曰仁孟子
亦曰仁義忠信天爵也公卿大夫人爵也古之
人脩其天爵而人爵從之故雖文質異時汙隆

殊世莫不寶茲名器不以假人是以賞罰之柄
恒自持也至乃周之蔿翦五叔無官漢之察察
館陶徒請豈不重骨肉私親親誠以賞罰一差
則無以懲勸至公暫替則覬覦相欺故至慎至
惜殷勤若此況乎親非肺腑才乖秀逸或充單
介之使始無汗馬之勞或說興利之規終慚十
一之潤皆虛張無功妄指羸益坐獲數階之官
藉成通顯之貴於是巧詐萌生僞辯鋒出役萬
慮以求榮開百方而逐利握樞秉鈞者亦知其

苦斯但抑之則其流已注引之則有何紀極夫
琴瑟在於必和更張求其適調去者既不可追
來者猶或宜改按周官太宰之職歲終則令官
府各正所司受其會計聽其致事而詔於王三
歲則大計羣吏之治而誅賞之愚謂令可粗依
其准見居官者每歲終本曹皆明辨在官日月
具覈才行能否審其實用而注其上下游辭宕
說無一取焉列上尚書覆其合否如有紕謬即正
而罰之不得方復推詰委否容其進退既定

其優劣善惡交分庸短下第黜凡以明法幹務忠清甄能以記賞撥而奏之經奏之後考功曹別書於黃紙油帛一通則本曹尚書與令僕印署留於門下一通則以侍中黃門印署掌在尚書嚴加緘密不得開視考績之日然後對共裁量如此則少存實錄薄止姦回其內外考格裁非庸管乞求博議以為畫一若殊謀異策事關廢興遐邇所談物無異議者自可臨時斟酌匪拘恒例至如援流引比之訴貪榮求級之請如

大三百二十四 魏書傳四十七 十九 康新

不限以關鍵肆其傍通則蔓草難除涓流遂積穢我彝章撓茲大典謂宜明加禁斷以全至治開返本之路杜澆弊之門如斯則吉士盈朝薪槱載煥矣詔付外博議以為永式竟無所定時蕭衍弟子西豐侯正德來降寶寅表曰伏見揚州表蕭正德自云避禍遠投宸掖背父叛君駭議衆口深心指趣厥情難測臣聞立身行道始於事親終於事君故君親盡之以恒敬嚴父兼之以博愛斯人倫之所先王教之盛典三千之

罪莫大於不孝毀則藏姦常刑靡赦所以晉恭獲謗無所逃死衞伋受誣二子繼沒親命匪棄國孰無父況今封豕尚存長蛇未滅偷生江表自安毒毋酖而正德居猶子之親竊通侯之貴父榮於國子爵於家履霜弗聞去就先結曠絕山淮溫清永盡定省長違報復何日以此為心心可知矣皇朝綿基累葉恩均四海自北徂南要荒仰澤能言革化無思不韙賁玉帛於丘園標忠孝以納賞築藁街于伊洛集華裔其歸被

三卅 四 魏書傳四十七 二十 朱曾九

髮鑄身之酋屈膝而請吏交趾文身之渠款關而効質至如正德宜甄義以致貶昔越棲會稽賴宰嚭以獲立漢困彭宋寔丁公而獲免吳項巳平二臣即法豈不錄其情哉欲明責以示後況遺君忽父狼子是心既不親親安能親人中間變詐或有万等伏惟陛下聖敬自天欽光纂歷昭德塞違以臨羣后朓苞此凶醜寘之列位百官是象其何誅焉臣釁結禍深痛纏肝髓日暮途遙復報無日豈區區於一豎哉但才雖庸

近職居獻替愚衷寸抱敢不申陳伏願聖慈少
垂察覽訪議槐棘論其是非使秋霜春露施之
有在相鼠攸刺遄死有歸無令申伋受笑於苟
存曾閔淪名於盛世正德既至京師朝廷待之
尤薄歲餘還叛五年蕭衍遣其將裴邃虞鴻等
率衆寇揚州詔寶夤爲使持節散騎常侍車騎
大將軍都督徐州東道諸軍事率諸將討之既
而揚州刺史長孫稚大破邃軍斬鴻賊遂奔退
初秦州城人薛珍劉慶杜遷等反執刺史李彥

推莫折大提爲首自稱秦王大提尋死其第四
子念生竊號天子改年曰天建置立官寮以息
阿胡爲太子其兄阿倪爲西河王弟天生爲高
陽王伯珍爲東郡王安保爲平陽王遣天生率
衆出隴東攻没汧城仍陷岐州執元志裴芬之
等遂寇雍州屯於黑水朝廷甚憂之乃除寶夤
開府西道行臺率所部東行將統爲大都督西
征肅宗幸明堂因以餞之寶夤與大都督崔延
伯擊天生大破之斬獲十餘万追奔至于小隴

軍人採掠遂致稽留不速追討隴路復塞仍進
討高平賊帥万俟醜奴於安定更有負捷時有
天水人呂伯度兄弟始共念生同逆後與兄衆
保於顯親聚衆討念生戰敗降於胡琛琛以伯
度爲大都督秦王資其士馬還征秦州大敗念
生將杜粲於成紀又破其金城王莫折普賢於
永洛城遂至顯親念生率衆身自拒戰又大奔
敗伯度乃背胡琛襲琛將劉拔破走之遣其兄
子忻和率騎東引國軍念生事迫乃詐降於寶

夤朝廷喜伯度立義之功授撫軍將軍涇州刺
史平秦郡開國公食邑三千戶而大都督元脩
義高聿停軍隴口久不西進念生復反伯度終
爲醜奴所殺故賊勢更甚寶夤不能制孝昌三
年四月除寶夤侍中驃騎大將軍儀同三司假
大將軍尚書令給後部鼓吹增封千戶寶夤初
自黑水終至平涼與賊相對數年攻擊賊亦憚
之關中保全寶夤之力矣三年正月除司空公
出師既久兵將疲弊是月大敗還雍州仍停長

安收聚離散有司處寶夤死罪詔恕為民四月除使持節都督雍涇岐南豳四州諸軍事征西將軍雍州刺史假車騎大將軍開府西討大都督自關以西皆受節度九月念生為其常山王杜粲所殺合門皆盡粲據州請降於寶夤十月除散騎常侍車騎將軍尚書令復其舊封是時山東關西寇賊充斥王師屢北人情沮喪寶夤自以出軍累年糜費尤廣一旦覆敗慮見猜責內不自安朝廷頗亦疑阻乃遣御史中尉酈道

元為關中大使寶夤謂密欲取己彌以憂懼而長安輕薄之徒因相說動道元行達陰盤驛寶夤密遣其將郭子恢等攻而殺之詐收道元尸表言白賊所害又殺都督南平王仲冏是月遂反僭舉大號赦其部內稱隆緒元年立百官乃遣郭子恢東寇潼關行臺張始榮圍華州刺史崔襲詔尚書僕射行臺長孫稚討之時北地人毛鴻賓與其兄遐糾率鄉義將討寶夤寶夤遣其大將軍盧祖遷等擊遐為遐所殺又遣其將

侯終德往攻遐會子恢為官軍所敗長孫稚又遣子子彥破始榮於華州終德因此勢挫還圖寶夤軍至白門寶夤始覺與終德交戰戰敗攜公主及其少子與部下百餘騎從後門出走渡渭橋投於寧夷巴張宕昌劉興周舍尋奔醜奴醜奴以寶夤為太傅永安三年都督介朱天光遣賀拔岳等破醜奴於安定追擒醜奴寶夤並送京師詔置閶闔門外都街之中京師士女聚共觀視凡經三日吏部尚書李神儁黃門侍郎

高道穆並與寶夤素舊二人相與左右言於莊帝云其逆亦事在前朝冀得赦免會應詔王道習時自外至莊帝問道習在外所聞道習曰唯聞陛下欲不殺蕭寶夤帝問其故道習曰人云李尚書高黃門與寶夤周款並居得言之地必能全之道習因曰若謂寶夤逆在前朝便將恕之寶夤敗於長安走為醜奴太傅豈非陛下御曆之日賊臣不翦法欲安施帝然其言乃於太僕駝牛署賜死寶夤之將死神儁攜酒就之以

敘舊故因對之下泣而寶夤夷然自持了不憂懼唯稱推天委命恨不終臣節而已公主攜男女就寶夤訣別慟哭極哀寶夤死色皃不改寶夤有三子皆公主所生而並凡劣

長子烈復尚肅宗妹建德公主拜駙馬都尉寶夤反伏法

次子權與少子凱射戲凱矢激中之而死凱仕至司徒左長史凱妻長孫稚女也輕薄無禮公主數加罪責凱竊銜恨妻復惑說之天平中凱

遂遣奴害公主乃轘凱於東市妻梟首家遂殄滅

寶夤兄寶卷子贊字德文本名綜入國寶夤改焉初蕭衍滅寶卷寶卷宮人吳氏始孕匿而不言衍仍納之生贊以為已子封豫章王及長學涉有才思其母告之以實贊晝則談謔如常夜則銜悲泣涕結客待士恒有來奔之志為衍諸子深所猜疾而衍甚愛寵之有濟陰芮文寵安定梁話贊曲加禮接乃割血自誓布以腹心寵

話等既感其情義敬相然諾值元法僧以彭城叛入蕭衍衍命贊為南兗徐二州刺史都督江北諸軍事鎮彭城於時肅宗遣安豐王延明臨淮王彧討之贊便遣使密告誠款與寵話夜出步投彧軍孝昌元年秋屆于洛陽陛見之後就館舉哀追服三載寶夤于時在關西遣使觀察聞其形皃斂眉悲感朝廷賞賜豐渥禮遇隆厚授司空封高平郡開國公丹陽王食邑七千戶及寶夤反贊惶怖欲奔白鹿山至河橋為北中

所執朝議明其不相干預仍蒙慰勉建義初隨尒朱榮赴晉陽莊帝徵贊還洛轉司徒遷太尉尚帝姊壽陽長公主出為都督齊濟西兗三州諸軍事驃騎大將軍開府儀同三司齊州刺史寶夤見擒贊拜表請寶夤命尒朱兆入洛為城民趙洛周所逐公主被錄還京尒朱世隆欲相陵逼公主守操被害贊既棄州為沙門潛詣長白山未幾趣白鹿山至陽平遇病而卒時年三十一贊機辯文義頗有可觀而輕薄俶儻猶見

父之風尚普泰末敕迎其喪至路遣黃門郎鹿悆護喪事以王禮與公主合葬嵩山至元象初吳人盜其喪還江東蕭衍猶以為子祔葬蕭氏墓焉贊江南有子在國無後

蕭正表字公儀蕭衍弟臨川王宣達子也正表長七尺九寸眉目疎朗雖質兒豐美而性理短闇衍以為封山縣開國侯拜給事中歷東宮洗馬淮南晉安二郡太守轉輕車將軍北徐州刺史鎮鍾離初衍未有子以正表兄正德為子既而封為西豐侯正德私懷忿憾正光三年背衍

奔洛朝廷以其人才庸劣不加禮待尋逃歸衍不之罪後封正德臨賀王衍末復為散騎常侍光祿大夫知丹陽尹事侯景之將濟江也知正德有恨於衍密與交通許推為主正德以船數十舫迎之景渡江衍召正表入援正表率衆次廣陵聞正德為侯景所推仍託舫粮未集盤桓不進景尋以正表為南兗州刺史封南郡王正表既受景署遂於歐陽立柵斷衍援軍又欲遣其妻兄龔子明進攻廣陵衍南兗州刺史南康王蕭會理遣前廣陵令劉瑗襲擊破之正表狼狽失據乃率輕騎走還鍾離武定七年正月仍遣子為質據州內屬徐州刺史高歸彥遣長史劉士榮馳赴之事定正表入朝以勳封蘭陵郡開國公吳郡王食邑五千戶尋除侍中車騎將軍特進太子太保開府儀同三司賞賚豐厚其年冬薨年四十二贈侍中都督徐揚兗豫濟五州諸軍事驃騎大將軍司空公徐州刺史開國公王並如故謚曰昭烈

子廣壽

史臣曰劉昶猜疑懼禍蕭寶夤亡破之餘並潛骸竄影委命上國俱稱曉了咸當任遇雖有枕戈之志終無鞭墓之誠昶諸子尩疎喪其家業寶夤背恩忘義梟鏡其心此亦戎夷彯狡輕薄之常事也天重其罪鬼覆其門至於母子兄弟還相殲滅抑是積惡之義女蕭贊臨邊脫身晚去雖賊寵祿頓臻顛沛旋至信吉凶之相倚也正

表歸命大享名族亦以優哉

列傳第四十七　　魏書五十九

魏書傳四十七卷　三十九

列傳第四十八　　魏書六十

韓麒麟　程駿

韓麒麟昌黎棘城人也自云漢大司馬增之後父瑚秀容平原二郡太守麒麟幼而好學美姿容善騎射恭宗監國爲東曹主書高宗即位賜爵魯陽男加伏波將軍父亡在喪有禮邦族稱之後參征南慕容白曜軍事進攻升城師人多傷及城潰白曜將坑之麒麟諫曰今始踐僞境方圖進取宜寬威厚惠以示賊人此韓信降范陽之計勍敵在前而便坑其衆恐自此以東將人各爲守攻之難剋日久師老外民乘之以生變故則三齊未易圖也白曜從之皆令復業齊人大悅後白曜表麒麟爲冠軍將軍與房法壽對爲冀州刺史白曜攻東陽麒麟上義租六十万斛并攻戰器械於是軍資無乏及白曜被誅麒麟亦徵還停滯多年高祖時拜給事黃門侍郎乘傳招慰徐兗叛民歸順者四千餘家尋除冠軍將軍齊州刺史假魏昌侯麒麟在官寡於

三百三　魏書傳四十八　一　虞保山

刑罰從事劉普慶說麒麟曰明公仗節方夏而無所斬戮何以示威麒麟曰刑罰所以止惡蓋不得已而用之令民不犯法何所戮乎若必須斬斷以立威名當以卿應之普慶慙懼而退麒麟以新附之人未階臺官士人沈抑乃表曰齊土自屬僞方歷載久遠舊州府寮動有數百自皇威開被并職從省守宰闕任不聽土人監督竊惟新人未階朝宦州郡局任甚少沈塞者多願言冠冕輕爲去就愚謂守宰有闕宜推用豪

三百卅四　魏書傳四十八　二

望增置吏負廣延賢喆則華族蒙榮良才獲叙懷德安土庶或在茲朝議從之太和十一年京都大饑麒麟表陳時務曰古先哲王經國立治積儲九稔謂之太平故躬籍千畝以勸百姓用能衣食滋茂禮教興行逮於中代亦崇斯業入粟者與斬敵同爵力田者與孝悌均賞實百王之常軌爲治之所先令京師民庶不田者多遊食之口三分居二蓋一夫不耕或受其飢況於令者動以万計故頃年山東遭水而民有餒終

令秋京都遇旱穀價踊貴實由農人不勸素無儲積故也伏惟陛下天縱欽明道高三五昧旦憂勤思恤民弊雖帝虞一日萬幾周文昃不暇食蔑以爲喻上垂覆載之澤下有凍餒之人皆由有司不爲明制長吏不恤其本自承平日久豐穰積年競相矜夸遂成侈俗車服第宅奢僭無限喪葬婚娶爲費實多貴富之家童妾袨服工商之族玉食錦衣農夫餔糟糠蠶婦乏短褐故令耕者日少田有荒蕪穀帛罄於府庫寶貨

三百三十四　魏書傳四十八　三　陳士通

盈於市里衣食匱於室麗服溢於路飢寒之本寔在於斯愚謂凡珍玩之物皆宜禁斷吉凶之禮備爲格式令貴賤有別民歸朴素制天下男女計口受田宰司四時巡行臺使歲一按撿勸相勸課嚴加賞賜數年之中必有盈贍雖遇災凶免於流亡矣往年校比戶貫租賦輕少臣所統齊州租粟纔可給俸略無入倉雖於民爲利而不可長久脫有戎役或遭天災恐供給之方無所取濟可減絹布增益穀租年豐多積歲儉

出賑所謂私民之穀寄積於官官有宿積則民無荒年矣十二年春卒於官年五十六遺敕其子殯以素棺事從儉約麒麟立性恭慎恒置律令於坐傍臨終之日唯有俸絹數十匹其清貧如此贈散騎常侍安東將軍燕郡公謚曰康長子興宗字茂先好學有文才年十五受道太學後司空高允奏爲秘書郎參著作事中山王叡貴寵當世　爲文還秘書中散太和十四年冬卒贈寧遠將軍漁陽太守

子子熙字元雍少自修整頗有學識弱冠未能自通侍中崔光舉子熙爲清河王懌常侍遷郎中令初子熙父以爵讓弟顯宗不受子熙緣父素懷卒亦不襲及顯宗卒子熙別蒙賜爵乃以其先爵讓弟仲穆兄弟友愛如此父亡居喪有禮子熙爲懌所眷遇遂闕位待其畢喪後復用及元乂害懌久不得葬子熙爲之憂悴屏処田野每言王若不得復封以禮遷葬誓以終身不仕後靈太后返政以元乂爲尚書令解其領軍

子熙與懌中大夫劉定興學官令傅靈檦賓客張子慎伏闕上書曰竊惟故主太傅清河王職綜樞衡位居論道盡忠貞以奉公竭心膂以事國自先皇崩殂陛下沖幼負扆當朝義同分陝宋維反常小子性若青蠅汙白點黑讒佞是務以元乂皇姨之壻權勢攸歸遂相附託規求榮利共結圖謀坐生眉眼誣告國王枉以大逆賴明明在上赫赫臨下泥漬自消玉質還潔謹案律文諸告事不實以其罪罪之維遂無罪出爲

大郡刑賞僭差朝野怪愕若非宋維與乂爲計豈得全其身命方撫千里王以權在寵家塵謗紛雜恭慎之心逾深逾厲去其本宅移住殿西閨門靜守親賓阻絕于時吏部諮禀劉騰奏其弟官郡戍兼補及經內呈爲王駮退騰由此生嫌私深怨怒遂乃擅廢太后離隔二宮掎　胡定誣王行毒含齒戴髮莫不悲惋及會公卿議王之罪莫不俛眉飲氣唯諮是從僕射游肇亢言厲氣發憤成疾爲王致死王之忠誠款篤節

義純貞非但蘊藏胷襟實乃形於文翰捜括史
傳撰顯忠録區目十篇分卷二十既欲彰忠心
於万代豈可爲逆亂於一朝乞追遺志足明丹
款乂籍寵姻戚恃握兵馬無君之心實懷皂白
擅廢太后枉害國王生殺之柄不由陛下賞罰
之詔一出於乂名藩重地皆其親黨京官要任
必其心腹中山王熈本與義兵不圖神器戮其
大逆合門滅盡遂令元略南奔爲國臣患奚康
生國之猛將盡忠弃市其餘枉被屠戮者不可

稱數緣此普天喪氣匝地憤傷致使朔隴猖狂
歷歲爲亂荆徐蠢動職是之由昔趙高秉秦令
關東鼎沸今元乂執權使四方雲擾自古及今
竹帛所載賊子亂臣莫此爲甚開逆之始起自
宋維成禍之末良由騰矣而令凶徒姦黨迭相
樹置高官厚禄任情自取非但臣等痛恨終身
抑爲聖朝懷慙負愧以臣赤心悽悽之見宜梟
諸兩觀洿其舍廬騰合斲棺斬骸沈其五族上
謝天人幽隔之憤下報忠臣寃酷之痛方乃崇

亞三事委以樞端所謂虎也更傅其翼朝野切
齒遐邇扼腕蔓草難除去之宜盡臣歷觀曠代
緬追振古當斷不斷其禍更生況乂猜忍更居
衡要臣中宵九歎竊以寒心實願宸鑒早爲之
所臣等潛伏閭閻於茲六載旦號白日夕泣星
辰叩地寂寥呼天無響衛野納肝秦庭夜哭千
古之痛何足相比今幸遇陛下叡聖親覽万幾
大后仁明更撫四海臣等敢詣闕披陳乞報寃
毒書奏靈太后義之乃引子熈爲中書舍人後

遂剖騰棺賜乂死尋修國史加寧朔將軍未幾
除著作郎又兼司州別駕轉輔國將軍鴻臚少
卿建義初兼黄門尋正子熈清白自守不交人
事又少孤爲叔顯宗所撫養及顯宗卒顯宗子
伯華又幼子熈友愛等於同生長猶共居車馬
資財隨其費用未嘗見於言色又上書求析階
與伯華於是除伯華東太原太守及伯華在郡
爲刺史元弼所辱子熈乃泣訴朝廷肅宗詔遣
按撿弼遂大見詰讓尒朱榮之擒葛榮也送至

京師莊帝欲面見數之子熙以爲榮旣元兇自
知必死恐或不遜無宜見之介朱榮聞而大怒
請罪子熙莊帝恕而不責尋加征虜將軍及邢
杲之起逆詔子熙慰勞杲詐降而子熙信之還
至樂陵杲復反子熙遂還坐付廷尉論以大辟
恕死免官未幾兼尚書吏部郎普泰初除通直
散騎常侍撫軍將軍光祿大夫尋正吏部郎出
帝初還領著作郎以奉冊之故封歷城縣開國
子食邑五百戶又加衞將軍右光祿大夫天平

初爲侍讀又除國子祭酒子熙儉素安貧常好
退靜遷鄴之始百司並給兵力時以祭酒閑務
止給二人或有令其陳請者子熙曰朝廷自不
給祭酒兵何關韓子熙事也論者高之尋除驃
騎將軍元象中加衞大將軍先是子熙與弟娉
王氏爲妻姑之女也生二子子熙尚未婚後遂
與寡嫗李氏姦合而生三子王李不穆迭相告
言歷年不罷子熙因此慚恨遂以發疾興和中
孝靜欲行釋奠敕子熙爲侍講尋卒遺戒不求

贈謚其子不能遵奉遂至干謁武定初贈驃騎
將軍儀同三司幽州刺史
興宗弟顯宗字茂親性剛直能面折庭諍亦有
才學沙門法撫三齊稱其聰悟常與顯宗校試
抄百餘人名各讀一遍隨即覆呼法撫猶有一
二舛謬顯宗了無誤錯法撫歎曰貧道生平以
來唯服郎耳太和初舉秀才對策甲科除著作
佐郎車駕南討兼中書侍郎旣定遷都顯宗上
書其一曰竊聞輿駕今夏若不巡三齊當幸中

山竊以爲非計也何者當今徭役宜早息洛京
宜速成省費則徭役可簡并功則洛京易就往
冬輿駕停鄴是閑隙之時猶編戶供奉勞費爲
劇聖鑒矜愍優旨殷勤爵浹高年賚周鰥寡雖
賑普霑今猶恐來夏菜色況三農要時六軍雲
會其所損業實爲不少雖調斂輕省未足稱勞
然大駕親臨誰敢寧息往來承奉紛紛道路田
蠶暫廢則將來無資此國之深憂也且向炎暑
而六軍暴露恐生癘疫此可憂之次也臣願輿

駕早還北京以省諸州供帳之費并功專力以
營洛邑則南州免雜徭之煩北都息分析之歎
洛京可以時就遷者僉介如歸其二曰自古聖
帝必以儉約爲美亂主必以奢侈貽患仰惟先
朝皆卑宮室而致力於經略故能基宇開廣業
祚隆泰今洛陽基址魏明帝所營取譏前代伏
願陛下損之又損頃來北都富室競以第宅相
尚今因遷徙宜申禁約令貴賤有檢無得踰制
端廣衢路通利溝渠使寺署有別四民異居永

垂百世不刊之範則天下幸甚矣三曰竊聞輿
駕還洛陽輕將數千騎臣甚爲陛下不取也夫
千金之子猶不坐垂堂況万乘之尊富有四海
乎警蹕於閫闥之内者豈以爲儀容而已蓋以
戒不虞也清道而後行尚恐銜蹶之或失況履
涉山河而不加三思哉此愚臣之所以悚息伏
願少垂省察其四曰伏惟陛下耳聽法音目翫
墳典口對百辟心虞万幾晷昃而食夜分而寢
加以孝思之至隨時而深文章之業日成篇卷

雖叡明所用未足爲煩然非所以嗇神養性頤
無疆之祚莊周有言形有待而智無涯以有待
之形役無涯之智殆矣此愚臣所不安伏願陛
下垂拱司契委下責成唯冕旒垂纊而天下治
矣高祖頗納之顯宗又上言曰進賢求才百王
之所先也前代取士必先正名故有賢良方正
之稱今之州郡貢察徒有秀孝之名而無秀孝
之實而朝廷但檢其門望不復彈坐如此則可
令別貢門望以叙士人何假冒秀孝之名也夫
門望者是其父祖之遺烈亦何益於皇家益於

時者賢才而已苟有其才雖屠釣奴虜之賤聖
皇不恥以爲臣苟非其才雖三后之胤自墜於
皂隸矣是以大才受大官小才受小官各得其
所以致雍熈議者或云今世等無奇才不若取
士於門此亦失矣豈可以世無周邵便廢宰相
而不置哉但當校其有寸長銖重者即先叙之
則賢才無遺矣又曰夫帝皇所以居尊以御下
者威也兆庶所以徙惡以從善者法也是以有

國有家必以刑法爲治生民之命於是而在有
罪必罰罰必當辜則雖箠撻之刑而人莫敢犯
也有制不行人得僥倖則雖參夷之誅不足以
肅自太和以來多坐盜弃市而遠近肅清由此
言之止姦在於防檢不在麗刑也今州郡牧守
邀當時之名行一切之法臺閣百官亦咸以深
酷爲無私以仁恕爲容盜迭相敦厲遂成風俗
陛下居九重之内視人如赤子百司分万務之
要遇下如仇讎是則堯舜止一人而桀紂以千

魏書傳四十八　十二

百和氣不至蓋由於此書曰與其殺不辜寧失
不經實宜敕示百寮以惠元元之命又曰昔周
王爲犬戎所逐東遷河洛鎬京猶稱宗周以存
本也光武雖曰中興實自創革西京尚置京尹
亦不廢舊今陛下光隆先業遷宅中土稽古復
禮於斯爲盛豈若周漢出於不得已哉按春秋
之義有宗廟曰都無則謂之邑此不刊之典也
況北代宗廟在焉山陵託焉王業所基聖躬所
載其爲神鄉福地實亦遠矣今便同之郡國臣

竊不安愚謂代京宜建畿置尹一如故事崇本
重舊以光萬葉又曰伏見洛京之制居民以官
位相從不依族類然官位非常有朝榮而夕悴
則衣冠淪於厮竪之邑臧獲騰於膏腴之里物
之顛倒或至於斯古之聖王必令四民異居者
欲其業定而志專業定則不僞志專則不淫故
耳目所習不督而就父兄之敎不肅而成仰惟
太祖道武皇帝創基撥亂日不暇給然猶分别
士庶不令雜居伎作屠沽各有攸處但不設科

魏列傳四十八卷　十三

禁賣買任情販貴易賤錯居混雜假令一處彈
箏吹笛緩舞長歌一處嚴師苦訓誦詩講禮宣
令童齔任意所從其走赴舞堂者萬數往就學
館者無一此則伎作不可雜居士人不宜異處
之明驗也故孔父云里仁之美孟母弘三徙之
訓賢聖明誨若此之重今令伎作家習士人風
禮則百年難成令士人兒童効伎作容態則一
朝可得是以士人同處則禮敎易興伎作雜居
則風俗難改朝廷每選舉人士則校其一婚一

宦以爲升降何其密也至與開伎作宦途得與膏粱華望接閣連甍何其略也此愚臣之所惑令稽古建極光宅中區凡所徙居皆是公地分別伎作在於一言有何爲疑而闕盛美又曰自南僞相承竊有淮北欲擅中華之稱且以招誘邊民故僑置中州郡縣自皇風南被仍而不改凡有重名其數甚衆疑惑書記錯亂區宇非所以疆域物土必也正名之謂也愚以爲可依地理舊名一皆釐革小者并合大者分置及中州郡

縣昔以戶少併省今人口既多亦不可復舊君人者以天下爲家不得有所私也故倉庫儲貯以俟水旱之災供軍國之用至於有功德者然後加賜爰及末代乃寵之所隆賜賚無限自比以來亦爲太過在朝諸貴受祿不輕土木被錦綺僮妾厭粱肉而復厚賚屢加動以千計若分賜鰥寡贍濟實多如不悛革豈周給不繼富之謂也愚謂事有可賞則明旨褒揚稱事加賜以勸爲善不可以親近之昵猥損天府之儲又曰

諸宿衛內直者宜令武官習弓矢文官諷書傳而今給其蒱博之具以成褻狎之容長矜爭之心恣諠囂之慢徒損朝儀無益事實如此之類一宜禁止高祖善之後乃啓乞宋王劉昶府諮議參軍事欲立効南境高祖不許高祖曾謂顯宗及程靈虬曰著作之任國書是司卿等之文朕自委悉中省之品卿等所聞若欲取況古人班馬之徒固自遼闊若求之當世文學之能卿等應推崔孝伯又謂顯宗曰見卿所撰燕志及

在齊詩詠大勝比來之文然著述之功我所不見當更訪之監令校卿才能可居中第又謂程靈虬曰卿比顯宗復有差降可居下上顯宗對曰臣才第短淺猥聞上天至乃比於崔光實爲隆渥然臣竊謂陛下貴古而賤今臣學微才短誠不敢仰希古人然遭聖明之世覩惟新之禮染翰勤素實錄時事亦未慚於後人昔揚雄著太玄經當時不免覆盎之談二百年外則越諸子今臣之所撰雖未足光述帝載裨暉日月然

万祀之後仰觀祖宗巍巍之功上覩陛下明明之德亦何謝欽明於唐典愼徽於虞書高祖曰假使朕無愧於虞舜卿復何如於堯臣顯宗曰臣聞君不可以獨治故設百官以贊務陛下齊蹤堯舜公卿寧非二八之儔高祖曰卿爲著作僅名奉職未是良史也顯宗曰臣仰遭明時直筆而無懼又不受金安眠美食此臣優於遷固也高祖哂之後與員外郎崔逸等參定朝儀高祖曾詔諸官曰自近代已來高卑出身恒有常分朕意一以爲可復以爲不可宜相與量之李

魏傳四十八　十六

沖對曰未審上古已來置官列位爲欲爲膏粱兒地爲欲益治贊時高祖曰俱欲爲治沖曰若欲爲治陛下今日何爲專崇門品不有拔才之詔高祖曰苟有殊人之伎不患不知然君子之門假使無當世之用者要自德行純篤朕是以用之沖曰傅巖呂望豈可以門見舉高祖曰如此濟世者希曠代有一兩人耳沖謂諸卿士曰適欲請諸賢救之秘書令李彪曰師旅寡少未

足爲援意有所懷不敢盡言於聖日陛下若專以門地不審魯之三卿孰若四科高祖曰猶如向解顯宗進曰陛下光宅洛邑百禮唯新國之興否指此一選臣既學識浮淺不能援引古今以證此議且以國事論之不審中秘書監令之子必爲秘書郎頃來爲監令者子皆可爲不高祖曰卿何不論當世膏腴爲監令者顯宗曰陛下以物不可類不應以貴承貴以賤襲賤高祖曰若有高明卓爾才具儁出者朕亦不拘此例

魏傳四十八　十七

後爲本州中正二十一年車駕南伐顯宗爲右軍府長史征虜將軍統軍軍次赭陽蕭鸞戍主成公期遣其軍主胡松高法援等并引蠻賊來擊軍營顯宗親率拒戰遂斬法援首顯宗至新野高祖詔曰卿破賊斬帥殊益軍勢朕方攻堅城何爲不作露布也顯宗曰臣頃聞鎮南將軍王肅獲賊二三驢馬數匹皆爲露布臣在東觀私每哂之近雖仰憑威靈得摧醜虜兵寡力弱擒斬不多脱復高曳長縑虚張功捷尤而效之

其罪彌甚臣所以斂毫卷帛解上而已高祖笑曰如卿此勳誠合茅社須赭陽平定檢審相酬新野平以顯宗爲鎮南廣陽王嘉諮議參軍顯宗後上表頗自矜伐訴前征勳詔曰顯宗斐然成章甚可怪責進退無檢虧我清風此而不糺或長奬俗可付尚書推列以聞兼尚書張彝奏免顯宗官詔曰顯宗雖浮矯致愆才猶可用豈得永棄之也可以白衣守諮議展其後效但鄙很之性不足參華可奪見

三・十四　魏書傳四十八　十八　夫

幷禁問訖諸王顯宗既失意遇信向洛乃爲五言詩贈御史中尉李彪曰賈生謫長沙董儒詣臨江愧無若人跡忽尋兩賢蹤追昔渠閣游策駑廁羣龍如何情願奪飄然獨遠從痛哭去舊國銜淚届新邦哀哉無援民嗷然失侶鴻彼蒼不我聞千里告志同二十三年卒顯宗撰馮氏燕志孝友傳各十卷所作文章頗傳於世景明初追赭陽勳賜爵章武男

子武華襲除討寇將軍奉朝請太原太守

程駿字驎駒本廣平曲安人也六世祖良晉都水使者坐事流于涼州祖父肇呂光民部尚書駿少孤貧居喪以孝稱師事劉昞性機敏好學晝夜無倦昞謂門人曰舉一隅而以三隅反者此子亞之也駿謂昞曰今世名教之儒咸謂老莊其言虛誕不切實要弗可以經世駿意以爲不然夫老子著抱一之言莊生申性本之旨若斯者可謂至順矣人若乖一則煩僞生若爽性則沖眞喪昞曰卿年尚稚言若老成美哉由是聲

魏書傳四十八　十九　右

譽益播沮渠牧犍擢爲東宮侍講太延五年世祖平涼遷于京師爲司徒崔浩所知高宗踐阼拜著作佐郎未幾遷著作郎爲任城王雲郎中令進箴於王王納而嘉之皇興中除高密太守尚書李敷奏曰夫君之使臣必須終效駿實史才方申直筆千里之任十室可有請留之數載以成前籍後授方伯愚以爲允書奏從之顯祖屢引駿與論易老之義顧謂羣臣曰朕與此人言意甚開暢又問駿曰卿年幾何對曰臣六

十有一顯祖曰昔太公既老而遭文王卿今遇朕豈非早也駿曰臣雖才謝呂望而陛下尊過西伯覬天假餘年竭六韜之効延興末高麗王璉求納女於掖庭顯祖許之假駿散騎常侍賜爵安豐男加伏波將軍持節如高麗迎女賜布帛百匹駿至平壤城或勸璉曰魏昔與燕婚既而伐之由行人具其夷險故也今若送女恐不異於馮氏璉遂謬言女喪駿與璉往復經年責璉以義方璉不勝其忿遂斷駿從者酒食璉欲

逼辱之憚而不敢害會顯祖崩乃還拜祕書令初遷神主于太廟有司奏舊事廟中執事之官例皆賜爵今宜依舊詔百寮評議羣臣咸以為宜依舊事駿獨以為不可表曰臣聞名器為帝王所貴山河為區夏之重是以漢祖有約非功不侯必當屬有命於大君之辰展心力於戰謀之日然後可以應茅土之錫未見預事於宗廟而獲賞於疆土徒見晉鄭之后以夾輔為至勳吳鄧之儔以征伐為重績周漢既無文於遠代

魏晉亦靡記於往年自皇道開符乾業創統務高三五之規思隆百王之軌罰頗減古賞實增昔時因神主改祔清廟致肅而授羣司以九品之命顯執事以五等之名雖復帝王制作弗相沿襲然當時恩澤豈足為長世之軌乎乖衆之愆伏待罪譴書奏從之文明太后謂羣臣曰言事固當正直而準古典安可依附暫時舊事乎賜駿衣一襲帛二百匹駿又表曰春秋有云見有禮於其君者若孝子之養父母見無禮於其

君者若鷹鸇之逐鳥雀所以勸誡將來垂範万代昔陳恒殺君宣尼請討雖欲晏逸其得已乎今廟筭天回七州雲動將水蕩鯨鯢陸掃凶逆然戰貴不陳兵家所美宜先遣劉昶招喻淮南若應聲響悅同心齊舉則長江之險可朝服而濟道成之首可崇朝而懸苟江南之輕薄背劉氏之恩義則曲在彼矣何負神明哉直義檄江南振旅回旆亦足以示救患之大仁揚義風於四海且攻難守易則力懸百倍不可不深思不

可不孰慮今天下雖謐方外猶虞拾夤僥倖於西南狂虜伺釁於漠北脫攻不稱心恐兵不卒解兵不卒解則憂慮逾深夫爲社稷之計者莫不先於守本臣愚以爲觀兵江滸振曜皇威宜特加撫慰秋毫無犯則民知德信民知德信則襁負而來襁負而來則淮北可定淮北可定則吴寇異圖寇圖異則禍釁出然後觀釁而動則不晚矣請停諸州之兵且待後舉所謂守本者也伏惟陛下太皇太后英筭神規彌綸百勝之

外應機體變獨悟方寸之中臣影頹虞淵昏耄將及雖思憂國終無云補不從沙門法秀謀反伏誅駿表曰臣聞詩之作也蓋以言志邇之事父遠之事君關諸風俗靡不備焉上可以頌美聖德下可以申厚風化言之者無罪聞之者足以誡此古人用詩之本意臣以垂没之年得逢盛明之運雖復昏耄將及猶慕廉頗彊飯之風伏惟陛下太皇太后道合天地明侔日月則天與唐風斯穆順帝與周道通靈是以狂妖懷逆

無隱謀之地冥靈潛翦伏發覺之誅用能七廟幽贊人神扶助者已臣不勝喜踴謹竭老鈍之思上慶國頌十六章并序巡狩甘雨之德焉其頌曰乾德不言四時迭序於皇大魏則天承祐疊聖三宗重明四祖豈伊殷周遐契三五明明在上聖敬日新汪汪叡后體治垂仁德從風穆教與化津千載昌運道隆兹辰歲惟巡狩應運遊田省方問苦訪政高年咸秩百靈柴望山川誰云禮滯遇聖則宣王業初定中山是由臨幸

之盛情特綢繆仰歌祖業俯欣春柔大哉肆眚蕩民百憂百憂既蕩與之更初邑邑億兆户詠來蘇忽有狂豎謀逆聖都明靈幽告發覺伏誅羿浞爲亂祖龍干紀狂華冬茂有自來矣美哉皇度道固千祀百靈潛翦姦不遑起姦不遑起罪人得情憲章刑律五秩猶輕於穆二聖仁等春生除棄周漢遐軌犧庭周漢奚棄忿彼苛刻犧庭昌軌希仁尚德徽音一振聲教四塞豈惟京甸化播萬國誠信幽贊陰陽以調谷風扇夕

甘雨降朝嘉生含穎深盛憮苗鰥貧巷詠寡婦
室謡聞諸詩者雲漢賦宣章句逈秀英昭雅篇
矧乃盛明德隆道玄豈唯雨施神徵豐年豐年
盛矣化無不濃有禮有樂政莫不通咨臣延躍
欣詠時邕誰云易遇曠齡一逢上天無親唯德
是在思樂盛明雖疲勿怠差之毫釐千里之倍
顧言勞謙求仁不悔人亦有言聖主慎微五國
連兵踰年歷時鹿車而運廟筭失思有司不恵
蠶食役煩民不堪命將家逃山宜督厥守威德
是宣威德如何聚衆盈川民之從令寔賴衣食

農桑失本誰耕誰織飢寒切身易子而食靜言
念之實懷歎息昔聞典論非位不謀漆室憂國
遺芳載臭咨臣昬老偏蒙恩祐忽忘狂瞽敢獻
愚陋文明太后令曰省詩表聞之歌頌宗祖之
功德可介當世之言何其過也所箴下章戢之
不忘駿又奏得一頌始於固業終於無爲十篇
文多不載文明太后令曰省表并頌十篇聞之
鑒戒既備良用欽翫養老乞言其斯之謂又詔

曰程駿歷官清慎言事每惬又門無侠貨之賔
室有懷道之士可賜帛六百匹旌其儉德駿悉
散之親舊性介直不競時榮太和九年正月病
篤乃遺令曰吾存尚儉薄豈可没爲奢厚哉昔
王孫躶葬有感而然士安籧篨頗亦矯厲今世
既休明百度循禮彼非吾志也可歛以時服器
皿從古迹卒年七十二初駿病甚高祖文明太
后遣使者更問其疾敕御師徐謇診視賜以湯
藥臨終詔以小子公稱爲中散從子靈虬爲著

作佐郎及卒高祖文明太后傷惜之賜東園祕
器朝服一稱帛三百匹贈冠軍將軍兖州刺史
曲安侯謚曰憲所製文筆自有集録駿六子元
繼公達公亮公禮並無官
公義侍御史謁者僕射都水使者武昌王司馬
沛郡太守
公稱主文中散給事中尚書郎並早卒
公禮子纖字世伯好學頗有文才荆州府主簿
始駿從祖弟伯達伯達名犯顯祖廟諱與駿同

年亦以文辯■沮渠牧犍時俱選與牧犍世
子參乘出入時論美之伯達早亡
弟子靈虬幼孤頗有文才而久淪末役在吏職
十餘年坐事免會駿臨終啓請得擢爲著作佐
郎後坐稱在京無緦親而高祖知其與駿子公
義爲始族故致譴免至洛無官貧病久之崔光
啓申爲羽林監選補徐州梁郡太守以酗酒爲
刺史武昌王鑒所劾失官既下梁郡志力少衰
猶時爲酒困久去官祿不免飢寒屢詣尚書乞

効舊任僕射高肇頒選還申爲著作郎以崔光
領任勅令外叙
史臣曰韓麒麟以才器識用遂見紀於齊土顯
宗文學立己屢陳時務至於實錄之功所未聞
也子熙清尚自守榮過其器程駿才業未多見
知於世者蓋當時之長策乎

列傳第四十八　魏書六十

列傳第四十九　魏書六十一

薛安都　畢衆敬
沈文秀　張讜
田益宗　孟表

薛安都字休達河東汾陰人也父廣司馬德宗
上黨太守安都少驍勇善騎射頗結輕俠諸兄
患之安都乃求以一身分出不取片資兄許之
居於別廐遠近交遊者爭有送遺馬牛衣服什
物充牣其庭眞君五年與東雍州刺史沮渠康

謀逆事發奔於劉義隆後自盧氏入寇弘農執
太守李拔等遂逼陝城時秦州刺史杜道生討
安都仍執拔等南遁及世祖臨江拔乃得還安
都在南以武力見叙值劉駿起江州遂以爲將
位至左衞率劉昶歸降子業以安都爲平北將
軍徐州刺史鎮彭城和平六年劉彧殺其主子
業而自立群情不協共立子業弟晉安王子勛
安都與沈文秀崔道固常珍奇等舉兵應之彧
遣將張永討安都安都遣使來降請兵救援顯

祖召群臣議之群官咸曰昔世祖常有并義隆
之心故親御六軍遠臨江浦今江南阻亂內外
離心安都今者求降千載一會機事難遇時不
可逢取亂侮亡於是乎在顯祖納之安都又遣
第四子道次爲質并與李敷等書絡繹相繼乃
遣鎮東大將軍博陵公尉元城陽公孔伯恭等
率騎一万赴之拜安都使持節散騎常侍都督
徐南北兗青冀五州豫州之梁郡諸軍事鎮南
大將軍徐州刺史賜爵河東公安都以事窘歸

魏書傳四十九　二　王貫

國元等既入彭城安都乃中悔謀圖元等欲還
以城叛會元知之遂不果發安都因重貨元等
委罪於女壻裴祖隆元乃殺祖隆而隱安都謀
皇興二年與畢衆敬朝于京師大見禮重子姪
群從並處上客皆封侯至于門生無不收敘焉
又爲起第宅館宇崇麗資給甚厚三年卒贈本
將軍秦州刺史河東王諡曰康
子道標襲爵太和初出爲鎮南將軍平州刺史
治有聲稱轉相州刺史將軍如故復以本將軍

爲秦州刺史十三年卒
子達字宗儁襲例降爲侯及開建五等以安都
著勳先朝封達河東郡開國侯食邑八百戶後
以河東畿甸改封華陰縣侯熙平初拜奉車騎
都尉出爲漢陽太守達不樂爲郡詔聽解卒
子承華襲爵稍遷司徒從事中郎河東邑中正
卒於安南將軍光祿大夫
子羅漢襲齊受禪爵例降
道標弟道異亦以勳爲第一客早卒贈寧西將
軍秦州刺史安邑侯

三百八十八　魏列四十九　三　节閔三

道異弟道次既質京師拜南中郎將給事中賜
爵安邑侯加安遠將軍出爲安西將軍秦州刺
史假河南公太和十五年爲光祿大夫卒
子巒襲爵降爲平溫子尚書郎秦州刺史鎮遠
將軍隴西鎮將帶隴西太守後爲滎陽太守遷
平北將軍肆州刺史所在貪穢在州彌甚納賄
於司空劉騰以求美官未得而騰死正光五年
莫折念生反於秦州遣其別帥卜胡王慶雲等

衆寇涇州肅宗以繇為持節光祿大夫假安南將軍西道別將與伊瓮生等討之進及平涼郡東與賊交戰不利繇等退還後為撫軍將軍汧城大都督鎮北隴孝昌二年春卒於軍贈征西大將軍雍州刺史子如故

安都兄子碩明隨安都入國賜爵蒲坂侯清河太守太中大夫

安都從祖弟眞度初與安都南奔及安都為徐州眞度為長史頗有勇幹為其爪牙從安都來降為上客太和初賜爵河北侯加安遠將軍為鎮遠將軍平州刺史假陽平公後降侯為伯除冠軍將軍隨駕南討假平南將軍久之除護南蠻校尉平南將軍荊州刺史蕭賾雍州刺史曹虎之詐降也詔眞度督四將出襄陽無功而還後征赭陽為房伯玉所敗有司奏免官爵高祖詔曰眞度之罪誠如所奏但頃與安都送款彭方開闢徐宋外捍沈攸道成之師內寧邊境烏合之衆淮海來服功頗在茲言念厥績每用嘉美赭陽百敗何足計也宜異群將更申後效可還其元勳之爵復除荊州刺史自餘徽號削奪進足彰忠退可明失尋除假節假冠軍將軍東荊州刺史初遷洛後眞度每獻計於高祖勸先取樊鄧後攻南陽故為高祖所賞賜帛一百匹又加持節正號冠軍改封臨晉縣開國公食邑三百戶詔曰獻忠盡心人臣令節標善賞功有國徽範故言可以興邦片辭可以喪國得無遠錄前謀以褒厥善眞度爰自還京每在戎役洊北之計恒所與聞知無不言頗見採納及六師南邁朕欲超據新野群情皆異眞度獨與朕同撫蠻寧夷宜有勤績可增邑二百戶轉征虜將軍豫州刺史景明初豫州大飢眞度表曰去歲不收飢饉十五今又災雪三尺民人萎餒無以濟之臣輒日別出州倉米五十斛為粥救其甚者詔曰眞度所表甚有憂濟百姓之意宜在拯邮陳郡儲粟雖復不多亦可分贍尚書量賑以聞及裴叔業以壽春內附詔眞度率衆赴之尋

遷華州刺史將軍如故未幾轉荆州刺史仍本將軍入爲大司農卿正始初除平南將軍揚州刺史又以年老聽子懷吉以本官隨行蕭衍豫州刺史王超宗率衆圍逼小峴員度遣兼統軍李叔仁等率步騎擊之超宗逆來拒戰叔仁擊破之俘斬三千還朝除金紫光禄大夫加散騎常侍又改封敷西縣永平中卒年七十四賻帛四百匹朝服一襲贈左光禄大夫常侍如故謚曰莊有子十二人

魏書傳四十九　六　王貴

嫡子懷徹襲封自太常丞稍遷征虜將軍中散大夫又除左將軍太中大夫卒於車騎將軍左光禄大夫初員度有女妓數十人每集賓客輒命奏之絲竹歌舞不輟於前盡聲色之適庶長子懷吉居喪過周以父妓十餘人并樂器獻之世宗納焉

懷吉好勇有膂力雖不善書學亦解達世事自奉朝請歷直後寢領太官令正始初爲驃騎將軍後試守恒農郡蕭衍遣衆入寇徐兖安東邢巒討之詔懷吉以本任爲巒軍司永平初分梁州晉壽爲益州除征虜將軍益州刺史以元愉未平中山王英爲征東將軍討之詔懷吉爲英軍司未發而愉平蕭衍遣將寇陷郢州之三關詔英南討懷吉仍爲軍司以義陽危急令懷吉馳驛先赴時豫州城民白早生殺刺史以懸瓠入蕭衍衍將齊苟仁率衆守城於是自懸瓠以南至于安陸惟義陽一城而已懷吉與郢州刺史婁悦督厲將士且守且戰卒全義陽與英討

大三百卅　魏書傳四十九　七　周春

復三關諸戍後鎮東將軍盧昶救朐山與賊相持詔懷吉爲昶軍司及昶敗懷吉得不坐延昌中以本將軍除梁州刺史南秦氐反攻逼武興懷吉遣長史崔纂司馬韋弼別駕范珂擊平之進號右將軍正光初除後將軍汾州刺史四年卒贈平北將軍并州刺史懷吉本不厲清節及爲汾州偏有聚納之響自以支庶餌誘勝已共爲婚姻多攜親戚悉令同行兼爲之彌縫恣其取受而將勞賓客曲盡物情送去迎來不避寒

熱性少言每有接對但嘿然而退旣指授先期人馬之數左右密已記錄俄而酒饌相尋芻粟繼至逮于將別贈以錢縑下及廝傭咸過本望其延納貴賤若此

懷吉弟懷直京兆内史衛大將軍左光祿大夫

懷直弟懷朴恒農太守襄陵男

懷朴弟懷景征南將軍河東太守安定男卒贈持節都督北徐兖東徐三州諸軍事驃騎大將軍儀同三司徐州刺史

懷景弟懷儁撫軍將軍光祿大夫汾陰男世爲征南將軍益州刺史天平初代還至梁州與刺史元羅俱爲蕭衍將蘭欽所擒送江南衍見懷儁謂之曰卿父先爲魏荆州我于時猶在襄陽且州壤連接極相知練卿今至此當能住乎若欲還者亦以禮相遣顧謂左右曰此家在北富貴極不可言懷儁便乞歸衍聽還國興和中卒子湛儒襲武定中司空水曹參軍齊受禪爵例降眞度諸子旣多其母非一同產相朋因有憎愛興和中遂致訐列云以毒藥相害顯在公府發揚疵釁爲時人恥焉

畢衆敬小名捺東平須昌人少好弓馬射獵交結輕果常於疆境盜掠爲業劉駿爲徐兖刺史辟爲部從事駿旣竊號歷其泰山太守冗從僕射及劉彧殺子業而自立遣衆敬出詣兖州募人到彭城刺史薛安都召與密謀云晉安有上流之名且孝武第三子當共卿爲計西從乃矯彧命以衆敬行兖州事衆敬從之時兖州刺史

殷孝祖留其妻子率文武二千人赴彧使司馬劉文石守城衆敬率衆取瑕丘殺文石安都與孝祖先不相協命衆敬誅孝祖諸子衆敬不得已遂殺之州内悉附唯東平太守申纂據無鹽城不與之同及彧平子勛授纂兖州刺史會安都引國授軍經其城下纂閉門城守深恨衆敬會有人發衆敬父墓遂令其母骸首散落衆敬發哀行服拷掠近墓細民死者十餘人又疑纂所爲弟衆愛爲安都長史亦遣人密至濟陰掘

纂父墓以相報荅及安都以城入國衆敬不同其謀子元賓以母并百口悉在彭城恐交致禍日夜啼泣遣請衆敬衆敬猶未從之衆敬先已遣表謝或或授衆敬兗州刺史而以元賓有他罪獨不捨之衆敬拔刀斫柱曰皓首之年唯有此子今不原貸何用獨全及尉元至遂以城降元遣將入城事定衆敬悔恚數日不食皇興初就拜散騎常侍寧南將軍兗州刺史賜爵東平公與中書侍郎李璨對爲刺史慕容白曜攻尅

無鹽申纂爲亂兵所傷走出被擒送於白曜白曜無殺纂之意而城中火起纂創重不能避爲火所燒死衆敬聞尅無鹽懼不殺纂乃與白曜書并表朝廷云家之禍酷皆由於纂聞纂死乃悅二年與薛安都朝于京師因留之賜甲第一區後復爲兗州刺史將軍如故徵還京師衆敬善自奉養食膳豐華必致他方遠味年已七十鬚鬢皓白而氣力未衰跨鞍馳騁有若少壯篤於姻類深有國士之風張讜之亡躬往營視有若至親太和中高祖賓禮舊老衆敬與咸陽公高允引至方山雖文武奢儉好尚不同然亦與允甚相愛敬接膝談款有若平生後以篤老乞還桑梓朝廷許之衆敬臨還獻眞珠璫四具銀裝劍一口刺虎矛一枚仙人文綾一百匹文明太后高祖引見於皇信堂賜以酒饌車一乘馬三匹絹二百匹勞遣之十五年十月卒詔於兗州賜絹一千匹以供葬事

子元賓少而豪俠有武幹涉獵書史爲劉駿正

員將軍與父同建勳誠及至京師俱爲上客賜爵須昌侯加平遠將軍後以元賓勳重拜使持節平南將軍兗州刺史假彭城公父子相代爲本州當世榮之時衆敬以老還鄉常呼元賓爲使君每於元賓聽政之時乘輿出至元賓所先遣左右勑不聽起觀其斷決忻忻然喜見顏色衆敬善持家業尤能督課田產大致儲積元賓爲政清平善撫民物百姓愛樂之以父憂解任喪中遥授長兼殿中尚書其年冬卒贈撫軍

將軍衛尉卿謚曰平賜帛八百匹元賔入國初
娶東平劉氏有四子祖杇祖髦祖歸祖旋賜妻
元氏生二子祖榮祖暉祖杇最長祖暉次祖髦
故事前妻雖先有子後賜之妻子皆承嫡所以
劉氏先亡祖暉不服重元氏後卒祖杇等三年
終禮祖榮早卒
子義允襲祖爵東平公例降爲侯陵江將軍給
事中卒
子僧安襲

祖杇身長八尺腰帶十圍歷涉經史好爲文詠
性寬厚善與人交襲父爵須昌侯例降爲伯起
家員外郎尚書郎治書侍御史加寧遠將軍本
州中正正始三年蕭衍將蕭及先率步騎二萬
人寇兖州及先令別帥角念屯于蒙山以祖杇
爲統軍假寧朔將軍隸邢巒討之祖杇開誘有
方降者相繼賊出逆戰祖杇大破之賊走還柵
祖杇夜又焚擊賊徒潰散追討百餘里斬獲及
赴沂水死者四千餘人斬龍驤將軍矯道儀寧
朔將軍王季秀以功封南城縣開國男食邑二
百戶歷散騎侍郎中書侍郎加龍驤將軍延昌
末安南王志出討荊沔以祖杇爲志軍司兼給
事黃門侍郎尋遷司空長史神龜末除持節東
豫州刺史將軍如故祖杇善撫邊人清平有信
務在安靜百姓稱之還除前將軍太尉長史兼
尚書北道行臺孝昌初除持節本將軍南兖州
刺史尋授度支尚書行定州未之職改授安東
將軍瀛州刺史爲賊帥鮮于脩禮攻圍積旬拒

守自固病卒於州贈衛將軍吏部尚書兖州刺
史祖杇無子以弟祖歸子義暢爲後襲爵
義暢傾巧無士業善通時要歷尚書郎中侍郎
兖州刺史大中正中軍將軍通直散騎常侍太
昌初車騎將軍尋除散騎常侍天平中坐與北
豫州山賊張儉通伏法
祖髦起家奉朝請兄祖杇別封南城以須昌侯
回授之神龜初累遷揚烈將軍東平太守後爲
太州別駕卒於官

子義和襲卒於右將軍太中大夫贈散騎常侍
安東將軍兖州刺史
子仁超
義和第六弟義亮性豪踈歷尚書郎中書舍人
太平中與舍人韋鴻坐泄密賜盡於宅
祖暉早有器幹自奉朝請稍遷鎮遠將軍前軍
將軍直後正始中除龍驤將軍東郡太守入爲
驍騎將軍加征虜將軍後試守勃海郡熙平中
拜潁川太守神龜初除右將軍幽州刺史入爲

三日四 魏書傳四十九 十四

平東將軍光祿大夫正光五年幽州民反招引
隴賊攻逼州城以祖暉前在州日得民情和復
授平西將軍幽州刺史假安西將軍爲別將以
討之祖暉且戰且前突圍入治孝昌初北海王
顥救至城圍始解以全城之勲封新昌縣開國
子食邑四百戶後值蕭寶寅退敗祖暉乃拔城
東趣華州坐免官爵尋假征虜將軍行豳州事
建義中詔復州爵加撫軍將軍永安中祖暉從
大嶺柵規入州城于時賊帥叱干騏驎保太子
壁祖暉擊破之而賊宿勤明達復攻祖暉祖暉
兵少粮竭軍援不至爲賊所乗遂歿時年五十
長子義勰襲爵武定中開府中郎齊受禪爵例
降
義勰弟義雲尚書騎兵郎中
祖歸官至建寧太守
子義遠武定中平原太守
義遠弟義顯義儁性並豪率天平已後蕭衍使
人還往經歷兖城前後州將以義儁兄弟善營

魏列傳四十九卷 十五 吳六

鮭膳器物鮮華常兼長史接宴賓客義顯左將
軍太中大夫義儁歷司空主簿兖州別駕而卒
祖旋太尉行參軍鎮遠將軍卒贈都官尚書齊
兖二州刺史
子義眞太尉行參軍
衆敬弟衆愛隨兄歸國以勲爲第一客賜爵鉅
平侯卒贈冠軍將軍徐州刺史謚曰康
子聞慰字子安有器幹襲爵例降爲伯拜泰山
太守入爲尚書郎本州中正加威遠將軍出爲

徐州平東府長史帶彭城內史永平中遷中散
大夫加龍驤將軍延昌初除清河內史因以疾
辭復爲龍驤中散又試守廣平內史正光初相
州刺史中山王熙起兵謀誅元义聞慰斬其使
發兵拒之在任寬謹百姓愛附後义以聞慰忠
於已遷持節平東將軍滄州刺史甚有政績後
以本軍除散騎常侍東道行臺尋爲都督安樂
王鑒軍司孝昌元年春徐州刺史元法僧反聞
慰與鑒攻之爲法僧所敗奔還京師被劾遇赦

免其年卒年五十七贈散騎常侍安東將軍兗
州刺史伯如故謚曰恭
子祖彥字脩賢涉獵書傳風度閑雅爲時所知
以侍御史爲元法僧監軍法僧反逼祖彥南入
永安中得還歷中書侍郎襲爵鉅平伯中軍將
軍光祿大夫天平四年卒年五十贈都督兗濟
二州諸軍事征東將軍尚書左僕射兗州刺史
祖彥弟哲永安末秘書郎諸畢當朝不乏榮貴
但幃薄不修爲時所鄙

申纂者本魏郡人申鍾曾孫也皇始初太祖平
中山纂宗室南奔家于濟陰及在無鹽劉彧用
爲兗州刺史顯祖曰申纂既不識機又不量力
進不能歸正朔退不能還江南守孤城於危亡
之地欲建功立節豈可得乎纂既敗子景義入
國太和中爲散員士宋王劉昶國侍郎景明初
試守濟陰郡揚州車騎府錄事參軍右司馬
常珍奇者汝南人也爲劉駿司州刺史亦與薛
安都等推立劉子勛子勛敗遣使馳告長社鎮

請降顯祖遣殿中尚書元石爲都將率衆赴之
中書博士鄭羲參右軍事進至上蔡珍奇率文
武來迎羲說石令徑入城語在羲傳事定以珍
奇爲持節平南將軍豫州刺史河內公珍奇表
曰臣昔蒙劉氏生成之恩感義亡身志陳報荅
遂與雍州刺史袁顗豫州刺史殷琰等共唱大
義奉戴子勛纂承彼曆大運未集遂至分崩而
劉彧滔天殺主篡立蒼生殄悴危於綴旒伏惟
陛下龍姿鳳儀光格四表凡在黔黎延屬象魏

所願天地垂仁亟圖南服宜遣文檄喻以吉凶使江東之地離心草靡荆雍九州北面請吏乞高臣官名更遣雄將秣馬五千助臣經討并賜威儀震動江外長江已北必可定矣臣雖不武乞備前驅進據之宜更在處分敢冒愚款推誠上聞機運可乘實在茲日珍奇雖有虛表而誠款未純歲餘徵其子超超母胡氏不欲超赴京師密懷南叛時汝徐未平元石自出攻之珍奇乘虛於懸瓠反叛燒城東門斬三百餘人虜掠

上蔡安城平輿三縣居民屯于灌水石馳往討擊大破之會日闇放火燒其營珍奇乃匹馬逃免其子超走到苦城爲人所殺小子沙彌囚送京師刑爲閹人

沈文秀字仲遠吳興武康人伯父慶之劉駿司空公文秀初爲郡主簿稍遷建威將軍青州刺史和平六年劉子業爲其叔彧所殺文秀遂與諸州推立劉子勛及子勛敗皇興初文秀與崔道固俱以州降請師應接顯祖遣平東將軍長

孫陵等率騎赴之會劉彧遣文秀弟文炳來喻之文秀復歸於彧彧以文秀爲輔國將軍刺史如故後慕容白曜既尅升城引軍向歷下白曜復遣陵等率萬餘人長驅至東陽文秀始欲降以軍人虜掠遂有悔心乃嬰城固守陵乃引師軍於清西白曜既下歷城乃率大衆并力攻討長圍數匝自夏至春始尅文秀取所持節衣冠儼然坐於齋內亂兵入曰文秀何在文秀厲聲曰身是執而裸送於白曜左右令拜文秀曰各

二國大臣無相拜之禮白曜忿之乃至撾撻後還其衣爲之設饌遂與長史房天樂司馬沈嵩等鎖送京師面縛數罪宥死待爲下客給以麤衣蔬食顯祖重其節義稍亦加禮之拜爲外都下大夫太和三年遷外都大官高祖嘉文秀忠於其國賜絹綵二百匹後爲南征都將臨發賜以戎服尋除持節平南將軍懷州刺史假吳郡公是時河南富饒人好奉遺文秀一無所納卒守清貧然爲政寬緩不能禁止盜賊而大興水

田於公私頗有利益在州數年年六十一卒
子保沖太和中奉朝請大將軍宋王外兵參軍後爲南徐州冠軍長史二十一年坐援漣口退敗有司處之死刑高祖詔曰保沖文秀之子可特原命配洛陽作部終身既而獲免世宗時卒於下邳太守
房天樂者清河人滑稽多智先爲青州別駕文秀拔爲長史督齊郡州府之事一以委之卒于京師

弟子嘉慶漁陽太守
嘉慶從弟瑚璉長廣太守
文秀族子嵩聰敏有筆札文秀以爲司馬甚器任之隨文秀至懷州文秀卒後依宋王劉昶昶遇之無禮憂愧飢寒未幾而卒
文秀族子陵字道通太和十八年高祖南伐陵攜族孫智度歸降引見於行宮陵姿貌姸偉辭氣辯暢高祖奇之禮遇亞於王肅授前軍將軍後監南徐州諸軍事中壘將軍南徐州刺史尋

假節龍驤將軍二十二年秋進持節冠軍將軍及高祖崩陵陰有叛心長史趙儼密言于朝廷尚書令王肅深保明之切責儼既而果叛殺數十人驅掠城中男女百餘口夜走南入智度於彭城知之從清中單舸奔陵爲下邳戍人所射殺
張讜字處言清河東武城人也六世祖名犯顯祖諱晉長秋卿父華爲慕容超左僕射讜仕劉駿歷給事中泰山太守青冀二州輔國府長史

帶魏郡太守劉彧之立遣授冠軍將軍東徐州刺史及革徐兗讜乃歸順於尉元元亦表授冠軍東徐州刺史遣中書侍郎高閭與讜對爲刺史後至京師禮遇亞於薛畢以勳賜爵平陸侯加平遠將軍讜性開通篤於撫恤青齊之士雖疏族末姻咸相敬視李敷李訢等寵要勢家亦推懷陳款無所顧避畢衆敬等皆敬重之高允之徒亦相器待延興四年卒贈平南將軍青州刺史謚康侯子敬伯求致父喪出葬冀州清河

舊墓久不被許停柩在家積五六年第四子敬
叔先在徐州初聞父喪不欲奔赴而規南叛爲
徐州所勒送至乃自理後得襲父爵

敬伯自以隨父歸國之功賜爵昌安侯出爲樂
陵太守

敬叔武邑太守父喪得葬舊墓還屬清河初讜
兄弟十人

兄忠字處順在南爲合鄉令世祖南征忠歸降
賜爵新昌男拜新興太守卒官贈冀州刺史初

魏書傳四十九　二十二　王信

讜妻皇甫氏被掠賜中官爲婢皇甫遂乃詐癡
不能梳沐後讜爲劉駿冀州長史因貨千餘匹
購求皇甫高宗怪其納財之多也引見之時皇
甫年垂六十矣高宗曰南人奇好能重室家之
義此老母復何所任乃能如此致費也皇甫氏
歸讜令諸妾境上奉迎數年卒卒後十年而讜
入國

讜兄子安世正始中自梁漢同夏侯道遷歸款
爲客積年出爲東河間太守卒官

元茂爲信都令遷冀州治中

元茂弟子讓洛州安西府長史都水使者

田益宗光城蠻也身長八尺雄果有將略皃狀
舉止有異常蠻世爲四山蠻帥受制於蕭賾太
和十七年遣使張超奉表歸款十九年拜員外
散騎常侍都督光城弋陽汝南新蔡宋安五郡
諸軍事冠軍將軍南司州刺史光城縣開國伯
食蠻邑一千戶所統守宰任其銓置後以益宗
旣渡淮北不可仍爲司州乃於新蔡立東豫州

魏書傳四十九　二十三　黄文

以益宗爲刺史尋改封安昌縣伯食實邑五百
戶二十二年進號征虜將軍景明初蕭衍遣軍
主吳子陽率衆寇三關益宗遣光城太守梅興
之步騎四千進至陰山關南八十餘里據長風
城逆擊子陽大破之斬獲千餘級蕭衍建寧太
守黃天賜築城赤亭復遣其將黃公賞屯於漴
城與長風相持益宗命安蠻太守梅景秀爲之
掎角擊討破天賜等斬首數百獲其二城上表
曰臣聞機之所在聖賢弗之疑兼弱攻昧前王

莫之拯皆拯君年生於湯炭盛武功於方來然霜
葉將淪非勁懸無以速其擇天之所棄非假手
無以殲其人竊惟蕭衍　常君臣交爭江外州
鎮中分爲兩東西抗峙已淹歲時民庶窮於轉
輸甲兵疲於戰鬬事救於目前力盡於麾下 闕
無外維州鎮綱紀庶方藩城棊立孤存而已不
乘機電掃廓彼蠻疆恐後之經略未易於此且
壽春雖平三面仍梗鎮守之宜實須豫設義陽
差近淮源利涉津要朝廷行師必由此道若江

南一平有事淮外須乘夏水汎長列舟長淮師
赴壽春須從義陽之北便是居我喉要在慮彌
深義陽之滅今實時矣度彼衆不過須精卒一
万二千然行師之法貴張形勢請使兩荊之衆
西擬隨雍揚州之卒頓于建安得捍三關之援
然後二豫之軍直據南關對抗延頭遣一都督
摠諸軍節度季冬進師迄于春末弗過十旬剋
之必矣世宗納之遣鎮南元英攻義陽益宗遣
其息魯生領步騎八千斷賊粮運并焚其鈞城

積聚衍戍主趙文舉率衆拒戰魯生破之獲文
舉及小將胡建興古皓莊元仲等斬五千餘級
溺死千五百人倉米運舟焚燒蕩盡後賊寧朔
將軍楊僧遠率衆二千寇逼蒙籠益宗命魯生
與戍主奇道顯逆擊破之追奔十里俘斬千餘
進號平南將軍又詔益宗率其部曲并州鎮文
武與假節征虜將軍太僕少卿宇文福綏防蠻
楚加安南將軍增封一百戶賜帛二千匹白早
生反於豫州詔益宗曰懸瓠要藩密邇崧潁南

疆之重所寄不輕而群小猖狂忽構釁逆殺害
鎮主規成反叛此而可忍孰不可容即遣尚書
邢巒摠精騎五万星馳電驅征南將軍中山王
英統馬步七万絡繹繼發量此蟻寇唯當逃奔
知將軍志翦豺狼以清邊境節義慷慨良在可
嘉非蹇蹇之至何以能爾深戢誠款方相委託
故遣中書舍人趙文相具宣　懷往還之規口
別指授便可善盡筭略隨宜追掩勿令此豎得
有竄逸遲近清盪更有別旨時白樂口已南郢

豫二州諸城皆没於賊唯有義陽而已蕭衍招
益宗以車騎大將軍開府儀同三司五千户郡
公當時安危在益宗去就而益宗守節不移郢
豫尅平益宗之力也益宗年稍衰老聚斂無厭
兵民患其侵擾諸子及孫競規賄貨部内苦之
咸言欲叛世宗深亦慮焉乃遣中書舍人劉桃
符宣旨慰喻庶以安之桃符還啓益宗侵掠之
狀世宗詔之曰風聞卿息魯生淮南貪暴擾亂
細民又横殺梅伏生爲爾不已損卿誠效可令

魏書傳四十九　二十六　陳銘全

魯生與使赴闕當加任使如欲外禄便授中畿
一郡魯生久未至延昌中詔曰益宗先朝耆艾
服勤邊境不可以地須其人遂令久屈可使持
節鎮東將軍濟州刺史常侍如故世宗慮其不
受代遣後將軍李世哲與桃符率衆襲之出其
不意奄入廣陵益宗子魯生魯賢等奔於關南
招引賊兵襲逐諸戍光城已南皆爲賊所保世
哲討擊破之復置郡戍而以益宗還授征南將
軍金紫光禄大夫加散騎常侍改封曲陽縣開

國伯益宗生長邊地不顧内榮雖位秩崇重猶
以爲恨上表曰臣昔在南仰餐皇化擁率部曲
三千餘家棄彼邊榮歸投樂土兄弟荼炭釁結
賊朝高祖孝文皇帝録臣乃誠授以藩任方欲
仰憑國威與雪冤恥豈容背寵向讎就險危命
昔郢豫紛擾臣躬率義兵擁絶賊路竊謂誠心
仰簡朝野但任重據邊易招塵謗致使桃符横
加讒毀説臣恒欲投南暴亂非一乞檢事原以
何爲驗復云虐害番兵殺賣過半如其所言未

魏傳四十九　二十七　石

審死失之家所訟有幾又云耗官粟帛倉庫傾
盡御史覆檢曾無損折初代之日二子魯生魯
賢從子超秀等並在城中安然無二而桃符密
遣積射將軍鹿永固私將甲士打息魯生僅得
存命唱云我被面敕若能得魯生魯賢首者各
賞本郡士馬圍逼騰城唱殺二息戰怖寔由於
此殘敗居業爲生蕩然乃復毁發墳墓露泄枯
骸存者罹生離之苦亡魂遭粉骨之痛昔歲朝
廷頻遣桃符數加慰勞而桃符出每擅生禍福

云唯我相中致降恩旨及返京師復欺朝廷說
臣父子全無忠誠誣陷貞良惑亂朝聽乞攝桃
符與臣並對若臣罪有狀分從憲網如桃符是
謬坐宜有歸詔曰既經大宥不容方更爲獄熙
平初益宗又表乞東豫以招二子靈太后令曰
卿誠著二朝勳光南服作藩万里列土承家前
朝往恩酬敘不淺兼子弟荷榮中表被澤相
輕重卿所知悉先帝以卿勞舊州小祿薄故遷
牧華壤爰登顯級于時番兵交換不生猜疑而
卿息魯賢等無事外叛忠孝俱乖輒爲戎首以

魏書傳四十九　二十八　石

卿誠重不復相計今卧護征南榮以金紫朝廷
處遇又甚於先且卿年老方就閑養焉得以本
州爲念魯賢來否豈待自往也但遣慰納足相
昭亮若審遣信當更啓聞别勑東豫聽卿喻曉
魯賢二年卒年七十三贈征東大將軍郢州刺
史謚曰莊
少子纂襲封位至征虜將軍中散大夫卒贈左
將軍東豫州刺史

益宗長子隨興冠軍將軍平原太守隨興情貪
邊官不願内地改授弋陽汝南二郡太守
益宗兄興祖太和末亦來歸附景明中假郢州
刺史及義陽置郢州改授征虜將軍江州刺史
詔賜朝服劍舄一具治麻城興祖卒益宗請隨
興代之世宗不許罷并東豫初益州内附之後
蕭鸞遣寧州刺史董巒追討之官軍進擊執
巒并其子景曜送於行宮
巒字仲舒營陽人貞君末隨父南叛雖長自江

魏書傳四十九　二十九

外言語風氣猶同華夏性疎武不多識文字高
祖引巒於庭問其南事巒怖不能對數顧景曜
景曜進代父荅申叙蕭鸞篡襲始終辭理横出
言非而辯高祖異焉以巒爲越騎校尉景曜爲
員外郎謀欲南叛坐徙朔州及車駕南討漢陽
召巒從軍景曜至洛陽密啓其父必當奔叛軍
次魯陽巒單騎南走過南陽新野歷告二城以
魏軍當至戒之備防房伯玉劉忌並云無足可
慮巒曰不然軍勢甚盛至境首北向哭呼景曜

云吾百口在彼事理須還不得顧汝一子也景曜鎖詣行在所數而斬之又有陳伯之者下邳人也以勇力自効仕於江南爲鎮南大將軍江州刺史豐城縣開國公景明三年伯之遣使密表請降幷遣其子冠軍將軍徐州刺史永昌縣開國侯虎牙爲質四年以伯之爲持節都督江郢二州諸軍事平南將軍江州刺史曲江縣開國公邑一千戶虎牙爲冠軍將軍員外散騎常侍豫寧縣開國伯邑五百戶正始初蕭衍征虜

將軍趙祖悅築城於水東與潁川接對置兵數千欲爲攻討之本伯之進軍討祖悅大破之乘勝長驅入城刺祖悅三創賊衆大敗進討南城破賊諸部斬獲數千二年夏除伯之光祿大夫虎牙遷前軍將軍

孟表字武達濟北蛇丘人也自云本屬北地號索里諸孟青徐内屬後表因事南渡仕蕭鸞爲馬頭太守太和十八年表據郡歸誠除輔國將軍南兗州刺史領馬頭太守賜爵譙縣侯鎮渦陽後蕭鸞遣其豫州刺史裴叔業攻圍六十餘日城中食盡唯以朽革及草木皮葉爲粮表撫循將士勠力固守會鎮南將軍王肅解義陽之圍還以救之叔業乃退初有一南人自云姓邊字叔珍攜妻息從壽春投表云慕化歸國未及送闕便値叔業圍城表後察叔珍言色頗疑有異即加推覈乃云是叔業姑兒爲叔業所遣規爲内應所攜妻子並亦假妄表出叔珍於北門外斬之於是人情乃安高祖嘉其誠績封汶陽

縣開國伯邑五百戶遷征虜將軍濟州刺史爲散騎常侍光祿大夫進號平西將軍世宗末降平東將軍齊州刺史延昌四年卒年八十一贈安東將軍兗州刺史謚曰恭

子崇襲官至昌黎濟北二郡太守

史臣曰薛安都一武夫耳雖輕於去就實啓東南事窘圖變而竟保寵秩優矣眞度一謀見賞明主衆敬舉地納誠榮曜朝國人位並列無乏於時文秀不回有死節之氣非但身蒙嘉禮乃

至乎免刑戮在我欲其罵人忠義可不勉也張讜觀機委質篤恤流離亦仁智矣田益宗蠻夷荒帥翻然效款終懷金曳紫不其美歟孟表之致名位非徒然也

列傳第四十九　　魏書六十一

列傳第五十　　魏書六十二

李彪　高道悅

李彪字道固頓丘衛國人高祖暘名焉家世寒微少孤貧有大志篤學不倦初受業於長樂監伯陽伯陽稱美之晚與漁陽高悅北平陽尼等將隱於名山不果而罷悅兄閭博學高才家富典籍彪遂於悅家手抄口誦不暇寢食既而還鄉里平原王叡年將弱冠雅有志業娶東徐州刺史博陵崔鑒女路由冀相聞彪名而詣之脩師友之禮稱之於郡遂舉孝廉至京師館而受業焉高閭稱之于朝貴李沖禮之甚厚彪深宗附高祖初為中書教學博士後假員外散騎常侍建威將軍衛國子使於蕭賾遷秘書丞參著作事自成帝以來至于太和崔浩高允著述國書編年序錄為春秋之體遺落時事三無一存彪與秘書令高祐始奏從遷固之體創為紀傳表志之目焉彪又表曰臣聞昔之哲王莫不疊意孜孜思納讜言以康黎庶是以訪童問師不

避淵澤詢謀諂善不棄芻蕘用能光茂實於竹素播徽聲於金石臣屬生有道遇無諱之朝敢脩往式竊揆時宜謹冒死上封事七條狂瞽之言伏待刑戮其一曰自太和建號踰于一紀典刑德政可得而言也立圓丘以昭孝則百神不乏饗矣舉賢才以酬諮則多士盈朝矣開至誠以軌物則朝無佞人矣敦六順以教人則四門無凶人矣制冠服以明秩則典式復彰矣作雅樂以協人倫則人神交慶矣深慎罰以明刑則

庶獄得衷矣薄服味以示約則儉德光昭矣簞宮女以配鰥則人無怨曠矣傾府藏以賑錫則大賚周渥矣省賦役以育人則編戶巷歌矣宣德澤以懷遠邇則華荒抃舞矣垂至德以暢幽顯則禎瑞效質矣生生得所事事惟新巍巍乎猶造物之曲成也然臣愚以爲行儉之道猶自闕 何者今四人豪富之家習華既深敦樸情淺夫識儉素之易長而行奢靡之難久壯制第宅美飾車馬僕妾衣綾綺土木被文繡僭度違衷者衆矣古先哲王之爲制也自天子以至公卿下及抱關擊柝其宮室車服各有差品小不得踰大賤不得踰貴夫然故上下序而人志定今時浮華相競情無常守大爲消功之物巨制費力之事豈不謬哉消功者錦繡彫文是也費力者廣宅高宇壯制麗飾是也其妨男業害女工者焉可勝言哉漢文時賈誼上疏云今之王政可爲長太息者六此卽是其一也夫上之所好下必從之故越王好勇而士多輕死楚靈好瘠

而國有飢人今二聖躬行儉素詔令殷勤而百姓之奢猶未革者豈楚越之人易變如彼大魏之士難化如此蓋朝制弗宣人未見德使之然耳臣愚以爲第宅車服自百官以至于庶人宜爲其等制使貴不逼賤卑不僭高不可以稱其侈意用違經典今或者以爲習俗日久不可卒革臣謹言古人革之之漸昔子產爲政一年百姓歌之曰我有田疇子產伍之我有衣冠子產貯之孰殺子產吾其與之及三年乃改歌曰我

有田疇子產殖之我有子弟子產誨之子產若死其誰繼之然則鄭人之智豈前昏而後明哉亶從政者須漸受化者難頓故也今若爲制以差品之始末之情魏士與鄭人同矣既同鄭人是爲卒有善歌豈可憚其初怨而不爲終善哉夫尚儉者開福之源好奢者起貧之兆然則儉約易以教行華靡難以財滿是以聖人留意焉賢人希準焉故夏禹卑宮室而惡衣服殷湯寢黃屋而乘輅輿此示儉於後王後王所宜觀其

意而取折衷也孔子爲魯司寇乘柴車而駕駑馬晏嬰爲齊正卿冠濯冠而衣故裘此示儉於後臣後臣所宜識其情而消息之也前志云作法於涼其弊猶貪此言雖略有達治道臣之贊言儻或可採比及三年可以有成有成則人務本人務本則奢費除奢費除則穀帛豐穀帛豐則人逸樂人逸樂則皇基固矣其三曰易稱主器者莫若長子傳曰太子奉冢嫡之粢盛然則祭亡主則宗廟無所饗冢嫡廢則神器無所傳

聖賢知其如此故垂誥以爲長世之法昔姬王得斯道也故恢崇儒術以訓世嫡世嫡於是乎習成懿德用大協於黎蒸是以世統生人載祀八百逮嬴氏之君於秦也殆棄德政坑焚儒典弗以義方教厥冢子於是習成凶德肆虐以臨黔首是以饗年不永二世而亡亡之與興其道在於師傅師傅之損益可得而言益者周公傅成王教以孝仁禮義逐去邪人不使見惡又選天下之端士孝悌博聞有道術者以爲衛翼衛翼良成王正周道之所以長久也損者趙高傅

胡亥教以刑戮斬劓及夷人族逐去正人不得見善士諂佞讒賊者爲其左右左右邪胡亥僻秦祚之所以短促也夫皇天輔德者也豈私周而踈秦哉由所行之道殊故禍福之途異耳昔光武議爲太子置傅以問其群臣群臣望意皆言太子舅執金吾新陽侯陰就可博士張佚正色曰今立太子爲陰氏乎爲天下乎即爲陰氏則陰侯可爲天下則固宜用天下之賢才光武

稱善曰置傅以輔太子也今博士不難正朕況
太子乎即拜佚爲太子太傅漢明卒爲賢主然
則佚之傳漢明非迺生之漸也尚或有稱而況
迺生訓之以正道其爲益也固以大矣故禮曰
太子生因舉以禮使士負之有司齊肅端冕見
于南郊明冢嫡之重見乎天也過闕則下過廟
則趨明孝敬之道也然古之太子自爲赤子而
教固以行矣此則遠世之鏡也高宗文成皇帝
慨少時師不勤教嘗謂群臣曰朕始學之日年

尚幼沖情未能專既臨万機不遑温習今而思
之豈唯予咎抑亦師傅之不勤尚書李訢免冠
而謝此則近日之可鑒也伏惟太皇太后翼賛
高宗訓成顯祖使巍巍之功邈乎前王陛下幼
蒙鞠誨聖敬之躋及儲宮誕育復親撫詣日省
月課實勞神慮今誠宜準古立師傅以訓導太
子訓導正則太子正太子正則皇家慶皇家慶
則人幸甚矣其三曰臣聞國本黎元人資粒食
是以昔之哲王莫不勤勸稼穡盈畜倉廩故堯

湯水旱人無菜色者蓋由備之有漸積之有素
暨于漢家以人食少乃設常平以給之魏氏以
兵粮乏制屯田以供之用能不匱當時軍國取
濟又記云國無三年之儲謂國非其國光武以
一畝不實罪及牧守聖人之憂世重穀殷勤如
彼明君之恤人勸農相切若此頃年山東饑去
歲京師儉内外人庶出入就豐既廢營産疲而
乃達又於國體實有虚損若先多積穀安而給
之豈有驅督老弱餬口千里之外以今況古誠

可懼也臣以爲宜析州郡常調九分之二京都
度支歲用之餘各立官司年豐糴積於倉時儉
則加私之二糶之於人如此民必力田以買官
絹又務貯財以取官粟年登則常積歲凶則直
給又別立農官取州郡戸十分之一以爲屯人
相水陸之宜料頃畝之數以贓贖雜物餘財市
牛科給令其肆力一夫之田歲責六十斛甄其
正課并征戍雜役行此二事數年之中則穀積
而人足雖災不爲害臣又聞前代明主皆務懷

遠人禮賢引滯故漢高過趙求樂毅之胄晉武
廓定旌吳蜀之彥臣謂宜於河表七州人中擢
其門才引令赴闕依中州官比隨能序之一可
以廣聖朝均新舊之義二可以懷江漢歸有道
之情其四曰昔帝舜命咎繇惟刑之恤周公誥
成王勿誤于庶獄斯皆君臣相誡重刑之至也
今二聖哀矜罪辜小大二情讞決之日多從降
恕時不得已必垂惻隱雖前王之勤聽肆赦亦
如斯而已至若行刑犯時愚臣竊所未安漢制

本卒　魏傳五十　八　陳潤

舊斷獄報重常盡季冬至孝章時改盡十月以
育三微後歲旱論者以十月斷獄陰氣微陽氣
泄以故致旱事下公卿尚書陳寵議冬至陽氣
始萌故十一月有射干芸荔之應周以為春十
二月陽氣上通雉雊雞乳殷以為春十三月陽
氣已至蟄蟲皆震夏以為春三微成著以通三
統三統之月斷獄流血是不稽天意也月令仲
冬之月身欲寧事欲靜以起隆怒不可謂寧以
行大刑不可謂靜章帝善其言卒以十月斷今

京都及四方斷獄報重常竟季冬不推三正以
育三微寬宥之情每過於昔遵時之憲猶或闕
然豈所謂助陽發生垂奉微之仁也誠宜遠稽
周典近採漢制天下斷獄起自初秋盡於孟冬
不於三統之春行斬絞之刑如此則道協幽顯
仁垂後昆矣其五曰古者大臣有坐不廉而廢
者不謂之不廉乃曰簠簋不飾此君之所以禮
貴臣不明言其過也臣有大譴則白冠氂纓盤
水加劍造請室而請死此臣之所以知罪而不

策　魏書傳五十　九　王渙

敢逃刑也聖朝賓遇大臣禮同古典自太和以
降有負罪當陷大辟者多得歸第自盡遣之日
深垂隱愍言發悽淚百官莫不見四海莫不聞
誠足以感將死之心慰戚屬之情然恩發至衷
未著永制此愚臣所以敢陳末見昔漢文時人
有告丞相周勃謀反者逮繫長安獄頓辱之與
皂隷同賈誼乃上書極陳君臣之義不宜如是
夫貴臣者天子為其改容而體貌之吏人為其
俯伏而敬貴之其有罪過廢之可也賜之死可

也若束縛之輸之司寇榜笞之小吏詈罵之殆非所以令衆庶見也及將刑也臣則北面再拜跪而自裁天子曰子大夫自有過耳吾遇子有禮矣上不使人抑而刑之也孝文深納其言是後大臣有罪皆自殺不受刑至孝武時稍復入獄良由孝文行之當時不爲永制故耳伏惟聖德慈惠豈與漢文比隆哉今天下有道庶人不議之時臣安可陳蕘言於朝但恐万世之後繼體之主有若漢武之事焉夫道貴長久所以樹之風聲也法尚不虧所以貽厥孫謀也焉得行

恩當時而不著長世之制乎其六曰孝經稱父子之道天性書云孝乎惟孝友于兄弟二經之旨蓋明一體而同氣可共而不可離者也及其有罪罪不相及者乃君上之厚恩也至若有懼懼應相連者固自然之恒理也無情之人父兄繫獄子弟無慘惕之容子弟逃刑父兄無愧恧之色宴安榮位遊從自若車馬仍華衣冠猶飾寧是同體共氣分憂均戚之理也昔秦伯以楚

人圍江素服而示懼宋仲子以失舉桓譚免冠而謝罪然則子弟之於父兄父兄之於子弟惟其情至豈與結盟相知者同年語其深淺哉二聖淸簡風俗孝慈是先臣愚以爲父兄有犯宜令子弟素服肉袒詣闕請罪子弟有坐宜令父兄露板引咎乞解所司若職任必要不宜許者慰勉留之如此足以敦厲凡薄使人知有所恥矣其七曰禮云臣有大喪君三年不呼其門此聖人緣情制禮以終孝子之情者也周季陵夷

喪禮稍亡是以要絰即戎素冠作刺逮于虐秦殆皆泯矣漢初軍旅屢興未能遵古至宣帝時民當從軍屯者遭大父母父母死未滿三月皆弗徭役其朝臣喪制未定有聞至後漢元初中大臣有重憂始得去官終服暨魏武孫劉之世日尋干戈前世禮制復廢而不行晉時鴻臚鄭默喪親固請終服武帝感其孝誠遂著令以爲常聖魏之初撥亂返正未遑建終喪之制今四方無虞百姓安逸誠是孝慈道洽禮教興行之

日也然愚臣所懷竊有未盡伏見朝臣丁父憂
者假滿赴職衣錦乘軒從郊廟之祀鳴玉垂緌
同節慶之醼傷人子之道虧天地之經愚謂如
有遭大父母父母喪者皆聽終服若無其人有
曠庶官者則優旨慰喻起令視事但綜司出納
敷奏而已國之吉慶一令無預其軍戎之警墨
縗從役雖愆於禮事所宜行也如臣之言少有
可採願付有司別爲條制高祖覽而善之尋皆
施行彪稍見禮遇加中壘將軍及文明太后崩

群臣請高祖公除高祖不許與彪往復語在禮
志高祖詔曰歷觀古事求能非一或承藉微蔭
著德當時或見拔幽陋流名後葉故毛遂起賤
奮抗楚之辯苟有才能何必拘族也彪雖宿非
清第本闕華資然識性嚴聰學博墳籍剛辯之
才頗堪時用兼憂吏若家載宣朝美若不賞庸
敘績將何以勸獎勤能可特遷祕書令以酬厥
款以參議律令之勤賜帛五百匹馬一匹牛二
頭其年加員外散騎常侍使於蕭賾賾遣其主

客郎劉繪接對并設讌樂彪辭樂及坐彪曰齊
主既賜讌樂以勞行人向辭樂者卿或未相體
自喪禮廢替於茲以久我皇孝性自天追慕罔
極故有今者喪除之議去三月晦朝臣始除衰
裳猶以素服從事裴謝在此固應具此我今辭
樂想卿無怪繪荅言辭樂之事向以不異請問
魏朝喪禮竟何所依彪曰高宗三年孝文踰月
今聖上追鞠育之深恩感慈訓之厚德執於殷
漢之間可謂得禮之變繪復問若欲遵古何爲

不終三年彪曰万機不可久曠故割至慕俯從
群議服變不異三年而限同一朞可謂亡禮之
禮繪言汰哉叔氏專以禮許人彪曰聖朝自爲
曠代之制何關許人繪言百官總已聽於冢宰
万機何慮於曠彪曰我聞載籍五帝之臣臣不
若君故君親攬其事三王君臣智等故共理機
務五霸臣過於君故事決於下我朝官司皆五
帝之臣主上親攬蓋遠軌軒唐彪將還賾親謂
曰卿前使還日賦阮詩云但願長閑暇後歲復

來遊果如今日卿此還也復有來理否彪答言
使臣請重賦阮詩曰宴衍清都中一去永矣哉
皞悄然曰清都可尔一去何事觀卿此言似成
長闊朕當以殊禮相送皞遂親至琅邪城登山
臨水命群臣賦詩以送別其見重如此彪前後
六度銜命南人奇其謇諤後車駕南征假彪冠
軍將軍東道副將尋假征虜將軍車駕還京遷
御史中尉領著作郎彪既爲高祖所寵性又剛
直遂多所劾糾遠近畏之豪右屏氣高祖常呼

三百卅 魏書傳五十 十四 茂五

彪爲李生於是從容謂群臣曰吾之有李生猶
漢之有汲黯汾州胡叛詔彪持節綏慰事寧還
京除散騎常侍仍領御史中尉解著作事高祖
宴群臣於流化池謂僕射李沖曰崔光之博李
彪之直是我國家得賢之基車駕南伐彪兼度
支尚書與僕射李沖任城王等參理留臺事彪
素性剛豪與沖等意議乖異遂形於聲色殊無
降下之心自謂身爲法官莫能糾劾己者遂多
專恣沖積其前後罪過乃於尚書省禁止彪上

表曰臣聞範國匡人光化昇治輿服典章理無
暫失故晉文功建九合猶見抑於請隧季氏籍
政三世尚受譏於璵璠固知名器之重不可以
妄假先王既憲章於古陛下又經綸於今用能
車服有叙禮物無隊案臣彪昔於凡品特以才
拔等望清華司文東觀綢繆恩眷繩直憲臺左
加金璫右珥蟬冕闕東省宜感恩厲節忠以報
德而竊名忝職身爲違傲務勢高亢公行僭逸
坐與禁省冒取官材輒駕乘黄無所憚懾肆志

魏書傳五十 十五 王六

傲然愚聾視聽此而可忍誰不可懷臣輒集尚
書已下令史已上并治書侍御史臣酈道元等
於尚書都座以彪所犯罪狀告彪訊其虛實若
或不知須訊部下彪答臣言事見在目實如所
劾皆彪所知何須復召部下臣今請以見事免
彪所居職付廷尉治獄沖又表曰臣與彪相識
以來垂二十載彪始南使之時見其色厲辭辯
才優學博臣之愚識謂是拔萃之一人及彪位
宜升達參與言燕聞彪評章古今商略人物興

言於侍筵之次啓論於衆英之中賞忠識正發
言懇惻惟直是語辭無隱避雖復諸王之尊近
侍之要至有是非多面抗折酷疾矯詐毒偽亂
違厲色正辭如鷹鸇之逐鳥雀懍懍然實似公
清之操臣雖下才輒亦尚其梗槩欽其正直微
識其褊急之性而不以爲瑕及其初登憲臺始
居司直首復騶唱之儀肇正直繩之體當時識
者僉以爲難而彪秉志信行不避豪勢其所彈
劾應弦而倒赫赫之威振於下國肅肅之稱著

魏書傳五十一　十六　右

自京師天下改目貪暴斂手臣時見其所行信
謂言行相符忠清內發然時有私於臣云其威
暴者臣以直繩之官人所忌疾風謗之際易生
音謡心不承信往年以河陽事曾與彪在領軍
府共太尉司空及領軍諸卿等集閱廷尉所問
囚徒時有人訴枉者二公及臣少欲聽採語理
未盡彪便振怒東坐攘袂揮赫口稱賊奴叱吒
左右高聲大呼云南臺中取我木手去搭奴肋
折雖有此言終竟不取即言南臺所問唯恐枉

活終無枉死但可依此時諸人以所枉至重有
首實者多又心難彪遂各嘿爾因緣此事臣遂
心疑有濫審加情察知其威虐猶未體其採訪
之由評檢之狀商略而言酷急小罪肅禁爲大
會而言之猶謂益多損少故懷寢所疑不以申
徹實失爲臣知無不聞之義及去年大駕南行
以來彪兼尚書日夕共事始乃知其言與行舛
是已非人專恣無忌尊身忽物安以身作之過
深劾他人已方事人好人佞已聽其言同振古

魏書傳五十　十七

忠恕之賢校其行是天下佞暴之賊臣與任城
卑躬曲己若順弟之奉暴兄其所欲者事雖非
理無不屈從依事求實悉有成驗如臣列得實
宜殛彪於有北以除姦矯之亂政如臣無證宜
投臣於四裔以息青蠅之白黑高祖在懸瓠覽
表歎愕曰何意留京如此也有司處彪大辟高
祖恕之除名而已彪尋歸本鄉高祖自懸瓠北
幸鄴彪拜迎於鄴南高祖曰朕之期卿每以貞
松爲志歲寒爲心卿應報國盡身爲用而近見

彈文殊乖所以卿罹此譴爲朕與卿爲宰事與
卿爲卿自取彪對曰臣愆由已至罪自身招實
非陛下橫與臣罪又非宰事無辜濫臣臣罪既
如此宜伏東臯之下不應遠十屬車之塵但伏
承聖躬不豫臣肝膽塗地是以敢至非謝罪而
來高祖納宋弁言將復採用會留臺表言彪與
御史賈尚往窮庶人恂事理有誣抑奏請收彪
彪自言事枉高祖明彪無此遣左右慰勉之聽
以牛車散載送之洛陽會赦得免高祖崩世宗

魏書傳五十　十八　方信

踐祚彪自託於王肅又與邢巒詩書往來迭相
稱重因論求復舊職脩史官之事肅等許爲左
右彪乃表曰臣聞龍圖出而皇道明龜書見而
帝德昶斯實冥中之書契也自瑞官文而甲高
陳民師建而賤貴序此乃人間之繩式也是以
唐典篆欽明之冊虞書銘睿徽之篇傳著夏氏
之箴詩録商家之頌斯皆國史明乎得失之迹
也逮于周姬鑒乎二代文王開之以兩經公旦
申之以六聯郁乎其文典章大略也故觀雅頌

識文武之不烈察歌音辨周公之至孝是以季
札聽風而知始基聽訟而識盛德至若尼父之
別魯籍丘明之辨孔志可謂婉而成章盡而不
汙者矣自餘乘志之比其亦有趣焉暨史班之
録乃文窮於秦漢事盡於京平懲勸兩書華實
兼載文質彬彬富哉言也令大漢之風美類三
代炎
崇道冠來事降及華馬陳千咸有放
焉四敷贊弗遠不可力致豈虛也哉其餘率見
而書覩事而作者多矣尋其本末可往來焉唯

三苗　魏書傳五十　十九　吳志

我皇魏之奄有中華也歲越百齡年幾十紀太
祖以弗違開基武皇以奉時拓業虎嘯域中龍
飛宇外小往大來品物咸亨自茲以降世濟其
光史官叙録未充其盛加以東觀中圯冊勳有
闕美隨日落善因月稀故諺曰一日不書百事
荒無至于太和之十一年先帝先后遠惟景業綿
綿休烈若不恢史闡録懼上業茂功始有缺矣
於是召名儒博達之士充麟閣之選于時忘臣
衆短采臣片志令臣出納授臣丞職猥屬斯事

無所與讓高祖時詔臣曰平爾雅志正爾筆端書而不法後世何觀臣奉以周旋不敢失墜與著作等鳩集遺文幷取前記撰爲國書假有新進時賢制作於此者恐閭門既異出入生疑弦柱既易善者或謬自十五年以來臣使國遷頻有南轅之事故載筆遂寢簡牘弗張其於書功錄美不其闕歟伏惟孝文皇帝承天地之寳崇祖宗之業景功未就奄焉崩殂凡百黎萌若無天地賴遇陛下體明叡之真應保合之量恢大

明以燭物履靜恭以安邦天清其氣地樂其靜不愆不忘率由舊章可謂重明疊聖元首康哉惟先皇之開創造物經綸浩曠加以魏典派製藻績垂篇窮理於有象盡性於衆變可謂日月出矣無幽不燭也記曰善流者欲以繼其行善歌者欲人繼其聲故傳曰文王基之周公成之又曰無周公之才不得行周公之事今之親王可謂當之矣然先皇之茂猷聖達今王之懿美洞鑒準之前代其聽靡悔也時哉時哉可不光

昭哉合德二儀者先皇之陶鈞也齊明日月者先皇之洞照也應周四時者先皇之茂功也合契鬼神者先皇之玄燭也遷都改邑者先皇之達也變是協和者先皇之鑒也思同書軌者先皇之遠也宇在四夷者先皇之略也海外有截者先皇之威也禮田歧陽者先皇之義也張樂岱郊者先皇之仁也鑾幸幽漠者先皇之智也燮伐南荆者先皇之禮也升中告成者先皇之肅也親虔宗社者先皇之敬也袞實無闕者先

皇之充也開物成務者先皇之貞也觀乎人文者先皇之蘊也革弊創新者先皇之志也孝慈道洽者先皇之衷也先皇有大功二十加以謙尊而光爲而弗有可謂四三皇而六五帝矣誠宜功書於竹素聲播於金石臣竊謂史官之達者大則與日月齊明小則與四時並茂其大者孔子左丘是也小者史遷班固是也故能聲流於無窮義昭於來裔是以金可滅而風流不泯者其唯載籍乎諺曰相門有相將門有將斯不

唯其性蓋言習之所得也竊謂天文之官太史之職如有其人宜其世矣故尚書稱羲和世掌天地之官張衡賦曰學乎舊史氏斯蓋世傳之義也若夫良冶之子善知爲裘良弓之子善知爲箕物豈有定習貫則知耳所以言及此者職不修事多倫曠天人之際不可須臾闕載也是以談遷世事而功立彪固世事而名成道爭乃前鑒之軌轍後鏡之蓍龜也然前代史官之不終業者有之皆陵遲之世不能容善是以平

子去史而成賦伯喈違閣而就志近僭晉之世有佐郎王隱爲著作虞預所毀亡官在家晝則樵薪供爨夜則觀文屬綴集成晉書存一代之事司馬紹勑尚書唯給筆札而已國之大籍成於私家末世之弊乃至如此史官之不遇時也今大魏之史職則身貴祿則親榮優哉游哉式穀介休矣而典謨弗恢者其有以也而故著作漁陽傅毗北平陽尼河間邢產廣平宋弁昌黎韓顯宗等並以文才見舉注述是同皆登年不

永弗終茂績前著作程靈虬同時應舉共掌此務今從他職官非所司唯崔光一人雖不移任然侍官兩兼故載述致闕臣聞載籍之興由於大業雅頌垂薦起於德美雖時有文質史有備略然歷世相仍不改此度也昔史談誡其子遷曰當世有美而不書汝之罪也是以久而見美孔明在蜀不以史官留意是以久而受譏取之深衷史談之志賢亮遠矣書稱無曠庶官詩有職思其憂臣雖今非所司然昔忝斯任故不以

草茅自疏敢言及於此語曰患爲之者不必知知之者不得爲臣誠不知彊欲爲之耳竊尋先朝賜臣名彪者遠則擬漢史之叔皮近則準晉史之紹統推名求義欲罷不能荷恩佩澤死而後已今求都下乞一靜處綜理國籍以終前志官給事力以充所須雖不能光啓大錄庶不爲飽食終日耳近則朞月可就遠也三年有成正本蘊之麟閣副貳藏之名山時司空北海王詳尚書令王肅以其無祿頗相賑餉遂在祕書省

同王隱故事白衣脩史世宗親政崔光表曰伏見前御史中尉臣李彪夙懷美意創刊魏典臣昔爲彪所致與之同業積年其志力貞彊考述無倦督勸群寮注綴略舉雖頃來契闊多所廢離近蒙收起還綜厥事老而彌厲史才日新若克復舊職專功不殆必能昭明春秋闡成皇籍旣先帝厚委宿歷高班纖負微愆應從滌洗愚謂宜申以常伯正綰著作停其外役展其內思研積歲月紀冊必就鴻聲巨迹蔚乎有章盛軌

魏書傳五十　六四

懋詠鑠焉無泯矣世宗不許詔彪兼通直散騎常侍行汾州事非彪好也固請不行有司劾遣之會遘疾累旬景明二年秋卒於洛陽年五十八始彪爲中尉號爲嚴酷以姦款難得乃爲木手擊其脇腋氣絕而復屬者時有焉又慰喻汾州叛胡得其凶渠皆鞭面殺之及彪之病也體上往往瘡潰痛毒備極詔賜帛一百五十匹贈鎮遠將軍汾州刺史謚曰剛憲彪在祕書歲餘史業竟未及就然區分書體皆彪之功述春秋

三傳合成十卷其所著詩頌賦誄章奏雜筆百餘篇別有集彪雖與宋弁結管鮑之交弁爲大中正與高祖私議猶以寒地處之殊不欲微相優假彪亦知之不以爲恨及弁卒彪痛之無已爲之哀誄備盡辛酸郭祚爲吏部彪爲子志求官祚仍以舊第處之彪以位經常伯又兼尚書謂祚應以貴遊拔之深用忿怨形於言色時論以此譏祚祚每曰尒與義和志交豈能饒尒而怨我乎任城王澄與彪先亦不穆及爲雍州彪

魏書傳五十　二五

詣澄爲志求其府寮澄釋然爲啓得列曹行參軍時稱美之

志字鴻道博學有才幹年十餘歲便能屬文彪甚奇之謂崔鴻曰子宜與鴻道爲二鴻於洛陽鴻遂與志交款往來彪有女幼而聰令彪每奇之教之書學讀誦經傳嘗竊謂所親曰此當興我家卿曹容得其力彪亡後世宗聞其名召爲婕妤以禮迎引婕妤在宮常教帝妹書誦授經史志後稍遷符璽郎中徐州平東府司馬以軍

功累轉後軍將軍中散大夫輔國將軍永寧寺典作副將始彪奇志及婕妤特加器愛公私坐集必自稱詠由是爲高祖所責及彪亡後婕妤果入掖庭後宮咸師宗之世宗崩爲比丘尼通習經義法座講說諸僧歎重之志所在著績桓叔興外叛南荆荒毀領軍元叉舉其才任撫導擢爲南荆州刺史加征虜將軍建義初叛入蕭衍

高道悅字文欣遼東新昌人也曾祖策馮跋散

魏書傳五十　二十六　虎岀丹

騎常侍新昌侯祖育馮文通建德令值世祖東討率其所部五百餘家歸命軍門世祖授以建忠將軍齊郡建德二郡太守賜爵肥如子父玄起武邑太守遂居勃海蓨縣道悅少爲中書學生侍御主文中散父之轉治書侍御史加諫議大夫正色當官不憚彊禦車駕南征徵兵秦雍大期秋季閱集洛陽道悅以使者治書御史薛聰侍御主文中散元志等稽違期會奏舉其罪又奏兼左僕射吏部尚書任城王澄位總朝右任屬戎機兵使會否曾不檢奏尚書左丞公孫良職維樞轄蒙冒莫舉請以見事免良等所居官時道悅兄觀爲外兵郎中而澄奏道悅有黨兄之負高祖詔責然以事經恩宥遂寢而不論詔曰道悅資性忠篤禀操貞亮居法樹平肅之規處諫著必犯之節王公憚其風鯁朕實嘉其一至謇諤之誠何愧黯鮑也其以爲主爵下大夫諫議如故車駕將幸鄴又兼御史中尉留守洛京時宮極初基廟庫未構車駕將水路幸鄴

魏書傳五十　二十七　王華

已詔都水回營構之材以造舟檝道悅表諫曰臣聞博納輿言君上之崇務規箴匡正臣下之誠節是以置鼓設謗爰自曩日虛襟博聽義屬今辰臣既踈鈍曾濫榮貫司兼獻替職當然否佩遇恩華願陳聞見竊以都作營搆之材部別科擬素有定所工治已訖回付都水用造舟艫闕永固居宇之功作暫時遊嬉之用損耗殊倍終爲棄物且子來之誠本期營起今乃修繕舟檝更爲非務公私回惶僉深怪愕又欲御泛龍

舟經由石濟其沿河挽道久以荒蕪舟檝之人素不便習若欲委棹正流深薄之危古今共慎若欲挽牽取進授衣之月躶形水陸恐乖視人若子之義且鄴洛相望陸路平直時乘沃若往來匪難更乃捨周道之安即涉川之殆此乃愚智等慮朝野俱惑進退伏思不見其可又從駕群寮聽將妻累舟檝之閒更無限隔士女雜亂內外不分當今景御休明惟新式度裁禮調風軌物寔字竊惟斯舉或損洪猷深失溥天順則

魏書傳五十　二十八　蔣

之望又氐胡犯順未恭西道偏戎旗胄仍襲南寇對接近畿蠻民蹤戾每造不軌闚覦閒隙或生慮外愚謂應妙選懿親撫寧後事令萬回息覬覦之望邊寇絕闚疊之心臣禀性愚直知而無隱區區丹志冒昧以聞詔曰省所上事深具乃心但卿之立言半非矣當須陳非以示謬稱是以彰得然後明所以而不用有由而為之不爾則未相體耳回村都水斬足營嬉遊終為棄物脩繕非務舟檝無鄣士女雜亂此則卿之失辭

矣深薄之危撫後之重斯則卿之得言也於是高祖遂從陸路轉道悅太子中庶子正色立朝儼然難犯宮官上下咸畏憚之太和二十年秋車駕幸中岳詔太子恂入居金墉而恂潛謀還代忿道悅前後規諫遂於禁中殺之高祖甚加悲惜贈散騎常侍帶營州刺史賜帛五百匹并遣王人慰其妻子又詔使者監護喪事葬于舊塋謚曰貞侯世宗又追錄忠槩拜長子顯族給事中

魏書傳五十　二十九　蔣容

顯族亦以忠厚見稱卒於右軍將軍

顯族弟敬猷有風度員外散騎侍郎殿中侍御史進給事中輕車將軍奉車都尉蕭寶夤西征引為驃騎司馬及寶夤謀逆敬猷與行臺郎中封偉伯等潛圖義舉謀泄見殺贈冠軍將軍滄州刺史聽一子出身

道悅長兄嵩字崐崘魏郡太守

子良賢員長水校尉

良賢弟侯險薄為劫盜冀部患之

嵩弟雙清河太守濁貨將刑在市遇赦免時北海王詳爲録尚書雙多納金寶除司空長史未幾遷太尉長史俄出爲征虜將軍涼州刺史專肆貪暴以罪免後貨高肇復起爲幽州刺史又以貪穢被劾罪未判遇赦復任未幾而卒

子景猷幽州司馬

雙弟觀尚書左外兵郎中城陽王鸞司馬西征赭陽先驅而歿贈通直散騎侍郎謚曰閔

史臣曰李彪生自微族才志確然業藝夙成見擢太和之世輶軒驟指聲駭江南秉筆立言足爲良史逮於直繩在手厲氣明目持堅無術末路蹉跎行百里者半於九十豈彪之謂也高道悅匡直之風見憚於世醜正貽禍有可悲乎

列傳第五十　　魏書六十二

列傳第五十一　　魏書六十三

王肅　宋弁

王肅字恭懿琅邪臨沂人司馬衍丞相導之後也父奐蕭賾尚書左僕射肅少而聰辯涉獵經史頗有大志仕蕭賾歷著作郎太子舍人司徒主簿祕書丞肅自謂禮易爲長亦未能通其大義也父奐及兄弟並爲蕭賾所殺肅自建業來奔是歲太和十七年也高祖幸鄴聞肅至虛襟待之引見問故肅辭義敏切辯而有禮高祖甚哀惻之遂語及爲國之道肅陳說治亂音韻雅暢深會帝旨高祖嗟納之促席移景不覺坐之疲淹也因言蕭氏危滅之兆可乘之機勸高祖大舉於是圖南之規轉銳器重禮遇日有加焉親貴舊臣莫能間也或屏左右相對談說至夜分不罷肅亦盡忠輸誠無所隱避自謂君臣之際猶玄德之遇孔明也尋除輔國將軍大將軍長史賜爵開陽伯肅固辭伯爵許之詔肅討蕭鸞義陽聽招募壯勇以爲爪牙其募士有功賞

加常募一等其從肅行者六品已下聽先擬用
然後表聞若投化之人聽五品已下先即優授
於是假肅節行平南將軍肅至義陽頻破賊軍
降者萬餘高祖遣散騎侍郎勞之以功進號平
南將軍賜駿馬一匹除持節都督豫東郢三
州諸軍事本將軍豫州刺史揚州大中正肅善
於撫接治有聲稱尋徵肅入朝高祖手詔曰不
見君子中心如醉一日三歲我勞如何飾館華
林拂席相待卿欲以何日發汝墳也故復此勑

又詔曰肅丁荼虐世志等伍胥自拔吳州膺求
魏縣躬操忘禮之本而同無數之喪誓雪怨恥
方展申復窮諭再朞蔬縕不改誠季世之高風
末代之孝節也但聖人制禮必均愚智先王作
則理齊盈虛過之者俯而就之不及者企而行
之曾參居罰寧其哀終吳員處酷豈聞四載夫
三年者天下之達喪古今之所一其雖欲過禮朕
得不制之以禮乎有司可依禮諭之爲裁練禫
之制二十年七月高祖以久旱不雨輟膳三旦

百寮詣闕引在中書省高祖在崇虛樓遣舍人
問曰朕知卿等至不獲相見卿何爲而來肅對
曰伏承陛下輟膳已經三旦群臣焦怖不敢自
寧臣聞堯水湯旱自然之數須聖人以濟世不
由聖以致災是以國儲九年以禦九年之變臣
又聞至於八月不雨然後君不舉膳昨四郊之
外已蒙滂澍唯京城之內微爲少澤蒸民未闕
一餐陛下輟膳三日臣庶惶惶無復情地高祖
遣舍人荅曰昔堯水湯旱賴聖人以濟民朕雖

居群黎之上道謝前王今日之旱無以救恤應
待立秋克躬自咎但此月十日已來炎熱焦酷
人物同悴而連雲數日高風蕭條雖不食數朝
猶自無感朕誠心未至之所致也肅曰臣聞聖
人與凡同者五常異者神明昔姑射之神不食
五穀臣常謂矯今見陛下始知其驗且陛下自
輟膳以來若天全無應臣亦謂上天無知陛下
無感一昨之前外有滂澤此有密雲臣即謂天
有知陛下有感矣高祖遣舍人荅曰昨內外貴

賊咸云四郊有雨朕恐此輩皆勉勸之辭三覆
之愼必欲使信而有徵比當遣人往行若果雨
也便命大官欣然進膳豈可以近郊之内而懍
慨要天乎若其無也朕之無感安用朕身以擾
民庶朕志確然死而後已是夜澍雨大降以破
蕭鸞將裴叔業功進號鎭南將軍加都督豫南
兗東荆東豫四州諸軍事封汝陽縣開國子食
邑三百户持節中正刺史如故肅頻表固讓不
許詔加鼓吹一部二十二年既平漢陽詔肅曰 江子名

夫知己貴義君臣務恩不能矜災卹禍恩義焉
措卿情同伍負懷酷歸朕然未能翦一讎人藏
彼凶帥何嘗不興言憤歎羨吴閶而長息比獲
蕭鸞輔國將軍黄瑶起乃知是卿怨也尋當相
付微望紓泄使吾見卿之日差得緩懷初贖之
收肅父奂也司馬黄瑶起攻奂殺之故詔云然
高祖之伐淮北令肅討義陽未尅而蕭鸞遣將
裴叔業寇渦陽劉藻等救之爲叔業所敗肅表
求更遣軍援渦陽詔曰得表覽之憮然觀卿意

非專在水當是以藻等鋭兵新敗於前事往勢
難故也朕若分兵遣之非多會無所制多遣則
禁旅難闕今日之計唯當作必尅之舉不可爲
孤疑之師徒失南兗也卿便息意停彼以圖義
陽之寇宜止則止還取義陽宜下則下鎭軍淮
北深量二途勿致重爽若孟表粮盡軍不及至
致失渦陽卿之過也肅乃解義陽之圍以赴渦
陽叔業乃引師而退肅坐劉藻等敗黜爲平南
三刀卌 將軍中正刺史如故高祖崩遺詔以肅爲尚書

令與咸陽王禧等同爲宰輔徵肅會駕魯陽肅
至遂與禧等參同謀謨自魯陽至於京洛行途
喪紀委肅參量憂勤經綜有過舊戚禧兄弟並
敬而昵之上下稱爲和輯唯任城王澄以其起
自覉遠一旦在己之上以爲憾焉每謂人曰朝
廷以王肅加我上尚可從叔廣陵宗室尊宿歷
任内外云何一朝令肅居其右也肅聞其言恒
降而避之尋爲澄所奏劾稱肅謀叛言尋申釋
詔肅尚陳留長公主本劉昶子婦彭城公主也

賜錢二十万帛三千匹肅奏考以顯能陟由績著昇明退闇於是乎在自百寮曠察四稔于茲請依舊式考檢能否從之裴叔業以壽春內附拜肅使持節都督江西諸軍事車騎將軍與驃騎大將軍彭城王勰率步騎十万以赴之蕭寶卷豫州刺史蕭懿率衆三万屯於小峴交州刺史李叔獻屯合肥將圖壽春懿遣將胡松李居士等領衆万餘屯據死虎肅進師討擊大破之擒其將橋琨等斬首數千進討合肥生擒叔獻

蕭懿棄小峴南走肅還京師世宗臨東堂引見勞之又問江左有何息耗肅曰如聞崔慧景已死寶卷所仗非邪即佞天殆以此資陛下廓定之期勢將不久以肅淮南累捷賞帛四千七百五十匹進位開府儀同三司封昌國縣開國侯食邑八百戶餘如故尋以肅爲散騎常侍都督淮南諸軍事揚州刺史持節餘官如故肅頻在邊悉心撫接遠近歸懷附者若市以誠綏納咸得其心清身好施簡絕聲色終始廉約家無餘

財然性微輕佻頗以功名自許護疵稱伐少所推下高祖每以此爲言景明二年薨於壽春年三十八世宗爲舉哀詔曰肅奄至不救痛惋兼懷可遣中書侍郎賈思伯兼通直散騎常侍撫慰厥孤給東園秘器朝服一襲錢三十万帛一千匹布五百匹蠟三百斤并問其卜遷遠近專遣侍御史一人監護喪事務令優厚又詔曰死生動靜卑高有域勝達所居存亡崇顯故杜預之歿窆於首陽司空李沖覆舟是託顧瞻斯所

誠亦二代之九原也故揚州刺史肅誠義結於二世英惠符於李杜平生本意願終京陵既有宿心宜遂先志其令葬於沖預兩墳之間使之神遊相得也贈侍中司空公本官如故有司奏以肅忠心大度宜謚匡公詔謚宣簡肅宗初詔爲肅建碑銘子紹襲

紹字三歸歷官太子洗馬員外常侍中書侍郎卒贈輔國將軍徐州刺史

子遷襲武定中通直常侍齊受禪爵隨例降

紹弟瑨孝静初始得還朝武定末著作佐郎紹
肅前妻謝生也肅臨薨謝始攜二女及紹至壽
春世宗納其女為夫人肅宗又納紹女為嬪
肅弟秉字文拔涉獵書史微有兄風世宗初攜
兄子誦翔衍等入國拜中書郎遷司徒諮議出
為輔國將軍幽州刺史卒贈征虜將軍徐州刺
史
誦字國章肅長兄融之子學涉有文才神氣清
儁風流甚美自員外郎司徒主簿轉司徒屬司

空諮議通直常侍汝南王友遷司徒諮議加前
軍散騎常侍光祿大夫出為左將軍幽州刺史
未幾徵為長兼秘書監從給事黄門侍郎肅宗
崩靈太后之立幼主也於時大赦誦宣讀詔書
音制抑揚風神竦秀百寮傾屬莫不歎美孝莊
初於河陰遇害年三十七贈驃騎大將軍尚書
左僕射司空公徐州刺史謚曰文宣
子孝康武定中尚書郎中卒
孝康弟儁康性清雅頗有文才齊文襄王中外
府祭酒卒贈征虜將軍太府少卿
誦弟衍字文舒名行器藝亞於誦自著作佐郎
稍遷尚書郎員外常侍司空諮議光祿大夫廷
尉揚州大中正度支尚書仍轉七兵徙太常卿
出為散騎常侍征東將軍西兗州刺史衍届治
未幾屬尒朱仲遠稱兵内向州既路衝為其攻
逼衍不能守為仲遠所擒以其名望不害也令
其騎牛從軍久乃見釋還洛除車騎將軍左光
祿大夫孝静初轉侍中將軍如故天平三年卒

年五十二勑給東園秘器賵物三百段贈使持
節都督青徐兗三州諸軍事驃騎大將軍尚書
令司徒公徐州刺史謚曰文獻衍篤於交舊有
故人並一虢於西兗為仲遠所害其妻子飢寒衍
置之於家累年贍恤世人稱其敦厚
翊字士遊肅次兄琛子也風神秀立好學有文
才歷司空主簿清河王友中書侍郎頗鋭於榮
利結婚於元乂超拜左將軍濟州刺史尋加平
東將軍清靜愛民有政治之稱入為散騎常侍

孝莊初遷鎮南將軍金紫光祿大夫領國子祭
酒永安元年冬卒年三十七贈侍中衛將軍司
空公徐州刺史
子淵武定中儀同開府記室參軍
宋弁字義和廣平列人人也祖愔與從叔宣博
陵崔建俱知名世祖時歷位中書博士員外散
騎常侍使江南賜爵列人子還拜廣平太守興
安五年卒贈安遠將軍相州刺史謚曰惠長子
顯襲爵弁伯父世顯無子養弁為後弁父叔珍

魏書傳五十一　十

李敷妹夫因敷事而死弁才學儁贍少有美名
高祖初曾至京師見尚書李沖因言論移日沖
竦然異之退而言曰此人一日千里王佐才也
顯卒弁襲爵弁與李彪州里迭相祗好彪為祕
書丞弁自中散彪請為著作佐郎尋除尚書殿
中郎中高祖曾因朝會之次歷訪治道弁年少
官微自下而對聲姿清亮進止可觀高祖稱善
者久之因是大被知遇賜名為弁意取弁和獻
玉楚王不知寶之也遷中書侍郎兼員外常侍

使於蕭賾賾司徒蕭子良祕書丞王融等皆稱
美之以為志氣謇烈不逮李彪而體韻和雅舉
止周遂過之轉散騎侍郎時散騎位在中書之
右高祖曾論江左事因問弁曰卿比南行入其
隅隩彼政道云何興亡之數可得知不弁對曰
蕭氏父子無大功於天下既以逆取不能順守
德政不理徭役滋劇內無股肱之助外有怨叛
之民以臣觀之必不能貽厥孫謀保有南海若
物憚其威身免為幸後車駕南征以弁為司徒

魏書傳五十一　十一

司馬曜武將軍東道副將軍人有盜馬靽者斬
而徇之於是三軍振懼莫敢犯法黃門郎崔光
薦弁自代高祖不許然亦賞光知人未幾以弁
兼黃門尋即正兼司徒左長史時大選內外群
官弁定四海士族弁專參銓量之任事多稱旨
然好言人之陰短高門大族意所不便者弁因
毀之至於舊族淪滯人非可忌者又申達之弁
又為本州大中正姓族多所降抑頗為時人所
怨從駕南討詔弁於豫州都督所部及東荊領

葉皆減戍士營農水陸兼作遷散騎常侍尋遷右衛將軍領黃門弁屢自陳讓高祖曰吾爲相知者卿亦不可有辭豈得專守一官不助朕爲治且常侍者黃門之粗冗領軍者二衛之假攝不足空存推讓以棄大委其被知遇如此始高祖北都之選也李沖多所參豫頗抑宋氏弁有恨於沖而與李彪交結雅相知重及彪之抗沖沖謂彪曰爾如狗耳爲人所嗾及沖劾彪不至大罪弁之力也彪除名爲民弁大相嗟慨密圖

魏書傳五十一　十三　德裕

申復高祖在汝南不豫大漸旬有餘日不見侍臣左右唯彭城王勰等數人而已小瘳乃引見門下及宗室長幼諸人入者未能知致悲泣弁獨進及御床歔欷流涕曰臣不謂陛下聖顏毀瘠乃爾由是益重之車駕征馬圈留弁以本官兼祠部尚書攝七兵事及行執其手曰國之大事在祠與戎故令卿綰攝二曹可不自勉弁頓首辭謝弁劬勞王事夙夜在公恩遇之甚輩流莫及名重朝野亞於李沖高祖每稱弁可爲吏部尚書及崩遺詔以弁爲之與咸陽王禧等六人輔政而弁已先卒年四十八詔賜錢十万布三百匹贈安東將軍瀛州刺史謚曰貞順弁性好矜伐自許膏腴高祖以郭祚晉魏名門從容謂弁曰卿固應推郭祚之門也弁笑曰臣家未肯推祚高祖曰卿自漢魏以來既無高官又無儁秀何得不推弁曰臣清素自立要爾不推侍臣出後高祖謂彭城王勰曰弁人身良自不惡乃復欲以門户自矜殊爲可怪

魏書傳五十一　十三

長子維字伯緒維弟紀字仲烈維少襲父爵自員外郎遷給事中坐謟事高肇出爲益州龍驤府長史辭疾不行太尉清河王懌輔政以維名臣之子薦爲通直郎辟其弟紀行參軍靈太后臨政委任元乂而乂恃寵驕盈懌每以分理裁斷乂甚忿恨思以害懌遂與維爲計以富貴許之維見乂寵勢日隆便至乾沒乃告司染都尉韓文殊父子欲謀逆立懌懌坐被錄禁中文殊父子懼而逃遁鞫無反狀以文殊亡走懸處大

辟置爲懌於宮西別館禁兵守之維應反坐又言
於太后欲開將來告者之路乃黜爲燕州昌平
郡守紀爲秦州大羌令維及紀頗涉經史而浮
薄無行懌親尊懿望朝野瞻屬維受懌眷賞而
無狀構閒天下人士莫不怪忿而賤薄之及乂
殺懌專斷朝政以維兄弟前者告懌徵紀爲散
騎侍郎維爲太學博士領侍御史甚昵之維超
遷通直常侍又除冠軍將軍洛州刺史紀超遷
尚書郎初弁謂族弟世景言維性疎險而紀識

慧不足終必敗吾業也世景以爲不爾至是果
然聞者以爲知子莫若父尚書令李崇尚書左
僕射郭祚右僕射游肇每云伯緒兇疎終敗宋
氏幸得殺身耳論者以爲有徵後除營州刺史
仍本將軍靈太后反政以乂黨除名遂還鄉里
尋追其前誣告清河王事於鄴賜死
子春卿早亡弟紀以次子欽仁繼
欽仁武定末太尉祭酒
紀肅宗末爲北道行臺卒於晉陽

子欽道武定末冀州別駕
弁弟機本州治中
子寶積卒於中散大夫
弁族弟穎字文賢自奉朝請稍遷尚書郎魏郡
太守納貨劉騰騰言之於元乂以穎爲冠軍將
軍涼州刺史穎前妻鄧氏亡後十五年穎夢見
之向穎拜曰新婦今被處分爲高崇妻故來辭
君泫然流涕穎旦而見崇言之崇後數日而卒
穎族弟燮字崇和廣平王懷郎中令員外常侍

爲征北李平司馬北殄元愉頗有贊謀之功
燮族弟鴻貴爲定州平北府參軍送兵於荆州
坐聚兵絹四百匹兵欲告之乃斬十人又疎凡
不達律令見律有梟首之罪乃生斷兵手以水
澆之然後斬決尋坐伏法時人哀兵之苦笑鴻
貴之愚
史臣曰古人有云才未半古功以過之非徒語
也王肅流寓之人見知一面雖器業自致抑亦
逢時榮任赫然寄同舊列美矣誦翊繼軌不殞

光風宋弁以才度見知迹參顧命拔萃出類其有以哉無子之歎豈徒羊舌宗祀之不亡幸矣

列傳第五十一　魏書六十三

列傳第五十二　魏書六十四

郭祚　張彝

郭祚字季祐太原晉陽人魏車騎郭淮弟亮後也祖逸州別駕前後以二女妻司徒崔浩一女妻浩弟上黨太守恬世祖時浩親寵用事拜逸徐州刺史假榆次侯終贈光禄大夫父洪之坐浩事誅祚亡竄得免少而孤貧姿皃不偉鄉人莫之識也有女巫相祚後當富貴祚涉歷經史習崔浩之書尺牘文章見稱於世弱冠州主簿刺史孫小委之書記又太原王希者逸妻之姪共相賙恤得以饒振高祖初舉秀才對策上第拜中書博士轉中書侍郎遷尚書左丞長兼給事黃門侍郎祚清勤在公夙夜匪懈高祖甚知賞之從高祖南征及還正黃門車駕幸長安行經渭橋過郭淮廟問祚曰是卿祖宗所承也祚曰是臣七世伯祖高祖曰先賢後哲頓在一門祚對曰昔臣先人以通儒英博唯事魏丈微臣虛薄遭奉明聖自惟幸甚因勑以太牢祭淮廟

令祚自撰祭文以贊遷洛之規賜爵東光子高祖曾幸華林園因觀故景陽山祚曰山以仁靜水以智流願陛下修之高祖曰魏明以奢失於前朕何爲襲之於後祚曰高山仰止高祖曰得非景行之謂遷散騎常侍仍領黃門是時高祖鋭意典禮兼銓鏡九流又遷都草創征討不息内外規略號爲多事祚與黃門宋弁參謀幃幄隨其才用各有委寄祚承稟注疏特成勤劇嘗以立馮昭儀百官夕飲清徽後園高祖舉觴賜

祚及崔光曰郭祚憂勞庶事獨不欺我崔光溫良博物朝之儒秀不勸此兩人當勸誰也其見知若此初高祖以李彪爲散騎常侍祚因入見高祖謂祚曰朕昨誤授一人官祚對曰陛下聖鏡昭臨論才授職進退可否黜陟幽明品物旣彰人倫有序豈容聖詔一行而有差異高祖沈吟曰此自應有讓因讓朕欲別授一官須吏彪有啓云伯石辭卿子產所惡臣欲之已久不敢辭讓高祖歎謂祚曰卿之忠諫李彪正辭使朕

遲回不能復決遂不換彪官也乘輿南討祚以兼侍中從拜尚書進爵爲伯高祖崩咸陽王禧等奏祚兼吏部尚書尋除長兼吏部尚書并州大中正世宗詔以姦吏逃刑縣配遠戍若永避不出兄弟代之祚奏曰慎獄審刑道煥先古垂憲設禁義纂惟今是以先王沿物之情爲之軌法故八刑備於昔典姦律炳於來制皆所以謀其始迹訪厥成罪敦風厲俗永資世範者也伏惟旨義博遠理絶近情旣懷愚異不容不述誠

以敗法之原起於姦吏姦吏雖微敗法實甚伏尋詔旨信亦斷其逋逃之路爲治之要實在於斯然法貴止姦不在過酷立制施禁爲可傳之於後若法猛而姦不息禁過不可永傳將何以載之刑書垂之百代若以姦吏逃竄徙其兄弟罪人妻子復應從之此則一人之罪禍傾二室愚謂罪人旣逃止徙妻子走者之身懸名永配於眚不免姦途自塞詔從之尋正吏部祚持身潔清重惜官位至於銓授假令得人必徘徊久

之然後下筆下筆即去此人便以貴矣由是事
頗稽滯當時每招怨讟然所拔用者皆量才稱
職時又以此歸之出爲使持節鎮北將軍瀛州
刺史及太極殿成祚朝於京師轉鎮東將軍青
州刺史祚值歲不稔闔境飢弊矜傷愛下多所
賑恤雖斷決淹留號爲煩緩然士女懷其德澤
于今思之入爲侍中金紫光祿大夫并州大中
正遷尚書右僕射時議定新令詔祚與侍中黃
門參議刊正故事令僕中丞騶唱而入宮門至

三百卅二　魏書傳五十二　四

於馬道及祚爲僕射以爲非盡敬之宜言於世
宗帝納之下詔御在太極騶唱至止車門御在
朝堂至司馬門騶唱不入宮自此始也詔祚本
官領太子少師祚曾從世宗幸東宮肅宗幼弱
祚懷一黃瓤出奉肅宗時應詔左右趙桃弓與
御史中尉王顯迭相脣齒深爲世宗所信祚私
事之時人謗祚者號爲桃弓僕射黃瓤少師祚
奏曰謹案前後考格雖班天下如臣愚短猶有
未悟今須定職人遷轉由狀超越階級者即須

量折景明初考格五年者得一階半正始中故
尚書中山王英奏考格被旨但可正滿三周爲
限不得計殘年之勤又去年中以前二制不同
奏請裁決旨云黜陟之體自依舊來恒斷今未
審從舊來之旨爲從景明之斷爲從正始爲限
景明考法東西省文武閑官悉爲三等考同任
事而前尚書盧昶奏上第之人三年轉半階今
之考格復分爲九等前後不同參差無準詔曰
考在上中者得汎以前有六年以上遷一階三

三十四　魏書傳五十二　五　徐

年以上遷半階殘年悉除考在上下者得汎以
前六年以上遷半階不滿者除其得汎以後考
在上下者三年遷一階散官從盧昶所奏祚又
奏言考察令公清獨著德績超倫而無負殿者
爲上上一殿爲上中二殿爲上下累計八殿品
降至九未審今諸曹府寺凡考在事公清然才
非獨著績行稱務而德非超倫幹能粗可而守
平堪任或人用小劣處官濟事并全無負殿之
徒爲依何第景明三年以來至今十有一載準

限而判三應昇退今既通考未審爲十年之中
通其殿最積以爲第隨前後年斷各自除其善
惡而爲昇降且負注之章數成殿爲差此條以
寡愆爲最多戾爲殿未審取何行是寡愆何坐
爲多戾結累品次復有幾等諸文案失衷應杖
十者爲一負罪依律次過隨負記十年之中三
經肆眚赦前之罪不問輕重皆蒙宥免或爲御
史所彈案驗未周遇赦復任者未審記殿得除
以不詔曰獨著超倫及才備寡咎皆謂文武兼

三卅四　魏書列傳五十二　六　余

上上之極言耳自此以降猶有八等隨才爲次
令文已具其積負累殿及守平得濟皆含在其
中何容別疑也所云通考者據總多年之言至
於黜陟之體自依舊來年斷何足復請其罰贖
已決之殿固非免限遇赦免罪惟記其殿除之
尋加散騎常侍時詔營明堂國學祚奏曰今雲
羅西舉開納岷蜀戎旗東指鎮靖淮判漢沔之
間復須防捍衞兵發衆所在殷廣邊郊多壘烽
驛未息不可於師旅之際興板築之功且獻歲

云既登東作將始臣愚量謂宜待豐靖之年因子
來之力可不時而就從之世宗末年每引祚入
東宮密受賞賚多至百餘万雜以錦繡又特賜
以劒杖恩寵甚深遷左僕射先是蕭衍遣將康
絢遏淮將灌揚徐祚表曰蕭衍狂悖擅斷川瀆
役苦民勞危亡已兆然古諺有之敵不可縱夫
以一酌之水或爲不測之淵如不時滅恐同原
草宜命一重將率統軍三十人領羽林一万五
千人并科京東七州虎旅九万長驅電邁遄令

魏傳　五十二　七

撲討擒斬之勳一如常制賊資雜物悉入軍人
如此則鯨鯢之首可不日而懸誠知農桑之時
非發衆之日苟事理宜然亦不得不爾昔韋顧
跋扈殷后起昆吾之師玁狁孔熾周王興六月
之伐臣職忝樞衡獻納是主心之所懷寧敢自
嘿并宜勑揚州選一猛將遣當州之兵令赴浮
山表裏夾攻朝議從之出除使持節散騎常侍
都督雍岐華三州諸軍事征西將軍雍州刺史
太和以前朝法尤峻貴臣蹉跌便致誅夷李沖

之用事也欽祚識幹薦爲左丞又兼黄門意便滿足每以孤門往經崔氏之禍常慮危亡苦自陳挹辭色懇然發於誠至仲謂之曰人生有運非可避也但當明白當官何所顧畏自是積三十餘年位秩隆重而進趣之心更復不息又以東宫師傅之資列辭尚書志在封侯儀同之位尚書令任城王澄爲之奏聞及爲征西雍州雖喜於外撫尚以府號不優心望加大執政者頗怪之於時領軍于忠恃寵驕恣崔光之徒曲躬承奉祚心惡之乃遣子太尉從事中郎景尚説高陽王雍令出忠爲州忠聞而大怒矯詔殺祚時年六十七祚達於政事凡所經履咸爲稱職每有斷決多爲故事名器既重時望亦深朝非罪見害遠近莫不惋惜靈太后臨朝遣使弔慰追復伯爵正光中贈使持節車騎將軍儀同三司雍州刺史謚文貞公初高祖之置中正從容謂祚曰并州中正卿家故應推王瓊也祚退謂僚友曰瓊真僞今自未辨我家何爲滅之然

主上直信李沖吹噓之説耳祚死後三歲而于忠死咸以祚爲祟

祚長子思恭弱冠州辟爲主簿早卒思恭弟慶禮以第二子延伯繼

延伯襲祖爵東光伯武定中驃騎大將軍將作大匠齊受禪爵例降

思恭弟景尚字思和涉歷書傳曉星曆占候言事頗驗初爲彭城王中軍府參軍遷員外郎司徒主簿太尉從事中郎公彊當世善事權寵世號之曰郭尖肅宗時遷輔國將軍中散大夫轉中書侍郎未拜而卒年五十一

子季方武定中膠州驃騎府長流參軍

景尚弟慶禮字叔爲祚所愛著作佐郎 通直郎卒贈征虜將軍瀛州刺史

子元貞武定末定州驃騎府長史

張彝字慶賓清河東武城人曾祖幸慕容超東牟太守後率户歸國世祖嘉之賜爵平陸侯拜平遠將軍青州刺史祖準之襲又爲東青州刺

史父靈眞早卒彝性公彊有風氣歷覽經史高祖初襲祖侯爵與盧淵李安民等結爲親友往來朝會常相追隨淵爲主客令安民與彝並爲散令彝少而豪放出入殿庭步眄高上無所顧忌文明太后雅尚恭謹因會次見其如此遂召集百寮督責之令其修悔而猶無悛改善於督察每東西馳使有所巡檢彝恒充其選清慎嚴猛所至人皆畏伏儔類亦以此高之遷主客令例降侯爲伯轉太中大夫仍行主客曹事尋爲

魏書傳五十二　十

黃門後從駕南征母憂解任彝居喪過禮送葬自平城達家千里徒步不乘車馬顏皃毀瘠當世稱之高祖幸冀州遣使弔慰詔以驍騎將軍起之還復本位以參定遷都之勳進爵爲侯轉太常少卿遷散騎常侍兼侍中持節巡察陝東河南十二州甚有聲稱使還以從征之勤遷尚書坐舉元昭爲兼郎中黜爲守尚書世宗初除正尚書兼侍中尋正侍中世宗親政罷六輔彝與兼尚書邢巒聞處分非常出京奔走爲御史

中尉甄琛所彈云非虎非兕率彼曠野詔書切責之尋除安西將軍秦州刺史彝務尚典式考訪故事及臨隴右彌加討習於是出入直衞方伯威儀赫然可觀羌夏畏伏憚其威整一方肅靜號爲良牧其年冬太極初就彝與郭祚等俱以勤舊被徵及還州進號撫軍將軍彝表解州任詔不許彝敷政隴右多所制立宣布新風革其舊俗民庶愛仰之爲國造佛寺名曰興皇諸有罪咎者隨其輕重讁爲土木之功無復鞭杖

魏書傳五十二　十一

之罰時陳留公主寡居彝意願尚主主亦許之僕射高肇亦望尚主主意不可肇怒譖彝於世宗稱彝擅立刑法勞役百姓詔遣直後萬貳興馳驛撿察貳興肇所親愛必欲致彝深罪彝清身奉法求其愆過遂無所得見代還洛猶停廢數年因得偏風手腳不便然志性不移善自將攝稍能朝拜久之除光祿大夫加金章紫綬彝愛好知己輕忽下流非其意者視之蔑爾雖疹疾家庭而志氣彌亮上表曰臣聞元天高朗尚

假列星以助明洞庭淵湛猶籍衆流以增大莫
不以孤照不詰其幽獨深未盡其廣先聖識其
若此必取物以自誡故堯稱則天設謗木以曉
未明舜稱盡善懸諫鼓以規政闕虞人獻箴規
之旨盤盂著舉動之銘庶幾見善而思齊聞惡
以自改眷眷於悔往之衢孜孜於不逮之路用
能聲高百王卓絶中古經十氏而不渝歷二千
以孤鬱伏惟太祖撥亂弃代重光世祖以不世
之才開盪函夏顯祖以溫明之德潤伏九區高

三百四十四　魏書傳五十二　十二　虞保山

祖大聖臨朝經營云始未明求衣日昃忘食開
翦荆棘徙御神縣更新風軌冠帶朝流海東雜
種之渠銜南異服之帥沙西氈頭之戎漠北辮
髮之虜重譯納貢請吏稱藩積德懋於夏殷富
仁盛於周漢澤教既周武功亦洽猶且發明詔
思求直士信是蒼生薦言之秋祝史陳辭之日
況臣家自奉國八十餘年紆金鏘玉及臣四世
過以小才藉蔭出仕學慙專門武闕方略早荷
先帝眷仗之恩未蒙陛下不遺之施侍則出入

兩都官歷納言常伯忝牧秦藩號兼安撫實思
碎首膏原仰酬二朝之恵輕塵碎石遠增嵩岱
之高輒私訪舊書竊觀圖史其帝皇興起之元
配天隆家之業修造益民之奇龍麟雲鳳之瑞
卑宮愛物之仁釋網改祝之澤前歌後舞之應
囹圄寂寥之美可爲輝風景行者輒謹編丹青
以摽睿範至如太康好田遇窮后迫禍武乙逸
禽罹震雷暴酷夏桀淫亂南巢有非命之誅殷
紂昏酣牧野有倒戈之陳周厲逐獸滅不旋踵

魏書傳五十三　十三　人王

幽王遇惑死亦相尋暨於漢成失御亡新簒奪
桓靈不綱魏武遷鼎晉惠闇弱骨肉相屠終使
聰曜鴟視并州勒虎狼據燕趙如此之輩罔不
畢載起元庖犧終於晉末凡十六代百二十八
帝歷三千二百七年雜事五百八十九合成五
卷名曰歷帝圖亦謗木諫鼓虞人盤盂之類脫
蒙置御坐之側時復披覽冀或起予左右上補
未萌伏願陛下遠惟宗廟之憂近存黎民之念
取其賢君棄其惡主則微臣雖沈淪地下無與

乘雲登天𠔥矣世宗善之尋又表曰竊惟皇王統天必以窮幽爲美盡理作聖亦假廣採成明故詢於芻蕘著之周什輿人獻箴流於夏典不然則美刺無以得彰善惡有時不達逮於兩漢魏晉雖道有隆汚而被繡傳檄未始闕也及惠帝失御中夏崩離劉苻專據秦西燕趙獨制關左姚夏繼起五涼競立致使九服摇摇民無定主禮儀典制此焉堙滅暨大魏應歷撥亂登皇翦彼鯨鯢龕靖神縣數紀之間天下寧一傳輝七

帝積聖如神高祖遷鼎成周永茲八百偃武修文憲章斯改實所謂加五帝登三王民無德而名焉猶且慮獨見之不明欲廣訪於得失乃命四使觀察風謠臣時忝常伯充一使之列遂得仗節揮金宣恩東夏周歷於齊魯之間遍馳於梁宋之域詢採詩頌研檢獄情實庶片言之不遺美刺之俱顯而才輕任重多不遂心所採之詩並始申目而值鑾輿南討問罪宛鄧臣復忝行軍樞機是務及鞏駕之返膳御未和續以大諱奄臻四海崩慕遂爾推遷不及聞徹未幾敗牧秦藩違離闕下繼以譴疾相纏寧十八歲常恐所採之詩永淪丘壑是臣夙夜所懷以爲深憂者也陛下垂日月之明行雲雨之施察臣往罪之濫矜臣貧病之切既蒙崇以禄養復得拜掃丘墳明目友朋無所負愧且臣一二年來所患不劇尋省本書粗有髣髴凡有七卷今寫上呈伏願昭覽勑付有司使魏代所採之詩不堙於丘井臣之願也肅宗初侍中崔光表曰彝及

李韶朝列之中唯此二人出身官次本在臣右器能幹世又並爲多近來參差便成替後計其階途雖應遷陟然恐班秩猶未賜等昔衛之公叔引下同舉晉之士匄推長伯游古人所高當時見許敢緣斯義乞降臣位一階授彼汎級齊行聖庭帖穆選叙詔加征西將軍冀州大中正雖年向六十加之風疾而自彊人事孜孜無怠公私法集衣冠從事延請道俗修營齋講好善欽賢愛獎人物南北新舊莫不多之大起第宅

徽號華俊頗侮其疎宗舊戚不甚存紀時有怨
憾焉榮官之間未能止足屢表在秦州預有開
援漢中之勳希加賞報積年不已朝廷患之第
二子仲瑀上封事求銓别選格排抑武人不使
預在清品由是衆口喧喧謗讟盈路立榜大巷
剋期會集屠害其家彝殊無畏避之意父子安
然神龜二年二月羽林虎賁幾將千人相率至
尚書省詬罵求其長子尚書郎始均不獲以瓦
石擊打公門上下畏懼莫敢討抑遂便持火虜

掠道中薪蒿以杖石爲兵器直造其第曳彝堂
下捶辱極意唱呼嗷嗷焚其屋宇始均仲瑀當
時踰北垣而走始均回救其父拜伏群小以請
父命羽林等就加毆擊生投之於烟火之中及
得尸骸不復可識唯以髻中小釵爲驗仲瑀傷
重走免彝僅有餘命沙門寺與其比隣輿致於
寺遠近聞見莫不惋駭彝臨終口占左右上啓
曰臣自奉國及孫六世尸禄素餐負恩唯靦徒
思竭智盡誠終然靡効臣第二息仲瑀所上之

事益治實多既曰有益寧容默爾通呈有日未
簡神聽豈圖衆忿乃至於此臣不能禍防未萌
慮絶殃兆致令軍衆橫嚚攻焚臣宅息始均仲
瑀等叩請流血乞代臣死始均即陷塗炭仲瑀
經宿方蘇臣年已六十宿被榮遇垂暮之秋忽
見此苦顧瞻災酷古今無比臣傷至重殘氣假
延望景顧時推漏就盡頃刻待　臣之命也知
復何言若所上之書少爲益國臣便是生以理
全死與義合不負二帝於地下臣無餘恨矣一

歸泉壤長離紫庭戀仰天顔誠痛無已不勝眷
眷力喘奉辭伏願二聖加御珍膳覆露黔首壽
保南嶽德與日昇臣夙被知蒙先後荷恩欲報
之期昊天罔極亡魂有知不忘結草彝遂卒時
年五十九官爲收掩羽林凶彊者八人斬之不
能窮誅群豎即爲大赦以安衆心有識者知國
紀之將墜矣喪還所焚宅與始均東西分斂於
小屋仲瑀遂以創重避居滎陽至五月創得漸
瘳始奔父喪詔賜布帛千匹靈太后以其累朝

大臣特垂矜惻數月猶追言泣下謂諸侍臣曰吾爲張彝飲食不御乃至首鬓微有虧落悲痛之苦以至於此初彝曾祖幸所招引河東民爲州裁千餘家後相依合至於罷入冀州積三十年析別有數万戶故高祖比校天下民戶最爲大州彝爲黄門每侍坐以爲言高祖謂之曰終當以卿爲刺史酬先世誠效彝追高祖往旨累乞本州朝議未許彝亡後靈太后云彝屢乞冀州吾欲用之有人違我此意若從其請或不至是悔之無及乃贈使持節衛將軍冀州刺史謚文侯

始均字子衡端潔好學有文才司徒行參軍遷著作佐郎世宗以彝先朝勤舊不幸疹廢特除始均長兼左民郎中遷貟外常侍仍領郎始均才幹有美於父改陳壽魏志爲編年之體廣益異聞爲三十卷又著冠帶録及諸賦數十篇今並亡失初大乘賊起於冀瀛之間遣都督元遥討平之多所殺戮積尸數万始均以郎中爲行臺忩軍士重以首級爲功乃令檢集人首數千一時焚爇至於灰燼用息僥倖見者莫不傷心及始均之死也始末在於烟炭之間有焦爛之痛論者或亦推咎焉贈樂陵太守謚曰孝

子晷襲祖爵武定中開府主簿齊受禪爵例降

晷弟晏之武定中儀同開府中兵參軍

仲瑀司空祭酒給事中

子台儀同開府參軍事

仲瑀弟珉著作佐郎

史臣曰郭祚才幹敏實有世務之長高祖經綸之始獨在勤勞之地居官任事動靜稱述張彝風力謇謇有王臣之氣銜命擁旌風聲猶在並魏氏器能之臣乎遭隨有命俱嬰世禍悲哉始均才志未申惜也

列傳第五十二　魏書六十四

列傳第五十三　魏書六十五

邢巒　李平

邢巒字洪賓河間鄚人也五世祖嘏石勒頻徵不至嘏無子巒高祖蓋自旁宗入後蓋孫穎字宗敬以才學知名世祖時與范陽盧玄勃海高允等同時被徵後拜中書侍郎假通直常侍寧朔將軍平城子銜命使於劉義隆後以病還鄉里久之世祖訪穎於羣臣曰往憶邢穎長者有學義宜侍講東宮今其人安在司徒崔浩對曰穎臥疾在家世祖遣太醫馳馹就療卒贈冠軍將軍定州刺史謚曰康子脩年即巒父也州主簿巒少而好學負帙尋師家貧厲節遂博覽書傳有文才幹略美鬚髯姿皃甚偉州郡表貢拜中書博士遷員外散騎侍郎爲高祖所知賞兼員外散騎常侍使於蕭賾還拜通直郎轉中書侍郎甚見顧遇常參座席高祖因行藥至司空府南見巒宅遣使謂巒曰朝行藥至此見卿宅乃住東望德館情有依然巒對曰陛下移構中京方建無窮之業臣意在與魏昇降寧容不務永年之宅高祖謂司空穆亮僕射李沖曰巒之此言其意不小有司奏策秀孝詔曰秀孝殊問經權異策邢巒才清可令策秀後兼黃門郎從征漢北巒在新野後至高祖曰伯玉天迷其心鬼惑其慮守危邦固逆主乃至如此巒曰新野既摧衆城悉潰唯有伯玉不識危機平殄之辰事在旦夕高祖曰至此以來雖未擒滅城隍已崩想在不遠所以緩攻者正待中書爲露布耳尋除正黃門兼御史中尉瀛州大中正遷散騎常侍兼尚書世宗初巒奏曰臣聞昔者明王之以德治天下莫不重粟帛輕金寶然粟帛安國育民之方金玉是虛華損德之物故先皇深觀古今去諸奢侈服御尚質不貴雕鏤所珍在素不務奇綺至乃以紙絹爲帳扆銅鐵爲轡勒訓朝廷以節儉示百姓以憂務日夜孜孜小大必慎輕賤珠璣示其無設府藏之金裁給而已更不買積以費國資逮景明之初承升平之業四

疆清晏遠邇來同於是蕃貢繼路商賈交入諸
所獻賀倍多於常雖加以節約猶歲損万計珍
貨常有餘國用恒不足若不裁其分限便恐無
以支歲自今非爲要須者請皆不受世宗從之
尋正尚書常侍如故蕭衍梁秦二州行事夏侯
道遷以漢中内附詔加巒使持節都督征梁漢
諸軍事假鎮西將軍進退徵攝得以便宜從事
巒至漢中白馬已西猶未歸順巒遣寧遠將軍
楊舉統軍楊衆愛氾洪雅等領卒六千討之軍
鋒所臨賊皆款附唯補谷戍主何法靜據城拒
守懸等進師討之法靜奔潰乘勝追奔至關城
之下蕭衍龍驤將軍關城流雜(疑)李侍叔逆以
城降蕭衍輔國將軍任僧幼等三十餘將率南
安廣長東洛大寒武始除口平溪桶谷諸郡之
民七千餘戶相繼而至蕭衍平西將軍李天賜
晉壽太守王景胤等擁衆七千屯據石亭統軍
韓多寶等率衆擊之破天賜前軍趙臏擒斬一
千三百遣統軍李義珍討晉壽景胤宵遁遂平

之詔曰巒至彼須有板官以懷初附高下品第
可依征義陽都督之格也拜巒使持節安西將
軍梁秦二州刺史蕭衍巴西太守龐景民恃遠
不降巒遣巴州刺史嚴玄思往攻之斬景民巴
西悉平蕭衍遣其冠軍將軍孔陵等率衆二万
屯據深坑冠軍將軍曾方達固南安冠軍將軍
任僧褒輔國將軍李畎戍石同巒統軍王足所
在擊破之梟衍輔國將軍樂保明寧朔將軍李
伯度龍驤將軍李思賢賊遂保回車柵足又進
擊衍輔國將軍范峻自餘斬獲殆將万數孔陵
等收集遺衆奔保梓潼足又破之斬衍輔國將
軍符伯度其殺傷投溺者万有餘人開地定民
東西七百南北千里獲郡十四二部護軍及諸
縣戍遂逼涪城巒表曰揚州成都相去万里陸
途既絕唯資水路蕭衍兄子淵藻去年四月十
三日發揚州今歲四月四日至蜀水軍西上非
周年不達外無軍援一可圖也益州頃經劉季
連反叛鄧元起攻圍資儲散盡倉庫空竭今猶

未復兼民人喪膽無復固守之意二可圖也蕭淵藻是孽蘭少年未洽治務及至益州便戮鄧元超曹亮宗臨戎斬將則是駕馭失方范國惠津渠退敗鏁執在獄今之所任並非宿將重名皆是左右少年而已既不厭民望多行殘暴民心離解三可圖也蜀之所恃唯劒閣今既剋南安已奪其險據彼界內三分已一從南安向涪方軌任意前軍累破後衆喪魂四可圖也昔劉禪據一國之地姜維爲佐鄧艾既出綿竹彼即

魏書傳五十三　五

投降及苻堅之世楊安朱彤三月取漢中四月至涪城兵未及州仲孫逃命桓溫西征不旬月而平蜀地昔來恒多不守況淵藻是蕭衍兄子骨肉至親若其逃亡當無死理脫軍剋涪城淵藻復何宜城中坐而受困若其出鬬庸蜀之卒唯便刀矟弓箭至少假有遥射弗至傷人五可圖也臣聞乘機而動武之善經攻昧侮亡春秋明義未有捨干戚而康時不征伐而混一伏惟陛下纂武文之業當必世之期跨中州之饒兼

甲兵之盛清蕩天區在於今矣是以踐極之初壽春馳款先歲命將義陽剋闢淮外謐以風清荆沔於焉肅晏方欲偃甲息兵候機而動而天贊休明時來斯速雖欲靖戎理不獲已至使道遷歸誠漢境佇拔臣以不才屬當戎寄内省文吏不以軍謀自許指臨漢中惟規保疆守界事屬艱途東西寇竊上憑國威下仗將士邊帥用命頻有薄捷藉勢乘威經度大劒既剋南安據彼要險前軍長邁已至梓潼新化之民翻然懷

魏書五十三列傳　六

惠瞻望涪益旦夕可屠正以兵少糧匱未宜前出爲爾稽緩懼失民心則更爲寇今若不取後圖便難輒率愚管庶幾殄剋如其無功分受憲坐且益州殷實戶餘十萬比壽春義陽三倍非匹可乘可利實在于茲若朝廷志存保民未欲經略臣之在此便爲無事乞歸侍養微展烏鳥詔曰若賊敢闚關觀機翦撲如其無也則安民保境以悅邉心子蜀之舉更聽後敕方將席卷岷蜀電掃西南何得辭以戀親中途告退宜勗

令圖務申高略巒又表曰昔鄧艾鍾會率十八萬衆傾中國資給裁得平蜀所以然者鬬實力故也况臣才絶古人智勇又闕復何宜請二萬之衆而希平蜀所以敢者正以據得要險士民慕義此往則易彼来則難任力而行理有可尅今王足前進已逼涪城脫得涪城則益州便是成擒之物但得之有早晚耳且梓潼已附民戶數萬朝廷豈得不守之也若守也直保境之兵則已一萬臣今請二萬伍千所增無幾又劍閣

三百二十四　魏傳五十三　七　陳士通

天險古来所稱張載銘云世亂則逆世清斯順此之一言良可惜矣臣誠知征戍危事不易可爲自軍度劍閣以来鬢髮中白憂慮戰懼寧可一日爲心所以勉強者既得此地而自退不守恐辜先皇之恩遇負陛下之爵禄是以孜孜頻有陳請且臣之意筭正欲先圖涪城以漸而進若尅涪城便是中分益州之地斷水陸之衝彼外無援軍孤城自守復何能持久哉臣今欲使軍軍相次聲勢連接先作萬全之計然後圖彼

得之則大尅不得則自全又巴西南鄭相離一千四百去州迢遞恒多生動昔在南之日以其統綰勢難故增立巴州鎮靜夷獠梁州藉利因而表罷彼土民望嚴蒲何楊非唯五三族落雖在山居而多有豪右文學箋啓往往可觀冠帶風流亦爲不少但以去州既遠不能仕進至於州綱無由厠迹巴境民豪便是無梁州之分是以鬱怏多生動静比建議之始嚴玄思自號巴州刺史尅城以来仍使行事巴西廣袤一千戶

三百二十四　魏書傳五十三　八　陳士通

餘四萬若彼立州鎮攝華獠則大帖民情從墊江已還不復勞征自爲國有世宗不從又王足於涪城輒還遂不定蜀巒既尅巴西遣軍主李仲遷守之仲遷得蕭衍將張法養女有美色甚惑之散費兵儲專心酒色公事諮承無能見者巒忿之切齒仲遷懼謀叛城人斬其首以城降衍將譙希遠巴西遂没武興氐楊集起等反叛巒遣統軍傅豎眼討平之語在豎眼傳巒之初至漢中從容風雅接豪右以禮撫細民以恵歲

餘之後頗因百姓去就誅滅齊民籍為奴婢者
二百餘口兼商販聚歛清論鄙之徵授度支尚
書時蕭衍遣兵侵軼徐兗緣邊鎮戍相繼陷沒
朝廷憂之乃以巒為使持節都督東討諸軍事
安東將軍尚書如故世宗勞遣巒於東堂曰蕭
衍寇邊旬朔滋甚諸軍舛互規致連戍陷沒宋
魯之民尤罹湯炭誠知將軍旋京未久膝下難
違然東南之寄非將軍莫可將軍其勉建殊績
以稱朕懷自古忠臣亦非無孝也巒對曰賊雖

三百二十四 魏傳五十三 九 朱玉文

送死連城犬羊衆盛然逆順理殊滅當無遠況
臣仗陛下之神筭奉律以摧之平殄之期可指
辰而待願陛下勿以東南為慮世宗曰漢祖有
云金吾擊郾吾無憂矣今將軍董戎朕何慮哉
先是蕭衍輔國將軍蕭及先率衆二萬寇陷固
城冠軍將軍魯顯文驍騎將軍相文玉等率衆
一萬屯於孤山衍將角念等率衆一萬擾亂龜
蒙土民從逆十室而五巒遣統軍樊魯討文玉
別將元恒攻固城統軍畢祖朽討角念樊魯大

破文玉等追奔八十餘里斬首四千餘級元恒
又破固城畢祖朽復破念等兗州悉平巒破賊
將藍懷恭於睢口進圍宿豫而懷恭等復於淮
南造城規斷水陸之路巒身率諸軍自水南而
進遣平南將軍楊大眼從北逼之統軍劉思祖
等夾水造筏燒其船舫衆軍齊進拔柵填塹登
其城火起中流四面俱擊仍陷賊城俘斬數萬
在陳別斬懷恭擒其列侯列將直閣直後三十
餘人俘斬一万宿豫既平蕭昞亦於淮陽退走

三百二十四 魏傳五十三 十 朱玉文

二戍獲米四十餘萬石世宗賜巒璽書曰知大
龕醜虜威振賊庭淮外霧披徐方卷壒王略遠
恢混一維始公私慶泰何快如之賊衍此舉實
為傾國比者宿豫陷殁淮陽嬰城凶狡偷張規
抗王旅將軍忠規協著火烈霜摧電動岱陰風
掃沂嶧遂令逋誅之寇一朝殲夷元鯨大憝千
里折首殊勳茂捷自古莫二但揚區未安餘燼
宜盪乘勝掎角勢不可遺便可率厲三軍因時
經略申威東南清彼江介忘此仍勞用圖永逸

進退規度委之高筭又詔巒曰淮陽宿豫雖已清復梁城之賊猶敢聚結事宜乘勝并勢摧殄可率二万之衆渡淮與征南掎角以圖進取之計及梁城賊走中山王英乘勝攻鍾離又詔巒帥衆會之巒表曰奉被詔旨令臣濟淮與征南掎角乘勝長驅實是其會但愚懷所量竊有未盡夫圖南因於積風伐國在於資給用兵治戎須先計校非可抑爲必　幸其無能若欲掠地誅民必應万勝如欲攻城取邑未見其果得之

魏書五十三　　十一

則所益未幾不獲則虧損必大蕭衍傾竭江東爲今歲之舉疲兵喪衆大敗而還君臣失計取笑天下雖野戰非人敵守城足有餘今雖攻之未易可尅又廣陵懸遠去江四十里鍾離淮陰介在淮外假其歸順而來猶恐無粮難守況加攻討勞兵士乎且征南軍士從戎二時疲弊死病量可知已雖有乘勝之資懼無遠用之力若臣之愚見謂宜修復舊戍牢實邊方息養中州擬之後舉又江東之釁不患久無畜力待機謂

爲勝計詔曰濟淮掎角事如前勑何容猶爾盤桓方有此請可速進軍經略之宜聽征南至要巒又表曰蕭衍侵境久勞王師今者奔走實除邊患斯由靈贊皇魏天敗寇豎非臣等弱劣所能尅勝若臣之愚見今正宜修復邊鎮俟之後動且蕭衍尚在凶身未除螳蜋之志何能自息唯應廣備以待其來實不宜勞師遠入自取疲困今中山進軍鍾離實所未解若能爲得失之計不顧万全直襲廣陵入其內地出其不備或

魏書傳五十三　　十二

未可知正欲屯兵蕭容餘軍猶自在彼欲言無粮運舡復至而欲以八十日粮圖城者臣未之前聞且廣陵任城可爲前戒豈容今者復欲同之今若往也彼牢城自守不與人戰城壍水深非可填塞空坐至春則士自斃若遣臣赴彼粮何以致夏來之兵不齎冬服脫遇氷雪取濟何方臣寧荷怯懦不進之責不受敗損空行之罪鍾離天險朝貴所具若有內應則所不知如其無也必無尅狀若其不復其辱如何若信臣言

也願賜臣停若謂臣難行求回臣所領兵統悉
付中山任其處分臣求單騎隨逐東西且俗諺
云耕則問田奴絹則問織婢臣雖不武忝備征
將前宜可否頗實知之臣既謂難何容強遣詔
曰安東頻請罷軍遲回未往阻異戎規殊乖至
望士馬既殺無容停積宜務神速東西齊契乘
勝掃殄以赴機會巒累表求還世宗許之英果
敗退時人伏其識略初侍中盧昶與巒不平昶
與元暉俱世宗所寵御史中尉崔亮昶之黨也

昶暉令亮糾巒事成許言於世宗以亮為侍中
亮於是奏劾巒在漢中掠良人為奴婢巒懼為
昶等所陷乃以漢中所得巴西太守龐景民女
化生等二十餘口與暉化生等數人奇色也暉
大悅乃背昶為巒言於世宗云巒新有大功已
經赦宥不宜方為此獄也世宗納之高肇以巒
有剋敵之效而為昶等所排助巒申釋故得不
坐豫州城民白早生殺刺史司馬悅以城南入
蕭衍遣其冠軍將軍齊苟仁率衆入據懸瓠

詔巒持節率羽林精騎以討之封平舒縣開國
伯食邑五百戶賞宿豫之功也世宗臨東堂勞
遣巒曰司馬悅不慎重門之戒智不足以謀身
匪直喪元隷豎乃大虧王略懸瓠密邇近畿東
南藩捍兼云　公在彼憂慮尤深早生理不獨
立必遠引吳楚士民同惡勢或交兵卿文昭武
烈朝之南仲故令卿星言電邁出其不意卿言
早生走也守也何時可以平之巒對曰早生非
有深謀大智能構成此也但因司馬悅虐於百

姓乘衆怒而為之民為凶威所懾不得已而苟
附假蕭衍軍入應水路不通糧運不繼亦成擒
耳不能為害也早生得衍軍之援溺於利欲之
情必守而不走今王師若臨士民必翻然歸順
圍之窮城奔走路絕不度此年必傳首京師願
陛下不足垂慮世宗笑曰卿言何其壯哉深會
朕遣卿之意知卿親老頻勞於外然忠孝不俱
才宜救世不得辭也於是巒率騎八百倍道兼
行五日次於鮑口賊遣大將軍胡孝智率衆七

千去城二百逆來拒戰巒擊破孝智乘勝長驅至於懸瓠賊出城逆戰又大破之因即渡汝既而大兵繼至遂長圍之詔加巒使持節假鎮南將軍都督南討諸軍事征南將軍中山王英南討三關亦次於懸瓠以後軍未至前寇稍多憚不敢進乃與巒分兵掎角攻之衍將齊苟仁等二十一人開門出降即斬早生等同惡數十人豫州平巒振旅還京師世宗臨東堂勞之曰卿役不踰時剋清妖醜鴻勳碩美可謂無愧古人

巒對曰此自陛下聖略威靈英等將士之力臣何功之有世宗笑曰卿匪直一月三捷所足稱奇乃存士伯欲功成而不處巒自宿豫大捷及平懸瓠志行修正不復以財賄為懷戎資軍實絲毫無犯還殿中尚書加撫軍將軍延昌三年暴疾卒年五十一巒才兼文武朝野瞻望上下悼惜之詔賻帛四百匹朝服一襲贈車騎大將軍瀛州刺史初世宗欲贈冀州黃門甄琛以巒前曾劾己乃云瀛州巒之本邦人情所欲乃從之及琛為詔乃云優贈車騎將軍瀛州刺史議者笑琛淺薄謚曰文定

子遜字子言皃雖陋短頗有風氣解褐司徒行參軍襲爵後遷國子博士本州中正因謁靈太后自陳功名之子久抱沉屈臣父屢為大將而臣身無軍功階級臣父唯為忠臣不為慈父靈太后慨然以遜為長兼吏部郎中出為安遠將軍平州刺史時北蕃多難稽留不進免孝莊初除輔國將軍通直散騎常侍東道軍司討逆賊

劉舉於濮陽不剋還除散騎常侍加前將軍永安三年坐受任元顥除名尋除撫軍將軍金紫光祿大夫出帝時轉衛將軍右光祿大夫孝靜初以本官領嘗藥典御加車騎將軍久之除大司農卿與少卿馬慶哲至相糺訟遜鋭於財利議者鄙之武定四年卒年五十六贈本將軍光祿勳卿幽州刺史

子祖徵開府祭酒父喪未終謀反伏法

巒弟儒瀛州鎮遠府長史給事中

儒弟偉尚書郎中卒贈博陵太守子昕在文
苑傳
偉弟季彥
季彥弟晏字幼平美風儀博涉經史善談釋
老雅好文詠起家太學博士司徒東閤祭酒
世宗初爲與廣平王懷遊宴左遷鄭縣令未之
官除給事中遷司空主簿本州中正汝南王文
學稍遷輔國將軍司空長史兼吏部郎中以本
將軍出爲南兗州刺史徵爲太中大夫兼丞相

高陽王右長史尋以本將軍除滄州刺史爲政
清靜吏民安之孝昌中卒時年五十一贈征北
將軍尚書左僕射瀛州刺史謚曰文貞晏篤於
義讓初爲南兗州刺史例得一子解褐乃啓其
孤弟子子愼年甫十二而其子已弱冠矣後爲
滄州復啓孤兄子昕爲府主簿而其子並未
從官世人以此多之
子測武定末太子洗馬
測弟亢字子高頗有文學釋褐司空行參軍遷

廣平王開府從事中郎兼通直散騎常侍使於
蕭衍時年二十八還除平東將軍齊文襄王大
將軍府屬又轉中外府屬武定七年坐事死於
晉陽年三十四
巒叔祖祐字宗祐少有學尚知名於時徵除著
作郎領樂浪王傅後假員外散騎常侍使於劉
彧以將命之勤除建威將軍平原太守賜爵城
平男政清刑簡百姓安之卒年七十三
子產字神寶好學善屬文少時作孤蓬賦爲時
所稱舉秀才除著作佐郎假員外常侍鄭縣子

使於蕭賾產仍世將命時人美之後遷中書侍
郎俄遷太子中庶子卒年四十六朝廷嗟惜焉
贈建威將軍平州刺史樂城子謚曰定
祐從子虬字神虎少爲三禮鄭氏學明經有文
思舉秀才上第爲中書議郎尚書殿中郎高祖
因公事與語問朝覲宴饗之禮虬以經對大合
上旨轉司徒屬國子博士高祖崩尚書令王肅
多用新儀虬往往折以五經正禮轉尚書右丞

徙左丞多所糾正臺閣肅然時鴈門人有害母
者八座奏轘之而豬其室宥其二子虬駮奏云
君親無將將而必誅今謀逆者戮及朞親害親
者今不及子既逆甚梟鏡禽獸之不若而使禋
祀不絕遺育永傳非所以勸忠孝之道存三綱
之義若聖教含容不加孥戮使父子罪不相及
惡止於其身不則宜投之四裔勑所在不聽配
匹盤庚言無令易種於新邑漢法五月食梟羹
皆欲絕其類也奏入世宗從之尋除司徒右長

史遷龍驤將軍光祿少卿虬母在鄉遇患請假
歸值秋水暴長河梁破絕虬得一小船而渡漏
而不沒時人異之母喪哀毀過禮爲時所稱年
四十九卒贈征虜將軍幽州刺史謚曰威虬善
與人交清河崔亮頓丘李平並與親善所作碑
頌雜筆三十餘篇有二子

長子臧在文苑傳

臧弟子才武定末太常卿

虬從子策亦有才學卒於齊王儀同開府主簿

李平字曇定頓丘人也彭城王嶷之長子少有
大度及長涉獵羣書好禮易頗有文才太和初
拜通直散騎侍郎高祖禮之甚重頻經大憂居
喪以孝稱後以例降襲爵彭城公拜太子中舍
人遷散騎侍郎舍人如故遷太子中庶子平因
侍從容請自效一郡高祖曰卿復欲以吏事自
試也拜長樂太守政務清靜吏民懷之車駕南
伐以平兼冀州儀同開府長史甚著聲稱仍除
正長史太守如故未幾遂行河南尹豪右權貴

憚之世宗即位除黃門郎遷司徒左長史行尹
如故尋以稱職正尹長史如故車駕將幸鄴平
上表諫曰伏見已丑詔書雲軒鑾輅行幸有期
鳳服龍驂剋駕近日將欲講武淇陽大習鄴魏
馳驌驦於綠竹之區騁騏驥於漳滏之壤斯誠
幽顯同忻人靈共悅臣之愚管竊有惑焉何者
嵩京創構洛邑俶營雖年跨十稔根基未就代
民至洛始欲向盡資產罄於遷移牛畜斃於輦
運陵太行之險越長津之難辛勤備經得達京

闕富者猶損太半貧者可以意知兼歷歲從戎不遑啓處自景明已來差得休息事農者未積二年之儲築室者裁有數間之屋莫不肆力伊瀍人急其務寔宜安靜新人勸其稼穡令國有九年之粮家有水旱之備若乘之以羈紲則所廢多矣一夫從役舉家失業今復秋稼盈田禾菽遍野鑾駕所幸騰踐必殷未若端拱中天坐招四海耀武崧原禮射伊洛士馬無跋涉之勞兆民有康哉之詠可不美歟不從詔以本官行

相州事世宗至鄴親幸平第見其諸子尋正刺史加征虜將軍平勸課農桑修飾太學簡試通儒以充博士選五郡聰敏者以教之圖孔子及七十二子於堂親爲立讚前來臺使頗好侵取平乃畫履虎尾踐薄冰於客館注頌其下以示誡焉加平東將軍徵拜長兼度支尚書尋正尚書領御史中尉冀州刺史京兆王愉反於信都以平爲使持節都督北討諸軍事鎮北將軍行冀州事以討之世宗臨式乾殿勞遣平曰愉

朕之元弟居不疑之地豺狼之心不意而發欲上傾社稷下殘万姓大義滅親夫豈獲止周公行之於古朕亦當行之於今委卿以專征之任必令應期摧殄務盡經略之規勿虧推轂之寄也何圖今日言及斯事因歔欷流涕平對曰臣愉天迷其心構此梟悖陛下不以臣不武委以揔督之任今大宥既敷便應有征無戰脫守迷不悟者當仰憑天威抑厲將士譬猶太陽之消微露巨海之蕩熒燭天時人事滅在昭然如其

稽顙軍門則送之大理若不悛待戮則鳴鼓釁鍾非陛下之事平進次經縣諸軍大集夜有蠻兵數千斫平前壘矢及平帳平堅臥不動俄而乃定遂至冀州城南十六里賊攻圍濟州軍拔柵填塹未滿者數尺諸將合戰無利而還懼於更進平親入行間勸以重賞士卒乃前大破逆衆愉時墜馬乃有一人下馬授愉止而鬭死乘勝逐北至於城門斬首數万級遂圍城燒門愉與百餘騎突門出走遣統軍叔孫頭追之去信

都十里擒　冀州平世宗遣兼給事黄門侍郎祕書丞元梵宣旨慰勞徵還京師以本官領相州大中正平先爲尚書令高肇侍御史王顯所恨後顯代平爲中尉平加散騎常侍顯劾平在冀州隱截官口肇又扶成其狀奏除平名延昌初詔復官爵除其定冀之勳前來良賤之訟多有積年不決平奏不問具僞一以景明年前爲限於是諍訟止息武川鎮民飢鎮將任款請貸未許擅開倉賑恤有司繩以費散之條免其

官爵平奏款意在濟人心無不善世宗原之遷中書令尚書如故肅宗初轉吏部尚書加撫軍將軍平高明彊濟所在有聲但以性急爲累尚書令任城王澄奏理平定冀之勳請酬以山河之賞靈太后乃封武邑郡開國公食邑一千五百戶縑二千五百匹先是蕭衍遣其左游擊將軍趙祖悅偷據西硤石衆至數万以逼壽春鎮南崔亮攻之未尅又與李崇乖貳詔平以本官使持節鎮軍大將軍兼尚書右僕射爲行臺節

度諸軍東西州將一以稟之如有乖異以軍法從事詔平長子奬以通直郎從賜平縑帛百段紫納金裝衫甲一領賜奬縑布六十段絳衲襖一領父子重列拜受家庭觀者榮之於是率步騎二千以赴壽春平巡視硤石內外知其盈虛之所嚴勒崇亮令水陸兼備尅期齊舉崇亮憚之無敢乖互頻日交戰屢破賊軍安南將軍崔延伯立橋於下蔡以拒賊之援軍賊將王神念昌義之等不得進救祖悅守死窮城平乃部分

攻之令崔亮督陸卒攻其城西李崇勒水軍擊其東面然後鼓噪南北俱上賊衆周章東西赴戰屠賊外城賊之將士相率歸附祖悅率其餘衆固保南城通夜攻守至明乃降斬祖悅送首於洛俘獲甚衆以功遷尚書右僕射加散騎常侍將軍如故平還京師靈太后見於宣光殿賜以金裝刀杖一口時南徐州表云蕭衍堰淮水爲患詔公卿議之平以爲不假兵力終自毀壞及淮堰破靈太后大悅引群臣入宴勅平前鳴

籥管肅宗手賜縑布百段熙平元年冬卒遺令
薄葬詔給東園祕器朝服一具衣一襲帛七百
匹靈太后爲舉哀於東堂贈侍中驃騎大將軍
儀同三司冀州刺史謚文烈公平自在度支至
於端副夙夜在公孜孜匪懈凡處機密十有餘
年有獻替之稱所製詩賦箴誄詠頌別有集錄
平長子獎字遵穆襲容皃魁偉有當世才度自
太尉參軍事稍遷通直郎中書侍郎直閤將軍
吏部郎中征虜將軍遷安東將軍光祿大夫仍

魏書傳五十三　二十五　史

吏部郎中又以本官兼尚書出爲撫軍將軍相
州刺史初元乂擅朝獎爲其親待頻居顯要靈
太后反政削除官爵孝莊初爲散騎常侍鎮東
將軍河南尹獎前後所歷皆以明濟著稱元顥
入洛顥以獎兼尚書右僕射慰勞徐州羽林及
城人不承顥旨害獎傳首洛陽出帝時獎故吏
通直散騎常侍宋遊道上書理獎曰臣聞賞善
罰惡謂之二機有道存焉所貴不濫是以子胥
無罪吴人痛之鄧艾不幸國言未息故河南尹

李獎門居戚里世擅名家有此良才是兼周用
自少及長忠孝爲心入朝出牧清明流譽襟懷
放暢風神爽發實廊廟之瑚璉社稷之楨幹往
歲北海竊據負扆當朝王公卿士俛眉從事而
獎闔門百口同居京洛既被羈縶自拔無由託
使東南情存避難當時物論謂其得所然北海
未敗之日徐州刺史元孚爲其純臣莫之敢距
表啓相望遲速唯命及皇輿返正神器斯復輕
薄之徒共生僥倖詭言要賞曲道求通濫及善

魏書傳五十三　二十六　陸

人稱爲己力若以獎受命賊朝語跡成罪便與
天下共當此責于時朝旨唯命免官亦既經恩
方加酷濫伊昔具臣比肩賊所身臨河上日尋
干戈時逢寬政任遇不改一介使人獨嬰斯戮
凡在有心孰不嗟悼前朝所以論功者見其邊
人且相慰悅其猶郭默生亂劉胤懸首事乃權
宜蓋非實錄昔鄧艾下世段灼理其冤馬援物
故朱勃申其屈臣雖小人趣事君子有懷舊恩
義兼人故見其若此久欲陳辭含言未吐遂至

今日幽泉已閉壟樹成行內手捫心顧懷愧慨既
幸逢興聖理運唯新雖曰纂戎事同創革頗有
大恩被於率土亡官失爵者悉蒙追復而獎雖
木猶存牛車未改士感知己懷此無忘輕率鼓習
言干犯埜軍轂伏願天鑒賜垂矜覽加其贈秩慰
此幽魂詔贈衛將軍冀州刺史
子構襲武定末太子中舍人齊受禪爵例降
構弟訓太尉默曹參軍
獎弟諧字虔和風流閑潤博學有文辯當時

後咸相欽賞受父前爵彭城侯自太尉參軍歷
尚書郎徐州北海王顥撫軍府司馬入為長兼
中書侍郎崔光引為兼著作郎諧在史職無所
歷意加輔國將軍相州大中正光祿大夫除金
紫光祿大夫加衛將軍元顥入洛以為給事黃
門侍郎顥敗除名乃為述身賦曰夫休咎相躡
禍福相生蓍龜筮迷其兆聖達蔽其萌覽成敗於
前迹料趣捨於人情咸爭途以走利罕外己以
逃名連從車以載禍多廐馬以取刑豈知夫一

介獨往乃千乘所不能傾伊薄躬之悔吝無性
命之淑靈藉休庸於祖武仰餘烈於家聲徒從
師以下學乏遊道於上京洎方年之四五實始
筮之弱齡爰釋巾而從吏謬邀寵於時明彼
之赫赫乃陋周而小漢帝文篤其成功我武
治其未亂掩四輿而同軌穆三辰而貞觀威北
暢而武戢鼎南遷而文煥異人相趨於絳闕鴻
生接武於儒館揔群雅而同歸果方貞而殊貫
伊濫吹之所從初竊服於宰旅奉盛王之高義

遊兔園而容與綴鴻路鷺之末行連英髦之茂序
及伯舅之西伐赫靈旗之東舉復奉役於前轅
仍執羈於後距迫玄冬之暮歲歷關山之遐阻
風激沙而破石雪浮河而漫野樂在志其無端
悲涉物而多緒俄宮車之晏駕攻乘轅而歸宇
屬推恩之在今自傍枝而褆福既獻　以命宗
叨微躬於侯服禮空文於覲饗賦無征於湯沐
恩守位而匪懈每屏居而自肅忽忝命於建
禮遊丹綺之重複信茲選之為難乃上應於列

宿陽源猶且自免何稱仲治與太叔余生之
蕭散本寓名而爲仕好不存於吏法才實疎於
政理竟火燭之不事徒博弈其賢貝已竊自託於
諸生頗馳騁於文史通人假其餘論士林察於
理乃妄涉於風流遂飾輩於士子且以自託
雖邇傒塵滓而賞許雲霞栖閑虛以
築館背城闕而爲家帶二學之高宇遠三市之
狹邪事雖儉而未陋制衣有度而不奢山隱勢於
複石水回流於激沙樹先春而動色草迎歲而

二百十五　魏書傳五十三　二十九　毛文

發花座有清談之客門交好事之車或林嬉於
月夜或水宴於景斜肆雕章之腴旨咀文藝之
英華羞綠芰與丹藕薦朱李及甘瓜雖懃洛水
之名致有類金谷之諠譁聊自足於所好豈留
連於或號思炯戒而自反勗身名於所蹈奉哲
后之淵猷讃崇庬於華輿豈千乘之乏使感一
朔之相勞竟不留於三月因病滿而休告彼東
觀之清華乃任隆於載筆蔡一去而貽恨張再
還而有述忽牽短而濫官司博史於藏室慙班

子之繁麗微馬生之簡實復通籍而延龍陪常
扃之華密信儀鳳之所栖乃絲文之自出歷五
載而徘徊猶官命之不改謝能飛於無翼故同
滯於有待晚加秩於戎章乃　號之斯在屬遭
道之將季諒冠屨之無易奄昇御於鼎湖忽流
哀於四海昔漢命之中微皇統於是三絕暨孝
昌之陵陂亦繼　而禍結將小雅之詩廢復三
綱之道滅思跼蹐於時昏獨沉吟於運閉遂退
彪於窮里不外交於人世及數及於中興驅時

魏書傳五十三　三十　宋彥

雄而電逝既籍取亂之權方乘轉圓之勢俄隙
開而守廢遂冠冕之毀裂彼喜原而塗野嗟
衞肝與嵇血何古今之一揆每治少而亂多盧
道身於東掖背窘迹於南羅時獲逃於　阜仍
竄鼠宿於巖阿首丘急於明發東路長其如何遽
登舟而鼓栧乃泝洛而汎河鶩寸陰於不測競
征鳥於歸波時在所而放命連百万於山東何
信都之巨猾若封豕與大風肆吞噬於背距咸
邑燼而野空徑黎陽之寇聚迫崖壘之渢隆躁

通川而鼎沸矢交射於舟中備百死惟於茲日諒
陳蔡之非窮秉虎口而獲濟陵陽侯而迅往
得投憩於濮陽實陶衞之舊壤望鄉村而佇立
曾不遥之河廣聞虜馬之夕嘶見胡塵之晝上
王略恢而廟勝車徒發而雷響扇風師之猛氣
張天畢之曾網裁一鼓而冰銷俄氛祲之廓蕩
昔蘧生之出奔覩亡衞於亂政及季子之來反
乃君立而位定伊吾人之蕞爾本無傒於蓑盛
忻草茅而偃伏且優遊於辰慶復推斥於宦流

延光華於璽命甫聞内侍之忝復奉優加之令
何金紫之陸離鬱貂玉之相映時權定之云初
尚民心之易擾何建武之明傑茂雄姿於天表
忽靈命之有歸藉親均而爭紹師出楚而飈發
旆陵江而雲矯闞閶闔之崢嶸端冕旒於億兆
神駕逝以流越翠華飈而繚繞苟命舛而數違
雖功深而祚夭時難忽然已及綱羅周其四張
非五三之親暱罕狥節於漢陽彼百寮之冠帶
咸北面於西王矧思踈而任遠固身存而義亡
及宸居之反正振天綱於頹網甄大義以明罰
虛半列於周行乃褫帶而來反驅下澤於故鄉
探宿志以内求撫身途而自討不詭遇以邀合
豈釣名以千世獨皓然而任己同虛舟之不繫
旣未識其所以來亦豈知其所以逝於是得喪
同遺忘懷自深遇物栖息觸地山林雖因西浮
之迹何異東都之心願自託於魚鳥永得性於
飛沉庶保此以獲没不再罪於當今孝静初遭
毋憂還鄉里徵爲魏尹將軍如故以禫制未終

表辭朝議亦以爲優仍許其讓蕭衍求通和好
朝廷盛選行人以諧兼散騎常侍爲聘使主諧
至石頭蕭衍遣其主客郎范胥當接諧問胥曰
主客在郎官幾時胥荅曰我本訓冑虎門適復
今任諧言國子博士不應左轉爲郎胥荅曰特
爲應接遠賓故權兼耳諧言屈己濟務誠得事
宜由我一介行人令卿左轉胥荅曰自顧菲薄
不足對揚盛美豈敢言屈胥問曰今猶尚暖北
閒當小寒於此諧荅曰地居陰陽之正寒暑適

時不知多少胥曰所訪鄴下豈是測影之地諧荅曰皆是皇居帝里相去不遠可得統而言之胥曰洛陽既稱盛美何事遷鄴諧荅曰不常厥邑于茲五邦王者無外所在關河復何所怪胥曰殷人否危故遷相耿貴朝何爲而遷諧荅聖人藏往知來相時而動何必侯於隆替胥曰金陵王氣兆於先代黃旗紫蓋本出東南君臨萬邦故宜在此諧荅曰帝王符命豈得與中國比隆紫蓋黃旗終於入洛無乃自害也有口之說

乃是俳諧亦何足道蕭衍親問諧曰魏朝人士德行四科之徒凡有幾人諧對曰本朝多士義等如林文武賢才布在列位四科之美非無其人庸短造次無以備啓衍曰武王有亂臣十人魏雖人物之盛豈得頓如卿言諧曰愚謂周稱十人本舉佐命至於濟濟多士實是文王之詩皇朝廊廟之才足與周人有競衍曰若爾文足標異武有冠絕者便可指陳諧曰大丞相勃海王秉文經武左右皇極晝一九州懸衡四海録

尚書汝陽王元叔昭尚書令元世儁宗室之秀綰政朝端左僕射司馬子如右僕射高隆之並時譽民英勠力匡輔侍中高岳侍中孫騰勲賢忠亮宣讃王猷自餘才美不可具悉衍曰故宜輔弼幼主永固基業深不可言江南稱其才辯使還除大司農卿加驃騎將軍轉祕書監遇偏風廢頓武定二年卒年四十九時人悼惜之贈驃騎大將軍衛尉卿齊州刺史所著文集别有集録行於世

長子㦸武定末司徒祭酒

㦸弟庶尚書南主客郎

諧弟邕字脩穆幼而儁爽有逸才著作佐郎高陽王雍友凡所交遊皆倍年儁秀才藻之美爲時所稱年二十五卒贈鎮遠將軍洛州刺史謚曰文

史臣曰邢巒以文武才槩當軍國之任內參機揆外寄折衝其緯世之器歟李平以高明幹略効智於時出入當官功名克著蓋贊務之英也

列傳第五十三　魏書六十五

列傳第五十四　魏書六十六

李崇　崔亮

李崇字繼長小名繼伯頓丘人也文成元皇后第二兄誕之子年十四召拜主文中散襲爵陳留公鎮西大將軍高祖初為大使巡察冀州尋以本官行梁州刺史時巴氐擾動詔崇以本將軍為荊州刺史鎮上洛勑發陝秦二州兵送崇至治崇辭曰邊人失和本怨刺史奉詔代之自然易帖但須一宣詔旨而

已不勞發兵自防使懷懼也高祖從之乃輕將數十騎馳到上洛宣詔綏慰當即帖然尋勒邊戍掠得蕭賾人者悉令還之南人感德仍送荊州之口二百許人兩境交和無復烽燧之警在治四年甚有稱績召還京師賞賜隆厚以本將軍除兗州刺史兗土舊多劫盜崇乃村置一樓樓懸一鼓盜發之處雙槌亂擊四面諸村始聞者撾鼓一通次復聞者以二為節次後聞者以三為節各擊數千槌

諸村聞鼓皆守要路是以盜發俄頃之間聲布百里之內其中險要悉有伏人盜竊始發便爾擒送諸州置樓懸鼓自崇始也後例降為侯改授安東將軍車駕南征驃騎大將軍咸陽王禧都督左翼諸軍事詔崇以本官副焉徐州降人郭陸聚黨作逆人多應之搔擾南北崇遣高平人卜冀州詐稱犯罪逃亡歸陸陸納之以為謀主數月冀州斬陸送之賊徒潰散入為河南尹後車駕南討漢陽崇行梁州刺史氐楊靈珍遣

弟婆羅與子雙領步騎萬餘襲破武興與蕭鸞相結詔崇為使持節都督隴右諸軍事率衆數萬討之崇槎山分進出其不意表裏以襲群氐皆弃靈珍散歸靈珍衆減太半崇進據赤土靈珍又遣從弟建率五千人屯龍門躬率精勇一萬據鷲硤龍門之北數十里中伐樹塞路鷲硤之口積大木聚礌石臨崖下之以拒官軍崇乃命統軍慕容拒率衆五千從他路夜襲龍門破之崇乃自攻靈珍靈珍連戰敗走俘其妻子崇

多設疑兵龍驤剋武興蕭衍梁州刺史陰廣宗遣參軍鄭猷王思考率衆援靈珍崇大破之并斬婆羅首殺千餘人俘獲猷等靈珍走奔漢中高祖在南陽覽表大悅曰使朕無西顧之憂者李崇之功也以崇爲都督梁秦二州諸軍事本將軍梁州刺史高祖手詔曰今仇隴剋清鎮捍以德文人威惠既宣實允遠寄故勑授梁州用寧邊服便可善思經略去其可除安其可育公私所患悉令芟夷及靈珍偷據白水崇擊破之靈珍遠遁世宗初徵爲右衛將軍兼七兵尚書尋加撫軍將軍正尚書轉左衛將軍相州大中正魯陽蠻柳北喜魯北燕等聚衆反叛諸蠻悉應之圍逼湖陽游擊將軍李暉先鎮此城盡力捍禦賊勢甚盛詔以崇爲使持節都督征蠻諸軍事以討之蠻衆數萬屯據形要以拒官軍崇累戰破之斬北燕等徙萬餘戶於幽并諸州世宗追賞平氏之功封魏昌縣開國伯邑五百戶東荊州蠻樊安聚衆於龍山僭稱大號蕭衍共爲

脣齒遣兵應之諸將擊討不利乃以崇爲使持節散騎常侍都督征蠻諸軍事進號鎮南將軍率步騎以討之崇分遣諸將攻擊賊壘連戰剋捷生擒樊安進討西荊諸蠻悉降詔以崇爲使持節兼侍中東道大使黜陟能否著賞罰之稱轉中護軍出除散騎常侍征南將軍揚州刺史詔曰應敵制變筭非一途救左擊右疾雷均勢今朐山蟻寇久結未殄賊衍狡詐或生詭劫宜遣銳兵備其不意崇可都督淮南諸軍事坐敦威重遙運聲筭延昌初加侍中車騎將軍都督江西諸軍事刺史如故先是壽春縣人苟泰有子三歲遇賊亡失數年不知所在後見在同縣人趙奉伯家泰以狀告各言已子並有隣證郡縣不能斷崇曰此易知耳令二父與兒各在別處禁經數旬然後遣人告之曰君兒遇患向已暴死有教解禁可出奔哀也苟泰聞即號咷悲不自勝奉伯咨嗟而已殊無痛意崇察知之乃以兒還泰詰奉伯詐狀奉伯乃款引云先亡一

子故妄認之又定州流人解慶賓兄弟坐事俱徙揚州弟思安背役亡歸慶賓懼後役追責規絶名貫乃認城外死尸詐稱其弟爲人所殺迎歸殯葬頗類思安見者莫辨又有女巫陽氏自云見鬼說思安被害之苦飢渴之意慶賓又誣疑同軍兵蘇顯甫李蓋等所殺經州訟之二人不勝楚毒各自款引獄將決竟崇疑而停之密遣二人非州內所識者爲從外來詣慶賓告曰僕住在此州去此三百比有一人見過寄宿夜

中共語疑其有異便即詰問迹其由緒乃云是流兵背役逃走姓解字思安時欲送官苦見求及稱有兄慶賓今住揚州相國城內嫂姓徐君脫矜愍爲往報告見申委曲家兄聞此必重相報所有資財當不愛惜今但見質若往不獲送官何晚是故相造指申此意君欲見雇幾何當放賢弟若其不信可見隨看之慶賓悵然失色求其少停當備財物此人具以報崇攝慶賓問曰爾弟逃亡何故妄認他尸慶賓伏引更問蓋

等乃云自誣數日之間思安亦爲人縛送崇召女巫視之鞭笞一百崇斷獄精審皆此類也時有泉水涌於八公山頂壽春城中有魚無數從地涌出野鴨群飛入城與鵲爭巢五月大霖雨十有三日大水入城屋宇皆没崇與兵泊於城上水增未已乃乘舡附於女牆城不没者二板而已州府勸崇棄壽春保北山崇曰吾受國重恩忝守藩岳德薄招災致此大水淮南万里繫于吾身一旦動脚百姓瓦解揚州之地恐非國

物昔王尊慷慨義感黃河吾豈愛一軀取愧千載但憐茲士庶無辜同死可桴筏隨高人規自脫吾必守死此城幸諸君勿言時州人裴絢等受蕭衍假豫州刺史因乘大水謀欲爲亂崇皆擊滅之崇以洪水爲災請罪解任詔曰卿居藩累年威懷兼暢資儲豐溢足制勍寇然夏雨汎濫斯非人力何得以此辭解今水涸路通公私復業便可繕甲積粮修復城雉勞恤士庶務盡綏懷之略也崇又表請解州詔報不聽是時非

崇則淮南不守矣崇沈深有將略寬厚善御衆在州凡經十年常養壯士數千人寇賊侵邊所向摧破號曰臥虎賊甚憚之蕭衍惡其久在淮南屢設反間無所不至世宗雅相委重衍無以措其姦謀衍乃授崇車騎大將軍開府儀同三司万户郡公諸子皆爲縣侯欲以構崇崇表言其狀世宗屢賜璽書慰勉之賞賜珍異歲至五三親待無與爲比衍每歎息服世宗之能任崇也肅宗踐祚褒賜衣馬及蕭衍遣其游擊將軍

趙祖悅襲據西硤石更築外城逼徙緣淮之人於城內又遣二將昌義之王神念率水軍泝淮而上規取壽春田道龍寇邊城路長平寇五門胡興茂寇開霍揚州諸戍皆被寇逼崇分遣諸將與之相持密裝舡艦二百餘艘教之水戰以待臺軍蕭衍霍州司馬田休等率衆寇建安崇遣統軍李神擊走之又命邊城戍主邵申賢要其走路破之於濡水俘斬三千餘人靈太后璽書勞勉許昌縣令兼緣麻戍主陳平玉南引衍

軍以戍歸之崇自秋請援表至十餘詔遣鎮南將軍崔亮救硤石鎮東將軍蕭寶夤於衍堰上流決淮東注朝廷以諸將乖角不相順赴乃以尚書李平兼右僕射持節節度之崇遣李神乘鬬艦百餘艘沿淮與李平崔亮合攻硤石李神水軍剋其東北外城祖悅力屈乃降語在平傳朝廷嘉之進號驃騎將軍儀同三司刺史都督如故衍淮堰未破水勢日增崇乃於硤石戍間編舟爲橋北更立船樓十各高三丈十步置一

籬至兩岸蕃板裝治四箱解合賊至舉用不戰解下又於樓船之北連覆大船東西竟水防賊火栰又於八公山之東南更起一城以備大水州人號曰魏昌城崇累表解州前後十餘上肅宗乃以元志代之尋除都督冀定瀛三州諸軍事驃騎大將軍冀州刺史儀同如故不行崇上表曰臣聞世室明堂顯於周夏二黌兩學盛自虞殷所以宗配上帝以著莫大之嚴宣布下土以彰則天之軌養黃髮以詢格言育青襟而敷

典式用能享國久長風徽万祀者也故孔子稱
巍巍乎其有成功郁郁乎其有文章此其盛矣
爰曁亡秦政失其道坑儒滅學以蔽黔首國無
黌序之風野有非時之役故九服分崩祚終二
世炎漢勃興更修儒術文景已降禮樂復彰化
致升平治幾刑措故西京有六學之美東都有
三本之盛莫不紛綸掩藹響流無已逮自魏晉
撥亂相因兵革之中學校不絶遺文燦然方軌
前代仰惟高祖孝文皇帝稟聖自天道鏡今古

魏書傳五十四　九　桂

徙馭嵩河光宅函洛模唐虞以革軌儀規周漢
以新品制列教序於鄉黨敦詩書於郡國使揖
讓之禮橫被於崎嶇歌詠之音聲溢於仄陋但
經始事殷戎軒屢駕未遑多就弓劒弗追世宗
統曆聿遵先緒永平之中大興板築續以水旱
戎馬生郊雖逮爲山還停一簣竊惟皇遷中縣
垂二十祀而明堂禮樂之本乃鬱荊棘之林膠
序德義之基空盈牧豎之跡城隍嚴固之重闕
塼石之工墉堞顯望之要少樓榭之飾加以風

雨稍侵漸致虧墜又府寺初營頗亦壯美然一
造至今更不修繕廳宇凋朽牆垣頹壞皆非所
謂追隆堂構儀形万國者也伏聞朝議以高祖
大造區夏道侔姬文擬祀明堂式配上帝今若
基宇不修仍同丘畎即使高皇神享闕於國陽
宗事之典有聲無實此臣子所以匪寧億兆所
以失望也臣又聞官方授能所以任事事既任
矣酬之以祿如此上無曠官之譏下絶尸素之
謗今國子雖有學官之名而無教授之實何異

魏傳五十四　十　王

免絲燕麥南箕北斗哉昔劉向有言王者宜興
辟雍陳禮樂以風化天下夫禮樂所以養人刑
法所以殺人而有司勤勤請定刑法至於禮樂
則曰未敢是則敢於殺人不敢於養人也臣以
爲當今四海清平九服寧晏經國要重理應先
營脫復稽延則劉向之言徵矣但事不兩興須
有進退以臣愚量宜罷尚方雕靡之作頗省永
寧土木之功并減瑶光材瓦之力兼分石窟鐫
琢之勞及諸事役非急者三時農隙修此數條

使辟雍之禮蔚爾而復興諷誦之音煥然而更作美榭高墉嚴壯於外槐宮棘宇顯麗於中道發明令重遵鄉飲敦進郡學精課經業如此則元凱可得之於上序游夏可致之於下國豈不休歟誠知佛理淵妙含識所宗然比之治要容可小緩苟使魏道既緝元首唯康爾乃經營未爲晚也靈太后令曰省表具悉體國之誠配饗大禮爲國之本比以戎馬在郊未遑修繕今四表晏寧年和歲稔當務有司別議經始除中書

監驃騎大將軍儀同如故又授右光祿大夫出爲使持節侍中都督定幽燕瀛四州諸軍事本將軍定州刺史儀同如故徵拜尚書左僕射加散騎常侍驃騎儀同如故遷尚書令加侍中崇在官和厚明於決斷受納辭訟必理在可推始爲下筆不徒爾收領也然性好財貨販肆聚斂家資巨万營求不息子世哲爲相州刺史亦無清白狀鄴洛市廛收擅其利爲時論所鄙蠕蠕主阿那瓌率衆犯塞詔崇以本官都督北討諸

軍事以討之崇辭於顯陽殿戎服武飾志氣奮揚時年六十九幹力如少肅宗目而壯之朝廷莫不稱善崇遂出塞三千餘里不及賊而還後北鎮破落汗拔陵反叛所在響應征北將軍臨淮王彧大敗於五原安北將軍李叔仁尋敗於白道賊衆日甚詔引丞相令僕尚書侍中黃門於顯陽殿詔曰朕比以鎮人搆逆登遣都督臨淮王克時除翦軍屆五原前鋒失利二將殞命兵士挫衄又武川乖防復陷凶手恐賊勢侵淫

寇連恒朔金陵在彼夙夜憂惶諸人宜陳良策以副朕懷吏部尚書元脩義曰彊寇充斥事須得討臣謂須得重貴鎮壓恒朔摠彼師旅備衛金陵詔曰去歲阿那瓌叛逆遣李崇令北征崇遂長驅塞北返旆榆關此亦一時之盛崇乃上表求改鎮爲州罷削舊貫朕于時以舊典難革不許其請尋李崇此表開諸鎮非異之心致有今日之事但既往難追爲復略論此耳朕以李崇國戚望重器識英斷意欲還遣崇行摠督三

軍揚旌恒朔除彼羣盜諸人謂可爾以不僕射
蕭寶夤等曰陛下以舊都在北憂慮金陵臣等
實懷悚息李崇德位隆重社稷之臣陛下此遣
實合羣望崇啓曰臣實無用猥蒙殊寵位妨賢
路遂充北伐徒勞將士無勳而還慙負聖朝於
今莫已臣以六鎮幽垂與賊接對鳴柝聲弦弗
離旬朔州名差重於鎮謂實可悦彼心使聲教
日揚微塵去塞豈敢導此凶源開生賊意臣之
愆負死有餘責屬陛下慈寬賜全要領今更遣

臣北行正是報恩改過所不敢辭但臣年七十
自惟老疾不堪敵埸更願英賢收功盛日於是
詔崇以本官加使持節開府北討大都督撫軍
將軍崔暹鎮軍將軍廣陵王淵皆受崇節度又
詔崇子光祿大夫神軌假平北將軍隨崇北討
崇至五原崔暹大敗于白道之北賊遂并力攻
崇崇與廣陵王淵力戰累破賊衆相持至冬乃
引還平城淵表崇長史祖瑩詐增功級盜没軍
資崇坐免官爵徵還以後事付淵後徐州刺史

元法僧以彭城南叛時除安樂王鑒爲徐州刺
史以討法僧爲法僧所敗單馬奔歸乃詔復崇
官爵爲徐州大都督節度諸軍事會崇疾篤乃
以衛將軍安豐王延明代之改除開府相州刺
史侍中將軍儀同並如故孝昌元年薨於位時
年七十一贈侍中驃騎大將軍司徒公雍州刺
史謚曰武康後重贈太尉公增邑一千戶餘如
故
長子世哲性輕率供奉豪侈少經征役頗在將

帥自司徒中兵參軍超爲征虜將軍驍騎將軍
尋遷後將軍爲三關別將討群蠻大破之斬蕭
衍龍驤將軍文思之等還拜鴻臚少卿性傾巧
善事人亦以貨賂自達高肇劉騰之處勢也皆
與親善故世號爲李錐肅宗末遷宗正卿加平
南將軍轉大司農卿仍本將軍又改授太僕卿
加鎮東將軍尋出爲相州刺史將軍如故世哲
至州斥逐細人遷徙佛寺逼買其地廣興第宅
百姓患之崇北征之後徵兼太常卿御史高道

穆毀發其宅表其罪過後除鎮西將軍涇州刺
史賜爵衞國子正光五年七月卒賻帛五百匹
朝服一襲贈散騎常侍衞將軍吏部尚書冀州
刺史子如故

世哲弟神軌受父爵陳留侯自給事中稍遷員
外常侍光祿大夫累出征討頗有將領之氣孝
昌中爲靈太后寵遇勢傾朝野時云見幸帷幄
與鄭儼爲雙時人莫能明也頻遷征東將軍武
衞將軍給事黃門侍郎常領中書舍人時相州

刺史安樂王鑒據州反詔神軌與都督源子邕
等討平之武泰初蠻帥李洪扇動諸落伊闕已
東至於鞏縣多被燒劫詔神軌爲都督破平之
尒朱榮之向洛也復爲大都督率衆禦之出至
河橋值北中不守遂便退還尋與百官候駕於
河陰仍遇害焉建義初贈侍中驃騎大將軍司
空公相州刺史謚曰烈

崔亮字敬儒清河東武城人也父元孫劉駿尚
書郎劉彧之僭立也彧青州刺史沈文秀阻兵
叛之彧使元孫討文秀爲文秀所害亮母房氏
攜亮依冀州刺史崔道固於歷城道固即亮之
叔祖也及慕容白曜之平三齊內徙桑乾爲平
齊民時年十歲常依季父幼孫居家貧傭書自
業時隴西李沖當朝任事亮從兄光往依之謂
亮曰安能久事筆硯而不往託李氏也彼家饒
書因可得學亮曰弟妹飢寒豈可獨飽自可觀
書於市安能看人眉睫乎光言之於沖沖召亮
與語因謂亮曰比見卿先人相命論使人胸中

無復怵迫之念今遂亡本卿能記之不亮即爲
誦之涕淚交零聲韻不異沖甚奇之迎爲館客
沖謂其兄子彥曰大崔生寬和篤雅汝宜友之
小崔生峭整清徹汝宜敬之二人終將大至沖
薦之爲中書博士轉議郎尋遷尚書二千石郎
高祖在洛欲創革舊制選置百官謂群臣曰與
朕舉一吏部郎必使才望兼允者給卿三日假
又一日高祖曰朕已得之不煩卿輩也馳驛徵
亮兼吏部郎俄爲太子中舍人遷中書侍郎兼

尚書左丞亮雖歷顯任其妻不免親事舂簸高祖聞之嘉其清貧詔帶野王令世宗親政遷給事黃門侍郎仍兼吏部郎領青州大中正亮自參選事垂將十年廉慎明決爲尚書郭祚所委每云非崔郎中選事不辦尋除散騎常侍仍爲黃門遷度支尚書領御史中尉自遷都之後經略四方又營洛邑費用甚廣亮在度支別立條格歲省億計又議修汴蔡二渠以通邊運公私賴焉侍中廣平王懷以母弟之親左右不遵憲

三百三十 魏傳五十四 十七

法劾亮推治世宗禁懷不通賓客者久之後因宴集懷恃親使忿欲陵突亮亮乃正色責之即起於世宗前脫冠請罪遂拜辭欲出世宗曰廣平麤疎向來又醉卿之所悉何乃如此也遂詔亮復坐令懷謝焉亮外雖方正內亦承候時情宣傳左右郭神安頗被世宗識遇以弟託亮亮引爲御史及神安敗後因集禁中世宗令兼侍中盧昶宣旨責亮曰在法官何故受左右囑請亮拜謝而已無以上對轉都官尚書又轉七兵

領廷尉卿加散騎常侍中正如故徐州刺史元昞撫御失和詔亮馳驲安撫亮至劾昞處以大辟勞賚綏慰百姓怗然除安西將軍雍州刺史城北渭水淺不通船行人艱阻亮謂寮佐曰昔杜預乃造河梁況此有異長河且魏晉之日亦自有橋吾今決欲營之咸曰水淺不可爲浮橋汎長無恒又不可施柱恐難成立亮曰昔秦居咸陽橫橋渡渭以像閣道此即以柱爲橋今唯慮長柱不可得耳會天大雨山水暴至浮出長

三卅三 魏書傳五十四 十八

木數百根藉此爲用橋遂成立百姓利之至今猶名崔公橋亮性公清敏於斷決所在並號稱職三輔服其德政世宗嘉之詔賜衣馬被褥後納其女爲九嬪徵爲太常卿攝吏部事肅宗初出爲撫軍將軍定州刺史蕭衍左遊擊將軍趙祖悅率衆偷據硤石詔亮假鎮南將軍齊王蕭寶夤鎮東將軍章武王融安南將軍並使持節都督諸軍事以討之靈太后勞遣亮等賜戎服雜物亮至硤石祖悅出城逆戰大破之賊復於

城外置二柵欲拒官軍亮焚擊破之殺三千餘
人亮與李崇爲水陸之期日日進攻而崇不至
及李平至崇乃進軍共平硤石語在平傳靈太
后賜亮璽書曰硤石既平大勢全舉淮堰孤危
自將奔遁若仍敢遊魂此當易以立計擒翦蟻
徒應在旦夕將軍推轂所憑親對其事處分經
略宜共協齊必令得掃蕩之理盡彼遺燼也隨
便守禦及分渡掠截扼其咽喉防塞走路期之
全獲無令漏逸若畏威降首者自加蠲宥以仁

三千四　魏傳五十四　十九　陳浩

爲本任之雅算一二往使別宜以功進號鎮北
將軍李平部分諸軍將水陸兼進以討堰賊亮
違平節度以疾請還隨表而發平表曰臣以蕭
衍將湛僧珍田道龍遊魂境內猶未收跡義之
神念尚任梁城令都督崔亮權據下蔡別將伏
生即往東岸與亮接勢以防橋道臣發引向堰
舍人曹道至奉勅更有處分而亮已輒還京按
亮受付東南推轂是託誠應憂國忘家致命爲
限而始屆汝陰磐桓不進暨到寇所停淹八句

所營土山攻道並不克就損費糧力坐延歲序
賴天威遠被士卒憤激東北騰上垂至北門而
亮遲回仍不肯上臣逼以白刃甫乃登陟及平
硤石宜聽處分方更肆其専恣輕輒還歸此而
不糾法將焉寄按律臨軍征討而故留不赴者
死又云軍還先歸者流軍罷先還尚有流坐況
亮被符令停委棄而反失乘勝之機闕水陸之
會緣情據理咎深故留今處亮死上議靈太后
令曰亮爲臣不忠去留自擅既損威稜違我經

魏傳五十四　二十　沈旻

略雖有小捷豈免大咎但吾攝御萬幾庶茲惡
殺可特聽以功補過及平至亮與爭功於禁中
形於聲色尋除殿中尚書遷吏部尚書時羽林
新害張彝之後靈太后令武官得依資入選官
員既少應選者多前尚書李韶循常擢人百姓
大爲嗟怨亮乃奏爲格制不問士之賢愚專以
停解日月爲斷雖復官須此人停日後者終於
不得庸才下品年月久者灼然先用沈滯者皆
稱其能亮外甥司空諮議劉景安書規亮曰殷

周以鄉塾貢士兩漢由州郡薦才魏晉因循又置中正諦觀在昔莫不審舉雖未盡美足應十收六七而朝廷貢才止求其文不取其理察孝廉唯論章句不及治道立中正不考人才行業空辨氏姓高下至於取士之途不溥沙汰之理未精而舅屬當銓衡宜須改張易調如之何反爲停年格以限之天下士子誰復修厲名行哉亮荅書曰汝所言乃有深致吾乘時邀幸得爲吏部尚書當其壯也尚不如人況今朽老而居

帝難之任常思同升舉直以報明主之恩盡忠竭力不爲貽厥之累昨爲此格有由而然今已爲汝所怪千載之後誰知我哉可靜念吾言當爲汝論之吾兼正六爲吏部郎三爲尚書銓衡所宜頗知之矣但古今不同時宜須異何者昔有中正品其才第上之尚書尚書據狀量人授職此乃與天下羣賢共爵人也吾謂當爾之時無遺才無濫舉矣而汝猶云十收六七況今日之選專歸尚書以一人之鑒照察天下劉毅所

云一吏部兩郎中而欲究竟人物何異以管闚天而求其博哉今勳人甚多又羽林入選武夫崛起不解書計唯可彍弩前驅指蹤捕噬而已忽令垂組乗軒求其烹鮮之效未曾操刀而使專割又武人至多官員至少不可周溥設令十人共一官猶無官可授況一人望一官何由可不怨哉吾近面執不宜使武人入選請賜其爵厚其禄既不見從是以權立此格限以停年耳昔子産鑄刑書以救弊叔向譏之以正法何異汝

以古禮難權宜哉仲尼云德我者亦春秋罪我者亦春秋吾之此指其由是也但令當來君子知吾意焉後甄琛元脩義城陽王徽相繼爲吏部尚書利其便已踵而行之自是賢愚同貫涇渭無別魏之失才從亮始也轉侍中太常卿尋遷左光禄大夫尚書右僕射時劉騰擅權亮託妻劉氏傾身事之故頻年之中名位隆赫有識者譏之轉尚書僕射加散騎常侍正光二年秋疽發於背肅宗遣舍人問疾亮上表　僕射

送所負荷及印綬詔不許尋卒詔給東園秘器
朝服一襲賵物七百段蠟三百斤贈使持節散
騎常侍車騎大將軍儀同三司冀州刺史謚曰
貞烈亮在雍州讀杜預傳見爲八磨嘉其有濟
時用遂教民爲碾及爲僕射奏於張方橋東堰
穀水造水碾磨數十區其利十倍國用便之亮
有三子士安士和士泰並彊幹著於當世
士安歷尚書比部郎卒於諫議大夫贈左將軍
光州刺史無子弟士和以子乾耳繼

魏書傳五四　二十三　李澄

乾耳武定中尚書都兵郎中
士和歷司空主簿通直郎從亮征硤石以軍勳
拜冠軍將軍中散大夫西道行臺元脩義左丞
行涇州事蕭寶夤之在關中高選寮佐以爲督
府長史時莫折念生遣使詐降寶夤表士和兼
度支尚書爲隴右行臺令入秦撫慰爲念生所
害
士泰歷給事中司空從事中郎諫議大夫司空
司馬肅宗末荊蠻侵斥以士泰爲龍驤將軍征
蠻別將事平以功賜爵五等男建義初遇害於
河陰贈都督青兗二州諸軍事鎮東將軍青州
刺史謚曰文肅
子肇師襲爵武定末中書舍人
亮弟敬默奉朝請卒於征虜長史贈南陽太守
子思韶從亮征硤石以軍功賜爵武城子爲冀
州別駕
敬默弟隱處青州州都亮以其賤出殊不經紀
論者譏焉

魏書傳五十四　二十四　朱言

亮從父弟光韶事親以孝聞初除奉朝請光韶
與弟光伯雙生操業相侔特相友愛遂經吏部
尚書李沖讓官於光伯辭色懇至沖爲奏聞高
祖嘉而許之太和二十年以光韶爲司空行參
軍復請讓從叔和曰臣誠微賤未登讓品屬逢
唐朝耻無讓德和亦謙退辭而不當高祖善之
遂以和爲廣陵王國常侍尋勑光韶兼秘書郎
掌校華林御書肅宗初除青州治中後爲司空
騎兵參軍又兼司徒戶曹出爲濟州輔國府司

馬刺史高植甚知之政事多委訪焉遷青州平東府長史府解敕知州事光韶清直明斷民吏畏愛之入爲司空從事中郎以母老解官歸養賦詩展意朝士屬和者數十人久之徵爲司徒諮議固辭不拜光韶性嚴毅聲韻抗烈與人平談常若震厲至於兄弟議論外聞謂爲忿怒然孔懷雍睦人少逮之孝莊初河間邢杲率河北流民十餘萬衆攻逼州郡刺史元儁憂不自安州人乞光韶爲長史以鎮之時陽平路回寓居

齊土與杲潛相影響引賊入郭光韶臨機處分在難確然賊退之後刺史表光韶忠毅朝廷嘉之發使慰勞焉尋爲東道軍司及元顥入洛自河以南莫不風靡而刺史廣陵王欣集文武以議所從欣曰北海長樂俱是同堂兄弟今宗祏不移我欲受赦諸君意各何如在坐之人莫不失色光韶獨抗言曰元顥受制梁國稱兵本朝拔本塞源以資讎敵賊臣亂子曠代少儔何但大王家事所宜切齒等荷朝眷未敢仰從長史

崔景茂前瀛州刺史張烈前郢州刺史房叔祖徵士張僧皓咸云軍司議是欣乃斬顥使尋徵輔國將軍廷尉少卿未至除太尉長史加左將軍俄遷廷尉卿時秘書監祖瑩以贓罪被劾光韶必欲致之重法太尉陽城王徽尚書令臨淮王彧吏部尚書李神儁侍中李彧並勢望當時皆爲瑩求寬光韶正色曰朝賢執事於舜之功未聞有一如何反爲罪人言乎其執意不回如此永安末擾亂之際遂還鄉里光韶博學彊辯

尤好理論至於人倫名教得失之間搉而論之不以一毫假物家足於財而性儉吝衣馬弊瘦食味麤薄始光韶在都同里人王蔓於夜遇盜害其二子孝莊詔黃門高道穆令加檢捕一坊之內家別搜索至光韶宅綾綃錢布匱篋充積議者譏其矯嗇其家資產皆光伯所營光伯亡悉焚其契河間邢子才曾貸錢數萬後送還之光韶曰此亡弟相貸僕不知也竟不納刺史元弼前妻是光韶之繼室兄女而弼貪悋多諸不

法光韶以親情亟相非責弼銜之時耿翔反於
州界弼誣光韶子通與賊連結囚其合家考掠
非理而光韶與之辯爭辭色不屈會樊子鵠爲
東道大使知其見枉理出之時人勸令詣樊陳
謝光韶曰羊舌大夫已有成事何勞往也子鵠
亦歎尚之後刺史侯淵代下疑懼停軍益都謀
爲不軌令數百騎夜入南郭劫光韶以兵脅之
責以謀略光韶曰凡起兵者須有名義使君今
日舉動直是作賊耳父老知復何計淵雖恨之

三冊 魏書傳五十四 二十七

敬而不敢害尋除征東將軍金紫光祿大夫不
起光韶以世道屯邅朝廷屢變閉門却掃吉凶
斷絕誡子孫曰吾自謂立身無慚古烈但以祿
命有限無容希世取進在官以來不冒一級官
雖不達經爲九卿且吾平生素業足以遺汝官
閑亦何足言也吾既運薄便經三娶而汝之兄
弟各不同生合葬非古吾百年之後不須合也
然贈謚之及出自君恩豈容子孫自求之也勿
須求贈若違吾志如有神靈不享汝祀吾兒弟

自幼及老衣服飲食未曾一片不同至於兒女
官婚榮利之事未嘗不先以推弟弟頃橫禍權
作松櫬亦可爲吾作松棺使吾見之卒年七十
一孝靜初侍中賈思同申啓稱述光韶贈散騎
常侍驃騎將軍青州刺史
光韶弟光伯尚書郎青州別駕後以族弟休臨
州遂申牒求解尚書奏按禮始封之君不臣諸
父昆弟封君之子臣昆弟不臣諸父封君之孫
得盡臣計始封之君即是世繼之祖尚不得臣

三冊 魏書傳五十四 二十八

況今之刺史既非世繼而得行臣吏之節執笏
稱名者乎檢光伯請解率禮不愆請宜許遂以
明道敦勵太后令從之尋除北海太守有司以
其更滿依例奏代肅宗詔曰光伯自蒞海沂清
風遠著兼其兄光韶復能辭榮侍養兄弟忠孝
宜有甄録可更申三年以厲風化後歷太傅諮
議參軍前廢帝時崔祖螭張僧皓起逆攻東陽
旬日之間衆十餘萬刺史東萊王貴平欲令光
伯出城慰勞兄光韶曰城民陵縱爲日已久人

人恨之其氣甚盛古人有言衆怒如水火焉以此觀之今日非可慰諭止也貴平彊之光韶曰使君受委一方董攝万里而經略大事不與國士圖之所共腹心皆趨走羣小既不能綏遏以杜其萌又不能坐觀待其衰挫慼迫小弟從爲無名之行若單騎獨往或見拘縶若以衆臨之勢必相拒敵懸見無益也貴平逼之不得已光伯遂出城數里城民以光伯兄弟羣情所繫慮人劫留防衛者衆外人疑其欲戰未及曉諭爲

飛矢所中卒贈征東將軍青州刺史

子滔武定末殷州別駕

史臣曰李崇以風質英重毅然秀立任當將相望高朝野美矣崔亮既明達後事動有名迹於斷年之選失之逾遠救敝未聞終爲國蠹無所苟而已其若是乎光韶居雅仗正有國士之風矣

列傳第五十四卷　魏書六十六

列傳第五十五　魏書六十七

崔光

崔光本名孝伯字長仁高祖賜名焉東清河鄃人也祖曠從慕容德南渡河居青州之時水慕容氏滅仕劉義隆爲樂陵太守父靈延劉駿龍驤將軍長廣太守與劉彧冀州刺史崔道固共拒國軍慕容白曜之平三齊光年十七隨父徙代家貧好學晝耕夜誦傭書以養父母太和六年拜中書博士轉著作郎與祕書丞李彪參撰

國書遷中書侍郎給事黃門侍郎甚爲高祖所知待常曰孝伯之才浩浩如黃河東注固今日之文宗也以參賛遷都之謀賜爵朝陽子拜散騎常侍黃門著作如故又兼太子少傅尋以本官兼侍中使持節爲陝西大使巡方省察所經述叙古事因而賦詩三十八篇還仍兼侍中以謀謨之功進爵爲伯光少有大度喜怒不見於色有毀惡之者必善言以報之雖見誣謗終不自申曲直皇興初有同郡二人並被掠爲奴婢

後詣光求哀光乃以二口贖免高祖聞而嘉之
雖處機近曾不留心文案唯從容論議參贊大
政而已高祖每對羣臣曰以崔光之高才大量
若無意外咎譴二十年後當作司空其見重如
是又從駕破陳顯達世宗即位正除侍中初光
與李彪共撰國書太和之末彪解著作專以史
事任光彪尋以罪廢世宗居諒闇彪上表求成
魏書詔許之彪遂以白衣於秘書省著述光雖
領史官以彪意在專功表解侍中著作以讓彪

列傳五十五　二

世宗不許遷太常卿領齊州大中正正始元年
夏有典事史元顯獻四足四翼雞詔散騎侍郎
趙邕以問光光表答曰臣謹按漢書五行志宣
帝黃龍元年未央殿輅軨中雌雞化爲雄毛變
而不鳴不將無距元帝初元中丞相府史家雌
雞伏子漸化爲雄冠距鳴將永光中有獻雄雞
生角劉向以爲雞者小畜主司時起居小臣執
事爲政之象也言小臣將秉君之威以害政事
猶石顯也竟寧元年石顯伏辜此其效也靈帝

光和元年南宮寺雌雞欲化爲雄一身毛皆似
雄但頭冠尚未變詔以問議郎蔡邕邕對曰貌
之不恭則有雞禍臣竊推之頭爲元首人君之
象也今雞一身已變未至於頭而上知之是將
有其事而不遂成之象也若應之不精政無所
改頭冠或成爲患滋大是後張角作亂稱黃巾
賊遂破壞四方疲於賦役民多叛者上不改政
遂至天下大亂今之雞狀雖與漢不同而其應
頗相類矣向邕並博達之士考物驗事信而有
徵誠可畏也臣以邕言推之翅足衆多亦羣下

魏書列傳五十五　三　毛扆

相扇助之象雛而未大脚羽差小亦其勢尚微
易制御也臣聞災異之見皆所以示吉凶明君
覩之而懼乃能招福闇主視之彌慢所用致禍
詩書春秋秦漢之事多矣此陛下所觀者也今
或有自賤而貴關預政事殆亦前代君房之匹
比者南境死亡千計白骨橫野存有酷恨之痛
殁爲怨傷之魂義陽屯師盛夏未返荆蠻狡猾
征人淹次東州轉輸往多無還百姓困窮絞縊

以殄北方霜降蠶婦輟事羣生憔悴莫甚於今此亦賈誼哭歎谷永切諫之時司寇行戮君爲之不舉陛下爲民父母所宜矜恤國重戎戰用兵猶火内外怨弊易以亂離陛下縱欲忽天下豈不仰念太祖取之艱難先帝經營劬勞也誠願陛下留聰明之鑒警天地之意禮處左右節其貴越往者鄧通董賢之盛愛之正所以害之又躬饗加罕宴宗或闕時應親肅郊廟延敬諸父檢訪四方務加休息爰發慈旨撫賑貧瘼簡

毛京敬

魏列傳五十五卷　四

費山池減撤聲飲畫存政道夜以安身慱采蒭蕘進賢黜佞則兆庶幸甚妖弭慶進禎祥集矣世宗覽之大悅後數日而茹皓等並以罪失伏法於是禮光愈重加撫軍將軍二年八月光表曰去二十八日有物出于太極之西序勑以示臣臣按其形即莊子所謂蒸成菌者也又云朝菌不終晦朔雍門周所稱磨蕭斧而伐朝菌皆指言蒸氣鬱長非有根種柔脆之質凋殄速易不延旬月無擬斧斤又多生墟落穢濕之地罕起殿堂高華之所今極宇崇麗牆築工密糞朽弗加沾濡不及而兹菌歘構厥狀扶疎誠足異也夫野木生朝野鳥入廟古人以爲敗亡之象然懼災修德者咸致休慶所謂家利而怪先國興而妖豫是故桑穀拱庭太戊以昌雊雉集鼎武丁用熙自比鵶鵲巢于廟殿梟鵩鳴於宮寢菌生賓階軒坐之正準諸往記信可爲誡且南西未靜兵革不息郊甸之内大旱踰時民勞物悴莫此之甚承天子育者所宜矜恤伏願陛下追

畫虔

魏書傳五十五　五

殷二宗感變之意側躬聳誠惟新聖道節夜飲之忻彊朝御之膳養方富之年保金玉之性則魏祚可以永隆皇壽等於山岳四年秋除中書令進號鎮東將軍永平元年秋將刑元愉妾李氏羣官無敢言者勑光爲詔光逡巡不作奏曰伏聞當刑元愉妾李加之屠割妖惑扇亂誠合此罪但外人竊云李今懷姙例待分産且臣尋諸舊典兼推近事戮至刳胎謂之虐刑桀紂之主乃行斯事君舉必書義無隱昧酷而乖法何

以宗後陛下春秋已長未有儲體皇子襁褓至
有失臣之愚識知無不言乞停李獄以俟育
孕世宗納之延昌元年春遷中書監侍中如故
二年世宗幸東宮召光與黃門甄琛廣陽王淵
等並賜坐詔光曰卿是朕西臺大臣今當爲太
子師傅光起拜固辭詔不許即命肅宗出從者
十餘人勑以光爲傅之意令肅宗拜光光又拜
辭不當受太子拜復不蒙許肅宗遂南面再拜
詹事王顯啓請從太子拜於是宮臣畢拜光北

魏傳五十五　六　金祖

面立不敢荅拜唯西面拜謝而出於是賜光繡
綵一百匹琛淵等各有差尋授太子少傅三年
遷右光祿大夫侍中監如故四年正月世宗夜
崩光與侍中領軍將軍于忠迎肅宗於東宮安
撫內外光有力焉帝崩後二日廣平王懷扶疾
入臨以母弟之親徑至太極西廡哀慟禁內呼
侍中黃門領軍二衞云身欲上殿哭大行又須
入見主上諸人皆愕然相視無敢抗對者光獨
攘衰振杖引漢光武初崩太尉趙熹橫劒當階

推下親王故事辭色甚厲聞者莫不稱善壯光
理義有據懷聲淚俱止云侍中以古事裁我我
不敢不服於是遂還頻遣左右致謝初永平四
年以黃門郎孫惠蔚代光領著作惠蔚首尾五
載無所厝意至是三月尚書令任城王澄表光
宜還史任於是詔光還領著作四月遷特進五
月以奉迎肅宗之功封光博平縣開國公食邑
二千户七月領國子祭酒八月詔光乘步挽於
雲龍門出入尋遷車騎大將軍儀同三司靈太

魏傳五十五　七　朱

后臨朝之後光累表遜位于忠擅權光依附之
及忠稍被疏黜光并送章綬冠服茅土表至十
餘上靈太后優荅不許有司奏追于忠及光封
邑熙平元年二月太師高陽王雍等奏舉光授
肅宗經初光有德於靈太后語在于忠傳四月
更封光平恩縣開國侯食邑一千户以朝陽伯
轉授第二子勗其月勑賜羊車一乘時靈太后
臨朝每於後園親執弓矢光乃表上中古婦人
文章因以致諫曰孔子云士志於道據於德依

於仁遊於藝藝謂禮樂書數射御明前四業丈
夫婦人所同修者若射御唯主男子事不及女
古之賢妃烈媛母儀家國垂訓四海宣教九宗
可秉道懷疑 率遵仁禮是以漢后馬鄧銜邁祖
考羊嬪蔡氏具體伯喈伏惟皇太后含聖履仁
臨朝闡化肅雍愷悌靖徽齊穆孝祀通於神明
和風溢于區宇因時暇豫清暑林園遠覿姑射
眷言疊髮相弦矢所發必中正鵠威靈遐暢義震
上下文武懾心左右悅目吾王不遊吾何以休

不窺重仞安見富美天情沖謙動容祗愧以爲
舉非蠶織事存無功豈謂應乾順民裁成輔相
者哉臣不勝慶幸謹上婦人文章錄一帙其集
具在內伏願以時披覽仰裨未聞息彎挾之勞
納閑拱之泰頤精養壽栖神翰林是秋靈太后
頻幸王公第宅光表諫曰禮記云諸侯非問疾
弔喪而入諸臣之家是謂君臣爲謔不言王后
夫人明無適臣家之義夫人父母在有時歸寧
親没使卿大夫聘春秋紀陳宋齊之女並爲周

王后無適本國之事是制深於士大夫許嫁唁
兄又義不得衛女思歸以禮自抑載馳竹竿所
爲作也漢上官皇后將廢昌邑霍光外祖也親
爲宰輔后猶御武帳以接羣臣示男女之別國
之大節伯姬待姆安就炎燎樊姜俟命忍赴洪
流傳皆綴集以垂來詠昨軒駕頻出幸馮翊君
任城王第雖漸中秋餘熱尚蒸衡蓋往還聖躬
煩倦豐廚嘉醴罄竭時羞上壽弗限一觴有兼
甘踰百品旦及日斜接對不憩非謂順時而遊

奉養有度縱雲棻輦崇涼御筵安暢左右僕侍衆
過千百扶衛跋涉袍鉀在身蒙曝塵日渙汗流
離致時飢渴餐飯不贍賃馬假乘交費錢帛昔
人稱陛下甚樂臣等至苦或其事也伏惟皇太
后月靈炳曜坤儀挺茂誕育帝躬維興魏道德
踰文母仁邁和熹親以天至遠異莫聞愛由貞
固非徒虛隆紆屈鑾駕降臨閭里榮光帝京士
女藻悅白首之老至欣遇犧年青衿之童慶屬唐
日千載之所難一朝之爲易非至明超古志驕

釋吝孰能若斯者哉魏元巳來莫匹斯美興居出入自當坦然豈同往嫌曲有矯避但帝族方衍勳貴增遷祗請遂多將成彝式陛下遵酌前王貽厥後矩天下爲公億兆巳任專薦郊廟止決大政輔養神和簡息遊幸以德爲車以樂爲御考仁聖之風習治國之道則率土屬賴含生仰悅矣臣過荷恩榮所知必盡嘿嘿唯唯愚竊未敢輕陳狂聲分貽害惡坐神龜元年夏光啓詩稱蔽芾甘棠勿翦勿伐邵伯所茇又云雖無

魏書傳五十五　十　朱通

老成人尚有典刑傳曰思其人猶愛其樹況用其道不恤其人是以書始稽古易本山火觀於天文以察時變觀於人文以化成天下孟子實臣張訓說安世記篋於汾南伯山抱卷於河右元始孤論充漢帝之坐子孟皇片字懸魏王之帳前哲之寶貴重墳籍珍愛分篆猶若此之至也矧迺聖典鴻經炳勒金石理爲國楷義成家範迹實世模事則人軌千載之格言百王之盛烈而令焚荒汙毀積榛棘而弗掃爲鼯鼬之所栖

宿童豎之所登踞者哉誠可爲痛心疾首拊膺扼腕伏惟皇帝陛下孝敬日休自天縱睿垂心初學儒業方熙皇太后欽明慈淑臨制統化崇道重教留神翰林將披雲臺而閱禮拂麟閣以招賢真誠宜遠開闕里清彼孔堂而使近在城闉面接宮廟崔舊校爲墟子衿永替豈所謂建國君民教學爲先京邑翼翼四方是則也尋石經之作起自炎劉繼以曹氏典論初乃三百餘載計末向二千紀矣昔來雖屢經戎亂猶未大崩侵

魏書傳五十五　十一

如聞往者刺史臨州多構圖寺道俗諸用稍有發掘基蹠泥灰或出於此皇都始遷尚可補復軍國務殷遂不存檢官私顯隱漸加剝撤播麥納菽秋春相因　生蒿杞時致火燎由是經石彌減文字增缺職忝胄教參掌經訓不能繕修頹墜興復生業倍深慚恥今求遣國子博士一人堪任幹事者專主周視驅禁田牧制其踐穢料閱碑牒所失次第量厥補綴詔曰此乃學者之根源不朽之永格垂範將來憲章之本便可

一依公表光乃令國子博士李郁與助教韓神
固劉燮等勘校石經其殘缺者計料石功并字
多少欲補治之於後靈太后廢遂寢二年八月
靈太后幸永寧寺躬登九層佛圖光表諫曰伏
見親昇上級佇蹕表刹之下祇心圖構誠爲福
善聖躬玉趾非所踐陟臣庶恇惶竊謂未可按
禮記爲人子者不登高不臨深古賢有言策畫
失於廟堂大人歷於中野漢書上欲西馳下峻
坂爰盎攬轡停輿曰臣聞千金之子不垂堂百

魏傳五十五　十二　王垚

金之子不倚衡如有車敗馬驚柰高廟太后何
又云上酎祭廟出欲御樓船薛廣德免冠頓首
曰宜從橋陛下不聽臣臣以血汙車輪樂正子
春曾參弟子亦稱至孝固自謹慎堂基不過一
尺猶有傷足之愧永寧累級閣道回隘以柔懦
之寶體乘至峻之重峭万一差跌千悔何追禮
將祭宗廟必散齋七日致齋三日然後入祀神
明可得而通今雖容像未建已爲神明之宅方
加雕繢飾麗丹青人心所祇銳觀滋甚登者既

衆異懷若面縱一人之身恒盡誠潔豈左右
妾各竭虔仰不可獨昇必有扈侍懼或忘慎非
飲酒茹葷而已昨風霾暴興紅塵四塞白日晝
昏特可驚畏春秋宋衛陳鄭同日而災伯姬待
姆致焚如之禍去皇興中青州七級亦號崇壯
夜爲上火所焚雖梓慎裨竈之明尚不能逆覩
端兆變起倉卒預備不虞天道幽遠自昔深誡
墟墓必哀廟社致敬望塋悽慟入門聳慄適墓
不登隴未有昇陟之事傳云公既視朔遂登觀

魏傳五十五　十三　刘刻

臺其下無天地先祖之神故可得而乘也內經
寶塔高華堪室千萬唯盛言香花禮拜豈有登
上之義獨稱三寶階從上而下人天交接兩得
相見超世奇絕莫可而擬恭敬拜跽悉在下級
遠存矚眺周見山河因其所眄增發嬉笑未能
級級加虔步步崇慎徒使京邑士女公私湊集
上行下從理勢以然迄於無窮　長世競慕
一登而可抑斷哉蓋心信爲本形敬乃末重實
輕根靖寔躁君恭已正南面者豈月乘峻極句

御曆階今經始既就子來自勸基構已興雕絢
漸起紫山華臺即其宮也伏願息躬親之勞廣
風靡之化因立制防班之條限以遏囂浮永歸
清寂下竭肅穆之誠上展瞻仰之敬勿踐勿履
顯固億齡融教闡悟不其博歟九月靈太后幸
嵩高光上表諫曰伏聞明後當親幸嵩高往還
累宿鑾遊近旬存省民物誠足爲善雖漸農隙
實惜步騎萬餘來去經踐駕輦雜還競驚交馳

魏傳五十五　十四　刘子明

縱加禁護猶有侵耗士女老幼微足傷心秋末
久旱塵壤委深風霾一起紅埃四塞轅轘峭嶮
山路危狹聖駕清道當務萬安乘履澗壑蒙犯
霜露出入半旬逾越數百飄曝彌日仰虧和豫
七廟上靈容或未許億兆下心寔用悚慄且藏
蟄節遠昆蟲布列蠉蠕之類盈於川原車馬輾
蹈必有類殺慈悲好生應垂未測誠恐悠悠之
議將謂爲福興罪斯役困於負檐爪牙窘於賃
乘供頓候迎公私擾費廚兵幕士衣履敗穿晝

暄夜凄因所覆藉監帥驅捶泣呼相望霜旱爲
災所在不稔飢饉荐臻方成儉弊爲民父母所
宜存恤靖以撫之猶懼離散乃於收斂初辰致
此行舉自近及遠交興怨嗟伏願遠覽虞舜恭
已無爲近遵老易不出戶牖罷勞形之遊息傷
財之駕動循典防納諸軌儀委司責成寄之耳
目人神幸甚朝野抃悅靈太后不從正光元年
冬賜光几杖衣服二年春肅宗親釋奠國學光
執經南面百寮陪列司徒京兆王繼頻上表以

魏書傳五十五　十五　李時

位讓光夏四月以光爲司徒侍中國子祭酒領
著作如故光表固辭歷年終不肯受八月獲禿
鶖鳥於宮內詔以示光光表曰蒙示十四日所
得大鳥此即詩所謂有鶖在梁解云禿鶖也貪
惡之鳥野澤所育不應入殿庭昔魏氏黃初中
有鵜鶘集于靈芝池文帝下詔以曹恭公遠君
子近小人博求賢俊太尉華歆由此遜位而讓
管寧者也臣聞野物入舍古人以爲不善是以
張竦惡鵩賈誼忌鵩鵜鶘暫集而去前王猶爲

至誠況今親入宮禁爲人所獲方被畜養晏然不以爲懼準諸往義信有殊矣且饕餮之禽必資魚肉菽麥稻粱時或餐啄一食之費容過斤鎰今春夏陽旱穀糴稍貴窮窘之家時有菜色陛下爲民父母撫之如傷豈可棄人養鳥留意於醜形惡聲哉衛侯好鶴曹伯愛鴈身死國滅可爲寒心陛下學通春秋親覽前事何得口詠其言行違其道誠願遠師殷宗近法魏祖修德延賢消災集慶放無用之物委之川澤取樂琴

書頤養神性肅宗覽表大悅即棄之池澤詔召光與安豐王延明議定服章三年六月詔光乘步挽至東西上閤九月進位太保光又固辭光年耆多務疾病稍增而自彊不已常在著作疾篤不歸四年十月肅宗親臨省疾詔斷賓客中使相望爲止聲樂罷諸遊眺拜長子勵爲齊州刺史十一月疾甚勑子姪等曰諦聽吾言聞曾子有云人之將死其言也善啓予手啓予足而今而後吾知免夫吾荷先帝厚恩位至於此史

功不成歿有遺恨汝等以吾之故並得名位勉之勉之以死報國脩短命也夫復何言速可送我還宅氣力雖微神明不亂至第而薨年七十三肅宗聞而悲泣中使相尋詔給東園溫明祕器朝服一具衣一襲錢六十萬布一千匹蠟四百斤大鴻臚監護喪事車駕親臨撫屍慟哭御輦還宮流涕於路爲減常膳言則追傷每至光坐講讀之處未曾不改容悽悼五年正月贈太傅領尚書令驃騎大將軍開府冀州刺史侍中

如故又勑加後部鼓吹班劒依太保廣陽王故事謚文宣公肅宗祖喪建春門外望轜哀感儒者榮之初光太和中依宮商角徵羽本音而爲五韻詩以贈李彪彪爲十二次詩以報光光又爲百三郡國詩以答之國別爲卷爲百三卷焉光寬和慈善不逆於物進退沉浮自得而已常慕胡廣黃瓊之爲人故爲氣概者所不重始領軍于忠以光舊德甚信重焉每事籌決光亦傾身事之元乂於光亦深宗敬及郭祚裴植見殺

清河王懌遇禍光隨時俛仰竟不匡救於是天下譏之自從貴達罕所申薦曾啓其女壻彭城劉敬徽云敬徽爲荊州五龍戍主女隨夫行常慮寇抄南北分張乞爲徐州長史兼別駕暫集京師肅宗許之時人比之張禹光初爲黃門則讓宋弁爲中書監讓汝南王悅爲太常讓劉芳爲少傅讓元暉穆紹甄琛爲國子祭酒讓清河王懌任城王澄爲車騎儀同讓江陽王繼又讓靈太后父胡國珍皆顧望時情議者以爲矯飾

崇信佛法禮拜讀誦老而逾甚終日怡怡未曾恚忿曾於門下省晝坐讀經有鴿飛集膝前遂入於懷緣臂上肩久之乃去道俗贊詠詩頌者數十人每爲沙門朝貴請講維摩十地經聽者常數百人即爲二經義疏三十餘卷識者知其踈略以貴重爲後坐疑於講次凡所爲詩賦銘贊詠頌表啓數百篇五十餘卷別有集光十一子勵勖勔勸劼勊勍劬勣勦勉

勵字彥德器學才行最有父風舉秀才中軍彭城王參軍祕書郎中以父光爲著作固辭不拜歷員外郎騎侍郎太尉記室散騎侍郎以繼母憂去職神龜中除司空從事中郎正光二年拜中書侍郎領軍將軍元乂爲明堂大將以勵爲長史與從兄鴻俱知名於世四年十月父光疾甚詔拜征虜將軍齊州刺史以父寢疾衣不解帶及光薨肅宗每加存慰五年春光葬於本鄉又詔遣主書張文伯宣弔焉孝昌元年十二月詔除太尉長史仍爲齊州大中正襲父爵建義

初遇害河陰時年四十八贈侍中衛將軍儀同三司青州刺史

子挹襲武定末太尉屬齊受禪爵例降

挹弟損義同開府主簿

勖武定末征虜將軍安州刺史朝陽伯齊受禪例降

勔字彥儒亦有父風司空記室通直散騎侍郎寧遠將軍清河太守帶槃陽鎮將爲逆賊崔景安所害贈征虜將軍齊州刺史

子權太尉參軍事
勐武定中中書郎
光弟敬友本州治中頗有受納御史案之乃與
守者俱逃後除梁郡太守會遭所生母憂不拜
敬友精心佛道晝夜誦經免喪之後遂菜食終
世恭寬接下修身厲節自景明已降頻歲不登
飢寒請丐者皆取足而去又置逆旅於肅然山
南大路之北設食以供行者延昌三年二月卒
年五十九

魏書傳五五　二十　沈宗

子鴻字彥鸞少好讀書博綜經史太和二十年
拜彭城王國左常侍景明三年遷員外郎兼尚
書虞曹郎中勑撰起居注遷給事中兼祠部郎
轉尚書都兵郎中詔太師彭城王勰以下公卿
朝士儒學才明者三十人議定律令於尚書上
省鴻與光俱在其中時論榮之永平初豫州城
人白早生殺刺史司馬悅據懸瓠叛詔鎮南將
軍邢巒討之以鴻爲行臺鎮南長史從三公郎
中加輕車將軍遷員外散騎常侍領郎中延昌

二年將大考百寮鴻以考令於體例不通乃建
議曰竊惟王者爲官求才使人以器黜陟幽明
揚清激濁故績效能官才必稱位者朝昇夕進
年歲數遷豈拘一階半級閡以[illegible]寮等位者哉
二漢以降太和以前苟必官須此人人稱此職
或超騰昇陟數歲而至公卿或長兼試守稱允
而遷進者披卷則人人而是舉目則朝貴皆然
故能時收多士之譽國號豐賢之美竊見景明
以來考格三年成一考一考轉一階貴賤內外

魏書傳五十五　二十一　朱玉文

萬有餘人自非犯罪不問賢愚莫不上中才與
不肖比肩同轉雖有善政如黃龔儒學如王鄭
史才如班馬文章如張蔡得一分一寸必爲常
流所攀選曹亦抑爲一槩不曾甄別琴瑟不調
改而更張雖明旨已行猶宜消息世宗不從三
年鴻以父憂解任甘露降其廬前樹十一月世
宗以本官徵鴻四年復有甘露降其京兆宅之
庭樹復加中堅將軍常侍領郎如故遷中散大
夫高陽王友仍領郎中其年爲司徒長史正光

元年加前將軍修高祖世宗起居注光撰魏史
徒有卷目初未考正闕略尤多每云此史會非
我世所成但須記録時事以待後人臨薨言鴻
於肅宗五年正月詔鴻以本官修緝國史孝昌
初拜給事黃門侍郎尋加散騎常侍齊州大中
正鴻在史甫爾未有所就尋卒贈鎮東將軍度
支尚書青州刺史鴻弱冠便有著述之志見晉
魏前史皆成一家無所措意以劉淵石勒慕容
儁苻健慕容垂姚萇慕容德赫連屈子張軌李

魏書傳五十五 二十二 朱玉文

雄呂光乞伏國仁禿髮烏孤李暠沮渠蒙遜馮
跋等並因世故跨僭一方各有國書未有統一
鴻乃撰爲十六國春秋勒成百卷因其舊記時
有增損褒貶焉鴻二世仕江左故不録僭晉劉
蕭之書又恐識者責之未敢出行於外世宗聞
其撰録遣散騎常侍趙邕詔鴻曰聞卿撰定諸
史甚有條貫便可隨成者送呈朕當於機事之
暇覽之鴻以其書有與國初相涉言多失體且
既未訖迄不奏聞鴻後典起居乃妄載其表曰臣

聞帝王之興也雖誕應圖籙然必有驅除蓋所
以翦彼厭政成此樂推故戰國紛紜年過十紀
而漢祖夷殄羣豪開四百之業歷文景之懷柔
蠻夏世宗之奮揚威武始得涼朔同文牂越一
軌於是談遷感漢德之盛痛諸史放絶乃鈐括
舊書著成太史所謂緝茲人事光彼天時之義
也昔晉惠不競華戎亂起三帝受制於姦臣二
皇晏駕於非所五都蕭條鞠爲煨燼趙燕既爲
長虵遼海緬成殊域窮兵銳進以力相雄中原

三六五 魏書傳五十五 二十三 朱梓

無主八十餘年遺晉僻遠勢略孤微民殘兵革
靡所歸控皇魏龍潛幽代世篤公劉內修德政
外抗諸僞并冀之民懷寶之士襁負而至者日
月相尋雖邠岐之赴太王謳歌之歸西伯實可
同年而語矣太祖道武皇帝以神武之姿接金
行之運應天順民龍飛受命太宗必世重光業
隆玄默世祖雄才叡略闡曜威靈農戰兼修掃
清氛穢歲垂四紀而寰宇一同儋耳文身之長
卉服斷髮之酋莫不請朔率職重譯來庭隱愍

鴻濟之澤三樂擊壤之歌百姓始得陶然蘇息
欣於堯舜之世自晉永寧以後雖所在稱兵競
自尊樹而能建邦命氏成爲戰國者十有六家
善惡興滅之形用兵乖會之勢亦足以垂之將
來昭明勸戒但諸史殘缺體例不全編録紛謬
繁略失所宜審正不同定爲一書伏惟高祖以
大聖應期欽明御運合德乾坤同光日月建格
天之功創不世之法開鑿生民惟新大造陛下
以青陽繼統叡武承天應符屈己則道高三五

三十三　魏書傳五十五　二十四　朱祥

頤神至境則洞彼玄宗剖判百家斟酌六籍遠
邁石渠美深白虎至一如道禮革俗之風昭文變
性之化固以感彼禽魚穆茲寒暑而況愚臣沐
浴太和懷音正始而可不免彊難革之性砥礪
木石之心哉誠知敏謝允南才非承祚然國志
史考之美竊亦輒所庶幾始自景明之初搜集
諸國舊史屬遷京甫爾率多分散求之公私驅
馳數歲又臣家貧祿薄唯任孤力至於紙盡書
寫所資每不周接暨正始元年寫乃向備謹於

吏按之暇草構此書區分時事各繫本録破彼
異同凡爲一體約損煩文補其不足三豕五門
之類一事異年之流皆稽以長曆考諸舊志刪
正差謬定爲實録商校大略著春秋百篇至三
年之末草成九十五卷唯常璩所撰李雄父子
據蜀時書尋訪不獲所以未及繕成輟筆私求
七載于今此書本江南撰録恐中國所無非臣
私力所能終得其起兵僭號事之始末乃亦頗
有但不得此書懼簡略不成久思陳奏乞勅緣

三十三　魏書傳五十五　二十五　代升

邊求採但愚賤無因不敢輕輒散騎常侍太常
少卿荊州大中正臣趙邕忽宣明旨敕臣送呈
不悟九皐微志乃得上聞奉勅欣惶慶懼兼至
今謹以所訖者附臣邕呈奏臣又別作序例一
卷年表一卷仰表皇朝統括大義俯明愚臣著
録微體徒竊慕古人立言美意文致疎鄙無一
可觀簡御之日伏深慙悸鴻意如此然自正光
以前不敢顯行其書自後以其伯光貴重當朝
知時人未能發明其事乃頗相傳讀亦以光故

執事者遂不論之鴻經綜既廣多有違謬至如
太祖天興二年姚興改號鴻以爲改在元年太
宗永興二年慕容超擒於廣固鴻又以爲事在
元年太常二年姚泓敗於長安而鴻亦以爲滅
在元年如此之失多不考正
子子元祕書郎後永安中乃奏其父書曰臣亡
考故散騎常侍給事黄門侍郎前將軍齊州大
中正鴻不殞家風式纘世業古學克明在新必
鏡多識前載博極羣書史才富洽號稱籍甚年

魏書傳五十五　二十六　金震

止壯立便斐然懷著述意正始之末任屬記言
撰緝餘暇乃刊著趙燕秦夏涼蜀等遺載爲之
贊序褒貶評論先朝之日草構悉了唯有李雄
蜀書搜索未獲闕兹一國遲留未成去正光三
年購訪始得討論適訖而先臣棄世凡十六國
名爲春秋一百二卷近代之事最爲備悉未曾
奏上弗敢宣流今繕寫一本敢以仰呈儻或淺
陋不回睿賞乞藏祕閣以廣異家子元後謀反
事發逃竄會赦免尋爲其叔鶡所殺

光從祖弟長文字景翰少亦徙於代都聰敏有
學識太和中除奉朝請遷洛拜司空參軍事營
構華林園後兼員外散騎常侍爲宕昌使主還
授給事中本國中正尚書庫部郎正始中大修
器械爲諸州造仗都使齊州太原太守雍州撫
軍府長史以廉慎稱遷輔國將軍中散大夫轉
太府少卿丞相高陽王雍諮議參軍太中大夫
永安中以老拜征虜將軍平州刺史還家專讀
佛經不關世事年七十九天平初卒贈使持節

魏列傳五十五　二十七　吳業二

征東將軍齊州刺史謚曰貞
子慈懋字德林永熙初征虜將軍徐州征東府
長史
長文從弟庠字文序有幹用初除侍御史員外
散騎侍郎給事中頻使高麗轉步兵校尉又轉
司空掾領左右直長出除相州長史還拜河陰
洛陽令以彊直稱遷東郡太守元顥寇逼郡界
庠拒不從命棄郡走還鄉里莊帝還宮賜爵平
原伯拜潁川太守二年五月爲城民王早蘭寶

等所害後贈驃騎將軍吏部尚書齊州刺史子罕襲爵齊受禪例降

光族弟榮先字隆祖涉歷經史州辟主簿

子鐸有文才冠軍將軍中散大夫

鐸弟覲寧遠將軍羽林監

史臣曰崔光風素虛遠學業淵長高祖歸其才博許其大至明主固知臣也歷事三朝師訓少主不出宮省坐致台傅斯亦近世之所希有但顧懷大雅託迹中庸其於容身之譏斯乃胡廣所不免也鴻博綜古今立言爲事亦才志之士乎

百六十七　魏書傳五十五　二十八　何宗十七

列傳第五十五　魏書六十七

列傳卷第五十六　魏書六十八

甄琛　高聰

甄琛字思伯中山毋極人漢太保甄邯後也父凝州主簿琛少敏悟閨門之內兄弟戲狎不以禮法自居頗學經史稱有刀筆而形貌短陋鮮風儀舉秀才入都積歲頗以弈棊棄日至乃通夜不止手下蒼頭常令秉燭或時睡頓大加其杖如此非一奴後不勝楚痛乃白琛曰郎君辭父母仕宦京師若爲讀書執燭奴不敢辭罪乃以圍棊日夜不息豈是向京之意而賜加杖罰

魏書傳五十六　一　章宇

不亦非理琛惕然慚感遂從許叡李彪假書研習聞見益優太和初拜中書博士遷諫議大夫時有所陳亦爲高祖知賞轉通直散騎侍郎出爲本州征北府長史後爲本州陽平王頤衛軍府長史世宗踐阼以琛爲中散大夫兼御史中尉轉通直散騎常侍仍兼中尉琛表曰王者道同天壤施齊造化濟時拯物爲民父母故年穀不登爲民祈祀乾坤所惠天子順之山川祕利

天子通之苟益生民損躬無吝如或所聚唯爲賑恤是以月令稱山林藪澤有能取蔬食禽獸者皆野虞教導之其迭相侵奪者罪之無赦此明導民而弗禁通有無以相濟也周禮雖有川澤之禁正所以防其殘盡必令取之有時斯所謂鄣護雖在公更所以爲民守之耳且一家之長惠及子孫一運之君澤周天下皆所以厚其所養以爲國家之富未有尊居父母而醯醢是吝富有万品而一物是規今者天爲黔首生鹽

國與黔首鄣護假獲其利是猶富專口斷不及四體也且天下夫婦歲貢粟帛四海之有備奉一人軍國之資取給百姓天子亦何患乎貧而苟禁一池也古之王者世有其民或水火以濟其用或巢宇以誨其居或教農以去其飢或訓衣以除其弊故周詩稱教之誨之飲之食之皆所以撫覆導養爲之求利者也臣性昧知理識無遠尚毋觀上古愛民之迹時讀中葉驟稅之書未嘗不歎彼遠大惜此近狹今僞弊相承仍

崇關鄽之稅大魏恢博唯受穀帛之輸是使遠方聞者罔不歌德昔亶父以棄寶得民碩鼠以受財失衆君王之義宜其高矣魏之簡稅惠實遠矣語稱出内之吝有司之福施惠之難人君之禍夫以府藏之物猶以不施而爲災況府外之利而可吝之於黔首且善藏者藏於民不善藏者藏於府藏於民者民欣而君富藏於府者國怨而民貧國怨則示化有虧民貧則君無所取願弛茲鹽禁使沛然遠及依周禮置川衡之

法使之監導而已詔曰民利在斯深如所陳付八座議可否以聞司徒録尚書彭城王勰兼尚書邢巒等奏琛之所列富乎有言首尾大備或無可貶但恐坐談則理高行之則事闕是用遲回未謂爲可竊惟古之善爲治者莫不昭其勝途悟其遠理及於救世升降稱時欲令豐無過溢儉不致弊役養消息備在厥中節約取足成其性命如不爾者焉用君爲若任其生產隨其豕食便是芻狗万物不相自矣自大道既往恩

惠生焉下奉上施卑高理睦然因忠惠既交思拯之術廣恒恐財不賙國澤不厚民故多方以達其情立法以行其志至乃取貨山川輕在民之貢立稅關市裨十一之儲收此與彼非利已也回彼就此非爲身也所謂集天地之產惠天地之民籍造物之富賑造物之貧徹商賈給戎戰賦四民贍軍國取乎用乎各有義已禁此淵池不專大官之御斂此匹帛豈爲後宮之資既潤不在已彼我理一猶積而散之將焉所吝且稅

魏書傳五十六　四

之本意事有可求固以希濟生民非爲富賄藏貨不爾者昔之君子何爲然哉是以後來經圖未之或改故先朝商校小大以情降鑒之流疑與復鹽禁然自行以來典司多怠出入之間事不如法遂令細民怨嗟商販輕議此乃用之者無方非興之者有謬至使朝廷明識聽瑩其間今而罷之懼失前旨一行一改法若易棊參論理要宜依前式詔曰司鹽之稅乃自古通典然興制利民亦代或不同苟可以富氓益化唯理

所在甄琛之表實所謂助政毗治者也可從其前計使公私並宜川利無擁尚書嚴爲禁豪強之制也詔琛參八座議事尋正中尉常侍如故遷侍中領中尉琛俛眉畏避不能繩糾貴游凡所劾治率多下吏於時趙脩盛寵琛傾身事之琛父凝爲中散大夫弟僧林爲本州別駕皆託脩申達至脩姦詐事露明當收考今日乃舉其罪及監決脩鞭猶相隱惻然告人曰趙脩小人背如土牛殊耐鞭杖有識以此非之脩死之明

魏列五十六　五

日琛與黃門郎李憑以朋黨被召詣尚書兼尚書元英邢巒窮其阿附之狀琛曾拜官諸賓悉集巒乃晚至琛謂巒曰卿何處放蛆來今晚始顧雖以戲言巒變色銜忿及此大相推窮司徒公錄尚書北海王詳等奏曰臣聞黨人爲患自古所疾政之所忌雖寵必誅皆所以存天下之至公保靈基於永業者也伏惟陛下纂聖前暉淵鑒幽慝恩斷近習憲軌唯新大政蔚以增光鴻猷於焉永泰謹案侍中領御史中尉甄琛身

居直法糺擿是司風邪響黷猶宜劾糾况趙脩
奢暴聲著內外侵公害私朝野切齒而琛甞不
陳奏方更往來綢繆結納以爲朋黨中外影響
致其談舉令布衣之父超登正四之官七品之
弟越陟三階之禄虧先皇之選典塵聖明之官
人又與武衛將軍黃門郎李憑相爲表裏憑兄
叨封知而不言及脩釁彰方加彈奏生則附其
形勢死則就地排之竊天之功以爲己力仰欺
朝廷俯罔百司其爲鄙詐於茲甚矣不實不忠

三卅　魏列五十六　六

寔合貶黜謹依律科徒請以職除其父中散寔
爲叨越雖皇族帝孫未有此例既得不以倫請
下收奪李憑朋附趙脩是親是仗交遊之道不
依恒度或晨昏從就或吉凶往來至乃身拜其
親妻見其子每有家事必先請託緇點皇風塵
鄙正化此而不糾將何以肅整阿諛獎厲忠槩
請免所居官以肅風軌奏可琛遂免歸本郡左
右相連死黜者三十餘人始琛以父母年老常
求解官扶侍故高祖授以本州長史及貴達不

復請歸至是乃還供養數年遭母憂母鉅鹿曹
氏有孝性夫氏去家路踰百里每得魚肉菜果
珍美口實者必令僮僕走奉其母乃後食焉琛
母服未闋復喪父琛於塋兆之內手種松栢隆
冬之月負擔水土鄉老哀之咸助加力十餘年
中墳成木茂與弟僧林誓以同居沒齒專事産
業躬親農圃時以鷹犬馳逐自娛朝廷有大事
猶上表陳情久之復除散騎常侍領給事黃門
侍郎定州大中正大見親寵委以門下庶事出

三㐀　魏書傳五十六　七　丁之才

參尚書入則帷幄琛高祖時兼主客郎迎送蕭
賾使彭城劉纘琛欽其器貌常歎詠之纘子晰
爲朐山戍主晰死家屬入洛有女年未二十琛
已六十餘矣乃納晰女爲妻婚日詔給厨費琛
深所好悅世宗時調戲之盧昶敗於朐山詔琛
馳驛檢按遷河南尹加平南將軍黃門中正如
故琛表曰詩稱京邑翼翼四方是則者京邑是
四方之本安危所在不可不清是以國家居代
患多盜竊世祖太武皇帝親自發憤廣置主司

里宰皆以下代令長及五等散男有經略者乃得爲之又多置吏士爲其羽翼崇而重之始得禁止今遷都已來天下轉廣四遠赴會事過代都五方雜沓難可備簡寇盜公行劫害不絕此由諸坊混雜釐比不精主司闇弱不堪檢察故也凡使人攻堅木者必爲之擇良器今河南郡是陛下天山之堅木盤根錯節亂植其中六部里尉卽攻堅之利器非貞剛精銳無以治之今擇尹既非南金里尉鉛刀而割欲望清肅都邑

不可得也里正乃流外四品職輕任碎多是下才人懷苟且不能督察故使盜得容姦百賦失理邊外小縣所領不過百戶而今長皆以將軍居之京邑諸坊大者或千戶五百戶其中皆王公卿尹貴勢姻戚豪猾僕隸蔭養姦徒高門邃宇不可干問又有州郡俠客蔭結貴遊附黨連羣陰爲市劫比之邊縣難易不同今難彼易此實爲未愜王者立法隨時從宜改弦易調明主所急先朝立品不必卽定施而觀之不便則改

今閑官靜任猶聽長兼況煩劇要務不得簡能下領請取武官中八品將軍已下幹用貞濟者以本官俸恤領里尉之任各食其祿高者領六部尉中者領經途尉下者領里正不爾請少高里尉之品選下品中應遷之者進而爲之則督責有所輦轂可清詔曰里正可進至勳品經途從九品六部尉正九品諸職中簡取何必須武人也琛又奏以羽林爲遊軍於諸坊巷司察盜賊於是京邑清靜至今踵焉轉太子少保黃門

如故大將軍高肇伐蜀以琛爲使持節假撫軍將軍領步騎四万爲前驅都督琛次梁州獠亭會世宗崩班師高肇既死以琛肇之黨也不宜復參朝政出爲營州刺史加安北將軍歲餘以光祿大夫李思穆代之時年六十五矣遂停中山久之乃赴洛除鎮西將軍涼州刺史猶以琛高氏之昵也不欲處之於內尋徵拜太常卿仍以本將軍出爲徐州刺史及入辭肅宗琛辭以老詔除吏部尚書將軍如故未幾除征北將軍

定州刺史衣錦晝遊大爲稱滿治體嚴細甚無
聲譽崔光辭司徒之授也琛與光書外相抑揚
内實附會也光亦揣其意復書褒美以悅之徵
爲車騎將軍特進又拜侍中以其衰老詔賜御
府杖朝直杖以出入正光五年冬卒詔給東園
祕器朝服一具衣一襲錢十万物七百段蠟三
百斤贈司徒公尚書左僕射加後部鼓吹太常
議謚文穆吏部郎袁翻奏曰案禮謚者行之迹
也號者功之表也車服者位之章也是以大行

魏書傳五十六　十　芦開三

受大名細行受細名行生於已名生於人故闔
棺然後定謚皆累其生時美惡所以爲將來勸
戒身雖死使名常存也凡薨亡者屬所即言大
鴻臚移本郡大中正條其行迹功過承中正移
言公府下太常部博士評議爲謚列上謚不應
法者博士坐如選舉不以實論若行狀失實中
正坐如博士自古帝王莫不殷勤重慎以爲褒
貶之實也今之行狀皆出自其家任其臣子自
言君父之行無復相是非之事臣子之欲光揚

君父但苦迹之不高行之不美是以極辭肆意
無復限量觀其狀也則周孔聯鑣伊顏接衽論
其謚也雖窮文盡武罔或加焉然今之博士與
古不同唯知依其行狀又先問其家人之意臣
子所求便爲議上都不復斟酌與奪商量是非
致號謚之加與汎階莫異專以極美爲稱無復
貶降之名禮官之失一至於此案甄司徒行狀
至德與聖人齊蹤鴻名共大賢比跡文穆之謚
何足加焉但比來贈謚於例普重如甄琛之流

魏書傳五十六　十一　余政

無不復謚謂宜依謚法慈惠愛民曰孝宜謚曰
孝穆公自今已後明勒太常司徒有行狀如此
言辭流宕無復節限者悉請裁量不聽爲受必
準人立謚不得甚加優越復仍踵前來之失者
付法司科罪從之琛祖載肅宗親送降車就輿
弔服哭之遺舍人慰其諸子琛性輕簡好嘲謔
故少風望然明解有幹具在官清白自高祖世
宗咸相知待肅宗以師傅之義而加禮焉所著
文章鄙碎無大體時有理詣碑四聲姓族廢興

會通緇素三論及家誨二十篇篤學文一卷頗行於世

琛長子侃，字道正，郡功曹，釋褐祕書郎。性險薄，多與盜劫交通。隨琛在京，以酒色夜宿洛水亭舍，毆擊主人，爲司州所劾，淹在州獄。琛大以慙慨。廣平王懷爲牧，與琛先不協，欲具案窮推。琛託左右以聞，世宗遣白衣吳仲安敕懷寬放，懷固執治之。久乃特旨出之。侃自此沉廢，卒於家。

侃弟楷，字德方，粗有文學，頗習吏事。太平中，上

魏傳五十六　十二　宋本

高祖頌十二篇，文多不載。優詔報之。琛啓除祕書郎。世宗崩，未葬，楷與河南尹丞張普惠等飲戲，免官。任城王澄爲司徒，引爲公曹參軍，稍遷尚書儀曹郎，有當官之稱。肅宗末，定州刺史廣陽王淵被徵還朝，時楷丁憂在鄉，淵臨發，召楷兼長史，委以州任。尋值鮮于脩禮、毛普賢等率北鎮流民反於州西北之左人城，屠村掠野，引向州城。州城之內先有燕恒雲三州避難之戶，皆依傍市鄽，草廬攢住。脩禮等聲云欲收此輩共爲舉動。既外寇將逼，恐有內應，楷目見人情不安，慮有變起，乃收州人中麤豪者皆殺之，以威外賊，固城民之心。及刺史元固、大都督楊津等至，楷乃還家。後脩禮等忿楷屠害北人，遂掘其父墓，載棺巡城，示相報復。孝莊時，徵爲中書侍郎。尒朱榮之死，帝以其堪率鄉義，除試守常山太守，賜絹二百匹。出帝初，除征東將軍、金紫光祿大夫，遷衞將軍、右光祿大夫。齊文襄王取爲儀同府諮議參軍。天平四年卒，年四十六。贈驃

魏書列五十六　十三

騎將軍、祕書監、滄州刺史。

楷弟寬，字仁規，自員外散騎侍郎、本州別駕，稍遷太尉從事中郎、治書侍御史。武定初，謝病還鄉，卒於家。

僧林終於鄉里。

琛從父弟密，字叔雍，清謹少嗜欲，頗涉書史。太和中，奉朝請。密疾世俗貪競，乾沒榮寵，曾作風賦以見意。後參中山王英軍事，英鍾離敗退，鄉人蘇良沒於賊手，密盡私財以贖之。良既歸，傾

資藉密一皆不受謂良曰濟君之日本不求
貨貝豈相贖之意也歷太尉鎧曹遷國子博士肅
宗末通直散騎常侍冠軍將軍時賊帥葛榮侵
擾河北裴衍源子邕敗沒人情不安詔密爲相
州行臺擇守鄴城莊帝以密全鄴之勳賞安市
縣開國子食邑三百戶遷平東將軍光祿大夫
領廷尉少卿尋轉征東將軍金紫光祿大夫孝
靜初車騎將軍廷尉卿在官有平直之譽出爲
北徐州刺史將軍如故興和四年卒贈驃騎將

軍儀同三司瀛州刺史謚曰靖
長子儉字元恭官至前將軍太中大夫卒
儉弟賾有才學亦早卒
琛同郡張纂字伯業祖珍字文表慕容寶度支
尚書太祖平中山入國世祖時拜中書侍郎貞
君元年關右慰勞大使二年拜使持節鎮西將
軍涼州刺史卒贈征東將軍燕州刺史謚曰穆
纂頗涉經史雅有氣尚交結勝流太和中釋褐
奉朝請稍遷伏波將軍任城王澄鎮北府騎兵

參軍帶魏昌縣令吏民安之後爲北中府司馬
久之除樂陵太守在郡多所受納聞御史至棄
郡逃走於是除名乃卒天平初贈使持節都督
冀定二州諸軍事驃騎將軍定州刺史
纂叔感字崇仁有器業不應州郡之命
子宣軌少孤事母以孝聞歷郡功曹州主簿延
昌中釋褐奉朝請冀州征東府長流參軍轉相
州中軍府錄事參軍定州別駕後除鎮遠將軍
員外散騎常侍出爲相州撫軍府司馬宣軌性

通率輕財好施屬葛榮圍城與刺史李神有固
守之効永安中以功賜爵中山公中興初坐事
死於鄴
子子瑜
纂從弟元賓太和十六年出身奉朝請遷員外
郎給事中正光中除中堅將軍射聲校尉永安
三年卒永熙中外生高敖曹貴達啓贈持節撫
軍將軍瀛州刺史
子辨天平中司徒行參軍

高聰字僧智本渤海蓨人曾祖軌隨慕容德徙
青州因居北海之劇縣父法昂劉駿車騎將軍
王玄謨甥也少隨玄謨征伐以軍功至員外郎
早卒聰生而喪母祖母王撫育之大軍攻剋東
陽聰徙入平城與蔣少遊爲雲中兵戶窘困無
所不至族祖允視之若孫大加賙給聰涉獵經
史頗有文才允嘉之數稱其美言之朝廷去青
州蔣少遊與從孫僧智雖爲孤弱然皆有文情
由是與少遊同拜中書博士積十年轉侍郎以

魏書傳五十六　十六　陳伸

本官爲高陽王雍友稍爲高祖知賞太和十七
年兼員外散騎常侍使於蕭昭業高祖定都洛
陽追詔聰等曰比於河陽勅卿仍屆瀍洛周視
舊業依然有懷固欲先之營邑之後乃薄伐且以
蹟喪甫爾使通在昔乘危幸凶君子弗取是用
輟茲前圖遠期來會爰息六師三川是宅將底
居成周永恢皇宇今更造璽書以代往詔比所
勅授隨宜變之善勗皇華無替指意使還遷通
直散騎常侍兼太府少卿轉兼太子左率聰微

習弓馬乃以將用自許高祖銳意南討專訪王
肅以軍事聰託肅願以偏裨自効肅言之於高
祖故假聰輔國將軍統兵二千與劉藻傅永成道
益任莫問俱受肅節度同援渦陽而聰躁怯少
威重所經淫掠無禮及與賊交望風退敗與
藻等同囚於懸瓠高祖恕死徙平州爲民行屆
瀛州屬刺史王質獲白兔將獻託聰爲表高祖
見表顧謂王肅曰在下那得復有此才而令朕
不知也肅曰比高聰北從此文或其所製高祖

魏十列五十六之　十七　祿

悟曰必應然也何應更有此輩世宗初聰復竊
還京師六輔之廢聰之謀也世宗親政除給事
黃門侍郎加輔國將軍遷散騎常侍黃門如故
世宗幸鄴還於河內懷界帝親射矢一里五十
餘步侍中高顯等奏伏見親御弧矢臨原弋遠
弦動羽馳鏃所逮三百五十餘步臣等伏惟
陛下聖武自天神藝夙茂巧會騶虞之節妙盡
矍圃之儀威稜攸疊鼠兇懾氣才猛所振勍慹
弭心足以肅截九區赫服八宇矣盛事奇迹必

宜表述請勒銘射宮永彰聖藝詔曰此乃弓弧
小藝何足以示後葉而喉脣近侍苟以爲然亦
豈容有異便可如請遂刊銘於射所聰爲之詞
趙脩嬖幸聰深朋附及詔追贈脩父聰爲碑文
出入同載觀視碑石聰每見脩迎送盡禮聰又
爲脩作表陳當時便宜教其自安之術由是迭
相親狎脩死甄琛李憑皆被黜落聰亦深用危
慮而聰先以疎宗之情曲事高肇竟獲自免肇
之力也脩之任勢聰傾身事之及脩之死言必

毁惡茹皓之寵聰又媚附每相招命言笑擕撫
公私託仗無所不至每稱皓才識明敏非趙脩
之儔乃因皓啓請青州鎮下治中公廨以爲私
宅又乞水田數十頃皆被遂許及皓見戮聰以
爲死之晚也其薄於情義類皆如此侍中高顯
出授護軍聰轉兼其處於時顯兄弟疑聰間構
而求之聰居兼十餘旬出入機要言即具無遠
慮藉貴因權耽於聲色賄納之音聞於遐邇中
尉崔亮知肇微恨遂面陳聰罪世宗乃出聰爲

平北將軍并州刺史聰善於去就知肇嫌之側
身承奉肇遂待之如舊聰在并州數歲多不率
法又與太原太守王椿有隙再爲大使御史舉
奏肇每以宗私相援事得寢緩世宗末拜散騎
常侍平北將軍肅宗踐祚以其素附高肇出爲
幽州刺史將軍如故尋以高肇之黨與王世義
高綽李憲崔楷蘭氛之爲中尉元匡所彈靈太
后並特原之聰遂停廢于家斷絶人事唯脩營
園果以聲色自娛久之拜光禄大夫加安北將

軍聰心望中書令然後出作青州願竟不果正
光元年夏卒年六十九靈太后聞其病遣主書
問之聰對使者歔欷慟泣及聞其亡嗟悼良久
言朕既無福大臣殞喪且其與朕父南征契闊
戎旅特可感念賵布帛三百匹氷一車贈撫軍
將軍青州刺史謚曰獻聰有妓十餘人有子無
子皆注籍爲妾以悦其情及病不欲他人得之
並令燒指呑炭出家爲尼聰所作文筆二十卷
別有集

子長雲字彥鴻起家祕書郎太尉主簿稍遷輔國將軍中散大夫建義初於河陰遇害贈安東將軍兗州刺史

雲長弟叔山字彥甫司徒行參軍稍遷寧朔將軍越騎校尉卒贈太常少卿

史臣曰甄琛以學尚刀筆早樹聲名受遇三朝終至崇重高聰才尚見知名位顯著而異軌同奔咸經於危覆之轍惜乎

列傳第五十六　魏書六十八

列傳第五十七　魏書六十九

崔休　裴延儁

袁翻

崔休字惠盛清河人御史中丞逞之玄孫也祖靈和仕劉義隆爲員外散騎侍郎父宗伯世宗初追贈清河太守休少孤貧矯然自立舉秀才入京師與中書郎宋弁通直郎邢巒雅相知友尚書王嶷欽其人望爲長子娉休姊贍以貨財由是少振高祖納休妹爲嬪以爲尚書主客郎轉通直正員郎兼給事黃門侍郎休好學涉歷書史公事軍旅之隙手不釋卷崇尚先達愛接後來常參高祖侍席禮遇次于宋郭之輩高祖南伐以北海王爲尚書僕射統留臺事以休爲尚書左丞高祖詔休曰北海年少未閑政績百揆之務便以相委轉長史兼給事黃門侍郎後從駕南行及車駕還幸彭城汎舟泗水詔在侍筵觀者榮之世宗初休以弟亡祖父未葬固求渤海於是除之性嚴明雅長治體下車先戮豪

猾數人廣布耳目所在姦盜莫不擒翦百姓畏之寇盜止息清身率下渤海大治時大儒張吾貴有盛名於山東四方學士咸相宗慕弟子自遠而至者恒千餘人生徒既衆所在多不見容休乃爲設俎豆招延禮接使肄業而還儒者稱爲口實入爲吏部郎中遷散騎常侍權兼選任休愛才好士多所拔擢廣平王懷數引談宴世宗責其與諸王交遊免官後除龍驤將軍洛州刺史在州數年以母老辭州許之尋行幽州事

魏書列五十七　二　祿

衡拜司徒右長史休聰明彊濟雅善斷決幙府多事辭訟盈几剖判若流殊無疑滯加之公平清潔甚得時談復除吏部郎中加征虜將軍冀州大中正遷光祿大夫行河南尹肅宗初即眞加平東將軍尋除平北將軍幽州刺史進號安北將軍遷安東將軍青州刺史青州九郡民單攜李伯徽劉通等一千人上書訟休德政靈太后善之休在幽青州五六年皆清白愛民甚著聲績二州懷其德澤百姓追思之徵爲安南將

軍度支尚書尋進號撫軍將軍七兵尚書又轉殿中尚書休久在臺閣明習典禮每朝廷疑議咸取正焉諸公咸相謂曰崔尚書下意處我不能異也正光四年卒年五十二贈帛五百匹贈車騎將軍尚書僕射冀州刺史謚文貞侯休少而謙退事母孝謹及爲尚書子仲文納丞相雍第二女女妻領軍元叉長庶子祕書郎稚舒俠侍二家志氣微改內有自得之心外則陵藉同列尚書令李崇左僕射蕭寶夤右僕射元欽皆

魏書列五十七　三

以雍叉之故皆憚下之始休母房氏欲以休女妻其外孫邢氏休不欲乃違其母情以妻叉子議者非之休有九子

長子㥄字長儒武定中七兵尚書武城縣開國公

㥄弟仲文散騎常侍

仲文弟叔仁性輕俠重衿期歷通直散騎侍郎司徒司馬散騎常侍出爲驃騎將軍潁州刺史以貪汙爲御史所劾興和中賜死於宅臨刑賦

詩與諸弟訣別而不及其兄以其不甚營救故
也
叔仁弟叔義孝莊時爲尚書庫部郎坐兄悛鑄
錢事發合家逃逸數日叔義遂見執獲時城陽
王徽爲司州牧臨淮王彧以非其身罪驟爲致
言徽不從乃殺之
叔義弟子侃以竊級爲中書郎爲尚書左丞和
子岳彈糾失官後兼通直常侍使於蕭衍還路
病卒

子侃弟子聿武定末東莞太守卒
子聿弟子約開府祭酒
休弟寅字敬禮太子舍人早卒贈樂安太守妻
安樂王長樂女晉寧主也貞烈有德行
子長謙好學修立少有令名仕歷給事中仍還
鄉里久之刺史尉景取爲開府諮議參軍事晚
頗以酒爲損天平中被徵兼主客郎接蕭衍使
張皐等後兼散騎常侍使蕭衍還卒於宿豫時
人歎惜之以死王事贈驃騎將軍南青州刺史

裴延儁字平子河東聞喜人魏冀州刺史徽之
八世孫曾祖天明諮議參軍并州別駕祖雙虎河
東太守卒贈平遠將軍雍州刺史謚曰順父山松
州主簿行平陽郡事以平蜀賊丁虫功贈東雍
州刺史延儁少偏孤事後母以孝聞涉獵墳史
頗有才筆舉秀才射策高第除著作佐郎遷尚
書儀曹郎轉殿中郎太子洗馬又領本邑中正
及太子友太子恂廢以宫官例免頃之除太尉
掾兼太子中舍人世宗初爲散騎侍郎尋除雍

州平西府長史加建威將軍入爲中書侍郎時
世宗專心釋典不事墳籍延儁上疏諫曰臣聞
有堯允文思欽明稽古嬀舜體道慎典作聖漢光
神叡軍中讀書魏武英規馬上翫籍先帝天縱
多能克文克武營遷謀伐手不釋卷良以經史
義深補益處廣雖則劬勞不可暫輟斯乃前王
之美事後王之水鏡善足以遵惡足以誡也陛
下道悟自深淵鑒獨得升法座於宸闈釋覺善
於日宇凡在聽矚塵蔽俱開然五經治世之模

六籍軌俗之本蓋以訓物有漸應時匪妙必須先龘後精秉近即遠伏願經書互覽孔釋兼存則內外俱周真俗斯暢後除司州別駕加鎮遠將軍及詔立明堂群官博議延儁獨著一堂之論太傅清河王懌時典衆議讀而笑曰子故欲遠符僕射也兼太子中庶子尋即正別駕如故加冠軍將軍肅宗初遷散騎常侍監起居注加前將軍又加平西將軍除廷尉卿轉平北將軍幽州刺史范陽郡有舊督亢渠徑五十里漁陽

燕郡有故戾陵諸堰廣袤三十里皆廢毀多時莫能修復時水旱不調民多飢餒延儁謂疏通舊跡勢必可成乃表求營造遂躬自履行相度水形隨力分督未幾而就溉田百萬餘畝爲利十倍百姓至今賴之又命主簿酈惲修起學校禮敎大行民歌謡之在州五年考績爲天下最延儁繼母隨延儁在薊時遇重患延儁啓求侍母還京療治至都未幾拜太常卿時汾州山胡恃險寇竊正平平陽二郡尤被其害以延儁兼

尚書爲西北道行臺節度討胡諸軍尋遇疾勅還三鵶群蠻寇掠不已車駕欲親征之延儁乃於病中上疏諫諍尋除七兵尚書安南將軍從殿中尚書加中軍將軍轉散騎常侍中書令御史中尉又以本官兼侍中吏部尚書延儁在臺閣守職而已不能有所裁斷直繩也莊帝初於河陰遇害贈都督雍岐豳三州諸軍事儀同三司本將軍雍州刺史

子元直尚書郎中

元直弟敬猷員外常侍兄弟並有學尚與父同時遇害元直贈光州刺史敬猷妻丞相高陽王雍外孫超贈尚書僕射

延儁從叔桃弓亦見稱於鄉里

子夙字宣興沉雅有器識儀望甚偉高祖見而異之自司空主簿轉尚書左主客郎中時吏部尚書任城王澄有知人鑒每歎美夙以遠大許之高祖南伐爲行臺吏部郎仍除征北大將軍穆亮從事中郎轉爲河北太守以忠恕接下百

姓感之卒於郡年四十三
長子範字宗模早卒
範子凝字長儒卒於武平鎮將
範弟昇之鑒武定末昇之太尉掾鑒司徒右長
史
延儁從祖弟良字元賓起家令朝請轉北中府
功曹參軍世宗初南絳縣令稍遷并州安北府
長史入爲中散大夫領尚書考功郎中時汾州
吐京群胡薛羽等作逆以良兼尚書左丞爲西

二百九十 魏書傳五十七 八 范

北道行臺值别將李德龍爲羽所破良入汾州
與刺史汝陰王景和及德龍率兵數千憑城自
守賊併力攻逼詔遣行臺裴延儁大都督章武
王融都督宗正珍孫等赴援時有五城郡山胡
馮宜都賀悦回成等以妖妄惑衆假稱帝號服
素衣持白傘白幡率諸逆衆於雲臺郊抗拒王
師融等與戰敗績賊乘勝圍城良率將士出戰
大破之於陣斬回成復誘導諸胡令斬送宜都
首又山胡劉蠡升自云聖術胡人信之咸相影

附旬日之間逆徒還振德龍議欲拔城良不許
德龍等乃止景和薨以良爲汾州刺史加輔國
將軍行臺如故都督高防來援復敗於百里候
先是官粟貸民未及收聚仍值寇亂至是城民
大飢人相食賊知倉庫空虛攻圍日甚死者十
三四良以飢窘因與城人奔赴西河汾州之治
西河自良始也時南絳蜀陳雙熾等聚衆反自
號建始王與大都督長孫稚宗正珍孫等相持
不下詔良解州爲慰勞使轉太中大夫本郡中

三百卅三 魏書列五十七 九

正孝莊末除光禄大夫尒朱榮死榮從子天光
擁衆關西乃詔良持節假安西將軍潼關都督
又兼尚書爲河東恒農河北宜陽行臺以備之
前廢帝時除征東將軍金紫光禄大夫尋轉衛
將軍又加散騎常侍車騎將軍右光禄大夫轉
驃騎將軍左光禄大夫出帝末除汲郡太守孝
靜初衛大將軍太府卿天平二年秋卒時年六
十一贈使持節都督雍華二州諸軍事吏部尚
書本將軍雍州刺史謚曰貞又重贈侍中驃騎

大將軍尚書僕射餘如故

子叔祉武定末太子洗馬

良從父兄子慶孫字紹遠少孤性倜儻重然諾釋褐員外散騎侍郎正光末汾州吐京群胡薛悉公馬牒騰並自立爲王聚黨作逆衆至數万詔慶孫爲募人別將招率鄉豪得戰士數千人以討之胡賊屢來逆戰慶孫身先士卒每摧其鋒遂深入至雲臺郊諸賊更相連結大戰郊西自旦及夕慶孫身自突陳賊王 闕 郭康兒賊衆

大潰勑徵赴都除直後於後賊復鳩集北連蠡升南通絳蜀凶徒轉盛復以慶孫爲別將從軹關入討至齊子嶺東賊帥范多范安族等率衆來拒慶孫與戰復斬多首乃深入二百餘里至陽胡城朝廷以此地被山帶河衿要之所肅宗末遂立邵郡因以慶孫爲太守假節輔國將軍當郡都督民經賊亂之後率多逃竄慶孫務安緝之咸來歸業永安中還朝除太中大夫尒朱榮之死也世隆擁衆北渡詔慶孫爲大都督與行臺源子恭率衆追擊軍次太行而慶孫與世隆密通事泄追還河內而斬之時年三十六慶孫任俠有氣鄉曲壯士及好事者多相依附撫養咸有恩紀在郡之日值歲飢凶四方遊客常有百餘慶孫自以家粮贍之性雖麤武愛好文流與諸才學之士咸相交結輕財重義坐客常滿是以爲時所稱

子子瑩永安中太尉行參軍

延儁從祖弟仲規少好經史頗有志節起家奉

朝請領侍御咸陽王禧爲司州牧辟爲主簿仍表行建興郡事車駕自代還洛次於郡境仲規備供帳朝於路側高祖詔仲規曰朕開置神畿郡望 重卿既首應司隸美舉復督我名邦何能自致也仲規對曰陛下窮神盡聖應天順民棄彼玄壤來宅紫縣臣方罄心力躍馬昊會冀功銘帝籍勳書王府豈一郡而已高祖笑曰冀卿必副此言車駕達河梁見咸陽王謂曰昨得汝主簿爲南道主人六軍豐贍元弟之寄殊副

所望尋除司徒主簿仲規父在鄉疾病棄官奔赴以違制免久之中山王英征義陽引爲統軍奏復本資於陳戰歿時年四十八贈河東太守謚曰貞無子弟叔義以第二子伯茂爲之後伯茂在文苑傳

叔義亦有學行高祖末除兗州安東府外兵參軍累遷太山太守爲政清靜吏民安之遷司空從事中郎正光五年夏卒時年五十七贈征虜將軍東秦州刺史謚曰宣

子景融字孔明篤學好屬文正光初舉秀才射策高第除太學博士永安中祕書監李凱以景融才學啓除著作佐郎稍遷輔國將軍諫議大夫仍領著作出帝時議孝莊謚事遂施行時詔撰四部要略令景融專典音無所成元象中儀同高岳以爲録事參軍弟景顏被劾廷尉獄景融入選吏部擬郡爲御史中丞崔暹所彈云其貪昧苟進遂坐免官武定四年冬病卒年五十三景融卑退廉謹無競於時雖才不稱學而緝綴無倦文詞汎濫理會處寡所作文章別有集録又造鄴都晉都賦云

景顏頗有學尚起家汝南王開府行參軍孝莊初爲廣州防禦別將行廣漢郡事元顥入洛與刺史鄭先護據州起義事寧賜爵保城子以軍功稍遷太尉從事中郎轉諮議參軍孝靜初從司空長史在官貪穢武定二年爲中尉崔暹所劾事下廷尉遇疾死於獄年四十五

仲規弟子伯珍歷襄威將軍員外散騎郎河西

太守孝靜初爲平東將軍滎陽太守卒官時年三十二贈本將軍雍州刺史

延儁族子禮和解褐員外散騎侍郎遷謁者僕射身長九尺要帶十圍於群衆之中魁然有異出爲陳留太守卒於金紫光祿大夫

延儁族兄聿字外興以操尚自立爲高祖所知自著作佐郎出爲北中府長史時高祖以聿與中書侍郎崔亮並清貧欲以幹祿優之乃以亮帶野王縣聿帶溫縣時人榮之轉尚書郎遷太

尉諮議參軍出爲平秦太守卒贈冠軍將軍洛
州刺史
子子袖歿關西
延儁族人瑗字珍寶太和中析屬河北郡少孤
貧而清苦自立太守司馬悅召爲中正悅爲别
將軍征義陽引爲中兵參軍瑗夙夜恭勤爲悅
所知軍還除奉朝請轉給事中汝南王悅郎中
令悅散費無常每國俸初入一日之中分賜極
意瑗每隨例厝辭多受少伺悅虛竭還來奉貢

悅雖性理不恒然亦相賞愛悅遷太尉請爲從
事中郎轉驍騎將軍肅宗末出爲汝南太守不
行轉太原太守屬肅宗崩尒朱榮祕謀赴洛瑗
豫其事封五原縣開國子邑三百戶尋行并州
事轉平北將軍汾州刺史孝靜初除衛將軍東
雍州刺史興和元年卒年七十三
子夷吾武定末徐州驃騎府長流參軍
袁飜字景翔陳郡項人也父宣有才筆爲劉彧
青州刺史沈文秀府主簿皇興中東陽州平隨

文秀入國而大將軍劉昶每提引之言是其外
祖淑之近親令與其府諮議參軍袁濟爲宗宣
時孤寒甚相依附及飜兄弟官顯與濟子洸演
遂各凌競洸等乃經公府以相排斥飜少以才
學擅美一時初爲奉朝請景明初李彪在東觀
飜爲徐紇所薦彪引兼著作佐郎以參史事及
紇被徙尋解後遷司徒祭酒揚烈將軍尚書殿
中郎正始初詔尚書門下於金墉中書外省考
論律令飜與門下録事常景孫紹廷尉監張虎

律博士侯堅固治書侍御史高綽前軍將軍邢
苗奉車都尉程靈虬羽林監王元龜尚書郎祖
瑩宋世景員外郎李琰之太樂令公孫崇等並
在議限又詔太師彭城王勰司州牧高陽王雍
中書監京兆王愉前青州刺史劉芳左衛將軍
元麗兼將作大匠李韶國子祭酒鄭道昭廷尉
少卿王顯等入預其事後除豫州中正是時修
明堂辟雍飜議曰謹案明堂之義今古諸儒論
之備矣異端競搆莫適所歸故不復遠引經傳

傍採紀籍以爲之證且論意之所同以訓詔
耳蓋唐虞已上事難該悉夏殷已降校可知之
謂典章之極莫如三代郁郁之盛從周斯美制
禮作樂典刑在焉遺風餘烈垂之不朽案周官
考工所記皆記其時事具論夏殷名制豈其紕
繆是知明堂五室三代同焉配帝象行義則明
矣及淮南呂氏與月令同文雖布政班時有堂
个之別然推其體例則無九室之證既而世衰
禮壞法度淆弛正義殘隱妄說斐然明堂九室

著自戴禮探緒求源罔知所出而漢氏因之自
欲爲一代之法故鄭玄云周人明堂五室是帝
一室也合於五行之數周禮依數以爲之室德
行疑於今雖有不同時說昞然本制著存而言
無明文欲復何責本制著存是周五室也於今
不同是漢異周也漢爲九室略可知矣但就其
此制猶竊有懵焉何者張衡東京賦云乃營三
宮布教班常複廟重屋八達九房此乃明堂之
文也而薛綜注云房室也謂堂後有九室堂後

九室之制非巨異乎裴頠又云漢氏作四維之
个不能令各處其辰就使其像可圖莫能通其
居用之禮此爲設虛器也甚知漢世徒欲削滅
周典捐棄舊章改物創制故不復拘於載籍且
鄭玄之詁訓三禮及釋五經異義並盡思窮神
故得之遠矣覽其明堂圖義皆有悟人意察察
著明確乎難奪諒足以扶微闡幽不墜周公之
舊法也伯喈損益漢制章句繁雜既違古背新
又不能易玄之妙矣魏晉書紀亦有明堂祀五

帝之文而不記其經始之制又無坦然可準觀
夫今之基址猶或髣髴高卑廣狹頗與戴禮不
同何得以意抑必便謂九室可明且三雍異所
復乖盧蔡之義進退亡據何用經通晉朝亦以
穿鑿難明故有一屋之論並非經典正義皆以
意妄作茲爲曲學家常談不足以範時軌世皇
代既乘乾統曆得一馭宸自宜稽古則天憲章
文武追蹤周孔述而不作四彼三代使百世可
知豈容虛追子氏放篇之浮說徒損經紀雅誥

之遺訓而欲以支離橫議指畫妄圖儀刑宇宙而貽來葉者也又北京制置未皆允帖繕修草創以意良多事移禮變所存者無幾理苟宜革何必仍舊且遷都之始日不遑給先朝規度每事循古是以數年之中悛換非一良以永法為難數改為易何為宮室府庫多因故迹而明堂辟雍獨遵此制建立之辰復未可知矣既猥班訪逮輒輕率瞽言明堂五室請同周制郊建三雍求依故所庶有會經誥無失典刑識偏學疎

魏書列傳五十七　十八

退慙謬浪後議邊戍事駢議曰臣聞兩漢警於西北魏晉備在東南是以鎮邊守塞必寄威重伐叛柔服寔賴溫良故田叔魏尚聲高於沙漠當陽鉅平績流於江漢紀籍用為美談今古以為盛德自皇上以叡明纂御風凝化遠威厲秋霜惠霑春露故能使淮海輸誠華陽即序連城請面北屋歸仁懸車劔閣豈伊曩載鼓譟金陵復在茲日然荊揚之牧宜盡一時才望梁郢之君尤須當今秀異自比緣邊州郡官至便登

壃場統戍階當即用或值穢德凡人或遇貪家惡子不識字民溫恤之方唯知重役殘忍之法廣開戍邏多置帥領或用其左右姻親或受人貨財請屬皆無防寇禦賊之心唯有通商聚斂之意其勇力之兵驅令抄掠若值彊敵即為奴虜如有執獲奪為己富其羸弱老小之輩微解金鐵之工少閑草木之作無不搜營窮壘苦役百端自餘或伐木深山或耘草平陸販貿往還相望道路此等祿既不多資亦有限皆收其實

魏書傳五十七　十九

絹給其虛粟窮其力薄其衣用其工節其食綿冬歷夏加之疾苦死於溝瀆者常十七八焉是以吳楚間伺審此虛實皆云粮匱兵疲易可乘擾故驅率犬羊屢犯壃場頻年已來甲冑生蟣十万在郊千金日費為弊之深一至於此皆由邊任不得其人故延若斯之患賈生所以痛哭良有以也夫潔其流者清其源理其末者正其本既失之在始庸可止乎愚謂自今已後荊揚徐豫梁益諸蕃及所統郡縣府佐統軍至于戍

主皆今朝臣王公已下各舉所知必選其才不
拘階級若能統御有方清高獨著威足臨戎信
能懷遠撫循將士得其忻心不營私潤專修公
利者則就加爵賞使久於其任以時褒賚厲其
忠款所舉之人亦垂優異擬其得士嘉其誠節
若不能一心奉公才非捍禦貪惏日富經略無
聞人不見德兵厭其勞者即加顯戮用彰其罪
所舉之人隨事免降責其謬薦罰其僞薄如此
則舉人不得挾其私受任不得孤其舉善惡既

審沮勸亦明庶邊患永消譏議攸息矣遭母憂
去職熙平初除冠軍將軍廷尉少卿尋加征虜
將軍後出爲平陽太守飜爲廷尉頗有不平之
論及之郡甚不自得遂作思歸賦曰日色黯兮
高山之岑月逢霞而未皎霞值月而成陰望他
鄉之阡陌非舊國之池林山有木而蔽月川無
梁而復深悵浮雲之弗限何此恨之難禁於是
雜石爲峯諸煙共色秀出無窮煙起不極錯飜
花而似繡網遊絲其如織蝶兩戲以相追燕雙

飛而鼓翼異怨驅馬之悠悠歎征夫之未息尒乃
臨峻壑坐層阿北眺羊腸詰屈南望龍門嵯峨
疊千重以聳翠橫万里而揚波遠矚驄與麏麚
走鯨鼈及黿鼉彼暧然兮鞏洛此邈矣兮關河
心鬱鬱兮徒傷思摇摇兮空滿思故人兮不見
神翻覆兮魂斷斷魂兮如亂憂來兮不散俯鏡
兮白水水流兮漫漫異色兮縱橫奇光兮爛爛
下對兮碧沙上覩兮青岸岸上兮氤氳駁霞兮
絳氣風摇枝而爲弄日照水以成文行復行兮

川之畔望復望兮望夫君君之門兮九重門余
之別兮千里分願一見兮導我意我不見兮君
不聞魄惝怳兮知何語氣繚戾兮獨縈縕彼鳥
馬之無知尚有情於南北雖吾人之固鄙豈忘
懷於上國去上國之美人對下邦之鬼蜮形既
同於魍魎心匪殊於蝥賊欲修之而難化何不
殘之云剋知進退之非可徒終朝以默默願生
還於洛濱荷天地之厚德神龜末遷冠軍將軍
涼州刺史時蠕蠕主阿那瓌後主婆羅門並以

國亂來降朝廷問翽安置之所翽表曰謬以非才忝荷邊任猥垂訪逮安置蠕蠕主阿那瓌婆羅門等處所遠近利害之宜竊惟匈奴爲患其來久矣雖隆周盛漢莫能障服衰弱則降富彊則叛是以方叔召虎不遑自息衛青去病勤亦勞止或修文德以來之或興干戈以伐之而一得一失利害相侔故呼韓來朝左賢入侍史籍謂之盛事千載以爲美談至于皇代勃興威馭四海爰在北京仍梗疆埸自卜惟洛食定鼎伊

瀍高車蠕蠕迭相吞噬始則蠕蠕衰微高車彊盛蠕蠕則自救靡暇高車則僻遠西北及蠕蠕復振反破高車主喪民離不絕如綫而高車今能終雪其恥復摧蠕蠕者正由種類繁多不可頓滅故也然鬬此兩敵即卞莊之筭得使境上無塵數十年中者抑此之由也今蠕蠕爲高車所討滅外憑大國之威靈兩主投身一朞而至百姓歸誠万里相屬進希朝廷哀矜剋復宗社退望庇身有道保其妻兒雖乃遠夷荒桀不

識信順終無純固之節必有孤負之心然興亡繼絕列聖同規撫降卹附綿經共軌若棄而不受則虧我大德若納而禮待則損我資儲來者既多全徙內地非直其情不願迎送艱難然夷不亂華殷鑒無遠覆車在於劉石毀轍固不可尋且蠕蠕尚存則高車猶有內顧之憂未暇窺窬上國若蠕蠕全滅則高車跋扈之計豈易可知今蠕蠕雖主奔於上民散於下而餘黨實繁部落猶衆處處碁布以望今主耳高車亦未能

一時并兼盡令率附又高車士馬雖衆主甚愚弱上不制下下不奉上唯以掠盜爲資陵奪爲業河西捍禦彊敵唯涼州敦煌而已涼州土廣民希糧仗素闕燉煌酒泉空虛尤甚若蠕蠕無復堅立令高車獨擅北垂則西顧之憂匪旦伊夕愚謂蠕蠕二主皆宜存之居阿那瓌於東偏處婆羅門於西裔分其降民各有攸屬那瓌住所非所經見其中事勢不敢輒陳其婆羅門請修西海故城以安處之西海郡本屬涼州今在

酒泉直北張掖西北千二百里去高車所住金山一千餘里正是北虜往來之衝要漢家行軍之舊道土地沃衍大宜耕殖非但今處婆羅門於事爲便即可永爲重戍鎮防西北宜遣一良將加以配衣𧘂仍令監護婆羅門凡諸州鎮應徙之兵隨宜割配且田且戍雖外爲置蠕蠕之舉內實防高車之策一二年後足食足兵斯固安邊保塞之長計也若婆羅門能自克厲使餘燼歸心收離聚散復興其國者乃漸令北轉徙

三百二十四 魏書列傳五十七 二十四 付善可

渡流沙即是我之外蕃高車勍敵西北之虞可無過慮如其姦回返覆孤恩背德者此不過爲逋逃之寇於我何損今不早圖戎心一啓脫先據西海奪我險要則酒泉張掖自然孤危長河以西終非國有不圖厥始而憂其終噬臍之恨悔將何及愚見如允乞遣大使往涼州燉煌及於西海躬行山谷要害之所親閱亭障遠近之宜商量士馬校練粮仗部分見定處置得所入春西海之間即令播種至秋收一年之食使不

復勞轉輸之功也且西海北垂即是大磧野獸所聚千百爲群正是蠕蠕射獵之處殖田以自供籍獸以自給彼此相資足以自固今之豫度微似小損歲終大計其利實多高車豺狼之心何可專信假令稱臣致款正可外加優納而復內備彌深所謂先人有奪人之心者也管窺所陳懼多孟浪時朝議是之還拜吏部郎中加平南將軍光祿大夫以本將軍出爲齊州刺史無多政績孝昌中除安南將軍中書令領給事黃

三百三十 魏書列五十七 二十五 德裕

門侍郎與徐紇俱在門下並掌文翰翻既才學名重又善附會亦爲靈太后所信待是時蠻賊充斥六軍將親討之翻乃上表諫止後蕭寶夤大敗於關西翻上表請爲西軍死亡將士舉哀存而還者并加賑賚後拜度支尚書尋轉都官翻表曰臣往忝門下翼侍帳幄同時流輩皆以出離左右蒙數階之陟唯臣奉辭非但直去黃門今爲尚書後更在中書令下於臣庸朽誠爲叨濫準之倫匹或有未盡竊惟安南之與金紫

雖是異品之隔實有半階之校加以尚書清要位遇通顯準秩論資似加少進語望比官人不願易臣自揆自顧力極求此伏願天地成造有始有終矜臣疲病乞臣骸骨願以安南尚書換一金紫時天下多事翻雖外請閑秩而內有求進之心識者怪之於是加撫軍將軍肅宗靈太后曾讌於華林園舉觴謂群臣曰袁尚書朕之杜預欲以此杯敬屬元凱今爲盡之侍座者莫不羨仰翻名位俱重當時賢達咸推與之然獨善其身無所獎拔排抑後進懼其凌己論者鄙之建義初遇害於河陰年五十三所著文筆百餘篇行於世贈使持節侍中車騎將軍儀同三司青州刺史

嫡子寶首武定中司徒記室參軍

寶首兄叔德武定末太子中舍人翻弟躍語在文苑傳

躍弟颺本州治中別駕豫州冠軍府司馬而卒

颺弟昇太學博士司徒記室尚書儀曹郎中正員郎通直常侍颺死後昇通其妻翻慙恚爲之發病昇終不止時人鄙穢之亦於河陰見害贈左將軍齊州刺史

史臣曰崔休立身有本當官著聞朝之良也裴儁器業位望有可稱乎袁翻文高價重其當時之才秀歟

列傳第五十七　魏書五十九

列傳第五十八　魏書七十

劉藻　傅永

傅豎眼　李神

劉藻字彥先廣平易陽人也六世祖遐從司馬叡南渡父宗之劉裕廬江太守藻涉獵群籍美談笑善與人交飲酒至一石不亂永安中與姊夫李嶷俱來歸國賜爵易陽子擢拜南部主書號爲稱職時北地諸羌數万家恃險作亂前後牧守不能制姦暴之徒並無名實朝廷患之以藻爲北地太守藻推誠布信諸羌咸來歸附藻書其名籍收其賦稅朝廷嘉之遷龍驤將軍雍城鎮將先是氐豪徐成楊黑等驅逐鎮將故以藻代之至鎮擒獲成黑等斬之以徇羣氐震慴雍州人王叔保等三百人表乞藻爲駿奴戍主詔曰選曹已用人藻有惠政自宜他叙在任八年遷離城鎮將太和中改鎮爲岐州以藻爲岐州刺史轉秦州刺史秦人恃嶮率多麤暴或拒課輸或害長吏自前守宰率皆依州遥領不入郡縣藻開示恩信誅戮豪橫羌氐憚之守宰於是始得居其舊所遇車駕南伐以藻爲東道都督秦人紛擾詔藻還州人情乃定仍與安南將軍元英征漢中頻破賊軍長驅至南鄭垂平梁州奉詔還軍乃不果克後車駕南伐以藻爲征虜將軍督統軍高聰等四軍爲東道別將辭於洛水之南高祖曰與卿石頭相見藻對曰臣雖才非古人庶亦不留賊虜而遺陛下輒當釃曲阿之酒以待百官高祖大笑曰今未至曲阿且以河東數石賜卿後與高聰等戰敗俱徙平州景明初世宗追錄舊功以藻爲太尉司馬是年六月卒年六十七贈錢六万

子紹珍無他才用善附會好飲酒結託劉騰騰啓爲其國郎中令襲子爵稍遷本州別駕司空屬以事免官建義初詔復爵除太中大夫永安二年除安西將軍河北太守還朝父之拜車騎將軍左光祿大夫出爲黎陽太守所在無政績天平中坐子尚書郎洪業入於關中率衆侵擾

伏法
傅永字脩期清河人也幼隨叔父洪仲與張幸自青州入國尋復南奔有氣幹拳勇過人能手執鞍橋倒立馳騁年二十餘有友人與之書而不能荅請於洪仲洪仲深讓之而不爲報永乃發憤讀書涉獵經史兼有才筆自東陽禁防爲崔道固城局參軍與道固俱降入爲平齊民父母並老飢寒十數年賴其彊於人事勠力傭丐得以存立晚乃被召兼治禮郎詣長安拜文明

太后父燕宣王廟令賜爵貝丘男加伏波將軍未幾除中書博士又改爲議郎轉尚書考功郎中爲大司馬從事中郎尋轉都督任城王澄長史兼尚書左丞王肅之爲豫州以永爲建武將軍平南長史咸陽王禧慮肅難信言於高祖高祖曰已選傅脩期爲其長史雖威儀不足而文武有餘矣肅以永宿士禮之甚厚永亦以肅爲高祖眷遇盡心事之情義至穆蕭鸞遣將魯康祚趙公政衆號一万侵豫州之太倉口肅令永

勒甲士三千擊之時康祚等軍於淮南永舍淮北十有餘里永量吴楚之兵好以斫營爲事即夜分兵二部出於營外又以賊若夜來必應於渡淮之所以火記其淺處永既設伏乃密令人以瓠盛火渡淮南岸當深處置之教之云若有火起即亦然之其夜康祚公政等果親率領來斫永營東西二伏俠擊之康祚等奔趣淮水火既競起不能記其本濟遂望永所置之火而爭渡焉水深溺死斬首者數千級生擒公政康祚

人馬墜淮曉而獲其屍斬首并公政送京師公政岐州刺史超宗之從兄也時裴叔業率王茂先李定等來侵楚王戍永適還州肅復令大討之永將心腹一人馳詣楚王戍至即令塡塞外塹夜伏戰士一千人於城外曉而叔業等至城於城東列陳將置長圍永所伏兵於左道擊其後軍破之叔業乃令將佐守所列之陳自率精甲數千救之永上門樓觀叔業南行五六里許便開門奮擊遂摧破之叔業進退失圖於是奔

走左右欲追之永曰弱卒不滿三千彼精甲猶盛非力屈而敗自墮吾計中耳旣不測我之虛實足喪其膽俘此足矣何假逐之獲叔業傘扇鼓幕甲仗萬餘兩月之中遂獻再捷高祖嘉之遣謁者就豫州策拜永安遠將軍鎮南府長史汝南太守貝丘縣開國男食邑二百戶高祖每歎曰上馬能擊賊下馬作露布唯傅脩期耳裴叔業又圍渦陽時高祖在豫州遣永爲統軍與高聰劉藻成道益任莫問等往救之軍將逼賊

永曰先深溝固壘然後圖之聰等不從裁營輜重便擊之一戰而敗聰等棄甲徑奔懸瓠永獨收散卒徐還賊追至又設伏擊之挫其鋒銳四軍之兵多賴之以免永至懸瓠高祖俱鎖之聰藻徙爲邊民永免官爵而已不經旬日詔曰脩期在後少有擒殺可揚武將軍汝陰鎮將帶汝陰太守景明初裴叔業將以壽春歸國密通於永永具表聞及將迎納詔永爲統軍與楊大眼奚康生等諸軍俱入壽春同日而永在後故康

生大眼二人並賞列士永唯清河男蕭寶卷將陳伯之侵逼壽春沿淮爲寇時司徒彭城王勰廣陵侯元衍同鎮壽春以九江初附人情未洽兼臺援不至深以爲憂詔遣永爲統軍領汝陰之兵三千人先援之永總勒士卒水陸俱下而淮水口伯之防之甚固永去二十餘里牽船上汝南岸以水牛挽之直南趨淮下船便渡適上南岸賊軍亦及會時已夜永乃潛進曉達壽春城下勰衍聞外有軍共上門樓觀望然不意永

至永免冑乃信之遂引永上勰謂永曰北望以久恐洛陽難復可見不意卿能至也勰令永引軍入城永曰執兵被甲固敵是求若如教旨便共殿下同被圍守豈是救援之意遂孤軍城外與勰并勢以擊伯之頻有剋捷中山王英之征義陽永爲寧朔將軍統軍當長圍遏其南門蕭衍將馬仙琕連營稍進規解城圍永謂英曰凶豎豕突意在決戰雅山形要宜早據之英沉吟未決永曰機者如神難遇易失今日不往明朝

必爲賊有雖悔無及英乃分兵通夜築城於山上遣統軍張懷等列陳於山下以防之至曉仙琕果至懷等戰敗築城者悉皆奔退仙琕乘勝直趨長圍義陽城人復出挑戰永乃分兵付長史賈思祖令守營壘自將馬步千人南逆仙琕擐甲揮戈單騎先入唯有軍主蔡三虎副之餘人無有及者突陳橫過賊射永洞其左股永拔箭復入遂大破之斬仙琕子仙琕燒營席卷而遁英於陳謂永曰公傷矣且還營永曰昔漢祖

魏傳五十八　七　外

捫足不欲人知下官雖微國家一帥奈何使虜有傷將之名遂與諸軍追之極夜而返時年七十餘矣三軍莫不壯之義陽既平英使司馬陸希道爲露板意謂不可令永改之永亦不增文彩直與之改陳列軍儀處置形要而已而英深賞之歎曰觀此經算雖有金城湯池亦不能守矣還京復封永先有男爵至是以品不累加賜帛二千匹除太中大夫行秦梁二州事代邢巒鎮漢中後還京師於路除恒農太守非心所樂

時英東征鍾離連表請永求以爲將朝廷不聽永每言曰文淵充國竟何人哉吾獨白首見拘此郡深用扼腕然於治民非其所長故在任無多聲稱未幾解郡還爲太中大夫行南青州事遷左將軍南兗州刺史猶能馳射盤馬奮矟時年踰八十常諱言老每自稱六十九還京拜平東將軍光祿大夫熙平元年卒年八十三贈安東將軍齊州刺史永嘗登北邙於平坦處奮矟躍馬盤旋瞻望有終焉之志遂慕杜預近好李

魏傳五十八　八

冲王肅欲葬附其墓遂買左右地數頃遺勑子叔偉曰此吾之永宅也永妻賈氏留於本鄉永至代都娶妾馮氏生叔偉及數女賈後歸平城無男唯一女馮恃子事賈無禮叔偉亦奉賈不順賈常忿之馮先永亡及永之卒叔偉稱父命欲葬北邙賈疑叔偉將以馮合葬賈遂求歸葬永於所封貝丘縣事經司徒司徒胡國珍本與永同經征役感其所慕許叔偉葬焉賈乃邀訴靈太后靈太后遂從賈意事經朝堂國珍理不

能得乃葬於東清河又永昔營宅兆葬父母於舊鄉賈於此疆徙之與永同穴永宗親不能抑葬已數十年矣棺爲桑棗根所逩東去地尺餘甚爲周固以斧斬斫出之於坎時人咸怪未三年而叔偉亡

叔偉九歲爲州主簿及長膂力過人彎弓三百斤左右馳射又能立馬上與人角騁見者以爲得永之武而不得永文也

正光中叔偉子豐生龍衣封

傅豎眼本清河人七世祖伷伷子遵石虎太常祖父融南徙渡河家于磐陽爲鄉閭所重性豪爽有三子靈慶靈根靈越並有才力融以此自負謂足爲一時之雄嘗謂人曰吾昨夜夢有一駿馬無堪乘者人曰何由得人乘之有一人對曰唯有傅靈慶堪乘此馬又有弓一張亦無人堪引人曰唯有傅靈根可以彎此弓又有數紙文書人皆讀不能解人曰唯傅靈越可解此文融意謂其三子文武才幹堪以駕馭當世常密謂鄉人曰汝聞之不萬虫之子有三靈此圖讖之文也好事者然之故豪勇之士多相歸附劉駿將蕭斌王玄謨寇碻磝時融始死玄謨彊引靈慶爲軍主將攻城攻車爲城內所燒靈慶懼軍法詐云傷重令左右輿之還營遂與壯士數十騎遁還斌玄謨命追之左右諫曰靈慶兄弟並有雄才兼其部曲多是壯勇如彭超尸生之徒皆一當數十人援不虛發不可逼也不如緩之玄謨乃止靈慶至家遂與二弟匿於山澤之

間時靈慶從叔乾愛爲斌法曹參軍斌遣乾愛誘呼之以腰刀爲信密令壯健者隨之而乾愛不知斌之欲圖靈慶也既至靈慶間對坐未久斌所遣壯士執靈慶殺之靈慶將死與母崔訣言法曹殺人不可忘也靈根靈越奔河北靈越至京師高宗見而奇之靈越因說齊民慕化青州可平高宗大悅拜靈越鎮遠將軍青州刺史貝丘子鎮羊蘭城靈根爲臨齊副將鎮明潛壘靈越北入之後母崔氏遇赦免劉駿恐靈越在

邊擾動三齊乃以靈越叔父琰爲冀州治中乾愛爲樂陵太守樂陵與羊蘭隔河相對命琰遣其門生與靈越婢詐爲夫婦投化以招之靈越與母分離思積遂與靈根相要南走靈越與羊蘭奮兵相擊乾愛遣船迎之得免靈根差期不得俱渡臨齊人覺知劉斬殺之乾愛出郡迎靈越問靈根愆期之狀而靈越殊不應荅但言不知而已乾愛不以爲惡勑左右出匣中烏皮袴褶令靈越代所常服靈越言不須乾愛云汝豈

可著體上衣服見垣公也時垣護之爲刺史靈越奮聲言垣公垣公著此當見南方國主豈垣公也竟不肯著及至丹陽劉駿見而禮之拜員外郎兗州司馬帶魯郡而乾愛亦遷青冀司馬帶魏郡後二人俱還建康靈越意恒欲爲兄復讎而乾愛初不疑防知乾愛嗜雞肉蒸菜食乃爲作之下以毒藥乾愛飯還而卒後數年而靈越爲太原太守戍升城後舉兵同劉駿子子勛子勛以靈越爲前軍將軍子勛敗靈越軍衆散

亡爲劉彧將王廣之軍人所擒厲聲曰我傅靈越也汝得賊何不即殺廣之生送詣彧輔國府司馬劉勔勔躬自慰勞詰其叛逆對曰九州唱義豈獨在我勔又問四方阻逆無戰不擒主上皆加以大恩即其才用卿何不早歸天闕乃逃命草間乎靈越荅曰薛公舉兵淮北威震天下不能專任智勇委付子姪致敗之由實在於此然事之始末備皆參預人生歸於一死實無面求活勔壯其意送詣建康劉彧欲加原宥靈越

辭對如一終不回改乃殺之豎眼即靈越子也沉毅壯烈少有父風入國鎮南王肅見而異之且奇其父節傾心禮敬表爲參軍從肅征伐累有戰功稍遷給事中步兵校尉左中郎將常爲統軍東西征伐世宗時爲建武將軍討揚州賊破之仍鎮於合肥蕭衍民歸之者數千戶後武興氐楊集義反叛推其兄子紹先爲主攻圍關城梁州刺史邢巒遣豎眼討之集義衆逆戰頻破走之乘勝追北仍剋武興還洛詔假節行南

兗州事豎眼善於綏撫南人多歸之轉昭武將軍益州刺史以州初置境逼巴獠給羽林虎賁三百人進號冠軍將軍及高肇伐蜀假豎眼征虜將軍持節領步兵三萬先討北巴蕭衍聞大軍西伐遣其寧州刺史任太洪從陰平偷路入益州北境欲擾動氐蜀以絕運路乘國諱班師遂扇誘土民奄破東洛除口二戍因此詐言南軍繼至氐蜀信之翕然從逆太洪率氐蜀數千圍逼關城豎眼遣寧朔將軍成興孫討之軍次

白護太洪遣其輔國將軍任碩北等率衆一千邀險拒戰在虎徑南山連置三營興孫分遣諸統隨便掩擊皆破之太洪又遣軍主邊昭等率氐蜀三千攻逼興孫栅興孫力戰爲流矢所中死豎眼又遣統軍姜喜李元度從東峽潛入回出西崗邀賊之後表裏合擊大破之斬邊昭及太洪前部王隆護首於是太洪及關城五栅一時逃散豎眼性既清素不營産業衣食之外俸禄粟帛皆以饗賜夷首賑恤士卒撫蜀人以恩

信爲本保境安民不以小利侵竊有掠蜀民入境者皆移送還本土檢勒部下守宰肅然遠近雜夷相率款謁仰其德化思爲魏民矣是以蜀民請軍者旬月相繼世宗甚嘉之肅宗初屢請解州乃以元法僧代之益州民追隨戀泣者數百里至洛拜征虜將軍太中大夫蕭衍遣將趙祖悅入屯硤石以逼壽春鎮南將軍崔亮討之以豎眼爲持節鎮南軍司法僧既至大失民和蕭衍遣其信武將軍衡州刺史張齊因民心之怨

入寇晉壽頻陷葭萌小劍諸戍進圍州城朝廷以西南爲憂乃驛徵豎眼於淮南既至以爲右將軍益州刺史尋加散騎常侍平西將軍假安西將軍西征都督率步騎三千以討張齊給銅印千餘須有假職者聽六品已下板之豎眼既出梁州衍冠軍將軍勾道侍梁州刺史王太洪等十餘將所在拒塞豎眼三日之中轉戰二百餘里甲不去身頻致九捷士民統軍席廣度等處處邀擊斬太洪及衍征虜將軍楊伏錫等首

張齊引兵西退遂奔葭萌蜀民聞豎眼復爲刺史人人喜悅迎於路者日有百數豎眼至州白水已東民皆寧業先是蕭衍信義將軍都統白水諸軍事楊興起征虜將軍李光宗襲據白水舊城豎眼遣虎威將軍強虬與陰平王楊太赤率衆千餘夜渡白水旦而交戰大敗賊軍斬興起首尅復舊城又遣統軍傅曇表等大破衍寧朔將軍王光昭於陰平張齊仍岨白水屯寇葭萌豎眼分遣諸將水陸討之齊遣其寧朔將軍費忻督步騎二千逆來拒戰軍主陳洪起力戰破之乘勝追奔遂臨夾谷三柵統軍胡小虎四面攻之三柵俱潰張齊親率驍勇二万餘人與諸軍交戰豎眼命諸統帥同時奮擊軍主許暢斬衍雄信將軍牟興祖軍主孔領周射齊中足於是大破賊軍斬獲甚衆齊乃柵於虎頭山下賊帥任令宗屯據西郡豎眼復遣討之令宗棄衆夜遁乃進討齊破其二柵斬首万餘齊被重創奔竄而退小劍大劍賊亦捐城西走益州平

靈太后璽書慰勞賜驊騮馬一匹寶劍一口豎眼表求解州不許復轉安西將軍岐州刺史常侍如故仍轉梁州刺史常侍將軍如故梁州之人既得豎眼爲牧人咸自賀而豎眼至州遇患不堪綜理其子敬紹險暴不仁聚貨耽色甚爲民害遠近怨望焉尋假鎭軍將軍都督梁西益巴三州諸軍事蕭衍遣其北梁州長史錫休儒司馬魚和上庸太守姜平洛等十軍率衆三万入寇直城豎眼遣敬紹總衆赴之倍道而進至直城而賊襲據直口敬紹以賊斷歸路督兼統軍高徹吴和等與賊交戰大破之擒斬三千餘人休儒等走還魏興敬紹頗覽書傳微有膽力而奢淫倜儻輕爲殘害又見天下多事陰懷異圖欲杜絶四方擅據南鄭令其妾兄唐崐崘扇攪於外聚衆圍城敬紹謀爲內應賊圍既合其事泄露在城兵武執敬紹白豎眼而殺之豎眼恥恚發疾遂卒永安中贈征東將軍吏部尚書齊州刺史出帝初重贈散騎常侍車騎將軍司

空公相州刺史開國如故
長子欹和欹和弟欹仲並好酒薄行傾側勢家
欹和歷青州鎮遠府長史孝莊時復爲益州刺
史朝廷以其父有遺惠故也至州聚斂無已好
酒嗜色遠近失望仍爲蕭衍將樊文熾攻圍欹
和以城降送於江南後衍以齊獻武王威德日
廣令欹和還國以申和通之意又之除北徐州
刺史復以耽酒爲土賊掩襲棄城走徵詣廷尉
遇恩免遂廢棄卒於家

乾愛子三寶與房法壽等同劾（疑）盤陽賜爵
貝丘子
三寶弟法獻高祖初南叛爲蕭鸞右中郎將直
閤將軍從崔慧景至鄧城爲官軍所殺
琰曾孫文驥勇果有將領之才隨晉眼征伐累
有軍功自彊弩將軍出爲琅邪戍主朐山內附
徐州刺史盧昶遣文驥守朐山樵米既竭而昶
軍不進文驥遂棄母妻以城降蕭衍後大以南
貨賂光州刺史羅衡衡爲渡其母妻

李神恒農人父洪之秦益二州刺史神少有膽
略以氣尚爲名早從征役其從兄崇深所知賞
累遷威遠將軍新蔡太守領建安戍主轉寧遠
將軍陳留太守領狄丘戍主頻有軍功封長樂
縣開國男食邑二百戶遷征虜將軍驍騎將軍
直閤將軍蕭衍將趙祖悅率衆據硤石神爲別
將率揚州水軍受刺史李崇節度與都督崔亮
行臺僕射李平等攻硤石剋之進平北將軍太
中大夫孝昌中行相州事尋正加撫軍將軍假

鎮東將軍大都督建義初除衛將軍時葛榮充
斥民多逃散先是州將元鑒反叛引賊後都督
源子邕裴衍戰敗被害朝野憂惶人不自保而
神志氣自若撫勞兵民小大用命既而葛榮盡
銳攻之又不能剋會尒朱榮擒葛榮於鄴西事
平除車騎將軍以功進爵爲公增邑八百通前
一千戶元顥入洛莊帝北巡以神爲侍中又除
殿中尚書仍行相州事車駕還宮改封安康郡
開國公加封五百戶普太元年進驃騎大將軍

儀同三司相州大中正永熙中薨天平元年賜
使持節侍中驃騎大將軍司徒公冀州刺史
子士約襲齊受禪爵例降

史臣曰劉藻傳永豎眼文武器幹知名於時豎
眼加以撫邊導俗風化尤美方之二子固以優
乎抑又魏世之良牧李神據危城當大難其氣
槩亦足稱焉

列傳卷第五十八　魏書七十

列傳第五十九　魏書七十一

裴叔業　夏侯道遷
李元護　席法友
王世弼　江悅之
淳于誕　李苗

裴叔業河東聞喜人也魏冀州刺史徽之後也五代祖苞晉秦州刺史祖邕自河東居于襄陽父順宗兄叔寶仕蕭道成並有名位叔業少有氣幹頗以將略自許仕蕭賾歷右軍將軍東中

郎將諮議參軍蕭鸞見叔業而奇之謂之曰卿有如是志相何慮不大富貴深宜勉之鸞為豫州引為司馬帶陳留太守鸞輔政叔業常伏壯士數百人於建業及鸞廢昭文叔業率衆赴之鸞之自立也以叔業為給事黃門侍郎封武昌縣開國伯食邑五百户高祖南巡車駕次鍾離鸞拜叔業持節冠軍將軍徐州刺史以水軍入淮去王師數十里高祖令尚書郎中裴聿往與之語叔業盛飾左右服翫以夸聿曰我在南富

貴正如此豈若卿彼之儉陋也韋云伯父儀服誠爲美麗但恨不盡遊耳徙輔國將軍豫州刺史屯壽陽蠻酋死子寶卷自立遷叔業本將軍南兗州刺史會陳顯達圍建鄴叔業遣司馬李元護率軍赴寶卷其實應顯達也顯達敗而還叔業慮内難未已不願爲南兗以其去建鄴近受制於人寶卷嬖人茹法珍王咺之等疑其有異去來者並云叔業北入叔業兄子植颺粲等棄母奔壽陽法珍等以其既在疆場急則引魏力

不能制且欲羈縻之白寶卷遣中書舍人裴長穆慰誘之許不復回換叔業雖云得停而憂懼不已遣親人馬文範以自安之計訪之於寶卷雍州刺史蕭衍曰天下之事大勢可知恐無復自立理雍州若能堅據襄陽輒當勠力自保若不爾回面向北不失作河南公衍遣文範報曰羣小用事豈能及遠多遣人相代力所不辦少遣人又於事不足意計回惑自無所成唯應送家還都以安慰之自然無患若意外相逼當勒

馬步二万直出横江以斷其後則天下之事一舉可定也若欲北向彼必遣人相代以河北一地相處河南公寧復可得如此則南歸之望絕矣叔業沈疑未決遣信詣豫州刺史薛眞度具訪入國可否之宜眞度答書盛陳朝廷風化惟新之美知卿非無款心自不能早決捨南耳但恐臨迫而來便不獲多賞叔業遲遲數反眞度亦遣使與相報復乃遣子芬之及兄女夫韋伯昕奉表内附景明元年正月世宗詔曰叔業明

敏秀發英款早悟馳表送誠忠高振古宜加褒授以彰先覺可使持節散騎常侍都督豫雍兗徐司五州諸軍事征南將軍豫州刺史封蘭陵郡開國公食邑三千戶又賜叔業璽書曰前後使返有勑想卿具一二寶卷昏狂日月滋甚虐遍宰輔暴加戚屬淫刑既逞朝無孑遺國有瓦解之形家無自安之計卿兼茲智勇深具禍萌翻然高舉去彼危亂朕興居在念深嘉乃勳前即勑豫州緣邊諸鎮兵馬行往赴援楊大眼奚

康生鐵騎五千星言即路彭城王勰尚書令肅
精卒十万絡繹繼發拼以長驅淮海電擊衡巫
卿其并心勠力同斯大舉殊勳茂績職爾之由
崇名厚秩非卿孰賞并有勑與州佐吏及彼土
人士其有微功片效必加褒異軍未渡淮叔業
病卒年六十三李元護席法友等推叔業兄子
植監州事乃贈開府儀同三司餘如故謚忠武
公給東園温明祕器朝服一襲錢三十万絹一
千匹布五百匹蠟三百斤

子蒨之字文聰仕蕭鸞爲隨郡王左常侍先卒
子譚紹封
譚麤險好殺所乘牛馬爲小驚逸手自殺之然
孝事諸叔盡於子道國祿歲入每以分贍世以
此稱之世宗以譚及高皇后弟貞王肅子紹俱
爲太子洗馬肅宗踐祚轉員外常侍遷輔國將
軍中散大夫卒贈平南將軍豫州刺史謚曰敬
子測字伯源襲歷通直散騎侍郎天平中走於
關西

蒨之弟芬之字文馥長者好施篤愛諸弟仕蕭
鸞歷位羽林監入國以父勳授通直散騎常侍
上蔡縣開國伯食邑七百戶除廣平內史固辭
不拜轉輔國將軍東秦州刺史在州有清靜之
稱入爲征虜將軍太中大夫從封山茌縣出爲
後將軍岐州刺史正光末元志西討隴賊軍敗
退守岐州爲賊所圍城陷志與芬之並爲賊擒
送於上邽爲莫折念生所害贈平東將軍青州
刺史

子涉字仲昇襲卒
子僑尼襲武定中員外羽林監齊受禪爵例降
芬之弟簡之英之英之並早卒
英之弟藹之字幼重性輕率好琴書其內弟柳
諧善鼓琴藹之師諧而微不及也歷通直散騎
侍郎平東將軍安廣汝陽二郡太守卒
叔業長兄子彥先少有志尚叔業以壽春入國
彥先景明二年逃遁歸魏朝廷嘉之除通直散
騎常侍封雍丘縣開國子食邑三百戶出爲趙

郡太守爲政舉大綱而已正始中轉渤海相屬
元愉作逆衞兵郡縣彥先不從爲愉拘執踰獄
得免仍爲沙門潛行至洛愉平勑還郡延昌中
卒時年六十一熙平中贈持節左將軍南青州
刺史諡曰惠恭
子約字元儉性頗剛鯁起家員外郎轉給事中
永平中丹楊太守後襲爵冀州大乘賊起勑爲
別將行勃海郡事後州軍爲賊所敗遂圍郡城
城陷見害年三十六神龜中贈平原太守出帝
時復贈前將軍揚州刺史
長子英起武定末洛州刺史
英起弟威起卒於齊王開府中兵參軍年三十
二贈鴻臚少卿
彥先弟絢揚州治中時揚州霖雨水入州城刺
史李崇居於城上繫船憑焉絢率城南民數千
家汎舟南走避水高原謂崇還北遂與別駕鄭
祖起等送子十四人於蕭衍自號豫州刺史衍
將馬仙琕遣軍赴之崇聞絢反未測虛實乃遣

魏傳五十九 六 會

國侍郎韓方興單舸召之絢聞崇在悵然驚恨
報崇曰比因大水顛䟫不免羣情所逼推爲盟
首今大計已爾勢不可追恐民非公民吏非公
吏願早行無犯將士崇遣從弟寧朔將軍神丹
陽太守謝靈寶勒水軍討絢絢率衆逆戰神等
大破之斬其將帥十餘人絢衆奔營神乘勝尅
柵衆皆潰散絢匹馬單逃爲村民所獲至尉升
湖絢曰吾爲人吏反而見擒有何面目得視公
也投水而死并鄭祖起等皆斬之

三ノ二十五 魏書列五十九 七

植字文遠叔業兄叔寶子也少而好學覽綜經
史尤長釋典善談理義仕蕭寶卷以軍勳至長
水校尉隨叔業在壽春叔業卒寮佐同謀者多
推司馬李元護監州一二日謀不決定唯席法
友柳玄達楊令寶等數人慮元護非其鄉曲恐
有異志共舉植監州祕叔業喪問教命處分皆
出於植於是開門納國軍城庫管籥悉付康生
詔以植爲征虜將軍兗州刺史崇義縣開國侯
食邑千戶尋進號平東將軍入爲大鴻臚卿後

以長子昕南叛有司處之大辟詔曰植闔門歸款子昕愚昧爲人誘陷雖刑書有常理宜矜恤可特恕其罪以表勳誠尋除揚州大中正出爲安東將軍瀛州刺史罷州復除大鴻臚卿遷度支尚書加金紫光禄大夫植性非柱石所爲無恒兖州還也表請解官隱於嵩山世宗不許深以爲怪然公私集論自言人門不後王肅怏怏朝廷處之不高及爲尚書志意頗滿欲以政事爲己任謂人曰非我須尚書尚書亦須我辭氣激揚見於言色入參議論時對衆官面有譏毀又表毀征南將軍田益宗言華夷異類不應在百世衣冠之上率多侵侮皆此類也侍中于忠黄門元昭覽之切齒寢而不奏會韋伯昕告植欲謀廢黜尚書又奏羊祉告植姑子皇甫仲達云受植旨詐稱被詔率合部曲欲圖領軍于忠臣等窮治辭不伏引然衆證明昞案律在邊合率部衆不滿百人以下身猶尚斬況仲達公然在京稱詔聚衆諠惑都邑駭動人情量其本意

不可測度按詐僞律詐稱制者死今依衆證處仲達入死金紫光禄大夫尚書崇義縣開國侯裴植身居納言之任爲禁司大臣仲達又稱其姓名募集人衆雖名仲達切讓無忿懼之心衆證雖不見植皆言仲達爲植所使召仲達責問而不告列推論情狀不同之理不可分明不得同之常獄有所降減計同仲達處植死刑又植親率城衆附從王化依律上議唯恩裁處詔曰凶謀既爾罪不合恕雖有歸化之誠無容上議亦不須待秋分也時于忠專擅朝權既構成其禍又矯爲此詔朝野怨之臨終神志自若遺令子弟命盡之後翦落鬚髮被以法服以沙門禮葬于嵩高之陰年五十初植與僕射郭祚都水使者韋儁等同時見害於後祚儁事雪加贈而植追復封爵而已植故吏渤海刁冲上疏訟之於是贈植征南將軍尚書僕射揚州刺史乃改葬植母夏侯道遷之姊也性甚剛峻於諸子皆如嚴君長成之後非衣帢不見小有罪過必束

帶伏閤經五三日乃引見之督以嚴訓唯少子衍得以常服見之旦夕溫凊植在瀛州也其母年踰七十以身爲婢自施三寶布衣麻菲手執箕箒於沙門寺灑掃植弟瑜粲衍並亦奴僕之服泣涕而從有感道俗諸子各以布帛數百贖免其母於是出家爲比丘尼入嵩高積歲乃還家植雖自州送祿奉母及贍諸弟而各別資財同居異爨一門數竈蓋亦染江南之俗也植母既老身又長嫡其臨州也妻子隨去分違數歲論者譏焉

子侯字道則襲爵

植弟颺壯果有謀略常隨叔業征伐以軍功爲寶卷驍騎將軍叔業之歸誠也遣颺率軍於外外以討蠻爲名內實備寶卷之衆景明初以颺爲輔國將軍南司州刺史擬戍義陽封義安縣開國伯邑千戶詔命未至爲賊所殺贈冠軍將軍進爵縣侯餘如故世宗以颺勳効未立而卒其子炯不得襲封肅宗初炯行貨於執事乃封城平縣開國伯食邑八百戶

炯字休光小字黃頭頗有文學善事權門領軍元叉納其金帛除鎮遠將軍散騎侍郎揚州大中正進伯爲侯改封高城縣增邑一千戶尋兼尚書右丞出爲東郡太守孝昌三年爲城民所害贈散騎常侍鎮東將軍青州刺史開國如故謚曰簡

子斌襲武定中廣州長流參軍齊受禪爵例降

颺弟瑜字文琬初拜通直散騎常侍封下密縣開國子食邑三百戶尋試守滎陽郡坐虎暴殺人免官後徙封灌津子卒於勃海太守年四十五贈平南將軍豫州刺史謚曰定

子堪字靈淵襲爵歷尚書郎興和中坐事死爵除

瑜弟粲字文亮景明初賜爵舒縣子沈重善風儀頗以驕豪爲失歷正平恒農二郡太守高陽王雍曾以事屬粲粲不從雍甚爲恨後因九日馬射勑畿內太守皆赴京師雍時爲州牧粲往

脩謁雍舍怒待之粲神情閑邁舉止抑揚雍目
之不覺解顏及坐定謂粲曰相愛舉動可更爲
一行粲便下席爲行從容而出坐事免官後世
宗聞粲善自標置欲觀其風度忽令傳詔就家
急召之須臾之間使者相屬合家恇懼不測所
以粲更恬然神色不變世宗歎異之時僕射高
肇以外戚之貴勢傾一時朝士見者咸望塵拜
謁粲候肇惟長揖而已及還家人尤責之粲曰
何可自同凡俗也又嘗詣清河王懌下車始進

便屬暴雨粲容步舒雅不以霑濡改節懌乃令
人持蓋覆之歎謂左右曰何代無奇人性好釋
學親升講座雖持義未精而風韻可重但不涉
經史終爲知音所輕世宗末除前將軍太中大
夫揚州大中正遷安南將軍中書令肅宗釋奠
以爲侍講轉金紫光祿大夫後元顥入洛以粲
爲西兗州刺史尋爲濮陽太守崔巨倫所逐棄
州入嵩高山前廢帝初徵爲驃騎將軍左光祿
大夫復爲中書令後正月晦帝出臨洛濱粲起

於御前再拜曰今年還節美聖駕出遊臣幸參
陪從豫奉醼樂不勝忻戴敢上壽酒帝曰昔歲
北海入朝晏竊神器具聞爾日卿戒之以酒令
欲使我飲何異於往情粲曰北海志在沉湎故
諫其所失陛下齊聖溫克臣敢獻微誠帝曰實
乃寡德甚愧來譽乃爲命酌出帝初出爲驃騎
大將軍膠州刺史屬時亢旱士民勸令禱於海
神粲憚違衆心乃爲祈請直據胡床舉杯而言
曰僕白君左右云前後例皆拜謁粲曰五嶽視

三公四瀆視諸侯安有方伯而致禮海神也卒
不肯拜時青州叛賊耿翔受蕭衍假署寇亂三
齊粲唯高談虛論不事防禦之術翔乘其無備
掩襲州城左右白言賊至粲云豈有此理左右
又言已入州門粲乃徐云耿王可引上聽事自
餘部衆且付城外其不達時變如此尋爲翔所
害送首蕭衍時年六十五
子含字文若員外散騎侍郎
粲弟衍字文舒學識優於諸兄才行亦過之事

親以孝聞兼有將略仕蕭寳卷至陰平太守景
明二年始得歸國授通直郎衍欲辭朝命請隱
嵩高乃上表曰臣幸秉昌運得奉盛化沐藉炎
風飡佩唐德於生於運已溢已榮但攝性乖和
恒苦虛弱比風露增加精形侵耗小人愚懷有
願關養伏見嵩岑極天苞育名草脩生救疾多
游此岫臣質無靈分性乖山水非敢追踵輕舉
髣髴高蹤誠希藥此沉痾全養禀氣耳若所療
微痊庶偶影風雲永歌至德荷衣葛屨裁營已

魏書傳五十九　十四

整揺策納屣便陟山途謹附陳聞乞垂昭許詔
曰知欲養痾中岳練石嵩嶺栖素雲根餌芝清
壑騰跡之操深用嘉焉但治欽古風有愧山客
耳既志往難裁豈容有抑便從來請世宗之末
衍稍以出山千祿執事肅宗除散騎侍郎行河
內郡事尋除建興太守轉河内太守加征虜將
軍遭母憂解任衍歷二郡廉貞寡欲善撫百姓
民吏追思之孝昌初蕭衍遣將曹敬宗寇荊州
山蠻應之大路斷絕都督崔暹率數万之衆盤

桓魯陽不能前討荊州危急朝廷憂之詔衍爲
別將假前將軍與恒農太守王羆率軍一萬出
武關以救荊州賊逆戰於淅陽衍大破之賊遂
退走荊州圍解除使持節散騎常侍平東將軍
假安東將軍北道都督鎮鄴西之武城封安陽
縣開國子食邑三百戶時相州刺史安樂王鑒
潛圖叛逆衍覺其有異密表陳之尋而鑒所部
別將嵇宗馳驛告變乃詔衍與都督源子邕李
神軌等討鑒平之除撫軍將軍相州刺史假鎮
北將軍北道大都督進封臨汝縣開國公增邑

魏傳五十九　十五

千二百戶常侍如故仍詔衍與子邕北討葛榮
軍次陽平之東北漳曲賊來拒戰衍軍敗見害
朝野人情莫不駭惋贈使持節車騎大將軍司
空相州刺史
子嵩襲武定中河内太守齊受禪爵例降又天
水冀人尹挺仕蕭寳夤以軍勳至陳郡太守遂
與叔業參謀歸誠景明初除輔國將軍南司州
刺史擬戍義陽亦封宋縣開國伯食邑八百戶

轉冠軍將軍東郡太守未拜而卒賜布帛一百
匹贈本將軍涇州刺史
子循歷太原太守
循弟彖饒安令遼西太守兄弟皆有政事才時
河東南解人柳玄達頗涉經史仕蕭鸞歷諸
王參軍與叔業姻婭周旋叔業之鎮壽春委以
管記及叔業之被猜疑將謀獻款玄達贊成其
計前後表啓皆玄達之詞景明初除輔國將軍
司徒諮議參軍封南頓縣開國子邑二百戶二
年秋卒時年四十三後改封夏陽縣邑戶如先
玄達曾著大夫論備陳叔業背逆歸順契闊危
難之旨又著喪服論約而易尋文多不錄
子絺襲武定中東太原太守齊受禪爵例降絺
弟遠字季雲性麤疎無拘檢時人或謂之柳癲
好彈琴耽酒時有文詠爲蕭宗挽郎出帝初除
儀同開府參軍事放情琴酒之間每出返家人
或問有何消息答云無所聞縱聞亦不解元象
二年客遊項城遇患卒時年四十

玄達弟玄瑜景明初除正員郎轉鎮南大將軍
開府從事中郎帶汝陰太守延昌二年卒年五
十五
子諧頗有文學善鼓琴以新聲手勢京師士子
翕然從學除著作佐郎建義初於河陰遇害時
年二十六又武都人楊令寶有膂力善射仕蕭
鸞數爲小將征戰著效至譙郡太守遂參叔業
歸誠之謀景明初除輔國將軍南兗州刺史擬
戍淮陰封霍陵縣開國子食邑五百戶在淮南
征戰累著勞捷徵拜冠軍將軍試守京兆內史
卒追封邵陵縣開國子邑二百戶賜帛三百匹
贈征虜將軍華州刺史
子彪襲爵永熙中征虜將軍中散大夫齊受禪
例降
令寶弟令仁亦隨令寶立效前將軍汝南內史
又京兆杜陵人韋伯昕學尚有壯氣自以才智
優於裴植常輕之植疾之如讎即彥先之妹壻
也叔業以其有大志故遣送子芬之爲質景明

初封雲陵縣開國男食邑二百戶拜南陽太守
數歲坐事免久之拜員外散騎常侍加中壘將
軍延昌末告尚書裴植謀爲廢黜植坐死後百
餘日伯昕亦病卒臨亡見植爲祟口云裴尚書
死不獨見由何以見怒也其叔業爪牙心膂所
寄者裴智淵左中郎將封涘儀縣王昊左軍將
軍封南汝陰縣趙革右中郎將封西宋縣並開
國男食邑各二百戶李道真右軍將軍睢陽縣
開國子食邑五百戶胡文盛右軍將軍封剛陽

縣魏承祖右軍將軍封平春縣並開國子食邑
各三百戶
承祖廣陵寒人也依隨叔業爲趨走左右壯健
善事人叔業待之甚厚及出爲州以爲防閤善
撫士卒兼有將用自景明以後常爲統軍南北
征伐累有戰功歷太原太守至光祿大夫安南
將軍蕭衍遣將圍義陽士民應之三關既陷州
城時甚縣急以承祖持節行撫軍將軍率師討
之大破賊衆解義陽之圍還復三關遂爲名將

終於幷州刺史衣冠之士預叔業勳者安定皇
甫光北地梁祐清河崔高客天水閻慶胤河東
柳僧習等
光美鬚髯善言笑仕蕭鸞以軍勳至右軍將軍
入國爲輔國將軍假南兗州刺史卒於渤海
太守
兒椿齡薛安都壻也隨安都於彭城內附歷位
司徒諮議歧州刺史光未入朝而椿齡先卒
椿齡子瑋鄉郡相

瑋弟瑒爲司徒胡國珍所拔自太尉記室超遷
吏部郎性貪婪多所受納鬻賣吏官皆有定價
後以丞相高陽王雍之壻超拜持節冠軍將軍
豫州刺史爲政殘暴百姓患之罷州後仍遇風
病久之除安南將軍光祿大夫太昌初卒年五
十八贈衞大將軍尚書左僕射雍州刺史
子長卿司州主簿祕書郎中太尉司馬
祐叔業之從姑子也好學便弓馬隨叔業征伐
身被五十餘創景明初拜右軍將軍賜爵山桑

子出爲北地太守清身率下甚有治稱歷驍騎
將軍太中大夫右將軍從容風雅好爲詩詠常
與朝廷名賢泛舟洛水以詩酒自娛遷光祿大
夫加平北將軍端然養志不歷權門出爲平西
將軍京兆內史當世歎其抑屈卒官贈本將軍
涇州刺史
高客博學善文札美風流景明初拜散騎侍郎
出爲楊州開府掾帶陳留太守卒官
慶胤父汪叅薛安都平北將軍事安都入國聽

汪還南慶胤博識洽聞善於談論聽其言說不
覺忘疲景明初爲李元護輔國府司馬卒於敷
城太守
僧習善隸書敏於當世景明初爲裴植征虜府
司馬稍遷北地太守爲政寬平氐羌悅愛肅宗
時至太中大夫加前將軍出爲潁川太守卒官
夏侯道遷譙國人少有志操年十七父母爲結
婚韋氏道遷云欲懷四方之志不願取婦家人
咸謂戲言及至婚日求覓不知所在於後訪問

乃云逃入益州仕蕭鸞以軍勳稍遷至前軍將
軍輔國將軍隨裴叔業至壽春爲南譙太守兩
家雖爲姻好而親情不協遂單騎歸國拜驍騎
將軍隨王肅至壽春遣道遷守合肥肅薨道遷
棄戍南叛會蕭衍以莊丘黑爲征虜將軍梁秦
二州刺史鎮南鄭黑請道遷爲長史帶漢中郡
會黑死衍以王鎮國爲刺史未至而道遷陰圖
歸順先是仇池鎮將楊靈珍阻兵反叛戰敗南
奔衍以靈珍爲征虜將軍假武都王助戍漢中

有部曲六百餘人道遷憚之衍時又遣其左右
吳公之等十餘人使南鄭道遷乃偽會使者請
靈珍父子靈珍疑而不赴道遷乃殺使者五人
馳擊靈珍斬其父子并送使者五首於京師江
悅之等推道遷爲持節冠軍將軍梁秦二州刺
史道遷表曰臣聞知機其神趨利如響臣雖不
武敢忘機利伏惟陛下澤被區宇德濟蒼生八
表同忻品物咸賴臣頃亡蟻賊匹馬歸闕自斯
搏噬盤竭丹款但中於壽陽橫爲韋纘所謗理

之曲直並是楊集朗王秉所悉臣實愚短豈能
自安便逃竄江吴苟存視息蕭衍梁州刺史莊
丘黑與臣早舊申臣爲長史值黑亡歿專任天
時素願機會在茲遇武興私署侍郎鄭洛生來
此臣即披露誠款與其共契機要報武興王楊
紹先并其中叔集起等請其遣軍以爲腹背即
遣左天長由寒山路馳啓復會通直散騎常侍
臣集朗還至武興臣聞其至知事必剋集朗果
遣鄭右留使至臣間密參機舉會有蕭衍使人

吴公之至知臣懷誠將歸大化遂與府司馬嚴
思藏恭曲箴吴宗肅王勝等共楊靈珍父子密
相構結期當取臣臣幸先覺悉得戮思恭等臣
即遣鄭猥馳告集朗急求軍援而武興軍未到
之間蕭衍白馬戍主尹天寶不識天命固執愚
迷乃率部曲驅掠民丁敢爲不逞臣即遣軍主
江悅之率諸軍主席靈坦龐樹等領義勇應時
討撲而樹鋭氣難裁違悅之節度輕進失脫天
寶因此直到南鄭重圍州城梁秦士庶僉云危

棘以義逼臣勸爲刺史須藉此威鎮靖内外臣
赤誠奉國苟取濟事輒捐小跡且從權宜假當
州位重遣皇甫選由斜谷道以事啓聞臣即親
率士卒四日三夜交鋒苦戰武興之軍乘虚躡
後天寶兇徒因宵鳥散進既摧破退失巢穴潛
捨軍衆依山傍險突入白馬集朗與二弟躬擐
甲冑率其所領登即擒斬戍内戸口即放還民
斯由皇威遐振罪人授首凶狡時殄公私慶快
非但梁秦竭力寔關集朗赴接之機臣前已遣

軍主杜法先還洵陽構合徒黨誘結鄉洛令晉
壽土豪王僧承王文粲等還至西關共興大義
當今庸蜀虚弱建鄧懸危開拓九區掃清六合
形要之利在於此時進趣之略願速處分臣以
愚陋猥當推舉事定之後便即東身馳歸天闕
但物情草創猶有參差蕭衍魏興太守范珣安
康太守范泌共前巴西太守姜脩屯聚川東尚
規舉斧登遣討襲且於別啓集朗兄弟並議曰
臣往日歸誠誓盡心力超蒙榮獎灰殞匪報但

比在壽春遭韋纘之酷申控無所致此猖狂是段之來希酬昔遇勳微恩重有靦心顔世宗曰卿建爲山之功一匱之玷何足謝也道遷以賞報爲微逡巡不拜詔曰道遷至止既淹未恭州封可勑吏部速令召拜道遷拜日詔給百五十人供尋改封濮陽縣開國侯邑戶如先歳餘頻表解州世宗許之除南兗州大中正不拜道遷雖學不淵洽而歷覽書史閑習尺牘札翰往還甚有意理好言宴務口實京師珍羞罔不畢有

於京城之西水次之地大起園池殖列蔬果延致秀彥時往遊適妓妾十餘常自娛興國秩歳入三千餘匹專供酒饌不營家產每誦孔融詩曰坐上客恒滿樽中酒不空餘非吾事也識者多之出爲散騎常侍平西將軍華州刺史轉安東將軍瀛州刺史常侍如故爲政清嚴善禁盜賊熙平年病卒年六十九贈撫軍將軍雍州刺史贈帛五百匹謚曰明侯初道遷以拔漢留臣權相綏獎須得撲滅珣等使即首路伏願聖慈

特垂鑒照謹遣兼長史臣張天亮奉表略聞詔曰得表聞之將軍前識機運已投誠款而中逢猜閒致有播越復翻然風返建茲殊效忠貫古烈義動遐邇漢鄭既開勢蔚庸蜀混同之略方自斯始擒凶掃惡何快如之想餘黨悉平西南清盪經算淹朔當有劬勞所請軍宜別勑一二又賜道遷璽書曰得表具誠節之懷鄉忠義夙挺期委自昔中有事因以致乖舛知能秉機豹變翻然改圖獎率同心萬里投順遠舉漢中

爲開蜀之始洪規茂略深有嘉焉今授卿持節散騎常侍平南將軍豫州刺史豐縣開國侯食邑一千戶并同義諸人尋有別授王師數道絡繹電邁遣使持節散騎常侍都督征梁漢諸軍事鎮西將軍尚書邢巒指授節度卿其善建殊効稱朕意焉道遷表受平南常侍而辭豫州豐縣侯引裴叔業公爵爲例世宗不許道遷自南鄭來朝京師引見於太極東堂免冠徒跣謝歸誠本由王穎興之計求分邑戶五百封之世宗

不許靈太后臨朝道遷重求分封太后大奇其意議欲更以三百户封穎與會卒遂寢道遷不娉正室唯有庶子數人

長子史字元廷歷位前軍將軍鎮遠將軍南兗州大中正史性好酒居喪不戚醇醪肥鮮不離於口沽買飲噉多所費用父時田園貨賣略盡人間債負數猶千餘匹穀食至常不足弟妹不免飢寒初道遷知史好酒不欲傳授國封史未亡前忽夢見征虜將軍房世寶來至其家直上廳事與其父坐屏人密言史心驚懼謂人曰世寶至官聞必擊我也尋有人至云官呼郎隨召即去遣左右杖之二百不勝楚痛大呼良久乃寤流汗徹於寢具至明前涼城太守趙卓詣之見其衣濕謂史曰卿昨夕當大飲溺衣如此史乃具陳所夢先是旬餘祕書監鄭道昭暴病卒史聞謂卓曰人生何常唯當縱飲耳於是昏酣遂甚夢後二日不能言鍼之乃得語而猶虛劣其從兄與等並營視之皆言危而獲振俄而心悶旋轉而死爲洗浴者視其尸體大有杖處青赤隱起二百下許贈鉅鹿太守初史與南人辛諶庾道江文遥等終日遊聚酣飲之際恒相謂曰人生局促何殊朝露坐上相看先後之間耳脫有先亡者當於良辰美景靈前飲宴儻或有知庶其歆饗及史亡後三月上巳諸人相率至史靈前酌飲時日晚天陰室中微闇咸見史在坐衣服形容不異平昔時執杯酒似若獻酬但無語耳時史家客雍僧明心有畏恐披簾欲出便即僵仆狀若被毆史從兄欣宗云今是節日諸人憶弟疇昔之言故來共飲僧明何罪而被瞋責僧明便寤而欣宗鬼語如史平生幷怒家人皆得其罪又發擿陰私竊盜咸有次緒史妻裴植女也與道遷諸妾不穆訟閱徹于公庭

子籍年十餘歲襲祖封已數年而史弟脊等言其眇目痼疾不任承繼自以與史同庶已應紹襲尚書奏籍承封元象中平東將軍太中大夫齊受禪例降

奐道遷兄子也位至咸陽太守

李元護遼東襄平人八世祖胤晉司徒廣陸侯胤子順璠及孫沈志皆有名官沈孫根慕容寶中書監根子後智等隨慕容德南渡河居青州數世無名位三齊豪門多輕之元護以國家平齊後隨父懷慶南奔身長八尺美鬚髯少有武力仕蕭道成歷官馬頭太守後軍將軍龍驤將軍雖以將用自達然亦頗覽文史習於簡牘高祖至鍾離元護時在城中爲蕭鸞徐州刺史蕭惠休奉使詣軍高祖見而善之後爲裴叔業司馬帶汝陰太守叔業歸順元護贊同其謀及叔業疾病外內阻貳元護督率上下以俟援軍壽春尅定元護頗有力焉景明初以元護爲輔國將軍齊州刺史廣饒縣開國伯食邑一千戶便道述職其年入朝尋以州民柳世明圖爲不軌元護馳還歷城至即擒殄誅戮所加微爲濫酷値州内飢儉民人困敝志存隱恤表請賑貸蠲其賦役但多有部曲時爲侵擾城邑苦之故不

得爲良刺史也三年夏卒年五十一病前月餘京師無故傳其凶問又城外送客亭柱有人書曰李齊州死綱佐斂別者見而拭之後復如此元護妾妓十餘聲色自縱情慾既甚支骨消削鬚長二尺一時落盡贈平東將軍青州刺史元護爲齊州經拜舊墓巡省故宅饗賜村老莫不欣暢及將亡謂左右曰吾嘗以方伯簿伍至青州士女屬目若喪過東陽不可不好設儀衛哭泣盡哀令觀者改容也家人遵其誡

子會襲正始中降爵爲子邑五百戶延昌中除宣威將軍給事中會頑騃好酒其妻南陽太守清河房伯玉女也甚有姿色會不荅之房乃通於其弟機因會飲醉殺之

子景宣襲天平中除給事中齊受禪例降機與房遂如夫婦積十餘年房氏色衰乃更婚娶

元護弟靜景明初以歸誠勳拜前將軍性甚貪忍兄亡未斂便剝脫諸妓服玩及餘財物歷齊州内史天水太守

靜子鉉羽林監

元護從叔恤卒於東代郡太守

子曠之

席法友安定人也祖父南奔法友仕蕭鸞以膂力自效軍勳稍遷至安豐新蔡二郡太守建安戍主蕭寶卷遣胡景略代之法友遂留壽春與叔業同謀歸國景明初拜冠軍將軍豫州刺史苞信縣開國伯食邑千户始叔業卒後法友與裴植追成叔業志淮南剋定法友有力焉尋轉

冠軍將軍華州刺史未拜改授并州刺史歲餘代還蕭衍遣將楊公則寇揚州假法友征虜將軍以討之法友未至而公則敗走後假法友前將軍持節爲別將出淮南欲解朐山之圍法友始渡淮而朐山敗沒遂停散十年恬靜自處不競勢利世宗末以本將軍除濟州刺史在州廉和著稱又從封乘氏肅宗初拜光祿大夫熙平二年卒贈平西將軍秦州刺史贈帛三百匹謚襄侯

子景通襲善事元叉兼以貨賂叉父繼繼爲司空引景通爲掾後加右軍將軍鎮軍將軍卒官贈輔國將軍衛尉少卿

子鷃襲永安末尚書郎走關西

王世弼京兆霸城人也劉裕滅姚泓其祖父從裕南遷世弼身長七尺八寸魁岸有壯氣善草隸書好愛墳典仕蕭鸞以軍勳至游擊將軍爲軍主助戍壽春遂與叔業同謀歸誠景明初除冠軍將軍南徐州刺史擬戍鍾離懸封愼縣開

國伯食邑七百戶後以本將軍除東徐州刺史治任於刑爲民所怨有受納之響歲餘爲御史中尉李平所彈會赦免久之拜太中大夫加征虜將軍尋以本將軍出爲河北太守治有清稱轉勃海相尋遷中山内史加平北將軍直閤元羅領軍叉弟也曾行過中山謂世弼曰二州刺史飜復爲郡亦當恨恨耳世弼曰儀同之號起自鄧騭平北爲郡始在下官正光元年卒官贈本將軍豫州刺史謚曰康

長子會汝陽太守
次子由字茂道好學有文才尤善草隸性方厚有名士之風又工摹畫爲時人所服歷給事中尚書郎東萊太守罷郡後寓居潁川天平初元洪威構逆大軍攻討爲亂兵所害時年四十三名流悼惜之

江悅之字彥和濟陽考城人也七世祖統晉散騎常侍劉淵石勒之亂南徙渡江祖興之父範之並爲劉裕所誅悅之少孤仕劉駿歷諸王參

軍好兵書有將略善待士有部曲數百人蕭道成初以悅之爲荊州征西府中兵參軍領臺軍主遷屯騎校尉轉後軍將軍部曲稍衆千有餘人蕭賾遣戍漢中就遷輔國將軍蕭衍初劉季連據蜀反叛悅之率部曲及梁秦之衆討滅之以功進號冠軍將軍武興氐破白馬進圖南鄭悅之率軍拒戰大破氐衆還復白馬衍秦梁二州刺史莊丘黑死夏侯道遷與悅之及龐樹軍主李忻榮張元亮士孫天與等謀以梁州內附既殺蕭衍使者及楊靈珍衍華陽太守尹天寶率衆向州城悅之與樹忻榮勒衆逆戰爲天寶所敗遂圍南鄭戰經四日衆心危沮咸懷離貳悅之盡以家財散賞士卒身當矢刃晝夜督戰會武興軍至天寶敗走道遷之克全勳款悅之實有力焉正始二年夏與道遷俱至洛陽尋卒年六十一贈輔國將軍梁州刺史追封安平縣開國子食邑三百戶謚曰莊悅之二子文遙文遠

文遙少有大度輕財好士士多歸之道遷之圖楊靈珍也文遙奮劒請行遂手斬靈珍正始二年除步兵校尉遭父憂解官永平初襲封拜前軍出爲咸陽太守勤於禮接終日坐廳事至者見之假以恩顏屏人密問於是民所疾苦大盜姓名姦猾吏長無不知悉郡中震肅姦劫息止治爲雍州諸郡之最徵拜驍騎將軍輔國將軍進號征虜將軍肅宗初拜平原太守在郡六年政理如在咸陽還後將軍安州刺史文遙善於

綏納甚得物情時杜洛周葛榮等相繼叛逆自
幽燕已南悉皆淪陷唯文遥介在羣賊之外孤
城獨守鳩集荒餘且耕且戰百姓皆樂為用建
義元年七月遘疾卒於州年五十五長史許思
祖等以文遥遺愛在民復推其子果行州事既
攝州任乃遣使奉表莊帝嘉之除果通直散騎
侍郎假節龍驤將軍行安州事當州都督既而
賊勢轉盛臺援不接果以阻隔彊寇内徙無由
乃攜諸弟并率城民東奔高麗太平中詔高麗
遣果等元象中乃得還朝

果弟昂武定三年襲爵齊受禪例降
文遠善騎射勇於攻戰以軍勳致效自給事中
稍遷中散大夫龍驤將軍
龎樹南安人世宗追録謀勳封其子景亮襄邑
縣開國男食邑二百戶
李忻榮漢中人與樹俱擊天寶同時戰歿封其
子建為清水縣開國子食邑二百戶
張元亮漢中人便弓馬善戰鬬以勳封撫夷縣

開國子食邑二百戶拜東萊太守入為平遠將
軍左中郎將遷中散大夫加龍驤將軍卒贈左
將軍巴州刺史
士孫天與扶風人以勳封莫西縣開國男食邑
二百戶拜武功太守又襄陽羅道珍北海王安
世潁川辛諶漢中姜永等皆參其勳末
道珍除齊州東平原相有治稱卒於鎮遠將軍
屯騎校尉
安世苻堅丞相王猛之玄孫也歷涉書傳敢於
人間自羽林監稍遷安西將軍北華州刺史卒

贈本將軍梁州刺史
諶魏衛尉辛毗之後有文學歷步兵校尉濮陽
上黨二郡太守卒贈征虜將軍梁州刺史
子儒之濟州司馬
永善彈琴有文學員外郎梁州別駕漢中太守
永弟漾亦善士性亦至孝為漢中所歎服元羅
之陷也永入於建鄴遂死焉時有潁川庾導者
亦與道遷俱入國雖不參謀亦為奇士歷覽史

傳善草隸書輕財重義仕蕭衍右中郎將助戍漢中及至洛陽環堵弊廬多與儁秀交舊積二十餘歲殊無官情正光中乃除幽州左將軍府主簿饒安令罷縣後仍客遊齊魯之間天平中卒於青州時有皇甫徽字子玄安定朝那人仕蕭衍歷諸王參軍郡守及道遷之入國也徽亦因地內屬徽妻即道遷之兄女道遷列上勳書欲以徽爲元謀徽曰創謀之始本不關預雖貪榮賞寧不內愧於心遂拒而不許後刺史羊祉表授征虜府司馬卒官

魏書傳五十九　三十六

子和武定末司空司馬

和弟亮儀曹郎中

淳于誕字靈遠其先太山博人後世居於蜀漢或家安國之桓陵縣父興宗蕭賾南安太守誕年十二隨父向揚州父於路爲羣盜所害誕雖童稚而哀感奮發傾資結客旬朔之內遂得復讎由是州里歎異之賾益州刺史劉悛召爲主簿蕭衍除步兵校尉景明中自漢中歸國既達京師陳伐蜀之計世宗嘉納之延昌末王師大舉除驍騎將軍假冠軍將軍都督别部司馬領鄉導統軍誕不願先受榮爵乃固讓實官止參戎號及奉辭之日詔遣主書趙桃弓宣旨勞勉若剋成都即以益州許之師次晉壽蜀人大震屬世宗晏駕不果而還後以客例起家除羽林監蕭衍遣將張齊攻圍益州詔誕爲統軍與刺史傅豎眼赴援事寧還朝正光中秦隴反叛詔誕爲西南道軍司假冠軍將軍别將從子午南出斜谷趣建安與行臺魏子建共參經略蕭衍益州刺史蕭淵猷遣將樊文熾蕭世澄等率衆數万圍小劒戍益州刺史邴虬令子建拒之因轉營爲文熾所掩統軍胡小虎崔珍寶並見俘執子建遣誕助討之誕勒兵馳赴相對月餘未能摧殄文熾軍行之谷東峯名龍鬚山置柵其上以防歸路誕以賊衆難可角力乃密募壯士二百餘人令夜登山攻其柵及時火起煙焰漲

魏書傳五十九　三十七

天賊以還途不守連營震怖誕率諸軍鳴鼓攻
擊文熾大敗俘斬万計擒世遵等十一人文熾
爲元帥先走獲免孝昌初子建以誕行華陽郡
帶白馬戍二年復以誕行巴州刺史三年朝議
以梁州安康郡阻帶江山要害之所分置東梁
州仍以誕爲鎮遠將軍梁州刺史永安二年四
月卒時年六十贈安西將軍益州刺史謚曰莊
長子亢
亢弟脩字　舘武定末梁州驃騎府司馬

魏書傳五十九　三十八　己

李苗字子宣梓潼涪人父膺蕭衍尚書郎太僕
卿苗出後叔父略略爲蕭衍寧州刺史大著威
名王足伐蜀也衍命略拒足於涪許其益州及
足還退衍遂改授略怒將有異圖衍使人害之
苗年十五有報雪之心延昌中遂歸闕仍陳圖
蜀之計於是大將軍高肇西伐詔假苗龍驤將
軍鄉導統軍師次晉壽世宗晏駕班師後以客
例除員外散騎侍郎加襄威將軍苗有文武才
幹以大功不就家恥未雪常懷慷慨乃上書曰

昔晉室數否華戎鼎沸三燕兩秦咆勃中夏九
服分崩五方圮裂皇祚承曆自北而南誅滅姦
雄定鼎河洛唯獨荆揚尚阻聲教今令德廣被
於江漢威風遠振於吳楚國富兵彊家給人足
以九居八之形有兼弱攻昧之勢而欲逸豫遺
疾子孫違高祖之本圖非社稷之深慮誠宜商
度東西戍防輕重之要討量壃埸險易安危之
理探測南人攻守窺覦之情筭我卒乘器械征
討之備然後去我所短避彼所長釋其至難攻
其甚易奪其險要割其膏壤數年之內荆揚可

魏書傳五十九　三十九

并若捨舟檝即平原斂後踈前則江淮之所短
棄車馬游飛浪乘流馳逐非中國之所長彼不
敢入平陸而爭衡猶我不能越巨川而趣利若
俱去其短各恃其長則東南未見可滅之機而
淮沔方有相持之勢且夫滿昊相傾陰陽恒理
盛衰遞襲五德常運今以至彊攻至弱必見吞
并之理如以至弱禦至彊焉有全濟之術故明
王聖主皆欲及時立功爲万世之業去高而就

下百川以之常流取易而避難兵家以之恒勝今巴蜀孤懸去建鄴遼遠偏兵獨戍泝流十千牧守無良專行刼剥官由財進獄以貨成士民思化十室而九延頸北望日覬王師若命一偏將弔民伐罪風塵不接可傳檄而定守白帝之阨據上流之險循士治之迹蕩建鄴之逋然後偃武脩文制禮作樂天下幸甚豈不盛哉於時肅宗幼冲無遠略之意竟不能納正光末二秦反叛侵及三輔時承平既久民不習戰苗以隴

魏傳五十九　四十一

兵彊悍且羣聚無資乃上書曰臣聞食少兵精利於速戰粮多卒衆事宜持久今隴賊猖狂非有素蓄雖據兩城本無德義其勢在於疾攻日有降納遲則人情離阻坐受崩遺夫飆至風起逆者求万一之功高壁深壘王師有全制之策但天下久泰人不曉兵奔利不相待逃難不相顧將無法令士非教習以憍將御墮卒不思長久之計務奇正之通必有莫敖輕敵之志恐無充國持重之規如令隴東不守汧軍敗散則二

秦遂彊三輔危弱國之右臂於斯廢矣今且宜勒大將深溝高壘堅守勿戰别命偏師精兵數千出麥積崖以襲其後則汧岐之下羣妖自散於是詔苗爲統軍與别將淳于誕俱出梁益隷行臺魏子建子建以苗爲郎中仍領軍深見知待孝昌中還朝除鎮遠將軍步兵校尉俄兼尚書右丞爲西北道行臺與大都督宗正珍孫討汾絳蜀賊平之還除司徒司馬轉太府少卿加龍驤將軍於時蕭衍巴西民何難尉等豪姓相

魏傳五十九　四十二

率請討巴蜀之間詔苗爲通直散騎常侍冠軍將軍西南道慰勞大使未發會殺尒朱榮榮從弟世隆擁榮部曲屯據河橋還逼都邑孝莊親幸大夏門集羣臣博議百寮恇懼計無所出苗獨奮衣而起曰今小賊唐突如此朝廷有不測之危正是忠臣烈士效節之日臣雖不武竊所庶幾請以一旅之衆爲陛下徑斷河梁城陽王徽中尉高道穆讃成其計莊帝壯而許焉苗乃募人於馬渚上流以舟師夜下去橋數里便放

火船河流既駛倏忽而至賊於南岸望見火下相蹴爭橋俄然橋絶没水死者甚衆苗身率士卒百許人泊於小渚以待南援既而官軍不至賊乃涉水與苗死鬬衆寡不敵左右死盡苗浮河而殁時年四十六帝聞苗死哀傷久之曰苗若不死當應更立奇功贈使持節都督梁益巴東梁四州諸軍事車騎大將軍儀同三司梁州刺史河陽縣開國侯邑一千戶賵帛五百匹粟五百石謚忠烈侯苗少有節操志尚功名每讀

蜀書見魏延請出長安諸葛不許常歎息謂亮無奇計及覽周瑜傳未曾不咨嗟絶倒太保城陽王徽司徒臨淮王彧重之二王頗或不穆苗每諫之及徽寵勢隆極猜忌彌甚苗謂人曰城陽蜂目先見豺聲今轉彰矣解鼓琴好文詠尺牘之敏當世罕及死之日朝野悲壯之及莊帝幽崩世隆入洛主者追苗贈封以白世隆世隆曰吾爾時羣議更一二日便欲大縱兵士焚燒都邑任其採掠賴苗京師獲全天下之善一也不宜追之

子曇襲爵武定末冀州儀同府刑獄參軍齊受禪爵例降

史臣曰壽春形勝南鄭要險乃建鄴之肩髀成都之喉嗌裴叔業夏侯道遷體運知機翻然鵲起舉地而來功誠兩茂其所以大啓茅賦兼列旐旟固其宜矣植不恒其德器小志大斯所以顛覆也衍才行將略不遂其終惜哉李席王江雖復因人成事亦爲果決之士淳于誕好立功

名有志者竟能遂也李苗以文武幹局沉斷過人臨難慨然奮其大節蹈忠履義殁而後已仁必有勇其斯人之謂乎

列傳第五十九　　魏書七十一

列傳第六十　魏書七十二

陽尼　賈思伯

李叔虎　路侍慶

房亮　曹世表

潘永基　朱元旭

陽尼字景文北平無終人少好學博通羣籍與上谷侯天護頓丘李彪同志齊名幽州刺史胡泥以尼學藝文雅乃表薦之徵拜秘書著作郎奏佛道宜在史録後改中書學爲國子學時中

書監高閭侍中李冲等以尼碩學博識舉爲國子祭酒高祖嘗親在苑堂講諸經典詔尼侍聽賜帛百匹尼後兼幽州中正出爲幽州平北府長史帶漁陽太守未拜坐爲中正時受鄉人財貨免官尼每自傷曰吾昔未仕不曾羨人今日失官與本何異然非吾宿志命也如何既而還鄉遂卒於冀州年六十一有書數千卷所造字釋數十篇未就而卒其從孫太學博士承慶遂撰爲字統二十卷行於世

子介字天佐奉朝請冀州默曹參軍早卒

尼從子鳴鵠

鳴鵠弟季智俱有名於時前後並爲幽州司馬

季智子璠通直散騎常侍

季智從弟荊范陽太守有吏能卒贈平西將軍東益州刺史

季智從子伯慶汝南太守

伯慶從父弟藻字景德少孤有雅志涉獵經史太和初舉秀才射策高第以母疾還徵拜中書

博士詔兼禮官拜燕宣王廟於長安還授寧遠將軍賜爵魏昌男遷爲廷尉正轉考功郎中除建德太守以清貧賜帛六十匹尋假寧遠將軍領統軍外防內撫甚得居邊之稱解任還家久之除兗州左將軍府長史又拜瀛州安東府長史加揚烈將軍藻以年老歸家闔門不關世事孝昌中在鄉爲賊帥杜洛周所囚發病卒永熙中贈征虜將軍幽州刺史

子貞字世幹早卒

貞弟彌字世輔長於吏事本州別駕加輕車將
軍屬蜀洛周陷城彌遂率宗親南渡河居於青州
值邢杲起逆青州城民疑河北人為杲內應遂
害彌時年四十八
子摛襲祖爵
彌弟斐武定末尚書右丞
藻從弟令鮮京兆王愉郎中令坐同愉反逃竄
免會赦除名
子世和武定末齊州驃騎司馬

藻從弟延興南幽州刺史
延興從弟固字敬安性俶儻不拘小節少任俠
好劍客弗事生產年二十六始折節好學遂博
覽篇籍有文才太和中從大將軍宋王劉昶征
義陽板府法曹行參軍假陵江將軍昶嚴暴治
軍甚急三軍戰慄無敢言者固啓諫并面陳事
宜昶大怒欲斬之使監當攻道固在軍勇決志
意閑雅了無懼色昶甚奇之軍還言之高祖年
三十餘始辟大將軍府參軍事署城局仍從昶

鎮彭城板兼長史俄以憂去任裴叔業以淮南
內附世宗詔平南將軍廣陵侯元衍與司徒彭
城王勰同鎮壽春敕固為衍司馬還除太尉西
閤祭酒兼廷尉評上改定律令議除給事中出
為試守北平太守甚有惠政久之以公事免後
除給事中領侍御史轉治書劾奏廣平王懷汝
南王悅南陽長公主及使懷荒鎮將萬貳望風
逃走劾恒農太守裴粲免官時世宗廣訪得失
固上讜言表曰臣聞為治不在多方在於力行

而已當今之務宜早正東儲立師傅以保護立
官司以防衛以係蒼生之心攬權衡親宗室彊
幹弱枝以立万世之計舉賢良黜不肖使野無
遺才朝無素餐孜孜萬幾躬勤庶務使民無謗
讟之響省徭役薄賦斂脩學官遵舊章貴農
桑賤工賈絕談虛窮微之論簡桑門無用之費
以存元元之民以救飢寒之苦上合昊天之心
下悅億兆之望然後備器械修甲兵習水戰滅
吳會撰封禪之禮襲軒唐之軌同彼七十二君

之徽號協定鼎嵩河之心副高祖殷勤之寄上與三皇比隆下與五帝齊美豈不茂哉臣位卑識昧言不及義屬聖明廣訪敢獻瞽言伏願陛下留神少垂究察初世宗委任羣下不甚親覽好桑門之法尚書令高肇以外戚權寵專決朝事又咸陽王禧等並有釁故宗室大臣相見疎薄而王畿民庶勞弊益甚固乃作南北二都賦稱恒代田漁聲樂侈靡之事節以中京禮儀之式因以諷諫辭多不載世宗末中尉王顯起宅

既成集寮屬饗宴酒酣問固曰此宅何如固對曰晏嬰湫隘流稱于今豐屋生災著於周易此蓋同傳舍耳唯有德能卒願公勉之顯嘿然他日又謂固曰吾作太府卿庫藏充實卿以爲何如固對曰公收百官之祿四分之一州郡贓贖悉入京藏以此充府未足爲多且有聚斂之臣寧有盜臣豈不戒哉顯大不悅以此銜固又有人間固於顯顯因奏固剩請米麥免固官既無事役遂闔門自守著演賾賦以明幽微通塞之

事其詞曰紹有周之遐軌兮初錫土於河陽建甸侯而列爵兮與王室而並昌遭季葉之紛亂兮仍矯迹於良鄉棄侯衞之禎弼兮乃殖根於幽方自祖考而輝烈兮逮余躬而翳微懼堂構之頹撓兮恐崩毀其洪基心惴惴而慄慄兮若臨深而履薄登喬木而長吟兮抗幽谷而靡託何身輕而任重兮懼顛墜於峻壑憑神明之扶助兮雖幽微而獲存賴先后之醇德兮乃保護其遺孫伊日月之屢遷兮何四時之相逼知年

命之有期兮慨斡流之不息傷艱蹟之相承兮悲屯蹇而日臻心惻愴而不懌兮乃有懷於古人或垂綸於渭濱兮有胥靡於傅巖既應縣而赴兆兮作殷周之元鑒孔栖栖而不息兮終見黜於庶邦墨馳騁而不已兮亦舉世而不容有鬻孤而爭國兮有讓位而採薇有躍馬而赴會兮有棲遲以俟時曹納辛而袁亡兮袁猒田而曹盛鮑援州而得時兮韓棄牧而失性趙垂光門而誕聖兮終夭隱而不繁衞泯軀於世難兮啓

洪業於宣元釋皐繇之法憲兮見燮六之先亡
綀疑枉於怨獄兮寧于公之獨昌明禍福之同
門兮知休咎之異塗尋倚伏之無源兮或先誑
而後舒賜憑軒而策駟兮撫清琴而自娛憲服
弊於陋巷兮蘊六藝於蓬廬勃計行而致位兮
錯謀合而身傾蕭功成而福集兮韓勲立而禍
并紛回平而綿結兮亮未識其幽情有積毀而
恩昵兮有積譽而寵衰或形乖而意合兮或身
密而志離情與貌而紛競兮體與識而交馳旦

魏書傳六十　七　宋琚

流言而見疑先緣謗而益信樂食子而中疎兮
巴放麑而日進或舉世而稱賢兮偶不合於主
心或居鄉而三黜兮獨爲時之所欽或負鼎而
干主兮或杖策於幽林或望旗而色阻兮或臨
危而撫琴道有大而由小兮義有顯而必微理
貴在於得要兮事終成於會機每一日而三省
兮亦有念而九思孰有是而可是兮孰有非而
可非石育子而啓夏兮鳦遺卵而孕殷鳥藉冰
而存棄兮虎乳孩以字文發昇舟而魚躍兮季

潛軀而覆雲或揮戈而爭帝兮或洗耳而辭君
道曲成而不一兮神參差而異兆茲聖達之未
明兮豈前脩之克了迷白日之近遥兮方有闚
於天表且臨海而觀瀾兮何津源之杳杳文遷
繹而身徂兮景守節而災移湯改祝而華命兮
靈投策而詬龜圍據胎而爲巨兮友發文而自
相風吹鷄而襄墜兮神壓紐而平王被嬴縮之
由人兮信吉凶之在己或勤憂以減齡兮亦安
樂而獲祉弟成師而害兄兮父純臣而享子識

三百廿四　魏傳六十　八　何昇

同命於三君兮兆先見於裔姒始樓桑而發輝
兮終龍變於巴庸繞閶門而結慶兮鬱蟬蜎於
三江水浩浩而襄陵兮竊息壤而瘠之鯀殛死
於羽山兮禹宣力而營之鑿龍門以通河兮疎
九江而入海總九州以攸同兮甄五都之所在
雖父子之同氣兮乃業行之丕改以患蹇爲
福兮痛比干之殘軀以佞諛爲獲安兮哂窒嚭
之見屠以舉士而受賞兮悼史遷之腐刑以進
爲無益兮見鄂秋之專城以仁義爲桎梏兮信

辝讓之勞疲以放曠爲懸解兮傷六親之乖離
哀越種之被戮兮嘉范蠡之脫羈欽四皓之高
尚兮歎伊周之涉危望仗鉞而先鋒兮光安重
而弗顧求封賞於寸心兮夢合褒於遠慮或忌
賢而獨立或箕君以自樹既思匿而名揚兮亦
求清而反汙見衆兆之紛錯兮覩變化之無方
心營營而擾擾兮乃探衷而準常儼端坐於弊
筵兮始拂龜而整策冀靈鑒之祐余兮願告余
以忠益龜發兆以施靈兮利去華而守約著布

列而成卦兮保龍潛而勿躍踵嘉遯之玄蹤兮
追考槃於巖壑登名山以恬澹兮辭朝市之紛
若奉自吉於占繇兮翻夕警而晨裝揖許公於
箕嶺兮諮夷齊於首陽瞻嵩華之崐崿兮眺恒
碣之碤礁陵紅湖之駭浪兮昇醫閭之尚羊乘
玄虬之弈弈兮鳴玉鑾之瑲瑲浮滄波而濯足
兮入三山而解裳謁伯禹於塗山兮詰三苗於
三危登蒼梧而遐眺兮訪二妃於有嬀追祝融
於荆芊兮問洛宓於馮夷陵回飇而上驤兮窮

深谷而下馳泝扶水而遠矚兮見虞淵之威微
乘閶風之峻岅兮覲王母於崦嵫昇瑤臺而奏
歌兮坐瓊室而賦詩託赤水以寄命兮附光風
以傳辭出琨岫之崢嶸兮入氾林之杳藹採鍾
山之玉瑛兮收珠澤之珂珹攜羽民而遠遊兮
採長生之妙術騰雲霧而窈冥兮戀域中之穢
質望玄闕之寂寥兮過寒門而懷悲揖若士於
霄際兮求霧鹿於海湄憑帝臺而肆眺兮歷層
冰而風馳越弱水之渟濙兮躡不周之嶮巇屑

瓊蘂以爲粮兮斟玉液以爲漿結秋蘭以爲珮
兮攬白蜺以爲裳登景雲而上征兮撫閶闔而
啓扉肅百神而警策兮奏中皇於紫微聆鈞天
而九變兮耽廣樂而忘歸忽心移而志駭兮戀
舊京而依依握招搖以爲旆兮巡天漢而下遊
建雲旗之逶迤兮御回風之瀏瀏策王良以斂
轡兮命風伯以挾輈符屏翳以清路兮告河鼓
以具舟聊右次於析木兮遹回駕於青丘訪古
人以首陽兮亦問道於鶼鳩覩三韓之累累兮

見卉服之悠悠瞻雖常之鬱鬱兮貢楛矢之啾
啾心怊怊而惕惕兮志憫憫而綿綿伊五嶽之
塠塠兮何四海之涓涓瞻九河其如帶兮觀三
江其沆然夫五都之揔揔兮尚何足以遊盤彼
八方之局促兮殊無可以達觀方吞霞而棄粒
兮亦屑玉而鍊丹漱醴泉以養氣兮吸沆瀣以
當餐蔭建木之長柯兮援木禾之脩莖咀玉髓
而充渴嚼正陽以長生參松喬而撫翰兮侶浮
丘而上征嗟域中之默默兮詎攄寫其深情情

盤桓而猶豫兮志狐疑而未決久放蕩而不還
兮心惆悵而不悦憶慈親於故鄉兮戀先君於
丘墓回遊駕而改轅兮縱歸轡而緩御僕眷眷
於短衢兮馬依依於跬步還故園而解羈兮入
茅宇而返素耕東皋之沃壤兮釣北湖之深潭
養慈顏於婦子兮競獻壽而薦甘朝樂酣於濁
酒兮夕寄忻於素琴誦風雅以導志兮蘊六籍
於胸襟敦儒墨之大教兮崇逸民之遠心播仁
聲於終古兮流不朽之徽音進不求於聞達兮

退不營於榮利泛若不繫之舟兮湛若不用之
器不潔其身兮不屑於位一不拘小節兮不求曲
備資靈運以託己兮任性命之遭隨既聽天而
委化兮無形志之兩疲除紛競而靖默兮守沖
寂以無爲寄後賢以籍賞兮寧怨時之弗知亂
曰稟元承命人最靈兮夭壽否泰本天成兮體
源究道歸聖哲兮隨化委遇能達節兮顯親揚
名德之上兮保家全身亦厚量兮趣世浮動違
性命兮鑒始究終同水鏡兮志願不合思遠遊

兮陵虛騁志從所求兮周歷四極騰八表兮形
勞志沮未東道兮反我遊駕養慈親兮躬耕練
藝齊至人兮固又作刺讒疾嬖幸詩二首曰巧
巧佞佞讒言興兮營營習習似青蠅兮以白爲
黑在汝口兮汝非蝮蠆毒何厚兮巧佞巧佞一
何工矣司閒司忿言必從矣朋黨噂喈自相同
矣浸潤之譖傾人墉矣成人之美殺身行焉攻
人之惡君子恥焉汝何人斯譖毀日繁予實無
罪騁汝詭言番番緝緝讒言側入君子好讒如

或弗及天疾讒説汝其至矣無妄之禍行將及
矣泛泛遊鳧弗制弗拘行藏之徒或智或愚維
予小人未明茲理毀與行俱言與釁起我其懲
矣我其悔矣豈求人兮忠恕在己彼諂諛兮人
之蠹兮刺促昔粟周顧耻辱以求媚兮邪干側
入如恐弗及以自容兮志行褊小好習不道朝
挾其車夕承其輿或騎或徒載奔載趨或言或
笑曲事親要正路不由邪徑是蹈不識大猷不
知話言其朋其黨其徒實繁有詭其行有佞其

三、三十 魏書列六十 十三

音蘧蒢戚施邪媚是欽既詭且妬以逞其心是
信是任敗其以多不始不慎末如之何習習宰
嚭營營無極梁有賈智王鮒浅識伊戾息夫異
世同力江充趙高甘言似直豎刁上官擅生羽
翼乃如之人僭爽其德豈徒喪邦又亦覆國嗟
爾中下其親其昵不謂其非不覺其失好之有
年寵之有日我思古人心焉若疾凡百君子宜
其慎矣覆車之鑒近可信矣言既備矣事既至
矣及是不思維塵及矣肅宗即位除尚書考功

郎奏諸秀孝中第者聽叙自固始大軍征硤石
勑為僕射李平行臺七兵郎平奇固勇敢軍中
大事悉與謀之又命固節度水軍固設奇計先
期乘賊獲其外城軍罷太傅清河王懌舉固除
步兵校尉領汝南王悦郎中令尋加寧遠將軍
時悦年少行多不法屑近小人固上疏切諫并
面陳往代諸王賢愚之分以感動悦悦甚敬憚
之懌大悦以為舉得其人熙平二年除洛陽令
將軍如故在縣甚有威風丁母憂號慕毀病杖

三〇三十三 魏書傳六十 十四 許成

而能起練禫之後猶酒肉不進時固年踰五十
而喪過於哀鄉黨親族咸歎服焉神龜末清河
王懌領太尉辟固從事中郎屬懌被害元乂秉
政朝野震悚懌諸子及門生吏寮莫不慮禍隱
避不出素為懌所厚者彌不自安固以嘗被辟
命遂獨詣喪所盡哀慟哭良久乃還僕射游肇
聞而歎曰雖欒布王脩何以尚也君子哉若人
及汝南王悦為太尉選舉多非其人又輕肆撾
撻固以前為元卿雖離國猶上疏切諫事在悦

傳悅辟固爲從事中郎不就正光二年京兆王
繼爲司徒高選官寮辟固從事中郎加鎮遠將
軍府解除前軍將軍鎮遠如故又典科揚州勳
賞初硤石之役固有先登之功而朝賞未及至
是與尚書令李崇訟勳更表崇雖貴盛固據理
不撓談者稱焉四年九月卒時年五十七贈輔
國將軍太常少卿謚曰文固剛直雅正不畏彊
禦居官清潔家無餘財終歿之日室徒四壁無
以供喪親故爲其棺歛焉初固著緒制一篇務

從儉約臨終又勑諸子一遵先制固有三子
長休之武定末黃門郎
休之弟詮之字子衡少著才名辟司徒行參軍
早爲門生所害時人悼惜之
賈思伯字士休齊郡益都人也世父元壽高祖
時中書侍郎有學行見稱於時思伯釋褐奉朝
請太子步兵校尉中書舍人轉中書侍郎頗爲
高祖所知常從征伐及世宗即位以侍從之勤
轉輔國將軍任城王澄之圍鍾離也以思伯持

節爲其軍司及澄失利思伯爲後殿澄以思伯
儒者謂之必死及至大喜曰仁者必有勇常謂
虛談今於軍司見之矣思伯託以失道不伐其
功時論稱其長者後爲河內太守不拜尋除鴻
臚少卿以母憂免服闋徵爲滎陽太守有政績
遷征虜將軍南青州刺史初思伯與弟思同師
事北海陰鳳授業無資酬之鳳遂質其衣物及
思伯之部送縑百匹遺鳳因具車馬迎之鳳慚
不往時人稱歎焉尋以父憂免後除征虜將軍

光祿少卿仍拜左將軍兗州刺史肅宗時徵爲
給事黃門侍郎因請拜掃還鄉里未拜以風聞
免尋除右將軍涼州刺史思伯以州邊遠不樂
之得改授太尉長史又除安東將軍廷尉卿思
外出辭以男女未婚靈太后不許舍人徐紇言
伯自以儒素爲業不好法律希言事俄轉衞尉
卿于時議建明堂多有同異思伯上議曰按周
禮考工記云夏后氏世室殷重屋周明堂皆五
室鄭注云此三者或舉宗廟或舉王寢或舉明

堂互言之以明其制同也若然則夏殷之世已有明堂矣唐虞以前其事未聞戴德禮記云明堂凡九室十二堂蔡邕云明堂者天子太廟饗功養老教學選士皆於其中九室十二堂按戴德撰記世所不行且九室十二堂其於規制恐難得厥衷周禮營國左祖右社明堂在國之陽則非天子太廟明矣然則禮記月令四堂及太室皆謂之廟者當以天子暫配享五帝故耳又王制云周人養國老於東膠鄭注云東膠即辟

雍在王宮之東又詩大雅云邕邕在宮肅肅在廟鄭注云宮謂辟雍宮也所以助王養老則尚和助祭則尚敬又不在明堂之驗矣按孟子云齊宣王謂孟子曰吾欲毀明堂若明堂是廟則不應有毀之問且蔡邕論明堂之制云堂方一百四十四尺象坤之策屋圓徑二百一十六尺象乾之策方六丈徑九丈象陽陰九六之數九室以象九州屋高八十一尺象黃鍾九九之數二十八柱以象宿外廣二十四丈以象氣按此皆

以天地陰陽氣數爲法而室獨象九州何也若立五室以象五行豈不快也如此蔡氏之論非爲通典九室之言或未可從竊尋考工記雖是補闕之書相承已久諸儒注述無言非者方之後作不亦優乎且孝經援神契五經要義舊禮圖皆作五室及徐劉之論同考工者多矣朝廷若獨絕今古自爲一代制作者則所願也若猶祖述舊章規摹前事不應捨殷周成法襲近代妄作且損益之極極於三王後來疑議難可準

信鄭玄云周人明堂五室是帝各有一室也合於五行之數周禮依數以爲之室施行于今雖有不同時說然耳尋鄭此論非爲無當按月令亦無九室之文原其制置不乖五室其青陽右个即明堂左个明堂右个即總章左个總章右个即玄堂左个玄堂右个即青陽左个如此則室猶是五而布政十二五室之理謂爲可安其方圓高廣自依時量戴氏九室之言蔡子廟學之議子幹靈臺之說裴逸一屋之論及諸家紛紜

並無取焉學者善其識又遷太常卿兼度支尚
書轉七兵都官時太保崔光疾甚表薦思伯爲侍
講中書舍人馮元興爲侍讀思伯遂入授肅宗
杜氏春秋思伯少雖明經從官廢業至是更延
儒生夜講晝授性謙和傾身禮士雖在街途停
車下馬接誘恂恂曾無倦色客有謂思伯曰公
今貴重寧能不憍思伯曰衰至便憍何常之有
當世以爲雅談爲元乂所寵論者譏其趣勢孝
昌元年卒贈鎮東將軍青州刺史又贈尚書右

僕射謚曰文貞
子彥始武定中淮陽太守
思伯弟思同字士明少厲志行雅好經史釋褐
彭城王國侍郎五遷尚書考功郎青州別駕久
之遷鎮遠將軍中散大夫試守滎陽太守尋即
眞後除平南將軍襄州刺史雖無明察之譽百
姓安之及元顥之亂也思同與廣州刺史鄭先
護並不降莊帝還宮封營陵縣開國男邑二百
戶除撫軍將軍給事黃門侍郎青州大中正又

爲鎮東金紫光祿大夫仍兼黃門尋加車騎大
將軍左光祿大夫遷鄴後除黃門侍郎兼侍中
河南慰勞大使仍與國子祭酒韓子熙並爲侍
講授靜帝杜氏春秋又加散騎常侍兼七兵尚
書尋拜侍中興和二年卒贈使持節都督青徐
光三州諸軍事驃騎大將軍尚書右僕射司徒
公青州刺史謚曰文獻初思同之爲別駕也清
河崔光韶先爲治中自恃資地恥居其下聞思
同還鄉遂便去職州里人物爲思同恨之及光

韶之亡遺誡子姪不聽求贈思同遂上表訟光
韶操業登時蒙贈謚論者歎尚焉思同之侍講
也國子博士遼西衞冀隆爲服氏之學上書難
杜氏春秋六十三事思同復駮冀隆乖錯者十
一條互相是非積成十卷詔下國學集諸儒考
之事未竟而思同卒卒後魏郡姚文安樂陵秦
道靜復述思同意冀隆亦尋物故浮陽劉休和
又持冀隆說至今未能裁正焉
李叔虎勃海蓨人也從祖金世祖神䴥中與高

允俱被徵位至征南從事中郎叔虎好學博聞有識度爲鄉閭所稱太和中拜中書博士與清河崔光河間邢巒並相親友轉議郎久之遷太尉從事中郎轉國子博士本國中正攝樂陵中正性清直甚有公平之稱後兼散騎侍郎太極都將事訖除高陽太守固辭不拜尋除顯武將軍太尉高陽王雍諮議參軍事雍以其器操重之尋除假節行華州事爲吏民所稱永平四年卒年五十四贈冠軍將軍南青州刺史謚曰穆

兄叔寶州舉秀才拜頓丘公國郎中令遷太常丞延昌末叔寶爲弟臺户及從弟歸伯同沙門法慶反陷破郡縣叔寶當坐遇病死於洛陽獄

子伯胄光祿大夫

叔寶從弟鳳歷尚書郎中國子博士坐弟同京兆王愉逆除名

鳳從子長仁字景安頗有學涉舉秀才射策高第拜中書博士轉中書侍郎累遷平南將軍沛郡太守仍爲彭城太守又從尉元討定南境賜爵延陵男徵拜員外散騎常侍使於劉準行還以疾除北海内史詔賜醫藥凡在三郡吏民安之尋卒武定中贈安南將軍七兵尚書冀州刺史男如故

長仁從弟述字道興有學識州舉秀才拜太常博士使詣長安冊祭燕宣王廟還除尚書儀曹郎賜爵脩縣男稍遷建興太守卒

子彖字孟則清簡有風槩博涉羣書勅襲爵爲徐州平東府功曹參軍遷冀州治中有勤績久

之拜散騎侍郎加寧朔將軍尋轉中書侍郎出爲青州太傅開府諮議參軍行北徐州事本將軍光祿大夫齊文襄王引爲開府諮議參軍加征東將軍興和二年兼散騎常侍使於蕭衍三年卒贈驃騎大將軍儀同三司冀州刺史謚曰文簡以子子貞預義之勤也

子貞歷司空長史武邑太守司徒右長史陽平太守入爲吏部郎中出爲驃騎將軍兗州刺史坐貪汙賜死

路侍慶字伯瑞陽平清淵人也祖綽陽平太守
侍慶有幹用與廣平宋飜俱知名爲鄉閭所稱
相州刺史李安世並表薦之太和中除奉朝請
侍慶以從兄文舉有才望因推讓之高祖遂並
拜焉稍遷尚書儀曹郎轉左民郎行潁川郡出
爲華州安定王征虜府長史尋以母憂去職仍
轉定州河間王琛長史琛貪暴肆意侍慶每進
苦言年四十八卒贈左將軍安州刺史謚曰襄
子祖璧給事中

侍慶弟仲信亦好學爲太尉參軍稍遷奉車都
尉開府掾章武王融之討葛榮也仲信爲其都
督府長史融敗歿仲信遂亦免棄
仲信弟思略字叔約有識尚冀州安東府騎軍
參軍
子祖遺武定末太學博士
思略弟思令字季儁初爲廣陽王司空參軍轉
司空城局參軍司徒記室威遠將軍尚書左民
郎轉右民時天下多事思令乃上疏曰臣聞國
之大事唯祀與戎戎之有功在於將帥三代不
必別民取治不等五霸不必異兵各能剋定有
湯武之賢猶須伊望之佐堯舜之聖尚有稷契
之輔得其人也六合唾掌可清失其人也三河
方爲戰地何者動之甚易靖之至難竊以比年
以來將帥多是寵貴子孫軍幢統領亦皆故義
託附貴戚子弟未經戎役至於銜杯躍馬志逸
氣浮軒眉攘腕便以攻戰自許及臨大敵怖懼
交懷雄圖鋭氣一朝頓盡乃令羸弱在前以當

鋭彊壯居後以安身兼復器械不精進止不集
任羊質之將驅不練之兵當負險之衆敵數戰
之虜欲令不敗豈有得哉是以兵知必敗始集
而先逃將又怖敵遷延而不進國家便謂官號
未滿重爵屢加復疑賞賚之輕金帛日賜帑藏
空虛民財殫盡致使賊徒更增膽氣益盛生民
損耗荼毒無聊主歎臣哀何心寢食臣雖位微
竊不遑舍臣聞孝行出於忠貞節義率多果決
德可感義夫恩可勸死士今若捨上所輕求下

所重黜陟幽明賞罰善惡捜徒簡卒練兵習武甲密弩彊弓調矢勁謀夫既設辯士先陳曉以安危示其禍福如其不悛以我義順之師討玆勃逆之豎豈異厲蕭斧而伐朝菌鼓洪爐而燎毛髮雖愚者知其不旋踵矣敢以愚短昧死陳誠尋拜假節征虜將軍陽平太守又割冀州之平清河相州之陽平齊州之原以爲南冀州仍以思令爲左將軍南冀州刺史假平東將軍都督時葛榮遣其清河太守據季虎高唐城以招

魏書傳六十　二十五

叛民思令乃命麾下并率鄉曲潛軍夜往出其不意遂大破之徐乃收衆南還又詔思令并領冀州流民及葛榮滅還鎮平原後除征東將軍金紫光禄大夫轉衛將軍右光禄大夫天平三年三月卒時年五十一贈驃騎將軍定州刺史

侍慶從叔景略起家中書博士太和中尚書郎本郡中正出爲齊州魏郡平原二郡太守卒

景略弟雄字仲略容貌偉異以軍功爲給事中高祖曾對羣臣云路仲略好尚書郎才僕射李沖云其人宜爲武職遂停轉太尉咸陽王録事參軍遷伏波將軍奉車都尉卒贈頓丘太守

景略從祖弟法常幼而脩立爲郡功曹早卒儀同李神儁與之有舊每云諸路前輩中有路法常足爲名士謂必遠至而竟無年天下事誠難知也

房亮字景高清河人也父法延譙郡太守亮好學有節操太和中舉秀才爲奉朝請拜祕書郎又兼員外散騎侍郎副中書侍郎宋弁使於蕭

三〇九　魏書列傳六十　二十六　外

賾還除尚書二千石郎中濟州中正兼員外常侍使高麗高麗王託疾不拜以亮辱命坐白衣守郎中後除瀛北太守轉平原太守以清嚴稱時冀州刺史京兆王愉據州反平原界在河北與愉接境愉乃遣人說亮啖以榮利亮即斬其使人發兵防捍愉怒遣其大將張靈和率衆攻亮亮督厲兵民喻以逆順出城拒擊大破之尋遭憂解任服終除左將軍汲郡太守遷前將軍東荆州刺史亮留心撫納夷夏安之時邊州刺

史例得一子出身亮不言其子而啓弟子超爲
奉朝請議者稱之轉平東將軍滄州刺史入爲
光禄大夫加安東將軍永安二年卒年七十一
贈撫軍將軍齊州刺史
子東字元約卒於光禄大夫
亮弟詮字鳳舉尚書郎本州中正卒贈撫軍將
軍齊州刺史
詮弟悅字季欣解褐廣平王懷國常侍轉青州
平東府中兵參軍加宣威將軍遷高陽太守轉

廣川太守加鎮遠將軍普太中濟州刺史張瓊
表所部置南清河郡仍請悅爲太守朝廷從之
凡歷三郡民吏安之還平東將軍太中大夫興
和二年卒年七十贈征東將軍濟州刺史
長子超字伯穎武定末司徒録事參軍濟州大
中正
超弟昭淮州驃騎大將軍府長史
曹世表字景昇東魏郡魏人也魏大司馬休九世
孫祖謨父慶並有學名世表少喪父舉止有禮

度性雅正工尺牘涉獵羣書太和二十三年尚
書僕射任城王澄奏世表爲國子助教頗失意
後轉司徒記室與武威賈思伯范陽盧同隴西
辛雄等並相友善侍中崔光鄉里貴達每稱美
之遇患歸鄉永平中除兖州左將軍府司馬非
其所願復以病解延昌中除清河太守治官省
約百姓安之正光中拜前將軍通直散騎常侍
大將軍京兆王繼西征以爲從事中郎攝中水
兵事自當煩劇論者皆稱其能還都拜司空長

史孝昌中青齊頻年反亂詔世表持節慰喻還
都轉尚書右丞後加征虜將軍出行豫州刺史
值蕭衍將湛僧珍陷東豫州州民劉獲鄭辯反
於州界爲之内應朝廷以源子恭代世表爲州
以世表爲東南道行臺率元安平元顯伯皇甫
鄧林等討之於時賊衆彊斷小殷關驛使不通
諸將以士馬單少皆敗散之餘不敢復戰咸欲
保城自固世表時患背腫乃輿病出外呼統軍是
云寶謂之曰湛僧珍所以敢深入爲冠者以獲辯

皆州民之望爲之内應向有驛至知劉獲移軍
欲迎僧珍去此八十里令出其不意一戰可破
獲破則僧珍自走東南清服卿之功也乃簡選
兵馬付寶討之促令發軍日暮出城比曉兵合
賊不意官軍卒至一戰破獲諸賊悉平湛僧珍
退走唯鄭辯與子恭親舊匿子恭所世表召
諸將吏衆責子恭收辯斬之傳首京師勑遣中
使宣旨慰喻賜馬二匹衣服被褥復以世表行
豫州事行臺如故還朝加左將軍兼尚書東道

行臺沿河分立鎮戍以備葛榮行達青州遇患
卒時年五十四永熙中贈平東將軍齊州刺史
潘永基字紹業長樂廣宗人也父靈虬中書侍
郎永基性通率輕財好施爲冀州鎮東府法曹
行參軍遷威烈將軍揚州曲陽戍主轉西硤石
戍主治陳留南梁二郡事頗有威惠轉揚州車
騎府主簿累遷虎賁中郎將直寢前將軍出爲
持節平北將軍冀州防城都督長樂太守于
時葛榮攻信都長圍遏水以灌州城永基與刺

史元孚同心勠力晝夜防拒外無軍援内乏糧
儲從春至冬力窮乃陷榮欲害孚永基請以身
代孚死永安二年除潁川太守遷鎮東將軍東
徐州刺史時蕭衍將曹世宗馬洪武等率衆來
寇永基出討破之永熙中爲征東將軍金紫光
祿大夫遷車騎將軍左光祿大夫尋加衛大將
軍復除東徐州刺史前後在州爲吏民所樂代
還京師元象初卒年五十六贈散騎常侍都督
冀瀛滄三州諸軍事驃騎大將軍尚書右僕射

司徒公冀州刺史
長子子禮州主簿
子禮弟子智武定中太尉士曹參軍
朱元旭字君昇本樂陵人也祖霸具君末南叛
投劉義隆遂居青州之樂陵元旭頗涉子史開
解几案起家清河王國常侍太學博士員外散
騎侍郎頻使高麗除尚書度支郎中神龜末以
郎選不精大加沙汰元旭與隴西辛雄范陽祖
瑩泰山羊深西平源子恭並以才用見留尋加

鎮遠將軍兼尚書右丞仍郎中本州中正時關西都督蕭寶夤啓云所統十萬食唯一月於是肅宗大怒召問所由録令以下皆推罪於元旭元旭入見於御座前屈指校計寶夤兵粮乃踰一年事乃得釋除通直散騎常侍永安初加平東將軍尚書左丞光禄大夫後轉司農少卿遷衛將軍左光禄大夫天平中復拜尚書左丞既無風操俛仰隨俗性多機數自容而已於時朝廷分汲郡河内二界挾河之地以立義州安置

關西歸款之户除元旭使持節驃騎將軍義州刺史武定三年夏卒於州年六十七贈本將軍幽州刺史

子敬道武定中司徒長流參軍

史臣曰陽尼學義之迹世不乏人固遠氣正情文學兼致賈思伯門有舊業經明行脩唯兄及弟並標儒素李路器尚所及俱可觀者衆風彩詞涉亦當年之俊民房亮曹世表潘永基朱元旭拔萃從宦咸享名器各有由也

列傳六十終　魏書七十二

列傳第六十一　魏書七十三

奚康生　楊大眼

崔延伯

奚康生河南洛陽人其先代人也世爲部落大人祖直平遠將軍柔玄鎮將入爲鎮北大將軍内外三都大官賜爵長進侯卒贈幽州刺史諡曰簡父普憐不仕而卒太和十一年蠕蠕頻來寇邊柔玄鎮都將李兜討擊之康生性驍勇有武藝弓力十石矢異常箭爲當時所服從兜爲

前驅軍主頻戰陷陳壯氣有聞由是爲宗子隊主從駕征鍾離駕旋濟淮五將未渡蕭鸞遣將率衆據渚邀斷津路高祖勑曰能破中渚賊者以爲直閤將軍康生時爲軍主謂友人曰如其尅也得暢名績脱若不捷命也在天丈夫今日何爲不決遂便應募縛筏積柴因風放火燒其船艦依烟直進飛刀亂斫投河溺死者甚衆乃假康生直閤將軍後以勳除中堅將軍太子三校西臺直後吐京胡反自號辛支王康生爲

軍主從章武王彬討之胡遣精騎一千邀路斷截康生率五百人拒戰破之追至石羊城斬首三十級彬甲卒七千與胡對戰分爲五軍四軍俱敗康生軍獨全遷爲統軍率精騎一千追胡至車突谷詐爲墜馬胡皆謂死爭欲取之康生騰騎奮矛殺傷數十人胡遂奔北辛支輕騎退走去康生百餘步彎弓射之應弦而死因俘其牛羊駝馬以萬數蕭鸞置義陽　招誘邊民康生復爲統軍從王肅討之進圍其城鸞將張

三百卅四　魏書傳六十一　二　黃四崇

伏護自昇城樓言辭不遜肅令康生射之以彊弓大箭望樓射窻扉開即入應箭而斃彼民見箭皆云狂弩以殺伏護賞帛一千匹又頻戰再退其軍賞三階帛五百匹蕭寶卷將裴叔業率衆圍渦陽欲解義陽之急詔遣高聰等四軍往援之後遣都督廣陵侯元衍並皆敗退時刺史孟表頻啓告高祖勑肅遣康生馳往赴援一戰大破之賞二階帛一千匹及壽春來降也遣康生領羽林一千人給龍廐馬兩匹馳赴壽

春既入其城命集城內舊老宣詔撫賚俄而蕭寶卷將桓和頓軍梁城陳伯之據峽石民心駭動頗有異謀康生乃防禦內外音信不通固城一月援軍乃至康生出擊桓和伯之等二軍並破走之拔梁城合肥洛口三戍以功遷征虜將軍封安武縣開國男食邑二百戶出爲南青州刺史後蕭衍郁洲遣軍主徐濟寇邊康生率將出討破之生擒濟賞帛千匹時蕭衍聞康生能引彊弓力至十餘石故特作大弓兩張

魏書傳六十一　三　王道

送與康生康生得弓便會集文武乃用平射猶有餘力其弓長八尺把中圍尺二寸箭麤殆如今之長笛觀者以爲希世絕倫弓即表送置之武庫又蕭衍遣將宋黑率衆寇擾彭城時康生遭母憂詔起爲別將持節假平南將軍領南青州諸軍擊走之後衍復遣都督臨川王蕭宏副將張惠紹勒甲十万規寇徐州又假宋黑徐州刺史領衆二万水陸俱進徑圍高塚戍詔授康生武衛將軍持節假平南將軍爲別將

領羽林三千人騎步甲士隨便割配康生二戰敗之還京師召見宴會賞帛千匹賜驊騮御胡馬一匹出爲平西將軍華州刺史頗有聲績轉涇州刺史仍本將軍以輒用官炭瓦爲御史所劾削除官爵尋旨復之蕭衍直閤將軍徐玄明戍於郁洲殺其刺史張稷以城內附詔遣康生迎接賜細御銀纏槊一張并棗柰果面勑曰果者果如朕心棗者早遂朕意未發之間郁洲復叛時揚州別駕裴絢謀反除康生平東將軍爲別將領羽林四千討之會事平不行遭父憂起爲平西將軍西中郎將是歲大舉征蜀假康生安西將軍領步騎三万邪趣綿竹至隴右世宗崩班師除衛尉卿出爲撫軍將軍相州刺史在州以天旱令人鞭石虎畫像復就西門豹祠祈雨不獲令吏取豹舌未幾二兒暴喪身亦遇疾巫以爲虎豹之祟徵拜光祿卿領右衛將軍與元乂同謀廢靈太后遷撫軍大將軍河南尹仍右衛領左右與子難娶左衛將軍侯剛女即

魏書傳六十二　四　王道

元乂妹夫也乂以其通姻深相委託三人率多俱宿禁內時或迭出乂以康生子難爲千牛備身康生性麤武言氣高下乂稍憚之見于顏色康生亦微懼不安正光二年三月肅宗朝靈太后于西林園文武侍坐酒酣迭舞次至康生康生乃爲力士舞及於折旋每顧視太后舉手蹈足瞋目頷首爲殺縛之勢太后解其意而不敢言日暮太后欲攜肅宗宿宣光殿侯剛曰至尊已朝訖嬪御在南何勞留宿康生曰至尊陛下

三ㄱ三十三　魏書六十一　五　德裕

兒隨陛下將東西更復訪問誰羣臣莫敢應靈太后自起援肅宗臂下堂而去康生大呼唱万歲於後近侍皆唱万歲肅宗引前入閤左右競相排閤不得閉康生奪其子難千牛刀斫直後元思輔乃得定肅宗既上殿康生時有酒勢將出處分遂爲乂所執鏁於門下至曉乂不出令侍中黃門僕射尚書等十餘人就康生所訊其事處康生斬刑難處絞刑乂與剛並在內矯詔決之康生如奏難恕死從流難哭拜辭父康

生忻子免死又亦慷慨了不悲泣語其子云我
不反死汝何爲哭也有司驅逼奔走赴市時巳
昏闇行刑人注刀數下不死於地刻截咸言稟
叉意旨過至苦痛嘗食典御奚混與康生同執
刀入內亦就市絞刑康生久爲將及臨州尹多
所殺戮而乃信向佛道數捨其居宅以立寺塔
凡歷四州皆有建置死時年五十四
子難年十八以侯剛子壻得停百日竟徙安州
後尚書盧同爲行臺叉令殺之康生於南山立

三百十　魏列傳六十一　六

佛圖三層先死忽夢崩壞沙門有爲解云檀越
當不吉利無人供養佛圖故崩耳康生稱然竟
及禍靈太后反政贈都督冀瀛滄三州諸軍事
驃騎大將軍司空公冀州刺史又追封壽張縣
開國侯食邑一千戶
子剛襲武定中青州開府主簿齊受禪爵例降
剛弟定國襲康生安武縣開國男
楊大眼武都氐難當之孫也少有膽氣跳走如
飛然側出不爲其宗親顧待頗有飢寒之切太

和中起家奉朝請時高祖自代將南伐令尚書
李沖典選征官大眼往求焉沖弗許大眼曰尚
書不見知聽下官出一技便出長繩三丈許繫
髻而走繩直如矢馬馳不及見者莫不驚歎沖
曰自千載以來未有逸材若此者也遂用爲軍
主大眼顧謂同寮曰吾之今日所謂蛟龍得水
之秋自此一舉終不復與諸君齊列矣未幾遷
爲統軍從高祖征宛葉穰鄧九江鍾離之間所
經戰陳莫不勇冠六軍世宗初裴叔業以壽春
內附大眼與奚康生等率衆先入以功封安成

魏傳六十一　七

縣開國子食邑三百戶除直閤將軍尋加輔國
將軍游擊將軍出爲征虜將軍東荊州刺史時
蠻酋樊秀安等反詔大眼爲別將隷都督李崇
討平之大眼妻潘氏善騎射自詣軍省大眼至
於攻陳遊獵之際大眼令妻潘戎裝或齊鑣戰
場或並驅林壑及至還營同坐幕下對諸寮佐
言笑自得時指之謂人曰此潘將軍也蕭衍遣
其前江州刺史王茂先率衆數万次于樊雍招

誘蠻夏規立宛州又令其所署宛州刺史雷豹狼軍主曹仲宗等領衆二万偷據河南城世宗以大眼爲武衛將軍假平南將軍持節都督統軍曹敬邴虬樊魯等諸軍討茂先等大破之斬衍輔國將軍王花龍驤將軍申天化俘馘七千有餘衍又遣其舅張惠紹總率衆軍竊據宿豫又假大眼平東將軍爲別將與都督邢巒討破之遂乘勝長驅與中山王英同圍鍾離大眼軍城東守淮橋東西二道屬水汎長大眼所

三-廿 魏列六十一 八 王

綰統軍劉神符公孫祉兩軍夜中爭橋奔退大眼不能禁相尋而走坐徙爲營州兵永平中世宗追其前勳起爲試守中山内史時高肇征蜀世宗慮蕭衍侵軼徐揚乃徵大眼爲太尉長史持節假平南將軍東征別將隷都督元遥遏禦淮肥大眼至京師時人思其雄勇喜其更用臺省閭巷觀者如市大眼次譙南世宗崩時蕭衍遣將康絢於浮山遏淮規浸壽春詔加大眼光祿大夫率諸軍鎮荆山復其封邑後與蕭寶

夤俱征淮堰不能克遂於堰上流鑿渠決水而還加平東將軍大眼善騎乘裝束雄竦擐甲折旋見稱當世撫巡士卒呼爲兒子及見傷痍爲之流泣自爲將帥恒身先兵士衝突堅陳出入不疑當其鋒者莫不摧拉南賊前後所遣督將軍未渡江預皆畏懾傳言淮泗荆沔之閒有童兒啼者恐之云楊大眼至無不即止王肅弟子秉之初歸國也謂大眼曰在南聞君之名以爲眼如車輪及見乃不異人大眼曰旗鼓相望瞋眸奮

魏書傳六十一 九 金嵩

發足使君目不能視何必大如車輪當世推其驍果皆以爲關張弗之過也然征淮堰之役喜怒無常捶撻過度軍士頗憾焉識者以爲性移所致又以本將軍出爲荆州刺史常縛蒿爲人衣以青布而射之召諸蠻渠指示之曰卿等若作賊吾政如此相殺也又北淯郡嘗有虎害大眼搏而獲之斬其頭懸於穰市自是荆蠻相謂曰楊公惡人常作我蠻形以射之又深山之虎尚所不免遂不敢復爲寇盜在州二年而卒大

眼雖不學恒遣人讀書坐而聽之悉皆記識令作露布皆口授之而竟不多識字也有三子長甑生次領軍次征南皆潘氏所生氣幹咸有父風初大眼徙營州潘在洛陽頗有失行及爲中山大眼側生女夫趙延寶言之於大眼大眼怒幽潘而殺之後娶繼室元氏大眼之死也甑生等問印綬所在時元始懷孕自指其腹謂甑生等曰開國當我兒襲之汝等婢子勿有所望甑生深以爲恨及大眼喪將還京出城東七里營

車而宿夜二更甑生等開大眼棺延寶怪而問之征南射殺之元怖走入水征南又彎弓射之甑生曰天下豈有害母之人乃止遂取大眼屍令人馬上抱之左右扶挾以叛荆人畏甑生等驍勇不敢苦追奔於襄陽遂歸蕭衍

崔延伯博陵人也祖壽於彭城陷入江南延伯有氣力少以勇壯聞仕蕭賾爲緣淮遊軍帶濠口戍主太和中入國高祖深嘉之常爲統帥膽氣絶人兼有謀略所在征討咸立戰功積勞稍進除征虜將軍荆州刺史賜爵定陵男荆州土險蠻左爲寇每有聚結延伯輒自討之莫不摧殄由是穰土帖然無敢爲患永平中轉後將軍幽州刺史蕭衍遣其左游擊將軍趙祖悅率衆偷據峽石詔延伯爲别將與都督崔亮討之亮令延伯守下蔡延伯與别將伊瓫生挾淮爲營延伯遂取車輪去輞削銳其輻兩兩接對揉竹爲絙貫連相屬並十餘道橫水爲橋兩頭施大轆轤出没任情不可燒斫既斷祖悅等走路

又令舟舸不通由是衍軍不能赴救祖悅合軍咸見俘虜於軍拜平南將軍光禄大夫延伯與楊大眼等至自淮陽靈太后幸西林園引見延伯等太后曰卿等志尚雄猛皆國之名將比平峽石公私慶快此乃卿等之功也但淮堰仍在宜須豫謀故引卿等親共量筭各出一圖以爲後計大眼對曰臣輒謂水陸二道一時俱下往無不尅延伯曰臣今輒難大眼既對聖顏答旨宜實水南水北各有溝瀆陸地之計如何可前

愚臣短見願聖心愍水兵之勤苦給復一年專
習水戰脫有不虞召便可用往無不獲靈太后
曰卿之所言深是宜要當勑如請二年除安北
將軍并州刺史在州貪汙聞於遠近還爲金紫
光祿大夫出爲鎮南將軍行岐州刺史假征西
將軍賜驊騮馬一匹正光五年秋以往在揚州
建淮橋之勳封當利縣開國男食邑二百戶尋
增邑一百戶改封新豐進爵爲子時莫折念生
兄天生下隴東寇征西將軍元志爲天生所擒

賊衆甚盛進屯黑水詔延伯爲使持節征西將
軍西道都督與行臺蕭寶夤討之寶夤與
延伯結壘馬嵬南北相去百餘步寶夤日集督
將論討賊方略延伯每云賊新制勝難與爭鋒
寶夤正色責之曰君荷國寵靈摠戎出討便
是安危所繫每云賊不可討以示怯懦損威挫
氣乃君之罪延伯明晨詣寶夤自謝仍云今當
仰爲明公參賊勇怯延伯選精兵數千下渡黑
水列陳西進以向賊營寶夤率衆於水東尋原

西北以示後繼於時賊衆大盛水西一里營營
連接延伯徑至賊壘揚威脅之徐而還退賊以
延伯衆少開營競追衆過十倍臨水逼蹙寶夤
親觀之懼有虧損延伯不與其戰身自殿後抽
衆東渡轉運如神須臾濟盡徐乃自渡賊徒奪
氣相率還營寶夤大悅謂官屬曰崔公古之關
張也今年何患不制賊延伯馳見寶夤曰此賊
非老奴敵公但坐看後日延伯勒衆而出寶夤
爲後拒天生悉衆來戰延伯申令將士身先士

卒陷其前鋒於是勇銳競進大破之俘斬十餘
万追奔及於小隴秦賊勁彊諸將所憚朝廷初
議遣將咸云非延伯無以定之果能剋敵授右
衛將軍於時万俟醜奴宿勤明達等寇掠涇川
先是盧祖遷伊甕生數將等皆以元志前行之
始同時發雍從六陌道將取高平志敗仍停涇
部延伯既破秦賊乃與寶夤率衆會於安定
甲卒十二万鐵馬八千匹軍威甚盛醜奴置營
涇州西北七十里當原城時或輕騎暫來挑戰

大兵未交便示奔北延伯矜功負勝遂唱議先驅伐木別造大排內爲鏁柱教習彊兵負而趨走號爲排城戰士在外輜重居中自涇州緣原北上衆軍將出討賊未戰之間有賊數百騎詐持文書云是降簿乞且緩師寶夤延伯謂其事實逡巡未閱俄而宿勤明達率衆自東北而至乞降之賊從西競下諸軍前後受敵延伯上馬突陳賊勢摧挫便爾逐北徑造其營賊本輕騎延伯軍兼步卒兵力疲怠賊乃乘間得入排城

魏傳六十一　十四

延伯軍遂大敗死傷者將有二万寶夤斂軍退保涇州延伯脩繕器械購募驍勇復從涇川西進去賊彭抗谷柵七里結營延伯恥前挫辱不報寶夤獨出襲賊大破之俄頃間平其數柵賊皆逃遁見兵人採掠散亂不整還來衝突遂大奔敗延伯中流矢爲賊所害士卒死者万餘人延伯善將撫能得衆心與康生大眼爲諸將之冠延伯末路功名尤重時大寇未平而延伯死朝野歎懼焉贈使持節車騎大將軍儀同三司定

州刺史謚曰武烈又有王足者驍果多策略隸邢巒伐蜀所在剋捷詔行益州刺史遂圍涪城蜀人大震世宗復以羊祉爲益州足聞而引退後遂奔蕭衍次有王神念足之流也後自潁川太守奔江南又冀州人李叔仁叔仁弟龍瓌以勇壯爲將統叔仁位至車騎大將軍儀同三司陳郡開國公後爲梁州刺史歿於關西龍瓌正光中北征戰死白道其平州刺史王買奴南秦州刺史曹敬南兗州刺

魏傳六十一　十五　彥明

史樊魯益州刺史邴虯玄州刺史邢豹及屈祖嚴思達呂叵崔襲柴慶宗宗正珍孫盧祖遷高智方俱爲將帥並有攻討之名而事迹不存無以編錄然未若康生大眼延伯尤著也

史臣曰人主聞鞞鼓之響則思將帥之臣何則夷難平暴折衝禦侮爲國之所繫也康生等俱以熊虎之姿奮征伐之氣亦一時之驍猛壯士之功名也

列傳第六十一　　魏書七十三

十四字

列傳第六十二　　魏書七十四

尒朱榮

尒朱榮字天寶北秀容人也其先居於尒朱川因爲氏焉常領部落世爲酋帥高祖羽健登國初爲領民酋長率契胡武士千七百人從駕平晉陽定中山論功拜散騎常侍以居秀容川詔割方三百里封之長爲世業太祖初以南秀容川原沃衍欲令居之羽健曰臣家世奉國給侍左右北秀容既在剗內差近京師豈以沃堉更遷遠地太祖許之所居之處曾有狗舐地因而穿之得甘泉焉至今名狗舐泉羽健世祖時卒曾祖鬱德祖代勤繼爲領民酋長代勤世祖敬哀皇后之舅以外親兼數征伐有功給復百年除立義將軍曾圍山而獵部民射獸誤中其髀代勤仍令拔箭竟不推問曰此既過誤何忍加罪部內聞之咸感其意高宗末假寧南將軍除肆州刺史高祖賜爵梁郡公以老致仕歲賜帛百匹以爲常年九十一卒賜帛五百匹布二百

匹贈鎮南將軍并州刺史謚曰莊孝莊初榮有翼戴之勳追贈太師司徒公録尚書事父新興太和中繼爲酋長家世豪擅財貨豐贏曾行馬羣見一白蛇頭有兩角游於馬前新興異之謂曰爾若有神令我畜牧蕃息自是之後日覺滋盛牛羊駝馬色别爲羣谷量而已朝廷每有征討輒獻私馬兼備資糧助裨軍用高祖嘉之除右將軍光禄大夫及遷洛後特聽冬朝京師夏歸部落每入朝諸王公朝貴競以珍玩遺之新

興亦報以名馬轉散騎常侍平北將軍秀容第一領民酋長新興每春秋二時恒與妻子閲畜牧於川澤射獵自娯肅宗世以年老啓求傳爵於榮朝廷許之正光中卒年七十四贈散騎常侍平北將軍恒州刺史謚曰簡孝莊初贈假黄鉞侍中太師相國西河郡王榮潔白美容皃幼而神機明決及長好射獵每設圍誓衆便爲軍陳之法號令嚴肅衆莫敢犯秀容界有池三所在高山之上清深不測相傳曰祁連池魏言

天池也父新興曾與榮遊池上忽聞簫鼓之音新興謂榮曰古老相傳凡聞此聲皆至公輔吾今年已衰暮當爲汝耳汝其勉之榮襲爵後除直寢游擊將軍正光中四方兵起遂散畜牧招合義勇給其衣馬蠕蠕主阿那瓌寇掠北鄙詔假榮節冠軍將軍别將隷都督李崇北征榮率其新部四千人追擊度磧不及而還秀容内附胡民乞扶莫于破郡殺太守南秀容牧子萬子乞真反叛殺太僕卿陸延并州牧子素和婆崘

嶮作逆榮並前後討平之遷直閤將軍冠軍將軍仍别將内附叛胡乞步落堅胡劉阿如等作亂瓜肆勅勤北列步若反於沃陽榮並滅之以功封安平縣開國侯食邑一千户尋加通直散騎常侍勅勤解律洛陽作逆桑乾西與費也頭牧子迭相掎角榮率騎破洛陽於深井逐牧子於河西進號平北將軍光禄大夫假安北將軍爲北道都督尋除武衛將軍俄加使持節安北將軍都督恒朔討虜諸軍假撫軍將軍進封博

陵郡公增邑五百戸其梁郡前爵聽賜第二子
時榮率衆至肆州刺史尉慶賓畏惡之閉城
不納榮怒攻拔之乃署其從叔羽生爲刺史執
慶賓於秀容自是榮兵威漸盛朝廷亦不能罪
責也尋除鎮北將軍鮮于脩禮之反也榮表東
討復進號征東將軍右衛將軍假車騎將軍都
督并肆汾廣恒雲六州諸軍事進爲大都督加
金紫光祿大夫時杜洛周陷中山於時車駕聲
將北討以榮爲左軍不行及葛榮吞洛周凶勢

轉盛榮恐其南逼鄴城表求遣騎三千東援相
州肅宗不許又遷車騎將軍右光祿大夫尋進
位儀同三司榮以山東賊盛慮其西逸乃遣兵
固守滏口以防之復上書曰臣前以二州頻反
大軍喪敗河北無援實慮南侵故令精騎三千
出援相州京師影響斷其南望賊聞此衆當亦
息圖便還奉勑云念生梟戮寶夤受擒醜奴明
達並送誠款三輔告謐關隴載寧費穆虎旅大
翦妖蠻兩絳狂蜀漸已稽顙又承北海王顥率

衆二万出鎮相州北海皇孫名位崇重鎮撫鄴
城實副羣望惟願廣其配衣及機早遣令闕西
雖平兵未可役山南隣賊理無發召王師雖衆
頻被摧北人情危怯實謂難用若不更思方略
無以万全如臣愚量蠕蠕主阿那瓌荷國厚恩
未應忘報求乞一使慰喻那瓌即遣發兵東引
直趣下口揚威振武以躡其背北海之軍鎮撫
相部嚴加警備以當其前臣麾下雖少輒盡力
命自井陘以北隘口以西分防險要攻其肘腋

葛榮雖并洛周威恩未著人類差異形勢可分
於是榮遂嚴勒部曲廣召義勇北捍馬邑東
塞井陘尋屬肅宗崩事出倉卒榮聞之大怒謂
鄭儼徐紇爲之與元天穆等密議稱兵入匡朝
廷討定之乃抗表曰伏承大行皇帝背棄万方
奉諱號踴五内摧剥仰尋詔旨實用驚惋今海
内草草異口一言皆去大行皇帝鴆毒致禍臣
等外聽訟言内自追測去月二十五日聖體康
悆至於二十六日奄忽昇遐即事觀望實有所

惑且天子寢疾侍臣不離左右親貴名醫瞻仰患狀而奉音旨親承顧託豈容不豫初不召醫崩棄曾無親奉欲使天下不爲惋愕四海不爲喪氣豈可得乎復皇后女生稱爲儲兩疑惑朝野虛行慶宥宗廟之靈見欺兆民之望已失使七百危於累卵社稷墜於一朝方選君嬰孩之中寄治乳抱之日使姦豎專朝賊臣亂紀惟欲指影以行權假形而弄詔此則掩眼捕雀塞耳盜鍾今秦隴塵飛趙魏霧合寶寅醜奴勢

逼豳雍葛榮就德憑陵河海楚兵吳卒密邇在郊古人有言邦之不臧隣之福也一旦聞此誰不闚𨵦竊惟大行皇帝聖德馭宇繼體正君猶邊烽迭舉妖寇不滅況今從佞臣之計隨親戚之談舉潘嬪之女以誑百姓奉未言之兒而臨四海欲使海內安乂愚臣所未聞也伏願留聖善之慈回須臾之慮照臣忠誠錄臣至款聽臣赴闕預參大議問侍臣帝崩之由訪禁旅不知之狀以徐鄭之徒付之司敗雪同天之恥謝遠

近之怨然後更召宗親推其年德聲副遐邇改承寶祚則四海更蘇百姓幸甚於是遂勒所統將赴京師靈太后甚懼詔以李神軌爲大都督將於大行杜防榮抗表之始遣從子天光親信奚毅及倉頭王相入洛與從弟世隆密議廢立天光乃見莊帝具論榮心帝許之天光等還北榮發晉陽猶疑所立乃以銅鑄高祖及咸陽王禧等六王子孫像成者當奉爲主惟莊帝獨就師次河內重遣王相密來奉迎帝與兄彭城王

劭弟始平王子正於高渚潛渡以赴之榮軍將士咸稱万歲於時武泰元年四月九日也十一日榮奉帝爲主詔以榮爲使持節侍中都督中外諸軍事大將軍開府兼尚書令領軍將軍領左右太原王食邑二万戶十二日百官皆朝於行宮十三日榮惑武衛將軍費穆之說乃引迎駕百官於行宮西北云欲祭天朝士既集列騎圍遶責天下喪亂明帝卒崩之由云皆緣此等貪虐不相匡弼所致因縱兵亂害王公卿士皆

斂手就戮死者千三百餘人皇弟皇兄竝亦見害靈太后少主其日暴崩榮遂有大志令御史趙元則造禪文遣數十人遷帝於河橋至夜四更中復奉帝南還營幕帝憂憤無計乃令人喻旨於榮曰帝王迭襲盛衰無常既屬屯運四方瓦解將軍杖義而起前無橫陳此乃天意非人力也我本相投規存性命帝王重位豈敢妄希直是將軍見逼權順所請耳今璽運已移天命有在宜時即尊號將軍必若推而不居存魏

三卅 魏傳六十二 八 李希

社稷亦任更擇親賢共相輔戴榮既有異圖遂鑄金爲己像數四不成時幽州人劉靈助善卜占爲榮所信言天時人事必不可爾榮亦精神恍惚不自支持久而方悟遂便愧悔於是獻武王榮外兵參軍司馬子如等切諫陳不可之理榮曰愆誤若是惟當以死謝朝廷今日安危之機計將何出獻武王等曰未若還奉長樂以安天下於是還奉莊帝十四日輿駕入宮于時或云榮欲遷都晉陽或云欲肆兵大掠迭相驚恐

人情駭震京邑士子不一存率皆逃竄無敢出者直衛空虛官守廢曠榮聞之上書曰臣世荷蕃寄征討累年奉忠王室志存效死直以太后淫亂孝明暴崩遂率義兵扶立社稷陛下登祚之始人情未安大兵交際難可齊一諸王朝貴橫死者衆臣今粉軀不足塞往責以謝亡者然追榮褒德謂之不朽乞降天慈微申私責無上王請追尊帝號諸王刺史乞贈三司其位班三品請贈令僕五品之官各贈方伯六品已下及

三百千四 魏書傳六十二 九 屠思

白民贈以鎮郡諸死者無後聽繼即授封爵均其高下節級別科使恩洽存亡有慰生死詔曰覽表不勝鯁塞朕德行無感致茲酷濫尋繹往事貫切於懷可如所表自茲已後贈終叨濫庸人賤品動至大官爲識者所不貴武定中齊文襄王始革其失追褒有典焉榮啓帝遣使循城勞問於是人情遂安朝士逃亡者亦稍來歸闕榮又奏請番直朔望之日引見三公令僕尚書九卿及司州牧河南尹洛陽河陰執事之官參論

國洽經綸王道以爲常式五月榮還晉陽七月詔曰乾坤統物星象贊其功皇王御運股肱匡其業是以周道中缺齊晉立濟世之忠殷祚或虧彭韋振救時之節自前朝失御厄運荐臻太原王榮爰戴朕躬推臨萬國勳踰伊霍功格二儀王室不壞伊人是賴可柱國大將軍兼録尚書事餘如故時葛榮將向京師衆號百萬相州刺史李神軌閉門自守賊鋒已過汲郡所在村塢悉被殘略榮啓求討之九月乃率精騎七千

三〇二十四　魏書傳六十二　十　張名士選

馬皆有副倍道兼行東出滏口葛榮爲賊既久横行河北時衆寡非敵議者謂無制賊之理葛榮聞之喜見於色乃令其衆曰此易與耳諸人俱辦長繩至便縛取葛榮自鄴以北列陳數十里箕張而進榮潛軍山谷爲奇兵分督將已上三人爲一處處有數百騎令所在揚塵鼓譟使賊不測多少又以人馬逼戰刀不如棒密勒軍士馬上各齎神棒一枚置於馬側至於戰時不聽斬級以棒棒之而已慮廢騰逐也乃分命壯

勇所當衝突號令嚴明戰士同奮榮身自陷陳出於賊後表裏合擊大破之於陳擒葛榮餘衆悉降榮以賊徒既衆若即分割恐其疑懼或更結聚乃普告勒各從所樂親屬相隨任所居止於是羣情喜悅登即四散數十万衆一朝散盡待出百里之外乃始分道押領隨便安置咸得其宜擢其渠帥量力授用新附者咸安時人服其處分機速乃檻車送葛榮赴闕詔曰功格天地錫命之位必崇道濟生民襃賞之名宜大是

三〇六四　魏列六十二　十一　翊

以有莘贊亳不次之號爰歸渭叟翼周殊世之班載集況導源積石襲構崐山門踵英猷彌成鴻業抗高天之摧柱振厚地之絶維德冠五侯勳高九伯者哉太原王榮代荷蕃寵世載忠烈入匡頹運出勦元兇使積年之霧倏焉滌蕩數載之塵一朝清謐燕恒既泰趙魏還蘇比績況功古今莫二若不式稽舊典增是禮數將何以昭德報功遂明國範可大丞相都督河北畿外諸軍事增邑一万戶通前三万餘官悉如故初

榮之將討葛榮也軍次襄垣遂令軍士列圍大
獵有雙兔起於馬前榮乃躍馬彎弓而誓之
曰中之則擒葛榮不中則否既而並應弦而殪
三軍咸悅及破賊之後即命立碑於其所號雙
兔碑榮將戰之夜夢一人從葛榮索千牛刀而
葛榮初不肯與此人自稱我是道武皇帝汝何
敢違葛榮乃奉刀此人手持授榮既寤而喜自
知必勝又詔曰我皇魏道契神元德光靈範源
先二象化穆五才王歷與日月惟休金鼎共乾

三·廿九　魏列六十二　十二　翁榮

坤俱永而正光之末皇運時屯百揆咸亂九宮
失敘朝野撫膺士女嗟怨遂使四海土崩九區
瓦解逆賊杜周虔劉燕代妖寇葛榮假竊魏
趙常山易水戎鼓夜驚冰井叢臺胡塵晝合
漳南久已丘墟河北殆成灰燼宗廟懷匪安之
慮社稷急不測之憂大丞相太原王榮道鏡域
中德光區外神昭藏往思睿知來義運先動忠
資兼襄烈遂能大建義謀收集忠勇熊羆競逐
虎豹爭先軒翥南溟搏風北極氣震休原勢

動山岳弔民伐罪殲此鯨鯢戮卒多於長平積
器高於熊耳秦晉聞聲而喪膽齊莒側聽而
讋息中興之業是乎再隆太平之基茲焉更始
雖復伊霍宣翼之功桓文崇替之道何足以髣
髴鴻蹤比勳盛烈道格普天仁沾率土振古以
來未有其比若不廣錫山河大開土宇何以表
大義之宗高標盛德之廣遠可以冀州之長樂
相州之南趙定州之博陵滄州之浮陽平州之
遼西燕州之上谷幽州之漁陽等七郡各萬戶

三·二十　魏列六十二　十三　[illegible]

通前滿十萬戶爲太原國邑又進位太師餘如
故建義初北海王元顥南奔蕭衍衍乃立爲魏
主資以兵將時邢杲寇亂三齊與顥應接朝廷
以顥孤弱不以爲慮永安三年春詔大將軍元
穆先平齊地然後回師征顥顥以大軍未還乘
虛徑進既陷梁國鼓行而西滎陽虎牢並皆不
守五月車駕出幸河北事出不虞天下改望榮
聞之即時馳傳朝行宮於上黨之長子行其部
分輿駕於是南轅榮爲前驅旬日之間兵馬大

集資糧器仗繼踵而至天穆既平邢杲亦渡河以會車駕顥都督宗正珍孫河內太守元襲固守不降榮攻而剋之斬珍孫元襲以徇帝幸河內城榮與顥相持於河上顥令都督安豐王延明緣河據守榮既未有舟船不得即渡議欲還北更圖後舉黃門郎楊侃高道穆等並謂大軍若還失天下之望固執以為不可語在侃等傳屬馬渚諸楊云有小船數艘求為鄉導榮乃令都督尒朱兆等率精騎夜濟登岸奮擊顥子

領軍將軍冠受率馬步五千拒戰兆大破之臨陳擒冠受延明聞冠受見擒遂自逃散顥便率麾下南奔事在其傳車駕渡河入居華林園詔曰周武奉時藉十亂以纂曆漢祖先天資三傑以除暴理民濟治斯道未爽使持節柱國大將軍大丞相太原王榮蘊伏風煙抱含日月揔奇正以成術兼文武而為資昔遇亂朝韜光戢翼秣馬冀北厲兵晉陽佇龍顏而振腕想日角以歎息忠勇奮發虎士如林義功始立所向風靡

故能芟夷羣惡振此頹綱俾朕寡昧獲承鴻緒雖大位克正而衆盜未息葛榮跋扈仍亂中原建旗伐罪授首藏馘元顥凶頑構成巨釁阻弄吳楚虧汙宗社朕徙御北徂劬勞鞍甲王聞難星奔一舉大定下洽民和上匡王室鴻勳巨績書契所未紀飲至策勳事絕於比況非常之功必有非常之賞可天柱大將軍此官雖訪古無聞今員未有太祖已前增置此號式遵典故用錫殊禮又宜開土宇可增封十萬通前二

十萬加前後部羽葆鼓吹餘如故榮尋還晉陽先是葛榮枝黨韓婁仍據幽平二州榮遣都督侯淵討斬之時賊帥万俟醜奴蕭寶夤擁衆豳涇兇勢日盛榮遣其從子天光為雍州刺史令率都督賀拔岳侯莫陳悅等揔衆入關討之天光既至雍州以衆少不敢逡巡未進榮大怒遣其騎兵參軍劉貴馳驛詣軍加天光杖罰天光等大懼乃進討連破之擒醜奴寶夤並檻車送闕天光又擒王慶雲万俟道樂關西悉平於是天

下大難便以盡矣榮性好獵不舍寒暑至於
列圍而進必須齊一雖遇阻險不得回避虎豹
逸圍者坐死其下甚苦之太宰元天穆從容謂
榮曰大王勳濟天下四方無事惟宜調政養民
順時蒐狩何必盛夏馳逐傷犯和氣榮便攘肘
謂天穆曰太后女主不能自正推奉天子者此
是人臣常節葛榮之徒本是奴才乘時作亂妄
自署假譬如奴走擒獲便休頃來受國大寵未
能開拓境土混一海內何宜今日便言勳也如

聞朝士猶自寬縱今秋欲共兄戒勒士馬校獵
嵩原令貪汙朝貴入圍搏虎仍出魯陽歷三
荊悉擁生蠻北塡六鎮回軍之際因平汾胡明
年簡練精騎分出江淮蕭衍若降乞万戶侯如
其不降徑渡數千騎便往縛取待六合寧一八
表無塵然後共兄奉天子巡四方觀風俗布政
敎如此乃可稱勳耳今若止獵兵士懈怠安可
復用也榮身雖居外恒遙制朝廷廣布親戚列
爲左右伺察動靜小大必知或有僥倖求官者

皆詣榮承候得其啓請無不遂之曾關補定
州曲陽縣令吏部尚書李神儁以階懸不奉別
更擬人榮聞大怒即遣其所補者往奪其任榮
使入京雖復微蔑朝貴見之莫不傾靡及至闕
下未得通奏恃榮威勢至乃忿怒榮曾啓北人
爲河南諸州莊帝未許天穆入見面啓曰天柱
既有大功若請普代天下官屬恐陛下亦不得
違之如何啓數人爲州便停不用帝正色曰天
柱若不爲人臣朕亦須代如其猶存臣節無代

天下百官理此事復何足論榮聞所啓不允大
爲恚恨曰天子由誰得立今乃不用我語莊帝
外迫於榮恒怏怏不悅兼懲榮河陰之事恐終
難保又城陽王徽侍中李彧等欲擅威權懼榮
害之復相間構日月滋甚於是莊帝密有圖
榮之意三年九月榮啓將入朝朝士慮其有變
莊帝又畏惡之榮從弟世隆與榮書勸其不
來榮妻北鄉郡長公主亦勸不行榮並不從帝
既圖榮榮至入見即欲害之以天穆在并恐

爲後患故隱忍未發榮之入洛有人告榮云帝欲圖之榮即具奏帝曰外人告云亦言王欲害我我豈信之於是榮不自疑每入謁帝從人不過數十又皆挺身不持兵仗及天穆至帝伏兵於明光殿東廊引榮及榮長子菩提天穆等俱入坐定光祿少卿魯安典御李侃晞等抽刀而至榮窘迫起投御坐帝先橫刀膝下遂手刃之安等亂斫榮與天穆菩提同時俱死榮時年三十八於是內外喜叫聲滿京城既而大赦

列傳魏書六十二　十八　周受

前廢帝初世隆等得志乃詔曰故使持節侍中都督河北諸軍事天柱大將軍大丞相太師領左右兼録尚書北道大行臺太原王榮功濟區夏誠貫幽明天不憖遺奄從物化追終褒績列代通謨紀德銘勳前王令範可贈假黃鉞相國録尚書事司州牧使持節侍中將軍王如故又詔曰故假黃鉞持節侍中相國録尚書 都督中外諸軍事天柱大將軍司州牧太原王榮惟岳降靈應期作輔功侔伊霍德契桓文方籍棟梁永康國命道長運短震悼兼深前已襃贈用彰厥美然禮數弗窮文物有闕遠近之望猶或未盡宜循舊典更加殊錫可追號爲晉王加九錫給九旒鑾輅虎賁班劍三百人轀輬車準晉太宰安平獻王故事謚曰武詔曰武泰之末乾樞中圮丕基寶命有若綴旒晉王榮固天所縱世秉忠誠一匡邦國再造區夏俾我頹綱於斯復振雖勳銘王府德被管絃而從祀之禮於茲尚闕非所以酬懋賞於當時騰殊績於不朽

二·九十五　魏書傳六十二　十九　王壽三

宜遵舊典配享高祖廟庭

菩提肅宗末拜羽林監尋轉直閤將軍孝莊初以榮翼戴之勲超授散騎常侍平北將軍中書令轉太常卿遷驃騎大將軍開府儀同三司加侍中特進死時年十四前廢帝初贈侍中驃騎大將軍司徒公冀州刺史謚曰惠

菩提弟叉羅孝莊初除散騎常侍武衛將軍初襲梁郡公又進爵爲王尋卒贈侍中車騎將軍司空公雍州刺史

乂羅弟文殊建義初封平昌郡開國公進爵爲王孝静初轉襲榮爵太原王薨於晉陽時年九歲

文殊弟文暢初封昌樂郡開國公食邑二千户以榮破葛賊之勲進爵爲王增邑千户超授散騎常侍撫軍將軍後除肆州刺史仍本將軍加開府儀同三司武定三年春坐與前東郡太守任曹等謀反伏誅時年十八

文暢弟文略襲爵梁郡王武定末撫軍將軍光

禄大夫

史臣曰太祖撫運乘時奄開王業世祖以武功一海内高祖以文德華天下世宗之後政道頗虧及明皇幼沖女主南面始則于忠專恣繼以元叉權重握賞罰之柄擅生殺之威榮悴在親疏貴賤由離合附會者結之以子女進趨者要之以金帛且佞諛用事功勤不賞居官肆其聚斂乘勢極其陵暴於是四海囂然已有群飛之漸矣逮於靈后反政宣淫於朝鄭儼手運天機口吐王制李軌徐紇刺促以求先元略元徽喔咿以競入私利畢舉公道盡亡遐邇怨憤天下鼎沸傾覆之徵於此至矣尒朱榮緣將帥之列藉部衆之用屬肅宗暴崩民怨神怒遂有匡頹拯墜之志援主逐惡之圖蓋天啓之也於時上下離心文武解體咸企忠義之聲俱聽桓文之舉榮不汗馬朝野靡然扶翼懿親宗祏有主祀魏配天不殞舊物及夫擒葛榮誅元顥戮邢杲翦韓婁醜奴寶夤咸梟馬市此諸

魁者或據象魏或僭號令人謂秉皇符身各謀帝業非徒鼠竊狗盜一城一聚而已苟非榮之致力剋夷大難則不知幾人稱帝幾人稱王也然則榮之功烈亦已茂乎而始則希覬非望睥睨宸極終乃靈后少帝沉流不反河陰之下衣冠塗地此其所以得罪人神而終於夷戮也向使榮無姦忍之失脩德義之風則彭韋伊霍夫何足數至於末迹見猜地逼貽斃斯則蒯通致說於韓王也

列傳第六十二　魏書七十四

列傳第六十三　魏書七十五

尒朱兆　尒朱彥伯

尒朱度律　尒朱天光

尒朱兆字萬仁榮從子也少驍猛善騎射手格猛獸蹻捷過人數從榮遊獵至於窮巖絕澗人所不能升降者兆先之榮以此特加賞愛任為爪牙榮曾送臺使見二鹿乃命兆前止授二箭曰可取此鹿供今食也遂停馬構火以待之俄然兆獲其一榮欲矜奇使人責兆曰何不盡取杖之五十後以軍功除平遠將軍步兵校尉榮之入洛兆兼前鋒都督及孝莊即阼特除中軍將軍金紫光祿大夫又假驍騎將軍建興太守尋除使持節車騎將軍武衞將軍左光祿大夫都督潁川郡開國公食邑千二百戶從後上黨王天穆討平邢杲及元顥之屯於河橋榮遣兆與賀拔勝等自馬渚西夜渡數百騎襲擊顥子冠受擒之又進破安豐王延明顥於是退走莊帝還宮論功除散騎常侍車騎大

將軍儀同三司增邑八百戶爲汾州刺史復增
邑一千戶尋加侍中驃騎大將軍又增邑五百
戶及尒朱榮死也兆自汾州率騎據晉陽元曄
立授兆大將軍爵爲王兆與世隆等定謀攻洛
兆遂率衆南出進達太行大都督源子恭下都
督史仵龍開壘降兆子恭退走兆輕兵倍道從
河梁西涉度掩襲京邑先是河邊人夢神謂
己曰尒朱家欲渡河用尒作灅波津令爲之縮
水脉月餘夢者死及兆至有行人自言知水淺

處以草往往表挿而導道焉忽失其所在兆
遂策馬涉渡是日暴風鼓怒黃塵漲天騎叩
宮門宿衛乃覺彎弓欲射袍撥弦矢不得
發一時散走帝步出雲龍門外爲兆騎所縶幽
於永寧佛寺兆撲殺皇子汙辱妃嬪縱兵虜
掠停洛旬餘先令衛送莊帝於晉陽兆後於
河梁監閱財貨遂害帝於五級寺初兆將向
洛也遣使招齊獻武王欲與同舉王時爲晉州
刺史謂長史孫騰曰臣而伐君其逆已甚我今

不往彼必致恨卿可往申吾意但云山蜀未平
今方攻討不可委之而去致有後憂定蜀之日
當隔河爲掎角之勢如此報之以觀其趣騰乃
詣兆及之於并州大谷具申王言兆殊不悅且
曰還白高兄弟有吉夢今段之行必有剋獲
騰問王夢如何兆答曰吾比夢吾亡父登一高
堆堆旁之地悉皆耕熟唯有馬藺草株往往
猶在吾父問言何故不拔左右云堅不可去吾
父顧我令下拔之吾手所至無不盡出以此而

言往必有利騰還具報王曰兆等猖狂舉兵犯
上吾今不同猜忌成矣勢不可反事尒朱今也
南行天子列兵河上兆進不能渡退不得還吾
乘山東下出其不意此徒可以一舉而擒俄而
兆剋京師孝莊幽縶都督尉景從兆南行以
書報王王得書大驚召騰示之曰卿可馳驛詣
兆示以謁賀密觀天子今在何處爲隨兆軍府
爲別送晉陽脫其送并卿宜馳報吾當於路
邀迎唱大義於天下騰晨夜驅馳已遇帝於

中路王時率騎東轉聞帝已渡於是西還仍與兆書陳其福禍不宜害天子受惡名兆怒不納帝遂暴崩初榮既死莊帝詔河西人紇豆陵步蕃等令襲秀容兆入洛後步蕃兵勢甚盛南逼晉陽兆所以不暇留洛回師禦之兆雖驍果本無策略頻為步蕃所敗於是部勒士馬謀出山東令人頻徵獻武王於晉州乃分三州六鎮之人令王統領既分兵別營乃引兵南出以避步蕃之鋭步蕃至於樂平郡王與兆還討

魏書六十三　四

破之斬步蕃於秀容之石鼓山其衆退走兆將數十騎詣王通夜宴飲後還營招王王知兆難信未能顯示將欲詣之臨上馬長史孫騰牽衣而止兆乃隔水責罵騰等於是各去王還自襄垣東出兆歸晉陽及前廢帝立授兆使持節侍中都督中外諸軍事柱國大將軍領軍將軍領左右并州刺史兼録尚書事大行臺又以兆為天柱大將軍兆謂人曰此是叔父終官我何敢受遂固辭不拜尋加都督十州諸軍

事世襲并州刺史齊獻武王之勉殷州也兆與仲遠度律約共討之仲遠度律次於陽平兆出井陘屯於廣阿衆號十万王廣縱反間或云世隆兄弟謀欲害兆復言兆與王同圖仲遠等於是兩不相信各致猜疑徘徊不進仲遠等頻使斛斯椿賀拔勝往喻之兆輕騎三百來就仲遠同坐幕下兆性麤獷意色不平手舞馬鞭長嘯凝望深疑仲遠等有變遂趨出馳還仲遠遣椿勝等追而曉譬兆遂拘縛將還經日放遣

魏書傳六十三　五

仲遠等於是奔退王乃進擊兆兆軍大敗兆與仲遠度律遂相疑阻久而不和世隆請前廢帝納兆女為后兆乃大喜世隆厚禮喻兆赴洛深示卑下隨其所為無敢違者兆與天光度律更自信約然後大會於韓陵山戰敗復奔晉陽遂大掠并州城内獻武王自鄴進討之兆遂走於秀容王又追擊度赤洪嶺破之衆並降散兆窮於窮山殺所乘馬自縊於樹王收而葬之兆果於戰鬭妄有征伐常居鋒首當時諸將伏其材

力而麤獷脫少智無將領之能榮雖奇其膽決然每去兆不過將三千騎多則亂矣

兆弟智虎前廢帝封爲安定王驃騎大將軍肆州刺史開府儀同三司與兆俱走獻武王擒之於梁郡岢嵐南山赦之後死於晉陽

尒朱彥伯榮從弟也祖侯巳具高祖時并安二州刺史始昌侯父買珍世宗時武衛將軍出爲華州刺史彥伯性和厚釋褐奉朝請累遷奉車都尉爲榮府長史元曄立以爲侍中前廢帝潛默龍花佛寺彥伯敦喻往來尤有勤款廢帝既立尒朱兆以己不預謀大爲忿恚將攻世隆詔令華山王鷙兼尚書僕射北道大使慰喻兆兆猶不釋世隆復遣彥伯自往喻之兆乃止及還帝讌彥伯於顯陽殿時侍中源子恭黃門郎竇瑗並侍坐彥伯曰源侍中比爲都督與臣相持於河內當尒之時旗鼓相望眇如天隔寧期同事陛下今日之歡也子恭曰蒯通有言犬吠非其主他日之事永安猶今日之事陛下

魏書傳六十三　六

耳帝曰源侍中可謂有射鉤之心也遂令二人極醉而罷尋除使持節驃騎大將軍右光祿大夫馬場大都督封博陵郡開國公後進爵爲王又遷司徒于時炎旱有勸彥伯解司徒者乃上表遜位詔許之俄除儀同三司侍中彥伯於兄弟之中差無過患天光等敗於韓陵彥伯欲領兵屯河橋以爲聲勢世隆不從及張勸等掩襲世隆彥伯時在禁直從長孫稚等於神虎門啓陳齊獻武王義功既振將除尒朱廢帝令舍人郭崇報彥伯知彥伯狼狽出走爲人所執尋與世隆同斬於閶闔門外懸首於斛斯椿門樹傳首於齊獻武王先是洛中謠曰三月末四月初揚灰簸土覓巳具珠又曰頭去項腳根齊驅上樹不須梯至是並驗

彥伯弟仲遠頗知書計肅宗末年尒朱榮兵威稍盛諸有啓謁率多見從而仲遠摹寫榮書又刻榮印與尚書令史通爲姦詐造榮啓表請人爲官大得財貨以資酒色落魄無行及孝莊即

魏書傳六十三　七　外

作除直寢寧遠將軍步兵校尉尋特除平北將軍建興太守頓丘縣開國侯邑五百户後加散騎常侍又改郡立州遷使持節車騎將軍建州刺史加侍中進爵爲公增邑五百户尋改封清河郡又加車騎大將軍左光禄大夫轉使持節本將軍徐州刺史兼尚書左僕射三徐州大行臺尋進督三徐州諸軍事餘如故仲遠上言曰將統參佐人數不足事須在道更僕以充其員竊見比來行臺採募者皆得權立中正在軍

魏書傳六十三　八　外

定第斟酌授官今求兼置權濟軍要詔從之於是隨情補授肆意聚斂尒朱榮死仲遠勒衆來向京師攻陷西兖州將逼東郡莊帝詔諸督將駱驛進討並爲仲遠所敗又詔都督鄭先護及右衛將軍賀拔勝共討之勝戰不利仍降仲遠尋尒朱兆入洛先護衆散而走前廢帝立除使持節侍中都督三徐二兖諸軍事驃騎大將軍開府儀同三司徐州刺史東道大都督大行臺進爵彭城王尋加大將軍又兼尚書令竟

不之州遂鎮於大梁仲遠遣使請準朝式在軍鳴騶帝覽啓笑而許之其肆情如此復進督東道諸軍本將軍兖州刺史餘如故仲遠天性貪暴大宗富族誣之以反殁其家口簿籍財物皆以入己丈夫死者投之河流如此者不可勝數諸將婦有美色者莫不被其淫亂自滎陽以東輸税悉入其軍不送京師時天光控關右仲遠在大梁兆據并州世隆居京邑各自專恣權彊莫比焉所在並以貪虐爲事於是四方

魏傳六十三　九　外

解體又加太宰解大行臺仲遠專恣尤劇方之彦伯世隆最爲無禮東南牧守下至民俗比之豺狼特爲患苦後移屯東郡率衆與度律等拒齊獻武王尒朱兆領騎數千自晉陽來會軍次陽平王縱以間説仲遠等迭相猜疑狼狽遁走後與天光等於韓陵戰敗南走東郡仍奔蕭衍死於江南

仲遠弟世隆字榮宗肅宗末爲直齋轉直寢後兼直閤加前將軍尒朱榮表請入朝靈太后惡

之令世隆詣晉陽慰喻榮榮因欲留之世隆曰
朝廷疑兄故令世隆來今若遂住便有內備非
計之善者榮乃遣之榮舉兵南出世隆遂逃走
會榮於上黨建義初除給事黃門侍郎莊帝
即位乃特除侍中領軍將軍左衛將軍領左右肆
州大中正封樂平郡開國公食邑一千二百戶又
除車騎將軍兼領軍俄授左光祿大夫兼尚
書右僕射尋即真元顥逼大梁詔假儀同三
司前軍都督鎮虎牢世隆不關世事無將帥
之略顥既剋榮陽擒行臺陽昱世隆懼而遁還
莊帝倉卒北巡世隆之罪也駕在河內假驃騎
大將軍行臺右僕射都督相州諸軍事相州
刺史當州都督及車駕還宮除驃騎大將軍
尚書左僕射攝選左右廂出入又以停年格取士
頗爲猥濫所稱又請解侍中詔加散騎常侍莊
帝之將圖尒朱榮也或有牓世隆門以陳其狀
者世隆封以呈榮勸其不入榮自恃威彊不以
爲意遂手毀密書唾地曰世隆無膽誰敢生

心及榮死世隆奉榮妻燒西陽門率衆夜走
北攻河橋殺武衛將軍奚毅率衆還戰大夏
門外朝野震懼憂在不測莊帝遣前華陽太
守段育慰喻世隆斬之以徇會李苗燒絕河
梁世隆乃北遁建州刺史陸希質閉城拒守世
隆攻剋之盡殺城人以肆其忿及至長子與度
律等共推長廣王曄爲主曄以世隆爲開府儀
同三司尚書令樂平郡王加太傅行司州牧增
邑五千戶先赴京師會兆於河陽兆既平京邑
自以爲功讓世隆曰叔父在朝多時耳目應廣
如何不知不聞令天柱受禍按劍瞋目聲色甚
厲世隆遜辭拜謝然後得已世隆深恨之時仲
遠亦自滑臺入京世隆與兄弟密謀以元曄疎
遠欲推立前廢帝而尒朱度律意在寶炬乃
曰廣陵不言何以主天下世隆兄彥伯密相敦
喻乃與度律同往龍花佛寺觀之後知能語遂
行廢立初世隆之爲僕射自憂不了乃取尚書
文簿在家省閱性聰解積十餘日然後視事

又畏尒朱榮威深自克勉留心几案傍接賓客
遂有解了之名榮死之後無所顧憚及爲尚書
令常使尚書郎宋遊道邢昕在其宅聽視事東
西別坐受納訴訟稱命施行其專恣如此旣總
朝政生殺自由公行淫佚無復畏避信任羣小
隨其與奪又欲收軍人之意加汎除授皆以將
軍而兼散職督將兵吏無虛號者自此五等大
夫遂致猥濫又無負限天下賤之武定中齊文
襄奏皆罷於是始革其弊世隆兄弟羣從各擁

彊兵割剝四海極其暴虐姦諂蛆酷多見信用
溫良名士罕預腹心於是天下之人莫不厭毒
世隆尋讓太傅改授太保又固辭前廢帝特置
儀同三師之官次上公之下以世隆爲之贈其
父買珍使持節侍中相國錄尚書事都督定相
青齊濟五州諸軍事大司馬定州刺史及齊獻
武王起義兵仲遠度律等愚戇恃彊不以爲慮
而世隆獨深憂恐及天光戰敗世隆請出收兵
前廢帝不許世隆令其外兵參軍陽叔淵單騎

馳赴北中簡閱敗衆以次內之而斛斯椿未得
入城詭說叔淵曰天光部下皆是西人聞其欲
掠京邑遷都長安宜先內我以爲其備叔淵信
而內之椿旣至橋盡殺世隆黨附令行臺長孫
稚詣闕奏狀別使都督賈智張勸率騎掩執世
隆與兄彥伯俱斬之時年三十三初世隆曾與
吏部尚書元世儁握槊忽聞局上歘然有聲一
局之子盡皆倒立世隆甚惡之世隆又曾晝寢
其妻奚氏忽見有一人持世隆首去奚氏驚怖

就視而世隆寢如故也旣覺謂妻曰向夢人斷
我頭去意殊不適又此年正月晦日令僕並不
上省西門不開忽有河內太守田怙家奴告省
門亭長云令旦爲令王借車牛一乘終日於洛
濱遊觀至晚王還省將軍出東掖門始覺車上
無褥請爲記識時世隆封王故呼爲令王亭長
以令僕不上西門不開無車入省兼無車跡此
奴固陳不已公文列訴尚書都令史謝遠疑謂
妄有假借白世隆付曹推檢時都官郎穆子容

窮究之奴言初來時至司空府西欲向省令王
嫌遲遣二防閤捉儀刀催車車入到省西門王
嫌牛小繫於閣下槐樹更將一青牛駕車令王
著白紗高頂帽短黑色儐從皆裙襦袴褶握板
不似常時服章遂遣一吏將奴送入省中聽事
東閤內東廂第一屋中其屋先常閉篇子容以
西門不開忽言從入此屋常閉奴言在中詣其
處罔奴云此屋若閉求得開看屋中有一板牀
牀上無席大有塵土兼有一甕米奴拂牀而坐

魏書列傳六十三　十四

兼畫地戲弄甕中之米亦握看之定其閉者應
無事驗子容與謝遠自入看之戶閉極久全無
開跡及入拂牀畫地蹤緒歷然米亦符同方知
不謬具以此對世隆悵然意以為惡未幾見誅
世隆弟世承莊帝初為寧朔將軍步兵校尉欒
城縣開國伯又特除撫軍將軍金紫光祿大夫
左衛將軍尋加侍中領御史中尉世承人才猥
劣備員而已及元顥內逼詔世承守轘轅世隆
棄虎牢不暇追告尋為元顥所擒臠殺之莊帝

還宮贈使持節都督冀州諸軍事驃騎大將軍
司徒冀州刺史追封趙郡公
世承弟弼字輔伯前廢帝初為散騎常侍左衛
將軍封朝陽縣開國伯又除車騎將軍左光祿
大夫領左右改封河間郡公尋為驃騎大將軍
開府儀同三司青州刺史天光等之赴韓陵也
世隆以其府長史房謨兼尚書為齊州行臺召
募士馬以趣四瀆(闕)弼總東陽之眾亦赴亂城(疑)揚
聲北渡以為掎角之勢及天光等敗弼乃還州

魏書六十三　十五　成

世隆既擒弼欲奔蕭衍數與左右割臂為約弼
帳下都督馮紹隆為弼信待乃說弼曰今方同
契闊須更約盟宜可當心瀝血示眾以信弼乃
從之遂大集部下弼乃踞胡牀令紹隆持刀披
心紹隆因推刃殺之傳首京師
尒朱度律榮從父弟也鄙朴少言為統軍從榮
征伐莊帝初除安西將軍光祿大夫封樂鄉縣
開國伯尋轉安北將軍朔州刺史復除軍州刺
史後加散騎常侍右衛將軍又除衛將軍左光

禄大夫兼京畿大都督榮死與世隆赴晉陽元曄之立以度律爲太尉公四面大都督封常山王與尒朱兆入洛兆還晉陽留度律鎮京師前廢帝時爲使持節侍中大將軍太尉兼尚書令東北道大行臺與仲遠出拒義旗齊獻武王間之與尒朱兆遂相疑貳自敗而還度律雖在軍戎聚斂無厭所至之處爲百姓患毒其母山氏聞度律敗遂恚憤而發病及度律至母責之曰汝既荷國恩無狀反叛我何忍見他屠戮汝也言終而卒時人怪異之後解大行臺揔隸長孫稚戰於韓陵敗還斛斯椿先據河梁度律欲攻之會大雨晝夜不止士馬疲頓弓矢不得施用遂西走於灅波津爲人擒執椿囚之送於齊獻武王王送於洛斬之都市

尒朱天光榮從祖兄子少勇決善弓馬榮親愛之每有軍戎事要常預謀策孝昌末榮將擁衆南轉與天光密議既據并肆仍以天光爲都將揔統肆州兵馬肅宗崩榮向京師以天光攝行

肆州委以後事建義初特除撫軍將軍肆州刺史長安縣開國公食邑一千戶榮將討葛榮留天光在州鎮其根本謂之曰我身不得至處非汝無以稱我心永安中加侍中金紫光禄大夫北秀容第一酋長尋轉衛將軍大將軍元天穆東征邢杲詔天光以本官爲使持節假鎮東將軍都督隸天穆討破之元顥入洛天光與天穆會榮於河内榮發之後并肆不安詔天光以本官兼尚書僕射爲并肆雲恒朔燕蔚顯汾九州行臺仍行并州委以安靜之天光至并州部分約勒所在寧輯顥破尋還京師遷驃騎將軍加散騎常侍改封廣宗郡公增邑一千戶仍爲左衛將軍建義元年夏万俟醜奴僭大號朝廷憂之乃除天光使持節都督雍岐二州諸軍事驃騎大將軍雍州刺史率大都督武衛將軍賀拔岳大都督侯莫陳悅等以討醜奴天光初行唯配軍士千人詔發京城已西路次民馬以給之時東雍赤水蜀賊斷路詔侍中楊侃先行曉慰

并徵其馬佀雖入慰勞而蜀持疑不下天光遂入
關擊破之簡取壯健以充軍士悉收其馬至雍
又税民馬合得萬餘匹以軍人寡少停留未進
榮遣責之杖天光一百榮復遣軍士二千人以
赴天光令賀拔岳率千騎先驅至岐州界長城
西與醜奴行臺尉遲菩薩相遇遂破擒之獲騎
士三千步卒萬餘醜奴棄岐州走還安定置柵
於平亭天光發雍至岐與岳合勢於汧渭之間
停軍牧馬宣言遠近曰今時將熱非可征討

魏書傳六十三　十八

待至秋涼別量進止醜奴每遣覘覘有執送
者天光寬而問之仍便放遣免者傳其待秋之
言醜奴謂以爲實分遣諸軍散營農稼在岐州
之北百里涇川使其太尉侯伏侯元進領兵五
千據險立柵且耕且守在其左右千人已下爲一
柵者乃復數處天光知其勢分遂密嚴備晡時
潛遣輕騎先行斷路以防賊知於後諸軍盡發
昧旦攻圍元進大柵拔之諸所俘執並皆放散
須史之間左右諸柵悉來歸款前去涇州百

八十里通夜徑進後日至城賊涇州刺史侯幾長
貴疑仍以城降醜奴棄平亭而走欲趨高平天
光遣岳輕騎急追明日及醜奴於平涼長平坑
一戰擒之天光明便共逼高平城内執送蕭寶
夤而降賊行臺万俟道洛率衆六千人入山不
下時高平大旱天光以馬乏草乃退於城東五
十許里息衆牧馬於是涇豳二夏北至靈州賊
黨結聚之類並來歸降天光遣都督長孫邪利
率二百人行原州事以鎮之道洛招誘城人來

魏書六十三　十九

掩襲殺邪利并其所部天光與岳悅等馳赴之
道洛出城拒戰暫交便退追殺千餘人道洛還
走入山城復降附天光遣慰喻道洛不從乃率
衆西依牽屯山據險自守榮責天光失邪利不
獲道洛復遣使杖之一百詔降爲散騎常侍撫
軍將軍雍州刺史削爵爲侯天光與岳悅等復
向牽屯討之天光身討道洛道洛戰敗率數千
騎而走追之不及遂得入隴投略陽賊帥王慶
雲慶雲以道洛驍果絕倫得之甚喜便謂大事

可圖乃自稱皇帝以道洛爲大將軍天光欲討之而莊帝頻敕榮復有書以隴中險遠兼天盛暑令待冬月而天光知其可制乃率諸軍入隴至慶雲所居永洛城慶雲道洛出城拒戰天光復射中道洛臂失弓還走破其東城賊遂併趨西城城中無水衆聚熱渴有人走降言慶雲道洛欲突出死戰天光恐失賊帥燼釁未已乃遣謂慶雲曰力屈如此可以早降若未敢決當聽諸人今夜共議明晨早報而慶雲等冀得小緩

三百三十 魏書六十三 二十

待夜突出報天光云請待明日天光因謂曰相知須水今爲小退任取河飲賊衆安悅無復走心天光密使軍人多作木槍各長七尺至黃昏時布立人馬爲防衛之勢周匝立槍要路加厚又伏人槍中備其衝突兼令密縛長梯於城北其夜慶雲道洛果便突出馳馬先進不覺至槍馬各傷倒伏兵便起同時擒獲餘衆皆出城南遇槍而止城北軍士登梯上城賊徒路窮乞降至明盡收其仗天光岳悅等議悉坑之死者万

七千人分其家口於是三秦河渭瓜涼鄯善咸來款順天光頓軍略陽詔復以天光前官爵尋加侍中儀同三司增邑至三千戶秦州城民謀殺刺史駱超超覺走歸天光天光復與岳悅等討平之南秦滑城人謀害刺史辛琛顯琛顯走赴天光天光遣師臨之徃皆尅定初賊帥夏州人宿勤明達降天光於平涼後復北走收聚部類謀爲逆攻降人叱干麒麟欲并其衆麒麟請救於天光天光遣岳討之未至明達走於東夏岳

大三百九十二 魏書傳六十三 二十一 章三

聞榮死故不追之仍還涇州以待天光天光亦下隴與岳圖入洛之策進至雍州北破叛已疑詔遣侍中朱瑞詣天光慰喻天光與岳謀欲令帝外奔別更推立乃頻啓云臣實無異心惟仰奉天顏以申宗門之罪又其下寮屬啓云天光密有異圖願思勝筭以防微意既而莊帝進天光爵爲廣宗王元曄又以爲隴西王及聞介朱兆已入京師天光乃輕騎向都見世隆等尋便還雍世隆等議廢元曄更舉親賢遣使告天光天光

與定策立前廢帝又加開府儀同三司兼尚書令關西大行臺天光北出夏州遣將討宿勤明達擒之送洛時費也頭帥紇豆陵伊利万俟受洛干等據有河西未有所附天光以齊獻武王起兵信都內懷憂恐不復北事伊利等但微遣備之而已又除大司馬於時獻武王義軍轉盛尒朱兆仲遠等既經敗退世隆累使徵天光天光不從後令斛斯椿苦要天光云非王無以能定豈可坐看宗家之滅也天光不得已而東下與

三百廿　魏書傳六十三　二十二　沈珍

仲遠等敗於韓陵斛斯椿等先還於河梁拒之天光既不得渡西北走遇雨不可前進乃執獲之與度律送於獻武王王致於洛斬於都市年三十七尒朱專恣分裂天下各據一方天光有定關西之功差不酷暴比之兆與仲遠爲不同矣

史臣曰尒朱兆之在晉陽天光之據隴右仲遠鎮捍東南世隆專秉朝政于時立君廢主易於弈棊慶賞威刑咸出於己若使布德行義憂公忘私脣齒相依同心協力則磐石之固未可圖也然是庸才志識無遠所爭唯權勢所好惟財色譬諸溪壑有甚豺狼天下失望人懷怨憤遂令勍敵得容覘間心腹內阻形影外合是以廣阿之役葉落冰離韓陵之戰土崩瓦解一旦殄滅豈不哀哉傳稱師克在和詩云貪人敗類貪而不和難以濟矣

列傳第六十三　　魏書七十五

魏傳六十三　二十三　廿

列傳第六十四　魏書七十六

盧同　張烈

盧同字叔倫范陽涿人盧玄之族孫父輔字顯
元本州别駕同身長八尺容皃魁偉善於處世
太和中起家北海王詳國常侍稍遷司空祭酒
昌黎太守尋爲營州長史仍帶郡入除河南尹
丞遷太尉屬會豫州城民白早生反都督中山
王英尚書邢巒等討之詔同爲軍司事平除兾
州鎮東府長史遭父憂解任後除司空諮議參

軍兼司馬爲營構東宮都將延昌中秦州民反
詔同兼通直常侍持節慰諭之多所降下還轉
尚書右丞進號輔國將軍以父諱不拜改授龍
驤熈平初轉左丞加征虜將軍時相州刺史奚
康生徵民歲調皆七八十尺以邀奉公之譽部
內患之同於歲禄官給長絹同乃舉按康生度
外徵調書奏詔科康生之罪兼褒同在公之績
肅宗世朝政稍衰人多竊冒軍功同閲吏部勳
書因加撿覆覈得竊階者三百餘人同乃表言

竊見吏部勳簿多皆改換乃校中兵奏按並復
乖舛臣聊爾揀練已得三百餘人明知隱而未
露者動有千數愚謂罪雖恩免猶須刋定請遣
一都令史與令僕省事各一人揔集吏部中兵
二局勳簿對勾奏按若名級相應者即於黃素
楷書大字具件階級數令本曹尚書以朱印印
之明造兩通一關吏部一留兵局與奏按對掌
進則防揩洗之僞退則無改易之理從前以來
勳書上省唯列姓名不載本屬致令竊濫之徒

輕爲苟且今請征職白民具列本州郡縣三長
之所其實官正職者亦列名貫别録歷階仰本
軍印記其上然後印縫各上所司統將都督並
皆印記然後列上行臺行臺關太尉太尉撿練
精實乃始關刺省重究括然後奏申奏出之日
黃素朱印關付吏部頃來非但偷階冒名改換
勳簿而已或一階再取或易名受級凡如此者
其人不少良由吏部無簿防塞失方何者吏部
加階之後簿不注記緣此之故易生僥倖自今

敘階之後名簿具注加補日月尚書印記然後付曹郎中別作抄自印記一如尚書郎中自掌遞代相付此制一行差止姦罔詔從之同又奏曰臣頃奏以黃素爲勳具注官名戶屬及吏部換勳之法事目三條已蒙旨許臣伏思黃素勳簿政可麤止姦僞然在軍虛詐猶未可盡請自今在軍閱簿之日行臺軍司監軍都督各明立文按處處記之斬首成一階已上即令給券一紙之上當中大書起行臺統軍位號勳人甲乙斬三賊及被傷成階已上亦具書於券各盡一行當行豎裂其券前後皆起年號日月破某處陳某官某勳印記爲驗一支付勳人一支付行臺記至京即送門下別函守錄又自遷都以來戎車屢捷所以征勳轉多敘不可盡者良由歲久生姦積年長僞巧吏階緣偷增遂甚請自今爲始諸有勳簿已經奏賞者即廣下遠近云某處勳判咸令知聞立格酬敘以三年爲斷其職人及出身限內悉令銓除實官及外號隨才加

授庶使酬勤者速申立功者勸事不經久僥倖易息或遭窮難州無中正者不在此限又勳簿之法征還之日即應申送頃來行臺督將至京始造或一年二歲方上勳書姦僞之原實自由此於今以後軍還之日便通勳簿不聽隔月詔復依行元叉之廢靈太后也相州刺史中山王熙起兵於鄴熙敗以同爲持節兼黃門侍郎慰勞使乃就州刑熙還授平東將軍正黃門營明堂副將尋加撫軍將軍光祿大夫本州大中正同善事在位爲叉所親戮熙之日深窮黨與以希叉旨論者非之又給同羽林二十人以自防衞同兄琇少多大言常云公侯可致至此始爲都水使者同啓求回身二階以加琇琇遂除安州刺史論者稱之營州城民就德興謀反除同度支尚書黃門如故持節使營州慰勞聽以便宜從事同頻遣使人皆爲賊害乃遣賊家口三十人并免家奴爲良齎書諭德興德興乃降安輯其民而還德興復反詔同以本將軍爲幽州

刺史兼尚書行臺慰勞之同慮德興難信勒衆
而往爲德興所擊大敗而還靈太后反政以同
又黨䄂除名孝昌三年除左將軍太中大夫兼左
丞爲齊兗二州行臺節度大都督李叔仁關莊
帝踐祚詔復本秩除都官尚書復兼七兵以同
前慰勞德興之功封章武縣開國伯邑四百戶
正除七兵尋轉殿中加征南將軍普泰初除侍
中進號驃騎將軍左光祿大夫同時以病彊牽
從務啓乞儀同初同之爲黄門也與前廢帝俱

在門下同異甚爲人素相款託廢帝以恩舊許
之除儀同三司餘官如故永熙初薨年五十六
贈侍中都督冀滄瀛三州諸軍事驃騎大將軍
司空公冀州刺史開國伯如故賜帛四百匹謚
曰孝穆三年復加贈尚書右僕射有四子
長子斐武定中文襄王大將軍府掾
斐弟筠青州治中
同兄靜太常丞
靜子景裕在儒林傳

張烈字徽仙清河東武城人也高祖賜名曰烈
仍以本名爲字焉高祖悕爲慕容儁尚書右僕
射曾祖恂散騎常侍隨慕容德南渡因居齊郡
之臨淄烈少孤貧涉獵經史有氣槩時青州有
崔徽伯房徽叔與烈並有令譽時人號曰三徽
高祖時入官代都歷侍御主文中散遷洛除尚
書儀曹郎彭城王勰曹史太子步兵校尉蕭寶
卷將陳顯達治兵漢南謀將入寇時順陽太守
王靑石世官江南荆州刺史廣陽王嘉慮其有

異表請代之高祖詔侍臣各舉所知互有申薦
者高祖曰此郡今當必爭之地須得堪濟之才
何容汎舉也太子步兵張烈每論軍國之事時
有會人意處朕欲用之何如彭城王勰稱贊之
遂勑除陵江將軍順陽太守烈到郡二日便爲
寶卷將崔慧景攻圍七十餘日烈撫厲將士甚
得軍人之和會車駕南討慧景遁走高祖親勞
烈曰卿定可遂能不負所寄烈拜謝曰若不值
鑾輿親駕臣將不免困於犬羊自是陛下不負

臣非臣能不負陛下高祖善其對世宗即位追録先勳封清河縣開國子邑二百戶尋以毋老歸養積十餘年頻值凶儉烈爲粥以食飢人蒙濟者甚衆鄉黨以此稱之肅宗初除龍驤將軍司徒右長史又轉征虜將軍司空長史先是元又父江陽王繼曾爲青州刺史及又當權烈託故義之懷遂相諂附除前將軍給事黄門侍郎尋加平南將軍光祿大夫後靈太后反政以烈又黨出爲鎮東將軍青州刺史于時議者以烈家産畜殖僮客甚多慮其怨望不宜出爲本州改授安北將軍瀛州刺史爲政清靜吏民安之更滿還朝因辭老還鄉里兄弟同居怡怡然爲親類所慕元象元年卒於家時年七十七烈先爲家誡千餘言并自敘志行及所歷之官臨終勑子姪不聽求贈但勒家誡立碣而已其子質奉行焉

質博學多才藝解褐奉朝請員外郎龍驤將軍諫議大夫未襲爵興和中卒於家

質弟登州主簿

烈弟僧晧字山客歷涉羣書工於談說有名於當世熙平初徵爲諫議大夫正光五年以國子博士徵之孝昌二年徵爲散騎侍郎並不赴世號爲徵君焉好營產業孜孜不已藏鏹巨万他資亦稱是兄弟自供儉約車馬瘦弊身服布裳而婢妾紈綺僧晧尤好蒱弈戲不擇人是以獲譏於世前廢帝時崔祖螭舉兵攻東陽城僧晧與同事敗死於獄籍没家産出帝初詔復業

子軌州主簿

史臣曰盧同質器洪厚卷舒兼濟張烈早標名輩氣尚見知趣捨深沈俱至顯達雅道正路其殆病諸

列傳第六十四　魏書七十六

列傳第六十五　魏書七十七

宋翻　辛雄

羊深　楊機

高崇

宋翻字飛烏廣平列人人也吏部尚書弁族弟少有操尚世人以剛斷許之世宗初起家奉朝請本州治中廣平王郎中令尋拜河陰令翻弟道璵先爲冀州京兆王愉法曹行參軍愉反逼道璵爲官翻與弟世景俱囚廷尉道璵後棄愉歸罪京師猶坐身死翻世景除名久之拜翻治書侍御史洛陽令中散大夫相州大中正猶領治書又遷左將軍南兗州刺史時蕭衍遣將先據荆山規將寇竊屬壽春淪陷賊遂乘勢徑趨項城翻遣將成僧達潛軍討襲頻戰破之自是州境怗然孝莊時除司徒左長史撫軍將軍河南尹初翻爲河陰令順陽公主家奴爲劫攝而不送翻將兵圍主宅執主壻馮穆步驅向縣時正炎暑立之日中流汗霑地縣舊有大枷時人

號曰彌尾青及翻爲縣主吏請焚之翻曰且置南牆下以待豪家未幾有內監楊小駒詣縣請事辭色不遜命取尾青以鎭之既免入訴於世宗世宗大怒勑河南尹推治其罪翻具自陳狀詔曰卿故違朝法豈不欲作威以買名翻對曰造者非臣買名者亦宜非臣所以留者非敢施於百姓欲待凶暴之徒如小駒者耳於是威振京師及爲洛陽迄於爲尹畏憚權勢更相承接故當世之名大致減損永安三年卒於位贈侍中衞將軍相州刺史出帝初重贈驃騎大將軍儀同三司尚書左僕射雍州刺史謚曰貞烈

子思遠卒於司空從事中郎

翻弟䎘字道和敦篤有志行平西將軍太中大夫

子世軌齊文襄王大將軍府祭酒

䎘弟世景在良吏傳

世景弟叔集亦有學行征東裴衍之討葛榮也表爲員外散騎侍郎引同戎役及衍敗同時遇

害
叔集弟道璵少而敏雋世宗初以才學被召與
秘書丞孫惠蔚典校羣書考正同異自太學博
士轉京兆王愉法曹行參軍臨死作詩及挽詞
詞寄之親朋以見怨痛道璵又曾贈著作佐郎
張始均詩其末章云子深懷璧憂余有當門病
道璵既不免難始均亦遇世禍時咸怪之無子
兄毓以第三子子叔繼

魏書列六十五　三

辛雄字世賓隴西狄道人父暢字幼達大將軍
諮議參軍汝南鄉郡二郡太守太和中本郡中
正雄有孝性頗涉書史好刑名廉謹雅素不妄
交友喜怒不形於色釋褐奉朝請父於郡遇患
雄自免歸晨夜扶抱及父喪居憂殆不可識爲
世所稱正始初除給事中十年不遷職乃以病
免清河王懌爲司空辟戶曹參軍攝田曹事懌
遷司徒仍隨授戶曹參軍並當煩劇諍訟填委
雄用心平直加以閑明政事經其斷割莫不悅
服懌重之每謂人曰必也無訟乎辛雄其有焉
由是名顯懌遷太尉又爲記室參軍神龜中除
尚書駕部郎中轉三公郎其年沙汰郎官唯雄
與羊深等八人見留餘悉罷遣更授李琰等先
是御史中尉東平王元匡復欲輿棺諫諍尚書
令任城王澄劾匡大不敬詔恕死爲民雄奏理
匡曰竊惟白衣元匡歷奉三朝每蒙寵遇謇諤
之性簡自帝心鷹鸇之志形於在昔故高祖錫
之以匡名陛下任之以彈糾至若茹皓昇輦匡
斥宜下之言高肇當政匡陳擅權之表剛毅忠

三·二四　魏書傳六五　四　朱玩

欵羣臣莫及骨鯁之跡朝野共知當高肇之時
匡造棺致諫主聖臣直卒以無咎假欲重造先
帝已容之於前陛下亦宜寬之於後況其元列
由緒與罪按不同也脫終貶黜不在朝廷恐杜
忠臣之口塞諫者之心乖琴瑟之至和違鹽梅
之相濟祁奚云叔向之賢可及十世而匡不免
其身實可嗟惜未幾匡除龍驤將軍平州刺史
右僕射元欽謂左僕射蕭寶夤曰至如辛郎中
才用省中諸人莫出其右寶夤曰吾聞游僕射

云得如雄者四五人共治省事足矣今日之賞何其晚哉初廷尉少卿袁翻以犯罪之人經恩競訴枉直難明遂奏曾染風聞者不問曲直推爲獄成悉不斷理詔令門下尚書廷尉議之雄議曰春秋之義不幸而失寧僭不濫僭則失罪人濫乃害善人今議者不忍罪姦吏使出入縱情令君子小人薰蕕不別豈所謂賞善罰惡殷勤隱恤者也仰尋周公不減流言之愆俯惟釋之不加驚馬之辟所以小大用情貴在得所失

之千里差在毫釐雄又執按牘數見疑訟職掌三千願言者六一曰御史所糾有注其逃走者及其出訴或爲公使本曹給過所有指如不推檢文按灼然者雪之二曰御史赦前注獲見贓不辨行賕主名檢無賂以置直之主宜應洗復三曰經栲不引傍無三證比以獄按既成因即除削或有據令奏復者與奪不同未獲爲通例又須定何如得爲證人若必須三人對見受財然後成證則於理太寬若傳聞即爲證則於理

太急今請以行賕後三人俱見物及證狀顯著準以爲驗四曰赦前斷事或引律乖錯使除復失衷雖按成經赦宜追從律五曰經赦除名之後或邀駕訴枉被旨重究或訴省稱寃爲奏更檢事付有司未被研判遂遇恩宥如此之徒謂不得異於常格依前按爲定若不合拷究已復之流請不追奪六曰或受辭下檢反覆使鞫獄證占分明理合清雪未及告按忽逢恩赦若從證占而雪則違正格如除其名罪濫潔士以爲

罪須按成雪以占定若拷未畢格及要證一人不集者不得爲占定古人雖患察獄之不精未聞知寃而不理今之所陳實士師之深疑朝夕之急務願垂察焉詔從雄議自後每有疑議雄與公卿駮難事多見從於是公能之名甚盛又爲祿養論稱仲尼陳五孝自天子至庶人無致仕之文禮記八十一子不從政九十家不從政鄭玄注云復除之然則止復庶民非公卿大夫士之謂以爲宜聽祿養不約其年書奏肅宗納

之以毋憂去任卒哭右僕射元欽奏雄起復爲
郎俄兼司州別駕加前軍將軍孝昌元年徐州
刺史元法僧以城南叛蕭衍遣蕭綜來據彭城
時遣大都督安豐王延明督臨淮王彧討之盤
桓不進乃詔雄副太常少卿元誨爲使給齊庫
刀持節乘馹催軍有違即令斬決肅宗謂雄曰
誨朕家諸子擢以親懿籌策機計仗卿取勝耳
到軍勸令並進徐州綜送降款北異州刺史侯剛
啓爲長史肅宗以雄長於世務惜不許之更除

司空長史於時諸公皆慕其名欲屈爲佐莫能
得也時諸方賊盛而南寇侵境山蠻作逆肅宗
欲親討以荊州爲先詔雄爲行臺左丞與前軍
臨淮王彧東趣葉城別將裴衍西通鵶路衍稽
留未進彧師已次汝濱北溝求救彧以處分
道別不欲應之雄曰今裴衍未至王士衆已集
蠻左唐突撓亂近畿梁汝之間民不安業若不
時撲滅更爲深害王秉麾閫外唯利是從見可
而進何必守道苟安社稷理可專裁所謂臣率

義而行不待命者也或恐後有得失之責要雄
符下雄以駕將親伐蠻夷必懷震動乘彼離心
無往不破遂符彧軍令速赴擊賊聞之果自走
散在軍上疏曰凡人所以臨堅陳而忘身觸白
刃而不憚者一則求榮名二則貪重賞三則畏
刑罰四則避禍難非此數事雖聖王不能勸其
臣慈父不能厲其子明主深知其情故賞必行
罰必信使親疎貴賤勇怯賢愚聞鍾鼓之聲見
旌旗之列莫不奮激競赴敵場豈厭久生而樂

早死也利害懸於前欲罷不能耳自秦隴逆節
將歷數年蠻左亂常稍已多載凡在戎役數
万人三方師衆敗多勝少跡其所由不明賞罰
故也陛下欲天下之早平愍征夫之勤悴乃降
明詔賞不移時然兵將之勳歷稔不決亡軍之
卒晏然在家致令節士無所勸慕庸人無所畏
懾進而擊賊死交而賞賒退而逃散身全而無
罪此其所以望敵奔沮不肯進力者矣若重發
明詔更量賞罰則軍威必張賊難可殄臣聞必

不得已去食就信以此推之信不可斯須廢也
賞罰陛下之所易尚不能全而行之攻敵士之
所難欲其必死寧可得也臣既庸弱忝當戎使
職司所見輒敢上聞惟陛下審其可否會右丞
闕肅宗詔僕射城陽王徽舉人徽遥舉雄仍除
輔國將軍尚書右丞尋轉吏部郎中遷平東將
軍光禄大夫郎中如故上疏曰帝王之道莫尚
於安民安民之本莫加於禮律禮律既設擇賢
而行之天下雍熙無非任賢之功也故虞舜之

盛穆穆標美文王受命濟濟以康高祖孝文皇
帝天縱大聖開復典謨選三代之異禮採二漢
之典法端拱而四方安刑措而兆民治世宗重
光繼軌每念聿修官人有道万里清謐陛下劬
勞日昃躬親庶政求瘼恤民無時暫憩而黔首
紛然兵車不息以臣愚見可得而言自神龜末
來專以停年爲選士無善惡歲久先叙職無劇
易名到授官執按之吏以差次日月爲功能銓
衡之人以簡用老舊爲平直且庸劣之人莫

不貪鄙委斗筲以共治之重託碩鼠以百里之
命皆貨賄是求肆心縱意禁制雖煩不勝其欲
致令徭役不均發調違謬箕斂盈門囚執滿道
二聖明詔寢而不遵畫一之法懸而不用自此
夷夏之民相將爲亂豈有餘憾哉蓋由官授不
得其人百姓不堪其命故也當今天下黔黎久
經寇賊父死兄亡子弟淪陷流離艱危十室而
九白骨不收孤煢靡恤財殫力盡無以卒歲宜
及此時早加慰撫蓋助陛下治天下者惟在守

令最須簡置以康國道但郡縣選舉由來共輕
貴遊儁才莫肯居此宜改其弊以定官方請上
等郡縣爲第一清中等爲第二清下等爲第三
清選補之法妙盡才望如不可並後地先才不
得拘以停年竟無銓革三載黜陟有稱者補在
京名官如前代故事不歷郡縣不得爲內職則
人思自勉上下同心枉屈可申彊暴自息刑政
日平民俗奉化矣復何憂於不治何恤於逆徒
也竊見今之守令清慎奉治則政平訟理有非

其才則綱維荒穢伏願陛下暫留天心校其利害則臣言可驗不待終朝昔杜畿寬惠河東無警蘇則分糧金城剋復略觀今古風俗遷訛罔不任賢以相化革朝任夕治功可立待若遵常習故不明選典欲以靜民便恐無日書奏會肅宗崩初蕭寶夤在雍州起逆城人侯衆德等討逐之多蒙爵賞武泰中詔雄兼尚書爲關西賞勳大使未行之間會爾朱榮入洛及河陰之難人情未安雄潛竄不出莊帝欲以雄爲尚書門

下奏曰辛雄不出存亡未分莊帝曰寧失亡而用之不可失存而不用也遂除度支尚書加安南將軍元顥入洛也北中郎將楊侃從駕北出莊帝以侃爲度支尚書及乘輿反洛復召雄上雄面辭曰臣不能死事俛眉從賊乃是朝廷罪人縱陛下不賜誅罰而北來尚書勳高義重臣宜避賢路莊帝曰卿且還本司朕當別有處分遂解侃尚書未幾詔雄以本官兼侍中關西慰勞大使將發請事五條一言逋懸租調宜悉不徵

二言簡罷非時徭役以紓民命三言課調之際使豐儉有殊令州郡量檢不得均一四言兵起歷年死亡者衆或父或子辛酸未歇見存者老請假板職悅生者之意慰死者之魂五言喪亂既久禮儀罕習如有閨門和穆孝悌卓然者宜表其門閭仍啓曰臣聞王者愛民之道有六一曰利之二曰成之三曰生之四曰與之五曰樂之六曰喜之使民不失其時則成之也省刑罰則生之也薄賦斂則與之也無多徭役則樂

之也吏靜不苛則喜之也伏惟陛下道邁前王功超往代敷春風而鼓俗旌至德以調民生之養之正當茲日悅近來遠亦是今時臣既忝將命宣揚聖澤前件六事謂所宜行若不除煩收疾惠孤恤寡便是徒乘官駟虛號王人往還有費於郵亭皇恩無遠於民俗謹率愚管敢以陳聞乞垂覽許莊帝從之因詔民年七十者授縣八十者授郡九十加四品將軍百歲從三品將軍三年遷鎮南將軍都官尚書行河南尹普泰

時爲鎮軍將軍殿中尚書又加衛將軍右光祿
大夫秦州大中正太昌中又除殿中尚書兼吏
部尚書尋除車騎大將軍左光祿大夫仍尚書
永熙二年三月又兼吏部尚書於時近習專恣
請託不已雄懼其讒慝不能確然守正論者頗
譏之出帝南狩雄兼左僕射留守京師永熙末
兼侍中帝入關右齊獻武王至洛於永寧寺集
朝士責讓雄及尚書崔孝芬劉欽楊機等曰爲
臣奉主扶危救亂若處不諫諍出不陪隨緩

魏列六十五　十三

則耽寵急便竄避臣節安在諸人默然不能對
雄對曰當主上信狎近臣雄等不與謀議及乘
輿西邁若即奔隨便恐跡同佞黨留待大王便
以不從蒙責雄等進退如此不能自委溝壑實
爲慙負王復責曰卿等備位納言當以身報國
不能盡忠依附諂佞未聞卿等諫諍一言使國
家之事忽至於此罪欲何歸也乃誅之時年五
十沒其家口二子士璨士貞逃入關中
雄從父兄纂字伯將學涉文史溫良雅正初爲

兗州安東府主簿與祕書丞同郡李伯尚有舊
伯尚與咸陽王禧同逆逃竄投纂事覺坐免官
積十餘年除奉朝請稍轉太尉騎兵參軍每爲
府主清河王懌所賞及欲定考懌曰辛騎兵有
學有才宜爲上第轉越騎校尉尚書令李崇北
伐蠕蠕引爲録事參軍臨淮王彧北征以纂隨
崇有稱啓爲長史及廣陽王淵北伐又引爲長
史尋拜諫議大夫雅爲彧所稱歎屢在朝廷薦
舉之蕭衍遣將曹義宗攻新野詔纂持節兼尚

大三八廿四　魏書傳六十五　十四

書左丞南道行臺率衆赴援至便破之義宗等
以其勁速不敢復進於時海內多虞京師更無
繼援惟以二千餘兵捍禦疆埸又詔爲荆州軍
司除驍騎將軍加輔國將軍纂善撫將士人多
用命賊甚憚之會肅宗崩諱至咸以對敵欲祕
凶問纂曰安危在人豈關是也遂發喪號哭三
軍縞素還入州城申以盟約尋爲義宗所圍相
率固守莊帝即位除通直散騎常侍征虜將軍
兼尚書仍行臺後大都督費穆擊義宗擒之入

城因舉酒屬暹纂曰微辛行臺之在斯吾亦無由
建此功也入朝言於莊帝稱纂固節危城宜蒙
爵賞以勸將來帝乃下詔慰勉之尋除持節平
東將軍中郎將賜絹五十匹金裝刀一口永安
二年元顥乘勝卒至城下尒朱世隆狼狽退還
城内空虛遂爲顥擒及莊帝還宮纂謝不守之
罪帝曰於時朕亦北巡東軍不守豈卿之過還
鎮虎牢俄轉中軍將軍滎陽太守民有姜洛生
康乞得者舊是太守鄭仲明左右豪猾偷竊境
內爲患纂伺捕擒獲梟於郡市百姓忻然加鎮

三百二十　魏傳六十五　十五

東將軍太昌中除左光禄大夫纂僑寓洛陽乃
爲河南邑中正永熙三年除使持節河內太守
齊獻武王赴洛兵集城下纂出城謁王曰纂受
詔於此本有禦防大王忠貞王室扶奬顛危纂
敢不匍匐王曰吾志去姦佞以康國道河內此
言深得王臣之節因命前侍中司馬子如曰吾
行途疲敝大宜代吾執河內手也便入洛九月行
西荆州事兼尚書南道行臺尋正刺史時蠻酋

樊五能破析陽郡應宇文黑獺纂議欲出軍討
之纂行臺郎中李廣諫曰析楊四面無民唯一
城之地耳山路深險表裏羣蠻今若少遣軍則
力不能制賊多遣則減徹防衛根本虛弱脫不
如意便大挫威名人情一去州城難保纂曰豈
得縱賊不討令其爲患曰深廣曰今日之事唯
須万全且慮在心腹何暇疥癬聞臺軍已破洪
威計不久應至公但約勤屬城使各修完壘壁
善撫百姓以待救兵雖失析陽如棄雞肋纂曰
卿言自是一途我意以爲不爾遂遣兵攻之不

三百十　魏書六十五　十六　孫

剋而敗諸將因亡不返城人又密招西賊黑獺
遣都督獨孤如願率軍潛至突入州城遂至廳
閤纂左右惟五六人短兵接戰爲賊所擒遂害
之贈都督定殷二州諸軍事驃騎大將軍尚書
左僕射司徒公定州刺史
子子炎武定中博陵太守
雄從祖曇護以謹厚見稱卒於并州州都
子熾武定中衛將軍右光禄大夫

雄族祖琛字僧貴父敬宗延興中代郡太守琛少孤曾過友人見其父母兄弟悉無恙垂涕久之釋褐奉朝請滎陽郡丞太守元麗性頗使酒琛每諫之麗後醉輒令閉閤曰勿使丞入也高祖南征麗從輿駕詔琛曰委卿郡事如太守也景明中爲伏波將軍濟州輔國府長史轉奉車都尉出爲揚州征南府長史刺史李崇多事產業琛每諍折崇不從遂相糾舉詔並不問後加龍驤將軍帶南梁太守崇因置酒謂琛曰長史

後必爲刺史但不知得上佐何如人耳琛對曰若万一叨忝得一方正長史朝夕聞過是所願也崇有慙色卒於官琛寬雅有度量涉獵經史喜愠不形於色當官奉法在所有稱

長子悠字元壽早有器業爲侍御史監揚州軍賊平録勳書時崇猶爲刺史欲寄人名悠不許崇曰我昔值其父今復逢其子早卒

悠弟俊字叔義有文才東益州征虜府外兵參軍府主魏子建爲山南行臺以爲郎中有軍國機斷還京於滎陽爲人劫害贈征虜將軍東秦州刺史

俊弟術武定末散騎常侍

術弟休字季令

休弟脩字季緒俱有學尚亦早卒時人傷惜之

琛族子珍之少有氣力太尉鎧曹行參軍稍遷中堅將軍司徒録事參軍廣州大中正丁憂去任尋起爲汝北太守永安中司空諮議參軍通直常侍永熙中襄城太守天平初洛州以南人

情駭懼勑爲大使持節慰諭廣洛二州三年除征東將軍行陽平郡事郡民路黑奴起逆攻郡爲黑奴所執諸賊勸殺之黑奴曰成敗未可知何爲先殺太守也乃將珍之自隨待遇以禮右衛將軍郭瓊討平黑奴乃得免興和中爲衛將軍司徒司馬武定三年除驃騎將軍北海太守還爲儀同開府長史兼光祿少卿未幾詔珍之持節爲廣洛北荊揚雍襄六州慰勞大使北荊鎮城行廣州事招納有稱齊文襄王遣書慰勉

賜以衣帛尋勑行平州卒於官贈驃騎大將軍
洛州刺史謚曰恭
子懿武定末開府鎧曹參軍
羊深字文淵太山平陽人梁州刺史祉第二子
也早有風尚學涉經史好文章兼長几案少與
隴西李神儁同志相友自司空府記室參軍轉
輕車將軍尚書騎兵郎尋轉駕部加右軍將軍
于時沙汰郎官務精才實深以才堪見留在公
明斷尚書僕射崔亮吏部尚書甄琛咸敬重之

肅宗行釋奠之禮講孝經儒生之中獨蒙引聽
時論美之正光末北地人車金雀等帥羌胡反
叛高平賊宿勤明達寇豳夏諸州北海王顥爲
都督行臺討之以深爲持節通直散騎常侍行
臺左丞軍司仍領郎中顥敗還京頃之遷尚書
左丞加平東將軍光祿大夫蕭寶夤反攻圍華
州王平薛鳳賢等聚衆作逆勑深兼給事黃門
侍郎與大行臺僕射長孫稚共會潼關規模進
止事平以功賜爵新泰男靈太后曾幸邛山集

僧尼齋會公卿盡在座會事將終太后引見深
欣然勞問之深謝曰臣荷國厚恩世荷榮遇寇
難未平是臣憂責而隆私忽被犬馬知歸太后
顧謂左右曰羊深眞忠臣也舉坐傾心孝昌末
徐方多事以深爲東道慰勞使即爲二徐行臺
莊帝踐祚除安東將軍太府卿又爲二兗行臺
深處分軍國損益隨機亦有時譽初介朱榮殺
害朝士深第七弟侃爲太山太守性麤武遂率
鄉人外託蕭衍深在彭城忽得侃書招深同逆

深慨然流涕斬侃使人并書表聞莊帝乃下詔
曰羊侃作逆震務起瑕丘擁集不逞扇擾疆埸傾
宗之禍侃乃自貽累世之節一朝毀汙羊深血
誠奉國秉操罔貳聞弟猖勃自劾請罪此之丹
款實戢于懷且叔向復位春秋稱美深之慷慨
氣同古人忠烈遠彰赤心已著可令還朝面受
委勑乃歸京師除名久之除撫軍將軍金紫光
祿大夫元顥入洛以深兼黃門郎顥平免官後
拜大鴻臚卿普泰初遷散騎常侍衛將軍右光

祿大夫監起居注自天下多事東西二省官員委積前廢帝勑深與常侍盧道虔元晏元法壽選人補定自奉朝請以上各有沙汰尋兼侍中廢帝甚親待之是時膠序廢替名教陵遲深乃上疏曰臣聞崇禮建學列代之所修尊經重道百王所不易是以均塾洞啓昭明之頌載揚膠序大闢都穆之詠斯顯伏惟大魏乘乾統物欽若奉時模唐軌虞率由前訓重以高祖繼聖垂衣儒風載蔚得才之盛如彼薪楢固以追隆周而並驅駕炎漢而獨邁宣皇下武式遵舊章用

三百二十四 魏傳六十五 二十一 刘昭

能揄揚盛烈聿修厥美自茲已降世極道消風猷稍遠澆薄方競退讓寂寥馳競靡節進必吏能外非學藝是使刀筆小用計日而期榮專經大才甘心於陋巷然治之爲本所貴得賢苟值其人豈拘常檢三代兩漢異世間出或釋褐中林鬱登卿尹或投竿釣渚徑外公相事炳丹青義在往策彼哉邈乎不可勝紀竊以今之所用弗修前矩至如當世通儒冠時盛德見徵不過

四門登庸不越九品以此取士求之濟治譬猶却行以及前之燕而向楚積習之不可者其所由來漸矣昔魯興泮宮頌聲爰發鄭廢學校國風以譏將以納民軌物莫始於經禮蓋藝見于義光於篇什自兵亂以來垂將十載干戈日陳俎豆斯闕四海荒凉民物凋敝名教頓虧風流殆盡世之陵夷可爲歎息陛下中興纂曆理運惟新方隅稍康實惟文德但禮賢崇讓之科沿世未備還淳反樸之化起言斯繆夫先黃老而退六經史遷終其成蠹貴玄虛而賤儒術應氏

魏書傳六十五 二十二 方中

所以亢言臣雖不敏敢忘前載且魏武在戎尚修學校宣尼確論造次必儒臣愚以爲宜重修國學廣延胄子使函丈之教日聞釋奠之禮不闕并詔天下郡國興立儒教考課之程咸依舊典苟經明行修宜擢以不次抑斗筲喋喋之才進大雅汪汪之德博收鴻生以光顧問繫維奇異共精得失使區寰之內競務仁義之風荒散之餘漸知禮樂之用豈不美哉臣誠闇短敢慕

前訓用稽古義上塵聽覽伏願陛下垂就日之監齊非煙之化儻以臣言可採乞特施行廢帝善之出帝初拜中書令頃之轉車騎大將軍左光禄大夫永熙三年六月以深兼御史中尉東道軍司及出帝入關深與樊子鵠等同逆於兖州子鵠署深爲齊州刺史於太山博縣商王村結壘招引山齊之民天平二年正月大軍討破之於陳斬深

子肅武定末儀同開府東閤祭酒

楊機字顯略天水冀人祖伏恩郡功曹赫連屈丐時將家奔洛陽因以家焉機少有志節爲士流所稱河南尹李平元暉並召署功曹暉尤委以郡事或謂暉曰弗躬弗親庶人弗信何得委事於機高臥而已暉曰吾聞君子勞於求士逸於任賢故前代有坐嘯之人主諾之守吾既委得其才何爲不可由是聲名更著解褐奉朝請於時皇子國官多非其人詔選清直之士機見舉爲京兆王愉國中尉愉甚敬憚之遷給事中伏波將軍廷尉評延昌中行河陰縣事機當官正色不避權勢明達政事斷獄以情甚有聲譽平東將軍荊州刺史楊大眼啓爲其府長史熙平中爲涇州平西府長史尋授河陰令轉洛陽令京輦伏其威風希有干犯凡訴訟者一經其前後皆識其名姓并記事理世咸異之遷鎮軍將軍司州治中轉別駕荊州蠻叛兼尚書左丞南道行臺討之還除中散大夫復爲別駕州牧高陽王雍事多委機出除清河内史轉左將軍河北太守並有能名建義初拜平南將軍光禄大夫兼廷尉卿又除安南將軍司州別駕未幾行河南尹轉廷尉卿徙衛尉卿出除安西將軍華州刺史永熙中衛將軍右光禄大夫尋除度支尚書機方直之心久而彌厲奉公正已爲時所稱家貧無馬多乘小犢車時論許其清白與辛雄等並誅年五十九

子毗羅解褐開府參軍事卒於鎮遠將軍

機兄順字元信渠郡太守

順子僧靜武定中太中大夫
機兄子虬少有公幹頻爲司州記室戶曹從事
早卒
高崇字積善勃海蓨人四世祖撫晉永嘉中與
兄顧避難奔於高麗父潛顯祖初歸國賜爵開
陽男居遼東詔以沮渠牧犍女賜潛爲妻封武
威公主拜駙馬都尉加寧遠將軍卒崇少聰敏
以端謹見稱徵爲中散稍遷尚書三公郎家資
富厚僮僕千餘而崇志尚儉素車馬服翫充事

而已自修潔與物無競初崇舅氏坐事誅公主
痛本生絕胤遂以崇繼牧犍後改姓沮渠景明
中啓復本姓襲爵遷領軍長史伏波將軍洛陽
令爲政清斷吏民畏其威風每有發摘不避彊
禦縣内肅然朝廷方有遷授會病卒年三十七
贈漁陽太守永安二年復贈征虜將軍滄州刺
史謚曰成初崇謂友人曰仲尼四科德行爲首
人能立身約己不忘典訓斯亦足矣故吾諸子

關

子謙之字道讓少事後母李以孝聞李亦撫育
過於己生人莫能辨其兄弟所出同異論者兩
重之及長屏絕人事專意經史天文筭曆圖緯
之書多所該涉日誦數千言好文章留意老易
襲爵釋褐奉朝請加宣威將軍轉奉車都尉廷
尉丞正光中尚書左丞元孚慰勞蠕蠕反被拘
留及蠕蠕大掠而還置孚歸國事下廷尉卿及
監以下謂孚無坐惟謙之以孚辱命　以流罪
尚書同卿執詔可謙之奏孝昌初行河陰縣令

先是有人囊盛瓦礫指作錢物詐市人馬因逃
去詔令追捕必得以聞謙之乃偽枷一囚立於
馬市宣言是前詐市馬賊今欲刑之密遣腹心
察市中私議者有二人相見忻然曰無復憂矣
執送按問具伏盜馬徒黨悉獲并出前後盜竊
之處資貨甚多遠年失物之家各來得其本物
具以狀奏尋詔除寧遠將軍正河陰令在縣二
年損益治體多爲故事弟道穆爲御史在公亦
有能名世美其父子兄弟並著當官之稱舊制

二縣令得面陳得失時倖幸之輩惡其有所發聞遂共奏罷謙之乃上䟽曰臣以無庸謬宰神邑實思奉法不撓稱是官方酬朝廷無貲之恩盡人臣守器之節但豪家支屬戚里親媾縲紲所及舉目多是皆有盜憎之色咸起怨上之心縣令輕弱何能克濟先帝昔發明詔得使面陳所懷臣亡父先臣崇之爲洛陽令常得入奏是非所以朝貴斂手無敢干政近日以來此制遂寢致使神宰威輕下情不達今二聖遠遵堯舜

魏書傳六十五　二十七　朱通

憲章高祖愚臣望策其駑蹇少立功名乞新舊典更明往制庶姦豪知禁頗自屏心詔曰此啓深會朕意付外量聞謙之又上䟽曰臣聞夏德中微少康成克復之主周道將廢宣王立中興之功則知國無常安世無恒弊唯在明主所以變之有方化之有道耳自正光已來邊城屢擾命將出師相繼於路軍費戎資委輸不絶至如弓格賞募咸有出身槊刺斬首又蒙階級故四方壯士願征者多各各爲己公私兩利若使軍

必得其人賞勳不失其實則何賊不平何征不捷也諸守帥或非其才多遣親者妄稱入募别倩他人引弓格虛受征官身不赴陳惟遣奴客充數而已對寇臨敵曾不彎弓則是王爵虛加征夫多闕賊虜何可殄除忠貞何以勸誡也且近習侍臣戚屬朝士請託官曹擅作威福如有清貞奉法不爲回者咸共譖毁横受罪罰在朝顧望誰肯申聞蔽上擁下虧風壞政使讒諂甘心忠讜息義況且頻年以來多有徵發民不

魏書傳六十五　二十八

堪命動致流離苟保妻子競逃王役不復顧其桑井憚比刑書正由還有必困之理歸無自安之路若聽歸其本業徭役微甄則還者必衆墾田增闢數年之後大獲課民今不務以理還之但欲嚴符切勒恐數年之後走者更多安業無幾故有國有家者不患民不我歸唯患政之不立不恃敵不我攻唯恃吾不可侮此乃千載共遵百王一致且琴瑟不韻知音改弦更張騑驂未調善御執轡成組諺云迷而知反得道不遠

此言雖小可以諭大陛下一日万機事難周覽元凱結舌莫肯明言臣雖庸短世受榮禄竊慕前賢匪躬之義不避斧鉞之誅以希一言之益伏願少垂覽察略加推採使朝章重舉軍威更振海内起惟新之歌天下見復禹之績則臣奏之後笑入下泉靈太后得其疏以責左右近侍諸寵要者由是疾之乃啓太后云謙之有學藝宜在國學以訓冑子詔從之除國子博士謙之與袁飜常景酈道元温子昇之徒咸申款舊好

魏書列傳六十五　二十九

於贍恤言諾無虧居家僮隸對其兒不撻其父母生三子便免其一世無髡黥奴婢常稱俱稟人體如何殘害以父舅氏沮渠蒙遜曾據涼土國書漏闕謙之乃修涼書十卷行於世涼國盛事佛道爲論貶之因稱佛是九流之一家當世名士競以佛理來難謙之還以佛義對之竟不能屈以時所行歷多未盡善乃更改元修撰爲一家之法雖未行於世議者歎其多能於時朝議鑄錢以謙之爲鑄錢都將長史乃上表求鑄

三銖錢曰蓋錢貨之立本以通有無便交易故錢之輕重世代不同太公爲周置九府圜法至景王時更鑄大錢秦兼海内錢重半兩漢興以秦錢重改鑄榆莢錢至文帝五年復爲四銖孝武時悉復銷壞更鑄三銖至元狩中變爲五銖又造赤仄之錢以一當五王莽攝政錢有六等大錢重十二銖次九銖次七銖次五銖次三銖次一銖魏文帝罷五銖錢至明帝復立孫權江左鑄大錢一當五百權赤烏年復鑄大錢一當

魏列傳六十五　三十

千輕重大小莫不隨時而變竊以食貨之要八政爲首聚財之貴詒訓典文是以昔之帝王乘天地之饒御海内之富莫不腐紅粟於太倉藏朽貫於泉府儲畜既盈民無困敝可以寧謐四極如身使臂者矣昔漢之孝武地廣財豐外事四戎遂虚國用於是草萊之臣出財助國興利之計納稅廟堂市列榷酒之官邑有告緡之令鹽鐵既興錢幣屢改少府遂豐上林饒積外闢百蠻内不增賦者皆計利之由也今羣妖未息

四郊多壘徵稅既煩千金日費資儲漸耗財用將竭誠楊氏獻說之秋桑兒言利之日夫以西京之盛錢猶屢改並行小大子母相權況今寇難未除州郡淪敗民物凋零軍國用少別鑄小錢可以富益何損於政何妨於人也且政興不以錢大政衰不以錢小惟貴公私得所政化無虧既行之於古亦宜效之於今矣昔禹遭大水以歷山之金鑄錢救民之困湯遭大旱以莊山之金鑄錢贖民之賣子者今百姓窮悴甚於曩

日欽明之主豈得垂拱而觀之哉臣今此鑄以濟交乏五銖之錢任使並用行之無損國得其益穆公之言於斯驗矣臣雖術愧計然識非心筭暫充錢官頗覩其理苟有所益不得不言脫以爲疑求下公卿博議如謂爲允即乞施行詔將從之事未就會卒　初謙之弟道穆正光中爲御史糾相州刺史李世哲事大相挫辱其家恒以爲憾至是世哲弟神軌爲靈太后深所寵任直謙之家僮訴良神軌左右之入諷尚書判禁

謙之於廷尉時將赦神軌乃啓靈太后發詔於獄賜死時年四十二朝士莫不哀之所著文章百餘篇別有集録永安中贈征虜將軍營州刺史謚曰康文除一子出身以明寃屈謙之妻中山張氏明識婦人也教勸諸子從師受業常誡之曰自我爲汝家婦未見汝父一日不讀書汝等宜各修勤勿替先業

謙之長子子儒字孝禮元顥入洛其叔道穆從駕北巡子儒後踰河至行宮莊帝見之具訪洛

中事意子儒備陳元顥敗在旦夕帝謂道穆曰卿初來日何故不與子儒俱行對曰臣家百口在洛須其經營且欲其今日之來知京師後事帝曰子儒非直合卿本懷亦大慰朕意仍授秘書郎中轉通直郎後除安東將軍光祿大夫司徒中兵參軍兼祭酒襲爵興和初除兼殿中侍御史時四方多有流民子儒爲梁州北豫西兖三州檢戶使所獲甚多後以公事去官武定六年卒時年四十一

子儒弟緒字叔宗明悟好學謙之常謂人曰興
吾門者當是此兒及長涉獵書傳好文詠司空
行參軍轉長流參軍除鎮遠將軍冀州儀同府
中兵參軍爲府主封隆之所賞隆之行梁州濟
州引自隨恒令攝數郡武定三年卒年三十
二
緒弟孝貞武定中司徒士曹參軍
孝貞弟孝幹司空東閤祭酒
謙之弟恭之字道穆行字於世學涉經史非名

流儁士不與交結幼孤事兄如父每謂人曰
人生厲心立行貴於見知當使夕脫羊裘朝佩
珠玉者若時不我知便須退迹江海自求其志
御史中尉元匡高選御史道穆奏記於匡曰道
穆生自蓬簷長於陋巷頗獵群書旦無純碩之德
尚好章詠之跐掞之工雖欲厠影髦徒班名俊
伍其可得哉然凝明獨斷之主雄才不世之君
無藉朽株之資求人屠釣之下不牽閭投之誚
取士商歌之中是以聞英風而慷慨望雲路而

低佪者天下皆是也若得身隸繡衣名充直指
雖謝周生騎上之敏實有茅氏就鑊之心匡大
喜曰吾久知其人適欲召之遂引爲御史其所
糾摘不避權豪臺中事物多爲匡所顧問道穆
曾進說於匡曰古人有言罰一人當取千万人
懼豺狼當道不問狐狸明公荷國重寄宜使天
下知法匡深然之正光中出使相州刺史李世
哲即尚書令崇之子貴盛一時多有非法逼買
民宅廣興屋宇皆置鴟尾又於馬埒堠上爲木

人執節道穆繩糾悉毀去之并發其贓貨具以
表聞又尒朱榮討蠕蠕道穆監其軍事榮甚憚
之還除奉朝請俄除太尉鎧曹參軍蕭寶夤西
征以道穆爲行臺郎中軍機之事多以委之大
都督崔延伯敗後賊勢轉彊屢請益兵朝廷不
許寶夤謂道穆曰非卿一行兵無益理遂令乘
傳赴洛靈太后親問賊勢道穆具以狀對太后
怒曰比來使人皆言賊弱卿何獨云其彊也道
穆曰前使不實者當是畏陛下恩顏望霑爵賞

臣既忝使人不敢虛妄願令近臣親檢足知虛實事訖當反遇病不行後屬兄謙之被害情不自安遂託身於莊帝帝時爲侍中特相欽重引居第中深相保護俄而帝以兄事見出道穆懼禍乃攜家趣濟陰變易姓名往來於東平畢氏以避時難莊帝即位徵爲尚書三公郎中加寧朔將軍尋兼吏部郎中與薛曇尚書使晉陽授介朱榮職賜爵龍城侯九月除太尉長史領中書舍人遭母憂去職帝令中書舍人溫子昇

魏傳六十五　三十五

就宅弔慰詔攝本任表辭不許三年加前軍將軍及元顥逼虎牢城或勸帝赴關西者帝以問道穆道穆對曰關中今日殘荒何由可往臣謂元顥兵衆不多乘虛深入者由國家將帥征捍不得其人耳陛下若親率宿衛高募重賞背城一戰臣等竭其股肱之力破顥孤軍必不疑矣如恐成敗難測非万乘所履便宜車駕北渡循河東下徵大將軍天穆合於滎陽向虎牢別徵介朱王軍令赴河内以掎角之旬月之閒何往

不尅臣竊謂万全之計不過於此帝曰高舍人語是其夜到河内郡北未有城守可依帝命道穆秉燭作詔書數十紙布告遠近於是四方知乘輿所在除中軍將軍給事黃門侍郎安喜縣開國公食邑千戶於時介朱榮欲回師待秋道穆謂榮曰元顥以蕞爾輕兵奄據京洛使乘輿飄露人神恨憤主憂臣辱良在於今大王擁百万之衆輔天子而令諸侯自可分兵河畔縛筏造船處處遣渡徑擒羣賊復主宮闕此桓文之舉也且一日縱敵數世之患今若還師令顥重

魏傳六十五　三十六

完守具徵兵天下所謂養虺成蛇悔無及矣榮深然之曰楊黃門㑹已陳此計當更議決耳及莊帝反政因宴次謂介朱榮曰前若不用高黃門計則社稷不安可爲朕勸其酒令醉榮對曰臣本北征蠕蠕高黃門與臣作監軍臨事能決實可任用除征南將軍金紫光祿大夫兼御史中尉尋即眞仍兼黃門道穆外秉直繩內參機密凡是益國利民之事必以奏聞諫諍極言無

所顧憚選用御史皆當世名輩李希宗李繪陽休之陽斐封君義邢子明蘇淑宋世良等四十人於時用錢稍薄道穆表曰四民之業錢貨爲本救弊改鑄王政所先自頃以私鑄薄濫官司糾繩挂網非一在市銅價八十一文得銅一斤私造薄錢斤餘二百既示之以深利又隨之以重刑罹罪者雖多姦鑄者彌衆今錢徒有五銖之文而無二銖之實薄甚榆莢上貫便破置之水上殆欲不沉此乃因循有漸科防不切朝廷

三卅 魏書傳六十五 三十七 楊采

之愆彼復何罪昔漢文帝以五分錢小改鑄四銖至武帝復改三銖爲半兩此皆以大易小以重代輕也論今據古宜改鑄大錢文載年號以記其始則一斤所成止七十六文銅價至賤五十有餘其中人功食料錫炭鉛沙縱復私營不能自潤直置無利自應息心況復嚴刑廣設也以臣測之必當錢貨永通公私獲允後遂用楊侃計鑄永安五銖錢僕射尒朱世隆當朝權盛因內見衣冠失儀道穆便即彈糾帝姊壽陽公

主行犯清路執赤棒卒呵之不止道穆令卒棒破其車公主深以爲恨泣以訴帝帝謂公主曰高中尉清直之人彼所行者公事豈可私恨責之也道穆後見帝帝曰一日家姊行路相犯極以爲愧道穆免冠謝曰臣蒙陛下恩守陛下法不敢獨於公主虧朝廷典章以此負陛下帝曰朕以愧卿卿反謝朕尋敕監儀注又詔曰祕書圖籍所在內典書又加繕寫緗素委積蓋有年載出內繁蕪多致零落可令御史中尉兼給

三三十 魏書六十五 三十八 張成

事黃門侍郎道穆總集帳目并牒儒學之士編比次第道穆又上疏曰臣聞舜命皐陶姦宄是託禹泣辜人堯心爲念所以舉直措枉事切曩賢明德慎罰議在先典高祖太和之初置廷尉司直論刑辟是非雖事非古始交濟時要所謂禮樂互興不相沿襲者矣臣以無庸忝當今任所思報效未忘寢興但識謝知今業慙稽古未能進一言以利國說一策以興邦索米長安豈不知愧至於職司其憂猶望僶俛竊見御史出

使悉受風聞雖時獲罪人亦不無枉濫何者得堯之罰不能不怨守令爲政容有愛憎姦猾之徒恒思報惡々有妄造無名共相誣謗御史一經檢究恥於不成杖木之下以虛爲實無罪不能自雪者豈可勝道哉臣雖愚短守不假器繡衣所指冀以清肅若仍踵前失或傷善人則尸祿之責無所逃罪所以夙夜爲憂思有悛革如臣鄙見請依太和故事還置司直十人名隸廷尉秩以五品選歷官有稱心平性正者爲之御史

三十九　魏書六十五　三百三十

若出糾劾即移廷尉令知人數廷尉遣司直與御史俱發所到州郡分居別館御史檢了移付司直覆問事訖與御史俱還中尉彈聞廷尉科按一如舊式庶使獄成罪定無復稽寬爲惡取敗不得稱枉若御史司直糾劾失實悉依所斷獄罪之聽以所檢迭相糾發如二使阿曲有不盡理聽罪家詣門下通訴別加按檢如此則肺石之傍怨訟可息叢棘之下受罪吞聲者矣詔從之復置司直及尒朱榮之死也帝召道穆付

赦書令宣於外因謂之曰自今日後當得精選御史矣先是榮等常欲以其親黨爲御史故有此詔及尒朱世隆等率其部類戰於大夏門北道穆受詔督戰又贊成太府卿李苗斷橋之計世隆等於是北遁加衛將軍假車騎將軍大都督兼尚書右僕射南道大行臺又除車騎將軍餘官如故時雖外託征蠻而帝恐北軍不利欲爲南巡之計未發會尒朱兆入洛道穆慮禍及已託病去官世隆以道穆忠於前朝遂害之時

四十　魏書六十五　三百十五

年四十二太昌中贈使持節都督雍秦二州諸[illegible]騎大將軍儀同三司雍州刺史子士鏡襲爵爲北豫州刺史高仲密擁入關

道穆弟謹之繼沮渠氏後卒於滄州平東府主簿年三十五贈通直郎無子

謹之弟慎之字道密好學有諸兄風年二十三卒無子以兄謙之第二子緒繼焉

史臣曰宋飜剛鯁自立猛而斷務辛雄以吏能歷職任智效官羊深以才幹從事聲迹可紀

機清斷在公高崇明濟爲用謙之兄弟咸政事之敏飾學有聞列于朝廷豈徒然也深失之晚節至於顛覆惜乎

列傳第六十五　　魏書七十七

列傳六十五　　四十二

列傳第六十六　　魏書七十八

孫紹　張普惠

孫紹字世慶昌黎人世仕慕容氏祖志■卒於濟陽太守父協字文和上黨太守紹少好學通涉經史頗有文才陰陽術數多所貫涉初爲校書郎稍遷給事中自長兼羽林監爲門下録事朝廷大事好言得失遂爲世知曾著釋典論雖不具美時有可存與常景等共脩律令延昌中紹表曰臣聞建國有計雖危必安施化能和雖寡必盛治乖人理雖合必離作用失機雖成必敗此乃古今同然百王之定法也伏惟大魏應天明命兆啓無窮畢世後仁祚隆七百今二號京門下無嚴防南北二中復闕固守長安鄴城股肱之寄穰城上黨腹背所憑四軍五校之軌領護分事之式徵兵儲粟之要舟車水陸之資山河要害之權緩急去來之用持平赴救之方節用應時之法特宜脩置以固堂堂之基持盈之體何得而忽居安之辰故應危懼矣且法

三日千一　魏書六十六　一　許成

開清濁而清濁不平申滯理望而卑寒亦免士庶同悲兵徒懷怨中正賣望於下里主按舞筆於上臺員僞混淆知而不糾得者不欣失者倍怨使門齊身等而涇渭奄殊類應同役而苦樂懸異士人居職不以爲榮兵士役苦心不忘亂故有競棄本出飄藏他土或詭名託養散在人間或亡命山藪漁獵爲命或投仗彊豪寄命衣食又應遷之戶逐樂諸州應留之徒避寒歸暖兼職人子弟隨逐浮遊南北東西卜居莫定關

禁不脩任意取適如此之徒不可勝數爪牙不復爲用百工爭棄其業混一之計事實闕如考課之方責辦無日流浪之徒決須精校今彊敵窺時邊黎伺隙內民不平久戍懷怨戰國之勢竊謂危矣必造禍源者北邊鎮戍之人也若夫一統之年持平用之者大道之計也亂離之期縱橫作之者行權之勢也故道不可久須文質以換情權不可恒隨汙隆以收物文質應世道形自安汙隆獲衷權勢亦濟然則王者計法之

趣化物之規圓方務得其境人物不失其地又先帝時律令並議律尋施行令獨不出十餘年矣臣以令之爲體即帝王之身也分勵百揆之儀安置九服之節經緯三才之倫包羅六卿之職措置風化之門作用賞罰之要乃是有爲之樞機世法之大本也然脩令之人亦皆博古依古撰置大體可觀比之前令精麤有在但主議之家太用古制若全依古高祖之法復須升降誰敢措意有是非哉以是爭故久廢不理然律

令相須不可偏用今律班令止於事甚滯若令不班是無典法臣下執事何依而行臣等脩律非無勤止署下之日臣乃無名是謂農夫盡力他食其秋功名之所實懷於悒未幾出除濟陰太守還歷司徒功曹參軍步兵長水校尉正光初兼中書侍郎使高麗還爲鎮遠將軍右軍將軍久之爲徐兖和糴使還朝大陳軍國利害不報紹又表曰臣聞文質互用治道以之緝熙汙隆得時人物以之通濟故能事恢三靈仁洽九

服伏惟陛下應靈踐祚沖明照物宰輔忠純伊
霍均美既致昇平之基應成無為之業而漠北
叛命隴右構逆中州驚擾民庶竊議其故何哉
皆由上法不通下情怨塞故也臣雖愚短具鑒
始末往在代都武質而治安中京以來文華而
政亂故臣昔於太和極陳得失具論四方華夷
心態高祖垂納文應可尋延昌正光奏跡頻上
主者收錄不蒙報問即日事勢乃至於此盡微
臣豫陳之驗今東南有竊號之豎西北有逆命

之寇豈得怨天實亢人矣臣今不憂荒外正慮
中畿急須改張以寧其意若仍持疑變亂尋作
肘腋一乖大事去矣然臣奉國四世欣戚是同
但職在冗散不關樞密寧濟之計欲陳無所可
謂經緯甚多無機可織夫天下者大器也一正
難傾一傾難正當今之危攝足之急臣備肉食
痛心無已泣血上陳願垂採察若得言參執事
獻可替否寇逆獲除社稷稱慶雖死如生犬馬
情畢紹性抗直每上封事常至懇切不憚犯忤

但天性踈脫言乍高下時人輕之不見採納紹
兄世元早卒世元善彈箏紹後聞箏聲便涕泗
嗚咽捨之而去世以此尚之除驍騎將軍使吐
谷渾還為太府少卿曾因朝見靈太后謂曰卿
年稍老矣紹曰臣年雖老臣節乃少太后笑之
遷右將軍太中大夫紹曾與百寮赴朝東掖未
開守門候旦紹於衆中引吏部郎中辛雄於衆
外竊謂之曰此中諸人尋當死盡唯吾與卿猶
享富貴雄甚駭愕不測所以未幾有河陰之難

紹善推祿命事驗甚多知者異之建義初除衛
尉少卿將軍如故轉金紫光祿大夫永安中拜
太府卿以前參議正光壬子曆賜爵新昌子太
昌初遷左衛將軍右光祿大夫永熙二年卒時
年六十九贈都督冀瀛滄三州諸軍事驃騎大
將軍尚書左僕射冀州刺史謚曰宣
子伯元襲齊受禪例降
伯元弟叔利右將軍太中大夫
紹從父弟瑜濟州長史

瑜弟彝字鳳倫太和中舉秀才稍遷步兵校尉卒於武邑太守贈征虜將軍營州刺史

子伯融出繼瑜後武定末[illegible]太守

伯融嫡弟子寬開府田曹參軍

張普惠字洪賑常山九門人身長八尺容貌魁偉父曄為齊州中水縣令隨父之縣受業齊土專心墳典剋厲不息及還鄉里就程玄講習精於三禮兼善春秋百家之說多所窺覽諸儒稱之太和十九年為主書帶制局監與劉桃符石

榮劉道斌同員共直頗為高祖所知轉尚書都令史任城王澄重其學業為其聲價僕射李沖曾至澄廳見普惠言論亦善之世宗初轉積射將軍澄為安西將軍雍州刺史啓普惠為府錄事參軍尋行馮翊郡事澄功衰在身欲於七月七日集會文武北園馬射普惠奏記於澄曰竊聞三殺九親別疏昵之叙五服六術等衰麻之心皆因事飾情不易之道者也然則莫大之痛深於終身之外書策之哀除於喪紀之內外者不可無節故斷之以三年內者不可遂除故敦之日月禮大練之日鼓素琴蓋推以即吉也小功以上非虞祔練除不沐浴此拘之以制也曾子問曰相識有喪服可以與於祭乎孔子曰緦不祭喪何助於人祭既不與疑無宴食之道又曰廢喪服可以與於饋奠之事乎子曰脫衰與奠非禮也注云為其忘哀疾愚謂除喪之始不與饋奠小功之內其可觀射乎雜記云大功以下既葬適人人食之其黨也食之非黨也不食

食猶擇人於射為惑伏見明敕立射會之限將以二七令辰集城中文武肆武藝於北園行揖讓於中否時非大閱之秋景涉妨農之節國家縞禫甫除殿下功衰仍襲釋而為樂以訓百姓便是易先王之典敎忘哀戚之情恐非所以昭令德視子孫者也按射儀射者以禮樂為本忘而從事不可謂禮鍾鼓弗設不可謂樂捨此二者何用射為又七日之戲令制無之班勞所施慮違事體庫府空虛宜待新調三三之趣停之

爲便乞至九月備飾晝行然後奏貍首之章宣
矍相之令聲軒懸建雲鉦神民忻暢於斯時也
伏惟慈明遠被万民是望舉動所書發言唯則
願更廣訪賜垂曲採昭其管見之心恕其讜言
之責則芻蕘無遺歌輿人有獻誦矣澄意納其
言託辭自罷乃荅曰文武之道自昔成規明恥
敎戰振古常軌今雖非公制而此州乘前已有
斯式既不勞民損公任其私射復何失也且篡
文習武人之常藝豈可於常藝之間要須令制

三百三十　魏書六十六　八　德裕

乎比適欲依前州府相率王務之暇肄藝良辰
亦未言費用庫物也禮兄弟内除明哀已殺小
功客至主不絶樂聽樂則可觀武豈傷直自事
緣須罷先以令停方獲此請深具來意澄轉揚
州啓普惠以羽林監領鎮南大將軍開府主簿
尋加威遠將軍普惠既爲澄所知歷佐二藩甚
有聲譽旋京之日裝束藍縷澄賚絹二十匹以
充行資還朝仍羽林監又澄遭太妃憂臣寮爲
立碑頌題碑欲云康正元妃之碑澄訪於普惠

荅曰謹尋朝典但有王妃而無元字魯夫人孟
子稱元妃有欲下與繼室聲子相對今烈懿太
妃作配先王更無聲子仲子之嫌竊謂不假元
字以別名位且以氏配姓愚以爲在生之稱故
春秋夫人姜氏至自齊既葬以謚配姓故注書
葬我小君文姜氏又曰來歸夫人成風之襚皆以
謚配姓古者婦人從謚今烈懿太妃德冠一世
故特蒙褒錫乃万代之高事豈容於定名之重
而不稱烈懿乎澄從之及王師大舉重征鍾離

三百三十四　魏傳六十六　九　宋

普惠爲安樂王詮別將長史班師除揚烈將軍
相州安北府司馬遷步兵校尉後以本官領河
南尹丞世宗崩坐與甄楷等飲酒遊從免官驍
騎將軍刁整家有舊訓將營儉葬普惠以爲矯
時太甚與整書論之事在刁雍傳故事免官者
三載之後降一階而叙若才優擢授不拘此限
熙平中吏部尚書李韶奏普惠有文學依才優
之例宜特顯叙勑除寧遠將軍司空倉曹參軍
朝議以不降階爲榮時任城王澄爲司空表議

書記多出普惠廣陵王恭北海王顥疑爲所生祖母服朞與三年博士執意不同詔群寮會議普惠議曰謹按二王祖母皆受命先朝爲二國太妃可謂受命於天子爲始封之母矣喪服慈母如母在三年章傳曰貴父命也鄭注云大夫之妾子父在爲母大功則士之妾子爲母朞父卒則皆得申此大夫命其妾子以爲母所慈猶曰貴父命爲之三年況天子命其子爲列國王命其所生母爲國太妃反自同公子爲母練冠

之與大功乎輕重顛倒不可之甚者也傳曰始封之君不臣諸父昆弟則當服其親服若魯衞列國相爲服朞判無疑矣何以明之喪服君爲姑姊妹女子嫁於國君者傳曰何以大功尊同也尊同則得服其親服諸侯之子稱公子公子不得禰先君然則兄弟一體位列諸侯自以尊同得相爲服不可還準公子遠厭天王故降有四品君大夫以尊降公子大夫之子以厭降名例不同何可亂也禮大夫之妾子以父命慈已

申其三年太妃既受命先帝光昭一國二王胙土茅社顯錫大邦舍尊同之高據附不禰之公子雖許蔡失位亦不是過服問曰有從輕而重公子之妻爲其皇姑公子雖厭妻尚獲申況廣陵北海論封則封君之子語妃則命妃之孫承妃篡重遠別先皇更以先后之正統厭其所生之祖嫡方之皇姑不以遥乎今既許其申服而復限之以朞[illegible]慈母不亦爽歟經曰爲君之祖父母父母妻長子傳曰何以朞父母長子君

服斬妻則小君父卒然後爲祖後者服斬今祖乃獻文皇帝諸侯不得祖之母爲太妃蓋二王三年之證議者近背正經以附其類差之毫毛所失或遠且天子尊則配天莫非臣妾何爲命之爲國母而不聽子服其親乎記曰從服者所從亡則已又曰不爲君母之黨服則爲其母之黨服今所從既亡不以親服服其所生則屬從之服於何所施若以諸王入爲公卿便同大夫者則當今之議皆不須以國爲言也今之諸王

自同列國雖不之國別置臣寮玉食一方不得
以諸侯言之敢據周禮輒同三年當時議者亦
有同異國子博士李郁於議罷之後書難普惠
普惠據禮還荅鄭重三返郁議遂屈轉諫議大
夫澄謂普惠曰不喜君得諫議唯喜諫議得君
時靈太后父司徒胡國珍薨贈相國太上秦公
普惠以前世后父無太上之號詣闕上疏陳其
不可左右畏懼莫敢為通會聞胡家穿壙下墳
有盤石乃密表曰臣聞優名寶位王者之所光

三百三十 魏書六十六 十二 張成

錫尊君愛親臣子所以慎終必使勳績相侔號
秩相可然後能顯揚當時傳徽万代者矣竊見
故侍中司徒胡公懷道含靈寧真誕聖后載育至
尊母儀四海近樞克唯允之寄居槐體論道之
明故以功餘九錫褒假鑾轝縣深聖上之加隆極
慈后之至愛憲章天下不亦可乎而太上之號
竊謂未衷何者易稱天尊地卑乾坤定矣故曰
大哉乾元又曰至哉坤元明乾坤不可並大禮
記曰天無二日土無二王嘗禘郊社尊無二上

明君臣不可並上伏見詔書以司徒為太上秦
公夫人為太上秦君夫人蒙號於前司徒繫之
於後尊光之美盛矣竊惟高祖受禪於獻文皇
帝故御尊為太上皇此因上上而生名也皇太
后稱令以繫敕下蓋取三從之道遠同文母列
於十亂則司徒之為太上恐乖繫敕之意春秋
傳曰葬稱公臣子辭明不可復加上也書曰茲
予大饗于先王尒祖其從與饗之司徒位尊屬
重必當配饗先朝稱太上以為臣以事太上皇

三百三十 魏書六十六 十三

恐非司徒翼翼之心漢祖創有天下尊父曰太
上皇母曰昭靈后乃帝者之事晉有小子侯尚
曰替之於天子司徒三公也其可同號於帝乎
孔子曰必也正名名不正則言不順言不順則
事不成事不成則禮樂不興禮樂不興則刑罰
不中刑罰不中則民無所措手足易曰有大者
不可以盈故受之以謙謙尊而光卑而不可踰
天道虧盈而益謙地道變盈而流謙鬼神害盈
而福謙人道惡盈而好謙又曰困於上者必反

於下故受之以井比剋吉定兆而以淺改卜群心悲惋亦或天地神靈所以垂至戒啓聖情伏願聖后回日月之明察微臣之請停司徒逼同之號從卑下不踰之稱畏困上之鑒邀謙光之福則天下幸甚臣聞見災脩德災變成善此太戊所以興殷桑穀以之自滅況今卜遷方始當脩革之會愚以爲無上之名不可假之脫譏於千載恐貽不言之咎且君之於臣比葬三臨之禮也司徒誠爲后父實人臣也雖子尊不加於

三三二十　魏書六十六　十四

父乃天下母以義斷恩不可遂在室之意故曰女子有行遠父母兄弟況乃應坤之載承天之重而朔望於司徒之殯晨昏於郊墓之間雖聖思蒸蒸其不虞矣且戒離宸極之嚴居疲雲蹕於道路此亦億兆蒼生瞻仰失圖伏願尋載馳之不歸存靜方之光大則草木可煞人靈斯穆臣職忝諫司敢獻狂瞽謹冒上聞不敢宣露乞垂省覽見昭臣微款脫得奉謁聖顏曲盡愚衷者死且不朽太后覽表親至國珍宅召集王公入座

卿尹及五品已上博議其事遣使召普惠與相問答又令侍中元叉中常侍賈璨監觀得失任城王澄問普惠曰漢高作帝尊父爲太上皇今聖母臨朝贈父太上公求之故實非爲無準且君舉作則何必循舊普惠對曰天子稱詔太后稱令故周臣十亂文母預焉仰思所難竊謂非匹澄曰前代太后亦有稱詔聖母自欲存謙光之義故不稱耳何得以詔令之別而廢嚴父之孝對曰后父太上自昔未有前代母后豈不欲尊崇

三三三十　魏書六十六　十五

其親王何以不遠謨古義而近順今旨未審太后何故謙於稱詔而不謙於太上竊願聖后終其謙光太傅清河王懌曰昔在僭晉褚氏臨朝殷浩遺褚裒書曰足下今之太上皇也況太上公而致疑對曰褚裒以女輔政辭不入朝淵源譏其不恭故有太上之刺本稱其非不記其是不謂殿下以此賜難侍中崔光曰張生表中引晉有小子侯出自鄭注非爲正經對曰雖非正經之文然■正經之旨公好古習禮復固斯難

御史中尉元匡因謂崔光曰張表云晉之小子侯以號同稱僭今者太上公名同太上皇比晉小子義似相類但不學不敢辨其是非普惠對曰中丞既疑其是不正其非豈所望於三獨尚書崔亮曰諫議所見正以太上之號不應施於人臣然周有太公尚父亦兼二名人臣尊重之稱固知非始今日普惠對曰尚父者有德可尚太上者上中之上名同義異此亦非並亮又曰古有文王武王亦有文子武子然則太上皇太

上公亦何嫌其同也普惠對曰文武者德行之迹故迹同則謚同太上者尊極之位豈得通施於臣下廷尉少卿袁飜曰周官上公九命上大夫四命命數雖殊同為上何必上者皆是極尊普惠厲聲訶飜曰禮有下卿上士何止大夫與公但今所行以太加上二名雙舉不得非極雕蟲小藝微或相許至於此處豈卿所及飜甚有慙色默不復言任城王澄曰諫諍之體各言所見至於用捨固在應時卿向荅袁氏聲何太厲

普惠對曰所言若是宜見採用所言若非懼有罪及是非須辨非為苟競澄曰朝廷方開不諱之門以廣忠言之路卿今意在向義何云乃慮罪罰議者咸以太后當朝志相崇順遂奏曰張普惠辭雖不屈然非臣等所同渙汗已流請依前詔太后復遣元叉賈璨宣令謂普惠曰朕向召卿與群臣對議往復既終皆不同卿表朕之所行孝子之志卿之所陳忠臣之道群公已有成議卿不得苦奪朕懷後有所見勿得難言普

惠於是拜令辭還初普惠被召傳詔馳驛騮馬來甚迅速佇立催去普惠諸子憂怖涕泣普惠謂曰我當休明之朝掌諫議之職若不言所難言諫所難諫便是唯唯曠官尸禄人生有死死得其所夫復何恨然朝廷有道汝輩勿憂及議罷旨勞還宅親故賀其幸甚時中山莊弼遺書普惠曰明侯淵儒碩學身負大才秉此公方來居諫職謇謇如也諤諤如也一昨承胡司徒第當面折庭諍雖問難鋒至而應對響出宋城之

帶始縈魯門之析裁敬言終使群后逡巡庶寮拱
默雖不見用於一時固已傳美於百代聞風快
然敬裁此白普惠美其此書每爲已寶普惠恐
以天下民調幅度長廣尚書計奏復徵綿麻恐
其勞民不堪命上疏曰伏聞尚書奏復綿麻之
調尊先皇之軌夙宵惟度忻戰交集何者閒復
高祖舊典所以忻惟新俱可復而不復所以戰
違法仰惟高祖廢大斗去長尺改重秤所以愛
万姓從薄賦知軍國須綿麻之用故云幅度之
閒億兆應有綿麻之利故絹上稅綿八兩布上
稅麻十五斤万姓得廢大斗去長尺改重秤荷
輕賦之饒不適於綿麻而已故歌舞以供其賦
奔走以役其勤天子信於上億兆樂於下故易
曰悅以使民民忘其勞此之謂也自茲以降漸
漸長闊百姓嗟怨聞於朝野伏惟皇太后未臨
朝之前陛下居諒闇之日宰輔不尋其本知天
下之怨綿麻不察其輻廣度長秤重斗大革其
所弊存其可存而特放綿麻之調以悅天下之

心此所謂悅之不以道愚臣所以未悅者也尚
書既知國少綿麻不惟法度之[illegible]易民言之可
畏便欲去天下之大信棄已行之成詔追前之
非遂後之失奏求還復綿麻以充國用不思庫
中大有綿麻而群官共竊之愚臣以爲於理未
盡何者今宮人請調度造衣物必度忖秤量絹
布匹有尺丈之盈一猶不計其廣絲綿斤兼百銖
之剩未聞依律罪州郡若一匹之濫一斤之惡
則鞭戶主連三長此所以教民以貪者也今百
官請俸人樂長闊并欲厚重無復準極得長闊
厚重者便云其州能調絹布精闊且長橫發美
譽以亂視聽不聞嫌長惡廣求計還官者此百
司所以仰負聖明也今若必復綿麻者謂宜先
令四海知其所由明立嚴禁復本幅度新綿麻
之典依太和之稅其在庫絹布并及絲綿不依
典制者請遣一尚書與太府卿左右藏令依今
官度官秤計其斤兩廣長折給請俸之人總常
俸之數千俸所出以布綿麻亦應其一歲之用

使天下知二聖之心愛民惜法如此則高祖之
軌中興於神龜明明慈信照布於無窮則孰不
幸甚伏願亮臣悾悾之至下慰蒼生之心普惠
又表乞朝直之日時聽奉見自此之後月一陛
見又以肅宗不親視朝過崇佛法郊廟之事多
委有司上疏曰臣聞明德卹祀成湯光六百之
祚嚴父配天孔子稱周公其人也故能馨香上
聞福傳遐世伏惟陛下重暉纂統欽明文思天
地屬心百神佇望故宜敦崇祀禮咸秩無文而

告朔朝廟不親於明堂嘗禘郊社多委於有司
觀射遊苑躍馬騁中危而非典豈清蹕之意殖
不思之冥業損巨費於生民減祿削力近供無
事之僧崇飾雲殿遠邀未然之報昧爽之臣稽
首於外玄寂之衆遨遊於內愆禮忤時人靈未
穆愚謂從朝夕之因求祇劫之果未若先万國
之忻心以事其親使天下和平災害不生者也
伏願淑慎威儀万邦作式躬致郊廟之虔親紆
朔望之禮釋奠成均竭心千畝明發不寐潔誠

禋祼孝悌可以通神明德教可以光四海則一
人有喜兆民賴之然後精進三寶信心如來道
由禮深故諸漏可盡法隨禮積故彼岸可登量
撤僧寺不急之華還復百官久折之秩已興之
構務從簡成將來之造權令停息仍舊亦可何
必改作庶節用愛人法俗俱賴臣學不經遠言
多孟浪忝職其憂不敢默爾尋別勑付外議釋
奠之禮時史官克日蝕豫勑罷朝普惠以逆廢
非禮上疏陳之又表論時政得失一曰審法度

平斗尺租調務輕賦役務省二曰聽輿言察怨
訟先皇舊事有不便於政者請悉追改三曰進
忠謇退不肖任賢勿貳去邪勿疑四曰興滅國
繼絶世勲親之胄所宜收叙書奏肅宗靈太后
引普惠於宣光殿隨事難詰延對移時令曰寧
有先皇之詔一齔改普惠偭俛不言令曰卿
似欲致諫故以左右有人不肯苦言朕爲卿屛
左右卿其盡陳之對曰聖人之養庶物愛之如
傷況今二聖纂承洪緒妻承夫子承父夫父之

不可安然仍行豈先帝傳委之本意仰惟先帝
行事或有司之謬或權時所行在後以爲不可
者皆追而正之聖上忘先帝之自新不問理之
伸屈一皆抑之豈蒼生黎庶所仰望於聖德太
后曰小小細務一一甎動更成煩擾普惠曰聖
上之養庶物若慈母之養赤子今赤子幾臨危
壑將赴水火以煩勞而不救豈赤子所望於慈
母太后曰天下蒼生寧有如此苦事普惠曰天
下之親懿莫重於太師彭城王然遂不免枉死

微細之苦何可得無太后曰彭城之苦吾已封
其三子何足復言普惠曰聖后封彭城之三子
天下莫不忻至德知慈母之在上臣所以重陳
者凡如此枉乞垂聖察太后曰卿云興滅國繼
絕世滅國絕世竟復誰是普惠曰昔淮南逆終
漢文封其四子蓋骨肉之不可棄親親故也竊
見故太尉咸陽王冀州刺史京兆王乃皇子皇
孫一德之虧自貽悔戾沈淪幽壤緬焉弗收豈
是興滅繼絕之意乞收葬二王封其子孫愚臣

之願太后曰卿言有理朕深戢之當命公卿博
議此事及任城王澄薨普惠以吏民之義又荷
其恩待朔望奔赴至於禫除雖寒暑風雨無不
必至初澄嘉賞普惠臨薨啓爲尚書右丞靈太
后既深悼澄覽見啓從之詔行之後尚書諸郎以
普惠地寒不應便居管轄相與爲約並欲不復
上省紛紜多日乃息正光二年詔遣楊鈞送蠕
蠕主阿那瓌還國普惠謂遣之將貽後患上疏
曰臣聞乾元以利貞爲大非義則不動皇王以

博施爲功非類則不從故能始万物而化天下
者也伏惟陛下叡哲欽明道光虞舜八表宅心
九服清晏蠕蠕相害於朔垂妖師扇亂於江外
此乃封豕長虵不識王度天將悔其罪所以奉
皇魏故荼毒之辛苦之令知至道之可樂也宜
安民以悅其志恭己以懷其心而先自勞擾艱
難下民興師郊甸之内遠投荒塞之外救累世
之勍敵可謂無名之師諺曰唯亂門之無過愚情
未見其可當是邊將窺竊一時之功不思兵爲

凶器不得已而用之者也夫白登之役漢祖親
困之樊噲欲以十万衆橫行匈奴中季布以爲
不可請斬之千載以爲美況今旱酷異常聖慈
降膳乃以万五千人使楊鈞爲將而欲定蠕蠕
忤時而動其可濟乎阿那瓌投命皇朝撫之可
也豈容困疲我兆民以資天喪之虜昔莊公納
子糺以致乾時之敗魯僖以邾國而有懸冑之
恥今蠕蠕時亂後主繼立雖云散亡姦虞難抑
脫有井陘之慮楊鈞之肉其可食乎高車蠕蠕

三百三十 魏列六十六 二十四 徐明

連兵積年飢饉相仍須其自斃死小亡大傷然後
一舉而并之此卞氏之高略所以獲兩虎不可
不圖之今土山告難簡書相續蓋亦無能爲也
正與今舉相會天其或者欲以告戒人不欲使
南北兩疆並興大衆脫狂狡構間於其間而復
事連中國何以寧之今宰輔專欲好小名不圖
安危大計此微臣所以寒心者也那瓌之不還
負何信義此機之際北師宜停臣言不及義文
書所經過不敢不陳兵猶火也不戢將自焚二

虜自滅之形可以爲殷鑒伏願輯和万國以靜
四疆混一之期坐而自至矣臣愚昧多違必無
可採匹夫之智願以呈獻表奏詔荅曰夫窮鳥
歸人尚或興惻況那瓌嬰禍流離遠來依庇在
情在國何容弗矜且納亡興喪有國大義皇魏
堂堂寧廢斯德後主亂亡似當非謬此送彼迎
想無拒戰國義宜表朝算已決卿深誠厚慮朕
用嘉戢但此段機略不獲相從脫後不逮勿憚
匡言時蕭衍義州刺史文僧明舉城歸順揚州

魏書傳六十六 二十五 王華

刺史長孫稚遣別駕封壽入城固守衍將裴邃
湛僧率衆攻逼詔普惠爲持節東道行臺攝軍
司赴援之軍始渡淮而封壽已棄城單馬而退
軍罷還朝蕭衍弟子西豐侯正德詐稱降款朝
廷頗事當迎普惠上疏請赴揚州移還蕭氏不
從俄而正德果逃還涼州刺史石士基行臺元
洪超並贓貨被繩以普惠爲右將軍涼州刺史
即爲西行臺以病辭免除光祿大夫右丞如故
先是仇池武興群氐數反西垂郡戍租運久絕

詔普惠以本官爲持節西道行臺給秦岐涇華
雍豳東秦七州兵武三万人任其召發送南秦
東益二州兵租分付諸戍其所部將統聽於關
西牧守之中隨機召遣軍資板印之屬悉以自
隨普惠至南秦停岐涇華雍豳東秦六州兵武
召秦州兵武四千人分配四統令送租兵連營
接柵相繼而進運租車驢隨機輸轉別遣中散
大夫封荅慰喻南秦貟外常侍楊公熙宣勞東
益氐民於時南秦氐豪吴富聚合凶類所在邀

劫公熙既至東益州刺史魏子建密與普惠書
言公熙舊是蕃國之胄而諸氐與相見者必有
陰私言宜加圖防普惠乃符攝公熙令赴南秦
公熙果已密遣其從兄山虎與吴富同逆又妄
自說鄉里紛動群氐託云與崔南秦有隙拒而
不赴祖達平落吴富等果憎車營實公熙所潛
遣也後吴富雖爲左右所殺而徒黨猶盛秦
所綰武都武階租頗得達東益群氐先款順故
廣業仇鳩河池三城粟便得入其應入東益十

万石租皆稽留費盡升斗不至鎮戍兵武遂致
飢虛咸恨普惠經略不廣事訖普惠拜表按劾
公熙還朝賜絹布一百段時詔訪冤屈普惠上
疏曰詩稱文王孫子本枝百世易曰大君有命
開國承家皆所以明德睦親維城作翰漢祖封
爵之誓曰使黃河如帶太山如礪國以永存爰
及苗裔又申之以丹書之信重之以白馬之盟
其以彊大分王罪犯廢邑者蓋有之矣未聞父
基子構世載忠賢一死一削用爲恒典者也故

尚書令臣肇未能遠稽古義近究成旨以初封
之詔有親王二千戶始蕃一千戶二蕃五百戶
三蕃三百戶謂是親疎世減之法又以開國五
等有所減之言以爲世減之趣遂立格奏奪稱
是高祖本意仍被旨可差謬之來亦已甚矣遂
使勳親懷屈幽顯同冤紛訟彌年莫之能息臣
輒遠研旨格深窮其事世變減奪今古無據又
尋詔書稱昔未可來今始列壁疑豈得混一內分
天近也故樂良樂安同蕃異封廣陽安豐屬別

戶等安定之嫡邑亦齊親王河間戚近更從蕃食是乃太和降旨初封之倫級勳親兼樹非世減之大驗者也博陵襲爵亦在太和之年時不世減以父嘗全食足戶充本同之始封減從今式如此則減者減其所足之外足者足其所減之內減足之旨乃為所貢所食耳欲使諸王開國弗專其民賦役之差貴賤有等蓋準擬周禮公侯伯子男貢稅之法王食其半公食三分之一侯伯四分之一子男五分之一是以新興得足

充本清淵吏多減戶故始封承襲俱稱所減謂減之以貢食謂食之於國斯實高祖深然之詔減實之理聖明自釋求之史帛猶有未盡時尚書臣琇疑減足之參差旨又判之以開訓所減之旨可以不疑於世減矣而臣肇弗稽往事曰五等有所減之格用為世減之法以王封有親疎之等謂是代削之條妄解成旨雷同世奪以此毒天下民其從乎故太傅任城文宣王臣澄樞弼累朝識洞今古為尚書之日殷勤執請孜

孜於重議被旨不許於此遂停又律罪例減及先帝之緦麻令給親恤止當世之有服律令相違威澤異品使七廟曾玄不沾未恤嫡封則爵祿無窮枝庶則屬內貶絕儀刑作乎億兆何觀夫一人吁嗟尚曰虧治今諸王五等各稱其冤七廟之孫並訟其切陳訴之案盈於省曹朝言巷議咸云其苦恐非先王所以建万國親諸侯睦九族之義也臣猥忝今任於茲五年推尋旨格謂無世減之理請近遵高祖減食之謨遠循

百代象賢之誥退由九伐進從九儀則刑罰有倫封不虛黜斯乃文王所以克慎不敢侮於鰥寡而況於公侯伯子男乎今旨訪究滯愚以此為大者求尋光錫之詔并諸條格所奪所請事事窮審諸王開國非犯罪削奪者並求還復其昔嘗全食足戶亦充本減從今式者從前則力多於親懿全奪則減足之格不行愚謂祿力並應依所之食而食之若是則力少蕃王粟帛仍本戶邑雖盈之減兩秦既有全食足戶之異故

不得同於新封之力耳親恤所裒請依律斷伏
惟親親尊賢位必功立尊賢以司民可不慎乎
親親以牧族其可棄乎如脫蒙允求以旨判爲
始其前來吏秩悉年久不追臣又聞明德慎罰
文王所以造周咸有一德殷湯所以革夏故能
上令下從風動草偃畏之如雷電敬之如明神
是以天子家天下綏万國若天之無不覆地之
無不載遷都之構庶方子來汎澤所沾降及陪
皂寧有岳牧二千石縣令丞尉治中別駕及諸

三百卌 魏書六十六 三十 徐文山

軍幢受命於朝廷而可不預乎此之班駮雲雨
之不平謂是當時有司出納之未允何以明之
仰尋世宗詔書百官普進一級中有朝臣刺史
登時褒授則內外貴賤莫不同澤又覆奏稱旻
及陪皂明無不逮自後人率其心紛綸盈庭嫌
少誤惑視聽限以汎前更爲年斷六年三年之
考以意折之汎前汎後之歲隔而絕之遂使如
綸之旨頓於一朝汎前六年上第者全不得汎
三年上第者蒙半階而已汎前汎後合考者隔

絕而不得無考者無折而全汎前汎後有考無
考並蒙全汎與否乖違勤舊巋屈差若毫氂
謬以千里其此之謂乎易曰言行君子之所以動
天下可不慎歟言之不從無以抑之遂奏奪牧
守外祿全不與汎散官改爲四年之考汎前者
八年一階政令不一寃訟惟甚與而復奪其本
在茲致使邀駕擊鼓者無理以加其罪誹謗公
聽者無辭以抑其言嘈嗒所由生慢勳所由起
夫琴瑟不調澆而更張善人國之本也其可棄

三百四十 魏傳六十六 三十一 周曾

乎詩云樂只君子邦家之基堯典曰克明俊德
呂刑曰何擇非人周官曰官弗必備惟其人咎
繇曰無曠庶官天工人其代之詩云人之云亡
邦國殄悴又曰雨我公田遂及我私孔子曰不
患貧而患不均如此則官必擇人汎則宜溥請
遠遵正始元旨近準聖明二汎內外百官悉同
一階不以汎前折考不以散任增年則同雲共
澍四海均洽如謂未可宜以權理折之易曰聖
人之大寶曰位何以守位曰仁春秋傳曰一曰

擇人如此則乃可無汎不可無考守宰之汎既以追奪則百官之汎不應獨霑溥澤既牧復誰敢怨夫三載之考興於太和再周之陟通於景明閑劇祿力自有加減陪臣以事省降而考則三年朝官既祿等平曹更四周乃陟考祿參差各稱其枉且一日從軍征戍苦於煩任終年專使決斷重於陪臣恒上若通為三載之考無汎隔折則各盈其分亦足以近塞群口遠綏四方日昃求賢猶有所失況不遵擇人之訓唯以停

久而進乎自今已後考黜願以三宅革心選進願以三儁居德書曰舉能其官惟爾之能稱非其人惟爾弗任斯周道所以佑辟康民敢不敬守臣忝官樞副毗察寃訟寤寐惟省謂宜追正愚固所陳方無可採出除左將軍東豫州刺史淮南九戍十三郡猶因蕭衍前弊別郡異縣之民錯雜居止普惠乃依次括比省減郡縣上表陳狀詔許之宰守因此綰攝有方姦盜不起民以為便蕭衍遣將胡廣來寇安陽軍主陳明祖

等憎白沙鹿城二戍衍又遣定州刺史田超秀由僧達等竊陷石頭戍徑據安陂城郢州新塘之賊近在州西數十里普惠前後命將拒戰並破之普惠不營財業好有進舉敦於故舊昆異州人侯堅固少時與其遊學早終其子長瑜普惠每於四時請祿無不減贍給其衣食及為豫州啓長瑜解褐攜其合門拯給之孝昌元年三月在州卒時年五十八贈平北將軍幽州刺史諡曰宣恭

長子榮儁武定末齊王相府屬

榮儁弟龍子揚州驃騎府長史

史臣曰孫紹關右之士又能指論世務亦其志也張普惠明達典故彊直從官侃然不撓其有王臣之風矣

列傳第六十六　魏書七十八

列傳第六十七　　魏書七十九

成淹　范紹

劉桃符　劉道斌

董紹　馮元興

鹿悆　張熠

成淹字季文上谷居庸人也自言晉侍中粲之六世孫祖昇家於北海父洪名犯顯祖廟諱仕劉義隆為撫軍府中兵參軍早卒淹好文學有氣尚劉子業輔國府刑獄參軍事劉彧以為員外郎假龍驤將軍領軍主令援東陽歷城皇興中降慕容白曜赴闕授兼著作郎時顯祖於仲冬之月欲巡漠北朝臣以寒甚固諫並不納淹上接輿釋遊論顯祖覽之詔尚書李訢曰卿等諸人不如成淹論通釋人意乃勅停行太和中文明太后崩蕭賾遣其散騎常侍裴昭明散騎侍郎謝竣等來弔欲以朝服行事主客執之云弔有常式何得以朱衣入山庭昭明等言本奉朝命不容改易勿如此者數四執志不移高祖勅

尚書李沖令選一學識者更與論執沖奏遣淹昭明言未解魏朝不聽朝服行禮義出何典淹言吉凶不同禮有成數玄冠不弔童孺共聞昔季孫將行請遭喪之禮千載之下猶共稱之卿遠自江南奉慰不能式遵成事方謂議出何典行人得失何其異哉昭明言二國交和既久南北皆須準望齊高帝崩魏遣李彪通弔於時初不素服齊朝亦不以為疑那得苦見要逼淹言彪通弔之日朝命以弔服自隨而彼不遵高宗追遠之慕乃踰月即吉彪行弔之時齊之君臣皆已鳴玉盈庭貂璫曜日百寮內外朱服煥然彪行人不被主人之命復何容獨以素服間衣冠之中來責雖高未敢聞命我皇帝仁孝之性侔於有虞諒闇以來百官聽於冢宰卿豈得以此方彼也昭明乃搖膝而言三皇不同禮亦安知得失所歸淹言若如來談卿以虞舜高宗為非也昭明遂相顧而笑曰非孝者宣尼有成責行人亦弗敢言希主人裁以弔服使人唯齎

袴褶比既戎服不可以弔幸借緇衣帢以申國命令爲魏朝所逼違負指授還南之日必得罪本朝淹言彼有君子也卿將命折中還南之日應有高賞若無君子也但令有光國之譽雖復非理見罪亦復何嫌南史董狐自當直筆既而高祖遣李沖問淹昭明所言淹以狀對高祖詔沖曰我所用得人仍勑送衣帢給昭明等賜淹果食明旦引昭明等入皆令文武盡哀後正侍郎高祖以淹清貧賜絹百匹十六年蕭賾遣其

散騎常侍庾蓽散騎侍郎何憲主書邢宗慶朝貢值朝廷有事明堂因登靈臺以觀雲物高祖勑淹引蓽等館南矚望行禮事畢還外館賜酒食宗慶語淹言南北連和既久而比棄信絕好爲利而動豈是大國善隣之義淹言夫爲王者不拘小節中原有菽工採者獲多豈眷眷守尾生之信且齊先主歷事宋朝荷恩積世當應便爾欺奪宗慶庾蓽及行者皆相顧失色何憲知淹昔從南入而以手掩目曰卿何爲不作于禁

而作魯肅淹言我捨危効順欲追蹤陳韓何于禁之有憲亦不對王肅歸國也高祖以淹曾官江表詔觀是非乃造肅與語還奏言實時議紛紜猶謂未審高祖曰明日引入我與語自當知之及鑾輿行幸肅多扈從勑淹將引若有古跡皆使知之行到朝歌肅問此是何城淹言紂都朝歌城肅言故應有殷之頑民也淹言昔武王滅紂悉居河洛中因劉石亂華仍隨司馬東渡肅知淹寓於青州乃笑而謂淹曰青州間何必

無其餘種淹以肅本隸徐州言青州本非其地徐州間今日重來非所知也肅遂伏馬上掩口而笑顧謂侍御史張思寧曰向者聊因戲言遂致辭溺思寧馳馬奏聞高祖大悅謂彭城王勰曰淹此段足爲制勝輿駕至洛肅因侍宴高祖戲肅曰近者行次朝歌聞成淹共卿殊有往復卿試重敘之肅言臣前朝歌爲淹所困不謂此事仰聞聽覽臣爾日失言一之已甚豈宜再說遂皆大笑高祖又謂肅曰淹能制卿其才亦不

困肅言淹才詞便爲難有聖朝宜應叙進高祖言若因此進淹恐辱卿轉甚肅言臣屈己達人正可顯臣之美高祖曰卿既爲人所屈欲求屈己之名復於卿太優肅言淹既蒙進臣得屈己伸人此所謂陛下恵而不費遂酣笑而止乃賜淹龍廐上馬一匹并鞍勒衣具朝服一襲轉謁者僕射時遷都高祖以淹家無行資勑給事力送至洛陽并賜假日與家累相隨行次靈丘屬蕭鸞遣使勑驛馬徵淹車駕濟淮淹於路左請

見高祖于駕而進之淹曰蕭鸞悖虐幽明同棄陛下俯應人神按劒江渙然敵不可小蜂蠆有毒毋而況國乎深願聖明保万全之策詔曰此前車之轍得不愼乎淹曰伏聞發洛已來諸有諫者解官奪職恐非聖明納下之義高祖曰此是我命耳卿不得爲干斧鉞淹曰昔文王詢於芻蕘晉文聽輿人之誦臣雖卑賤敢同匹夫高祖優而容之詔賜絹百匹高祖幸徐州勑淹與閭龍駒等主舟檝將汎泗入河泝流還洛軍次碻

磝淹以黃河浚急慮有傾危乃上疏陳諫高祖勑淹曰朕以恒代無運漕之路故京邑民貧今移都伊洛欲通運四方而黃河急浚人皆難涉我因有此行必須乘流所以開百姓之心知卿至誠而今者不得相納勑賜驊騮馬一匹衣冠一襲除羽林監領主客令加威遠將軍于時宮殿初構經始務廣兵民運材日有万計伊洛流澌苦於厲涉淹遂啓求勑都水造浮航高祖賞納之意欲榮淹於衆朔旦受朝百官在位乃賜

帛百匹知左右二都水事世宗初司徒彭城王勰曰先帝本有成旨淹有歸國之誠兼歷官著稱宜加優陟高祖雖崩詔猶在耳乃相聞選曹加淹右軍領左右都水仍主客令復授驍騎將軍加輔國將軍都水主客如故淹小心畏法典客十年四方貢聘皆有私遺毫氂不納乃至衣食不充遂啓乞外禄景明三年出除平陽太守將軍如故還朝病卒贈本將軍光州刺史謚曰定

子霄字景鸞亦學涉好爲文詠但詞彩不倫率
多鄙俗與河東姜質等朋遊相好詩賦間起知
音之士共所嗤笑閭巷淺識頌諷成羣乃至大
行於世歷治書侍御史而卒
范紹字始孫敦煌龍勒人少而聰敏年十二父
命就學師事崔光以父憂廢業母又誡之曰汝
父卒日令汝遠就崔生希有成立今已過朞宜
遵成命紹還赴學太和初充太學生轉筭生頗
涉經史十六年高祖選爲門下通事令史遷録 文
事令掌奏文案高祖善之又爲侍中李沖黄門
崔光所知出内文奏多以委之高祖曾謂近臣
曰崔光從容范紹之力稍遷彊弩將軍積弩將
軍公車令加給事中遷羽林監揚州刺史任城
王澄請征鍾離勑紹詣壽春共量進止澄曰須
兵十万往還百日渦陽鍾離廣陵廬江欲數道
俱進但粮仗軍資須朝廷速遣紹曰計十万之
衆往還百日須糧百日頃秋以向末方欲徵召
兵仗可集恐糧難至有兵無粮何以剋敵願王

魏書傳六十七　七

善思爲社稷深慮澄沈思良久曰實如卿言使
還具以狀聞後澄遂征鍾離無功而返尋除長
兼奉車都尉轉右都水使者録事如故丁母憂
去職值義陽初復起紹除寧遠將軍郢州龍驤
府長史帶義陽太守其年冬使還都值朝廷有
南討之計發河北數州田兵二万五千人通緣
淮戍兵合五万餘人廣開屯田八座奏紹爲西
道六州營田大使加步兵校尉紹勤於勸課頻
歲大獲又詔紹詣鍾離與都督中山王英論攻 潘
鍾離形勢英固言必剋紹觀其城隍防守恐不
可陷勸令班師英不從紹還具以狀聞俄而英
敗詔以徐豫二境民稀土曠令紹量度處所更
立一州紹以譙城形要之所置州爲便遂立南
兗入爲主衣都統加中堅將軍轉前軍將軍追
賞營田之勤拜游擊將軍遷龍驤將軍太府少
卿都統如故轉長兼太府卿紹量功節用甄煩
就簡凡有賜給千匹以上皆別覆奏然後出之
靈太后嘉其用心勑紹每月入見諸有益國利

魏書傳六十七　八

民之事皆令面陳出除安北將軍并州刺史清慎守法頗得民和值山胡來寇不能擊以此損其聲望復入爲太府卿莊帝初遇害河陰

劉桃符中山盧奴人生不識父九歲喪母性恭謹好學舉孝廉射策甲科歷碎職景明中羽林監領主書蕭寶夤之降也桃符受詔迎接歷奉車都尉長水校尉游擊將軍正始中除征虜將軍中書舍人以勤明見知久不遷職世宗謂之曰揚子雲爲黃門積歷三世卿居此任始十年

不足辭也東豫州刺史田益宗居邊貪穢世宗頻詔桃符爲使慰喻之桃符還具稱益宗既老耄而諸子非理處物世宗後欲代之恐其背叛拜桃符征虜將軍豫州刺史與後軍將軍李世哲領衆襲益宗語在益宗傳桃符善恤蠻左爲民吏所懷久之徵還遂病卒年五十一贈後將軍洛州刺史

子景均殿中侍御史

劉道斌武邑灌津人自云中山靖王勝之後也幼而好學有器幹及長譽帶十圍鬚髯甚美舉孝廉入京拜校書郎轉主書頗爲高祖所知從征南陽還加積射將軍給事中高祖謂黃門侍郎邢巒曰道斌是段之舉便異儕流矣世宗即位遷謁者僕射轉步兵校尉廣武將軍領中書舍人出爲武邑太守時冀州新經元愉逆亂之後加以連年災儉道斌頻爲表請蠲其租賦百姓賴之罷郡還除右將軍太中大夫又以本將軍出爲恒農太守遷岐州刺史所在有清泊之

稱正光四年卒於州贈平東將軍滄州刺史改贈濟州謚曰康道斌在恒農脩立學館建孔子廟堂圖畫形像去郡之後民故追思之乃復畫道斌形於孔子像之西而拜謁焉

子士長武定中碭郡太守卒

董紹字興遠新蔡鮦陽人也少好學頗有文義起家四門博士歷殿中侍御史國子助教積射將軍兼中書舍人辯於對問爲世宗所賞豫州城人白早生以城南叛詔紹慰勞至上蔡爲賊

所襲因送江東仍被鏁禁蕭衍領軍將軍呂僧珍斅是與紹言便相器重衍聞之遣使勞紹云忠臣孝子不可無人今當聽卿還國紹對曰老母在洛無復方寸既奉恩貸實若更生衍又遣主書霍靈超謂紹曰今放卿還令卿通兩家之好彼此息民豈不善也對曰通好息民乃兩國之事既蒙命及輒當聞奏本朝衍賜紹衣物引入見之令其舍人周捨慰勞并稱戰爭多年民物塗炭是以不恥先言與魏朝通好此亦有書都

三 斗四　魏書傳六十七　十二　任榮

無報旨卿宜備申此意故遣傳詔周靈秀送卿至國遲有嘉問又令謂紹曰卿知所以得不死不今者獲卿乃天意也夫千人之聚不散則亂故須立君以治天下不以天下養一人凡在民上胡不思此若欲通好今以宿豫還彼彼當以漢中見歸先是詔有司以所獲衍將齊苟兒等十人欲以換紹事在司馬悅傳及紹還世宗慭之永平中除給事中仍兼舍人紹雖陳說和計朝廷不許久之加輕車將軍正舍人又除步兵

校尉肅宗初紹上御天馬頌帝賞其辭賜帛八十匹又除龍驤將軍中散大夫舍人如故加冠軍將軍出除右將軍洛州刺史紹好行小惠頗得民情蕭衍將軍曹義宗王玄眞等寇荆州據順陽馬圈裴衍王羆討之既復順陽進圍馬圈城堅裴王糧少紹上書言其必敗未幾裴衍等果失利順陽復爲義宗所據紹有氣病啓求解州詔不許蕭寶夤反於長安也紹上書求擊之云臣當出瞎巴三千生噉蜀子肅宗謂黃門徐

魏書傳六十七　十二　揚

紇曰此巴真瞎也紇曰此是紹之壯辭云巴人勁勇見敵無所畏懼非實瞎也帝大笑勅紹速行又加平西將軍以拒寶夤之功賞新蔡縣開國男食邑二戶永安中代還於是除安西將軍梁州刺史假撫軍將軍兼尚書爲山南行臺頗有清稱前廢帝以元孚代之紹至長安時尒朱天光爲關右大行臺啓紹爲大行臺從事兼吏部尚書又除征西將軍金紫光祿大夫天光赴洛留紹於後天光敗賀拔嶽復請紹爲其開府

諮議參軍永熙中加車騎將軍獄後攜紹於高平牧馬紹悲而賦詩曰走馬山之阿馬渴飲黃河寧謂胡關下復聞楚客歌後爲宇文黑獺所殺

子敏永安中爲太尉西閤祭酒

馮元興字子盛東魏郡肥鄉人也其世父僧集官至東清河西平原二郡太守贈濟州刺史元興少有操尚隨僧集在平原因就中山張吾貴常山房虬學通禮傳頗有文才年二十三還鄉

教授常數百人領察孝廉對策高第又舉秀才時御史中尉王顯有權寵元興奏記於顯召爲檢校御史尋轉殿中除奉朝請二使高麗江陽王繼爲司徒元興爲記室參軍遂爲元乂所知乂秉朝政引元興爲尚書殿中郎領中書舍人仍御史元興居其腹心預聞時事卑身克己人無恨焉家素貧約食客恒數十人同其饑飽曾無吝色時人歎尚之及太保崔光臨薨薦元興爲侍讀尚書賈思伯爲侍講授肅宗杜氏春秋

於式乾殿元興常爲摘句儒者榮之及乂欲解領軍以訪元興元興曰未知公意如何耳乂曰卿謂吾欲反也元興不敢言因勸之乂既賜死元興亦被廢乃爲浮萍詩以自喻曰有草生碧池無根綠水上脆弱惡風波危微苦驚浪丞相高陽王雍召爲兼屬未幾去任還鄉僕射元羅爲東道大使以元興爲本郡太守尋徵赴闕以母憂還家頻值鄉亂數爲監軍元興多所賞罰鄉黨頗以此憾焉上黨王天穆之討邢杲引爲

大將軍從事中郎元顥入洛復爲平北將軍光祿大夫領中書舍人莊帝還宮天穆以爲太宰諮議參軍加征虜將軍普泰初安東將軍光祿大夫領中書舍人太昌初卒於家贈征東將軍齊州刺史文集百餘篇元興世寒因元乂之勢託其交道相用爲州主簿論者以爲非倫高祖時有譙郡曹道頗涉經史有幹用舉孝廉太和中東宮主書門下錄事景明中尚書都令史領主書後轉中書舍人行使每稱旨出

除東郡太守卒贈儀同三司又有北海曹昇亦
以學識清立見知歷治書侍御史永安中黄
門郎散騎常侍出帝世國子祭酒不營家產至
以餧卒於鄴時人傷歎之又齊郡曹昂有學識
舉秀才永安中太學博士兼尚書郎而常徒步
上省以示清貧忽遇盜大失綾縑時人鄙其
矯詐
鹿悆字永吉濟陰人父生在良吏傳悆好兵書
陰陽釋氏之學太師彭城王勰召為館客嘗詣

徐州馬疲附船而至大梁夜睡從者上岸竊禾
四束以飼其馬船行數里悆覺問得禾之處從
者以告悆大忿即停船上岸至取禾處以縑三
丈置禾束下而返初為真定公元子直國中尉
恒勸以忠廉之節嘗賦五言詩曰嶧山万丈樹
雕鏤作琵琶由此材高遠弦響藹中華又曰援
琴起何調幽蘭與白雪絲管韻未成莫使弦響
絕子直少有令問悆欲其善終故以諷焉毋憂
去職服闋仍卒任子直出鎮梁州悆隨之州州

有兵粮和糴和糴者靡不潤屋悆獨不取子直
彊之終不從命莊帝為御史中尉悆兼殿中侍
御史監臨淮王彧軍時蕭衍遣其豫章王綜據
徐州綜密信通或云欲歸欵綜時為蕭衍愛子
衆議咸謂不然彧募人入報驗其虛實悆遂請
行曰若綜有誠心與之盟約如其詐也豈惜一
人命也時徐州始陷邊方騷擾綜部將成景儁
胡龍牙並摠彊兵內外嚴固悆遂單馬間出徑
趣彭城未至之間為綜軍主程兵潤所止問其

來狀悆荅曰兵交使在自昔通言我為臨淮王
所使須有交易兵潤遂先遣人白龍牙等綜既
有誠心聞悆被執語景儁等曰我每疑元略規
欲叛城將驗其虛實且遣左右為元略使入魏
軍中喚彼一人其使果至可令人詐作略身在
一深室詭為患狀呼使户外令人傳語時略始
被衍追還綜又遣腹心梁話迎悆密語意狀令
善酬荅引悆入城詣龍牙所時日已暮龍牙列
仗舉火引悆曰元中山甚欲相見故令喚卿又

曰安豐王臨淮將少弱士卒規復此城容可得乎悆
曰彭城魏之東鄙勢在必爭得否在天非人所
測龍牙曰當如卿言宿悆詣景儁住所停悆在外
門久而未入時夜已久星月甚明有綜軍主姜
桃來與悆語曰君年已長宿又充今使良有所
達元法僧魏之微子拔城歸梁梁主待物有道
乃舉手上指今歲星在斗斗吳之分野君何爲
不歸梁國我令君富貴悆荅曰君徒知其一未
知其二法僧者莒僕之流而梁納之無乃有愧

魏傳六十七　十七　方中

於季孫也今月建鶉首斗牛受破歲星木也逆
而剋之君吳國敗喪不久且衣錦夜遊有識不
許言未及盡引入見景儁景儁曰元中山雖曰
相喚不懼而來何也荅曰昔楚伐吳吳大遣歷由
勞師今者此行略同於彼又曰遊歷多年與卿
先經相識仍叙由緣景儁便記引悆同坐謂悆
曰卿不爲刺客也荅曰今者爲使欲返命本朝
相刺之事更卜後圖爲設飯食雜果悆彊飲多
食向敵數人微自夸矜諸人相謂曰壯士哉乃

引向元略所一人引入戶內指床令坐一人別
在室中出謂悆曰中山有教與君相聞悆遂起
立使人謂悆曰君但坐悆曰家國王子豈有坐
聽教命使人曰頃首君我昔有以向南且遣相
喚欲聞鄉事晚來患動不獲相見悆曰旦奉音
旨冒險祇赴不得瞻見內懷反側遂辭而退須
臾天曉綜軍主范曷景儁司馬楊暕等競問北
朝士馬多少悆云秦隴既平三方靜晏今有高
車白眼羌蜀五十万齊王　陳留崔延伯李叔

三九三　魏書傳六十七　十八　徐永

仁等分爲三道徑趣江西安樂王鑒李神領冀
相齊濟青光羽林十萬直向琅邪南出諸人相
謂曰詎非華辭也悆曰可驗崇朝何華之有日
晏令還景儁送悆上戲馬臺北望城壘曰何此
城之固良非彼軍士所能圖擬卿可語二王回
師改計悆曰金墉湯池衝甲彌巧貴守以人何
論險害還軍於路與梁話誓盟契約既固未旬
綜果降詔曰日者法僧父子頑固自天長惡不
已竊城外叛職此亂階遂使彭宋名藩翻爲賊

有雖宗臣名將揮戈於泗濱虎士雄卒竦劒於
汴渚然高墉峻堞非可易登廣涘深隍實爲難
踐是用日昃忘食中宵憤惋者也而行都督豫
章王蕭綜體運知機欲歸有道潛遣密信送款
於都督臨淮王彧時事同夜光能不按劒殿中
侍御史監軍鹿悆不憚虎口視險若夷便能占
募入驗虛實誓盟既固所圖遂果返地復城息
我兵甲亦是悆之力焉若不酬以榮禄何以勸
厲將來可封定陶縣開國子食邑三百戶除員

外散騎常侍俄出爲青州彭城王劭府長兼司
馬尋解長兼廣川人劉鈞東清河人房須反劭
遣悆監州軍討之戰於商山頗有所捷將統皆
劭左右擅增首級妄請賞帛悆面執不與劭弗
從悆勃然作色曰竭志立言爲王爲國豈悆家
事不辭而出劭追而謝焉竊勳者旅言噂𠴲欲
加私害悆聞而笑之不以介意先是蕭衍遣將
彭群王辯率衆七万圍逼琅邪自春及秋官軍
不至而兩青士馬裁可万餘師次郎城久而未

進劭乃遣悆南青州刺史胡平遣長史劉仁之
竝監勒諸將徑赴賊壘大破之斬羣首俘馘二
千餘級肅宗嘉之璽書勞問永安中入爲左將
軍給事黃門侍郎又以前賞悆入徐之功未盡
增邑二百戶進爵爲侯雖任居通顯志在謙退
迎送親賓加於疇昔而自無室宅常假賃居止
布衣糲食寒暑不變莊帝嘉其清素時復賜以
錢帛及東徐城民呂文欣殺刺史元大賓南引

賊衆屯柵曲術詔悆使持節散騎常侍安東將
軍爲六州大使與行臺樊子鵠討破之文欣黨
重以購之文欣同逆人韓端正斬文欣送首魁
帥同死者十二人詔書褒慰還拜鎮東將軍金
紫光禄大夫尋詔爲使持節兼尚書左僕射東
南道三徐行臺至東郡值尒朱仲遠陷西兗向
滑臺詔與都督賀拔勝等拒仲遠軍敗還京普
泰中加征東將軍轉衛將軍右光禄大夫兼度
支尚書河北五州和糴大使天平中除梁州刺
史時滎陽民鄭榮業等聚衆反圍逼州城悆不

能固守遂以城降榮業送念於關西
張熠字景世自云南陽西鄂人漢侍中衡是其
十世祖熠自奉朝請爲揚州車騎府録事參軍
入除步兵校尉永寧中寺塔大興經營務廣靈
太后曾幸作所凡有顧問熠敷陳指畫無所遺
闕太后善之久之除冠軍將軍中散大夫後爲
別將隨長孫稚西征轉平西將軍太中大夫爲
關西都督以功封長平縣開國男食邑二百戶
永安初除平西將軍岐州刺史假安西將軍尋

加撫軍將軍矜恤貧弱爲民所愛代還值元顥
入洛仍令復州熠遂私還莊帝還宮出除鎭南
將軍東荊州刺史尋加散騎常侍征蠻大都督
轉荊州刺史值尒朱兆入洛不行普泰中衛將
軍金紫光禄大夫天平初遷鄴草創右僕射高
隆之吏部尚書元世儁奏曰南京宮殿毀撤送
都連筏竟河首尾大至自非賢明一人專委受
納則恐材木耗損有闕經構熠清貞素著有稱
一時臣等輒舉爲大將詔從之熠勤於其事尋

轉營構左都將興和初衛大將軍宮殿成以本
將軍除東徐州刺史三年卒於州時年六十贈
驃騎大將軍司空公兗州刺史謚曰懿
子孝直武定末司空騎兵參軍
史臣曰成淹等身遭際會俱得効其所能以至
於顯達茍曰非才亦何可以致

列傳第六十七

魏書七十九

列傳第六十八　魏書八十

朱瑞　叱列延慶
斛斯椿　賈顯度
樊子鵠　賀拔勝
侯莫陳悅　侯淵

朱瑞字元龍代郡桑乾人祖就字祖成卒於沛縣令父惠字僧生行太原太守卒永安中瑞貴達就贈平東將軍齊州刺史惠贈使持節冠軍將軍恒州刺史瑞長厚質直敬愛人士孝昌末尒朱榮引為其府戶曹參軍又為大行臺郎中甚為榮所親任建義初除黃門侍郎仍中書舍人榮恐朝廷事意有所不知故居之門下為腹心之寄錄前後勳封陽邑縣開國公食邑一千戶未幾又除散騎常侍安南將軍黃門如故丁父憂去官詔起復任除青州大中正及元顥內逼瑞啓勸北幸乃從駕於河陽除侍中征南將軍兼吏部尚書改封北海郡開國公增邑一千戶莊帝還洛加衛將軍左光祿大夫又改封樂陵郡開國公仍侍中瑞雖為尒朱榮所委而善處朝廷之間莊帝亦賞遇之嘗謂侍臣曰為人臣當須忠實至如朱元龍者朕待之亦不異餘人瑞啓乞三從之內並屬滄州樂陵郡詔許之仍轉滄州大中正瑞始以青州樂陵有朱氏意欲歸之故求為青州中正又以滄州樂陵亦有朱氏而心好河北遂乞移屬焉尋加車騎將軍尒朱榮死瑞與世隆俱北走既而以莊帝待之素厚且見世隆等並無雄才終當敗喪於路乃還帝大悅執其手曰社稷忠臣當須如此尒朱天光擁衆關右帝欲招納之乃以瑞兼尚書左僕射為西道大行臺以慰勞焉既達長安會尒朱兆入洛復還京師都督斛斯椿先與瑞有隙數譖之於世隆世隆性多忌且以前日乖異忿恨更甚普泰元年七月遂誅之時年四十九太昌初贈使持節驃騎大將軍開府儀同三司青州刺史謚曰恭穆

子孟儁龍襲封齊受禪例降

瑞弟珍字多寶太尉上黨王天穆録事參軍卒
珍弟騰字神龍建義初爲龍驤將軍大都督司
馬又封涇陽縣開國男食邑二百戶累遷中軍
將軍光禄大夫與瑞同遇害太昌初贈滄州刺
史
騰弟慶賓卒於光禄大夫
子清武定末齊王開府中兵參軍
叱列延慶代西部人也世爲酋帥曾祖鍮石世
祖末從駕至瓜步賜爵臨江伯父億彌襲祖爵

高祖時越騎校尉延慶少便弓馬有膽力正光
末除直後隸大都督李崇北伐後隨尒朱榮入
洛仍從榮討葛榮於相州延慶世隆姊壻也榮
親遇之葛榮既擒除使持節撫軍將軍光禄大
夫假鎮東將軍都督西部第一領民酋長封永
寧縣開國伯食邑五百戶永安二年以本將軍
除恒州刺史普泰初世隆得志特見委重遷散
騎常侍車騎將軍儀同三司又進驃騎大將軍
開府餘如故尋除都督恒雲燕朔四州諸軍事

大都督兼尚書左僕射山東行臺北海郡開國
公邑五百戶時幽州刺史劉靈助以莊帝幽崩
遂舉兵唱義諸州豪右咸相結附靈助進屯於
定州之安固世隆白前廢帝以延慶與大都督
侯淵於定州相會以討靈助淵謂延慶曰靈助
善於卜占百姓信惑所在響應未易可圖若万
一戰有利鈍則大事去矣未若還師西入據關
拒險以待其變延慶曰劉靈助庸人也天道深
遠豈其所識大兵一臨彼皆恃其妖術坐看符

厭寧肯戮力致死與吾爭勝負哉如吾計者政
欲出營城外詭言西歸靈助聞之必信而自寬
潛軍往襲可一往而擒淵從之乃出頓城西聲
云將還簡精騎一千夜發詰朝造靈助壘戰於
城北遂破擒之仍兼尚書左僕射爲恒雲燕朔
四州行臺又除使持節侍中都督恒雲燕朔定
五州諸軍事定州刺史餘如故與尒朱兆等拒
義旗於韓陵戰敗延慶與尒朱仲遠走渡石濟
仲遠南奔延慶北降齊獻武王王與之入洛仍

從王於并州後赴洛出帝以爲中軍大都督延慶旣尒朱親昵又黨於權倖出帝之西齊獻武王入洛以罪誅之

延慶兄子平武定末儀同三司右衛將軍廮陶縣開國侯

斛斯椿字法壽廣牧富昌人也父敦肅宗時爲左牧令時河西賊起牧民不安椿乃將家投尒朱榮榮以椿兼其都督府鎧曹參軍從榮征伐有功表授厲威將軍稍遷中散大夫署外兵事

椿性佞巧甚得榮心軍之密謀頗亦關預及肅宗崩椿從榮入洛莊帝初封陽曲縣開國公食邑千戶遷散騎常侍平北將軍司馬尋除尒朱榮大將軍府司馬從平葛榮以功除上黨太守及元顥入洛椿隨榮奉迎莊帝遂從攻顥顥敗遷安北將軍建州刺史改封深澤縣轉鎮東將軍徐州刺史又轉征東將軍東徐州刺史及尒朱榮死椿甚憂懼時蕭衍以汝南王悅爲魏主資其士馬次於境上椿聞大喜遂率所部棄州歸悅悅授椿使持節侍中大將軍領軍將軍領左右尚書左僕射司空公封靈丘郡開國公邑万戶又爲大行臺前驅都督會尒朱兆入洛椿復率所部背悅歸兆尒朱世隆之立前廢帝也椿參其謀以定策功拜侍中驃騎大將軍儀同三司京畿北面大都督改封城陽郡開國公增邑五百戶幷前一千五百戶尋加開府時椿父敦先在秀容忽有傳敦死問請減己階以贈之自襄城將軍超贈車騎將軍恒州刺史尋知

其父猶在詔復椿官仍除其父爲車騎將軍揚州刺史世隆之厚椿也如此椿與尒朱度律仲遠等北拒齊獻武王次陽平會尒朱兆與度律等相疑遁還語在兆傳椿後復與度律等同拒義旗敗於韓陵椿謂都督賈顯知等曰若不先執尒朱我等死無類矣遂與顯智等夜於桑下盟約倍道兼行椿入北中城收尒朱部曲盡殺之令長孫稚賈顯智等率數百騎襲尒朱世隆彥伯兄弟斬於閶闔門外椿入洛懸世隆兄弟

首於其門樹椿父出見謂椿曰汝與尒朱約爲兄弟今何忍懸其頭於家門寧不愧負天地乎椿乃傳世隆等首并因度律天光送於齊獻武王出帝拜椿侍中儀同開府初獻武王之入洛頓於邙山尒朱仲遠帳下都督橋寧張子期自滑臺而至獻武王責寧等曰汝事仲遠擅其榮利盟契百重許同生死前仲遠自徐爲逆汝爲戎首今仲遠南走汝復背之於臣節則不忠論事人則無信犬馬尚識恩養汝今犬馬之不如

三ヌ廾　魏書傳六十八　七　陳仁

遂斬之椿自以數爲反覆見寧等之死意常不安遂密構間勸出帝置閤內都督部曲又增武直人數自直閤已下員別數百皆選天下輕剽者以充之又説帝數出遊幸號令部曲別爲行陳椿自約勒指麾其間從此以後軍謀朝政一決於椿又勸帝徵兵詭稱南討將以伐齊獻武王帝從之遂陳兵城西北接邙山南至洛水帝詣戎服與椿臨閱焉獻武王以椿亂政欲誅之椿譖説既行因此遂相恐動出帝勸兵河橋

令椿爲前軍營於邙山北尋遣椿率步騎數千鎮虎牢椿弟豫州刺史元壽與都督賈顯智守滑臺獻武王令相州刺史竇泰擊破之椿懼已不免復啓出帝假説遊聲以劫脅帝信之遂入關椿亦西走長安椿狡猾多事好亂樂禍干時敗國朝野莫不讎疾之

元壽尋爲部下所殺

賈顯度中山無極人父道監沃野鎮長史顯度形貌偉壯有志氣初爲別將防守薄骨律鎮正

三ヲ　魏書傳六十八　八　陳仁

光末北鎮擾亂爲賊攻圍顯度拒守多時以賊勢轉熾不可久立乃率鎮民浮河而下既達秀容爲尒朱榮所留尋表授直閤將軍左中郎將建義初除汲郡太守假平東將軍隨尒朱榮破葛榮又除撫軍將軍光祿大夫都督封石艾縣開國公邑一千戸從上黨王天穆破邢杲值元顥入洛仍與天穆渡河赴行宮於河內顥平以本將軍除廣州刺史假鎮南將軍轉南兗州刺史尒朱榮之死也顯度情不自安南奔蕭衍衍

厚待之普泰初還朝授衛大將軍儀同三司左
光祿大夫又行濟州事復隨尒朱度律等北拒
義旗敗於韓陵與斛斯椿及弟顯智等率衆先
據河橋誅尒朱氏出帝初除尚書左僕射尋加
驃騎大將軍開府儀同三司定州大中正未幾
以本官行徐州刺史東道大行臺永熙三年五
月轉雍州刺史西道大行臺歿於關中
弟智字顯智少有膽决孝昌中告毛謐等逆靈
太后嘉之除伏波將軍宂從僕射領直齋蕭衍

將夏侯夔攻郢州以智為龍驤將軍別將討之
至則夔退智仍入城及刺史元顯達以城降於
蕭衍智勸城人不欲叛者與顯達交戰相率歸
闕後為都督隸太宰上黨王天穆征邢杲臨陳
流矢中胷仍戰不已元顥入洛仍隨天穆渡河
朝莊帝於河内與尒朱兆同先渡河破顥軍以
勳除持節征南將軍金紫光祿大夫封義陽縣
開國伯邑五百戶假衛將軍與行臺樊子鵠討
呂文欣於東徐州平之加侍中驃騎大將軍增

邑三百戶尋行東中郎將加散騎常侍及尒朱
仲遠為徐州刺史智隸仲遠赴彭城尒朱榮之
死也仲遠舉兵向洛智不從之遂擁部下出清
水東招勒州民與相拒擊莊帝聞而善之除右
光祿大夫武衛將軍進爵為侯增邑二百戶通
前一千因鎮徐州普泰初還洛仲遠忿其乖背
議欲殺之智兄顯度先為世隆所厚世隆為解
喻得全時趙脩延起逆荆州蕭衍遣兵援接世
隆欲令智以功自効遣智討之除使持節散騎

常侍車騎大將軍左光祿大夫假驃騎大將軍
荆州大都督進爵為公將發會荆州斬送脩延
首不行又從尒朱度律北拒義旗合尒朱兆於
陽平兆與度律自相疑阻退還除驃騎大將軍
後隨度律等敗於韓陵智與兄顯度斛斯椿謀
誅尒朱氏椿顯度據守北中令智等入京擒世
隆兄弟出帝初除散騎常侍本將軍開府儀同
三司滄州刺史在州貪縱甚為民害出帝徵還
京師尋加授侍中以本將軍除濟州刺史率衆

達東郡仍停不進於長壽津為相州刺史竇泰所破還洛天平初赴晉陽智去就多端後坐事死時年四十五

子羅侯祕書郎

樊子鵠代郡平城人其先荊州蠻酋被遷於代父興平城鎮長史歸義侯普泰中子鵠貴顯乃贈征虜將軍荊州刺史子鵠值北鎮擾亂南至并州尒朱榮引為都督府倉曹參軍孝昌三年冬榮使子鵠詣京師靈太后見之問榮兵勢子鵠應對稱旨太后嘉之除直齋封南和縣開國子邑三百戶令還赴榮榮以為行臺郎中行上黨郡及榮向洛以為假節假平南將軍都督河東正平軍事行唐州事刺史崔元珍閉門拒守子鵠攻尅之建義初拜平北將軍晉州刺史封永安縣開國伯食邑千戶又兼尚書行臺治有威信山胡率服元顥入洛薛脩義及降蜀陳雙熾等受顥處分率衆攻州城子鵠出與戰大破之又破脩義等於土門以功拜撫軍將軍尋徵

授都官尚書西荊州大中正後兼右僕射為行臺督賈智等討呂文欣於東徐州平之還除車騎將軍左光祿大夫進封南陽郡開國公增戶六百尚書如故仍假驃騎大將軍率所部為都督時尒朱榮在晉陽京師之事子鵠頗預委寄故在臺閣征官不解後出除散騎常侍本將軍殷州刺史屬歲旱儉子鵠恐民流亡乃勸有粟之家分貸貧者并遣人牛易力多種二麥州內以此獲安及尒朱榮之死世隆等遣書招子鵠欲與同趣京師子鵠不從以母在晉陽啓求移鎮河南莊帝嘉之除車騎大將軍豫州刺史假驃騎大將軍都督二豫郢三州諸軍事兼尚書右僕射二豫郢潁四州行臺子鵠到相州又勑賚絹五百匹行達汲郡聞尒朱兆入洛乃渡河見仲遠仲遠遣鎮汲郡兆徵子鵠赴洛既見責以乖異之意奪其部衆將還晉陽及紇豆陵步藩起以子鵠為都督徵發粮仗元曄以為侍中御史中尉中軍大都督隨曄向洛普泰初仍除

舊任及趙脩延叛於荆州詔子鵠通三鵶道而
還遭母憂去職前廢帝聞其在洛無宅必費不
周賚絹四百匹粟五百石以本官起之太昌初
兼尚書左僕射東南道大行臺揔大都督杜德
等追討尒朱仲遠仲遠已奔蕭衍收其兵馬甲
仗時蕭衍遣元樹入寇陷據譙城詔子鵠與德
討之樹屯兵梁國欲來逆戰見子鵠軍盛夜退
還譙子鵠引兵追躡樹又背城爲陣子鵠勒兵
直趣城下縱騎衝突樹衆大敗奔入城門城門

魏傳六十八　十三　沈

隘塞多自殺害於是斬千餘級獲馬數百匹大
收鎧仗遂圍城加儀同三司樹勒兵出戰輒被
摧衄遂不敢出自守而已子鵠恐蕭衍遣救乃
分兵擊衍苞州然州宕州大凋蒙縣等五城並
望風逃散樹既無外援計無所出子鵠又令人
說之樹遂請率衆歸南以地還國子鵠等許之
共結盟約及樹衆半出子鵠中擊破之擒樹及
衍譙州刺史朱文開俘馘甚多班師出帝賚馬
匹遷吏部尚書轉尚書右僕射尋加驃騎大

將軍開府典選初青州人耿翔聚衆反亡奔蕭
衍衍資其兵偷據膠州除子鵠使持節侍中青
膠大使督濟州刺史蔡儁討之師達青州翔拔
城奔走在軍遇病詔遣醫給藥仍除兗州刺史
餘官如故便道之州子鵠先遣腹心緣歷民間
採察得失及境太山太守彭穆參候失儀子
鵠責讓穆并數其罪狀穆皆引伏於是州内震
悚及出帝入關子鵠據城爲逆南青州刺史大
野拔徐州人劉粹各率衆就子鵠天平初遣儀

三百二十二　魏傳六十八　十四　沈定

同三司婁昭等率衆討之子鵠先使前膠州刺
史嚴思達鎮東平郡昭攻陷之仍引兵圍子鵠
城久不拔昭以水灌城静帝欲招慰下之遣散
騎常侍陸琛兼黄門郎張景徵齎璽書勞子
鵠而大野拔因與相見左右斬子鵠以降
賀拔勝字破胡神武尖山人祖尒逗選充北防
家於武川以窺覘蠕蠕兼有戰功顯祖賜爵龍
城男爲本鎮軍主父度拔襲爵正光末沃野人
破落汗拔陵聚衆反度拔與三子鄉中豪勇援

懷朔鎮殺賊王衛可瓌度拔尋為賊所害孝昌
中追贈安遠將軍肆州刺史度拔之死也勝與
兄弟俱奔恒州刺史廣陽王淵勝便弓馬有武
幹淵厚待之表為彊弩將軍充帳内軍主恒州
陷歸尒朱榮轉積射將軍為別將又兼都督及
榮入洛以預義之勳封易陽縣開國伯邑四百
户除直閤將軍尋加通直散騎常侍平南將軍
光禄大夫進號安南將軍尋除撫軍將軍為大
都督出井陘鎮中山元顥入洛勝從東路率騎

三百二十四　魏書傳六十八　十五　陸永

三百赴行宮於河梁榮命勝與尒朱兆先渡破
擒顥息冠受及顥大都督陳思保莊帝還宮以
功增邑六百户復加通直散騎常侍征北將軍
金紫光禄大夫武衛將軍改封真定縣開國公
尋除衛將軍加散騎常侍尒朱榮之死也勝與
田怙等奔走榮第於時宫殿之門未加嚴防怙
等議即攻門勝止之曰天子既行大事必當更
有奇謀吾等衆旅不多何可輕尒但得出城更
為他計怙乃止及世隆夜走勝遂不從莊帝甚

嘉之仲遠逼東郡詔勝以本官假驃騎大將軍
為東征都督率衆會鄭先護以討之為先護所
疑置之營外人馬未得休息俄而仲遠兵至勝
與交戰不利乃降之普泰初除右衛將軍進號
車騎大將軍右光禄大夫儀同三司共尒朱仲
遠度律北拒義旗相與奔退事在尒朱兆傳後
俱敗於韓陵勝因降齊獻武王大昌初拜領軍
將軍餘官如故又除侍中出帝既納斛斯椿等
讒間之說將謀齊獻武王以勝弟岳擁衆關西

三百十四　魏書傳六十八　十六　王秦

仍欲廣為勢援除勝使持節侍中都督三荆二
郢南襄南雍七州諸軍事驃騎大將軍開府儀
同三荆州刺史勝將圖襄陽攻蕭衍下迮戍剋
之擒其戍主尹道玩戍副庫戕又使人誘動蠻
王問道期道期率種起義衍雍州刺史蕭續遣
軍擊道期為道期所敗漢南大駭勝又遣軍攻
均口擒衍將莊思延又攻馮翊安定沔陽鄀陽
城並平之續遣將柳仲禮於穀城拒守勝攻之
不剋乃班師沔北蕩為丘墟矣衍書勑續云賀

拔勝北間驍將汝宜慎之勿與爭鋒其見憚如
此進爵琅邪郡公出帝末詔勝統衆北赴京師
軍次汝水出帝入關勝率所部欲從武關趣長
安行至析陽聞齊獻武王平潼關擒毛鴻賓勝
懼復走荆州城人閉門不納時獻武王已遣行
臺侯景大都督高敖曹討之勝戰敗爲流矢所
中乃率左右五百餘騎奔蕭衍明年從間道投
寳炬勝好行小數志大膽薄周章南北終無所
成致殁於賊中

勝兄可泥永熙中太尉公封燕郡王

勝弟岳字阿斗泥初爲太學生長以弓馬爲事
與父兄赴援懷朔賊王衛可瓌在城西三百餘
步岳乘城射之箭中瓌臂賊衆大駭後歸恒州
廣陽王淵以爲帳内軍主表爲彊弩將軍州陷
投尒朱榮榮以爲别將進爲都督永安初除安
北將軍光禄大夫武衛將軍賜爵樊城鄉男坐
事失官爵二年詔並復之尋除使持節假衛將
軍西道都督隸尒朱天光爲左廂大都督討万
俟醜奴天光先知岳善得同行每事論訪尋加
衛將軍假車騎將軍餘如故岳屆長安榮遣岳
續至時万俟醜奴遣其大行臺尉遲菩薩向武
功南渡渭水攻圍趣柵天光遣岳率騎一千馳
往赴救菩薩攻柵已剋還向岐州岳以輕騎八
百北渡渭水擒賊令殺掠其民以挑菩薩菩薩
果率步騎二万餘人至渭水北岳以輕騎數十
與菩薩隔水交言岳稱揚國威菩薩自言彊盛
往復數返菩薩乃自憍令省事傳語岳怒曰我

與菩薩言卿是何人與我對語省事恃水應荅
不遜岳舉弓射之應弦而倒時已逼暮於此各
還岳密於渭南傍水分置精騎四十五十以爲
一所隨地形便駱驛置之明日自將百餘騎隔
水與賊相見並且東行岳漸前進先所置驛騎
隨岳而集騎既漸增賊不復測其多少行二十
里許便至淺可濟岳便馳馬東出以示奔遁賊
謂岳走乃棄步兵南渡渭水輕騎追岳岳東行
十餘里依横崗伏兵以待之賊以路險不得前進

前後繼至半度岡東岳乃回戰身先士卒急擊之賊便退走岳號令所部賊下馬者皆不聽殺賊顧見之便悉投馬俄而虜獲三千人馬亦無遺遂渡渭北降步兵万餘收其輜重其有士民普皆勞遣醜奴尋棄岐州北走安定其後破侯伏侯元進降侯幾長貴擒醜奴蕭寶夤王慶雲万俟道洛走宿勤明達事在尒朱天光傳天光雖為元帥而岳功效居多加車騎將軍增邑二千户進封樊城縣開國伯尋詔岳都督涇北

三、廿四　魏書傳六十八　十九　黃

豳二夏四州諸軍事本將軍涇州刺史進爵為公改封清水郡公天光入洛使岳行雍州事元曄立除驃騎大將軍增邑五百户餘如故普泰初都督二岐東秦三州諸軍事儀同三司岐州刺史尋加侍中給後部鼓吹仍詔開府俄兼尚書左僕射隴右行臺仍停高平後以隴中猶有土民不順岳助侯莫陳悅所在討平二年加岳都督三雍三秦二岐二華諸軍事雍州刺史關西行臺餘如故及尒朱天光率衆赴洛將抗齊

獻武王岳與侯莫陳悅下隴赴雍以應義旗永熙初仍開府兼僕射大行臺雍州刺史增邑千户二年詔岳都督雍華北華東雍二岐豳四梁二益巴二夏蔚寧南益涇二十州諸軍事大都督岳自詣北境安置邊防率部趣涇州平涼西界布營數十里使諸軍士田殖涇州身將壯勇託以牧馬於原州北招万俟受洛干等并遠近州鎮聚結者靈州刺史曹泥身詣岳軍請代岳以前洛州刺史元季海為州彼民不促擊破季

三、廿四　魏書傳六十八　二十　黃

海部下獨聽季海闕三年正月岳召侯莫陳悅會於高平將討之令悅前驅北趣靈州聞渴波隘中河水未解將往趣之岳既總大衆據制關右憑強僑恣有不臣之心齊獻武王惡其專擅令悅圖之悅素服威略既承密旨便潛為計時岳遣悅先行悅乃逼夜東進達明晦日岳行軍前與悅相見悅誘岳入營坐論兵事悅詐云腹痛起而徐行悅女夫元洪景抽刀斬岳後岳部下收岳尸葬於雍州北石安原六月贈大將軍

太保録尚書事都督刺史開國並如故
侯莫陳悅代郡人也父婆羅門爲駝牛都尉故
悅長於河西好田獵便騎射會牧子逆亂遂歸
尒朱榮榮引爲都督府長流參軍稍遷大都督
莊帝初除征西將軍金紫光禄大夫封栢人縣
開國侯邑五百戶尒朱天光之討關西榮以悅
爲天光右廂大都督本官如故西伐剋獲皆與
天光賀拔岳略同勞效以本將軍除鄯州刺史
餘如故尒朱榮死後亦隨天光下隴元曄立除

車騎大將軍渭州刺史進爵爲公改封白水郡
增邑五百戶及天光向洛使悅行華州事普泰
中除驃騎大將軍儀同三司秦州刺史天光之
東出將抗義旗悅與岳下隴以應齊獻武王至
雍州會尒朱覆敗永熙初加開府都督隴右諸
軍事仍秦州刺史永熙三年正月岳召悅共討
靈州悅誘岳斬之岳左右奔散悅遣人安慰云
我別稟意旨止在一人諸君勿怖衆皆畏服無
敢拒違悅心猶豫不即撫納乃還入隴止水洛

城岳之所部聚於平涼規還圖悅遣追夏州刺
史宇文黑獺黑獺至遂揔岳部衆幷家口入高
平城以自安固乃勒衆入隴征悅悅聞之棄城
南據山水之險設陳候戰黑獺至遥望見悅欲
待明日決鬪悅先召南秦州刺史李景和其夜
景和遣人詣黑獺密許翻降至暮景和乃勒其
所部使上驢駝云儀同有敎欲還秦州守以拒
賊令軍人嚴備景和復紿悅帳下云儀同欲還
秦州汝等何不裝辦衆謂爲實以次相驚人情

惶惑不可復止皆散走而趣秦州景和先驅至
城據門以慰輯之悅部衆離散猜畏傍人不聽
左右近已與其二弟并兒及謀殺岳者八九人
棄軍迸走數日之中盤回往來不知所趣左右
勸向靈州而悅不決言下隴之後恐有人所見
乃於山中令從者悉步自乘一騾欲向靈州中
路追騎將及望見之遂縊死野中第息部下悉
見擒殺唯先謀殺岳者悅中兵參軍豆盧光走
至靈州後奔晉陽悅自殺岳後神情恍惚不復

如常恒言我僅睡即夢見岳語我兄欲何處去
隨我不相置因此彌不自安而致敗滅
侯淵神武尖山人也機警有膽略肅宗末年六
鎮飢亂淵隨杜洛周南寇後與妻兄念賢背洛
周歸尒朱榮路中遇寇身披苦褐榮賜其衣帽
厚待之以淵爲中軍副都督常從征伐屢有戰
功孝莊即位除領左右封厭次縣開國子邑四
百戶後從榮討葛榮於滏口戰功尤多榮啓淵
爲驃騎將軍燕州刺史時葛榮别帥韓婁等

有衆數万屯據薊城尒朱榮令淵與賀拔勝討
之會元顥入洛榮徵勝南赴大軍留淵獨鎮中
山及莊帝還宮榮令淵進討韓婁配卒甚少或
以爲言榮曰侯淵臨機設變是其所長若總大
衆未必能用今擊此賊故當不足定也止給騎
七百淵遂廣張軍聲多設供具親率數百騎深
入樓境欲執行人以問虛實去薊百餘里值賊
帥陳周馬步万餘淵遂潛伏以乘其背大破之
虜其卒五千餘人尋還其馬仗縱令入城左右

諫曰既獲賊衆何爲復資遣之也淵曰我兵既
少不可力戰事須爲計以離隙之淵度其已至
遂率騎夜集昧旦叩其城門韓婁果疑降卒爲
淵内應遂逋走追擒之以勳進爵爲侯增邑八
百戶尋詔淵以本將軍爲平州刺史大都督仍
鎮范陽及尒朱榮之死也范陽太守盧文偉誘
淵出獵閉門拒之淵率部曲屯於郡南爲榮舉
哀勒兵南向莊帝使東萊王貴平爲大使慰勞
燕薊淵乃詐降貴平信之遂執貴平自隨進至

中山行臺僕射魏蘭根邀擊之爲淵所敗會元
曄立淵欲歸之常山太守甄楷屯據井陘淵又
擊破之曄乃授淵驃騎大將軍儀同三司定州
刺史左軍大都督漁陽郡開國公邑一千戶前
廢帝立仍加開府餘如故幽州刺史劉靈助舉
義兵屯於安國城淵與叱列延慶等破擒之後
隨尒朱兆拒義旗於廣阿兆既敗走淵降齊
獻武王後從王破尒朱於韓陵永熙初除齊州刺
史餘如故出帝末淵與兗州刺史樊子鵠青州

刺史東萊王貴平密信往來以相連結又遣間
使通誠於獻武王及出帝入關復懷顧望汝陽
王暹既除齊州刺史次於城西淵擁部據城不
時迎納民劉桃符等潛引暹入據西城淵爭門
不剋率騎出奔妻兒部曲爲暹所虜行達廣里
會承制以淵行青州事齊獻武王又遺淵書
曰卿勿以部曲輕少難於東邁齊人澆薄唯利
是從齊州城民尚能迎汝陽王青州之人豈不
能開門待卿也但當勉之淵乃復還暹始歸其

部曲而貴平自以斛斯椿黨亦不受代淵進襲
高陽郡剋之置部曲家累於城中身率輕騎遊
掠於外貴平使其長子率衆攻高陽南青州刺
史茹懷朗遣兵助之時青州城人餽粮者首尾
相繼淵親率騎夜趣青州詐餽粮人曰臺軍已
至殺戮都盡我是世子下人今已走還城汝何
爲復去也人信其言棄粮奔走比曉復謂行人
曰臺軍昨夜已至高陽我是前鋒今始到此頗
知侯公竟在何處城人兇懼遂執貴平出降淵

自惟反覆慮不獲安遂斬貴平傳首京師欲明
不同於斛斯椿也及子鵠平詔以封延之爲青
州刺史淵旣不獲州任情又恐懼行達廣川遂劫
光州庫兵反遣騎詣平原執前膠州刺史賈璐
夜襲青州南郭劫前廷尉卿崔光韶以惑人情
攻掠郡縣其部下督帥叛拒之淵率騎奔蕭衍
途中亡散行達南青州南境爲賣漿者斬之傳
首京師家口配沒
史臣曰朱瑞以背本向義責不見原延慶黨舊

違順常刑所及斛斯椿姦佞爲心讒惑自口取
釁蒼蠅交亂四國投於豺虎天實棄之賈智侯
淵反覆取斃破胡器小謀大終於顛蹶子鵠迷
機寡算竟以殲殄岳負力無謀制以一劒恱果
行慮淺死不旋足觀其亡滅自取之也

列傳第六十八　魏書八十

魏書八十一

列傳第六十九

山偉

綦儁

宇文忠之

劉仁之

綦儁字摽顯河南洛陽人也其先代人祖辰并州刺史儁莊帝時仕累遷爲滄州刺史甚爲吏人畏悅尋除太僕卿及尒朱世隆等誅齊獻武王赴洛止於邙山上召文武百司下及士庶令之曰尒朱暴虐矯弄天常孤起義信都罪人斯翦今將翼戴親賢以昌魏曆誰主社稷允愜天

人申令頻煩莫有應者儁乃避席曰人主之體必須度量深遠明喆仁恕廣陵王遇世艱難不言淹載以人謀察之雖爲尒朱扶戴當今之聖主也獻武王欣然是之時黃門侍郎崔㥄作色而前謂儁曰廣陵王爲主不能紹宣魏網布德天下爲君如此何聖之有若言其聖應待大王時高乾邕魏蘭根等固執㥄言遂立出帝及出帝失德齊獻武王深思儁言常以爲恨尋除御史中尉於路與僕射賈顯度相逢顯度侍勳貴排儁騶列倒儁忿見於色自入奏之尋加散騎常侍驃騎大將軍左光祿大夫儀同三司儁便巧能候當塗斛斯椿賀拔勝皆與友善斛斯椿之搆閒也出帝令儁奉詔晉陽齊獻武王集文武與儁申釋儁辭屈而退性多詐賀拔勝出鎮荆州過儁別因辭儁母儁故見敗還斃被勝吏遺之錢物後兼吏部尚書復爲滄州刺史徵還兼中尉章武縣伯尋除殷州刺史薨於州贈司空公謚曰文貞

子洪賓字巨正位尚書左右郎魏郡邑中正嗜

酒好色無行檢卒官

山偉字仲才河南洛陽人也其先代人祖強美容貌身長八尺五寸工騎射彎弓五石爲奏事中散從顯祖獵方山有兩狐起於御前詔強射之百步內二狐俱獲位內行長父稚之營陵令偉隨父之縣遂師事縣人王惠涉獵文史稚之位金明太守肅宗初元匡爲御史中尉以偉兼侍御史入臺五日便遇正會偉司神武門其妻

從叔爲羽林隊主撾直長於殿門偉即劾奏匡
善之俄然奏正帖國子助教遷員外郎廷尉評
時天下無事進仕路難代遷之人多不霑預及
六鎮隴西二方起逆領軍元叉欲用代來寒人
爲傳詔以慰悅之而牧守子孫投狀求者百餘
人叉欲杜之因奏立勳附隊令各依資出身自
是北人悉被收叙偉遂奏記贊叉德美叉素不
識偉訪侍中安豐王延明黃門郎元順順等因
是稱薦之叉令僕射元欽引偉兼尚書二千石

魏書列傳六十九　三　鄭子和

郎後正名士郎修起居注僕射元順領選表薦
爲諫議大夫尒朱榮之害朝士偉時守直故免
禍及莊帝入宮仍除偉給事黃門侍郎先是偉
與儀曹郎袁昇屯田郎李延孝外兵郎李奐三
公郎王延業方駕而行偉少居後路逢一尼望
之歎曰此輩緣業同日而死謂偉曰君方近天
子當作好官而昇等四人皆於河陰遇害果如
其言俄領著作郎前廢帝立除安東將軍秘書
監仍著作初尒朱兆之入洛官守奔散國史典

書高法顯密埋史書故不遺落偉自以爲功訴
求爵賞偉挾附世隆遂封東阿縣伯而法顯止
獲男爵偉尋進侍中孝靜初除衛大將軍中書
令監起居後以本官復領著作卒官贈驃騎大
將軍開府儀同三司都督幽州刺史謚曰文貞
公國史自鄧淵崔琛崔浩高允李彪崔光以還
諸人相繼撰録綦儁及偉等諂說上黨王天穆
及尒朱世隆以爲國書正應代人脩緝不宜委
之餘人是以儁偉等更主大籍守舊而已初無

魏書列傳六十九　四　鄭子和

述著故自崔鴻死後迄終偉身二十許載時事
蕩然万不記一後人執筆無所憑據史之遺闕偉
之由也外示沉厚内實矯競與綦儁少甚相得
晚以名位之間遂若水火與宇文忠之之徒代
人爲黨時賢畏惡之而愛尚文史老而彌篤偉
弟少亡偉撫寡訓孤同居二十餘載恩義甚篤
不營產業身亡之後賣宅營葬妻子不免飄泊
士友歎愍之

長子昂襲爵

劉仁之字山靜河南洛陽人其先代人徙于洛父尒頭在外戚傳仁之少有操尚粗涉書史眞草書迹頗號工便御史中尉元昭引爲御史前廢帝時兼黃門侍郎深爲尒朱世隆所信用出帝初爲著作郎兼中書令既非其才在史未嘗執筆出除衛將軍西兗州刺史在州有當時之譽武定二年卒贈衛大將軍吏部尚書青州刺史論曰敬仁之外示長者內懷矯詐其對賓客破牀弊席麤飯冷菜衣服故敗乃過逼下善候當途能爲詭激每於稠人廣衆之中或撾一奴吏或縱一孤貧大言自眩示己高明矜物無知淺識皆稱其美公能之譽動過其實性又酷虐在晉陽曾營城雉仁之統監作役以小稽緩遂杖前殷州刺史裴瑗并州刺史王綽齊獻武王大加譴責性好文字吏書失體便加鞭撻言韻微訛亦見捶楚吏民苦之而愛好文史敬重人流與齊帥馮元興交款元興死後積年仁之營視其家常出隆厚時人以此尚之

宇文忠之河南洛陽人也其先南單于之遠屬世據東部後入居代都祖阿生安南將軍巴西公父侃卒於治書侍御史忠之獵涉文史頗有筆札釋褐太學博士天平初除中書侍郎裴伯茂與之同省常侮忽之以忠之色黑呼爲黑宇後勅脩國史元象初兼通直散騎常侍副鄭伯猷使蕭衍武定初爲安南將軍尚書右丞仍脩史未幾以事除名忠之好榮利自爲中書郎六七年矣遇尚書省選右丞預選者皆射策忠之入試焉既獲丞職大爲忻滿志氣囂然有驕物之色識者笑之既失官爵怏怏發病卒

子君山

史臣曰綦儁遭逢受職山偉位行頗爽仁之雖內懷矯詐而交情自篤忠之雖文史足用而雅道蔑聞謂全德者其難矣哉

列傳第六十九　魏書八十一

列傳第七十　魏書八十二

李琰之　祖瑩

常景

李琰之字景珍小字默蠡隴西狄道人司空韶之族弟早有盛名時人號曰神童從父司空沖雅所歎異每曰興吾宗者其此兒乎恒資給所須愛同已子弱冠舉秀才不行曾遊河內北山便欲有隱遁意會彭城王勰辟爲行臺參軍苦相敦引尋爲侍中李彪啓兼著作郎脩撰國史稍遷國子博士領尚書儀曹郎中轉中書侍郎司農少卿黃門郎脩國史遷國子祭酒轉秘書監兼七兵尚書遷太常卿孝莊初太尉元天穆北討葛榮以琰之兼御史中尉爲北道軍司還除征東將軍仍兼太常出爲衞將軍荊州刺史頃之兼尚書左僕射三荊二郢大行臺尋加散騎常侍琰之雖以儒素自業而每語人言吾家世將種自云猶有關西風氣及至州後大好射獵以示威武介朱兆入洛南陽太守趙脩延以琰之莊帝外戚誣琰之規奔蕭衍襲州城遂被囚執脩延仍自行州事城內人斬脩延還推琰之釐州任出帝初徵兼侍中車騎大將軍左光祿大夫儀同三司永熙二年薨贈侍中驃騎大將軍司徒公雍州刺史謚曰文簡琰之少機警善談經史百家無所不覽朝廷疑事多所訪質每云崔博而不精劉精而不博我既精且博學兼二子謂崔光劉芳也論者許其博未許其精當時物議咸共宗之又自誇文章從姨兄常景笑而不許每休閑之際恒閑門讀書不交人事嘗謂人曰吾所以好讀書不求身後之名但異見異聞心之所願是以孜孜搜討欲罷不能豈爲聲名勞七尺也此乃天性非爲力彊前後再居史職無所編緝安豐王延明博聞多識每有疑滯恒就琰之辨析自以爲不及也

三子綱惠並從出帝入關

祖瑩字元珍范陽遒人也曾祖敏仕慕容垂爲平原太守太祖定中山賜爵安固子拜尚書左

丞卒贈并州刺史祖嶷字元達以從征平原功
進爵爲侯位馮翊太守贈幽州刺史父季眞多
識前言往行位中書侍郎卒於安遠將軍鉅鹿
太守瑩年八歲能誦詩書十二爲中書學生好
學躭書以晝繼夜父母恐其成疾禁之不能止
常密於灰中藏火驅逐僮僕父母寢睡之後燃
火讀書以衣被蔽塞窗戶恐漏光明爲家人所
覺由是聲譽甚盛後外親屬呼爲聖小兒尤好
屬文中書監高允每歎曰此子才器非諸生所

及終當遠至時中書博士張天龍講尚書選爲
都講生徒悉集瑩夜讀書勞倦不覺天曉催
講既切遂誤持同房生趙郡李孝怡曲禮卷上座
博士嚴毅不敢還取乃置禮於前誦尚書三篇
不遺一字講罷孝怡異之向博士說舉學盡驚
後高祖聞之召入令誦五經章句并陳大義帝
嗟賞之瑩出後高祖戲盧昶曰昔流共工於幽
州北裔之地那得忽有此子昶對曰當是才爲
世生以才名拜太學博士徵署司徒彭城王勰

法曹行參軍高祖顧謂勰曰蕭賾以王元長爲
子良法曹今爲汝用祖瑩豈非倫匹也敕令掌
勰書記瑩與陳郡袁翻齊名秀出時人爲之語
曰京師楚楚袁與祖洛中翩翩祖與袁再遷尚
書三公郎尚書令王肅曾於省中詠悲平城詩
云悲平城驅馬入雲中陰山常晦雪荒松無罷
風彭城王勰甚嗟其美欲使肅更詠乃失語云
王公吟詠情性聲律殊佳可便爲誦悲彭城詩
肅因戲勰云何意悲平城爲悲彭城也勰有慙

色瑩在座即云所有悲彭城王公自未見耳肅
云可爲誦之瑩應聲云悲彭城楚歌四面起屍
積石梁亭血流睢水裏肅甚嗟賞之勰亦大悅
退謂瑩曰即定是神口今日若不得卿幾爲吴
子所屈爲冀州鎮東府長史以貨賄事發除名
後侍中崔光舉爲國子博士仍領尚書左戶部
李崇爲都督北討引瑩爲長史坐截沒軍資除
名未幾爲散騎侍郎孝昌中於廣平王第掘得
古玉印敕召瑩與黃門侍郎李琰之令辨何世

之物瑩云此是于寘國王晉太康中所獻乃以墨塗玉字觀之果如瑩言時人稱為博物累遷國子祭酒領給事黃門侍郎幽州大中正監起居事又監議事元顥入洛以瑩為殿中尚書莊帝還宮坐為顥作詔罪狀尒朱榮免官後除祕書監中正如故以參議律曆賜爵容城縣子坐事繫於廷尉前廢帝遷車騎將軍初莊帝末尒朱兆入洛軍人焚燒樂署鍾石管弦略無存者敕瑩與錄尚書事長孫稚侍中元孚典造金石雅

樂三載乃就事在樂志遷車騎大將軍及出帝登阼瑩以太常行禮封文安縣子天平初將遷鄴齊獻武王因召瑩議之以功遷儀同三司進爵為伯薨贈尚書左僕射司徒公冀州刺史瑩以文學見重常語人云文章須自出機杼成一家風骨何能共人同生活也蓋譏世人好偷竊他文以為已用而瑩之筆札亦無乏天才但不能均調玉石兼有製裁之體減於表常焉性爽俠有節氣士有窮厄以命歸之必見存拯時亦以此多之其文集行於世

子珽字孝徵襲

常景字永昌河內人也父文通天水太守景少聰敏初讀論語毛詩一受便覽及長有才思雅好文章廷尉公孫良舉為律博士高祖親得其名既而用之後為門下錄事太常博士正始初詔尚書門下於金墉中書外省考論律令敕景參議世宗季舅護軍將軍高顯卒其兄右僕射肇私託景及尚書邢巒并州刺史高聰通直郎徐紇各作碑銘並以呈御世宗悉付侍中崔光

簡之光以景所造為最乃奏曰常景名位乃處諸人之下文出諸人之上遂以景文刊石肇尚平陽公主未幾主薨肇欲使公主家令居廬制服付學官議正施行尚書又以訪景景以婦人無專國之理家令不得有純臣之義乃執議曰喪紀之本實稱物以立情輕重所因亦緣情以制禮雖理關盛衰事經今古而制作之本降殺之宜其實一焉是故臣之為君所以資敬而崇

重爲君母妻所以從服而制義然而諸侯大夫之爲君者謂其有地土有吏屬無服文者言其非世爵也今王姬降適雖加爵命事非君邑理異列土何者諸王開國備立臣吏生有趨奉之勤死盡致喪之禮而公主家令唯有一人其丞已下命之屬官既無接事之儀實闕爲臣之禮原夫公主之貴所以立家令者蓋以主之内事脫須關外理無自達必也因人然則家令唯通内外之職及典主家之事耳無關君臣之理名

義之分也由是推之家令不得爲純臣公主不可爲正君明矣且女人之爲君男子之爲臣古禮所不載先朝所未議而四門博士裴道廣孫榮乂等以公主爲之君以家令爲之臣制服以斬乖謬彌甚又張虚景吾難羈等不推君臣之分不尋致服之情猶同其議準母制齊求之名實理未爲允竊謂公主之爵既非食菜之君家令之官又無純臣之式若附如母則情義罔施若準小君則從服無據案如經禮事無成文即

愚見謂不應服朝廷從之景淹滯門下積歲不至顯官以蜀司馬相如王襃嚴君平揚子雲等四賢皆有高才而無重位乃託意以讚之其讚司馬相如曰長卿有艷才直致不羣性鬱爵若春煙舉皎如秋月映遊梁雖好仁仕漢常稱病清貞非我事窮達委天命其讚王子淵曰王子挺秀逸氣干青雲明珠既絕俗白鵠信驚羣才世苟不合遇否途自分空枉碧雞命徒獻金馬文其讚嚴君平曰嚴公體沈靜立志明霜雪

味道綜微言端蓍演妙說才屈羅仲口位結李強舌素尚邁金貞清標陵王徹其讚揚子雲曰蜀江導清流揚子挹餘休含光絕後彥覃思邈前修世輕久不賞玄談物無求當途謝權寵置酒獨閑遊景在樞密十有餘年爲侍中崔光盧昶游肇元暉尤所知賞累遷積射將軍給事中延昌初東宮建兼太子屯騎校尉錄事皆如故其年受勑撰門下詔書凡四十卷尚書元萇出爲安西將軍雍州刺史請景爲司馬以

景階次不及除錄事參軍襄威將軍帶長安令甚有惠政民吏稱之先是太常劉芳與景等撰朝令未及班行別典儀注多所草創未成芳卒景纂成其事及世宗崩召景赴京還脩儀注拜謁者僕射加寧遠將軍又以本官兼中書舍人後授步兵校尉仍舍人又勑撰太和之後朝儀已施行者凡五十餘卷時靈太后詔依漢世陰鄧二后故事親奉廟祀與帝交獻景乃據正以定儀注朝廷是之正光初除龍驤將軍

三ㄅ三十　魏書七十　九　崔

中散大夫舍人如故時肅宗以講學之禮於國子寺司徒崔光執經勑景與董紹張徹馮元興王延業鄭伯猷等俱為錄義事畢又行釋奠之禮並詔百官作釋奠詩時以景作為美是年九月蠕蠕主阿那瓌歸闕朝廷疑其位次高陽王雍訪景景曰昔咸寧中南單于來朝晉世處之王公特進之下今日為班宜在蕃王儀同三司之間雍從之朝廷典章疑而不決則時訪景而行初平齊之後光祿大夫高聰徙於北京

中書監高允為之娉妻給其資宅聰後為允立碑每云吾以此文報德足矣豫州刺史常綽以未盡其美景尚允才器先為遺德頌司徒崔光聞而觀之尋味良久乃云高光祿平旦每矜其文自許報允之德今見常生此頌高氏不得獨擅其美也侍中崔光安豐王延明受詔議定服章勑景參脩其事尋進號冠軍將軍阿那瓌之還國也境上遷延仍陳窘乏遣尚書左丞元孚奉詔振恤阿那瓌執孚過柔玄奔于漠北

大三ㄅ二十　魏書傳七十　十　高誘

遣尚書令李崇御史中尉兼右僕射元纂追討不及乃令景出塞經瓫山臨瀚海宣勑勒衆而返景經涉山水悵然懷古乃擬劉琨扶風歌十二首進號征虜將軍孝昌初兼給事黃門侍郎尋除左將軍太府少卿仍舍人固辭少卿不拜改授散騎常侍將軍如故徐州刺史元法僧叛入蕭衍衍遣其豫章王蕭綜入據彭城時安豐王延明為大都督大行臺率臨淮王彧等衆軍討之既而蕭綜降附徐州清復遣景兼

尚書持節馳與行臺都督觀機部分景經略
納乃作銘焉是時尚書令蕭寶夤都督崔延
伯都督北海王顥都督車騎將軍元恒芝等並
各出討詔景詣軍宣旨勞問還以本將軍授
徐州刺史杜洛周反於燕州仍以景兼尚書爲
行臺與幽州都督平北將軍元譚以禦之景
表求勒幽州諸縣悉入古城山路有通賊之處
權發兵夫隨宜置戍以爲防遏又以頃來差斗
不盡彊壯今之三長皆是豪門多丁爲之今求

權發爲兵肅宗皆從之進號平北將軍別敕
譚西至軍都關北從盧龍塞據此二嶮以杜
賊出入之路又詔景山中嶮路之處悉令捍塞
景遣府録事參軍裴智成發范陽三長之
兵以守白㠌都督元譚據居庸下口俄而安州
石離冗城斛鹽三戍兵反結洛周有衆二万餘
落自松岍赴賊譚勒別將崔仲哲等截軍
都關以待之仲哲戰沒洛周又自外應之腹
背受敵譚遂大敗諸軍夜散詔以景所部別

將李琚爲都督代譚征下口降景爲後將軍
解州任仍詔景爲幽安玄　四州行臺賊既
南出鈔掠薊城景命統軍梁仲禮率兵士邀
擊破之獲賊將御夷鎮軍主孫念恒都督李
琚爲賊所攻薊城之北軍敗而死率屬城人禦
之賊不敢逼洛周還據上谷授景平北將軍光
祿大夫行臺如故洛周遣其都督王曹紇真
馬叱斤等率衆薊南以掠人穀乃遇連雨賊衆
疲勞景與都督于榮刺史王延年置兵粟國
邀其走路大敗之斬曹紇真洛周率衆南趨

范陽景與延年及榮復破之又遣別將重破之
於州西虎眼泉擒斬及溺死者甚衆後洛周南
圍范陽城人翻降執刺史延年及景送於洛周
洛周尋爲葛榮所吞景又入榮榮破景得還
朝永安初詔復本官兼黄門侍郎又攝著作
固辭不就二年除中軍將軍正黄門先是參議
正光壬子歷至是賜爵高陽子元顥内逼莊帝
北巡景與侍中大司馬安豐王延明在禁中召

諸親賓安慰京師顯入洛景仍居本位莊帝
還宮解黃門普泰初除車騎將軍右光祿大夫
祕書監以預詔命之勤封濮陽縣子後以例追
永熙二年監議事景自少及老恒居事任清儉
自守不營產業至於衣食取濟而已耽好經史
愛翫文詞若遇新異之書殷勤求訪或復質
買不問價之貴賤必以得爲期友人刁整每謂
曰卿清德自居不事家業雖儉約可尚將何以
自濟也吾恐摯太常方餧於柏谷耳遂與衛將

魏書傳七十　十三

軍羊深矜其所乏乃率刁雙司馬彥邕李諧
畢祖彥畢義顯等各出錢千文而爲買馬焉
天平初遷鄴景匹馬從駕是時詔下三日戶四
十万狼狽就道收百官馬尚書丞郎已下非陪
從者盡乘驢馬獻武王以景清貧特給車牛
四乘妻孥方得達鄴後除儀同三司仍本將
軍武定六年以老疾去官詔曰几杖爲禮安車
致養敬齒尊賢其來尚矣景藝業該通文
史淵洽歷事三朝年踰五紀朝章言歸祿俸

無餘家徒壁立宜從哀恤以旌元老可特給右
光祿事力終其身八年薨景善與人交終始若
一其遊處者皆服其深遠之度未曾見其矜
吝之心好飲酒澹於榮利自得懷抱不事權
門性和厚恭慎每讀書見韋弦之事深薄
之危乃圖古昔可以鑒戒指事爲象讚而述
之曰周雅云謂天蓋高不敢不跼謂地蓋厚不
敢不蹐有朝隱大夫監戒斯文乃惕焉而懼曰
夫道喪則性傾利重則身輕是故秉和體遜
式銘方冊防微慎獨載象丹青信哉斯人之賦

魏書傳七十　十四　圭

文輞而理明仰瞻高天聽卑視謗俯測厚地岳
峻川渟誰其戴之不私不畏誰其踐之不陷不墮
故善惡是徵物罔同異論凡匪人人咸敬已嗟
乎唯地厚矣尚亦兢兢浩浩名位孰識其親撣
之弗得聆之無聞故有戒於顯而急乎微好爵
是貝聲者是甚身陷於祿利言溺於是非或
求欲而未厭或知足而不辭是故位高而勢愈
迫正立而邪愈欺安有位極而危不萃邪榮

而正不凋故悔多於地厚禍甚於天高夫悔未結誰肯曲躬夫禍未加誰肯累足固機發而後思圖車覆而後改轍改之無及故狡兎失穴思之在後故逆鱗易觸君子則不然體舒則懷卷視溺則思濟厚夫人之度邀於無階之天勢位之危深於不測之地餌厚而躬不競爵降而心不係守善於已成懼衍於未敗雖盈而戒沖通而慮滯以知命為遐齡以樂天為大惠以戢智而後時以懷愚而遊世曲躬焉累足焉苟行之

晝已決矣猶夜則思其計誦之口亦明矣故心必嘗其契故能不同不謗而頌謗於羣小無毀無譽而貽信於上帝託身與金石俱堅立名與天壤相斃實無競無侵優遊獨逝夫如是故綺閣金門可安其宅錦衣玉食可頤其形柳下三黜不慍其色子文三陟不喜其情而惑者見居高可以持勢欲乘高以據榮見直道可以脩已欲專道以邀聲夫去聲然後聲可立豈矜道之所宜慮危然後安可固豈假道之所全是以

君子臨事道不可以流聲故去聲而懷道鑒專道不可以守勢故去勢以崇道何若履道雖高不得無亢求聲雖道不得無悔然則聲奢繁則每貞儉凋功業進則身迹退如此則精靈遂越憍傍自親情與道絕事與勢隣方欲役思以持勢乘勢以求律故利欲誘其情禍難嬰其身利欲交則幽明以之變禍難構則智術無所陳若然者雖靡爵帝扃焉得而寧之雖結珮皇庭焉得而榮之故身道未究而崇邪之徑

已形成功未立而脩正之術已生福祿交塞於人事屯難頓萃於時情忠介剖心於白日耿節沉骨於幽靈因斯愚智之所機倚伏之所係全亡之所依其在遜順而已哉嗚呼鑒之嗚呼鑒之景所著述數百篇見行於世刪正晉司空張華博物志及撰儒林列女傳各數十篇云

長子昶少學識有文才早卒

昶弟彪之永安中司空行參軍

史臣曰琰之好學博聞鬱為邦彥祖瑩幹能

藝用實曰時良常景以文義見宗著美當
代覽其遺藁可稱尚哉

列傳第七十　魏書八十二

魏收書列傳七十

列傳外戚第七十一上　魏書八十三上

賀訥　劉羅辰
姚黃眉　杜超
賀迷　閭毗
馮熙　李峻
李惠

夫右賢左戚尚德尊功有國者所以治天下也
殷肇王基不藉華氏爲佐周成大業未聞姒姓
爲輔及於漢世外戚尤重殺身傾族相繼於兩

京乃至移其鼎壐亂其邦國魏文深以爲誡明
帝尚封頑騃晉之楊駿尋至夷宗居上不以至
公任物在下徒用私寵要榮藺犢引大車弱質
任厚棟所謂愛之所以害之矣太祖初賀訥有
部衆之業翼成皇祚其餘或以勞勤或緣恩澤
咸序其迹舉外親之盛衰云爾

賀訥代人太祖之元舅獻明后之兄也其先世
爲君長四方附國者數十部祖紇始有勳於國
尚平文女父野干尚昭成女遼西公主昭成崩

諸部乖亂獻明后與太祖及衛秦二王依訥會
苻堅使劉庫仁分攝國事於是太祖還居獨孤
部訥摠攝東部爲大人遷居大甯行其恩信衆
多歸之侔於庫仁苻堅假訥鷹揚將軍後劉顯
之謀逆太祖聞之輕騎北歸訥訥見太祖驚喜
拜曰官家復國之後當念老臣太祖笑荅曰誠
如舅言要不忘也訥中弟染干麤暴忌太祖常
圖爲逆毋爲皇姑遼西公主擁護故染干不得
肆其禍心於是諸部大人請訥兄弟求舉太祖

爲主染干曰在我國中何得爾也訥曰帝大國
之世孫興復先業於我國中之福常相持獎立
繼統勳汝尚異議豈是臣節遂與諸人勸進太
祖登代王位于牛川及太祖討吐突隣部訥兄
弟遂懷異圖率諸部救之帝擊之大潰訥西遁
衞辰遣子直力鞮征訥訥告急請降太祖簡精
騎二十万救之遂徙訥部落及諸弟處之東界
訥又通於慕容垂垂以訥爲歸善王染干謀殺
訥而代立訥遂與染干相攻垂遣子麟討之敗

染干於牛都破訥於赤城太祖遣師救訥麟乃
引退訥從太祖平中原拜安遠將軍其後離散
諸部分土定居不聽遷徙其君長大人皆同編
戶訥以元舅甚見尊重然無統領以壽終於家
訥弟盧亦從平中原以功賜爵遼西公太祖遣
盧會衛王儀伐鄴而盧自以太祖之季舅不肯
受儀節度太祖遣使責之盧遂忿恨與儀司馬
丁建構成其嫌彌加猜忌會太祖敕儀去鄴盧
亦引歸太祖以盧爲廣川太守盧性雄豪恥居

冀州刺史王輔下襲殺輔奔慕容德德以爲幷
州刺史廣甯王廣固敗盧亦没
訥從父弟悅初太祖之居賀蘭部下人情未甚
附唯悅舉部隨從又密爲太祖祈禱天神請成
大業出於誠至太祖嘉之甚見寵待後平中原
以功賜爵鉅鹿侯進爵北新辛
子泥襲爵後降爲肥如侯太祖崩京師草草泥
出舉烽於安陽城北賀蘭部人皆往赴之太宗
即位乃罷詔泥與元渾等八人拾遺左右與北

新侯安同持節行并定二州刺奏并州刺史元六頭等皆伏罪州郡肅然後從世祖征赫連昌以功進爵爲琅邪公軍國大議每參預焉又征蠕蠕爲別道將坐逐賊不進詐增虜當斬贖爲庶人久之拜光祿勳以爲外都大官復本爵卒於官

子醜建襲

劉羅辰代人宣穆皇后之兄也父眷爲北部大人帥部落歸國羅辰有智謀謂眷曰從兄顯忍

魏傳七十上　四

人也願早圖之眷不以爲意後庫仁子顯殺眷而代立又謀逆及太祖即位討顯于馬邑追至彌澤大破之後奔慕容麟麟徙之中山羅辰率騎奔太祖顯恃部衆之彊每謀爲逆羅辰輒先聞奏以此特蒙寵念尋拜南部大人從平中原以前後勳賜爵永安公以軍功除征東將軍定州刺史卒謚曰敬

子殊暉襲爵位并州刺史卒

子求引位武衞將軍卒謚曰貞

子尒頭位魏昌慶陶二縣令贈鉅鹿太守子仁之自有傳

姚黃眉姚興之子太宗昭哀皇后之弟也姚泓滅黃眉間來歸太宗厚禮待之賜爵隴西公尚陽翟公主拜駙馬都尉賜隷戸二百世祖即位遷內都大官後拜太常卿卒贈雍州刺史隴西王謚曰獻陪葬金陵黃眉寬和温厚希言得失世祖悼惜之故贈有加禮

杜超字祖仁魏郡鄴人密皇后之兄也少有節操

魏傳七十一上　五

泰常中爲相州別駕奉使京師時以法禁不得與后通問始光中世祖思念舅氏以超爲陽平公尚南安長公主拜駙馬都尉位大鴻臚卿車駕數幸其第賞賜巨万神䴥三年以超行征南大將軍太宰進爵爲王鎭鄴追加超父豹鎭東大將軍陽平景王母曰鉅鹿惠君眞君五年超爲帳下所害世祖臨其喪哀慟者久之謚曰威王

長子道生賜爵城陽侯後爲秦州刺史進爵河

東公
道生弟鳳皇襲超爵加侍中特進世祖追思超
不已欲以鳳皇爲定州刺史鳳皇不願違離闕
庭乃止
鳳皇弟道儁賜爵發干侯鎮枋頭除兗州刺史
超既薨復授超從弟遺侍中安南將軍開府相
州刺史入爲內都大官進爵廣平王遺性忠厚
頻歷州郡所在著稱薨贈太傅謚曰宣王
長子元寶位司空元寶弟胤寶司隸校尉元寶

魏傳七十上　六

又進爵京兆王及歸而父遺喪明當入謝元寶
欲以表聞高宗未知遺薨怪其遲召之元寶將
入時人止之曰宜以家憂自辭元寶欲見其寵
不從遂冒哀而入未幾以謀反伏誅親從皆斬
唯元寶子世衡逃免時朝議欲追削超爵位中
書令高允上表理之後兗州故吏汲宗等以道
儁遺愛在人前從坐受誅委骸土壤求得收葬
書奏詔義而聽之贈散騎常侍安南將軍南康
公謚曰昭

世衡襲遺公爵
賀迷代人從兄女世祖敬哀皇后皇后生恭宗
初后少孤無父兄近親唯迷以從父故蒙賜爵
長鄉子卒贈光祿大夫五原公
閭毗代人本蠕蠕人世祖時自其國來降毗即
恭皇后之兄也皇后生高宗高宗太安二年以
毗爲平北將軍賜爵河東公弟紇爲寧北將軍
賜爵零陵公其年並加侍中進爵爲王毗征東
將軍評尚書事紇征西將軍中都大官自餘子

魏傳七十上　七

弟賜爵爲王者二人公五人侯六人子三人同
時受拜所以隆崇舅氏當世榮之和平二年追
謚后祖父延襄康公父辰定襄懿王毗薨贈毗
妻河東王妃
子惠襲紇薨贈司空
子豆後賜名莊太和中初立三長以莊爲定戶
籍大使甚有時譽十六年例降爵後爲七兵尚
書卒
紇弟深位外都大官冀州刺史江夏公卒先

是高宗以乳母常氏有保護功既即位尊為保太后後尊為皇太后興安二年太后兄英字世華自肥如令超為散騎常侍鎮軍大將軍賜爵遼西公弟喜鎮東大將軍祠曹尚書帶方公三妹皆封縣君妹夫王睹為平州刺史遼東公追贈英祖父孚堅扶風太守亥為鎮西將軍遼西簡公勃海太守澄為侍中征東大將軍太宰遼西獻王英母許氏博陵郡君遣兼太常盧度世持節改葬獻王於遼西樹碑立廟置守冢百家太安初英為侍中征東大將軍太宰進爵為王喜左光祿大夫改封燕郡從兄泰為安東將軍朝鮮侯訢子伯夫散騎常侍選部尚書次子貞金部尚書喜子振太子庶子三年英領太師評尚書事內都大官伏寶泰等州刺史五年詔以太后母宋氏為遼西王太妃和平元年喜為洛州刺史初英事宋不能謹而睹奉宋甚至就食於和龍無車牛宋疲不進睹負宋於笈至是宋於英等薄不如睹之篤謂太后曰何不王睹

魏書傳七十三 八

而黜英太后曰英為長兄門戶主也家內小小不順何足追計睹雖盡力故是他姓奈何在英上本州郡公亦足報耳天安中英為平州刺史訢為幽州刺史伯夫進爵范陽公英贖貨徙燉煌詔常自興公及疑至是皆以親疏受爵賜田宅時為隆盛後伯夫為洛州刺史以贓汙欺妄徵斬於京師承明元年徵英復官薨諡遼西平王始英之徵也夢日墜其所居黃山下水中村人以車牛挽致不能出英獨抱載而歸聞者異之後貞與伯夫子禽可共為飛書誣謗朝政事發有司執憲刑及五族高祖以昭太后故罪止一門訢年老赦免歸家恕其孫一人扶養之給奴婢田宅其家僮入者百人金錦布帛數万計賜尚書以下宿衛以上其女壻及親從在朝皆免官歸本鄉十一年高祖文明太后以昭太后故悉出其家前後沒入婦女以喜子振試守正平郡卒

魏書傳七十三 九

馮熙字晉昌長樂信都人文明太后之兄也祖

文通語在海東傳世祖平遼海熈父朗内徙官至秦雍二州刺史遼西郡公坐事誅文明太后臨朝追贈假黄鉞太宰燕宣王立廟長安熈生於長安爲姚氏魏母所養以叔父樂陵公邈因戰入蠕蠕魏母攜熈逃避至氐羌中撫育年十二好弓馬有勇幹氐羌皆歸附之魏母見其如此將還長安始就博士學問從師受孝經論語好陰陽兵法及長游華陰河東二郡間性汎愛不拘小節人無士庶來則納之熈姑先入掖庭

爲世祖左昭儀妹爲高宗文成帝后即文明太后也使人外訪知熈所在徵赴京師拜冠軍將軍賜爵肥如侯尚恭宗女博陵長公主拜駙馬都尉出爲定州刺史進爵昌黎王顯祖即位爲太傅累拜内都大官高祖即位文明太后臨朝王公貴人登進者衆高祖乃承旨皇太后以熈爲侍中太師中書監領秘書事熈以頻履師傅又中宫之寵爲羣情所駭心不自安乞轉外任文明太后亦以爲然於是除車騎大將軍開府

都督洛州刺史侍中太師如故洛陽雖經破亂而舊三字石經宛然猶在至熈與常伯夫相繼爲州廢毁分用大至頽落熈爲政不能仁厚而信佛法自出家財在諸州鎮建佛圖精舍合七十二處寫一十六部一切經延致名德沙門日與講論精勤不倦所費亦不貲而在諸州營塔寺多在高山秀阜傷殺人牛有沙門勸止之熈曰成就後人唯見佛圖焉知殺人牛也其北邙寺碑文中書侍郎賈元壽之詞高祖頻登北邙

寺親讀碑文稱爲佳作熈爲州因事取人子女爲奴婢有容色者幸之爲妾有子女數十人號爲貪縱後求入朝授内都大官太師如故熈事魏母孝謹如事所生魏母卒乃散髮徒跣水漿不入口三日詔不聽服熈表求依趙氏之狐高祖以熈情難奪聽服齊衰期後以例降改封京兆郡公高祖納其女爲后曰白虎通云王所不臣數有三焉妻之父母抑言其一此所謂供承宗廟不欲奪私心然吾季著於春秋無臣證於

往牒既許通體之一用開至尊之敬比長秋配
極陰政既敷未聞有司陳奏斯式可詔太師輟
臣從禮又勅集書造儀付外高祖前後納熈三
女二為后一為左昭儀由是馮氏寵貴益隆賞
賜累巨万高祖每詔熈上書不臣入朝不拜熈
上書如舊熈於後遇疾綿寢四載詔遣醫問道
路相望車駕亦數臨幸焉將遷洛高祖親與熈
別見其困篤歔欷流涕密勑宕昌公王遇曰太
師万一即可監護喪事十九年薨於代車駕在

三百三十四　魏書傳七十一上　十二　張峯

淮南留臺表聞還至徐州乃舉哀為制緦服詔
有司豫辦凶儀并開魏京之墓令公主之柩俱
向伊洛凡所營送皆公家為備又勑代給綵帛
前後六千匹以供凶用皇后詣代都赴哭太子
恂亦赴代哭弔將葬贈假黃鉞侍中都督十州
諸軍事大司馬太尉冀州刺史加黃屋左纛備
九錫前後部羽葆鼓吹皆依晉太宰安平獻王
故事有司奏諡詔曰可以威彊恢遠曰武奉諡
於公柩至洛七里澗高祖服衰往迎叩靈悲慟

而拜焉葬日送臨墓所親作誌銘主生三子誕
脩

誕字思政脩字寶業皆姿質妍麗年纔十餘歲
文明太后俱引入禁中申以教誡然不能習讀
經史故兄弟並無學術徒整飾容儀寬雅恭謹
而已誕與高祖同歲幼侍書學仍蒙親待尚帝
妹樂安長公主拜駙馬都尉侍中征西大將軍
南平王脩侍中鎮北大將軍尚書東平公又除
誕儀曹尚書知殿中事及罷庶姓王誕為侍中

三百卌三　魏傳七十一上　十三　恭正

都督中外諸軍事中軍將軍特進改封長樂郡
公誕拜官高祖立於庭遥受其拜既訖還室脩
降為侯誕與脩雖並長宮禁而性趣乖別誕性
淳篤脩乃浮競誕亦未能誨督其過然時言於
太后高祖嚴責之至於楚棰由是陰懷毒恨遂
結左右有憾於誕者求藥欲因食害誕事覺高
祖自詰之具得情狀誕引過謝乞全脩命高祖
以誕父老又重其意不致於法撻之百餘黜為
平城百姓脩妻司空穆亮女也求離婚請免官

高祖引管蔡事皆不許高祖寵誕每與誕同輿而載同案而食同席坐臥彭城王勰北海王詳雖直禁中然親近不及十六年以誕爲司徒高祖既深愛誕除官日親爲制三讓表并啓將拜又爲其章謝尋加車騎大將軍太子太師十八年高祖謂其無師傅獎導風誕深自誨責從駕南伐十九年至鍾離誕遇疾不能侍從高祖日省問醫藥備加時高祖銳意臨江乃命六軍發鍾離南轅與誕泣訣左右皆入無不掩涕時誕

魏書傳七十上 十四 中

已惙然强坐視高祖悲而淚不能下言夢太后來呼臣高祖嗚咽執手而出遂行是日去鍾離五十里許昏時告誕薨問高祖哀不自勝時崔慧景裴叔業軍在中淮去所次不過百里高祖乃輕駕西還從者數千人夜至誕薨所撫屍哀慟若喪至戚達旦聲淚不絶從者亦迭舉音明告蕭鸞鍾離戍主蕭惠休惠休遣其太守奉慰詔束棺於城中及斂迭舉高祖以所服衣帢充襚親自臨視撤樂去膳宣勑六軍止臨江之駕

高祖親北度慟哭極哀詔侍臣一人兼大鴻臚送柩至京禮物轜儀徐州備造陵兆葬事下洛候誕喪至洛陽車駕猶在鍾離詔留守賻物布帛五千匹穀五千斛以供葬事贈假黄鉞使持節大司馬領司徒侍中都督太師駙馬公如故加以殊禮備錫九命依晉大司馬齊王攸故事有司奏謚詔曰案謚法善行仁德曰元柔克有光曰懿昔貞惠兼美受三謚之榮忠武雙徽錫兩號之茂式準前迹宜契具瞻既自

三・十四 魏書傳七十上 十五 方堅

少綢繆知之惟朕案行定名謚曰元懿帝又親爲作碑文及挽歌詞皆窮美盡哀事過其厚車駕還京詔曰馮大司馬已就墳塋永潛幽室宿草之哭何能忘之遂親臨誕墓停車而哭使彭城王勰詔羣官脱朱衣服單衣介幘哭司徒貴者示以朋友微者示如寮佐公主貞厚有禮度産二男長子穆

穆字孝和襲爵避皇子愉封改扶風郡公尚高祖女順陽長公主拜駙馬都尉歷員外通直

散騎常侍穆與叔輔興不和輔興亡贈相州刺
史祖載在庭而穆方高車良馬恭受職命言宴
滿堂忻笑自若爲御史中尉東平王匡所劾後
位金紫光禄大夫遇害河陰贈司空雍州刺史
子冏字景昭襲爵昌黎王尋以庶姓罷王仍襲
扶風郡公
子峭字子漢齊受禪例降
穆弟顯襲父誕長樂郡公
脩弟聿字寶興廢后同產兄也位黃門郎信都

伯後坐妹廢免爲長樂百姓世宗時卒於河南
尹
聿同產弟風幼養於宮文明太后特加愛念數
歲賜爵至北平王拜太子中庶子出入禁闥寵
侔二兄高祖親政後恩寵稍衰降爵爲侯幽
后立乃復敘用后死亦免散卒贈青州刺史崔
光之兼黃門也與聿俱直光每謂之曰君家富
貴太盛終必衰敗聿云我家何負四海乃呪我
也光云以古推之不可不慎時熙爲太保誕司

徒太子太傅脩侍中尚書聿黃門廢后在位禮
愛未弛是後歲餘脩以罪棄熙誕喪亡后廢聿
退時人以爲盛必衰也
李峻字珍之梁國蒙縣人元皇后兄也父方叔
劉義隆濟陰太守高宗遣閒使諭之峻與五弟
誕嶷雅白永等前後歸京師拜峻鎮西將軍涇
州刺史頓丘公雅嶷誕等皆封公位顯後進峻
爵爲王徵爲太宰薨
李惠中山人思皇后之父也父蓋少知名歷位

殿中都官二尚書左將軍南郡公初世祖妹武
威長公主故涼王沮渠牧犍之妻世祖平涼州
頗以公主通密計助之故寵遇差隆詔蓋尚焉
蓋妻與氏以是而出是後蓋加侍中駙馬都尉
殿中都官尚書左僕射卒官贈征南大將軍定
州刺史中山王謚曰莊惠弱冠襲父爵妻襄城
王韓頹女生二女長即后也惠歷位散騎常侍
侍中征西大將軍秦益二州刺史進爵爲王轉
雍州刺史征南大將軍加長安鎮大將惠長於

思察雍州廳事有燕爭巢鬭已累日惠令人掩獲試命綱紀斷之並辭曰此乃上智所測非下愚所知惠乃使卒以弱竹彈兩燕既而一去一留惠笑謂吏屬曰此留者自計爲巢功重彼去者既經楚痛理無留心羣下伏其聰察人有負鹽負薪者同釋重檐息於樹陰二人將行爭一羊皮各言籍背之物惠遣爭者出顧謂州綱紀曰此羊皮可拷知主乎羣下以爲戲言咸無荅者惠令人置羊皮席上以杖擊之見少鹽屑曰

鮑与道

得其實矣使爭者視之負薪者乃伏而就罪凡所察究多如此類由是吏民莫敢欺犯後爲開府儀同三司青州刺史王如故歷政有美績惠素爲文明太后所忌誣惠將南叛誅之惠二弟初樂與惠諸子同戮後妻梁氏亦死青州盡沒其家財惠本無釁故天下冤惜焉

惠從弟鳳爲定州刺史安樂王長樂主簿後長樂以罪賜死時卜筮者河間邢瓚辭引鳳云長樂不軌鳳爲謀主伏誅惟鳳弟道念與鳳子及兄弟之子皆逃免後遇赦乃出太和十二年高祖將爵舅氏詔訪存者而惠諸從以再罹孥戮難於應命唯道念敢先詣闕乃申后妹及鳳兄弟子女之存者於是賜鳳子屯爵柏人侯安祖浮陽侯興祖安喜侯道念真定侯從弟寄生高邑子皆加將軍十五年安祖昆弟四人以外戚蒙見詔謂曰卿之先世內外有犯得罪於時然官必用才以親非興邦之選外氏之寵超於末葉從今已後自非奇才不得復外戚謬班抽舉

既無殊能今且可還後例降爵安祖等改侯爲伯並去軍號高祖奉馮氏過厚於李氏過薄舅家了無叙用朝野人士所以竊議太常高閭顯言于禁中及世宗寵隆外家並居顯位乃惟高祖舅氏存已不霑恩澤景明末特詔興祖爲中山太守正始初詔追崇惠爲使持節驃騎將軍開府儀同三司定州刺史中山公太常考行上言案謚法武而不遂曰莊謚曰莊公興祖自中山遷燕州刺史卒以兄安祖子侃晞爲後襲先

封南郡王後以庶姓罷王改爲博陵郡公侃晞
爲莊帝所親幸拜散騎常侍嘗典御帝之圖
尒朱榮侃晞與魯安等持刀於禁内殺榮及莊
帝蒙塵侃晞奔蕭衍

列傳外戚第七十一上　　魏書八十三上

魏收書外戚傳上亡

列傳外戚第七十一下　　魏書八十三下

高肇　　于勁
胡國珍　　李延寔

高肇字首文文昭皇太后之兄也自云本勃海
蓨人五世祖顧晋永嘉中避亂入高麗父颺字
法脩高祖初與弟乘信及其鄉人韓内冀富等
入國拜厲威將軍河間子乘信明威將軍俱待
以客禮賜奴婢牛馬綵帛遂納颺女是爲文昭
皇后生世宗颺卒景明初世宗追思舅氏徵肇

兄弟等録尚書事北海王詳等奏颺宜贈左光
禄大夫賜爵勃海公謚曰敬其妻蓋氏宜追封
清河郡君詔可又詔颺嫡孫猛襲勃海公爵封
肇平原郡公肇弟顯澄城郡公三人同日受封
始世宗未與舅氏相接將拜爵乃賜衣幘引見
肇顯于華林都亭皆甚惶懼舉動失儀數日之
閒富貴赫弈是年咸陽王禧誅財物珍寶奴婢
田宅多入高氏未幾肇爲尚書左僕射領吏部
冀州大中正尚世宗姑高平公主遷尚書令

肇出自夷土時望輕之及在位居要留心百揆孜孜無倦世咸謂之爲能世宗初六輔專政後以咸陽王禧無事構逆由是遂委信肇肇旣無親族頗結朋黨附之者旬月超昇背之者陷以大罪以北海王詳位居其上構殺之又說世宗防衛諸王殆同囚禁時順皇后暴崩世議言肇爲之皇子昌薨僉謂王顯失於醫療承肇意旨及京兆王愉出爲冀州刺史畏肇恣擅遂至不軌肇又譖殺彭城王勰由是朝野側目咸畏惡

魏書傳七十一下　二

之因此專權與奪任己又嘗與清河王懌於雲龍門外廡下忽忿諍大至紛紜太尉高陽王雍和止之高后旣立愈見寵信肇旣當衡軸每事任己本無學識動違禮度好改先朝舊制出情妄作減削封秩抑黜勳人由是怨聲盈路矣延昌初遷司徒雖貴登台鼎猶以去要怏怏形乎辭色衆咸嗤笑之父兄封贈雖久竟不改瘞三年乃詔令遷葬肇不自臨赴唯遣其兄子猛改服詣代遷葬於鄉時人以肇無識哂而不責

也其年大舉征蜀以肇爲大將軍都督諸軍爲之節度與都督甄琛等二十餘人俱面辭世宗於東堂親奉規略是日肇所乘駿馬停於神虎門外無故驚倒轉臥渠中鞍具瓦解衆咸怪異肇出惡焉四年世宗崩赦罷征軍肅宗與肇及征南將軍元遙等書稱諱言以告凶問肇承變哀愕非唯仰慕亦私憂身禍朝夕悲泣至于羸悴將至宿瀍澗驛亭家人夜迎省之皆不相視直至闕下衰服號哭昇太極殿奉喪盡哀太尉

魏書傳七十一下　三

高陽王先居西柏堂專決庶事與領軍于忠密欲除之潛備壯士直寢邢豹伊瓮生等十餘人於舍人省下肇哭梓宮訖於百官前引入西廊清河王懌任城王澄及諸王等皆竊言目之肇入省壯士搤而拉殺之下詔暴其罪惡又云刑書未及便至自盡自餘親黨悉無追問削除職爵葬以士禮及昏乃於廁門出其尸歸家初肇西征行至函谷車軸中折從者皆以爲不獲吉還也靈太后臨朝令特贈營州刺史永熙二年

出帝贈使持節侍中中外諸軍事太師大丞相
太尉公録尚書事冀州刺史
肇子植自中書侍郎爲濟州刺史率州軍討破
元愉別將有功當蒙封賞不受云家荷重恩爲
國致效是其常節何足以應進陟之報懇惻發
於至誠歷青相朔恒四州刺史卒植頻莅五州
皆清能著稱當時號爲良刺史贈安北將軍冀
州刺史
肇長兄琨早卒襲爵封勃海郡公贈都督五州

諸軍事鎮東大將軍冀州刺史詔其子猛嗣
猛字豹兒尚長樂公主即世宗同母妹也拜駙
馬都尉歷位中書令出爲雍州刺史有能名入
爲殿中尚書卒贈司空冀州刺史出帝時復贈
太師大丞相録尚書事公主無子猛先在外有
男不敢令主知臨終方言之年幾三十矣乃召
爲喪主尋卒無後
琨弟偃字仲游太和十年卒正始中贈安東將
軍都督青州刺史謚曰莊侯景明四年世宗納

其女爲貴嬪及于順皇后崩永平元年立爲皇
后二年八坐奏封后母王氏爲武邑郡君
偃弟壽早卒壽弟即肇也
肇弟顯侍中高麗國大中正卒
子勁字鍾葵太尉拔之子頗有武略以功臣子
又以功績位沃野鎮將賜爵富昌子拜征虜將
軍世宗納其女爲后封太原郡公妻劉氏爲章
武郡君後拜征北將軍定州刺史卒贈司空謚
曰恭莊公自栗磾至勁累世貴盛一皇后四贈

公三領軍二尚書令三開國公勁雖以后父但
以順后早崩竟不居公輔
子暉字宣明后母弟也少有氣幹襲爵位汾州
刺史暉善事人爲尒朱榮所親以女妻其子長
孺歷侍中河南尹後兼尚書僕射東南道行臺
與齊獻武王討平羊侃於兗州元顥入洛害之
勁弟天恩位內行長遼西太守卒贈平東將軍
燕州刺史
天恩子仁生位太中大夫

仁生子安定平原郡太守高平郡都將卒
胡國珍字世玉安定臨涇人也祖略姚興勃海
公姚逵平北府諮議參軍父淵赫連屈丐給事
黃門侍郎世祖克統万淵以降款之功賜爵武
始侯後拜河州刺史國珍少好學雅尚清儉太
和十五年襲爵例降爲伯女以選入掖庭生肅
宗即靈太后也肅宗踐祚以國珍爲光祿大夫
靈太后臨朝加侍中封安定郡公給甲第賜帛
布綿穀奴婢車馬牛甚厚追崇國珍妻皇甫氏

爲京兆郡君置守冢十户尚書令任城王澄奏
安定公屬尊望重親賢羣矚宜出入禁中參諮
大務詔可乃令入決万幾尋進位中書監儀同
三司侍中如故賞賜累万又賜絹歲八百匹妻
梁四百匹男女姊妹兄弟各有差皆極豐贍國
珍與太師高陽王雍太傅清河王懌太保廣平
王懷入居門下同釐庶政詔依漢車千秋晉安
平王故事給步挽一乘自掖門至于宣光殿得
以出入并備几杖後與侍中崔光俱授帝經侍

直禁中國珍尋上表陳刑政之宜詔皆施行延
和初加國珍使持節都督雍州刺史驃騎大將
軍開府靈太后以國珍年老不欲令其在外且
欲示以方面之榮竟不行遷司徒公侍中如故
就宅拜之靈太后肅宗率百寮幸其第宴會極
歡又追京兆郡君爲秦太上君太上君景明
三年薨於洛陽於此十六年矣太后以太上君
墳瘞卑局更增廣爲起塋域門闕碑表侍中崔
光等奏案漢高祖母始謚曰昭靈夫人後爲昭
靈后薄太后母曰靈文夫人皆置園邑三百家

長丞奉守今秦太上君未有尊謚陵寢孤立即
秦君名宜上終稱兼設掃衛以慰情典請上尊
謚曰孝穆權置園邑三十户立長丞奉守太后
從之封國珍繼室梁氏爲趙平郡君元叉妻拜
爲女侍中封新平郡君又從封馮翊君國珍子
祥妻長安縣公主即清河王懌女也國珍年雖
篤老而雅敬佛法時事齋潔自彊禮拜至於出
入侍從猶能跨馬據鞍神龜元年四月七日步

從所建佛像發第至閶闔門四五里八日又立觀像晚乃肯坐勞熱增甚因遂寢疾靈太后親侍藥膳十二日薨年八十給東園温明祕器五時朝服各一具衣一襲贈布五千匹錢一百萬蠟千斤大鴻臚持節監護喪事太后還宮成服於九龍殿遂居九龍寢室肅宗服小功服舉哀於太極東堂又詔自始薨至七七皆爲設千僧齋令七人出家百日設萬人齋二七人出家先是巫覡言將有凶勸令爲厭勝之法國珍拒而

不從云吉凶有定分唯修德以禳之臨死與太后訣云母子善治天下以萬人之心勿視大臣面也殷勤至於再三又及其子祥云我唯有一子死後勿如此來威抑之靈太后以其好戲時加威訓國珍故以爲言始國珍欲就祖父西葬舊鄉後緣前世諸胡多在洛葬有終洛之心崔光嘗對太后前問國珍公萬年後爲在此安厝爲歸長安國珍言當陪葬天子山陵及病危太后請以後事竟言還安定語遂惛忽太后

問清河王懌與崔光等議去留懌等皆以病亂請從先言太后猶記崔光昔與國珍言遂營墓於洛陽太后雖外從衆議而深追臨終之語云我公之遠慕二親亦吾之思父母也追崇假黄鉞使持節侍中相國都督中外諸軍事太師領太尉公司州牧號太上秦公加九錫葬以殊禮給九旒鑾輅虎賁班劒百人前後部羽葆鼓吹轀輬車謚文宣公賜物三千段粟一千五百石又詔贈國珍祖父兄父兄下逮從子皆有封職

持節就安定監護喪事靈太后迎太上君神柩還第與國珍俱葬贈襚一與國珍同及國珍神主入廟詔太常權給以軒懸之樂六佾之舞初國珍無男養兄眞子僧洗爲後後納趙平君生子祥

祥字元吉襲封故事世襲例皆減邑唯祥獨得全封趙平君薨給東園祕器肅宗服小功服舉哀于東堂靈太后服齊衰朞葬於太上君墓左不得祔合祥歷位殿中尚書中書監侍中改封

東平郡公薨贈開府儀同三司雍州刺史謚曰孝景

僧洗字湛輝封爰德縣公位中書監侍中改封濮陽郡公僧洗自永安後廢棄不預朝政天平四年薨詔給東園祕器贈太師太尉公録尚書事雍州刺史謚曰孝貞

長子寧字惠歸襲國珍先爵改爲臨涇伯後進爲公歷岐涇二州刺史卒謚曰孝穆女爲清河王亶妃生孝静皇帝武定初贈太師太尉公録

尚書事謚曰孝昭

子虔字僧敬元乂之廢靈太后虔時爲千牛備身與備身張車渠等謀殺乂事發乂殺車渠等虔坐遠徙靈太后反政徵爲吏部郎中太后好以家人禮與親族宴戲虔常致諫由是後宴讌多不預焉出爲涇州刺史封安陽縣侯興和三年以帝元舅超遷司空公薨贈太傅太尉公尚書僕射徐州刺史謚曰宣葬日百官會葬乘輿送於郭外

子長粲

李延寔字禧隴西人尚書僕射沖之長子性温良少爲太子舍人世宗初襲父爵清泉縣侯累遷左將軍光州刺史莊帝即位以元舅之尊超授侍中太保封濮陽郡王延寔以太保犯祖諱又以王爵非庶姓所宜抗表固辭徙封濮陽郡公改授太傅尋轉司徒公出爲使持節侍中太傅録尚書事青州刺史尒朱兆入洛乘輿幽縶以延寔外戚見害於州館出帝初歸葬洛陽贈

使持節侍中太師太尉公録尚書事都督雍州刺史謚曰孝懿

長子彧字子文尚莊帝姊豐亭公主封東平郡公位侍中左光禄大夫中書監驃騎大將軍開府儀同三司廣州刺史彧任俠交遊輕薄無行尒朱榮之死也武毅之士皆彧所進孝静初以罪棄市

史臣曰三五哲王深防遠慮舅甥之國罕執鈞衡母后之家無聞傾敗爰及後世顛覆繼軌蓋

由進不以禮故其斃亦速其間或不斃泯舊基
弗虧先構者蓋處之以道遠權之所致也

列傳外戚第七十一下　魏書八十三下

魏收書外戚傳下亡史臣論全用隋書外戚傳

列傳儒林第七十二　魏書八十四

梁越　盧醜
張偉　梁祚
平恒　陳奇
常爽　劉獻之
張吾貴　劉蘭
孫惠蔚　徐遵明
董徵　刁沖
盧景裕　李同軌
李業興

自晉永嘉之後運鍾喪亂宇內分崩群凶肆禍
生民不見俎豆之容黔首雖覩戎馬之跡禮樂
文章掃地將盡而契之所感斯道猶存高才有
德之流自彊蓬蓽鴻生碩儒之輩抱器晦已太
祖初定中原雖日不暇給始建都邑便以經術
爲先立太學置五經博士生員千有餘人天興
二年春增國子太學生員至三千豈不以天下
可馬上取之不可以馬上治之爲國之道文武

兼用毓才成務意在茲乎聖達經猷蓋爲遠矣
四年春命樂師入學習舞釋菜于先聖先師太
宗世改國子爲中書學立教授博士世祖始光三
年春別起太學於城東後徵盧玄高允等而令
州郡各舉才學於是人多砥尚儒林轉興顯祖
大安初詔立鄉學郡置博士二人助教二人學
生六十人後詔大郡立博士二人助教四人學
生一百人次郡立博士二人助教二人學生八
十人中郡立博士一人助教二人學生六十人
下郡立博士一人助教一人學生四十人太和
中改中書學爲國子學建明堂辟雍尊三老
五更又開皇子之學及遷都洛邑詔立國子太
學四門小學高祖欽明稽古篤好墳典坐輿據
鞍不忘講道劉芳李彪諸人以經書進崔光邢
巒之徒以文史達其餘涉獵典章關歷詞翰莫
不縻以好爵動貽賞眷於是斯文鬱然比隆周
漢世宗時復詔營國學樹小學於四門大選儒
生以爲小學博士員四十人雖黌宇未立而經

術彌顯時天下承平學業大盛故燕齊趙魏之
間橫經著録不可勝數大者千餘人小者猶數
百州舉茂異郡貢孝廉對揚王庭每年逾衆神
龜中將立國學詔以三品已上及五品清官之
子以充生選未及簡置仍復停寢正光二年乃
釋奠於國學命祭酒崔光講孝經始置國子生
四十六人暨孝昌之後海内濁亂四方校學所
存無幾永熙中復釋奠於國學又於顯陽殿詔
祭酒劉廞講孝經黄門李郁說禮記中書舍人
盧景宣講大戴禮夏小正篇復置生七十二人
及遷都於鄴國子置生三十六人至於興和武
定之世寇難既平儒業復光矣漢世鄭玄並爲
衆經注解服虔何休各有所說玄易書詩禮論
語孝經虔左氏春秋休公羊傳大行於河北王
肅易亦間行焉晉世杜預注左氏預玄孫坦坦
弟驥於劉義隆世並爲青州刺史傳其家業故
齊地多習之自梁越以下傳受講說者甚衆今
擧其知名者附列於後云

梁越字玄覽新興人也少而好學博綜經傳無何不通性純和篤信行無擇善國初爲禮經博士太祖以其謹厚舉動可則拜上大夫命授諸皇子經書太宗即祚以師傅之恩賜爵祝阿侯後出爲鴈門太守獲白雀以獻拜光祿大夫卒

子彌早卒

彌子恭襲降爲雲中子無子爵除

盧醜昌黎徒河人襄城王魯元之族也世祖之爲監國醜以篤學博聞入授世祖經後以師傅

舊恩賜爵濟陰公除鎮軍將軍拜尚書加散騎常侍出爲河内太守延和二年冬卒 闕 初中山襲爵太和中以老疾自免

子升頭襲爵後例降

張偉字仲業小名翠螭太原中都人也高祖敵晉祕書監偉學通諸經講授鄉里受業者常數百人儒謹汎納勤於教訓雖有頑固不曉問至數十偉告喻殷勤曾無慍色常依附經典教以孝悌門人感其仁化事之如父性恬平不以夷

嶮易操清雅篤慎非法不言世祖時與高允等俱被辟命拜中書博士轉侍郎大將軍樂安王範從事中郎馮翊太守還仍爲中書侍郎本國大中正使酒泉慰勞沮渠無諱還遷散騎侍郎聘劉義隆還拜給事中建威將軍賜爵成皐子出爲平東將軍營州刺史進爵建安公卒贈征南將軍并州刺史謚曰康在州郡以仁德爲先不任刑罰清身率下宰守不敢爲非

子仲慮太和初假給事中高麗副使尋假散騎

常侍高麗使後出爲章武太守加寧遠將軍

仲慮弟仲繼學尚有父風善倉雅林說太和中官至侍御長坐事從西裔道死

梁祚北地泥陽人父劭皇始二年歸國拜吏部郎出爲濟陽太守至祚居趙郡祚篤志好學歷治諸經尤善公羊春秋鄭氏易常以教授有儒者風而無當世之才與幽州別駕平恒有舊又姊先適范陽李氏遂攜家人僑居於薊積十餘年雖羇旅貧窘而著述不倦恒時相請屈與

論經史辟祕書中散稍遷祕書令爲李訢所排擯退爲中書博士後出爲統萬鎮司馬徵爲散令撰并陳壽三國志名曰國統又作代都賦頗行於世清貧守素不交勢貴年八十七太和十二年卒

子元吉有父風

少子重歷碎職後爲相州鎮北府參軍事

平恒字繼叔燕國薊人祖視父儒並仕慕容爲通官恒耽勤讀誦研綜經籍鉤深致遠多所博

聞自周以降暨於魏世帝王傳代之由貴臣升降之緒皆撰錄品第商略是非號曰略注合百餘篇好事者覽之咸以爲善焉安貧樂道不以屢空改操徵爲中書博士久之出爲幽州別駕廉貞寡欲不營資產衣食至常不足妻子不免飢寒後拜著作佐郎遷祕書丞時高允爲監河間邢祐北平陽嘏河東裴定廣平程駿金城趙元順等爲著作佐郎雖才學互有短長然俱爲稱職並號長者允每稱博通經籍無過恒

也恒即劉彧將軍王玄謨舅子恒三子並不率父業好酒自棄恒常忿其世衰植杖巡舍側崗而哭不爲營事婚宦任意官娶故仕聘濁碎不得及其門流恒婦弟鄧宗慶及外生孫玄明等每以爲言恒曰此輩會是衰頓何煩勞我乃別構精廬并置經籍於其中一奴自給妻子莫得而往酒食亦不與同時有珍美呼時老東安公刁雍等共飲噉之家人無得嘗焉太和十年以恒爲祕書令而恒固請爲郡未授而卒時年七

十六贈平東將軍幽州刺史都昌侯謚曰康

子壽昌太和初祕書令史稍遷荊州征虜府錄事參軍

陳奇字脩奇河北人也自云晉涼州刺史驤之八世孫祖刁仕慕容垂奇少孤家貧而奉母至孝齠齔聰識有夙成之美性氣剛亮與俗不群愛翫經典博通墳籍常非馬融鄭玄解經失旨志在著述五經始注孝經論語頗傳於世爲搢紳所稱與河間邢祐同召赴京時祕書監游雅

素聞其名始頗好之引入秘省欲授以史職後
與奇論典誥及詩書雅贊扶馬鄭至於易訟卦
天與水違行雅曰自葱嶺以西水皆西流推此
而言易之所及自葱嶺以東耳奇曰易理綿廣
包含宇宙若如公言自葱嶺以西豈東向望兊
哉奇執義非雅每如此類終不苟從雅性護短
因以爲嫌嘗衆辱奇或爾汝之或指爲小人奇
曰公身爲君子奇身且小人耳雅曰君言身且
小人君祖父是何人也奇曰祖燕東部侯釐雅

質奇曰侯釐何官也奇曰三皇不傳禮官名豈
同哉故昔有雲師火正鳥師之名以斯而言世
革則官異時易則禮變公爲皇魏東宮内侍長
侍長竟何職也由是雅深憾之先是勑以奇付
雅令銓補秘書雅旣惡之遂不復叙用焉奇冗
散數年高允與奇讎温古籍嘉其遠致稱奇通
識非凡學所窺允微勸雅曰君朝望具瞻何爲
與野儒辨簡牘章句雅謂允有私於奇曰君寧
黨小人也乃取奇所注論語孝經焚於坑内奇

曰公貴人不乏樵蒸何乃燃奇論語雅愈怒因
告京師後生不聽傳授而奇無降志亦評雅之
失雅製昭皇太后碑文論后名字之美比諭前
魏之甄后奇刺發其非遂聞於上詔下司徒檢
對碑史事乃郭后雅有屈焉有人爲謗書多怨
時之言頗稱奇不得志雅乃諷在事云此書言
奇不遂當是奇假人爲之如依律文造謗書者
皆及孥戮遂抵奇罪時司徒平原王陸麗知奇
見枉惜其才學故得遷延經年冀有寛宥但

執以獄成竟致大戮遂及其家奇於易尤長在
獄嘗自筮卦未及成乃揲破而歎曰吾不度來
年冬季及奇受害如其所占奇初被召夜夢星
墜壓脚明而告人曰星則好風星則好雨夢星
壓脚必無善徵但時命峻切不敢不赴耳奇妹
適常氏有子曰矯之仕歷郡守神龜中上書陳
時政所宜言頗忠至清河王懌稱美之奇所注
論語矯之傳掌未能行於世其義多異鄭玄
往往與司徒崔浩同

常爽字仕明河内温人魏太常卿林六世孫也
祖珍苻堅南安太守因世亂遂居涼州父坦乞
伏世鎮遠將軍大夏鎮將顯美侯爽少而聰敏
嚴正有志槩雖家人僮隸未嘗見其寬誕之
容篤志好學博聞彊識明習緯候五經百家多
所研綜州郡禮命皆不就世祖西征涼土爽與
兄仕國歸款軍門世祖嘉之賜仕國爵五品顯
美男爽爲六品拜宣威將軍是時戎車屢駕
征伐爲事貴遊子弟未遑學術爽置館温水之

右教授門徒七百餘人京師學業翕然復興爽
立訓甚有勸罰之科弟子事之若嚴君焉尚書
左僕射元贊平原太守司馬眞安著作郎程靈
虬皆是爽教所就崔浩高允並稱爽之嚴教奬
厲有方允曰文翁柔勝先生剛克立教雖殊成
人一也其爲通識歎服如此因教授之暇述六
經略注以廣制作甚有條貫其序曰傳稱立天
之道曰陰與陽立地之道曰柔與剛立人之道
曰仁與義然則仁義者人之性也經典者身之

文也皆以陶鑄神情啓悟耳目未有不由學
而能成其器不由習而能利其業是故季路勇
士也服道以成忠烈之槩甯越庸夫也講藝以
全高尚之節蓋所由者習也所因者本也本立
而道生身文而德備焉昔者先王之訓天下也
莫不導以詩書教以禮樂移其風俗和其人民
故恭儉莊敬而不煩者教深於禮也廣博易良
而不奢者教深於樂也温柔敦厚而不愚者教
深於詩也疏通知遠而不誣者教深於書也絜

靜精微而不賊者教深於易也屬辭比事而不
亂者教深於春秋也夫樂以和神詩以正言禮
以明體書以廣聽春秋以斷事五者蓋五常之
道相須而備而易爲之源故曰易不可見則乾
坤其幾乎息矣由是言之六經者先王之遺烈
聖人之盛事也安可不遊心寓目習性文身哉
頃因暇日屬意藝林略撰所聞討論其本名
曰六經略注以訓門徒焉其略注行於世爽不
事王侯獨守閑靜講肆經典二十餘年時人號

爲儒林先生年六十三卒於家
子文通歷官至鎮西司馬南天水太守西冀校
尉文通子景則有傳
劉獻之博陵饒陽人也少而孤貧雅好詩傳曾
受業於勃海程玄後遂博觀衆籍見名法之言
掩卷而笑曰若使楊墨之流不爲此書千載誰
知其小也曾謂其所親曰觀屈原離騷之作自
是狂人死其宜矣何足惜也吾常謂濯纓洗耳
有異人之迹哺糟歠醨有同物之志而孔子曰

我則異於是無可無不可誠哉斯言實獲我心
時人有從獻之學者獻之輒謂之曰人之立身
雖百行殊途準之四科要以德行爲首君若能
入孝出悌忠信仁讓不待出戶天下自知儻不
能然雖復下帷針股躡屩從師正可博聞多識
不過爲土龍乞雨眩惑將來其於立身之道有
何益乎孔門之徒初亦未悟見旱魚之歎方歸
而養親嗟乎先達何自覺之晚也束脩不易受
之亦難敢布心腹子其圖之由是四方學者莫

不高其行義而希造其門獻之善春秋毛詩每
講左氏盡隱公八年便止云義例已了不復須
解由是弟子不能究竟其說後本郡舉孝廉非
其好也逼遣之乃應命至京稱疾而還高祖
幸中山詔徵典內校書獻之喟然歎曰吾不如
莊周散木遠矣一之謂甚其可再乎固以疾辭
時中山張吾貴與獻之齊名海內皆曰儒宗吾
貴每一講唱門徒千數其行業可稱者寡獻之
著錄數百而已皆經通之士於是有識者辨其

優劣魏承喪亂之後五經大義雖有師說而海
內諸生多有疑滯咸決於獻之六藝之文雖不
悉注然所標宗旨頗異舊義撰三禮大義四
卷三傳略例三卷注毛詩序義一卷今行於世
幷章句疏三卷注涅槃經未就而卒有四子放
古爰古參古脩古
放古幼有人才爲州從事早亡
爰古參古並傳父詩而不能精通也
張吾貴字吳子中山人少聰惠口辯身長八尺

容貌奇偉年十八本郡舉爲太學博士吾貴先
未多學乃從酈詮受禮牛天祐受易詮祐粗爲
開發而吾貴覽讀一遍便即別構戶牖世人競
歸之曾在夏學聚徒千數而不講傳生徒竊云
張生之於左氏似不能說吾貴聞之謂其徒曰
我今夏講暫罷後當說傳君等來日皆當持
本生徒怪之而已吾貴謂劉蘭云君曾讀左氏
爲我一說蘭遂爲講三旬之中吾貴兼讀杜服
隱括兩家異同悉舉諸生後集便爲講之義例

大三百十五　魏傳七十二　十四　章文二

無窮皆多新異蘭乃伏聽學者以此益奇之而
以辯能飾非好爲詭說由是業不久傳而氣陵
牧守不屈王侯竟不仕而終
劉蘭武邑人年三十餘始入小學書急就篇家
人覺其聰敏遂令從師受春秋詩禮於中山王
保安家貧無以自資且耕且學三年之後便
白其兄蘭欲講書其兄笑而聽之爲立黌舍聚
徒二百蘭讀左氏五日一遍兼通五經先是張
吾貴以聰辨過人其所解說不本先儒之旨唯

蘭推經傳之由本注者之意參以緯候及先儒
舊事甚爲精悉自後經義審博皆由於蘭蘭
又明陰陽博物多識爲儒者所宗瀛州刺史裴
植徵蘭講書於州城南館植爲學主故生徒甚
盛海内稱焉又特爲中山王英所重英引在館
令授其子熙誘略等蘭與徒前後數千成業者
衆而排毀公羊又非董仲舒由是見譏於世永
平中爲國子助教延昌中靜坐讀書有人叩門
門人通焉蘭命引入其人葛巾單衣入與蘭坐

大三百廿三　魏書傳七十二　十五　陳邦卿

謂蘭曰君自是學士何爲每見毀辱理義長短
竟知在誰而過無禮見陵也今欲相召當與君
正之言終而出出後蘭告家人少時而患卒
孫惠蔚字叔炳武邑武遂人也小字陁羅自言
六世祖道恭爲晉長秋卿自道恭至惠蔚世以
儒學相傳惠蔚年十三粗通詩書及孝經論語
十八師董道季講易十九師程玄讀禮經及春
秋三傳周流儒肆有名於冀方太和初郡舉孝
廉對策於中書省時中書監高閭宿聞惠蔚

稱其英辯因相談薦爲中書博士轉皇宗博士閭被勑理定雅樂惠蔚參其事及樂成閭上疏請集朝貴於太樂共研是非祕書令李彪自以才辯立難於其間閭命惠蔚與彪抗論彪不能屈黃門侍郎張彝常與遊處每表疏論事多參訪焉十七年高祖南征上議告類之禮及太師馮熙薨惠蔚監其喪禮上書令熙未冠之子皆服成人之服惠蔚與李彪以儒學相知及彪位至尚書惠蔚仍太廟令高祖曾從容言曰道固

既登龍門而孫蔚猶沈涓澮朕常以爲負矣雖久滯小官深體通塞無孜孜之望儒者以是尚焉二十二年侍讀東宮先是七廟以平文爲太祖高祖議定祖宗以道武爲太祖祖宗雖定然昭穆未改及高祖崩祔神主於廟時侍中崔光兼太常卿以太祖既改昭穆以次而易兼御史中尉黃門侍郎邢巒以爲太祖雖改昭穆仍不應易乃立彈草欲按奏光光謂惠蔚曰此乃禮也而執法欲見彈劾思獲助於碩學惠蔚曰此

深得禮變尋爲書以與光讚明其事光以惠蔚書呈宰輔乃召惠蔚與巒庭議得失尚書令王肅又助巒而巒理終屈彈事遂寢世宗即位之後仍在左右敷訓經典自冗從僕射遷祕書丞武邑郡中正惠蔚既入東觀見典籍未周乃上疏曰臣聞聖皇之御世也必幽贊人經參天二地憲章典故述遵鴻猷故易曰觀乎天文以察時變觀乎人文以化成天下然則六經百氏圖書祕籍乃承天之正術治人之貞範是以溫柔疏

遠詩書之教恭儉易良禮樂之道爻彖以精微爲神春秋以屬辭爲化故大訓炳於東序藝文光於麟閣斯寔太平之樞宗勝殘之要道有國之靈基帝王之盛業安上靖民敦風美俗其在茲乎及秦棄學術禮經泯絶漢興求訪典文載舉先王遺訓燦然復存暨光武撥亂日不暇給而入洛之書二千餘兩魏晉之世尤重典墳收亡集逸九流咸備觀其鳩閱史篇訪購經論紙竹所載略盡無遺臣學闕通儒思不及遠徒

循章句片義無立而慈造曲畢廁班祕省忝官承乏唯書是司而觀閣舊典先無定目新故雜糅首尾不全有者累帙數十無者曠年不寫或篇第褫落始末淪殘或文壞字誤謬爛相屬篇目雖多全定者少臣今依前丞臣盧昶所撰甲乙新録欲裨殘補闕損併有無校練句讀以為定本次第均寫永為常式其省先無本者廣加推尋搜求令足然經記浩博諸子紛綸部帙既多章篇紕繆當非一二校書歲月可了今求令

四門博士及在京儒生四十人在祕書省專精校考參定字義如蒙聽許則典文允正羣書大集詔許之又兼黃門侍郎遷中散大夫仍兼黃門久之正黃門侍郎代山崔光為著作郎才非文史無所撰著唯自披其傳注數行而已遷國子祭酒祕書監仍知史事延昌二年追賞侍講之勞封東強縣開國男食邑二百戶肅宗初出為平東將軍濟州刺史還京除光祿大夫魏初已來儒生寒官惠蔚最為顯達先單名蔚正始中侍講禁內夜論佛經有愜帝旨詔使加惠號惠蔚法師焉神龜元年卒于官時年六十七賜帛五百匹贈大將軍瀛州刺史謚曰戴子伯禮襲封

伯禮善隸書拜奉朝請員外散騎侍郎寧朔將軍步兵校尉國子博士卒贈輔國將軍巴州刺史

子產同襲少有才學早亡時人惜之

徐遵明字子判華陰人也身長八尺幼孤好學

年十七隨鄉人毛靈和等詣山東求學至上黨乃師屯留王聰受毛詩尚書禮記一年便辭聰詣燕趙師事張吾貴吾貴門徒甚盛遵明伏膺數月乃私謂其友人曰張生名高而義無檢格凡所講說不愜吾心請更從師遂與平原田猛略就范陽孫買德受業一年復欲去之猛略謂遵明曰君年少從師每不終業千里負帙何去就之甚如此用意終恐無成遵明曰吾今始知真師所在猛略曰何在遵明乃指心曰正在於

此乃詣平原唐遷納之居於蠶舍讀孝經論語
毛詩尚書三禮不出門院凡經六年時彈箏吹
笛以自娛慰又知陽平館陶趙世業家有服氏
春秋是晉世永嘉舊本遵明乃往讀之復經
數載因手撰春秋義章爲三十卷是後教授門
徒蓋寡久之乃盛遵明每臨講坐必持經執疏
然後敷陳其學徒至今浸以成俗遵明講學於
外二十餘年海內莫不宗仰頗好聚斂有損儒
者之風後廣平王懷聞而徵焉至而尋退不好

三百八三　魏傳七十二　二十　胡旭

京輦孝昌末南渡河客於任城以兗州有舊因
徙居焉永安初東道大使元羅表薦之竟無禮
辟二年元顥入洛任城太守李湛將舉義兵遵
明同其事夜至民間爲亂兵所害時年五十五
永熙二年遵明弟子通直散騎常侍李業興表
曰臣聞行道樹德非求利於當年服義履仁豈
邀恩於沒世但天爵所存果致式閭之禮民望
攸屬終有祠墓之榮伏見故處士兗州徐遵明
生在衡泌弗因世族之基長於原野匪秉雕鏤

之地而託心淵曠置情恬雅處靜無悶居約不
憂故能垂簾自精下帷獨得鑽經緯之微言研
聖賢之妙旨莫不入其門戶踐其堂奧信以稱
大儒於海內擅明師於日下矣是故眇眇四方
知音之類延首慕德跂踵依風每精廬暫闢杖
策不遠千里束脩受業編録將踰萬人固已企
盛烈於西河擬高蹤於北海若慕奇好士愛客
尊賢罷吏遊梁紛而成列遵明以碩德重名首
蒙禮命曳裾雅步眷同置醴黃門李郁具所知

三廿　魏書傳七十二　二十一　茅化光

明方申薦奏之恩處心守壑之志潛居樂道
遂往不歸故北海王入洛之初率土風靡遵明確
然守志忠潔不渝遂與太守李湛將誅叛逆時
有邂逅受斃凶險至誠高節湮沒無聞朝野人
士相與嗟悼伏惟陛下遠應龍序俯執天衷每
端聽而忘昃常坐思而候曉雖微功小善片言
一行莫不衣裳加室玉帛在門況遵明冠蓋一
時師表當世溘焉冥沒旌紀寂寥逝者長辭無
論榮價文明叙物敦厲斯在臣託跡諸生親承

顧眄惟伏膺之義感在三之重是以越分陳愚上詣帷座特乞加以顯謚追以好爵仰申朝廷尚德之風下示學徒稽古之利若宸鑒昭回曲垂矜採則荒墳千載式貴生平卒無贈謚

董徵字文發頓丘衛國人也祖英高平太守父虬郡功曹徵身長七尺二寸好古學尚雅素年十七師清河監伯陽受論語毛詩春秋周易就河內高望崇受周官後於博陵劉獻之遍受諸經數年之中大義精練講授生徒太和末爲四

魏傳七十二　二十二

門小學博士後世宗詔徵入琁華宮令孫惠蔚問以六經仍詔徵教授京兆清河廣平汝南四王後特除員外散騎侍郎清河王懌之爲司空司徒引徵爲長流參軍懌遷太尉徵爲倉曹參軍出爲沛郡太守加揚烈將軍入爲太尉司馬俄加輔國將軍未幾以本將軍除安州刺史徵因述職路次過家置酒高會大享邑老乃言曰腰龜返國昔人稱榮仗節還家云胡不樂因誡二三子弟曰此之富貴匪自天降乃勤學所致耳時人榮之入爲司農少卿光祿大夫徵出州入卿匪唯學業所致亦由汝南王悅以其師資之義爲之啓請焉永安初加平東將軍尋以老解職永熙二年卒出帝以徵昔授父業故優贈散騎常侍都督相殷滄三州諸軍事車騎大將軍儀同三司尚書左僕射相州刺史謚曰文烈子仲曜武定末儀同開府屬

刁沖字文朗勃海饒安人也鎮東將軍雍之曾孫十三而孤孝慕過人其祖母司空高允女聰

魏書傳七十二　二十三

明婦人也哀其早孤撫養尤篤沖免喪後便志學他方高氏泣涕留之沖終不止雖家世貴達及從師於外自同諸生於時學制諸生悉日直監厨沖雖有僕隸不令代己身自炊爨每師受之際發情精專不捨晝夜殆忘寒暑學通諸經偏脩鄭說陰陽圖緯筭數天文風氣之書莫不關綜當世服其精博刺史郭祚聞其盛名訪以疑義沖應機解辯無不祛其久惑後太守范陽盧尚之刺史河東裴植並徵沖爲功曹主

簿非所好也受署而已不關事務惟以講學爲心四方學徒就其受業者歲有數百沖雖儒生而執心壯烈不畏彊禦延昌中世宗舅司徒高肇擅恣威權沖乃抗表極言其事辭旨懇直文義忠憤太傅清河王懌覽而歎息先是沖曾祖雍作行孝論以誡子孫稱古之葬者衣之以薪不封不樹後世聖人易之棺椁其有生則不能致養死則厚葬過度及於末世至蘧蒢裹尸倮而葬者確而爲論並非折衷旣知二者之失

豈宜同之當令所存者棺厚不過三寸高不過三尺弗用繒綵斂以時服輀車止用白布爲幔不加畫飾名爲清素車又去挽歌方相并盟器雜物及沖祖遵將卒敕其子孫令奉雍遺旨河南尹丞張普惠謂爲太儉貽書於沖叔整議其進退整令與通學議之沖乃致書國學諸儒以論其事學官竟不能答沖以嫡傳祖爵東安侯京兆王繼爲司空也並以高選頻辟記室參軍肅宗將親釋奠於是國子助教韓神固與諸儒詣國子祭酒崔光吏部尚書甄琛舉其才學奏而徵焉及卒國子博士高涼及范陽盧道侃盧景裕等復上狀陳沖業行議奏謚曰安憲先生祭以太牢

子欽字志儒早亡

盧景裕字仲儒小字白頭范陽涿人也章武伯同之兄子少聰敏專經爲學居拒馬河將一老婢作食妻子不自隨從又避地大寧山不營世事居無所業惟在注解其叔父同職居顯要

而景裕止於園舍情均郊野謙恭守道貞素自得由是世號居士前廢帝初除國子博士參議正聲甚見親遇待以不臣之禮永熙初以例解天平中還鄉里與邢子才魏季景魏收邢昕等同徵赴鄴景裕寓託僧寺講聽不已未幾歸本郡河間邢摩納與景裕從兄仲禮據鄉作逆逼其同反以應元寶炬齊獻武王命都督賀拔仁討平之聞景裕經明行著驛馬特徵旣而舍之使教諸子在館十日一歸家隨以鼎食景裕風

儀言行雅見嗟賞先是景裕注周易尚書孝經論語禮記老子其毛詩春秋左氏未訖齊文襄王入相於第開講招延時儁令景裕解所注易景裕理義精微吐發閑雅時有問難或相詆訶大聲厲色言至不遜而景裕神彩儼然風調如一從容往復無際可尋由是士君子嗟美之元顥入洛以爲中書郎普泰初復除國子博士進退其間未曾有得失之色性清靜淡於榮利弊衣麤食恬然自安終日端嚴如對賓客興和

中補齊王開府屬卒於晉陽齊獻武王悼惜之景裕雖不聚徒教授所注易大行於世又好釋氏通其大義天竺胡沙門道悕每論諸經論輒託景裕爲之序景裕之敗也繫晉陽獄至心誦經枷鎖自脫是時又有人負辠當死夢沙門教講經覺時如所夢默誦千遍臨刑刀折主者以聞赦之此經遂行於世號曰高王觀世音

李同軌趙郡高邑人陽夏太守義深之弟體皃魁岸腰帶十圍學綜諸經多所治誦兼讀釋氏

又好醫術年二十二舉秀才射策除奉朝請領國子助教轉著作郎典儀注脩國史遷國子博士加征虜將軍永熙二年出帝幸平等寺僧徒講法勑同軌論難音韻閑朗往復可觀出帝善之三年春釋菜詔延公卿學官於顯陽殿勑祭酒劉廞講孝經黄門李郁講禮記中書舍人盧景宣解大戴禮夏小正篇時廣招儒學引令預聽同軌經義素優辯析兼美而不得執經深爲慨恨天平中轉中書侍郎興和中兼通直散騎

常侍使蕭衍衍深躭釋學遂集名僧於其愛敬同泰二寺講涅盤大品經引同軌預席衍兼遣其朝臣並共觀聽同軌論難久之道俗咸以爲善盧景裕卒齊獻武王引同軌在館教諸公子甚加禮之每旦入授日暮始歸緇素請業者同軌夜爲說解四時恒尒不以爲倦武定四年夏卒年四十七時人傷惜之齊獻武王亦殊嗟悼賵襚甚厚贈驃騎大將軍瀛州刺史謚曰康

李業興上黨長子人也祖虬父玄紀並以儒學

舉孝廉玄紀卒於金鄉令業興少耿介志學精
力負帙從師不憚勤苦耽思章句好覽異說晚
乃師事徐遵明於趙魏之間時有漁陽鮮于靈
馥亦聚徒教授而遵明聲譽未高著録尚寡
業興乃詣靈馥黌舍類受業者靈馥乃謂曰李
生久逐羌博士何所得也業興默爾不言及靈
馥說左傳業興問其大義數條靈馥不能對於
是振衣而起曰羌弟子正如此耳遂便徑還自
此靈馥生徒傾學而就遵明遵明學徒大盛業

三一三十 魏傳七十二 二十八 夫

興之為也後乃博涉百家圖緯風角天文占候
無不詳練尤長筭歷雖在貧賤常自矜負若禮
待不足縱於權貴不為之屈後為王遵業門客
舉孝廉為校書郎以世行趙䟗歷節氣後辰
下筭延昌中業興乃為戊子元歷上之於時屯
騎校尉張洪盪寇將軍張龍祥等九家各獻新
歷世宗詔令共為一歷洪等後遂共推業興為
主成戊子歷正光三年奏行之事在律歷志累
遷奉朝請臨淮王彧征蠻引為騎兵參軍後廣

陵王淵北征復為外兵參軍業興以殷歷甲寅黃
帝辛卯徒有積元術數亡缺業興又脩之各為一
卷傳於世建義初勑典儀注未幾除著作佐郎永
安二年以前造歷之勳賜爵長子伯遭憂解任尋
起復本官元曄之竊號也除通直散騎侍郎普泰
元年沙汰侍官業興仍在通直加寧朔將軍又除
征虜將軍中散大夫仍在通直太昌初轉散騎侍
郎仍以典儀之勤特賞一階除平東將軍光祿大
夫尋加安西將軍後以出帝登極之初預行禮事

魏書傳七十二 二十九

封屯留縣開國子食邑五百户轉中軍將軍通直
散騎常侍永熙三年二月出帝釋奠業興與魏季
景溫子昇竇瑗為摘句後入為侍讀遷鄴之始起
部郎中辛術奏曰今皇居徙御百度創始營構一
興必宜中制上則憲章前代下則模寫洛京今鄴
都雖舊基址毀滅又圖記參差事宜審定臣雖曰
職司學不稽古國家大事非敢專之通直散騎常
侍李業興碩學通儒博聞多識万門千戶所宜訪
詢今求就之披圖案記考定是非參古雜今折中

爲制召畫工并所須調度具造新圖申奏取定庶經始之日執事無疑詔從之天平二年除鎮南將軍尋爲侍讀於時尚書右僕射營構大將高隆之被詔繕治三署樂器衣服及百戲之屬乃奏請業興共參其事四年與兼騎常侍李諧兼吏部郎盧元明使蕭衍衍散騎常侍朱异問業興曰魏洛中委粟山是南郊邪業興曰委粟是圓丘非南郊异曰北間郊丘異所是用鄭義我此中用王義業興曰然洛京郊丘之處專用

鄭解异曰若然女子逆降傍親亦從鄭以不業興曰此之一事亦不專從若卿此間用王義除禫應用二十五月何以王儉喪禮禫用二十七月也异遂不答業興曰我昨見明堂四柱方屋都無五九之室當是裴頠所制明堂上圓下方裴唯除室耳今此止不圓何也异曰圓方之說經典無文何怪於方業興曰圓方之言出處甚明卿自不見見卿錄梁主孝經義亦云上圓下方卿言豈非自相矛楯异曰若然圓方竟出何經業

興曰出孝經援神契异曰緯候之書何用信也業興曰卿若不信靈威仰叶光紀之類經典亦無出者卿復信不异不答蕭衍親問業興曰聞卿善於經義儒玄之中何所通達業興曰少爲書生止讀五典至於深義不辨通釋衍問詩周南王者之風繫之周公邵南仁賢之風繫之邵公何名爲繫業興對曰鄭注儀禮云昔大王王季居于岐陽躬行邵南之教以興王業及文王行今周南之教以受命作邑於酆分其故地屬

之二公名爲繫衍又問若是故地應自統攝何由分封二公業興曰文王爲諸侯之時所化之本國今既登九五之尊不可復守諸侯之地故分封二公衍又問乾卦初稱潛龍二稱見龍至五飛龍初可名爲虎問意小乖業興對學識膚淺不足仰酬衍又問尚書正月上日受終文祖此是何正業興對此是夏正月衍言何以得知業興曰案尚書中候運行篇云日月營始故知夏正衍又問堯時以何月爲正業興對自

堯以上書典不載實所不知衍又云寅賓出日即是正月日中星鳥以殷仲春即是二月此出堯典何得云堯時不知用何正也業興對雖三正不同言時節者皆據夏時正月周禮仲春二月會男女之無夫家者雖自周書月亦夏時堯之日月亦當如此但所見不深無以辨析明問衍又曰禮原壤之母死孔子助其沐槨原壤叩木而歌曰久矣不託音狸首之班然執女手之卷然孔子聖人而與原壤爲友業興對孔子即自解言親者不失其爲親故者不失其爲故又問原壤何處人業興對曰鄭注云原壤孔子幼少之舊故是魯人衍又問孔子聖人所存必可法原壤不孝有逆人倫何以存故舊之小節廢不孝之大罪業興對曰原壤所行事自彰著幼少之交非是今始既無大故何容棄之孔子深敦故舊之義於理無失衍又問孔子聖人何以書原壤之事垂法万代業興對曰此是後人所録非孔子自制猶合葬於防如此之類禮記

之中動有百數衍又問易曰太極是有無業興對所傳太極是有素不玄學何敢輒酬還兼散騎常侍加中軍大將軍後罷議事省詔右僕射高隆之及諸朝士與業興等在尚書省議定五禮興和初又爲甲子元曆時見施用復預議麟趾新制武定元年除國子祭酒仍侍讀三年出除太原太守齊獻武王每出征討時有顧訪五年齊文襄王引爲中外府諮議參軍後坐事禁止業興乃造九宮行棊歷以五百爲章四千四十爲部九百八十七爲斗分還以己未爲元始終相維不復移轉與今歷法術不同至於氣序交分景度盈縮不異也七年死於禁所年六十六業興愛好墳籍鳩集不已手自補治躬加題帖其家所有垂將万卷覽讀不息多有異聞諸儒服其淵博性豪俠重意氣人有急難委之歸命便能容匿與其好合傾身無吝若有相乖忤便即疵毀乃至聲色加以謗罵性又躁隘至於論難之際高聲攘振無儒者之風每語人云但

道我好雖知妄言故勝道惡務進忌前不顧後患時人以此惡之至於學術精微當時莫及

子崇祖武定中太尉外兵參軍

崇祖弟遵祖太昌中業與傳其長子伯以授之

齊受禪例降

史臣曰古語云容體不足觀勇力不足恃族姓不足道先祖不足稱然而顯聞四方流聲後裔者其惟學乎信哉斯言也梁越之徒篤志不倦自求諸己遂能聞道下風稱珍席上或聚徒千百或服冕乘軒咸稽古之力也

列傳儒林第七十二　魏書八十四

高氏小史儒林傳無刁沖盧景裕李同軌三人史目錄皆有之此卷刁沖盧景裕傳全錄北史非魏收書史臣論亦出北史北史全用隋書儒林傳論

列傳文苑第七十三　魏書八十五

袁躍　裴敬憲

盧觀　封肅

邢臧　裴伯茂

邢昕　温子昇

夫文之爲用其來日久自昔聖達之作賢喆之書莫不統理成章藴氣標致其流廣變諸非一貫文質推移與時俱化淳于出齊有雕龍之目靈均逐楚著嘉禍之章漢之西京馬揚爲首稱東都之下班張爲雄伯曹植信魏世之英陸機則晉朝之秀雖同時並列分途爭遠永嘉之後天下分崩夷狄交馳文章殄滅昭成太祖之世南收燕趙網羅俊乂逮高祖馭天鋭情文學蓋以頡頏漢徹掩踔曹丕氣韻高豔才藻獨構衣冠仰止咸慕新風肅宗歷位文雅大盛學者如牛毛成者如麟角孔子曰才難不其然乎

袁躍字景騰陳郡人尚書翻弟也博學儁才性不矯俗篤於交友翻每謂人曰躍可謂我家千

里駒也釋褐司空行參軍歷位尚書都兵郎中加員外散騎常侍將立明堂躍乃上議當時稱其博洽蠕蠕主阿那瓌亡破來奔朝廷矜之送復其國既而每使朝貢辭旨頗不盡禮躍爲朝臣書與瓌陳以禍福言辭甚美後遷車騎將軍太傅清河王懌文學雅爲懌所愛賞懌之文表多出於躍卒贈冠軍將軍吏部郎中所制文集行於世無子兄龢以子聿脩繼

聿脩字叔德七歲遭喪居處禮若成人九歲州辟主簿性深沈有鑒識清靖寡欲與物無競姨夫尚書崔休深所知賞年十八領本州中正兼尚書度支郎中齊受禪除太子庶子以本官行博陵太守

裴敬憲字孝虞河東聞喜人也益州刺史宣第二子少有志行學博才清撫訓諸弟專以讀誦爲業澹於榮利風氣俊遠郡徵功曹不就諸府辟命先進其弟世人歎美之司州牧高陽王雍舉秀才射策高第除太學博士性和雅未嘗失色於人工隸草解音律五言之作獨擅於時名聲甚重後進共宗慕之中山闕將之部朝賢送於河梁賦詩言別皆以敬憲爲最其文不能贍逸而有清麗之美少有氣病年三十三卒人物甚悼之敬憲世有仁義於鄉里孝昌中蜀賊陳雙熾所過殘暴至敬憲宅輒相約束不得焚燒爲物所伏如此永興三年贈中書侍郎諡曰文

盧觀字伯舉范陽 人也少好學有儁才舉秀才射策甲科除太學博士著作佐郎與太常少卿李神儁光祿大夫王誦等在尚書上省撰定朝儀拜尚書儀曹郎中孝昌元年卒

封肅字元邕勃海人尚書回之兄子也早有文思博涉經史太傅崔光見而賞焉位太學博士脩起居注兼廷尉監爲還園賦其辭甚美正光中京兆王西征引爲大行臺郎中委以書記還除尚書左中兵郎中卒肅性恭儉不妄交遊唯與崔勵勵從兄鴻尤相親善所製文章多亡失存者十餘卷

邢臧字子良河間人光祿少卿虬長孫也幼孤早立操尚博學有藻思年二十一神龜中舉秀才問策五條考上第爲太學博士正光中議立明堂臧爲裴頠一室之議事雖不行當時稱其理博出爲本州中從事雅爲鄉情所附永安初徵爲金部郎中以疾不赴轉除東牟太守時天下多事在職少能廉白臧獨清慎奉法吏民愛之隴西李延寔莊帝之舅以太傅出除青州啓臧爲屬領樂安內史有惠政後除濮陽太守尋

加安東將軍臧和雅信厚有長者之風爲時人所愛敬爲特進甄琛行狀世稱其工與裴敬憲盧觀兄弟並結交分曾共讀回文集臧獨先通之撰古來文章并敘作者氏族號曰文譜未就病卒時賢悼惜之其文筆凡百餘篇贈鎮北將軍定州刺史謚曰文

子恕涉學有識悟

裴伯茂河東人司空中郎叔義第二子少有風望學涉群書文藻富贍釋褐奉朝請大將軍京兆王繼西討引爲鎧曹參軍南討絳蜀陳雙熾爲行臺長孫承業行臺郎中承業還京師留伯茂仍知行臺事以平薛鳳賢等賞平陽伯再遷散騎常侍典起居注太昌初爲中書侍郎永熙中出帝兄子廣平王贊盛選賓僚以伯茂爲文學後加中軍大將軍伯茂好飲酒頗涉疏傲久不徙官曾爲豁情賦其序略曰余攝養舛和服餌寡術自春徂夏三嬰湊疾雖桐君上藥有時致効而草木下性實縈衿抱故復究覽莊生具

體齊物物我兩忘是非俱遣斯人之達吾所師焉故作是賦所以託名豁情寄之風謠矣天平初遷鄴又爲遷都賦文多不載二年因內宴伯茂侮慢殿中尚書章武王景哲景哲遂申啓稱伯茂棄其本列與監同行以梨擊案傍汙冠服禁庭之內令人挈衣詔付所司後竟無坐伯茂先出後其伯仲規與兄景融別居景融貧窘伯茂了無賑恤殆同行路世以此貶薄之卒年三十九知舊歎惜焉伯茂末年劇飲不已乃至傷

性多有愆失未亡前數日忽云吾得密信將被收掩乃與婦乘車西逃避後因顧指壁中言有官人追逐其妻方知其病卒後殯於家園友人常景李渾王元景盧元明魏季景李騫等十許人於墓傍置酒設祭哀哭涕泣一飲一酹曰裴中書魂而有靈知吾曹也乃各賦詩一篇李騫以魏收亦與之友寄以示收收時在晉陽乃同其作論叙伯茂其十字云臨風想玄度對酒思公榮時人以伯茂性侮傲謂收詩頗得事實贈

散騎常侍衛將軍度支尚書雍州刺史重贈吏部尚書謚曰文伯茂曾撰晉書竟未能成無子兄景融以第二子孝才繼

邢昕字子明河間人尚書巒弟偉之子幼孤見愛於祖母李氏好學早有才情蕭寶夤以車騎大將軍開府討關中以子明爲東閤祭酒委以文翰在軍解褐盪寇將軍累遷太尉記室參軍吏部尚書李神儁奏昕脩起居注太昌初除中書侍郎加平東將軍光祿大夫時言冒竊官級爲中尉所劾免官乃爲述躬賦未幾受詔與祕書監常景典儀注事出帝行釋奠禮昕與校書郎裴伯茂等俱爲録義永熙末昕入爲侍讀與温子昇魏收參掌文詔遷鄴乃歸河閒天平初與侍中從叔子才魏季景魏收同徵赴都尋還鄉里既而復徵時蕭衍使兼散騎常侍劉孝儀等來朝貢詔昕兼正員郎迎於境上司徒孫騰引爲中郎尋除通直常侍加中軍將軍既有才藻兼長几案自孝昌之後天下多務世人競以

吏工取達文學大衰司州中從事宋遊道以公斷見知時與昕嘲謔昕謂之曰世事同知文學外遊道有慙色與和中以本官副李象使於蕭衍昕好忤物人謂之牛是行也談者謂之牛象鬭於江南齊文襄王攝選擬昕爲司徒右長史未奏遇疾卒士友悲之贈車騎將軍都官尚書冀州刺史謚曰文所著文章自有集録

温子昇字鵬舉自云太原人晉大將軍嶠之後也世居江左祖恭之劉義隆彭城王義康戶曹

避難歸國家于濟陰寃句因爲其郡縣人焉家
世寒素父暉兖州左將軍府長史行濟陰郡事
子昇初受學於崔靈恩劉蘭精勤以夜繼晝晝
夜不倦長乃博覽百家文章清婉爲廣陽王淵
賤客在馬坊教諸奴子書作侯山祠堂碑文常
景見而善之故詣淵謝之景曰頃見溫生淵怪
問之景曰溫生是大才士淵由是稍知之熙平
初中尉東平王匡博召辭人以充御史同時射
策者八百餘人子昇與盧仲宣孫搴等二十四

人爲高第於時預選者爭相引決匡使子昇當
之皆受屈而去搴謂人曰朝來靡旗亂轍者皆
子昇逐北遂補御史時年二十二臺中文筆皆
子昇爲之以憂去任服闋還爲朝請後李神儁
行荊州事引兼録事參軍被徵赴省神儁表留
不遣吏部郎中李奬退表不許曰昔伯瑜之不
應留王朗所以發歎宜速遣赴無踵彥雲前失
於是還負正光末廣陽王淵爲東北道行臺召
爲郎中軍國文翰皆出其手於是才名轉盛黃

門郎徐紇受四方表啓荅之敏速於淵獨沈思
曰彼有溫郎中才藻可畏高車破走珍寶盈滿
子昇取絹四十匹及淵爲葛榮所害子昇亦見
羈執榮下都督和洛興與子昇舊識以數十騎
潛送子昇得達冀州還京李楷執其手曰卿今
得免足使夷甫慙德自是無復宦情閉門讀書
厲精不已建義初爲南主客郎中脩起居注曾
一日不直上黨王天穆時録尚書事將加捶撻
子昇遂逃遁天穆甚怒奏人代之莊帝曰當世

才子不過數人豈容爲此便相放黜乃寢其奏
及天穆將討邢杲召子昇同行子昇未敢應天
穆謂人曰吾欲收其才用豈懷前忿也今復不
來便須南走越北走胡耳子昇不得已而見之
加伏波將軍爲行臺郎中天穆深加賞之元顥
入洛天穆召子昇問曰即欲向京師爲隨我北
渡對曰主上以虎牢失守致此狼狽元顥新入
人情未安今往討之必有征無戰王若剋復京
師奉迎大駕桓文之舉也捨此北渡竊爲大王

惜之天穆善之而不能用遣子昇還洛顥以為
中書舍人莊帝還宮為顥任使者多被廢黜而
子昇復為舍人天穆每謂子昇曰恨不用卿前
計除正員郎仍舍人及帝殺介朱榮也子昇預
謀當時赦詔子昇詞也榮入內遇子昇把詔書
問是何文書子昇顏色不變曰勑榮不視之介
朱兆入洛子昇懼禍逃匿永熙中為侍讀兼舍
人鎮南將軍金紫光祿大夫遷散騎常侍中軍
大將軍後領本州大中正蕭衍使張皐寫子昇

文筆傳於江外衍稱之曰曹植陸機復生於北
土恨我辭人數窮百六陽夏太守傅標使吐谷
渾見其國主牀頭有書數卷乃是子昇文也濟
陰王暉業嘗云江左文人宋有顏延之謝靈運
梁有沈約任昉我子昇足以陵顏轢謝含任吐
沈揚遵彥作文德論以為古今辭人皆負才遺
行澆薄險忌唯邢子才王元景溫子昇彬彬有
德素齊文襄王引子昇為大將軍府諮議參軍
子昇前為中書郎嘗詣蕭衍客館受國書自以

不脩容止謂人曰詩章易作逋峭難為文襄館
客元僅曰諸人當賀推子昇合陳辭子昇久忸
怩乃推陸操焉及元僅劉思逸荀濟等作亂文
襄疑子昇知其謀方使之作獻武王碑文既成
乃餓諸晉陽獄食弊襦而死棄尸路隅沒其家
口太尉長史宋游道收葬之又為集其文筆為
三十五卷子昇外恬靜與物無競言有準的不
妄毀譽而內深險事故之際好預其間所以終
致禍敗又撰永安記三卷無子

史臣曰古之人所貴名不朽者蓋重言之尚存
又加之以才名其為貴顯固其宜也自餘或位
下人微居常亦何能自達及其靈虵可握天網
俱頓並編緗素咸貫儒林雖其位可下其身可
殺千載之後貴賤一焉非此道也孰云能致凡
百士子可不務乎

列傳文苑第七十三　魏書八十五

列傳孝感第七十四　魏書八十六

趙琰　長孫慮
乞伏保　孫益德
董洛生　楊引
閻元明　吳悉達
王續生　李顯達
張昇　倉跋
王崇　郭文恭

經云孝德之本孝悌之至通於神明此蓋生人
之大者淳風既遠世情雖薄孔門有以責衣錦
詩人所以思素冠且生盡色養之天終極哀思
之地若乃誠達泉魚感通鳥獸事匪常倫斯蓋
希矣至如温床扇席灌樹負土時或加人咸爲
度俗今書趙琰等以孝感爲目焉

二·廿五　魏書傳七十四　一　金滋

趙琰字叔起天水人父温爲楊難當司馬初苻
氏亂琰爲乳母攜奔壽春年十四乃歸孝心色
養餁熟之節必親調之皇興中京師儉婢簡粟
糶之琰遇見切責敕留輕粃皆送子應冀州娉
室從者於路遇得一羊行三十里而琰知之令
送於本處又過路傍主人設羊羹琰訪知盜
殺卒辭不食遣人買耜刃得剩六耜即令送還
刃主刃主高之義而不受琰命委之而去初爲兗
州司馬轉團城鎮副將還京爲淮南王他府長
史時禁制甚嚴不聽越關葬於舊兆琰積三十
餘年不得葬二親及烝甞拜獻未曾不嬰慕卒
事每於時節不受子孫慶賀年餘耳順而孝思
彌篤慨歲月推移遷窆無期乃絕鹽粟斷諸滋
味食麥而已年八十卒遷都洛陽子應等乃還

魏書傳七十四　二　夫

鄉葬焉
應弟煦字賓育好音律以善歌聞於世位秦州
刺史
長孫慮代人也母因飲酒其父眞呵叱之誤以杖
擊便即致死眞爲縣囚執慮以重坐慮列辭
尚書云父母忿爭本無餘惡直以謬誤一朝橫
禍今母喪未殯父命旦夕慮兄弟五人並各幼
稚慮身居長今年十五有一女弟始向四歲更

相鞠養不能保全父若就刑交墜溝壑乞以身代老父命使嬰弱衆孤得蒙存立尚書奏云慮於父爲孝于於弟爲仁兄尋究情狀特可矜感高祖詔特恕其父死罪以從遠流

乞伏保高車部人也父居顯祖時爲散騎常侍領牧曹尚書賜爵寧國侯以忠謹愼密常在左右出内詔命賜宮人河南宗氏亡後賜以宮人申氏宋太子左率申坦兄女也歲餘居喪撫養伏保性嚴肅捶馬切至而伏保奉事孝謹初

無恨色襲父侯爵例降爲伯稍遷左中郎將毎請祿賜在外公私尺丈所用無不白知出爲無善鎮將申年餘八十伏保手製馬輿親自扶接申欣然隨之申亡伏保解官奉喪還洛復爲長兼南中郎將卒

孫益德樂安人也其母爲人所害益德童幼爲母復仇還家哭於殯以待縣官高祖文明太后以其幼而孝決又不逃罪特免之

董洛生代人也居父喪過禮詔遣祕書中散溫紹伯奉璽書慰之令自抑割以全孝道又詔其宗親使相喻獎勿令有滅性之譏

楊引鄉郡襄垣人也三歲喪父爲叔所養母年九十三卒引年七十五哀毀過禮三年服畢恨不識父追服斬衰食粥麤服誓終身命終十三年哀慕不改爲郡縣鄉閭三百餘人上狀稱美有司奏宜旌賞復其一門樹其純孝詔别勑集書標楊引至行又可假以散員之名

閻元明河東安邑人也少而至孝行著鄉閭

太和五年除北隨郡太守元明以違離親養與言悲慕母亦慈念泣淚喪明元明悲號上訴許歸奉養見其母母目便開刺史呂壽恩列狀上聞詔下州郡表爲孝門復其租調兵役令終母年母亡服終心喪積載每忌日悲慟傍隣兄弟雍和尊卑諧穆安貧樂道白首同歸又猗氏縣人令狐仕兄弟四人早喪父泣慕十載奉養其母孝著鄉邑而力田積粟博施不已又河東郡人楊風等七百五十

人刘稱樂戶皇甫奴兄弟雖沉屈兵伍而操尚彌高奉養繼親甚著恭孝之稱又東郡小黄縣人董吐渾兄養事親至孝三世同居閨門有禮景明初畿内大使王凝奏請標異詔從之

吴悉達河東聞喜人也弟兄三人年並幼小父母爲人所殺四時號慕悲感鄉隣及長報仇避地永安昆弟同居四十餘載閨門和睦讓逸競勞雖於儉年糊饘不繼賓客經過必傾所有毋

守宰殯喪私辦車牛送終葬所隣人孤貧窘困者莫不解衣輟糧以相賑恤鄉閭五百餘人詣州稱頌焉刺史以悉達兄弟行著鄉里板贈悉達父勃海太守悉達後欲改葬亡失墳墓推尋弗獲號哭之聲晝夜不止叩訴神祇忽於悉達足下地陷得父銘記因遷葬曾祖已下三世九喪傾盡資業不假於人哀感毀悴有過初喪有司奏聞標閭復役以彰孝義時有齊州人崔承宗其父於宋世仕漢中母喪因殯彼後青徐歸國遂爲隔絶承宗性至孝万里投險偷路負喪還京師黄門侍郎孫惠蔚聞之曰吾於斯人見廉范之情矣於是弔贈盡禮如舊相識

王續生滎陽京縣人也遭繼母憂居喪杖而後起及終禮制鬚髮盡落有司奏聞世宗詔標旌門閭甄其傜役

李顯達潁川陽翟人也父喪水漿不入口七日鬚髮墮落形體枯悴六年廬於墓側哭不絶聲

殆於滅性州牧高陽王雍以狀奏靈太后詔表其門閭

張昇滎陽人居父母喪鬚髮墜落水漿不入口吐血數升詔表門閭

倉跋滎陽京縣人也喪母水漿不入口五日吐血數升居憂毀瘠見稱州里有司奏聞出帝詔標門閭

王崇字乾邕陽夏雍丘人也兄弟並以孝稱身勤稼穡以養二親仕梁州鎮南府主簿母亡杖

而後起鬚髮墮落未及葬權殯宅西崇廬於殯所晝夜哭泣鳩鴿群至有一小鳥素質黑眸形大如雀栖於崇廬朝夕不去母喪始闋復丁父憂哀毀過禮是年陽夏風雹所過之處禽獸暴死草木摧折至崇田畔風雹便止禾麥十頃竟無損落及過崇地風雹如初咸稱至行所感崇雖除服仍居墓側於其室前生草一根莖葉甚茂人莫能識至冬中復有烏巢於崇屋乳養三子毛羽成長馴而不驚守令聞之親自臨視州以聞奏標其門閭

郭文恭太原平遥人也仕爲太平縣令年踰七十父母喪亡文恭孝慕罔極乃居祖父墓次晨夕拜跪跣足負土培祖父二墓寒暑竭力積年不已見者莫不哀歎尚書聞奏標其門閭

史臣曰塞天地而横四海者唯孝而已矣然則始敦孝敬之方終極哀思之道厥亦多緒其心一焉蓋上智禀自然之質中庸有企及之義及其成名其美一也趙琰等或出公卿之緒籍禮

教以資或出茅簷之下非獎勸所得乃有負土成墳致毀滅性雖乖先王之典制亦觀過而知仁矣

列傳孝感第七十四　魏書八十六

魏收書孝感傳亡惟張昇事出宗諫史目與北史小異其高氏小史不載昇事迹案小史孝感節義良吏列女閹官五傳叙目并傳與正史及諸書目次敘前後不同惟楊九齡經史目録與小史同九齡撰録皆在殷仲藏宗諫等後是時正史已不亡往往取小史爲据故同之

百衲本

魏書

北齊・魏收撰

3

國家圖書館出版社

列傳節義第七十五　魏書八十七

于什門　段進

石文德　汲固

王玄威　婁提

劉渴侯　朱長生

于提　馬八龍

門文愛　晁清

劉侯仁　石祖興

邵洪哲　王榮世

胡小虎　孫道登

李几　張安祖

王閭

大義重於至聞自日人慕之者蓋希行之者實寡至於輕生蹈節臨難如歸殺身成仁死而無之悔自非耿介苦心之人鬱快激氣之士亦何能一若斯僉列之傳名節義云

于簡字什門代人也太宗時爲謁者使喻馮跋及至和龍住外舍不入使人謂跋曰大魏皇帝有詔須馮主出受然後敢入跋使人牽逼令入見跋不拜跋令人按其項什門曰馮主拜受詔吾自以賓主致敬何須苦見逼也與跋往復聲氣厲然初不橈屈既而跋止什門什門於羣衆之中回身背跋被袴後襠以辱之既見拘留隨身衣裳敗壞略盡蟣虱被體跋遺以衣服什門拒而不受和龍人皆歎曰雖古烈士無以過也歷二十四年後馮文通上表稱臣乃送什門歸拜治書侍御史世祖下詔曰什門奉使和龍值

狂豎肆虐勇志壯厲不爲屈節雖昔蘇武何以加之賜羊千口帛千匹進爲上大夫策告宗廟頒示天下咸使聞也

段進不知何許人也世祖初爲白道守蠕蠕大檀入塞圍之力屈被執進抗聲大罵遂爲賊殺世祖愍之追贈安北將軍賜爵顯美侯謚曰莊

石文德河中蒲坂人也有行義真君初縣令黃宣在任喪亡宣單貧無朞親文德祖父苗以家

財殯葬持服三年奉養宣妻二十餘載及亡又衰絰斂祔率禮無闕自苗逮文德刺史守令卒官者制服送之五世同居閨門雍睦又梁州上言天水白石縣人趙令安孟蘭彊等四世同居行著州里詔並標牓門閭

汲固東郡梁城人也爲兗州從事刺史李式坐事被收吏民皆送至河上時式子憲生始滿月式大言於衆曰程嬰杵臼何如人也固曰今古豈殊遂便潛還不復回顧徑來入城於式婦閨

抱憲歸藏之及捕者收憲屬有一婢產男母以婢兒授之事尋泄固乃攜憲逃遁遇赦始歸憲即爲固長育至十餘歲恒呼固夫婦爲郎婆後高祐爲兗州刺史嘉固節義以爲主簿

王玄威恒農北陝人也顯祖崩玄威立草廬於州城門外衰裳蔬粥哭踴無時刺史苟頹以事表聞詔令問狀玄威稱先帝統御万國慈澤被於蒼生含氣之類莫不仰賴玄威不勝悲慕中心知此不知禮式詔問玄威欲有所訴聽爲表

列玄威云聞諱悲號竊謂臣子同例無所求謁及至百日乃自竭家財設四百人齋會忌日又設百僧供至大除日詔送白紬袴褶一具與玄威釋服下州令表異焉

婁提代人也顯祖時爲內三郎顯祖暴崩提謂人曰聖主升遐安用活爲遂引佩刀自刺幾至於死文明太后詔賜帛二百匹時有敕勒部人蛭拔寅兄地于坐盜食官馬依制命死拔寅自誣已殺兄又云實非弟殺兄弟爭死辭不能定

高祖詔原之

劉渴侯不知何許人也稟性剛烈太和中爲徐州後軍以力死戰衆寡不敵遂禽瞋目大罵終不降屈爲賊所殺高祖贈立忠將軍平州刺史上庸侯賜絹千匹穀千斛有嚴季者亦爲軍校尉與渴侯同殿勢窮被執終不降屈後得逃還除立節將軍賜爵五等男

朱長生及于提並代人也高祖時以長生爲員外散騎常侍與提俱使高車至其庭高車主阿

伏至羅責長生等拜長生拒之曰我天子使安肯拜下土諸侯阿伏至羅乃不以禮待長生以金銀寶器奉之至羅既受獻長生曰爲臣內附宜盡臣禮何得口云再拜而實不拜呼出帳命衆中拜阿伏至羅慙其臣下大怒曰帳中何不教我拜而辱我於大衆奪長生等獻物囚之叢石之中兵脅之曰汝能爲我臣則活如其不降殺汝長生與于提瞋目厲聲責之曰豈有天子使人拜汝夷我寧爲魏鬼不爲汝臣至羅彌怒

絕其飲食從行者三十人皆降至羅乃給以肉酪惟長生與提不從乃各分徙之積三歲乃得還高祖以長生等守節遠同蘇武甚嘉之拜長生河內太守于提隴西太守並賜爵五等男從者皆爲令長

馬八龍武邑武強人也輕財重義友人武遂縣尹靈哲在軍喪亡八龍聞即奔赴負屍而歸以家財殯葬爲制緦服撫其孤遺恩如所生州郡表列詔表門閭

門文愛汲郡山陽人也早孤供養伯父母以孝謹聞伯父亡服未終伯母又亡文愛居喪持服六年哀毀骨立鄉人魏中賢等相與標其孝義

晁清遼東人也祖暉濟州刺史潁川公清襲祖爵例降爲伯爲梁城戍將蕭衍攻圍粮盡城陷清抗節不屈爲賊所殺世宗褒美贈樂陵太守謚曰忠

子榮賓襲

劉侯仁豫州人也城人白早生殺刺史司馬悅

據城南叛悅息朏走投侯仁賊雖重加購募又嚴其捶撻侯仁終無漏泄朏遂免禍事寧有司奏其操行請免府籍敘一小縣詔可

石祖興常山九門人也太守田文彪縣令和真等喪亡祖興自出家絹二百餘匹營護喪事州郡表列高祖嘉之賜爵二級爲上造後拜寧陵令卒吏部尚書李韶奏其節義請加贈謚以獎來者靈太后令如所奏有司謚曰恭

邵洪哲上谷沮陽人也縣令范道榮先自眴城

歸款以除縣令道榮鄉人徐孔明妄經公府訟道榮非勳道榮坐除名羈旅孤貧不能自理洪哲不勝義憤遂代道榮詣京師明申曲直經歷寒暑不憚劬勞道榮卒得復雪又北鎮反亂道榮孤單無所歸附洪哲兄伯川復率鄉人來相迎接送達幽州道榮感其誠節訴省申聞詔下州郡標其里閭

王榮世陽平館陶人也爲三城戍主方城縣子蕭衍攻圍力窮知不可全乃先焚府庫後殺妻

妾及賊陷城與戍副鄧元興等俱以不屈被害肅宗下詔褒美忠節進榮世爵爲伯贈齊州刺史元興開國子贈洛州刺史

胡小虎河南河陰人也少有武氣正光末爲統軍於晉壽孝昌中蕭衍將樊文熾等寇邊益州刺史邴虯遣長史和安固守小劍文熾圍之虯命小虎與統軍崔珍寶同往防拒文熾掩襲小虎珍寶並擒之文熾攻小劍未陷乃將珍寶至城下使謂和安曰南軍彊盛北救不來豈若歸款取其富貴和安命射之乃退復逼小虎與和安交言小虎乃慷慨謂安曰我柵不防爲賊所虜觀其兵士勢不足言努力堅守魏行臺傅梁州遣將已至賊以刀毆擊言不得終遂害之三軍無不歎其壯節哀其死亡賊尋奔敗禽其次將蕭世澄陳文緒等一十一人行臺魏子建壯其氣槩啓以世澄購其屍柩乃獲骸骨歸葬

孫道登彭城呂縣人也永安初爲蕭衍將韋休等所虜面縛臨刃巡遠村塢令其招降鄉曲道

登厲聲唱呼但當努力賊無所能賊遂屠戮之又荆州被圍行臺宗靈恩遣使宗女等四人入城曉喻爲賊將所獲執女等巡城令其改辭女等大言天軍垂至堅守莫降賊忿各刻其腹然後斬首二州表其節義道登等並賜五品郡五等子爵聽子弟承襲遣使詣所在弔祭

李几博陵安平人也七世共居同財家有二十二房一百九十八口長幼濟濟風禮著聞至於作役卑幼競進鄉里嗟美標其門閭

張安祖河陽人也襲世爵山北侯時有元承貴曾為河陽令家貧且赴尚書求選逢天寒甚遂凍死路側一子年幼停屍門巷棺斂無託安祖悲哭盡禮買木為棺手自營作斂殯周給朝野嘉歎尚書聞奏標其門閭

王閭北海密人也數世同居有百口又太山劉業興四世同居魯郡蓋儁六世同居並共財產家門雍睦鄉里敬異有司申奏皆標門閭

史臣曰于什門等或臨危不撓視死如歸或赴險如夷惟義所在其大則光國隆家其小則損己利物故其盛烈所著與河海而爭流峻節所標共松栢而俱茂並蹈履之所致身歿名立豈徒然哉

列傳節義第七十五　魏書八十七

魏收書節義傳亡

列傳良吏第七十六　魏書八十八

張恂　鹿生
張應　宋世景
路邕　閻慶胤
明亮　杜纂
裴佗　竇瑗
羊敦　蘇淑

罷侯置守歷年永久統以方牧仍世相循所以寬猛為用庇民調俗但廉平常迹聲問難高適

時應務招響必速是故搏擊為侯起不旋踵儒弱貽咎録用無時此則已然於前世矣後之為吏與世沈浮季叔澆漓姦巧多緒所以蒲密無為之化難見其人有魏初拓中州兼并疆域河南關右遺黎未純擁節分符多出豐沛政術治風未能咸允雖動貽大戮而貪虐未悛亦由網漏吞舟時挂一目高祖肅明綱紀賞罰必行肇革舊軌時多奉法世宗優遊而治寬政遂往太和之風頗以陵替肅宗馭運天下淆然其於移

風華俗之美浮虎還珠之政九州百郡無所聞焉且書其爲時所稱者以著良吏云爾

張恂字洪讓上谷沮陽人也隨兄袞歸國參代王軍事恂言於太祖曰金運失御劉石紛紜慕容竊號山東苻姚盜器秦隴遂使三靈之饗九域曠君大王樹基玄朔重明積聖自北而南化被燕趙今中土遺民望雲冀潤宜因斯會以建大業太祖深器異厚加禮焉皇始初拜中書侍郎帷幄密謀頗預參議從將軍奚牧略地晉川

拜鎮遠將軍賜爵平皐子出爲廣平太守恂招集離散勸課農桑民歸之者千戶遷常山太守恂開建學校優顯儒士吏民歌詠之於時喪亂之後罕能克厲惟恂當官清白仁恕臨下百姓親愛之其治爲當時第一太祖聞而嘉歎太宗即位賜帛三百匹徵拜太中大夫神瑞三年卒年六十九恂性清儉不營產業身死之日家無餘財太宗悼惜之贈征虜將軍并州刺史平皐侯謚曰宣

子純字道尚襲爵鎮遠將軍平皐子坐事爵除

純弟代字定燕陳留北平二郡太守卒贈冠軍將軍營州刺史謚曰惠侯代所歷著清稱有父之遺風

代子長年中書博士出爲寧遠將軍汝南太守有郡民劉崇之兄弟分析家貧惟有一牛爭之不決訟於郡庭長年見之悽然曰汝曹當以一牛故致此競脫有二牛各應得一豈有訟理即以家牛一頭賜之於是郡境之中各相誡約咸

敦敬讓太和初卒於家

子瑑字寶貴少有孝行歷武騎常侍羽林監太子翊軍校尉卒

子略武定中左光祿大夫

鹿生濟陰乘氏人父壽興沮渠牧犍庫部郎生再爲濟南太守有治稱顯祖嘉其能特徵赴季秋馬射賜以驄馬加以青服彰其廉潔前後在任十年時三齊始附人懷苟且漸博終朝頗廢

農業生立制斷之聞者嗟善後歷徐州任城王澄廣陵侯元衍征東安南二府長史帶淮陽太守郯城鎮將年七十四正始中卒追贈龍驤將軍兗州刺史

張應不知何許人延興中為魯郡太守應履行貞素聲績著聞妻子樵采以自供高祖深嘉其能遷京兆太守所在清白得吏民之忻心焉

宋世景廣平人河南尹翻之第三弟也少自脩立事親以孝聞與弟道璵下帷誦讀博覽群言

尤精經義族兄弁甚重之舉秀才對策上第拜國子助教遷彭城王勰開府法曹行參軍勰愛其才學雅相器敬高祖亦嘉之遷司徒法曹行參軍世景明刑理著律令裁決疑獄剖判如流轉尚書祠部郎彭城王勰每稱之曰宋世景精識尚書僕射才也臺中疑事右僕射高肇常以委之世景既才長從政加之夙勤不怠兼領數曹深著稱績頗為左僕射源懷引為行臺郎巡察州鎮十有餘所黜陟賞罰莫不咸允還徙七鎮別置諸戍明設亭候以備北虜懷大相委重還而薦之於世宗曰宋世景文武才略當今寡儔清平忠直亦少其比陛下若任之以機要終不減李沖也世宗曰朕亦聞之尚書令廣陽王嘉右僕射高肇吏部尚書中山王英共薦世景為國子博士尋薦為尚書右丞王顯與宋弁有隙毀之於世宗故事寢不報尋加伏波將軍行滎陽太守鄭氏豪橫號為難治濟州刺史鄭尚弟遠慶先為苑陵令多所受納百姓患之世景

下車召而謂之曰與卿親宜假借吾未至之前一不相問今日之後終不相捨而遠慶行意自若世景繩之以法遠慶懼棄官亡走於是寮屬畏威莫不改肅終日坐於廳事未嘗寢息縣史三正及諸細民至即見之無早晚之節來者無不盡其情抱皆假之恩顏屏人密語民間之事巨細必知發姧擿伏有若神明嘗有一吏休滿還郡食人鷄豚又有一幹受人一帽又食二鷄世景叱之曰汝何敢食甲乙鷄豚取丙丁之帽

吏幹叩頭伏罪於是上下震悚莫敢犯禁坐弟道璵事除名世景友于之性過絶於人及道璵死哭之哀切酸感行路形容毁悴見者莫不歎慜歲餘母喪遂不勝哀而卒世景嘗撰晉書竟未得就

子季儒遺腹生弱冠太守崔楷辟爲功曹起家太學博士明威將軍督至譙宋之間爲文弔嵇康甚有理致後夜寢室壞壓殞年二十五時人咸傷惜之

路邕陽平清淵人世宗時積功勞除齊州東魏郡太守有惠政靈太后詔曰邕莅政清勤善綏民俗比經年儉郡内饑饉羣庶嗷嗷將就溝壑而邕自出家粟賑賜貧窘民以獲濟雖古之良守何以尚茲宜見霑錫以垂獎勸可賜龍廐馬一匹衣一襲被褥一具班宣州鎮咸使聞知邕以善治民稍遷至南青州刺史而卒

閻慶胤不知何許人爲東秦州敷城太守在政五年清勤厲俗頻年饑饉慶胤歲常以家粟千石賑恤貧窮民賴以濟其部民楊寶龍等一千餘人申訟美政有司奏曰案慶胤自莅此郡惠政有聞又能自以己粟贍恤饑饉乃有子愛百姓之義如不少加優賚無以厲彼貪殘又案齊州東魏郡太守路邕在郡治能與之相埒語其分贍又亦不殊而聖旨優隆賜以衣馬求情即理謂合同賞靈太后卒無賚賞焉

明亮字文德平原人姓方厚有識幹自給事中歷員外常侍延昌中世宗臨朝堂親自黜陟授

亮勇武將軍亮進曰臣本官常侍是第三清今授臣勇武其號至濁且文武又殊請更改授世宗曰今依勞行賞不論清濁卿何得乃復以清濁爲辭亮曰聖明在上清濁故分臣既屬聖明是以敢啓世宗曰九流之内人咸君子雖文武號殊佐治一也卿何得獨欲乖衆妄相清濁所請未可但依前授亮曰今江左未賓書軌宜一方爲陛下授命前驅拓定吴會官爵陛下之所輕賤命微臣之所重陛下方收所重何惜所輕

世宗笑曰卿欲爲朕拓定江表揃平蕭衍揃平拓定非勇武莫可今之所授是副卿言辭勇及武自相矛楯亮曰臣欲仰禀聖規運籌而定何假勇武方乃成功世宗曰謀勇二事體本相須若勇而無謀則勇不獨舉若謀而無勇則謀不孤行必須兼兩乃能制勝何得去偏須運籌而不復假勇乎亮曰請改授平遠將軍世宗曰運籌用武然後遠人始平卿但用武平之何患不得平遠也亮乃陳謝而退後除陽平太守清白

愛民甚有惠政聲績之美顯著當時朝廷嘉其風化轉汲郡太守爲治如前譽宣遠近二郡民吏迄今追思之卒孝昌初贈左將軍南青州刺史初亮之在陽平屬相州刺史中山王熙起兵討元叉時并州刺史城陽王徽亦遣使詣亮密同熙謀熙敗亮詭其使辭由是徽音獲免二年詔追前效重贈平東將軍濟州刺史拜其子希遠奉朝請

亮從弟遠儀同開府從事中郎

杜纂字榮孫常山九門人也少以清苦自立時縣令齊羅喪亡無親屬收瘞纂以私財殯葬由是郡縣標其門閭後居父喪盡禮郡舉孝廉補豫州司士稍除積弩將軍領衆詣淮迎降民楊箱等脩立楚鎮招納山蠻李天保等五百戶從征新野除騎都尉又從駕壽春勑纂緣淮慰勞豫州刺史田益宗率戶歸國使纂詣廣陵安慰初附賑給田廩從征新野及南陽平以功賜爵井陘男賞帛五百匹數日之中散之知友時人

稱之又詣赭陽武陰二郡課種公田隨供軍費除南秦州武都太守正始中遷漢陽太守並以清白爲名又隨都督楊椿等詣南秦軍前招慰逆氐還除虎賁中郎將領太倉令遭母憂去職久之除伏波將軍復爲太倉令尋除寧遠軍陰陵戍主延昌中京師儉勑纂監京倉賑給民廩肅宗初拜征虜將軍清河內史性儉約尤愛貧老至能問民疾苦對之泣涕勸督農桑親自檢視勤者賞以物帛隋者加以罪譴弔死問生甚

有恩紀還以本將軍除東益州刺史無禦邊威略群氐反叛以失民和徵還遷太府少卿除平陽太守後將軍太中大夫正光末清河人房通等三百人頌纂德政乞重臨郡詔許之孝昌中爲葛榮圍逼纂以郡降榮榮令纂入信都慰喻都督李瑾欲斬刺史元孚德纂還出又勸榮以水灌城榮遂以纂爲常山太守至郡未幾榮滅定州刺史薛曇尚以纂老舊令護博陵鉅鹿二郡纂以疾辭少時卒於家纂所歷任好行小惠疏食弊衣多涉誣矯而輕財潔己終無受納爲百姓所思號爲良守永熙中贈平北將軍殷州刺史天平四年重贈本將軍定州刺史

裴佗字元化河東聞喜人其先因晉亂避地涼州苻堅平河西東歸桑梓因居解縣焉父景惠州別駕佗容貌魁偉隤然有器望少治春秋杜氏毛詩周易並舉其宗致舉秀才以高第除中書博士轉司徒參軍司空記室揚州任城王澄開府倉曹參軍入爲尚書倉部郎中行河東郡事所在有稱績還拜尚書考功郎中河東邑中正世宗親臨朝堂拜員外散騎常侍中正如故轉司州治中以風聞爲御史所彈尋會赦免轉征虜將軍中散大夫爲趙郡太守爲治有方威惠甚著猾吏姦民莫不改肅所得俸祿分恤貧窮轉前將軍東荊州刺史郡民戀仰傾境餞送至今追思之尋加平南將軍蠻酋田盤石田敬宗等部落萬餘家恃衆阻險不賓王命前後牧守雖屢征討未能降款佗至州單使宣慰示以

禍福敬宗等聞佗宿德相率歸附於是闔境清晏寇盜寢息邊民懷之繈負而至者千餘家尋加撫軍將軍又遷中軍將軍在州數載以疾乞還永安二年卒遺令不聽請贈不受賻襚諸子皆遵行之佗性剛直不好俗人交游其投分者必當時名勝清白任真不事家產宅不過三十步又無田園暑不張蓋寒不衣裘其貞儉若此

六子

讓之字士禮武定末中書侍郎

讓之弟諏之字士正早有才學司徒記室參軍
天平末入於關西
竇瑗字世珍遼西遼陽人自言本扶風平陵人
漢大將軍竇武之曾孫崇爲遼西太守子孫遂
家焉曾祖堪慕容氏漁陽太守祖表馮文通成
周太守入國父冏舉秀才早卒普泰初瑗啓以
身階級爲父請贈詔贈征虜將軍平州刺史瑗
年十七便荷帙從師遊學十載始爲御史轉奉
朝請兼太常博士拜大將軍太原王尒朱榮官

因是爲榮所知遂表留瑗爲北道大行臺左丞
以軍功賜爵陽洛男除員外散騎常侍瑗以拜
榮官賞新昌男因從榮東討葛榮事平封容城
縣開國伯食邑五百戶後除征虜將軍通直散
騎常侍仍左丞瑗乞以容城伯讓兄叔珍詔聽
以新昌男轉授之叔珍由是位至太山太守尒
朱世隆等立長廣王曄爲主南赴洛陽至東郭
外世隆等遣瑗奏廢之瑗執鞭獨入禁內奏曰
天人之望皆在廣陵願行堯舜之事曄遂禪焉

由是除征南將軍金紫光祿大夫敷奏侃然前
廢帝甚重之出帝時爲廷尉卿及釋奠開講瑗
與散騎常侍溫子昇給事黃門侍郎魏季景通
直散騎常侍李業興並爲摘句天平中除鎮東
將軍金紫光祿大夫尋除廣宗太守治有清白
之稱廣宗民情凶戾前後累政咸見告訟惟瑗
一人終始全潔轉中山太守加征東將軍聲譽
甚美爲吏民所懷及齊獻武王班書州郡誡約
牧守令長稱瑗政績以爲勸厲焉後授使持節

本將軍平州刺史在州政如治郡又爲齊獻武
王丞相府右長史瑗無軍府斷割之才不甚稱
職又行晉州事既還京師上表曰臣在平州之
日蒙班麟趾新制即依朝命宣示所部士庶忻
仰有若三章臣聞法象魏魏乃大舜之事政道
郁郁亦隆周之軌故元首股肱可否相濟聲教
之閒於此爲證伏惟陛下應圖臨寓握紀承天
克構洪基會昌寶歷式張琴瑟且調宮羽去甚
刪泰革弊遷澆俾髙祖之德不隊於地畫一既

歌萬國歡躍臣伏讀至三公曹第六十六條母
殺其父子不得告告者死再三返覆之未得其
門何者案律子孫告父母祖父母者死又漢宣
云子匿父母孫匿大父母皆勿論蓋謂父母祖
父母小者攘羊甚者殺害之類恩須相隱律抑
不言法理如是足見其直未必指母殺父止子
不言也若父殺母乃是夫殺妻母卑於父此子
不告是也而母殺父不聽子告臣誠下愚輒以
爲惑昔楚康王欲殺令尹子南其子棄疾爲王

三•三十二 魏書列七十六 十四 永

御士而上告焉對曰泄命重刑臣不爲也王遂
殺子南其徒曰行乎吾與殺吾父行將焉入曰
臣乎曰殺父事讎吾不忍乃縊而死注云棄疾
自謂不告父爲與殺謂王爲讎皆非禮春秋譏
焉斯蓋門外之治以義斷恩知君殺父而子不
告是也母之於父同在門內恩無可掩義無斷
割知母將殺理應告父如其已殺宜聽告官今
母殺父而子不告便是知母而不知父識比野
人義近禽獸且母之於父作合移天既殺已之

天復殺子之天二天頓毀豈容頓默此母之罪
義在不赦下手之日母恩即離仍以母道不告
鄙臣所以致惑今聖化淳洽穆如韶夏食椹懷
音梟鏡猶變況承風禀教識善知惡之民哉脫
下愚不移事在言外如或有之可臨時議罪何
用豫制斯條用爲訓誡誡恐千載之下談者諠
譁以明明大朝有尊母卑父之論以臣管見實
所不取如在淳風厚俗必欲行之且君父一也
父者子之天被殺事重宜附父謀反大逆子得

三•三十 魏書傳七十六 十五 章

告之條父一而已至情可見竊惟聖主有作明
賢贊成光國寧民厥用爲大非下走頑蔽所能
上測但受恩深重輒獻瞽言儻蒙收察乞付評
議詔付尚書三公郎封君義立判云身體髮膚
受之父母生我勞悴續莫大焉子於父母同氣
異息終天靡報在情一也今忽欲論其尊卑辨
其優劣推心未忍訪古無據母殺其父子復告
母母由告死便是子殺天下未有無母之國不
知此子將欲何之案春秋莊公元年不稱即位

文姜出故服虔注云文姜通兄齊襄與殺公而不反父殺母出隱痛深諱朞而中練思慕少殺念至於母故經書三月夫人遜於齊既有念母深諱之文明無讎疾告列之理且聖人設法所以防淫禁暴極言善惡使知而避之若臨事議刑則陷罪多矣惡之甚者殺父害君著之律令百王罔革此制何嫌獨求削去既於法無違於事非害宣布有年謂不宜改瑗復難云尋局判云子於父母同氣異息終天靡報在情一也今

魏書傳七十六　十六　一本十五

欲論其尊卑辨其優劣推心未忍訪古無據瑗以爲易曰天尊地卑乾坤定矣又曰乾天也故稱父坤地也故稱母又曰乾爲天爲父坤爲地爲母禮喪服經曰爲父斬衰三年爲母齊衰朞尊卑優劣顯在典章何言訪古無據局判云母殺其父子復告母母由告死便是子殺天下未有無母之國不知此子將何欲之瑗案典律未聞母殺其父而子有隱母之義既不告母便是與殺父天下豈有無父之國此子獨得有所之

乎局判又云案春秋莊公元年不稱即位文姜出故服虔注云文姜通於兄齊襄與殺公而不反父殺母出隱痛深諱朞而中練思慕少殺念至於母故經書三月夫人遜於齊既有念母深諱之文明無讎疾告列之理瑗尋注義隱痛深諱者以父爲齊所殺而母與之隱痛父死深諱母出故不稱即位非爲諱母與殺也是以下文以義絕其罪不爲與殺明矣公羊傳曰君殺子不言即位隱之也朞而中練父憂少衰始念於

魏書七十六　十七　余

母略書夫人遜乎齊是內諱出奔猶爲罪文傳曰不稱姜氏絕不爲親禮也注云夫人有與殺桓之罪絕不爲親得尊父之義善莊公思大義絕有罪故曰禮也以大義絕有罪得禮之衷明有讎疾告列之理但春秋桓莊之際齊爲大國通于文姜魯公謫之文姜以告齊襄使公子彭生殺之魯既弱小而懼於齊是時天子衰微又無賢霸故不敢讎之又不敢告列惟得告於齊曰無所歸咎惡於諸侯請以公子彭生除之齊

人殺公子彭生案郎此斷雖有援引即以情推理尚未遣惑事遂停寢除大宗正卿尋加衛將軍宗室以其寒士相與輕之瑗案法推治無所顧避甚見讎疾官雖通顯貧窘如初清尚之操爲時所重領本州大中正以本官兼廷尉卿卒官贈本將軍太僕卿濟州刺史謚曰明

羊敦字元禮太山鉅平人梁州刺史祉弟子也性尚閑素學涉書史以父靈引死王事除給事中出爲本州別駕公平正直見有非法敦終不

判署後爲尚書左侍郎徐州撫軍長史永安中轉廷尉司直不拜拜洛陽令後爲鎮南將軍金紫光祿大夫遷太府少卿轉衛將軍廣平太守治有能名姦吏跼蹐秋毫無犯雅性清儉屬歲饑饉家餽未至使人外尋陂澤採藕根而食之遇有疾苦家人解衣質米以供之然其爲治亦尚威嚴朝廷以其清白賜穀一千斛絹一百匹興和初卒年五十二吏民奔哭莫不悲慟贈都督徐兖二州諸軍事衛大將軍吏部尚書兖州

刺史謚曰貞武定初齊獻武王以敦及中山太守蘇淑在官奉法清約自居宜見追褒以厲天下乃上言請加旌録詔曰昔五袴興謡兩歧致詠皆由仁覃千里化洽一邦故廣平太守羊敦故中山太守蘇淑並器業和隱幹用貞濟善政聞國清譽在民方藉良才遂登高秩先後凋亡朝野傷悼追旌清德蓋惟舊章可各賞帛一百匹穀五百斛班下郡國咸使聞知

子隱武定末開府行參軍

蘇淑字仲和武邑人也立性敦謹頗涉經傳兄壽興坐事爲閹官壽興後爲河間太守賜爵晉陽男及壽興將卒遂冒養淑爲子淑熙平中襲其爵除司空士曹參軍尋轉太學博士厲威將軍員外散騎侍郎轉奉車都尉領殿中侍御史因使於冀州會高乾邕執刺史元嶷據城起義淑贊成其事乾邕以淑行武邑郡未幾尒朱汝歸嶷率兵將至淑於郡逃還京師後除左將軍太中大夫行河陰令出除樂陵內史淑在郡綏撫

甚有民譽始逕二周謝病乞解有詔聽之民吏老幼詣乞淑者甚衆後歷滎陽太守亦有能名加中軍將軍司徒從事中郎興和二年拜中山太守三年卒於郡淑淸心愛下所歷三郡皆爲吏民所思當時稱爲良二千石武定初贈衛大將軍都官尚書瀛州刺史謚曰懿齊獻武王追美淸操與羊敦同見優賞

子子且襲武定中齊獻武王廟丞

史臣曰 闕

列傳良吏第七十六 魏書八十八

列傳酷吏第七十七 魏書八十九

于洛侯 胡泥

李洪之 高遵

張赦提 羊祉

崔暹 酈道元

谷楷

淳風既喪姦黠萌生法令滋章刑禁多設爲吏罕仁恕之誠當官以威猛爲濟魏氏以戎馬定王業武功平海內治任刑罰肅厲爲本猛酷之倫所以列之今史

于洛侯代人也以勞舊爲秦州刺史而貪酷安忍州人富熾奪民呂勝脛纏一具洛侯輒鞭富熾一百截其右腕百姓王隴客刺殺民王羌奴王愈二人依律罪死而已洛侯生拔隴客舌刺其本并刺胸腹二十餘瘡隴客不堪苦痛隨刀戰動乃立四柱磔其手足命將絕始斬其首支解四體分懸道路見之者無不傷楚闔州驚震人懷怨憤百姓王元壽等一時反叛有司糾劾

高祖詔使者於州刑人處宣告兵民然後斬洛侯以謝百姓

胡泥代人也歷官至司衛監賜爵永城侯泥率勒禁中不憚豪貴殿中尚書叔孫侯頭應內直而闕於一時泥以法繩之侯頭恃寵遂與口諍高祖聞而嘉焉賜泥衣服一襲後出爲幽州刺史假范陽公以北平陽尼碩學遂表薦之遷平東將軍定州刺史以暴虐刑罰酷濫受納貨賄徵還戮之將就法也高祖臨太華殿引見遣侍臣

宣詔責之遂就家賜自盡

李洪之本名文通恒農人少爲沙門晚乃還俗眞君中爲狄道護軍賜爵安陽男會永昌王仁隨世祖南征得元后姊妹二人洪之以宗人潛相餉遺結爲兄弟遂便如親頗得元后在南兄弟名字乃改名洪之及仁坐事誅元后入宮得幸於高宗生顯祖元后臨崩昭太后問其親因言洪之爲兄與相訣經日具條列南方諸兄珍之等手以付洪之遂號爲顯祖親舅太安中珍之等兄弟至都與洪之相見敘元后平生故事計長幼爲昆季以外戚爲河內太守進爵任城侯威儀一同刺史河內北連上黨南接武牢地險人悍數爲劫害長吏不能禁洪之至郡嚴設科防募斬賊者便加重賞勸農務本盜賊止息誅鋤姦黨過爲酷虐後爲懷州刺史封汲郡公徵拜內都大官河西羌胡領部落反叛顯祖親征命洪之與侍中東郡王陸定總統諸軍輿駕至并州詔洪之爲河西都將討山胡皆保險拒

戰洪之築壘於石樓南白鷄原以對之諸將悉欲進攻洪之乃開以大信聽其復業胡人遂降顯祖嘉之遷拜尚書外都大官後爲使持節安南將軍秦益二州刺史至治設禁姦之制有帶刃行者罪與劫同輕重品格各有條章於是大饗州中豪傑長老示之法制乃夜密遣騎分部覆諸要路有犯禁者輒捉送州宣告斬決其中枉見殺害者百數赤葩渴郎羌深居山谷雖相羈縻王人罕到洪之芟山爲道廣十餘步示以

軍行之勢乃興軍臨其境山人驚駭洪之將數十騎至其里閭撫其妻子問所疾苦因資遺之衆羌喜悅求編課調所入十倍於常洪之善御戎夷頗有威惠而刻害之聲聞於朝野初洪之微時妻張氏助洪之經營資產自貧至貴多所補益有男女幾十人洪之後得劉氏劉芳從妹洪之欽重而疎薄張氏爲兩宅別居偏厚劉室由是二妻妬競互相訟詛兩宅母子往來如讎及莅西州以劉自隨洪之素非廉清每多受納

時高祖始建祿制法禁嚴峻司察所聞無不窮糾遂鎖洪之赴京高祖臨太華庭集羣官有司奏洪之受贓狼藉又以酷暴高祖親臨數之以其大臣聽在家自裁洪之志性慷慨多所堪忍疹疾灸療艾炷圍將二寸首足十餘處一時俱下而言笑自若接賓不輟及臨自盡沐浴換衣防卒扶持將出却入遍遶家庭如是再三泣歎良久乃卧而引藥始洪之託爲元后兄公私自同外戚至此罪後高祖乃稍對百官辨其誣假

而諸李猶善相視恩紀如親洪之始見元后計年爲兄及珍之等至洪之以元后素定長幼其呼拜坐皆如家人暮年數延攜之宴飲醉酣之後攜之時或言及本末洪之則起而加敬笑語自若富貴赫弈當舅戚之家遂棄宗專附珍之等後頗存振本屬而猶不顯然劉氏四子長子神自有傳

高遵字世禮渤海蓨人父濟滄水太守遵賤出兄矯等常欺侮之及父亡不令在喪位遵遂馳

赴平城歸從祖兄中書令允允乃爲遵父舉哀以遵爲喪主京邑無不弔集朝貴咸識之徐歸奔赴免喪允爲營宦路得補樂浪王侍郎遵感成益之恩事允如諸父涉歷文史頗有筆札進中書侍郎詣長安刊燕宣王廟碑進爵安昌子及新制衣冠高祖恭薦宗廟遵形貌莊潔音氣雄暢常兼太祝令跪贊禮事爲俯仰之節粗合儀矩由是高祖識待之後與游明根高閭李沖入議律令親對御坐時有陳奏以積年之勞賜

粟帛牛馬出爲立忠將軍齊州刺史建節歷本州宗鄉改觀而嬌等彌妬毀之遵性不廉清在中書時每假歸山東必借備騾馬將從百餘屯逼民家求絲縑不滿意則詬罵不去彊相徵求旬月之間縑布千數邦邑苦之遵既臨州本意未弭選召僚吏多所取納又其妻明氏家在齊州母弟舅甥共相憑屬爭求貨利嚴暴非理殺害甚多貪酷之響帝頗聞之及車駕幸鄴遵自州來朝會有赦宥遵臨還州請辭帝於行宮

引見誚讓之遵自陳無負帝厲聲曰若無遷都赦必無高遵矣又卿非惟貪惏又虐於刑法謂何如濟陰王猶不免於法卿何人而爲此行自今宜自謹約還州仍不悛革齊州人孟僧振至洛訟遵詔廷尉少卿劉述窮鞫皆如所訴先是沙門道登過遵遵以道登荷寵於高祖多奉以貨深託仗之道登屢因言次申啓救遵帝不省納遂詔述賜遵死時遵子元榮詣洛訟冤猶恃道登不時還赴道登知事決方乃遣之遵恨其妻不與訣別處沐浴引椒而死

元榮學尚有文才長於几案位兼尚書右丞爲西道行臺至高平鎮遇城亂被害

遵弟次文雖無位官而貲產巨萬遵每責其財又結憾於遵吉凶不相往反時論責之

張赦提中山安喜人也性雄武有規畫初爲虎賁中郎時京畿盜魁自稱豹子虎子並善弓馬遂領逃連及諸畜牧者各爲部帥於靈丘鴈門間聚爲劫害至乃斬人首射其口刺人臍引腸

遶樹而共射之以爲戲笑其爲暴酷如此軍騎掩捕久弗能獲行者患焉赦提設防遏追窮之計宰司善之以赦提爲逐賊軍將乃求驍勇追之未幾而獲虎子豹子及其黨與盡送京師斬於闕下自是清靜其靈丘羅思祖宗門豪溢家處隘險多止亡命與之爲劫顯祖怒之孥戮其家而思祖家黨相率寇盜赦提應募求捕逐乃以赦提爲游徼軍將前後禽獲殺之略盡因而濫有屠害尤爲忍酷既資前稱又藉此功除冠

軍將軍幽州刺史假安喜侯赦提克己厲約遂
有清稱後頗縱妻段氏多有受納令僧尼因事
通請貪虐流聞中散李真香出使幽州採訪牧
守政績真香驗案其罪赦提懼死欲逃其妻姑
爲太尉東陽王丕妻恃丕親貴自許詣丕申訴
求助謂赦提曰當爲訴理幸得申雪願且寬憂
不爲異計赦提以此差自解慰段乃陳列真香
昔嘗因假而過幽州知赦提有好牛從索不果
今臺使心協前事故威逼部下拷楚過極横以

無辜證成誣罪執事恐有不盡使駕部令趙秦
州重往究訊事伏如前處赦提大辟高祖詔賜
死於第將就盡召妻而責之曰貪濁穢吾者卿
也又安吾而不得免禍九泉之下當爲仇讎矣
又有華山太守趙霸酷暴非理大使崔光奏霸
云不遵憲度威虐任情至乃手擊吏人寮屬奔
走不可以君人字下納之軌物輒禁止在州詔免
所居官

羊祉字靈祐太山鉅平人晉太僕卿琇之六世
孫也父規之宋任城令世祖南討至鄒山規之
與魯郡太守崔邪利及其屬縣徐通爰猛之等
俱降賜爵鉅平子拜鴈門太守祉性剛愎好刑
名爲司空令輔國長史襲爵鉅平子侵盜公資
私營居宅有司案之抵死高祖特恕遠徙後還
景明初爲將作都將加左軍將軍四年持節爲
梁州軍司討叛氐正始二年王師伐蜀以祉假
節龍驤將軍益州刺史出劒閣而還又以本將
軍爲秦梁二州刺史加征虜將軍天性酷忍又

不清潔坐掠人爲奴婢爲御史中尉王顯所彈
免高肇南征祉復被起爲光祿大夫假平南將
軍持節領步騎三万先驅趣涪未至世宗崩班
師夜中引軍山有二徑軍人迷而失路祉便斬
隊副楊明達梟首路側爲中尉元昭所劾會赦
免後加平北將軍未拜而卒贈安東將軍兖州
刺史太常少卿元端博士劉臺龍議謚曰祉志
存埋輪不避彊禦及贊戎律熊武斯裁仗節撫
藩邊夷識德化沾殊類雖負懷仁謹依謚法布

德行剛曰景宜諡爲景侍中侯剛給事黃門侍郎元纂等駮曰臣聞惟名與器弗可妄假定諡準行必當其迹案祉志性急酷所在過威布德罕聞暴聲屢發而禮官虛述諡之爲景非直失於一人實毀朝則請還付外準行更量虛實靈太后令曰依駮更議元端臺龍上言竊惟諡者行之迹狀者迹之稱然尚書銓衡是司釐品庶物若狀與跡乖應抑而不受録其實狀然後下寺依諡法準狀科上豈有捨其行迹外有所求

魏書傳七十七　十

去狀去稱將何所準檢祉以母老辭藩乃降手詔云卿綏撫有年聲實兼著安邊寧境實稱朝望及其歿也又加顯贈言祉誡著累朝效彰內外作牧岷區字萌之績驟聞詔冊褒美無替倫望然君子使人器之義無求備德有數德優劣不同剛而能克亦爲德焉謹依諡法布德行剛曰景謂前議爲允司徒右長史張烈主簿李瑒刺稱案祉歷宦累朝當官之稱委捍西南邊隅靖遏准行易名獎誡攸在竊謂無虧體例尚書

李韶又述奏以府寺爲允靈太后可其奏祉自當官不憚彊禦朝廷以爲剛斷時有檢覆每令出使好慕名利頗爲深文所經之處人號天狗下及出將臨州並無恩潤兵民患其嚴虐焉

崔暹字元欽本云清河東武城人也世家于滎陽潁川之間性猛酷少仁恕姦猾好利能事勢家初以秀才累遷南兗州刺史盜用官瓦贓汚狼籍爲御史中尉李平所糾免官後行豫州事尋即眞坐遣子析戶分隸三縣廣占田宅藏匿

魏書傳七十七　十二

官奴障吝陂葦侵盜公私爲御史中尉王顯所彈免官後累遷平北將軍瀛州刺史貪暴安忍民庶患之嘗出獵州北單騎至於民村井有汲水婦人暹令飲馬因問曰崔瀛州何如婦人不知其暹也荅曰百姓何罪得如此癩兒刺史暹默然而去以不稱職被解還京武川鎮反詔暹爲都督隸大都督李崇討之違崇節度爲賊所敗單騎潛還禁於廷尉以女妓園田貨元乂獲免建義初遇害於河陰贈司徒公冀州刺史追

封武津縣公
子瓚字紹珍位兼尚書左丞卒瓚妻莊帝妹也
後封襄城長公主故特贈瓚冀州刺史
子茂字祖昂襲祖爵
酈道元字善長范陽人也青州刺史範之子太
和中爲尚書主客郎御史中尉李彪以道元秉
法清勤引爲治書侍御史累遷輔國將軍東荆
州刺史威猛爲治蠻民詣闕訟其刻峻坐免官
久之行河南尹尋即眞肅宗以沃野懷朔薄骨
律武川撫冥柔玄懷荒禦夷諸鎮並改爲州其
郡縣戍名令準古城邑詔道元持節兼黄門侍
郎與都督李崇籌宜置立裁減去留儲兵積粟
以爲邊備未幾除安南將軍御史中尉道元素
有嚴猛之稱司州牧汝南王悅嬖近左右丘念
常與卧起及選州官多由於念念匿於悅第時
還其家道元收念付獄悅啓靈太后請全之勑
赦之道元遂盡其命因以劾悅是時雍州刺史
蕭寶夤反狀稍露悅等諷朝廷遣爲關右大使

遂爲寶夤所害死於陰盤驛亭道元好學歷覽
奇書撰注水經四十卷本志十三篇又爲七聘
及諸文皆行於世然兄弟不能篤睦又多嫌忌
時論薄之
谷楷昌黎人濮陽公渾曾孫稍遷奉車都尉時
沙門法慶反於冀州雖大軍討破而妖帥尚未
梟除詔楷詣冀州追捕皆擒獲之楷眇一目而
性甚嚴忍前後奉使皆以酷暴爲名時人號曰
瞎虎尋爲城門校尉卒

史臣曰士之立名其途不一或以循良進或以
嚴酷顯故寬猛相資德刑互設然不嚴而化君
子所先于洛侯等爲惡不同同歸於酷肆其毒
螫多行殘忍賤人肌膚同諸木石輕人性命甚
於芻狗長惡不悛鮮有不及故或身嬰罪戮或
憂恚值隕異途皆斃各其宜焉凡百君子以爲
有天道矣

列傳酷吏第七十七　魏書八十九

列傳逸士第七十八　魏書九十

眭夸　馮亮

李謐　鄭脩

蓋兼濟獨善顯晦之殊其事不同由來久矣昔夷齊獲全於周武華矞不容於太公何哉求其心者許以激貪之用督其迹者以爲束教之風而肥遁不反代有人矣夷情得喪忘懷累有比夫邁德弘道匡俗庇民可得而小不可得而忽也自叔世澆浮淳風殆盡錐刀之末競入成羣而能冥心物表介然離俗望古獨適求友千齡亦異人矣何必御霞乘雲而追日月窮極天地始爲超遠哉今録眭夸等爲逸士傳

眭夸一名昶趙郡高邑人也祖邁晉東海王越軍謀掾後没石勒爲徐州刺史父邃字懷道慕容寶中書令夸少有大度不拘小節耽志書傳未曾以世務經心好飲酒浩然物表年二十遭父喪鬚鬢致白每一悲哭聞者爲之流涕高尚不仕寄情丘壑同郡李順願與之交夸拒而不許邦國少長莫不憚之少與崔浩爲莫逆之交浩爲司徒奏徵爲其中郎辭疾不赴州郡逼遣不得已入京都與浩相見延留數日惟飲酒談敘平生不及世利浩每欲論屈之竟不能發言其見敬憚如此浩後遂投詔書於夸懷亦不開口夸曰桃簡卿已爲司徒何足以此勞國士也吾便於此將别桃簡浩小名也浩慮夸即還時乘一騾更無兼騎浩乃以夸騾内之廐中冀相維縶夸遂託鄉人輸租者謬爲御車乃得出關

浩知而歎曰眭夸獨行士本不應以小職辱之又使其人仗策復路吾當何辭以謝也時朝法甚峻夸既私還將有私歸之咎浩仍相左右始得無坐經年送夸本騾兼遺以所乘馬爲書謝之夸更不受其騾馬亦不復書及浩誅爲之素服受鄉人弔唁經一時乃止歎曰崔公既死誰能更容眭夸遂作朋友篇辭義爲時人所稱婦父鉅鹿魏攀當時名達之士未嘗備婿之禮情同朋好或人謂夸曰吾聞有大才者必居貴仕

子何獨在桑榆乎遂著知命論以釋之年七十五卒葬日赴會者如市無子

馮亮字靈通南陽人蕭衍平北將軍蔡道恭之甥也少博覽諸書又篤好佛理隨道恭至義陽會中山王英平義陽而獲焉英素聞其名以禮待接亮性清淨至洛隱居崧高感英之德以時展勤及英亡亮奔赴盡其哀慟世宗嘗召以爲羽林監領中書舍人將令侍講十地諸經固辭不拜又欲使衣幘入見亮苦求以幅巾就朝遂

不彊逼還山數年與僧徒禮誦爲業蔬食飲水有終焉之志會逆人王敞事發連山中沙門而亮被執赴尚書省十餘日詔特免罪亮不敢還山遂寓居景明寺勑給衣食及其從者數人後思其舊居復還山室亮既雅愛山水又兼巧思結架巖林甚得栖游之適頗以此聞世祖給其工力令與沙門統僧暹河南尹甄琛等周視崧高形勝之處遂造閑居佛寺林泉既奇營制又美曲盡山居之妙亮時出京師延昌二年冬因遇篤疾世宗敕以馬輿送令還山居崧高道場寺數日而卒詔贈帛二百匹以供凶事遺誡兄子綜斂以衣帢左手持板右手執孝經一卷置尸盤石上去人數里外積十餘日乃焚於山以灰燼處起佛塔經藏初亮以盛冬喪時連日驟雪窮山荒僻鳥獸飢窘僵尸山野無所防護時壽春道人惠需每旦往看其尸拂去塵霰禽蟲之迹交橫左右而初無侵毀衣服如本惟風吹帢巾又以亮識舊南方法師信大栗十枚言期

之將來十地果報開亮手以置把中經宿乃爲蟲鳥盜食皮殼在地而亦不傷肌體焚燎之日有素霧蓊鬱迴繞其傍自地屬天彌朝不絕山中道俗營助者百餘人莫不異焉

李謐字永和涿郡人相州刺史安世之子少好學博通諸經周覽百氏初師事小學博士孔璠數年後璠還就謐請業同門生爲之語曰青成藍藍謝青師何常在明經謐以公子徵拜著作佐郎辭以授弟郁詔許之州再舉秀才公府二

辟並不就惟以琴書爲業有絕世之心覽考工記大戴禮盛德篇以明堂之制不同遂著明堂制度論曰余謂論事辨物當取正於經典之眞文援證定疑必有驗於周孔之遺訓然後可以稱準的矣今禮文殘缺聖言靡存明堂之制誰使正之是以後人紛紜競興異論五九之說各信其習是非無準得失相半故歷代紛紜靡所取正乃使裴頠云今羣儒紛紜互相掎摭就令其象可得而圖其所以居用之禮莫能通也爲設虛器耳況漢氏所作

四維之个復不能令各處其辰愚以爲尊祖配天其儀明著廟宇之制理據未分直可爲殿屋以崇嚴父之祀其餘雜碎一皆除之斯豈不以羣儒舛互並乖其實據義求衷莫適可從哉但恨典文殘滅求之靡據而已矣乃復遂去室牖諸制施之於教未知其所隆政求之於情未可喻其所以必須惜哉言乎仲尼有言曰賜也爾愛其羊我愛其禮余以爲隆政必須其禮豈彼一羊哉推此而論則聖人之禮殷勤而重之裴頠之於禮任意而忽之

是則顧賢於仲尼矣以斯觀之裴氏之子以不達而失禮之旨也余竊不自量頗有鄙意據理尋義以求其眞貴合雅衷不苟偏信乃藉之以禮傳考之以訓注博採先賢之言廣搜通儒之說量其當否參其同異棄其所短收其所長推義察圖以折厥衷豈敢必善聊亦合其言志矣凡論明堂之制者雖衆然校其大略則二途而已言五室者則據周禮考工之記以爲本是康成之徒所執言九室者則案大戴盛德之篇以

爲源是伯喈之論所持此之二書雖非聖言然是先賢之中博見洽通者也但名記所聞未能全正可謂既盡美矣未盡善也而先儒不能考其當否便各是所習卒相非毀豈達士之確論哉小戴氏傳禮事四十九篇號曰禮記雖未能全當然多得其衷方之前賢亦無愧矣而月令玉藻明堂三篇頗有明堂之義余故採掇二家參之月令以爲明堂五室古今通則其室居中者謂之太廟太室之東者謂之青陽當太室之

南者謂之明堂當太室之西者謂之總章當太
室之北者謂之玄堂四面之室各有夾房謂之
左右个三十六戶七十二牖矣室个之形今之
殿前是其遺像耳个者即寢之房也但明堂與
寢施用既殊故房个之名亦隨事而遷耳今粗
書其像以見鄙意案圖察義略可驗矣故檢之
五室則義明於考工校之戶牖則數協於盛德
考之施用則事著於月令求之閏也合周禮與
玉藻既同夏殷又符周秦雖乖衆儒儻或在斯

矣考功記曰周人明堂度以九尺之筵東西九
筵南北七筵堂崇一筵五室凡室二筵室中度
以几堂上度以筵余謂記得之於五室而謬於
堂之脩廣何者當以理推之令愜古今之情也
夫明堂者蓋所以告月朔布時令宗文王祀五
帝者也然營構之範自當因宜創制耳故五室
者合於五帝各居一室之義且四時之祀皆據
其方之正又聽朔布令咸得其月之辰可請施
政及記三三俱允求之古義竊為當矣鄭康成

漢末之通儒後學所宗正釋五室之位謂土居
中木火金水各居四維然四維之室既乖其正
施令聽朔各失厥衷左右之个棄而不顧乃反
文之以美說飾之以巧辭言水木用事交於東
北木火用事交於東南火土用事交於西南金
水用事交於西北既依五行當從其用事之交
出何經典可謂攻於異端言非而博疑誤後學
非所望於先儒也禮記玉藻曰天子聽朔於南
門之外閏月則闔門左扉立於其中鄭玄注曰

天子之廟及露寢皆如明堂制明堂在國之陽
每月就其時之堂而聽朔焉卒事反宿露寢亦
如之閏月非常月聽其朔於明堂門下還處露
寢門終月也而考工記周人明堂玄注曰或舉
王寢或舉明堂互言之以明其制同也其同制
之言皆出鄭注然則明堂與寢不得異矣而尚
書顧命篇曰迎子釗南門之外延入翼室此之
翼室即露寢矣其下曰大貝賁鼓在西房垂之
竹矢在東房此則露寢有左右房見於經史者

也禮記喪大記曰君夫人卒於露寢小斂婦人髽帶麻於房中鄭玄注曰此蓋諸侯禮帶麻於房中則西南天子諸侯左右房見於注者也論露寢則明其左右言明堂則闕其左右个同制之説還相矛楯通儒之注何其然乎使九室之徒奮筆而爭鋒者豈不由處室之不當哉記云東西九筵南北七筵五室凡室二筵置五室於斯堂雖使班倕構思王爾營度則不能令三室不居其南北也然則三室之間便居六筵之地

而室壁之外裁有四尺五寸之堂焉豈有天子布政施令之所宗祀文王以配上帝之堂周公負扆以朝諸侯之處而室戶之外僅餘四尺而已哉假在儉約爲陋過矣論其堂宇則偏而非制求之道理則未愜人情其不然一也余恐爲鄭學者苟求必勝競生異端以相訾抑云二筵者乃室之東西耳南北則狹焉余故備論之曰若東西二筵則室戶之外爲丈三尺五寸矣南北戶外復如此則三室之中南北裁各丈二尺

耳記云四房兩夾窻若爲三尺之戶二尺之窻窻戶之間裁盈一尺繩樞甕牖之室蓽門圭竇之堂尚不然矣假令復欲小廣之則四面之外闊狹不齊東西既深南北更淺屋宇之制不爲通矣驗之衆塗略無筭焉且凡室二筵丈八地耳然則戶牖之間不踰二尺也禮記明堂天子負斧扆南向而立鄭玄注曰設斧於戶牖之間而鄭氏禮圖説扆制曰縱廣八尺畫斧文於其上今之屛風也以八尺扆置二尺之間此之叵

通不待智者較然可見矣且若二筵之室爲四尺之戶則戶之兩頰裁各七尺耳全以置之猶自不容矧復戶牖之間哉其不然二也又復以世代檢之即虞夏尚朴殷周稍文制造之差每加崇飾而夏后世室堂脩二七周人之制反更促狹豈是夏禹卑宮之意周監郁郁之美哉以斯察之其不然三也又云堂崇一筵便基高九尺而壁戶之外裁四尺五寸於營制之法自不相稱其不然四也又云室中度以几堂上度以

筵而復云凡室二筵而不以几還自相違其不
然五也以此驗之記者之謬抑可見矣盛德篇
云明堂凡九室三十六戶七十二牖上負下方
東西九仞南北七筵堂高三尺也余謂盛德篇
得之於戶牖失之於九室何者五室之制傍有
夾房面各有戶戶有兩牖此乃因事立則非拘
異術戶牖之數固自然矣九室者論之五帝事
既不合施之時令又失其辰左右之个重置一
隅兩辰同處參差出入斯乃義無所據未足稱

也且又堂之脩廣裁六十三尺耳假使四尺五
寸爲外之基其中五十四尺便是五室之地計
其一室之中僅可一丈置其戶牖則於何容之
哉若必小而爲之以容其數則令帝王側身出
入斯爲怪矣此匪直不合典制抑亦可哂之甚
也余謂其九室之言誠亦有由然竊以爲戴氏
聞三十六戶七十二牖弗見其制靡知所置便
謂一室有四戶之窗計其戶牖之數即以爲九
室耳或未之思也 蔡伯喈漢末之時學士而見

重於當時即識其脩廣之不當而必未思其九
室之爲謬更脩而廣之假其法像可謂因僞飾
辭順非而澤諒可歎矣余今省披衆家委心從
善庶探其衷不爲苟異但是古非今俗間之常
情愛遠惡近世中之恒事而千載之下獨論古
制驚俗之談固延多誚脫有深賞君子者覽而
揣之儻或在焉 謐不飲酒好音律愛樂山水高
尚之情長而彌固一遇其賞悠爾忘歸乃作神
士賦歌曰周孔重儒教莊老貴無爲二途雖如

異一是買聲兒生乎意不愜死名用何施可心
聊自樂終不爲人移脫尋余志者陶然正若斯
延昌四年卒年三十二遐邇悼惜之其年四門
小學博士孔璠等學官四十五人上書曰竊見
故處士趙郡李謐十歲喪父哀號罷隣人之相
幼事兄瑒恭順盡友于之誠十三通孝經論語
毛詩尚書歷數之術尤盡其長州閭鄉黨有神
童之號年十八詣學受業時博士即孔璠也覽
始要終論端究緒授者無不欣其言矣於是鳩

集諸經廣校同異比三傳事例名春秋叢林十有二卷爲璠等判析隱伏垂盈百條滯無常滯纖毫必舉通不長通有枉斯屈不苟言以違經弗飾辭而背理辭氣磊落觀者忘疲每曰丈夫擁書萬卷何假南面百城遂絶跡下幃杜門却掃棄產營書手自刪削卷無重複者四千有餘矣猶括次專家搜比讜議隆冬達曙盛暑通宵雖仲舒不闚園君伯之閉戶高氏之遺漂張生之忘食方之斯人未足爲喻謚嘗詣故太常卿劉芳推問音義語及中代興廢之由芳乃歎曰君若遇高祖侍中太常非僕有也前河南尹黃門侍郎甄琛內贊近機朝野傾目于時親識求官者荅云趙郡李謚躭學守道不悶于時常欲致言但未有次耳諸君何爲輕自媒衒謂其子曰昔鄭玄盧植不遠數千里詣扶風馬融今汝明師甚邇何不就業也又謂朝士曰甄琛行不媿時但未薦李謚以此負朝廷耳又結宇依巖憑崖鑿室方欲訓彼青衿宣揚墳典冀西河之

教重興北海之風不墜而祐善空聞暴疾而卒邦國銜殄悴之哀儒生結摧梁之慕況璠等或服議下風或親承音旨師儒之義其可默乎事奏詔曰謚屢辭徵辟志守冲素儒隱之操深可嘉美可遠傍惠康近準玄晏謚曰貞靜處士并表其門閭以旌高節遣謁者奉册於是表其門曰文德里曰孝義云

鄭脩北海人也少隱於岐南几谷中依巖結宇獨處淡然屏迹人事不交世俗耕食水飲皮冠草服雅好經史專意玄門前後州將每徵不至岐州刺史魏蘭根頻遣致命脩不得已暫出見蘭根尋還山舍蘭根申表薦脩肅宗詔付雍州刺史蕭寶夤訪實以聞會寶夤作逆事不行

史臣曰古之所謂隱逸者非伏其身而不見也閉其言而不出也非藏其智而不發也蓋以恬淡爲心不皦不昧安時處順與物無私者也眭夸輩忘懷纓冕畢志丘園或隱不違親貞不絶俗或不教而勸虛往實歸非有自然純德其孰

能至於此哉

列傳逸士第七十八　　魏書九十

魏收書逸士傳亡史臣論全用隋書隱逸德

論

列傳術藝第七十九　　魏書九十一

晁崇　張淵

殷紹　王早

耿玄　劉靈助

江式　周澹

李脩　徐謇

王顯　崔彧

蔣少游

蓋小道必有可觀況往聖標曆數之術先王垂卜筮之典論察有法占候相傳觸類長之其流遂廣工藝紛綸理非抑止今列於篇亦所以廣聞見也

晁崇字子業遼東襄平人也家世史官崇善天文術數知名於時爲慕容垂太史郎從慕容寶敗於參合獲崇後乃赦之太祖愛其伎術甚見親待從平中原拜太史令詔崇造渾儀歷象日月星辰遷中書侍郎令如故天興五年月暈左角蝕將盡崇奏曰占爲角蟲將死時太祖既克

姚平於柴壁以崇言之徵遂命諸軍焚車而反牛果大疫輿駕所乘巨犗數百頭亦同日斃於路側自餘首尾相繼是歲天下之牛死者十七八麋鹿亦多死崇弟懿明辯而才不及崇也以善北人語內侍左右爲黃門侍郎兄弟並顯懿好矜容儀被服僭度言音類太祖左右每聞其聲莫不驚竦太祖知而惡之後其家奴告崇與懿叛又與　臣王次多潛通招引姚興太祖銜之及興寇平陽車駕擊破之太祖以奴言爲實

還次晉陽執崇兄弟並賜死

崇兄子暉太祖時給事諸曹稍遷給事中賜爵長平侯征虜將軍濟州刺史假寧東將軍潁川公劉駿鎮東平郡徙戍近境暉上表求擊之高宗不許暉乃爲書以大義責之卒

子林襲爵林卒子清襲事在節義傳

暉從弟繼太祖時稍遷中書侍郎給事中中堅將軍賜爵襄平子除魏郡太守卒

子世宗襲爵卒

子元和襲卒

張淵不知何許人明占候曉內外星分自云嘗事苻堅堅欲南征司馬昌明淵勸不行堅不從果敗又仕姚興父子爲靈臺令姚泓滅入赫連昌昌復以淵及徐辯對爲太史令世祖平統萬淵與辯俱見獲世祖以淵爲太史令數見訪問神䴥二年世祖將討蠕蠕淵與徐辯皆謂不宜行與崔浩爭於世祖前語在浩傳淵專守常占而不能鈎深致遠故不及浩後爲驃騎軍謀祭

酒嘗著觀象賦曰易曰天垂象見吉凶聖人則之又曰觀乎天文以察時變觀乎人文以化成天下然則三極雖殊妙本同一顯昧雖遐契齊影響尋其應感之符測乎冥通之數天人之際可見明矣夫機象冥緬至理幽玄豈伊管智所能究暢然歌咏之來偶同風人目閱群宿能不歌吟是時也歲次析木之津日在翼星之分閶闔戾鼓而蕭瑟流火夕曛以摧頹游氣眇其高搴辰宿煥焉華布覩時逝懷川上之感步秋林

同宋生之戚歎巨艱之末終抱䘏憂而不寐遂
彷徨於窮谷之裏杖策陟神巖之側乃仰觀太
虛縱目遠覽吟嘯之頃懍然增懷不覽至理拔
自近情常韻發於宵夜不任咏歌之末遂援管
而爲賦其辭曰
陟秀峯以遐眺望靈象於九霄陟昇遐遠九霄九天也覩紫
宮之環周嘉帝坐之獨標紫宮垣十五星在北斗北天皇大帝一星在紫宮中天帝
位尊故言獨標也瞻華蓋之蔭藹何虛中之迢迢華蓋七星杠九星合
十六星在大帝上迢迢高遠之貌觀閣道之穹隆想靈駕之電飄閣道

魏書傳七十九　四

六星在王良東北天帝之所乘躡靈駕之所由從電飄疾也尒乃縱目遠覽傍極四
維北鑒機衡南覩太微四維四方之維機衡謂北斗星太微宮十星在翼軫北三
台皦皦以雙列皇座冏冏以垂暉三台凡六星兩兩而居起文昌極太
微皇座一星在太微星中皦皦冏冏皆星光明之貌也虎賁執鋭於前階常陳屯
聚於後闈三台謂之太階虎賁一星在下台南故言前階常陳七星如畢狀在皇座北皆宿衛天帝前後
備非常闈門宮中之門也遂回情旋首次目文昌文昌七星在北斗魁前別一宮之名
皆相位次也仰見造父爰及王良造父五星在傳舍河中造父周穆王御死精上爲星王良
五星在奎北王良者晉大夫善御九方湮之子良亦名郵無正爲趙簡子御死精託於星爲天帝之駁官傳說登
天而乘尾箕仲託精於津陽傳說一星在尾後傳說殷時隱於巖中殷王武

丁夢得賢人圖畫其象求而得之即立爲相死精上爲星乘尾
在龍駟之間箕仲四星在天津北近河傍太古時造車輿者死
而精上爲星水北曰陽在河北故曰津陽也織女朗列於河湄牽牛煥然而
舒光織女三星在紀星東端牽牛大星在河鼓南世人復以河鼓爲牽牛五車亭柱於畢
陰兩河俠井而相望五車三柱都十四星在畢東北在宿北故謂之陰兩河南河北河六
星俠東井東西遥相對故曰相望也灼灼羣位落落幽紀設官分職罔
不悉置灼灼落落皆星光明希踈之貌羣位謂天設三公九卿之官皇后嬪御之位分謂分其所司而各有所典
罔無悉盡言無不盡備官職亦有之也儲貳副天庭延三吏儲貳謂太子一星在帝座北三吏三
公星在太微宮中也論道納言各有攸司論道謂三公坐而論道納言謂尚書獻可替不
將相次序以衛守九卿珠連而內侍大微宮十星皆有上將上

大百廿一　小五百四十八　魏書傳七十九　五　叅

相次將次相之位九卿三星在太微庭中行列以珠之相連而內侍天街分中外之境四
七列九土之異天街二星昴畢間近月星陰陽之所分中國之境界天街以西屬外國旄頭氈褐引
弓之民皆屬焉天街以東屬中國搢紳之士冠帶之倫皆屬焉
四七二十八宿角亢鄭國兖州氐房心陳國豫州尾箕燕國幽
州斗牛吳國揚州女虛危齊國青州營室東壁衛國并州奎婁
魯國徐州胃昴畢趙國冀州觜參魏國益州井鬼秦國雍州柳
星張周國洛陽三河翼軫楚國荆州天有十二次日月之所經
歷地有十二州王侯之所國方土所出之物各有殊異不同者
左則天紀槍棓攝提大角二咸防奢七公理獄
天紀九星在貫索東天槍三星在北斗杓東天棓五星在女牀
東北攝提六星俠大角大角一星在攝提間二咸東咸四星在
房東北西咸四星在房西北此星主防奢淫諂佞之事七公七
星在招摇東接近貫索貫索爲天獄刑獄失中則七公辭議理
其寃枉庫樓烱烱以灼明騎官騰驤而奮足庫樓十星在大角南

騎官二十七星在氐南騎官典乘故曰騰驤也天市建肆於房心帝座磦落而電燭天市二十四星在房心北帝座一星在天市中心於前則老人天社清廟所居老人一星在弧南常以春秋分候之天社六星亦在弧南清廟十四星在張南明堂配帝靈臺考符明堂三星在太微西南角外靈臺三星在明堂西丈人極陽而慌忽子孫嘒嘒於參嵎丈人二星在軍市西南星在南方故稱極陽慌忽謂星細小遠邈難見老子曰忽兮慌兮其中有象慌兮忽兮其中有物子二星在丈人東嘒小貌孫二星在子東詩云嘒彼小星三五在東此之謂乎天狗接狼以吠守野鷄伺晨於參墟天狗七星在狼北野鷄一星在參東南天市中街主驚言怖故曰吠守鷄能候時故曰伺晨右則少微軒轅皇后之位嬪御相次尊卑有秩少微四星在大微西南北列白衣處士之位軒轅十七星在七星北有皇后嬪御之位尊卑相次皆秩序之也御宮典儀女史執筆御宮四星在鉤陳左傍此星主典司禮儀威容步趨之事女史一星在柱下史北女史記識晝夜昏明節漏省時在勾陳右傍內平秉禮以伺邪天牢禁愆而察失內平四星在中宮南有邪媚之事以禮正之天牢六星在北斗魁下有過失則懲其愆也於後則有車府傳舍匏瓜天津車府七星在天津東傳舍五星在華蓋上匏瓜五星在離珠北天津九星在匏瓜北扶匡照曜麗珠珮珍扶匡七星在天津東麗珠五星在須女北麗桂衣珠珮珍后夫人之盛飾其星主皇后之服也人星麗玄以閑逸哭泣連屬而趨墳人星五星在車府南麗附玄天言人星近於閑逸易曰日月星辰麗於天石氏經曰人星優游人乃安寧哭二星在虛南泣三星在哭東墳墓四星在危南哭泣星行列趣向墳墓故曰連屬河鼓震雷以碻磕騰虵蟠縈而輪

囷河鼓十二星在南斗北此星昏中南方而震雷易曰鼓之以雷霆此之謂也此星主聲音故曰碻磕騰虵二十二星在營室北形狀似虵故曰輪囷於是周章高眄還旋辰極辰極北極既覲鉤陳中禁復覲天帝休息鉤陳六星在紫宮中天皇大帝之所居諸宮別館及天牀星皆是休息寢卧而游也漸臺可昇離宮可即漸臺離宮皆天宮臺之名漸臺四星在織女東足下離宮六星與營室相連言天帝或升漸臺而觀或就離宮而游即就也禮記曰即宮于宗周也酒旗建醇醪之旌女牀列窈窕之色酒旗三星在軒轅左角天設置酒官爲飲燕之事故建牙旗爲擲女牀三星在紀星東北端奉侍天王之女侍衛天王必有關雎窈窕之美無妬忌之心乃可侍衛天王左右故言列窈窕之色也輦道屈曲以微煥附路立于雲閣之側輦道五星在織女西足屈曲而細小故言微煥也附路一星在閣道傍言天帝出入由閣道附路豫防敗傷故言立於雲閣之側

其列星之表五車之間乃有咸池鴻沼玉井天淵建樹百果竹林在焉列宿之外謂之表咸池三星在天潢東鴻沼二十三星在須女北玉井四星在參左足下天淵十星在鼈星東南建樹百果星在胃南竹林二十五星在園西南江河炳著於上穹素氣霏霏其帶天江天江星天江四星在尾北言天江星乃炳然著見於天上素氣者天河白氣素白霏霏然帶著於天也神龜曜甲於清冷龍魚擒光以暎連神龜龜星也有五星在尾南龜知來事故稱神在河中故言清冷魚龍謂魚一星在尾後河中尾爲龍宿故言龍魚此星在河中以魚星之映水有光曜也又有南門鼓吹器府之官奏彼絲竹爲帝娛懽南門鼓吹二星在庫樓南翼西南器府三十二星在軫南器府典掌絲竹之事以娛樂天帝也熊羆綿絡於天際虎豹儵煜而

暉爛虎豹熊羆西星在狼星傍弧精引弓以持滿狼星搖動於
霄端狼一星在參東南弧九星在狼東南星傳云天下兵起則弧弓張天其外則有燕秦
齊趙列國之名外謂列宿之外復有諸國之名齊一星在九坎東趙二星在齊北鄭一星在趙北越
一星在鄭北周二星在越東秦二星在周東代二星在秦南晉一星在代南韓一星在晉西魏一星在韓北楚一星在韓西燕
一星在楚南諸列國之名凡有十二星也雷電霹靂雨落雲征征行也雷電六星在營室
南霹靂五星在上公西南雲雨四星在霹靂南陳車策駕於氐南天駟騁步
於太清陳車三星在氐南房星一名天駟園苑周回以曲列倉廩區
別而殊形天園十四星在苑南天苑十六星在昴畢南天倉六星在婁南天廩四星在昴南言形象殊別不同
也內則尚書大理太一天一之宮尚書五星在紫微宮門內東南維大

理二星在紫微宮中太一天一各一星相近在紫宮門南柱下著術傳示無窮柱下史一
星在北極東六甲候大帝之所須內廚進御膳於皇躬
六甲在華蓋下內廚二星在紫宮西南角外天船橫漢以普濟積水候災
于其中天船九星在大陵北積水一星在天船中陰德播洪施以恤不足
四輔翼皇極而闡玄風陰德二星在尚書西四輔四星俠北極播布洪大玄天也陰德
之官必有陽報夫陰施陽報自然之常數貧窮困死生民之極艱以至困乏死遺陰德之終故窮者不希周恤而惠卹自至
施者無求於報而酬荅自來斯乃冥中之理大象豈虛構其職哉四輔星旣翼佐北極之樞又能闡揚天帝之風教故言闡玄
風也恢恢太虛寥寥帝庭恢恢寥寥皆廣大清虛之貌老子曰天網恢恢疏而不失帝謂
太微宮也五座並設爰集神靈五座謂太微宮中五帝座也黃帝靈威仰位東方赤帝赤熛怒

位南方白帝白招矩位西方黑帝汁光紀位北方黃帝含樞紐位中央五帝各異並集諸神之宮與之謀國事孝經援神契曰
並設神靈集謀此之謂也乃命熒惑伺彼僭盈熒惑常以十月十一月入太微受制伺無
道之國故曰伺彼僭盈也執法刺舉於南端五侯議疑於水衡太微
南門謂之執法刺舉者刺姦惡舉有功五侯五星在東北東井爲水衡辨疑獄五侯議而評之也金火時出
以成緯七宿匡衛而爲經金火熒惑太白也七宿謂一方七宿天文謂五星爲緯二
十八宿爲經故舉金火七宿爲言則五星二十八宿可知也言五星出入伏見有時不常出也暐曄昱其並
曜粲若三春之榮言星辰布曜若春日之榮華也覩夫天官之羅
布故作則於華京言天官羅布於上王者法效於下論語曰惟天爲大惟堯則之也及
其災異之興出無常所言災異出無常宿隨其善惡而處之假使鄭國有事則變見角

亢也歸邪繽紛飛流電舉如星非星如雲非雲謂之歸邪夾以微氣故稱繽紛飛飛星也
流流星也飛星與流星各異飛星燄去而迹絕流星迹存而不滅電舉者似炎電長妖星起則殃及
晉平虵乘龍則禍連周楚春秋魯襄公十年春正月戊子妖星出於婺女見於申維
婺女屬齊申爲晉分梓慎見妖星出知晉侯以戊子日死虵乘龍謂襄公二十八年歲星次天津於玄枵十五度在虛下歲星
主木位在東體合房心故名龍虛在坎坎子位次玄枵龜虵之類歲星失次行虛之外出其下故曰虵乘龍龍位壽星宋鄭之
分梓慎見虵乘龍知飢在宋鄭然禆竈以爲周王及楚子皆死二人推變不同所見各異梓慎禆竈古之良史也或
取證於逢公或推變於衡午逢公齊邑姜之先言逢公死時亦有此星見梓慎推
星以此方之知晉平公將死衡午謂虛宿對午午爲張翼張翼周楚之分禆竈占知周王楚子死故言推變於衡午乃
有欽明光被塡逆水府昔堯遭洪水塡星逆行入水府書曰欽明文思光被萬邦洪

波洎天功，隆大禹（言洪水既出，堯命鯀治之，而功不成，乃復命禹治而平之。禹有濟世之難，治水之功。書曰：洪水滔天。又曰：禹錫玄圭，告厥成功。）此則宣數之大運，非治綱之失緒（言先遭洪水，致填星逆行之異，非不德所致，此乃運數應尒也。）蓋象外之妙，不可以麤理尋；重玄之內，難以熒燎覩（言玄理微妙，不可知見也。）至於精靈所感，迅踰駭嚮。荆軻慕丹，則白虹貫日而不徹（昔荆軻慕燕太子丹之義，入秦爲刺客，雖至精感上，而事竟不捷。）衛生畫策，則太白食昴而摛朗（昔衛先生爲秦畫策於長平，昭王疑而不信，太白有食昴之變。）魯陽指麾而曜靈爲之回駕（魯陽，古之賢人，以手麾日，能再回也。）嚴陵來游，而客氣著於乾象（昔光武爲白衣時，與嚴陵相厚善，及登帝位，陵來入見，太史奏曰：客星犯帝座。光武詔曰：乃嚴子陵，非客。）斯皆至感動於神祇，誠應効於既往。尒乃四氣鱗次，斗建辰移，雖無聲言，三光是知（言四時代謝不常，每月斗移建一辰，天無聲言語，止以星辰見變譴以示人也。）星中定於昏明，影度以之不差，測水旱於未然，占方來之安危（孟春正月昏參中，旦尾中。仲春之月昏弧中，旦建星中。季春之月昏七星中，旦牽牛中。孟夏之月昏翼中，旦婺女中。仲夏之月昏亢中，旦危中。季夏之月昏心中，旦奎中。孟秋之月昏建星中，旦畢中。仲秋之月昏牽牛中，旦觜觿中。季秋之月昏虛中，旦柳中。孟冬之月昏危中，旦七星中。仲冬之月昏東壁中，旦軫中。季冬之月昏婁中，旦氐中。冬至之日，建八尺之標，影長一丈三尺五寸也。夏至之日，影長一尺六寸也。影長爲水，影短爲旱也。）陰精乘箕，則大飆暮鼓；西南入畢，則淫雨滂沲（陰精，月也。東北失道入箕則多風，移而西南失道入畢則多雨。

雨三日爲淫雨。詩云：月麗于畢，俾滂沲矣。書曰：星有好風，星有好雨。此之謂也。）譬循晉鍾之應銅山，風雲之從班螭（言雲從龍，風從虎，同氣相求，同類相應，蜀山崩而晉鍾鳴也。）若夫宣車潛駕，時乘六虬，大儀回運，萬象俱流（六虬，六龍。易曰：時乘六龍以御天。此皆是天回運轉。）北斗俄其西傾，羣星忽以匿幽（幽，暗也。）望舒縱轡以騁度，靈輪泱旦而過周（望舒，月也。月日行十三度十九分度之七，周天凡三百六十五度四分度之一，天一日一夜運轉過周一度，泱，匝也，至旦曉而過匝，故曰泱旦而過周也。）爾乃凝神遠矚，矖目八荒，察之無象，視之眇茫，狀若渾元之未判，別又似浮海而覩滄浪，幽遐迥以希夷，寸眸焉能究其傍（凝神，精不動也。言極遠傍視，茫然若造化之始，元氣未分，似浮海遠望而不見其邊。論語曰：乘桴浮於海。老子曰：聽之不聞其聲，名曰希；視之不見其形，名曰夷。）於是乎夜對山水，栖心高鏡，遠尋終古，攸然獨詠，美景星之繼晝，大唐堯之德盛（瑞應圖曰：景星大如半月，生於晦朔，助月光明。當堯之時有此星見，故美堯之德能致之也。）嘉黃星之靡鋒，明虞舜之不競（昔舜將受禪於堯，先有星見，負而無鋒芒。言舜當用土德王天下，星見而無芒角者，示揖讓而受，不以兵事爭競也。）壽呂尚之宵夢，善登輔而翼聖（昔太公未遇文王時，釣魚於磻溪，夜夢得北斗輔星神告尚以伐紂之意，事見尚書中候篇也。）欽管仲之察微，見虛危而知命（昔管仲與鮑叔牙商賈於南陽，見三星聚虛危之分，知齊將有霸主，遂共戮力來投齊地也。）歎熒惑之舍心，高宋景之守政（當春秋時熒惑守心，景公不從史韋之言，熒惑舍而延二十年壯漢祖之入秦奇五緯之聚映昔漢祖入秦五星聚於東井秦之分尒乃歷象既周相佯巖際相佯倘佯也尚書曰歷象日月星辰尋圖籍之所記著星變乎書契覽前代之將淪咸譴告於昏世言先代之君將淪亡天必告災異之徵也桀斬諫以星孛紂酖荒而致彗夫景星見則太平應彗孛作而禍亂興天之常也昔夏桀無道斬關龍逄而極惡孛星見湯伐之放於鳴條之野殷紂設炮烙之形彗星出武王懸之白旗也恒不見以周衰枉蚰行而秦滅昔魯莊公十年夏四月恒星不見自是以後周室衰微枉矢出蚰行而無尾自昔項羽入關有此變見漢書諒人事之有由豈妖災之虛設言天以寘應玄象爲變要由人事豈妖災而已誠庸主之難悛故明君之所察言庸君闇主玄象譴告不能改行自新以荅天變賢君明主則不然見天災異懼而脩德也堯無爲猶觀象

大字七 小字二十五

而況德非乎先哲夫唐堯至治猶歷象旋璣關七政況德不及古而不觀之乎先是太祖太宗時太史令王亮蘇坦世祖後破和龍得馮文通太史令閔盛高祖時太史令趙樊生並知天文後太史趙勝趙翼趙洪慶胡世榮胡法通等二族世業天官者又有容城令徐路善占候世宗時坐事繫冀州獄別駕崔隆宗就禁慰問路曰昨夜驛馬星流計赦即時應至隆宗先信之遂遣人試出城候

焉俄而赦至時人重之永安中詔以恒州民高崇祖善天文每占吉凶有驗特除中散大夫永熙中詔通直散騎常侍孫僧化與太史令胡世榮張龍趙洪慶及中書舍人孫子良等在門下外省校比天文書集甘石二家星經及漢魏以來二十三家經占集爲五十五卷後集諸家撮要前後所上雜占以類相從日月五星二十八宿中外官圖合爲七十五卷

僧化者東莞人識星分案天占以言災異時有所中普泰中尒朱世隆惡其多言遂繫於廷尉免官永熙中出帝召僧化與中散大夫孫安都共撰兵法未就而帝入關遂罷元象中死於晉陽時有河間信都芳字王琳好學善天文筭數甚爲安豐王延明所知延明家有羣書欲抄集五經筭事爲五經宗及古今樂事爲樂書又聚渾天欹器地動銅烏漏刻候風諸巧事并圖畫爲器準並令芳筭之會延明南奔

芳乃自撰注後隱於幷州樂平之東山太守慕容保樂聞而召之芳不得已而見焉於是保樂弟紹宗薦之於齊獻武王以爲中外府田曹參軍芳性清儉質樸不與物和紹宗給其騾馬不肯乘騎夜遣婢侍以試之芳忽呼毆擊不聽近已狷介自守無求於物後亦注重差勾股復撰史宗仍自注之合數十卷武定中卒

殷紹長樂人也少聰敏好陰陽術數游學諸方

達九章七曜世祖時爲筭生博士給事東宮西曹以藝術爲恭宗所知太安四年夏上四序堪輿表曰臣以姚氏之世行學伊川時遇游遁大儒成公興從求九章要術興字廣明自云膠東人也山居隱跡希在人間興時將臣南到陽翟九崖巖沙門釋曇影間興即北還臣獨留住依止影所求請九章影復將臣向長廣東山見道人法穆法穆時共影爲臣開述九章數家雜要披釋章次意況大旨又演隱審五藏六府心髓血脉商功大筭端部變化玄象土圭周髀練精銳思蘊習四年從穆所聞粗皆髣髴穆等仁矜特垂憂閔復以先師和公所注黃帝四序經文三十六卷合有三百二十四章專說天地陰陽之本其第一孟序九卷八十一章說陰陽配合之原第二仲序九卷八十一章解四時氣王休殺吉凶第三叔序九卷八十一章明日月辰宿交會相生爲表裏第四季序九卷八十一章具釋六甲刑禍福德以此等文傳授於臣山神禁

嚴不得齎出尋究經年粗舉綱要山居險難無以自供不堪窘迫心生懈怠以甲寅之年日維鶉火月呂林鍾景氣鬱盛感物懷歸奉辭影等自爾至今四十五載歷觀時俗堪輿八會逕世已久傳寫謬誤吉凶禁忌不能備悉或考良日而值惡會舉吉用凶多逢殃咎又史遷郝振中吉大儒亦各撰注流行於世配會大小序述陰陽依如本經猶有所闕臣前在東宮以狀奏聞奉被景穆皇帝聖詔敕臣撰錄集其要最仰奉

明旨謹審先所見四序經文抄撮要略當世所
須吉凶舉動集成一卷上至天子下及庶人又
貴賤階級尊卑差別吉凶所用罔不畢備未及
内呈先帝晏駕馬臣時狼狽幾至不測停廢以來
遲由八載思欲上聞莫能自徹加年夕齒頽餘
齡易暮每懼殂殞塡仆溝壑先帝遺志不得宣行
夙夜悲憤理難違匿依先撰録奏謹以上聞請
付中祕通儒達士定其得失事若可施乞即班
用其四序堪輿遂大行於世

王早勃海南皮人也明陰陽九官及兵法尤善
風角太宗時喪亂之後多相殺害有人詣早求
問勝術早爲設法令各無咎由是州里稱之時
有東莞鄭氏因爲同縣趙氏所殺其後鄭氏執
得讎人趙氏又剋明晨會宗族當就墓所刑之
趙氏求救於早早爲占候并授以一符曰君今
且還選壯士七人令一人爲主者佩此符於雞
鳴時伏在仇家宅東南二里許平旦當有十人
根隨向西北行中有二人乘黑牛一黑牛最在
前一黑牛應第七但捉取第七者將還事必無
他趙氏從之果如其言乃是鄭氏五男父也諸
子並爲其族所宗敬故和解二家趙氏竟免後
早與客清晨立於門内遇有卒風振樹早語客
曰依法當有千里外急使日中將有兩匹馬一
白一赤從西南來至即取我逼我不聽與妻子
別語訖便入召家人隣里辭別語訖沐浴帶書囊
日中出門候使如期果有二馬一白一赤從涼
州而至即捉早上馬遂詣行宮時世祖圍涼州

未拔故許彦薦之早彦師也及至詔問何時當
得此城早對曰陛下但移據西北角三日内必
剋世祖從之如期而剋輿駕還都時久不雨世
祖問早曰何時當雨早曰今日申時必大雨比
至未時猶無片雲世祖召早詰之早曰願更少
時至申時雲氣四合遂大雨滂沲世祖甚善之
而早苦以疾辭乞歸鄉里詔許之遂終於家或
言許彦以其術勝恐終妨已故譎令歸耳
耿玄鉅鹿宋子人也善卜占坐於室内有客扣

門玄已知其姓字并所齎持及來問之意其所卜筮十中八九别有林占世或傳之而性不和俗時有王公欲求其筮者玄則拒而不許每云今既貴矣更何所求而復卜也欲望意外乎代京法禁嚴切王公聞之莫不驚悚而退故玄多見憎忿不爲貴勝所親官至鉅鹿太守顯祖高祖時有勃海高道埏清河趙法逞並有名於世世宗肅宗時奉車都尉清河魏道虔奉車都尉周恃魏郡太守章武高月光月光弟明

月任玄智雍州人潘捺並長於陰陽卜筮故玄於日者之中最爲優洽冠軍將軍濮陽賈元紹章武呂朓濟北馮道安河内馮懷海東郡李文殊並工於法術而道虔月光文殊爲優其餘不及浮陽孟剛饒安王領郡善銓録風角章武顏惡頭善卜筮亦用耿玄林占當時最知名范陽人劉弁亦有名於世

劉靈助燕郡人師事劉弁好陰陽占卜而麤疎無賴常去來燕恒之界或時負販或復劫盜賣術於市後自代至秀容因事介朱榮榮性信卜筮靈助所占屢中遂被親待爲榮府功曹參軍建義初榮於河陰王公卿士悉見屠害時奉車都尉盧道虔兄弟亦相率朝於行宮靈助以其州里衛護之由是朝士與諸盧相隨免害者數十人榮入京師超拜光禄大夫封長子縣開國伯食邑七百戸尋進爵爲公增邑通前千戸後從榮討擒葛榮特除散騎常侍撫軍將軍幽州刺史又從大將軍上黨王天穆討邢杲時幽州

流民盧城人最爲凶捍遂令靈助兼尚書軍前慰勞之事平而元顥入洛天穆渡河靈助先會介朱榮於太行及將攻河内令靈助筮之靈助曰未時必剋時已向中士衆疲怠靈助曰時至矣榮鼓之將士騰躍即便剋陷及至北中榮攻城不獲以時盛暑議欲且還以待秋涼莊帝詔靈助筮之靈助曰必當破賊詔曰何日靈助曰十八十九間果如其言車駕還宫領幽州大中正尋加征東將軍增邑五百戸進爵爲燕郡公

詔贈其父僧安爲幽州刺史尋兼尚書左僕射慰勞幽州流民於濮陽頓丘因率民北還與都督侯淵等討葛榮餘黨韓婁滅之於薊仍釐州務加車騎將軍又爲幽平營安四州行臺及介朱榮死莊帝幽崩靈助本寒微一朝至此自謂方術堪能動衆又以介朱有誅滅之兆靈助遂自號燕王車騎大將軍開府儀同三司大行臺爲莊帝舉義兵靈助馴養大鳥稱爲已瑞妄說圖讖言劉氏當王又云欲知避世入鳥村遂刻

氈爲人象書桃木爲符書作詭道厭祝之法民多信之於時河西人紇豆陵步藩舉兵逼晉陽介朱兆頻戰不利故靈助唱言介朱自然當滅不須我兵由是幽瀛滄冀之民悉從之從之者夜悉舉火爲號不舉火者諸村共屠之以普泰元年三月率衆至博陵之安國城與叱列延慶侯淵介朱羽生等戰戰敗被擒斬於定州傳首洛陽支分其體初靈助每云三月末我必入定州介朱亦必滅及將戰靈助自筮之卦成不吉以手折蓍棄之於地云此何知也尋見擒果以三月入定州而齊獻武王以明年閏二月破西胡於韓陵山遂滅兆等永熙二年贈使持節散騎常侍都督幽瀛冀三州諸軍事驃騎大將軍尚書左僕射開府儀同三司幽州刺史謚曰恭子宗輝襲興和中開府屬齊受禪例降

江式字法安陳留濟陽人六世祖瓊字孟琚晉馮翊太守善蟲篆詁訓永嘉大亂瓊棄官西投張軌子孫因居涼土世傳家業祖彊字文威太

延五年涼州平内徙代京上書三十餘法各有體例又獻經史諸子千餘卷由是擢拜中書博士卒贈敦煌太守父紹興高允奏爲祕書郎掌國史二十餘年以謹厚稱卒於趙郡太守式少專家學數年之中常夢兩人時相教授及寤每有記識初拜司徒長兼行參軍檢校御史尋除殄寇將軍符節令以書文昭太后尊號謚册特除奉朝請仍符節令式篆體尤工洛京宮殿諸門板題皆式書也延昌三年三月式上表曰臣

聞庖羲氏作而八卦列其畫軒轅氏興而龜策彰其彩古史倉頡覽二象之文觀鳥獸之跡別創文字以代結繩用書契以維事宣之王庭則百工以敘載之方冊則万品以明迄于三代厥體頗異雖依類取制未能悉殊倉氏矣故周禮八歲入小學保氏教國子以六書一曰指事二曰象形三曰形聲四曰會意五曰轉注六曰假借蓋是史頡之遺法也及宣王太史史籀著大篆十五篇與古文或同或異時人即謂之籀書

至孔子定六經左丘明述春秋皆以古文厥意可得而言其後七國殊軌文字乖別暨秦兼天下丞相李斯乃奏蠲罷不合秦文者斯作倉頡篇中車府令趙高作爰歷篇太史令胡毋敬作博學篇皆取史籀大篆或頗省改所謂小篆者也於是秦燒經書滌除舊典官獄繁多以趣約易始用隸書古文由此息矣隸書者始皇使下杜人程邈附於小篆所作也以邈徒隸即謂之隸書故秦有八體一曰大篆二曰小篆三曰刻符書四曰蟲書五曰摹印六曰署書七曰殳書八曰隸書漢興有尉律學復教以籀書又習八體試之課最以為尚書史吏民上書省字不正輒舉劾焉又有草書莫知誰始考其書形雖無厥誼亦是一時之變通也孝宣時召通倉頡讀者獨張敞從之受涼州刺史杜鄴沛人爰禮講學大夫秦近亦能言之孝平時徵禮等百餘人說文字於未央宮中以禮為小學元士黃門侍郎揚雄採以作訓纂篇及亡新居攝自以應運

制作使大司空甄豐校文字之部頗改定古文時有六書一曰古文孔子壁中書也二曰奇字即古文而異者三曰篆書云小篆也四曰佐書秦隸書也五曰繆篆所以摹印也六曰鳥蟲所以幡信也壁中書者魯恭王壞孔子宅而得禮尚書春秋論語孝經也又北平侯張倉獻春秋左氏傳書體與孔氏相類即前代之古文矣後漢郎中扶風曹喜號曰工篆小異斯法而甚精巧自是後學皆其法也又詔侍中賈逵脩理舊

文殊藝異術王教一端苟有可以加於國者靡不悉集逵即汝南許慎古文學之師也後慎嗟時人之好奇歎儒俗之穿鑿惋文毀於譽痛字敗於訾更詭任情變亂於世故撰說文解字十五篇首一終亥各有部屬包括六蓺群書之詁評釋百氏諸子之訓天地山川草木鳥獸昆蟲雜物奇怪珍異王制禮儀世間人事莫不畢載可謂類聚羣分雜而不越文質彬彬最可得而論也左中郎將陳留蔡邕採李斯曹喜之法爲

古今雜形詔於太學立石碑刊載五經題書楷法多是邕書也後開鴻都書畫奇能莫不雲集于時諸方獻篆無出邕者魏初博士清河張揖著埤倉廣雅古今字詁究諸埤廣綴拾遺漏增長事類抑亦於文爲益者然其字詁方之許慎篇古今體用或得或失矣陳留邯鄲淳亦與揖同時博古開藝特善倉雅許氏字指八體六書精究閑理有名於揖以書敎諸皇子又建三字石經於漢碑之西其文蔚炳三體復宣校之說

文篆隷大同而古字少異又有京兆韋誕河東衛覬二家並號能篆當時臺觀榜題寶器之銘悉是誕書咸傳之子孫世稱其妙晉世義陽王典祠令任城呂忱表上字林六卷尋其況趣附託許慎說文而按偶章句隱別古籀奇惑之字文得正隷不差篆意也忱弟靜別放故左校令李登聲類之法作韻集五卷宮商龣徵羽各爲一篇而文字與兄便是魯衛音讀楚夏時有不同皇魏承百王之季紹五運之緒世易風移文

字改變篆形謬錯隷體失眞俗學鄙習復加虛巧談辯之士又以意說炫惑於時難以釐改故傳曰以衆非非行正信哉得之於斯情矣乃曰追來爲歸巧言爲辯小兒爲鼈神虫爲蠶如斯甚衆皆不合孔氏古書史籀大篆許氏說文石經三字也凡所關古莫不惆悵焉嗟夫文字者六藝之宗王教之始前人所以垂今今人所以識古故曰本立而道生孔子曰必也正名乎又曰述而不作書曰予欲觀古人之象皆言遵脩舊史

而不敢穿鑿也臣六世祖瓊家世陳留往晉之初與從父兄應元俱受學於衛覬古篆之法倉雅方言説文之誼當時並收善譽而祖官至太子洗馬出爲馮翊郡值洛陽之亂避地河西數世傳習斯業所以不墜也世祖太延中皇威西被牧犍内附臣亡祖文威杖策歸國奉獻五世傳掌之書古篆八體之法時蒙褒録叙列於儒林官班文省家號世業暨臣闇短識學庸薄漸漬家風有忝無顯但逢時來恩出願外每承澤

雲津厠霑漏潤驅馳文閣參預史官題篆宫禁猥同上哲既竭愚短欲罷不能是以敢藉六世之資奉遵祖考之訓竊慕古人之軌企踐儒門之轍輒求撰集古來文字以許慎説文爲主爰採孔氏尚書五經音注籀篇爾雅三倉凡將方言通俗文祖文宗埤倉廣雅古今字詁三字石經字林韻集諸賦文字有六書之誼者皆以次類編聯文無復重紀爲一部其古籀奇惑俗隸諸體咸使班於篆下各有區别詁訓假借之誼

僉隨文而解音讀楚夏之聲並逐字而注其所不知者則闕如也脱蒙遂許冀省百氏之觀而同文字之域典書祕書所須之書乞垂敕給并學士五人嘗習文字者助臣披覽書生五人專令抄寫侍中黄門國子祭酒一月一監評議疑隱庶無紕繆所撰名目伏聽明旨詔曰可如所請并就太常兼教八書史也其有所須依請給之名目待書成重聞式於是撰集字書號曰古今文字凡四十卷大體依許氏説文爲本上

篆下隸又除宣威將軍符璽郎尋加輕車將軍正光中除驍騎將軍兼著作佐郎正史中字疑四年卒贈右將軍巴州刺史其書竟未能成

式兄子征虜將軍順和亦工篆書先是太和中兖州人沈法會能隸書世宗之在東宫敕法會侍書已後隸迹見知於閭里者甚衆未有如崔浩之妙

周澹京兆鄠人也爲人多方術尤善醫藥爲太醫令太宗嘗苦風頭眩澹治得愈由此見寵位

至特進賜爵成德侯神瑞二年京師飢朝議將遷都於鄴澹與博士祭酒崔浩進計論不可之意太宗大然之曰唯此二人與朕意同也詔賜澹浩妾各一人御衣一襲絹五十匹綿五十斤泰常四年卒謚曰恭時有河南人陰貞家世爲醫與澹並受封爵清河李潭亦以善鍼見知

子驢駒襲傳術延興中位至散令

李脩字思祖本陽平館陶人父亮少學醫術未能精究世祖時奔劉義隆於彭城又就沙門僧坦研習衆方略盡其術針灸授藥莫不有效徐兗之間多所救恤四方疾苦不遠千里竟往從之亮大爲聽事以舍病人停車輿於下時有死者則就而棺殯親往弔視其仁厚若此累遷府參軍督護本郡士門宿官咸相交昵車馬金帛酬賚無貲脩兄元孫隨畢衆敬赴平城亦遵父業而不及以功賜爵義平子拜奉朝請脩略與兄同晚入代京歷位中散令以功賜爵下蔡子遷給事中太和中常在禁内高祖文明太后時有不豫脩侍鍼藥治多有效賞賜累加車服第宅號爲鮮麗集諸學士及工書者百餘人在東宮撰諸藥方百餘卷皆行於世先是咸陽公高允雖年且百歲而氣力尚康高祖文明太后時令脩診視之一旦奏言允脉竭氣微大命無遠未幾果亡遷洛爲前軍將軍領太醫令後數年卒贈威遠將軍青州刺史

子天授襲汶陽令醫術又不逮父

徐謇字成伯丹陽人家本東莞與兄文伯等皆善醫藥謇因至青州慕容白曜平東陽獲之表送京師顯祖欲驗其所能乃置諸病人於幕中使謇隔而脉之深得病形兼知色候遂被寵遇爲中散稍遷内侍長文明太后時問治方而不及李脩之見任用也謇合和藥劑攻救之驗精妙於脩而性甚祕忌承奉不得其意者雖貴爲王公不爲措療也高祖後知其能及遷洛稍加眷幸體小不平及所寵馮昭儀有疾皆令處治

又除中散大夫轉右軍將軍侍御師謇欲爲高
祖合金丹致延年之法乃入居崧高採營其物
歷歲無所成遂罷二十二年高祖幸懸瓠其疾
大漸乃馳驛召謇令水路赴行所一日一夜行
數百里至診省下治果有大驗高祖體少瘳內
外稱慶九月車駕發豫州次于汝濱乃大爲謇
設太官珍膳因集百官特坐謇于上席遍陳餚
觴于前命左右宣謇救攝危篤振濟之功宜加
酬賚乃下詔曰夫神出無方形稟有礙憂喜乖

適理必傷生朕覽万機長鍾革運思芒芒而無
怠身忽忽以興勞仲秋動痾心容頓竭氣體羸
瘠玉几在慮侍御師右軍將軍徐成伯馳輪太
室進療汝蕃方窮丹英藥盡芝石誠術兩輸忠
妙俱至乃令沈勞勝愈篤瘵克痊論勤語效實
宜褒錄昔晉武暴疾程和應增封辛亥數朝錢
爵大墜況疾深於曩辰業難於疇日得不重加
陟賞乎宜順羣望錫以山河且其舊逕高秩中
暫解退上雖銓用猶未、 準舊量今事合顯

進可鴻臚卿金鄉縣開國伯食邑五百戶賜錢
一万貫又詔曰錢府未充須以雜物絹二千匹
雜物一百匹四十匹出御府穀二千斛奴婢十
口馬十匹一匹出驊騮牛十頭所賜雜物奴婢
牛馬皆經內呈諸親王咸陽王禧等各有別賚
並至千匹從行至鄴高祖猶自發動謇日夕左
右明年從詣馬圈高祖疾勢遂甚戚戚不怡每
加切誚又欲加之鞭捶幸而獲免高祖崩謇隨
梓宮還洛謇常有藥餌及吞服道符年垂八十

鬚鬢不白力未多衰正始元年以老爲光祿大
夫加平北將軍卒延昌初贈安東將軍齊州刺
史謚曰靖

子踐字景升小名靈寶襲爵歷官兗州平東府
長史右中郎將建興太守

踐弟知遠給事中

成伯孫之才孝昌初爲蕭衍豫章王蕭綜北府
主簿從綜鎮彭城綜降其下僚屬並奔散之才
因入國武定中大將軍金紫光祿大夫昌安縣

開國侯
王顯字世榮陽平樂平人自言本東海郯人王
朗之後也祖父延和中南奔居于魯郊又居彭
城伯父安上劉義隆時板行館陶縣世祖南討
安上棄縣歸命與父母俱徙平城例敘陽都子
除廣甯太守顯父安道少與李亮同師俱學醫
藥粗究其術而不及亮也安上還家樂平頗參
士流顯少歷本州從事雖以醫術自通而明敏
有決斷才用初文昭皇太后之懷世宗也夢爲

日所逐化而爲龍而繞后后寤而驚悸遂成心
疾文明太后敕召徐謇及顯等爲后診脉謇云
是微風入藏宜進湯加針顯云案三部脉非有
心疾將是懷孕生男之象果如顯言久之召補
侍御師尚書儀曹郎號稱幹事世宗自幼有微
疾久未差愈顯攝療有效因是稍蒙眄識又罷
六輔之初顯爲領軍于烈間通規策頗有密功
累遷游擊將軍拜廷尉少卿仍在侍御營進御
藥出入禁內乞臨本州世宗曾許之積年未授

因是聲問傳于遠近顯每語人言時旨已決必
爲刺史遂除平北將軍相州刺史尋詔馳驛還
京復掌藥又遣還州元愉作逆顯討之不利入
除太府卿御史中尉顯前後歷職所在著稱紏
折庶獄究其姦回出內惜慎憂國如家及領憲
臺多所彈劾百寮肅然又以中尉屬官不悉稱
職諷求更換詔委改選務盡才能而顯所舉或
有請屬未皆得人於是衆口喧譁聲望致損後
世宗詔顯撰藥方三十五卷班布天下以療諸

疾東宮既建以爲太子詹事委任甚厚世宗每
幸東宮顯常迎侍出入禁中仍奉醫藥賞賜累
加爲立館宇寵振當時延昌二年秋以營療之
功封衛南伯四年正月世宗夜崩肅宗踐祚顯
參奉璽策隨從臨哭微爲憂懼顯既蒙任遇兼
爲法官恃勢使威爲時所疾朝宰託以侍療無
效執之禁中詔削爵位臨執呼冤直閤以刀鐶
撞其腋下傷中吐血至右衛府一宿死始顯布
衣爲諸生有沙門相顯後當富貴誠其勿爲吏官

吏官必敗由是世宗時或欲令其遂攝吏部每
彤勤避之及世宗崩肅宗夜即位受璽册於儀
須兼太尉及吏部倉卒百官不具以顯兼吏部
行事矣

崔彧字文若清河東武城人父勳之字寧國位
大司馬外兵郎贈通直郎彧與兄相如俱自南
入國相如以才學知名早卒彧少甞詣青州逢
隱逸沙門敎以素問九卷及甲乙遂善醫術中
山王英子略曾病王顯等不能療彧針之抽針

即愈後位冀州別駕累遷寧遠將軍性仁恕見
疾苦好與治之廣敎門生令多救療其弟子清
河趙約勃海郝文法之徒咸亦有名
彧子景哲豪率亦以醫術知名爲太中大夫司
徒長史

蔣少游樂安博昌人也慕容白曜之平東陽見
俘入於平城充平齊戶後配雲中爲兵性機巧
頗能畫刻有文思吟咏之際時有短篇遂留寄
平城以傭寫書爲業而名猶在鎭後被召爲中

書寫書生與高聰俱依高允允愛其文用遂並
薦之與聰俱補中書博士自在中書恒庇李沖
兄弟子姪之門始北方不悉青州蔣族或謂少
游本非人士又少游微因工藝自達是以公私
人望不至相重唯高允李沖曲爲體練由少游
舅氏崔光與李沖從叔衍對門婚姻也高祖文
明太后常因密宴謂百官曰本謂少游作師耳
高允老公乃言其人士眷識如此然猶驟被引
命屑屑禁闥以規矩刻繢爲務因此大蒙恩錫

超等備位而亦不遷陟也及詔尚書李沖與馮
誕游明根高閭等議定衣冠於禁中少游巧思
令主其事亦訪於劉昶二意相乖時致諍競積
六載乃成始班賜百官冠服之成少游有效焉
後於平城將營太廟太極殿遣少游乘傳詣洛
量準魏晉基趾後爲散騎侍郎副李彪使江南
高祖脩船乘以其多有思力除都水使者遷前
將軍兼將作大匠仍領水池湖泛戲舟檝之具
及華林殿沼修舊增新改作金墉門樓皆所措

意號爲妍美雖有文藻而不得伸其才用恒以
剞劂繩尺碎劇忽忽從倚園湖城殿之側識者
爲之歎慨而乃坦爾爲己任不告疲恥又兼太
常少卿都水如故景明二年卒贈龍驤將軍青
州刺史謚曰質有文集十卷餘少游又爲太極
立模範與董尒王遇等參建之皆未成而卒
初高宗時郭善明甚機巧北京宮殿多其製作
高祖時青州刺史侯文和亦以巧聞爲要舟水
中立射滑稽少智辭說無端尤善淺俗委巷之

語至可翫笑位樂陵濟南二郡太守
世宗肅宗時豫州人柳儉殿中將軍關文備郭
安興並機巧洛中製永寧寺九層佛圖安興
爲匠也
高祖時有范寧兒者善圍碁曾與李彪使
蕭賾賾令江南上品王抗與寧兒制勝而還又
有浮陽高光宗善樗蒲趙國李幼序洛陽丘何
奴並工握槊此蓋胡戲近入中國云胡王有弟
一人遇罪將殺之弟從獄中爲此戲以上之

意言孤則易死也世宗以後大盛於時
史臣曰陰陽卜祝之事聖哲之教存焉雖不可
以專亦不可得而廢也徇於是者不能無非厚
於利者必有其害詩書禮樂所失也鮮故先王
重其德方術伎巧所失也深故往哲輕其藝夫
能通方術而不詭於俗習伎巧而必蹈於禮者
幾于大雅君子故昔之通賢所以戒乎妄作晁
崇張淵王早殷紹耿玄劉靈助皆術藝之士也
觀其占候卜筮推步盈虛通幽洞微近知鬼神

之情狀周澹李脩徐謇王顯崔彧方藥特妙各
一時之美也蔣少游以剞劂見知沒其學思藝
成爲下其近是乎

列傳第七十九　魏書九十一

此卷王顯以前魏收舊書崔彧蔣少游傳全
出北史及小史史目論亦取北史藝術傳論
而北史全用周隋書藝術傳論云

列傳列女第八十　魏書九十二

崔覽妻封氏　封卓妻劉氏
魏溥妻房氏　胡長命妻張氏
平原女子孫氏　房愛親妻崔氏
涇州貞女兕先氏　姚氏婦楊氏
張洪初妻劉氏　董景起妻張氏
陽尼妻高氏　史映周妻耿氏
任城國太妃孟氏　苟金龍妻劉氏
盧元禮妻李氏　河東孝女姚氏

刁思遵妻魯氏

夫婦人之事存於織紝組紃酒漿醯醢而已至如嫫訓軒宮娥成舜業塗山三母克昌二邦殆非匹婦之謂也若乃明識列操文辯兼該聲自閨庭號顯列國子政集之於前元凱編之於後隨時綴録代不乏人今書魏世可知者為列女傳

中書侍郎清河崔覽妻封氏勃海人散騎常侍禮女也有才識聰辯彊記多所究知於時婦人莫能及李敷公孫文叔雖已貴重近世故事有所不達皆就而諮請焉

勃海封卓妻彭城劉氏女也成婚一夕卓官於京師後以事伏法劉氏在家忽然夢想知卓已死哀泣不輟諸嫂喻之不止經旬凶問果至遂憤歎而死時人比之秦嘉妻中書令高允念其義高而名不著為之詩曰兩儀正位人倫肇甄爰制夫婦統業承先雖曰異族氣猶自然生則同室終契黄泉其一封生令達卓為時彥內協黄

中外兼三變誰能作配克應其選實有華宗挺生淑媛其二京野勢殊山川乖互乃奉王命載馳在路公務既弘私義獲著因媒致幣遘止一暮其三率我初冠眷彼弱笄形由禮比情以趣諧忻願難常影跡易乖悠悠言邁戚戚長懷其四時值險屯橫離塵網伏鑕就刑身分土壤千里雖遐應如影響良嬪洞感發於夢想其五仰惟親命俯尋嘉好誰謂會淺義深情到畢志守窮誓言不二醮何以驗之殞身是効其六人之處世孰不厚生

必存於義所重則輕結忽鍾心甘就幽冥永捐
堂宇長辭母兄其七茫茫中野翳翳孤丘葛藟冥
蒙荊棘四周理苟不昧神必俱游異哉貞婦曠
世靡疇其八
鉅鹿魏溥妻常山房氏女也父堪慕容垂貴鄉
太守房氏婉順高明幼有烈操年十六而溥遇
病且卒顧謂之曰人生如白駒過隙死不足恨
但夙心往志不聞於沒世矣良痛母老家貧供
奉無寄赤子矇眇血祀孤危所以抱怨於黃壚

耳房垂泣而對曰幸承先人餘訓出事君子義
在自畢有志不從命也夫人在堂稚子繦褓顧
當以身少相感長往之恨俄而溥卒及大歛房
氏操刀割左耳投之棺中仍曰鬼神有知相期
泉壤流血滂然助喪者咸皆哀懼姑劉氏輟哭
而謂曰新婦何至於此房對曰新婦少年不幸
實慮父母未量至情覬持此自誓耳聞知者莫
不感愴於時子緝生未十旬鞠育於後房之內
未曾出門遂終身不聽絲竹不預座席緝年十

二房父母仍存於是歸寧父兄尚有異議緝竊
聞之以啓母房命駕給太他行因而遂歸其家
弗知之也行數十里方覺兄弟來追房哀歎而
不反其執意如此訓導一子有母儀法度緝所
交游有名勝者則身具酒飯有不及己者輒屏
卧不餐須其悔謝乃食善誘嚴訓類皆如是年
六十五而終緝事在序傳緝子悅爲濟陰太守
吏民立碑頌德金紫光祿大夫高閭爲其文序
云祖母房年在弱笄艱貞守志秉恭妻之操著

自毀之誠又頌曰爰及處士遘疾夙凋伉儷秉
志識茂行高殘形顯操誓敦久要誕玆令胤幽
感乃昭溥未仕而卒故云處士焉
樂部郎胡長命妻張氏事姑王氏甚謹太安中
京師禁酒張以姑老且患私爲醞之爲有司所
糾王氏詣曹自告曰老病須酒在家私釀王所
爲也張氏曰姑老抱患張主家事姑不知釀其罪
在張主司疑其罪不知所處平原王陸麗以狀
奏高宗義而赦之

平原鄃縣女子孫氏男玉者夫爲靈縣民所殺追執讎人男玉欲自殺之其弟止而不聽男玉曰女人出適以夫爲天當親自復雪云何假人之手遂以杖毆殺之有司處死以聞顯祖詔曰男玉重節輕身以義犯法緣情定罪理在可原其特恕之

清河房愛親妻崔氏者同郡崔元孫之女性嚴明高尚歷覽書傳多所聞知子景伯景先崔氏親授經義學行修明並爲當世名士景伯爲清

河太守每有疑獄常先請焉貝丘民列子不孝吏欲案之景伯爲之悲傷入白其母母曰吾聞聞不如見山民未見禮教何足責哉但呼其母來吾與之同居其子置汝左右令其見汝事吾或應自改景伯遂召其母崔氏處之於榻與之共食景伯之温凊其子侍立堂下未及旬日悔過求還崔氏曰此雖顏慚未知心愧且可置之凡經二十餘日其子叩頭流血其母涕泣乞還然後聽之終以孝聞其識度厲物如此竟以壽終

涇州貞女兕先氏許嫁彭老生爲妻娉幣既畢未及成禮兕先率行貞淑居貧常自舂汲以養父母老生輒往逼之女曰與君禮命雖畢二門多故未及相見何由不稟父母擅見陵辱若苟行非禮正可身死耳遂不肯從老生怒而刺殺之取其衣服女尚能言臨死謂老生曰生身何罪與君相遇我所以執節自固者寧更有所邀正欲奉給君耳今反爲君所殺若魂靈有知自

當相報言終而絕老生持女珠瓔至其叔宅以告叔叔曰此是汝婦奈何殺之天不祐汝遂執送官太和七年有司劾以死罪詔曰老生不仁侵陵貞淑原其彊暴便可戮之而女守禮履節沒身不改雖處草萊行合古跡宜賜美名以顯風操其標墓旌善號曰貞女

姚氏婦楊氏者閹人苻承祖姨也家貧無產業及承祖爲文明太后所寵貴親姻皆求利潤唯楊獨不欲常謂其姊曰姊雖有一時之榮不若

妹有無憂之樂姊每遺其衣服多不受彊與之則云我夫家世貧好衣美服則使人不安與之奴婢則云我家無食不能供給終不肯受常著破衣自執勞事時受其衣服多不著密埋之設有著者汚之而後服承祖每見其寒悴深恨其母謂不供給之乃啓其母曰今承祖一身何所乏少而使姨如是母具以語之承祖乃遣人乘車往迎之則厲志不起遣人彊舁於車上則大哭言爾欲殺我也由是苻家內外皆號爲癡姨

及承祖敗有司執其二姨至殿庭一姨致法以姚氏婦衣裳弊陋特免其罪其識機雖呂頻亦不過也

滎陽京縣人張洪初妻劉氏年十七夫亡遺腹生子三歲又沒其舅姑年老朝夕奉養率禮無違兄矜其少寡欲奪而嫁之劉氏自誓弗許以終其身

陳留董景起妻張氏景起早亡張時年十六痛夫少亡哀傷過禮形容毀頓永不沐浴蔬食長齋又無兒息獨守貞操期以闔棺鄉曲高之終見標異

漁陽太守陽尼妻高氏勃海人學識有文才高祖敕令入侍後宮幽后表啓悉其辭也

滎陽史映周妻同郡耿氏女年十七適於映周太和二十三年映周卒耿氏恐父母奪其志因葬映周哀哭而殯見者莫不悲歎屬大使觀風以狀具上詔標旌門閭

任城國太妃孟氏鉅鹿人尚書令任城王澄之

母澄爲揚州之日率衆出討於後賊帥姜慶眞陰結逆黨襲陷羅城長史韋纘倉卒失圖計無所出孟乃勒兵登陴先守要便激厲文武安慰新舊勸以賞罰喻之逆順於是咸有奮志親自巡守不避矢石賊不能尅卒以全城澄以狀表聞屬世祖崩事寢靈太后後令曰鴻功盛美實宜垂之永年乃敕有司樹碑旌美

苟金龍妻劉氏平原人也廷尉少卿劉叔宗之姊世宗時金龍爲梓潼太守郡帶關城戍主蕭

衍追衆攻圍值金龍疾病不堪部分衆甚危懼劉遂率厲城民脩理戰具一夜悉成拒戰百有餘日兵士死傷過半戍副高景陰圖叛逆劉斬之及其黨與數十人自餘將士分衣減食勞逸必同莫不畏而懷之井在外城尋爲賊陷城中絕水渴死者多劉乃集諸長幼喻以忠節遂相率告訴於天俱時號叫俄而澍雨劉命出公私布絹及至衣服懸之城中絞而取水所有雜器悉儲之於是人心益固會益州刺史傅竪眼將

至賊乃退散竪眼歎異具狀奏聞世宗嘉之正光中賞平昌縣開國子邑二百戶授子慶珍又得二子出身慶珍卒子純陁襲齊受禪爵例降慶珍弟孚武定末儀同開府司馬

貞孝女宗者趙郡栢仁人趙郡太守李叔胤之女范陽盧元禮之妻性至孝聞於州里父卒號慟幾絕者數四賴母崔氏慰勉之得全三年之中形骸銷瘠非人扶不起及歸夫氏與母分隔便飲食日損涕泣不絕日就羸篤盧氏合家慰喻不解乃遣歸寧還家乃復故如此者八九焉後元禮卒李追亡撫存禮無違者事姑以孝謹著母崔以神龜元年終於洛陽凶問初到舉聲慟絕一宿乃蘇水漿不入口者六日其姑慮其不濟親送奔喪而氣力危殆自范陽向洛八旬方達攀櫬號踊遂卒有司以狀聞詔曰孔子稱毀不滅性蓋爲其廢養絕類也李既非嫡子而孝不勝哀雖乖俯就而志厲義遠若不加旌異則無以勸引澆浮可追號曰貞孝女宗易其里

爲孝德里標李盧二門以惇風俗

河東姚氏女字女勝少喪父無兄弟母憐而守養年六七歲便有孝性人言其父者聞輒垂泣隣伍異之正光中母死女勝年十五哭泣不絕聲水漿不入口者數日不勝哀遂死太守崔游申請爲營墓立碑自爲製文表其門閭比之曹娥改其里曰上虞里墓在郡城東六里大道北至今名爲孝女冢

滎陽刁思遵妻魯氏女也始笄爲思遵所娉未

踰月而思遵亡其家矜其少寡許嫁已定密曾
聞之以死自誓父母不達其志遂經郡訴稱刀
氏客護寡女不使歸寧魯乃與老姑徒步詣司
徒府自告情狀普泰初有司聞奏廢帝詔曰貞
夫節婦古今同尚可令本司依式標牓

史臣曰 闕

列傳列女第八十　　魏書九十二

此傳雖差多於北史、小史然亦不完

列傳恩倖第八十一　　魏書九十三

王叡　王仲興
寇猛　趙脩
茹皓　趙邕
侯剛　鄭儼
徐紇

夫令色巧言矯情飾貌邀眄睞之利射咳唾
之私此蓋苟進之常也故甚者刑身淪子其次
舐痔嘗癰況乃散金奏佇貨輸錢漢爵又何怪哉
若夫地窮尊貴嗜欲所攻聖達其猶病諸中庸

固不能免男女性態其揆斯一三代之亡皆是
物也據天下之圖持海內之命顧指如意高下
在心此乃夏桀殷紂喪二邦秦母呂雉穢兩國
也魏世王叡幸太和之初鄭儼寵孝昌之季主
幼於前君稚於後乘間宜淫殆無忌畏樹列朋
黨蔽塞天聰高祖明聖外彰人神繫仰御之有
術宗社弗墜肅宗不言垂拱潛濟罕方六合淆
然至於隕覆且承顏色竊光寵勢等秋風氣同

夏日亦何世而不有哉此周旦所以誡其朋詩人是爲疾羣小也太宗時王車之徒雖云幸念皆宣力柬險誠效兼存未如趙脩等出於近習趨走之地坐擅威刑勢傾都鄙得之非道君子所以賤之書其變態備禍福之由焉

王叡字洛誠自云太原晋陽人也六世祖横張軌參軍晋亂子孫因居於武威姑臧父橋字法生解天文卜筮涼州平入京家貧以術自給歷仕終於侍御中散天安初卒贈平遠將軍涼州

刺史顯美侯謚曰敬叡少傳父業而姿貌偉麗恭宗之在東宮見而奇之興安初擢爲太卜中散稍遷爲令領太史承明元年文明太后臨朝叡因緣見幸超遷給事中俄而爲散騎常侍侍中吏部尚書賜爵太原公於是內參機密外豫政事愛寵日隆朝士懾憚焉太和二年高祖及文明太后率百僚與諸方客臨虎圈有逸虎登門閣道幾至御座左右侍御皆驚靡叡獨執戟禦之虎乃退去故親任轉重三年春詔叡與東陽王丕同入八議永受復除四年遷尚書令封爵中山王加鎮東大將軍置王官二十二人中書侍郎鄭羲爲傅郎中令以下皆當時名士又拜叡妻丁氏爲妃及沙門法秀謀逆事發多所牽引叡曰與其殺不辜寧赦有罪宜梟斬首惡餘從疑赦不亦善乎高祖從之得免者千餘人叡出入帷幄太后密賜珍玩繒綵人莫能知率常以夜帷車載往閹官防致前後巨万不可勝數加以田園奴婢牛馬雜畜並盡良美大臣及

左右因是以受賚錫外示不私所費又以万計及疾病高祖太后每親視疾侍官省問相望於道及疾篤上疏曰臣聞忠於事君者節義著於臨終孝於奉親者淳誠表於垂没故孔明卒軍不忘全蜀之計曾參疾甚情存善言之益雖則庸昧敢忘景行臣荷天地覆載之恩蒙大造生成之德漸風訓於華年服道教於弱冠濯纓清朝垂周三紀受先帝非分之眷叨陛下殊常之寵遂乃齊跡功舊內侍幃幄爵列諸王位班上

等從容聞道與知國政誠思竭盡力命以報所受不謂事與心違忽嬰重疾每屈輿駕親臨問之榮洽生平惠流身後犬馬之誠銜佩罔極今所病遂篤慮必不起延首闕庭緬戀終日仰恃皇造宿眷之隆敢陳愚昧管窺之見臣聞為治之要其略有五一者慎刑罰二者任賢能三者親忠信四者遠讒佞五者行黜陟夫刑罰明則姦宄息賢能用則功績著親忠信則視聽審遠讒佞則疑間絕黜陟行則貪叨改是以欽恤惟

刑載在唐典知人則哲唯帝所難周書垂好德之文漢史列防姦之論考省幽明先王大典又八表既廣遠近事殊撫荒裔宜待之以寬信綏華甸宜惠之以明簡哀恤孤獨賑施困窮錄功舊赦小罪輕傜役薄賦斂脩福業禁淫祀願聽政餘暇賜垂覽察使子囊之誠重申於當世將墜之志獲用於明時尋薨時年四十八高祖文明太后親臨哀慟賜溫明祕器宕昌公王遇監護喪事贈衛大將軍太宰并州牧謚曰宣王內

侍長董醜奴營墳墓將葬於城東高祖登城樓以望之京都文士為作哀詩及誄者百餘人乃詔為叡立祀於都南二十里大道右起廟以時祭薦并立碑銘置守祀五家又詔褒叡圖其捍虎狀於諸殿命高允為之讚京都士女謟稱叡美造新聲而絃歌之名曰中山王樂詔班樂府合樂奏之初叡女妻李沖兄子延賓次女又適趙國李恢子華女之將行也先入宮中其禮略如公主王女之儀太后親御太華殿寢其女於

別帳叡與張祐侍坐叡所親及兩李家丈夫婦人列於東西廊下及車引太后送過中路時人竊謂天子太后嫁女叡之葬也假親姻義舊衰經縞冠送喪者千餘人皆舉聲慟泣以要榮利時謂之義孝叡既貴乃言家本太原晉陽遂移屬焉故其兄弟封爵移以并州郡縣薨後重贈叡父橋侍中征西將軍左光祿大夫儀同三司武威王謚曰定追策叡母賈氏為妃立碑於墓左父子並葬城東相去里餘遷洛後更徙葬

太原晉陽

子龍襲字元孫年十四以父任擢爲中散仍揔中部敘薨高祖詔龍襲代領都曹爲尚書令領吏部曹中部如其品職依典承龍襲文明太后令曰都曹尚書曹百寮之首民所具瞻龍襲年少智思未周其都曹尚書且令司權記使閑習政事後用不晚終太后世寵念如初龍襲王爵例降爲公太后崩後龍襲仍在高祖左右然禮遇稍薄不復關與時事久之出爲鎮西將軍秦州刺史又轉并州

刺史十七年輿駕南討洛路幸其治供帳粗辦境內清靜高祖頗嘉之而民庶多爲立銘置于大路虛相稱美或曰龍襲所教也高祖聞而問之對不以實因是面被責讓尚書奏免其官詔唯降號二等二十年以事爲中尉所糾會赦免語在常景傳景明二年卒贈平南將軍豫州刺史謚曰貞

子忻龍襲爵爲太尉汝南王悅記室參軍建義初河陰遇害贈散騎常侍安北將軍肆州刺史謚曰穆

子子暄龍襲爵武定末齊州驃騎府功曹參軍齊受禪例降

忻弟誕字永安龍驤將軍正平太守亦於河陰遇害贈撫軍將軍并州刺史

子希雲舉秀才早亡

誕弟殖字永興司空城局參軍

子祖幹司徒行參軍并州刺史

殖弟永業司空參軍事

龍襲弟椿字元壽少以父任拜祕書中散尋以父憂去職後除羽林監謁者僕射母喪解任正始初拜中散出爲太原太守加鎮遠將軍坐事免椿僮僕千餘園宅華廣聲妓自適無乏於時或有勸椿仕者椿笑而不荅雅有巧思凡所營製可爲後法由是正光中元乂將營明堂辟雍欲徵椿爲將作大匠椿聞而以疾固辭孝昌中介朱榮旣據并肆以汾州胡逆表加椿征虜將軍都督尉勞汾胡汾胡與椿比州服其聲望所在

降下事寧授右將軍太原太守以預立莊帝之
勞封遼陽縣開國子食邑三百戶尋轉封真定
縣開國侯食邑七百戶除持節本將軍華州刺
史尋轉使持節散騎常侍殷州刺史元曄立除
都官尚書固辭不拜永熙中行冀州事尋除使
持節散騎常侍車騎將軍瀛州刺史時有風雹
之變詔書廣訪讜言椿乃上疏曰伏奉詔書以
風雹厲威上動天睠訪讜辭於百辟詔輿誦於
四海宸衷懇切備在絲綸祗承兢感心焉靡厝

伏惟陛下啓籙應期馭育万物承綴旒之艱運
纂纖絲之危緒忘餐日昃求衣未明俾上帝下
臨慇茲荼蓼永濟溝壑而滄浪降戾作害中秋
上帝照臨義不虛變竊惟風爲號令皇天所以
示威雹者氣激陰陽有所交諍殆行令殊節舒
急失中之所致也昔澍雨千里寔緣敎祀之誠
炎精三舍寧非善言之力讜不空發徵豈謬應
誰謂蓋高實符人事伏願陛下留心曲覽垂神
遠察禮賢登士博舉審官擢申滯怨振窮省役

使夫滋水没川之彥畢居朝右儀表丹青之位
未或虛加園土絕五毒之民揆日息千門之費
巖巖廊署無不遇之士忪忪惸獨荷酒帛之
恩則物見昭蘇人知休泰徐奏薰風之曲無論
鴻鴈之歌豈不天人幸甚鬼神咸抃椿性嚴察
下不容姦所在吏民畏之重足天平末更滿
還鄉初椿於宅構起聽事極爲高壯時人忽
云此乃太原王宅豈是王太原宅椿往爲本郡
世皆呼爲王太原未幾尒朱榮居椿之宅榮

封太原王焉至於齊獻武王之居晉陽霸朝所
在人士輻湊椿禮敬親知多所拯接後以老
病遂辭疾客居趙郡之西鯉魚祠山興和二
年春卒時年六十二贈使持節都督冀瀛二
州軍事驃騎大將軍尚書左僕射太尉公冀州
刺史謚曰文恭及葬齊獻武王親自弔送椿
妻鉅鹿魏悅之次女明達有遠操多識往行
前言隨夫在華州兄子建在洛遇患聞而星夜馳
赴膚容虧損親類歎尚之尒朱榮妻北鄉郡長

公主深所禮敬永安中詔以爲南和縣君內足
於財不以華飾爲意撫兄子收情同己子存拯
親類所在周洽椿名位終始魏有力焉元象中
卒贈鉅鹿郡君椿無子以兄孫叔明爲後
叔明太尉參軍事儀同開府祭酒死於晉陽無
子以弟子暄子爲後
嶷弟諶字厚誠爲給事中安南將軍祠部尚書
賜爵上黨公加散騎常侍領太史事例降爲侯
遷太常卿出爲持節安東將軍兖州刺史還除

光祿大夫卒於官贈帛五十四
子翔字元鳳少以聰敏循良詔充內侍自太和
初與李沖等奏決庶事迄于十六年賞賜前後
累千万是時政事多決於文明太后后好細察
而翔恭謹慎密甚被知任遷洛兼給事黃門侍
郎尚書左丞襲爵還輔國將軍太府少卿出爲
濟州刺史卒贈大將軍肆州刺史子超襲
超字和善奉朝請并州治中超愛好人物輕財
重義性豪華能自奉養每食必窮水陸之味年

三十四卒
子景覽襲武定中衛將軍右光祿大夫齊受禪
例降
景覽弟景招開府集曹參軍
超弟穆字思泰元象中上黨太守卒
穆弟綽字思和員外散騎侍郎上黨王天穆以
爲北道行臺郎中尒朱榮代天穆爲大行臺仍
爲吏部郎以預奉莊帝之勳封猗氏縣開國侯
邑五百戶永安末除征西將軍豳州刺史不之

任元曄立轉除驃騎大將軍并州刺史興和中
卒
綽弟奭司徒中兵參軍
諶弟魏誠爲東宮學生拜給事中賜爵中都侯
加龍驤將軍卒贈安南將軍冀州刺史謚曰恭
子靜字元安少有公幹拜中散襲爵例降爲伯
除員外郎羽林監兼尚書郎以明法除廷尉評
轉游擊將軍加冠軍將軍岐州刺史趙郡王謚
虐害城民怨叛詔靜以駙慰喻咸即降下以奉

使稱旨賜帛五百匹除趙郡太守以母老固辭
不拜又授征虜將軍廷尉少卿有當官之稱坐
公事左遷中散大夫以母憂去職孝昌初詔兼
廷尉卿尋行定州事並固辭不起二年夏除長
兼廷尉卿尋行定州事至冬病卒年五十七贈
撫軍將軍幷州刺史謚曰貞無子以從子伯豫
爲後

伯豫襲爵武定中冀州開府錄事參軍齊受
禪例降

魏誠弟亮字平誠承明初擢爲中散告沙門法
秀反遷冠軍將軍賜爵永寧侯加給事中出
爲安西將軍秦州刺史後轉陝州刺史坐事免
卒於家

亮子洪壽早卒

子元景正光中許復先爵降爲伯卒無子

洪壽弟嶷字安壽除奉朝請稍遷中散大夫
以疾歸鄉里遂移居上黨年七十一卒

子東字景預有文才少工詩詠知名於世未官

而卒

叡叔隆保冠軍將軍姑臧侯卒追贈安東將軍
幷州刺史鉅鹿公謚曰靖

王仲興趙郡南欒人也父天德起自細微至殿
中尚書仲興幼而端謹以父任早給事左右太
和中殿內侍御中散武騎侍郎給事中出入禁
內十餘年轉冗從僕射猶參密近爲齊帥從駕
征新野有功除折衝將軍屯騎校尉又命率千
餘騎破賊於鄧城除振威將軍越騎校尉賜帛

千匹高祖於馬圈自不豫大漸迄於崩仲興頗
預侍護達魯陽世宗即位轉左中郎將仍齋帥
及帝親政與趙脩並見寵任遷光祿大夫領武
衛將軍仲興雖與脩並而畏慎自退不若脩之
倨傲無禮咸陽王禧之出奔也當時上下微爲
駭震世宗於乾脯山追仲興馳入金墉城安慰
後與領軍于勁共參機要因自理馬圈侍疾及
入金墉之功乞同元賞遂封上黨郡開國公食
邑二千戶自拜武衛及受封之日車駕每臨饗

其宅世宗游幸仲興常侍從不離左右外事得徑以聞百寮亦聳體而承望焉兄可久以仲興故自散爵爲徐州征虜府長史帶彭城太守仲興世居趙郡自以寒微云舊出京兆霸城故爲雍州大中正尚書後以仲興開國公賞報過優北海王詳嘗面啓奏請降減事久不決可久在徐州恃仲興寵勢輕侮司馬梁郡太守李長壽遂至忿諍彭城諸沙門共相和解未幾復有所競可久乃令僮僕邀毆長壽遂折其脅州以表

聞北海王詳因百僚朝集厲色大言曰徐州名藩先帝所重朝廷云何簡用上佐遂令致此紛紜以徹荒外豈不爲國醜辱也衆亦莫有應者仲興是後漸疎不得徑入左右世宗乃下詔奪其封邑出除平北將軍并州刺史卒贈安東將軍青州刺史

寇猛上谷人也祖父平城猛少以姿幹充虎賁稍遷羽林中郎從高祖征南陽以擊賊不進免官世宗踐位復叙用愛其膂力置之左右爲千牛備身歷轉遂至武衛將軍出入禁中無所拘忌自以上谷寇氏得補燕州大中正而不能甄別士庶也家漸富侈宅宇高華妾隸充溢微榮弟姪然不及茹皓仲興也卒贈平北將軍燕州刺史

趙脩字景業趙郡房子人父惠安後名謐郡曹史積勞補陽武令脩貴追贈威烈將軍本郡太守及葬復贈龍驤將軍定州刺史脩本給事東宮爲白衣左右頗有膂力世宗踐阼仍充禁侍

愛遇日隆然天性闇塞不閑書疏是故不參文墨世宗親政旬月之間頻有轉授歷員外通直散騎常侍鎮東將軍光祿卿每受除設宴世宗親幸其宅諸王公卿士百寮悉從世宗親見其母脩能劇飲至於逼勸觴爵雖北海王詳廣陽王嘉等皆亦不免必致困亂每適郊廟脩常驂陪出入華林恒乘馬至于禁內咸陽王禧誅其家財貨多賜高肇及脩脩之葬父也百寮自王公以下無不弔祭酒犢祭奠之具塡塞門街於

京師爲制碑銘石獸石柱皆發民車牛傳致本縣財用之費悉自公家凶吉車乘將百兩道路供給亦皆出官時將馬射世宗留脩過之帝如射宮脩又驂乘輅車旒竿觸東門而折脩恐不逮葬日驛赴窆期左右求從及特遣者數十人脩道路嬉戲殆無慼容或與賓客姧掠婦女倮觀從者噂喈喧譁詬詈無節莫不畏而惡之是年又爲脩廣增宅舍多所并兼洞門高堂房廡周博崇麗擬於諸王其四面鄰居賂入其地者

侯天盛兄弟越次出補長史大郡脩起自賤伍暴致富貴奢傲無禮物情所疾因其在外左右或諷糾其罪自其葬父還也舊寵小薄初王顯祗附於脩後因忿鬩密伺其過規陷戮之而脩過短都不悛防顯積其前後愆咎列脩葬父時路中淫亂不軌又去與長安人趙僧㯳謀匿玉印事高肇甄琛等構成其罪乃密以聞始琛及李憑等曲事於脩無所不至懼相連及爭共糾擿助攻治之遂乃詔曰小人難育朽棘不彫

長惡不悛豈容撫養散騎常侍鎮東將軍領扈左右趙脩昔在東朝選充臺皂幼所經見長難遺之故纂業之初仍引西禁雖地微器陋非所宜採然識早念生遂陞名級自蒙洗濯賞賚日甚驟侒荐僑恩加輕慢不識人倫之體不悟深淺之方陵獵王侯輕卑卿相門賓巷士拜叩不接躐氣豪心仍懷鄙塞比聽葬父侈暴繼聞居京造宅殘虐徒旅又廣張形勢妄生矯託與雍州人趙僧㯳等陰相傳納許受玉印不軌不物

日月滋甚朕猶愍其宿隷每加覆護而擅威弄勢侏張不已法家耳目並求憲網雖欲捨之辟實難爽然楚履既墜江君徘徊鍾牛一聲東向改釁脩雖小人承侍在昔極辟之奏欲加未忍可鞭之一百徙敦煌爲兵其家宅作徒即仰停罷所親在內者悉令出禁朕昧於處物育玆豺虎顧尋往謬有愧臣民便可時勑申沒以謝朝野是日脩詣領軍于勁第與之樗蒲籌碁未及畢而羽林數人相續而至稱詔呼之脩驚起隨

出路中執引脩馬詣領軍府琛與顯監決其罰
先具問事有力者五人更迭鞭之占令必死旨
決百鞭其實三百脩素肥壯腰背博碩堪忍楚
毒了不轉動鞭訖即召驛馬促之令發出城西門
不自勝舉縛置鞌中急驅馳之其母妻追隨不
得與語行八十里乃死初于后之入脩之力也脩
死後領軍于勁猶追感舊意經恤其家自餘朝
士昔相宗承者悉弃絶之示已之疎遠焉
茹皓字禽奇舊吳人也父讓之本名要隨劉駿

巴陵王休若爲將至彭城是時南土飢亂遂寓
居淮陽上黨皓年十五六爲縣金曹吏有姿
皃謹惠南徐州刺史沈陵見而善之自隨入洛
陽舉充高祖白衣左右世宗踐祚皓侍直禁中
稍被寵接世宗嘗拜山陵路中欲引與同車皓
奮衣將昇黄門侍郎元匡切諫乃止及世宗親
政皓眷賚日隆又以馬圈之勞當擬補員外將
軍時趙脩亦被幸妬害之求出皓爲外守皓亦
慮見危禍不樂內官遂超授濮陽太守加厲威

將軍其父因皓訟理舊勳先除兖州陽平太守
賜以子爵父子剖符名邦郡境相接皓忻然於
去內不以疎外爲慼及趙脩等敗竟獲全免雖
起微細爲守乃清簡寡事世宗幸鄴講武皓啓
求朝謁解郡授左中郎將領直閤寵待如前皓
既官達自云本出鴈門鴈門人諂附者乃因薦
皓於司徒請爲肆州大中正府省以聞詔特依
許遷驃騎將軍領華林諸作皓性微工巧多所
興立爲山於天淵池西採掘北邙及南山佳石

徙竹汝潁羅蒔其間經構樓館列於上下樹草
栽木頗有野致世宗心悅之以時臨幸遷冠軍
將軍仍驍騎將軍皓貴寵日昇關與政事太傅
北海王詳以下咸祗憚附之皓弟年尚二十擢
補員外郎皓娶僕射高肇從妹於世宗爲從母
迎納之日詳親詣之禮以馬物皓又爲弟聘安
豐王延明妹延明恥非舊流不許詳勸彊之云
欲覔官職如何不與茹皓婚姻也延明乃從焉
皓頗敏慧折節下人而潛自經營陰有納受貨

產盈積起宅宮西朝貴弗之及也是時世宗雖
親万務皓率常居內留宿不還傳可門下奏事
未幾轉光祿少卿意殊不已方欲陳馬圉從先
帝之勞更希進舉初脩皓之寵北海王詳皆附
納之又直閤將軍劉冑本爲詳所薦常感詳恩
密相承望並共來往高肇素疾諸王常規陷害
既知詳與皓等交關相昵乃構之世宗云皓等
將有異謀世宗乃召中尉崔亮令奏皓冑常季
賢陳掃靜四人擅勢納賄及私亂諸事即日執

皓等皆詣南臺翌日奏處罪其晚就家殺之皓
妻被髮出堂哭而迎皓皓徑入哭別食椒而死
皓子懷朗仕至南青州刺史興和初以罪賜死
子姪徙邊
冑字元孫河間人始爲北海王詳所舉六輔時
出守本郡與皓俱赴鄴宮講武亦自乞留至洛
久不敘用詳又爲啓晚乃拜將軍直閤
季賢起於主馬世宗初好騎乘因是獲寵位至
殿中將軍司藥丞仍主廄閑與茹皓通知庶事

勢望漸隆引其兄爲朝請直寢娶武昌王鑒妹
季賢又將娶洛州刺史元拔女並結託帝戚以
爲榮援云
掃靜徐義恭並彭城舊營人掃靜能爲世宗典
櫛梳義恭善執衣服並以巧便旦夕居中愛幸
相侔官敘不異掃靜妻義恭姊也情相遺薄室
家不諧義恭恒忿恨之親經世宗訴其欺侮世
宗以其左右兩護之二人皆承奉茹皓亦並加
接眷而掃靜偏爲親密與皓常在左右略不歸

休皓敗掃靜亦死於家義恭小心謹慎謙退少
語皓等死後彌見幸信長侍左右典掌祕密世
宗不豫義恭晝夜扶侍崩于懷中靈太后臨政
義恭諂附元叉又有淫宴多在其宅爲嘗藥次
御出爲東秦州刺史建義後歷內外顯職武定
初卒於驃騎大將軍左光祿大夫
趙邕字令和自云南陽人絜白明鬚眉曉了恭
敏司空李沖之貴寵也邕以少年端謹出入其
家頗給按磨奔走之役沖亦深加接念令與諸

子游虔人有束帶謁於沖者時託之以自通高祖太和中給事左右至殿中監世宗即位及親政猶居本任微與趙脩結爲宗援然亦不甚相附也邕稍遷至殿中將軍猶帶監職邕父怡太和中歷郢州刺史停家久之以邕寵召拜太常少卿尋爲荆州大中正出除征虜將軍荆州刺史怡乃致其母喪葬於宛城之南趙氏舊墟以老乞解州任遷拜光祿大夫轉金紫光祿卒贈鎮東將軍相州刺史世宗每出入郊廟脩恒以

常侍侍中陪乘而邕兼奉車都尉執轡同載時人竊論號爲二趙以趙出南陽徙屬荆邕轉給事中南陽中正以父爲荆州大中正乃罷轉長兼散騎侍郎領左右直長出入禁中復爲荆州大中正邕弟尚中書舍人出除南陽太守怡辭荆州也尚求解郡與父俱還未至京師遂除步兵校尉邕祖嶽舊葬代京喪自平城還葬南陽贈平遠將軍青州刺史世宗崩邕兼給事黃門俄轉太府卿出除平北將軍幽州刺史在州貪

縱與范陽盧氏爲婚女父早亡其叔許之而母不從母北平陽氏攜女至家藏避規免邕乃拷掠陽叔遂至於死陽氏訴冤臺遣中散大夫孫景安研檢事狀邕坐處死會赦得免猶當除名自理經年臨淮王彧時爲廷尉久不斷決孝昌初卒

侯剛字乾之河南洛陽人其先代人也本出寒微少以善於鼎俎進餅出入久之拜中散累遷冗從僕射嘗食典御世宗以其質直賜名剛焉

稍遷奉車都尉右中郎將領刀劍左右加游擊將軍城門校尉遷武衛將軍仍領典御又加通直散騎常侍詔曰太和之季蟻寇侵疆先皇於不豫之中命師出討撫戎暴露艱御乖和朕屬當監國弗獲隨侍而左右服事唯藉忠勤剛於違和之中辛勤行餌追遠錄誠宜先推敘其以剛爲右衛大將軍後領太子中庶子世宗崩剛與侍中崔光迎肅宗於東宮尋除衛尉卿封武陽縣開國侯邑千二百戶俄爲侍中撫軍將軍

恒州大中正遷衛將軍表讓侍中詔不許進爵爲公以給侍之勞加賞散伯熙平初除左衛將軍餘官如故侍中游肇出爲相州剛言於靈太后曰昔高氏擅權游肇抗衡不屈先帝所知四海同見而出牧一藩未盡其美宜還引入以輔聖主太后善之剛寵任既隆江陽王繼尚書長孫稚皆以女妻其子司空任城王澄以其起由膳宰頗竊侮之云此近爲我舉食然公坐對集敬遇不虧後剛坐掠殺試射羽林爲御史中尉

元匡所彈廷尉處剛大辟尚書令任城王澄爲之言於靈太后侯剛歷仕前朝事有可取纖芥之疵未宜便致於法靈太后乃引見廷尉卿裴延儁少卿袁飜於宣光殿問曰剛因公事掠人邂逅致死律文不坐卿處其大辟竟何所依飜對曰案律邂逅不坐者謂情理已露而隱避不引必須箠撻取其款言謂撾撻以理之類至於此人問則具首正宜依犯結案不應橫加箠朴兼剛口唱打殺撾築非理本有殺心事非邂逅處之大辟未乖憲典太后曰卿等且還當別有判於是令曰廷尉執處侯剛於法如猛剛既意在爲公未宜便依所執但輕勦民命理無全捨可削封三百戶解尚食典御剛於是頗爲失意剛自太和進食遂爲典御歷兩都三帝二太后將三十年至此始解未幾加散騎常侍御史中尉元匡之廢也太后訪代匡者剛爲太傅清河王懌所舉遂除車騎將軍領御史中尉常侍衛尉如故及領軍元叉執政擅權樹結親黨剛長

子叉之妹夫乃引剛爲侍中左衛將軍還領尚食典御以爲枝援俄加車騎大將軍領左右復前削之封尋加儀同復領御史中尉剛啓軍旅稍興國用不足求以封邑俸粟賑給征人肅宗許之孝昌元年除領軍餘官如故初元叉之解領軍也靈太后以叉腹心尚多恐難卒制故權以剛代之示安其意尋出爲散騎常侍冀州刺史將軍儀同三司剛行在道詔曰剛因緣時會恩隆自久擢於凡品越昇顯爵往以微勳賞同

利建寵靈之極超絶夷等曾無犬馬識主之誠方懷梟鏡返噬之志與權臣元叉婚姻朋黨虧違典制長直禁中一出一入迭爲奸防又與劉騰共爲心膂間隔二宮逼脅內外且位居繩憲糾察是司宜立格言勢同鷹隼方嚴楚撻枉服貞良專任凶威以直爲曲不忠不道深暴民聽附下罔上事彰幽顯莫大之罪難從宥原封爵之科理宜貶奪可征虜將軍餘悉削黜剛終于家永安中贈司徒公

剛長子詳自奉朝請稍遷通直散騎侍郎冠軍將軍主衣都統剛以上谷先有侯氏於是始家焉正光中又請以詳爲燕州刺史將軍如故欲爲家世之基尋進後將軍五年拜司徒左長史領嘗藥典御燕州大中正興和中驃騎將軍殷州刺史還朝久而卒

鄭儼字季然滎陽人容皃壯麗初爲司徒胡國珍行參軍因緣爲靈太后所幸時人未之知也遷員外散騎侍郎直後靈太后廢肅寶夤西征以儼爲開府屬孝昌初太后反政儼請使還朝復見寵待拜諫議大夫中書舍人領嘗食典御晝夜禁中寵愛尤甚儼每休沐太后常遣閹童隨侍儼見其妻唯得言家事而已與徐紇俱爲舍人儼以紇有智數仗爲謀主紇以儼寵幸既盛傾身承接共相表裏勢動內外城陽王徽微與之合當時政令歸於儼等遷通直郎散騎常侍平東將軍武衛將軍華林都將右衛將軍散騎常侍中軍將軍中書令車騎將軍舍人常侍

如故肅宗崩事出倉卒天下咸言儼計也尒朱榮舉兵向洛以儼紇爲辭榮逼京師儼走歸鄉里儼從兄仲明先爲滎陽太守至是儼與仲明欲據郡起衆尋爲其部下所殺與仲明俱傳首洛陽

子文寬從出帝沒關西

徐紇字武伯樂安博昌人也家世寒微紇少好學有名理頗以文詞見稱察孝廉對策上第高祖拔爲主書世宗初除中書舍人謟附趙脩遷

通直散騎侍郎及脩誅坐黨從抱罕雖在徒役
志氣不撓故事捉逃役流兵五人流者聽免紇
以此得還久之復除中書舍人太傅清河王懌
又以文翰待之及領軍元叉之害懌也出爲鴈
門太守紇稱母老解郡還鄉至家未幾尋入洛
餉兒事叉大得叉意及叉父繼西鎮潼關以紇
爲從事中郎尋以母憂歸鄉里靈太后反政以
紇曾爲懌所顧待復起爲中書舍人紇又曲事
鄭儼是以特被信任俄遷給事黃門侍郎仍領

舍人總攝中書門下之事軍國詔命莫不由之
時有急速令數吏執筆或行或卧人別占之造
次俱成不失事理雖無雅裁亦可通情時黃門
侍郎太原王遵業琅邪王誦並稱文學亦不免
爲紇秉筆求其指授尋加鎮南將軍金紫光祿
大夫黃門舍人如故紇機辯有智數當公斷決
終日不以爲勞長直禁中略無休息時復
與沙門講論或分宵達曙而心力無怠道俗歎
服之然性浮動慕權利外似謇正內實諂諛時

豪家勝己必相陵駕書生貧士矯意禮之其詭態
若此有識鄙薄焉紇既處腹心參斷機密勢傾
一時遠近填湊與鄭儼李神軌寵任相亞時稱
徐鄭焉然無經國大體好行小數說靈太后以
鐵券間尒朱榮左右榮知深以爲憾啓求誅之
榮將入洛既剋河梁紇矯詔夜開殿門取驊騮
御馬十匹東走兖州紇弟獻伯爲北海太守
獻伯弟季彥先爲青州長史紇使人告之亦將
家南走羊侃時爲太山太守紇往投之說侃令

舉兵侃從之遂聚兵反共紇圍兖州孝莊初遣
侍中于暉爲行臺與齊獻武王督諸軍討之紇
慮不免說侃請乞師於蕭衍侃信之遂奔衍文
筆駮論數十卷多有遺落時或存於世焉

史臣曰 闕

列傳第八十一　魏書九十三

列傳閹官第八十二　魏書九十四

夫宮腐之族置於閽寺取則天象事歷百王身乖全品任事宮掖親由褻狎恩生趨走便僻俯仰當寵擅權斯則伊戾豎刁因而禍兩國石顯張讓所以翦二京也豈非形質既虧生命易忽譬之胥靡不懼登高此亦苟且之事由變不已也王者殷鑒宜改往轍而後庭婉孌遊宴之地椒壼留連終見任使巧佞由之而自達權幸伐然而復歸斯蓋其由來遠矣非一朝一世也魏氏則宗愛殺帝害王劉騰廢后戮相其閒竊官爵盜財賄秉勢使氣爲朝野之患者何可勝舉今謹録其尤顯焉

宗愛不知其所由來以罪爲閹人歷碎職至中常侍正平元年正月世祖大會於江上班賞羣臣以愛爲秦郡公恭宗之監國也每事精察愛天性險暴行多非法恭宗每銜之給事仇尼道盛侍郎任平城等任事東宮微爲權勢世祖頗聞之二人與愛並不睦爲懼道盛等案其事遂構告其罪詔斬道盛等於都街時世祖震怒恭宗遂以憂薨是後世祖追悼恭宗愛懼誅遂謀逆二年春世祖暴崩愛所爲也尚書左僕射蘭延侍中吳興公和疋侍中太原公薛提等祕不發喪延疋二人議以高宗沖幼欲立長子徵秦

王翰置之祕室提以高宗有世嫡之重不可廢所宜立而更求君延等猶豫未決愛知其謀始愛負罪於東宮而與吳王余素協乃密迎余自中宮便門入矯皇后令徵延等延等以愛素賤弗之疑皆隨之入愛先使閹竪三十人持仗於宮內及延等入以次收縛斬於殿堂執秦王翰殺之於永巷而立余余以愛爲大司馬大將軍太師都督中外諸軍事領中祕書封馮翊王愛既立余位居元輔録三省兼摠戎禁坐召公卿

權恣日甚內外憚之羣情咸以爲愛必有趙高閻樂之禍余疑之遂謀奪其權愛憤怒使小黃門賈周等夜殺余事在余傳高宗立誅愛周等皆具五刑夷三族

仇洛齊中山人本姓侯氏外祖父仇款始出馮翊重泉款石虎末徙鄴南枋頭仕慕容暐爲烏丸護軍長水校尉生二子長曰嵩小曰騰嵩仕慕容垂遷居中山位殿中侍御史嵩有二子長曰廣小曰盆洛齊生而非男嵩養爲子因爲之

姓仇初嵩長女有姿色充冉閔宮闈閔破入慕容儁又轉賜盧豚生子魯元有寵於世祖而知外祖嵩已死唯有三舅每言於世祖世祖爲訪其舅是時東方罕有仕者廣盆皆不樂入平城洛齊獨請行曰我養子兼人道不全當爲兄弟試禍福也乃乘驢赴京魯元候知將至結從者百餘騎迎于桑乾河見而下拜從者亦同致敬入言于世祖世祖問其才用所宜將授之以官魯元曰臣舅不幸生爲閹人唯合與陛下守宮

闈耳而不言其養子世祖矜焉賜以奴馬引見尋拜武衞將軍俄而賜爵文安子稍遷給事黃門侍郎魏初禁網疏闊民戶隱匿漏脫者多東州既平綾羅戶民樂葵因是請採漏戶供爲綸綿自後逃戶占爲細繭羅縠者非一於是雜營戶帥遍於天下不屬守宰發賦輕易民多私附戶口錯亂不可檢括洛齊奏議罷之一屬郡縣從平涼州以功超遷散騎常侍又加中書令寧南將軍進爵零陵公拜侍中平遠將軍冀州刺

史爲內都大官興安二年卒謚曰康

養子儼襲柔和敦敏有長者風太和中爲虎牢鎮將初洛齊貴盛之後廣盆坐他事誅世祖以其非仇氏子不與焉還取侯家近屬以儼爲子後欲還本而廣有女孫配南安王楨生章武王彬即中山王英弟也仇妃聞而請儼曰由我仇家富貴至此奈何一旦孤背恩養也禎時在內都主司品臣儼隸於楨畏憚之遂不敢九年卒謚曰靜

子振襲稍遷至中堅將軍長水校尉廣盆並善營產業家于中山號爲巨富子孫仕進至州主簿

騰曾孫儁位至龍驤將軍驍騎將軍樂平男

段霸鴈門原平人父乾慕容垂廣武令太祖初遣騎略地至鴈門霸年幼見執因被宮刑乾尋率鄉部歸化雲中霸少以謹敏見知稍遷至中常侍中護軍將軍殿中尚書領壽安少府賜爵武陵公出爲安東將軍定州刺史世祖親考內外大明黜陟前定州治中張潭屯告霸前在定州濁貨貪穢便道致財歸之鄉里召霸定對霸不首引世祖以霸近臣而不盡實由此益怒欲斬之恭宗進請遂免霸爲庶人

霸從弟榮雍州別駕兄弟諸從遂世居廣武城修飾有士風

王琚高平人自云本太原人高祖始晉豫州刺史琚以泰常中被刑入宮禁小心守節久乃見敘用稍遷爲禮部尚書賜爵廣平公加寧南將

軍高祖以琚歷奉先朝志在公正授散騎常侍後爲侍中征南將軍冀州刺史假廣平王徵還進爲征南將軍進爵高平王侍中如故遣還冀州高祖文明太后東巡冀州親幸其家存問周至還京以其年老拜散騎常侍養老於家前後賜以車馬衣服雜物不可稱計後降爵爲公扶老自平城從遷洛邑高祖以其朝舊遣左右勞問之琚附表自陳初至家多蒙賜帛二百匹常飲牛乳色如處子太和二十年冬卒時年九

十贈征南將軍冀州刺史謚曰靖
養子寄生未襲而亡
子蓋海襲祖琚爵初琚年七十餘賜得世祖時宮人郭氏本鍾離人明嚴有母德內外婦孫百口奉之肅若嚴君家內以治蓋海官至青州樂陵太守

趙黑字文靜初名海本涼州隷戶自云其先河內溫人也五世祖術晉末爲平遠將軍西夷校尉因居酒泉安彌縣海生而涼州平沒入爲閹人因改名爲黑有容貌恭謹小心世祖使進御膳出入承奉初無過行遷侍御典監藏拜安遠將軍賜爵睢陽侯轉選部尚書能自謹厲當官任舉頗得其人加侍中進爵河內公顯祖將傳位京兆王子推訪諸羣臣百官唯唯莫敢先言者唯源賀等詞義正直不肯奉詔顯祖怒變色復以問黑黑曰臣愚無識信情率意伏惟陛下春秋始富如日方中天下訟其盛明萬物懷其光景元元之心願終萬歲若聖性淵遠欲頤神味道者臣黑以死奉戴皇太子不知其他顯祖默然良久遂傳祚于高祖黑得幸兩宮祿賜優厚是時尚書李訢亦有寵於顯祖與黑對綰選部訢奏中書侍郎崔鑒爲東徐州北部主書郎公孫處顯爲幷州選部監公孫邃爲幽州皆曰有能也實有私焉黑疾其虧亂選體遂爭於殿庭曰以功授官因爵與祿國之常典中書侍郎尚書主書郎諸曹監勳能俱立不過列郡今訢皆用爲方州臣實爲惑顯祖疑之曰公孫邃且止遼最爲訢厚於是黑與訢遂爲深隙訢竟列黑爲監藏時多所截沒先是法禁寬緩百司所典與官並食故多所損折遂黜爲門士黑自以爲訢所陷歎恨終日廢寢忘食規報前怨踰年還入爲侍御散騎常侍侍中尚書左僕射復兼選部如昔黑告訢專恣訢遂出爲徐州及其將獲罪也黑構成以誅之然後食甘寢安志在於職事出爲假節鎮南大將軍儀同三司定州刺史進爵爲王克己清儉憂濟公私時有人欲行

私賂黑自高官祿厚足以自給賣公營私本非
情願終無所納高祖文明太后幸中山聞之賜
帛五百匹穀一千五百石轉冀州刺史太和六
年秋薨於官詔賜絹四百五十匹穀一千斛車
牛二十乘致柩至都追贈司空公謚曰康黑養
族弟趙奴第四子熾爲後
熾字貴樂初爲中散襲黑爵後降爲公官至
揚州安南府長史加平遠將軍元嵩之死壽春
也熾勵分安輯微有聲稱神龜中卒贈光州刺

史黑爲定州與熾納鉅鹿魏幹女有二子
長子撰字景則襲父侯爵官至樂陵太守卒贈
左將軍滄州刺史
撰弟儁之字仲彥輕薄無行爲給事中轉謁者
僕射爲劉騰養息猶以閹官餘資賂遺權門
頻歷顯官而卒
孫小字茂翹咸陽石安人父瓚姚泓安定護軍
爲赫連屈丐所侵人懷危懼亡奔者相屬瓚獨
率衆拒守見殺小沒入宮刑會魏平統萬遂徙

平城內侍東宮以聰識有智略稱未幾轉西臺
中散每從征伐屢有戰功多獲賞賜世祖幸瓜
步慮有北寇之虞乃加小左衛將軍賜爵泥陽
子除留臺將軍車駕還都遷給事中綰太僕曹
乃請父瓚贈謚求更改葬詔贈振威將軍秦州
刺史石安縣子謚曰戴轉小領駕部課理有方
畜牧蕃息出爲冠軍將軍并州刺史進爵中都
侯州內四郡百餘人詣闕頌其政化後遷冀州
刺史聲稱微少於前然所在清約當時牧伯無

能及也性頗忍酷所養子息驅馳鞭撻視如仇
讎小之爲并州以郭祚爲主簿重祚門才兼任
之以書記時人多之
張宗之字益宗河南鞏人家世寒微父孟舒劉
裕西征假洛陽令及宗之貴幸高宗贈孟舒平
南將軍洛州刺史鞏縣侯謚曰貞初緱氏宗文
邕聚黨於伊闕謀反逼脅孟舒等文邕敗孟舒
走免宗之被執入京充腐刑以忠厚謹慎擢爲
侍御中散賜爵鞏縣侯遂[illegible]常侍儀

曹庫部二曹尚書領中秘書進爵彭城公出爲
散騎常侍寧西將軍東雍州刺史以在官有稱
入爲內都大官出除散騎常侍鎮東將軍冀州
刺史又例降爲侯太和二十年卒年六十九贈
建節將軍懷州刺史諡曰敬
宗之兄鸞旗中書侍郎東宮中庶子兼宿衞給
事加寧遠將軍賜爵洛陽男轉殿中給事出爲
散騎常侍冠軍將軍涇州刺史進爵爲侯復爲
殿中給事中常侍卒贈洛州刺史諡曰靖始宗

之納南來殷孝祖妻蕭氏劉義隆儀同三司思
話弟思度女也多悉婦人儀飾故事太和中初
制六宮服章蕭被命在內預見訪採數蒙賜賚
蕭兄子超業後名彥幼隨姑入國娶李洪之女
賴其給贍以自濟歷位太尉長史武衞將軍齊
州刺史散騎常侍中軍將軍金紫光祿大夫彥
時來往蕭寶夤致敬稱名呼之爲尊彥於河陰
遇害贈車騎將軍儀同三司徐州刺史
子百年西河太守宗之養兄子龍襲紹爵

龍字子業高祖初除主文中散稍遷員外郎京
兆王大農久之除義陽太守爲司空劉騰諮議
參軍散騎常侍平東將軍光祿大夫太昌初卒
年七十七贈驃騎大將軍儀同三司冀州刺史
子顥邵郡太守卒贈荊州刺史
顥弟璟中散大夫
璟弟璋武定中豫州征西府長史諸中官皆世
衰唯趙黑及宗之後家僮數百通於士流
劇鵬高陽人粗覽經史閑曉吏事與王質等俱

充宦官性通率不以闇閹爲恥文明太后時亦
見眷遇爲給事中高祖遷洛常爲宮官事幽后
后之惑薩菩薩也鵬密諫止之不從遂發憤而卒
兄買奴亦爲官者歷位幽州刺史才志遠不及
鵬是時有季豐之徒數人皆被眷寵出入禁闈並
致名位積貲巨万第宅華壯文明太后崩後乃
漸衰矣
張祐字安福安定石唐人父成扶風太守世祖
末坐事誅祐充腐刑積勞至曹監中給事賜爵

黎陽男稍遷散騎常侍都綰內藏曹時文明太后臨朝中官用事祐以左右供承合旨寵幸冠諸閹官特遷爲尚書加安南將軍進爵隴東公仍綰內藏曹未幾監都曹加侍中與王叡等俱入八議太后嘉其忠誠爲造甲宅宅成高祖太后親率文武往燕會焉拜散騎常侍鎮南將軍尚書左僕射進爵新平王受職于太華庭備威儀於宮城之南觀者以爲榮高祖太后親幸其宅饗會百官祐性恭密出入機禁二十餘年未

曾有過由是特被恩寵歲月賞賜家累巨萬與王質等十七人俱賜金券許以不死太和十年薨時年四十九高祖親臨之詔鴻臚典護喪事賜帛千匹贈征南大將軍司空公謚曰恭葬日車駕親送出郊

祐養子顯明後名慶少歷內職有姿兒江陽王繼以女妻之襲爵降爲隴東公又降爲侯遷洛廢替二十餘年虛爵而已熙平初爲員外常侍兼衛尉少卿以元叉姊壻故越次而授焉神龜二年冬靈太后爲肅宗采名家女慶女入充世婦未幾爲嬪即叉甥也正光三年正少卿尋出爲將軍高平鎮將卒

子逈洛襲

抱嶷字道德安定石唐人居於直谷自言其先姓杞漢靈帝時杞匡爲安定太守董卓時懼誅由是易氏即家焉無得而知也幼時隴東人張乾王反叛家染其逆及乾王敗父睹生逃逸得免嶷獨與母没內京都遂爲宦人小心慎密恭

以奉上沉跡冗散經十九年後以忠謹被擢累遷爲中常侍安西將軍中曹侍御尚書賜爵安定公自總納言職當機近諸所奏議必致抗直高祖文明太后嘉之以爲殿中侍御尚書領中曹如故以統宿衛俄加散騎常侍高祖太后每出遊幸嶷多驂乘入則後宮導引太后既寵之乃徵其父睹生拜太中大夫賞賜衣馬睹生將還見於皇信堂高祖執手謂之曰老人歸途幾日可達好慎行路太和十二年遷都曹加侍中

祭酒尚書領中曹侍御後降爵爲侯賭生卒贈秦州刺史謚曰靖賜黃金八十斤繒綵及絹八百匹以供喪用弁別使勞慰加嶷大長秋卿嶷老疾請乞外禄乃以爲鎮西將軍涇州刺史特加右光禄大夫將之州高祖餞於西郊樂陽殿以御白羽扇賜之十九年被詔赴洛以刺史從駕南征常參侍左右以嶷耆舊毎見勞問數追稱嶷之正直命乘馬出入行禁之閒與司徒馮誕同例軍回還州自以故老前宦爲政多守往

法不能遵用新制侮慢舊族簡於接禮天性酷薄雖弟姪甥婿略無存潤後數年卒於州先以從弟老壽爲後又養太師馮熙子次興嶷死後二人爭立嶷妻張氏致訟經年得以熙子爲後老壽亦仍陳訴終獲紹爵次興還於本族給奴婢三十口嶷前後賜賞奴婢牛馬蓋數百千他物稱是

老壽凡薄酒色肆情御史中尉王顯奏言風聞前洛州刺史陰平子石榮積射將軍抱老壽恣蕩非軌易室而姦臊聲布於朝野醜音被於行路即攝鞫問皆與風聞無差犯禮傷化老壽等即主謹案石榮籍貫兵伍地隔宦流處世無入朝之期在生絕冠冕之望遭時之運逢非次之擢以犬馬延慈簪履恩念自微至貴位階方岳不能懷恩感德上酬天施廼咎彰遐邇穢京墟老壽種類無聞氏姓莫紀丐乞刑餘之家覆養閹人之室蒙國殊澤預班爵序正宜治家假內嶷敎誡閨庭方恣其淫姦換妻易妾榮前在

洛州遠迎老壽妻常氏兵人千里疲於道路老壽同敝笱之在梁若其原嶷之無別男女三人莫知誰子人理所未聞鳥獸之不若請以見事免官付廷尉理罪鴻臚削爵詔可老壽妻常氏万敵弟女也老壽死後收紀家業稍復其舊奴婢尚六七百人三女並嬪貴室爲老壽祖父皆造碑銘自洛就鄉而建之西方云直谷出二貴人

石榮者從主書稍進爲州自被劾後遂便廢頓

子長宣武定中南兖州刺史與侯景反伏法
王遇字慶時本名他惡馮翊李潤鎮羌也與雷
光不蒙俱為羌中彊族自云其先姓王後改氏
鉗耳世宗時復改為王焉自晉世已來恒為渠
長父守貴為郡功曹卒遇既貴追贈安西將軍
秦州刺史澄城公遇坐事腐刑為中散遷內行
令中曹給事中加員外散騎常侍右將軍賜爵
富平子遷散騎常侍安西將軍進爵宕昌公拜
尚書轉吏部尚書仍常侍例降為侯出為安西

將軍華州刺史加散騎常侍幽后之前廢也遇
頗言其過及後進幸高祖對李沖等申后無咎
而稱遇謗議之罪沖言果爾遇合死也高祖曰
遇舊人未忍盡之當止黜廢耳遂遣御史馳驲
免遇官奪其爵收衣冠以民還私第世宗初兼
將作大匠未幾拜光祿大夫復奪爵廢后馮氏
之為尼也公私罕相供恤遇自以常更奉接往
來祗謁不替舊敬衣食雜物每有薦奉后皆受
而不讓又至其館遇夫妻迎送謁伏侍立執臣

妾之禮遇性巧彊於部分北都方山靈泉道俗
居宇文文明太后陵廟洛京東郊馬射壇殿脩
廣文昭太后墓園太極殿及東西兩堂內外諸
門制度皆遇監作雖年在耆老朝夕不倦跨鞍
驅馳與少壯者均其勞逸又長於人事留意酒
食之間每逢寮舊具設餚果觴膳精豐然競於
榮利趨求勢門趙脩之寵也遇往還宗承受勑
為之監作第宅增於本旨笞擊作人莫不嗟怨
卒于官初遇之疾也太傅北海王與太妃俱往

臨問視其危惙為之泣下其善奉諸貴致相悲
悼如此贈使持節鎮西將軍雍州刺史侯如故
始遇與抱嶷並為文明太后所寵前後賜以奴
婢數百人馬牛羊他物稱是二人俱號富室
遇養弟子歷本郡太守稍遷至右軍將軍龍襲爵
宕昌侯產業有過于遇時
苻承祖略陽氐人也因事為閹人為文明太后
所寵自御廐令遷中部給事中散騎常侍輔國
將軍賜爵略陽侯兼典選部事中部如故轉吏

部尚書仍領中部高祖爲造甲第數臨幸之進爵略陽公安南將軍加侍中知都曹事初太后以承祖居腹心之任許以不死之詔後承祖坐贓應死高祖原之削職禁錮在家授悖義將軍佞濁子月餘遂死

王質字紹奴高陽易人也其家坐事幼下蠶室頗解書學爲中曹吏內典監稍遷祕書中散加寧朔將軍賜爵永昌子領監御遷爲侍御給事又領選部監御二曹事復特加前將軍進爵魏

昌侯轉選部尚書加員外散騎常侍出爲鎮遠將軍瀛州刺史質在州十年風化粗行察姦糺慝究其情狀民庶畏服之而刑政刻峻多所笞戮號爲威酷高祖頗念其忠勤宿舊每行留大故馮司徒亡廢馮后陸叡穆泰等事皆賜質以璽書手筆莫不委至同之戚貴質皆寶掌以爲榮入爲大長秋卿未幾而卒

李堅字次壽高陽易人也高宗初因事爲閹人文明太后臨朝稍遷至中給事中賜爵魏昌伯小心謹慎常在左右雖不及王遇王質等而亦見任用高祖遷洛轉被委授爲太僕卿檢課牧産多有滋息世宗初出爲安東將軍瀛州刺史本州之榮同於王質所在受納家産巨万值京兆王愉反於冀州堅勒衆征愉爲愉所破代還遇風疾拜光禄大夫數年卒贈撫軍將軍相州刺史賵帛五百匹以弟子雲景爲後襲爵魏昌伯爲羽林監直後

秦松不知其所由太和末爲中尹遷長秋卿賜

爵高都子有罪免世宗復其爵起爲光禄大夫領中常侍遷平北將軍領長秋卿出爲散騎常侍安北將軍并州刺史卒贈大將軍肆州刺史謚曰定

白整者亦因事腐刑少掌宮掖碎職以恭敏著稱稍遷至中常侍太和末爲長秋卿賜爵雲陽男世宗封其妻王氏爲[illegible]縣君卒贈平北將軍并州刺史

劉騰字青龍本平原城民徙屬南兖州之譙郡

幼時坐事受刑補小黃門轉中黃門高祖之在
懸瓠騰使詣行所高祖問其中事騰具言幽后
私隱與陳留公主所告符協由是進冗從僕射
仍中黃門後與茹皓使徐兗采召民女及還遷
中給事稍遷中尹中常侍特加龍驤將軍後爲
大長秋卿金紫光祿大夫太府卿肅宗踐極之
始以騰預在宮衛封開國子食邑三百戶是年
靈太后臨朝以與于忠保護之勳除崇訓太僕
加中侍中改封長樂縣開國公食邑一千五百

戶拜其妻時爲鉅鹿郡君每引入內受賞賚亞
於諸主外戚所養二子爲郡守尚書郎騰曾疾
篤靈太后慮或不救遷衛將軍儀同三司餘官
仍舊後疾瘳騰之拜命肅宗當爲臨軒會其日
大風寒甚而罷乃遣使持節授之騰幼充宮役
手不解書裁知署名而已姦謀有餘善射人意
靈太后臨朝特蒙進寵多所干託內外碎密栖
栖不倦洛北永橋太上公太上君及城東三寺
皆主脩營吏部嘗望騰意奏其弟爲郡帶戍人

資乖越清河王懌抑而不與騰以爲恨遂與領
軍元叉害懌廢靈太后於宣光殿宮門晝夜長
閉內外斷絕騰自執管鑰肅宗亦不得見裁聽
傳食而已太后服膳俱廢不免飢寒又使中常
侍賈粲假言侍肅宗書密令防察又以騰爲司
空公表裏擅權共相樹置叉爲外禦騰爲內防
迭直禁闥共裁刑賞騰遂與崔光同受詔乘步
挽出入殿門四年之中生殺之威決於叉騰之
手八坐九卿旦造騰宅參其顏色然後方赴省

府亦有歷日不能見者公私屬請唯在財貨舟
車之利水陸無遺山澤之饒所在固護剥削六
鎮交通互市歲入利息以巨万計又頗役嬪御
時有徵求婦女器物公然受納逼奪鄰居廣開
室宇天下咸患苦之正光四年三月薨于位年
六十賵帛七百匹錢四十万蠟二百斤鴻臚少
卿護喪事中官爲義息衰絰者四十餘人騰之
初治宅也奉車都尉周特爲之筮不吉深諫止
之騰怒而不用特告人曰必困於三月四月之交

至是果死廳事甫成陳屍其下追贈使持節
驃騎大將軍太尉公冀州刺史騰之葬日閹官
爲義服杖經衰縞者以百數朝貴皆從軒蓋
塡塞相屬郊野魏初以來權閹存亡之盛莫及
焉靈太后反政追奪爵位發其冢散露骸骨沒
入財產後騰所養一子叛入蕭衍太后大怒因徙
騰餘養於北裔尋遣密使追殺之於汲郡
賈粲字季宣酒泉人也太和中坐事腐刑頗涉
書記世宗末漸被知識得充內侍自崇訓丞爲

長兼中給事中中嘗藥典御轉長兼中常遷光
祿少卿光祿大夫靈太后之廢粲與元叉劉騰
等伺帝動靜右衛奚康生之謀殺叉也靈太后
肅宗同升於宣光殿左右侍臣俱立西階下康
生旣被囚執粲紿太后曰侍官懷恐不安陛下
宜親安慰太后信之適下殿粲便扶肅宗於東
序前御顯陽還閉太后於宣光殿粲旣叉黨威
福亦震於京邑自云本出武威魏太尉文和之
後遂移家屬焉時武威太守韋景承粲意以其

兄緒爲功曹緒時年向七十未幾又以緒爲西
平太守比景代下已轉武威太守靈太后反政
欲誅粲以叉騰黨與不一恐驚動內外乃止出
粲爲濟州刺史未幾遣武衛將軍刁宣馳驛殺
之資財沒於縣官
楊範字法僧長樂廣宗人也高宗時坐宗人劫
賊被誅範宮刑爲王琚所養恩若父子往來出
入其家範爲中謁者轉黃門中謁者僕射中給
事中射聲校尉加寧遠將軍爲中尹世宗崩高

陽王雍攝政出爲白水太守加龍驤將軍靈太
后臨朝徵爲常侍崇訓太僕卿領中常藥典御
賜爵華陰子爲平西將軍華州刺史中官
侍貴者靈太后皆許其方岳以範年長拜跪爲
難所司非要故得早遂其請父子納貨勞役兵
民爲御史所糺子遂逃竄範事得散赴京師遂
廢於家後靈太后念範勤舊乃以範爲中侍中
安南將軍尋進鎮南將軍崇訓太僕華州大中
正卒贈征西將軍秦州刺史

成軌字洪義上谷居庸人少以罪刑入事宫掖以謹厚稱除中謁者僕射高祖意有所欲軌瞻候容色時有奏發輒合帝心從駕南征專進御食于時高祖不豫常居禁中晝夜無懈車駕還賜帛百匹景明中嘗食典御丞僕射如故轉中給事中步兵校尉勑侍東宫延昌末遷中常侍中嘗食典御光禄大夫賜始平伯統京染都將轉崇訓太僕少卿遭母憂詔遣主書宣常顯景弔慰又起為本官進安東將軍崇訓衛尉卿久之

超遷中侍中撫軍將軍典御崇訓如故尋除中軍將軍燕州大中正孝昌二年以勤舊封始平縣開國伯食邑三百戶肅宗所幸潘嬪以軌為假父頗為中官之所敬憚建義初軌迎於河陰詔令安慰宫内進爵為侯增戶三百并前六百戶遷衛將軍其年八月卒贈車騎大將軍雍州刺史謚曰孝惠

養弟子仲慶襲爵位鎮軍將軍光禄大夫卒子朏襲齊受禪例降

王溫字桃湯趙郡欒城人父冀高邑令坐事被誅溫與兄繼叔俱充宦者高祖以其謹慎補中謁者小黄門轉中黄門鉤盾令稍遷中嘗食典御中給事中給事東宫加左中郎將世宗之崩羣官迎肅宗於東宫溫於卧中起肅宗與保母扶抱肅宗入踐帝位高陽王雍既居冢宰慮中人朋黨出為鉅鹿太守加龍驤將軍靈太后臨朝徵還為中常侍光禄大夫賜爵欒城伯安東將軍領崇訓太僕少卿特除使持節散騎常侍

撫軍將軍瀛州刺史還除中侍中進號鎮東將軍金紫光禄大夫遷車騎將軍左光禄大夫光禄勳卿侍中如故孝昌二年封欒城縣開國侯邑六百戶溫後自陳本陽平武陽人於是改封武陽縣開國侯邑如故建義初於河陰遇害年六十六永安初贈驃騎大將軍儀同三司雍州刺史

養子冏哲襲齊受禪例降

孟鸞字龍兒不知何許人坐事充閹人文明太

后時王遇有寵鸞以謹敏爲遇左右往來方山營諸寺舍由是漸見眷識靈太后臨朝爲左中郎將中給事中素被病面常黯黒於九龍殿下暴疾半身不攝扶載歸家其夜亡鸞初出靈太后聞之曰鸞必不濟我爲之憂及奏其死爲之下淚曰其事我如此不見我一日忻樂時也遂賜帛三百匹黃十匹以供喪用七日靈太后爲設二百僧齋賜助施五十匹同類榮焉

平季字稚穆燕國薊人祖濟武威太守父雅州

季才與沙門法秀謀反伏誅季坐腐刑入事宮掖父之除小黃門以忤旨出爲潞縣令不拜仍除奉朝請靈太后反政授寧朔將軍長水校尉領黃門令轉前軍將軍中給事中時四方多事太后每令季出使於外後慰勞西軍還至潼關華州羌人舜明等據嶮作逆都督妻道明不能進討會舜明遣十餘人詐降入道明軍鬭遂散出爲新興太守肅宗崩與尒朱榮等議立莊帝莊帝即位起拜平北將軍肆州刺史尋除撫軍將軍中侍中以參謀之勳封元城縣開國侯食邑七百戶仍加金紫光祿大夫幽州大中正尋攝燕安平營中正前廢帝以爲車騎將軍右光祿大夫中侍中如故永熙中加驃騎將軍季遇疾詔遣使存問三年九月卒天平初贈使持節都督幽燕安平四州諸軍事儀同三司幽州刺史中侍中將軍侯如故初季以兄叔良爲龍驤季爵卒子世胄襲齊受禪例降

封津字醜漢勃海蓨人也祖羽真君中爲薄骨律鎮副將以貪汙賜死父令德娶党寶女寶伏誅令德以連坐從法津受刑給事宮掖積官久之除中謁者僕射遷奉車都尉肅宗初冀州大乘賊起詔津慰勞津世不居桑梓故不爲州鄉所歸靈太后令津侍肅宗書遷常山太守孝昌初除中侍中加征虜將軍仍除崇訓太僕領宮室都將冀州大中正超拜金紫光祿大夫二年封東光縣開國子食邑二百戶鎮南將軍兼

中闌右慰勞大傳出爲散騎常侍征東將軍濟
州刺史永安初中侍中衛將軍尋轉大長秋左
光祿大夫太昌初驃騎大將軍儀同三司津少
長宮闈給事左右善候時情號爲機悟天平初
除開府儀同三司本將軍懷州刺史元象初復
爲中侍中大長秋卿仍開府儀同夏薨年六十
二贈都督冀瀛幽安四州諸軍事本將軍司徒
公冀州刺史謚曰孝惠
養兄子長業襲爵齊受禪例降

津兄憑字元寄當時逃竄後會赦免太和中奉
朝請冀州趙郡王幹田曹參軍定州彭城王勰水
曹參軍給事中越騎校尉以討大乘功除左
中郎將遷龍驤將軍中散大夫孝昌中歷恒農
武邑二郡太守尋除征虜將軍光州刺史還爲
平東將軍光祿大夫轉鎮南將軍金紫光祿大
夫除衛將軍右光祿大夫初津被敕營出帝父
廣平王陵永熙中以營陵功封津城陽縣開國
子邑三百戸津自有封乃啓轉於憑後除衛

大將軍左光祿大夫興和三年夏卒年六十七憑
無他才伎始終資歷皆由於津津卒之後憑亦
無贈
子靈素襲齊受禪例降
津從兄荅光祿大夫
子宗顯司徒掾
劉思逸平原人父直武邑太守與元愉反於信
都伏誅思逸少充腐刑初爲中小史轉寺人又
之除小黃門拜奉朝請坐事免後除東莞太

守思逸雖身在閹寺而性頗豪率輕薄無行好
結朋遊又除左將軍大長秋卿遷中侍中平東將
軍武定中與元瑾等謀反伏誅又有張景嵩
毛暢者咸以閹寺在肅宗左右而並黠了甚
見知遇俱爲小黃門每承間陳元叉之惡於
肅宗元叉之出景嵩暢頗有力焉靈太后反
政未即戮叉時内外喧喧云叉還入知政事
暢等恐禍及已乃啓肅宗欲詔右衛將軍楊
津密往殺叉詔書已成未及出叉妻知之告太

后去景嵩暢與清河王息卲欲廢太后太后信之責暢暢出詔書草以呈太后太后讀之知無廢已狀意爲小解然叉妻構之不已遂致疑感未幾出暢爲頓丘太守後復出景嵩爲魯郡太守乃密令御史掩暢暢走免尋捕殺之景嵩因入都太后數其與暢同計之事大致嫌責後爲陽城滎陽二郡太守孝靜時位至中侍中坐事死

史臣曰　闕

列傳閹官第八十二　魏書九十四

列傳第八十三　魏書九十五

夫帝皇者配德兩儀家有四海所謂天無二日土無二王者也三代以往守在海外秦吞列國漢并天下逮桓靈失政九州瓦裂曹武削平寇難魏文奄有中原於是偽孫假命於江吳僭劉

盜名於岷蜀何則戎方椎髻之帥夷俗斷髮之魁世崇凶德罕聞王道扇以跋扈忻從放命加以中州避地華士違離思託號令之聲念邀風塵之際因虞候隙仍相君長偷名竊位聲息一隅至乃指言井絡假上帝之祉妄說黃旗去人君之氣論土不出江漢語地僅接襄斜而謂握皇符秉帝籍三分鼎立比蹤王者溺人必笑其在茲乎若是鱉竈可擬於周王夫差容比於漢祖尉佗定黃屋之尊子陽成綰璽之貴豈其然

哉及鍾會一將之威士治偏師之勢而使驟重西至侯蓋北首天人弗許斷可知焉晉年不永時逢喪亂異類羣飛姦凶角逐內難興於戚屬外禍結於藩維劉淵一唱石勒繼響二帝沈淪兩都傾覆徒何仍釁氐羌襲梗夷楚喧聒於江淮胡虜叛換於瓜涼兼有張赫山河之間顧恃遼海之曲各言應曆數人謂遷圖鼎或更相吞噬迭為驅除或狼戾未馴俟我斧鉞太祖奮風霜於參合鼓雷電於中山黃河以北靡然歸順

矣世祖叡略潛舉靈武獨斷以夫僭偽未夷九域尚阻慨然有混一之志既而戎車歲駕神兵四出全國克敵伐罪弔民遂使專制令擅威福者西自流沙東極滄海莫不授館於東門懸首於北闕矣唯夫窮髮遺虜未拔根株徼垂殘狡尚餘栽蘖而北踰瀚漠折其肩髀南極江湖抽其腸胃雖骸骨僅存脂膏咸盡視息纔舉魂魄久遊高祖聖敬時乘遷居改作日轉雲移風行電掃辮髮之渠非逃則附卉服之長琛賮繼

入猶以侍子不至取亂乘機五牛一指六師騁路截其武臣驍帥傾其湯池石城向使時無穀塘之禍民無鼎湖之思北可焚穹廬收服匿削引弓之左衽苑龍荒以牧馬南則巢黿鼉暴鯨鯢變水處之文身化鳥言於人俗矣尋以壽春內款華陽稽服幕彼江陰憂於繫頸肅宗以沖年踐祚俄則母后當陽務崇寬政取和朝野置荒遐於度外譬蠻夷於雞肋而黠狄淪胥種落離貳虜帥飄然窮而歸我矜其眼目愍厥顛亡

反之於故庭復之以保塞魏道將虧禍出權幸事僻於中民驚於外疆埸崩騰藩籬傾駭陰朔委命之倫雲蒸霧合上失其道下極其難政亂如風草師亡猶彈丸十數年間中區殄悴而江湄巨狡窺覦上國虵虺肆毒竊我邊鄙甿衆相率馬首南向白山瀍水狐鼠羣遊魏德雖衰天命未改援墜扶危齊武電發屈身宰世大濟橫流和戎略遠用謀急病輶軒四指喻以德音介乃舟車接次駝驢銜尾烽柝不驚尉候空設而

水鄉大猾好利忘信納我逋叛共爲舉斧遂有寒山之戰渦陽（闕二字）糺合傖楚覆其巢穴衍以餧卒綱實鴆死獯虜那瓌尋亦殲殪自二百許年僭盜多矣天道人事卒有歸焉猶衆星環於斗極百川之赴溟海今揔其僭僞列於國籍俾後之好事知僭盜之終始焉

匈奴劉聰字玄明一名載冒頓之後也漢高祖以宗女妻冒頓故其子孫以母姓爲氏祖豹爲左賢王及魏分匈奴之衆爲五部以豹爲左部

帥豹雖分屬五部然皆家于晉陽汾澗之濵父淵形容偉壯膂力過人晉初爲任子在洛陽豹卒淵代之後改帥爲都尉以淵爲北部都尉楊駿輔政以淵爲建威將軍五部大都督封漢光鄉侯後坐部民叛出塞免官永寧初成都王穎表淵行寧朔將軍監五部軍事及齊王冏長沙王乂與穎等自相誅滅北部都督劉宣等竊議反叛謀推淵爲大單于時淵在鄴乃使呼延攸以此謀告之淵請歸會葬穎不許穎爲皇太弟

以淵爲太弟屯騎校尉晉惠帝之伐穎也以淵爲輔國將軍都督北城守事及惠帝敗以淵爲冠軍將軍封盧奴伯既而并州刺史司馬騰幽州刺史王浚起兵伐穎穎師戰敗淵謂穎曰今二鎮跋扈衆踰十万恐非宿衛及近郡士民所能禦之淵當爲殿下還說五部鳩合義衆以赴國難穎悅拜淵爲北單于參丞相軍事淵至左國城劉宣等上大單于之號二旬之間衆便五万都於離石淵謂宣等曰帝王豈有常哉當上

爲漢高下爲魏武然晉人未必同我漢有天下世長恩德結於民心吾又漢氏之甥約爲兄弟兄亡弟紹不亦可乎今且可稱漢追尊後主以懷民望乃還於左國城自稱漢王置百官年號元熙追尊劉禪爲孝懷皇帝攻擊郡縣桓帝十一年晉并州刺史司馬騰來乞師桓帝親率万騎救騰斬淵將綦毋豚淵南走蒲子語在序紀晉光熙元年淵進據河東剋平陽蒲坂遂都平陽晉永嘉二年淵稱帝年號永鳳後汾水中得

王璽文曰有新保之蓋王莽之璽也得者因增
淵海光三字而獻之淵以爲巳瑞號年爲河瑞
以聰爲大司馬大單于録尚書事置單于臺於
平陽西淵死子和僭立聰即和第四弟也殺和
而自立聰猨臂善射彎弓三百斤晉新興太守
郭頤辟爲主簿任以郡事舉良將爲驍騎別部
司馬晉王冏以爲國中尉出爲左部司馬尋遷
右部尉太宰河間王顒表爲赤沙中郎將以淵
在鄴懼爲成都王穎所害亡奔穎穎甚悅拜右

積弩將軍參前鋒戰事隨還左國淵稱大號拜
大司馬封楚王及僭位年號光興聰遣王彌劉
曜攻陷洛陽執晉懷帝改年爲嘉平聰於是憍
奢淫暴殺戮無巳誅翦公卿旬日相繼納其太
保劉殷二女爲左右貴嬪又納殷孫女四人爲
貴人六劉之寵傾於後宮聰希復出外事皆中
黃門納奏左貴嬪決之其都水使者襄陵王攄
以魚蟹不供將作大匠望都公靳陵以營作遲
晚並斬於東市聰遊獵無度晨出暮歸觀魚於

汾以燭繼晝其弟乂及子粲輿櫬切諫聰怒曰
吾豈桀紂幽厲乎而汝等生來哭人也先是劉
琨來告難穆帝親率大衆令長子六脩擊粲等
大破之語在序紀聰與羣臣飲讌逼晉帝行酒
晉光禄大夫庾珉等謀以平陽應劉琨於是害
晉帝誅珉等改嘉平爲建元平陽地震聰崇明
觀陷爲池水赤如血赤氣至天有赤龍奮迅而
去流星起于牽牛入紫微龍形委蛇其光照地
落於平陽北十里視之則肉長三十步廣二十

七步臭達於平陽肉旁常有哭聲晝夜不止聰
惡之劉后產一蛇一虎各害人而走尋之不得
須之見在隕肉之旁聰遣劉曜攻陷長安執晉
愍帝改建元爲麟嘉其武庫陷入地一丈五尺
聰自去冬至是遂不受朝賀立市於後庭與宮
人讌戲積日不醒立上皇后樊氏樊氏是聰張
后之侍婢也時稱后者四人佩皇后璽綬者七
人阿諛日進貨賄公行後宮賞賜動至千万有
豕著進賢冠犬冠武弁帶綬並昇聰座俄而鬬

死宿衛之人無見入者平文二年聰死
子粲襲位號年漢昌粲荒耽酒色遊蕩後庭軍
國之事決其大將軍靳準準勒兵誅粲劉氏男
女無少長皆殺之準自號漢王置百官尋爲靳
明所殺衆降淵族子曜
曜字永明少孤見養於淵頗知書計志性不恒
拳勇有膂力鐵厚一寸射而洞之坐事當誅亡
匿朝鮮客爲縣卒會赦得還聰之末年位至相
國鎮長安靳準之誅粲也曜來赴之次於赤壁

三十　魏傳　八十三　八　何

遂僭尊號改年光初靳明既降於曜曜遷都長
安自稱大趙曜西通張駿南服仇池窮兵極武
無復寧歲又發六百万功營其父及妻二塚下
洞三泉上崇百尺積石爲基周回二里發掘古
塚以千百數迫督役徒繼以脂燭百姓嗥哭盈
於道路又更增九十尺冢前石人有聲言慎封
其子胤爲南陽王以漢陽十三郡爲國立單于
臺於渭城置左右賢王已下皆以雜種爲之曜
得黑兔改年爲太和石虎伐曜曜擊破之遂攻

石生於洛陽曜不撫士衆專與嬖臣飲博左右
或諫曜怒斬之石勒進據石門曜甫知之解金
墉之圍陳于洛西將與勒戰至西陽明麾軍就
平師遂大潰曜墜于冰爲石勒將石堪所擒勒
囚之襄國尋殺之烈帝元年曜子毗率百官棄
長安西走秦州尋爲石勒所滅
羯胡石勒字世龍小字匐勒其先匈奴別部分
散居於上黨武鄉羯室因號羯胡祖邪弈于父
周曷朱一字乞翼加並爲部落小帥周曷朱性

三十八　魏傳　八十三　九　沈

凶麤不爲羣胡所附勒壯健有膽略好騎射周
曷朱每使代己督攝部胡部胡愛信之并州刺
史司馬騰執諸胡於山東賣充軍實兩胡一枷
勒亦在中至平原賣與師氏爲奴師家隣於馬
牧勒與牧帥汲桑往來相託遂招集王陽夔安
支雄冀保吳豫劉膺桃豹逯明郭敖劉徵劉寶
張噎僕呼延莫郭黑略張越孔豚趙鹿支屈六
等東如赤龍騄驥諸苑乘苑馬還掠繒寶以賂
汲桑成都王穎之廢也穎故將陽平人公師藩

等自稱將軍起兵趙魏衆至數万勒與汲桑率牧人乘苑馬數百騎以赴之於是桑始命勒以石爲姓以勒爲名藩拜爲前隊督藩戰敗身死勒與汲桑亡潛苑中穎之將如河北也汲桑以勒爲伏夜牙門率牧人劫掠郡縣繫囚合軍以應之屯于平石桑自號大將軍進軍攻鄴以勒爲前鋒都尉攻鄴尅之尋爲晉將苟晞所敗勒往從劉淵拜爲輔漢將軍平晉王劉聰立以勒爲征東大將軍并州刺史汲郡公劉粲攻洛陽

勒留長史刁膺統步卒九万徙輜重于重門率輕騎二万會粲於大陽大敗晉監軍裴邈于澠池遂至洛川勒出成皋圍晉陳留太守王讚於倉垣爲讚所敗屯文石津將北攻晉幽州刺史王浚會浚將王甲始率遼西鮮卑万餘騎敗劉聰安北大將軍趙固于津北勒乃燒船棄營引軍向柏門迎重門輜重合于石門而濟南攻晉豫州刺史馮嵩于陳郡不尅進攻襄城太守崔曠於繁昌斬之先是雍州流民王如侯脫嚴嶷

等起兵江淮間受劉淵官位聞勒之來也懼遣衆一万拒於襄城勒擊敗之盡俘其衆勒至南陽屯于宛之北山王如遣使通好勒進攻宛尅之斬侯脫降嚴嶷盡并其衆南至襄陽攻尅江西三十餘壘有據江漢之志勒右長史張賓以爲不可引軍而北晉太傅東海王越率洛陽之衆二十餘万討勒越薨於軍軍人推太尉王衍爲主率衆而東勒追擊破之於苦縣勒分騎圍而射之相登如山殺王衍及晉襄陽王範等十

餘万人越世子毗聞越薨出自洛陽從者傾城勒逆毗於洧倉破之執毗及晉宗室二十六王并諸卿士皆殺之與王彌劉曜攻陷洛陽歸功彌曜遂出轘轅執晉大將軍苟晞於蒙城以爲左司馬劉聰授勒鎮軍大將軍幽州牧領并州刺史用張賓之計自汝南葛陂北都襄國襲幽州擒王浚殺之劉聰加勒陝東伯得專征伐封拜刺史將軍守宰列侯歲盡集上及劉粲爲靳準所殺勒率衆赴平陽曜稱尊號授勒大司馬

大將軍加九錫增封十郡并前十三郡進爲趙公勒至平陽斬明出與勒戰勒大破之遣兼左長史王脩主簿劉茂獻捷於曜明率平陽之衆奔曜曜西如粟邑勒焚平陽宮室置戍而歸徙渾儀樂器於襄國曜遣使授勒太宰領大將軍進爵趙王增封七郡并前二十郡出入警蹕冕十有二旒乘金根車駕六馬如魏武輔漢故事王脩舍人曹平樂留仕曜朝言於曜曰大司馬遣脩等來外表至虔内覘彊弱曜實殘弊懼脩宣之大怒追還策命而斬王脩劉茂逃歸言脩死狀勒大怒誅曹平樂父兄夷其三族又知追停太宰趙王之授怒曰帝王之起復何常也趙王趙帝孤自取之名號大小豈爾所節乎勒乃自稱大都督大將軍大單于趙王以二十四郡爲趙國號爲趙王元年平文三年也勒遣使求和請爲兄弟斬其使以絶之自是朝會常僭天子禮樂以饗羣臣烈帝元年勒又遣使求和帝許之二年勒僭稱皇帝置百官年號建平雖都

三百卌　魏傳八十三　十二

襄國又營鄴宮作者數十万人兼以晝夜五年勒死子大雅僭立

大雅名犯顯祖廟諱大雅立號年延熙石虎廢大雅爲海陽王而僭立尋殺之

虎字季龍勒之從子也祖曰匐邪父曰寇覓寇覓有七子虎第四勒父幼而子之故或謂之爲勒弟也晉永興中與勒相失永嘉五年劉琨送勒母王氏及虎於葛陂時年十七矣性殘忍遊獵無度能左右射好以彈彈人軍中甚患之勒白母曰此兒凶暴無賴使軍人殺之聲名可惜宜自除也王曰快牛爲犢子時多能破車汝復小忍勿却之至年十八身長七尺五寸弓馬迅捷勇冠當時將佐親戚莫不敬憚勒深嘉之而酷害過差軍中有壯健與己齊者因獵戲讁輒殺之至於降城陷壘不復斷別善惡坑斬士女鮮有遺類御衆嚴整莫敢犯者指授攻討所向無前故勒寵信彌隆仗以專征之任劉聰以虎爲魏郡太守鎮鄴三臺又封繁陽侯食邑三千

三百大　魏傳八十三　十三

戶勒為趙王以虎為車騎將軍加侍中開府進封中山公勒稱尊號為太尉守尚書令封中山王食邑万戶勒死虎擅誅右光祿大夫程遐中書令徐光遣子邃率兵入大雅宮直衛文武皆奔散大雅大懼自陳弱劣讓位于虎虎曰若其不堪天下自當有大義何足豫論遂逼立之虎自為丞相魏王虎以勒文武舊臣皆補丞相閑任其府寮舊昵悉居臺省禁要改勒太子宮曰崇訓宮徙勒妻劉氏已下居之簡其美淑及車

馬服御皆歸虎第劉氏謂其彭城王石堪曰丞相便相淩蹈恐國祚之滅不復久矣真可謂養虎自殘者也王將何以圖之堪曰先帝舊臣皆以斥外衆旅不復由人宮殿之中亡所厝計臣請出奔兗州據廩丘扶南陽王恢為盟主宣太后詔於諸牧守征鎮令各率義兵同討惡逆蔑不濟也劉氏然之既而堪計不果虎灸而殺之又殺劉氏石生先鎮長安石朗鎮洛陽並起兵討虎為虎所滅虎遂自立為大趙王號年建武

自襄國徙居於鄴乃殺大雅及其母程氏并大雅諸弟初虎衣衮冕將祀南郊照鏡無首大恐怖不敢稱皇帝乃自貶為王使其太子邃省可尚書奏事唯選牧守祀郊廟征伐刑斷乃親覽之虎又改稱大趙天王邃以事呈之恚曰此小事何足呈也時有所問復怒曰何以不呈誚責杖捶月至再三邃甚愠恨私謂中庶子李顏等曰官家難稱吾欲行冒頓之事卿從我乎顏等伏不敢對虎聞而大怒殺邃及其男女二十六

人一棺埋之誅其宮臣支黨二百餘人立次子宣為太子虎於鄴起臺觀四十餘所營長安洛陽二宮作者四十餘万人又欲自鄴起閣道至于襄國勑河南四州具南師之備并朔秦雍嚴西討之資青冀幽州三五發卒諸州造甲者五十万人擾役黎元民庶失業得農桑者十室而三船夫十七万人為水所沒為虎所害三分而一課責征士五人車一乘牛二頭米各十五斛絹十匹諸役調有不辦者皆以斬論窮民率多

鸞子以充軍制而猶不足者乃自經于道路死者相望猶求發無已太武殿成圖畫忠臣孝子烈士貞女皆變爲胡狀頭縮入肩虎大惡之遣司虞中郎將賈霸率工匠四千於東平岡山造獵車千乘轅長三丈高一丈八尺置高一丈七尺格虎車四十乘立行樓二層於其上南至滎陽東極陽都使御史監司其中禽獸民有犯者罪至大辟御史因之擅作威福民有美女好牛馬求之不得便誣以犯獸論民死者相繼海岱

河濟之間民無寧志矣又發民牛二万餘頭配朔州牧官增內官二十四等東宮十二等諸公侯七十餘國皆爲置女官九等先是大發民女二十巳下十三巳上三万餘人爲三等之第以分配之郡縣有希旨務於美淑奪人婦者九千餘人民妻有美色豪勢因而脅之率多自殺太子諸公私令採發者亦垂一万建國九年虎遣使朝貢虎使其太子宣及宣弟秦公韜遞日省可尚書奏事宣惡韜侔己謂嬖人楊柯牟成等

曰汝等殺韜吾入西宮當以韜之國邑分封汝等韜既死上必親臨因行大事亡不濟矣柯等許諾乃夜入韜第而殺之虎將出臨韜喪其司空李農諫乃止翌日有人告之虎大怒以鐵鐶穿宣頷而鏁之作數斗木槽和以羹飯以猪狗法食之取害韜刀仗舐其上血號叫之聲震動宮殿積柴城北樹標其上標末置鹿盧穿之以繩送宣於標所使韜所親宦者郝雅劉靈拔其髮抽其舌以繩貫其頷鹿盧絞上之劉霸斷其

手足斫眼潰腹如韜之傷四面縱火煙焰際天虎從昭儀巳下數千人登中臺以觀之火滅取灰分置諸門交道中殺其妻子二十九人誅其四率巳下三百人宦者五十人皆車裂節解棄之漳水洿其東宮以養豬牛十二年虎自稱皇帝號年太寧虎死

少子世僭立虎養孫閔殺世以世兄遵爲主遵以閔爲大將軍輔政遵立七日大風雷震晝昏火水俱下災其太武殿延及宮內府庫至于

閶闔門火月餘乃滅
遵兄鑒又殺遵而自立號年青龍鑒弟苞與胡張才孫伏都等謀殺閔不剋而死自鳳陽門至琨華殿積屍如丘流血成池閔知胡人不爲己用乃閉鄴城四門盡殺諸胡晉人貌似胡者多亦濫死閔乃殺鑒而自立盡滅石氏
閔本姓冉乃復其姓自稱大魏號年永興尋爲慕容儁所擒
鐵弗劉虎南單于之苗裔左賢王去卑之孫北

部帥劉猛之從子居於新興慮虒之北北人謂胡父鮮卑母爲鐵弗因以爲號猛死子副崘來奔虎父誥升爰代領部落誥升爰一名訓兜誥升爰死虎代焉虎一名烏路孤始臣附於國自以衆落稍多舉兵外叛平文與晉并州刺史劉琨共討之虎走據朔方歸附劉聰聰以虎宗室拜安北將軍監鮮卑諸軍事丁零中郎將復渡河侵西部平文逆擊大破之虎退走出塞昭成初虎又寇西部帝遣軍逆討又大破之虎死

子務桓代領部落遣使歸順務桓一名豹子招集種落爲諸部雄潛通石虎虎拜爲平北將軍左賢王務桓死
弟閼陋頭代立密謀反叛語在序紀後務桓子悉勿祈逐閼陋頭而自立悉勿祈死
弟衞辰代立衞辰務桓之第三子也既立之後遣子朝獻昭成以女妻衞辰衞辰潛通苻堅堅以爲左賢王遣使請堅求田內地春來秋去堅許之後掠堅邊民五十餘口爲奴婢以獻於堅

堅讓歸之乃背堅專心歸國舉兵伐堅堅遣其建節將軍鄧羌討擒之堅自至朔方以衞辰爲夏陽公統其部落衞辰以堅還復其國復附於堅雖於國貢使不絕而誠敬有乖帝討衞辰大破之收其部落十六七焉衞辰奔苻堅堅送還朔方遣兵戍之昭成末衞辰導苻堅來寇南境王師敗績堅遂分國民爲二部自河以西屬之衞辰自河以東屬之劉庫仁語在燕鳳傳堅後以衞辰爲西單于督攝河西雜類屯代來城慕

容永之據長子拜衞辰使持節都督河西諸軍事大將軍朔州牧居朔方姚萇亦遣使結好拜衞辰使持節都督北朔雜夷諸軍事大將軍大單于河西王幽州牧累爲寇害登國中衞辰遣子直力鞮寇南部其衆八九万太祖軍五六千人爲其所圍太祖乃以車爲方營並戰並前大破之於鐵岐山南直力鞮單騎而走獲牛羊二十餘万乘勝追之自五原金津南渡逕入其國居民駭亂部落奔潰遂至衞辰所居悅跋城衞辰父子驚遁乃分遣諸將輕騎追之陳留公元虔南至白鹽池虜衞辰家屬將軍伊謂至木根山禽直力鞮盡并其衆衞辰單騎遁走爲其部下所殺傳首行宮獲馬牛羊四百餘万頭先是河水赤如血衞辰惡之及衞辰之亡誅其族類並投之於河衞辰第三子屈子亡奔薛干部帥太悉伏

屈子本名勃勃太宗改其名曰屈子屈子者卑下也太悉伏送之姚興興高平公破多羅沒弈干妻之以女屈子身長八尺五寸興見而奇之拜驍騎將軍加奉車都尉常參軍國大議寵遇踰於勳舊興弟濟南公邕言於興曰屈子天性不仁難以親育寵之太甚臣竊惑之興曰屈子有濟世之才吾方收其藝用與之共平天下有何不可乃以屈子爲安遠將軍封陽川侯使助沒弈干鎮高平議以義城朔方雜夷及衞辰部衆三万配之以候邊隙邕固諫以爲不可興曰卿何以知其氣性邕曰屈子奉上慢御衆殘貪暴無親輕爲去就寵之踰分終爲邊害興乃止以屈子爲持節安北將軍五原公配以三交五部鮮卑二万餘落鎮朔方太祖末屈子襲殺沒弈干而并其衆僭稱大夏天王號年龍昇置百官興乃悔之屈子恥姓鐵弗遂改爲赫連氏自云徽赫與天連又號其支庶爲鐵伐氏云其宗族剛銳如鐵皆堪伐人劉裕攻長安屈子聞而喜曰姚泓豈能拒裕裕必滅之待裕去後吾取之如拾遺耳於是秣馬厲兵休養士卒及裕擒泓留

子義眞守長安屈孑伐之大破義眞積人頭為京觀號曰髑髏臺遂僭稱皇帝於灞上號年為昌武定都統万勒銘城南頌其功德以長安為南都性憍虐視民如草芥蒸土以築都城鐵錐刺入一寸即殺作人而并築之所造兵器匠呈必死射甲不入即斬弓人如其入也便斬鎧匠凡殺工匠數千人常居城上置弓劍於側有所嫌忿手自殺之羣臣忤視者鑿其目笑者決其脣諫者謂之誹謗先截其舌而後斬之議廢其

三百十　魏傳八十三　二十二

長子璝璝自長安起兵攻屈孑屈孑中子太原公昌破璝殺之屈孑以昌為太子始光二年屈孑死昌僭立

昌字還國一名折屈孑之第三子也既僭位改年永光世祖聞屈孑死諸子相攻關中大亂於是西伐乃以輕騎一万八千濟河襲昌時冬至之日昌方宴饗王師奄到上下驚擾車駕次於黑水去城三十餘里昌乃出戰世祖馳往擊之昌退走入城未及閉門軍士乘勝入其西宮焚

其西門夜宿城北明日分軍四出略居民殺獲數万生口牛馬十數万徙万餘家而還後昌遣弟定與司空奚斤相持於長安世祖乘虛西伐濟君子津輕騎三万倍道兼行羣臣咸諫曰統万城堅非十日可拔今輕軍討之進不可克退無所資不若步軍攻具一時俱往世祖曰夫用兵之術攻城最下不得已而用之如其攻具一時俱往賊必懼而堅守若攻不時拔則食盡兵疲外無所掠非上策也朕以輕騎至其城下彼

三九四　魏書傳八十三　二十三　陳新

先聞有步軍而徒見騎至必當心閑朕且羸師以誘之若得一戰擒之必矣所以然者軍士去家二千里復有黃河之難所謂置之死地而後生也以是決戰則有餘攻城則不足遂行次于黑水分軍伏於深谷而以少衆至其城下昌將狄子玉來降說昌使人追其弟定定曰城既堅峻未可攻拔待擒斤等然後徐往內外擊之何有不濟昌以為然世祖惡之退軍城北示昌以弱遣永昌王健及娥清等分騎五千西掠居民

會軍士負罪亡入昌城言官軍粮盡士卒食菜輜重在後步兵未至擊之爲便昌信其言引衆出城步騎三万司徒長孫翰等言昌步陳難陷宜避其鋒且縱步兵一時奮擊世祖曰不然遠來求賊恐其不出今避而不擊彼奮我弱非計也遂收軍僞北引而疲之昌以爲退鼓譟而前舒陳爲翼行五六里世祖衝之賊陳不動稍復前行會有風起方術官者趙倪勸世祖更待後日崔浩叱之世祖乃分騎爲左右以掎之世祖墜馬賊已逼接世祖騰馬刺殺其尚書斛黎又殺騎賊十餘人流矢中掌奮擊不輟昌軍大潰不及入城奔於上邽遂克其城初屈子性奢好治宫室城高十仞基厚三十步上廣十步宫牆五仞其堅可以礪刀斧臺榭高大飛閣相連皆彫鏤圖畫被以綺繡飾以丹青窮極文采世祖顧謂左右曰蕞尒小國而用民如此雖欲不亡其可得乎後侍御史安頡擒昌世祖使侍中古弼迎昌至京師舍之西宫門內給以乘輿之副又

詔昌尚始平公主假常忠將軍會稽公封爲秦王坐謀反伏誅

昌弟定小字直犢屈子之第五子凶暴無賴昌敗定奔於平凉自稱尊號改年勝光定登其隂槃山望其本國泣曰先帝以朕承大業者豈有今日之事乎使天假朕年當與諸卿建季興之業俄而有羣狐百數鳴於其側定命射之無所獲定惡之曰此亦大不臧咄咄天道復何言哉與劉義隆連和遥分河北自恒山以東屬義隆恒山以西屬定遣其將寇鄜城始平公隗歸討破之定又將數万人東擊歸世祖親率輕騎襲平凉定救平凉方陳自固世祖四面圍之斷其水草定不得水引衆下原詔武衛將軍丘眷擊之衆潰定被創單騎遁走收其餘衆乃西保上邽神麚四年爲吐谷渾慕璝所襲擒定送京師伏誅

徒何慕容廆字弈洛瓌其本出於昌黎曾祖莫護跋魏初率諸部落入居遼西從司馬宣王討

平公孫淵拜率義王始建國於棘城之北祖木
延從毋丘儉征高麗有功加號左賢王父涉歸
以勳進拜鮮卑單于遷邑遼東涉歸死廆代領
部落以遼東僻遠徙於徒何之青山穆帝之世
頗爲東部之患左賢王普根擊走之乃脩和親
晉愍帝拜廆鎭軍將軍昌黎遼東二國公平
文之末廆復侵東部擊破之王沒稱制以廆爲
散騎常侍冠軍將軍前鋒大都督大單于廆以
非王命所授拒之廆死子元眞代立

元眞小字万年名犯恭宗廟諱元眞旣襲弟仁
叛於遼東之平郭與元眞相攻元眞討斬之乃
號年爲元年自稱燕王置官如魏武輔漢故事
石虎率衆伐元眞元眞擊走之建國二年帝納
元眞女爲后元眞襲石虎至於高陽掠徙幽冀
二州三万户而還四年元眞遣使朝貢城和龍
城而都焉元眞征高麗大破之遂入丸都掘高
麗王釗父利墓載其屍并其母妻珍寶掠男女
五万餘口焚其宮室毀丸都而歸釗單馬遁走
後稱臣於元眞乃歸其父屍又大破宇文開地
千里徙其部民五万餘家於昌黎元眞死子儁
統任

儁字宣英旣襲位號年爲元年聞石氏亂乃厲
甲嚴兵將爲進取之計鑿山除道入自盧龍剋
薊城而都之進剋中山常山大破冉閔於魏昌
廉臺擒之閔太子叡固守鄴城進師攻鄴剋之
建國十五年儁僭稱皇帝置百官號年元璽國
稱大燕郊祀天地十六年遣使朝貢儁自薊遷

都於鄴號年爲光壽儁死子暐統任

暐字景茂儁之第三子也旣僭立號年建熙暐
政無綱紀時人知其將滅有神降於鄴自稱湖
女有聲與人相接數日而去僭晉將桓溫率衆
伐暐至於枋頭暐叔父垂擊走之垂有大功暐
不能賞方欲殺之垂怒奔苻堅堅遣將王猛伐
鄴擒暐封新興侯後拜尚書太祖之七年苻堅
敗於淮南垂叛攻苻丕於鄴暐弟濟北王泓先
爲北地長史聞垂攻鄴亡奔關東收諸馬牧鮮

甲衆至數千還屯華陰暐乃潛使諸弟及宗人起兵於外堅遣將軍張永步騎五千擊之爲泓所敗泓衆遂盛自稱使持節大都督陝西諸軍事大將軍雍州牧濟北王推垂爲丞相都督陝東諸軍事領大司馬冀州牧吳王堅遣子鉅鹿公叡伐泓泓弟中山王沖先爲平陽太守亦起兵河東有衆二万泓大破叡軍斬叡沖爲堅將竇衝所破棄其步衆率鮮卑騎八千奔於泓軍泓衆至十餘万遣使謂堅曰秦爲無道滅我社

稷今天誘其衷秦師傾敗將欲興復大燕吳王已定關東可速資備大駕奉送乘輿并宗室功臣之家泓當率關中燕人翼衛皇帝還返鄴都與秦以虎牢爲界分王天下永爲鄰好不復爲秦之患也堅怒責暐曰卿雖曰破滅其實若歸奈何因王師小敗猖悖若是泓書如此卿欲去者朕當相資暐叩頭流血涕泣陳謝堅久之曰此自三豎之罪非卿之過復其位待之如初命暐以書招喻垂及泓沖使息兵還長安恕其反

叛之咎而暐密遣使謂泓曰今秦數已終社稷不輕勉建大業可以吳王爲大將軍領司徒承制封拜聽吾死問汝便即尊位泓於是進向長安年號燕興泓謀臣高蓋宿勤崇等以泓德望後沖且持法苛峻乃殺泓立沖爲皇太弟承制行事置百官沖去長安二百里堅遣子平原公暉拒之沖大破暉軍進據阿房初堅之滅燕沖姊清河公主年十四有殊色納之寵冠後庭沖年十二亦有龍陽之姿堅又幸之姊弟專寵宮

人莫進長安歌之曰一雌復一雄雙飛入紫宮咸懼爲亂王猛切諫堅乃出沖及其母卒葬之以燕后之禮長安又謠曰鳳皇鳳皇止阿房堅以鳳皇非梧桐不栖非竹實不食乃蒔梧竹數十万株于阿房城以待鳳皇之至沖小字鳳皇至是終爲堅賊入止阿城焉暐入見堅稽首謝曰弟沖不識義方孤背國恩臣罪應万死陛下垂天地之容臣蒙更生之惠臣二子昨婚明當三日愚欲暫屈鑾駕幸臣私第堅許之暐出術

士王嘉曰椎蘆作籧篨不成文章會天大雨不
得殺羊言暐將殺堅而不果也堅與羣臣莫之
能解是夜大雨晨不果出初暐之遣諸弟起兵
於外也謀欲伏兵請堅殺之時鮮卑在城者猶
有千餘人暐令其帥悉羅騰屈突鐵侯等潛告
之曰官今使吾外鎮聽舊人悉隨可於某日會
集某處鮮卑信之北部人突賢之妹爲堅左將
軍竇衝小妻賢與妹別妹請衝留其兄衝馳入
白堅堅大驚召騰問之騰具首服乃誅暐父子
及其宗族城內鮮卑無少長男女皆殺之廆弟

運運孫永
永字叔明暐既爲苻堅所并永徙於長安家貧
夫妻常賣靴於市及暐爲堅所殺也沖乃自稱
尊號以永爲小將沖與左將軍苟池大戰於驪
山永力戰有功斬池等數千級堅大怒復遣領
軍將軍楊定率左右精騎二千五百擊沖大敗
之俘掠鮮卑万餘而還堅悉坑之又敗沖右僕
射慕容憲於灞滻之間定果勇善戰沖深憚之

納永計穿馬埳以自固遷永黃門郎沖毒暴關
中人民流散道路斷絶千里無煙及堅出如五
將山沖入長安縱兵大掠死者不可勝計初堅
之未亂也關中土然無火而煙氣大起方數十
里月餘不滅堅每臨聽訟觀令民有怨者舉煙
於城北觀而錄之長安爲之語曰欲得必存當
舉煙關中謠曰長鞘馬鞭擊左股太歲南行當
復虜西人呼徒何爲白虜沖果據長安樂之忘
歸且以慕容垂威名夙著跨據山東憚不敢進

課農築室爲久安之計衆咸怨之登國元年沖
左將軍韓延因民之怨殺沖立沖將段隨爲燕
王改年昌平沖之入長安王嘉謂之曰鳳皇鳳
皇何不高飛還故鄉無故在此取滅亡沖敗其
左僕射慕容恒與永潛謀襲殺段隨立宜都王
子覬爲燕王號年建明率鮮卑男女三十餘万
口乘輿服御禮樂器物去長安而東以永爲武
衛將軍恒弟護軍將軍韜陰有貳志誘覬殺之
于臨晉恒怒去之永與武衛將軍刁雲率衆攻

韜韜遣司馬宿勤黎逆戰永執而戮之韜懼出
奔恒營恒立慕容沖子望爲帝號年建平衆悉
去望奔永永執望殺之立慕容泓之子忠爲帝
改年建武忠以永爲太尉守尚書令封河東公
至聞喜知慕容垂稱尊號託以農要弗集築燕
熙城以自固刁雲等又殺忠推永爲大都督大
將軍大單于雍秦梁涼四州牧河東王稱藩於
垂永以苻丕至平陽恐不能自固乃遣使求丕
假道還東丕不許率衆討永永擊走之進據長

子永僭稱帝號年中興垂攻丁零翟釗於滑臺
釗請救於永永謀於衆尚書郎勃海鮑遵曰徐
觀其弊卞莊之舉也中書侍郎太原張騰曰彊
弱勢殊何弊之有不如救之成鼎峙之勢可引
兵趣中山晝多疑兵夜倍其火彼必懼而還師
我衝其前釗躡其後此天授之機不可失也永
不從釗敗降永永以釗爲車騎大將軍東郡王
歲餘謀殺永永誅之垂遣其龍驤將軍張崇攻
永弟武鄉公友於晉陽永遣其尚書令刁雲率

衆五万屯潞川垂停鄴月餘不進永乘詭道伐
之乃攝諸軍還於太行軹關垂進師入自木井
關攻永從子征東將軍小逸豆歸鎮東將軍王
次多於臺壁永遣其從兄太尉大逸豆歸救次
多等垂將平規擊破之永率衆五万與垂戰於
臺壁南爲垂所敗奔還長子嬰城固守大逸豆
歸部將潛爲內應垂勒兵密進永奔北門爲前
驅所獲垂數而戮之并斬永公卿已下刁雲大
逸豆歸等三十餘人永所統新舊民戶及服御

圖書器樂珍寶垂盡獲之

垂字道明元眞第五子也甚見寵愛常目而謂
諸弟曰此兒闊達好奇終能破人家或能成人
家故名霸字道業恩遇踰於儁故儁不能平
之及即王位以垂墜馬傷齒改名爲缺外以慕
郤缺爲名內實惡之尋以讖記之文乃去夬以
垂爲名焉年十三爲偏將所在征伐勇冠三軍
儁平中原垂爲前鋒累戰有大功及儁尊號拜
黃門郎出爲安東冀州牧封吳王以侍中右禁將

軍録留臺事鎮龍城大收東北之和歷位鎮東平州征南大將軍荆兖二州牧司隷校尉以車騎大將軍敗桓温於枋頭威名大震不容於暐西奔苻堅堅甚重之拜冠軍將軍封賔都侯堅敗於淮南入於垂軍子寶勸垂殺之垂以堅遇之厚也不聽行至洛陽請求拜墓許之遂起兵攻苻丕於鄴乃引漳水以灌之不没者尺餘丁零翟斌怨垂使人夜往決堰水潰故鄴不抜垂稱燕王置百官年號燕元引師去鄴開苻丕西

歸之路丕固守鄴城請援於司馬昌明垂怒曰苻丕吾縱之不能去方引南賊規固鄴都不可置也乃復進師丕乃棄鄴奔并州垂以兄子魯陽王和為南中郎將鎮鄴垂定都中山登國元年垂僭稱大位號年為建興建宗廟社稷於中山盡有幽冀平州之地垂遣使朝貢三年太祖遣九原公儀使於垂垂又遣使朝貢四年太祖遣陳留公虔使於垂又遣使朝貢五年又遣秦王觚使於垂垂留觚不遣遂絶行人垂議討慕

容永太史令靳安言於垂曰彗星經尾箕之分燕當有野死之王不出五年其國必亡歲在鶉火必克長子垂乃止安出而謂人曰此衆既并終不能久安意蓋知太祖之興也而不敢言先是丁零翟遼叛垂後遣使謝罪垂不許遼怒遂自號大魏天王有衆數万屯於滑臺與垂相擊遼死子釗代之及垂征尅滑臺釗奔長子垂議征長子諸將咸諫以永國未有釁連歲征役士卒疲怠請待他年垂將從之垂弟司徒范陽王

德固勸垂征垂曰司徒議與吾同二人同心其利斷金吾計決矣且吾投老叩囊底智足以克之不復留逆賊以累子孫垂率步騎七万伐永尅之十年垂遣其太子寶來寇時太祖幸河南宮乃進師臨河築臺告津奮揚威武連旌沿河東西千有餘里是時陳留公虔五万騎在河東要山截谷六百餘里以絶其左太原公儀十万騎在河北以承其後略陽公遵七万騎塞其南路太祖遣捕寶中山行人一二盡擒馬步無脫

寶乃引舡列兵亦欲南渡中流大風卒起漂寶舡數十艘泊南岸擒其將士三百餘人太祖悉賜衣服遣還始寶之來垂已有疾自到五原太祖斷其行路父子問絶太祖乃詭其行人之辭令臨河告之曰汝父已死何不遽還兄弟聞之憂怖以爲信然於是士卒駭動往往間言皆欲爲變初寶至幽州其所乘車軸無故自折占工靳安以爲大凶固勸令還寶怒不從至是問安安對曰今天變人事咎徵已集速去可免寶逾

大恐安退而告人曰今皆將死於他鄉尸骸委於草野爲烏鳥螻蟻所食不復見家矣冬十月寶燒舡夜遁是時河水未成寶謂太祖不能度故不設斥候十一月天暴風寒冰合太祖進軍濟河留輜重簡精鋭二万餘騎急追之晨夜兼行暮至參合陂西寶在陂東營於蟠羊山南水上靳安言於寶曰今日西北風勁是追軍將至之應宜設警備兼行速去不然必危寶乃使人防後先不撫循軍無節度將士莫爲盡心行十

餘里便皆解鞌寢卧不覺大軍在近前驅斥候見寶軍營還告其夜太祖部分衆軍相援諸將羅落東西爲掎角之勢約勒士卒束馬口銜枚無聲昧爽衆軍齊進日出登山下臨其營寶衆晨將東引顧見軍至遂驚擾奔走太祖縱騎騰躡大破之有馬者皆蹶倒冰上自相鎮壓死傷者万數寶及諸父兄弟單馬迸散僅以身免於是寶軍四五万人一時放仗斂手就羈矣其遺迸去者不過千餘人生擒其王公文武將吏數

千獲寶寵妻及宫人器甲輜重軍資雜財十餘万計垂復欲來寇太史曰太白夕没西方數日後見東方此爲躁兵先舉者亡垂不從鑿山開道至寶前敗所見積骸如丘設祭弔之死者父兄子弟遂皆號哭聲震山川垂慙忿嘔血發病而還死於上谷寶僭立

寶字道祐小字庫勾垂之第四子也少而輕果無志操好人佞已及爲太子砥礪自脩朝士翕然稱之垂亦以爲克保家業垂妻段氏謂垂曰

寶資質雍容柔而不斷承平則爲仁明之主處
難則非濟世之雄今託之以大業未見克昌之
美遼西高陽兒之賢者宜擇一以樹之趙王麟
姦詐負氣常有輕寶之心恐必難作此自家事
宜深圖之垂弗納寶聞之深以爲恨寶既僭位
年號永康遣麟逼其母段氏曰后常謂主上
不能繼守大統今竟能不宜早自裁以全段氏
段氏怒曰汝兄弟尚逼殺母安能保社稷吾豈
惜死念國滅不久耳遂自殺寶議以后諫廢嫡

統無母后之道不宜成喪羣臣咸以爲然寶中
書令畦邃執意抗言寶從而止皇始元年太祖
南伐及克信都寶大懼太祖軍於栢肆寶夜來
犯營太祖擊破之寶走還中山率万餘騎奔薊
寶子淸河王會先守龍城聞寶被圍率衆赴難
逢寶於路寶分奪其軍以授弟遼西王農等會
怒襲農傷之農弟高陽王隆勸寶殺會寶不獲
會勒兵攻寶寶走龍城會追圍之侍御郎高雲
襲敗會會奔中山寶命雲爲子封夕陽公會至

中山爲慕容普隣所殺寶率衆自龍城而南將
攻中山衆憚征逃潰寶還龍城垂舅蘭汗拒之
寶南走奔薊汗遣使誘迎寶寶殺之將南奔叔
父范陽王德聞德稱制退潛辟陽汗復遣迎寶
寶以汗垂之季舅子盛又汗之壻也必謂無二
乃還龍城汗殺之及子弟等百餘人汗自稱大
都督大單于昌黎王號年青龍以盛子壻哀而
宥之

盛字道運寶之長子也垂封爲長樂公歷位散

騎常侍左將軍寶既僭立進爵爲王拜征北大
將軍司隸校尉尚書左僕射蘭汗之殺寶也以
盛爲侍中左光祿大夫盛乃間汗兄弟使相疑
害李旱衞雙劉志張真等皆盛之舊昵汗太子
穆並引爲腹心盛要結旱等因汗穆等酒醉夜
襲殺之僭尊號改年爲建平又號年爲長樂盛
改稱庶民大王盛以寶闇而不斷遂峻極威刑
纖介嫌忌莫不裁之於未萌防之於未兆於是
上下震局人不自安雖忠誠親戚亦僉懷離貳

前將軍段璣等夜潛禁中鼓譟攻盛盛聞變起率左右出戰衆皆披潰俄有一賊闇中擊盛傷之遂輦昇殿申約禁衛召叔父河間公熙屬之未至而盛死

熙字道文小字長生垂之少子也羣臣與盛伯母丁氏議以其家多難宜立長君遂廢盛子定迎熙而立之熙立殺定年號光始築龍騰苑廣袤十餘里役徒二万人起景雲山於苑内基廣五百步高十七丈又起逍遥宫甘露殿連房數

百觀閣相交鑿天河渠引水入宫又爲妻苻氏鑿曲光海清涼池季夏盛暑不得休息暍死者太半熙遊于城南止大柳樹下若有人呼曰大王且止熙惡之伐其樹下有蛇長丈餘熙盡殺寶諸子改年爲建始又爲其妻起承華殿負土於北門土與穀同價典軍杜靜載棺詣闕上書極諫熙大怒斬之熙妻嘗季夏思凍魚鱠仲冬須生地黄皆下有司切責不得加之以大辟其虐也如此及苻氏死熙擁其屍而撫之曰體已就冷命遂斷矣於是僵仆絶息久而乃蘇悲號擗踴斬衰食粥大斂之後復啓而交接制百官哭臨沙門素服令有司案檢有淚者爲忠孝無淚者罪之於是羣臣震懼莫不含辛以爲淚焉及葬熙被髮徒跣步從轜車高大毀城門而出長老相謂曰慕容氏自毀其門將不久矣中衛將軍馮跋兄弟閉門拒熙執而殺之立夕陽公雲爲主

雲寶之養子復姓高氏年號正始跋又殺雲自

立雲之立也熙幽州刺史上庸公慕容懿以遼西歸降太祖以懿爲征東將軍平州牧昌黎王後坐反伏誅元眞少子德

德字玄明雅爲兄垂所重桓溫之至枋頭也德與垂擊走之苻堅滅暐以德爲張掖太守垂稱尊號封爲范陽王拜車騎大將軍司隷校尉尋遷司徒寶既即位以德鎮鄴後拜丞相寶既東走羣寮勸德稱尊號德不從皇始二年既拔中山太祖遣衛王儀攻鄴德率戶四万南走滑臺

自稱燕王號年爲燕元置百官德冠軍將軍苻廣叛於乞活壘德留兄子和守滑臺率衆攻廣斬之而和長史李辯殺和以城來降德無所據乃謀於衆其給事黃門侍郎張華勸德取彭城而據之其尚書潘聰曰青齊沃壤號曰東秦土方二千里戶餘十万四塞之固負海之饒可謂用武之國宜攻取據之以爲關中河內也德從之引師克薛城徐兗之民盡附之以其南海王法爲兗州刺史鎭梁父進克莒城以潘聰爲徐

三千九四　魏傳八十三　四十二　刘

州刺史鎭莒城北伐廣固司馬德宗幽州刺史辟閭渾聞德將至徙民八千餘戶入廣固遣司馬崔誕率千餘人戍薄荀固平原太守張豁屯柳泉誕豁皆承檄遣子降德渾懼攜妻子北走德追騎斬之渾少子道秀自歸請與父俱死德曰渾雖不忠而子能孝其特赦之德入都廣固僭稱尊號號年建平女水竭德聞而惡之因而寢疾兄子超請祈女水德曰人君之命豈女水所知超固請終不許立超爲太子德死超僭立

超字祖明德兄北海王納之子也旣僭位號年太上超青州刺史北地王鍾兗州刺史南海王法等起兵叛超超悉平之超南郊柴燎燭起而煙不出靈臺令張光告人曰今火盛而煙滅國其亡乎天賜五年司馬德宗將劉裕伐超超將公孫五樓勸超拒之於大峴超曰但令度峴我以鐵騎踐之此成擒也太尉桂林王鎭曰若如聖旨必須平原用馬便宜出峴逆戰戰而不勝猶可退守不宜縱敵自貽寇逼臣以爲天時不

三千九四　魏書傳八十三　四十二　馬

如地利拒之大峴策之上也超不從出而告人曰主上酷似劉璋今年國滅吾必死之超收鎭下獄裕入大峴超拒之於臨朐乃赦鎭而謝之超戰於臨朐爲裕所敗退還廣固裕遂圍之廣固鬼夜哭有流星長十餘丈隕于廣固城濱裕執超送建康市斬之

臨渭氐苻健字建業本出略陽臨渭祖懷歸爲部落小帥父洪字廣世洪之生也隴右霖雨百姓苦之時有謠曰雨若不止洪水必起故名之

曰洪年十二而父死爲部帥羣氏推以爲盟王
劉曜拜洪爲寧西將軍率義侯從之高陸進爲
氏王石虎平秦隴表石勒拜冠軍將軍涇陽伯
又從之枋頭遷光烈將軍進爵爲侯稍遷冠軍
大將軍進封西平公討平梁犢進位車騎大將
軍開府儀同三司略陽公冉閔之亂秦雍徙民
西歸憑洪爲主衆至十餘万自稱大將軍大單
于三秦王既而爲其將麻秋所鴆臨死謂健曰
關中周漢舊都形勝之國進可以一同天下退

不失保全秦雍吾死之後便可鼓行而西健從之
健初名羆字世建又避石虎外祖張羆之名故
改焉健便弓馬善於事人石虎深愛之歷位翼
軍校尉鎮軍將軍時京兆杜洪竊據長安關中
雄儁皆應之健密圖關中懼洪之知也乃繕宮
室於枋頭課民種麥示無西意既而自稱征西
大將軍雍州刺史盡衆西行至盟津起浮橋以
濟遣弟輔國將軍雄率步騎五千入自潼關兄子
揚武將軍菁率衆七千自軹關入河東執菁手

曰若事不捷汝死河北我死河南不及黃泉無
相見也濟訖焚橋自統大衆繼雄而進杜洪遣
將軍張先逆健于潼關雄擊破之洪盡召關中
之衆以拒健健聞而笑之遇泰之臨健曰小往
大來吉亨昔往東而小今還西而大吉孰大焉
諸君知不此則漢祖屠秦之機也健長驅至長
安杜洪奔司竹健遂入都建國十四年乃僭稱
天王號年皇始國號大秦置百官健尋自稱皇
帝桓溫率衆伐長安次于灞上健弟雄擊溫破

之溫乃引衆東走健遣其太子萇追溫比至潼
關九敗之萇亦爲流矢所中死關中大飢蝗虫
生於華澤西至隴山百草皆盡牛馬至相噉毛
虎狼食人行路斷絕十八年健死子生僭立
生字長生健之第三子也幼而麤暴昏酒無賴
祖洪甚惡之生無一目年七歲洪戲之問侍者
曰吾聞瞎兒一淚信乎侍者曰然生怒引佩刀
自刺出血曰此亦一淚也洪驚鞭之生曰性耐刀
稍不堪鞭捶洪曰汝爲尒不已吾將以汝爲奴

生曰可不如石勒也洪懼跣而掩其口謂健曰此兒狂敎宜早除之不然長大必破人家健將殺之雄止之曰兒長成自當修改何至便如此健乃止及長力舉千鈞雄勇好殺手格猛獸走及奔馬擊刺騎射冠絶一時初健之長子死生母強氏意在少子柳健以讖有三羊五眼之言故立之生既僭立號年壽光雖在諒闇遊飲自若彎弓露刃以見朝臣錘鉗鋸鑿備置左右在位未幾后妃公卿下至僕隷殺五百餘人朝饗羣

臣酣飲奏樂生親歌以和之命其尚書令辛牢行酒既而生怒曰何不彊酒猶有坐者引弓射牢而殺之於是百僚大懼無不引滿汙服失冠生以為樂長安大風或稱賊至宮門晝閉五日乃止生推告賊者刳出心胃生舅彊平切諫生鑿其頂而殺之虎狼大暴從潼關至于長安晝則斷道夜則發屋不食六畜專以害人自其元年秋至于二年夏虎殺七百餘人民廢農桑內外忷懼其臣奏請禳災生曰野獸飢則食人

飽當自止終不累年為患也天將助吾行誅以施刑敎但勿犯罪何為怨天生如阿房遇人共妹行者逼令為淫固執弗從生怒殺之其尚書僕射賈玄石形貌美偉生與妻樓上望見玄石在庭中妻曰此何人也生曰汝欲得也乃誅玄石生嘗夜食棗過多至旦病使太醫程延診脉延曰陛下食棗多無他疾也生曰嘻汝非聖人焉知吾食棗乃殺之常從輿上溲便輦者謂之天雨生既眇其目所諱者不足不具少無缺傷

殘毀偏隻之言皆不得道左右忤旨而死者不可勝紀太白犯東井其臣奏曰東井秦也太白罰星必有暴兵起於京師生曰星入井者必將渴耳何所怪乎初生夢大魚食蒲又長安謠曰東海大魚化為龍男便為王女為公問在何所洛門東是月生以謠夢之故誅太師魚遵父子一十八人東海苻堅封也時為龍驤將軍宅在洛門之東又謠曰百里望空城鬱鬱何青青瞎人不知法仰不見天星於是悉壞諸空城以禳

之法是苻法也生耽湎於酒無復晝夜其臣朝謁漏盡請見生曰日知盡乎須待飲訖因醉問左右曰吾統天下已來汝等何所聞乎或對曰聖明宰世子育百姓罰必有罪賞必有功天下唯歌太平未聞有怨生曰汝媚吾也引而斬之他日又問或對曰陛下刑罰微過生曰汝謗吾也亦殺之使宮人與男女倮交於殿前引羣臣臨而觀之或生剥牛羊驢馬活燖雞豚鵝鴨數十爲羣放之殿下剥人面皮令其歌舞動舊親戚殺害略盡王公在者以疾告歸得度一日如過十年至於截脛刳胎拉脅鋸頸者動有千數生夜對侍婢曰阿法兄弟亦不可信明當除之旦而侍婢以告法與弟堅率壯士數百人入雲龍門宿衛者皆捨仗歸堅廢生爲越王俄而殺之

堅字永固一字文玉雄第二子也既殺苻生以位讓其兄清河王法法固以推堅於是去皇帝之號僭稱天王號年永興以法爲丞相東海公

尋以疑忌殺之改年爲甘露時建國二十二年也堅從弟晉公柳反於蒲坂魏公庾反於陝燕公武反於安定堅弟趙公雙反於上邽皆討平之慕容垂奔於堅王猛勸堅殺之堅不從三十八年改爲建元堅遣使牛恬朝貢使尚書令王猛伐鄴堅親率大衆以繼之克鄴擒慕容暐堅使其右將軍楊安攻克漢中仍平蜀又遣其武衛將軍苟萇西伐涼州降張天錫遣其子長樂公丕攻克襄陽堅觀其史書見母苟氏通李威之事慙怒乃焚其書堅南伐司馬昌明戎卒六十万騎二十七万前後千里旗鼓相望堅至項城涼州兵始達咸陽蜀漢之軍順流而下幽冀之衆至于彭城東西万里水陸齊進運漕万艘自河入石門達于汝潁堅弟陽平公融攻壽春克之融馳使白堅曰賊少易俘但懼越逸宜速進軍堅大悦捨大軍于項城輕騎八千兼道赴之堅與融登城望昌明將謝石軍又望八公山上草木皆類人形顧謂融曰此亦勍敵也何謂

少乎憮然有懼色謝石欲戰苻融陳逼肥水石
遣使謂融曰君若小退師令將士周旋僕與君公
緩轡而觀之不亦美也融於是麾軍却陳欲因其
濟覆而取之軍遂奔退制之不可止融馬倒見殺
軍遂大敗謝石乘勝追擊至于青岡死者相枕堅
單騎遁還淮北初謠言曰堅不出項羣臣勸堅停
項爲六軍聲鎮堅不從諸軍悉潰唯其冠軍慕容
垂一軍獨全堅以千餘騎赴之收集離散比至洛陽
衆十餘万行未及關垂有貳志說堅請巡撫

燕代并求拜墓許之垂遂殺堅驍騎將軍石越
鎮軍將軍毛當引丁零之衆攻堅子長樂公丕於
鄴慕容泓沖起兵華澤堅遣子叡暉前後擊泓
爲泓所敗長安鬼夜哭三旬沖又擊殺堅將姜宇
於灞上遂屯阿房進逼長安堅登城觀之歎曰
此虜何從而出其彊若斯大言責沖曰尒輩羣
奴正可牧牛羊何爲送死沖曰奴則奴矣既厭
奴苦取尒見代堅遣使送錦袍一領遺沖使者
稱有詔古人兵交使在其間卿遠來草創得無

勞乎今送一袍以明本懷朕於卿恩分如何而
於一朝忽爲此變沖命詹事荅之亦稱皇太弟
有令孤今心在天下豈顧一袍小惠苟能知命
便可君臣束手早送皇帝自當寬貸苻氏以酬
曩好終不使既往之事獨美於前堅大怒曰朕
不用王景略陽平公之言使白虜敢至於此長
安大飢人民相食姚萇叛於北地與沖連和合
攻長安有羣烏數万鳴於長安城上其聲甚悲
占者以爲不終年有甲兵入城之象毎夜有人

周城大呼曰楊定健兒應屬我宮殿臺觀應坐
我父子同出不共汝亘遣尋求不見人跡先是
又謠曰堅入五將山長得堅大信之告其太子
永道曰天或導余朕如謠言留汝兼揔戎政勿
與賊爭利吾當出隴收兵運粮以給汝天其或
者正訓予也遣其衛將軍楊定擊沖於城西爲
沖所擒堅彌懼付永道以後事率騎數百出如
五將宣告州郡期救長安月餘永道尋將母妻
宗室男女數千騎出奔武都遂假道入司馬昌

明慕容沖入據長安堅至五將山姚萇遣其將吴忠圍之堅衆奔散獨左右十數人神色自若坐而待之召宰人進食俄而兵至執堅及其夫人張氏與少女寶錦送詣姚萇萇因之將害焉堅自以平生遇萇厚忿之厲聲大罵謂張氏曰豈令羌奴辱吾兒於是殺寶錦姚萇乃縊堅於新平佛寺永道既奔自明處之江州桓玄以爲梁州刺史後爲劉裕所誅永道名犯高祖廟諱堅子丕字永叙堅以爲征東將軍冀州牧封長

樂公鎮鄴爲慕容垂圍逼丕乃去鄴率男女六万餘口進如潞川堅驃騎將軍張蚝并州刺史王騰迎丕入據晉陽堅既爲姚萇所殺太祖九年丕乃僭稱尊號改年太安先是王猛子幽州刺史永亦率衆赴之丕以永爲司徒録尚書事張蚝爲司空王騰爲司隷傳檄遠近率多應之丕留王騰守晉陽楊輔守壺關率衆四万進據平陽將討姚萇而慕容永請假道東歸丕弗許怒曰永乃我之馬將首亂京畿禍傾社稷承凶

繼逆方請逃歸是而可忍孰不可恕使其丞相王永討之戰于襄陵永大敗死之丕衆離散率騎數千南奔東垣爲司馬昌明將馮該所殺丕族子登字文高麤險不脩細行故堅弗之奇也長而折節頗覽書傳堅以爲長安令坐事黜爲狄道長及關中起兵奔於枹罕羣氏殺河州牧毛興推衞平爲安西將軍河州刺史平以登爲長史既而枹罕諸氏以衞平年老議欲廢之而憚其宗彊連日不決氏有啖青者謂諸將曰

大事宜定東討姚萇不可猶豫一旦事發返爲人害諸君但請衞公會集衆將青爲諸君決之衆咸以爲然因大饗青抽劔而前曰衞公朽耄不足以成大事狄道長苻登雖王室疎屬請共立之於是推登爲使持節都督隴右征羌諸軍事撫軍大將軍雍河二州牧略陽公率衆五万東下隴據南安馳使請命丕以登爲征西大將軍開府儀同三司南安王餘因其所稱而授之後與姚萇戰于胡奴阜大破之丕死登國元年

登僭稱尊號於隴東號年太初置百官立堅神
主於軍中載以輜軿羽葆青蓋建黃旗虎賁之
士三百人以衞之每戰必告繕甲治兵引師而
東皆刻鉾鎧爲死休字示以戰死爲志每戰以
長矛鉤刃爲方圓大陳知有厚薄從中分配故
人自爲戰所向無前登每圍萇營四面大哭哀
聲動人大呼曰殺君賊姚萇出來吾與汝決何
爲枉害無辜萇憚而不應登進攻安定萇襲其
輜重獲登妻毛氏將妻之毛氏哭罵萇殺之登

聞姚萇死喜曰姚興小兒吾將折杖以笞之乃
盡衆而東以趣廢橋興將尹緯據橋待之爭水
不得爲緯所敗奔於平涼入馬毛山姚興攻之
登戰死

子崇奔於湟中僭稱尊號改年延初尋爲乞
伏乾歸所殺

羌姚萇字景茂出於南安赤亭燒當之後也祖
柯回助魏將絆姜維於沓中以功假綏戎校尉
西羌都督父弋仲晉永嘉之亂東徙榆眉劉曜

以弋仲爲平西將軍平襄公烈帝之五年弋仲
率部衆隨石虎遷于清河之灄頭勸以弋仲爲
奮武將軍封襄平公昭成時弋仲死子襄代屯
於譙城慕容儁以襄爲豫州刺史丹陽公進屯
淮南自稱大將軍大單于爲司馬聃將桓溫所
敗奔於河東後爲苻眉所殺弋仲有子四十二
人萇第二十四隨兄襄征伐襄甚奇之襄之敗
也萇率子弟降於苻堅從堅征伐頻有戰功歷
寧幽兗三州刺史封益都侯邑五百戶苻堅伐

司馬昌明以萇爲龍驤將軍督益梁州諸軍事
謂萇曰朕本以龍驤建業龍驤之號初未假人
今特以相授山南之事一以委卿堅左將軍竇
衝進曰王者無戲言此將不臧之徵也惟陛下
察之堅默然及慕容泓起兵華澤堅遣子衞大
將軍叡討之戰敗爲泓所殺時萇爲叡司馬懼
罪奔馬牧聚衆万餘自稱大將軍大單于万年
秦王號年白雀數月之閒衆至十餘万與慕容
沖連和進屯北地苻堅出至五將山萇執而殺

之登國元年僭稱皇帝置百官國號大秦年曰建初改長安曰常安以其太子興鎮長安自擊苻登安定敗之萇病夢苻堅將天官使者鬼兵數百突入營中萇懼走後宮宮人迎萇刺鬼誤中萇陰鬼相謂曰正中死處拔矛出血石餘寤而驚悸遂患陰腫醫刺之出血如夢萇乃狂言或稱臣或稱萇殺陛下者兄襄非臣之罪願不枉臣萇死子興襲位祕不發喪

興字子略萇長子也既滅苻登乃發喪行服僭稱皇帝於槐里號年皇初天興元年興去皇帝之號降稱天王號年洪始興克洛陽以其弟東平公紹鎮之三年興遣使朝貢太祖遣謁者僕射張濟使於興興又大破乞伏乾歸遂入枹罕獲鎧馬六万匹乾歸降於興太祖遣軍襲興高平公没弈干棄部衆率數千騎與赫連屈子奔於秦州追至於瓦亭長安震懼興大議為寇其臣咸以為不可興不從天興五年夏興遣其弟義陽公平率衆四万侵平陽攻乾壁六十餘

日壁中衆少失井乃陷之六月太祖將討平遣毗陵王順等三軍六万騎為先鋒七月車駕親征八月次於永安平募遣勇將率精騎二百闚軍為太祖前鋒將長孫肥所擒匹馬不返平遂退走太祖急追及於柴壁平因守固太祖圍之興乃悉舉其衆救平太祖聞興將至增築重圍内以防平之出外以距興之入又截汾曲為南北浮橋乘西岸築圍太祖以步騎三万餘人渡蒙坑南四十里逆擊興興晨行北引未及安營

太祖軍卒至興衆怖擾太祖詔毗陵王順以精騎衝擊獲興甲騎數百斬首千餘級興退南走四十餘里太祖引還平音不敢出但使人燒圍數百步而已太祖知興氣挫乃南絕蒙坑之口東杜新坂之隘守天度屯賈山令平水陸路絕將坐甲而擒之太祖又緣汾帶岡樹柵數十里以衞芻牧者九月興從汾西北下憑壑為壘以自固興又將數千騎乘西岸闚視太祖營東栢材從汾上流下之欲以毀橋官軍鈎取以為薪

蒸興還壘太祖度其必攻西圍乃命修塹增廣
之至夜興果來攻梯短不及棄之塹中而還又
分其衆臨汾爲壘卬逼水門與平相望太祖因
截水中與內外隔絕士衆喪氣於是平粮盡窘
急夜悉衆將突西南而出與列兵汾西舉烽鼓
譟爲平接援太祖簡諸軍精銳屯汾西固守南
橋絕塞水口與夜聞聲望平力戰突免平聞外
鼓望與攻圍引接故但叫呼虛相應和莫敢逼
圍平引不得出窮迫乃將二妾赴水而死興安

三九四 魏傳八十三 五十八 朱元

遠將軍不蒙世揚武將軍雷重等將士四千餘
人隨平投水太祖令泅水鈎捕無得免者平衆
三万餘人皆斂手受執擒興尚書右僕射狄伯
支越騎校尉唐小方積弩將軍姚梁國建忠將
軍雷星康官北中郎將康猥興從子伯禽已下
四品將軍已上四十餘人與遠來赴救自覩其
窮力不能勉舉軍悲號震動山谷數日不止頻
遣使請和太祖不許乃班師興還長安有雀數
万頭鬭於興廟毛羽折落多有死者月餘乃止

識者曰今雀鬭廟上子孫當有爭亂者乎又興
殿有聲如牛吼有二狐入長安一登興殿屋走
入宮一入于市求之不得先是譙縱略有益寧
之地僭稱尊號遣使稱藩於興興以縱爲蜀王
加九錫永興三年興遣周寶朝貢五年興遣使
朝貢并請進女太宗許之興中子廣平公弼有
寵委之朝政興疾篤長子泓侍疾於中弼集黨
數千人候興死欲殺泓自立興諸子姪外鎮者聞
之皆起兵討弼興疾瘳不忍誅弼免官而已神

三十三 魏書傳八十三 五十九 滵

瑞元年興遣兼散騎常侍尚書吏部郎嚴康朝
貢二年興遣散騎常侍東武侯姚敞尚書姚泰
奉其西平公主於太宗帝以后禮納之興復以
弼爲中軍大將軍配兵三万屯於渭北興又疾
甚弼遣其黨姚武伯等率衆攻端門泓時侍疾
遣兵拒之興力疾臨前殿殺弼弼黨乃散泰常
元年興死泓僭立

泓字元子興之長子也既僭位號年永和赫連
屈子攻泓秦州又剋安定遂據雍城司馬德宗

將劉裕伐泓裕遣將檀道濟至洛陽泓弟陳留
公洸以城降泓弟太原公懿反於蒲坂泓從弟
齊公恢反於嶺北皆舉兵伐長安泓既有內難
裕遂長驅入關泓戰敗請降送於建康市斬之
略陽氐呂光字世明本出略陽父婆樓苻堅太
尉光年十歲遊戲好戰陳之法爲諸兒所推身
長八尺四寸肘有肉印從王猛征討稍遷破虜
將軍堅以光爲驍騎將軍率衆七千討西域所
經諸國莫不降附光至龜茲王帛純拒之西域

諸胡救帛純者七十餘万人光乃結陳爲勾鏁
之法戰於城西大破之斬級万餘帛純逃走降
者三十餘國光以駝二千餘頭致外國珍寶及
奇伎異戲殊禽恠獸千有餘品駿馬万餘匹而
還苻堅涼州刺史梁熙遣兵拒之光擊破熙軍
遂入姑臧斬熙自署護羌校尉涼州刺史登國
初又自稱使持節大都督大將軍涼州牧酒泉
公主簿尉祐姧佞淺薄光寵任之譖誅姚皓尹
景等名士十餘人於是遠近失望人懷離貳四

年光私稱三河王遣使朝貢置官自丞郎已下
猶攝州事號麟嘉元年皇始初光僭稱天王置
百官改號龍飛立子紹爲太子遣使朝貢光疾
甚立紹爲天王自號太上皇帝光死長子纂殺
紹僭立
纂字永緒既自立號咸寧元年纂弟大司馬洪
名犯顯祖諱以猜忌不容起兵攻纂纂殺之縱
兵大掠纂笑謂左右曰今日之戰何如纂侍中
房晷對曰先帝始崩太子以幽逼致殂山陵甫

訖大司馬疑懼肆逆京邑交兵友于接刃雖洪
自取夷滅亦由陛下無棠棣之義且洪妻陛下
弟婦也洪女陛下之姪女也柰何使小人汙辱
爲婢妾天地神明豈忍見此因歔欷流涕纂謝
之乃收洪妻子纂昏虐任情遊田無度耽荒酒
色與左右因醉馳獵於坑澗之間或有諫者纂
皆不納又性多猜忌忍於殺戮纂從弟超殺纂
纂弟緯單馬入城超殺之而立其兄隆
隆字永基光弟寶之子也初超讓位於隆隆難

之超曰今猶乘龍上天豈得中下乃僭位改神鼎元年超使纂妻楊氏及侍婢數人殯纂於城西超慮楊持珍寶出使人搜之楊氏責超曰郎君兄弟手刃相圖新婦且夕死人用金寶何爲超慙而退楊氏國色超將妻焉謂其父桓曰后若自殺禍及卿宗桓以告之楊氏曰大人本賣女與氐以圖富貴一之以甚復可使女辱於二氐乎乃自殺沮渠蒙遜禿髮傉檀頻來攻擊河西之民不得農植穀價勇貴斗直錢五千文人相食餓死者千餘口姑臧城門晝閉樵採路斷民請出城乞爲夷虜奴婢者日有數百隆恐沮動人情盡坑之於是積屍盈于衢路戶絕者十有九焉屢爲蒙遜攻逼乃請迎於姚興遣齊難率衆迎之隆遂降焉至長安尋復爲興所誅

史臣曰夷狄不恭作害中國帝王之世未曾無也劉淵等假竊名目狼戾爲梗汙辱神器毒螫黎元喪亂鴻多一至於此怨積禍盈旋傾巢穴天意其俟大人乎

列傳第八十三　魏書九十五

列傳第八十四　　魏書九十六

僭晉司馬叡　賨李雄

僭晉司馬叡字景文晉將牛金子也初晉宣帝生大將軍琅邪武王伷伷生冗從僕射琅邪恭王覲覲妃譙國夏侯氏字銅環與金姦通遂生叡因冒姓司馬仍爲覲子由是自言河内温人初爲王世子又襲爵拜散騎常侍頻遷射聲越騎校尉左右軍將軍從晉惠帝幸臨漳其叔繇爲成都王穎所殺叡懼禍遂走至洛迎其母俱

歸陳國東海王越收兵下邳假叡輔國將軍越謀迎惠帝於長安復假叡平東將軍監徐州諸軍事使鎮下邳尋加安東將軍都督揚州諸軍事假節當鎮壽陽且留下邳及越西迎惠帝留叡鎮後平東府事當遷鎮江東屬陳敏作亂叡以兵少因留下邳永嘉元年春敏死秋叡始到建業五年進鎮東將軍開府儀同三司又以會稽戶二万增封加督揚江湘交廣五州諸軍事六月王彌劉曜寇洛陽懷帝幸平陽晉司空荀

藩司隸校尉荀組推叡爲盟主於是輒改易郡縣假置名號江州刺史華軼北中郎將裴憲並不從之憲自稱鎮東將軍都督江北五郡軍事與軼連和叡遣左將軍王敦將軍甘卓周訪等擊軼斬之憲奔于石勒六年叡檄四方稱與穆帝俱討劉淵大會平陽建興元年晉愍帝以叡爲侍中左丞相大都督陝東諸軍事持節王如故叡改建業爲建康七月叡以晉室將滅潛有他志乃自大赦爲大都督都督中外諸軍事又爲

丞相叡號令不行政刑淫虐殺督運令史淳于伯行刑者以刀拭柱血流上柱二丈三尺徑頭流下四尺五寸其直如弦時人怨之平文帝初叡自稱晉王改元建武立宗廟社稷置百官立子紹爲太子叡以晉王而祀南郊其年叡僭即大位改爲大興元年其朝廷之儀都邑之制皆準模王者擬議中國遂都於丹陽因孫權之舊所即禹貢揚州之地去洛二千七百里地多山水陽鳥攸居厥土惟塗泥厥田惟下下所謂島

夷卉服者也周禮職方氏掌天下之地辨其邦國都鄙四夷八蠻七閩九貉五戎六狄之人民與其財用九穀六畜之數要周知其利害東南曰揚州其山鎮曰會稽其藪澤曰具區其川三江其浸五湖其利金錫竹箭其民二男五女其畜宜鳥獸其穀宜稻春秋時爲吳越之地吳越僭號稱王僻遠一隅不聞華土楚申公巫臣竊妻以奔教其軍陣然後乃知戰伐由是晚與中國交通俗氣輕急不識禮教盛飾子女以招遊

客此其土風也戰國時則并於楚故地遠恃險世亂則先叛世治則後服秦末項羽起江南故衡山王吳芮從百越之兵越王無諸身率閩中之衆以從滅秦漢初封芮爲長沙王無諸爲閩越王又封吳王濞於朱方逆亂相尋亟見夷滅漢末大亂孫權遂與劉備分據吳蜀權阻長江殆天地所以限内外也叡因擾亂跨而有之中原冠帶呼江東之人皆爲貉子若狐貉類云巴蜀蠻獠谿俚楚越鳥聲禽呼言語不同猴蛇魚

鼈嗜欲皆異江山遼闊將數千里叡羈縻而已未能制服其民有水田少陸種以罟網爲業機巧趨利恩義寡薄家無藏蓄常守飢寒地既暑濕多有腫泄之病障氣毒霧射工沙蝨蛇虺之害無所不有叡割有揚荊梁三州之土因其故地分置十數州及諸郡縣郡縣戶口至有不滿百者遣使韓暢浮海來請通和平文皇帝以其僭立江表拒不納之是時叡大將軍王敦宗族擅勢權重於叡[illegible]爲上下了無君臣之分叡侍

中劉隗言於叡曰王氏彊大宜漸抑損敦聞而惡之惠帝時叡改年曰永昌王敦先鎮武昌乃表於叡曰劉隗前在門下遂秉權寵今趣進軍指討姦孽宜速斬隗首以謝遠近朝梟隗首諸軍夕退昔太甲不能遵明湯典顛覆厥度幸納伊尹之訓殷道復昌賢智故有先失後得者矣敦又移告州郡以沈充爲大都督護東吳諸軍叡乃下書曰王敦恃寵敢肆狂逆方朕於太甲欲見囚于桐宮是可忍也孰不可忍也今當親

帥六軍以誅大逆叡光祿勳王含率其子瑜以
輕舟棄叡歸于武昌叡以其司空王導爲前鋒
大都督尚書陸曄爲軍司以廣州刺史陶侃爲
江州梁州刺史甘卓爲荊州使其率衆掎躡敦
後以太子右率周莚率中軍三千人討沈充敦
至洌州表尚書令刁協黨附宜加誅戮叡遣右
將軍周札戍于石頭札潛與敦書許軍至爲應
敦使司馬楊朗等入于石頭札　見敦朗等既
據石頭叡征西將軍戴淵鎮北將軍劉隗率衆

攻之戴淵親率士鼓衆陵城俄而鼓止息朗等
乘之叡軍敗績隗協入見叡叡遣其避禍二人
泣而出隗還淮陰後奔石勒協奔江乘爲敦追
兵所害叡師敗敦自爲丞相武昌郡公邑万戶
朝事大小皆關諮之敦收戴淵及叡尚書左僕
射周顗並斬于石頭皆叡朝之望也於是改易
百官及諸州鎮其餘轉徙黜免者過百數或朝
行暮改或百日半年敦所寵沈充錢鳳等所言
必用所譖必死敦將還武昌其長史謝鯤曰公

不朝懼天下私議敦曰君能保無變乎對曰鯤
近入覲主上側席待公遲得相見宮省穆然必
無不虞之慮公若入朝鯤請侍從敦曰正復殺
君等數百何損朝廷遂不朝而去敦召安南將
軍甘卓轉譙王承爲軍司並不從敦遣從母弟
南蠻校尉魏乂率江夏太守李恒攻承於臨湘
旬日城陷執承送于武昌敦從弟王廙使賊迎
之害于車中先是王敦表疏言旨不遜叡以示
承曰敦言如此豈有厭哉對曰陛下不早裁之

難將作矣敦惡之襄陽太守周慮襲殺甘卓叡
畏逼於敦居常憂感發病而死
子紹僭立改年曰太寧王敦將篡諷紹徵己乃
爲書曰孤子紹頓首天下事大紹以眇身弗克
負荷哀憂孔疚如臨于谷實賴冢宰以濟艱難
公邁德樹勳遐邇歸懷任社稷之託居總己之
統然道里長遠江川阻深動有介石之機而回
旋之間固以有所喪矣謂公宜入輔朝政得旦
夕訓諮朝士亦僉以爲然以公高亮忠肅至心

憂國苟其宜然便當以至公處之期於靜國寧民要之括囊無咎伏想闇同此志願便速剋近期以副翹企之懷紹恭憚於敦若此復使兼太常應詹拜敦丞相武昌郡公奏事不名入朝不趨劒履上殿敦於是屯於蕪湖敦乃轉王導爲司徒自領揚州刺史以兄含子應爲武衛將軍以自副貳敦無子養應爲後敦疾踰年故召含還欲屬以後事是時敦令紹宿衛之兵三番休二紹密欲襲敦微行察敦營壘及敦疾紹屢遣

大臣訊問起居遷含驃騎大將軍儀同三司敦疾甚紹召其司徒王導中書監庾亮丹陽尹溫嶠尚書卞壼密謀討之導嶠及右將軍卞敦共據石頭光祿勳應詹都督朱雀桁南諸軍事尚書令郗鑒都督從駕諸軍事紹出次于中堂敦聞兵起怒欲自將困不能坐召其黨錢鳳鄧岳周撫等率衆三万指造建業含謂敦曰此事吾便當行於是以含爲元帥鳳等問敦曰事剋之日天子云何敦曰尚未南郊何爲天子便盡卿

兵勢唯保護東海王及裴妃而已初紹謂敦已死故敢發兵及下詔數日敦猶能與王導等書復自手筆曰太真別來幾日作如此事太真溫嶠字也紹朝見之咸共駭懼含等兵至溫嶠輒燒朱雀桁以挫其鋒紹使中軍司馬曹渾左衛參軍陳嵩段匹磾弟秃率壯士千人逆含等戰于江寧斬其前鋒將何康殺數百人敦聞康死軍不獲濟怒曰我兄老婢耳門戶衰微群從中才兼文武者皆早死今年事去矣語參軍呂寶曰

我當力行因作勢而起困乏乃復卧使術士郭璞筮之卦成對曰不能佳敦既疑璞勸亮嶠等舉事又聞卦惡於是殺璞敦疾轉困語其舅羊鑒及子應曰我亡後應便即位先立朝廷百官然後營葬初敦敗叡之後夢白犬自天而下噬之及疾甚見刁協甘卓爲祟遂死王應祕不發喪裹屍以席埋於齋中與其將諸葛瑤等縱酒淫逸沈充將万餘人來會含等充臨行顧謂其妻曰男兒不建豹尾不能歸也紹平西軍祖約

率衆至于淮南逐敢所置淮南太守任台紹將
劉遐蘇峻濟自滿洲舍相率渡兵應詹逆擊大
破之周撫斬錢鳳沈充將吳儒斬充紹遣御史
劉彝發敦瘞斬屍梟首朱雀桁紹死
子衍僭立號年曰咸和衍歷陽太守蘇峻不順
於衍衍護軍庾亮曰蘇峻豺狼終為禍亂晁錯
所謂削之亦反不削亦反削之反速而禍小不
削反遲而禍大乃以大司農徵之令峻弟逸領
峻部曲徵書至峻怒曰庾亮專擅欲誘殺我也

阜陵令匡術樂安人任讓並為峻謀主勸峻誅
亮乃使使推崇祖約共討亮約大喜於是約命
兄逖子沛國內史渙女壻淮南太守許柳將兵
會峻峻使其黨韓光光名犯恭宗廟諱入姑孰
殺于湖令陶馥殘掠而還衍假庾亮節為征討
都督使其右衛將軍趙胤左將軍司馬流率衆
次于慈湖韓光晨襲流殺之衍以其驍騎將軍
鍾雅為前鋒監軍假節率舟軍拒峻宣城內史
桓彝統吏士次于蕪湖韓光敗之大掠宣城諸

縣而還江州刺史溫嶠使督護王愆期西陽太
守鄧岳鄱陽太守紀睦等以舟軍赴于建業愆
期岳次直瀆峻督衆二万濟自橫江登牛渚山
愆期等邀擊不制峻至于蔣山衍假領軍卞壼
節率諸將陳兵衍之將怯兵弱為峻所敗卞壼
及其二子丹陽尹羊曼黃門侍郎周導廬江太
守陶瞻散騎侍郎任台等皆死死者三千餘人
庾亮兵敗與三弟奔于柴桑峻遂焚衍宮群賊
突掠百寮奔散唯有米數石而已無以自供峻

逼衍大赦庾亮兄弟不在赦限峻以祖約為太
尉尚書令加侍中自為驃騎將軍領軍將軍錄
尚書事於是建業荒毀奔投吳會者十八九溫
嶠聞之移告征鎮州郡庾亮至盆口嶠分兵配
給又招衍荊州刺史陶侃欲共討峻侃不從曰
吾疆埸外將本非顧命大臣今日之事所不敢
當時侃子為峻所害峻復喻侃曰蘇峻遂得志
四海雖廣公寧有容足地乎賢子越騎酷沒天
下為公痛心況慈父之情哉侃乃許之蘇峻屯

於于湖衍毋庾氏憂怖而死蘇峻聞兵起自姑孰還建業屯于石頭使其黨張瑾管商率衆拒諸軍逼遷衍於石頭衍哀泣升車宮人盡哭隨從衍者莫不流涕峻以倉屋爲宮使鄉人許方爲司馬督將兵守衛陶侃庾亮温嶠率舟軍二万至于石頭俄引還次于蔡洲沙門浦庾亮守白石壘詰朝峻將万餘人攻之亮等逆擊峻退吳國内史庾冰率三吳之衆驟戰不勝瑾商等破庾冰前軍於無錫焚掠肆意韓光攻宣城内

史桓彝彝率吏民力戰不勝爲光所殺祖約爲頴川人陳光率其屬攻之約乃奔於歷陽長樂人賈寧勸峻殺王導盡誅諸大臣峻不從乃改計叛峻王導使袁耽潛誘納之謀奉衍出奔温嶠嶠食盡貸于陶侃侃怒曰使君前云不憂無士衆及粮食也唯欲得老民爲主耳今比戰皆北良將安在今若無食民便欲西歸先是嶠慮侃不赴故以甘言招侃嶠乃卑辭謝之且曰今者騎虎之勢可得下乎賊垂滅願公留思侃怒

少止其將李陽說曰今事若不捷雖有粟焉得而食之公宜割見儲以卒大事乃以米五万石供軍祖渙龍襲溢口欲以沮温嶠之兵渙過晥攻譙國内史桓雲不剋乃還蘇峻并兵攻大業大業水竭皆飲糞汁諸將謀救之慮不能當且欲水陸攻峻陶侃以舟師攻石頭温嶠庾亮陳于白石峻子碩以數十騎出戰峻見碩騎乃捨其衆自以四馬北下突陳陳堅乃還軍士彭世李千投之以矛峻墜馬遂梟首臠割之焚其骸骨

任讓及諸賊帥復立峻弟逸求峻屍弗獲乃發衍父母冢剖棺焚屍匡術率其徒據苑城以降韓光蘇碩等率衆攻苑苑中飢穀石四万諸將攻石頭蘇碩及章武王世子休率勁賊孔盧張偏等數十人擊李陽於祖浦退走碩等追之庾冰司馬滕含以鋭卒自後擊之碩逸等震潰奔于曲阿含入抱衍始得出奔温嶠之舟是時兵破之後宮室灰燼議欲遷移王導不從乃止衍改年咸康建國中衍死中書監庾冰廢衍子

千齡立其弟岳改年曰建元初岳之立當改元庾冰立號而晉初已有改作又如之乃爲建元頃之或告冰曰子作年號乃不視讖也讖云建元之末丘山崩丘山岳也冰瞿然久而歎曰如有吉凶豈改易所能救乎遂不復改岳死庾冰欲立司馬昱驃騎將軍何充立岳子聃號年曰永和聃安西將軍桓温率所統七千餘人伐蜀拜表輒行聃威力微弱不能控制也及石虎死聃征北將軍褚裒以舟軍

至下邳西中郎將陳逵進據淮南石遵聞裒至下邳使其司空李農領萬餘騎逆圍督護王龕於薛執龕送于鄴又殺李邁龕裒之驍將三軍喪氣乃引還陳逵聞之震懼焚淮南而走桓温表廢聃揚州刺史殷浩聃憚温乃除其名温遂率所統諸軍步騎四萬自郢越關中至灞上苻健與五千餘人守長安小城是歲大儉温軍人懸罄健深溝堅壁清野待温温軍食盡乃退苻健遣子萇頻擊敗之初温次灞上其部將振武將軍順陽太守薛珍勸温徑進逼城温弗從珍以偏師獨濟頗有所獲温退珍乃還放言於衆且矜其銳而咎温之持重温慙忿殺之聃又改年曰升平聃死無子

立衍子丕號年隆和時謠曰升平不滿斗隆和那得久改爲興寧又謠曰雖復改興寧亦自無聊生丕死

弟奕立號年曰太和桓温率衆北討慕容暐至

金鄉鑿鉅野三百餘里以通舟軍自清水入河慕容垂逆擊破之獲其資仗温之北引也先命西中郎將袁眞及趙悅開石門而袁眞等停於梁宋石門不通粮竭温自枋頭回軍垂以步騎數万追及襄邑大敗温軍温遂歸罪袁眞除名削爵收節傳眞子雙之等殺梁國內史朱憲眞據壽陽以叛眞諸子兄弟阻兵自守招誘陸城戍將陳郡太守朱輔數千人遣參軍爨亮通慕容暐又遣使西降苻堅眞病死輔立其嫡子瑾

爲使持節建威將軍豫州刺史瑾弟四五人皆領兵暐令陳文報爨亮且以觀變桓温遣督護竺瑶以軍泝淮伐瑾瑶次于肥口屢戰慕容暐假瑾征南將軍楊州刺史宣城公瑾弟泓等皆郡守四品將軍朱輔亦如之温乃伐瑾瑾等拒戰於是築長圍守之城中震潰遂平瑾初温任兼將相其不臣之心形于音氣曾卧對親寮撫枕而起曰爲尒寂寂將爲文景所笑衆莫敢對後悉衆北討冀成陵奪之勢及枋頭奔敗知民

望之去已既平瑾問中書郎郗超曰足以雪枋頭之恥乎超曰此未猒有識之情也公六十之年敗於大舉不建不世之勳不足以鎮愜民望因說温以廢立之事温既宿有此謀深納超言温自廣陵將旋鎮姑孰至于白石乃言其主奕少同閹人之疾初在東海瑯邪國親近嬖人相龍朱靈寶等並侍卧内而美人田氏孟氏遂生三男衆致疑惑然莫能審其虚實至是將建儲立王温因之以定廢立之計遂率百寮並還朝堂温率衆入屯兵官門進坐殿庭使督護竺瑶散騎侍郎劉亨取奕璽綬奕著白袷單衣步下西堂登犢車群臣拜辭皆殞涕侍御史將百餘人送出神虎門入東海第於是迎司馬昱而立之

昱叡子也昱東向流涕拜受璽綬昱既僭立改年曰咸安以温依諸葛亮故事甲仗入殿進丞相其大司馬等皆如故留鎮建業以奕爲海西縣公温常有大志昱心不自安謂中書郎郗超

曰命之脩短本所不計故當無復近日事邪超父愔爲會稽太守超假還東昱謂之曰致意尊公家國之事遂至於此由吾不能以道匡衞思患豫防愧歎之深言何能喻又誦庾闡詩云志士痛朝危忠臣哀主辱因泣下昱疾與温書曰吾遂委篤足下便入豈得相見不謂疾患遂至於此今者惙然勢不復久且雖有詔豈復相及慨恨兼深如何可言天下艱難而昌明幼沖眇然非阿衡輔導之訓當何以寧濟也國事家計

一託於公昱死子昌明僭立徐州小吏盧悚與其妖衆男女三百向晨攻廣莫門詐言海西公還由万春雲龍門入殿略取三廂及武庫甲仗時門下軍校並假寐在直吏士駭愕不知所爲游擊將軍毛安之先入雲龍門討悚中領軍桓祕將軍殷康止車門入會兵攻之斬五十六級捕獲餘黨死者數百人前殿中監許龍與悚皆遣人至吴詐迎弈弈不從昌明改年曰康寧徵温入朝又詔温

無拜尚書謝安等於新亭見温皆敬温拜昱墓得病還姑孰温自歸寢疾諷求備物九錫謝安巳令吏部郎袁彦伯撰策文文成安輒勾點令更治改既屢引日乃謀於尚書僕射王彪之彪之云聞彼病日增亦當不復支久自可小遲回其事安從之温死苻堅遣苻雅率將王統朱彤楊安姚萇步騎五万向駱谷伐昌明秦州刺史楊纂纂請救於梁州刺史楊亮亮遣參軍卜靖赴之敗走朱彤至梁州亮望風奔散於是堅遂

有梁益二州昌明上下莫不憂怖建國三十九年昌明改年曰太元元年太祖七年苻堅大舉討昌明令其國曰東南平定指日當以司馬昌明爲尚書僕射可速爲起第堅前後擒張天錫等皆豫築甲宅至而居之堅至淮南大敗奔退是時昌明年長嗜酒好内而昌明弟會稽王道子任居宰相昏醟尤甚狎昵諂邪于時尼媪構扇内外風俗頹薄人無廉恥左僕射王珣兒婚門客車數百乘會聞王雅爲太子少傅回以詣雅者半焉雅素有寵人情去就若此皇始元年昌

明死子德宗僭立初昌明耽於酒色末年殆爲長夜之飲醒治既少外人罕得接見故多居内殿流連於樽俎之間以孌姬張氏爲貴人寵冠後宫威行閫内於時年幾三十昌明妙列妓樂陪侍嬪少乃笑而戲之云汝以年當廢吾巳屬諸姝少矣張氏潛怒昌明不覺而戲逾甚向夕昌明稍醉張氏乃多潛飲宦者内侍而分遣焉至暮昌明沈醉卧張氏遂令其婢蒙之以被既

絶而懼貨左右云以厭魔死時道子昏廢子元顯
專政遂不窮張氏之罪
德宗既立改年爲隆安以道子爲太傅揚州牧
中書監加殊禮黃鉞羽葆鼓吹又增甲仗百人
入殿既而內外衆事必先關於道子尚書僕射
王國寶輕薄無行爲道子所親權蓋建業擅取
東宮兵以配己府道子以王緒爲輔國將軍琅
邪內史又輒并石頭之兵屯于建業緒猶領其
從事中郎居中用事寵幸當政德宗兗州刺史

王恭惡國寶王緒之亂政也乃要荊州刺史殷
仲堪剋期同舉王恭表德宗曰國寶身負莫大
之罪謹陳其狀前荊州刺史王忱國寶同產弟
也受任西藩不幸致喪國寶求假奔彼遂不即
路慮臺糺察懼於黜免乃毀冠改服變爲婦人
與婢同載入請相王又先帝暴崩莫不驚號而
國寶靦然了無哀容方犯閤叩扉求行姦計欲
詐爲遺詔矯弄神器彰暴于外莫不聞知讒疾
二昆過於讎敵樹立私黨遍於府朝兵食資儲

斂爲私積販官鬻爵威恣百城收聚不逞招集
亡命輔國將軍王緒頑凶狂狡人理不齒同惡
相成共竊名器自知禍惡已盈怨集人鬼規爲
大逆蕩覆天下昔趙鞅興晉陽之甲夷君側之
惡臣雖駑劣敢忘斯義恭表至道子密欲討恭
以元顯爲征虜將軍內外諸軍潛加嚴備而國
寶惶懼不知所爲乃遣數百人戍竹里夜遇風
雨各散而歸緒勸國寶殺王珣然後南征北伐
弗聽反問計於珣既而懼懾遂上表解職尋復

悔懼詐稱德宗復其本官道子既不能拒恭等
之兵亦欲因以委罪乃收國寶付廷尉殺之斬
王緒於市以悅恭等司徒左長史王廞遭母喪
居吳恭板行吳國內史廞乃徵發吳興諸郡兵
國寶既死王恭使廞反於喪廞謂因緣事際可
大得志乃據吳郡遣子弟率衆擊恭以女爲貞
烈將軍亦置官屬領兵自衛恭遣司馬劉牢之
討平之德宗譙王尚之兄弟復說道子以爲藩
伯彊盛宰相權弱宜密樹置以自藩衛道子然

之分遣腹心跨據形要由是內外騷動王恭深慮禍難復密要殷仲堪西中郎將庾楷廣州刺史桓玄同會建業玄等響應恭抗表傳檄以江州刺史王愉司馬尚之爲事端仲堪遣龍驤將軍南郡相楊佺期舟師五千發江陵桓玄借兵於仲堪亦給五千人於是德宗戒嚴加道子黃鉞遣右將軍謝琰拒恭等元顯爲征討都督衆軍繼進前軍王珣領中軍府衆次于北郊以尚之爲豫州刺史率弟恢之允之西討楷等皆執

白虎幡居前王恭遣劉牢之爲前鋒次于竹里初道子之謀恭也啗牢之以重賞牢之斬恭別帥顏延延弟強送二級於謝琰琰與牢之俱進襲恭恭奔于曲阿爲湖浦尉所執送建業尚之與庾楷子鴻戰于牛渚斬鴻前鋒將殷萬鴻遁還歷陽尚之猶不敢濟桓玄佺期奄至橫江尚之等退恢之所領外軍皆沒玄等徑造石頭仲堪繼在蕪湖建業震駭道子殺恭於倪塘桓玄等於是走還尋陽是年冬德宗遣使朝貢并乞

師請討姚興二年夏德宗又遣使朝貢以元顯爲揚州刺史道子有疾元顯懼已弗得襲位故矯以自授而道子弗知既瘳乃大怒以元顯已拜故弗復改於是內外政事一決元顯道子少而耽酒治日甚希至是無事俾晝作夜時謂道子爲東錄元顯爲西錄西府千兩輻湊東第門設雀羅矣元顯年少頗居權重憍奢淫暴於是遠近議之初德宗新安太守孫泰以左道惑衆被戮其兄子恩竄于海嶼妖黨從之至是轉衆

攻上虞殺縣令衆百許人徑向山陰會稽內史王凝之事五斗米道恩之來也弗先遣軍乃稽顙于道室跪而呪說指麾空中若有處分者官屬勸其討恩凝之曰我已請大道出兵凡諸津要各有數万人矣恩漸近乃聽遣軍比兵出恩已至矣戰敗凝之奔走爲恩執之旬日恩衆數万自號平東將軍逼人士爲官屬於是諸郡妖惑並殺守令而應之衆皆雲集吳國內史桓謙出奔吳興太守謝邈被害自德宗以來內外乖

貳石頭以外皆專之於荊江自江以西則受命
於豫州京口暨于江北皆兗州刺史劉牢之等
所制德宗政令所行唯三吳而已恩既作亂八
郡盡爲賊場及丹揚諸縣處處蜂起建業轉成
蹙弱且妖惑之徒多潛都邑人情危懼恒慮大
兵竊發於是衆軍戒嚴劉牢之共衛將軍謝琰
討之賊等禁令不行肆意殺戮士庶死者不可
勝計或醢諸縣令以食其妻子不肯者輒支解
之其虐如此驃騎長史王平之死未葬恩剖棺

焚屍以其頭爲穢器牢之率軍討破之琰將至
吳興賊徒逋走驅逼士庶奔于山陰諸妖亂之
家婦女尤甚未得去者皆盛飾嬰兒投之于水
而告之曰賀汝先登仙堂我尋復就汝也賊既
走散邑屋焚毀郛郭之中時見人跡經月乃漸
有歸者謝琰留屯烏程遣其將高素助牢之牢
之率衆軍濟江初孫恩聞八郡響應也告諸官
屬曰天下無復事矣當與諸君朝服而至建業
既聞牢之臨江復曰我割據浙江不失作勾踐

也尋知牢之已濟乃曰孤不恥走於是乃走緣
道多遺珍寶牢之將士爭取之不得窮追恩復
入於海初三吳因於虐亂皆企望牢之高素等
既至放肆抄暴百姓咸怨毒失望焉孫恩在海
妖衆轉復從之既破永嘉臨海復入山陰謝琰
戰殁於是建業大震遣冠軍將軍東海太守桓
不才輔國將軍孫無終廣陵相高雅之等東討
恩吳興太守庾恒慮妖黨復發大行誅戮殺男
女數千人孫恩復破高雅之於餘姚雅之走還

山陰元顯自爲後將軍開府儀同三司都督十
六州本官悉如故封子彥章爲東海王食吳興
四萬餘戶淸選文學臣寮吏兵一同宗國孫恩
浮海奄至京口戰士十萬劉牢之隔在山陰衆
軍懼不敢旋恩遂徑向建業德宗惶駭遽召豫
州刺史司馬尚之于時中外驚擾而元顯置酒
高會道子唯日祈于鍾山恩來漸近百姓恟懼
尚之率精鋭馳至徑屯積弩堂恩時泝風不得
疾行數日乃至白石恩本以諸軍分散欲掩不

備知尚之尚在建業復聞牢之不還不敢上乃走向郁洲恩別帥盧循攻沒廣陵虜掠而去桓玄聞孫恩之逼也乃建牙戒嚴表求征討時恩去未遠玄表復至元顯等大懼急遣止玄庾楷密使自結於元顯說玄大失人情衆不爲用若朝廷遣軍已當内應元顯得書大喜遣張法順謀于劉牢之牢之同許焉於是徵兵裝艦將謀西討德宗改年曰元興以元顯爲大都督討玄玄軍至元顯不戰而敗父子並爲玄所殺後改

年爲大亨天興六年十月德宗遣使朝京師德宗封桓玄爲楚王玄尋逼德宗手詔禪位德宗出居永安宮玄既受禪封德宗爲南康平固縣王居之尋陽天賜元年德宗在姑熟二月至尋陽其彭城内史劉裕殺玄徐州刺史桓脩與劉毅等舉兵討玄玄敗走尋陽攜德宗兄弟至於江陵又走荆州荆州別駕王康產南郡相王騰之迎德宗入南郡府桓玄死玄將桓振復襲江陵斬王康產及騰之將殺德宗玄揚州刺史新

安王桓謙苦禁之乃止時盧循執德宗廣州刺史吳隱之自號平南將軍廣州刺史令其黨徐道覆據始興餘郡皆以親黨居之德宗復僭立於江陵改年義熙尚書陶夔迎德宗達于板橋大風暴起龍舟沈沒死者十餘人德宗發江陵至尋陽其益州刺史毛璩參軍譙縱反攻涪城尅之遂以益州叛德宗德宗發姑熟還建業六月太祖遣軍攻德宗鉅鹿太守賀申申舉城降永興二年盧循復起於嶺南殺德宗江州刺史

何無忌於石城咸欲以德宗北走知循未下乃止裕令撫軍劉毅討循敗於桑落洲步走而還裕黨孟昶諸葛長民等勸裕擁德宗過江裕不從神瑞二年德宗遣廣武將軍玄文石齊朝貢太宗初劉裕征姚泓三年太宗遣長孫道生娥清破其將朱超石於石河擒騎將楊豐斬首千七百餘級三年德宗死

弟德文僭立四年改年曰元熙五年德文禪位於裕裕封德文爲零陵王德文后河南褚氏兄

季之弟淡之雖德文姻戚而盡心於裕德文每生男輙令方便殺焉或誘内人密加毒害前後非一及德文被廢囚於秣陵宫常懼見禍與褚氏共止一室慮有鴆毒自煮食於前六年劉裕將殺之不欲遣人入内令淡之兄弟視褚氏褚氏出别宫於是兵乃踰垣而入進藥於德文德文不肯飲曰佛教自殺者不復入身乃以被掩殺之自叡之僭江南至於德文之死君弱臣彊不相羈制賞罰號令皆出權寵危亡廢奪釁故

相尋所謂夷狄之有君不若諸夏之亡也

賨李雄字仲儁蓋廪君之苗裔也其先居於巴西宕渠秦并天下爲黔中郡薄賦其民口出錢三十巴人謂賦爲賨因爲名焉後徙櫟楊祖慕魏東羌獵將慕有五子輔特庠流驤晋恵時關西擾亂頻歲大飢特兄弟率流民數万家就穀漢中遂入巴蜀時晋益州刺史趙廞反叛特兄弟起兵誅之晋拜特宣威將軍長樂鄉侯流奮威將軍武陽侯流民閻式等推特行鎮北大將軍承制封拜流行鎮東將軍後與晋益州刺史羅尚相攻昭帝七年特自稱大將軍大都督號年建初戰敗爲尚所殺流代統兵事流字玄通自稱大都督大將軍流病將死以後事屬雄雄特少子也雄自稱大都督大將軍十年僭稱成都王號年建興置百官時涪陵人范長生頗有術數雄篤信之勸雄即眞十二年僭稱皇帝號大成改年爲晏平拜長生爲天地太師領丞相西山王又改年爲玉衡雄以中原喪亂乃頻遣

使朝貢與穆帝請分天下雄捨其子而立兄盪第四子班爲太子烈帝六年雄死

班代統任雄子期殺班而自立

期字世運雄第四子也改年爲玉恒驤子壽自涪城襲剋成都廢期爲邛都公期自殺

壽字武考初爲雄大將軍封建寧王以南中十二郡爲建寧國至期徙封漢王既廢期自立改年爲漢興又改號曰漢時建國元年也壽廣漢太守李乾與大臣謀欲廢壽壽懼令子廣與大

臣盟於殿前壽聞鄴中殷實宮觀美麗石虎以
殺罰御下控制邦域城鎮深用欣慕吏民有小
過輒殺之以立威名又以郊甸未實城邑空虛
工匠器械事用不足乃徙民三丁已上於成都
興尚方御府發州郡工巧以充之廣修宮室引
水入城務於奢侈百姓疲於使役民多嗟怨思
亂者十室而九其尚書左僕射蔡興直言切諫
壽以爲誹訕誅之其臣龔壯作詩七首託言應
璩以諷壽壽報曰省詩知意若今人所作賢哲

之話言古人所作死鬼之常辭耳動慕漢武魏
明政法恥聞父兄時事上書者不得言先世政
化自以勝之也及壽疾病見李期蔡興爲祟遂
死子勢統任
勢字子仁既立改年爲太和遣使朝貢又改爲
嘉寧勢弟漢王廣以勢無子請爲太弟勢不許
廣欲襲勢勢使其太保李奕擊廣於涪城剋之
貶爲臨邛侯廣尋自殺勢既驕吝荒於酒色至
殺人而取其妻又納李弈女爲后耽於淫樂不

恤國事夷獠叛亂境土減削累年荒儉性多忌
害誅殘大臣刑罰酷濫斥外父祖舊臣親任近
習左右小人因行威福脩飾室宇群臣諫諍一
無所納又常居內少見公卿史官屢陳災譴乃
加相國董皎大都督以名位優之實望與分災
眚建國十年司馬聃將桓温伐之勢降於温先
是頻有怪異成都北鄉有人望見女子避入草
中往視見物如人有身形頭目無手足能動搖
不能言廣漢馬生角各長寸半有馬駒一頭二

身六耳無目二陰一牝一牡又有驢無皮毛飲
食數日而死江南兩血地生毛江源又生草高
七八尺華葉皆赤子青如牛角涪陵民藥氏婦
頭上生角長三寸凡三截之李漢家舂米米自
臼中跳出斂舉箕中又跳出寫置簟中童謠曰
江橋頭闕下市成都北門十八子又曰有客有
客來侵門陌其氣欲索譙周云我死後三十年
當有異人入蜀由之而亡蜀亡之歲去周亡三
十二年周又著讖曰廣漢城北有大賊曰流特

攻難得歲在玄宮自相剋卒如其言

史臣曰司馬叡之竄凡江表竊魁帥之名無君長之實跼天蹐地畏首畏尾對之李雄各一方小盜其孫皓之不若矣

列傳第八十四　魏書九十六

列傳第八十五　魏書九十七

島夷桓玄　海夷馮跋

島夷劉裕

島夷桓玄字敬道本譙國龍亢楚也僭晉大司馬溫之子溫愛之臨終命以為後年七歲襲封南郡公登國五年為司馬昌明太子洗馬玄志氣不倫欲以雄豪自許朝議以溫有陵虐之迹故抑玄兄弟出為義興太守不得志少時去職皇始初司馬德宗立其會稽王道子擅權信任尚書僕射王國寶為時所疾玄說荊州刺史殷仲堪令推德宗兗州刺史王恭為盟主以討國寶仲堪從之會恭使亦至相達於中路約同大舉並抗表起兵尋平王國寶等天興初德宗以玄為使持節督交廣二州諸軍事建威將軍二越中郎將廣州刺史後王恭復與德宗豫州刺史庾楷共起兵以討其江州刺史王愉司馬尚之兄弟玄及龍驤將軍楊佺期荊州刺史殷仲堪等率軍應恭玄等造於石頭於時德宗征

虜將軍司馬元顯一軍仍守石頭列舟艦斷淮口道子出軍將屯中堂忽有馬驚軍中擾亂人馬赴江者甚衆良久乃定玄等不知建業危弱且王恭尋敗玄甚惶懼乃回軍于蔡洲王恭司馬劉牢之率北府軍來次新亭於是德宗以桓脩爲荆州仲堪爲廣州玄爲江州佺期爲雍州刺史郗恢爲尚書仲堪回師南旋乃使人徇于玄等軍曰若不各散歸大軍至江陵當悉戮餘口仲堪偏將劉系先領兵二千隷于佺期

輒率衆而歸玄等大懼乃狼狽而走庾楷亦棄衆奔于南軍玄並趣輕舟追仲堪至尋陽而推玄爲盟主鎭於夏口德宗加玄都督荆州四郡以玄兄西昌公偉爲輔國將軍南蠻校尉寵玄兄弟欲以侵削荆雍先是荆州大水仲堪倉廩空竭玄乘其虛而伐之先遣軍襲巴陵梁州刺史郭銓當之鎭路逢玄玄遣銓爲前驅玄發夏口與仲堪書云今當入沔討除佺期頓兵江口若相與無貳可殺楊廣若其不尒便當率軍入

江別與桓偉書令克期爲内應偉惶遽以書示仲堪仲堪慰喻遣歸夜乃執之仲堪遣龍驤將軍殷邁振威將軍劉山民等統衆七千至西江口玄聞邁至復與其黨苻永道領帳下擊之邁等敗走玄頓巴陵收其兵而館其穀復破楊廣於夏口仲堪既失巴陵之積又諸將皆敗江陵駭震城内大飢皆以胡麻爲廩初仲堪之得玄書也急召佺期佺期曰江陵無食何以待敵可來見就共守襄陽仲堪猶以全軍無緣棄城逆

走甚憂佺期弗來乃紿之曰比來收集已有儲矣可有數万人百日粮佺期信之乃率步騎八千既至仲堪惟以飯餉其軍佺期大怒曰今茲敗矣不過見仲堪使人於艦上橫射玄玄軍亦射之佺期乃退玄乃渡軍於馬頭命其諸軍進破殺仲堪殺楊廣佺期殷道護及仲堪參軍羅企生等德宗以玄爲持節都督荆司雍秦梁益寧江八州及楊豫并八郡諸軍事後將軍荆江二州刺史玄大論功賞以長史卞範之領南郡

相委以心膂之任乃斷上流禁商旅德宗下書
曰豎子桓玄故大司馬不腆之息少懷狡惡長
而不悛遂與王恭協同姧謀阻兵內侮三方雲
集志在問鼎闚擬神器賴祖宗威靈宰傅神略
忠義奮發罪人斯殞玄等猖狂失圖回舟烏逝
便宜乗會殲除姧源于時同異之論用惑廟筞
遂使王憲廢撓寵授非所猶冀玄當洗濯胷腑
小懲大誡而狼心弗革悖慢愈甚割據江湘擅
威荆郢矯命稱制與奪在手又對侍中王謐放

肆醜言欲縱凶毒陵陷上京無君之心形於音
翰不臣之迹日月彌著是可忍也孰不可懷宜
明九伐以寧西夏尚書令後將軍元顯可爲征
討大都督督十八州諸軍事驃騎大將軍儀同
三司以劉牢之爲前鋒行征西將軍權領江州
命司馬尚之入沔水玄聞元顯處分甚駭懼欲
保江陵長史卞範之說玄東下玄甚狐疑範之
苦勸玄乃留桓偉守江陵率軍東下至夏口乃
建牙傳檄曰案揚州刺史元顯凶暴之性自幼

加長犯禮毀教發蒙如備居喪無一日之哀衰
絰爲宵征之服絃觴於殷憂之時窮色於罔極
之日劫略王國寶妓妾一朝空房此甚惡之始
驕悖視聽者矣相王有疾情無悚懼幸災擅命
揚州篡授遂乃父子同録比肩連案既專權重
多行險暴恐相王知之杜絶視聽惡聲無聞使
譽日至万機之重委之厮孽國典朝政紛紜淆
亂又諷旨尚書使普敬録公録公之位非盡敬
之所苟自尊貴遂悖朝禮又妖賊陵縱破軍殄

民之後已爲都督親則刺史於宜降之日輙加
崇進弱冠之年古今莫比宰相懲惡已獨解録
推禍委罰歸之有在自古僭逆未有若斯之甚
者取妾之僣殆同六禮乃使尚書僕射爲媒人
長史爲迎客嬖媵饔餼賓同長秋所謂無君之
心觸事而發八日觀佛略人子女至人家宿唐
突婦妾廣封迄今甫見易室之飲晉靈以來忽
有支解之刑喜怒輕戮人士割裂治城之暴一
睡而斬又以四歲孽子與東海之封吳興殘暴

之後横復若斯之調妖賊之興寔是由此豎居喪極味孫泰供其膳在夜思遊亦孫泰延其駕泰承其勢得行威福雖加誅戮所染既多加之以苦發樂屬枉濫者衆驅逐徙撥死叛殆盡改號元興以爲已瑞莽之符命於斯允著否極必亨天盈其毒不義不昵勢必崩喪取亂侮亡寔是在斯會三軍文武憤踊即路玄亦失荆楚人情而師出不順其兵雖彊慮弗爲用恒有回師之計既過尋陽不見東軍玄意乃定於是遂鼓行

而進徑至姑孰又克歷陽劉牢之遣子敬宣詣玄請降玄大喜與敬宣置酒宴集玄至新亭元顯棄船退入國子堂列陳宣陽門前元顯欲挾德宗出戰而軍中相驚言玄已及南桁乃回軍赴宮既至中堂一時崩散元顯奔東府惟張法順一騎隨之玄乃爲侍中都督中外諸軍丞相録尚書事揚州牧領徐州刺史持節荆江二州公如故假黄鉞羽葆鼓吹班劒二十人置左右長史從事中郎四人甲仗二百人入殿於是收

道子付廷尉免爲庶人徙于安城郡殺元顯并其子及豫州刺史司馬尚之吏部郎袁遵張法順等又滅庾楷於豫章徙尚之弟丹楊尹恢之輔國將軍允之及國寶王緒諸子于交廣州以劉牢之爲會稽内史將欲解其兵也初敬宣既降隨入東府至是求歸玄畏牢之受命乃遣之敬宣既至牢之知將不免欲襲玄衆皆離散乃於班瀆北走縊於新洲傳首建鄴敬宣奔於江北玄白德宗大赦改年爲大亨玄讓丞相荆江

徐三州及録尚書事乃改授太尉都督中外揚州牧領平西將軍豫州刺史緑綟綬加衮冕之服劒履之禮入朝不趨讚拜不名增班劒六十人甲仗二百人入殿玄乃鎮姑孰既而大築府第田遊無度政令屢改憍侈肆欲朋黨翕習退亂内外朝政皆諮焉小事則決於左僕射桓謙及丹陽尹卞範之玄大賦三吳富室以賑飢民猶不能濟也東郡既由兵掠因以飢饉死者甚衆三吳戶口減半會稽則十三四臨海永嘉死

散殆盡諸舊宮室皆衣羅縠佩金玉相守閑門而死玄自封豫章郡公食安成七千五百戶後封桂陽郡公邑二千五百戶本封南郡如故既而鴆殺道子玄削奪德宗供奉之具務盡約陋殆至飢寒雖殺逆未至君臣之體盡矣進位大將軍加前後部羽葆鼓吹奏事不名又表請自率諸軍命諸蕃方兵掃平關洛德宗不許之玄本無資力但好爲大言既不辦行乃去奉詔故止玄既無他勳分先作征行服玩并制裝書畫

三百廿四　魏書傳八十五　八　孫綱一

之具或諫曰今日之行必有征無戰輜重自足相運不煩復有制造玄曰書畫服玩宜恒在左右且兵凶戰危脫有意外當使輕而易運衆咸笑之玄所親仗惟桓偉而已先欲徵還以自副貳偉既死玄甚恇懼初玄常以其父王業垂成以己弱年不昌前構常懷恨憤及昌明死便有四方之計既克建業無復居下之心及偉死慮一已單危益欲速成大業卞範之之徒既慮事變且幸其利咸共催促於是殷仲文等並已撰

集策命矣德宗加玄相國揔百揆封南郡南平宜都天門零陵桂陽營陽衡陽義陽建平十郡爲楚王備九錫之禮揚州牧領平西將軍豫州刺史如故遣司徒王謐授相國印綬光祿大夫武陵王司馬遵授楚王璽策德宗先遣百寮固請又云當親幸敦喻十二月德宗禪位於玄大赦所部稱永始元年初欲改年爲建始左丞王納之曰建始者晉趙王倫之號也於是易爲永始復同王莽始貴之年玄入建鄴宮逆風迅激

三百卅　魏書傳八十五　九　宗三

旌旗服章儀飾一皆傾偃是月酷寒此日尤甚多行苛政而時施小惠迎溫神主進于太廟玄遊行無度至此不出殿上施金額流蘇絳帳頗類轜車王莽仙蓋太廟郊齋皆二日而已又其廟祭不及於祖以玄曾祖已上名位不顯故不列序且以王莽立九廟見譏前史遂以一廟矯之又毀僭晉小廟以崇臺榭其庶母蒸嘗未有定所慢祖忘親時人知其不永是月玄出遊水南飄風飛其儀蓋又欲造大輦使容三十人坐

以二百人輿之玄憍逸荒縱不恤時事奏案停積了不省覽或親細事手注直官自用令史制度亂出主司奉答不暇晨夜遊獵文武困乏直侍之官皆繫馬省中休下之吏留供土木之役朝士勞瘁百姓力盡民之思亂十室而八德宗彭城內史劉裕因是斬徐州刺史桓脩於京口與沛國劉毅東海何無忌收眾濟江玄加桓謙征討都督召侍官皆入止省中玄移還上宮百僚步從赦揚豫徐兗青冀六州遣頓丘太守吳甫

之右衛將軍皇甫敷北拒劉裕於江乘裕斬甫之進至羅落橋又梟敷首玄外麤猛內恇怯及聞二將已沒忘慮荒窘計無所出日與巫術道士為厭勝之法乃謂眾曰朕其敗乎黃門郎曹靖對曰神怒民怨臣實憂懼玄曰民怨可然神何為怒對曰移晉宗廟飄泊無所大楚之祭不及於祖此其所以怒也玄曰卿何不諫對曰輦上諸君子皆以為堯舜之世臣何敢諫玄使桓謙何澹之屯于東掖門卞範之屯覆舟山西眾

合二万又遣武衛庾賾之配以精卒利器援助謙等謙等大敗玄聲云赴戰將子姪出南掖門西至石頭先使殷仲文具船於津遂相與南走經日不得食左右進以麤粥咽不能下玄子昇五六歲抱玄胸而撫之玄悲不自勝玄挾德宗發尋陽至江陵西中郎將桓石康納之張幔屋止城南署置百官以卞範之為尚書僕射殷仲文為徐州其餘各顯用玄謂諸侍臣曰卿等並升清塗翼從朕躬都下竊位者方應謝罪軍門

其見卿等入石頭無異雲霄中人也玄以奔敗之後懼法令不肅遂輕怒妄殺逾甚暴虐殷仲文諫之玄大怒曰漢高魏武幾遇敗但諸將失利耳以天文惡故還都舊楚而羣小愚惑妄生是非方當糾之以猛未宜施之以恩也荊江郡守以玄播越咸遣使通表有匪寧之辭玄悉不受乃更令所在表賀遷都玄在道自作起居注敘其拒劉裕事自謂筭略無失諸將違節度以至於敗不暇謀議軍事惟誦述寫傳之劉裕遣

其冠軍將軍劉毅發建鄴追之玄軍屢敗玄常裝輕舸於舫側故其兵人莫有鬬志玄乃棄衆而走餘軍以次崩散遂與德宗還江陵初玄留德宗妻子巴陵殷仲文與玄同舟乃說玄求別舫收集散軍遂以德宗妻歸于建鄴玄入江陵城南平太守馮該勸玄更戰玄欲出漢中投梁州刺史桓希夜中處分將發城內已亂禁令不行將親近腹心百許人出城北至城門左右即於闇中斫玄回前後相殺交橫盈路玄僅得至

船德宗入南郡府玄既下船猶欲走漢中玄屯騎校尉毛脩之誘以入蜀遂與石康等泝江而上達枚回洲為益州參軍費恬等迎射之箭如雨下玄中流矢子昇輒拔之益州督護馮遷抽刃而登玄艦玄曰是何人也敢殺天子遷曰我自欲殺天子之賊耳遂斬玄首并石康等斬昇于江陵市傳送玄首梟于朱雀門玄既敗桓謙匿於沮中桓振逃于華容之浦陰聚黨數千人晨襲江陵克之桓謙亦聚衆而出振既至問玄子昇所在知昇已死欲殺德宗謙苦禁之於是為玄舉哀謚為武悼皇帝謙率群官復立德宗振自為都督八州[illegible]將軍荊州刺史謙復本職又加江豫二州刺史後德宗益州刺史毛璩殺桓希於漢中桓振寇江陵為唐興所斬其餘親從或當時擒獲或奔散外境數年之間並敗滅之

海夷馮跋字文起小名乞直伐本出長樂信都慕容永僭號長子以跋父安為將永為垂所滅

安東徙昌黎家于長谷跋飲酒至一石不亂母弟素弗次丕次洪皆任俠放逸不修行業跋恭慎勤稼穡既家昌黎遂同夷俗後慕容熙僭號以跋為殿中左監稍遷衛中郎將後坐事逃亡既而熙政殘虐民不堪命跋乃與從兄萬泥等二十三人結謀跋與二弟乘車使婦人御潛入龍城匿於孫護之室以誅熙乃立夕陽公高雲為主以跋為侍中征北大將軍開府儀同三司封武邑公事皆決跋兄弟太宗初雲為左右所

殺跋乃自立爲燕王置百官號年太平于時永興元年也跋撫納契丹等諸落頗來附之太宗遣謁者于什門喻之爲跋所留語在什門傳泰常三年和龍城有赤氣蔽日自寅至申跋太史令張穆以爲兵氣言於跋曰大魏威制六合而聘使隔絶自古鄰國未有不通之理違義致忿取敗之道恐大軍卒至必致吞滅宜還魏使奉脩職貢跋不從太宗詔征東大將軍長孫道生率衆二万討之跋嬰城固守不克而還神䴥二

年跋有疾其長子永先死立次子翼爲世子攝國事勒兵以備非常跋妾宋氏規立其子受居深忌翼謂之曰主上疾將瘳奈何代父臨國乎翼遂還宋氏矯絶内外遣閹人傳問翼及跋諸子大臣並不得省疾惟中給事胡福獨得出入專掌禁衛跋疾甚福慮宋氏將成其計乃言於跋弟文通勒兵而入跋驚怖而死文通襲位翼勒兵出戰不利遂死跋有男百餘人悉爲文通所殺

文通跋之少弟也本名犯顯祖廟諱高雲僭號以爲征東大將軍領中領軍封汲郡公跋立爲尚書左僕射改封中山仍爲領軍内掌禁衛外揔朝政歷位司徒及自立乃與劉義隆交通延和元年世祖親討之文通嬰城固守文通營丘遼東成周樂浪帶方玄菟六郡皆降世祖徙其三万餘戶于幽州文通尚書郭淵勸其歸誠進女乞爲附庸保守宗廟文通曰負釁在前忿形已露降附取死不如守志更圖所適也先是文

通廢其元妻王氏黜世子崇令鎮肥如以後妻慕容氏子王仁爲世子崇母弟廣平公朗樂陵公邈相謂曰大運有在家國已亡又慕容之譖禍將至矣於是遂出奔遼西勸崇來降崇納之會世祖使給事中王德陳示成敗崇遣邈入朝世祖遣兼鴻臚李繼持節拜崇假節侍中都督幽平二州東夷諸軍事車騎大將軍領護東夷校尉幽平二州牧封遼西王録其國尚書事食遼西十郡承制假授文官尚書刺史武官征虜

巳下文通遣其將封羽率衆圍崇世祖詔永昌
王健督諸軍救之封羽又以凡城降徙其三千
餘家而還文通遣其尚書高顒請罪乞以季女
充掖庭世祖許之徵其子王仁入朝文通不遣
其散騎常侍劉訓言於文通曰雖結婚和通而
未遣侍子魏若大舉將有危亡之慮夫以重山
之隘劉禪銜璧長江之難孫皓歸命況魏彊於
晉氏燕弱于吳蜀願時遣世子以恭大國之命
然後收離集散厚布恩澤分賑倉廩以濟民乏

三呉四　魏傳八十五　十六　徐詠

勸督農桑以邀秋稔庶大業危而更安社稷可
以永保文通大怒殺之世祖又詔樂平王丕等
討之日就蹙削上下危懼文通太常陽岷復勸
文通請罪乞降速令王仁入侍文通曰吾未忍
爲此若事不幸且欲東次高麗以圖後舉岷曰
魏以天下之衆擊一隅之地以目愚見勢必土
崩且高麗夷狄難以信期始雖相親終恐爲變
若不早裁悔無及也文通不聽乃密求迎於高
麗太延二年高麗遣將葛盧等率衆迎之入和

龍城脫其縛褐取文通精仗以賦其衆文通乃
擁其城內士女入于高麗先是其國有狼夜繞
城羣嘷如是終歲又有鼠集於城西闐滿數里
西行至水則在前者銜馬矢迭相齧尾而渡宿
軍地然一旬而滅觸地生蛆月餘乃止和龍城
生白毛長一尺二寸文通至遼東高麗遣使勞
之曰龍城王馮君爰適野次士馬勞乎文通慙
怒稱制荅讓之高麗乃處之於平郭尋徙北豐
文通素侮高麗政刑賞罰猶如其國高麗乃奪

大三百廿四　魏傳八十五　十七　姜刊

其侍人質任王仁文通忿怨之謀將南奔世祖
又徵文通於高麗高麗乃殺之於北豐子孫同
時死者十餘人文通子朗邈朗子熙在外戚傳
島夷劉裕字德輿晉陵丹徒人也其先不知所
出自云本彭城彭城人或云本姓項改爲劉氏
然亦莫可尋也故其與叢亭安上諸劉了無宗
次裕家本寒微住在京口恒以賣履爲業意氣
楚刺僅識文字樗蒲傾產爲時賤薄甞負驃騎
咨義刀逵社錢三万經時不還逵以其無行録

而徵責驃騎長史王謐以錢代還事方得了落魄不脩廉隅天興二年僭晉司馬德宗遣其輔國將軍劉牢之東討孫恩裕應募始爲牢之參軍恩北寇海鹽裕追勝之以功稍遷建武將軍下邳太守劉牢之之討桓玄裕參其軍事牢之降裕爲玄從兄桓脩中兵參軍孫恩死餘衆推恩妹夫盧循爲主玄遣裕征之裕破循于東陽永嘉循浮海奔逸加裕彭城内史及桓玄廢德宗而自立裕與弟道規劉毅何無忌潛謀舉兵桓

脩弟思祖鎮廣陵道規劉毅先爲之佐天賜初裕與何無忌等旦候城門開率衆斬玄徐州刺史桓脩於京口其日劉毅道規等亦斬思祖因收衆濟江河内太守辛扈興恒農太守王元德振威將軍童厚之亦與裕剋是日取玄毅兄邁時在建業毅遣周安要之邁懼而告玄玄遣頓丘太守吴甫之右衛將軍皇甫敷北拒裕率衆宿于竹里遇甫之於江乘裕執長刀直入其陳斬甫之進至羅落橋又斬敷首玄使桓謙屯東

陵卞範之屯覆舟山西裕又破之玄大懼乃攜子姪浮江南走裕入鎮石頭以德宗司徒王謐爲録尚書領揚州刺史立留臺摠百官裕爲使持節都督揚徐兖豫青冀幽并八州鎮軍將軍徐州刺史令道規等率衆追玄裕因是相署名位遣尚書王嘏等迎德宗燔桓温神主于宣陽門外毁殺尚書左僕射王愉及其子綏納等裕以司馬遵爲大將軍承制入居東宫公卿以下莫不畢拜乃大赦惟玄等不在例是夜司徒王

謐逃走劉毅以其手解德宗璽紱宜誅之裕以其償錢之恵固請免之乃遣丹楊尹孟昶迎焉無忌道規至于桑落洲破桓玄諸將進據尋陽加裕都督江州劉毅復敗桓玄於崢嶸洲玄乃棄衆單舸奔走挾德宗奔于江陵裕領青州刺史甲仗百人入殿毅等平巴陵德宗復位於江陵改年曰義熙及還建業裕進侍中車騎將軍都督中外諸軍事飾讓不受加録尚書事又詐不受乃出鎮丹徒改授都督十六州餘如故又

領兖州乃解青州盧循破廣州裕仍以循爲廣州刺史其黨黒琅邪人徐道覆復爲始興相裕又都督交廣二州又封裕豫章郡公邑萬户絹三萬匹加侍中進號驃騎將軍儀同三司又進裕揚州刺史録尚書事居於東府裕遣劉敬宣伐蜀爲譙道福所敗乃免敬宣官裕自降爲中軍將軍開府如故永興初慕容超大掠淮北執德宗陽平太守劉千載濟南太守趙元驅掠千餘家而歸裕乃伐超遂屠廣固執超斬其王公以下

三九二 魏書傳八十五 二十 王遇

三千人納口萬餘馬二千匹夷其城隍送超于建業斬之裕是行也徐道覆勸盧循令乗虚而出循從之於是南康廬陵豫章諸郡守皆奔走江州刺史何無忌率軍至豫章戰殁于時羣議欲令德宗北徙渡江循遂寇湘中破劉道規於長沙敗劉毅於桑落洲席卷而下裕將孟昶諸葛長民勸裕擁德宗過江裕不從昶謂事必不濟乃自殺裕發居人治石頭城道覆等至即欲於新亭白石渚焚舟而上盧循曰大軍未至孟

昶便逆自殺以此而推建業尋應有變但按甲守之不憂不濟也乃屯軍於蔡洲循乃率衆數万上南岸至于丹楊郡遂遣焚京口金城姑熟寇掠塗中及江寧蕪湖循以阮賜爲豫州刺史裕中軍參軍尚靖宣城内史毛脩之破賜於姑熟獲其輜重賜乃退又加裕太尉中書監黄鉞裕受黄鉞盧循既不戰乃告道覆曰師老矣可還據尋陽并力取荆州徐以三分有二之勢與下流爭衡猶可以濟也乃自蔡洲南退裕遣輔

魏書傳八十五 二十一

國將軍王仲德等追之裕又遣建威將軍孫季高率衆自海道襲番禺裕自以舟師南伐季高乗海兼行奄至番禺循不以海道爲防既至而覺衆乃大驚季高悉力而上四面攻之仍屠其城盧循父嘏及長史孫建之並以輕舟奔始興循與道覆率衆而下裕衆軍擊之循等還尋陽循欲遁於豫章乃悉力柵斷左里裕諸軍乗勝而擊之循單舸逕還廣州道覆亦還始興裕還爲大將軍揚州牧班劒二十人本官如故徐道覆至

始興猶據山澗劉藩等攻之道覆先鴆妻子然後自殺盧循至番禺收衆攻季高劉藩遣沈田子討之循奔走餘衆從嶺道襲合浦克之進攻交阯交州刺史杜惠度屢戰克捷循投水而死裕自爲太尉中書監裕殺尚書左僕射謝混兖州刺史劉藩裕既權重便懷異志以荆州刺史劉毅頗有勇略又據上流之所必畏惡之遂自討毅遣參軍王鎮惡等襲江陵鎮惡至豫章口焚毅舟艦毅兵逆戰不能抗鎮惡馳入外城于

時毅病乃阻內城鎮惡焚諸門攻之其徒乃潰毅自北門出走縊于道側斬屍於市誅其子姪裕至江陵誅南蠻校尉郗僧施衛軍諮議謝邵等裕本寒微不參士伍及擅時政便肆意殺戮以威懼下初以刀逵縛之怨誅其兄弟又以王愉謝混郗僧施之徒並皆時望遂悉害之分荆州爲湘州裕自總督裕還於東府召諸舊長民屏人閑語密令壯士丁旿等出自幔後於座拉之長民墜地死於牀側亦以才雄見忌也荆

州刺史司馬休之頗得衆心裕內懷忌憚神二年率衆討之遣龍驤將軍蒯恩等爲前軍裕進頓荆州刺史加黃鉞雍州刺史魯宗之率其子軌會休之于江陵軌等軍敗乃與休之俱奔襄陽裕自領南蠻校尉休之等奔姚興裕爲太傅揚州牧劒履上殿入朝不趨讚拜不名置左右長史司馬從事中郎四人餘如故裕又領平北將軍徐兖二州刺史增督南秦州尋督中外諸軍事裕志傾僭晉若不外立功名恐人望不

許乃西伐姚泓自領征西將軍司豫二州刺史尋領北雍州刺史加前後部羽葆鼓吹增班劒爲四十人子義符爲中軍將軍監太尉留府事給鼓吹一部左僕射劉穆之爲左僕射領軍中軍二府軍司入居東府總攝內外穆之謂龍驤將軍王鎮惡曰公今委卿以關中卿其勉之鎮惡曰吾今不克咸陽誓不濟江而公九錫不至者亦卿之責矣裕率衆軍至彭城加鎮北將軍徐州刺史遣中兵參軍沈林子自汴入河冠軍檀

道濟與王鎮惡步出淮肥裕將王仲德汎濟入河德宗封裕十郡爲宋公加相國九錫僭擬魏晉故事王鎮惡進至宜陽獨取潼關沈林子自襄邑屯于陝城姚泓諸將不能抗始裕入河西上太宗遣將軍娥清長孫嵩等屯於河畔裕遣朱超石劉榮祖等渡河長孫道生破之擒斬其將楊豐等裕遣將軍王仲德趙倫之率沈田子等入武關屯軍青泥沈林子由秦嶺會田子於堯柳城姚泓率衆數万不戰而還裕至關頭鎮

惡至渭橋破泓軍於橫門裕至長安執姚泓以歸斬于建業市裕以其子義眞爲雍州刺史鎮咸陽進裕爲宋王增十郡置百官一擬舊制裕還彭城赫連屈丐掠渭陽義眞遣沈田子率軍討之田子退軍陘上鎮惡往就田子議之田子斬鎮惡於幕下又殺其兄弟羣從七人田子馳還云鎮惡有異志義眞長史王脩執而斬之義眞與左右多爲不法王脩每裁割之左右咸怨白義眞曰王脩以關中阻險兵食又足欲謀反

叛宜早圖之義眞遂遣左右殺脩裕聞之以朱齡石爲雍州刺史義眞發自長安將走江東諸將競收財貨災於灞上赫連昌率衆追之既至青泥義眞大敗蒯恩與安西司馬毛脩之並被擒獲參軍段橫名犯高祖廟諱單馬負義眞走歸朱齡石亦棄長安奔就龍驤將軍王敬先于曹公故壘既而城陷被執見殺德宗死裕立德宗弟德文裕又自增十郡裕遣司馬傅亮赴建業令徵已入輔德文禪其位遂自號爲宋改年

爲永初時泰常五年也裕既僭立頻請和通太宗許之六年裕遣其中軍將軍沈範索季孫等朝貢七年五月裕死

子義符僭立太宗以其禮敬不足遣山陽公奚斤等率步騎二万於滑臺渡河南討義符司州刺史毛德祖遣司馬翟廣領步騎三千來拒司空奚斤以千餘騎徇陳留太守嚴稜率衆降仍攻滑臺其東郡太守王景度奔走斬其司馬陽瓚德祖又遣其將竇應明攻輜重于石濟奚斤

於土樓大破廣等乘勝徑至虎牢義符遣其將
杜坦等與徐州刺史王仲德次湖陸太宗詔安
平公叔孫建等軍於泗瀆口義符兗州刺史徐
琰委尹卯城奔退於是泰山諸郡悉棄戍而走
太宗詔蒼梧子公孫表等復攻虎牢義符遣將
檀道濟率師赴救八年義符改年爲景平奚斤
進攻金墉義符河南太守王涓之出奔太宗南
巡至鄴奚斤自金墉還圍虎牢太宗又詔安平
公叔孫建等東擊青州其刺史竺夔守東陽城

濟南太守垣苗自梁鄒奔夔奚斤分軍攻潁川
太守李元德奔還項城斤又遣騎破高平郡所
統五縣略居人二千餘家叔孫建以時暑班師
檀道濟至仲德向青州遂不敢進太宗至虎牢
因幸洛陽乃北渡河斤克虎牢擒德祖及其滎
陽太守翟廣廣武將軍竇霸等義符豫州刺史
劉粹屯項城不敢進斤遣步騎至許昌潁川太
守索元德奔項城遂圍汝陽太守王公度突圍
而出仍破邵陵掠万餘口而還始光初義符司

空徐羨之尚書令傅亮領軍謝晦等專其朝政
收其廬陵王義眞徙于新安郡殺之義符居昏暴
失德羨之等勒兵入殿時義符在華林舟中兵
士競進殺其侍者扶義符出東閤廢爲營陽王
遂徙于吳郡於金昌亭殺之
亮等立義符弟荊州刺史義隆號年元嘉遣使
趙道生朝貢二年徐羨之傅亮等歸政於義隆
不許三年義隆信其侍中王華之言誅羨之傅
亮遣其將檀道濟等討荊州刺史謝晦晦率

衆東下謀廢義隆以討王華爲辭破義隆將
到彥之及聞道濟將至晦衆崩散晦走江陵乃
攜其弟遁等北走至安陸延頭爲戍主光順之
所執斬于建業八月義隆使其殿中將軍吉恒
朝貢神䴥二年又遣殿中將軍孫横之朝貢三
年又遣殿中將軍田奇朝貢尋遣其右將軍到
彥之安北將軍王仲德兗州刺史竺靈秀舟師
入河驍騎將軍段横寇虎牢又遣其豫州刺史
劉德武後將軍長沙王義欣至彭城爲後繼到

彦之寇碻磝分軍向虎牢及洛陽世祖詔河南諸軍收衆北渡以驕之尋詔冠軍將軍安頡等率衆自盟津渡攻金墉義隆建武將軍杜驥出奔遂乘勝進攻虎牢陷之斬其司州刺史尹沖叔孫建大破竺靈秀追至湖陸四年頡攻滑臺彦之與王仲德等焚舟棄甲走歸彭城義隆又遣檀道濟救滑臺叔孫建長孫道生擊之道濟至高梁山頡等攻剋滑臺擒其司徒從事中郎朱脩之等道濟走奔歷城夜乃遁還義隆青州

刺史蕭思話亦棄鎮奔于平昌其東陽積粟爲百姓所焚延和元年五月義隆又遣趙道生朝貢二年二月詔兼散騎常侍宋宣使於義隆且爲皇太子結親九月義隆遣趙道生貢馴象一太延二年三月義隆遣使會元紹朝貢義隆忌其司空檀道濟遂誅之道濟臨死脫幘投地曰乃復壞汝万里長城三年三月義隆遣其散騎常侍劉熙伯朝貢且論納幣六月義隆女死不果爲婚五年十一月義隆遣黃延年獻馴象眞

君初義隆徙其弟大將軍義康於豫章二年其龍驤參軍巴東扶令育詣義隆理義康義隆大怒收育殺之四月義隆遣使黃延年朝貢十二月義隆又遣黃延年朝貢是歲義隆梁州刺史劉眞道將裴方明攻擊楊難當難當捨仇池將妻子來奔三年世祖詔琅邪王司馬楚之等討之西安將軍古弼平西將軍元齊等邀義隆秦州刺史胡崇之於濁水破擒之餘衆奔漢中義隆立難當兄子文德爲秦州刺史武都王戍茄蘆彌等討平之義隆遂殺眞道方明五年義隆

復遣使朝貢六年其員外散騎侍郎孔熙先以才學而不見用太子詹事范曄以家門淫汚爲世所薄與熙先及外生謝綜謀殺義隆立其弟前大將軍義康丹陽尹徐湛之告之乃誅曄等徙義康於安成郡御史監守七年詔諸軍掠濟陰金鄉等七縣并驅其青冀二州民戶而還北地人蓋吳聚衆反義隆以吳爲安西將軍雍州刺史封北地公規亂雍州詔諸軍討平之

義隆好行小計扇動邊民内起山苑窮侈極麗役使百姓江南苦之九年正月義隆遣使獻孔雀十一年二月世祖欲獵於雲夢發使告義隆勿相猜阻義隆請奉詔世祖南巡義隆邊城閉門拒守世祖怒之乃攻懸瓠分遣使者安慰降民其不服者誅戮之義隆汝南南頓汝陽潁川太守並棄城奔走義隆安北將軍武陵王駿遣參軍劉泰之臧肇之殿中將軍尹懷義程天祚等以千餘騎至汝陽永昌王位擊破之斬泰之

肇之執天祚等義隆又遣寧朔將軍王玄謨率其太子步兵校尉沈慶之鎮軍諮議參軍申坦等入河青冀二州刺史蕭斌及駿水陸並進太子左衛率臧質統驍騎將軍王方回安蠻司馬劉康祖右軍參軍梁坦造許洛右將軍豫州刺史南平王鑠太尉江夏王義恭爲諸軍節度梁南秦二州刺史劉秀之統輔國將軍楊文德宣威將軍劉洪宗向汧隴護軍將軍蕭思話部龍驤將軍杜坦竟陵太守劉德願向武關義隆令

王公妃主及其朝士牧守下逮富人通出私財以助軍費士庶怨之南兖及青冀兖豫三吳簡發以配戎行揚南徐兖江州富民並四分之一建威司馬申元吉趣泗瀆蕭斌至碻磝王玄謨遣軍主王寶惠攻滑臺右軍蕭鑠遣中兵參軍梁坦等進軍小索世祖詔諸軍援滑臺大敗王寶惠等王玄謨走還碻磝蕭斌遣申坦與梁坦垣護之據兩當城斌退還歷下及車駕渡河梁坦退走棄甲山積車駕發滑臺過碻磝義隆又

遣雍州刺史竟陵王誕率其將薛安都柳元景等入盧氏進攻弘農詔洛州刺史張提率衆度崤蒲城鎮將何難於風陵堆濟河秦州刺史杜道生至閺鄉元景退走十一月車駕從東安山出下邳義隆鄒山戍主魯陽陽平二郡太守崔邪利降楚王建南康侯杜道儁進軍清西至留城義隆鎮軍劉駿參軍馬文恭至蕭城軍主嵇玄敬至留城並爲覘候見官軍俱時退走永昌王仁攻懸瓠拔之獲義隆守將趙淮過定項城

破尉武戍執其戍主進攻壽陽屯兵於孫叔敖
家掠馬頭鍾離二郡義隆遣左軍將軍劉康祖
赴壽陽與仁相遇仁大破之盡坑其衆斬康祖
傳首示壽春獲其將胡盛之王羅漢等以所斬
首使軍士曳之遶城三匝積之城西高與城齊
劉鑠乃焚四郭廬舍嬰城固守車駕至盱眙淮
泗義隆遣輔國將軍臧質率師至盱眙頓軍城
北六軍於上流濟淮質遣司馬胡崇之等率所
領於山上立營建威將軍毛熈祚據城前大浦

詔攻二軍斬崇之熈祚等及佗首數千級衆悉
赴水死淮南之民皆詣軍降高梁王那出山陽
永昌王仁於壽陽出橫江凡所經過莫不風靡
車駕登於瓜步伐葦結筏示欲渡江義隆大懼
欲走吳會建業士女咸荷檐而立義隆遣黃延
年朝於行宮獻百牢貢其方物并請和求進女
於皇孫世祖以師婚非禮許和而不許婚初義隆
欲遣軍侵境其臣江湛徐湛之贊成其事而義隆
太子劭與蕭思話沈慶之謂義隆曰昔檀道濟

到彥之無利而反今將帥士衆不及於前不可
輕動兵甲時湛等在坐義隆使與慶之謀議慶
之曰治國如治家耕當問奴織當問婢今欲伐
國而與白面書生輩謀之事何由濟義隆大笑
遂不納慶之言至是登石頭城樓而望甚有憂
色歎曰若檀道濟在豈應至此劭乃委罪於江
徐義隆曰此自吾意不關二人也正平元年正
月世祖饗會於瓜步既許和好詔班師其江北
之民歸降者數十万計凡克南兗豫徐兗青冀

六州其軍鋒殺掠不可勝筭時義隆江北蕭條
境内搔擾義隆慮義康為亂遣使殺之葬以侯
禮義隆慙恚歸罪於下降義恭為儀同三司蕭
斌王玄謨並免所居職十月義隆遣其將軍孫
蓋等朝貢與安九年義隆遣撫軍將軍蕭思話
率其將張永等攻碻磝詔諸軍擊破之永等退
走思話遣建武將軍垣護之至梁山逆軍尚書
韓茂率騎逆擊之思話退還麋溝義隆又遣雍
州刺史臧質向崤陝梁州刺史劉秀之輔國將

軍楊文德出子午豫州刺史長孫蘭遣騎破之
秀之等僅以身免臧質柳元景薛安都等至關
城並相繼敗走是年義隆太子劭及始興王休
明令女巫嚴道育呪詛義隆事發義隆憤愧自
失廢於政事乃議黜劭殺休明屢召尚書僕射
徐湛之吏部尚書江湛侍中王僧綽等謀議僧
綽曰當斷不斷反受其亂惟願以義割恩略小
不忍不爾便應坦懷如初無煩疑論不可使難
生慮表取笑千載義隆曰卿可謂能斷大事此

不可不殷勤三思義康始死人謂我無復慈愛
之道僧綽又云臣恐千載之後言陛下易於裁
弟難於廢子義隆默然休明母潘有寵於義隆
義隆以廢立之謀告之潘請赦弗許遂告休明
休明馳報劭劭知已當廢遂夜召左右隊主陳
叔兒詹齊帥張超之任建之等揔二千餘人被
甲自衛又召左衛率袁淑中舍人殷仲素左積
弩將軍王正見又呼左軍長史蕭斌劭曰朝廷
信讒當見罪廢內省無過不能受枉明當入殿

卿等必不得異乃遍拜告哀衆皆驚不得荅袁
淑良久曰自古無此類願加善思劭怒變色於
是左右咸云伏聽令旨明晨斬淑劭守万春門
乃告門者曰我受敕入有所收可助我督後隊
令速劭又詐義隆敕云魯秀謀反汝明可守闕
將兵入討也故士卒信之超之等率十餘人走
入雲龍門拔刃徑登合章殿義隆夜與徐湛之
屏人閑語時猶未訖門戶並無侍衛義隆迫急
以几自鄣兵刃交下五指俱落超之斬義隆徐

湛之爲亂兵所害劭分遣掩江湛之斬之休明
時在西州來屯中堂劭又使兵殺休明母是日
劭登殿受璽綬下書曰徐湛之江湛殺逆無
狀吾勒兵入殿已無所及號惋崩衂心肝破裂
今罪人斯得元凶克殄卜世靈祚永享無窮思
與億兆覃茲更始可大赦天下改元嘉三十年
爲太初元年劭弟駿時爲江州刺史先以西陽
蠻反義隆令東宮步兵校尉沈慶之襄陽太
守柳元景司空中兵參軍宗慤並討之駿出次

五洲斬劭使於軍門司徒義宣雍州刺史臧質
司州刺史魯爽同舉兵駿以沈慶之柳元景宗
慤爲前軍駿諮議參軍顏竣專主軍謀劭葬義
隆託疾不出臧質子敦逃走劭乃悉聚諸王及
大臣徙入城内移南岸百姓渡淮貴賤皆被驅
逼建業淆亂駿等發尋陽檄至劭乃移駿數子
於侍中省義宣諸男於大倉屋以兵守之使其
將魯秀王羅漢等爲水陸之備休明及蕭斌爲
之謀主焚除淮中船舫駿至南洲頓漂洲令柳

元景等擊劭劭衆崩潰奔走還宮義恭單馬奔
駿勸即位劭大怒遣休明就西省殺義恭子南
豐王朗等十二人
駿乃僭即大位于新亭於是擒劭休明並梟首
大桁暴屍於市經日壞爛投之水中男女妃妾
一皆從戮時人爲之語曰遥望建康城小江逆
流縈前見子殺父後見弟殺兄興光元年駿改
年曰孝建其中軍府録事參軍周殷啓駿曰今
士大夫父母在而兄弟異計十家而七庶人父

子殊產八家而五凡甚者乃危亡不相知飢寒
不相恤又疾讒害其間不可稱數宜明其禁以
易其風俗弊如此駿不能革臧質遣使説荆州
刺史南郡王義宣曰有大才負大功挾震主威
自古鮮有全者宜在人前早有處分義宣使要
豫州刺史魯爽兗州刺史徐遺寶司州刺史魯
秀等剋秋起兵爽時昏醉即日便戴黄標稱建
平元年板義宣爲天子遣信至建業迎弟瑜由
是駿知爽反惶懼欲遣迎義宣其竟陵王誕執

議不許乃遣左衛將軍王玄謨率衆討爽領軍
將軍柳元景鎮軍將軍沈慶之討義宣臧質下
戍大雷馳報義宣抗表以誅元景爲名遣軍就
質使爽與質會于江上玄謨屯兵梁山義宣率
衆至尋陽與質俱下雍州刺史朱脩之不從義
宣臧質進計曰今萬人取南州則梁山中絶萬
人守梁山玄謨必不敢動下官浮舟外江直向
石頭此上策也義宣將從之其諮議劉諶之曰
質不求前驅此志難測不如盡銳攻梁山事克

然後長驅萬安之計也義宣乃止義宣遣劉諶之就質步攻東壘義宣進自蕪湖赴梁山屯兵西岸玄謨拒質駿將軍護之薛安都又摧破之義宣衆潰因風放火焚其舟艦義宣閉船大泣因而迸逸走至江陵荆州司馬竺超民具儀服迎之左右相率潰叛超民送付刺姦朱脩之於獄殺之太安二年駿改年爲大明駿於新亭造中興佛寺設齋忽有一僧形皃有異衆皆愕然問其名荅云名惠明從天安寺來言竟倏然而

滅乃改爲天安寺至天安初而彭城歸國四年駿遣其將殷孝祖寇濟州高宗遣清水公封敕文等擊走之又詔征西將軍支豹子擊孝祖於清東五年豹子還遂掠地至高平大獲而還駿以其南兗州刺史竟陵王誕得士庶之心內畏忌之誕不自安乃治城多聚粮仗駿大怒貶誕爵爲侯遣兗州刺史垣閬給事中戴明寶討之誕遣衆出戰斬垣閬誕表駿曰往年元凶禍逆陛下入討臣背凶赴順可謂常節及丞相構難

臧質協從朝野恍忽咸懷憂懼陛下欲建百官羽儀星馳推奉臣前後固執末方賜從社稷獲全是誰之力陛下接遇殷勤屢加崇寵驃騎揚州旬月移授恩秩頻煩復賜徐兗仰屈皇輿遠相餞送臣一遇之感此何以忘庶希偕老永相娛慰豈謂陛下信用讒言遂令小人來相掩襲不任枉酷即加誅翦雀鼠貪生仰違詔敕今親勒部曲鎮扞徐兗昔緣何福同生皇家今有何罪便成胡越陵鋒奮戈万沒豈顧定蕩之期冀

在旦夕右軍宣簡旻及武昌皆以無罪並遇枉酷臣有何過復致於此陛下宮闈之醜豈可一二臨紙悲塞不止所言駿以沈慶之前軍討之親勞軍人賜以金帛慶之軍敗退傷者十四五駿大怒將自往久乃拔之斬誕傳首誕母殷妻徐並自殺城內誅者數千人或先鞭殺而行戮並移首於石頭南岸以爲京觀至於風晨雨夜輒聞哀號之響駿淫亂無度烝其母路氏穢汙之聲布於歐越東揚州刺史顏竣恃舊每戲弄

之駿慙怒殺兹和平元年七月駿使其散騎常
侍明僧暠高朝貢二年三月又使其散騎常侍尹
顯朝貢駿雍州刺史海陵王休茂謀將除駿參
軍尹玄慶斬休茂是歲凡諸郡士族婚官點雜
者悉黜爲將吏而人情驚怨並不服役逃竄山
湖聚爲寇盜侍中沈懷文苦諫不納三年三月
駿使其散騎常侍嚴靈護朝貢以沈懷文數直
諫付廷尉殺之駿寵姬殷死贈貴妃謚曰宣及
葬龍山給轀輬九旒黃屋左纛羽葆鼓吹班劒

大二十六 小五 魏書傳八十五 四十 林

虎賁龍輴之麗功妙萬端山池雲鳳之屬皆裝
以衆寶繡帷珠帶重鈴疊毦儀服之盛古今尠
有駿自殷死常懷悲惻神情罔罔發棄政事或
親至殷靈牀酹奠酒飲之既而慟哭流連不能
自反其耽惛若此四年獵于烏江之榜口又游
湖縣之滿山並與母同行宣淫肆意五年三吴
大飢人食草木皮葉親屬互相販鬻刼掠蜂起
死者不可勝數是年駿死
子子業立性尤凶悖其母疾篤遣呼子業子業

曰病人間多鬼那可往其母怒語侍者曰將刀
來破我腹那得生如馨兒六年改爲永光以奄
人華願兒爲散騎常侍遊止必同越騎校尉戴
法興屢相裁割願兒深以爲恨或謂法興爲眞
天子子業爲贋天子願兒具以聞子業乃殺法
興驃騎將軍柳元景尚書左僕射顔師伯欲廢
子業立太宰義恭以告沈慶之慶之告子業子
業出兵誅義恭遂刳剔支體抽裂心藏挑其眼
睛投之蜜中謂之鬼目粽又殺柳元景顔師伯

大三十四 小五 魏書傳八十五 四十一 林

并諸子及弟姪乃改年爲景和子業除去喪禮
服錦縠之衣以石頭城爲長樂宮東城爲未央
宮北邸爲建章宮南宅爲長楊宮子業自以昔
在東宮不爲駿所愛及即位常欲毀其墓乃遣
發駿所寵殷氏冢殷死駿爲之造新安寺於是
壞之復欲誅諸遠近尼僧遣使殺其新安王子
鸞臨死歎曰惟願後身不復生天王家義恭既
誅徐州刺史義陽王昶大懼遣典籤蘧法生啓
求還建業子業謂法生曰義陽謀反我正欲誅

之法生懼禍走還彭城子業遣沈慶之率師伐
昶法生至彭城昶便繕甲諸郡不從昶知事不
捷遂來奔子業淫其姑稱爲謝氏爲貴嬪夫
人加以殊禮虎賁釼戟出警入蹕鑾輅龍旂
在貴妃之上即義隆第十女其新蔡長公主
也子業矯云主喪空設喪事而實納之時其姊
山陰主大見愛狎淫恣過度謂子業曰妾與陛
下男女雖殊俱託體先帝陛下六宮百數而妾
惟一駙馬事不均平乃可如此子業爲主置面

首左右三十人進爵會稽郡長公主秩同郡王
食湯沐邑二千戶給鼓吹一部加班劒二十人每
出遊與羣臣陪乘吏部褚淵以有風兒子業使
淵侍主子業皆令廟別畫其祖父形像曾入裕
廟指裕像曰此渠大英雄生擒數天子次入義
隆廟指義隆像曰此渠亦不惡但暮年中不免
兒斫去頭次入其父駿廟指駿像曰此渠大好
色不擇尊卑顧謂左右曰渠大齄鼻如何不齄
之即令畫工齄駿象鼻其父子淫悖書契所無

也子業又殺沈慶之撫軍諮議參軍何邁即其
新蔡主壻其湘東王彧及建安王休仁山陽王
休祐常被猜忌並欲誅之休仁每以調謔悅之
故得推遷不死彧休祐形體肥大遂以籠盛稱
之彧尤肥號曰豬王廷尉劉曚妾懷孕子業迎
入宮冀其生男立爲太子及其生子遂爲大赦
子業召其南平王鑠妃江氏偶諸左右江不從
子業曰若不從當殺汝三子江猶不從乃鞭一
百殺其子敬猷等巫覡云湘州有天子氣子業

將南行以厭之未行前欲悉誅諸叔時彧被拘
秘書省與子業左右阮佃夫等謀殺子業子業
出華林園共巫竹林堂前射鬼佃夫時爲內監
乃以告外監典事朱幼主衣壽寂之細鎧主姜
產之等寂之抽刃而前產之繼進子業引弓射
寂之不中寂之乃斬其首
彧既誅子業憂遽不知所爲休仁推立彧彧時
失履徒跣登西堂備天子儀服呼諸大臣入見
事無巨細稱令施行或以豫章王子尚及山陰

主爲子業所狎殺之十二月僭即帝位改年爲泰始先是子業敕其弟子勛曰聞汝與何邁謀共廢我汝自量體氣何如孝武尋當遣使送藥與汝子勛長史鄧琬與錄事參軍陶亮等起兵遣其黨俞伯奇出頓大雷巴東太守孫仲之至于平石與陶亮並統前軍始或未知子勛起兵加子勛車騎將軍儀同三司符至尋陽鄧琬乃投於地攘袂而起曰殿下當開端門何黄閤之有與陶亮等徵兵馳檄建牙於桑尾時雍

三九四　魏書傳八十五　四十四　沈貴

州刺史袁顗便勸子勛即位琬乃立宗廟設壇場造乘輿法服立子勛爲天子即位江州號義嘉元年子勛以袁顗爲尚書左僕射鄧琬爲尚書右僕射左司馬張悅爲領軍將軍吏部尚書州郡並加爵號或乃遣領軍將軍王玄謨討之復遣其將沈攸之劉靈出據虎檻初或聞四方反亂憂遽不知所爲休仁請前鋒決勝於是始有防禦之軍攸之軍至江州斬子勛或慮子勛弟松滋侯子房等年大終不相服休仁遂勸除之

因誅駿男子路休之等以陷子房兄弟於是殺駿子安陸王子綏及子房臨海王子頊永嘉王子仁始安王子眞邵陵王子元淮南王子孟臨賀王子産晉熙王子輿及子起子期子悅子頓初駿二十八男其餘先早夭及子業殺子鸞等至是盡殄之矣其骨肉相殘若此之甚或南新蔡太守常珍奇奉啓請降顯祖詔遣西河公元石京兆侯張窮奇率軍援之皇興元年正月或遣其散騎常侍見思散騎侍郎崔小白朝貢初或

魏書傳八十五　四十五

遣其鎮軍張永領軍沈攸之以大衆迎其徐州刺史薛安都安都聞永將發乃遣信請降顯祖詔博陵公尉元城陽公孔伯恭率騎二万救之永等前後奮擊斬首凍没死者不可勝數又其兖州刺史畢衆敬亦來降款至是徐兖及淮西諸郡青齊二州相尋歸附或又遣其中領軍沈攸之太子左衞率劉勔寇彭城兖州刺史申纂守無鹽時薛安都略有廣平順陽義成扶風諸郡沈攸之至下邳與元等戰敗而走初

或青州刺史沈文秀兾州刺史崔道固並請歸順詔遣征南大將軍慕容白曜率衆援之文秀等復叛歸或白曜進軍圍城二年克歷城獲道固或遣其員外散騎常侍李豐朝貢或遣沈文秀弟文靜海道救青州文靜至東萊之不期城白曜遣軍克之尋獲東陽城或遣其員外散騎常侍王希涓朝貢四年六月或又遣員外散騎常侍劉航朝貢延興元年或於巖山射雉休祐從在後與其左右相失或遣壽寂之率諸壯

士追躡休祐蹴令墜馬拉而殺之乃揚聲曰驃騎墮馬死召司徒休仁宿尚書下省鴆而殺之自或立之後民庶凋弊而宮殿器服多更興造初其即位軍人多被超越或有不與戎勤寄名受賞阮佃夫等並被信委凡所談笑言無不行抽進阿黨咸受不次之位故佃夫左右乃有四軍五校羽林給事等官皆市井傭販之人諂附而獲至綱紀不立風政頹獘境內多難民庶嗷然遂廣募義勇置其為部曲於是官品淪褫士人

人渾亂民衆顒顒咸願來奔矣或遣其司州刺史垣叔通為益州刺史叔通極為聚斂蜀還之貨過數千金知或好財先送家資之半或猶嫌少及叔通至建業遣詣廷尉或先令獄官留之於訊堂彌旬不得出叔通於是悉送其財然後原遣凡蠻夷不受鞭罰輸財贖罪謂之賧時人謂叔通被賧刺史或嘗宮內大集而裸婦人觀之以為忻笑其妻王氏以扇鄣面獨無所言或怒曰外舍家寒乞今共為笑樂何獨不視王

曰為樂之事其方自多豈有姑姊妹集聚而裸婦人形體以此為樂外舍之為忻適與此不同或大怒遣王起去或末年好事鬼神多所忌諱言語文書有禍敗凶喪及疑似之言應回避者數百千品有犯必加罪戮改騧馬字為馬邊瓜以騧似禍字故也嘗以南苑借張永言且給三百年期訖更申其事皆如此又以宣陽門之名不善甚諱之其太后停屍漆牀移出東宮見之怒甚免中庶子官職局以下坐死者數十人內

外常慮犯忌人不自保移牀治壁必祭土神文士爲辭祝事如大祭又更忍虐好殺左右失旨忤意往往有剡斮斷截者時遣窺覘淮泗軍旅不息荒弊積久府藏空虛內外百官普斷祿俸而或奢費過度務爲彫侈每所造制必爲正御三十副御三十次副三十須一物輒造九十枚境內騷然人不堪命或又以壽寂之有膽決乃殺之又追降休仁休祐爲庶人絕其屬籍諸子徙遠郡休祐母邢妻江付廷尉殺之遣員外

散騎侍郎田廉員外散騎侍郎祖德朝貢又殺其巴陵王休若改年爲泰豫又遣田廉及員外散騎侍郎劉惠秀朝貢或又殺太子太傅王景文畏其族盛故也或死

子昱僭立改爲元徽昱遣員外散騎常侍田惠紹員外散騎侍郎劉惠秀朝貢其司空桂陽王休範奔尋陽舉兵右衛將軍蕭道成率衆軍出頓新亭越騎校尉張苟兒斬休範首其左右皆散道成遣送其首塗中遇賊遂棄於水中休範之徒乃詐曰殿下猶在新亭於是士庶奔馳候迎是夜休範將杜墨騍等又攻新亭東廂休範參軍江珉等破二縣六署竊掠金帛放諸徒隸由是徒衆復盛燒東宮津陽門乃領軍右府昱將陳顯達率所領至杜姥宅破墨騍軍主全景淵進平白壁宣陽津陽二門斬墨騍等昱還其員外散騎常侍明曇徽員外散騎侍郎江山圖朝貢五年又遣員外散騎常侍李祖員外散騎侍郎魚長耀朝貢承明初昱建平王景素據京

口叛昱遣蕭道成前軍將軍周盤龍殿中將軍張倪奴討之攻陷京口斬景素太和初昱以其母數諫責之遂使太醫煮藥欲鴆之左右止之曰若行此事官便應作孝豈復得出入狡獪昱曰汝語大有理乃止初昱母陳氏本李道兒妾或納之生昱故世中皆呼昱爲李氏子昱每自稱李將軍或自名爲李統昱直閤將軍申伯宗步兵校尉朱幼司徒左長史沈勃等欲廢昱昱親率羽林兵掩之乃躬運矛鋋手殺勃等闔

門嬰稚莫不屠截昱狂走逸遊不捨晝夜腹
心所寄數十許人並執兵刃爲之牙爪路行逢
人便加斫刺或入人家刼略財賄往來倏忽狀若
鬼魅建業惶振並重關自守又捶拍鍼鑿錐鋸
之屬常以自隨或有忤意輒加酷暴捶陰刺
心剖腹之誅日有十數常見卧屍流血然後爲
樂無所誅害則慼憂思草草於耀靈殿上養驢
數十頭造露車以銀爲校具或乘以出入著小
袴褶帶挾刀劍與營署女子通好自齎私服

大三十八 魏書傳八十五 五十 吳八五

贈之常入鑪肆飲酒輒與左右歌唱略民雞犬
躬自屠割內外畏惡人不自保昱往新安寺夕
乃還殿寢於氈幄昱左右楊玉夫楊万年等見
其醉眠乃於幄斬之左右陳奉伯稱敕開承明
門出送首於直閤王敬則夜送昱首與中領軍
蕭道成道成率左右數十數人稱昱行還開
承明門入殿去其皇太后令廢昱爲蒼梧王
立昱弟揚州刺史安成王準初或晚年痿疾
不能內御諸弟姬人有懷孕者輒取以入宮

及生男皆殺其母而與其宮人所愛者養之準
即桂陽王休範子也荊州刺史沈攸之興兵討
道成準改年爲昇明遣其員外散騎常侍李祖
貞外散騎侍郎陶貞寶赴 國訃并貢方物準司
徒袁粲丹陽尹劉秉中領軍劉韞前湘州刺史
王蘊等以道成專恣潛謀圖之共推粲爲主要
引沈攸之以爲外援丹楊丞王遜告道成並斬
之準遣員外散騎常侍何佃員外散騎侍郎孔
逷朝貢三年正月準遣其員外散騎常侍殷靈

大二二十七 魏書列八十五 五十二 吳五

誕員外散騎侍郎苟昭先朝貢準尋禪位於道
成居于東邸道成僭立封準汝陰郡王尋死於
丹楊

史臣曰桓玄倸張馮劉乃厥 缺 窮凶極迷爲
天下笑其夷楚之常性乎

列傳第八十五　魏書九十七

列傳第八十六　　魏書九十八

島夷蕭道成　島夷蕭衍

島夷蕭道成字紹伯晉陵武進楚也僭晉時以武進之東城爲蘭陵郡縣遂爲蘭陵人父承之常隨宗人蕭思話征伐乆乃得爲其橫野司馬以軍功仕劉義隆位至右軍將軍道成少好武事初從散究毎充征役前後爲討蠻小帥以堪勤劇見知思話之鎭襄陽啓之自隨任以統戍稍遷左軍中兵參軍每在疆埸擾動邊民曾至

三三十　魏書傳八十六　一　鎮

談堤大敗而走劉駿時閒關僞職至建業令駿死子業以爲後軍將軍直閤子業死劉彧除右軍將軍時子業江州刺史晉安王子勛會稽太守尋陽王子房等並擧兵彧加道成輔國將軍東討平定諸縣晉陵太守袁標吳郡太守顧琛吳興太守王雲生皆棄郡奔走時徐州刺史薛安都遣從子索兒率銳衆度淮徼道成拒焉以功封西陽縣開國侯食邑六百戶子勛遣臨川內史張淹自東嶠入規欲擾動三吳劉彧遣道

成率三千人統軍主沈思仁拒淹淹便奔走張永沈攸之大敗於彭城劉彧以道成爲冠軍將軍督諸軍事假節戍淮陰彧死子昱以道成爲右衛將軍領衛尉加兵五百人與尚書令袁粲護軍褚淵領軍劉勔參掌朝事尋解衛尉加侍中戍石頭城劉休範擧兵以討王道隆等爲名治嚴數日便率大衆席卷而下道成等率衆拒戰事平以道成爲散騎常侍中領軍都督南兗兗徐青冀五州鎭軍將軍南兗州刺史持節侯

三三十　魏書傳八十六　二　何鎮

如故後進爵爲公增邑二千戶劉昱凶虐日甚道成與直閤王敬則昱左右楊玉夫同謀殺昱迎弟準立之改年爲昇明時太和元年也道成移鎭東城以甲仗五十人入殿進位侍中司空録尚書事驃騎大將軍持節都督刺史加故封竟陵郡公五千戶給班劒三十人又進督豫司二州荆州刺史沈攸之擧兵討道成道成率衆入鎭朝堂司徒袁粲先鎭石頭據城與尚書令劉秉前湘州刺史王蘊謀討道成密信要攸之

速下將爲内應不克粲與子最俱死妻父子踰城走於領檐湖王藴走向闕場並見擒攸之至于夏口敗走與第三子中書郎太和單騎南奔華容縣俱自縊死道成又爲太尉增封三千戶班劒四十人甲仗百人入殿道成將有大志準侍中王儉請閒勸之道成曰卿言何我今當依事相啓言辭雖厲而意色甚悦儉諷動在位乃加道成黄鉞都督中外諸軍事太傅領揚州牧劒履上殿入朝不趨贊拜不名置左右長史司

馬從事中郎掾屬各四人使持節侍中太尉驃騎大將軍録尚書南徐州刺史如故道成詐辭殊禮重申前命劒履上殿入朝不趨贊拜不名進位相國揔百揆封十郡爲齊公備九錫之禮加璽紱遠遊冠位在諸王上加相國緑綟綬其驃騎大將軍揚州牧南徐州刺史如故於是建齊臺置百官以東府爲齊宮又增封十郡進公爲王尋僭大號封其主劉準爲汝陰王未幾而死於是高祖詔梁郡王嘉督二將出淮陰隴西

公元操三將出廣陵河東公薛虎子三將出壽春以討之元操等攻其馬頭戍剋之道成遣其徐州刺史崔文仲攻陷茬眉戍詔遣尚書游明根討之又遣平南將軍郎大檀三將出朐城將軍白吐頭二將出海西將軍元泰二將出漣口將軍封延三將出角城鎮南將軍賀羅出下蔡道成梁州刺史崔慧景遣長史裴叔保率衆寇武興關城氐帥楊鼠擊破之叔保還南鄭梁郡王嘉破道成將盧紹之玄元度於朐山下蔡戍

主棄城遁走又詔昌黎王馮熙爲西道都督與征南將軍桓誕出義陽鎮南將軍賀羅自下蔡東出鍾離道成游擊將軍桓康於淮陽破之道成豫州刺史垣崇祖寇下蔡昌黎王馮熙擊破之梁郡王嘉大破道成將俘獲二万餘口送京師道成遣後軍參軍車僧朗朝貢先是劉準遣使殷靈誕苟昭先未反而道成僭立及僧朗至朝廷處之靈誕之下僧朗與靈誕競前後降人解奉君遂於朝會刃僧朗詔加殯斂送喪令還

道成死
子賾僭立改年爲永明賾遣其驍騎將軍劉纘
前將軍張謨朝貢八年又遣兼員外散騎常侍
司馬憲兼員外散騎侍郎庾習朝獻九年遣輔
國將軍劉纘通直郎裴昭明朝貢十年又遣昭
明與冠軍參軍司馬迪之朝貢賾初爲太子時
特奢侈道成每欲廢之賴王敬則和詣賾性貪
惏常謂人曰唯崔慧景知我貧賾嘗至其益州
刺史劉悛宅晝卧覺悛自捧金澡盤面廣三尺

愛姬執金澡灌受四升以充沃盥因以奉獻賾
納之其好利若此賾遊獵無度其殿中將軍邯
鄲超上表諫賾殺之十三年遣平南參軍顏幼
明冗從僕射劉思效朝貢十四年賾巴東王子
響殺長史劉寅司馬席恭穆謀殺賾賾遣丹陽
尹蕭順之討殺之十五年二月遣員外散騎常
侍裴昭明員外散騎侍郎謝竣朝貢九月又遣
司徒參軍蕭琛范縝朝貢十六年復遣琛與司
徒參軍范雲朝貢又遣車騎功曹庾華南豫州

別駕何憲朝貢十七年賾雍州刺史王奐與寧
蠻長史劉興祖論衆罪賾以興祖付獄令送還
建業奐輒於獄殺之而云自死賾怒遣其直閤
將軍曹道剛梁州刺史曹虎收奐奐閉門拒戰
司馬黃瑤起於城内起兵攻奐殺之奐子祕書
丞肅肅弟秉來降賾子長懋死立其孫南郡王
昭業爲太孫賾遇疾暫絶其子竟陵王子良在
殿内昭業未入中書郎王融戎服於中書省閤
口斷東宮仗不得進欲立子良賾既蘇昭業入

殿融知子良不得立乃釋服還省賾死
昭業立十數日收融付廷尉殺之昭業生而爲
其叔子良所養而矯情飾詐陰懷鄙慝與左右
無賴羣小二十許人共衣食同卧起妻何氏擇
其中美皃者與交通密就富商大賈取錢無
數既與子良同居未得肆意子良移西邸昭業
獨住西州每至昏夜輒開後閤與諸小人共至
諸營署淫宴凡諸不逞皆迭加爵位許以南
面之日便即施行皆疏官位名號於黃紙與

之各各盡囊盛帶之肘後昭業師史仁祖侍書胡
天翼聞之相與謀曰若言之二宮則其事未易
若於營署爲異人所毆打及爲犬物所傷殘豈
直罪止一身亦當盡室及禍年各已七十餘生
寧足吝也數日仁祖天翼皆自殺昭業父長懋
自患及死昭業侍奉憂哀號毀過禮及還私室
與所親愛欣笑酣飲備諸甘滋葬畢立爲皇太
孫截壁爲閤於母房內往何氏間每入輒彌時
不出賾至東宮昭業迎拜號慟絕而後蘇賾自

下輿抱持之寵愛隆重初昭業在西州令女巫
楊氏禱祝速求天位及其父死謂由楊氏之力
倍加敬信楊氏子珉亦有美皃何氏尤愛悅之
昭業呼楊氏爲婆劉氏以來民間亦作楊婆兒
歌蓋爲此也及在東宮賾有疾令楊氏日夕祈
禱令賾早死與何氏書於紙中作一大喜字作
小喜三十六字遶之賾謂其必能負荷大業謂
曰五年已來一委宰相汝多厝意五年以後勿
復委人臨死執昭業手曰阿奴若憶翁當好作

如此者再而死子良時在中書省昭業疑畏使
虎賁中郎將潘淑領百人屯太極殿西階以防
之大斂之始呼賾伎人備舉衆樂諸伎雖畏威
從事莫不哽咽流涕及成服悉遣諸王還第子
良固乞留過賾葬不許昭業素好狗馬立未十
日便毀賾所起招婉殿以殿材乞閹人徐龍駒
造宅於其處爲馬埒馳走墜馬面額並傷稱疾
不出者數日多聚名鷹快犬以粱肉奉之賾將
葬喪車未出端門昭業便稱疾還內裁入閤便

於內奏胡伎鞞鐸之聲震響內外時司空王敬
則問射聲校尉蕭坦之曰便如此不當忽忽邪
坦之曰此政當是內人哭聲響徹耳自賾葬後
昭業微服而出遊走里市又多往其父母陵隧
中與羣小共作鄙藝擲塗賭跳放鷹走狗諸雜
狡獪日日輒往以此爲常朝事大小皆斷於尚
書令蕭鸞初蕭賾聚錢上庫至五億万齋庫亦
出三億万金銀布帛絲綿不可稱計至此歲末
所用過半皆賜與左右廝卒之徒及至廢黜府

庫空盡昭業在內常著紫綿紅繡雜衣或錦帽改年爲隆昌以黄門郎周奉叔爲冠軍將軍青州刺史奉叔謟諛爲事昭業甚悅之而專恣跋扈無所忌憚常從單刀二十口出入禁闥門衛莫敢訶止每語人云周郎刀不識君徐龍駒自東宮齋師以便佞見寵構造姦邪以取容媚凡諸鄙黷雜事皆龍駒所勸誘也昭業爲龍駒置美女伎樂常住含章殿著黄綸帽被貂裘南面向案代昭業畫勑左右侍直與昭業不異蕭鸞

固請誅之楊珉及母亦並下獄死珉及母爲昭業所寵恩情特隆賞賜傾府藏珉爲何氏所幸常居中內侍蕭鸞初令衛尉蕭諶征北諮議蕭坦之請誅珉何氏與昭業同席坐流涕覆面謂坦之曰楊郎好年少無罪何可枉殺坦之乃耳語於昭業曰此事別有一意不可令人聞昭業呼何氏曰阿奴暫起去坦之乃曰外間並云楊珉與皇后有情聞彰遐邇此事自古所無恐必誤官事昭業不得已乃許之俄勑原之已行刑

矣益州刺史劉悛罷任還昭業以其饋奉不豐收付廷尉將加大辟悛弟中書郎繪乞以身代得不死禁錮終身昭業與其父寵姬霍氏姪通納之後宮蕭鸞謀廢之率衆而入時昭業裸身與霍氏相對聞兵至拔劍起拒鸞鸞自殺之左右死者十餘人

鸞立其弟昭文自爲使持節都督揚南徐二州驃騎大將軍開府録尚書事揚州刺史加班劍三十人封宣城郡公二千戶以兵五千人出鎮

東城殺其鄱陽王鏘隨王子隆遣中護軍王玄邈殺昭文南兗州刺史安陸王子敬豫州刺史王廣之殺江州刺史晉安王子懋又殺湘州刺史南平王銳郢州刺史晉熙王銶南豫州刺史宜都王鏗鸞加黄鉞進授都督中外諸軍太傅領大將軍揚州牧增班劍四十人前後部羽葆鼓吹劍履上殿入朝不趨贊拜不名封宣城郡王食邑五千戶使持節中書監録尚書並如故又殺昭文桂陽王鑠衡陽王鈞江夏王鋒廬陵

王子卿建安王子真巴陵王子倫乃廢昭文為海陵王尋死鸞僭立焉

鸞字景栖其叔父道成寵愛之過於諸子蕭賾末為尚書左僕射甚親委之賾死遂秉朝政既殺昭業專權酷暴屠滅賾等子孫既而自立時太和十八年也號年建武其宣德太僕劉朗之游擊將軍劉璩之坐不贍給兄子致使隨毋他嫁免官禁錮時論者謂薄義之由實自鸞始鸞雍州刺史曹虎據襄陽請降高祖詔行征南將

軍薛真度督四將出襄陽大將軍劉昶出義陽徐州刺史元衍出鍾離平南將軍劉藻出南鄭車駕南伐十九年鸞龍陽縣開國侯王朗自渦陽來降左將軍元麗大破鸞將擒其寧州刺史董巒車駕濟淮幸八公山巡淮而東發鍾離將臨江水司徒馮誕薨乃詔班師遣使臨江數鸞罪惡鸞殺其西陽王子明南海王子罕邵陵王子貞二十一年車駕討鸞鸞前將軍韓秀方弋陽太守王嗣之後將軍趙祖悅等十五將來降

大破鸞軍於江北獲其將軍王伏保等車駕遂巡沔東而還鸞將王曇紛等萬餘人寇南青州黃郭戍主崔僧淵擊破之悉虜其衆又剋新野城斬鸞輔國將軍新野太守劉忌鸞湖陽戍主蔡道福赭陽戍主成公期及軍主胡松舞陰戍主輔國將軍西汝南北義陽二郡太守黃瑶起及直閤將軍軍主鮑舉南鄉太守席謙並委戍走擒瑶起鮑舉鸞又殺其河東王鉉臨賀王子岳西陽王子文衡陽王子珉湘東王子建南郡

王子夏巴陵王昭秀桂陽王昭粲車駕幸南陽進攻宛北城拔之冠軍將軍南陽太守房伯玉以城降又大敗鸞平北將軍崔慧景黃門郎蕭衍於鄧城斬獲首虜二萬有餘鸞憂怖遂疾甚乃大赦改年為永泰其大司馬王敬則於會稽舉兵將以誅鸞鎮北諮議謝眺敬則女夫也告之敬則敗而死鸞死

子寶卷僭立二十三年春寶卷改元為永元遣其太尉陳顯達率崔慧景攻馬圈城詔前將軍

元英討之寶卷遣將寇順陽詔振威將軍慕容平城率騎討之顯達攻陷馬圈城車駕南伐詔鎮南大將軍廣陽王嘉斷均口顯達戰敗潰圍夜走斬其左軍將軍張子順賊將蔡道福成公期等數万人棄順陽遁走寶卷昏狂政出羣竪其始安王遥光據東府反不克見殺并殺其右僕射蕭坦之左衛將軍曹虎領軍將軍劉暄尋殺司空徐孝嗣左僕射沈文季前撫軍長史沈昭略其太尉江州刺史陳顯達舉兵襲建業不

果而死景明初寶卷豫州刺史裴叔業以壽陽降寶卷遣其衛尉蕭懿爲征虜將軍豫州刺史步道伐壽陽頓軍小峴詔遣軍司李煥及統軍奚康生楊大眼等率衆入壽陽驃騎大將軍彭城王勰車騎將軍王肅率步騎十万赴之寶卷遣將胡松李居士率衆万餘屯死虎陳伯之水軍泝淮而上以逼壽春勰肅大破之斬首万數陳伯之又寇淮南勰破之肥口豫州刺史田益宗破寶卷將吴子陽劉元超於長風寶卷遣侍

中崔慧景率諸軍自廣陵水路欲赴壽陽慧景見寶卷狂虐不復自保及得專征欣然即路慧景子覺時爲直閤與之密期慧景至廣陵覺遂出奔慧景過廣陵數十里便回軍還時廣陵闕鎮司馬崔恭納之因率衆濟江遂攻建業寶卷嬰城自守寶卷豫州刺史蕭懿擊破慧景擒殺之慧景既死寶卷便自得志無所忌憚日日出遊愛幸茹法珍梅虫兒等及左右應勑捉御刀之徒並專國命民間謂之刀勑寶卷每常輕騎

戎服往此諸家與之讌飲此等每有吉凶寶卷輒往弔慶不欲令人見之驅斥百姓惟置空宅而已所往之處既無定所官司常慮得罪東行驅西面人南出驅北面人且或應出夜便驅遣吏司奔馳叫呼盈路老少震驚啼號塞路處處禁斷不知所適疾患困篤者悉輿去之其有無人輿者匍匐道側主司又加捶打絶命者相繼還宫之時常至半夜左右輒入富室取物蕩盡前魏興太守王敬賓新死未斂家人被驅不得

守視及家人還晁食帶賔兩眼都盡如此者非一寶卷酷亂逾甚其尚書令蕭懿雖有大勳忌而殺之并殺其弟衛尉卿蕭暢世宗詔冠軍將軍南豫州刺史席法友三万人圍寶卷輔國將軍北新安豊二郡太守胡景略於建安城剋之擒景略寶卷雍州刺史蕭衍據襄陽舉兵伐之荆州行事蕭穎胄應衍三月穎胄叛寶卷以南康王寶融爲天子於是寶融僭即帝位穎胄爲侍中尚書令衍爲左僕射都督征討諸軍征東

大將軍使持節如故穎胄請封寶卷爲虞陽縣侯寶融不許又封涪陵王穎胄監八州諸軍事行荆州刺史假衍黄鉞蕭衍軍至沔口郢州嬰城自守寶卷又殺巴陵王昭胄永新侯昭秀黄門郎蕭寅寶卷昏暴日甚内外不堪其前南譙太守王靈秀等於石頭迎寶卷弟寶寅率城内文武向其臺城百姓空手隨從者万數會日暮城門閉不剋衍兵至建業所在棄寶卷降之衍兵入宫寶卷在含德殿吹笙歌作女兒子卧未

及睡聞兵入趨出北戶欲還後宫清曜閤已閉閹人禁防黄泰平刀傷其膝仆地顧曰奴反也直後張齊斬首送衍衍追封東昏侯廢其皇后太子爲庶人衍殺寶卷弟湘東王寶晊衍又殺邵陵王寶攸晋熙王寶嵩桂陽王寶貞其建安王寶寅來奔尋逼寶融禪位於己封爲巴陵王官于姑熟寶融尋暴死

島夷蕭衍字叔達亦晋陵武進楚也父順之蕭賾光禄大夫衍少輕薄有口辯歷王儉衛軍府

户曹屬累遷爲蕭鸞黄門侍郎太子中庶子太和二十二年高祖南伐詔諸軍圍襄陽衍時率衆來援爲武衛將軍宇文福所破單騎走免蕭鸞末出爲輔國將軍雍州刺史鸞死子寶卷立殺衍兄懿遣巴西梓橦二郡太守劉山陽西上聲云之郡實令襲衍山陽至荆州爲蕭穎胄所殺景明二年衍乃與穎胄推寶卷弟荆州刺史寶融爲主號年中興舉兵伐寶卷其年十二月剋建業殺寶卷及其妻子衍爲大司馬録尚書

事揚州刺史建安郡公邑一万戶三年又自爲相國揚州牧封十郡爲梁王衍尋僭立自稱曰梁號年天監五月揚州小峴戍主党法宗襲衍大峴戍破之擒其龍驤將軍邾菩薩送京師衍又遣將張囂之寇揚州軍擊破之斬二千餘級四年三月揚州刺史任城王澄遣長風戍主奇道顯攻衍陰山戍破之斬其龍驤將軍都亭侯梅興祖仍攻白藁戍又破之斬其寧朔將軍吳道爽等獲數千級衍又遣其徐州長史潘伯鄰屯

軍淮陵徐州刺史司馬明素又據九山澄遣軍並擊破之斬伯鄰擒明素衍將吳子陽寇白沙中山王英大破之擒斬千數衍梁州刺史平陽縣開國侯翟遠徐州刺史永昌縣開國侯陳虎牙來降正始元年正月衍將趙祖悅屯據東關江州刺史陳伯之擊破之二月衍將姜慶眞襲陷壽春外郛州軍擊走之中山王英圍衍鍾離衍遣冠軍張惠紹率衆軍送粮於鍾離任城王澄遣統軍王足劉思祖邀擊於邵陽大破之生

擒惠紹并其驍騎將軍祁陽縣開國男趙景悅等十將斬獲數千級惠紹衍舅子也衍乃移書求之朝議欲示威懷遂聽惠紹等還三月元英破衍將王僧炳於樊城八月英又攻衍義陽克之破衍將馬仙琕擒其冠軍將軍蔡靈恩等十餘將九月衍霍州刺史田道龍義州刺史張宗之遣使內附十二月衍梁秦二州行事夏侯道遷據漢中內附詔尚書邢巒率衆赴之二年四月巒頻破衍軍遂入劍閣執其輔國將軍范始

男送京師巒又遣統軍王足破衍諸將斬其輔國將軍馮文豪等六月衍遣將王超宗寇邊揚州刺史薛眞度大破之俘斬三千級七月王足又大破衍衆斬其秦梁二州刺史魯方達王明達等三十餘將俘虜二千五百人九月衍湘州刺史楊公則率衆寇壽春揚州刺史元嵩擊破之斬獲數千級三年正月衍徐州刺史昌義之寇梁城江州刺史王茂先寇荆州屯河南城平南將軍陳伯之擊義之平南將軍楊大眼擊茂

先並大破之斬其輔國將軍王花俘斬辛茂先逃潰追奔至於漢水拔其五城將軍宇文福略衍司州俘獲千餘口而還五月衍將蕭昞寇淮陽張惠紹寇宿豫蕭密寇梁城韋叡寇合肥平南將軍奚康生破惠紹斬其徐州刺史宋黑七月衍徐州刺史王伯敖入寇陰陵中山王英大破之斬將二十五人首虜五千衍又遣將桓和屯孤山冠軍將軍桓方慶屯固城龍驤將軍矯道儀屯蒙山八月安東將軍邢巒擊桓和破

之將軍元常攻克固城統軍畢祖朽攻克蒙山斬獲及赴沂水死者四千有餘衍又遣張惠紹屯宿豫蕭昞屯淮陽九月都督邢巒大破之斬其大將藍懷恭等三十餘人惠紹蕭昞並棄戍南走追斬數万級衍中軍大將軍臨川王蕭密右僕射柳惔徐州刺史昌義之等屯據梁城中山王英大破之密等棄城沿淮東走追奔至於馬頭衍冠軍將軍馬頭戍主朱思遠棄城走擒衍將三十餘人斬獲五万有餘十月衍征虜將

軍馬仙琕率衆三万寇義楊郢州刺史婁悅以州軍擊走之永平元年十月懸瓠城民白早生據州反叛衍遣將齊苟仁等四將以助之詔尚書邢巒率騎討之巒攻克懸瓠斬早生擒苟仁俘衍衆三千餘人初早生之反也世宗遣主書董紹銜詔宣慰紹為早生所執送之於衍衍乃厚資遣紹令奉書朝廷請割宿豫內屬以求和好時朝議或有異同世宗以衍辭雖款順而不稱藩詔有司不許十二月衍寧朔將軍張凝等

率衆寇楚城中山王英破擒之衍將馬仙琕據金山郢州刺史婁悅擊走之二年正月中山王英攻克衍長薄戍殺傷數万仍攻拔武陽關擒衍雲騎將軍松滋縣開國侯馬廣冠軍將軍遷陵縣開國子彭甕驍騎將軍當陽縣開國伯徐元秀等二十六將俘獲七千餘人又進攻黃峴西關衍將軍馬仙琕棄西關李元履棄黃峴遁走四年春三月衍琅邪郡民王万壽等斬衍輔國將軍琅邪東莞二郡太守帶朐山戍主劉晣

并將士四十餘人以城内屬徐州刺史盧昶遣兼郯城戍副張天惠率衆赴之而衍郁洲已遣二軍以拒天惠天惠與万壽等内外齊擊俘斬數百昶仍遣瑯邪戍主傅文驥入城據守衍又遣將張稷馬仙琕等攻圍文驥詔昶率衆赴之而文驥以粮盡降衍昶遂失利而還延昌二年二月郁洲徐玄明斬送衍鎮北將軍青冀二州刺史張稷首以州内附三年六月衍遣衆寇九山荆州刺史桓叔興大破之斬其虎旅將軍蔡

令孫冠軍將軍席世興貞義將軍藍次孫四年二月衍寧州刺史任太洪率衆寇關城益州長史成興孫擊破之熙平元年正月衍遣其恒農太守王定世等寇邊都督元志破之斬定世悉俘其衆衍豫州刺史趙祖悅率衆數万偷據硤石詔鎮南將軍崔亮鎮軍將軍李平討克之斬祖悅傳首京師衍衡州刺史張齊寇益州刺史傅豎眼討之斬其將任太洪齊遁走初衍毋欲稱兵境上關伺邊隙常爲諸將摧破雖懷進趣

之計而勢力不從遂於浮山堰淮規爲壽春之害肅宗詔征南蕭寶寅率諸將討之大破衍衆於淮北秋九月堰自潰決漂其緣淮城戍居民村落十餘万口流入於海正光元年衍改稱普通至三年其弟子西豐侯正德棄衍來奔尋復亡歸衍初忿之改其姓爲背氏既而復焉封爲臨賀王五年九月衍將裴邃虞鴻襲據壽春外郭刺史長孫稚擊走之孝昌元年正月徐州刺史元法僧據城南叛衍遣豫章王綜鎮彭城綜

蕭寶卷之遺腹子也初衍平建業因納其母吴氏吴氏先有孕後生綜衍謂爲己子甚寵愛之綜既長毋密告綜綜遂潛圖叛衍既鎮彭城及大軍往討綜乃拔身來奔餘將退走國軍追躡所獲万計衍初聞之慟哭氣絶甚爲慙恨猶云其子言其病風所致時人咸笑之三月衍遣其北梁州長史錫休儒司馬魚和上庸太守姜平洛等入寇直城梁州刺史傅豎眼遣息敬紹率衆大敗之擒斬三千人休儒等遁走四月衍益

州刺史蕭淵猷遣將樊文熾等率衆圍小劍戍益州刺史邴虬遣子子達行臺魏子建遣別將淳于誕拒擊之五月誕等大破文熾俘斬二万擒其大將蕭世隆等十二人文熾走免是歲衍又改年爲大通二年七月衍將元樹湛僧珍等寇壽春又攻逼新野詔都督魏承祖討破之三年二月衍將成景儁寇彭城行臺崔孝芬率諸將擊走之建義元年衍遣其將曹義宗寇荊州大都督費穆大破之生擒義宗檻送京師初尒

朱榮入洛北海王顥奔於衍衍以顥爲魏主資顥士馬令其大將陳慶之部率送顥永安二年夏遂入洛陽車駕還討破走之唯慶之一身走免自餘部衆皆見俘執閏月巴州刺史嚴始欣據州入衍衍遣將蕭玩張鴻等率衆赴援都督元景夏率益梁二州軍討之三年正月斬始欣衍衆敗走又斬蕭玩等首俘獲万餘人普泰元年春南青州刺史茹懷朗遣部將何寶率步騎三千擊衍守將於琅邪擒其雲麾將軍徐兖二

州刺史沈預斬其宣猛將軍齊州刺史劉相如永熙元年夏衍遣其鄱王元樹及譙州刺史朱文開入據譙城東南道行臺樊子鵠率諸軍攻克之擒元樹文開等送於京師天平元年十月衍雄信將軍紀耕率衆入寇嶠嵋都督曹仲尼破走之斬其軍主沈達閔莊等二年正月衍將湛僧珍寇南兖州州軍擊破之行臺元晏又破湛僧珍等於項城虜其　刺史楊瞟二月衍司州刺史陳慶之郢州刺史田朴特等寇邊豫

州刺史堯雄擊走之五月衍仁州刺史黃道始寇北濟陰徐州刺史任祥討破之十月衍將梁秉儁寇單父祥又大敗之俘斬万餘人十一月衍雍州刺史蕭恭遣將栁仲禮寇荊州刺史王元軌破之於牛飲斬其將張殖王世興是年衍又改號爲中大通三年五月豫州刺史堯雄攻衍白苟堆鎮克之擒其北平太守苟元曠十月行臺侯景攻陷衍楚城獲其楚州刺史桓和兄第四年九月衍青冀二州刺史徐子彥寇團城

南青州刺史陸景元擊走之先是益州刺史傅和以城降衍衍資送和令申意於齊獻武王求通交好王志綏邊遠乃請許之四年冬衍遣其散騎常侍張皐通直常侍劉孝儀通直常侍崔曉朝貢二年夏又遣散騎常侍沈山卿通直常侍劉研朝貢興和二年春又遣散騎常侍栁豹通直常侍劉景彥朝貢其年冬又遣散騎常侍陸晏子通直常侍沈景徽朝貢是年衍改號大同三年夏又遣散騎常侍明少遐通直郎謝藻

朝貢四年春又遣散騎常侍袁狎通直常侍賀文發朝貢其年冬又遣散騎常侍劉孝勝通直常侍謝景朝貢武定元年夏又遣散騎常侍沈衆通直常侍殷德卿朝貢其年冬又遣散騎常侍蕭確通直常侍陸緬朝貢三年秋又遣散騎常侍徐君房通直常侍庾信朝貢四年夏又遣散騎常侍蕭瑳通直常侍賀德瑒朝貢五年春又遣散騎常侍謝蘭通直常侍鮑至朝貢朝廷亦遣使報之十餘年間南境寧息六年衍又改

號爲中大同其年又改爲太清是歲司徒侯景反遣使通衍請其拯援衍惑景遊說遂絕貢使衍子綱及朝臣並切諫以爲不可衍不從乃遣其兄子豫州刺史貞陽侯淵明北兗州刺史胡貴孫等寇逼徐州與侯景爲聲援仍堰泗水以灌彭城齊文襄王遣行臺慕容紹宗儀同三司高岳潘相樂等率衆討之紹宗檄衍境內曰夫乾坤交泰明聖興作有冥運行之力俱盡變化之途抱識含靈融然並至呈形賦命混而同往

所以玄功潛運至德旁通百姓日用而不知万國受賜而無迹豈徒鑿其耳目易其心慮悟以風雲一其文軌使夫日月之照不私雨露之施均洽運諸仁壽之域納於福祿之林自晉政多僻金行淪蕩中原作戰鬪之場生民爲鳥獸之餌則我皇魏握玄帝之圖納水靈之祉駕雲車而自北策龍御以圖南致符上帝援溺下土怪物殄死淫水不作運神器於顧眄定寶命於踟蹰恢之以武功振之以文德宇內反可封之俗

貞首識堯舜之心沙海荒忽之外瀚漠羈縻之
表方志所不傳荒經所不綴莫不縆谷鈞山依
風託水共仰中國之聖同欣大道之行唯夫三
吳百越獨阻聲教匪民之咎責有由焉自僞晉
之後劉蕭作慝擅僭一隅號令自己惟我祖宗
馭宇愛民重戰未極謀臣之畫不窮節將之兵
聊遣行人降以尺一圓臺已築黃屋輒去賜其
几杖置之度外蕭衍輕險有素士操蔑聞睥睨
君親自少而長好亂樂禍惡直醜正巧用其短

以少爲多誑惑愚淺大言以驚俗驅扇邪僻口
兵以作威曲體脅肩搖脣鼓舌候當朝之顧指
邀在位之餘論遂汙辱冠帶偷竊藩維及寶卷
昏狂下不堪命曾無北面有犯之節遽滅人倫
在三之禮憑妖假怪鬼語神言稱兵指闕傾朝
鴆主陵虐孤寡聾愚士民天不悔禍姦醜得志
內恣彫靡外逞殘賊驅羸國之兵逭糊口之衆
南出五嶺北防九江屯戍不解役無寧歲死亡
矢刃之下夭折霧露之中哭泣者無已傷痍者

不絕託身人上忽下如草遂使頑嚚子弟肆行
婬虐狡猾羣小縱極貪惏剝割蒼生肌肉略盡
剺剔黔首骨髓俱罄猛虎未方其毒餓狼詎侔
其禍惵惵周餘救死無地至於矯情飾詐事非
一緒毒螫滿懷妄敦戒業躁競盈胸謬治淸靜
至乃大興寺塔廣繕臺堂昭陽到景華珠衡璧
崢嶸刻削千門万戶鞭撻疲民盡其筋骨延壞遷
石悲歌掩途死而可祈甘同仙化智淺謀疎曾
不自揆遏桐柏之流翻爲己害子亡齊之亂忽

爲戎首書契迄茲莫聞其事至於廢指冢嫡崇
樹愚子朋黨路開彼我側目疾視扼腕十室而
九翹足有待良亦多人二紀於茲王家多故始
則車馳之警終有鸞墜之哀神祇痛憤寓縣崩
震於是故相國齊獻武高王感天壤之慘黷激
雲雷以慨然仗高義而率民奮大節以成務爰
有匡國定霸之圖非直討賊雪恥之舉於是廢
略紛紜靈武冠世盪滌逋孽尊主康邦皇上秉
歷受圖天臨日鏡道隨玄運德與神行既而元

首懷舞戚之風上宰薄兵車之會遂解縶南冠踰以好睦舟車遵湖川陸光華亭徼相望欣然自秦反肉還童不待羊陸雖嘉謀長筭爰自我始罷戰息民兩獲其泰王者之信明如四時豈或為人君父二三其德書而不法可不惜哉侯景一介役夫出自凡賤身名淪蔽無或可紀直以趨馳便習見愛尒朱小人叨竊遂忝名位及中興之際義旗四指元惡不赦實在羣胡景荷人成拔籍其股肱主人有丹頸之期所天蹈族滅之釁雖不能蔽捍左右以命酬恩猶當慘顏後至義形於色而趣利改圖速如覆手投身麾下甘為僕隸獻武王棄其瑕穢錄其小誠得厠五命之末預在一隊之後參跡驅馳庶其來效長鞭利鍛術以制之既闢隴逋誅毎事經略以河南空虛之地非兵戰之衝薄存掎角聊示旗鼓豈資實效寄以遊聲軍機僅勤蓋唯景任揔兵統旅別有司存而愚褊有積憍愎遂甚犯違軍紀仍自猜貳禍心潛構翻為亂階負恩棄德

罔恤天討不義不昵厚而必顛委慈母如脫屣弃少弟如遺土羣子陸陸妻姪成行慕姜見之爽言莪伯春之冤轉跳梁猖獗夫欲誰欺比之梟鏡異類同醜欲擬蚍鼠顧匪其倫及遠託關右委命寇逆寶炬定君臣之分黑獺結兄弟之親授以名器之尊救其重圍之死憑人繫援假人鼻息俄而忘恩背惠親尋干戈釁暴惡盈側首無託以金陵逋逃之藪江南流禦之地甘辭卑體進熟圖身詭言浮說抑可知矣叛豎救命豈將擇音偽朝大夫幸災忘義主耄於上臣蔽於下逐雀去草曾不是圖竊寶叛邑椒蘭比好人而無禮其能國乎夫安危有大勢成敗有恒兆不假離朱之目不藉子野之聽聊陳刺心之說且吐伐謀之言今帝道休明皇猷允塞四民樂業百靈效祉雖上相云亡而伊陟繼事秉文經武虎視龍驤驅日下之俊雄收一世之英銳擊刺猶雷電合戰如風雨控弦躍馬固敵是求蠕蠕昔遭離亂輜分瓦裂匹馬孤征告困於我

國家深敦隣附愍其入懷盡憂人之禮極繼絶之義保衛出於故地資給唯其多少存其已亡之業成其莫大之基深仁厚德鏤其骨髓引領思報義如手足吐谷渾深執忠孝膠漆不渝万里仰德奏款屬路並申以婚好行李如歸蠕蠕境斜界黄河望通幽夏飛雪千里曾冰洞積北風轉勁實觔角之時沍寒方猛正氈裘之利吐谷渾疾彼凶逆彊兵歳舉傾河及鄯塵通隴峽驅龍池之種藉常勝之氣二方候隙企其稜踵加以獨孤如願擁衆秦中治兵劫脅黑獺北備西擬内營腹心救首救尾疲於奔命豈暇稱兵東指出師函谷且秋風揚塵國有恒防關河形勝之際山川襟帶之所猛將精兵基跱岳立又竇炬河陰之北黑獺亡山之走衆無一旅僅以身歸就其不顧根本輕懷進趣斯則一勞永逸天贊我也言之旦旦日月經天舉世所知義非徒語持此量之理有可見則侯景遊辭莫非虚誕夫景繩樞席牖之子阡陌鄙俚之夫遺風塵

之會逢馳驁之日遂位在三吏邑啓千社揣身量分久當止足而乃周章去就離䟦不已夫豈徒爾事可推揚度其衆叛親離守死不暇乃聞將棄懸瓠遠赴彭城老賊姦謀復將作矣固揚聲赴助計在圖襲吞淵明之衆招厭虐之民舉長淮以爲斷仍鴟張歳月南面假名死而有已此蓋蜂鷁之禍我承其斃且僞主昏悖不惟善隣賊忍之心老而彌篤納逋叛之詭譎蔑信義以猖狂天喪其神人重其怨將踐瓜圃之蹤且追兒侯之轍今徵發犬羊侵軼徐部築壘擁川覬覦小利此而可忍孰不可懷兵凶戰危出不得已謬奉朝規肅兹九伐扛鼎拔樹之衆超乘投石之旅練甲爭途波聚霧合虎班龍文之逸蘭池蒲梢之駔噓天陸野躡影追風振旅南轅長驅討蹴非直三吴鼠面一麾魚駭乘此而往青蓋將歸且衍虐網蚩兵權在外持險躁之風俗兼輕薄之子孫蕭綸兇狡之魁豈無商臣之佷蕭譽失志之憤當召專諸之客外崩中潰今

也其時幕府師行以禮兵動以義弔民伐罪理有存焉其有知機審變翻然鵲起立功立事去危就安賞典未忘事必加等若軍威所至敢有拒違咫見已上咸從梟戮今三禮四義之將豹虎熊羆之士深銜逋偽信納叛亡違卜愎諫實興伐役莫不含怒作色如赴私讎茹肝涉血義不旋踵攻戰之日事若有神莽積麻亂匪旦伊夕以彼曲師危卒望我軍鋒何異蛣蜣被甲蜘蛆舉尾正恐旗鼓一接芝蓷俱摧先事喻懷備

知翰墨王侯無種禍福由人斯蓋丈夫肉食之秋壯士封侯之會冬冰可折時不再來凡百君子勉求多福檄之所到咸共申省知我國行師之意冬十二月紹宗高岳等大破衍眾寒山擒淵明貴孫等俘斬五万其凍溺燒之而死不可勝數衍既慙悔六年復遣使羊珍孫款關乞和并脩弔書於齊文襄王文襄王欲以威德懷之許其通而不復其書衍於是遣其散騎常侍謝班通直常侍徐陵詣闕朝貢班等未及還而侯

景舉兵襲衍密與衍弟子臨賀王正德交通許推為主景至橫江衍令正德率軍拒景正德因而迎之景濟江立以為主以趣建業衍好人佞已末年尤甚或有云國家彊盛者即便忿怒有云朝廷衰弱者因致喜悅是以其朝臣左右皆承其風旨莫敢正言初景之將渡江也衍公道軍戍皆有啓列而中領軍朱异恐忤衍意且謂景不能渡遂不為聞景至蕪湖方大驚駭乃令其太子綱守中書省軍事悉以委之又逼居民

入城百姓因相剽掠不可禁止衍令直從監俞景茂赦二右尚方錢署著罪人及建康廷尉諸囚欲押令入城以充防捍諸徒囚放火燒治一時散走衍憂懣無計唯令其王公已下分屯諸門攝諸寺藏錢皆入聚德陽堂以充軍實景既至便圍其城縱火燒燕掘長圍築土山以攻衍衍亦於城內起山以應之衍令文武運土人責二十石於是其王侯朝貴皆自負檐蕭綱亦欲自負僉議以為太宗迫屈乃止衍每募人出戰素

無號令初或覘勝後必奔背景宣言曰城中非無菜但無醬耳以戲侮之衍太官及軍人無柴乃發取尚書省武庫左右藏以充用衍州鎮外援雖有至者而景圍柵深固內外斷絕衍數募人出戰常爲景所執獲有一小兒請以飛鵄傳致消息綱乃作數千丈繩綴紙鵄於繩端縛書其背又題鵄口若有得鵄送援軍者賞銀百兩綱出太極殿因西北風而颺之頻放數鵄景令走馬射取之竟不能達也衍城內大饑人相食米

一斗八十万皆以人肉雜牛馬而賣之軍人共於德陽堂前立市屠一牛得絹三千匹賣一狗得錢二十万皆爠鼠捕雀而食之至是雀鼠皆盡死者相枕初有盜取其池魚者衍猶大怒勑付廷尉既而宿昔都盡其不識事宜如此景久攻未拔而衍外援雖多各各乖張無有摠制更相妬忌不肯奮擊衍子邵陵王綸再於鍾山決戰戰敗而走景糧既少遂請衍求和衍信之乃割江西四州授景封爲壽陽王遣其朝貢與

部下歃血盟訖景詐引軍還石頭衍乃勑援軍令下諸軍初不受詔後重勑乃從衍又令援軍以船三百艘給景景猶嫌其少又勑付二百衍永安侯蕭確直閤將軍趙威方頗有勇略爲景所憚景乃謂衍曰確與威方頻隔岸見罵云天子自與汝和我終不置汝我今便不敢去若召此二人入城者吾當解圍衍復遣使徵確等確等不從衍又爲手書與諸軍云確若不入者宜以軍法送之確等不得已乃赴衍景復謂衍曰

始有西信至北軍已克壽春鍾離我今便無委足處求權借廣陵譙州待征復兩城還以此州相歸衍又許之景外云欲和伺其懈怠衍君臣上下信景欺詐所有戰具悉皆收去後知非實更狼狽設備有甚於初城轉危急衍等計窮乃復遣使詣景景又詭云今時既熱便不能得去正當乞留京師爲朝廷立效耳而悉力大攻七年三月遂拔之景自至建業縱軍士前後虜掠倉庫所有皆掃地盡矣景乃從數百騎見衍獻

歎流涕因請香火爲作義兒還以衍爲主令正德通啓云前爲景所擒使攝四海辭不獲免權揔万機今景既入輔乞解僭濫以王還邸自景圍建業城中多有腫病死者相繼無復板木乃刳柱爲棺自雲龍神虎門外横屍重沓血汁漂流無復行路及景入城悉聚尸焚之煙氣張天臭聞數十里初城中男女十餘万人及陷存者纔二三千人又皆帶疾病蓋天亡之也衍尋爲景所餓殺自衍爲景攻圍歷百餘日衍子荆州

刺史湘東王繹益州刺史武陵王紀各擁兵自守坐看衍之懸危竟不奔赴始景渡江至陷城之後江南之民及衍王侯妃主世胄子弟爲景軍人所掠或自相賣鬻漂流入國者蓋以數十万口加以飢饉死亡所在塗地江左遂爲丘墟矣初衍崇信佛道於建業起同泰寺又於故宅立光宅寺於鍾山立大愛敬寺兼營長千二寺皆窮工極巧殫竭財力百姓苦之曾設齋會自以身施同泰寺爲奴其朝臣三表不許於是内

外百官共斂珍寶而贖之衍每禮佛捨其法服著乾陁袈裟令其王侯子弟皆受佛誡有事佛精苦者輒加以菩薩之號其臣下奏表上書亦稱衍爲皇帝菩薩衍所部刺史郡守初至官者皆責其上禮獻物多者便云稱職所貢微少言爲弱懦故其牧守在官皆競事聚斂劫剥細民以自封殖多妓妾粱肉金綺百姓怨苦咸不聊生又發召兵士皆須鏁械不爾便即逃散其王侯貴人奢婬無度弟兄子姪侍妾或及千數至

乃回相贈遺其風俗頹喪綱維不舉若此衍自以持戒乃至祭其祖禰不設牢牲時人皆竊云雖僭司王者然其宗廟實不血食矣衍未敗前災其同泰寺衍祖父墓前石麟一旦亡失識者咸知其將滅也景又立衍子綱尋復殺之衍之親屬並見屠害矣

史臣曰二蕭競塗泥之中同蝸角之戰或年纔三紀或身不獲終而偷名江徼自擬王者考之遂古所未前聞昔句踐致貢而延世夫差爭長

而後死兩寇方之吳越不乃劣乎

列傳第八十六　　魏書九十八

列傳第八十七　　魏書九十九

私署涼州牧張寔　鮮卑乞伏國仁

鮮卑禿髮烏孤　私署涼王李暠

盧水胡沮渠蒙遜

張寔字安遜安定烏氏人父軌字士彥散騎常侍以晉室多難陰圖保據河西求爲涼州乃除持節護羌校尉涼州刺史桓帝西略也軌遣使貢其方物晉加號安西將軍封安樂鄉侯邑一千戶永嘉五年晉以軌爲鎭西將軍都督隴右

諸軍事封霸城侯尋進車騎大將軍開府儀同三司愍帝即位進拜司空封西平公邑三千戶後拜侍中太尉涼州牧軌年老多疾拜寔撫軍大將軍副涼州刺史未幾軌風病積年二子代行州事閉絶音問莫能知者軌頗識天文每州内有賊輿疾仰觀曰無能爲害終如其言寔代統任愍帝拜爲使持節都督涼州諸軍事西中郎將涼州刺史領護羌校尉西平公劉曜陷長安寔自稱侍中司空大都督涼州牧承制行事

于時天下喪亂秦雍之民死者十八九唯涼州獨全寔自恃衆彊轉爲驕恣平文皇帝四年寔爲左右閻沙等所殺先是謠曰蛇利砲蛇利砲公頭墜地而不覺寔所住室梁間有人象而無頭久之乃滅寔惡之未幾見殺寔弟茂統任

茂字成遜私署使持節都督涼州諸軍事平西將軍護羌校尉涼州牧西平公誅閻沙等百餘人遣使朝貢茂妻弟賈模兄弟謀害茂茂殺之劉曜上隴茂懼而降曜曜以爲太師涼王茂卒無子寔子駿統任

駿字公庭自稱使持節大將軍護羌校尉涼州牧西平公遣使朝貢煬帝時隴西人辛晏以枹罕降之駿遂有河南之地至於狄道與石勒分境駿築南城起謙光殿於其中窮珍極巧又四面各起一殿東曰宜陽青殿南曰朱陽赤殿西曰正德白殿北曰玄武黑殿服章器物皆依色隨四時居之其旁有直省寺署一依方色其奢僭如此民以勞怨駿議治石田參軍索孚諫曰凡爲治者動不逆天機作不破地德昔后稷之播百穀不墾磐石禹決江河不逆流勢今欲徙石爲田運土殖穀計所損用畝盈百石所收不過三石而已竊所未安駿怒出孚爲伊吾都尉有石隕於破胡燋而碎聲如擊鼓聞七百里其處氣上黑如煙煙首如赤飆駿少而淫佚常夜出微行姦亂邑里少年皆化之性又貪惏有圖秦隴意以穀帛付民歲收倍利利不充者簿賣田宅分武威武興西平張掖酒泉建康西海西

郡湟河晉興廣武十一郡爲涼州以長子重華爲刺史金興晉城武始南安永晉大夏武城漢中八郡爲河州以其寧戎校尉張瓘爲刺史敦煌晉昌高昌西域都護戊己校尉玉門大護軍三郡三營爲沙州以西胡校尉楊宣爲刺史駿私署大都督大將軍假涼王督攝三州始置諸祭酒郎中大夫舍人謁者之官官號皆擬天朝而微辨其名舞六佾建豹尾車服旌旗一如王者軌保涼州陰澹之力駿以陰氏門宗彊盛忌

之乃逼澹弟鑒令自殺由是大失人情駿既病見鑒爲祟遂死時建國九年也子重華統任

重華字太林私署使持節大都督太尉公護羌校尉涼州牧平西公假涼王石虎遣麻秋率衆渡河城於長最取涼州震動司馬張耽薦主簿謝艾於重華重華任之艾擊斬秋將基毋安等俘斬万五千人重華遣使朝貢自署丞相涼王領秦雍涼三州牧重華死子曜靈統任

曜靈年十歲自稱大司馬涼州牧以重華兄祚爲撫軍將軍輔政祚先烝重華母馬氏密說馬氏以曜靈幼弱須立長君馬從之遂廢曜靈而立祚曜靈尋爲祚所殺

祚字太伯既統任自稱大將軍涼州牧涼公專爲姦虐駿及重華子女未嫁者皆婬之涼州人士咸賦牆茨初重華末年有螽斯蟲集安昌門外緣壁逆行都尉常據諫曰螽斯是祚小字今乃逆行災之大者願出之重華曰子孫繁昌之徵何爲災也吾昨夢祚攝位方委以周公之事輔翼世子而祚終殺曜靈焉自署涼王立宗廟置百官號和平元年遣使朝貢又追加軌以下王號濫殺謝艾於酒泉郎中丁琪諫祚僭竊祚斬琪於闕下廢諸神祀山川枯竭置五都尉司人姦過禁四品以下不得衣繒帛庶人不得畜奴婢乘車馬百姓怨憤有光狀如車蓋聲如雷震動城邑仲夏降霜有神降自稱玄冥與人交語祚日夜祈之神言與其福利祚信焉衆知祚必敗而祚暴虐彌甚明年祚河州刺史張瓘起兵討祚驍騎將軍宋混率衆應瓘混進攻姑臧祚遣侍中索孚代瓘有王鸞者云師出必敗并陳祚三不道祚以妖言惑衆斬之鸞臨刑曰我死之後軍敗於外王死於内祚族之宋混至姑臧領軍趙長等開宮門應之入殿稱万歲祚以長等破混也出勞之長以槊刺祚中額祚奔入爲廚士徐黑所殺暴尸道左城内咸稱万歲瓘等立重華少子玄靖統任

玄靖字元安自署使持節大都督大將軍涼王

以瓘爲尚書令涼州牧秉政宋混爲尚書僕射瓘性猜忌賞罰皆以愛憎無復綱紀郎中殷郇陳損益諫瓘瓘曰虎生三日能食肉不須人教由是莫有言者瓘與玄靖參乘出城城北大橋三梁俱折瓘惡之乃日日散錢帛樹私惠而都街殺人朝朝不絶思爲亂者十室而九東苑大冢上忽有池水城東大澤地忽火然廣數里乃殺宿嫌牛旋等以應水火之變瓘謀誅諸宋發玄靖自立先是太白守輿鬼占者以爲州分當

有暴兵故瓘欲猒之於是宋混率衆誅瓘瓘先殺妻子三十口乃自殺玄靖以混爲驃騎大將軍尚書令混病死弟玄安代輔政以旱祈帶石山玄安欲登之弟名犯世宗諱曰世人云登此山者破家身亡玄安曰安有此也策馬登之馬倒傷足御史房屋柱自燃燃折或曰柱之爲字也左木右主宋字含木木燋宋破而主存災之大也宜防之又所乘馬五匹一夜中髦尾禿人曰尾之爲字也尸下毛毛去尸絶滅之徵玄安曰吉凶在天知可如何未幾玄安司馬張邕起兵殺玄安盡誅宋氏先是謠曰滅宋者田土子邕一名野邕刑殺過差内外復思爲亂驍少子天錫因民心起兵殺邕以冠軍大將軍輔政玄靖庶母郭氏以天錫擅權與張氏疎宗謀誅之事發天錫殺玄靖而自立

天錫字純嘏一名公純私署使持節大都督大將軍護羌校尉涼州牧涼王有火然於泥中天錫驕恣婬昏不恤民務元日與嬖人褻飲既

羣臣朝賀又不省其母從事中郎張慮輿櫬切諫且求大覲天錫不納昭成末苻堅遣將苟萇伐涼州破之天錫降於萇初駿時謠曰劉新婦簸米石新婦炊穀羝蕩滌簸張兒張兒食之口正披是時姑臧及諸郡國童兒皆歌之謂劉曜石虎並伐涼州不克至堅而降之也天錫至長安堅拜爲尚書堅敗於壽春天錫奔建康

鮮卑乞伏國仁出於隴西其先如弗自漢北南

出五代祖祐鄰并兼諸部部衆漸盛父司繁擁
部落降於苻堅以為南單于又拜鎮西將軍鎮
勇士川司繁死國仁代統任苻堅之伐司馬昌
明以國仁為前將軍領騎先鋒及堅之敗國仁
叔步頹叛於隴右堅令國仁討之步頹大悅迎
而推之招集部落衆十餘万太祖時私署大都
督大將軍大單于秦州河州牧號年建義署置
官屬分部內為十一郡築勇士城以都之國仁
死

弟乾歸統事自署大都督大將軍大單于河南
王改年為太初署百官登國中遷於金城南門
自壞乾歸惡之遷於苑川尋為姚興所破又奔
枹罕遂降姚興興拜為河州刺史封歸義侯
尋還苑川乾歸乃背姚興私稱秦王置百官
年號更始遣使請援太宗許之後乾歸田於五
谿梟集其手尋為兄子公府所殺子熾磐殺
公府代統位
熾磐自稱大將軍河南王改年為永康後襲禿

髮傉檀於樂都滅之乃私署秦王置百官改年
為建洪後遣其尚書郎莫胡積射將軍乞伏又
寅等貢黃金二百斤請伐赫連昌世祖許之及
世祖平統萬熾磐乃遣其叔平遠將軍泥頭弟
安遠將軍度質於京師又使其中書侍郎王愷
丞相從事中郎烏訥闐奉表貢其方物熾磐
死子暮末統任
暮末字安石跋既立改年為永洪其尚書隴西
辛進曾隨熾磐遊於後園進彈鳥丸誤傷暮

末母面至是殺進五族二十七人暮末弟殊羅
蒸熾磐左夫人禿髮氏暮末知而禁之殊羅懼
與叔父什寅謀殺暮末禿髮氏盜門鑰於鑰
誤門者告暮末收其黨與盡殺之欲鞭什寅什
寅曰我負汝死不負汝鞭暮末怒刳其腹投
屍於河什寅母弟白養及去列頗有怨言又殺
之政刑酷濫內外崩離部民多叛人思亂矣後
為赫連定所逼遣王愷烏訥闐請迎於世祖世
祖許以安定以西平涼以東封之暮末乃焚城

邑毁寶奚率戶万五千至高田谷爲赫連定所拒遂保南安世祖遣使迎之暮末衛將軍吉毗固諫以爲不宜内徙暮末從之赫連定遣其北平公韋伐率衆一万攻南安城内大饑人相食神鹿四年暮末及宗族五百餘人出降送於上邽

鮮卑禿髮烏孤八世祖匹孤自塞北遷于河西其地東至麥田牽屯西至濕羅南至澆河北接大漠匹孤死子壽闐統任初母孕壽闐因寢產於被中乃名禿髮其俗爲被覆之義五世祖樹機能壯果多謀略晉泰始中殺秦州刺史胡烈於高斛堆敗涼州刺史蘇愉于金山咸寧中又斬涼州刺史楊欣於丹嶺盡有涼州之地後爲部民沒骨所殺從弟務丸統任務丸曾孫思復犍部衆稍盛卽烏孤父也思復犍死烏孤統任皇始初呂光拜烏孤益州牧左賢王烏孤私署大都督大將軍大單于西平王年號太初天興初烏孤又稱武威王徙治樂都置車騎將軍已下分立郡縣烏孤因酒走馬馬倒傷脇笑曰幾爲呂光父子所喜既而遂死

弟涼州牧西平公利鹿孤統任徙治西平改年建和使使朝貢遣弟車騎將軍傉檀拒呂纂纂士馬精銳軍人大懼傉檀下馬據胡牀以安衆情乃貫甲交戰破纂軍二千餘級利鹿孤私署百官自丞相以下利鹿孤死

傉檀統任私署涼王還居樂都年號洪昌遣使朝貢天賜中傉檀詐降姚興興以傉檀爲涼州刺史遂據姑臧與沮渠蒙遜戰於均石爲蒙遜所敗傉檀又爲赫連屈丐所破於陽武以數千騎奔南山幾爲追騎所得懼東西寇至乃徙三百里內民於姑臧姚興乘釁遣將姚弼等至於城下傉檀驅牛羊於野弼衆採掠傉檀因分擊大破之弼乃退還傉檀又自署涼王署百官改號嘉平求興中盡衆伐沮渠蒙遜爲蒙遜所敗於窮泉單馬歸姑臧懼蒙遜所滅乃遷于樂都蒙遜以兵圍之築室反耕爲持久

之計傉檀以子保周爲質於蒙遜蒙遜乃還
神瑞初傉檀率騎擊乙弗虜大有擒獲而乞
伏熾磐乘虛襲樂都克之執傉檀子虎臺以下
傉檀聞之曰若歸熾磐便爲奴僕豈忍見妻子
在他懷中也引衆而西衆皆離散傉檀曰蒙遜
熾磐昔皆委質於吾今而歸之不亦鄙哉四海
之廣無所容身何其痛乎既乃歎曰吾老矣寧
見妻子而死遂降熾磐熾磐待以上賓之禮用
爲驃騎大將軍封左南公歲餘鴆殺之傉檀少

子賀後來奔自有傳
李暠字玄盛小字長生隴西狄道人也漢前將
軍廣之後曾祖柔晉相國從事中郎北地太守
祖太張祚武衛將軍父昶早卒暠遺腹子也呂
始中呂光建康太守段業自稱涼州牧以敦煌
太守孟敏爲沙州刺史暠爲效穀令敏死敦煌
護軍郭謙等推暠爲寧朔將軍敦煌太守業
私稱涼王暠詐臣於業業以暠爲鎮西將軍天
興中暠私署大都督大將軍護羌校尉秦涼二

州牧涼公年號庚子居敦煌遣使朝貢天賜
改年建初遷於酒泉歲脩職貢暠死子歆統任
歆字士業自稱大都督大將軍護羌校尉涼州
牧涼公號年嘉興元年大破沮渠蒙遜於解支
澗獲七千餘級遣使朝貢歆聞蒙遜南伐乞伏
乃起兵攻張掖其母尹氏謂歆曰汝新造之國
地狹民希蒙遜驍武汝非其敵吾觀其數年
以來經謀規略有兼幷之志且天時人事似欲
歸之度德量力春秋之義先王遺令深慎兵戰

保境寧民俟時而動言猶在耳柰何忘之汝必
行也非唯師敗國亦亡矣歆不從遂率步騎三
方東伐次于都瀆澗蒙遜自浩亹拒歆戰于懷
城爲蒙遜所敗左右勸歆還酒泉歆曰吾違太
后明敕遠取敗辱不殺此胡復何面目見吾母
也勒衆復戰敗于蓼泉爲蒙遜所殺蒙遜
遂克酒泉歆之未敗有一大蛇從南門而入至
歆恭德殿前有雙雉飛出宮內通街大樹上有
烏鵲爭巢鵲爲烏所殺敦煌父老令狐熾夢一

白頭公帢衣而謂曰南風動吹長木胡桐椎不
中轂言訖忽然不見歆小字桐椎至是而亡
歆弟敦煌太守恂復自立于敦煌稱冠軍將軍
涼州刺史蒙遜攻恂于敦煌三面起堤以水灌
城恂請降不許城陷恂自殺蒙遜克敦煌恂兄
翻子寶後入國自有傳
胡沮渠蒙遜本出臨松盧水其先爲匈奴左沮
渠遂以官爲氏蒙遜滑稽有權變頗曉天文爲
諸胡所歸呂光殺其伯父西平太守羅仇蒙遜

聚衆万餘屯於金山與從兄晉昌太守男成共
推建康太守段業爲使持節大都督龍驤大將
軍涼州牧建康公稱神璽元年業以蒙遜爲張
掖太守封臨池侯男成爲輔國將軍委以軍國
之任業自稱涼王以蒙遜爲尚書左丞忌蒙遜
威名微踈遠之天興四年蒙遜內不自安請爲
安西太守蒙遜欲激怒其衆乃密誣告男成叛
逆業殺之蒙遜泣告衆陳欲復讎之意男成素
有恩信衆情怨憤泣而從之蒙遜因舉兵攻殺

業私署使持節大都督大將軍涼州牧張掖公
號年永安居張掖永興中蒙遜克姑臧遷居之
改號玄始元年自稱河西王置百官丞郎以下
頻遣使朝貢蒙遜寢於新臺閹人王懷祖斫
蒙遜傷足蒙遜妻孟氏擒懷祖斬之蒙遜聞
劉裕滅姚泓怒甚有校書郎言事於蒙遜蒙遜
曰汝聞劉裕入關敢研研然也遂殺之其峻暴
如此太常中蒙遜克李歆尋滅敦煌後改年承
玄神䴥中遣尚書郎宗舒左常侍高猛朝貢上

表曰伏惟陛下天縱叡聖德超百王陶育齊於
二儀洪基隆於三代然鍾運多難九服紛擾神
旗暫擁車書未同上靈降祐祚歸有道純風
鼓殊方革面羣生幸甚率土齊欣臣誠弱才
效無可錄幸遇重光思竭力命自欣投老得覩
盛化冀終餘年憑倚皇極前後奉表貢使相望
去者杳然寂無旋返未審津塗寇險竟不仰達
爲天朝高遠未蒙齒錄屏營戢灼無地自措往
年侍郎郭祗等還奉被詔書三接之恩始隆萬

里之心有賴今極難之餘開泰唯始誘勸既加
引納彌篤老臣見存遐外無棄御荷愷悌之仁
俯蹈康哉之詠然商胡後至奉公卿書援引歷
數安危之機厲以竇融知命之美顧惟情願實
深悚惕何者臣不自揆遠託大蔭庶微誠上宣
天鑒下降若萬國來庭百辟陛賀高蹈先至之
端獨步知機之首但世難尚殷情願未遂章表
頻脩滯懷不暢許身於國款誠莫表致惑羣后
貽慮公卿辭旨紛紜抑引重沓不在同獎之例

未達拱辰之心延首一隅低回四極臣歷觀符
瑞候察天時未有過於皇魏踰於陛下加以靈
啓聖姿幼登天位美詠侔於成康道化踰於文
景方將振神綱以掩六合灑玄澤以潤八荒況
在秦隴荼炭之餘直是老臣盡效之會後蒙遜
遣子安周內侍世祖遣兼太常李順持節拜蒙
遜爲假節加侍中都督涼州西域羌戎諸軍事
太傅行征西大將軍涼州牧涼王冊曰昔我皇
祖胄自黃軒揔御羣才攝服戎夏疊曜重光

不殞其舊逮于太祖應期協運大業唯新奄有
區宇受命作魏降及太宗廣闢崇基政和民阜
朕承天緒思廓宇縣然時運或否雰霧四張赫
連跋扈於關西大檀陸梁於漠北戎夷負阻江
淮未賓是用自東徂西戎軒屢駕賴宗廟靈長
將士宣力克翦兇渠震服疆獷四方漸泰表裏
無塵王先識機運經略深遠與朕協同厥功洪
茂當今運鍾時季僭逆憑陵有土者莫不跨峙
一隅有民者莫不榮其私號不遵衆星拱極之

道不慕細流歸海之義而王深悟大體率由典
章任土貢珍愛子入侍勳義著焉道業存焉惟
王乃祖乃父有土有民論功德則無二於當時
言氏族則始因於世爵古先帝王褒賢賞德莫
不胙土分民建爲藩輔是以周成命太公以表
東海襄王錫晉文大啓南陽是用割涼州之武
威張掖敦煌酒泉西海金城西平七郡封王爲
涼王受茲素土苴以白茅用建冢社爲魏室藩
輔盛衰存亡與魏升降夫功高則爵尊德厚則

任重又加命王入贊百揆謀謨帷幄出征不懷
登攝侯伯其以太傅行征西大將軍仗鉞秉旄
鷹揚河右遠祛王略懷柔荒隅北盡于窮髮南
極於庸岷西被于崐嶺東至于河曲王實征之
以夾輔皇室又命王建國置將相羣卿百官承
制假授除文官刺史以還武官撫軍以下建天
子旌旗出入警蹕如漢初諸侯王故事欽哉惟
時往踐乃職祗服朕命協亮天工俾九德咸事
無忝庶官用終爾顯德對揚我皇祖之休烈崔

浩之辭也蒙遜又改稱義和元年延和二年四
月蒙遜死遣使監護喪事謚曰武宣王蒙遜性婬
忌忍於刑戮閨庭之中略無風禮
第三子牧犍統任自稱河西王遣使請朝命先
是世祖遣李順迎蒙遜女為夫人會蒙遜死牧
犍受蒙遜遺意送妹於京師拜右昭儀改稱承
和元年世祖又遣李順拜牧犍使持節侍中都
督涼沙河三州西域羌戎諸軍事車騎將軍開
府儀同三司領護西戎校尉涼州刺史河西王

牧犍以無功受賞乃留順上表乞安平一號優
詔不許牧犍尚世祖妹武威公主遣其相宋繇
表謝獻馬五百匹黄金五百斤繇又表請公主
及牧犍母妃后定號朝議謂禮母以子貴妻從
夫爵牧犍母宜稱河西國太后公主於其國内
可稱王后於京師則稱公主詔從之牧犍遣其
將軍沮渠旁周朝京師世祖遣侍中古弼尚書
李順賜其侍臣衣服有差并徵世子封壇入侍
牧犍乃遣封壇朝於京師太延五年世祖遣尚

書賀多羅使涼州且觀虚實以牧犍雖稱蕃致
貢而内多乖悖於是親征之詔公卿為書讓之
曰王外從正朔内不捨僭罪一也民籍地圖不
登公府任土作貢不入司農罪二也既荷王爵
又授偽官取兩端之榮邀不二之寵罪三也知
朝廷志在懷遠固違聖略切税商胡以斷行旅
罪四也揚言西戎高自驕大罪五也坐自封殖
不欲入朝罪六也北託叛虜南引仇池憑恃援谷
軍提挈為姦罪七也承勑過限輙假征鎮罪八

也欣敵之全幸我之敗侮慢王人供不以禮罪九也既婚帝室寵踰功舊方恣慾情烝姪其嫂罪十也既違伉儷之體不篤婚姻之義公行酖毒規害公主罪十一也備防王人候守關要有如寇讎罪十二也為臣如是其可恕乎先令後誅王者之典也若親率羣臣委贄郊迎謁拜馬首上策也六軍既臨面縛輿櫬又其次也如其守迷窮城不時悛悟身死族滅為世大戮宜思厥中自求多福也官軍濟河牧犍曰何故爾也

用其左丞姚定國計不肯出迎求救於蠕蠕又遣弟董來率兵万餘人拒官軍於城南戰退車駕至姑臧遣使喻牧犍令出牧犍聞蠕蠕內侵於善無幸車駕返旆遂嬰城自守牧犍兄子祖踰城出降具知其情世祖乃引諸軍進攻牧犍兄子万年率麾下又來降城拔牧犍與左右文武面縛請罪詔釋其縛徙涼州民三万餘家于京師初太延中有一父老投書於敦煌城東門忽然不見其書一紙八字文曰涼王三十年若

七年又於震電之所得石丹書曰河西河西三十年破帶石樂七年帶石山名在姑臧南山祀傍泥陷不通牧犍征南大將軍董來曰祀豈有知乎遂毀祀伐木通道而行牧犍立果七年而滅如其言牧犍婬嫂李氏兄弟三人傳嬖之李與牧犍姊共毒公主上遣解毒醫乘傳救公主得愈上徵李氏牧犍不遣厚送居於酒泉上大怒既克猶以妹壻待之其毋死以王太妃禮葬焉又為蒙遜置守墓三十家改授牧犍征西大

將軍王如故初官軍未入之間牧犍使人斫開府庫取金銀珠玉及珍奇器物不更封閉小民因之入盜巨細蕩盡有司求賊不得眞君八年其所親人及守藏者告之上乃窮竟其事搜其家中悉得所藏器物又告牧犍父子多畜毒藥前後隱竊殺人乃有百數姊妹皆為左道朋行婬佚曾無愧顏始罽賓沙門曰曇無讖東入鄯善自云能使鬼治病令婦人多子與鄯善王妹曼頭陀林私通發覺亡奔涼州蒙遜寵之號曰

聖人曇無讖以男女交接之術教授婦人蒙遜諸女子婦皆往受法世祖聞諸行人言曇無讖之術乃召曇無讖蒙遜不遣遂發露其事拷訊殺之至此帝知之於是賜昭儀沮渠氏死誅其宗族唯万年及祖以前先降得免是年人又告牧犍猶與故臣民交通謀反詔司徒崔浩就公主第賜牧犍死牧犍與主訣良久乃自裁葬以王禮謚曰哀王及公主薨詔與牧犍合葬公主無男有女以國甥親寵得襲母爵爲武威公主

蒙遜子秉字季義世祖以其父故拜東雍州刺史險詖多端眞君中遂與河東蜀薛安都謀逆至京師付其兄弟扼而殺之

万年祖並以先降万年拜安西將軍張掖王祖爲廣武公万年後爲冀定二州刺史復坐謀逆與祖俱死初牧犍之敗也弟樂都太守安周南奔吐谷渾世祖遣鎮南將軍奚眷討之牧犍弟酒泉太守無諱奔晉昌乃使弋陽公元絜守酒泉眞君初無諱圍酒泉絜輕之出城

與語爲無諱所執絜所部相率固守無諱仍圍之糧盡爲無諱所陷無諱又圍張掖不能克退保臨松遂還世祖下詔喻之時永昌王健鎮凉州無諱使其中尉梁偉詣健求奉酒泉又送絜及統帥兵士于健軍二年春世祖遣兼鴻臚持節策拜無諱爲征西大將軍凉州牧酒泉王尋以無諱復規叛逆復遣鎮南將軍南陽公奚眷討酒泉克之無諱遂謀渡流沙遣安周西擊鄯善鄯善王恐懼欲降會

魏使者勸令拒守安周遂與連戰不能克退保東城三年春鄯善王比龍西奔且末其世子乃從安周鄯善大亂無諱遂渡流沙士卒渴死者太半仍據鄯善先是高昌太守闞爽爲李寶舅唐契所攻聞無諱至鄯善遣使詐降欲令無諱與唐契相擊無諱留安周住鄯善從焉耆東北趣高昌會蠕蠕殺唐契爽拒無諱無諱將衛興奴詐誘爽遂屠其城爽奔蠕蠕無諱因留高昌五年夏無諱病死安周代立後爲蠕蠕國所并

史臣曰周德之衰七雄競跱咸以分割神州睥睨尊極至是張寔等介在人外地實戎墟大爭鷄張潛懷不遜其不知量固爲甚矣蛇虺相噬終爲擒滅宜哉

列傳第八十七　魏書九十九

列傳第八十八　魏書一百

高句麗　百濟
勿吉　失韋
豆莫婁　地豆于
庫莫奚　契丹
烏洛侯

高句麗者出於夫餘自言先祖朱蒙朱蒙母河伯女爲夫餘王閉於室中爲日所照引身避之日影又逐既而有孕生一卵大如五升夫餘王棄之與犬犬不食棄之與豕豕又不食棄之於路牛

馬避之後棄之野衆鳥以毛茹之夫餘王割剖之不能破遂還其母其母以物裹之置於暖處有一男破殼而出及其長也字之曰朱蒙其俗言朱蒙者善射也夫餘人以朱蒙非人所生將有異志請除之王不聽命之養馬朱蒙每私試知有善惡駿者減食令瘦駑者善養令肥夫餘王以肥者自乘以瘦者給朱蒙後狩于田以朱蒙善射限之一矢朱蒙雖矢少殪獸甚多夫餘之

臣又謀殺之朱蒙母陰知告朱蒙曰國將害汝以汝才略宜遠適四方朱蒙乃與烏引烏違等二人棄夫餘東南走中道遇一大水欲濟無梁夫餘人追之甚急朱蒙告水曰我是日子河伯外孫今日逃走追兵垂及如何得濟於是魚鼈並浮爲之成橋朱蒙得渡魚鼈乃解追騎不得渡朱蒙遂至普述水遇見三人其一人著麻衣一人著納衣一人著水藻衣與朱蒙至紇升骨城遂居焉號曰高句麗因以爲氏焉初朱蒙在

夫餘時妻懷孕朱蒙逃後生一子字始閭諧及長知朱蒙爲國主即與母亡而歸之名之曰閭達委之國事朱蒙死閭達代立閭達死子如栗代立如栗死子莫來代立乃征夫餘夫餘大敗遂統屬焉莫來子孫相傳至裔孫宮生而開目能視國人惡之及長凶虐國以殘破宮曾孫位宮亦生而視人以其似曾祖宮故名爲位宮高句麗呼相似爲位位宮亦有勇力便弓馬魏正始中入寇遼西安平爲幽州刺史毋丘儉所破

其玄孫乙弗利利子釗烈帝時與慕容氏相攻擊建國四年慕容元真率衆伐之入自南陜戰於木底大破釗軍乘勝長驅遂入丸都釗單馬奔竄元真掘釗父墓載其屍并掠其母妻珍寶男女五萬餘口焚其宮室毀丸都城而還自後釗遣使來朝阻隔寇讎不能自達釗後爲百濟所殺世祖時釗曾孫璉始遣使者安東奉表貢方物并請國諱世祖嘉其誠款詔下帝系名諱於其國遣員外散騎侍郎李敖拜璉爲都督遼

海諸軍事征東將軍領護東夷中郎將遼東郡開國公高句麗王敖至其所居平壤城訪其方事云遼東南一千餘里東至柵城南至小海北至舊夫餘民戶參倍於前魏時其地東西二千里南北一千餘里民皆土著隨山谷而居衣布帛及皮土田薄塉蠶農不足以自供故其人節飲食其俗淫好歌舞夜則男女羣聚而戲無貴賤之節然潔淨自喜其王好治宮室其官名有謁奢太奢大兄小兄之號頭著折風其形如弁

旁揷鳥羽貴賤有差立則反拱跪拜曳一脚行步如走常以十月祭天國中大會其公會衣服皆錦繡金銀以爲飾好蹲踞食用俎几出三尺馬云本朱蒙所乘馬種即果下也後貢使相尋歲致黃金二百斤白銀四百斤時馮文通率衆奔之世祖遣散騎常侍封撥詔璉令送文通璉上書稱當與文通俱奉王化竟不送世祖怒欲往討之樂平王丕等議待後舉世祖乃止而文通亦尋爲璉所殺後文明太后以顯祖六宮未

備勑璉令薦其女璉奉表云女已出嫁求以弟女應旨朝廷許焉乃遣安樂王眞尚書李敷等至境送幣璉惑其左右之說云朝廷昔與馮氏婚姻未幾而滅其國殷鑒不遠宜以方便辭之璉遂上書妄稱女死朝廷疑其矯詐又遣假散騎常侍程駿切責之若女審死者聽更選宗淑璉云若天子恕其前愆謹當奉詔會顯祖崩乃止至高祖時璉貢獻倍前其報賜亦稍加焉時光州於海中得璉所遣詣蕭道成使餘

闞高祖詔責璉曰道成親殺其君竊號江左朕方欲興滅國於舊邦繼絕世於劉氏而卿越境外交遠通篡賊豈是藩臣守節之義今不以一過掩卿舊款即送還藩其感恕思愆祗承明憲輯寧所部動靜以聞太和十五年璉死年百餘歲高祖舉哀於東郊遣謁者僕射李安上策贈車騎大將軍太傅遼東郡開國公高句麗王謚曰康又遣大鴻臚拜璉孫雲使持節都督遼海諸軍事征東將軍領護東夷中郎將遼東郡開

國公高句麗王賜衣冠服物車旗之飾又詔雲遣世子入朝令及郊丘之禮雲上書辭疾惟遣其從叔升干隨使詣闕嚴責之自此歲常貢獻正始中世祖於東堂引見其使芮悉弗悉弗進曰高麗係誠天極累葉純誠地產土毛無愆王貢但黃金出自夫餘珂則涉羅所產今夫餘爲勿吉所逐涉羅爲百濟所幷國王臣雲惟繼絕之義悉遷于境內二品所以不登王府實兩賊是爲世宗曰高麗世荷上將專制海外九夷黠

虜曾得征之瓶罄罍恥誰之咎也昔方貢之愆責在連率卿宜宣朕旨於卿主務盡威懷之略揃披害羣輯寧東裔使二邑還復舊墟土毛無失常貢也神龜中雲死靈太后為舉哀於東堂遣使策贈車騎大將軍領護東夷校尉遼東郡開國公高句麗王又拜其世子安為安東將軍領護東夷校尉遼東郡開國公高句麗王正光初光州又於海中執得蕭衍所授安寧東將軍衣冠劍佩及使人江法盛等送於京師安死子

三•二十一　魏書列八十八　六　求

延立出帝初詔加延使持節散騎常侍車騎大將軍領護東夷校尉遼東郡開國公高句麗王賜衣冠服物車旗之飾天平中詔加延侍中驃騎大將軍餘悉如故延死子成立訖於武定末其貢使無歲不至

百濟國其先出自夫餘其國北去高句麗千餘里處小海之南其民土著地多下濕率皆山居有五穀其衣服飲食與高句麗同延興二年其王餘慶始遣使上表曰臣建國東極豺狼隔路

雖世承靈化莫由奉藩瞻望雲闕馳情罔極涼風微應伏惟皇帝陛下協和天休不勝係仰之情謹遣私署冠軍將軍駙馬都尉弗斯侯長史餘禮龍驤將軍帶方太守司馬張茂等投舫波阻搜徑玄津託命自然之運遣進万一之誠冀神祇垂感皇靈洪覆克達天庭宣暢臣志雖旦聞夕沒永無餘恨又云臣與高句麗源出夫餘先世之時篤崇舊款其祖釗輕廢隣好親率士衆陵踐臣境臣祖須整旅電邁應機馳擊矢石

三•廿四　魏書傳八十八　七　刘仁仲

暫交梟斬釗首自尔已來莫敢南顧自馮氏數終餘燼奔竄醜類漸盛遂見陵逼構怨連禍三十餘載財殫力竭轉自孱踧若天慈曲矜遠及無外速遣一將來救臣國當奉送鄙女執埽後宮并遣子弟牧圉外廄尺壤匹夫不敢自有又云今璉有罪國自魚肉大臣彊族戮殺無已罪盈惡積民庶崩離是滅亡之期假手之秋也且馮族士馬有鳥畜之戀樂浪諸郡懷首丘之心天威一舉有征無戰臣雖不敢志效畢力當率

所統承風響應且高麗不義逆詐非一外慕隗囂
藩卑之辭内懷兇禍豕突之行或南通劉氏或
北約蠕蠕共相脣齒謀陵王略昔唐堯至聖致
罰丹水孟常稱仁不捨塗詈涓流之水宜早壅
塞今若不取將貽後悔去庚辰年後臣西界小
石山北國海中見屍十餘并得衣器鞍勒視之
非高麗之物後聞乃是王人來降臣國長蛇隔
路以沈于海雖未委當深懷憤恚昔宋戮申舟
楚莊徒跣鷂撮放鳩信陵不食克敵建名美隆

無已夫以區區偏鄙猶慕万代之信況陛下合
氣天地勢傾山海豈令小竪跨塞天逵今上所
得鞍一以為實驗顯祖以其僻遠冒險朝獻禮
遇優厚遣使者邵安與其使俱還詔曰得表聞
之無恙甚善卿在東隅處五服之外不遠山海
歸誠魏闕欣嘉至意用戢于懷朕承万世之業
君臨四海統御羣生今宇内清一八表歸義襁
負而至者不可稱數風俗之和士馬之盛皆餘
禮等親所聞見卿與高麗不穆屢致陵犯苟能

順義守之以仁亦何憂於寇讎也前所遣使浮
海以撫荒外之國從來積年往而不返存亡達
否未能審悉卿所送鞍比校舊乘非中國之物
不可以疑似之事以生必然之過經略權要已
具別旨又詔曰知高麗阻彊侵軼卿土修先君
之舊怨棄息民之大德兵交累載難結荒邊使
兼申胥之誠國有楚越之急乃應展義扶微乘
機電舉但以高麗稱藩先朝供職日久於彼雖
有自昔之釁於國未有犯令之愆卿使命始通

便求致伐尋討事會理亦未周故往年遣禮等
至平壤欲驗其由狀然高麗奏請頻煩辭理俱
詣行人不能抑其請司法無以成其責故聽其
所啓詔禮等還若今復違旨則過咎益露後雖
自陳無所逃罪然後興師討之於義為得九夷
之國世居海外道暢則奉藩惠戢則保境故羈
縻著於前典楛貢曠於歲時卿備陳彊弱之形
具列往代之迹俗殊事異擬貺乖衷洪規大略
其致猶在今中夏平一宇内無虞每欲陵威東

極懸旌域表拯荒黎於偏方舒皇風於遠服良由高麗即敘未及卜征今若不從詔旨則卿之來謀載協朕意元戎啓行將不云遠便可豫率同興具以待事時遣報使速究彼情師舉之日卿爲鄉導之首大捷之後又受元功之賞不亦善乎所獻錦布海物雖不悉達明卿至心今賜雜物如別又詔璉護送安等安等至高句麗璉稱昔與餘慶有讎不令東過安等於是皆還乃下詔切責之五年使安等從東萊浮海賜餘慶璽書褒其誠節安等至海濱遇風飄蕩竟不達而還

勿吉國在高句麗北舊肅愼國也邑落各自有長不相揔一其人勁悍於東夷最彊言語獨異常輕豆莫婁等國諸國亦患之去洛五千里自和龍北二百餘里有善玉山山北行十三日至祁黎山又北行七日至如洛瓌水水廣里餘又北行十五日至太魯水又東北行十八日到其國國有大水闊三里餘名速末水其地下濕築

城穴居屋形似塚開口於上以梯出入其國無牛有車馬佃則偶耕車則步推有粟及麥穄菜則有葵水氣鹹凝鹽生樹上亦有鹽池多豬無羊嚼米醞酒飲能至醉婦人則布裙男子豬犬皮裘初婚之夕男就女家執女乳而罷便以爲定仍爲夫婦俗以人溺洗手面頭插虎豹尾善射獵弓長三尺箭長尺二寸以石爲鏃其父母春夏死立埋之冢上作屋不令雨濕若秋冬以其屍捕貂貂食其肉多得之常七八月造毒藥傅箭鏃射禽獸中者便死煑藥毒氣亦能殺人國南有徒太山魏言大白有虎豹羆狼害人人不得山上溲汙行逕山者皆以物盛去延興中遣使乙力支朝獻太和初又貢馬五百匹乙力支稱初發其國乘船泝難河西上至太沵河沈船於水南出陸行渡洛孤水從契丹西界達和龍自云其國先破高句麗十落密共百濟謀從水道并力取高句麗遣乙力支奉使大國請其可否詔勑三國同是藩附宜共和順勿相侵擾

乙力支乃還從其來道取得本船汎達其國九年復遣使侯尼支朝獻明年復入貢其傍有大莫盧國覆鍾國莫多回國庫婁國素和國具弗伏國匹黎尒國拔大何國郁羽陵國庫伏眞國魯婁國羽眞侯國前後各遣使朝獻太和十二年勿吉復遣使貢楛矢方物於京師十七年又遣使人婆非等五百餘人朝獻景明四年復遣使俟力歸等朝貢自此迄于正光貢使相尋尒後中國紛擾頗或不至興和二年六月遣使石

久云等貢方物至於武定不絕

失韋國在勿吉北千里去洛六千里路出和龍北千餘里入契丹國又北行十日至啜水又北行三日有蓋水又北行三日有犢了山其山高大周回三百餘里又北行三日有大水名屈利又北行三日至刃水又北行五日到其國有大水從北而來廣四里餘名㮈水國土下濕語與庫莫奚契丹豆莫婁國同頗有粟麥及穄唯食猪魚養牛馬俗又無羊夏則城居冬逐水草亦多貂皮丈夫索髮用角弓其箭尤長女婦束髮作叉手髻其國少竊盜盜一徵三殺人者責馬三百匹男女悉衣白鹿皮襦袴有麴釀酒俗愛赤珠爲婦人飾穿挂於頸以多爲貴女不得此乃至不嫁父母死男女衆哭三年屍則置於林樹之上武定二年四月始遣使張焉豆伐等獻其方物迄武定末貢使相尋

豆莫婁國在勿吉國北千里去洛六千里舊北扶餘也在失韋之東東至於海方二千里其人

土著有宮室倉庫多山陵廣澤於東夷之域最爲平敞地宜五穀不生五果其人長大性彊勇謹厚不寇抄其君長皆以六畜名官邑落有豪帥飲食亦用俎豆有麻布衣制類高麗而幅大其國大人以金銀飾之用刑嚴急殺人者死沒其家人爲奴婢俗婬尤惡妬婦妬者殺之尸其國南山上至腐女家欲得輸牛馬乃與之或言本穢貊之地也

地豆于國在失韋西千餘里多牛羊出名馬皮

爲衣服無五穀惟食肉酪延興二年八月遣使朝貢至于太和六年貢使不絕十四年頻來犯塞高祖詔征西大將軍陽平王頤擊走之自後時朝京師迄武定末貢使不絕

庫莫奚國之先東部宇文之別種也初爲慕容元真所破遺落者竄匿松漠之間其民不絜淨而善射獵好爲寇鈔登國三年太祖親自出討至弱洛水南大破之獲其四部落馬牛羊豕十餘万帝曰此羣狄諸種不識德義互相侵盜有

犯王略故往征之且鼠竊狗盜何足爲患今中州大亂吾先平之然後張其威懷則無所不服矣既而車駕南還雲中懷服燕趙十數年間諸種與庫莫奚亦皆滋盛及開遼海置戍和龍諸夷震懼各獻方物高宗顯祖世庫莫奚歲致名馬文皮高祖初遣使朝貢太和四年輙入塞內辭以畏地豆于鈔掠詔書切責之二十二年入寇安州營燕幽三州兵數千人擊走之後復款附每求入塞與民交易世宗詔曰庫莫奚去太和二十一年以前與安營二州邊民參居交易往來並無疑貳至二十二年叛逆以來遂爾遠竄今雖款附猶在塞表每請入塞與民交易若抑而不許乖其歸向之心聽而不虞或有万一之警不容依先任其交易事宜限節交市之日州遣上佐監之自是已後歲常朝獻至於武定末不絕

契丹國在庫莫奚東異種同類俱竄於松漠之間登國中國軍大破之遂逃迸與庫莫奚分背

經數十年稍滋蔓有部落於和龍之北數百里多爲寇盜真君以來求朝獻歲貢名馬顯祖時使莫弗紇何辰奉獻得班饗於諸國之末歸而相謂言國家之美心皆忻慕於是東北羣狄聞之莫不思服悉萬丹部何大何部伏弗郁部羽陵部日連部匹絜部黎部吐六于部等各以其名馬文皮入獻天府遂求爲常皆得交市於和龍密雲之間貢獻不絕太和三年高句麗竊與蠕蠕謀欲取地豆于以分之契丹懼其侵軼其

莫弗賀勿于率其部落車三千乘衆万餘口驅徙雜畜求入内附止於白狼水東自此歳常朝貢後告饑高祖矜之聽其入關市糴及世宗肅宗時恒遣使貢方物熙平中契丹使人祖眞等三十人還靈太后以其俗嫁娶之際以青氊爲上服人給青氊兩匹賞其誠款之心餘依舊式朝貢至齊受禪常不絶

烏洛侯國在地豆于之北去代都四千五百餘里其土下濕多霧氣而寒民冬則穿地爲室夏則隨原阜畜牧多豕有穀麥無大君長部落莫弗皆世爲之其俗繩髮皮服以珠爲飾民尚勇不爲姦竊故慢藏野積而無寇盜好獵射樂有箜篌木槽革面而施九弦其國西北有完水東北流合于難水其地小水皆注於難東入于海又西北二十日行有于巳尼大水所謂北海也世祖眞君四年來朝稱其國西北有國家先帝舊墟石室南北九十步東西四十步高七十尺室有神靈民多祈請世祖遣中書侍郎李敞告

祭焉刊祝文於室之壁而還

史臣曰東夷狄之於中國羈縻而已高麗歳修貢職東藩之冠榮哀之禮致自天朝亦爲優矣其他碌碌咸知款貢豈牛馬内向東風入律者也

列傳第八十八　魏書一百

列傳第八十九　　　魏書一百一

氐　吐谷渾

宕昌　高昌

鄧至　蠻

獠

氐者西夷之別種號曰白馬三代之際蓋自有君長而世一朝見故詩稱自彼氐羌莫敢不來王也秦漢以來世居岐隴以南漢川以西自立豪帥漢武帝遣中郎將郭昌衛廣滅之以其地爲武都郡自汧渭抵於巴蜀種類寔繁或謂之白氐或謂之故氐各有侯王受中國封拜漢建安中有楊騰者爲部落大帥騰勇健多計略始徙居仇池仇池方百頃因以爲號四面斗絶高七里餘羊腸蟠道三十六回其上有豐水泉煑土成鹽騰後有名千萬者魏拜爲百頃氐王千万孫名飛龍漸彊盛晉武帝假平西將軍無子養外甥令狐茂搜爲子惠帝元康中茂搜自號輔國將軍右賢王羣氐推以爲主關中人士流

移者多依之愍帝以爲驃騎將軍左賢王茂搜死子難敵統位與弟堅頭分部曲難敵自號左賢王屯下辨堅頭號右賢王屯河池難敵死子毅立自號使持節龍驤將軍左賢王下辨公以堅頭子盤爲使持節冠軍將軍右賢王河池公臣晉晉以毅爲征南將軍三年毅族兄初襲殺毅并有其衆自立爲仇池公臣於石虎後稱藩於晉永和十年改初爲天水公十一年毅小弟宋奴使姑子梁三王因侍直手刃殺初初子國率左右誅三王及宋奴復自立爲仇池公桓温表國爲秦州刺史國子安爲武都太守十二年國從叔俊復殺國自立國子安叛苻生殺俊復稱藩於晉安死子世自立爲仇池公晉太和三年以世爲秦州刺史弟統爲武都太守世死統廢世子纂自立統一名德纂聚黨襲殺統自立爲仇池公遣使詣簡文帝以纂爲秦州刺史晉咸安元年苻堅遣楊安伐纂尅之徙其民於關中空百頃之地宋奴之死二子佛奴佛狗逃奔

苻堅堅以妻佛奴子定拜爲尚書領軍苻堅之
敗關右擾亂定盡力於堅堅死乃率衆奔隴右
徙治歷城去仇池百二十里置倉儲於百頃招
夷夏得千餘家自稱龍驤將軍仇池公稱藩於
晉孝武即以其自號假之後以爲秦州刺史登
國四年遂有秦州之地自號隴西王後爲乞伏
乾歸所殺無子佛狗子盛先爲監國守仇池乃
統事自號征西將軍秦州刺史仇池公謚定爲
武王分諸氐羌爲二十部護軍各爲鎮戍不置

郡縣遂有漢中之地仍稱藩于晉天興初遣使
朝貢詔以盛爲征南大將軍仇池王隔礙姚興
不得歲通貢使盛以兄子撫爲平南將軍梁州
刺史守漢中劉裕永初中封盛爲武都王盛死
私謚曰惠文王子玄統位玄子黃眉號征西大
將軍開府儀同三司秦州刺史武都王雖稱藩
於劉義隆仍奉晉永熙之號後始用義隆元嘉
正朔初盛謂玄曰吾年已老當終爲晉臣汝善
事宋帝故玄奉焉玄善於待士爲流舊所懷始

光四年世祖遣大鴻臚公孫軌拜玄爲征南大
將軍都督梁州刺史南秦王玄上表請比內藩
許之玄死私謚孝昭王子保宗統位初玄臨終
謂弟難當曰今境候未寧方須撫慰保宗沖昧
吾授卿國事其無墜先勳難當固辭請立保宗
以輔之保宗既立難當妻姚氏謂難當曰國險
宜立長君反事孺子非久計難當從之廢保宗
而自立稱藩于劉義隆難當拜保宗爲鎮南將
軍鎮石昌以次子順爲鎮東將軍秦州刺史守

上邽保宗謀襲難當事泄被繫先是四方流人
以仇池豐實多往依附流人有許穆之郝惔之
二人投難當並改姓爲司馬穆之自云名飛龍
惔之自云名康之云是晉室近戚康之尋爲人
所殺時劉義隆梁州刺史甄法護刑政不理義
隆遣刺史蕭思話代任難當以思話未至遣將
舉兵襲梁州破白馬遂有漢中之地尋而思話
使其司馬蕭承之先驅進討所向克捷遂平梁
州因又附義隆難當後釋保宗遣鎮董亭保宗

與兄保顯歸京師世祖拜保宗征南大將軍秦州牧武都王尚公主保顯爲鎮西將軍晉壽公後遣大鴻臚崔頤拜難當爲征南大將軍儀同三司領護西羌校尉秦梁二州牧南秦王難當後自立爲大秦王號年曰建義立妻爲王后世子爲太子置百官具擬天朝然猶貢獻于劉義隆不絶尋而其國大旱多災異降大秦王復爲武都王太延初難當立鎮上邽世祖遣車騎大將軍樂平王丕等督河西高平諸軍取上邽又

詔諭難當難當奉詔攝守尋而傾國南寇規有蜀土襲義隆益州攻涪城又伐巴西獲維州流人七千餘家還于仇池義隆怒遣將裴方明等伐之難當爲方明所敗棄仇池與千餘騎奔上邽世祖遣中山王辰迎之赴行宮方明既剋仇池以保宗弟保熾守之河間公齊擊走之先是詔保宗鎮上邽又詔鎮駱谷復其本國保宗弟文德先逃氐中乃說保宗令叛事泄齊執保宗送京師詔難當殺之氐羌立文德屯于濁水文

德自號征西將軍秦河梁三州牧仇池公求援於義隆義隆封文德爲武都王遣偏將房亮之等助之齊逆擊禽亮之文德奔守葭蘆武都陰平氐多歸之詔淮陽公皮豹子等率諸軍討之文德走漢中收其妻子僚屬資糧及保宗妻公主送京師賜死初公主勸保宗反人問曰背父母之邦若何公主曰禮婦人外成因夫而榮事立據守一方我亦一國之母豈比小縣之主以此得罪高宗時拜難當營州刺史還爲外都大

官卒謚曰忠子和隨父歸國別賜爵仇池公子德襲難當爵早卒子小眼襲例降爲公拜天水太守卒子大眼別有傳小眼子公熙襲爵正光中尚書右丞張普惠爲行臺送租於南秦東益普惠啓公熙俱行至南秦以氐反不得進遣公熙先慰氐東益州刺史魏子建以公熙險薄密令訪察公熙果有潛謀將爲叛亂子建仍報普惠令其攝錄普惠急追公熙竟不肯赴東出漢中普惠表列其事公熙大行賄賂終得免罪

後爲假節別將與都督元志同守岐州爲秦賊莫折天生所虜死於秦州文德後自漢中入統汧隴遂有陰平武興之地後爲劉義隆荆州刺史劉義宣所殺保宗之執也子元和奔義隆以爲武都白水太守元和據城歸順高宗嘉之拜征南大將軍武都王內徙京師元和從叔僧嗣復自稱武都王於葭蘆僧嗣死從弟文度自立爲武興王遣使歸順顯祖授文度武興鎮將既而復叛高祖初征西將軍皮歡喜攻葭蘆破之

斬文度首文度弟弘小名鼠犯顯祖廟諱以小名稱鼠自爲武興王遣使奉表謝罪貢其方物高祖納之鼠遣子苟奴入侍拜鼠都督南秦州刺史征西將軍西戎校尉武都王鼠死從子後起統任高祖復以鼠爵授之鼠子集始爲白水太守後起死以集始爲征西將軍武都王集始後朝于京師拜都督南秦州刺史安南大將軍領護南蠻校尉漢中郡侯武興王賜以車旗戎馬錦綵繒纊等尋還武興進號鎮南將軍加督

寧湘等五州諸軍事後仇池鎮將楊靈珍襲破武興集始遂入蕭賾景明初集始來降還授爵位歸守武興死子紹先立拜都督南秦州刺史征虜將軍漢中郡公武興王贈集始車騎大將軍開府儀同三司謚安王紹先年幼委事二叔集起集義夏侯道遷以漢中歸順也蕭衍白馬戍主尹天保率衆圍之道遷求援於集起集義二人貪保邊藩不欲救之唯集始弟集朗心願立功率衆破天保全漢川集朗之力也集義見

梁益既定恐武興不得久爲外藩遂扇動諸氐推紹先僭稱大號集起集義並稱王外引蕭衍爲援安西將軍邢巒遣建武將軍傅豎眼攻武興剋之執紹先送于京師遂滅其國以爲武興鎮復改鎮爲東益州前後鎮將唐法樂刺史杜纂邢豹以威惠失衷氐豪仇石柱等相率反叛朝廷以西南爲憂正光中詔魏子建爲刺史以恩信招撫風化大行遠近款附如內地焉後唐永代子建爲州未幾氐人悉反永棄城東走自

此復爲氐地其後紹先奔還武興復自立爲王
吐谷渾本遼東鮮卑徒河涉歸子也涉歸一名
弈洛韓有二子庶長曰吐谷渾少曰若洛廆涉
歸死若洛廆代統部落別爲慕容氏涉歸之存
世分戶七百以給吐谷渾吐谷渾與若洛廆二
部馬鬬相傷若洛廆怒遣人謂吐谷渾曰先公
處分與兄異部何不相遠而馬鬬相傷吐谷渾
曰馬是畜耳食草飲水春氣發動所以鬬鬬在
馬而怒及人乖別甚易今當去汝萬里之外若

洛廆悔遣舊老及長史七那樓追謝留之吐谷
渾曰我乃祖以來樹德遼右先公之世卜筮之
言云有二子當享福祚並流子孫我是卑庶理
無並大今以馬致乖殆天所啓諸君試驅馬令
東馬若還東我當隨去即令從騎擁馬令回數
百步欻然悲鳴突走而西聲若頹山如是者十
餘輩一回一迷樓力屈乃跪曰可汗此非復人
事渾謂其部落曰我兄弟子孫並應昌盛廆當
傳子及曾玄孫其間可百餘年我及玄孫間始

當顯耳於是遂西附陰山後假道上隴若洛廆
追思吐谷渾作阿于歌徒河以兄爲阿于也子
孫僭號以此歌爲輦後鼓吹大曲吐谷渾遂徙
上隴止於枹罕暨甘松南界昂城龍涸從洮水
西南極白蘭數千里中逐水草廬帳而居以肉
酪爲糧西北諸種謂之阿柴虜吐谷渾死有子
六十人長子吐延身長七尺八寸勇力過人性
刻暴爲昂城羌酋姜聰所刺劍猶在體呼子葉
延語其大將紇拔泥曰吾氣絕棺斂訖便速去

保白蘭地既險遠又土俗懦弱易控御葉延小
兒欲授餘人恐倉卒終不能相制今以葉延付
汝竭股肱之力以輔之孺子得立吾無恨也抽
劍而死有子十二人葉延少而勇果年十歲縛
草爲人號曰姜聰每旦輒射之射中則嗥叫泣
涕其母曰讎賊諸將已屠膾之汝年小何煩朝
朝自苦葉延嗚咽若不自勝荅母曰誠知無益
然罔極之心不勝其痛性至孝母病三日不食
葉延亦不食頗視書傳自謂曾祖弈洛韓始封

昌黎公吾爲公孫之子案禮公孫之子得以王父字爲氏遂以吐谷渾爲氏焉葉延死子碎奚立性淳謹三弟專權碎奚不能制諸大將共誅之奚憂哀不復攝事遂立子視連爲世子委之事號曰莫賀郎華言父也碎奚遂以憂死視連立以父憂思不遊娛酣宴十五年死弟視羆立死子樹洛干等竝幼弟烏紇提立而妻樹洛干母生二子慕璝利延烏紇提一名大孩死樹洛干立自號車騎將軍是歲晉義熙初也樹洛干死弟阿豺立自號驃騎將軍沙州刺史部內有黃沙周回數百里不生草木因號沙州阿豺兼并羌氐地方數千里號爲强國田于西彊山觀墊江源問於羣臣曰此水東流有何名由何郡國入何水也其長史曾和曰此水經仇池過晉壽出宕渠號墊江至巴郡入江度廣陵會於海阿豺曰水尚知有歸吾雖塞表小國而獨無所歸乎遣使通劉義符獻其方物義符封爲澆河公未及拜受劉義隆元嘉三年又加除命又將遣使朝貢

會暴病臨死召諸子弟告之曰先公車騎捨其子虔以大業屬吾吾豈敢忘先公之舉而私於緯代其以慕璝繼事阿豺有子二十人緯代長子也阿豺又謂曰汝等各奉吾一隻箭折之地下俄而命母弟慕利延曰汝取一隻箭折之慕利延折之又曰汝取十九隻箭折之延不能折阿豺曰汝曹知否單者易折衆則難摧戮力一心然後社稷可固言終而死兄子慕璝立先是阿豺時劉義隆命音未至而死慕璝又奉表通義隆義隆又授隴西公慕璝招集秦涼亡業之人及羌戎雜夷衆至五六百落南通蜀漢北交涼州赫連部衆轉盛世祖時慕璝始遣其侍郎謝大寧奉表歸國尋討禽赫連定送之京師世祖嘉之遣使者策拜慕璝爲大將軍西秦王慕璝表曰臣誠庸弱敢竭情款俘禽僭逆獻捷王府爵秩雖崇而土不增廓車旗既飾而財不周賞願垂鑒察亮其單款臣頃接寇逆疆境之人爲賊所抄流轉東下今皇化混一求還鄉土乞拂

曰連窟略寒張華等三人家弱在此分乖可愍願并敕遣使恩洽遐荒存亡感戴世祖詔公卿朝會議荅施行太尉長孫嵩及議郎博士二百七十九人議曰前者有司處以爲秦王荒外之君本非政敎所及來則受之去則不禁皇威遠被西秦王慕義畏威稱臣納貢求受爵號議者以爲古者要荒之君雖人土眾廣而爵不擬華夏陛下加寵王官乃越常分容飾車旗班同上國至於繒絮多少舊典所無皆當臨時以制

豐寡自漢魏以來撫接荒遐頗有故事呂后遺單于御車二乘馬二駟單于荅馬千匹其後匈奴和親敵國遺繒絮不過數百呼韓邪稱臣身自入朝始至方伯今西秦王若以土無桑蠶便當上請不得言財不周賞昔周室衰微齊侯小白一匡天下有賜胙之命無益土之賞晉侯重耳破楚城濮唯受南陽之田爲朝宿之邑西秦所致唯定而已塞外之人因時乘便侵入秦涼未有經略拓境之勳爵登上國統秦涼河沙四

州之地而云土不增廓比聖朝於弱周而自同於五霸無厭之情其可極乎西秦王忠款於朝廷原其本情必不至此或左右不敏因致斯累檢西秦流人賊時所抄悉在蒲坂今既稱藩四海咸泰天下一家可敕秦州送詣京師隨後遣還所請乞佛三人昔爲賓國之使來在王庭國破家遷即爲臣妾可勿聽許制曰公卿之議未爲失體西秦王所收金城枹罕隴西之地彼自取之朕即與之便是裂土何須復廓西秦款至

綿絹隨使疎數增益之非一匹而已自是慕璝貢獻頗簡又通于劉義隆義隆封爲隴西王太延二年慕璝死弟慕利延立詔遣使者策謚慕璝曰惠王後拜慕利延鎭西大將軍儀同三司改封西平王以慕璝子元緒爲撫軍將軍時慕利延又通劉義隆義隆封爲河南王世祖征涼州慕利延懼遂率其部人西遁沙漠世祖以慕利延兄有禽赫連定之功遣使宣喻之乃還後慕利延遣使表謝書奏乃下詔褒獎之慕利

延兄子緯代懼慕利延害己與使者謀欲歸國慕利延覺而殺之緯代弟叱力延等八人逃歸京師請兵討慕利延世祖拜叱力延歸義王詔晉王伏羅率諸將討之軍至大母橋慕利延兄子拾寅走河西伏羅遣將追擊之斬首五千餘級慕利延走白蘭慕利延從弟伏念長史鶏鳩黎部大崇娥等率衆一万三千落歸降後復遣征西將軍高涼王那等討之於白蘭慕利延遂入于闐國殺其王死者數万人南征罽賓遣使

通劉義隆求援獻烏丸帽女國金酒器胡王金釧等物義隆賜以牽車七年遂還舊土慕利延死樹洛干子拾寅立始邑於伏羅川其居止出入窺擬王者拾寅奉脩貢職受朝廷正朔又受劉義隆封爵號河南王世祖遣使拜爲鎮西大將軍沙州刺史西平王後拾寅自恃險遠頗不恭命通使于劉彧獻善馬四角羊彧加之官號高宗時定陽侯曹安表拾寅今保白蘭多有金銀牛馬若擊之可以大獲議者咸以先帝忿拾

寅兄弟不穆使晉王伏羅高涼王那再征之竟不能尅拾寅雖復遠遁軍亦疲勞今在白蘭不犯王塞不爲人患非國家之所急也若遣使招慰必求爲臣妾可不勞而定也王者之於四荒羈縻而已何必屠其國有其地安曰臣昔爲澆河戍將與之相近明其意勢若分軍出其左右拾寅必走保南山不過十日牛馬草盡人無所食衆必潰叛可一舉而定也從之詔陽平王新成建安王穆六頭等出南道南郡公李惠給事

中公孫拔及安出北道以討之拾寅走南山諸軍濟河追之時軍多病諸將議賊已遠遁軍容已振今驅疲病之卒要難冀之功不亦過乎衆以爲然乃引還獲駝馬二十餘万顯祖復詔上黨王長孫觀等率州郡兵討拾寅軍至曼頭山拾寅來逆戰觀等縱兵擊敗之拾寅宵遁於是思悔復脩藩職遣別駕康盤龍奉表朝貢顯祖幽之不報其使拾寅部落大饑屢寇澆河詔平西將軍廣川公皮歡喜率敦煌枹罕高平諸軍

爲前鋒司空上黨王長孫觀爲大都督以討之觀等軍入拾寅境芻其秋稼拾寅窘怖遣子詣軍表求改過觀等以聞顯祖以重勞將士乃下詔切責之徵其任子拾寅遣子斤入侍顯祖尋遣斤還拾寅後復擾掠邊人遣其將良利守洮陽枹罕所統枹罕鎮將西郡公楊鍾葵貽拾寅書以責之拾寅表曰奉詔聽臣還舊土故遣良利守洮陽若不追前恩求令洮陽貢其土物辭旨懇切顯祖許之自是歲修職貢太和五年拾

三六四　魏傳八十九　十七　郭

寅死子度易侯立遣其侍郎時眞貢方物提上表稱嗣事後度易侯伐宕昌詔讓之賜錦綵一百二十匹喻令悛改所掠宕昌口累部送時還易侯並奉詔死子伏連籌立高祖欲令入朝表稱疾病輒修洮陽泥和城而置戍焉文明太后崩使人告凶伏連籌拜命不恭有司請伐之高祖不許群臣以其受詔不敬不宜納所獻高祖曰拜受失禮乃可加以告責所獻土毛乃是臣之常道杜棄所獻便是絕之縱欲改悔其路無

由矣詔曰朕在哀疚之中未有征討而去春枹罕表取其洮陽泥和二戍時以此既邊將之常即便聽許及偏師致討二戍望風請降執訊二千餘人又得婦女九百口子婦可悉還之伏連籌乃遣世子賀魯頭朝于京師禮錫有加拜伏連籌使持節都督西垂諸軍事征西將軍領護西戎中郎將西海郡開國公吐谷渾王麾旗章綬之飾皆備給之後遣兼員外散騎常侍張禮使於伏連籌伏連籌謂禮曰昔與宕昌通和恒

三九四　魏書傳八十九　十八

見稱大王已則自名今忽名僕而拘執此使將命偏師往問其意禮曰君與宕昌並爲魏藩而比輒有興動殊違臣節當發之日宰輔以爲君若反迷知罪則克保藩業脫守愚不改則禍難將至伏連籌遂嘿然及高祖崩遣使赴哀盡其誠敬伏連籌內修職貢外并戎狄塞表之中號爲彊富準擬天朝樹置官司稱制諸國以自誇大世宗初詔責之曰梁州表送鄉報宕昌書梁彌邕與鄉並爲邊附語其國則隣藩論其位則

同列而稱書爲表名報爲臣有司以國有常刑劬勤請討朕慮險遠多虞輕相構惑故先宣此意善自三思伏連籌上表自申辭誠懇至終世宗世至于正光犛牛蜀馬及西南之珍無歲不至後秦州城人莫折念生反河西路絕涼州城人萬于菩提等東應念生囚刺史宋穎穎密遣求援於伏連籌伏連籌親率大衆救之遂獲保全自爾以後關徼不通貢獻路絕伏連籌死子夸呂立始自號爲可汗居伏俟城在青海西十

五里雖有城郭而不居恒處穹廬隨水草畜牧其地東西三千里南北千餘里官有王公僕射尚書及郎將將軍之號夸呂椎髻毦珠以皁爲帽坐金師子牀號其妻爲恪尊衣織成裙披錦大袍辮髮於後首戴金花冠其俗丈夫衣服略同於華夏多以羅冪爲冠亦以繒爲帽婦人皆貫珠貝束髮以多爲貴兵器有弓刀甲矟國無常賦須則稅富室商人以充用焉其刑罰殺人及盜馬者死餘則徵物以贖罪亦量事決杖刑

人必以氈蒙頭持石從高擊之父兄死妻後母及嫂等與突厥俗同至于婚貧不能備財者輒盜女去死者亦皆埋殯其服制葬訖則除之性貪婪忍於殺害好射獵以肉酪爲糧亦知種田有大麥粟豆然其北界氣候多寒唯得蕪菁大麥故其俗貧多富少青海周回千餘里海內有小山每冬冰合後以良牝馬置此山至來春收之馬皆有孕所生得駒號爲龍種必多駿異吐谷渾嘗得波斯草馬放入海因生驄駒能日行

千里世傳青海驄者是也土出犛牛馬多鸚鵡饒銅鐵朱沙地兼鄯善且末興和中齊獻武王作相招懷荒遠蠕蠕既附於國夸呂遣使致敬獻武王喻以大義徵其朝貢夸呂乃遣使人趙吐骨眞假道蠕蠕頻來又薦其從妹靜帝納以爲嬪遣員外散騎常侍傅靈標使於同國夸呂又請婚乃以濟南王匡孫女爲廣樂公主以妻之此後朝貢不絕

吐谷渾北有乙弗勿敵國俗風與吐谷渾同不

識五穀唯食魚及蘇子蘇子狀若中國苟杞子北又有阿蘭國與鳥獸同不知鬬戰忽見異人舉國便走土無所出大養群畜體輕工走逐之不可得

北又有女王國以女爲主人所不至其傳云然

宕昌羌者其先蓋三苗之胤周時與庸蜀微盧等八國從武王滅商漢有先零燒當等世爲邊患其地東接中華西通西域南北數千里姓別自爲部落酋帥皆有地分不相統攝宕昌即其

一也俗皆土著居有屋宇其屋織犛牛尾及羖羊毛覆之國無法令又無徭賦惟戰伐之時乃相屯聚不然則各事生業不相往來皆衣裘褐收養犛牛羊豕以供其食父子伯叔兄弟死者即以繼母叔母及嫂弟婦等爲妻俗無文字但候草木榮落記其歲時三年一相聚殺牛羊以祭天有梁勤者世爲酋帥得羌豪心乃自稱王焉勤孫彌忽世祖初遣子彌黄奉表求内附世祖嘉之遣使拜彌忽爲宕昌王賜彌黄爵甘松侯彌忽死孫虎子立其地自仇池以西東西千里席水以南南北八百里地多山阜人二万餘落世修職貢頗爲吐谷渾所斷絶虎子死彌治立虎子弟羊子先奔吐谷渾吐谷渾遣兵送羊子欲奪彌治位彌治遣文度救顯祖詔武都鎮將宇文生救之羊子退走彌治死子彌機立遣其司馬利住奉表貢方物陽文度之叛圍武都彌機遣其二兄率衆救武都破走文度高祖時遣使子橋表貢朱沙雌黄白石膽各一百斤自

此後歲以爲常朝貢相繼後高祖遣鴻臚劉歸謁者張察拜彌機征南大將軍西戎校尉梁益二州牧河南公宕昌王後朝于京師殊無風禮朝罷高祖顧謂左右曰夷狄之有君不如諸夏之亡也宕昌王雖爲邊方之主乃不如中國一吏於是改授領護西戎校尉靈州刺史王如故賜以車騎戎馬錦綵等遣還國

高昌者車師前王之故地漢之前部地也東西二千里南北五百里四面多大山或云昔漢武

遣兵西討師旅頓弊其中尤困者因住焉地勢
高敞人庶昌盛因名高昌亦云其地有漢時高
昌壘故以爲國號東去長安四千九百里漢西
域長史戊己校尉並居於此晉以其地爲高昌
郡張軌呂光沮渠蒙遜據河西皆置太守以統
之去敦煌十三日行國有八城皆有華人地多
石磧氣候溫暖厥土良沃穀麥一歲再熟宜蠶
多五果又饒漆有草名羊刺其上生蜜而味甚
佳引水溉田出赤鹽其味甚美復有白鹽其形

如玉高昌人取以爲枕貢之中國多蒲萄酒俗
事天神兼信佛法國中羊馬牧在隱僻處以避
寇非貴人不知其處北有赤石山七十里有貪
汗山夏有積雪此山北鐵勒界也世祖時有闞
爽者自爲高昌太守太延中遣散騎侍郎王恩
生等使高昌爲蠕蠕所執真君中爽爲沮渠無
諱所襲奪據之無諱死弟安周代立和平元年
爲蠕蠕所并蠕蠕以闞伯周爲高昌王其稱王
自此始也太和初伯周死子義成立歲餘爲其

兄首歸所殺自立爲高昌王五年高車王可至
羅殺首歸兄弟以敦煌人張孟明爲王後爲國
人所殺立馬儒爲王以鞏顧禮麴嘉爲左右長
史二十一年遣司馬王體玄奉表朝貢請師迎
接求舉國內徙高祖納之遣明威將軍韓安保
率騎千餘赴之割伊吾五百里以儒居之至羊
榛水儒遣禮嘉率步騎一千五百迎安保去高
昌四百里而安保不至禮等還高昌安保亦還
伊吾安保遣使韓興安等十二人使高昌儒復

遣顧禮將其世子義舒迎安保至白棘城去高
昌百六十里而高昌舊人情戀本土不願東遷
相與殺儒而立麴嘉爲王嘉字靈鳳金城榆中
人既立又臣于蠕蠕那蓋顧禮與義舒隨安保
至洛陽及蠕蠕主伏圖爲高車所殺嘉又臣高
車初前部胡人悉爲高車所徙入於焉耆焉耆
又爲嚈噠所破滅國人分散衆不自立請王於
嘉嘉遣第二子爲焉耆王以主之熙平元年嘉
遣兄子私署左衞將軍田地太守孝亮朝京師

仍求内徙乞軍迎援於是遣龍驤將軍孟威發涼州兵三千人迎之至伊吾失期而反於後十餘遣使獻珠像白黒貂裘名馬鹽枕等款誠備至惟賜優旨卒不重迎三年嘉遣使朝貢世宗又遣孟威使詔勞之延昌中以嘉爲持節平西將軍瓜州刺史泰臨縣開國伯私署王如故熈平初遣使朝獻詔曰卿地隔關山境接荒漠頻請朝援徙國内遷雖來誠可嘉即於理未帖何者彼之甿庶是漢魏遺黎自晉氏不綱因難播

越成家立國世積已久惡徙重遷人懷戀舊今若動之恐異同之變爰在肘腋不得便如來表神龜元年冬孝亮復表求援内徙朝廷不許正光元年肅宗遣假員外將軍趙義等使於嘉嘉朝貢不絶又遣使奉表自以邊遐不習典誥求借五經諸史并請國子助教劉變以爲博士肅宗許之嘉死贈鎮西將軍涼州刺史子堅立於後關中賊亂使命遂絶普泰初堅遣使朝貢除平西將軍瓜州刺史泰臨縣伯王如故又加衛將軍至永熈中特除儀同三司進爲郡公後遂隔絶

鄧至者白水羌也世爲羌豪因地名號自稱鄧至其地自亭街以東平武以西汶嶺以北宕昌以南土風習俗亦與宕昌同其王像舒治遣使内附高祖拜龍驤將軍鄧至王遣貢不絶鄧至之西有赫羊等二十國時遣使朝貢朝廷皆授以雜號將軍子男渠帥之名

蠻之種類蓋盤瓠之後其來自久習俗叛服前

史具之在江淮之間依託險阻部落滋蔓布於數州東連壽春西通上洛北接汝潁往往有焉其於魏氏之時不甚爲患至晉之末稍以繁昌漸爲寇暴矣自劉石亂後諸蠻無所忌憚故其族類漸得北遷陸渾以南滿於山谷宛洛蕭條略爲丘墟矣太祖既定中山聲教被于河表泰常八年蠻王梅安率渠帥數千朝京師求留質子以表忠款始光中拜安侍子豹爲安遠將軍江州刺史順陽公興光中蠻王文武龍請降詔

褒慰之拜南雍州刺史魯陽侯延興中大陽蠻
酋桓誕擁沔水以北滍葉以南八万餘落遣使
内屬高祖嘉之拜誕征南將軍東荊州刺史襄
陽王聽自選郡縣誕字天生桓玄之子也初玄
西奔至枚回洲被殺誕時年數歲流竄大陽蠻
中遂習其俗及長多智謀爲羣蠻所歸誕既内
屬治於朗陵太和四年王師南伐誕請爲前驅
乃授使持節南征西道大都督討義陽不果而
還十年移居潁陽十六年依例降王爲公十七

年加征南將軍中道大都督征竟陵遇遷洛師
停是時蕭賾征虜將軍直閤將軍蠻酋田益
宗率部曲四千餘戶内屬襄陽酋雷婆思等十
一人率戶千餘内徙求居大和川詔給廩食後
開南陽令有沔北之地蠻人安堵不爲寇賊十
八年誕入朝賞遇隆厚卒謚曰剛子暉字道進
位龍驤將軍東荊州刺史襲爵景明初大陽蠻
酋田育丘等二万八千戶内附詔置四郡十八
縣暉卒贈冠軍將軍三年魯陽蠻魯北鷰等

聚衆攻逼潁川詔左衛將軍李崇討平之徙万
餘家於河北諸州及六鎮尋叛南走所在追討
比及河殺之皆盡四年東荊州蠻樊素安反僭
帝號正始元年素安弟秀安復反李崇楊大眼
悉討平之二年蕭衍沔東太守田清喜擁七郡
三十一縣戶萬九千遣使内附乞師討衍其雍
州以東石城以西五百餘里水陸援路請率部
曲斷之四年蕭衍永寧太守文雲生六部自漢
東遣使歸附永平初東荊州表　太守桓叔

興前後招慰大陽蠻歸附者一万七百戶請置
郡十六縣五十詔前鎮東府長史酈道元檢行
置之叔興即暉弟也延昌元年拜南荊州刺史
居安昌隸於東荊三年蕭衍遣兵討江沔破掠
諸蠻百姓擾動蠻自相督率二万餘人頻請統
帥爲聲勢叔興給一統并威儀爲之節度蠻
人遂安其年蕭衍雍州刺史蕭藻遣其將蔡
令孫等三將寇南荊之西南沿襄沔上下破掠
諸蠻蠻酋衍龍驤將軍樊石廉叛衍來請援叔

興與石廉督集蠻夏二万餘人擊走之斬令孫等三將藻又遣其新陽太守邵道林於沔水之南石城東北立清水戍爲抄掠之基叔興遣諸蠻擊破之四年叔興上表請不隷東荆許之蕭衍每有寇抄叔興必摧破之正光中叔興擁所部南叛蠻首成龍強率户數千内附拜爲刺史蠻師田午生率户二千内徙揚州拜爲郡守蕭衍義州刺史邊城王文僧明鐵騎將軍邊城太守田官德等率户万餘舉州内屬拜僧明平南

將軍西豫州刺史封開封侯官德龍驤將軍義州刺史自餘封授各有差僧明官德並入朝蠻出山至邊城建安者八九千户義州尋爲蕭衍將裴邃所陷衍定州刺史田超秀亦遣使求附請援歷年朝廷恐輕致邊役未之許會超秀死其部曲相率内附徙之六鎮秦隴所在反叛二荆西郢蠻大擾動斷三鵶路殺都督寇盜至於襄城汝水百姓多被其害蕭衍遣將圍廣陵樊城諸蠻並爲前驅自汝水以南處處鈔劫恣其

暴掠連年攻討散而復合其暴滋甚又有冉氏向氏者陬落尤盛餘則大者万家小者千户更相崇僭稱王侯屯據三峽斷遏水路荆蜀行人至有假道者

獠者蓋南蠻之別種自漢中達于邛笮川洞之間所在皆有種類甚多散居山谷略無氏族之別又無名字所生男女唯以長幼次第呼之其丈夫稱阿謩阿段婦人阿夷阿等之類皆語之次第稱謂也依樹積木以居其上名曰干蘭干

蘭大小隨其家口之數往往推一長者爲王亦不能遠相統攝父死則子繼若中國之貴族也獠王各有鼓角一雙使其子弟自吹擊之好相殺害多不敢遠行能卧水底持刀刺魚其口嚼食並鼻飲死者豎棺而埋之性同禽獸至於忿怒父子不相避惟手有兵刃者先殺之若殺其父走避求得一狗以謝其母母得狗謝不復嫌恨若報怨相攻擊必殺而食之平常劫掠賣取猪狗而已親戚比隣指授相賣被賣者號哭不

服逃竄避之乃將買人捕逐指若亡叛獲便縛之但經被縛者即服爲賤隷不敢稱良矣亡失兒女一哭便止不復追思惟執楯持矛不識弓矢用竹爲簧羣聚鼓之以爲音節能爲細布色至鮮淨大狗一頭買一生口其俗畏鬼神尤尚淫祀所殺之人美鬢髯者必剥其面皮籠之於竹及燥號之曰鬼鼓舞祀之以求福利至有賣其昆季妻孥盡者乃自賣以供祭焉鑄銅爲器大口寬腹名曰銅爨既薄且輕易於熟食建國

中李勢在蜀諸獠始出巴西渠川廣漢陽安資中攻破郡縣爲益州大患勢內外受敵所以亡也自桓溫破蜀之後力不能制又蜀人東流山險之地多空獠遂挾山傍谷與夏人參居者頗輸租賦在深山者仍不爲編戶蕭衍梁益二州歲歲伐獠以自裨潤公私頗藉爲利正始中夏侯道遷舉漢中內附世宗遣尚書邢巒爲梁益二州刺史以鎮之近夏人者安堵樂業在山谷者不敢爲寇後以羊祉爲梁州傅豎眼爲益州祉

性酷虐不得物情蕭衍輔國將軍范季旭與獠王趙清荆率衆屯孝子谷祉遣統軍魏胡擊走之後蕭衍寧朔將軍姜白復擁夷獠入屯南城梁州人王法慶與之通謀衆屯於固門川祉遣征虜將軍　討破之豎眼施恩布信大得獠和後以元法僧代傅豎眼爲益州法僧在任貪殘獠遂反叛勾引蕭衍軍圍逼晉壽朝廷憂之以豎眼先得物情復令乘傳往撫獠聞豎眼至莫不欣然拜迎道路於是而定及元恒元子眞

相繼爲梁州並無德績諸獠苦之其後朝廷以梁益二州控攝險遠乃立巴州以統諸獠後以巴酋嚴始欣爲刺史又立隆城鎮所綰獠二十万戶彼謂北獠歲輸租布又與外人交通貿易巴州生獠並皆不順其諸頭王每於時節謁見刺史而已孝昌初諸獠以始欣貪暴相率反叛攻圍巴州山南行臺勉諭即時散罷自是獠諸頭王相率詣行臺者相繼子建厚勞賚之始欣見中國多事又失彼心慮獲罪譴時蕭衍南梁

州刺史陰子春扇惑邊陲始欣謀將南叛始欣族子愷時爲隆城鎮將密知之嚴設邏候遂禽蕭衍使人并封始欣詔書鐵券刀劒衣冠之屬表送行臺子建乃啓以鎮爲南梁州愷爲刺史發使執始欣囚於南鄭遇子建見代梁州刺史傅豎眼仍爲行臺豎眼久病其子敬紹納始欣重賂使得還州始欣乃起衆攻愷屠滅之據城南叛蕭衍將蕭玩率衆援接時梁益二州並遣將討之攻陷巴州執始欣遂大破玩軍及斬玩以傅曇表爲刺史後元羅在梁州爲使陷自此遂絶

史臣曰氐羌蠻獠風俗各異嗜欲不同言語不通聖人因時設教所以達其志而通其俗也然而外寧必有內憂覽之者不可不誡愼也

列傳第八十九　　魏書一百一

魏收書列傳第八十九亡史臣論葢略北史

列傳第九十　　魏書一百二

西域

夏書稱西戎即序班固云就而序之非盛威武致其貢物也漢氏初開西域有三十六國其後分立五十五王置校尉都護以撫納之王莽篡位西域遂絶至於後漢班超所通者五十餘國西至西海東西萬里皆來朝貢復置都護校尉以相統攝其後或絶或通漢朝以爲勞弊中國其官時置時廢曁魏晉之後互相吞滅不可復詳記焉太祖初經營中原未暇及於四表旣而西戎之貢不至有司奏依漢氏故事請通西域可以振威德於荒外又可致奇貨於天府太祖曰漢氏不保境安人乃遠開西域使海內虛耗何利之有今若通之前弊復加百姓矣遂不從歷太宗世竟不招納太延中魏德益以遠聞西域龜茲疏勒烏孫悅般渴槃陁鄯善焉耆車師粟特諸國王始遣使來獻世祖以西域漢世雖通有求則卑辭而來無欲則驕慢王命此其自

知絕遠大兵不可至故也若報使往來終無所益欲不遣使有司奏九國不憚遐嶮遠貢方物當與其進安可豫抑後來乃從之於是始遣行人王恩生許綱等西使恩生出流沙爲蠕蠕所執竟不果達又遣散騎侍郎董琬高明等多齎錦帛出鄯善招撫九國厚賜之初琬等受詔便道之國可往赴之琬過九國北行至烏孫國其王得朝廷所賜拜受甚悅謂琬曰傳聞破洛那者舌皆思魏德欲稱臣致貢但患其路無由耳

今使君等既到此可往二國副其慕仰之誠琬於是自向破洛那遣明使者舌烏孫王爲發導譯達二國琬等宣詔慰賜之已而琬明東還烏孫破洛那之屬遣使與琬俱來貢獻者十有六國自後相繼而來不間于歲國使亦數十輩矣初世祖每遣使西域常詔河西王沮渠牧犍令護送至姑臧牧犍恒發使導路出於流沙後使者自西域還至武威牧犍左右謂使者曰我君承蠕蠕吳提妄說云去歲魏天子自來伐我士

馬疫死大敗而還我禽其長弟樂平王丕我君大喜宣言國中又聞吳提遣使告西域諸國稱魏已削弱今天下唯我爲彊若更有魏使勿復恭奉西域諸國亦有貳者牧犍事主稍以慢墮使還具以狀聞世祖遂議討牧犍涼州既平鄯善國以爲脣亡齒寒自然之道也今武威爲魏所滅次及我也若通其使人知我國事取亡必近不如絕之可以支久乃斷塞行路西域貢獻歷年不入後平鄯善行人復通始琬等使還京

師具言凡所經見及傳聞傍國云西域自漢武時五十餘國後稍相并至太延中爲十六國分其地爲四域自蔥嶺以東流沙以西爲一域蔥嶺以西海曲以東爲一域者舌以南月氏以北爲一域兩海之間水澤以南爲一域內諸小渠長蓋以百數其出西域本有二道後更爲四出自玉門渡流沙西行二千里至鄯善爲一道自玉門渡流沙北行二千二百里至車師爲一道從莎車西行一百里至蔥嶺蔥嶺西一千三百

里至伽倍爲一道自莎車西南五百里葱嶺西南一千三百里至波路爲一道焉自琺所不傳而更有朝貢者紀其名不能具國俗也其與前使所異者録之

鄯善國都扜泥城古樓蘭國也去代七千六百里所都城方一里地多沙鹵少水草北即白龍堆路至太延初始遣使來獻四年遣其弟素延耆入侍及世祖平涼州沮渠牧犍弟無諱走保敦煌無諱後謀渡流沙遣其弟安周擊鄯善王

比龍恐懼欲降會魏使者自天竺罽賓還俱會鄯善勸比龍拒之遂與連戰安周不能剋退保東城後比龍懼率衆西奔且末其世子乃應安周鄯善人頗剽刧之令不得通世祖詔散騎常侍成周公萬度歸乘傳發涼州兵討之度歸到敦煌留輜重以輕騎五千渡流沙至其境時鄯善人衆布野度歸勑吏卒不得有所侵掠邊守感之皆望旗稽服其王眞達面縛出降度歸釋其縛留軍屯守與眞達詣京都世祖大悦厚待之是歲拜交趾公韓牧爲假節征西將軍領護西戎校尉鄯善王以鎮之賦役其人比之郡縣

且末國都且末城在鄯善西去代八千三百二十里眞君三年鄯善王比龍避沮渠安周之難率國人之半奔且末後役屬鄯善且末西北方流沙數百里夏日有熱風爲行旅之患風之所至唯老駝豫知之即鳴而聚立埋其口鼻於沙中人每以爲候亦即將氈擁蔽鼻口其風迅駛斯須過盡若不防者必至危斃

于闐國在且末西北葱嶺之北二百餘里東去鄯善千五百里南去女國二千里去朱俱波千里北去龜茲千四百里去代九千八百里其地方亘千里連山相次所都城方八九里部内有大城五小城數十于闐城東三十里有首拔河中出玉石土宜五穀并桑麻山多美玉有好馬駝騾其刑法殺人者死餘罪各隨輕重懲罰之自外風俗物產與龜茲略同俗重佛法寺塔僧尼甚衆王尤信尚每設齋日必親自灑掃饋食

焉城南五十里有賛摩寺即昔羅漢比丘盧旃爲其王造覆盆浮圖之所石上有辟支佛跣處雙跡猶存于闐西五里有比摩寺云是老子化胡成佛之所俗無禮義多盜賊淫縱自高昌以西諸國人等深目高鼻唯此一國貌不甚胡頗類華夏城東二十里有大水北流號樹枝水即黃河也一名計式水城西五十五里亦有大水名達利水與樹枝水會俱北流眞君中世祖詔高涼王那擊吐谷渾慕利延慕利延懼驅其部

落渡流沙那進軍急追之慕利延遂西入于闐殺其王死者甚衆顯祖末蠕蠕寇于闐于闐患之遣使素目伽上表曰西方諸國今皆已屬蠕蠕奴世奉大國至今無異今蠕蠕軍馬到城下奴聚兵自固故遣使奉獻延望救援顯祖詔公卿議之公卿奏曰于闐去京師幾萬里蠕蠕之性惟習野掠不能攻城若爲所拒當已旋矣雖欲遣師勢無所及顯祖以公卿議示其使者亦以爲然於是詔之曰朕承天理物欲令萬方各安其所應勑諸軍以拯汝難但去汝遐阻雖復遣援不救當時之急已停師不行汝宜知之朕今練甲養卒一二歲間當躬率猛將爲汝除患汝其謹警候以待大舉先是朝廷遣使者韓羊皮使波斯波斯王遣使獻馴象及珍物經于闐于闐中于王秋仁輒留之假言慮有寇不達羊皮言狀顯祖怒又遣羊皮奉詔責讓之自後每使朝獻

蒲山國故皮山國也居皮城在于闐南去代一万二千里其國西南三里有凍淩山後役屬于

闐

悉居半國故西夜國也一名子合其王號子治呼犍在于闐西去代万二千九百七十里太延初遣使來獻自後貢使不絕

權於摩國故烏秅國也其王居烏秅城在悉居半西南去代一万二千九百七十里

渠莎國居故莎車城在子合西北去代一万二千九百八十里

車師國一名前部其王居交河城去代万五十里其地北接蠕蠕本通使交易世祖初始遣使朝獻詔行人王恩生許綱等出使恩生等始度流沙為蠕蠕所執恩生見蠕蠕吳提持魏節不為之屈後世祖切讓吳提吳提懼乃遣恩生等歸許綱到敦煌病死朝廷壯其節賜謚曰貞初沮渠無諱兄弟之渡流沙也鳩集遺人破車師國真君十一年車師王車夷落遣使琢進薛直上書曰臣亡父僻處塞外仰慕天子威德遣使

表獻不空於歲天子降念賜遺甚厚及臣繼立亦不闕常貢天子垂矜亦不異前世敢緣至恩輒陳私艱臣國自無諱所攻擊經今八歲人民饑荒無以存活賊今攻臣甚急臣不能自全遂捨國東奔三分免一即日已到焉耆東界思歸天闕幸垂賑救於是下詔撫慰之開焉耆倉給之正平初遣子入侍自後每使朝貢

且彌國都天山東于大谷在車師北去代一万五百七十里本役屬車師

焉耆國在車師南都員渠城白山南七十里漢時舊國也去代一万二百里其王姓龍名鳩尸卑那即前涼張軌所討龍熙之胤所都城方二里國內凡有九城國小人貧無綱紀法令兵有弓刀甲矟婚姻略同華夏死亡者皆焚而後葬其服制滿七日則除之丈夫並翦髮以為首飾文字與婆羅門同俗事天神並崇信佛法尤重二月八日四月八日是日也其國咸依釋教齋戒行道焉氣候寒土田良沃穀有稻粟菽麥畜

有駝馬養蠶不以為絲唯充綿纊俗尚蒲萄酒兼愛音樂南去海十餘里有魚鹽蒲葦之饒東去高昌九百里西去龜茲九百里皆沙磧東南去瓜州二千二百里恃地多險頗剽劫中國使世祖怒之詔成周公萬度歸討之約齎輕粮取食路次度歸入焉耆東界擊其邊守左回尉犁二城拔之進軍向員渠鳩尸卑那以四五万人出城守險以拒度歸募壯勇短兵直往衝尸鳩卑那衆大潰盡虜之單騎走入山中度歸進屠

其城四鄙諸戎皆降服焉耆爲國斗絶一隅不亂日久獲其珍奇異翫殊方譎詭不識之物槖駝馬牛雜畜巨万時世祖幸陰山北宮度歸破焉耆露板至世祖省訖賜司徒崔浩書曰萬度歸以五千騎經万餘里拔焉耆三城獲其珍奇異物及諸委積不可勝數自古帝王雖云即序西戎有如指注不能控引也朕今手把而有之如何浩上書稱美遂命度歸鎮撫其人初鳩尸卑那走山中猶覬城不拔得還其國既見盡爲度歸所剋乃奔龜茲龜茲以其壻厚待之

龜茲國在尉犁西北白山之南一百七十里都延城漢時舊國也去代一万二百八十里其王姓白即後涼呂光所立白震之後其王頭繫綵帶垂之於後坐金師子牀所居城方五六里其刑法殺人者死劫賊則斷其一臂并刖一足稅賦準地徵租無田者則稅銀錢風俗婚姻喪葬物產與焉耆略同唯氣候少温爲異又出細氈饒銅鐵鉛麖皮氍毹沙鹽綠雌黃胡粉安息香良馬犎牛等東有輪臺即漢貳師將軍李廣利所屠者其南三百里有大河東流號計式水即黃河也東去焉耆九百里南去于闐一千四百里西去疏勒一千五百里北去突厥牙帳六百餘里東南去瓜州三百里其東闕城戍寇竊非一世祖詔萬度歸率騎一千以擊之龜茲遣烏羯目提等領兵三千距戰度歸擊走之斬二百餘級大獲駝馬而還俗性多淫置女市收男子錢入官土多孔雀羣飛山谷間人取養而食之孳乳如鷄鶩其王家恒有千餘隻云其國西北

大山中有如膏者流出成川行數里入地如䬴餬甚臭服之髮齒已落者能令更生病人服之皆愈自後每使朝貢

姑默國居南城在龜茲西去代一万五百里役屬龜茲

温宿國居温宿城在姑默西北去代一万五百五十里役屬龜茲

尉頭國居尉頭城在温宿北去代一万六百五

十里役屬龜茲
烏孫國居赤谷城在龜茲西北去代一万八百里其國數爲蠕蠕所侵西徙葱嶺山中無城郭隨畜牧逐水草太延三年遣使者董琬等使其國後每使朝貢
疏勒國在姑默西白山南百餘里漢時舊國也去代一万一千二百五十里高宗末其王遣使送釋迦牟尼佛袈裟一長二丈餘高宗以審是佛衣應有靈異遂燒之以驗虛實置於猛火之

上經日不然觀者莫不悚駭心形俱肅其王戢金師子冠土多稻粟麻麥銅鐵錫雌黃錦綿每歲常供送於突厥其都城方五里國內有大城十二小城數十人手足皆六指產子非六指者即不育勝兵三千人南有黃河西帶葱嶺東去龜茲千五百里西去鏺汗國千里南去朱俱波八九百里東北至突厥牙帳千餘里東南去瓜州四千六百里
般國在烏孫西北去代一万九百三十里其

先匈奴北單于之部落也爲漢車騎將軍竇憲所逐北單于度金微山西走康居其羸弱不能去者住龜茲北地方數千里衆可二十餘万涼州人猶謂之單于王其風俗言語與高車同而其人清潔於胡俗剪髮齊眉以醍醐塗之昱昱然光澤日三澡漱然後飲食其國南界有火山山傍石皆燋鎔流地數十里乃凝堅人取爲藥即石流黃也與蠕蠕結好其王嘗將數千人入蠕蠕國欲與大檀相見入其界百餘里見其部

人不浣衣不絆髮不洗手婦人舌舐器物王謂其從臣曰汝曹誑我入此狗國中乃馳還大檀遣騎追之不及自是相仇讎數相征討真君九年遣使朝獻并送幻人稱能割人喉脈令斷擊人頭令骨陷皆血出或數升或盈斗以草藥內其口中令嚼咽之須臾血止養瘡一月復常又無痕瘢世祖疑其虛乃取死罪囚試之皆驗云中國諸名山皆有此草乃使人受其術而厚遇之又言其國有大術者蠕蠕來抄掠術人能作

霖雨狂風大雪及行潦蠕蠕凍死漂亡者十二三是歲再遣使朝貢求與官軍東西齊契討蠕蠕世祖嘉其意命中外諸軍戒嚴以淮南王他爲前鋒襲蠕蠕仍詔有司以其鼓舞之節施於樂府自後每使貢獻

者至拔國都者至拔城在疏勒西去代一万一千六百二十里其國東有潘賀那山出美鐵及師子

迷密國都迷密城在者至拔西去代一万二千

六百里正平元年遣使獻一峯黑橐駝其國東有山名郁悉滿山出金玉亦多鐵

悉万斤國都悉万斤城在迷密西去代一万二千七百二十里其國南有山名伽色那山出師子每使朝貢

忸密國都忸密城在悉万斤西去代二万二千八百二十八里

洛那國故大宛國也都貴山城在疏勒西北去代万四千四百五十里太和三年遣使獻汗血

馬自此每使朝貢

粟特國在葱嶺之西古之奄蔡一名温那沙居於大澤在康居西北去代一万六千里先是匈奴殺其王而有其國至王忽倪已三世矣其國商人先多詣涼土販貨及克姑臧悉見虜高宗初粟特王遣使請贖之詔聽焉自後無使朝獻

波斯國都宿利城在忸密西古條支國也去代二万四千二百二十八里城方十里戶十餘万河經其城中南流土地平正出金銀鍮石珊瑚

琥珀車渠馬腦多大真珠頗梨瑠璃水精瑟瑟金剛火齊鑌鐵銅錫朱砂水銀綾錦疊毼氍毹毾㲪赤麖皮及薰陸鬱金蘇合青木等香胡椒畢撥石蜜千年棗香附子訶梨勒無食子鹽緑雌黃等物氣候暑熱家自藏冰地多沙磧引水溉灌其五穀及鳥獸等與中夏略同唯無稻及黍稷土出名馬大驢及駝往往有日行七百里者富室至有數千頭又出白象師子大鳥卵有鳥形如橐駝有兩翼飛而不能高食草與肉亦

能嗽火其王姓波氏名斯坐金羊牀戴金花冠衣錦袍織成帔飾以眞珠寶物其俗丈夫剪髮戴白皮帽貫頭衫兩廂近下開之亦有巾帔緣以織成婦女服大衫披大帔其髮前爲髻後披之飾以金銀花仍貫五色珠落之於膊王於其國內別有小牙十餘所猶中國之離宮也每年四月出遊處之十月乃還王即位以後擇諸子內賢者密書其名封之於庫諸子及大臣皆莫之知也王死衆乃發書視之其封內有名者即

立以爲王餘子出各就邊任兄弟更不相見也國人號王曰醫嚽妃曰防步率王之諸子曰殺野大官有摸胡壇掌國內獄訟泥忽汗掌庫藏開禁地早掌文書及衆務次有遏羅訶地掌王之內事薛波勃掌四方兵馬其下皆有屬官分統其事兵有甲矟圓排劍弩弓箭戰兼乘象百人隨之其刑法重罪懸諸竿上射殺之次則繫獄新王立乃釋之輕罪則劓刖若髡或剪半鬚及繫牌於項以爲恥辱犯彊盜者繫之終身姦

貴人妻者男子流婦人割其耳鼻賦稅則準地輸銀錢俗事火神天神文字與胡書異多以姊妹爲妻妾自餘婚合亦不擇尊卑諸夷之中最爲醜穢矣百姓女年十歲以上有姿貌者王收養之有功勳人即以分賜死者多弃屍於山一月著服城外有人別居唯知喪葬之事號爲不淨人若入城市搖鈴自別以六月爲歲首尤重七月七日十二月一日其日人庶以上各相命召設會作樂以極懽娛又每年正月二十日各

祭其先死者神龜中其國遣使上書貢物云大國天子天之所生願日出處常爲漢中天子波斯國王居和多千万敬拜朝廷嘉納之自此每使朝獻

伏盧尼國都伏盧尼城在波斯國北去代二万七千三百二十里累石爲城東有大河南流中有鳥其形似人亦有如橐駝馬者皆有翼常居水中出水便死城北有云尼山出銀珊瑚琥珀多師子

色知顯國都色知顯城在悉萬斤西北去代一萬二千九百四十里土平多五果

伽色尼國都伽色尼城在悉萬斤南去代一萬二千九百里土出赤鹽多五果

薄知國都薄知城在伽色尼南去代一萬三千三百二十里多五果

牟知國都牟知城在忸密西南去代二萬二千九百二十里土平禽獸草木類中國

阿弗太汗國都阿弗太汗城在忸密西去代二

萬三千七百二十里土平多五果

呼似密國都呼似密城在阿弗太汗西去代二萬四千七百里土平出銀琥珀有師子多五果

諾色波羅國都波羅城在忸密南去代二萬三千四百二十八里土平宜稻麥多五果

早伽至國都早伽至城在忸密西去代二萬三千七百二十八里土平少田植取稻麥於鄰國有五果

伽不單國都伽不單城在悉萬斤西北去代一萬二千七百八十里土平宜稻麥有五果

者舌國故康居國在破洛那西北去代一萬五千四百五十里太延三年遣使朝貢自是不絕

伽倍國故休密翕侯都和墨城在莎車西去代一萬三千里人居山谷間

折薛莫孫國故雙靡翕侯都雙靡城在伽倍西去代一萬三千五百里人居山谷間

鉗敦國故貴霜翕侯都護澡城在折薛莫孫西去代一萬三千五百六十里人居山谷間

弗敵沙國故肸頓翕侯都薄茅城在鉗敦西去代一萬三千六百六十里居山谷間

閻浮謁國故高附翕侯都高附城在弗敵沙南去代一萬三千七百六十里居山谷間

大月氏國都盧監氏城在弗敵沙西去代一萬四千五百里北與蠕蠕接數為所侵遂西徙都薄羅城去弗敵沙二千一百里其王寄多羅勇武遂興師越大山南侵北天竺自乾陁羅以北五國盡役屬之世祖時其國人商販京師自云

能鑄石爲五色瑠璃於是採礦山中於京師鑄
之既成光澤乃美於西方來者乃詔爲行殿容
百餘人光色映徹觀者見之莫不驚駭以爲神
明所作自此中國瑠璃遂賤人不復珍之
安息國在葱嶺西都蔚搜城北與康居西與波
斯相接在大月氏西北去代二万一千五百里
大秦國一名黎軒都安都城從條支西渡海曲一万
里去代三万九千四百里其海傍出猶勃海也
而東西與勃海相望蓋自然之理地方六千里

居兩海之間其地平正人居星布其王都城分
爲五城各方五里周六十里王居中城城置八
臣以主四方而王城亦置八臣分主四城若謀
國事及四方有不決者則四城之臣集議王所
王自聽之然後施行王三年一出觀風化人有
寃枉詣王訴訟者當方之臣小則讓責大則黜
退令其舉賢人以代之其人端正長大衣服車
旗擬儀中國故外域謂之大秦其土宜五穀桑
麻人務蠶田多璆琳琅玕神龜白馬朱鬣明珠

夜光璧東南通交趾又水道通益州永昌郡多
出異物大秦西海水之西有河河西南流河西
有南北山山西有赤水西有白玉山玉山西有西王
母山玉爲堂云從安息西界循海曲亦至大秦
四萬餘里於彼國觀日月星辰無異中國而前
史云條支西行百里日入處失之遠矣
阿鉤羌國在莎車西南去代一萬三千里國西
有縣度山其間四百里中往往有棧道下臨不
測之淵人行以繩索相持而度因以名之土有

五穀諸果市用錢爲貨居止立宮室有兵器土
出金珠
波路國在阿鉤羌西北去代一萬三千九百里
其地濕熱有蜀馬土平物産國俗與阿鉤羌同
小月氏國都富樓沙城其王本大月氏王寄多
羅子也寄多羅爲匈奴所逐西徙後令其子守
此城因號小月氏焉在波路西南去代一萬六
千六百里先居西平張掖之間被服頗與羌同
其俗以金銀錢爲貨隨畜牧移徙亦類匈奴其

城東十里有佛塔周三百五十步高八十丈自佛塔初建計至武定八年八百四十二年所謂百丈佛圖也

罽賓國都善見城在波路西南去代一萬四千二百里居在四山中其地東西八百里南北三百里地平温和有苜蓿雜草奇木檀槐梓竹種五穀糞園田地下濕生稻冬食生菜其人工巧雕文刻鏤織罽有金銀銅錫以為器物市用錢他畜與諸國同每使朝獻

吐呼羅國去代一萬二千里東至范陽國西至悉万斤國中間相去二千里南至連山不知名北至波斯國中間相去一萬里國中有薄提城周帀六十里城南有西流大水名漢樓河土宜五穀有好馬駝騾其王曾遣使朝貢

副貨國去代一萬七千里東至阿副使且國西至沒誰國中間相去一千里南有連山不知名北至奇沙國相去一千五百里國中有副貨城周帀七十里宜五穀蒲桃唯有馬駝騾國王有黃金殿殿下金駝七頭各高三尺其王遣使朝貢

南天竺國去代三萬一千五百里有伏醜城周帀十里城中出摩尼珠珊瑚城東三百里有拔賴城城中出黃金白眞檀石蜜蒲萄土宜五穀世宗時其國王婆羅化遣使獻駿馬金銀自此每使朝貢

疊伏羅國去代三萬一千里國中有勿悉城城北有鹽奇水西流有白象并有阿末黎木皮中

織作布土宜五穀世宗時其國王伏陁末多遣使獻方物自是每使朝貢

拔豆國去代五萬一千里東至多勿當國西至旃那國中間相去七百五十里南至罽陵伽國北至弗那伏且國中間相去九百里國中出金銀雜寶白象水牛犛牛蒲萄五果土宜五穀

嚈噠國大月氏之種類也亦曰高車之别種其原出於塞北自金山而南在于闐之西都馬許水南二百餘里去長安一萬一百里其王都拔

底延城蓋王舍城也其城方十里餘多寺塔皆飾以金風俗與突厥略同其俗兄弟共一妻夫無兄弟者其妻戴一角帽若有兄弟者依其多少之數更加角焉衣服類加以纓絡頭皆剪髮其語與蠕蠕高車及諸胡不同衆可十万無城邑依隨水草以氈爲屋夏遷涼土冬逐暖處分其諸妻各在別所相去或二百三百里其王巡歷而行每月一處冬寒之時三月不徙王位不必傳子子弟堪任死便授之其國無車有輿多

駝馬用刑嚴急偷盜無多少皆要斬盜一責十死者富者累石爲藏貧者掘地而埋隨身諸物皆置冢內其人凶悍能鬬戰西域康居于闐沙勒安息及諸小國三十許皆役屬之號爲大國與蠕蠕婚姻自太安以後每遣使朝貢正光末遣使貢師子一至高平遇万俟醜奴反因留之醜奴平送京師永熙以後朝獻遂絕初熙平中肅宗遣王伏子統宋雲沙門法力等使西域訪求佛經時有沙門慧生者亦與俱行正光中還慧生所經諸國不能知其本末及山川里數蓋舉其略云其國去漕國千五百里去瓜州六千五百里

朱居國在于闐西其人山居有麥多林果咸事佛語與于闐相類役屬嚈噠

渴槃陁國在葱嶺東朱駒波西河經其國東北流有高山夏積霜雪亦事佛道附於嚈噠

鉢和國在渴槃陁西其土尤寒人畜同居穴地而處又有大雪山望若銀峯其人唯食餅麨飲

麥酒服氊裘有二道一道西行向嚈噠一道西南趣烏萇亦爲嚈噠所統

波知國在鉢和西南土狹人貧依託山谷其王不能揔攝有三池傳云大池有龍王次者有龍婦小者有龍子行人經之設祭乃得過不祭多遇風雪之困

賒彌國在波知之南山居不信佛法專事諸神亦附嚈噠東有鉢盧勒國路嶮緣鐵鎖而度下不見底熙平中宋雲等竟不能達

烏萇國在賒彌南北有葱嶺南至天竺婆羅門胡爲其上族婆羅門多解天文吉凶之數其王動則訪決焉土多林果引水灌田豐稻麥事佛多諸寺塔事極華麗人有爭訴服之以藥曲者發狂直者無恙爲法不殺犯死罪唯徙於靈山西南有檀特山山上立寺以驢數頭運食山下無人控御自知往來也

乾陁國在烏萇西本名業波爲嚈噠所破因改焉其王本是敕勤臨國民二世矣好征戰與罽

賓鬭三年不罷人怨苦之有鬭象七百頭十人乘一象皆執兵仗象鼻縛刀以戰所都城東南七里有佛塔高七十丈周三百步即所謂雀離佛圖也

康國者康居之後也遷徙無常不恒故地自漢以來相承不絕其王本姓溫月氏人也舊居祁連山北昭武城因被匈奴所破西踰葱嶺遂有其國枝庶各分王故康國左右諸國並以昭武爲姓示不忘本也王字世夫畢爲人寬厚甚得衆心其妻突厥達度可汗女也都於薩寶水上阿祿迪城多人居大臣三人共掌國事其王索髮冠七寶金花衣綾羅錦繡白疊其妻有髻幪以皂巾丈夫翦髮錦袍名爲彊國西域諸國多歸之米國史國曹國何國安國小安國那色波國烏那曷國穆國皆歸附之有胡律置於祆祠將決罰則取而斷之重者族次罪者死賊盜截其足人皆深目高鼻多髯善商賈諸夷交易多湊其國有大小鼓琵琶五弦箜篌婚姻喪制與突

厥同國立祖廟以六月祭之諸國皆助祭奉佛爲胡書氣候溫宜五穀勤修園蔬樹木滋茂出馬駝驢犎牛黃金硇沙䞥香阿薛那香瑟瑟麞皮氍毹錦疊多蒲萄酒富家或致十石連年不敗太延中始遣使貢方物後遂絕焉

史臣曰西域雖通魏氏而中原始平天子方以混一爲心未遑征伐其信使往來深得羈縻勿絕之道耳

列傳第九十　魏書一百二十

魏收書西域傳亡此卷全寫北史西域傳而不錄安國以後案隋書西域傳云康國大業中始遣使貢方物後遂絶焉此改大業字爲太延蓋行人妄改

七十二　魏書傳九十　二十八　陳

列傳第九十一　魏書一百三

蠕蠕

匈奴宇文莫槐

徒何段就六眷

高車

蠕蠕東胡之苗裔也姓郁久閭氏始神元之末掠騎有得一奴髮始齊眉忘本姓名其主字之曰木骨閭木骨閭者首禿也木骨閭與郁久閭聲相近故後子孫因以爲氏木骨閭既壯免奴爲騎卒穆帝時坐後期當斬亡匿廣漠谿谷間收合逋逃得百餘人依純突隣部木骨閭死子車鹿會雄健始有部衆自號柔然而役屬於國後世祖以其無知狀類於蟲故改其號爲蠕蠕車鹿會既爲部帥歲貢馬畜貂豽皮冬則徙度漠南夏則還居漠北車鹿會死子吐奴傀立吐奴傀死子跋提立跋提死子地粟袁立地粟袁死其部分爲二地粟袁長子匹候跋繼父居東邊次子縕紇提別居西邊及昭成崩縕紇提附衞辰而貳

魏書傳九十一　一　余

於我登國中討之蠕蠕移部遁走追之及於大磧南牀山下大破之虜其半部匹候跋及部帥屋擊各收餘落遁走遣長孫嵩及長孫肥追之渡磧嵩至平望川大破屋擊禽之斬以徇肥至涿邪山及匹候跋跋舉落請降獲縕紇提子曷多汗及曷多汗兄誥歸之社崘斛律等并宗黨數百人分配諸部縕紇提西遁將歸衞辰太祖追之至跋那山縕紇提復降太祖撫慰如舊九年曷多汗與社崘率部衆棄其父西走長孫肥

輕騎追之至上郡跋那山斬曷多汗盡殪其衆社崘與數百人奔匹候跋匹候跋處之南鄙去其庭五百里令其子四人監之既而社崘率其私屬執匹候跋四子而叛襲匹候跋諸子收餘衆亡依高車斛律部社崘凶狡有權變月餘乃釋匹候跋歸其諸子欲聚而殲之密舉兵襲匹候跋殺匹候跋子啓拔吴頡等十五人歸于太祖社崘既殺匹候跋懼王師討之乃掠五原以西諸部北度大漠太祖以拔頡爲安遠將軍平棘侯社

崘與姚興和親太祖遣材官將軍和突襲黜弗素古延諸部社崘遣騎救素古延突逆擊破之社崘遠遁漠北侵高車深入其地遂并諸部凶勢益振北徙弱洛水始立軍法千人爲軍軍置將一人百人爲幢幢置帥一人先登者賜以虜獲退懦者以石擊首殺之或臨時捶撻無文記將帥以羊屎粗計兵數後頗知刻木爲記其西北有匈奴餘種國尤富彊部帥曰拔也稽舉兵擊社崘社崘逆戰於頞根河大破之後盡爲社

崘所并號爲彊盛隨水草畜牧其西則焉耆之地東則朝鮮之地北則渡沙漠窮瀚海南則臨大磧其常所會庭則敦煌張掖之北小國皆苦其寇抄羈縻附之於是自號丘豆伐可汗丘豆伐猶魏言駕馭開張也可汗猶魏言皇帝也蠕蠕之俗君及大臣因其行能即爲稱號若中國立謚既死之後不復追稱太祖謂尚書崔玄伯曰蠕蠕之人昔來號爲頑嚚每來抄掠駕牸牛奔遁驅犍牛隨之牸牛伏不能前異部人有教

其以犍牛易之者蠕蠕曰其母尚不能行而況其子終於不易遂爲敵所虜今社崘學中國立法置戰陳卒成邊害道家言聖人生大盜起信矣天興五年社崘聞太祖征姚興遂犯塞入參合陂南至豺山及善無北澤時遣常山王遵以万騎追之不及天賜中社崘從弟悅代大那等謀殺社崘而立大那發覺大那等來奔以大那爲冠軍將軍西平侯悅代爲越騎校尉易陽子三年夏社崘寇邊永興元年冬又犯塞二年太

宗討之社崘遁走道死其子度拔年少未能御衆部落立社崘弟斛律號藹苦蓋可汗魏言姿質美好也斛律北并賀術也骨國東破譬曆辰部落三年斛律宗人悅侯咄觝干等數百人來降斛律畏威自守不敢南侵北邊安靜神瑞元年與馮跋和親跋聘斛律女爲妻將爲交婚斛律長兄子步鹿眞謂斛律曰女小遠適憂思生疾可遣大臣樹黎勿地延等女爲媵斛律不許步鹿眞出謂樹黎等曰斛律欲令汝女爲媵遠

至他國黎遂共結謀令勇士夜就斛律穹廬後伺其出執之與女俱嬪于和龍乃立步鹿眞步鹿眞立委政樹黎初高車叱洛侯者叛其渠帥導社崘破諸部落社崘德之以爲大人步鹿眞與社崘子社拔共至叱洛侯家婬其少妻妻告步鹿眞叱洛侯欲舉大檀爲主遺大檀金馬勒爲信步鹿眞聞之歸發八千騎往圍叱洛侯叱洛侯焚其珍寶自刎而死步鹿眞遂掩大檀大檀發軍執步鹿眞及社拔絞殺之乃自立大檀

者社崘季父僕渾之子先統別部鎭於西界能得衆心國人推戴之號牟汗紇升蓋可汗魏言制勝也斛律父子既至和龍馮跋封爲上谷侯大檀率衆南徙犯塞太宗親討之大檀懼而遁走遣山陽侯奚斤等追之遇寒雪士衆凍死墮指者十二三及太宗崩世祖即位大檀聞而大喜始光元年秋乃寇雲中世祖親討之三日二夜至雲中大檀騎圍世祖五十餘重騎逼馬首相次如堵焉士卒大懼世祖顏色自若衆情乃

安先是大檀弟大那與社崘爭國敗而來奔大檀
以大那子於陟斤爲部帥軍士射於陟斤殺之大檀
恐乃還二年世祖大舉征之東西五道並進平
陽王長孫翰等從黑漠汝陰公長孫道生從白
黑兩漠間車駕從中道東平公娥清次西從栗
園宜城王奚斤將軍安原等西道從尒寒山諸
軍至漠南舍輜重輕騎賫十五日糧絕漠討之
大檀部落駭驚北走神䴥元年八月大檀遣子
將騎万餘人入塞殺掠邊人而走附國高車追

魏書傳九十一　六

擊破之自廣甯還追之不及二年四月世祖練
兵于南郊將襲大檀公卿大臣皆不願行術士
張淵徐辯以天文說止世祖世祖從崔浩計而行
會江南使還稱劉義隆欲犯河南謂行人曰汝
疾還告魏主歸我河南地即當罷兵不然盡我
將士之力世祖聞而大笑告公卿曰龜鼈小豎
自救不暇何能爲也就使能來若不先滅蠕蠕
便更坐待寇至腹背受敵非上策也吾行決矣
於是車駕出東道向黑山平陽王長孫翰從西

道向大娥山同會賊庭五月次于沙漠南舍輜
重輕襲之至栗水大檀衆西奔弟匹黎先典東
落將赴大檀遇翰軍翰縱騎擊之殺其大人數
百大檀聞之震怖將其族黨焚燒廬舍絕跡西
走莫知所至於是國落四散竄伏山谷畜產布
野無人收視世祖緣栗水西行過漢將竇憲故
壘六月車駕次於菟園水去平城三千七百里
分軍搜討東至瀚海西接張掖水北渡燕然山
東西五千餘里南北三千里高車諸部殺大檀

魏書傳九十一　七

種類前後歸降三十餘万俘獲首虜及戎馬百
餘万匹八月世祖聞東部高車屯巳尼陂人畜
甚衆去官軍千餘里遂遣左僕射安原等往討
之暨巳尼陂高車諸部望軍降者數十万大檀
部落衰弱因發疾而死子吳提立號敕連可汗
魏言神聖也四年遣使朝獻先是北鄙候騎獲
吳提南偏邏者二十餘人世祖賜之衣服遣歸
吳提上下感德故朝貢焉世祖厚賓其使而遣
之延和三年二月以吳提尚西海公主又遣使

人納吳提妹爲夫人又進爲左昭儀吳提遣其兄禿鹿傀及左右數百人來朝獻馬二千匹世祖大悅班賜甚厚至太延二年乃絶和犯塞四年車駕幸五原遂征之樂平王丕河東公賀多羅督十五將出東道永昌王健宜都王穆壽督十五將出西道車駕出中道至浚稽山分中道復爲二道陳留王崇從大澤向涿邪山車駕從浚稽北向天山西登白阜刻石記行不見蠕蠕而還時漠北大旱無水草軍馬多死五年車駕

西伐沮渠牧犍宜都王穆壽輔景穆居守長樂王嵇敬建寧王崇二萬人鎮漠南以備蠕蠕吳提果犯塞壽素不設備賊至七介山京邑大駭爭奔中城司空長孫道生拒之於吐頹山吳提之寇也留其兄乞列歸與北鎮諸軍相守敬崇等破乞列歸于陰山之北獲之乞列歸歎曰沮渠陷我也獲其伯父他吾無鹿胡及其將帥五百人斬首萬餘級吳提聞而遁走道生追之至于漠南而還真君四年車駕幸漠南分四道樂

安王範建寧王崇各統十五將出東道樂平王督十五將出西道車駕出中道中山王辰領十五將爲中軍後繼車駕至鹿渾谷與賊將遇吳提遁走追至頞根河擊破之車駕至石水而還五年復幸漠南欲襲吳提吳提遠遁乃還吳提死子吐賀真立號處可汗魏言唯也十年正月車駕北伐高昌王那出東道略陽王羯兒出西道車駕與景穆自中道出涿邪山吐賀真別部帥介綿他拔等率千餘家來降是時軍行數千

里吐賀真新立恐懼遠遁九月車駕北伐高昌王那出東道略陽王羯兒出中道與諸軍期會於地弗池吐賀真悉國精銳軍資甚盛圍那數十重那掘長圍堅守相持數日吐賀真數挑戰輒不利以那衆少而固疑大軍將至解圍夜遁那引軍追之九日九夜吐賀真益懼棄輜重踰穹隆嶺遠遁那收其輜重引軍還與車駕會於廣澤略陽王羯兒盡收其人戶畜產百餘萬自是吐賀真遂單弱遠竄邊疆息警矣太安四年

車駕北征騎十万車十五万兩旌旗千里遂渡
大漠吐賀眞遠遁其莫弗烏朱駕頹率衆數千
落來降乃刊石記功而還世祖征伐之後意存
休息蠕蠕亦怖威北竄不敢復南和平五年吐
賀眞死子予成立號受羅部眞可汗魏言惠也
自稱永康元年率部侵塞北鎮遊軍大破其衆
皇興四年予成犯塞車駕北討京兆王子推東
陽公元丕督諸軍出西道任城王雲等督軍出
東道汝陰王賜濟南公羅烏拔督軍為前鋒隴

西王源賀督諸軍為後繼諸將會車駕于女水
之濵顯祖親誓衆詔諸將曰用兵在奇不在衆
也卿等為朕力戰方略已在朕心乃選精兵五
千人挑戰多設奇兵以惑之虜衆奔潰逐北三
十餘里斬首五万級降者万餘人戎馬器械不
可稱計旬有九日往返六千餘里改女水曰武
川遂作北征頌刊石紀功延興五年予成求通
婚娉有司以予成數犯邊塞請絶其使發兵討
之顯祖曰蠕蠕譬若禽獸貪而亡義朕要當以

信誠待物不可抑絶也予成知悔前非遣使請
和求結婚媛安可孤其款意乃詔報曰所論婚
事今始一反尋覽事理未允厥中夫男而下女
爻象所明初婚之吉敦崇礼娉君子所以重人
倫之本不敬其初令終難矣予成毎懷譎詐終
顯祖世更不求婚太和元年四月遣莫何去汾
比拔等來獻良馬貂裘比拔等稱伏承天朝珍
寶華麗甚積求一觀之乃勑有司出御府珍玩
金玉文繡器物御廐文馬奇禽異獸及人間所

宜用者列之京肆令其歷觀焉比拔見之自相
謂曰大國富麗一生所未見也二年二月又遣
比拔等朝貢尋復請婚焉高祖志存招納許之
予成雖歲貢不絶而款約不著婚事亦停九年
予成死子豆崘立號伏古敦可汗魏言恒也自
稱太平元年豆崘性殘暴好殺其臣侯醫垔石
洛候數以忠言諫之又勸與國通和勿侵中國
豆崘怒誣石洛候謀反殺之夷其三族十六年
八月高祖遣陽平王頤左僕射陸叡並為都督

領軍斛律桓等十二將七萬騎討豆崘部内高車阿伏至羅率衆十餘萬落西走自立爲主豆崘與叔父那蓋爲二道追之豆崘出自浚稽山北而西那蓋自出金山豆崘頻爲阿伏至羅所敗那蓋累有勝捷國人咸以那蓋爲天所助欲推那蓋爲主那蓋不從衆彊之那蓋曰我爲臣不可焉能爲主衆乃殺豆崘母子以屍示那蓋那蓋乃襲位那蓋號候其伏代庫者可汗魏言悦樂也自稱太安元年那蓋死子伏圖立號他

汗可汗魏言緒也自稱始平元年正始三年伏圖遣使紇奚勿六跋朝獻請求通和世宗不報其使詔有司敕勿六跋曰蠕蠕遠祖社崘是大魏叛臣往者包容暫時通使今蠕蠕衰微有損疇日大魏之德方隆周漢跨據中原指淸八表正以江南未平權寛北掠通和之事未容相許若脩藩禮款誠昭著者當不孤爾也永平元年伏圖又遣勿六跋奉函書一封并獻貂裘世宗不納依前喻遣伏圖西征高車爲高車王彌俄

突所殺子醜奴立號豆羅伏跋豆伐可汗魏言彰制也自稱建昌元年永平四年九月醜奴遣沙門洪宣奉獻珠像延昌三年冬世宗遣驍騎將軍馬義舒使於醜奴未發而崩事遂停寢醜奴壯健善用兵四年遣使俟斤尉比建朝貢熙平元年西征高車大破之禽其王彌俄突殺之盡并叛者國遂彊盛二年又遣俟斤尉比建紇奚勿六跋鞏顧禮等朝貢神龜元年二月肅宗臨顯陽殿引顧禮等二十人於殿下遣中書舍

人徐紇宣詔讓以蠕蠕藩禮不備之意初豆崘之死也那蓋爲主伏圖納豆崘之妻候呂陵氏生醜奴阿那瓌等六人醜奴立後忽亡一子字祖惠求募不能得有屋引副升牟妻是豆渾地万年二十許爲醫巫假託神鬼先常爲醜奴所信出入去來乃言此兒今在天上我能呼得醜奴母子欣悦後歲仲秋在大澤中施帳屋齋潔七日祈請天上經一宿祖惠忽在帳中自去恒在天上醜奴母子抱之悲喜大會國人號地万

爲聖女納爲可賀敦授夫副升牟爵位賜牛馬
羊三千頭地万既挾左道亦有姿色醜奴甚加
重愛信用其言亂其國政如是積歲祖惠年長
其母問之祖惠言我恒在地万家不嘗上天上
天者地万教也其母具以狀告醜奴醜奴言地
万懸鑒遠事不可不信勿用讒言也既而地万
恐懼譖祖惠於醜奴醜奴陰殺之正光初醜奴
母遣莫何去汾李具列等絞殺地万醜奴怒欲
誅具列等又阿至羅侵醜奴醜奴擊之軍敗還

爲母與其大臣所殺立醜奴弟阿那瓌立經十
日其族兄俟力發示發率衆數万以伐阿那瓌
阿那瓌戰敗將弟乙居伐輕騎南走歸國阿那
瓌母候吕陵氏及其二弟尋爲示發所殺而阿
那瓌未之知也九月阿那瓌將至肅宗遣兼侍
中陸希道爲使主兼散騎常侍孟威爲使副迎
勞近畿使司空公京兆王繼至北中侍中崔光
黄門郎元纂在近郊並申宴勞引至闕下十
月肅宗臨顯陽殿引從五品以上清官皇宗藩

國使客等列於殿庭王公以下及阿那瓌等入
就庭中北面位定謁者引王公以下升殿阿那
瓌位於藩王之下又引將命之官及阿那瓌弟
并二叔位於羣官之下遣中書舍人曹道宣詔
勞問阿那瓌啓云陛下優隆命臣弟叔等升殿
預會但臣有從兄在北之日官高於二叔乞命
升殿詔聽之乃位於阿那瓌弟之下二叔之上
宴將罷阿那瓌執啓立於座後詔遣舍人常景
問所欲言阿那瓌求詣殿前詔引之阿那瓌再

拜跽曰臣先世源由出於大魏詔曰朕已具之
阿那瓌起而言曰臣之先逐草放牧遂居漠北
詔曰卿言未盡可具陳之阿那瓌又言曰臣先
祖以來世居北土雖復隔越山津而乃心慕化
未能時宣者正以高車悖逆臣國擾攘不暇遣
使以宣遠誠自頃年以前漸定高車及臣兄爲
主故遣鞏顧禮等使來大魏實欲虔脩藩禮是
以曹道芝北使之日臣與主兄即遣大臣五人
拜受詔命臣兄弟本心未及上徹但高車從而

侵暴中有姦臣因亂作逆殺臣兄立臣爲主裁過旬日臣以陛下恩慈如天是故倉卒輕身投國歸命陛下詔曰具卿所陳理猶未盡可更言之阿那瓌再拜受詔起而言曰臣以家難輕來投闕老母在彼万里分張本國臣民皆已迸散陛下隆恩有過天地求乞兵馬還向本國誅翦叛逆收集亡散陛下慈念賜借兵馬老母若在得生相見以申母子之恩如其死也即得報讎以雪大恥臣當統臨餘人奉事陛下四時之貢

不敢闕絶陛下聖顔難覩敢有披陳但所欲言者口不能盡言别有辭啓謹以仰呈願垂昭覽仍以啓付舍人常景具以奏聞尋封阿那瓌朔方郡公蠕蠕王賜以衣冕加之軺蓋禄從儀衛同于戚藩十二月肅宗以阿那瓌國無定主思還綏集啓請切至詔議之時朝臣意有同異或言聽還或言不可領軍元叉爲宰相阿那瓌私以金百斤貨之遂歸北二年正月阿那瓌等五十四人請辭肅宗臨西堂引見阿那瓌及其伯

叔兄弟五人升階賜坐遣中書舍人穆弼宣勞阿那瓌等拜辭詔賜阿那瓌細明光人馬鎧二具鐵人馬鎧六具露絲銀纏槊二張并白毦赤漆槊十張并白毦黑漆槊十張并幡露絲弓二張并箭朱漆柘弓六張并箭黑漆弓十張并箭赤漆楯六幡并刀黑漆楯六幡并刀赤漆鼓角二十具五色錦被二領黄紬被褥三十具私府繡袍一領并帽内者緋納襖一領緋袍二十領并帽内者雜綵千段緋納小口袴褶一具内中

宛具紫納大口袴褶一具内中宛具百子帳十八具黄布幕六張新乾飯一百石麥麨八石榛麨五石銅烏錆四枚柔鐵烏錆二枚各受二斛黑漆竹榼四枚各受二升婢二口父草馬五百匹駝百二十頭牸牛一百頭羊五千口朱畫盤器十合粟二十萬石至鎮給之詔侍中崔光黄門元纂郭外勞遣阿那瓌來奔之後其從父兄俟力發婆羅門率數萬人入討示發破之示發走奔地豆干爲其所殺推婆羅門爲主號彌偶

可社句可汗魏言安靜也時安北將軍懷朔鎮將楊鈞表傳聞彼人已立主是阿那瓌同堂兄弟夷人獸心已相君長恐未肯以殺兄之人郊迎其弟輕往虛反徒損國威自非廣加兵衆無以送其入北二月肅宗詔舊經蠕蠕使者牒云具仁往喻婆羅門迎阿那瓌復藩之意婆羅門殊自驕慢無遜避之心責具仁禮敬具仁執節不屈婆羅門遣大官莫何去汾俟斤丘升頭六人將兵二千隨具仁迎阿那瓌五月具仁還鎮

論彼事勢阿那瓌慮不敢入表求還京會婆羅門爲高車所逐率十部落詣涼州歸降於是蠕蠕數萬相率迎阿那瓌七月阿那瓌啓云投化蠕蠕元退社渾河旃等二人以今月二十六日到鎮云國土大亂姓姓別住迭相抄掠當今北人鵠望待拯今乞依前恩賜給精兵一萬還令督率送臣磧北撫定荒人脫蒙所請事必克濟詔付尚書門下博議八月詔兼散騎常侍王遵業馳驛宣旨慰阿那瓌并申賜賚九月蠕蠕後主俟匿伐來奔懷朔鎮阿那瓌兄也列稱規望乞軍并請阿那瓌十月録尚書事高陽王雍尚書令李崇侍中侯剛尚書左僕射元欽侍中元乂侍中安豐王延明吏部尚書元脩義尚書李彦給事黄門侍郎元纂給事黄門侍郎張烈給事黄門侍郎盧同等奏曰竊聞漢立南北單于晉有東西之稱皆所以相維禦難爲國藩籬今臣等參議以爲懷朔鎮北土名無結山吐若奚泉敦煌北西海郡即漢晉舊障二處寛平原野

彌沃阿那瓌宜置西吐若奚泉婆羅門宜置西海郡各令總率部落收離聚散其爵號及資給所須唯恩裁處彼臣下之官任其舊俗阿那瓌所居既是境外宜少優遣以示威刑請沃野懷朔武川鎮各差二百人令當鎮軍主監率給其糧仗送至前所仍於彼爲其造構功就聽還諸於北來在婆羅門前投化者令州鎮上佐準程給粮送詣懷朔阿那瓌鎮與使人量給食稟在京館者任其去留阿那瓌草創先無儲積請給

朔州麻子乾飯二千斛官駝運送婆羅門居於西海既是境内貧衞不得同之阿那瓌等新造藩屏宜各遣使持節馳驛先詣慰喻并委經略肅宗從之十二月詔安西將軍廷尉元洪超兼尚書行臺詣敦煌安置婆羅門婆羅門尋與部衆謀叛投嚈噠嚈噠三妻皆婆羅門姊妹也仍爲州軍所討禽之三年十二月阿那瓌上表乞粟以爲田種詔給万石四年阿那瓌衆大飢入塞寇抄肅宗詔尚書左丞元孚兼行臺尚書持

節喻之孚見阿那瓌爲其所執以孚自隨驅掠良口二千公私驛馬牛羊數十万北遁謝孚放還詔驃騎大將軍尚書令李崇等率騎十万討之出塞三千餘里至瀚海不及而還俟匿伐至洛陽肅宗臨西堂引見之五年婆羅門死於洛南之館詔贈使持節鎮西將軍秦州刺史廣牧公是歲沃野鎮人破六韓拔陵反諸鎮相應孝昌元年春阿那瓌率衆討之詔遣牒云具仁賫雜物勞賜阿那瓌阿那瓌拜受詔命勒衆十万

從武川鎮西向沃野頻戰克捷四月肅宗又遣兼通直散騎常侍中書舍人馮儁使阿那瓌宣勞班賜有差阿那瓌部落既和士馬稍盛乃號敕連頭兵豆伐可汗魏言把攬也十月阿那瓌復遣郁久閭彌娥等朝貢二年四月阿那瓌遣使人鞏鳳景等朝貢及還肅宗詔之曰北鎮羣狄爲逆不息蠕蠕主爲國立忠助加誅討言念誠心無忘寢食今知停在朔垂與尒朱榮隣接其嚴勒部曲勿相暴掠又近得蠕蠕主啓更欲爲國東討但蠕蠕主世居北漠不宜炎夏今可

且停聽待後敕蓋朝廷慮其反覆也此後頻使朝貢建義初孝莊詔曰夫勳高者賞重德厚者名隆蠕蠕主阿那瓌鎮衞北藩禦侮朔表遂使陰山息警弱水無塵刊跡狼山銘功瀚海至誠既篤勳緒莫酬故宜標以殊禮何容格以常式自今以後讃拜不言名上書不稱臣太昌元年六月阿那瓌遣烏句蘭樹什伐等朝貢并爲長子請尚公主永熙二年四月出帝詔以范陽王

誨之長女琅邪公主許之未及婚帝入關齊獻武王遣使説之阿那瓌遣使朝貢求婚獻武王方招四遠以常山王妹樂安公主許之改爲蘭陵公主瓌遣奉馬千匹爲娉禮迎公主詔宗正元壽送公主往北自是朝貢相尋瓌以齊獻武王威德日盛請致愛女於王靜帝詔王納之自此塞外無塵矣

匈奴宇文莫槐出於遼東塞外其先南單于遠屬也世爲東部大人其語與鮮卑頗異人皆翦

髮而留其頂上以爲首飾長過數寸則截短之婦女披長襦及足而無裳焉秋收烏頭爲毒藥以射禽獸莫槐虐用其民爲部人所殺更立其弟普撥爲大人普撥死子丘不勤立尚平文女丘不勤死子莫廆立本名犯太祖諱莫廆遣弟屈雲攻慕容廆廆擊破之又遣别部素延伐慕容廆於棘城復爲慕容廆所破時莫廆部衆彊盛自稱單于塞外諸部咸畏憚之莫廆死子遜昵延立率衆攻慕容廆於棘城廆子翰先戍於外遜昵延謂其衆曰翰素果勇必爲人患宜先取之城不足憂也乃分騎數千襲翰翰聞之使人詐爲段末波使者逆謂遜昵延曰翰數爲吾患久思除之今聞來討甚善戒嚴相待宜兼路早赴翰設伏待之遜昵延以爲信然長驅不備至於伏所爲翰所虜翰馳使告廆乘勝遂進及晨而至廆亦盡鋭應之遜昵延見而方嚴率衆逆戰前鋒始交而翰已入其營縱火燎之衆乃大潰遜昵延單馬奔還悉俘其衆遜昵延父子

世雄漠北又先得玉璽三紐自言爲天所相每自誇大及此敗也乃卑辭厚幣遣使朝獻于昭帝帝嘉之以女妻焉遜昵延死子乞得龜立復伐慕容廆廆拒之惠帝三年乞得龜屯保澆水固壘不戰遣其兄悉跋堆襲廆子仁于栢林仁逆擊斬悉跋堆廆又攻乞得龜克之乞得龜單騎夜奔悉虜其衆乘勝長驅入其國城收資財億計徙部民數万戶以歸先是海出大龜枯死於平郭至是而乞得龜敗别部人逸豆歸殺乞

得龜而自立與慕容皝相攻擊遣其國相莫渾伐皝而莫渾荒酒縱獵爲皝所破死者万餘人建國八年皝伐逸豆歸逸豆歸拒之爲皝所敗殺其驍將涉亦干逸豆歸遠遁漠北遂奔高麗皝徙其部衆五千餘落於昌黎自此散滅矣

徒何段就六眷本出於遼西其伯祖日陸眷因亂被賣爲漁陽烏丸大庫辱官家奴諸大人集會幽州皆持唾壺唯庫辱官獨無乃唾日陸眷口中日陸眷因咽之西向拜天曰願使主君之

智慧祿相盡移入我腹中其後漁陽大飢庫辱官以日陸眷爲健使將之詣遼西逐食招誘亡叛遂至彊盛日陸眷死弟乞珍代立乞珍死子務目塵代立即就陸眷父也據有遼西之地而臣於晉其所統三万餘家控絃上馬四五万騎晉穆帝幽州刺史王浚以段氏數爲己用深德之乃表封務目塵爲遼西公假大單于印綬浚使務目塵率万餘騎伐石勒於常山封龍山下大破之務目塵死就陸眷立就陸眷與弟匹磾從弟末波等率五万餘騎圍石勒於襄國勒登城望之見將士皆釋仗寢臥無警備之意勒因其懈怠選募勇健穿城突出直衝末波生禽之置之座上與飲宴盡歡約爲父子盟誓而遣之末波既得免就陸眷等遂攝軍而還不復報浚歸于遼西自此以後末波常不敢南向溲焉人問其故末波曰吾父在南其感勒不害己也如此就陸眷死其子幼弱匹磾與劉琨世子羣奔喪匹磾陰卷甲而往欲殺其從叔羽鱗及末波

而奪其國末波等知之遣軍逆擊匹磾劉羣爲末波所獲匹磾走還薊懼琨圖己請琨宴會因執而害之匹磾既殺劉琨與羽鱗末波自相攻擊部衆乖離欲擁其衆徙保上谷阻軍都之險以拒末波等平文帝聞之陰嚴精騎將擊之匹磾恐懼南奔樂陵後石勒遣石虎擊段文鴦于樂陵破之生擒文鴦匹磾遂率其屬及諸塢壁降于石勒末波自稱幽州刺史屯遼西末波死國人立日陸眷弟護遼爲主烈帝特假護遼驃

騎大將軍幽州刺史大單于北平公弟鬱蘭撫軍將軍冀州刺史勃海公建國元年石虎征護遼於遼西護遼奔平岡山遂投慕容晃晃殺之鬱蘭奔石虎虎以所徙鮮卑五千人配之使屯令支鬱蘭死子龕代之及冉閔之亂龕率衆南移遂據齊地慕容儁使弟玄恭帥衆伐龕於廣固執龕送之薊儁毒其目而殺之坑其徒三千餘人

高車蓋古赤狄之餘種也初號爲狄歷北方以爲敕勒諸夏以爲高車丁零其語略與匈奴同而時有小異或云其先匈奴之甥也其種有狄氏表紇氏斛律氏解批氏護骨氏異奇斤氏俗云匈奴單于生二女姿容甚美國人皆以爲神單于曰吾有此女安可配人將以與天乃於國北無人之地築高臺置二女其上曰請天自迎之經三年其母欲迎之單于曰不可未徹之間耳復一年乃有一老狼晝夜守臺嘷呼因穿臺下爲空穴經時不去其小女曰吾父處我於此欲以與天而今狼來或是神物天使之然將下

就之其姊大驚曰此是畜生無乃辱父母也妹不從下爲狼妻而産子後遂滋繁成國故其人好引聲長歌又似狼嘷無都統大帥當種各有君長爲性麤猛黨類同心至於寇難翕然相依鬭無行陳頭別衝突乍出乍入不能堅戰其俗蹲倨褻黷無所忌避婚姻用牛馬納聘以爲榮結言既定男黨營車闌馬令女黨恣取上馬袒乘出闌馬主立於闌外振手驚馬不墜者即取之墜則更取數滿乃止俗無穀不作酒迎婦之日男女相將持馬酪熟肉節解主人延賓亦無行位穹廬前叢坐飲宴終日復留其宿明日將婦歸既而將夫黨還入其家馬羣極取良馬父母兄弟雖惜終無言者頗諱取寡婦而優憐之其畜産自有記識雖闌縱在野終無妄取俗不清潔喜致震霆每震則叫呼射天而棄之移去至來歲秋馬肥復相率候於震所埋羖羊然火拔刀女巫祝說似如中國祓除而羣隊馳馬旋繞百帀乃止人持一束柳桋回豎之以乳酪灌焉婦

人以皮裹羊骸戴之首上縈屈髮鬢而綴之有似軒冕其死亡葬送掘地作坎坐屍於中張臂引弓佩刀挾稍無異於生而露坎不掩時有震死及疫癘則爲之祈福若安全無佗則爲報賽多殺雜畜燒骨以燎走馬遶旋多者數百帀男女無小大皆集會平吉之人則歌舞作樂死喪之家則悲吟哭泣其遷徙隨水草衣皮食肉牛羊畜產盡與蠕蠕同唯車輪高大輻數至多後徙於鹿渾海西北百餘里部落彊大常與蠕蠕

爲敵亦每侵盜于國家太祖親襲之大破其諸部後太祖復度弱洛水西行至鹿渾海停駕簡輕騎西北行百餘里襲破之虜獲生口馬牛羊二十餘万復討其餘種於狼山大破之車駕巡幸分命諸將爲東西二道太祖親勒六軍從中道自駮髯水西北徇略其部諸軍同時雲合破其雜種三十餘落衛王儀別督將從西北絕漠千餘里復破其遺迸七部於是高車大懼諸部震駭太祖自牛川南引大校獵以高車爲圍騎

徒遮列周七百餘里聚雜獸於其中因驅至平城即以高車衆起鹿苑南因臺陰北距長城東包白登屬之西山尋而高車姪利曷莫弗敕力犍率其九百餘落內附拜敕力犍爲揚威將軍置司馬參軍賜穀二万斛後高車解批莫弗幡豆建復率其部三十餘落內附亦拜爲威遠將軍置司馬參軍賜衣服歲給廩食蠕蠕社崙破敗之後收拾部落轉徙廣漠之北侵入高車之地斛律部部帥倍侯利患之曰社崙新集兵貧

馬少易與耳乃舉衆掩擊入其國落高車昧利不顧後患分其廬室妻其婦女安息寢臥不起社崙登高望見乃招集亡散得千人晨掩殺之走而脫者十二三倍侯利遂來奔賜爵孟都公倍侯利質直勇健過人奮戈陷陳有異於衆北方之人畏嬰兒啼者語曰倍侯利來便止處女歌謠云求良夫當如倍侯其服衆如此善用五十蓍筮吉凶每中故得親幸賞賜豐厚命其少子曷堂內侍及倍侯利卒太祖悼惜葬以國禮

謚曰忠壯王後詔將軍伊謂帥二万騎北襲高
車餘種袁紇烏頻破之太祖時分散諸部唯高
車以類麤獷不任使役故得別為部落後世祖
征蠕蠕破之而還至漠南聞高車東部在巳尼
陂人畜甚衆去官軍千餘里將遣左僕射安原
等討之司徒長孫翰尚書令劉潔等諫世祖不
聽乃遣原等并發新附高車合万騎至于巳尼
陂高車諸部望軍而降者數十万落獲馬牛羊
亦百餘万皆徙置漠南千里之地乘高車逐水

魏書傳九十一　三十

草畜牧蕃息數年之後漸知粒食歲致獻貢由
是國家馬及牛羊遂至于賤氊皮委積高宗時
五部高車合聚祭天衆至數万大會走馬殺牲
遊遶歌吟忻忻其俗稱自前世以來無盛於此
會車駕臨幸莫不忻悅後高祖召高車之衆隨
車駕南討高車不願南行遂推袁紇樹者為主
相率北叛遊踐金陵都督宇文福追討大敗而
還又詔平北將軍江陽王繼為都督討之繼先
遣人慰勞樹者樹者入蠕蠕尋悔相率而降高

車之族又有十二姓一曰泣伏利氏二曰吐盧
氏三曰乙旃氏四曰大連氏五曰窟賀氏六曰
達薄干氏七曰阿崘氏八曰莫允氏九曰俟分
氏十曰副伏羅氏十一曰乞袁氏十二曰右叔
沛氏先是副伏羅部為蠕蠕所役屬豆崘之世
蠕蠕亂離國部分散副伏羅阿伏至羅與從弟
窮奇俱統領高車之衆十餘萬落太和十一年
豆崘犯塞阿伏至羅等固諫不從怒率所部之
衆西叛至前部西北自立為王國人號之曰候

魏書傳九十一　三十一　王漢

婁匐勒猶魏言大天子也窮奇號候倍猶魏言
儲主也二人和穆分部而立阿伏至羅居北窮奇
在南豆崘追討之頻為阿伏至羅所敗乃引衆
東徙十四年阿伏至羅遣商胡越者至京師以二
箭奉貢云蠕蠕為天子之賊臣諫之不從遂叛
來至此而自竪立當為天子討除蠕蠕高祖未
之信也遣使者于提往觀虛實阿伏至羅與窮
奇遣使者薄頡隨于提來朝貢其方物詔員外
散騎侍郎可足渾長生復與于提使高車各賜

繡袴褶一具雜綵百匹窮奇後爲嚈噠所殺虜
其子彌俄突等其衆分散或來奔附或投蠕蠕
詔遣宣威將軍羽林監孟威撫納降人置之高
平鎮阿伏至羅長子蒸阿伏至羅餘妻謀害阿
伏至羅阿伏至羅殺之阿伏至羅又殘暴大失
衆心衆共殺之立其宗人跋利延爲主歲餘嚈
噠伐高車將納彌俄突國人殺跋利延迎彌俄
突而立之彌俄突既立復遣朝貢又奉表獻金
方一銀方一金杖二馬七匹駝十頭詔使者慕

容坦賜彌俄突雜綵六十匹世祖詔之曰卿遠
據沙外頻申誠款覽揖忠志特所欽嘉蠕蠕嚈
噠吐谷渾所以交通者皆路由高昌犄角相接
今高昌內附遣使迎引蠕蠕往來路絕姦勢不
得妄令羣小敢有陵犯擁塞王人罪在不赦彌
俄突尋與蠕蠕主伏圖戰於蒲類海北爲伏圖
所敗西走三百餘里伏圖次於伊吾北山先是
高昌王麴嘉表求內徙世宗遣孟威迎之至伊
吾蠕蠕見威軍怖而遁走彌俄突聞其離駭追

擊大破之殺伏圖於蒲類海北割其髮送於孟
威又遣使獻龍馬五匹金銀貂皮及諸方物詔
東城子于亮報之賜樂器一部樂工八十人赤紬
十匹雜綵六十匹彌俄突遣其莫何去汾屋引
叱賀眞貢其方物肅宗初彌俄突與蠕蠕主醜
奴戰敗被禽醜奴繫其兩脚於駑馬之上頓曳
殺之漆其頭爲飲器其部衆悉入嚈噠經數年
嚈噠聽彌俄突弟伊匐還國伊匐既復國遣使
奉表於是詔遣使者谷楷等拜爲鎭西將軍西

海郡開國公高車王伊匐復大破蠕蠕蠕蠕主
婆羅門走投涼州正光中伊匐遣使朝貢因乞
朱畫步挽一乘并幔褥鞦韆一副纖扇各一枚
青曲蓋五枚赤漆扇五枚鼓角十枚詔給之伊
匐後與蠕蠕戰敗歸其弟越居殺伊匐自立天
平中越居復爲蠕蠕所破伊匐子比適復殺越
居而自立興和中比適又爲蠕蠕所破越居子
去賓自蠕蠕來奔齊獻武王欲招納遠人上言
封去賓爲高車王拜安北將軍肆州刺史既而

病死初太祖時有吐突隣部在女水上常與解如部相為脣齒不供職事登國三年太祖親西征度弱洛水復西行趣其國至女水上討解如部落破之明年春盡略徙其部落畜產而還又有紇突隣與紇奚世同部落而各有大人長帥擁集種類常為寇於意辛山登國五年太祖勒眾親討焉慕容驎率師來會大破之紇突隣大人屋地鞬紇奚大人庫寒等皆舉部歸降皇始二年車駕伐中山軍於栢肆慕容寶

夜來攻營軍人驚走還於國路由并州遂反將攻晉陽并州刺史元延討平之紇突隣部帥匿物尼紇奚部帥叱奴根等復聚黨反於陰館南安公元順討之不克死者數千人太祖聞之遣安遠將軍庾岳還討匿物尼等皆殄之又有侯呂隣部眾万餘口常依險畜牧登國中其大人叱伐為寇於苦水河八年夏太祖大破之并禽其別帥焉古延等

薛干部常屯聚於三城之間及滅衛辰後其部帥太悉伏望軍歸順太祖撫安之車駕還衛辰子屈丐奔其部太祖聞之使使詔太悉伏執送之太悉伏出屈丐以示使者曰今窮而見投寧與俱亡何忍送之遂不遣太祖大怒車駕親討之會太悉伏先出擊曹覆寅官軍乘虛遂屠其城獲太悉伏妻子珍寶徙其人而還太悉伏來赴不及遂奔姚興未幾亡歸嶺北上郡以西諸鮮卑雜胡聞而皆應之天賜五年屈丐盡刼掠揔服之及平統萬薛干種類皆得為編戶

矣而率屯山鮮卑別種破多蘭部世傳主部落至木易于有武力壯勇刼掠左右西及金城東侵安定數年間諸種患之天興四年遣常山王遵討之於高平木易于將數千騎棄國遁走盡徙其人於京師餘種分迸其後為赫連屈丐所滅又黜弗素古延等諸部富而不恭天興五年材官將軍和突率六千騎襲而獲之又越勒倍泥部永興五年轉牧跋那山西七月遣奚斤討破之徙其人而還

史臣曰周之獫狁漢之匈奴其作害中國固亦久矣魏晉之世種族瓜分去來沙漠之陲窺擾鄣塞之際猶皆東胡之餘緒冒頓之枝葉至如蠕蠕者匈奴之裔根本莫尋翦迯刑集醜自小為大風馳鳥赴倏來忽往代京由之屢駭戎車所以不寧是故魏氏祖宗揚威曜武驅其畜產收其部落翦之窮髮之野逐之無人之鄉豈好肆兵極武凶器不戢蓋亦急病除惡事不得已而然也

列傳第九十一　　魏書一百三

魏收書列傳第九十一亡

列傳第九十二　　魏書一百四

自序

漢初魏無知封高良侯子均均子恢恢子彥彥子歆字子胡幼孤有志操博洽經史成帝世位終鉅鹿太守仍家焉歆子悅字處德性沈厚有度量宣城公趙國李孝伯見而重之以女妻焉位濟陰太守以善政稱悅子子建字敬忠釋褐奉朝請累遷太尉從事中郎初世祖時平氏遂於武興立鎮尋改為東益州其後鎮將刺史乖失人和羣氐作梗遂為邊患乃除子建為東益州刺史子建布以恩信風化大行遠近清靜正光五年南北二秦城人莫折念生韓祖香張長命相繼構逆衆以州城之人莫不勁勇同類悉反宜先收其器械子建以為城人數當行陳盡皆驍果安之足以為用急之腹背為憂乃悉召居城老壯曉示之并上言諸城人本非罪坐而來者悉求聽免肅宗優詔從之子建漸分其父兄子弟外居郡戍內外相顧終獲保全及秦賊

乘勝屯營黑水子建乃潛使掩襲前後斬獲甚衆威名赫然先反者及此悉降乃間使上聞肅宗甚嘉之詔子建兼尚書爲行臺刺史如故於是威震蜀土其梁巴二益兩秦之事皆所節度梁州刺史傅豎眼子敬和中心以爲愧在洛大行貨賄以圖行臺先是子建亦屢求歸京師至此乃遣刺史唐永代焉豎眼因爲行臺子建將還羣氐慕戀相率斷道主簿楊僧覆先行曉喻諸氐忿曰我留刺史爾送出也斫之數創幾死子建徐加慰譬旬日方得前行吏人贈遺一無所受而東益氐蜀尋反攻逼唐永永棄城而走乃喪一藩矣初永之走子建客有沙門曇璨及鉅鹿人耿顯皆没落氐手及知子建之客垂泣追衣物還之送出白馬遺愛所被如此自國家開華陽等郡梁州邢巒益州傅豎眼及子建爲最初子建爲前軍將軍十年不徙在洛閑暇與吏部尚書李韶韶從弟延寔頗爲弈碁時人謂爲耽好子建每曰碁於機權廉勇之際得之深

矣且吾未爲時用博弈可也及一臨邊事凡經五年未曾對局還洛後俄拜常侍衛尉卿初元顥內逼莊帝北幸子建謂所親盧義僖曰北海自絶社稷稱藩蕭衍吾老矣豈能爲陪臣遂攜家口居洛南顥平乃歸先苦風痺及此遂甚以卿任有務屢上書乞身特除右光禄大夫邢杲之平太傅李延寔子侍中彧爲大使撫慰東土時外戚貴盛送客填門子建亦往候別延寔曰小兒今行何以相勗子建曰益以盈滿爲誡延寔悵然久之及莊帝殺尒朱榮遇禍於河陰者其家率相弔賀太尉李虔第二子仁曜子建之女婿往亦見害子建謂姨弟盧道虔曰朝廷誅翦權彊凶徒尚梗未聞有奇謀異略恐不可濟此乃李門禍始弔賀無乃忽忽及永安之後李氏宗族流離或遇誅夷如其所慮後歷左光禄大夫加散騎常侍驃騎大將軍子建自出爲藩牧董司山南居脂膏之中遇天下多事正身潔已不以財利經懷及歸京師家人衣食常不周

贍清素之迹著於終始性存重慎不雜交遊唯與尚書盧義僖姨弟涇州刺史盧道裕雅相親昵及疾篤顧勅二子曰死生大分含氣所同世有厚葬吾平生不取遽篨裸身又非吾意氣絕之後斂以時服吾生年契闊前後三娶合葬之事抑又非古且汝二母先在舊塋墳地又固已有定別唯汝次母墓在外耳可遷入兆域依班而定行於吾墓之後如此足矣不須祔合當順吾心勿令吾有遺恨永熙二年春卒于洛陽孝

義里舍時年六十三贈儀同三司定州刺史諡曰文靜二子收祚收字伯起小字佛助年十五頗已屬文及隨父赴邊值四方多難好習騎射欲以武藝自達滎陽鄭伯調之曰魏郎弄戟多少收慙遂折節讀書夏月坐板牀隨樹陰諷誦積年牀板為之銳減而精力不輟以文華顯初以父功除太學博士及尒朱榮於河陰濫害朝士收亦在圍中以日晏獲免吏部尚書李神儁重收才學奏授司徒記室參軍永安三年除北

主客郎中前廢帝立妙簡近侍詔試收為封禪書收下筆便就不立草藁文將千言所改無幾時黃門郎賈思同侍立深奇之帝曰雖七步之才無以過此遷散騎侍郎尋敕典起居注并修國史俄兼中書侍郎年二十六出帝初又詔收攝本職文誥填積事咸稱旨黃門郎崔㥄從齊獻武王入朝熏灼於世收初不詣門㥄為帝登祚赦云朕託體孝文收嗤其率直正員郎李慎以告之㥄深忿忌時前廢帝殂令收為詔㥄

乃宣言收普泰世出入幃幄一日造詔優為詞旨然則義旗之士盡為逆人又收父老合解官歸侍南臺將加彈劾賴尚書辛雄為言於中尉綦儁乃解收有賤生弟仲同先未齒錄因此怖懼上籍遣還鄉扶侍出帝嘗大發士卒狩於嵩少之南旬有六日時既寒苦朝野嗟怨帝與從官皆胡服而騎宮人及諸妃主雜其間奇伎異飾多非禮度收欲言則畏懼欲默不能已乃上南狩賦以諷焉年二十七雖富言淫麗而終歸

雅正帝手詔報焉甚見褒美鄭伯謂曰卿不遇
老夫猶應逐兔初齊獻武王固讓天柱大將軍
帝敕收為詔令遂所請欲加相國問收相國品
秩收以實對帝遂止收既未測主相之意以前
事不安求解詔許焉久之除帝兄子廣平王贇
開府從事中郎收不敢辭乃為庭竹賦以致已
意尋兼中書舍人與濟陰溫子昇河間邢子才
齊譽世號三才時出帝猜忌獻武內有間隙收
遂以疾固辭而免其舅崔孝芬怪而問之收曰

懼有晉陽之甲尋而獻武南上帝西入關收兼
通直散騎常侍副王昕聘蕭衍昕風流文辯收
辭藻富逸衍及其羣臣咸加敬異先是南北初
和李諧盧元明首通使命二人才器並為鄰國
所重至此衍稱曰盧李命世王魏中興未知後
來復何如耳文襄啓收兼散騎常侍修國史武
定二年除正常侍領兼中書侍郎仍修史帝宴
百寮問何故名人日皆莫能知收對曰晉議郎
董勛荅問稱俗云正月一日為雞二日為狗三

日為豬四日為羊五日為牛六日為馬七日為
人時邢邵亦在側甚恧焉自南北和好書下紙
每去想彼境內寧靜此率土安和蕭衍後使其
書乃去彼字自稱猶著此欲示無外之意收定
報書去想境內清晏今万國安和南人復書依
以為體後獻武入朝靜帝授相國固讓令收為
啓啓成呈上文襄時侍側獻武指收曰此人當
復為崔光四年獻武於西門豹祠宴集謂司馬
子如曰魏收為史官書吾善惡聞北伐時諸貴

常餉史官飲食司馬僕射頗曾餉不因共大笑
仍謂收曰卿勿見元康等在吾目下趨走謂吾
以為勤勞我後世身名在卿手勿謂我不知尋
加兼著作郎靜帝曾季秋大射普令賦詩收詩
末云尺書徵建鄴折簡召長安文襄壯之顧謂
人曰在朝今有魏收便是國之光采雅俗文墨
通達縱橫我亦使子才子昇時有所作至於詞
氣並不及之吾或意有所懷忘而不語語而不
盡意有未及及收呈草皆以周悉此亦難有又

敕兼主客郎接蕭衍使謝珽徐陵侯景旣陷臺城衍鄱陽王範時為合州刺史文襄敕收以書喻之範得書乃率部伍西上　州刺史崔聖念入據其城文襄謂收曰今定一州卿有其力猶恨尺書徵建鄴未效耳文襄崩文宣如晉陽令與黃門郎崔季舒高德正吏部郎中尉瑾於北第參掌機密轉秘書監兼著作郎又除定州大中正時齊將受禪楊愔奏收置之別館令撰禪代詔冊諸文遣徐之才守門不聽出天保元

年除中書令仍兼著作郎封富平縣子二年授詔撰魏史除魏尹故優以祿力專在史閣不知郡事初帝令羣臣各言志收曰臣願得直筆東觀早出魏書故帝使收專其任又詔平原王高隆之摠監之隆之署名而已帝敕收曰好直筆我終不作魏太武誅史官始魏初鄧淵撰代記十餘卷其後崔浩典史游雅高允程駿李彪崔光李琰之世脩其業浩為編年體彪始分作紀表志傳書猶未出世宗時命邢巒追撰高祖起居注書至太和十四年又命崔鴻王遵業補續焉下訖肅宗事甚委悉濟陰王暉業撰辨宗室錄三十卷收於是與通直常侍房延祐司空司馬辛元植國子博士刁柔裴昂之尚書郎高孝幹博摠斟酌以成魏書辨定名稱隨條甄舉又搜採亡遺綴續後事備一代史籍表而上聞勒成一代大典凡十二紀九十二列傳合一百一十卷五年三月奏上之秋除梁州刺史收以志未成奏請終業許之十

一月復奏十志天象四卷地形三卷律歷二卷禮樂四卷食貨一卷刑罰一卷靈徵二卷官氏二卷釋老一卷凡二十卷續於紀傳合一百三十卷分為十二帙其史三十五例二十五序九十四論前後二表一啓焉

魏列傳第九十二　　魏書一百四

前上十志啓

臣收等啓昔子長命世偉才孟堅冠時特秀憲章前喆裁勒墳史紀傳之間申以書志緒言餘迹可得而聞叔峻刪緝後劉紹統削撰季漢十志實範遷固表蓋闕焉曹氏一代之籍了無具體典午終世之筆罕云周洽假復事播四夷盜聽間有小道俗言要奇好異考之雅舊咸乖實録自永嘉喪圮中原淆然偏僞小書殆無可取魏有天下跨蹤前載順末克讓善始令終陛下

極聖窮神奉天屈已顧眄百王指掌万世深存有魏撫運之業永念神州人倫之緒臣等肅奉明詔刊著魏籍編紀次傳備聞天旨竊謂志之爲用網羅遺逸載紀不可附傳非宜理切必在甄明事重尤應標著搜獵上下捴括代終置之衆篇之後一統天人之迹偏心未識輒在於此是以晚始撰録彌歷炎涼採舊增新今乃斷筆時移世易理不刻船登閣含毫論叙殊致河溝往時之切釋老當今之重藝文前志可尋官氏魏代之急去彼取此敢率愚心謹成十志二十卷請續於傳末并前例目合一百三十一卷臣等妨官秉筆迄無可採塵黷旒冕惕深冰谷

謹啓

十一月持節都督梁州諸軍事驃騎將軍梁州刺史前著作郎富平縣開國子臣魏收啓

平南將軍司空司馬修史臣辛元植

冠軍將軍國子博士修史臣刁柔

陵江將軍尚書左主客郎中修史臣高孝幹

前西河太守修史臣綦毋懷文

天象志一第一　魏書一百五

夫在天成象聖人是觀日月五星象之著者變常舛度徵咎隨焉然則明晦暈蝕疾餘犯守飛流欻起彗孛不恒或皇靈降臨示譴以戒下或王化有虧感達於天路易稱天垂象見吉凶觀乎天文以察時變書曰曆象日月星辰敬授民時是故有國有家者之所祇畏也百王興廢之驗万國禍福之來兆勤雖微罔不必至著於前

載不可得而備舉也班史以日暈五星之屬列天文志薄蝕彗孛之比入五行說七曜一 而分爲二志故陸機云學者所疑也今以在天諸異咸入天象其應徵符合隨而條載無所顯驗則闕之云

太祖天興五年八月天鳴

六年九月天鳴

皇始二年十月壬辰日暈有佩璚占曰兵起天興元年九月烏丸張超收合亡命聚黨三千餘家據勃海之南皮自號征東大將軍烏丸王鈔掠諸郡詔將軍庾岳討之

天興三年六月庚辰朔日有蝕之占曰外國侵土地分五年五月姚興遣其弟義陽公平率衆四万來侵平陽乾壁爲平所陷

六年四月癸巳朔日有蝕之占曰兵稍出十月太祖詔將軍伊謂率騎二万北襲高車大破之

天賜五年七月戊戌朔日有蝕之占曰后死六年七月夫人劉氏薨後謚爲宣穆皇后

太宗神瑞二年八月庚辰晦日有蝕之

世祖始光四年六月癸卯朔日有蝕之占曰諸侯非其人神䴥元年二月司空奚斤監軍侍御史安頡討赫連昌擒之於安定其餘衆立昌弟定爲主走還平涼斤追之爲定所擒將軍丘堆棄甲與守將高涼王禮東走蒲坂世祖怒斬堆

神䴥元年十一月乙未朔日有蝕之

太延元年正月己未朔日有蝕之

四年十一月丁卯朔日有蝕之

太平眞君元年四月戊午朔日有蝕之

三年八月甲戌晦日有蝕之

六年六月戊子朔日有蝕之占曰有九族夷滅

七年正月戊辰世祖車駕次東雍州庚午圍薛永宗營壘永宗出戰大敗六軍乘之永宗衆潰斬永宗男女無少長皆赴汾水而死

七年六月癸未朔日有蝕之占曰不臣欲殺八年三月河西王沮渠牧犍謀反伏誅

十年夏四月丙申朔日有蝕之

六月庚寅朔日有蝕之占曰將相誅十一年六月己亥誅司徒崔浩

十一年十二月辛未日南北有珥

高宗興安元年十一月己卯日出赤如血

二年三月日暈

興光元年七月丙申朔日有蝕之

和平元年九月庚申朔日有蝕之

三年二月壬子朔日有蝕之占曰有白衣之會

六年五月癸卯高宗崩

顯祖皇興元年十月己卯朔日有蝕之

二年四月丙子朔日有蝕之占曰將誅四年十月誅濟南王慕容白曜

十月癸酉朔日有蝕之占曰尊后有憂三年夫人李氏薨後謚思皇后

三年十月丁酉朔日有蝕之

高祖延興元年十二月癸卯日有蝕之占曰有兵二年正月乙卯統萬鎮胡民相率北叛遣寧南將軍交阯公韓拔等滅之

三年十二月癸卯朔日有蝕之

四年正月癸酉朔日有蝕之占曰有崩主天下改服有大臣死五年十二月己丑征北大將軍城陽王壽薨六年六月辛未顯祖崩

七月丙寅日有背珥

五年正月丁酉白虹貫日直珥一

承明元年三月辛卯日暈五重有二珥

太和元年冬十月辛亥朔日有蝕之

二年正月辛亥日暈東西有珥

二月乙酉晦日有蝕之占曰有欲反者近三月遠三年四年正月癸卯洮陽羌叛枹罕鎮將討平之

九月乙巳朔日有蝕之占曰東邦發兵四年十月丁未蘭陵民桓富殺其縣令與昌慮桓和北連太山羣盜張和顏等聚黨保五固推司馬朗之爲主詔淮陽王尉元等討之

三年春正月癸丑日暈東西有珥有佩戟一重北有偃戟四重後有白氣貫日珥狀如車輪京

師不見雍州以聞
三月癸卯朔日有蝕之占曰大臣誅四月雍州
刺史宜都王目辰有罪賜死
四年正月辛酉日東西有珥北有佩日暈貫兩
珥
五年正月庚辰日暈東西有珥南北並白氣長
一丈廣二尺許北有連環暈又貫珥内復有直
氣長三丈許内黄中青外白暈乍成散乃滅
七月庚申朔日有蝕之

七年十二月乙巳朔日有蝕之
八年正月戊寅有白氣貫日占曰近臣亂十年
三月丁亥中散梁衆保等謀反伏誅
十一年十一月丁亥日失色
十二年三月戊戌白虹貫日
十三年二月乙亥朔日十五分蝕八占曰有白
衣之會十一月己未安豐王猛薨
十四年二月己巳朔未時雲氣班駮日十五分
蝕一占曰有白衣之會九月癸丑文明太皇太
后馮氏崩
十五年正月癸亥晦日有蝕之占曰王者將兵
天下擾動十七年六月丙戌高祖南伐
十七年六月庚辰朔日有蝕之
十八年五月甲戌朔日有蝕之
二十年九月庚寅晦日有蝕之
二十三年六月己卯日中有黑氣占曰内有逆
謀八月癸亥南徐州刺史沈陵南叛
十二月甲申日中有黑氣大如桃

世宗景明元年正月辛丑朔日有蝕之
七月己亥朔日有蝕之
二年四月癸酉日自午及未再暈内黄外白
七月癸巳朔日有蝕之
八月戊辰日赤無光中有黑子一
三年正月乙巳日中有黑氣如鵝子申酉復見
又有二黑氣横貫日
二月辛卯日中有黑氣大如鵝子
七月丁巳朔日有蝕之

正始元年十二月丙戌黑氣貫日
壬子日有冠珥內黃外青占曰天下喜三年正
月丁卯皇子生大赦天下
三年二月甲辰日左右有珥內赤外黃
辛亥日暈外白內黃
十月乙巳日赤無光
十二月乙卯日暈內黃外青東西有珥北有背
巳時白虹貫日
永平元年三月己酉日南北有珥外青內黃暈

不匝西北有直氣長尺餘北有白虹貫日
八月壬子朔日有蝕之
二年八月丙午朔日有蝕之
丁卯旦日旁有黑氣形如月從東南來衝日如
此者一辰乃滅
三年二月甲子日中有黑氣二
十二月乙未日交暈中赤外黃東西有珥南北
白暈貫日皆匝
四年十一月癸卯日中有黑氣二大如桃占曰

天子崩延昌四年正月丁巳世宗昇遐
十二月壬戌朔日有蝕之在牛四度占曰其國
叛兵發延昌二年正月庚辰蕭衍郁洲民徐玄
明等斬送衍鎮北將軍青冀二州刺史張稷首
以州內附
延昌元年二月甲戌至于辛巳日初出及將没
赤白無光明
五月己未晦日十五分蝕九占曰大旱民流千
里二年春京師民飢死者數万口

二年閏月辛亥日中有黑氣占曰內有逆謀三
年十一月丁巳幽州沙門劉僧紹聚衆反自號
淨居國明法王州郡捕斬之
五月甲寅朔日有蝕之京師不見恒州以聞
三年三月庚申日交暈其色內赤黃外青白南
北有佩可長二丈許內赤黃外青白西有白暈
貫日又日東有一抱長二丈許內赤黃外青
肅宗熙平元年三月戊辰朔日有蝕之
丁丑日出無光至于酉時占曰兵起神龜元年

正月秦州羌反二月己酉東益州氐反七月河州民却鐵忽聚衆反自稱水池王

四月甲辰卯時日暈帀西有一背内赤外黃南北有珥内赤外黃漸滅

十二月己酉日暈北有一抱内赤外白兩傍有珥北有白虹貫日

神龜元年三月丁丑白虹貫日占曰天下有來臣之衆不三年十一月乙酉蠕蠕莫緣梁賀侯豆率男女七百口來降

二年正月辛巳朔日有蝕之

正光元年正月乙亥朔日有蝕之占曰有大臣亡七月丙子殺太傅領太尉清河王懌

二年五月丁酉日有蝕之夏州以聞

三年正月甲寅日交暈内赤外青有白虹貫暈外有直氣長二丈許内赤外青

五月壬辰朔日有蝕之占曰秦邦不臣五年六月秦州城人莫折大提據城反自稱秦王

十月己巳太史奏自入月已來黃埃掩日日出三丈色赤如赭無光曜

十一月己丑朔日有蝕之占曰有小兵在西北

四年二月己卯蠕蠕主阿那瓌率衆犯塞

四年十一月癸未朔日有蝕之

五年閏月乙酉日暈内赤外青南有珥上有一抱兩背内赤外青

三月丁卯日暈三重外青内赤占曰有謀其主孝昌元年正月庚申徐州刺史元法僧據城反自稱宋王

十二月丙申日暈南北有珥上有兩抱一背

孝昌元年十二月丙戌白虹刺日不過虹中有一背占曰有臣背其主一曰有反城二年九月己卯東豫州刺史元慶和據城南叛

三年十一月戊寅辰時日暈東面不合其色内赤外黃東西有珥内赤外黃西北去暈一尺餘有一背長二丈餘廣三尺許内赤外黃

莊帝永安二年三月甲戌未時日暈三重内黃赤外青日暈東西兩處不合其狀如抱

五月辛酉日暈東西兩處不合
辛未申時日南有珥去一尺餘有一背長三丈許廣五尺餘內赤外青
七月丙寅直東去日三尺許有一背長二丈餘內赤外青半食頃從北頭漸滅至申須臾還如初見內赤外青其色分炳
十月己酉朔日從地下蝕出十五分蝕七虧從西南角起占曰西夷欲殺後有大兵必西行三年四月丁卯雍州刺史尒朱天光討擒万俟醜奴蕭寶寅於安定送京師斬之

三年五月戊戌辰時日暈帀內赤外白暈內有兩珥西有白虹貫日東北有一背內赤外青南有一背內赤外青東有一抱內青外赤京師不見青州表聞
六月辛丑日暈白虹貫日
前廢帝普泰元年三月丁亥日月並赤赭色天地溷濁
六月己亥朔日蝕從西南角起雲陰不見定相二州表聞占曰主弱小人持政時尒朱世隆兄弟專擅威福
後廢帝中興二年二月辛丑辰時日暈東西不合其色內赤外青南北有珥西北去暈一尺餘有一背長二丈許可廣三尺內赤外青
十一月日暈再重上有背長三丈餘內青外赤
出帝太昌元年五月日暈再重上有兩背一尺許

癸丑午時日南有珥去日一尺餘有一背長三丈許廣五尺內赤外青
十月辛酉朔日從地下蝕出虧從西南角起占曰有兵大行永熙二年正月甲午齊獻武王自晉陽出討尒朱兆丁酉大破之於赤洪嶺兆遁走自殺
永熙二年四月己未朔日有蝕之在丙虧從正南起占曰君陰謀三年五月辛卯出帝為斛斯椿等讒佞關構猜於齊獻武王託討蕭衍盛暑徵發河南諸州之兵天下怪惡之語在斛斯椿

傳

三年四月癸丑日有蝕之占曰有亂殺天子者七月丁未出帝爲斛斯椿等逼脅遂出於長安

孝靜元象元年春正月辛丑朔日有蝕之占曰大臣死八月辛卯司徒公高敖曹戰歿於河陰

六月己丑日暈一重有兩珥上有背長二丈餘

十一月己巳辰時日暈南面不合東西有珥背有白虹至珥不徹

二年二月己丑巳時日暈帀白虹貫日不徹

興和二年閏月丁丑朔日有蝕之占曰有小兵七月癸巳元寶炬廣豫二州行臺趙繼宗南青州刺史崔康寇陽翟鎮將擊走之

武定三年冬十一月壬申日暈兩重東南角不合西南東北有珥西北有兩重背東北西北有白氣并有兩珥中間有一白氣東西橫至珥

十二月乙酉日竟天微有白雲日暈東南角不合西南東北有珥西北有一背去日一尺

五年正月己亥朔日有蝕之從西南角起占曰不有崩喪必有臣亡天下改服丙午齊獻武王薨

三月辛丑日暈帀西北交暈貫日井有一珥一抱

六年七月庚寅朔日有蝕之虧從西北角起

天象志一第一　魏書一百五

天象志第二　　魏書一百五

太祖皇始二年六月庚戌月掩太白在端門外占曰國受兵九月慕容賀驎率三万餘人出寇新市十月太祖破之於義臺塢斬首九千餘級

天興元年十一月丁丑月犯東上相

二年五月辛酉月掩東上相

八月壬辰月犯牽牛占曰國有憂三年二月丁亥皇子聰薨

三年三月乙丑月犯鎮星在牽牛

七月己未月犯鎮星在牽牛

辛酉月犯哭星

四年三月甲子月生齒占曰有賊臣五年十一月秀容胡帥前平原太守劉曜聚衆爲盜遣騎誅之

七月丁卯月犯天關

十月甲子月犯東次相

五年四月辛丑月掩辰星在東井

五月丙申月犯太微

七月己亥月犯歲星在左角

十月戊申月暈左角時帝討姚興弟平於乾壁克之太史令晁崇奏角蟲將死上慮牛疫乃命諸軍併重焚車丙戌車駕北引牛大疫死者十八九官車所馭巨犗數百同日斃於路側首尾相屬麋鹿亦多死

乙卯月犯太微占曰貴人憂六年七月鎮西大將軍司隷校尉毗陵王順有罪以王還第

十二月庚申月與太白同入羽林

六年正月掩氐西南星

六月甲辰月掩北斗魁第四星

十月乙巳月犯軒轅第四星

十一月辛巳月犯熒惑

天賜元年二月甲辰月掩歲星在角占曰天下兵起一年四月蠕蠕冦邊夜召兵將旦賊走乃罷

四月甲午月掩軒轅第四星占曰女主惡之六年七月夫人劉氏薨後謚宣穆皇后

五月壬申月掩斗魁第二星
二年三月壬辰月掩左執法
丁酉月掩心前星
四月己卯月犯鎮星在東壁占曰貴人死四年
五月常山王遵有罪賜死
七月己未月掩鎮星
八月丁巳月犯斗第一星占曰大臣憂三年七月
太尉穆崇薨
十月丁巳月掩鎮星在營室

三年二月己丑月犯心後星
四月癸丑月犯太微西上將
己未月犯房南第二星占曰將相有憂四年五
月誅定陵公和跋
五月癸未月犯左角占曰左將軍死六年三月
左將軍曲陽侯元素延死
十二月丙午月掩太白在危
四年二月庚申月掩心後星
五年五月丁未月掩斗第二星占曰大人憂六
年十月戊辰太祖崩
太宗永興元年二月甲子月犯昴占曰胡不安
天子破匈奴二年五月太宗討蠕蠕社崘社崘
遁走
九月壬寅月犯昴
閏月丁酉月犯昴
二年三月丁卯月掩房南第二星又掩斗第五
星
五月甲子月掩斗第五星

己亥月掩昴
六月己丑月犯房南第二星
七月乙亥月犯輿鬼
八月甲申月犯心前星
三年六月庚子月犯歲星在畢占曰有邊兵五
年四月上黨民勞聰士臻羣聚為盜殺太守令
長相率外奔
八月乙未月犯歲星在參
四年春正月壬戌月行畢蝕歲星

癸亥月掩房北第二星
閏月庚申月行昴犯熒惑
七月月蝕熒惑
八月戊申月犯泣星
十月辛亥月掩天關占曰有兵五年六月濩澤
民劉逸自號征東將軍三巴王署置官屬攻逼
建興郡元城侯元屈等討平之
五年三月戊辰月行參犯太白
四月癸卯月暈翼軫角

七月庚午月掩鉤鈐占曰喉舌臣憂五年三月
散騎常侍王洛兒卒
八月庚申月犯太白占曰憂兵神瑞元年二月
赫連屈丐入寇河東殺掠吏民三城護軍張昌
等要擊走之
九月己丑月犯左角占曰天下有兵神瑞元年
十二月蠕蠕犯塞
十月乙巳月犯畢占曰貴人有死者泰常元年
三月長樂王處文薨

十一月丙戌月蝕房第一星
十二月甲辰月三暈東井
神瑞元年正月丁卯月犯畢占曰貴人有死者
泰常元年四月庚申河間王脩薨
二月戊申月蝕房第一星
三月壬申月蝕左角
五月壬寅月犯牽牛南星
六月丙申月掩氐
七月庚辰月犯天關

八月丁酉月蝕牽牛中大星
己酉月犯西咸占曰有陰謀神瑞二年三月河
西飢胡屯聚上黨推白亞栗斯爲盟主號大單
于稱平元年四月詔將軍公孫表等五將討
之
二年三月丁巳月入畢占曰天下兵起泰常元
年三月常山民霍季自言名載圖讖持一黑石
以爲天賜玉印誑惑聚黨入山爲盜州郡捕斬
之

四月己卯月犯畢陽星
七月辛丑月犯畢占曰貴人有死者泰常元年
十二月南陽王良薨
八月壬子月犯氐
十月甲子月暈畢
十一月月暈軒轅
戊午月犯畢陽星
泰常元年五月甲申月犯歲星在角
六月己巳月犯畢占曰貴人死二年十月豫章

王夔薨
七月月犯牛
十月丙戌月入畢占曰有邊兵二年二月司馬
德宗譙王司馬文思自江東遣使詣闕上書請
軍討劉裕太宗詔司徒長孫嵩率諸將邀擊之
二年五月丙子月犯軒轅
八月己酉月犯牽牛占曰其地有憂三年司馬
德宗死
丁卯月犯太微

十一月癸未月犯東井南轅西頭第一星占曰
諸侯貴人死一曰有水三年八月鴈門河內大
雨水復其租稅五年三月南陽王意文薨
二年正月戊申月犯輿鬼積尸己酉月犯軒轅
爟星占曰女主有憂五年六月丁卯貴嬪杜氏
薨後謚密皇后
四月壬申月犯鎮星在張
五月癸亥月犯太白於東井
七月丁巳月犯東井

九月丙寅月犯熒惑在張翼
十一月庚申月犯太白在斗
十二月庚辰月犯熒惑於太微
四年正月丙午月犯太微
三月壬寅月犯太微
五月丙申月犯太微占曰人君憂八年十一月
太宗崩
十二月丁巳月犯太白入羽林
五年十一月辛亥月蝕熒惑在亢占曰韓鄭地

大敗八年九月劉義符潁川太守李元德竊
入許昌太宗詔交阯侯周幾擊之元德遁走
六年二月己亥月蝕南斗杓星
五月丙辰月暈在角亢
七年正月丁卯月犯南斗占曰大臣憂三月河
南王曜薨
三月壬戌月犯南斗
五月丙午月犯軒轅
六月辛巳月犯房占曰將相有憂八年六月己

亥太尉宜都公穆觀薨
世祖始光元年正月壬午日犯心中央大星
二年三月丙子月犯熒惑在虛
十二月丁酉月犯軒轅
神䴥三年夏四月壬戌月犯軒轅
六月月犯歲星
四年十月丙辰月掩天關占曰有兵延和元年
七月世祖討馮文通於和龍
十二月月犯房鉤鈐

延和元年三月月犯軒轅
四月月犯左角占曰天下有兵二年二月征西
將軍金崖與安定鎮將延普及涇州刺史狄子
玉爲權舉兵攻普不克退保胡空谷驅掠平民
據險自固世祖詔平西將軍安定鎮將陸俟討
獲之
五月月犯軒轅掩南斗第六星
七月丙午月蝕左角
三年二月庚午月犯畢口而出月暈昴五車

及參占曰貴人死五月甲子陰平王求薨
閏月己丑月入東井犯太白占曰憂兵七月辛巳
世祖行幸隰城命諸軍討山胡白龍于西河克
之太延元年五月壬子月犯右執法占曰執法
有憂十月尚書左僕射安原謀反伏誅
十月丙午月犯右執法
二年正月庚午月犯熒惑占曰貴人死三年正
月癸未征東大將軍中山王纂薨
二月月犯太微東蕃第一星

三月癸亥月犯太微右執法又犯上相占曰將相有免者眞君二年三月庚戌新興王俊略陽王羯兒有罪並黜爲公

三年正月月犯東井占曰將相死戊子太尉北平王長孫嵩薨乙巳鎮南大將軍丹陽王叔孫建薨

九月丙申月暈太微

十一月戊戌月掩太白

四年四月己卯月犯氐

十一月丁未月犯東井占曰將軍死眞君二年九月戊戌撫軍大將軍永昌王健薨

五年六月甲午朔月見西方

七月月掩鎮星

眞君元年十二月月犯太微

二年六月壬子朔月見西方

三年三月癸未月犯太白占曰夏兵四年正月征西將軍皮豹子等大破劉義隆將於樂鄉擒其將王奐之王長卿等

五年五月甲辰月犯心後星

六年四月月犯心占曰有亡國是月征西大將軍高涼王那討吐谷渾慕利延於陰平軍到曼頭城慕利延驅其部落西渡流沙那急追之故西秦王慕璝世子被囊逆軍距戰那擊破之慕利延遂西入于闐

七年八月癸卯月犯熒惑又犯軒轅

十一月月犯軒轅

八年正月庚午月犯心大星

九年正月月犯歲星

十一年正月甲子月入羽林

正平元年正月月入羽林

高宗太安四年正月己未月入太微犯西蕃

三月月犯五諸侯

六月癸酉朔月生西方

八月月入南斗

九月月犯軒轅

十二月月犯氐

五年正月月掩軒轅又掩氐東南星
六月月犯心前星
十二月月犯左執法占曰大臣有憂和平二年
四月侍中征東大將軍河東王閭毗薨
和平元年正月丁未月入南斗
三月月掩軒轅占曰女主惡之四月保皇太后
常氏崩
六月戊子月犯心前星
十一月壬辰月犯右執法

二年正月月犯心後星
九月月犯心大星
三年三月壬寅月犯心後星
八月月犯哭星
四年四月月掩軒轅女御星
五年二月甲申月入南斗魁中犯第三星
三月庚子月入輿鬼積尸
六年七月月犯心前星
九月月犯軒轅右角

顯祖天安元年六月甲辰月犯東井
皇興元年正月丙辰月犯東井北轅東頭第三
星
十月癸巳月掩東井
八月辛酉月蝕東井南轅第二星占曰有將死
三年正月司空平昌公和其奴薨
十月癸巳月在參蝕
二年四月丙辰月犯牽牛中星
三年十二月乙酉月犯氐

五年七月辛巳月犯東井
高祖延興元年十月庚子月入畢口占曰有赦
二年正月乙卯曲赦京師及河西南至秦涇西
至枹罕北至涼州及諸鎮
二年正月壬戌月犯畢占曰天子用法九月辛
巳統万鎮將河間王閭虎皮坐貪殘賜死
閏月丙子月犯東井占曰有水是年以州鎮十
一水旱免民田租開倉賑恤
庚子月犯東井北轅

三年八月己未月犯太微占曰將相有免者期不出三年承明元年二月司空東郡王陸定國坐事免官爵

十二月戊午月蝕在七星京師不見統萬鎮以聞

四年正月己卯月犯畢占曰貴人死五年十二月城陽王長壽薨

二月癸丑月犯軒轅

甲寅月犯歲星占曰飢太和元年正月雲中飢

詔開倉賑恤

九月乙卯月犯右執法占曰大臣有憂承明元年六月大司馬大將軍安成王万安國坐矯詔殺部長奚買奴於苑中賜死

五年三月甲戌月掩鎮星

八月乙亥月掩畢占曰有邊兵太和元年正月秦州略陽民王元壽聚衆五千餘家自號為衝天王二月詔秦益二州刺史武都公尉洛侯討破元壽獲其妻子送京師

十一月癸卯月入軒轅中蝕第三星

承明元年四月甲戌月蝕尾

太和元年二月壬戌月在井暈參南北河五車二星三柱熒惑

三月甲午月犯太微

戊辰月蝕尾下入濁氣不見

五月丁亥月犯軒轅大星

丙午月入太微

八月庚申月入南斗犯第三星

戊寅月入太微犯屏南星

十月乙丑月蝕昴京師不見雍州以聞占曰貴臣誅是月誅徐州刺史李訢

十二月癸卯月犯南斗

二年六月庚辰月犯太微東蕃南頭第一星京師不見定州以聞

甲申月犯房又犯太微

八月壬午月入南斗占曰大臣誅十二月誅南郡王李惠

九月庚申陰雲開合月在昴卯蝕

十月戊戌月入南斗口中占曰大臣誅三年四月雍州刺史宜都王目辰有罪賜死

十一月甲子月犯鎮星

十二月戊戌月入南斗口中

三年正月壬子月暈觜參兩肩五車五星畢東井占曰有赦十月大赦天下

二月庚寅月犯心

三月庚戌月入南斗口中占曰大臣誅九月定

州刺史安樂王長樂有罪徵詣京師賜死

乙卯月入南斗口中

七月癸未月犯心

十月月犯心

十二月丙戌月犯太微左執法占曰大臣有憂

四年正月襄城王韓頹有罪削爵徙邊

四年正月丁未月在畢暈參兩肩五車東井

丁巳月犯心占曰人伐其主五年二月沙門法秀謀反伏誅

戊午月又犯心

二月己卯月犯軒轅北第二星

辛巳月犯太微左執法占曰大臣有憂閏月頓丘王李鍾葵有罪賜死

壬午月蝕

乙酉月掩熒惑

五年二月癸卯月犯太微西蕃南頭第一星

二月甲辰月在翼暈東南不市須臾西北有偏白暈侵五車二星東井北河北河輿鬼柳北斗

紫微宮攝提翼星

戊戌月犯心京師不見濟州以聞

七月戊寅月犯昴占曰有白衣之會六年正月

任城王雲薨

六年正月癸亥月在畢暈參兩肩五車三星胃昴畢京師不見營州以聞

己巳月在張犯軒轅大星

辛未月蝕

五月戊申月入南斗口中

戊寅月犯昴
七月丁卯月蝕
十一月辛亥朔月寅見東方京師不見平州以
聞
七年五月辛卯月犯南斗
八年正月辛巳月在畢暈東井歲星觜參兩肩
五車
三月己丑月犯心
四月丁亥月蝕斗

癸亥月犯昴相州以聞占曰有白衣之會十一
年五月南平王渾薨
五月丁亥月在斗蝕盡占曰飢十二月詔以州
鎮十五水旱民飢遣使者循行問所疾苦開倉
賑恤
九年正月丁丑月在參暈觜參兩肩東井北河
五車三星占曰水是年冀定數州水民有賣男
女者
戊申月犯東井占曰貴人死一日有水十月侍

中司徒魏郡王陳建薨是年京師及州鎮十二
水旱傷稼
四月丁未月犯心
十一月戊寅月蝕
十年十一月辛亥月犯房
十一年正月丙午月犯房鈎鈐
二月癸亥月犯東井
三月丙申月三暈太微
庚子月蝕氐占曰糴貴是年年穀不登聽民出

關就食開倉賑恤
六月乙丑月犯斗
丙寅月犯建星
七月丁未月入東井
八月己巳月蝕胃占曰有兵是月蠕蠕犯塞遣
平原王陸叡討之
九月戊戌陰雲離合月在胃蝕
十一月乙巳月入氐
十二月戊午月及熒惑合於東壁

甲子月入東井犯天關
十二年正月戊戌月犯左角
二月壬戌月暈太微
丁卯月犯氐
四月癸丑月犯東井占曰將死九月司徒淮南
王他薨
壬戌月犯氐與歲星同在氐
癸亥月犯房
六月丁巳月入氐犯歲星

七月乙酉月犯房
庚寅月犯牽牛
庚子月犯畢
九月月蝕盡
十一月己未月犯東井
丙寅月犯左角占曰天下有兵十三年正月蕭
賾遣衆寇邊淮陽太守王僧儁擊走之
十二月甲申月犯畢
乙未月犯氐

丙申月犯房
十三年正月甲寅月入東井
壬戌月掩牽牛
二月己丑月在角十五分蝕七
三月庚申月犯歲星
四月丙戌月犯房
六月乙酉月掩牽牛
乙未月犯畢占曰貴人死十二月司空河東王
苟頹薨

七月丁未月入氐
戊申月犯楗閉
八月丙戌天有微雲月在未蝕占曰有兵十四
年四月地豆于頻犯塞詔征西大將軍陽平王
賾擊走之
九月丁巳月掩畢
庚申月入東井
十月己卯月掩熒惑又掩畢
丁酉月犯楗閉

十二月壬午月入東井
十四年二月甲戌月犯畢
六月甲戌月犯亢
八月乙亥月犯牽牛
辛卯月犯軒轅占曰女主當之九月文明皇太
后馮氏崩
十月壬午月入東井
戊子月犯太微
十一月戊戌月犯鎮星

乙卯月犯太微右執法
十二月庚辰月犯軒轅
癸未月掩太微左執法
十五年正月己酉月在張蝕
三月丙申月掩畢占曰有邊兵十六年八月詔
陽平王頤右僕射陸叡督十二將七万騎北討
蠕蠕
四月庚午月犯軒轅
癸酉月犯太微東蕃上將占曰貴人憂六月濟

陰王鬱以貪殘賜死
癸未月犯歲星
五月庚子月掩太微左執法占曰大臣憂十七
年二月南平王霄薨
丁未月掩建星
七月乙未月犯太微東蕃
辛丑月掩建星
癸卯月犯牽牛
九月乙丑月犯牽牛占曰大臣有憂十七年蕭

賾死（大臣疑當作吳越）
癸未月入太微犯右執法占曰大臣憂十七年
八月三老山陽郡開國公尉元薨
十月甲午月犯鎮星
戊申月犯軒轅
十一月乙巳月犯畢
辛未月入東井
十二月辛卯月蝕盡
十六年二月甲辰月入氐

三月己卯月入羽林
四月壬辰月入太微
丙午月入羽林
五月壬子月掩南斗第六星
甲戌月入羽林
六月戊子月犯熒惑占曰貴人死十九年五月
廣川王諧薨
己丑月入太微
丁酉月掩建星

丁未月入畢占曰有邊兵十九年正月平南將
軍王肅頻破蕭鸞軍於義陽降者万餘
七月甲戌月入畢
丁丑月犯軒轅
八月壬辰月犯建星
壬寅月犯畢
甲辰月入東井
戊申月犯軒轅占曰女主當之二十年十月廢
皇后馮氏

辛亥月入太微犯右執法
九月癸亥月掩鎮星
十月辛卯月入羽林
癸亥月入東井
十一月甲子月犯畢
壬申月入太微
丁丑月入氐
十二月丁酉月在柳蝕占曰國有大事兵起十
七年八月己丑車駕發京師南伐步騎三十餘

万
十七年正月己丑月犯軒轅
壬申月犯氐
三月甲午月入太微
壬寅月掩南斗第六星
四月癸丑月入太微占曰大臣死十九年二月
辛酉司徒馮誕薨
壬寅月入羽林
五月甲子月犯南斗第六星

乙丑月掩建星
六月甲午月在女蝕占曰旱二十年以南北州
郡旱遣侍臣循察開倉賑恤
七月壬子月入太微占曰有反臣二十年二月
恒州刺史穆泰謀反伏誅多所連及
丙辰月入氐
癸未月犯南斗第六星
庚申月犯建星
八月庚寅月犯哭星

辛卯月入羽林
丁酉月入畢占曰兵起十九年二月車駕南伐
鍾離
辛丑月犯輿鬼
乙巳月入太微犯屏星
十月壬午月犯建星
甲午月入東井
十一月壬子月犯哭星
辛酉月犯東井前星

丁卯月入太微占曰大臣死有反臣二十七年
四月大將軍宋王劉昶薨廣州刺史薛法護南
叛
壬申月入氐
十二月辛巳月入羽林
乙未月入太微
己亥月入氐
十八年二月甲午月入氐
四月庚申月在斗蝕

六月丁卯月入東井
十九年三月己卯月犯軒轅占曰女主當之二
十一年十月追廢貞皇后林氏爲庶人
二十年七月辛巳月掩鎮星
十月丙午月在畢蝕
二十一年三月丁酉月犯屏星
四月庚午月掩房星
六月丁卯月掩斗魁
十二月乙亥月掩心

二十二年正月丙申月掩軒轅占曰女主當之
二十三年詔賜皇后馮氏死
二月乙丑月與歲星熒惑合於右掖門內
丁卯月在角蝕占曰天子憂二十三年四月高
祖崩
七月乙酉月掩心
九月庚申月蝕昴
二十三年二月壬戌月在軫蝕
六月癸未月掩房南頭第二星

甲申月掩箕北頭第一星
八月月在壁蝕子巳上
十一月癸丑月在畢暈昴觜參五車
十二月己卯月掩昴
辛巳月掩五車
世宗景明元年正月丙辰月在翼蝕十五分蝕
三
十二月癸未月暈太微既而有白氣長一匹廣
三尺許南至七星俄而月復暈北斗大角

丁亥月暈角亢房
二年正月甲辰月暈井觜參兩肩昴五車占曰
貴人死大赦二月甲戌大赦天下五月壬子廣
陵王羽薨
二月丙子月掩軒轅大星占曰女主憂正始四
年十月皇后于氏崩
癸未月掩房南頭第二星丙戌月入南斗距星
南三尺占曰吳越有憂十二月蕭寶卷直後張
齊王殺寶卷

五月丙午月掩心第三星
戊申月掩斗魁第三星
七月辛亥月暈婁內青外黃轢昴畢天船大陵
卷舌奎婁
三年正月甲寅月入斗去魁第二星四寸許占
曰吳越有憂四月蕭衍又廢其主寶融
四月癸酉月乘房南頭第二星
己亥月暈在角亢氐房心
六月戊戌月掩南斗第二星

八月壬寅月暈外青内黄、轢昴畢婁胃五車占
曰貴人死乙卯三老元丕薨
己酉月犯軒轅
十一月己巳月蝕井盡
十二月壬辰月掩昴占曰有白衣之會正始二
年四月城陽王鸞薨
乙未月暈參井鎮星占曰兵起四年氐反行梁
州事楊椿左將軍羊祉大破之
丙申月掩鎮星又暈

四年正月庚申月暈胃昴參五車
二月辛亥月掩太白
三月辛酉月暈軒轅太微西垣帝坐
四月丙申月掩心大星
五月丁卯月在斗從地下蝕出十五分蝕十三
占曰飢正始四年八月敦煌民飢開倉賑恤
六月癸卯月犯昴占曰有白衣之會永平元年
三月皇子昌薨
丁未月掩太白

七月戊午月犯房大星
壬申月犯昴畢觜參東井五車五星占曰旱有
大赦正始元年正月丙寅大赦改年六月詔以
旱徹樂減膳
十二月丁亥月暈昴畢婁胃
己未月暈太微帝坐軒轅
庚子月暈房心亢氐占曰有軍大戰正始元年
荆州刺史楊大眼大破羣蠻樊秀安等
正始元年正月乙卯月暈胃昴畢五車二星

丁巳月暈婁胃昴畢
戊戌月暈五車三星東井南河北河輿鬼鎮星
二月甲申月暈昴畢參左肩五車
三年九月癸未月在昴十五分蝕十占曰飢四
年九月司州民飢開倉賑恤
十一月丙子月暈東西兩珥内赤外青東有白
虹長三丈許西有白虹長一匹北有虹長一丈
餘外赤内青黄虹北有背外赤内青黄
三年正月辛巳月暈太微帝坐軒轅左角貫疑

星
三月庚辰月在氐蝕盡
十月甲寅月犯太白
永平元年五月丁未月犯畢占曰貴人有死者
九月殺太師彭城王勰
六月己巳月掩畢
十一月癸酉月犯左執法占曰大臣有憂四年
三月壬戌廣陽王嘉薨
二年正月甲午月在翼十五分蝕十二

十一月丙戌月掩畢大星
三年正月戊子月在張蝕
閏月乙酉月在危蝕
十一月壬寅月犯太白
十二月壬午月在張蝕
四年四月癸酉月暈太微軒轅占曰小赦延昌
二年八月諸犯罪者恕死從流已下減降
辛卯月犯太白於胃
八月癸丑月掩輿鬼

丁巳月入太微占曰大臣死延昌元年三月己
未尚書左僕射安樂王詮薨
辛酉月犯太白
十月壬午月失行黃道北犯軒轅大星
甲申月入太微
十一月乙巳月犯畢占曰爲邊兵十一月戊申詔
李崇爲康生治兵壽春以討朐山之寇
延昌元年二月庚午月暈東井輿鬼軒轅大星
三月辛丑月在翼暈須臾之間再成再散

壬寅月犯太微
乙巳月暈角亢房心鎮歲
九月丁卯月及熒惑俱在七星
十月癸酉月暈東井五車畢參占曰大旱一曰
爲水二年四月庚子出絹十五万匹賑恤河南
飢民五月壽春水
十二月戊戌月犯熒惑於太微占曰君死不出
三年四年正月世宗崩
二年正月庚子月暈暈東有連環轢亢房

鎮織女天棓紫宫北斗
二月己巳月暈熒惑軒轅太微帝座占曰旱六
月乙酉青州民飢詔開倉賑恤
四月丙申月掩鎮星
己亥月在箕從地下蝕出還生三分漸漸而满
占曰飢三年四月青州民飢開倉賑恤
六月乙巳月犯畢左股占曰爲邊兵二年六月
南荆州刺史桓叔興破蕭衍軍於九江
七月戊午月掩鎮星

十月丙申月在參蝕盡占曰軍起三年十一月
詔司徒高肇爲大將軍率步騎十五万伐蜀
三年二月乙酉月暈畢昴太白東井五車
四月癸巳月在尾從地下蝕出十五分蝕十四
占曰旱飢熙平元年四月瀛州民飢開倉賑恤
九月丁夘月犯太微屏星
十月壬寅月犯房第二星
十二月丙午月掩熒惑
四年五月庚戌月犯太微占曰貴人憂九月安

定王燮薨
九月乙丑月犯太微
十月癸巳月入太微占曰大臣死熙平二年二
月太保領司徒廣平王懷薨
閏月戊午月犯軒轅占曰女主憂之神龜元年
九月皇太后高氏崩于瑶光寺
肅宗熙平元年八月己酉月在奎十五分蝕八
占曰有兵神龜元年三月南秦州氐反遣龍驤
將軍崔襲持節諭之

十二月戊戌月犯歲星
甲辰月暈東井觜參五車占曰大旱一曰水二
年十月庚寅幽冀滄瀛四州大飢開倉賑恤
二年二月丁未月在軫蝕
四月癸夘月犯房
八月癸夘月在婁蝕盡
九月癸酉月犯畢占曰貴人有死者神龜元年
四月丁酉司徒胡國珍薨
十月癸夘月暈昴畢觜參五車四星

甲辰月暈畢右股觜參五車三星東井占曰天
下飢大赦神龜元年正月幽州大飢死者甚衆
開倉賑恤又大赦天下
十一月戊戌月暈觜參東井
壬子月犯心小星
神龜二年二月丙辰月在參暈井觜參右肩歲
星五車四星占曰有相死十二月司徒尚書令
任城王澄薨
八月辛未月犯軒轅

十二月庚申月在柳十五分蝕十
正光元年正月戊子月犯軒轅大星占曰女主
有憂七月丙子元叉幽靈太后於北宫
十二月甲寅月蝕占曰兵外起二年正月南秦
州氐反二月詔光祿大夫邴虬討之
二年五月丁未月蝕占曰旱飢三年六月帝以
炎旱減膳撤懸
七月乙卯月在昴北三寸
九月庚戌月暈胃昴畢五車二星

辛亥月暈昴畢觜參兩肩五車五星占曰有赦
三年十一月丙午大赦天下
十月辛卯月掩心大星
十一月己酉月在井蝕
乙卯月犯昴
三年正月甲寅月掩心距星
二月丁卯月掩太白京師不見涼州以聞
甲戌月在張暈軒轅太微右執法歲星
四月丁丑月掩心距星

九月丙午月在畢暈昴畢觜參兩肩五車四星
四年正月戊戌月在井暈東井南河轅觜參右
肩一星五車一星
七月乙巳月在胃暈婁胃昴畢觜占曰貴人死
四年十一月丁酉太保崔光薨
八月乙亥月在畢掩熒惑
五年二月庚寅月在參暈畢觜參兩肩東井熒惑
五車一星占曰兵起六月秦州城人莫折大提
據城反自稱秦王詔雍州刺史元志討之

閏月壬辰月在張暈軒轅太微西蕃占曰天子
發軍自衛孝昌三年正月己丑詔內外戒嚴將
親出討
癸巳月在翼暈太微張翼占曰士卒多逃走一
曰士卒大聚十月營州城人劉安定就德興反
執刺史李仲遵其部下王惡兒斬安定以降德
興東走自号燕王
八月丙申月在昴暈胃昴五車二星畢觜參
一肩

十二月癸未月在婁暈奎婁胃昴
孝昌元年九月丁巳月蝕
十月丙戌月在畢暈昴畢觜兩肩五車二星
二年八月甲申月在胃掩鎮星
閏月癸酉月掩鎮星
三年正月戊辰月犯鎮星於婁相去七寸許光
芒相反占曰國破期不出三年一曰天下有大
喪武泰元年二月癸丑肅宗崩四月庚子尒朱
榮害靈太后及幼主又害王公已下

癸酉月在井暈觜參兩肩南北河五車兩星占
曰有赦七月己丑大赦天下
武泰元年三月庚申月掩畢大星
庚午月在軫暈太微角
莊帝建義元年七月丙子月在畢掩大星
永安元年十一月丙寅月在畢大星東北五寸
許光芒相掩
十二月辛卯月在婁暈奎歲星胃昴
癸巳月掩畢大星

二年三月乙卯月入畢口占曰大兵起壬戌詔
大將軍上黨王天穆與齊獻武王討邢杲
四月己丑月在翼入太微在屏星西南相去一
尺五寸須臾下沒
辛卯月在軫暈太微軫角
乙丑月在危
八月乙丑月在畢左股第二星北相去二寸許
光芒相掩須臾入畢占曰兵起三年正月辛丑
東徐州城民呂文欣等反殺刺史行臺樊子鵠

討之
十月辛亥月在畢暈畢昴鎮星觜參井五車四星占曰兵起大赦三年三月万俟醜奴遣其大行臺尉遲菩薩寇岐州大都督賀拔岳可朱渾道元大破之四月大赦天下
甲子月在參蝕
十二月丙辰月掩畢右股大星
乙丑月熒惑同在軫
丁巳月在畢暈昴畢及鎮星觜參伐五車四星

占曰大赦三年九月大赦天下
癸亥月在翼暈軒轅翼太微占曰有赦三年十月戊申皇子生大赦天下
乙丑月在軫掩熒惑
三年正月已丑月入太微襲熒惑
辛卯月行太微中暈太微熒惑
壬辰月在軫掩熒惑
四月戊午月暈太微
五月甲申望前月蝕於午洪範傳曰天子微弱大法失中不能立功成事則月蝕望前時介朱榮等擅朝也
六月乙巳月在畢大星北三寸許光芒相掩
八月庚申月入畢口犯左股大星
辛丑月入軒轅后星北夫人南直東過太白犯次妃占曰人君死又爲兵起十二月介朱兆入洛執帝殺皇子亂兵汙辱後宮殺司徒公臨淮王彧
九月庚寅月在參暈昴觜參井歲鎮二星五車

三星
十月辛亥月暈東壁
十一月辛丑月在太白北中不容指
前廢帝普泰元年正月已丑月在角暈軫角亢亦連環暈接北斗柄三星大角織女
五月甲申月蝕盡
已未月犯畢右股第一星相去三寸許光芒相及又入畢口
十月癸丑月暈昴觜參東井五車三星占曰有

赦是月齊獻武王推立後廢帝大赦天下
後廢帝中興元年十一月甲申月暈
二年四月戊寅月在箕蝕
出帝太昌元年六月癸未月戴珥
九月甲寅月入太微犯屏星
十月丙子月在參蝕
永熙二年十一月乙丑月在畢暈昴觜參兩肩
五車五星
三年三月戊戌月在亢蝕

八月庚午月在畢暈昴畢觜參五車四星占曰
大赦是月戊辰大赦天下
孝靜天平元年十二月庚申月在畢暈昴畢觜
參兩肩五車五星
閏月庚子月掩心中央星
二年三月暈北斗第二星占曰羅貴兵聚是
月齊獻武王討山胡劉蠡升斬之三年并肆汾
建諸州霜儉
壬申月在婁太白在月南一寸許至明漸漸相

離
八月己卯月在心去心中央大星西廂七寸許
十一月戊辰月在心掩前小星
三年春正月丁卯月掩軒轅大星
二月丁亥月蝕
八月癸未月蝕
十月丁丑月在熒惑北相去五寸許
四年二月壬申月掩五車東南星
庚辰月連環暈北斗

八月癸未月掩五車東南星
元象元年三月丁卯月掩軒轅大星
六月癸卯月蝕
十月己亥陰雲班駮月在昴暈胃昴畢占曰大
赦興和元年五月大赦天下
丁未月在翼暈太微軒轅左角軫二星
十一月庚午月在井暈五車一星及東井南北
河占曰有赦興和元年十一月大赦改年
興和元年八月辛丑月在畢暈畢觜參兩肩五

車
九月丁巳月在斗犯魁第三星相去三寸許光
芒相及
丁卯月掩昴
十二月甲午月蝕
二年八月己酉月犯心中央大星
三年春正月辛巳月在畢暈東井參兩肩畢西
轡昴五車五星占曰大赦武定元年正月大赦
改元

四月壬辰月蝕
八月丁巳月在胃暈畢歲星昴婁胃五車一星
須臾暈缺復成
四年十一月壬午月在七星暈熒惑軒轅太微
帝坐
十二月壬寅月在昴暈昴畢五車兩星占曰有
赦武定二年三月齊獻武王歷冀定二州因入
朝以今春亢旱請蠲懸租賑窮乏死罪已下一
皆原宥

武定元年三月丙午日蝕
四年正月己未月蝕軫
六月癸巳月入畢中
九月癸亥月在翼暈軒轅太微帝坐熒惑占曰
兵起是月北徐州山賊鄭土定自號郎中偷陷
州城儀同斛律平討平之
五年正月乙巳月犯畢大星昴東井觜參五車
三星占曰大赦五月丁酉朔大赦天下
庚辰月在張暈軒轅大星太微天庭

七年九月戊午月在斗掩歲星占曰吳越有憂
是歲侯景破建業吳人餓死及流亡者不可勝
數
十一月丁卯月蝕

天象志一第二　魏書一百五

天象志一第三　　魏書一百五

太祖皇始元年夏六月有星彗于髦頭彗所以去穢布新也皇天以黜無道建有德故或凴之以昌或繇之以亡自五胡蹂轥生人力正諸夏百有餘年莫能建經始之謀而底定其命是秋太祖啓冀方之地寔始芟夷滌除之有德教之音人倫之象焉終以錫類長代脩復中朝之舊物故將建元立號而天街彗之蓋其祥也先是有大黃星出于昴畢之分五十餘日慕容氏太

史丞王先曰當有眞人起於燕代之閒大兵鏘鏘其鋒不可當冬十一月黃星又見天下莫敵是歲六月木犯哭星木人君也君有哭泣之事是月太后賀氏崩至秋晉帝殂

二年六月庚戌月奄金于端門之外戰祥也變及南宮是謂朝庭有兵時燕王慕容寶已走和龍秋九月其弟賀驎復糺合三万衆寇新市上自擊之大敗燕師于義臺悉定河北而晉桓玄等連衡內侮其朝庭日夕戒嚴是歲正月火犯哭星占曰有死喪哭泣事秋八月又守井鉞占曰大臣誅十月襄城王題薨明年正月右軍將軍尹國於冀州謀反被誅

天興元年八月戊辰木晝見胃胃趙代墟也[illegible]天之事歲爲有國之君晝見者並明而干陽也天象若曰且有負海君實能自濟其德而行帝王事是月始正封畿定權量肆禮樂頒官秩十二月羣臣上尊號正元日遂禋上帝于南郊由是魏爲北帝而晉氏爲南帝

元年十月至二年五月月再掩東蕃上相相所以蕃輔王室而定君臣位天象若曰今下凌上替而莫之或振將焉用之哉且曰中坐成刑貴

人奪勢是歲桓玄專殺殷仲堪等制上流之衆晉室由是遂卑是歲五月辰星犯軒轅大星占曰女主當之三年三月至七月月再犯鎮星于牽牛又犯哭星爲兵喪女憂或曰月爲彊大之臣鎮所以正綱紀也是爲彊臣有干犯者在吳越既而晉太后李氏殂桓玄擅命江南仍有艱故云

三年三月有星孛于奎歷閣道至紫微西蕃入北斗魁犯太陽守循下台轥南宮履帝坐遂由端門以出奎是封豨剥氣所由生也又殷徐州之次桓玄國焉劉裕興焉天象若曰君德之不建人之無援且有權其列蕃盜其名器之守而

荐食之者矣。又將由其天步席其帝庭而出號施令焉。至四年二月甲寅，有大流星衆多西行，歷牛虛危，絶漢津，貫太微紫微。虛危主靜人，牽牛主農政，皆負國之陽國也。天象若曰：黎元喪其所食，失其所係命，卒至流亡矣，上不能恤，又將播遷以從之。其後晋人有孫恩之難，而桓玄踵之，三吴連兵荐飢，西奔死亡者万計，竟篡晋主而流之尋陽，既又劫之以奔江陵。是歲三月甲子，月生齒，占曰有賊臣。七月丁卯，月犯天關，關所以制畿封國也，月犯之，是為兵起于郊甸。十月甲子，月又犯東蕃上相，占同。二年，既而桓玄戲金陵，殺司馬元顯、太傅道子。是歲，秀容胡師亦聚衆反，伏誅。

五年四月辛丑，月掩辰星在東井。月為陰國之兵，辰象戰鬭，占曰所直野軍大起，戰不勝，亡地，家臣死。冬十月，帝伐秦師于蒙坑，大敗之，遂舉乾壁，關中大震，其上將姚平赴水死。是月戊申，月暈左角，太史令晁崇奏角蟲將死。上慮牛疫，乃命諸將併重焚車。丙戌，車駕北引，牛大疫，死者十有八九，官車所御巨犗數百同日斃於路側，首尾相屬，麋鹿亦多死者。

五年三月戊子，太白犯五諸侯，晝見經天。九月己未，又犯進賢。太白為彊侯之誡，犯五諸侯，所以興霸形也。是時桓玄擅征伐之柄，專殺諸侯以弱其本朝，卒以干君之明而代奪之，故皇天著誡焉。若曰：夫進賢興功，大司馬之官守也，而今自殘之，君於何有焉？是冬十月，客星白若粉絮，出自南宮之西，十二月入太微。亂氣所由也以距之之氣，而乘粹陽之天庭，適足以驅除焉，亦明年竟篡晉室，得諸侯而不終。是歲五月丙申，月犯太微，十月乙卯又如之。月者太陰臣象，太微正陽之庭，不當横行其中，是謂朝庭間隙，彊臣不制，亦桓玄之誡也。又占曰貴人有坐之者。明年七月，鎮西大將軍毗陵王順以罪還第，亦是也。

五年七月己亥，月犯歲星在鶉火。鳥帑，南國之墟也。至天賜元年二月甲辰，又掩之在角。角為外朝，而歲星君也。天象若曰：有彊大之臣干君之庭，以挾其主而播遷于外。是歲，桓玄之師敗績于劉裕，玄劫晉帝以奔江陵，至五月玄死，桓氏之黨復攻江陵陷之，凡再劫天子云。先是六年六月甲辰，月掩斗魁第四星，至天賜元年五月壬申，又掩斗魁第三星，二年八月丁巳，又犯斗第一星。斗為吳分，大人憂，將相戮，宮中有自賊者。及桓玄伏誅，貴臣多戮死者，江南兵革十餘歲乃定，故譴見于斗。

天賜二年四月己卯，月犯鎮星在東壁。七月己未又如之十月丁巳又掩之在室夫室星所以造宮廟而鎭司空也占曰土功之事興明年六月發八部人自五百里內繕脩都城魏於是始有邑居之制度或曰北宮後庭人主所以庇衞其身也鎭主后妃之位存亡之基而是時堅冰之漸著矣故犯又掩再三焉占曰臣賊君邦大喪是歲三月丁酉月犯心前星三年二月月犯心後星四年二月又如之心主嫡庶之禮占曰亂臣犯主儲君失位庶子惡之先是天興六年

冬十月至元年四月月再掩軒轅占曰有亂易政后妃執其咎三年五月壬寅熒惑犯氐氐宿宮也天戒若曰是時蠱惑人主而典內亂之萌矣亦自我天視而脩省焉及六年七月宣穆后以彊死太子微行人間既而有清河万人之難

二年八月火犯斗丁亥又犯建斗爲大人之事建爲經綸之始此天所以建創業君時劉裕且傾晉祚而清河之釁方作矣帝猶不悟至是歲九月火犯哭星其象若曰將以內亂至于哭泣之事焉由是言之皇天所以訓勑殺之主孰矣而罕能敦復以自悟悲夫

二年八月甲子熒惑犯少微庚寅犯右執法癸卯犯左執法十一月丙戌太白掩鉤鈐皆南邦之謫也火象方伯金爲彊侯少微以官賢材而輔南宮之化執法者威令所由行也天象若曰夫祿去公室所由來漸矣始則奮其賢材以爲其本朝終以干其鈐鍵而席其威令焉至三年十二月丙午月掩太白于危危齊分也占曰其國以戰亡丁未金火皆入羽林四年正月太白晝見奎是謂或稱王師而干君明者占曰天下兵起魯邦受之二月癸亥金火土水聚于奎婁

徐魯之分也四神聚謀所以革衰替之政定霸王之命五月巳丑金晝見于參天意若曰是將自植攻伐以震其主而代奪之云爾八月辛丑熒惑犯執法九月遂犯進賢與桓氏同占是時南燕慕容氏兼有齊魯之墟不務脩德而驟侵晉淮泗六年四月劉裕以晉師伐之大敗燕師于臨朐進克廣固執慕容超以歸戕諸建康於是專其兵威荐食藩輔篡奪之形由此而著云二年三月月掩左執法三年四月又犯西藩上將己未犯房次相六月火犯房次將三年七月太尉穆崇薨四年誅定陵公和跋殺

司空庾岳又四年六月火犯水左翼八月金掩火犯左執法占曰大兵在楚執法當之至五年火犯天江占曰水賊作亂六月金犯上將又犯左執法其後盧循作亂於上流晉將何無忌戰死左僕射孟昶仰藥卒劉裕自代齊奔命僅乃克之六年六月金火再入太微犯帝座蓬孛客星及他不可勝紀太史上言且有骨肉之禍更政立君語在帝紀冬十月太祖崩夫前事之感大即後事之炎深故帝之季年妖怪特甚是歲二月至九月月三犯昴昴爲白衣會宮車晏駕之徵也十二月辛丑金犯木於奎占曰其君有兵死者既而慕容超戮于晉是歲四月火犯水于東井其冬赫連氏攻安定秦主興自將救之自是侵伐不息或曰水火之合內亂之形也時朱提王悅謀反賜死

太宗永興二年五月己亥月掩昴昴爲髦頭之

大二·五 小二·三十　魏志三　七　潘祐

兵虜君憂之是月蠕蠕社崘圍長孫嵩于牛川上自將擊之社崘遁走道死六月甲午太白晝見占曰爲不臣七月月犯鬼占曰亂臣在內明年五月昌黎王慕容伯兒謀反誅之是歲三月至秋八月月三掩南斗第五星斗吳分也且曰疆大之臣有干天祿者大人憂之是月乙未太白犯少微晝見九月甲寅進犯左執法占曰且有杖其霸刑以戮社稷之衞而專威令者徵在南朔先是三月丁夘月掩房次將六月己丑又如之八月甲申犯心前星占曰服輗者當之君失馭徵在豫州

時劉裕謀弱晉室四年九月專殺僕射謝混因襲荆州刺史劉毅于江陵夷之明年三月又誅晉豫州刺史諸葛長人其君託食而已是歲八月壬子太白犯軒轅大星名曰有亂易政女君憂三年十一月丙午金犯哭星午秦地四年八月戊申月犯哭星申晉地是月晉后王氏死其後姚主薨

三年六月庚子月犯歲星在畢八月乙未又犯之在參四年正月又蝕在畢直徵垣之陽參在山河之右歲星所以阜農事安万人也占曰月仍犯之邊萌阻兵而荐飢是歲六月癸巳金木

大二·八五 小六十一　魏書志三　八　潘祐

合于東井七月甲申金犯土于井占曰其國內兵有白衣之會十一月土犯井十二月癸夘土犯鉞土主疆理之政存亡之機也是爲土地分裂有戮死之君徵在秦邦至五年二月丙午火土皆犯井占曰國有兵喪之禍主出走是月壬辰歲塡熒惑太白聚于井將以建霸國之命也其地君子憂小人流又自三年四月至五年三月熒惑三干鬼主命者將夭而國徙焉是時雍州假王霸之號者六國而赫連氏據朔方之地

尤爲彊暴䓿食關中秦人奔命者殆路閒歲姚興薨而難作于內明年劉裕以晉師伐之秦師連戰敗績執姚泓以歸戕諸建康既而遺守內攜長安淪覆焉或曰自上黨並河山之北皆鬼星參畢之郊也五年四月上黨群盜外叛六月濩澤人劉逸自稱三巴王七月河西胡曹龍入蒲子號大單于十月將軍劉潔魏勤擊吐京叛胡失利勤力戰死潔爲所虜明年赫連屈子寇蒲子三城諸將擊走之其餘災波及晉魏仍其兵革之禍二年九月土犯畢爲疆埸之兵三年七月木犯土于參占曰戰敗亡地國君死四年十月月掩天關其災同土參外主巴蜀其後晉師伐蜀戕其主譙縱先是四年閏月月犯熒惑在昴七月又蝕之五年將軍奚斤討越勤大破之明年禿髮氏降于西秦其君傉檀戮死

神瑞元年二月塡入東井犯天尊旱祥也天象若曰土失其性水源將壅焉施于天尊所以福矜寡之萌也先是去年九月至于五月歲再犯軒轅大星八月庚寅至二年三月塡再犯鬼積尸歲星主農事軒轅主雩霜風雨之神返覆由之所以告黃祇也土爰稼穡鬼爲物之精氣是謂稼穡潛耗人將以饉而死焉一曰大旱是後京師比歲霜旱五穀不登詔人就食山東以粟帛賑乏之語在崔浩傳先是月犯歲于畢占曰飢在晉代亦其徵又鬼主秦旱在秦邦至二年太史奏熒惑在匏瓜中一夜忽亡失之後出東井語在崔浩傳既而關中大旱昆明枯涸是歲四月癸丑流星晝見中天西行占曰營頭所首野有覆軍流血西行適在秦邦而魏人覿之亦王師之戒也天若戒魏師曰是擁衆而西固欲干君之明而代奪之爾姑息人以觀釁無庸舉焉先是五年三月月犯太白于參八月庚申又犯之參魏分野占曰彊侯作難國戰不勝九月己丑月犯左角是歲三月壬申又蝕之是謂以剛晉之兵合戰而偏將戮徵在兖州二年四月太白入畢月犯畢而再入之占曰大戰不勝邊將憂魏邦受之六月己巳有星孛于昴南天象若曰且有驅除之雄勿用距之于朔方矣明年七月劉裕以舟師泝河九月裕陷我滑臺兖州刺史尉建以畏懦斬時崔浩欲勿戰上難違衆議詔司徒嵩率師逆之及晉人戰于畔城魏師敗績

語在崔浩傳。裕既定關中，遽歸受禪，既而赫連氏并之，遂竊尊號云。自元年正月至泰常元年十月月三犯畢再入之再犯畢陽星占曰邊兵起貴人有死者元年十二月蠕蠕犯塞上自將大破之二年上黨胡反詔五將討平之泰常元年長樂河間南陽王皆薨二年豫章王又薨常山霍季聚衆反伏誅

二年四月辛巳有星孛于天市五月甲申彗星出天市掃帝座在房心北市所以建國均人心宋分也國且殊號人將更主其華而爲宋乎先是往歲七月月犯鉤鈐十一月月食房上相至元年二月又如之天象若曰尚尸鈐鍵之位君

三六八 魏志三 十一 王才

憑而尊之者又將及矣是歲八月金木合于翼占曰且有内兵楚邦受之至泰常二年正月晉荆州刺史司馬休之雍州刺史魯宗之爲劉裕所襲皆出奔走是歲十月鎮星守太微七十餘日占曰易代立王其三年三月癸丑太白犯五諸侯如桓氏之占七月有流星孛于少微以入太微自劉氏之霸三變少微以加南宫矣始以方伯專之中則霸形干之又今孛政除之馴而三積堅冰至焉是月辰星見東方在翼甚明大翼楚邦也是爲冢臣干明賊人其昌先是五年十一月壬子辰星出而明盛非常至泰常二年十二月庚戌辰星過時而見光色明盛是爲彊目有不還令者至是又如之亦三至焉或曰辰星以負北海亦魏將大興之兆九月長彗星孛于北斗轢紫微辛酉入南宫凡八十餘日十二月彗星出自天津入太微逕北斗干紫宫犯天棓八十餘日及天漢乃滅語在崔浩傳是歲晉安帝殂後年而宋篡之夫晉室雖微泰始之遺俗也蓋皇天有以原始篤終以哀王道之淪喪故猶著二微之戒焉神瑞二年四月木入南宫加右執法五月火又如之八月金入自掖門掩左執法泰常元年六月又由掖門入太微

四五十 魏志三 十二 李諒

五月火犯執法是冬孛天尊而月掩之三年八月土又入太微犯執法因留二百餘日九月金又犯右執法十月火犯上將因留左掖門内二十日乃逆行四年三月出西蕃又還入之繞填星成句已四月丙午行端門出皆晉氏之譴也自晉滅之後太微有變多應魏國也

泰常三年十月辛巳有大流星出昴歷天津乃分爲三須臾有聲占曰車騎滿野非喪即會明年四月帝有事于東廟蕃服之君以其職來祭者蓋數百國也是歲正月己酉月犯軒轅四月壬申又犯填星在張四年五月辰星又犯軒轅占曰國有喪女君受之明年五月貴人姚氏薨

是爲昭哀皇后六月貴嬪杜氏薨是爲密后先是二年九月火犯軒轅三年八月金又犯之占同也

四年自正月至秋七月月行四犯太微天象若曰太微粹陽之天庭月者臣也今横行轥之不已甚乎先是元年五月月歲星在角是歲七月月又犯歲星明年宋始建國後年而晉主殂裕鴆之也昔桓氏之難月再干歲星再劫其主至是亦再犯之而再勦其君極其幽逼之患而濟以篡殺之禍斯謂之甚矣先是三年九月月犯火于鶉尾十二月又犯火于

太微是歲五月月犯太白在井十月又犯之在斗且再犯井星皆有兵水大喪諸侯有死者七月鴈門河内大水五年三月南陽王意文死十一月西凉李歆爲沮渠所滅晉君亦殂秦吴亡之應

五年十一月乙卯熒惑犯塡星在角角外朝也土爲紀綱火主内亂會于天門王綱將紊焉占曰有死君逐主后妃憂之十二月月蝕熒惑在亢亢内庭也占曰君薨死而亂作于内貴臣以兵死是月客星見于翼翼楚邦也占曰國更服邊有急將軍或謀反者六年二月月食南斗杓星十月乙酉金土鬭于亢占曰内兵且喪更立王

公又兖州陳鄭之墟也有攻城野戰之象焉至七年正月犯南斗三月壬戌又犯之斗爲人君受命又吴分是歲五月宋武殂秋九月魏師侵宋北鄙十一月攻滑臺克之明年拔虎牢陷金墉略許昌遂啓河南之地八年宋太后蕭氏死既大臣專權遷殺其主卒皆伏誅自五年八月至七年十二月熒惑一守軒轅再犯進賢再犯房星月一犯軒轅及房皆女君大臣之戒是時陽平河南王太尉穆觀相次薨而宋氏廷臣棄黜以倫其主竟以誅死云或曰火犯土亢爲飢疾時官軍陷武牢會軍大疫死者十二三是冬詔稟飢人

六年六月壬午有大流星出紫宮占曰上且行

幸若有大君之使明年駕幸橋山祠黄帝東過幽州命使者觀省風俗十月上南征八年春步自鄴宫遂絶靈昌至東郡觀兵成臯反自河内登太行山幸高都飲至晉陽焉

七年二月辛巳有星孛于虚危向河津占曰玄枵所以飾喪紀也宗廟並起司人疑更謀有易政之象十一月甲寅彗星出室掃北斗及于門占曰内宫幾室主命將易塞垣有土功之事其地又齊衛也八年正月彗星出奎南長三丈

東南掃河委爲荐食之兵徐方之地占曰西北之兵伐之君絕嗣天下饑七年十二月帝命壽光侯叔孫建徇定齊地八年春築長城距五原二千餘里置守卒以備蠕蠕冬十月大饑十一月己巳上山崩于西宮明年宋廢其主由是南邦日蹙齊衛之地盡爲兵衝及世祖即政遂荒淮沂以負東海云八年二月丙寅火守斗斗亦南邦之謫也十一月彗星孛于土司空司空主疆理邦域且日有土功哭泣事後年赫連屈子薨太武征之取新秦之地由是征伐四克提封萬里云

三·五十　魏書志三　十五　火升

世祖始光元年正月壬午月犯心大星心爲宋分中星者君也月爲大臣主刑事是歲五月宋權臣徐羨之謝晦傅亮放殺其主而立其弟宜都王是爲宋文帝至十月火犯心天戒若曰是復作亂以干其君矣十月壬寅大流星出天將軍西南行殷殷有聲占曰有禁暴之兵上將督戰以所首名之三年正月歲星食月在張張南國之分歲之於月少君之象今反食之且誅彊大之臣是月羨之等戮死謝晦與江陵之甲以伐其君宋將檀道濟帥師禦之晦又奔潰伏誅或曰是歲上伐赫連氏入其郛夏都直伐西南亦奔星應也

二年五月太白晝見經天占曰時謂亂紀革人更王六月己丑火入羽林守六十餘日占曰禁兵大起且有反臣之戒

三年十月有流星出西南而東北行光明燭地有聲如雷鳥獸盡駭占曰所發之野有破國遷君西南直夏而首于代都焉著而有聲盛怒也

四年五月辛酉金水合于西方占曰兵起大戰先是三年正月宋人有謝氏之難王卒盡出冬

三、十　魏書志三　十六　朱

十一月上伐赫連昌入其郛徙萬餘家以歸是歲復攻之六月大敗昌于城下昌奔上邽遂拔統萬盡收夏器用虜其母弟妻子由是威加四隣北夷讋焉

神䴥元年五月癸未太白犯天街占曰六夷髦頭滅二年五月太白晝見占曰大兵且興彊國有弱者是月上北征蠕蠕大破之虜獲以鉅萬計遂降高車以實漠南闢地數千里云

三年六月火犯井鬼入軒轅占曰秦憂兵亂有

死君又旱饑之應丙子有大流星出危南入羽林占曰兵起負海國與王師合戰是歲自三月至十月太白再犯歲星月又犯之占曰有國之君或罹兵刑之難者且歲饉十二月丙戌流星首如甕長二十餘丈大如數十斛船色正赤光燭人面自天船及河抵奎大星及于壁占曰天船以濟兵車奎爲徐方東壁衞也是爲宋師之祥昭盛者事大也是歲六月宋將到彦之等侵魏自南鄙淸水入河泝流而西列屯二千餘里

九月帝用崔浩策行幸統萬遂擊赫連定於平涼十二月克之悉定三秦地明年大師涉河攻滑臺屠之宋人宵遁是時赫連定轉攻西秦戮其君乞伏慕末吐谷渾慕容璝又襲擊定虜之以彊死者再君焉是歲二月定州大饑詔開倉賑之或曰奎星羽獵理兵象也流星抵之而著大是爲大人之事冬十月上大閱于漠南甲騎五十万旌旗二千餘里又明盛之徵（四年金火入東井火又犯天户明年正月又犯鬼占曰秦有兵喪而至秦夏出夷滅沮渠蒙遜又死氐主楊難當陷宋之漢中地云）

四年三月有大流星東南行光燭地長六七丈食頃乃滅後有聲占曰大兵從之是時諸將方逐宋師至歷城不及有聲駿犇之象也四月辛未太白晝見于胃胃爲趙分五月太白犯天關十月丙辰又掩之天關外主勃碣山河之險窮焉占曰兵革起九月丙寅有流星大如斗赤色發太微至北斗而滅太微禮樂之庭且有昭德之舉而述宣王命是以帝車受之是月壬申有詔徵范陽盧玄等三十六人郡國察秀孝數百

人且命以禮宣喻申其出處之節明年六月上伐北燕舉燕十餘郡進圍和龍徙豪傑三萬餘家以歸（四年八月金入太微亦君自將兵象明年正月庚午火入鬼占曰秦有死君四月己丑太白晝見焉不臣其後秦王赫連昌叛走伏誅之應也）

延和元年七月有大流星出參左肩東北入河乃滅參主兵政晉魏墟也山河所首推之大兵將發于魏以加燕國八月癸未太白犯心前星乙酉又犯心明堂占曰有亡國近期二年十二月有流星大如甕尾長二十餘丈奔君之象比

歲連兵東討至太延二年三月燕後主馮文通去國奔高麗元年四月月犯左角五月月掩斗七月月食左角皆占曰兵大起其後征西將軍金崖安定鎮將延普涇州刺史狄子玉爭權崖及子玉舉兵攻普不克據胡空谷反平西將軍陸俟討獲之三年三月丙辰金晝見在參魏邦戒也閏月戊寅金犯五諸侯占曰四滑起官兵起亂疑己丑月入井犯太白占曰兵起合戰秦邦受之七月上幸隰城詔諸軍討山胡白龍入西河九月克之伏誅者數千人而宋大將軍彭城王義康方擅威福後竟幽廢是歲二月庚午月犯畢口而出因暈昴及五車占曰貴人死五月甲子陰

平王求薨太延元年五月月犯右執法九月火犯太微上將又犯左執法十月丙午月犯右執法二年二月月犯東蕃上相三月月及太白俱犯右執法及上相三年八月火犯左執法及上將五年二月木逆行犯執法皆大臣譴也元年十月左僕射安原謀反誅三年正月征東大將軍中山王纂太尉北平王長孫嵩鎮南大將軍丹陽王叔孫建皆薨其後宋大將軍義康坐徙豫章誅其

黨與僕射殷景仁亦尋卒焉元年五月彗出軒轅二年正月月犯火月后妃也三年七月木犯軒轅至五年七月月奄填星並女主譴也眞君元年太后竇氏殂宋氏皇后亦終或曰彗出軒轅女主有爲寇者其後沮渠氏失國竇公主潛啓魏師二年五月壬申有星孛于房占曰名山崩有亡國八月丁亥木入鬼守積尸十一月辛亥又犯鬼鬼秦分天戒若曰涼君淫奢無度財力窮矣將喪國身爲戮焉二年正月四年十一月月皆犯井亦爲秦有兵刑三年正月壬午有星晡前晝見東北在井左右色黃大如橘魏師之應也黃星出于燕墟而慕

容氏滅今復見東井涼室亡乎四年四月巳酉華山崩華山西鎮也天又若曰星孛于房旣有徵矣鎮傾而國從之先是元年十二月金犯羽林二年十二月至四年十一月火再入之五年五月太白晝見胃昴入羽林遂犯畢畢又邊兵也六月上自將西征秋八月進圍姑臧九月丙戌沮渠牧犍帥文武將吏五千餘人面縛來降明年悉定涼地或曰星孛于房爲大臣之事又饑祥也火入鬼犯軒轅又稼穡不成自元年已來將相薨尤衆至眞君元年州鎮十五盡飢

四年十月壬戌大流星出文昌入紫宮聲如雷天象若曰將相或以全師禦衞帝宮者其事密近有震驚之象焉明年六月帝西征詔大將軍黎敬等帥衆二萬屯漠南以備暴寇九月蠕蠕乘虛犯塞遂至七介山京師大駭司空長孫道生等并力拒之虜乃退走是月壬午有大流星出紫微入貫索長六丈餘占曰有大君之命貫索賤人牢也明年帝命侍臣行郡國觀風俗問其所疾苦云

眞君二年七月壬寅塡星犯鉞鎭者國家所安危而爲之綱紀者也其變鈇鉞之戮而君及焉自元年十一月至此月歲星三犯房上相歲星爲人君令反覆由之循省鈎鈐之備也天若戒輔臣曰涼邦卒滅敵國殫矣而猶挾震主之威負百勝之計盍思盈亢之戒乎是時司徒崔浩方持國鈞且有寵於上明年安西李順備五刑之誅而由浩鍜成之後八年竟族滅無後夫天之愛賢良而示以明訓夙矣罕能省躬以先覺豈不悲哉浩誅之明年卒有景穆之禍後年而亂作

三年三月癸未月犯太白占曰大兵起合戰九月乙丑有星孛于天牢入文昌五車經昴畢之間至天苑百餘日與宿俱入西方天象若曰且有王者之兵埽除髦頭之域矣貴臣須有戮焉明年正月征西將軍皮豹子大敗宋師于樂鄉九月上北伐樂平王丕統十五將爲左軍中山王辰統十五將爲右軍上自將中軍蠕蠕可汗

不敢戰亡追至頓根河虜二萬餘騎而還中山王辰等八將軍坐後期皆斬（或曰彗由昴畢貴人多死十一月太保盧魯元薨五年二月樂平王丕薨）

六年二月太白熒惑歲星聚于東井占曰三星合是爲驚立絕行其國內外有兵與喪改立王公九月盧水胡蓋吳擁杏城反僭署百官雜虜皆響從關內大震十一月將軍叔孫拔敗吳師于渭北至七年正月太白犯熒惑占曰兵起有大戰時上討吳黨於河東屠之遂幸長安二月

吴軍敗績于杏城棄馬遁去復收合餘燼八月乃夷之 五年五月月犯心六年四月又如之占曰兵犯宋邦是月太白入軒轅占曰有反臣是冬宋太子詹事范曄謀反誅詔高■王那狗淮泗徙其人河北焉

九年正月火水皆入羽林占曰禁兵大起四月太白晝見經天十年五月彗星出于昴北此天所以滌除天街而禍髦頭之國也時閒歲討蠕蠕是秋九月上復自將征之所捕虜凡百餘万矣 是歲七月太白犯哭星占曰天子有哭泣事明年春皇子晃薨

十年十月辛巳彗星見于太微占曰兵喪並興國亂易政臣賊主至十一年正月甲子太白晝見經天四月又如之占曰中歲而再干明兵事尤大且革人更王之應也是歲十月甲辰熒惑入太微十二月辛未又犯之癸卯又如之占曰臣將戮主君將惡之仍犯事荐也先是八年正月庚午月犯心大星九年正月犯歲星是歲九月太白又犯歲星至正平元年五月彗星見卷舌入太微卷舌讒言之戒六月辛酉彗星進逼帝坐七月乙酉犯上相拂屏出端門滅于翼軫

大二七十 小廿四 魏書志三 三十三 恭

辛酉直陰國 疑 翼軫爲楚邦于屏者蕭牆之亂也天象若曰夫膚受之譖寔爲亂階卒至芟夷主相而專其大號雖南國之君由還及焉先是去年十月上南征絶河十二月六師涉淮登瓜步山觀兵騎士六十万列屯三千餘里宋人兇懼饋百牢焉是年正月盡舉淮南地俘之以歸所夷滅甚衆六月帝納宗愛之言皇太子以彊死明年二月愛殺帝于永安宮左僕射蘭延等以建議不同見■愛立吴王余爲主尋又賊之荐災之驗也閒歲宋太子劭坐蠱事泄亦殺其君而僭立劭弟武陵王駿以上流之師討平之滅於翼軫之衛也 先■七年八月月犯熒惑八月至十一月■犯軒轅是歲正月■白經天九月火犯太微十月宗愛等伏誅高宗踐阼至十一月録尚書元壽尚書令長孫渴侯以爭權賜死太尉黎司徒弼又忤旨左遷孛于屏相之■出明年五月太后崩

高宗興安二年二月有星孛于西方占曰凡孛者非常惡氣所生也内不有大亂外且有大兵至興光元年二月有流星大如月西行占曰奔星所墜其野有兵光盛者事大先是京兆王杜元

二十七 大二十七 魏書志三 二十四 恭

寶建康王崇濟南王麗濮陽王閭文若永昌王仁相次謀反伏誅是歲宋南郡王義宣及魯爽臧質以荆豫之師構逆大將王玄謨等西討盡夷之或曰彗加太微翼軫之餘禍也春秋星之大變或炎連三國之君其流炎之所及二十餘年而後弭至是彗干天庭二太子首亂三君爲戮侯王幸死者幾數十人由此言之皇天疾威之誡不可不惕也

太安元年六月辛酉有星起河鼓東流有尾跡光明燭地河鼓爲蹊險之兵負海之象也昭盛爲人君之事星之所往君且從之閒二歲帝幸遼西登碣石以臨滄海復所過郡國一年又尾迹之徵是歲五月火入斗斗主死命之養其後三吴荐飢仍歲疾疫

三年夏四月熒惑犯太白占曰是謂相鑠不可舉事用兵成師以出而禍其雄之象也明年宋將殷孝祖侵魏南鄙詔征南將軍皮豹子擊之宋軍大敗或曰金火合主喪事明年十月金又犯哭星十二月征東將軍中山王託眞薨

三年十一月熒惑犯房鈎鈐星是謂彊臣不御

王者憂之至四年正月月入太微犯西蕃三月又犯五諸侯占曰諸侯大臣有謀反伏誅者是月太白犯房月入南斗皆宋分占曰國有變臣爲亂十一月長星出於奎色白虵行有尾跡既滅變爲白雲奎爲徐方又魯分也占曰下有流血積骨明年宋兗州刺史竟陵王誕據廣陵作亂宋主親戎自夏涉秋無日不戰及城陷悉屠之

四年八月熒惑守畢直微垣之南占曰歲饉至五年二月又入東井占曰旱兵飢疫大臣當之六月太白犯鉞占曰兵起更正朔是歲二月司空伊馛薨十二月六鎮雲中高平雍秦飢旱明年改年爲和平至六月諸將討吐谷渾什寅遂絶河窮躡之會軍大疫乃還是歲三月流星數萬西行占曰小流星百數四面行者庶人遷之象既而吐谷渾舉國西遁大軍又躡躡之

四年九月月犯軒轅十二月犯氐至五年正月月掩軒轅又掩氐東南星皆后妃之府也和平元年正月丁未歲犯鬼鬼爲死喪歲星人君也

是爲君有喪事三月月掩軒轅四月戊戌皇太后崩於壽安宮宋志云人間宣言人主帷箔不修故譴見軒轅又五年十一月月犯左執法明年十一月又犯之占曰大臣有憂和平二年征東將軍河東王閭毗薨十月廣平王洛侯薨和平元年十月有長星出於天倉長丈餘饉祥也二年三月熒惑入鬼是謂稼穡不成且曰万人相食其後定相阻飢宥其田租時三吳亦仍歲凶旱死者十二三先是元年四月太白犯東井井鬼皆秦分雍州有兵亂自元年六月月犯心大星三犯前後于房心宋分時宋君虐其諸弟後宮多喪子女繼夭哭泣之聲相弔是歲詔諸將討雍州叛氐大破之宋雍州刺史海陵王休茂亦稱兵作亂間歲而宋主殂嗣子淫昏政刑紊焉先是元年十月太白入氐占曰兵起後宮有白衣會三年五月歲星犯上將占曰上將憂之三年八月月犯哭星皆宋祥也是歲樂良王万壽及征東大將軍常山王素並薨二年三月辛巳有長星出天津色赤長匹餘滅而復出大小百數天津帝之都舩所以渡神通四方光大且衆爲人君之事天象若曰是將有千乘万騎之舉而絕逾大川矣是月發卒五千

餘通河西獵道後年八月帝校獵于河西宋主亦大閱舟師巡狩江右云二年九月太白犯南斗斗吳分占曰君死更政大臣有誅者十一月太白犯填填女君也且曰有內兵白衣會至三年九月火犯積尸占曰貴人憂之斧鉞用十月太白犯歲星歲爲人君而以兵喪干之且有死君簒殺之禍是月熒惑守軒轅占曰女主憂之宮中兵亂十一月歲入氐氐爲正寢歲爲有國之君占曰諸侯王有來入宮者五年二月月入南斗魁中犯第四星占曰大人憂太子傷宮中有自賊者又大赦既而宋孝武及宋后相繼崩殂少主荐誅輔臣釁連戚屬君羣下相與殺之而立宋明帝江南大饑且仍有肆眚之令焉先是三年六月太白犯東井七月火入井四年五月金火皆犯上相五年六月火又入井占曰大臣憂斧鉞用六年七月月犯心前星是月宋殺少主其後有乙渾之難五年七月丁未歲星守心心爲明堂歲爲諸侯爲長子入而守之立君之象占曰凡五星守心皆爲宮中亂賊群下有謀立天子者七月己酉

有流星長丈餘入紫微經北辰第三星而滅占曰有大喪九月丁酉火入軒轅十一月長星出織女色正白彗之象也女主專制將由此始是以天視由之長星彗之著易政之漸焉冬熒惑入太微犯上將十二月遂守之占曰公侯謀上且有斬臣六年正月乙未有流星長丈餘首五車抵紫宮西蕃乃滅天象若曰群臣或脩霸刑而干蕃輔之任矣且占曰政亂有奇令四月太白犯五諸侯占曰有專殺諸侯者五月癸卯上

崩于太華殿車騎大將軍乙渾矯詔殺尚書楊寶年等于禁中戊申又害司徒平原王陸麗明年皇太后定策誅之太后臨朝自馮氏始也或曰心爲宋分是歲六月歲星晝見于南斗斗爲天祿兵分也天象若曰或以諸侯干君而代奪之是冬宋明帝以皇弟踐阼孝武諸子舉兵攻之四方響應尋皆伏誅有太白之刑與歲星之祐焉是歲三月有流星西行不可勝數至明乃止至六月己卯又有流星多西南行星衆而小庶人象也星之所首人將從之及宋討孝武諸子大兵首自尋陽進平荆雍其後張永之師敗績于呂梁魏師盡舉淮右俘其人又西流之效也

顯祖天安元年正月戊子太白犯歲星歲星農事也肅殺干之是爲稼穡不登六月熒惑犯鬼占曰旱饑疾疫金革用八月丁亥太白犯房占曰霜雨失節馬牛多死九月甲寅熒惑犯上將太白犯南斗第三星占曰貴人將相有誅者十一月己酉太白又犯歲星或曰歲爲諸侯太白主兵刑之政冄干之事洊也是歲九月州鎮十一旱饑十月宋氏六王皆戮參死明年宋師敗于呂梁江南阻饑牛且大疫其後東平王道符擅殺

副將及雍州刺史據長安反詔司空和其奴討滅之九月詔賜六鎮孤貧布帛宋主以後宮服御賜征北將士後歲夏旱河決州鎮二十七皆饑尋又天下大疫元年六月太白犯左執法十月火又犯之占曰大臣有憂霸者之刑用是歲六月月犯井十月又掩之皇興元年正月月犯井北轅第二星八月又蝕之占曰貴人當之有將死水旱祥也道符作亂之明年司空和其奴太宰李峻皆薨

皇興元年四月太白犯鎮星占曰有攻城略地之事六月壬寅太白犯鬼秦分也二年正月太白犯熒惑占曰大兵起是時鎮南大將軍尉元

征南大將軍慕容白曜略定淮泗明年徐州羣盜作亂元又討平之後歲正月上黨王觀西征吐谷渾又大破之

二年九月癸卯火犯太微上將占曰上將誅先是元年六月熒惑犯氐是歲十一月太白又犯之是爲內宮有憂逼之象占曰天子失其宮四年十月誅濟南王慕容白曜明年上迫於太后傳位太子是爲孝文帝宋志以爲先是此年月頻犯左角占曰天子惡之及上遜位而宋明帝亦殂

高祖延興元年十月庚子月入畢口畢魏分占曰小人固上大人易位國有拘主反臣十二月辛卯火犯鉤鈐鉤鈐以統天駟火爲內亂天象若曰人君失馭或以亂政乘之矣乙巳鎮星犯井夫井者天下之平也而女君以干之是爲后竊刑柄占曰天下無主大人憂之有過賞之事焉二年正月月犯畢丙子月犯東井庚子又如之占曰天下有變令貴人多死者

三年八月月犯太微又羣陰不制之象也是時馮太后宣淫于朝昵近小人而附益之所費以鉅萬億計天子徒尸位而已二年九月河間王閭虎皮以貪殘賜死其後司空東平郡王陸麗坐事廢爲兵既而宮車晏駕或曰月入畢口爲赦令二年正月曲赦京師及秦梁諸鎮星及月犯井皆爲水災且旱祥也是歲九月州鎮十一水旱詔免其田租開倉賑乏

四年九月己卯月犯畢七月丙申太白犯歲星在角丁卯太白又入氐太白有毋后之幾主兵喪之政以干君於外朝而及其宿宮是將有劫殺之虞矣二月癸丑月犯軒轅甲寅又犯歲星

月爲彊大之臣爲主女之象始由后妃之府而干少陽之君示人主以戒敬之備也五年三月甲戌月掩填星天象若曰是又僻行不制而棄其紀綱矣且占曰貴人彊死天下亂三月癸未金火皆入羽林占曰臣欲賊主諸侯之兵盡發八月乙亥月掩畢十一月月入軒轅食第二星至承明元年四月月食尾五月己亥金火皆入軒轅庚子相逼同光皆后妃之謫也天若言曰毋后之釁幾貫盈矣人君忘祖考之業慕匹夫

之孝其如宗祀何是時獻文不悟至六月暴崩實有酖毒之禍焉由是言之皇天有以覩履霜之萌而爲之成象久矣其後文明皇太后崩孝文皇帝方脩諒陰之儀篤孺子之慕竟未能述宣春秋之義而懲供人之黨是以胡氏循之卒傾魏室豈不哀哉或曰太白犯歲於天門以臣伐君之象金火同光又兵亂之徵時宋主昏狂公侯近戚寃死相繼既而桂陽建平王並稱兵内侮矣及宮闕僅乃戡之尋爲左右楊玉夫等所殺或曰月犯歲鎮金火入軒轅皆饑祥也月掩畢主邊兵四年州鎮十三饑又比歲蝗旱太和元年雲中又饑開倉賑之先是四年四月丙午有大星西流殷殷有聲十一月辛未又如之是歲五月宋桂陽王反于江州間歲沈攸之反于江陵皆爲大兵西伐時以江南内携又詔五將伐蜀

太和元年五月庚子太白犯熒惑在張南國之次也占曰其國兵喪並興有軍大戰人主死壬申水土合于翼皆入太微主令不行之象也占曰女主持政大夫執綱國且内亂群臣相殺九月丁亥太白晝見經天光色尤盛更姓之祥也三年九月火犯鬼占曰主以淫泆失政相死之

三年三月月犯心心爲天王又宋分三月填星逆行入太微留左掖門内占曰土守南宮必有破國易代逆行者事逆也自元年三月至二年六月月行五犯太微與劉氏簒晉同占又自元年八月至三年五月月行六犯南斗入魁中斗爲大人壽命且吳分是時馮太后專政而宋將蕭道成亦擅威福之權方圖劉氏宋司徒袁粲起兵石頭沈攸之起兵江陵將誅之不剋皆爲所殺三年四月竟簒其君而自立是爲齊帝是年五月又害宋君于丹陽宮又元年十月月犯昴爲刑獄事二年六月月犯房占曰貴人有誅者或曰月犯斗亦大臣之譴也其後李惠伏誅宜都長樂王並賜死又元年二月壬戌月在井暈參畢兩河五車占曰大赦至八月大赦天下三年正月壬子又暈觜參昴畢五車東井至十月大赦天下

三年自五月至十二月月三入斗魁中四年五月庚戌七月己巳又如之六年二月又犯斗魁第二星占曰其國天人憂不出三年七月丁未十月丙申月再犯心大星自四年正月至六年二月又五干之斗爲爵禄之柄心爲布政之宮月行干而轔之亦以荐矣其占曰月犯心亂臣

在側有亡君之戒人主以善事除殃是時馮太后將危少主者數矣帝春秋方富而承事孝敬動無違禮故竟得无咎至六年三月而齊主殂焉或日月犯斗其國兵憂心又豫州也時比歲連兵南討五年二月大破齊師于淮陽又擊齊下蔡軍大敗之（先是三年八月金犯軒轅四年二月又犯軒轅第二星六年正月又犯軒轅大星八月又犯軒轅左角左角后宗也是時太后淫亂而幽后之姪娣又將薄德天若言曰是無周南之風不足訓也故月太白驟干之）三年九月庚子太白犯左執法十一月丙戌月犯之四年二年辛巳月又犯之九月壬戌太白又犯之五年二月癸夘月犯太微西蕃上將至六年十月乙酉熒惑又犯之夫南宮執法所以糺淫忒成肅雍而上將朝庭之輔也天象若曰王化將弛淫風幾興固不足以令天下矣而廷臣莫之糺弼安用之文明太后雖獨厚幸臣而公卿坐受榮賜者費亦巨億蓋近乎素餐焉其三年九月安樂王長樂下獄死隴西王源賀薨四年正月廣川王略薨襄城王韓頹徙邊七月頓丘王李鍾葵賜死其後任城王雲中山王叡

魏志三　三十五　圭

又薨比年死黜相繼蓋天譴存焉（四年春月又掩火亦大臣死黜之祥也又比年月再犯昴亦爲獄事與白衣之會也）五年九月辛巳塡犯辰星于軫占曰爲饑爲內亂且有雍川溢水之變是歲京師大霖雨州鎮十二饑至六年七月丙申又大流星起東壁光明燭地尾長二丈餘東壁土功之政也是月發卒五万通靈丘道十月己酉有流星入翼尾長五丈餘七星中州之羽儀翼南國也天象若曰將擇文明之士使于楚邦焉明年員外散騎常侍李彪使齊始通二國之好焉（四年正月丁未月在畢暈參井五車赦祥也四月幸廷尉獄錄囚徒明年二月大赦是月月在翼有徧日暈侵五車東井軒轅北河鬼至北斗紫垣攝提六年正月癸亥月在畢暈參兩肩五車胃昴畢至甲戌天下大赦江南嗣君即位亦大赦改元）七年六月庚午辰時東北有流星一大如太白北流破爲三段十月己亥星隕如虹是時太后專朝且多外嬖雖天子由倚附之故有干明之讁焉破而爲三席勢者衆也昔春秋星隕如雨而群陰起霸其後漢成帝時旰日晦冥衆星行隕燿燿如雨而王氏之禍萌至是天妖復見又

魏志三　三十六

與元后同符矣

十年八月辰時有星落如流火三道戊寅又有流星出日西南一丈所西北流大如太白至午西破爲二段尾長五尺復分爲二入雲間仍見者事荐也後代其踵而行之以至於分崩離析乎先是七年十月有客星大如斗在參東似孛占曰大臣有執主之命者且歲旱糴貴十年九月熒惑犯歲星歲主農事火星以亂氣干之五稼旱傷之象也占曰亢陽以饉人不安自八年

至十一年黎人阻饑且仍歲災旱八年正月辛巳月在畢暈井歲星觜參五車占曰有赦糴貴其年六月大赦冬州鎮十五水旱人饑九年正月月在參暈觜參兩肩五車爲大赦爲水戊申月犯井爲水祥也是歲冀定數州大水人有鬻男女者京師及州鎮十三水旱傷稼明年大赦

十一年三月丁亥火土合于南斗塡爲履霜之漸斗爲經始之謀而天視由之所以爲大人之戒也占曰其國内亂不可舉事用兵是時齊主持諸侯王酷甚雖酒食之饋猶裁之有司故天若言曰非所以保根固本以貽長代之謀也内亂由是興焉五月丁酉太白經天晝見庚子遂犯畢畢又邊兵也是歲蠕蠕寇邊明年齊將陳達伐我南鄙滔澧陽閒歲而齊君子子響爲有司所御遂憤怒而反伏誅及齊主殂而西昌侯篡之高武子孫所在棊布皆拱手就戮亦齊君自爲之焉十一年六月乙丑月犯斗丙寅遂犯建星亦圖始之謀也十二年七月月犯牛十三年六月又掩之明年八月又犯之牛主吳分占曰國有憂大將戮亦江南兵饉之徵也

七月癸丑太白犯軒轅大星八月甲寅又犯之皆女君之謫也天象若曰軒轅以毋萬物由后妃之毋兆人也是固多穢復將安用之其物類

之感又稼穡之不滋候也是歲年穀不登聽人出關就食明年州鎮十五皆大饑詔開倉賑乏閒歲太后崩是歲月三入井金又犯之占曰陰陽不和不爲水患且大旱其後連年亢陽而吳中比歲霖雨傷稼也

十二年三月甲申歲星逆行入氐甲申皆齊分也占曰諸侯王而升爲天子者逆行者其事逆也先是去年十月歲辰太白合于氐是謂驚亡絶行改立王公是歲四月月犯氐氐與歲同舍六月丁巳月又入氐犯歲星月爲彊大之臣歲爲

少君也與歲同心內宮而干犯之彊宗擅命逼
奪其君之象也再干之其事荐至
十三年三月庚申月犯歲十五年六月又犯之
歲星不在宿宮是為彊侯之譴江南太子賢王
相次薨殁既而齊武帝殂太孫幼沖西昌輔政
竟殺二君而篡之月再犯于氐及逆行之效也
或曰月犯木饑祥也時比歲稼穡不登又十二年正月戊戌月犯左角十一月丙寅又如之七月金又犯左角角為外朝且兵政也占曰不出三年天下有兵主子死大君惡之至十四年有子響誅間歲而齊室亂
十二年四月癸丑月火金會于井辛酉金犯火

甲戌火水又俱入井皆雨暘失節萬物不成候
也且曰王業將易諸侯貴人多死是歲月行四
入氐十月辰星入之閏月丁丑火犯氐乙卯又
入之占曰大旱歲荒人且相食國易政君失宮
遠期五年氐又女君之府也是歲雨雍及豫州
旱饑明年州鎮十五大饉至十四年太后崩時
江南北連歲災雨至十七年有劫殺之禍誅死
相踵焉是歲月三犯房十三年四月又犯之七月至十月再犯鍵閉占曰有亂臣不出三年伐其主自十二年七月至十四年八月月再犯牛又再以掩之凡六犯牛且掩之牛為吳越饉祥也畢魏分且曰貴人多死免者十二年九月司徒淮

南王佗薨十三年光州人王泰反章武汝陰南頓三王皆坐贓
廢安豐王猛司空荀頹並薨十四年池豆干及庫莫奚頻犯塞
京兆王廢為庶人

天象志一第三　　魏書一百五

魏收書天象志第一卷載天及日變第二卷
載月變第三第四卷應載星變今此二卷天
日月星變編年惣繫魏及南朝禍咎蓋魏收
志第三第四卷亡後人取佗人所撰志補足

之魏澹書世已無本据目録作西魏帝紀而
元善見司馬昌明劉裕蕭道成皆入列傳此
志主東魏而晉宋齊梁君皆稱帝號亦非魏
澹書明矣唐書經籍志有張太素魏書一百
卷故世人疑此二卷為太素書志崇文惣目
有張太素魏書天文志二卷今亦亡矣惟昭
文館有史館舊本魏書志第三卷前題朝議
郎行著作郎脩國史張太素撰太素唐人故
諱世民等字

太和十二年十一月戊午太白犯歲又犯火喪疾之祥占曰國無兵憂則君有白衣之會景寅火又犯木占曰內無亂政則主有喪戚之故十二月壬寅太白犯塡占曰金爲喪祥后妃受之十三年二月熒惑犯塡占曰火主凶亂女君應之皆文明太后之讁也先是十一年六月甲子歲星晝見十二月甲戌又晝見是歲六月又如之歲而麗于大明少君象也是時孝文有仁聖

之表而太后分權以干冒之及帝春秋方壯始將經緯禮俗財成國風故比年女君之讁屢見而歲星竊盛至于不可掩奪矣且占曰木晝見主有白衣之會是歲九月丙午有大流星自五車北入紫宮抵天極有聲如雷占曰天下大凶國有喪宮且空夫五車君之車府也天象若曰是將以喪事有千乘万騎而舉者大有聲其事昭盛至十四年三月塡星守哭泣占曰將以女君有哭泣之事四月丙申火犯鬼喪祥也六月

有大流星從紫宮出西行天象又曰人主將以喪事而出其宮八月月太白皆犯軒轅九月癸丑而太皇太后崩帝哭三日不絕聲勺飲不入口者七日納菅屨徒行至陵其反亦如之哀毀骨立杖而後起雖殊俗之萌矯然知感焉自九月至于歲終凡四謁陵又荐出紫宮之驗也十四十年十一月月犯塡星十二月月犯軒轅十五年十月月犯塡又犯軒轅八月又犯之九月月掩塡星十七年正月月又犯軒轅皆女君之[illegible]也是時林貴人以故事薨及馮貴人爲后而其姊譖之至二十年竟坐廢黜以憂死幽后繼立又以淫亂不終

十三年十二月戊戌塡星辰星合于須女女齊

吴分占曰是爲雍沮主令不行且有陰親者至十四年三月庚申歲星守牛占曰其君不愛親戚貴人多喪又饉祥也是歲太白三犯熒惑十月太白入氐十一月有大流星從南行入氐甲申齊邦之物也金火相鑠爲兵喪爲大人之讁天象若曰宿宮有兵喪之故盛大者循而殘之處其寢廟之中矣至十五年三月壬子歲犯塡在虛三月癸巳木火土三星合宿于虛甲午火土相犯虛齊也占曰其國亂專政內外兵喪故

立侯王九月乙丑太白犯斗第四星戊子有大流星起少微入南宫至帝坐主有盛大之臣乘賢以侮其君者且占曰大人易政至十七年正月戊辰金木合于危危亦齊也是爲人君且罹兵喪之變四月戊子太白犯五諸侯占曰有擅刑以残賊諸侯者至七月齊武帝殂西昌侯以從子干政竟殺二君而自立是爲齊明帝於是高武諸子王侯數十人相次誅夷殆無遺育矣雖繼體相循實有準命之禍故天適仍見云

自十五年至十七年月行七犯建星建星爲忠臣之輔經代之謀又昊之分也十五年冊犯牽牛十六年至十七年又四犯南斗是謂臣干天祿且曰大人多死者又十五年七月金入太微十七年火入太微宫反臣之戒是歲月行四入太微十七年六入太微比歲凡夷其宗室亦積忍酷甚也

十五年四月癸亥熒惑入羽林十六年二月壬子太白入羽林占曰天下兵起三月巳卯四月丙午五月甲戌十月辛卯月行皆入羽林十七年四月壬寅八月辛卯十二月辛巳又如之先是陽平王頤統十二將軍騎士七万比討蠕蠕是歲八月上勒兵三十餘万自將擊齊由是比歲皆有事于南方

十五年三月犯畢十一月又犯之十六年五月及七月月再入畢八月十一月又再犯之十七年八月又入畢畢爲邊兵占曰貴人多死十五年六月濟陰王鬱彰陽死十七年南平王霄三老尉元皆死十八年安定王休死十九年司徒馮誕太師馮熙廣川王諧皆死

十七年二月庚戌火土合于室室星先王所以制宫廟也熒惑天視填爲司空聚而謀之其相宅之兆也且緯曰人君不失善政則火土相扶卜洛之業庶幾興矣是歲九月上罷擊齊始大議遷都冬十月詔司空穆亮將作董邇繕洛陽宫室明年而徙都之於是更服色殊徽号文物大備得南宫之應焉

凡五星分野熒惑統朱鳥之宿而填以軒轅寓之皆周鶉火之分室又井州之分是爲步自井州而經始洛邑之祥也

十七年二月丁丑太白犯井辛丑又犯鬼五月戊午晝見九月又如之是謂兵祥雍州也是月火木合于婁婁爲徐州占曰其地有亂万人不安八月辛巳熒惑入井占曰兵革起明年二月詔征南將軍薛眞度督四將出襄陽大將軍劉昶出義陽徐州刺史元衍出鍾離平南將軍劉薛出南鄭皆爲雍徐方之分後年正月平南王

蕭大敗齊師于義陽降者萬餘己亥上絕淮登八公山並淮而東及鍾離乃還至十九年六月庚申金木合于井七月火犯井三十一年十一月大敗齊師于沔北明年春復大破之下二十餘城於是悉定沔漢諸郡時江南僞立雍州於襄陽以懟牧西土遺黎故與東井同候

十八年四月甲寅熒惑入軒轅后妃之戒也是時左昭儀得幸方譖訴馮后上蠱而惑之故天若言曰夫膚受之微不可不察亦自我天視而降鑒焉至十九年三月月犯軒轅二十年七月辛巳又掩填星是月馮后竟廢尋以憂死而立左昭儀是爲幽后明年追廢林貞后爲庶人二十二年正月月又掩軒轅十一月又彗星起軒轅歷鬼南及天漢天又若曰是固多穢德宜其彗除矣行歷鬼又彊死之徵明年幽后賜死也十九年六月壬寅熒惑出于端門占曰邦有大獄君子惡之又更紀立王之戒也明年皇太子恂坐不軌黜爲庶人至二十一年十月壬午熒惑歲星合於端門之内歲爲人君火主死喪之禮而陳于門庭大喪之象也二十二年二月乙

丑木火合于掖門内是夕月行逮之三月丙午木火俱出掖門外再合一相犯月行逮之后妃預有咎焉明年四月宮車晏駕夫太微禮樂之庭也時帝方脩禮儀正喪服以經人倫之化竟未就而崩少君嗣立其事復寢縉紳先生咸哀慟焉故天視奉而脩之是以徘徊南宮蓋皇天有以著慎終歸厚之情或曰合于天庭南方有反臣之戒是時齊明帝殂比及三年而亂兵四交宮掖既而蕭衍戡之竟覆齊室云二十一年十一月有流星照地至天津而滅占曰將有樓船之攻人君以大衆行二十二年而上南伐是歲之正月有流星大如三斗瓶起貫索東北流光燭地經天棓乃滅有聲如雷天棓天子先驅也占曰國中貴人有死者且大赦至三月上南征不豫詔武衞元嵩詰洛陽賜皇后死

世宗景明元年四月壬辰有大流星起軒轅左角東南流色黃赤破爲三段狀如連珠相隨至翼左角后宗也占曰流星起軒轅女主後宮多讒死者翼爲天庭之羽儀王室之蕃衞彭城國焉又占曰流星于翼貴人有憂縶是時彭城王忠賢且以懿親輔政借使世宗諒陰恭己而脩

成王之業則宜尚祖之道庶幾興焉而阿倚母族納高肇之譖明年彭城王竟廢後數年高氏又嬀于后而以貴嬪代之由是小人道長讒亂之風作矣夫天之風戒肇于履端之始而没身不悟以傷魏道豈不哀哉或曰軒轅主后土之養氣而庇祐下人也故左角謂之少人焉天象若曰人將喪其所以致養幾至流亡離析矣是歲北鎮及十七州大饑人多就食云是歲十二月癸未暈太微既而有白氣長一丈許南抵七星俄而月復暈北斗大角爲君以兵自衛又赦祥也且爲立君之戒時蕭衍立少主於江陵改元大赦尋代金陵

以長圍逼之又二年正月月暈井參觜昴五車占曰貴人死大赦是歲廣陵王羽薨二月至秋再大赦二年正月巳未金火俱在奎光芒相掩爲兵喪爲逆謀大人憂之野有破軍殺將奎徐方也三月丁巳有流星起五諸侯入五車至天潢散絕爲三光明燭地五車所以輔衰替之君也流星自五諸侯干之諸侯且霸而脩兵車之會分而爲二距乏疑之君幾將並立焉魏收以爲流星出五車諸侯有反者至五月咸陽王禧謀反賜死戊午塡星在井犯鉞相去二寸占曰人君有戮死者時蕭衍起兵襄陽將討東昏之

亂是月推南康王寶融爲帝踐阼于江陵於是齊有二君矣至八月戊午金火又合于翼楚分也十一月甲寅金水俱出西方占曰東方國大敗時蕭衍已舉夏口平尋陽遂泝流而東東主之師連戰敗績於是長圍守之十二月齊將張稷斬東昏以降又戮主之徵至三年正月火犯房北星光芒相接癸巳填星逆行守井北轅西星皆大臣賊主更政立君之戒也三月金水合於須女女齊分金水合爲兵誅二月丁酉有流

星起東井流入紫宮至北極而滅東井雍州之分衍憑之以興且西君之分使星由之以抵辰極是爲禪受之命且爲大喪是月齊諸侯相次伏誅既而西君錫命衍受禪于建康是爲梁武帝戊辰而少主殂自二年至三年月六犧犯斗魁七月火犯斗皆吳分也時江南北歲大饑又連兵北鄙負敗相逮又二年七月暈婁內青外黃轢昴畢天船大陵卷舌奎舩爲徐會又赦祥也且曰多死喪三月青齊徐兗餓死万餘人七月大赦三年八月月暈外青內黃轢昴畢婁胃五車占曰貴人多死十二月月犯昴環月太傅平陽王丕薨後年正月大赦三年八月丙戌有大流星起天中北流大如二

斗器占曰有天子之使出自中京以臨北方至四年九月壬戌有大流星起五車東北流占曰有兵將首于東北是歲二月辛亥三月丁未月再掩太白皆大戰之象也庚辰揚州諸將大破梁師于陰陵十一月左僕射源懷以便宜安撫北邊明年二月又大破梁師于邵陵九月蠕蠕犯邊復詔源懷擊之是歲七月月暈昴畢觜參井五車占曰旱大赦又再暈軒轅太微明年正月月暈五車東井兩河鬼輿星是月大赦改元六月以亢陽詔撤樂減膳

正始元年正月戊辰流星如斗起相星入紫宫

抵北極而滅夫紫宫后妃之內政而由輔相干之其道孛矣且占曰其象著大有非常之變至二年六月癸丑有流星如五斗器起織女抵室而滅占曰王后憂之有女子白衣之會往反營室覺歸後庭焉三年正月巳亥有大流星起天市垣西貫紫蕃入北極市垣之西又公卿外朝之理也占曰以目犯主天下大凶明年高肇欲其家擅寵乃鴆殺于后及皇子昌而立高嬪為后先是景明四年七月太白犯軒轅大星至二年六月木犯昴占曰人君有白衣之會同上

三年六月丙辰太白晝見占曰陰國之兵强八月梁師寇邊攻陷城邑秋九月安東將軍邢巒大破之宿豫斬將三十餘人捕虜數万十月甲寅月犯太白又大戰之象明年中山王英敗績于淮南士卒死者十八九又元年正月月暈胃昴畢五車戊午又暈五車東井兩河鬼輿星二月甲申又暈昴畢觜參三年正月月暈太微軒轅皆為兵赦是月皇子生大赦天下

四年七月己卯有星孛于東北占曰是謂天讒大臣貴人有戮死者凡孛出東方必以晨乘日而見亂氣蔽君明之象也昔魯哀公十三年十

一月有星孛于東方明年春秋之事終是謂諸夏微弱蠻夷迭霸田氏專齊三族擅晉卒以干其君明而代奪之陵夷遂為戰國天下橫流矣今孛星又見與春秋之象同天戒若曰是居太陽之側而干其明者固多穢德可彗除矣而君不悟衰替之萌將繇此始乎是歲高肇鴆后及皇子明年又譖殺諸王天下寃之肇故東夷之俘而驟更先帝之法累搆不測之禍干明孰甚焉魏氏之孛亂自此始也

永平元年三月戊申熒惑在東壁月行掋之相距七寸光芒相及室壁四輔君之內宮人主所以庇衛其身也天象若曰且有重大之臣屏藩王室者將以讒賊之亂死於內宮又曰諸侯相謀五月癸未塡星逆行太微在左執法西是爲后黨持政大夫執綱而逆行侮法以啓蕭墻之內是月月犯畢六月又掩之占曰貴人有死者庚辰太白歲星合于柳柳爲周分且占曰有內兵以賊諸侯八月京兆王愉出爲冀州刺史恐

不見容遂舉兵反以誅尚書令高肇爲名與安樂王詮相攻于定州九月太師彭城王勰死于禁中愉亦死之或曰柳豫州分所合之野謀兵有戰野拔邑事至十一月丙子流星起羽林南大如椀色赤有黑雲東南引如一匹布橫北轢星占曰禁兵起所首召之是歲豫州人白早生殺刺史司馬悅以城降梁遣尚書邢巒擊之十二月巒拔懸瓠斬早生

二年三月丁未有流星徑數寸起自天紀亭于市垣光芒燭地有尾跡長丈餘凝著天天象若曰政失其紀而亂加乎人浸以萌矣是將以地震爲衛地震者下土不安之應也是月火入鬼距積尸五寸積尸人之精爽而炎氣加之疫祥也四月乙丑金入鬼去積尸一寸又以兵氣干之殭死之祥也踰逼者事芒鬼主驕亢之戒故金火荐災其人以警而懼之五月太白犯歲光芒相觸占曰兵大亂歲饑不出三年七月庚辰有流星起螣蛇入紫宮抵北極而滅天戒若曰彼光後王道者疑以馭陰陽之變矣將有水旱之沴地震之祥而後災加皇極焉明年夏四月平陽郡大疫死者幾三千人平陽鬼星之分也

秋州郡二十大水冀定旱饑四年朐山之役喪師殆盡其後繁畤桑乾靈丘秀容鴈門地震陷裂山崩泉涌殺八千餘人延昌三年詔曰氐歲山鳴地震于今不已朕甚懼焉至正月宫車晏駕七年十一月丙戌月奄畢大星至三年八月火犯積尸占曰貴人死又饑疫祥也比年水旱災疫是月中山王略薨明年春司徒廣陽王嘉薨

二年九月甲申歲星入太微距右執法五寸光明相及十二月乙酉逆行入太微奄左執法三年閏月壬申又順行犯之相去一寸保乾圖曰

臣擅命歲星犯執法是時高肇方爲尚書令故歲星反復由之所以示人主也天若言曰政刑之命亂矣彼居重華之位者盍將反復而觀省焉今雖厚而席之適所以爲禍資耳且占曰中坐成刑遠期五年閒五歲而肇誅（四年四月庚午熒惑犯軒轅大星至五月入太微距右執法三寸光芒相接熒惑天視也始由軒轅而省執法之位其象若曰是居后黨而擅南宮之命君其降監焉其應與歲星同也）

四年正月戊戌有流星起張西南行殷殷有聲入參而滅張河南之分參爲兵事占曰流星自

東方來至伐而止有來兵大敗吾軍有聲者怒也先是去年十一月月犯太白是歲又犯之在胃八月辛酉又犯之胃爲徐方大戰之象也十月戊寅有大流星孛于羽林南流色赤殊落下入濁氣孛然而流王師潰亂之兆先是梁朐山鎮殺其將來降詔徐州刺史盧昶援之十二月昶軍大敗於淮南淪覆十有餘万（是歲七月乙巳有流星起北斗魁前西北流入紫宮至北極而滅占曰不出朞年兵起且亡君戒是歲有朐山之役閒歲而帝崩）

四年十二月己巳歲星犯房上相相距一寸光芒相及至延昌元年三月丙申歲星在鈎鈐東五寸距鍵閉三寸丙午又奄房上相天象若曰夫鈐鍵之繫君上所宜獨操非驂服所當共也先是高肇爲尚書令而歲星三省執法是歲至升爲司徒猶怏怏不悅而歲星又再循之所以示人主審矣閒二歲而上崩肇亦誅滅（或曰木與房合主喪水又元年二月月暈井鬼軒轅十月又暈井五車參畢皆水旱饑赦之祥自元年二月不雨至六月雨大水二年四月庚子出絹十五万匹賑河南饑人是夏州郡十二大水八月滅天下殊死）

二年四月庚午熒惑犯軒轅大星十月壬申月

失行犯軒轅大星至延昌元年三月塡星在氐守之九十餘日占曰有德令拜太子女主不居宮至十月立皇太子賜爲父後者爵旌孝友之家至二年三月乙丑塡星守房占曰女主有黜者以地震爲徵地震者陰盈而失其性也四月丙申月掩塡星七月戊午又如之是爲后妃有相遷奪者且曰女主死之時比歲地震至三年八月太白又犯軒轅十二月月掩熒惑皆小君之適也時高后席寵凶悍雖人主猶畏之莫敢

動搖故世宗徿嗣幾絕明年上崩后廢爲尼降居瑤光寺尋爲胡氏所害以厭天變也

延昌元年八月己未有流星起五車西南流入畢畢邊兵也占曰有兵車之事以所直名之至二年十一月戊午又有流星起五車西南流殷殷有聲憑怒者事盛也十二月己卯有流星西南流分而爲二又偏師之象也至三年六月辛巳太白晝見占曰西兵大起有王者之喪十一月大將軍高肇伐蜀益州刺史傅豎眼出北巴

平南羊祉出涪安西奚康生出綿竹撫軍甄琛出劍閣會帝崩旋師先是元年三月己酉木土相犯占曰人君有失地者將死之又曰先作事者敗兵起必受其殃三年九月太白掩右執法是爲大將軍有羅刑辟者先是二年二月梁郁洲人徐玄明斬大將張稷來降及肇出征退亦就戮

元年三月乙未有流星起太陽守歷北斗入紫宮抵北極至華蓋而滅太陽守所以弼承帝車大臣之象今使星由之以語天極之位臣執國命將由此始乎且占曰天下大凶主室其空先是去年八月至十月月再入太微是歲三月又如之十二月甲戌月犯火于太微占曰君死不出三年貴人奪權失勢二年三月辛酉熒惑又犯太微占曰天下不安有立君之戒九月丁卯入太微犯屏星明年正月而世宗崩於是王室遂卑政在公輔三年二月月暈畢昴五車太白東井占主赦是月太白失行在天關北占有關梁之兵道不通明年正月肅宗立大赦天下二月梁將任太洪帥衆寇關城

四年五月庚戌九月乙丑十月癸巳月皆犯太微中歲而驟干之彊臣不御執法多門之象也閏月戊午月犯軒轅又女主之謫十一月庚寅

木火會于室相距一尺至甲午火徙居東北亦相距一尺室爲後宮火與木合曰內亂環而營之或淫事干逼諸侯之象占曰姦臣謀大將戮若有夷族之害以赦令除之先是三年九月太白犯執法是歲八月領軍于忠擅戮僕射郭祚九月太后臨朝淫放日甚至逼幸清河王懌其後羽林千餘人焚征西將軍張彝宅辜死者百數朝廷不能討於是大赦原羽林亦營室之故也魏收以爲月犯太微大臣有死者其後安定王薨月犯軒轅女主憂之其後皇太后高尼崩于瑤光寺營室又主土

功也胡太后害高氏以厭天變乃以后禮葬之

四年十月太白犯南斗斗爲吴分占曰大兵起先是三年四月有流星起天津東南流轢虚危天津主水事且曰有大衆之行其後梁造浮山堰以害淮泗諸將攻之是歲閏月有大犇星起七星南流色正赤光明燭地尾長丈餘歷南河至東井七星河南之分也流星出之有兵起施及東井將以水禍終之又占曰所與城等疑是時鎮南崔亮攻梁師于硤石明年二月鎮東蕭寶夤大破梁淮北軍九月淮堰決梁人十餘萬口皆漂入海

肅宗熙平元年三月丙子太白犯歲星十二月甲辰月犯歲星是謂彊盛之陰而陵少陽之君歲又諸侯也天象若曰始由内亂干之終以威刑及之是歲正月熒惑犯房四月庚子又逆行犯之癸卯月又犯房占曰天下有喪諸侯起霸將相戮十一月大流星起織女東南流長且三丈光明照地占曰王后當之有女子白衣之會閒歲高太后殂司徒國珍薨中宫再有喪事其後僕射于忠司徒任城王澄薨既而太后幽逼清河中山王戮死或曰月太白犯歲星饑祥也火犯房陳兵滿野有饑國且大赦又元年十二月月暈井觜參五車占曰水旱有赦至二年正月大赦十月幽冀滄瀛大饑是月月再暈畢參五車占曰饑赦明年幽州大饑死者數千人自正月不雨至六月是歲四夷反叛兵大出又赦改元

二年六月癸丑有大流星出河鼓東南流至牛十一月流星起河鼓色黄赤西南流長且三丈有光照地至神龜元年四月壬子有流星起河鼓西北流至北斗散滅河鼓鼓旗之應也故流星出之兵出入之兵入昔宋泰始初大流星出自河鼓西南行竟夜有小星百數從之既而諸侯同時作亂至是三出河鼓秦州屬國羌及南秦東益氏皆反七月河州人却鐵忽與群盜又起自稱水池王詔行臺源子恭及諸將四出征之朝廷多事故天應屢見云

神龜二年四月甲戌大流星起天市垣西東南流轢尾光明燭地天象若曰將作大衆而從后妃之事矣以所首名之是歲九月太后幸嵩高

或曰市垣所以均國風尾幽州也明年詔尚書長孫稚撫巡北蕃觀省風俗二月丙辰月在參暈井觜參歲星五車占曰有死相且赦明年諸王多伏辜平又大赦

二年八月己亥太白犯軒轅是月月又犯之至正光元年正月月又犯軒轅大星四月庚戌金火合于井相去一尺占曰王業易君失政大臣首亂將相戮死以用師大敗五月丙午太白犯月相距三寸占曰將相相攻秦國有戰七月太白犯角角天門也是爲兵及朝庭占曰有謀不

成破軍斬將是月侍中元乂矯詔幽太后于北宮殺太傅清河王懌八月中山王熙起兵誅元乂不克遇害明春衛將軍奚康生謀討乂于禁中事泄又死是冬諸將伐氐官軍敗績

正光元年九月辛巳有彗星光爛如火出于東方陰動爭明之異也感精符曰天下以兵相威以勢相乘至威疑亂起布衣從衡禍未庸息帝宮其空昔正始中天讒孛于東北是歲而攝提復周故天象若曰夫讒之亂萌有自來矣彗除之象今則著矣戰國之禍將由此作乎間三年而北鎮肇亂關中迹之自是姦雄鼎沸覆軍相踵其災之所及且二十餘年而猶未弭焉梁志曰九月乙亥有星晨見東方光如火占曰國皇見有內難急兵明年義州反乙亥去辛巳凡六日而北方覩之其氣蓋同矣始于其明以妖南國既又彗而布之以除魏邦

二年四月甲辰火土相犯於危十一月辛亥金土又相犯于危危存亡之機太白司兵熒惑司亂而玄枵司人土下之所係命也三精游聚群臣叶謀以濟屯復之運焉占曰天下方亂甲兵

大起王后專制有虛國徙王至四年四月己未火土又相犯于室是謂後宮內亂且占曰欲殺主天子不以壽終或曰魏氏軒轅之裔填星之物也赤靈爲母白靈爲子經綸建國之命所以傳檄亂之君也其受之者將在并州與有齊之國乎其後太后淫昏天下大壞上春秋方壯誅諸佞臣由是鄭儼等疎懼遂説太后鴆帝既而尒朱氏興于并州終啓齊室之運卜洛之業遂丘墟矣二年十月月掩心大星至三年正月月掩心距星四月丁丑又如之占曰亂臣在側[illegible]五年間[illegible]

歲而書
宗崩

三年七月庚申有大流星如五斗器起王良東北流長一丈許王良主車騎且曰有軍涉河昭盛者事大是日月在昴北三寸十一月乙卯又如之是謂兵加匈奴且胡王之謫也先是蠕蠕阿那瓌失國詔北鎮師納之是歲八月蠕蠕後主來奔懷朔鎮閒歲阿那瓌背約犯塞詔尚書令李崇率騎十万討之出塞三千餘里不及而還二年九月庚戌月暈胃昴畢五車辛亥又暈之占曰饑旱有赦至三年九月月奄畢暈昴畢觜參五車是歲夏大旱十二月大赦

三年二月丁卯月奄太白京師不見涼州以聞占曰天下大兵起涼州獨見災在秦也三月癸卯有大流星起西北角流入紫宮破為三段光明照地角星主外朝兵政流星由之將大出師之象若曰將以兵革之故王室分崩入抵紫宮天下大凶有虛國之象四月癸酉有大奔星歷紫微入北斗東北首光明燭地殷然如雷盛怒之象也皆以所直名之至四年八月乙亥月在

畢奄熒惑又邊城兵亂之戒也十月乙卯太白入斗口距第四星三寸光芒相奄占曰大兵起將戮辱又吳分也五年正月沃野鎮人破落汗拔陵反臨淮王彧征之敗績于五原六月莫折大提反於秦雍州刺史元志討之又大敗於隴東明年南方諸將頻破梁師至八月杜洛周起上谷其後鮮于脩禮反定州王師比歲北征冀方大震既而葛榮承之普陷河北五年二月月在參暈觜參五車東井熒惑八月又暈之閏月月在張翼暈軒轅太微占曰兵起士卒多遷走一日士卒大聚又皆赦祥也是時徵調暴起兵

相踏藉又有詔內外戒嚴將親征自二月至六月乃大赦天下十月月在畢暈昴畢觜參後年春又大赦先是二年九月歲星犯左執法至三年正月癸丑又逆行犯之相去四寸光芒相及五月丙辰歲星又奄左執法是時宦者劉騰與元叉叶謀遂總百揆之任故歲星反覆由之與高肇同占至四年二月騰死又由是失援其年十一月庚戌歲星犯房上相相距二寸光芒相奄五年四月己丑歲星又逆行犯之明年皇太后反政叉遂廢黜昔高肇為尚書令而歲星三省之及升于上相

歲星亦再循之至是三犯執法而騰死再干上相而又敗曠宮之譴異代同符矣

孝昌元年五月太白犯軒轅八月在張角盛大占曰有暴酷之兵張河南也十二月火入鬼又犯之占曰大賊在大人之側后以淫泆失政又秦分也二年正月癸卯金木相犯於牛十一月戊申又相犯于女歲所以建國均人女爲蠶妾牛爲農夫天象若曰是將罹以寇戎而喪其耕織之務矣且曰有亂兵大戰而波及尊矣是歲

八月甲申月在胃奄鎮星閏月癸酉又奄之三年正月戊辰又奄之是爲女君有罹兵刑之禍者涉干之事甚而衆也又占曰天下大喪无主貴人兵死國以滅亡又二年三月奔星大如斗出紫微東北流光照地占曰王師大出邦去其君六月有奔星如斗起大角入紫宮而滅棟星以肆覲群后而敷威令于四方也今大號由之以詔天極不以逆乎且有空國徙王之戒焉十月有星入月中而滅占曰入而無光其國亡滅

星反出者亡國復立是歲四月至三年九月熒惑再犯軒轅大星武泰元年正月又逆行之占曰主命將失女君之象亂逆之災三月庚申月奄畢大星占曰邊兵起貴人多死者是時淫風滋甚王政盡弛自大河而北極關而西覆軍屠邑不可勝計既而蕭寶寅叛于雍州梁師驟伐淮泗連兵責士万姓嗷嗷喪其樂生之志矣是歲二月帝竟以暴崩四月尒朱榮以大兵濟河執太后及幼主沈諸中流害王公以下二

千遂專權晉陽以令天下焉三年正月癸酉月在井暈觜參兩河五車七月大赦明年少主立又大赦

莊帝永安元年七月癸亥太白犯左角相距四寸光芒相奄兵及朝庭之象占曰大戰不勝貴人有來者其謀不成至二年閏月熒惑入鬼犯積尸占曰兵起西北有鈇鉞之誅是歲北海王顥以梁師陷考城執濟陽王暉業乘虛逐勝遂入洛陽至七月王師大敗之顥竟戮死有謀不成之驗明年尒朱天光擊反虜万俟醜奴及蕭

寶寅于安定克之咸伏誅
二年十一月熒惑自鬼入太微西掖門犯上將出東掖門犯上相東行累日句已去來復逆行而西十二月乙丑月又奄之至三年正月癸未逆行入東掖門已丑月入太微襲熒惑辛卯月行太微中又暈之三月已卯在右執法北一尺五寸留十四日至壬辰月又奄之復順行而東四月戊午月又于太微而暈己未熒惑出端門在左執法南尺餘而東自魏興以來未有循環

反復若此之莽也是時孝莊將誅權臣有興復魏室之志是以誠發於中而熒惑咨謀於上焉其占曰有權臣之戮有大兵之亂貴人以彊死而天下滅亡至五月已亥太白在參晝見參為晉陽之墟天意若曰干明之釁募於是乎在矣七月甲午有彗星晨見東北方在中台東一丈長六尺色正白東北行西南指丁酉距下台上星西北一尺而晨伏庚子夕見西北方長尺東南指漸移入氐至八月已未漸見癸亥滅占曰彗出太階有陰謀姦宄興凡天事為之徵形以戒告人主始滌公輔之穢而彗除之權臣將滅之象再于太陽之明而後陵奪之逆亂復興之象也三月而見者變近敵也宄于內宮者反仇其上也近期在衝遠期一年先是二月壬申有大流星相隨西北尾迹不絕以千計西北直晉陽之墟而微星庶人所以載皇極也人從而君從之是月戊戌有大奔星自極東貫紫宮而出影迹隨之遷君之應至九月上誅太原王榮上黨

王天穆于明光殿是夕尒朱氏黨攻西陽門不克退屯河陰十二月洛陽失守帝崩于晉陽自是南宮版蕩劫殺之禍相踵先是永安元年七月丙子十一月丙寅十二月癸巳月皆奄畢大星至二年三月乙卯月入畢口八月乙丑又距畢左股二寸光芒相奄須臾入畢口十二月丙辰奄畢右股大星三年六月乙巳又犯畢大星八月庚申入畢口犯左股大星是月辛丑太白犯軒轅明年五月月又犯畢右股遂入之畢星

所以建魏國之命也占曰天下有變其君大憂邊兵起上將戮月洊于之事甚而衆及尒朱兆作亂奉長廣王爲主号年建明明年二月又廢之而立節閔六月高歡又推安定王爲帝於信都復黜之後更立武帝於是三少王相次崩殂又洛陽再陷六宮汙辱有兵及軒轅之效焉永安二年十月辛亥十二月丁巳月皆在畢暈昴畢觜參五車普泰元年正月巳丑月在角暈軫角五車亢連環暈北斗大角織女十月又暈昴畢觜參井五車是時肆赦之令歲月相踵

節閔普泰元年五月辛未太白出西方與月並

間容一指戰祥也先是去年十一月辛丑月在太白北不容一指占曰有破軍殺將主人不勝既而尒朱氏南侵王師敗績至是又與月合幾將復之乎十月甲寅金火歲土聚于觜參甚明大晉魏之墟也且曰兵喪並起霸君興焉是時勃海王歡起兵信都改元中興至十一月巳卯奔星如斗起太微東北流光明燭地有聲如雷占曰大臣有外事以所首事命之或曰中國失君有立王遷主著而有聲者盛怒也是時尒朱

氏成師北伐明年三月癸巳火逆行犯氐占曰天子失其宮閏月庚申歲星入鬼犯天尸占曰有戮死之君既而尒朱兆等大敗于韓陵覆師十餘万四月武帝即位比及歲終凡殺三廢帝

孝武永熙元年九月太白經天十一月辛丑有大流星出昴北東南流轢畢貫參光明照地有聲如雷天象若曰將有髭頭之兵憑陵塞垣與大司馬合戰明年正月丁酉勃海王歡追擊兆等于赤洪嶺大破之尒朱氏殲焉

二年四月太白晝見九月丁酉火木合于翼相去一寸光芒相奄占曰是謂内亂姦臣謀人主憂甲寅金火合于軫相去七寸光芒相及占曰是謂相鑠不可舉事用兵翼軫南宫之蕃又荆州也至三年三月癸巳有奔星如三斛甕起匏瓜西流入市垣有光燭地迸流如珠尾跡數丈廣且三尺凝著天狀如蒼白雲須臾屈曲蛇行匏瓜爲陰謀星大如甕爲發謀舉事光盛且大人貴而衆也以所首名之且爲天飾王者更均

封疆是時斛斯椿等方説上伐高歡荆州刺史賀拔岳預謀焉高歡知之亦以晉陽之甲來赴七月上自將十餘萬次河橋望歡軍憚之不敢戰遂西幸長安至十月勃海王更奉孝靜爲主改元天平由是分爲二國更均封疆之應也是月歡命侯景攻荆州拔之勝南奔是年三月庚子木逆行在左執法北一寸光芒相奄五月甲申又在執法西半寸乍見乍不見占曰疆臣擅命改政更元十二月上崩由是高歡宇文泰擅權兩國又二年十一月乙丑三年八月庚午十二月庚申月皆在畢暈畢昴參五車自三年二月至明年正月東西魏凡四大赦

三年五月已亥熒惑逆行奄南斗魁第二星遂

入斗口先是元年十一月熒惑入斗十餘日出而逆行復入之六十日乃去斗大人之事也占曰中國大亂道路不通天下皆更元易政吳越之君絶嗣是歲東西帝割據山河遂爲戰國比十月至正月梁魏三帝皆大赦改元或曰斗爲壽命之養而火以亂氣干之耄荒之戒也是時梁武帝年已七十矣怠於聽政專以講學爲業故皇天殷勤著戒又若言曰經遠之謀替矣將以逆亂終之而勤其天禄焉夫天懸而示之且猶不悟其後攝提復周卒有侯景之亂云三年十二月梁人立元慶和爲魏王屯平瀨明年正月東南行臺元晏大破之六月豫州刺史堯雄又大破梁師於南頓十月梁攻單父徐州刺史任祥又大破之斬虜万餘級十二月柳仲禮寇荆州諸將又大敗之時梁軍政益弛故累有負敗之應

東魏孝靜天平二年有星孛于太微歷下台及室壁而滅南宮成周之墟孝文之餘烈也孛星由之易政徙王之戒天象若曰王城爲墟夏聲幾變而台階持政有代奪之漸乎且抵于營室更都之象也是後兩霸專權皆以北俗從事河南新邑遂爲戰爭之郊閒三歲至興和元年九

月發司州卒十萬營鄴都十月新宮成天平元年閏月月奄心大星二年八月又犯之相去七寸十一月又奄心小星相臣逼主之象且占曰人臣伐主應以善事除殃時兩雄王業已定特以人臣取容而已至興和二年八月月又犯心大星後數年而禪代

元象二年七月壬戌金土合于七星癸亥遂犯七星七星河南之分金而犯土將有封畿之戰且占曰其分亡地先是去年十二月癸丑太白食月是歲三月壬申太白又與月合相距一寸大戰之祥也月象彊大之國而金合之秦師將勝焉十二月有流星從天市垣西流長且一丈

有尾迹三年正月勃海王歡攻夏州克之十月丁丑月犯火占曰大將有鬬死者十二月大都督竇泰入潼關明年宇文泰距擊斬之十月遂及勃海王歡戰于沙苑歡軍敗績捕虜万餘是月獨孤信拔洛陽

三年十一月熒惑犯歲星占曰有内亂臣誅主至四年正月客星出于紫宮占曰國有大變二月壬申八月癸未月再奄五車東南星占曰兵起道不通十一月太白晝見占曰軍與爲不臣

五年二月庚戌三月甲子塡星逆順行再犯上相上相司徒也六月太白入東井占曰秦有兵大臣當之至元象元年七月太白在柳晝見柳河南也八月辛卯有大流星出房心北東南行長且三尺尾迹分爲三段軍破爲三之象也先是行臺侯景司徒高昻圍金墉西帝及宇文泰自將救之是月陳于河陰泰以中軍合戰大克司徒高昻死之既而左右軍不利西師由是敗績斬將二十餘人降卒六万是月西帝太傅梁

景叡據長安反關中大震尋皆伏誅（天平三年正月元象元年三月月再掩軒轅大星是年西帝廢皇后乙氏立蠕蠕女爲后明年五月火犯軒轅大星既而乙氏遇害其後蠕蠕后又死■乙氏爲崇焉元象元年十月月犯昴暈畢胃丁未在翼暈大星軒轅左角十一月在井暈五車兩咸東西主凡三大赦）

興和元年二月壬子火犯井占曰秦有兵亂貴人當之四月又入鬼亦兵喪之祥也又土地之分也至二年十一月甲戌太白在氐與塡星相犯氐鄭地也至四年七月壬午火木合于井相去一尺占同天平明年北豫州刺史高仲密據武牢西叛宇文泰帥衆援之戊申及勃海王戰

于邙山西軍大敗虜王侯將校四百餘人獲六万餘級（元年八月月在畢暈昴畢觜五車二年正月大赦三年正月至八月又再暈之歲星在焉四年十一月月暈軒轅太微壬申又暈胃昴畢五車皆兵饑赦祥也明年東西主皆大赦後年三月高歡入朝以春冬亢旱請賑窮乏死罪已下皆宥之）先是元年十月辛丑有彗星出于南斗長丈餘至十一月丙戌距太白三尺長丈餘東南指二月乙卯至婁始滅占曰彗出南斗之士皆誅其上疑又吳分始自微末終成著大而與兵星合焉天戒若曰夫劫殺之萌其事由來漸矣而人君辨之不早終以兵亂橫流不可撲滅焉婁

又徐方之次亂之所自招也至二年四月己丑金木相犯于奎丙午火木又相犯于奎奎爲徐方所以虞蹶防之寇也歲主建國之命而省人君之差敗火主亂金主兵三精洊而聚謀所以哀矜下土而示驅除之戒也是時梁主衰老太子賢明而不能授之以政焉由是領軍朱异等浸侵明福之權至武定五年侯景竊河南六州而叛又與連衡而附益之是歲十二月梁師敗績于彭城捕虜五万餘級江淮之間始蕭然愁

歎矣明年師大敗陷溺以十万數景遂舉而濟江三吳大荒道殣流離者太半淮表二十六州咸內屬焉昔三精聚謀於危九年而高氏覇至是聚謀於奎而蕭氏亡亦天之大數云爾

武定二年四月丁巳熒惑犯南宮上將戊寅又犯右執法占曰中坐成刑金火尤甚四年四月庚午金晝見六月癸巳月入畢九月壬寅太白在左執法東南三寸許是爲執法事五年正月月犯畢大星貴人之謫也先是九月大丞相歡圍玉壁不克是月歡薨于晉陽辛亥侯景反僕射慕容紹宗擊之八月淮南三王謀反誅明年紹宗攻王思政于潁川竟溺四年九月月在翼暈軒轅太微帝坐五年二月暈昴畢參井五車五月在張又暈軒轅太微時兵革屢動東西帝皆比歲大赦

七年九月戊午月奄歲星在斗斗爲天廟帝王壽命之期月由之以干歲星是爲大人有篡殺死亡之禍是歲梁武帝以憂逼殂明年而齊帝後年西主文帝及梁簡文又終天下皆有大故而江表尤甚八年三月甲午歲鎮太白在虛虛

齊分是爲篡立絶行改立王公熒惑又從而入之四星聚焉五月丙寅帝禪位于齊是歲西主大統十六年也是時兩主立而東帝得全魏之墟於天官爲正昔宋武北伐四星聚奎及西伐秦四星聚井四星聚參而勃海始覇四星聚危而文宣受終由是言之帝王之業其有徵矣其後六年西帝禪于周室天文史失其傳也

天象志一第四　魏書一百五

地形志二上第五　　魏書一百六

夏書禹貢周氏職方中畫九州外薄四海析其物土制其疆域此蓋王者之規摹也戰國分并秦吞海內割裂都邑混一華夷漢興即其郡縣因而增廣班固考地理焉彪志郡國魏世三分晉又一統地道所載又其次也自劉淵石勒傾覆神州僭逆相仍五方淆亂隨所跨擅長更相侵食彼此不恒犬牙未足論繡錯莫能比魏定燕趙遂荒九服夷翦逋僞一國一家遺

之度外吳蜀而已正光已前時惟全盛户口之數比夫晉之太康倍而已矣孝昌之際亂離尤甚恒代而北盡爲丘墟崤潼已西煙火斷絶齊方全趙死如亂麻於是生民耗減且將大半永安末年胡賊入洛官司文簿散棄者多往時編户全無追訪今録武定之世以爲志焉州郡剏改隨而注之不知則闕內史及相仍代相沿魏自明莊寇難紛糺攻伐既廣啓土逾衆王公錫社一地累封不可備舉故總以爲郡其淪陷諸

州户據永熙綰籍無者不録焉

司州 治鄴城魏武帝國於此太祖天興四年置相州天平元年遷都改

領郡十二　縣六十五

户三十七万一千六百七十五

口一百四十五万九千八百三十五

魏尹 故魏郡漢高祖置二漢屬冀州晉屬司州天興中屬相州天平初改爲尹

領縣十三

户一十二万二千六百一十三

口四十三万八千二十四

鄴 二漢晉屬天平初併蕩陰安陽屬之蕩陰太和中置闕今罷有西門豹祠武城牖里城蕩城石竇堰有南部右部西部天平中決漳水爲万金渠今世號天平渠 臨漳 天平初分鄴併內黃斥丘肥鄉置有鼓山肥鄉城邯鄲城斥丘城列人城鸕鶿陂林臺澤有左部東部北部尉 繁陽 二漢屬晉屬頓丘真君六年併頓丘太和十九年復天平二年屬治繁陽城 列人 前漢屬廣平後漢屬晉屬廣平天平初屬 昌樂 太和二十一年分魏置永安元年置郡天平中罷郡復有昌城 武安 二漢屬晉屬廣平天平初屬 臨水 晉屬廣平真君六年併鄴太和二十一年復屬 魏 二漢晉屬 平邑 天平二年分元城置 易陽 二漢屬趙國晉屬廣平天平初屬有易陽城 元城 二漢屬晉屬陽平天平初屬有沙鹿山 斥章 前漢屬廣平後漢屬鉅鹿晉屬廣平真君三年併列人太和二十年復天平初屬 貴鄉 天平二年分館陶置治趙城有東中郎將治有空陵城關城

陽平郡魏文帝黃初二年分魏置治館陶城
領縣八
戶四万七千四百四十四
口十六万二千七十五
館陶二漢屬魏郡晉屬有館陶城 清淵二漢屬郡晉屬有清淵城 樂平二漢屬東郡晉
屬前漢清縣後漢章帝更名治樂平城 發干二漢屬東郡晉屬有發干城 臨清太和二十一年
置 武城永安中置天平元年罷二年復有武城 武陽二漢晉屬東郡曰東武陽後改屬 陽
平二漢屬東郡晉屬永嘉後併樂平太和二十一年復屬有陽平城岡城趙簡子陵武溝水白馬淵
廣平郡漢武帝為平干國宣帝改為廣平國後漢建武中省屬鉅鹿魏文帝黃初二年復改治曲梁城

領縣六
戶二万三千七百五十
口十万三千四百三
平恩二漢屬魏郡晉屬治平恩城有康臺澤 曲安景明中分平恩置治曲安城 邯鄲二漢
屬趙國晉屬後屬魏真君六年屬有紫山 廣平前漢屬後漢屬鉅鹿晉屬後罷太和二十年復治廣平城 曲
梁前漢屬後漢屬魏晉屬 廣年前漢屬後漢屬鉅鹿晉屬永嘉後廢太和二十年復治廣年城
汲郡晉武帝置治城頭
領縣六
戶二万九千八百八十三

口十万二千九百九十七
北修武孝昌中分南修武置治清陽城有清陽泉馬泉丁公神育河陶河狄斗泉覆釜山五里泉七里射犬馬
鳴泉重泉郡城安陽城 南修武二漢屬河內晉屬有黃家具城宜陽城 汲二漢屬河內晉屬後罷太
和十二年復治汲城有比干墓太公廟陳城興和二年恒農人李戶歸國仍置義州於城中 朝歌二漢屬河
內晉屬有朝歌城崔方城大方山淇水白溝水天井溝苑城新城伏羲祠 山陽二漢晉屬河內後屬有心陽城
南北二武陽城孝景二年置郡初治共城後移治山陽城尋罷 獲嘉二漢屬河內晉屬後省太和二十三
年復治新洛城有獲嘉城
廣宗郡太和十一年立尋罷孝昌中復
領縣三

戶一万三千二百六十二
口五万五千八百九十七
廣宗後漢屬鉅鹿晉屬安平中興中立南北廣宗尋罷後屬有廣宗城建始城建德城 武強真君
三年併信都太和二十二年復有武城 經後漢晉屬安平真君二年併南宮後復屬
東郡秦置治滑臺城晉改為濮陽後復天興中置兗州太和十八年改
領縣七
戶三万五百二十一
口十万七千七百一十七
東燕二漢屬晉屬濮陽後屬有燕城尭祠伍子胥祠 平昌孝昌二年分白馬置治平昌城 白

馬二漢屬晉屬濮陽後屬有朝滿白馬樊城凡豪城　涼城有涼城南中城西王毋祠　酸棗二漢晉屬陳留後屬有酸棗城肺山白沙淵望氣臺五馬淵　長垣二漢晉屬陳留後屬眞君八年併外黃景明三年復有平丘城匡城蒲城子路祠長垣城衞靈公祠龍城　長樂武泰初分涼城置有盤

北廣平郡永安中分廣平置

領縣三

戶一万六千六百九十一

口九万一千一百四十八

南和前漢屬廣平後漢屬鉅鹿晉屬後併任太和二十年復有左陽亭沙陵南和城一名嘉和城安豐城　任前漢屬廣平後漢屬鉅鹿晉屬有廣平鄉城宛鄉城豐城張相祠　襄國秦為信都項羽更名二漢屬趙國晉屬後併任太和二十年復有襄國城

林慮郡永安元年置

領縣四

戶一万三千八百二十一

口五万二千三百七十二

林慮二漢屬河內晉屬汲郡前漢名隆慮後漢避殤帝名改焉眞君六年併鄴太和二十一年復有陵陽河東流為垣　臨淇天平初分朝歌林慮共縣置有王莽嶺源河東流為淇有黎川祐柏嶺黎城淇城　共二漢屬河內晉屬汲天平中屬有星城凡城卓水陂栢門山栢門水南流名太清水有擔山白鹿山　魏德天平二年分朝歌置有累山冷泉

頓丘郡晉武帝置

領縣四

戶一万七千二十二

口八万七千六十三

頓丘太和中併汲郡餘民在畿外者景明中置有魚陽澤帝顓頊冢帝嚳冢　衞國二漢屬東郡晉屬漢曰觀後漢光武改有衞國城衞康叔冢子路冢蒯聵冢孔悝冢衞輒冢衞靈公冢武鄉城　臨黃眞君三年併衞國太和十九年復有宮城黃城衞新臺昌鄉水　陰安二漢屬魏郡晉屬真君三年併衞國太和十九年後有陰安城審食其冢

濮陽郡晉置天興中屬兗州太和十一年屬濟州孝昌末又屬西兗天平初屬

領縣四

戶一万八千六百六十四

口五万五千五百一十二

廩丘前漢屬東郡後漢屬濟陰晉屬有羊角哀左伯桃冢管公明冢　濮陽二漢屬東郡晉屬　城陽二漢晉屬濟陰後屬有郕子河雷澤　鄄城二漢屬濟陰晉屬

黎陽郡孝昌中分汲郡置治黎陽城

領縣三

戶一万二千九百八十

口五万四百五十七

黎陽二漢晉屬魏郡後罷孝昌中復屬有黎陽山　東黎永安元年分黎陽置　頓丘二漢屬東郡晉屬頓丘太和十八年屬汲後屬永安元年分入內黃天平中罷

清河郡漢高帝置

領縣四

戶二万六千三十三

口十二万三千六百七十

清河二漢晉屬前漢曰厝後漢安帝改爲甘陵晉改有河城　貝丘二漢晉屬　侯城太和十三年置有侯城　武城二漢晉曰東武城屬後改有武城有閭闕

定州太祖皇始二年置安州天興三年改

領郡五　縣二十四

戶十七万七千五百一

口八十三万四千二百七十四

中山郡漢高帝置景帝三年改爲國後改

領縣七

戶五万二千五百九十二

口二十五万五千二百四十一

盧奴州郡治二漢屬世祖神䴥中置新城宮有焉御城樂陽城　上曲陽前漢屬常山後漢屬晉屬常山真君七年併新市景明元年復屬有黔樂城有恒山嘉山黑山堯山黄山　魏昌二漢晉屬前漢曰苦陘後漢章帝改爲漢昌魏文帝改有魏昌城安城　新市二漢晉屬有藺相如冢義臺城新市城　毋極二漢屬晉罷太和十二年復治毋極城有新城廉臺　安喜二漢晉屬前漢曰安險後漢章帝改有大井澤安喜城趙堯祠　唐二漢晉屬有左人城寡婦城唐水恨山祠

常山郡漢高帝置曰恒山郡文帝諱恒改爲常山後漢建武中省真定郡屬焉孝章建初中爲淮陽永元二年復

領縣七

戶五万六千八百九十

口二十四万八千六百二十二

九門二漢晉屬有常山城九門城有安樂壘燕趙神愛陽壘明臺神　上真定前漢屬真定國後漢晉屬故東垣漢高帝十一年改有趙朔祠　行唐二漢晉曰南行唐屬後改太和十四年置唐郡二十一年罷郡立熙平中移犢乾城治唐城　蒲吾二漢晉屬有嘉陽城　靈壽二漢晉屬有所山西王母祠慈水　井陘二漢晉屬有回星城　石邑前漢屬後漢罷晉復屬有石邑城

鉅鹿郡秦置後漢建武中省廣平國屬焉

領縣三

戶二万七千一百七十二

口一十三万二百三十九

曲陽二漢晉屬趙國曰下曲陽後改有臨平城真鄉城曲鄉城有堯祠青丘　槀城前漢屬真定後漢屬晉罷太和十二年復有肥壘　鄡二漢晉屬有鄡城安定城有西門趙君神有青丘牛丘黃丘馳丘靈丘

博陵郡漢桓帝置

領縣四

戶二万七千八百一十二

口一十三万五千七十

饒陽前漢屬涿後漢屬安平晉屬有魯口城博陵城三良神饒陽城　安平前漢屬涿後漢屬安平晉屬治安平城有樓女貴人神　深澤前漢屬涿後漢屬安平晉屬二漢晉曰南深澤後改有女媧神祠

安國二漢屬中山晉屬眞君七年併深澤景明二年復有鹽石淵安國城

北平郡孝昌中分中山置治北平城

領縣三

戶一万三千三十四

口六万五千一百二

蒲陰二漢晉屬中山前漢曰曲逆章帝改名有蒲陰城安國城安陽赤泉神　北平二漢晉屬中山有北平城木門城　望都二漢晉屬中山有高昌城朝陽城伊祁山有堯神孫山

冀州後漢治高邑袁紹曹操爲冀州治鄴魏晉治信都晉世郡續治厥次慕容垂治信都皇始二年平信都仍置

領郡四　縣二十一

戶一十二万五千六百四十六

口四十六万六千六百一

長樂郡漢高帝置爲信都郡景帝二年爲廣川國明帝更名樂成安帝改曰安平晉改

領縣八

戶三万五千六百八十三

口十四万三千一百四十五

堂陽前漢屬鉅鹿後漢晉屬安平國後屬有荊丘　棗強前漢屬清河後漢罷晉後屬廣川神瑞二年併廣川太和二十二年後屬有棗東城　扶柳前漢屬後漢晉屬安平國眞君三年併堂陽景明元年復

索盧晉屬廣川神瑞二年併廣川太和二十二年復屬有索盧城　廣川前漢屬後漢屬清河晉屬廣川後屬　南宮前漢屬後漢晉屬安平後屬　信都二漢晉屬有武陽城安城辟陽城　下博二漢晉屬

[illegible]

勃海郡漢高帝置世祖初改爲滄水郡太和二十一年復

領縣四

戶三万七千九百七十二

口一十四万四百八十二

南皮二漢晉屬有勃海城　東光二漢晉屬　脩前漢晉屬號脩後改有董仲舒祠　安陵晉置勃屬

武邑郡晉武帝置

領縣五

戶二万九千七百七十五

口一十四万四千五百七十九
武遂前漢屬河間後漢晉屬安平後屬 阜城前漢屬渤海後漢屬安平晉屬渤海後屬有弓高城 灌津前漢屬信都後漢晉屬安平後屬有竇氏冢 武邑前漢屬信都後漢晉屬安平後屬 武強神光一年
併武邑太和十八年復有武強淵
安德郡太和中置尋併勃海中興中復
領縣四
戶二万二千二百一十六
口六万八千三百九十六
平原二漢晉屬真君三年併鬲太和二十一年復屬勃海後屬 安德二漢晉屬平原後屬勃海後屬 繹

魏書志五 十一

幕二漢晉屬清河真君三年併武城太和二十一年復後屬 鬲二漢晉屬平原後屬勃海後屬治臨齊城
并州漢晉治晉陽晉末治臺壁後治晉陽皇始元年平仍置
領郡五 縣二十六
戶一十万七千九百八十三
口四十八万二千一百四十
太原郡
領縣十
戶四万五千六
口二十万七千五百七十八

晉陽二漢晉屬真君九年罷榆次屬焉有介子推祠西南有懸甕山一名龍山晉水所出東入汾有晉王祠梗陽城
同過水出木瓜嶺一出沾嶺一出大廉山一出原過祠下五水合道故曰同過西南入汾出帝永昌中置朔置大丞相府武定
初齊獻武王上置晉陽宮 祁二漢晉屬有祁城祁奚墓周黨冢太谷水趙襄子城 榆次二漢晉屬真君九年
併晉陽景明元年復有鹿臺山祠長壽水西北合同過 中都二漢晉屬有榆次城壽陽城平謂城原過祠旱山
鄔二漢晉屬後罷太和十九年復有中都有鄔城大岳山鹿水入鄔澤 平遙二漢晉屬平陶屬後改有京陵
城平遙城過山 沾二漢屬上黨晉屬樂平真君九年罷樂平郡屬焉有夾山陽水出得車嶺西北入汾有汾陽追城 受
陽晉屬樂平真君九年罷樂平屬有大陵城文谷水 長安太常二年置真君中省景明初復有二陵城三角城
陽邑二漢晉屬真君九年罷景明二年復有白壁嶺樊陽水入表山徐水
上黨郡秦置治壺關城前漢治長子城董卓作亂治壺關城慕容儁治安民城後還壺關城皇始元年還治

魏書志五 十二

安民真君中復治壺關有白馬祠劉公祠上黨關石井關天井關
領縣五
戶二萬五千九百三十七
口一十萬四千四百七十五
屯留二漢晉屬有屯留城鳳皇山一名天冢山大王山上有關龍逢祠有疑山邁澤黃沙嶺絳水自寄氏界來入濁漳因
名交漳余五城陽水源出三梠山東流合車臺水東南入絳水 長子二漢晉屬慕容永所都有羊山濁漳出焉有長
子城應城傾城幸城長濁水東流至梁川北入濁漳羊頭山下神農泉北有穀關即神農得嘉穀處有泉北流至陶鄉名陶水
合羊頭山水北流入濁漳有鮑宣墓 壺關二漢晉屬後罷太和十三年復有羊腸坂靜林山雞鳴嶺一名大山有赤
壤川其地寒而早霜魯般門一名天門徹子城鐵鼓山五馬門令狐徵君墓五龍祠 寄氏二漢屬猗氏屬晉景

明元年復改有猗氏城三想山北有水源出蒲谷東南流入給水有八礼泉上黨谷有盤秀嶺藍水出其南東流令濁漳有方山伏牛山

樂陽 晋泰中分長子寄氏置有堊天嶺絳水所出有堯廟

鄉郡 石勒分上黨置武鄉郡後罷延和二年置

領縣四

戶一万六千二百一十

口五万五千九百六十一

陽城 二漢晋屬上黨曰涅永安中改有涅城覆甑山涅水出焉東南合武鄉水 襄垣 二漢晋屬上黨有五音山神祠襄垣城臨川城 鄉 郡治晋屬上黨真君九年罷遼陽屬焉有武鄉城魏城榆社城方山上有堯廟三臺嶺上有李陽墓有古麻池即石勒與李陽所爭池 銅鞮 二漢晋屬上黨有銅鞮城石梯水東行入漳有烏蘇城沙石堆有堯祠

樂平郡 後漢獻帝置真君九年治太原孝昌二年復治沾城

領縣三

戶一万八千二百六十七

口六万八千一百五十九

遼陽 晋屬真君九年併鄉孝昌二年復有黃澤嶺遼陽城 樂平 晋屬真君九年併治孝昌二年復有象山祠沾嶺八賦嶺 石艾 前漢屬太原後罷晋屬真君九年罷孝昌六年復故名上艾後改有井陘關葦澤關董卓城宏女泉及祠

襄垣郡 建義元年置治襄垣城

領縣四

戶七千五百一十三

口三萬六千五百六十七

襄垣 郡治建義元年分鄉郡之襄垣置有安民城襄垣城 五原 建義元年分鄉郡之銅鞮置 建義 建義元年分上黨之屯留置有鹿臺山及祠 刈陵 二漢晋曰潞屬上黨真君十一年改後屬有伏牛山黎城三壟山積布山潞城武軍城涉城有涉水臺壁

瀛州 太和十一年分定州河間高陽冀州章武浮陽置治趙都軍城

領郡三

戶十萬五千五百四十九

口四十五萬一千五百四十二

高陽郡 晋置高陽國後改

領縣九

戶三萬五百八十六

口十四萬一百七

高陽 前漢屬涿後漢屬河間國晋復有郝神高陽城 博野 有博陸城侯城武城中鄉城 蠡吾 前漢屬涿後漢屬中山晋屬有清涼城顓頊城蠡吾城石羊壘 易 前漢屬涿漢晋屬河間後屬有易京 扶輿 前漢屬涿後漢罷晋復屬前漢晋曰樊輿後罷太和中改復 新城 二漢晋曰北新城前漢屬中山後漢屬涿晋屬 樂鄉 前漢屬信都後漢罷晋復屬有樂鄉城 永寧 有班[illegible]神石蘭神 清苑 高祖太和元年

分新城置

章武郡晉置章武國後改

領縣五

戶三万八千七百五十四

口十六万二千八百七十

成平前漢屬勃海後漢晉屬河間國後屬治京城有平城樂平城　平舒前漢屬勃海後漢屬河間國晉屬二漢晉曰東平舒有章武城平鄉城有城頭神里城神　東州前漢屬勃海後漢屬河間國晉屬有東州城　文安前漢屬勃海後漢屬河間國晉屬有文安平曲城廣陵趙君神　西章武正光中分滄州章武置有章武城

河間郡漢文帝置河間國後漢光武併信都和帝永元三年復晉仍為國後改

領縣四

戶三万五千八百九

口十四万八千五百六十五

武垣前漢屬涿郡後漢晉屬有武垣城小陵城　樂城二漢晉屬治河間城有高平陵二王陵　中水前漢屬涿郡後漢晉屬河間國　鄚後漢晉屬治陵城有鄚城

殷州孝昌二年分定相二州置治廣阿

領郡三　縣十五

戶七万七千九百四十三

口三十五万七千一十六

趙郡秦邯鄲漢高帝為趙國景帝又為邯鄲後漢建武中復後改

領縣五

戶三万一千八百九十九

口一十四万八千三百一十四

平棘二漢屬常山晉屬有平棘城　房子二漢屬常山晉屬有房子城回車城平州城嶂洪祠　元氏二漢屬常山晉屬有元氏城大嶺山　高邑二漢屬常山前漢曰鄗後漢光武改晉屬有壇亭祠漢光武即位碑有高邑城　欒城太和十一年分平棘置治關城有欒城

鉅鹿郡永安二年分定州鉅鹿置治舊楊城

領縣四

戶一万三千九百九十七

口五万八千五百四十九

廮陶二漢晉屬治廮陶城有沃州城　宋子二漢屬後罷永安二年復治宋子城　西經永安二年分經縣置有邑城三女神　廮遥永安二年分廮陶置治楊城有歷城

南趙郡太和十一年為南鉅鹿屬定州十八年屬相州後改孝昌中屬

領縣六

戶三万二千四十六

口十五万一百一十三

平鄉晉屬後罷景明二年復治鉅鹿城有平鄉城　南欒二漢屬鉅鹿晉罷後復屬真君六年併柏人

太和二十一年後有南欒城鉅鹿二漢晉屬鉅鹿後屬栢人二漢晉屬有栢人城栢鄉城廣阿
前漢屬鉅鹿後罷太和十三年復有廣阿城堯臺大陸陂銅馬祠中丘前漢屬常山後漢晉屬趙國晉亂罷太和
二十一年復有中丘城伯陽城鵲山祠

滄州熙平二年分瀛冀二州置治饒安城

領郡三　縣十二

戶七万一千八百三

口二十五万一千八百七十九

浮陽郡太和十一年分勃海章武置屬瀛州景明初併章武熙平二年復

領縣四

戶二万六千八百八十

口九万八千四百五十八

饒安二漢晉屬勃海前漢曰千童靈帝改有無棣溝西鄉茅焦冢浮陽郡治二漢晉屬勃海西棲漳水衡水
入焉今謂之合口有浮水高城二漢晉屬勃海治高城有平津鄉興和中縮流民立東西河郡隰城縣武定末罷章
武二漢屬勃海晉屬章武後屬治章武城有漢武帝臺漳水入海有浛水大家姑祠俗云海神或云麻姑神

樂陵郡晉為國後改

領縣四

戶二万四千九百九十八

口八万五千二百八十四

樂陵郡治二漢屬平原後屬魏初置義興郡晉太和中罷有樂陵城東鄉城白麻泉神陽信二漢屬勃
海晉屬治陽信城有鹽山神祠厭次二漢屬平原後漢曰富平孝明改晉屬治馬領城有蒲臺祠有富城郡續居之號邵
城中有鐵柱神羊闕城濕沃前漢屬千乘國後罷晉復屬治亂城有故閭閻延鄉城后父城

安德郡中興初分樂陵置太昌初罷天平初復治般界

領縣四

戶一万九千九百二十五

口六万八千一百三十七

般二漢晉屬平原後屬勃海熙平中屬樂陵後屬治般城有故般河重合二漢晉屬勃海正平元年併安陵太
和十八年復後屬勃海熙平中屬樂陵後屬治重合城有苑康冢勞敬通墓重平前漢屬勃海後罷孝昌中

復屬有歐陽歙冢平昌二漢晉屬平原後漢晉曰西平昌後罷太和二十二年復屬勃海熙平中屬樂陵後屬
治平昌城

肆州治九原天賜二年為鎮真君七年置州

領郡三　縣十一

戶四万五百八十二

口一十八万一千六百三十三

永安郡後漢建安中置新興郡永安中改

領縣五

戶二万二千七百四十八

口一十万四千二百八十五

定襄前漢屬定襄後漢屬雲中晉屬新興眞君七年併雲中九原晉昌屬焉永安中屬有趙武靈王祠介君神五石神關門山聖人祠皇天神定襄城撫城　陽曲二漢晉屬太原永安中屬有羅陰城陽曲擘　平寇眞君七年併三堆朔方定陽屬焉永安中屬有雞頭山神祠三會河　蒲子始光三年置眞君七年併平河屬焉永安中屬有索山祠　驢夷二漢屬太原曰慮虒晉罷太和十年復改永安中屬有思陽城驢夷城砦城代王神祠

秀容郡永興二年置眞君七年併肆盧敷城二郡屬焉

領縣四

戶一万一千五百六

口四万七千二十四

秀容永興二年置有秀容城原平城肆盧城石鼓山神女郎神金山神護君神風神　石城永興二年置有大頹石神　肆盧治新會城眞君七年併三會屬焉有清天神大羅山臺城大邪城　敷城始光初置郡眞君七年改治敷城有石谷山亞角神車輪泉神

鴈門郡秦置光武建武十五年罷二十七年復天興中屬司州太和十八年屬

領縣二

戶六千三百二十八

口三万四百三十四

原平前漢屬太原後漢晉屬有陰館城樓煩城廣武城龍淵神亞澤神　廣武前漢屬太原後漢晉屬有東西二平原

幽州治薊城

領郡三　縣十八

戶三万九千五百八十

口一十四万五千五百三十六

燕郡故燕漢高帝爲燕國昭帝改爲廣陽郡宣帝更爲國後漢光武併上谷和帝永元六年復爲廣陽郡晉改爲國後改

領縣五

戶五千七百四十八

口二万二千五百五十九

薊二漢屬廣陽晉屬有燕昭王陵燕惠王陵狼山神炅陵陂　廣陽二漢屬廣陽晉屬有廣陽城　良鄉二漢屬涿晉屬范陽後屬治良鄉城有大房山神　軍都前漢屬上谷後漢屬廣陽晉屬有觀石山軍都關昌平城　安城前漢屬勃海後漢屬廣陽晉屬有安次城長道城

范陽郡漢高帝置涿郡後漢章帝改

領縣七

戶二万六千八百四十八

口八万八千七百七

涿二漢屬涿晉屬有涿城當平城酈城　固安二漢屬涿晉屬有固安城永陽城金臺三公臺易臺　范陽二漢屬涿晉屬有長安城范陽城梁門陂　萇鄉晉屬有萇鄉城　方城前漢屬廣陽後漢屬涿晉屬有

臨鄉城方城韓侯城容城前後漢屬涿晉屬後罷太和中復遒二漢屬涿晉屬有遼城南北二道城

漁陽郡秦始皇置真君七年併北平郡屬焉

領縣六

戶六千九百八十四

口二万九千六百七十

雍奴二漢屬晉屬燕國後屬真君七年併泉州屬有泉州城雍奴城潞二漢屬晉屬燕國後屬真君七年併安樂平谷屬焉有樂山神無終二漢晉屬右北平後屬有無終城狼山漁陽二漢屬晉罷後復有漁陽城□樂城桃花山土垠二漢晉屬右北平後屬有北平城徐無二漢晉屬右北平後屬有徐無城

晉州孝昌中置唐州建義元年改治白馬城

領郡十二 縣三十一

戶二万八千三百四十九

口一十万三十九

平陽郡晉分河東置真君四年置東雍州太和十八年罷改置

領縣五

戶一万五千七百三十四

口五万八千五百七十一

禽昌二漢屬河東晉屬即漢晉之北屈也神䴥元年世祖禽赫連昌仍置禽昌郡真君二年改七年併永安屬焉有乾城郭城平陽二漢屬河東晉屬州治真君六年復禽昌太和十一年復有晉永高梁城龍子城堯廟襄

陵二漢屬河東晉屬治襄陵城臨汾二漢屬河東晉屬真君七年併泰平太和十一年復泰平真君七年置有泰平城齊城

北絳郡孝昌三年置治絳

領縣二

戶一千七百四十

口六千二百九十二

新安二漢屬恒農晉屬河南後罷孝昌二年復後屬北絳二漢屬河東晉屬平陽二漢晉曰絳後罷太和十二年復改屬

永安郡建義元年治永安城

領縣二

戶二千九百三十二

口一万五百四十

永安二漢屬河東晉屬平陽前漢曰彘順帝改真君七年併禽昌正始二年復屬治仇池壁有霍山祠趙城楊二漢屬河東晉屬平陽後罷太和二十一年復後屬治楊城有岳陽山東明神

北五城郡興和二年置

領縣三

戶二百一十二

口八百六十四

平昌興和二年置　石城興和二年置　北平昌興和二年置
定陽郡興和四年置
領縣三
戶四百九十八
口一千九百四十一

平昌興和四年置
西五城興和四年置
敷城郡天平四年置
領縣一

戶九十
口三百五十九

敷城天平四年置
河西郡天平四年置
領縣一
戶二百五十六
口一千一百四十四

夏陽天平四年置
五城郡天平中置

領縣三
戶四百一十一
口一千六百一十八
北襄天平二年置　南襄天平二年置　永安元象元年置
西河郡舊汾州西河民，孝昌二年爲胡賊所破，遂居平陽界，還置郡
領縣三
戶一千七百六十一
口四千九百九十七
永安孝昌中置，治白坑城　隰城孝昌中置　介休孝昌中置

冀氏郡建義元年割平陽郡置
領縣二
戶一千三百二
口五千三百一十六
冀氏建義元年割禽昌、襄陵置，有冀氏城　合陽建義元年置，有合陽城
南絳郡建義初置，治會交川
領縣二
戶八百三十六
口二千九百九十一

南絳太和十八年置屬正平郡建義初屬　小鄉建義元年罷有小鄉城

義寧郡建義元年置治孫遠城

領縣四

戶二千四百七十八

口八千四百六十六

圉城建義元年置治陶谷川　義寧建義元年分禽昌置　安澤建義元年置　沁源建義元年置郡治

懷州天安二年置太和十八年罷天平初復

領郡二　縣八

戶二萬一千七百四十

口九萬八千三百一十五

河內郡漢高帝置

領縣四

戶九千九百五

口四萬二千六百一

野王二漢晉屬州郡治有太行山華岳神　沁水二漢晉屬治沁城有沁水濟水　河陽二漢晉屬後罷孝昌中復　軹後漢晉屬治軹城有軹關

武德郡天平初分河內置

領縣四

戶一萬一千八百三十五

口五萬五千七百一十四

平皋二漢晉屬河內有平皋故平皋城安昌城　溫二漢晉屬河內有溫溴水　懷二漢晉屬河內有長陵城懷城　州二漢晉屬河內有雍城中都城金城

建州慕容永分上黨置建興郡眞君九年省和平五年復永安中罷郡置州治高都城

領郡四　縣十

戶一萬八千九百四

口七萬五千三百

高都郡永安中置

領縣二

戶六千四百九十九

口二萬七千六百三十五

高都二漢晉屬上黨後屬　陽阿二漢屬上黨晉罷後復屬有武斬關

長平郡永安中置治玄氏城

領縣二

戶五千四百一十二

口二萬二千七百七十八

高平永安中置治高平城 玄氏二漢晉屬上黨郡治有羊頭山

安平郡

領縣二

戶五千六百五十八

口一萬九千五百五十七

端氏二漢屬河東晉屬平陽後屬真君七年省太和二十年復 濩澤二漢屬河東晉屬平陽後屬

泰寧郡孝昌中置及縣

領縣四

戶一千三百三十五

口五千三百三十

東永安 西河 西濩澤 高延

汾州延和三年爲鎮太和十二年置州治蒲子城孝昌中陷移治西河

領郡四 縣十

戶六千八百二十六

口三萬一千二百一十

西河郡漢武帝置晉亂罷太和八年復治茲氏城

領縣三

戶五千三百八十八

隰城二漢晉屬太延中改爲什星軍太和八年復有虞城陽城 介休二漢屬太原晉屬晉亂罷太和八年復有木瓜山鄔城有郭林宗墓介休城太岳山祠 永安太和十七年分隰城置

吐京郡真君九年置孝昌中陷寄治西河

領縣二

戶三百八十四

口一千五百一十三

新城世祖名嶺東太和二十一年改 吐京世祖名嶺西太和二十一年改

五城郡正平二年置孝昌中陷寄治西河

領縣三

戶二百五十七

口一千一百一

五城世祖名京軍太和二十一年改有雞耳 平昌世祖名刑軍太和二十一年改有白馬谷 石城世祖爲定陽太和二十一年改

定陽郡舊屬東雍州延興四年分屬焉孝昌中陷寄治西河

領縣二

戶七百九十七

口三千二百八

定陽（延興四年置） 昌寧（延興四年置 有陰陽二城）

東雍州（世祖置 太和中罷 天平初復）

領郡三 縣八

戶六千二百四十一

口三万四百

邵郡（皇興四年置邵上郡 太和中併河內 孝昌中改復）

領縣四

戶五十二

口一百五十八

白水（有馬頭山） 清廉（有清廉山 白馬山） 萇平（有王屋山） 西太平

高涼郡

領縣二

戶四千四百四十五

口二万一千八百五十三

高涼（太和十一年分龍門置 有高涼城 閻闔 麗姬冢） 龍門（故皮氏 二漢屬河東 晉屬平陽 真君七年改屬 有臨汾城）

正平郡（故南太平 神䴥元年改為征平 太和十八年復）

領縣二

戶一千七百四十四

口八千三百八十九

聞喜（二漢晉屬河東 後屬 有周陽城） 曲沃（太和十一年置）

安州（皇興二年置 治方城 天平中陷 元象中寄治幽州北界）

領郡三 縣八

戶五千四百五

口二万三千一百四十九

密雲郡（皇始二年置 治提攜城）

領縣三

戶二千二百三十一

口九千一十一

密雲（真君九年併方城屬焉） 要陽（前漢屬漁陽 後漢晉罷 後復屬 有桃花山） 白

檀（治郡）

廣陽郡（延和元年置益州 真君二年改為郡）

領縣三

戶二千八

口八千九百一十九

廣興（延和二年置 真君九年併恒山屬） 燕樂（州郡治 延和九年置 真君九年併永樂）

方城 晉泰元年置

安樂郡 延和元年置交州眞君二年罷州置

領縣三

戶一千一百六十六

口五千二百一十九

土垠 眞君九年置 安市 二漢晉屬遼東眞君九年併當平屬焉

義州 興和二年置寄治汲郡陳城

領郡七 縣十九

戶三千四百二十八

口一万六千七百六十四

五城郡 永安中置屬司州天平中屬北豫州武定五年屬

領縣三

戶二千一百

口一万七千六十九

隰城 永安中置有鳳皇臺安郎神皇侠神 介休 永安中置 五城 永安中置

泰寧郡 興和中置

領縣三

戶二百二十八

口一千一百二十七

泰寧 興和中置 義興 興和中置 郃陽 興和中置

新安郡 興和中置

領縣三

戶三百九十四

口一千五百九十五

西垣 興和中置 新安 興和中置 東垣 興和中置

澠池郡 興和中置

領縣三

戶一百六十六

口八百二十八

北澠池 興和中置 俱利 興和中置 西新安 興和中置

恒農郡 興和中置

領縣三

戶九十三

口五百四十三

恒農 興和中置 北郟 興和中置 崤 興和中置

宜陽郡 興和中置

領縣三　戶一百六十九　口六百八十六
宜陽（興和中置）　南澠池（興和中置）　金門（興和中置）
金門郡（興和中置）
領縣一　戶二百七十八　口一千二百一十七
北陸（興和中置）

南汾州
領郡九　縣十八　戶一千九百三十二　口七千六百四十八
北吐京郡
領縣四　戶八十八　口三百五十一
平昌　北平昌　石城　吐京

西五城郡
領縣三　戶二百四十七　口一千一百一十八
西五城　昌寧　平昌
南吐京郡
領縣一　戶三十二　口七十三
新城

西定陽郡
領縣一　戶四十二　口一百四十
洛陵
定陽郡
領縣一　戶五十四

口一百九十
永寧
北鄉郡　領縣二
戶二百九
口七百五十九
汾陰
龍門
五城郡　領縣二

戶二百一十四
口八百八十四
平昌
五城
中陽郡　領縣二
戶四百六十八
口一千六百三十七
洛陵　昌寧
龍門郡

領縣二
戶五百七十八
口二千四百九十六
汾陽
西太平
南營州孝昌中營州陷永熙二年置寄治英雄城　領郡五　縣十一
戶一千八百一十三
口九千三百三十六
昌黎郡永興中置　領縣三

戶五百九
口二千六百五十八
龍城永熙中置　廣興永熙中置　定荒興和中置
遼東郡永熙中置　領縣二
戶五百六十五
口二千六百三十四
太平永熙中置　新昌永熙中置

建德郡永熙中置

領縣二

戶一百七十八

口八百一十四

石城永熙中置 廣都興和中置

營丘郡天平四年置

領縣三

戶五百一十二

口二千七百二十七

富平天平四年置 永安元象中置 帶方元象中置

樂良郡天平四年置

領縣一

戶四十九

口二百三

永樂興和二年置

東燕州太和中分恒州東部置燕州孝昌中陷天平中領流民置寄治幽州宣都城

領郡三

戶一千七百六十六

口六千三百一十七

平昌郡孝昌中陷天平中置

領縣二

戶四百五十

口一千七百一十三

万言天平中置 昌平天平中置有龍泉

上谷郡天平中置

領縣二

戶九百四十二

口三千九十三

平舒孝昌中陷天平中置 居庸孝昌中陷天平中置

徧城郡武定元年置

領縣二

戶三百七十四

口一千五百一十三

廣武武定元年置 沃野武定元年置

營州治和龍城太延二年為鎮真君五年改置永安末陷天平初復

領郡六 縣十四

戶一千二十一

口四千六百六十四

昌黎郡 晉分遼東置真君八年併冀陽屬焉

領縣三

戶二百一

口九百一十八

龍城 真君八年併柳城昌黎棘城屬焉有堯祠榆頓城狼水 廣興 真君八年併徒何永樂燕昌屬焉有鷄鳴山石城大柳城 定荒 正光末置有鹿頭山松山

建德郡 真君八年置治白狼城

領縣三

戶二百

口七百九十三

石城 前漢屬右北平後屬真君八年併遼陽路大樂屬焉有白鹿山祠 廣都 真君八年併白狼建德望平屬焉有金紫城 陽武 正光末置有三合城

遼東郡 秦置後罷正光中復治固都城

領縣二

戶一百三十一

口八百五十五

襄平 二漢晉屬後罷正光中復有青山 新昌 二漢晉屬後罷正光中復

樂良郡 前漢武帝置二漢晉曰樂浪後改罷正光末復治連城

領縣二

戶二百一十九

口一千八

永洛 正光末置有鳥山 帶方 二漢屬晉屬帶方後罷正光末復屬

冀陽郡 真君八年併昌黎武定五年復

領縣二

戶八十九

口二百九十六

平剛 柳城

營丘郡 正光末置

領縣二

戶一百八十二

口七百九十四

富平 正光末置 永安 正光末置

平州 晉置治肥如城

領郡二 縣五

戶九百七十三

口三千七百四十一

遼西郡 秦置

領縣三

戶五百三十七

口一千九百五

肥如 二漢晉屬有孤竹山祠碣石武歷山覆舟山林榆山太眞山　陽樂 二漢晉屬眞君七年併令支合資屬焉有　海陽 二漢晉屬有橫山新婦山清水

北平郡 秦置

領縣二

戶四百三十

口一千八百三十六

朝鮮 二漢晉屬樂浪後罷延和元年徙朝鮮民於肥如復置屬焉　新昌 前漢屬涿後漢晉屬遼東後屬有盧龍山

恒州 天興中置司州治代郡平城太和中改孝昌中陷天平二年置寄治肆州秀容郡城

領郡八　縣十四

代郡 秦置孝昌中陷天平二年置

領縣四

平城 二漢晉屬雁門後屬　太平　武周 二漢屬雁門晉罷後復屬　永固

善無郡 天平二年置

領縣二

善無 前漢屬雁門後漢屬定襄後屬　沃陽

梁城郡 天平二年置

領縣二

參合 前漢屬代後漢晉罷後復屬　裋鴻 一本作祇鴻

繁畤郡 天平二年置

領縣二

崞山 二漢晉曰崞屬雁門後改屬　繁畤 二漢晉屬雁門後改屬

高柳郡 永熙中置

領縣二

安陽 二漢曰東安陽屬代郡晉屬後改屬　高柳 二漢屬代郡晉罷後復屬

北靈丘郡 天平二年置

領縣二

靈丘 前漢屬代後漢晉罷後復屬　莎泉

內附郡 天平二年置

靈丘郡 天平二年置

朔州本漢五原郡延和二年置爲鎮後改爲懷朔孝昌中改爲州後陷今寄治并州界

領郡五　縣十三

大安郡　領縣二

狄那　捍殊

廣寧郡　領縣二

石門　中川

神武郡　領縣二

尖山　殊頽

太平郡　領縣三

太平　太清　永寧

附化郡　領縣四

附化　息澤　五原　廣牧

雲州舊置朔州後陷永中改寄治并州界

領郡四　縣九

盛樂郡永熙中置　領縣二

歸順永興中置州郡治　還安永熙中置

雲中郡秦置　領縣二

延民永興中置　雲陽永熙中置

建安郡永熙中置　領縣二

永定永熙中置　永樂永熙中置

眞興郡永熙中置　領縣三

眞興永熙中置　建義永熙中置　南恩永熙中置

蔚州永安中改懷荒禦夷二鎮置寄治并州鄔縣界

領郡三　縣七

始昌郡永安中置　領縣二

干門永安中置　蘭泉永安中置

忠義郡永安中置

領縣二

葦池永安中置　楊柳永安中置

附恩郡天平中置

領縣二

西涼天平中置　利石天平中置　化政天平中置

顯州永安中置治汾州六壁城

領郡四　縣四

定戎郡永安中置治夵城

領縣二

零山永安中置　陽林永安中置

建平郡永安中置州治

領縣二

昇原永安中置　赤谷永安中置

真君郡天平中置治東夕城

武昌郡武定四年置治圍城

廓州武定元年置治肆州敷城界郭城

領郡三

廣安郡武定元年置

永定郡武定元年置

建安郡武定元年置

武州武定元年置治鴈門川武定三年始立州城

領郡三　縣四

吐京郡武定八年置

領縣二

吐京武定三年置　新城武定三年置

脩郡武定元年置州治

領縣二

昌國武定元年置　安平武定元年置

新安郡武定元年置

西夏州寄治并州界

領郡二

太安郡

神武郡

寧州興和中置寄治汾州介休城

領郡四

武康郡武定四年置治東多城

靈武郡武定元年置

初平郡武定元年置

武定郡武定元年置

靈州太延二年置薄骨律鎮孝昌中改後陷關西天平中置寄治汾州隰城縣界郡縣闕

前自恒州已下十州永安已後禁旅所出戶口之數並不得知

地形志第二上第五　魏書一百六

常山郡注云後漢建初中爲淮陽永元二年復今案後漢書章帝建初四年四月徙常山王昞爲淮陽王和帝永元二年五月紹封故淮陽王昞子側爲常山王昞傳云徙淮陽王以汝南之新安西華益淮陽國昞自常山徙封淮陽非改常山爲淮陽蓋魏收之誤

地形志二中第六　魏書一百六

兗州後漢治山陽昌邑魏晉治丘劉義隆治瑕丘魏因之

領郡六　縣三十一

戶八万八千三十二

口二十六万六千七百九十一

泰山郡漢高帝置

領縣六

戶二万六千八百

口九万一千八百七十三

鉅平二漢晉屬治平樂城有亭亭山祠龜城陽關城鉅平城祝丘防城龍山祠　奉高二漢晉屬有梁父山岱岳祠王符山故明堂基　博平二漢晉曰博屬後改有博平城防城龍山祠野首山牟山祠五子胥廟　嬴二漢晉屬有馬耳山祠汶水出焉唐阜嬴城銅冶山　牟漢晉屬有萊蕪城平州城牟城望石山　梁父二漢晉屬有菟裘澤徂來山在北梁父城龜山羊饋碑貞女山祠雲母山

魯郡秦置爲薛郡高后改爲魯國皇興中改

領縣六

戶一万五千一百六十

口四万七千三百二十九

魯二漢晉屬有牛首亭五父衢尼丘山房山魯城叔梁紇廟孔子墓廟沂水泗水季武子臺顏母祠魯昭公臺伯禽冢

魯昔文公冢魯恭王陵宰我冢兒寬碑 汶陽 二漢晉屬有桑杜丘新甫山嵎山春餠城汶陽城 鄒 二漢晉屬有叔梁紇城嶧山鄒山 陽平 劉駿置魏因之有滕城 新陽 前漢屬東海後罷劉駿復魏因之

高平郡 故梁國漢景帝分為山陽國武帝改為郡晉武帝更名

領縣四

戶一万一千一百二十四

口二万五千八百九十六

高平 二漢屬山陽晉屬前漢橐也後漢章帝更名有洸水千秋城胡陸城蕃城高平山承雀山伏羲廟 方與 二漢屬山陽晉屬有方與城 金鄉 後漢屬山陽晉屬有金鄉山范巨卿冢碑 平陽 二漢晉曰南平陽漢屬山陽晉屬有平陽城溱城白馬溝

任城郡 後漢章帝分東平為任城國晉永嘉後罷神龜元年分高平置

領縣三

戶八千五十

口二万一千七百八十九

任城 前漢屬東平後漢晉屬有任城唐陽城華陽城 亢父 前漢屬東平後漢晉屬有亢父城女媧冢鳳伯祠

鉅野 二漢屬山陽晉屬高平後屬有鉅野城武安城武平城任山祠

東平郡 故梁國漢景帝分為濟東國武帝改為大河郡宣帝為東平國後漢晉仍為國後改

領縣七

戶二万七百五十二

口六万一千八百一十

無鹽 二漢晉屬有龍山無鹽城南章北章城 范 有涑溝 須昌 前漢屬東郡後漢晉屬治須昌城有濟溝 壽張 有郈城 平陸 二漢晉屬曰東平陸後改有廣武城 富城 二漢晉屬有富城卜城武強城左丘明冢 剛 前漢屬泰山後漢屬濟北晉曰剛平後改治剛城

東陽平郡 故東平地劉義隆置尋罷劉駿復魏因之治平陸城

領縣五

戶六千一百四十六

口一万八千九十四

元城 劉義隆置魏因之有寧陽城 樂平 劉義隆置魏因之有青山祠魯溝水 頓丘 劉駿置魏因之有乘城 館陶 劉義隆置魏因之有唐陽城 平原 劉駿置魏因之有苦城鉅野澤

青州 後漢治臨淄司馬德宗治東陽魏因之

領郡七 縣三十七

戶七万九千七百五十三

口二十万六千五百八十五

齊郡 秦置

領縣九

戶三万八百四十八

口八万二千一百

臨淄二漢晉屬有公孫樸冢晏嬰冢齊莊公冢營丘齊臺堯山祠 昌國二漢晉屬有紀信冢 益都
魏置有釣室 盤陽前漢屬濟南後漢晉屬有朱虛城大峴山有甑山鉅平山太山祠 平昌前漢屬琅
邪後漢屬北海晉屬城陽延興三年屬 廣饒二漢晉屬有吳頭山 西安二漢晉屬有逢山八士山 安
平二漢晉曰東平後改前漢屬淄川後漢屬北海後屬有覆釜山 廣川有牛山仲父冢黑山石硯山齊桓公冢四豪冢
北海郡漢景帝置治平壽城
領縣五
戶一万七千五百八十七
口四万六千五百四十九
下密前漢屬膠東國後漢屬晉屬齊郡後屬 劇二漢屬晉屬琅邪後屬有倉山 都昌二漢屬晉屬齊郡後

屬有徐偉長冢 平壽二漢屬晉屬齊郡後屬有浮山有金關山 膠東前漢曰膠東國後漢屬北海晉
屬齊郡後屬有逢萌冢
樂安郡漢高帝爲千乘國後漢和帝更名樂安國晉改
領縣四
戶五千九百一十六
口一万三千二百三十九
千乘前漢屬千乘後漢屬晉罷後復屬 博昌前漢屬千乘後漢晉屬 安德 般
勃海郡故臨淄地劉駿置魏因之
領縣三

戶五千二百七十九
口一萬三千七百五
重合 脩 長樂有王陵冢
高陽郡故樂安地劉義隆置魏因之
領縣五
戶六千三百二十二
口一萬七千六百六十七
高陽 新城 鄚 安次 安平
河間郡劉義隆置魏因之

領縣六
戶五千八百三十
口一萬四千八百一十八
阜城 城平 武垣 樂城 章武有張釋之冢 南
皮劉駿置魏因之有望海臺
樂陵郡故千乘地劉義隆置魏因之
領縣五
戶七千九百七十一
口一萬八千五百一十五

陽信有千乘城博昌城　樂陵有姑城　厭次　新樂　濕沃
齊州治歷城劉義隆置冀州皇興三年更名
領郡六　縣三十五
戶七万七千三百七十八
口二十六万九千六百六十二
東魏郡劉駿置魏因之治歷城後徙臺城
領縣九
戶一万九千一百三十
口七万三千五百七十

蠡吾劉駿置魏因之有龍山　頓丘劉駿置魏因之有飛鳥峴　肥鄉有平陵城巨合城　聊
城有臺城管城　衛國有枳城石湯水鵲山　博平有七鼓城逢陵城長白山　安陽有魚滿
東魏有崢山出鐵有蓍浪瀟時水　臨邑劉駿置魏因之有刀環水鵲山隰陰城
東平原郡劉裕置魏因之治梁鄒
領縣六
戶一万三千九百二十九
口四万四百三
平原有黃、山　鬲有高苑城平原城　臨濟有鄒平城建新城　茌平有、城　廣
宗有胡山平郭城　高唐

東清河郡劉裕置魏因之治盤陽城
領縣七
戶六千八百一十
口二万二千五百七十四
清河　繹幕有隴水　鄃有淳于髡冢金雀山　零　武城有昌國城　貝丘
有萊蕪城　饒陽舊屬青州太和十八年分屬
廣川郡劉裕置魏因之
領縣三
戶三千九百四十五
口一万三千四百七十二

武強　索盧　中水有長城三摠山
濟南郡漢文帝為濟南國景帝為郡後漢建武中復為國晉改
領縣六
戶二万一十七
口六万八千八百二十
歷城二漢晉屬有黃臺華不注山華泉匡山舜山祠娥姜祠　著二漢晉屬治著城　平陵
二漢晉屬曰東平陵後改有章丘城洛盤城平陵城女郎山祠　土鼓二漢屬晉罷後復有龍盤山　逢陵
有於陵城　朝陽二漢屬後漢曰東朝陽後改晉屬樂安後屬有朝陽城

太原郡 劉義隆置魏因之

領縣四

戶一万三千五百六十

口五万八百二十三

太原 司馬德宗置魏因之治升城有鄜漢垣城 祝阿 二漢屬平原晉屬濟南後屬有歷城陽城 山茌 二漢晉屬泰山後屬有咸山祇山格馬山 盧 前漢屬太山後漢晉屬濟北後屬有盧城平陰城孝子堂

鄭州 天平初置潁州治長城武定七年改治潁陰城

領郡三 縣九

戶六万二千一百七十三

口二十七万四千二百四十二

許昌郡 天平元年分潁川置

領縣四

戶二万五千三百二十七

口一十万四千四百六十三

許昌 二漢晉屬潁川即許都也治許昌城有西梁城 扶溝 前漢屬淮陽後漢晉屬陳留真君七年併長平屬焉後屬有白亭城蔡河扶溝城康溝水龍淵陂刀陵岡 鄢陵 二漢晉屬潁川有鄢陵城馬領城向城張揚城蔡澤陂深陂三門陂唐且冢 新汲 二漢晉屬潁川有新汲城長合城臨春城平侯城鴨子陂

潁川郡 秦置漢高改曰韓國尋復

領縣三

戶二万二千四十四

口一十万五千九百九

長社 二漢晉屬有長葛城長平城望馬臺雞鳴城鍾皓墓白鴈陵 臨潁 二漢晉屬真君七年併潁陰屬之有般溝城 潁陰 二漢晉屬真君七年併臨潁元象二年復有荀爽墓東西二武城傳望城

陽翟郡

領縣二

戶一万四千八百二

口六万三千八百七十

黃臺 興和元年分陽翟置有葛滿水黃臺岡 陽翟 二漢屬潁川晉屬河南尹興和元年屬有陽翟城康城禹山祠赤沙澗九山祠呂不韋墓

濟州 治濟北碻磝城泰常八年置

領郡五 縣十五

戶五万三千二百一十四

口一十四万五千二百八十四

濟北郡 漢和帝置

領縣三

戶九千四百六十七

口二万九千三百九十九

臨邑 二漢屬東郡晉屬有吕鄉城臨邑城吳城 東阿 二漢屬東郡晉屬有東阿城衛城濟城 盧 前漢屬泰山後漢晉屬有柳舒城鼓城盧子城

平原郡 漢高帝置皇始中屬冀州太和十一年分屬武泰初立南冀州永安中罷州

領縣四

戶二万二千二百五十

口五万九千四百三十七

聊城 二漢屬東郡晉屬魏置太平鎮後罷併郡有王城郡縣治有畔城 博平 二漢屬東郡晉屬有博平城桑葉城濕水 茌平 前漢屬東郡後漢屬濟北晉屬治鼓城有茌平城陽城 西聊 孝昌中分聊城置治聊城

東平郡 太常中置太和末罷建義中復治秦城

領縣二

戶八千八百九十六

口二万五千一百三

范 二漢屬東郡晉屬兗州東平後屬治秦城 壽張 前漢曰壽良屬東郡光武改後漢晉屬兗州東平後屬有梁山高陽城豐城雲城

南清河郡 晉泰寧中分平原置治莒城

領縣三

戶一万一百三十五

口一万三千九百八十五

鄃 二漢晉屬清河太和中屬平原治鄃城 零 二漢晉屬清河太和中屬平原後屬治零城有莒城 高唐 二漢晉屬平原後罷景明三年復

東濟北郡 孝昌三年置

領縣三

戶二千四百六十四

口六千六百七十八

肥城 前漢屬泰山後漢屬濟北晉罷後復屬治肥城 穀城 後漢屬東郡晉屬濟北後屬 蛇丘 前漢屬泰山後漢晉屬濟北後屬

光州 治掖城皇興四年分青州置延興五年改爲鎮景明元年復

領郡三 縣十四

戶四万五千七百七十六

口一十六万九百五十一

東萊郡 漢高帝置

領縣四

戶一万九千一百九十五

口六万二千四百四十四

掖州郡治二漢屬晉罷後復有掖山祠秀陽山斧山 西曲城二漢晉曰曲城屬後改有倉石山 東西

城皇興中分曲城置有昌丘日山 盧鄉二漢晉屬有高君山方山

長廣郡晉武帝置治膠東城

領縣六

戶一万五千八百三十三

口五万一千五百六十七

昌陽二漢屬東萊後罷晉惠帝復後屬有挺城望石山凡馬祠五龍廟浮游水 長廣前漢屬琅邪後屬東萊晉屬有馬山祠即墨城東王山祠金泉山昌城沽水 不其前漢屬琅邪後漢屬東萊晉屬有牢山魚脊山

挺前漢屬膠東後漢屬北海晉屬有樂毅城 即墨郡治前漢屬膠東國後漢屬北海晉屬有三戶山膠水密戚家

當利二漢晉屬東萊後屬有當利城

東牟郡孝昌四年分東郡陳留置治雍丘

領縣四

戶一万七百四十八

口四万七千三百三十八

牟平二漢屬東萊晉罷後復有之罘山成山牟城東牟城劉寵墓風山 黃二漢晉屬東萊有黃城萊山祠龍溪

惤二漢晉屬東萊有弦城羅山 觀陽前漢屬膠東後漢屬北海後罷興和中復屬有淳于城觀陽城昌城馬寅

山牛耳山

梁州天平初置治大梁城

領郡三 縣七

戶四万三千八百一十九

口一十八万一千九百三

陽夏郡孝昌四年分東郡陳留置治雍丘城

領縣五

戶一万六千五百四十九

口六万三千五百五十九

陽夏前漢屬淮陽後漢屬陳國晉初併梁惠帝復眞君七年併扶溝太和十二年復治陽夏城有大小扶溝

雍丘二漢晉屬陳留郡治有抱城廣陵城高陽城少姜城華城白楊陂 濟陽二漢晉屬陳留延和

二年置徐州皇興初罷有濟陽城外黃城東緡城崔城 圉城二漢晉曰圉前漢屬淮陽後漢晉屬陳留後罷景明

元年復後改有沙城 襄邑二漢晉屬陳留後罷景明元年復有直陽城牖鄉牖倉

開封郡天平元年分陳留置治開封城

領縣二

戶八千二百七

口三万六千六百二

開封二漢屬河南晉屬滎陽眞君八年併苑陵景明元年復孝昌中屬陳留有開封城陳留城孔侯城

尉氏二漢晉屬陳留興安初併苑陵太安三年復治尉氏城有陵有亭

陳留郡漢武帝置太和十八年罷孝昌中復

領縣三

戶一万九千六百十二

口八万二千七百四十二

浚儀州郡治二漢晉屬後罷孝昌二年復有信陵君冢張耳冢董仲舒冢樊於期冢邊讓冢倉垣城渫水在大梁城東分爲蔡渠聖女淵雉臺 封丘二漢晉屬真君九年併酸棗景明二年復治封丘城有封丘臺白溝 小黃二漢晉屬真君八年併外黃太和中復有昭靈后冢陳冢蔡邕冢小黃城

豫州劉義隆置司州治懸瓠城皇興中改

領郡九　縣三十九

戶四万一千一百七十二

口九万六千九百一十六

汝南郡漢高帝置

領縣八

戶一万五千八百八十九

口三万七千六十一

上蔡州郡治二漢晉屬有武陵城 臨汝劉裕置魏因之有固城 平輿二漢晉屬有平輿城 安城二漢晉屬 西平二漢晉屬 瞿陽二漢晉爲濾陽屬後改有瞿陽城 陽安二漢晉屬 保城劉駿置魏因之

潁川郡太和六年置

領縣三

戶八千三百九十六

口二万六百四十

邵陵二漢屬汝南晉屬有邵陵城鄧城 臨潁二漢晉屬有葛丘王陵城 曲陽前漢屬東海後漢屬下邳晉罷後復屬有華丘祠鄧城

汝陽郡

領縣三

戶七千二百五十四

口一万五千二百四十五

汝陽郡治二漢晉屬汝南後屬有章華臺 武津有武津城 征羌後漢屬汝南後屬

義陽郡永安三年置郢州天平四年罷州置

領縣五

戶一千七百九十

口四千五百九十五

義陽 清丘有鍾離城 平陽有鳥鄉城 真陽有宜春城 安陽後漢屬汝南晉罷後復屬有真陽城

新蔡郡晉置孝昌中陷後復治石毋臺

領縣三

戶一千九百一十七

口四千七百七十八

新蔡二漢屬汝南晉屬汝陰孝昌中陷後復屬 鮦陽二漢屬汝南晉屬汝陰司馬衍併新蔡後復屬魏因之永安中陷武定中復有蔡城 固始二漢屬汝南晉屬汝陰前漢曰寑後漢光武更名後屬

初安郡延興二年置孝昌中陷後復 領縣四

戶二千二十六

口五千九百二十二

新懷有樂山 安昌前漢屬汝南後屬 懷德有清水山銅山淨石山 昭越有木連山

襄城郡晉武帝置治襄城 領縣三

戶一千四百四十六

口四千六十三

義綏 遂寧 武陽

城陽郡太和三年置後罷武定初復 領縣五

戶五百四十六

口一千三百八十八

安定 淮陰 眞陽 建興 建寧

廣陵郡興和中分東豫州置 領縣五

戶一千九百六

口三千二百二十四

宋安興和中置 光城興和中置 安蠻興和中置 新蔡興和中置 汝南興和中置

北豫州後漢治譙魏治汝南安城晉治項司馬德宗置司州泰常中復治虎牢太和十九年罷置東中府天平初罷改復

領郡三 縣十二

戶四万七百二十八

口一十八万二千五百五十一

廣武郡天平初分滎陽置治中左城 領縣五

戶一万五千五百九十六

口七万四千五百一十九

曲梁孝昌中分密置有武陵城曲梁城 原武二漢屬河南晉罷孝昌中復後屬有五馬淵白馬淵原武城 陽武二漢屬河南晉屬滎陽天平初屬有陽武城黃雀溝 中牟二漢屬河南晉屬滎陽眞君八年併陽武景明元年復天平初屬有中湯城管城堯祠 苑陵二漢屬河南晉屬汝陽天平初屬有新鄭

城鄭莊公廟子産祠苑陵城

滎陽郡

領縣五

戶二万一千四百七十二

口九万二千三百一十

滎陽 二漢屬河南晉屬有滎陽山滎陽城敖倉廣武城石門城管叔冢周苛紀信冢滎澤 成皐 二漢晉屬河南後屬 京 二漢屬河南晉屬有万尹山祠高陽城管城索水京水樊噲冢 密 二漢屬河南晉屬治容城有承雲山青烟谷開陽山大龜山子産墓卓茂冢祠 卷 二漢屬河南晉屬眞君八年省太和十一年後有卷城

成皐郡 天平元年分滎陽置

領縣二

戶二千六百六十

口一万五千七百四十

西成皐 天平元年分滎陽之成皐置州郡治有厄井漢高祖壇汜水成皐城 鞏 二漢晉屬河南天平初屬有長羅川鞏城九山祠

徐州 後漢治東海郡魏晉治彭城

領郡七 縣二十四

戶三万七千八百一十二

口一十万八千七百八十七

彭城郡 漢高帝置楚國宣帝改後後爲楚國後漢章帝更名彭城國晉改

領縣六

戶六千三百三十九

口二万三千八百四十一

彭城 前漢屬楚國後漢晉屬有寒山孤山龜山黃山九里山桓魋冢亞父冢楚元王冢龔勝冢 呂 前漢屬楚國後漢晉屬有呂梁城茱萸山偪陽城明星陂龍泉塘石頭山項羽山 薛 二漢晉屬魯國後屬有奚公山奚仲廟薛城孟嘗君冢 龍城 有楚王墓龍漢赤唐陂龍城 留 二漢晉屬有微山留城微子冢張良冢祠廣戚城薛城戚夫人廟黃山祠 睢陵 前漢屬臨淮後漢晉屬下邳晉亂屬濟陰武定五年屬有睢陵城九子山荆山

南陽平郡 治沛南界後寄治彭城

領縣三

戶三千七十一

口六千三百五十八

襄邑 陽平 濮陽

蕃郡 孝昌三年置元象二年併彭城武定五年後

領縣二

戶四千三百九十二

口二万八千八百四十二

蕃 二漢晉屬魯國後屬合蕃城 永興 皇興初置屬建昌郡太和十五年罷郡屬彭城武定五年屬 永

福 皇興初置屬建昌郡太和十九年罷郡屬彭城武定五年屬

沛郡 故秦泗水郡漢高帝更名後漢爲國後改

領縣三

戶四千四百一十九

口一万二千二百七十八

蕭 二漢晉屬有蕭城漢高祖廟谷水華山 沛 二漢晉屬有漢高祖廟沛城呂母冢 相 二漢晉屬有敞城相城相山廟羅山

蘭陵郡 晉置後罷武定五年復治永城

領縣四

戶十千四百二十四

口一万五千七百七十六

昌慮 二漢晉屬東海後屬有桃山孫山 承 二漢晉屬東海後屬有抱犢山承城坊山 合鄉 二漢晉屬東海後屬有三孫山 蘭陵 二漢晉屬東海後屬有蘭陵山石孫山荀卿冢

北濟陰郡 劉駿置魏因之治單父城

領縣三

戶八千五百四十六

口二万一千九百八十八

豐 二漢晉屬沛後屬有豐城漢高祖舊宅廟碑 離狐 晉亂置郡治有單襄公祠宓子賤祠漢高祖祠平洛城

城武 前漢屬山陽後漢晉屬濟陰後屬治郜城

碭郡 孝昌二年置治下邑城

領縣二

戶三千六百二十一

口八千七百五十四

安陽 孝昌二年置治麻城 碭 二漢屬梁國晉罷後復屬治魯城

西兗州 孝昌三年置治定陶城後徙左城

領郡二 縣七

戶三万七千四百七

口一十万三千八百九十四

沛郡 興和二年置治孝昌城

領縣三

戶七千五百七十一

口二万三百一十四

考 巳氏 前漢屬梁國後漢晉屬濟陰後屬有新中城安陽城 新安 興和中置

濟陰郡

領縣四

戶二万九千八百三十六

口八万三千五百八十

定陶二漢晉屬有定陶城 離狐前漢屬東郡後漢晉屬有離狐城桃城 冤句二漢晉屬治冤句城有南陽城 乘氏二漢晉屬有大鄉城梁丘城廩城

南兖州正光中置治譙城

領郡七 縣二十一

戶三万七千一百三十

口一十万五千五百三十九

陳留郡

領縣二

戶六千二百三十

口二万六千七百四十九

小黃劉裕置魏因之有曹騰墓曹嵩墓鄧艾祠 浚儀有城父城 谷陽有苦城陽都陂老子廟欒城 東燕有蔡水馮唐冢 武平正始中置有武平城賴鄉城天平二年置鎮武定七年罷

梁郡故秦碭郡漢高帝為梁國後改治梁國城

領縣二

戶一万三百五十九

口二万五千九百九十五

襄邑二漢晉屬陳留後屬治朗城 睢陽二漢晉屬郡治

魏書志六 二十二 王能

下蔡郡太和十九年置孝昌中陷興和中復

領縣四

戶三千三百六十二

口七千九百七十三

樓煩孝昌中陷興和中復 下蔡前漢屬沛後屬孝昌中陷興和中復 臨淮永平二年置孝昌中陷興和中復 龍亢二漢屬沛晉屬譙國後罷永安三年復屬孝昌中陷興和中復

譙郡二漢縣屬沛晉以為郡太昌中陷武定中復

領縣三

戶五千一百三十二

口一万二千九百九十一

蒙二漢晉屬梁國後屬 蘄二漢屬沛晉屬 寧陵前漢屬陳留後漢晉屬梁國後屬孝昌中陷後復

北梁郡

領縣二

戶八千二百三十一

口四万一千七百三十八

城安孝昌中置郡治有蛟龍城 孝陽孝昌中置治亳城

沛郡延昌中置正光中陷後復治黃楊城

領縣二

二、五十 魏書志六 二十三 朱

戶一千八百四十八
口四千五百六十五
蕭 延昌中置治虞城 相 延昌中置
馬頭郡 司馬德宗置魏因之正光中陷天平中復治建平城
領縣三
戶一千九百六十八
口五千五百二十八
蘄 正光中陷天平中復 巳吾 後漢屬陳留正光中陷興和中徙治平右城 下邑 前漢晉屬[illegible]晉屬梁國孝昌元年置臨淮郡縣屬興和中罷郡屬

廣州 永安中置治魯陽武定中陷徙治襄城
領郡七 縣十五
戶二万八千六百九十六
口九万六千七百八十
南陽郡
領縣二
戶七千四百八十九
口二万六千七百二十八
南陽 有大劉山祠 堧城 有堧城

順陽郡 太和中置縣後改
領縣二
戶二千四十五
口七千二百五十二
龍陽 太和十七年置 龍山 太和十七年置有龍山
定陵郡 永安中置
領縣三
戶三千六百九十
口八千七百五十六

北舞陽 皇興元年置有木陂 雲陽 太和十一年置 西舞陽 天安元年置正光中陷興和二年復
魯陽郡 太和十一年置鎮十八年改爲荊州二十二年罷置
領縣二
戶二百四十五
口七百七十五
山北 太和十一年置有應山廟城 河山 太和二十一年置
汝南郡 永安元年置治符壘城
領縣二
戶七百八十三

口二千三百四十四

汝南 太和十八年置 符壘 太和中置有沙水

漢廣郡 永安中置

領縣二

戶六千二百

口八千一十七

昆陽 二漢屬潁川晉屬襄城後屬有漢廣城昆陽城新安 高陽 太和元年置有滍水南襄城東西二蕭城高陽山皮城首山祠

襄城郡 晉置

領縣二

戶八千二百四十四

口四万二千八百七十八

繁昌 晉屬有繁昌城潁鄉城安陽城陽城陂 襄城 二漢屬潁川晉屬有潁陽城繁丘城

膠州 永安二年置治東武陵

領郡二 縣十四

戶二万六千五百六十二

口六万三百八十二

東武郡 永安二年置

領縣三

戶八千六百一十七

口一万八千七百五十七

姑幕 二漢屬琅邪晉屬城陽後罷永安中復屬有荊芑山公冶長墓 扶其 永安中置有常山祠扶其水沙城雲母山盧水 梁鄉 永安中置有梁鄉城五弩山膠水出焉紀丘山琅邪臺秦始皇碑興和中立臨海郡尋罷屬焉

高密郡 漢文帝爲膠西國宣帝更爲高密國後漢併北海晉惠帝復置罷併北海延昌中復

領縣五

戶七千五百五

口一万六千一百五十三

高密 前漢屬後漢屬北海晉屬城陽後屬有高密城濰水鄭玄墓 夷安 前漢屬後漢屬北海晉屬城陽後屬有夷安城夷安澤 黔陬 前漢屬琅邪後漢屬東萊晉屬城陽後屬有黔陬城野艾山祠

平昌 前漢屬琅邪後漢屬北海晉屬城陽魏初屬平昌郡延昌中屬治平昌城有龍臺山上有井玄興荊水通

東武 二漢屬琅邪晉屬城陽後屬有平昌城

平昌郡 魏文帝置後罷晉惠帝復

領縣六

戶一万四百四十

口二万五千四百七十二

昌安前漢屬高密後漢屬北海晉屬城陽後屬有巨丘亭昌安城 淳于二漢屬北海晉屬城陽後屬有淳于城鐵山 營陵二漢屬北海晉屬琅邪後屬有營陵城高密城 安丘二漢屬北海晉屬琅邪有石郈原墓 朱虛前漢屬琅邪後漢屬北海晉屬琅邪後屬有九山丹水水出 琅邪二漢屬琅邪晉罷後復屬有管寧墓

洛州太宗置太和十七年改為司州天平初復

領郡六 縣十二

戶一万五千六百七十九

口六万六千五百二十一

洛陽郡天平初置

領縣二

戶三千六百五十九

口一万五千七十二

洛陽二漢晉屬河南天平初置 緱氏二漢晉屬河南太和十七年併洛陽天平初復屬有緱氏城

河陰郡元象二年置

領縣一

戶二千七百六十七

口一万四千七百一十五

河陰晉置太宗併洛陽正始二年復屬河南

魏書志六 廿八 亨

新安郡天平初置

領縣三

戶四百九十

口一千九百一十一

新安二漢屬弘農晉屬河南太和十二年改為郡十九年復後屬 東垣二漢晉屬河東後屬河南

南二漢晉屬河南後屬

中川郡天平初置

領縣二

戶二千七十八

口八千二百二十五

魏書志六 二十九 川

堙陽太和十三年分潁陽置 潁陽天安二年置

河南郡秦置三川守漢改為河南郡後漢晉為尹後罷司馬德宗置後罷太宗復太和中遷都為尹天平初改

領縣一

戶三千六百四十二

口一万四千七百一十五

宜遷天平二年置

陽城郡孝昌二年置

領縣三

戶三千四十三
口一万一千八百八十三
陽城二漢屬潁川晉屬河南後罷正光中後屬有少室山嵩高山許由墓啓母廟　潁陽二漢屬潁川後屬　康城孝昌中分陽城置有陽城𨶹箕山許由隱窟荆山鄭子產廟
南青州治國城顯祖置爲東徐州太和二十二年改
領郡三　縣九
戶一万五千二十四
口四万五千三百二十二
東安郡二漢縣晉惠帝置

領縣三
戶四千六百四十
口一万六千五百五十一
蓋二漢屬泰山晉屬琅邪後屬有東安城臺山廟　新泰有蒙山　發干有羌山廟
東莞郡晉武帝置
領縣三
戶九千六百二十
口二万六千五百六
莒前漢晉屬城陽後漢屬琅邪後屬有莒城　東莞二漢晉屬琅邪後屬　諸二漢屬琅邪晉屬城陽後屬

義塘郡武定七年置治黃郭城
領縣三
戶七百六十四
口二千二百六十五
義塘武定七年置　歸義武定七年置有盧山墟倉　懷仁武定七年置有只山魏山莒城
北徐州永安二年置
領郡二　縣五
戶一万四千七百八十一
口四万一百二十五
東泰山郡皇興三年分泰山置屬兗州永安中屬

領縣三
戶五千七
口一万六千三百八十一
南城前漢屬東海後漢晉屬泰山有東安城武城丏石山　新泰魏置晉屬泰山後屬有峨山　武陽二漢晉爲南武陽屬泰山後改有顓臾城蒙山
琅邪郡秦置後漢建武中省城陽國以其縣屬
領縣二
戶九千七百七十四

口二万三千七百四十四
即丘前漢屬東海後漢晉屬有繒城臨沂城即丘城魯國山廟王休徵冢　費前漢屬東海後漢屬泰山晉屬有費城
北揚州天平二年置治項城
領郡五　縣十九
戶九千八百四十五
口三万二千一百三十九
陳郡漢高帝置爲淮陽國後漢章帝更名陳國晉初并梁國後復改
領縣四

戶三千二十四
口七千六百六十九
項二漢屬汝南晉屬梁國後屬有方城　長平前漢屬汝南後漢屬陳國晉屬潁川有長平城晉陽城晉初省惠帝永康元年復　西華二漢屬汝南晉初省惠帝永康元年復屬潁川後屬治西華城　襄邑治思都城
南頓郡晉惠帝置
領縣四
戶二千五百二十
口七千二百六十五

南頓二漢晉屬汝南後屬有潁陰城南頓城漢光武廟　和城有高臨丘　平鄉有平鄉城
新蔡二漢屬汝南晉屬汝陰後屬
汝陰郡晉武帝置太和十八年爲東郢州後罷治社亭城
領縣三
戶一千七百九十四
口八千四百九十八
汝陰二漢屬汝南晉屬　宋前漢曰新郪屬汝南後漢改晉屬後罷太和元年復屬　許昌
丹楊郡
領縣四

戶二千一百四十四
口七千九百三十一
秣陵有次水　邵陵　南陽　白水
陳留郡武定六年置及縣
領縣四
戶三百六十七
口七百七十五
小黃　宋　雍丘　新蔡
東楚州司馬德宗置宿豫郡高祖初立東徐州後陷世宗初改爲鎮後陷武定七年復改爲宿豫郡

領郡六
戶六千五百三十一
口二万七千一百三十二
宿豫郡
領縣四
戶一千六百五十五
口七千三百七
宿豫武定七年置 新昌武定七年置 臨泗武定七年改蕭衍平原清河置有東西二竹城
濠夷

高平郡治大徐城
領縣四
戶九百二十
口三千九十六
高平武定七年改蕭衍東平陽平清河歸義四郡置 朱沛武定七年改蕭衍朱沛脩義安豐三郡置有朱沛水徐君墓即延陵季子掛劍處 白水武定七年改蕭衍濟陰郡置 襄邑武定十年改蕭衍彭陽下邳梁郡高平四縣置
淮陽郡蕭衍置魏因之
領縣四
戶一千六百一十七
口七千二百七十七
角城武定七年改蕭衍臨清天水淮陽三縣置有呂武城 綏化武定七年改蕭衍綏化呂梁二郡置有單甫城 招義武定七年改蕭衍恩撫郡二縣置 淮陽武定七年改蕭衍西淮郡七縣置
晉寧郡蕭衍置魏因之
領縣四
戶一千二百二十二
口五千二十三
臨清武定七年置 魏興武定七年改蕭衍梁興臨沂興義三縣置有鵲城 富城武定

七年改蕭衍下邳扶風清河三郡置 招農武定七年改蕭衍蘭陵郡十二縣置有晉寧城
安遠郡武定七年改蕭衍安遠戍置治安遠城
領縣二
戶五百八十
口二千三百八十二
鉅鹿郡治武定七年改蕭衍鉅鹿郡六縣置 淮浦武定七年改蕭衍太山郡四縣置有霸浦
臨沭郡蕭衍置魏因之
領縣二
戶五百三十五

口二千一百七

臨沭 招遠 有馬微城

東徐州 孝昌元年置永熙二年州郡陷武定八年復治下邳城

領郡四 縣十六

戶六千二百八十一

口三万六百六十五

下邳郡

領縣六

戶一千一百四十八

口三千七百三十九

下邳 前漢屬東海後漢晋屬有沂水巨川神祠 良城 前漢屬東海後漢晋屬有栢山 僮 前漢屬臨淮後漢晋屬 坊亭 武定八年改晋寧置 柵淵 武定八年分宿豫置 歸正 武定七年置有陳珪墓

武原郡 武定八年分下邳置

領縣三

戶二千八百一十七

口二万五十五

武原 前漢屬楚國後漢晋屬彭城後屬有武原水武原城徐偃王墓 開遠 武定八年分良城置有賭闕山祠 艾山 武定八年分僮置

郯郡 秦置漢高改為東海後漢為國晋復武定八年改治郯城

領縣四

戶一千二百一十九

口三千三百八

郯 二漢晋屬有建陵山 臨沂 前漢屬東海後漢晋屬琅邪武定八年復 建陵 前漢屬晋[illegible]陵山郯治有海王神白馬澤馬嶺山 歸昌 武定年置

臨清郡 孝昌三年置盱眙郡武定八年改

領縣三

戶一千五百一十七

口三千五百六十三

下相 前漢晋屬臨淮後漢屬下邳後屬 睢陵 武定七年置有睢水 歸義 武定七年置

海州 劉子業置青州武定七年改治龍沮城

領郡六 縣十九

戶四千八百七十八

口二万二千二百一十

東彭城郡 蕭衍置魏因之

領縣三

戶八百

口三千四百六十九

龍沮蕭衍置，魏因之。有即丘城、房山。安樂蕭衍置彭城縣，武定七年改。有伊萊山神、聖母祠。勃海蕭衍置清河縣，武定七年改。有東海明王神。

東海郡蕭衍改置北海郡，武定七年復。

領縣四

戶一千二百四十二

口五千九百四

贛榆前漢屬琅邪，後漢、晉屬。安流蕭衍置都昌縣，武定七年改。廣饒蕭衍置，魏因之。

下密蕭衍置，魏因之。有堯廟。

海西郡蕭鸞置東海郡，武定七年改置。

領縣三

戶八百六十

口三千九百五十

襄賁二漢、晉屬。海西武定七年分襄賁置。臨海蕭衍置，魏因之。

沭陽郡蕭衍置僮陽郡，武定七年改。

領縣四

戶一千三百九十七

口七千五百八十三

下城武定七年置。有淫清神。臨渚武定七年置。懷文武定七年置。服武武定七年置。有武都山。

琅邪郡

領縣三

戶三百五十六

口一千三百七十一

海安蕭衍置，魏因之。有陸屋山、蘆石山。朐二漢屬東海，晉曰臨朐，屬。蕭衍改為招遠，武定七年復。有朐城、朐山郡治。山寧蕭衍北譙郡，武定十年改置。

武陵郡

領縣二

戶二百二十三

口七百三十三

上鮮蕭衍齊郡，武定七年改置。洛要蕭衍高密縣，武定七年改。有武陵城。

東豫州太和十九年置，治廣陵城。孝昌三年陷，武定七年復。

領郡六　縣十六

戶三千九十九

口一万一千二十

汝南郡孝昌三年陷，武定七年復。

領縣五
戶一千六百二十九
口六千四百八十二
南新息孝昌三年陷武定七年復 北新息 安陽 汝陽 長平
東新蔡郡
領縣四
戶二百四十七
口六百七十七
固始太和二年置孝昌中陷武定七年復 鮦陽太和二十三年置孝昌中陷武定七年復 苞信孝昌中陷武定七年復 汝陽孝昌三年陷武定七年復

新蔡郡孝昌中陷武定七年復
領縣二
戶四百六十五
口一千五百一十三
苞信孝昌三年陷武定七年復 長陵
弋陽郡孝昌三年陷武定七年復
領縣一
戶一百三十七
口五百三十三
弋陽孝昌三年陷武定七年復有弋陽城黃水
長陵郡蕭衍置魏因之
領縣三
戶三百八十七
口一千三百六十三
長陵蕭衍置魏因之 苞信蕭衍置魏因之 安寧蕭衍置魏因之有期思城孫叔敖廟
陽安郡
領縣一

戶二十二
口一百三十一
永陽
義州蕭衍置武定七年內屬
戶二百一十五
口三百二十二
潁州孝昌四年置武泰元年陷武定七年復
領郡二十 縣四十
戶三千六百一

口一万三千三百四十三

汝陰弋陽二郡蕭衍置雙頭郡縣魏因之

領縣七

戶一千六百六十五

口六千七十八

汝陰　陳留蕭衍置魏因之有高塘陂蟹谷陂　樓煩建義中陷武定七年復　宋蕭衍置魏因之有州亭城　弋陽　新息太和十九年置弋陽後陷武定七年復蕭衍置新息合弋陽魏因之　期思蕭衍置魏因之

北陳留潁川二郡蕭衍為陳州武定七年改置

領縣五

戶三百五十一

口一千二百七十二

許昌蕭衍置魏因之　圍城　雍丘有蓬丘枝水　陳留　小黃治安陽城

財丘梁興二郡蕭衍置魏因之

領縣四

戶二百八十三

口一千六十九

梁興蕭衍置魏因之有艾亭丘　財丘　梁城蕭衍置魏因之　汝陽蕭衍置魏因之

西恒農陳南二郡蕭衍置魏因之

領縣三

戶二百三十一

口八百六十四

恒農　胡城蕭衍置魏因之有燋丘雒鋼二陂神廟　南頓蕭衍置魏因之有閻水東陵城

東郡汝南二郡治牛心丘

領縣二

戶一百四十七

口六百二十一

白馬　濟陽蕭衍置魏因之有石歷陂

清河南陽二郡蕭衍置魏因之

領縣三

戶一百三十二

口五百五十五

清河蕭衍置魏因之　南陽　汝南蕭衍置魏因之

東恒農郡蕭衍置魏因之

領縣三

戶一百一十九

口四百四十

滎陽　陽武蕭衍置魏因之　淮陽武定七年置有平陸

新蔡南陳留二郡蕭衍置魏因之

領縣一

戶三百五十七

口一千二百四十二

鮦陽蕭衍置魏因之

滎陽北通二郡蕭衍置魏因之

領縣四

戶二百七十七

口四百七十二

北通　臨淮蕭衍置魏因之　臨沂　汝陰蕭衍置魏因之

汝南太原二郡蕭衍置魏因之

領縣四

戶八十七

口四百六

平豫　安城蕭衍置魏因之　太原　新息蕭衍置魏因之

新興郡蕭衍置魏因之

領縣四

戶一百一十二

口三百二十四

安城郡治蕭衍置魏因之　都立蕭衍置魏因之　新興蕭衍置魏因之　義興蕭衍置魏因之

譙州景明中置渦陽郡孝昌中陷武定七年復置州治渦陽城

領郡七　縣十七

戶二千六百一十七

口七千八百二十一

南譙郡司馬昌明置魏因之

領縣四

戶四百七十六

口一千七百三十四

渦陽武定六年置有北平城曹操祠　茅岡武定六年置有石山祠　栢橋武定六年置　蜀坡武定六年置

汴郡蕭衍置魏因之

領縣二

戶二百五十三

口八百二十九

蕭有平阿山 潁川

龍亢郡蕭衍置魏因之

領縣二

戶三百三十三

口一千六十六

葛山武定六年置 龍亢武定六年置

蘄城郡蕭衍置魏因之

領縣二

戶三百二十四

口七百六

廣平武定六年置有艾平城黃丘 蘄城武定六年置有蘄城

下蔡郡蕭衍穎川郡武定六年改置

領縣二

戶三百四十

口八百七十八

蕃城蕭衍蕃城戍武定六年改置 肥陽蕭衍寧陵縣武定六年改有大浮城石子澗

臨渙郡蕭衍置魏因之

領縣三

戶七百九

口二千六十二

白檡治白檡城 丹城治貴城 渙北有石城

蒙郡蕭衍置魏因之

領縣二

戶一百八十一

口五百四十六

勇山有丹城勇山祠 蒙郡治

北荆州武定二年置

領郡三 縣八

戶九百三十三

口四千五十六

伊陽郡武定二年置治伏流城後陷寄治州城

領縣一

戶四十八

口二百八十三

南陸渾

新城郡天平中置治孔城後陷從治州城

領縣二　戶三百三十一
口一千四百八十四
新城二漢晉屬河南　北陸武定五年陷
汝北郡孝昌三年置治陽仁城天平二年廢武定元年復移治梁崔塢五年陷　年復治楊志塢
領縣五
戶五百五十四
口二千二百八十九
石臺有平州城　南汝原有汝水石澗水　治城　東汝南有石樓山黃陂陽陂

梁有廣城澤
陽州天平初置尋陷武定初復
領郡二　縣七
宜陽郡孝昌初置屬州天平初屬
領縣三
宜陽　西新安孝昌三年置　東亭
金門郡天平初置
領縣四
金門　南澠池　南陝　盧氏

南司州劉義隆置司州正始元年改為郢州孝昌三年陷蕭衍又改為司州武定七年復改置
領郡三　縣七
齊安郡正始元年置
領縣三
保城劉駿置魏因之有羅山廟　鄳有石城山有覇山廟　齊安正始元年置
義陽郡魏文帝置後罷晉武帝復
領縣二
平陽有師水　義陽晉屬
宋安郡劉彧置魏因之

領縣二
樂寧有成陽關雞頭山　東隨有黃峴關長平山廟
楚州蕭衍置北徐州武定七年改治鍾離城
領郡十二　縣二十九
彭沛二郡
領縣三
南陽有曲陽城　中陽　洛陽
馬頭郡
領縣二

蘄 平頓

沛郡

領縣三

蕭 相 巳吾（有當塗山荆山）

安定郡

領縣四

濮陽 臨涇 新豐 南陽

廣梁郡

領縣一

相邑

魯郡（蕭衍置魏因之）

領縣三

鄒 碭 魯

北譙郡（治陰陵城）

領縣二

南蔡 北譙（有苟寧城龍淵）

濟陽郡

領縣四

樂平 睢陽 頓丘 齊丘

北陽平郡

領縣二

陽平 濮陽

鍾離陳留二郡

領縣五

燕（有秋山白石山） 朝歌（有九山城黃溝水） 零 浚儀 灌丘（有郡陽城）

合州（蕭衍置魏因之治合肥城）

領郡八 縣十七

汝陰郡（治州）

領縣二

汝陰 天水

南頓郡

領縣二

南頓 和城

南梁郡

領縣二

慎 南高

北梁郡　領縣二

北蒙　北陳

南譙郡　領縣二

蘄　郡陵

盧江郡　領縣三

灊有野父山　北始新　南始新

西汝南郡　領縣二

安城有金牛山　新野

北陳郡　領縣二

西華有野王城舒水　陽夏

霍州蕭衍所置魏因之　領郡十七　縣三十六

安豐郡治洛步城

領縣一

安豐治郡

平原郡　領縣一

清化

北潁川郡　領縣三

潁川　郡陵　天水

梁興郡

領縣一

陽夏治郡

陳郡　領縣三

開　陽夏　銅陽

北陳郡治衛山城　領縣一

陽夏

扶風郡治烏溪城

北沛郡 領縣五
沛 曲陽 相 順 新蔡治郡
南陳郡治州 領縣二
南陳治立康城 邊水
新蔡郡 領縣三
汝陽 新蔡 固始

岳安郡 領縣二
安成 義興
邊城郡治麻安山 領縣一
史水
西邊城郡 領縣三
史水 宇樓 開化

西沛郡 領縣三
蕭 沛 平陽
淮南郡 領縣三
淮南 新興 清河
樂安郡 領縣三
新蔡 樂安 潁川

南潁川郡 領縣一
譙
睢州蕭衍置潼州武定元年平改置治取慮城 領郡五 縣十二
淮陽郡武定六年置 領縣二
淮陽武定六年置 睢陵武定六年置有馬牙城
穀陽郡治穀陽城太和中置鎮世宗開置平陽郡孝昌中陷武定六年復改

領縣二
連城武定六年置有豪城濊水　高昌武定六年置郡治有項羽祠
睢南郡蕭衍置沛郡武定六年改
領縣二
斛城武定中改蕭衍淮陽置有五丈陂扶離城　新豐武定六年置
南濟陰郡治竹邑城孝昌中陷蕭衍為睢州武定五年復
領縣二
頓丘　定陶有諸陽山
臨潼郡治臨潼城孝昌中陷武定六年置

領縣四
晉陵郡治武定六年置　取慮治州　寧陵武定六年置　夏丘武定六年置有夏丘城
南定州蕭衍置魏因之治蒙籠城
領郡五　縣七
弋陽郡治州
領縣二
汝南　期思
汝陰郡治汝陰城
領縣一

汝陰
安定郡
領縣一
安定
新蔡郡治新蔡城
領縣一
新蔡
北建寧郡
領縣二

建寧　陽武
西楚州蕭衍置魏因之治楚城
領郡三　縣七
汝陽郡蕭衍置魏因之
領縣一
義陽蕭衍置魏因之
仵城郡蕭衍置魏因之
領縣二
城陽蕭衍置魏因之　淮陰蕭衍置魏因之

城陽郡蕭衍置魏因之

領縣四

淮陰蕭衍置魏因之　平春蕭衍置魏因之　義興蕭衍置魏因之　晈城蕭衍置魏因之

蔡州治豫州鮦陽縣新蔡城

領郡二　縣四

新蔡郡治四望城

領縣二

南趙　新蔡

汝南郡治白馬澗

領縣二

新息　南頓

西淮州蕭衍置魏因之治豫州界白苟堆

領郡一　縣二

淮川郡治州

領縣二

真陽　梁興

譙州蕭衍置魏因之治新昌城

領郡四　縣十五

高塘郡治高塘城

領縣四

平阿　盤塘　石城　蘭陵

臨徐郡治葛城

領縣三

懷德　烏江　酇

南梁郡

領縣四

慎　梁　蒙　譙

新昌郡治州

領縣四

赤湖　荻港　薄陽　頓丘

揚州後漢治歷陽魏治壽春後治建業晉亂置豫州劉裕蕭道成並同之景明中改孝昌中陷武定中復

領郡十　縣二十一

梁郡治州

領縣二

崇義有楚城韓城　蒙有馬頭城

淮南郡

領縣三

壽春故楚有倉陵城 汝陰有椡泉城少溝水 西宋

北譙郡永平元年置

領縣二

安陽 北譙

陳留郡

領縣二

浚儀有竹城 雍丘有曹城

北陳郡

領縣一

長平有沙陵城

邊城郡

領縣二

期思郡治有九彐山豐城 新息

新蔡郡

領縣二

新蔡郡治有大蘇山 固始有大坡陂

安豐郡

領縣二

安豐有城 松茲有城 城

下蔡郡

領縣二

下蔡 樓煩

潁川郡

領縣三

相 西華有澤水 許昌有峽石山

淮州蕭衍置魏因之治淮陰城

領郡四 縣九

盱眙郡治盱眙城

領縣三

盱眙治郡 陽城 直瀆

山陽郡治山陽城

領縣二

山陽治郡 左鄉

淮陰郡

領縣三

富陵 懷恩治州郡 魯
陽平郡治陽平城 領縣一
太淸郡治
仁州蕭衍置魏因之治赤坎城 領郡一 縣二
臨淮郡 領縣二
巳吾州郡治 義城

光州蕭衍置魏因之治光城 領郡五 縣十
北光城郡 領縣二
光城州治 樂安
弋陽郡 領縣二
北弋陽郡治 南弋陽
梁安郡

領縣二
濟陽治郡 陽城
南光城郡 領縣二
光城治郡 南樂安
宋安郡治大城 領縣二
樂寧治郡 宋安
南朔州蕭衍置魏因之治齊坂城 領郡六 縣六

梁郡 領縣一
新息
新蔡郡 領縣一
鮦陽
邊城郡治石頤城 領縣一

邊城
義陽郡
領縣一
義陽
新城郡治新城有關城
領縣一
新城
黃川郡
領縣一

安定
南建州蕭衍置魏因之治高平城
領郡七　縣十七
高平郡
領縣四
高平　譙　弋陽　義昌
新蔡郡
領縣二
新蔡　安定

陳留郡
領縣三
陳留治郡　京兆　頓川
魯郡
領縣二
魯　義興
南陳郡
領縣二
南陳　環城

光城郡
領縣三
光城　邊城　婆水
清河郡
領縣一
清河
南郢州蕭衍置魏因之治赤石關
領郡三　縣七
定城郡

領縣二

宇婁　邊城

邊城郡　領縣一

茹由

光城郡治赤石城　領縣一

光城

沙州蕭衍置魏因之治白沙關城

領郡二　縣二

建寧郡　領縣一

建寧

齊安郡　領縣一

梁豐

北江州蕭衍置魏因之治鹿城關

領郡一

義陽郡　領縣一

義陽治州郡

齊昌郡　領縣一

齊昌

新昌郡　領縣一

興義

梁安郡治建昌城　領縣一

梁興

光城郡　領縣一

光城

齊興郡　領縣一

西平

湘州 蕭衍置魏因之治大活關城

領郡三 縣三

安豐郡

領縣一

新化 州郡治

梁寧郡

領縣一

濡陽

永安郡

領縣一

新城

汴州 蕭衍置魏因之治汴城

領郡二 縣四

沛郡

領縣三

蕭 穎川 相

臨淮郡

領縣一

臨淮

財州 武定八年置治豫州鮦縣固始城

前件自陽州已下二十三州並緣邊新附地居險遠故郡縣户口有時而闕

地形志二中第六 魏書一百六

地形志二下第七　魏書一百六

雍州漢改曰涼治漢陽郡隴縣後治長安

領郡五　縣三十一

京兆郡秦爲内史漢高帝爲渭南郡武帝爲京兆尹後漢因之屬司隸魏改屬

領縣八

長安漢高帝置二漢晉屬有昆明池周靈臺鎬池彪池水　杜二漢晉屬二漢曰杜陵晉曰杜城後改　鄠二漢屬右扶風晉屬始平眞君七年分屬豐水出焉　山北有風涼原有苦谷灃水出焉有杜城　新豐漢高帝置二漢晉屬有驪山戲亭首谷水　霸城郡治二漢曰霸陵晉改屬有軹道亭長門亭灞水溫泉安昌陂　陰般二漢屬定安晉屬眞君七年併新豐太和十一年復有鴻門亭靈谷水戲水　藍田二漢晉屬眞君七年併霸

城太和十一年復有白鹿原

馮翊郡故秦内史漢高帝二年更名河上郡九年復爲内史武帝爲左内史後爲在馮翊後改

領縣六

高陸郡治二漢曰高陵屬晉屬京兆魏明帝改屬有漳水　頻陽秦置二漢晉屬有廣武城南鹵原鹽也　萬年漢高帝置二漢晉屬京兆後屬有漆沮水　蓮芍二漢晉屬有據城下封城　廣陽景明元年置　郭太和二十二年置

扶風郡故秦内史漢高帝二年更名爲中地郡九年復爲内史武帝爲右内史太初中更名主爵都尉爲右扶風後改世祖眞君年中併始平郡屬焉

領縣五

好畤郡治前漢屬後漢晉罷後復有武都城　始平魏置晉屬始平有溫泉新市城　美陽　槐里二漢晉屬始平周曰犬丘秦更名廢丘漢高帝改有板橋泉　盩厔漢武帝置屬後漢晉罷後復眞君七年併武功屬焉

咸陽郡

領縣五

石安石勒置秦孝公築渭城名咸陽宮有四皓祠安陵城杜郵亭竇氏泉周文王祠　池陽郡治二漢屬左馮翊晉屬扶風後屬有鄭白渠　靈武前漢屬北地後漢罷晉復眞君七年分屬焉　寧夷有甘泉九嵕山　涇陽眞君七年併石安景明二年復屬

北地郡魏文帝分馮翊之祋祤置

領縣七

富平眞君八年罷泥陽弋居屬焉有北地城漢武帝祠　泥陽二漢晉屬眞君七年併富平景明元年復有慈城山　弋居二漢屬晉罷後復眞君七年併富平後復　雲陽二漢屬左馮翊晉罷後復屬有蕭池水雲陽宮　銅官眞君七年置有關山石槃山　土門景明元年置有土門山　宜君眞君七年置有宜君水

岐州太和十一年置治雍城鎭

領郡三　縣八

平秦郡太延二年置

領縣三

雍二漢晉屬右扶風後屬有周城　周城眞君六年置　橫水眞君十年分周城置

武都郡（太延年置）

領縣三

平陽（真君六年置有新谷五丈原鄜塢） 南田 高車

武功郡（太和十一年分扶風置）

領縣二

美陽（二漢晉屬扶風真君七年罷郡屬焉後屬有岐山太白山美原廟駱谷郿亭） 漢西（太和十一年分好畤置有梁山武都城）

秦州（治上封城）

領郡三 縣十三

天水郡（漢武帝置後漢明帝改爲漢陽郡晉復）

領縣五

上封（前漢屬隴西後漢屬漢陽晉屬犯太祖諱改有瀟水） 顯新（後漢屬漢陽晉屬真君八年併安夷後屬）

平泉 當亭（真君八年置）

略陽郡（晉武帝分天水置）

領縣五

安戎（前漢曰戎邑屬天水後漢晉罷後改屬有董城） 綿諸（前漢屬天水後漢晉罷後復屬有榆亭） 隴城（前漢屬天水後漢屬漢陽晉罷後復屬有隴城略陽城） 清水（前漢屬天水後漢罷晉後屬） 阿陽（前漢屬天水後屬漢陽晉罷太和十一年後屬）

漢陽郡（真君七年分天水置）

領縣二

黃瓜（真君八年置有始昌城） 陽廉（有鄧松山） 階陵

南秦州（真君七年置仇池鎮太和十二年爲渠州正始初置治洛谷城）

領郡六 縣十八

天水郡（真君七年置）

領縣三

水南（郡治真君二年置） 平泉（真君三年置） 平原

漢陽郡（真君五年置）

領縣二

穀泉 蘭倉（郡治真君三年置有雷牛山黃帝洞）

武都郡（漢武帝置）

領縣四

石門（郡治真君九年置有羌道城） 白水（真君九年置郡後改） 東平（真君九年置） 孔提

武階郡

領縣三

北部 南五部（太和四年置郡後改） 赤萬（太和四年置郡後改）

脩武郡

領縣四

平洛太和四年置 相樹太和八年置 下辨二漢晉屬武都郡太和四年分屬焉 廣長郡治太和四年置

仇池郡 領縣二

階陵眞君四年置有牛頭山 倉泉太和四年置

南岐州 領郡三

固道郡延興四年置

廣化郡

廣業郡

東益州治武興 領郡七 縣十六

武興郡 領縣四

景昌 武興州郡治 石門 武安

仇池郡 領縣二

西鄉 西石門

槃頭郡 領縣二

武世 萇舉

廣萇郡 領縣二

萇廣 新巴

廣業郡 領縣二

廣業 廣化

梓潼郡 領縣二

華陽 興宋

洛聚郡 領縣二

武都 明水

益州正始中置 領郡五 縣十

東晉壽郡司馬德宗置魏因之 領縣四

黃　石亭　晉安司馬德宗置魏因之　晉壽晉惠帝置屬梓潼後屬

西晉壽郡

領縣一

陰平

新巴郡司馬德宗置魏因之

領縣一

新巴司馬德宗置魏因之

南白水郡

領縣二

始平　京兆

宋熙郡

領縣二

興樂　元壽

巴州郡縣闕

梁州蕭衍梁秦二州正始初改置　領郡五　縣十四

晉昌郡

領縣三

龍亭有安國城鎮勢山灙水　興勢延昌三年置　南城

褒中郡

領縣三

褒中二漢晉屬漢中後罷永平四年復屬　武鄉延昌元年置有牛頭山　廉水

安康郡劉準置魏因之

領縣二

安康二漢曰安陽屬漢中漢末省魏復武帝更名屬魏興郡後屬有直水　寧都

漢中郡秦置

領縣三

南鄭二漢晉屬　漢陰有胡城　城固二漢晉屬

華陽郡

領縣三

華陽有黃牛山廉水蕭何城　沔陽二漢晉屬漢中後屬有白馬城黃沙城諸葛亮廟　嶓冢有嶓冢山漢水出焉

南梁州郡縣闕

東梁州　領郡三　縣四

戶一千二百二十二

金城郡

領縣一　戶二百八十六

直城

安康郡　領縣　戶六百一十八

安康

魏明郡　領縣二　戶三百一十八

漢陽　寧都

涇州治臨涇城

安定郡漢武帝置太和十一年罷石堂郡以其縣屬　領郡六　縣十七

安定前漢屬後漢晉罷後復有銅城　領縣五　臨涇二漢晉屬有洪城　朝那二漢晉屬有當原城胡城

烏氏二漢晉屬有岐山涇鄉城陽邑城撫夷城　石堂有自度山

隴東郡

領縣三

涇陽前漢屬安定後漢晉罷尽屬後復有薄落山涇水出焉白城方石淵隴山　祖居前漢屬罷後復屬武

威晉罷後復屬　撫夷前漢屬安定後漢晉罷後復屬

新平郡後漢獻帝建安中置　領縣四

白土二漢屬上郡晉屬金城後屬有岐亭嶺　爰得前漢屬安定後漢晉罷後復屬有邑成東魏城　三水

二漢屬安定晉罷後復屬有隨意城　高平二漢屬安定晉罷後復屬有石門山

隨平郡　領縣二

鶉觚前漢屬山城後漢晉屬安定後有孤原亭臺山　東槃

平涼郡　領縣二

鶉陰郡治前漢屬安定後漢屬武威晉罷後復屬有凡亭涇陽平涼城　陰密前漢屬安定後漢罷晉復後屬

平原郡　領縣一

陰槃二漢屬安定晉屬京兆後屬有安城安武城

河州有伏乾關李真君六年置鎮後改治抱至

領郡四　縣十四

金城郡 漢昭帝置後漢建武十三年杭隴西孝明復

領縣二

榆中 二漢晉屬

大夏 二漢屬隴西晉屬晉興皇興三年改為郡後復屬有白水金柳城

武始郡 晉分隴西置

領縣三

勇田 真君八年置郡後改

狄道 二漢屬隴西晉屬

陽素

洪和郡

領縣三

水池 真君四年置郡後改

藍川 真君八年置郡後改

蕈州 延興四年置

臨洮郡 二漢晉縣屬隴西真君六年改置

領縣三

龍城 太和十年置

石門 太和九年置

赤水

渭州

領郡三 縣六

隴西郡 秦置

領縣二

襄武

首陽

南安陽郡

領縣二

桓道

中陶

廣寧郡

領縣二

彰

新興 真君八年罷中陶祿部襄武屬焉

原州 太延二年置鎮正光五年改置并置郡縣治高平城

領郡二 縣四

高平郡

領縣二

高平

里亭

長城郡

領縣二

黃石

白池

涼州 漢置治隴神麚中為鎮太和中復

領郡十 縣二十

戶三千二百七十三

武安郡

領縣一

宜盛　戶三百七十三

臨杜郡杜一作社　領縣二

戶三百八十九

安平　和平

建昌郡　領縣三

戶六百五十七

榆中　治城　蒙水

番和郡　領縣二

戶一百三十九

彰　燕支

泉城郡　領縣一

戶七十二

新陽

武興郡　領縣三

戶三百八十五

晏然　馬城　休屠

武威郡漢武帝置　領縣二

戶三百四十

林中　襄城有休屠城武始澤

昌松郡　領縣三

戶三百九十七

溫泉　揟次本作撮沙又作揟次　莫口

東涇郡　領縣一

戶一百九十一

台城

梁寧郡　領縣二

戸三百三十一
園池　貢澤
鄜州郡縣闕
瓜州郡縣闕
華州太和十一年分秦州之山山澄城白水置　領郡三　縣十三
華山郡
領縣五
華陰前漢屬京兆後漢晉屬恒農後屬有華山集仙館巨靈原漏關北鄉城重泉城　鄭二漢晉屬京兆

後屬有廣鄉原鄭城赤城　夏陽二漢晉屬馮翊後屬故少梁秦惠文王更名有梁山龍門山黑水城　敷
西太和十一年分夏陽置有武平城高平城　郃陽二漢晉屬馮翊後罷太和二十年復屬
澄城郡眞君七年置
領縣五
澄城眞君七年置有杏城　五泉眞君七年置有五泉水濕水石谷城　三門眞君七年置有陽苑
城衙城　宮城眞君七年置　南五泉太和十一年置
白水郡太和二年分澄城置
領縣三
姚谷太和二年置有黃崖山　白水太和二年置有五龍山栗邑城　南白水太和十一年白水置有闕五字

北華州太和十五年置東秦州後改治杏城
領郡一　縣七
戸一万千五百九十七
中部郡
領縣四
戸八千九百二十四
中部姚興置魏因之　石保有回女山　狄道有狄兎城浅石山　長城有五郊城
敷城郡
領縣三

戸五千六百七十二
敷城有女陰山　洛川眞君中置　定陽
豳州皇興二年為華州延興二年為三縣鎭太和十一年改為班州十四年為邠州二十年改焉
領郡三　縣十
西北地郡秦昭王置
領縣三
彭陽二漢屬安定晉罷後復屬　富平二漢晉屬北地後屬有神泉靈州城彰獵山　安武
前漢屬安定後漢晉罷後復屬
趙興郡眞君二年置

領縣五

陽周 前漢屬上郡後漢晉罷後復屬有橋山黃帝冢泥陽城高平城秋水 獨樂 前漢屬上郡後漢晉罷後復屬

定安 眞君二年置 趙安 眞君二年置 高望 眞君二年置有高望山

襄樂郡 太和十一年置

領縣二

襄樂 前漢屬上郡後漢晉罷後復屬 膚施 二漢屬上郡晉罷後復屬有五龍山黃帝祠

夏州 赫連屈丐所都始光四年平爲統万鎮太和十一年改置治大夏

領郡四 縣九

化政郡 太和十二年置

領縣二

革融 山巖綠 一本作巖綠

闡熙郡 太和十二年置

領縣二

山鹿 新囶

金明郡 眞君十二年置

領縣三

永豐 眞君十三年置 啓寧 廣洛 眞君十年置

代名郡 太安二年置

領縣二

呼酋 太安二年置有橫水 渠搜 太和二年置

東夏州 延昌二年置

領郡四 縣九

偏城郡 太和元年置

領縣二

廣武 前漢屬太原後漢晉屬鴈門後屬有三城偏城 汲野 二漢屬朔方晉罷後復屬

朔方郡 漢武帝置

領縣三

魏平 政和 朔方 二漢屬晉罷後復有貴墻澤

定陽郡 二漢縣屬上郡太安中改置

領縣二

臨戎 二漢屬朔方晉罷後復屬 臨眞 有冊陽山白泉

上郡 春置

領縣二

石城 因城

秦州 神䴥元年置雍州延和元年改太和中罷天平初復後降

領郡三 縣七

河東郡秦置治蒲坂
領縣五
安定太和元年置 蒲坂二漢晉屬有華陽城雷首山 南解二漢晉曰解屬後改有桑泉城
北解太和十一年置有張楊城 猗氏二漢晉屬河東後屬有介山壇
北鄉郡
領縣二
北猗氏太和十一年置有解城 汾陰二漢晉屬河東後屬有北鄉城后土祠
陝州太和十一年置治陝城八年罷天平初復後陷
領郡五 縣十一

魏志七 十九

恒農郡前漢置以顯祖諱改曰恒
領縣三
陝中 北陝二漢晉曰陝屬有曲沃城鄧芝祠 崤太和十一年置有三崤山白楊谷
西恒農郡
領縣一
恒農二漢晉屬恒農後屬有桃林
澠池郡
領縣二
俱利 北澠池太和十一年置有馬頭山俱利城生耳山

石城郡正始二年置縣後廢
領縣一
同堤
河北郡
領縣四
北安邑二漢晉曰安邑屬河東後改太和十一年置為郡十八年復屬 南安邑太和十一年置有中條山
河北二漢晉屬河東後屬有茍城土媯水首陽山伯夷叔齊墓 太陽二漢晉屬河東後屬有虞城夏陽城
洛州太延五年置荊州太和十一年改治上洛城
領郡五 縣七

魏書志七 二十

上洛郡晉武帝置
領縣二
上洛前漢屬恒農後漢屬京兆晉屬有丹水南秦水漢高祖祠四皓祠高東祠 拒陽
上庸郡皇興四年置東上洛永平四年改
領縣二
商前漢屬恒農後漢屬京兆晉屬上洛後屬有京城 豐陽郡治太安二年置有團地
魏興郡太延五年置
領縣一
陽亭太和五年置

始平郡景明元年置

領縣一

上洛

長和郡景明元年置

領縣一

南商

荊州後漢治漢壽魏晉治江陵太延中治上洛太和中治穰城

領郡八　縣四十八

南陽郡秦置

領縣十

宛二漢晉屬有清水梅溪水　新城太和二十二年置有覆釜山赤石山　冠軍漢武帝置二漢晉屬有湍水羊角

舞陰二漢晉屬有橫山　酈二漢晉屬有大鼓谷懸鼓山　云陽二漢晉曰育陽屬司馬昌明改魏因之

西平有精山豬山　涅陽二漢晉屬有涅　上陌　西鄂二漢晉屬有杜山華城張衡碑

順陽郡魏分南陽置曰南鄉司馬衍更名魏因之

領縣五

南鄉後漢屬南陽晉屬南鄉　丹水前漢屬恒農後漢屬南陽晉屬南鄉　臨洮有洮山

槐里　順陽二漢屬南陽晉屬南鄉漢哀帝置即博山也後漢明帝改

新野郡晉惠帝置

領縣三

穰二漢屬南陽晉屬義陽後屬　新野二漢屬南陽晉屬義陽後屬　池陽

東恒農郡太和中置

領縣六

西城二漢屬漢中晉屬魏興後屬　北酈有長山　南鄉　左南鄉有凡亭山

上憶　東石

漢廣郡

領縣二

南棘陽二漢屬南陽晉屬義陽二漢晉曰棘陽後改屬有漢廣城　西棘陽

襄城郡

領縣九

方城有赭陽城七石山　郟城有崩石山　伏城有廣陽山　舞陰有磨山

清水　翼陽有招泉　鄭　北平有因城　赭城有陵中山

北清郡

領縣二

武川有崇城鹿鳴山農山　北雉二漢晉曰雉屬南陽後改屬有西鄂城

恒農郡

領縣四

國　恒農　南鄘　邯鄲

襄州孝昌中置　領郡六　縣二十

襄城郡蕭道成置魏因之治赭陽城　方城翼陽

領縣六

方城　郟城　伏城　舞陰　翼陽　赭城

舞陰郡孝昌中置

領縣二　南定　東舞陽

舞陰　安陽

南安郡太和十三年置郢州十八年改爲南中府天平初罷府置後陷

領縣四

安南　南舞　葉　南定

期城郡孝昌中置

領縣四

西舞陽　東舞陽　南陽　新安

北南陽郡孝昌中置爲宣義郡後改州治

領縣二太和十二年置郢州十八年爲南中府天平初罷府置後

北平　白水

建城郡太和十八年置景明末罷郡置戍永熙二年復

領縣二

赭陽　北方城

南襄州　領郡三　縣五

西淮郡

領縣二

鍾離　襄城

襄城郡

領縣二

陳陽　上馬

北南陽郡

領縣一

南陽

南廣州　領郡五　縣七

襄城郡

領縣一

襄城
魯陽郡　領縣二
冠軍　繁昌
高昌郡
領縣一
高陽
南陽郡
領縣一

南陽
襄城郡　領縣二
扶城　南陽
郢州
領郡三　縣八
安陽郡
領縣四
眞陽　安陽　清陰一本作青丘　淮陰

城陽郡　領縣三
平春　義陽　義興
汝南郡
領縣一
上蔡
南郢州
領郡十二　縣二十九
北遂安郡
領縣一

新安
馮翊郡
領縣四
山陽　彭城　城　建安
江夏郡
領縣二
屈陽　郢陽
子郡

領縣四
南新陽　西新　北新陽　新興
香山郡
領縣二
北新安　郞陽
永安郡
領縣二
永安　南新興
新平郡

領縣二
城　安城
永安郡
領縣二
劉剛　上城
宕都郡
領縣三
西新化　東平陽　安城
宜民郡

領縣三
西新安　新安　平陽
南遂安郡
領縣一
安興
郡
領縣三
東新市　西新市　長安
析州

領郡五　縣十一
脩陽郡
領縣二
蓋陽　脩陽
固郡
領縣三
懷襄　南鄉　固
朱陽郡
領縣二

黃水　朱陽

南上洛郡　領縣二

單水　南上洛

析陽郡　領縣二

西析陽　東析陽

地形志下第七　魏書一百六

律曆志三上第八　魏書一百七

大聖通天地之至理極生民之能事體妙數系於神機作範留於器象然則制物成法故冥賾可尋推變有因而化生以驗昔黃帝採竹崑崙之陰聽鳳岐陽之下斷自然之物寫自然之音音既協矣黃鍾以立數既生矣氣亦徵之於是乎備數和聲審度嘉量權衡之用皆出於茲矣三古所共行百王不能易漢孝武置協律之官元帝時京房明六十律事為密矣王莽世徵天下

通鍾律之士劉歆總而條奏之最為該博故班固取以為志後漢待詔嚴嵩頗為知律至其子宣不傳遂罷魏世杜夔亦以通樂制律晉中書監荀勖持夔律校練八音以謂後漢至魏尺長古尺四分有餘又得古玉律勖以新律命之謂其應合遂改晉調而散騎侍郎阮咸譏其聲高永嘉以後中原喪亂考正鍾律所未聞焉其存於夷裔聲器而已魏氏平諸僭偽頗獲古樂高祖慮其永爽大和中詔中書監高閭脩正音律

又未能定閭出爲相州刺史十八年閭表曰書稱同律度量衡論云謹權量審法度此四者乃是王者之要務生民之所由四者何先以律爲首豈不以取法之始求天地之氣故也孔子曰移風易俗莫尚於樂然則樂之所感其致遠矣今調音制樂非律無以克和然則律者樂之本也臣前被敕理樂與皇宗博士孫惠蔚太樂祭酒公孫崇等考周官國語及後漢律曆志案京房法作準以定律吹律以調絲案律寸以孔竹

八音之別事以粗舉書旣三奏大備在前文臣年垂七十日就衰頹恐一朝先犬馬竟無絲髮之益使律法長絶遺恨没世是以慺慺惓惓不敢忘怠近在鄴見崇臣先以其聰敏精勤有挈瓶之智雖非經國之才頗長推考之術故臣舉以教樂令依臣先共所論樂事自作鍾磬志議二卷器數爲備可謂世不乏賢今崇徒教樂童書學而已不參樂事臣恐音律一曠精賞實難習業差怠轉乖本意今請使崇參知律呂鍾磬之事觸類而長之成益必深求持臣先所奏三表勘後漢律曆志陛下親覽以求厥衷俱然易了又著作郎韓顯宗博聞彊識頗有史才粗解音律亦求令時往參知臣雖在外官竊慕古人舉善之義愚意所及不能自已雖則越分志在補益願不以言廢人詔許之景明四年并州獲古銅權詔付崇以爲鍾律之準永平中崇更造新尺以一黍之長累爲寸法尋太常卿劉芳受詔脩樂以秬黍中者一黍之廣即爲一分而中尉

元匡以一黍之廣度黍二縫以取一分三家紛競久不能決太和十九年高祖詔以一黍之廣用成分體九十黍之長以定銅尺有司奏從前詔而芳尺同高祖所制故遂典脩金石迄武定末未有諸律者

曆者數之用探靈測化窮微極幽之術也所以上齊七政下授萬方自軒轅以還迄於三代推元革統厥事不一也秦世漢興曆同顓頊百有年始行三統後漢孝章世改從四分光和中

易以乾象魏文時用韓翊所定至明帝行楊偉景初終於晉朝無所改作司天測象今古共情啓端歸餘爲法不等協日正時俱有得失太祖天興初命太史令晁崇脩渾儀以觀星象仍用景初曆歲年積久頗以爲疎世祖平涼土得趙歐所脩玄始歷後謂爲密以代景初眞君中司徒崔浩爲五寅元曆未及施行浩誅遂寢高祖太和中詔祕書鍾律郎上谷張明豫爲太史令修綜歷事未成明豫物故遷洛仍歲南討而宮

車晏駕世宗景明中詔太樂令公孫崇太樂令趙樊生等同共考驗正始四年冬崇表曰臣頃自太樂詳理金石及在祕省考步三光稽覽古令研其得失然四序遷流五行變易帝王相踵必奉初元改正朔殊徽號服色觀于時變以應天道故易湯武革命治曆明時是以三五迭隆曆數各異伏惟皇魏紹天明命家有率土戎軒仍動未遑歷事因前魏景初歷術數差違不協晷度世祖應期輯寧諸夏乃命故司徒東郡公

崔浩錯綜其數浩博涉淵通更修歷術兼著五行論是時故司空咸陽公高允該覽群籍贊明五緯幷述洪範然浩等考察未及周密高宗踐祚乃用敦煌趙歐甲寅之歷然其星度稍爲差遠臣輒鳩集異同研其損益更造新歷以甲寅爲元考其盈縮晷象周密又從約省起自景明因名景明歷然天道盈虛豈曰必協要須參候是非乃可施用太史令辛寶貴職司玄象頗閑祕數祕書監鄭道昭才學優贍識覽該密長兼

國子博士高僧裕乃故司空允之孫世綜文業尚書祠部郎中宗景博涉經史前兼尚書郎中崔彬微曉法術請此數人在祕省參候而伺察晷度要在冬夏二至前後各五日然後乃可取驗臣區區之誠冀效万分之一詔曰測度晷象考步宜審可令太常卿芳率太學四門博士等依所啓者悉集詳察延昌四年冬侍中國子祭酒領著作郎崔光表曰易稱君子以治歷明時書云歷象日月星辰廼同律度量衡孔子陳後

王之法曰謹權量審法度春秋舉先王之正時也履端於始又言天子有日官是以昔在軒轅容成作歷逮乎帝唐羲和察影皆所以審農時而重民事也太和十一年臣自博士遷著作忝司載述時舊鍾律郎張明豫推步歷法治已丑元草剏未備及遷中京轉爲太史令未幾喪亡所造致廢臣中脩史景明初奏求奉車都尉領太史令趙樊生著作佐郎張洪給事中領太樂令公孫崇等造歷功未及訖而樊生又喪洪出

除涇州長史唯崇獨專其任暨永平初亦已略舉時洪府解停京又奏令重修前事更取太史令趙勝太廟令龐靈扶明豫子龍祥共集祕書與崇等詳驗推建密歷然天道幽遠測步理深候觀遷延歲月滋久而崇及勝前後並喪洪所造歷爲甲午甲戌二元又除豫州司馬靈扶亦除蒲陰令洪至豫州續造甲子己亥二元唯龍祥在京獨修前事以皇魏運水德爲甲子元兼校書郎李業興本雖不預亦和造歷爲戊子元

三家之術並未申用故貞靜處士李謐私立歷法言合紀次求就其兄瑒追取與洪等所造遞相參考以知精麤臣以仰測晷度實難審正又求更取諸能算術兼解經義者前司徒司馬高綽駙馬都尉盧道虔前冀州鎮東長史祖瑩前并州秀才王延業謁者僕射常景等日集祕書與史官同檢疏密并朝貴十五日一臨推驗得失擇其善者奏聞施用限至歲終但世代推移軌憲時改上元今古考準或異故三代課步始

卒各別臣職預其事而朽惰已甚既謝運籌之能彌愧意算之藝由是多歷年世茲業弗成公私負責俯仰慙靦靈太后令曰可如所請延昌四年冬太傅清河王懌司空尚書令任城王澄散騎常侍尚書僕射元暉侍中領軍江陽王繼奏天道至遠非人情可量歷數幽微豈以意輒度而議者紛紜競起端緒爭指虛遠難可求衷自非建標準影無以驗其眞僞頃永平中雖有考察之利而不累歲窮究遂不知影之至否差

失少多臣等參詳謂宜今年至日更立表木明
伺晷度三載之中足知當否令是非有歸爭者
息競然後採其長者更議所從神龜初光復表
曰春秋載天子有日官諸侯有日御又曰履端
于始歸餘于終皆所以推二氣考五運成六位
定七曜審八卦立三才正四序以授百官于朝
万民于野陰陽剛柔仁義之道罔不畢備緜是
先代重之垂於典籍及史遷班固司馬彪著立
書志所論備矣謹案歷之作也始自黃帝辛卯

爲元迄于大魏甲寅紀首十有餘代歷祀數千
軌憲不等遠近殊術其消息盈虛晛步疏密莫
得而識焉去延昌四年冬中堅將軍屯騎校尉
張洪故太史令張明豫息盪寇將軍龍祥校書
郎李業興等三家並上新歷各求申用臣學缺
章程藝謝籌運而竊職觀閣謬忝厥司奏請廣
訪諸儒更取通數兼通經義者及太史並集祕
書與史官同驗疏密并請宰輔群官臨檢得失
至於歲終密者施用奉詔聽可時太傅太尉公

清河王臣懌等以天道至遠非卒可量請立表
候影期之三載乃採其長者更議所從又蒙敕
許於是洪等與前鎭東府長史祖瑩等研窮其
事尒來三年再歷寒暑積勤構思大功獲成謹
案洪等三人前上之歷并駙馬都尉盧道虔前
太極採材軍主衞洪顯殄寇將軍太史令胡榮
及雍州沙門統道融司州河南人樊仲遵定州
鉅鹿人張僧豫所上揔合九家共成一歷元起
壬子律始黃鍾考古合今謂爲最密昔漢武帝

元封中治歷改年爲太初即名太初歷魏文帝
景初中治歷即名景初歷伏惟陛下道唯先天
功邈稽古休符告徵靈蔡炳瑞壬子北方水之
正位龜爲水畜實符魏德脩母子應義當麟趾
請定名爲神龜歷今封以上呈乞付有司重加
考議事可施用并藏祕府附於典志肅宗以歷
就大赦改元因名正光歷班於天下其九家共
修以龍祥業興爲主
壬子元以來至魯隱公元年歲在己未積十六

萬六千五百七筭外入甲申紀來至隱公元年己未積四萬五千三百七筭外

壬子元以來至今大魏正光三年歲在壬寅積十六萬七千七百五十筭外壬子歲入甲申紀以來至今孝昌一年歲在丙午積四萬六千五百五十四筭外從壬子元以來至今大魏孝昌三年歲次丁未積十六萬七千七百五十六筭上壬子歲入甲寅紀以來至今大魏孝昌三年歲次丁未積四萬六千五百五十六筭

上

章歲五百五（古十九年七閏閏餘盡爲章積至多年月盡之日月見東方日蝕先晦輒後變曆以同天象二百年多一日三百年多一日半晦朔失故先儒及緯文皆言三百年斗歷改憲候天減閏五百五年減閏餘一九千五百九十五年減一閏月則從僖公五年至今日蝕不失晦與二日合朔者多閏餘成月餘盡爲章）

章閏一百八十六（五百五年閏月之數其中減舊十九分之一）

章月六千二百四十六（五百五年所有月之數并閏月）

蔀法六千六十（十二章爲一蔀至此年小餘成日爲度法）

斗分一千四百七十七（四分度法得一千五百一十五爲古法今減三十八者從僖公五年以來減七日有奇謂爲最近一百一十三歲減日減之太深是以三十餘年改從四子也）

紀法六万六百（十蔀成紀大餘十也）

統法十二万一千二百（三紀成統大餘二十）

元法三十六万三千六百（三統成元大餘盡）

日法七万四千九百五十二（十二乘章月爲日法章月一年之閏分）

周天分二百二十一万三千三百七十七（以度法通三百六十五度內斗分）

氣法二十四（歲中十三年一十二次次有初中分爲二十四）

經月大餘二十九小餘三万九千七百六十九（日法除周天分得之日法者一蔀之月數周天分者一蔀之日數以用月除衆日得一月二十九及餘是周天分即爲月通）

會數百七十三餘二万三千二百八（五月二十三分月之二十爲一會以二十三乘五月內二十得一百三十五以乘周天分以二十三乘日法除之得一百七十三及餘）

會通一千二百九十八万九千九百四（以日法乘會數內會餘）

周日二十七餘四万一千五百六十二（以月一日行除周天得二十七日及餘）

通周二百六万五千二百六十六（日法乘周日二十七內周餘）

小周六千七百五十一（月一日行十三度乘章歲內章閏也）

月周八万一千一十二（以十二乘小周即得與度同）

推月朔術第一

推積月　術曰置入紀年筭外以章月乘之如章歲爲積月不盡爲閏餘閏餘滿三百一十九以上其歲有閏

推朔積日　術曰以通數乘積月爲朔積分分滿日法爲積日不盡爲小餘六旬去積日不盡爲大餘命以紀筭外則所求年天正十一月朔日

推上下弦望　術曰加朔大餘七小餘二万八千六百八十小分一小分滿四從小餘小餘滿

日法從大餘一大餘滿六十去之即上弦日又加得望又加得下弦又加得後月朔

推二十四氣術第二

推二十四氣　術曰置入紀年以來筭外以餘數乘之爲實以蔀法除之所得爲積沒不盡爲小餘以六旬去積沒不盡爲大餘命以紀筭外所求年天正十一月冬至日求次氣加大餘十五小餘一千三百二十四小分一小分滿氣法二十四從小餘一小餘滿蔀法從大餘一大餘滿六十去之命如上即次氣日

推閏　術曰以閏餘減章歲五百五餘以歲中十二乘之滿章閏一百八十六得一月餘半法已上亦得一月數從天正十一月起筭外閏月月也閏有進退以無中氣爲正

冬至十一月中　小寒十二月節　大寒十二月中

立春正月節　雨水正月中　驚蟄二月節

春分二月中　清明三月節　穀雨三月中

立夏四月節　小滿四月中　芒種五月節

夏至五月中　小暑六月節　大暑六月中

立秋七月節　處暑七月中　白露八月節

秋分八月中　寒露九月節　霜降九月中

立冬十月節　小雪十月中　大雪十一月節

推合朔交會月蝕去交度　術曰置入紀朔積分又以交會差分并之（今用甲申紀差分七百四十一万八千七百八十四也）以會通去之所得爲積交餘不盡者以日法除之所得爲度餘即所求年天正十一月朔去交度及餘

求次月去交度　術曰加度二十九日度餘三万九千七百六十九除如上則次月去交度及分

求望去交度　術曰加度十四日度餘五万七千三百六十半度餘滿日法從度滿會數去之亦除其餘餘若不足減者減度一加會虛則望去交度及分朔望去交度分如朔望合數十四度度餘五万七千三百六十半已下入交限數一百五十八度度餘四万七百九十九半以

上者朔則交會望則月蝕

甲子紀 合朔日月如合璧交中

甲戌紀 合朔月在日道裏　交會差四十九度

度餘三万六千七百四十四

甲申紀 合朔月在日道裏　交會差九十八度

度餘七万三千四百八十八

甲午紀 合朔月在日道裏　交會差一百四十八度

度餘三万五千二百二十八

甲辰紀 合朔月在日道裏　交會差二十四度

度餘四万八千八百一十六

甲寅紀 合朔月在日道裏　交會差七十四度

度餘一万六百八

求交道所在月以十一月朔却去交度及餘減會數及餘餘若不足減者減一度加入法乃減之乃以十一月朔小餘加之滿日法除去之從日一餘爲日餘命起往年十一月如歷月大小除之不滿月者爲入月筭外交道日交在望前者其月朔則交會望則月蝕交在望後者亦其

月月蝕後月朔則交會交正在望者其月月蝕既前後朔皆交會交正在朔者日蝕既前後望皆月蝕

求後交月及日以會數及餘加前入月日及餘餘滿日法從日一如歷月大小除之命起前蝕月得後交月及餘

推月在日道表裏　術曰置入紀朔積分又以紀交會差分加之今用甲申如交會差分七百四十一万八千七百八十四倍會通去之餘不滿會通者紀首裏者則天正十一

月合朔月在日道裏紀首表者則月在表若滿會通者紀首表者則月在裏紀首裏者則月在表黃道南爲表北爲裏其滿會通者去之餘如日法而一即往年天正十一月朔却交度及餘以却去交度及餘減會數及會餘會餘若不足減者減一度加日法乃減餘爲前去度乃餘又以十一月朔小餘加之滿日法從度一命起十一月如歷月大小除之不滿月者爲入月日及餘筭外交道日若十一月朔月在日道裏者此交爲出外後交爲入內十一月朔在表者此交爲入內後交爲出外出一入常法也

其交在朔後望前者朔月在日道表裏與十一月同望則反矣若交在望後朔前者望與十一月同後月朔則異矣若先交會後月蝕者朔月在日道裏望在表朔在表則望在裏其先月蝕後交會者望在表則朔在裏也望在裏則朔在表矣

推交會起角　術曰其月在外道先會後交者虧從東南角起先交後會者虧從西南角起其月在內道先會後交者虧從西北角起先交後會者虧從西北角起合交中者蝕之既其月蝕在日之衝起角亦如之凡日月蝕去交十五爲限十以下是蝕也十以上虧蝕微少光影相接而已

推蝕分多少　術曰置入交限十五度以朔望去交日數減之餘則蝕分

推合朔入歷遲疾盈縮第四

推合朔入歷遲疾　術曰置入紀以來朔日積分又以紀遲疾差分并之今用甲申紀遲疾差分一百八十二万千七百九十二以通周如一爲積周不盡者以日法約之爲日不盡爲日餘命日筭外即所求年天正十一

月合朔入歷日

甲子紀　遲疾差二十四日　日餘六万三千五百六十八

甲戌紀　遲疾差二十四日　日餘四万二千二百五十六

甲申紀　遲疾差二十四日　日餘二万九百四十四

甲午紀　遲疾差二十三日　日餘十万四千五百八十四

甲辰紀　遲疾差二十三日　日餘五万
三千二百七十二
甲寅紀　遲疾差二十三日　日餘三万
一千九百六十
求次月入歷日　術曰加一日日餘七万三
千一百五十九日餘滿日法從日日滿二十七
去之亦除餘如周日餘日餘若不足減一日加
周虛日滿二十七而餘不滿周日日餘者爲入
歷值周日法滿去之爲入歷一日

求望入歷　術曰加十四日日餘五万七千三
百六十半又加得後月歷日
月行遲疾度及分　損益率
盈縮幷　盈縮積分
一日十四度二百六十一分　益六百八十
盈初
二日十四度三百分　益六百一十九
盈六百八十　盈積分七千五百
五十

三日十四度二百四十六分　益五百五十五
盈一千二百九十九　盈積分一万四千
四百二十二
四日十四度一百七十一分　益四百九十
盈一千八百五十四　盈積分二万五百
八十四
五日十四度九十九分　益四百一十八
盈二千三百四十四　盈積分二万六千
二十四

六日十三度四百七十一分　益二百八十五
盈二千七百六十二　盈積分三万六百
六十五
七日十三度二百六十六分　益八十
盈三千四十七　盈積分二万三千
八百二十九
八日十三度六十一分　損一百二十五
盈三千一百二十七　盈積分三万四千
七百一十七

九日十三度四百一十九分　損二百五十二
盈三千二　盈積分三万三千
三百二十九

十日十二度三百三十八分　損三百五十三
盈二千七百五十　盈積分三万五百
三十一

十一日十二度二百三十七分　損五百五十四
盈二千三百九十七　盈積分二万六千
六百一十二

十二日十二度一百三十六分　損五百五十五
盈一千九百四十二　盈積分二万一千
五百七十二

十三日十二度三十五分　損六百五十六
盈一千三百八十八　盈積分一万五千
四百一十

十四日十一度四百六十四分　損七百三十一
盈七百三十二　盈積分八千一百
二十七

十五日十二度三十六分　益六百五十五
縮初

十六日十二度二百九分　益五百八十二
縮六百五十五　縮積分七千一百
七十二

十七日十二度一百八十九分　益五百二
縮一千二百三十七　縮積分一万三千
七百三十四

十八日十二度二百九十分　益四百一

縮一千七百三十七　縮積分一万九千
三百七

十九日十二度二百九十二分　益二百九十九
縮二千一百四十　縮積分二万三千
七百五十九

二十日十二度四百九十六分　益一百九十五
縮二千四百三十九　縮積分二万七千
七十九

二十一日十三度一百一十八分　益六十八

縮二千六百三十四　縮積分二萬九千
一百四十四
二十二日十三度（二百三十三分）　損五十七
縮二千七百二　縮積分二萬九千
九百九十九
二十三日十三度（三百八十八分）　損二百二
縮二千六百四十五　縮積分二萬九千
三百六十六
二十四日十四度（二十九分）　損三百四十八
縮二千四百四十三　縮積分二萬七千
一百二十三
二十五日十四度（一百七十四分）　損四百九十三
縮二千九十五　縮積分二萬三千
二百五十九
二十六日十四度（三百八十七分）　損六百六
縮一千六百二　縮積分一萬七千
七百八十六
二十七日十四度（三百一十一分）　損六百三十一

縮九百九十六　縮積分一万
五十八
周日十四度（三百三十九分小分九千六百八十四）　損六百五十（小分九千六百八十四分）
縮三百六十五　縮積分四百五十二

推合朔交會月蝕定大小餘　術曰以入歷日餘乘所入歷下損益率以小周六千七百五十一除之所得以損益盈縮積分加之爲定積分值盈者以減本朔望小餘值縮者加之滿日法者交會加時在後日減之不足減者減上一日加下日法乃減之交會加時在前日月蝕者隨定大小餘爲定日加時

三百十

推加時　術曰以時法六千二百四十六除定小餘所得命以子起筭外朔望加時有餘不盡者四之加法得一爲少二爲半三爲太半又有餘者三之如法得一爲彊半法以上排成之不滿半法棄之以彊幷少爲少彊幷半爲半彊幷太爲太彊得二彊者爲少弱以定幷少爲半彊以之幷半爲太弱以之幷太爲一弱隨所在

辰命之則其彊弱日之衝爲破月常在破下蝕
入歷值周日者　術曰以周日月餘乘損率
以周日度小分并又以入歷日餘乘之爲實以
小周乘周日日餘爲法實如法得一以減縮積
積分有餘者以加本朔望小餘小餘滿日法從
大餘一是爲蝕後日推加時如上法
推日月合朔弦望度術第五
推日度　術曰置入紀朔積日以日度法乘
之滿周天去之餘滿日度法爲度不盡爲餘

命度起牛前十二度（牛前十二度在斗十五度也）宿次除之不
滿宿者筭外即天正十一月朔夜半日所在度
推日度又法　術曰置周天三百六十五度
斗分一千四百七十七以冬至去朔日數減一
餘以減周天度冬至小餘減斗分不足減者減
度一加日度法乃減之命起如上即所求年天
正十一月朔日夜半日所在度
求次月日所在度　術曰月大加三十度月
小加二十九度求次日加一度宿次除之逕斗

去其分一千四百七十七
推合朔日月共度　術曰以章歲乘朔小餘
以章月除之所得爲大分不盡小分以加夜半
日度分分滿日度法從度命起如前即所求年
天正十一月合朔日月共度
求次月合朔共度　術曰加度二十九大分
三千二百一十五小分二千四百五十五小分
滿章月從大分大分滿日度法從度宿次除之
逕斗除其分則次月合朔日月共度

推月度　術曰置入紀朔積日以月周八万
一千一十二乘之滿周天去之餘以日度法約
之爲度不盡爲度分命度起牛前十二度宿次
除之不滿宿者筭外即所求年天正十一月朔
夜半月所在衆及分
推月度又一法　術曰以小周乘朔小餘爲
實以章歲乘日法爲法實如法得一爲度不滿
法者以章月除之爲大分不盡爲小所得以減
合朔度及分餘即所求年天正十一月朔夜半

月所在度及分

求次月度　術曰小月加度二十二分二千六百五十一大月加度三十五分四千八百八十三分滿日度法從度宿次除之不滿宿者筭次月所在度

求次日月行度　術曰加度十三分二千二百三十二分滿日度法從度宿次除之逕斗去其分

求弦望日所在度　術曰加合朔度七大分二千三百一十八小分五千二百九十八微分微分滿四從小分小分滿章月從大分大分滿日度法從度命如上則上弦日所在度又加得望下弦月合朔

斗二十六度　牛八度　女十二度　虛十度

危十七度　室十六度　壁九度

北方玄武七宿九十八度一千四百七十七分

奎十六度　婁十二度　胃十四度　昴十一度

畢十六度　觜二度　參九度

西方白虎七宿八十度

井三十三度　鬼四度　柳十五度　星七度

張十八度　翼十八度　軫十七度

南方朱鳥七宿一百一十二度

角十二度　亢九度　氐十五度　房五度

心五度　尾十八度　箕十一度

東方倉龍七宿七十五度

周天三百六十五度六千六十分度之一千四百七十七

通分得二百二十一万三千七百七十七名曰周天分

五行没滅易卦氣候上朔術第六

推五行用事日水火木金土各王七十三日小餘二百九十五小分九微分三春木夏火秋金冬水四立即其用事始求土者置立春大小餘及分以木王七十三日小餘二百九十五小分九微分三加之微分滿五從小分一小分滿氣法二十四從小餘一小餘滿蔀法從大餘一大

餘滿六十去之命以紀得季春土王日又加土
王十八日小餘一千五百八十八小分二十微
分二滿從命如上即得立夏日求次如法又一
法求土王用事日各置四立大小餘及分各減
大餘十八小餘一千五百八十八小分二十微
分二命以紀筭外即四立土王日若大餘不足
減者加六十而後減之小餘不足減者減取大
餘一加蔀法乃減之
推没滅　術曰因冬至積没有小餘者加積

一以没分乘之如没法而一爲積日不盡爲没
餘以六旬去積日餘爲没日命以紀筭外即所
求年天正十一月冬至後没日
求次没　術曰加没日六十九没餘二万七
百六十四没餘滿没法三万一千七百七從没
日一没日滿六十去之命以紀筭外即次没月
一歲常有五没或六没小餘盡者爲滅日又以
冬至去朔日加没日冬至小餘滿蔀法從没日
命日起天正十一月如歷月大小除之不足除

者入月筭命以朔筭外即冬至後没日求次没
加没没日六十九没餘三千九百五十九没分
二万四千六百九十七分滿没法從没餘滿蔀從
没日命起前没月歷日大小除之即後没日及
餘
推四正卦　術曰因冬至大小餘即坎卦用
事日春分即震卦用事日夏至即離卦用事日
秋分即兌卦用事日
求中孚卦加冬至小餘五千五百三十小分九

微分一微分滿五從小分小分滿氣法從小餘
小餘滿蔀法從大餘命以紀筭外即中孚卦用
事日其解加震咸加離賁加兌亦如中孚加坎
求次卦加坎大餘六小餘五百二十九小分十
四微分四微分滿五從小分小分滿氣法從小
餘小餘滿蔀法從大餘命以紀筭外即復卦用
事日大壯加震姤加離觀加兌如中孚加坎
十一月未濟蹇頤中孚復十二月屯謙睽升臨
正月小過蒙益漸泰二月需隨晉解大壯三月

訟豫蠱革夬四月旅師比小畜乾五月大有家
人井咸始六月鼎豐渙履遯七月恒節同人損
否八月巽萃大畜賁觀九月歸妹无妄明夷
困剥十月艮既濟噬嗑大過坤
四正爲方伯中孚爲三公復爲天子屯爲諸侯
謙爲大夫睽爲九卿升還從三公周而復始
九三應上九清淨微温陽風九三應上六絳赤
決温陰雨六三應上六白濁微寒陰雨六三應
上九麴塵決寒陽風諸卦上有陽爻者陽風上

有陰爻者陰雨
推七十二候 術曰因冬至大小餘即虎始
交日加大餘五小餘四百四十一小分八微分
一微分滿三從小分小分滿氣法從小餘小餘
滿蔀從大餘命以紀筭外所候日
冬至 虎始交 芸始生 荔挺出
小寒 蚯蚓結 麋角解 水泉動
大寒 鴈北向 鵲始巢 雉始雊
立春 鷄始乳 東風解凍 蟄蟲始振

雨水 魚上冰 獺祭魚 鴻鴈來
驚蟄 始雨水 桃始華 倉庚鳴
春分 玄鳥至 雷始發聲
清明 電始見 蟄蟲咸動 蟄蟲啓戶
穀雨 桐始花 田鼠爲鴽 虹始見
立夏 萍始生 戴勝降於桑 螻蟈鳴
小滿 蚯蚓出 王瓜生 苦菜秀
芒種 靡草死 小暑至 螳螂生
夏至 鵙始鳴 反舌無聲 鹿角解

小暑 蟬始鳴 半夏生 木槿榮
大暑 温風至 蟋蟀居壁 鷹乃學習
立秋 腐草化螢 土潤溽暑 涼風至
處暑 白露降 寒蟬鳴 鷹祭鳥
白露 天地始肅 暴風至 鴻鴈來
秋分 玄鳥歸 群鳥養羞 雷始收聲
寒露 蟄蟲附戶 殺氣浸盛 陽氣始衰
霜降 水始涸 鴻鴈來賓 雀入水化爲蛤
立冬 菊有黃華 豺祭獸 水始冰

小雪　地始凍　雉入大水化爲蜃　虹藏不見
大雪　冰益壯　地始坼　鶡旦不鳴
術曰因冬至虎始交後五日一候
推上朔法置入紀年減一加八以六律乘之以六千去之餘爲大餘以甲子筭外上朔日
推五星六通術第七
上元壬子以來至春秋隱公元年己未積十六万六千五百七筭外至今大魏熙平二年歲次丁酉積十六万七千七百四十五筭外

木精曰歲星其數二百四十一万六千六百六十
火精曰熒惑星其數四百七十二万五千八百四十八
土精曰鎮星其數三百二十九万一千二十一
金精曰太白其數三百五十三万八千一百三十一
水精曰辰星其數七十万二千一百八十二
推五星置上元以來盡所求年減一以周天二百二十一万三千三百七十七乘之名爲六通之實以蔀法除之所得爲冬至積日不盡爲小餘以旬六去積日不盡爲大餘命以甲子筭外即冬至日以章歲五百五除冬至小餘所得命子筭外即律氣加時
五星各以其數爲法除六通實所得爲積合不盡爲合餘以合餘減法餘爲入歲度分以日度約之所得即所求天正十一月冬至後晨夕合度筭及餘其金水以一合日數及合餘減合度

筭及餘得一者爲夕見無所得爲晨見若度餘不足減減合度筭一加日度法乃減之命起牛前十二度宿次除之不滿宿者筭外即天正十一月冬至後晨夕合度及餘
求星合月及日　置冬至朔日數減一以加合度筭以冬至小餘加度餘度餘滿日度法去之加度一合度筭變成合日筭餘爲日餘命起天正十一月如歷月大小除之不滿月者筭外星合月及日有閏計之

求後合月及日　以合終日數及餘如前入月筭及餘餘滿日度從日歷月大小除之起前合月筭外即後合月及日其金水以一合日數及餘加晨得夕加夕得晨

求後合度　以行星度及餘加前合度筭及餘餘滿日度從度命起前合度宿次除之不滿宿者筭外即後合度及餘逕斗去其分一千四百七十七

歲星合終日數三百九十八合終日餘四千七

百八十行星三十三度度餘三千三百三周虛一千二百八十

歲星晨與日合在日後伏十六日餘二千三百九十行星二度餘四千六百八十一半去日十三度半晨見東方順疾日行五十七分之十一五十七日行十一度順遲日行九分五十七日行九度而留不行二十七日而旋逆日行七分之一八十四日退十二度復留二十七日復順遲日行九分五十七日行九度復疾日行十一分五十七日行十一度在日前夕伏西方順遲十六日日餘二千三百九十行星二度餘四千六百八十一半與日合凡一見三百六十六日行星二十八度在日前後伏三十二日餘四千七百八行星五度度餘三千三百三復終於晨見

熒惑合終日數七百七十九合終日餘五千一十八周虛九百五十二行星四十九度度餘二千一百五十四

熒惑晨與日合在日後伏七十一日餘五千五百八十四行星五十五度餘四千八百四十五半去日十六度晨見東方順疾日行二十三分之十四一百八十四日行一百一十二度順遲日行二十三分之十二九十二日行四十八度而留不行十一日而旋逆日行六十二分之十七六十二日退十度復留十一日復順疾日行十四分一百八十四日行一百一十二度在日前夕伏西方順七十一日餘五千五百八十四行

星五十五度度餘四千八百四十五半而與日合凡一見六百三十六日行星三百三度在日前後伏一百四十三日餘五千一百八行星一百一十一度餘三千六百四十一過周四十九度度餘二千一百五十四復終於晨見

鎮星合終日數三百七十八日餘三百四十一行星十二度餘四千九百二十四周虛五千七百一十九

鎮星晨與日合在日後伏十八日日餘一百七十半行星二度餘二千四百六十二去日十五度半晨見東方順日行十二分之一八十四日行七度而留不行三十六日而旋逆行十七分之一一百二日退六度復留三十六日復順日行十二分之一八十四日行七度在日前伏西方順十八日日餘一百七十半行星二度餘二千四百六十二而與日合凡見三百四十二日行星八度在日前後伏三十六日日餘三百四十一行星四度度餘四千九百二十四復終於

晨見

太白金再合終日數五百八十三日日餘五千一百五十一周虛九百九行星二百九十一度（亦曰一合日數）度餘五千六百五半（亦曰一合日餘）

太白晨與日合在日後伏六日退四度去日十度晨見東方逆日行三分之二九日退六度留不行八日順遲日行十五分之十一四十五日行三十三度順疾日行一疾十三分之三九十一日行一百五度大疾日行一度十三分之三九十一日行一百一十二度在日後晨伏東方順四十一日餘五千六百五半行星五十一度度餘五千六百五半而與日合凡見東方二百四十四日行星二百四十度在日後伏四十一日餘五千六百五半行星五十一度餘五千六百五半而與日合（見西方亦如之）夕與日合在前伏四十一日餘五千六百五半行星五十一度餘五千六百五半去日十度夕見西方順疾日行一度十三分之三九十一日行一百一十二度順遲

日行一度十三分之二九十一日行一百五度順遲日行十五分之十一四十五日行三十三度而留不行八日而旋逆日行三分之二九日退六度在日前夕伏西方六日退四度而與日合凡再見四百八十日行星四百八十度在日前後伏八十三日餘五千一百五十一行星一百三度度餘五千一百五十一過周二百一十八度度餘三千六百七十四復終終於晨見

水星辰星再合終日數一百一十五餘五千二

百八十二行星五十七度（亦曰一合日數）餘五千六百七十一（亦曰一合日餘）周虛七百七十八

辰星與日合在日後伏十一日退六度去日十七度晨見東方而留不行四日順遲日行七分之五七日行五度順度日行一度三分之一十八日行二十四度在日後晨伏東方順十七日餘五千六百七十一行星四十四度餘五千六百六十一而與日合凡見東方二十九日行星二十二度在日後伏二十八日餘五千六百七十一行星三十四度餘五千六百七十一而與日合見西方亦然

辰星夕與日合在日前伏十七日餘五千六百七十一行星三十四度餘五千六百七十一去日十七度夕見西方順疾日行一度三分之一十八日行二十四度順遲日行七分之五七日行五度而留四日在日前夕伏西方逆十一日退六度而晨與日合凡再見五十八日行星四十六度在日前後伏五十七日餘五千二百八

十二行星六十九度餘五千二百八十二復終於晨見

斗一至牛五星紀丑　牛五至危五玄枵子
危五至壁三陬訾亥　壁三至婁八降婁戌
婁八至畢二大梁酉　畢二至井五實沈申
井五至鬼三鶉首未　鬼三至張七鶉火午
張七至軫一鶉尾巳　軫一至亢三壽星辰
亢三至心四大火卯　心四至斗一析木寅

律曆志三上第八　魏書一百七

律曆志三下第九　　魏書一百七
孝靜世壬子曆氣朔稍違熒惑失次四星出伏曆
亦乖舛興和元年十月齊獻武王入鄴復命李業興
令其改正立甲子元曆事訖尚書左僕射司馬子
如右僕射隆之等表曰自天地剖判日月運行剛
柔相摩寒暑交謝分之以氣序紀之以星辰弦望
有盈缺明晦有脩短古先哲王則之成化迎日推
筴各有司存以天下之至王盡生民之能事先天
而天弗違後天而奉天時及卯金受命年曆屢改當

塗啓運日官變業分路揚鑣異門馳騖回互靡定
交錯不等豈是人情淺深苟相違異蓋亦天道盈
縮欲止不能正光之曆既行於世發元壬子置差令
朔測影清臺懸炭之期或爽候氣重室布灰之
應少差伏惟陛下當璧膺符大横協兆乘機虎變
撫運龍飛苞括九隅牢籠万寓四海來王百靈受
職大丞相勃海王降神挺生固天縱德負圖作宰
知機成務撥亂反正決江疏河效顯勤王勳彰濟
世功成治定禮樂惟新以履端歸餘術數未盡

乃命兼散騎常侍執讀臣李業興與大丞相府東
閤祭酒夷安縣開國公臣王春大丞相府戶曹
參軍臣和貴興等委其刊正但回舍有疾徐推
步有踈密不可以一方知難得以一途揆大丞相
主簿臣孫搴驃騎將軍左光禄大夫臣暉前
給事黄門侍郎臣季景勃海王世子開府諮
議參軍事定州大中正臣崔暹業興息國子學
生屯留縣開國子臣子述等竝令參豫定其是
非臣等職司其憂猶恐未盡竊以蒙戎爲飾必

藉衆腋之華輪奐成宇寧止一枝之用必集名
勝更共修理左光禄大夫臣盧道約大司農卿
彭城侯臣李諧左光禄大夫東雍州大中正臣
裴獻伯散騎常侍西兗州大中正臣溫子昇太
尉府長史臣陸操尚書右丞城陽縣開國子臣
盧元明中書侍郎臣李同軌前中書侍郎臣邢
子明中書侍郎臣宇文忠之前司空府長史建
康伯臣元仲悛大丞相法曹參軍臣杜弼尚書
左中兵郎中定陽伯臣李溥濟尚書起部郎中

臣辛術尚書祠部郎中臣元長和前青州驃騎
府司馬安定子臣胡世榮太史令盧鄉縣開國
男臣趙洪慶太史令臣胡法通應詔左右臣張
詰員外司馬督臣曹魏祖太史丞郭慶太史博
士臣胡仲和等或器擅民譽或術兼世業並能
顯微闡幽表同錄異詳考古今共成此曆甲爲
日始子實天正命曆置元宜從此起運屬興和
以年號爲目豈獨太初表於漢代景初冠於魏
曆而已謹以封呈乞付有司依術施用詔以新

曆示齊獻武王田曹參軍信都芳芳關通曆術
駁業興曰今年十二月二十日新曆在營室十
三度順疾天上歲星在營室十一度今月二十
日新曆鎮星在角十一度留天上鎮星在亢四
度留今月二十日新曆太白在斗二十五度晨
見逆行天上太白在斗二十一度逆行便爲差
殊業興對曰歲星行天伺候以來八九餘年恒
不及二度今新曆加二度至於夕伏晨見纖毫
無爽今日仰看如覺二度及其出沒還應如術

鎮星自造壬子元以來歲常不及故加壬子七
度亦知猶不及王度適欲并加恐出沒頓校十
度十日將來永用不合處多太白之行頓疾頓
遲取其會歸而已近十二月二十日晨見東方
新舊二曆推之分寸不異行星三日頓校四度
如此之事無年不有至其伏見還依術法又芳
唯嫌十二月二十日星有前却業興推步已來
三十餘載上算千載之日月星辰有見經史者
與涼州趙䟦劉義隆廷尉卿何承天劉駿南徐

州從事史祖沖之參校業興甲子元曆長於三
曆一倍考洛京已來四十餘歲五星出沒歲星
鎮星太白業興曆首尾恒中及有差處不過一
日二日一度兩度三曆之失動校十日十度熒
惑一星伏見體自無常或不應度祖沖之曆多
甲子歷十日六度何承天歷不及三十日二十
九度今歷還與壬子同不有加增辰星一星沒
多見少及其見時與歷無舛今此亦依壬子元
不攻太白辰星唯起夕合爲異業興以天道高

遠測步難精五行伏留推考不易人目仰闚未能盡密但取其見伏大歸略其中間小謬如此曆便可行若專據所見之驗不取出没之效則曆數之道其幾廢矣夫造曆者節之與朔貫穿於千年之間閏餘斗分推之於毫氂之内必使盈縮得衷間限數合周日小分不殊錙銖陽曆陰曆纖介無爽損益之數驗之交會日所居度考之月蝕上推下減先定來條然後曆元可求猶甲子難值又雖值甲子復有差分如此蹐駮

參錯不等今歷發元甲子七率同遵合璧連珠其言不失法理分明情謂爲可如芳所言信亦不謬但一合之裏星度不驗者至若合終必還依術鎭星前年十二月二十日見差五度今日差三度太白前差四度今全無差以此準之見伏之驗㝷效可知將來永用大體無失芳又去以去年十二月中筭新曆其鎭星以十二月二十日在角十一度留天上在亢四度留是新曆差天五度太白歲星並各有差校於壬子舊曆

鎭星差天五度太白歲星亦各有差是舊曆差天爲多新曆差天爲少凡造曆者皆須積年累日依法候天知其疏密然後審其近者用作曆術不可一月兩月之間能正是非若如熒惑行天七百七十九日一遲一疾一留一逆一順一伏一見之法七頭一終太白行天五百八十三日晨夕之法七頭一終歲星行天三百九十八日七頭一終鎭星行天三百七十八日七頭一終辰星行天一百一十五日晨夕之法七頭一

終造曆者必須測知七頭然後作術得七頭者造曆爲近不得頭者其曆甚疏皆非一二日能知是非自五帝三代以來及秦漢魏晉造曆者皆積年久測術乃可觀其倉卒造者當時或近不可久行若三四年作者初雖近天多載恐失今甲子新曆業興潛構積年雖有少差校於壬子元曆近天者多若久而驗天十年二十年間比壬子元曆三星行天其差爲密獻武王上言之詔付外施行

上元甲子以來至春秋魯隱公元年歲在己未積二十九万二千七百三十六筭上

甲子之歲入甲戌紀已來積十二万四千一百三十六筭上

上元甲子以來至大魏興和二年歲在庚申積二十九万三千九百九十七筭上

甲子之歲入甲戌紀至今庚申積十二万五千三百九十七筭上

元法一百二万一千六百 三統之數

統法三十三万七千二百 二紀之數

紀法十六万八千六百 千部成紀日數至十

部法一万六千八百六十 三十乘章歲得日月餘皆盡之年數

度法一万六千八百六十 三十乘章歲得此數

日法二十万八千一五百三十 三十乘章月得此數

氣時法一千四百五 小二分度法得一時之數

章歲五百六十二 二十九章十一年減閏餘二万一百七十八年減右一閏月

章閏二百七 五百六十二年之間月數

章月六千九百五十一 五百六十二年之月數并閏

章中六千七百四十四 五百六十二年月除閏月數

周天六百一十五万八千一十七 度法通度內斗分之數

通數六百一十五万八千一十七 日法通二十九日內經月餘之數

沒分六百一十五万八千一十七 餘數通經沒六十九內分五万七千一百八十四得此數

餘數八万八千四百一十七 度法通一年下五內斗分之數

沒法八万八千四百一十七 一年之內成甲之外分數

斗分四千一百一十七 從斗量周天至此不成度之分

虛分九万七千八百八十三 經月二十九日外少此不滿三十日

大百六十二小百九十

小分法二十四 二十四氣除周天分之數也

歲中十二 十二月之中氣

會數一百七十三 月一出一入黃道之日數周髀六二十三分月之二十也

會餘六万七千一百一十七 百七十二日外不成日之分

會通三千六百一十四万二千八百七 以日法通百七十二內會餘之數

會虛十四万一千四百一十三 會餘之外不成度之數

周日二十七 周天用日月行數

周餘十一万五千六百三十一 周天用日外及本歷之分數

通周五百七十四万五千九百四十一日法通二十七内分
周虛九万二千八百九十九用餘外不成日之數
小周七千五百一十三月一日行之數
月周二十二万五千三百九十通小周内度數
朔望合數十四半經月日數
度餘十五万九千五百八十八半半經月日餘
入交限數一百五十八度月出入黃道減半月之數
度餘十二万六千五十八半減半月小餘之外

推月朔弦望術第一

推積月 術曰置入紀以來盡所求年減一以章月乘之章歲如一所得爲積月不盡爲閏餘閏餘三百五十五以上其年有閏餘五百一十五以上進退在天正十一月前後以冬至定之

推積日 術曰以通數乘積月爲朔積分日法如一爲積日不盡爲小餘以六旬去積日不盡爲大餘命大餘以紀今命以甲戌紀筭外即所求年天正十一月朔日

求次月朔 術曰加大餘二十九小餘十一万六百四十七滿除如上命以紀筭外即次月朔日其小餘滿虛分九万七千八百八十三者其月大減者其月小

求上下弦望 術曰加朔大餘七小餘七万九千七百九十四小分一小分滿四從小餘小餘滿日法從大餘大餘滿六十去之命以紀筭即上弦日又加得望下弦後月朔

推二十四氣閏術第二

推二十四氣 術曰置入紀以來盡所求年減一以餘數乘之蔀法如一爲積沒不盡爲小餘以六旬去積沒不盡爲大餘命以紀筭外即所求年天正十一月冬至日

求次氣術 術曰加大餘十五小餘三千六百八十四小分一小分滿小分法二十四從小餘小餘滿蔀法從大餘一命如上筭外即次氣日

推閏 術曰以閏餘減章歲餘以歲中十二

乘之滿章閏二百七得一月餘半法以上亦得
一月數起天正十一月筭外即閏月閏月有進
朔以無中氣定之
推閏又法　術曰以歲中乘閏餘加章閏得
一盈章中六千七百四十四數起冬至筭外中
氣終閏月也盈中氣在朔若二日即前月閏
冬至十一月中　小寒十二月節　大寒十二月中
立春正月節　雨水正月中　驚蟄二月節
春分二月中　清明三月節　穀雨三月中

立夏四月節　小滿四月中　芒種五月節
夏至五月中　小暑六月節　大暑六月中
立秋七月節（處暑七月中）　白露八月節　秋分八月中
寒露九月節　霜降九月中　立冬十月節
小雪十月中　大雪十一月節
推合朔却去度表裏術第三
推合朔却去交度　術曰置入紀以來朔積分
又以所入紀交會差分并之（甲戌紀交會差分二千六百五十二万二千六百四十九）以會通去之所得爲積交不盡者以日法
約之爲度不盡者爲度餘即所求年天正十一
月朔却去交度及度餘
甲子紀（紀首合朔日月合璧交中）
甲戌紀（紀首合朔月在日道表）　交會差一百二十七度
度餘三万九千三百四十九
甲申紀（紀首合朔月在日道裏）　交會差八十一度
度餘一万一千五百六十一
甲午紀（紀首合朔月在日道裏）　交會差三十四度
度餘十九万二千三百一十三

甲辰紀（紀首合朔月在日道表）　交會差一百六十一度
度餘二万三千一百二十二
甲寅紀（紀首合朔月在日道表）　交會差一百一十五度
度餘二十万三千八百七十四
求次月却去交度　術曰加度二十九度餘十
一万六百四十七度餘滿日法從度度滿會數
去之亦除其會餘即次月朔却去交度及度餘
求望却去交度　術曰加度十四度餘十五万九
千五百八十八半滿除如上即望却去交度

及度餘

推月在日道表裏　術曰置入紀以來朔積分又以紀交會差分并之倍會通去之餘以會通減之得一減者爲月在日道裏無所得者爲月在日道表

求次月表裏　術曰加次月度及度餘加表滿會數及會數餘則在裏加裏滿會數及會餘則在表

推交道所在日　術曰以十一月朔却去交度及餘減會數及會餘會餘若不足減者減一度加日法乃減之又以十一月朔小餘加之滿日法從度餘爲度餘即是天正十一月朔前去交度及餘如曆月大小除之起天正月十一月不滿月者爲入月筭外交道所在日又以歲中乘入月小餘日法除之所得命以子筭即交道所在辰其交在望前者其月朔則交道望則月蝕交在望後者其月月蝕後朔交會交正在望者月月蝕既前後朔交會交正朔者日蝕既前後月

望皆月蝕

求後交月及日　術曰以會數及會餘加前入月筭及餘餘滿日法從日日如曆月大小除之起前交月筭外即後交月及日以次放之

推交會起角　術曰其月在外道先會後交者虧從東南角起先交後會者虧從西南角起其月在內道先會後交者虧從西北角起合交中者蝕之既其月蝕在日之衝起角亦如之

推蝕分多少　術曰其朔望去交度及度餘如入交限數一百五十八度度餘十一万六千五十八半以上者以減會數及會數餘餘爲不蝕度若朔望去交度如朔望合數十四度度餘十五万九千五百八十八半以下者即是不餘度皆以減十五餘爲餘蝕分朔望去交度盡者蝕之既

推合朔月蝕入遲疾曆盈縮術第四

推合朔入遲疾曆　術曰置入紀以來朔積分又以所入紀遲疾差分并之甲戌紀遲差分二日三十五万三千一百九十一

以通周去之所得日餘周不盡者以日法約之
爲日不盡者爲日餘命日筭外即所求年天正
月十一月合朔入曆日
求次月入曆日　術曰加一日日餘二十万三
千五百四十六日蝕滿日從日法日滿周日及
周餘去之命如上筭外即次月入曆日
求望入曆　術曰加日十四日餘十五万九
千五百八十八半滿除如上筭外即望入曆
日月行遲疾度及合　損益率

盈縮并率　盈縮積分
一日十四度四百二分　益七百五十七
盈初
二日十四度三百三十十四分　益六百八十九
盈七百五十　盈積分二万一千一十一
三日十四度二百四十六十一分　益六百一十七
盈一千四百三十六　盈積分四万二百三十五
四日十四度一百九十分　益五百四十五
盈二千六十二　盈積分五万七千二百
三十二
五日十四度一百一十一分　益四百六十六
盈二千六百七　盈積分七万二千三
百六十
六日十三度五百二十二分　益三百一十五
盈三千七十三　盈積分八万五千二
百九十四
七日十三度二百九十六分　益八十九
盈三千三百八十八　盈積分九万四千三

十七
八日十三度六十八分　損一百三十九
盈三千四百七十七　盈積分九万六千
五百七
九日十二度四百八十六分　損二百八十三
盈三千三百三十八　盈積分九万二千六
百四十九
十日十二度三百七十九分　損三百九十
盈三千五十五　盈積分八万四千七百

九十四
十一日十二度三百六十七分　損五百二
盈二千六百六十五　盈積分七万三千九
百六十九
十二日十二度一百五十一分　損六百一十八
盈二千一百六十三　盈積分六万三千六
十三日十二度四十分　損七百二十九
盈一千五百四十五　盈積分四万二千八百
八十三

十四日十二度五百一十五分　損八百一十六
盈八百一十六　盈積分二万二千六百
四十九
十五日十二度三十八分　益七百三十一
縮初
十六日十二度一百二十三分　益六百三十六
縮七百三十一　縮積分二万二百九十
十七日十二度二百一十一分　益五百五十八
縮一千三百七十七　縮積分三万八千二百

二十
十八日十二度二百二十四分　益四百四十五
縮一千九百三十五　縮積分五万三千七百
十九日十二度四百三十五分　益三百三十四
縮二千三百八十　縮積分六万六千五
十九
二十日十二度五百五十五分　益二百一十四
縮二千七百一十四　縮積分七万五千三
百二十九

二十一日十三度一百二十八分　益七十九
縮二千九百二十八　縮積分八万一千二百
六十九
二十二日十二度二百七十分　損六十三
縮三千七　縮積分八万三千四百
六十二
二十三日十三度四百三十二分　損二百二十五
縮二千九百四十四　縮積分八万一千七
百一十三

二十四日十四度三十三分 損三百八十八
縮二千七百一十九 縮積分七万五千四
百六十八
二十五日十四度一百九十四分 損五百四十九
縮二千三百三十一 縮積分六万四千六
百九十九
二十六日十四度三百一十九分 損六百七十四
縮一千七百八十二 縮積分四万九千四
百六十一

二十七日十四度三百三十六分 損七百一
縮一千一百八 縮積分三万七百五
十四
周日十四度三百七十九分 損七百三十四
縮四百七 縮積分一万一千二
百九十七
推合朔交會月蝕定大小蝕 術曰以入曆
日餘乘所入曆下損益率以小周七千五百一
十三除之所得損益盈縮積分爲定積分積分

盛者以減本朔望小餘縮者加之加之滿日法
者交會加時在後日減之不足減者減一日加
日法乃減之交會加時在前日月蝕者隨定大
小蝕餘爲定日加時
推加時
術曰以歲中乘定小餘日法除之所得命以子
筭外朔望加時有餘不盡者四之如法得一爲
少二爲半三爲太半又有餘者三之如法得一
爲彊半法以上排成一不滿半法棄之以彊并

少爲少彊并半爲半彊并太爲太彊得二彊者
爲少弱以之并少爲半弱以之并半爲太弱以
之并太爲一辰弱隨所在辰而命之即其彊弱
日之衝爲破月常在破下蝕
推日月合朔弦望度第五
推日度 術曰置入紀以來朔積日以日度法
一万六千八百六十乘之滿周天去之餘以日
度法約之爲度餘命起牛前十二度宿次除之
不滿宿者筭外即所求年天正十一月朔夜半

日所在度及分
推日度又法
術曰置周天三百六十五度斗分四千一百一十七以冬至去朔日數減一以減周天度冬至小餘減斗分斗分不足減者減一度加日度法乃減之命起如上筭外即所求年天正十一月朔夜半日所在度及分
求日次月次日所在度　術曰月大者加度三十月小者加度二十九次日者加度一宿次除之

逕斗除其分
推合朔日月共度　術曰以章歲五百六十二乘朔小餘以章月六千九百五十一除之所得爲大分不盡爲小分以加夜半日度分分滿日度法從度命如上筭外即所求年天正十一月合朔日月共度
術曰加度二十九大分八千九百四十五小分六千九百一十九小分滿章月從大分大分滿日度法從度宿次除之逕斗去其分筭外即次月合朔日月共度
推月度　術曰置入紀以來朔積日以周二十二万五千三百九十乘之滿周天去之餘以日度法約之爲度餘爲度分命起牛前十二度宿次除之不滿宿者筭外即所求年天正十一月朔夜半月所在度及分
推月度又法　術曰以小周乘朔小餘爲實章歲乘日法爲法實如法得一爲度不滿法者以章月除之爲大分餘爲小分所得以減合朔度

及度分筭外即所求年天正十一月朔夜半月所在度及分
求月次月度
術曰月小加度二十二分七千三百七十三月大加度三十五分一万三千五百八十三分滿日度法從度宿次除之不滿宿者筭外即月次月所在度
求月次日度
術曰加度十三分六千二百一十分滿日度法

從度除如上筭外即月次日所在度

求弦望日所在度

術曰加合朔度七大分六千四百五十一小分三千四百六十一微分二微分滿四從小分小分滿章月從大分大分滿日度法從度命如上筭外即上弦日所在度又如得望下弦後月合朔

求弦望月所在度　術曰加合朔度九十八大分一万一千六百九十五小分五千二百二十

五微分一滿除如上筭外即上弦日月所在度又加得望下弦後月合朔

斗二十六度　牛八度　女十二度

虛十度　危十七度　室十六度

壁九度

北方玄武七宿九十八度分四千一百一十七

奎十六度　婁十二度　胃十四度

昴十一度　畢十六度　觜二度

參九度

西方白虎七宿八十度

井三十三度　鬼四度　柳十五度

星七度　張十八度　翼十八度

軫十七度

南方朱鳥七宿一百一十二度

角十二度　亢九度　氐十五度

房五度　心五度　尾十八度

箕十一度

東方倉龍七宿七十五度

周天三百六十五度一万六千八百六十分度之四千一百一十七通之得六百一十五万八千一十七名曰周天

推土王滅沒卦候上朔術第六

推土王日

術曰置四立大小餘各減其大餘十八小餘四千四百二十小分十八微分二大餘不足減者加六十乃減之小餘不足減者減一日加蔀法乃減之小分不足減者減小餘一加小分法二

十四乃減之微分不足減者減小分一加五然後皆減之命以紀筭外即四立前土王日

推土王又法

術曰加冬至大餘二十七小餘六千六百三十一小分六微分三微分滿五從小分小分滿小分法從小餘小餘滿蔀法從大餘一命以紀筭外即季冬土王日

求次季土王日　術曰加大餘九十一小餘五千二百四十四小分六小分滿小分法從小餘小餘滿蔀法從大餘大餘滿六十去之命以紀筭外即次季土王日

推滅没　術曰因冬至積没有小餘者加積没一以没分乘之以没法八万八千四百一十七除之所得爲積日不盡爲没餘六旬去積日不盡爲没日命以紀筭外即所求天正十一月冬至後没日

求次没

術曰加没日六十九没餘五万七千二百四十四没餘滿没法從没日没日滿六十去之命以紀筭外即次没日餘盡者爲滅

求次没　術曰加没日六十九没餘一万九百一十五没分六万二千二百八十五没分滿没法從没餘没餘滿蔀法從没日命起前没月晉月大小除之不滿月者即後没日及没餘没分命曰如上筭外即次没日

推四正卦　術曰因冬至大小餘即坎卦用事日春分即震卦用事日夏至即離卦用事日秋分即兌卦用事日中孚因坎卦

求次卦

術曰加坎卦大餘六小餘一千四百七十三小分十四微分四微分滿五從小分小分滿小分法從小餘小餘滿蔀法從大餘大餘滿六十去之命以紀筭外即復卦用事日

十一月未濟蹇頤中孚復

十二月屯謙睽外臨

正月小過蒙益漸泰

二月需隨晉解大壯
三月豫訟蠱革夬
四月旅師比小畜乾
五月大有家人井咸姤
六月鼎豐渙履遯
七月恒節同人損否
八月巽萃大畜賁觀
九月歸妹无妄明夷困剝
十月艮既濟噬嗑大過坤

四正爲方伯中孚爲三公復爲天子屯爲諸侯謙爲大夫睽爲九卿升還從三公周而復始九三應上九清淨微溫陽風九三應上六降赤決溫陰雨六三應上六日澤寒陰雨六三應上九麴塵決寒陽風諸卦上有陽爻者陽風上有陰爻者陰雨

推七十二候　術曰因冬至大小餘即虎始交日加大餘五小餘一千二百二十八微分一微分滿三從小分小分滿小分法從小餘小餘滿蔀蔀法從大餘大餘滿六十去之命以紀筭外依次候日

冬至	虎始交	芸始生	荔挺生
小寒	蚯蚓結	麋角解	水泉動
大寒	鴈北向	鵲始巢	雉始雊
立春	鷄始乳	東風解凍	蟄蟲始振
雨水	魚上負冰	獺祭魚	鴻鴈來
驚蟄	始雨水	桃始華	倉庚鳴

春分	鷹化爲鳩	玄鳥至	雷始發聲
清明	電始見	蟄蟲咸動	蟄蟲啓户
穀雨	桐始華	田鼠化爲鴽	虹始見
立夏	萍始生	戴勝降桑	螻蟈鳴
小滿	蚯蚓出	王瓜生	苦菜秀
芒種	靡草死	小暑至	螗蜋生
夏至	鵙始鳴	反舌無聲	鹿角解
小暑	蟬始鳴	半夏生	木槿榮

大暑　溫風至　蟋蟀居壁　鷹乃學習
立秋　腐草化爲螢　土潤溽暑
涼風至
處暑　白露降　寒蟬鳴　鷹祭鳥
白露　天地始肅　暴風至　鴻鴈來
秋分　玄鳥歸　羣鳥養羞　雷始收聲
寒露　蟄蟲附戶　殺氣浸盛　陽氣日衰
霜降　水始涸　鴻鴈來賓
雀入大水化爲蛤

立冬　菊有黃華　豺祭獸　水始冰
小雪　地始凍　雉入大水爲蜃
虹藏不見
大雪　冰益壯　地始坼　鶡旦鳴
推上朔　術曰置入紀以來盡所求年減一以
六律乘之以六旬去之不盡者命以甲子筭上
即上朔日
推五星見伏術第七
上元甲子以來至春秋魯隱公元年歲在己未
積二十九万二千七百三十六筭
上元甲子以來至今大魏興和二年歲在庚申
積二十九万三千九百九十七筭
木精曰歲星其數六百七十二万三千八百八
十八
火精曰熒惑其數一千三百一十四万九千八
十三
土精曰鎮星其數六百三十七万四千六十一
金精曰太白其數九百八十四万三千八百八

十二
水精曰辰星其數一百九十五万三千七百一
十七
推五星　術曰置上元以來盡所求年減一以
周天乘之爲五星之實各以其數爲法除之所
得爲積合不盡爲合餘以合餘減法餘爲入歲
度分以日度法約之所得即所求年天正十一
月冬至後晨夕合度筭及度餘其金水以一合
日數及合餘減合度筭及度餘得一者爲晨無

所得者為夕若度餘不足減者減合度筭一加日度法乃減之命起牛前十二度宿次除之不滿宿者筭外即所求年天正十一月冬至後晨夕合度及度餘

徑推五星　術曰置上元以來盡所求年減一如法筭之合度餘滿日度法加合度筭一合度筭滿合終日數去之亦以合終日餘減合度若不足減者減合度筭一加周虛積年盡所得即所求年天正十一月冬至後晨夕合度筭及度

餘其求水及命度皆如上法

求星合月及日　術曰置冬至去朔日數減一加合度筭冬至小餘以加合度餘合度餘滿日度法去之加合度筭一合度筭變成合日筭合度餘為日餘命日起天正十一月如曆月大小除之不滿月者筭外即星合月及日有閏以閏計之

求後合月及日　術曰以合終日數及合終日餘加前入月筭及餘餘滿日度法後日一日如曆月大小除之起前合月筭外即後合月及日其金水以合日數及一合日餘加之加夕得晨加晨得夕也

求後合度　術曰以行星度餘加前合度及度餘度餘滿日度法從度命起前合度宿次除之不滿宿者筭外即後合度度餘逕斗除其分其分四千一百一十七

歲星合終日數三百九十八合終日餘一万二千六百八周虛三千二百五十二行星三十三度度餘九千四百九十一

歲星晨與日合在日後伏十六日日餘六千八百四行星二度度餘一万三千一百七十五晨見東方順疾日行五十八分之十一五十八日行十一度順遲日行九分五十八日行九度而留不行二十五日而旋逆日行七分之一八十四日退十二度復留二十五日復順遲日行九分五十八日行九度復順疾日行十一分五十八日行十一度在日前夕伏西方順十六日日餘六千八百四行星二度度餘一万三千一百

七十六而與日合
熒惑合終日數七百七十九合終日餘一万五
千一百四十三周虛一千七百一十七行星四
十九度度餘六千九百九
熒惑晨與日合在日後伏七十一日日餘一万
六千一行星五十五度度餘一万三千九百四
十三晨見東方順疾日行二十三分之十四一
百八十四日行一百一十二度順遲日行十二
分九十一日行四十八度而留不行十一日而

旋逆日行六十二分之十七六十二日退十七
度復留十一日復順遲日行十二分九十二日
行四十八度復順疾日行十四分一百八十四
日行一百一十二度在日前夕伏西方順七十
一日日餘一万六千二行星五十度度餘一万
三千九百四十三而與日合
鎮星合終日數三百七十八合終日餘九百八
十一周虛一万五千八百七十九行星十二度
度餘一万三千七百二十四

鎮星晨與日合在日後伏十八日日餘四百九
十行星二度度餘六千八百六十二晨見東方
順日行十二分之一八十四日行七度而留不
行三十六日而旋逆日行十七分之一一百二日
退六度復留三十六日復順日行十二分之一
八十四日行七度在日前夕伏西方順十八日
日餘四百九十一行星二度度餘六千八百六
十二而與日合
太白合終日數五百八十三合終日餘一万四

千五百二周虛二千三百五十八行星二百九
十一度（亦曰一合日數）度餘一万五千六百八十一（亦曰一合日數）
太白夕與日合在日前伏四十一日日餘一万
五千六百八十一行星五十一度度餘一万五
千六百八十一夕見西方順疾日行一度十三
分之三九十一日行一百一十二度順遲日行
一度十三分之二九十一日行五度順大疾日
行十五分之十一四十五日行三十三度而留
不行八日而旋逆日行三分之二九日退六度

在日前夕伏西方伏六日退四度而與日晨合
太白晨與日合在日後伏六日退四度晨見東
方逆日行三分之二九日退六度而留不行八
日順日行十五分之十一四十五日行三十三
度順疾日行一度十三分之二九十一日行一
百五度順大疾日行一度十三分之二九十一
日行一百一十二度在日後晨伏東方順四十
一日日餘一万五千六百八十一行星五十一
度度餘一万五千六百八十一而與日夕合

辰星合終日數一百一十五合終日餘一万四
千八百一十八周虛二千四十四行星五十七
度（亦曰一合日數）度餘一万五千八百四十八（亦曰一合日數）
辰星夕與日合在日前伏十七日日餘一万五
千八百四十八夕見西方順疾日行一度三分
之一十八日行二十四度順遲日行七分之五
七日行五度而留不行四日在日前夕伏西方
逆十一日退六度而與日晨合
辰星晨與日合在日後伏十一日退六度晨見
東方而留不行四日順遲日行七分之五七日
行五度順疾日行一疾三分之一十八日行二
十四度在日後晨伏東方順十七日日餘一万
五千八百三十八行星三十四度度餘一万五
千八百四十八而與日夕合
五星歷步　術曰以術法伏日度及餘加星合
日度及餘餘滿日度法一万六千八百六十得
一從令命之如前得星見日度及餘以星行分
母乘見度分日度法如一得一分不盡半法以

上亦得一以加所行分分滿其母得一度逆順
母不同以當行之母乘故分故母如一爲當行
分留者承前逆則減之伏不盡度除斗分以行
母爲率分有損益前後相御十四
求五星行所在度　術曰以行分子乘行日數
分母除之所得即星行所在度

律曆志下第九　魏書一百七

禮志四之一第十　魏書一百八

夫在天莫明於日月在人莫明於禮儀先王以安上治民用成風化苟或失之斯亡之及聖者因人有尊敬哀思嗜慾喜怒之情而制以上下隆殺長幼衆寡之節本於人心會於神道故使三才惟穆百姓允諧而淳澆世殊質文異設損益相仍隨時作範秦滅儒經漢承其弊三代之禮蓋如綫焉劉氏中興頗率周典魏晉之世抑有可知自永嘉擾攘神州蕪穢禮壞樂崩人神

殲殄太祖南定燕趙日不暇給仍世征伐務恢疆宇雖馬上治之未遑制作至於經國軌儀互舉其大但事多粗略且兼闕遺高祖稽古率由舊則斟酌前王擇其令典朝章國範煥乎復振早年厭世叡慮未從不爾劉馬之迹夫何足數世宗優遊在上致意玄門儒業文風顧有未洽墜禮淪聲因之而往肅宗已降魏道衰羸太和之風仍世凋落以至於海內傾圮綱紀泯然嗚呼魯秉周禮國以克固齊臣撤器降人折謀治身不得以造次忘治國庸可而須臾忽也初自皇始迄於武定朝廷典禮之迹故捴而錄之

太祖登國元年即代王位於牛川西向設祭告天成禮

天興元年定都平城即皇帝位立壇兆告祭天地祝曰皇帝臣諱敢用玄牡昭告于皇天后土之靈上天降命乃眷我祖宗世王幽都諱以不德纂戎前緒思寧黎元龔行天罰殪劉顯屠衛辰平慕容定中夏羣下勸進謂宜正位居尊以

副天人之望諱以天時人謀不可久替謹命禮官擇吉日受皇帝璽綬惟神祇其丕祚於魏室永綏四方事畢詔有司定行次正服色羣臣奏以國家繼黃帝之後宜爲土德故神獸如牛牛土畜又黃星顯曜其符也於是始從土德數用五服尚黃犧牲用白祀天之禮用周典以夏四月親祀于西郊徽幟有加焉

二年正月帝親祀上帝于南郊以始祖神元皇帝配爲壇通四陛爲壝埒三重天位在其上南

面神元西面五精帝在壇內壝內四帝各於其方一帝在未日月五星二十八宿天一太一北斗司中司命司祿司民在中壝內各因其方其餘從食者合一千餘神餟在外壝內藉用藁秸玉用四珪幣用束帛牲用黝犢器用陶匏上帝神元用犢各一五方帝共用犢一日月等共用牛一祭畢燎牲體左於壇南巳地從陽之義其瘞地壇兆制同南郊明年正月辛酉郊天癸亥瘞地於北郊以神元竇皇后配五岳名山在中

壝內四瀆大川於外壝內后土神元后牲共用玄牲一玉用兩珪幣用束帛五岳等用牛一祭畢瘞牲體右於壇之北亥地從陰也乙丑赦京師畿內五歲刑以下其後冬至祭上帝于圜丘夏至祭地于方澤用牲幣之屬與二郊同

冬十月平文昭成獻明廟成歲五祭用二至二分臘牲用太牢常遣宗正兼太尉率祀官侍祀置太社太稷帝社於宗廟之右為方壇四陛祀以二月八月用戊皆太牢句龍配社周棄配稷皆有司侍祀立祖神常以正月上未設藉於端門內祭牲用羊豕犬各一又立神元思帝平文昭成獻明五帝廟於宮中歲四祭用正冬臘九月牲用馬牛各一太祖親祀宮中立星神一歲一祭常以十二月用馬薦各一牛豕各二雞一太祖初有兩彗星見劉后使占者占之曰祈之則當掃定天下后從之故立其祀又立　神十二歲一祭常以十一月各用牛一雞三又立王神四歲二祭常以八月十月各用羊一又置獻

明以上所立天神四十所歲二祭亦以八月十月神尊者以馬次以牛小以羊皆女巫行事又於雲中及盛樂神元舊都祀神元以下七帝歲三祭正冬臘用馬牛各一祀官侍祀明年春帝始躬耕藉田祭先農用羊一祀日於東郊用騂牛一秋分祭月於西郊用白羊一

天賜二年夏四月復祀天于西郊為方壇一置木主七於上東為二陛無等周垣四門門各依其方色為名牲用白犢黃駒白羊各一祭之日

帝御大駕百官及賓國諸部大人畢從至郊所帝立青門內近南壇西內朝臣皆位於帝北外朝臣及大人咸位於青門之外后率六宮從黑門入列於青門內近北並西面廩犧令掌牲陳於壇前女巫執鼓立於陛之東西面選帝之十族子弟七人執酒在巫南西面北上女巫升壇搖鼓帝拜若肅拜百官內外盡拜祀訖復拜拜訖乃殺牲執酒七人西向以酒灑天神主復拜如此者七禮畢而返自是之後歲一祭

太宗永興三年三月帝禱于武周車輪二山初清河王紹有寵於太祖性凶悍帝每以義責之弗從帝懼其變乃於山上祈福於天地神祇及即位壇兆後因以爲常祀歲一祭牲用牛帝皆親之無常日

明年立太祖廟于白登山歲一祭具太牢帝親之亦無常月兼祀皇天上帝以山神配旱則禱之多有效是歲詔郡國於太祖巡幸行宮之所各立壇祭以太牢歲一祭皆牧守侍祀又立太祖別廟於宮中歲四祭用牛馬羊各一又加置天日月之神及諸小神二十八所於宮內歲二祭各用羊一後二年於白登西太祖舊遊之處立昭成獻明太祖廟常以九月十月之交帝親祭牲用馬牛羊及親行貙劉之禮別置天神等二十三於廟左右其神大者以馬小者以羊華陰公主帝姊也元紹之爲逆有保 功故別立其廟於太祖廟垣後因祭薦焉又於雲中盛樂金陵三所各立太廟四時祀官侍祀

泰常三年爲五精帝兆於四郊遠近依五行數各爲方壇四陛埒壝三重通四門以大皞等及諸佐隨配侑祭黃帝常以立秋前十八日餘四帝各以四立之日牲各用牛一有司主之又六宗靈星風伯雨師司民司祿先農之壇皆有別兆祭有常日牲用少牢立春之日遣有司迎春於東郊祭用酒脯棗栗無牲幣又立五岳四瀆廟於桑乾水之陰春秋遣有司祭有牲及幣四瀆唯以牲牢準古望秩云其餘山川及海若諸

神在州郡者合三百二十四所每歲十月遣祀官詣州鎮遍祀有水旱災厲則牧守各隨其界內祈禱其祭皆用牲王畿內諸山川皆列祀次祭各有水旱則禱之

明年八月帝嘗於白登廟將薦熟有神異焉太廟博士許鍾上言曰臣聞聖人能饗帝孝子能饗親伏惟陛下孝誠之至通於神明近嘗於太祖廟有車騎聲從北門入殷殷轞轞震動門闕執事者無不肅慄斯乃國祚永隆之兆宜告天下使咸知聖德之深遠

辛未幸代至鴈門關望祀恒岳後二年九月幸橋山遣有司祀黃帝唐堯廟明年正月南巡恒岳祀以太牢幸洛陽遣使以太牢祀嵩高華岳還登太行五月至自洛陽諸所過山川羣祀之

後三年二月祀孔子於國學以顏淵配

神䴥二年帝將征蠕蠕省郊祀儀四月以小駕祭天神畢帝遂親戎大捷而還歸格於祖禰徧告羣神

九月立密皇太后廟於鄴后之舊鄉也置祀官太常博士齋郎三十餘人侍祀歲五祭

太延元年立廟於恒岳華嵩岳上各置侍祀九十人歲時祈禱水旱其春秋泮涸遣官率刺史祭以牲牢有玉幣

魏先之居幽都也鑿石爲祖宗之廟於烏洛侯國西北自後南遷其地隔遠真君中烏洛侯國遣使朝獻云石廟如故民常祈請有神驗焉其歲遣中書侍郎李敞詣石室告祭天地以皇祖

先妣配祝曰天子燾謹遣敞等用駿足一元大武敢昭告于皇天之靈自啓闢之初祐我皇祖于彼土田歷載億年聿來南遷惟祖惟父光宅中原克翦凶醜拓定四邊沖人纂業德聲弗彰豈謂幽遐稽首來王具知舊廟弗毀弗亡悠悠之懷希仰餘光王業之興起自皇祖綿綿瓜瓞時惟多祐敢以丕功配饗于天子子孫孫福祿永延敞等既祭斬樺木立之以置牲體而還後所立樺木生長成林其民益神奉之咸謂魏國

感靈祇之應也石室南距代京可四千餘里

明年六月司徒崔浩奏議神祀多不經案祀典所宜祀凡五十七所餘復重及小神請皆罷之奏可

十一年十一月世祖南征逕恒山祀以太牢浮河濟祀以少牢過岱宗祀以太牢至魯以太牢祭孔子遂臨江登瓜步而還

文成皇帝即位三年正月遣有司詣華岳修廟立碑數十人在山上聞虛中若音聲聲中稱万

歲云

和平元年正月帝東巡歷橋山祀黃帝幸遼西望祀醫無閭山遂緣海西南幸冀州北至中山過恒岳禮其神而返明年帝南巡過石門遣使者用玉璧牲牢禮恒岳

四月旱下詔州郡於其界內神無大小悉洒掃薦以酒脯年登之後各隨本秩祭以牲牢至是羣祀先廢者皆復之

顯祖皇興二年以青徐既平遣中書令兼太常高允奉玉幣祀於東岳以太牢祀孔子

高祖延興二年有司奏天地五郊社稷已下及諸神合一千七十五所歲用牲七万五千五百顯祖深愍生命乃詔曰朕承天事神以育羣品而咸秩處廣用牲甚衆夫神聰明正直享德與信何必在牲易曰東鄰殺牛不如西鄰之禴祭實受其福苟誠感有著雖行潦菜羹可以致大嘏何必多殺然後獲祉福哉其命有司非郊天地宗廟社稷之祀皆無用牲於是羣祀悉用酒

脯

先是長安牧守常有事於周文武廟四年坎地埋牲廟玉發見四月詔東陽王丕祭文武二廟以廟玉露見若即而埋之或恐愚民將為盜竊勑近司收之府藏

六月顯祖以西郊舊事歲增木主七易世則更兆其事無益於神明初革前儀定置主七立碑於郊所

太和二年旱帝親祈皇天日月五星於苑中祭

之夕大雨遂赦京師

三年上祈於北苑又禱星於苑中

六年十一月將親祀七廟詔有司依禮具儀於是羣官議曰昔有虞親虔祖考來格殷宗躬謁介福廹降大魏七廟之祭依先朝舊事多不親謁今陛下孝誠發中思親祀事稽合古王禮之常典臣等謹案舊章幷採漢魏故事撰祭服冠屨牲牢之具罍洗簠簋俎豆之器百官助祭位次樂官節奏之引升降進退之法別集爲親拜之儀制可於是上乃親祭其後四時常祀皆親

之

十年四月帝初以法服御輦祀於西郊

十二年十月帝親築圓丘於南郊

十三年正月帝以大駕有事於圓丘五月庚戌車駕有事於方澤壬戌高祖臨皇信堂引見羣臣詔曰禮記祭法稱有虞氏禘黃帝大傳曰禘其祖之所自出又稱不王不禘論曰禘自既灌詩頌長發大禘爾雅曰禘大祭也夏殷四時祭礿禘烝嘗周改禘爲祠祭義稱春禘秋嘗亦夏殷祭也王制稱犆礿祫禘祫嘗祫烝其禮傳之文如此鄭玄解禘天子祭圓丘曰禘祭宗廟大祭亦曰禘三年一祫五年一禘祫則合羣毀廟之主於太廟合而祭之禘則增及百官配食者審諦而祭之天子先禘祫而後時祭諸侯先時祭而後禘祫魯禮三年喪畢而祫明年而禘圓丘宗廟大祭俱稱禘祭有兩禘明也王肅解禘祫稱天子諸侯皆禘於宗廟非祭天之祭郊祀

后稷不稱禘宗廟稱禘禘祫一名也合而祭之故稱祫審諦之故稱禘非兩祭之名三年一祫五年一禘揔而互舉之故稱五年再殷祭不言一禘一祫斷可知矣禮文大略諸儒之說盡具於此卿等便可議其是非尚書游明根左丞郭祚中書侍郎封琳著作郎崔光等對曰鄭氏之義禘者大祭之名大祭圓丘謂之禘者審諦五精星辰也大祭宗廟謂之禘者審諦其昭穆圓丘常合不言祫宗廟時合故言祫斯則宗廟祫

禘並行圓丘一禘而已宜於宗廟俱行禘祫之禮二禮異故名殊依禮春廢犆礿於嘗於蒸則祫不於三時皆行禘祫之禮中書監高閭儀曹令李韶中書侍郎高遵等十三人對稱禘祭圓丘之禘與鄭義同其宗廟禘祫之祭與王義同與鄭義同者以爲有虞禘黃帝黃帝非虞在廟之帝不在廟非圓丘而何又大傳稱祖其所自出之祖又非在廟之文論稱禘自既灌事似據爾雅稱禘大祭也頌長發大禘也殷王之祭斯

皆非諸侯之禮諸侯無禘禮唯夏殷夏祭稱禘又非宗廟之禘魯行天子之儀不敢專行圓丘之禘改殷之禘取其禘名於宗廟因先有祫遂生兩名據王氏之義祫而禘祭之故言禘祫摠謂再殷祭明不異也禘祫一名也其禘祫止於一時止於一時者祭不欲數數則黷一歲而三禘愚以爲過數帝曰尚書中書等據二家之義論禘祫詳矣然於行事取衷猶有未允監等以禘祫爲名義同王氏禘祭圓丘事與鄭同無所間然尚書等與鄭氏同兩名兩祭並存並用理有未稱俱據二義一時禘祫而闕二時之禘事有難從夫先王制禮內緣人子之情外協尊卑之序故天子七廟諸侯五廟大夫三廟數盡則毀藏主於太祖之廟三年而祫祭之世盡則毀以示有終之義三年而祫以申追遠之情禘祫既是一祭分而兩之事無所據毀廟三年一祫又有不盡四時於禮爲闕七廟四時常祭祫則三年一祭而又不究四時於情爲簡王以禘

祫爲一祭王義爲長鄭以圓丘爲禘與宗廟大祭同名義亦爲當今互取鄭王二義禘祫並爲一名從王禘是祭圓丘大祭之名上下同用從鄭若以數則黷五年一禘改祫從禘五年一禘則四時盡禘以稱今情禘則依禮文先禘而後時祭便即施行著之於令永爲世法

高閭曰書稱肆類于上帝禋于六宗六宗之祀禮無明文名位壇兆歷代所疑漢魏及晉諸儒異說或稱天地四時或稱六者之間或稱易之

六子或稱風雷之類或稱星辰之屬或曰世代所宗或云宗廟所尚或曰社稷五祀凡有十一家自晉已來逮于聖世以爲論者雖多皆有所闕莫能評究遂相因承別立六宗之兆摠爲一位而祭之比勑自等評議取衷附之祀典臣等承旨披究往說各有其理較而論之長短互有若偏用一家事或差舛衆疑則從多令惑則仍古請依先別處六宗之兆總爲一祀而祭之帝曰詳定朝令祀爲事首以疑從疑何所取正昔

石渠虎閣之議皆準類以引義原事以證情故能通百家之要定累世之疑況今有文可據有本可推而不評而定之其致安在朕躬覽尚書之文稱肆類上帝禋於六宗文相連屬理似一事上帝稱肆而無禋六宗言禋而不別其名以此推之上帝六宗當是一時之祀非別祭之名肆類非獨祭之目焚煙非他祀之用六宗者必是天皇大帝及五帝之神明矣禋是祭帝之事故稱禋以關其他故稱六以證之然則肆類上帝禋于六宗一祭也互舉以成之今祭圓丘五帝在焉其牲幣俱禋故稱肆類上帝禋于六宗一祭而六祀備焉六祭既備無煩復別立六宗之位便可依此附令永爲定法

十四年八月詔曰丘澤初志配尚宜定五德相襲分叙有常然異同之論著於往漢未詳之說疑在今史羣官百辟可議其所應必令合衷以成萬代之式中書監高閭議以爲帝王之作百代可知運代相承書傳可驗雖祚命有長短德

政有優劣至於受終嚴祖殷薦上帝其致一也故敢述其前載舉其大略臣聞居尊據極允應明命者莫不以中原爲正統神州爲帝宅苟位當名全化迹流洽則不專以世數爲與奪善惡爲是非故堯舜禪揖一身異尚魏晉相代少紀運殊桀紂至虐不廢承歷之叙厲惠至昏不闕周晉之録計五德之論始自漢劉一時之議三家致別故張蒼以漢爲水德賈誼公孫臣以漢爲土德劉向以漢爲火德以爲水德者正以嘗

有水溢之應則不推運代相承之數矣以土德
者則以亡秦繼曆相即爲次不推逆順之異也
以爲火德者懸證赤帝斬蛇之符棄秦之暴越
惡承善不以世次爲正也故以承周爲火德自
茲厥後乃以爲常魏承漢火生土故魏爲土德
晉承魏土生金故晉爲金德趙承晉金生水故
趙爲水德燕承趙水生木故燕爲木德秦承燕
木生火故秦爲火德秦之未滅皇魏未克神州
秦氏既亡大魏稱制玄朔故平文之廟始稱太

祖以明受命之證如周在岐之陽若繼晉晉亡
已久若棄秦則中原有寄推此而言承秦之理
事爲明驗故以魏承秦魏爲土德又五緯表驗
黄星曜彩考氏定實合德軒轅承土祖未事爲
著矣又秦趙及燕雖非明聖各正號赤縣統有
中土郊天祭地肆類咸秩明刑制禮不失舊章
奄岱踰河境被淮漢非若齷齪邊方僭擬之屬
遠如孫權劉備近若劉裕道成事繫蠻夷非關
中夏伏惟聖朝德配天地道被四海承乾統曆

功侔百王光格同於唐虞享祚流於周漢正位
中境奄有萬方今若并棄三家遠承晉氏則蒙
中原正次之實存之無損於此而有成於彼廢
之無益於今而有傷於事臣愚以爲宜從尚黄
定爲土德又前代之君明賢之史皆因其可褒
褒之可貶貶之今議者偏據可絶之義而不録
可全之禮所論事大垂之萬葉宜並集中祕羣
儒人人別議擇其所長於理爲悉祕書丞臣李
彪著作郎崔光等議以爲尚書閣議繼近秦氏

臣職掌國籍頗覽前書惜此正次慨彼非緒輒
仰推帝始遠尋百王魏雖建國君民兆眹振古
祖黄制朔綿迹有因然此帝業神元爲首案神
元晉武往來和好至于桓穆洛京破亡二帝志
摧聰勒思存晉氏每助劉琨申威并冀是以晉
室銜扶救之仁越石深代王之請平文太祖抗
衡苻石終平燕氏大造中區則是司馬祚終於
郟鄏而元氏受命於雲代蓋自周之滅及漢正
號幾六十年著符尚赤後雖張賈殊議暫疑而

辛從火德以繼周氏排虐嬴以比共工蔑暴項
而同吳廣近蠲謬僞遠即神正若此之明也寧
使白蛇徒斬雕雲空結哉自有晉傾淪曁登國
肇號亦幾六十餘載物色旗幟率多從黑是又
自然合應玄同漢始且秦并天下革刱法度漢
仍其制少所變易猶仰推五運竟蹥隆姬而況
劉石苻燕世業促褊綱紀弗立魏接其弊自有
彝典豈可異漢之承木捨晉而爲土邪夫皇統
崇極承運至重必當推協天緒考審王次不可

雜以僭竊叅之彊狡神元既晉武同世桓穆與
懷愍接時晉室之淪平文始大廟號太祖抑亦
有由紹晉定德孰曰不可而欲次茲僞僭豈非
惑乎臣所以慺慺惜之唯垂察訥詔令羣官議
之
十五年正月侍中司空長樂王穆亮侍中尚書
左僕射平原王陸叡侍中吏部尚書中山王王
元孫侍中尚書駙馬都尉南平王馮誕散騎常
侍都曹尚書新泰侯游明根散騎常侍南部令

鄧侍祖秘書中散李愷尚書左丞郭祚右丞霸
城子衛慶中書侍郎封琳中書郎泰昌子崔挺
中書侍郎賈元壽等言臣等受勑共議中書監
高閭秘書丞李彪等二人所議皇魏行次尚書
高閭以石承晉爲水德以燕承石爲木德以秦
承燕爲火德大魏次秦爲土德皆以地據中夏
以爲得統之徵皇魏建號事接秦末晉既滅亡
天命在我故因中原有寄即而承之彪等據神
元皇帝與晉武並時桓穆二帝仍脩舊好始自

平文遠于太祖抗衡秦趙終平慕容晉祚終於
秦方大魏興於雲朔據漢棄秦承周之義以皇
魏承晉爲水德二家之論大略如此臣等謹共
參論伏惟皇魏世王玄朔下迄魏晉趙秦二燕
雖地據中華德祚微淺並獲推叙於理未愜又
國家積德脩長道光萬載彪等職主東觀詳究
圖史所據之理其致難奪今欲從彪等所議宜
承晉爲水德詔曰越近承遠情所未安然考次
推時頗亦難繼朝賢所議豈朕能有違奪便可

依爲水德祖申臘辰
四月經始明堂改營太廟詔曰祖有功宗有德自非功德厚者不得擅祖宗之名居二祧之廟仰惟先朝舊事舛駁不同難以取準今將述遵先志具詳禮典宜制祖宗之號定將來之法烈祖有刱基之功世祖有開拓之德宜爲祖宗百世不遷而遠祖平文功未多於昭成然廟號爲太祖道武建業之勳高於平文廟號爲烈祖比功校德以爲未允朕今奉尊道武爲太祖與顯

祖爲二祧餘者以次而遷平文既遷廟唯有六始今七廟一則無主唯當朕躬此事亦臣子所難言夫生必有終人之常理朕以不德忝承洪緒若宗廟之靈獲全首領以沒于地爲昭穆之次心願畢矣必不可豫設可垂之文示後必令遷之司空公長樂王穆亮等奏言升平之會事在於今推功考德實如明旨但七廟之祀備行日久無宜闕一虛有所待臣等愚謂依先尊祀可垂文示後理衷如此不敢不言詔曰理或如此比有間隙當爲文相示

八月壬辰詔郡國有時果可薦者並送京師以供廟饗

又詔曰禮云自外至者無主不立先朝以來以正月吉日於朝廷設幕中置松栢樹設五帝坐此既無可祖配揆之古典實無所取可去此祀又探策之祭既非禮典可悉罷之

戊午詔曰國家自先朝以來饗祀諸神凡有一千二百餘處今欲減省群祀務從簡約昔漢高

之初所祀衆神及寢廟不少今日至于元成之際匡衡執論乃得減省後至光武之世禮儀始備饗祀有序凡祭不欲數數則黷黷則不敬神聰明正直不待煩祀也又詔曰明堂太廟並祀祖宗配祭配享於斯備矣白登崞山雞鳴山廟唯遣有司行事馮宣王誕生先后復因在官長安立廟宜異常等可勑雍州以時供祭又詔曰先恒有水火之神四十餘名及城北星神今圓丘之下既祭風伯雨師司中司命明堂祭門戶

井竈中霤每神皆有此四十神計不須立悉可罷之

甲寅集羣官詔曰近論朝日夕月皆欲以二分之日於東西郊行禮然月有餘閏行無常準若一依分日或值月出於東而行禮於西尋情卽理不可施行昔祕書監薛謂等嘗論此事以爲朝日以朔夕月以朏卿等意謂朔朏二分何者爲是尚書游明根對曰考案舊式推校衆議宜從朏月

十一月己未朔帝釋禫祭於太和廟帝衮冕與祭者朝服既而帝冠黑介幘素紗深衣拜山陵而還宮庚申帝親省齋宮冠服及郊祀俎豆癸亥冬至將祭圜丘帝衮冕劒舃侍臣朝服辭太和廟之圓丘升祭柴燎遂祀明堂大合既而還之太和廟乃入甲子帝衮冕辭太和廟臨太華殿朝羣官既而帝冠通天絳紗袍臨饗禮帝感慕樂懸而不作丁卯還廟陳列冕服帝躬省之既而帝衮冕辭太和廟之太廟百官陪從奉臣主於齋車至新廟有司升神主於太廟諸王侯牧守四海蕃附各以其職來祭

十六年正月戊午詔曰夫四時享祀人子常道然祭薦之禮貴賤不同故有邑之君祭以首時無田之士薦以仲月況七廟之重而用中節者哉自頃蒸嘗之禮頗違舊義今將仰遵遠式以此孟月植礿於太廟但朝典初改衆務殷湊無遑齋絜遂及於今又接神饗祖必須擇日今禮律未宣有司或不知此可勑太常令剋日以聞

二月丁酉詔曰夫崇聖祀德遠代之通典秩（闕二字）（闕二字）中古之近規故三五至仁唯德配享夏殷私已稍用其姓且法施於民祀有明典立功垂惠祭有恒式斯乃異代同途奕世共軌今遠遵明令憲章舊則比於祀令已爲決之其孟春應祀者頃以事殷遂及今日可令仍以仲月而饗祀焉凡在祀令者其數有五帝堯樹則天之功興巍巍之治可祀於平陽虞舜播太平之風致無爲之化可祀於廣寧夏禹禦洪水之災建天

下之利可祀於安邑周文公制禮作樂垂範万葉可祀於洛陽其宣尼之廟已於中省當別勑有司饗薦之禮自文公已上可令當界牧守各隨所近攝行祀事皆用清酌尹祭也

丙午詔有司剋吉亥備小駕躬臨千畝官別有勑

癸丑帝臨宣文堂引儀曹尚書劉昶鴻臚卿游明根行儀曹事李韶授策孔子崇文聖之謚於是昶等就廟行事既而帝齋中書省親拜祭於

廟

九月甲寅朔大享於明堂祀文明太后於玄室帝親爲之詞

十月已亥詔曰夫先王制禮所以經綸万代貽法後昆至乃郊天享祖莫不配祭然而有節白登廟者有爲而興昭穆不次故太祖有三層之宇已陵無方丈之室又常用季秋躬駕展虔祀禮或有褻慢之失嘉樂頗涉野合之譏今授衣之旦享祭明堂玄冬之始奉烝太廟若復致齋白登便爲一月再駕事成褻瀆回詳二理謂宜省一白登之高未若九室之美幃次之華未如清廟之盛將欲廢彼東山之祀成此二享之敬可具勑有司但令內典神者攝行祭事獻明道武各有廟稱可具依舊式自太宗諸帝昔無殿宇因停之

十八年南巡正月次殷比干墓祭以太牢

三月詔罷西郊祭天

十九年帝南征正月車駕濟淮命太常致祭又

詔祀岱岳

三月癸亥詔曰知太和廟已就神儀靈主宜時奉寧可剋三月三日已巳內奉遷於正廟其出金墉之儀一準出代都太和之式入新廟之典可依近至金墉之軌其威儀鹵簿如出代廟百官奉遷宜可省之但令朝官四品已上侍官五品已上及宗室奉迎六月相州刺史高閭表言伏惟太武皇帝發孝思之深誠同渭陽之遠感以鄴土舅氏之故鄉有歸魂之舊宅故爲密皇

后立廟於城內歲時祭祀置廟戶十家齋宮三十人春秋烝嘗冠服從事刺史具威儀親行薦酌外降揖讓與七廟同儀禮畢撤會而罷今廟殿虧漏門牆傾毀簠簋故敗行禮有闕臣備職司目所親覩若以七廟惟新明堂初制配饗之儀備於京邑者便應罷壞輟其常祭如以功高特立宜應新其靈宇敦陳所見伏請恩裁詔罷之

十一月庚午帝幸委粟山議定圓丘己卯帝在

合溫室引咸陽王禧司空穆亮吏部尚書任城王澄及議禮之官詔曰朝集公卿欲論圓丘之禮今短晷斯極長日方至案周官祀昊天上帝於圓丘禮之大者兩漢禮有參差魏晉猶亦未一我魏氏雖上參三皇下考叔世近代都祭圓丘之禮復未考周官爲不刊之法令以此祭圓丘之禮示卿等欲與諸賢考之厥衷帝曰夕牲之禮無可依準近在代都已立其議殺牲裸神誠是一日之事終無夕而殺牲待明而祭員外散騎常侍劉芳對曰臣謹案周官牧人職正有夕展牲之禮實無殺牲之事祕書令李彪曰夕不殺牲誠如聖旨未審告廟以不臣聞魯人將有事于上帝必先有事于泮宮注曰先人以此推之應有告廟帝曰卿言有理但朕先以郊配意欲廢告而卿引證有據當從卿議

帝又曰圓丘之牲色無常準覽推古事乖互不一周家用騂解言是尚晉代靡知所據舜之命禹悉用堯辭復言玄牡告于后帝今我國家時

用夏正至於牲色未知何準祕書令李彪曰觀古用玄似取天玄之義臣謂宜用玄至於五帝各象其方色亦有其義帝曰天何時不玄地何時不黃意欲從玄

又曰我國家常聲鼓以集衆易稱二至之日商旅不行后不省方以助微陽微陰今若依舊鳴鼓得無闕寢鼓之義員外郎崔逸曰臣案周禮當祭之日雷鼓雷鼗八面而作猶不　陽臣竊謂以鼓集衆無妨古義

癸未詔三公衮冕八章太常鷩冕六章用以陪
薦
甲申長至祀昊天於委粟山大夫祭疑
二十年立方澤於河陰仍遣使者以太牢祭漢
光武及明章三帝陵

禮志四之一第十　魏書一百八

禮志四之二第十一　魏書一百八

世宗景明二年夏六月秘書丞孫惠蔚上言臣
聞國之大禮莫崇明祀祀之大者莫過禘祫所
以嚴祖敬宗追養繼孝合享聖靈審諦昭穆遷
毀有恒制尊卑有定體誠愨著於中百順應於
外是以惟王創制爲建邦之典仲尼述定爲不
刊之式暨秦燔詩書鴻籍泯滅漢氏興求拾綴
遺篆淹中之經孔安所得唯有卿大夫士饋食
之篇而天子諸侯享廟之祭禘祫之禮盡亡曲
臺之記戴氏所述然多載尸灌之義牲獻之數
而行事之法備物之體蔑有具焉今之取證唯
有王制一簡公羊一冊考此二書以求厥旨自
餘經傳雖時有片記至於取正無可依攬是以
兩漢淵儒魏晉碩學咸據斯文以爲朝典然持
論有深淺及義有精浮故令傳記雖一而探意
乖舛伏惟孝文皇帝合德乾元應靈誕載玄思
洞微神心暢古禮括商周樂宣韶濩六籍幽而
重昭五典淪而復顯舉二經於和中一姬公於

洛邑陛下叡哲淵凝欽明道極應必世之期屬
功成之會繼文垂則寔惟下武而祫禘二殷國
之大事蒸嘗合享朝之盛禮此先皇之所留心
聖懷以之永慕臣聞司疑宗初開致禮清廟敢
竭愚管輒陳所懷謹案王制曰天子犆礿祫禘
祫嘗祫烝鄭玄曰天子諸侯之喪畢合先君之
主於祖廟而祭之謂之祫後因以爲常魯禮三
年喪畢而祫於太祖明年春禘於羣廟自爾之
後五年而再殷祭一祫一禘春秋公羊魯文二

年八月丁卯大事于太廟傳曰大事者何大祫
也大祫者何合祭也毀廟之主陳於太祖未毀
廟之主皆升合食于太祖五年而再殷祭何休
曰陳者就陳列太祖前太祖東鄉昭南鄉穆北
鄉其餘孫從王父父曰昭子曰穆又曰殷盛也
謂三年祫五年禘禘所以異於祫者功臣皆祭
也祫猶合也禘猶諦也審諦無所遺失察記傳
之文何鄭祫禘之義略可得聞然則三年喪畢
祫祭太祖明年春祀遍禘羣廟此禮之正也古

之道也又案魏氏故事魏明帝以景初三年正
月崩至五年正月積二十五晦爲大祥太常孔
美博士趙怡等以爲禫在二十七月到其年四
月依禮應祫散騎常侍王肅博士樂詳等以爲
禫在祥月至其年二月宜應祫祭雖孔王異議
六八殊制至於喪畢之祫明年之禘其議一焉
陛下永惟孝思因心即禮取鄭捨王禫終此晦
來月中旬禮應大祫六室神祏外食太祖明年
春享咸禘群廟自茲以後五年爲常又古之祭

法時祫並行天子先祫後時諸侯先時後祫此
於古爲當在今則煩且禮有升降事有文節通
時之制聖人弗違當祫之月宜減時祭以從要
省然大禮久廢群議或殊以臣觀之理在無惟
何者心制既終二殷惟始祫禘之正寔在於斯
若停而闕之唯行時祭七聖不聞合享百辟不
覩盛事何以宣昭令問垂式後昆乎皇朝同等
三代治邁終古而令徽典缺於昔人鴻美慚於
往志此禮所不行情所未許臣學不鈎深思無

經遠徒閱章句殘爾無立但飲澤聖時銘恩天造是以妄盡區區冀有塵露所陳蒙允請付禮官集定儀注詔曰禮貴循古何必改作且先聖人遵綿代恒典豈朕冲闇所宜革之且禮祭之議國之至重先代碩儒論或不一可付八坐五省太常國子參定以聞七月侍中錄尚書事北海王詳等言奉旨集議僉以爲禘祫之設前代彝典惠蔚所陳有允舊義請依前剋敬享清宮其求省時祭理實宜爾但求之解注下逼列國

兼時眞之敬事難輒省請移仲月擇吉重聞制可

十一月壬寅改築圜丘於伊水之陽乙卯仍有事焉

延昌四年正月世宗崩肅宗即位三月甲子尚書令任城王澄奏太常卿崔亮上言秋七月應祫祭于太祖今世宗宣武皇帝主雖入廟然烝嘗時祭猶別寢室至於殷祫宜存古典案禮三年喪畢祫於太祖明年春禘於羣廟又案杜預亦云卒哭而除三年喪畢而禘魏武宣后以太和四年六月崩其月既葬除服即吉四時行事而猶未禘王肅韋誕並以爲今除即吉故特時祭至於禘祫宜存古禮高堂隆亦如肅議於是停不殷祭仰尋太和二十三年四月一日高祖孝文皇帝崩其年十月祭廟景明二年秋七月祫於太祖三年春禘於羣廟亦三年乃祫謹準古禮及晉魏之議并景明故事愚謂來秋七月祫祭應停宜待年終乃後祫禘詔曰太常援引

古今並有證據可依請

熙平二年三月癸未太常少卿元端上言謹案禮記祭法有虞氏禘黃帝而郊嚳祖顓頊而宗堯夏后氏亦禘黃帝而郊鯀祖顓頊而宗禹殷人禘嚳而郊冥祖契而宗湯周人禘嚳而郊稷祖文王而宗武王鄭玄注大禘郊祖宗謂祭祀以配食也有虞氏以上尚德禘郊祖宗配用有德者自夏以下稍用其姓代之是故周人以后稷爲始祖文武爲二祧託於周世配祭不毀

案禮學雖無廟配食禘祭謹詳聖朝以太祖道武皇帝配圓丘道穆皇后劉氏配方澤太宗明元皇帝配上帝明密皇后杜氏配地祇又以顯祖獻文皇帝配雩祀太宗明元皇帝之廟既毀上帝地祇配祭有式國之大事唯祀與戎廟配事重不敢專決請召群官集議以聞靈太后令曰依請於是太師高陽王雍太傅領太尉公清河王懌太保領司徒公廣平王懷司空公領尚書令任城王澄侍中中書監胡國珍侍中領著

作郎崔光等議稱以尚德尊功其來自昔郊稷宗文周之茂典仰惟世祖太武皇帝以神武纂業剋清禍亂德濟生民功加四海宜配南郊高祖孝文皇帝大聖膺期惟新魏道刑措勝殘功同天地宜配明堂令曰依議施行

七月戊辰侍中領軍將軍江陽王繼表言臣功緦之內太祖道武皇帝之後於臣始是曾孫然道武皇帝傳業無窮四祖三宗功德最重配天郊祀百世不遷而曾玄之孫烝嘗之薦不預拜於廟庭霜露之感闕陪奠於階席今七廟之後非直隔歸胙之靈五服之孫亦不霑出身之叙校之墳史則不然驗之人情則未允何者禮云祖遷於上宗易於下臣曾祖是帝世數未遷便疎同庶族而孫不預祭斯之爲屈今古罕有昔堯敦九族周隆本枝故能磐石維城禦侮於外今臣之所親生見隔棄豈所以楨幹根本隆建公族者也伏見高祖孝文皇帝著令銓衡取曾祖之服以爲資蔭至今行之相傳不絕而況曾

祖爲帝而不見錄伏願天鑒有以照臨令皇恩洽穆宗人咸叙請付外博議永爲定準靈太后令曰付八座集禮官議定以聞四門小學博士王僧奇等議案孝經曰郊祀后稷以配天宗祀文王於明堂以配上帝然則太祖不遷者尊王業之初基二祧不毀者旌不朽之洪烈其旁枝遠胄豈得同四廟之親哉故禮記婚義曰古者婦人先嫁三月祖廟未毀教於公宮祖廟既毀教于宗室又文王世子曰五廟之孫祖廟未毀

雖庶人冠娶必告死必赴不忘親也親未絶而列於庶人賤無能也鄭注云赴告於君也實四廟言五者容顯考爲始封君子故也鄭君別其四廟理協二祭而四廟者在當世服屬之內可以與於子孫之位若廟毀服盡豈得同於此例乎敢竭愚昧請以四廟爲斷國子博士李琰之議案祭統曰有事於太廟羣昭羣穆咸在鄭氏注昭穆咸在謂同宗父子皆來古禮之制如是其廣而當今儀注唯限親廟四愚竊疑矣何以

明之設使世祖之子男於今存者旣身是戚蕃號爲重子可得賓於門外不預碑鼎之事哉又因宜變法禮有其說記言五廟之孫祖廟未毀爲庶人冠娶必告死必赴注曰實四廟而言五者容顯考始封之君子今因太祖之廟在仍通其曾玄侍祠與彼古記甚相符會且國家議親之律指取天子之玄孫乃不旁準於時后至於助祭必謂與世主相倫將難均一壽有短長世有延促終當何時可得齊同謂宜入廟之制率

從議親之條祖祧之裔各聽盡其玄孫使得駿奔堂壇肅承禘礿則情理差通不宜復各爲例令事事舛駁侍中司空公領尚書令任城王澄侍中尚書左僕射元暉奏臣等參量琰之等議雖爲始封君子又祭統曰有事於太廟羣昭羣穆咸在而不失其倫鄭注云昭穆謂同宗父子皆來也言未毀及同宗則共四廟之辭云未絶與父子明崇五屬之稱天子諸侯繼立無殊吉凶之赴同止四廟祖祧雖存親級彌遠告赴拜

薦典記無文斯由祖遷於上見仁親之義疎宗易於下著五服之恩斷江陽之於今帝也計親而枝宗三易數世則廟應四遷吉凶尚不告聞拜薦寧容輒預高祖孝文皇帝聖德玄覽師古立政陪拜止於四廟哀恤斷自緦宗即之人情冥然符一推之禮典事在難違此所謂明王相沿今古不革者也太常少卿元端議禮記祭法云王立七廟曰考廟曰王考廟曰皇考廟曰顯考廟曰祖考廟遠廟爲祧有二祧而祖考以功

重不遷二祧以盛德不毀迭遷之義其在四廟也祭統云祭有十倫之義六曰見親疎之殺焉夫祭有昭穆昭穆者所以別父子遠近長幼親疎之序而無亂也是故有倫注云昭穆咸在同宗父子皆來指謂當廟父子爲羣不繫於昭穆也若一公十子便爲羣公子豈待數公而立稱乎文王世子云五廟之孫祖廟未毀雖爲有所援引然與朝議不同如依其議匪直太祖曾玄諸廟子孫悉應預列既無正據竊謂太廣臣等愚見請同僧奇等議靈太后令曰議親律注云非唯當世之屬籍歷謂先帝之五世此乃明親親之義篤骨肉之恩重尚書以遠及諸孫太廣致疑百僚助祭可得言狹也祖廟未毀曾玄不預壇堂之敬便是宗人之昵反外於附庸王族之近更疎於羣辟先朝舊儀草刱未定刋制律憲垂之不朽琰之援據甚允情理可依所執

十二月丁未侍中司空公領尚書令任城王澄度支尚書崔亮奏謹案禮記曾子問曰諸侯旅

見天子不得成禮者幾孔子曰四太廟火日蝕后之喪雨沾服失容則廢臣等謂元日万國賀應是諸侯旅見之義若禘廢朝會孔子應云五而獨言四明不廢朝賀也鄭玄禮注云魯禮三年喪畢祫於太祖明年春禘羣廟又鄭志檢魯禮春秋昭公十一年夏五月夫人歸氏薨十三年五月大祥七月釋禫公會劉子及諸侯于平丘八月歸不及於祫冬公如晉明十四年春歸祫明十五年春乃禘經曰二月癸酉有事於武宮傳曰禘於武公謹案明堂位曰魯王禮也喪畢祫禘似有退理詳考古禮未有以祭事廢元會者禮云吉事先近日脫不吉容改筮三旬尋攝太史令趙翼等刻稱正月二十六日祭亦吉請移禘祀在中旬十四日時祭移二十六日猶曰春禘又非退義祭則無疏怠之譏三元有順軌之美既被成旨宜即宣行臣等伏度國之大事在祀與戎君舉必書恐貽後誚輒訪引古籍竊有未安臣等學缺通經識不稽古備位樞納

可否必陳冒陳所見伏聽裁衷靈太后令曰可
如所執
初世宗永平延昌中欲建明堂而議者或云五
室或云九室頻屬年飢遂寢至是復議之詔從
五室及元議執政遂改營九室值世亂不成宗
配之禮迄無所設
神龜初靈太后父司徒胡國珍薨贈太上秦公
時疑其廟制太學博士王延業議曰案王制云
諸侯祭二昭二穆與太祖之廟而五又小記云

王者立四廟鄭玄云高祖已下與始祖而五明
立廟之正以親為限不過於四其外有大功者
然後為祖宗然則無太祖若止於四世有太祖
乃得為五禮之正文也文王世子云五廟之孫
祖廟未毀雖為庶人冠娶妻必告鄭玄云實四
廟而言五廟者容高祖為始封君之子明始封
之君在四世之外正位太祖乃得稱五廟之孫
若未有太祖已祀五世則鄭無為釋高祖為始
封君之子也此先儒精義當今顯證也又喪服

傳曰若公子之子孫有封為國君者則世世祖
是人也不祖公子鄭玄云謂後世為君者祖此
受封之君不得祀別子也公子若在高祖已下
則如其親服後世遷之乃毀其廟爾明始封猶
在親限故祀止高祖又云如親而遷尤知高祖
之父不立廟矣此又立廟明法與今事相當者
也又禮緯云夏四廟至子孫五殷五廟至子孫
六注云言至子孫則初時未備也此又顯在緯
籍區別若斯者也又晉初以宣帝是始封之君

應為太祖而以猶在祖位故唯祀征西已下六
世待世世相推宣帝出居太祖之位然後七廟
乃備此又依準前軌若重規襲矩者也竊謂太
祖者功高業大百世不遷故親廟之外特更崇
立苟無其功不可獨居正位而遽見遷毀且三
世已前廟及於五玄孫已後祀止於四一與一
奪名位莫定求之典禮所未前聞今太上秦公
跡爵列土大啓河山傳祚無窮永同帶礪實有
始封之功方成不遷之廟但親在四世之內名

班昭穆之序雖應爲太祖而尚在禰位不可遠採高祖之父以合五者之數太祖之室當須世世相推親盡之後乃出居正位以備五廟之典夫循文責實理貴允當考枒宗祊得禮爲美不可苟薦虛名取榮多數求之經記竊謂爲允又武始侯本無采地於皇朝制令名準大夫案如禮意諸侯奪宗武始四時蒸嘗宜於秦公之廟博士盧觀議案王制天子七廟三昭三穆與太祖之廟而七諸侯五廟二昭二穆與太祖之廟而五大夫三士一自上已下降殺以兩庶人無

廟死爲鬼焉故曰尊者統遠卑者統近是以諸侯及太祖天子及其祖之所自出祭法曰諸侯立五廟一壇一墠曰考廟曰王考廟曰皇考廟皆月祭之顯考廟祖考廟享嘗乃止去祖爲壇去壇爲墠去墠爲鬼至於禘祫方合食太祖之官大傳曰別子爲祖喪服傳曰公子不得禰先君公孫不得祖諸侯鄭說不得禰者不得立其廟而祭之也世世祖是人者謂世世祖受封之君不得祖公子者後世爲君者祖此受封之君不得祀別子也公子若在高祖以下則如其親服後世遷之乃毀其廟耳愚以爲遷者遷於太祖廟毀者從太祖而毀之若不遷太祖不須廢祖是人之文明非始封故復見乃毀之節何以知之案諸侯有祖考之廟祭五世之禮五禮正祖爲輕一朝頓立而祖考之廟要待六世之君六世已前虛而蔑主求之聖旨未爲通論曾子問曰廟無虛主虛主唯四祖考不與焉明太

祖之廟必不空置禮緯曰夏四廟至子孫五殷五廟至子孫六周六廟至子孫七見夏無始祖待禹而五殷人郊契得湯而六周有后稷及文王至武王而七言夏即大禹之身言子謂啓誦之世言孫是迭遷之時禹爲受命不毀親湯爲始君不遷五主文武爲二祧亦不去三昭三穆三昭三穆謂通文武若無文武親不過四襯遠祖漢侍中植所說云然鄭玄馬昭亦皆同爾且天子逆加二祧得并爲七諸侯預立太祖何爲

不得爲五乎今始封君子之立禰廟頗似成王
之於二祧孫卿曰有天下者事七世有一國者
事五世假使八世天子乃得事七六世諸侯方
通祭五推情準理不其謬乎雖王侯用禮文節
不同三隅反之自然昭灼且文宣公方爲太祖
世居子孫今立五廟竊謂爲是禮緯又云諸侯
五廟親四始封之君或上或下雖未居正室無
廢四祀之親小記曰王者禘其祖之所自出以
其祖配之而立四廟此實殷湯時制不爲難也

聊復標牓略引章條愚戇不足以待大問侍中
太傅清河王懌議太學博士王延業及盧觀等
各率異見案禮記王制天子七廟三昭三穆與
太祖之廟而七諸侯五廟二昭二穆與太祖之
廟而五並是後世追論備廟之文皆非當時據
立神位之事也良由去聖久遠經禮殘缺諸儒
注記典制無因雖稽考異聞引證古誼然用捨
從世通塞有時折衷取正固難詳矣今相國秦
公初構國廟追立神位唯當仰祀二昭二穆上

極高曾四世而已何者秦公身是始封之君將
爲不遷之祖若以功業隆重越居正室恐以卑
臨尊亂昭穆也如其權立始祖以備五廟恐數
滿便毀非禮意也昔司馬懿立功於魏爲晉太
祖及至子晉公昭乃立五廟亦祀四世止於高
曾太祖之位虛俟宣文待其後裔數滿乃止此
亦前代之成事方今所殷鑒也又禮緯云夏四
廟至子孫五殷五廟至子孫六周六廟至子孫
七明知當時太祖之神仍依昭穆之序要待子

孫世世相推然後太祖出居正位耳遠稽禮緯
諸儒所說近循晉公之廟故事宜依博士王延
業議定立四主親止高曾且虛太祖之位以待
子孫而備五廟焉又延業盧觀前經詳議並據
許愼鄭玄之解謂天子諸侯作主大夫及士則
無意謂此議雖出前儒之事實未允情禮何以
言之原夫作主之禮本以依神孝子之心非主
莫依今銘旌紀柩設重憑神祭必有尸神必有
廟皆所以展事孝敬想象平存上自天子下逮

於士如此四事並同其禮何至於主惟謂王侯
禮云重主道也此爲埋重則立主矣故王肅曰
重未立主之禮也士喪禮亦設重則士有主明
矣孔悝反祏載之左史饋食設主著於逸禮大
夫及士既得有廟題紀祖考何可無主公羊傳
君有事于廟聞大夫之喪去樂卒事大夫聞君
之喪攝主而往今以爲攝主者攝神斂主而已
不暇待徹祭也何休云宗人攝行主事而往也
意謂不然君聞臣喪尚爲之不懌況臣聞君喪

三〇三十三　魏書志十一　十八　徐明

豈得安然代主終祭也又相國立廟設主依神
主無貴賤紀座而已若位擬諸侯者則有主位
爲大夫者則無主便是三神有主一位獨闕求
諸情禮實所未安宜通爲主以銘神位懌又議
曰古者七廟廟堂皆別光武已來異室同堂故
先朝祀堂令云廟皆四栿五架北廂設坐東昭
西穆是以相國搆廟唯制一室同祭祖考比來
諸王立廟者自任私造不依公令或五或一參
差無準要須議行新令然後定其法制相國之

廟已造一室寔合朝令宜即依此展其享祀詔
依懌議
天平四年四月七帝神主既遷於太廟太社石
主將遷於社宮禮官云應用幣中書侍郎裴伯
茂時爲祖祀文伯茂據故事太和中遷社宮高
祖用牲不用幣遂以奏聞于時議者或引大戴
禮遷廟用幣今遷社宜不殊伯茂據尚書召誥
應用牲詔遂從之
武定六年二月將營齊獻武王廟議定室數形

二九十八　魏書志十一　十九　王宾

制兼度支尚書崔昂司農卿盧元明祕書監王
元景散騎常侍裴獻伯國子祭酒李渾御史中
尉陸操黃門侍郎李騫中書侍郎陽休之前南
青州刺史鄭伯猷祕書丞崔劼國子博士邢峙
國子博士宗惠振太學博士張毓太學博士高元
壽國子助教王顯季等議案禮諸侯五廟太祖
及親廟四今獻武王始封之君便是太祖既通
親廟不容立五室且帝王親廟亦不過四今宜
四室二間兩頭各一頰室夏頭徘徊鴟尾又案

禮圖諸侯止開南門而二王後祔祭儀法執事
列於廟東門之外既有東門明非一門獻武禮
數既隆備物殊等準據今廟宜開四門內院南
面開三門餘面及外院四面皆一門其內院牆
四面皆架為步廊南出夾門各置一屋以置禮
器及祭服內外門牆並用赭堊廟東門道南置
齋坊道北置二坊西為典祠廨并廚宰東為廟
長廨并置車輅其北為養犧牲之所詔從之

禮志四之二第十一　魏書一百八

禮志四之三第十二　魏書一百八

魏自太祖至於武泰帝及太皇太后皇太后皇
后崩悉依漢魏既葬公除唯高祖太和十四年
文明太后崩將營山陵九月安定王休齊郡王
簡咸陽王禧河南王幹廣陵王羽潁川王雍始
平王勰北海王詳侍中太尉錄尚書事東陽王
丕侍中司徒淮陽王尉元侍中司空長樂王穆
亮侍中尚書左僕射平原王陸叡等率百寮詣
闕表曰上靈不弔大行太皇太后崩背溥天率

土痛慕斷絕伏惟陛下孝思烝烝攀號罔極臣
等聞先王制禮必有隨世之變前賢刱法亦務
適時之宜良以世代不同古今異致故也三年
之喪雖則自古然中代已後未之能行先朝成
式事在可準聖后終制刊之金冊伏惟陛下至
孝發衷哀毀過禮欲依上古喪終三年誠協大
舜孝慕之德實非俯遵濟世之道今雖中夏穆
清庶邦康靜然万機事殷不可暫曠春秋烝嘗
事難廢闕伏願天鑒抑至孝之深誠副億兆之

企望喪期禮數一從終制則天下幸甚日月有期山陵將就請展安兆域以備奉終之禮詔曰凶禍甫爾未忍所請休等又表曰臣等聞五帝已前喪期無數三代相因禮制始立名雖虛置行之者寡高宗徒有諒闇之言而無可遵之式康王既廢初喪之儀先行即位之禮於是無改之道或虧三年之喪有缺夫豈無至孝之君賢明之子皆以理貴隨時義存百姓是以君薨而即位不暇改年踰月而即葬豈待同軌葬而即

吉不必終喪此乃二漢所以經綸治道魏晉所以綱理政術伏惟陛下以至孝之性遭罔極之艱求慕崩號哀過虞舜誠是万古之高德曠世之絕軌然天下至廣万機至殷曠之一朝庶政必滯又聖后終制已有成典宗社廢禮其事尤大伏願天鑒抑哀毀之至誠思在予之深責仰遵先志典冊之文俯哀百辟元元之請詔曰自遭禍罰慌惚如昨奉侍梓宮猶希髣髴山陵遷厝所未忍聞十月休等又表曰臣等頻煩上聞

仰申誠款聖慕惟遠未垂昭亮伏讀哀灼憂心如焚臣等聞承乾統極者宜以濟世爲務經綸天下者特以百姓爲心故万機在躬周康弗獲申其慕漢文作戒孝景不得終其禮此乃先代之成軌近世所不易伏惟太皇太后叡聖淵識慮及始終明詔垂於典策遺訓備于末命聿修厥德聖人所重遵承先式臣子攸尚陛下雖欲終上達之禮其如黎元何臣等不勝憂懼之誠敢冒重陳乞垂聽訪以副億兆之望詔曰仰尋

遺旨俯聞所奏倍增號絕山陵可依典冊如公卿所議衰服之宜情所未忍別當備叙在心既葬休又表曰奉被癸酉詔書述遺誡之旨昭遠從之義遵儉葬之重式稱孝思之深誠伏讀未周悲感交切日月有期山陵即就伏惟陛下求慕崩號倍增摧絕臣等具位在官與國休戚庇心之至不敢不陳咸以爲天下之至尊莫尊於王業皇極之至重莫重於万機至尊故不得以常禮任已至重亦弗獲以世典申情是以二漢

已降逮于魏晉葬不過踰月服不淹三旬良以叔世事廣禮隨時變不可以無爲之法行之於有爲之辰文質不同古今異制其來久矣自皇代革命多歷年祀四祖三宗相繼纂業上承數代之故實俯副兆民之企望豈伊不懷理宜然也文明太皇太后欽明稽古聖思淵深所造終制事合世典送終之禮既明遺誥之文載備奉而行之足以垂風百王軌儀萬葉陛下以至孝之誠哀毁過禮三御不充半溢晝夜不釋絰帶

永思纏綿滅性幾及百姓所以憂懼失守臣等所以肝腦塗地王者之尊躬行一日固可以感徹上靈貫被幽顯況今山陵告終　咸畢日已淹月仍不卜練比之前世理爲過矣願陛下思大孝終始之義愍億兆悲惶之心抑思割哀遵奉終制以時即吉一日萬機則天下蒙恩率土仰賴謹依前式求定練日以備祔禫之禮詔曰比當別敍在心既而帝引見太尉丕及羣臣等於太和殿前哭拜盡哀出幸思賢門右詔尚

書李沖宣旨於王等仰惟先后平日近集羣官共論政治平秩民務何圖一旦禍酷奄鍾獨見公卿言及喪事追惟荼毒五内崩摧丕對曰伏奉明詔羣情圮絶臣與元等不識古義以老朽之年歷奉累聖國家舊事頗所知聞伏惟遠祖重光世襲至有大諱之日唯侍送梓宫者凶服左右盡皆從吉四祖三宗因而無改世祖高宗臣所目見唯先帝升遐臣受任長安不在侍送之列竊聞所傳無異前式伏惟陛下以至孝之

性哀毁過禮伏聞所御三食不滿半溢臣等叩心絶氣坐不安席願暫抑至慕之情遵先朝成事思金冊遺令奉行前式無失舊典詔曰追惟慈恩昊天罔極哀毁常事豈足關言既不能待没而朝夕食粥粗亦支任二公何足以至憂怖所奏先朝成事亦所具聞祖宗情專武略未脩文教朕今仰禀聖訓庶習古道論時比事又與先世不同太尉等國老政之所寄於典記舊式或所未悉且可知朕大意其餘喪禮之儀古今

異同漢魏成事及先儒所論朕雖在衰服之中以喪禮事重情在必行故暫抑哀慕躬自尋覽今且以所懷別問尚書游明根高閭等公且可聽之高祖謂明根曰朕丁罹酷罰日月推移山陵已過公卿又依金冊據案魏晉請除衰服重聞所奏倍增號哽前者事逼山陵哀疚頓弊未得論叙今故相引欲具通所懷卿前所表除釋衰麻聞之實用悲恨于時親侍梓宮匍匐筵几哀號痛慕情未暫闋而公卿何忍便有此言何

於人情之不足夫聖人制卒哭之禮授練之變皆奪情以漸又聞君子不奪人之喪亦不可奪喪今則旬日之間言及即吉特成傷理明根對曰臣等伏尋金冊遺旨踰月而葬葬而即吉故於卜葬之初因奏練除之事仰傷聖心伏增悲悚高祖曰卿等咸稱三年之喪雖則自古然中代以後未之能行朕謂中代所以不遂三年之喪蓋由君上違世繼主初立故身襲衮冕以行即位之禮又從儲宮而登極者君德未沈臣義

不洽天下顒顒未知所僕故須備朝儀示皇極之尊及后之喪也因父在不遂即生情易之情踵以為法諒知敦厚之化不易遵也朕少蒙鞠育慈嚴兼至臣子之情君父之道無不備誨雖自蒙眛粗解告旨庶望量行以免咎戾朕誠不德在位過紀雖未能恩洽四方化行万國仰稟聖訓足令億兆知有君矣於此之日而不遂哀慕之心使情禮俱損喪紀圮壞者深可痛恨高閭對曰太古既遠事難襲用漢魏以来據有成

事漢文繼高惠之蹤斷獄四百幾致刑措猶垂三旬之禮孝景承平遵而不變以此言之不為即位之際有所逼懼也良是君人之道理自宜然又漢稱文景雖非聖君亦中代明主今遺冊之旨同於前式伏願陛下述遵遺令以副羣庶之情杜預晉之碩學論自古天子無有行三年之喪者以為漢文之制闇與古合雖叔世所行事可承踵是以臣等慺慺干謁高祖曰漢魏之事與今不同備如向說孝景雖承昇平之基

然由嫡子即位君德未顯無異前古又父子之親誠是天屬之重然聖母之德昊天莫報思自殞滅豈從衰服而已竊尋金冊之旨所以告奪臣子之心令早即吉者慮遺絕万機荒廢政事羣官所以懍懍亦懼機務之不理矣今仰奉冊令俯順羣心不敢闇默不言以荒庶政唯欲存衰麻廢吉禮朔望盡哀寫泄悲慕上無失遵誨之志下不乖衆官所請情在可許故尊欲行之公卿宜審思朕懷不當固執至如杜預之論雖

暫適時事於孺慕之君諒闇之主蓋亦誣矣孔聖稱喪與其易也寧戚而預於孝道簡略朕無取焉祕書丞李彪對曰漢明德馬后保養章帝母子之道無可間然及后之崩葬不淹旬尋以從吉然漢章不受譏於前代明德不損名於往史雖論功比德事有殊絕然母子之親抑亦可擬願陛下覽前世之成規遵金冊之遺令割哀從議以親万機斯誠臣下至心兆庶所願高祖曰既言事殊固不宜仰匹至德復稱孝章從吉

不受譏前代朕所以眷戀衰絰不從所議者仰感慈恩情不能忍故也蓋聞孝子之居喪見美麗則感親故釋錦而服麤衰內外相稱非虛加也今者豈徒顧禮違議苟免嗤嫌而已抑亦情發於衷而欲肆之於外金冊之意已具前荅故不復重論又卒日奉旨不忍片言後事遂非嘿嘿在念不顧所懷令奉終之事一以仰遵遺冊於令不敢有乖但痛慕之心事繫於予雖無丁蘭之感庶聖靈不奪至願是以謂無違之嫌諸公所表稱先朝成式事在可準朕仰惟太祖龍

飛九五初定中原及太宗承基世祖纂歷皆以四方未一羣雄競起故銳意武功未修文德高宗顯祖亦心存武烈因循無改朕承累世之資仰聖善之訓撫和內外上下輯諧稽參古式憲章舊典四海移風要荒革俗仰遵明軌庶無愆違而方於禍酷之辰引末朝因循之則以爲前準非是所喻高閭對曰臣等以先朝所行頗同魏晉又適於時故敢仍請高祖曰卿等又稱今

雖中夏穆清庶邦康靜然万機事廣不可暫曠朕以卿苦見逼奪情不自勝尋覽喪儀見前賢論者稱卒哭之後王者得理庶事依據此文又從遺冊之旨雖存衰服不廢万機無闕庶政得展罔極之思於情差申高閭對曰君不除服於上臣則釋衰於下從服之義有違爲臣之道不足又親御衰麻復聽朝政吉凶事雜臣竊爲疑高祖曰卿等猶以朕之未除於上不忍専釋於下柰何令朕獨忍於親舊論云王者不遂三年

之服者屈已以寛羣下也先后之撫羣下也念之若子視之猶傷卿等哀慕之思既不求寛朕欲盡罔極之慕何爲不可但逼遺冊不遂乃心將欲居廬服衰寫朝夕之慕外堂襲素理日昊之勤使大政不荒哀情獲遂吉不害於凶凶無妨於吉以心處之謂爲可尒遺旨之文公卿所議皆服終三旬釋衰襲吉從此而行情實未忍遂服三年重違旨誥今處二理之際唯望至朞使四氣一周寒暑代易雖不盡三年之心得

一經忌日情結差申案禮卒哭之後將受變服於朕受日庶民及小官皆命即吉内職羽林中郎已下虎賁郎已上及外職五品已上無衰服者素服以終三月内職及外臣衰服者變從練禮外臣三月而除諸王三都駙馬及内職至來年三月晦朕之練也除凶即吉侍臣君服斯服随朕所降此雖非舊式推情即理有貴賤之差遠近之別明根對曰聖慕深遠孝情彌至臣等所奏已不蒙許願得踰年即吉既歷冬正歳序改

易且足申至慕之情又近遺誥之意何待朞年高祖曰冊旨速除之意慮廣及百官久曠衆務豈於朕一人獨有違奪今既依次降除各不廢王政復何妨於事而猶奪朞年之心高閭對曰昔王孫倮葬士安去棺其子皆從而不違不爲不孝此雖貴賤非倫事頗相似臣敢借以爲諭今親奉遺令而有所不從臣等所以頻煩于奏李彪亦曰三年不改其父之道可謂大孝今不遵冊令恐涉改道之嫌高祖曰王孫士安皆誨

子以儉送終之事及其遵也豈異今日改父之道者蓋謂慢孝忘禮肆情違度今梓宮之儉玄房之約明器幃帳一無所陳如斯之事卿等所悉衰服之告乃至聖心畢已申下之意寧可茍順沖約之旨而頓絕創巨之痛縱有所涉甘受後代之譏未忍今日之請又表稱春秋烝嘗事難廢闕朕聞諸夫子吾不與祭如不祭自先朝以來有司行事不必躬親比之聖言於事殆闕賴蒙慈訓之恩自行致敬之禮今昊天降罰

殃禍上延人神喪恃幽顯同切想宗廟之靈亦輟歆祀脫行饗薦恐乖冥旨仰思成訓倍增痛絕豈忍身襲袞冕親行吉事高閭對曰古者郊天越紼行事宗廟之重次於郊祀今山陵已畢不可久廢廟饗高祖曰祭祀之典事由聖經未忍之心具如前告脫至廟庭號慕自纏終恐廢禮公卿如能獨行事在言外李彪曰三年不為禮禮必壞三年不為樂樂必崩今欲廢禮闕樂臣等未敢高祖曰此乃宰予不仁之說已受責於

孔子不足復言羣官前表稱高宗徒有諒闇之言而無可遵之式朕惟信闇默之難周公禮制自茲以降莫能景行言無可遵之式良可怪矣復云康王既廢初喪之儀先行即位之禮於是無改之道或虧三年之喪有缺朕謂服美不安先賢有論禮畢居喪著在前典或虧之言有缺之義深乖理衷高閭對曰臣等據案成事依附杜預多有未允至乃推校古今量考衆議實如明旨臣等竊惟曾參匹夫七日不食夫子以為

非禮及錄其事唯書七日不稱三年蓋重其初慕之心伏惟陛下以万乘之尊不食音於五日既御則三食不充半溢臣等伏用悲惶肝膽塗地躬行一日足以貫被幽顯豈宜衰服三年以曠機務夫聖人制禮不及者企而及之過之者俯而就之伏願陛下抑至慕之情俯就典禮之重誠是臣等慺慺之願高祖曰恩隆德厚則思戀自深雖非至情由所感發然曾參之孝曠代而有豈朕今日所足論也又前表稱古者葬而

即吉不必終禮此乃二漢所以經綸治道魏晉
所以綱理庶政朕以爲旣葬即吉蓋其季俗多
亂權宜救世耳諒非光治興邦之化二漢之盛
魏晉之興豈由簡略喪禮遺忘仁孝哉公卿偏
執一隅便謂經治之要皆在於斯殆非義也昔
平日之時公卿每奏稱當今四海晏安諸夏清
泰禮樂日新政和民悅蹤侔軒唐事等虞禹漢
魏已下固不足仰止聖治及至今日便欲苦奪
朕志使不踰於魏晉如此之意未解所由昔文

母上承聖主之資下有賢子之化唯助德宣政
因風致穆而已當今衆事草剏万務惟始朕以
不德沖年踐祚而聖母匡訓以義方詔誨以政
事經綸內外憂勤億兆使君臣協和天下緝穆
上代已來何后之功得以仰比如有可擬則從衆
議堯雖棄子禪舜而舜自有聖德不假堯成及
其徂也猶四海遏密終於三年今慈育之恩詔
教之德尋之曠代未有匹擬旣受非常之恩寧
忍從其常式況未殊一時而公卿欲令即吉冠

冕黼黻行禮廟庭臨軒設懸饗會万國尋事求
心實所未忍高閭對曰臣等遵承冊令因循前
典惟願除衰即吉親理万機至德所在陛下欽
明稽古周覽墳籍孝性發於聖質至情出於自
然斟酌古今事非臣等所及李彪曰當今雖治
風緝穆民庶晏然江南有未賓之吴朔北有不
臣之虜東西二蕃雖文表稱順情尚難測是以
臣等猶懷不虞之慮高祖曰魯公帶經從師晉
侯墨衰敗寇往聖無譏前典所許如有不虞雖

越紼無嫌而況衰麻乎豈可於晏安之辰豫念
戎旅之事以廢喪紀哉李彪對曰昔太伯父死
適越不失至德之名夫豈不懷有由然也伏願
抑至慕之心從遺告之重臣聞知子莫若父母
聖后知陛下至孝之性也難奪故豫造金冊明
著遺禮今陛下孝慕深遠果不可奪臣等常辭
知何所啓高祖曰太伯之言有乖今事諸情備
如前論更不重叙古義亦有稱王者除衰而諒
闇終喪者若不許朕衰朕則當除衰闇默委政

冢宰二事之中惟公卿所擇明根對曰陛下孝侔高宗慕同大舜服衰麻以申至痛理万機以從遺旨興曠世之廢禮制一代之高則臣等伏尋淵默不言則代政將曠仰順聖慕之心請從衰服之旨東陽王丕曰臣與尉元歷事五帝雖衰老無識敢奏所聞自聖世以來大諱之後三月必須迎神於西攘惡於北具行吉禮自皇始以來未之或易高祖曰太尉國老言先朝舊事誠如所陳但聰明正直唯德是依若能以道不召自至苟失仁義雖請弗來大禍三月而備行吉禮深在難忍縱即吉之後猶所不行況數旬之中而有此理恐是先朝万得之一失未可以爲常式朕在不言之地不應如此但公卿執奪朕情未忍從遂成往復追用悲絶上遂號慟群官亦哭而辭出壬午詔曰公卿屢上啓事依據金冊遺旨中代成式求過葬即吉朕仰惟恩重不勝罔極之痛思遵遠古終三年之禮比見群官具論所懷今依禮旣虞卒哭克此月二十日

受服以葛易麻旣衰服在上公卿不得獨釋於下故於朕之授變從練已下復爲節降斷度今古以情制衷但取遺旨速除之一節粗申臣子哀慕之深情欲令百官同知此意故用宣示便及變禮感痛彌深

十五年四月癸亥朔設薦於太和廟是日高祖及從服者仍朝夕臨始進蔬食上哀哭追感不飯侍中南平王馮誕等諫經宿乃膳甲子罷朝夕哭九月丙戌有司上言求卜祥日詔曰便及此期覽以摧絶敬祭卜祥乃古之成典但世失其義筮曰求吉旣乖敬事之志又違求慕之心今將屈禮厲衆不訪龜兆已企及此晦寧敢重違冊旨以異羣議尋惟求往言增崩裂丁亥高祖宿於廟至夜一刻引諸王三都大官駙馬三公令僕已下奏事中散已上及刺史鎮將立哭於廟庭三公令僕升廟旣出監御令陳服笥於廟陛南近侍者奉而升列於聖室前席侍中南平王馮誕跪奏請易服進縞冠皂朝服革帶

黑屨侍臣各易以黑介幘白絹單衣革帶烏履遂哀哭至乙夜盡戊子質明薦羞奏事中散已上冠服如侍臣刺史已下無變高祖薦酌神部尚書王諶讚祝訖哭拜遂出有司陽祥服如前侍中跽奏請易祭服進縞冠素紕白布深衣麻繩履侍臣去幘易帢羣官易服如侍臣又引入如前儀曹尚書游明根升廟跽慰復位哭遂出引太守外臣及諸部渠帥入哭次引蕭賾使并

雜客入至甲夜四刻侍御散騎常侍司衛監以上外廟哭既而出帝出廟停立哀哭久而乃還

十月太尉丕奏曰竊聞太廟已就明堂功畢然享祀之禮不可久曠至於移廟之日須得國之大姓遷主安廟神部尚書王諶既是庶姓不宜參豫臣昔以皇室宗屬遷世祖之主先朝舊式不敢不聞詔曰具聞所奏尋惟平日倍增痛絶今遵述先旨營建寢廟既而粗就先王制禮職司有分移廟之日遷奉神主皆太尉之事朕亦親自行事不得越局專委大姓王諶所司惟贊板而已時運流速奄及縞制復不得哀哭於明堂後當親拜山陵寫泄哀慕

是年高麗王死十二月詔曰高麗王璉守蕃東隅累朝貢職年踰期頤勤德彌著今既不幸其赴使垂至將爲之舉哀而古者同姓哭廟異姓隨其方皆有服制今既久廢不可卒爲之衰且欲素委貌白布深衣於城東爲盡一哀以見其使也朕雖不嘗識此人甚悼惜之有司可申敕備辦事如別儀

十六年九月辛未高祖哭於文明太后陵左終日不絶聲募越席爲次侍臣侍哭壬申高祖以忌日哭於陵左哀至則哭侍哭如昨帝二日不御膳癸酉朝中夕三時哭拜於陵前夜宿監玄殿是夜徹次甲戌帝拜哭辭陵還永樂宮

十九年太師馮熙薨有數子尚幼議者以爲童子之節事降成人謂爲衰而不裳免而不経又無要麻縿垂唯有絞帶時博士孫惠蔚上書言臣雖識謝古人然微涉傳記近取諸身遠取諸

禮驗情以求理尋理以推制竊謂童子在幼之儀居喪之節冠杖之制有降成人衰麻之服略爲不異以玉藻二簡微足明之曰童子之節錦紳并細錦即大帶既有佩觿之華又有錦紐之紳此明童子雖幼已備二帶以凶類吉則胥經存焉又曰童子無緦服鄭注曰雖不服緦猶免深衣是許其有裳但不殊上下又深衣之制長幼俱服童子爲服之緦猶免深衣況居有服之斬而反無裳乎臣又聞先師舊說童子常服類深衣衰裳所施理或取象但典無成言故未敢孤斷又曰聽事則不麻則知不聽事麻矣故注曰無麻往給事此明族人之喪童子有事貫經帶麻執事不易故暫聽去之以便其使往則不麻不往則經如使童子本自無麻禮胥首聽與不聽俱闕兩經唯舉無麻足明不備豈得言聽事則不麻乎以此論之有經明矣且童子不杖不廬之節理儉於責疑不裳不經之制未覩其說又臣竊解童子不衣裳之記是有聞之言將謂

童子時甫稚齡未就外傅出則不交族人內則事殊長者餕旨父母之前往來慈乳之手故許其無裳以便易之若在志學之後將冠之初年居二九質並成人受道成均之學釋菜上庠之內將命孔氏之門執燭曾參之室而唯有奄身之衣無蔽下之裳臣愚未之安矣又女子未許嫁二十則笄觀祭祀納酒漿助奠廟堂之中視禮至敬之處其於婉容之服寧無其備以此推之則男女雖幼理應有裳但男女未冠禮謝三加女子未出衣殊狄褖無名之服禮文罕見童子雖不當室苟以成人之心則許其人服緦之經輕猶有經斬重無麻是爲與輕而奪重非禮之意此臣之所以深疑也又衰傍有衽以掩裳際如使無裳衽便徒設若復去衽衰又不備設有齊斬之故而便成童男女唯服無衽之衰去其裳經此必識禮之所不行亦以明矣若不行於已而立制於人是爲違制以爲法從制以誤人怨禮而行理將異此詔從其議

世宗永平四年冬十二月員外將軍兼尚書都令史陳終德有祖母之喪欲服齊衰三年以無世爵之重不可陵諸父若下同衆孫恐違後祖之義請求詳正國子博士孫景邕劉懷義封軌高綽太學博士袁昇四門博士陽寧居等議嫡孫後祖持重三年不爲品庶生二終德宜先諸父太常卿劉芳議案喪服乃士之正禮含有天子諸侯卿大夫之事其中時復下同庶人者皆

別標顯至如傳重自士以上古者卿士咸多世位又士以上乃有宗廟世儒多云嫡孫傳重下通庶人以爲差謬何以明之禮稽命徵曰天子之元士二廟諸侯之上士亦二廟中下士一廟一廟者祖禰共廟祭法又云庶人無廟既如此分明豈得通於庶人也傳重者主宗廟非謂庶人祭於寢也兼累世承嫡方得爲嫡子嫡孫耳不爾者不得繼祖也又鄭玄別變除云爲五世長子服斬也魏晉以來不復行此禮矣案喪服

經無嫡孫爲祖持重三年正文唯有爲長子三
年嫡孫朞傳及注因說嫡孫傳重之義今世既
不復爲嫡子服斬卑位之嫡孫不陵諸叔而持
重則可知也且準終德資階方之於古未登下
士庶人在官復無斯禮考之舊典驗之今世則
玆範罕行且諸叔見存喪主有寄宜依諸孫服
朞爲允其邕等又議云喪服雖以士爲主而必
下包庶人何以論之自大夫■毋條標列逮
於庶人含而不述比同士制■後疑也唯有庶

人爲國君此則明義服之輕重不涉於孫祖且
受國於曾祖廢疾之祖父亦無重可傳而猶三
年不必由世重也夫霜感露濡異識咸感承重
主嗣寧甄寢廟嫡孫之制固不同殊又古自卿
以下皆不殊承襲末代僭■可以語通典是
以春秋譏於世卿王制稱大夫不世此明訓也
喪服經雖無嫡孫爲祖三年正文而有祖爲嫡
孫者豈祖以嫡服己己與庶孫同爲祖服朞於
義可乎服祖三年此則近世未嘗變也準古士

官不過二百石已上終德即古之廟士也假令
終德未班朝次苟曰志仁必也斯遂況乃官歷
士流當訓章之運而以庶叔之嫌替其嫡重之
位未是成人之善也芳又議國子所云喪服雖
以士爲主而必下包庶人本亦不謂一篇之內全
不下同庶人正言嫡孫傳重專士以上此經傳
之正文不及庶人明矣戴德喪服變除云父爲
長子斬自天子達於士此皆士以上乃有嫡子
之明據也且承重者以其將代己爲宗廟主廟

主了不云寢又其證也所引大夫不世者此公
羊穀梁近儒小道之書至如左氏詩易尚書論
語皆有典證或是未寤許叔重五經異義云今
春秋公羊穀梁說卿大夫世位則權并一姓謂
周尹氏齊崔氏也而古春秋左氏說卿大夫皆
得世祿傳曰官族易曰食舊德舊德謂食父故
祿也尚書曰世選尒勞予不絕尒善詩云惟周
之士不顯奕世論語曰興滅國繼絕世國謂諸
侯世謂卿大夫也斯皆正經及論語士以上世

位之明謚也士皆世祿也八品者一命斯乃信然但觀此據可謂覩其綱未照其目也案晉官品令所制九品皆正無從故以第八品準古下士今皇朝官令皆有正從若以其員外之資爲第十六品也豈得爲正八品之士哉推考古今謹如前議景邕等又議喪服正文大夫以上每事顯列唯有庶人含而不言此通下之義了然無惑且官族者謂世爲其功食舊德者謂德侯者世位興滅國繼絕世主謂諸侯卿大夫無罪誅

絕者耳且金貂七珥楊氏四公雖以位相承豈得言世祿乎晉太康中令史殷遂以父祥不及所繼求還爲祖母三年時政以禮無代父追服之文亦無不許三年之制此即晉世之成規也尚書邢巒奏依芳議詔曰嫡孫爲祖母禮令者憑士人通行何勞方致疑請也可如國子所議

延昌二年春偏將軍乙龍虎喪父給假二十七月而虎并數閏月詣府求上領軍元珍上言案違制律居三年之喪而冒哀求仕五歲刑龍虎未盡二十七月而請宿衛依律結刑五歲三公郎中崔鴻駁曰三年之喪二十五月大祥諸儒或言祥月下旬而禫或言二十七月各有其義未知何者會聖人之旨龍虎居喪已二十六月若依王杜之義便是過禫即吉之月如其依鄭玄二十七月禫中復可以從御職事禮云祥之日鼓素琴然則大祥之後喪事終矣既可以從御職事求上何爲不可若如府判禫中鼓琴復有罪乎求之經律理實未允下更祥辨珍又

上言案士虞禮三年之喪朞而小祥又朞而大祥中月而禫鄭玄云中猶間也自喪至此凡二十七月又禮言祥之日鼓素琴鄭云鼓琴者存樂也孔子祥後五日彈琴而不成十日而成笙歌鄭注與鄭志及踰月可以歌皆身自逾月可爲此謂存樂也非所謂樂樂者使工爲之晉博士許猛解三驗曰案黍離麥秀之歌小雅曰君子作歌惟以告哀魏詩曰心之憂矣我歌且謠若斯之類豈可謂之金石之樂哉是以徒歌謂

之謠徒吹謂之和記曰比音而樂之及干戚羽毛謂之樂若夫禮樂之施於金石越於聲音者此乃所謂樂也至於素琴以示終笙歌以省哀者則非樂矣閒傳云大祥除衰杖而素縞麻衣大祥之服也雜記注云玄衣黃裳則是禫祭黃者未大吉也檀弓云祥而縞是月禫徙月樂鄭志趙商問鄭玄荅云祥謂大祥二十五月是月禫謂二十七月非謂上祥之月也徙月而樂許猛釋六徵曰樂者自謂八音克諧之樂也謂在二

十八月工奏金石之樂耳而駁云大祥之後喪事終矣脫如此駮禫復焉施又駁云禫中鼓琴復有罪乎然禫則黃裳未大吉也鼓琴存樂在禮所許若使工奏八音融然成韻既未徙月不罪伊何又駁云禫中既得從御職事求上何爲不可檢龍虎居喪二十六月始是素縞麻衣大祥之中何謂禫乎三年沒閏理無可疑麻衣在體冒仕求榮實爲大尤罪其焉捨又省依王杜禫祥同月全乖鄭義喪凶尚遠而欲速除何忽

忽者哉下府愚量鄭爲得之何者禮記云喪事尚近日凶事尚遠日又論語云喪與其易寧戚而服限三年痛盡終身中月之解雖容二義尚遠寧戚又檢王杜之義起於魏末晉初及越騎校尉程猗贊成王肅駁鄭禫二十七月之失爲六徵三驗上言於晉武帝曰夫禮國之大典兆民所日用豈可二哉今服禫者各各不同非聖世一統之謂鄭玄說二十七月禫甚乖大義臣每難鄭失六有徵三有驗初未能破臣難而通

玄說者如猗之意謂鄭義廢矣太康中許猛上言扶鄭釋六禫解三驗以鄭禫二十七月爲得猗及王肅爲失而博士宋昌等議猛扶鄭爲衷晉武從之王杜之義於是敗矣王杜之義見敗者晉武知其不可行故也而上省同猗而贊王欲虧鄭之成軌竊所未寧更無異義還從前處鴻又駁曰案三年之喪沒閏之義儒生學士猶或病諸龍虎生自戎馬之鄉不蒙稽古之訓數月成年便懼違緩原其本非貪榮求位而欲責

以義方未可便尒也且三年之喪再朞而大祥中月而禫鄭玄以中爲閒王杜以爲是月之中鄭亦未爲必會經旨王杜豈於必乖聖意既諸儒探賾先聖後賢見有不同晉武後雖從宋昌許猛之駁同鄭禫議然初亦從程猗贊成王杜之言二論得否未可知也聖人大祥之後鼓素琴成笙歌者以喪事既終餘哀之中可以存樂故也而樂府必以干戚羽毛施之金石然後爲樂樂必使工爲之庶民凡品於祥前鼓琴可無

罪乎律之所防豈必爲貴士亦及凡庶府之此義彌不通矣魯人朝祥而暮歌孔子以爲踰月則可矣尒則大祥之後喪事已終鼓琴笙歌經禮所許龍虎欲宿衛皇宮豈欲合刑五歲就如鄭義二十七月而禫二十六月十五升布深衣素冠縞紕及黃裳綵纓以居者此則三年之餘哀不在服數之内也衰絰則埋之於地杖則棄之隱處此非喪事終乎府以大祥之後不爲喪事之終何得復言素琴以示終也喪事尚遠日

誠如鄭義龍虎未盡二十七月而請宿衛實爲忽忽於戚之理合在情責便以深衣素縞之時而罪同杖絰苫凷之日於禮憲未允詳之律意冒喪求仕謂在斬焉草土之中不謂除衰杖之後也又龍虎具列居喪日月無所隱冒府應告之以禮遣還終月便幸彼昧識欲加之罪豈是導禮敦風愛民之致乎正如鄭義龍虎罪亦不合刑忽忽之失宜科鞭五十

三年七月司空清河王懌第七叔母北海王妃

劉氏薨司徒平原郡開國公高肇兄子太子洗馬員外亡並上言未知出入猶作鼓吹不請下禮官議決太學博士封祖胄議喪大記云朞九月之喪既葬飲酒食肉不與人樂之五月三月之喪比葬飲酒食肉不與人樂之世叔母故主宗子直云飲酒食肉不言不與人樂之鄭玄云義服恩輕以此推之明義服葬容有樂理又禮大功言而不議小功議而不及樂言論之閒尚自不及其於聲作明不得也雖復功德樂

在宜止四門博士蔣雅哲議凡三司之尊開國
之重其於王服皆有厭絕若尊同體敵雖疏尚
宜徹樂如或不同子姓之喪非嫡者既殯之後
義不闕樂國子助教韓神固議　可以展耳
目之適絲竹可以肆遊宴之娛故於樂貴縣有
哀則廢至若德儉如禮升降有數文物昭旂旗
之明錫鑾為行動之響列明貴賤非措哀樂
於其間矣謂威儀鼓吹依舊為允兼儀曹郎中
房景先駁曰案祖胄議以功德有喪鼓吹不作

雅哲議齊衰卒哭簫管必陳準之輕重理用未
安聖人推情以制服據服以副心何容拜虞生
之奠於神宮龔衰麻而奏樂大燧一移哀情頓
盡反心以求豈制禮之意也就如所言義服恩
輕既虞而樂正服一期何以為斷或義服尊正
服卑如此之比復何品節雅哲所議公子之喪
非嫡者既殯之後義不闕樂案古雖有尊降不
見作樂之文未詳此據竟在何典然君之於臣
本無服體但恩誠相感致存隱惻是以仲遂卒

垂笙簫不入智悼在殯杜蕢明言豈大倫之痛
既殯而樂乎又神固等所議以為笳鼓不在樂
限鳴鐃以警衆聲笳而清路者所以辨等列明
貴賤耳雖居哀恤施而不廢粗而言之似如可
通考諸正典未為符合案詩云鍾鼓既設鍾
伐鼛又云於論鼓鍾於樂辟雍言則相連豈
非樂乎八音之數本無笳名推而類之簫管之
比豈可以名稱小殊而不為樂若以王公位重威
飾宜崇鼓吹公給不可私辭者魏絳和戎受金

石之賞鍾公勳茂蒙五熟之賜若審功膺賞君
命必行豈可陳嘉牢於齊殯之時擊鍾磬於 疑
祔之後尋究二三未有依據國子職兼文學令
問所歸宜明據典謨曲盡斟酌率由必衷以辨
深惑何容總議並申無所析剖更詳得失據典
正議秘書監國子祭酒孫惠蔚太學博士封祖
胄等重議司空體服衰麻心懷慘切其於聲樂
本無作理但以鼓吹公儀致有疑論耳案鼓吹
之制蓋古之軍聲獻捷之樂不常用也有重位

茂勳乃得備作方之金石準之管絃其為音奏
雖曰小殊然其大體與樂無異是以禮云鼓無
當於五聲五聲不得不和竊惟今者加台司之
儀蓋欲兼廣威華若有哀用之無變於吉便是
一人之年悲樂並用求之禮情於理未盡二公
雖受之於公用之非私出入聲作亦以娛己今
既有喪心不在樂笳鼓之事明非欲聞其從寧
戚之義廢而勿作但禮崇公卿出入之儀至有
趨以采齊行以肆夏和鑾之聲佩玉之飾者所

以顯槐鼎之至貴彰宰輔之為重今二公地處
尊親儀殊百辟鼓吹之用無容全去禮有懸而
不樂今陳之以備威儀不作以示哀痛述理節
情愚謂為允詔曰可從國子後議
清河王懌所生母羅太妃薨表求申齊衰三年
詔禮官博議侍中中書監太子少傅崔光議喪
服大功章云公之庶昆弟為母傳曰先君餘尊
之所厭不得過大功記公子為其母練冠麻衣
縓緣既葬除之傳曰何以不在五服中也君之

厭不得申其罔極依禮大功據喪服厭降之例
並無從厭之文今太妃既捨六宮之稱加太妃
之號為封君之母尊崇一國臣下固宜服朞不
得以王服厭屈而更有降禮有從輕而重義包
於此太學博士封偉伯等十人議案臣從君服
降君一等君為母三年臣則朞今司空以仰厭
先帝俯就大功臣之從服不容有過但禮文殘
缺制無正條竊附情理謂宜小功庶君臣之服
不失其序外降之差頗會禮意清河國郎中

令韓子熙議謹案喪服大功章云公之庶昆弟
為其母妻傳曰何以大功先君餘尊之所厭不
敢過大功也夫以一國之貴子猶見厭況四海之
尊固無申理頃國王遭太妃憂議者援引斯條
降王之服尋究義例頗有一途但公之庶昆弟
或為士或為大夫士之卑賤不得仰匹親王正
以餘厭共同可以奪情相擬然士非列土無臣
從服今王有臣復不得一準諸士矣議者仍令
國臣從服以朞嚚昧所見未曉高趣案不杖章

云爲君之父母妻長子祖父母傳曰父母長子君服斬妻則小君父卒然後爲祖後者服斬傳所以深釋父卒爲祖服斬者蓋恐君爲祖朞臣亦同朞也明臣之後朞由君服斬若由若服斬然後朞則君服大功安得亦朞也若依公之庶昆弟不云有臣從朞若依爲君之父母則出應申三年此之二章殊不相干引彼則須去此引此則須去彼終不得兩服功朞渾雜一圖也議者見餘尊之厭不得過大功則令王依庶昆弟

見不杖章有爲君之父母便令臣從服以朞此乃據殘文守一隅恐非先聖之情達禮之喪矣且從服之體自有倫貫雖秩微閹寺位卑室老未有君服細絰裁踰三時臣著疏衰獨涉兩歲案禮天子諸侯之大臣唯服君之父母妻長子祖父母其餘不服也唯近臣閹寺隨君而服耳若大夫之室老君之所服無所不從而降一等此三條是從服之通旨較然之明例雖近臣之賤不過隨君之服未有君輕而臣服重者也議

者云禮有從輕而重臣之從君義包於此愚謂服問所云有從輕而重公子之妻爲其皇姑直是禮記之異獨此一條耳何以知其然案服問經云有從輕而重公子之妻爲其皇姑而大傳云從服有六其六曰有從輕而重注曰公子之妻爲其皇姑若從輕而重不獨公子之妻者則鄭君宜更見流輩廣論所及不應還用服問之文以釋大傳之義明從輕而重唯公子之妻臣之從君不得包於此矣若復有君爲母大功臣

從服朞當云有從輕而重公子之妻爲其皇姑爲母大功臣從服朞何爲不備書兩條以杜將來之惑而偏著一事彌結今日之疑且臣爲君母乃是徒從徒從之體君亡則已妻爲皇姑旣非徒從雖公子早沒可得不制服乎爲君之父母妻子君已除喪而後聞喪則不稅蓋以恩輕不能追服假令妻在遠方姑沒遥域過朞而後聞喪復可不稅服乎君姑亡必不關公子有否聞喪則稅不許日月遠近者則與臣之從君聊

自不同矣又案臣服君黨不過五人悉是三年
其餘不服妻服夫黨可直五人乎朞功以降可
得無服乎臣妻事殊邈然胡越苟欲引之恐非
通例也愚謂臣有合離三諫待决妻無去就一
醮終身親義既有參差喪服固宜不等故見厭
之婦可得申其本服君屈大功不可過從以朞
所以從麻而齊卑屬公子之妻隨輕而重何關
從服之臣尋理求途儻或在此必以臣妻相準
未覩其津也子熈誠不能遠探墳籍曲論長智

請以情理校其得失君遭毋憂臣創之痛臣之
爲服從君之義如何君至九月便蕭然而即吉
臣猶朞年仍衰哭於君第創臣而反輕從義而
反重緣之人情豈曰是哉侍中崔光學洞今古
達禮之宗頃探幽立義申三年之服雖經典無
文前儒未辨然推例求旨理亦難奪若臣服
從朞宜依侍中之論脫君仍九月不得如議者
之談耳嬴氏焚坑禮經殘缺故今追訪靡據臨
事多惑愚謂律無正條須準傍以定罪禮闕舊

文宜準類以作憲禮有朞同緦功而服如齊疏
者蓋以在心實輕於義乃重故也今欲一依喪
服不可從君九月而服周年如欲降一等兄弟
之服不可以服君母詳諸二途以取折衷謂宜
麻布可如齊衰除限則同小功所以然者重其
衰麻尊君母蹙其日月隨君降如此衰麻猶
重不奪君母之嚴日月隨降可塞從輕之責矣
尚書李平奏以謂禮臣爲君黨妻爲夫黨俱爲
從服各降君夫一等故君服三年臣服一朞今

司空臣懌自以尊厭之禮奪其罔極之心國臣
厭所不及當無隨降之理禮記大傳云從輕而
重鄭玄注云公子之妻爲其皇姑既舅不厭婦
明不厭者還應服其本服此則是其例詔曰禮
有從無服而有服何但從輕而重乎懌今自以
厭故不得申其過隙衆臣古無疑厭之論而
有從輕之據曷爲不得申其本制也可從尚書
及景林等議尋詔曰比决清河國臣爲君母服
朞以禮事至重故追而審之今更無正據不可

背章生條但君服既促而臣服仍遠禮緣人情
遇厭須變服可還從前判既葬除之
四年春正月丁巳夜世宗崩于式乾殿侍中中
書監太子少傅崔光侍中領軍將軍于忠與詹
事王顯中庶子侯剛奉迎肅宗於東宮入自万
歲門至顯陽殿哭踊久之乃復王顯欲須明乃
行即位之禮崔光謂顯曰天位不可暫曠何待
至明顯曰須奏中宮光曰帝崩而太子立國之
常典何須中宮令也光與于忠使小黃門曲集

奏置兼官行事於是光兼太尉黃門郎元昭兼
侍中顯兼吏部尚書中庶子裴儁兼吏部郎中
書舍人穆弼兼謁者僕射光等請肅宗止哭立
於東序于忠元昭扶肅宗西面哭十數聲止服
太子之服太尉光奉策進璽綬肅宗跪受服
皇帝衮冕服御太極前殿太尉光等降自西
階夜直群官於庭中北面稽首稱万歲
熙平二年十一月乙丑太尉清河王懌表曰臣
聞百王所尚莫尚於禮於禮之重喪紀斯極世

代沿革損益不同遺風餘烈景行終在至如前
賢往喆商攉有異或並證經文而論情別緒或
各言所見而討事共端雖憲章祖述人自名家
而論議紛綸理歸群正莫不隨時所宗各為一
代之典自上達下罔不遵用是使叔孫之儀專
擅於漢朝王肅之禮獨行於晉世所謂共同軌
文四海畫一者也至乃折旋俯仰之儀哭泣升
降之節去來閭巷之容出入闈門之度尚須疇
諮禮官博訪儒士載之翰苑著在通法辯答乖
殊證據不明即詆訶疵謬糾劾成罪此乃簡牒
成文可具閱而知者也未聞有皇王垂範國無

一定之章英賢贊治家制異同之式而欲流風
作則永貽來世比學官雖建庠序未修稽考古
今莫專其任暨乎宗室喪禮百寮凶事冠服制
裁日月輕重率令博士一人輕尒議之廣陵王恭
北海王顥同為庶母服恭則治重居廬顥則齊
朞堊室論親則恭顥俱是帝孫語貴則二人並
為藩國不知兩服之證據何經典俄為舛駮莫

有裁正懿王昵戚尚或如斯自兹已降何可紀極歷觀漢魏喪禮諸儀卷盈數百或當時名士往復成規或一代詞宗較然為則況堂堂四海藹藹如林而令喪禮參差始於帝族非所以儀刑万國綴旒四海臣忝官台傅備位喉脣不能秉國之鈞致斯爽缺具瞻所誚無所逃罪謹略舉恭顯二國不同之狀以明喪紀乖異之失乞集公卿樞納內外儒學博議定制班行天下使禮無異準得失有歸并因事而廣永為條例無

塵岳岵河徵酬万一靈太后令曰禮者為政之本何得不同如此可依表定議事在張普惠傳

神龜元年九月尼高皇太后崩於瑶光寺肅宗詔曰崇憲皇太后德協坤儀徵符月晷方融壺化奄至崩殂朕幼集荼蓼夙憑德訓及翕戴定難是賴謨謀夫禮沿情制義循事立可特為齊衰三月以申追仰之心有司奏案舊事皇太后崩儀自復魄斂葬百官哭臨其禮甚多今尼太后既存委俗尊憑居道法凶事簡速不依配極之典庭局狹隘非容百官之位但昔逕奉接義成君臣終始情禮理無廢絕輒準故式立儀如別內外群官權改常服單衣邪巾奉送至墓列位哭拜事訖而除止在京師更不宣下詔可

十一月侍中國子祭酒儀同三司崔光上言被臺祠部曹符文昭皇太后改葬議至尊皇太后群臣服制輕重四門博士劉季明議云案喪服記雖云改葬緦文無指據至於注解乖異不同馬融王肅云本有三年之服者鄭及三重然而

後來諸儒符融者多與玄者少今請依馬王諸儒之議至尊宜服緦案記外宗為君夫人猶內宗鄭注云為君服斬夫人齊衰不敢以親服至尊也今皇太后雖上奉宗廟下臨朝臣至於為姑不得過朞計應無服其清河汝南二王母服三年亦宜有緦自餘王公百官為君之母妻唯朞而已並應不服又太常博士鄭六議云謹檢喪服并中代雜論記云改葬緦鄭注臣為君子為父妻為夫親見屍柩不可以無服故服緦三

年者緦則朞已下無服竊謂鄭氏得服緦之旨
謬三月之言如臣所見請依康成之服緦既葬
而除愚以爲允詔可
二年正月二日元會高陽王雍以靈太后臨朝
太上秦公喪制未畢欲罷百戲絲竹之樂清河
王懌以爲萬國慶集天子臨享宜應備設太后
訪之於侍中崔光光從雍所執懌謂光曰宜以
經典爲證光據禮記縞冠玄武子姓之冠父母
有重喪子不純吉安定公親爲外祖又有師恩

太后不許公除衰麻在體正月朔日還家哭臨
至尊輿駕奉慰記云朋友之墓有宿草焉而不
哭是則朋友有朞年之哀子貢云夫子喪顏淵
若喪子而無服喪子路亦然顏淵之喪饋練肉
夫子受之彈琴而後食之若子之哀則容一朞
不舉樂也孔子既大練五日彈琴父母之喪也
由是喪夫子若喪父而無服心喪三年由此而
制雖古義難追比來發詔每言師祖之尊是則
一朞之內猶有餘哀且禮毋有喪服聲之所聞

子不舉樂今太后更無別宮所居嘉福去太極
不爲大遠鼓鍾于宮聲聞于外況在內密邇也
君之卿佐是謂股肱股肱或虧何痛如之智悼
子喪未葬杜蕢所以諫晉平公也今相國雖已
安厝裁三月爾陵墳未乾懌以理證爲然乃從
雍議
孝靜武定五年正月齊獻武王薨時祕凶問六
日孝靜皇帝舉哀於太極東堂服齊衰三月及
將變中練齊文襄王請自發喪之月帝使侍中

陸子彰舉詔三往敦喻王固執詔不許乃從
薨月
太祖天賜三年十月占授著作郎王宜弟造兵
法
高宗和平三年十二月因歲除大儺之禮遂燿
兵示武更爲制令步兵陳於南騎士陳於北各
擊鍾鼓以爲節度其步兵所衣青赤黃黑別爲
部隊楯矟矛戟相次周回轉易以相赴就有飛
龍騰蛇之變爲函箱魚鱗四門之陳凡十餘法

踞起前却莫不應節陳畢南北二軍皆鳴鼓角衆盡大譟各令騎將六人去來挑戰步兵更進退以相拒擊南敗北捷以爲盛觀自後踵以爲常

高祖太和十九年五月甲午冠皇太子恂於廟丙申高祖臨光極堂太子入見帝親詔之事在恂傳六月高祖臨光極堂引見群官詔曰比冠子恂禮有所闕當思往失更順將來禮古今殊制三代異章近冠恂之禮有三失一朕與諸儒

同誤二諸儒違朕故令有三誤今中原兆建百禮惟新而有此三失殊以愧歎春秋襄公將至衛以同姓之國問其季幾而行冠禮古者皆灌地降神或有作樂以迎神胙失作樂至廟庭朕以意而行拜禮雖不得降神於理猶差完司馬彪云漢帝有四冠一緇布二進賢三武弁四通天冠朕見家語冠頌篇四加冠公也家語雖非正經孔子之言與經何異諸儒忽司馬彪志致使天子之子而行士冠禮此朝廷之失冠禮朕以爲有賓諸儒皆以爲無賓朕既從之復令有失孔所以斐然成章其斯之謂太子太傅穆亮等拜謝高祖曰昔裴頠作冠儀不知有四裴頠尚不知卿等復何愧

正光元年秋肅宗加元服時年十一既冠拜太廟大赦改元官有其注

輿服之制秦漢已降損益可知矣魏氏居百王之末接分崩之後典禮之用故有闕焉太祖世所制車輦雖參采古式多違舊章今案而書之

以存一代之迹

乘輿輦輅龍輈十六四衡轂朱班繡輪有雕虬文虎盤螭之飾龍首銜扼鸞爵立衡圓蓋華蟲金雞樹羽蛟龍游蘇建太常十有二斿畫日月外龍郊天祭廟則乘之

乾象輦羽葆圓蓋華蟲金雞樹羽二十八宿天階雲罕山林雲氣仙聖賢明忠孝節義遊龍飛鳳朱雀玄武白虎青龍奇禽異獸可以爲飾者皆亦圖焉太皇太后皇太后皇后助祭郊廟則

乘之
大樓輦輈十二加以玉飾衡輪雕綵與輦輅同
駕牛二十
小樓輦輈八衡輪色數與大樓輦同駕牛十二
天子太皇太后皇太后郊廟亦乘之
象輦左右鳳凰白馬仙人前却飛行駕二象羽
葆旒蘇龍旂旍旄其飾與乾象同太皇太后皇
太后助祭郊廟之副乘也
馬輦重級其飾皆如之繢漆直輈六左右騑駕

天子籍田小祀時則乘之
臥輦其飾皆如之丹漆駕六馬
遊觀輦其飾亦如之駕馬十五匹皆白馬朱髦
尾天子法駕行幸巡狩小祀時則乘之
七寶旃檀刻鏤輦金薄隱起
馬輦天子三駕所乘或爲副乘
緇漆蜀馬車金薄華蟲隱起
軺軒駕駟金銀隱起出捥解合
步挽天子小駕遊宴所乘亦爲副乘

金根車羽葆旒畫輈輪華首綵軒交落左右騑
太皇太后皇太后助祭郊廟籍田先蠶則
乘之長公主大貴公主封君諸王妃皆得乘但
右騑而已太祖初皇太子皇子皆鸞輅立乘畫
輈龍首朱輪繡轂綵蓋朱裏龍旂九斿畫雲樓
皇子封則賜之皆駕駟又有軺車緇漆紫幰朱
裏駕一馬爲副乘
公安車緇漆紫蓋朱裏畫輈朱雀青龍白虎龍
旂八斿駕三馬軺車與王同

侯車與公同七斿紫蓋青裏駕二馬副車亦
如之
子車緇漆草蟲文六斿皂蓋青裏駕一馬副車
亦如之闕及公侯子陪列郊天則乘之宗廟小祀
乘軺軒而已至高祖太和中詔儀曹令李韶監
造車輅一遵古式焉
太祖天興二年命禮官捃採古事制三駕鹵簿
一曰大駕設五輅建太常屬車八十一乘平城令
代尹司隸校尉丞相奉引太尉陪乘太僕御從

輕車介士千乘万騎魚麗鴈行前驅皮軒闒戟芝蓋雲罕指南後殿豹尾鳴葭唱上下作鼓吹軍戎大祠則設之二曰法駕屬車三十六乘平城令代尹太尉奉引侍中陪乘奉車都尉御巡狩小祠則設之三曰小駕屬車十二乘平城令太僕奉引常侍陪乘奉車郎御遊宴離宮則設之二至郊天地四節祠五帝或公卿行事唯四月郊天帝常親行樂加鍾懸以爲迎送之節焉天賜二年初改大駕魚麗鴈行更爲方陳鹵簿

列步騎内外爲四重列橉建旌通門四達五色車旗各處其方諸王導從在鉀騎内公在幢内侯在步矟内子在刀楯内五品朝臣使列乘輿前兩廂官卑者先引王公侯子車旒麾蓋信幡及散官構服一皆純黑

肅宗熙平元年六月中侍中劉騰等奏中宮僕射列車輿朽敗自昔舊都禮物頗異遷京已來未復更造請集禮官以裁其制靈太后令曰付尚書量議太常卿穆紹少卿元端博士鄭六劉臺龍等議案周禮王后之五輅重翟錫面朱總厭翟勒面繢總安車彫面鷖總皆有容蓋翟車貝面組總有握輦車組輓有翣羽蓋重翟后從王祭祀所乘厭翟后從王賓饗諸侯所乘安車后朝見於王所乘翟車后出桑則乘輦車后宮中所乘謹以周禮聖制不刊之典其禮文尤備孔子云其或繼周者雖百世可知也以其法不可踰以此言之後王輿服典章多放周式雖文質時變輅名宜存彫飾雖異理無全捨當今聖

后臨朝親覽庶政輿駕之式宜備典禮臣等學缺通經叨參議末輙率短見宜準周禮備造五輅彫飾之制隨時增減太學博士王延業議案周禮王后有五輅重翟以從王祠厭翟以從王饗賓客安車以朝見于王翟車以親桑輦車宮中所乘又漢輿服志云秦并天下閱三代之禮或曰殷瑞山車金根之色殷人以爲大輅於是始皇作金根之車漢承秦制御爲乘輿太皇太后皇太后皆御金根車加交絡帷裳非法駕則

乘紫罽軿車雲櫖文畫輈黃金塗五末蓋爪在
右騑駕三馬阮諶禮圖并載秦漢已來輿服亦
云金根輅皇后法駕乘之以禮婚見廟乘輅后
法駕乘之以親桑安車后小駕乘之以助祭山
軿車后行則乘之紺罽軿車后小行則乘之以
哭公主邑君王妃公侯夫人入閤輿后出入閤
宮中小遊則乘之晉先蠶儀注皇后乘雲母安
車駕六騩案周秦漢晉車輿儀式互見圖書雖
名號小異其大較略相依擬金根車雖起自秦

造即殷之遺制今之乘輿五輅是其象也華飾
典麗容觀莊美司馬彪以為孔子所謂乘殷之
輅即此之謂也案阮氏圖桑車亦飾以雲母晉
之雲母車即是一輿周之翟車其用正同安車
既名同周制又用同重翟山軿車案圖飾之以
紫紺罽軿車雖制用異於厭翟而實同用於今
入閤輿與輦其用又同案圖今之黑漆畫扇輦
與周之輦車其形相似竊以為秦滅周制百事
刱革官名軌式莫不殊異漢魏因循纖違仍舊

雖時有損益而莫能反古良由去聖久遠典儀
殊缺時移俗易物隨事變雖經賢哲祖襲無改
伏惟皇太后叡聖淵凝照臨万物動循典故貽則
後王今輒竭管見稽之周禮考之漢晉採諸圖
史驗之時事以為宜依漢晉法駕則御金根車
駕四馬加交絡帷裳御雲母車駕四馬以親桑
其非法駕則御紫罽軿車駕三馬小駕則御安
車駕三馬以助祭小行則御紺罽軿車駕三馬
以哭公主王妃公侯夫人宮中出入則御畫扇
輦車案舊事比之周禮唯闕從王饗賓客及朝

見於王之乘竊以為古者諸侯有朝會之禮故
有從饗之儀今無其事宜從省略又今之皇居
宮掖相逼就有朝見理無結駟即事考實亦宜
闕廢又哭公主及王妃周禮所無施之於今寔
合事要損益不同用捨隨時三代異制其道然
也又金根及雲母駕馬或三或六訪之經禮無
駕六之文今之乘輿又皆駕四義符古典宜仍
駕四其餘小駕宜從駕三其制用形飾備見圖

志司空領尚書令任城王澄尚書左僕射元暉尚書右僕射李平尚書齊王蕭寶寅尚書元欽尚書元昭尚書左丞盧同右丞元洪超考功郎中劉懋北主客郎中源子恭南主客郎中游思進三公郎中崔鴻長兼駕部郎中薛悅起部郎中杜遇左主客郎中元韡騎兵郎中房景先外兵郎中石士基長兼右外兵郎中鄭幼儒都官郎中李秀之兼尚書左士郎中朱元旭度支郎中谷穎左民郎中張均金部郎中李仲東庫

部郎中賈思同國子博士薛禎邢晏高諒奚延太學博士邢湛崔瓚韋朏鄭季期國子助教韓神固四門博士楊那羅唐荆寶王令儁呉珍之宋婆羅劉燮高顯邕杜靈儁張文和陳智顯楊渴侯趙安慶賈天度艾僧檦呂太保王當百槐貴等五十人議以爲皇太后稱制臨朝躬親庶政郊天祭地宗廟之禮所乘之車宜同至尊不應更有製造周禮魏晉雖有文辭不辨形制假令欲作恐未合古制而不可以爲一代典臣

以太常國子二議爲疑重集羣官並從今議唯恩裁決靈太后令曰羣官以後議折中者便可如奏

太祖天興六年冬詔儀曹郎董謐撰朝覲饗宴郊廟社稷之儀六年又詔有司制冠服隨品秩各有差時事未暇多失古禮世祖經營四方未能留意仍世以武力爲事取於便習而已至高祖太和中始考舊典以制冠服百寮六宮各有差次早世升遐猶未周洽肅宗時又詔侍中崔

光安豐王延明及在朝名學更議之條章粗備焉

熙平元年九月侍中儀同三司崔光表奏詔定五時朝服案北京及遷都以來未有斯制輒勸禮官詳據太學博士崔瓚議云周禮及禮記三冠六冕承用區分瓅玉五綵配飾亦別都無隨氣春夏冬之異唯月令有青旂赤玉黑衣白輅隨四時而變復不列弁冕改用之玄黃以此而推五時之冠禮既無文若求諸正典難以經證案

司馬彪續漢書輿服及祭祀志云迎氣五郊自
永平中以禮讖并月令迎氣服色因采元始故
事兆五郊於洛陽又云五郊衣幘各如方色又
續漢禮儀志立春京都百官皆著青衣　服青
幘秋夏悉如其色自漢逮于魏晉迎氣五郊用
幘從服改色隨氣斯制因循相承不革　冠仍
舊未聞有變今皇魏憲章前代損益從宜五時
之冠愚謂如漢晉用幘爲允靈太后令曰太傅
博學洽通多識前載既綜朝儀彌悉其事便可

諮訪以決所疑二年九月太傅清河王懌給事
黃門侍郎韋延祥奏謹案前勑制五時朝服嘗
訪國子議其舊式太學博士崔瓚等議自漢逮
于魏晉迎氣五郊用幘從服改色隨氣斯制因
循相承不革冠冕仍舊未聞有變今皇魏憲章
前代損益從宜五時之冠謂如漢晉用幘爲允
尚書以禮式不經請訪議事奏勑付臣令加考
決臣以爲帝王服章方爲万世則不可輕裁請
更集禮官下省定議蒙勑聽許謹集門下及學

官以上四十三人尋考史傳量古校今一同國
子前議幘隨服變冠冕弗改又四門博士臣王
僧奇蔣雅哲二人以爲五時冠冕宜從衣變臣
等謂從國子前議爲允靈太后令曰依議

禮志四之四第十三　　魏書一百八

樂志五第十四　魏書一百九

氣質初分聲形立矣聖者因天然之有爲入用之物緣喜怒之心設哀樂之器蕢桴葦籥其來自久伏羲絃琴農皇制瑟垂鍾和磬女媧之簧隨感而作其用稍廣軒轅桴阮瑜之管定小一之律以成咸池之美次以六莖五英大章韶夏護武之屬聖人所以移風易俗也故在易之豫義明崇德書云詩言志歌詠言聲依永律和聲八音克諧神人以和周禮圜鍾爲宮黃鍾爲角大蔟爲徵沽洗爲羽靁鼓靁鼗孤竹之管雲和之琴瑟雲門之舞奏之六變天神可得而降矣函鍾爲宮大蔟爲角沽洗爲徵南呂爲羽靈鼓靈鼗孫竹之管空桑之琴瑟咸池之舞奏之八變地示可得而禮矣黃鍾爲宮大呂爲角大蔟爲徵應鍾爲羽路鼓路鼗陰竹之管龍門之琴瑟九德之歌九磬之舞奏之九變人鬼可得而禮矣此所以協三才寧方國也凡音宮爲君商爲臣角爲民徵爲事羽爲物五者不亂則無

怗懘之音宮亂則荒其君驕商亂則陂其官壞角亂則憂其民怨徵亂則哀其事勤羽亂則危其財匱姦聲感人逆氣應之逆氣成象而淫樂興焉正聲感人順氣應之順氣成象而和樂興焉先王恥其亂故制雅頌之聲以道之使其聲足樂而不流使其文足論而不息使其曲直繁瘠廉肉節奏足以感動人之善心而已不使放心邪氣得接焉樂在宗廟之中君臣上下同聽之莫不和敬在族長鄉里之中長幼同聽之莫不和順閨門之內父子兄弟同聽之莫不和親又有韎昧任禁之樂以娛四夷之民斯蓋立樂之方也三代之衰邪音間起則有爛漫靡靡之樂興焉周之衰也諸侯力爭澆僞萌生淫慝滋甚競其邪忘其正廣其器蔑其禮或奏之而心疾或撞之不令晉平公聞清角而顛隕魏文侯聽古雅而眠睡鄭宋齊衛流宕不反於是正樂虧矣大樂感於風化與世推移治國之音安以樂亡國之音哀以思隨時隆替不常厥聲延

陵歷並聽諸國盛衰必舉蓋所感者著所識者深也樂之崩矣秦始滅學經亡義絶莫採其真人重協俗世貴順耳則雅聲古器幾將淪絶漢興制氏但識其鏗鏘鼓舞不傳其義而於郊廟朝廷皆協律新變雜以趙代秦楚之曲故王禹宋曄上書切諫丙強景武顯著當時通儒達士所共歎息矣後漢東平王蒼總議樂事頗有增加大抵循前而已及黃巾董卓以後天下喪亂諸樂亡缺魏武既獲杜夔令其考會古樂而柴玉

左延年終以新聲寵愛晉世荀勗典樂與郭夏宋識之徒共加研集謂爲今古而阮咸譏之金行不永以至亡敗哀思之來便爲驗矣夫大樂與天地同和苟非達識至精何以體其妙極自漢以後舞稱歌名代相改易服章之用亦有不同斯則不襲之義也永嘉已下海內分崩伶官樂器皆爲劉聰石勒所獲慕容儁平冉閔遂克之王猛平鄴入於關右苻堅既敗長安紛擾慕容永之東也禮樂器用多歸長子及垂平永並入中山自始祖內和魏晉二代更致音伎穆帝爲代王愍帝又進以樂物金石之器雖有未周而絃管具矣逮太祖定中山獲其樂縣既初撥亂未遑創改因時所行而用之世歷分崩頗有遺失

天興元年冬詔尚書吏部郎鄧淵定律呂協音樂及追尊皇曾祖皇祖皇考諸帝樂用八佾舞皇始之舞皇始舞太祖所作也以明開大始祖之業後更制宗廟皇帝入廟門奏王夏太祝迎

神于廟門奏迎神曲猶古降神之樂乾豆上奏登歌猶古清廟之樂曲終下奏神祚嘉神明之饗也皇帝行禮七廟奏陛步以爲行止之節皇帝出門奏總章次奏八佾舞次奏送神曲又舊禮孟秋祀天西郊兆內壇西備列金石樂具皇帝入兆內行禮咸奏舞八佾之舞孟夏有事于東廟用樂略與西郊同太祖初冬至祭天于南郊圓丘樂用皇矣奏雲和之舞事訖奏維皇將燎夏至祭地祇於北郊方澤樂用天祚奏大武

之舞正月上日饗羣臣宣布政教備列宮懸正樂兼奏燕趙秦吳之音五方殊俗之曲四時饗會亦用焉凡樂者樂其所自生禮不忘其本掖庭中歌真人代歌上叙祖宗開基所由下及君臣廢興之跡凡一百五十章昏晨歌之時與絲竹合奏郊廟宴饗亦用之

六年冬詔太樂摠章鼓吹增修雜伎造五兵角觝麒麟鳳皇仙人長虵白象白虎及諸畏獸魚龍辟邪鹿馬仙車高絙百尺長趫緣橦跳丸五

案以備百戲大饗設之於殿庭如漢晉之舊也

太宗初又增修之撰合大曲更為鍾鼓之節

世祖破赫連昌獲古雅樂及平涼州得其伶人器服並擇而存之後通西域又以悅般國鼓舞設於樂署

高宗顯祖無所改作諸帝意在經營不以聲律為務古樂音制罕復傳習舊工更盡聲曲多亡

太和初高祖垂心雅古務正音聲時司樂上書典章有闕求集中祕羣官議定其事并訪吏民有能體解古樂者與之修廣器數甄立名品以諧八音詔可雖經眾議於時卒無洞曉聲律者樂部不能立其事彌缺然方樂之制及四夷歌舞稍增列于太樂金石羽旄之飾為壯麗於往時矣

五年文明太后高祖並為歌章戒勸上下皆宣之管絃

七年秋中書監高允奏樂府歌詞陳國家王業符瑞及祖宗德美又隨時歌謠不准古舊辨雅

鄭也

十一年春文明太后令曰先王作樂所以和風改俗非雅曲正聲不宜庭奏可集新舊樂章參探音律除去新聲不典之曲裨增鍾縣鏗鏘之韻

十五年冬高祖詔曰樂者所以動天地感神祇調陰陽通人鬼故能關山川之風以播德於無外由此言之治用大矣逮乎末俗陵遲正聲頓廢多好鄭衛之音以悅耳目故使樂章散缺伶

官失守今方釐革時弊稽古復禮庶令樂正雅頌各得其宜今置樂官實須任職不得仍令濫吹也遂簡置焉

十六年春又詔曰禮樂之道自古所先故聖王作樂以和中制禮以防外然音聲之用其致遠矣所以通感人神移風易俗至乃簫韶九奏鳳皇來儀擊石拊石百獸率舞有周之季斯道崩缺故夫子忘味於聞韶正樂於返魯逮漢魏之間樂章復闕然博採音韻粗有篇條自魏室之

興太祖之世尊崇古式舊典無墜但干戈仍用文教未淳故令司樂失治定之雅音習不典之繁曲比太樂奏其職司求與中書參議覽其所請愧感兼懷然心喪在躬未忍闕此但禮樂事大乃爲化之本自非通博之才莫能措意中書監高閭器識詳富志量明允每間陳奏樂典頗體音律可令與太樂詳採古今以備茲典其內外有堪此用者任其參議也閭歷年考度粗以成立遇遷洛不及精盡未得施行尋屬高祖崩未幾閭卒

先是閭引給事中公孫崇共考音律景明中崇乃上言樂事正始元年秋詔曰太樂令公孫崇更調金石燮理音準其書二卷并表悉付尚書夫禮樂之事有國所重可依其請八座已下四門博士以上此月下旬集大樂署考論同異博採古今以成一代之典也十月尚書李崇奏前被旨勑以兼太樂令公孫崇更調金石并其書表付外考試登依旨勑以去八月初詣署集議

但六樂該深五聲妙遠至如仲尼淵識故將忘味吳札善聽方可論辨自斯已降莫有詳之今既草刱悉不窮解雖微有詰論略無究悉方欲商攉滛濫作範將來寧容聊爾一試便垂竹帛今請依前所召之官并博聞通學之士更申一集考其中否研窮音律辨括權衡若可施用別以聞請制可時亦未能考定也

四年春公孫崇復表言伏惟皇魏龍躍鳳舉配天光宅世祖太武皇帝革靜荒嵎廓定宇內兇

醜尚繁戎軒仍動制禮作樂致有闕如高祖孝文皇帝德鍾後仁之期道協先天之日顧雲門以興言感簫韶而忘味以故中書監高閭博識明敏文思優洽紹蹤成均寔允所寄乃命閭廣程儒林究論古樂依據六經參諸國志錯綜陰陽以制聲律鍾石管絃略以完具八音聲韻事別粗舉值遷邑崧瀍未獲周密五權五量竟不就果自爾迄今率多褫落金石虛懸宮商未會伏惟陛下至聖承天纂戎鴻烈以金石未協詔

臣緝理謹即廣搜秬黍選其中形又採梁山之竹更裁律呂制磬造鍾依律並就但權量差謬其來久矣頃蒙付并州民王顯進所獻古銅權稽之古範考以今制鍾律準度與權參合昔造猶新始朔若舊異世同符如合規矩樂府先正聲有王夏肆夏登歌鹿鳴之屬六十餘韻又有皇始五行勻舞太祖初興置皇始之舞復有吳夷東夷西戎之舞樂府之內有此七舞太和初郊廟但用文始五行皇始三舞而已竊惟周之

文武頌聲不同漢之祖宗廟樂又別伏惟皇魏四祖三宗道邁隆周功超鴻漢頌聲廟樂宜有表章或文或武以旌功德自非懿望茂親雅量淵遠博識洽聞者其孰能識其得失衛軍將軍尚書右僕射臣高肇器度徽雅神賞入微淹讚大猷聲光海內宜委之監就以成皇代典謨之美昔晉中書監荀勗前代名賢受命成均委以樂務崇述舊章儀刑古典事光前載豈遠乎哉又先帝明詔內外儒林亦任高閭申請今之

所須求依前比世宗知肇非才詔曰王者功成治定制禮作樂以宣風化以通明神理万品贊陰陽光功德治之大本所宜詳之可令太常卿劉芳亦與主之永平二年秋尚書令高肇尚書僕射清河王懌等奏言案太樂令公孫崇所造八音之器并五度五量太常卿劉芳及朝之儒學執諸經傳考辨合否尺寸度數悉與周禮不同問其所以稱必依經文聲則不協以情增減殊無準據竊惟樂者皇朝治定之盛事光贊祖

宗之茂功垂之後王不刊之制宜憲章先聖詳依經史且二漢魏晉歷諸儒哲未聞器度依經而聲調差謬臣等參議請使臣芳準依周禮更造樂器事訖之後集議並呈從其善者詔可芳上尚書言訂樂諧音本非所曉且國之大事亦不可決於數人今請更集朝彥衆辨是非明取典據資決元凱然後營制肇及尚書邢巒等奏許詔可於是芳主修營時揚州民張陽子義陽民兒鳳鳴陳孝孫戴當千吳殿陳文顯陳成等七人頗解雅樂正聲八佾文武二舞鐘聲管絃登歌聲調芳皆請令教習參取是非

永平三年冬芳上言觀古帝王罔不據功象德而制舞名及諸樂章今欲教文武二舞施之郊廟請參制二舞之名竊觀漢魏已來鼓吹之曲亦不相緣今亦須制新曲以揚皇家之德美詔芳與侍中崔光郭祚黃門游肇孫惠蔚等四人參定舞名并鼓吹諸曲其年冬芳又上言臣聞樂者感物移風諷氓變俗先王所以教化黎元湯武所以

此葉原闕一九四四年時印依勘松書屋據册府元龜卷五六七通典卷一四二校補

改章功德晉氏失政中原紛蕩劉石以一時姦雄跋扈魏趙苻姚以部帥強豪趑趄闕輔於是禮壞樂崩廢而莫理大魏應期啟運奄有萬方雖日不暇給常以禮樂為先古樂虧闕詢求靡所故頃年以來叡造非一考之經史每乖典制遂使鏗鏘之禮未備於郊廟鼓舞之式尚闕於庭陛臣忝官宗伯禮樂是司所以仰慙俯愧不遑寧處者矣自獻春被旨賜令博採經傳更制金石并教文武二舞及登歌鼓吹諸曲今始校就謹依前勅延集公卿并一時儒彥討論終始莫之能異謹以申聞請與舊者參呈若臣等所營形合古制擊拊會節元日大饗則須陳列既歲聿云暮三朝無遠請共本曹尚書及郎中部率呈試如蒙允許賜垂勅判詔曰舞可用新餘且仍舊鼓吹雜曲遂寢焉

初御史中尉元匡與芳等競論鐘律孝明帝熙平二年冬匡復上言其事太師高陽王雍等奏停之先是有陳仲儒者自江南歸國頗閑樂事

請依京房立準以調八音神龜二年夏有司問狀仲儒言前被符問京房準定六十之律後雖有存曉之者斟至熹平末張光等猶不能定絃之急緩聲之清濁仲儒授自何師出何典籍而云能曉但仲儒在江左之日頗授琴文嘗覽司馬彪所撰續漢書見京房準術成數昞然而張光等不能定仲儒不量庸昧竊有意焉遂竭愚思鑽研甚久雖未能測其機妙至於聲韻頗有所得度量衡歷出自黃鍾雖造管察氣經史備

有但氣有盈虛黍有巨細差之毫釐失之千里自非管應時候聲驗吉凶則是非之原諒亦難定此則非仲儒淺識所敢聞之至於準者本以代律取其分數調校樂器則宮商易辨若尺寸小長則六十宮商相與微濁若分數加短則六十徵羽類皆小清語其大本居然微異至於清濁相宜諧會歌管皆得應合雖積黍驗氣取聲之本清濁諧會亦須有方若閑準意則辨五聲清濁之韻若善琴術則知五調調音之體參此二

途以均樂器則自然應和不相奪倫如不練此必有乖謬案後漢順帝陽嘉二年冬十月行禮辟雍奏應鍾始復黃鍾作樂器隨月律是爲十二之律必須次第爲宮而商角徵羽以類從之尋調聲之體宮商宜濁徵羽用清若公孫崇止以十二律聲而云還相爲宮清濁悉足非唯未練五調調器之法至於五聲次第自是不足何者黃鍾爲聲氣之元其管最長故以黃鍾爲宮太蔟爲商林鍾爲徵則宮徵相順若均之八音

猶須錯採衆聲配成其美若以應鍾爲宮大呂爲商蕤賓爲徵則徵濁而宮清雖有其韻不成音曲若以夷則爲宮則十二律中唯得取中呂爲徵其商角羽並無其韻若以中呂爲宮則十二律內全無所取何者中呂爲十二之窮疑變律之首依京房書中呂爲宮乃以去滅爲商執始爲徵然後方韻而崇乃以中呂猶用林鍾爲商黃鍾爲徵何由可諧仲儒以調和樂器文飾五聲非準不妙若如嚴嵩父子心賞清濁是則

爲難若依案見尺作準調絃緩急清濁可以意推耳但音聲精微史傳簡略舊志唯去準形如瑟十三絃隱間九尺以應黃鐘九寸調中一絃令與黃鐘相得案盡以求其聲遂不辨準須柱以不柱有高下絃有粗細餘十二絃復應若爲致令攬者望風拱手又案房準九尺之內爲一十七万七千一百四十七分一尺之內爲万九千六百八十三分又復十之是爲於準一寸之內亦爲万九千六百八十三分然則於準一分

之內乘爲二十分又爲小分以辨彊弱中間至促雖復離朱之明猶不能窮而分之雖然仲儒私曾考驗但前却中柱使入準常尺分之內則相生之韻已自應合分數既微器宜精妙其準面平直須如停水其中絃一柱高下須與二頭臨岳一等移柱上下之時不使離絃不得舉絃又中絃粗細須與琴宮相類中絃須施軫如琴以軫調聲令與黃鐘一管相合中絃下依數盡出六十律清濁之節其餘十二絃須施柱如箏

又凡絃皆須豫張使臨時不動即於中絃案盡一周之聲度著十二絃上然後依相生之法以次運行取十二律之商徵商徵既定又依琴五調調聲之法以均樂器其瑟調以宮爲主清調以商爲主平調以宮爲主五調各以一聲爲主然後錯採衆聲以文飾之方如錦繡上來消息調準之方并史文所略出仲儒所思若事有乖此聲則不和仲儒尋準之分數精微如彼定絃緩急艱難若此而張光等親掌其事尚不知藏

中有準既未識其器又焉能施絃也且燧人不師資而習火延壽不束脩以變律故云知之者欲教而無從心達者體知而無師苟有一毫所得皆關心抱豈必要經師授然後爲奇哉但仲儒自省膚淺才非一足正可粗識音韻纔言其理致耳時尚書蕭寶夤奏言金石律呂制度調均中古已來尠或通曉仲儒雖粗述書文頗有所說而學不師授云出己心又言舊器不任必須更造然後克諧上違成勅用舊之旨輒持己

心輕欲制作臣竊思量不合依許詔曰禮樂之事蓋非常人所明可如所奏

正光中侍中安豐王延明受詔監修金石博探古今樂事令其門生河間信都芳考算之屬天下多難終無制造芳後乃撰延明所集樂說并諸器物準圖二十餘事而注之不得在樂署考正聲律也

普泰中前廢帝詔録尚書長孫稚太常卿祖瑩營理金石永熙二年春稚瑩表曰臣聞安上治

民莫善於禮移風易俗莫善於樂易曰先王以作樂崇德殷薦之上帝以配祖考書曰戛擊鳴球搏拊琴瑟以詠祖考來格詩言志律和聲敦叙九族平章百姓天神於焉降歆地祇可得而禮故樂以象德舞以象功干戚所以比其形容金石所以發其歌頌薦之宗廟則靈祇饗其和用之朝廷則君臣協其志樂之時義大矣哉雖復沿革異時晦明殊位周因殷禮百世可知也太祖道武皇帝應圖受命光宅四海義合天

經德符地緯九戎薦舉五禮未詳太宗世祖重輝累耀恭宗顯祖誕隆丕基而猶經營四方匪遑制作高祖孝文皇帝承太平之緒纂無爲之運帝圖既遠王度惟新太和中命故中書監高閭草創古樂閭尋去世未就其功閭亡之後故太樂令公孫崇續修遺事十有餘載崇敷奏其功時太常卿劉芳以崇所作體制差舛不合古義請更修營被旨聽許芳又釐綜久而申呈時故東平王元匡共相論駁各樹朋黨爭競紛綸

竟無底定及孝昌已後世屬艱虞內難孔殷外敵滋甚永安之季胡賊入京燔燒樂庫所有之鐘悉畢賊手其餘磬石咸爲灰燼普泰元年臣等奉勑營造樂器責問太樂前來郊丘懸設之方宗廟施安之分太樂令張乾龜答稱芳所造六格北廂黃鍾之均實是夷則之調其餘三廂宮商不和共用一笛施之前殿樂人尚存又有沽洗太簇二格用之後宮檢其聲韻復是夷則於今尚在而芳一代碩儒斯文攸屬討論之日

必應考古深有明證乾龜之辨恐是歷歲稍遠
伶官失職芳乂殂没遺文銷毀無可遵訪臣等
謹詳周禮分樂而序之凡樂圜鍾爲宮黃鍾爲
角大蔟爲徵沽洗爲羽若樂六變天神可得而
禮函鍾爲宮大蔟爲角沽洗爲徵南呂爲羽若
樂八變地示可得而禮黃鍾爲宮大呂爲角大
蔟爲徵應鍾爲羽若樂九變人鬼可得而禮至
於布置不得相生之次兩均異宮並無商聲而
同用一徵書曰於予擊石拊石百獸率舞八音

克諧神人以和計五音不具則聲豈成文七律
不備則理無和韻八音克諧莫曉其旨聖道幽
玄微言已絕漢魏已來未能作者案春秋魯昭
公二十年晏子言於齊侯曰先王之濟五味和
五聲也以平其心成其政也聲亦如味一氣二
體三類四物五聲六律七音八風九歌以相成
也服子慎注云黃鍾之均黃鍾爲宮太蔟爲商
沽洗爲角林鍾爲徵南呂爲羽應鍾爲變宮蕤
賓爲變徵一懸十九鍾十二懸二百二十八鍾

八十四律即如此義乃可尋究今案周禮小胥
之職樂懸之法鄭注云鍾磬編縣之二八十六
枚漢成帝時犍爲郡於水濱得古磬十六枚獻
呈漢以爲瑞復依禮圖編懸十六去正始中徐
州薛城送玉磬十六枚亦是一懸之器檢太樂
所用鍾磬各一懸十四不知何據魏侍中繆襲
云周禮以六律六同五聲八音六舞大合樂以
致鬼神今之樂官徒知古有此制莫有明者又
云樂制既亡漢成謂韶武武德武始大鈞可以

備四代之樂奏黃鍾舞文始以祀天地奏太蔟
舞大武以祀五郊明堂奏姑洗舞武德巡狩以
祭四望山川奏蕤賓舞武始大鈞以祀宗廟祀
圓丘方澤羣廟祫祭之時則可兼舞四代之樂
漢亦有雲翹育命之舞罔識其源漢以祭天魏
時又以雲翹兼祀圓丘天郊育命兼祀方澤地
郊今二舞又亡無復知者臣等謹依高祖所制
尺周官考工記鳧氏爲鍾鼓之分磬氏爲磬倨
之法禮運五聲十二律還相爲宮之義以律

呂爲之劑量奏請制度經紀營造依魏晉所用四廂宮懸鍾磬各十六懸塤篪箏筑聲韻區別蓋理三稔於茲始就五聲有節八音無爽笙鏞和合不相奪倫元日備設百僚允矚雖未極万古之徽蹤實是一時之盛事竊惟古先哲王制禮作樂各有所稱黃帝有咸池之樂顓頊作承雲之舞大章大韶堯舜之異名大夏大濩禹湯之殊稱周言大武秦曰壽人及焚書絕學之後舊章淪滅無可準據漢高祖時叔孫通因秦樂

人制宗廟樂迎神廟門奏嘉至皇帝入廟門奏永至登歌再終下奏休成之樂通所作也高祖六年有昭容樂禮容樂又有房中祠樂高祖唐山夫人所作也孝惠二年使樂府令夏侯寬備其簫管更名安世樂高祖廟奏武德文始五行之舞孝文廟奏昭德文始四時五行之舞孝武廟奏盛德文始四時五行之舞武德者高祖四年作也以象天下樂已行武以除亂也文始舞者舜韶舞高祖六年更名曰文始以示不相襲也

五行舞者本周舞秦始皇二十六年更名曰五行也四時舞者孝文所作以明天下之安和也孝景以武德舞爲昭德孝宣以昭德舞爲盛德光武廟奏大武諸帝廟並奏文始五行四時之舞及卯金不祀當塗勃興魏武廟樂改云韶武用虞之大韶周之大武揔號大鈞也曹失其鹿典午乘時晉氏之樂更名正德自昔帝王莫不損益相緣徽號殊別者也而皇魏統天百三十載至於樂舞迄未立名非所以聿宣皇風章明

功德贊揚懋軌垂範無窮者矣案今后宮饗會及五郊之祭皆用兩懸之樂詳攬先誥大爲紕繆古禮天子宮懸諸侯軒懸大夫判懸士特懸皇后禮數德合王者名器所資豈同於大夫哉孝經言嚴父莫大於配天宗祀文王於明堂以配上帝即五精之帝也禮記王制庶羞不踰牲燕衣不踰祭服論語禹卑宮室盡力於溝洫惡衣食致美於黻冕何有殿庭之樂過於天地乎失禮之差遠於千里昔漢孝武帝東巡狩封禪還

祀泰一於甘泉祭后土於汾陰皆盡用明其無
減普泰元年前侍中臣孚及臣瑩等奏求造十
二懸六懸裁訖續復營造尋蒙旨判今六懸既
成臣等思鍾磬各四鈲鎛相從十六格宮懸已
足今請更營二懸通前為八宮懸兩具矣一具
備於太極一具列於顯陽若圓丘方澤上辛四
時五郊社稷諸祀雖時日相值用之無闕孔子
曰周道四達禮樂交通傳曰魯有禘樂賓祭用
之然則天地宗廟同樂之明證也其升斗權量

當時未定請即刊校以為長準周存六代之樂
雲門咸池韶夏濩武用於郊廟各有所施但世
運遙緬隨時亡缺漢世唯有虞韶周武魏為武
始咸熙錯綜風聲為一代之禮晉無改造易名
正德今聖朝樂舞未名舞人冠服無準稱之文
武舞而已依魏景初三年以來衣服制其祭天
地宗廟武舞執干戚著平冕黑介幘玄衣裳白
領袖絳領袖中衣絳合幅袴襪黑韋鞮文舞執
羽籥冠委皃其服同上其奏於廟庭武舞武弁

赤介幘生絳袍單衣練領袖皂領袖中衣虎文
畫合幅袴白布襪黑韋鞮文舞者進賢冠黑介
幘生黃袍單衣白合幅袴服同上其魏晉相因
承用不改古之神室方各別所故聲歌各異今
之太廟連基接棟樂舞同奏於義得通自中煩
喪亂晉室播蕩永嘉已後舊章湮沒太武皇帝
破平統萬得古雅樂一部正聲歌五十曲工伎
相傳間有施用自高祖遷居世宗晏駕內外多
事禮物未周今月所有王夏肆夏之屬二十三

曲猶得擊奏足以闡累聖之休風宣重光之盛
美伏惟陛下仁格上皇義光下武道契玄機業
隆寶祚思服典章留心軌物反堯舜之淳風復
文武之境土飾宇宙之儀刑納生人於福地道
德熙泰樂載新聲天成地平於是乎在樂舞之
名乞垂旨判臣等以愚昧參廁問道至御之日
伏增惶懼詔其樂名付尚書博議以聞其年夏
集群官議之瑩復議曰夫樂所以乘靈通化舞
所以象物昭功金石播其風聲絲竹申其歌詠

郊天祠地之道雖百世而可知奉神育民之理經千載而不昧是以黃帝作咸池之樂顓頊有承雲之舞堯為大章舜則大韶禹為大夏湯為大濩周曰大武秦曰壽人漢為大予魏名大鈞晉曰正德雖三統互變五運代降莫不述作相因徽號殊別者也皇魏道格三才化清四宇亦世載德累葉重光或以文教興邦或以武功平亂功成治定於是乎在及主上龍飛載造景命惟新書軌自同典刑罔二覆載均於兩儀仁澤

被於四海五聲有序八音克諧樂舞之名宜以詳定案周兼六代之樂聲律所施咸有次第滅學以後經禮散亡漢來所存二舞而已請以韶武為崇德武舞為章烈總名曰嘉成漢樂章云高張四縣神來燕饗宗廟所設宮縣明矣計五郊天神尊於人鬼六宮陰極體同至尊理無減降宜皆用宮縣其舞人冠服制裁咸同舊式庶得以光贊鴻功敷揚大業忝錄尚書事長孫稚已下六十人同議申奏詔曰王者功成作樂治定

制禮以成為號良無間然又六代之舞者以大為名今可準古為大成也凡音樂以舞為主故干戈羽籥禮亦無別但依舊為文舞武舞而已餘如議

初侍中崔光臨淮王彧並為郊廟歌詞而迄不施用樂人傳習舊曲加以訛失了無章句後太樂令崔九龍言於太常卿祖瑩曰聲有七聲調有七調以今七調合之七律起於黃鍾終於中呂今古雜曲隨調舉之將五百曲恐諸曲名後

致亡失今輒條記存之於樂府瑩依而上之九龍所錄或雅或鄭至於謠俗四夷雜歌但記其聲折而已不能知其本意又名多謬舛莫識所由隨其淫正而取之樂署今見傳習其中復有所遺至於古雅尤多亡矣

初高祖討淮漢世宗定壽春收其聲伎江左所傳中原舊曲明君聖主公莫白鳩之屬及江南吳歌荊楚四聲總謂清商至於殿庭饗宴兼奏之其圓丘方澤上辛地祇五郊四時拜廟三元

冬至社稷馬射籍田樂人之數各有差等焉

樂志五第十四　魏書一百九

食貨志六第十五　魏書一百一十

夫爲國爲家者莫不以穀貨爲本故洪範八政以食爲首其在易曰聚人曰財周禮以九職任萬民以九賦斂財賄是以古先哲王莫不敬授民時務農重穀躬親千畝貢賦九州且一夫不耕一女不織或受其飢寒者飢寒迫身不能保其赤子攘竊而犯法以至於殺身迹其所由王政所陷也夫百畝之內勿奪其時易其田疇薄其稅斂民可使富也既飽且富而仁義禮節生焉亦所謂衣食足識榮辱也晉末天下大亂生民道盡或死於干戈或斃於飢饉其幸而自存者蓋十五焉

太祖定中原接喪亂之弊兵革並起民廢農業方事雖殷然經略之先以食爲本使東平公儀墾闢河北自五原至于棝陽塞外爲屯田初登國六年破衞辰收其珍寶畜產名馬三十餘萬牛羊四百餘萬漸增國用既定中山分徙吏民及徒何種人工伎巧十萬餘家以充京都各給

耕牛計口授田天興初制定京邑東至代郡西及善無南極陰館北盡參合爲畿內之田其外四方四維置八部帥以監之勸課農耕量校收入以爲殿最又躬耕籍田率先百姓自後比歲大熟匹中八十餘斛是時戎車不息雖頻有年猶未足以久贍矣

太宗永興中頻有水旱詔簡宮人非所當御及非執作伎巧自餘出賜鰥民神瑞二年又不熟京畿之內路有行饉帝以飢將遷都於鄴用博士

崔浩計乃止於是分簡尤貧者就食山東敕有司勸課留農者曰前志有之人生在勤勤則不匱凡庶民之不畜者祭無牲不耕者祭無盛不樹者死無椁不蠶者衣無帛不績者喪無衰教行三農生殖九穀教行園囿毓長草木教行虞衡山澤作材教行藪牧養蕃鳥獸教行百工飭成器用教行商賈阜通貨賄教行嬪婦化治絲枲教行臣妾事勤力役自是民皆力勤故歲數豐穰畜牧滋息

泰常六年詔六部民羊滿百口調戎馬一匹

世祖即位開拓四海以五方之民各有其性故修其教不改其俗齊其政不易其宜納其方貢以充倉廩收其貨物以實庫藏又於歲時取鳥獸之登於俎用者以物膳府

先是禁網疏闊民多逃隱天興中詔採諸漏戶令輸綸綿自後諸逃戶占爲細繭羅縠者甚衆於是雜營戶帥遍於天下不隸守宰賦役不周戶口錯亂始光三年詔一切罷之以屬郡縣

神䴥二年帝親御六軍略地廣漠分命諸將窮追蠕蠕東至瀚海西接張掖北度燕然山大破之虜其種落及馬牛雜畜方物萬計其後復遣成周公萬度歸西伐焉耆其王鳩尸卑那單騎奔龜茲舉國臣民負錢懷貨一時降款獲其奇寶異玩以巨萬駝馬雜畜不可勝數度歸遂入龜茲復獲其殊方瓌詭之物億萬已上是時方隅未克帝屢親戎駕而委政於恭宗眞君中恭宗下令脩農職之教事在帝紀此後數年之

中軍國用足矣

高宗時牧守之官頗爲貨利太安初遣使者二十餘輩循行天下觀風俗視民所疾苦詔使者察諸州郡墾殖田畝飲食衣服閭里虛實盜賊劫掠貧富彊劣而罰之自此牧守頗改前弊民以安業

自太祖定中原世祖平方難收獲珍寶府藏盈積和平二年秋詔中尚方作黃金合盤十二具徑二尺二寸鏤以白銀鈿以玫瑰其銘曰九州致貢殊

域來賓乃作茲器錯用具珍鍜以紫金鏤以白銀範圍擬載吐燿含眞纖文麗質若化若神皇王御之百福惟新其年冬詔出內庫綾綿布帛二十萬匹令內外百官分曹賭射四年春詔賜京師之民年七十已上太官厨食以終其身

顯祖即位親行儉素率先公卿思所以賑益黎

天安皇興間歲頻大旱絹匹遷言劉或淮北青冀徐兗司五州告亂請降命將率衆以援之既臨其境青冀懷貳進軍圍之數年乃拔山東之民咸勤於征戍轉運帝深以爲念遂因民貧富爲租輸三等九品之制千里內納粟千里外納米上三品戶入京師中三品入他州要倉下三品入本州

先是太安中高宗以常賦之外雜調十五頗爲煩重將與除之尚書毛法仁曰此是軍國資用今頓罷之臣愚以爲不可帝曰使地利無窮民力不竭百姓有餘吾孰與不足遂免之未幾復調如前至是乃終罷焉於是賦斂稍輕民復

贍矣

舊制民間所織絹布皆幅廣二尺二寸長四十尺爲一匹六十尺爲一端令任服用後乃漸至濫惡不依尺度高祖延興三年秋七月更立嚴制令一準前式違者罪各有差有司不檢察與同罪

太和八年始準古班百官之祿以品第各有差

先是天下戶以九品混通戶調帛二匹絮二斤絲一斤粟二十石又入帛一匹二丈委之州庫

以供調外之費至是戶增帛三匹粟二石九斗以爲官司之祿後增調外帛滿二匹所調各隨其土所出其司冀雍華定相秦洛豫懷兖陝徐青齊濟南豫東兖東徐十九州貢綿絹及絲幽平并肆岐涇荆涼梁汾秦安營豳夏光郢東秦司州万年鴈門上谷靈丘廣寧平涼郡懷州邵郡上郡之長平白水縣青州北海郡之膠東縣平昌郡之東武平昌縣高密郡之昌安高密夷安黔陬縣泰州河東之蒲坂汾陰縣東徐州東

莞郡之莒諸東莞縣雍州馮翊郡之蓮芍縣咸陽郡之寧夷縣北地郡之三原雲陽銅官宜君縣華州華山郡之夏陽縣徐州北濟郡之離狐豐縣東海郡之贛榆襄賁縣皆以麻布充稅

九年下詔均給天下民田諸男夫十五以上受露田四十畝婦人二十畝奴婢依良丁牛一頭受田三十畝限四牛所授之田率倍之三易之田再倍之以供耕作及還受之盈縮諸民年及課則受田老免及身沒則還田奴婢牛隨有無以還受諸桑田不在還受之限但通入倍田分於分雖盈沒則還田不得以充露田之數不足者以露田充倍諸初受田者男夫一人給田二十畝課蒔餘種桑五十樹棗五株榆三根非桑之土夫給一畝依法課蒔榆棗奴各依良限三年種畢不畢奪其不畢之地於桑榆地分雜蒔餘果及多種桑榆者不禁諸應還之田不得種桑榆棗果種者以違令論地入還分諸桑田皆爲世業身終不還恒從見口有盈者無受無還

不足者受種如法盈者得賣其盈不足者得買所不足不得賣其分亦不得買過所足諸麻布之土男夫及課別給麻田十畝婦人五畝奴婢依良皆從還受之法諸有舉戶老小癃殘無授田者年十一已上及癃者各授以半夫田年踰七十者不還所受寡婦守志者雖免課亦授婦田諸還受民田恒以正月若始受田而身亡及賣買奴婢牛者皆至明年正月乃得還受諸土廣民稀之處隨力所及官借民種蒔役有土

居者依法封授諸地狹之處有進丁受田而不樂遷者則以其家桑田爲正田分又不足不給倍田又不足家內人別減分無桑之鄉準此爲法樂遷者聽逐空荒不限異州他郡唯不聽避勞就逸其地足之處不得無故而移諸民有新居者三口給地一畝以爲居室奴婢五口給一畝男女十五以上因其地分口課種菜五分畝之一諸一人之分正從正倍從倍不得隔越他畔進丁受田者恒從所近若同時俱受先貧後

富再倍之田放此爲法諸遠流配謫無子孫及戶絕者墟宅桑榆盡爲公田以供授受授受之次給其所親未給之間亦借其所親諸宰民之官各隨地給公田刺史十五頃太守十頃治中別駕各八頃縣令郡丞六頃更代相付賣者坐如律

魏初不立三長故民多蔭附蔭附者皆無官役豪彊徵斂倍於公賦十年給事中李沖上言宜準古五家立一鄰長五鄰立一里長五里立一黨

長長取鄉人彊謹者鄰長復一夫里長二黨長三所復復征戍餘若民三載亡愆則陟用陟之一等其民調一夫一婦帛一匹粟二石民年十五以上未娶者四人出一夫一婦之調奴任耕婢任績者八口當未娶者四耕牛二十頭當奴婢八其麻布之鄉一夫一婦布一匹下至牛以此爲降大率十匹爲工調二匹爲調外費三匹爲內外百官俸此外雜調民年八十已上聽一子不從役孤獨癃老篤疾貧窮不能自存者三

長內迭養食之書奏諸官通議稱善者衆高祖從之於是遣使者行其事乃詔曰夫任土錯貢所以通有無井乘定賦所以均勞逸有無通則民財不匱勞逸均則人樂其業此自古之常道也又鄰里鄉黨之制所由來久欲使風敎易周家至日見以大督小從近及遠如身之使手幹之摠條然後口筭平均義興訟息是以三典所同隨世淳隆貳監之行從時損益故鄭僑復丘賦之術鄒人獻盍徹之規雖輕重不同而當時俱

適自昔以來諸州戶口籍貫不實包藏隱漏廢公罔私富强者并兼有餘貧弱者餬口不足賦稅齊等無輕重之殊力役同科無衆寡之別雖建九品之格而豐埆之土未融雖立均輸之楷而蠶績之鄉無異致使淳化未樹民情偷薄朕每思之良懷深慨今革舊從新爲里黨之法在所牧守宜以喻民使知去煩即簡之要初百姓咸以爲不若循常豪富并兼者尤弗願也事施行後計省昔十有餘倍於是海內安之十一年

大旱京都民飢加以牛疫公私闕之時有以馬驢及橐駝供駕輓耕載詔聽民就豐行者十五六道路給糧廩至所在三長贍養之遣使者時省察焉留業者皆令主司審覈開倉賑貸其有特不自存者悉檢集爲粥於術衢以救其困然主者不明牧察郊甸間甚多餧死者時承平日久府藏盈積詔盡出御府衣服珍寶太官雜器太僕乘具內庫弓矢刀鉾十分之八外府衣物繒布絲纊諸所供國用者以其太半班賚百司

下至工商皂隸逮于六鎮邊戍畿內鰥寡孤獨貧癃者皆有差十二年詔羣臣求安民之術有司上言請析州郡常調九分之二京都度支歲用之餘各立官司豐年糴貯於倉時儉則加私之一糶之於民如此民必力田以買絹積財以取粟官年登則常積歲凶則直給又別立農官取州郡戶十分之一以爲屯民相水陸之宜斷頃畝之數以贓贖雜物市牛科給令其肆力一夫之田歲責六十斛甄其正課并征戍雜役行此

二事數年之中則穀積而民足矣帝覽而善之尋施行焉自此公私豐贍雖時有水旱不爲災也

世祖之平統萬定秦隴以河西水草善乃以爲牧地畜產滋息馬至二百餘萬匹橐駝將半之牛羊則無數高祖即位之後復以河陽爲牧場恒置戎馬十萬匹以擬京師軍警之備每歲自河西徙牧於并州以漸南轉欲其習水土而無死傷也而河西之牧彌滋矣正光以後天下喪

亂遂爲羣寇所盜掠焉
世宗延昌三年春有司奏長安驪山有銀鑛二
石得銀七兩其年秋恒州又上言白登山有銀
鑛八石得銀七兩錫三百餘斤其色潔白有踰
上品詔並置銀官常令採鑄又漢中舊有金戶
千餘家常於漢水沙淘金年終總輸後臨淮王
彧爲梁州刺史奏罷之其鑄鐵爲農器兵刃在
所有之然以相州牽口冶爲工故常鍊鍛爲刀
送於武庫

自魏德既廣西域東夷貢其珍物充於王府又
於南垂立互市以致南貨羽毛齒革之屬無遠
不至神龜正光之際府藏盈溢靈太后曾令公
卿已下任力負物而取之又數賚禁內左右所
費無貲而不能一丐百姓也自徐揚內附之後
仍世經略江淮於是轉運中州以實邊鎮百姓
疲於道路乃令番戍之兵營起屯田又收內郡
兵資與民和糴積爲邊備有司又請於水運之
次隨便置倉乃於小平右門白馬津漳涯黑水

濟州陳郡大梁凡八所各立邸閣每軍國有須
應機漕引自此費役微省三門都將薛欽上言
計京西水次汾華二州恒農河北河東正平平
陽五郡年常綿絹及貲麻皆折公物雇車牛送
京道險人弊費公損私略計華州一車官酬絹
八匹三丈九尺別有私民雇價布六十匹河東
一車官酬絹五匹二丈別有私民雇價布五十
匹自餘州郡雖未練多少推之遠近應不減此
今求車取雇絹三匹市材造船不勞採斫計船

一艘舉十三車車取三匹合有三十九匹雇作
手并匠及船上雜具食直足以成船計一船剩
絹七十八匹布七百八十匹又租車一乘官格
四十斛成載私民雇價遠者五斗布一匹近者
一石布一匹準其私費一車布遠者八十匹近
者四十匹造船一艘計舉七百石準其雇價
應有一千四百匹今取布三百匹造船一艘并
船上覆治雜事計一船有剩布一千一百匹又
其造船之處皆須鋸材人功并削船茹依功多

少即給當州郡門兵不假更召汾州有租調之處去汾不過百里華州去河不滿六十並令計程依舊酬價車送船所船之所運唯達雷陂其陸路從雷陂至倉庫調一車雇絹一匹租一車布五匹則於公私爲便尚書度支郎中朱元旭計稱效立於公濟民爲本政列於朝潤國是先故大禹疏決以通四載之宜有漢穿引受納百川之用厥績顯於當時嘉聲播於圖史今校薛欽之說雖跡驗未彰而指況甚善所云以船代

車是其策之長者若以門兵造舟便爲闕彼防禦無容全依宜今取雇車之物市材執作及倉庫所須悉以營辦七月之始十月初旬令州郡綱典各租調於將所然後付之十車之中留車士四人佐其守護粟帛上船之日隨運至京將共監慎如有耗損其陪償河中缺失專歸運司輸京之時聽其即納不得雜合違失常體必使量上數下謹其受入自餘一如其列計底柱之難號爲天險迅驚千里未易其功然既陳便利

無容輒抑若效充其說則附例酬庸如其不驗徵填所損今始開創不可懸生減折且依請營立一年之後須知贏費歲遣御史校其虛實脫有乖越別更裁量尚書崔休以爲刻木爲舟用興上代鑿渠通運利盡中古是以漕輓河渭留侯以爲偉談方舟蜀漢酈生稱爲口實豈直張純之奏見美東都陳勰之功事高晉世其爲利益所從來久矣案欽所列實允事宜郎中之計備盡公理但舟檝所通遠近必至苟利公私不

宜止在前件昔人乃遠通褒斜以利關中之漕南達交廣以增京洛之饒況乃漳洹夷路河濟平流而不均彼省煩同茲巨益且鴻溝之引宋衛史牒具存討虜之通幽冀古迹備在舟車省益理實相懸水陸難易力用不等昔忝東州親逕　驗斯損益不可同年而語請諸通水運之處皆宜率同此式縱復五百三百里車運水次校計利饒猶爲不少其欽所列州郡如請興造東路諸州皆先通水運今年租調悉用舟檝

若舩數有闕且賃假充事比之僦車交成息耗其先未通流宜盡道檢行閑月脩治使理有可通必無壅滯如此則發召匪多爲益實廣一爾暫勞久安永逸錄尚書高陽王雍尚書僕射李崇等奏曰運漕之利今古攸同舟車息耗實相殊絶欽之所列關西而已若域內同行足爲公私巨益謹輙參量備如前計庶徵召有減勞止小康若此請蒙遂必須溝洫通流即求開興修築或先以開治或古跡仍在舊事可因用功差易

此冬閑月令疏通咸訖比春水之時使運漕無滯詔從之而未能盡行也

正光後四方多事加以水旱國用不足預折天下六年租調而徵之百姓怨苦民不堪命有司奏斷百官常給之酒計一歲所省合米五万三千五十四斛九升蘖穀六千九百六十斛麪三十万五百九十九斤其四時郊廟百神羣祀依式供營遠蕃使客不在斷限尒後寇賊轉衆諸將出征相繼奔敗所亡器械資粮不可勝數而關西喪失尤甚帑藏益以空竭有司又奏內外百官及諸蕃客廩食及肉悉二分減一計終歲省肉百五十九万九千八百五十六斤米五万三千九百三十二石

孝昌二年終稅京師田租畝五升借賃公田者畝一斗又稅市入者人一錢其店舍又爲五等收稅有差

莊帝初承喪亂之後倉廩虛罄遂班入粟之制輸粟八千石賞散侯六千石散伯四千石散

子三千石散男職人輸七百石賞一大階授以實官白民輸五百石聽依第出身一千石加一大階無第者輸五百石聽正九品出身一千石加一大階諸沙門有輸粟四千石入京倉者授本州統若無本州者授大州都若不入京倉入外州郡倉者三千石畿郡都統依州格若輸五百石入京倉者授本郡維那其無本郡者授以外郡粟入外州郡倉七百石者京倉三百石者授縣維那

孝靜天平初以遷民草創資產未立詔出粟一
百三十万石以賑之三年夏又賑遷民稟各四十
日其年秋幷肆汾建晉泰陝東雍南汾九州霜
旱民飢流散四年春詔所在開倉賑恤之而死
者甚衆時諸州調絹不依舊式齊獻武王以其
害民興和三年冬請班海內悉以四十尺爲度
天下利焉
河東郡有鹽池舊立官司以收稅利是時罷之
而民有富彊者專擅其用貧弱者不得資益延
興末復立監司量其貴賤節其賦入於是公私
兼利世宗即位政存寬簡復罷其禁與百姓共
之其國用所須別爲條制取足而已自後豪貴
之家復乘勢占奪近池之民又輒障吝彊弱相
陵聞於遠近神龜初太師高陽王雍太傅清河
王懌等奏鹽池天藏資育羣生仰惟先朝限者
亦不苟與細民競兹贏利但利起天池取用無
法或豪貴封護或近者吝守卑賤遠來超然絕
望是以因置主司令其裁察彊弱相兼務令得

所且十一之稅自古及今取輒以次所濟爲廣
自尒霑洽遠近齊平公私兩宜儲益不少及鼓
吹主簿王後興等詞稱請供百官食鹽二万斛
之外歲求輸馬千匹牛五百頭以此而推非可
稍計後中尉甄琛啟求罷禁被敕付議尚書執
奏稱琛啟坐談則理高行之則事闕請依常禁
爲允詔依琛計乃爲繞池之民尉保光等擅自
固護語其障禁倍於官司取與自由貴賤任口
若無大宥罪合推斷詳度二三深乖王法臣等

商量請依先朝之詔禁之爲便防姦息暴斷遣
輕重亦準前旨所置監司一同往式於是復置監
官以監檢焉其後更罷更立以至於永熙自遷
鄴後於滄瀛幽青四州之境傍海煮鹽滄州置
竈一千四百八十四瀛州置竈四百五十二幽
州置竈一百八十青州置竈五百四十六又於
邯鄲置竈四計終歲合收鹽二十万九千七百
二斛四升軍國所資得以周贍矣
魏初至於太和錢貨無所周流高祖始詔天下

用錢焉十九年冶鑄粗備文曰太和五銖詔京師及諸州鎮皆通行之內外百官祿皆準絹給錢絹匹爲錢二百在所遣錢工備爐冶民有欲鑄聽就鑄之銅必精練無所和雜世宗永平三年冬又鑄五銖錢肅宗初京師及諸州鎮或鑄或否或有止用古錢不行新鑄致商貨不通貿遷頗隔熙平初尚書令任城王澄上言臣聞洪範八政貨居二焉易稱天地之大德曰生聖人之大寶曰位何以守位曰仁何以聚人曰財財

者帝王所以聚人守位成養羣生奉順天德治國安民之本也夏殷之政九州貢金以定五品周仍其舊太公立九府之法於是國貨始行定銖兩之楷齊桓循用以霸諸侯降及秦始漢文遂有輕重之異吳濞鄧通之錢收利遍於天下河南之地猶甚多焉逮于孝武乃更造五銖其中毀鑄隨利改易故使錢有小大之品竊尋太和之錢高祖留心刱制後與五銖並行此乃不刊之式但臣竊聞之君子行禮不求變俗因其

所宜順而致用太和五銖雖利於京邑之肆而不入徐揚之市土貨既殊貿鬻亦異便於荆郢之邦者則礙於兖豫之域致使貧民有重困之切王道貽隔化之訟去永平三年都座奏斷天下用錢不依準式者時被敕云不行之錢雖有常禁其先用之處權可聽行至年末悉令斷之延昌二年徐州民儉刺史啓奏求行土錢旨聽權依舊用謹尋不行之錢律有明式指謂雞眼鐶鑿更無餘禁計河南諸州今所行者悉非制限

昔來繩禁愚竊惑焉又河北州鎮既無新造五銖設有舊者而復禁斷並不得行專以單絲之縑疎縷之布狹幅促度不中常式裂匹爲尺以濟有無至今徒成杼軸之勞不免飢寒之苦良由分截布帛壅塞錢貨實非救恤凍餒子育黎元謹惟自古以來錢品不一前後累代易變無常且錢之爲名欲泉流不已愚意謂今之太和與新鑄五銖及諸古錢方俗所使用者雖有大小之異並得通行貴賤之差自依鄉價庶貨環

海內公私無壅其不行之錢及盜鑄毀大爲小巧偽不如法者據律罪之詔曰錢行已久今東尚有事且依舊用澄又奏臣猥屬樞衡忝釐心力常願貨物均通書軌一範謹詳周禮外府掌邦布之入出布猶泉也其藏曰泉其流曰布然則錢之興也始於一品欲令世匠均同圜流無極爰暨周景降逮亡新易鑄相尋參差百品遂令接境乖商連邦隔貿臣比奏求宣下海內依式行錢登被旨勅錢行已久且可依舊謹重

參量以爲太和五銖乃大魏之通貨不朽之恒模寧可專貿於京邑不行於天下但今戎馬在郊江疆未一東南之州依舊爲便至於京西京北域內州鎮未用錢處行之則不足爲難塞之則有乖通典何者布帛不可尺寸而裂五穀則有負擔之難錢之爲用貫繦相屬不假斗斛之器不勞秤尺之平濟世之宜謂爲深允請並下諸方州鎮其太和及新鑄五銖幷古錢內外全好者不限大小悉聽行之雞眼鐶鑿依律而禁河南州鎮先用錢者既聽依舊不在斷限唯太和五銖二錢得用公造新者其餘雜種一用古錢生新之類普同禁約諸方之錢通用京師其聽依舊之處與太和錢及新造五銖並行若盜鑄者罪重常憲既欲均齊物品廛井斯和若不繩以嚴法無以肅玆違犯符旨一宣仍不遵用者刺史守令依律治罪詔從之而河北諸州舊少錢貨猶以他物交易錢略不入市也二年冬尚書崔亮奏恒農郡銅青谷有銅礦計一斗得銅

五兩四銖葦池谷礦計一斗得銅五兩鸞帳山礦計一斗得銅四兩河內郡王屋山礦計一斗得銅八兩南青州苑燭山齊州商山並是往昔銅官舊迹見在謹按鑄錢方興用銅處廣既有冶利並宜開鑄詔從之自後所行之錢民多私鑄稍就小薄價用彌賤建義初重盜鑄之禁開糾賞之格至永安二年秋詔更改鑄文曰永安五銖官自立爐起自九月至三年正月而止官欲貴錢乃出藏絹分遣使人於二市賣之絹匹

止錢二百而私市者猶三百利之所在盜鑄彌衆巧偽既多輕重非一四方州鎮用各不同遷鄴之後輕濫尤多武定初齊文襄王奏革其弊於是詔遣使人詣諸州鎮收銅及錢悉更改鑄其文仍舊然姦僥之徒越法趨利未幾之間漸復細薄六年文襄王以錢文五銖名須稱實宜稱錢一文重五銖者聽入市用計百錢重一斤四兩二十銖自餘皆準此為數其京邑二市天下州鎮郡縣之市各置二稱懸於市門私民所

用之稱皆準市稱以定輕重凡有私鑄悉不禁斷但重五銖然後聽用若入市之錢重不五銖或雖重五銖而多雜鉛鑞並不聽用若有輒以小薄雜錢入市有人糾獲其錢悉入告者其小薄之錢若即禁斷恐人交乏絕畿內五十日外州百日為限羣官參議咸以時穀頗貴請待有年上從之而止

食貨志六第十五　魏書一百一十

刑罰志七第十六　魏書一百一十一

二儀既判彙品生焉五才兼用廢一不可金木水火土咸相愛惡陰陽所育稟氣呈形鼓之以雷霆潤之以雲雨春夏以生長之秋冬以殺藏之斯則德刑之設著自神道聖人處天地之間率神祇之意生民有喜怒之性哀樂之心應感而動動而逾變淳化所陶下以惇朴故異章服畫衣冠示恥申禁而不敢犯其流既鋭姦黠萌生是以明法令立刑賞故書曰象以典刑流宥

五刑鞭作官刑扑作教刑金作贖刑怙終賊刑眚災肆赦舜命咎繇曰五刑有服五服三就五流有宅五宅三居夏刑則大辟二百臏辟三百宮辟五百劓墨各千殷因於夏蓋有損益周禮建三典刑邦國以五聽求民情八議以申之三刺以審之左嘉石平罷民右肺石達窮民宥不識宥過失宥遺忘赦幼弱赦耄耋赦惷愚周道既衰穆王荒耄命呂侯度作詳刑以詰四方五刑之屬增矣夫疑獄氾問與衆共之衆疑赦

之必察小大之比以成之先王之愛民如此刑成而不可變故君子盡心焉逮於戰國競任威刑以相呑噬商君以法經六篇入說於秦議參夷之誅連相坐之法風俗凋薄號爲虎狼及於始皇遂兼天下毀先王之典制挾書之禁法繁於秋荼網密於凝脂姦僞並生赭衣塞路獄犴淹積囹圄成市於是天下怨叛十室而九漢祖入關蠲削煩苛致三章之約文帝以仁厚斷獄四百幾致刑措孝武世以姦宄滋甚增律五十

餘篇宣帝時路溫舒上書曰夫獄者天下之命書曰與其殺不辜寧失有罪今治獄吏非不慈仁也上下相敺以刻爲明深者獲公名平者多後患故治獄吏皆欲人死非憎人也自安之道在人之死夫人情安則樂生痛則思死捶楚之下何求而不得故囚人不勝痛則飾辭以示之吏治者利其然則指導以明之上奏畏卻則鍛練而周內之雖咎繇聽之猶以爲死有餘罪何則文致之罪明也故天下之患莫深於獄宣帝

善之痛乎獄吏之害也久矣故曰古之立獄所以求生今之立獄所以求殺人不可不慎也于定國爲廷尉集諸法律凡九百六十卷大辟四百九十條千八百八十二事死罪決比凡三千四百七十二條諸斷罪當用者合二萬六千二百七十二條後漢二百年間律章無大增減魏武帝造甲子科條犯鈦左右趾者易以斗械明帝改士民罰金之坐除婦人加笞之制晉武帝以魏制峻密又詔車騎賈充集諸儒學刪定名

例爲二十卷并合二千九百餘條晉室喪亂中原蕩然魏氏承百王之末屬崩散之後典刑泯棄禮俗澆薄自太祖撥亂蕩滌華夏至于太和然後吏清政平斷獄省簡所謂百年而後勝殘去殺故權舉行事以著于篇

魏初禮俗純朴刑禁疏簡宣帝南遷復置四部大人坐王庭決辭訟以言語約束刻契記事無囹圄考訊之法諸犯罪者皆臨時決遣神元因循亡所革易

穆帝時劉聰石勒傾覆晉室帝將平其亂乃峻刑法每以軍令從事民乘寬政多以違命得罪死者以万計於是國落騷駭平文承業綏集離散

昭成建國二年當死者聽其家獻金馬以贖犯大逆者親族男女無少長皆斬男女不以禮交皆死民相殺者聽與死家馬牛四十九頭及送葬器物以平之無繫訊連逮之坐盜官物一備五私則備十法令明白百姓晏然

太祖幼遭艱難備嘗險阻具知民之情僞及在位躬行仁厚協和民庶既定中原患前代刑網峻密乃命三公郎王德除其法之酷切於民者約定科令大崇簡易是時天下民久苦兵亂畏法樂安帝知其若此乃鎮之以玄默罰必從輕兆庶欣戴焉然於大臣持法不捨季年災異屢見太祖不豫綱紀褫頓刑罰頗爲濫酷

太宗即位脩廢官恤民隱命南平公長孫嵩北新侯安同對理民訟庶政復有叙焉帝既練精庶事爲吏者浸以深文避罪

世祖即位以刑禁重神䴥中詔司徒崔浩定律令除五歲四歲刑增一年刑分大辟爲二科死斬死入絞大逆不道腰斬誅其同籍年十四已下腐刑女子没縣官害其親者轘之爲蠱毒者男女皆斬而焚其家巫蠱者負羖羊抱犬沉諸淵當刑者贖貧則加鞭二百畿内民富者燒炭於山貧者役於圊溷女子入舂槀其固疾不逮于人守苑囿王官階九品得以官爵除刑婦人

當刑而孕產後百日乃決年十四已下降刑之半八十及九歲非殺人不坐拷訊不踰四十九論刑者部主具狀公車鞫辭而三都決之當死者部案奏聞以死不可復生懼監官不能平獄成皆呈帝親臨問無異辭怨言乃絶之諸州國之大辟皆先讞報乃施行闕左懸登聞鼓人有窮冤則撾鼓公車上奏其表是後民官瀆貨帝思有以肅之太延三年詔天下吏民得舉告牧守之不法於是凡庶之凶悖

者專求牧宰之失迫脅在位取豪於閭閻而長吏咸降心以待之苟免而不恥貪暴猶自若也時輿駕數親征討及行幸四方真君五年命恭宗揔百揆監國少傅游雅上疏曰殿下親覽百揆經營內外昧旦而興諮詢國老臣職忝疑承司是獻替漢武時始啓河右四郡議諸疑罪而謫徙之十數年後邊郡充實並脩農戍孝宣因之以服北方此近世之事也帝王之於罪人非怒而誅之欲其從善而懲惡謫徙之苦其懲亦

深自非大逆正刑皆可從徙雖舉家投遠忻喜赴路力役終身不敢言苦且遠流分離心或思善如此姦邪可息邊垂足備恭宗善其言然未之行

六年春以有司斷法不平詔諸疑獄皆付中書依古經義論決之初盜律贓四十匹致大辟民多慢政峻其法贓三匹皆死正平元年詔曰刑網大密犯者更衆朕甚愍之其詳案律令務求厥中有不便於民者增損之於是游雅與中書侍郎胡方回等改定律制盜律復舊加故縱通情止舍之法及他罪凡三百九十一條門誅四大辟一百四十五刑二百二十一條有司雖增損條章猶未能闡明刑典

高宗初仍遵舊式太安四年始設酒禁是時年穀屢登士民多因酒致酗訟或議主政帝惡其若此故一切禁之釀沽飲皆斬之吉凶賓親則開禁有日程增置內外候官伺察諸曹外部州鎮至有微服雜亂於府寺間以求百官疵失其

所窮治有司苦加訊惻而多相誣逮輒劾以不敬諸司官贓二丈皆斬又增律七十九章門房之誅十有三大辟三十五刑六十二和平末冀州刺史源賀上言自非大逆手殺人者請原其命謫守邊戍詔從之

顯祖即位除口誤開酒禁帝勤於治功百僚內外莫不震肅及傳位高祖猶躬覽万機刑政嚴明顯拔清節沙汰貪鄙牧守之廉潔者往往有聞焉

延興四年詔自非大逆干紀者皆止其身罷門房之誅自獄付中書覆案後頗上下法遂罷之獄有大疑乃平議焉先是諸曹奏事多有疑請又口傳詔敕或致矯擅於是事無大小皆令據律正名不得疑奏合則制可失衷則彈詰之盡從中墨詔自是事咸精詳下莫敢相罔

顯祖末年尤重刑罰言及常用惻愴每於獄案必令覆鞫諸有囚繫或積年不斷羣臣頗

以爲言帝曰獄滯雖非治體不猶愈乎倉卒而濫也夫人幽苦則思善故囹圄與福堂同居朕欲其改悔而加以輕恕耳由是囚繫雖淹滯而刑罰多得其所又以赦令屢下則狂愚多僥幸故自延興終於季年不復下赦理官鞫囚杖限五十而有司欲免之則以細捶欲陷之則先大杖民多不勝而誣引或絕命於杖下顯祖知其若此乃爲之制其捶用荊平其節訊囚者其本大三分杖背者二分撻脛者一分

拷悉依令皆從於輕簡也

高祖馭宇留心刑法故事斬者皆裸形伏質入死者絞雖有律未之行也太和元年詔曰刑法所以禁暴息姦絕其命不在裸形其參詳舊典務從寬仁司徒元丕等奏言聖心垂仁恕之惠使受戮者免裸骸之恥普天感德莫不幸甚臣等謹議大逆及賊各棄市袒斬盜及吏受賕各絞刑踣諸甸師又詔曰民由化穆非嚴刑所制防之雖峻陷者甚衆今犯法至死同入斬刑去

衣裸體男女媟見豈齊之以法示之以禮者也今具爲之制

三年下詔曰治因政寬弊由網密今候職千數姦巧弄威重罪受賕不列細過吹毛而舉其一切罷之於是更置謹直者數百人以防諠鬭於街術吏民安其職業先是以律令不具姦吏用法致有輕重詔中書令高閭集中祕官等脩改舊文隨例增減又勑羣官參議厥衷經御刊定五年冬訖凡八百三十二章門房之誅十有六

大辟之罪二百三十五刑三百七十七除羣行剄刼首謀門誅律重者止梟首時法官及州郡縣不能以情折獄乃爲重枷大幾圍復以縋石懸於囚頸傷內至骨更使壯卒迭搏之囚率不堪因以誣服吏持此以爲能帝聞而傷之乃制非大逆有明證而不款辟者不得大枷律枉法十匹義贜二百匹大辟至八年始班祿制更定義贜一匹枉法無多少皆死是秋遣使者巡行天下糾守宰之不法坐贜死者四十餘人

食祿者跼蹐賕謁之路殆絕帝哀矜庶獄至於奏讞率從降恕全命徙邊歲以千計京師決死獄歲竟不過五六州鎮亦簡

十一年春詔曰三千之罪莫大於不孝而律不遜父母罪止髡刑於理未衷可更詳改又詔曰前命公卿論定刑典而門房之誅猶在律策違失周書父子異罪推古求情意甚無取可更議之刪除繁酷秋八月詔曰律文刑限三年便入極默坐無太半之校罪有死生之殊可詳案律條諸有此類更一刊定冬十月復詔公卿令參議之

十二年詔犯死罪若父母祖父母年老更無成人子孫又無朞親者仰案後列奏以待報著之令格

世宗即位意在寬政正始元年冬詔曰議獄定律有國攸慎輕重損益世或不同先朝垂心典憲刊革令軌但時屬征役未之詳究施於時用猶致疑舛尚書門下可於中書外省論律令諸有疑事斟酌新舊更加思理增減上下必令周

備隨有所立別以申聞庶於循變協時永作通制

永平元年秋七月詔尚書檢枷杖大小違制之由科其罪失尚書令高肇尚書僕射清河王懌尚書邢巒尚書李平尚書江陽王繼等奏曰臣等聞王者繼天子物爲民父母導之以德化齊之以刑法小大必以情哀矜而勿喜務於三訊五聽不以木石定獄伏惟陛下子愛蒼生恩侔天地疏網改祝仁過商后以枷杖之非度愍民

命之或傷爰降慈旨廣垂昭恤雖有虞慎獄
之深漢文惻隱之至亦未可共日而言矣謹案
獄官令諸察獄先備五聽之理盡求情之意又
驗諸證信事多疑似猶不首實者然後加以拷
掠諸犯年刑已上枷鎖流徙已上增以杻械迭
用不俱非大逆外叛之罪皆不大枷高杻重械
又無用石之文而法官州郡因緣增加遂爲恒
法進乖五聽退違令文誠宜案劾依旨科處但
踵行已久計不推坐檢杖之小大鞭之長短令

有定式但枷之輕重先無成制臣等參量造大
枷長一丈三尺喉下長一丈通頰木各方五寸
以擬大逆外叛杻械以掌流刑已上諸臺寺州
郡大枷請悉焚之枷本掌囚非拷訊所用從今
斷獄皆依令盡聽訊之理量人彊弱加之拷掠
不聽非法拷人兼以拷石自是枷杖之制頗有
定準未幾獄官肆虐稍復重大法例律五等列
爵及在官品令從第五以階當刑二歲免官者
三載之後聽仕降先階一等延昌二年春尚書

邢巒奏竊詳王公已下或析體宸極或著
勳當時咸胙土授民維城王室至於五等之爵
亦以功錫雖爵秩有異而號擬河山得之至難
失之永墜刑典既同名復殊絕請議所宜附爲
永制詔議律之制與八坐門下參論皆以爲官
人若罪本除名以職當刑猶有餘資復降階而
敘至於五等封爵除刑若盡永即甄削便同之
除名於例實爽愚謂自王公以下有封邑罪除
名三年之後宜各降本爵一等王及郡公降爲

縣公公爲侯侯爲伯伯爲子子爲男至于縣男
則降爲鄉男五等爵者亦依此而降至於散男
其鄉男無可降授者三年之後聽依其本品之
資出身詔從之其年秋符璽郎中高 賢弟員
外散騎侍郎仲賢叔司徒府主簿六珍等坐弟
季賢同元愉逆除名爲民會赦之後被旨勿論
尚書邢巒奏案季賢既受逆官爲其傳檄規扇
幽瀛遘茲禍亂據律準犯罪當孥戮兄叔坐法
法有明典賴蒙大宥身命獲全除名還民於其

爲辜然反逆坐重故支屬相及體既相及事同一科豈有赦前皆從流斬之罪赦後獨除反者之身又緣坐之罪不得以職除流且貨賕小愆寇盜微戾贓狀露驗者會赦猶除其名何有罪極裂冠釁均毀冕父子齊刑兄弟共罰赦前同斬從流赦後有復官之理依律則罪合孥戮準赦則例皆除名古人議無將之罪者毀其室洿其宮絕其蹤滅其類其宅猶棄而況人乎請依律處除名爲民詔曰死者既在赦前又員外非

在正侍之限便可悉聽復仕

三年尚書李平奏冀州阜城民費羊皮母亡家貧無以葬賣七歲子與同城人張回爲婢回轉賣於鄃縣民梁定之而不言良狀案盜律掠人掠賣人和賣人爲奴婢者死回故買羊皮女謀以轉賣依律處絞刑詔曰律稱和賣人者謂兩人詐取他財今羊皮賣女告回稱良張回利賤知良公買誠於律俱乖而兩各非詐此女雖父賣爲婢體本是良回轉賣之日應有遲疑而

賣者既以有罪買者不得不坐但賣者以天性難奪支屬易遺尊卑不同故罪有異買者知良故買又於彼無親若買同賣者即理不可何者賣五服內親屬在尊長者死此亦非掠從其真買暨於致罪刑死大殊明知買者之坐自應一例不得全如鈞議云買者之罪不過賣者之咎也且買者於彼無天性支屬之義何故得有差等之理又案別條知人掠盜之物而故買者以隨從論依此律文知人掠良從其宜買罪止

於流然其親屬相賣坐殊凡掠至於買者亦宜不等若處同流坐於法爲深準律斟降合刑五歲至如買者知是良人決便眞賣不語前人得之由緒前人謂眞奴婢更或轉賣因此流洞罔知所在家人追贖求訪無處永沈賤隸無復良期案其罪狀與掠無異且法嚴而姦易息政寬而民多犯水火之喻先典明文今謂買人親屬而復決賣不告前人良狀由緒處同掠罪

太保高陽王雍議曰州處張回專引盜律檢回

所犯本非和掠保證明然去盜遠矣今引以盜律之條處以和掠之罪原情究律實爲乖當如臣鈞之議知買掠良人者本無罪文何以言之羣盜彊盜無首從皆同和掠之罪故應不異明此自無正條引類以結罪臣鴻以轉賣流漂罪與掠等可謂罪人斯得案賊律云謀殺人而發覺者流從者五歲刑已傷及殺而還蘇者死從者流已殺者斬從而加功者死不加者流詳沈賊之與身死流漂之與腐骨一存一亡爲害孰甚

然賊律殺人有首從之科盜人賣買無唱和差等謀殺之與和掠同是良人應爲準例所以不引殺人減之降從彊盜之一科縱令謀殺之與彊盜俱得爲例而似從輕其義安在又云知人掠盜之物而故買者以隨從論此明禁暴掠之原遏姦盜之本非謂市之於親尊之手而同之於盜掠之刑竊謂五服相賣俱是良人所以容有差等之罪者明去掠盜理遠故從親疏爲差級尊卑爲輕重依律諸共犯罪皆以發意爲首

明賣買之元有由魁末之坐宜定若羊皮不云賣則回無買心則羊皮爲元首張回爲從坐首有沾刑之科從有極默之戾推之憲律法刑無據買者之罪宜各從賣者之坐又詳臣鴻之議有從他親屬買得良人而復眞賣不語後人由狀者處同掠罪既一爲婢賣與不賣俱非良人何必以不賣爲可原轉賣爲難恕張回之愆宜鞭一百賣子葬親孝誠可美而表賞之議未聞刑罰之科已降恐非敦風厲俗以德

導民之謂請免羊皮之罪公酬賣直詔曰羊皮賣女葬母孝誠可嘉便可特原張回雖買之於父不應轉賣可刑五歲先是皇族有譴皆不持訊時有宗士元顯富犯罪須鞫宗正約以舊制尚書李平奏以帝宗磐固周布於於天下其屬籍疏遠蔭官卑末無良犯憲理須推究請立限斷以爲定式詔曰雲來綿遠繁衍世滋植籍宗氏而爲不善量亦多矣先朝既無不訊之格而空相矯恃以長違暴諸在議

請之外可悉依常法其年六月兼廷尉卿元志監王靖等上言檢除名之例依律文獄成謂處罪案成者寺謂犯罪逕彈後使覆檢鞫證定刑罪狀彰露案署分昞獄理是誠若使案雖成雖已申省事下廷尉或寺以情狀未盡或邀駕撾鼓或門下立疑更付別使者可從未成之條其家人陳訴信其專辭而阻成斷便是曲遂於私有乖公體何者五詐既窮六備已立僥倖之輩更起異端進求延罪於漏刻退希不測之恩宥辯以惑正曲以亂直長民姦於下隳國法於上竊所未安大理正崔纂評楊機丞甲休律博士劉安元以爲律文獄已成及決竟經所綰而疑有姦欺不直於法及訴冤枉者得攝訐覆治之檢使處罪者雖已案成御史風彈以痛誣伏或拷不承引依證而科或有私嫌彊逼成罪家人訴枉辭案相背刑憲不輕理須訐鞫既爲公正豈疑於私如謂規不測之澤抑絕訟端則枉滯之徒終無申理若從其案成便乖覆治之律

然未判經赦及覆治理狀眞僞未分承前以來如此例皆得復職愚謂經奏遇赦及已覆治得爲獄成尚書李韶奏使雖結案處上廷尉解送至省及家人訴枉尚書納辭連解下鞫未檢遇宥者不得爲案成之獄推之情理謂崔纂等議爲允詔從之

熙平中有冀州妖賊延陵王買負罪逃亡赦書斷限之後不自歸首廷尉卿裴延儁上言法例律諸逃亡赦書斷限之後不自歸首者復罪如初依賊律謀反大逆處買梟首其延陵法權等所謂月光童子劉景暉者妖言惑衆事在赦後亦合死坐正崔纂以爲景暉云能變爲蛇雉此乃傍人之言雖殺暉爲無理恐赦暉復惑衆是以依違不敢專執當今不諱之朝不應行無罪之戮景暉九歲小兒口尚乳臭舉動云爲並不關已月光之稱不出其口皆姦吏無端橫生粉墨所謂爲之者巧殺之者能若以妖言惑衆據律應死然更不破■惑衆赦令之後方顯其

律令之外更求其罪赦律何以取信於天下天下焉得不疑於赦律乎書曰與殺無辜寧失有罪又案法例律八十已上八歲已下殺傷論坐者上請議者謂悼耄之罪不用此律愚以老智如尚父少惠如甘羅此非常之士可如其議景暉愚小自依凡律靈太后令曰景暉既經恩宥何得議加橫罪可謫略陽民餘如奏

時司州表河東郡民李憐生行毒藥案以死坐其母訴稱一身年老更無朞親例合上請檢籍

不謬未及判申憐母身喪州斷三年服終後乃行決司徒曹參軍許琰謂州判爲允主簿李瑒駮曰案法例律諸犯死罪若祖父母父母年七十已上無成人子孫旁無朞親者具狀上請流者鞭笞留養其親終則從流不在原赦之例檢上請之言非應府州所決毒殺人者斬妻子流計其所犯實重餘憲準之情律所虧不淺且憐既懷酖毒之心謂不可參隣人任計其母在猶宜闔門投畀況今死也引以三年之禮乎且給假殯葬足示仁寬今已卒哭不合更延可依法處斬流其妻子實足誡彼氓庶肅是刑章尚書蕭寶夤奏從瑒執詔從之

舊制直閤直後直齋武官隊主隊副等以比視官至於犯譴不得除罪尚書令任城王澄奏案諸州中正亦非品令所載又無祿恤先朝已來皆得當刑直閤等禁直上下有宿衛之勤理不應異靈太后令準中正

神龜中蘭陵公主駙馬都尉劉輝坐與河陰縣

民張智壽妹容妃陳慶和妹慧猛姦亂耽惑毆主傷胎輝懼罪逃亡門下處奏各入死刑智壽慶和並以知情不加防限處以流坐詔曰容妃慧猛恕死髡鞭付宮餘如奏尚書三公郎中崔纂執曰伏見旨募若獲劉輝者職人賞二階白民聽出身進一階厮役免役奴婢爲良案輝無叛逆之罪賞同反人劉宣明之格又尋門下處奏以容妃慧猛與輝私姦兩情耽惑令輝俠忿毆主傷胎雖律無正條罪合極法並處入死其

智壽等二家配敦煌爲兵天慈廣被不即
雖恕其命竊謂未可夫律令高皇帝所以治天
下不爲喜怒增減不由親疎改易案鬬律祖父
母父母忿怒以兵刃殺子孫者五歲刑毆殺者
四歲刑若心有愛憎而故殺者各加一等雖王
姬下降貴殊常妻然人婦之孕不得非一夕生
永平四年先朝舊格諸刑流及死皆首罪判官
後決從者事必因本以求支獄若以輝逃避便
應懸處未有捨其首罪而成其末從流死參差

或時未允門下中禁大臣職在敷奏昔邴吉爲
相不存鬬斃而問牛喘豈不以司別故也案容
妃等罪止於姦私若擒之穢席衆證分明即律
科處不越刑坐何得同宮掖之罪齊奚官之
案智壽口訴妹適司士曹參軍羅顯貴已生二女
於其夫則他家之母禮云婦人不二夫猶曰不
二天若私門失度罪在於夫釁非兄弟昔魏晉
未除五族之刑有免子戮母之坐何曾諍之謂
在室之女從父母之刑已醮之婦從夫家之刑

斯乃不刊之令軌古今之通議律期親相隱之
謂凡罪況姦私之醜豈得以同氣相證論刑過
其所犯語情又乖律憲案律姦罪無相緣之坐
不可借輝之忿加兄弟之刑夫刑人於市與衆
棄之爵人於朝與衆共之明不私於天下無欺
於耳目何得以　正刑書施行四海刑名一失
駟馬不追既有詔旨依即行下非律之案理宜
更請尚書元脩義以爲昔哀姜悖禮於魯齊侯
取而殺之春秋所譏又夏姬罪濫於陳國但責

徵舒而不非父母明婦人外成犯禮之愆無關
本屬況出適之妹釁及兄弟乎右僕射游肇奏
言臣等謬參樞轄獻替是司門下出納謨明常
則至於無良犯法職有司存劾罪結案本非其
事容妃等姦狀罪止於刑並處極法準律未當
出適之女坐及其兄推據典憲理實爲猛又輝
雖逃刑罪非孥戮募同大逆亦謂加重乖律之
案理宜陳請乞付有司重更詳議詔曰輝悖法
者之罪不可縱厚賞懸募必望擒獲容妃惠猛

與輝私亂因此耽惑主致非常此而不誅將何懲肅且已醮之女不應坐及昆弟但智壽慶和知妹姦情初不防禦招引劉輝共成淫醜敗風穢化理深其罰特敕門下結獄不拘恒司豈得一同常例以為通準且古有詔獄寧復一歸大理而尚書治本納言所屬弗究悖理之淺深不詳損化之多少違彼義途苟存執憲殊乖任寄深合罪責崔纂可免郎都坐尚書悉奪祿時孝昌已後天下淆亂法令不恒或寬或猛及介

朱擅權輕重肆意在官者多以深酷為能至遷鄴京畿群盜頗起有司奏立嚴制諸強盜殺人者首從皆斬妻子同籍配為樂戶其不殺人及贓不滿五匹魁首斬從者死妻子亦為樂戶小盜贓滿十匹已上魁首死妻子配驛從者流侍中孫騰上言謹詳法若畫一理尚不二不可喜怒由情而致輕重案律公私劫盜罪止流刑而比執事苦違好為穿鑿律令之外更立餘條通相糾之路班捉獲之賞斯乃刑書徒設獄訟更

煩法令滋彰盜賊多有非所謂不嚴而治遵守典故者矣臣以為升平之美義在省刑陵遲之弊必由峻法是以漢約三章天下歸德秦酷五刑率土瓦解禮訓君子律禁小人舉罪定名國有常辟至如眚災肆赦怙終賊刑經典垂言國朝成範隨時所用各有司存不宜巨細滋煩令民豫備恐防之彌堅攻之彌甚請諸犯盜之人悉准律令以明恒憲庶使刑殺折衷不得棄本從末詔從之

天平後遷移草剏百司多不奉法貨賄公行興和初齊文襄王入輔朝政以公平肅物大改其風至武定中法令嚴明四海知治矣

刑罰志七第十六　　魏書一百一十一

靈徵志八上第十七　　魏書一百一十二

帝王者配德天地協契陰陽發號施令動關幽顯是以克躬修政畏天敬神雖休勿休而不敢怠也化之所感其徵必至善惡之來報應如響斯蓋神祇眷顧告示禍福人主所以仰瞻俯察戒德慎行弭譴咎致休禎圓首之類咸納於仁壽然則治世之符亂邦之孽隨方而作厥迹不同眇自百王不可得而勝數矣今錄皇始之後災祥小大揔爲靈徵志

地震

洪範論曰地陰類大臣之象陰靜而不當動動者臣下彊盛將動而爲害之應也

太宗泰常四年二月甲子司州地震屋室盡搖動

世祖太延二年十一月丁卯并州地震

四年三月乙未京師地震

十一月丁亥幽兗二州地震

眞君二年五月丙午河東地震

高祖延興四年五月鴈門崎城有聲如雷自上西引十餘聲聲止地震

十月己亥京師地震

太和元年四月辛酉京師地震

五月統萬鎭地震有聲如雷

閏月秦州地震殷殷有聲四年正月雍州氐民齊男王反

二年二月丙子兗州地震四年十月蘭陵民桓富反殺其縣令

七月丁卯并州地震有聲

三年三月戊辰平州地震有聲如雷野雉皆雊

七月丁卯京師地震五年二月沙門法秀謀反

四年五月己酉并州地震

五年二月戊戌秦州地震

六年五月癸未秦州地震有聲

八月甲午秦州地震有聲如雷乙未又震

七年三月甲子秦州地震有聲

四月丁卯肆州地震有聲

六月甲子東雍州地震有聲

八年十一月丙申并州地震
十年正月辛未并州地震殷殷有聲
閏月丙午秦州地震
二月甲子京師地震丙寅又震
丙午秦州地有聲
三月壬子京師及營州地震十二年三月中散
梁衆保謀反
十九年二月己未光州地震東萊之牟平虞丘
山陷五所一處有水

二十年正月辛未并州地震
四月乙未營州地震十二月栢州刺史穆泰等
在州謀反誅
二十二年三月癸未營州地震
八月戊子兗州地震
九月辛卯并州地震
二十三年六月乙未京師地震
世宗景明元年六月庚午秦州地震
四年正月辛酉涼州地震

壬申并州地震
六月丁亥秦州地震
十二月辛巳秦州地震正始三年正月秦州民
王智等聚衆二千自號王公尋推秦州主簿呂
苟兒爲主
正始元年四月庚辰京師地震
六月乙巳京師地震
二年九月己丑恒州地震
三年七月己丑涼州地震殷殷有聲城門山崩

八月庚申秦州地震九月夏州長史曹明謀反
永平元年春正月庚寅秦州地震三年二月秦
州沙門劉光秀謀反
九月壬辰青州地震殷殷有聲
二年正月壬寅青州地震
四年五月庚戌恒定二州地震殷殷有聲
十月己巳恒州地震有聲如雷
延昌元年四月庚辰京師及并朔相冀定瀛六
州地震恒州之繁畤桑乾靈丘肆州之秀容鴈

門地震陷裂山崩泉湧殺五千三百一十人傷者二千七百二十二人牛馬雜畜死傷者三千餘後尒朱榮彊擅之徵也

十月壬申秦州地震有聲

十一月己酉定肆二州地震

十二月辛未京師地震東北有聲

二年三月己未濟州地震有聲

月丙戌京師地震

三年正月辛亥有司奏肆州上言秀容郡敷城縣自延昌二年四月地震於今不止尒朱榮徵也

四年正月癸丑華州地震

十一月甲午地震從西北來殷殷有聲丁酉又地震從東北來

肅宗熙平二年十二月乙巳秦州地震有聲

正光二年六月秦州地震有聲東北引五年莫折念生反

三年六月庚辰徐州地震孝昌元年元法僧反

孝靜武定三年冬并州地震

七年夏并州鄉郡地震

山崩

鴻範論曰山陽君也水陰民也天戒若曰君道崩壞百姓將失其所也

太祖天賜六年春三月恒山崩

世祖太延四年四月己酉華山崩其占曰山岳配天猶諸侯之係天子山岳崩諸侯有亡者沮渠牧犍將滅之應

世宗景明元年五月乙丑齊州山茌縣太陰山崩飛泉湧出殺一百五十九人

四年十一月丁巳恒山崩

正始元年十一月癸亥恒山崩

延昌三年八月辛巳兗州上言泰山崩頹石湧泉十七處泰山帝王告成封禪之所也而山崩泉湧陽黜而陰盛岱又齊地也天意若曰當有繼齊而興受禪讓者齊代魏之徵也

大風

京房易傳曰衆逆同志至德乃潛厥異風

太宗永興三年二月甲午京師大風五月己巳
昌黎王慕容伯兒謀反伏誅
十一月丙午又大風五年河西叛胡曹龍張大
頭等各領部衆二万入蒲子
四年正月癸卯元會而大風晦冥乃罷
五年十一月庚寅京師大風起自西方
神瑞元年四月京師大風
二年正月京師大風三月河西飢胡反屯聚上
黨推白亞栗斯爲盟主

世祖太延二年四月甲申京師暴風宫牆倒殺
數十人
三年十二月京師大風揚沙折樹
眞君元年二月京師有黑風竟天廣五丈餘四
月庚辰沮渠無諱寇張掖禿髮保周屯删丹
嶺
高宗和平二年三月壬午京師大風晦暝
高祖延興五年五月京師赤風
太和二年七月庚申武川鎮大風吹失六家羊

角而上不知所在
壬戌雍州赤風
三年六月壬辰相州大風從西上來發屋折樹
七年四月相豫二州大風
八年三月冀定相三州暴風
四月濟光幽肆雍齊六州暴風
九年六月庚戌濟洛肆相四州及靈丘廣昌鎮
暴風折木
十二年五月壬寅京師連日大風甲辰尤甚發

屋拔樹
六月壬申京師大風
十四年七月丁酉朔京師大風拔樹發屋
二十三年八月徐州自甲寅至己未大風拔樹
閏月庚申河州暴風大雨雹
世宗景明元年二月癸巳幽州暴風殺一百六
十一人
三年閏月甲午京師大風拔樹發屋吹折閶闔
門闕

九月丙辰幽岐梁東秦州暴風昏霧拔樹發屋

四年三月己未司州之河北河東正平平陽大風拔樹

正始元年七月戊辰東秦州暴風拔樹發屋

二年二月癸卯有黑風羊角而上起於柔玄鎮蓋地一頃所過拔樹甲辰至於營州東入於海

四年五月甲子京師大風

永平元年四月壬申京師大風拔樹八月癸亥冀州刺史京兆王愉據州反

志卅八 魏書百志十七 九 閏春

三年五月己亥南秦州廣業仇池郡大風發屋拔樹

延昌四年三月癸亥京師暴風從西北來發屋折樹

肅宗熙平二年九月瀛州暴風大雨自辛酉至於乙丑

正光三年四月癸酉京師暴風大雨發屋拔樹

四年四月辛巳京師大風

孝昌二年五月丙寅京師暴風拔樹發屋吹平昌門扉壞永寧九層撜折於時天下所在兵亂

前廢帝普泰元年夏大風雨吹普光寺門屋於地

孝靜武定七年三月頴川大風

大水

鴻範論曰大水者皆君臣治失而陰氣稸積盛彊生水雨之災也

太祖天賜三年八月霖雨大震山谷水溢

太宗泰常三年八月河內大水

志卅 魏書志十七 十 趙秀

世祖延和元年六月甲戌京師水溢壞民廬舍數百家

真君八年七月平州大水

高祖太和二年夏四月南豫徐兗州大霖雨

六年七月青雍二州大水

八月徐東徐兗濟平豫光七州平原枋頭廣阿臨濟四鎮大水

九年九月南豫朔二州各大水殺千餘人

二十二年戊午兗豫二州大霖雨

二十三年六月青齊光南青徐豫兗東豫八州大水

世宗景明元年七月青齊南青光徐兗豫東豫司州之潁川汲郡大水平隰一丈五尺民居全者十四五

正始二年三月青徐州大雨霖海水溢出於青州樂陵之隰沃縣流漂一百五十二人

永平三年七月州郡二十大水

延昌元年夏京師及四方大水

二年五月壽春大水

肅宗熙平元年六月徐州大水

二年九月冀瀛滄三州大水

正光二年夏定冀瀛相四州大水

孝昌三年秋京師大水

出帝太昌元年六月庚午京師大水穀水汎溢壞三百餘家

孝靜元象元年定冀瀛滄四州大水

興和四年滄州大水

湧泉

太宗泰常五年十二月壬辰湧泉出于平城

高宗和平五年十一月鴈門泉水穿石湧出

前廢帝普泰元年秋司徒府太倉前井並溢占曰民遷流之象永熙三年十月都遷於鄴

孝靜天平四年七月泰州井溢

元象元年二月鄴城西南有枯井溢

雨雹

洪範論曰陽之專氣爲雹陰之專氣爲霰此言

陽專而陰脅之陰專而陽薄之不能相入則轉而爲雹猶臣意不合於君心也

高祖延興四年四月庚午涇州大雹傷稼

承明元年四月辛酉青齊徐兗大風雹

八月庚申并州鄉郡大雹平地尺草木禾稼皆盡

癸未定州大雹殺人大者方圓二尺

世宗景明元年六月雍青二州大雨雹殺麞鹿

四年五月癸酉汾州大雨雹

六月乙巳汾州大雨雹草木禾稼雉兎皆死
七月甲戌暴風大雨雹起自汾州經并相司兖至徐州而止廣十里所過草木無遺
正始二年三月丁丑齊濟二州大雹雨雪
永平三年五月庚子南秦廣業郡大雨雹殺鳥獸禾稼

雪

鴻範論曰春秋之大雨雪猶庶徵之恒雨也然尤甚焉夫雨陰也雪又陰也大雪者陰之稸積盛甚也一曰與大水同冬故爲雪耳

世祖始光二年十月大雪數尺
眞君八年五月北鎮寒雪人畜凍死是時爲政嚴急
高祖太和四年九月甲子朔京師大風雨雪三尺
世宗正始元年五月壬戌武川鎮大雨雪
四年二月乙卯司相二州暴風大雨雪
九月壬申大雪
肅宗正光二年四月柔玄鎮大雪

霜

京房易傳曰興兵妄誅茲謂亡法厥災霜夏殺五穀冬殺麥誅不原情茲謂不仁夏先大霜
太祖天賜五年七月冀州霣霜
世祖太延元年七月庚辰大霣霜殺草木
高宗和平六年四月乙丑霣霜
高祖太和三年七月雍朔二州及枹罕吐京薄骨律敦煌仇池鎮竝大霜禾豆盡死

六年四月潁川郡霣霜
七年三月肆州風霜殺菽
九年四月雍青二州霣霜
六月洛肆相三州及司州靈丘廣昌鎮霣霜
十四年八月乙未汾州霣霜
世宗景明元年四月丙子夏州霣霜殺草
六月丁亥建興郡霣霜殺草
八月乙亥雍并朔夏汾五州司州之正平平陽頻暴風霣霜

二年三月辛亥齊州霣霜殺桑麥
四年三月壬戌雍州霣霜殺桑麥
辛巳青州霣霜殺桑麥
正始元年五月壬戌武川鎮霣霜
六月辛卯懷朔鎮霣霜
七月戊辰東秦州霣霜
八月庚子河州霣霜殺稼
二年四月齊州霣霜
五月壬申恒汾二州霣霜殺稼

七月辛巳豳岐二州霣霜
乙未敦煌霣霜
戊戌恒州霣霜
三年六月丙申安州霣霜
四年三月乙丑豳州頻霣霜
四月乙卯敦煌頻霣霜
八月河州霣霜
永平元年三月乙酉岐豳二州霣霜
己丑并州霣霜

四月戊午敦煌霣霜
二年四月辛亥武州鎮霣霜
延昌四年三月癸亥河南八州霣霜
肅宗熙平元年七月河南北十一州霜

無雲而雷

鴻範論曰雷陽也雲陰也有雲然後有雷有臣然後有君也雷託於雲君託於臣陰陽之合也故無雲而雷示君獨處無臣民也

顯祖皇興元年七月東北無雲而雷

二年七月東北有聲如雷
世宗延昌元年二月己酉有聲起東北南引殷殷如雷二聲而止

鼓妖

世祖太延四年十月辛酉北有聲如大鼓西北行

雷

鴻範論曰陽用事百八十三日而終陰用事亦百八十三日而終雷出地百八十三日而入地

入地百八十三日而復出地是其常經也故雷安万物安雷害万物害猶國也君安國亦安君害國亦害不當雷而雷皆失節也

世祖神麚元年十月己酉雨雷電

太延三年十月癸丑雷

四年十一月丁亥雷

高祖太和三年十一月庚戌豫州雷雨

戊申豫州大雷雨平地水三寸

四年十月戊戌雷

七年十一月辛巳幽州雷電城内盡赤

世宗景明二年十一月辛卯涼州雷七發聲

三年十二月己巳夜雷九發聲

正始元年十一月甲寅秦齊荆朔四州雷電

肅宗正光元年正月壬寅雷

震

春秋震夷伯之廟左丘明謂展氏有隱慝焉劉向以爲夷伯世大夫天戒若曰勿使大夫世官將專事也

太祖天賜六年四月震天安殿東序帝惡之令左校以衝車攻殿東西兩序屋毀之帝竟暴崩

顯祖皇興二年十一月夜震電

高祖太和三年五月戊午震東廟東中門屋南鴟尾

霧

班固說上不寬大包容臣下則不能居聖位皃言視聽以心爲主四者皆失則區霿無識故其咎霧

世祖太延四年正月庚子雨土如霧于洛陽

高祖太和十二年十一月丙戌土霧竟天六日不開到甲夜仍復濃密勃勃如火煙辛慘人鼻

世宗景明三年二月己丑秦州黄霧雨土覆地

八月己酉濁氣四塞

四年八月辛巳涼州雨土覆地亦如霧

正始二年正月己丑夜陰霧四塞初黑後赤

三年正月辛丑土霧四塞

九月壬申黑霧四塞

延昌元年二月甲戌黃霧蔽塞時高肇以外戚見寵兄弟受封同漢之五侯也

桃李花

庶徵之恒燠劉向班固以冬亡冰及霜不殺草之應京房易傳曰夏暑殺人冬則物華實

世祖眞君五年八月華林園諸果盡花

高祖延興五年八月中山桃李花

承明元年九月幽州民齊淵家杜樹結實既成一朝盡落花葉復生七日之中蔚如春狀

世宗景明四年十一月齊州東清河郡桃李花

延昌四年閏十月辛亥京師柰樹花

火不炎上

鴻範傳曰棄法律逐功臣殺太子以妾爲妻則火不炎上謂火失其性而爲災

高宗太安五年春三月肥如城内大火官私廬舍焚燒略盡唯有東西二寺佛圖像舍火獨不及

高祖太和八年五月戊寅河内沁縣澤自然稍增至百餘步五日乃滅

世宗景明元年三月乙巳恒岳祠災

肅宗正光元年五月鈎盾禁災

孝昌二年夏幽州遒縣地然

三年春瀛州城内大火燒三千餘家

出帝永熙三年二月永寧寺九層佛圖災既而時人咸言有人見佛圖飛入東海中永寧佛圖靈像所在天意若曰永寧見災魏不寧矣勃海齊獻武王之本封也神靈歸海則齊室將興之

驗也

三月并州三級寺南門災

孝靜天平四年秋鄴閶闔門東闕火

武定三年冬汾州西河地山有火潛行地下熱氣上出

黑眚黑祥

世祖始光二年正月甲寅夜東南有黑氣廣一丈長十丈占有兵二月慕容渇悉隣反於北平

顯祖皇興三年正月河濟起黑雲廣數里掩東陽城上昏暗如夜既而東陽城潰

世宗景明三年九月巳夘黑氣四塞甲辰揚州破蕭衍將張囂之斬級二千

赤眚

高祖太和二年十一月丁未夜有三白氣從地出須臾變爲黃赤光明照地

十六年九月丁巳昏時赤氣見於西北長二十丈廣八九尺食頃乃滅

世宗延昌元年三月丙申有赤氣見於天自夘至戌

肅宗正光元年十一月辛未西北赤氣竟天畔似火氣京師不見凉州以聞

三年九月甲辰夜西北有赤氣似火燗東西一匹餘北鎭反亂之徵

五年五月癸酉申時北有赤氣東西竟天如火燗

莊帝永安三年十一月己丑有赤氣如霧從顯陽殿階西南角斜屬步廊高一丈許連地如絳紗幔自未至戌不滅帝見而惡之終有幽崩之禍

孝靜天平三年正月巳亥戌時東方有赤氣可三丈餘三食頃而滅

青眚

莊帝永安三年六月甲子申時辰地有青氣廣四尺東頭緣山西北引至天半止西北戌地有黑赤黃雲如山峯頭有青氣廣四尺許東南引

至天半二氣相接東南氣前散西北氣後滅亦帝執崩之徵也

夜妖

班固說夜妖者雲風並起而杳冥故與常風同象也温而風則生螟螣之孽

世宗正始元年六月乙巳晦

八月甲辰晝晦

人痾

劉歆說貌之不恭是謂不肅上嫚下暴則陰氣

勝水傷百穀衣食不足姦宄並作故其極惡也
一曰民多被刑貌醜惡也班固以爲六畜謂之
既言其著也及人謂之痾痾病貌言寖深也
太宗永興三年民烏蘭喉下生骨狀如羊角長
一尺餘
高祖太和十六年五月尚書李沖奏定州中山
郡毋極縣民李班虎女獻容以去年九月二十
日右手大拇指甲下生毛九莖至十月二十日
長一尺二寸

肅宗熙平二年十一月己未并州表送祁縣民
韓僧眞女令姬從母右脅而生靈太后令付掖
庭
正光元年五月戊戌南兗州下蔡郡有大人跡
見行七步跡長一尺八寸廣七寸五分
高祖延興三年秋秀容郡婦人一產四男四產
十六男
莊帝永安三年十一月丁卯京師民家妻產男
一頭二身四手四脚三耳

太和十六年十一月乙亥高祖與沙門道登幸
侍中省日入六鼓見一鬼衣黃褶袴當戶欲入
帝以爲人叱之而退問諸左右咸言不見唯帝
與道登見之
顯祖皇興二年十月豫州疫民死十四五萬
世宗永平三年四月平陽之禽昌襄陵二縣大
疫自正月至是月死者二千七百三十人
金沴
太和十九年六月徐州表言丈八銅像汗流於
地

永安普泰永熙中京師平等寺定光金像每流
汗國有事變時咸畏異之
永安三年二月京師民家有二銅像各長尺餘
一頭下生白毫四一頰傍生黑毛一
龍蛇之孼
鴻範論曰龍鱗蟲也生於水雲亦水之象陰氣
盛故其象至也人君下悖人倫上亂天道必有
篡殺之禍

世祖神䴥三年三月有白龍二見于京師家人
井中
眞君六年二月丙辰有白龍見于京師家人井
中龍神物也而屈於井中皆世祖暴崩之徵也
肅宗正光元年八月有黑龍如狗南走至宣陽
門躍而上穿門樓下而出魏衰之徵也
莊帝永安二年晉陽龍見於井中久不去莊帝
暴崩晉陽之徵也
前廢帝普泰元年四月甲寅有龍跡自宣陽門

西出復入城乙夘群臣入賀帝曰國將興聽於
民將亡聽於神但當君臣上下克己爲治未足
恃此爲慶
馬禍
鴻範論曰馬者兵象也將有寇戎之事故馬爲
怪也
肅宗熙平二年十一月辛未恒州送馬駒肉尾
長一尺騣髮不生毛
正光元年九月沃野鎮官馬爲蟲入耳死者十

四五蟲似蠅長五寸已下大如櫡
牛禍
鴻範論易曰坤爲牛坤土也土氣亂則牛爲怪
一曰牛禍其象宗廟將滅一曰轉輸煩則牛生
禍
世宗景明二年五月冀州上言長樂郡牛
一頭二面二口三目三耳
羊禍
鴻範論曰君不明失政之所致

高祖太和二十三年三月肆州上言陽曲縣羊
生羔一頭二身一牝一牡三耳八足尋高祖崩
六輔專事
世宗正始元年七月鄯善鎮送羊羔一頭兩身
八脚
二年正月鄯善鎮送八脚羊
延昌四年五月薄骨律鎮上言羊羔一頭六足
兩尾
豕禍

京房傳曰凡妖象其類足多者所任邪也京房
易妖曰豕生人頭豕身者邑且亂亡
高祖延興元年九月有司奏豫州刺史臨淮公
王讓表有豬生子一頭二身八足
世宗景明四年九月梁州上言大豕交
正始四年八月京師豬生子一頭四耳兩身八
足
延昌四年七月徐州上言陽平戍豬生子頭面
似人頂有肉髻體無毛靈太后幼主傾覆之徵

也
雞禍
鴻範論曰京房傳曰雞小畜猶小臣也角者兵
之象在上君之威也此小臣執事者將秉君之
威以生亂不治之害
高祖太和元年夏五月有司奏京師有雌雞二
頭上生冠如角與衆雞異是時文明太后臨朝
信用群小之徵
世宗正始元年四月河南有雞雛四足四翼語

在崔光傳
八月司州上言河內民席衆家雞雛近尾上復
有一頭口目具二頭皆從頸後各有二翼二足
旁行是時世宗頗任羣小吏有朋黨邪使干
政之驗
延昌四年十二月洛州上言魏興太守常矯家
黃雌雞頭上肉角大如棗長寸三分角上生聚
毛長寸半
肅宗正光元年正月虎賁中郎將蘭兜家雞雄

雌二各頭上生兩角其毛雜色上聳過冠時靈
太后臨朝專政
羽蟲之孽
鴻範論曰視不明聽不聰之罰也
太宗泰常三年十一月京師獲白梟
肅宗正光二年八月己卯獲禿鶖鳥於殿內
孝昌二年四月民有送死鴨雛一頭兩身四足
四翅兩尾
孝靜天平二年三月雄雉飛入尚書省殿中獲

之
蝗蟲螟
鴻範論曰刑罰暴虐取利於下貪饕無厭以興
師動衆取邑治城而失衆心則蟲爲害矣
高祖太和五年七月敦煌鎮蝗秋稼略盡
六年七月青雍二州虸蚄害稼
八月徐東徐兖濟平豫光七州平原枋頭廣阿
臨濟四鎮蝗害稼
七年四月相豫二州蝗害稼

八年三月冀州相三州虸蚄害稼
四月濟光幽肆雍齊平七州蝗
六月乙巳相齊光青四州虸蚄害稼
十六年十月癸巳枹罕鎮蝗害稼
世宗景明元年五月青齊徐兖光南青六州虸
蚄害稼
四年三月壬午河州大螟二麥無遺
五月光州虸蚄害稼
六月河州大蝗

七月東萊郡虸蚄害稼
正始元年六月夏司二州蝗害稼
四年四月青州步屈蟲害棗花
八月涇州黃鼠蝗蟲班蟲河州虸蚄班蟲涼州
司州恒農郡蝗蟲並爲災
永平元年六月己巳涼州蝗害稼
五年五月青州步屈蟲害棗花
七月蝗蟲京師虸蚄
八月青齊光三州虸蚄害稼三分食二

肅宗熙平元年六月青齊光南青四州虸蚄害
稼
顯祖天安元年六月兖州有黑蟻與赤蟻交鬬
長六十步廣四寸赤蟻斷頭而死黑主北赤主
南十一月劉彧兖州刺史畢衆敬遣使内屬詔
鎮南大將軍尉元納之大破賊將周凱等
高祖太和十年七月并州治中張万壽表建興
濩澤縣民賈日成以去四月中養蠶有絲網成
幕中有卷物似絹帶長四尺廣三寸薄上復得

黃齒二狀如履形

世宗正始二年三月徐州蠶蛾喫人屈殘者一百一十餘人死者二十二人

毛蟲之孽

謂變常而爲異也

太祖登國中河南有虎七卧於河側三月乃去後一年蚍蜉白鹿盡渡河北後一年河水赤如血此衛辰滅亡之應及誅其族類悉投之河中其地遂空

孝靜元象元年正月有狼入城至硤石曹疑獲之

武定五年十二月北城銅爵臺上獲豹一

高祖太和元年五月辛亥有狐魅截人髮時文明太后臨朝行多不正之徵也

肅宗熙平二年自春京師有狐魅截人髮人相驚恐六月壬辰靈太后召諸截髮者使崇訓衞尉劉騰鞭之於千秋門外事同太和也

瑞圖外鎮王公刺史二千石令長酷暴百姓人民怨嗟則白鼠至

太宗永興三年二月京師民趙温家有白鼠以獻

三年春於北苑獲白鼠一尋死剖之腹中有三子盡白

四年三月上幸西宮獲白鼠一

八月御府民張安獲白鼠一

神瑞二年五月常獵于檻崘山獲白鼠一平城獲白鼠三

六月平城獲白鼠二

八月豫章王燾獲白鼠一

泰常元年十一月京師民獲白鼬一以獻

二年六月中山獲白鼠二

三年三月京師獲白鼠一

十一月京師獲白鼠一

世祖始光三年八月相州魏郡獲白鼠

太延元年八月鴈門獻白鼠

高祖太和二十三年八月京師獲白鼠

世宗景明四年五月京師獲白鼠

正始元年六月京師獲白鼠

肅宗熙平元年四月肆州表送白鼠

靈徵志八上第十七　　魏書一百一十二

靈徵志八下第十八　　魏書一百一十二

魏氏世居幽朔至獻帝世有神人言應南遷於是傳位於子聖武帝命令南徙山谷阻絕仍欲止焉復有神獸其形似馬其聲類牛先行導引積年乃出始居匈奴之故地

高祖延興元年十一月肆州秀容民獲麟以獻王者不刳胎剖卵則至

世祖神䴥三年七月冀州獻白龜王者不私人以官尊耆任舊無偏黨之應

高宗興安二年六月營州送大龜

高祖延興元年十二月徐州竹邑戍士邢德於彭城南一百二十里得蓍一株四十九枝下掘得大龜獻之詔曰龜蓍與經文相合所謂靈物也德可賜爵五等

三年六月京師獲大龜

肅宗神龜元年二月獲龜於九龍殿靈芝池大赦改元

孝靜武定三年十月有司奏南兗州陳留郡民

賈興達於家庭得毛龜一
天平四年八月有巨象至於南兗州碭郡民陳
天愛以告送京師大赦改年王者自養有節則
至
高祖太和二年十一月徐州獻黑狐周成王時
治致太平而黑狐見
三年五月獲白狐王者仁智則至
六月撫冥獲白狐以獻
八年六月徐州獲黑狐以獻

十年三月冀州獲九尾狐以獻王者六合一統
則見周文王時東夷歸之曰王者不傾於色則
至德至鳥獸亦至
十一年十一月冀州獲九尾狐以獻
二十三年正月司州河州各獻白狐狸
十九年六月司州平陽郡獲白狐以獻
世宗景明三年二月河州獻白狐
永平三年十月白狐見于汲郡
延昌四年四月兗州獻白狐

九月相州獻白狐
閏月汾州獻白狐二
肅宗正光二年三月南青州獻白狐二
三年六月平陽郡獻白狐
八月光州獻九尾狐
四年五月平陽郡獻白狐
孝靜天平四年四月西兗州獻白狐七月光州
獻九尾狐
元象元年四月光州獻九尾狐

二年二月光州獻九尾狐
興和三年五月司州獻九尾狐
十二月魏郡獻白狐
四年四月瀛州獻白狐二
武定元年七月幽州獲白狐以獻上
三年七月瀛州獻白狐二牡一牝
九月西兗州獻白狐
太和二年十一月辛未泰州獻五色狗
三年三月齊州獻五色狗其五色如畫

太祖天興四年五月魏郡斥丘縣獲白鹿王者
惠及下則至
太宗永興四年九月建興郡獻白鹿
世祖神䴥元年二月定州獲白䴥白䴥鹿又見
于樂陵因以改元
三年二月白鹿見于代郡倒剌山
太延四年十二月相州獻白鹿
眞君八年五月洛州送白鹿
高宗太安二年十月白鹿見於京師西苑

高祖承明元年六月秦州獻白鹿
太和元年正月白鹿見於秦州
三月白鹿見於青州
四年正月南豫州獻白鹿
十九年七月司州獲白鹿麑以獻
二十年六月司州獻白鹿
世宗景明元年四月荆州獻白鹿
永平四年八月平州獻白鹿
延昌二年五月齊州獻白鹿

四年六月司州獻白鹿
肅宗熙平元年五月濟州獻白鹿
二年五月司州獻白鹿
神龜二年六月徐州獻白鹿
孝靜元象元年六月齊獻武王獲白鹿以獻
武定元年六月兖州獻白鹿
太祖登國六年十二月上獵親獲鹿一角召問
群臣皆曰鹿當二角今一是諸國將并之應也
高祖太和三年三月肆州獻一角鹿

神龜元年七月徐州獻一角鹿
世宗正始二年九月後軍將軍尒朱新興獻一
角獸天下平一則至
肅宗熙平元年十一月肆州獻一角獸
神龜二年九月徐州獻一角獸
高宗太安三年三月有白狼一見於太平郡議
者曰古今瑞應多矣然白狼見於成湯之世故
殷道用興太平嘉名也又先帝本封之國而白
狼見焉無窮之徵也周宣王得之而犬戎服

太宗永興四年十二月章安子封懿獻白麞王
者刑罰理則至
高祖太和二年十二月懷州獻白麞
三年五月白麞見於豫州
二十三年正月華州獻白麞
肅宗熙平二年三月徐州獻白麞
神龜二年七月徐州獻白麞
孝靜武定七年七月瀛州獻白麞
高祖太和七年六月青州獻三足烏王者慈孝

天地則至
十三年十一月滎陽獻三足烏
十四年六月懷州獻三足烏
十五年閏月濟州獻三足烏
十七年五月冀州獻三足烏
二十年六月豫州獻三足烏
二十三年六月冀州獻三足烏
世宗景明元年五月徐州獻三足烏
三年二月豫州獻三足烏

四年六月幽州獻四足烏
正始元年二月冀州獻三足烏
五月幽州獻三足烏
是月相州獻三足烏
六月定州獻三足烏
二年五月肆州獻三足烏
三年三月豫州獻三足烏
是月豫州又獻三足烏
永平元年四月豫州獻三足烏

延昌三年二月冀州獻三足烏
肅宗熙平元年四月汲郡獻三足烏
二年四月東郡獻三足烏
是月豫州獻三足烏
南兖州又獻三足烏
神龜元年八月雍州獻三足烏
二年五月頴川郡獻三足烏
正光元年四月濟州獻三足烏
是月濟州又獻三足烏

二年閏月東郡獻三足烏
三年五月東郡獻三足烏
潁川郡許昌縣獻三足烏
肆州獻三足烏
六月冀州獻三足烏
四年六月瀛州獻三足烏
出帝太昌元年五月齊獻武王獲三足烏以獻
孝靜元象二年四月京師獲三足烏
武定三年五月瀛州獻三足烏

四年四月潁州獻三足烏
五月潁州又獻三足烏
高祖太和二年七月白烏見于涼州王者宗廟
肅敬則至
九月白烏見於京師
三年五月白烏見於豫州
九月白烏見於秦州
十七年六月兗州獻白烏
二十三年十二月司州獻白烏

世宗正始二年五月司州獻白烏
三年九月潁川郡獻白烏
四年七月潁川又獻白烏
永平元年四月潁川獻白烏
延昌二年八月平陽郡獻白烏
三年六月冀州獻白烏
肅宗正光元年十月幽州獻白烏
孝靜天平二年七月齊獻武王獲白烏以獻
元象元年五月冀州獲白烏

二年八月徐州表濟陰郡廳事前槐樹烏巢於
上烏母死有鵲銜食餔烏兒不失其時並皆長
大賞太守帛十匹
興和四年四月魏郡貴鄉縣獲白烏鶵
五月京師獲白烏是月陽夏郡獻白烏
七月北豫州獻白烏
十月瀛州獻白烏
武定元年六月東郡民獻白烏
三年五月北豫州獻白烏

是月廣宗郡獻白烏
頼州又獻白烏
六月滄州獻白烏
四年四月梁州獻白烏
五月濟州獻白烏
八月陽夏郡獻白烏
高祖太和二年二月涼州獻赤烏周武王時銜
麥至而克殷
肅宗熙平元年二月赤烏見肆州秀容郡

神龜元年四月赤烏見并州之晉陽縣
世宗景明二年十二月南青州獻蒼烏君修行
孝慈万姓不好殺生則至
正始二年五月雍州獻蒼烏
六月雍州又獻蒼烏
永平二年四月河內獻蒼烏
肅宗熙平元年六月冀州獻蒼烏
前廢帝普泰元年五月河內獻蒼烏
孝靜興和四年五月濟州獻蒼烏

七月瀛州又獻蒼烏
武定元年四月兗州獻蒼烏
五月濟州又獻蒼烏
二年五月京師獲蒼烏
三年六月京師獲蒼烏
十月光州獻蒼烏
高祖延興二年四月幽州獻白鵲
四年九月白鵲見於中山
承明元年八月定冀二州俱獻白鵲

十一月定州又獻白鵲
太和二年十一月洛州獻白鵲
肅宗熙平元年正月定州獻白鵲
正光四年正月京師獲白鵲
孝靜興平二年五月京師獲白鵲
武定二年七月林慮獻白鵲
三年六月京師獲白鵲
世祖太平眞君二年七月天有黃光洞照議者
僉謂榮光也

高宗興光元年二月有雲五色所謂景雲太平之應也
景明二年六月有雲五色見於申酉之間
出帝太昌元年六月日初出有大黃氣成抱
世祖始光四年六月甘露降于太學王者德至天和氣盛則降又王者敬老則栢受甘露王者尊賢愛老不失細微則竹葦受
神䴥元年二月甘露降于范陽郡
二年四月甘露降于鄴

六月甘露降于平城宮
三年三月甘露降于鄴
四年五月甘露降于河西
太平真君元年四月甘露降于平原郡
高宗太安二年七月甘露降于常山郡
和平二年七月甘露降於京師
世宗景明三年八月甘露降於青州新城縣
永平元年十月甘露降於青州益都縣
延昌二年九月甘露降于齊州清河郡
三年十月齊州上言甘露降
四年七月甘露降於京師
肅宗正光三年十月甘露降華林園栢樹
四年八月甘露降顯美縣
孝靜元象二年三月甘露降於京師
武定五年十月甘露降齊文襄王第門柳樹
六年三月甘露降於京師
四月太山郡上言甘露降
太祖天興二年七月獲嘉禾於平城縣異莖同

穎
八月廣甯送嘉禾一莖十一穗平城南十里郊
嘉禾一莖九穗告于宗廟
太宗永興二年十月嘉禾生于清河郡
太常三年八月嘉禾生于勃海郡東光縣
世祖神䴥二年七月嘉禾生于魏郡安陽縣三本同穎
高祖承明元年八月齊州獻嘉禾
太和三年九月齊州獻嘉禾

五年八月常山獻嘉禾
七年八月定州獻嘉禾
世宗景明元年七月齊州獻嘉禾
三年七月齊州獻嘉禾
四年八月冀州獻嘉禾
正始元年八月濟州獻嘉禾
二年六月齊州獻嘉禾七月魯陽郡獻嘉禾八
月司州獻嘉禾
三年七月冀州獻嘉禾

永平三年八月滎陽獻嘉禾
肅宗熙平二年八月幽州獻嘉禾三本同穗
正光二年七月朔州獻嘉禾
三年八月肆州獻嘉禾一根生六穗
孝靜天平三年七月魏郡獻嘉禾
四年八月并州獻嘉禾
是月京師又獲嘉禾
虞曹郎中司馬仲璨又獻嘉禾一莖五穗
元象元年八月東雍州獻嘉禾

興和三年八月南青州獻嘉禾
四年八月京師再獲嘉禾
武定二年八月京師獲嘉禾
三年八月并州獻嘉禾
高祖太和三年十月徐州獻嘉瓠一蔕兩實
太祖天興二年七月并州獻白兔一王者敬耆
老則見
三年五月車駕東巡幸廣寧有白兔見於乘輿
前獲之

四年正月并州獻白兔
太宗永興三年上獵於西山獲白兔
八月京師獲白兔
泰常元年十一月定州安平縣獻白兔
二年六月京師獲白兔
三年六月頓丘郡獲白兔
世祖始光三年五月洛州獻黑兔
神䴥元年九月章武郡獻白兔
四年二月勃海郡獻白兔

眞君七年二月青州獻白兎二
高宗和平三年十月雲中獲白兎
四年閏月鄴縣獲白兎
高祖延興五年四月白兎見于代郡
承明元年八月白兎見于雲中
太和元年六月雍州周城縣獻白兎
三年三月吐京鎭獻白兎
八年六月徐州獻白兎
十八年十月瀛州獻白兎

二十年七月汲郡獻黑兎
七月京師獲白兎
二十三年獲黑兎
世宗景明元年十一月河州獻白兎
三年四月潁川郡獻白兎
八月河內郡獻白兎
四年六月河內郡獻白兎
七月夏州獻黑兎
正始元年三月河南郡獻黑兎

四月魯陽郡獻白兎
二年八月東郡獻白兎
九月河內郡獻黑兎
是月肆州獻白兎東郡又獻白兎
三年七月薄骨律鎭獻白兎
九月肆州獻白兎
四年四月河內郡獻白兎
永平元年四月濟州獻白兎
五月河內獻黑兎

十月樂安郡獲白兎
二年二月相州獻白兎
延昌三年七月豫州獻白兎
四年三月河南獻白兎
八月河南又獻白兎
九月河內又獻白兎
肅宗熙平二年四月豫州獻白兎
五月東郡獻白兎
六月京師獲白兎

十一月鄯善鎮獻白兎
神龜元年六月京師獲黑兎
二年八月正平郡獻白兎
九月正平郡又獻白兎
十月京師獲黑兎
正光元年正月徐州獻白兎
五月冀州獻白兎
三年五月徐州獻白兎二
是月冀州獻白兎

孝靜天平二年八月光州獻白兎
四年十月光州獻白兎
元象元年五月徐州獲白兎
六月齊獻武王獲白兎以獻
是月濮陽郡獻白兎
興和二年四月徐州獻白兎
六月京師獲白兎
四年正月光州獻白兎
武定元年三月瀛州獻白兎

月汲郡獻白兎
六年十一月武平鎮獻白兎
太祖天興五年八月上曜軍覽谷見白鷰一
太宗永興三年六月京師獲白鷰
四年閏月京師又獲白鷰
泰常二年六月京師獲白鷰
高祖太和二年三月白鷰見於并州
八年四月白鷰集于京師
是月代郡獻白鷰

二十三年八月荊州獻白鷰
閏月正平郡獻白鷰
世宗景明三年六月涇州獻白鷰
肅宗熙平元年七月京師獲白鷰
孝靜元象元年八月西中府獻白鷰
興和二年三月京師獲白鷰
武定三年六月北豫州獻白鷰
太宗泰常八年五月鴈門獻白雀王者爵祿
則白雀至

世祖神䴥元年九月滄水郡獻白雀
十月魏郡獻白雀
眞君八年五月鴈門郡獻白雀
高祖延興二年二月白雀見于扶風郡
三年五月白雀見于代郡
四年正月青州獻白雀
太和三年五月白雀見於豫州
十三年正月清河武城縣獻白雀
世宗景明三年六月滎陽郡獻白雀

十月薄骨律鎭獻白雀
四年三月敦煌鎭獻白雀
五月京師獲白雀
六月恒農郡獻白雀
七月京師獲白雀
正始二年七月薄骨律鎭獻白雀
三年四月獲白雀於京師
十月河州獻白雀
十二月雍州獻白雀

四年二月豫州獻白雀
永平三年七月京師獲白雀
延昌三年七月河南郡獲白雀
十一月秦州獻白雀
四年五月滎陽獻白雀
八月秦州獻白雀
是月青州獻白雀
是月恒州獻白雀
是月洛陽獲白雀

十一月荆州獻白雀
肅宗熙平元年四月京師再獲白雀
七月宫中獲白雀
二年四月華州獻白雀
六年相州獻白雀
是月薄骨律鎭獻白雀
七月京師獲白雀
八月薄骨律鎭又獻白雀
是月京師獲白雀

十一月京師獲白雀
神龜元年五月京師獲白雀
六月京師獲白雀二
八月薄骨律鎮獻白雀
二年五月徐州獻白雀
是月京師獲白雀
三年七月京師又獲白雀
正光元年六月京師獲白雀
二年六月光州獻白雀

三年四月京師獲白雀
六月滎陽郡獻白雀
八月濟州獻白雀
是月光州獻白雀
九月白雀見舍人省
四年六月京師獲白雀
七月京師獲白雀
出帝太昌元年四月京師獲白雀
孝靜天平二年五月北豫州獻白雀

三年七月京師獲白雀
四年七月兖州獻白雀
元象元年五月京師獲白雀
六月京師獲白雀
七月肆州獻白雀
是月齊獻武王獲白雀
二年五月京師獲白雀
六月齊文襄王獲白雀以獻
是月南兖州獲白雀

七月京師獲白雀
興和二年四月京師獲白雀
閏月京師獲白雀
六月光州獻白雀
七月京師獲白雀
三年五月京師獲白雀
四年正月京師獲白雀
六月京師獲白雀
七月京師獲白雀

武定元年六月京師獲白雀
七月京師獲白雀
三年五月梁州獲白雀
七月京師獲白雀
十月兗州獲白雀
四年六月京師獲白雀
六年六月京師獲白雀
世宗景明三年三月濟州獻赤雀周文王時銜
書至

四年五月獲赤雀於京師
永平元年四月京師獲赤雀
肅宗孝昌三年四月河南獲赤雀以獻
高宗和平四年三月冀州獻白鳩殷湯時至王
者養耆老遵道德不以新失舊則至
高祖承明元年十一月冀州獻白鳩
太和二十三年七月瀛州獻白鳩
八月滎陽郡獻白鳩
世宗景明三年七月涇州獻白鳩

正始元年十月京師獲白鳩
是月建興郡獻白鳩
二年四月并州獻白鳩
七月冀州獻白鳩二
三年七月夏州獻白鳩
永平元年六月洛州獻白鳩
肅宗熙平二年九月汲郡獻白鳩
太祖天興四年春新興太守上言晉昌民賈相
昔年二十二爲鴈門郡吏入句注西陘見一老

父謂相曰自今以後四十二年當有聖人出於
北方時當大樂子孫永長吾不及見之言終而
過相顧視之父老化爲石人相今七十下撿石
人見存至帝破慕容寶之歲四十二年
眞君五年二月張掖郡上言往曹氏之世丘池
縣大柳谷山石表龍馬之形石馬脊文曰大討
曹而晉氏代魏今石文記國家祖宗諱著受命
之符乃遣使圖寫其文大石有五皆靑質白章
間成文字其二石記張呂之前已然之効其三

石記國家祖宗以至于今其文記昭成皇后諱繼世四六天法平天下大安凡十四字次記太祖道武皇帝諱應王載記千歲凡七字次記太宗明元皇帝諱長子二百二十年凡六字次記太平天王繼世主治凡八字次記皇太子諱邑封太山凡五字初上封太平王天文圖錄又授太平真君之號與石文相應太宗名諱之後有一人象攜一小兒見者皆曰上愛皇孫提攜臥起不離左右此即上象靈契真天授也於是衛

大將軍樂安王範輔國大將軍建寧王崇征西大將軍常山王素征南大將軍恒農王奚斤上奏曰臣聞帝王之興必有受命之符故能經緯三才維建皇極三五之盛莫不同之伏羲有河圖八卦夏禹有洛書九疇至乃神功播于往古聖跡顯于來世伏惟陛下德合乾坤明並日月固天縱聖應運挺生上靈垂顧徵善備集是以始光元年經天師奉天文圖錄授太平真君之號陛下深執虛沖歷年乃受精誠感于靈物信惠協于天人用能威加四海澤流宇內溥天率土無思不服今張掖郡列言丘池縣大柳谷山大石有青質白章間成文字記國家祖宗之諱著受命歷數之符王公已下羣司百辟觀此圖文莫不感動僉曰自古以來禎祥之驗未有今日之煥炳也斯乃上靈降命國家無窮之徵也臣等幸遭盛化沐浴光寵無以對揚天休增廣天地謹與羣臣參議宜以石文之徵宣告四海令方外僭竊知天命有歸制曰此天地況施乃

先祖父之遺徵豈朕一人所能獨致可如所奏

太和元年冬十月南部尚書安定侯鄧宗慶奏鄉郡民李飛太原民王顯前列稱詣京南山採藥到遊越谷南嶺下見清碧石柱數百枚被詔案檢稱所見青碧柱長者一匹相接而上或方一尺二寸或方一尺方楞悉就其數既多不可具數請付作曹採用奏可時人神異之

顯祖皇興三年六月尉元表臣於彭城遣別將以八月至睢口邀賊將陳顯達有戰士於營外

五里㽞牧見一白頭翁乘白馬將軍呼之語稱至十八日辰必來到此語汝將軍領衆從東北臨入我當驅賊令走申時賊必大破宿豫淮陽皆剋無疑我當與汝國家淮畔爲斷下邳城我當驅出不勞兵力後十日此人復於彭城南戲馬臺東二里見白頭翁亦乘白馬從東北來呼此人謂曰我與東海四瀆太山北嶽神共行淮北助汝二將蕩除已定汝上下喜不因忽然不見詔元於老人前後見所爲壇表記之

肅宗孝昌二年十月揚州刺史李憲表云門下督周伏興以去七月患假還家至十一日夜夢渡肥水行至草堂寺南遥見七人一人乘馬著朱衣籠冠六人從後興路左而立至便再拜問興何人興對曰李公門下督蹔使硤石其人語興君可回我是孝文皇帝中書舍人遣語李憲勿憂賊堰此月破矣興行兩步録興姓字令興速白興寤曉遂還城具言夢狀七月二十七日堰破

世祖延和三年三月樂安王範獲玉璽一文曰皇帝璽以獻

太延元年自三月不雨至六月使有司遍請羣神數日大雨是日有婦人持一玉印至潞縣侯孫家賣之孫家得印竒之求訪婦人莫知所在其文曰旱疫平寇天師曰龍文紐書云此神中三字印也

高宗和平三年四月河内人張超於壞樓所城北故佛圖處獲玉印以獻印方二寸其文曰富樂日昌永保無疆福禄日臻長享万年玉色光潤模制精巧百寮咸曰神明所授非人爲也詔天下大酺三日

高祖承明元年八月上谷郡民獻玉印上有蛟龍文

太和元年三月武川鎮獻玉印青質素文其文曰太昌

六月雍州獻玉印

是月長安鎮獻玉印一上有龜紐下有文字色

甚鮮白有殊常玉
三年七月定州鉅鹿民獻玉印一方七分上有文
字
世宗永平元年四月瀛州民獲玉璧玉印各一
以獻
肅宗熙平二年十一月京師仍獲玉璽二
孝靜興和三年二月東郡白馬縣民獻玉印一
太宗永興三年十二月北塞候人獲玉板二以
獻王者慈仁則見

孝靜天平二年二月員外散騎常侍穆禮得玉
板一廣三寸長尺五寸頭有兩孔以獻
高祖承明元年九月京兆民獻青玉璧一雙文
色炳煥王者賢良美德則至
肅宗正光三年六月并州靜林寺僧在陽邑城
西橡谷掘藥得玉璧五珪十印一玉柱一玉蓋
一並以獻
高祖太和五年六月上邽鎮將上言於鎮城西
二百五十里射獵於營南千水中得玉車釧三

枚二青一赤制狀甚精
孝靜興和四年七月鄴縣民獻白玉一璞
肅宗熙平二年正月金出岐州橫水縣赤粟谷
太祖天興三年四月有木連理生于代郡天門
關之路左王者德澤純洽八方爲一則生
八月勃海上言脩縣東光縣木連理各一
十二月豫州上言木連理生于河内之沁縣
四年春河内郡木連理二
八月魏郡上言内黃縣木連理

太宗泰常元年十月范陽郡上言木連理
十一月常山郡上言木連理
三年正月勃海上言東光縣木連理
八月廣寧郡上言木連理
世祖神䴥四年九月滎陽郡上言木連理
延和二年三月樓煩南山木連理
三年九月上谷郡上言木連理
太延元年二月魏郡上言木連理
五年二月遼西上言木連理

高祖延興元年十一月祕書令楊崇奏鍾律郎
李生於京師見長生連理樹
承明元年九月并州上言木連理相去二丈二
尺中有五枝相連
太和元年三月冀州上言木連理
十七年六月京師木連理
十八年十月河南上言鞏縣木連理
二十三年十月并州上言百節連理生縣甕山
濟州上言木連理

十二月瀛州上言木連理
世宗景明二年正月瀛州上言平舒縣木連理
三年正月潁川郡上言木連理
二月平陽郡上言襄陵縣木連理
四月荊州上言南陽宛縣木連理
六月徐州上言東海木連理
十月秦州上言南稻新興二縣木連理各一
四年二月趙平郡上言鶉觚縣木連理
二月齊郡上言臨淄縣木連理

四月汾州上言五城郡木連理
五月青州上言莒縣木連理
六月恒農盧氏縣木連理
是月徐州上言梁郡下邑縣木連理
九月秦州上言當亭四縣界各木連理
正始元年五月司州上言滎陽京縣木連理
六月京師西苑木連理
七月河東郡上言聞喜縣木連理
八月河南郡上言慈水濵木連理

十月恒農郡上言崤縣木連理
十二月涼州上言石城縣木連理
二年正月汾州上言平昌縣木連理
二月司州上言崤縣木連理
九月司州上言潁川陽翟縣木連理
三年六月汾州上言永安縣木連理
是月京師木連理
七月潁川陽翟縣上言木連理
是月建德郡上言石城縣木連理

永平元年四月司州上言潁川郡木連理
二年四月司州上言恒農北陝縣木連理
三年十一月夏州上言橫風山木連理
延昌二年正月徐州上言建陵戍木連理
三年正月司州上言軹縣木連理
四年三月冀州上言信都縣木連理
六月京師木連理
九月雍州上言鄠縣木連理
肅宗熙平元年正月光州上言曲城縣木連理

二年十一月京師木連理
十二月敦煌鎮上言晉昌戍木連理
神龜元年正月汾州上言永安縣木連理
三月滄州上言饒安縣木連理
八月燕州上言上谷郡木連理
九月秦州上言隴西之武陽山木連理
二年六月夏州上言山鹿縣木連理
正光元年五月并州上言上黨東山谷中木連理

十一月齊州上言濟南郡靈壽山木連理
二年六月齊州上言魏郡逢陵縣木連理
二年二月涼州上言榆中縣木連理
三月青州上言平昌郡木連理
八月徐州上言龍亢戍東木連理二
四年二月揚州上言汝陰縣木連理
八月涼州上言顯美縣木連理
孝昌元年十月魏郡元城縣木連理
孝靜天平二年四月臨水郡木連理

七月魏郡木連理
三年五月司州上言清河郡木連理
四年六月廣平郡上言木連理
八月并州上言木連理
元象元年二月洛州上言木連理
五月林慮縣上言木連理
八月上黨郡上言木連理
興和元年九月有司奏西山採材司馬張神和上言司空谷木連理

二年四月光州上言盧鄉縣木連理
武定元年閏月西兖州上言濟陰郡木連理
九月齊獻武王上言并州木連理
三年九月瀛州上言河間郡木連理
五年十一月汾州上言木連理
六年五月晋州上言木連理
八年四月青州上言齊郡木連理
世宗景明三年七月魯陽獻烏芝王者慈仁則
生食之令人度世

太祖天興二年七月并州獻白雉周成王時越
裳氏來獻
四年正月上黨郡獻白雉
二月并州獻白雉
五月河内郡獻白雉
太宗神瑞二年十一月右民尚書周幾獲白雉
一於博陵安平以獻
泰常三年正月勃海郡高城縣獻白雉
三月勃海郡南皮縣獻白雉二

十一月中山行唐縣獻白雉
四年正月新興郡獻白雉十二月又獻白雉二
五年二月白雉見于河内郡
世祖神䴥元年二月相州獻白雉
二年二月上黨郡獻白雉
高祖延興二年正月青州獻白雉
五年正月白雉見於上谷郡
太和元年二月秦州獻白雉
三月白雉見於秦州

十一月白雉見于安定郡
二年十一月徐州獻白雉
三年正月統万鎮獻白雉
四年正月南豫州獻白雉
六年三月豫州獻白雉
八年六月齊州清河郡獻白雉
十七年正月幽州獻白雉
四月瀛州獻白雉
二十年三月兖州獻白雉

世宗景明三年正月徐州獻白雉
二月冀州獻白雉
正始三年三月齊州獻白雉
十月青州獻白雉
四年十一月秦州獻白雉
永平二年四月河内郡獻白雉
六月河南獻白雉
十二月豫州獻白雉
延昌四年二月冀州獻白雉

是月京師獲白雉
閏月岐州獻白雉
十二月幽州獻白雉
肅宗熙平元年二月相州獻白雉
三月肆州獻白雉
二年三月徐州獻白雉
神龜元年三月潁川郡獻白雉
二年正月豫州獻白雉
正光三年二月夏州獻白雉

四年三月光州獻白雉
孝靜天平三年正月青州獻白雉
四年二月青州獻白雉十二月梁州獻白雉
元象二年正月魏郡繁陽縣獻白雉
武定元年正月廣宗郡獻白雉
是月兗州獻白雉
四年三月青州獻白雉
太宗泰常七年九月温泉出于涿鹿人有風寒之疾入者多愈

高祖太和八年正月上谷郡惠化寺醴泉涌醴泉水之精也味甘美王者修治則出
興和元年冬西兗州濟陰郡宛句縣濮水南岸有泉涌出色清味甘飲者愈疾四遠奔湊齊獻武王令於泉所營立廬舍尚書奏賞刺史粟千石太守粟五百石縣令粟二百石以旌善政所感先列言者依第出身詔可
高宗太和二年九月鼎出於洛州滍水送于京師王者不極滋味則神鼎出也

靈徵志八下第十八　　魏書一百一十二

魏書志十八　　四十　　俞

官氏志九第十九　　魏書一百一十三

百姓不能以自治故立君以司牧元首不可以獨斷乃命臣以佐之然則安海內正國家非一人之力也書契已外其事蔑聞至於羲軒昊頊之間龍火鳥人之職頗可知矣唐虞六十夏商倍之周過三百是爲大備而秦漢魏晉代有加減罷置盛衰隨時適務且國異政家殊俗設官命職何常之有帝王爲治禮樂不相沿海內作家物色非一用其由來尚矣魏氏世君玄朔遠

三千五　魏書志十九　一　范堅

統　臣掌事立司各有號秩及交好南夏頗亦改擬昭成之即王位已命燕鳳爲右長史許謙爲郎中令矣餘官雜號多同於晉朝建國二年初置左右近侍之職無常員或至百數侍直禁中傳宣詔命皆取諸部大人及豪族良家子弟儀貌端嚴機辯才幹者應選又置內侍長四人主顧問拾遺應對若今之侍中散騎常侍也其諸方雜人來附者總謂之烏丸各以多少稱酋庶長分爲南北部復置二部大人以統攝

之時帝弟觚監北部子寔君監南部分民而治若古之二伯焉太祖登國元年因而不改南北猶置大人對治二部是年置都統長又置幢將及外朝大人官其都統長領殿内之兵直王宫幢將員六人主三郎衞士直宿禁中者自侍中已下中散已上皆統之外朝大人無常員主受詔命外使出入禁中國有大喪大禮皆與參知隨所典焉

皇始元年始建曹省備置百官封拜五等外

職則刺史太守令長已下有未備者隨而置之

天興元年十一月詔吏部郎鄧淵典官制立爵品

十二月置八部大夫散騎常侍待詔管官其八部大夫於皇城四方四維面置一人以擬八座謂之八國常侍待詔侍直左右出入王命

二年三月分尚書三十六曹及諸外署凡置三百六十曹令大夫主之大夫各有屬官其有文簿當曹敷奏欲以省彈駁之煩初令五經諸書各置博士國子學生員三十人

三年十月置受恩蒙養長德訓士四官受恩職比特進無常員有人則置親貴器望者爲之蒙養職比光祿大夫無常員取勤舊休閑者長德職比中散大夫無常員訓士職比諫議大夫規諷時政匡刺非違又置仙人博士官典煑鍊百藥

四年七月罷匈奴中郎將官令諸部護軍皆屬大將軍府

九月罷外蘭臺御史總屬内省

十二月復尚書三十六曹曹置代人令史一人譯令史一人書令史二人

天賜元年八月初置六謁官準古六卿其秩五品屬官有大夫秩六品大夫屬官有元士秩七品元士屬官有署令長秩八品令長屬官有署丞秩九品

九月減五等之爵始分爲四曰王公侯子除伯男二號皇子及異姓元功上勳者封王宗室

及始蕃王皆降爲公諸公降爲侯侯子亦以此爲差於是封王者十人公者二十二人侯者七十九人子者一百三人王封大郡公封小郡侯封大縣子封小縣王第一品公第二品侯第三品子第四品又制散官五等五品散官比三都尉六品散官比議郎七品散官比太中中散諫議三大夫八品散官比郎中九品散官比舍人文官五品已下才能秀異者總比之造士亦有五等武官五品已下堪任將帥者亦有五等若百官

有闕者則於中擢以補之

初帝欲法古純質每於制定官號多不依周漢舊名或取諸身或取諸物或以民事皆擬遠古雲鳥之義諸曹走使謂之鳧鴨取飛之迅疾以伺察者爲候官謂之白鷺取其延頸遠望自餘之官義皆類此咸有比況又制諸州各置都尉以領兵

十一月以八國姓族難分故國立大師小師令辯其宗黨品舉人才自八國以外郡各自立師職分如八國比今之中正也宗室立宗師亦如州郡八國之儀

十二月詔始賜王公侯子國臣吏大郡王二百人次郡王上郡公百人次郡公五十人侯二十五人子十二人皆立典師職比家丞總統羣隷

二年二月復罷尚書三十六曹別置武歸修勤二職武歸比郎中修勤比令史分主省務

二年正月置內官員二十人比侍中常侍迭直左右

又制諸州置三刺史刺史用品第六者宗室一人異姓二人比古之上中下三大夫也郡置三太守用七品者縣置三令長八品者刺史令長各之州縣以太守上有刺史下有令長雖置而未臨民自前功臣爲州者徵還京師以爵歸第置散騎郎獵郎諸省令史省事典籤等

四年五月增置侍官侍直左右出內詔命取八國良家代郡上谷廣甯鴈門四郡民中年長有器望者充之

永興元年十一月置騏驎官四十人宿直殿省
比常侍侍郎
神瑞元年春置八大人官大人下置三屬官總
理万機故世號八公云
泰常二年夏置六部大人官有天部地部東西
南北部皆以諸公爲之大人置三屬官
始光元年正月置右民尚書
神䴥元年三月置左右僕射左右丞諸曹尚書
十餘人各居别寺

二百四十七 魏書志十九 六 諸

七月詔諸征鎮大將依品開府以置佐吏
延和元年三月改代尹爲万年尹代令爲万年
令後復
眞君五年正月侍中中書監宜都王穆壽司徒
東郡公崔浩侍中廣平公張黎輔政置通事四
人又選諸曹良吏給事東宫
正平元年七月以諸曹吏多減其員
興安二年正月置駕部尚書右士尚書
太安三年五月以諸部護軍各爲太守

延興二年五月詔曰非功無以受爵非能無以
受禄凡出外遷者皆引此奏聞求乞假品在職
有效聽下附正若無殊稱隨而削之舊制諸鎮
將刺史假五等爵及有所貢獻而得假爵者
皆不得世襲
四年二月置外牧官
五年九月置監御曹
太和二年五月減置候職四百人司察非違
四年省二部内部幢將

二百六十一 魏書志十九 七 葛歸

十一年八月置散官員一百人朝請員二百人
十五年七月置司儀官
十二月置侍中黄門各四人又置散騎常侍侍
郎員各四人通直散騎常侍侍郎員外散騎
常侍侍郎各六人又置司空主客太倉庫部
都牧太樂虞曹宫輿曹少卿官又置光爵
驍游五校中大夫散員士官又置侍官一百
二十人改立諸局監羽林虎賁
舊制諸以勳賜官爵者子孫世襲軍號十六年

改降五等始革之止襲爵而已
舊制緣邊皆置鎮都大將統兵備禦與刺史同
城隍倉庫皆鎮將主之但不治故爲重於刺
史矣
自太祖至高祖初其內外百官屢有減置或事
出當時不爲常目如万騎飛鴻常忠直意將軍
之徒是也舊令亡失無所依據太和中高祖詔
羣寮議定百官著於令今列於左勳品流外位
卑而不載矣

太師 太尉 儀同三司
太保 司徒 都督中外諸軍事
太傅 司空 特進
右三師 右三公
大司馬 諸開府
大將軍 驃騎將軍
車騎將軍 二將軍加大者位在三司上
衛將軍 加大者次儀同三司
右三將軍

右第一品上 右第一品中 右第一品下
太子太師 四征 加大者次衛將軍 四鎮 加大者次尚書令
太子太傅 左右光祿大夫 吏部尚書
太子太保 尚書左僕射 太常
右東宮三師 尚書右僕射 光祿勳
尚書令 中書監 衛尉
都督府州諸軍事 右三卿
中軍將軍
鎮軍將軍

撫軍將軍
右三將軍 加大者秩次四征下
金紫光祿大夫
右從第一品上 右從第一品中 右從第一品下
太子少師 列曹尚書 四安 加大者秩次三少下
太子少傅 中書令 凡將軍三品已下五品已上加大者
太子少保 領軍 太子左右詹事
右東宮三少 護軍 二職若侍臣帶者加中 散騎常侍
中侍中 司州刺史

都督三州諸軍事
太僕
廷尉
大鴻臚
宗正
大司農
少府
右六卿
領軍將軍
護軍將軍 二將軍與領護不並置

右第二品上 右第二品中 右第二品下
前後左右將軍 秘書監 武衛將軍
四平 加大者次護軍下 光祿大夫 銀青者 都督一州諸軍事
大長秋卿 將作大匠
左衛將軍 右衛將軍
右從第二品上 右從第二品中 右從第二品下
駙馬 給事黃門侍郎 通直散騎常侍
諸王師 太子中庶子 城門校尉

太子左右衛率 南北東西中郎將羽林中郎將
御史中尉 護匈奴羌戎夷蠻越中郎將太中大夫
中常侍 護羌戎夷蠻越校尉
征虜將軍
輔國將軍
龍驤將軍
司衛監
中尹
少卿

光爵
代尹
右第三品上 右第三品中 右第三品下
員外散騎常侍 中給事 鎮遠將軍
驍騎將軍 射聲校尉 安遠將軍
太子家令 越騎校尉 建遠將軍
太子率更令 屯騎校尉 建中將軍
太子僕 步兵校尉 建節將軍
太子庶子 長水校尉 立義將軍

給事中　監軍　立忠將軍
前後左右軍將軍　立節將軍
中大夫　恢武將軍
祕書令　勇武將軍
給事　曜武將軍
昭武將軍
顯武將軍
直閤將軍
右從第三品上　右從第三品中　右從第三品下

國子祭酒　公府司馬　諫議大夫
下大夫　尚書右丞　祕書丞
公府長史　司馬別駕　建武將軍
尚書左丞　太子中舍人　振武將軍
太子三校　中黃門令　奮武將軍
散騎侍郎　令　揚武將軍
中書侍郎　內署令　廣武將軍
中謁者大夫　都水使者　廣威將軍
中散大夫　符節令

中堅將軍　通直散騎侍常
中壘將軍　建威將軍
寧朔將軍　振威將軍
揚威將軍　奮威將軍
右第四品上　右第四品中　右第四品下
元士　諸開府司馬　諸王友
公府諮議參軍　司州功曹都督　員外散騎侍郎
諸開府長史　五局司直　太子門大夫
尚書吏部郎中　司敗　協律中郎

太子洗馬　諸局校尉　戟楯虎賁將軍
武騎侍郎　符璽郎中　募員虎賁將軍
奉車都尉　高車虎賁將軍
駙馬都尉　左右積弩射將軍
騎都尉　強弩將軍
羽林中郎
中散庶長
謁者僕射
羽林郎將

高車羽林郎將
宂從僕射
右從第四品上　右從第四品中　右從第四品下
中軍鎮軍撫軍長史中書議郎　皇宗博士
鷹揚將軍　諸開府從事中郎　歸義侯
折衝將軍　公府正參軍　率義侯
寧遠將軍　公府主簿　順義侯
揚烈將軍　廷尉正監評　朝服侯
諸開府諮議參軍　太子舍人　太常丞

祕書著作郎　司州主簿
治書侍御史　中黃門
中謁者僕射　輕車將軍
中黃門宂從僕射　威遠將軍
侍御中散　虎威將軍
中軍鎮軍撫軍司馬　中散
公府從事中郎　殿中將軍
尚書郎中　散臣監
伏波將軍　太子倉令

陵江將軍
平漠將軍
太子食官令
太子中盾
右第五品上　右第五品中　右第五品下
祕書郎　太子廄長　附義中郎將
國子博士　諸局監　歸義中郎將
太學祭酒　尚書都　率義中郎將
祕書著作佐郎　侍御史　順義中郎將

武士將軍　殿中御史　戟楯虎賁司馬
虎賁司馬　京邑市令　募員虎賁司馬
虎賁郎將　典牧都尉　高車虎賁司馬
方舞郎廡長　水衡都尉　戟楯虎賁將
宿衞軍將　司鹽都尉　募員虎賁將
掖庭監　司竹都尉　高車虎賁將
典客監　崇虛都尉　嘗藥監
典儀監　列卿丞　中謁者
協律郎　詹事丞　宮門司馬

太祝令　代尹丞　宗聖士
小黃門　諸開府正參軍
謁者　諸門府主簿
員外將軍　辨章郎
散員大夫　太宰令
太樂祭酒　廩犧令
門下録事　殿中監
奉乘郎　翼馭郎
羽林郎　高車羽林郎

瞻人郎
方者郎
右從第五品上　右從第五品中　右從第五品下
公府行參軍　太學博士　散騎
宣威將軍　太史博士　奉朝請
明威將軍　律博士　武烈將軍
襄武將軍　禮官博士　武毅將軍
厲威將軍　公府記室督　武奮將軍
公府掾屬　威烈將軍　太樂博士

中軍撫軍鎮軍正參軍　威寇將軍　河提謁者
主書郎　威虜將軍
詹事五官　威戎將軍
門下主書舍人　威武將軍
門下通事舍人
司州司事
司州從事
代郡功曹主簿
右第六品上　右第六品中　右第六品下

諸開府行參軍　監淮海津都尉　戟楯虎賁
散員士　諸局中校尉　募員虎賁
中書舍人　方舞郎　高車虎賁
領護二衛主簿　諸宮門僕　治禮郎
主事郎　諸開府記室督　獄丞
詹事主簿　司馬督
集書舍人　千人督
中軍鎮撫行參軍　校尉
領護功曹掾

領護五官
散臣中校
宿衞統
太子常從虎賁督
侍幹
寺人
閹人
掌璽郎
太子守舍人

掌服郎
掌筵郎
虎賁郎
諸開府掾屬
集書校書郎
祕書校書郎
祕書鍾律郎
右從第六品上　右從第六品中　右從第六品下
公府舍人　國子學生　祕書舍人

太子主書舍人　討寇將軍　符史郎
太子主衣舍人　討虜將軍　盪寇將軍
都令史　討難將軍　盪虜將軍
主書令史　討夷將軍　盪難將軍
門下令史　盪逆將軍
太子左右衞率主簿　太廟門僕
司事郎
司州録事
代郡通事

御屬
綏遠將軍
綏虜將軍
綏邊將軍
右第七品上　右第七品中　右第七品下
諸門府舍人　祝史　諸局督事
祕書令史　太常齋郎　獄掾
主書令史　王家尉　太學典録
集書令史　公主家令　太史博士

起居注令史　太卜博士
直事郎　太醫博士
司州本曹　太常日者
散臣督事　扶令
宿衞幢將　太樂典録
右從第七品上　右從第七品中　右從第七品下
公府令史　太學助教　厲武將軍
太子典書令史　掃寇將軍　厲鋒將軍
太子典衣令史　掃虜將軍　虎牙將軍

司事令史　掃難將軍　虎奮將軍
諸局通事　掃逆將軍
殄寇將軍
殄虜將軍
殄難將軍
殄夷將軍
右第八品上　右第八品中　右第八品下
直事令史　尚書筭生　諸寺筭生
宿衞軍司馬　典客舍人　諸局書令史

諸局省事　符券吏　虎賁軍書令史
尚書記室令史　公府閤下令史　乘傳使者
右從第八品上　右從第八品中　右從第八品下
諸開府令史　祀官齋郎　白衣臣
宿衞軍吏　典客參軍
諸局書吏　太醫太史助教
書幹
主書幹
典書幹

廣野將軍
横野將軍
偏將軍
裨將軍
右第九品上　右第九品中　右第九品下
統史　方驛博士　八書吏
中校尉　王家吏
右從第九品上　右從第九品中　右從第九品下
太和十八年十二月降車驃將軍侍中黄門秩

二大二公諮議參軍事　司州別駕從事史
第二品將軍始蕃王長史　太子家令
太子率更令　太子僕　中書侍郎
太子庶子
第二品將軍始蕃王司馬　前左右後軍將軍
以前上階
寧朔將軍　建威將軍　振威將軍
奮威將軍　揚威將軍　廣威將軍
諫議大夫　尚書右丞

司空皇子諮議參軍事　司州治中從事史
左右中郎將　建武將軍　振武將軍
奮武將軍　揚武將軍　廣武將軍
從第一品將軍　開府諮議參軍事
散子
右從第四品
寧遠將軍　鷹揚將軍　折衝將軍
揚烈將軍　從第二品將軍二蕃王長史
二大二公從事中郎　秘書丞

皇子友　國子博士　散騎侍郎
太子中舍人　員外散騎常侍
從第二品將軍二蕃王司馬
以前上階
射聲校尉　越騎校尉　屯騎校尉
步軍校尉　長水校尉
司空皇子之開府從事中郎
第二品將軍始蕃王諮議參軍事
開府從事中郎　中郡太守内史相

開國縣男
右第五品
伏波將軍　陵江將軍　平漢將軍
第三品將軍三蕃王長史　二大二公掾屬
著作郎　通直散騎侍郎　太子洗馬
從第二品將軍二蕃王諮議參軍事
第三品將軍三蕃王司馬　奉車都尉
以前上階
太子屯騎校尉　太子步兵校尉　太子翊軍校尉

都水使者　司空皇子之開府掾屬
領護長史司馬　歸義侯　率義侯
順義侯　朝服侯　輕車將軍
威遠將軍　開府掾屬　虎威將軍
洛陽令　中給事中　散男
右從第五品
宣威將軍　明威將軍　從第三品將軍長史
二大二公主簿　二大二公録事
皇子郎中令　司空主簿　司空皇子録事參軍事
二七　魏書志十九　二十八　金
從第三品將軍司馬
第三品將軍三蕃王諮議參軍事
二大二公功曹記室戶曹倉曹中兵參軍事
皇子文學　治書侍御史　謁者僕射
從第一品將軍開府録事參軍
司空皇子功曹記室戶曹倉曹中兵參軍事
皇子功曹史
以前上階
河南郡丞　虎賁中郎將　羽林監

冗從僕射　駙馬都尉　廷尉正監評
尚書郎中　中書舍人
從第一品將軍開府功曹記室倉曹戶曹中兵參
軍事功曹史
下郡太守內史相　上縣令相
右第六品
襄威將軍　厲威將軍
第二品將軍始蕃王録事參軍
二大二公列曹參軍事　給事中
一頁九十三　魏志十九　二十九　徐運
太子內大夫　皇子大農　騎都尉
符璽郎
以前上階
從第二品將軍二蕃王録事參軍
皇子主簿　司空皇子列曹參軍事
第二品將軍始蕃王功曹記室戶曹倉曹中兵參
軍事功曹史
從第一品將軍開府主簿列曹參軍事
從第二品將軍二蕃王功曹記室戶曹倉曹中

兵參軍事功曹史
太子舍人　三卿丞
右從第六品
威烈將軍　威寇將軍　威虜將軍
威戎將軍　威武將軍
四品正從將軍長史司馬
二大二公祭酒
第三品將軍三蕃王録事參軍
司空皇子之開府祭酒　武烈將軍

武毅將軍　武奮將軍　王公國郎中令
積弩將軍　積射將軍　員外散騎侍郎
皇子中尉　二大二公參軍事
二大二公列曹行參軍　開府祭酒
以前上階
司空皇子參軍事
司空皇子列曹行參軍
從第三品將軍録事參軍
第二品將軍始蕃王主簿列曹參軍事

從第一品將軍開府列曹行參軍
從第三品將軍三蕃王功曹記室戶曹倉曹中
兵參軍功曹史
從第二品將軍二蕃王主簿列曹參軍事
二衛司馬　討寇將軍
討虜將軍　討難將軍　討夷將軍
從第三品將軍功曹戶曹倉曹中兵參軍事
詹事丞　列卿丞　秘書郎中
著作佐郎　中縣令相

右第七品
盪寇將軍　盪虜將軍　盪難將軍
盪逆將軍　五品正從將軍長史司馬
強弩將軍　二大二公行參軍
司空皇子行參軍
第二品將軍始蕃王列曹行參軍
第三品將軍三蕃王主簿列曹參軍事
第一品將軍開府行參軍
王公國大農

以前上階
太學博士　皇子常侍　太常博士
從第二品將軍二蕃王參軍事
從第二品將軍二蕃王列曹行參軍
從第三品將軍主簿列曹參軍事
四品正從將軍録事功曹戶曹倉曹中兵參
軍事
司州主簿　奉朝請　國子助教
右從第七品

殄寇將軍　殄虜將軍　殄難將軍
殄夷將軍　第二品將軍始蕃王行參軍
第三品將軍三蕃王參軍事
第三品將軍三蕃王列曹行參軍
四品正從將軍主簿列曹參軍事
侯伯國郎中令　司州西曹書佐
殿中將軍　皇子侍郎　大長秋丞
以前上階
侍御史　協律郎　辨章郎

從第二品將軍二蕃王行參軍
從第三品將軍參軍事
從第三品將軍列曹行參軍
五品正從將軍録事功曹戶曹倉曹中兵參
軍事
王公國中尉　司州祭酒從事
下縣令相
右第八品
掃寇將軍　掃虜將軍　掃難將軍

掃逆將軍　司州議曹從事史
二大二公長兼行參軍　公車令
符節令　諸署令千石已上者　中黃門令
門下録事　尚書都令史　主書令史
殿中侍御史　中謁者僕射　中黃門冗從僕射
以前上階
官門僕射　侯伯國大農
司空皇子長兼行參軍　二大二公長兼行參軍
皇子上中下將軍

皇子中大夫　三卿丞
四品正從將軍列曹行參軍
王公國常侍
厲武將軍　厲鋒將軍　虎牙將軍
虎奮將軍　五品正從將軍主簿列曹行參軍
司州文學
從第一品將軍開府長兼行參軍
員外將軍
右從第八品

曠野將軍　橫野將軍　子男國郎中令
太祝令　諸署令六百石已上者　中黃門
公主家令　皇子典書令　四門小學博士
律博士　校書郎
二大二公參軍督護　檢授御史
以前上階
王公國侍郎　侯伯國中尉　謁者
太子三卿丞　五品正從將軍列曹行參軍
司空皇子參軍督護

第二品將軍始蕃王長兼行參軍
從第一品將軍開府參軍督護
殿中司馬督
右第九品
偏將軍　裨將軍　太子廄長
監淮海津都尉諸局都尉
皇子典祠令　皇子學官令
皇子典衛令　王公國上中下將軍
王公國中大夫　諸署令不滿六百石者

以前上階
第二品將軍始蕃王參軍督護
從第二品將軍二蕃王長兼行參軍
太常光祿衛尉領護
詹事功曹五官　治禮郎
子男國太農　小黃門
員外司馬督
右從第九品
前世職次皆無從品魏氏始置之亦一代之

别制也

正始元年十一月罷郡中正

四年九月詔曰五校昔統營位次於列卿奉車都尉禁侍美官顯加通貴世移時變遂爲冗職既典名猶昔宜有定員幷殿中二司馬亦須有常數今五校可各二十人奉車都尉二十人騎都尉六十人殿中司馬二百人員外司馬三百人

永平元年十二月尚書令高肇尚書僕射清河王懌等奏置小學博士員三千人

二年正月尚書令高肇奏都水臺請依舊二使者參軍事謁者幷錄事令史亦隨事史立詔曰使者置二可如所奏其下屬司唯須充事耳亦何勞多也參軍錄事並更置一謁者加二令史依舊肇又奏諸州諮議記室戶曹刑獄田曹水曹集曹士曹參軍悉併省之

四年七月詔改宗子羽林爲宗士其本秩付尚書計其資集敘從七品下從八品上官

正光元年七月置左右衛將軍各二人

十二月罷諸州中正郡縣定姓族後復

孝昌二年十月詔宗士庶子二官各增二百人置望士隊四百人取肺府之族有武藝者

孝莊初以尒朱榮有扶翼之功拜柱國大將軍位在丞相上又拜大丞相天柱大將軍增佐吏又以太尉上黨王天穆爲太宰增佐吏

永安二年各詔復置司直十人視五品隸廷尉覆後治御史檢劾事

普泰初以尒朱世隆爲儀同三司位次上公又侍中黃門武衛將軍並增置六人

永安已後遠近多事置京畿大都督復立州都督俱總軍人

天平四年夏罷六州都督悉隸京畿其京畿大都督仍不改焉立府置佐

舊制有大將軍不置太尉有丞相不置司徒自正光已後天下多事勳賢並軌乃俱置之

武定二年十二月有司奏齊獻武王勳高德
重禮絶群辟昔霍光陵邑亦置長丞主陵令
請置長一人丞一人録事一人戸曹史一人禁衛
史一人侍一人皆降帝陵官品一等其侍依
舊詔可
七年三月詔左右光禄大夫各置二人金紫光
禄大夫置四人光禄大夫置四人太中中散各
置六人五月又詔以四中郎將世宗永平中權
隷領軍今還屬護軍

自古天子立德因生以賜姓胙之土而命之氏
諸侯則以家與謚官有世功則有官族邑亦如
之姓則表其所由生氏則記族所由出其大略
然也至於或自所居或以國號或用官爵或用
事 雖縁時不同俱其義矣魏氏本居朔壤地
遠俗殊賜姓命氏其事不一亦如長勺尾氏終
葵之屬也初安帝統國諸部有九十九姓至獻
帝時七分國人使諸兄弟各攝領之乃分其氏
自後兼并他國各有本部部中别族爲内姓焉

年世稍久互以改易興衰存滅間有之矣今舉
其可知者
獻帝以兄爲紇骨氏後改爲胡氏
次兄爲普氏後改爲周氏
次兄爲拓拔氏後改爲長孫氏
弟爲達奚氏後改爲奚氏
次弟爲伊婁氏後改爲伊氏
次弟爲丘敦氏後改爲丘氏
次弟爲侯氏後改爲亥氏

七族之興自此始也
又命叔父之胤曰乙旃氏後改爲叔孫氏
又命疏屬曰車焜氏後改爲車氏
凡與帝室爲十姓百世不通婚太和以前國之
喪葬祠禮非十族不得與也高祖革之各以職
司從事
神元皇帝時餘部諸姓内入者
丘穆陵氏後改爲穆氏
步六孤氏後改爲陸氏

賀賴氏後改爲賀氏
獨孤氏後改爲劉氏
賀樓氏後改爲樓氏
勿忸于氏後改爲于氏
是連氏後改爲連氏
僕蘭氏後改爲僕氏
若干氏後改爲苟氏
拔列氏後改爲梁氏
撥略氏後改爲略氏

若口引氏後改爲寇氏
叱羅氏後改爲羅氏
普陋茹氏後改爲茹氏
賀葛氏後改爲葛氏
是賁氏後改爲封氏
阿伏于氏後改爲阿氏
可地延氏後改爲延氏
阿鹿桓氏後改爲鹿氏
他駱拔氏後改爲駱氏

薄奚氏後改爲薄氏
烏丸氏後改爲桓氏
素和氏後改爲和氏
吐谷渾氏依舊吐谷渾氏
胡古口引氏後改爲侯氏
賀若氏依舊賀若氏
谷渾氏後改爲渾氏
匹婁氏後改爲婁氏
俟力伐氏後改爲鮑氏

吐伏盧氏後改爲盧氏
牒云氏後改爲云氏
是云氏後改爲是氏
叱利氏後改爲利氏
副呂氏後改爲副氏
那氏依舊那氏
如羅氏後改爲如氏
乞扶氏後改爲扶氏
阿單氏後改爲單氏

俟幾氏後改爲幾氏
賀兒氏後改爲兒氏
吐奚氏後改爲古氏
出連氏後改爲畢氏
庾氏依舊庾氏
賀拔氏後改爲何氏
叱呂氏後改爲呂氏
莫那婁氏後改爲莫氏
奚斗盧氏後改爲索盧氏

莫蘆氏後改爲蘆氏
出大汗氏後改爲韓氏
沒路眞氏後改爲路氏
扈地干氏後改爲扈氏
莫輿氏後改爲輿氏
紇干氏後改爲干氏
俟伏斤氏後改爲伏氏
是樓氏後改爲高氏
尸突氏後改爲屈氏

沓盧氏後改爲沓氏
嗢石蘭氏後改爲石氏
解枇氏後改爲解氏
奇斤氏後改爲奇氏
須卜氏後改爲卜氏
丘林氏後改爲林氏
大莫干氏後改爲郃氏
介綿氏後改爲綿氏
蓋樓氏後改爲蓋氏

素黎氏後改爲黎氏
渴單氏後改爲單氏
壹斗眷氏後改爲明氏
叱門氏後改爲門氏
宿六斤氏後改爲宿氏
馝邦氏後改爲邦氏
土難氏後改爲山氏
屋引氏後改爲房氏
樹洛于氏後改爲樹氏

乙弗氏後改爲乙氏
東方宇文慕容氏即宣帝時東部此二部最
爲彊盛別自有傳
南方有茂眷氏後改爲茂氏
宥連氏後改爲雲氏
次南有紇豆陵氏後改爲竇氏
侯莫陳氏後改爲陳氏
庫狄氏後改爲狄氏
太洛稽氏後改爲稽氏

柯拔氏後改爲柯氏
西方尉遲氏後改爲尉氏
步鹿根氏後改爲步氏
破多羅氏後改爲潘氏
叱干氏後改爲薛氏
俟奴氏後改爲俟氏
輾遲氏後改爲展氏
費連氏後改爲費氏
其連氏後改爲綦氏

去斤氏後改爲艾氏
渴侯氏後改爲緱氏
叱盧氏後改爲祝氏
和稽氏後改爲緩氏
菟賴氏後改爲就氏
嗢盆氏後改爲温氏
達勃氏後改爲褒氏
獨孤渾氏後改爲杜氏
凡此諸部其渠長皆自統衆而尉遲已下不及

賀蘭諸部氏
北方賀蘭後改爲賀氏
郁都甄氏後改爲甄氏
紇奚氏後改爲嵇氏
越勒氏後改爲越氏
叱奴氏後改爲狼氏
渴燭渾氏後改爲味氏
庫褥官氏後改爲庫氏
烏洛蘭氏後爲蘭氏

一那蔞氏後改爲蔞氏
羽弗氏後改爲羽氏
凡此四方諸部歲時朝貢登國初太祖散諸部落始同爲編民
太和十九年詔曰代人諸胄先無姓族雖功賢之胤混然未分故官達者位極公卿其功衰之親仍居猥任比欲制定姓族事多未就且宜甄擢隨時漸銓其穆陸賀劉樓于嵇尉八姓皆太祖已降勳著當世位盡王公灼然可知者且下

二千九十　魏書志十九　四十六　何浩

司州吏部勿充猥官一同四姓自此以外應班士流者尋續別敕原出朔土舊爲部落大人而自皇始已來有三世官在給事已上及州刺史鎮大將及品登王公者爲姓若本非大人而皇始已來職官三世尚書已上及品登王公而中間不降官緒亦爲姓諸部落大人之後而皇始已來官不及前列而有三世爲中散監已上外爲太守子都品登子男者爲族若本非大人而皇始已來三世有令已上外爲副將子都太守品登侯已上者亦爲族凡此姓族之支親與其身有緦麻服已內微有一二世官者雖不全充美例亦入姓族五世已外則各自計之不蒙宗人之蔭也雖緦麻而三世官不至姓班有族官則入族官無族官則不入姓族之例也凡此定姓族者皆具列由來直擬姓族以呈聞朕當決姓族之首末其此諸狀皆須問宗族列疑明同然後勾其舊籍審其官宦有實則奏不得輕信其言虛長僥偽不實者訴人皆加傳旨問而

六二百八十　魏書志十九　四十七　李宝州

詐不以實之坐選官依職事答問不以實之條令司空公穆亮領軍將軍元儼中護軍廣陽王嘉尚書陸琇等詳定北人姓務令平均隨所了者三月一列簿帳送門下以聞於是昇降區別矣
世宗世代人猶以姓族辭訟又使尚書于忠尚書元匡侍中穆詔尚書元長等量定之

官氏志九第十九　魏書一百一十三

釋老志十第二十　魏書一百一十四

大人有作司牧生民結繩以往書契所絕故靡得而知焉自羲軒已還至於三代其神言秘策蘊圖緯之文範世率民垂墳典之迹秦肆其毒滅於灰燼漢採遺籍復若丘山司馬遷區別異同有陰陽儒墨名法道德六家之義劉歆著七略班固志藝文釋氏之學所未曾紀案漢武元狩中遣霍去病討匈奴至皐蘭過居延斬首大獲昆邪王殺休屠王將其衆五万來降獲其金人

帝以爲大神列於甘泉宮金人率長丈餘不祭祀但燒香禮拜而已此則佛道流通之漸也及開西域遣張騫使大夏還傳其旁有身毒國一名天竺始聞有浮屠之教哀帝元壽元年博士弟子秦景憲受大月氏王使伊存口授浮屠經中土聞之未之信了也後孝明帝夜夢金人項有白光飛行殿庭乃訪羣臣傳毅始以佛對帝遣郎中蔡愔博士弟子秦景等使於天竺寫浮屠遺範愔仍與沙門攝摩騰竺法蘭東還洛陽

中國有沙門及跪拜之法自此始也愔又得佛經四十二章及釋迦立像明帝令畫工圖佛像置清涼臺及顯節陵上經緘於蘭臺石室愔之還也以白馬負經而至漢因立白馬寺於洛城雍關西摩騰法蘭咸卒於此寺浮屠正號曰佛陁佛陁與浮圖聲相近皆西方言其來轉爲二音華言譯之則謂淨覺言滅穢成明道爲聖悟凡其經旨大抵言生生之類皆因行業而起有過去當今未來歷三世識神常不滅凡爲善惡

必有報應漸積勝業陶冶麤鄙經無數形藻練神明乃致無生而得佛道其間階次心行等級非一皆緣淺以至深藉微而爲著率在於積仁順蠲嗜慾習虛靜而成通照也故其始修心則依佛法僧謂之三歸若君子之三畏也又有五戒去殺盜婬妄言飲酒大意與仁義禮智信同名爲異耳云奉持之則生天人勝處虧犯則墜鬼畜諸苦惡生處凡有六道焉諸服其道者則剃落鬚髮釋累辭家結師資遵律度相與和

居治心修淨行乞以自給謂之沙門或曰桑門
亦聲相近總謂之僧皆胡言也僧譯爲和命衆
桑門爲息心比丘爲行乞俗人之信憑道法者
男曰優婆塞女曰優婆夷其爲沙門者初修十
誡曰沙彌而終於二百五十則具足成大僧婦入
道者曰比丘尼其誡至于五百皆以■爲本隨
事增數在於防心攝身正口心去貪忿癡身除
殺婬盜口斷妄雜諸非正言總謂之十善道能
具此謂之三業清淨凡人修行粗爲極云可以達

惡善報漸階聖迹初階聖者有三種人其根業
大差謂之三乘聲聞乘緣覺乘大乘取其可乘
運以至道爲名此三人惡迹已盡但修心盪累
濟物進德初根人爲小乘行四諦法中根人爲
中乘受十二因緣上根人爲大乘則修六度雖
階三乘而要由修進万行拯度億流彌長遠乃
可登佛境矣所謂佛者本號釋迦文者譯言能
仁謂德充道備堪濟万物也釋迦前有六佛釋
迦繼六佛而成道處今賢劫文言將來有彌勒

佛方繼釋迦而降世釋迦即天竺迦維衛國王
之子天竺其總稱迦維別名也初釋迦於四月
八日夜從母右脅而生既生姿相超異者三十二
種天降嘉瑞以應之亦三十二其本起經說之
備矣釋迦生時當周莊王九年春秋魯莊公七
年夏四月恒星不見夜明是也至魏武定八年
凡一千二百三十七年云釋迦年三十成佛導化
羣生四十九載乃於拘尸那城娑羅雙樹間
以二月十五日而入般涅槃涅槃譯云滅度或言

常樂我淨明無遷謝及諸苦累也諸佛法身
有二種義一者眞實二者權應眞實身謂至
極之體妙絶拘累不得以方處期不可以形量限
有感斯應體常湛然權應身者謂和光六道同
塵万類生滅隨時脩短應物形由感生體非實
有權形雖謝眞體不遷但時無妙感故莫得常
見耳明佛生非實生滅非實滅也佛既謝世香
木焚尸靈骨分碎大小如粒擊之不壞焚亦不
燋或有光明神驗胡言謂之舎利弟子收奉置之

實瓶鴟香花致敬慕建宮宇謂爲塔塔亦胡言猶宗廟也故世稱塔廟於後百年有王阿育以神力分佛舍利於諸鬼神造八万四千塔布於世界皆同日而就今洛陽彭城姑臧臨渭皆有阿育王寺蓋承其遺迹焉釋迦雖般涅槃而留影迹爪齒於天竺於今猶在中土來往並稱見之初釋迦所說教法既涅槃後有聲聞弟子大迦葉阿難等五百人撰集著録阿難親承囑授多聞總持蓋能綜覈深致無所漏失乃綴文字

撰載三藏十二部經如九流之異統其大歸終以三乘爲本後數百年有羅漢菩薩相繼著論賛明經義以破外道摩訶衍大小阿毗曇中論十二門論百法論成實論等是也皆傍諸藏部大義假立外問而以內法釋之漢章帝時楚王英喜爲浮屠齋戒遣郎中令奉黃縑白紈三十匹詣國相以贖愆詔報曰楚王尚浮屠之仁祠潔齋三月與神爲誓何嫌何疑當有悔吝其還贖以助伊蒲塞桑門之盛饌因以班示諸國相

帝時襄楷言佛陁黃老道以諫欲令好生惡殺少嗜慾去奢泰尚無爲魏明帝曾欲壞宮西佛圖外國沙門乃金盤盛水置於殿前以佛舍利投之於水乃有五色光起於是帝歎曰自非靈異安得爾乎遂徙於道　爲作周閣百間佛圖故處鑿爲濛汜池種芙蓉於中後有天竺沙門曇柯迦羅入洛宣譯誡律中國誡律之始也自洛中構白馬寺盛飾佛圖畫迹甚妙爲四方式凡宮塔制度猶依天竺舊狀而重構之從一級

至三五七九世人相承謂之浮圖或云佛圖晉世洛中佛圖有四十二所矣漢世沙門皆衣赤布後乃易以雜色晉元康中有胡沙門支恭明譯佛經維摩法華三本起等微言隱義未之能究後有沙門常山衞道安性聰敏日誦經萬餘言研求幽旨慨無師匠獨坐靜室十二年覃思構精神悟妙賾以前所出經多有舛駁乃正其乖謬石勒時有天竺沙門浮圖澄少於烏萇國就羅漢入道劉曜時到襄國後爲石勒所宗信號

爲大和尚軍國規謨頗訪之所言多驗道安曾
至鄴候澄澄見而異之澄卒後中國紛亂道安
乃率門徒南遊新野欲令玄宗在所流布分遣
弟子各趣諸方法汰詣揚州法和入蜀道安與
慧遠之襄陽道安後入苻堅堅素欽德問既見
宗以師禮時西域有胡沙門鳩摩羅什思通
法門道安思與講釋每勸堅致羅什什亦承
安令問謂之東方聖人或時遥拜致敬道安卒
後二十餘載而羅什至長安恨不及安以爲深

慨道安所正經義與羅什譯出符會如一初無
乖舛於是法旨大著中原魏先建國於玄朔風
俗淳一無爲以自守與西域殊絶莫能往來故
浮圖之教未之得聞或聞而未信也及神元與
魏晉通聘文帝又在洛陽昭成又至襄國乃備
究南夏佛法之事太祖平中山經略燕趙所逕
郡國佛寺見諸沙門道士皆致精敬禁軍旅無
有所犯帝好黄老頗覽佛經但天下初定戎車
屢動庶事草創未建圖宇招延僧衆也然時時

旁求先是有沙門僧朗與其徒隱于泰山之琨
瑞谷帝遣使致書以繒素旃罽銀鉢爲禮今猶
號曰朗公谷焉天興元年下詔曰夫佛法之興其
來遠矣濟益之功冥及存没神蹤遺軌信可依憑
其敕有司於京城建飾容範修整宫舍令信向
之徒有所居止是歲始作五級佛圖耆闍崛山
及須彌山殿加以繢飾别構講堂禪堂及沙門座
莫不嚴具焉太宗踐位遵太祖之業亦好黄老
又崇佛法京邑四方建立圖像仍令沙門敷導

民俗初皇始中趙郡有沙門法果誡行精至開
演法籍太祖聞其名詔以禮徵赴京師後以爲
道人統綰攝僧徒每與帝言多所愜允供施甚
厚至太宗彌加崇敬永興中前後授以輔國宜
城子忠信侯安成公之號皆固辭帝常親幸
其居以門小狹不容輿輦更廣大之年八十餘
泰常中卒未殯帝三臨其喪追贈老壽將軍趙
胡靈公初法果每言太祖明叡好道即是當今如
來沙門宜應盡禮遂常致拜謂人曰能鴻道者

人主也我非拜天子乃是禮佛耳法果四十始爲沙門有子曰猛詔令襲果所加爵帝後幸廣宗有沙門曇證年且百歲邀見於路奉致果物帝敬其年老志力不衰亦加以老壽將軍號是時鳩摩羅什爲姚興所敬於長安草堂寺集義學八百人重譯經本羅什聰辯有淵思達東西方言時沙門道肜僧略道恒道檦僧肇曇影等與羅什共相提挈發明幽致諸深大經論十有餘部更定章句辭義通明至今沙門共所祖

習道肜等皆識學洽通僧肇尤爲其最羅什之撰譯僧肇常執筆定諸辭義注維摩經又著數論皆有妙旨學者宗之又沙門法顯慨律藏不具自長安遊天竺歷三十餘國隨有經律之處學其書語譯而寫之十年乃於南海師子國隨商人汎舟東下晝夜昏迷將二百日乃至青州長廣郡不其勞山南下乃出海焉是歲神瑞二年也法顯所逕諸國傳記之今行於世其所得律通譯未能盡正至江南更與天竺禪師

跋陀羅辯定之謂之僧祇律大備于前爲今沙門所持受先是有沙門法領從揚州入西域得華嚴經本定律後數年跋陀羅共沙門法業重加譯撰宣行於時世祖初即位亦遵太祖太宗之業每引高德沙門與其談論於四月八日輿諸佛像行於廣衢帝親御門樓臨觀散花以致禮敬先是沮渠蒙遜在涼州亦好佛法有罽賓沙門曇摩讖習諸經論於姑臧與沙門智嵩等譯涅槃諸經十餘部又曉術數禁呪歷言他國

安危多所中驗蒙遜每以國事諮之神䴥中帝命蒙遜送讖詣京師惜而不遣既而懼魏威責遂使人殺讖讖死之日謂門徒曰今時將有客來可早食以待之食訖而走使至時人謂之知命智嵩亦爽悟篤志經籍後乃以新出經論於涼土教授辯論幽旨著涅槃義記戒行峻整門人齊肅知涼州將有兵役與門徒數人欲往胡地道路飢饉絕糧積日弟子求得禽獸肉請嵩彊食嵩以戒自誓遂餓死於酒泉之西山弟子

積薪焚其屍骸骨灰燼唯舌獨全色狀不變時人以爲誦説功報涼州自張軌後世信佛敎敦煌地接西域道俗交得其舊式村塢相屬多有塔寺太延中涼州平徙其國人於京邑沙門佛事皆俱東象教彌增矣尋以沙門衆多詔罷年五十巳下者世祖初平赫連昌得沙門惠始姓張家本清河聞羅什出新經遂詣長安見之觀習經典坐禪於白渠北晝則入城聽講夕則還處靜坐三輔有識多宗之劉裕滅姚泓留子義真

鎮長安義真及寮佐皆敬重焉義真之去長安也赫連屈丐追敗之道俗少長咸見坑戮惠始身被白刃而體不傷衆大怪異言於屈丐屈丐大怒召惠始於前以所持寶劒擊之又不能害乃懼而謝罪統萬平惠始到京都多所訓導時人莫測其迹世祖甚重之每加禮敬始自習禪至於没世稱五十餘年未嘗寢卧或時跣行雖履泥塵初不汙足色愈鮮白世號之曰白脚師太延中臨終於八角寺齊潔端坐僧徒滿側

凝泊而絶停屍十餘日坐既不改容色如一舉世神異之遂瘞寺内至眞君六年制城内不得留瘞乃葬於南郊之外始死十年矣開殯儼然初不傾壞送葬者六千餘人莫不感慟中書監高允爲其傳頌其德迹惠始冢上立石精舍圖其形像經毀法時猶自全立世祖即位富於春秋既而鋭志武功每以平定禍亂爲先雖歸宗佛法敬重沙門而未存覽經教深求緣報之意及得寇謙之道帝以清淨無爲有仙化之證遂

信行其術時司徒崔浩博學多聞帝每訪以大事浩奉謙之道尤不信佛與帝言數加非毀常謂虚誕爲世費害帝以其辯博頗信之會蓋吳反杏城關中搔動帝乃西伐至於長安先是長安沙門種麥寺内御騶牧馬於麥中帝入觀馬沙門飲從官酒從官入其便室見大有弓矢矛楯出以奏聞帝怒曰此非沙門所用當與蓋吳通謀規害人耳命有司案誅一寺閲其財産大得釀酒具及州郡牧守富人所寄藏物蓋以萬

計又爲屈室與貴室女私行淫亂帝既忿沙門非法浩時從行因進其說詔誅長安沙門焚破佛像勅留臺下四方令一依長安行事又詔曰彼沙門者假西戎虛誕妄生妖孽非所以一齊政化布淳德於天下也自王公已下有私養沙門者皆送官曹不得隱匿限今年二月十五日過期不出沙門身死容止者誅一門時恭宗爲太子監國素敬佛道頻上表陳刑殺沙門之濫又非圖像之罪今罷其道杜諸寺門世不修

奉土木丹青自然毀滅如是再三不許乃下詔曰昔後漢荒君信惑邪僞妄假睡夢事胡妖鬼以亂天常自古九州之中無此也夸誕大言不本人情叔季之世闇君亂主莫不眩焉由是政教不行禮義大壞鬼道熾盛視王者之法蔑如也自此以來代經亂禍天罰亟行生民死盡五服之內鞠爲丘墟千里蕭條不見人迹皆由於此朕承天緒屬當窮運之弊欲除僞定眞復羲農之治其一切盪除胡神滅其蹤迹庶無謝

於風氏矣自今以後敢有事胡神及造形像泥人銅人者門誅雖言胡神問今胡人共云無有皆是前世漢人無賴子弟劉元眞呂伯彊之徒乞胡之誕言用老莊之虛假附而益之皆非眞實至使王法廢而不行蓋大姦之魁也有非常之人然後能行非常之事非朕孰能去此歷代之僞物有司宣告征鎮諸軍刺史諸有佛圖形像及胡經盡皆擊破焚燒沙門無少長悉坑之是歲眞君七年三月也恭宗言雖不用然猶緩宣詔

書遠近皆豫聞知得各爲計四方沙門多亡匿獲免在京邑者亦蒙全濟金銀寶像及諸經論大得秘藏而土木宮塔聲教所及莫不畢毀矣始謙之與浩同從車駕苦與浩諍浩不肯謂浩曰卿今促年受戮滅門戶矣後四年浩誅備五刑時年七十浩既誅死帝頗悔之業已行難中修復恭宗潛欲興之未敢言也佛淪廢終帝世積七八年然禁稍寬弛篤信之家得密奉事沙門專至者猶竊法服誦習焉唯不得顯行於京都

矣先是沙門曇曜有操尚又為恭宗所知禮佛法之滅沙門多以餘能自效還俗求見曜誓欲守死恭宗親加勸喻至於再三不得已乃止密持法服器物不暫離身聞者歎重之高宗踐極下詔曰夫為帝王者必祗奉明靈顯彰仁道其能惠著生民濟益群品者雖在古昔猶序其風烈是以春秋嘉崇明之禮祭典載功施之族況釋迦如來功濟大千惠流塵境等生死者歎其達觀覽文義者貴其妙明助王政之禁律益

仁智之善性排斥群邪開演正覺故前代已來莫不崇尚亦我國家常所尊事也世祖太武皇帝開廣邊荒德澤遐及沙門道士善行純誠惠始之倫无遠不至風義相感往往如林夫山海之深怪物多有姦淫之徒得容假託講寺之中致有凶黨是以先朝因其瑕釁戮其有罪有司失旨一切禁斷景穆皇帝每為慨然值軍國多事未遑修復朕承洪緒君臨万邦思述先志以隆斯道今制諸州郡縣於衆居之所各聽建

佛圖一區任其財用不制會限其好樂道法欲為沙門不問長幼出於良家性行素篤無諸嫌穢鄉里所明者聽其出家率大州五十小州四十人其郡遙遠臺者十人各當局分皆足以化惡就善播揚道教也天下承風朝不及夕往時所毀圖寺仍還修矣佛像經論皆復得顯京師沙門師賢本罽賓國王種人少入道東遊涼城涼平赴京罷佛法時師賢假為醫術還俗而守道不改於修復日即反沙門其同輩五人帝乃親為下

髮師賢仍為道人統是年詔有司為石像令如帝身既成顏上足下各有黑石冥同帝體上下黑子論者以為純誠所感興光元年秋敕有司於五級大寺內為太祖已下五帝鑄釋迦立像五各長一丈六尺都用赤金二万五千斤太安初有師子國胡沙門邪奢遺多浮陁難提等五人奉佛像三到京都皆云備歷西域諸國見佛影迹及肉髻外國諸王相承咸遣工匠摹寫其容莫能及難提所造者去十餘步視之炳然轉近轉微又沙勒胡

沙門赴京師致佛鉢并畫像迹和平初師賢卒
曇曜代之更名沙門統初曇曜以復佛法之明年
自中山被命赴京值帝出見于路御馬前銜曜
衣時以爲馬識善人帝後奉以師禮曇曜白帝
於京城西武州塞鑿山石壁開窟五所鐫建佛
像各一高者七十尺次六十尺彫飾奇偉冠於
一世曇曜奏平齊戶及諸民有能歲輸穀六
十斛入僧曹者即爲僧祇戶粟爲僧祇粟至
於儉歲賑給飢民又請民犯重罪及官奴以爲佛

圖戶以供諸寺掃洒歲兼營田輸粟高宗並
許之於是僧祇戶粟及寺戶徧於州鎮矣曇曜
又與天竺沙門常那邪舍等譯出新經十四部
又有沙門道進僧超法存等並有名於時演唱
諸異顯祖即位敦信尤深覽諸經論好老莊每
引諸沙門及能談玄之士與論理要初高宗太
安末劉駿於丹陽中興寺設齋有一沙門容止
獨秀舉衆往目皆莫識焉沙門惠璩起問之荅
名惠明又問所住荅云從天安寺來語訖忽然

不見駿君臣以爲靈感改中興爲天安寺是後
七年而帝祚踐號天安元年是年劉彧徐州刺
史薛安都始以城地來降明年盡有淮北之地
其歲高祖誕載於時起永寧寺構七級佛圖高
三百餘尺基架博敞爲天下第一又於天宮寺
造釋迦立像高四十三尺用赤金十万斤黃金
六百斤皇興中又構三級石佛圖榱棟楣楹上
下重結大小皆石高十丈鎮固巧密爲京華壯
觀高祖踐位顯祖移御北苑崇光宮覽習玄籍

建鹿野佛圖於苑中之西山去崇光右十里巖
房禪堂禪僧居其中焉延興二年夏四月詔曰
比丘不在寺舍遊涉村落交通姦猾經歷年歲
令民間五五相保不得容止無籍之僧精加隱
括有者送付州鎮其在畿郡送付本曹若爲
三寶巡民教化者在外齎州鎮維那文移在臺
者齎都維那等印牒然後聽行違者加罪又詔
曰內外之人興建福業造立圖寺高敞顯博亦
足以輝隆至教矣然無知之徒各相高尚貧富相

競費竭財産務存高廣傷殺昆蟲含生之類苟
能精致累土聚沙福鍾不朽欲建爲福之因未
知傷生之業朕爲民父母慈養是務自今一切
斷之又詔曰夫信誠則應遠行篤則感深歷
觀先世靈瑞乃有禽獸易色草木移性濟州
東平郡靈像發輝變成金銅之色殊常之事
絶於往古熙隆妙法理在當今有司與沙門統
曇曜令州送像達都使道俗咸覩實相之容
普告天下皆使聞知三年十二月顯祖因田鷹獲

鴛鴦一其偶悲鳴上下不去帝乃惕然問左右
曰此飛鳴者爲雌爲雄左右對曰臣以爲雌帝
曰何以知對曰陽性剛陰性柔以剛柔推之必
是雌矣帝乃慨然而歎曰雖人鳥事别至於
資識性情竟何異哉於是下詔禁斷鷙鳥不
得畜焉承明元年八月高祖於永寧寺設太
法供度良家男女爲僧尼者百有餘人帝爲
剃髮施以僧服令修道戒資福於顯祖是月又
詔起建明寺太和元年二月幸永寧寺設齋

赦死罪囚三月又幸永寧寺設會行道聽講命
中祕二省與僧徒討論佛義施僧衣服寶器
有差又於方山太祖營壘之處建思遠寺自正
光至此京城内寺新舊且百所僧尼二千餘人
四方諸寺六千四百七十八僧尼七万七千二
百五十八人四年春詔以鷹師爲報德寺九年
秋有司奏上谷郡比丘尼惠香在北山松樹下
死屍形不壞爾来三年士女觀者有千百於時
人皆異之十年冬有司又奏前被敕以勤籍之

初愚民僥倖假稱入道以避輸課其無籍僧尼
罷遣還俗重被旨所檢僧尼寺主維那當寺
隱審其有道行精勤者聽仍在道爲行凡麤者
有籍無籍悉罷歸齊民今依旨簡遣其諸州還
俗者僧尼合一千三百二十七人奏可十六年詔四
月八日七月十五日聽大州度一百人爲僧尼中
州五十人下州二十人以爲常準著於令十
七年詔立僧制四十七條十九年四月帝幸徐
州白塔寺顧謂諸王及侍官曰此寺近有名僧

嵩法師受成實論於羅什在此流通後授淵法
師淵法師授登紀二法師朕每翫成實論可以
釋人深情故至此寺焉時沙門道登雅有義業
爲高祖眷賞恒侍講論曾於禁内與帝夜談同
見一鬼二十年卒高祖甚悼惜之詔施帛一千匹
又設一切僧齋并命京城七日行道又　詔朕
師登法師奄至徂背痛怛摧慟不能已已此
藥治慎喪未容即赴便準師義哭諸門外績素
之又有西域沙門名跋陁有道業深爲高祖所

敬信詔於少室山陰立少林寺而居之公給衣
供二十一年五月詔曰羅什法師可謂神出五才
志入四行者也今常住寺猶有遺地欽悅脩
蹤情深遐遠可於舊堂所爲建三級浮圖又見
逼昏虐爲道殄軀既暫是同俗禮應有子胤可
推訪以聞當加敘接先是立監福曹又改爲昭
玄備有官屬以斷僧務高祖時沙門道順惠覺
僧意惠紀僧範道弁惠度智誕僧顯僧義僧
利並以義行知重世宗即位永平元年秋詔曰

緇素既殊法律亦異故道教彰於互顯禁勸各
有所宜自今已後衆僧犯殺人已上罪者仍依
俗斷餘犯悉付昭玄以内律僧制治之二年冬沙
門統惠深上言僧尼浩曠清濁混流不遵禁典
精麤莫別輒與經律法師羣議立制諸州鎮郡維
那上坐寺主各令戒律自修咸依内禁若不解
律者退其本次又出家之人不應犯法積八不
淨物然經律所制通塞有方依律車牛淨人不
淨之物不得爲己私畜唯有老病年六十以上

者限聽一乘又比來僧尼或因三寶出貸私財
緣州外又出家捨著本無凶儀不應廢道從俗
其父母三師遠聞凶問聽哭三日若在見前限
以七日或有不安寺舍遊止民間亂道生過皆
由此等若有犯者脫服還民其有造寺者限僧
五十以上啓聞聽造若有輒營置者處以違敕
之罪其僧寺僧衆擯出外州僧尼之法不得爲
俗人所使若有犯者還配本屬其外國僧尼來
歸化者求精檢有德行合三藏者聽住若無德

行遣還本國若其不去依此僧制治罪詔從之先是於恒農荆山造珉玉丈六像一三年冬迎置於洛濱之報德寺世宗躬觀致敬四年夏詔曰僧祇之粟本期濟施儉年出貸豐則收入山林僧尼隨以給施民有窘弊亦即賑之但主司冒利規取贏息及其徵責不計水旱或償利過本或翻改券契侵蠹貧下莫知紀極細民嗟毒歲月滋深非所以矜此窮乏宗尚慈拯之本意也自今已後不得傳委維那都尉可令刺史共

加監括尚書檢諸有僧祇穀之處州別列其元數出入贏息賑給多少并貸償歲月見在未收上臺録記若收利過本及翻改初券依律免之勿復徵責或有私債轉施償僧即以丐民不聽收檢後有出貸先盡貧窮徵債之科一準舊格富有之家不聽輒貸脫仍冒濫依法治罪又尚書令高肇奏言謹案故沙門統曇曜昔於承明元年奏涼州軍戶趙苟子等二百家爲僧祇戶立課積粟擬濟飢年不限道俗皆以拯施又依

内律僧祇戶不得別屬一寺而都維那僧暹僧頻等進違成旨退乖内法肆意任情奏求逼召致使吁嗟之怨盈於行道棄子傷生自縊溺死五十餘人豈是仰賛聖明慈育之意深失陛下歸依之心遂令此等行號巷哭叫訴無所至乃白羽貫耳列訟宫闕悠悠之人尚爲哀痛況慈悲之士而可安之請聽苟子等還鄉課輸儉乏之年周給貧寡若有不虞以擬邊捍其暹等違旨背律謬奏之愆請付昭玄依僧律推處詔曰

暹等特可原之餘如奏世宗篤好佛理每年常於禁中親講經論廣集名僧標明義旨沙門條録爲内起居焉上既崇之下彌企尚至延昌中天下州郡僧尼等積有一万三千七百二十七所徒侶逾衆熈平元年詔遣沙門惠生使西域採諸經律正光三年冬還京師所得經論一百七十部行於世二年春靈太后令曰年常度僧依限大州應百人者州郡於前十日解送三百人其中州二百人小州一百人州統維那與官

及精練簡取充數若無精行不得濫採若取非人刺史爲首以違旨論太守縣令綱寮節級連坐統及維那移五百里外異州爲僧自今奴婢悉不聽出家諸王及親貴亦不得輒啓請有犯者以違旨論其僧尼輒度他人奴婢者亦移五百里外爲僧僧尼多養親識及他人奴婢子年大私度爲弟子自今斷之有犯還俗被養者歸本等寺主聽容一人出寺五百里二人千里私度之僧皆由三長罪不及已容多隱濫自今有

一人私度皆以違旨論隣長爲首里黨各相降一等縣滿十五人郡滿三十人州鎮滿三十人免官寮吏節級連坐私度之身配當州下役時法禁寬褫不能改肅也景明初世宗詔大長秋卿白整準代京靈巖寺石窟於洛南伊闕山爲高祖文昭皇太后營石窟二所初建之始窟頂去地三百一十尺至正始二年中始出斬山二十三丈至大長秋卿王質謂斬山太高費功難就奏求下移就平去地一百尺南北一百

尺永平中中尹劉騰奏爲世宗復造石窟一凡爲三所從景明元年至正光四年六月已前用功八十万二千三百六十六肅宗熙平中於城內太社西起永寧寺靈太后親率百寮表基立刹佛圖九層高四十餘丈其諸費用不可勝計景明寺佛圖亦其亞也至於官私寺塔其數甚衆神龜元年冬司空公尚書令任城王澄奏曰仰惟高祖定鼎嵩瀍卜世悠遠慮括終始制洽天人造物開符垂之万葉故都城制云城內唯擬

一永寧寺地郭內唯擬尼寺一所餘悉城郭之外欲令永遵此制無敢踰矩逮景明之初微有犯禁故世宗仰修先志爰發明旨城內不造立浮圖僧尼寺舍亦欲絕其希覬文武二帝豈不愛尚佛法蓋以道俗殊歸理無相亂故也但俗眩虛聲僧貪厚潤雖有顯禁猶自冒營至正始三年沙門統惠深有違景明之禁便云營就之寺不忍移毀求自今已後更不聽立先旨含寬抑典從請前班之詔仍卷不行後來私謁彌以

奔競永平二年深等復立條制啓云自今已後
欲造寺者限僧五十已上聞徹聽造若有輒營
置者依俗違敕之罪其寺僧衆擯出外州尒來十
年私營轉盛罪擯之事寂爾無聞豈非朝格雖
明恃福共毀僧制徒立顧利莫從者也不俗不
道務爲損法人而無厭其可極乎夫學迹沖妙
非浮識所辯玄門曠寂豈短辭能究然淨居塵
外道家所先功緣冥深匪尚華遁苟能誠信童
子聚沙可邁於道場純陁儉設足薦於雙樹何

必縱其盜竊資營寺觀此乃民之多幸非國之
福也然比日私造動盈百數或乘請公地輒樹
私福或啓得造寺限外廣制如此欺罔非可稍
計臣以才劣誠忝工務奉遵成規裁量是總所
以披尋舊旨研究圖格輒遣府司馬陸昶屬崔
孝芬都城之中及郭邑之內檢括寺舍數乘五
百空地表剎未立塔宇不在其數民不畏法乃
至於斯自遷都已來年踰二紀寺奪民居三分
且一高祖立制非徒欲使緇素殊途抑亦防微

深慮世宗述之亦不錮禁營福當在杜塞未萌
今之僧寺無處不有或比滿城邑之中或連溢
屠沽之肆或三五少僧共爲一寺梵唱屠音連
簷接響像塔纏於腥臊性靈沒於嗜慾眞僞混
居往來紛雜下司因習而莫非僧曹對制而不
問其於汙染眞行塵穢練僧薰蕕同器不亦
甚歟往在北代有法秀之謀近日冀州遭大乘之
變皆初假神教以惑衆心終設姦誑用逞私悖
太和之制因法秀而杜遠景明之禁慮大乘之

將亂始知祖宗叡聖防遏處深履霜堅冰不可不
愼昔如來闡教多依山林今此僧徒戀著城邑
豈湫隘是經行所宜浮諠必栖禪之宅當由利
引其心莫能自止處者旣失其眞造者或損其
福乃釋氏之糟糠法中之社鼠內戒所不容王
典所應棄矣非但京邑如此天下州鎮僧寺亦
然侵奪細民廣占田宅有傷慈矜用長嗟苦
且人心不同善惡亦異或有栖心眞趣道業清
遠者或外假法服內懷悖德者如此之徒宜辨

涇渭若雷同一貫何以勸善然覩法贊善凡人所知矯俗避嫌物情同趣臣獨何爲孤議獨發誠以國典一廢追理至難法網暫失條綱將亂是以冒陳愚見兩願其益臣聞設令在於必行立罰貴能肅物令而不行不如無令罰不能肅孰與亡罰頃明詔屢下而造者更滋嚴限驟施而違犯不息者豈不以假福託善幸罪不加人殉其私吏難苟劾前制無追往之辜後旨開自今之恕悠悠世情遂忽成法今宜加以嚴科特設

重禁糾其來違懲其往失脫不峻檢方垂容借恐今旨雖明復如往日又旨令所斷標榜禮拜之處悉聽不禁愚以爲樹榜無常禮處難驗欲去有造立榜證公須營之辭指言嘗禮如此則徒有禁名實通造路且徙御已後斷詔四行而私造之徒不懼制旨豈是百官有司怠於奉法將由網漏禁寬容託有他故耳如臣愚意都城之中雖有標榜營造麤功事可改立者請依先制在於郭外任擇所便其地若買得券證分明

者聽其轉之若官地盜作即令還官若靈像旣成不可移撤請依今勑如舊不禁悉令坊內行止不聽毀坊開門以妨里內通巷若被旨者不在斷限郭內準此商量其廟像嚴立而逼近屠沽請斷旁屠殺以絜靈居雖有僧數而事在可移者令就閑敞以避隘陋如今年正月赦後造者求依僧制案法科治若僧不滿五十者共相通容小就大寺必令充限其地賣還一如上式自今外州若欲造寺僧滿五十已上先令本州表列昭玄量審奏聽乃立若有違犯悉依前

科州郡已下容而不禁罪同違旨庶仰遵先皇不朽之業俯奉今旨慈悲之令則繩墨可全聖道不墜矣奏可未幾天下喪亂加以河陰之酷朝士死者其家多捨居宅以施僧尼京邑第舍略爲寺矣前日禁令不復行焉元象元年秋詔曰梵境幽玄義歸清曠伽藍淨土理絕囂塵前朝城內先有禁斷自聿來遷鄴率由舊章而百辟士民屆都之始城外新城並皆給宅舊城

中輟時並借更擬後須非爲永久如聞諸人多以二處得地或捨舊城所借之宅擅立爲寺知非已有假此一名終恐因習滋甚有虧恒式宜付有司精加隱括且城中舊寺及宅並有定帳其新立之徒悉從毀廢又詔天下牧守令長悉不聽造寺若有違者不問財之所出并計所營功庸悉以枉法論興和二年春詔以鄴城舊宮爲天平寺世宗以來至武定末沙門知名者有惠猛惠辨惠深僧暹道欽僧獻道晞僧深惠光惠顯法營道長並見重於當世自魏有天下至於禪讓佛經流通大集中國凡有四百一十五部合一千九百一十九卷正光已後天下多虞王役尤甚於是所在編民相與入道假慕沙門實避調役猥濫之極自中國之有佛法未之有也略而計之僧尼大衆二百萬矣其寺三萬有餘流弊不歸一至於此識者所以歎息也

道家之原出於老子其自言也先天地生以資萬類上處玉京爲神王之宗下在紫微爲飛仙之主千變万化有德不德隨感應物厥迹無常授軒轅於峨嵋教帝嚳於牧德大禹聞長生之訣尹喜受道德之旨至於丹書紫字昇玄飛步之經玉石金光妙有靈洞之說如此之文不可勝紀其爲教也咸蠲去邪累澡雪心神積行樹功累德增善乃至白日昇天長生世上所以秦皇漢武甘心不息靈帝置華蓋於濯龍設壇場而爲禮及張陵受道於鵠鳴因傳天官章本千有二百弟子相授其事大行齋祠跪拜各成法道有三元府百二十官一切諸神咸所統攝又稱劫數頗類佛經其延康龍漢赤明開皇之屬皆其名也及其劫終稱天地俱壞其書多有禁秘非其徒也不得輒觀至於化金銷玉行符勑水奇方妙術万等千條上云羽化飛天次稱消災滅禍故好異者往往而尊事之初文帝入賓於晉從者務勿塵姿神奇偉登仙於伊闕之山寺識者咸云魏祚之將大太祖好老子之言誦詠不倦天興中儀曹郎董謐因獻服食仙經

數十篇於是置仙人博士立仙坊煮錬百藥封
西山以供其薪蒸令死罪者試服之非其本心多死
無驗太祖猶將修焉太醫周澹苦其煎採之役
欲廢其事乃陰令妻貨仙人博士張曜妾得曜隱
罪曜懼死因請辟穀太祖許之給曜資用爲造靜
堂於苑中給洒掃民二家而錬藥之官仍爲不息久
之太祖意少懈乃止世祖時道士寇謙之字輔真南
雍州刺史讚之弟自云寇恂之十三世孫早好仙道
有絕俗之心少修張魯之術服食餌藥歷年無效

幽誠上達有仙人成公興不知何許人至謙之從母家
傭賃謙之嘗覩其姨見興形貌甚強力作不倦請
回賃興代己使役乃將還令其開舍南辣田謙之
樹下坐筭興懇一發致勤時來看筭謙之謂曰汝
但力作何爲看此二三日後復來看之如此不
已後謙之筭七曜有所不了惘然自失興謂謙
之曰先生何爲不懌謙之曰我學筭累年而近筭
周髀不合以此自愧且非汝所知何勞問也興曰
先生試隨興語布之俄然便決謙之歎伏不測興

之深淺請師事之興固辭不肯但求謙之爲弟
子未幾謂謙之曰先生有意學道豈能與興隱
遁謙之欣然從之興乃令謙之絜齋三日共入華
山令謙之居一石室自出採藥還與謙之食藥
不復飢乃將謙之入嵩山有三重石室令謙之
住第二重歷年興謂謙之曰興出後當有人
將藥來得但食之莫爲疑怪尋有人將藥而至
皆是毒蟲臭惡之物謙之大懼出走興還問狀
謙之具對興歎息曰先生未便得仙政可爲帝

王師耳興事謙之七年而謂之曰興不得久留
明日中應去興亡後先生幸爲沐浴自當有人
見迎興乃入第三重石室而卒謙之躬自沐浴
明日中有叩石室者謙之出視見兩童子一持
法服一持鉢及錫杖謙之引入至興尸所興欻
然而起著衣持鉢執杖而去先是有京兆灞城
人王胡兒其叔父亡頗有靈異曾將胡兒至嵩
高別嶺同行觀望見金室玉堂有一館尤珍麗
空而無人題曰成公興之館胡兒怪而問之其

叔父曰此是仙人成公興館坐失火燒七間屋被
謫爲寇謙之作弟子七年始知謙之精誠遠通
興乃仙者謫滿而去謙之守志嵩岳精專不懈
以神瑞二年十月乙卯忽遇大神乘雲駕龍
導從百靈仙人玉女左右侍衛集止山頂稱太
上老君謂謙之曰往辛亥年嵩岳鎮靈集仙宮
主表天曹稱自天師張陵去世已來地上曠誠
脩善之人無所師授嵩岳道士上谷寇謙之
立身直理行合自然才任軌範首處師位吾

故來觀汝授汝天師之位賜汝雲中音誦新科
之誡二十卷號曰並進言吾此經誡自天地開
闢已來不傳於世今運數應出汝宣吾新科
清整道教除去三張僞法租米錢稅及男女合
氣之術大道清虛豈有斯事專以禮度爲首
而加之以服食閉練使王九疑人長客之等十
二人授謙之服氣導引口訣之法遂得辟穀氣
盛體輕顔色殊麗弟子十餘人皆得其術泰
常八年十月戊戌有牧土師李譜文來臨嵩岳

云老君之玄孫昔居代郡桑乾以漢武之世得
道爲牧土宮主領治三十六土人鬼之政地方
十八万里有奇蓋歷術一章之數也其中爲方
万里者有三百六十万遣弟子宣教云嵩岳所
統廣漢平土方万里以授謙之作誥曰吾處天
宮敷演眞法處汝道年二十二歲除十年爲竟
蒙其餘十二年教化雖無大功且有百授之勞
今賜汝遷入内宮太眞太寶九州眞師治鬼師
治民師繼天師四録修勤不懈依勞復遷賜

汝天中三眞太文録劾召百神以授弟子文録
有五等一曰陰陽太官二曰正府眞官三曰正
房眞官四曰宿宮散官五曰並進録主壇位礼
拜衣冠儀式各有差品凡六十餘卷號曰録圖
眞經付汝奉持轉佐北方泰平眞君出天宮靜
論之法能興造克就則起眞仙矣又地上生
民末劫垂及其中行教甚難但令男女立壇宇
朝夕禮拜若家有嚴君功及上世其中能脩
身練藥學長生之術即爲眞君種民藥別授

方銷鍊金丹雲英八石玉漿之法皆有訣要上師李君手筆有數篇其餘皆正真書曹趙道覆所書古文鳥迹篆隸雜體辭義約辯婉而成章大自與世禮相準擇賢推德信者爲先勤者次之又言二儀之間有三十六天中有三十宮宮有一主最高者無極至尊次曰大至真尊次天覆地載陰陽真尊次洪正真尊姓趙名道隱以殷時得道牧土之師也牧土之來赤松王喬之倫及韓終張安世劉根張陵近世仙者並爲翼從牧土命謙之爲子與群仙結爲徒友幽冥之事世所不了謙之具問一一告焉經云佛者昔於西胡得道在四十二天爲延真宮主勇猛苦教故其弟子皆髡形染衣斷絕人道諸天衣服悉然始光初奉其書而獻之世祖乃令謙之止於張曜之所供其食物時朝野聞之若存若亡未全信也崔浩獨異其言因師事之受其法術於是上疏讃明其事曰臣聞聖王受命則有大應而河圖洛書皆寄言於蟲獸之文未若今日

人神接對手筆粲然辭旨深妙自古無比昔漢高雖復英聖四皓猶或恥之不爲屈節今清德隱仙不召自至斯誠陛下侔蹤軒黃應天之符也豈可以世俗常談而忽上靈之命臣竊懼之世祖欣然乃使謁者奉玉帛牲牢祭嵩岳迎致其餘弟子在山中者於是崇奉天師顯揚新法宣布天下道業大行浩事天師拜禮甚謹人或譏之浩聞之曰昔張釋之爲王生結襪吾雖才非賢哲今奉天師足以不愧於古人矣及嵩高道士四十餘人至遂起天師道場於京城之東南重壇五層遵其新經之制給道士百二十人衣食齋肅祈請六時禮拜月設厨會數千人世祖將討赫連昌太尉長孫嵩難之世祖乃問幽徵於謙之謙之對曰必克陛下神武應期天經下治當以兵定九州後文先武以成太平真君眞君三年謙之奏曰今陛下以眞君御世建靜輪天宮之法開古以來未之有也應登受符書以彰聖德世祖從之於是親至道壇受符錄

備法駕旗幟盡青以從道家之色也自後諸帝每即位皆如之恭宗見謙之奏造靜輪宮必令其高不聞雞鳴狗吠之聲欲上與天神交接功役萬計經年不成乃言於世祖曰人天道殊卑高定分今謙之欲要以無成之期說以不然之事財力費損百姓疲勞無乃不可乎必如其言未若因東山万仞之上爲功差易世祖深然恭宗之言但以崔浩贊成難違其意沈吟者久之乃曰吾亦知其無成事旣尒何惜五三百功九

年謙之卒葬以道士之禮先於未亡謂諸弟子曰及謙之在汝曹可求遷録吾去之後天宮具難就復遇設會之日更布二席於上師坐前弟子問其故謙之曰仙官來是夜卒前一日忽言吾氣息不接腹中大痛而行止如常至明旦便終須臾口中氣狀若烟雲上出窻中至天半乃消屍體引長弟子量之八尺三寸三日已後稍縮至斂量之長六寸於是諸弟子以爲尸解變化而去不死也時有京兆人韋文秀隱於嵩高

徵詣京師世祖曾問方士金丹事多曰可成文秀對曰神道幽昧變化難測可以闇遇難以豫期臣昔者受敎於先師曾聞其事未之爲也世祖以文秀關右豪族風操温雅言對有方遣與尚書崔賾詣王屋山合丹竟不能就時方士至者前後數人河東祁纖好相人世祖賢之拜纖上大夫潁陽絳略聞喜吳劭道引養氣積年百餘歲神氣不衰恒農閻平仙博覽百家之言然不能達其意辭占應對義旨可聽世祖欲

授之官終辭不受扶風魯祈遭赫連屈子暴虐避地寒山教授弟子數百人好方術少嗜慾河東羅崇之常餌松脂不食五穀自稱受道於中條山世祖令崇還鄉里立壇祈請崇云條山有穴與崐崘蓬萊相屬入穴中得見仙人與之往來詔令河東郡給所須崇入穴行百餘步遂窮後召至有司以崇誣罔不道奏治之世祖曰崇修道之人豈至欺妄以詐於世或傳聞不審而至於此古之君子進人以禮退人以禮今治之是傷

朕待賢之意遂赦之又有東萊人王道翼少有
絶俗之志隱韓信山四十餘年斷粟食麥通達
經章書符籙常隱居深山不交世務年六十餘
顯祖聞而召焉青州刺史韓頹遣使就山徵之
翼乃赴都顯祖以其仍守本操遂令僧曹給衣
食以終其身太和十五年秋詔曰夫至道無形
虛象爲主自有漢以後置立壇祠先朝以其至
順可歸用立寺宇昔京城之内居舍尚希今者
里宅櫛比人神猥湊非所以祗崇至法清敬神

道可移於都南桑乾之陰岳山之陽永置其所
給戶五十以供齋祀之用仍名爲崇虛寺可召
諸州隱士員滿九十人遷洛移鄴踵如故事其
道壇在南郊方二步以正月七日七月七日十
月十五日壇主道士哥人一百六人以行拜祠
之禮諸道士罕能精至又無才術可高武定
六年有司執奏罷之其有道術如河東張遠遊
河間趙靜通等齊文襄王別置館京師而禮接
焉

釋老志十第二十　魏書一百一十四

跋

右魏書亦眉山七史刊本涵芬樓所藏僅得其半先後假北京圖書館暨江安雙鑑樓傅氏吳興嘉業堂劉氏藏本補完卷中有元代修補之葉或謂有明初續補者然皆不著年號殊難斷言馮夢禎萬曆重雕是書序謂南監所藏唐以前諸史獨此書刓敝甚議更新之苦無善本校讎魯魚帝虎不能盡刊斷篇脫字所在而有孫人龍乾隆殿本校刊後跋亦云明刻二十一史中此書最爲刓敝今欲摘謬辨譌不留遺憾此實難矣然則兩朝覆刊所據均非宋刊原本可知雖廣平王傳樂志劉芳上書是本闕葉並同夏侯道遷傳更有錯簡其他字句訛奪間亦有

不逮後出諸本者然如帝紀三太宗紀泰常八年九月劉義符潁川太守李元德竄入許昌詔周幾擊之元德遁下殿本闕三字是本有走幾平三字帝紀六顯祖紀天安元年秋七月下殿本闕二字是本有辛亥二字列傳二十八陸麗傳至於奉迎守順臣下殿本闕二字是本有職之二字又陸叡傳殿本各賜衣物有差下闕二字是本有高祖二字而有差二字作布帛又親幸城北訓誓羣帥除尚書令衞將軍下闕一字是本有叡字又陸叡元不早下闕五字是本蒙寵祿位極五字且上文元不二字是本作元丕下文大臣二字是本作人臣列傳三十九呂羅漢傳故內委羣司外任下殿本闕四字是本

有方牧正是四字志四天象一之四肅宗正光三年注辛亥又暈之占曰下殿本闕二字是本饑旱二字猶可辨認又宋臣校語是本帝紀三後有三百八字殿本全佚以上云云考之南北監本汲古閣本沿訛襲謬大抵相同明監校刊時苦無善本馮夢禎已具言之毛氏固據宋本開雕者何以除呂羅漢傳無闕文及帝紀三校語尚存九十七字外均與明監本殿本一無差別殊不可解猶不止此帝紀二太祖紀登國元年下帝左右于桓等桓之誤植帝紀九肅宗紀神龜元年下無人任保者奪官還役任之誤在列傳二十八陸叡傳辭以疾病士溫則甚士之誤上列傳四十宗欽傳宗之誤宋列傳四十八

韓子熙傳節義純貞義之誤乂列傳五十一宋弁傳皆減戍士營農減之誤滅列傳五十二張彝傳微號華侈微之誤徽列傳五十九李苗傳梓潼涪人潼之誤橦志一天象一之一世祖始光四年諸侯非其人侯之誤佐志九律歷三下推五星見伏術歲在己未己之誤乙志十八靈徵下高祖太和五年得玉車釧三枚釧之誤鉚殿本校刊諸臣猶能參據他書加以訂正而明監汲古則一任其舛誤而不思自糾其非矣雖然校刊諸臣不見舊本憑空想像亦有終難脗合者請更舉之志二天象一之二高祖太和四年正月第二節犯心上闕考證云所闕之字南監本作戊午月當亦誤也係何月戊午耶或此

犯心二字重出不知宋本戊午月下尙有又字前節正月丁巳月犯心戊午爲丁巳後一日即正月之戊午也故云又犯心何得爲誤又志六地形二中揚州邊城郡領縣二期思注郡治有九口（宋本作ヨ）山豐城考證云召南按此（指豐城言）與期思並屬邊城郡監本誤刊豐城二小字於期思注下則邊城少一縣矣今改正不知宋本期思注豐城二小字下別有新息二大字與期思同爲邊城之縣豐城爲期思所屬之城並非縣名召南偶見是本何致有誤改之過耶近人華陽葉氏嘗得宋刻長沙王先謙以校汲古本有校勘記所指亦有異於是本者帝紀四上世祖紀始光元年是劉義符爲其臣

徐羨之等所廢殺王校是下脫年字是本不脫列傳三十五盧淵傳傳業累世有能名王校世下當重一世字是本正重一世字列傳三十八尉元傳陡茲父事王校陡宋本作涉不誤是本作陟不作涉列傳四十八程駿傳文成踐阼王校文成作高祖是本作宗不作祖以上諸條倘非廣雅誤刊不能不謂是本之較勝也王氏所校凡八百餘條全卷未舉一字者又十卷蓋葉氏購得是書時將之粤東王氏獲見不克久假急約在京同官十人分任讎校計日而畢爲時匆遽容未詳盡余參校再四不敢謂悉無遺漏然所增益不少異時當整理付印竊附王氏驥尾焉海鹽張元濟